BÍBLIA
Sagrada

NOVA ALMEIDA
ATUALIZADA

Sociedade Bíblica do Brasil

Semeando a PALAVRA que transforma VIDAS

Sociedade Bíblica do Brasil
Av. Ceci, 706 – Tamboré – Barueri, SP – CEP 06460-120
Cx. Postal 330 – CEP 06453-970
www.sbb.org.br – 0800-727-8888

Nova Almeida Atualizada

Tradução de João Ferreira de Almeida – Edição Revista e Atualizada®, 3ª edição

O círculo tem sido usado no Cristianismo como símbolo da eternidade, pois não tem princípio ou fim. Assim, por mostrar perfeição e continuidade, também representa a vida eterna. Baseada nisso, a SBB adotou um círculo estilizado para identificar a edição Revista e Atualizada de Almeida e, agora, a Nova Almeida Atualizada, apontando que "Jesus Cristo é o mesmo ontem, hoje e para sempre" (Hebreus 13.8).

Edição e diagramação: Sociedade Bíblica do Brasil

B477b Bíblia Sagrada. Traduzida por João Ferreira de Almeida. Revista e Atualizada no Brasil.
Edição Revista e Atualizada no Brasil, 3ª ed. (Nova Almeida Atualizada). Barueri, SP : Sociedade Bíblica do Brasil, 2018.
960 p. ; 13,5 x 20,0 cm

ISBN: 7899938407110

1. Bíblia - Português. I. Almeida, João Ferreira de - trad. II. Título

CDD - 220.569

Impresso na Gráfica da Bíblia – Brasil
NA6M – 60.000 – SBB – 2024
(NPI 460.306)

ÍNDICE

APRESENTAÇÃO

É com sentimento de gratidão a Deus que a Sociedade Bíblica do Brasil entrega à Igreja brasileira e aos leitores da Bíblia em geral a **Nova Almeida Atualizada**, que resulta de uma profunda revisão e atualização da consagrada tradução de Almeida, particularmente do texto da **Almeida Revista e Atualizada**.

O legado de Almeida

João Ferreira Annes de Almeida, português, pastor da Igreja Reformada Holandesa atuando na localidade de Batávia, na ilha de Java (hoje Indonésia), fez e publicou a primeira tradução completa do Novo Testamento ao português, em 1681. A maior parte da tradução do Antigo Testamento também foi obra de Almeida. Quando faleceu, em 1691, Almeida havia traduzido apenas até Ez 48.21, de modo que quem concluiu a tarefa foi um colega dele, um pastor holandês chamado Jakobus op den Akker. No entanto, a Bíblia completa somente viria a ser publicada em 1748. Esta tradução, com revisões e atualização ortográfica, mantém-se viva na edição conhecida como **Almeida Revista e Corrigida**.

A **Almeida Revista e Atualizada** é fruto de um trabalho de revisão do texto de Almeida, no Brasil. Surgiu da percepção de que o antigo texto de Almeida já não falava com naturalidade ao povo brasileiro. Assim, a comissão revisora, integrada por eminentes biblistas e vernaculistas brasileiros, se propôs a oferecer aos leitores brasileiros um texto bíblico "em linguagem de hoje sem desnaturar certa linguagem bem antiga e tudo sem fugir ao original". Embora tivesse sido concluída em setembro de 1956, a **Almeida Revista e Atualizada** somente foi publicada em 1959. Foi publicada numa segunda edição, com pequenas modificações em relação à primeira, em 1993.

A Atualizada caracteriza-se pela retenção do estilo clássico de Almeida, pela correção de pequenos lapsos encontrados na antiga tradução e, também, pela facilidade de leitura em voz alta. Os revisores deram especial atenção aos desagrados cacofônicos, ou seja, combinações de palavras que não soam bem quando lidas em voz alta. Assim, por exemplo, a frase "porque ali se vê o fim de todos os homens" (Ec 7.2) foi alterada para "pois naquela se vê o fim de todos os homens", para impedir que, na leitura em voz alta, se forme o nome "Alice".

O projeto da Nova Almeida Atualizada

Passado mais de meio século desde a publicação da **Almeida Revista e Atualizada**, a Sociedade Bíblica do Brasil entendeu que era tempo de fazer uma nova atualização, para tornar o texto de Almeida mais compreensível aos leitores de nosso tempo. No entanto, tal decisão não poderia ser tomada de forma unilateral. Assim, representantes de igrejas foram convidados para uma reunião na Sede da Sociedade Bíblica do Brasil, em outubro de 2012. Esses representantes de igrejas acolheram a ideia com entusiasmo e ajudaram a formular os parâmetros da revisão.

Constituída uma Comissão de Revisão, integrada por especialistas do corpo funcional da própria Sociedade Bíblica do Brasil, o trabalho foi oficialmente iniciado em setembro de 2013. Após o exame de cada versículo à luz dos textos originais, a comissão passava a considerar alternativas para a atualização da linguagem. Depois de obtida uma redação semifinal, a comissão se reunia para a leitura dos textos em voz alta, para que se pudesse verificar a legibilidade e a sonoridade dos textos. Diante disto, a **Nova Almeida Atualizada** se apresenta como o texto ideal para uso na igreja, particularmente no culto. No entanto, esta edição também é apropriada para a pregação, para o estudo acadêmico, para a leitura particular e para a memorização.

Em agosto de 2016, foi publicada a primeira etapa dessa atualização do texto de Almeida, na forma de uma edição experimental ou provisória contendo o **Novo Testamento, Salmos e Provérbios**. Esta publicação se destinava a compartilhar o trabalho em andamento e colher reações e sugestões de pastores, líderes de igrejas, estudiosos e leitores em geral. A reação foi amplamente positiva e muitas sugestões valiosas foram recebidas. Assim, esta atualização do texto de Almeida passa a ser um trabalho colaborativo entre a SBB e as igrejas do Brasil, em especial aquelas que leem a **Almeida Revista e Atualizada**.

Após quase quatro anos de intenso trabalho, a atualização foi dada por encerrada no final de julho de 2017. Passou a ser chamada de **Nova Almeida Atualizada**.

A base textual

Como costuma acontecer em projetos de tradução e revisão da Bíblia que são patrocinados pelas Sociedades Bíblicas Unidas, também a **Nova Almeida Atualizada** foi baseada nas edições mais recentes dos textos bíblicos nas línguas originais (hebraico, aramaico e grego). Para o Antigo Testamento, fez-se uso da **Biblia Hebraica Stuttgartensia**, editada entre 1967 e 1977. Como esta Bíblia Hebraica é essencialmente a reprodução do assim chamado Códice de Leningrado, copiado em 1008 d.C., foi necessário levar em conta também o aparato crítico dessa edição, que registra leituras em hebraico que aparecem em manuscritos mais antigos, incluindo os que foram encontrados na região do mar Morto, e o texto de traduções como a Septuaginta e a Vulgata, entre outras, que podem refletir um texto hebraico anterior ao texto massorético do Códice de Leningrado.

Para o Novo Testamento, o texto-base é a quinta edição de **O Novo Testamento Grego**, de 2014, que traz pequenas modificações em relação a edições anteriores, particularmente nas chamadas Cartas Católicas. Nesse sentido, a **Nova Almeida Atualizada** é a primeira tradução do Novo Testamento ao português que incorpora esses avanços na pesquisa relacionada com o texto original grego. Uma das mudanças significativas aparece em Jd 5, onde o título "Senhor" deu lugar ao nome "Jesus".

O princípio de tradução

A comissão responsável pela **Nova Almeida Atualizada** teve em mente o mesmo propósito dos revisores que prepararam a **Almeida Revista e Atualizada**, no século passado: apresentar um texto clássico numa linguagem atual. Assim, foi mantido o princípio de tradução formal que caracteriza a Almeida. No entanto, como o objetivo é oferecer um texto de fácil compreensão, foi adotada a conhecida norma: "formal ou literal sempre que possível; dinâmico sempre que necessário". O texto resultante corresponde à norma padrão do português que é escrito no Brasil hoje.

A **Nova Almeida Atualizada** é fiel aos originais, ou seja, resulta do exame dos textos originais, com a adequada reprodução do seu significado. No entanto, procurou-se ao mesmo tempo ser fiel ao leitor, levando em conta a assim chamada "dupla fidelidade". De nada adiantaria ater-se por demais à forma do original, se a tradução resultante fosse obscura para o leitor de hoje. Assim, a pergunta norteadora foi esta: O leitor será capaz de entender o texto sem ter de recorrer ao dicionário?

Um exemplo dessa fidelidade ao leitor é o tratamento dado a expressões idiomáticas, que, em geral, permanecem um tanto obscuras, se traduzidas literalmente. Muito melhor e mais adequado é traduzir o seu significado, caso não se encontre uma expressão equivalente em língua portuguesa. Um exemplo é Dt 31.16, em que a expressão "dormir com os pais", que pode até mesmo se prestar a equívocos, foi traduzida simplesmente por "morrer".

Peculiaridades da Nova Almeida Atualizada

Além de ser uma tradução essencialmente formal, que privilegia a compreensibilidade do texto, a **Nova Almeida Atualizada** tem ainda outras características, das quais se destacam as seguintes:

1. Após um cuidadoso exame do texto nas línguas originais, foi possível corrigir pequenos lapsos encontrados no texto da **Almeida Revista e Atualizada**. Neste particular, seguiu-se a pauta dos revisores do século passado, que também não hesitaram em retificar eventuais lapsos que encontraram. Exemplo disso é a correção de "aqueles que leem" para "aquele que lê", em Ap 1.3.
2. Notou-se a necessidade de introduzir ajustes devido ao avanço da exegese bíblica, em especial vários aspectos relacionados com o grego coiné do Novo Testamento.
3. No caso de palavras arcaicas, que dificilmente serão entendidas sem consulta ao dicionário, procurou-se usar sinônimos mais fáceis. Exemplo disso é o termo "irrisão", que, na **Almeida Revista e Atualizada**, aparece unicamente em Jó 12.4. "Irrisão" foi substituído por "motivo de riso", sem perda de significado. No entanto, termos clássicos da teologia, como propiciação, não foram alterados. O mesmo vale para outros termos consagrados, como justificação, reconciliação, redenção e regeneração, entre outros.
4. Os pronomes "tu" e "vós" deram lugar a "você" e "vocês", visto que hoje, no Brasil, dificilmente alguém se dirige a um público usando a forma de tratamento "vós". No entanto, sempre que alguém se dirige a Deus em oração, como, por exemplo, nos Salmos, a forma de tratamento é "tu". Outro bom exemplo é a oração do Pai-Nosso (Mt 6.9-13).
5. Sobre os diálogos, levou-se em conta o registro linguístico, fazendo com que as pessoas se expressem num tom menos formal. No entanto, houve o cuidado com a adoção das formas de tratamento adequadas a cada caso. Davi chama o rei Saul de "senhor" (1Sm 24.9), assim como os discípulos fazem com Jesus (Mt 16.16).
6. Levando em conta a ordem dos termos na frase, pode-se perceber que a Bíblia de Almeida replicava o original hebraico e grego, sendo normal ter o verbo antes do sujeito ("respondeu a mulher", Jo 4.25). Nesta revisão, a ordem foi alterada, em muitos casos, para sujeito antes do verbo ("a mulher respondeu"), que é mais natural em língua portuguesa — exceto em textos poéticos e orações, nos quais a expressividade da linguagem é privilegiada.
7. Intercalações ou mesóclises, do tipo "louvar-te-ei" (Sl 9.1), foram transformadas em formulações mais usuais no português brasileiro atual ("eu te louvarei").
8. Verificação especial foi feita para preservar níveis literários distintos e o estilo de diferentes escritores. Como já acontecia com outras edições da tradução de Almeida, também o leitor da **Nova Almeida Atualizada** poderá perceber o estilo mais rude de

Marcos, a profunda simplicidade de João, a lógica persuasiva de Paulo e o estilo elevado de 1Pedro e Hebreus, para citar apenas alguns exemplos.

9. Nessa edição, assim como na **Almeida Revista e Atualizada**, a poesia bíblica é tratada como poesia, também na apresentação gráfica. No entanto, a **Nova Almeida Atualizada** destaca também os trechos poéticos encontrados nos livros proféticos.
10. Em muitos textos narrativos buscou-se uma simplificação, especialmente no Antigo Testamento. Em vez de orações subordinadas, deu-se preferência a orações coordenadas, seguindo o estilo do texto original hebraico.
11. Revisando os períodos longos, procurou-se, na medida do possível, transformá-los em frases mais curtas. Assim, muitos pontos e vírgulas (;) foram substituídos por pontos. Também a conjunção "e", que ocorre com grande frequência no começo de versículos, foi, em vários momentos, substituída por "Então", "Assim", "Depois".
12. Fez-se uma comparação entre as passagens paralelas, buscando tradução igual para o que é idêntico e tradução diferente para o que não é. Isto se aplica de modo especial aos paralelos entre textos dos livros de Samuel e Crônicas, Reis e Crônicas, e aos textos paralelos nos Evangelhos.
13. Em vários momentos, o termo "homens" foi substituído por "pessoas", "seres humanos" e até mesmo "humanidade", sempre que o referente são homens e mulheres. No entanto, isto não significa que se adotou linguagem inclusiva de forma ampla e consistente, mas sim que se buscou ser mais preciso e claro.
14. Unidades de peso (como siclos, talentos etc.), de medida (côvados, estádios etc.) e de capacidade (efas, batos etc.) foram convertidas para pesos e medidas que são mais conhecidos e usados pelos leitores de hoje (gramas, metros, litros etc.). Uma vez que não se sabe com absoluta certeza qual era, por exemplo, a capacidade de um efa ou o comprimento exato do côvado, essas conversões são, em muitos casos, aproximadas. No caso de côvados, a medida foi mantida em textos consagrados, como Mt 6.27 e Lc 12.25 ("acrescentar um côvado ao curso da sua vida") e Ap 21.17, uma passagem em que a conversão de 144 côvados para 64 metros acabaria por eliminar um número simbólico no Apocalipse. No entanto, notas explicativas informam o equivalente mais próximo desses côvados no sistema métrico.
15. Quanto aos nomes de moedas, como "denários" e "dracmas", esses foram mantidos, porque é arriscado atualizar seu valor num mundo de inflação constante. No entanto, notas explicativas indicam seu valor relativo.
16. Sempre que possível, os títulos de seção foram atualizados, dando-se preferência a formulações derivadas do próprio texto bíblico.
17. Incluiu-se na **Nova Almeida Atualizada** um sistema de referências cruzadas mais amplo do que o presente na edição anterior, incentivando os leitores a ler a Bíblia à luz da própria Bíblia.
18. Notas foram acrescentadas ao longo do texto, podendo ser de vários tipos: traduções alternativas, explicações de termos hebraicos e gregos que foram apenas transliterados (ex.: Is 8.1; Ap 9.11), informações a respeito do contexto cultural bíblico (ex.: Gn 30.14) etc.
19. Especial atenção foi dada à apresentação gráfica da **Nova Almeida Atualizada**, que procurou priorizar os parágrafos e deixar claro onde há diálogo.
20. Diversos textos no Novo Testamento aparecem entre colchetes. Trata-se de material que se encontra no aparato crítico das edições mais recentes do texto grego, não sendo, portanto, considerado parte do original. Esse material foi mantido no texto da tradução, ainda que entre colchetes, para que o leitor não estranhasse a falta de alguns versículos, pensando inclusive que poderia ter havido uma falha na impressão.

A Comissão de Revisão está convicta de que o objetivo não era corrigir uma tradução inadequada, mas aperfeiçoar uma tradução que já é excelente. Os pensamentos se voltaram especialmente para as novas gerações, com o propósito de entregar-lhes um texto clássico em roupagem moderna. Assim, espera-se que a **Nova Almeida Atualizada** seja, nos dias atuais, o que João Ferreira Annes de Almeida almejava para os seus leitores, no século 17: a maior dádiva e o mais precioso tesouro.

Barueri, setembro de 2017

ANTIGO
TESTAMENTO

O PRIMEIRO LIVRO DE MOISÉS CHAMADO

GÊNESIS

A criação do Universo

1 1 No princípio, Deus criou os céus e a terra.
2 A terra era sem forma e vazia; havia trevas
sobre a face do abismo, e o Espírito de Deus se
movia sobre as águas.
3 Então Deus disse:
— Haja luz!
E houve luz. 4 E Deus viu que a luz era boa e fez
separação entre a luz e as trevas. 5 Deus chamou à
luz "dia" e chamou às trevas "noite". Houve tarde
e manhã, o primeiro dia.
6 E Deus disse:
— Haja um firmamento no meio das águas e
separação entre águas e águas.
7 E Deus fez o firmamento e a separação entre
as águas debaixo do firmamento e as águas acima
do firmamento. E assim aconteceu. 8 E Deus cha-
mou ao firmamento "céus". Houve tarde e manhã,
o segundo dia.
9 E Deus disse:
— Ajuntem-se as águas debaixo dos céus num
só lugar, e apareça a porção seca.
E assim aconteceu. 10 Deus chamou à porção seca
"terra" e ao ajuntamento de águas chamou "mares".
E Deus viu que isso era bom. 11 E Deus disse:
— Que a terra produza relva, ervas que deem
semente e árvores frutíferas que deem fruto se-
gundo a sua espécie, cuja semente esteja no fruto
sobre a terra.
E assim aconteceu. 12 E a terra produziu relva,
ervas que davam semente segundo a sua espécie
e árvores que davam fruto, cuja semente estava
nele, conforme a sua espécie. E Deus viu que isso
era bom. 13 Houve tarde e manhã, o terceiro dia.
14 E Deus disse:
— Que haja luzeiros no firmamento dos céus,
para fazerem separação entre o dia e a noite; e
sejam eles para sinais, para estações, para dias e
anos. 15 E sirvam de luzeiros no firmamento dos
céus, para iluminar a terra.
E assim aconteceu. 16 Deus fez os dois grandes
luzeiros: o maior para governar o dia, e o menor
para governar a noite; e fez também as estrelas.
17 E os colocou no firmamento dos céus para ilu-
minarem a terra, 18 para governarem o dia e a noite
e fazerem separação entre a luz e as trevas. E Deus
viu que isso era bom. 19 Houve tarde e manhã, o
quarto dia.
20 E Deus disse:
— Que as águas sejam povoadas de enxames
de seres vivos; e as aves voem sobre a terra, sob o
firmamento dos céus.
21 Assim Deus criou as grandes criaturas ma-
rinhas e todos os seres vivos que se movem, os
quais povoam as águas, segundo as suas espé-
cies; e todas as aves, segundo as suas espécies.
E Deus viu que isso era bom. 22 E Deus os aben-
çoou, dizendo:
— Sejam fecundos, multipliquem-se e encham
as águas dos mares; e, na terra, se multipliquem
as aves.
23 Houve tarde e manhã, o quinto dia.
24 E Deus disse:
— Que a terra produza seres vivos, conforme
a sua espécie: animais domésticos, animais que
rastejam e animais selvagens, segundo a sua es-
pécie.
E assim aconteceu. 25 E Deus fez os animais
selvagens, segundo a sua espécie, e os animais
domésticos, conforme a sua espécie, e todos os
animais que rastejam sobre a terra, segundo a sua
espécie. E Deus viu que isso era bom.
26 E Deus disse:
— Façamos o ser humano à nossa imagem, con-
forme a nossa semelhança. Tenha ele domínio so-
bre os peixes do mar, sobre as aves dos céus, sobre
os animais domésticos, sobre toda a terra e sobre
todos os animais que rastejam pela terra.
27 Assim Deus criou o ser humano à sua ima-
gem, à imagem de Deus o criou; homem e mulher
os criou. 28 E Deus os abençoou e lhes disse:
— Sejam fecundos, multipliquem-se, encham
a terra e sujeitem-na. Tenham domínio sobre os
peixes do mar, sobre as aves dos céus e sobre todo
animal que rasteja pela terra.
29 E Deus disse ainda:
— Eis que lhes tenho dado todas as ervas que
dão semente e se acham na superfície de toda a
terra e todas as árvores em que há fruto que dê
semente; isso servirá de alimento para vocês. 30 E
para todos os animais da terra, todas as aves dos
céus e todos os animais que rastejam sobre a ter-
ra, em que há fôlego de vida, toda erva verde lhes
servirá de alimento.
E assim aconteceu. 31 Deus viu tudo o que havia
feito, e eis que era muito bom. Houve tarde e ma-
nhã, o sexto dia.

2 1 Assim, pois, foram acabados os céus e a terra
e tudo o que neles há. 2 E, havendo Deus ter-
minado no sétimo dia a sua obra, que tinha feito,
descansou nesse dia de toda a obra que tinha fei-
to. 3 E Deus abençoou o sétimo dia e o santificou;
porque nele descansou de toda a obra que, como
Criador, tinha feito.

A formação do homem

4 Esta é a gênese dos céus e da terra quando fo-
ram criados, quando o SENHOR Deus os criou.
5 Não havia ainda nenhuma planta do cam-
po na terra, pois ainda nenhuma erva do campo
havia brotado; porque o SENHOR Deus não tinha
feito chover sobre a terra, e também não havia
ninguém para cultivar o solo. 6 Mas uma neblina
subia da terra e regava toda a superfície do solo.
7 Então o SENHOR Deus formou o homem do pó
da terra e lhe soprou nas narinas o fôlego de vida,
e o homem se tornou um ser vivente.
8 E o SENHOR Deus plantou um jardim no Éden,
na direção do Oriente, e pôs nele o homem que
havia formado. 9 Do solo o SENHOR Deus fez brotar
todo tipo de árvores agradáveis à vista e boas para
alimento; e também a árvore da vida no meio do jar-
dim e a árvore do conhecimento do bem e do mal.
10 E um rio saía do Éden para regar o jardim e
de lá se dividia, repartindo-se em quatro braços.
11 O nome do primeiro é Pisom, que rodeia a ter-
ra de Havilá, onde há ouro. 12 O ouro dessa terra é
bom; também se encontram lá o bdélio e a pedra
de ônix. 13 O nome do segundo rio é Giom; é o que
rodeia a terra de Cuxe. 14 O nome do terceiro rio é
Tigre; é o que corre pelo leste da Assíria. E o quar-
to rio é o Eufrates.
15 O SENHOR Deus tomou o homem e o colocou
no jardim do Éden para o cultivar e o guardar. 16 E
o SENHOR Deus ordenou ao homem:
— De toda árvore do jardim você pode comer
livremente, 17 mas da árvore do conhecimento do
bem e do mal você não deve comer; porque, no dia
em que dela comer, você certamente morrerá.

A formação da mulher

18 O SENHOR Deus disse ainda:
— Não é bom que o homem esteja só; farei para
ele uma auxiliadora que seja semelhante a ele.
19 Havendo, pois, o SENHOR Deus formado da
terra todos os animais do campo e todas as aves
dos céus, trouxe-os a Adão, para ver que nome
lhes daria; e o nome que ele desse a todos os se-
res vivos, esse seria o nome deles. 20 O homem deu
nome a todos os animais domésticos, às aves dos
céus e a todos os animais selvagens; mas para o
homem não se achava uma auxiliadora que fosse
semelhante a ele.
21 Então o SENHOR Deus fez cair um pesado
sono sobre o homem, e este adormeceu. Tirou-lhe
uma das costelas e fechou o lugar com carne. 22 E
da costela que havia tirado do homem, o SENHOR
Deus formou uma mulher e a levou até ele. 23 E o
homem disse:

"Esta, afinal, é osso dos meus ossos
e carne da minha carne;
será chamada varoa,
porque do varão foi tirada."

24 Por isso, o homem deixa pai e mãe e se une à sua
mulher, tornando-se os dois uma só carne. 25 Ora,
um e outro, o homem e a sua mulher, estavam nus
e não se envergonhavam.

A queda

3 1 Mas a serpente, mais astuta que todos os ani-
mais selvagens que o SENHOR Deus tinha feito,
disse à mulher:
— É verdade que Deus disse: "Não comam do
fruto de nenhuma árvore do jardim"?
2 A mulher respondeu à serpente:
— Do fruto das árvores do jardim podemos co-
mer, 3 mas do fruto da árvore que está no meio do
jardim, Deus disse: "Vocês não devem comer dele,
nem tocar nele, para que não venham a morrer."
4 Então a serpente disse à mulher:
— É certo que vocês não morrerão. 5 Porque
Deus sabe que, no dia em que dele comerem, os
olhos de vocês se abrirão e, como Deus, vocês se-
rão conhecedores do bem e do mal.
6 Vendo a mulher que a árvore era boa para se
comer, agradável aos olhos e árvore desejável para
dar entendimento, tomou do seu fruto e comeu;
e deu também ao marido, e ele comeu. 7 Então os
olhos de ambos se abriram; e, percebendo que
estavam nus, costuraram folhas de figueira e fize-
ram cintas para si.
8 Ao ouvirem a voz do SENHOR Deus, que an-
dava no jardim quando soprava o vento suave da
tarde, o homem e a sua mulher se esconderam
da presença do SENHOR Deus, entre as árvores do
jardim. 9 E o SENHOR Deus chamou o homem e lhe
perguntou:
— Onde você está?
10 Ele respondeu:
— Ouvi a tua voz no jardim, e, porque estava
nu, tive medo, e me escondi.
11 Deus perguntou:
— Quem lhe disse que você estava nu? Você co-
meu da árvore da qual ordenei que não comesse?
12 Então o homem disse:
— A mulher que me deste para estar comigo,
ela me deu da árvore, e eu comi.
13 Então o SENHOR Deus disse à mulher:
— Que é isso que você fez?
A mulher respondeu:
— A serpente me enganou, e eu comi.
14 Então o SENHOR Deus disse à serpente:
— Por causa do que você fez, você é maldita
entre todos os animais domésticos e entre todos
os animais selvagens. Você rastejará sobre o seu
ventre e comerá pó todos os dias da sua vida.
15 Porei inimizade entre você e a mulher, entre a

sua descendência e o descendente dela. Este lhe
ferirá a cabeça, e você lhe ferirá o calcanhar.
16 E à mulher ele disse:
— Aumentarei em muito os seus sofrimentos
na gravidez; com dor você dará à luz filhos. O seu
desejo será para o seu marido, e ele a governará.
17 E a Adão disse:
— Por ter dado ouvidos à voz de sua mulher e
comido da árvore que eu havia ordenado que não
comesse, maldita é a terra por sua causa; em fa-
digas você obterá dela o sustento durante os dias
de sua vida. 18 Ela produzirá também espinhos e
ervas daninhas, e você comerá a erva do campo.
19 No suor do seu rosto você comerá o seu pão, até
que volte à terra, pois dela você foi formado; por-
que você é pó, e ao pó voltará.
20 E o homem deu à sua mulher o nome de Eva,
por ser a mãe de todos os seres humanos. 21 O
SENHOR Deus fez roupas de peles, com as quais
vestiu Adão e sua mulher.
22 Então o SENHOR Deus disse:
— Eis que o homem se tornou como um de nós,
conhecedor do bem e do mal. É preciso impedir
que estenda a mão, tome também da árvore da
vida, coma e viva eternamente.
23 Por isso o SENHOR Deus o lançou fora do jar-
dim do Éden, para cultivar a terra da qual havia
sido tomado. 24 E, depois de lançar fora o homem,
Deus colocou querubins a leste do jardim do Éden
e uma espada flamejante que se movia em todas as
direções, para guardar o caminho da árvore da vida.

Caim e Abel

4 1 Adão teve relações com Eva, a sua mulher. Ela
ficou grávida e deu à luz Caim. Então ela disse:
— Adquiri um varão com o auxílio do SENHOR.
2 Depois, deu à luz Abel, irmão de Caim. Abel foi
pastor de ovelhas, e Caim foi agricultor. 3 Aconte-
ceu que, ao fim de um certo tempo, Caim trouxe
do fruto da terra uma oferta ao SENHOR. 4 Abel,
por sua vez, trouxe das primícias do seu rebanho
e da gordura deste. O SENHOR se agradou de Abel
e de sua oferta, 5 mas de Caim e de sua oferta não
se agradou. Caim ficou muito irritado e fechou a
cara. 6 Então o SENHOR lhe disse:
— Por que você anda irritado? E por que essa
cara fechada? 7 Se fizer o que é certo, não é verda-
de que você será aceito? Mas, se não fizer o que é
certo, eis que o pecado está à porta, à sua espera. O
desejo dele será contra você, mas é necessário que
você o domine.

O primeiro homicídio

8 Caim disse a Abel, seu irmão:
— Vamos ao campo.
Estando eles no campo, Caim se levantou con-
tra Abel, o seu irmão, e o matou.
9 O SENHOR disse a Caim:
— Onde está Abel, o seu irmão?
Ele respondeu:
— Não sei; por acaso sou o guardador do meu
irmão?
10 E o SENHOR disse:
— O que foi que você fez? A voz do sangue do
seu irmão clama da terra a mim. 11 E agora você é
maldito sobre a terra, cuja boca se abriu para rece-
ber da sua mão o sangue do seu irmão. 12 Quando
você cultivar o solo, ele não lhe dará a sua força;
você será fugitivo e errante pela terra.
13 Então Caim disse ao SENHOR:
— Meu castigo é tão grande, que não poderei
suportá-lo. 14 Eis que hoje me expulsas da face
da terra, e da tua presença terei de me esconder;
serei fugitivo e errante pela terra; quem se encon-
trar comigo me matará.
15 O SENHOR, porém, lhe disse:
— Não! E, se alguém matar Caim, será vingado
sete vezes.
E o SENHOR pôs um sinal em Caim para que, se
alguém viesse a encontrá-lo, não o matasse. 16 E
Caim se retirou da presença do SENHOR e habitou
na terra de Node, a leste do Éden.

Descendentes de Caim

17 E Caim teve relações com sua mulher; ela
ficou grávida e deu à luz Enoque. Caim edificou
uma cidade e a chamou de Enoque, o nome de seu
filho. 18 A Enoque nasceu Irade. Irade gerou Meu-
jael, Meujael gerou Metusael, e Metusael gerou
Lameque. 19 Lameque tomou para si duas esposas:
o nome de uma era Ada, e o nome da outra era
Zilá. 20 Ada deu à luz Jabal, que foi o pai dos que
habitam em tendas e possuem gado. 21 O nome de
seu irmão era Jubal, que foi o pai de todos os que
tocam harpa e flauta. 22 Zilá, por sua vez, deu à
luz Tubalcaim, artífice de todo instrumento cor-
tante, de bronze e de ferro; a irmã de Tubalcaim
foi Naamá.
23 E Lameque disse às suas esposas:

"Ada e Zilá, ouçam o que eu digo;
vocês, mulheres de Lameque,
escutem o que passo a dizer:
Matei um homem porque me feriu;
e um jovem porque me machucou.
24 Se Caim é vingado sete vezes,
Lameque será vingado setenta vezes sete."

Sete e Enos

25 Adão tornou a ter relações com sua mulher.
E ela deu à luz um filho, a quem pôs o nome de
Sete, dizendo:
— Deus me concedeu outro descendente em
lugar de Abel, que Caim matou.

26 A Sete nasceu-lhe também um filho, ao qual
pôs o nome de Enos. Foi nesse tempo que se co-
meçou a invocar o nome do SENHOR.

Descendentes de Adão

1Cr 1.1-4

5 1 Este é o livro da genealogia de Adão.
No dia em que Deus criou o ser humano, à se-
melhança de Deus o fez. 2 Deus os criou homem
e mulher, os abençoou e lhes deu o nome de "ser
humano", no dia em que foram criados.

3 Adão viveu cento e trinta anos, e gerou um fi-
lho à sua semelhança, conforme a sua imagem, e
lhe deu o nome de Sete. 4 Depois que gerou esse
filho, Adão viveu oitocentos anos; e teve filhos e
filhas. 5 Todos os dias da vida de Adão foram nove-
centos e trinta anos; e morreu.

6 Sete viveu cento e cinco anos e gerou Enos.
7 Depois que gerou Enos, Sete viveu oitocentos e
sete anos; e teve filhos e filhas. 8 Todos os dias de
Sete foram novecentos e doze anos; e morreu.

9 Enos viveu noventa anos e gerou Cainã. 10 De-
pois que gerou Cainã, Enos viveu oitocentos e
quinze anos; e teve filhos e filhas. 11 Todos os dias
de Enos foram novecentos e cinco anos; e morreu.

12 Cainã viveu setenta anos e gerou Maalalel.
13 Depois que gerou Maalalel, Cainã viveu oitocen-
tos e quarenta anos; e teve filhos e filhas. 14 Todos
os dias de Cainã foram novecentos e dez anos; e
morreu.

15 Maalalel viveu sessenta e cinco anos e gerou
Jarede. 16 Depois que gerou Jarede, Maalalel viveu
oitocentos e trinta anos; e teve filhos e filhas.
17 Todos os dias de Maalalel foram oitocentos e
noventa e cinco anos; e morreu.

18 Jarede viveu cento e sessenta e dois anos e
gerou Enoque. 19 Depois que gerou Enoque, Jarede
viveu oitocentos anos; e teve filhos e filhas. 20 To-
dos os dias de Jarede foram novecentos e sessenta
e dois anos; e morreu.

21 Enoque viveu sessenta e cinco anos e gerou
Metusalém. 22 Enoque andou com Deus; e, depois
que gerou Metusalém, viveu trezentos anos; e teve
filhos e filhas. 23 Todos os dias de Enoque foram
trezentos e sessenta e cinco anos. 24 Enoque an-
dou com Deus e não foi mais visto, porque Deus o
levou para junto de si.

25 Metusalém viveu cento e oitenta e sete anos
e gerou Lameque. 26 Depois que gerou Lameque,
Metusalém viveu setecentos e oitenta e dois anos;
e teve filhos e filhas. 27 Todos os dias de Metusalém
foram novecentos e sessenta e nove anos; e morreu.

28 Lameque viveu cento e oitenta e dois anos e
gerou um filho. 29 Deu-lhe o nome de Noé, dizendo:

— Este nos consolará dos nossos trabalhos
e das fadigas de nossas mãos, nesta terra que o
SENHOR amaldiçoou.

30 Depois que gerou Noé, Lameque viveu qui-
nhentos e noventa e cinco anos; e teve filhos e
filhas. 31 Todos os dias de Lameque foram setecen-
tos e setenta e sete anos; e morreu.

32 Noé tinha quinhentos anos de idade e gerou
Sem, Cam e Jafé.

A corrupção do gênero humano

6 1 Quando as pessoas começaram a se multipli-
car sobre a face da terra e tiveram filhas, 2 os
filhos de Deus viram que as filhas dos homens
eram bonitas e tomaram para si mulheres, aquelas
que, entre todas, mais lhes agradaram. 3 Então o
SENHOR disse:

— O meu Espírito não agirá para sempre no ser
humano, pois este é carnal; e os seus dias serão
cento e vinte anos.

4 Naquele tempo havia gigantes na terra, e tam-
bém depois, quando os filhos de Deus possuíram
as filhas dos homens, as quais lhes deram filhos.
Estes foram valentes, homens de renome, na an-
tiguidade.

5 O SENHOR viu que a maldade das pessoas ha-
via se multiplicado na terra e que todo desígnio do
coração delas era continuamente mau. 6 Então o
SENHOR ficou triste por haver feito o ser humano na
terra, e isso lhe pesou no coração. 7 O SENHOR disse:

— Farei desaparecer da face da terra o ser hu-
mano que criei. Destruirei não apenas as pessoas,
mas também os animais, os seres que rastejam e
as aves dos céus; porque estou triste por havê-los
feito.

8 Porém Noé encontrou favor aos olhos do
SENHOR.

A arca de Noé

9 São estas as gerações de Noé.

Noé era homem justo e íntegro entre os seus
contemporâneos; Noé andava com Deus. 10 Gerou
três filhos: Sem, Cam e Jafé.

11 A terra estava corrompida à vista de Deus e
cheia de violência. 12 Deus olhou para a terra, e
eis que estava corrompida; porque todos os seres
vivos haviam corrompido o seu caminho na terra.
13 Então Deus disse a Noé:

— Resolvi acabar com todos os seres humanos,
porque a terra está cheia de violência por causa de-
les. Eis que os destruirei juntamente com a terra.

14 — Faça uma arca de tábuas de cipreste. Nela
você fará compartimentos e a revestirá com betu-
me por dentro e por fora. 15 Deste modo você a fará:
seu comprimento será de cento e trinta metros, a
largura, de vinte e dois; e a altura, de treze. 16 Faça
uma cobertura, deixando entre ela e a arca uma
abertura de meio metro. Coloque uma porta lateral
e faça três andares: um embaixo, um segundo e um
terceiro. 17 Porque vou trazer um dilúvio de águas

sobre a terra para destruir todo ser em que há fôlego de vida debaixo dos céus; tudo o que há na terra será destruído. 18 Mas com você estabelecerei a minha aliança, e você entrará na arca, você e os seus filhos, a sua mulher, e as mulheres dos seus filhos. 19 De todos os seres vivos, você fará entrar na arca dois de cada espécie, macho e fêmea, para conservá-los vivos com você. 20 Das aves segundo as suas espécies, do gado segundo as suas espécies, de todo animal que rasteja sobre a terra segundo as suas espécies, dois de cada espécie virão a você, para que sejam conservados vivos. 21 Leve com você todo tipo de comida e armazene-a com você; isso será para alimento, a você e a eles.

22 Foi o que Noé fez. Conforme tudo o que Deus lhe havia ordenado, assim ele fez.

O dilúvio

7 1 O SENHOR disse a Noé:

— Entre na arca, você e toda a sua família, porque reconheço que você tem sido justo diante de mim no meio desta geração. 2 De todo animal puro leve com você sete pares: o macho e sua fêmea. Mas dos animais impuros leve um par: o macho e sua fêmea. 3 Também das aves dos céus leve sete pares: macho e fêmea, para se conservar a semente sobre a face da terra. 4 Porque, daqui a sete dias, farei chover sobre a terra durante quarenta dias e quarenta noites; e farei desaparecer da superfície da terra todos os seres que fiz.

5 E Noé fez tudo como o SENHOR lhe havia ordenado. 6 Noé tinha seiscentos anos de idade quando as águas do dilúvio inundaram a terra. 7 Por causa das águas do dilúvio, Noé entrou na arca, ele com os seus filhos, a sua mulher e as mulheres dos seus filhos. 8 Dos animais puros, dos animais impuros, das aves e de todo animal que rasteja sobre a terra, 9 entraram para junto de Noé, na arca, de dois em dois, macho e fêmea, como Deus havia ordenado a Noé. 10 E aconteceu que, depois de sete dias, vieram sobre a terra as águas do dilúvio.

11 No ano seiscentos da vida de Noé, aos dezessete dias do segundo mês, nesse dia romperam-se todas as fontes do grande abismo, e as comportas dos céus se abriram, 12 e caiu chuva sobre a terra durante quarenta dias e quarenta noites. 13 Nesse mesmo dia entraram na arca Noé, os seus filhos Sem, Cam e Jafé, a mulher dele e as mulheres dos seus filhos. 14 Entraram eles e todos os animais segundo as suas espécies, todo gado segundo as suas espécies, todos os animais que rastejam sobre a terra segundo as suas espécies, todas as aves segundo as suas espécies, todos os pássaros e tudo o que tem asa. 15 De todos os seres em que havia fôlego de vida, entraram na arca de dois em dois, para junto de Noé; 16 eram macho e fêmea os que entraram de todos os seres vivos, como Deus havia ordenado a Noé; e o SENHOR fechou a porta da arca.

17 O dilúvio durou quarenta dias sobre a terra. As águas subiram e elevaram a arca sobre a terra. 18 As águas prevaleceram e aumentaram muito na terra; a arca, porém, flutuava sobre as águas. 19 As águas prevaleceram excessivamente sobre a terra e cobriram todos os altos montes que havia debaixo do céu. 20 As águas ficaram sete metros acima deles; e os montes foram cobertos. 21 E morreram todos os seres vivos que se moviam sobre a terra: aves, animais domésticos, animais selvagens, e todos os enxames de criaturas que povoam a terra, e todos os seres humanos. 22 Tudo o que havia em terra seca e que tinha fôlego de vida em suas narinas morreu. 23 Assim, foram exterminados todos os seres que havia sobre a face da terra: as pessoas e os animais, os seres que rastejam e as aves dos céus foram extintos da terra; ficou somente Noé e os que com ele estavam na arca. 24 E as águas prevaleceram sobre a terra durante cento e cinquenta dias.

O fim do dilúvio

8 1 Então Deus se lembrou de Noé e de todos os animais selvagens e de todos os animais domésticos que estavam com ele na arca. Deus fez soprar um vento sobre a terra, e as águas começaram a baixar. 2 Fecharam-se as fontes do abismo e também as comportas dos céus, e a chuva dos céus se deteve. 3 As águas iam escoando continuamente da face da terra. Ao fim de cento e cinquenta dias as águas tinham baixado. 4 No dia dezessete do sétimo mês, a arca repousou sobre as montanhas de Ararate. 5 E as águas continuaram a baixar até o décimo mês. No primeiro dia desse mês apareceram os picos das montanhas.

6 Quarenta dias depois, Noé abriu a janela que tinha feito na arca 7 e soltou um corvo, o qual, tendo saído, ia e voltava, até que se secaram as águas sobre a terra. 8 Depois, Noé soltou uma pomba para ver se as águas já tinham diminuído na superfície da terra. 9 Mas a pomba, não achando lugar para pousar os pés, voltou para junto de Noé, na arca; porque as águas ainda cobriam a terra. Noé, estendendo a mão, pegou a pomba e a recolheu consigo na arca e a trouxe de novo para dentro da arca. 10 Noé esperou mais sete dias e de novo soltou a pomba fora da arca. 11 À tarde, ela voltou a ele, trazendo no bico uma folha nova de oliveira. Assim Noé entendeu que as águas tinham baixado sobre a terra. 12 Esperou mais sete dias e de novo soltou a pomba; ela, porém, já não voltou mais para ele.

Noé e sua família saem da arca

13 Aconteceu que, no primeiro dia do primeiro mês do ano seiscentos e um, as águas que

estavam sobre a terra secaram. Então Noé re-
moveu a cobertura da arca e olhou, e eis que o
solo estava enxuto. 14 E, aos vinte e sete dias do
segundo mês, a terra estava seca. 15 Então Deus
disse a Noé:

16 — Saia da arca, você, a sua mulher, os seus
filhos e as mulheres dos seus filhos. 17 Faça sair
também todos os animais que estão com você,
tanto aves como gado, e todo animal que rasteja
sobre a terra, para que povoem a terra, sejam fe-
cundos e nela se multipliquem.

18 Saiu, pois, Noé, com os seus filhos, a sua mu-
lher e as mulheres dos seus filhos. 19 E também
saíram da arca todos os animais, todos os animais
que rastejam, todas as aves e tudo o que se move
sobre a terra, segundo as suas famílias.

Noé levanta um altar

20 Noé levantou um altar ao SENHOR e, tomando
de animais puros e de aves puras, ofereceu holo-
caustos sobre o altar. 21 E o SENHOR aspirou o aro-
ma agradável e disse consigo mesmo:

— Nunca mais vou amaldiçoar a terra por cau-
sa das pessoas, porque é mau o desígnio íntimo do
ser humano desde a sua mocidade. Também nun-
ca mais vou destruir todos os seres vivos, como fiz
desta vez. 22 Enquanto durar a terra, não deixará
de haver semeadura e colheita, frio e calor, verão e
inverno, dia e noite.

A aliança de Deus com Noé

9 1 Deus abençoou Noé e os seus filhos, dizendo:
— Sejam fecundos, multipliquem-se e en-
cham a terra. 2 Todos os animais da terra e todas
as aves dos céus terão medo e pavor de vocês.
Tudo o que se move sobre a terra e todos os pei-
xes do mar serão entregues nas mãos de vocês.
3 Tudo o que se move e vive servirá de alimento
para vocês. Assim como lhes dei a erva verde,
agora lhes dou todas as coisas. 4 Carne, porém,
com sua vida, isto é, com seu sangue, vocês não
devem comer. 5 Certamente requererei o sangue
de vocês, o sangue da vida de vocês; de todo ani-
mal o requererei, bem como do ser humano; sim,
de cada um requererei a vida de seu semelhante.
6 Se alguém derramar o sangue de uma pessoa,
o sangue dele será derramado por outra pessoa;
porque Deus fez o ser humano segundo a sua
imagem. 7 Mas sejam fecundos e multipliquem-
-se; povoem a terra e multipliquem-se sobre ela.
8 Deus também disse a Noé e aos seus filhos:

9 — Eis que estabeleço a minha aliança com
vocês, e com a descendência de vocês, 10 e com
todos os seres vivos que estão com vocês: tanto
as aves, os animais domésticos e os animais sel-
vagens que saíram da arca como todos os animais
da terra. 11 Estabeleço a minha aliança com vocês:
nunca mais os seres vivos serão destruídos pelas
águas de um dilúvio; nunca mais haverá dilúvio
para destruir a terra.

12 Deus disse:

— Este é o sinal da minha aliança que faço en-
tre mim e vocês e entre todos os seres vivos que
estão com vocês, para todas as futuras gerações:
13 porei o meu arco nas nuvens e ele será por si-
nal da aliança entre mim e a terra. 14 Quando eu
trouxer nuvens sobre a terra, e nelas aparecer
o arco, 15 então me lembrarei da minha aliança,
firmada entre mim e vocês e todos os seres vivos
de todas as espécies; e as águas não mais se tor-
narão em dilúvio para destruir todos os seres vi-
vos. 16 O arco estará nas nuvens; eu o verei e me
lembrarei da aliança eterna entre Deus e todos
os seres vivos de todas as espécies que há sobre
a terra.

17 Deus disse a Noé:

— Este é o sinal da aliança estabelecida entre
mim e todos os seres vivos sobre a terra.

18 Os filhos de Noé, que saíram da arca, foram
Sem, Cam e Jafé. Cam é o pai de Canaã. 19 Esses
três são os filhos de Noé; e a partir deles se povoou
toda a terra.

Noé pronuncia bênção e maldição

20 Sendo Noé agricultor, passou a plantar uma
vinha. 21 Bebendo do vinho, embriagou-se e fi-
cou nu dentro de sua tenda. 22 Cam, pai de Canaã,
vendo a nudez do pai, foi contar isso aos seus dois
irmãos, que estavam do lado de fora. 23 Então Sem
e Jafé pegaram uma capa, puseram-na sobre os
seus próprios ombros e, andando de costas e com
os rostos desviados, cobriram a nudez do pai, sem
que a vissem. 24 Quando Noé despertou do seu
vinho, soube o que o filho mais moço havia feito.
25 Então disse:

"Maldito seja Canaã;
seja servo dos servos para os seus irmãos."

26 E continuou:

"Bendito seja o SENHOR, Deus de Sem;
e Canaã lhe seja servo.
27 Que Deus engrandeça Jafé,
e que ele habite nas tendas de Sem;
e Canaã lhe seja servo."

28 Noé, depois do dilúvio, viveu ainda trezentos
e cinquenta anos. 29 Todos os dias de Noé foram
novecentos e cinquenta anos; e morreu.

Descendentes dos filhos de Noé

1Cr 1.5-23

10 1 São estas as gerações de Sem, Cam e Jafé,
os filhos de Noé. A eles nasceram filhos de-
pois do dilúvio.

2 Os filhos de Jafé foram: Gomer, Magogue, Ma-
dai, Javã, Tubal, Meseque e Tiras. 3 Os filhos de
Gomer foram: Asquenaz, Rifate e Togarma. 4 Os
filhos de Javã foram: Elisá, Társis, Quitim e Doda-
nim. 5 Estes repartiram entre si as ilhas das nações
nas suas terras, cada qual segundo a sua língua,
segundo as suas famílias, em suas nações.

6 Os filhos de Cam foram: Cuxe, Mizraim, Pute
e Canaã. 7 Os filhos de Cuxe foram: Sebá, Havilá,
Sabtá, Raamá e Sabtecá; e os filhos de Raamá: Sabá
e Dedã. 8 Cuxe gerou Ninrode, que começou a ser
poderoso na terra. 9 Foi valente caçador diante do
Senhor. Daí dizer-se: "Como Ninrode, poderoso
caçador diante do Senhor." 10 O princípio do seu
reino foi Babel, Ereque, Acade e Calné, na terra
de Sinar. 11 Daquela terra ele foi para a Assíria
e edificou Nínive, Reobote-Ir e Calá. 12 E, entre
Nínive e Calá, a grande cidade de Resém. 13 Miz-
raim gerou Ludim, Anamim, Leabim, Naftuim,
14 Patrusim, Casluim (de quem descendem os fi-
listeus) e Caftorim.

15 Canaã gerou Sidom, seu primogênito, e Hete,
16 e também os jebuseus, os amorreus, os girga-
seus, 17 os heveus, os arqueus, os sineus, 18 os
arvadeus, os zemareus e os hamateus. Depois as
famílias dos cananeus se espalharam. 19 E a fron-
teira dos cananeus foi desde Sidom, indo para Ge-
rar, até Gaza, indo para Sodoma, Gomorra, Admá
e Zeboim, até Lasa. 20 São estes os filhos de Cam,
segundo as suas famílias, segundo as suas línguas,
em suas terras, em suas nações.

21 A Sem, que foi pai de todos os filhos de Héber e
irmão mais velho de Jafé, também nasceram filhos.
22 Os filhos de Sem foram: Elão, Assur, Arfaxade,
Lude e Arã. 23 Os filhos de Arã foram: Uz, Hul, Geter
e Más. 24 Arfaxade gerou Salá, e Salá gerou Héber.

25 A Héber nasceram dois filhos: o nome de um
foi Pelegue, porque em seus dias se repartiu a ter-
ra; e o nome de seu irmão foi Joctã. 26 Joctã gerou
Almodá, Selefe, Hazar-Mavé, Jerá, 27 Hadorão,
Uzal, Dicla, 28 Obal, Abimael, Sabá, 29 Ofir, Havilá
e Jobabe. Todos estes foram filhos de Joctã. 30 E ha-
bitaram desde Messa, indo para Sefar, montanha
do Oriente. 31 São estes os filhos de Sem, segundo
as suas famílias, segundo as suas línguas, em suas
terras, em suas nações.

32 São estas as famílias dos filhos de Noé, se-
gundo as suas gerações, nas suas nações; e destes
foram disseminadas as nações na terra, depois do
dilúvio.

A torre de Babel

11 1 Em toda a terra havia apenas uma língua e
uma só maneira de falar.
2 Os homens partiram do Oriente, encontraram
uma planície na terra de Sinar e habitaram ali. 3 E
disseram uns aos outros:

— Venham, vamos fazer tijolos e queimá-los
bem.

Os tijolos lhes serviram de pedra, e o betume,
de argamassa. 4 Disseram:

— Venham, vamos construir uma cidade e uma
torre cujo topo chegue até os céus e tornemos cé-
lebre o nosso nome, para que não sejamos espa-
lhados por toda a terra.

5 Então o Senhor desceu para ver a cidade e a
torre, que os filhos dos homens estavam cons-
truindo. 6 E o Senhor disse:

— Eis que o povo é um, e todos têm a mesma
língua. Isto é apenas o começo; agora não haverá
restrição para tudo o que planejam fazer. 7 Ve-
nham, vamos descer e confundir a língua que eles
falam, para que um não entenda o que o outro
está dizendo.

8 Assim o Senhor os dispersou dali pela super-
fície da terra; e pararam de edificar a cidade. 9 Por
isso a cidade foi chamada de Babel, porque ali o
Senhor confundiu a língua de toda a terra e dali
o Senhor os dispersou por toda a superfície dela.

Descendentes de Sem

1Cr 1.24-27

10 São estas as gerações de Sem. Ele tinha cem
anos de idade quando gerou Arfaxade, dois anos
depois do dilúvio. 11 E, depois que gerou Arfaxa-
de, Sem viveu quinhentos anos; e gerou filhos e
filhas.

12 Arfaxade viveu trinta e cinco anos e gerou
Salá. 13 E, depois que gerou Salá, Arfaxade viveu
quatrocentos e três anos; e gerou filhos e filhas.

14 Salá viveu trinta anos e gerou Héber; 15 e, de-
pois que gerou Héber, Salá viveu quatrocentos e
três anos; e gerou filhos e filhas.

16 Héber viveu trinta e quatro anos e gerou Pe-
legue; 17 e, depois que gerou Pelegue, Héber viveu
quatrocentos e trinta anos; e gerou filhos e filhas.

18 Pelegue viveu trinta anos e gerou Reú; 19 e,
depois que gerou Reú, Pelegue viveu duzentos e
nove anos; e gerou filhos e filhas.

20 Reú viveu trinta e dois anos e gerou Serugue;
21 e, depois que gerou Serugue, Reú viveu duzen-
tos e sete anos; e gerou filhos e filhas.

22 Serugue viveu trinta anos e gerou Naor; 23 e,
depois que gerou Naor, Serugue viveu duzentos
anos; e gerou filhos e filhas.

24 Naor viveu vinte e nove anos e gerou Tera;
25 e, depois que gerou Tera, Naor viveu cento e de-
zenove anos; e gerou filhos e filhas.

26 Tera viveu setenta anos e gerou Abrão, Naor
e Harã.

27 São estas as gerações de Tera. Tera gerou
Abrão, Naor e Harã; e Harã gerou Ló. 28 Harã mor-
reu na terra de seu nascimento, em Ur dos cal-
deus, estando Tera, seu pai, ainda vivo. 29 Abrão

e Naor tomaram para si mulheres. A mulher de
Abrão se chamava Sarai, e a mulher de Naor era
Milca, filha de Harã, que foi pai de Milca e de Iscá.
30 Sarai era estéril, não tinha filhos.
31 Tera tomou Abrão, seu filho, e Ló, filho de
Harã, filho de seu filho, e Sarai, sua nora, mulher
de seu filho Abrão, e saiu com eles de Ur dos cal-
deus, para ir à terra de Canaã. Foram até Harã,
onde ficaram. 32 E, havendo Tera vivido duzentos
e cinco anos ao todo, morreu em Harã.

Deus chama Abrão e lhe faz promessas

12 1 O SENHOR disse a Abrão:
— Saia da sua terra, da sua parentela e da
casa do seu pai e vá para a terra que lhe mostrarei.
2 Farei de você uma grande nação, e o abençoarei,
e engrandecerei o seu nome. Seja uma bênção!
3 Abençoarei aqueles que o abençoarem e amal-
diçoarei aquele que o amaldiçoar. Em você serão
benditas todas as famílias da terra.
4 Partiu, pois, Abrão, como o SENHOR lhe havia
ordenado. E Ló foi com ele. Abrão tinha setenta
e cinco anos quando saiu de Harã. 5 Abrão levou
consigo a sua mulher Sarai, o seu sobrinho Ló,
todos os bens que haviam adquirido e as pessoas
que lhes foram acrescentadas em Harã. Partiram
para a terra de Canaã e lá chegaram. 6 Abrão atra-
vessou a terra até Siquém, até o carvalho de Moré.
Nesse tempo os cananeus habitavam essa terra.
7 O SENHOR apareceu a Abrão e lhe disse:
— Darei esta terra à sua descendência.
Ali Abrão edificou um altar ao SENHOR, que
lhe tinha aparecido. 8 Passando dali para o monte
a leste de Betel, armou a sua tenda, ficando Be-
tel a oeste e Ai a leste. Ali edificou um altar ao
SENHOR e invocou o nome do SENHOR. 9 Depois,
Abrão partiu dali, indo sempre na direção do Ne-
guebe.

Abrão no Egito

10 Havia fome naquela terra. Assim, Abrão foi
para o Egito, para ali ficar, porque era grande a
fome na terra. 11 Quando se aproximava do Egito,
quase ao entrar, disse a Sarai, sua mulher:
— Ora, bem sei que você é uma mulher muito
bonita. 12 Os egípcios, quando virem você, vão
dizer: "Essa é a mulher dele." Então eles vão me
matar, deixando você com vida. 13 Diga, pois, que
você é minha irmã, para que me tratem bem por
sua causa e, por amor a você, me conservem a vida.
14 Tendo Abrão entrado no Egito, os egípcios vi-
ram que a mulher era, de fato, muito bonita. 15 Os
príncipes de Faraó a viram e foram elogiá-la diante
de Faraó. E a mulher foi levada para a casa de Fa-
raó. 16 Este, por causa dela, tratou bem a Abrão, o
qual veio a ter ovelhas, bois, jumentos, escravos e
escravas, jumentas e camelos.
17 Porém o SENHOR puniu Faraó e a sua casa
com grandes pragas, por causa de Sarai, mulher de
Abrão. 18 Faraó chamou Abrão e lhe disse:
— O que é isso que você fez comigo? Por que
não me disse que ela era a sua mulher? 19 E por que
me disse que ela era sua irmã? Foi por isso que a
tomei para ser minha mulher. Agora, pois, aqui
está a sua mulher; tome-a e vá embora daqui.
20 E Faraó deu ordens aos seus servos a respeito
de Abrão e eles o acompanharam, a ele, a sua mu-
lher e a tudo o que possuía.

Abrão e Ló se separam

13 1 Abrão saiu do Egito e foi para o Neguebe,
ele e a sua mulher e tudo o que tinha. E Ló
foi com ele. 2 Abrão era muito rico; possuía gado,
prata e ouro. 3 Fez as suas jornadas do Neguebe
até Betel, até o lugar onde primeiro tinha armado
a sua tenda, entre Betel e Ai, 4 até o lugar do altar,
que anteriormente tinha feito. E ali Abrão invocou
o nome do SENHOR.
5 Ló, que ia com Abrão, também tinha re-
banhos, gado e tendas. 6 E a terra não podia
sustentá-los, para que morassem juntos, porque
eram muitos os seus bens, de maneira que não
podiam morar um na companhia do outro. 7 Hou-
ve desentendimento entre os pastores do gado de
Abrão e os pastores do gado de Ló. Nesse tempo
os cananeus e os ferezeus habitavam essa terra.
8 Então Abrão disse a Ló:
— Não deveria haver conflito entre mim e você
e entre os meus pastores e os seus pastores, por-
que somos parentes chegados. 9 Não está toda a
terra aí diante de você? Peço que você se afaste de
mim. Se você for para a esquerda, irei para a direi-
ta; se você for para a direita, irei para a esquerda.
10 Ló ergueu os olhos e viu toda a campina do
Jordão, que era toda bem-regada, como o jardim
do SENHOR, como a terra do Egito, até a região de
Zoar. Isto foi antes de haver o SENHOR destruído
Sodoma e Gomorra. 11 Então Ló escolheu para si
toda a campina do Jordão e partiu para o Oriente.
E assim separaram-se um do outro. 12 Abrão habi-
tou na terra de Canaã, e Ló foi morar nas cidades
da campina. E ia armando as suas tendas até So-
doma. 13 Ora, os moradores de Sodoma eram maus
e grandes pecadores contra o SENHOR.

Deus promete a Abrão a terra de Canaã

14 O SENHOR disse a Abrão, depois que Ló se se-
parou dele:
— Erga os olhos e olhe de onde você está para
o norte, para o sul, para o leste e para o oeste;
15 porque toda essa terra que você está vendo, eu
a darei a você e à sua descendência, para sempre.
16 Farei a sua descendência como o pó da terra,
de maneira que, se alguém puder contar o pó da

terra, então será possível também contar os seus
descendentes. 17 Levante-se e percorra essa terra
no seu comprimento e na sua largura, porque eu
a darei a você.
18 E Abrão, mudando as suas tendas, foi morar
nos carvalhais de Manre, que estão junto a He-
brom. E ali edificou um altar ao SENHOR.

Guerra de quatro reis contra cinco

14 1 Naquele tempo Anrafel, rei de Sinar, Ario-
que, rei de Elasar, Quedorlaomer, rei de
Elão, e Tidal, rei de Goim, 2 fizeram guerra contra
Bera, rei de Sodoma, contra Birsa, rei de Gomorra,
contra Sinabe, rei de Admá, contra Semeber, rei de
Zeboim, e contra o rei de Bela, também chamada
de Zoar. 3 Todos estes se ajuntaram no vale de Si-
dim, onde fica o mar Salgado. 4 Durante doze anos
serviram Quedorlaomer, porém no décimo ter-
ceiro eles se rebelaram. 5 No décimo quarto ano,
veio Quedorlaomer e os reis que estavam com ele
e derrotaram os refains em Asterote-Carnaim, e
os zuzins em Hã, e os emins em Savé-Quiriataim,
6 e os horeus no seu monte Seir, até El-Parã, que
está junto ao deserto. 7 De volta passaram em En-
-Mispate, que é Cades, e conquistaram toda a terra
dos amalequitas e dos amorreus, que moravam
em Hazazom-Tamar.
8 Então saíram os reis de Sodoma, de Gomorra,
de Admá, de Zeboim e de Bela, que é Zoar, e se
prepararam para a batalha contra eles no vale de
Sidim, 9 contra Quedorlaomer, rei de Elão, contra
Tidal, rei de Goim, contra Anrafel, rei de Sinar,
contra Arioque, rei de Elasar. Eram quatro reis
contra cinco. 10 Ora, o vale de Sidim estava cheio
de poços de betume. Os reis de Sodoma e de Go-
morra fugiram. Alguns caíram nesses poços, e os
restantes fugiram para um monte. 11 Os reis vito-
riosos pegaram todos os bens de Sodoma e de Go-
morra e todo o seu mantimento e se foram.

Ló é preso

12 Apossaram-se também de Ló, sobrinho de
Abrão, que morava em Sodoma, e dos seus bens;
e partiram. 13 Porém um homem que conseguiu
escapar veio e contou tudo a Abrão, o hebreu.
Este morava junto dos carvalhais de Manre, o
amorreu, irmão de Escol e de Aner, os quais eram
aliados de Abrão.
14 Quando Abrão soube que o seu sobrinho
estava preso, fez sair trezentos e dezoito homens
dos mais capazes, nascidos em sua casa, e per-
seguiu os inimigos até Dã. 15 E, de noite, Abrão
dividiu os seus homens em grupos, derrotou os
inimigos e os perseguiu até Hobá, que fica ao nor-
te de Damasco. 16 Trouxe de novo todos os bens, e
também o seu sobrinho Ló, os bens dele, e ainda
as mulheres, e o povo.

Melquisedeque abençoa Abrão

17 Quando Abrão regressava, depois de derrotar
Quedorlaomer e os reis que estavam com ele, o rei
de Sodoma foi ao encontro dele no vale de Savé,
que é o vale do Rei. 18 E Melquisedeque, rei de Sa-
lém, trouxe pão e vinho. Ele era sacerdote do Deus
Altíssimo. 19 Ele abençoou Abrão e disse:

"Abrão seja abençoado
pelo Deus Altíssimo,
que criou os céus e a terra.
20 E bendito seja o Deus Altíssimo,
que entregou os adversários
de você nas suas mãos."

E Abrão deu a Melquisedeque o dízimo de tudo.
21 Então o rei de Sodoma disse a Abrão:
— Dê-me as pessoas e fique com os bens para
você.
22 Mas Abrão lhe respondeu:
— Juro pelo SENHOR, o Deus Altíssimo, que
criou os céus e a terra, 23 que nada tomarei de
tudo o que é seu, nem um fio, nem uma correia de
sandália, para que você não diga: "Fui eu que enri-
queci Abrão." 24 Nada quero para mim, a não ser o
que os rapazes comeram e a parte que toca a Aner,
Escol e Manre, os homens que foram comigo; que
estes fiquem com a parte deles.

Deus faz uma aliança com Abrão

15 1 Depois destes acontecimentos, a palavra do
SENHOR veio a Abrão, numa visão, dizendo:
— Não tenha medo, Abrão, eu sou o seu es-
cudo, e lhe darei uma grande recompensa.
2 Abrão respondeu:
— SENHOR Deus, que me darás, se continuo
sem filhos e o herdeiro da minha casa é o damas-
ceno Eliézer?
3 Abrão continuou:
— Tu não me deste descendência, e um servo
nascido na minha casa será o meu herdeiro.
4 E eis que a palavra do SENHOR veio a ele, dizendo:
— Esse não será o seu herdeiro. Pelo contrário,
aquele que será gerado por você, esse será o seu
herdeiro.
5 Então o SENHOR levou-o para fora e disse:
— Olhe para os céus e conte as estrelas, se pu-
der contá-las.
E lhe disse:
— Assim será a sua posteridade.
6 Abrão creu no SENHOR, e isso lhe foi atribuído
para justiça.
7 O SENHOR disse também:
— Eu sou o SENHOR que o tirei de Ur dos cal-
deus, para lhe dar esta terra como herança.
8 Mas Abrão perguntou:
— SENHOR Deus, como saberei que vou herdar
essa terra?

9 O SENHOR respondeu:
— Traga-me uma novilha, uma cabra e um cor-
deiro, cada qual de três anos, uma rolinha e um
pombinho.
10 Abrão trouxe todos esses animais, cortou-os
pelo meio e pôs as metades umas diante das ou-
tras. As aves, porém, não cortou pelo meio. 11 Aves
de rapina desciam sobre os cadáveres, porém
Abrão as enxotava.
12 Ao pôr do sol, um profundo sono caiu sobre
Abrão, e grande pavor e densas trevas tomaram
conta dele. 13 Então o SENHOR lhe disse:
— Fique sabendo, com certeza, que a sua
posteridade será peregrina em terra alheia, será
reduzida à escravidão e será afligida durante
quatrocentos anos. 14 Mas eu castigarei a nação
que os escravizar. Depois eles sairão com muitas
riquezas. 15 E você irá para junto de seus pais em
paz; será sepultado em boa velhice. 16 Na quarta
geração, voltarão para cá; porque a medida da ini-
quidade dos amorreus ainda não se encheu.
17 Quando o sol se pôs e houve densas trevas,
eis que um fogareiro fumegante e uma tocha de
fogo passaram entre aqueles pedaços dos animais.
18 Naquele mesmo dia, o SENHOR fez aliança com
Abrão, dizendo:
— À sua descendência dei esta terra, desde o
rio do Egito até o grande rio Eufrates: 19 a terra dos
queneus, dos quenezeus, dos cadmoneus, 20 dos
heteus, dos ferezeus, dos refains, 21 dos amorreus,
dos cananeus, dos girgaseus e dos jebuseus.

Sarai e Agar

16 1 Ora, Sarai, mulher de Abrão, não lhe dava
filhos. Mas tinha uma serva egípcia, chama-
da Agar. 2 Então Sarai disse a Abrão:
— Eis que o SENHOR me impediu de dar à luz
filhos. Tome, pois, a minha serva; talvez assim eu
possa ter filhos por meio dela.
E Abrão concordou com o plano de Sarai. 3 En-
tão Sarai, mulher de Abrão, tomou Agar, sua serva
egípcia, e a deu por mulher a Abrão, seu marido,
depois que ele já estava morando durante dez
anos na terra de Canaã. 4 Ele teve relações com
Agar, e ela ficou grávida. Ao saber que estava grá-
vida, Agar começou a olhar com desprezo para a
sua senhora. 5 Então Sarai disse a Abrão:
— Seja sobre você a afronta que é feita a mim.
Eu mesma pus a minha serva em seus braços; ela,
porém, vendo que engravidou, me olha com des-
prezo. Que o SENHOR julgue entre mim e você.
6 Abrão respondeu a Sarai:
— Você continua a ter controle sobre a sua ser-
va. Faça com ela o que melhor lhe parecer.
Então Sarai a humilhou, e Agar fugiu da presen-
ça dela.
7 Quando o Anjo do SENHOR a encontrou junto
a uma fonte de água no deserto, junto à fonte no
caminho de Sur, 8 perguntou-lhe:
— Agar, serva de Sarai, de onde você vem e
para onde vai?
Ela respondeu:
— Fujo da presença de Sarai, minha senhora.
9 Então o Anjo do SENHOR lhe disse:
— Volte para a sua senhora e sujeite-se a ela.
10 E o Anjo do SENHOR disse também:
— Aumentarei em muito a sua descendência,
de maneira que, de tão numerosa, não poderá ser
contada.
11 E o Anjo do SENHOR continuou:
— Você está grávida e dará à luz um filho, a
quem chamará Ismael, porque o SENHOR ouviu o
seu grito de aflição. 12 Ele será, entre os homens,
como um jumento selvagem; a sua mão será con-
tra todos, e a mão de todos será contra ele; e habi-
tará diante de todos os seus irmãos.
13 Então Agar deu ao SENHOR, que havia falado
com ela, o nome de "Tu és o Deus que vê". Porque
ela dizia: "Neste lugar eu olhei para Aquele que me
vê!" 14 Por isso, aquele poço se chama Beer-Laai-
-Roi. Fica entre Cades e Berede.

O nascimento de Ismael

15 Agar deu à luz um filho a Abrão; e Abrão cha-
mou de Ismael o filho que Agar lhe deu. 16 Abrão
tinha oitenta e seis anos, quando Agar lhe deu à
luz Ismael.

A aliança e a circuncisão

17 1 Quando Abrão atingiu a idade de noventa e
nove anos, o SENHOR apareceu a ele e disse:
— Eu sou o Deus Todo-Poderoso; ande na mi-
nha presença e seja perfeito. 2 Farei uma aliança
entre mim e você e darei a você uma descendência
muito numerosa.
3 Abrão se prostrou com o rosto em terra e Deus
lhe falou:
4 — Quanto a mim, esta é a minha aliança
com você: você será pai de muitas nações. 5 O seu
nome não será mais Abrão, e sim Abraão, por-
que eu o constituí pai de muitas nações. 6 Farei
com que você seja extraordinariamente fecundo.
De você farei surgir nações, e reis procederão de
você. 7 Estabelecerei uma aliança entre mim e
você e a sua descendência no decurso das suas
gerações, aliança perpétua, para ser o seu Deus e
o Deus da sua descendência. 8 Darei a você e à sua
descendência a terra onde agora você é estrangei-
ro, toda a terra de Canaã, como propriedade per-
pétua, e serei o Deus deles.
9 Deus disse ainda a Abraão:
— Guarde a minha aliança, você e a sua des-
cendência no decurso das suas gerações. 10 Esta é
a aliança que vocês guardarão entre mim e vocês

e a sua descendência: todos do sexo masculino
que estão no meio de vocês deverão ser circun-
cidados. 11 Vocês devem circuncidar a carne do
prepúcio e isso servirá como sinal de aliança en-
tre mim e vocês. 12 O menino que tem oito dias
será circuncidado entre vocês. Todos do sexo
masculino nas suas gerações devem ser circun-
cidados, também o escravo nascido em casa e o
comprado de qualquer estrangeiro, que não for
da sua linhagem. 13 Deve ser circuncidado o que
nasceu em sua casa e o que você comprou com
dinheiro. A minha aliança estará na carne de vo-
cês e será aliança perpétua. 14 O incircunciso, que
não tiver sido circuncidado na carne do prepúcio,
deve ser eliminado do meio do seu povo, pois
quebrou a minha aliança.

Deus muda o nome de Sarai

15 Deus disse a Abraão:
— A Sarai, sua mulher, você não chamará mais
de Sarai, porém de Sara. 16 Eu a abençoarei e darei
a você um filho que nascerá dela. Sim, eu a aben-
çoarei, e ela se tornará nações; reis de povos pro-
cederão dela.
17 Então Abraão se prostrou com o rosto em
terra, e riu, dizendo consigo mesmo: "Pode nascer
um filho a um homem de cem anos? E será que
Sara, com os seus noventa anos, ainda poderá dar
à luz?"
18 Então Abraão disse para Deus:
— Quem dera que Ismael vivesse sob a tua
bênção!
19 Deus lhe respondeu:
— Na verdade, Sara, a sua mulher, lhe dará um
filho, e você o chamará de Isaque. Estabelecerei
com ele a minha aliança, aliança perpétua para
a sua descendência. 20 Quanto a Ismael, eu ouvi
o pedido que você me fez: vou abençoá-lo, farei
com que seja fecundo e o multiplicarei extraordi-
nariamente; ele será pai de doze príncipes, e dele
farei uma grande nação. 21 Mas a minha aliança
eu estabelecerei com Isaque, o filho que Sara
dará à luz para você, neste mesmo tempo, daqui
a um ano.
22 Quando acabou de falar com Abraão, Deus se
retirou dele, elevando-se.

A instituição da circuncisão

23 Naquele mesmo dia, Abraão tomou o seu fi-
lho Ismael, e todos os escravos nascidos em sua
casa, e todos os que ele tinha comprado com o seu
dinheiro, todos os do sexo masculino que havia
em sua casa, e circuncidou a carne do prepúcio de
cada um, como Deus lhe havia ordenado. 24 Abraão
tinha noventa e nove anos de idade quando foi cir-
cuncidado na carne do seu prepúcio. 25 Ismael, seu
filho, tinha treze anos quando foi circuncidado
na carne do seu prepúcio. 26 Abraão e seu filho,
Ismael, foram circuncidados no mesmo dia. 27 E
também foram circuncidados todos os homens de
sua casa, tanto os escravos nascidos nela como os
comprados de estrangeiros.

Deus promete um filho a Abraão

18 1 O SENHOR apareceu a Abraão nos carva-
lhais de Manre, quando ele estava assentado
à entrada da tenda, no maior calor do dia. 2 Abraão
levantou os olhos, olhou, e eis que três homens es-
tavam em pé diante dele. Ao vê-los, Abraão correu
da porta da tenda ao encontro deles, prostrou-se
em terra 3 e disse:
— Senhor meu, se eu puder obter favor diante
de seus olhos, peço que não passe adiante sem fi-
car um pouco com este seu servo. 4 Vou pedir que
se traga um pouco de água, para que lavem os pés
e descansem debaixo desta árvore. 5 Trarei um
pouco de comida, para que refaçam as forças, vis-
to que chegaram até este servo de vocês; depois,
poderão seguir adiante.
Responderam:
— Faça como você disse.
6 Abraão correu para a tenda de Sara e lhe disse:
— Amasse depressa três medidas da melhor
farinha e faça pão.
7 Abraão, por sua vez, correu ao gado, pegou um
novilho tenro e bom, e o entregou a um emprega-
do, que se apressou em prepará-lo. 8 Pegou também
coalhada e leite e o novilho que tinha mandado
preparar e pôs tudo diante deles; e permaneceu em
pé junto a eles debaixo da árvore; e eles comeram.
9 Então lhe perguntaram:
— Onde está Sara, a sua mulher?
Ele respondeu:
— Está aí na tenda.
10 Um deles disse:
— Certamente voltarei a você, daqui a um ano;
e Sara, a sua mulher, dará à luz um filho.
Sara estava escutando, à porta da tenda, atrás
de Abraão. 11 Abraão e Sara já eram velhos, avan-
çados em idade; e a Sara já lhe havia cessado o
costume das mulheres. 12 Por isso Sara riu em seu
íntimo, dizendo consigo mesma:
— Depois de velha, e velho também o meu
senhor, terei ainda prazer?
13 Então o SENHOR perguntou a Abraão:
— Por que Sara riu, dizendo: "Será verdade que
darei ainda à luz, sendo velha?" 14 Por acaso, existe
algo demasiadamente difícil para o SENHOR? Da-
qui a um ano, neste mesmo tempo, voltarei a você,
e Sara terá um filho.
15 Então Sara teve medo e negou, dizendo:
— Eu não ri.
Ele, porém, disse:
— Não é verdade; é certo que você riu.

Abraão intercede por Sodoma

16 Quando aqueles homens se levantaram dali,
olharam para Sodoma; e Abraão ia com eles, para
os encaminhar. 17 O SENHOR disse:
— Será que eu devo esconder de Abraão o que
estou para fazer, 18 visto que Abraão certamente
virá a ser uma grande e poderosa nação, e nele
serão benditas todas as nações da terra? 19 Porque
eu o escolhi para que ordene aos seus filhos e a
sua casa depois dele, a fim de que guardem o ca-
minho do SENHOR e pratiquem a justiça e o juízo,
para que o SENHOR faça vir sobre Abraão o que lhe
prometeu.
20 Então o SENHOR disse:
— O clamor contra Sodoma e Gomorra tem au-
mentado, e o seu pecado é gravíssimo. 21 Descerei
e verei se, de fato, o que têm praticado correspon-
de a esse clamor que veio até mim. E, se este não
for o caso, eu ficarei sabendo.
22 Assim, aqueles homens partiram dali e fo-
ram para Sodoma; mas Abraão ainda permaneceu
na presença do SENHOR. 23 E, aproximando-se,
Abraão perguntou:
— Será que vais destruir o justo com o ímpio?
24 Se houver, por acaso, cinquenta justos na cida-
de, ainda assim destruirás e não pouparás o lugar
por amor dos cinquenta justos que nela se encon-
tram? 25 Longe de ti fazeres tal coisa: matar o justo
com o ímpio, como se o justo fosse igual ao ímpio.
Longe de ti! Será que o Juiz de toda a terra não fa-
ria justiça?
26 Então o SENHOR disse:
— Se eu encontrar cinquenta justos dentro da
cidade de Sodoma, pouparei a cidade toda por
amor a eles.
27 Abraão continuou:
— Eis que me atrevi a falar ao Senhor, eu que
sou pó e cinza. 28 Caso faltarem cinco para cin-
quenta justos, destruirás por isso toda a cidade?
Deus respondeu:
— Não a destruirei se eu encontrar ali quarenta
e cinco.
29 Então Abraão disse:
— E se, por acaso, houver ali apenas quarenta?
Deus respondeu:
— Não o farei por amor aos quarenta.
30 Abraão insistiu:
— Não se ire o Senhor, se eu continuar a falar. E
se houver ali apenas trinta?
O SENHOR respondeu:
— Não o farei se eu encontrar ali trinta.
31 Abraão continuou:
— Eis que me atrevi a falar ao Senhor. E se, por
acaso, houver ali apenas vinte?
O SENHOR respondeu:
— Não a destruirei por amor aos vinte.
32 Finalmente Abraão disse:
— Não se ire o Senhor, se lhe falo somente mais
esta vez. E se, por acaso, houver ali apenas dez?
O SENHOR respondeu:
— Não a destruirei por amor aos dez.
33 Quando acabou de falar com Abraão, o
SENHOR se retirou, e Abraão voltou para onde es-
tava antes.

Ló recebe em sua casa os dois anjos

19 1 Ao anoitecer, os dois anjos chegaram a So-
doma. Ló estava sentado junto ao portão da
cidade. Quando viu os anjos, levantou-se e, indo
ao encontro deles, prostrou-se com o rosto em ter-
ra 2 e lhes disse:
— Por favor, meus senhores, venham para a
casa deste servo de vocês. Poderão passar a noite,
lavar os pés, levantar-se de madrugada e seguir o
seu caminho.
Mas eles responderam:
— Não; passaremos a noite na praça.
3 Ló insistiu tanto, que eles foram e entraram
na casa dele. Deu-lhes um banquete, fez assar uns
pães sem fermento, e eles comeram. 4 Mas, antes
que eles se deitassem, os homens daquela cidade
cercaram a casa. Eram os homens de Sodoma, tan-
to os moços como os velhos, sim, todo o povo de
todos os lados. 5 E chamaram Ló e lhe disseram:
— Onde estão os homens que, à noitinha, en-
traram na sua casa? Traga-os aqui fora para que
abusemos deles.
6 Então Ló foi até a porta, fechou-a atrás de si 7 e
lhes disse:
— Meus irmãos, peço-lhes que não cometam
essa maldade. 8 Olhem aqui! Tenho duas filhas,
virgens, e vou trazê-las para vocês. Façam com
elas o que quiserem, porém não façam nada a es-
tes homens, porque se acham sob a proteção do
meu teto.
9 Eles, porém, disseram:
— Saia daí!
E acrescentaram:
— Ele é estrangeiro, veio morar entre nós e
pretende ser juiz em tudo? Vamos fazer com você
pior do que com eles.
E atiraram-se contra o homem, contra Ló, e se
aproximaram para arrombar a porta. 10 Porém os
homens, estendendo a mão, puxaram Ló para den-
tro e fecharam a porta. 11 E feriram de cegueira os
que estavam do lado de fora, desde o menor até o
maior, de modo que se cansaram à procura da porta.
12 Então os homens disseram a Ló:
— Você tem aqui mais alguém dos seus? Genro,
filhos, filhas, todos quantos você tem na cidade,
faça-os sair daqui, 13 pois vamos destruir este lu-
gar, porque o seu clamor tem aumentado, che-
gando até a presença do SENHOR, e o SENHOR nos
enviou a destruí-lo.

14 Então Ló saiu e foi falar com os seus genros,
os que estavam para casar com as suas filhas. Ele
disse:
— Levantem-se e saiam deste lugar, porque o
SENHOR vai destruir a cidade.
Mas eles pensaram que Ló estava brincando.
15 Ao amanhecer, os anjos apressaram Ló, di-
zendo:
— Levante-se, pegue a sua mulher e as suas
duas filhas, que aqui se encontram, e saia daqui,
para que você não morra quando a cidade for cas-
tigada.
16 Como, porém, ele se demorasse, aqueles ho-
mens o pegaram pela mão, a ele, a sua mulher e as
duas filhas, sendo-lhe o SENHOR misericordioso, e
o tiraram, e o puseram fora da cidade. 17 Havendo-
-os levado para fora, um deles disse:
— Corra, para sair daqui com vida! Não olhe
para trás, nem pare em toda a campina. Fuja para
o monte, para que você não morra.
18 Mas Ló disse a eles:
— Assim não, meu Senhor! 19 Eis que o teu
servo encontrou favor diante dos teus olhos, e
engrandeceste a tua misericórdia para comigo,
salvando-me a vida. Mas não posso fugir para
o monte, pois receio que a destruição vá me al-
cançar, e eu morra. 20 Eis aqui perto uma cida-
dezinha para a qual eu posso fugir. Ela é bem
pequena. Permita que eu fuja para lá — ela é bem
pequena, não é verdade? —, e nela poderei salvar
a minha vida.
21 O anjo respondeu:
— Quanto a isso, estou de acordo, para não
destruir a cidade de que você acaba de falar. 22 Vá
depressa e refugie-se nela; pois nada posso fazer,
enquanto você não tiver chegado lá. Por isso, a ci-
dade recebeu o nome de Zoar.

A destruição de Sodoma e Gomorra

23 O sol estava nascendo sobre a terra, quando
Ló entrou em Zoar. 24 Então o SENHOR fez chover
enxofre e fogo sobre Sodoma e Gomorra. Isso veio
da parte do SENHOR, desde os céus. 25 Ele destruiu
aquelas cidades, e toda a campina, e todos os mo-
radores das cidades, e o que nascia na terra. 26 E a
mulher de Ló olhou para trás e virou uma estátua
de sal.
27 Na manhã seguinte, Abraão se levantou de
madrugada e foi para o lugar onde tinha estado na
presença do SENHOR. 28 Abraão olhou para Sodo-
ma e Gomorra e para toda a terra da campina e viu
que da terra subia fumaça, como se fosse a fumaça
de uma fornalha.
29 Assim, quando destruiu as cidades da campi-
na, Deus se lembrou de Abraão e tirou Ló do meio
da destruição, quando subverteu as cidades em
que Ló tinha morado.

A origem dos moabitas e dos amonitas

30 Ló partiu de Zoar e habitou no monte, ele
e as duas filhas, porque receavam permanecer
em Zoar. Ló habitou numa caverna, e com ele as
duas filhas. 31 Então a primogênita disse à mais
moça:
— Nosso pai está velho, e não há homem na
terra que venha unir-se conosco, segundo o cos-
tume de toda terra. 32 Venha, vamos embebedá-lo
com vinho, deitemo-nos com ele e conservemos a
descendência de nosso pai.
33 Naquela noite, deram de beber vinho a seu
pai. E, entrando a primogênita, se deitou com ele,
sem que ele o notasse, nem quando ela se deitou,
nem quando se levantou. 34 No dia seguinte, a pri-
mogênita disse à mais nova:
— Ontem à noite, deitei-me com o meu pai.
Vamos embebedá-lo também esta noite; entre e
deite-se com ele, para que preservemos a descen-
dência de nosso pai.
35 De novo, naquela noite, deram de beber vi-
nho a seu pai. E, entrando a mais nova, se deitou
com ele, sem que ele o notasse, nem quando ela se
deitou, nem quando se levantou.
36 E assim as duas filhas de Ló ficaram grávidas
do próprio pai. 37 A primogênita deu à luz um filho
e lhe deu o nome de Moabe. Este é o pai dos moa-
bitas, até o dia de hoje. 38 A mais nova também deu
à luz um filho e lhe deu o nome de Ben-Ami. Este é
o pai dos amonitas, até o dia de hoje.

Abraão e Abimeleque

20 1 Abraão partiu dali e foi para a terra do Ne-
guebe. Habitou entre Cades e Sur e morou
em Gerar. 2 Abraão dizia que Sara, a mulher dele,
era sua irmã. Então Abimeleque, rei de Gerar,
mandou buscá-la. 3 Deus, porém, veio a Abimele-
que em sonhos de noite e lhe disse:
— Você vai ser castigado com a morte por causa
da mulher que tomou, porque ela tem marido.
4 Ora, Abimeleque ainda não havia se aproxi-
mado de Sara e por isso disse:
— Senhor, matarás até uma nação inocente?
5 Não foi ele mesmo que me disse: "É minha irmã"?
E ela também me disse: "Ele é meu irmão." Com
sinceridade de coração e na minha inocência foi
que eu fiz isso.
6 Deus respondeu-lhe em sonho:
— Bem sei que com sinceridade de coração
você fez isso. Por isso impedi que você pecasse
contra mim e não permiti que você tocasse nela.
7 Agora devolva a mulher a seu marido, pois ele é
profeta e intercederá por você, e você viverá. Mas,
se não a devolver, saiba que você certamente
morrerá, você e tudo o que é seu.
8 Abimeleque levantou-se de madrugada, cha-
mou todos os seus servos e lhes contou todas

essas coisas. E os homens ficaram com muito
medo. 9 Então Abimeleque chamou Abraão e lhe
disse:
— O que é isso que você fez conosco? Em que
foi que pequei contra você, para que você trou-
xesse tamanho pecado sobre mim e sobre o meu
reino? O que você me fez é coisa que não se deve
fazer.
10 E Abimeleque perguntou a Abraão:
— O que é que levou você a fazer uma coisa
dessas?
11 Abraão respondeu:
— É que eu pensei: "Certamente não há temor
de Deus neste lugar, e eles me matarão por causa
de minha mulher." 12 Por outro lado, ela é, de fato,
minha irmã por parte de pai, embora não por par-
te de mãe; e veio a ser minha mulher. 13 Quando
Deus me fez sair da casa de meu pai para andar
errante por aí, eu disse a ela: "Este é o favor que
você me fará: em todo lugar para onde formos
você dirá que eu sou o seu irmão."
14 Então Abimeleque tomou ovelhas, bois, ser-
vos e servas e os deu a Abraão; e lhe devolveu
Sara, sua mulher. 15 Abimeleque disse:
— A minha terra está diante de você; more
onde melhor lhe parecer.
16 E a Sara ele disse:
— Dei mil moedas de prata ao seu irmão, como
compensação por tudo o que aconteceu com você;
e diante de todos você está justificada.
17 Abraão intercedeu junto a Deus e ele curou
Abimeleque, a mulher e as servas dele, de modo
que elas pudessem ter filhos. 18 Porque o SENHOR
havia tornado estéreis todas as mulheres da casa
de Abimeleque, por causa de Sara, mulher de
Abraão.

O nascimento de Isaque

21 1 O SENHOR visitou Sara, como tinha dito, e
cumpriu o que lhe havia prometido. 2 Sara
ficou grávida e deu à luz um filho a Abraão na
sua velhice, no tempo determinado, de que Deus
lhe havia falado. 3 Ao filho que lhe nasceu, que
Sara lhe dera à luz, Abraão deu o nome de Isaque.
4 Abraão circuncidou o seu filho Isaque, quando
ele tinha oito dias, segundo Deus lhe havia orde-
nado. 5 Abraão tinha cem anos quando lhe nasceu
Isaque, seu filho. 6 E Sara disse:
— Deus me deu motivo de riso. E todo aquele
que ouvir isso vai rir comigo.
7 E acrescentou:
— Quem diria a Abraão que Sara ainda ama-
mentaria um filho? Pois na sua velhice lhe dei um
filho.
8 Isaque cresceu e foi desmamado. Nesse dia
em que o menino foi desmamado, Abraão deu um
grande banquete.

Agar no deserto

9 Sara viu que o filho que Agar, a egípcia, teve
com Abraão estava zombando de Isaque. 10 Então
Sara disse a Abraão:
— Mande embora essa escrava e o filho dela,
porque o filho dessa escrava não será herdeiro
com o meu filho Isaque.
11 Abraão ficou muito incomodado com isso,
por causa de seu filho. 12 Mas Deus disse a Abraão:
— Não fique incomodado por causa do meni-
no e por causa da escrava. Faça tudo o que Sara
disser, porque por meio de Isaque será chamada
a sua descendência. 13 Mas também do filho da
escrava farei uma grande nação, porque ele é seu
descendente.
14 Na manhã seguinte, Abraão levantou-se de
madrugada, pegou pão e um odre de água, pôs
tudo sobre as costas de Agar, deu-lhe o menino e
a despediu. Ela saiu, andando sem rumo pelo de-
serto de Berseba.
15 Quando acabou a água que havia no odre,
Agar colocou o menino debaixo de um dos
arbustos. 16 E, afastando-se, foi sentar-se em
frente, à distância de um tiro de arco, porque
dizia:
— Assim, não verei o menino morrer.
E, sentando-se em frente dele, levantou a voz e
chorou. 17 Deus, porém, ouviu a voz do menino. E,
do céu, o Anjo de Deus chamou Agar e lhe disse:
— O que é que você tem, Agar? Não tenha
medo, porque Deus ouviu a voz do menino, aí
onde ele está. 18 Ponha-se em pé, levante o meni-
no e segure-o pela mão, porque eu farei dele um
grande povo.
19 Então Deus lhe abriu os olhos, e ela viu um
poço de água. E, indo até o poço, encheu o odre de
água, e deu de beber ao menino.
20 Deus estava com o menino, que cresceu, mo-
rou no deserto e se tornou flecheiro. 21 Ele mora-
va no deserto de Parã, e a mãe dele o casou com
uma mulher da terra do Egito.

Abraão faz aliança com Abimeleque

22 Por esse tempo, Abimeleque e Ficol, coman-
dante do seu exército, disseram a Abraão:
— Deus está com você em tudo o que você faz.
23 Portanto, aqui neste lugar, jure por Deus que
você não enganará a mim, nem a meu filho, nem
a meu neto, e que tratará a mim e a terra em que
você tem morado com a mesma bondade com que
eu tratei você.
24 Abraão respondeu:
— Eu juro.
25 Mas Abraão repreendeu Abimeleque por cau-
sa de um poço de água que os servos deste haviam
tomado à força. 26 Abimeleque disse:
— Não sei quem fez isso. Além do mais, você

nunca me falou nada e eu não tinha ouvido nada a
respeito, a não ser hoje.
27 Então Abraão pegou ovelhas e bois e os deu
a Abimeleque. E os dois fizeram uma aliança.
28 Abraão pôs à parte sete cordeiras do rebanho.
29 Abimeleque perguntou a Abraão:
— Que significam as sete cordeiras que você
pôs à parte?
30 Abraão respondeu:
— Você receberá das minhas mãos as sete cor-
deiras, para que me sirvam de testemunho de que
eu cavei este poço.
31 Por isso aquele lugar foi chamado de Berseba,
porque ali os dois fizeram um juramento. 32 Assim,
fizeram aliança em Berseba. Depois Abimeleque
e Ficol, comandante do seu exército, voltaram
para as terras dos filisteus. 33 Abraão plantou uma
tamargueira em Berseba e invocou ali o nome
do SENHOR, o Deus Eterno. 34 E por muito tempo
Abraão morou na terra dos filisteus.

Deus põe Abraão à prova

22 1 Depois dessas coisas, Deus pôs Abraão à
prova e lhe disse:
— Abraão!
Este lhe respondeu:
— Eis-me aqui!
2 Deus continuou:
— Pegue o seu filho, seu único filho, Isaque,
a quem você ama, e vá à terra de Moriá. Ali,
ofereça-o em holocausto, sobre um dos montes,
que eu lhe mostrar.
3 Na manhã seguinte, Abraão levantou-se de
madrugada e, tendo preparado o seu jumento,
levou consigo dois dos seus servos e Isaque, seu
filho. Rachou lenha para o holocausto e foi para
o lugar que Deus lhe havia indicado.
4 No terceiro dia, Abraão ergueu os olhos e viu o
lugar de longe. 5 Então disse aos servos:
— Esperem aqui com o jumento. Eu e o rapaz
iremos até lá e, depois de termos adorado, voltare-
mos para junto de vocês.
6 Abraão pegou a lenha do holocausto e a colo-
cou sobre Isaque, seu filho. Ele, por sua vez, levava
nas mãos o fogo e a faca. Assim, os dois caminha-
vam juntos. 7 Isaque rompeu o silêncio e disse a
Abraão, seu pai:
— Meu pai!
Abraão respondeu:
— Eis-me aqui, meu filho!
Isaque perguntou:
— Eis aqui o fogo e a lenha, mas onde está o
cordeiro para o holocausto?
8 Abraão respondeu:
— Deus proverá para si o cordeiro para o holo-
causto, meu filho.
E os dois seguiam juntos.
9 Chegaram ao lugar que Deus lhe havia indica-
do. Ali Abraão edificou um altar, arrumou a lenha
sobre ele, amarrou Isaque, seu filho, e o deitou no
altar, em cima da lenha. 10 E, estendendo a mão,
pegou a faca para sacrificar o seu filho. 11 Mas do
céu o Anjo do SENHOR o chamou:
— Abraão! Abraão!
Ele respondeu:
— Eis-me aqui!
12 Então lhe disse:
— Não estenda a mão sobre o menino e não
faça nada a ele, pois agora sei que você teme a
Deus, porque não me negou o seu filho, o seu úni-
co filho.
13 Abraão ergueu os olhos e viu atrás de si um
carneiro preso pelos chifres entre os arbustos.
Abraão pegou o carneiro e o ofereceu em holo-
causto, em lugar de seu filho. 14 E Abraão deu
àquele lugar o nome de "O SENHOR Proverá". Daí
dizer-se até o dia de hoje: "No monte do SENHOR
se proverá."
15 Então do céu pela segunda vez o Anjo do
SENHOR chamou Abraão 16 e disse:
— Porque você fez isso e não me negou o seu
filho, o seu único filho, juro por mim mesmo, diz
o SENHOR, 17 que certamente o abençoarei e mul-
tiplicarei a sua descendência como as estrelas dos
céus e como a areia que está na praia do mar. Sua
descendência tomará posse das cidades dos seus
inimigos. 18 Na sua descendência serão benditas
todas as nações da terra, porque você obedeceu
à minha voz.
19 Então Abraão voltou para onde estavam os
seus servos, e, juntos, foram para Berseba, onde
fixou residência.

Descendência de Naor

20 Passadas essas coisas, foram dizer a Abraão
que Milca também tinha dado à luz filhos a Naor,
irmão de Abraão: 21 Uz, o primogênito, Buz, seu
irmão, Quemuel, pai de Arã, 22 Quésede, Hazo,
Pildas, Jidlafe e Betuel. 23 Betuel gerou Rebe-
ca. Milca deu esses oito filhos a Naor, irmão de
Abraão. 24 A concubina de Naor, cujo nome era
Reumá, lhe deu também à luz filhos: Teba, Gaã,
Taás e Maaca.

A morte de Sara

23 1 Sara viveu cento e vinte e sete anos. 2 Mor-
reu em Quiriate-Arba, que é Hebrom, na ter-
ra de Canaã. Abraão veio lamentar Sara e chorar
por ela. 3 Depois, Abraão levantou-se da presença
da falecida e falou aos filhos de Hete:
4 — Sou estrangeiro e morador entre vocês.
Deixem-me adquirir uma sepultura na terra de
vocês, para que eu possa sepultar a minha falecida
mulher.

5 Os filhos de Hete responderam a Abraão, di-
zendo:
6 — Escute: o senhor é um príncipe de Deus em
nosso meio. Sepulte a falecida numa das nossas
melhores sepulturas. Nenhum de nós se recusará
a ceder a sua própria sepultura, para que você se-
pulte a sua falecida.
7 Então Abraão se levantou e se inclinou diante
do povo da terra, diante dos filhos de Hete. 8 E lhes
falou, dizendo:
— Se é do agrado de vocês que eu sepulte a mi-
nha falecida, escutem-me e intercedam por mim
junto a Efrom, filho de Zoar, 9 para que ele me ceda
a caverna de Macpela, que pertence a ele e que
fica no extremo do seu campo. Que ele a entregue
a mim pelo devido preço, para que eu tenha uma
sepultura entre vocês.
10 Ora, Efrom, o heteu, estava sentado no meio
dos filhos de Hete. Ele respondeu a Abraão, de
maneira que pudesse ser ouvido pelos filhos de
Hete, a saber, por todos os que entravam pelo por-
tão da cidade:
11 — De modo nenhum, meu senhor. Escute:
eu lhe dou o campo e também a caverna que nele
está. Na presença dos filhos do meu povo eu lhe
dou isso; sepulte a sua falecida.
12 Então Abraão se inclinou diante do povo da
terra 13 e falou a Efrom, na presença do povo da
terra, dizendo:
— Mas, se você concorda, escute: pagarei o pre-
ço do campo; aceite-o de mim, e sepultarei ali a
minha falecida.
14 Efrom respondeu:
15 — Meu senhor, escute: um terreno que vale
quatrocentas barras de prata, que é isso entre mim
e você? Sepulte ali a sua falecida.
16 Abraão ouviu Efrom dizer isso e pesou-lhe
a prata de que este lhe tinha falado na presença
dos filhos de Hete, a saber, quatro quilos e meio
de prata, segundo o peso usado entre os merca-
dores.
17 Assim, o campo de Efrom, que estava em
Macpela, em frente de Manre, o campo, a caverna
e todo o arvoredo que nele havia, e todo o terreno
ao redor 18 passaram a ser propriedade de Abraão,
na presença dos filhos de Hete, a saber, de todos
os que entravam pelo portão da cidade. 19 Depois,
Abraão sepultou Sara, a sua mulher, na caverna
do campo de Macpela, em frente de Manre, que
é Hebrom, na terra de Canaã. 20 E assim, pelos fi-
lhos de Hete, se confirmou a Abraão o direito do
campo e da caverna que nele estava, como pro-
priedade para servir de sepultura.

Uma esposa para Isaque

24 1 Abraão já era velho, de idade bem avança-
da, e o SENHOR o havia abençoado em tudo.
2 Abraão disse ao mais antigo servo da sua casa,
que governava tudo o que possuía:
— Ponha a sua mão por baixo da minha coxa,
3 para que eu faça com que você jure pelo SENHOR,
Deus do céu e da terra, que você não buscará uma
esposa para o meu filho entre as filhas dos cana-
neus, no meio dos quais estou morando, 4 mas
que você irá à minha parentela e ali buscará uma
esposa para Isaque, meu filho.
5 Então o servo disse:
— Talvez a mulher não queira vir comigo para
esta terra. Nesse caso, devo levar o seu filho à terra
de onde o senhor veio?
6 Abraão respondeu:
— Cuidado! Não faça o meu filho voltar para lá.
7 O SENHOR, Deus do céu, que me tirou da casa de
meu pai e da terra dos meus parentes, e que me
falou, e jurou, dizendo: "À sua descendência darei
esta terra", ele enviará o seu anjo adiante de você,
para que lá você encontre uma esposa para o meu
filho. 8 Caso a mulher não queira vir, você ficará
desobrigado do seu juramento; entretanto, não
leve o meu filho para lá.
9 Com isso, o servo pôs a sua mão por baixo da
coxa de Abraão, seu senhor, e jurou fazer segundo
o resolvido.
10 O servo pegou dez dos camelos do seu senhor
e, levando consigo uma parte dos bens dele,
levantou-se e partiu para a Mesopotâmia, para a
cidade onde Naor havia morado.
11 Fora da cidade, fez os camelos se ajoelharem
junto a um poço de água. Era de tardinha, a hora
em que as moças saem para tirar água. 12 Então o
servo orou:
— Ó SENHOR, Deus de meu senhor Abraão,
peço-te que me ajudes hoje e sejas bondoso para
com o meu senhor Abraão! 13 Eis que estou ao pé
da fonte de água, e as filhas dos homens desta ci-
dade saem para tirar água. 14 Concede, pois, que
a moça a quem eu disser: "Incline o cântaro para
que eu beba"; e ela me responder: "Beba, e darei
ainda de beber aos seus camelos", seja a que de-
signaste para o teu servo Isaque; e nisso verei que
foste bondoso para com o meu senhor.
15 Antes que ele acabasse de orar, eis que sur-
giu Rebeca, filha de Betuel, filho de Milca, mulher
de Naor, irmão de Abraão, trazendo um cântaro
sobre o ombro. 16 A moça era muito bonita, vir-
gem, a quem nenhum homem havia possuído. Ela
desceu até a fonte, encheu o seu cântaro e subiu.
17 Então o servo correu ao encontro dela e disse:
— Peço que me deixe beber um pouco da água
do seu cântaro.
18 Ela respondeu:
— Beba, meu senhor.
E prontamente, baixando o cântaro para a mão,
deu-lhe de beber. 19 Depois de lhe dar de beber, disse:

— Vou tirar água também para os seus came-
los, até que todos bebam.
20 E, apressando-se em despejar o cântaro no
bebedouro, correu outra vez ao poço para tirar
mais água; ela tirou água para todos os camelos.
21 O homem a observava, em silêncio, atentamen-
te, para saber se o SENHOR teria levado a bom ter-
mo a sua jornada ou não.

22 Quando os camelos acabaram de beber, o
homem pegou um pendente de ouro pesando seis
gramas e duas pulseiras para as mãos dela, pesan-
do cento e vinte gramas de ouro. 23 Em seguida
perguntou:

— Diga-me: De quem você é filha? Será que na
casa de seu pai haveria lugar para eu e os que estão
comigo passarmos a noite?

24 Ela respondeu:

— Sou filha de Betuel, que é filho de Milca e de
Naor.

25 E acrescentou:

— Temos palha, muito pasto e lugar para pas-
sar a noite.

26 Então o homem se inclinou e adorou o
SENHOR. 27 E disse:

— Bendito seja o SENHOR, Deus de meu senhor
Abraão, que não retirou a sua bondade e a sua ver-
dade do meu senhor. Quanto a mim, estando no
caminho, o SENHOR me guiou à casa dos parentes
do meu senhor.

28 E a moça correu e contou tudo aos da casa de
sua mãe. 29 Ora, Rebeca tinha um irmão, chamado
Labão. Este correu ao encontro do homem junto
à fonte. 30 Acontece que Labão tinha visto o pen-
dente e as pulseiras nas mãos de sua irmã e ouvido
as palavras de Rebeca, sua irmã, que dizia: "Ele me
falou assim e assim." Por isso foi até onde ele esta-
va e o encontrou em pé junto aos camelos, ao lado
da fonte. 31 E Labão disse:

— Entre, bendito do SENHOR! Por que você está
aí fora? Já preparei a casa e o lugar para os came-
los.

32 Então o homem entrou na casa. Descarrega-
ram os camelos e lhes deram forragem e pasto.
Também trouxeram água para que ele e os ho-
mens que estavam com ele lavassem os pés. 33 Pu-
seram comida diante dele. Porém ele disse:

— Não vou comer enquanto não disser o que
tenho para dizer.

Labão respondeu:

— Diga.

34 Então ele disse:

— Sou servo de Abraão. 35 O SENHOR tem aben-
çoado muito o meu senhor, e ele se tornou um
grande homem. O SENHOR lhe deu ovelhas e bois,
prata e ouro, servos e servas, camelos e jumentos.
36 Sara, mulher do meu senhor, já era idosa quan-
do lhe deu à luz um filho, a quem o meu senhor
deu tudo o que tem. 37 E meu senhor me fez jurar,
dizendo: "Não busque uma esposa para o meu fi-
lho entre as mulheres dos cananeus, em cuja terra
estou morando. 38 Pelo contrário, vá à casa de meu
pai e à minha família e ali busque uma esposa para
o meu filho." 39 Respondi ao meu senhor: "Talvez a
mulher não queira me acompanhar." 40 Ele me dis-
se: "O SENHOR, em cuja presença eu ando, enviará
o seu Anjo com você e levará a bom termo a sua
jornada, para que, da minha família e da casa de
meu pai, você traga uma esposa para o meu filho.
41 Você estará desobrigado do seu juramento, caso
você for até a minha família e eles não quiserem
dar a moça a você; neste caso, você estará desobri-
gado do juramento."

42 — Hoje, pois, quando cheguei à fonte, eu
disse: "Ó SENHOR, Deus de meu senhor Abraão,
leva a bom termo a jornada em que sigo. 43 Eis-me
agora junto à fonte de água. A moça que sair para
tirar água, a quem eu disser: 'Dê-me um pouco de
água do seu cântaro', 44 e ela me responder: 'Beba,
e também tirarei água para os seus camelos', seja
essa a mulher que o SENHOR designou para o filho
de meu senhor."

45 — Antes que eu acabasse de orar em meu ín-
timo, eis que veio Rebeca trazendo o seu cântaro
sobre o ombro. Ela desceu à fonte e tirou água.
E eu lhe disse: "Peço que me dê de beber." 46 Ela
prontamente baixou o cântaro do ombro e disse:
"Beba, e também darei de beber aos seus came-
los." Bebi, e ela deu de beber aos camelos. 47 Daí
lhe perguntei: "De quem você é filha?" Ela respon-
deu: "Filha de Betuel, que é filho de Naor e Milca."
Então lhe pus o pendente no nariz e as pulseiras
nas mãos. 48 E, prostrando-me, adorei o SENHOR e
louvei o SENHOR, Deus do meu senhor Abraão, que
me havia conduzido por um caminho direito, a
fim de encontrar para o filho do meu senhor uma
filha do seu parente. 49 Agora, pois, se estiverem
dispostos a usar de bondade e de fidelidade para
com o meu senhor, digam; do contrário, digam
também, para que eu siga o meu caminho, para a
direita ou para a esquerda.

50 Labão e Betuel responderam:

— Isto procede do SENHOR. Nada temos a dizer,
nem a favor nem contra. 51 Aqui está Rebeca; leve-
-a com você e que ela seja a mulher do filho do seu
senhor, segundo a palavra do SENHOR Deus.

52 Quando o servo de Abraão ouviu tais pala-
vras, prostrou-se em terra diante do SENHOR. 53 Ti-
rou joias de ouro e de prata e vestidos e os deu a
Rebeca. Também deu ricos presentes ao irmão e à
mãe dela. 54 Depois, comeram e beberam, ele e os
homens que estavam com ele, e passaram a noi-
te. De madrugada, quando se levantaram, o servo
disse:

— Permitam que eu volte ao meu senhor.

55 Mas o irmão e a mãe da moça disseram:
— Deixe que ela fique conosco mais alguns
dias, pelo menos dez; e depois poderá ir.
56 Ele, porém, lhes disse:
— Não me detenham, pois o SENHOR me tem
levado a bom termo na jornada; deixem que eu
volte ao meu senhor.
57 Disseram:
— Vamos chamar a moça para ver o que ela
diz.
58 Chamaram, pois, Rebeca e lhe pergunta-
ram:
— Você quer ir com este homem?
Ela respondeu:
— Sim, quero.
59 Então deixaram que Rebeca, a irmã deles, par-
tisse, junto com a sua ama, com o servo de Abraão
e os homens que estavam com ele. 60 Abençoaram
Rebeca e lhe disseram:
— Que você, nossa irmã, seja a mãe de milha-
res de milhares, e que a sua descendência tome
posse das cidades dos seus inimigos.
61 Então Rebeca se levantou com as suas servas e,
montando os camelos, seguiram o homem. O servo
de Abraão tomou Rebeca e partiu.
62 Ora, Isaque veio de Beer-Laai-Roi, porque
morava na terra do Neguebe. 63 Ao cair da tarde,
Isaque saiu para meditar no campo. Erguendo os
olhos, viu, e eis que vinham camelos. 64 Também
Rebeca levantou os olhos e, vendo Isaque, des-
ceu do camelo, 65 e perguntou ao servo:
— Quem é aquele homem que vem pelo
campo ao nosso encontro?
O servo respondeu:
— É o meu senhor.
Então ela pegou o véu e se cobriu.
66 O servo contou a Isaque todas as coisas
que havia feito. 67 Isaque a conduziu até a ten-
da de Sara, mãe dele. Ele tomou Rebeca, e esta
se tornou a mulher dele. Ele a amou; e assim
Isaque foi consolado depois da morte de sua
mãe.

Descendentes de Abraão e Quetura

1Cr 1.32-33

25 1 Abraão casou com outra mulher, que se
chamava Quetura. 2 Ela lhe deu à luz Zinrã,
Jocsã, Medã, Midiã, Isbaque e Sua. 3 Jocsã gerou
Seba e Dedã. Os filhos de Dedã foram: Assurim,
Letusim e Leumim. 4 Os filhos de Midiã foram:
Efá, Éfer, Enoque, Abida e Elda. Todos estes fo-
ram filhos de Quetura.
5 Abraão deu tudo o que tinha a Isaque.
6 Porém, aos filhos das concubinas que tinha,
Abraão deu presentes e, ainda em vida, os sepa-
rou de seu filho Isaque, enviando-os para a terra
do Oriente.

A morte de Abraão

7 Os dias da vida de Abraão foram cento e se-
tenta e cinco anos. 8 Abraão expirou e morreu
após uma longa velhice, e foi reunido ao seu povo.
9 Os filhos dele, Isaque e Ismael, o sepultaram na
caverna de Macpela, no campo de Efrom, filho de
Zoar, o heteu, em frente de Manre, 10 o campo que
Abraão havia comprado dos filhos de Hete. Ali fo-
ram sepultados Abraão e Sara, sua mulher.
11 Depois da morte de Abraão, Deus abençoou
Isaque, o filho dele. Isaque morava perto de Beer-
-Laai-Roi.

Descendentes de Ismael

1Cr 1.28-31

12 São estas as gerações de Ismael, filho de
Abraão, que Agar, egípcia, serva de Sara, lhe deu
à luz. 13 Estes são os nomes dos filhos de Ismael,
por ordem de nascimento: o primogênito de Is-
mael foi Nebaiote; depois, Quedar, Abdeel, Mib-
são, 14 Misma, Dumá, Massá, 15 Hadade, Tema,
Jetur, Nafis e Quedemá. 16 Estes são os filhos de
Ismael e estes são os seus nomes pelas suas al-
deias e pelos seus acampamentos: doze príncipes
de seus povos. 17 E os anos da vida de Ismael fo-
ram cento e trinta e sete; e morreu e foi reunido
ao seu povo. 18 Os filhos de Ismael habitaram
desde Havilá até Sur, nas imediações do Egito, no
caminho para a Assíria. Ele se estabeleceu diante
de todos os seus irmãos.

Descendentes de Isaque

19 São estas as gerações de Isaque, filho de
Abraão. Abraão gerou Isaque. 20 Ele tinha qua-
renta anos quando tomou por esposa Rebeca,
filha de Betuel, o arameu de Padã-Arã, e irmã de
Labão, o arameu.
21 Isaque orou ao SENHOR por sua mulher, por-
que ela era estéril. O SENHOR ouviu as orações
dele, e Rebeca, a mulher de Isaque, ficou grávi-
da. 22 Os filhos lutavam no ventre dela. Então ela
disse: "Por que isso está acontecendo comigo?"
E ela foi consultar o SENHOR. 23 E o SENHOR lhe
respondeu:

"Duas nações estão no seu ventre,
dois povos, nascidos de você, se dividirão:
um povo será mais forte do que o outro,
e o mais velho servirá o mais moço."

24 Cumpridos os dias para que desse à luz,
eis que havia gêmeos no seu ventre. 25 Nasceu
o primeiro, ruivo, todo revestido de pelo; por
isso, deram-lhe o nome de Esaú. 26 Depois, nas-
ceu o irmão. Com a mão segurava o calcanhar
de Esaú, e por isso lhe deram o nome de Jacó.
Isaque tinha sessenta anos quando Rebeca deu
à luz.

Esaú vende o seu direito de primogenitura

27 Cresceram os meninos. Esaú tornou-se perito caçador, homem do campo; Jacó, porém, era homem pacato e morava em tendas. 28 Isaque amava Esaú, porque se saboreava de sua caça; Rebeca, porém, amava Jacó.

29 Jacó tinha feito um ensopado, quando Esaú, exausto, veio do campo 30 e lhe disse:

— Por favor, me deixe comer um pouco da coisa vermelha, essa coisa vermelha aí, pois estou exausto. (Por isso deram-lhe o nome de Edom.)

31 Jacó respondeu:

— Primeiro me venda o seu direito de primogenitura.

32 Ele respondeu:

— Estou morrendo de fome; de que me vale o direito de primogenitura?

33 Então Jacó disse:

— Primeiro jure.

Esaú jurou e vendeu o seu direito de primogenitura a Jacó. 34 E Jacó deu a Esaú pão e o ensopado de lentilhas; ele comeu e bebeu, levantou-se e saiu. Assim, Esaú desprezou o seu direito de primogenitura.

Isaque na terra dos filisteus

26 1 Sobreveio fome à terra, assim como tinha acontecido nos dias de Abraão. Então Isaque foi a Gerar, encontrar-se com Abimeleque, rei dos filisteus. 2 O SENHOR apareceu a Isaque e lhe disse:

— Não desça ao Egito, mas fique na terra que eu lhe indicar. 3 Habite nela, e serei com você e o abençoarei. Porque a você e à sua descendência darei todas estas terras e confirmarei o juramento que fiz a Abraão, o seu pai. 4 Multiplicarei a sua descendência como as estrelas dos céus e a ela darei todas estas terras. Na sua descendência serão benditas todas as nações da terra, 5 porque Abraão obedeceu à minha palavra e guardou os meus mandamentos, os meus preceitos, os meus estatutos e as minhas leis.

6 Isaque, pois, ficou em Gerar. 7 Quando os homens daquele lugar perguntaram a respeito de sua mulher, ele disse: "É minha irmã." Ele tinha medo de dizer: "É minha mulher", porque pensava assim: "Os homens do lugar me matarão por causa de Rebeca, porque ela é muito bonita."

8 Depois que Isaque havia permanecido ali por muito tempo, Abimeleque, rei dos filisteus, olhou por uma janela e viu que Isaque acariciava Rebeca, sua mulher. 9 Então Abimeleque chamou Isaque e lhe disse:

— É evidente que ela é a sua mulher! Como é que você disse que ela era a sua irmã?

Isaque respondeu:

— É que eu pensei que poderiam me matar por causa dela.

10 Então Abimeleque disse:

— O que é isso que você fez conosco? Facilmente alguém do povo poderia ter se deitado com a sua mulher, e você teria trazido culpa sobre nós.

11 Então Abimeleque deu esta ordem a todo o povo:

— Quem tocar neste homem ou na sua mulher certamente morrerá.

12 Isaque semeou naquela terra e, no mesmo ano, recolheu cem por um, porque o SENHOR o abençoava. 13 Ele enriqueceu, continuou prosperando, ficou riquíssimo. 14 Tinha ovelhas e bois e grande número de servos, de maneira que os filisteus tinham inveja dele. 15 E, por isso, lhe entulharam todos os poços que os servos de seu pai haviam cavado, nos dias de Abraão, enchendo-os de terra. 16 Abimeleque disse a Isaque:

— Saia da nossa terra, porque você já é muito mais poderoso do que nós.

17 Então Isaque saiu dali e se acampou no vale de Gerar, onde ficou morando. 18 Isaque tornou a abrir os poços que haviam sido cavados nos dias de Abraão, seu pai, porque os filisteus os haviam entulhado depois da morte de Abraão, e lhes deu os mesmos nomes que o seu pai já lhes tinha dado. 19 Os servos de Isaque cavaram no vale e acharam um poço de água nascente. 20 Mas os pastores de Gerar entraram em conflito com os pastores de Isaque, dizendo:

— Esta água é nossa!

Por isso, Isaque chamou o poço de Eseque, porque entraram em conflito com ele. 21 Então cavaram outro poço e também por causa desse houve conflito. Por isso, recebeu o nome de Sitna. 22 Partindo dali, Isaque cavou ainda outro poço. E, como por esse não houve conflito, deu-lhe o nome de Reobote. Ele disse:

— Porque agora o SENHOR abriu espaço para nós e vamos prosperar nesta terra.

23 Dali Isaque foi para Berseba. 24 Na mesma noite, o SENHOR lhe apareceu e disse:

— Eu sou o Deus de seu pai Abraão. Não tenha medo, porque eu estou com você. Eu o abençoarei e multiplicarei a sua descendência por amor de Abraão, meu servo.

25 Então Isaque levantou ali um altar e, tendo invocado o nome do SENHOR, armou a sua tenda; e os servos de Isaque abriram ali um poço.

Isaque faz aliança com Abimeleque

26 Abimeleque, seu amigo Austate e Ficol, comandante do seu exército, saíram de Gerar para encontrar Isaque. 27 Isaque perguntou:

— Por que vocês vieram à minha presença, se me odeiam e me expulsaram do meio de vocês?

28 Eles responderam:
— Vimos claramente que o SENHOR está com
você. Então pensamos que seria bom se houvesse
um juramento entre nós e você. Queremos fazer
uma aliança com você. 29 Você jura que não nos
fará mal, assim como nós também não fizemos
nenhum mal a você, mas fizemos somente o bem
e o deixamos ir em paz. Você é agora o abençoado
do SENHOR.
30 Então Isaque lhes deu um banquete, e come-
ram e beberam. 31 Levantando-se de madrugada,
juraram de parte a parte. Isaque os despediu, e
eles se foram em paz. 32 Nesse mesmo dia, vieram
os servos de Isaque e, dando-lhe notícia do poço
que tinham cavado, lhe disseram:
— Achamos água.
33 Ao poço, Isaque deu o nome de Seba. Por isso,
Berseba é o nome daquela cidade até o dia de hoje.
34 Quando Esaú tinha quarenta anos de idade,
tomou por esposa Judite, filha de Beeri, heteu, e
Basemate, filha de Elom, heteu. 35 Essas duas se
tornaram amargura de espírito para Isaque e para
Rebeca.

Isaque abençoa Jacó

27 1 Quando Isaque envelheceu e os seus olhos
se enfraqueceram, a ponto de não mais po-
der ver, chamou Esaú, seu filho mais velho, e lhe
disse:
— Meu filho!
Esaú respondeu:
— Aqui estou!
2 O pai lhe disse:
— Estou velho e não sei o dia da minha morte.
3 Pegue agora as suas armas, a sua aljava e o seu
arco, vá ao campo e apanhe para mim alguma
caça. 4 Faça uma comida saborosa, como eu apre-
cio, e traga aqui para mim, para que eu coma e
abençoe você antes que eu morra.
5 Rebeca esteve escutando enquanto Isaque fa-
lava com Esaú, seu filho. E Esaú foi ao campo para
apanhar a caça e trazê-la. 6 Então Rebeca disse a
Jacó, seu filho:
— Ouvi seu pai falar com Esaú, o seu irmão. Ele
disse: 7 "Traga uma caça e faça uma comida sabo-
rosa para mim, para que eu coma e o abençoe na
presença do SENHOR, antes que eu morra." 8 Agora,
meu filho, escute as minhas palavras e faça o que
lhe ordeno. 9 Vá ao rebanho e traga-me dois bons
cabritos. Deles farei uma saborosa comida para o
seu pai, como ele aprecia. 10 Você a levará ao seu pai,
para que a coma e o abençoe, antes que ele morra.
11 Mas Jacó disse a Rebeca, sua mãe:
— Esaú, meu irmão, é um homem peludo, e eu
sou um homem de pele lisa. 12 Se o meu pai me
apalpar, passarei a ser visto por ele como zomba-
dor e trarei sobre mim maldição e não bênção.
13 A mãe respondeu:
— Caia sobre mim essa maldição, meu filho.
Faça somente o que eu digo: vá e traga os cabritos
para mim.
14 Ele foi, pegou os cabritos e os trouxe a sua
mãe, que fez uma saborosa comida, como o pai
dele apreciava. 15 Depois, Rebeca pegou a melhor
roupa de Esaú, seu filho mais velho, roupa que
tinha consigo em casa, e vestiu Jacó, seu filho
mais novo. 16 Com a pele dos cabritos cobriu-lhe
as mãos e a lisura do pescoço. 17 Então entregou a
Jacó, seu filho, a comida saborosa e o pão que ha-
via preparado.
18 Jacó foi a seu pai e disse:
— Meu pai!
Ele respondeu:
— Fale! Quem é você, meu filho?
19 Jacó respondeu a seu pai:
— Sou Esaú, seu filho primogênito. Fiz o que o
senhor ordenou. Levante-se, por favor; sente-se e
coma da minha caça, para que depois o senhor me
abençoe.
20 Isaque perguntou a seu filho:
— Como foi que você conseguiu achar a caça
tão depressa, meu filho?
Ele respondeu:
— Porque o SENHOR, seu Deus, a mandou ao
meu encontro.
21 Então Isaque disse a Jacó:
— Chegue mais perto, para que eu o apalpe,
meu filho, e veja se você é meu filho Esaú ou não.
22 Jacó se aproximou de Isaque, seu pai, que o
apalpou e disse:
— A voz é de Jacó, mas as mãos são de Esaú.
23 E não o reconheceu, porque as mãos real-
mente estavam peludas como as de seu irmão
Esaú. E o abençoou. 24 Então perguntou:
— Você é mesmo o meu filho Esaú?
Ele respondeu:
— Eu sou.
25 Então disse:
— Traga isso para perto de mim, para que eu
coma da caça de meu filho e o abençoe.
Jacó a levou até ele e o pai comeu. Trouxe-lhe
também vinho, e ele bebeu. 26 Então Isaque, seu
pai, lhe disse:
— Venha cá e me dê um beijo, meu filho.
27 Ele se aproximou e o beijou. Então o pai aspi-
rou o cheiro da roupa dele e o abençoou. Ele disse:

Eis que o cheiro do meu filho
é como o cheiro do campo,
que o SENHOR abençoou;
28 Deus lhe dê do orvalho do céu,
e da exuberância da terra,
e fartura de trigo e de vinho.
29 Que povos sirvam você,

e nações o reverenciem.
Que você seja senhor de seus irmãos,
e os filhos de sua mãe
se curvem diante de você.
Maldito seja quem o amaldiçoar,
e bendito quem o abençoar.

30 E aconteceu que, depois que Isaque aben-
çoou Jacó e este tinha acabado de sair da presença
de seu pai, chegou Esaú, seu irmão, vindo da sua
caçada. 31 Ele também fez uma comida saborosa e
a levou ao seu pai. E lhe disse:
— Levante-se, meu pai, e coma da caça de seu
filho, para que o senhor me abençoe.
32 Então Isaque, o pai dele, perguntou:
— Quem é você?
Ele respondeu:
— Sou o seu filho, o seu primogênito; sou
Esaú.
33 Isaque estremeceu, sentindo uma violenta
comoção. E disse:
— Mas então quem foi aquele que apanhou
a caça e trouxe para mim? Eu comi tudo, antes
que você chegasse, e o abençoei, e ele será aben-
çoado.
34 Ao ouvir tais palavras de seu pai, Esaú deu um
grito cheio de amargura e disse:
— Abençoe também a mim, meu pai!
35 Mas Isaque respondeu:
— Seu irmão veio e, com astúcia, tomou a bên-
ção que era sua.
36 Esaú disse:
— Não é com razão que ele se chama Jacó? Pois
já duas vezes me enganou: tirou-me o direito de
primogenitura e agora tomou a bênção que era
minha.
E perguntou:
— Então o senhor não reservou nenhuma bên-
ção para mim?
37 Isaque respondeu a Esaú:
— Eis que o constituí senhor sobre você, e fiz
com que todos os parentes sejam servos dele; de
trigo e de vinho o supri. Assim, o que posso fazer
por você, meu filho?
38 Esaú disse a seu pai:
— Será que o senhor, meu pai, tem somente
uma bênção? Abençoe também a mim, meu pai.
E, levantando Esaú a voz, chorou. 39 Então Isa-
que, seu pai, disse:

Sua habitação será longe
dos lugares férteis da terra,
longe do orvalho que cai do alto.
40 Você viverá da sua espada
e servirá o seu irmão;
quando, porém, você se libertar,
sacudirá do seu pescoço o jugo dele.

41 Esaú passou a odiar Jacó por causa da bênção
com que seu pai o tinha abençoado. E disse em seu
íntimo:
— Os dias de luto por meu pai se aproximam;
então matarei meu irmão Jacó.
42 Chegaram aos ouvidos de Rebeca estas pala-
vras de Esaú, seu filho mais velho. Então ela man-
dou chamar Jacó, seu filho mais moço, e lhe disse:
— Eis que o seu irmão Esaú se consola fazen-
do planos para matá-lo. 43 Agora, pois, meu filho,
ouça bem o que vou dizer: levante-se e fuja para a
casa de Labão, meu irmão, em Harã. 44 Fique com
ele alguns dias, até que passe o furor de seu irmão,
45 e cesse o rancor dele contra você, e se esqueça
do que você lhe fez. Quando isso acontecer, en-
viarei alguém para trazer você de volta. Não posso
perder os meus dois filhos num só dia!
46 Então Rebeca disse a Isaque:
— Estou aborrecida da vida por causa das fi-
lhas de Hete. Se Jacó tomar esposa dentre as filhas
de Hete, tais como estas, as filhas desta terra, de
que me servirá a vida?

Jacó vai para a casa de Labão

28 1 Isaque chamou Jacó e, dando-lhe a sua
bênção, lhe ordenou, dizendo:
— Não escolha uma esposa dentre as filhas de
Canaã. 2 Levante-se e vá a Padã-Arã, à casa de Be-
tuel, pai de sua mãe, e tome lá por esposa uma das
filhas de Labão, irmão de sua mãe. 3 Que o Deus
Todo-Poderoso o abençoe, faça com que seja fe-
cundo e o multiplique para que você venha a ser
uma multidão de povos. 4 Que ele lhe dê a bênção
de Abraão, a você e à sua descendência, para que
você possua a terra de suas peregrinações, conce-
dida por Deus a Abraão.
5 Assim, Isaque despediu Jacó, que se foi a Padã-
-Arã, à casa de Labão, filho de Betuel, o arameu,
irmão de Rebeca, mãe de Jacó e de Esaú.
6 Esaú viu que Isaque havia abençoado Jacó
e o havia mandado a Padã-Arã, para tomar de lá
esposa para si, e que, ao abençoá-lo, lhe havia
ordenado que não escolhesse uma esposa dentre
as filhas de Canaã. 7 Soube também que Jacó, obe-
decendo ao seu pai e à sua mãe, havia ido a Padã-
-Arã. 8 Sabendo também que Isaque, seu pai, não
via com bons olhos as filhas de Canaã, 9 Esaú foi à
casa de Ismael e, além das mulheres que já tinha,
tomou por mulher Maalate, filha de Ismael, filho
de Abraão, e irmã de Nebaiote.

A visão da escada

10 Jacó partiu de Berseba e seguiu para Harã.
11 Quando chegou a certo lugar, ali passou a noite,
porque o sol já se havia posto. Pegou uma das pe-
dras do lugar, fez dela o seu travesseiro e se deitou
ali mesmo para dormir. 12 E sonhou: Eis que estava

posta na terra uma escada cujo topo atingia o céu,
e os anjos de Deus subiam e desciam por ela. 13 E
eis que o SENHOR estava perto dele e lhe disse:

— Eu sou o SENHOR, Deus de Abraão, seu pai,
e Deus de Isaque. A terra em que agora você está
deitado, eu a darei a você e à sua descendência.
14 A sua descendência será como o pó da terra;
você se estenderá para o oeste e para o leste, para
o norte e para o sul. Em você e na sua descendên-
cia serão benditas todas as famílias da terra. 15 Eis
que eu estou com você e o guardarei por onde
quer que você for. Farei com que você volte para
esta terra, porque não o abandonarei até que eu
cumpra aquilo que lhe prometi.

16 Quando Jacó despertou do sono, disse:

— Na verdade, o SENHOR está neste lugar, e eu
não o sabia.

17 E, temendo, disse:

— Quão temível é este lugar! É a casa de Deus,
a porta dos céus.

A coluna de Betel

18 Na manhã seguinte, Jacó levantou-se de ma-
drugada, pegou a pedra que havia usado como
travesseiro e a pôs em pé como coluna. E sobre o
topo dela derramou azeite. 19 E ao lugar, cidade
que antes se chamava Luz, deu o nome de Betel.
20 Jacó fez também um voto, dizendo:

— Se Deus for comigo, e me guardar nesta jor-
nada que empreendo, e me der pão para comer e
roupa para vestir, 21 de maneira que eu volte em
paz para a casa de meu pai, então o SENHOR será o
meu Deus; 22 e a pedra, que pus como coluna, será
a casa de Deus; e, de tudo o que me concederes,
certamente te darei o dízimo.

Jacó se encontra com Raquel

29 1 Jacó se pôs a caminho e foi à terra do povo
do Oriente. 2 Olhou, e eis um poço no cam-
po e três rebanhos de ovelhas deitados junto dele,
porque daquele poço davam de beber aos reba-
nhos. E havia uma grande pedra que tapava a boca
do poço. 3 Ajuntavam-se ali todos os rebanhos, os
pastores removiam a pedra da boca do poço, da-
vam de beber às ovelhas e tornavam a colocá-la no
seu devido lugar.

4 Jacó perguntou aos pastores:

— De onde são vocês, meus irmãos?

Responderam:

— Somos de Harã.

5 Perguntou-lhes:

— Vocês conhecem Labão, filho de Naor?

Responderam:

— Conhecemos.

6 Jacó perguntou ainda:

— Ele vai bem?

Eles responderam:

— Sim, vai bem. Olhe! Raquel, a filha dele, vem
vindo aí com as ovelhas.

7 Então Jacó disse:

— É ainda pleno dia, não é tempo de recolher
os rebanhos. Deem de beber às ovelhas e vão
apascentá-las.

8 Mas eles responderam:

— Não podemos, enquanto não se ajuntarem
todos os rebanhos, seja removida a pedra da boca
do poço e demos de beber às ovelhas.

9 Enquanto Jacó ainda falava, chegou Raquel
com as ovelhas de seu pai, porque era pastora.
10 Quando Jacó viu Raquel, filha de Labão, irmão
de sua mãe, e as ovelhas de Labão, aproximou-se,
removeu a pedra da boca do poço e deu de beber
ao rebanho de Labão, irmão de sua mãe. 11 Feito
isso, Jacó beijou Raquel e, erguendo a voz, chorou.
12 Então Jacó contou a Raquel que ele era parente
de seu pai, pois era filho de Rebeca. Ela correu e o
comunicou a seu pai.

13 Quando Labão ouviu as novas de Jacó, filho
de sua irmã, correu ao encontro dele, abraçou-o,
beijou-o e o levou para casa. E Jacó contou a Labão
tudo o que havia acontecido. 14 Então Labão disse:

— De fato, você é meu osso e minha carne.

Jacó casa com Lia e com Raquel

Jacó ficou na casa de Labão durante um mês.

15 Depois, Labão disse a Jacó:

— Será que você vai trabalhar de graça, só por
ser meu parente? Diga-me qual deve ser o seu sa-
lário.

16 Ora, Labão tinha duas filhas: Lia, a mais ve-
lha, e Raquel, a mais nova. 17 Lia tinha uns olhos
sem brilho, porém Raquel era bonita e formosa.
18 Como Jacó amava Raquel, disse a Labão:

— Trabalharei para o senhor durante sete anos
para poder casar com Raquel, sua filha mais nova.

19 Labão respondeu:

— É melhor dá-la a você do que a outro ho-
mem. Fique aqui comigo.

20 Assim, por amor a Raquel, Jacó trabalhou du-
rante sete anos. E esses anos lhe pareceram como
poucos dias, pelo muito que a amava.

21 Então ele disse a Labão:

— Dê-me a minha mulher, pois já venceu o pra-
zo, para que eu me case com ela.

22 Assim, Labão reuniu todos os homens do lu-
gar e deu um banquete. 23 À noite, ele trouxe Lia,
sua filha, e a entregou a Jacó. E eles tiveram rela-
ções. 24 (Labão tinha dado sua serva Zilpa para que
fosse serva de Lia, sua filha.)

25 Ao amanhecer, Jacó viu que era Lia. Por isso,
disse a Labão:

— O que é isso que o senhor fez comigo? Não é
verdade que eu trabalhei por amor a Raquel? Por
que, então, o senhor me enganou?

26 Labão respondeu:
— Em nossa terra não se costuma dar em
casamento a mais nova antes da primogênita.
27 Complete a semana de festa de casamento da
primogênita. Depois, daremos a você também a
outra, pelo trabalho de mais sete anos que você
ainda me servirá.
28 Jacó fez o que Labão pediu e completou a
semana de festa da primogênita. Depois, Labão
lhe deu por mulher a sua filha Raquel. 29 (Labão
tinha dado sua serva Bila para que fosse serva
de Raquel, sua filha.) 30 E Jacó teve relações tam-
bém com Raquel. Ele amava Raquel mais do que
amava Lia. E continuou trabalhando para Labão
durante mais sete anos.

Os filhos de Jacó

31 Quando o SENHOR viu que Lia era despreza-
da, fez com que ela fosse fecunda, ao passo que
Raquel era estéril. 32 Assim, Lia ficou grávida e
deu à luz um filho, a quem deu o nome de Rúben,
pois disse:
— O SENHOR viu a minha aflição. Por isso, agora
meu marido vai me amar.
33 Ela ficou grávida outra vez e deu à luz um fi-
lho. E disse:
— O SENHOR ouviu que eu era desprezada e me
deu mais este filho.
E deu-lhe o nome de Simeão.
34 Lia ficou grávida ainda outra vez e deu à luz
um filho. E disse:
— Agora, desta vez, o meu marido se unirá
mais a mim, porque lhe dei à luz três filhos.
Por isso lhe deu o nome de Levi.
35 Mais uma vez ela ficou grávida e deu à luz um
filho. Então disse:
— Desta vez louvarei o SENHOR.
E por isso lhe deu o nome de Judá. E depois dis-
so não teve mais filhos.

30 1 Quando Raquel viu que não dava filhos a
Jacó, teve ciúmes de sua irmã e disse a Jacó:
— Dê-me filhos, do contrário morrerei.
2 Então Jacó ficou irado com Raquel e disse:
— Será que eu estou em lugar de Deus, que a
impediu de ter filhos?
3 Então Raquel disse:
— Eis aqui Bila, minha serva; tenha relações
com ela, para que dê à luz e eu traga filhos ao meu
colo por meio dela.
4 Assim, Raquel lhe deu Bila, sua serva, por mu-
lher; e Jacó teve relações com ela. 5 Bila ficou grávi-
da e deu à luz um filho a Jacó. 6 Então Raquel disse:
— Deus me fez justiça; ouviu a minha voz e me
deu um filho.
Por isso lhe chamou Dã.
7 Outra vez Bila, serva de Raquel, ficou grávida
e deu à luz o segundo filho a Jacó. 8 Raquel disse:
— Com grandes lutas tenho competido com
minha irmã e consegui vencer.
Por isso deu ao filho o nome de Naftali.
9 Quando Lia viu que ela mesma tinha cessado
de ter filhos, tomou a sua serva Zilpa e a deu a Jacó
por mulher. 10 Zilpa, serva de Lia, deu a Jacó um
filho. 11 Lia disse:
— Afortunada!
E deu ao filho o nome de Gade.
12 Depois, Zilpa, serva de Lia, deu o segundo fi-
lho a Jacó. 13 Então Lia disse:
— É a minha felicidade! Porque as mulheres di-
rão que sou feliz.
E lhe deu o nome de Aser.
14 Nos dias da colheita do trigo, Rúben saiu
e achou umas mandrágoras no campo. Ele as
trouxe para Lia, sua mãe. Então Raquel disse
a Lia:
— Dê-me algumas das mandrágoras que o seu
filho trouxe.
15 Mas Lia respondeu:
— Você acha pouco o fato de ter tomado de
mim o marido? Vai tomar também as mandrágo-
ras de meu filho?
Raquel respondeu:
— Ele poderá ter relações com você esta noite,
em troca das mandrágoras de seu filho.
16 À tarde, quando Jacó voltava do campo, Lia
saiu ao encontro dele e lhe disse:
— Esta noite você terá relações comigo, pois
eu aluguei você pelas mandrágoras de meu filho.
E naquela noite Jacó teve relações com ela.
17 Deus ouviu Lia, ela ficou grávida e deu à luz o
quinto filho. 18 Então Lia disse:
— Deus me recompensou, porque dei a minha
serva ao meu marido.
E deu ao filho o nome de Issacar.
19 E Lia engravidou mais uma vez e deu a Jacó o
sexto filho. 20 E disse:
— Deus me concedeu excelente dádiva. Agora
meu marido vai permanecer comigo, porque lhe
dei seis filhos.
E ela deu ao filho o nome de Zebulom.
21 Depois disto, deu à luz uma filha e lhe cha-
mou Diná.
22 Deus lembrou-se de Raquel, ouviu-a e a fez
fecunda. 23 Ela engravidou e deu à luz um filho.
Então disse:
— Deus tirou de mim o meu vexame.
24 E deu ao filho o nome de José, dizendo:
— Que o SENHOR me dê ainda outro filho.

Jacó e Labão fazem um acordo

25 Depois que Raquel deu à luz José, Jacó disse
a Labão:
— Deixe-me voltar ao meu lugar e à minha ter-
ra. 26 Dê-me os meus filhos e as mulheres, pelas

quais trabalhei para o senhor, e partirei. O senhor
sabe muito bem quanto e de que maneira o servi.
27 Labão lhe respondeu:
— Se puder me fazer este favor, peço que fique
comigo. Descobri por meio de adivinhações que
o SENHOR Deus me abençoou por causa de você.
28 E Labão continuou:
— Fixe o seu salário, que eu pagarei.
29 Então Jacó disse:
— O senhor sabe como tenho trabalhado e
como cuidei do seu gado. 30 Porque o pouco que
o senhor tinha antes de eu chegar foi aumentado
grandemente; e o SENHOR Deus o abençoou com
o meu trabalho. Mas quando vou começar a tra-
balhar também por minha própria casa?
31 Labão perguntou a Jacó:
— Quanto você quer que eu lhe dê?
Jacó respondeu:
— Não precisa me dar nada. Voltarei a apas-
centar e a guardar o seu rebanho, se o senhor
concordar com isto: 32 Passarei hoje por todo o
seu rebanho, separando para mim todas as ove-
lhas salpicadas e malhadas, todos os cordeiros
negros, e todas as cabras malhadas e salpicadas.
Isto será o meu salário. 33 Assim, a minha justiça
responderá por mim, no dia de amanhã, quando
o senhor vier conferir o meu salário. As cabras
que não forem salpicadas e malhadas e as ovelhas
que não forem negras, caso forem achadas comi-
go, o senhor pode considerá-las como roubadas.
34 Labão disse:
— Está bem. Seja como você disse.
35 Mas, naquele mesmo dia, Labão separou os
bodes listrados e malhados e todas as cabras sal-
picadas e malhadas, todos os que tinham alguma
brancura e todos os cordeiros pretos; e os passou
às mãos de seus filhos. 36 E pôs a distância de três
dias de viagem entre si e Jacó. E Jacó apascentava
o restante dos rebanhos de Labão.

Jacó se enriquece

37 Jacó pegou galhos verdes de álamo, de avelei-
ra e de plátano e lhes removeu a casca, em riscas
abertas, deixando aparecer a brancura dos galhos.
38 Pôs esses galhos descascados em frente ao reba-
nho, nos canais de água e nos bebedouros, aon-
de os rebanhos vinham para beber água. E como
acasalavam quando vinham beber, 39 as ovelhas
ficavam prenhes diante dos galhos e davam crias
listradas, salpicadas e malhadas. 40 Então Jacó se-
parou os cordeiros e virou o rebanho para o lado
dos animais listrados e dos animais pretos nos
rebanhos de Labão; e pôs o seu rebanho à parte e
não o juntou com o rebanho de Labão. 41 E, todas
as vezes que as ovelhas fortes ficavam prenhes,
Jacó punha os galhos à vista do rebanho nos ca-
nais de água, para que ficassem prenhes diante
dos galhos. 42 Porém, quando o rebanho era fraco,
não punha os galhos. Assim, os animais fracos
eram de Labão, e os fortes eram de Jacó. 43 E o ho-
mem se tornou mais e mais rico; teve muitos reba-
nhos, servas, servos, camelos e jumentos.

Jacó volta para a terra de seus pais

31 1 Jacó ouvia os comentários dos filhos de La-
bão, que diziam:
— Jacó se apossou de tudo o que era de nosso
pai. Ele juntou toda essa riqueza a partir do que
era de nosso pai.
2 Jacó, por sua vez, reparou que o rosto de Labão
não lhe era favorável como anteriormente. 3 E o
SENHOR disse a Jacó:
— Volte para a terra de seus pais e para a sua
parentela; e eu estarei com você.
4 Então Jacó mandou vir Raquel e Lia ao campo,
para junto do seu rebanho, 5 e lhes disse:
— Vejo que o rosto do pai de vocês não me é
favorável como anteriormente; porém o Deus de
meu pai tem estado comigo. 6 Vocês mesmas sa-
bem que com todo empenho tenho trabalhado
para o pai de vocês, 7 mas ele me tem enganado e
por dez vezes mudou o meu salário; porém Deus
não permitiu que ele me prejudicasse. 8 Se ele di-
zia: "Os salpicados serão o seu salário", então to-
dos os rebanhos davam salpicados; e, se ele dizia:
"Os listrados serão o seu salário", então os reba-
nhos todos davam listrados. 9 Assim, Deus tirou o
gado do pai de vocês e o deu a mim.
10 — Pois, chegado o tempo em que os animais
acasalavam, levantei os olhos e vi em sonhos que
os machos que cobriam as ovelhas eram listra-
dos, salpicados e malhados. 11 E o Anjo de Deus
me disse em sonho: "Jacó!" E eu respondi: "Eis-me
aqui!" 12 Ele continuou: "Levante agora os olhos e
veja que todos os machos que cobrem o rebanho
são listrados, salpicados e malhados, porque vejo
tudo o que Labão está fazendo com você. 13 Eu
sou o Deus de Betel, onde você ungiu uma coluna,
onde me fez um voto. Levante-se agora, saia desta
terra e volte para a terra de sua parentela."
14 Então Raquel e Lia disseram:
— Será que ainda existe para nós parte ou he-
rança na casa de nosso pai? 15 Não é verdade que
ele nos considera como estrangeiras? Pois nos
vendeu e consumiu tudo o que nos era devido.
16 Porque toda a riqueza que Deus tirou de nosso
pai é nossa e de nossos filhos; agora, pois, faça
tudo o que Deus pediu que você fizesse.
17 Então Jacó se levantou e, fazendo montar
seus filhos e suas mulheres em camelos, 18 levou
todo o seu gado e todos os seus bens que chegou
a possuir, o gado de sua propriedade que havia
acumulado em Padã-Arã, para ir a Isaque, seu
pai, à terra de Canaã. 19 Enquanto Labão tinha ido

fazer a tosquia das ovelhas, Raquel roubou os ído-
los do lar que pertenciam a seu pai. 20 E Jacó en-
ganou Labão, o arameu, não revelando que tinha
planos de fugir. 21 E fugiu com tudo o que lhe per-
tencia. Levantou-se, passou o Eufrates e tomou o
rumo dos montes de Gileade.

Labão segue no encalço de Jacó

22 No terceiro dia, Labão foi avisado de que Jacó
ia fugindo. 23 Reuniu os seus parentes e saiu no en-
calço de Jacó, por sete dias de viagem, e o alcançou
nos montes de Gileade. 24 De noite, porém, Deus
veio em sonhos a Labão, o arameu, e lhe disse:

— Cuidado! Não fale a Jacó nem bem nem mal.

25 Labão alcançou Jacó. Este havia armado a sua
tenda naqueles montes. Também Labão armou a
sua tenda com os seus parentes, nos montes de
Gileade. 26 E Labão disse a Jacó:

— Que foi que você fez? Você me enganou e le-
vou as minhas filhas como se fossem prisioneiras
de guerra. 27 Por que você fugiu em segredo, e me
enganou, e não me disse nada? Eu o teria despe-
dido com alegria, com cânticos, com tamborins e
com harpa. 28 E por que não permitiu que eu bei-
jasse meus netos e minhas filhas? Nisso você agiu
como um tolo. 29 Tenho em minhas mãos poder
para fazer mal a vocês, mas ontem à noite o Deus
do pai de vocês me falou e disse: "Cuidado! Não
fale a Jacó nem bem nem mal." 30 E agora que você
partiu de vez, pois está com saudades da casa de
seu pai, por que roubou os meus deuses?

31 Jacó respondeu:

— Porque tive medo. Pensei assim: para que
não aconteça que me tome à força as suas filhas.
32 Que seja morto aquele com quem o senhor
achar os seus deuses. Na presença de nossos pa-
rentes, verifique o que pertence ao senhor e, se
estiver comigo, pode levar embora.

Acontece que Jacó não sabia que Raquel os ha-
via roubado.

33 Labão entrou na tenda de Jacó, na tenda de
Lia e na tenda das duas servas, mas não achou
nada. Tendo saído da tenda de Lia, entrou na ten-
da de Raquel. 34 Ora, Raquel havia pegado os ído-
los do lar e, depois de colocá-los na sela de um
camelo, estava sentada sobre eles. Labão apalpou
toda a tenda e não os achou. 35 Então Raquel disse
ao pai:

— Não fique zangado, meu senhor, por eu não
poder me levantar na sua presença, pois estou no
meu período menstrual.

Ele procurou, mas não encontrou os ídolos do
lar.

36 Então Jacó ficou zangado e discutiu com La-
bão. Dirigiu-se a Labão, dizendo:

— Qual é a minha transgressão? Qual o meu
pecado, para o senhor me perseguir com tanta
fúria? 37 Havendo apalpado todos os meus uten-
sílios, quais foram os utensílios de sua casa que
o senhor encontrou? Coloque-os aqui diante dos
meus parentes e dos seus parentes, para que jul-
guem entre nós dois. 38 Vinte anos eu estive com
o senhor. As suas ovelhas e as suas cabras nunca
perderam as crias, e não comi um só carneiro do
seu rebanho. 39 Não lhe apresentei os animais que
eram despedaçados pelas feras; assumi o prejuí-
zo. Da minha mão o senhor o requeria, tanto o
roubado de dia como de noite. 40 De maneira que
eu andava, de dia consumido pelo calor, de noi-
te, pela geada; e o meu sono me fugia dos olhos.
41 Vinte anos permaneci em sua casa. Catorze
anos trabalhei para o senhor pelas suas duas fi-
lhas e seis anos trabalhei para conseguir o seu
rebanho; dez vezes o senhor mudou o meu salá-
rio. 42 Se não fosse o Deus de meu pai, o Deus de
Abraão e o Temor de Isaque, por certo o senhor
me despediria agora de mãos vazias. Mas Deus
viu o meu sofrimento e o trabalho das minhas
mãos e ontem à noite ele repreendeu o senhor.

A aliança entre Labão e Jacó

43 Então Labão respondeu a Jacó:

— As filhas são minhas filhas, os filhos são
meus netos, os rebanhos são meus rebanhos, e
tudo o que você está vendo é meu. Que posso fa-
zer hoje a estas minhas filhas ou aos filhos que
elas deram à luz? 44 Venha, pois, e façamos uma
aliança, eu e você, que sirva de testemunho entre
mim e você.

45 Então Jacó tomou uma pedra e a erigiu por
coluna. 46 E disse aos seus parentes:

— Ajuntem pedras.

Eles foram ajuntar pedras e fizeram um mon-
tão, ao lado do qual comeram. 47 Labão deu-lhe o
nome de Jegar-Saaduta, mas Jacó lhe chamou Ga-
leede. 48 E Labão disse:

— Seja hoje este montão de pedras por teste-
munha entre mim e você.

Por isso foi chamado de Galeede 49 e Mispa, pois
disse:

— Que o SENHOR vigie entre mim e você e nos
julgue quando estivermos separados um do outro.
50 Se você maltratar as minhas filhas e tomar ou-
tras mulheres além delas, não estando ninguém
conosco, lembre-se de que Deus é testemunha
entre mim e você.

51 E Labão continuou:

— Eis aqui este montão de pedras e esta coluna
que levantei entre mim e você. 52 Seja o montão
testemunha, e seja a coluna testemunha de que
para mal não passarei para o lado de lá do montão
e você não passará para o lado de cá do montão e
da coluna. 53 O Deus de Abraão e o Deus de Naor, o
Deus do pai deles, julgue entre nós.

E Jacó jurou pelo Temor de Isaque, seu pai. 54 E
Jacó ofereceu um sacrifício na montanha e convi-
dou seus parentes para uma refeição. Eles come-
ram e passaram a noite na montanha.
55 Na manhã seguinte, Labão se levantou de
madrugada, beijou os seus netos e as suas filhas
e os abençoou. E, partindo, voltou para a sua casa.
32 1 Também Jacó seguiu o seu caminho, e
anjos de Deus foram encontrar-se com ele.
2 Quando Jacó os viu, disse:
— Este é o acampamento de Deus.
E deu àquele lugar o nome de Maanaim.

Jacó se reconcilia com Esaú

3 Então Jacó enviou mensageiros adiante de
si a Esaú, seu irmão, à terra de Seir, território de
Edom. 4 E lhes deu esta ordem:
— Assim vocês falarão a meu senhor Esaú: "O
seu servo Jacó manda dizer isto: 'Como estrangei-
ro morei com Labão, em cuja companhia fiquei até
agora. 5 Tenho bois, jumentos, rebanhos, servos e
servas. Envio este comunicado a meu senhor, para
encontrar favor na sua presença.'"
6 Os mensageiros voltaram a Jacó, dizendo:
— Fomos até o seu irmão Esaú. Também ele
está vindo para se encontrar com o senhor, e qua-
trocentos homens estão com ele.
7 Então Jacó teve medo e ficou angustiado. Di-
vidiu em dois grupos o povo que estava com ele, e
também os rebanhos, os bois e os camelos. 8 Pois
pensou: "Se Esaú vier e atacar um grupo, o outro
grupo escapará."
9 E Jacó orou:
— Deus de meu pai Abraão e Deus de meu pai
Isaque, ó Senhor, que me disseste: "Volte para
a sua terra e para a sua parentela, e eu farei bem
a você", 10 sou indigno de todas as misericórdias
e de toda a fidelidade que tens usado para com o
teu servo. Pois com apenas o meu cajado atravessei
este Jordão; já agora sou dois grupos. 11 Livra-me
das mãos de meu irmão Esaú, porque temo que
ele venha e ataque a mim e às mães com os filhos.
12 Pois tu disseste: "Certamente serei bondoso com
você e lhe darei uma descendência como a areia do
mar, que, de tão numerosa, não se pode contar."
13 Depois de passar ali aquela noite, Jacó se-
parou do que tinha consigo um presente para o
seu irmão Esaú: 14 duzentas cabras e vinte bodes,
duzentas ovelhas e vinte carneiros, 15 trinta ca-
melas de leite com as suas crias, quarenta vacas
e dez touros, vinte jumentas e dez jumentinhos.
16 Entregou-os aos seus servos, cada rebanho à
parte. Então disse aos servos:
— Vão à minha frente e deixem espaço entre
rebanho e rebanho.
17 Ordenou ao primeiro servo, dizendo:
— Quando Esaú, meu irmão, se encontrar com
você e perguntar: "De quem você é, para onde
você vai, de quem são estes animais que você
vem trazendo?", 18 responda: "São do seu servo
Jacó. É um presente que ele está enviando ao meu
senhor Esaú. E eis que ele mesmo vem vindo atrás
de nós."
19 Jacó ordenou também ao segundo, ao terceiro
e a todos os que vinham conduzindo os rebanhos:
— É assim que vocês devem falar com Esaú,
quando se encontrarem com ele. 20 Também dirão:
"Eis que o seu servo Jacó vem vindo atrás de nós."
Porque Jacó pensava assim: "Eu o aplacarei com o
presente que me antecede. Depois eu o verei pes-
soalmente e talvez ele me dê boa acolhida."
21 Assim, mandou os presentes à sua frente. Ele,
porém, ficou aquela noite no acampamento.

Jacó luta em Peniel

22 Naquela mesma noite, Jacó se levantou, to-
mou suas duas mulheres, suas duas servas e seus
onze filhos e transpôs o vau do Jaboque. 23 Reuniu
todos e fez com que passassem o ribeiro. Também
fez passar tudo o que lhe pertencia. 24 Jacó ficou
sozinho, e um homem lutava com ele, até o rom-
per do dia. 25 Vendo este que não podia com Jacó,
tocou-lhe na articulação da coxa, de modo que a
junta da coxa de Jacó se deslocou, na luta com o
homem. 26 Então o homem disse:
— Deixe-me ir, pois já rompeu o dia.
Jacó respondeu:
— Não o deixarei ir se você não me abençoar.
27 Então o homem perguntou:
— Como você se chama?
Ele respondeu:
— Jacó.
28 Então disse:
— Seu nome não será mais Jacó, e sim Israel,
pois você lutou com Deus e com os homens e pre-
valeceu.
29 Jacó disse:
— Por favor, diga-me como você se chama.
Ele respondeu:
— Por que você pergunta pelo meu nome?
E o abençoou ali. 30 Jacó deu àquele lugar o
nome de Peniel, pois disse: "Vi Deus face a face, e a
minha vida foi salva."
31 Nasceu-lhe o sol, quando ele atravessava Pe-
niel. E mancava por causa da coxa. 32 Por isso, os
filhos de Israel não comem, até hoje, o nervo do
quadril, na articulação da coxa, porque o homem
tocou a articulação da coxa de Jacó no nervo do
quadril.

O encontro de Esaú e Jacó

33 1 Quando Jacó ergueu os olhos, viu que Esaú
se aproximava, e com ele quatrocentos ho-
mens. Então repartiu os filhos entre Lia, Raquel e

as duas servas. 2 Pôs as servas e seus filhos à fren-
te, Lia e seus filhos atrás deles e Raquel e José por
último. 3 E ele mesmo, adiantando-se, prostrou-
-se em terra sete vezes, até aproximar-se de seu
irmão. 4 Então Esaú correu ao encontro dele e o
abraçou; pôs os braços em volta do pescoço dele
e o beijou; e choraram. 5 Daí, levantando os olhos,
Esaú viu as mulheres e os meninos e disse:

— Quem são estes que estão com você?

Jacó respondeu:

— Os filhos com que Deus agraciou este seu
servo.

6 Então se aproximaram as servas, elas e seus
filhos, e se prostraram. 7 Chegaram também Lia e
seus filhos e se prostraram. Por último chegaram
José e Raquel e se prostraram.

8 Esaú perguntou:

— Qual é o seu propósito com todos esses gru-
pos que encontrei?

Jacó respondeu:

— É para obter favor na presença de meu
senhor.

9 Então Esaú disse:

— Eu tenho muitos bens, meu irmão; guarde o
que você tem.

10 Mas Jacó insistiu:

— Não recuse. Se alcancei favor na sua presen-
ça, peço que aceite o meu presente, porque ver o
seu rosto é como contemplar o semblante de Deus;
e você me acolheu tão bem. 11 Portanto, aceite o
meu presente, que eu lhe trouxe. Porque Deus tem
sido generoso para comigo, e tenho fartura.

E insistiu com ele, até que o aceitou.

12 Então Esaú disse:

— Vamos partir e seguir viagem. Eu irei à sua
frente.

13 Porém Jacó lhe disse:

— Meu senhor sabe que estes meninos são
fracos, e tenho comigo ovelhas e vacas de leite. Se
forçados a caminhar demais um só dia, morrerão
todos os rebanhos. 14 Passe meu senhor adiante
de seu servo; eu seguirei aos poucos, no passo do
gado que me vai à frente e no passo dos meninos,
até chegar a meu senhor, em Seir.

15 Esaú respondeu:

— Então permita que eu deixe com você alguns
dessa gente que está comigo.

Jacó respondeu:

— Para quê? Basta que eu alcance favor aos
olhos de meu senhor.

16 Assim, naquele dia Esaú voltou para Seir, pelo
caminho por onde tinha vindo. 17 E Jacó foi para
Sucote, e edificou para si uma casa, e fez cabanas
para o seu gado. Por isso, o lugar se chamou Sucote.

Jacó chega a Siquém

18 Voltando de Padã-Arã, Jacó chegou são e salvo
à cidade de Siquém, que está na terra de Canaã, e
armou a sua tenda junto da cidade. 19 A parte do
campo, onde tinha armado a sua tenda, ele a com-
prou dos filhos de Hamor, pai de Siquém, por cem
peças de dinheiro. 20 E levantou ali um altar e lhe
deu o nome de "Deus, o Deus de Israel".

Diná e os siquemitas

34 1 Ora, Diná, a filha que Lia teve com Jacó,
saiu para ver as filhas da terra. 2 Quem a viu
foi Siquém, filho do heveu Hamor, que era prín-
cipe daquela terra. Tomando-a, ele teve relações
com ela e assim a humilhou. 3 Siquém se apegou
a Diná, filha de Jacó, amou a jovem e lhe falou ao
coração. 4 Então Siquém disse a seu pai Hamor:

— Consiga-me esta jovem para que seja a mi-
nha esposa.

5 Quando Jacó ficou sabendo que Diná, sua
filha, havia sido desonrada por Siquém, os seus
filhos estavam no campo com o gado. Por isso,
calou-se e esperou até que eles voltassem. 6 En-
tão Hamor, o pai de Siquém, saiu para falar com
Jacó. 7 Quando os filhos de Jacó vieram do campo
e ouviram o que havia acontecido, indignaram-se
e ficaram muito irados, pois Siquém havia prati-
cado uma afronta em Israel, violentando a filha
de Jacó, que era algo que não se devia fazer.

8 Mas Hamor falou com eles, dizendo:

— Meu filho Siquém está profundamente
apaixonado pela filha de vocês. Peço que ela lhe
seja dada por esposa. 9 Tornem-se nossos pa-
rentes; deem as filhas de vocês para nós e vocês
tomem as nossas filhas. 10 Vocês habitarão em
nosso meio, a terra estará ao seu dispor. Morem
nela, negociem e adquiram propriedades.

11 E o próprio Siquém disse ao pai e aos irmãos
de Diná:

— Que eu obtenha este favor diante de vocês
e lhes darei o que me pedirem. 12 Aumentem em
muito o dote de casamento e as dádivas, e darei
o que me pedirem; deem-me, porém, a moça por
esposa.

13 Então os filhos de Jacó, por haver Siquém
desonrado Diná, a irmã deles, responderam com
astúcia a Siquém e a seu pai Hamor e lhes dis-
seram:

14 — Não podemos fazer isso, dar a nossa irmã
a um homem que ainda não foi circuncidado,
porque isso seria uma vergonha para nós. 15 Sob
uma única condição permitiremos: que vocês se
tornem como nós, circuncidando todos os do
sexo masculino. 16 Então lhes daremos as nossas
filhas, tomaremos para nós as filhas de vocês,
habitaremos no meio de vocês e seremos um só
povo. 17 Se, porém, não ouvirem e não quiserem
ser circuncidados, tomaremos a nossa filha e ire-
mos embora.

18 Tais palavras agradaram Hamor e Siquém,
seu filho. 19 O jovem não tardou em fazer o que
foi solicitado, porque amava a filha de Jacó e era o
mais honrado de toda a casa de seu pai.
20 Assim, Hamor e Siquém, seu filho, vieram
ao portão da sua cidade e falaram aos homens da
cidade:
21 — Esses homens são pacíficos em relação a
nós. Portanto, deixem que morem na terra e nego-
ciem nela. A terra é bastante espaçosa para contê-
-los. Vamos tomar as filhas deles por esposas e dar
também as nossas filhas a eles. 22 Mas eles só con-
cordarão em morar conosco, tornando-nos um só
povo, se todos os homens em nosso meio se dei-
xarem circuncidar, como eles são circuncidados.
23 Não é verdade que o gado, os bens e todos os
animais deles serão nossos? Portanto, vamos con-
cordar e eles ficarão morando entre nós.
24 E todos os que saíam do portão da cidade
deram ouvidos a Hamor e a Siquém, seu filho. E
todos os do sexo masculino foram circuncidados,
todos os que saíam pelo portão da cidade.

A traição de Simeão e Levi

25 No terceiro dia, quando os homens sentiam
mais forte a dor, dois filhos de Jacó, Simeão e Levi,
irmãos de Diná, pegaram cada um a sua espada,
entraram inesperadamente na cidade e mataram
todos os homens. 26 Passaram também ao fio da
espada Hamor e seu filho Siquém; tiraram Diná da
casa de Siquém e saíram. 27 Os filhos de Jacó vieram,
passaram por cima dos cadáveres, e saquearam a
cidade, porque a irmã deles havia sido desonrada.
28 Levaram deles os rebanhos, os bois, os jumen-
tos e o que havia na cidade e no campo. 29 Pegaram
todos os bens, levaram cativas as mulheres e todas
as crianças, e saquearam tudo o que havia nas ca-
sas. 30 Então Jacó disse a Simeão e a Levi:
— Vocês me criaram um problema e me fize-
ram odioso entre os moradores desta terra, entre
os cananeus e os ferezeus. Como somos pouca
gente, eles se reunirão contra mim, e serei destruí-
do, eu e a minha casa.
31 Eles responderam:
— E que direito ele tinha de tratar a nossa irmã
como se fosse prostituta?

Jacó faz um altar em Betel

35 1 Deus disse a Jacó:
— Levante-se, vá para Betel e habite ali.
Faça ali um altar ao Deus que lhe apareceu quando
você fugia do seu irmão Esaú.
2 Então Jacó disse à sua família e a todos os que
estavam com ele:
— Joguem fora os deuses estranhos que há no
meio de vocês, purifiquem-se e troquem de roupa.
3 Vamos nos preparar e ir para Betel. Farei ali um
altar ao Deus que me respondeu no dia da minha
angústia e me acompanhou no caminho por onde
andei.
4 Então deram a Jacó todos os deuses estranhos
que tinham em mãos e as argolas que lhes pen-
diam das orelhas. E Jacó os escondeu debaixo do
carvalho que está junto a Siquém.
5 Quando eles partiram, o terror de Deus invadiu
as cidades vizinhas, e não perseguiram os filhos de
Jacó. 6 Assim, Jacó chegou a Luz, chamada Betel, que
fica na terra de Canaã, ele e todo o povo que esta-
va com ele. 7 E edificou ali um altar. E àquele lugar
deu o nome de El-Betel, porque ali Deus havia se
revelado a ele quando estava fugindo do seu irmão.
8 Débora, a ama de Rebeca, morreu e foi sepul-
tada ao pé de Betel, debaixo do carvalho que se
chama Alom-Bacute.
9 Depois que Jacó havia retornado de Padã-Arã,
Deus lhe apareceu outra vez e o abençoou. 10 Deus
disse a ele:
— Você se chama Jacó, mas o seu nome não
será mais Jacó; o seu nome será Israel.
E lhe deu o nome de Israel. 11 Disse-lhe mais:
— Eu sou o Deus Todo-Poderoso; seja fecundo
e multiplique-se; uma nação e multidão de nações
sairão de você, e reis procederão de você. 12 A terra
que dei a Abraão e a Isaque darei também a você e,
depois de você, à sua descendência.
13 E Deus se retirou dele, elevando-se do lugar
onde lhe havia falado. 14 Então Jacó pôs uma colu-
na de pedra no lugar onde Deus havia falado com
ele e derramou uma libação e azeite sobre ela.
15 Ao lugar onde Deus lhe havia falado, Jacó deu o
nome de Betel.

O nascimento de Benjamim e a morte de Raquel

16 Partiram de Betel, e, havendo ainda pequena
distância para chegar a Efrata, Raquel deu à luz
um filho, num parto que foi muito difícil. 17 Em
meio às dores, a parteira disse a Raquel:
— Não tenha medo, pois você ainda terá este
filho.
18 Ao sair-lhe a alma (porque morreu), deu ao
filho o nome de Benoni. Mas seu pai lhe chamou
Benjamim. 19 Assim, Raquel morreu e foi sepulta-
da no caminho de Efrata, que é Belém. 20 Jacó le-
vantou uma coluna sobre a sepultura de Raquel.
Essa é a coluna da sepultura de Raquel até o dia
de hoje. 21 Então Israel partiu e armou a sua tenda
além da torre de Éder.

Descendentes de Israel

1Cr 2.1-2

22 E aconteceu que, habitando Israel naquela
terra, Rúben foi e se deitou com Bila, concubina de
seu pai. E Israel ficou sabendo disso.

Eram doze os filhos de Israel. 23 Rúben, o pri-
mogênito de Jacó, Simeão, Levi, Judá, Issacar e
Zebulom, filhos de Lia; 24 José e Benjamim, filhos
de Raquel; 25 Dã e Naftali, filhos de Bila, serva de
Raquel; 26 e Gade e Aser, filhos de Zilpa, serva de
Lia. São estes os filhos de Jacó, que lhe nasceram
em Padã-Arã.

A morte de Isaque

27 Jacó veio a Isaque, seu pai, a Manre, a
Quiriate-Arba (que é Hebrom), onde peregrina-
ram Abraão e Isaque. 28 Os dias da vida de Isaque
foram cento e oitenta anos. 29 Após uma longa
velhice, Isaque expirou e morreu, sendo reunido
ao seu povo; e Esaú e Jacó, seus filhos, o sepul-
taram.

Descendentes de Esaú

1Cr 1.35-37

36 1 São estes os descendentes de Esaú, que é
Edom. 2 Esaú tomou por mulheres dentre
as filhas de Canaã: Ada, filha de Elom, heteu;
Oolibama, filha de Aná, filho de Zibeão, heveu;
3 e Basemate, filha de Ismael, irmã de Nebaiote.
4 De Ada teve Esaú um filho chamado Elifaz e de
Basemate lhe nasceu Reuel. 5 A Oolibama nasceu
Jeús, Jalão e Corá. Estes são os filhos de Esaú, que
lhe nasceram na terra de Canaã.

6 Esaú tomou as suas mulheres, os seus filhos,
as suas filhas, todas as pessoas de sua casa, o seu
rebanho, todo o seu gado, todos os bens, tudo o
que havia adquirido na terra de Canaã e os levou
para outra terra, longe de seu irmão Jacó. 7 Porque
os bens deles eram muitos para habitarem juntos
e a terra de suas peregrinações não os podia sus-
tentar por causa do seu gado. 8 Então Esaú, que é
Edom, habitou no monte Seir.

9 Esta é a descendência de Esaú, pai dos edo-
mitas, no monte Seir. 10 São estes os nomes dos
filhos de Esaú: Elifaz, filho de Ada, mulher de
Esaú; Reuel, filho de Basemate, mulher de Esaú.
11 Os filhos de Elifaz foram: Temã, Omar, Zefô,
Gaetã e Quenaz. 12 Timna era concubina de Eli-
faz, filho de Esaú; ela deu à luz Amaleque. Es-
tes são os filhos de Ada, mulher de Esaú. 13 E os
filhos de Reuel são estes: Naate, Zerá, Samá e
Mizá; estes foram os filhos de Basemate, mulher
de Esaú. 14 E são estes os filhos de Oolibama, fi-
lha de Aná, filho de Zibeão, mulher de Esaú; ela
deu a Esaú: Jeús, Jalão e Corá.

15 São estes os chefes dos filhos de Esaú; os fi-
lhos de Elifaz, o primogênito de Esaú: os chefes
Temã, Omar, Zefô, Quenaz, 16 Corá, Gaetã, Amale-
que. Estes são os chefes que nasceram a Elifaz na
terra de Edom; são os filhos de Ada.

17 São estes os filhos de Reuel, filho de Esaú:
os chefes Naate, Zerá, Samá e Mizá. Estes são os
chefes que nasceram a Reuel na terra de Edom;
são os filhos de Basemate, mulher de Esaú.

18 São estes os filhos de Oolibama, mulher de
Esaú: os chefes Jeús, Jalão e Corá. Estes são os che-
fes que descendem de Oolibama, filha de Aná e
mulher de Esaú. 19 São estes os filhos de Esaú, isto
é, Edom, e esses são os seus chefes.

Descendentes de Seir

1Cr 1.38-42

20 São estes os filhos de Seir, o horeu, morado-
res da terra: Lotã, Sobal, Zibeão e Aná, 21 Disom,
Eser e Disã. Estes são os chefes dos horeus, filhos
de Seir na terra de Edom.

22 Os filhos de Lotã são Hori e Homã; a irmã de
Lotã é Timna.

23 São estes os filhos de Sobal: Alvã, Manaate,
Ebal, Sefô e Onã.

24 São estes os filhos de Zibeão: Aiá e Aná; este é o
Aná que achou as fontes termais no deserto, quan-
do apascentava os jumentos de Zibeão, seu pai.

25 São estes os filhos de Aná: Disom e Ooliba-
ma, a filha de Aná. 26 Estes são os filhos de Disom:
Hendã, Esbã, Itrã e Querã.

27 São estes os filhos de Eser: Bilã, Zaavã e Acã.

28 São estes os filhos de Disã: Uz e Arã.

29 São estes os chefes dos horeus: Lotã, Sobal,
Zibeão, Aná, 30 Disom, Eser e Disã. Estes são os
chefes dos horeus na terra de Seir.

Reis e chefes de Edom

1Cr 1.43-54

31 São estes os reis que reinaram na terra de
Edom, antes que houvesse rei sobre os filhos de
Israel. 32 Em Edom reinou Belá, filho de Beor, e o
nome da sua cidade era Dinabá. 33 Belá morreu,
e, em seu lugar, reinou Jobabe, filho de Zerá, de
Bozra. 34 Morreu Jobabe, e, em seu lugar, reinou
Husão, da terra dos temanitas. 35 Morreu Husão,
e, em seu lugar, reinou Hadade, filho de Bedade, o
que derrotou Midiã no campo de Moabe. O nome
da sua cidade era Avite. 36 Morreu Hadade, e, em
seu lugar, reinou Samlá, de Masreca. 37 Morreu
Samlá, e, em seu lugar, reinou Saul, de Reobote,
junto ao Eufrates. 38 Morreu Saul, e, em seu lu-
gar, reinou Baal-Hanã, filho de Acbor. 39 Morreu
Baal-Hanã, filho de Acbor, e, em seu lugar, reinou
Hadar. O nome de sua cidade era Paú, e o de sua
mulher era Meetabel, filha de Matrede, filha de
Me-Zaabe.

40 São estes os nomes dos chefes de Esaú, se-
gundo as suas famílias, os seus lugares e os seus
nomes: os chefes Timna, Alva, Jetete, 41 Oolibama,
Elá, Pinom, 42 Quenaz, Temã, Mibzar, 43 Magdiel e
Irã. Estes são os chefes de Edom, segundo as suas
habitações na terra que possuíam. Este é Esaú, pai
dos edomitas.

José e seus irmãos

37 **1** Jacó habitou na terra das peregrinações de
seu pai, na terra de Canaã. **2** Esta é a história
de Jacó.

Quando José tinha dezessete anos, apascentava
os rebanhos com os seus irmãos. Sendo ainda jovem, acompanhava os filhos de Bila e os filhos de
Zilpa, mulheres de seu pai; e trazia más notícias
deles a seu pai.

3 Ora, Israel amava mais José do que todos os
seus outros filhos, porque era filho da sua velhice;
e mandou fazer para ele uma túnica talar de mangas compridas. **4** Quando os seus irmãos viram que
o pai o amava mais do que todos os outros filhos,
odiaram-no e já não podiam falar com ele de forma pacífica.

5 José teve um sonho e o contou aos seus irmãos; por isso, o odiaram ainda mais. **6** Ele lhes
disse:

— Peço que ouçam o sonho que tive. **7** Sonhei
que estávamos amarrando feixes no campo, e eis
que o meu feixe se levantou e ficou em pé, enquanto os feixes de vocês o rodeavam e se inclinavam diante do meu.

8 Então os irmãos lhe disseram:

— Você pensa que vai mesmo reinar sobre nós?
Pensa que realmente dominará sobre nós?

E com isso o odiavam ainda mais, por causa dos
seus sonhos e de suas palavras.

9 José teve ainda outro sonho, que ele contou
aos seus irmãos, dizendo:

— Sonhei também que o sol, a lua e onze estrelas se inclinavam diante de mim.

10 Quando José contou esse sonho ao pai e aos
seus irmãos, o pai o repreendeu, dizendo:

— Que sonho é esse que você teve? Você está
querendo dizer que eu, a sua mãe e os seus irmãos
iremos e nos inclinaremos até o chão diante de
você?

11 Os irmãos tinham inveja dele; o pai, no entanto, guardou aquilo no coração.

José é vendido e levado para o Egito

12 Como os irmãos foram apascentar o rebanho
do pai, em Siquém, **13** Israel perguntou a José:

— Os seus irmãos não estão apascentando o rebanho em Siquém? Venha, pois vou mandar você
até eles.

José respondeu:

— Eis-me aqui.

14 Israel continuou:

— Vá, agora, e veja se está tudo bem com os
seus irmãos e com o rebanho; e traga-me notícias.

Assim, o enviou do vale de Hebrom, e ele foi a
Siquém. **15** E um homem encontrou José, que andava errante pelo campo, e lhe perguntou:

— O que você está procurando?

16 Ele respondeu:

— Estou procurando os meus irmãos. Por favor,
pode me dizer onde eles estão apascentando o rebanho?

17 O homem respondeu:

— Foram embora daqui. Ouvi quando disseram: "Vamos a Dotã."

Então José seguiu atrás dos irmãos e os encontrou em Dotã. **18** De longe eles o viram e, antes que
chegasse, conspiraram contra ele para o matar.
19 Disseram uns aos outros:

— Lá vem o grande sonhador! **20** Venham, pois,
agora, vamos matá-lo e jogar o corpo numa destas cisternas. Diremos que um animal selvagem o
devorou. Vejamos em que vão dar os sonhos dele.

21 Mas Rúben, ouvindo isso, livrou-o das mãos
deles e disse:

— Não lhe tiremos a vida.

22 Rúben disse mais:

— Não derramem sangue. Joguem o rapaz naquela cisterna que está no deserto, e não lhe façam
mal.

Rúben disse isto para o livrar deles, a fim de
levá-lo de volta ao pai. **23** Mas, logo que José chegou
a seus irmãos, despiram-no da túnica, a túnica talar de mangas compridas que trazia, **24** e o jogaram
na cisterna. A cisterna estava vazia, sem água.

25 Depois sentaram-se para comer. Levantando
os olhos, viram que uma caravana de ismaelitas
vinha de Gileade. Seus camelos traziam especiarias, bálsamo e mirra, que levavam para o Egito.
26 Então Judá disse aos irmãos:

— O que vamos ganhar se matarmos o nosso
irmão e depois escondermos a sua morte? **27** Venham, vamos vendê-lo aos ismaelitas. Não lhe façamos mal, pois é nosso irmão, é do nosso sangue.

Seus irmãos concordaram. **28** E, quando os mercadores midianitas passaram, os irmãos de José o
tiraram da cisterna e o venderam aos ismaelitas
por vinte moedas de prata. E os ismaelitas levaram
José para o Egito.

29 Quando Rúben voltou à cisterna, eis que José
não estava nela; então rasgou as suas roupas. **30** E,
voltando aos seus irmãos, disse:

— O rapaz não está mais lá! E agora, o que eu
vou fazer?

31 Então pegaram a túnica de José, mataram um
bode e molharam a túnica no sangue. **32** E enviaram a túnica de mangas compridas ao pai com
este recado:

— Achamos isto. Veja se é ou não a túnica de
seu filho.

33 Ele a reconheceu e disse:

— É a túnica de meu filho. Um animal selvagem o devorou. Certamente José foi despedaçado.

34 Então Jacó rasgou as suas roupas, vestiu-se de
pano de saco e lamentou o filho durante muitos

dias. 35 Todos os seus filhos e todas as suas filhas
vieram, para o consolar; ele, porém, recusou ser
consolado e disse:

— Chorando, descerei à sepultura para junto do
meu filho.

E continuou a chorar pelo filho.

36 Enquanto isso, no Egito, os midianitas vende-
ram José a Potifar, oficial de Faraó, comandante da
guarda.

Judá e Tamar

38 1 Aconteceu, por esse tempo, que Judá se
afastou de seus irmãos e se hospedou na
casa de um adulamita, chamado Hira. 2 Ali Judá
viu a filha de um cananeu, chamado Sua; ele a
tomou por mulher e teve relações com ela. 3 A mu-
lher ficou grávida e deu à luz um filho, e Judá lhe
deu o nome de Er. 4 Ela ficou grávida outra vez e
deu à luz um filho, a quem ela deu o nome de Onã.
5 Mais uma vez ela ficou grávida e deu à luz outro
filho, a quem ela chamou de Selá. Ela estava em
Quezibe quando o teve.
6 Judá tomou uma esposa para Er, o seu pri-
mogênito; o nome dela era Tamar. 7 No entanto,
Er, o primogênito de Judá, era mau aos olhos do
SENHOR, e por isso o SENHOR fez com que ele mor-
resse. 8 Então Judá disse a Onã:

— Tenha relações com a mulher do seu irmão,
cumpra a obrigação de cunhado e dê uma descen-
dência ao seu irmão.

9 Mas Onã sabia que o filho não seria considera-
do seu. Por isso, todas as vezes que tinha relações
com a mulher de seu irmão deixava o sêmen cair
na terra, para não dar descendência a seu irmão.
10 Isso, porém, que fazia, era mau aos olhos do
SENHOR, e por isso fez com que também este mor-
resse. 11 Então Judá disse a Tamar, sua nora:

— Continue viúva na casa de seu pai, até que
Selá, meu filho, cresça.

Pois Judá pensava assim: "É para que não morra
também este, como os seus irmãos." Assim, Ta-
mar se foi, passando a morar na casa do pai dela.

12 Algum tempo depois morreu a mulher de
Judá, que era filha de Sua. Quando terminou o pe-
ríodo de luto, Judá foi até onde estavam os tosquia-
dores de suas ovelhas, em Timna, ele e seu amigo
Hira, o adulamita. 13 E alguém foi dizer a Tamar:

— Eis que o seu sogro está a caminho de Tim-
na, para tosquiar as ovelhas.

14 Então ela tirou as suas roupas de viúva, e,
cobrindo-se com um véu, se disfarçou e se sentou
à entrada de Enaim, no caminho de Timna. Por-
que ela sabia que Selá já era homem, e ela não lhe
havia sido dada por mulher. 15 Quando Judá a viu,
pensou que se tratava de uma prostituta, pois ela
havia coberto o rosto. 16 Então se dirigiu a ela no
caminho e lhe disse:

— Venha, quero ter relações com você!

Acontece que ele não sabia que ela era a sua
nora. Ela respondeu:

— O que você me dá para ter relações comigo?

17 Ele respondeu:

— Eu mando para você um cabrito do meu re-
banho.

Ela perguntou:

— Você deixa comigo alguma garantia até
mandar o cabrito?

18 Ele respondeu:

— Que garantia posso deixar com você?

Ela disse:

— O seu selo, o seu cordão e o cajado que você
tem na mão.

Ele lhe deu os objetos, teve relações com ela, e
ela ficou grávida dele. 19 Tamar se levantou e foi
embora. Tirou o véu e pôs outra vez as suas roupas
de viúva.

20 Judá enviou o cabrito, por meio do adula-
mita, seu amigo, para reaver a garantia que tinha
deixado com a mulher, mas ele não a encontrou.
21 Então o amigo de Judá perguntou aos homens
daquele lugar:

— Onde está a prostituta cultual que costuma-
va ficar junto ao caminho de Enaim?

Responderam:

— Aqui não havia nenhuma prostituta cultual.

22 Ele voltou a Judá e disse:

— Não encontrei a mulher. E além disso os ho-
mens do lugar me disseram que lá nunca houve
nenhuma prostituta cultual.

23 Judá respondeu:

— Que ela fique com aquelas coisas para si,
para que não venhamos a passar vergonha. Eis
que mandei o cabrito, mas você não encontrou a
mulher.

24 Passados quase três meses, foram dizer a
Judá:

— A sua nora Tamar se prostituiu, pois está
grávida.

Ao que Judá respondeu:

— Tragam-na para fora para que seja quei-
mada.

25 Quando a estavam trazendo para fora, ela
mandou dizer ao sogro:

— Eu estou grávida do homem a quem perten-
cem estas coisas.

E disse mais:

— Veja se reconhece de quem é este selo, este
cordão e este cajado.

26 Judá os reconheceu e disse:

— Ela é mais justa do que eu, porque não a dei
a Selá, meu filho.

E nunca mais teve relações com ela.

27 E aconteceu que, estando ela para dar à luz,
havia gêmeos no seu ventre. 28 Ao nascerem, um

pôs a mão para fora, e a parteira, tomando-a,
amarrou nela um fio vermelho, dizendo:
— Este saiu primeiro.
29 Mas, recolhendo ele a mão, o outro nasceu
primeiro. E a parteira disse:
— Como você rompeu a saída?
E lhe deram o nome de Perez. 30 Depois nasceu
o irmão, em cuja mão estava o fio vermelho. E lhe
deram o nome de Zera.

José na casa de Potifar

39 1 José foi levado para o Egito, e Potifar,
oficial de Faraó, comandante da guarda,
egípcio, comprou-o dos ismaelitas que o tinham
levado para lá. 2 O SENHOR Deus estava com José,
que veio a ser homem próspero e estava na casa
de seu dono egípcio. 3 Potifar viu que o SENHOR es-
tava com José e que tudo o que ele fazia o SENHOR
prosperava em suas mãos. 4 Assim, José achou fa-
vor diante dos olhos de seu dono e o servia. E ele
pôs José por mordomo de sua casa e lhe passou
às mãos tudo o que tinha. 5 E, desde que Potifar o
fez mordomo de sua casa e encarregado de tudo
o que tinha, o SENHOR abençoou a casa do egíp-
cio por causa de José. A bênção do SENHOR estava
sobre tudo o que tinha, tanto em casa como no
campo. 6 Potifar confiou tudo o que tinha às mãos
de José, de maneira que não se preocupava com
nada, a não ser com o pão que comia.
José tinha um belo porte e boa aparência. 7 As-
sim, depois de algum tempo, a mulher de Potifar
pôs os olhos em José e lhe disse:
— Venha para a cama comigo.
8 Ele, porém, recusou e disse à mulher do seu
dono:
— Escute! O meu senhor não se preocupa com
nada do que existe nesta casa, porque eu estou
aqui; tudo o que tem ele passou às minhas mãos.
9 Não há ninguém nesta casa que esteja acima de
mim. Ele não me vedou nada, a não ser a senhora,
porque é a mulher dele. Como, pois, cometeria eu
tamanha maldade e pecaria contra Deus?
10 Ela falava com José todos os dias, mas ele não
lhe dava ouvidos, recusando-se a ir para cama
com ela e a ficar perto dela. 11 Aconteceu, porém,
que, certo dia, José entrou na casa para fazer o seu
serviço, e ninguém dos de casa se achava presente.
12 Então ela o pegou pela roupa e lhe disse:
— Venha para a cama comigo.
Ele, porém, deixando a roupa nas mãos dela,
saiu, fugindo para fora. 13 Quando notou que José
tinha fugido para fora, mas havia deixado a roupa
nas mãos dela, 14 chamou pelos homens de sua
casa e lhes disse:
— Vejam! Meu marido nos trouxe este hebreu
para nos humilhar. Ele entrou no meu quarto,
querendo me levar para a cama, mas eu gritei bem
alto. 15 Quando ele ouviu que eu levantava a voz e
gritava, deixou a roupa ao meu lado e saiu, fugin-
do para fora.
16 Ela conservou junto de si a roupa de José, até
que o dono dele voltasse para casa. 17 Então lhe fa-
lou, segundo as mesmas palavras, e disse:
— O escravo hebreu, que você nos trouxe, en-
trou no meu quarto para me humilhar. 18 Mas,
quando levantei a voz e gritei, ele deixou a roupa
ao meu lado e fugiu para fora.
19 Quando o dono ouviu as palavras de sua mu-
lher, que lhe disse: "Foi assim que o seu escravo
me tratou", ele ficou irado. 20 E o dono de José o
tomou e o lançou na prisão, no lugar onde os pre-
sos do rei estavam encarcerados; ali José ficou na
prisão. 21 O SENHOR, porém, estava com José, foi
bondoso com ele e fez com que encontrasse favor
aos olhos do carcereiro. 22 Este confiou às mãos
de José todos os presos que estavam no cárcere.
E José fazia tudo o que se devia fazer ali. 23 O car-
cereiro não se preocupava com nada do que tinha
sido entregue às mãos de José, porque o SENHOR
estava com ele, e tudo o que ele fazia o SENHOR
prosperava.

José na prisão interpreta dois sonhos

40 1 Passadas estas coisas, aconteceu que o co-
peiro e o padeiro do rei do Egito ofenderam
o seu senhor, o rei do Egito. 2 O Faraó indignou-se
contra os seus dois oficiais, o copeiro-chefe e o
padeiro-chefe, 3 e mandou prendê-los na casa do
comandante da guarda, no cárcere onde José es-
tava. 4 O comandante da guarda os deixou aos cui-
dados de José, para que os servisse; e por algum
tempo estiveram na prisão.
5 E os dois sonharam, cada um o seu sonho,
na mesma noite; cada sonho com o seu próprio
significado, o copeiro e o padeiro do rei do Egito,
que se achavam encarcerados. 6 Quando José che-
gou pela manhã, viu-os, e eis que estavam preo-
cupados. 7 Então perguntou aos oficiais de Faraó,
que estavam com ele no cárcere da casa do seu
senhor:
— Por que vocês estão com a cara triste hoje?
8 Eles responderam:
— Tivemos um sonho, e não há quem o inter-
prete.
José lhes disse:
— Não pertencem a Deus as interpretações?
Contem-me o sonho que tiveram.

O sonho do copeiro-chefe

9 Então o copeiro-chefe contou o seu sonho a
José. Ele disse:
— Em meu sonho havia uma videira diante de
mim. 10 E na videira havia três ramos. Ao brotar
a videira, havia flores, e seus cachos produziam

uvas maduras. 11 O copo de Faraó estava na minha mão. Peguei as uvas e as espremi no copo de Faraó, e o entreguei a Faraó.

12 Então José disse:

— Esta é a interpretação do sonho: os três ramos são três dias. 13 Dentro de três dias, Faraó vai reabilitar você e reintegrá-lo no seu cargo, e você lhe dará o copo na mão dele, segundo o costume antigo, quando era seu copeiro. 14 Porém lembre-se de mim, quando tudo lhe correr bem. Peço que você seja bondoso para comigo e fale a meu respeito com Faraó, e me tire desta prisão; 15 porque, de fato, fui roubado da terra dos hebreus; e aqui nada fiz, para que me pusessem nesta masmorra.

O sonho do padeiro-chefe

16 Vendo o padeiro-chefe que a interpretação era boa, disse a José:

— Eu também sonhei, e eis que três cestos de pão branco estavam sobre a minha cabeça. 17 No cesto mais alto havia todo tipo de comida que um padeiro faz para Faraó. E as aves comiam do cesto que estava sobre a minha cabeça.

18 Então José disse:

— Esta é a interpretação do sonho: os três cestos são três dias. 19 Dentro de três dias, Faraó vai mandar cortar a sua cabeça e pendurá-lo numa árvore, e as aves comerão a sua carne.

20 No terceiro dia, que era aniversário de nascimento de Faraó, ele deu um banquete a todos os seus servos. E, no meio destes, reabilitou o copeiro-chefe e condenou o padeiro-chefe. 21 Reintegrou o copeiro-chefe no seu cargo, no qual dava o copo na mão de Faraó, 22 mas mandou enforcar o padeiro-chefe, como José havia interpretado. 23 Porém o copeiro-chefe não se lembrou de José; esqueceu-se dele.

José interpreta os sonhos de Faraó

41 1 Passados dois anos completos, Faraó teve um sonho e eis que estava em pé junto ao rio Nilo. 2 Do rio subiam sete vacas de boa aparência e gordas e pastavam no meio dos juncos. 3 Após elas subiam do rio outras sete vacas, de aparência feia e magras; e pararam junto às primeiras, na margem do rio. 4 As vacas de aparência feia e magras engoliam as sete vacas de boa aparência e gordas.

Então Faraó acordou. 5 Tornando a dormir, sonhou outra vez. De uma só haste saíam sete espigas cheias e boas. 6 E após elas nasciam sete espigas mirradas e queimadas pelo vento leste. 7 As espigas mirradas devoravam as sete espigas grandes e cheias.

Então Faraó acordou. Tinha sido um sonho. 8 De manhã, ao despertar muito perturbado, mandou chamar todos os magos do Egito e todos os seus sábios. Contou-lhes os seus sonhos, mas não havia ninguém que pudesse dar a interpretação.

9 Então o copeiro-chefe disse a Faraó:

— Hoje me lembro das minhas ofensas. 10 Quando Faraó ficou irado com os seus servos e me pôs na prisão, na casa do comandante da guarda, a mim e ao padeiro-chefe, 11 tivemos um sonho na mesma noite, eu e ele. Sonhamos, e cada sonho tinha o seu próprio significado. 12 Achava-se conosco um jovem hebreu, escravo do comandante da guarda. Contamos a ele os nossos sonhos, e ele nos deu a interpretação, a cada um segundo o seu sonho. 13 E tal como nos interpretou, assim aconteceu: eu fui restituído ao meu cargo, e o outro foi enforcado.

14 Então Faraó mandou chamar José, e o fizeram sair às pressas da masmorra. Ele se barbeou, mudou de roupa e foi apresentar-se a Faraó. 15 Este lhe disse:

— Tive um sonho, e não há quem o interprete. Porém ouvi falar a respeito de você que, quando ouve um sonho, é capaz de interpretá-lo.

16 José respondeu:

— Isso não está em mim; mas Deus dará resposta favorável a Faraó.

17 Então Faraó disse a José:

— No meu sonho, eu estava em pé na margem do Nilo, 18 e eis que subiam dele sete vacas gordas e de boa aparência e pastavam no meio dos juncos. 19 Após estas subiam outras vacas, fracas, muito feias e magras. Eu nunca tinha visto vacas tão feias, em toda a terra do Egito. 20 E as vacas magras e ruins devoravam as primeiras sete vacas gordas. 21 E, depois de as terem engolido, não davam aparência de que as tinham devorado, pois o aspecto delas continuava ruim como no princípio. Então acordei. 22 Depois, vi, em meu sonho, que sete espigas saíam da mesma haste, cheias e boas. 23 Depois delas nasceram sete espigas secas, mirradas e queimadas pelo vento leste. 24 As sete espigas mirradas devoravam as sete espigas boas. Contei isso aos magos, mas ninguém foi capaz de me dar a interpretação.

25 Então José respondeu:

— O sonho de Faraó é apenas um; Deus revelou a Faraó o que ele vai fazer. 26 As sete vacas boas serão sete anos; as sete espigas boas, também sete anos; o sonho é um só. 27 As sete vacas magras e feias, que subiam após as primeiras, serão sete anos, bem como as sete espigas mirradas e queimadas pelo vento leste serão sete anos de fome.

28 — Esta é a palavra, como acabo de dizer a Faraó: Deus manifestou a Faraó o que ele vai fazer. 29 Eis que vêm sete anos de grande abundância por toda a terra do Egito. 30 Depois virão sete anos de fome. Toda aquela abundância será esquecida na terra do Egito e a fome consumirá a terra;

31 e não será lembrada a abundância na terra, por
causa da fome que seguirá, porque será gravís-
sima. 32 O sonho de Faraó foi repetido, porque a
coisa é estabelecida por Deus, e Deus se apressa
a fazê-la.

33 — Agora, pois, Faraó devia escolher um ho-
mem ajuizado e sábio e encarregá-lo de dirigir a
terra do Egito. 34 Faraó devia fazer isto: pôr admi-
nistradores sobre a terra e recolher a quinta par-
te dos frutos da terra do Egito nos sete anos de
fartura. 35 Esses administradores deviam ajuntar
toda a colheita dos bons anos que virão, reco-
lher cereal por ordem de Faraó, para mantimento
nas cidades, e guardá-lo em armazéns. 36 Assim,
o mantimento servirá para abastecer a terra nos
sete anos da fome que haverá no Egito, para que a
terra não seja destruída pela fome.

José como governador do Egito

37 O conselho agradou a Faraó e a todos os seus
oficiais. 38 Então Faraó perguntou aos seus oficiais:

— Será que poderíamos achar alguém melhor
do que José, um homem em quem está o Espírito
de Deus?

39 Depois, Faraó disse a José:

— Visto que Deus revelou tudo isto a você,
não há ninguém tão ajuizado e sábio como você.
40 Você será o administrador da minha casa, e todo
o meu povo obedecerá à sua palavra. Somente no
trono eu serei maior do que você.

41 E Faraó disse mais a José:

— Eis que eu o constituo autoridade sobre toda
a terra do Egito.

42 Então Faraó tirou o seu anel-sinete da mão e
o pôs no dedo de José. Mandou que o vestissem
com roupas de linho fino e lhe pôs no pescoço um
colar de ouro. 43 E o fez subir na sua segunda car-
ruagem, e clamavam diante dele: "Inclinem-se to-
dos!" Desse modo, deu-lhe autoridade sobre toda
a terra do Egito.

44 Disse ainda Faraó a José:

— Eu sou Faraó, mas sem a sua ordem ninguém
poderá fazer nada em toda a terra do Egito.

45 E Faraó chamou José de Zafenate-Paneia e
lhe deu por mulher Asenate, filha de Potífera, sa-
cerdote de Om. E José percorreu toda a terra do
Egito.

46 José tinha trinta anos de idade quando se
apresentou a Faraó, rei do Egito, e andou por toda
a terra do Egito. 47 Nos sete anos de fartura a ter-
ra produziu com abundância. 48 E José ajuntou
todo o mantimento que houve na terra do Egito
durante os sete anos e o guardou nas cidades; o
mantimento do campo ao redor de cada cidade
foi guardado na mesma cidade. 49 Assim, José
ajuntou muitíssimo cereal, como a areia do mar,
até perder a conta, porque ia além das medidas.

50 Antes de chegar a fome, nasceram dois filhos
a José, os quais lhe deu Asenate, filha de Potífera,
sacerdote de Om. 51 Ao primogênito José chamou
de Manassés, pois disse: "Deus me fez esquecer
todo o meu trabalho e toda a casa de meu pai."
52 Ao segundo deu o nome de Efraim, pois disse:
"Deus me fez próspero na terra da minha aflição."

53 Passados os sete anos de abundância que
houve na terra do Egito, 54 começaram os sete
anos de fome, como José havia predito. E havia
fome em todas as terras, mas em toda a terra do
Egito havia pão. 55 Quando toda a terra do Egito
começou a sentir a fome, o povo clamou a Faraó
por pão; e Faraó dizia a todos os egípcios:

— Vão falar com José e façam o que ele disser.

56 Havendo, pois, fome sobre toda a terra, José
abriu todos os celeiros e vendia aos egípcios; por-
que a fome aumentava na terra do Egito. 57 E todas
as terras vinham ao Egito para comprar de José,
porque a fome aumentava em todo o mundo.

Os irmãos de José vão ao Egito

42 1 Quando Jacó soube que havia mantimento
no Egito, disse a seus filhos:

— Por que vocês estão aí olhando uns para os
outros?

2 E acrescentou:

— Ouvi dizer que há cereais no Egito. Vão até lá
e comprem cereais, para que vivamos e não mor-
ramos.

3 Então dez dos irmãos de José foram, para
comprar cereal do Egito. 4 Mas Jacó não enviou
Benjamim, o irmão de José, na companhia dos
irmãos, porque dizia: "E se lhe acontecer algum
desastre?" 5 Entre os que iam, pois, para lá, foram
também os filhos de Israel, pois havia fome na
terra de Canaã.

6 José era governador daquela terra; era ele
quem vendia a todos os povos da terra. Os irmãos
de José vieram e se prostraram com o rosto em
terra, diante dele. 7 Quando José viu os seus ir-
mãos, reconheceu-os, porém não se deu a conhe-
cer. Foi ríspido com eles e lhes perguntou:

— De onde vocês vêm?

Responderam:

— Da terra de Canaã, para comprar mantimento.

8 José reconheceu os irmãos, mas eles não o re-
conheceram. 9 Então José se lembrou dos sonhos
que teve a respeito deles e lhes disse:

— Vocês são espiões e vieram para ver os pon-
tos fracos da terra.

10 Eles responderam:

— Não, meu senhor. Estes seus servos vieram
só para comprar mantimento. 11 Somos todos fi-
lhos de um mesmo homem; somos homens ho-
nestos; estes seus servos não são espiões.

12 Ele, porém, lhes respondeu:

— Nada disso! Pelo contrário, vocês vieram
para ver os pontos fracos da terra.
13 Eles disseram:
— Nós, seus servos, somos doze irmãos, filhos
de um homem na terra de Canaã. O mais novo
está hoje com o nosso pai, outro já não existe.
14 Então José lhes disse:
— É como já falei: vocês são espiões. 15 Nisto
vocês serão provados: juro pela vida de Faraó que
vocês não sairão daqui, sem que primeiro venha
o irmão mais novo de vocês. 16 Enviem um de vo-
cês, que busque o seu irmão. Vocês ficarão detidos
para que sejam provadas as palavras de vocês, se
há verdade no que dizem; ou se não, juro pela vida
de Faraó que vocês são espiões.
17 E deixou todos presos por três dias. 18 No ter-
ceiro dia, José lhes disse:
— Façam o seguinte e viverão, pois temo a
Deus. 19 Se são homens honestos, que um de vocês
fique detido aqui onde estão presos; os outros po-
dem ir, levando cereal para matar a fome das suas
famílias. 20 E tragam-me o seu irmão mais novo,
com o que serão verificadas as palavras de vocês, e
vocês não morrerão.
E eles se dispuseram a fazê-lo. 21 Então disse-
ram entre si:
— Na verdade, estamos sendo castigados por
causa de nosso irmão, pois vimos a angústia de
sua alma, quando nos pedia, e não lhe demos
ouvidos; por isso, nos sobrevém agora esta ansie-
dade.
22 Rúben respondeu-lhes:
— Não é verdade que eu disse: "Não pequem
contra o jovem"? Mas vocês não quiseram me ou-
vir. Pois agora estão vendo que o sangue dele está
sendo requerido de nós.
23 Eles, porém, não sabiam que José os entendia,
porque lhes falava por meio de um intérprete. 24 E,
retirando-se deles, José chorou. Depois, voltando
para junto deles, lhes falou outra vez. Escolheu Si-
meão e o algemou na presença deles.

Os irmãos de José regressam do Egito

25 José ordenou que lhes enchessem de cereal
os sacos, e lhes restituíssem o dinheiro, a cada um
no saco de cereal, e os suprissem de comida para o
caminho. E assim foi feito. 26 E carregaram o cereal
sobre os seus jumentos e partiram dali. 27 Quando
um deles abriu o saco de cereal, para dar de co-
mer ao seu jumento na estalagem, encontrou o
dinheiro na boca do saco de cereal. 28 Então disse
aos irmãos:
— Devolveram o meu dinheiro. Está aqui na
boca do saco de cereal.
O coração dos irmãos se encheu de medo, e,
tremendo, entreolhavam-se, dizendo:
— O que é isto que Deus nos fez?

29 E vieram para Jacó, seu pai, na terra de Canaã,
e lhe contaram tudo o que lhes havia acontecido,
dizendo:
30 — O homem, o senhor da terra, falou co-
nosco de maneira ríspida e nos tratou como es-
piões da terra. 31 Dissemos a ele: "Somos homens
honestos e não espiões. 32 Somos doze irmãos,
filhos de um mesmo pai; um já não existe, e o
mais novo está hoje com o nosso pai na terra de
Canaã." 33 Então o homem, o senhor da terra,
respondeu: "Nisto saberei que vocês são homens
honestos: deixem comigo um de seus irmãos, pe-
guem o cereal para remediar a fome de suas casas
e vão embora. 34 Mas tragam-me o seu irmão mais
novo. Assim saberei que vocês não são espiões,
mas homens honestos. Então entregarei o irmão
de vocês, e vocês poderão negociar na terra."
35 Aconteceu que, quando foram despejar o
cereal que havia nos sacos, cada um tinha a sua
trouxinha de dinheiro no saco de cereal. Ao ver
as trouxinhas com o dinheiro, eles e o seu pai fi-
caram com medo. 36 Então Jacó, o pai deles, disse:
— Vocês vão me deixar sem filhos. José se foi.
Simeão se foi. Agora querem levar Benjamim! To-
das essas coisas acontecem contra mim.
37 Mas Rúben disse a seu pai:
— O senhor pode matar os meus dois filhos,
se eu não trouxer Benjamim de volta. Deixe que
eu tome conta dele, e o trarei de volta para o
senhor.
38 Mas Jacó respondeu:
— O meu filho não irá com vocês. O irmão
dele está morto, e ele é o único que ficou. Se lhe
acontece algum desastre no caminho, vocês farão
descer os meus cabelos brancos com tristeza à
sepultura.

Os irmãos de José voltam ao Egito

43 1 A fome continuava gravíssima na terra.
2 Quando eles acabaram de consumir o ce-
real que tinham trazido do Egito, Jacó disse aos
filhos:
— Voltem e comprem mais um pouco de man-
timento para nós.
3 Mas Judá lhe disse:
— Aquele homem nos advertiu solenemente,
dizendo: "Vocês não verão o meu rosto, se o outro
irmão não vier com vocês." 4 Se o senhor resolver
enviar conosco o nosso irmão, iremos e comprare-
mos mantimento para o senhor. 5 Mas, se o senhor
não o enviar, não iremos, pois o homem nos disse:
"Vocês não verão o meu rosto, se o outro irmão
não vier com vocês."
6 Israel respondeu:
— Por que vocês me fizeram esse mal, dando
a saber àquele homem que vocês tinham outro
irmão?

7 Eles responderam:
— O homem nos fez perguntas específicas a
respeito de nós e de nossa parentela, dizendo:
"O pai de vocês ainda é vivo? Vocês têm outro
irmão?" Nós apenas respondemos o que ele nos
perguntou. Como podíamos adivinhar que ele nos
diria: "Tragam o outro irmão?"

8 Então Judá disse a Israel, seu pai:
— Deixe o jovem ir comigo, e nos levantaremos
e iremos, para que vivamos e não morramos, nem
nós, nem o senhor, nem os nossos filhinhos. 9 Eu
serei responsável por ele; da minha mão o senhor
poderá requerê-lo. Se eu não o trouxer de volta e
não o puser diante do senhor, serei culpado para
com o senhor pelo resto da minha vida. 10 Se não
nos tivéssemos demorado, já teríamos ido e volta-
do duas vezes.

11 Então Israel, seu pai, disse:
— Se é assim, então façam o seguinte: peguem
do mais precioso desta terra, ponham nos sacos
para o mantimento e levem de presente a esse
homem: um pouco de bálsamo e um pouco de
mel, especiarias e mirra, nozes de pistácia e amên-
doas. 12 Levem dinheiro em dobro. E devolvam o
dinheiro restituído na boca dos sacos de cereal; é
possível que tenha havido algum engano. 13 Levem
também o irmão de vocês. Levantem-se e voltem
àquele homem. 14 Deus Todo-Poderoso lhes dê
misericórdia diante do homem, para que restitua
o outro irmão e deixe que Benjamim volte com
vocês. Quanto a mim, se eu perder os filhos, sem
filhos ficarei.

José hospeda seus irmãos

15 Então os homens pegaram os presentes, o
dinheiro em dobro e Benjamim; levantaram-se,
foram ao Egito e se apresentaram diante de José.
16 Quando José viu que Benjamim estava com eles,
disse ao administrador de sua casa:
— Leve estes homens para casa, mate um ani-
mal e prepare tudo, pois estes homens comerão
comigo ao meio-dia.

17 Ele fez como José lhe havia ordenado e levou
os homens para a casa de José. 18 Os homens tive-
ram medo, porque foram levados à casa de José. E
diziam:
— É por causa do dinheiro que da outra vez
voltou nos sacos de cereal que nós fomos trazidos
para cá, para que possa nos acusar e atacar, nos
escravizar e tomar os nossos jumentos.

19 E se aproximaram do administrador da casa
de José, e lhe falaram à porta, 20 e disseram:
— Meu senhor, já estivemos aqui uma vez para
comprar mantimento. 21 Mas, quando chegamos
à estalagem, ao abrir os sacos de cereal, eis que
o dinheiro de cada um estava na boca do saco de
cereal, nosso dinheiro intacto. Por isso, trouxemos
esse dinheiro de volta. 22 Trouxemos também ou-
tro dinheiro conosco, para comprar mantimento.
Não sabemos quem pôs o nosso dinheiro nos sa-
cos de cereal.

23 O administrador disse:
— Que a paz esteja com vocês! Não tenham
medo. O seu Deus e o Deus do pai de vocês colo-
cou esse tesouro nos sacos de cereal. Eu recebi o
dinheiro que vocês trouxeram.

Então ele trouxe Simeão para fora. 24 Depois,
o administrador levou aqueles homens à casa de
José e lhes deu água, e eles lavaram os pés. Tam-
bém deu ração aos seus jumentos. 25 Então pre-
pararam o presente, para quando José viesse ao
meio-dia, pois ouviram que ali haviam de comer.

26 Quando José chegou à sua casa, trouxeram-
-lhe para dentro o presente que tinham em mãos
e se inclinaram até o chão diante dele. 27 Ele lhes
perguntou como tinham passado e disse:
— O pai de vocês, aquele velho de quem me fa-
laram, vai bem? Ainda vive?

28 Responderam:
— O seu servo, nosso pai, vai bem e ainda vive.
E abaixaram a cabeça e se inclinaram. 29 Quan-
do José levantou os olhos, viu Benjamim, seu ir-
mão, filho de sua mãe, e disse:
— É este o irmão mais novo de vocês, de quem
me falaram?
E acrescentou:
— Deus lhe conceda a sua graça, meu filho.

30 José, profundamente emocionado por causa
do seu irmão, apressou-se e procurou um lugar
onde chorar. Entrou no quarto e ali chorou. 31 De-
pois, lavou o rosto e saiu; conteve-se e disse:
— Sirvam a refeição.

32 Serviram a comida dele numa mesa à par-
te, e a comida deles também numa mesa à parte.
Também os egípcios que comiam com ele foram
servidos numa mesa à parte, porque os egípcios
não podiam comer com os hebreus, pois isso é
abominação para os egípcios. 33 E sentaram-se
diante dele por ordem de idade, desde o mais ve-
lho ao mais novo. Eles olhavam uns para os outros
cheios de espanto. 34 Então José lhes apresentou
as porções que estavam diante dele, e a porção de
Benjamim era cinco vezes maior do que a dos ou-
tros. E beberam com ele até ficarem alegres.

O copo de José

44 1 José deu esta ordem ao administrador da
sua casa:
— Encha de mantimento os sacos que estes
homens trouxeram, quanto puderem levar, e
ponha o dinheiro de cada um na boca do saco de
mantimento. 2 E coloque o meu copo de prata na
boca do saco de mantimento do mais novo, junto
com o dinheiro do seu cereal.

E o administrador fez como José havia ordena-
do. 3 De manhã, quando já estava claro, os homens
partiram, eles com os seus jumentos. 4 Saíram da
cidade e, antes que pudessem ter se distanciado,
José disse ao administrador de sua casa:
— Levante-se e vá atrás daqueles homens. E,
alcançando-os, diga o seguinte: "Por que vocês
pagaram o bem com o mal? 5 Não é este o copo em
que bebe o meu senhor e que ele usa para fazer as
suas adivinhações? Vocês fizeram algo muito er-
rado."
6 O administrador os alcançou e lhes falou essas
palavras. 7 Então eles responderam:
— Por que o meu senhor está dizendo uma coi-
sa dessas? Longe de nós, seus servos, fazer uma
coisa assim. 8 O dinheiro que achamos na boca dos
sacos de mantimento nós trouxemos de volta da
terra de Canaã; como, então, iríamos roubar prata
ou ouro da casa do seu senhor? 9 Se algum de nós
tiver esse copo, será morto; e nós ainda seremos
escravos do meu senhor.
10 O administrador respondeu:
— Que seja como vocês disseram. Aquele com
quem for encontrado o copo será meu escravo; os
outros ficam livres.
11 Eles se apressaram; cada um colocou o seu
saco de mantimento no chão e o abriu. 12 O admi-
nistrador os examinou, começando do mais velho
e acabando no mais novo; e o copo foi encontra-
do no saco de mantimento de Benjamim. 13 Então
eles rasgaram as suas roupas; cada um carregou de
novo o seu jumento, e eles voltaram para a cidade.
14 Quando Judá e seus irmãos chegaram à casa
de José, este ainda estava ali. E prostraram-se em
terra diante dele. 15 José lhes perguntou:
— O que é isso que vocês fizeram? Vocês não
sabiam que um homem como eu é capaz de adi-
vinhar?
16 Então Judá respondeu:
— Que podemos dizer a meu senhor? Que po-
demos falar? E como vamos nos justificar? Deus
descobriu a nossa culpa. Eis que somos escravos
de meu senhor, tanto nós como aquele em cuja
mão se achou o copo.
17 Mas José disse:
— Longe de mim fazer uma coisa dessas! O ho-
mem em cuja mão foi encontrado o copo, esse será
meu escravo; os outros podem voltar em paz para
junto de seu pai.
18 Então Judá se aproximou dele e disse:
— Meu senhor, permita que este seu servo
diga uma palavra aos ouvidos do meu senhor, e
não se acenda a sua ira contra este seu servo, pois
o senhor é como o próprio Faraó. 19 Meu senhor
perguntou a seus servos: "Vocês têm pai ou mais
algum irmão?" 20 E respondemos a meu senhor:
"Temos um pai já velho e um filho da sua velhice,
o mais novo, cujo irmão é morto; e só ele ficou de
sua mãe, e seu pai o ama." 21 Então o senhor disse
a estes seus servos: "Tragam o jovem, para que eu
o veja." 22 Respondemos ao meu senhor: "O jovem
não pode deixar o pai; se deixar o pai, este morre-
rá." 23 Então meu senhor disse a estes seus servos:
"Se o irmão mais novo não vier com vocês, nunca
mais vocês verão o meu rosto."
24 — Quando voltamos à casa de meu pai, que
é seu servo, e repetimos a ele as palavras de meu
senhor, 25 nosso pai disse: "Voltem e comprem um
pouco de mantimento." 26 Nós respondemos: "Não
podemos ir para lá. Mas, se o nosso irmão mais
moço for conosco, iremos. Porque não podemos
ver a face do homem, se este nosso irmão mais
moço não estiver conosco." 27 Então nos disse o
seu servo, nosso pai: "Vocês sabem que a minha
mulher me deu dois filhos. 28 Um se ausentou de
mim, e eu disse: 'Certamente foi despedaçado,
e até agora não mais o vi.' 29 Se agora vocês me
tirarem também este da minha presença, e lhe
acontecer algum desastre, farão descer os meus
cabelos brancos com tristeza à sepultura."
30 — Agora, pois, se eu voltar para junto de meu
pai, seu servo, sem que o jovem vá conosco, vis-
to que a alma de meu pai está ligada com a alma
dele, 31 vendo ele que o jovem não está conosco,
morrerá; e estes seus servos farão descer os cabe-
los brancos de nosso pai, seu servo, com tristeza
à sepultura. 32 Porque este seu servo ficou respon-
sável por este jovem diante de meu pai, dizendo:
"Se eu não o trouxer de volta, serei culpado para
com o meu pai pelo resto da minha vida." 33 Agora,
pois, que este seu servo fique em lugar do jovem
como escravo de meu senhor, e que o jovem volte
com os seus irmãos. 34 Porque como poderei vol-
tar a meu pai, se o jovem não for comigo? Eu não
poderia ver esse mal se abatendo sobre o meu pai.

José se dá a conhecer a seus irmãos

45 1 Então José, não conseguindo se conter
diante de todos os que estavam com ele,
gritou:
— Saiam todos da minha presença!
E ninguém ficou com ele, quando José se deu a
conhecer a seus irmãos. 2 E levantou a voz em cho-
ro, de maneira que os egípcios o ouviam e também
a casa de Faraó. 3 E disse a seus irmãos:
— Eu sou José. Meu pai ainda está vivo?
E seus irmãos não lhe puderam responder, de
tão assustados que ficaram diante dele.
4 E José disse aos seus irmãos:
— Agora cheguem perto de mim.
E eles chegaram. Então ele disse:
— Eu sou José, o irmão de vocês, que vocês ven-
deram para o Egito. 5 Agora, pois, não fiquem tris-
tes nem irritados contra vocês mesmos por terem

me vendido para cá, porque foi para a preservação
da vida que Deus me enviou adiante de vocês.
6 Porque já houve dois anos de fome na terra, e ain-
da restam cinco anos em que não haverá lavoura
nem colheita. 7 Deus me enviou adiante de vocês,
para que fosse conservado para vocês um rema-
nescente na terra e para que a vida de vocês fosse
salva por meio de um grande livramento. 8 Assim,
não foram vocês que me enviaram para cá, e sim
Deus, que fez de mim como que um pai de Faraó, e
senhor de toda a sua casa, e como governador em
toda a terra do Egito. 9 Voltem depressa para junto
de meu pai e digam a ele: "Assim manda dizer o
seu filho José: Deus me pôs por senhor em toda
a terra do Egito. Venha para junto de mim; não
demore. 10 O senhor habitará na terra de Gósen e
estará perto de mim — o senhor, os seus filhos, os
filhos de seus filhos, os seus rebanhos, o seu gado
e tudo o que lhe pertence. 11 Ali eu o sustentarei,
porque ainda haverá cinco anos de fome. Do con-
trário, acabará empobrecendo — o senhor, a sua
casa e tudo o que lhe pertence."

12 José continuou:

— Eis que vocês mesmos estão vendo, e meu
irmão Benjamim vê também, que sou eu mesmo
quem está falando com vocês. 13 Anunciem a meu
pai toda a minha glória no Egito e tudo o que vo-
cês puderam ver. Vão depressa e tragam o meu pai
para cá.

14 E, lançando-se ao pescoço de seu irmão Ben-
jamim, chorou. E, abraçado com ele, Benjamim
também chorou. 15 José beijou todos os seus ir-
mãos e chorou, abraçado com eles. Depois, os seus
irmãos falaram com ele.

Faraó ouve falar dos irmãos de José

16 Fez-se ouvir na casa de Faraó esta notícia:
"Chegaram os irmãos de José." E Faraó e seus ofi-
ciais ficaram contentes com a notícia. 17 Então Fa-
raó disse a José:

— Diga aos seus irmãos que façam o seguinte:
carreguem os animais e voltem para a terra de
Canaã; 18 peguem o pai e as famílias de vocês e ve-
nham para junto de mim. Eu lhes darei o melhor da
terra do Egito e vocês comerão a fartura da terra.

19 — Ordene que façam também isto: levem
da terra do Egito carretas para trazer os filhi-
nhos e as mulheres de vocês; tragam o pai de vo-
cês e venham. 20 Não se preocupem com as suas
coisas, porque o melhor de toda a terra do Egito
será de vocês.

21 E os filhos de Israel fizeram assim. José lhes
deu carretas, conforme a ordem de Faraó; tam-
bém lhes deu mantimento para a viagem. 22 A
cada um deles deu roupas novas, mas a Benjamim
deu trezentas moedas de prata e cinco roupas
novas. 23 Também enviou a seu pai dez jumentos
carregados do melhor do Egito, e dez jumentas
carregadas de cereais e pão, e mantimento para a
viagem do pai. 24 E despediu os seus irmãos. Ao
partirem, disse-lhes:

— Não briguem pelo caminho.

25 Então partiram do Egito e vieram à terra de
Canaã, a Jacó, seu pai, 26 e lhe disseram:

— José ainda vive e é governador de toda a terra
do Egito.

Com isto, o coração lhe ficou como sem bater,
porque não podia acreditar no que diziam. 27 Mas,
quando eles lhe contaram tudo o que José havia
falado e quando ele viu as carretas que José havia
mandado para levá-lo ao Egito, o espírito de Jacó, o
pai deles, reviveu. 28 E Israel disse:

— Basta! O meu filho José ainda vive. Irei e o
verei antes que eu morra.

Jacó e sua família vão para o Egito

46 1 Israel partiu com tudo o que possuía. E
chegou a Berseba e ofereceu sacrifícios ao
Deus de Isaque, seu pai. 2 Deus falou a Israel em
visões, de noite, e disse:

— Jacó! Jacó!

Ele respondeu:

— Eis-me aqui!

3 Então disse:

— Eu sou Deus, o Deus do seu pai. Não tenha
medo de ir para o Egito, porque lá eu farei de você
uma grande nação. 4 Eu irei com você para o Egito
e certamente farei com que você volte de lá. A mão
de José fechará os seus olhos.

5 Então Jacó saiu de Berseba. Os filhos de Israel
levaram seu pai Jacó, os filhinhos e as mulheres
deles nas carretas que Faraó havia mandado para
o levar. 6 Levaram o gado e os bens que haviam
adquirido na terra de Canaã e foram para o Egito,
Jacó e toda a sua descendência. 7 Seus filhos e os
filhos de seus filhos, suas filhas e as filhas de seus
filhos e toda a sua descendência, levou-os consigo
para o Egito.

8 São estes os nomes dos filhos de Israel, Jacó, e
seus filhos, que foram para o Egito: Rúben, o primo-
gênito de Jacó. 9 Os filhos de Rúben: Enoque, Palu,
Hezrom e Carmi. 10 Os filhos de Simeão: Jemuel,
Jamim, Oade, Jaquim, Zoar e Saul, filho de uma mu-
lher cananeia. 11 Os filhos de Levi: Gérson, Coate e
Merari. 12 Os filhos de Judá: Er, Onã, Selá, Perez e
Zera; Er e Onã, porém, morreram na terra de Canaã.
Os filhos de Perez foram Hezrom e Hamul. 13 Os fi-
lhos de Issacar: Tola, Puva, Jó e Sinrom. 14 Os filhos
de Zebulom: Serede, Elom e Jaleel. 15 São estes os
filhos de Lia, que ela teve com Jacó em Padã-Arã,
além de Diná, sua filha. Ao todo os seus filhos e as
suas filhas eram trinta e três pessoas.

16 Os filhos de Gade: Zifiom, Hagi, Suni, Esbom,
Eri, Arodi e Areli. 17 Os filhos de Aser: Imna, Isvá,

Isvi, Berias e Sera, irmã deles. Os filhos de Berias
foram Héber e Malquiel. 18 São estes os filhos de
Zilpa, a qual Labão deu à sua filha Lia; estes ela
teve com Jacó, a saber, dezesseis pessoas.
19 Os filhos de Raquel, mulher de Jacó: José e
Benjamim. 20 A José, na terra do Egito, nasceram
Manassés e Efraim. São os filhos que teve com
Asenate, filha de Potífera, sacerdote de Om. 21 Os
filhos de Benjamim: Belá, Bequer, Asbel, Gera,
Naamã, Eí, Rôs, Mupim, Hupim e Arde. 22 São estes
os filhos de Raquel, que nasceram a Jacó, ao todo
catorze pessoas.
23 O filho de Dã: Husim. 24 Os filhos de Naftali:
Jazeel, Guni, Jezer e Silém. 25 São estes os filhos de
Bila, a qual Labão deu à sua filha Raquel; e estes
ela teve com Jacó, ao todo sete pessoas.
26 Todos os que foram com Jacó para o Egito,
que eram os seus descendentes, fora as mulheres
dos filhos de Jacó, eram sessenta e seis pessoas.
27 E os filhos de José, que lhe nasceram no Egito,
eram dois. Todas as pessoas da casa de Jacó, que
entraram no Egito, foram setenta.

O encontro de José com seu pai

28 Jacó enviou Judá adiante de si a José para que
soubesse encaminhá-lo a Gósen. E chegaram à
terra de Gósen. 29 Então José aprontou a sua car-
ruagem e foi ao encontro de Israel, seu pai, a Gó-
sen. Apresentou-se, lançou-se ao pescoço do pai
e chorou assim longo tempo. 30 Israel disse a José:
— Já posso morrer, pois vi o seu rosto e sei que
você ainda está vivo.
31 E José disse a seus irmãos e à casa de seu pai:
— Partirei e darei a notícia a Faraó, dizendo:
"Meus irmãos e a casa de meu pai, que estavam na
terra de Canaã, vieram para junto de mim. 32 Os
homens são pastores, criadores de gado, e trou-
xeram consigo o seu rebanho, o seu gado e tudo o
que têm." 33 Quando, pois, Faraó mandar chamá-
-los e perguntar: "Qual é o trabalho de vocês?",
34 respondam: "Estes seus servos foram criado-
res de gado desde a mocidade até agora, tanto
nós como os nossos pais." Assim, vocês poderão
morar na terra de Gósen, porque todo pastor de
rebanho é abominação para os egípcios.

Israel é apresentado a Faraó

47 1 Então José foi e deu a notícia a Faraó:
— O meu pai e os meus irmãos, com os seus
rebanhos e o seu gado, com tudo o que têm, che-
garam da terra de Canaã; e eis que estão na terra
de Gósen.
2 E levou cinco dos seus irmãos e os apresen-
tou a Faraó. 3 Então Faraó perguntou aos irmãos
de José:
— Qual é o trabalho de vocês?
Eles responderam:
— Nós, seus servos, somos pastores de reba-
nho, como já foram os nossos pais.
4 Disseram mais a Faraó:
— Viemos para morar nesta terra, porque na
terra de Canaã não há pasto para o rebanho destes
seus servos, pois a fome é severa. E agora pedimos
que o senhor permita que estes seus servos mo-
rem na terra de Gósen.
5 Então Faraó disse a José:
— Seu pai e seus irmãos vieram para junto de
você. 6 A terra do Egito está à sua disposição. Faça
com que seu pai e seus irmãos se estabeleçam na
melhor região da terra; que morem na terra de
Gósen. Se souber que há no meio deles homens
capazes, ponha-os por responsáveis pelo gado que
me pertence.
7 José levou Jacó, seu pai, e o apresentou a Faraó;
e Jacó abençoou Faraó. 8 Então Faraó perguntou a
Jacó:
— Quantos anos o senhor já tem?
9 Jacó lhe respondeu:
— São cento e trinta anos de peregrinação. Fo-
ram poucos e maus os anos de minha vida e não
chegam aos anos de vida de meus pais, nos dias
das suas peregrinações.
10 Depois Jacó abençoou Faraó e saiu de sua
presença. 11 Então José estabeleceu seu pai e seus
irmãos e lhes deu propriedades na terra do Egito,
no melhor da terra, na terra de Ramessés, como
Faraó havia ordenado. 12 E José providenciou ali-
mento para seu pai, seus irmãos e toda a casa de
seu pai, segundo o número de seus filhos.

José compra toda a terra do Egito para Faraó

13 Não havia alimento em toda a terra, porque a
fome era muito grande. Assim, o povo do Egito e
o povo de Canaã desfaleciam por causa da fome.
14 Então José arrecadou todo o dinheiro que havia
na terra do Egito e na terra de Canaã, pelo cereal
que compravam, e o recolheu à casa de Faraó.
15 Quando acabou o dinheiro na terra do Egito e
na terra de Canaã, todos os egípcios foram a José
e disseram:
— Queremos comida! Por que o senhor nos
deixaria morrer em sua presença só porque o di-
nheiro acabou?
16 José respondeu:
— Se vocês não têm dinheiro, tragam o seu
gado. Em troca do gado eu lhes darei comida.
17 Então trouxeram o seu gado a José e ele lhes
deu mantimento em troca de cavalos, rebanhos,
gado e jumentos. E José os sustentou aquele ano em
troca de todo o gado deles. 18 Tendo acabado aquele
ano, foram a José no ano seguinte e lhe disseram:
— Não podemos esconder de meu senhor que
o dinheiro acabou e que meu senhor já é dono
dos animais. Nada mais nos resta diante de meu

senhor, a não ser o nosso corpo e a nossa terra.
19 Por que o senhor nos deixaria perecer em sua
presença, tanto a nós como à nossa terra? Com-
pre a nós e a nossa terra em troca de mantimento,
e nós e a nossa terra seremos escravos de Faraó.
Dê-nos semente para que vivamos e não morra-
mos, e a terra não fique deserta.

20 Assim, José comprou toda a terra do Egito
para Faraó, porque os egípcios venderam cada um
o seu campo, porque a fome era extrema sobre
eles. E a terra passou a ser de Faraó. 21 Quanto ao
povo, ele o escravizou de uma a outra extremida-
de da terra do Egito. 22 José só não comprou a ter-
ra dos sacerdotes, porque os sacerdotes recebiam
uma porção de mantimento de Faraó e viviam
dessa porção que Faraó lhes dava; por isso, não
venderam a sua terra. 23 Então José disse ao povo:

— Eis que hoje comprei vocês e a terra de vo-
cês para Faraó. Aqui estão as sementes, para que
semeiem a terra. 24 Das colheitas vocês darão a
quinta parte a Faraó. As outras quatro partes se-
rão de vocês, para semear o campo e para servir
de alimento a vocês, aos que estão em suas casas,
e para alimentar os seus filhos.

25 Eles disseram a José:

— O senhor salvou a nossa vida! Que possamos
alcançar favor diante de meu senhor e seremos
escravos de Faraó.

26 E José estabeleceu por lei até o dia de hoje
que, na terra do Egito, um quinto pertence a Faraó.
Só a terra dos sacerdotes não ficou sendo de Faraó.

27 Assim, Israel habitou na terra do Egito, na
terra de Gósen. Nela adquiriram propriedades, e
foram fecundos, e muito se multiplicaram. 28 Jacó
viveu na terra do Egito dezessete anos. Assim, os
dias de Jacó, os anos da sua vida, foram cento e
quarenta e sete.

29 Aproximando-se, pois, o tempo da morte de
Israel, chamou o seu filho José e lhe disse:

— Se agora alcancei favor diante de você, peço
que ponha a sua mão debaixo da minha coxa e use
de bondade e fidelidade para comigo; peço que
você não me sepulte no Egito, 30 mas que eu pos-
sa descansar com os meus pais. Por isso, você me
levará do Egito e me colocará na sepultura deles.

José respondeu:

— Farei o que o senhor me pede.

31 Então Jacó lhe disse:

— Jure para mim.

José jurou e Israel se inclinou sobre a cabeceira
da cama.

Jacó fica doente

48 1 Passadas estas coisas, disseram a José:
— Seu pai está doente.

Então José tomou consigo seus dois filhos, Ma-
nassés e Efraim. 2 E avisaram a Jacó:

— Eis que o seu filho José vem visitá-lo.

Israel fez um esforço e se sentou na cama. 3 En-
tão Jacó disse a José:

— O Deus Todo-Poderoso me apareceu na ci-
dade de Luz, na terra de Canaã, me abençoou 4 e
me disse: "Eis que eu o farei fecundo e o multipli-
carei. De você farei uma multidão de povos e à sua
descendência darei esta terra como propriedade
perpétua." 5 E agora os seus dois filhos, que lhe
nasceram na terra do Egito antes que eu viesse
para junto de você aqui no Egito, são meus. Efraim
e Manassés serão meus, assim como Rúben e Si-
meão são meus. 6 Mas os filhos que você gerar
depois deles serão seus; segundo o nome de um
de seus irmãos serão chamados na sua herança.
7 Quando eu vinha de Padã, para minha tristeza
morreu Raquel na terra de Canaã, no caminho, a
pouca distância de Efrata; eu a sepultei ali no ca-
minho de Efrata, que é Belém.

8 Quando Israel viu os filhos de José, perguntou:

— Quem são estes?

9 José respondeu a seu pai:

— São meus filhos, que Deus me deu aqui.

Israel disse:

— Traga-os para perto de mim, para que eu os
abençoe.

10 Os olhos de Israel já estavam fracos por causa
da velhice, de modo que não podia ver bem. Por
isso José levou os filhos para perto dele; e ele os
beijou e os abraçou.

Jacó abençoa José e os filhos deste

11 Então Israel disse a José:

— Eu não esperava ver o seu rosto outra vez;
e eis que Deus me permitiu ver também os seus
filhos.

12 E José, tirando-os dentre os joelhos de seu
pai, se prostrou com o rosto em terra, diante dele.
13 Depois José pegou os dois filhos e os colocou
diante do pai. Pegou Efraim com a mão direita,
para que ficasse à esquerda de Israel, e Manassés
com a mão esquerda, para que ficasse à direita de
Israel. 14 Mas Israel estendeu a mão direita e a pôs
sobre a cabeça de Efraim, que era o mais novo, e
pôs a mão esquerda sobre a cabeça de Manassés,
cruzando assim as mãos, mesmo sendo Manassés
o primogênito. 15 E Israel abençoou José, dizendo:

— O Deus em cuja presença andaram meus pais
Abraão e Isaque, o Deus que tem sido o meu pastor
durante a minha vida até este dia, 16 o Anjo que me
tem livrado de todo mal, abençoe estes meninos!
Que por meio deles seja lembrado o meu nome e o
nome de meus pais Abraão e Isaque! Que cresçam
e se tornem uma multidão sobre a terra.

17 José viu que seu pai havia posto a mão direita
sobre a cabeça de Efraim e isto não lhe agradou.
Pegou a mão de seu pai para mudá-la da cabeça de

Efraim para a cabeça de Manassés. 18 E José disse
ao pai:
— Não assim, meu pai, pois o primogênito é
este; ponha a mão direita sobre a cabeça dele.
19 Mas seu pai recusou e disse:
— Eu sei, meu filho, eu sei. Ele também será um
povo, também ele será grande. Mas o seu irmão
menor será maior do que ele, e a sua descendência
será uma multidão de nações.
20 Assim, os abençoou naquele dia, declarando:
— Por vocês Israel abençoará, dizendo: "Deus
faça com você como fez com Efraim e com Manassés."
E assim Israel pôs Efraim antes de Manassés.
21 Depois Israel disse a José:
— Eis que estou morrendo, mas Deus estará com
vocês e os fará voltar à terra de seus pais. 22 Dou a
você uma parte a mais que a seus irmãos, um declive
montanhoso, o qual tomei das mãos dos amorreus
com a minha espada e com o meu arco.

Bênçãos proféticas de Jacó

49 1 Depois, Jacó chamou os seus filhos e disse:
— Ajuntem-se, e eu lhes farei saber o que
vai acontecer com vocês nos dias que virão:

2 Reúnam-se e ouçam, filhos de Jacó;
ouçam o que diz Israel, o pai de vocês.

3 Rúben, você é o meu primogênito,
minha força e as primícias
do meu vigor,
o mais excelente em dignidade
e o mais excelente em poder.
4 Impetuoso como a água,
você não será o mais excelente,
porque subiu ao leito de seu pai e o profanou;
você profanou a minha cama.

5 Simeão e Levi são irmãos;
as suas espadas são instrumentos de violência.
6 Que a minha alma não entre
no conselho deles;
que a minha glória não participe
do seu agrupamento;
porque no seu furor mataram homens,
e na sua vontade perversa mutilaram touros.
7 Maldito seja o seu furor, pois era forte;
e maldita seja a sua ira, pois era intensa;
eu os dividirei em Jacó
e os espalharei em Israel.

8 Judá, os seus irmãos o louvarão;
a sua mão estará sobre o pescoço
dos seus inimigos;
os filhos de seu pai
se inclinarão diante de você.
9 Judá é um leãozinho;
da presa você subiu, meu filho.
Ele se agacha e se deita como leão
e como leoa; quem o despertará?
10 O cetro não se afastará de Judá,
nem o bastão sairá de entre os seus pés,
até que venha Siló;
e a ele obedecerão os povos.
11 Ele amarrará o seu jumentinho à vide
e o filho da sua jumenta,
à videira mais excelente;
lavará as suas roupas no vinho
e a sua capa, em sangue de uvas.
12 Os seus olhos serão cintilantes de vinho,
e os seus dentes serão brancos de leite.

13 Zebulom habitará na praia dos mares
e servirá de porto para os navios,
e a sua fronteira se estenderá até Sidom.

14 Issacar é jumento de ossos fortes,
deitado entre os rebanhos de ovelhas.
15 Viu que o repouso era bom
e que a terra era deliciosa;
baixou os ombros à carga
e sujeitou-se ao trabalho escravo.

16 Dã julgará o seu povo,
como uma das tribos de Israel.
17 Dã será uma serpente
junto ao caminho,
uma víbora junto à vereda,
que morde o calcanhar do cavalo
e faz o seu cavaleiro cair para trás.

18 A tua salvação espero, ó SENHOR!

19 Gade será atacado por guerrilheiros,
mas ele lhes atacará a retaguarda.

20 Aser, o seu pão será abundante
e ele produzirá delícias reais.

21 Naftali é uma gazela solta;
ele fala palavras bonitas.

22 José é um ramo frutífero,
ramo frutífero junto à fonte;
seus galhos se estendem sobre o muro.
23 Os flecheiros lhe dão amargura,
atiram contra ele e o hostilizam.
24 O seu arco, porém, permanece firme,
e os seus braços são feitos ativos
pelas mãos do Poderoso de Jacó,
sim, pelo Pastor
e pela Pedra de Israel,
25 pelo Deus de seu pai, que o ajudará,
e pelo Todo-Poderoso, que o abençoará
com bênçãos dos altos céus,
com bênçãos das profundezas,
com bênçãos dos seios e do ventre.
26 As bênçãos de seu pai
excederão as bênçãos de meus pais

até o alto dos montes eternos;
estejam elas sobre a cabeça de José
e sobre o alto da cabeça do que foi distinguido
entre seus irmãos.

27 Benjamim é lobo que despedaça;
pela manhã devora a presa
e à tarde reparte o despojo.

28 São estas as doze tribos de Israel e isto é o que
lhes falou seu pai quando os abençoou; a cada um
deles abençoou segundo a bênção que lhe cabia.

A morte e o sepultamento de Jacó

29 Depois Jacó lhes ordenou, dizendo:
— Vou ser reunido ao meu povo; sepultem-me
junto de meus pais, na caverna que está no cam-
po de Efrom, o heteu, 30 na caverna que está no
campo de Macpela, em frente a Manre, na terra
de Canaã, a qual Abraão comprou de Efrom com
aquele campo, como propriedade para servir de
sepultura. 31 Ali eles sepultaram Abraão e Sara,
sua mulher; ali eles sepultaram Isaque e Rebeca,
sua mulher; e ali eu sepultei Lia. 32 O campo e a
caverna que nele está foram comprados dos filhos
de Hete.
33 Quando Jacó acabou de dar essas ordens a
seus filhos, recolheu os pés na cama, expirou e foi
reunido ao seu povo.

50 1 Então José se lançou sobre o rosto de seu
pai, chorou sobre ele e o beijou. 2 José or-
denou a seus servos, aos que eram médicos,
que embalsamassem o corpo de seu pai. E os
médicos embalsamaram Israel, 3 gastando nisso
quarenta dias, pois assim se cumprem os dias do
embalsamamento; e os egípcios ficaram de luto
setenta dias.
4 Passados os dias de luto, José falou à casa de
Faraó:
— Se agora encontrei favor diante de vocês,
peço que falem aos ouvidos de Faraó, dizendo:
5 "Meu pai me fez jurar, declarando: 'Eis que estou
morrendo; sepulte-me no túmulo que abri para
mim na terra de Canaã.' Agora, quero ir e sepultar
meu pai; depois voltarei."
6 Faraó respondeu:
— Vá e sepulte o seu pai como ele fez você jurar.
7 José partiu para sepultar o seu pai. Com ele fo-
ram todos os oficiais de Faraó, os principais da sua
casa e todos os principais da terra do Egito, 8 bem
como toda a casa de José, e seus irmãos, e a casa de
seu pai. Deixaram na terra de Gósen somente as
crianças, os rebanhos e o gado. 9 E foram também
com ele tanto carruagens como cavaleiros; e o cor-
tejo foi muito grande.
10 Quando eles chegaram à eira de Atade, que
fica do outro lado do Jordão, fizeram ali grande
e intensa lamentação; e José pranteou seu pai
durante sete dias. 11 Quando os moradores da
terra, os cananeus, viram o luto na eira de Atade,
disseram:
— Como é grande este pranto dos egípcios!
E por isso aquele lugar foi chamado de Abel-
-Mizraim; fica do outro lado do Jordão.
12 Os filhos de Jacó fizeram como ele lhes havia
ordenado: 13 levaram-no para a terra de Canaã e o
sepultaram na caverna do campo de Macpela, que,
juntamente com o campo, Abraão havia comprado
de Efrom, o heteu, para ser lugar de sepultura. Esse
lugar fica em frente a Manre. 14 Depois disso, José
voltou para o Egito, ele, os seus irmãos e todos os
que o haviam acompanhado para sepultar o seu pai.

José consola seus irmãos

15 Vendo os irmãos de José que seu pai já era
morto, disseram:
— É possível que José tenha ódio de nós; certa-
mente nos retribuirá todo o mal que lhe fizemos.
16 Por isso, mandaram dizer a José:
— O seu pai, antes de morrer, ordenou o se-
guinte: 17 "É isto que vocês dirão a José: 'Perdoe,
por favor, a transgressão dos seus irmãos e o peca-
do que cometeram, porque eles lhe fizeram mal.'"
Agora pedimos que perdoe a transgressão dos ser-
vos do Deus de seu pai.
Ao ouvir estas palavras, José chorou. 18 Depois,
vieram também os seus irmãos, prostraram-se
diante dele e disseram:
— Eis-nos aqui; somos seus servos.
19 Mas José respondeu:
— Não tenham medo; será que eu estou no
lugar de Deus? 20 Vocês, na verdade, planejaram o
mal contra mim; porém Deus o tornou em bem,
para fazer, como estão vendo agora, que se con-
serve a vida de muita gente. 21 Portanto, não te-
nham medo; eu sustentarei vocês e os seus filhos.
E assim José os consolou e lhes falou ao coração.

A morte de José

22 José ficou morando no Egito, ele e a casa de
seu pai. Viveu cento e dez anos. 23 José viu os filhos
de Efraim até a terceira geração; também os filhos
de Maquir, filho de Manassés, os quais José tomou
sobre os seus joelhos. 24 José disse a seus irmãos:
— Eu vou morrer em breve. Mas Deus certa-
mente visitará vocês e fará com que saiam desta
terra para ir à terra que jurou dar a Abraão, a Isa-
que e a Jacó.
25 José pediu aos filhos de Israel que fizessem
um juramento, dizendo:
— Deus certamente visitará vocês. Quando
isso acontecer, levem os meus ossos daqui.
26 José morreu com a idade de cento e dez anos.
Eles embalsamaram o seu corpo e o puseram num
caixão, no Egito.

O SEGUNDO LIVRO DE MOISÉS CHAMADO

ÊXODO

Os filhos de Israel no Egito

1 [1]São estes os nomes dos filhos de Israel que entraram com Jacó no Egito, cada um com a sua família: [2]Rúben, Simeão, Levi e Judá, [3]Issacar, Zebulom e Benjamim, [4]Dã, Naftali, Gade e Aser. [5]Todos os descendentes diretos de Jacó foram setenta; José, porém, já estava no Egito. [6]Com o tempo morreram José, todos os seus irmãos e toda aquela geração. [7]Mas os filhos de Israel foram fecundos, aumentaram muito, se multiplicaram e se tornaram extremamente fortes, de maneira que a terra se encheu deles.

[8]Nesse meio-tempo, levantou-se um novo rei sobre o Egito, que não havia conhecido José. [9]Ele disse ao seu povo:

— Eis que o povo dos filhos de Israel é mais numeroso e mais forte do que nós. [10]Vejam! Precisamos usar de astúcia para com esse povo, para que não se multiplique, e para evitar que, em caso de guerra, ele se alie aos nossos inimigos, lute contra nós e saia da terra.

[11]E os egípcios puseram sobre eles feitores de obras, para os afligir com trabalhos pesados. E assim os israelitas construíram para Faraó as cidades-celeiros de Pitom e Ramessés. [12]Mas quanto mais os afligiam, tanto mais se multiplicavam e tanto mais se espalhavam, de maneira que os egípcios se inquietavam por causa dos filhos de Israel. [13]Então os egípcios, com tirania, escravizaram os filhos de Israel [14]e lhes amargaram a vida com dura servidão: preparar o barro, fabricar tijolos e fazer todo tipo de trabalho no campo. Todo este serviço lhes era imposto com tirania.

As parteiras desobedecem a Faraó

[15]O rei do Egito deu uma ordem às parteiras hebreias, das quais uma se chamava Sifrá e a outra se chamava Puá. [16]Ele disse:

— Quando vocês servirem de parteira às mulheres hebreias, verifiquem se é menino ou menina; se for menino, matem; se for menina, deixem viver.

[17]As parteiras, porém, temeram a Deus e não fizeram o que o rei do Egito lhes havia ordenado; pelo contrário, deixaram viver os meninos. [18]Então o rei do Egito chamou as parteiras e lhes perguntou:

— Por que vocês fizeram isso e deixaram viver os meninos?

[19]As parteiras responderam a Faraó:

— É que as mulheres hebreias não são como as egípcias; são vigorosas e dão à luz antes que a parteira chegue.

[20]E Deus foi bom para as parteiras; e o povo aumentou e se tornou muito forte. [21]E, porque as parteiras temeram a Deus, ele lhes constituiu família.

[22]Então Faraó deu ordem a todo o seu povo, dizendo:

— Joguem no rio Nilo todos os meninos hebreus que nascerem; quanto às meninas, deixem viver.

O nascimento de Moisés

2 [1]Um homem da casa de Levi casou com uma mulher da mesma tribo. [2]A mulher ficou grávida e deu à luz um filho. Vendo que o menino era bonito, escondeu-o durante três meses. [3]Não podendo, porém, escondê-lo por mais tempo, pegou um cesto de junco, tapou os buracos com betume e piche e, pondo nele o menino, largou o cesto no meio dos juncos à beira do rio. [4]A irmã do menino ficou de longe, para ver o que ia acontecer com ele.

[5]A filha de Faraó desceu para se banhar no rio, e as moças que tinham vindo com ela passeavam pela margem. Quando ela viu o cesto no meio dos juncos, mandou que uma das criadas fosse buscá-lo. [6]Abrindo o cesto, viu a criança; e eis que o menino chorava. Ela teve compaixão dele e disse:

— Este é um menino dos hebreus.

[7]Então a irmã do menino perguntou à filha de Faraó:

— Quer que eu vá chamar uma das hebreias para que sirva de ama e crie esta criança para a senhora?

[8]A filha de Faraó respondeu:

— Vá.

A moça foi e chamou a mãe do menino. [9]Então a filha de Faraó disse à mulher:

— Leve este menino e amamente-o para mim; eu darei um salário para você.

A mulher pegou o menino e o criou. [10]Quando o menino já era grande, ela o levou à filha de Faraó, da qual ele passou a ser filho. Esta lhe deu o nome de Moisés e disse:

— Porque das águas o tirei.

Moisés foge do Egito

[11]Naqueles dias, sendo Moisés já homem feito, saiu para visitar os seus irmãos e viu o trabalho pesado que faziam. Viu também que certo egípcio espancava um hebreu, um do seu povo. [12]Olhou para todos os lados e, vendo que não havia ali ninguém, matou o egípcio e escondeu o corpo na areia. [13]Moisés saiu no dia seguinte, e eis que dois hebreus estavam brigando. Então perguntou ao culpado:

— Por que você está espancando o seu próximo?
14 O homem respondeu:
— Quem pôs você por príncipe e juiz sobre
nós? Está querendo me matar, como matou aque-
le egípcio?
Moisés ficou com medo e pensou: "Com certeza
já descobriram o que eu fiz."
15 Informado desse caso, Faraó quis matar Moi-
sés; porém Moisés fugiu da presença de Faraó e
foi morar na terra de Midiã.
Chegando lá, sentou-se junto a um poço. 16 O
sacerdote de Midiã tinha sete filhas, as quais vie-
ram tirar água e encheram os bebedouros para
dar de beber ao rebanho de seu pai. 17 Então vie-
ram os pastores e as expulsaram dali. Moisés, po-
rém, se levantou, e as defendeu, e deu de beber ao
rebanho. 18 Quando elas voltaram para junto de
Reuel, seu pai, este lhes perguntou:
— Por que vocês vieram mais cedo hoje?
19 Elas responderam:
— Um egípcio nos livrou das mãos dos pasto-
res, e ainda nos tirou água, e deu de beber ao re-
banho.
20 Então Reuel disse às filhas:
— E onde está ele? Por que vocês o deixaram
lá? Chamem o homem para que venha comer co-
nosco.
21 Moisés consentiu em morar com aquele ho-
mem; e ele deu a Moisés sua filha Zípora, 22 a qual
deu à luz um filho, a quem Moisés deu o nome de
Gérson, porque disse:
— Sou peregrino em terra estranha.

O sofrimento do povo

23 Decorridos muitos dias, o rei do Egito mor-
reu. Os filhos de Israel gemiam por causa da sua
escravidão. Eles clamaram, e o seu clamor chegou
até Deus. 24 Deus ouviu o gemido deles e lembrou-
-se da sua aliança com Abraão, com Isaque e com
Jacó. 25 E Deus viu os filhos de Israel e atentou para
a situação deles.

Deus fala com Moisés

3 1 Moisés apascentava o rebanho de Jetro, o seu
sogro, sacerdote de Midiã. E, levando o reba-
nho para o lado oeste do deserto, chegou a Hore-
be, o monte de Deus. 2 Ali o Anjo do SENHOR lhe
apareceu numa chama de fogo, no meio de uma
sarça. Moisés olhou, e eis que a sarça estava em
chamas, mas não se consumia. 3 Então disse con-
sigo mesmo:
— Vou até lá para ver essa grande maravilha.
Por que a sarça não se queima?
4 Quando o SENHOR viu que ele se aproxima-
va para ver, Deus, do meio da sarça, o chamou e
disse:
— Moisés! Moisés!
Ele respondeu:
— Eis-me aqui!
5 Deus continuou:
— Não se aproxime! Tire as sandálias dos pés,
porque o lugar em que você está é terra santa.
6 Disse mais:
— Eu sou o Deus de seu pai, o Deus de Abraão,
o Deus de Isaque e o Deus de Jacó.
Moisés escondeu o rosto, porque teve medo de
olhar para Deus.
7 Então o SENHOR continuou:
— Certamente vi a aflição do meu povo, que
está no Egito, e ouvi o seu clamor por causa dos
seus feitores. Conheço o sofrimento do meu
povo. 8 Por isso desci a fim de livrá-lo das mãos
dos egípcios e para fazê-lo sair daquela terra e
levá-lo para uma terra boa e ampla, terra que
mana leite e mel; o lugar do cananeu, do heteu,
do amorreu, do ferezeu, do heveu e do jebuseu.
9 Pois o clamor dos filhos de Israel chegou até
mim, e também vejo a opressão com que os egíp-
cios os estão oprimindo. 10 Agora venha, e eu o
enviarei a Faraó, para que você tire do Egito o meu
povo, os filhos de Israel.
11 Então Moisés perguntou a Deus:
— Quem sou eu para ir a Faraó e tirar do Egito
os filhos de Israel?
12 Deus respondeu:
— Eu estarei com você. E este será o sinal de
que eu o enviei: depois que você tiver tirado o
povo do Egito, vocês adorarão a Deus neste monte.
13 Moisés disse para Deus:
— Eis que, quando eu for falar com os filhos de
Israel e lhes disser: "O Deus dos seus pais me en-
viou a vocês", eles vão perguntar: "Qual é o nome
dele?" E então o que lhes direi?
14 Deus disse a Moisés:
— EU SOU O QUE SOU.
Disse mais:
— Assim você dirá aos filhos de Israel: "EU SOU
me enviou a vocês."
15 Deus disse ainda mais a Moisés:
— Assim você dirá aos filhos de Israel: "O
SENHOR, o Deus dos seus pais, o Deus de Abraão,
o Deus de Isaque e o Deus de Jacó, me enviou a vo-
cês. Este é o meu nome eternamente, e assim serei
lembrado de geração em geração."
16 — Vá, reúna os anciãos de Israel e diga-
-lhes: "O SENHOR, o Deus dos seus pais, o Deus de
Abraão, o Deus de Isaque e o Deus de Jacó, me apa-
receu, dizendo: 'Em verdade eu os tenho visitado
e visto o que tem sido feito com vocês no Egito.
17 E prometi tirá-los da aflição do Egito e levá-los
para a terra do cananeu, do heteu, do amorreu,
do ferezeu, do heveu e do jebuseu, para uma terra
que mana leite e mel.'" 18 E ouvirão o que você vai
dizer. E você irá, com os anciãos de Israel, ao rei do

Egito e lhe dirá: "O SENHOR, o Deus dos hebreus,
veio ao nosso encontro. Agora deixe-nos ir cami-
nho de três dias ao deserto, a fim de oferecer sa-
crifícios ao SENHOR, nosso Deus." 19 Eu sei, porém,
que o rei do Egito não os deixará ir se não for obri-
gado por mão forte. 20 Portanto, estenderei a mão
e ferirei o Egito com todos os meus prodígios que
farei no meio dele. Depois disso, o rei os deixará ir.

21 — Eu farei com que este povo encontre fa-
vor diante dos egípcios; e, quando vocês saírem,
não será de mãos vazias. 22 Cada mulher pedirá
à sua vizinha e à mulher que estiver hospedada
em sua casa objetos de prata, objetos de ouro e
roupas, que vocês porão sobre os seus filhos e
sobre as suas filhas. E assim vocês despojarão os
egípcios.

Deus concede poderes a Moisés

4 1 Moisés respondeu:
— Mas eis que eles não vão acreditar em
mim, nem ouvirão o que vou dizer, pois dirão: "O
SENHOR não apareceu a você."

2 Então o SENHOR perguntou a Moisés:

— Que é isso que você tem na mão?

Ele respondeu:

— Um bordão.

3 Então lhe disse:

— Jogue-o no chão.

Ele o jogou no chão, e o bordão virou uma ser-
pente. E Moisés fugia dela. 4 Mas o SENHOR disse
a Moisés:

— Estenda a mão e pegue-a pela cauda.

Ele estendeu a mão, pegou-a pela cauda, e ela se
transformou em bordão.

5 Então o SENHOR disse:

— Isto é para que creiam que o SENHOR, o Deus
de seus pais, o Deus de Abraão, o Deus de Isaque e
o Deus de Jacó, apareceu a você.

6 E o SENHOR continuou:

— Ponha, agora, a mão no peito.

Ele o fez; e, tirando a mão do peito, eis que
ela estava leprosa, branca como a neve. 7 Então o
SENHOR disse:

— Ponha a mão no peito outra vez.

Ele a pôs no peito novamente; e, quando a tirou,
eis que se havia tornado como o restante de sua
carne.

8 O SENHOR continuou:

— Se eles não acreditarem em você, nem aten-
derem à evidência do primeiro sinal, talvez acre-
ditarão na evidência do segundo. 9 Se eles ainda
não acreditarem mediante esses dois sinais, nem
ouvirem o que você disser, pegue um pouco de
água do rio e derrame na terra seca; e a água que
você pegou do rio se transformará em sangue so-
bre a terra.

10 Então Moisés disse ao SENHOR:

— Ah! Senhor! Eu nunca fui eloquente, nem no
passado, nem depois que falaste a teu servo, pois
sou pesado de boca e pesado de língua.

11 O SENHOR respondeu:

— Quem fez a boca do homem? Ou quem faz o
mudo, ou o surdo, ou o que vê, ou o cego? Não sou
eu, o SENHOR? 12 Agora vá, e eu serei com a sua
boca e lhe ensinarei o que você deve falar.

13 Porém Moisés respondeu:

— Ah! Senhor! Envia alguém outro que quise-
res enviar, menos a mim.

14 Então a ira do SENHOR se acendeu contra Moi-
sés. O SENHOR disse:

— Arão, o levita, não é seu irmão? Eu sei que
ele fala fluentemente. Eis que ele vem ao seu en-
contro e, ao ver você, se alegrará em seu coração.
15 Você falará com ele e lhe porá na boca as pala-
vras; eu serei com a sua boca e com a dele e ensi-
narei a vocês o que devem fazer. 16 Ele falará por
você ao povo; ele será como se fosse a sua boca,
e você será para ele como Deus. 17 Leve, pois, na
mão este bordão, com o qual você fará os sinais.

Moisés volta para o Egito

18 Moisés voltou para Jetro, seu sogro, e lhe disse:

— Deixe-me voltar aos meus irmãos que estão
no Egito para ver se ainda vivem.

Jetro respondeu:

— Vá em paz.

19 O SENHOR disse a Moisés, em Midiã:

— Volte para o Egito, porque já morreram todos
os que queriam matar você.

20 Então Moisés tomou a mulher e os filhos, fez
com que montassem num jumento e voltou para
a terra do Egito. Moisés levava na mão o bordão
de Deus.

21 O SENHOR disse a Moisés:

— Quando você voltar ao Egito, trate de fazer
diante de Faraó todos os milagres que pus em sua
mão. Mas eu vou endurecer o coração de Faraó,
para que não deixe o povo ir. 22 Diga a Faraó: As-
sim diz o SENHOR: "Israel é meu filho, meu pri-
mogênito. 23 E eu digo a você: deixe o meu filho
ir, para que me adore; mas, se você não quiser
deixá-lo ir, eis que eu matarei seu filho, seu pri-
mogênito."

24 Estando Moisés no caminho, numa estala-
gem, o SENHOR o encontrou e quis matá-lo. 25 Então
Zípora pegou uma pedra afiada, cortou o prepúcio
de seu filho e com ele tocou os pés de Moisés. E lhe
disse:

— Sem dúvida, você é para mim um marido de
sangue.

26 Assim, o SENHOR o deixou. Ela disse "marido
de sangue" por causa da circuncisão.

27 O SENHOR disse a Arão:

— Vá encontrar-se com Moisés, no deserto.

Ele foi e, encontrando-o no monte de Deus, o
beijou. 28 Moisés relatou a Arão todas as palavras
do SENHOR, com as quais o havia enviado, e todos
os sinais que lhe havia mandado realizar.
29 Então Moisés e Arão foram e reuniram to-
dos os anciãos dos filhos de Israel. 30 Arão falou
todas as palavras que o SENHOR tinha dito a Moi-
sés, e este fez os sinais diante do povo. 31 E o povo
creu. E, quando ouviram que o SENHOR havia vi-
sitado os filhos de Israel e visto a aflição deles,
inclinaram-se e adoraram.

Moisés e Arão falam com Faraó

5 1 Depois Moisés e Arão foram e disseram a
Faraó:
— Assim diz o SENHOR, Deus de Israel: "Deixe
o meu povo ir, para que me celebre uma festa no
deserto."
2 Faraó respondeu:
— Quem é o SENHOR para que eu ouça a sua
voz e deixe Israel ir? Não conheço o SENHOR e não
deixarei Israel ir.
3 Eles prosseguiram:
— O Deus dos hebreus veio ao nosso encon-
tro; portanto, deixe-nos ir caminho de três dias
ao deserto, para que ofereçamos sacrifícios ao
SENHOR, nosso Deus, para evitar que ele venha
sobre nós com peste ou com espada.
4 Então o rei do Egito disse:
— Moisés e Arão, por que estão afastando o
povo das suas tarefas? Voltem ao trabalho!
5 E Faraó disse também:
— O povo da terra já é muito e vocês ainda que-
rem que eles descansem de suas tarefas!

Faraó aflige os israelitas

6 Naquele mesmo dia Faraó deu uma ordem
aos feitores do povo e aos seus capatazes, di-
zendo:
7 — Daqui em diante não forneçam mais palha
ao povo, para fazer tijolos, como antes; que eles
mesmos ajuntem para si a palha. 8 Mas exijam
deles a mesma quantidade de tijolos que antes fa-
ziam. Não diminuam a cota. Eles estão desocupa-
dos e, por isso, gritam: "Vamos e sacrifiquemos
ao nosso Deus." 9 Imponham mais serviço a esses
homens, para que se mantenham ocupados e não
deem ouvidos a palavras mentirosas.
10 Então os feitores do povo e seus capatazes fo-
ram e falaram ao povo:
— Assim diz Faraó: "Não fornecerei mais palha
para vocês. 11 Vão vocês mesmos e ajuntem palha
onde a puderem achar; porque não haverá redu-
ção no trabalho de vocês."
12 Então o povo se espalhou por toda a terra
do Egito para ajuntar restolho em lugar de palha.
13 Os feitores os pressionavam, dizendo:
— Terminem o trabalho de vocês, a tarefa do
dia, como quando havia palha.
14 E os capatazes dos filhos de Israel, que os
feitores de Faraó tinham posto sobre eles, foram
açoitados. Os feitores perguntavam aos capatazes:
— Por que não terminaram nem ontem nem
hoje a tarefa de vocês, fazendo tijolos como antes?

Os israelitas se queixam de Moisés e Arão

15 Então os capatazes dos filhos de Israel foram
se queixar a Faraó, dizendo:
— Por que o senhor trata assim estes seus
servos? 16 Já não nos fornecem palha, mas nos
dizem: "Façam tijolos." Eis que estes seus servos
são açoitados; porém o seu próprio povo é que
tem a culpa.
17 Mas Faraó respondeu:
— Vocês são uns desocupados! Vocês estão
desocupados e, por isso, dizem: "Vamos e sacrifi-
quemos ao SENHOR." 18 Voltem, agora, ao trabalho.
Vocês não receberão palha, mas terão de produzir
a mesma quantidade de tijolos.
19 Então os capatazes dos filhos de Israel se vi-
ram em aperto, porque diziam a eles: "Não haverá
redução na quantidade de tijolos, na tarefa diária
de vocês." 20 Quando saíram da presença de Faraó,
encontraram Moisés e Arão, que estavam à espera
deles, 21 e lhes disseram:
— Que o SENHOR olhe para vocês e os julgue,
porque vocês nos fizeram odiosos aos olhos de Fa-
raó e diante dos seus servos, dando-lhes a espada
na mão para nos matar.

Moisés se queixa a Deus

22 Então Moisés, voltando-se ao SENHOR, disse:
— Ó Senhor, por que afligiste este povo? Por
que me enviaste? 23 Pois, desde que me apresentei
a Faraó, para falar-lhe em teu nome, ele tem mal-
tratado este povo; e tu nada fizeste para livrar o
teu povo.
6 1 Então o SENHOR disse a Moisés:
— Agora você verá o que vou fazer a Faraó,
pois, por mão poderosa, os deixará ir e, por mão
poderosa, os expulsará da sua terra.

Deus promete livrar o seu povo

2 Deus falou a Moisés e lhe disse:
— Eu sou o SENHOR. 3 Apareci a Abraão, a Isa-
que e a Jacó como o Deus Todo-Poderoso; mas
pelo meu nome, O SENHOR, não lhes fui conhe-
cido. 4 Também estabeleci a minha aliança com
eles, para dar-lhes a terra de Canaã, a terra em
que viveram como estrangeiros. 5 Eu também
ouvi os gemidos dos filhos de Israel, os quais
os egípcios escravizam, e me lembrei da minha
aliança. 6 Portanto, diga aos filhos de Israel: "Eu
sou o SENHOR. Vou tirá-los dos trabalhos pesados

no Egito, vou livrá-los da escravidão, vou resgatar
vocês com braço estendido e com grandes mani-
festações de juízo. 7 Eu os tomarei por meu povo
e serei o seu Deus; e vocês saberão que eu sou o
Senhor, seu Deus, que os tiro dos trabalhos pesa-
dos no Egito. 8 Eu os levarei para a terra que jurei
dar a Abraão, a Isaque e a Jacó; darei essa terra a
vocês como herança. Eu sou o Senhor.”

9 Desse modo Moisés falou aos filhos de Israel,
mas eles não deram ouvidos a Moisés, por causa
da angústia de espírito e da dura escravidão.

10 O Senhor falou a Moisés, dizendo:

11 — Vá e diga a Faraó, rei do Egito, que deixe
que os filhos de Israel saiam de sua terra.

12 Moisés, porém, respondeu ao Senhor, di-
zendo:

— Eis que os filhos de Israel não me têm ouvi-
do; como, pois, me ouvirá Faraó? E não sei falar
bem.

13 No entanto, o Senhor falou a Moisés e a Arão
e lhes deu uma ordem para os filhos de Israel e
para Faraó, rei do Egito: deveriam tirar os filhos de
Israel da terra do Egito.

Genealogias de Moisés e Arão

14 São estes os chefes das famílias: os filhos de
Rúben, o primogênito de Israel: Enoque, Palu,
Hezrom e Carmi; são estas as famílias de Rúben.
15 Os filhos de Simeão: Jemuel, Jamim, Oade, Ja-
quim, Zoar e Saul, filho de uma cananeia; são
estas as famílias de Simeão. 16 São estes os nomes
dos filhos de Levi, segundo as suas gerações:
Gérson, Coate e Merari; e os anos da vida de Levi
foram cento e trinta e sete. 17 Os filhos de Gérson:
Libni e Simei, segundo as suas famílias. 18 Os fi-
lhos de Coate: Anrão, Isar, Hebrom e Uziel; e os
anos da vida de Coate foram cento e trinta e três.
19 Os filhos de Merari: Mali e Musi; são estas as
famílias de Levi, segundo as suas gerações.

20 Anrão tomou por mulher Joquebede, sua tia,
e ela lhe deu à luz Arão e Moisés; e os anos da
vida de Anrão foram cento e trinta e sete. 21 Os
filhos de Isar: Corá, Nefegue e Zicri. 22 Os filhos
de Uziel: Misael, Elzafã e Sitri. 23 Arão tomou
por mulher Eliseba, filha de Aminadabe, irmã
de Naassom; e ela lhe deu à luz Nadabe, Abiú,
Eleazar e Itamar. 24 Os filhos de Corá: Assir, Elca-
na e Abiasafe; são estas as famílias dos coraítas.
25 Eleazar, filho de Arão, tomou por mulher, para
si, uma das filhas de Putiel; e ela lhe deu à luz Fi-
neias; são estes os chefes de suas casas, segundo
as suas famílias.

26 São estes Arão e Moisés, aos quais o Senhor
disse: “Tirem os filhos de Israel da terra do Egito,
segundo os seus exércitos.” 27 Foram eles que fa-
laram a Faraó, rei do Egito, a fim de tirar do Egito
os filhos de Israel; são estes Moisés e Arão.

Moisés fala novamente a Faraó

28 No dia em que o Senhor falou a Moisés na
terra do Egito, 29 o Senhor disse a Moisés:

— Eu sou o Senhor; diga a Faraó, rei do Egito,
tudo o que eu digo a você.

30 Porém Moisés respondeu na presença do
Senhor:

— Eu não sei falar bem. Como é que Faraó vai
me ouvir?

7 1 Então o Senhor disse a Moisés:

— Veja, eu o constituí como Deus sobre Faraó,
e o seu irmão Arão será o seu profeta. 2 Você falará
tudo o que eu lhe ordenar e Arão, seu irmão, falará
a Faraó, para que deixe sair da sua terra os filhos
de Israel. 3 Eu, porém, endurecerei o coração de
Faraó e multiplicarei na terra do Egito os meus si-
nais e as minhas maravilhas. 4 Faraó não vai ouvir
vocês; e eu porei a mão sobre o Egito e farei sair
os meus exércitos, o meu povo, os filhos de Israel,
da terra do Egito, com grandes manifestações de
juízo. 5 Os egípcios saberão que eu sou o Senhor,
quando eu estender a mão sobre o Egito e tirar do
meio deles os filhos de Israel.

6 Assim fizeram Moisés e Arão; como o Senhor
lhes havia ordenado, assim fizeram. 7 Moisés tinha
oitenta anos, e Arão, oitenta e três, quando fala-
ram com Faraó.

8 O Senhor falou a Moisés e a Arão:

9 — Quando Faraó lhes disser: “Façam um mila-
gre”, você, Moisés, dirá a Arão: “Pegue o seu bor-
dão e jogue-o diante de Faraó”; e o bordão virará
uma serpente.

10 Então Moisés e Arão foram até Faraó e fize-
ram como o Senhor lhes havia ordenado. Arão
jogou o seu bordão diante de Faraó e diante dos
seus oficiais, e ele virou uma serpente. 11 Faraó,
porém, mandou vir os sábios e encantadores, e
eles, os sábios do Egito, fizeram também o mes-
mo com as suas ciências ocultas. 12 Pois cada um
deles jogou o seu bordão, e eles viraram serpen-
tes; mas o bordão de Arão devorou os bordões
deles. 13 No entanto, o coração de Faraó se endu-
receu, e não os ouviu, como o Senhor tinha dito.

Primeira praga: águas viram sangue

14 O Senhor disse a Moisés:

— O coração de Faraó está obstinado. Ele não
quer deixar o povo ir. 15 Vá falar com Faraó pela
manhã. Ele sairá às águas e você estará à espe-
ra dele na beira do rio. Leve o bordão que virou
serpente 16 e diga a Faraó: “O Senhor, o Deus dos
hebreus, me enviou para dizer-lhe: ‘Deixe o meu
povo ir, para que me adore no deserto.’ Mas até
agora você não quis ouvir. 17 Assim diz o Senhor:
‘Nisto você saberá que eu sou o Senhor: com este
bordão que tenho na mão ferirei as águas do rio,
e elas vão virar sangue. 18 Os peixes que estão no

rio vão morrer, o rio vai cheirar mal, e os egípcios terão nojo de beber água do rio.’”

19 O Senhor disse ainda a Moisés:

— Diga a Arão que pegue o seu bordão e estenda a mão sobre as águas do Egito, sobre os seus rios, sobre os seus canais, sobre as suas lagoas e sobre todos os seus reservatórios, para que virem sangue. E haverá sangue em toda a terra do Egito, tanto nas vasilhas de madeira como nas de pedra.

20 Moisés e Arão fizeram como o Senhor lhes havia ordenado: Arão, levantando o bordão, feriu as águas que estavam no rio, à vista de Faraó e seus oficiais; e toda a água do rio virou sangue. 21 Os peixes que estavam no rio morreram, o rio cheirou mal, e os egípcios não podiam beber a água do rio; e houve sangue por toda a terra do Egito. 22 Porém os magos do Egito fizeram o mesmo com as suas ciências ocultas, de maneira que o coração de Faraó se endureceu, e não os ouviu, como o Senhor tinha dito. 23 Faraó virou-se e foi para casa, sem dar atenção ao que havia acontecido. 24 Todos os egípcios cavaram junto ao rio para encontrar água para beber, pois das águas do rio não podiam beber. 25 Assim se passaram sete dias, depois que o Senhor feriu o rio.

Segunda praga: rãs

8 1 Depois o Senhor disse a Moisés:

— Vá falar com Faraó e diga-lhe: Assim diz o Senhor: “Deixe o meu povo ir, para que me adore. 2 Se você não quiser deixá-lo ir, eis que castigarei com rãs todo o seu território. 3 O rio produzirá rãs em abundância, que subirão e entrarão em sua casa, no seu quarto de dormir, sobre a sua cama, nas casas dos seus oficiais, sobre o seu povo, nos seus fornos e nas suas amassadeiras. 4 As rãs virão sobre você, sobre o seu povo e sobre todos os seus oficiais.”

5 O Senhor disse ainda a Moisés:

— Diga a Arão que estenda a mão com o seu bordão sobre os rios, sobre os canais e sobre as lagoas e faça subir rãs sobre a terra do Egito.

6 Arão estendeu a mão sobre as águas do Egito, e subiram rãs e cobriram a terra do Egito. 7 Então os magos fizeram o mesmo com as suas ciências ocultas e fizeram aparecer rãs sobre a terra do Egito.

8 Faraó chamou Moisés e Arão e lhes disse:

— Peçam ao Senhor que tire as rãs de mim e do meu povo; então deixarei que o povo vá e ofereça sacrifícios ao Senhor.

9 Moisés disse a Faraó:

— Tenha a bondade de me dizer quando é que devo orar por você, pelos seus oficiais e pelo seu povo, para que as rãs sejam retiradas de você e das suas casas e fiquem somente no rio.

10 Faraó respondeu:

— Amanhã.

Moisés disse:

— Seja conforme a sua palavra, para que você saiba que não há ninguém como o Senhor, nosso Deus. 11 As rãs se afastarão de você, das suas casas, dos seus oficiais e do seu povo; ficarão somente no rio.

12 Então Moisés e Arão saíram da presença de Faraó. E Moisés clamou ao Senhor por causa das rãs, conforme havia combinado com Faraó. 13 E o Senhor fez conforme a palavra de Moisés: morreram as rãs nas casas, nos pátios e nos campos. 14 Os egípcios ajuntaram as rãs em montões e montões, e a terra cheirou mal. 15 Vendo, porém, Faraó que havia alívio, continuou de coração endurecido e não os ouviu, como o Senhor tinha dito.

Terceira praga: piolhos

16 O Senhor disse a Moisés:

— Diga a Arão que estenda o seu bordão e bata no pó da terra, para que se transforme em piolhos por toda a terra do Egito.

17 Eles assim fizeram. Arão estendeu a mão com seu bordão e bateu no pó da terra, e houve muitos piolhos nas pessoas e no gado; todo o pó da terra se transformou em piolhos por toda a terra do Egito. 18 E os magos fizeram o mesmo com as suas ciências ocultas para produzirem piolhos, mas não conseguiram. E havia piolhos nas pessoas e no gado. 19 Então os magos disseram a Faraó:

— Isto é o dedo de Deus.

Porém o coração de Faraó se endureceu, e não os ouviu, como o Senhor tinha dito.

Quarta praga: moscas

20 O Senhor disse a Moisés:

— Levante-se de manhã cedo e apresente-se a Faraó. Eis que ele sairá às águas. Diga-lhe: Assim diz o Senhor: “Deixe o meu povo ir, para que me adore. 21 Se você não deixar o meu povo ir, eis que eu enviarei enxames de moscas sobre você, sobre os seus oficiais, sobre o seu povo e nas suas casas. As casas dos egípcios se encherão destes enxames, e também a terra em que eles estiverem. 22 Naquele dia, separarei a terra de Gósen, onde mora o meu povo, para que nela não haja enxames de moscas, e você saiba que eu sou o Senhor no meio desta terra. 23 Farei distinção entre o meu povo e o seu povo; amanhã se dará este sinal.”

24 Assim fez o Senhor, e vieram grandes enxames de moscas à casa de Faraó, às casas dos seus oficiais e sobre toda a terra do Egito. E a terra ficou arruinada com estes enxames.

25 Faraó chamou Moisés e Arão e disse:

— Vão e ofereçam sacrifícios ao seu Deus, mas sem sair desta terra.

26 Moisés respondeu:

— Não convém que façamos assim porque ofereceríamos ao SENHOR, nosso Deus, sacrifícios que são abomináveis aos egípcios. Se oferecermos tais sacrifícios diante dos seus olhos, não é verdade que eles nos apedrejarão? 27 Temos de ir caminho de três dias ao deserto e ofereceremos sacrifícios ao SENHOR, nosso Deus, como ele nos disser.

28 Então Faraó disse:

— Eu os deixarei ir, para que ofereçam sacrifícios ao SENHOR, seu Deus, no deserto. Só que vocês não devem ir muito longe. E orem também por mim.

29 Moisés respondeu:

— Eis que saio da sua presença e orarei ao SENHOR. Amanhã, estes enxames de moscas se afastarão de Faraó, dos seus oficiais e do seu povo. Só que Faraó não deve me enganar outra vez, não deixando o povo ir para que ofereça sacrifícios ao SENHOR.

30 Então Moisés saiu da presença de Faraó e orou ao SENHOR. 31 E o SENHOR fez conforme a palavra de Moisés, e os enxames de moscas se afastaram de Faraó, dos seus oficiais e do seu povo; não ficou uma só mosca. 32 Mas ainda desta vez Faraó endureceu o coração e não deixou o povo ir.

Quinta praga: peste nos animais

9 1 O SENHOR disse a Moisés:

— Apresente-se a Faraó e diga-lhe: Assim diz o SENHOR, o Deus dos hebreus: "Deixe o meu povo ir, para que me adore. 2 Porque, se você se recusar a deixá-los ir e ainda por força quiser detê-los, 3 eis que a mão do SENHOR trará uma terrível peste sobre o seu rebanho, que está no campo, sobre os cavalos, sobre os jumentos, sobre os camelos, sobre o gado e sobre as ovelhas. 4 E o SENHOR fará distinção entre os rebanhos de Israel e o rebanho do Egito, para que nada morra de tudo o que pertence aos filhos de Israel. 5 O SENHOR designou certo tempo, dizendo: Amanhã o SENHOR fará isto na terra."

6 E o SENHOR o fez no dia seguinte, e todo o rebanho dos egípcios morreu; porém, do rebanho dos israelitas, não morreu um único animal. 7 Faraó mandou verificar, e eis que do rebanho de Israel não havia morrido nem um sequer. Mas o coração de Faraó se endureceu, e ele não deixou o povo ir.

Sexta praga: úlceras

8 Então o SENHOR disse a Moisés e a Arão:

— Peguem mãos cheias de cinza de um forno, e que Moisés atire essa cinza para o ar diante de Faraó. 9 Ela se transformará em pó fino sobre toda a terra do Egito e em tumores que se arrebentem em úlceras nas pessoas e nos animais, por toda a terra do Egito.

10 Eles pegaram cinza de um forno e se apresentaram a Faraó. Moisés atirou a cinza para o ar, e ela se transformou em tumores que se arrebentavam em úlceras nas pessoas e nos animais. 11 Os magos não puderam permanecer diante de Moisés, por causa dos tumores, porque havia tumores nos magos e em todos os egípcios. 12 Porém o SENHOR endureceu o coração de Faraó, e este não os ouviu, como o SENHOR tinha dito a Moisés.

Sétima praga: chuva de pedras

13 O SENHOR disse a Moisés:

— Levante-se de manhã cedo, apresente-se a Faraó e diga-lhe: Assim diz o SENHOR, o Deus dos hebreus: "Deixe o meu povo ir, para que me adore. 14 Pois desta vez enviarei todas as minhas pragas sobre o seu coração, sobre os seus oficiais e sobre o seu povo, para que você saiba que em toda a terra não há ninguém que seja semelhante a mim. 15 Pois eu já poderia ter estendido a mão para ferir você e o seu povo com peste, e você teria sido cortado da terra. 16 Mas, em verdade, foi para isso que eu o mantive: para mostrar a você o meu poder, e para que o meu nome seja anunciado em toda a terra. 17 Você ainda vai se levantar contra o meu povo, para não deixá-lo ir? 18 Eis que amanhã, por este tempo, farei cair uma forte chuva de pedras, como nunca houve no Egito, desde o dia em que foi fundado até hoje. 19 Agora, pois, mande recolher o seu gado e tudo o que você tem no campo. Todas as pessoas e os animais que estiverem no campo e não forem levados para casa morrerão ao cair sobre eles a chuva de pedras."

20 Aqueles oficiais de Faraó que temiam a palavra do SENHOR fizeram com que os seus servos e o seu gado fugissem para as casas; 21 aqueles, porém, que não se importavam com a palavra do SENHOR deixaram que os seus servos e o seu gado ficassem no campo.

22 Então o SENHOR disse a Moisés:

— Estenda a mão para o céu, e cairá chuva de pedras em toda a terra do Egito, sobre as pessoas, sobre animais e sobre toda planta do campo na terra do Egito.

23 E Moisés estendeu o seu bordão para o céu e o SENHOR deu trovões e chuva de pedras, e fogo desceu sobre a terra. E o SENHOR fez cair chuva de pedras sobre a terra do Egito. 24 De maneira que havia chuva de pedras e fogo misturado com a chuva de pedras tão grave, como nunca houve em toda a terra do Egito, desde que veio a ser uma nação. 25 Por toda a terra do Egito a chuva de pedras destruiu tudo o que havia no campo, tanto pessoas como animais. A chuva de pedras destruiu também todas as plantas do campo e quebrou todas as árvores do campo. 26 Somente na terra de Gósen, onde estavam os filhos de Israel, não houve chuva de pedras.

27 Então Faraó mandou chamar Moisés e Arão e
lhes disse:
— Desta vez pequei. O SENHOR é justo, po-
rém eu e o meu povo somos ímpios. 28 Orem ao
SENHOR, pois já bastam estes grandes trovões e a
chuva de pedras. Eu os deixarei ir, e vocês não fi-
carão mais aqui.
29 Moisés respondeu:
— Quando eu sair da cidade, estenderei as
mãos ao SENHOR. Os trovões cessarão, e já não
haverá chuva de pedras, para que você saiba
que a terra é do SENHOR. 30 Mas quanto a você e
aos seus oficiais, eu sei que ainda não temem o
SENHOR Deus.
31 O linho e a cevada foram destruídos, pois a
cevada já estava na espiga e o linho estava em flor.
32 Porém o trigo e o centeio não sofreram dano,
porque ainda não haviam nascido.
33 Moisés saiu da presença de Faraó e da cidade
e estendeu as mãos ao SENHOR. Cessaram os tro-
vões e a chuva de pedras, e não caiu mais chuva
sobre a terra. 34 Quando Faraó viu que cessaram
as chuvas, as pedras e os trovões, tornou a pecar
e endureceu o coração, ele e os seus oficiais. 35 E
assim Faraó, de coração endurecido, não deixou
ir os filhos de Israel, como o SENHOR tinha dito a
Moisés.

Oitava praga: gafanhotos

10 1 O SENHOR disse a Moisés:
— Vá falar com Faraó, porque lhe endureci
o coração e o coração de seus oficiais, para que eu
faça estes meus sinais no meio deles, 2 e para que
você possa contar aos seus filhos e aos filhos de
seus filhos como zombei dos egípcios e quantos
sinais fiz no meio deles, e para que vocês saibam
que eu sou o SENHOR.
3 Moisés e Arão apresentaram-se a Faraó e lhe
disseram:
— Assim diz o SENHOR, o Deus dos hebreus:
"Até quando você se recusará a humilhar-se
diante de mim? Deixe o meu povo ir, para que
me adore. 4 Se você não deixar o meu povo ir, eis
que amanhã trarei gafanhotos ao seu território.
5 Eles cobrirão de tal maneira a face da terra que
não será possível ver o chão. Comerão o restante
que escapou, o que restou depois da chuva de pe-
dras, e comerão todas as árvores que crescem no
campo. 6 Os gafanhotos encherão as suas casas, as
casas de todos os seus oficiais e as casas de todos
os egípcios, como nunca viram os seus pais, nem
os seus antepassados desde o dia em que se esta-
beleceram na terra até o dia de hoje."
Moisés virou-se e saiu da presença de Faraó.
7 Então os oficiais de Faraó disseram:
— Até quando este homem será um perigo
para nós? Deixe essa gente ir, para que adorem
o SENHOR, o Deus deles. Será que o rei ainda não
sabe que o Egito está arruinado?
8 Então Moisés e Arão foram conduzidos à pre-
sença de Faraó, e este lhes disse:
— Vão e adorem o SENHOR, o seu Deus. Mas eu
gostaria de saber quem são os que irão.
9 Moisés respondeu:
— Iremos com os nossos jovens, com os nos-
sos velhos, com os filhos, com as filhas, com os
nossos rebanhos e com os nossos gados. Iremos,
porque temos de celebrar uma festa ao SENHOR.
10 Então Faraó disse:
— Que o SENHOR esteja de fato com vocês, se eu
permitir que vocês saiam e levem junto as crian-
ças. Vejam, vocês têm más intenções. 11 Mas não é
assim que vai ser. Vão somente vocês, os homens,
e adorem o SENHOR, pois é isso o que vocês estão
pedindo.
E os expulsaram da presença de Faraó.
12 Então o SENHOR disse a Moisés:
— Estenda a mão sobre a terra do Egito, para
que venham gafanhotos sobre a terra do Egito
e comam toda a vegetação da terra, tudo o que a
chuva de pedras não destruiu.
13 Moisés estendeu o seu bordão sobre a ter-
ra do Egito, e o SENHOR trouxe sobre a terra um
vento leste todo aquele dia e toda aquela noite.
Quando amanheceu, o vento leste tinha trazido
os gafanhotos. 14 E os gafanhotos se espalharam
por toda a terra do Egito e pousaram sobre todo
o seu território. Eram muito numerosos. Antes
destes, nunca houve tantos gafanhotos, nem de-
pois deles virão outros assim. 15 Porque cobriram
a superfície de toda a terra, de modo que a terra
se escureceu. Devoraram toda a vegetação da ter-
ra e todo fruto das árvores que a chuva de pedras
não havia destruído. E não restou nada verde nas
árvores, nem na vegetação do campo, em toda a
terra do Egito.
16 Então Faraó se apressou em chamar Moisés e
Arão e lhes disse:
— Pequei contra o SENHOR, seu Deus, e contra
vocês. 17 Agora peço que me perdoem o pecado
ainda esta vez e que orem ao SENHOR, seu Deus,
para que tire de mim esta praga mortal.
18 Moisés saiu da presença de Faraó e orou ao
SENHOR. 19 Então o SENHOR fez soprar um vento
oeste muito forte, que levantou os gafanhotos e os
lançou no mar Vermelho. Não restou um só gafa-
nhoto em todo o território do Egito. 20 O SENHOR,
porém, endureceu o coração de Faraó, e este não
deixou ir os filhos de Israel.

Nona praga: trevas

21 Então o SENHOR disse a Moisés:
— Estenda a mão para o céu, e virão trevas so-
bre a terra do Egito, trevas que se possam apalpar.

22 Moisés estendeu a mão para o céu, e houve
trevas espessas sobre toda a terra do Egito du-
rante três dias. 23 Os egípcios não podiam ver uns
aos outros, e ninguém se levantou do seu lugar
durante três dias. Porém todos os filhos de Israel
tinham claridade nas suas casas.
24 Então Faraó chamou Moisés e lhe disse:
— Vão e adorem o SENHOR. Fiquem somente os
seus rebanhos e o seu gado; as crianças podem ir
com vocês.
25 Moisés respondeu:
— Então você teria de nos providenciar os ani-
mais para os sacrifícios e holocaustos que quere-
mos oferecer ao SENHOR, nosso Deus. 26 Por isso
os nossos rebanhos irão conosco. Nem um casco
de animal ficará para trás, porque temos de esco-
lher alguns para oferecer em sacrifício ao SENHOR,
nosso Deus. E, enquanto não chegarmos lá, não
saberemos com que animais teremos de adorar o
SENHOR.
27 O SENHOR, porém, endureceu o coração de
Faraó, e este não quis deixá-los ir. 28 Faraó disse a
Moisés:
— Saia da minha presença e tenha cuidado
para nunca mais aparecer aqui. Porque, no dia em
que você tornar a ver o meu rosto, será morto.
29 Moisés respondeu:
— Como queira! Nunca mais tornarei a ver o
seu rosto.

Deus anuncia a décima praga

11 1 O SENHOR disse a Moisés:
— Trarei só mais uma praga sobre Faraó e
sobre o Egito. Então ele os deixará sair daqui. E,
quando deixar que vocês saiam, é certo que ele os
expulsará totalmente. 2 Fale, agora, aos ouvidos do
povo que todo homem peça ao seu vizinho e que
toda mulher peça à sua vizinha objetos de prata e
de ouro.
3 E o SENHOR fez com que o seu povo encon-
trasse favor da parte dos egípcios. Além disso, o
próprio Moisés era homem famoso na terra do
Egito, aos olhos dos oficiais de Faraó e aos olhos
do povo.
4 Moisés disse:
— Assim diz o SENHOR: "Perto da meia-noite
passarei pelo meio do Egito. 5 E todo primogênito
na terra do Egito morrerá, desde o primogênito de
Faraó, que se assenta no seu trono, até o primogê-
nito da escrava que mói a farinha, e todo primogê-
nito dos animais. 6 Haverá grande clamor em toda
a terra do Egito, como nunca houve antes, nem
haverá jamais. 7 Porém contra nenhum dos filhos
de Israel, desde os homens até os animais, nem
mesmo um cão rosnará, para que vocês saibam
que o SENHOR fez distinção entre os egípcios e os
israelitas."
8 E Moisés continuou:
— Então todos esses seus oficiais descerão
a mim e se inclinarão diante de mim, dizendo:
"Saiam daqui, você e todo o povo que o segue." E,
depois disto, sairei.
E, enfurecido, Moisés se retirou da presença de
Faraó. 9 Então o SENHOR disse a Moisés:
— Faraó não vai ouvir vocês, para que as minhas
maravilhas se multipliquem na terra do Egito.
10 Moisés e Arão fizeram todas essas maravilhas
diante de Faraó. Mas o SENHOR endureceu o co-
ração de Faraó, que não permitiu que os filhos de
Israel saíssem da sua terra.

A instituição da Páscoa

12 1 O SENHOR disse a Moisés e a Arão na terra
do Egito:
2 — Este mês será para vocês o principal dos
meses; será o primeiro mês do ano. 3 Falem a toda
a congregação de Israel, dizendo: No dia dez deste
mês, cada um tomará para si um cordeiro, segun-
do a casa dos pais, um cordeiro para cada família.
4 Mas, se a família for pequena para um cordeiro,
então o chefe da família convidará o seu vizinho
mais próximo, conforme o número de pessoas.
Conforme o que cada um puder comer, por aí
vocês calcularão quantos são necessários para o
cordeiro. 5 O cordeiro será sem defeito, macho de
um ano, podendo também ser um cabrito. 6 Vocês
guardarão o cordeiro até o décimo quarto dia des-
te mês, e todo o ajuntamento da congregação de
Israel o matará no crepúsculo da tarde. 7 Pegarão
um pouco do sangue e o passarão nas duas om-
breiras e na viga superior da porta, nas casas em
que o comerem.
8 — Naquela noite, comerão a carne assada no
fogo, com pães sem fermento e ervas amargas.
9 Não comam do animal nada cru, nem cozido em
água, porém assado ao fogo: a cabeça, as pernas
e as vísceras. 10 Não deixem nada do cordeiro até
pela manhã; o que, porém, ficar até pela manhã,
queimem. 11 É assim que vocês devem comê-lo:
já prontos para viajar, com as sandálias nos pés e
o cajado na mão. Comam depressa. É a Páscoa do
SENHOR. 12 Porque, naquela noite, passarei pela
terra do Egito e matarei na terra do Egito todos
os primogênitos, tanto das pessoas como dos ani-
mais, e executarei juízo sobre todos os deuses do
Egito. Eu sou o SENHOR.
13 — O sangue será um sinal para indicar as
casas em que vocês se encontram. Quando eu
vir o sangue, passarei por vocês, e não haverá
entre vocês praga destruidora, quando eu ferir a
terra do Egito. 14 Este dia lhes será por memorial,
e vocês o celebrarão como festa ao SENHOR; de
geração em geração vocês celebrarão este dia por
estatuto perpétuo.

A Festa dos Pães sem Fermento

15 — Sete dias vocês comerão pães sem fermento. Logo no primeiro dia, tirem o fermento das suas casas, pois todo aquele que comer coisa levedada, desde o primeiro dia até o sétimo dia, será eliminado de Israel. 16 No primeiro dia vocês terão uma santa convocação, e também no sétimo dia terão santa convocação. Não façam nenhum trabalho nesses dias, exceto o que diz respeito ao comer; somente isso poderão fazer. 17 Guardem a Festa dos Pães sem Fermento, porque nesse mesmo dia tirei os exércitos de vocês da terra do Egito. Portanto, vocês guardarão este dia de geração em geração por estatuto perpétuo. 18 Vocês comerão pães sem fermento desde o dia catorze do primeiro mês, à tarde, até a tarde do dia vinte e um do mesmo mês. 19 Por sete dias, não se ache nenhum fermento em suas casas, porque todo aquele que comer pão levedado será eliminado da congregação de Israel, tanto o estrangeiro como o natural da terra. 20 Não comam nada que tenha fermento. Em todas as suas habitações, comam somente pães sem fermento.

A primeira Páscoa

21 Moisés chamou todos os anciãos de Israel e lhes disse:

— Escolham e peguem cordeiros para as famílias de vocês, e matem esses animais para celebrar a Páscoa. 22 Peguem ramos de hissopo, molhem no sangue que estiver na bacia e marquem a viga superior da porta e suas ombreiras com o sangue que estiver na bacia. E que nenhum de vocês saia da porta da sua casa até pela manhã. 23 Porque o SENHOR passará para matar os egípcios. Quando, porém, enxergar o sangue na viga superior da porta e em ambas as ombreiras, o SENHOR passará por cima da porta e não permitirá que o Destruidor entre na casa de vocês para matá-los. 24 Portanto, guardem isto por estatuto para vocês e para os seus filhos, para sempre. 25 E, quando estiverem na terra que o SENHOR lhes dará, como prometeu, observem este rito. 26 Quando os seus filhos perguntarem: "Que rito é este?", 27 respondam: "É o sacrifício da Páscoa ao SENHOR, que passou por cima das casas dos filhos de Israel no Egito, quando matou os egípcios e livrou as nossas casas."

Então o povo se inclinou e adorou. 28 E os filhos de Israel foram e fizeram como o SENHOR havia ordenado a Moisés e Arão.

Décima praga: morte dos primogênitos

29 Aconteceu que, à meia-noite, o SENHOR matou todos os primogênitos na terra do Egito, desde o primogênito de Faraó, que se assentava no seu trono, até o primogênito do prisioneiro que estava na cadeia, e todos os primogênitos dos animais. 30 Faraó levantou-se de noite, ele, todos os seus oficiais e todos os egípcios; e houve grande clamor no Egito, pois não havia casa em que não houvesse um morto. 31 Então, naquela mesma noite, Faraó chamou Moisés e Arão e lhes disse:

— Levantem-se e saiam do meio do meu povo, vocês e os filhos de Israel! Vão e adorem o SENHOR, como vocês disseram. 32 Levem também com vocês as suas ovelhas e o seu gado, como vocês pediram. Vão embora e abençoem também a mim.

33 Os egípcios insistiram com o povo para que saísse da terra o mais depressa possível, pois diziam:

— Todos vamos morrer.

34 O povo pegou a sua massa de pão, antes que levedasse, e as suas amassadeiras atadas em trouxas com as suas roupas, sobre os ombros. 35 Os filhos de Israel fizeram conforme a palavra de Moisés e pediram aos egípcios objetos de prata, objetos de ouro e roupas. 36 E o SENHOR fez com que o seu povo encontrasse favor da parte dos egípcios, de maneira que estes lhes davam o que pediam. E despojaram os egípcios.

A saída dos israelitas do Egito

37 Assim, os filhos de Israel partiram de Ramessés para Sucote. Eram cerca de seiscentos mil a pé, somente de homens, sem contar mulheres e crianças. 38 Saiu também com eles um misto de gente, ovelhas, gado, muitos animais. 39 E assaram pães sem fermento da massa que levaram do Egito, pois a massa não tinha levedado, porque eles foram expulsos do Egito. Não puderam deter-se e não haviam preparado para si provisões.

40 Ora, o tempo que os filhos de Israel habitaram no Egito foi de quatrocentos e trinta anos. 41 Aconteceu que, ao final dos quatrocentos e trinta anos, nesse mesmo dia, todos os exércitos do SENHOR saíram da terra do Egito. 42 Esta noite será dedicada ao SENHOR, porque, nela, os tirou da terra do Egito. Esta é a noite do SENHOR, que todos os filhos de Israel devem comemorar de geração em geração.

Instruções sobre a Páscoa

43 O SENHOR disse a Moisés e a Arão:

— Esta é a ordenança da Páscoa: nenhum estrangeiro comerá dela. 44 Porém todo escravo comprado por dinheiro, depois de ser circuncidado, comerá da Páscoa. 45 O estrangeiro e o assalariado não comerão dela. 46 O cordeiro deverá ser comido numa só casa. Não levem nada da carne para fora da casa nem lhe quebrem osso nenhum. 47 Toda a congregação de Israel o fará. 48 Porém, se algum estrangeiro se hospedar com você e quiser celebrar a Páscoa do SENHOR, que primeiro sejam circuncidadas todas as pessoas do sexo masculino; depois poderá observar a

Páscoa, e será como o natural da terra; mas ne-
nhum incircunciso comerá dela. 49 A mesma lei
será aplicada ao natural da terra e ao estrangeiro
que estiver entre vocês.
50 Assim fizeram todos os filhos de Israel; como
o SENHOR havia ordenado a Moisés e a Arão, as-
sim fizeram. 51 Naquele mesmo dia o SENHOR ti-
rou os filhos de Israel do Egito, segundo os seus
exércitos.

A consagração dos primogênitos

13 1 O SENHOR disse a Moisés:
2 — Consagre-me todo primogênito. Todo
o primeiro que sair do ventre de sua mãe entre
os israelitas, tanto de homens como de animais,
é meu.

A Festa dos Pães sem Fermento

3 Moisés disse ao povo:
— Lembrem-se deste dia, o dia em que vocês
saíram do Egito, da casa da servidão; pois com mão
forte o SENHOR os tirou de lá; portanto, não comam
pão feito com fermento. 4 Hoje, mês de abibe, vocês
estão saindo do Egito. 5 Quando o SENHOR os tiver
introduzido na terra dos cananeus, dos heteus, dos
amorreus, dos heveus e dos jebuseus, terra que o
SENHOR jurou a seus pais que daria a vocês, terra
que mana leite e mel, vocês observarão este rito
neste mês. 6 Durante sete dias vocês comerão pães
sem fermento; e no sétimo dia haverá festa ao
SENHOR. 7 Durante sete dias vocês comerão pães
sem fermento. Nada que tenha sido levedado se
encontrará entre vocês nem ainda fermento será
encontrado em todo o seu território.
8 — Naquele mesmo dia, vocês dirão a seus fi-
lhos: "Isto é pelo que o SENHOR nos fez, quando
saímos do Egito." 9 E será como sinal na mão de
vocês e por memorial entre os seus olhos, para
que a lei do SENHOR esteja na sua boca; pois com
mão forte o SENHOR os tirou do Egito. 10 Portanto,
guardem esta ordenança no tempo determinado,
de ano em ano.

A separação dos primogênitos

11 — Quando o SENHOR os tiver introduzido na
terra dos cananeus, como jurou a vocês e aos seus
pais, quando ele lhes tiver dado essa terra, 12 vo-
cês deverão separar para o SENHOR todo primeiro
filho homem que nascer e todo primogênito dos
seus animais; os filhos e filhotes machos serão do
SENHOR. 13 Porém todo primogênito da jumenta
vocês poderão resgatar com um cordeiro; se não
o resgatarem, deverá ser desnucado; mas vocês
resgatarão todo primogênito do homem entre os
seus filhos.
14 — Se no futuro o seu filho perguntar: "O que
significa isso?", você responderá: "O SENHOR com
mão forte nos tirou da casa da servidão. 15 Pois
aconteceu que, endurecendo-se Faraó para não
nos deixar sair, o SENHOR matou todos os primo-
gênitos na terra do Egito, desde o primogênito do
homem até o primogênito dos animais; por isso,
sacrificamos ao SENHOR todo primeiro filhote
macho. Mas a todo primogênito de nossos filhos
nós resgatamos." 16 E isto será como sinal nas suas
mãos e por frontais entre os seus olhos; porque o
SENHOR com mão forte nos tirou do Egito.

Deus guia o povo pelo caminho

17 Quando Faraó deixou o povo ir, Deus não os
levou pelo caminho da terra dos filisteus, embora
fosse mais perto, pois disse:
— Para não acontecer que, vendo a guerra, o
povo se arrependa e queira voltar para o Egito.
18 Porém Deus fez o povo rodear pelo caminho
do deserto perto do mar Vermelho. Os filhos de
Israel saíram do Egito organizados como um exér-
cito. 19 Moisés levou consigo também os ossos de
José, pois este havia feito com que os filhos de
Israel jurassem solenemente, dizendo: "Deus cer-
tamente visitará vocês. Quando isso acontecer,
levem os meus ossos daqui."
20 Os israelitas partiram de Sucote e acampa-
ram em Etã, à entrada do deserto. 21 O SENHOR
ia adiante deles, durante o dia, numa coluna de
nuvem, para os guiar pelo caminho; durante a noi-
te, numa coluna de fogo, para os iluminar, a fim
de que caminhassem de dia e de noite. 22 A coluna
de nuvem nunca se afastou do povo durante o dia,
nem a coluna de fogo durante a noite.

A travessia do mar Vermelho

14 1 O SENHOR disse a Moisés:
2 — Diga aos filhos de Israel que voltem e se
acampem diante de Pi-Hairote, entre Migdol e o
mar, diante de Baal-Zefom; em frente desse lugar,
junto ao mar, vocês acamparão. 3 Então Faraó dirá
a respeito dos filhos de Israel: "Estão desorienta-
dos na terra, presos no deserto." 4 Eu vou endure-
cer o coração de Faraó, para que os persiga, e serei
glorificado em Faraó e em todo o seu exército. E
os egípcios saberão que eu sou o SENHOR.
Eles assim o fizeram.
5 Quando foi anunciado ao rei do Egito que o
povo fugia, ele e os seus oficiais mudaram de ideia
a respeito do povo. Disseram:
— Que é isto que fizemos, permitindo que Is-
rael nos deixasse de servir?
6 E Faraó aprontou o seu carro de guerra e levou
consigo o seu povo. 7 Levou também seiscentos
carros de guerra escolhidos e todos os outros car-
ros de guerra do Egito com capitães sobre todos
eles. 8 Porque o SENHOR endureceu o coração de
Faraó, rei do Egito, para que perseguisse os filhos

de Israel. Porém os filhos de Israel saíram, marchando corajosamente.

9 Os egípcios os perseguiram, com todos os cavalos e carros de guerra de Faraó, os seus cavaleiros e o seu exército, e os alcançaram acampados junto ao mar, perto de Pi-Hairote, diante de Baal--Zefom.

10 E, chegando Faraó, os filhos de Israel levantaram os olhos e eis que os egípcios vinham atrás deles, e ficaram com muito medo. Então os filhos de Israel clamaram ao SENHOR. 11 Disseram a Moisés:

— Será que foi por não haver sepulturas no Egito que você nos tirou de lá, para que morramos neste deserto? O que foi que você fez conosco, tirando-nos do Egito? 12 Não foi isso que dissemos a você no Egito: "Deixe-nos em paz, para que sirvamos os egípcios"? Pois teria sido melhor para nós servir os egípcios do que morrer no deserto.

13 Moisés, porém, respondeu ao povo:

— Não tenham medo; fiquem firmes e vejam o livramento que o SENHOR lhes fará no dia de hoje, porque vocês nunca mais verão esses egípcios que hoje vocês estão vendo. 14 O SENHOR lutará por vocês; fiquem calmos.

A passagem pelo meio do mar

15 O SENHOR disse a Moisés:

— Por que você está clamando a mim? Diga aos filhos de Israel que marchem. 16 E você, levante o seu bordão e estenda a mão sobre o mar. As águas se dividirão, para que os filhos de Israel passem pelo meio do mar em seco. 17 Eis que vou endurecer o coração dos egípcios, para que venham atrás de vocês e entrem no mar. Serei glorificado em Faraó e em todo o seu exército, nos seus carros de guerra e nos seus cavaleiros; 18 e os egípcios saberão que eu sou o SENHOR, quando for glorificado em Faraó, nos seus carros de guerra e nos seus cavaleiros.

19 Então o Anjo de Deus, que ia adiante do exército de Israel, se retirou e passou para trás deles. Também a coluna de nuvem se retirou de diante deles, e se pôs atrás deles, 20 e ia entre o exército dos egípcios e o exército de Israel. A nuvem era escuridão para os egípcios, mas iluminava a noite para o povo de Israel, assim que, durante toda a noite, os dois exércitos não puderam se aproximar.

21 Então Moisés estendeu a mão sobre o mar, e o SENHOR, por um forte vento leste que soprou toda aquela noite, fez com que o mar se retirasse, tornando-se terra seca, e as águas foram divididas. 22 Os filhos de Israel entraram pelo meio do mar em seco, e as águas foram qual muralha à direita e à esquerda deles. 23 Os egípcios que os perseguiam entraram atrás deles, todos os cavalos de Faraó, os seus carros de guerra e os seus cavaleiros, até o meio do mar. 24 Na vigília da manhã, o SENHOR, na coluna de fogo e de nuvem, viu o acampamento dos egípcios e criou alvoroço no acampamento dos egípcios; 25 emperrou as rodas dos carros dos egípcios, fazendo com que andassem com dificuldade. Então os egípcios disseram:

— Vamos fugir da presença de Israel, porque o SENHOR está lutando por eles contra os egípcios.

Os egípcios morrem no mar

26 O SENHOR disse a Moisés:

— Estenda a mão sobre o mar, para que as águas se voltem sobre os egípcios, sobre os seus carros de guerra e sobre os seus cavaleiros.

27 Então Moisés estendeu a mão sobre o mar, e o mar, ao romper da manhã, retomou a sua força. Os egípcios fugiram de encontro a ele, e o SENHOR jogou os egípcios para dentro do mar. 28 As águas voltaram e cobriram os carros de guerra e os cavaleiros de todo o exército de Faraó, que os haviam seguido no mar; nem ao menos um deles escapou com vida. 29 Mas os filhos de Israel caminhavam a pé enxuto pelo meio do mar; e as águas lhes eram quais muralhas, à sua direita e à sua esquerda.

30 Assim o SENHOR livrou Israel, naquele dia, das mãos dos egípcios; e Israel viu os egípcios mortos na praia do mar. 31 E Israel viu o grande poder que o SENHOR havia usado contra os egípcios; e o povo temeu o SENHOR e confiou no SENHOR e em Moisés, seu servo.

O cântico de Moisés

15 1 Então Moisés e os filhos de Israel entoaram este cântico ao SENHOR:

Cantarei ao SENHOR,
porque triunfou gloriosamente;
lançou no mar o cavalo e o seu cavaleiro.
2 O SENHOR é a minha força e o meu cântico;
ele se tornou a minha salvação.
Este é o meu Deus; portanto, eu o louvarei;
ele é o Deus de meu pai; por isso, o exaltarei.
3 O SENHOR é homem de guerra;
SENHOR é o seu nome.
4 Lançou no mar os carros de Faraó
e o seu exército;
e os seus capitães afogaram-se
no mar Vermelho.
5 As águas profundas os cobriram;
desceram às profundezas como pedra.
6 A tua mão direita, ó SENHOR,
é gloriosa em poder;
a tua mão direita, ó SENHOR,
despedaça o inimigo.
7 Na grandeza da tua excelência,
derrubas os que se levantam contra ti;

envias o teu furor,
que os consome como palha.
8 Com o sopro das tuas narinas,
amontoaram-se as águas,
as correntes pararam em montão;
as águas profundas se tornaram sólidas
no coração do mar.
9 O inimigo dizia: "Perseguirei, alcançarei,
repartirei os despojos;
a minha alma se fartará deles,
arrancarei a minha espada,
e a minha mão os destruirá."
10 Sopraste com o teu vento, e o mar os cobriu;
afundaram-se como chumbo
em águas impetuosas.
11 Ó SENHOR, quem é como tu
entre os deuses?
Quem é como tu,
glorificado em santidade,
terrível em feitos gloriosos,
que operas maravilhas?
12 Estendeste a mão direita,
e a terra os engoliu.
13 Com a tua bondade
guiaste o povo que salvaste;
com a tua força o levaste
à habitação da tua santidade.
14 Os povos ouviram e estremeceram;
agonias apoderaram-se
dos habitantes da Filístia.
15 Então os chefes de Edom se perturbam,
dos poderosos de Moabe se apodera temor,
esmorecem todos os habitantes de Canaã.
16 Sobre eles cai espanto e pavor;
pela grandeza do teu braço,
emudecem como pedra;
até que passe o teu povo, ó SENHOR,
até que passe o povo que adquiriste.
17 Tu o introduzirás e o plantarás
no monte da tua herança,
no lugar que preparaste,
ó SENHOR, para a tua habitação,
no santuário, ó Senhor,
que as tuas mãos estabeleceram.
18 O SENHOR reinará por todo o sempre.

19 Porque os cavalos de Faraó, com os seus car-
ros de guerra e com os seus cavaleiros, entraram
no mar, e o SENHOR fez com que as águas do mar
voltassem e os cobrissem; mas os filhos de Israel
passaram a pé enxuto pelo meio do mar.

O cântico de Miriã

20 A profetisa Miriã, irmã de Arão, pegou um
tamborim, e todas as mulheres saíram atrás dela
com tamborins e com danças. 21 E Miriã lhes res-
pondia:

Cantem ao SENHOR,
porque triunfou gloriosamente
e lançou no mar o cavalo e o seu cavaleiro.

As águas amargas se tornam doces

22 Moisés fez o povo de Israel partir do mar Ver-
melho, e eles foram para o deserto de Sur. Cami-
nharam três dias no deserto e não acharam água.
23 Por fim, chegaram a Mara. No entanto, não pu-
deram beber as águas de Mara, porque eram amar-
gas. Por isso aquele lugar foi chamado de Mara. 24 E
o povo murmurou contra Moisés, dizendo:
— O que vamos beber?
25 Então Moisés clamou ao SENHOR, e o SENHOR
lhe mostrou um pedaço de madeira. Moisés jogou
a madeira nas águas, e as águas se tornaram do-
ces. Ali o SENHOR lhes deu estatutos e uma orde-
nança, e ali os provou, 26 e disse:
— Se vocês ouvirem com atenção a voz do
SENHOR, seu Deus, fizerem o que é reto diante dos
seus olhos, derem ouvidos aos seus mandamen-
tos e guardarem todos os seus estatutos, nenhuma
enfermidade virá sobre vocês, das que enviei so-
bre os egípcios; pois eu sou o SENHOR, aquele que
cura vocês.
27 Então chegaram a Elim, onde havia doze
fontes de água e setenta palmeiras. E acamparam
junto das águas.

Deus manda o maná

16 1 Partiram de Elim, e toda a congregação dos
filhos de Israel veio para o deserto de Sim,
que está entre Elim e Sinai, aos quinze dias do se-
gundo mês, depois que saíram da terra do Egito.
2 Toda a congregação dos filhos de Israel murmu-
rou contra Moisés e Arão no deserto. 3 Os filhos de
Israel disseram a Moisés e Arão:
— Quem nos dera tivéssemos morrido pela mão
do SENHOR na terra do Egito, quando estávamos
sentados junto às panelas de carne e comíamos pão
à vontade! Pois vocês nos trouxeram a este deser-
to a fim de matarem de fome toda esta multidão.
4 Então o SENHOR disse a Moisés:
— Eis que farei chover do céu pão para vocês, e
o povo sairá e recolherá diariamente a porção para
cada dia. Eu os porei à prova para ver se andam na
minha lei ou não. 5 No sexto dia prepararão o que
recolherem, e será o dobro do que recolhem nos
outros dias.
6 Então Moisés e Arão disseram a todos os filhos
de Israel:
— Hoje à tarde vocês saberão que foi o SENHOR
quem os tirou da terra do Egito, 7 e, pela manhã,
vocês verão a glória do SENHOR, porque ele ouviu
as murmurações de vocês contra o SENHOR. Pois
quem somos nós, para que vocês fiquem murmu-
rando contra nós?

8 Moisés continuou:
— Isso acontecerá quando o SENHOR, à tarde,
lhes der carne para comer e, pela manhã, pão à
vontade, porque o SENHOR ouviu as murmurações,
com que vocês se queixam contra ele. Pois quem
somos nós? Vocês não estão murmurando contra
nós, mas contra o SENHOR.
9 Então Moisés disse a Arão:
— Diga a toda a congregação dos filhos de Is-
rael: "Cheguem-se à presença do SENHOR, pois ele
ouviu as murmurações de vocês."
10 Enquanto Arão falava a toda a congregação
dos filhos de Israel, olharam para o deserto, e eis
que a glória do SENHOR apareceu na nuvem.

Deus manda codornizes

11 E o SENHOR disse a Moisés:
12 — Tenho ouvido as murmurações dos filhos
de Israel. Diga-lhes: "Ao crepúsculo da tarde, vo-
cês comerão carne, e, pela manhã, vocês comerão
pão à vontade, e saberão que eu sou o SENHOR,
seu Deus."
13 À tarde, apareceram codornizes e cobriram
o arraial. Pela manhã, havia orvalho ao redor do
arraial. 14 E, quando o orvalho que havia caído se
evaporou, na superfície do deserto restava uma
coisa fina e semelhante a escamas, fina como a
geada sobre a terra. 15 Quando os filhos de Israel
viram aquilo, perguntaram uns aos outros:
— Que é isso?
Pois não sabiam o que era. Moisés respondeu:
— Isso é o pão que o SENHOR dá a vocês para
comerem. 16 Isto é o que o SENHOR ordenou: "Que
cada um recolha o que se consegue comer: dois
litros por cabeça, segundo o número de pessoas.
Cada um pegará para todos os que vivem em sua
tenda."
17 Assim o fizeram os filhos de Israel. E reco-
lheram, uns, mais, outros, menos, 18 conforme
a medida fixada. E não sobrava para quem havia
recolhido muito, nem faltava para quem havia
recolhido pouco, pois cada um recolhia o quanto
conseguia comer. 19 Então Moisés disse:
— Ninguém deixe nada para a manhã seguinte.
20 Eles, porém, não deram ouvidos a Moisés, e
alguns deixaram do maná para a manhã seguin-
te, mas deu bichos e cheirava mal. E Moisés se
indignou contra eles. 21 Colhiam-no, pois, ma-
nhã após manhã, cada um quanto conseguia
comer; porque, vindo o calor do sol, o maná se
derretia.

O povo de Israel recolhe o maná

22 No sexto dia, colheram alimento em dobro,
quatro litros para cada um. E os principais da con-
gregação vieram e contaram isso a Moisés. 23 Ele
respondeu:
— Isto é o que disse o SENHOR: "Amanhã é
repouso, o santo sábado dedicado ao SENHOR. O
que vocês quiserem assar no forno, assem, e o que
quiserem cozinhar em água, cozinhem; e tudo o
que sobrar separem, guardando para a manhã
seguinte."
24 E guardaram-no até a manhã seguinte, como
Moisés havia ordenado; e não cheirou mal, nem
deu bichos. 25 Então Moisés disse:
— Comam isto hoje, pois hoje é o sábado dedi-
cado ao SENHOR; hoje vocês não encontrarão nada
no campo. 26 Seis dias vocês o recolherão, mas
o sétimo dia é o sábado; nele, não haverá nada a
recolher.
27 No sétimo dia algumas pessoas saíram para o
recolher, porém não o acharam. 28 Então o SENHOR
disse a Moisés:
— Até quando vocês se recusarão a guardar os
meus mandamentos e as minhas leis? 29 Vejam!
O SENHOR deu a vocês o sábado; por isso, ele, no
sexto dia, lhes dá alimento para dois dias; cada
um fique onde está, ninguém saia do seu lugar no
sétimo dia.
30 Assim, o povo descansou no sétimo dia.
31 A casa de Israel deu àquele alimento o nome
de maná. Ele era como semente de coentro, bran-
co e com gosto de bolo de mel. 32 Moisés disse:
— Esta é a palavra que o SENHOR ordenou:
"Dele você pegará dois litros e guardará para as fu-
turas gerações, para que vejam o pão com que eu
os sustentei no deserto, quando os tirei do Egito."
33 Então Moisés disse a Arão:
— Pegue um vaso, ponha nele dois litros de
maná e coloque-o diante do SENHOR, para que seja
guardado para as futuras gerações.
34 Como o SENHOR havia ordenado a Moisés, as-
sim Arão o colocou diante da arca do testemunho
para o guardar. 35 E os filhos de Israel comeram
maná durante quarenta anos, até que entraram
em terra habitada. Comeram maná até que chega-
ram aos limites da terra de Canaã. 36 A porção de
maná para cada pessoa era um décimo da medida
padrão, que tinha vinte litros.

A água da rocha em Refidim

17 1 Toda a congregação dos filhos de Israel
partiu do deserto de Sim, fazendo suas para-
das, segundo o mandamento do SENHOR, e acam-
param em Refidim; mas ali não havia água para o
povo beber. 2 Então o povo discutiu com Moisés e
disse:
— Dê-nos água para beber.
Moisés respondeu:
— Por que vocês estão discutindo comigo? Por
que estão tentando o SENHOR?
3 Mas ali o povo estava com sede de água e mur-
murou contra Moisés, dizendo:

— Por que você nos tirou do Egito, para nos
matar de sede, a nós, a nossos filhos e aos nossos
rebanhos?
4 Então Moisés clamou ao SENHOR:
— Que farei com este povo? Daqui a pouco vão
me apedrejar.
5 O SENHOR respondeu:
— Passe adiante do povo e leve com você al-
guns dos anciãos de Israel. Leve também o bordão
com que você feriu o rio Nilo e siga em frente. 6 Eis
que estarei ali diante de você sobre a rocha em
Horebe. Bata na rocha, e dela sairá água; e o povo
beberá.
Moisés assim o fez na presença dos anciãos de
Israel. 7 E chamou o nome daquele lugar Massá e
Meribá, por causa da discussão dos filhos de Is-
rael e porque tentaram o SENHOR, dizendo:
— Está o SENHOR no meio de nós ou não?

Os amalequitas atacam Israel

8 Então vieram os amalequitas e atacaram Israel
em Refidim. 9 Com isso, Moisés ordenou a Josué:
— Escolha alguns homens e vá lutar contra os
amalequitas. Amanhã eu estarei no alto do monte,
e o bordão de Deus estará na minha mão.
10 Josué fez como Moisés lhe havia ordenado e
lutou contra os amalequitas. Porém Moisés, Arão
e Hur subiram para o alto do monte. 11 Quando
Moisés levantava a mão, Israel vencia; quando,
porém, ele abaixava a mão, os amalequitas ven-
ciam. 12 Quando as mãos de Moisés ficaram pe-
sadas, pegaram uma pedra e a puseram por baixo
dele, para que Moisés se sentasse. Arão e Hur
sustentavam as mãos de Moisés, um, de um lado,
e o outro, do outro; assim as mãos dele ficaram
firmes até o pôr do sol. 13 E Josué destruiu os ama-
lequitas a fio de espada.
14 Então o SENHOR disse a Moisés:
— Escreva isto para memória num livro e
repita-o a Josué, porque eu vou apagar totalmente
a memória dos amalequitas da face da terra.
15 E Moisés edificou um altar e lhe deu o nome
de O SENHOR É Minha Bandeira. 16 E disse:
— Porque o SENHOR jurou, haverá guerra do
SENHOR contra os amalequitas de geração em ge-
ração.

Jetro visita Moisés

18 1 Jetro, sacerdote de Midiã, sogro de Moisés,
ouviu todas as coisas que Deus tinha feito
por Moisés e por Israel, seu povo; ouviu como o
SENHOR havia tirado Israel do Egito. 2 Jetro, sogro
de Moisés, foi até ele, levando consigo Zípora, a
mulher de Moisés, depois que este a havia enviado
até ele, 3 juntamente com os dois filhos dela. Um
dos filhos se chamava Gérson, pois Moisés tinha
dito: "Fui peregrino em terra estranha." 4 O outro
se chamava Eliézer, pois Moisés tinha dito: "O
Deus de meu pai foi a minha ajuda e me livrou da
espada de Faraó."
5 Jetro, o sogro de Moisés, juntamente com os
filhos e a mulher deste, veio a Moisés no deserto
onde estava acampado, junto ao monte de Deus.
6 E Jetro mandou dizer a Moisés: "Eu, seu sogro
Jetro, estou chegando, com a sua mulher e os
seus dois filhos." 7 Então Moisés foi ao encontro
do sogro, inclinou-se e o beijou; e, indagando
pelo bem-estar um do outro, entraram na tenda.
8 Moisés contou a seu sogro tudo o que o SENHOR
havia feito a Faraó e aos egípcios por amor de Is-
rael, e todas as aflições que enfrentaram no Egito,
e como o SENHOR os havia livrado.
9 Jetro ficou contente com todo o bem que o
SENHOR havia feito a Israel, livrando-o das mãos
dos egípcios. 10 E disse:
— Bendito seja o SENHOR, que libertou vocês
das mãos dos egípcios e da mão de Faraó. 11 Agora
sei que o SENHOR é maior do que todos os deuses,
porque livrou este povo das mãos dos egípcios,
quando agiram arrogantemente contra o povo.
12 Então Jetro, sogro de Moisés, ofereceu um
holocausto e sacrifícios a Deus. E Arão e todos os
anciãos de Israel vieram para comer com o sogro
de Moisés, na presença de Deus.

A nomeação de auxiliares

Dt 1.9-18

13 No dia seguinte Moisés sentou-se para jul-
gar o povo; e o povo estava em pé diante de Moi-
sés desde a manhã até o pôr do sol. 14 Quando o
sogro de Moisés viu tudo o que ele fazia ao povo,
perguntou:
— Que é isto que você está fazendo ao povo?
Por que você fica sentado sozinho e todo o povo
está em pé diante de você, desde a manhã até o
pôr do sol?
15 Moisés respondeu a seu sogro:
— É porque o povo vem a mim para consultar
a Deus. 16 Quando eles têm alguma questão, vêm
a mim, para que eu julgue entre um e outro, e eu
lhes dou a conhecer os estatutos de Deus e as
suas leis.
17 O sogro de Moisés, porém, lhe disse:
— Não é bom o que você está fazendo. 18 Com
certeza todos ficarão cansados, tanto você como
este povo que está com você. Isto é pesado de-
mais para você; você não pode fazer isso sozinho.
19 Escute agora o que vou dizer. Eu o aconselha-
rei, e que Deus esteja com você. Represente o
povo diante de Deus, leve as suas causas a Deus,
20 ensine-lhes os estatutos e as leis e faça com
que conheçam o caminho em que devem andar
e a obra que devem fazer. 21 Procure entre o povo
homens capazes, tementes a Deus, homens que

amam a verdade e odeiam a corrupção. Coloque-
-os como chefes do povo: chefes de mil, chefes de
cem, chefes de cinquenta e chefes de dez, 22 para
que julguem este povo em todo tempo. Toda cau-
sa grave trarão a você, mas toda causa pequena
eles mesmos julgarão; assim será mais fácil para
você, e eles o ajudarão a levar essa carga. 23 Se
você fizer isto, e se essa for a ordem de Deus,
então você poderá suportar e também todo este
povo voltará em paz ao seu lugar.

24 Moisés atendeu às palavras de seu sogro e
fez tudo o que este lhe tinha dito. 25 Escolheu ho-
mens capazes, de todo o Israel, e os constituiu por
chefes sobre o povo: chefes de mil, chefes de cem,
chefes de cinquenta e chefes de dez. 26 Estes jul-
garam o povo em todo tempo; a causa grave trou-
xeram a Moisés e toda causa simples eles mesmos
julgaram. 27 Então Moisés se despediu de seu so-
gro, e este voltou para a sua terra.

Deus fala com Moisés no monte Sinai

19 1 No terceiro mês depois da saída dos filhos
de Israel da terra do Egito, no primeiro dia
desse mês, eles chegaram ao deserto do Sinai.
2 Tendo partido de Refidim, vieram ao deserto do
Sinai, no qual acamparam; ali Israel acampou em
frente ao monte. 3 Moisés subiu para encontrar-
-se com Deus. E do monte o SENHOR o chamou
e lhe disse:

— Assim você falará à casa de Jacó e anunciará
aos filhos de Israel: 4 "Vocês viram o que fiz aos
egípcios e como levei vocês sobre asas de águia
e os trouxe para perto de mim. 5 Agora, pois, se
ouvirem atentamente a minha voz e guardarem a
minha aliança, vocês serão a minha propriedade
peculiar dentre todos os povos. Porque toda a ter-
ra é minha, 6 e vocês serão para mim um reino de
sacerdotes e uma nação santa." São estas as pala-
vras que você falará aos filhos de Israel.

7 Moisés foi, chamou os anciãos do povo e
expôs diante deles todas estas palavras que o
SENHOR lhe havia ordenado. 8 Então todo o povo
respondeu a uma só voz:

— Tudo o que o SENHOR falou faremos.

E Moisés relatou ao SENHOR as palavras do
povo. 9 O SENHOR disse a Moisés:

— Eis que virei a você numa nuvem escura,
para que o povo ouça quando eu falar com você e
para que também creiam sempre em você.

Porque Moisés tinha anunciado as palavras do
povo ao SENHOR.

10 E o SENHOR disse a Moisés:

— Vá ao povo e consagre-o no dia de hoje e
amanhã. Que eles lavem as suas roupas 11 e este-
jam prontos para o terceiro dia, porque no tercei-
ro dia o SENHOR, à vista de todo o povo, descerá
sobre o monte Sinai. 12 Marque ao redor do monte
limites para o povo, dizendo: "Tomem cuidado
para não subir o monte, nem tocar a sua extremi-
dade. Todo aquele que tocar o monte será morto.
13 Mão nenhuma tocará nele. Se o fizer, será ape-
drejado ou flechado; quer seja animal, quer seja
homem, não viverá. Quando soar longamente a
trombeta, então subirão o monte."

14 Moisés desceu do monte para junto do povo
e consagrou o povo; e lavaram as suas roupas. 15 E
Moisés disse ao povo:

— Estejam prontos no terceiro dia. Que até lá
ninguém tenha relações com a sua mulher.

16 Ao amanhecer do terceiro dia, houve tro-
vões e relâmpagos, uma espessa nuvem cobriu
o monte, e ouviu-se um forte som de trombeta,
de maneira que todo o povo que estava no arraial
tremeu de medo. 17 E Moisés levou o povo para
fora do arraial ao encontro de Deus; e puseram-
-se ao pé do monte. 18 Todo o monte Sinai fume-
gava, porque o SENHOR havia descido sobre ele
em fogo. A fumaça subia como fumaça de uma
fornalha, e todo o monte tremia com violência.
19 E o som da trombeta ia aumentando cada vez
mais. Moisés falava, e Deus lhe respondia no
trovão. 20 O SENHOR desceu sobre o monte Sinai,
sobre o alto do monte. O SENHOR chamou Moi-
sés para o alto do monte e Moisés foi até lá. 21 E o
SENHOR disse a Moisés:

— Desça e avise ao povo que não ultrapasse
o limite até o SENHOR para vê-lo, para evitar que
muitos deles sejam mortos. 22 Também os sacer-
dotes, que se aproximam do SENHOR, devem se
consagrar, para que o SENHOR não se volte con-
tra eles.

23 Então Moisés disse ao SENHOR:

— O povo não poderá subir o monte Sinai, por-
que tu nos advertiste, dizendo: "Marque limites ao
redor do monte e consagre-o."

24 E o SENHOR respondeu:

— Vá, desça; depois você subirá, e Arão virá
com você; porém os sacerdotes e o povo não de-
vem ultrapassar o limite para subir ao SENHOR,
para que Deus não se volte contra eles.

25 Então Moisés desceu ao povo e lhe disse tudo
isso.

Os dez mandamentos

Dt 5.1-21

20 1 Então Deus falou todas estas palavras:
2 — Eu sou o SENHOR, seu Deus, que o tirei
da terra do Egito, da casa da servidão.

3 — Não tenha outros deuses diante de mim.

4 — Não faça para você imagem de escultura,
nem semelhança alguma do que há em cima no
céu, nem embaixo na terra, nem nas águas debai-
xo da terra. 5 Não adore essas coisas, nem preste
culto a elas, porque eu, o SENHOR, seu Deus, sou

Deus zeloso, que visito a iniquidade dos pais nos
filhos até a terceira e quarta geração daqueles
que me odeiam, 6 mas faço misericórdia até mil
gerações daqueles que me amam e guardam os
meus mandamentos.
7 — Não tome o nome do SENHOR, seu Deus, em
vão, porque o SENHOR não terá por inocente o que
tomar o seu nome em vão.
8 — Lembre-se do dia de sábado, para o santi-
ficar. 9 Seis dias você trabalhará e fará toda a sua
obra, 10 mas o sétimo dia é o sábado dedicado ao
SENHOR, seu Deus. Não faça nenhum trabalho
nesse dia, nem você, nem o seu filho, nem a sua
filha, nem o seu servo, nem a sua serva, nem o seu
animal, nem o estrangeiro das suas portas para
dentro. 11 Porque em seis dias o SENHOR fez os céus
e a terra, o mar e tudo o que neles há e, ao sétimo
dia, descansou; por isso o SENHOR abençoou o dia
de sábado e o santificou.
12 — Honre o seu pai e a sua mãe, para que você
tenha uma longa vida na terra que o SENHOR, seu
Deus, lhe dá.
13 — Não mate.
14 — Não cometa adultério.
15 — Não furte.
16 — Não dê falso testemunho contra o seu pró-
ximo.
17 — Não cobice a casa do seu próximo. Não
cobice a mulher do seu próximo, nem o seu servo,
nem a sua serva, nem o seu boi, nem o seu jumen-
to, nem coisa alguma que pertença ao seu próximo.

Moisés, mediador entre Deus e o povo

Dt 5.22-33

18 Todo o povo presenciou os trovões, os relâm-
pagos, o som da trombeta e o monte fumegante;
e o povo, observando, tremeu de medo e ficou de
longe. 19 Disseram a Moisés:
— Fale-nos você, e ouviremos; porém não fale
Deus conosco, para que não morramos.
20 Moisés respondeu ao povo:
— Não tenham medo; Deus veio para provar
vocês e para que o seu temor esteja diante de vo-
cês, a fim de que não pequem.
21 O povo estava de longe, em pé; Moisés, po-
rém, se aproximou da nuvem escura onde Deus
estava.

Leis a respeito dos altares

22 Então o SENHOR disse a Moisés:
— Assim você dirá aos filhos de Israel: "Vocês
viram que dos céus eu lhes falei. 23 Não façam deu-
ses de prata ao lado de mim, nem façam para vo-
cês deuses de ouro. 24 Façam um altar de terra para
mim e sobre ele vocês sacrificarão os seus holo-
caustos, as suas ofertas pacíficas, as suas ovelhas e
os seus bois; em todo lugar onde eu fizer celebrar
a memória do meu nome, virei até vocês e os
abençoarei. 25 Se vocês fizerem um altar de pedras
para mim, não o façam de pedras lavradas; pois, se
fizerem uso de ferramentas, vocês terão profana-
do o altar. 26 Nem subam ao meu altar por degraus,
para que ali não seja exposta a sua nudez."

Leis a respeito dos escravos

Dt 15.12-18

21 1 São estes os estatutos que você apresentará
aos filhos de Israel:
2 — Se você comprar um escravo hebreu, ele tra-
balhará para você durante seis anos; mas no séti-
mo ano será livre, de graça. 3 Se chegou solteiro, irá
embora sozinho; se era homem casado, a mulher
irá com ele. 4 Se o dono lhe der uma mulher, e ela
der à luz filhos e filhas, a mulher e seus filhos serão
do dono do escravo, e ele irá embora sozinho. 5 Po-
rém, se o escravo expressamente disser: "Eu amo o
meu dono, a minha mulher e os meus filhos; não
quero ser livre", 6 então o dono do escravo o levará
aos juízes, e o fará chegar à porta ou à ombreira da
porta, e o seu dono furará a orelha dele com um
furador; e ele será seu escravo para sempre.
7 — Se um homem vender a sua filha para ser es-
crava, esta não ficará livre como ficam livres os es-
cravos homens. 8 Se ela não agradar ao seu senhor,
que se comprometeu a casar com ela, ele terá de
permitir que ela seja resgatada; não poderá vendê-
-la a um povo estranho, pois isso será deslealdade
para com ela. 9 Mas, se a casar com seu filho, deverá
tratá-la como se tratam as filhas. 10 Se ele der ao fi-
lho outra mulher, não diminuirá o mantimento da
primeira, nem os seus vestidos, nem os seus direi-
tos conjugais. 11 Se não lhe fizer estas três coisas, ela
poderá ir embora de graça, sem ter de pagar nada.

Leis a respeito da violência

12 — Quem ferir um homem, de modo que este
venha a morrer, também será morto. 13 Porém, se
não lhe armou ciladas, mas Deus permitiu que ele
caísse em suas mãos, então designarei a você um
lugar para onde ele fugirá. 14 Se alguém vier mali-
ciosamente contra o próximo, matando-o à traição,
você deve tirá-lo até mesmo do meu altar, para que
seja morto.
15 — Quem ferir seu pai ou sua mãe será morto.
16 — Quem raptar alguém e o vender, ou for
achado tendo esse alguém ainda em seu poder,
será morto.
17 — Quem amaldiçoar seu pai ou sua mãe será
morto.
18 — Se dois brigarem e um ferir o outro com
uma pedra ou com o punho, e o ferido não morrer,
mas ficar de cama; 19 se ele se levantar outra vez
e andar fora, apoiado no seu bordão, então será
absolvido aquele que o feriu; somente lhe pagará

o tempo que perdeu e fará com que seja comple-
tamente curado.
20— Se alguém ferir o seu escravo ou a sua es-
crava com um bordão, e o ferido morrer logo, será
punido; 21 porém, se ele sobreviver por um ou dois
dias, o dono não será punido, porque o escravo é
propriedade sua.
22— Se homens brigarem e ferirem uma mu-
lher grávida, e forem causa de que aborte, porém
sem maior dano, aquele que feriu será obrigado a
indenizar segundo o que lhe exigir o marido da
mulher; e pagará como os juízes lhe determina-
rem. 23 Mas, se houver dano grave, então o casti-
go será vida por vida, 24 olho por olho, dente por
dente, mão por mão, pé por pé, 25 queimadura
por queimadura, ferimento por ferimento, golpe
por golpe.
26— Se alguém ferir o olho do seu escravo ou o
olho da sua escrava e inutilizar o olho, deverá dei-
xar o escravo ir livre como pagamento pelo olho.
27 E, se com violência fizer cair um dente do seu
escravo ou da sua escrava, deverá deixar o escravo
ir livre como pagamento pelo dente.

A responsabilidade dos donos de animais

28— Se um boi chifrar um homem ou uma mu-
lher, fazendo com que morra, o boi será apedrejado
e a carne dele não será comida; mas o dono do boi
será absolvido. 29 Mas, se o boi já antes costumava
chifrar, e o seu dono sabia disso e não o prendeu,
e o boi matar um homem ou uma mulher, o boi
será apedrejado, e também será morto o seu dono.
30 Se lhe for exigido resgate, dará, então, como res-
gate da sua vida tudo o que lhe for exigido. 31 Quer
tenha chifrado um filho, quer tenha chifrado uma
filha, este julgamento lhe será aplicado. 32 Se o boi
chifrar um escravo ou uma escrava, o senhor deles
receberá um pagamento de trezentos e sessenta
gramas de prata, e o boi será apedrejado.
33— Se alguém deixar aberta uma cova ou se
alguém cavar uma cova e não a tapar, e nela cair
um boi ou um jumento, 34 o dono da cova pagará o
valor do animal; pagará dinheiro ao seu dono, mas
o animal morto será seu.
35— Se o boi de um homem ferir o boi de ou-
tro, e o boi ferido morrer, venderão o boi vivo e
repartirão o valor; e dividirão entre si o boi morto.
36 Mas, se for notório que o boi já antes costumava
chifrar, e o seu dono não o prendeu, certamente
pagará boi por boi; porém o boi morto será seu.

Leis a respeito da propriedade

22 1— Se alguém furtar um boi ou uma ovelha
e abater ou vender o animal, por um boi pa-
gará cinco bois, e quatro ovelhas por uma ovelha.
2— Se um ladrão for achado arrombando uma
casa e, sendo ferido, morrer, quem o feriu não
será culpado do sangue. 3 Se, porém, já havia sol
quando isso aconteceu, quem o feriu será culpa-
do do sangue. O ladrão deverá fazer restituição
total. Se não tiver com que pagar, será vendido
por seu furto. 4 Se aquilo que roubou for achado
vivo em seu poder, seja boi, jumento ou ovelha,
pagará o dobro.
5— Se alguém fizer pastar o seu animal num
campo ou numa vinha e o largar para comer em
campo de outra pessoa, pagará com o melhor do
seu próprio campo e o melhor da sua própria vinha.
6— Se irromper fogo, e pegar nos espinheiros, e
destruir os feixes de cereal colhido, ou a plantação
que já estiver madura, ou o campo todo, aquele
que acendeu o fogo pagará totalmente o queimado.
7— Se alguém der ao seu próximo dinheiro ou
objetos para guardar, e isso for furtado àquele que
o recebeu, o ladrão, se for achado, pagará o dobro.
8 Se o ladrão não for achado, então o dono da casa
será levado diante dos juízes, a ver se não meteu a
mão nos bens do próximo.
9— Em todo negócio fraudulento, seja a
respeito de boi, ou de jumento, ou de ovelhas, ou
de roupas, ou de qualquer coisa perdida, de que
uma das partes diz: “Isto é meu”, a causa de am-
bas as partes será levada diante dos juízes; aquele
a quem os juízes condenarem pagará o dobro ao
seu próximo.
10— Se alguém der ao seu próximo um animal
para que tome conta dele, seja jumento, boi, ove-
lha ou outro animal qualquer, e este morrer, ficar
aleijado ou for afugentado, sem que ninguém o
veja, 11 então haverá juramento do SENHOR entre
ambos, de que não meteu a mão nos bens do seu
próximo; o dono aceitará o juramento, e o outro
não fará restituição. 12 Porém, se, de fato, o animal
tiver sido furtado, terá de pagá-lo ao seu dono.
13 Se for dilacerado, trará o que restou em testemu-
nho disso e não pagará o animal dilacerado.
14— Se alguém pedir emprestado a seu pró-
ximo um animal, e este ficar aleijado ou morrer,
não estando presente o dono, aquele que pediu
emprestado terá de pagá-lo ao seu dono. 15 Se o
dono esteve presente, não o pagará; se foi alugado,
o preço do aluguel será o pagamento.

Leis civis e religiosas

16— Se alguém seduzir uma virgem que ainda
não foi prometida em casamento e tiver relações
com ela, pagará seu dote e a tomará por mulher.
17 Se o pai dela definitivamente não quiser dar-
-lhe a moça em casamento, aquele que a seduziu
pagará em dinheiro conforme o dote das virgens.
18— A feiticeira você não deixará viver.
19— Quem tiver coito com animal será morto.
20— Quem sacrificar aos deuses e não somente
ao SENHOR será destruído.

21— Não maltrate o estrangeiro, nem o opri-
ma; porque vocês foram estrangeiros na terra do
Egito. 22 Não maltratem as viúvas nem os órfãos.
23 Se de algum modo os maltratarem, e eles cla-
marem a mim, eu lhes ouvirei o clamor; 24 a mi-
nha ira se acenderá, e eu matarei vocês à espada;
as suas mulheres ficarão viúvas, e os seus filhos
ficarão órfãos.

25— Se você emprestar dinheiro a alguém do
meu povo, ao pobre que está com você, não trate
com ele como um credor que impõe juros. 26 Se
você pegar o manto do seu próximo como penhor,
devolva-o antes do pôr do sol, 27 porque é com ele
que se cobre, é a roupa do seu corpo; em que ele
se deitaria? Quando ele clamar a mim, eu o ouvi-
rei, porque sou misericordioso.

28— Não blasfeme contra Deus, nem amaldiçoe
uma autoridade do seu povo.

29— Não demore em trazer ofertas do melhor
das suas colheitas e das suas vinhas; entregue-me
o primogênito dos seus filhos. 30 Faça o mesmo
com as suas vacas e com as suas ovelhas; deixe que
a cria fique sete dias com a mãe, mas no oitavo dia
você a entregará para mim.

31— Vocês serão homens consagrados a mim;
portanto, não comam carne de animais dilacera-
dos no campo; joguem essa carne aos cães.

Justiça e misericórdia

23 1— Não espalhe notícias falsas e não entre
em acordo com o ímpio, para ser testemu-
nha maldosa. 2 Não siga a multidão para fazer o
mal e, num processo, não deponha com a maioria,
para torcer a justiça. 3 Não seja parcial nem mesmo
com o pobre nas suas demandas.

4— Se você encontrar desgarrado o boi ou o
jumento do seu inimigo, leve-o sem falta de vol-
ta para ele. 5 Se você vir prostrado debaixo da sua
carga o jumento daquele que odeia você, não o
abandone, mas ajude o dono a erguer o animal.

Deveres dos juízes

Dt 16.18-20

6— Não perverta o direito do pobre que vem
até você com a sua causa. 7 Fique longe da falsa
acusação. Não mate o inocente e o justo, porque
não justificarei o ímpio. 8 Não aceite suborno, por-
que o suborno cega até o perspicaz e perverte as
palavras dos justos.

9— Não oprima o estrangeiro; vocês sabem o
que é ser estrangeiro, pois foram estrangeiros na
terra do Egito.

O sétimo ano e o sétimo dia

Lv 25.1-7; 23.3

10— Durante seis anos você semeará a sua ter-
ra e recolherá os seus frutos. 11 Porém, no sétimo
ano, deixe a terra descansar e não a cultive, para
que os pobres do seu povo achem o que comer e
os animais do campo comam do que sobrar. Faça
o mesmo com a sua vinha e com o seu olival.

12— Seis dias você fará o seu trabalho, mas, no
sétimo dia, descanse, para que descanse também
o seu boi e o seu jumento, e para que o filho da sua
escrava e o estrangeiro se revigorem.

13— Deem atenção a tudo o que eu tenho dito a
vocês. O nome de outros deuses não deve ser lem-
brado nem pronunciado por vocês.

As três festas

Êx 34.18-26; Lv 23.4-21,33-44; Dt 16.1-17

14— Três vezes no ano celebrem uma festa para
mim. 15 Celebrem a Festa dos Pães sem Fermento;
durante sete dias vocês comerão pães sem fermen-
to, como ordenei a vocês. Façam isso no tempo in-
dicado no mês de abibe, porque nesse mês vocês
saíram do Egito. Ninguém apareça diante de mim
de mãos vazias. 16 Celebrem a Festa da Ceifa, dos
primeiros frutos do seu trabalho, do que vocês se-
meiam no campo, e a Festa da Colheita, ao final do
ano, quando vocês recolhem do campo o fruto do
seu trabalho. 17 Três vezes por ano, todo homem
deve comparecer diante do SENHOR Deus.

18— Não ofereçam o sangue do meu sacrifício
com pão fermentado, nem deixem que a gordura
da minha festa fique durante a noite até a manhã
seguinte. 19 Tragam as primícias dos frutos de sua
terra à casa do SENHOR, seu Deus. Não cozinhem
o cabrito no leite da sua própria mãe.

Deus promete a posse da terra

20— Eis que eu envio um Anjo adiante de vo-
cês, para que os guarde pelo caminho e os leve
ao lugar que tenho preparado. 21 Deem atenção a
ele e ouçam o que ele diz. Não se rebelem contra
ele, porque não perdoará a transgressão de vo-
cês; pois nele está o meu nome. 22 Mas, se vocês
ouvirem atentamente o que ele disser e fizerem
tudo o que eu ordeno, então serei inimigo dos
que são inimigos de vocês e adversário dos que
são adversários de vocês. 23 Porque o meu Anjo
irá adiante de vocês e os levará aos amorreus, aos
heteus, aos ferezeus, aos cananeus, aos heveus e
aos jebuseus; e eu os destruirei. 24 Não se curvem
diante dos deuses deles, nem os adorem, nem si-
gam os costumes deles; pelo contrário, destruam
totalmente esses ídolos e despedacem as suas
colunas. 25 Adorem o SENHOR, o Deus de vocês,
e ele abençoará o pão e a água de vocês. Tirarei
as enfermidades do meio de vocês. 26 Na sua terra
não haverá mulher que aborte, nem estéril. Darei
a vocês uma vida longa.

27— Enviarei o meu terror diante de vocês, con-
fundindo todos os povos que vocês encontrarem.

Farei com que todos os seus inimigos virem as
costas e fujam de vocês. 28 Também enviarei ves-
pas diante de vocês, que expulsem os heveus, os
cananeus e os heteus de diante de vocês. 29 Não
os expulsarei de diante de vocês num só ano,
para que a terra não se torne em desolação, e as
feras do campo não se multipliquem contra vocês.
30 Pouco a pouco os expulsarei de diante de vocês,
até que vocês se multipliquem e tomem posse da
terra. 31 Porei as suas fronteiras desde o mar Ver-
melho até o mar dos filisteus e desde o deserto
até o Eufrates; porque entregarei nas suas mãos os
moradores da terra, para que vocês os expulsem
de diante de vocês. 32 Não façam nenhuma aliança
com eles, nem com os deuses deles. 33 Eles não ha-
bitarão na sua terra, para que não façam com que
vocês pequem contra mim; se adorarem os deuses
deles, isso será uma cilada para vocês.

A aliança de Deus com Israel

24 1 Deus disse a Moisés:
— Subam para junto do Senhor, você, Arão,
Nadabe, Abiú e setenta dos anciãos de Israel; e
adorem de longe. 2 Só Moisés se aproximará do
Senhor; os outros não se aproximarão, nem o
povo subirá com ele.
3 Moisés foi e transmitiu ao povo todas as pala-
vras do Senhor e todos os estatutos. Então todo o
povo respondeu a uma voz e disse:
— Tudo o que o Senhor falou nós faremos.
4 Moisés escreveu todas as palavras do Senhor
e, tendo-se levantado de manhã cedo, edificou um
altar ao pé do monte e ergueu doze colunas, se-
gundo as doze tribos de Israel. 5 E enviou alguns
jovens dos filhos de Israel, os quais ofereceram
ao Senhor holocaustos e sacrifícios pacíficos de
novilhos. 6 Moisés pegou a metade do sangue e o
pôs em bacias; e a outra metade aspergiu sobre o
altar. 7 Depois pegou o livro da aliança e o leu para
o povo. E eles disseram:
— Tudo o que o Senhor falou nós faremos e
obedeceremos.
8 Então Moisés pegou aquele sangue, e o asper-
giu sobre o povo, e disse:
— Eis aqui o sangue da aliança que o Senhor
fez com vocês de acordo com todas estas pala-
vras.
9 Moisés, Arão, Nadabe, Abiú e setenta dos an-
ciãos de Israel subiram o monte. 10 E viram o Deus
de Israel, sob cujos pés havia como que uma pavi-
mentação de pedra de safira, que se parecia com o
céu na sua claridade. 11 Deus não estendeu a mão
contra os escolhidos dos filhos de Israel; eles vi-
ram Deus, comeram e beberam.

Moisés e os anciãos sobem o monte outra vez

12 Então o Senhor disse a Moisés:
— Suba para junto de mim, no monte, e fique
lá; darei a você tábuas de pedra, a lei e os man-
damentos que escrevi, para que você ensine o
povo.
13 Moisés se aprontou, juntamente com Josué,
seu auxiliar, e subiu o monte de Deus. 14 Ele disse
aos anciãos:
— Esperem aqui até que voltemos para junto de
vocês. Eis que Arão e Hur ficam com vocês; quem
tiver alguma questão deve se dirigir a eles.
15 Tendo Moisés subido, uma nuvem cobriu o
monte. 16 E a glória do Senhor pousou sobre o
monte Sinai, e a nuvem o cobriu durante seis dias.
No sétimo dia, do meio da nuvem o Senhor cha-
mou Moisés. 17 Aos olhos dos israelitas, o aspecto
da glória do Senhor era como um fogo consumi-
dor no alto do monte. 18 E Moisés, entrando pelo
meio da nuvem, subiu o monte; e lá permaneceu
quarenta dias e quarenta noites.

Deus manda trazer ofertas para o tabernáculo

Êx 35.4-9

25 1 O Senhor disse a Moisés:
2 — Diga aos filhos de Israel que me tra-
gam uma oferta. De todo homem cujo coração
o mover para isso, dele vocês receberão a minha
oferta. 3 Esta é a oferta que dele vocês receberão:
ouro, prata e bronze; 4 pano azul, púrpura e car-
mesim; linho fino; pelos de cabra; 5 peles de car-
neiro tingidas de vermelho e peles finas; madeira
de acácia; 6 azeite para a iluminação; especiarias
para o óleo da unção e para o incenso aromático;
7 pedras de ônix e pedras de engaste, para a estola
sacerdotal e para o peitoral. 8 E farão para mim
um santuário, para que eu possa habitar no meio
deles. 9 Segundo tudo o que eu mostrar a você
como modelo do tabernáculo e como modelo
de todos os seus móveis, assim mesmo vocês
o farão.

A arca da aliança

Êx 37.1-5

10 — Também farão uma arca de madeira de
acácia, de um metro e dez de comprimento, ses-
senta e seis centímetros de largura, e sessenta e
seis centímetros de altura. 11 Revista a arca de ouro
puro. Coloque esse revestimento por dentro e por
fora, e ponha um remate de ouro ao redor da arca.
12 Mande fundir quatro argolas de ouro e fixe-as
nos quatro cantos da arca: duas argolas num lado
dela e duas argolas no outro lado. 13 Faça também
cabos grossos de madeira de acácia e revista-os de
ouro. 14 Passe os cabos pelas argolas nos lados da
arca, para que ela possa ser carregada por meio
deles. 15 Os cabos ficarão nas argolas da arca e não
serão tirados dela. 16 E você porá na arca o teste-
munho, que eu lhe darei.

O propiciatório
Êx 37.6-9

17— Faça também um propiciatório de ouro
puro, de um metro e dez de comprimento e ses-
senta e seis centímetros de largura. 18 Faça dois
querubins de ouro batido, nas duas extremidades
do propiciatório. 19 Um querubim deve ficar numa
extremidade, e o outro, na outra extremidade. Faça
os querubins nas duas extremidades de modo que
formem uma só peça com o propiciatório. 20 Os
querubins estenderão as asas por cima, cobrindo
com elas o propiciatório. Eles estarão de frente um
para o outro, olhando para o propiciatório. 21 Po-
nha o propiciatório em cima da arca; e dentro dela
coloque o testemunho, que eu lhe darei. 22 Ali eu
me encontrarei com você e, de cima do propiciató-
rio, do meio dos dois querubins que estão sobre a
arca do testemunho, falarei com você a respeito de
tudo o que eu lhe ordenar para os filhos de Israel.

A mesa dos pães da proposição
Êx 37.10-16

23— Faça também uma mesa de madeira de
acácia. Terá o comprimento de oitenta e oito cen-
tímetros, a largura de quarenta e quatro e a altura
de sessenta e seis. 24 Faça um revestimento de ouro
puro e ponha um remate de ouro ao redor. 25 Faça
também uma borda ao redor, da largura de qua-
tro dedos, e ponha um remate de ouro ao redor
da borda. 26 Faça também quatro argolas de ouro e
fixe-as nos quatro cantos que estão nos quatro pés
da mesa. 27 As argolas devem estar perto da bor-
da, como lugares para os cabos, para que se possa
carregar a mesa. 28 Faça estes cabos de madeira de
acácia e revista-os de ouro, para que a mesa possa
ser carregada por meio deles. 29 Faça também os
seus pratos, os seus recipientes para incenso, as
suas jarras e as suas taças em que serão oferecidas
as libações; faça tudo isso de ouro puro. 30 Ponha
sobre a mesa os pães da proposição diante de mim
perpetuamente.

O candelabro
Êx 37.17-24

31— Faça também um candelabro de ouro puro;
de ouro batido deverá ser feito este candelabro. O
seu pedestal, a sua haste, os seus cálices, as suas
maçanetas e as suas flores formarão com ele uma
só peça. 32 Seis hastes sairão dos lados do candela-
bro: três de um lado e três do outro. 33 Numa has-
te haverá três cálices com formato de amêndoas,
uma maçaneta e uma flor; na outra haste haverá
três cálices com formato de amêndoas, uma ma-
çaneta e uma flor; e assim serão as seis hastes que
saem do candelabro.

34— Mas no candelabro mesmo haverá qua-
tro cálices com formato de amêndoas, com suas
maçanetas e com suas flores. 35 Haverá uma ma-
çaneta sob duas hastes que saem dele; e ainda
uma maçaneta sob duas outras hastes que saem
dele; e ainda mais uma maçaneta sob duas outras
hastes que saem dele; assim se fará com as seis
hastes que saem do candelabro. 36 As maçanetas
e as hastes do candelabro formarão uma só peça
com o mesmo; tudo será de uma só peça, obra ba-
tida de ouro puro.

37— Faça também as sete lâmpadas do can-
delabro, as quais se acenderão para iluminar o
espaço diante dele. 38 As suas tesouras de cortar
pavios e os seus apagadores serão de ouro puro.
39 Com trinta e quatro quilos de ouro puro se fará
o candelabro com todos estes utensílios. 40 Tenha
o cuidado de fazer tudo segundo o modelo que foi
mostrado a você no monte.

As cortinas do tabernáculo
Êx 36.8-18

26 1— Faça o tabernáculo, que terá dez corti-
nas, de linho retorcido, pano azul, púrpura
e carmesim; faça as cortinas com querubins, obra
de artista. 2 O comprimento de cada cortina será
de doze metros e meio, e a largura será de um
metro e oitenta; todas as cortinas terão a mesma
medida. 3 Cinco cortinas serão ligadas umas às
outras; e as outras cinco também ligadas umas
às outras. 4 Ponha laçadas de pano azul na bor-
da da cortina na extremidade do primeiro agru-
pamento; faça o mesmo com a borda da cortina
na extremidade do segundo agrupamento. 5 Faça
cinquenta laçadas numa cortina, e cinquenta la-
çadas na outra cortina na extremidade do segun-
do agrupamento; as laçadas serão contrapostas
uma à outra. 6 Faça cinquenta colchetes de ouro,
com os quais você prenderá as cortinas uma à ou-
tra; e o tabernáculo passará a ser um todo.

7— Faça também de pelos de cabra cortinas
para servirem de tenda sobre o tabernáculo; faça
onze cortinas. 8 O comprimento de cada cortina
será de treze metros e trinta, e a largura será de
um metro e oitenta; as onze cortinas terão a mes-
ma medida. 9 Junte cinco cortinas entre si, e faça
o mesmo com as seis restantes; a sexta cortina
você dobrará na parte dianteira da tenda. 10 Ponha
cinquenta laçadas na borda da cortina que está na
extremidade do primeiro agrupamento e cinquen-
ta laçadas na borda da cortina que está na extre-
midade do segundo agrupamento. 11 Faça também
cinquenta colchetes de bronze, e ponha esses
colchetes nas laçadas, juntando a tenda, para que
venha a ser um todo. 12 A parte que restar das cor-
tinas da tenda, a saber, a meia cortina que sobrar,
penderá às costas do tabernáculo. 13 Os quarenta
e cinco centímetros de um lado e os quarenta e
cinco centímetros de outro lado, do que sobrar no

comprimento das cortinas da tenda, penderão de um e de outro lado do tabernáculo para o cobrir.

A cobertura de peles e as tábuas

14— Faça também de peles de carneiro tingidas de vermelho uma cobertura para a tenda e outra cobertura de peles finas.

15— Faça também de madeira de acácia as tábuas para o tabernáculo, as quais serão colocadas verticalmente. 16 Cada uma das tábuas terá quatro metros e quarenta e cinco de comprimento e sessenta e sete centímetros de largura. 17 Cada tábua terá dois encaixes, para que se possa unir uma tábua à outra; faça o mesmo com todas as tábuas do tabernáculo. 18 No preparar as tábuas para o tabernáculo, coloque vinte delas para o lado sul. 19 Faça também quarenta bases de prata debaixo das vinte tábuas: duas bases debaixo de uma tábua para os seus dois encaixes e duas bases debaixo de outra tábua para os seus dois encaixes. 20 Também haverá vinte tábuas ao outro lado do tabernáculo, para o lado norte, 21 com as suas quarenta bases de prata: duas bases debaixo de uma tábua e duas bases debaixo de outra tábua. 22 Para o lado posterior do tabernáculo, o lado oeste, faça seis tábuas. 23 Faça também duas tábuas para os cantos do tabernáculo, na parte posterior, 24 as quais, por baixo, estarão separadas, mas, em cima, se ajustarão à primeira argola; assim se fará com as duas tábuas; serão duas para cada um dos dois cantos. 25 Assim serão as oito tábuas com as suas bases de prata, dezesseis bases: duas bases debaixo de uma tábua e duas debaixo de outra tábua.

26— Faça travessas de madeira de acácia, cinco para as tábuas de um lado do tabernáculo, 27 cinco para as tábuas do outro lado do tabernáculo e cinco para as tábuas do tabernáculo, ao lado posterior, que olha para o oeste. 28 A travessa do meio passará ao meio das tábuas, de uma extremidade à outra. 29 Revista de ouro as tábuas e faça de ouro as suas argolas, pelas quais passarão as travessas, que também deverão ser revestidas de ouro. 30 Faça o tabernáculo segundo o modelo que foi mostrado a você no monte.

O véu, o cortinado e as colunas

Êx 36.35-38

31— Faça também um véu de pano azul, púrpura, carmesim e linho fino retorcido; faça-o com querubins, obra de artista. 32 Pendure esse véu em quatro colunas de madeira de acácia, revestidas de ouro; os seus colchetes serão de ouro, sobre quatro bases de prata. 33 Pendure o véu debaixo dos colchetes e leve para lá a arca do testemunho, para dentro do véu; o véu fará separação entre o Santo Lugar e o Santo dos Santos.

34— Ponha a cobertura do propiciatório sobre a arca do testemunho no Santo dos Santos. 35 A mesa ficará fora do véu e o candelabro ficará diante da mesa, ao lado do tabernáculo, para o sul; e a mesa ficará para o lado norte.

36— Faça também para a porta da tenda um cortinado de pano azul, púrpura, carmesim e linho fino retorcido, obra de bordador. 37 Para este cortinado faça cinco colunas de madeira de acácia revestidas de ouro; os seus colchetes serão de ouro, e para as colunas você mandará fundir cinco bases de bronze.

O altar do holocausto

Êx 38.1-7

27 1— Faça também o altar de madeira de acácia. Seu comprimento será de dois metros e vinte e a largura será de dois metros e vinte; o altar será quadrado. A altura será de um metro e trinta. 2 Nos quatro cantos coloque quatro chifres, os quais formarão uma só peça com o altar, que deverá ser revestido de bronze. 3 Faça também recipientes para recolher a cinza do altar, além de pás, bacias, garfos e braseiros; todos esses utensílios serão feitos de bronze. 4 Faça também para o altar uma grelha de bronze em forma de rede e fixe quatro argolas de metal nos seus quatro cantos. 5 Coloque as argolas dentro do rebordo do altar para baixo, de maneira que a rede chegue até o meio do altar. 6 Faça também cabos para o altar, cabos de madeira de acácia revestidos de bronze. 7 Os cabos devem ser passados pelas argolas, de um e de outro lado do altar, quando este for transportado. 8 Oco e de tábuas você fará o altar; como lhe foi mostrado no monte, assim o farão.

O átrio do tabernáculo

Êx 38.9-20

9— Faça também o átrio do tabernáculo. Do lado meridional, que dá para o sul, o átrio terá cortinas de linho fino retorcido; o comprimento de cada lado será de quarenta e quatro metros. 10 Também as suas vinte colunas e as suas vinte bases serão de bronze; os ganchos das colunas e as suas vigas superiores serão de prata. 11 De igual modo, para o lado norte ao comprido, haverá cortinas de quarenta e quatro metros de comprimento; e as suas vinte colunas e as suas vinte bases serão de bronze; os ganchos das colunas e as suas vigas superiores serão de prata. 12 Na largura do átrio para o lado oeste, haverá cortinas de vinte e dois metros; as colunas serão dez, e as suas bases, dez. 13 A largura do átrio do lado leste, para o nascente, será de vinte e dois metros. 14 As cortinas para um lado da entrada terão seis metros e sessenta de comprimento; as suas colunas serão três, e as suas bases, três. 15 Para o outro lado da entrada, haverá cortinas de seis metros e sessenta de comprimento; as suas colunas serão três, e as suas bases, três. 16 À porta do átrio, haverá um cortinado de oito metros e oitenta de comprimento, de pano azul, púrpura, carmesim e linho fino retorcido, obra de bordador; as suas colunas serão quatro, e as suas bases, quatro. 17 Todas as colunas ao redor do átrio serão ligadas por vigas superiores de prata; os seus ganchos serão de prata, mas as suas bases serão de bronze. 18 O átrio terá quarenta e quatro metros de comprimento, vinte e dois de largura por todo o lado e dois metros e vinte de altura. As suas cortinas serão de linho fino retorcido, e as suas bases serão de bronze. 19 Todos os utensílios do tabernáculo em todo o seu serviço, todas as suas estacas e todas as estacas do átrio serão de bronze.

O azeite para o candelabro

Lv 24.1-4

20 — Ordene aos filhos de Israel que tragam a você azeite puro de oliveira, batido, para o candelabro, para que haja lâmpada acesa continuamente. 21 Na tenda do encontro fora do véu, que está diante da arca do testemunho, Arão e seus filhos a conservarão em ordem, desde a tarde até pela manhã, diante do SENHOR. Este será um estatuto perpétuo entre os filhos de Israel de geração em geração.

As vestes sacerdotais

Êx 39.1

28 1 — Traga para junto de você, do meio dos filhos de Israel, o seu irmão Arão e os filhos dele, para que me sirvam como sacerdotes, a saber, Arão e seus filhos Nadabe, Abiú, Eleazar e Itamar. 2 Faça vestes sagradas para o seu irmão Arão, para que lhe deem glória e beleza.

3 — Diga também a todos os homens hábeis a quem enchi do espírito de sabedoria, que façam vestes para Arão para consagrá-lo, para que me sirva no ofício sacerdotal. 4 As vestes que farão são estas: um peitoral, uma estola sacerdotal, uma sobrepeliz, uma túnica bordada, mitra e cinto. Farão vestes sagradas para o seu irmão Arão e para os filhos dele, para que me sirvam como sacerdotes. 5 Pegarão ouro, pano azul, púrpura, carmesim e linho fino.

A estola sacerdotal

Êx 39.2-7

6 — Farão a estola sacerdotal de ouro, pano azul, púrpura, carmesim e linho fino retorcido, obra esmerada. 7 Terá duas ombreiras que se unam às suas duas extremidades, e assim se unirá. 8 E o cinto de obra esmerada, que estará sobre a estola sacerdotal, será de obra igual, da mesma obra de ouro, pano azul, púrpura, carmesim e linho fino retorcido. 9 Pegue duas pedras de ônix e grave nelas os nomes dos filhos de Israel: 10 seis de seus nomes numa pedra e os outros seis na outra pedra, por ordem de nascimento. 11 Conforme a obra de um lapidador, quando faz um sinete, você gravará os nomes dos filhos de Israel nas duas pedras, colocando engastes de ouro ao redor delas. 12 Coloque as duas pedras nas ombreiras da estola sacerdotal, por pedras de memória aos filhos de Israel; e Arão levará esses nomes sobre os seus ombros, para memória diante do SENHOR. 13 Faça também engastes de ouro 14 e duas correntes de ouro puro, trançadas como um cordão; prenda as correntes trançadas nos engastes.

O peitoral

Êx 39.8-21

15 — Faça também o peitoral do juízo. Será obra esmerada, feita conforme a obra da estola sacerdotal. Faça-o de ouro, pano azul, púrpura, carmesim e linho fino retorcido. 16 Será quadrado e duplo, e terá um palmo de comprimento e um palmo de largura. 17 Coloque nele engaste de pedras, com quatro ordens de pedras: a ordem de sárdio, topázio e carbúnculo será a primeira ordem; 18 a segunda ordem será de esmeralda, safira e diamante; 19 a terceira ordem será de jacinto, ágata e ametista; 20 a quarta ordem será de berilo, ônix e jaspe; elas serão guarnecidas de ouro nos seus engastes. 21 As pedras serão conforme os nomes dos filhos de Israel, doze segundo os seus nomes; serão esculpidas em forma de sinete, cada uma com o seu nome, para as doze tribos. 22 Para o peitoral, faça correntes como cordas, de obra trançada de ouro puro. 23 Faça também para o peitoral duas argolas de ouro e prenda as duas argolas nas extremidades do peitoral. 24 Então passe as duas correntes de ouro nas duas argolas, nas extremidades do peitoral. 25 Prenda as duas pontas das correntes nos dois engastes e coloque-as nas ombreiras da estola sacerdotal, na frente dele. 26 Faça também duas argolas de ouro e coloque-as nas duas extremidades do peitoral, na sua borda interior junto à estola sacerdotal. 27 Faça também duas argolas de ouro e coloque-as nas duas ombreiras da estola sacerdotal, abaixo, na frente dele, perto da sua juntura, sobre o cinto de obra esmerada da estola sacerdotal. 28 E ligarão o peitoral com as suas argolas às argolas da estola sacerdotal por cima com uma fita azul, para que esteja sobre o cinto da estola sacerdotal; e nunca o peitoral se separará da estola sacerdotal. 29 Assim, Arão levará os nomes dos filhos de Israel no peitoral do juízo sobre o seu coração, quando entrar no santuário, para memória diante do SENHOR continuamente.

30 — Ponha também no peitoral do juízo o Urim e o Tumim, para que estejam sobre o coração de

Arão, quando entrar diante do Senhor; assim,
Arão levará o juízo dos filhos de Israel sobre o seu
coração diante do Senhor continuamente.

As outras vestes sacerdotais

Êx 39.22-31

31 — Faça também a sobrepeliz da estola sacer-
dotal toda de pano azul. 32 No meio dela haverá
uma abertura para a cabeça. Essa abertura será
rematada, como a abertura de uma gola, para que
não se rasgue. 33 Em toda a borda da sobrepeliz co-
loque romãs de pano azul, púrpura e carmesim; e
sininhos de ouro no meio delas. 34 Haverá em toda
a borda da sobrepeliz um sininho de ouro e uma
romã, outro sininho de ouro e outra romã. 35 Esta
sobrepeliz estará sobre Arão quando ministrar,
para que se ouça o som dos sininhos quando ele
entrar no santuário diante do Senhor e quando
sair; e isso para que não morra.

36 — Faça também uma lâmina de ouro puro e
grave nela à maneira de gravuras de sinetes as se-
guintes palavras: "Santidade ao Senhor". 37 Amar-
re essa lâmina com um cordão de pano azul, de
maneira que esteja na mitra; bem na frente da
mitra estará. 38 E estará sobre a testa de Arão, para
que Arão leve a iniquidade concernente às coisas
santas que os filhos de Israel consagrarem em to-
das as ofertas de suas coisas santas. Essa lâmina
sempre estará sobre a testa de Arão, para que eles
sejam aceitos diante do Senhor.

39 — Você tecerá a túnica de linho fino e fará uma
mitra de linho fino e um cinto de obra de bordador.

40 — Para os filhos de Arão você fará túnicas,
cintos e turbantes, para que lhes deem glória e
beleza. 41 Com essas roupas vista o seu irmão
Arão, bem como os filhos dele; unja, consagre e
santifique-os, para que me sirvam como sacer-
dotes. 42 Faça também calções de linho para eles,
para cobrirem a pele nua; irão da cintura às coxas.
43 Esses calções estarão sobre Arão e sobre seus fi-
lhos, quando entrarem na tenda do encontro ou
quando se aproximarem do altar para ministrar
no santuário, para que não incorram em iniquida-
de e morram. Isto será estatuto perpétuo para ele e
para sua posteridade depois dele.

A consagração dos sacerdotes

Lv 8.1-36

29 1 — Isto é o que você lhes fará, para os
consagrar, a fim de que me sirvam como
sacerdotes: separe um novilho e dois carneiros
sem defeito; 2 da melhor farinha faça pães e bolos
sem fermento amassados com azeite e pãezinhos
bem finos untados com azeite. 3 Ponha tudo isso
num cesto e ofereça no cesto. Traga também o
novilho e os dois carneiros. 4 Então você fará com
que Arão e seus filhos se aproximem à porta da
tenda do encontro e mandará que se lavem com
água. 5 Depois você pegará as vestes, vestirá Arão
com a túnica, a sobrepeliz, a estola sacerdotal e o
peitoral, e o cingirá com o cinto de obra esmerada
da estola sacerdotal. 6 Você porá a mitra na cabeça
dele e sobre a mitra, a coroa sagrada. 7 Então você
pegará o óleo da unção e o derramará sobre a ca-
beça dele; assim você o ungirá. 8 Depois você fará
com que os filhos de Arão se aproximem e os ves-
tirá com túnicas; 9 também os cingirá com o cinto,
Arão e seus filhos, e lhes atará os turbantes, para
que tenham o sacerdócio por estatuto perpétuo.
Assim você consagrará Arão e os seus filhos.

10 — Você fará chegar o novilho diante da tenda
do encontro, e Arão e seus filhos porão as mãos
sobre a cabeça dele. 11 Mate o novilho diante do
Senhor, à porta da tenda do encontro. 12 Depois,
pegue o sangue do novilho e, com o dedo, ponha-
-o sobre os chifres do altar; o restante do sangue
você derramará na base do altar. 13 Pegue também
toda a gordura que cobre as entranhas, a mem-
brana do fígado, os dois rins e a gordura que está
neles e queime-os sobre o altar; 14 mas a carne do
novilho, a pele e os excrementos você queimará
fora do arraial; é sacrifício pelo pecado.

15 — Depois você pegará um dos carneiros, e
Arão e seus filhos porão as mãos sobre a cabeça
dele. 16 Mate o carneiro, pegue o sangue e jogue-o
sobre o altar, ao redor. 17 Corte o carneiro em peda-
ços e, lavadas as entranhas e as pernas, coloque-as
sobre os pedaços e sobre a cabeça. 18 Assim, você
queimará todo o carneiro sobre o altar; é holocaus-
to para o Senhor, de aroma agradável, oferta quei-
mada ao Senhor.

19 — Depois pegue o outro carneiro, e Arão e seus
filhos porão as mãos sobre a cabeça dele. 20 Mate o
carneiro, pegue um pouco do sangue e coloque-
-o na ponta da orelha direita de Arão e na ponta
da orelha direita de seus filhos, bem como sobre
o polegar da mão direita deles e sobre o polegar do
pé direito deles; o restante do sangue você jogará
sobre o altar, ao redor. 21 Então pegue um pouco do
sangue sobre o altar e um pouco do óleo da unção e
faça aspersão sobre Arão e suas vestes e sobre seus
filhos e as vestes de seus filhos com ele, para que
ele seja santificado, e as suas vestes, e também seus
filhos e as vestes de seus filhos com ele.

22 — Depois retire do carneiro a gordura, a
cauda gorda, a gordura que cobre as entranhas, a
membrana do fígado, os dois rins, a gordura que
está neles e a coxa direita — porque é o carneiro
da consagração — 23 e pegue também um pão,
um bolo de pão azeitado e um pãozinho de massa
bem fina do cesto dos pães sem fermento que es-
tão diante do Senhor. 24 Ponha todas estas coisas
nas mãos de Arão e dos filhos dele e, movendo-as
para a frente e para trás, ofereça-as como ofertas

movidas diante do SENHOR. 25 Depois pegue todas
as coisas das mãos deles e queime-as sobre o altar;
é holocausto para o SENHOR, de aroma agradável,
oferta queimada ao SENHOR.

26 — Pegue o peito do carneiro da consagração
de Arão e, movendo-o para a frente e para trás,
ofereça-o como oferta movida diante do SENHOR;
e esta será a porção que fica para você. 27 Consagre
o peito da oferta movida e a coxa da porção que foi
movida, a qual se tirou do carneiro da consagração,
que é de Arão e de seus filhos. 28 Isto será a obri-
gação perpétua dos filhos de Israel, devida a Arão
e seus filhos, por ser a porção do sacerdote, ofere-
cida, da parte dos filhos de Israel, dos sacrifícios
pacíficos; é a oferta que eles fazem ao SENHOR.

29 — As vestes santas de Arão passarão a seus
filhos depois dele, para serem ungidos nelas e
consagrados nelas. 30 Sete dias as vestirá o filho
que for sacerdote em seu lugar, quando entrar na
tenda do encontro para ministrar no santuário.

31 — Pegue o carneiro da consagração e cozi-
nhe a sua carne no lugar santo. 32 E Arão e seus
filhos comerão a carne deste carneiro e o pão que
está no cesto à porta da tenda do encontro 33 e
comerão das coisas com que for feita a expiação,
para consagrá-los e para santificá-los; o estranho
não comerá delas, porque são santas. 34 Se sobrar
alguma coisa da carne das consagrações ou do
pão, até pela manhã, queime isso que sobrou; não
se comerá, porque é santo.

35 — Assim, pois, você fará com Arão e seus fi-
lhos, conforme tudo o que ordenei a você; durante
sete dias você os consagrará. 36 Também cada dia
prepare um novilho como oferta pelo pecado para
as expiações; e você purificará o altar, fazendo ex-
piação por ele mediante oferta pelo pecado; e você
o ungirá para consagrá-lo. 37 Durante sete dias
você fará expiação pelo altar e o consagrará; e o al-
tar será santíssimo; tudo o que o tocar será santo.

As ofertas contínuas

Nm 28.1-8

38 — Isto é o que você oferecerá sobre o altar:
dois cordeiros de um ano, cada dia, continuamente.
39 Ofereça um cordeiro de manhã e o outro, ao cre-
púsculo da tarde. 40 Com um cordeiro ofereça dois
litros da melhor farinha, amassada com um litro de
azeite batido; e, para libação, um litro de vinho. 41 O
outro cordeiro você oferecerá ao pôr do sol, como
a oferta de cereais e a libação da manhã, de aroma
agradável, oferta queimada ao SENHOR.

42 — Este será o holocausto contínuo oferecido
de geração em geração, à porta da tenda do en-
contro, diante do SENHOR, onde me encontrarei
com vocês, para falar com você ali. 43 Ali virei aos
filhos de Israel, para que, por minha glória, sejam
santificados, 44 e consagrarei a tenda do encontro
e o altar. Também santificarei Arão e os seus fi-
lhos, para que me sirvam como sacerdotes. 45 E
habitarei no meio dos filhos de Israel e serei o seu
Deus. 46 E saberão que eu sou o SENHOR, seu Deus,
que os tirou da terra do Egito, para habitar no
meio deles; eu sou o SENHOR, o Deus deles.

O altar do incenso

Êx 37.25-28

30 1 — Faça também um altar para queimar
incenso; faça-o de madeira de acácia. 2 Será
quadrado, tendo quarenta e cinco centímetros de
comprimento e quarenta e cinco de largura; a altu-
ra será de noventa centímetros. Os chifres forma-
rão uma só peça com ele. 3 Revista-o de ouro puro,
a parte superior, as paredes ao redor e os chifres;
ponha também um remate de ouro ao redor. 4 Faça
também duas argolas de ouro e coloque-as debai-
xo do remate; coloque-as de ambos os lados. Por
essas argolas serão passados os cabos, quando o
altar for transportado. 5 Faça esses cabos de ma-
deira de acácia, revestindo-os de ouro. 6 Ponha o
altar em frente do véu que está diante da arca do
testemunho, diante do propiciatório que está so-
bre o testemunho, onde me encontrarei com você.
7 Arão queimará o incenso aromático sobre o al-
tar; cada manhã, quando preparar as lâmpadas, o
queimará. 8 Quando, ao crepúsculo da tarde, acen-
der as lâmpadas, o queimará; será incenso con-
tínuo diante do SENHOR, de geração em geração.
9 Não ofereçam incenso estranho sobre esse altar,
nem holocausto, nem ofertas de cereais. Também
não ofereçam libações sobre ele.

10 — Uma vez por ano, Arão fará expiação sobre
os chifres do altar com o sangue da oferta pelo pe-
cado; uma vez por ano, fará expiação sobre ele, de
geração em geração; é altar santíssimo ao SENHOR.

O pagamento do resgate

11 O SENHOR disse mais a Moisés:

12 — Quando você fizer recenseamento dos
filhos de Israel, cada um deles dará ao SENHOR o
resgate de si próprio, quando você fizer a conta-
gem; para que não haja entre eles praga nenhuma,
quando você fizer a contagem. 13 Todo aquele que
for incluído na lista dará isto: seis gramas, se-
gundo o peso padrão do santuário, que é de doze
gramas. Esses seis gramas são a oferta ao SENHOR.
14 Todo aquele que for incluído na lista, de vinte
anos para cima, dará a oferta ao SENHOR. 15 O rico
não dará mais de seis gramas, nem o pobre dará
menos, quando derem a oferta ao SENHOR, para
fazerem expiação pela vida de vocês. 16 Você rece-
berá o dinheiro das expiações dos filhos de Israel
e o usará para o serviço da tenda do encontro; e
será para memória aos filhos de Israel diante do
SENHOR, para fazerem expiação pela vida de vocês.

A bacia de bronze

Êx 38.8

17 O SENHOR disse mais a Moisés:
18 — Faça também uma bacia de bronze com o
seu suporte de bronze, para lavar. Coloque-a entre
a tenda do encontro e o altar e ponha água dentro
dela. 19 Nela, Arão e seus filhos lavarão as mãos e
os pés. 20 Quando entrarem na tenda do encontro,
eles se lavarão com água, para que não morram.
Também quando se aproximarem do altar para
ministrar, para acender a oferta queimada ao
SENHOR, 21 lavarão as mãos e os pés, para que não
morram. E isto lhes será por estatuto perpétuo, a
ele e à sua posteridade, através de suas gerações.

O óleo sagrado para a unção

Êx 37.29

22 O SENHOR disse mais a Moisés:
23 — Pegue as mais excelentes especiarias: seis
quilos de mirra líquida; a metade, a saber, três qui-
los de cinamomo aromático; três quilos de cálamo
aromático; 24 seis quilos de cássia, segundo o peso
padrão do santuário; e três litros e meio de azeite
de oliveira. 25 Disto você fará o óleo sagrado para
a unção, o perfume composto segundo a arte do
perfumista; este será o óleo sagrado da unção.
26 Com ele você ungirá a tenda do encontro, a arca
do testemunho, 27 a mesa com todos os seus uten-
sílios, o candelabro com os seus utensílios, o altar
do incenso, 28 o altar do holocausto com todos os
utensílios e a bacia com o seu suporte. 29 Assim
você consagrará estas coisas, para que sejam san-
tíssimas; tudo o que tocar nelas será santo. 30 Você
ungirá também Arão e os seus filhos e os consa-
grará para que me sirvam como sacerdotes. 31 Diga
aos filhos de Israel: "Este me será o óleo sagrado
da unção de geração em geração. 32 Não se ungirá
com ele o corpo de quem não for sacerdote. Não
façam outro óleo semelhante, da mesma composi-
ção; é óleo santo e será santo para vocês. 33 Quem
preparar óleo igual a este ou com ele ungir um es-
tranho será eliminado do meio do seu povo."

O incenso santo

34 O SENHOR disse a Moisés:
— Pegue a mesma quantidade de substâncias
aromáticas, estoraque, ônica, gálbano e incenso
puro, 35 e com isto faça incenso, perfume segundo
a arte do perfumista, temperado com sal, puro e
santo. 36 Moa uma parte desse incenso e coloque-o
diante da arca do testemunho na tenda do encon-
tro, onde me encontrarei com você. Esse incenso
será coisa santíssima para vocês. 37 Porém o incen-
so que vocês farão, segundo a composição deste,
não o façam para seu uso pessoal; santo será para
o SENHOR. 38 Quem fizer incenso igual a este para o
cheirar será eliminado do meio do seu povo.

Os artífices da obra do tabernáculo

Êx 35.30—36.1

31 1 O SENHOR disse mais a Moisés:
2 — Eis que chamei pelo nome Bezalel, filho
de Uri, filho de Hur, da tribo de Judá, 3 e o enchi do
Espírito de Deus, de habilidade, de inteligência e
de conhecimento, em todo artifício, 4 para elabo-
rar desenhos e trabalhar em ouro, prata e bronze,
5 para lapidação de pedras de engaste, para enta-
lho de madeira, para todo tipo de trabalho arte-
sanal. 6 Escolhi Aoliabe, filho de Aisamaque, da
tribo de Dã, para trabalhar com ele. Também dei
habilidade a todos os homens hábeis, para que me
façam tudo o que tenho ordenado: 7 a tenda do en-
contro, a arca do testemunho, o propiciatório que
está por cima dela e todos os pertences da tenda;
8 a mesa com os seus utensílios, o candelabro de
ouro puro com todos os seus utensílios e o altar do
incenso; 9 o altar do holocausto com todos os seus
utensílios e a bacia com o seu suporte; 10 as vestes
finamente tecidas, as vestes sagradas do sacerdo-
te Arão e as vestes de seus filhos, para servirem
como sacerdotes; 11 o óleo da unção e o incenso
aromático para o santuário; eles farão tudo segun-
do tenho ordenado.

O sábado santo e as duas tábuas do testemunho

12 Disse mais o SENHOR a Moisés:
13 — Fale aos filhos de Israel e diga-lhes o seguin-
te: "Certamente vocês guardarão os meus sábados,
pois é sinal entre mim e vocês de geração em gera-
ção, para que vocês saibam que eu sou o SENHOR,
que os santifica. 14 Portanto, guardem o sábado,
porque é santo para vocês. Aquele que o profanar
morrerá; quem nesse dia fizer alguma obra será
eliminado do meio do seu povo. 15 Seis dias se tra-
balhará, porém o sétimo dia é o sábado do repouso
solene, santo ao SENHOR; quem fizer alguma obra
no dia do sábado morrerá. 16 Os filhos de Israel
guardarão o sábado, celebrando-o por aliança per-
pétua de geração em geração. 17 Entre mim e os fi-
lhos de Israel é sinal para sempre; porque, em seis
dias, o SENHOR fez os céus e a terra e, no sétimo dia,
descansou e tomou alento."
18 Quando o SENHOR acabou de falar com Moi-
sés no monte Sinai, deu a ele as duas tábuas do
testemunho, tábuas de pedra, escritas pelo dedo
de Deus.

O bezerro de ouro

Dt 9.6-21

32 1 O povo viu que Moisés demorava para des-
cer do monte. Então reuniu-se em volta de
Arão e lhe disse:
— Levante-se, faça para nós deuses que vão
adiante de nós; pois, quanto a este Moisés, o

homem que nos tirou do Egito, não sabemos o que
lhe aconteceu.
2 Arão respondeu:
— Tirem as argolas de ouro das orelhas de suas
mulheres, de seus filhos e de suas filhas e tragam
para mim.
3 Então todo o povo tirou das orelhas as argolas
e as trouxe a Arão. 4 Este, recebendo-as das mãos
deles, trabalhou o ouro com buril e fez dele um
bezerro de metal fundido. Então disseram:
— São estes, ó Israel, os seus deuses, que tira-
ram você da terra do Egito.
5 Arão, vendo isso, edificou um altar diante do
bezerro e fez a seguinte proclamação:
— Amanhã haverá festa ao SENHOR.
6 No dia seguinte, madrugaram, ofereceram ho-
locaustos e trouxeram ofertas pacíficas. E o povo
sentou-se para comer e beber e levantou-se para
se divertir.
7 Então o SENHOR disse a Moisés:
— Vá, desça; porque o seu povo, o povo que
você tirou do Egito, se corrompeu 8 e depressa se
desviou do caminho que eu lhe havia ordenado; fez
para si um bezerro de metal fundido, o adorou e lhe
ofereceu sacrifícios, dizendo: "São estes, ó Israel,
os seus deuses, que tiraram você da terra do Egito."
9 O SENHOR disse ainda a Moisés:
— Tenho visto este povo, e eis que é povo tei-
moso. 10 Agora, pois, deixe-me, para que se acen-
da contra eles o meu furor, e eu os consuma; e de
você farei uma grande nação.

Moisés intercede pelo povo

Êx 32.30-34; Dt 9.25-29

11 Porém Moisés suplicou ao SENHOR, seu Deus,
dizendo:
— Ó SENHOR, por que se acende a tua ira contra
o teu povo, que tiraste da terra do Egito com gran-
de poder e forte mão? 12 Por que deixar que os
egípcios digam: "Ele os tirou de lá com más inten-
ções, para matá-los nos montes e para eliminá-los
da face da terra"? Deixa de lado o furor da tua ira
e muda de ideia quanto a este mal contra o teu
povo. 13 Lembra-te de Abraão, de Isaque e de Is-
rael, teus servos, aos quais por ti mesmo juraste,
dizendo: "Multiplicarei a descendência de vocês
como as estrelas do céu, e toda esta terra de que
tenho falado, eu a darei à sua descendência, para
que a possuam por herança eternamente."
14 Então o SENHOR mudou de ideia quanto ao
mal que ele tinha dito que traria sobre o povo.
15 Moisés voltou-se e desceu do monte com as
duas tábuas do testemunho nas mãos, tábuas es-
critas de ambos os lados; de um e de outro lado
estavam escritas. 16 As tábuas eram obra de Deus;
também o que estava escrito tinha sido escrito
pelo próprio Deus, esculpido nas tábuas.
17 Quando Josué ouviu a voz do povo que grita-
va, disse a Moisés:
— Há um alarido de guerra no arraial.
18 Moisés respondeu:
— O que ouço não é alarido de vencedores
nem de vencidos, mas o alarido de pessoas can-
tando.
19 Logo que se aproximou do arraial e viu o
bezerro e as danças, Moisés ficou muito irado.
Arremessou as tábuas de pedra das suas mãos e
quebrou-as ao pé do monte. 20 E, pegando o be-
zerro que tinham feito, queimou-o e o reduziu
a pó, que espalhou sobre a água, e deu de beber
aos filhos de Israel. 21 Depois, Moisés perguntou
a Arão:
— O que foi que esse povo fez a você, para que
você trouxesse sobre ele tão grande pecado?
22 Arão respondeu:
— Não fique irado, meu senhor. Você sabe
que este povo é propenso para o mal. 23 Pois me
disseram: "Faça para nós deuses que vão adiante
de nós; pois, quanto a este Moisés, o homem que
nos tirou da terra do Egito, não sabemos o que
lhe aconteceu." 24 Então eu lhes disse: "Quem tem
ouro, tire-o." Eles o deram para mim, eu o lancei
no fogo, e saiu este bezerro.

Moisés manda matar os idólatras

25 Quando Moisés viu que o povo estava sem
controle, pois Arão o tinha deixado à solta para
vergonha no meio dos seus inimigos, 26 pôs-se em
pé à entrada do arraial e disse:
— Quem é do SENHOR venha até mim.
Então se juntaram a ele todos os filhos de Levi,
27 aos quais ele disse:
— Assim diz o SENHOR, o Deus de Israel: "Cada
um ponha a espada na cintura. Passem e tornem
a passar pelo arraial de porta em porta, e cada um
mate o seu irmão, o seu amigo e o seu vizinho."
28 E os filhos de Levi fizeram segundo a palavra
de Moisés e, naquele dia, morreram uns três mil
homens. 29 Pois Moisés tinha dito: "Consagrem-se
hoje ao SENHOR, cada um contra o seu filho e con-
tra o seu irmão, para que hoje Deus lhes conceda
uma bênção."

Moisés intercede pelo povo

Êx 32.11-14; Dt 9.25-29

30 No dia seguinte, Moisés disse ao povo:
— Vocês cometeram um grande pecado. Agora,
porém, subirei ao SENHOR; talvez eu possa fazer
propiciação pelo pecado de vocês.
31 Moisés voltou ao SENHOR e disse:
— Ah! O povo cometeu grande pecado, fazendo
para si deuses de ouro. 32 Agora, pois, perdoa-lhe o
pecado; ou, se não, peço-te que me risques do livro
que escreveste.

33 Então o SENHOR disse a Moisés:
— Riscarei do meu livro todo aquele que pecar
contra mim. 34 Vá, pois, agora, e conduza o povo
para o lugar do qual falei a você. Eis que o meu Anjo
irá adiante de você. Porém, no dia da minha visita-
ção, eu os castigarei pelo pecado que cometeram.
35 Assim, o SENHOR feriu o povo, porque fizeram
o bezerro — aquele que Arão tinha feito.

O Anjo de Deus irá adiante do povo

33 1 O SENHOR disse a Moisés:
— Suba deste lugar, você e o povo que você
tirou da terra do Egito, e vá para a terra a respeito da
qual jurei a Abraão, a Isaque e a Jacó, dizendo: "Eu a
darei à sua descendência." 2 Enviarei o Anjo adiante
de você e expulsarei os cananeus, os amorreus, os
heteus, os ferezeus, os heveus e os jebuseus. 3 Vão
para uma terra que mana leite e mel. Eu não irei no
meio de vocês, porque vocês são um povo teimoso,
para que eu não os destrua no caminho.
4 Quando o povo ouviu estas más notícias, pôs-
-se a prantear, e nenhum deles usou as suas joias.
5 Porque o SENHOR tinha dito a Moisés: "Diga aos
filhos de Israel: 'Vocês são um povo teimoso. Se
eu fosse com vocês, ainda que por um momento,
eu os destruiria. Portanto, tirem as suas joias, para
que eu saiba o que hei de fazer com vocês.'"
6 Então os filhos de Israel tiraram de si as suas
joias desde o monte Horebe em diante.

A tenda do encontro

7 Ora, Moisés costumava pegar a tenda e armá-
-la para si, fora, bem longe do arraial. Ele a cha-
mava de "tenda do encontro". Todo aquele que
buscava o SENHOR saía à tenda do encontro, que
estava fora do arraial. 8 Quando Moisés saía para a
tenda, fora, todo o povo se erguia, cada um em pé
à porta da sua tenda, e seguiam-no com os olhos,
até ele entrar na tenda. 9 Quando Moisés entrava
na tenda, descia a coluna de nuvem e punha-se
à porta da tenda; e o SENHOR falava com Moisés.
10 Todo o povo via a coluna de nuvem que se deti-
nha à porta da tenda; todo o povo se levantava, e
cada um, à porta da sua tenda, adorava o SENHOR.
11 O SENHOR falava com Moisés face a face, como
quem fala com o seu amigo. Depois Moisés voltava
para o arraial. Porém o moço Josué, seu auxiliar,
filho de Num, não se afastava da tenda.

Moisés roga a Deus a sua presença

12 Moisés disse ao SENHOR:
— Eis que me dizes para conduzir este povo,
mas não me disseste quem enviarás comigo. Dis-
seste: "Eu conheço você pelo nome e você alcan-
çou favor diante de mim." 13 Agora, se alcancei
favor diante de ti, peço que me faças saber neste
momento o teu caminho, para que eu te conheça
e obtenha favor diante de ti; e lembra-te que esta
nação é teu povo.
14 Deus respondeu:
— A minha presença irá com você, e eu lhe da-
rei descanso.
15 Então Moisés disse:
— Se a tua presença não for comigo, não nos
faças sair deste lugar. 16 Pois como se poderá sa-
ber que alcançamos favor diante de ti, eu e o teu
povo? Será que não é o fato de andares conosco,
de maneira que somos separados, eu e o teu povo,
de todos os povos da terra?

Moisés roga a Deus que lhe mostre a sua glória

17 O SENHOR disse a Moisés:
— Farei também isto que você falou, porque
você alcançou favor diante de mim, e eu o conhe-
ço pelo nome.
18 Então Moisés disse:
— Peço que me mostres a tua glória.
19 O SENHOR respondeu:
— Farei passar toda a minha bondade diante de
você e lhe proclamarei o nome do SENHOR; terei
misericórdia de quem eu tiver misericórdia e me
compadecerei de quem eu me compadecer.
20 E acrescentou:
— Você não poderá ver a minha face, porque
ninguém verá a minha face e viverá.
21 Disse mais o SENHOR:
— Eis aqui um lugar perto de mim, onde você
ficará sobre a rocha. 22 Quando a minha glória pas-
sar, eu porei você numa fenda da rocha e o cobri-
rei com a mão, até que eu tenha passado. 23 Depois,
quando eu tirar a mão, você me verá pelas costas;
mas a minha face ninguém verá.

As segundas tábuas da lei

Dt 10.1-5

34 1 Então o SENHOR disse a Moisés:
— Corte duas tábuas de pedra, como as pri-
meiras, e eu escreverei nelas as mesmas palavras
que estavam nas primeiras tábuas, que você que-
brou. 2 E prepare-se para amanhã, para que você
suba, pela manhã, o monte Sinai e se apresente ali
diante de mim no alto do monte. 3 Ninguém deverá
subir com você, ninguém deverá aparecer em todo
o monte; nem ainda ovelhas nem gado devem ser
apascentados diante dele.
4 Então Moisés cortou duas tábuas de pedra,
como as primeiras. E, levantando-se de madru-
gada, subiu o monte Sinai, como o SENHOR lhe
havia ordenado, levando nas mãos as duas tábuas
de pedra.
5 O SENHOR desceu na nuvem, esteve ali junto
de Moisés e proclamou o nome do SENHOR. 6 O
SENHOR passou diante de Moisés e proclamou:

— O SENHOR! O SENHOR Deus compassivo e
bondoso, tardio em irar-se e grande em miseri-
córdia e fidelidade; 7 que guarda a misericórdia em
mil gerações, que perdoa a maldade, a transgres-
são e o pecado, ainda que não inocente o culpa-
do, e visita a iniquidade dos pais nos filhos e nos
filhos dos filhos, até a terceira e quarta geração!
8 E imediatamente Moisés curvou-se para a ter-
ra, adorou o SENHOR 9 e disse:
— Senhor, se agora alcancei favor diante de ti,
continua no meio de nós; porque este povo é tei-
moso. Perdoa a nossa iniquidade e o nosso pecado
e toma-nos por tua herança.

A renovação da aliança

Dt 7.1-5

10 Então o SENHOR disse:
— Eis que eu faço uma aliança. Diante de todo
o seu povo farei maravilhas que nunca foram fei-
tas em toda a terra, nem entre nação alguma, de
maneira que todo este povo, em cujo meio você
está, veja a obra do SENHOR; porque coisa terrível
é o que faço com você.
11 — Observe o que hoje eu ordeno a vocês: eis
que expulsarei da frente de vocês os amorreus, os
cananeus, os heteus, os ferezeus, os heveus e os
jebuseus. 12 Abstenham-se de fazer aliança com
os moradores da terra para onde vocês vão, para
que isso não seja uma armadilha no meio de vo-
cês. 13 Pelo contrário, derrubem os altares deles,
quebrem as suas colunas e cortem os postes da
deusa Aserá. 14 Porque vocês não devem adorar
outro deus; pois o nome do SENHOR é Zeloso; sim,
ele é Deus zeloso. 15 Não façam aliança com os
moradores da terra, para não acontecer que, em se
prostituindo eles com os deuses e lhes sacrificando,
alguém os convide, e vocês comam dos seus sacri-
fícios. 16 Também para que não aconteça que vocês
escolham para os seus filhos mulheres do meio
das filhas deles, e estas, ao se prostituírem com
os deuses que adoram, façam com que também os
seus filhos se prostituam com esses deuses.
17 — Não façam deuses de metal para vocês.

As três festas

Êx 23.14-19; Lv 23.4-21,33-44; Dt 16.1-17

18 — Celebrem a Festa dos Pães sem Fermen-
to. Durante sete dias vocês comerão pães sem
fermento, como ordenei a vocês. Façam isso no
tempo indicado no mês de abibe, porque nesse
mês vocês saíram do Egito. 19 Todo o primeiro
filho que nascer é meu. Também de todo o seu
gado, o primeiro filhote macho de vacas e ovelhas
é meu. 20 Mas o jumento que for a primeira cria,
esse vocês podem resgatar com um cordeiro; se
vocês não o resgatarem, ele deverá ser desnucado.
Vocês devem resgatar todos os primogênitos de
seus filhos. Ninguém aparecerá diante de mim de
mãos vazias.
21 — Seis dias vocês trabalharão, mas no sétimo
dia vocês descansarão. Mesmo no tempo de arar e
de colher vocês deverão descansar.
22 — Celebrem também a Festa das Semanas,
que é a festa das primícias da colheita do trigo, e a
Festa da Colheita no fim do ano.
23 — Três vezes por ano, todo homem deve
aparecer diante do soberano SENHOR, o Deus de
Israel. 24 Porque expulsarei as nações de diante de
vocês e aumentarei o seu território; ninguém co-
biçará a sua terra quando vocês comparecerem na
presença do SENHOR, seu Deus, três vezes por ano.
25 — Não ofereçam o sangue do meu sacrifício
com pão levedado. O sacrifício da Festa da Pás-
coa não deve ficar da noite para a manhã do dia
seguinte. 26 Tragam as primícias dos primeiros
frutos da terra à casa do SENHOR, seu Deus. Não
cozinhem o cabrito no leite da sua própria mãe.
27 O SENHOR disse ainda a Moisés:
— Escreva estas palavras, porque, segundo o
teor destas palavras, fiz aliança com você e com
Israel.
28 E Moisés esteve ali com o SENHOR quarenta
dias e quarenta noites. Não comeu pão nem bebeu
água. E escreveu nas tábuas as palavras da aliança,
as dez palavras.

O rosto de Moisés resplandece

29 Quando Moisés desceu do monte Sinai,
tendo nas mãos as duas tábuas do testemunho,
sim, quando desceu do monte, Moisés não sabia
que a pele do seu rosto resplandecia, depois de
Deus ter falado com ele. 30 Quando Arão e todos
os filhos de Israel olharam para Moisés, eis que
a pele do seu rosto resplandecia; e ficaram com
medo de chegar perto dele. 31 Então Moisés os
chamou. Arão e todos os chefes da congregação
foram até ele, e Moisés lhes falou. 32 Depois, vie-
ram também todos os filhos de Israel, aos quais
Moisés ordenou tudo o que o SENHOR lhe havia
falado no monte Sinai. 33 Quando Moisés acabou
de falar com eles, pôs um véu sobre o rosto. 34 Po-
rém, quando Moisés vinha diante do SENHOR para
falar-lhe, removia o véu até sair; e, saindo, dizia
aos filhos de Israel tudo o que lhe tinha sido or-
denado. 35 Assim, os filhos de Israel viam o rosto
de Moisés, viam que a pele do seu rosto resplan-
decia; porém Moisés cobria de novo o rosto com o
véu até entrar para falar com o SENHOR.

O sábado

35 1 Moisés convocou toda a congregação dos
filhos de Israel e lhes disse:
— São estas as palavras que o SENHOR ordenou
que se cumprissem: 2 Seis dias vocês trabalharão,

mas o sétimo dia lhes será santo, o sábado do
repouso solene ao SENHOR; quem nele trabalhar
morrerá. 3 Não acendam fogo em nenhuma das
suas moradas no dia do sábado.

Deus manda trazer ofertas para o tabernáculo

Êx 25.1-9

4 Moisés disse a toda a congregação dos filhos
de Israel:
— Esta é a palavra que o SENHOR ordenou, di-
zendo: 5 Separem do que vocês têm uma oferta ao
SENHOR. Cada um, de coração disposto, volun-
tariamente a trará por oferta ao SENHOR: ouro,
prata, bronze, 6 pano azul, púrpura, carmesim,
linho fino, pelos de cabra, 7 peles de carneiro tin-
gidas de vermelho, peles finas, madeira de acácia,
8 azeite para a iluminação, especiarias para o óleo
da unção e para o incenso aromático, 9 pedras de
ônix e pedras de engaste para a estola sacerdotal
e para o peitoral.

Os utensílios do tabernáculo

Êx 39.32-43

10 — Venham todos os homens hábeis entre
vocês e façam tudo o que o SENHOR ordenou: 11 o
tabernáculo com a sua tenda e a sua cobertura, os
seus ganchos, as suas tábuas, as suas vigas supe-
riores, as suas colunas e as suas bases; 12 a arca e os
seus cabos, o propiciatório e o véu do cortinado; 13 a
mesa e os seus cabos, todos os seus utensílios e os
pães da proposição; 14 o candelabro da iluminação,
os seus utensílios, as suas lâmpadas e o azeite para
a iluminação; 15 o altar do incenso e os seus cabos,
o óleo da unção, o incenso aromático e o cortina-
do da porta à entrada do tabernáculo; 16 o altar do
holocausto e a sua grelha de bronze, os seus cabos
e todos os seus utensílios, a bacia e o seu suporte;
17 as cortinas do átrio, as suas colunas, as suas ba-
ses e o cortinado da porta do átrio; 18 as estacas do
tabernáculo, as estacas do átrio e as suas cordas;
19 as vestes do ministério para ministrar no santuá-
rio, as vestes santas do sacerdote Arão e as vestes
de seus filhos, para oficiarem como sacerdotes.

A prontidão do povo em trazer ofertas

20 Então toda a congregação dos filhos de Israel
saiu da presença de Moisés. 21 Todo aquele cujo
coração o moveu e cujo espírito o impeliu veio e
trouxe a oferta ao SENHOR para a obra da tenda do
encontro, para todo o seu serviço e para as vestes
sagradas. 22 Vieram homens e mulheres, todos
dispostos de coração. Trouxeram fivelas, penden-
tes, anéis, braceletes, todos os objetos de ouro;
todo homem fazia oferta de ouro ao SENHOR. 23 E
todos os que tinham pano azul, púrpura, carme-
sim, linho fino, pelos de cabra, peles de carneiro
tingidas de vermelho e peles de animais marinhos
trouxeram isso também. 24 Todo aquele que fazia
oferta de prata ou de bronze trazia isso como ofer-
ta ao SENHOR; e todo aquele que possuía madeira
de acácia para toda obra do serviço a trazia tam-
bém. 25 Todas as mulheres hábeis traziam o que,
por suas próprias mãos, tinham fiado: pano azul,
púrpura, carmesim e linho fino. 26 E todas as mu-
lheres cujo coração as moveu em habilidade fia-
vam os pelos de cabra. 27 Os chefes traziam pedras
de ônix, pedras de engaste para a estola sacerdotal
e para o peitoral, 28 as especiarias e o azeite para a
iluminação, para o óleo da unção e para o incenso
aromático. 29 Os filhos de Israel trouxeram oferta
voluntária ao SENHOR, a saber, todo homem e mu-
lher cujo coração os dispôs para trazerem uma
oferta para toda a obra que o SENHOR havia orde-
nado que se fizesse por meio de Moisés.

Deus chama Bezalel e Aoliabe

Êx 31.1-11

30 Moisés disse aos filhos de Israel:
— Eis que o SENHOR chamou por nome Beza-
lel, filho de Uri, filho de Hur, da tribo de Judá,
31 e o Espírito de Deus o encheu de habilidade,
inteligência e conhecimento em todo artifício,
32 para elaborar desenhos e trabalhar em ouro,
em prata, em bronze, 33 para lapidação de pedras
de engaste, para entalho de madeira e para todo
tipo de trabalho artesanal. 34 Também lhe dispôs
o coração para ensinar os outros, tanto a ele como
a Aoliabe, filho de Aisamaque, da tribo de Dã.
35 Encheu-os de habilidade para fazer toda obra
de mestre, até a mais engenhosa, e a do bordador
em pano azul, em púrpura, em carmesim e em li-
nho fino, e a do tecelão, sim, todo tipo de trabalho
e a elaborar desenhos.

36

1 Assim, trabalharam Bezalel, Aoliabe e to-
dos os homens hábeis a quem o SENHOR
tinha dado habilidade e inteligência para saberem
fazer toda obra para o serviço do santuário, se-
gundo tudo o que o SENHOR havia ordenado.

Moisés entrega as ofertas do povo

2 Moisés chamou Bezalel, Aoliabe e todos os ho-
mens hábeis em cujo coração o SENHOR tinha pos-
to sabedoria, isto é, todos os homens cujo coração
os impeliu a vir e fazer a obra. 3 Estes receberam
de Moisés todas as ofertas que os filhos de Israel
haviam trazido para a obra do serviço do santuá-
rio, para fazê-la; e, ainda, cada manhã o povo tra-
zia a Moisés ofertas voluntárias. 4 Então todos os
homens sábios que se ocupavam em toda a obra
do santuário deixaram o que faziam, vieram 5 e
disseram a Moisés:
— O povo traz muito mais do que é necessário
para o serviço da obra que o SENHOR ordenou que
se fizesse.

6 Então Moisés ordenou e a ordem foi proclama-
da no arraial:
— Nenhum homem ou mulher faça mais obra
alguma para a oferta do santuário.
Assim, o povo foi proibido de trazer mais. 7 Por-
que o material que tinham era suficiente para toda
a obra que se devia fazer e ainda sobrava.

As cortinas do tabernáculo

Êx 26.1-13

8 Assim, todos os homens hábeis, entre os que
faziam a obra, fizeram o tabernáculo com dez cor-
tinas de linho fino retorcido, pano azul, púrpura
e carmesim com querubins; de obra de artista as
fizeram. 9 O comprimento de cada cortina era de
doze metros e meio, e a largura era de um metro e
oitenta; todas as cortinas tinham a mesma medida.
10 Cinco cortinas eram ligadas umas às outras;
e as outras cinco também eram ligadas umas às
outras. 11 Fizeram laçadas de pano azul na borda
da cortina que estava na extremidade do primei-
ro agrupamento; e fizeram o mesmo com a borda
da cortina que estava na extremidade do segundo
agrupamento. 12 Fizeram cinquenta laçadas numa
cortina, e cinquenta laçadas na outra cortina na
extremidade do segundo agrupamento; as laça-
das eram contrapostas uma à outra. 13 Fizeram
cinquenta colchetes de ouro, com os quais pren-
deram as cortinas uma à outra; e o tabernáculo
passou a ser um todo.
14 Fizeram também de pelos de cabra cortinas
para servirem de tenda sobre o tabernáculo; fi-
zeram onze cortinas. 15 O comprimento de cada
cortina era de treze metros e trinta, e a largura era
de um metro e oitenta; as onze cortinas tinham a
mesma medida. 16 Juntaram cinco cortinas entre
si e, de igual modo, as seis restantes. 17 Fizeram
cinquenta laçadas na borda da cortina que esta-
va na extremidade do primeiro agrupamento e
cinquenta laçadas na borda da cortina que estava
na extremidade do segundo agrupamento. 18 Fize-
ram também cinquenta colchetes de bronze para
ajuntar a tenda, para que viesse a ser um todo.
19 Fizeram também de peles de carneiro tingidas
de vermelho uma cobertura para a tenda e outra
cobertura de peles finas.

A cobertura de peles e as tábuas

Êx 26.14-30

20 Fizeram também de madeira de acácia as
tábuas para o tabernáculo, as quais eram coloca-
das verticalmente. 21 Cada uma das tábuas tinha
quatro metros e meio de comprimento e sessenta
e sete centímetros de largura. 22 Cada tábua tinha
dois encaixes, para que se pudesse unir uma tá-
bua à outra; assim fizeram com todas as tábuas
do tabernáculo. 23 No preparar as tábuas para o
tabernáculo, colocaram vinte delas para o lado
sul. 24 Fizeram também quarenta bases de prata
debaixo das vinte tábuas: duas bases debaixo de
uma tábua para os seus dois encaixes e duas bases
debaixo de outra tábua para os seus dois encaixes.
25 Também fizeram vinte tábuas ao outro lado do
tabernáculo, para o lado norte, 26 com as suas qua-
renta bases de prata: duas bases debaixo de uma
tábua e duas bases debaixo de outra tábua. 27 Para
o lado posterior do tabernáculo, o lado oeste, fi-
zeram seis tábuas. 28 Fizeram também duas tábuas
para os cantos do tabernáculo, na parte posterior,
29 as quais, por baixo, estavam separadas, mas, em
cima, se ajustavam à primeira argola; assim se fez
com as duas tábuas nos dois cantos. 30 Assim eram
as oito tábuas com as suas bases de prata, dezes-
seis bases: duas bases debaixo de uma tábua e
duas debaixo de outra tábua.
31 Fizeram também travessas de madeira de
acácia; cinco para as tábuas de um lado do taber-
náculo, 32 cinco para as tábuas do outro lado do ta-
bernáculo e cinco para as tábuas do tabernáculo ao
lado posterior, que olha para o oeste. 33 A travessa
do meio passava ao meio das tábuas, de uma ex-
tremidade à outra. 34 Revestiram de ouro as tábuas
e de ouro fizeram as suas argolas, pelas quais pas-
savam as travessas, que também foram revestidas
de ouro.

O véu, o cortinado e as colunas

Êx 26.31-37

35 Fizeram também um véu de pano azul, púr-
pura, carmesim e linho fino retorcido; fizeram-no
com querubins, obra de artista. 36 Penduraram esse
véu em quatro colunas de madeira de acácia, reves-
tidas de ouro; os seus colchetes eram de ouro, sobre
quatro bases de prata. 37 Fizeram também para a
porta da tenda um cortinado de pano azul, púrpu-
ra, carmesim e linho fino retorcido, obra de borda-
dor, 38 e as suas cinco colunas, e os seus colchetes.
Revestiram de ouro as suas cabeças e as suas mol-
duras, mas as suas cinco bases eram de bronze.

A arca da aliança

Êx 25.10-15

37 1 Bezalel fez também a arca de madeira de
acácia, de um metro e dez de comprimento,
sessenta e seis centímetros de largura e sessenta
e seis de altura. 2 Ele a revestiu de ouro puro, por
dentro e por fora, e pôs um remate de ouro ao
redor. 3 Fundiu para ela quatro argolas de ouro e
fixou-as nos quatro cantos da arca: duas argolas
num lado dela e duas argolas no outro lado. 4 Fez
também cabos grossos de madeira de acácia e os
revestiu de ouro. 5 Passou os cabos pelas argolas
nos lados da arca, para que ela pudesse ser carre-
gada por meio deles.

O propiciatório
Êx 25.17-22

6 Fez também o propiciatório de ouro puro, de
um metro e dez de comprimento e sessenta e seis
centímetros de largura. 7 Fez também dois que-
rubins de ouro, nas duas extremidades do propi-
ciatório. 8 Um querubim, na extremidade de uma
parte, e o outro, na extremidade da outra parte;
de uma só peça com o propiciatório fez os queru-
bins nas duas extremidades dele. 9 Os querubins
estendiam as asas por cima, cobrindo com elas o
propiciatório. Estavam de frente um para o outro,
olhando para o propiciatório.

A mesa dos pães da proposição
Êx 25.23-30

10 Fez também a mesa de madeira de acácia. Ti-
nha o comprimento de oitenta e oito centímetros, a
largura de quarenta e quatro centímetros, e a altura
de sessenta e seis centímetros. 11 Revestiu-a de ouro
puro e pôs um remate de ouro ao redor. 12 Também
lhe fez uma borda ao redor, da largura de quatro de-
dos, e pôs um remate ao redor da borda. 13 Também
fez quatro argolas de ouro e fixou-as nos quatro
cantos que estavam nos quatro pés da mesa. 14 Per-
to da borda estavam as argolas, como lugares para
os cabos, para carregar a mesa. 15 Fez os cabos de
madeira de acácia e revestiu-os de ouro, para que a
mesa pudesse ser carregada por meio deles. 16 Tam-
bém fez de ouro puro os utensílios que deveriam
estar sobre a mesa: os seus pratos, os seus recipien-
tes para incenso, as suas jarras e as suas taças em
que seriam oferecidas as libações.

O candelabro
Êx 25.31-39

17 Fez também o candelabro de ouro puro; de
ouro batido o fez. O seu pedestal, a sua haste, os
seus cálices, as suas maçanetas e as suas flores
formavam com ele uma só peça. 18 Seis hastes
saíam dos lados do candelabro; três de um lado
e três do outro. 19 Numa haste havia três cálices
com formato de amêndoas, uma maçaneta e uma
flor; na outra haste havia três cálices com formato
de amêndoas, uma maçaneta e uma flor; assim
eram as seis hastes que saíam do candelabro.
20 Mas no candelabro mesmo havia quatro cálices
com formato de amêndoas, com suas maçanetas
e com suas flores. 21 Havia uma maçaneta sob
duas hastes que saíam dele; e ainda uma maçane-
ta sob duas outras hastes que saíam dele; e ainda
mais uma maçaneta sob duas outras hastes que
saíam dele; assim se fez com as seis hastes que
saíam do candelabro. 22 As maçanetas e as has-
tes do candelabro formavam uma só peça com
o mesmo; tudo era de uma só peça, obra batida
de ouro puro. 23 Fez também as sete lâmpadas do
candelabro. As suas tesouras de cortar pavios e os
seus apagadores eram de ouro puro. 24 Com trinta
e quatro quilos de ouro puro se fez o candelabro
com todos os seus utensílios.

O altar do incenso
Êx 30.1-10

25 Fez de madeira de acácia o altar do incenso.
Era quadrado, tendo quarenta e cinco centíme-
tros de comprimento e quarenta e cinco de largu-
ra; a altura era de noventa centímetros. Os chifres
formavam uma só peça com ele. 26 Revestiu-o de
ouro puro, a parte superior, as paredes ao redor
e os chifres; pôs também um remate de ouro
ao redor. 27 Fez também duas argolas de ouro e
colocou-as debaixo do remate, de ambos os lados.
Por essas argolas foram passadas os cabos, para
que se pudesse levar o altar. 28 Fez esses cabos de
madeira de acácia, revestindo-os de ouro.

O óleo sagrado e o incenso santo
Êx 30.22-38

29 Fez também o óleo sagrado para a unção e o
incenso aromático, puro, segundo a arte do per-
fumista.

O altar do holocausto
Êx 27.1-8

38 1 Fez também o altar do holocausto de ma-
deira de acácia. Seu comprimento era de dois
metros e vinte e a largura era de dois metros e vin-
te; o altar era quadrado. A altura era de um metro e
trinta. 2 Nos quatro cantos colocou quatro chifres,
os quais formavam uma só peça com o altar; e o re-
vestiu de bronze. 3 Fez também todos os utensílios
do altar: recipientes para recolher as suas cinzas,
pás, bacias, garfos e braseiros; todos esses utensí-
lios foram feitos de bronze. 4 Fez também para o
altar uma grelha de bronze em forma de rede, do
rebordo do altar para baixo, a qual chegava até o
meio do altar. 5 Fundiu quatro argolas para os qua-
tro cantos da grelha de bronze, para que nelas fos-
sem passados os cabos. 6 Fez também os cabos de
madeira de acácia revestidos de bronze. 7 Passou os
cabos pelas argolas, de um e de outro lado do altar,
para ser levado; oco e de tábuas o fez.

A bacia de bronze
Êx 30.17-21

8 Fez também a bacia de bronze, com o seu supor-
te de bronze, dos espelhos das mulheres que se reu-
niam para ministrar à porta da tenda do encontro.

O átrio e o cortinado
Êx 27.9-19

9 Fez também o átrio ao lado meridional, que dá
para o sul. As cortinas do átrio eram de linho fino

retorcido, de quarenta e quatro metros de com-
primento. 10As suas vinte colunas e as suas bases
eram de bronze; os ganchos das colunas e as suas
vigas superiores eram de prata. 11De igual modo
para o lado norte havia cortinas de quarenta e qua-
tro metros de comprimento; as suas vinte colunas
e as suas vinte bases eram de bronze; os ganchos
das colunas e as suas vigas superiores eram de pra-
ta. 12Para o lado oeste havia cortinas de vinte e dois
metros; as suas colunas eram dez, e as suas bases
eram dez; os ganchos das colunas e as suas vigas
superiores eram de prata. 13Do lado leste, para o
nascente, as cortinas tinham vinte e dois metros
de comprimento. 14As cortinas para um lado da
entrada tinham seis metros e sessenta de compri-
mento; e as suas colunas eram três, e as suas bases,
três. 15Para o outro lado da entrada do átrio, de um
e de outro lado da entrada, havia cortinas de seis
metros e sessenta de comprimento; as suas colu-
nas eram três, e as suas bases, três. 16Todas as cor-
tinas ao redor do átrio eram de linho fino retorcido.
17As bases das colunas eram de bronze; os ganchos
das colunas e as suas vigas superiores eram de pra-
ta. 18O cortinado da porta do átrio era de obra de
bordador, de pano azul, púrpura, carmesim e linho
fino retorcido; o comprimento era de oito metros e
oitenta, e a altura, na largura, era de dois metros e
vinte, segundo a medida das cortinas do átrio. 19As
suas quatro colunas e as suas quatro bases eram de
bronze, os seus ganchos eram de prata, e o revesti-
mento das suas cabeças e as suas vigas superiores
eram de prata. 20Todos os pregos do tabernáculo e
do átrio ao redor eram de bronze.

A enumeração das coisas do tabernáculo

21Esta é a enumeração das coisas para o taber-
náculo, a saber, o tabernáculo do testemunho,
segundo, por ordem de Moisés, foram contadas
pelos levitas, sob a direção de Itamar, filho do sa-
cerdote Arão. 22Bezalel, filho de Uri, filho de Hur,
da tribo de Judá, fez tudo o que o SENHOR havia or-
denado a Moisés. 23Com ele estava Aoliabe, filho
de Aisamaque, da tribo de Dã, mestre de obras,
desenhista e bordador em pano azul, púrpura,
carmesim e linho fino.

24Todo o ouro empregado na obra, em toda a
obra do santuário, a saber, o ouro da oferta, foram
mil quilos, segundo o peso padrão do santuário. 25A
prata dos arrolados da congregação foram três mil
quatrocentos e vinte e um quilos, segundo o peso
padrão do santuário: 26seis gramas por cabeça, isto
é, metade do peso padrão, segundo o peso padrão
do santuário, de cada um dos arrolados, de vinte
anos para cima, que foram seiscentos e três mil
quinhentos e cinquenta. 27Empregaram-se três mil
e quatrocentos quilos de prata para fundir as bases
do santuário e as bases do véu; para as cem bases,
três mil e quatrocentos quilos: trinta e quatro qui-
los para cada base. 28Dos vinte e um quilos de prata
que restaram, fez os colchetes das colunas, e co-
briu as suas cabeças, e lhes fez as vigas superiores.
29O bronze da oferta foram dois mil e quatrocentos
quilos. 30Dele fez as bases da porta da tenda do en-
contro, o altar de bronze, a sua grelha de bronze,
todos os utensílios do altar, 31as bases do átrio ao
redor, as bases da porta do átrio, todas as estacas
do tabernáculo e todas as estacas do átrio ao redor.

As vestes sacerdotais

Êx 28.2

39 1Fizeram também de pano azul, púrpura
e carmesim as vestes, finamente tecidas,
para ministrar no santuário, e também fizeram as
vestes sagradas para Arão, como o SENHOR havia
ordenado a Moisés.

A estola sacerdotal

Êx 28.6-14

2Fizeram a estola sacerdotal de ouro, pano azul,
púrpura, carmesim e linho fino retorcido. 3De ouro
batido fizeram lâminas finas e as cortaram em fios,
para serem tecidos com o pano azul, a púrpura,
o carmesim e o linho fino da obra de desenhista.
4Tinha duas ombreiras que se uniam às suas duas
extremidades, e assim se uniam. 5O cinto de obra
esmerada, que estava sobre a estola sacerdotal, era
de obra igual, da mesma obra de ouro, pano azul,
púrpura, carmesim e linho fino retorcido, segundo
o SENHOR havia ordenado a Moisés.

6Também se prepararam as pedras de ônix, en-
gastadas em ouro, trabalhadas como quando se faz
um sinete, com os nomes dos filhos de Israel. 7E
puseram as duas pedras nas ombreiras da estola
sacerdotal, por pedras de memória aos filhos de
Israel, segundo o SENHOR havia ordenado a Moisés.

O peitoral

Êx 28.15-30

8Fizeram também o peitoral de obra esmera-
da, conforme a obra da estola sacerdotal: de ouro,
pano azul, púrpura, carmesim e linho fino retorci-
do. 9O peitoral era quadrado e duplo: de um palmo
era o seu comprimento e de um palmo dobrado
era a sua largura. 10Colocaram nele engastes de
pedras, com quatro ordens de pedras: a ordem de
sárdio, topázio e carbúnculo era a primeira; 11a se-
gunda ordem era de esmeralda, safira e diamante;
12a terceira ordem era de jacinto, ágata e ametis-
ta; 13e a quarta ordem era de berilo, ônix e jaspe;
elas eram guarnecidas de ouro nos seus engastes.
14As pedras eram conforme os nomes dos filhos
de Israel, doze segundo os seus nomes; eram es-
culpidas em forma de sinete, cada uma com o seu
nome, para as doze tribos.

15 E fizeram para o peitoral correntes como cor-
das, de obra trançada de ouro puro. 16 Também
fizeram para o peitoral dois engastes de ouro e
duas argolas de ouro; e prenderam as duas argo-
las nas extremidades do peitoral. 17 E passaram as
duas correntes trançadas de ouro nas duas argo-
las, nas extremidades do peitoral. 18 Fixaram as
outras duas pontas das duas correntes trançadas
nos dois engastes e as puseram nas ombreiras da
estola sacerdotal, na frente dele. 19 Fizeram tam-
bém duas argolas de ouro e as puseram nas duas
extremidades do peitoral, na sua borda interior
oposta à estola sacerdotal. 20 Fizeram também
mais duas argolas de ouro e as puseram nas duas
ombreiras da estola sacerdotal, abaixo, na frente
dele, perto da sua juntura, sobre o cinto de obra
esmerada da estola sacerdotal. 21 E ligaram o
peitoral com as suas argolas às argolas da estola
sacerdotal por cima com uma fita azul, para que
estivesse sobre o cinto de obra esmerada da esto-
la sacerdotal, e para que nunca o peitoral se se-
parasse da estola sacerdotal, segundo o SENHOR
havia ordenado a Moisés.

As outras vestes sacerdotais

Êx 28.31-43

22 Fizeram também a sobrepeliz da estola sacer-
dotal, de obra tecida, toda de pano azul. 23 No meio
dela havia uma abertura; era rematada, como a
abertura de uma gola, para que não se rasgasse.
24 Em toda a borda da sobrepeliz, fizeram romãs
de pano azul, carmesim e linho retorcido. 25 Fize-
ram campainhas de ouro puro e as colocaram no
meio das romãs em toda a borda da sobrepeliz;
26 uma campainha e uma romã, outra campainha
e outra romã, em toda a borda da sobrepeliz, para
se usar ao ministrar, segundo o SENHOR havia or-
denado a Moisés.

27 Fizeram também as túnicas de linho fino,
de obra tecida, para Arão e para seus filhos, 28 e a
mitra de linho fino, os turbantes de linho fino, os
calções de linho fino retorcido 29 e o cinto de linho
fino retorcido, e de pano azul, de púrpura e de
carmesim, obra de bordador, segundo o SENHOR
havia ordenado a Moisés.

30 Também fizeram de ouro puro a lâmina
da coroa sagrada e nela gravaram à maneira de
gravuras de sinete: "Santidade ao SENHOR". 31 E
ataram-na com um cordão de pano azul, para
prender a lâmina à parte superior da mitra, se-
gundo o SENHOR havia ordenado a Moisés.

A obra do tabernáculo é concluída

Êx 35.10-19

32 Assim se concluiu toda a obra do tabernáculo
da tenda do encontro. Os filhos de Israel fizeram
tudo segundo o SENHOR havia ordenado a Moisés.
33 Depois, trouxeram a Moisés o tabernáculo, a
tenda e todos os seus pertences, os seus colchetes,
as suas tábuas, as suas vigas superiores, as suas
colunas e as suas bases; 34 a cobertura de peles de
carneiro tingidas de vermelho, a cobertura de pe-
les finas e o véu do cortinado; 35 a arca do testemu-
nho, os seus cabos e o propiciatório; 36 a mesa com
todos os seus utensílios e os pães da proposição;
37 o candelabro de ouro puro com suas lâmpadas;
as lâmpadas colocadas em ordem, todos os seus
utensílios e o azeite para a iluminação; 38 também
o altar de ouro, o óleo da unção, o incenso aromá-
tico e o cortinado da porta da tenda; 39 o altar de
bronze, a sua grelha de bronze, os seus cabos e to-
dos os seus utensílios, a bacia e o seu suporte; 40 as
cortinas do átrio, as suas colunas, as suas bases,
o cortinado para a porta do átrio, as suas cordas,
os seus pregos e todos os utensílios do serviço do
tabernáculo, para a tenda do encontro; 41 as vestes
finamente tecidas para ministrar no santuário, as
vestes sagradas do sacerdote Arão e as vestes de
seus filhos, para oficiarem como sacerdotes.
42 Tudo segundo o SENHOR havia ordenado a
Moisés, assim fizeram os filhos de Israel toda a obra.
43 Moisés examinou toda a obra, e viu que a tinham
feito segundo o SENHOR havia ordenado; assim a fi-
zeram, e Moisés os abençoou.

Deus manda Moisés armar o tabernáculo

40 1 Depois o SENHOR disse a Moisés:
2 — No primeiro dia do primeiro mês, arme
o tabernáculo da tenda do encontro. 3 Ponha nele
a arca do testemunho e cubra-a com o véu. 4 Po-
nha nele a mesa e coloque em ordem as coisas que
estão sobre ela; ponha nele também o candelabro
e monte as suas lâmpadas. 5 Coloque o altar de
ouro para o incenso diante da arca do testemunho
e pendure o cortinado da porta do tabernáculo.
6 Coloque o altar do holocausto diante da porta do
tabernáculo da tenda do encontro. 7 Ponha a bacia
entre a tenda do encontro e o altar e encha-a com
água. 8 Depois, arme o átrio ao redor e pendure o
cortinado à porta do átrio.

9 — Pegue o óleo da unção, e unja o tabernáculo
e tudo o que nele está, e consagre-o com todos os
seus pertences; e será santo. 10 Unja também o altar
do holocausto e todos os seus utensílios e consa-
gre o altar; e o altar se tornará santíssimo. 11 De-
pois, unja a bacia e o seu suporte e consagre-a.

12 — Faça com que Arão e seus filhos se apro-
ximem da porta da tenda do encontro e mande
que se lavem com água. 13 Vista Arão com as
vestes sagradas, unja e consagre-o para que me
sirva como sacerdote. 14 Faça com que também
os filhos de Arão se aproximem, vista-os com as
túnicas, 15 e unja-os assim como você ungiu o
pai deles, para que me oficiem como sacerdotes;

sua unção lhes será por sacerdócio perpétuo de
geração em geração.

O tabernáculo é armado

16 E Moisés fez tudo segundo o SENHOR lhe
havia ordenado. 17 No primeiro mês do segundo
ano, no primeiro dia do mês, o tabernáculo foi
armado. 18 Moisés ergueu o tabernáculo, pôs as
suas bases, armou as suas tábuas, colocou nele as
suas vigas superiores e levantou as suas colunas;
19 estendeu a tenda sobre o tabernáculo e pôs a
cobertura da tenda por cima, segundo o SENHOR
havia ordenado a Moisés. 20 Pegou o testemunho
e o pôs na arca, passou os cabos na arca e pôs o
propiciatório em cima da arca. 21 Introduziu a
arca no tabernáculo, pendurou o véu do corti-
nado e com ele cobriu a arca do testemunho, se-
gundo o SENHOR havia ordenado a Moisés. 22 Pôs
também a mesa na tenda do encontro, ao lado do
tabernáculo, para o norte, fora do véu, 23 e sobre
ela pôs em ordem os pães da proposição diante
do SENHOR, segundo o SENHOR havia ordenado a
Moisés. 24 Pôs também, na tenda do encontro, o
candelabro diante da mesa, ao lado do taberná-
culo, para o sul, 25 e preparou as lâmpadas diante
do SENHOR, segundo o SENHOR havia ordenado a
Moisés. 26 Pôs o altar de ouro na tenda do encon-
tro, diante do véu, 27 e acendeu sobre ele o incenso
aromático, segundo o SENHOR havia ordenado a
Moisés. 28 Pendurou também o cortinado da porta
do tabernáculo, 29 pôs o altar do holocausto à por-
ta do tabernáculo da tenda do encontro e ofereceu
sobre ele holocausto e oferta de cereais, segundo
o SENHOR havia ordenado a Moisés. 30 Pôs a bacia
entre a tenda do encontro e o altar e a encheu de
água, para se lavar. 31 Nela, Moisés, Arão e seus fi-
lhos lavavam as mãos e os pés, 32 quando entravam
na tenda do encontro e quando se aproximavam
do altar, segundo o SENHOR havia ordenado a Moi-
sés. 33 Levantou também o átrio ao redor do taber-
náculo e do altar e pendurou o cortinado da porta
do átrio. Assim Moisés acabou a obra.

A nuvem cobre o tabernáculo

Nm 9.15-23

34 Então a nuvem cobriu a tenda do encon-
tro, e a glória do SENHOR encheu o tabernáculo.
35 Moisés não podia entrar na tenda do encontro,
porque a nuvem permanecia sobre ela, e a gló-
ria do SENHOR enchia o tabernáculo. 36 Quando
a nuvem se levantava de sobre o tabernáculo,
os filhos de Israel seguiam adiante, em todas as
suas jornadas; 37 se a nuvem, porém, não se le-
vantava, não seguiam adiante, até o dia em que
ela se levantava. 38 De dia, a nuvem do SENHOR
repousava sobre o tabernáculo, e, de noite, havia
fogo nela, à vista de toda a casa de Israel, em to-
das as suas jornadas.

O TERCEIRO LIVRO DE MOISÉS CHAMADO

LEVÍTICO

Os holocaustos

1 1 O SENHOR chamou Moisés e, da tenda do en-
contro, lhe disse:
2 — Fale aos filhos de Israel e diga-lhes: Quan-
do alguém trouxer oferta ao SENHOR, traga um
animal do rebanho de gado ou do rebanho de
gado miúdo.
3 — Se a oferta for holocausto do rebanho de
gado, o homem trará um macho sem defeito. Ele
o trará à porta da tenda do encontro, para que
o homem seja aceito diante do SENHOR. 4 Porá a
mão sobre a cabeça do holocausto, para que seja
aceito a favor dele, para a sua expiação. 5 Depois,
matará o novilho diante do SENHOR. Os filhos de
Arão, os sacerdotes, apresentarão o sangue e o
aspergirão ao redor sobre o altar que está diante
da porta da tenda do encontro. 6 Então ele tirará
o couro do animal e o cortará em pedaços. 7 E os
filhos do sacerdote Arão acenderão fogo sobre
o altar e porão em ordem lenha sobre o fogo.
8 Também os filhos de Arão, os sacerdotes, colo-
carão em ordem os pedaços, a saber, a cabeça e
a gordura, sobre a lenha que está no fogo sobre
o altar. 9 Porém as entranhas e as pernas, o sa-
cerdote as lavará com água; e queimará tudo isso
sobre o altar; é holocausto, oferta queimada, de
aroma agradável ao SENHOR.
10 — Se a oferta for de gado miúdo, de carneiros
ou de cabritos, para holocausto, trará um macho
sem defeito. 11 E matará o animal ao lado do altar,
para o lado norte, diante do SENHOR. Os filhos de
Arão, os sacerdotes, aspergirão o seu sangue sobre
o altar, ao redor. 12 Depois, ele o cortará em peda-
ços, junto com a cabeça e a gordura; e o sacerdote
os porá em ordem sobre a lenha que está no fogo
sobre o altar. 13 Porém as entranhas e as pernas

serão lavadas com água; e o sacerdote oferecerá
tudo isso e o queimará sobre o altar; é holocausto,
oferta queimada, de aroma agradável ao SENHOR.
14— Se a oferta ao SENHOR for holocausto de
aves, trará a sua oferta de rolinhas ou de pombi-
nhos. 15 O sacerdote a trará ao altar, destroncará a
cabeça da ave, sem a separar do pescoço, e a quei-
mará sobre o altar; o sangue da ave, ele o fará cor-
rer na parede do altar. 16 Tirará o papo com suas
penas e o jogará junto ao altar, para o lado leste, no
lugar da cinza. 17 Então abrirá a ave, puxando pelas
asas, mas sem separá-la em duas metades; o sacer-
dote a queimará sobre o altar, em cima da lenha
que está no fogo; é holocausto, oferta queimada,
de aroma agradável ao SENHOR.

As ofertas de cereais

2 1— Quando alguma pessoa fizer oferta de ce-
reais ao SENHOR, a sua oferta será da melhor
farinha; derramará azeite sobre a farinha e porá
incenso sobre ela. 2 Levará a oferta aos filhos de
Arão, os sacerdotes, e um deles pegará um punha-
do da melhor farinha e do seu azeite com todo o
seu incenso e os queimará como porção memorial
sobre o altar; é oferta queimada, de aroma agra-
dável ao SENHOR. 3 O que ficar da oferta de cereais
será de Arão e de seus filhos; é coisa santíssima
das ofertas queimadas ao SENHOR.
4— Quando você trouxer oferta de cereais, as-
sada no forno, será de bolos sem fermento feitos
com a melhor farinha, amassados com azeite e
pãezinhos bem finos, sem fermento e untados
com azeite. 5 Se a oferta que você trouxer for de
cereais cozida na assadeira, será da melhor fari-
nha sem fermento amassada com azeite. 6 Você a
partirá em pedaços e derramará azeite sobre ela; é
oferta de cereais. 7 Se a oferta que você trouxer for
de cereais preparados na frigideira, deverá ser da
melhor farinha com azeite.
8— E a oferta de cereais que será feita daquilo,
você a trará ao SENHOR; será apresentada ao sacer-
dote, o qual a levará ao altar. 9 Da oferta de cereais
o sacerdote pegará a porção memorial e a queima-
rá sobre o altar; é oferta queimada, de aroma agra-
dável ao SENHOR. 10 O que ficar da oferta de cereais
será de Arão e de seus filhos; é coisa santíssima
das ofertas queimadas ao SENHOR.
11— Nenhuma oferta de cereais, que você
apresentar ao SENHOR, será feita com fermento;
porque vocês não devem queimar nem fermento
nem mel como oferta ao SENHOR. 12 Vocês podem
trazê-los ao SENHOR como oferta das primícias,
mas não os porão sobre o altar como aroma agra-
dável. 13 Tempere com sal todas as suas ofertas de
cereais. Na sua oferta de cereais você não deixará
faltar o sal da aliança do seu Deus; em todas as
suas ofertas você aplicará sal.
14— Se você trouxer ao SENHOR oferta de ce-
reais das primícias, faça a oferta de cereais das
suas primícias de espigas verdes, tostadas ao
fogo, isto é, os grãos esmagados de espigas verdes.
15 Derrame azeite sobre ela e, por cima, ponha
incenso; é oferta de cereais. 16 Assim, o sacerdote
queimará a porção memorial dos grãos de espigas
esmagados e do azeite, com todo o incenso; é ofer-
ta queimada ao SENHOR.

Os sacrifícios pacíficos

3 1— Se a oferta de alguém for sacrifício pací-
fico, se a fizer de gado, seja macho ou fêmea,
terá de oferecê-la sem defeito diante do SENHOR.
2 Porá a mão sobre a cabeça da sua oferta e matará
o animal diante da porta da tenda do encontro; e
os filhos de Arão, os sacerdotes, aspergirão o san-
gue sobre o altar, ao redor. 3 Do sacrifício pacífico
apresentará como oferta queimada ao SENHOR a
gordura que cobre as entranhas e toda a gordura
que fica no meio das entranhas, 4 os dois rins, a
gordura que está sobre eles e junto aos lombos, e
a membrana sobre o fígado, que tirará junto com
os rins. 5 E os filhos de Arão queimarão tudo isso
sobre o altar, em cima do holocausto, que estará
sobre a lenha no fogo; é oferta queimada, de aro-
ma agradável ao SENHOR.
6— Se a oferta por sacrifício pacífico ao
SENHOR for de gado miúdo, seja macho ou fêmea,
terá de oferecê-la sem defeito. 7 Se trouxer um
cordeiro por sua oferta, a pessoa deve oferecê-lo
diante do SENHOR. 8 Porá a mão sobre a cabeça da
sua oferta e matará o animal diante da tenda do
encontro; e os filhos de Arão aspergirão o san-
gue sobre o altar, ao redor. 9 Então do sacrifício
pacífico trará ao SENHOR por oferta queimada a
sua gordura: a cauda toda, a qual tirará rente ao
espinhaço, a gordura que cobre as entranhas,
toda a gordura que está no meio das entranhas,
10 os dois rins, a gordura que está sobre eles e jun-
to aos lombos, e a membrana sobre o fígado, que
tirará junto com os rins. 11 E o sacerdote queimará
tudo isso sobre o altar como oferta de alimento
ao SENHOR.
12— Se a oferta da pessoa for uma cabra, dian-
te do SENHOR a trará. 13 Porá a mão sobre a cabeça
da cabra e a matará diante da tenda do encontro;
e os filhos de Arão aspergirão o sangue sobre o
altar, ao redor. 14 Depois, trará dela a sua oferta,
por oferta queimada ao SENHOR: a gordura que
cobre as entranhas e toda a gordura que está no
meio das entranhas, 15 os dois rins, a gordura que
está sobre eles e junto aos lombos, e a membrana
sobre o fígado, que tirará junto com os rins. 16 E o
sacerdote queimará tudo isso sobre o altar como
oferta de alimento, de aroma agradável. Toda a
gordura será do SENHOR. 17 Este é um estatuto

perpétuo durante as gerações de vocês, onde quer
que morarem: vocês não comerão nem a gordura
nem o sangue.

O sacrifício pelos pecados dos sacerdotes

4 1 O Senhor disse a Moisés:
2 — Fale aos filhos de Israel, dizendo: Quan-
do alguém cometer pecado involuntário contra
qualquer dos mandamentos do Senhor, por fazer
contra algum deles o que não se deve fazer, 3 se o
sacerdote ungido pecar, de tal maneira que o povo
se torne culpado, oferecerá ao Senhor, como ofer-
ta pelo pecado, um novilho sem defeito. 4 Trará o
novilho à porta da tenda do encontro, diante do
Senhor, porá a mão sobre a cabeça do novilho e
o matará diante do Senhor. 5 Então o sacerdote
ungido pegará um pouco do sangue do novilho
e o trará à tenda do encontro; 6 e, molhando o
dedo no sangue, o aspergirá sete vezes diante do
Senhor, diante do véu do santuário. 7 O sacerdote
também porá um pouco daquele sangue sobre os
chifres do altar do incenso aromático, diante do
Senhor, altar que está na tenda do encontro. Todo
o restante do sangue do novilho ele derramará na
base do altar do holocausto, que está à porta da
tenda do encontro. 8 O sacerdote tirará toda a gor-
dura do novilho da expiação: a gordura que cobre
as entranhas e toda a gordura que está no meio
das entranhas, 9 os dois rins, a gordura que está
sobre eles e junto aos lombos, e a membrana so-
bre o fígado, que tirará junto com os rins, 10 assim
como se tira isso do novilho do sacrifício pacífico.
E o sacerdote queimará essas partes sobre o altar
do holocausto. 11 Mas o couro do novilho, toda a
sua carne, a cabeça, as pernas, as entranhas e o
excremento, 12 a saber, o novilho todo, levará para
fora do arraial, a um lugar puro, onde se lança a
cinza, e o queimará sobre a lenha; será queimado
onde se lança a cinza.

Os sacrifícios pelos pecados de toda a congregação

Nm 15.22-26

13 — Mas, se toda a congregação de Israel co-
meter pecado involuntário, e isso for oculto aos
olhos da coletividade, e se fizerem, contra algum
dos mandamentos do Senhor, aquilo que não se
deve fazer, e forem culpados, 14 e o pecado que
cometeram for notório, então a coletividade trará
um novilho como oferta pelo pecado e o apresen-
tará diante da tenda do encontro. 15 Os anciãos
da congregação porão as mãos sobre a cabeça do
novilho diante do Senhor; e o novilho será mor-
to diante do Senhor. 16 Então o sacerdote ungido
levará uma parte do sangue do novilho à tenda do
encontro; 17 molhará o dedo no sangue e o asper-
girá sete vezes diante do Senhor, diante do véu.
18 Depois, porá um pouco daquele sangue sobre
os chifres do altar que está diante do Senhor, na
tenda do encontro. Todo o restante do sangue ele
derramará na base do altar do holocausto, que
está à porta da tenda do encontro. 19 Tirará do no-
vilho toda a gordura e a queimará sobre o altar,
20 e fará com este novilho como fez com o novilho
da oferta pelo pecado. Assim, o sacerdote fará ex-
piação por eles, e eles serão perdoados. 21 Depois,
levará o novilho para fora do arraial e o queimará
como queimou o primeiro novilho; é oferta pelo
pecado da coletividade.

Os sacrifícios pelos pecados de um chefe

22 — Quando um chefe pecar, fazendo de for-
ma involuntária alguma das coisas que o Senhor,
seu Deus, ordenou que não se fizessem, e se tor-
nar culpado; 23 ou se o pecado em que ele caiu lhe
for notificado, trará por sua oferta um bode sem
defeito. 24 Porá a mão sobre a cabeça do bode e o
matará no lugar onde são mortos os animais ofe-
recidos em holocausto, diante do Senhor; é ofer-
ta pelo pecado. 25 Então o sacerdote, com o dedo,
pegará um pouco do sangue da oferta pelo pecado
e o porá sobre os chifres do altar do holocausto.
Todo o restante do sangue derramará na base do
altar do holocausto. 26 Como no caso do sacrifício
pacífico, queimará toda a gordura sobre o altar.
Assim, o sacerdote fará expiação por ele, no que
se refere ao pecado, e este lhe será perdoado.

Os sacrifícios pelos pecados de qualquer pessoa

27 — Se qualquer pessoa do povo da terra co-
meter pecado involuntário, por fazer alguma das
coisas que o Senhor ordenou que não se fizessem,
e se tornar culpada; 28 ou se o pecado em que ela
caiu lhe for notificado, trará por sua oferta uma
cabra sem defeito, pelo pecado que cometeu.
29 Porá a mão sobre a cabeça da oferta pelo pecado
e matará o animal no lugar do holocausto. 30 Então
o sacerdote, com o dedo, pegará um pouco do san-
gue da oferta e o porá sobre os chifres do altar do
holocausto. Todo o restante do sangue derramará
na base do altar. 31 Tirará toda a gordura, como se
tira a gordura do sacrifício pacífico; o sacerdote a
queimará sobre o altar como aroma agradável ao
Senhor. Assim, o sacerdote fará expiação pela
pessoa, e o pecado lhe será perdoado.
32 — Mas, se trouxer uma cordeira como oferta
pelo pecado, deverá trazer uma fêmea sem defei-
to. 33 Porá a mão sobre a cabeça da oferta pelo pe-
cado e matará o animal como oferta pelo pecado,
no lugar onde são mortos os animais oferecidos
em holocausto. 34 Então o sacerdote, com o dedo,
pegará um pouco do sangue da oferta pelo pecado
e o porá sobre os chifres do altar do holocausto.

Todo o restante do sangue derramará na base do
altar. 35 O sacerdote tirará toda a gordura, como se
tira a gordura do cordeiro do sacrifício pacífico,
e a queimará sobre o altar, em cima das ofertas
queimadas do SENHOR. Assim, o sacerdote, por
essa pessoa, fará expiação do pecado que ela co-
meteu, e o pecado lhe será perdoado.

Casos em que é preciso oferecer sacrifício

5 1 — Se alguém pecar porque, sendo testemu-
nha de um fato que viu ou ficou sabendo, não o
quis revelar, mesmo sob ameaça de maldição, essa
pessoa levará a sua iniquidade. 2 Se alguém tocar
em alguma coisa impura, como o cadáver de um
animal impuro, seja de um animal selvagem, de
um animal doméstico ou de um animal que rasteja
pelo chão, ainda que não se dê conta disso, e se tor-
nar impuro, então será culpado. 3 Se tocar a impu-
reza de uma pessoa, seja qual for a impureza com
que se faça impuro, e não se der conta disso, mas
ficar sabendo depois, será culpado. 4 Se alguém
jurar de forma precipitada, dizendo que vai fazer
alguma coisa má ou boa, seja o que for que alguém
pronuncie de forma precipitada com juramento, e
ele não se der conta disso, mas ficar sabendo de-
pois, culpado será numa destas coisas. 5 Quem for
culpado numa destas coisas, confessará aquilo em
que pecou. 6 Como sua oferta pela culpa, pelo peca-
do que cometeu, essa pessoa trará ao SENHOR, do
gado miúdo, uma cordeira ou uma cabrita como
oferta pelo pecado; assim, o sacerdote, por essa
pessoa, fará expiação do seu pecado.

7 — Se as suas posses não lhe permitirem trazer
uma cordeira, trará ao SENHOR, como oferta pela
culpa, pelo pecado que cometeu, duas rolinhas ou
dois pombinhos: um como oferta pelo pecado, e
o outro como holocausto. 8 Entregará as duas aves
ao sacerdote, que primeiro oferecerá a ave que é
oferta pelo pecado. O sacerdote destroncará a ca-
beça da ave, sem a separar do pescoço. 9 Do sangue
da oferta pelo pecado aspergirá sobre a parede do
altar, e o restante do sangue fará correr na base do
altar; é oferta pelo pecado. 10 E da outra ave fará
um holocausto, conforme o estabelecido. Assim, o
sacerdote, por essa pessoa, fará oferta pelo pecado
que ela cometeu, e o pecado lhe será perdoado.

11 — Porém, se as suas posses não lhe permi-
tirem trazer duas rolinhas ou dois pombinhos,
então essa pessoa que pecou trará, por sua ofer-
ta, dois litros da melhor farinha como oferta pelo
pecado; não derramará azeite sobre a farinha,
nem lhe porá em cima incenso, pois é oferta pelo
pecado. 12 Entregará a oferta ao sacerdote, e o
sacerdote pegará um punhado da farinha como
porção memorial e a queimará sobre o altar, em
cima das ofertas queimadas ao SENHOR; é ofer-
ta pelo pecado. 13 Assim, o sacerdote, por essa
pessoa, fará oferta pelo pecado que cometeu em
alguma destas coisas, e o pecado lhe será perdoa-
do. O restante da farinha será do sacerdote, como
no caso da oferta de cereais.

O sacrifício pelo sacrilégio

14 O SENHOR disse a Moisés:

15 — Se alguém cometer ofensa e pecar de for-
ma involuntária nas coisas sagradas do SENHOR,
trará ao SENHOR, por oferta, do rebanho, um car-
neiro sem defeito, conforme avaliação em prata,
segundo o peso padrão do santuário, como oferta
pela culpa. 16 Assim, restituirá o que tirou das coi-
sas sagradas, e ainda acrescentará o seu quinto, e
o dará ao sacerdote; assim, o sacerdote, com o car-
neiro da oferta pela culpa, fará expiação por essa
pessoa, e o pecado lhe será perdoado.

O sacrifício pelos pecados involuntários

17 — Se alguma pessoa pecar e fizer contra al-
gum dos mandamentos do SENHOR aquilo que não
se deve fazer, ainda que não tenha se dado conta
disso, será culpada mesmo assim e levará a sua
iniquidade. 18 E do rebanho trará ao sacerdote um
carneiro sem defeito, conforme avaliação feita,
para oferta pela culpa, e o sacerdote, por essa pes-
soa, fará expiação no que se refere ao erro que, de
forma involuntária, cometeu, e lhe será perdoado.
19 É oferta pela culpa, pois certamente se tornou
culpada diante do SENHOR.

O sacrifício pelos pecados voluntários

6 1 O SENHOR falou a Moisés, dizendo:
2 — Se uma pessoa pecar e cometer ofensa
contra o SENHOR, negando ao seu próximo o que
este lhe deu em depósito, ou como penhor; ou se
roubar, ou tiver usado de extorsão para com o seu
próximo; 3 ou se, tendo achado um objeto perdido,
negar com falso juramento que o achou, ou fizer
alguma outra coisa de todas em que se costuma
pecar, 4 será, pois, que, tendo pecado e ficado cul-
pada, essa pessoa restituirá aquilo que roubou, ou
que extorquiu, ou o depósito que lhe foi dado, ou o
perdido que achou, 5 ou tudo aquilo sobre que ju-
rou falsamente. Restituirá por inteiro e a isso ainda
acrescentará a quinta parte. Entregará isso àquele
a quem pertence no dia em que trouxer a oferta
pela culpa. 6 E, por sua oferta pela culpa, trará, do
rebanho, ao SENHOR um carneiro sem defeito, de-
vidamente avaliado, para a oferta pela culpa; trará
o carneiro ao sacerdote. 7 E o sacerdote fará expia-
ção por essa pessoa diante do SENHOR, e ela será
perdoada de qualquer dessas coisas que fez e que
a tornou culpada.

A lei a respeito do holocausto

8 O SENHOR disse a Moisés:

9— Ordene a Arão e a seus filhos, dizendo: Esta
é a lei a respeito do holocausto: o holocausto ficará
sobre as brasas do altar toda a noite até pela ma-
nhã, e o fogo do altar nunca poderá ser apagado.
10 O sacerdote vestirá a sua túnica de linho e os cal-
ções de linho sobre a pele nua, e levantará a cinza,
quando o fogo houver consumido o holocausto so-
bre o altar, e a colocará ao lado do altar. 11 Depois,
despirá as suas vestes e porá outras roupas; e levará
a cinza para fora do arraial a um lugar puro.
12— O fogo sempre ficará aceso sobre o altar;
não deve ser apagado. O sacerdote acenderá le-
nha no altar cada manhã, e sobre ele porá em or-
dem o holocausto, e sobre ele queimará a gordura
das ofertas pacíficas. 13 O fogo queimará conti-
nuamente sobre o altar; não deve ser apagado.

A lei a respeito da oferta de cereais

14— Esta é a lei a respeito da oferta de cereais:
os filhos de Arão a oferecerão diante do SENHOR,
diante do altar. 15 Um dos sacerdotes pegará um
punhado da melhor farinha da oferta de cereais
com seu azeite e todo o incenso que está sobre a
oferta de cereais e o queimará sobre o altar, como
porção memorial de aroma agradável ao SENHOR.
16 O restante da oferta Arão e seus filhos comerão.
Deve ser comido sem fermento, em lugar santo;
no pátio da tenda do encontro, o comerão. 17 Isso
não poderá ser preparado com fermento; é a por-
ção das minhas ofertas queimadas que dei aos
sacerdotes; coisa santíssima é, como a oferta pelo
pecado e a oferta pela culpa. 18 Todos os homens
que são descendentes de Arão podem comer da
oferta de cereais; estatuto perpétuo será para as
gerações de vocês dentre as ofertas queimadas do
SENHOR; tudo o que tocar nelas será santo.

A oferta na consagração dos sacerdotes

19 O SENHOR disse a Moisés:
20— Esta é a oferta de Arão e de seus filhos, que
oferecerão ao SENHOR no dia em que aquele for
ungido: dois litros da melhor farinha pela oferta
contínua de cereais; metade dela será oferecida
pela manhã, e a outra metade, à tarde. 21 Será feita
numa assadeira, com azeite; traga-a bem amassa-
da. Em pedaços cozidos você trará a oferta de ce-
reais de aroma agradável ao SENHOR. 22 Também o
sacerdote, que entre os filhos de Arão for ungido
em seu lugar, fará o mesmo; por estatuto perpétuo
será de todo queimada ao SENHOR. 23 Assim, toda
a oferta de cereais trazida por um sacerdote será
totalmente queimada; não poderá ser comida.

A lei a respeito da oferta pelo pecado

24 O SENHOR disse a Moisés:
25— Fale a Arão e a seus filhos, dizendo: Esta
é a lei a respeito da oferta pelo pecado: o animal
que é oferta pelo pecado será morto no lugar
onde são mortos os animais oferecidos em holo-
causto, diante do SENHOR; coisa santíssima é. 26 O
sacerdote que a oferecer pelo pecado a comerá;
no lugar santo se comerá, no pátio da tenda do
encontro. 27 Tudo o que tocar a carne da oferta
será santo; se alguém aspergir desse sangue sobre
a sua roupa, você terá de lavar aquilo sobre que o
sangue caiu, no lugar santo. 28 E o vaso de barro
em que a carne for cozida será quebrado; porém,
se for cozida num vaso de bronze, o vaso deverá
ser esfregado e lavado com água. 29 Somente os
homens da linhagem sacerdotal poderão comer
dessa carne; coisa santíssima é. 30 Porém não se
comerá nenhuma oferta pelo pecado, cujo sangue
se traz à tenda do encontro, para fazer expiação
no santuário; essa terá de ser queimada no fogo.

A lei a respeito da oferta pela culpa

7 1— Esta é a lei a respeito da oferta pela culpa;
coisa santíssima é. 2 O animal que é oferta pelo
pecado será morto no lugar onde são mortos os
animais oferecidos em holocausto, e o seu san-
gue será aspergido sobre o altar, ao redor. 3 Dessa
oferta se oferecerá toda a gordura, a cauda e a
gordura que cobre as entranhas; 4 também ambos
os rins e a gordura que está sobre eles, junto aos
lombos; e a membrana sobre o fígado, que deve
ser tirada com os rins. 5 O sacerdote o queimará
sobre o altar em oferta queimada ao SENHOR; é
oferta pela culpa. 6 Todos os homens da linhagem
sacerdotal podem comer dela; no lugar santo, se
comerá; coisa santíssima é.
7— Como a oferta pelo pecado, assim será a
oferta pela culpa; uma única lei haverá para elas:
será do sacerdote que, com ela, fizer expiação. 8 O
sacerdote que oferecer o holocausto de alguém
terá o couro do holocausto que oferece. 9 Também
toda oferta de cereais que for assada no forno, ou
que se preparar na frigideira e na assadeira, será
do sacerdote que a oferece. 10 Toda oferta de ce-
reais amassada com azeite ou seca será de todos
os filhos de Arão; cada um receberá a sua parte.

A lei a respeito das ofertas pacíficas

11— Esta é a lei a respeito das ofertas pacíficas
que alguém pode oferecer ao SENHOR. 12 Se fizer
por ação de graças, com a oferta de ação de graças
trará bolos sem fermento amassados com azeite,
pãezinhos sem fermento bem finos e untados com
azeite e bolos feitos com a melhor farinha bem
amassados com azeite. 13 Com os bolos trará, por
sua oferta, pão levedado, com o sacrifício de sua
oferta pacífica por ação de graças. 14 E, de toda
oferta, trará um bolo por oferta ao SENHOR, que
será do sacerdote que aspergir o sangue da oferta
pacífica. 15 Mas a carne do sacrifício de ação de

graças da sua oferta pacífica se comerá no dia do
seu oferecimento; nada se deixará dela até a ma-
nhã seguinte.
16— E, se o sacrifício da oferta de alguém for
voto ou oferta voluntária, no dia em que oferecer o
seu sacrifício se comerá; e o que dele ficar também
poderá ser comido no dia seguinte. 17 Porém o que
ainda restar da carne do sacrifício ao terceiro dia,
será queimado. 18 Se da carne do sacrifício pacífi-
co se comer ao terceiro dia, aquele que a ofereceu
não será aceito, nem lhe será atribuído o sacrifício;
coisa abominável será, e a pessoa que dela comer
levará a sua iniquidade.
19— A carne que tocar alguma coisa impura não
se comerá; será queimada. Quem estiver puro po-
derá comer a carne do sacrifício. 20 Porém, se algu-
ma pessoa, tendo sobre si impureza, comer a carne
do sacrifício pacífico, que é do SENHOR, será elimi-
nada do meio do seu povo. 21 Se uma pessoa tocar
alguma coisa impura, como impureza humana, ou
um animal impuro, ou qualquer impureza abomi-
nável, e comer da carne do sacrifício pacífico, que
é do SENHOR, será eliminada do meio do seu povo.

Deus proíbe comer gordura e sangue

22 O SENHOR disse a Moisés:
23— Fale aos filhos de Israel, dizendo: Não co-
mam gordura de boi, nem de carneiro, nem de ca-
bra. 24 A gordura do animal que morre por si mesmo
e a do animal que é dilacerado por feras podem
servir para qualquer outro uso, mas de maneira ne-
nhuma poderá ser comida. 25 Quem comer a gordu-
ra do animal, do qual se trouxer ao SENHOR oferta
queimada, será eliminado do meio do seu povo.
26— Não comam sangue em qualquer das suas
habitações, quer seja sangue de aves, quer seja
sangue de gado. 27 Toda pessoa que comer algum
sangue será eliminada do meio do seu povo.

A porção dos sacerdotes

28 O SENHOR disse a Moisés:
29— Fale aos filhos de Israel, dizendo: Quem
oferecer ao SENHOR o seu sacrifício pacífico trará
a sua oferta ao SENHOR. Do seu sacrifício pacífico
30 trará com suas próprias mãos as ofertas quei-
madas do SENHOR. Trará a gordura do peito com
o peito, para movê-lo por oferta movida diante do
SENHOR. 31 O sacerdote queimará a gordura sobre
o altar, porém o peito será de Arão e de seus filhos.
32 Também a coxa direita vocês deverão dar ao
sacerdote como oferta tirada dos sacrifícios pací-
ficos que vocês oferecem. 33 Aquele dos filhos de
Arão que oferecer o sangue do sacrifício pacífico e
a gordura, esse terá a coxa direita por sua porção.
34 Porque tomei dos filhos de Israel, dos seus sacri-
fícios pacíficos, o peito que é movido e a coxa da
oferta e os dei a Arão, o sacerdote, e a seus filhos,
por direito perpétuo dos filhos de Israel. 35 Esta
é a porção de Arão e a porção de seus filhos, das
ofertas queimadas do SENHOR, no dia em que fo-
ram apresentados para oficiarem como sacerdotes
ao SENHOR. 36 Isto é o que o SENHOR ordenou que
os filhos de Israel dessem a eles, no dia em que os
ungiu; estatuto perpétuo é de geração em geração.
37 Esta é a lei a respeito do holocausto, da oferta
de cereais, da oferta pelo pecado, da oferta pela
culpa, da consagração e do sacrifício pacífico,
38 que o SENHOR ordenou a Moisés no monte Sinai,
no dia em que ordenou aos filhos de Israel que
oferecessem as suas ofertas ao SENHOR, no deser-
to do Sinai.

A consagração de Arão e de seus filhos

Êx 29.1-37

8 1 O SENHOR disse a Moisés:
2— Leve Arão e os filhos dele, as vestes, o
óleo da unção, o novilho da oferta pelo pecado,
os dois carneiros e o cesto dos pães sem fermento
3 e reúna toda a congregação à porta da tenda do
encontro.
4 Moisés fez como o SENHOR lhe havia ordena-
do, e a congregação se reuniu à porta da tenda do
encontro. 5 Então Moisés disse à congregação:
— Isto é o que o SENHOR ordenou que se fi-
zesse.
6 E fez com que Arão e os filhos dele se aproxi-
massem e mandou que se lavassem com água.
7 Vestiu Arão com a túnica, cingiu-o com o cinto e
pôs sobre ele a sobrepeliz. Também pôs sobre ele
a estola sacerdotal, cingiu-o com o cinto de obra
esmerada da estola sacerdotal e o ajustou com esse
cinto. 8 Depois, colocou-lhe o peitoral, pondo no
peitoral o Urim e o Tumim; 9 e lhe pôs a mitra na ca-
beça e, na mitra, na sua parte dianteira, pôs a lâmi-
na de ouro, a coroa sagrada, como o SENHOR havia
ordenado a Moisés.
10 Então Moisés pegou o óleo da unção, ungiu o
tabernáculo e tudo o que havia nele e o consagrou.
11 Sete vezes ele aspergiu do óleo sobre o altar e
ungiu o altar e todos os seus utensílios, bem como
a bacia e o seu suporte, para os consagrar. 12 De-
pois, derramou do óleo da unção sobre a cabeça
de Arão e ungiu-o, para consagrá-lo. 13 Também
Moisés fez chegar os filhos de Arão, vestiu-lhes as
túnicas, cingiu-os com o cinto e atou-lhes os tur-
bantes, como o SENHOR lhe havia ordenado.
14 Então fez chegar o novilho da oferta pelo
pecado; e Arão e os seus filhos puseram as mãos
sobre a cabeça do novilho da oferta pelo pecado.
15 Moisés matou o novilho, pegou um pouco do
sangue, pôs isso, com o dedo, sobre os chifres do
altar ao redor e purificou o altar. Depois, derra-
mou o resto do sangue na base do altar e o consa-
grou, para fazer expiação por ele. 16 Depois, pegou

toda a gordura que está sobre as entranhas, a
membrana do fígado, os dois rins e sua gordura; e
Moisés os queimou sobre o altar. 17 Mas queimou
o novilho com o seu couro, a sua carne e o seu
excremento fora do arraial, como o SENHOR havia
ordenado a Moisés.

18 Depois, fez chegar o carneiro do holocausto; e
Arão e seus filhos puseram as mãos sobre a cabeça
do carneiro. 19 Moisés matou o carneiro e aspergiu
o sangue sobre o altar, ao redor. 20 Cortou também
o carneiro em pedaços; e Moisés queimou a cabe-
ça, os pedaços e a gordura. 21 Porém as entranhas e
as pernas lavou com água; e Moisés queimou todo
o carneiro sobre o altar; era holocausto de aroma
agradável, oferta queimada ao SENHOR, como o
SENHOR havia ordenado a Moisés.

22 Então fez chegar o outro carneiro, o carneiro
da consagração; e Arão e seus filhos puseram as
mãos sobre a cabeça do carneiro. 23 Moisés matou
o carneiro, pegou um pouco do sangue e o pôs so-
bre a ponta da orelha direita de Arão, sobre o po-
legar da sua mão direita e sobre o polegar do seu
pé direito. 24 Também fez chegar os filhos de Arão;
pôs daquele sangue sobre a ponta da orelha direi-
ta deles, sobre o polegar da mão direita e sobre o
polegar do pé direito; e Moisés aspergiu o resto
do sangue sobre o altar, ao redor. 25 Pegou a gor-
dura, a cauda, toda a gordura que está nas entra-
nhas, a membrana do fígado, ambos os rins, a sua
gordura e a coxa direita. 26 Também do cesto dos
pães sem fermento, que estava diante do SENHOR,
pegou um bolo sem fermento, um bolo de pão
azeitado e um pãozinho achatado e os pôs sobre
a gordura e sobre a coxa direita. 27 E tudo isso pôs
nas mãos de Arão e de seus filhos e o moveu por
oferta movida diante do SENHOR. 28 Depois, Moi-
sés o tomou das mãos deles e o queimou no altar
sobre o holocausto; era uma oferta da consagra-
ção, por aroma agradável, oferta queimada ao
SENHOR. 29 Moisés pegou o peito e moveu-o por
oferta movida diante do SENHOR; era a porção que
cabia a Moisés, do carneiro da consagração, como
o SENHOR lhe havia ordenado.

30 Moisés pegou também um pouco do óleo da
unção e um pouco do sangue que estava sobre o
altar e aspergiu sobre Arão e as suas vestes, bem
como sobre os filhos de Arão e as suas vestes;
e consagrou Arão e as vestes dele bem como os
filhos de Arão e as vestes deles. 31 Moisés disse a
Arão e aos seus filhos:

— Cozinhem a carne diante da porta da tenda
do encontro e a comam ali junto com o pão que
está no cesto da consagração, como tenho ordena-
do, dizendo: "Arão e seus filhos a comerão. 32 Mas
o que restar da carne e do pão vocês devem quei-
mar." 33 Não se afastem da porta da tenda do en-
contro por sete dias, até o dia em que se cumprirem
os dias da consagração de vocês; porque o SENHOR
consagrará vocês durante sete dias. 34 Como se fez
neste dia, assim o SENHOR ordenou que se fizesse,
em expiação por vocês. 35 Fiquem, pois, à porta
da tenda do encontro dia e noite, por sete dias, e
observem as prescrições do SENHOR, para que não
morram; porque assim me foi ordenado.

36 E Arão e seus filhos fizeram todas as coi-
sas que o SENHOR havia ordenado por meio de
Moisés.

Arão oferece sacrifícios por si e pelo povo

9 1 No oitavo dia, Moisés chamou Arão e os filhos
dele, e os anciãos de Israel 2 e disse a Arão:

— Pegue um bezerro, para oferta pelo pecado, e
um carneiro, para holocausto, ambos sem defeito,
e apresente-os ao SENHOR. 3 Depois, você dirá aos
filhos de Israel: "Tragam um bode, para oferta pelo
pecado, um bezerro e um cordeiro, ambos de um
ano e sem defeito, como holocausto; 4 e um boi e um
carneiro, por oferta pacífica, para sacrificar diante
do SENHOR, e oferta de cereais amassada com azei-
te; porque hoje o SENHOR aparecerá a vocês."

5 Então trouxeram o que Moisés havia ordena-
do, diante da tenda do encontro, e toda a congre-
gação se aproximou e se pôs diante do SENHOR.
6 Então Moisés disse:

— Isto é o que o SENHOR ordenou que vocês
fizessem, e a glória do SENHOR aparecerá a vocês.
7 Depois Moisés disse a Arão:

— Aproxime-se do altar, faça a sua oferta pelo
pecado e o seu holocausto; e faça expiação por você
mesmo e pelo povo; depois, faça a oferta do povo e
a expiação por ele, como o SENHOR ordenou.

8 Arão se aproximou do altar e matou o bezer-
ro da oferta pelo pecado que estava oferecendo
por si mesmo. 9 Os filhos de Arão trouxeram-lhe
o sangue; ele molhou o dedo no sangue e o pôs
sobre os chifres do altar; e o resto do sangue der-
ramou na base do altar. 10 Mas queimou sobre o
altar a gordura, os rins e a membrana do fígado da
oferta pelo pecado, como o SENHOR havia ordena-
do a Moisés. 11 Porém a carne e o couro queimou
fora do arraial.

12 Depois, Arão matou o animal para o holocaus-
to, e os filhos de Arão lhe entregaram o sangue, e
ele o aspergiu sobre o altar, ao redor. 13 Também
lhe entregaram o holocausto nos seus pedaços,
com a cabeça; e queimou-o sobre o altar. 14 E lavou
as entranhas e as pernas e as queimou sobre o ho-
locausto, no altar.

15 Depois, apresentou a oferta do povo, e, pe-
gando o bode da oferta pelo pecado, que era pelo
povo, o matou e o preparou por oferta pelo pecado,
como tinha feito com o primeiro. 16 Também apre-
sentou o holocausto e o ofereceu segundo o rito.
17 Apresentou a oferta de cereais, e dela pegou um

punhado e queimou sobre o altar, além do holo-
causto da manhã.
18 Depois, Arão matou o boi e o carneiro em sa-
crifício pacífico, que era pelo povo; e os filhos de
Arão entregaram-lhe o sangue, que aspergiu so-
bre o altar, ao redor. 19 Entregaram-lhe também a
gordura do boi e do carneiro, a cauda, o que cobre
as entranhas, os rins e a membrana do fígado. 20 E
puseram a gordura sobre o peito dos animais, e
ele a queimou sobre o altar; 21 mas o peito e a coxa
direita Arão moveu por oferta movida diante do
SENHOR, como Moisés havia ordenado.
22 Depois, Arão levantou as mãos para o povo e
o abençoou; então desceu do altar, havendo feito
a oferta pelo pecado, o holocausto e a oferta pací-
fica. 23 Então Moisés e Arão entraram na tenda do
encontro. Quando saíram, abençoaram o povo; e
a glória do SENHOR apareceu a todo o povo. 24 E eis
que, saindo fogo de diante do SENHOR, consumiu
o holocausto e a gordura sobre o altar. Quando
todo o povo viu isso, deu gritos de alegria e se
prostrou com o rosto em terra.

A morte de Nadabe e Abiú

10 1 Nadabe e Abiú, filhos de Arão, tomaram
cada um o seu incensário, puseram fogo
dentro deles, e sobre o fogo colocaram incenso; e
trouxeram fogo estranho diante da face do SENHOR,
algo que ele não lhes havia ordenado. 2 Então saiu
fogo de diante do SENHOR e os consumiu; e mor-
reram diante do SENHOR. 3 E Moisés disse a Arão:

— Isto é o que o SENHOR disse: "Mostrarei a
minha santidade naqueles que se aproximam de
mim e serei glorificado diante de todo o povo."

Porém Arão se calou.

4 Então Moisés chamou Misael e Elzafã, filhos
de Uziel, tio de Arão, e disse-lhes:

— Venham e tirem os seus parentes de diante
do santuário, e levem-nos para fora do arraial.

5 Chegaram-se, pois, e os levaram nas suas tú-
nicas para fora do arraial, como Moisés tinha dito.
6 Moisés disse a Arão e aos seus filhos Eleazar e
Itamar:

— Não deixem os cabelos sem pentear, nem
rasguem as suas roupas, para que vocês não mor-
ram, nem venha grande ira sobre toda a congre-
gação; mas os seus irmãos, toda a casa de Israel,
poderão lamentar o fogo que o SENHOR causou.
7 Não se afastem da porta da tenda do encontro,
para que vocês não morram; porque sobre vocês
está o óleo da unção do SENHOR.

E fizeram conforme a palavra de Moisés.

Deveres e porções dos sacerdotes

8 Então o SENHOR falou a Arão, dizendo:
9 — Você e seus filhos não devem beber vinho
ou bebida forte, quando entrarem na tenda do
encontro, para que não morram. Isso será estatuto
perpétuo entre as suas gerações, 10 para que vocês
façam diferença entre o santo e o profano e entre
o impuro e o puro 11 e para ensinarem aos filhos
de Israel todos os estatutos que o SENHOR lhes tem
falado por meio de Moisés.

12 Moisés disse a Arão e aos filhos deste, Eleazar
e Itamar, que ficaram vivos:

— Peguem a oferta de cereais que restou das
ofertas queimadas ao SENHOR, e comam-na, sem
fermento, junto ao altar, porque coisa santíssima
é. 13 Comam-na em lugar santo, porque é a porção
que foi dada a vocês e aos seus filhos, das ofer-
tas queimadas do SENHOR; porque assim me foi
ordenado. 14 Também o peito da oferta movida
e a coxa da oferta vocês devem comer em lugar
puro, você, seus filhos e suas filhas, porque foram
dados por sua porção e por porção de seus fi-
lhos, dos sacrifícios pacíficos dos filhos de Israel.
15 Trarão a coxa da oferta e o peito da oferta mo-
vida com as ofertas queimadas de gordura, para
mover por oferta movida diante do SENHOR; esta é
a porção que foi dada a você e aos seus filhos, por
estatuto perpétuo, como o SENHOR tem ordenado.

16 Moisés procurou diligentemente o bode da
oferta pelo pecado, e eis que já tinha sido queima-
do. Por isso, Moisés indignou-se contra Eleazar e
contra Itamar, os filhos de Arão que ficaram vivos,
e disse:

17 — Por que vocês não comeram a oferta pelo
pecado no lugar santo? Pois coisa santíssima é; e
o SENHOR a deu a vocês, para levarem a iniquidade
da congregação, para fazerem expiação por eles
diante do SENHOR. 18 Eis que desta oferta o sangue
não foi trazido para dentro do santuário; certa-
mente vocês deviam tê-la comido no santuário,
como eu havia ordenado.

19 Arão respondeu a Moisés:

— Eis que hoje meus filhos ofereceram a sua
oferta pelo pecado e o seu holocausto diante do
SENHOR, e mesmo assim tais coisas me acontece-
ram. Se eu hoje tivesse comido a oferta pelo pe-
cado, será que isso teria sido aceito aos olhos do
SENHOR?

20 Quando Moisés ouviu isso, deu-se por satis-
feito.

Leis a respeito dos animais puros e impuros

Dt 14.3-20

11 1 O SENHOR falou a Moisés e a Arão, dizendo-
-lhes:

2 — Digam aos filhos de Israel: De todos os ani-
mais que existem sobre a terra são estes que vocês
podem comer: 3 todos os que têm unhas fendidas,
cujo casco se divide em dois e que ruminam, es-
ses vocês podem comer. 4 Mas dos que ruminam
ou dos que têm casco dividido são estes que vocês

não podem comer: o camelo, que rumina, mas
não tem casco dividido; este será impuro para vo-
cês; 5 o arganaz, porque rumina, mas não tem cas-
co dividido; este será impuro para vocês; 6 a lebre,
porque rumina, mas não tem casco dividido; esta
será impura para vocês. 7 Também o porco, por-
que tem unhas fendidas e o casco dividido, mas
não rumina; este será impuro para vocês; 8 não co-
mam da sua carne, nem toquem no seu cadáver.
Estes animais serão impuros para vocês.

9 — De todos os animais que há nas águas vo-
cês podem comer os seguintes: todo o que tem
barbatanas e escamas, nos mares e nos rios; esses
vocês podem comer. 10 Porém todo o que não tem
barbatanas nem escamas, nos mares e nos rios,
todos os que enxameiam as águas e todo ser vivo
que há nas águas, estes serão abominação para
vocês. 11 Vocês devem considerá-los uma abomi-
nação; não comam da sua carne e abominem o
cadáver desses animais. 12 Todo o que nas águas
não tem barbatanas ou escamas será abominação
para vocês.

13 — Das aves, estas vocês abominarão; não se
comerão, serão abominação: a águia, o urubu e a
águia marinha; 14 o milhano e o falcão, segundo a
sua espécie; 15 todo corvo, segundo a sua espécie;
16 o avestruz, a coruja, a gaivota, o gavião, segundo
a sua espécie; 17 o mocho, o corvo marinho, a íbis,
18 a gralha, o pelicano, o abutre, 19 a cegonha, a gar-
ça, segundo a sua espécie; a poupa e o morcego.

20 — Todo inseto que voa e que anda sobre
quatro pés será abominação para vocês. 21 Mas de
todo inseto que voa, que anda sobre quatro pés,
cujas pernas traseiras são mais compridas, para
saltar com elas sobre a terra, estes vocês podem
comer. 22 Deles, vocês podem comer estes: a lo-
custa, segundo a sua espécie; o gafanhoto devo-
rador, segundo a sua espécie; o grilo, segundo a
sua espécie; e o gafanhoto, segundo a sua espécie.
23 Mas todos os outros insetos que voam e que
têm quatro pés serão abominação para vocês.

24 — E por estes vocês se tornam impuros;
quem tocar o cadáver deles ficará impuro até a
tarde. 25 Quem levar o cadáver desses animais
deverá lavar as suas roupas e ficará impuro até
a tarde. 26 Todo animal que tem unhas fendidas,
mas o casco não dividido em dois e não rumina
deve ser considerado impuro por vocês; quem
tocar neles ficará impuro. 27 Todo animal quadrú-
pede que anda na planta dos pés será impuro para
vocês; quem tocar o cadáver desses animais ficará
impuro até a tarde. 28 E quem levar o cadáver des-
ses animais deverá lavar as suas roupas e ficará
impuro até a tarde; esses animais serão impuros
para vocês.

29 — Entre o enxame de criaturas que se mo-
vem sobre a terra, estas serão impuras para vocês:
a doninha, o rato, o lagarto, segundo a sua espécie;
30 o geco, o crocodilo da terra, a lagartixa, o lagarto
da areia e o camaleão. 31 Entre todas as criaturas
que se movem sobre a terra, estas vocês devem
considerar impuras; quem tocar nelas, estando
elas mortas, ficará impuro até a tarde. 32 E tudo
aquilo sobre que cair qualquer um desses animais,
estando eles mortos, ficará impuro, seja vaso de
madeira, roupa, pele, pano de saco ou qualquer
instrumento com que se faz alguma obra; deve-
rá ser posto em água e ficará impuro até a tarde;
depois, ficará puro. 33 E todo vaso de barro, dentro
do qual cair alguma coisa deles, tudo o que hou-
ver nele ficará impuro; o vaso deverá ser quebra-
do. 34 Todo alimento que se come, preparado com
aquela água, ficará impuro; e todo líquido que se
bebe, se estiver naquele vaso, ficará impuro. 35 E
aquilo sobre o que cair alguma coisa do seu cor-
po morto ficará impuro; se for um forno ou um
fogareiro de barro, serão quebrados; são impuros;
portanto, vocês os devem considerar impuros.
36 Porém a fonte ou cisterna, em que se recolhem
águas, será pura; mas quem tocar no cadáver des-
ses animais ficará impuro. 37 Se do seu cadáver cair
alguma coisa sobre alguma semente de semear,
esta estará pura; 38 mas, se alguém derramar água
sobre a semente, e, se do cadáver cair alguma coi-
sa sobre ela, será impura para vocês.

39 — Se morrer algum dos animais que vocês po-
dem comer, quem tocar no seu cadáver ficará im-
puro até a tarde. 40 Quem comer do cadáver desse
animal lavará as suas roupas e ficará impuro até a
tarde; e quem levar o corpo morto desse animal de-
verá lavar as suas roupas e ficará impuro até a tarde.

41 — Também dos que se movem sobre a ter-
ra, todo animal que rasteja sobre o chão será im-
puro; não se comerá. 42 Tudo o que anda sobre
o ventre, e tudo o que anda sobre quatro pés ou
que tem muitos pés, entre todas as criaturas que
se movem sobre a terra, não comam, porque são
abominação. 43 Não se façam abomináveis por ne-
nhuma dessas criaturas, nem se contaminem por
meio delas, para que vocês não fiquem impuros.
44 Eu sou o SENHOR, o Deus de vocês; portanto,
consagrem-se e sejam santos, porque eu sou san-
to; e não se contaminem por nenhuma dessas
criaturas que rastejam sobre o chão, entre todas as
criaturas que se movem sobre a terra. 45 Eu sou o
SENHOR, que os tirei da terra do Egito, para que eu
seja o Deus de vocês; portanto, sejam santos, por-
que eu sou santo.

46 — Esta é a lei a respeito dos animais, das
aves, de todo ser vivo que se move nas águas e de
toda criatura que rasteja sobre o chão, 47 para fazer
diferença entre o impuro e o puro e entre os ani-
mais que podem ser comidos e os animais que não
podem ser comidos.

A purificação da mulher depois do parto

12 1 O Senhor disse a Moisés:

2 — Diga aos filhos de Israel: Se uma mulher conceber e tiver um menino, ficará impura durante sete dias; como nos dias da sua menstruação, ficará impura. 3 E, no oitavo dia, o menino será circuncidado. 4 Depois, ela ficará trinta e três dias a purificar-se do seu sangue; nenhuma coisa santa tocará, nem entrará no santuário até que se cumpram os dias da sua purificação. 5 Mas, se tiver uma menina, ficará impura durante duas semanas, como na sua menstruação; depois, ficará sessenta e seis dias a purificar-se do seu sangue.

6 — E, cumpridos os dias da sua purificação pelo nascimento de um filho ou de uma filha, trará ao sacerdote, à porta da tenda do encontro, um cordeiro de um ano, por holocausto, e um pombinho ou uma rolinha, por oferta pelo pecado; 7 o sacerdote oferecerá esse sacrifício diante do Senhor e, pela mulher, fará expiação; e ela será purificada do fluxo do seu sangue. Esta é a lei a respeito da que der à luz um menino ou uma menina. 8 Mas, se as suas posses não lhe permitirem trazer um cordeiro, então a mulher trará duas rolinhas ou dois pombinhos, um para o holocausto e o outro para a oferta pelo pecado; assim, o sacerdote fará expiação pela mulher, e ela ficará pura.

Leis a respeito da lepra

13 1 O Senhor disse a Moisés e a Arão:

2 — Quando uma pessoa tiver na sua pele inchação, pústula ou mancha lustrosa, e isto se tornar na sua pele como praga de lepra, essa pessoa será levada a Arão, o sacerdote, ou a um de seus filhos, sacerdotes. 3 O sacerdote examinará a praga na pele, e, se os pelos na praga se tornaram brancos e a praga parecer mais profunda do que a pele da sua carne, é praga de lepra; o sacerdote examinará a pessoa e a declarará impura. 4 Se a mancha lustrosa na pele for branca e não parecer mais profunda do que a pele, e os pelos não se tornaram brancos, então o sacerdote encerrará por sete dias a pessoa que tem a praga. 5 No sétimo dia, o sacerdote a examinará. Se, na opinião dele, a praga tiver parado e não se espalhou na pele daquela pessoa, então o sacerdote a encerrará por mais sete dias. 6 No sétimo dia, o sacerdote a examinará outra vez. Se a lepra se tornou pálida e não se espalhou na pele, então o sacerdote a declarará pura; é apenas uma pústula. A pessoa lavará as suas roupas e estará pura. 7 Mas, se *a pústula se espalha* muito na pele, depois que a pessoa se mostrou ao sacerdote para a sua purificação, terá de se mostrar outra vez ao sacerdote. 8 Este a examinará, e se a pústula tiver se alastrado pela pele, o sacerdote declarará que a pessoa está impura; é lepra.

9 — Quando uma pessoa tiver praga de lepra, será levada ao sacerdote. 10 Este a examinará, e, se houver inchação branca na pele, a qual tornou brancos os pelos, e houver carne viva na inchação, 11 é lepra crônica na pele; portanto, o sacerdote declarará que a pessoa está impura; não encerrará essa pessoa, porque está impura. 12 Se a lepra se espalhar de todo na pele e cobrir a pele da pessoa que tem a lepra, desde a cabeça até os pés, quanto podem ver os olhos do sacerdote, 13 então este a examinará. Se a lepra cobriu toda a carne, o sacerdote declarará que a pessoa que tem a mancha está pura; a lepra tornou-se branca; a pessoa está pura. 14 Mas, no dia em que aparecer nela carne viva, será impura. 15 Ao ver a carne viva, o sacerdote declarará que a pessoa está impura; a carne viva é impura; é lepra. 16 Se a carne viva mudar e ficar de novo branca, então a pessoa virá ao sacerdote, 17 e este a examinará. Se a lepra se tornou branca, então o sacerdote declarará que a pessoa que tem a praga está pura.

18 — Quando sarar a carne em cuja pele houver uma úlcera, 19 e no lugar da úlcera aparecer uma inchação branca ou mancha lustrosa, de um branco que puxa para o vermelho, a pessoa terá de se mostrar ao sacerdote. 20 O sacerdote examinará a inchação, e, se ela parece mais profunda do que a pele, e os seus pelos se tornaram brancos, o sacerdote declarará que a pessoa está impura; é praga de lepra, que brotou da úlcera. 21 Porém, se o sacerdote a examinar, e nela não houver pelos brancos, e ela não estiver mais profunda do que a pele, porém pálida, então o sacerdote encerrará essa pessoa por sete dias. 22 Se a inchação se espalhar na pele, o sacerdote declarará que a pessoa está impura; é lepra. 23 Mas, se a mancha lustrosa parar no seu lugar, não se espalhando, é cicatriz da úlcera; o sacerdote, pois, declarará que a pessoa está pura.

24 — Quando, na pele, houver queimadura de fogo, e a carne viva da queimadura se tornar em mancha lustrosa, de um branco que puxa para o vermelho ou para o branco, 25 o sacerdote a examinará. Se os pelos da mancha lustrosa se tornaram brancos, e ela parece mais profunda do que a pele, é lepra que brotou na queimadura. O sacerdote declarará que a pessoa está impura; é a praga de lepra. 26 Porém, se o sacerdote a examinar, e não houver pelos brancos na mancha lustrosa, e ela não estiver mais profunda do que a pele, mas for de cor pálida, o sacerdote encerrará a pessoa por sete dias. 27 Depois, no sétimo dia, o sacerdote a examinará, e, se a mancha tiver se alastrado pela pele, o sacerdote declarará que a pessoa está impura; é praga de lepra. 28 Mas, se a mancha lustrosa parar no seu lugar e não se espalhar na pele, mas se tornou pálida, é inchação da queimadura;

portanto, o sacerdote declarará que a pessoa está
pura, porque é cicatriz da queimadura.
29 — Quando um homem ou uma mulher ti-
ver praga na cabeça ou no queixo, 30 o sacerdote
examinará a praga. Se ela parece mais profunda
do que a pele, e se nela houver pelos finos ama-
relados, o sacerdote declarará que a pessoa está
impura; é micose, é lepra da cabeça ou do queixo.
31 Mas, se o sacerdote, havendo examinado a praga
da micose, achar que ela não parece mais profun-
da do que a pele, e, se nela não houver pelos pre-
tos, então o sacerdote encerrará a pessoa que tem
a praga da micose por sete dias. 32 No sétimo dia, o
sacerdote examinará a praga; se a micose não tiver
se espalhado, e nela não houver pelos amarelos, e
a micose não parecer mais profunda do que a pele,
33 então a pessoa será rapada; mas não se rapará a
micose. O sacerdote, por mais sete dias, encerra-
rá a pessoa que tem a micose. 34 No sétimo dia, o
sacerdote examinará a micose; se ela não tiver se
alastrado pela pele e não parecer mais profunda
do que a pele, o sacerdote declarará pura essa pes-
soa; ela lavará as suas roupas e estará pura. 35 Mas,
se a micose, depois da sua purificação, tiver se es-
palhado muito na pele, 36 então o sacerdote a exa-
minará; se a micose tiver se espalhado na pele, o
sacerdote não precisa procurar pelos amarelados;
está impura. 37 Mas, se, na opinião do sacerdote, a
micose parou, e pelos pretos cresceram nela, a mi-
cose está sarada; a pessoa está pura, e o sacerdote
declarará que ela está pura.
38 — E, quando um homem ou uma mulher
tiver manchas lustrosas na pele, 39 então o sacer-
dote examinará a pessoa. Se na pele aparecerem
manchas pálidas, brancas, é uma pequena ferida
branca que brotou na pele; a pessoa está pura.
40 — Quando os cabelos do homem lhe caírem
da cabeça, é calva; contudo, está puro. 41 Se lhe caí-
rem na frente da cabeça, é antecalva; contudo, está
puro. 42 Porém, se, na calva ou na antecalva, houver
praga branca, que puxa para o vermelho, é lepra,
brotando na calva ou na antecalva. 43 O sacerdote
examinará o homem, e, se a inchação da praga, na
sua calva ou antecalva, está branca, puxando para
o vermelho, como parece a lepra na pele, 44 aquele
homem é leproso, está impuro; o sacerdote decla-
rará que ele está impuro; a sua praga está na cabeça.
45 — As roupas do leproso, em quem está a pra-
ga, serão rasgadas, e os seus cabelos deixados sem
pentear; com a mão sobre a boca, gritará: Impuro!
Impuro! 46 Será impuro durante os dias em que a
praga estiver nele; está impuro, habitará só; a sua
habitação será fora do arraial.

Leis a respeito do mofo

47 — Quando também em alguma roupa hou-
ver praga de mofo, roupa de lã ou de linho, 48 seja
na urdidura, seja na trama, de linho ou de lã, em
couro ou em qualquer objeto feito de couro, 49 se
a praga for esverdeada ou avermelhada na roupa,
na pele, na urdidura ou na trama, em qualquer
coisa feita de couro, é a praga de mofo, e deverá
ser mostrada ao sacerdote. 50 O sacerdote exami-
nará a praga e encerrará, por sete dias, aquilo que
tem a praga. 51 Então, no sétimo dia, examinará a
praga; se ela tiver se alastrado pela roupa, na ur-
didura ou na trama, seja no couro, seja qual for a
obra em que se empregue, é mofo que se espalha;
isso é impuro. 52 Ele queimará aquela roupa, seja a
urdidura, seja a trama, de lã, de linho ou qualquer
coisa feita de couro, em que se acha a praga, pois
é mofo que se espalha; tudo deverá ser queimado.
53 — Mas, se o sacerdote examinar e a praga
não tiver se espalhado na roupa, nem na urdidu-
ra, nem na trama, nem em qualquer coisa feita de
couro, 54 então o sacerdote ordenará que se lave
aquilo em que havia a praga e o encerrará por
mais sete dias. 55 O sacerdote, examinando a coisa
em que havia praga, depois de lavada aquela, se
a praga não mudou a sua cor, nem se espalhou,
está impura; terá de ser queimada com fogo; é
mofo que se espalha, seja no avesso ou no direito.
56 Mas, se o sacerdote examinar a mancha, e esta
se tornou pálida depois de lavada, então rasgará
aquela parte da roupa, do couro, da urdidura ou
da trama. 57 Se a praga ainda aparecer na roupa,
quer na urdidura, quer na trama, ou em qualquer
coisa feita de couro, é mofo que se espalha; com
fogo terá de ser queimado aquilo em que está a
praga. 58 Mas a roupa, quer na urdidura, quer na
trama, ou qualquer coisa feita de couro, que você
lavar e de que a praga desaparecer, deve ser lava-
da mais uma vez e estará pura.
59 Esta é a lei a respeito da praga do mofo da
roupa de lã ou de linho, quer na urdidura, quer na
trama; ou de qualquer coisa feita de couro, para se
poder declará-las puras ou impuras.

A lei a respeito do leproso depois de sarado

14 1 O SENHOR disse a Moisés:
2 — Esta será a lei a respeito do leproso no
dia da sua purificação: o leproso será levado ao
sacerdote; 3 este sairá fora do arraial e o examina-
rá. Se a praga da lepra estiver curada, 4 o sacerdote
mandará trazer, para aquele que se houver de pu-
rificar, duas aves vivas e puras, madeira de cedro,
pano escarlate e hissopo. 5 O sacerdote mandará
que se mate uma das aves num vaso de barro, so-
bre águas correntes. 6 Depois o sacerdote pegará a
ave que ficou viva, a madeira de cedro, o pano es-
carlate e o hissopo e os molhará no sangue da ave
que foi morta sobre as águas correntes. 7 E asper-
girá sete vezes sobre aquele que há de purificar-
-se da lepra; então o declarará puro e soltará a ave

que ficou viva para o campo aberto. 8 Aquele que tem de se purificar lavará as suas roupas, rapará todos os seus pelos, se banhará com água e estará puro; depois, entrará no arraial, porém ficará fora da sua tenda por sete dias. 9 No sétimo dia, rapará todo o seu cabelo, a cabeça, a barba e as sobrancelhas; rapará todos os pelos, lavará as suas roupas, banhará o corpo com água e estará puro.

10 — No oitavo dia, pegará dois cordeiros sem defeito, uma cordeira sem defeito, de um ano, seis litros da melhor farinha, para oferta de cereais, amassada com azeite, e separadamente um copo de azeite. 11 O sacerdote que faz a purificação apresentará o homem que houver de purificar-se e essas coisas diante do SENHOR, à porta da tenda do encontro; 12 pegará um dos cordeiros e o oferecerá por oferta pela culpa juntamente com o copo de azeite; e os moverá por oferta movida diante do SENHOR. 13 Depois matará o cordeiro no lugar onde são mortos os animais da oferta pelo pecado e do holocausto, no lugar santo; porque tanto a oferta pela culpa como a oferta pelo pecado são para o sacerdote; são coisas santíssimas. 14 O sacerdote pegará um pouco do sangue da oferta pela culpa e o porá sobre a ponta da orelha direita daquele que tem de purificar-se, sobre o polegar da sua mão direita e sobre o polegar do seu pé direito. 15 Também pegará o copo de azeite e derramará um pouco na palma da própria mão esquerda. 16 Molhará o dedo direito no azeite que está na mão esquerda e daquele azeite aspergirá, com o dedo, sete vezes diante do SENHOR; 17 do restante do azeite que está na mão, o sacerdote porá um pouco sobre a ponta da orelha direita daquele que tem de purificar-se, sobre o polegar da sua mão direita e sobre o polegar do seu pé direito, em cima do sangue da oferta pela culpa. 18 O restante do azeite que está na mão do sacerdote ele porá sobre a cabeça daquele que tem de purificar-se; assim, o sacerdote fará expiação por ele diante do SENHOR.

19 — Então o sacerdote fará a oferta pelo pecado e fará expiação por aquele que tem de purificar-se da sua impureza. Depois, matará o animal do holocausto 20 e o oferecerá com a oferta de cereais sobre o altar; assim, o sacerdote fará expiação pelo homem, e este ficará puro. 21 Se for pobre, e as suas posses não lhe permitirem trazer tanto, pegará um cordeiro para oferta pela culpa como oferta movida, para fazer expiação por ele, e dois litros da melhor farinha, amassada com azeite, para oferta de cereais, um copo de azeite, 22 duas rolinhas ou dois pombinhos, segundo as suas posses, dos quais um será para oferta pelo pecado, e o outro, para holocausto. 23 No oitavo dia da sua purificação, trará isso ao sacerdote, à porta da tenda do encontro, diante do SENHOR. 24 O sacerdote pegará o cordeiro da oferta pela culpa e o copo de azeite e os moverá por oferta movida diante do SENHOR. 25 Então o sacerdote matará o cordeiro da oferta pela culpa, pegará um pouco do sangue da oferta pela culpa e o porá sobre a ponta da orelha direita daquele que tem de purificar-se, sobre o polegar da sua mão direita e sobre o polegar do seu pé direito. 26 Derramará um pouco do azeite na palma da própria mão esquerda; 27 e, com o dedo direito, aspergirá do azeite que está na sua mão esquerda sete vezes diante do SENHOR. 28 Então, do azeite que está na sua mão, o sacerdote porá um pouco na ponta da orelha direita daquele que tem de purificar-se, no polegar da sua mão direita e no polegar do seu pé direito, por cima do sangue da oferta pela culpa. 29 O restante do azeite que está na mão do sacerdote ele porá sobre a cabeça do que tem de purificar-se, para fazer expiação por ele diante do SENHOR. 30 Oferecerá uma das rolinhas ou um dos pombinhos, segundo as suas posses; 31 será um para oferta pelo pecado, e o outro, para holocausto, além da oferta de cereais; e, assim, o sacerdote fará expiação por aquele que tem de purificar-se diante do SENHOR. 32 Esta é a lei a respeito daquele em quem está a praga da lepra, cujas posses não lhe permitem o que é preciso para a sua purificação.

A lei a respeito do mofo numa casa

33 O SENHOR disse a Moisés e a Arão:

34 — Quando vocês entrarem na terra de Canaã, que lhes darei por herança, e eu enviar a praga do mofo a alguma casa da terra que vocês passarão a possuir, 35 o dono da casa fará saber ao sacerdote, dizendo: "Parece-me que existe algo como que uma praga em minha casa." 36 O sacerdote ordenará que se esvazie a casa, antes que venha para examinar a praga, para que não seja contaminado tudo o que está na casa. Depois o sacerdote virá para examinar a casa 37 e examinará a praga. Se, nas paredes da casa, há manchas esverdeadas ou avermelhadas e parecem mais fundas que a parede, 38 então o sacerdote sairá da casa e a fechará por sete dias. 39 No sétimo dia, o sacerdote voltará e examinará a casa. Se notar que a praga se alastrou nas paredes da casa, 40 ele ordenará que arranquem as pedras em que estiver a praga e que as lancem fora da cidade num lugar impuro; 41 e fará raspar a casa por dentro, ao redor, e o pó que houverem raspado lançarão, fora da cidade, num lugar impuro. 42 Depois pegarão outras pedras e as colocarão no lugar das primeiras; e rebocarão a casa com outra argamassa.

43 — Se a praga tornar a brotar na casa, depois de arrancadas as pedras, raspada a casa e de novo rebocada, 44 então o sacerdote entrará e examinará. Se a praga tiver se alastrado pela casa, há nela mofo que se espalha; está impura. 45 O sacerdote mandará derrubar a casa, as pedras e a sua madeira, bem como todo o reboco da casa; e

se levará tudo para fora da cidade, a um lugar im-
puro. **46** Aquele que entrar na casa, enquanto está
fechada, ficará impuro até a tarde. **47** Também o
que se deitar na casa terá de lavar as suas roupas; e
quem nela comer terá de lavar as suas roupas.
48 — Porém, se o sacerdote entrar na casa, e,
examinando, verificar que a praga não se alastrou
pela casa, depois que ela foi rebocada, o sacerdo-
te a declarará pura, porque a praga está curada.
49 Para purificar a casa, pegará duas aves, madei-
ra de cedro, pano escarlate e hissopo, **50** e matará
uma ave num vaso de barro sobre águas correntes.
51 Depois, pegará a madeira de cedro, o hissopo, o
pano escarlate e a ave que ficou viva, os molhará
no sangue da ave que foi morta e nas águas cor-
rentes e aspergirá a casa sete vezes. **52** Assim, pu-
rificará aquela casa com o sangue da ave, com as
águas correntes, com a ave que ficou viva, com a
madeira de cedro, com o hissopo e com o pano es-
carlate. **53** Então soltará a ave que ficou viva para
fora da cidade, para o campo aberto; assim, fará
expiação pela casa, e ficará pura.
54 Esta é a lei para todos os tipos de praga de le-
pra, de micose, **55** de mofo das roupas e das casas,
56 da inchação, da pústula e das manchas lustro-
sas, **57** para ensinar quando alguma coisa é pura ou
impura. Esta é a lei a respeito da lepra.

Impurezas do homem e da mulher

15 **1** O SENHOR disse a Moisés e a Arão:
2 — Falem aos filhos de Israel e digam-lhes:
Qualquer homem que tiver fluxo seminal do seu
corpo ficará impuro por causa do fluxo. **3** Esta,
pois, será a sua impureza por causa do seu fluxo:
se o seu corpo vaza o fluxo ou se o seu corpo o es-
tanca, esta é a sua impureza. **4** Toda cama em que
se deitar o que tiver fluxo ficará impura; e tudo
sobre que ele se assentar ficará impuro. **5** Quem
tocar na cama dele terá de lavar as suas roupas,
se banhará em água e ficará impuro até a tarde.
6 Quem se assentar sobre aquilo em que se havia
assentado o homem que tem o fluxo lavará as suas
roupas, se banhará em água e ficará impuro até
a tarde. **7** Quem tocar o corpo do que tem o fluxo
lavará as suas roupas, se banhará em água e fi-
cará impuro até a tarde. **8** Se o homem que tem o
fluxo cuspir sobre uma pessoa pura, essa pessoa
lavará as suas roupas, se banhará em água e fica-
rá impura até a tarde. **9** Também toda sela em que
cavalgar o que tem o fluxo ficará impura. **10** Quem
tocar alguma coisa que esteve debaixo dele fica-
rá impuro até a tarde; e aquele que levar alguma
dessas coisas lavará as suas roupas, se banhará em
água e ficará impuro até a tarde. **11** Também todo
aquele em quem tocar o que tiver o fluxo, sem ha-
ver lavado as suas mãos com água, lavará as suas
roupas, se banhará em água e ficará impuro até a
tarde. **12** O vaso de barro em que tocar o que tem o
fluxo será quebrado; porém todo vaso de madeira
será lavado com água.
13 — Quando, pois, o que tem o fluxo estiver
puro dele, serão contados sete dias para a sua pu-
rificação; lavará as suas roupas, banhará o corpo
em águas correntes e ficará puro. **14** No oitavo dia,
pegará duas rolinhas ou dois pombinhos, e virá
diante do SENHOR, à porta da tenda do encontro, e
os dará ao sacerdote. **15** Este os oferecerá, um para
oferta pelo pecado, e o outro, para holocausto; e,
assim, o sacerdote fará, por ele, expiação do seu
fluxo diante do SENHOR.
16 — Quando um homem tiver emissão de sê-
men, banhará todo o seu corpo em água e ficará
impuro até a tarde. **17** Toda roupa e toda peça de
couro em que houver sêmen têm de ser lavadas
em água e ficarão impuras até a tarde. **18** Se um ho-
mem tiver relações com mulher e tiver emissão do
sêmen, ambos se banharão em água e ficarão im-
puros até a tarde.
19 — A mulher, quando tiver o fluxo de sangue,
se este for o fluxo habitual do corpo dela, estará
sete dias na sua menstruação, e quem a tocar ficará
impuro até a tarde. **20** Tudo sobre que ela se deitar
durante a menstruação ficará impuro; e tudo sobre
que se assentar ficará impuro. **21** Quem tocar no lei-
to dela lavará as suas roupas, se banhará em água
e ficará impuro até a tarde. **22** Quem tocar alguma
coisa sobre que ela se tiver assentado lavará as suas
roupas, se banhará em água e ficará impuro até a
tarde. **23** Também quem tocar alguma coisa que es-
tiver sobre a cama ou sobre aquilo em que ela se
assentou, esse ficará impuro até a tarde. **24** Se um
homem tiver relações com a mulher, e a menstrua-
ção dela tocar nele, ficará impuro por sete dias; e
toda cama sobre que ele se deitar ficará impura.
25 — Quando uma mulher tiver um fluxo de
sangue por muitos dias fora do tempo da sua
menstruação, ou quando tiver fluxo do sangue
por mais tempo do que o habitual, todos os dias
do fluxo ela ficará impura, como nos dias da sua
menstruação. **26** Toda cama sobre que se deitar du-
rante os dias do seu fluxo será como a cama em
que ela se deita na sua menstruação; e toda coisa
sobre que se assentar ficará impura, conforme a
impureza da sua menstruação. **27** Quem tocar es-
tas coisas ficará impuro; portanto, lavará as suas
roupas, se banhará em água e ficará impuro até a
tarde. **28** Porém, quando lhe cessar o fluxo, então
se contarão sete dias, e depois estará pura. **29** No
oitavo dia, pegará duas rolinhas ou dois pombi-
nhos e os trará ao sacerdote à porta da tenda do
encontro. **30** Então o sacerdote oferecerá um para
oferta pelo pecado, e o outro, para holocausto; o
sacerdote fará, por ela, expiação do fluxo da sua
impureza diante do SENHOR.

31— Assim, vocês separarão os filhos de Israel
das suas impurezas, para que não morram nelas,
ao contaminarem o meu tabernáculo, que está no
meio deles.
32 Esta é a lei a respeito daquele que tem o fluxo,
daquele que tem emissão de sêmen e que, por causa
dela, fica impuro, 33 da mulher em sua menstrua-
ção, daquele que tem o fluxo, seja homem ou mu-
lher, e do homem que se deita com mulher impura.

O Dia da Expiação

16 1 O SENHOR falou a Moisés, depois da morte
dos dois filhos de Arão, quando estes che-
garam diante do SENHOR e morreram. 2 O SENHOR
disse a Moisés:
— Diga a seu irmão Arão que não entre no san-
tuário a qualquer hora, para dentro do véu, diante
do propiciatório que está sobre a arca, para que
não morra; porque aparecerei na nuvem sobre o
propiciatório. 3 Mas é assim que Arão deverá en-
trar no santuário: com um novilho, para oferta
pelo pecado, e um carneiro, para holocausto. 4 Ele
vestirá a túnica sagrada de linho, terá as calças de
linho sobre a pele, porá o cinto de linho na cintura
e se cobrirá com a mitra de linho; são estas as ves-
tes sagradas. Banhará o seu corpo em água e então
porá essas vestes.
5— Da congregação dos filhos de Israel pegará
dois bodes, para a oferta pelo pecado, e um car-
neiro, para o holocausto. 6 Arão trará o novilho
da sua oferta pelo pecado e fará expiação por si
e pela sua casa. 7 Também pegará os dois bodes
e os porá diante do SENHOR, à porta da tenda do
encontro. 8 Lançará sortes sobre os dois bodes:
uma sorte para o SENHOR, e a outra para o bode
emissário. 9 Arão fará chegar o bode sobre o qual
cair a sorte para o SENHOR e o oferecerá por oferta
pelo pecado. 10 Mas o bode sobre o qual cair a sorte
para bode emissário será apresentado vivo diante
do SENHOR, para fazer expiação por meio dele e
enviá-lo ao deserto como bode emissário.

O sacrifício pelo próprio sumo sacerdote

11— Arão fará chegar o novilho da sua ofer-
ta pelo pecado e fará expiação por si e pela sua
casa; matará o novilho da sua oferta pelo pecado.
12 Pegará também, de sobre o altar, o incensário
cheio de brasas de fogo, diante do SENHOR, e dois
punhados de incenso aromático bem moído e o
trará para dentro do véu. 13 Porá o incenso sobre
o fogo, diante do SENHOR, para que a nuvem do
incenso cubra o propiciatório, que está sobre a
arca do testemunho. Assim, Arão não correrá o
risco de ser morto. 14 Ele pegará um pouco do san-
gue do novilho e, com o dedo, o aspergirá sobre a
frente do propiciatório; e, diante do propiciatório,
aspergirá sete vezes do sangue, com o dedo.

O sacrifício pelo povo

15— Depois, matará o bode da oferta pelo peca-
do, que será para o povo. Trará o sangue do bode
para dentro do véu e fará com esse sangue como
fez com o sangue do novilho; ele o aspergirá no
propiciatório e também diante dele. 16 Assim, fará
expiação pelo santuário por causa das impurezas
dos filhos de Israel e por causa das suas transgres-
sões e de todos os seus pecados. Fará o mesmo pela
tenda do encontro, que está com eles no meio das
suas impurezas. 17 Ninguém poderá estar na tenda
do encontro quando Arão entrar para fazer propi-
ciação no santuário, até que ele saia depois de feita
a expiação por si mesmo, pela sua casa e por toda
a congregação de Israel. 18 Então sairá para junto do
altar, que está diante do SENHOR, e fará expiação
pelo altar. Pegará um pouco do sangue do novilho
e do sangue do bode e o porá sobre os chifres do
altar, ao redor. 19 Do sangue aspergirá, com o dedo,
sete vezes sobre o altar, o purificará e o santificará
das impurezas dos filhos de Israel.
20— Depois de fazer expiação pelo santuário,
pela tenda do encontro e pelo altar, Arão fará
chegar o bode vivo. 21 Porá as duas mãos sobre a
cabeça do bode vivo e sobre ele confessará todas
as iniquidades dos filhos de Israel, todas as suas
transgressões e todos os seus pecados; e os porá
sobre a cabeça do bode. Depois, enviará o bode ao
deserto, pela mão de um homem à disposição para
isso. 22 Assim, aquele bode levará sobre si todas as
iniquidades deles para terra solitária; e o homem
soltará o bode no deserto.
23— Depois, Arão virá à tenda do encontro,
despirá as vestes de linho que havia usado quando
tinha entrado no santuário e ali as deixará. 24 Ba-
nhará o seu corpo em água no lugar santo e porá
as suas roupas. Então sairá, e oferecerá o seu ho-
locausto e o holocausto do povo, e fará expiação
por si e pelo povo. 25 Também queimará a gordu-
ra da oferta pelo pecado sobre o altar. 26 E aquele
que tiver levado o bode emissário lavará as suas
roupas, banhará o seu corpo em água e, depois,
entrará no arraial. 27 Mas o novilho e o bode da
oferta pelo pecado, cujo sangue foi trazido para fa-
zer expiação no santuário, serão levados para fora
do arraial; o couro, a carne e o excremento deles
serão queimados. 28 Aquele que o queimar lavará
as suas roupas, banhará o seu corpo em água e,
depois, entrará no arraial.

Expiação uma vez por ano

29— Isso lhes será por estatuto perpétuo: no
sétimo mês, aos dez dias do mês, vocês se humi-
lharão e não farão nenhum trabalho, nem o natu-
ral da terra nem o estrangeiro que peregrina entre
vocês. 30 Porque, naquele dia, se fará expiação por
vocês, para purificá-los; e vocês serão purificados

de todos os seus pecados, diante do SENHOR. 31 É sábado de descanso solene para vocês, e vocês se humilharão; é estatuto perpétuo. 32 Aquele que for ungido e consagrado para oficiar como sacerdote no lugar de seu pai é que fará a expiação, havendo posto as vestes de linho, as vestes santas; 33 fará expiação pelo santuário, pela tenda do encontro e pelo altar; também a fará pelos sacerdotes e por todo o povo da congregação. 34 Isto lhes será por estatuto perpétuo, para fazer expiação uma vez por ano pelos filhos de Israel, por causa dos seus pecados.

E Arão fez como o SENHOR havia ordenado a Moisés.

Leis a respeito do derramamento de sangue

17 1 O SENHOR disse a Moisés:

2 — Fale a Arão, a seus filhos e aos filhos de Israel e diga-lhes: Isto é o que o SENHOR ordenou, dizendo:

3 — Qualquer homem da casa de Israel que matar um boi, um cordeiro ou uma cabra, no arraial ou fora dele, 4 e não os trouxer à porta da tenda do encontro, como oferta ao SENHOR diante do seu tabernáculo, a tal homem será atribuída a culpa do sangue; ele derramou sangue e por isso será eliminado do seu povo. 5 Isto é assim para que os filhos de Israel, trazendo os seus sacrifícios, que oferecem em campo aberto, os apresentem ao SENHOR, à porta da tenda do encontro, ao sacerdote, e os ofereçam por sacrifícios pacíficos ao SENHOR. 6 O sacerdote aspergirá o sangue sobre o altar do SENHOR, à porta da tenda do encontro, e queimará a gordura de aroma agradável ao SENHOR. 7 Nunca mais oferecerão os seus sacrifícios aos demônios, com os quais eles se prostituem; isso lhes será por estatuto perpétuo nas suas gerações.

8 — Diga-lhes também: Qualquer homem da casa de Israel ou dos estrangeiros que peregrinam entre vocês que oferecer holocausto ou sacrifício 9 e não o trouxer à porta da tenda do encontro, para oferecê-lo ao SENHOR, esse homem será eliminado do seu povo.

A proibição de comer sangue

10 — Qualquer homem da casa de Israel ou dos estrangeiros que peregrinam entre vocês que comer sangue, contra ele me voltarei e o eliminarei do seu povo. 11 Porque a vida da carne está no sangue. Eu o tenho dado a vocês sobre o altar, para fazer expiação pela vida de vocês, porque é o sangue que fará expiação pela vida. 12 Portanto, tenho dito aos filhos de Israel: nenhum de vocês comerá sangue, nem o estrangeiro que peregrina entre vocês o comerá.

13 — Qualquer homem dos filhos de Israel ou dos estrangeiros que peregrinam entre vocês que caçar animal ou ave que se pode comer derramará o sangue e o cobrirá com pó. 14 Porque a vida de toda carne é o seu sangue. Por isso, tenho dito aos filhos de Israel que não comam o sangue de nenhuma carne, porque a vida de toda carne é o seu sangue; todo o que comer será eliminado.

15 — Qualquer pessoa, natural da terra ou estrangeira, que comer carne de um animal que morre por si ou que é dilacerado por feras lavará as suas roupas, se banhará em água e ficará impura até a tarde; depois, estará pura. 16 Mas, se não lavar a roupa, nem banhar o corpo, levará sobre si a sua iniquidade.

Relações ilícitas

18 1 O SENHOR disse a Moisés:

2 — Fale aos filhos de Israel e diga-lhes: Eu sou o SENHOR, o Deus de vocês. 3 Não façam como se faz na terra do Egito, onde vocês moraram, nem façam como se faz na terra de Canaã, para onde eu os estou levando. Não andem segundo os estatutos desses povos. 4 Cumpram os meus juízos e guardem os meus estatutos, para andarem neles. Eu sou o SENHOR, o Deus de vocês. 5 Portanto, guardem os meus estatutos e os meus juízos. Aquele que os cumprir, por eles viverá. Eu sou o SENHOR.

6 — Nenhum homem se aproximará de qualquer parenta próxima, para ter relações sexuais com ela. Eu sou o SENHOR. 7 Não envergonhe o seu pai, tendo relações com a própria mãe. Ela é a sua mãe; não tenha relações com ela. 8 Não tenha relações com a mulher de seu pai; este é um direito que somente o seu pai tem. 9 Não tenha relações com a sua irmã, filha de seu pai ou filha de sua mãe, nascida em casa ou fora de casa. 10 Não tenha relações com a filha do seu filho ou com a filha de sua filha; não faça isso, porque seria uma vergonha para você. 11 Não tenha relações com a filha da mulher de seu pai, gerada por seu pai; ela é a sua irmã. 12 Não tenha relações com a irmã do seu pai; ela é parenta de seu pai. 13 Não tenha relações com a irmã de sua mãe, pois ela é parenta de sua mãe. 14 Não envergonhe o irmão de seu pai, tendo relações com a mulher dele; ela é a sua tia. 15 Não tenha relações com a sua nora; ela é a mulher de seu filho; não tenha relações com ela. 16 Não tenha relações com a mulher de seu irmão; este é um direito que somente o seu irmão tem. 17 Não tenha relações com uma mulher e com a filha dela; não tenha relações com a filha do filho dela, nem com a filha da filha dela; são parentes; é algo vergonhoso. 18 E não case com a irmã de sua mulher, de modo que se torne rival dela, nem tenha relações com a outra, enquanto a sua mulher estiver viva.

19 — Não se aproxime da mulher, para ter relações com ela, durante a sua menstruação. 20 Nem

se deite com a mulher do seu próximo, para ter
relações sexuais, porque isso torna você impuro.
21 E não entregue nenhum dos seus descendentes
para que se dedique a Moloque. Não profane o
nome do seu Deus. Eu sou o Senhor.

22 — Não se deite com outro homem para ter
relações com ele como se fosse mulher; é abomi-
nação. 23 Nem tenha relações com um animal, para
se contaminar com ele; e também a mulher não se
porá diante de um animal, para ajuntar-se com
ele; é confusão.

24 — Não se contaminem com nenhuma destas
coisas, porque com todas estas coisas se contami-
naram as nações que eu vou expulsar da presença
de vocês. 25 A terra se contaminou; eu a castiguei
por sua iniquidade, e ela vomitou os seus mora-
dores. 26 Vocês, porém, guardarão os meus estatu-
tos e os meus juízos, e não farão nenhuma dessas
abominações, nem o natural da terra, nem o es-
trangeiro que peregrina entre vocês. 27 Porque os
moradores desta terra que nela estavam antes de
vocês fizeram todas essas abominações, e a terra
se contaminou. 28 Que não aconteça que a terra
vomite vocês também, por terem se contamina-
do, como vomitou o povo que nela estava antes de
vocês. 29 Todo aquele que fizer alguma dessas abo-
minações, sim, aqueles que as cometerem serão
eliminados do seu povo.

30 — Portanto, vocês devem guardar a obri-
gação que têm para comigo, não praticando
nenhum dos costumes abomináveis que foram
praticados antes de vocês, e não se contaminem
com eles. Eu sou o Senhor, o Deus de vocês.

A repetição de diversas leis

19 1 O Senhor disse a Moisés:
2 — Fale a toda a congregação dos filhos
de Israel e diga-lhes: Sejam santos, porque eu, o
Senhor, o Deus de vocês, sou santo. 3 Cada um
respeite a sua mãe e o seu pai e guarde os meus
sábados. Eu sou o Senhor, o Deus de vocês. 4 Não
se voltem para os ídolos, nem façam para si deuses
de metal. Eu sou o Senhor, o Deus de vocês.

5 — Quando oferecerem um sacrifício pacífico
ao Senhor, ofereçam-no para que vocês sejam
aceitos. 6 Podem comer dele no dia em que o ofe-
recerem e no dia seguinte; mas o que sobrar, no
terceiro dia, será queimado. 7 Se uma parte dele
for comida no terceiro dia, é abominação; não será
aceita. 8 Quem dele comer levará a sua iniquidade,
porque profanou coisa santa do Senhor; por isso,
será eliminado do seu povo.

9 — Quando você fizer a colheita da sua terra,
não colha totalmente o canto do seu campo, nem
volte para recolher as espigas caídas. 10 Não seja
rigoroso demais ao fazer a colheita da sua vinha,
nem volte para recolher as uvas que tiverem caído
no chão; deixe-as para os pobres e estrangeiros. Eu
sou o Senhor, o Deus de vocês.

11 — Não furtem, não mintam, nem usem de fal-
sidade uns com os outros. 12 Não façam juramentos
falsos pelo meu nome, pois vocês estariam profa-
nando o nome do seu Deus. Eu sou o Senhor.

13 — Não oprima nem roube o seu próximo.
Que o pagamento do trabalhador diarista não fi-
que com você até a manhã seguinte.

14 — Não amaldiçoe o surdo, nem ponha trope-
ço diante do cego, mas tema o seu Deus. Eu sou o
Senhor.

15 — Não seja injusto ao julgar uma causa, nem
favorecendo o pobre, nem agradando o rico; jul-
gue o seu próximo com justiça.

16 — Não ande como mexeriqueiro no meio do
seu povo, nem atente contra a vida do seu próxi-
mo. Eu sou o Senhor.

17 — Não guarde ódio no coração contra o seu
próximo, mas repreenda-o e não incorra em peca-
do por causa dele.

18 — Não procure vingança, nem guarde ira
contra os filhos do seu povo, mas ame o seu próxi-
mo como você ama a si mesmo. Eu sou o Senhor.

19 — Guarde os meus estatutos. Não permita
que os seus animais se ajuntem com os de espécie
diversa. Não plante semente de duas espécies em
seu campo, nem use roupa de dois tipos diferentes
de tecido.

20 — Se um homem tiver relações com uma
mulher, e esta for escrava prometida a outro ho-
mem, mas que não foi resgatada nem posta em
liberdade, então deverá haver punição; não serão
mortos, pois ela ainda não havia sido libertada.
21 O homem, como oferta pela sua culpa, trará
um carneiro ao Senhor, à porta da tenda do en-
contro. 22 Com o carneiro da oferta pela culpa, o
sacerdote fará expiação, diante do Senhor, pelo
pecado que o homem cometeu, e o pecado lhe
será perdoado.

23 — Quando entrarem na terra e plantarem
todo tipo de árvore frutífera, os frutos dessas ár-
vores lhes serão vedados; nos primeiros três anos
serão impuros para vocês; não poderão comê-los.
24 Porém, no quarto ano, todo fruto dessas árvo-
res será santo, será oferta de louvores ao Senhor.
25 No quinto ano, vocês poderão comer os frutos
para que as árvores aumentem a sua produção. Eu
sou o Senhor, o Deus de vocês.

26 — Não comam nada que tenha sangue. Não
façam adivinhações nem pratiquem magia.

27 — Não cortem o cabelo nas têmporas, nem
danifiquem as pontas da barba. 28 Pelos mortos
não façam cortes no corpo, nem ponham marca
nenhuma sobre vocês. Eu sou o Senhor.

29 — Não desonre a sua filha, fazendo dela uma
prostituta, para que a terra não se prostitua, nem

se encha de maldade. 30 Guardem os meus sábados
e reverenciem o meu santuário. Eu sou o Senhor.

31 — Não se voltem para os necromantes, nem
para os adivinhos; não os procurem, pois vocês
serão contaminados por eles. Eu sou o Senhor, o
Deus de vocês.

32 Fique em pé na presença dos idosos, honre a
presença do ancião e tema o seu Deus. Eu sou o
Senhor.

33 — Não oprimam o estrangeiro que peregrinar
na terra de vocês. 34 Tratem o estrangeiro que pe-
regrina entre vocês como tratam quem é natural
da terra; amem o estrangeiro como amam a vocês
mesmos, pois vocês foram estrangeiros na terra do
Egito. Eu sou o Senhor, o Deus de vocês.

Pesos e medidas justos

Dt 25.13-16

35 — Não cometam injustiça no juízo, nem na
vara para medir, nem no peso, nem na quantida-
de. 36 Tenham balanças justas, pesos justos e me-
didas de cereais e de líquidos que sejam justas.
Eu sou o Senhor, o Deus de vocês, que os tirei
da terra do Egito. 37 Guardem todos os meus es-
tatutos e cumpram todos os meus juízos. Eu sou
o Senhor.

Castigos para diversos pecados

20 1 O Senhor disse a Moisés:
2 — Diga também aos filhos de Israel: Qual-
quer dos filhos de Israel, ou dos estrangeiros que
peregrinam em Israel, que entregar um de seus
filhos a Moloque será morto; o povo da terra o
apedrejará. 3 Voltarei o meu rosto contra esse ho-
mem e o eliminarei do meio do seu povo, porque
entregou um de seus filhos a Moloque, contami-
nando, assim, o meu santuário e profanando o
meu santo nome. 4 Se o povo da terra fechar os
olhos para o que esse homem fez, ao entregar um
de seus filhos a Moloque, e não o matar, 5 então
eu voltarei o meu rosto contra esse homem e
contra a sua família e o eliminarei do meio do seu
povo, com todos os que o seguem e se prostituem
com Moloque.

6 — Quando alguém se virar para os necroman-
tes e feiticeiros, para se prostituir com eles, eu
voltarei o meu rosto contra ele e o eliminarei do
meio do seu povo. 7 Portanto, santifiquem-se e se-
jam santos, pois eu sou o Senhor, o Deus de vocês.
8 Guardem os meus estatutos e tratem de cumpri-
-los. Eu sou o Senhor, que os santifico.

9 — Se um homem amaldiçoar o seu pai ou a
sua mãe, será morto. Amaldiçoou o seu pai ou a
sua mãe; é responsável pela própria morte.

10 — Se um homem adulterar com a mulher do
seu próximo, será morto o adúltero e a adúltera.
11 O homem que tiver relações com a mulher de
seu pai terá envergonhado o seu pai; tanto aque-
le homem quanto a mulher serão mortos; o seu
sangue cairá sobre eles. 12 Se um homem tiver re-
lações com a nora, ambos serão mortos; fizeram
confusão; o seu sangue cairá sobre eles. 13 Se tam-
bém um homem tiver relações com outro homem,
como se fosse mulher, ambos praticaram coisa
abominável; serão mortos; o seu sangue cairá so-
bre eles. 14 Se um homem tiver relações com uma
mulher e com a mãe dela, isso é algo vergonhoso;
queimarão tanto ele quanto elas, para que não
haja maldade no meio de vocês. 15 Se também um
homem tiver relações com um animal, será mor-
to; matem também o animal. 16 Se uma mulher se
aproximar de algum animal e tiver relações com
ele, matem tanto a mulher como o animal; o seu
sangue cairá sobre eles.

17 — Se um homem casar com a sua irmã, fi-
lha de seu pai ou filha de sua mãe, e se ele tiver
relações com ela e ela tiver relações com ele, será
uma indecência; portanto, serão eliminados na
presença dos filhos do seu povo; ele envergo-
nhou a sua irmã; levará sobre si a sua iniquida-
de. 18 Se um homem se deitar com uma mulher
no período da menstruação dela e tiver relações
com ela, descobrindo a sua fonte, e ela descobrir
a fonte do seu sangue, ambos serão eliminados
do meio do seu povo. 19 Também não tenha rela-
ções com a irmã de sua mãe ou a irmã de seu pai,
porque significa ter relações com uma parenta;
levarão sobre si a sua iniquidade. 20 Se um ho-
mem tiver relações com a tia, envergonhou o seu
tio; levarão seu pecado sobre si; morrerão sem
filhos. 21 Se um homem tomar a mulher de seu ir-
mão, isso é impureza; envergonhou o seu irmão;
ficarão sem filhos.

22 — Guardem, portanto, todos os meus esta-
tutos e cumpram todos os meus juízos, para que
a terra para a qual eu os estou levando, para nela
habitar, não os vomite de lá. 23 Não andem nos cos-
tumes dos povos que eu vou expulsar de diante de
vocês, porque fizeram todas estas coisas; por isso,
me aborreci deles. 24 Mas a vocês eu já disse que
herdarão a terra deles; eu a darei a vocês em heran-
ça, terra que mana leite e mel. Eu sou o Senhor, o
Deus de vocês, que os separei dos outros povos.

25 — Portanto, façam distinção entre os animais
puros e os impuros e entre as aves impuras e as pu-
ras; não se façam abomináveis por causa dos ani-
mais, ou das aves, ou de tudo o que se arrasta sobre
a terra, os quais separei de vocês, para que as con-
siderem impuras. 26 Sejam santos para mim, porque
eu, o Senhor, sou santo e os separei dos outros po-
vos, para que sejam meus.

27 — O homem ou a mulher que for necroman-
te ou feiticeiro será morto; será apedrejado; o seu
sangue cairá sobre ele.

Leis para os sacerdotes

21 1 O Senhor disse a Moisés:
— Fale aos sacerdotes, os filhos de Arão, e
diga-lhes: O sacerdote não se contaminará por
causa de um morto entre o seu povo, 2 a não ser
que se trate de um parente mais chegado: a mãe,
o pai, um filho, uma filha, um irmão. 3 Também no
caso da morte de uma irmã virgem, chegada a ele,
que ainda não teve marido, pode contaminar-se.
4 Ele, sendo homem principal entre o seu povo,
não se contaminará, pois ele se profanaria. 5 Os sa-
cerdotes não farão calva na sua cabeça e não cor-
tarão as extremidades da barba, nem farão cortes
no próprio corpo. 6 Serão santos para o seu Deus e
não profanarão o nome do seu Deus, porque ofe-
recem as ofertas queimadas do Senhor, o pão de
seu Deus; portanto, serão santos. 7 Não poderão
casar com mulher prostituta ou desonrada, nem
com mulher divorciada de seu marido, pois o sa-
cerdote é santo para o seu Deus. 8 Portanto, você
deve considerá-lo santo, porque oferece o pão do
seu Deus. Ele será santo para vocês, porque eu, o
Senhor que os santifico, sou santo. 9 Se a filha de
um sacerdote se desonrar, entregando-se à prosti-
tuição, profana o pai dela; será queimada.

10 — O sumo sacerdote entre seus irmãos, so-
bre cuja cabeça foi derramado o óleo da unção, e
que for consagrado para usar as vestes sagradas,
não deixará os cabelos sem pentear, nem rasgará
as suas roupas. 11 Não se aproximará de cadáver
algum, nem se contaminará por causa do seu pai
ou da sua mãe. 12 Não sairá do santuário, nem
profanará o santuário do seu Deus, pois a consa-
gração do óleo da unção do seu Deus está sobre
ele. Eu sou o Senhor. 13 Ele tomará por mulher
uma virgem. 14 Não casará com viúva, divorciada,
desonrada ou prostituta, mas tomará por mulher
uma virgem do seu povo. 15 E não profanará a sua
descendência entre o seu povo, porque eu sou o
Senhor, que o santifico.

16 O Senhor disse a Moisés:

17 — Fale a Arão, dizendo: Nenhum dos seus
descendentes, nas suas gerações, em quem hou-
ver algum defeito se aproximará para oferecer
o pão do seu Deus. 18 Pois nenhum homem em
quem houver defeito se aproximará: seja um ho-
mem cego, coxo, de rosto mutilado ou despro-
porcionado, 19 homem que tiver o pé quebrado
ou mão quebrada, 20 que for corcunda, anão, que
tiver defeito nos olhos, sarna, feridas na pele, ou
que tiver testículo esmagado. 21 Nenhum homem
da descendência de Arão, o sacerdote, em quem
houver algum defeito se aproximará para ofe-
recer as ofertas queimadas do Senhor; ele tem
defeito; não se aproximará para oferecer o pão
do seu Deus. 22 Poderá comer o pão do seu Deus,
tanto do santíssimo como do santo. 23 Porém não
poderá entrar até o véu, nem se aproximará do al-
tar, porque tem defeito, para que não profane os
meus santuários, porque eu sou o Senhor, que os
santifico.

24 Foi isso que Moisés disse a Arão, aos filhos
deste e a todos os filhos de Israel.

A santidade das ofertas

22 1 O Senhor disse a Moisés:
2 — Diga a Arão e aos seus filhos que se abs-
tenham das ofertas sagradas, dedicadas a mim
pelos filhos de Israel, para que não profanem o
meu santo nome. Eu sou o Senhor. 3 Diga-lhes:
Ao longo de suas gerações, qualquer descenden-
te de vocês que se aproximar das ofertas sagradas
que os filhos de Israel dedicam ao Senhor, tendo
sobre si a sua impureza, será eliminado da minha
presença. Eu sou o Senhor.

4 — Ninguém da descendência de Arão que for
leproso ou tiver fluxo comerá das ofertas sagra-
das, até que esteja puro. Também não poderá co-
mer das ofertas sagradas o que tocar alguma coisa
impura por causa de um morto ou aquele que tiver
emissão de sêmen; 5 nem aquele que tocar algum
animal que rasteja pelo chão, com o que se faz im-
puro, ou alguma pessoa, com a qual se faz impuro,
seja qual for a impureza dessa pessoa. 6 Quem to-
car em tais coisas ficará impuro até a tarde e não
comerá das ofertas sagradas sem primeiro banhar
o seu corpo em água. 7 Depois do pôr do sol estará
puro e poderá comer das ofertas sagradas, porque
este é o seu alimento. 8 Do animal que morre por
si mesmo ou é dilacerado por outro animal não
comerá, para não se contaminar com isso. Eu sou
o Senhor. 9 Guardarão, pois, a obrigação que têm
para comigo, para que, por isso, não levem sobre
si pecado e morram, havendo feito profanação. Eu
sou o Senhor, que os santifico.

10 — Nenhum estranho poderá comer das ofer-
tas sagradas; nem o hóspede do sacerdote nem o
seu trabalhador diarista poderão comer das ofer-
tas sagradas. 11 Mas, se o sacerdote comprar algum
escravo com o seu dinheiro, este poderá comer
delas; os que nascerem na casa do sacerdote, estes
poderão comer do seu pão. 12 Se a filha do sacerdo-
te se casar com um estranho, ela não poderá co-
mer da oferta das coisas sagradas. 13 Mas, se a filha
do sacerdote for viúva ou divorciada, não tiver fi-
lhos e tiver voltado à casa de seu pai, como na sua
mocidade, poderá comer do pão de seu pai; mas
nenhum estranho poderá comer desse alimento.

14 — Se alguém, por engano, comer a oferta sa-
grada, deverá acrescentar a ela a sua quinta parte
e a dará ao sacerdote com a oferta sagrada. 15 Os
sacerdotes não devem profanar as coisas sagra-
das que os filhos de Israel oferecem ao Senhor,
16 pois assim os fariam levar sobre si a culpa da

iniquidade, comendo as ofertas sagradas; porque
eu sou o SENHOR, que os santifico.

Leis a respeito dos animais sacrificados

17 O SENHOR disse a Moisés:
18 — Fale a Arão, a seus filhos e a todos os fi-
lhos de Israel e diga-lhes: Quando um homem
da casa de Israel ou dos estrangeiros em Israel
apresentar a sua oferta ao SENHOR em holocaus-
to, quer em cumprimento de seus votos ou como
ofertas voluntárias, 19 para que seja aceitável
deverá oferecer um macho sem defeito, seja do
gado, do rebanho de ovelhas ou de cabras. 20 Po-
rém todo o que tiver defeito, esse vocês não pode-
rão oferecer; porque não seria aceito em favor de
vocês. 21 Quando alguém oferecer sacrifício pací-
fico ao SENHOR, quer em cumprimento de voto ou
como oferta voluntária, do gado ou do rebanho,
o animal deve ser sem defeito para ser aceitável;
nele, não poderá haver defeito nenhum. 22 O cego,
aleijado, mutilado, ulceroso, sarnoso ou cheio de
feridas na pele, vocês não os devem oferecer ao
SENHOR e deles não devem apresentar como ofer-
ta queimada ao SENHOR sobre o altar. 23 Porém
novilho ou cordeiro desproporcionados vocês po-
derão oferecer por oferta voluntária, mas não será
aceito se for para cumprir um voto. 24 Não ofere-
çam ao SENHOR animal que tiver os testículos ma-
chucados, moídos, arrancados ou cortados; não
façam isso em sua terra. 25 Também da mão de um
estrangeiro nenhum desses animais vocês pode-
rão oferecer como pão do Deus de vocês, porque
são corrompidos pelo defeito que há neles; não
serão aceitos em favor de vocês.
26 O SENHOR disse ainda a Moisés:
27 — Quando nascer um bezerro, um cordeiro ou
um cabrito, ele ficará sete dias com a mãe dele; do
oitavo dia em diante será aceito por oferta queima-
da ao SENHOR. 28 Quer seja vaca ou ovelha, não mate
a ela e seu filhote, ambos no mesmo dia. 29 Quando
vocês oferecerem sacrifício de ação de graças ao
SENHOR, façam-no para que vocês sejam aceitos.
30 No mesmo dia, será comido; e, dele, não deixem
ficar nada até a manhã seguinte. Eu sou o SENHOR.
31 — Guardem e cumpram os meus manda-
mentos. Eu sou o SENHOR. 32 Não profanem o meu
santo nome, mas serei santificado no meio dos fi-
lhos de Israel. Eu sou o SENHOR, que os santifico,
33 que os tirei da terra do Egito, para ser o Deus de
vocês. Eu sou o SENHOR.

As festas solenes

23 1 O SENHOR disse a Moisés:
2 — Fale aos filhos de Israel e diga-lhes: As
festas fixas do SENHOR, que vocês proclamarão,
serão santas convocações; são estas as minhas
festas.

O sábado

Êx 23.12

3 — Seis dias vocês trabalharão, mas o sétimo
dia será o sábado de descanso solene, santa con-
vocação; não façam nenhuma obra; é sábado de-
dicado ao SENHOR onde quer que vocês morarem.

A Páscoa e os Pães sem Fermento

Êx 23.14-15; 34.18; Dt 16.1-8

4 — São estas as festas fixas do SENHOR, as san-
tas convocações, que vocês proclamarão no seu
tempo determinado: 5 no primeiro mês, aos cator-
ze do mês, no crepúsculo da tarde, é a Páscoa do
SENHOR. 6 E aos quinze dias deste mês é a Festa dos
Pães sem Fermento do SENHOR; durante sete dias
vocês comerão pães sem fermento. 7 No primeiro
dia vocês terão uma santa convocação; não façam
nenhum trabalho. 8 Durante sete dias vocês apre-
sentarão oferta queimada ao SENHOR; no sétimo
dia haverá uma santa convocação; não façam ne-
nhum trabalho nesse dia.

As Primícias

Êx 23.16; 34.22-26

9 O SENHOR disse a Moisés:
10 — Fale aos filhos de Israel e diga-lhes: Quan-
do entrarem na terra que eu lhes dou e fizerem a
colheita, vocês trarão um feixe das primícias da
colheita ao sacerdote; 11 este moverá o feixe diante
do SENHOR, para que vocês sejam aceitos; 12 o sa-
cerdote moverá o feixe no dia imediatamente após
o sábado. No dia em que moverem o feixe, vocês
oferecerão um cordeiro sem defeito, de um ano,
em holocausto ao SENHOR. 13 A oferta de cereais
que acompanha o holocausto serão quatro litros
da melhor farinha, amassada com azeite, para
oferta queimada de aroma agradável ao SENHOR,
e a libação que acompanha será de um litro de
vinho. 14 Vocês não deverão comer pão, nem trigo
torrado, nem espigas de trigo verdes, até o dia em
que vocês trouxerem a oferta ao seu Deus; este é
um estatuto perpétuo durante as gerações de vo-
cês, onde quer que morarem.

O Pentecostes

Dt 16.9-12

15 — Contem sete semanas a partir do dia
imediatamente após o sábado, a partir do dia em
que trouxerem o feixe da oferta movida; deverão
ser semanas inteiras. 16 Até o dia que vem depois
do sétimo sábado, contem cinquenta dias; então
apresentem nova oferta de cereais ao SENHOR.
17 De onde estiverem morando tragam dois pães
para serem movidos. Os pães serão feitos com qua-
tro litros da melhor farinha, assados com fermen-
to; são primícias ao SENHOR. 18 Junto com o pão
ofereçam sete cordeiros de um ano, sem defeito,

um novilho e dois carneiros; serão holocausto
ao SENHOR, acompanhado da oferta de cereais e
das libações, que serão apresentadas como oferta
queimada de aroma agradável ao SENHOR. 19 Ofe-
reçam também um bode como oferta pelo pecado,
e dois cordeiros de um ano como oferta pacífica.
20 O sacerdote os moverá, com o pão das primícias,
por oferta movida diante do SENHOR, com os dois
cordeiros; santos serão ao SENHOR, para o uso do
sacerdote. 21 No mesmo dia, se proclamará que
vocês terão santa convocação; não façam nenhum
trabalho nesse dia; é estatuto perpétuo onde quer
que vocês morarem, de geração em geração.
22 — Quando fizerem a colheita na terra de
vocês, não colham até as beiradas do seu campo,
nem recolham as espigas que caíram durante a co-
lheita; deixem essas espigas para os pobres e para
os estrangeiros. Eu sou o SENHOR, o Deus de vocês.
23 O SENHOR disse a Moisés:
24 — Fale aos filhos de Israel, dizendo: No pri-
meiro dia do sétimo mês, vocês terão um descanso
solene, memorial, com toques de trombetas, santa
convocação. 25 Nesse dia não farão nenhum traba-
lho, mas trarão oferta queimada ao SENHOR.

O Dia da Expiação

Lv 16.29-34

26 O SENHOR disse ainda a Moisés:
27 — Mas, aos dez dias deste sétimo mês, será
o Dia da Expiação; façam uma santa convocação
e humilhem-se; tragam uma oferta queimada ao
SENHOR. 28 Nesse mesmo dia, vocês não farão ne-
nhum trabalho, porque é o Dia da Expiação, para
fazer expiação por vocês diante do SENHOR, o seu
Deus. 29 Qualquer pessoa que, nesse dia, não se hu-
milhar será eliminada do seu povo. 30 Quem, nesse
dia, fizer algum trabalho, a esse eu destruirei do
meio do seu povo. 31 Não façam nenhum trabalho
nesse dia; é estatuto perpétuo pelas gerações de
vocês, onde quer que morarem. 32 Será um sábado
de descanso solene para vocês e vocês se humilha-
rão; da tarde do dia nove desse mês até a tarde do
dia seguinte vocês celebrarão esse sábado.

A Festa dos Tabernáculos

33 O SENHOR disse a Moisés:
34 — Fale aos filhos de Israel, dizendo: Aos
quinze dias deste sétimo mês será a Festa dos
Tabernáculos ao SENHOR, durante sete dias. 35 No
primeiro dia, haverá santa convocação; não façam
nenhum trabalho. 36 Durante sete dias, apresen-
tem ofertas queimadas ao SENHOR. No oitavo dia,
vocês terão uma santa convocação e apresentarão
ofertas queimadas ao SENHOR; é reunião solene,
não façam nenhum trabalho nesse dia.
37 — São estas as festas fixas do SENHOR, que
vocês proclamarão para santas convocações, para
apresentar ao SENHOR oferta queimada, holocausto
e oferta de cereais, sacrifício e libações, cada qual
em seu dia próprio, 38 além dos sábados do SENHOR,
das dádivas, de todos os votos de vocês e de todas
as ofertas voluntárias que vocês darão ao SENHOR.
39 — Porém, aos quinze dias do sétimo mês,
quando tiverem recolhido os produtos da terra,
vocês celebrarão a festa do SENHOR, durante sete
dias. No primeiro dia e também no oitavo, haverá
descanso solene. 40 No primeiro dia, peguem para
vocês frutos das melhores árvores, ramos de pal-
meiras, ramos de árvores frondosas e de salguei-
ros; e, durante sete dias, vocês se alegrarão diante
do SENHOR, o seu Deus. 41 Celebrem esta festa ao
SENHOR durante sete dias cada ano; é estatuto per-
pétuo de geração em geração; no sétimo mês, vo-
cês celebrarão esta festa. 42 Durante sete dias vocês
habitarão em tendas de ramos; todos os naturais
de Israel habitarão em tendas, 43 para que as gera-
ções de vocês saibam que eu fiz com que os filhos
de Israel habitassem em tendas, quando os tirei da
terra do Egito. Eu sou o SENHOR, o Deus de vocês.
44 Assim, Moisés declarou as festas fixas do
SENHOR aos filhos de Israel.

O azeite para o candelabro

Êx 27.20-21

24 1 O SENHOR disse a Moisés:
2 — Ordene aos filhos de Israel que lhe tra-
gam azeite puro de oliveira, azeite batido, para o
candelabro, para que haja lâmpada acesa conti-
nuamente. 3 Na tenda do encontro fora do véu,
que está diante da arca do testemunho, Arão a
conservará em ordem, desde a tarde até pela ma-
nhã, continuamente, diante do SENHOR; este será
estatuto perpétuo de geração em geração. 4 Sobre
o candeeiro de ouro puro conservará em ordem as
lâmpadas diante do SENHOR, continuamente.

O pão para a mesa do Senhor

5 — Pegue também da melhor farinha e dela
faça doze pães, cada um deles com dois quilos. 6 E
coloque-os em duas fileiras, seis em cada fileira,
sobre a mesa de ouro puro, diante do SENHOR.
7 Sobre cada fileira coloque incenso puro, que será,
para o pão, como porção memorial; é oferta quei-
mada ao SENHOR. 8 Em cada sábado, Arão os porá
em ordem diante do SENHOR, continuamente, da
parte dos filhos de Israel, por aliança perpétua.
9 Esses pães serão de Arão e de seus filhos, os quais
os comerão num lugar santo, porque são coisa
santíssima para eles, das ofertas queimadas ao
SENHOR, como estatuto perpétuo.

A pena pelo pecado de blasfêmia

10 Havia entre os filhos de Israel o filho de uma
israelita, cujo pai era um egípcio. O filho dessa

israelita e certo homem israelita brigaram no ar-
raial. 11 Então o filho da mulher israelita blasfemou
contra o nome do SENHOR e o amaldiçoou; por isso
o levaram a Moisés. O nome da mãe dele era Selo-
mite, filha de Dibri, da tribo de Dã. 12 E o levaram
à prisão, até que o SENHOR lhes declarasse o que
deviam fazer.

13 O SENHOR disse a Moisés:

14 — Leve o homem que blasfemou para fora
do arraial. E todos os que o ouviram porão as
mãos sobre a cabeça dele, e toda a congregação o
apedrejará. 15 Você dirá aos filhos de Israel: Quem
amaldiçoar o seu Deus levará sobre si o seu pecado.
16 Aquele que blasfemar contra o nome do SENHOR
será morto; toda a congregação o apedrejará. Tanto
o estrangeiro como o natural da terra, blasfeman-
do contra o nome do SENHOR, será morto.

17 — Quem matar alguém será morto. 18 Mas
quem matar um animal deve restituí-lo: igual por
igual. 19 Se alguém desfigurar o seu próximo, como
ele fez, assim lhe será feito: 20 fratura por fratura,
olho por olho, dente por dente; como ele tiver des-
figurado a algum homem, assim se fará com ele.
21 Quem matar um animal restituirá outro; quem
matar um homem será morto. 22 Vocês terão uma
e a mesma lei para o estrangeiro e para o natural
da terra; pois eu sou o SENHOR, o Deus de vocês.

23 Então Moisés disse aos filhos de Israel que
levassem o que tinha blasfemado para fora do
arraial e o apedrejassem; e os filhos de Israel fi-
zeram como o SENHOR havia ordenado a Moisés.

O Ano de Descanso

Êx 23.10-11

25 1 O SENHOR disse a Moisés, no monte Sinai:
2 — Fale aos filhos de Israel e diga-lhes:
Quando entrarem na terra que eu lhes dou, a pró-
pria terra guardará um sábado dedicado ao SENHOR.
3 Durante seis anos vocês semearão os seus campos,
e durante seis anos vocês podarão as suas vinhas e
colherão os frutos delas. 4 Porém, no sétimo ano,
haverá um sábado de descanso solene para a ter-
ra, um sábado dedicado ao SENHOR; não semeiem
os seus campos, nem façam a poda de suas vinhas.
5 Não façam a colheita do que nascer por si mes-
mo nos seus campos, nem colham as uvas de suas
vinhas que não foram podadas; será um ano de
descanso solene para a terra. 6 Mas vocês poderão
comer os frutos da terra em descanso — vocês, os
seus escravos, as suas escravas, os seus trabalha-
dores diaristas e os estrangeiros que moram com
vocês. 7 Também o seu gado e os animais que estão
na sua terra comerão tudo o que a terra produzir.

O Ano do Jubileu

8 — Conte sete semanas de anos, isto é, sete
vezes sete anos, de maneira que os dias das sete
semanas de anos somem quarenta e nove anos.
9 Então, no sétimo mês, aos dez dias do mês, você
fará soar a trombeta; no Dia da Expiação, vocês
farão soar a trombeta por toda a terra de vocês.
10 Santifiquem o quinquagésimo ano e procla-
mem liberdade na terra a todos os seus mora-
dores. Esse será um ano de jubileu para vocês, e
cada um de vocês voltará à sua propriedade, cada
um de vocês voltará à sua família. 11 O quinqua-
gésimo ano será jubileu para vocês; não semeiem
o campo, não colham o que nascer por si mesmo,
nem colham as uvas das vinhas não podadas.
12 Porque é jubileu, será santo para vocês; o pro-
duto do campo vocês podem comer.

13 — Neste Ano do Jubileu, cada um de vocês
voltará à sua propriedade.

14 — Quando você vender algo ao seu próximo
ou comprar alguma coisa dele, não explore o seu
irmão. 15 Você comprará do seu próximo com base
no número dos anos desde o último Jubileu; e, se-
gundo o número dos anos das colheitas até o pró-
ximo Jubileu, ele venderá a você. 16 Sendo muitos
os anos, você aumentará o preço e, sendo poucos,
você abaixará o preço; porque ele está vendendo a
você o número das colheitas. 17 Que ninguém ex-
plore o seu próximo; cada um, porém, tema o seu
Deus; porque eu sou o SENHOR, o Deus de vocês.

18 — Observem os meus estatutos e cumpram
os meus juízos; assim, vocês habitarão seguros na
terra. 19 A terra dará o seu fruto, e vocês terão comi-
da à vontade e nela habitarão em segurança. 20 Se
vocês perguntarem: "Que comeremos no sétimo
ano, se não podemos semear nem fazer a colhei-
ta?", 21 saibam que eu lhes darei a minha bênção
no sexto ano, para que a terra produza o suficiente
para três anos. 22 No oitavo ano, vocês semearão e
comerão da colheita anterior até o nono ano; até
que venha a colheita do nono ano, vocês comerão
da antiga. 23 Também a terra não será vendida em
definitivo, porque a terra é minha; pois vocês são
para mim estrangeiros e peregrinos. 24 Portanto,
em todas as terras da propriedade de vocês, per-
mitam que as terras sejam resgatadas.

25 — Se alguém do seu povo empobrecer e
vender alguma parte das suas propriedades, en-
tão virá o seu resgatador, seu parente, e resgatará
o que esse seu irmão vendeu. 26 Se alguém não
tiver resgatador, porém vier a tornar-se próspe-
ro e achar o bastante com que a remir, 27 então
contará os anos desde a sua venda, e o que ficar
restituirá ao homem a quem vendeu; e assim
poderá voltar à sua propriedade. 28 Mas, se as
suas posses não lhe permitirem reavê-la, então
a propriedade que for vendida ficará na mão do
comprador até o Ano do Jubileu; porém, no Ano
do Jubileu, sairá do poder deste, e aquele poderá
voltar para a sua propriedade.

29— Se alguém vender uma casa de moradia
em cidade murada, poderá resgatá-la antes que se
complete um ano a contar de sua venda; durante
um ano, será lícito o seu resgate. 30 Se, depois de
passado um ano, não for resgatada, então a casa
que estiver na cidade que tem muralhas pertence-
rá em definitivo ao que a comprou, de geração em
geração; não sairá do poder dele no Jubileu. 31 Mas
as casas das aldeias que não têm muralhas ao
redor serão estimadas como os campos da terra;
para elas haverá resgate, e sairão do poder do com-
prador no Jubileu. 32 Mas, com respeito às cidades
dos levitas, às casas das cidades da sua proprie-
dade, os levitas terão direito perpétuo de resgate.
33 Se o levita não resgatar a casa que vendeu, então
a casa comprada na cidade da sua propriedade sai-
rá do poder do comprador, no Jubileu; porque as
casas das cidades dos levitas são a sua proprieda-
de no meio dos filhos de Israel. 34 Mas o campo em
volta das suas cidades não será vendido, porque
pertence a eles para sempre.

Leis a favor dos pobres

Dt 15.7-11

35— Se alguém do seu povo se tornar pobre e
as suas mãos se enfraquecerem, então você tem
o dever de sustentá-lo; ele viverá com você como
estrangeiro e peregrino. 36 Não cobre dele juros
nem ganho, mas tema o seu Deus, para que esse
seu irmão possa viver perto de você. 37 Não cobre
juros sobre o dinheiro que emprestar a ele, nem
dê mantimento a ele esperando obter lucro. 38 Eu
sou o SENHOR, o Deus de vocês, que os tirei da
terra do Egito, para dar a vocês a terra de Canaã e
para ser o seu Deus.

Leis a favor dos escravos

39— Também se alguém do seu povo se tornar
pobre, estando ele com você, e vender-se a você,
não o faça servir como escravo. 40 Trate-o como
um trabalhador diarista ou estrangeiro que mora
com você. Até o Ano do Jubileu ele trabalhará
para você; 41 então ficará livre de você, ele e os fi-
lhos dele, e voltará à sua família e à propriedade
de seus pais. 42 Porque eles são meus servos, que
tirei da terra do Egito; não serão vendidos como
escravos. 43 Não domine sobre eles com tirania,
mas tema o seu Deus.

44— Quanto aos escravos ou escravas que
vocês tiverem, virão das nações que estão ao
redor de vocês; delas vocês comprarão escravos
e escravas. 45 Também poderão comprá-los dos
filhos dos estrangeiros que peregrinam entre vo-
cês, deles e das famílias deles que estiverem com
vocês, que nasceram na terra de vocês; e eles se
tornarão propriedade de vocês. 46 Vocês pode-
rão deixá-los como herança para os seus filhos
depois de vocês, para que sejam propriedade
deles. Vocês poderão fazer com que esses sirvam
perpetuamente, mas sobre os seus irmãos, os
filhos de Israel, vocês não devem dominar com
tirania uns sobre os outros.

47— Se um estrangeiro ou peregrino que mora
no meio do povo enriquecer, e se alguém do seu
povo tornar-se pobre e vender-se como escravo a
esse estrangeiro ou peregrino que mora no meio
do povo, ou a alguém da família desse estrangei-
ro, 48 depois de haver-se vendido, haverá ainda
possibilidade de resgate para ele. Um de seus pa-
rentes poderá resgatá-lo: 49 seu tio ou primo po-
derá resgatá-lo; um outro parente da sua família
também poderá resgatá-lo; ou, se tiver condições,
poderá resgatar a si mesmo. 50 Com aquele que o
comprou acertará contas desde o ano em que se
vendeu a ele até o Ano do Jubileu; o preço da sua
venda será segundo o número dos anos, confor-
me se paga a um trabalhador diarista. 51 Se ainda
faltarem muitos anos, devolverá proporcional-
mente a eles, do dinheiro pelo qual foi comprado,
o preço do seu resgate. 52 Se restarem poucos anos
até o Ano do Jubileu, então fará contas com ele e
pagará, em proporção aos anos restantes, o preço
do seu resgate. 53 Como trabalhador diarista, de
ano em ano, estará com aquele que o comprou;
não permita que o comprador domine sobre ele
com tirania. 54 Se não for resgatado por nenhum
desses meios, sairá no Ano do Jubileu, ele e seus
filhos com ele. 55 Porque é a mim que os filhos de
Israel servem. Eles são meus servos, que tirei da
terra do Egito. Eu sou o SENHOR, o Deus de vocês.

Bênçãos decorrentes da obediência

Dt 7.12-24; 28.1-14

26 1— Não façam ídolos para vocês, nem le-
vantem imagem de escultura nem coluna,
nem ponham pedra com figuras esculpidas na ter-
ra de vocês, para se inclinarem diante dela; porque
eu sou o SENHOR, o Deus de vocês. 2 Guardem os
meus sábados e reverenciem o meu santuário. Eu
sou o SENHOR.

3— Se andarem nos meus estatutos, guardarem
os meus mandamentos e os cumprirem, 4 então eu
lhes darei as chuvas na época certa, a terra produzi-
rá a sua colheita e a árvore do campo dará o seu fru-
to. 5 A debulha dos grãos se estenderá até o tempo
da vindima das uvas, e a vindima se estenderá até
o tempo da sementeira. Vocês comerão o seu pão à
vontade e habitarão em segurança na sua terra.

6— Estabelecerei paz na terra. Vocês se deita-
rão, e não haverá quem os atemorize; afastarei da
terra os animais nocivos, e pela terra de vocês não
passará espada. 7 Vocês perseguirão os seus inimi-
gos, e eles cairão à espada diante de vocês. 8 Cinco
de vocês perseguirão cem deles, e cem de vocês

perseguirão dez mil; e os seus inimigos cairão à espada diante de vocês. 9 Olharei para vocês, e os farei fecundos, e os multiplicarei, e confirmarei a minha aliança com vocês. 10 Comerão o que tiver sobrado da colheita anterior e, para dar lugar à nova colheita, jogarão fora o que tiver sobrado da anterior. 11 Porei o meu tabernáculo no meio de vocês e não me aborrecerei com vocês. 12 Andarei entre vocês e serei o seu Deus, e vocês serão o meu povo. 13 Eu sou o SENHOR, o Deus de vocês, que os tirei da terra do Egito, para que não fossem escravos dos egípcios; quebrei o jugo que pesava sobre vocês e os fiz andar de cabeça erguida.

Castigos decorrentes da desobediência

Dt 28.15-68

14 — Mas, se não me ouvirem e não cumprirem todos estes mandamentos; 15 se rejeitarem os meus estatutos, e se ficarem aborrecidos com os meus juízos, a ponto de não cumprirem todos os meus mandamentos, e quebrarem a minha aliança, 16 então eu lhes farei isto: trarei sobre vocês pavor, fraqueza e febre, que fazem desaparecer o brilho dos olhos e definhar a vida. Vocês semearão os campos em vão, porque os seus inimigos ficarão com a colheita. 17 Voltarei o meu rosto contra vocês, e serão derrotados pelos seus inimigos. Aqueles que os odeiam dominarão sobre vocês, e vocês fugirão mesmo quando ninguém os estiver perseguindo. 18 Se ainda assim não me ouvirem, tornarei a castigá-los sete vezes mais por causa dos seus pecados. 19 Quebrarei o orgulho da força de vocês e farei com que os céus sejam como ferro e a terra de vocês seja como bronze. 20 Vocês gastarão as suas forças em vão; a terra não dará a sua colheita, e as árvores da terra não darão o seu fruto.

21 — E, se andarem em oposição a mim e não quiserem me ouvir, trarei sobre vocês pragas sete vezes piores, segundo os seus pecados. 22 Porque enviarei para o meio de vocês animais selvagens, que os deixarão sem filhos, acabarão com o seu gado e os reduzirão a poucos; e as suas estradas ficarão desertas.

23 — Se ainda com isto vocês não se corrigirem e não voltarem para mim, porém andarem em oposição a mim, 24 eu também serei contrário a vocês e eu mesmo os ferirei sete vezes mais por causa dos seus pecados. 25 Trarei sobre vocês a espada vingadora da minha aliança. E então, quando vocês se refugiarem nas suas cidades, enviarei a peste para o meio de vocês, e vocês serão entregues nas mãos do inimigo. 26 Quando eu lhes tirar o sustento do pão, dez mulheres poderão assar o pão de vocês num único forno e o repartirão por peso; vocês comerão, mas não conseguirão ficar satisfeitos.

27 — Se ainda com isto não me ouvirem e andarem em oposição a mim, 28 eu também, com furor, serei contrário a vocês e os castigarei sete vezes mais por causa dos seus pecados. 29 Terão de comer a carne de seus próprios filhos e filhas. 30 Destruirei os seus lugares altos, derrubarei os altares onde queimam incenso e amontoarei os seus cadáveres sobre o cadáver dos deuses que vocês adoram; a minha alma se aborrecerá com vocês. 31 Reduzirei as cidades de vocês a deserto, destruirei os santuários onde vocês adoram e não aspirarei o aroma agradável dos seus sacrifícios. 32 Assolarei a terra, e os inimigos de vocês, que nela vierem morar, ficarão espantados. 33 Espalharei vocês entre as nações e irei atrás de vocês com a espada na mão; a terra de vocês será assolada, e as cidades ficarão em ruínas.

34 — Então a terra celebrará nos seus sábados, todos os dias da sua assolação, e vocês estarão na terra dos seus inimigos; nesse tempo, a terra descansará e observará os seus sábados. 35 Durante todos os dias da assolação a terra descansará, porque não descansou nos sábados de vocês, quando vocês moravam nela. 36 Aqueles de vocês que sobreviverem, eu lhes meterei no coração uma ansiedade tal, nas terras dos seus inimigos, que o ruído de uma folha movida os perseguirá; fugirão como quem foge da espada; e cairão sem ninguém os perseguir. 37 Cairão uns sobre os outros como diante da espada, sem ninguém os perseguir; vocês não conseguirão se levantar diante dos seus inimigos. 38 Vocês perecerão entre as nações, e a terra dos seus inimigos os consumirá. 39 Aqueles de vocês que sobreviverem serão consumidos pela sua iniquidade nas terras dos inimigos de vocês e pela iniquidade de seus pais com eles serão consumidos.

40 — Mas, se eles confessarem a sua iniquidade e a iniquidade de seus pais, na infidelidade que cometeram contra mim, e se confessarem que andaram em oposição a mim, 41 fazendo com que também eu fosse contrário a eles e os fizesse entrar na terra dos seus inimigos; se o coração incircunciso que eles têm se humilhar, e aceitarem o castigo da sua iniquidade, 42 então me lembrarei da minha aliança com Jacó, e também da minha aliança com Isaque, e também da minha aliança com Abraão, e da terra me lembrarei. 43 Mas a terra na sua assolação, deixada por eles, folgará nos seus sábados; e eles aceitarão o castigo da sua iniquidade, visto que rejeitaram os meus juízos e se aborreceram com os meus estatutos. 44 Mesmo assim, estando eles na terra de seus inimigos, não os rejeitarei, nem me aborrecerei com eles, para consumi-los e invalidar a minha aliança com eles, porque eu sou o SENHOR, o Deus deles. 45 Pelo contrário, por amor deles, me lembrarei da aliança com os seus antepassados, que tirei da terra do

Egito à vista das nações, para lhes ser por Deus.
Eu sou o SENHOR.
46 São estes os estatutos, juízos e leis que o
SENHOR estabeleceu entre si e os filhos de Israel,
por meio de Moisés, no monte Sinai.

Votos particulares e a avaliação deles

27 1 O SENHOR disse ainda a Moisés:
2 — Fale aos filhos de Israel e diga-lhes:
Quando alguém fizer um voto especial ao SENHOR
com respeito a pessoas, o resgate será feito confor-
me a seguinte avaliação. 3 Se o objeto da avaliação
for um homem, da idade de vinte anos até a de ses-
senta, a avaliação será de seiscentos gramas de pra-
ta, segundo o peso padrão do santuário. 4 Porém, se
for mulher, a avaliação será de trezentos e sessenta
gramas. 5 Se a idade for de cinco anos até vinte, a
avaliação do homem será de duzentos e quarenta
gramas, e a da mulher será de cento e vinte gra-
mas. 6 Se a idade for de um mês até cinco anos, a
avaliação do homem será de sessenta gramas de
prata, e a avaliação pela mulher será de trinta e
seis gramas de prata. 7 De sessenta anos para cima,
se for homem, a avaliação será de cento e oitenta
gramas; se mulher, cento e vinte gramas. 8 Mas,
se for pobre e não puder pagar o previsto, então
se apresentará ao sacerdote, para que este faça a
avaliação; o sacerdote avaliará segundo o que per-
mitem as posses de quem fez o voto.
9 — Se o que foi prometido for animal dos que
se oferecem ao SENHOR, tudo o que desse animal
se der ao SENHOR será santo. 10 Não se poderá
substituir ou trocar um animal bom por um ruim
ou um ruim por um bom; porém, se de algum
modo se trocar animal por animal, tanto um como
o outro serão santos. 11 Se for animal impuro dos
que não podem ser oferecidos ao SENHOR, então
apresentará o animal diante do sacerdote. 12 O
sacerdote o avaliará, seja bom ou mau; segundo a
avaliação do sacerdote, assim será. 13 Porém, se de
algum modo o resgatar, então acrescentará a quin-
ta parte ao que foi avaliado.
14 — Quando alguém dedicar a sua casa para
ser santa ao SENHOR, o sacerdote a avaliará, seja
boa ou seja má; como o sacerdote a avaliar, as-
sim será. 15 Mas, se a pessoa que a dedicou quiser
resgatar a casa, então acrescentará a quinta parte
do dinheiro à avaliação feita, e a casa ficará com
a pessoa.

Voto de um campo e o resgate dele

16 — Se alguém dedicar ao SENHOR parte do
campo da sua herança, então a avaliação será se-
gundo a semente necessária para o semear: cem
quilos de cevada será avaliado por seiscentos
gramas de prata. 17 Se dedicar o seu campo des-
de o Ano do Jubileu, a avaliação será pelo valor
integral. 18 Mas, se dedicar o seu campo depois do
Ano do Jubileu, então o sacerdote calculará o va-
lor segundo os anos restantes até o Ano do Jubi-
leu, de modo que o preço será menor. 19 Se aquele
que dedicou o campo de algum modo o quiser
resgatar, então acrescentará a quinta parte do di-
nheiro à avaliação feita, e o campo ficará com ele.
20 Se não quiser resgatar o campo ou se o vender a
outro homem, nunca mais poderá ser resgatado.
21 Porém, havendo o campo saído livre no Ano do
Jubileu, será santo ao SENHOR, como campo con-
sagrado; a posse dele será do sacerdote.
22 — Se alguém dedicar ao SENHOR o campo
que comprou, e não for parte da sua herança,
23 então o sacerdote calculará o valor da avaliação
até o Ano do Jubileu; e, no mesmo dia, pagará o
valor da avaliação como coisa santa ao SENHOR.
24 No Ano do Jubileu, o campo tornará àquele que
o vendeu, àquele de quem era a posse do campo
por herança. 25 Toda a avaliação se fará segundo
o peso padrão do santuário; o peso padrão será de
doze gramas.
26 — Mas o primogênito de um animal, por já
pertencer ao SENHOR, ninguém o dedicará; seja
boi ou gado miúdo, é do SENHOR. 27 Mas, se for de
um animal impuro, poderá ser resgatado, segundo
a avaliação, com o acréscimo de uma quinta parte
do valor; se não for resgatado, poderá ser vendido,
segundo a avaliação.

Não há resgate para certas coisas consagradas

28 — No entanto, nada do que alguém consa-
grar por completo ao SENHOR, de tudo o que tem,
seja homem, animal ou campo da sua herança,
se poderá vender, nem resgatar; toda coisa assim
consagrada será santíssima ao SENHOR. 29 Nin-
guém que dentre os homens for consagrado por
completo ao SENHOR poderá ser resgatado; terá de
ser morto.

A respeito dos dízimos

30 — Também todos os dízimos da terra, tanto
dos cereais do campo como dos frutos das árvo-
res, são do SENHOR; são santos ao SENHOR. 31 Se
alguém quiser resgatar alguma coisa dos seus dízi-
mos, acrescentará a isso a quinta parte.
32 — Quanto aos dízimos do gado e do reba-
nho, de tudo o que passar debaixo do bordão do
pastor, o dízimo será santo ao SENHOR. 33 Não
se investigará se é bom ou mau, nem poderá ser
trocado; mas, se de algum modo o trocar, tanto
um quanto o outro serão santos; não poderão ser
resgatados.
34 São estes os mandamentos que o SENHOR
ordenou a Moisés, para os filhos de Israel, no
monte Sinai.

O QUARTO LIVRO DE MOISÉS CHAMADO

NÚMEROS

Deus manda Moisés levantar o censo de Israel

1 1 No segundo ano após a saída dos filhos de Is-
rael do Egito, no primeiro dia do segundo mês,
o SENHOR falou a Moisés, no deserto do Sinai, na
tenda do encontro, dizendo:
2 — Levantem o censo de toda a congregação
dos filhos de Israel, segundo as suas famílias,
segundo a casa de seus pais, contando todos os
homens, nominalmente, cabeça por cabeça. 3 Da
idade de vinte anos para cima, todos os capazes
de sair à guerra em Israel, a esses você e Arão de-
vem contar segundo os seus exércitos. 4 De cada
tribo vocês terão a ajuda de um homem que seja
chefe da casa de seus pais.
5 — Estes, pois, são os nomes dos homens que
ajudarão vocês: de Rúben, Elizur, filho de Sedeur;
6 de Simeão, Selumiel, filho de Zurisadai; 7 de Judá,
Naassom, filho de Aminadabe; 8 de Issacar, Nata-
nael, filho de Zuar; 9 de Zebulom, Eliabe, filho de
Helom; 10 dos filhos de José: de Efraim, Elisama,
filho de Amiúde; de Manassés, Gamaliel, filho de
Pedazur; 11 de Benjamim, Abidã, filho de Gideo-
ni; 12 de Dã, Aiezer, filho de Amisadai; 13 de Aser,
Pagiel, filho de Ocrã; 14 de Gade, Eliasafe, filho de
Deuel; 15 de Naftali, Aira, filho de Enã. 16 Estes fo-
ram os escolhidos da congregação, os chefes das tri-
bos de seus pais, os cabeças dos milhares de Israel.
17 Então Moisés e Arão reuniram estes homens,
que foram designados pelos seus nomes. 18 E, ten-
do ajuntado toda a congregação no primeiro dia
do segundo mês, declararam a descendência de-
les, segundo as suas famílias, segundo a casa de
seus pais, contados nominalmente, de vinte anos
para cima, cabeça por cabeça. 19 Como o SENHOR
havia ordenado a Moisés, assim os contou no de-
serto do Sinai.
20 Dos filhos de Rúben, o primogênito de Israel,
as suas gerações, pelas suas famílias, segundo a
casa de seus pais, contados nominalmente, cabe-
ça por cabeça, todos os homens de vinte anos para
cima, todos os capazes de sair à guerra, 21 foram
contados deles, da tribo de Rúben, quarenta e seis
mil e quinhentos.
22 Dos filhos de Simeão, as suas gerações, pelas
suas famílias, segundo a casa de seus pais, conta-
dos nominalmente, cabeça por cabeça, todos os
homens de vinte anos para cima, todos os capazes
de sair à guerra, 23 foram contados deles, da tribo
de Simeão, cinquenta e nove mil e trezentos.
24 Dos filhos de Gade, as suas gerações, pe-
las suas famílias, segundo a casa de seus pais,
contados nominalmente, de vinte anos para cima,
todos os capazes de sair à guerra, 25 foram conta-
dos deles, da tribo de Gade, quarenta e cinco mil
seiscentos e cinquenta.
26 Dos filhos de Judá, as suas gerações, pelas suas
famílias, segundo a casa de seus pais, contados
nominalmente, de vinte anos para cima, todos os
capazes de sair à guerra, 27 foram contados deles,
da tribo de Judá, setenta e quatro mil e seiscentos.
28 Dos filhos de Issacar, as suas gerações, pelas
suas famílias, segundo a casa de seus pais, conta-
dos nominalmente, de vinte anos para cima, todos
os capazes de sair à guerra, 29 foram contados de-
les, da tribo de Issacar, cinquenta e quatro mil e
quatrocentos.
30 Dos filhos de Zebulom, as suas gerações,
pelas suas famílias, segundo a casa de seus pais,
contados nominalmente, de vinte anos para cima,
todos os capazes de sair à guerra, 31 foram conta-
dos deles, da tribo de Zebulom, cinquenta e sete
mil e quatrocentos.
32 Dos filhos de José, dos filhos de Efraim, as
suas gerações, pelas suas famílias, segundo a casa
de seus pais, contados nominalmente, de vinte
anos para cima, todos os capazes de sair à guerra,
33 foram contados deles, da tribo de Efraim, qua-
renta mil e quinhentos.
34 Dos filhos de Manassés, as suas gerações,
pelas suas famílias, segundo a casa de seus pais,
contados nominalmente, de vinte anos para cima,
todos os capazes de sair à guerra, 35 foram conta-
dos deles, da tribo de Manassés, trinta e dois mil
e duzentos.
36 Dos filhos de Benjamim, as suas gerações,
pelas suas famílias, segundo a casa de seus pais,
contados nominalmente, de vinte anos para cima,
todos os capazes de sair à guerra, 37 foram conta-
dos deles, da tribo de Benjamim, trinta e cinco mil
e quatrocentos.
38 Dos filhos de Dã, as suas gerações, pelas suas
famílias, segundo a casa de seus pais, contados
nominalmente, de vinte anos para cima, todos os
capazes de sair à guerra, 39 foram contados deles,
da tribo de Dã, sessenta e dois mil e setecentos.
40 Dos filhos de Aser, as suas gerações, pelas
suas famílias, segundo a casa de seus pais, con-
tados nominalmente, de vinte anos para cima,
todos os capazes de sair à guerra, 41 foram conta-
dos deles, da tribo de Aser, quarenta e um mil e
quinhentos.
42 Dos filhos de Naftali, as suas gerações, pe-
las suas famílias, segundo a casa de seus pais,

contados nominalmente, de vinte anos para cima,
todos os capazes de sair à guerra, 43 foram conta-
dos deles, da tribo de Naftali, cinquenta e três mil
e quatrocentos.
44 Estes foram os homens contados, os quais
Moisés e Arão contaram com os chefes de Israel,
que eram doze homens, cada um representando a
casa de seus pais. 45 Assim, pois, todos os contados
dos filhos de Israel, segundo a casa de seus pais,
de vinte anos para cima, todos os capazes de sair
à guerra, 46 todos os contados foram seiscentos e
três mil quinhentos e cinquenta.

Os levitas não são contados

47 Mas os levitas, segundo a tribo de seus pais,
não foram contados entre eles, 48 porque o SENHOR
havia falado a Moisés, dizendo: 49 "Somente não
faça a contagem da tribo de Levi, nem levante o
censo deles entre os filhos de Israel. 50 Mas encar-
regue os levitas de cuidarem do tabernáculo do
testemunho, de todos os seus utensílios e de tudo
o que nele se encontra. Eles levarão o tabernáculo
e todos os seus utensílios; eles ministrarão no ta-
bernáculo e acamparão ao redor dele. 51 Quando
o tabernáculo partir, os levitas o desarmarão; e,
quando o tabernáculo for armado outra vez, os
levitas o farão; o estranho que se aproximar será
morto. 52 Os filhos de Israel acamparão, cada um
no seu arraial e cada um junto ao seu estandarte,
segundo as suas turmas. 53 Mas os levitas acam-
parão ao redor do tabernáculo do testemunho,
para que não haja ira sobre a congregação dos
filhos de Israel. Os levitas assumirão a tarefa de
cuidar do tabernáculo do testemunho."
54 Assim fizeram os filhos de Israel. Segundo
tudo o que o SENHOR havia ordenado a Moisés,
assim o fizeram.

A ordem das tribos no acampamento

2 1 O SENHOR disse a Moisés e a Arão:
2 — Os filhos de Israel acamparão junto ao seu
estandarte, segundo as insígnias da casa de seus
pais; eles acamparão ao redor da tenda do encon-
tro e de frente para ela. 3 Os que acamparem ao
leste, para o lado do nascente, serão os do estan-
darte do arraial de Judá, segundo as suas turmas;
e Naassom, filho de Aminadabe, será chefe dos
filhos de Judá. 4 E o seu exército, segundo o censo,
foram setenta e quatro mil e seiscentos. 5 E junto a
ele acampará a tribo de Issacar; e Natanael, filho
de Zuar, será chefe dos filhos de Issacar. 6 E o seu
exército, segundo o censo, foram cinquenta e qua-
tro mil e quatrocentos. 7 Depois, a tribo de Zebu-
lom; e Eliabe, filho de Helom, será chefe dos filhos
de Zebulom. 8 E o seu exército, segundo o censo,
foram cinquenta e sete mil e quatrocentos. 9 Todos
os que foram contados do arraial de Judá foram
cento e oitenta e seis mil e quatrocentos, segundo
as suas turmas; e estes marcharão primeiro.
10 O estandarte do arraial de Rúben, segundo as
suas turmas, estará para o lado sul; e Elizur, filho
de Sedeur, será chefe dos filhos de Rúben. 11 E o
seu exército, segundo o censo, foram quarenta e
seis mil e quinhentos. 12 E junto a ele acampará
a tribo de Simeão; e Selumiel, filho de Zurisadai,
será chefe dos filhos de Simeão. 13 E o seu exérci-
to, segundo o censo, foram cinquenta e nove mil
e trezentos. 14 Depois, a tribo de Gade; e Eliasafe,
filho de Deuel, será chefe dos filhos de Gade. 15 E
o seu exército, segundo o censo, foram quarenta e
cinco mil seiscentos e cinquenta. 16 Todos os que
foram contados no arraial de Rúben foram cento
e cinquenta e um mil quatrocentos e cinquenta,
segundo as suas turmas; e estes marcharão em
segundo lugar.
17 Então partirá a tenda do encontro com o ar-
raial dos levitas no meio dos arraiais; como acam-
parem, assim marcharão, cada um no seu lugar,
segundo os seus estandartes.
18 O estandarte do arraial de Efraim, segundo as
suas turmas, estará para o lado oeste; e Elisama,
filho de Amiúde, será chefe dos filhos de Efraim.
19 E o seu exército, segundo o censo, foram qua-
renta mil e quinhentos. 20 E junto a ele, a tribo de
Manassés; e Gamaliel, filho de Pedazur, será chefe
dos filhos de Manassés. 21 E o seu exército, segun-
do o censo, foram trinta e dois mil e duzentos.
22 Depois, a tribo de Benjamim; e Abidã, filho de
Gideoni, será chefe dos filhos de Benjamim. 23 O
seu exército, segundo o censo, foram trinta e cinco
mil e quatrocentos. 24 Todos os que foram conta-
dos no arraial de Efraim foram cento e oito mil e
cem, segundo as suas turmas; e estes marcharão
em terceiro lugar.
25 O estandarte do arraial de Dã estará para o
norte, segundo as suas turmas; e Aiezer, filho de
Amisadai, será chefe dos filhos de Dã. 26 E o seu
exército, segundo o censo, foram sessenta e dois
mil e setecentos. 27 E junto a ele acampará a tribo
de Aser; e Pagiel, filho de Ocrã, será chefe dos fi-
lhos de Aser. 28 E o seu exército, segundo o censo,
foram quarenta e um mil e quinhentos. 29 Depois,
a tribo de Naftali; e Aira, filho de Enã, será chefe
dos filhos de Naftali. 30 E o seu exército, segundo o
censo, foram cinquenta e três mil e quatrocentos.
31 Todos os que foram contados no arraial de Dã
foram cento e cinquenta e sete mil e seiscentos; e
estes marcharão no último lugar, segundo os seus
estandartes.
32 São estes os que foram contados dos filhos
de Israel, segundo a casa de seus pais; todos os
que foram contados dos arraiais pelas suas tur-
mas foram seiscentos e três mil quinhentos e
cinquenta. 33 Mas os levitas não foram contados

entre os filhos de Israel, como o SENHOR havia or-
denado a Moisés.
34 Assim fizeram os filhos de Israel. Segundo
tudo o que o SENHOR havia ordenado a Moisés,
assim acamparam conforme os seus estandartes
e assim marcharam, cada qual segundo as suas
famílias, segundo a casa de seus pais.

Número e ofício dos levitas

3 1 São estas as gerações de Arão e de Moisés,
no dia em que o SENHOR falou com Moisés no
monte Sinai. 2 E são estes os nomes dos filhos de
Arão: o primogênito, Nadabe; depois, Abiú, Elea-
zar e Itamar. 3 Estes são os nomes dos filhos de
Arão, os sacerdotes ungidos, consagrados para
oficiar como sacerdotes. 4 Mas Nadabe e Abiú
morreram diante do SENHOR, quando ofereciam
fogo estranho ao SENHOR, no deserto do Sinai, e
não tiveram filhos; assim, Eleazar e Itamar ofi-
ciaram como sacerdotes na presença de Arão,
seu pai.
5 O SENHOR disse a Moisés:
6 — Mande chamar a tribo de Levi e coloque-
-a diante de Arão, o sacerdote, para que o sir-
vam 7 e cumpram seus deveres para com ele e
para com todo o povo, diante da tenda do en-
contro, para ministrarem no tabernáculo. 8 Te-
rão cuidado de todos os utensílios da tenda do
encontro e cumprirão o seu dever para com os
filhos de Israel, ao ministrarem no tabernáculo.
9 Portanto, você entregará os levitas a Arão e a
seus filhos; de todos os filhos de Israel, os le-
vitas são dedicados ao serviço de Arão. 10 Mas a
Arão e aos filhos dele você ordenará que se de-
diquem só ao seu sacerdócio, e o estranho que
se aproximar será morto.
11 O SENHOR disse a Moisés:
12 — Eis que tenho tomado os levitas do meio
dos filhos de Israel, em lugar de todo primogêni-
to entre os filhos de Israel. Os levitas serão meus,
13 porque todo primogênito é meu. Desde o dia
em que feri todos os primogênitos na terra do
Egito, consagrei para mim todo primogênito em
Israel, desde o homem até o animal; serão meus.
Eu sou o SENHOR.
14 O SENHOR falou a Moisés no deserto do Sinai,
dizendo:
15 — Conte os filhos de Levi, segundo a casa de
seus pais, pelas suas famílias; conte todo homem
da idade de um mês para cima.
16 E Moisés os contou segundo o mandado do
SENHOR, como lhe havia sido ordenado. 17 São
estes os filhos de Levi pelos seus nomes: Gérson,
Coate e Merari. 18 E estes são os nomes dos filhos
de Gérson pelas suas famílias: Libni e Simei. 19 E
os filhos de Coate pelas suas famílias: Anrão, Izar,
Hebrom e Uziel. 20 E os filhos de Merari pelas suas
famílias: Mali e Musi; são estas as famílias dos le-
vitas, segundo a casa de seus pais.
21 De Gérson é a família dos libnitas e a dos si-
meítas; são estas as famílias dos gersonitas. 22 To-
dos os homens que deles foram contados, cada
um nominalmente, de um mês para cima, foram
sete mil e quinhentos. 23 As famílias dos gersonitas
acamparão atrás do tabernáculo, a oeste. 24 O chefe
da casa paterna dos gersonitas será Eliasafe, filho
de Lael. 25 Os filhos de Gérson terão a seu encargo,
na tenda do encontro, o tabernáculo, a tenda e sua
cobertura, o cortinado para a porta da tenda do en-
contro, 26 as cortinas do pátio, o cortinado da porta
do pátio, que rodeia o tabernáculo e o altar, as suas
cordas e todo o serviço a eles devido.
27 De Coate é a família dos anramitas, a dos
izaritas, a dos hebronitas e a dos uzielitas; são
estas as famílias dos coatitas. 28 Contados todos
os homens, da idade de um mês para cima, foram
oito mil e seiscentos, que tinham a seu encargo
o santuário. 29 As famílias dos filhos de Coate
acamparão ao lado do tabernáculo, do lado sul.
30 O chefe da casa paterna das famílias dos coati-
tas será Elisafã, filho de Uziel. 31 Terão eles a seu
encargo a arca, a mesa, o candelabro, os altares,
os utensílios do santuário com que ministram, o
cortinado e todo o serviço a eles devido. 32 O líder
dos chefes de Levi será Eleazar, filho de Arão, o
sacerdote; terá a superintendência dos que têm a
seu encargo o santuário.
33 De Merari é a família dos malitas e a dos musi-
tas; são estas as famílias de Merari. 34 Todos os ho-
mens que deles foram contados, de um mês para
cima, foram seis mil e duzentos. 35 O chefe da casa
paterna das famílias de Merari será Zuriel, filho de
Abiail; eles acamparão ao lado do tabernáculo, do
lado norte. 36 Os filhos de Merari, por designação,
terão a seu encargo as tábuas do tabernáculo, as
suas travessas, as suas colunas, as suas bases, to-
dos os seus utensílios e todo o serviço a eles devi-
do; 37 também as colunas do pátio ao redor, as suas
bases, as suas estacas e as suas cordas.
38 Os que acamparão diante do tabernáculo, ao
leste, diante da tenda do encontro, para o lado do
nascente, serão Moisés e Arão, com seus filhos,
tendo a seu encargo os ritos do santuário, para
cumprirem seus deveres prescritos, em prol dos
filhos de Israel; o estranho que se aproximar será
morto. 39 Todos os que foram contados dos levi-
tas, contados por Moisés e Arão, por mandado do
SENHOR, segundo as suas famílias, todo homem
de um mês para cima, foram vinte e dois mil.

O resgate dos primogênitos

40 O SENHOR disse a Moisés:
— Conte todos os primogênitos dos filhos
de Israel que são do sexo masculino, cada um

nominalmente, de um mês para cima. 41 E separe os levitas para mim — eu sou o SENHOR — em lugar de todos os primogênitos dos filhos de Israel. Separe também os animais dos levitas em lugar de todos os primogênitos entre os animais dos filhos de Israel.

42 Como o SENHOR havia ordenado, Moisés contou todos os primogênitos entre os filhos de Israel. 43 Todos os primogênitos do sexo masculino, contados nominalmente, de um mês para cima, segundo o censo, foram vinte e dois mil duzentos e setenta e três.

44 O SENHOR disse a Moisés:

45 — Ponha os levitas em lugar de todos os primogênitos entre os filhos de Israel e os animais dos levitas em lugar dos animais dos filhos de Israel, porque os levitas serão meus. Eu sou o SENHOR. 46 Pelo resgate dos duzentos e setenta e três primogênitos dos filhos de Israel, que excedem o número dos levitas, 47 recolha por cabeça sessenta gramas, segundo o peso padrão do santuário, que é de doze gramas. 48 Entregue a Arão e aos seus filhos esse dinheiro com o qual são resgatados os que excedem o número dos levitas.

49 Então Moisés recolheu o dinheiro do resgate dos que excederam os que foram resgatados pelos levitas. 50 Dos primogênitos dos filhos de Israel ele recolheu esse dinheiro, dezesseis quilos e meio de prata, segundo o peso padrão do santuário. 51 E Moisés deu o dinheiro dos resgatados a Arão e a seus filhos, segundo o mandado do SENHOR, como o SENHOR havia ordenado a Moisés.

Deveres dos coatitas

4 1 O SENHOR disse a Moisés e a Arão:

2 — Levantem o censo dos filhos de Coate, do meio dos filhos de Levi, pelas suas famílias, segundo a casa de seus pais; 3 da idade de trinta anos para cima até os cinquenta será todo aquele que entrar neste serviço, para exercer algum encargo na tenda do encontro. 4 É este o serviço dos filhos de Coate na tenda do encontro, nas coisas santíssimas.

5 — Quando o arraial partir, Arão e seus filhos virão, tirarão o véu de cobrir, e, com ele, cobrirão a arca do testemunho; 6 por cima, lhe porão uma cobertura de peles finas e, sobre ela, estenderão um pano, todo azul, e passarão os cabos pelas argolas. 7 Também sobre a mesa da proposição estenderão um pano azul; e, sobre ela, porão os pratos, os recipientes do incenso, as taças e as jarras; também o pão contínuo estará sobre ela. 8 Depois, estenderão, em cima deles, um pano de carmesim, e, com a cobertura de peles finas, o cobrirão, e passarão os cabos pelas argolas. 9 Tomarão um pano azul e cobrirão o candelabro da iluminação, as suas lâmpadas, as suas tesouras de cortar pavios, os seus apagadores e todos os seus vasos de azeite com que o servem. 10 E envolverão a ele e todos os seus utensílios na cobertura de peles finas e o porão sobre os cabos. 11 Sobre o altar de ouro estenderão um pano azul, e, com a cobertura de peles finas, o cobrirão, e passarão os cabos pelas argolas. 12 Pegarão todos os utensílios do serviço com os quais servem no santuário e os envolverão num pano azul; então os cobrirão com uma cobertura de peles finas e os porão sobre os cabos. 13 Do altar tirarão as cinzas e, por cima dele, estenderão um pano de púrpura. 14 Sobre ele porão todos os seus utensílios com que o servem: os braseiros, os garfos, as pás e as bacias, todos os utensílios do altar; e, por cima dele, estenderão uma cobertura de peles finas e passarão os cabos pelas argolas. 15 Quando Arão e seus filhos tiverem acabado de cobrir o santuário e todos os móveis dele, e o arraial estiver pronto para partir, os filhos de Coate virão para levá-lo. Mas não tocarão nas coisas santas, para que não morram. São estas as coisas da tenda do encontro que os filhos de Coate devem levar.

16 — Eleazar, filho de Arão, o sacerdote, terá a seu encargo o azeite da iluminação, o incenso aromático, a oferta contínua de cereais e o óleo da unção; sim, terá a seu encargo todo o tabernáculo e tudo o que nele há, o santuário e os móveis.

17 O SENHOR disse a Moisés e a Arão:

18 — Não deixem que a tribo das famílias dos coatitas seja eliminada do meio dos levitas. 19 Para que eles fiquem vivos e não morram, quando se aproximarem das coisas santíssimas, façam o seguinte: Arão e seus filhos entrarão e lhes designarão a cada um o seu serviço e a sua carga. 20 Porém os coatitas não entrarão, nem por um instante, para ver as coisas santas, para que não morram.

Deveres dos gersonitas

21 O SENHOR disse ainda a Moisés:

22 — Levante o censo dos filhos de Gérson, segundo a casa de seus pais, segundo as suas famílias. 23 Da idade de trinta anos para cima até os cinquenta conte todo aquele que entrar neste serviço, para exercer algum encargo na tenda do encontro. 24 É este o serviço das famílias dos gersonitas para servir e levar cargas: 25 levarão as cortinas do tabernáculo, a tenda do encontro, sua cobertura, a cobertura de peles finas, que está sobre ele, o cortinado da porta da tenda do encontro, 26 as cortinas do pátio, o cortinado da porta do pátio, que rodeia o tabernáculo e o altar, as suas cordas e todos os objetos do seu serviço; e servirão em tudo o que diz respeito a estas coisas. 27 Todo o serviço dos filhos dos gersonitas, toda a sua carga e tudo o que devem fazer será

segundo o mandado de Arão e de seus filhos; e
vocês lhes determinarão tudo o que devem car-
regar. 28 Este é o serviço das famílias dos filhos
dos gersonitas na tenda do encontro; o seu car-
go estará sob a direção de Itamar, filho de Arão,
o sacerdote.

Deveres dos filhos meraritas

29 — Quanto aos filhos de Merari, faça a conta-
gem segundo as suas famílias e segundo a casa de
seus pais. 30 Da idade de trinta anos para cima até
os cinquenta conte todo aquele que entrar neste
serviço, para exercer algum encargo na tenda do
encontro. 31 Isto é o que eles terão de levar, segun-
do todo o seu serviço, na tenda do encontro: as
tábuas do tabernáculo, os seus cabos, as suas co-
lunas e as suas bases; 32 as colunas do pátio ao re-
dor, as suas bases, as suas estacas e as suas cordas,
com todos os seus utensílios e com tudo o que
pertence ao seu serviço; e vocês designarão, nome
por nome, os objetos que eles devem levar. 33 Este
é o encargo das famílias dos filhos de Merari, se-
gundo todo o seu serviço, na tenda do encontro,
sob a direção de Itamar, filho de Arão, o sacerdote.

Número dos coatitas

34 Moisés, Arão e os chefes do povo contaram os
filhos dos coatitas, segundo as suas famílias e se-
gundo a casa de seus pais, 35 da idade de trinta anos
para cima até os cinquenta, todo aquele que entrou
neste serviço, para exercer algum encargo na ten-
da do encontro. 36 Os que deles foram contados, se-
gundo as suas famílias, foram dois mil setecentos e
cinquenta. 37 São estes os que foram contados das
famílias dos coatitas, todos os que serviam na ten-
da do encontro, os quais Moisés e Arão contaram,
segundo o mandado do SENHOR, por Moisés.

Número dos gersonitas

38 Os que foram contados dos filhos de Gérson,
segundo as suas famílias e segundo a casa de seus
pais, 39 da idade de trinta anos para cima até os
cinquenta, todo aquele que entrou neste serviço,
para exercer algum encargo na tenda do encon-
tro, 40 os que deles foram contados, segundo as
suas famílias, segundo a casa de seus pais, foram
dois mil seiscentos e trinta. 41 São estes os que fo-
ram contados das famílias dos filhos de Gérson,
todos os que serviam na tenda do encontro, os
quais Moisés e Arão contaram, segundo o man-
dado do SENHOR.

Número dos meraritas

42 Os que foram contados das famílias dos filhos
de Merari, segundo as suas famílias e segundo a
casa de seus pais, 43 da idade de trinta anos para
cima até os cinquenta, todo aquele que entrou
neste serviço, para exercer algum encargo na ten-
da do encontro, 44 os que deles foram contados, se-
gundo as suas famílias, foram três mil e duzentos.
45 São estes os que foram contados das famílias dos
filhos de Merari, os quais Moisés e Arão contaram,
segundo o mandado do SENHOR, por Moisés.

Número de todos os levitas

46 Todos os que foram contados dos levitas, con-
tados por Moisés, Arão e os chefes de Israel, segun-
do as suas famílias e segundo a casa de seus pais,
47 da idade de trinta anos para cima até os cinquen-
ta, todos os que entraram para cumprir a tarefa do
serviço e a de levarem cargas na tenda do encon-
tro, 48 os que deles foram contados foram oito mil
quinhentos e oitenta. 49 Segundo o mandado do
SENHOR, por Moisés, foram designados, cada um
para o seu serviço e a sua carga; e deles foram con-
tados, como o SENHOR havia ordenado a Moisés.

O leproso e o impuro são lançados fora do arraial

5 1 O SENHOR disse a Moisés:
2 — Ordene aos filhos de Israel que expulsem
do arraial todo leproso, todo o que tiver um fluxo
e todo impuro por ter tocado em algum morto.
3 Tanto homem como mulher devem ser expulsos
do arraial, para que não contaminem o arraial, no
meio do qual eu habito.
4 Os filhos de Israel fizeram assim e os expul-
saram do arraial. Como o SENHOR havia falado a
Moisés, assim fizeram os filhos de Israel.

A lei a respeito da restituição

5 O SENHOR disse ainda a Moisés:
6 — Diga aos filhos de Israel: Quando um
homem ou uma mulher cometer algum dos pe-
cados que as pessoas cometem, ofendendo ao
SENHOR, tal pessoa é culpada. 7 Confessará o pe-
cado que cometer e, pela culpa, fará plena resti-
tuição, lhe acrescentará a sua quinta parte, e dará
tudo àquele contra quem se fez culpado. 8 Mas, se
esse homem não tiver parente chegado, a quem
possa fazer restituição pela culpa, então o que se
restitui ao SENHOR pela culpa será do sacerdote,
além do carneiro expiatório com que se fizer
expiação pelo culpado. 9 Toda oferta de todas as
coisas santas dos filhos de Israel, que trouxerem
ao sacerdote, será deste 10 e também as coisas sa-
gradas de cada um; o que alguém der ao sacerdo-
te será deste.

A prova da mulher suspeita de adultério

11 O SENHOR disse a Moisés:
12 — Fale aos filhos de Israel e diga-lhes: Se a
mulher de alguém se desviar e lhe for infiel, 13 de
maneira que algum homem tenha tido relações

com ela, e for oculto aos olhos de seu marido, e
ela o tiver ocultado, havendo-se ela contamina-
do, e contra ela não houver testemunha, e não
for surpreendida em flagrante, 14 e o espírito de
ciúmes vier sobre o marido, e ele tiver ciúmes
de sua mulher, por ela se haver contaminado, ou
se ele tiver ciúmes, mesmo que ela não tenha se
contaminado, 15 então esse homem levará a sua
mulher ao sacerdote, juntamente com a sua ofer-
ta por ela: dois litros de farinha de cevada, sobre
a qual não derramará azeite, nem sobre ela porá
incenso, pois é oferta de cereais por ciúmes, ofer-
ta memorativa, que traz a iniquidade à memória.
16 — O sacerdote levará a mulher para a frente
e a colocará diante do SENHOR. 17 O sacerdote co-
locará um pouco de água santa num vaso de bar-
ro; também pegará do pó que houver no chão do
tabernáculo e o colocará na água. 18 Apresentará
a mulher diante do SENHOR e soltará a cabeleira
dela; e lhe porá nas mãos a oferta memorativa de
cereais, que é a oferta de cereais por ciúmes. A
água amarga, que traz consigo a maldição, estará
na mão do sacerdote. 19 O sacerdote fará com que
a mulher jure, dizendo-lhe: "Se ninguém teve re-
lações com você, e se você não se desviou para a
impureza, estando sob o domínio de seu marido,
você será livre destas águas amargas, que trazem
maldição. 20 Mas, se você se desviou, quando sob o
domínio de seu marido, e se contaminou, e algum
homem, que não é o seu marido, teve relações
com você..." 21 Então o sacerdote fará com que a
mulher tome o juramento de maldição e lhe dirá:
"O SENHOR ponha você por maldição e por praga
no meio do seu povo, fazendo com que você fi-
que estéril e inche o seu ventre; 22 e que esta água
amaldiçoante penetre nas suas entranhas, para
fazer com que inche o seu ventre e você fique esté-
ril." Então a mulher dirá: "Amém! Amém!"
23 — O sacerdote escreverá estas maldições
num livro e, com a água amarga, as apagará. 24 E
fará com que a mulher beba a água amarga, que
traz consigo a maldição; e, sendo bebida, lhe cau-
sará amargura. 25 O sacerdote pegará da mão da
mulher a oferta de cereais por ciúmes e a moverá
diante do SENHOR; e a trará ao altar. 26 Pegará um
punhado da oferta de cereais, da oferta memora-
tiva, e o queimará sobre o altar; e depois fará com
que a mulher beba a água. 27 E, havendo-lhe dado
a beber aquela água, se ela tiver se contaminado,
tendo sido infiel a seu marido, a água amaldiçoan-
te entrará nela para amargura, e o seu ventre ficará
inchado e o útero secará; a mulher será por maldi-
ção no meio do seu povo. 28 Se a mulher não tiver
se contaminado, mas estiver pura, então será livre
e poderá ter filhos.
29 — Esta é a lei para o caso de ciúmes, quando
a mulher, sob o domínio de seu marido, se desviar
e for contaminada; 30 ou quando sobre o homem
vier o espírito de ciúmes, e tiver ciúmes de sua
mulher, apresente a mulher diante do SENHOR, e
o sacerdote execute nela toda esta lei. 31 O homem
será livre da iniquidade, porém a mulher levará a
sua iniquidade.

A lei a respeito do nazireado

6 1 O SENHOR disse a Moisés:
2 — Fale aos filhos de Israel e diga-lhes: Quan-
do alguém, seja homem seja mulher, fizer voto
especial, o voto de nazireu, a fim de consagrar-se
ao SENHOR, 3 deverá abster-se de vinho e de bebida
forte. Não beberá vinagre de vinho, nem vinagre de
bebida forte, nem tomará suco de uvas, nem come-
rá uvas frescas nem secas. 4 Todos os dias do seu
nazireado não comerá nada que venha da videira,
desde as sementes até as cascas. 5 Todos os dias do
seu voto de nazireado não passará navalha pela
cabeça; até que se cumpram os dias para os quais
se consagrou ao SENHOR, santo será, deixando o
cabelo crescer livremente.
6 — Todos os dias da sua consagração ao
SENHOR, não se aproximará de um cadáver. 7 Mes-
mo que se trate de seu pai, de sua mãe, de seu ir-
mão ou de sua irmã, por eles não se contaminará,
quando morrerem; porque o nazireado do seu
Deus está sobre a sua cabeça. 8 Por todos os dias
do seu nazireado, será santo ao SENHOR.
9 — Se alguém vier a morrer junto a ele subi-
tamente, e contaminar a cabeça do seu nazirea-
do, rapará a cabeça no dia da sua purificação; no
sétimo dia, ele rapará a cabeça. 10 No oitavo dia,
trará duas rolinhas ou dois pombinhos ao sacer-
dote, à porta da tenda do encontro. 11 O sacerdote
oferecerá um como oferta pelo pecado e o outro,
para holocausto; e fará expiação por ele, visto que
pecou relativamente ao morto; assim, naquele
mesmo dia, consagrará a sua cabeça. 12 Então con-
sagrará os dias do seu nazireado ao SENHOR e, para
oferta pela culpa, trará um cordeiro de um ano; os
dias antecedentes serão perdidos, porque o seu
nazireado foi contaminado.
13 — Esta é a lei para o nazireu: no dia em que se
cumprirem os dias do seu nazireado, será trazido
à porta da tenda do encontro. 14 Ele apresentará a
sua oferta ao SENHOR, um cordeiro de um ano, sem
defeito, em holocausto, e uma cordeira de um ano,
sem defeito, para oferta pelo pecado, e um carnei-
ro, sem defeito, por oferta pacífica, 15 e um cesto
de pães sem fermento, bolos feitos com a melhor
farinha com azeite, amassados, e pãezinhos bem
finos feitos sem fermento e untados com azeite,
bem como a sua oferta de cereais e as suas liba-
ções. 16 O sacerdote os trará diante do SENHOR e
apresentará a oferta pelo pecado e o holocausto.
17 Oferecerá o carneiro em sacrifício pacífico ao

Senhor, com o cesto dos pães sem fermento. O
sacerdote apresentará também a devida oferta de
cereais e a libação. 18 O nazireu, à porta da tenda
do encontro, rapará a cabeleira do seu nazireado,
e, pegando o cabelo, o porá sobre o fogo que está
debaixo do sacrifício pacífico.
19 — Depois, o sacerdote pegará o quarto dian-
teiro do carneiro, já assado, um bolo sem fermen-
to do cesto, e um pãozinho bem fino feito sem
fermento e os porá nas mãos do nazireu, depois
de haver este rapado o cabelo do seu nazirea-
do. 20 O sacerdote os moverá em oferta movida
diante do Senhor; isto é santo para o sacerdote,
juntamente com o peito da oferta movida e com
a coxa da oferta; depois disto, o nazireu pode be-
ber vinho.
21 — Esta é a lei para o nazireu que fizer voto.
A sua oferta ao Senhor será segundo o seu nazi-
reado, além do que as suas posses lhe permitirem.
Segundo o voto que fizer, assim fará conforme a
lei a respeito do seu nazireado.

A bênção sacerdotal

22 O Senhor disse a Moisés:
23 — Fale com Arão e com os seus filhos, dizen-
do que abençoem os filhos de Israel do seguinte
modo:

24 "O Senhor os abençoe e os guarde;
25 o Senhor faça resplandecer
o seu rosto sobre vocês
e tenha misericórdia de vocês;
26 o Senhor sobre vocês levante o seu rosto
e lhes dê a paz."

27 — Assim, os sacerdotes porão o meu nome
sobre os filhos de Israel, e eu os abençoarei.

As ofertas dos chefes na dedicação do altar

7 1 No dia em que Moisés acabou de levantar o
tabernáculo, ele o ungiu e o consagrou junta-
mente com todos os seus utensílios, bem como o
altar e todos os seus pertences. 2 Então os chefes
de Israel, os cabeças da casa de seus pais, os que
foram chefes das tribos, que haviam presidido o
censo, ofereceram 3 e trouxeram a sua oferta dian-
te do Senhor: seis carros cobertos e doze bois.
Cada dois chefes ofereceram um carro, e cada um
deles, um boi; e os apresentaram diante do taber-
náculo. 4 O Senhor disse a Moisés:
5 — Receba as ofertas deles, e serão destinadas
ao serviço da tenda do encontro. E entregue es-
sas ofertas aos levitas, a cada um segundo o seu
serviço.
6 Moisés recebeu os carros e os bois e os deu
aos levitas. 7 Dois carros e quatro bois deu aos
filhos de Gérson, segundo o seu serviço. 8 Qua-
tro carros e oito bois deu aos filhos de Merari,
segundo o seu serviço, sob a direção de Itamar, fi-
lho de Arão, o sacerdote. 9 Mas aos filhos de Coate
não deu nada, porque a cargo deles estava o san-
tuário, que deviam levar nos ombros.
10 Os chefes trouxeram as ofertas para a con-
sagração do altar, no dia em que foi ungido; sim,
apresentaram a sua oferta diante do altar. 11 O
Senhor disse a Moisés:
— Cada chefe apresentará, no seu dia, a sua
oferta para a dedicação do altar.
12 No primeiro dia, quem apresentou a sua ofer-
ta foi Naassom, filho de Aminadabe, pela tribo de
Judá. 13 A oferta dele foi um prato de prata, pesando
um quilo quinhentos e sessenta gramas, uma bacia
de prata, pesando oitocentos e quarenta gramas,
segundo o peso padrão do santuário; ambos cheios
da melhor farinha, amassada com azeite, para
oferta de cereais; 14 um recipiente de cento e vinte
gramas de ouro, cheio de incenso; 15 um novilho,
um carneiro, um cordeiro de um ano, para holo-
causto; 16 um bode, para oferta pelo pecado; 17 e,
para sacrifício pacífico, dois bois, cinco carneiros,
cinco bodes, cinco cordeiros de um ano; esta foi a
oferta de Naassom, filho de Aminadabe.
18 No segundo dia, quem apresentou a sua
oferta foi Natanael, filho de Zuar, chefe de Issa-
car. 19 Como sua oferta apresentou um prato de
prata, pesando um quilo quinhentos e sessenta
gramas, uma bacia de prata, pesando oitocen-
tos e quarenta gramas, segundo o peso padrão
do santuário; ambos cheios da melhor farinha,
amassada com azeite, para oferta de cereais;
20 um recipiente de cento e vinte gramas de ouro,
cheio de incenso; 21 um novilho, um carneiro,
um cordeiro de um ano, para holocausto; 22 um
bode, para oferta pelo pecado; 23 e, para sacrifício
pacífico, dois bois, cinco carneiros, cinco bodes,
cinco cordeiros de um ano; esta foi a oferta de
Natanael, filho de Zuar.
24 No terceiro dia, foi Eliabe, filho de Helom,
chefe dos filhos de Zebulom. 25 A oferta dele foi
um prato de prata, pesando um quilo quinhentos
e sessenta gramas, uma bacia de prata, pesando
oitocentos e quarenta gramas, segundo o peso pa-
drão do santuário; ambos cheios da melhor fari-
nha, amassada com azeite, para oferta de cereais;
26 um recipiente de cento e vinte gramas de ouro,
cheio de incenso; 27 um novilho, um carneiro, um
cordeiro de um ano, para holocausto; 28 um bode,
para oferta pelo pecado; 29 e, para sacrifício pacífi-
co, dois bois, cinco carneiros, cinco bodes, cinco
cordeiros de um ano; esta foi a oferta de Eliabe,
filho de Helom.
30 No quarto dia, foi Elizur, filho de Sedeur,
chefe dos filhos de Rúben. 31 A oferta dele foi um
prato de prata, pesando um quilo quinhentos e
sessenta gramas, uma bacia de prata, pesando

oitocentos e quarenta gramas, segundo o peso pa-
drão do santuário; ambos cheios da melhor fari-
nha, amassada com azeite, para oferta de cereais;
32 um recipiente de cento e vinte gramas de ouro,
cheio de incenso; **33** um novilho, um carneiro, um
cordeiro de um ano, para holocausto; **34** um bode,
para oferta pelo pecado; **35** e, para sacrifício pací-
fico, dois bois, cinco carneiros, cinco bodes, cinco
cordeiros de um ano; esta foi a oferta de Elizur,
filho de Sedeur.

36 No quinto dia, foi Selumiel, filho de Zurisa-
dai, chefe dos filhos de Simeão. **37** A oferta dele foi
um prato de prata, pesando um quilo quinhentos
e sessenta gramas, uma bacia de prata, pesando
oitocentos e quarenta gramas, segundo o peso pa-
drão do santuário; ambos cheios da melhor fari-
nha, amassada com azeite, para oferta de cereais;
38 um recipiente de cento e vinte gramas de ouro,
cheio de incenso; **39** um novilho, um carneiro, um
cordeiro de um ano, para holocausto; **40** um bode,
para oferta pelo pecado; **41** e, para sacrifício pacífi-
co, dois bois, cinco carneiros, cinco bodes, cinco
cordeiros de um ano; esta foi a oferta de Selumiel,
filho de Zurisadai.

42 No sexto dia, foi Eliasafe, filho de Deuel, che-
fe dos filhos de Gade. **43** A oferta dele foi um prato
de prata, pesando um quilo quinhentos e sessen-
ta gramas, uma bacia de prata, pesando oitocen-
tos e quarenta gramas, segundo o peso padrão
do santuário; ambos cheios da melhor farinha,
amassada com azeite, para oferta de cereais;
44 um recipiente de cento e vinte gramas de ouro,
cheio de incenso; **45** um novilho, um carneiro, um
cordeiro de um ano, para holocausto; **46** um bode,
para oferta pelo pecado; **47** e, para sacrifício pací-
fico, dois bois, cinco carneiros, cinco bodes, cinco
cordeiros de um ano; esta foi a oferta de Eliasafe,
filho de Deuel.

48 No sétimo dia, foi Elisama, filho de Amiúde,
chefe dos filhos de Efraim. **49** A oferta dele foi um
prato de prata, pesando um quilo quinhentos e
sessenta gramas, uma bacia de prata, pesando
oitocentos e quarenta gramas, segundo o peso
padrão do santuário; ambos cheios da melhor fari-
nha, amassada com azeite, para oferta de cereais;
50 um recipiente de cento e vinte gramas de ouro,
cheio de incenso; **51** um novilho, um carneiro, um
cordeiro de um ano, para holocausto; **52** um bode,
para oferta pelo pecado; **53** e, para sacrifício pacífi-
co, dois bois, cinco carneiros, cinco bodes, cinco
cordeiros de um ano; esta foi a oferta de Elisama,
filho de Amiúde.

54 No oitavo dia, foi Gamaliel, filho de Pedazur,
chefe dos filhos de Manassés. **55** A oferta dele foi
um prato de prata, pesando um quilo quinhentos
e sessenta gramas, uma bacia de prata, pesando
oitocentos e quarenta gramas, segundo o peso
padrão do santuário; ambos cheios da melhor fari-
nha, amassada com azeite, para oferta de cereais;
56 um recipiente de cento e vinte gramas de ouro,
cheio de incenso; **57** um novilho, um carneiro, um
cordeiro de um ano, para holocausto; **58** um bode,
para oferta pelo pecado; **59** e, para sacrifício pacífi-
co, dois bois, cinco carneiros, cinco bodes, cinco
cordeiros de um ano; esta foi a oferta de Gamaliel,
filho de Pedazur.

60 No nono dia, foi Abidã, filho de Gideoni,
chefe dos filhos de Benjamim. **61** A oferta dele foi
um prato de prata, pesando um quilo quinhentos
e sessenta gramas, uma bacia de prata, pesando
oitocentos e quarenta gramas, segundo o peso pa-
drão do santuário; ambos cheios da melhor fari-
nha, amassada com azeite, para oferta de cereais;
62 um recipiente de cento e vinte gramas de ouro,
cheio de incenso; **63** um novilho, um carneiro, um
cordeiro de um ano, para holocausto; **64** um bode,
para oferta pelo pecado; **65** e, para sacrifício pacífi-
co, dois bois, cinco carneiros, cinco bodes, cinco
cordeiros de um ano; esta foi a oferta de Abidã,
filho de Gideoni.

66 No décimo dia, foi Aiezer, filho de Amisa-
dai, chefe dos filhos de Dã. **67** A oferta dele foi
um prato de prata, pesando um quilo quinhentos
e sessenta gramas, uma bacia de prata, pesando
oitocentos e quarenta gramas, segundo o peso pa-
drão do santuário; ambos cheios da melhor fari-
nha, amassada com azeite, para oferta de cereais;
68 um recipiente de cento e vinte gramas de ouro,
cheio de incenso; **69** um novilho, um carneiro, um
cordeiro de um ano, para holocausto; **70** um bode,
para oferta pelo pecado; **71** e, para sacrifício pací-
fico, dois bois, cinco carneiros, cinco bodes, cinco
cordeiros de um ano; esta foi a oferta de Aiezer,
filho de Amisadai.

72 No décimo primeiro dia, foi Pagiel, filho de
Ocrã, chefe dos filhos de Aser. **73** A oferta dele foi
um prato de prata, pesando um quilo quinhentos
e sessenta gramas, uma bacia de prata, pesando
oitocentos e quarenta gramas, segundo o peso pa-
drão do santuário; ambos cheios da melhor fari-
nha, amassada com azeite, para oferta de cereais;
74 um recipiente de cento e vinte gramas de ouro,
cheio de incenso; **75** um novilho, um carneiro, um
cordeiro de um ano, para holocausto; **76** um bode,
para oferta pelo pecado; **77** e, para sacrifício pací-
fico, dois bois, cinco carneiros, cinco bodes, cinco
cordeiros de um ano; esta foi a oferta de Pagiel,
filho de Ocrã.

78 No décimo segundo dia, foi Aira, filho de Enã,
chefe dos filhos de Naftali. **79** A oferta dele foi um
prato de prata, pesando um quilo quinhentos e
sessenta gramas, uma bacia de prata, pesando
oitocentos e quarenta gramas, segundo o peso
padrão do santuário; ambos cheios da melhor

farinha, amassada com azeite, para oferta de ce-
reais; 80 um recipiente de cento e vinte gramas de
ouro, cheio de incenso; 81 um novilho, um carnei-
ro, um cordeiro de um ano, para holocausto; 82 um
bode, para oferta pelo pecado; 83 e, para sacrifício
pacífico, dois bois, cinco carneiros, cinco bodes,
cinco cordeiros de um ano; esta foi a oferta de
Aira, filho de Enã.

84 Esta é a dádiva feita pelos chefes de Israel
para a dedicação do altar, no dia em que foi un-
gido: doze pratos de prata, doze bacias de prata,
doze recipientes de ouro; 85 cada prato de prata,
de um quilo quinhentos e sessenta gramas, e
cada bacia, de oitocentos e quarenta gramas; toda
a prata dos utensílios foi de vinte e oito quilos e
oitocentos gramas, segundo o peso padrão do
santuário; 86 doze recipientes de ouro cheios de
incenso, cada um de cento e vinte gramas, se-
gundo o peso padrão do santuário; todo o ouro
dos recipientes foi de um quilo quatrocentos e
quarenta gramas; 87 todos os animais para o ho-
locausto foram doze novilhos; carneiros, doze;
doze cordeiros de um ano, com a sua oferta de
cereais; e doze bodes para oferta pelo pecado. 88 E
todos os animais para o sacrifício pacífico foram
vinte e quatro novilhos; os carneiros, sessenta;
os bodes, sessenta; os cordeiros de um ano, ses-
senta; esta é a dádiva para a dedicação do altar,
depois que foi ungido.

89 Quando Moisés entrava na tenda do encon-
tro para falar com o SENHOR, ouvia a voz que lhe
falava de cima do propiciatório, que está sobre a
arca do testemunho entre os dois querubins; as-
sim lhe falava.

As sete lâmpadas do candelabro

8 1 O SENHOR disse a Moisés:
2 — Fale a Arão e diga-lhe: Quando você colo-
car as lâmpadas, seja de tal maneira que as sete
venham a iluminar o espaço diante do candelabro.
3 E Arão fez assim: colocou as lâmpadas para
que iluminassem o espaço diante do candelabro,
como o SENHOR havia ordenado a Moisés. 4 O
candelabro era feito de ouro batido desde o seu
pedestal até as suas flores. Segundo o modelo que
o SENHOR havia mostrado a Moisés, assim ele fez
o candelabro.

A purificação e a apresentação dos levitas

5 O SENHOR disse a Moisés:
6 — Separe os levitas do meio dos filhos de Is-
rael e purifique-os. 7 Faça o seguinte para purificá-
-los: você aspergirá sobre eles a água da expiação;
e eles farão passar a navalha sobre todo o corpo
deles, lavarão as suas roupas e se purificarão. 8 A
seguir, pegarão um novilho, com a sua oferta de
cereais, feita da melhor farinha, amassada com
azeite; e você pegará outro novilho para oferta
pelo pecado. 9 Você fará chegar os levitas diante
da tenda do encontro e reunirá toda a congrega-
ção dos filhos de Israel. 10 Quando, pois, fizerem
chegar os levitas diante do SENHOR, os filhos de
Israel porão as mãos sobre eles. 11 Arão apresen-
tará os levitas como oferta movida diante do
SENHOR, da parte dos filhos de Israel; e serão para
o serviço do SENHOR. 12 Os levitas porão as mãos
sobre a cabeça dos novilhos; e você sacrificará
um dos novilhos para oferta pelo pecado e o ou-
tro para holocausto ao SENHOR, para fazer expia-
ção pelos levitas. 13 Você porá os levitas diante de
Arão e diante dos seus filhos e os apresentará por
oferta movida ao SENHOR.

14 — Assim você separará os levitas do meio
dos filhos de Israel; os levitas serão meus. 15 De-
pois disso, os levitas entrarão para fazerem o ser-
viço da tenda do encontro; e você os purificará
e os apresentará por oferta movida, 16 porque
dentre os filhos de Israel eles me são dados; eu
os tomei para mim em lugar de todo o primeiro
filho que nascer, do primogênito de cada um dos
filhos de Israel. 17 Porque meu é todo primogê-
nito entre os filhos de Israel, tanto de homens
como de animais. No dia em que matei todos os
primogênitos na terra do Egito, eu os consagrei
para mim. 18 Tomei os levitas em lugar de todos
os primogênitos entre os filhos de Israel. 19 E os
levitas, dados a Arão e a seus filhos dentre os fi-
lhos de Israel, entreguei-os para fazerem o ser-
viço dos filhos de Israel na tenda do encontro e
para fazerem expiação por eles, para que não haja
praga entre o povo de Israel, quando os filhos de
Israel se aproximarem do santuário.

20 E assim fizeram Moisés, Arão e toda a con-
gregação dos filhos de Israel com os levitas. Se-
gundo tudo o que o SENHOR havia ordenado a
Moisés a respeito dos levitas, assim lhes fizeram
os filhos de Israel. 21 Os levitas se purificaram
e lavaram as suas roupas, e Arão os apresentou
por oferta movida diante do SENHOR e fez expia-
ção por eles, para purificá-los. 22 Depois disso,
chegaram os levitas, para fazerem o seu serviço
na tenda do encontro, diante de Arão e dos seus
filhos. Como o SENHOR havia ordenado a Moisés a
respeito dos levitas, assim lhes fizeram.

23 O SENHOR disse ainda a Moisés:
24 — Isto é o que diz respeito aos levitas: da
idade de vinte e cinco anos para cima entrarão,
para fazerem o seu serviço na tenda do encon-
tro; 25 mas a partir da idade de cinquenta anos
deixarão de estar a serviço e não mais servirão;
26 porém ajudarão os seus irmãos na tenda do
encontro, no que diz respeito ao cargo deles; não
terão mais serviço. Assim você fará com os levitas
quanto aos seus deveres.

A celebração da Páscoa

9 1 O SENHOR falou a Moisés no deserto do Sinai, no primeiro mês do segundo ano depois da saída do povo de Israel da terra do Egito, dizendo: 2 — Que os filhos de Israel celebrem a Páscoa no tempo determinado. 3 No dia catorze deste mês, ao crepúsculo da tarde, vocês celebrarão a Páscoa no tempo determinado; devem celebrá-la segundo todos os seus estatutos e segundo todos os seus ritos.

4 Portanto, Moisés disse aos filhos de Israel que celebrassem a Páscoa. 5 Então celebraram a Páscoa no dia catorze do primeiro mês, ao crepúsculo da tarde, no deserto do Sinai. Segundo tudo o que o SENHOR havia ordenado a Moisés, assim fizeram os filhos de Israel.

6 Houve alguns que estavam impuros por terem tocado o cadáver de uma pessoa, de maneira que não puderam celebrar a Páscoa naquele dia. Por isso, chegaram diante de Moisés e de Arão naquele mesmo dia 7 e lhes disseram:

— Estamos impuros por termos tocado o cadáver de uma pessoa. Por que havemos de ser privados de apresentar a oferta do SENHOR, no tempo determinado, no meio dos filhos de Israel?

8 Moisés lhes respondeu:

— Esperem, e ouvirei o que o SENHOR ordenará a vocês.

9 Então o SENHOR disse a Moisés:

10 — Fale aos filhos de Israel, dizendo: Quando algum de vocês ou dos seus descendentes se tornar impuro por causa de contato com um morto ou estiver em viagem longe de vocês, ainda assim celebrará a Páscoa ao SENHOR. 11 Devem celebrá-la no dia catorze do segundo mês, no crepúsculo da tarde; devem comê-la com pães sem fermento e ervas amargas. 12 Não deixarão sobrar nada até a manhã seguinte e não quebrarão nenhum osso do cordeiro; farão tudo segundo todo o estatuto da Páscoa. 13 Porém, se um homem estiver puro, não estiver em viagem e deixar de celebrar a Páscoa, esse será eliminado do seu povo, porque não apresentou a oferta do SENHOR no tempo determinado; tal homem levará sobre si o seu pecado.

14 — Se um estrangeiro habitar entre vocês e também quiser celebrar a Páscoa ao SENHOR, deverá celebrá-la segundo o estatuto da Páscoa e segundo o seu rito; vocês terão um só estatuto, tanto para o estrangeiro como para o natural da terra.

A nuvem sobre o tabernáculo

Êx 40.34-38

15 No dia em que foi levantado o tabernáculo, a nuvem cobriu o tabernáculo, a saber, a tenda do testemunho. E, à tarde, estava sobre o tabernáculo uma aparência de fogo até a manhã seguinte. 16 Assim acontecia sempre: a nuvem o cobria, e, de noite, havia aparência de fogo. 17 Quando a nuvem se erguia de sobre a tenda, os filhos de Israel se punham em marcha; e, no lugar onde a nuvem parava, aí os filhos de Israel acampavam. 18 Segundo o mandado do SENHOR, os filhos de Israel partiam e, segundo o mandado do SENHOR, acampavam; por todo o tempo em que a nuvem pairava sobre o tabernáculo, permaneciam acampados. 19 Quando a nuvem se detinha muitos dias sobre o tabernáculo, os filhos de Israel cumpriam a ordem do SENHOR e não partiam. 20 Às vezes, a nuvem ficava poucos dias sobre o tabernáculo; então, segundo o mandado do SENHOR, permaneciam e, segundo a ordem do SENHOR, partiam. 21 Às vezes, a nuvem ficava desde a tarde até a manhã seguinte; quando, pela manhã, a nuvem se erguia, punham-se em marcha; quer de dia, quer de noite, erguendo-se a nuvem, partiam. 22 Se a nuvem se detinha sobre o tabernáculo por dois dias, ou um mês, ou por mais tempo, enquanto pairava sobre ele, os filhos de Israel permaneciam acampados e não se punham em marcha; mas, quando a nuvem se erguia, eles partiam. 23 Segundo o mandado do SENHOR, acampavam e, segundo o mandado do SENHOR, se punham em marcha. Cumpriam o seu dever para com o SENHOR, segundo a ordem do SENHOR por meio de Moisés.

As duas trombetas de prata

10 1 O SENHOR disse a Moisés: 2 — Faça duas trombetas de prata batida. Elas serão usadas por você para convocar a congregação e para dar o sinal de partida dos arraiais. 3 Quando tocarem as duas trombetas, toda a congregação se ajuntará a você à porta da tenda do encontro. 4 Mas, quando tocar uma só, se ajuntarão a você os chefes, os cabeças dos milhares de Israel. 5 Quando vocês derem um toque de alarme, partirão os arraiais que estão acampados do lado leste. 6 E, quando derem um segundo toque de alarme, então partirão os arraiais que estão acampados do lado sul. Para a partida, deve soar um toque de alarme. 7 Para reunir a congregação, devem tocar as trombetas, mas não na forma de alarme. 8 Os filhos de Arão, sacerdotes, tocarão as trombetas; e isto será para vocês por estatuto perpétuo de geração em geração.

9 — Quando, na sua terra, vocês saírem a lutar contra os inimigos que os oprimem, também tocarão as trombetas na forma de alarme, e diante do SENHOR, o Deus de vocês, haverá lembrança de vocês, e serão salvos de seus inimigos. 10 Também nos dias de alegria, e nas festas fixas, e no princípio de cada mês, toquem as suas trombetas sobre os seus holocaustos e sobre os seus sacrifícios pacíficos, para que sejam por memorial diante do seu Deus. Eu sou o SENHOR, o Deus de vocês.

Os israelitas partem do Sinai

11 No segundo ano, no segundo mês, aos vin-
te dias do mês, a nuvem se ergueu de sobre o ta-
bernáculo da congregação. 12 Os filhos de Israel
puseram-se em marcha, partindo do deserto do
Sinai, jornada após jornada; e a nuvem repou-
sou no deserto de Parã. 13 Assim, pela primeira
vez, se puseram em marcha, segundo o man-
dado do SENHOR, por Moisés. 14 Primeiramente
partiu o estandarte do arraial dos filhos de Judá,
segundo as suas turmas; e sobre o seu exército
estava Naassom, filho de Aminadabe. 15 Sobre
o exército da tribo dos filhos de Issacar estava
Natanael, filho de Zuar, 16 e sobre o exército da
tribo dos filhos de Zebulom estava Eliabe, filho
de Helom.

17 Então desarmaram o tabernáculo, e os filhos
de Gérson e os filhos de Merari partiram, levando
o tabernáculo. 18 Depois, partiu o estandarte do
arraial de Rúben, segundo as suas turmas; e so-
bre o seu exército estava Elizur, filho de Sedeur.
19 Sobre o exército da tribo dos filhos de Simeão
estava Selumiel, filho de Zurisadai, 20 e sobre o
exército da tribo dos filhos de Gade estava Elia-
safe, filho de Deuel. 21 Então partiram os coatitas,
levando as coisas santas; e o tabernáculo era le-
vantado até que estes chegassem.

22 Depois, partiu o estandarte do arraial dos fi-
lhos de Efraim, segundo as suas turmas; e sobre
o seu exército estava Elisama, filho de Amiúde.
23 Sobre o exército da tribo dos filhos de Manas-
sés estava Gamaliel, filho de Pedazur, 24 e sobre o
exército da tribo dos filhos de Benjamim estava
Abidã, filho de Gideoni.

25 Então partiu o estandarte do arraial dos filhos
de Dã, formando a retaguarda de todos os arraiais,
segundo as suas turmas; e sobre o seu exército es-
tava Aiezer, filho de Amisadai. 26 Sobre o exército
da tribo dos filhos de Aser estava Pagiel, filho de
Ocrã. 27 E sobre o exército da tribo dos filhos de
Naftali estava Aira, filho de Enã. 28 Nesta ordem,
puseram-se em marcha os filhos de Israel, segun-
do os seus exércitos.

Moisés roga a Hobabe que vá com eles

29 Moisés disse a Hobabe, filho de Reuel, o mi-
dianita, sogro de Moisés:

— Estamos de viagem para o lugar de que o
SENHOR disse: "Eu o darei a vocês." Venha conosco!
Nós o trataremos bem, porque o SENHOR prometeu
boas coisas a Israel.

30 Mas Hobabe respondeu:

— Não irei. Prefiro voltar à minha terra e à mi-
nha parentela.

31 Moisés insistiu:

— Por favor, não nos deixe, porque você sabe
que devemos acampar no deserto; e você nos
servirá de guia. 32 Se vier conosco, faremos a você
o mesmo bem que o SENHOR Deus fizer a nós.

33 Assim, partiram do monte do SENHOR e ca-
minharam durante três dias. A arca da aliança do
SENHOR ia adiante deles durante esses três dias,
para encontrar um lugar de descanso para eles.
34 A nuvem do SENHOR pairava sobre eles de dia,
quando partiam do arraial. 35 Quando a arca par-
tia, Moisés falava: "Levanta-te, SENHOR, sejam es-
palhados os teus inimigos e fujam diante de ti os
que te odeiam." 36 E, quando a arca parava, Moisés
dizia: "Volta, ó SENHOR, para os milhares de milha-
res de Israel."

As queixas dos israelitas

11 1 O povo se queixou de sua sorte aos ouvidos
do SENHOR. Quando o SENHOR ouviu as re-
clamações, sua ira se acendeu, e fogo do SENHOR
ardeu entre eles e consumiu algumas extremida-
des do arraial. 2 Então o povo clamou a Moisés.
Este orou ao SENHOR, e o fogo se apagou. 3 Por isso
aquele lugar foi chamado de Taberá, porque o fogo
do SENHOR se havia acendido entre eles.

4 E o populacho que estava no meio deles veio a
ter grande desejo das comidas dos egípcios. Tam-
bém os filhos de Israel começaram a chorar outra
vez, dizendo:

— Quem nos dará carne para comer? 5 Lembra-
mos dos peixes que comíamos de graça no Egito.
Que saudade dos pepinos, dos melões, dos alhos
silvestres, das cebolas e dos alhos! 6 Mas agora a
nossa alma está seca, e não vemos nada a não ser
este maná.

7 O maná era como semente de coentro, e a sua
aparência era semelhante à de bdélio. 8 O povo ia
por toda parte e o colhia. Eles o moíam em moi-
nhos ou o socavam em pilões. Depois o cozinha-
vam em panelas e dele faziam bolos. O sabor do
maná era como o de bolos amassados com azeite.
9 Quando, de noite, descia o orvalho sobre o ar-
raial, sobre este também caía o maná.

Moisés acha pesado o seu cargo

10 Então Moisés ouviu como o povo chorava
por famílias, cada um à porta da sua tenda. O
SENHOR ficou muito irado, e Moisés também não
gostou daquilo. 11 Moisés disse ao SENHOR:

— Por que fizeste mal a teu servo, e por que não
achei favor aos teus olhos, visto que puseste sobre
mim a carga de todo este povo? 12 Será que fui eu
quem concebeu todo este povo? Será que fui eu
quem o deu à luz, para que me digas que o leve no
colo, como a babá leva a criança que mama, até
a terra que prometeste dar a seus pais? 13 Onde
eu poderia conseguir carne para dar a todo este
povo? Pois chora diante de mim, dizendo: "Dê-nos
carne para comer." 14 Eu sozinho não posso levar

todo este povo, pois é pesado demais para mim. 15 Se me tratas assim, mata-me de uma vez. Se achei favor aos teus olhos, peço que não me deixes ver a minha miséria.

Setenta anciãos para ajudar Moisés

16 O Senhor disse a Moisés:

— Reúna para mim setenta homens dos anciãos de Israel, que você sabe que são anciãos e superintendentes do povo, e traga-os diante da tenda do encontro, para que estejam ali com você. 17 Então descerei e ali falarei com você. Tirarei do Espírito que está sobre você e o porei sobre eles; e eles ajudarão você a levar a carga do povo, para que você não tenha de levá-la sozinho. 18 Diga ao povo: "Santifiquem-se para amanhã e vocês comerão carne, porque vocês choraram aos ouvidos do Senhor, dizendo: 'Quem nos dará carne para comer? A vida era melhor no Egito.'" Por isso o Senhor lhes dará carne e vocês poderão comer. 19 Não comerão um dia, nem dois dias, nem cinco, nem dez, nem ainda vinte, 20 mas um mês inteiro, até que saia pelo nariz, até que fiquem com nojo dela, porque vocês rejeitaram o Senhor, que está no meio de vocês, e choraram diante dele, dizendo: "Por que saímos do Egito?"

21 Moisés, porém, respondeu:

— Este povo no meio do qual estou é de seiscentos mil homens em pé, e tu dizes: "Eu lhes darei carne, e eles a comerão durante um mês inteiro." 22 Quantos rebanhos de ovelhas e de gado teríamos de matar, para que tivessem o suficiente? Ou será que bastaria, se ajuntássemos para eles todos os peixes do mar?

23 Porém o Senhor respondeu a Moisés:

— Será que a mão do Senhor se encurtou? Agora mesmo você verá se a minha palavra se cumprirá ou não!

24 Moisés saiu e contou ao povo as palavras do Senhor. Ele reuniu setenta homens dos anciãos do povo e os pôs ao redor da tenda. 25 Então o Senhor desceu na nuvem e falou com Moisés. E, tirando do Espírito que estava sobre Moisés, o pôs sobre aqueles setenta anciãos. Quando o Espírito repousou sobre eles, profetizaram; mas isto nunca mais se repetiu.

Eldade e Medade

26 Porém dois homens ficaram no arraial. Um se chamava Eldade, e o outro, Medade. O Espírito repousou sobre eles, porque estavam entre os inscritos, mesmo que não tivessem ido até a tenda; e profetizavam no arraial. 27 Então um jovem correu e anunciou a Moisés:

— Eldade e Medade estão profetizando no arraial.

28 Josué, filho de Num, auxiliar de Moisés, um dos seus escolhidos, respondeu e disse:

— Moisés, meu senhor, ordene que parem com isso.

29 Porém Moisés lhe disse:

— Você está com ciúmes por mim? Eu gostaria que todo o povo do Senhor fosse profeta, que o Senhor lhes desse o seu Espírito!

30 Depois, Moisés se recolheu ao arraial, ele e os anciãos de Israel.

Deus manda codornizes

31 Então soprou um vento do Senhor, e trouxe codornizes do mar, e as espalhou pelo arraial em todas as direções, numa extensão de cerca de um dia de caminhada, a uma altura de quase um metro sobre a terra. 32 Todo aquele dia e toda aquela noite, e também no dia seguinte, o povo se levantou e recolheu as codornizes; o que menos recolheu teve dez montões; e as estenderam para si ao redor do arraial.

33 Enquanto a carne ainda estava entre os seus dentes, antes que fosse mastigada, a ira do Senhor se acendeu contra o povo, e o feriu com uma terrível praga. 34 Por isso aquele lugar foi chamado de Quibrote-Hataavá, porque ali foi sepultado o povo que teve o desejo das comidas dos egípcios.

35 De Quibrote-Hataavá o povo partiu para Hazerote e ali ficou.

A rebelião de Miriã e Arão

12 1 Miriã e Arão falaram contra Moisés, por causa da mulher cuxita que este havia tomado; pois ele tinha tomado uma mulher cuxita. 2 E disseram:

— Será que o Senhor falou somente por meio de Moisés? Será que não falou também por meio de nós?

E o Senhor ouviu o que eles disseram. 3 Moisés era um homem muito manso, mais do que qualquer outro sobre a terra.

4 Imediatamente o Senhor disse a Moisés, a Arão e a Miriã:

— Vocês três, dirijam-se à tenda do encontro.

E os três foram até lá. 5 Então o Senhor desceu na coluna de nuvem e se pôs à porta da tenda. Depois, chamou Arão e Miriã, e eles se apresentaram. 6 Então o Senhor disse:

— Ouçam, agora, as minhas palavras: se entre vocês há um profeta, eu, o Senhor, em visão me faço conhecer a ele ou falo com ele em sonhos. 7 Não é assim com o meu servo Moisés, que é fiel em toda a minha casa. 8 Falo com ele face a face, claramente e não por enigmas; pois ele vê a forma do Senhor. Como, pois, vocês não tiveram medo de falar contra o meu servo, contra Moisés?

9 E a ira do SENHOR se acendeu contra eles;
e ele se retirou. 10 Quando a nuvem se afastou
de sobre a tenda, eis que Miriã estava leprosa,
branca como a neve. Arão olhou para Miriã, e eis
que ela estava coberta de lepra. 11 E Arão disse
a Moisés:
— Ah! Meu senhor, não ponha sobre nós este
pecado, porque agimos de forma tola e pecamos.
12 Não permita que Miriã seja como um aborto,
que, saindo do ventre de sua mãe, tenha metade
de sua carne já consumida.
13 Moisés clamou ao SENHOR, dizendo:
— Ó Deus, peço-te que a cures.
14 O SENHOR respondeu a Moisés:
— Se o pai de Miriã tivesse cuspido no rosto
dela, não seria envergonhada por sete dias? Que
ela seja encerrada sete dias fora do arraial e, de-
pois, trazida de volta.
15 Assim, Miriã foi detida fora do arraial du-
rante sete dias; e o povo não partiu enquanto
Miriã não foi trazida de volta. 16 Porém, depois,
o povo partiu de Hazerote e acampou no deserto
de Parã.

Os espias

Dt 1.19-25

13 1 O SENHOR disse a Moisés:
2 — Envie alguns homens que espiem a terra
de Canaã, que eu vou dar aos filhos de Israel. En-
viem um homem de cada tribo de seus pais, sendo
cada qual chefe entre eles.
3 Moisés os enviou do deserto de Parã, se-
gundo o mandado do SENHOR. Todos aqueles
homens eram chefes dos filhos de Israel. 4 São
estes os seus nomes: da tribo de Rúben, Samua,
filho de Zacur; 5 da tribo de Simeão, Safate, fi-
lho de Hori; 6 da tribo de Judá, Calebe, filho de
Jefoné; 7 da tribo de Issacar, Jigeal, filho de José;
8 da tribo de Efraim, Oseias, filho de Num; 9 da
tribo de Benjamim, Palti, filho de Rafu; 10 da tri-
bo de Zebulom, Gadiel, filho de Sodi; 11 da tribo
de José, pela tribo de Manassés, Gadi, filho de
Susi; 12 da tribo de Dã, Amiel, filho de Gemali;
13 da tribo de Aser, Setur, filho de Micael; 14 da
tribo de Naftali, Nabi, filho de Vofsi; 15 da tribo
de Gade, Geuel, filho de Maqui. 16 São estes os
nomes dos homens que Moisés enviou a espiar
aquela terra. E a Oseias, filho de Num, Moisés
deu o nome de Josué.
17 Moisés os enviou a espiar a terra de Canaã e
disse-lhes:
— Subam pelo Neguebe e entrem na região
montanhosa. 18 Vejam a terra, como ela é, e o povo
que nela habita, se é forte ou fraco, se são pou-
cos ou muitos. 19 Vejam também como é a terra
em que esse povo habita, se é boa ou má, e como
são as cidades em que habita, se são arraiais ou
fortalezas. 20 Também como é o solo, se é fértil ou
estéril, se nele há matas ou não. Tenham coragem
e tragam dos frutos da terra.
Aqueles dias eram os dias das primícias das
uvas.
21 Assim, foram e espiaram a terra desde o de-
serto de Zim até Reobe, à entrada de Hamate. 22 E
subiram pelo Neguebe e foram até Hebrom. Ali
viviam Aimã, Sesai e Talmai, filhos de Anaque.
(Hebrom foi edificada sete anos antes de Zoã,
no Egito.) 23 Depois, foram até o vale de Escol e
ali cortaram um ramo de videira com um cacho
de uvas, o qual foi trazido por dois homens numa
vara. Trouxeram também romãs e figos. 24 Esse
lugar foi chamado de vale de Escol, por causa do
cacho de uvas que os filhos de Israel cortaram ali.

O relatório dos espias

Dt 1.26-33

25 Depois de quarenta dias, voltaram de espiar
a terra. 26 Vieram a Moisés, a Arão e a toda a con-
gregação dos filhos de Israel em Cades, no deserto
de Parã. Fizeram um relato do que tinham visto, a
eles e a toda a congregação, e mostraram-lhes os
frutos da terra. 27 Relataram a Moisés e disseram:
— Fomos à terra à qual você nos enviou. De
fato, é uma terra onde mana leite e mel; estes são
os frutos dela. 28 Mas o povo que habita nessa
terra é poderoso, e as cidades são muito grandes
e fortificadas. Também vimos ali os filhos de
Anaque. 29 Os amalequitas habitam na terra do
Neguebe. Os heteus, os jebuseus e os amorreus
habitam nas montanhas. Os cananeus habitam
perto do mar e na beira do Jordão.
30 Então Calebe fez calar o povo diante de Moi-
sés e disse:
— Vamos subir agora e tomar posse da terra,
porque somos perfeitamente capazes de fazer
isso.
31 Porém os homens que tinham ido com ele
disseram:
— Não podemos atacar aquele povo, porque é
mais forte do que nós.
32 E, diante dos filhos de Israel, falaram mal da
terra que haviam espiado, dizendo:
— A terra pela qual passamos para espiar é ter-
ra que devora os seus moradores; e todo o povo
que vimos nela são homens de grande estatura.
33 Também vimos ali gigantes (os filhos de Ana-
que são descendentes de gigantes), e éramos, aos
nossos próprios olhos, como gafanhotos e assim
também éramos aos olhos deles.

A rebelião do povo

14 1 Então toda a congregação se levantou e
gritou em alta voz; e o povo chorou aque-
la noite. 2 Todos os filhos de Israel murmuraram

contra Moisés e contra Arão; e toda a congregação lhes disse:

— Quem dera tivéssemos morrido na terra do Egito ou mesmo neste deserto! 3 E por que o SENHOR nos traz a esta terra, para cairmos à espada e para que nossas mulheres e nossas crianças sejam por presa? Não seria melhor voltarmos para o Egito?

4 E diziam uns aos outros:

— Vamos escolher um chefe e voltemos para o Egito.

5 Então Moisés e Arão caíram sobre o seu rosto diante da congregação dos filhos de Israel. 6 E Josué, filho de Num, e Calebe, filho de Jefoné, que eram daqueles que espiaram a terra, rasgaram as suas roupas 7 e falaram a toda a congregação dos filhos de Israel, dizendo:

— A terra pela qual passamos para espiar é terra muitíssimo boa. 8 Se o SENHOR se agradar de nós, então nos fará entrar e nos dará essa terra, que é uma terra que mana leite e mel. 9 Tão somente não sejam rebeldes contra o SENHOR e não tenham medo do povo dessa terra, porque, como pão, os podemos devorar; a proteção que eles tinham se foi. O SENHOR está conosco; não tenham medo deles.

10 Apesar disso, toda a congregação disse que Josué e Calebe deviam ser apedrejados; porém a glória do SENHOR apareceu na tenda do encontro a todos os filhos de Israel. 11 O SENHOR disse a Moisés:

— Até quando este povo me provocará e até quando não crerá em mim, apesar de todos os sinais que fiz no meio dele? 12 Vou feri-lo com pestilência e deserdá-lo; e farei de você povo maior e mais forte do que este.

Moisés intercede pelo povo

13 Moisés respondeu ao SENHOR:

— Os egípcios não somente ouviram que, com o teu poder, fizeste este povo sair do meio deles, 14 mas também o disseram aos moradores desta terra. Eles ouviram que tu, ó SENHOR, estás no meio deste povo, que face a face, ó SENHOR, lhes apareces, tua nuvem está sobre eles e vais adiante deles numa coluna de nuvem, de dia, e, numa coluna de fogo, de noite. 15 Se matares este povo de uma só vez, as nações, que antes ouviram a tua fama, dirão: 16 "Visto que o SENHOR não conseguiu fazer este povo entrar na terra que lhe prometeu com juramento, matou-os no deserto." 17 Agora, pois, peço que a força do meu Senhor se engrandeça, como tens falado, dizendo: 18 "O SENHOR é tardio em irar-se e rico em bondade; ele perdoa a iniquidade e a transgressão, mas não inocenta o culpado, e visita a iniquidade dos pais nos filhos até a terceira e a quarta geração." 19 Perdoa, pois, a iniquidade deste povo, segundo a grandeza da tua misericórdia e como também tens perdoado a este povo desde a terra do Egito até aqui.

O castigo dado por Deus

Dt 1.34-40

20 O SENHOR respondeu:

— Conforme você me pediu, eu perdoei. 21 Porém, tão certo como eu vivo, e como toda a terra se encherá da glória do SENHOR, 22 nenhum dos homens que viram a minha glória e os prodígios que fiz no Egito e no deserto e, mesmo assim me puseram à prova já dez vezes e não obedeceram à minha voz, 23 nenhum deles verá a terra que, com juramento, prometi a seus pais; sim, nenhum daqueles que me desprezaram a verá. 24 Porém o meu servo Calebe, visto que nele houve outro espírito, e perseverou em seguir-me, eu o farei entrar na terra que espiou, e a sua descendência a possuirá. 25 Ora, os amalequitas e os cananeus habitam no vale; portanto, amanhã mudem de rumo e caminhem para o deserto, pelo caminho do mar Vermelho.

26 Depois, o SENHOR disse a Moisés e a Arão:

27 — Até quando vou aguentar esta má congregação que murmura contra mim? Tenho ouvido as murmurações que os filhos de Israel proferem contra mim. 28 Diga-lhes: "Tão certo como eu vivo, diz o SENHOR, vou tratar vocês de acordo com o que falaram aos meus ouvidos. 29 Neste deserto, cairá o cadáver de vocês — de todos vocês que foram contados no censo, de vinte anos para cima, e que murmuraram contra mim. 30 Vocês não entrarão na terra na qual jurei que os faria habitar, com a exceção de Calebe, filho de Jefoné, e Josué, filho de Num. 31 Mas os seus filhos, dos quais vocês dizem que serão por presa, esses eu farei entrar nela; e eles conhecerão a terra que vocês desprezaram. 32 Porém, quanto a vocês, o seu cadáver cairá neste deserto. 33 Os filhos de vocês serão pastores neste deserto durante quarenta anos e levarão sobre si as infidelidades de vocês, até que o cadáver de vocês se consuma neste deserto. 34 Segundo o número dos dias em que vocês espiaram a terra, quarenta dias, cada dia representando um ano, vocês levarão sobre si as suas iniquidades durante quarenta anos e terão experiência do meu desagrado. 35 Eu, o SENHOR, falei. Assim farei a toda esta má congregação, que se levantou contra mim; neste deserto, se consumirão e aí morrerão."

36 Os homens que Moisés havia mandado para espiar a terra e que, voltando, fizeram murmurar toda a congregação contra ele, falando mal da terra, 37 esses mesmos homens que falaram mal da terra morreram de praga diante do SENHOR. 38 Mas Josué, filho de Num, e Calebe, filho de Jefoné, que eram dos homens que foram espiar a terra, sobreviveram.

O povo é derrotado em Horma
Dt 1.41-46

39 Moisés falou estas palavras a todos os fi-
lhos de Israel, e o povo ficou muito triste.
40 Levantaram-se de manhã cedo e subiram ao alto
do monte, dizendo:
— Aqui estamos e subiremos ao lugar que o
Senhor nos prometeu, porque pecamos.
41 Porém Moisés respondeu:
— Por que vocês estão transgredindo o man-
dado do Senhor? Isso não prosperará. 42 Não vão,
porque o Senhor não estará no meio de vocês,
e vocês serão derrotados pelos seus inimigos.
43 Porque os amalequitas e os cananeus estão logo
ali adiante, e vocês cairão à espada. Uma vez que
se desviaram do Senhor, o Senhor não estará
com vocês.
44 Contudo, eles teimaram em querer entrar na
região montanhosa. No entanto, a arca da aliança
do Senhor e Moisés não saíram do meio do ar-
raial. 45 Então os amalequitas e os cananeus que
habitavam na região montanhosa desceram e os
atacaram, derrotando-os até Horma.

Leis a respeito de ofertas

15 1 O Senhor disse a Moisés:
2 — Fale aos filhos de Israel e diga-lhes:
Quando entrarem na terra em que vocês vão ha-
bitar, a terra que eu lhes darei, 3 e ao Senhor fize-
rem oferta queimada, holocausto ou sacrifício, em
cumprimento de um voto ou em oferta voluntária,
ou, nas suas festas fixas, apresentarem ao Senhor
aroma agradável com o sacrifício de gado e ove-
lhas, 4 então aquele que apresentar a sua oferta ao
Senhor, por oferta de cereais, trará dois litros da
melhor farinha, misturada com um litro de azei-
te. 5 E de vinho para libação prepare um litro para
cada cordeiro, além do holocausto ou do sacri-
fício. 6 Para cada carneiro prepare uma oferta de
cereais de quatro litros da melhor farinha, mistu-
rada com um litro e meio de azeite. 7 E de vinho
para a libação ofereça um litro e meio ao Senhor,
em aroma agradável. 8 Quando você preparar um
novilho para holocausto ou sacrifício, em cum-
primento de um voto ou um sacrifício pacífico
ao Senhor, 9 traga com o novilho uma oferta de
cereais de seis litros da melhor farinha, misturada
com dois litros de azeite, 10 e de vinho para a li-
bação traga dois litros, oferta queimada de aroma
agradável ao Senhor.
11 — Assim se fará com todos os novilhos, car-
neiros, cordeiros e bodes. 12 Segundo o número
que vocês oferecerem, assim o farão para cada
um. 13 Todos os naturais da terra assim farão estas
coisas, trazendo oferta queimada de aroma agra-
dável ao Senhor. 14 Se também morar com vocês
algum estrangeiro ou quem quer que estiver entre
vocês ou os seus descendentes e trouxer uma
oferta queimada de aroma agradável ao Senhor,
deverá fazer o mesmo que vocês fazem. 15 Quan-
to à congregação, haja apenas um estatuto, tanto
para vocês como para os estrangeiros que mora-
rem entre vocês, por estatuto perpétuo nas suas
gerações; vocês e os estrangeiros serão iguais
diante do Senhor. 16 A mesma lei e o mesmo rito
se aplicam a vocês e aos estrangeiros que moram
com vocês.
17 O Senhor disse a Moisés:
18 — Fale aos filhos de Israel e diga-lhes: Quan-
do chegarem à terra em que eu os farei entrar,
19 ao comerem do pão da terra, apresentem uma
oferta ao Senhor. 20 Das primícias da farinha
grossa vocês apresentarão um bolo como oferta;
como oferta da eira, assim vocês o apresentarão.
21 Das primícias da farinha grossa vocês apresen-
tarão ao Senhor oferta nas suas gerações.

Sacrifícios pelos pecados involuntários
Lv 4.13-21

22 — Quando vocês cometerem pecado invo-
luntário e não cumprirem todos estes manda-
mentos que o Senhor falou a Moisés, 23 sim, tudo
o que o Senhor lhes ordenou por meio de Moisés,
desde o dia em que o Senhor ordenou e daí em
diante, nas suas gerações, 24 então, quando se fi-
zer alguma coisa de forma involuntária e isso for
oculto aos olhos da coletividade, toda a congre-
gação oferecerá um novilho, para holocausto de
aroma agradável ao Senhor, com a sua oferta de
cereais e de libação, segundo o rito, e um bode,
para oferta pelo pecado. 25 O sacerdote fará expia-
ção por toda a congregação dos filhos de Israel, e
lhes será perdoado, porque foi algo involuntário,
e eles trouxeram a sua oferta, oferta queimada
ao Senhor, e a sua oferta pelo pecado diante do
Senhor, por causa do seu pecado involuntário.
26 Assim, toda a congregação dos filhos de Israel
e também os estrangeiros que habitam no meio
deles serão perdoados, pois todo o povo foi envol-
vido nesse pecado involuntário.
27 — Se alguma pessoa cometer pecado invo-
luntário, apresentará uma cabra de um ano como
oferta pelo pecado. 28 O sacerdote fará expiação
pela pessoa que errou, quando cometer pecado
involuntário diante do Senhor, fazendo expia-
ção por ela, e lhe será perdoado. 29 Tanto para o
natural dos filhos de Israel como para o estrangei-
ro que habita no meio deles a lei será a mesma,
caso alguém cometer pecado involuntário. 30 Mas
a pessoa que fizer alguma coisa deliberadamente,
quer seja dos naturais da terra quer dos estrangei-
ros, está blasfemando contra o Senhor; tal pessoa
será eliminada do meio do seu povo, 31 pois des-
prezou a palavra do Senhor e desrespeitou o seu

mandamento. Essa pessoa será eliminada, e a sua iniquidade será sobre ela.

Castigo pela violação do sábado

32 Quando os filhos de Israel estavam no deserto, encontraram um homem apanhando lenha no dia de sábado. 33 Os que o encontraram apanhando lenha o levaram a Moisés, a Arão e a toda a congregação. 34 Eles o mantiveram preso, porque ainda não estava declarado o que se devia fazer com ele. 35 Então o SENHOR disse a Moisés:

— Esse homem deve ser morto; toda a congregação o apedrejará fora do arraial.

36 Assim, toda a congregação o levou para fora do arraial, e o apedrejaram; e ele morreu, como o SENHOR havia ordenado a Moisés.

As franjas das capas

Dt 22.12

37 O SENHOR disse a Moisés:

38 — Fale aos filhos de Israel e diga-lhes que ao longo das suas gerações coloquem franjas nas extremidades das suas capas e ponham um cordão azul em cada franja. 39 E as franjas estarão ali para que, ao vê-las, vocês se lembrem de todos os mandamentos do SENHOR e os cumpram, para que vocês não se deixem arrastar à infidelidade, seguindo os desejos do seu coração e dos seus olhos. 40 As franjas estarão ali para que vocês se lembrem de todos os meus mandamentos, os cumpram e sejam santos ao Deus de vocês. 41 Eu sou o SENHOR, o Deus de vocês, que os tirei da terra do Egito, para ser o Deus de vocês. Eu sou o SENHOR, o Deus de vocês.

A rebelião de Corá, Datã e Abirão

16 1 Corá, filho de Isar, filho de Coate, filho de Levi, tomou consigo Datã e Abirão, filhos de Eliabe, e também Om, filho de Pelete, todos da tribo de Rúben, 2 e se levantaram diante de Moisés com duzentos e cinquenta homens dos filhos de Israel, chefes da congregação, eleitos por ela, homens de renome, 3 e se ajuntaram contra Moisés e contra Arão e lhes disseram:

— Basta! Toda a congregação é santa, cada um deles é santo, e o SENHOR está no meio deles. Por que, então, vocês se exaltam sobre a congregação do SENHOR?

4 Quando ouviu isto, Moisés caiu sobre o seu rosto. 5 E falou a Corá e a todo o seu grupo, dizendo:

— Amanhã pela manhã, o SENHOR fará saber quem é dele e quem é o santo que ele fará chegar a si. Aquele a quem ele escolher, esse ele fará chegar a si. 6 Façam isto: peguem incensários, você, Corá e todo o seu grupo. 7 Ponham brasas nos incensários amanhã, coloquem incenso sobre as brasas diante do SENHOR. O homem a quem o SENHOR escolher, este será o santo. E agora basta, filhos de Levi!

8 Moisés disse também a Corá:

— Agora escutem, filhos de Levi! 9 Será que para vocês é pouca coisa o fato de o Deus de Israel os ter separado da congregação de Israel, para os fazer chegar a si, a fim de cumprirem o serviço do tabernáculo do SENHOR e estarem diante da congregação para ministrar-lhe? 10 Ele fez chegar você, Corá, e todos os seus irmãos, os filhos de Levi, com você. E agora vocês buscam também o sacerdócio? 11 Portanto, você e todo o seu grupo estão contra o SENHOR. E Arão, o que é ele para que estejam murmurando contra ele?

12 Moisés mandou chamar Datã e Abirão, filhos de Eliabe. Porém eles disseram:

— Não iremos! 13 Será que é pouca coisa o fato de você nos ter tirado de uma terra que mana leite e mel, para nos fazer morrer neste deserto? E agora você quer também se fazer príncipe sobre nós? 14 Além disso, você não nos levou a uma terra que mana leite e mel, nem nos deu campos e vinhas como herança. Você pensa que pode arrancar os olhos dessa gente? Pois não iremos!

15 Então Moisés ficou muito irado e disse ao SENHOR:

— Não atentes para a oferta deles! Não tirei deles nem um só jumento e não fiz mal a nenhum deles.

16 Moisés disse ainda a Corá:

— Você e todo o seu grupo, ponham-se diante do SENHOR — você e eles, e também Arão — no dia de amanhã. 17 Cada um pegará o seu incensário e porá incenso nele. Que cada um traga o seu incensário diante do SENHOR, duzentos e cinquenta incensários; também você e Arão, cada qual o seu.

18 Assim, pegaram cada qual o seu incensário, puseram brasas neles, sobre as brasas colocaram incenso e se puseram com Moisés e Arão diante da porta da tenda do encontro. 19 Corá reuniu contra eles todo o povo à porta da tenda do encontro. Então a glória do SENHOR apareceu a toda a congregação.

Os rebeldes são castigados

20 O SENHOR disse a Moisés e a Arão:

21 — Afastem-se do meio desta congregação, e eu os consumirei num momento.

22 Mas Moisés e Arão se prostraram sobre o seu rosto e disseram:

— Ó Deus, autor e conservador de toda a vida, será que, pelo fato de pecar um só homem, ficarás indignado contra toda esta congregação?

23 O SENHOR respondeu a Moisés:

24 — Fale a toda esta congregação, dizendo: “Afastem-se da habitação de Corá, Datã e Abirão.”

25 Então Moisés se levantou e foi para onde es-
tavam Datã e Abirão; e os anciãos de Israel foram
com ele. 26 E Moisés disse à congregação:
— Peço que vocês se afastem das tendas des-
tes homens perversos e não toquem em nada
do que é deles, para que vocês não sejam des-
truídos por causa de todos os pecados que eles
cometeram.
27 Eles se afastaram da habitação de Corá, Datã
e Abirão.
Datã e Abirão saíram e se puseram à porta da
sua tenda, juntamente com suas mulheres, seus
filhos e suas crianças. 28 Então Moisés disse:
— Nisto vocês saberão que o SENHOR me en-
viou a realizar todas estas obras, que não proce-
dem de mim mesmo: 29 se estes homens morrerem
como morrem todas as pessoas e se forem visita-
dos por qualquer castigo como se dá com todas as
pessoas, então o SENHOR não me enviou. 30 Mas, se
o SENHOR criar alguma coisa nova, e a terra abrir
a sua boca e os engolir com tudo o que eles têm,
e se eles descerem vivos ao mundo dos mortos,
então vocês saberão que estes homens despreza-
ram o SENHOR.
31 E aconteceu que, assim que Moisés acabou
de dizer todas estas palavras, a terra debaixo de-
les se fendeu, 32 abriu a sua boca e os engoliu com
as famílias deles, com todos os que eram parti-
dários de Corá e com todos os bens deles. 33 Eles
e tudo o que lhes pertencia desceram vivos ao
mundo dos mortos; a terra os cobriu, e desapa-
receram do meio da congregação. 34 Todo o Israel
que estava ao redor deles fugiu do grito deles.
Todos gritavam:
— Vamos fugir, para que a terra não venha a
nos engolir também!
35 Então veio fogo do SENHOR e consumiu os
duzentos e cinquenta homens que ofereciam o
incenso.

Os incensários são aproveitados

36 O SENHOR disse a Moisés:
37 — Diga a Eleazar, filho de Arão, o sacerdote,
que pegue os incensários do meio do incêndio
e espalhe as brasas para longe, porque os in-
censários são santos. 38 Quanto aos incensários
daqueles que pecaram contra a sua própria vida,
que deles se façam lâminas para cobertura do al-
tar, porque eles os trouxeram diante do SENHOR;
por isso, são santos e serão por sinal aos filhos
de Israel.
39 O sacerdote Eleazar pegou os incensários de
metal que aqueles homens que foram queimados
tinham trazido, e os incensários foram transfor-
mados em lâminas para cobertura do altar, 40 por
memorial para os filhos de Israel, para que ne-
nhum estranho, que não for da descendência de
Arão, se aproxime para acender incenso diante
do SENHOR; para que não seja como Corá e o seu
grupo, como o SENHOR lhe tinha dito por meio
de Moisés.

Novo tumulto e seu castigo

41 Mas, no dia seguinte, toda a congregação dos
filhos de Israel murmurou contra Moisés e contra
Arão, dizendo:
— Vocês mataram o povo do SENHOR.
42 Quando o povo se ajuntou contra Moisés e
Arão, eles se viraram para a tenda do encontro.
E eis que a nuvem a cobriu, e a glória do SENHOR
apareceu. 43 Moisés e Arão foram para a frente da
tenda do encontro. 44 Então o SENHOR falou a Moi-
sés, dizendo:
45 — Saiam do meio desta congregação, e eu a
consumirei num momento.
Então eles se prostraram sobre o seu rosto.
46 Moisés disse a Arão:
— Pegue o seu incensário, ponha nele algu-
mas brasas do altar, coloque incenso sobre elas,
vá depressa à congregação e faça expiação por
eles; porque grande indignação saiu de diante do
SENHOR; já começou a praga.
47 Arão pegou o incensário, como Moisés lhe
havia falado, e correu para o meio da congregação.
Eis que a praga já havia começado entre o povo.
Arão colocou incenso nele e fez expiação pelo
povo. 48 Pôs-se em pé entre os mortos e os vivos;
e cessou a praga. 49 Ora, os que morreram daquela
praga foram catorze mil e setecentos, fora os que
morreram por causa de Corá. 50 Arão voltou para
junto de Moisés, à porta da tenda do encontro; e
cessou a praga.

O bordão de Arão floresce

17 1 O SENHOR disse a Moisés:
2 — Fale aos filhos de Israel e receba deles
bordões, um pela casa de cada pai de todos os
seus chefes, segundo as casas de seus pais, isto
é, doze bordões; escreva o nome de cada um so-
bre o seu bordão. 3 Porém o nome de Arão você
escreverá sobre o bordão de Levi; porque cada
cabeça da casa de seus pais terá um bordão.
4 Ponha esses bordões na tenda do encontro,
diante da arca do testemunho, onde eu me en-
contro com vocês. 5 O bordão do homem que eu
escolher, esse florescerá; assim, farei cessar as
murmurações que os filhos de Israel proferem
contra vocês.
6 Então Moisés falou aos filhos de Israel, e to-
dos os seus chefes lhe deram bordões; cada um
lhe deu um, segundo as casas de seus pais: doze
bordões; e, entre eles, estava o bordão de Arão.
7 Moisés pôs estes bordões diante do SENHOR, na
tenda do testemunho.

8 No dia seguinte, Moisés entrou na tenda do
testemunho, e eis que o bordão de Arão, pela casa
de Levi, havia brotado, e, tendo feito sair brotos,
havia produzido flores e dava amêndoas. 9 En-
tão Moisés trouxe todos os bordões de diante do
SENHOR a todos os filhos de Israel; e eles olharam,
e cada um pegou o seu bordão.
10 O SENHOR disse a Moisés:
— Torne a pôr o bordão de Arão diante da arca
do testemunho, para que se guarde por sinal para
filhos rebeldes. Assim você fará acabar as murmu-
rações que eles proferem contra mim, para que
não morram.
11 E Moisés fez assim. Como o SENHOR lhe ha-
via ordenado, assim fez. 12 Então os filhos de Israel
disseram a Moisés:
— Eis que vamos morrer! Estamos perdidos!
Estamos todos perdidos! 13 Todo aquele que se
aproximar do tabernáculo do SENHOR morrerá.
Será que todos vamos morrer?

Deveres e direitos dos sacerdotes

18 1 O SENHOR disse a Arão:
— Você, os seus filhos e a casa de seu pai
levarão sobre si a iniquidade com relação ao san-
tuário; você e os seus filhos levarão sobre si a
iniquidade com relação ao sacerdócio. 2 Traga tam-
bém os seus irmãos, a tribo de Levi, a tribo de seu
pai, para que se ajuntem a você e o sirvam, quando
você e os seus filhos estiverem diante da tenda
do testemunho. 3 Eles farão o serviço que devem
prestar a você e à tenda, mas não deverão se apro-
ximar dos utensílios do santuário, nem do altar,
para que não sejam mortos, nem eles, nem vocês.
4 Eles se ajuntarão a você e farão todo o serviço da
tenda do encontro; o estranho, porém, não deve-
rá se aproximar de vocês. 5 Portanto, vocês farão o
serviço do santuário e do altar, para que não haja
outra vez ira contra os filhos de Israel. 6 Eis que eu
tomei os irmãos de vocês, os levitas, do meio dos
filhos de Israel; eles são dados a vocês como dádi-
va ao SENHOR, para servirem na tenda do encon-
tro. 7 Mas você e os seus filhos atenderão ao seu
sacerdócio em tudo o que diz respeito ao altar, e
ao que estiver para dentro do véu; este é o servi-
ço de vocês. Eu lhes dou o seu ofício sacerdotal
como dádiva; porém o estranho que se aproximar
será morto.
8 O SENHOR disse a Arão:
— Eis que eu dei a você o que foi separado das
minhas ofertas, com todas as coisas consagradas
dos filhos de Israel; dei-as por direito perpétuo
como porção a você e aos seus filhos. 9 Das coisas
santíssimas que não forem queimadas isto será
seu: todas as ofertas deles, com todas as ofer-
tas de cereais, com todas as ofertas pelo pecado
e com todas as ofertas pela culpa, que eles me
apresentarem, serão coisas santíssimas para você
e para os seus filhos. 10 Você deve comer essas coi-
sas num lugar santíssimo; todos os homens pode-
rão comer; isso será algo santo para você.
11 — Também isto será seu: a oferta das dádivas
que eles trouxerem com todas as ofertas movidas
dos filhos de Israel, as quais dou a você, aos seus
filhos e às suas filhas, por direito perpétuo. Todos
os da sua casa que estiverem puros poderão co-
mer dessas coisas. 12 Todo o melhor do azeite, do
vinho e dos cereais, as primícias que eles derem
ao SENHOR, eu dei a você. 13 Os primeiros frutos
de tudo o que houver na terra, que eles trouxerem
ao SENHOR, serão de você. Todos os da sua casa
que estiverem puros poderão comer dessas coi-
sas. 14 Tudo o que em Israel tiver sido consagrado
por completo a Deus será seu.
15 — Todo primeiro filho que nascer, tanto de
homens como de animais, que os filhos de Israel
trouxerem ao SENHOR, será seu. Porém os pri-
mogênitos dos homens você deve resgatar, e o
mesmo vale para os primogênitos dos animais im-
puros. 16 O resgate será feito quando tiverem um
mês de idade e será segundo esta avaliação: por
sessenta gramas de prata, segundo o peso padrão
do santuário, que é de doze gramas. 17 Mas o pri-
mogênito do gado, o primogênito de ovelhas ou o
primogênito de cabra você não deve resgatar; são
santos; você aspergirá o sangue deles sobre o altar
e a sua gordura você queimará em oferta queima-
da de aroma agradável ao SENHOR. 18 A carne deles
será sua, assim como será seu o peito movido e a
coxa direita.
19 — Todas as ofertas sagradas, que os filhos
de Israel oferecerem ao SENHOR, eu dou a você,
aos seus filhos e às suas filhas, por direito per-
pétuo. Esta é uma aliança perpétua de sal diante
do SENHOR, para você e para a sua descendência.
20 O SENHOR disse também a Arão:
— Na terra deles você não terá nenhuma he-
rança e, no meio deles, você não terá nenhuma
porção. Eu sou a sua porção e a sua herança no
meio dos filhos de Israel.

Os dízimos e os levitas

21 — Aos filhos de Levi dei todos os dízimos
em Israel por herança, pelo serviço que prestam,
serviço da tenda do encontro. 22 E nunca mais os
filhos de Israel se aproximarão da tenda do en-
contro, para que não levem sobre si o pecado e
sejam mortos. 23 Mas os levitas farão o serviço da
tenda do encontro e responderão por suas faltas;
este é um estatuto perpétuo para todas as suas ge-
rações. E os levitas não terão nenhuma herança
no meio dos filhos de Israel. 24 Porque os dízimos
dos filhos de Israel, que apresentam ao SENHOR
em oferta, esses eu dei por herança aos levitas;

porque eu lhes disse: "Vocês não terão nenhuma
herança no meio dos filhos de Israel."
25 O SENHOR disse a Moisés:
26 — Fale aos levitas e diga-lhes o seguinte:
Quando vocês receberem dos filhos de Israel os
dízimos que eu lhes dou por herança, desses dí-
zimos vocês apresentarão uma oferta ao SENHOR:
será o dízimo dos dízimos. 27 Essa oferta de vocês
será considerada como se fosse cereal da eira ou
vinho do lagar. 28 Assim, também vocês apresen-
tarão ao SENHOR uma oferta de todos os dízimos
que receberem dos filhos de Israel e deles darão
a oferta do SENHOR a Arão, o sacerdote. 29 De to-
das as dádivas que receberem vocês apresentarão
toda oferta devida ao SENHOR: do melhor delas, a
parte que lhe é sagrada.
30 — Portanto, diga-lhes o seguinte: Quando vo-
cês oferecerem o melhor que há nos dízimos, isso
será atribuído aos levitas como se fosse produto
da eira ou produto do lagar. 31 Vocês poderão co-
mer isso em qualquer lugar, vocês e as suas famí-
lias, porque é a recompensa pelo serviço de vocês
na tenda do encontro. 32 E vocês não levarão sobre
si pecado, quando deles oferecerem o melhor. E
não profanem as coisas sagradas dos filhos de Is-
rael, para que não sejam mortos.

A água purificadora

19 1 O SENHOR disse a Moisés e a Arão:
2 — Esta é uma prescrição da lei que o
SENHOR ordenou, dizendo: Diga aos filhos de Is-
rael que tragam uma novilha vermelha, perfeita,
sem defeito, que não tenha ainda levado jugo.
3 Entreguem essa novilha ao sacerdote Eleazar.
Este a levará para fora do arraial, e ela será mor-
ta diante dele. 4 O sacerdote Eleazar pegará um
pouco do sangue com o dedo e dele aspergirá
para a frente da tenda do encontro sete vezes.
5 À vista do sacerdote, a novilha será queimada;
o couro, a carne, o sangue e o excremento, tudo
será queimado. 6 E o sacerdote, pegando um pe-
daço de madeira de cedro, hissopo e pano de car-
mesim, os lançará no meio do fogo que queima a
novilha. 7 Então o sacerdote lavará as suas roupas
e banhará o seu corpo em água; depois, entrará
no arraial e ficará impuro até a tarde. 8 Também
o que queimou a novilha lavará as suas roupas
com água e em água banhará o seu corpo, e ficará
impuro até a tarde. 9 Um homem que esteja puro
ajuntará a cinza da novilha e a depositará fora do
arraial, num lugar puro, e ela será guardada para
a congregação dos filhos de Israel, para a água
purificadora; é oferta pelo pecado. 10 Aquele que
ajuntou a cinza da novilha lavará as suas roupas
e ficará impuro até a tarde. Isto será por estatuto
perpétuo aos filhos de Israel e aos estrangeiros
que habitam no meio deles.

Contato com cadáveres

11 — Aquele que tocar no cadáver de uma pes-
soa ficará impuro durante sete dias. 12 No terceiro
dia e no sétimo dia, se purificará com esta água
e ficará puro; mas, se no terceiro dia e no sétimo
não se purificar, não ficará puro. 13 Todo aquele
que tocar no cadáver de uma pessoa, e não se pu-
rificar, contamina o tabernáculo do SENHOR; essa
pessoa será eliminada de Israel. Porque a água
purificadora não foi aspergida sobre essa pessoa,
ficará impura; a sua impureza ainda está nela.
14 — Esta é a lei quando alguém morrer numa
tenda: todo aquele que entrar nessa tenda e todo
aquele que nela estiver ficarão impuros durante
sete dias. 15 Também toda vasilha aberta, sobre a
qual não houver tampa amarrada, ficará impura.
16 Todo aquele que, no campo aberto, tocar em al-
guém que for morto pela espada, em outro morto,
nos ossos de alguma pessoa ou numa sepultura
ficará impuro durante sete dias.
17 — Para a pessoa impura, pegarão da cinza da
queima da oferta pelo pecado e sobre esta cinza
porão água corrente, num vaso. 18 Um homem
puro pegará hissopo, molhará naquela água e a
aspergirá sobre aquela tenda, sobre todo utensílio
e sobre as pessoas que ali estiverem. Também a
aspergirá sobre quem tocar nos ossos, em alguém
que foi morto ou que morreu, ou numa sepultura.
19 O puro aspergirá sobre o impuro no terceiro dia
e no sétimo dia; deverá purificá-lo no sétimo dia.
E a pessoa que era impura lavará as suas roupas,
se banhará na água e à tarde ficará pura.
20 — No entanto, a pessoa que estiver impura
e não se purificar, essa será eliminada do meio
da congregação, porque contaminou o santuário
do SENHOR; água purificadora não foi aspergida
sobre ela; está impura. 21 Isto será um estatuto
perpétuo para eles. Aquele que aspergir a água
purificadora lavará as suas roupas, e quem tocar
a água purificadora ficará impuro até a tarde.
22 Tudo o que uma pessoa impura tocar também
ficará impuro; e quem a tocar ficará impuro até
a tarde.

A morte de Miriã

20 1 Toda a congregação dos filhos de Israel
chegou ao deserto de Zim, no primeiro mês,
e o povo ficou em Cades. Ali Miriã morreu e ali ela
foi sepultada.

Moisés fere a rocha em Meribá

2 Não havia água para o povo. Então se ajunta-
ram contra Moisés e contra Arão. 3 E o povo dis-
cutiu com Moisés, dizendo:
— Antes tivéssemos morrido quando os nos-
sos irmãos morreram diante do SENHOR! 4 Por
que vocês trouxeram a congregação do SENHOR

a este deserto, para morrermos aqui, nós e os
nossos animais? 5 E por que vocês nos tiraram do
Egito, para nos trazer a este lugar horrível, onde
não há cereais, nem figos, nem vinhas, nem romãs, nem água para beber?
6 Então Moisés e Arão saíram da presença do
povo e foram para a porta da tenda do encontro e se lançaram sobre o seu rosto; e a glória
do SENHOR lhes apareceu. 7 O SENHOR disse a
Moisés:
8 — Pegue o seu bordão e ajunte o povo, você
e Arão, o seu irmão. E, diante do povo, falem à
rocha, e ela dará a sua água. Assim vocês tirarão
água da rocha e darão de beber à congregação e
aos animais.
9 Então Moisés pegou o bordão que estava
diante do SENHOR, como este lhe havia ordenado. 10 Moisés e Arão reuniram o povo diante da
rocha. Então Moisés lhes disse:

— Agora escutem, rebeldes! Será que teremos de fazer com que saia água desta rocha
para vocês?

11 Moisés levantou a mão e feriu a rocha duas
vezes com o seu bordão, e saíram muitas águas; e
a congregação e os seus animais beberam. 12 Mas o
SENHOR disse a Moisés e a Arão:

— Porque não creram em mim, para me santificarem diante dos filhos de Israel, vocês não farão
entrar este povo na terra que lhe dei.

13 São estas as águas de Meribá, porque os filhos
de Israel discutiram com o SENHOR; e o SENHOR se
santificou neles.

Moisés solicita passagem por Edom

14 De Cades, Moisés enviou mensageiros ao rei
de Edom, para dizer-lhe:
— Assim diz o seu irmão Israel: Você conhece todas as aflições que nos sobrevieram. 15 Sabe
como os nossos pais desceram ao Egito, e nós
moramos no Egito muito tempo, e como os egípcios nos maltrataram, a nós e aos nossos pais.
16 Clamamos ao SENHOR, e ele ouviu a nossa voz;
mandou o Anjo e nos tirou do Egito. E eis que estamos em Cades, cidade nos confins do seu país.
17 Deixe-nos passar pela sua terra. Não passaremos
pelo campo, nem pelas vinhas, nem beberemos a
água dos poços. Iremos pela estrada real. Não nos
desviaremos para a direita nem para a esquerda,
até que passemos pelo seu país.
18 Porém o rei de Edom respondeu:
— Não passem por aqui! Se o fizerem, sairei
com a espada ao *encontro* de vocês.
19 Então os filhos de Israel lhe disseram:
— Passaremos pelo caminho principal, e, se
nós e o nosso gado bebermos das águas de vocês,
pagaremos o preço delas. Não queremos outra coisa a não ser passar a pé.
20 Mas o rei de Edom respondeu:
— Vocês não podem passar!
E o rei de Edom veio ao encontro deles, com
muita gente e com mão forte. 21 Assim os edomitas
se recusaram a deixar Israel passar pelo seu país, e
por isso Israel se desviou dali.

A morte de Arão

Nm 33.38-39

22 Então partiram de Cades, e os filhos de Israel, toda a congregação, foram ao monte Hor.
23 O SENHOR disse a Moisés e a Arão no monte
Hor, nos confins da terra de Edom:
24 — Arão será reunido ao seu povo, porque não
entrará na terra que dei aos filhos de Israel, pois
vocês foram rebeldes à minha palavra, nas águas
de Meribá. 25 Chame Arão e Eleazar, o filho dele, e
diga-lhes que subam o monte Hor. 26 Depois tire as
vestes sacerdotais de Arão e coloque-as em Eleazar, o filho dele; porque Arão será reunido ao seu
povo e ali morrerá.
27 Moisés fez como o SENHOR lhe havia ordenado. Subiram o monte Hor, diante dos olhos de
toda a congregação. 28 Moisés tirou as vestes sacerdotais de Arão e as pôs em Eleazar, o filho dele. E
Arão morreu ali, no alto do monte. Depois disso
Moisés e Eleazar desceram do monte. 29 Quando
toda a congregação soube que Arão era morto,
toda a casa de Israel chorou por Arão durante
trinta dias.

A derrota do rei de Arade

21 1 O rei cananeu de Arade, que habitava no
Neguebe, ouviu que Israel vinha pelo caminho de Atarim. Ele atacou os israelitas e levou
alguns deles cativos. 2 Então Israel fez um voto ao
SENHOR, dizendo:
— Se, de fato, entregares este povo nas minhas
mãos, destruirei totalmente as suas cidades.
3 O SENHOR ouviu o pedido de Israel e lhe entregou os cananeus. Os israelitas os destruíram totalmente, tanto eles como as suas cidades; e aquele
lugar foi chamado de Horma.

A serpente de bronze

4 Então os israelitas partiram do monte Hor,
pelo caminho do mar Vermelho, para rodear a
terra de Edom. Mas o povo se tornou impaciente
no caminho 5 e falou contra Deus e contra Moisés,
dizendo:
— Por que vocês nos tiraram do Egito, para que
morramos neste deserto, onde não há pão nem
água? Já estamos enjoados dessa comida ruim.
6 Então o SENHOR mandou para o meio do povo
cobras venenosas, que mordiam o povo; e morreram muitos do povo de Israel. 7 Então o povo foi a
Moisés e disse:

— Nós pecamos, porque falamos contra o
SENHOR Deus e contra você. Ore ao SENHOR, pe-
dindo que tire de nós as cobras.
Então Moisés orou pelo povo. 8 O SENHOR disse
a Moisés:
— Faça uma serpente e coloque-a sobre uma
haste. Quem for mordido e olhar para ela viverá.
9 Moisés fez uma serpente de bronze e a pôs so-
bre uma haste. Quando alguém era mordido por
alguma cobra, se olhava para a serpente de bron-
ze, ficava curado.

Jornadas dos israelitas

10 Então os filhos de Israel partiram e acam-
param em Obote. 11 Depois, partiram de Obote e
acamparam em Ijé-Abarim, no deserto que está
diante de Moabe, para o nascente. 12 Dali, parti-
ram e acamparam no vale de Zerede. 13 E, dali,
partiram e acamparam na outra margem do Ar-
nom, que está no deserto que se estende do ter-
ritório dos amorreus. O rio Arnom é a fronteira de
Moabe, entre Moabe e os amorreus. 14 Por isso se
diz no Livro das Guerras do SENHOR:

“Vaebe, em Sufa,
e os vales do Arnom,
15 e o declive dos vales
que se estende para a sede de Ar
e se encosta na fronteira de Moabe.”

16 Dali partiram para Beer. Este é o poço do qual
o SENHOR disse a Moisés:
— Reúna o povo, e lhe darei água.
17 Então Israel cantou este cântico:

“Brote, ó poço! Entoem cânticos para ele!
18 Poço que os príncipes cavaram,
que os nobres do povo abriram,
com o cetro e com os seus bordões.”

Do deserto, partiram para Matana. 19 E, de Ma-
tana, para Naaliel e, de Naaliel, para Bamote. 20 De
Bamote, ao vale que está no campo de Moabe, no
alto do monte Pisga, que olha para o deserto.

A vitória sobre Seom, rei de Hesbom

Dt 2.26-36

21 Então Israel mandou mensageiros a Seom, rei
dos amorreus, dizendo:
22 — Deixe-nos passar pela sua terra. Não nos
desviaremos pelos campos nem pelas vinhas.
As águas dos poços não beberemos. Iremos
pela estrada real até que tenhamos passado
pelo seu país.
23 Porém Seom não deixou Israel passar pelo
seu país. Pelo contrário, reuniu todo o seu povo
e saiu ao encontro de Israel no deserto. Veio até
Jaza, e lutou contra Israel. 24 Mas Israel o matou a
fio de espada e tomou posse de sua terra, desde o
Arnom até o Jaboque, até os filhos de Amom, cuja
fronteira era fortificada. 25 Assim Israel tomou to-
das estas cidades dos amorreus e habitou em to-
das elas, em Hesbom e em todas as suas aldeias.
26 Porque Hesbom era cidade de Seom, rei dos
amorreus, que tinha lutado contra o antigo rei dos
moabitas, de cuja mão havia tomado toda a sua
terra até o rio Arnom. 27 Por isso os poetas dizem:

“Venham a Hesbom! Edifique-se,
estabeleça-se a cidade de Seom!
28 Porque fogo saiu de Hesbom,
e chama, da cidade de Seom,
e consumiu Ar, de Moabe,
e os senhores dos altos do Arnom.
29 Ai de você, Moabe!
Você está perdido, povo de Quemos;
entregou seus filhos como fugitivos
e suas filhas, como cativas
a Seom, rei dos amorreus.
30 Nós os ferimos com flechas;
estão destruídos desde Hesbom até Dibom;
e os assolamos até Nofa
e com fogo, até Medeba.”

A vitória sobre Ogue, rei de Basã

Dt 3.1-11

31 Assim, Israel habitou na terra dos amorreus.
32 Depois, Moisés mandou espiar a cidade de Jazer.
Tomaram as suas aldeias e expulsaram os amor-
reus que estavam ali. 33 Então voltaram e subiram
o caminho de Basã. E Ogue, rei de Basã, saiu con-
tra eles, ele e todo o seu povo, para atacá-los em
Edrei. 34 O SENHOR disse a Moisés:
— Não tenha medo dele, porque eu o entreguei
na sua mão, junto com todo o povo e a terra dele.
E você fará com ele como fez com Seom, rei dos
amorreus, que habitava em Hesbom.
35 De tal maneira o derrotaram, a ele, a seus fi-
lhos e a todo o seu povo, que nenhum deles esca-
pou. E tomaram posse da terra dele.

Balaque envia mensageiros a Balaão

22 1 Os filhos de Israel partiram e acamparam
nas campinas de Moabe, do outro lado do
Jordão, na altura de Jericó. 2 Balaque, filho de Zi-
por, viu tudo o que Israel havia feito aos amor-
reus. 3 E os moabitas tiveram grande medo deste
povo, porque era muito numeroso. E andavam
angustiados por causa dos filhos de Israel. 4 Por
isso o povo de Moabe disse aos anciãos dos mi-
dianitas:
— Agora essa multidão vai lamber tudo o que
houver ao redor de nós, como o boi lambe a erva
do campo.
Balaque, filho de Zipor, era o rei dos moabi-
tas naquele tempo. 5 Ele enviou mensageiros a

Balaão, filho de Beor, a Petor, que está junto ao
rio Eufrates, na terra dos filhos do seu povo, para
chamá-lo, dizendo:
— Eis que um povo saiu do Egito, cobre
a face da terra e está morando perto de mim.
6 Venha agora e, por favor, amaldiçoe este povo,
pois eles são mais poderosos do que eu; talvez
assim eu possa atacá-los e expulsá-los da ter-
ra. Porque sei que a quem você abençoar será
abençoado, e a quem você amaldiçoar será
amaldiçoado.
7 Então os anciãos dos moabitas e os anciãos
dos midianitas foram, levando consigo o dinhei-
ro para pagar os encantamentos. Chegaram ao
lugar onde Balaão estava e lhe transmitiram as
palavras de Balaque. 8 Balaão lhes disse:
— Fiquem aqui esta noite, e lhes trarei a respos-
ta, como o SENHOR me falar.
Então os chefes dos moabitas ficaram com Ba-
laão. 9 Deus veio a Balaão e perguntou:
— Quem são esses homens que estão com
você?
10 Balaão respondeu:
— Balaque, rei dos moabitas, filho de Zipor,
enviou esses homens para que me dissessem:
11 "Eis que o povo que saiu do Egito cobre a face
da terra. Venha agora e amaldiçoe este povo;
talvez eu possa combatê-lo e expulsá-lo daqui."
12 Então Deus disse a Balaão:
— Não vá com eles, nem amaldiçoe o povo;
porque é povo abençoado.
13 Na manhã seguinte Balaão se levantou e disse
aos chefes de Balaque:
— Voltem para a sua terra, porque o SENHOR
não me deixa ir com vocês.
14 Então os chefes dos moabitas se levantaram,
foram a Balaque e disseram:
— Balaão se recusou a vir conosco.
15 De novo, Balaque enviou chefes, em maior
número e mais honrados do que os primeiros.
16 Eles chegaram a Balaão e lhe disseram:
— Assim diz Balaque, filho de Zipor: Peço-lhe
que não se demore em vir até aqui, 17 porque eu
o cobrirei de honras e farei tudo o que você me
disser; venha, pois, e, por favor, amaldiçoe este
povo.
18 Balaão respondeu aos oficiais de Balaque:
— Ainda que Balaque me desse a sua casa
cheia de prata e de ouro, eu não poderia trans-
gredir o mandado do SENHOR, meu Deus, para
fazer coisa pequena ou grande. 19 Agora peço que
fiquem aqui também esta noite, para que eu sai-
ba o que mais o SENHOR me dirá.
20 De noite o SENHOR veio a Balaão e lhe disse:
— Como aqueles homens vieram chamá-lo,
levante-se e vá com eles; mas faça apenas o que
eu lhe disser.

O Anjo do Senhor e a jumenta de Balaão

21 Balaão levantou-se pela manhã, preparou
a sua jumenta e partiu com os chefes de Moabe.
22 Mas acendeu-se a ira de Deus, porque Balaão
foi, e o Anjo do SENHOR se pôs por adversário
no caminho dele. Ora, Balaão ia montado na sua
jumenta, e dois de seus servos iam com ele. 23 A
jumenta viu o Anjo do SENHOR parado no cami-
nho, com a sua espada na mão; por isso a jumenta
se desviou do caminho, indo pelo campo. Então
Balaão espancou a jumenta para fazê-la voltar
ao caminho. 24 Mas o Anjo do SENHOR pôs-se
num caminho estreito entre as vinhas, havendo
muro dos dois lados. 25 Quando a jumenta viu o
Anjo do SENHOR, encostou-se no muro e apertou
o pé de Balaão contra ele. Por isso Balaão tornou
a espancá-la. 26 Então o Anjo do SENHOR passou
mais adiante e pôs-se num lugar estreito, onde
não havia caminho para se desviar nem para a di-
reita nem para a esquerda. 27 Quando a jumenta
viu o Anjo do SENHOR, deixou-se cair debaixo de
Balaão. Balaão ficou irado e espancou a jumenta
com uma vara. 28 Então o SENHOR fez a jumenta
falar, e ela disse a Balaão:
— O que foi que eu fiz a você, para que você me
espancasse já três vezes?
29 Balaão respondeu à jumenta:
— Foi porque você zombou de mim. Se eu ti-
vesse uma espada na mão, mataria você agora
mesmo!
30 A jumenta disse a Balaão:
— Não é verdade que eu sou a sua jumenta, em
que você tem montado toda a sua vida até hoje?
Será que tem sido o meu costume fazer isso com
você?
Ele respondeu:
— Não.
31 Então o SENHOR abriu os olhos a Balaão e
ele viu o Anjo do SENHOR, que estava no cami-
nho, com a sua espada desembainhada na mão.
Por isso Balaão inclinou a cabeça e se prostrou
com o rosto em terra. 32 Então o Anjo do SENHOR
lhe disse:
— Por que você já espancou a sua jumenta três
vezes? Eis que eu saí para ser o seu adversário,
porque o seu caminho é perverso diante de mim.
33 A jumenta me viu e já três vezes se desviou de
mim. Se ela não tivesse se desviado, eu teria ma-
tado você e a teria deixado com vida.
34 Então Balaão disse ao Anjo do SENHOR:
— Pequei, porque não sabia que você estava
neste caminho para se opor a mim; agora, se pa-
rece mal aos seus olhos seguir viagem, voltarei.
35 O Anjo do SENHOR disse a Balaão:
— Vá com esses homens, mas fale somente o
que eu lhe disser.
Assim, Balaão foi com os chefes de Balaque.

36 Quando Balaque ouviu que Balaão havia che-
gado, foi ao encontro dele até a cidade de Moabe,
que está nos confins do Arnom e na fronteira ex-
trema. 37 Balaque perguntou a Balaão:
— Por acaso não mandei mensageiros para
chamá-lo? Por que você não veio até aqui? Será
que não posso, de fato, cobrir você de honrarias?
38 Balaão respondeu a Balaque:
— Eis que estou aqui diante de você. Mas será
que poderei, agora, falar alguma coisa? A palavra
que Deus puser na minha boca, essa falarei.
39 Balaão foi com Balaque, e chegaram a Quiriate-
-Huzote. 40 Então Balaque sacrificou bois e ove-
lhas, e enviou uma parte da carne a Balaão e aos
chefes que estavam com ele. 41 Na manhã seguin-
te, Balaque fez Balaão subir a Bamote-Baal; e dali
Balaão viu a parte mais próxima do povo de Israel.

Balaão abençoa Israel pela primeira vez

23 1 Então Balaão disse a Balaque:
— Construa neste lugar sete altares e prepa-
re sete novilhos e sete carneiros para mim.
2 Balaque fez como Balaão tinha dito, e os dois
ofereceram um novilho e um carneiro sobre cada
altar. 3 Então Balaão disse a Balaque:
— Fique aqui junto do seu holocausto, e eu irei
mais adiante; talvez o SENHOR venha ao meu en-
contro, e o que ele me mostrar direi a você.
E Balaão subiu a um monte descampado. 4 Deus
se encontrou com Balaão, e este lhe disse:
— Preparei sete altares e sobre cada um ofereci
um novilho e um carneiro.
5 Então o SENHOR pôs a palavra na boca de Ba-
laão e disse:
— Volte para Balaque e transmita a ele o que eu
falei a você.
6 Quando Balaão voltou, eis que Balaque ain-
da estava junto do seu holocausto, ele e todos os
chefes dos moabitas. 7 Então Balaão proferiu a sua
palavra e disse:

"Balaque me fez vir de Arã,
o rei de Moabe, dos montes do Oriente.
Venha — disse-me ele — e amaldiçoe Jacó;
venha e denuncie Israel.
8 Como posso amaldiçoar
a quem Deus não amaldiçoou?
Como posso denunciar a quem o SENHOR
não denunciou?
9 Pois do alto dos rochedos vejo Israel
e dos montes o contemplo:
eis que é povo que habita só
e não será reputado entre as nações.
10 Quem contou o pó de Jacó
ou enumerou a quarta parte de Israel?
Que eu morra a morte dos justos,
e o meu fim seja como o deles."

11 Então Balaque disse a Balaão:
— O que foi que você me fez? Eu o chamei para
amaldiçoar os meus inimigos, mas eis que você
somente os abençoou.
12 Mas Balaão respondeu:
— Será que eu não deveria ter o cuidado de
dizer apenas o que o SENHOR pôs na minha boca?

Balaão abençoa Israel pela segunda vez

13 Então Balaque lhe disse:
— Peço que venha comigo a outro lugar, de
onde você poderá ver o povo. Você verá somente a
parte mais próxima dele, mas não verá todos eles.
E daquele lugar lance uma maldição sobre eles.
14 Balaque levou-o consigo ao campo de Zofim,
no alto do monte Pisga; e edificou sete altares e
sobre cada um ofereceu um novilho e um carnei-
ro. 15 Então Balaão disse a Balaque:
— Fique aqui junto do seu holocausto, e eu irei
ali ao encontro do SENHOR.
16 O SENHOR se encontrou com Balaão, pôs-lhe
na boca a palavra e disse:
— Volte para Balaque e transmita a ele o que eu
falei a você.
17 Balaão voltou, e eis que Balaque ainda estava
junto do holocausto, e os chefes dos moabitas es-
tavam com ele. Balaque perguntou:
— O que foi que o SENHOR falou?
18 Então Balaão proferiu a sua palavra e disse:

"Levante-se, Balaque, e ouça;
escute-me, filho de Zipor:
19 Deus não é homem, para que minta;
nem filho de homem,
para que mude de ideia.
Será que, tendo ele prometido, não o fará?
Ou, tendo falado, não o cumprirá?
20 Eis que recebi ordem para abençoar;
ele abençoou, não o posso revogar.
21 Não viu desgraça em Jacó,
nem contemplou calamidade em Israel;
o SENHOR, seu Deus, está com eles;
no meio deles se ouvem
aclamações ao seu Rei.
22 Deus os tirou do Egito;
as forças deles são como as do boi selvagem.
23 Pois contra Jacó não vale encantamento,
nem adivinhação contra Israel;
agora, se poderá dizer de Jacó e de Israel:
Que coisas tem feito Deus!
24 Eis que o povo se levanta como leoa
e se ergue como leão;
não se deita até que devore a presa
e beba o sangue dos que forem mortos."

25 Então Balaque disse a Balaão:
— Não amaldiçoe o povo, mas também não o
abençoe.

26 Porém Balaão respondeu e disse a Balaque:
— Eu não tinha dito a você: tudo o que o
SENHOR falar, isso farei?

Balaão abençoa Israel pela terceira vez

27 Então Balaque disse a Balaão:
— Venha, por favor, que eu o levarei a outro
lugar. Talvez pareça bem aos olhos de Deus que
dali você amaldiçoe o povo.
28 Assim, Balaque levou Balaão consigo ao alto
do monte Peor, de onde se avista o deserto. 29 Ba-
laão disse a Balaque:
— Construa neste lugar sete altares e prepare
sete novilhos e sete carneiros para mim.
30 Balaque fez como Balaão havia ordenado e ofe-
receu sobre cada altar um novilho e um carneiro.

24 1 Quando Balaão viu que era do agrado do
SENHOR que ele abençoasse Israel, não foi
esta vez, como antes, ao encontro de agouros, mas
voltou o rosto para o deserto. 2 Balaão levantou os
olhos e viu Israel acampado segundo as suas tri-
bos. E o Espírito de Deus veio sobre Balaão 3 e ele
proferiu a sua palavra, dizendo:

"Palavra de Balaão, filho de Beor,
palavra do homem de olhos abertos;
4 palavra daquele que ouve os ditos de Deus,
daquele que tem a visão do Todo-Poderoso
e prostra-se, porém de olhos abertos:
5 Como são boas as suas tendas, ó Jacó!
Como são boas as suas moradas, ó Israel!
6 São como vales que se estendem,
como jardins à beira dos rios,
como árvores de sândalo
que o SENHOR plantou,
como cedros junto às águas.
7 Águas manarão de seus baldes,
e as suas sementeiras terão águas abundantes.
O seu rei se levantará mais do que Agague,
e o seu reino será exaltado.
8 Deus tirou do Egito o povo de Israel,
cujas forças são como as do boi selvagem;
consumirá as nações inimigas,
e quebrará seus ossos,
e, com as suas flechas, os atravessará.
9 Israel abaixou-se, deitou-se como leão
e como leoa; quem o despertará?
Benditos os que abençoarem você,
e malditos os que amaldiçoarem você."

10 Então Balaque ficou irado com Balaão, e bateu
com uma mão na outra. Balaque disse a Balaão:
— Eu o chamei *para que você amaldiçoasse* os
meus inimigos, mas agora, já três vezes, você so-
mente os abençoou. 11 Agora vá embora para a sua
casa. Eu tinha dito que o cobriria de honras, mas
eis que o SENHOR o privou delas.
12 Então Balaão disse a Balaque:
— Não é verdade que eu também tinha dito aos
mensageiros que você me enviou que, 13 mesmo
que você me desse a sua casa cheia de prata e de
ouro, eu não poderia transgredir o mandado do
SENHOR, fazendo bem ou mal por minha própria
iniciativa? E não é verdade que eu disse que falaria
apenas o que o SENHOR me dissesse? 14 Agora eis
que volto ao meu povo. Mas antes disso, venha,
pois quero avisá-lo do que este povo fará ao seu
povo, nos últimos dias.

A profecia de Balaão. A estrela de Jacó

15 Então Balaão proferiu a sua palavra e disse:

"Palavra de Balaão, filho de Beor,
palavra do homem de olhos abertos;
16 palavra daquele que ouve os ditos de Deus
e tem o conhecimento do Altíssimo;
daquele que tem a visão do Todo-Poderoso
e prostra-se, porém de olhos abertos:
17 Eu o vejo, porém não agora;
eu o contemplo, mas não de perto.
Uma estrela procederá de Jacó,
de Israel subirá um cetro
que ferirá as têmporas de Moabe
e destruirá todos os filhos de Sete.
18 Edom será uma propriedade;
Seir, que é inimigo dele,
também será uma propriedade;
mas Israel fará proezas.
19 De Jacó sairá o dominador;
ele exterminará os que restam das cidades."

20 Balaão viu Amaleque, proferiu a sua palavra
e disse:

"Amaleque é o primeiro das nações,
porém o seu fim será destruição."

21 Viu os queneus, proferiu a sua palavra e disse:

"A sua habitação está segura,
e você pôs o seu ninho na rocha.
22 Todavia, o queneu será consumido,
até que Assur leve você cativo.

23 Balaão proferiu ainda a sua palavra e disse:

Ai! Quem viverá, quando Deus fizer isto?
24 Homens virão da costa de Quitim
em seus navios;
afligirão Assur e Héber;
e também eles mesmos perecerão."

25 Depois Balaão se levantou e se foi, e voltou
para a sua terra. Também Balaque se foi pelo seu
caminho.

A adoração a Baal-Peor e o zelo de Fineias

25 1 Quando Israel estava em Sitim, o povo
começou a prostituir-se com as filhas dos

moabitas. 2 Estas convidaram o povo aos sacrifí-
cios oferecidos aos seus deuses; e o povo comeu
a carne dos sacrifícios e adorou os deuses dessas
mulheres. 3 Assim, quando Israel se juntou ao cul-
to a Baal-Peor, a ira do SENHOR se acendeu contra
Israel. 4 O SENHOR disse a Moisés:

— Reúna todos os chefes do povo e enforque-
-os diante do SENHOR ao ar livre, e a ardente ira do
SENHOR se afastará de Israel.

5 Então Moisés disse aos juízes de Israel:

— Cada um mate os homens da sua tribo que se
juntaram a Baal-Peor.

6 Naquele momento, eis que um homem dos fi-
lhos de Israel trouxe para a sua tenda uma mulher
midianita, à vista de Moisés e de toda a congregação
dos filhos de Israel, enquanto eles choravam diante
da tenda do encontro. 7 Quando Fineias, filho de
Eleazar, filho do sacerdote Arão, viu isso, levantou-
-se do meio da congregação, e, pegando uma lança,
8 seguiu o homem israelita até o interior da tenda,
e, com a lança, atravessou os dois, tanto o homem
israelita quanto a mulher midianita, pelo ventre;
então a praga cessou entre os filhos de Israel. 9 Os
que morreram da praga foram vinte e quatro mil.

10 Então o SENHOR disse a Moisés:

11 — Fineias, filho de Eleazar, filho do sacer-
dote Arão, desviou a minha ira de sobre os filhos
de Israel, pois estava animado com o meu zelo no
meio deles, assim que, no meu zelo, não consumi
os filhos de Israel. 12 Portanto, diga: Eis que lhe
dou a minha aliança de paz. 13 E ele e a sua des-
cendência terão a aliança do sacerdócio perpétuo,
porque teve zelo pelo seu Deus e fez expiação pe-
los filhos de Israel.

14 O nome do israelita que foi morto, isto é, que
foi morto com a mulher midianita, era Zinri, filho
de Salu, chefe da casa paterna dos simeonitas.
15 O nome da mulher midianita que foi morta era
Cosbi, filha de Zur, chefe do povo da casa paterna
entre os midianitas.

16 O SENHOR disse a Moisés:

17 — Atormentem e ataquem os midianitas,
18 porque eles atormentaram vocês quando os en-
ganaram no caso de Peor e no caso de Cosbi, filha
do chefe dos midianitas, irmã deles, que foi morta
no dia da praga no caso de Peor.

O censo de todos os israelitas

26 1 Passada a praga, o SENHOR falou a Moisés e
a Eleazar, filho do sacerdote Arão, dizendo:

2 — Levantem o censo de toda a congregação
dos filhos de Israel, da idade de vinte anos para
cima, segundo as casas de seus pais, todos os que,
em Israel, forem capazes de sair à guerra.

3 Assim, nas campinas de Moabe, junto do Jor-
dão, na altura de Jericó, Moisés e o sacerdote Elea-
zar falaram aos chefes de Israel, dizendo:

4 — Contem o povo da idade de vinte anos para
cima, como o SENHOR havia ordenado a Moisés e
aos filhos de Israel que saíram do Egito.

5 Rúben, o primogênito de Israel; os filhos de Rú-
ben: de Enoque, a família dos enoquitas; de Palu,
a família dos paluítas; 6 de Hezrom, a família dos
hezronitas; de Carmi, a família dos carmitas. 7 São
estas as famílias dos rubenitas, e deles foram con-
tados quarenta e três mil e setecentos e trinta. 8 O
filho de Palu: Eliabe. 9 Os filhos de Eliabe: Nemuel,
Datã e Abirão. Estes, Datã e Abirão, são os que fo-
ram eleitos pela congregação e que se rebelaram
contra Moisés e contra Arão, no grupo de Corá,
quando se rebelaram contra o SENHOR. 10 A ter-
ra abriu a boca e os engoliu com Corá, morrendo
aquele grupo, quando o fogo consumiu duzentos
e cinquenta homens, e isso serviu de advertência.
11 Mas os filhos de Corá não morreram.

12 Os filhos de Simeão, segundo as suas famílias:
de Nemuel, a família dos nemuelitas; de Jamim, a
família dos jaminitas; de Jaquim, a família dos ja-
quinitas; 13 de Zera, a família dos zeraítas; de Saul,
a família dos saulitas. 14 São estas as famílias dos si-
meonitas, num total de vinte e dois mil e duzentos.

15 Os filhos de Gade, segundo as suas famílias:
de Zefom, a família dos zefonitas; de Hagi, a famí-
lia dos hagitas; de Suni, a família dos sunitas; 16 de
Ozni, a família dos oznitas; de Eri, a família dos
eritas; 17 de Arodi, a família dos aroditas; de Areli,
a família dos arelitas. 18 São estas as famílias dos
filhos de Gade, segundo os que foram deles conta-
dos, num total de quarenta mil e quinhentos.

19 Os filhos de Judá: Er e Onã; mas Er e Onã
morreram na terra de Canaã. 20 Assim, os filhos
de Judá foram, segundo as suas famílias: de Selá,
a família dos selaítas; de Perez, a família dos pere-
zitas; de Zera, a família dos zeraítas. 21 Os filhos de
Perez foram: de Hezrom, a família dos hezronitas;
de Hamul, a família dos hamulitas. 22 São estas as
famílias de Judá, segundo os que foram deles con-
tados, num total de setenta e seis mil e quinhentos.

23 Os filhos de Issacar, segundo as suas famílias,
foram: de Tola, a família dos tolaítas; de Puva, a
família dos puvitas; 24 de Jasube, a família dos ja-
subitas; de Sinrom, a família dos sinronitas. 25 São
estas as famílias de Issacar, segundo os que foram
deles contados, num total de sessenta e quatro mil
e trezentos.

26 Os filhos de Zebulom, segundo as suas famí-
lias, foram: de Serede, a família dos sereditas; de
Elom, a família dos elonitas; de Jaleel, a família
dos jaleelitas. 27 São estas as famílias dos zebulo-
nitas, segundo os que foram deles contados, num
total de sessenta mil e quinhentos.

28 Os filhos de José, segundo as suas famílias,
foram Manassés e Efraim. 29 Os filhos de Manas-
sés foram: de Maquir, a família dos maquiritas; e

Maquir gerou Gileade; de Gileade, a família dos gi-
leaditas. 30 São estes os filhos de Gileade: de Jezer,
a família dos jezeritas; de Heleque, a família dos
helequitas; 31 de Asriel, a família dos asrielitas; de
Siquém, a família dos siquemitas. 32 De Semida,
a família dos semidaítas; de Héfer, a família dos
heferitas. 33 Porém Zelofeade, filho de Héfer, não
tinha filhos; somente filhas. Os nomes das filhas de
Zelofeade foram: Macla, Noa, Hogla, Milca e Tirza.
34 São estas as famílias de Manassés; os que foram
deles contados foram cinquenta e dois mil e sete-
centos. 35 São estes os filhos de Efraim, segundo as
suas famílias: de Sutela, a família dos sutelaítas; de
Bequer, a família dos bequeritas; de Taã, a família
dos taanitas. 36 São estes os filhos de Sutela: de Erã,
a família dos eranitas. 37 São estas as famílias dos
filhos de Efraim, segundo os que foram deles con-
tados, num total de trinta e dois mil e quinhentos.
São estes os filhos de José, segundo as suas famílias.

38 Os filhos de Benjamim, segundo as suas fa-
mílias: de Belá, a família dos belaítas; de Asbel, a
família dos asbelitas; de Airão, a família dos aira-
mitas; 39 de Sufã, a família dos sufamitas; de Hufã,
a família dos hufamitas. 40 Os filhos de Belá foram:
Arde e Naamã; de Arde, a família dos arditas; de
Naamã, a família dos naamanitas. 41 São estes os
filhos de Benjamim, segundo as suas famílias; os
que foram deles contados foram quarenta e cinco
mil e seiscentos.

42 São estes os filhos de Dã, segundo as suas fa-
mílias: de Suão, a família dos suamitas. São estas as
famílias de Dã, segundo as suas famílias. 43 Todas
as famílias dos suamitas, segundo os que foram
deles contados, foram sessenta e quatro mil e qua-
trocentos.

44 Os filhos de Aser, segundo as suas famílias: de
Imna, a família dos imnaítas; de Isvi, a família dos
isvitas; de Berias, a família dos beriaítas. 45 Os filhos
de Berias foram: de Héber, a família dos heberitas;
de Malquiel, a família dos malquielitas. 46 O nome da
filha de Aser foi Sera. 47 São estas as famílias dos fi-
lhos de Aser, segundo os que foram deles contados,
num total de cinquenta e três mil e quatrocentos.

48 Os filhos de Naftali, segundo as suas famílias:
de Jazeel, a família dos jazeelitas; de Guni, a família
dos gunitas; 49 de Jezer, a família dos jezeritas; de
Silém, a família dos silemitas. 50 São estas as famí-
lias de Naftali, segundo as suas famílias; os que
foram deles contados eram quarenta e cinco mil e
quatrocentos.

51 São estes os contados dos filhos de Israel:
seiscentos e um mil setecentos e trinta.

A lei a respeito da divisão da terra

52 O SENHOR disse a Moisés:

53 — A estes se repartirá a terra em herança,
segundo o censo. 54 À tribo mais numerosa você
dará herança maior, e à pequena você dará he-
rança menor; a herança será dada a cada tribo, em
proporção ao seu número. 55 Todavia, a terra será
repartida por sorteio; eles a herdarão segundo os
nomes das tribos de seus pais. 56 A herança deles
será repartida por sorteio entre as tribos maiores
e menores.

O censo dos levitas

57 São estes os que foram contados dos levitas,
segundo as suas famílias: de Gérson, a família
dos gersonitas; de Coate, a família dos coatitas;
de Merari, a família dos meraritas. 58 São estas as
famílias de Levi: a família dos libnitas, a família
dos hebronitas, a família dos malitas, a família dos
musitas, a família dos coraítas. Coate gerou An-
rão. 59 A mulher de Anrão chamava-se Joquebede,
filha de Levi, a qual lhe nasceu no Egito. De An-
rão ela teve Arão, Moisés e Miriã, irmã deles. 60 A
Arão nasceram Nadabe, Abiú, Eleazar e Itamar.
61 Nadabe e Abiú morreram quando levaram fogo
estranho diante do SENHOR. 62 Dos levitas foram
contados vinte e três mil, todos os homens de um
mês de idade para cima. Eles não foram contados
entre os filhos de Israel, porque não lhes foi dada
herança com os outros.

63 São estes os que foram contados por Moisés
e o sacerdote Eleazar, que contaram os filhos de
Israel nas campinas de Moabe, junto do Jordão,
na altura de Jericó. 64 Entre estes, porém, não ha-
via nenhum dos que foram contados por Moisés
e pelo sacerdote Arão, quando levantaram o censo
dos filhos de Israel no deserto do Sinai. 65 Porque o
SENHOR tinha dito a respeito deles que certamente
morreriam no deserto; e nenhum deles ficou, a não
ser Calebe, filho de Jefoné, e Josué, filho de Num.

As filhas de Zelofeade

27 1 Então vieram as filhas de Zelofeade, filho
de Héfer, filho de Gileade, filho de Maquir,
filho de Manassés, entre as famílias de Manassés,
filho de José. E são estes os nomes delas: Macla,
Noa, Hogla, Milca e Tirza. 2 Elas se apresentaram
diante de Moisés, diante do sacerdote Eleazar,
diante dos chefes e diante de todo o povo, à porta
da tenda do encontro, dizendo:

3 — Nosso pai morreu no deserto e não esta-
va entre os que se ajuntaram contra o SENHOR
no grupo de Corá; mas morreu por causa do seu
próprio pecado e não teve nenhum filho homem.
4 Por que se tiraria o nome de nosso pai do meio
da sua família, só porque não teve filhos? Dê-nos
uma herança entre os parentes de nosso pai.

5 Moisés apresentou a causa delas ao SENHOR.
6 E o SENHOR disse a Moisés:

7 — As filhas de Zelofeade estão pedindo
o que é justo. Certamente você deve dar-lhes

propriedade como herança entre os parentes do
pai delas e deverá transferir a elas a herança do
pai. 8 E diga aos filhos de Israel: Se alguém morrer
e não tiver filho, passem a herança dele para a sua
filha. 9 E, se não tiver filha, deem a herança aos
irmãos dele. 10 Porém, se não tiver irmãos, deem
a herança aos irmãos do pai dele. 11 Se também o
pai não tiver irmãos, deem a herança ao parente
mais chegado de sua família, para que tome posse
dela. Isto será prescrição de direito aos filhos de
Israel, como o SENHOR ordenou a Moisés.

Deus anuncia a morte de Moisés

Dt 3.23-28

12 Depois, o SENHOR disse a Moisés:
— Suba a este monte Abarim e veja a terra que
dei aos filhos de Israel. 13 E, depois de a ter visto,
você também será reunido ao seu povo, assim
como já aconteceu com o seu irmão Arão. 14 Por-
que, no deserto de Zim, quando a congregação
discutia comigo, vocês foram rebeldes ao meu
mandado de me santificar nas águas diante dos
olhos do povo. São estas as águas de Meribá de
Cades, no deserto de Zim.

15 Então Moisés disse ao SENHOR:

16 — Que o SENHOR, autor e conservador de
toda vida, ponha um homem sobre esta congrega-
ção 17 que saia adiante deles, que entre adiante de-
les, que os faça sair e que os faça entrar, para que
a congregação do SENHOR não seja como ovelhas
que não têm pastor.

Josué designado sucessor de Moisés

18 O SENHOR disse a Moisés:
— Chame Josué, filho de Num, homem em
quem há o Espírito, e imponha as mãos sobre
ele. 19 Apresente-o ao sacerdote Eleazar e a toda
a congregação, e, à vista de todos, transmita-lhe
as suas ordens. 20 Ponha sobre ele uma parte da
sua autoridade, para que toda a congregação dos
filhos de Israel obedeça a ele. 21 Josué deverá se
apresentar diante de Eleazar, o sacerdote, o qual
por ele consultará o SENHOR, de acordo com o juí-
zo do Urim. Segundo a palavra do sacerdote, sai-
rão e, segundo a sua palavra, entrarão, ele, e todos
os filhos de Israel com ele, e toda a congregação.

22 Moisés fez como o SENHOR lhe havia orde-
nado: chamou Josué e o apresentou ao sacerdote
Eleazar e a toda a congregação; 23 impôs as mãos
sobre ele e lhe deu as suas ordens, como o SENHOR
havia falado por meio de Moisés.

Ofertas contínuas

Êx 29.38-42

28 1 O SENHOR disse a Moisés:
2 — Ordene aos filhos de Israel e diga-
-lhes: Tenham cuidado da minha oferta, do meu
alimento para as minhas ofertas queimadas, do
aroma agradável, para me trazer essas ofertas no
tempo determinado.

3 — Diga aos filhos de Israel: Esta é a oferta quei-
mada que vocês devem oferecer ao SENHOR, dia
após dia: dois cordeiros de um ano, sem defeito,
em holocausto contínuo. 4 Um cordeiro será ofere-
cido de manhã, e o outro, ao crepúsculo da tarde,
5 junto com dois litros da melhor farinha, em oferta
de cereais, amassada com um litro de azeite batido.
6 É holocausto contínuo que foi instituído no mon-
te Sinai, de aroma agradável, oferta queimada ao
SENHOR. 7 A libação que acompanha o holocausto
será um litro para cada cordeiro. E esta libação de
bebida forte ao SENHOR será oferecida no santuá-
rio. 8 O outro cordeiro você oferecerá no crepús-
culo da tarde. Como a oferta de cereais da manhã
e como a libação que a acompanha, você o trará em
oferta queimada de aroma agradável ao SENHOR.

Ofertas dos sábados

9 — No dia de sábado, ofereçam dois cordeiros
de um ano, sem defeito, e quatro litros da me-
lhor farinha, amassada com azeite, em oferta de
cereais, e a libação que a acompanha. 10 Este é o
holocausto de cada sábado, além do holocausto
contínuo e a libação que o acompanha.

Ofertas da Festa da Lua Nova

11 — No princípio de cada mês, ofereçam em
holocausto ao SENHOR dois novilhos e um carnei-
ro, sete cordeiros de um ano, sem defeito, 12 e seis
litros da melhor farinha, amassada com azeite, em
oferta de cereais, para um novilho; quatro litros da
melhor farinha, amassada com azeite, em oferta
de cereais, para um carneiro; 13 e dois litros da me-
lhor farinha, amassada com azeite, em oferta de
cereais, para um cordeiro; é holocausto de aroma
agradável, oferta queimada ao SENHOR. 14 As liba-
ções que acompanham serão dois litros de vinho
para um novilho, um litro e meio para um carnei-
ro, e um litro para um cordeiro. Este é o holocausto
da lua nova de cada mês, para todos os meses do
ano. 15 Também se trará um bode como oferta pelo
pecado, ao SENHOR, além do holocausto contínuo,
com a libação que o acompanha.

Ofertas da Festa da Páscoa e da Festa dos Pães sem Fermento

Êx 12.1-13; Lv 23.5-8; Dt 16.1-2

16 — No primeiro mês, aos catorze dias do mês,
é a Páscoa do SENHOR. 17 Aos quinze dias do mesmo
mês, haverá festa; sete dias se comerão pães sem
fermento. 18 No primeiro dia, haverá santa convoca-
ção; não façam nenhum trabalho nesse dia, 19 mas
apresentem uma oferta queimada em holocaus-
to ao SENHOR, dois novilhos, um carneiro e sete

cordeiros de um ano, todos sem defeito. 20 A oferta
de cereais que acompanha o holocausto será a me-
lhor farinha, amassada com azeite. Ofereçam seis
quilos da melhor farinha para um novilho e quatro
quilos para um carneiro. 21 Para cada um dos sete
cordeiros ofereçam dois quilos; 22 e um bode, para
oferta pelo pecado, para fazer expiação por vocês.
23 Ofereçam estas coisas, além do holocausto da
manhã, que é o holocausto contínuo. 24 Assim,
ofereçam cada dia, durante sete dias, o alimen-
to da oferta queimada em aroma agradável ao
SENHOR. Além do holocausto contínuo, ofereçam
isto, juntamente com a libação que acompanha.
25 No sétimo dia, vocês terão santa convocação;
não façam nenhum trabalho nesse dia.

Ofertas da Festa das Semanas

Lv 23.15-22

26 — Vocês terão também santa convocação no
dia das primícias, quando trouxerem oferta nova
de cereais ao SENHOR durante a Festa das Semanas;
não façam nenhum trabalho nesse dia. 27 Então ofe-
reçam ao SENHOR por holocausto, em aroma agra-
dável, dois novilhos, um carneiro e sete cordeiros
de um ano. 28 A correspondente oferta de cereais
da melhor farinha, amassada com azeite, será de
seis litros para um novilho, quatro litros para um
carneiro, 29 dois litros para cada um dos sete cor-
deiros. 30 Ofereçam também um bode, para fazer
expiação por vocês. 31 Tragam todas estas ofertas,
além do holocausto contínuo, da correspondente
oferta de cereais, e das libações que a acompa-
nham. Todos os animais devem ser sem defeito.

Ofertas da Festa do Ano-Novo

Lv 23.23-25

29 1 — No primeiro dia do sétimo mês, vocês
terão uma santa convocação; não façam ne-
nhum trabalho nesse dia. Nesse dia as trombetas
tocarão. 2 Então, por holocausto, de aroma agra-
dável ao SENHOR, ofereçam um novilho, um car-
neiro e sete cordeiros de um ano, sem defeito. 3 A
correspondente oferta de cereais da melhor farinha,
amassada com azeite, será de seis litros para o novi-
lho, quatro litros para o carneiro 4 e dois litros para
cada um dos sete cordeiros. 5 Ofereçam também um
bode, para oferta pelo pecado, para fazer expiação
por vocês, 6 além do holocausto do mês e a corres-
pondente oferta de cereais, do holocausto contínuo
e a correspondente oferta de cereais, com as liba-
ções que acompanham, segundo o seu estatuto, em
aroma agradável, oferta queimada ao SENHOR.

Ofertas do Dia da Expiação

Lv 23.26-32

7 — No dia dez deste sétimo mês, vocês terão
santa convocação; vocês se humilharão e não
farão nenhum trabalho. 8 Mas, por holocausto, em
aroma agradável ao SENHOR, ofereçam um novi-
lho, um carneiro e sete cordeiros de um ano, todos
sem defeito. 9 A correspondente oferta de cereais
da melhor farinha, amassada com azeite, será seis
litros para o novilho, quatro litros para o carnei-
ro 10 e dois litros para cada um dos sete cordeiros.
11 Ofereçam também um bode, para oferta pelo
pecado, além da oferta pelo pecado, para fazer
expiação, e do holocausto contínuo, e da corres-
pondente oferta de cereais, com as libações que
acompanham.

Ofertas da Festa dos Tabernáculos

Lv 23.33-44

12 — Aos quinze dias do sétimo mês, vocês te-
rão santa convocação. Não façam nenhum traba-
lho, mas durante sete dias celebrem uma festa ao
SENHOR. 13 Por holocausto em oferta queimada,
de aroma agradável ao SENHOR, ofereçam treze
novilhos, dois carneiros e catorze cordeiros de
um ano, todos sem defeito. 14 A correspondente
oferta de cereais da melhor farinha, amassada
com azeite, será seis litros para cada um dos tre-
ze novilhos, quatro litros para cada um dos dois
carneiros 15 e dois litros para cada um dos cator-
ze cordeiros. 16 Ofereçam também um bode, para
oferta pelo pecado, além do holocausto contí-
nuo, a correspondente oferta de cereais e a liba-
ção que acompanha.

17 — No segundo dia, ofereçam doze novilhos,
dois carneiros, catorze cordeiros de um ano, sem
defeito, 18 com a oferta de cereais e as libações
para os novilhos, para os carneiros e para os cor-
deiros, conforme o seu número, segundo o esta-
tuto, 19 e um bode, para oferta pelo pecado, além
do holocausto contínuo, a correspondente oferta
de cereais e a libação que acompanha.

20 — No terceiro dia, ofereçam onze novilhos,
dois carneiros, catorze cordeiros de um ano, sem
defeito, 21 com a oferta de cereais e as libações
para os novilhos, para os carneiros e para os cor-
deiros, conforme o seu número, segundo o esta-
tuto, 22 e um bode, para oferta pelo pecado, além
do holocausto contínuo, a correspondente oferta
de cereais e a libação que acompanha.

23 — No quarto dia, ofereçam dez novilhos, dois
carneiros, catorze cordeiros de um ano, sem defei-
to, 24 com a oferta de cereais e as libações para os
novilhos, para os carneiros e para os cordeiros,
conforme o seu número, segundo o estatuto, 25 e
um bode, para oferta pelo pecado, além do holo-
causto contínuo, a correspondente oferta de ce-
reais e a libação que acompanha.

26 — No quinto dia, ofereçam nove novilhos,
dois carneiros, catorze cordeiros de um ano, sem
defeito, 27 com a oferta de cereais e as libações

para os novilhos, para os carneiros e para os cor-
deiros, conforme o seu número, segundo o estatu-
to, 28 e um bode, para oferta pelo pecado, além do
holocausto contínuo, a correspondente oferta de
cereais e a libação que acompanha.

29 — No sexto dia, ofereçam oito novilhos, dois
carneiros, catorze cordeiros de um ano, sem de-
feito, 30 com a oferta de cereais e as libações para
os novilhos, para os carneiros e para os cordeiros,
conforme o seu número, segundo o estatuto, 31 e
um bode, para oferta pelo pecado, além do holo-
causto contínuo, a correspondente oferta de ce-
reais e a libação que acompanha.

32 — No sétimo dia, ofereçam sete novilhos,
dois carneiros, catorze cordeiros de um ano, sem
defeito, 33 com a oferta de cereais e as libações
para os novilhos, para os carneiros e para os cor-
deiros, conforme o seu número, segundo o estatu-
to, 34 e um bode, para oferta pelo pecado, além do
holocausto contínuo, a correspondente oferta de
cereais e a libação que acompanha.

35 — No oitavo dia, vocês terão uma reunião so-
lene; não façam nenhum trabalho nesse dia. 36 E,
por holocausto, em oferta queimada de aroma
agradável ao SENHOR, ofereçam um novilho, um
carneiro, sete cordeiros de um ano, sem defeito,
37 com a oferta de cereais e as libações para o novi-
lho, para o carneiro e para os cordeiros, conforme
o seu número, segundo o estatuto, 38 e um bode,
para oferta pelo pecado, além do holocausto con-
tínuo, a correspondente oferta de cereais e a liba-
ção que acompanha.

39 — Estas coisas vocês oferecerão ao SENHOR
nas suas festas fixas, além dos seus votos e das
suas ofertas voluntárias, para os seus holocaus-
tos, as suas ofertas de cereais, as suas libações e
as suas ofertas pacíficas.

40 E Moisés falou aos filhos de Israel, conforme
tudo o que o SENHOR lhe havia ordenado.

A respeito de votos

Dt 23.21-23

30 1 Moisés falou aos chefes das tribos dos fi-
lhos de Israel, dizendo:

— Esta é a palavra que o SENHOR ordenou:
2 Quando um homem fizer um voto ao SENHOR ou
juramento para obrigar-se a alguma abstinência,
não violará a sua palavra, mas fará segundo tudo
o que prometeu. 3 Quando, porém, uma mulher
fizer um voto ao SENHOR ou se obrigar a alguma
abstinência, estando na casa de seu pai, na sua
mocidade, 4 e seu pai, sabendo do voto e da abs-
tinência a que ela se obrigou, não lhe disser nada,
todos os seus votos serão válidos; terá de obser-
var toda a abstinência a que se obrigou. 5 Mas, se
o pai, no dia em que souber disso, o desaprovar,
não será válido nenhum dos votos dela, nem lhe
será preciso observar a abstinência a que se obri-
gou; o SENHOR perdoará isso a ela, porque o pai
se opôs.

6 — Porém, se ela casar, ainda sob seus votos ou
dito irrefletido dos seus lábios, com que a si mes-
ma obrigou, 7 e seu marido, ouvindo-o, não disser
nada no dia em que souber disso, serão válidos os
votos dela, e ela terá de observar a abstinência a
que se obrigou. 8 Mas, se seu marido o desapro-
var no dia em que souber disso e anular o voto
que estava sobre ela, bem como o dito irrefletido
dos seus lábios, com que a si mesma obrigou, o
SENHOR perdoará isso a ela. 9 Quanto ao voto da
viúva ou da divorciada, tudo com que se obrigar
lhe será válido.

10 — Porém, se ela fez voto na casa de seu ma-
rido ou com juramento se obrigou a alguma abs-
tinência, 11 e seu marido o soube, mas não lhe
disse nada, e não desaprovou o que ela fez, todos
os votos dela serão válidos; e ela terá de observar
toda a abstinência a que se obrigou. 12 Porém, se
o marido anulou os votos no dia em que ficou sa-
bendo, tudo o que saiu dos lábios dela, quer dos
seus votos, quer da abstinência a que se obrigou,
não será válido; o marido dela anulou os votos, e o
SENHOR perdoará isso a ela. 13 Todo voto e todo ju-
ramento com que ela se obrigou, para se humilhar,
seu marido pode confirmar ou anular. 14 Porém,
se o marido, dia após dia, não disser nada, então
confirma todos os votos dela e tudo aquilo a que
ela se obrigou, porque não disse nada no dia em
que ficou sabendo. 15 Porém, se ele anular os votos
algum tempo depois de os ter ouvido, levará sobre
si a iniquidade dela.

16 São estes os estatutos que o SENHOR ordenou
a Moisés a respeito do marido e sua mulher, e a
respeito do pai e sua filha moça, se ela estiver na
casa de seu pai.

A vitória sobre os midianitas

31 1 O SENHOR disse a Moisés:
2 — Vingue os filhos de Israel dos midiani-
tas. Depois disso você será reunido ao seu povo.
3 Então Moisés falou ao povo, dizendo:

— Armem alguns de vocês para a guerra, e que
eles saiam contra os midianitas, para fazerem a
vingança do SENHOR contra eles. 4 Enviem à guer-
ra mil homens de cada tribo entre todas as tribos
de Israel.

5 Assim, dos milhares de Israel foram manda-
dos mil homens de cada tribo: doze mil ao todo,
armados para a guerra. 6 Moisés mandou-os para
a guerra, mil de cada tribo, juntamente com Fi-
neias, filho do sacerdote Eleazar, o qual levava
consigo os utensílios sagrados e as trombetas
para o toque de ataque. 7 Eles atacaram os midia-
nitas, como o SENHOR havia ordenado a Moisés,

8 e mataram todos os homens. Mataram, além dos
que já haviam sido mortos, os reis dos midianitas,
Evi, Requém, Zur, Hur e Reba, cinco reis dos mi-
dianitas. Também mataram à espada Balaão, filho
de Beor.
9 Porém os filhos de Israel levaram presas as
mulheres dos midianitas e as suas crianças. Tam-
bém levaram todos os seus animais, todo o seu
gado e todos os seus bens. 10 Queimaram todas as
cidades em que os midianitas habitavam e todos
os seus acampamentos. 11 Pegaram todo o despo-
jo e todos os prisioneiros, tanto de pessoas como
de animais. 12 Trouxeram a Moisés, ao sacerdote
Eleazar e à congregação dos filhos de Israel os
cativos, os prisioneiros e o despojo, para o arraial,
nas campinas de Moabe, junto do Jordão, na altura
de Jericó.

O tratamento dos cativos

13 Moisés, o sacerdote Eleazar, e todos os che-
fes da congregação saíram a recebê-los fora do
arraial. 14 Moisés se indignou contra os oficiais do
exército, capitães dos milhares e capitães das cen-
tenas, que vinham do campo de batalha. 15 Moisés
lhes disse:
— Por que vocês deixaram viver todas as mu-
lheres? 16 Eis que estas, por conselho de Balaão, fi-
zeram com que os filhos de Israel fossem infiéis ao
SENHOR, no caso de Peor, e assim houve uma pra-
ga no meio da congregação do SENHOR. 17 Agora,
pois, matem, dentre as crianças, todas as do sexo
masculino. Matem também todas as mulheres que
já tiveram relações com algum homem, deitando-
-se com ele. 18 Mas todas as meninas, e as jovens
que não tiveram relações com algum homem,
deitando-se com ele, deixem viver para vocês.
19 — Fiquem acampados durante sete dias
fora do arraial. Todos os que tiverem matado al-
guma pessoa ou tiverem tocado em algum mor-
to devem se purificar no terceiro dia e no sétimo
dia; purifiquem a si mesmos e também aos seus
prisioneiros. 20 Purifiquem também todas as
roupas, todos os objetos feitos de couro, todos
os objetos feitos de pelos de cabra e todo artigo
de madeira.
21 Então o sacerdote Eleazar disse aos homens
do exército que tinham ido à guerra:
— Este é o estatuto da lei que o SENHOR orde-
nou a Moisés: 22 o ouro, a prata, o bronze, o ferro,
o estanho e o chumbo, 23 tudo o que pode supor-
tar o fogo vocês devem passar pelo fogo, para que
fique puro; e ainda terá de ser purificado com a
água purificadora. Mas tudo o que não pode su-
portar o fogo vocês devem passar pela água. 24 La-
vem também as suas roupas no sétimo dia, para
que vocês fiquem puros; e, depois, poderão entrar
no arraial.

A divisão do despojo

25 O SENHOR disse a Moisés:
26 — Faça a contagem daquilo que foi aprisio-
nado, tanto de pessoas como de animais, com a
ajuda do sacerdote Eleazar e dos chefes das ca-
sas dos pais da congregação. 27 Divida aquilo que
foi aprisionado em duas partes iguais, uma para
os soldados que saíram à guerra, e a outra para
toda a congregação. 28 Dos homens do exército
que saíram a esta guerra, cobre um tributo para o
SENHOR: de cada quinhentas cabeças, uma, tanto
dos homens como dos bois, dos jumentos e das
ovelhas. 29 Tome esse tributo da metade que toca
aos soldados e entregue-o ao sacerdote Eleazar,
como oferta ao SENHOR. 30 Mas, da metade que
toca aos filhos de Israel, de cada cinquenta, tome
um, tanto dos homens como dos bois, dos jumen-
tos e das ovelhas, de todos os animais; e entregue
isso aos levitas que têm a seu encargo o serviço
do tabernáculo do SENHOR.
31 Moisés e o sacerdote Eleazar fizeram como
o SENHOR havia ordenado a Moisés.
32 O total do despojo que os homens de guerra
pegaram foi de seiscentas e setenta e cinco mil
ovelhas, 33 setenta e dois mil bois, 34 sessenta e
um mil jumentos 35 e trinta e duas mil pessoas, as
mulheres que ainda não haviam tido relações com
homem algum, deitando-se com ele. 36 E a metade,
a parte que cabe aos que saíram à guerra, foi em
número de trezentas e trinta e sete mil e quinhen-
tas ovelhas. 37 O tributo em ovelhas para o SENHOR
foram seiscentas e setenta e cinco. 38 E os bois fo-
ram trinta e seis mil; e o seu tributo para o SENHOR,
setenta e dois. 39 E os jumentos foram trinta mil e
quinhentos; e o seu tributo para o SENHOR, sessen-
ta e um. 40 As pessoas foram dezesseis mil; e o seu
tributo para o SENHOR, trinta e duas. 41 Então Moi-
sés deu ao sacerdote Eleazar o tributo da oferta do
SENHOR, como este havia ordenado a Moisés.
42 Da metade que cabe aos filhos de Israel, que
Moisés havia separado da parte que cabe aos ho-
mens que saíram à guerra 43 — a metade para a
congregação foram, em ovelhas, trezentas e trin-
ta e sete mil e quinhentas; 44 em bois, trinta e seis
mil; 45 em jumentos, trinta mil e quinhentos; 46 e,
em pessoas, dezesseis mil —, 47 desta metade que
cabe aos filhos de Israel, Moisés tomou um de cada
cinquenta, tanto de pessoas como de animais, e os
deu aos levitas que tinham a seu encargo o serviço
do tabernáculo do SENHOR, como o SENHOR havia
ordenado a Moisés.

A oferta voluntária dos capitães

48 Então os oficiais que estavam sobre os mi-
lhares do exército, capitães sobre mil e capitães
sobre cem, foram falar com Moisés 49 e lhe dis-
seram:

— Estes seus servos fizeram a conta dos ho-
mens de guerra que estiveram sob as nossas
ordens, e não está faltando nenhum. 50 Por isso
trouxemos uma oferta ao SENHOR, cada um o que
achou: objetos de ouro, ornamentos para o braço,
pulseiras, sinetes, brincos e colares, para fazer ex-
piação por nós diante do SENHOR.
51 Assim, Moisés e o sacerdote Eleazar rece-
beram deles o ouro, sendo todos os objetos fina-
mente trabalhados. 52 Todo o ouro da oferta que os
capitães de mil e os capitães de cem trouxeram ao
SENHOR pesou duzentos e um quilos. 53 Pois cada
um dos homens de guerra havia tomado despojo
para si. 54 Moisés e o sacerdote Eleazar receberam
o ouro dos capitães de mil e dos capitães de cem
e o trouxeram à tenda do encontro, como memo-
rial para os filhos de Israel diante do SENHOR.

As tribos que ficaram a leste do rio Jordão

Dt 3.12-22

32 1 Os filhos de Rúben e os filhos de Gade ti-
nham muito gado. Quando viram a terra de
Jazer e a terra de Gileade, que eram boas para a
criação de gado, 2 os filhos de Gade e os filhos de
Rúben foram falar com Moisés, com o sacerdote
Eleazar, e com os chefes da congregação. Disseram:
3 — Atarote, Dibom, Jazer, Ninra, Hesbom,
Eleale, Sebã, Nebo e Beom, 4 a terra que o SENHOR
subjugou diante da congregação de Israel é terra
de gado; e estes seus servos têm gado.
5 Disseram mais:
— Se encontramos favor aos seus olhos, per-
mita que a posse desta terra seja dada a estes seus
servos; e não nos faça passar o Jordão.
6 Porém Moisés disse aos filhos de Gade e aos
filhos de Rúben:
— Então os irmãos de vocês irão à guerra, en-
quanto vocês ficam aqui? 7 Por que vocês querem
desanimar os filhos de Israel, para que não entrem
na terra que o SENHOR lhes deu? 8 Assim fizeram
os pais de vocês, quando os enviei de Cades-
-Barneia para ver esta terra. 9 Eles chegaram até
o vale de Escol e, vendo a terra, desanimaram os
filhos de Israel, para que não entrassem na terra
que o SENHOR lhes tinha dado. 10 Então a ira do
SENHOR se acendeu naquele mesmo dia, e ele ju-
rou, dizendo: 11 "Porque não me seguiram com
fidelidade, é certo que os homens que saíram do
Egito, de vinte anos para cima, não verão a terra
que prometi com juramento a Abraão, a Isaque e
a Jacó. 12 Somente Calebe, filho de Jefoné, o que-
nezeu, e Josué, filho de Num, verão a terra, porque
seguiram o SENHOR com fidelidade." 13 Por isso a
ira do SENHOR se acendeu contra Israel, e ele os
fez andar errantes pelo deserto durante quarenta
anos, até que se consumiu toda a geração que ha-
via feito o que era mau aos olhos do SENHOR. 14 E
agora vocês, geração de pecadores, se levantaram
em lugar de seus pais, para aumentar ainda mais
o furor da ira do SENHOR contra Israel. 15 Se vocês
não quiserem segui-lo, também ele deixará todo o
povo novamente no deserto, e vocês serão a causa
da ruína deste povo.
16 Então os filhos de Gade e os filhos de Rúben
se aproximaram de Moisés e lhe disseram:
— Edificaremos currais aqui para o nosso gado e
cidades para as nossas crianças. 17 Mas nós nos ar-
maremos e vamos para a guerra adiante dos filhos
de Israel, até que os tenhamos levado ao seu lugar.
Porém as nossas crianças ficarão nas cidades for-
tificadas, por causa dos moradores da terra. 18 Não
voltaremos para nossas casas até que os filhos de
Israel estejam de posse, cada um, da sua herança.
19 Porque não herdaremos com eles do outro lado
do Jordão, nem mais adiante, porque já temos a
nossa herança deste lado do Jordão, ao leste.
20 Então Moisés lhes disse:
— Se vocês fizerem isso, se vocês se armarem
para a guerra diante do SENHOR, 21 e cada um de
vocês, armado, passar o Jordão diante do SENHOR,
até que ele tenha expulsado os seus inimigos de
diante dele, 22 e a terra estiver subjugada diante do
SENHOR, então vocês poderão voltar e estarão de-
sobrigados diante do SENHOR e diante de Israel; e a
posse desta terra será de vocês diante do SENHOR.
23 Porém, se vocês não fizerem isso, estarão pecan-
do contra o SENHOR. E fiquem sabendo que esse
pecado certamente os encontrará. 24 Construam
cidades para os seus filhos e currais para as suas
ovelhas; e cumpram o que vocês prometeram.
25 Então os filhos de Gade e os filhos de Rúben
disseram a Moisés:
— Nós, seus servos, faremos o que nos foi or-
denado. 26 Nossas crianças, nossas mulheres, nos-
sos rebanhos e todos os nossos animais estarão aí
nas cidades de Gileade, 27 mas estes seus servos
passarão para o outro lado, cada um armado para
a guerra, diante do SENHOR Deus, como nos está
sendo ordenado.
28 Então Moisés deu ordem a respeito deles ao
sacerdote Eleazar, a Josué, filho de Num, e aos
chefes das casas dos pais das tribos dos filhos de
Israel. 29 Moisés lhes disse:
— Se os filhos de Gade e os filhos de Rúben pas-
sarem o Jordão com vocês, cada um armado para
a guerra, diante do SENHOR, e a terra estiver sub-
jugada diante de vocês, então deem a eles a posse
da terra de Gileade. 30 Mas, se eles não passarem,
armados, com vocês, terão a parte deles entre vo-
cês na terra de Canaã.
31 Os filhos de Gade e os filhos de Rúben res-
ponderam:
— O que o SENHOR Deus disse a estes seus ser-
vos, isso faremos. 32 Passaremos, armados, diante

do Senhor à terra de Canaã e teremos a posse de
nossa herança deste lado do Jordão.
33 Moisés deu aos filhos de Gade, aos filhos
de Rúben e à meia tribo de Manassés, filho de
José, o reino de Seom, rei dos amorreus, e o rei-
no de Ogue, rei de Basã: a terra com as cidades
e seus distritos, as cidades em toda a extensão
do país. 34 Os filhos de Gade edificaram Dibom,
Atarote e Aroer; 35 Atarote-Sofã, Jazer e Jogbeá;
36 Bete-Ninra e Bete-Harã, cidades fortificadas,
e currais de ovelhas. 37 Os filhos de Rúben edi-
ficaram Hesbom, Eleale e Quiriataim; 38 Nebo e
Baal-Meom, mudando-lhes o nome, e Sibma; e
deram outros nomes às cidades que edificaram.
39 Os filhos de Maquir, filho de Manassés, foram
para Gileade, a tomaram e expulsaram os amor-
reus que estavam nela. 40 Portanto, Moisés deu
Gileade a Maquir, filho de Manassés, o qual habi-
tou nela. 41 Jair, filho de Manassés, foi e conquis-
tou as aldeias dos amorreus; e deu-lhes o nome
de Havote-Jair. 42 Noba foi e conquistou Quenate
com as suas aldeias; e chamou-lhe Noba, que era
o seu próprio nome.

Os acampamentos desde o Egito

33 1 São estas as caminhadas dos filhos de Is-
rael que saíram da terra do Egito, segundo
os seus exércitos, sob as ordens de Moisés e Arão.
2 Moisés escreveu os lugares de que saíram, ca-
minhada após caminhada, conforme o mandado
do Senhor. E são estas as suas caminhadas, se-
gundo os lugares de que saíram: 3 eles partiram
de Ramessés no décimo quinto dia do primeiro
mês. No dia seguinte ao da Páscoa, os filhos de
Israel saíram, corajosamente, aos olhos de todos
os egípcios, 4 enquanto estes sepultavam todos os
seus primogênitos, a quem o Senhor havia mata-
do entre eles; também contra os deuses o Senhor
executou juízos.
5 Os filhos de Israel partiram de Ramessés e
acamparam em Sucote. 6 Partiram de Sucote e
acamparam em Etã, que está no fim do deserto.
7 Partiram de Etã e voltaram a Pi-Hairote, que está
diante de Baal-Zefom, e acamparam diante de
Migdol. 8 Partiram de Pi-Hairote, passaram pelo
meio do mar em direção ao deserto e, depois de
terem caminhado três dias no deserto de Etã,
acamparam em Mara. 9 Partiram de Mara e chega-
ram a Elim. Em Elim, havia doze fontes de água e
setenta palmeiras; e acamparam ali. 10 Partiram de
Elim e acamparam junto ao mar Vermelho. 11 Par-
tiram do mar Vermelho e acamparam no deserto
de Sim. 12 Partiram do deserto de Sim e acampa-
ram em Dofca. 13 Partiram de Dofca e acamparam
em Alus. 14 Partiram de Alus e acamparam em
Refidim, porém ali não havia água para o povo
beber. 15 Partiram de Refidim e acamparam no
deserto do Sinai. 16 Partiram do deserto do Sinai
e acamparam em Quibrote-Hataavá. 17 Partiram
de Quibrote-Hataavá e acamparam em Hazerote.
18 Partiram de Hazerote e acamparam em Ritma.
19 Partiram de Ritma e acamparam em Rimom-
-Perez. 20 Partiram de Rimom-Perez e acampa-
ram em Libna. 21 Partiram de Libna e acamparam
em Rissa. 22 Partiram de Rissa e acamparam em
Queelata. 23 Partiram de Queelata e acamparam
no monte Sefer. 24 Partiram do monte Sefer e
acamparam em Harada. 25 Partiram de Harada
e acamparam em Maquelote. 26 Partiram de Ma-
quelote e acamparam em Taate. 27 Partiram de
Taate e acamparam em Tera. 28 Partiram de Tera
e acamparam em Mitca. 29 Partiram de Mitca e
acamparam em Hasmona. 30 Partiram de Hasmo-
na e acamparam em Moserote. 31 Partiram de Mo-
serote e acamparam em Benê-Jaacã. 32 Partiram
de Benê-Jaacã e acamparam em Hor-Hagidgade.
33 Partiram de Hor-Hagidgade e acamparam em
Jotbatá. 34 Partiram de Jotbatá e acamparam em
Abrona. 35 Partiram de Abrona e acamparam
em Eziom-Geber. 36 Partiram de Eziom-Geber
e acamparam no deserto de Zim, que é Cades.
37 Partiram de Cades e acamparam no monte Hor,
na fronteira da terra de Edom.
38 Então Arão, o sacerdote, subiu o monte Hor,
segundo o mandado do Senhor; e morreu ali,
no primeiro dia do quinto mês do quadragésimo
ano depois da saída dos filhos de Israel da terra
do Egito. 39 Arão tinha cento e vinte e três anos de
idade quando morreu no monte Hor.
40 Então o rei cananeu de Arade, que habitava o
Sul da terra de Canaã, soube que os filhos de Israel
estavam chegando.
41 Eles partiram do monte Hor e acamparam em
Zalmona. 42 Partiram de Zalmona e acamparam
em Punom. 43 Partiram de Punom e acamparam
em Obote. 44 Partiram de Obote e acamparam em
Ijé-Abarim, na fronteira de Moabe. 45 Partiram de
Ijé-Abarim e acamparam em Dibom-Gade. 46 Par-
tiram de Dibom-Gade e acamparam em Almom-
-Diblataim. 47 Partiram de Almom-Diblataim e
acamparam nos montes de Abarim, diante de
Nebo. 48 Partiram dos montes de Abarim e acam-
param nas campinas de Moabe, junto ao Jordão, na
altura de Jericó. 49 E acamparam junto ao Jordão,
desde Bete-Jesimote até Abel-Sitim, nas campinas
de Moabe.

Deus manda expulsar os moradores de Canaã

50 Nas campinas de Moabe, junto ao Jordão, na
altura de Jericó, o Senhor disse a Moisés:
51 — Fale com os filhos de Israel e diga-lhes:
Quando vocês tiverem passado o Jordão para en-
trar na terra de Canaã, 52 devem expulsar da fren-
te de vocês todos os moradores da terra, destruir

todas as pedras com figura e todas as imagens
fundidas. Devem também derrubar todos os san-
tuários nos lugares altos. 53Tomem posse da terra
e morem nela, porque eu lhes dei esta terra, para
que vocês tomem posse dela. 54Vocês herdarão a
terra por sorteio, segundo as suas famílias. À tribo
mais numerosa deem uma herança maior; à tribo
pequena deem uma herança menor. Onde lhe cair
a sorte, esse lugar lhe pertencerá; vocês herdarão
segundo as tribos de seus pais. 55Porém, se não
expulsarem os moradores da terra, então os que
vocês deixarem ficar serão para vocês como espi-
nhos nos olhos e como aguilhões nas costas e eles
os perturbarão na terra em que vocês irão morar.
56E farei com vocês o que pensei fazer com eles.

As fronteiras da terra

34 1O SENHOR disse a Moisés:
2— Ordene aos filhos de Israel e diga-lhes:
Quando vocês entrarem em Canaã, esta será a
terra que lhes cairá em herança: a terra de Canaã,
segundo as suas fronteiras.
3— A região sul irá desde o deserto de Zim até
a fronteira de Edom; e a fronteira do sul irá desde
a extremidade do mar Salgado para o lado leste.
4Esta fronteira irá rodeando do sul para a subida
de Acrabim e passará até Zim; e as suas saídas se-
rão do sul a Cades-Barneia; e sairá a Hazar-Adar
e passará a Azmom. 5Depois esta fronteira ro-
deará de Azmom até o ribeiro do Egito; e as suas
saídas serão para o lado do mar.
6— Por fronteira do oeste vocês terão o mar
Grande; esta será a fronteira do oeste.
7— Esta será a fronteira do norte: marquem a
fronteira desde o mar Grande até o monte Hor.
8Marquem a fronteira desde o monte Hor até a
entrada de Hamate; e as saídas desta fronteira se-
rão até Zedade; 9dali, seguirá até Zifrom, e as suas
saídas serão em Hazar-Enã. Esta será para vocês a
fronteira norte.
10— E, por fronteira do lado leste, marquem a
fronteira de Hazar-Enã até Sefã. 11A fronteira des-
cerá desde Sefã até Ribla, para o lado leste de Aim;
depois, a fronteira descerá e irá ao longo da borda
do mar de Quinerete para o lado leste; 12descerá
ainda ao longo do Jordão, e as suas saídas serão
no mar Salgado. Esta será a terra de vocês, com as
suas fronteiras ao redor.
13Moisés deu ordem aos filhos de Israel, di-
zendo:
— Esta é a terra que vocês herdarão por sor-
teio, a qual o SENHOR mandou dar às nove tribos
e meia. 14Porque a tribo dos filhos dos rubenitas,
segundo a casa de seus pais, e a tribo dos filhos
dos gaditas, segundo a casa de seus pais, já re-
ceberam a sua herança; também a meia tribo de
Manassés já recebeu a sua herança. 15Estas duas
tribos e meia receberam a sua herança deste lado
do Jordão, na altura de Jericó, do lado leste.

Os homens que devem repartir a terra

16O SENHOR disse a Moisés:
17— São estes os nomes dos homens que re-
partirão a terra para vocês por herança: Eleazar, o
sacerdote, e Josué, filho de Num. 18Escolham ain-
da um chefe de cada tribo, para repartir a terra em
herança. 19São estes os nomes dos homens: da
tribo de Judá, Calebe, filho de Jefoné; 20da tribo
dos filhos de Simeão, Samuel, filho de Amiúde;
21da tribo de Benjamim, Elidade, filho de Quis-
lom; 22da tribo dos filhos de Dã, o chefe Buqui,
filho de Jogli; 23dos filhos de José, da tribo dos fi-
lhos de Manassés, o chefe Haniel, filho de Éfode;
24da tribo dos filhos de Efraim, o chefe Quemuel,
filho de Siftã; 25da tribo dos filhos de Zebulom,
o chefe Elizafã, filho de Parnaque; 26da tribo dos
filhos de Issacar, o chefe Paltiel, filho de Azã; 27da
tribo dos filhos de Aser, o chefe Aiude, filho de
Selomi; 28da tribo dos filhos de Naftali, o chefe
Pedael, filho de Amiúde.
29A estes o SENHOR ordenou que repartissem
a herança entre os filhos de Israel, na terra de
Canaã.

As cidades dos levitas

35 1Nas campinas de Moabe, junto ao Jor-
dão, na altura de Jericó, o SENHOR disse a
Moisés:
2— Ordene aos filhos de Israel que, da heran-
ça da sua posse, deem cidades aos levitas, em
que possam morar, e também campos de pasta-
gem ao redor das cidades. 3Os levitas terão essas
cidades para morar nelas. Os campos de pasta-
gem ao redor das cidades serão para o gado, para
os rebanhos e para todos os animais deles. 4Os
campos de pastagem ao redor das cidades que
vocês darão aos levitas, desde a muralha da cida-
de para fora, serão de quatrocentos e cinquenta
metros ao redor. 5Fora da cidade, do lado leste,
vocês devem medir novecentos metros; do lado
sul, novecentos metros; do lado oeste, novecen-
tos metros e do lado norte, novecentos metros,
ficando a cidade no meio; estes lhes serão os
campos de pastagem ao redor das cidades.
6— Das cidades que vocês darão aos levitas,
seis serão cidades de refúgio, as quais vocês darão
para que, nelas, se acolha o homicida. Além des-
tas, vocês darão aos levitas quarenta e duas cida-
des. 7Todas as cidades que vocês darão aos levitas
serão quarenta e oito cidades, juntamente com os
campos de pastagem. 8As cidades que vocês da-
rão aos levitas devem ser da herança dos filhos de
Israel. Se a tribo for numerosa, dará muitas cida-
des; se a tribo for pequena, dará poucas cidades;

cada tribo dará das suas cidades aos levitas, na
proporção da herança que lhe couber.

Seis cidades de refúgio

Dt 4.41-43; 19.1-3

9 O SENHOR disse ainda a Moisés:
10 — Fale com os filhos de Israel e diga-lhes:
Quando passarem o Jordão para entrar na terra
de Canaã, 11 escolham para vocês algumas cida-
des que lhes sirvam de refúgio, para que, nelas, se
acolha o homicida que matar alguém involunta-
riamente. 12 Nessas cidades o homicida poderá se
refugiar do vingador do sangue, para que o homi-
cida não morra antes de ser apresentado diante da
congregação para julgamento. 13 Essas cidades que
vocês derem serão seis cidades de refúgio para vo-
cês. 14 Três destas cidades devem ficar deste lado
do Jordão e três devem ficar na terra de Canaã; se-
rão cidades de refúgio. 15 Estas seis cidades serão
de refúgio para os filhos de Israel, e para o estran-
geiro, e para o que se hospedar no meio deles, para
que, nelas, se acolha aquele que matar alguém
involuntariamente.

Execução do homicida

Dt 19.11-13

16 — Mas, se alguém ferir uma pessoa com ins-
trumento de ferro, e essa pessoa morrer, é homi-
cida; o homicida será morto. 17 Ou se alguém ferir
uma pessoa, com pedra na mão, que possa causar
a morte, e essa pessoa morrer, é homicida; o homi-
cida será morto. 18 Ou se alguém ferir uma pessoa
com instrumento de pau que tiver na mão, que pos-
sa causar a morte, e essa pessoa morrer, é homicida;
o homicida será morto. 19 O vingador do sangue, ao
encontrar o homicida, deverá matá-lo.
20 — Se alguém empurrar uma pessoa com ódio
ou com má intenção lançar contra ela alguma coi-
sa, e essa pessoa morrer, 21 ou, por inimizade, a fe-
rir com a mão, e essa pessoa vier a morrer, aquele
que feriu essa pessoa será morto; é homicida; o
vingador do sangue, ao encontrar o homicida, de-
verá matá-lo.

Privilégios oferecidos pelas cidades de refúgio

Dt 19.4-10

22 Porém, se alguém empurrar outra pessoa
subitamente, sem inimizade, ou contra ela lan-
çar algum instrumento, sem má intenção, 23 ou,
sem vê-la, deixar cair sobre ela alguma pedra que
possa causar-lhe a morte, e essa pessoa morrer,
não sendo sua inimiga, nem tendo a intenção de
causar-lhe mal, 24 então a congregação julgará en-
tre o matador e o vingador do sangue, segundo es-
tas leis, 25 e livrará o homicida da mão do vingador
do sangue, e o fará voltar à sua cidade de refúgio,
onde havia se refugiado; ali, ficará até a morte do
sumo sacerdote, que foi ungido com o santo óleo.
26 — Porém, se, em determinado momento, o
homicida sair dos limites da sua cidade de refú-
gio, onde tinha se refugiado, 27 e o vingador do
sangue o encontrar fora dos limites dela, se o vin-
gador do sangue matar o homicida, não será cul-
pado do sangue. 28 Pois deve ficar na sua cidade
de refúgio até a morte do sumo sacerdote; porém,
depois da morte deste, o homicida voltará à terra
da sua posse. 29 Estas coisas serão por estatuto de
direito para vocês de geração em geração, onde
quer que vocês morarem.
30 — Todo aquele que matar uma pessoa será
morto conforme o depoimento das testemunhas;
mas uma só testemunha não deporá contra al-
guém para que morra. 31 Não aceitem resgate
pela vida do homicida que é culpado de morte;
ele deve ser morto. 32 Também não aceitem res-
gate por aquele que se acolher a uma cidade de
refúgio e quiser voltar para a sua terra antes da
morte do sumo sacerdote. 33 Assim, não profanem
a terra em que vocês estão; porque o sangue pro-
fana a terra. Nenhuma expiação se fará pela terra
por causa do sangue que nela for derramado, a
não ser com o sangue daquele que o derramou.
34 Portanto, não contaminem a terra na qual vo-
cês vivem, no meio da qual eu habito; pois eu, o
SENHOR, habito no meio dos filhos de Israel.

O casamento das herdeiras

36 1 Os cabeças das casas paternas da família
dos filhos de Gileade, filho de Maquir, filho
de Manassés, das famílias dos filhos de José, fo-
ram falar com Moisés e com os chefes, cabeças das
casas paternas dos filhos de Israel. 2 Eles disseram:
— O SENHOR Deus ordenou a meu senhor
que, por sorteio, dê esta terra em herança aos fi-
lhos de Israel; e a meu senhor foi ordenado pelo
SENHOR Deus que a herança do nosso irmão Ze-
lofeade fosse dada às filhas dele. 3 Porém, se elas
casarem com algum dos filhos das outras tribos
dos filhos de Israel, a herança delas seria dimi-
nuída da herança de nossos pais e acrescentada à
herança da tribo a que vierem pertencer. Assim,
seria tirada uma parte da herança que nos coube
por sorteio. 4 E, quando chegar o Ano do Jubileu
dos filhos de Israel, a herança delas será acres-
centada à herança da tribo daqueles a que vierem
pertencer. Assim, a herança delas será tirada da
tribo de nossos pais.
5 Então Moisés deu ordem aos filhos de Israel,
segundo o mandado do SENHOR, dizendo:
— A tribo dos filhos de José está pedindo o
que é justo. 6 Esta é a palavra que o SENHOR deu
a respeito das filhas de Zelofeade, dizendo: Elas
podem casar com quem quiserem, desde que se

casem na família da tribo do pai delas. 7Assim, a
herança dos filhos de Israel não passará de uma
tribo a outra. Pois os filhos de Israel devem ficar
vinculados cada um à herança da tribo de seus
pais. 8Qualquer filha que possuir alguma herança
das tribos dos filhos de Israel deverá casar com al-
guém da família da tribo de seu pai, para que os fi-
lhos de Israel possuam cada um a herança de seus
pais. 9Assim, a herança não passará de uma tribo
a outra; pois as tribos dos filhos de Israel devem
ficar vinculadas cada uma à sua herança.

10Como o SENHOR havia ordenado a Moisés,
assim fizeram as filhas de Zelofeade, 11pois Ma-
cla, Tirza, Hogla, Milca e Noa, filhas de Zelofeade,
casaram com filhos de seus tios paternos. 12Ca-
saram nas famílias dos filhos de Manassés, filho
de José, e a herança delas permaneceu na tribo da
família de seu pai.

13São estes os mandamentos e os juízos que o
SENHOR, por meio de Moisés, ordenou aos filhos
de Israel nas campinas de Moabe, junto ao Jordão,
na altura de Jericó.

O QUINTO LIVRO DE MOISÉS CHAMADO

DEUTERONÔMIO

O PRIMEIRO DISCURSO DE MOISÉS

1.1—4.43

Moisés conta a história de Israel

1 1São estas as palavras que Moisés falou a todo
o Israel, a leste do Jordão, no deserto, na Ara-
bá, diante de Sufe, entre Parã, Tofel, Labã, Ha-
zerote e Di-Zaabe. 2É uma jornada de onze dias
desde Horebe até Cades-Barneia, pelo caminho
dos montes de Seir.

3Aconteceu que, no quadragésimo ano, no
primeiro dia do décimo primeiro mês, Moisés
falou aos filhos de Israel, segundo tudo o que o
SENHOR lhe havia ordenado a respeito deles, 4de-
pois que derrotou Seom, rei dos amorreus, que
habitava em Hesbom, e Ogue, rei de Basã, que
habitava em Astarote, em Edrei. 5A leste do Jor-
dão, na terra de Moabe, Moisés encarregou-se de
explicar esta lei, dizendo:

6— O SENHOR, nosso Deus, nos falou em Ho-
rebe, dizendo: "Vocês já ficaram bastante tempo
neste monte. 7Voltem e sigam viagem. Vão à re-
gião montanhosa dos amorreus, a todos os seus
vizinhos, na Arabá, à região montanhosa, à Sefelá,
ao Neguebe, à costa marítima, terra dos cananeus,
e ao Líbano, até o grande rio Eufrates. 8Eis aqui a
terra que eu pus diante de vocês; entrem e tomem
posse da terra que o SENHOR, com juramento, deu
a seus pais, a Abraão, Isaque e Jacó, a eles e à sua
descendência depois deles."

A nomeação de auxiliares

Êx 18.13-27

9— Nesse mesmo tempo, eu disse a vocês: "So-
zinho não poderei levá-los. 10O SENHOR, o Deus
de vocês, fez com que vocês se multiplicassem
e eis que hoje vocês são uma multidão como as
estrelas dos céus. 11O SENHOR, Deus dos pais de
vocês, faça com que vocês sejam mil vezes mais
numerosos do que são agora e os abençoe, como
prometeu. 12Mas como poderia eu sozinho su-
portar o peso e a carga de vocês, e como poderia
eu resolver sozinho todas as questões que surgem
no meio de vocês? 13Escolham homens sábios,
inteligentes e experimentados, segundo as suas
tribos, para que eu os ponha por chefes de vocês."

14— Então vocês me responderam que era
bom fazer o que eu tinha falado. 15Assim, peguei
os chefes de suas tribos, homens sábios e expe-
rimentados, e os fiz chefes sobre vocês, chefes
de milhares, chefes de cem, chefes de cinquenta,
chefes de dez e oficiais, segundo as suas tribos.
16Nesse mesmo tempo, ordenei aos juízes, di-
zendo: "Deem atenção às questões que surgem
entre os seus irmãos e julguem com justiça entre
um homem e seu irmão ou o estrangeiro que está
com ele. 17Não sejam parciais no julgamento. Ou-
çam tanto o pequeno como o grande; não tenham
medo de ninguém, porque o julgamento é de
Deus. Porém, se a questão for demasiadamente di-
fícil para vocês, tragam para mim, e eu a ouvirei."

18— Assim, naquele tempo, eu lhes ordenei
todas as coisas que vocês deveriam fazer.

Os espias na terra de Canaã

Nm 13.1-33

19— Então partimos de Horebe e caminhamos
por todo aquele grande e terrível deserto que vo-
cês viram, pelo caminho da região montanhosa
dos amorreus, como o SENHOR, nosso Deus, nos
havia ordenado; e chegamos a Cades-Barneia.
20Então eu lhes disse: "Vocês chegaram à região
montanhosa dos amorreus, que o SENHOR, nosso

Deus, nos dá. 21 Eis que o SENHOR, seu Deus, colocou esta terra diante de vocês. Vão e tomem posse dessa terra, como o SENHOR, o Deus de seus pais, falou. Não tenham medo e não se assustem."

22 — Então todos vocês se aproximaram de mim e disseram: "Vamos mandar alguns homens adiante de nós, para que espiem a terra e nos digam por que caminho devemos seguir e a que cidades devemos ir." 23 Isto me pareceu uma boa ideia, de maneira que escolhi, do meio de vocês, doze homens, um de cada tribo. 24 Eles saíram e foram à região montanhosa, e, espiando a terra, foram até o vale de Escol. 25 Tomaram do fruto da terra nas mãos e o trouxeram até nós. E nos informaram, dizendo: "É boa esta terra que o SENHOR, nosso Deus, nos dá."

26 — Porém vocês não quiseram ir, mas foram rebeldes à ordem do SENHOR, seu Deus. 27 Ficaram murmurando em suas tendas e disseram: "O SENHOR está com ódio de nós e por isso nos tirou da terra do Egito para nos entregar nas mãos dos amorreus e nos destruir. 28 Para onde iremos? Nossos irmãos nos deixaram com medo, dizendo: 'Aquele povo é maior e mais alto do que nós. As cidades são grandes e fortificadas até o céu. Também vimos ali os filhos dos anaquins.'"

29 — Então eu lhes disse: "Não fiquem apavorados, nem tenham medo deles. 30 O SENHOR, o seu Deus, que vai adiante de vocês, ele lutará por vocês, segundo tudo o que viram que ele fez conosco no Egito, 31 e também no deserto, onde vocês viram que o SENHOR, seu Deus, os levou, como um homem leva o seu filho, por todo o caminho pelo qual vocês andaram, até chegar a este lugar."

32 — Mas nem assim vocês creram no SENHOR, seu Deus, 33 que foi adiante de vocês por todo o caminho, para procurar o lugar onde deveriam acampar; de noite, estava no fogo, para mostrar o caminho por onde vocês deveriam andar, e, de dia, estava na nuvem.

O castigo de Deus

Nm 14.20-38

34 — O SENHOR ouviu o que vocês disseram, ficou irado e jurou, dizendo: 35 "Nenhum dos homens desta geração perversa verá a boa terra que jurei dar aos pais de vocês, 36 com a exceção de Calebe, filho de Jefoné. Ele verá essa terra e darei a ele e aos filhos dele a terra em que ele pisou, porque perseverou em seguir o SENHOR." 37 Também contra mim se indignou o SENHOR por causa de vocês, dizendo: "Também você não entrará nessa terra. 38 Josué, filho de Num, que está diante de você, ele é quem vai entrar; anime-o, porque ele fará com que Israel a receba por herança. 39 E as crianças de vocês, de quem vocês disseram que seriam presa do inimigo, sim, os filhos de vocês, que hoje nem sabem distinguir entre bem e mal, esses ali entrarão, e a eles darei a terra, e eles a possuirão. 40 Mas vocês voltem e sigam para o deserto, pelo caminho do mar Vermelho."

O povo é derrotado em Horma

Nm 14.39-45

41 — Então vocês responderam: "Pecamos contra o SENHOR. Nós iremos e lutaremos, segundo tudo o que o SENHOR, nosso Deus, nos ordenou." Vocês se armaram, cada um com os seus instrumentos de guerra, e pensaram que seria fácil entrar na região montanhosa. 42 Mas o SENHOR mandou que eu dissesse a vocês: "Não vão, nem comecem a lutar, pois não estou no meio de vocês, e vocês serão derrotados pelos seus inimigos." 43 Isso eu lhes falei, mas vocês não quiseram escutar; pelo contrário, foram rebeldes às ordens do SENHOR e, presunçosos, foram na direção das montanhas. 44 Os amorreus que habitavam naquela região montanhosa saíram contra vocês e os perseguiram como fazem as abelhas e os derrotaram desde Seir até Horma. 45 Vocês voltaram e foram se queixar diante do SENHOR, porém o SENHOR não lhes deu atenção e não inclinou os ouvidos a vocês. 46 Assim, vocês permaneceram muitos dias em Cades.

A jornada de Cades até Zerede

2 1 — Depois, voltamos e seguimos para o deserto, na direção do mar Vermelho, como o SENHOR me havia ordenado, e por muitos dias rodeamos os montes de Seir. 2 Então o SENHOR me falou, dizendo: 3 "Vocês já rodearam bastante estes montes; agora sigam para o norte. 4 Ordene ao povo, dizendo: 'Vocês passarão pelo território de seus irmãos, os filhos de Esaú, que habitam em Seir. Eles terão medo de vocês; portanto, tenham muito cuidado. 5 Não entrem em conflito com eles, porque da terra deles não darei a vocês nem mesmo a pisada da planta de um pé; pois a Esaú dei por herança os montes de Seir. 6 Comprarão deles, por dinheiro, comida, para que possam comer, e também água, para que possam beber.'" 7 Pois o SENHOR, seu Deus, os abençoou em tudo o que vocês fizeram. Ele sabe que vocês estão andando por este grande deserto. Durante estes quarenta anos o SENHOR, seu Deus, esteve com vocês; coisa nenhuma lhes faltou.

8 — Assim, passamos ao lado do território de nossos irmãos, os filhos de Esaú, que habitavam em Seir, bem como do caminho da Arabá, de Elate e de Eziom-Geber. Voltamos e seguimos o caminho do deserto de Moabe. 9 Então o SENHOR me disse: "Não provoque Moabe e não entre em conflito com eles, porque não darei a você herança da terra deles; porque dei Ar em herança aos filhos

de Ló." 10 (Antigamente os emins habitavam nela,
povo grande, numeroso e alto como os anaquins.
11 Também eles foram considerados refains, como
os anaquins; e os moabitas os chamavam de
emins. 12 Antigamente também os horeus habita-
vam em Seir; porém os filhos de Esaú os expulsa-
ram dali, os destruíram de diante de si e habitaram
no lugar deles, assim como Israel fez à terra da sua
herança, que o Senhor lhes tinha dado.) 13 "Agora
levantem-se e passem o ribeiro de Zerede."

— Assim, passamos o ribeiro de Zerede. 14 O
tempo que caminhamos, desde Cades-Barneia até
passarmos o ribeiro de Zerede, foram trinta e oito
anos, até que toda aquela geração dos homens
de guerra desapareceu do meio do arraial, como
o Senhor lhes havia jurado. 15 A mão do Senhor
estava contra eles, para os destruir do meio do ar-
raial, até que todos desaparecessem.

16 — Quando todos os homens de guerra já
haviam desaparecido do meio do povo, consu-
midos pela morte, 17 o Senhor me falou, dizen-
do: 18 "Hoje você passará por Ar, na fronteira
de Moabe, 19 e chegará até diante dos filhos de
Amom. Não os provoque e não entre em confli-
to com eles, porque da terra dos filhos de Amom
não lhe darei herança, porque a tenho dado por
herança aos filhos de Ló." 20 (Também esta é con-
siderada terra dos refains; antigamente habitavam
nela refains, e os amonitas os chamavam de zan-
zumins, 21 povo grande, numeroso e alto como os
anaquins; o Senhor os destruiu diante dos amo-
nitas; estes os expulsaram dali e habitaram no
lugar deles. 22 O Senhor fez com eles assim como
fez com os filhos de Esaú que habitavam em Seir,
de diante dos quais destruiu os horeus. Os filhos
de Esaú os expulsaram e habitaram no lugar de-
les até hoje; 23 também os caftorins que saíram
de Caftor destruíram os aveus, que habitavam
em aldeias até Gaza, e habitaram no lugar deles.)
24 "Levantem-se, sigam adiante e passem o ribei-
ro de Arnom; eis que entrego nas mãos de vocês
Seom, amorreu, rei de Hesbom, bem como a terra
dele; comecem a ocupação e entrem em guerra
com eles. 25 Hoje começarei a incutir o terror e o
medo de vocês aos povos que estão debaixo do
céu; os que ouvirem a sua fama tremerão diante
de vocês e ficarão angustiados."

A vitória sobre Seom, rei de Hesbom

Nm 21.21-30

26 — Então desde o deserto de Quedemote
mandei mensageiros a Seom, rei de Hesbom, com
palavras de paz, dizendo: 27 "Deixe-nos passar
pela sua terra. Iremos somente pela estrada; não
nos desviaremos para a direita nem para a esquer-
da. 28 Você nos venderá o alimento que comermos
e também a água que bebermos; tão somente
deixe-nos passar a pé, 29 como fizeram os filhos
de Esaú, que habitam em Seir, e os moabitas, que
habitam em Ar, até que passemos o Jordão e entre-
mos na terra que o Senhor, nosso Deus, nos está
dando." 30 Mas Seom, rei de Hesbom, não nos quis
deixar passar pela terra dele, porque o Senhor, o
Deus de vocês, havia endurecido o espírito dele e
tornado inflexível o seu coração, para entregá-lo
nas mãos de vocês, como hoje se vê.

31 — O Senhor me disse: "Eis que já comecei
a dar a você Seom e a terra dele; comece agora a
tomar posse do país dele." 32 Então Seom saiu ao
nosso encontro, ele e todo o seu povo, para lutar
contra nós em Jaza. 33 E o Senhor, nosso Deus, o
entregou em nossas mãos e nós o derrotamos, a
ele, aos filhos dele e a todo o seu povo. 34 Naquele
tempo, tomamos todas as suas cidades e a cada
uma destruímos com os seus homens, mulheres
e crianças; não deixamos nenhum sobrevivente.
35 Somente tomamos, por presa, o gado e o despo-
jo das cidades conquistadas. 36 Desde Aroer, que
está à beira do vale de Arnom, e a cidade que nele
está, até Gileade, não houve nenhuma cidade que
fosse alta demais para nós; tudo isto o Senhor,
nosso Deus, nos entregou. 37 Vocês apenas não se
aproximaram da terra dos filhos de Amom, nem
de toda a região que fica às margens do ribeiro de
Jaboque, nem das cidades da região montanhosa,
nem de qualquer outro lugar que o Senhor, nosso
Deus, nos havia proibido de atacar.

A vitória sobre Ogue, rei de Basã

Nm 21.31-35

3 1 — Depois, voltamos e fomos na direção de
Basã. E Ogue, rei de Basã, saiu ao nosso encon-
tro, ele e todo o seu povo, para lutar contra nós
em Edrei. 2 Então o Senhor me disse: "Não tenha
medo, porque eu o entreguei nas suas mãos, ele,
todo o seu povo e a terra dele. Você fará com ele
como fez com Seom, rei dos amorreus, que ha-
bitava em Hesbom." 3 E o Senhor, nosso Deus,
entregou em nossas mãos também Ogue, rei de
Basã, e todo o seu povo; lutamos contra ele, até
que não sobrasse ninguém. 4 Nesse tempo, toma-
mos todas as suas cidades. Não houve nenhuma
cidade que não lhe tomássemos: sessenta cidades,
toda a região de Argobe, o reino de Ogue, em Basã.
5 Todas estas cidades eram fortificadas com altas
muralhas, portões e ferrolhos. Tomamos também
muitas outras cidades que não tinham muralhas.
6 Nós as destruímos totalmente, como fizemos
com Seom, rei de Hesbom, destruindo por com-
pleto cada uma das cidades com os seus homens,
suas mulheres e crianças. 7 Porém todo o gado e o
despojo das cidades tomamos para nós, por presa.

8 — Assim, nesse tempo, tomamos a terra
das mãos daqueles dois reis dos amorreus que

estavam além do Jordão: desde o ribeiro de Arnom
até o monte Hermom. 9 (Os sidônios chamam o
Hermom de Siriom; porém os amorreus o cha-
mam de Senir.) 10 Tomamos todas as cidades do
planalto, todo o Gileade e todo o Basã, até Salca e
Edrei, cidades do reino de Ogue, em Basã. 11 (Ogue,
rei de Basã, era o último sobrevivente dos refains.
A cama dele era feita de ferro e ainda se encontra
em Rabá dos filhos de Amom. Tinha quatro me-
tros de comprimento e um metro e oitenta de lar-
gura, pela medida comum.)

As tribos a leste do Jordão

Nm 32.33-42

12 — Tomamos posse desta terra nesse tempo.
A região que vai de Aroer, que está junto ao vale
de Arnom, e a metade da região montanhosa de
Gileade, com as suas cidades, dei aos rubenitas
e gaditas. 13 O resto de Gileade e toda a região de
Basã, o reino de Ogue, dei à meia tribo de Manas-
sés. (Toda aquela região de Argobe, todo o Basã,
se chamava a terra dos refains.) 14 Jair, filho de
Manassés, tomou toda a região de Argobe até a
fronteira dos gesuritas e maacatitas, isto é, Basã,
e às aldeias chamou pelo seu nome: Havote-Jair,
até o dia de hoje. 15 A Maquir dei Gileade. 16 Aos
rubenitas e gaditas dei desde Gileade até o vale de
Arnom, cujo meio serve de fronteira; e até o ribei-
ro de Jaboque, na fronteira dos filhos de Amom,
17 bem como a Arabá e o Jordão por fronteira, des-
de Quinerete até o mar da Arabá, o mar Salgado,
pelas encostas do monte Pisga, para o leste.

18 — Nesse mesmo tempo, eu lhes ordenei, di-
zendo: "O SENHOR, o Deus de vocês, lhes deu esta
terra, para que vocês tomem posse dela. Todos os
homens valentes, armados, devem passar adiante
de seus irmãos, os filhos de Israel. 19 Tão somente
as mulheres, as crianças e o gado de vocês — por-
que sei que vocês têm muito gado — ficarão nas
cidades que já lhes dei. 20 Vocês deverão lutar até
que o SENHOR dê descanso a seus irmãos como
deu a vocês, para que eles também ocupem a terra
que o SENHOR, o Deus de vocês, está dando a eles
do outro lado do Jordão; depois, vocês poderão
voltar, cada um à propriedade que lhe dei."

21 — Também, nesse tempo, dei ordem a Josué,
dizendo: "Você viu tudo o que o SENHOR, o Deus
de vocês, tem feito com esses dois reis; assim o
SENHOR fará com todos os reinos em que você en-
trar. 22 Não tenham medo deles, porque o SENHOR,
o Deus de vocês, é o que luta por vocês."

O pedido de Moisés para entrar em Canaã

Nm 27.12-23

23 — Também eu, nesse tempo, implorei ao
SENHOR, dizendo: 24 "Ó SENHOR Deus, já começas-
te a mostrar ao teu servo a tua grandeza e a tua
mão poderosa! Pois que deus há, nos céus ou na
terra, que possa fazer as obras e os feitos pode-
rosos que tu realizas? 25 Peço-te que me deixes
passar, para que eu veja esta boa terra que está do
outro lado do Jordão, esta boa região montanhosa
e o Líbano." 26 Porém o SENHOR estava indignado
contra mim, por causa de vocês, e não me ouviu.
Pelo contrário, ele me disse: "Basta! Não me fale
mais nisso. 27 Suba ao alto do monte Pisga e levan-
te os olhos para o oeste, para o norte, para o sul
e para o leste e contemple com os seus próprios
olhos, porque você não passará este Jordão. 28 Dê
ordens a Josué, anime-o e fortaleça-o; porque ele
irá à frente deste povo e o fará possuir a terra que
você apenas verá."

29 — Assim, ficamos no vale diante de Bete-
-Peor.

Moisés exorta o povo à obediência

4 1 — Agora, pois, ó Israel, ouça os estatutos e
os juízos que eu lhes ensino, para que vocês os
cumpram, para que vivam, entrem e tomem posse
da terra que o SENHOR, o Deus de seus pais, está
dando a vocês. 2 Não acrescentem nada à palavra
que eu lhes ordeno, nem diminuam nada dela, para
que vocês guardem os mandamentos do SENHOR, o
Deus de vocês, que eu lhes ordeno. 3 Com os seus
próprios olhos vocês viram o que o SENHOR fez
por causa de Baal-Peor, pois o SENHOR, seu Deus,
eliminou do meio de vocês todos os que seguiram
Baal-Peor. 4 Porém vocês que permaneceram fiéis
ao SENHOR, seu Deus, todos hoje estão vivos.

5 — Eis que eu lhes tenho ensinado estatutos e
juízos, como o SENHOR, meu Deus, me ordenou,
para que vocês os cumpram na terra que passarão
a possuir. 6 Portanto, guardem e cumpram essas
leis, porque isto será a sabedoria e o entendimento
de vocês aos olhos dos povos que, ouvindo todos
esses estatutos, dirão: "De fato, este grande povo
é gente sábia e inteligente." 7 Pois que grande na-
ção há que tenha deuses tão chegados a si como o
SENHOR, nosso Deus, todas as vezes que o invoca-
mos? 8 E que grande nação há que tenha estatutos
e juízos tão justos como toda esta lei que hoje eu
lhes proponho?

9 — Tão somente tenham cuidado e guardem
bem a sua alma, para que vocês não se esqueçam
daquelas coisas que os seus olhos têm visto, e elas
não se afastem do seu coração todos os dias da sua
vida. Vocês também contarão isso aos seus filhos
e aos filhos dos seus filhos. 10 Não se esqueçam
do dia em que vocês estiveram diante do SENHOR,
seu Deus, em Horebe, quando o SENHOR me disse:
"Reúna este povo, e os farei ouvir as minhas pala-
vras, a fim de que aprendam a temer-me durante
todos os dias em que viverem na terra e também
as ensinem aos seus filhos."

11 — Então vocês chegaram e ficaram ao pé do
monte. E o monte estava em chamas que subiam
até o céu, e havia trevas, nuvens e escuridão.
12 Então o SENHOR falou a vocês do meio do fogo e
vocês ouviram o som das palavras dele. Vocês ou-
viram a voz, mas não viram aparência nenhuma;
só escutaram a voz. 13 Então ele anunciou a sua
aliança, que ordenou a vocês, os dez mandamen-
tos, e os escreveu em duas tábuas de pedra. 14 Ao
mesmo tempo o SENHOR ordenou que eu ensinas-
se a vocês estatutos e juízos, para que os cumpris-
sem na terra que passarão a possuir.

15 — Tenham cuidado! Guardem bem a sua
alma. Porque vocês não viram aparência nenhu-
ma no dia em que o SENHOR, o Deus de vocês,
lhes falou em Horebe, no meio do fogo. 16 Por-
tanto, tenham cuidado para não se corrompe-
rem e fazerem para si alguma imagem esculpida
na forma de ídolo, semelhança de homem ou
de mulher, 17 semelhança de algum animal que
há na terra, semelhança de alguma ave que voa
pelos céus, 18 semelhança de algum animal que
rasteja sobre a terra, semelhança de algum pei-
xe que há nas águas debaixo da terra. 19 Quando
levantarem os olhos para os céus e verem o sol,
a lua e as estrelas, a saber, todo o exército dos
céus, cuidem para que vocês não sejam seduzi-
dos a inclinar-se diante deles e prestar culto a
essas coisas que o SENHOR, seu Deus, repartiu a
todos os povos debaixo dos céus. 20 Mas quanto a
vocês, o SENHOR os tomou e os tirou da fornalha
de ferro do Egito, para que sejam povo da sua he-
rança, como hoje se vê.

21 — Também o SENHOR se indignou contra
mim, por causa de vocês, e jurou que eu não pas-
saria o Jordão e não entraria na boa terra que o
SENHOR, seu Deus, lhes dá por herança. 22 Porque
eu morrerei neste lugar; não passarei o Jordão.
Mas vocês vão passar o Jordão e possuir aquela
boa terra. 23 Tenham o cuidado de não se esque-
cer da aliança que o SENHOR, seu Deus, fez com
vocês. Não façam para si nenhuma imagem escul-
pida, semelhança de alguma coisa que o SENHOR,
o Deus de vocês, proibiu. 24 Porque o SENHOR, o
Deus de vocês, é fogo consumidor, é Deus zeloso.

25 — Quando, pois, gerarem filhos e tiverem
netos, e já estiverem muito tempo na terra, e se
corromperem, e fizerem alguma imagem escul-
pida, semelhança de alguma coisa, e praticarem
o que é mau aos olhos do SENHOR, o Deus de vo-
cês, para o provocar à ira, 26 hoje tomo o céu e a
terra por testemunhas contra vocês, que vocês
serão imediatamente eliminados da terra da qual,
passando o Jordão, vocês tomarão posse. Vocês
não prolongarão os seus dias nela; pelo contrário,
serão totalmente destruídos. 27 O SENHOR os es-
palhará entre os povos, e restarão apenas alguns
de vocês entre as gentes aonde o SENHOR os leva-
rá. 28 Lá, vocês servirão a deuses que são obra de
mãos humanas, madeira e pedra, que não veem,
nem ouvem, nem comem, nem cheiram. 29 De lá,
vocês buscarão o SENHOR, seu Deus, e o acharão,
quando o buscarem de todo o coração e de toda
a sua alma. 30 Quando estiverem em angústia, e
todas estas coisas lhes sobrevierem nos últimos
dias, e vocês se voltarem para o SENHOR, seu Deus,
e lhe atenderem a voz, 31 então o SENHOR, o Deus
de vocês, não os abandonará, porque é Deus mise-
ricordioso, nem os destruirá, nem se esquecerá da
aliança que jurou aos pais de vocês.

32 — Agora, pois, perguntem aos tempos pas-
sados, que transcorreram antes de vocês, desde o
dia em que Deus criou o ser humano sobre a ter-
ra, desde uma extremidade do céu até a outra, se
já aconteceu algo tão grandioso como isto ou se
em algum momento se ouviu falar de coisa seme-
lhante. 33 Perguntem se algum povo ouviu a voz
de algum deus falando do meio do fogo, como
vocês ouviram, e ficaram vivos; 34 ou se já houve
um deus que tentou ir tomar para si um povo do
meio de outro povo, com provas, com sinais, com
milagres, com lutas, com mão poderosa, com braço
estendido e com feitos espantosos, segundo tudo
o que o SENHOR, seu Deus, fez por vocês no Egi-
to, como vocês viram com os seus próprios olhos.
35 Isso foi mostrado a vocês para que soubessem
que o SENHOR é Deus; nenhum outro há, além dele.
36 Dos céus ele fez com que ouvissem a sua voz,
para ensiná-los, e sobre a terra lhes mostrou o seu
grande fogo, e do meio do fogo vocês ouviram as
suas palavras. 37 Ele amou os pais de vocês e esco-
lheu os seus descendentes depois deles; por isso
o SENHOR os tirou do Egito com a sua presença e
com a sua grande força, 38 para expulsar da frente
de vocês nações maiores e mais poderosas do que
vocês, para fazer com que vocês entrassem na terra
deles e dá-la a vocês por herança, como hoje se vê.

39 — Por isso, hoje vocês saberão e refletirão
em seu coração que só o SENHOR é Deus em cima
no céu e embaixo na terra; não há nenhum outro
deus. 40 Portanto, guardem os seus estatutos e os
seus mandamentos que hoje lhes ordeno, para
que tudo vá bem com vocês e com os seus filhos
depois de vocês e para que vocês prolonguem os
seus dias na terra que o SENHOR, seu Deus, lhes
está dando para todo o sempre.

Três cidades de refúgio

Nm 35.9-15; Dt 19.1-3

41 Então Moisés separou três cidades além
do Jordão, para o nascente do sol, 42 para que
ali pudesse se refugiar o homicida que tivesse
matado, involuntariamente, o seu próximo, de
quem, antes daquilo, não tivesse ódio algum. Esse

homicida poderia se refugiar numa destas cida-
des e salvar a sua vida. 43 As cidades eram Bezer,
no deserto, no planalto, para os rubenitas; Ramo-
te, em Gileade, para os gaditas; e Golã, em Basã,
para os manassitas.

O SEGUNDO DISCURSO DE MOISÉS

4.44—26.19

Moisés conta a história da legislação

44 Esta é a lei que Moisés apresentou aos filhos
de Israel. 45 São estes os testemunhos, os estatu-
tos e os juízos que Moisés falou aos filhos de Is-
rael, quando saíram do Egito, 46 além do Jordão,
no vale diante de Bete-Peor, na terra de Seom,
rei dos amorreus, que habitava em Hesbom, a
quem Moisés e os filhos de Israel derrotaram
quando saíram do Egito, 47 e tomaram posse da
terra dele, bem como da terra de Ogue, rei de
Basã, dois reis dos amorreus, que estavam além
do Jordão, para o nascente do sol. 48 Essas terras
se estendiam desde Aroer, que está à beira do
vale de Arnom, até o monte Siom, que é Her-
mom, 49 e incluíam toda a Arabá, além do Jordão,
do lado leste, até o mar da Arabá, pelas encostas
do monte Pisga.

Os dez mandamentos

Êx 20.1-17

5 1 Moisés chamou todo o Israel e lhe disse:
— Escute, Israel, os estatutos e juízos que hoje
lhes anuncio, para que vocês os aprendam e te-
nham o cuidado de pôr em prática. 2 O SENHOR,
nosso Deus, fez aliança conosco em Horebe. 3 Não
foi com nossos pais que o SENHOR fez esta alian-
ça, e sim conosco, todos os que hoje aqui estamos
vivos. 4 Face a face o SENHOR falou conosco, no
monte, do meio do fogo. 5 Naquela ocasião, eu me
coloquei entre o SENHOR e vocês, para lhes anun-
ciar a palavra do SENHOR, porque vocês ficaram
com medo do fogo e não subiram o monte. E o
SENHOR disse:

6 — "Eu sou o SENHOR, seu Deus, que o tirei da
terra do Egito, da casa da servidão."

7 — "Não tenha outros deuses diante de mim."

8 — "Não faça para você imagem de escultura,
nem semelhança alguma do que há em cima no
céu, nem embaixo na terra, nem nas águas debai-
xo da terra. 9 Não adore essas coisas, nem preste
culto a elas, porque eu, o SENHOR, seu Deus, sou
Deus zeloso, que visito a iniquidade dos pais nos
filhos até a terceira e quarta geração daqueles que
me odeiam, 10 mas faço misericórdia até mil gera-
ções daqueles que me amam e guardam os meus
mandamentos."

11 — "Não tome o nome do SENHOR, seu Deus,
em vão, porque o SENHOR não terá por inocente o
que tomar o seu nome em vão."

12 — "Guarde o dia de sábado, para o santificar,
como o SENHOR, seu Deus, lhe ordenou. 13 Seis
dias você trabalhará e fará toda a sua obra, 14 mas
o sétimo dia é o sábado dedicado ao SENHOR, seu
Deus; não faça nenhum trabalho nesse dia, nem
você, nem o seu filho, nem a sua filha, nem o seu
servo, nem a sua serva, nem o seu boi, nem o seu
jumento ou qualquer outro dos seus animais,
nem o estrangeiro das suas portas para dentro,
para que o seu servo e a sua serva descansem
como você. 15 Lembre-se de que você foi escravo
na terra do Egito e que o SENHOR, seu Deus, o ti-
rou de lá com mão poderosa e braço estendido.
Por isso o SENHOR, seu Deus, ordenou que você
guardasse o dia de sábado."

16 — "Honre o seu pai e a sua mãe, como o
SENHOR, seu Deus, lhe ordenou, para que você te-
nha uma longa vida e para que tudo vá bem com
você na terra que o SENHOR, seu Deus, lhe dá."

17 — "Não mate."

18 — "Não cometa adultério."

19 — "Não furte."

20 — "Não dê falso testemunho contra o seu
próximo."

21 — "Não cobice a mulher do seu próximo.
Não deseje a casa do seu próximo, nem o seu
campo, nem o seu servo, nem a sua serva, nem
o seu boi, nem o seu jumento, nem coisa alguma
que pertença ao seu próximo."

Moisés, mediador entre Deus e o povo

Êx 20.18-21

22 — São estas as palavras que o SENHOR falou a
toda a congregação de vocês, junto ao monte. Ele
falou do meio do fogo, da nuvem e da escuridão,
com voz forte, e nada acrescentou. Ele escreveu es-
sas palavras em duas tábuas de pedra, e as deu para
mim. 23 Quando ouviram a voz que vinha do meio
das trevas, enquanto o monte estava em chamas,
vocês se aproximaram de mim, todos os chefes
das tribos e os anciãos, 24 e disseram: "Eis que aqui
o SENHOR, nosso Deus, nos mostrou a sua glória e
a sua grandeza, e ouvimos a sua voz do meio do
fogo. Hoje vimos que Deus fala com as pessoas e
que elas permanecem vivas. 25 Agora, pois, por que
morreríamos? Pois este grande fogo nos consu-
mirá! Se continuarmos a ouvir a voz do SENHOR,
nosso Deus, morreremos. 26 Afinal, de toda a hu-
manidade, quem é que ouviu a voz do Deus vivo
falar do meio do fogo, como nós ouvimos, e perma-
neceu vivo? 27 Aproxime-se você e ouça tudo o que
o SENHOR, nosso Deus, disser. Você nos dirá tudo o
que o SENHOR, nosso Deus, lhe disser. Nós ouvire-
mos e cumpriremos o que for dito."

28 — Quando o SENHOR ouviu o que vocês dis-
seram, quando falavam comigo, o SENHOR me
disse: "Eu ouvi as palavras que este povo lhe falou,

e em tudo eles falaram muito bem. 29 Quem dera
que eles sempre tivessem tal coração, e sempre
me temessem e guardassem todos os meus man-
damentos! Assim tudo iria bem para eles e para
os filhos deles, para sempre! 30 Vá e diga-lhes que
voltem para as suas tendas. 31 Mas você fique aqui
comigo, e eu lhe direi todos os mandamentos, es-
tatutos e juízos que você lhes ensinará, para que
os cumpram na terra que eu lhes darei para que
seja deles."

32 — Tenham o cuidado de fazer como o
SENHOR, seu Deus, lhes ordenou. Não se desviem,
nem para a direita nem para a esquerda. 33 Andem
em todo o caminho que o SENHOR, seu Deus, lhes
ordenou, para que vocês vivam, para que tudo lhes
vá bem, e para que se prolonguem os seus dias na
terra que irão possuir.

O grande mandamento

6 1 — São estes os mandamentos, os estatutos
e os juízos que o SENHOR, seu Deus, ordenou
que fossem ensinados a vocês, para que vocês os
cumprissem na terra em que vão entrar e possuir,
2 para que durante todos os dias da sua vida vocês,
os seus filhos, e os filhos dos seus filhos temam o
SENHOR, seu Deus, e guardem todos os seus esta-
tutos e mandamentos que eu lhes ordeno, e para
que os seus dias sejam prolongados. 3 Portanto,
escute, Israel, e tenha o cuidado de cumprir esses
mandamentos, para que tudo lhes corra bem e
vocês muito se multipliquem na terra que mana
leite e mel, como o SENHOR, o Deus dos seus pais,
lhes prometeu.

4 — Escute, Israel, o SENHOR, nosso Deus, é o
único SENHOR. 5 Portanto, ame o SENHOR, seu
Deus, de todo o seu coração, de toda a sua alma e
com toda a sua força. 6 Estas palavras que hoje lhe
ordeno estarão no seu coração. 7 Você as inculcará
a seus filhos, e delas falará quando estiver senta-
do em sua casa, andando pelo caminho, ao deitar-
-se e ao levantar-se. 8 Também deve amarrá-las
como sinal na sua mão, e elas lhe serão por fron-
tal entre os olhos. 9 E você as escreverá nos um-
brais de sua casa e nas suas portas.

Admoestações contra a desobediência

10 — Quando, pois, o SENHOR, seu Deus, tiver
levado vocês para a terra que, sob juramento,
prometeu aos seus pais Abraão, Isaque e Jacó, que
daria a vocês — uma terra com grandes e boas
cidades, que vocês não construíram; 11 com casas
cheias de tudo o que é bom, que vocês não enche-
ram; com poços abertos, que vocês não cavaram;
com vinhas e olivais, que vocês não plantaram —
e quando vocês comerem e se fartarem, 12 tenham
o cuidado de não esquecer o SENHOR, que os tirou
da terra do Egito, da casa da servidão. 13 Temam o
SENHOR, seu Deus, sirvam a ele e jurem somente
pelo nome dele. 14 Não sigam outros deuses, ne-
nhum dos deuses dos povos que estiverem à sua
volta, 15 porque o SENHOR, seu Deus, é Deus zeloso
no meio de vocês, para que a ira do SENHOR, seu
Deus, não se acenda contra vocês e os destrua de
sobre a face da terra.

16 — Não ponham à prova o SENHOR, seu Deus,
como o fizeram em Massá. 17 Guardem cuidado-
samente os mandamentos do SENHOR, seu Deus,
os seus testemunhos e os seus estatutos que ele
lhes ordenou. 18 Façam o que é reto e bom aos
olhos do SENHOR, para que tudo lhes vá bem, e
para que vocês entrem e possuam a boa terra que
o SENHOR, sob juramento, prometeu aos pais de
vocês, 19 expulsando todos os inimigos de diante
de vocês, como o SENHOR prometeu.

20 — Quando, no futuro, os seus filhos pergun-
tarem: "Que significam os testemunhos, estatutos
e juízos que o SENHOR, nosso Deus, lhes orde-
nou?", 21 vocês dirão a eles: "Nós éramos escravos
de Faraó, no Egito, mas o SENHOR nos tirou de lá
com mão poderosa. 22 Diante dos nossos olhos
o SENHOR fez sinais e maravilhas, grandes e ter-
ríveis, contra o Egito e contra Faraó e toda a sua
casa. 23 Ele nos tirou do Egito, para nos trazer e nos
dar a terra que, sob juramento, prometeu aos nos-
sos pais. 24 O SENHOR nos ordenou que cumprís-
semos todos estes estatutos e temêssemos o
SENHOR, nosso Deus, para o nosso perpétuo bem,
para nos preservar a vida, como tem feito até hoje.
25 E será justiça para nós, quando tivermos cuida-
do de cumprir todos estes mandamentos diante
do SENHOR, nosso Deus, como ele nos ordenou."

Admoestações contra a infidelidade

Êx 34.10-17

7 1 — Quando o SENHOR, seu Deus, os levar para
a terra que vocês vão possuir, e tiver expulsa-
do muitas nações de diante de vocês: os heteus,
os girgaseus, os amorreus, os cananeus, os fere-
zeus, os heveus e os jebuseus — sete nações mais
numerosas e mais poderosas do que vocês; 2 e,
quando o SENHOR, seu Deus, as tiver entregue nas
mãos de vocês, para que as ataquem, vocês devem
destruí-las totalmente. Não façam aliança com es-
sas nações, nem tenham piedade delas. 3 Não ca-
sem com pessoas dessas nações; não deem as suas
filhas aos filhos dessa gente, nem tomem as filhas
deles para os filhos de vocês, 4 pois elas levariam
os filhos de vocês a se desviar de mim, para que
servissem outros deuses. Assim, a ira do SENHOR
se acenderia contra vocês e depressa ele os des-
truiria. 5 Mas o que vocês devem fazer é derrubar
os altares dessas nações, quebrar as suas colunas
sagradas, cortar os postes da deusa Aserá e quei-
mar as suas imagens de escultura.

6 — Porque vocês são povo santo para o
SENHOR, seu Deus. O SENHOR, seu Deus, os esco-
lheu, para que, de todos os povos que há sobre a
terra, vocês fossem o seu povo próprio. 7 O SENHOR
os amou e os escolheu, não porque vocês eram
mais numerosos do que outros povos, pois vocês
eram o menor de todos os povos. 8 Mas porque o
SENHOR os amava e, para cumprir o juramento que
tinha feito aos pais de vocês, o SENHOR os tirou
com mão poderosa e os resgatou da casa da ser-
vidão, do poder de Faraó, rei do Egito. 9 Portanto,
saibam que o SENHOR, seu Deus, é Deus; ele é o
Deus fiel, que guarda a aliança e a misericórdia
até mil gerações aos que o amam e cumprem os
seus mandamentos. 10 Porém ele retribui direta-
mente aos que o odeiam, fazendo-os perecer. Ele
não demora em castigar aqueles que o odeiam;
prontamente lhes retribuirá. 11 Portanto, guardem
os mandamentos, os estatutos e os juízos que hoje
lhes mando cumprir.

Bênçãos decorrentes da obediência

Lv 26.3-13; Dt 28.1-14

12 — Portanto, se vocês derem ouvidos a estes
juízos, e os guardarem e cumprirem, o SENHOR,
seu Deus, guardará a aliança e a misericórdia
prometida sob juramento aos seus pais. 13 Ele
os amará, os abençoará e fará com que vocês se
multipliquem. Também abençoará os filhos de
vocês, o fruto da terra, o cereal, o vinho, o azei-
te e as crias das vacas e das ovelhas, na terra que
prometeu dar a vocês, conforme o juramento que
fez aos seus pais. 14 Vocês serão mais abençoados
do que todos os povos. Não haverá no meio de vo-
cês nenhum homem ou mulher que seja estéril,
nem entre os seus animais. 15 O SENHOR afastará
de vocês toda enfermidade; não porá sobre vocês
nenhuma das terríveis doenças dos egípcios, que
vocês conheceram tão bem; pelo contrário, ele as
porá sobre todos os que os odeiam. 16 Vocês de-
vem destruir todos os povos que o SENHOR, seu
Deus, entregar nas mãos de vocês. Não tenham
piedade deles, nem adorem os seus deuses, pois
isso seria uma armadilha para vocês.

17 — Não fiquem pensando: "Estas nações são
mais numerosas do que nós; como poderemos
expulsá-las de lá?" 18 Não tenham medo delas;
lembrem-se do que o SENHOR, seu Deus, fez a
Faraó e a todo o Egito. 19 Lembrem-se das gran-
des provas que vocês viram com os seus próprios
olhos, dos sinais, das maravilhas, da mão podero-
sa e do braço estendido, com que o SENHOR, seu
Deus, os tirou do Egito; assim o SENHOR, seu Deus,
fará com todos os povos, dos quais vocês estão
com medo. 20 Além disso, o SENHOR, seu Deus,
mandará vespões para o meio deles, até que pe-
reçam os que ficarem e se esconderem de vocês.

21 — Não fiquem apavorados diante deles, por-
que o SENHOR, seu Deus, está no meio de vocês,
Deus grande e temível. 22 O SENHOR, seu Deus,
expulsará estas nações, pouco a pouco, de dian-
te de vocês. Vocês não poderão destruí-las todas
de uma só vez, para que as feras do campo não se
multipliquem contra vocês. 23 Mas o SENHOR, seu
Deus, as entregará nas mãos de vocês e causará
grande confusão entre elas, até que sejam des-
truídas. 24 Entregará também nas mãos de vocês
os reis dessas nações, para que vocês apaguem
o nome deles da face da terra; ninguém poderá
resistir a vocês, até que os destruam. 25 Queimem
as imagens de escultura dos deuses desses povos.
Não cobicem a prata e o ouro que estão sobre es-
sas imagens, nem fiquem com isso para vocês,
para que não sejam uma armadilha para vocês;
pois são abominação ao SENHOR, seu Deus. 26 Não
levem nenhuma coisa abominável para casa, para
que vocês não sejam amaldiçoados juntamente
com ela; pelo contrário, devem, de todo, detestar
e abominar essa coisa, pois é amaldiçoada.

A terra a ser conquistada

8 1 — Tenham o cuidado de cumprir todos os
mandamentos que hoje lhes ordeno, para que
vocês vivam, se multipliquem, entrem e tomem
posse da terra que o SENHOR prometeu sob jura-
mento aos pais de vocês. 2 Lembrem-se de todo o
caminho pelo qual o SENHOR, seu Deus, os guiou
no deserto durante estes quarenta anos, para hu-
milhar vocês, para pôr vocês à prova, para saber
o que estava no coração de vocês, se guardariam
ou não os seus mandamentos. 3 Ele humilhou
vocês, ele os deixou passar fome, ele os susten-
tou com o maná, que vocês não conheciam e
que nem os pais de vocês conheciam, para que
vocês compreendessem que o ser humano não
viverá só de pão, mas de tudo o que procede da
boca do SENHOR. 4 Durante estes quarenta anos,
as roupas que vocês usavam não envelheceram, e
os seus pés não ficaram inchados. 5 Portanto, sai-
bam em seu coração que, assim como um homem
disciplina o seu filho, assim o SENHOR, seu Deus,
disciplina vocês. 6 Guardem os mandamentos do
SENHOR, seu Deus, para que vocês andem nos
seus caminhos e o temam. 7 Porque o SENHOR, o
Deus de vocês, os faz entrar numa terra boa, ter-
ra de ribeiros de águas, de fontes, de mananciais
profundos, que saem dos vales e das montanhas;
8 terra de trigo e cevada, de vinhas, figueiras e ro-
mãzeiras; terra de oliveiras, de azeite e mel; 9 terra
em que vocês não terão escassez e em que não
lhes faltará nada; terra cujas pedras são ferro e de
cujos montes vocês extrairão o cobre. 10 Vocês co-
merão e ficarão satisfeitos, e louvarão o SENHOR,
seu Deus, pela boa terra que lhes deu.

Admoestação contra o orgulho

11 — Tenham o cuidado de não se esquecer do SENHOR, seu Deus, deixando de cumprir os seus mandamentos, os seus juízos e os seus estatutos, que hoje lhes ordeno. 12 Não aconteça que, depois de terem comido e estarem fartos, depois de haverem edificado boas casas e morado nelas; 13 depois de se multiplicarem o seu gado e os seus rebanhos, e aumentar a sua prata e o seu ouro, e ser abundante tudo o que vocês têm, 14 se eleve o seu coração e vocês se esqueçam do SENHOR, seu Deus, que os tirou da terra do Egito, da casa da servidão, 15 que os conduziu por aquele grande e terrível deserto de serpentes abrasadoras, de escorpiões e de aridez, onde não havia água; e que fez sair água da rocha para vocês beberem; 16 que no deserto os sustentou com maná, que os pais de vocês não conheciam; para humilhar vocês, para pôr vocês à prova e, afinal, lhes fazer bem.

17 — Portanto, não pensem: "A minha força e o poder do meu braço me conseguiram estas riquezas." 18 Pelo contrário, lembrem-se do SENHOR, seu Deus, porque é ele quem lhes dá força para conseguir riquezas; para confirmar a sua aliança, que, sob juramento, prometeu aos pais de vocês, como hoje se vê. 19 Se vocês se esquecerem do SENHOR, seu Deus, e seguirem outros deuses, os servirem e os adorarem, eu lhes asseguro hoje que vocês certamente serão destruídos. 20 Como as nações que o SENHOR destruiu diante de vocês, assim vocês também perecerão, porque não quiseram obedecer à voz do SENHOR, seu Deus.

Moisés lembra aos israelitas o socorro divino

9 1 — Escute, Israel! Hoje vocês vão passar o Jordão para tomar posse de nações maiores e mais fortes do que vocês, cidades grandes e com muralhas que chegam até os céus, 2 um povo grande e alto, filhos dos anaquins, que vocês conhecem e de quem vocês já ouviram dizer: "Quem poderá resistir aos filhos de Anaque?" 3 Saibam, pois, hoje que o SENHOR, seu Deus, é que vai adiante de vocês. Ele é fogo que consome; ele os destruirá e os subjugará diante de vocês. Assim, vocês os expulsarão e, depressa, os farão desaparecer, como o SENHOR prometeu a vocês.

4 — Quando, pois, o SENHOR, seu Deus, tiver expulsado essas nações de diante de vocês, não fiquem pensando: "É por causa da nossa justiça que o SENHOR nos trouxe a esta terra para que tomemos posse dela." Pelo contrário, é por causa da maldade dessas nações que o SENHOR irá expulsá-las de diante de vocês. 5 Não é por causa da justiça de vocês, nem por causa da retidão do seu coração que vocês entrarão para possuir a terra dessas nações, mas o SENHOR, o seu Deus, as expulsará de diante de vocês por causa da maldade delas e também para confirmar a palavra que o SENHOR, o seu Deus, jurou aos seus pais, Abraão, Isaque e Jacó.

As infidelidades de Israel

Êx 32.1-20

6 — Saibam, pois, que não é por causa da justiça de vocês que o SENHOR, seu Deus, lhes dá esta boa terra para que tomem posse dela, pois vocês são um povo teimoso. 7 Lembrem-se e não se esqueçam de como no deserto vocês provocaram o SENHOR à ira. Desde o dia em que saíram do Egito até que chegaram a este lugar, vocês foram rebeldes contra o SENHOR. 8 Em Horebe, vocês tanto provocaram o SENHOR à ira, que o SENHOR ficou irado com vocês, ao ponto de querer destruí-los. 9 Quando eu subi o monte para receber as tábuas de pedra, as tábuas da aliança que o SENHOR havia feito com vocês, fiquei no monte quarenta dias e quarenta noites; não comi pão, nem bebi água. 10 O SENHOR me deu as duas tábuas de pedra, escritas com o dedo de Deus. Nelas estavam todas as palavras que o SENHOR havia falado com vocês no monte, do meio do fogo, quando todo o povo estava reunido. 11 No fim dos quarenta dias e quarenta noites, o SENHOR me deu as duas tábuas de pedra, as tábuas da aliança. 12 E o SENHOR me disse: "Levante-se, desça depressa, porque o seu povo, que você tirou do Egito, já se corrompeu. Bem depressa se desviaram do caminho que lhes ordenei; fizeram uma imagem fundida para si."

13 — E o SENHOR continuou, dizendo: "Tenho observado este povo, e eis que ele é povo teimoso. 14 Deixe que eu os destrua e apague o nome deles da face da terra; e farei de você uma nação mais forte e mais numerosa do que esta."

15 — Então me virei e desci do monte, que estava em chamas. As duas tábuas da aliança estavam em minhas mãos. 16 Olhei, e eis que vocês haviam pecado contra o SENHOR, seu Deus: tinham feito para si um bezerro de metal fundido. Bem depressa vocês se desviaram do caminho que o SENHOR lhes havia ordenado. 17 Então peguei as duas tábuas e as joguei no chão, quebrando-as diante dos olhos de vocês. 18 Depois, como havia feito na ocasião anterior, fiquei prostrado diante do SENHOR durante quarenta dias e quarenta noites. Não comi pão e não bebi água, por causa de todo o pecado que vocês haviam cometido, fazendo o que é mau aos olhos do SENHOR, para o provocar à ira. 19 Porque eu estava com medo por causa da ira e do furor com que o SENHOR tanto estava irado contra vocês, ao ponto de querer destruí-los. Porém mais uma vez o SENHOR me ouviu. 20 O SENHOR estava muito irado com Arão e queria destruí-lo; mas também orei por Arão ao mesmo tempo. 21 Depois peguei o pecado de vocês, aquele

bezerro que vocês tinham feito, o queimei e o es-
maguei, moendo-o bem, até que se desfez em pó;
e o pó eu joguei no ribeiro que descia do monte.
22— Também em Taberá, em Massá e em
Quibrote-Hataavá vocês provocaram muito a ira
do SENHOR. 23Também quando o SENHOR os en-
viou de Cades-Barneia, dizendo: "Vão e tomem
posse da terra que lhes dei", vocês se rebelaram
contra o mandado do SENHOR, seu Deus, e não
creram nem obedeceram à sua voz. 24Vocês têm
sido rebeldes contra o SENHOR, desde o dia em que
os conheci.

Moisés intercede pelo povo

Êx 32.11-14,30-35

25— Assim, fiquei prostrado diante do SENHOR.
Durante quarenta dias e quarenta noites, estive
prostrado, porque o SENHOR tinha dito que que-
ria destruir vocês. 26Orei ao SENHOR, dizendo: "Ó
SENHOR Deus! Não destruas o teu povo e a tua
herança, que resgataste com a tua grandeza, que
tiraste do Egito com mão poderosa. 27Lembra-te
dos teus servos Abraão, Isaque e Jacó. Não atentes
para a dureza deste povo, nem para a sua mal-
dade, nem para o seu pecado, 28para que o povo
da terra da qual nos tiraste não diga: 'O SENHOR
não conseguiu levá-los para a terra que lhes havia
prometido. E, por odiá-los, tirou-os daqui para
matá-los no deserto.' 29Mas eles são o teu povo e
a tua herança, que tiraste com o teu grande poder
e com o braço estendido."

As segundas tábuas da lei

Êx 34.1-9

10 1— Naquele tempo, o SENHOR me disse:
"Corte duas tábuas de pedra, como as pri-
meiras, e suba o monte para encontrar-se comigo.
Faça também uma arca de madeira. 2Escreverei
nas duas tábuas as palavras que estavam nas pri-
meiras, e que você quebrou; depois você as colo-
cará na arca."
3— Assim, fiz uma arca de madeira de acácia,
cortei duas tábuas de pedra, como as primeiras, e
subi o monte com as duas tábuas na mão. 4Então
o SENHOR escreveu nas tábuas, segundo a primei-
ra escritura, os dez mandamentos que ele havia
falado a vocês no dia da congregação, no monte,
no meio do fogo. Depois o SENHOR entregou as
tábuas para mim. 5Então me virei e desci do mon-
te, e pus as tábuas na arca que eu havia feito; e ali
estão, como o SENHOR me ordenou.
6(*Os filhos de Israel partiram de Beerote-Benê-
-Jaacã e foram para Mosera. Ali morreu Arão e
ali foi sepultado. Eleazar, seu filho, oficiou como
sacerdote em seu lugar. 7Dali partiram para Gud-
godá e de Gudgodá foram para Jotbatá, terra de
ribeiros de águas.*)
8— Por esse mesmo tempo, o SENHOR sepa-
rou a tribo de Levi para levar a arca da aliança do
SENHOR, para estar diante do SENHOR, para o ser-
vir e para abençoar em seu nome até o dia de hoje.
9Por isso Levi não tem parte nem herança com os
seus irmãos; o SENHOR é a sua herança, como o
SENHOR, o Deus de vocês, lhe prometeu.
10— Permaneci no monte, como da primeira
vez, quarenta dias e quarenta noites. Mais uma
vez o SENHOR me ouviu e não quis destruir vo-
cês. 11Porém o SENHOR me disse: "Levante-se e
ponha-se a caminho diante do povo, para que en-
trem e tomem posse da terra que, sob juramento,
prometi dar aos pais deles."

Exortação à obediência

12— E agora, Israel, o que é que o SENHOR re-
quer de vocês? Não é que vocês temam o SENHOR,
seu Deus, andem em todos os seus caminhos,
amem e sirvam o SENHOR, seu Deus, de todo o
coração e de toda a alma, 13para guardarem os
mandamentos do SENHOR e os seus estatutos que
hoje lhes ordeno, para o bem de vocês? 14Eis que
os céus e os céus dos céus são do SENHOR, o Deus
de vocês; a ele pertencem a terra e tudo o que nela
há. 15Mas o SENHOR se afeiçoou tão somente aos
pais de vocês para os amar; e a vocês, descen-
dentes deles, ele escolheu do meio de todos os
povos, como hoje se vê. 16Portanto, circuncidem
o coração de vocês e deixem de ser teimosos.
17Pois o SENHOR, o Deus de vocês, é o Deus dos
deuses e o Senhor dos senhores, o Deus grande,
poderoso e temível, que não trata as pessoas com
parcialidade, nem aceita suborno. 18Ele faz justi-
ça aos órfãos e às viúvas e ama os estrangeiros,
dando-lhes comida e roupa. 19Portanto, amem
os estrangeiros, porque vocês foram estrangeiros
na terra do Egito. 20Temam o SENHOR, seu Deus,
e sirvam a ele; sejam fiéis a ele e jurem somente
pelo seu nome. 21Ele é o seu louvor e o Deus de
vocês, que em favor de vocês fez estas grandes e
temíveis coisas que vocês viram com os seus pró-
prios olhos. 22Quando os pais de vocês desceram
ao Egito, eram apenas setenta pessoas; agora o
SENHOR, seu Deus, fez de vocês uma multidão tão
numerosa como as estrelas do céu.

As grandes obras de Deus

11 1— Amem o SENHOR, o Deus de vocês, e
sempre guardem os seus preceitos, os seus
estatutos, os seus juízos e os seus mandamentos.
2Considerem hoje — e não me dirijo aos filhos de
vocês, que não conheceram nem viram a disci-
plina do SENHOR, seu Deus —, sim, considerem a
grandeza do SENHOR, a sua mão poderosa e o seu
braço estendido. 3Considerem também os sinais e
as obras que ele fez no meio do Egito contra Faraó,

rei do Egito, e contra toda a sua terra. 4 Também o
que ele fez com o exército do Egito, com os seus
cavalos e os seus carros de guerra, fazendo pas-
sar sobre eles as águas do mar Vermelho, quando
estavam perseguindo vocês, e como o SENHOR os
destruiu até o dia de hoje. 5 Considerem o que ele
fez no deserto, até que vocês chegassem a este lu-
gar. 6 E ainda o que ele fez com Datã e Abirão, fi-
lhos de Eliabe, filho de Rúben; como a terra abriu
a boca e os engoliu, junto com as famílias deles, as
tendas e tudo o que os seguia, no meio de todo o
Israel. 7 Porque vocês viram com os seus próprios
olhos todas as grandes obras que o SENHOR fez.

Os benefícios da obediência

8 — Portanto, guardem todos os mandamentos
que hoje lhes ordeno, para que vocês sejam fortes,
entrem e tomem posse da terra para onde estão
indo, 9 e para que se prolonguem os seus dias na
terra que o SENHOR, sob juramento, prometeu dar
aos pais de vocês e à descendência deles, terra
que mana leite e mel. 10 Porque a terra da qual vo-
cês tomarão posse não é como a terra do Egito, de
onde vocês saíram, em que semeavam as suas se-
mentes e depois tinham de regar com o pé, como
se a plantação fosse uma horta. 11 Mas a terra da
qual vocês tomarão posse é terra de montes e
de vales, que bebe a água da chuva dos céus. 12 É
terra da qual o SENHOR, seu Deus, cuida; os olhos
do SENHOR, Deus de vocês, estão sobre ela conti-
nuamente, desde o princípio até o fim do ano.

13 — Se vocês de fato obedecerem aos meus
mandamentos que hoje lhes ordeno, de amar o
SENHOR, seu Deus, e de o servir de todo o cora-
ção e de toda a alma, 14 então no devido tempo
darei as chuvas que a terra de vocês precisa, tan-
to as primeiras como as últimas, para que vocês
recolham o seu cereal, o vinho e o azeite. 15 Nos
campos, darei pasto ao gado, e vocês comerão e
se fartarão.

16 — Tenham cuidado para que não aconteça
que o coração de vocês se engane, e vocês se des-
viem, sirvam outros deuses e se prostrem dian-
te deles. 17 Se isso acontecer, a ira do SENHOR se
acenderá contra vocês, ele fechará o céu para que
não chova, a terra não dará a sua colheita, e em
pouco tempo vocês serão eliminados da boa terra
que o SENHOR lhes dá.

18 — Ponham estas minhas palavras no seu
coração e na sua alma. Amarrem-nas como si-
nal na mão, para que sejam por frontal entre os
olhos. 19 Ensinem essas palavras aos seus filhos,
falando delas quando estiverem sentados em
casa, andando pelo caminho, quando se deitarem
e quando se levantarem. 20 Devem escrevê-las nos
umbrais de sua casa e nas suas portas, 21 para que
se multipliquem os seus dias e os dias de seus
filhos na terra que o SENHOR, sob juramento, pro-
meteu dar aos pais de vocês, e para que esses dias
sejam tão numerosos como os dias do céu acima
da terra. 22 Porque, se vocês de fato guardarem to-
dos estes mandamentos que lhes ordeno, aman-
do o SENHOR, o Deus de vocês, andando em todos
os seus caminhos, e sendo fiéis a ele, 23 o SENHOR
expulsará todas estas nações e vocês tomarão
posse de nações maiores e mais poderosas do que
vocês. 24 Todo lugar onde puserem a planta do
pé, desde o deserto, desde o Líbano, desde o rio,
o rio Eufrates, até o mar ocidental, será de vocês.
25 Ninguém poderá resistir a vocês. O SENHOR, seu
Deus, espalhará o terror e o temor de vocês por
toda terra que vocês pisarem, como ele já lhes
prometeu.

A bênção e a maldição

26 — Eis que hoje eu ponho diante de vocês a
bênção e a maldição: 27 a bênção, se cumprirem
os mandamentos do SENHOR, seu Deus, que hoje
eu lhes ordeno; 28 a maldição, se não cumprirem
os mandamentos do SENHOR, seu Deus, mas se
desviarem do caminho que hoje eu lhes ordeno,
para seguirem outros deuses que vocês não co-
nheciam. 29 Quando o SENHOR, o Deus de vocês,
os tiver levado para a terra da qual tomarão pos-
se, vocês pronunciarão a bênção sobre o monte
Gerizim e a maldição sobre o monte Ebal. 30 Esses
montes estão do outro lado do Jordão, na direção
do pôr do sol, na terra dos cananeus, que habitam
na Arabá, em frente de Gilgal, junto aos carvalhais
de Moré. 31 Porque vocês vão atravessar o Jordão
para entrar e tomar posse da terra que o SENHOR,
seu Deus, está dando a vocês; vocês tomarão pos-
se da terra e vão morar nela. 32 Portanto, tenham
o cuidado de cumprir todos os estatutos e juízos
que eu hoje lhes prescrevo.

O lugar do culto verdadeiro

12 1 — São estes os estatutos e juízos que vocês
devem ter o cuidado de cumprir todos os
dias que viverem na terra que o SENHOR, o Deus
dos seus pais, lhes deu por herança. 2 Destruam
por completo todos os lugares onde as nações que
vocês irão expulsar serviram os seus deuses, sobre
as altas montanhas, sobre as colinas e debaixo de
toda árvore frondosa. 3 Derrubem os seus altares,
quebrem as suas colunas sagradas, queimem os
postes da deusa Aserá, despedacem as imagens
esculpidas dos seus deuses e façam com que o
nome desses deuses desapareça daquele lugar.

4 — Não é assim que vocês devem adorar o
SENHOR, seu Deus. 5 Pelo contrário, busquem o
lugar que o SENHOR, seu Deus, escolher entre to-
das as tribos, para ali pôr o seu nome e sua habi-
tação; é para lá que vocês devem ir. 6 A esse lugar

vocês devem levar os seus holocaustos, os seus
sacrifícios, os seus dízimos, as ofertas que vocês
prepararam, as ofertas prometidas, as ofertas
voluntárias e os primogênitos das vacas e das
ovelhas de vocês. 7 Ali, vocês comerão diante do
SENHOR, seu Deus, e se alegrarão em tudo o que fi-
zerem, vocês e as suas famílias, no que o SENHOR,
seu Deus, os tiver abençoado.
8 — Vocês não farão como hoje estamos fa-
zendo aqui, cada um segundo melhor lhe parece,
9 porque ainda não entraram no descanso e na he-
rança que o SENHOR, seu Deus, lhes dará. 10 Mas
vocês irão passar o Jordão e morar na terra que o
SENHOR, seu Deus, lhes dará por herança. Ele lhes
dará descanso de todos os seus inimigos ao redor,
e vocês viverão seguros. 11 Então haverá um lugar
que o SENHOR, seu Deus, escolherá para ali fazer
habitar o seu nome. A esse lugar vocês levarão
tudo o que eu lhes ordeno: os seus holocaustos,
os seus sacrifícios, os seus dízimos, as ofertas que
vocês prepararam e tudo o que tiverem decidido
oferecer ao SENHOR em cumprimento a um voto.
12 E vocês se alegrarão diante do SENHOR, seu
Deus, vocês, os seus filhos, as suas filhas, os seus
servos e as suas servas e os levitas que moram
nas cidades em que vocês vivem e que não têm
porção nem herança entre vocês. 13 Cuidado! Não
ofereçam os seus holocaustos em qualquer lugar
que encontrarem, 14 mas, no lugar que o SENHOR
escolher numa das tribos de vocês, ali vocês de-
vem oferecer os seus holocaustos e ali farão tudo
o que lhes ordeno.
15 — Porém, sempre que desejarem, vocês po-
dem matar animais e comer carne nas cidades
em que estiverem morando, segundo a bênção
do SENHOR, seu Deus. Todos vocês, tanto os que
estiverem impuros como os que estiverem puros,
poderão comer, assim como se come carne de
gazela ou de veado. 16 Tão somente não comam o
sangue; este deve ser derramado na terra como se
fosse água. 17 Nas suas cidades, vocês não pode-
rão comer o dízimo do cereal, nem do vinho, nem
do azeite, nem os primogênitos das vacas e das
ovelhas, nem nenhuma das ofertas que tiverem
prometido, nem as ofertas voluntárias, nem as
ofertas que vocês prepararam. 18 Estas ofertas só
poderão ser comidas diante do SENHOR, seu Deus,
no lugar que o SENHOR, o Deus de vocês, escolher.
Isto se aplica a vocês, a seus filhos e filhas, a seus
servos e servas, e aos levitas que moram nas ci-
dades onde vocês vivem. Vocês se alegrarão dian-
te do SENHOR, seu Deus, em tudo o que fizerem.
19 Tenham o cuidado de não desamparar o levita
durante todo o tempo em que vocês viverem na-
quela terra.
20 — Quando o SENHOR, seu Deus, ampliar
o território de vocês, como ele lhes prometeu,
e vocês disserem: "Queremos comer carne",
porque este é o seu desejo, vocês poderão co-
mer carne, segundo o seu desejo. 21 Se estiver
longe de vocês o lugar que o SENHOR, seu Deus,
escolher para ali fazer habitar o seu nome, vo-
cês poderão matar das vacas e ovelhas que o
SENHOR lhes tiver dado, conforme lhes ordenei;
e comerão a carne nas cidades em que estiverem
morando, segundo todo o seu desejo. 22 Porém,
vocês devem comer destas carnes como se come
carne de gazela ou de veado; e delas tanto as
pessoas impuras como as puras podem comer.
23 Somente tenham o cuidado de não comer o
sangue, porque o sangue é a vida, e vocês não
devem comer a vida com a carne. 24 Não comam
o sangue; este deve ser derramado na terra como
se fosse água. 25 Não o comam, para que tudo vá
bem com vocês e com os seus filhos depois de
vocês, quando fizerem o que é reto aos olhos do
SENHOR. 26 Porém as coisas que tiverem consa-
grado daquilo que lhes pertence e as ofertas pro-
metidas vocês devem pegar e levar para o lugar
que o SENHOR escolher. 27 E ali, sobre o altar do
SENHOR, seu Deus, vocês oferecerão os seus ho-
locaustos, a carne e o sangue. Derramem o san-
gue dos seus sacrifícios sobre o altar do SENHOR,
seu Deus; porém a carne vocês podem comer.
28 Guardem e cumpram todas estas palavras que
eu lhes ordeno, para que tudo vá bem com vo-
cês e com os seus filhos depois de vocês, para
sempre, quando fizerem o que é bom e reto aos
olhos do SENHOR, seu Deus.

Contra a idolatria

29 — Quando o SENHOR, seu Deus, eliminar de
diante de vocês as nações que moram na terra
em que vocês vão entrar para dela tomar posse,
e vocês desalojarem essas nações para habitar na
terra delas, 30 cuidem para que vocês não caiam
na cilada de imitar essas nações, depois que elas
foram eliminadas de diante de vocês. Não pro-
curem saber a respeito dos deuses dessas nações,
dizendo: "Assim como estas nações serviram os
seus deuses, também nós queremos fazer!" 31 Não
é assim que vocês devem adorar o SENHOR, seu
Deus, porque eles adoraram os seus deuses, fa-
zendo tudo o que é abominável ao SENHOR e que
ele odeia; até seus filhos e suas filhas eles quei-
maram aos seus deuses.
32 — Tudo o que eu lhes ordeno vocês devem
observar; não acrescentem nem diminuam nada.

Contra os falsos profetas e os idólatras

13 1 — Se aparecer no meio de vocês um pro-
feta ou sonhador e anunciar um sinal ou
prodígio, 2 e se acontecer esse sinal ou prodígio de
que ele falou, e ele disser: "Vamos seguir e adorar

outros deuses", deuses esses que vocês não conheceram, 3 não deem ouvidos às palavras desse profeta ou sonhador. Porque o SENHOR, seu Deus, está pondo vocês à prova, para saber se vocês amam o SENHOR, seu Deus, de todo o coração e de toda a alma. 4 Sigam o SENHOR, seu Deus, e temam somente a ele. Guardem os seus mandamentos, deem ouvidos à sua voz, sirvam-no e sejam fiéis a ele. 5 Esse profeta ou sonhador será morto, pois pregou rebeldia contra o SENHOR, o Deus de vocês, que os tirou da terra do Egito e os resgatou da casa da servidão. Esse profeta ou sonhador quis afastá-los do caminho que o SENHOR, seu Deus, lhes ordenou, para que andassem nele. Assim eliminarão o mal do meio de vocês.

6 — Caso se aproximar de você o seu irmão, filho de sua mãe, ou o seu filho, ou a sua filha, ou a mulher que você ama, ou um amigo íntimo, e, em segredo, disser: "Vamos servir outros deuses", deuses que você não conhecia e que nem os seus pais conheceram, 7 deuses dos povos que estão ao redor de você, tanto os que estão perto como os que estão longe, desde uma até a outra extremidade da terra, 8 não concorde com ele, nem dê ouvidos a ele. Não olhe para ele com piedade, não o poupe, nem o esconda; 9 pelo contrário, você certamente o matará. Você será o primeiro a levantar a mão contra ele, para o matar, e depois todo o povo levantará a mão contra ele. 10 Vocês devem apedrejá-lo até que morra, porque ele procurou afastá-los do SENHOR, seu Deus, que os tirou da terra do Egito, da casa da servidão. 11 E todo o Israel ouvirá e temerá, e não se tornará a praticar maldade como esta no meio de vocês.

12 — Se em alguma das cidades que o SENHOR, seu Deus, lhes dá para morar vocês ouvirem dizer 13 que homens malignos saíram do meio de vocês e incitaram os moradores da cidade, dizendo: "Vamos servir outros deuses", deuses que vocês não conheceram, 14 então vocês devem inquirir, investigar e perguntar com diligência. E eis que, se for verdade e certo que tal abominação foi praticada no meio de vocês, 15 então certamente vocês deverão matar a fio de espada os moradores daquela cidade, destruindo-a completamente e tudo o que nela houver, até os animais. 16 Depois ajuntem todo o seu despojo no meio da praça e queimem a cidade e todo o seu despojo como oferta total ao SENHOR, seu Deus. E a cidade ficará um montão de ruínas para sempre; nunca mais deverá ser edificada. 17 Também nada do que for condenado deverá ficar nas mãos de vocês, para que o SENHOR se afaste do furor da sua ira, seja misericordioso, e tenha piedade de vocês, e os multiplique, como jurou aos pais de vocês. 18 Isto se vocês ouvirem a voz do SENHOR, seu Deus, e guardarem todos os seus mandamentos que hoje lhes ordeno, para que façam o que é reto aos olhos do SENHOR, seu Deus.

Mutilação do corpo proibida

14 1 Vocês são filhos do SENHOR, seu Deus. Não façam cortes em seu corpo, nem rapem a parte da frente da cabeça por causa de algum morto. 2 Porque vocês são povo santo ao SENHOR, seu Deus, e o SENHOR os escolheu de todos os povos que há sobre a face da terra, para lhe serem o seu povo próprio.

Leis a respeito dos animais puros e os impuros

Lv 11.1-47

3 — Não comam coisa alguma abominável. 4 São estes os animais que vocês podem comer: o boi, a ovelha, a cabra, 5 o veado, a gazela, a corça, a cabra selvagem, o antílope, a ovelha selvagem e o gamo. 6 Vocês podem comer todos os animais que têm unhas fendidas, cujo casco se divide em dois e que ruminam. 7 Porém dos que ruminam ou que têm a unha fendida vocês não podem comer o camelo, a lebre e o arganaz, porque ruminam, mas não têm a unha fendida; serão impuros para vocês. 8 Nem o porco, porque tem unha fendida, mas não rumina; será impuro para vocês. Destes vocês não devem comer a carne, nem tocar no seu cadáver.

9 — Dos animais que vivem nas águas vocês podem comer tudo o que tem barbatanas e escamas. 10 Mas tudo o que não tiver barbatanas nem escamas vocês não podem comer; será impuro para vocês.

11 — Toda ave pura vocês podem comer. 12 Estas, porém, são as que vocês não devem comer: a águia, o urubu, a águia marinha, 13 o açor, o falcão e o milhano, segundo a sua espécie; 14 e todo corvo, segundo a sua espécie; 15 o avestruz, a coruja, a gaivota e o gavião, segundo a sua espécie; 16 o mocho, a íbis, a gralha, 17 o pelicano, o abutre, o corvo marinho, 18 a cegonha, e a garça, segundo a sua espécie, e a poupa e o morcego.

19 — Também todo inseto que voa será impuro para vocês; não se comerá. 20 Todo ser que tem asas e for puro vocês podem comer.

21 — Não comam nenhum animal que morreu por si mesmo. Vocês podem dá-lo ao estrangeiro que mora na cidade onde vocês vivem, para que o coma, ou vendê-lo ao estranho. Porque vocês são povo santo ao SENHOR, seu Deus.

— Não cozinhem o cabrito no leite da sua própria mãe.

A lei a respeito dos dízimos

22 — Certamente vocês devem dar o dízimo de todo o fruto das suas sementes, que ano após ano se recolher do campo. 23 E, diante do SENHOR,

seu Deus, no lugar que ele escolher para ali fazer
habitar o seu nome, vocês comerão os dízimos do
cereal, do vinho, do azeite e os primogênitos das
vacas e das ovelhas. Façam isso para que apren-
dam a temer o SENHOR, seu Deus, todos os dias.
24 Se o caminho for comprido demais e não lhes
for possível levar isso, por estar longe de vocês o
lugar que o SENHOR, seu Deus, escolher para ali fa-
zer habitar o seu nome, então, quando o SENHOR,
seu Deus, os tiver abençoado, 25 vendam aquilo
e, com o dinheiro na sua mão, vão ao lugar que
o SENHOR, o Deus de vocês, escolher. 26 Com esse
dinheiro comprem tudo o que quiserem: vacas,
ovelhas, vinho ou bebida forte, ou qualquer coisa
que desejarem. Consumam isso ali na presença do
SENHOR, seu Deus, e alegrem-se, vocês e os mem-
bros da sua casa.

27 — Porém não desamparem os levitas que
moram nas cidades de vocês, pois não têm parte
nem herança com vocês. 28 Ao fim de cada três
anos, tirem todos os dízimos do fruto do terceiro
ano e os recolham nas cidades de vocês. 29 Então
virão os levitas — porque não têm parte nem he-
rança com vocês —, os estrangeiros, os órfãos e as
viúvas que moram nas cidades de vocês, e come-
rão e se fartarão, para que o SENHOR, o seu Deus,
os abençoe em todas as obras que vocês fizerem.

O ano do perdão das dívidas

15 1 — Ao final de cada sete anos, vocês devem
cancelar as dívidas. 2 Este é o modo como
isso será feito: todo credor que emprestou alguma
coisa ao seu próximo dará por pago o que havia
emprestado; não exigirá pagamento do seu próxi-
mo ou do seu compatriota, porque a remissão do
SENHOR é proclamada. 3 Do estranho vocês podem
exigir o pagamento da dívida, mas o que tiverem
emprestado aos seus compatriotas vocês devem
dar por quitado, 4 para que não haja pobre no
meio de vocês. Porque o SENHOR, o Deus de vocês,
os abençoará ricamente na terra que lhes dá por
herança, para que vocês tomem posse dela, 5 se
apenas ouvirem atentamente a voz do SENHOR,
seu Deus, cumprindo todos estes mandamentos
que hoje lhes ordeno. 6 Pois o SENHOR, seu Deus,
os abençoará, conforme prometeu. Assim, vocês
emprestarão a muitas nações, mas não tomarão
empréstimos; e dominarão muitas nações, porém
elas não terão domínio sobre vocês.

Leis a favor dos pobres

Lv 25.35-38

7 — Se houver algum pobre entre vocês, no
meio dos seus irmãos, em alguma das cidades
de vocês, na terra que o SENHOR, seu Deus, lhes
dá, não endureçam o seu coração, nem fechem as
mãos a seu compatriota pobre; 8 pelo contrário,
devem abrir a mão para ele e lhe emprestar o que
lhe falta, tudo aquilo de que tiver necessidade.
9 Tenham cuidado para que não haja pensamento
vil em seu coração e vocês digam: "Está próximo
o sétimo ano, o ano do perdão das dívidas", fa-
zendo com que os olhos de vocês sejam malignos
para com o seu compatriota pobre, e vocês não
lhe deem nada, e ele clame ao SENHOR contra vo-
cês, e vocês sejam culpados de pecado. 10 Vocês
devem dar livremente, sem maldade no coração,
quando lhe derem o que ele precisa, porque, por
isso, o SENHOR, seu Deus, os abençoará em todas
as suas obras e em tudo o que vocês empreen-
derem. 11 Pois nunca deixará de haver pobres na
terra. Por isso, eu ordeno a vocês que, livremente,
abram a mão para o seu compatriota, para o ne-
cessitado, para o pobre que vive na terra de vocês.

Leis a respeito dos escravos

Êx 21.1-11

12 — Se um de seus compatriotas, hebreu ou
hebreia, for vendido a você como escravo, ele
trabalhará para você durante seis anos; mas no
sétimo ano você lhe dará a liberdade. 13 E, quando
você o puser em liberdade, não o mande embora
de mãos vazias. 14 Liberalmente, você deve lhe for-
necer animais do seu rebanho e do produto da sua
eira e do seu lagar; daquilo com que o SENHOR, seu
Deus, o tiver abençoado, você lhe dará. 15 Lembre-
-se de que você foi escravo na terra do Egito e de
que o SENHOR, seu Deus, o resgatou; por isso, hoje
estou dando esta ordem a você.

16 — Se, porém, o escravo disser: "Não quero me
afastar de você", porque ama você e a sua casa e
por se sentir bem com você, 17 então você deve pe-
gar um furador e furar a orelha dele, na porta, e ele
será seu escravo para sempre. Faça o mesmo com
a escrava que quiser ficar. 18 Não pareça aos seus
olhos algo difícil deixar que ele fique livre, porque
durante seis anos ele o serviu por metade do salá-
rio de um trabalhador diarista. Assim, o SENHOR,
seu Deus, abençoará você em tudo o que fizer.

Leis a respeito dos primogênitos do gado

19 Do seu gado e de suas ovelhas, consagrem ao
SENHOR, seu Deus, todo primogênito macho. Com
os primogênitos do gado vocês não devem traba-
lhar, nem devem tosquiar os primogênitos das
suas ovelhas. 20 De ano em ano vocês e as suas ca-
sas devem comer esses animais diante do SENHOR,
no lugar que o SENHOR escolher. 21 Porém, se um
desses animais tiver algum defeito, se for coxo,
ou cego, ou tiver outro defeito grave, não o sa-
crifiquem ao SENHOR, seu Deus. 22 Vocês devem
comer a carne desses animais na cidade em que
moram. Tanto as pessoas impuras como as puras
poderão comer dessa carne, como se come a carne

da gazela ou do veado. 23 Tão somente não comam
o sangue; este vocês devem derramar sobre a terra
como se fosse água.

As três festas

A Páscoa

Êx 23.14-15; 34.18; Lv 23.4-8

16 1 — Guardem o mês de abibe e celebrem a
Páscoa do SENHOR, seu Deus, porque, no
mês de abibe, o SENHOR, seu Deus, os tirou do Egi-
to, de noite. 2 Sacrifiquem como oferta de Páscoa
ao SENHOR, seu Deus, um animal do rebanho ou
do gado, no lugar que o SENHOR escolher para ali
fazer habitar o seu nome. 3 Na Páscoa, vocês não
devem comer pão fermentado. Durante sete dias,
comam pães sem fermento, o pão da aflição —
porque às pressas vocês saíram do Egito —, para
que todos os dias da vida vocês se lembrem do dia
em que saíram da terra do Egito. 4 Durante os sete
dias nenhum fermento deve ser encontrado com
vocês, em todo o seu território. Também da carne
do animal que vocês sacrificarem à tarde, no pri-
meiro dia, nada deve ficar até a manhã seguinte.
5 Vocês não podem sacrificar a Páscoa em nenhu-
ma das cidades que o SENHOR, seu Deus, lhes dá,
6 a não ser no lugar que o SENHOR, seu Deus, es-
colher para ali fazer habitar o seu nome. Ali vocês
devem oferecer o sacrifício da Páscoa à tarde, ao
pôr do sol, na hora em que saíram do Egito. 7 Co-
zinhem e comam a carne no lugar que o SENHOR,
seu Deus, escolher; na manhã do dia seguinte vo-
cês podem voltar para as suas tendas. 8 Durante
seis dias comam pães sem fermento, e, no sétimo
dia, haverá reunião solene ao SENHOR, seu Deus;
não façam nenhum trabalho nesse dia.

A Festa das Semanas

Êx 23.16; 34.22; Lv 23.15-21

9 — Contem sete semanas. Quando começa-
rem a fazer a colheita, iniciem a contagem das
sete semanas. 10 Celebrem a Festa das Semanas
ao SENHOR, seu Deus, com ofertas voluntárias tra-
zidas por vocês, segundo o SENHOR, seu Deus, os
tiver abençoado. 11 Alegrem-se diante do SENHOR,
seu Deus, vocês, os seus filhos, as suas filhas, os
seus escravos, as suas escravas, os levitas que
moram nas cidades de vocês, os estrangeiros, os
órfãos e as viúvas que estão no meio de vocês, no
lugar que o SENHOR, seu Deus, escolher para ali fa-
zer habitar o seu nome. 12 Lembrem-se de que vo-
cês foram escravos no Egito, guardem e cumpram
estes estatutos.

A Festa dos Tabernáculos

Lv 23.33-43

13 — A Festa dos Tabernáculos deve ser celebra-
da durante sete dias, depois que tiverem recolhido
o produto da eira e do lagar. 14 Alegrem-se nessa
festa, vocês, os seus filhos, as suas filhas, os seus
escravos, as suas escravas, os levitas, os estrangei-
ros, os órfãos e as viúvas que moram nas cidades
de vocês. 15 Durante sete dias vocês celebrarão a
festa ao SENHOR, seu Deus, no lugar que o SENHOR
escolher. Porque o SENHOR, o Deus de vocês, os
abençoará em todas as suas colheitas e em tudo
o que vocês fizerem, e por isso vocês certamente
poderão se alegrar.

16 — Três vezes por ano, todos os homens is-
raelitas devem apresentar-se diante do SENHOR,
seu Deus, no lugar que ele escolher, na Festa dos
Pães sem Fermento, na Festa das Semanas e na
Festa dos Tabernáculos. Não devem se apresentar
de mãos vazias diante do SENHOR, 17 mas cada um
oferecerá na proporção em que possa dar, segun-
do a bênção que o SENHOR, seu Deus, lhe houver
concedido.

Deveres dos juízes

Êx 23.6-9

18 — Nomeiem juízes e oficiais em todas as
cidades que o SENHOR, seu Deus, lhes der en-
tre as suas tribos, para que julguem o povo com
justiça. 19 Vocês não devem torcer a justiça, não
devem tratar as pessoas com parcialidade, nem
aceitar suborno, porque o suborno cega os olhos
dos sábios e subverte a causa dos justos. 20 Si-
gam a justiça, somente a justiça, para que vivam
e herdem a terra que o SENHOR, seu Deus, lhes
dá. 21 Não estabeleçam um poste da deusa Aserá,
plantando qualquer árvore junto ao altar que vo-
cês construírem para o SENHOR, seu Deus. 22 Nem
levantem coluna, porque isso o SENHOR, o Deus
de vocês, odeia.

O castigo da idolatria

17 1 — Não sacrifiquem ao SENHOR, seu Deus,
um novilho ou uma ovelha em que haja im-
perfeição ou algum defeito grave, pois isto é abo-
minação ao SENHOR, seu Deus.

2 — Se no meio de vocês, em alguma das ci-
dades que o SENHOR, seu Deus, lhes dá, aparecer
algum homem ou mulher que proceda mal aos
olhos do SENHOR, seu Deus, transgredindo a sua
aliança, 3 que vá, sirva outros deuses e os adore,
ou faça isso com o sol, a lua, ou todo o exército do
céu, o que eu não ordenei; 4 e se isto lhes for de-
nunciado e vocês o ouvirem, então devem indagar
bem e, se for verdade e certo que se fez tal abomi-
nação em Israel, 5 devem levar o homem ou a mu-
lher que fez este malefício aos portões da cidade
e apedrejá-los, até que morram. 6 Por depoimento
de duas ou três testemunhas, será morto o que
houver de morrer; por depoimento de uma só tes-
temunha, não morrerá. 7 A mão das testemunhas

será a primeira contra ele, para matá-lo; e, depois,
a mão de todo o povo. E assim eliminarão o mal do
meio de vocês.

O julgamento de questões difíceis

8 — Se aparecer alguma coisa difícil demais
para ser julgada — um caso de homicídio, uma de-
manda, um caso de violência ou outras questões
de litígio —, então vocês devem se dirigir ao lugar
que o SENHOR, seu Deus, escolher. 9 Vocês virão
aos sacerdotes levitas e ao juiz que houver naque-
les dias, buscando uma solução, e eles anunciarão
a sentença do juízo. 10 E vocês farão segundo o
mandado da palavra que anunciarem do lugar que
o SENHOR escolher e terão cuidado de fazer tudo o
que eles ensinarem. 11 Façam segundo o mandado
da lei que eles ensinarem e de acordo com o juízo
que eles disserem. Da sentença que eles anuncia-
rem vocês não devem se desviar, nem para a direi-
ta nem para a esquerda. 12 A pessoa que se mostrar
orgulhosa e não der ouvidos ao sacerdote, que está
ali a serviço do SENHOR, seu Deus, nem ao juiz,
essa será morta. E assim vocês eliminarão o mal de
Israel, 13 para que todo o povo ouça, tema e jamais
se encha de orgulho.

A eleição e os deveres de um rei

14 — Quando vocês entrarem na terra que o
SENHOR, seu Deus, está dando a vocês para que
dela tomem posse, e estiverem morando nela, e
disserem: "Poremos sobre nós um rei, tal como
todas as nações que estão ao nosso redor", 15 vo-
cês certamente porão como rei sobre vocês aquele
que o SENHOR, seu Deus, escolher. Homem estra-
nho, que não seja do meio dos seus compatriotas,
vocês não devem pôr como rei sobre vocês, e sim
um do meio dos seus compatriotas. 16 Porém esse
rei não deve multiplicar para si cavalos, nem fazer
o povo voltar ao Egito, para multiplicar cavalos,
pois o SENHOR já lhes disse: "Nunca mais vocês
devem voltar por este caminho." 17 Esse rei tam-
bém não deve tomar para si muitas mulheres,
para que o seu coração não se desvie; nem deve
acumular muita prata e muito ouro.

18 — Também, quando se assentar no trono
do seu reino, mandará escrever num livro uma
cópia desta lei, feita a partir do livro que está
com os sacerdotes levitas. 19 O rei terá esse livro
consigo e nele lerá todos os dias da sua vida,
para que aprenda a temer o SENHOR, seu Deus, a
fim de guardar todas as palavras desta lei e estes
estatutos, para os cumprir. 20 Ele fará isso para
que o seu coração não se exalte sobre os seus ir-
mãos e não se desvie do mandamento, nem para
a direita nem para a esquerda. Assim prolongará
os dias no seu reino, ele e os filhos dele no meio
de Israel.

A herança e os direitos dos sacerdotes e dos levitas

18 1 — Os sacerdotes levitas e toda a tribo de
Levi não terão parte nem herança em Is-
rael; comerão das ofertas queimadas ao SENHOR
e daquilo que lhes é devido. 2 Não terão heran-
ça no meio de seus compatriotas; o SENHOR é a
herança deles, como ele mesmo lhes prometeu.
3 Será este, pois, o direito devido aos sacerdotes,
da parte do povo, dos que oferecerem sacrifício,
seja gado ou rebanho: devem dar ao sacerdote a
espádua, as queixadas e o estômago. 4 Vocês de-
vem dar-lhes as primícias do cereal, do vinho e
do azeite e as primícias da tosquia das ovelhas.
5 Porque o SENHOR, o Deus de vocês, escolheu
os levitas e os filhos deles do meio de todas as
tribos de Israel para ministrarem em nome do
SENHOR, todos os dias.

6 — Se um levita que estiver morando em qual-
quer das cidades de todo o Israel vier com todo o
desejo da sua alma ao lugar que o SENHOR esco-
lheu, 7 e ministrar em nome do SENHOR, o Deus de
vocês, como fazem todos os outros levitas que ali
ministram diante do SENHOR, 8 ele deverá receber
porção igual à dos outros levitas para comer, além
das vendas do seu patrimônio.

Contra os adivinhos e os feiticeiros

9 — Quando vocês entrarem na terra que o
SENHOR, seu Deus, lhes der, não aprendam os
costumes abomináveis daqueles povos. 10 Que
não exista entre vocês ninguém que queime o seu
filho ou a sua filha em sacrifício, nem que seja
adivinho, prognosticador, agoureiro, feiticeiro,
11 encantador, necromante, praticante de magia,
ou alguém que consulte os mortos, 12 pois todo
aquele que faz tal coisa é abominação ao SENHOR;
e por estas abominações o SENHOR, o Deus de
vocês, está expulsando esses povos de diante de
vocês. 13 Sejam perfeitos para com o SENHOR, seu
Deus. 14 Porque as nações dessa terra que vocês
vão possuir ouvem os prognosticadores e os adi-
vinhos, mas o SENHOR, o Deus de vocês, não per-
mitiu que vocês fizessem tal coisa.

A promessa do grande profeta

15 — O SENHOR, seu Deus, fará com que do
meio de vocês, do meio dos seus irmãos, se le-
vante um profeta semelhante a mim; a ele vocês
devem ouvir. 16 Porque isso foi o que vocês pedi-
ram ao SENHOR, seu Deus, em Horebe, no dia em
que o povo estava reunido. Vocês disseram: "Não
nos faça ouvir de novo a voz do SENHOR, nosso
Deus, nem ver este grande fogo, para que não
morramos." 17 Então o SENHOR me disse: "Eles
estão corretos naquilo que disseram. 18 Farei com
que se levante do meio de seus irmãos um profeta

semelhante a você, em cuja boca porei as minhas
palavras, e ele lhes falará tudo o que eu lhe orde-
nar. 19 De todo aquele que não ouvir as minhas
palavras, que ele falar em meu nome, disso lhe
pedirei contas."
20 — Porém o profeta que tiver a presunção de
falar alguma palavra em meu nome, algo que eu
não mandei que falasse, ou o que falar em nome
de outros deuses, esse profeta deve ser morto.
21 Se vocês pensarem: "Como conheceremos a
palavra que o SENHOR não falou?", 22 saibam que,
quando esse profeta falar em nome do SENHOR,
e a palavra dele não se cumprir, nem acontecer
o que ele profetizou, esta é uma palavra que o
SENHOR não falou. Tal profeta falou isso com pre-
sunção; não tenham medo dele.

As cidades de refúgio

Nm 35.9-29; Dt 4.41-43

19 1 — Quando o SENHOR, seu Deus, eliminar
as nações cuja terra dará a vocês, e quando
vocês desalojarem essas nações e morarem nas
cidades e nas casas deles, 2 separem três cidades
no meio da terra que o SENHOR, seu Deus, dará a
vocês para que dela tomem posse. 3 Preparem o
caminho e dividam em três partes a terra que o
SENHOR, seu Deus, lhes dará por herança. É isto
será para que nelas se refugie todo homicida.
4 — Este é o caso do homicida que nelas se re-
fugiar, para que salve a sua vida: aquele que, invo-
luntariamente, matar o seu próximo, a quem não
odiava. 5 Assim, se alguém entrar com o seu pró-
ximo na floresta, para cortar lenha, e, manejando
com impulso o machado para cortar uma árvore,
o ferro saltar do cabo e atingir o seu próximo, e
este morrer, aquele homem poderá se refugiar
numa dessas cidades e salvar a sua vida. 6 Isto
para que o vingador do sangue não persiga o ho-
micida, quando ficar furioso, e o alcance, por ser
longo o caminho, e lhe tire a vida, porque não me-
rece morrer, pois não o odiava. 7 Portanto, ordeno
a vocês que separem três cidades.
8 — Se o SENHOR, seu Deus, ampliar o territó-
rio de vocês, como jurou aos pais de vocês, e lhes
der toda a terra que prometeu a eles, 9 desde que
vocês guardem e cumpram todos estes manda-
mentos que hoje lhes ordeno, amando o SENHOR,
seu Deus, e andando nos seus caminhos todos os
dias, então vocês devem acrescentar mais três ci-
dades além destas três, 10 para que não se derrame
sangue inocente na terra que o SENHOR, seu Deus,
lhes está dando por herança, pois vocês seriam
culpados da morte de homens inocentes.
11 — Mas, se houver alguém que odeia o seu
próximo, arma-lhe ciladas, levanta-se contra ele
e o mata, e então se refugia numa dessas cida-
des, 12 os anciãos da sua cidade mandarão tirá-lo
dali e entregá-lo na mão do vingador do sangue,
para que seja morto. 13 Não olhem para ele com
piedade; pelo contrário, exterminem de Israel a
culpa do sangue inocente, para que tudo vá bem
com vocês.

A respeito das divisas e das testemunhas

14 — Não mudem os marcos de divisa do seu
próximo, que os antigos fixaram na herança de
vocês, na terra que o SENHOR, seu Deus, lhes dá
para que dela tomem posse.
15 — Uma só testemunha não poderá se levan-
tar contra alguém por qualquer iniquidade ou por
qualquer pecado, seja qual for que cometer; pelo
depoimento de duas ou três testemunhas se es-
tabelecerá o fato. 16 Quando se levantar testemu-
nha falsa contra alguém, para o acusar de alguma
transgressão, 17 então os dois homens que tiverem
a demanda se apresentarão diante do SENHOR,
diante dos sacerdotes e dos juízes que houver na-
queles dias. 18 Os juízes examinarão o caso com
cuidado e, se a testemunha for falsa e tiver teste-
munhado falsamente contra o seu irmão, 19 rece-
berá o castigo que tinha em vista para o seu irmão.
E assim exterminarão o mal do meio de vocês,
20 para que os que ficarem ouçam, temam e nun-
ca mais tornem a fazer semelhante mal no meio
de vocês. 21 Não olhem para ele com piedade: vida
por vida, olho por olho, dente por dente, mão por
mão, pé por pé.

A respeito da guerra

20 1 — Quando vocês saírem para fazer guerra
aos seus inimigos e virem cavalos, carros
de guerra e um povo maior em número do que
vocês, não tenham medo deles, pois o SENHOR,
seu Deus, que os tirou da terra do Egito, está com
vocês. 2 Quando estiverem se preparando para a
batalha, o sacerdote se adiantará e falará ao povo,
3 dizendo: "Escute, povo de Israel! Hoje vocês
estão se preparando para lutar contra os seus
inimigos. Que o coração de vocês não desfaleça.
Não tenham medo, não tremam, nem fiquem
apavorados diante deles, 4 porque o SENHOR, o
Deus de vocês, é quem os acompanha e vai lutar
por vocês contra os seus inimigos, para que vocês
sejam salvos." 5 Os oficiais falarão ao povo, dizen-
do: "Existe aqui entre nós alguém que construiu
uma casa nova e ainda não a consagrou? Vá, volte
para casa, para que não morra na batalha, e ou-
tro tenha de consagrar a casa. 6 Existe aqui entre
nós alguém que plantou uma vinha e ainda não
colheu as uvas? Vá, volte para casa, para que não
morra na batalha, e outro venha a desfrutar da
vinha. 7 Existe aqui entre nós algum homem que
contratou casamento com uma mulher e ainda
não a recebeu como esposa? Vá, volte para casa,

para que não morra na batalha, e outro homem a
receba como esposa."
8— E os oficiais continuarão a falar com o povo,
dizendo: "Existe aqui entre nós algum homem
medroso e de coração tímido? Vá, volte para casa,
para que os seus irmãos não acabem ficando com
medo também." 9 Quando os oficiais tiverem fala-
do ao povo, designarão os capitães dos exércitos
para que fiquem à frente do povo.
10— Quando vocês se aproximarem de uma
cidade para lutar contra ela, apresentem-lhe
primeiro uma proposta de paz. 11 Se a respos-
ta é de paz, e os moradores abrirem os portões,
todos os que estiverem na cidade serão sujeitos
a trabalhos forçados e passarão a servir vocês.
12 Porém, se eles não fizerem paz com vocês, mas
declararem guerra, então vocês devem sitiar a
cidade. 13 E o SENHOR, seu Deus, a entregará na
mão de vocês e vocês devem matar com a espada
todos os do sexo masculino que houver na cida-
de. 14 Mas vocês podem ficar com as mulheres,
as crianças, os animais e tudo o que houver na
cidade, todo o seu despojo; podem desfrutar o
despojo dos inimigos, que o SENHOR, seu Deus,
entregou a vocês. 15 Façam assim com todas as
cidades que estiverem longe de vocês, que não
forem das cidades destes povos.
16— Porém, das cidades destas nações que o
SENHOR, seu Deus, lhes dá como herança, não dei-
xem ninguém com vida. 17 Pelo contrário, como o
SENHOR, seu Deus, ordenou, vocês devem destruí-
-las totalmente: os heteus, os amorreus, os cana-
neus, os ferezeus, os heveus e os jebuseus, 18 para
que estas nações não ensinem vocês a fazer se-
gundo todas as suas abominações, que fizeram a
seus deuses, pois vocês estariam pecando contra
o SENHOR, seu Deus.
19— Quando sitiarem uma cidade por muito
tempo, lutando contra ela para a tomar, não des-
truam as árvores, cortando-as com o machado,
porque vocês podem comer dos seus frutos. Por
isso, não cortem as árvores. Será que as árvores
do campo são pessoas, para que sejam sitiadas
por vocês? 20 Mas as árvores cujos frutos vocês
sabem que não são comestíveis, essas vocês po-
dem derrubar e cortar, para com elas cercar a
cidade que está em guerra contra vocês, até que
seja conquistada.

A expiação por morte cujo autor é desconhecido

21 1— Se na terra que o SENHOR, seu Deus,
lhes dá para que tomem posse dela, alguém
for achado morto, caído no campo, sem que se
saiba quem o matou, 2 os anciãos e os juízes de-
vem sair e medir a distância entre o morto e as
cidades ao redor. 3 Os anciãos da cidade mais
próxima do morto tomarão uma novilha do re-
banho, que ainda não tenha sido usada no tra-
balho, nem puxado com o jugo, 4 e a trarão a um
vale de águas correntes, que não foi lavrado, nem
semeado; e ali, naquele vale, desnucarão a novi-
lha. 5 Então se aproximarão os sacerdotes, filhos
de Levi, porque o SENHOR, o Deus de vocês, os
escolheu para o servirem, para abençoarem em
nome do SENHOR e, por sua palavra, decidirem
toda demanda e todo caso de violência. 6 Todos
os anciãos dessa cidade mais próxima do morto
lavarão as mãos sobre a novilha desnucada no
vale 7 e dirão: "As nossas mãos não derramaram
este sangue, e os nossos olhos não viram quem o
derramou. 8 Perdoa o teu povo de Israel, que tu, ó
SENHOR, resgataste, e não ponhas a culpa do san-
gue inocente no meio do teu povo de Israel." E a
culpa daquele sangue lhe será perdoada. 9 Assim
vocês eliminarão a culpa do sangue inocente do
meio de vocês, pois farão o que é reto aos olhos
do SENHOR.

A respeito da mulher prisioneira

10 Quando vocês saírem para fazer guerra aos
seus inimigos, e o SENHOR, seu Deus, os entregar
nas suas mãos e vocês fizerem prisioneiros de
guerra, 11 se algum de vocês vir entre eles uma
mulher bonita, gostar dela e quiser tomá-la por
esposa, 12 deve levá-la para casa, onde ela rapará a
cabeça, cortará as unhas, 13 e trocará a roupa que
estava usando ao ser capturada. Ela permanecerá
em casa e ficará de luto pelo pai e pela mãe duran-
te um mês. Depois disto você pode tomá-la; você
será o seu marido e ela será a sua mulher. 14 E, se
você não gostar mais dela, deixe que ela vá para
onde quiser. Você não pode vendê-la por dinheiro
nem maltratá-la, porque a humilhou.

O direito do primogênito

15— Se um homem tiver duas mulheres, uma
a quem ama e outra a quem não ama, e as duas
lhe derem filhos, e o primogênito for da que ele
não ama, 16 no dia em que repartir a herança en-
tre os filhos, não poderá dar a primogenitura ao
filho da amada, preferindo-o ao filho da que ele
não ama e que é de fato o primogênito. 17 Pelo
contrário, deve reconhecer por primogênito
o filho da mulher que ele não ama, dando-lhe
dobrada porção de tudo o que possuir, porque
aquele é o primogênito do seu vigor; o direito da
primogenitura é dele.

A respeito dos filhos desobedientes

18— Se alguém tiver um filho teimoso e rebel-
de, que não obedece à voz de seu pai nem à voz de
sua mãe e, mesmo quando castigado, não lhes dá
ouvidos, 19 seu pai e sua mãe o pegarão e o levarão

aos anciãos da cidade, junto ao portão daquele
lugar, 20 e dirão: "Este nosso filho é rebelde e tei-
moso, não dá ouvidos à nossa voz, é comilão e
beberrão." 21 Então todos os homens da cidade o
apedrejarão até que morra. Assim vocês elimina-
rão o mal do meio de vocês; todo o Israel ouvirá
e temerá.

Os cadáveres devem ser tirados do madeiro

22 — Se alguém tiver cometido um pecado que
é passível da pena de morte, e tiver sido morto,
e vocês o pendurarem num madeiro, 23 o seu ca-
dáver não deve permanecer no madeiro durante
a noite. É preciso sepultá-lo no mesmo dia, pois
o que for pendurado no madeiro é maldito de
Deus. Assim vocês não contaminarão a terra que
o SENHOR, seu Deus, lhes dá por herança.

A respeito do que se perdeu

22 1 — Se você notar que um boi ou uma ove-
lha de seu compatriota se extraviou, não se
omita, mas, sem falta, leve os animais de volta
ao dono. 2 Se este não for o seu vizinho ou for al-
guém que você não conhece, leve os animais para
casa e fique com eles até que o dono venha buscá-
-los; então você os entregará a ele. 3 Faça o mesmo
com o jumento, com a roupa, ou com qualquer
outra coisa que o seu compatriota perder e que
você achar; você não pode se omitir.

4 — Se você enxergar o jumento ou o boi que
pertence ao seu compatriota caído no caminho,
não se omita; sem falta ajude-o a levantar o animal.

Diversas leis

5 — A mulher não deve usar roupa de homem,
e o homem não deve vestir roupa de mulher, pois
quem faz isso é abominável ao SENHOR, seu Deus.

6 — Se, no caminho, você encontrar um ninho
de ave, em alguma árvore ou no chão, com passa-
rinhos ou ovos, e a mãe sobre os passarinhos ou
sobre os ovos, não pegue a mãe com os filhotes.
7 Você pode ficar com os filhotes, mas deixe a mãe
ir, livremente, para que tudo vá bem com você, e
para que você prolongue os seus dias.

8 — Quando você construir uma casa nova, faça
um parapeito no terraço, para que você não traga
culpa de sangue sobre a casa, se alguém de algum
modo cair do terraço.

9 — Não plante outra semente na sua vinha,
para que não se profane toda a produção, tanto da
vinha quanto da semente que você plantou.

10 — Não lavre a terra com junta de boi e ju-
mento.

11 — Não vista roupa feita de pano de lã e linho
misturados.

12 — Coloque franjas nos quatro cantos do
manto que você usa.

Leis a respeito da castidade e do casamento

13 — Se um homem casar com uma mulher, e,
depois de ter tido relações com ela, passar a odiá-
-la, 14 e lhe atribuir atos vergonhosos, e a difamar,
dizendo: "Casei com esta mulher e, quando tive
relações com ela, descobri que não era virgem",
15 então o pai e a mãe da moça levarão as provas
da virgindade da moça aos anciãos da cidade,
junto ao portão. 16 O pai da moça dirá aos anciãos:
"Dei minha filha por mulher a este homem, po-
rém ele passou a odiá-la. 17 Eis que lhe atribuiu
atos vergonhosos, dizendo: 'Descobri que a sua
filha não era virgem.' Mas aqui estão as provas da
virgindade de minha filha." E estenderão a roupa
dela diante dos anciãos da cidade, 18 os quais pe-
garão o homem, o açoitarão 19 e o condenarão a
pagar cem barras de prata ao pai da moça, porque
difamou uma virgem de Israel. Ela ficará sendo
mulher dele, e ele não poderá mandá-la embora
durante a sua vida.

20 — Porém, se isso for verdade, ou seja, se fi-
car provado que a moça não era virgem, 21 então
a levarão à porta da casa de seu pai, e os homens
de sua cidade a apedrejarão até que morra, pois
cometeu um ato infame em Israel, prostituindo-se
na casa de seu pai. Assim vocês eliminarão o mal
do meio de vocês.

22 — Se um homem for encontrado deitado com
uma mulher que tem marido, ambos devem ser
mortos, o homem que se deitou com a mulher e
a mulher. Assim vocês eliminarão o mal de Israel.

23 — Se uma moça virgem tiver casamento
contratado, e outro homem a encontrar na cida-
de e tiver relações com ela, 24 vocês devem trazer
ambos ao portão daquela cidade e apedrejá-los
até que morram; a moça, porque não gritou por
socorro, estando na cidade, e o homem, porque
humilhou a mulher do seu próximo. Assim vocês
eliminarão o mal do meio de vocês.

25 — Porém, se um homem, no campo, encon-
trar uma moça que tem casamento contratado, e
a forçar, e tiver relações com ela, então morrerá
só o homem que teve relações com ela; 26 à moça
vocês não devem fazer nada; ela não tem culpa
de morte, porque este caso é semelhante ao do
homem que se levanta contra o seu próximo e lhe
tira a vida. 27 Pois o homem encontrou a moça no
campo; a moça que tinha o casamento contratado
gritou, e não houve quem a livrasse.

28 — Se um homem encontrar uma moça vir-
gem, que não tem casamento contratado, e a pe-
gar à força, e tiver relações com ela, e eles forem
apanhados, 29 então o homem que teve relações
com ela pagará ao pai da moça cinquenta bar-
ras de prata; e, uma vez que a humilhou, terá de
recebê-la por esposa; não poderá mandá-la em-
bora durante a sua vida.

30— Nenhum homem terá relações com a sua
madrasta e não profanará o leito de seu pai.

Pessoas excluídas das assembleias santas

23 1— Aquele a quem forem esmagados os
testículos ou cortado o membro viril não
entrará na assembleia do SENHOR.
2— Nenhum bastardo entrará na assembleia
do SENHOR; nem ainda a sua décima geração en-
trará nela.
3— Nenhum amonita ou moabita entrará na
assembleia do SENHOR; nem ainda a sua décima
geração entrará na assembleia do SENHOR, eter-
namente. 4 Porque não foram ao encontro de vo-
cês com pão e água, no caminho, quando vocês
estavam saindo do Egito; e porque contrataram
Balaão, filho de Beor, de Petor, da Mesopotâmia,
para amaldiçoar vocês. 5 Porém o SENHOR, o Deus
de vocês, não quis ouvir Balaão; pelo contrário,
mudou a maldição em bênção, porque o SENHOR,
seu Deus, amava vocês. 6 Não procurem nem paz
nem bem para os amonitas e moabitas enquanto
vocês viverem, para sempre.
7— Não odeiem os edomitas, porque são ir-
mãos de vocês; nem odeiem os egípcios, porque
vocês viveram como estrangeiros na terra deles.
8 Os filhos que lhes nascerem na terceira geração,
cada um deles poderá entrar na assembleia do
SENHOR.

A santidade do acampamento

9— Quando o exército sair para lutar contra os
inimigos de vocês, então vocês devem se guardar
de toda coisa má.
10— Se houver entre vocês alguém que, por
motivo de polução noturna, não esteja puro,
sairá do acampamento; não poderá permanecer
nele. 11 Porém, ao cair da tarde, ele se lavará com
água; e, depois do pôr do sol, poderá voltar ao
acampamento.
12— Também haverá um lugar fora do acam-
pamento, para onde vocês devem ir e fazer as
suas necessidades. 13 Tenham entre as suas ar-
mas uma pá; e, quando alguém se abaixar, fora
do acampamento, cavará um buraco com a pá e,
virando-se, cobrirá as fezes com terra. 14 Porque
o SENHOR, seu Deus, anda no meio do acampa-
mento de vocês para livrá-los e para entregar
os inimigos de vocês em suas mãos; portanto, o
acampamento de vocês deve ser santo, para que
ele não veja em vocês coisa indecente e se afaste
de vocês.

A respeito de fugitivos, prostitutas e usura

15— Não entreguem ao seu senhor o escravo
que, tendo fugido dele, se refugiar entre vocês.
16 Poderá ficar morando com vocês, no lugar que
escolher, em alguma das cidades de vocês que for
do seu agrado; não o oprimam.
17— Das filhas de Israel não haverá quem se
prostitua no serviço do templo, nem dos filhos
de Israel haverá quem o faça. 18 Não permitam
que o salário pago a prostituta ou a prostituto, por
qualquer voto, seja trazido à Casa do SENHOR, seu
Deus; porque uma e outra coisa são igualmente
abomináveis ao SENHOR, seu Deus.
19— De um compatriota vocês não devem co-
brar juros, ao emprestarem dinheiro, comida ou
qualquer coisa que se costuma emprestar com
juros. 20 Aos estrangeiros vocês podem empres-
tar com juros, porém aos seus compatriotas vo-
cês não devem emprestar com juros, para que o
SENHOR, seu Deus, os abençoe em todos os seus
empreendimentos na terra que vocês vão possuir.

A respeito de votos

21— Se fizerem um voto ao SENHOR, seu
Deus, não devem demorar a cumpri-lo, porque
o SENHOR, seu Deus, certamente o exigirá de vo-
cês, e vocês serão culpados de pecado. 22 Mas, se
vocês se abstiverem de fazer um voto, não serão
culpados de pecado. 23 O que proferiram os seus
lábios, isso vocês têm de guardar e cumprir, por-
que livremente fizeram um voto ao SENHOR, seu
Deus, com as palavras que disseram.
24— Quando entrarem na vinha do seu próxi-
mo, podem comer uvas à vontade, até ficarem far-
tos, porém não devem levá-las embora num cesto.
25 Quando entrarem na plantação do seu próximo,
podem arrancar as espigas com as mãos; porém
não devem colher nada com a foice.

A respeito do divórcio

24 1— Se um homem tomar uma mulher e
se casar com ela, e se ela não for agradável
aos seus olhos, por ter ele achado coisa indecen-
te nela, e se ele escrever uma carta de divórcio e a
entregar à mulher, e a mandar embora; 2 e se ela,
saindo da casa dele, for e se casar com outro ho-
mem; 3 e se este passar a odiá-la, e escrever uma
carta de divórcio e a entregar à mulher, e a mandar
embora de sua casa ou se este último homem, que
a tomou para si por mulher, vier a morrer, 4 então
o primeiro marido dessa mulher, que a mandou
embora, não poderá casar-se de novo com ela,
depois que foi contaminada, pois é abominação
diante do SENHOR. Assim, vocês não farão pecar a
terra que o SENHOR, seu Deus, lhes dá por herança.

Leis de caráter humanitário

5— Um homem recém-casado não sairá à
guerra, nem lhe será imposto qualquer encargo.
Durante um ano ficará livre em casa e fará feliz a
mulher com quem se casou.

6 — Não se tomarão em penhor as duas pedras
de moinho, nem apenas a de cima, porque assim
se acabaria penhorando a própria vida.
7 — Caso seja encontrado alguém que, tendo
raptado um de seus irmãos, dos filhos de Israel,
o trata como escravo ou o vende, esse ladrão
deve morrer. Assim vocês eliminarão o mal do
meio de vocês.
8 — Em caso de lepra, tenham todo o cuidado
de fazer segundo tudo o que lhes ensinarem os
sacerdotes levitas. Como lhes tenho ordenado,
vocês terão cuidado de o fazer. 9 Lembrem-se do
que o SENHOR, seu Deus, fez com Miriã no cami-
nho, quando vocês saíram do Egito.
10 — Se você emprestar alguma coisa a seu pró-
ximo, não deve entrar na casa dele para lhe tirar
o penhor. 11 Fique do lado de fora, e o homem a
quem você fez o empréstimo trará o penhor até
você. 12 Porém, se for homem pobre, não fique
com o penhor durante a noite; 13 ao pôr do sol,
restitua-lhe, sem falta, o penhor para que durma
no seu manto e abençoe você; isto será para você
um ato de justiça diante do SENHOR, seu Deus.
14 — Não oprima o empregado pobre e ne-
cessitado, seja ele um dos seus compatriotas ou
um estrangeiro que está morando na terra e na
cidade onde você vive. 15 Pague-lhe o salário no
mesmo dia, antes do pôr do sol, porque ele é po-
bre, e a vida dele depende disso; para que ele não
clame ao SENHOR contra você, e você seja culpa-
do de pecado.
16 — Os pais não serão mortos por causa dos
filhos, nem os filhos serão mortos por causa dos
pais; cada um será morto pelo seu próprio pecado.
17 — Não pervertam o direito do estrangeiro e
do órfão; nem tomem em penhor a roupa da viú-
va. 18 Lembrem-se de que vocês foram escravos no
Egito e de que o SENHOR os resgatou de lá; por isso
lhes ordeno que façam assim.
19 — Quando estiverem no campo, fazendo a
colheita, e, nele, esquecerem um feixe de espigas,
não voltem para buscá-lo; deixem que fique para
os estrangeiros, para os órfãos e para as viúvas,
para que o SENHOR, seu Deus, abençoe vocês em
tudo o que fizerem. 20 Quando sacudirem a olivei-
ra, não voltem para colher os frutos que ficaram
nos ramos; deixem que fiquem para os estrangei-
ros, para os órfãos e para as viúvas. 21 Ao fazerem
a vindima das uvas, não sejam rigorosos demais;
deixem que o restante fique para os estrangeiros,
para os órfãos e para as viúvas. 22 Lembrem-se de
que vocês foram escravos na terra do Egito; por
isso lhes ordeno que façam assim.

A pena de açoites

25 1 — Quando houver desentendimento en-
tre dois homens, e vierem a juízo, os juízes
os julgarão, justificando o inocente e condenan-
do o culpado. 2 Se o culpado merecer açoites, o
juiz mandará que ele se deite no chão e seja açoi-
tado, na sua presença, com o número de açoites
que o caso exigir. 3 Poderá ordenar quarenta açoi-
tes, não mais; do contrário, se ordenasse mais do
que isso, um compatriota seria humilhado aos
olhos de vocês.
4 — Não amarrem a boca do boi quando estiver
pisando o trigo.

O levirato

5 — Se dois irmãos morarem juntos, e um de-
les morrer sem filhos, a mulher do que morreu
não se casará com um estranho, alguém de fora
da família; seu cunhado a tomará, a receberá por
mulher e exercerá para com ela a obrigação de
cunhado. 6 O primogênito que ela lhe der será su-
cessor do nome do seu irmão falecido, para que o
nome deste não se apague em Israel.
7 — Porém, se o homem não quiser se casar
com a cunhada, ela irá ao portão da cidade para
falar com os anciãos, e dirá: "Meu cunhado se re-
cusa a dar continuidade ao nome de seu irmão em
Israel; não quer exercer para comigo a obrigação
de cunhado." 8 Então os anciãos da cidade devem
chamá-lo e falar com ele. Se ele persistir e disser:
"Não quero casar com ela", 9 então a cunhada
chegará perto dele, na presença dos anciãos, e lhe
descalçará a sandália do pé, e lhe cuspirá no ros-
to, e protestará, dizendo: "Assim se fará com o ho-
mem que não quer edificar a casa de seu irmão."
10 E, em Israel, se dará à casa daquele homem o
nome de "A casa do descalçado".
11 — Quando dois homens estiverem brigan-
do, um contra o outro, e a mulher de um chegar
para livrar o marido da mão daquele que o fere,
e ela estender a mão, e o pegar pelo órgão geni-
tal, 12 vocês devem cortar a mão dela; não olhem
para ela com piedade.

Pesos e medidas justos

13 — Não levem na bolsa pesos diferentes, um
grande e um pequeno. 14 Não tenham em casa
dois tipos de medidas, um grande e um pequeno.
15 Usem um peso integral e justo, e uma medida
integral e justa; para que se prolonguem os seus
dias na terra que o SENHOR, seu Deus, lhes dá.
16 Porque todo aquele que pratica tal injustiça é
abominação ao SENHOR, o Deus de vocês.

A ordem para destruir os amalequitas

17 — Lembrem-se do que os amalequitas fize-
ram no caminho, quando vocês estavam saindo
do Egito. 18 Eles saíram ao encontro de vocês
no caminho e, quando vocês estavam abatidos
e cansados, atacaram na retaguarda todos os

desfalecidos que vinham atrás; e não temeram
a Deus. 19 Portanto, quando o SENHOR, seu Deus,
lhes houver dado sossego de todos os seus inimi-
gos ao redor, na terra que o SENHOR, seu Deus,
lhes dá por herança, para que dela tomem posse,
apaguem a memória dos amalequitas da face da
terra; não se esqueçam disto.

As primícias da terra

26 1 — Ao entrar na terra que o SENHOR, seu
Deus, lhe dá por herança, ao possuí-la e
morar nela, 2 você deve pegar as primícias de to-
dos os frutos que colheu na terra que o SENHOR,
seu Deus, lhe deu, colocá-las num cesto e ir ao
lugar que o SENHOR, seu Deus, escolher para ali
fazer habitar o seu nome. 3 Você chegará ao sa-
cerdote que estiver de serviço naqueles dias e
lhe dirá: "Hoje declaro ao SENHOR, seu Deus,
que entrei na terra que o SENHOR, sob juramen-
to, prometeu dar aos nossos pais." 4 O sacerdote
pegará o cesto e o colocará diante do altar do
SENHOR, seu Deus. 5 Então você testificará diante
do SENHOR, seu Deus, dizendo: "Meu pai foi um
arameu prestes a perecer. Ele foi para o Egito, e
ali viveu como estrangeiro com pouca gente; e ali
veio a ser uma nação grande, forte e numerosa.
6 Mas os egípcios nos maltrataram, oprimiram
e nos impuseram dura servidão. 7 Clamamos ao
SENHOR, Deus de nossos pais; e o SENHOR ouviu
a nossa voz e viu a nossa angústia, o nosso traba-
lho e a nossa opressão. 8 E o SENHOR nos tirou do
Egito com mão poderosa, com braço estendido,
com grande espanto, com sinais e com milagres.
9 Ele nos trouxe a este lugar e nos deu esta ter-
ra, terra que mana leite e mel. 10 Eis que, agora,
trago as primícias dos frutos da terra que tu, ó
SENHOR, me deste." Então você as colocará diante
do SENHOR, seu Deus, e se prostrará diante dele.
11 Você se alegrará por todo o bem que o SENHOR,
seu Deus, tem dado a você e à sua casa. E tam-
bém se alegrarão os levitas e os estrangeiros que
morarem onde você vive.

Os dízimos

12 — Quando, no terceiro ano, que é o ano dos
dízimos, você acabar de separar todos os dízimos
da colheita, você os dará aos levitas, aos estran-
geiros, aos órfãos e às viúvas, para que comam
até se fartarem nas cidades de vocês. 13 Depois,
diante do SENHOR, seu Deus, você dirá: "Tirei de
minha casa o que é consagrado e dei também aos
levitas, aos estrangeiros, aos órfãos, às viúvas,
segundo todos os mandamentos que me tens or-
denado; nada transgredi dos teus mandamentos,
nem deles me esqueci. 14 Dos dízimos não comi
quando estava de luto e deles nada tirei estan-
do impuro, nem deles dei para a casa de algum
morto; obedeci à voz do SENHOR, meu Deus;
segundo tudo o que me ordenaste, assim eu fiz.
15 Olha desde a tua santa habitação, desde o céu, e
abençoa Israel, o teu povo, e a terra que nos deste,
como juraste aos nossos pais, terra que mana leite
e mel."

Exortação à obediência

16 — Hoje o SENHOR, seu Deus, ordena que
vocês cumpram estes estatutos e juízos; portan-
to, vocês devem guardar e cumpri-los de todo o
seu coração e de toda a sua alma. 17 Hoje vocês
declararam que o SENHOR será o seu Deus, e que
vocês andarão nos seus caminhos, guardarão os
seus estatutos, os seus mandamentos e os seus
juízos e que darão ouvidos à sua voz. 18 E hoje
o SENHOR declarou que vocês serão o seu povo
próprio, como ele prometeu, e que vocês devem
guardar todos os seus mandamentos. 19 Assim
ele vai exaltá-los em louvor, renome e glória
sobre todas as nações que fez e para que vocês
sejam povo santo ao SENHOR, seu Deus, como
ele falou.

O TERCEIRO DISCURSO DE MOISÉS

27.1—28.68

Promulgação solene da lei

27 1 Moisés e os anciãos de Israel deram ordens
ao povo, dizendo:
— Guardem todos estes mandamentos que
hoje lhes ordeno. 2 No dia em que vocês passarem
o Jordão e entrarem na terra que o SENHOR, seu
Deus, lhes dá, levantem pedras grandes e pintem-
-nas com cal. 3 Ao passarem, escrevam nessas
pedras todas as palavras desta lei, para que vocês
entrem na terra que o SENHOR, seu Deus, lhes
dá, terra que mana leite e mel, como o SENHOR,
o Deus dos seus pais, lhes prometeu. 4 Quando
vocês tiverem passado o Jordão, levantem essas
pedras no monte Ebal, como hoje lhes ordeno, e
pintem-nas com cal. 5 Ali vocês devem construir
um altar ao SENHOR, seu Deus, altar de pedras
que não tenham sido trabalhadas com instru-
mentos de ferro. 6 Construam o altar do SENHOR,
seu Deus, com pedras toscas e sobre este altar
lhe ofereçam holocaustos. 7 Também sacrifi-
quem ofertas pacíficas; comam ali e alegrem-se
na presença do SENHOR, seu Deus. 8 Nessas pe-
dras, escrevam, de forma bem nítida, todas as
palavras desta lei.

9 Moisés, juntamente com os sacerdotes levitas,
disse ainda a todo o Israel:

— Fique em silêncio e escute, ó Israel! Hoje
vocês vieram a ser o povo do SENHOR, seu Deus.
10 Portanto, obedeçam à voz do SENHOR, seu Deus,
e cumpram os mandamentos e os estatutos que
hoje lhes ordeno.

Maldições do monte Ebal

11 Naquele dia, Moisés deu ordem ao povo, di-
zendo:
12 — Quando vocês tiverem passado o Jordão,
estas tribos devem se colocar sobre o monte Ge-
rizim, para abençoar o povo: Simeão, Levi, Judá,
Issacar, José e Benjamim. 13 E estas tribos estarão
sobre o monte Ebal, para amaldiçoar o povo: Rú-
ben, Gade, Aser, Zebulom, Dã e Naftali. 14 Os le-
vitas testificarão a todo o povo de Israel em alta
voz e dirão:
15 — "Maldito o homem que fizer imagem de
escultura ou de fundição, abominável ao Senhor,
obra de artífice, e a puser em lugar oculto." E todo
o povo responderá: "Amém!"
16 — "Maldito aquele que desprezar o seu pai
ou a sua mãe." E todo o povo dirá: "Amém!"
17 — "Maldito aquele que mudar os marcos de
divisa do seu próximo." E todo o povo dirá: "Amém!"
18 — "Maldito aquele que fizer o cego errar o
caminho." E todo o povo dirá: "Amém!"
19 — "Maldito aquele que perverter o direito do
estrangeiro, do órfão e da viúva." E todo o povo
dirá: "Amém!"
20 — "Maldito aquele que tiver relações sexuais
com a madrasta, porque profanaria o leito de seu
pai." E todo o povo dirá: "Amém!"
21 — "Maldito aquele que tiver relações sexuais
com um animal." E todo o povo dirá: "Amém!"
22 — "Maldito aquele que tiver relações sexuais
com a sua irmã, filha de seu pai ou filha de sua
mãe." E todo o povo dirá: "Amém!"
23 — "Maldito aquele que tiver relações sexuais
com sua sogra." E todo o povo dirá: "Amém!"
24 — "Maldito aquele que matar o seu próximo
às escondidas." E todo o povo dirá: "Amém!"
25 — "Maldito aquele que aceitar suborno
para matar pessoa inocente." E todo o povo dirá:
"Amém!"
26 — "Maldito aquele que não confirmar as pa-
lavras desta lei, não as cumprindo." E todo o povo
dirá: "Amém!"

Bênçãos decorrentes da obediência

Lv 26.3-13; Dt 7.12-26

28 1 — Se vocês ouvirem atentamente a voz
do Senhor, seu Deus, tendo o cuidado de
guardar todos os seus mandamentos que hoje
lhes ordeno, o Senhor, seu Deus, exaltará vocês
sobre todas as nações da terra. 2 Se ouvirem a
voz do Senhor, seu Deus, sobre vocês virão e os
alcançarão todas estas bênçãos:
3 — Benditos serão vocês na cidade e benditos
serão vocês no campo.
4 — Bendito será o fruto do seu ventre, o fruto
da sua terra, o fruto dos seus animais, e benditas
serão as crias das suas vacas e ovelhas.
5 — Bendito será o seu cesto de cereais e bendi-
ta será a sua amassadeira de pão.
6 — Benditos serão vocês ao entrar e benditos
serão ao sair.
7 — O Senhor fará com que os inimigos que
se levantarem contra vocês sejam derrotados na
presença de vocês; eles virão contra vocês por um
caminho, mas fugirão da presença de vocês por
sete caminhos.
8 — O Senhor determinará que a bênção este-
ja nos seus celeiros e em tudo o que colocarem a
mão; ele os abençoará na terra que o Senhor, seu
Deus, lhes dá.
9 — O Senhor os constituirá para si em povo
santo, como prometeu com juramento, se guarda-
rem os mandamentos do Senhor, seu Deus, e an-
darem nos seus caminhos. 10 E todos os povos da
terra verão que vocês são chamados pelo nome do
Senhor e terão medo de vocês. 11 O Senhor lhes
dará abundância de bens no fruto do seu ventre,
no fruto dos seus animais e no fruto do seu solo,
na terra que o Senhor prometeu dar a vocês sob
juramento aos seus pais. 12 O Senhor lhes abrirá o
seu bom tesouro, o céu, para dar chuva à terra no
tempo certo e para abençoar todo o trabalho das
suas mãos; vocês emprestarão a muitas nações,
porém não tomarão emprestado. 13 O Senhor os
porá por cabeça e não por cauda; e só estarão em
cima e não debaixo, se obedecerem aos manda-
mentos do Senhor, seu Deus, que hoje lhes orde-
no, para os guardar e cumprir. 14 Não se desviem
de todas as palavras que hoje lhes ordeno, nem
para a direita nem para a esquerda, seguindo ou-
tros deuses, para os servir.

Castigos decorrentes da desobediência

Lv 26.14-46

15 — Porém, se não derem ouvidos à voz do
Senhor, seu Deus, deixando de cumprir todos os
seus mandamentos e os seus estatutos que hoje
lhes ordeno, então virão sobre vocês e os alcança-
rão todas estas maldições:
16 — Malditos serão vocês na cidade e malditos
serão no campo.
17 — Maldito será o seu cesto de cereais e mal-
dita será a sua amassadeira de pão.
18 — Maldito será o fruto do seu ventre, o fruto
da sua terra, e malditas serão as crias das suas va-
cas e ovelhas.
19 — Malditos serão vocês ao entrar e malditos
serão ao sair.
20 — O Senhor mandará sobre vocês a maldi-
ção, a confusão e a ameaça em tudo o que em-
preenderem, até que vocês sejam destruídos e
pereçam repentinamente, por causa da maldade
das suas obras, com que vocês me abandona-
ram. 21 O Senhor fará com que a peste se apegue

a vocês, até que os consuma da terra em que vão
entrar e da qual tomarão posse. 22 O SENHOR os
ferirá com fraqueza, febre e inflamação, com ca-
lor ardente e seca, com crestamento e ferrugem
nas plantas; e isto os perseguirá até que vocês
pereçam. 23 O céu sobre a cabeça de vocês será
de bronze, e a terra debaixo de vocês será de fer-
ro. 24 Por chuva sobre a sua terra, o SENHOR lhes
dará pó e cinza, que descerão do céu sobre vo-
cês, até que vocês sejam destruídos. 25 O SENHOR
fará com que vocês sejam derrotados pelos seus
inimigos; vocês sairão contra eles por um cami-
nho, mas voltarão, fugindo, por sete caminhos, e
serão objeto de espanto para todos os reinos da
terra. 26 Os seus cadáveres servirão de comida a
todas as aves do céu e aos animais selvagens; e
não haverá quem os espante. 27 O SENHOR os fe-
rirá com as úlceras do Egito, com tumores, com
sarna e com coceira, e disso vocês não consegui-
rão se curar. 28 O SENHOR os ferirá com loucura,
com cegueira e com perturbação do espírito.
29 Vocês andarão às apalpadelas ao meio-dia,
como o cego apalpa nas trevas, e não prospera-
rão nos seus caminhos. Serão sempre oprimidos
e roubados durante todos os seus dias; e não ha-
verá ninguém que os salve.

30 — Você contratará casamento com uma mu-
lher, mas outro homem é que terá relações com
ela; você construirá uma casa, mas não irá morar
nela; plantará uma vinha, mas não colherá os fru-
tos. 31 O seu boi será morto diante dos seus olhos,
mas você não comerá da carne; o seu jumento
será roubado diante dos seus olhos e não lhe será
restituído; as suas ovelhas serão dadas aos seus
inimigos, e não haverá ninguém que o socorra.

32 — Os seus filhos e as suas filhas serão entre-
gues a outro povo; vocês verão tudo isso e ficarão
morrendo de saudade todos os dias, mas vocês
não poderão fazer nada. 33 O fruto da sua ter-
ra e de todo o seu trabalho será comido por um
povo que vocês nunca conheceram; e vocês serão
oprimidos e quebrantados todos os dias; 34 e fica-
rão loucos pelo que verão com os seus próprios
olhos. 35 O SENHOR os castigará com úlceras ma-
lignas nos joelhos e nas pernas, das quais vocês
não poderão se curar, desde a planta do pé até o
alto da cabeça.

36 — O SENHOR levará vocês e o rei que tiverem
constituído sobre vocês a uma nação que não
conheceram, nem vocês, nem os seus pais; e lá
servirão outros deuses, feitos de madeira e de pe-
dra. 37 *Vocês serão objeto* de horror, de provérbio
e de escárnio entre todos os povos para onde o
SENHOR os levar.

38 — Vocês lançarão muita semente ao campo,
mas colherão pouco, porque os gafanhotos irão
consumir tudo. 39 Vocês plantarão e cultivarão
muitas vinhas, mas não beberão o vinho, nem
colherão as uvas, porque os vermes acabarão com
tudo. 40 Em todo o seu território vocês plantarão
oliveiras, mas não terão azeite para se ungir, por-
que as azeitonas cairão. 41 Vocês gerarão filhos e
filhas, mas ficarão sem eles, porque serão levados
ao cativeiro. 42 Todas as árvores e os frutos da ter-
ra de vocês serão consumidos pelos gafanhotos.
43 Os estrangeiros que estão no meio de vocês se
elevarão cada vez mais, e vocês cada vez mais
descerão. 44 Eles emprestarão a vocês, mas vocês
não emprestarão a eles; eles serão por cabeça, e
vocês serão por cauda.

45 — Todas estas maldições virão sobre vocês,
os perseguirão e os alcançarão, até que vocês
sejam destruídos, porque não ouviram a voz do
SENHOR, seu Deus, para guardarem os man-
damentos e os estatutos que ele lhes ordenou.
46 Serão, no meio de vocês, por sinal e por ma-
ravilha, bem como entre os seus descendentes,
para sempre. 47 Vocês não serviram o SENHOR, seu
Deus, com alegria e bondade de coração, apesar
de terem abundância de tudo, 48 e, por isso, com
fome, com sede, com nudez e com falta de tudo,
servirão os inimigos que o SENHOR enviará contra
vocês; sobre o pescoço de vocês porá um jugo de
ferro, até que os tenha destruído.

49 — O SENHOR fará vir contra vocês uma na-
ção de longe, que virá da extremidade da terra,
como o voo impetuoso da águia, uma nação cuja
língua vocês não entenderão, 50 nação cruel, que
não respeitará os velhos, nem terá piedade dos
moços. 51 Eles comerão o produto dos animais e
da terra de vocês, até que vocês sejam destruí-
dos. Eles não lhes deixarão cereal, vinho, azeite,
nem as crias das vacas e das ovelhas de vocês,
até que vocês sejam destruídos. 52 Eles cercarão
todas as cidades em que vocês moram, até que
venham a cair, em toda a terra, as altas e fortes
muralhas em que vocês confiavam; eles sitiarão
vocês em todas as suas cidades, em toda a terra
que o SENHOR, seu Deus, lhes deu. 53 Na angústia
e no aperto em que vocês ficarão com o cerco dos
seus inimigos, vocês comerão o fruto do seu ven-
tre, isto é, a carne de seus filhos e de suas filhas,
que o SENHOR, seu Deus, lhes der. 54 O mais sen-
sível dos homens e o mais delicado do meio de
vocês será mesquinho para com seu irmão, e para
com a mulher que ama, e para com os outros fi-
lhos que ainda lhe restarem, 55 de modo que não
dará a nenhum deles da carne de seus filhos, que
ele comer; porque nada lhe restou na angústia e
no aperto com que os inimigos apertarão vocês
em todas as suas cidades. 56 A mais sensível das
mulheres e a mais delicada do meio de vocês,
que de tão sensível e delicada não tentaria pôr a
planta do pé sobre o chão, será mesquinha para

com o marido que ama, e para com o seu filho,
e para com a sua filha; 57 será mesquinha, não
repartindo com eles a placenta que lhe saiu do
ventre e os filhos que tiver, porque os comerá às
escondidas pela falta de tudo, na angústia e no
aperto com que os inimigos apertarão vocês nas
suas cidades.

58 — Se vocês não tiverem o cuidado de cum-
prir todas as palavras desta lei, escritas neste li-
vro, para temerem este nome glorioso e terrível,
a saber, o SENHOR, seu Deus, 59 então o SENHOR
fará com que sejam terríveis as pragas que virão
sobre vocês e sobre a sua descendência, pragas
grandes e duradouras, e enfermidades graves e
duradouras. 60 Ele fará voltar contra vocês todas
as moléstias do Egito, que vocês temeram; e elas
se apegarão a vocês. 61 O SENHOR também fará
vir sobre vocês enfermidades e pragas que não
estão escritas no livro desta Lei, até que vocês
sejam destruídos. 62 Vocês, que eram tão nume-
rosos como as estrelas do céu, ficarão reduzidos
a poucas pessoas, porque não deram ouvidos à
voz do SENHOR, o Deus de vocês. 63 Assim como
o SENHOR tinha prazer em fazer bem a vocês
e torná-los mais numerosos, assim também o
SENHOR terá prazer em destruir e fazê-los pere-
cer; vocês serão desarraigados da terra em que
estão entrando para dela tomar posse.

64 — O SENHOR os espalhará entre todos os
povos, de uma até a outra extremidade da ter-
ra. Ali vocês servirão outros deuses, deuses
de madeira e de pedra, que nem vocês nem os
seus pais conheceram. 65 Nem ainda entre es-
tas nações vocês terão descanso, nem a planta
de seus pés terá repouso, porque ali o SENHOR
dará a vocês um coração que treme, olhos can-
sados e uma alma que desfalece. 66 A vida de vo-
cês estará suspensa como por um fio diante de
vocês; terão pavor de noite e de dia e não terão
certeza de que irão sobreviver. 67 Pela manhã
vocês dirão: "Ah! Quem dera já fosse noite!" E,
à noitinha, vocês dirão: "Ah! Quem dera já fos-
se dia!" Isso pelo pavor que sentirão no coração
e pelo espetáculo que terão diante dos olhos.
68 O SENHOR fará com que vocês voltem ao Egito
em navios, pelo caminho de que eu lhes disse:
"Nunca mais vocês o verão." Ali vocês serão
oferecidos para venda como escravos e escravas
aos seus inimigos, mas não haverá quem queira
comprá-los.

O QUARTO DISCURSO DE MOISÉS

29.1—30.20

Deus faz nova aliança com o povo

29 1 São estas as palavras da aliança que o
SENHOR ordenou que Moisés fizesse com
os filhos de Israel na terra de Moabe, além da
aliança que havia feito com eles em Horebe.
2 Moisés mandou reunir todo o Israel. Então lhes
disse:

— Vocês viram com os seus próprios olhos
tudo o que o SENHOR fez na terra do Egito com
Faraó, com todos os seus servos, e com toda a
sua terra. 3 Viram grandes provas, sinais e gran-
des maravilhas. 4 Mas até o dia de hoje o SENHOR
não deu a vocês um coração para entender, nem
olhos para ver, nem ouvidos para ouvir. 5 Durante
quarenta anos eu os conduzi pelo deserto e, nes-
se tempo, não envelheceram as roupas que vocês
usavam, nem se gastaram as sandálias que vocês
calçavam. 6 Vocês não comeram pão, nem bebe-
ram vinho ou bebida forte, para que soubessem
que eu sou o SENHOR, seu Deus. 7 Quando chega-
ram a este lugar, Seom, rei de Hesbom, e Ogue, rei
de Basã, saíram ao nosso encontro para lutar con-
tra nós, e nós os derrotamos. 8 Tomamos a terra
deles e a demos por herança aos rubenitas, aos
gaditas e à meia tribo dos manassitas. 9 Portanto,
guardem e cumpram as palavras desta aliança,
para que vocês prosperem em tudo o que fizerem.

10 — Hoje todos vocês estão diante do SENHOR,
seu Deus: os chefes das tribos, os anciãos e os ofi-
ciais, todos os homens de Israel, 11 as crianças, as
mulheres e os estrangeiros que se encontram no
arraial, desde o rachador de lenha até o tirador de
água, 12 para que entrem na aliança do SENHOR,
seu Deus, e no juramento que hoje o SENHOR, seu
Deus, está fazendo com vocês, 13 para que hoje os
estabeleça por seu povo, e ele seja o Deus de vo-
cês, como ele lhes prometeu e como jurou aos pais
de vocês, Abraão, Isaque e Jacó. 14 Não é somente
com vocês que faço esta aliança e este juramento,
15 porém com aquele que, hoje, aqui, está conos-
co diante do SENHOR, nosso Deus, e também com
aquele que não está aqui, hoje, conosco.

16 — Porque vocês sabem como habitamos na
terra do Egito e como passamos pelo meio das na-
ções pelas quais vocês passaram. 17 Viram as suas
abominações e os seus ídolos, feitos de madeira
e de pedra, e viram também a prata e o ouro que
havia entre elas. 18 Que entre vocês não haja ho-
mem, nem mulher, nem família, nem tribo cujo
coração hoje se desvie do SENHOR, nosso Deus, e
vá servir os deuses destas nações. Que não haja
entre vocês raiz que produza erva venenosa e
amarga, 19 ninguém que, ouvindo as palavras des-
ta maldição, se abençoe no seu íntimo, dizendo:
"Terei paz, mesmo que eu ande na teimosia do
meu coração", pois isso destruiria a terra molha-
da com a seca. 20 O SENHOR não estará disposto a
perdoá-lo; pelo contrário, a ira do SENHOR e o seu
zelo se acenderão sobre tal homem, e toda maldi-
ção escrita neste livro cairá sobre ele; e o SENHOR
apagará o nome desse homem da face da terra.

21 O Senhor o separará de todas as tribos de Israel
para calamidade, segundo todas as maldições da
aliança escrita neste Livro da Lei.
22 — Então a geração vindoura, os filhos que
vierem depois de vocês e os estrangeiros que vi-
rão de terras remotas verão as pragas desta terra
e as suas doenças, com que o Senhor a terá afli-
gido; 23 verão toda a terra abrasada com enxofre
e sal, de modo que não será semeada, nada pro-
duzirá, nem crescerá nela erva alguma, assim
como foi a destruição de Sodoma e de Gomorra,
de Admá e de Zeboim, que o Senhor destruiu na
sua ira e no seu furor; 24 sim, todas as nações ve-
rão isso e perguntarão: "Por que o Senhor fez isso
com esta terra? Qual foi a causa do furor de tama-
nha ira?" 25 Então se dirá: "Porque abandonaram a
aliança que o Senhor, Deus de seus pais, fez com
eles, quando os tirou do Egito. 26 Eles foram e ser-
viram outros deuses, e os adoraram; deuses que
não conheceram e que ele não lhes havia designa-
do. 27 Por isso a ira do Senhor se acendeu contra
esta terra, trazendo sobre ela toda a maldição que
está escrita neste livro. 28 Com ira, indignação e
grande furor, o Senhor os arrancou de sua terra e
os lançou para outra terra, como hoje se vê."
29 — As coisas encobertas pertencem ao
Senhor, nosso Deus, porém as reveladas nos per-
tencem, a nós e aos nossos filhos, para sempre,
para que cumpramos todas as palavras desta lei.

Promessas de misericórdia

30 1 — Quando todas estas coisas vierem so-
bre vocês, a bênção e a maldição que pus
diante de vocês, se vocês se lembrarem delas
entre todas as nações para onde o Senhor, seu
Deus, os lançar 2 e voltarem para o Senhor, seu
Deus, vocês e os seus filhos, de todo o seu cora-
ção e de toda a sua alma, e derem ouvidos à sua
voz, segundo tudo o que hoje lhes ordeno, 3 então
o Senhor, seu Deus, mudará a sorte de vocês, e se
compadecerá de vocês, e os reunirá de todos os
povos entre os quais o Senhor, o Deus de vocês,
os havia espalhado. 4 Ainda que os desterrados
estejam nos lugares mais distantes da terra, des-
de aí o Senhor, seu Deus, os ajuntará e os trará
de volta. 5 O Senhor, seu Deus, introduzirá vocês
na terra que seus pais possuíram, e dela vocês to-
marão posse. Ele fará bem a vocês e os multipli-
cará mais do que aos seus pais. 6 O Senhor, seu
Deus, circuncidará o coração de vocês e o coração
dos seus descendentes, para que vocês amem o
Senhor, seu Deus, de todo o coração e de toda a
alma, para que vocês tenham vida. 7 O Senhor,
seu Deus, porá todas estas maldições sobre os
inimigos de vocês e sobre aqueles que os odeiam
e os perseguiram. 8 De novo vocês darão ouvi-
dos à voz do Senhor e cumprirão todos os seus
mandamentos que hoje lhes ordeno. 9 O Senhor,
seu Deus, dará a vocês abundância em tudo o
que fizerem, no fruto do seu ventre, no fruto dos
seus animais e no fruto da terra, e os beneficiará.
Porque o Senhor voltará a se alegrar em vocês,
para lhes fazer bem, como se alegrou nos pais de
vocês, 10 se derem ouvidos à voz do Senhor, seu
Deus, guardando os seus mandamentos e os seus
estatutos, escritos neste Livro da Lei, se vocês se
converterem ao Senhor, seu Deus, de todo o co-
ração e de toda a alma.
11 — Porque este mandamento que hoje lhes or-
deno não é demasiadamente difícil, nem está lon-
ge de vocês. 12 Não está no céu, para que tenham
de dizer: "Quem subirá até o céu por nós, para nos
trazer o mandamento e anunciá-lo a nós, para que
o cumpramos?" 13 Nem está do outro lado do mar,
para que tenham de dizer: "Quem irá atravessar
o mar por nós, para nos trazer o mandamento e
anunciá-lo a nós, para que o cumpramos?" 14 Pois
esta palavra está bem perto de vocês, na sua boca
e no seu coração, para que vocês a cumpram.

A vida ou a morte

15 — Vejam! Hoje coloco diante de vocês a
vida e o bem, a morte e o mal. 16 Se guardarem o
mandamento que hoje lhes ordeno, que amem o
Senhor, seu Deus, andem nos seus caminhos e
guardem os seus mandamentos, os seus estatutos
e os seus juízos, então vocês viverão e se multi-
plicarão, e o Senhor, seu Deus, os abençoará
na terra em que estão entrando para dela tomar
posse. 17 Mas, se o coração de vocês se desviar,
e não quiserem ouvir, mas forem seduzidos, se
inclinarem diante de outros deuses e os servi-
rem, 18 então hoje lhes declaro que, certamente,
perecerão; não permanecerão muito tempo na
terra na qual, passando o Jordão, vocês vão en-
trar para dela tomar posse. 19 Hoje tomo o céu e
a terra por testemunhas contra vocês, que lhes
propus a vida e a morte, a bênção e a maldição;
escolham, pois, a vida, para que vivam, vocês e
os seus descendentes, 20 amando o Senhor, seu
Deus, dando ouvidos à sua voz e apegando-se a
ele; pois disto depende a vida e a longevidade de
vocês. Escolham a vida, para que habitem na ter-
ra que o Senhor, sob juramento, prometeu dar
aos pais de vocês, a Abraão, Isaque e Jacó.

AS ÚLTIMAS DISPOSIÇÕES

31.1—32.47

Josué, sucessor de Moisés

31 1 Moisés foi e falou estas palavras a todo o
Israel. 2 Ele disse:
— Hoje estou com cento e vinte anos de idade.
Já não tenho forças para fazer o meu trabalho, e o
Senhor me disse: "Você não passará o Jordão." 3 O

SENHOR, o Deus de vocês, passará adiante de vocês.
Ele destruirá as nações que estão diante de vocês, e
vocês tomarão posse delas. Josué passará adiante
de vocês, como o SENHOR falou. 4 O SENHOR fará
com essas nações o que fez com Seom e Ogue, reis
dos amorreus, e com a terra deles, que ele destruiu.
5 Quando, pois, o SENHOR entregar nas suas mãos
esses povos que estão diante de vocês, façam com
eles segundo todo o mandamento que ordenei
a vocês. 6 Sejam fortes e corajosos, não tenham
medo, nem fiquem apavorados diante deles, porque o SENHOR, seu Deus, é quem vai com vocês; ele
não os deixará, nem os abandonará.

7 Moisés chamou Josué e lhe disse na presença
de todo o Israel:

— Seja forte e corajoso, porque, com este povo,
você entrará na terra que o SENHOR, sob juramento, prometeu dar a seus pais; e você os fará herdá-
-la. 8 O SENHOR é quem irá à sua frente. Ele estará
com você, não o deixará, nem o abandonará. Não
tenha medo, nem fique assustado.

A leitura da Lei

9 Moisés escreveu esta Lei e a entregou aos sacerdotes, filhos de Levi, que levavam a arca da
aliança do SENHOR, e a todos os anciãos de Israel.
10 Moisés lhes deu a seguinte ordem:

— Ao final de cada sete anos, precisamente no
ano do perdão das dívidas, na Festa dos Tabernáculos,
11 quando todo o Israel se apresentar diante
do SENHOR, seu Deus, no lugar que este escolher,
vocês devem ler esta Lei diante de todo o Israel.
12 Reúnam o povo, os homens, as mulheres, as
crianças e os estrangeiros que se encontram nas
cidades onde vocês moram, para que ouçam,
aprendam e temam o SENHOR, o Deus de vocês, e
cuidem de cumprir todas as palavras desta Lei, 13 e
para que os seus filhos que não a souberem ouçam
e aprendam a temer o SENHOR, seu Deus, todos os
dias que viverem na terra em que, passando o Jordão, vocês vão entrar e da qual tomarão posse.

A futura rebeldia de Israel

14 O SENHOR disse a Moisés:

— Eis que está chegando o dia em que você vai
morrer. Chame Josué, e apresentem-se na tenda
do encontro, para que eu lhe dê ordens.

Assim, Moisés e Josué foram e se apresentaram
na tenda do encontro. 15 Então o SENHOR apareceu, ali, na coluna de nuvem, a qual se deteve sobre a porta da tenda.
16 O SENHOR disse a Moisés:

— Eis que em breve você vai morrer e então
este povo se levantará, e se prostituirá, seguindo deuses estranhos na terra em que vão entrar.
Eles me deixarão, e anularão a aliança que fiz com
eles. 17 Nesse dia, a minha ira se acenderá contra eles; eu os abandonarei e deles esconderei o
rosto, para que sejam destruídos. E tantos males
e angústias os alcançarão, que naquele dia dirão:
"Não é verdade que estes males nos alcançaram
porque o nosso Deus não está entre nós?" 18 Certamente esconderei o rosto naquele dia, por todo
o mal que tiverem feito, por terem se voltado para
outros deuses.

19 — Escrevam para vocês este cântico e tratem
de ensiná-lo aos filhos de Israel. Ponham este cântico na boca de cada um deles, para que me seja
por testemunha contra os filhos de Israel. 20 Quando eu tiver introduzido o meu povo na terra que
mana leite e mel, a qual, sob juramento, prometi
aos pais deles, e eles tiverem comido, se fartado
e engordado, então eles se voltarão para outros
deuses, os servirão e me desprezarão, anulando
a minha aliança. 21 E, quando muitos males e angústias os tiverem alcançado, este cântico será minha testemunha contra eles, pois os descendentes
deles sempre o trarão na boca. Porque conheço os
desígnios que hoje estão formulando, antes que os
leve para a terra que, sob juramento, prometi.

22 Assim, naquele mesmo dia, Moisés escreveu
este cântico e o ensinou aos filhos de Israel.

23 O SENHOR deu esta ordem a Josué, filho de
Num:

— Seja forte e corajoso, porque você levará os
filhos de Israel para a terra que, sob juramento,
lhes prometi; e eu estarei com você.

O Livro da Lei é posto ao lado da arca

24 Tendo Moisés acabado de escrever, integralmente, as palavras desta Lei num livro, 25 deu ordem aos levitas que levavam a arca da aliança do
SENHOR, dizendo:

26 — Peguem este Livro da Lei e coloquem-no
ao lado da arca da aliança do SENHOR, seu Deus,
para que fique ali como testemunha contra vocês.
27 Porque conheço a rebeldia e teimosia de vocês.
Porque se hoje, durante a minha vida, enquanto ainda estou aqui, vocês já são rebeldes contra
o SENHOR, o que vai acontecer depois da minha
morte? 28 Reúnam diante de mim todos os anciãos
das tribos e os oficiais, para que eu fale aos seus
ouvidos estas palavras e tome o céu e a terra por
testemunhas contra eles. 29 Porque sei que, depois
da minha morte, vocês certamente se deixarão
corromper e se desviarão do caminho que lhes
tenho ordenado. Então, nos últimos dias, este mal
os alcançará, porque vocês farão o que é mau aos
olhos do SENHOR, provocando-o à ira com as obras
das suas mãos.

O cântico de Moisés

30 Então Moisés pronunciou, integralmente, as
palavras deste cântico aos ouvidos de toda a congregação de Israel:

32 1 Inclinem os ouvidos, ó céus,
e falarei;
e ouça a terra as palavras da minha boca.
2 Goteje a minha doutrina como a chuva,
destile a minha palavra como o orvalho,
como chuvisco sobre a relva
e como gotas de água sobre a erva.

3 Porque proclamarei o nome do SENHOR.
Louvem a grandeza do nosso Deus.
4 Eis a Rocha! Suas obras são perfeitas,
porque todos os seus caminhos são juízo.
Deus é fidelidade, e nele não há injustiça;
é justo e reto.
5 Procederam corruptamente contra ele,
já não são seus filhos, e sim suas manchas;
é geração perversa e deformada.
6 É assim que vocês retribuem ao SENHOR,
povo tolo e insensato?
Não é ele o Pai de vocês, que os adquiriu,
que os fez e estabeleceu?

7 Lembrem-se dos dias da antiguidade,
atentem para os anos de sucessivas gerações.
Perguntem aos seus pais,
e eles informarão;
aos seus anciãos, e eles lhes dirão.
8 Quando o Altíssimo distribuía
as heranças às nações,
quando separava
os filhos dos homens uns dos outros,
fixou as fronteiras dos povos,
segundo o número dos filhos de Israel.
9 Porque a porção do SENHOR é o seu povo;
Jacó é a parte da sua herança.

10 Ele o encontrou numa terra deserta
e num ermo solitário povoado de uivos;
rodeou-o e cuidou dele,
guardou-o como a menina dos olhos.
11 Como a águia desperta a sua ninhada
e voeja sobre os seus filhotes,
estende as asas e, tomando-os,
os leva sobre elas,
12 assim, só o SENHOR guiou o seu povo,
e não havia com ele deus estranho.

13 Ele o fez cavalgar sobre os altos da terra,
comer o produto do campo,
chupar mel da rocha e azeite da pedra dura;
14 alimentou-o com coalhada de vacas
e leite de ovelhas,
com a gordura dos cordeiros,
dos carneiros que pastam em Basã e dos bodes,
com o melhor trigo.
E vocês beberam o sangue das uvas, o vinho.
15 Mas Jesurum engordou e deu coices —
vocês engordaram, engrossaram, se estufaram!
Ele abandonou a Deus, que o fez,
desprezou a Rocha da sua salvação.
16 Com deuses estranhos
eles provocaram ciúmes,
com abominações o irritaram.
17 Ofereceram sacrifícios
aos demônios, não a Deus;
sacrificaram a deuses que não conheceram,
novos deuses que vieram há pouco,
diante dos quais os seus pais não tremeram.
18 Não se lembraram da Rocha que os gerou;
e se esqueceram do Deus que os fez nascer.

19 O SENHOR viu isso e os desprezou,
por causa da provocação
de seus filhos e suas filhas.
20 Ele disse: "Esconderei deles o rosto,
verei qual será o seu fim;
porque são uma geração perversa,
filhos em quem não há lealdade.
21 Provocaram ciúmes em mim
com aquilo que não é Deus;
com seus ídolos me provocaram à ira.
Portanto, provocarei ciúmes neles
com aquele que não é povo;
com uma nação tola os despertarei à ira.
22 Porque um fogo se acendeu no meu furor
e queimará até o mais profundo do inferno,
consumirá a terra e as suas colheitas
e incendiará os fundamentos dos montes.

23 Amontoarei males sobre eles;
esgotarei as minhas flechas contra eles.
24 Consumidos serão pela fome,
devorados pela febre e peste violenta.
Contra eles enviarei animais selvagens
e veneno de criaturas que se arrastam no pó.
25 Do lado de fora, a espada causará devastação;
em casa, o pavor,
tanto ao jovem como à virgem,
tanto à criança de peito como ao homem
de cabelos brancos.
26 Eu disse que os espalharia
por todos os cantos
e que faria cessar a sua memória
dentre os homens,
27 se eu não tivesse receado
a provocação do inimigo,
para que os seus adversários não se iludam,
para que não digam: 'A nossa mão prevaleceu,
e não foi o SENHOR quem fez tudo isto.'
28 Porque o meu povo
é gente sem juízo,
e neles não há entendimento.
29 Quem dera fossem eles sábios!
Então entenderiam isto
e compreenderiam qual será o seu fim.

30 Como poderia um só perseguir mil,
e dois fazerem fugir dez mil,
se a sua Rocha não os tivesse vendido,
se o SENHOR não os tivesse entregue?

31 Porque a rocha deles
não é como a nossa Rocha;
e os próprios inimigos o atestam.
32 Porque a vinha deles é da vinha de Sodoma
e dos campos de Gomorra;
as suas uvas são uvas de veneno,
seus cachos são amargos;
33 o vinho deles é veneno de serpentes
e peçonha terrível de víboras.

34 Não está isto guardado comigo,
selado nos meus tesouros?
35 A mim pertence a vingança, a retribuição,
a seu tempo, quando o pé deles resvalar;
porque o dia da sua calamidade
está próximo,
e o seu destino se apressa em chegar."

36 Porque o SENHOR fará justiça ao seu povo
e se compadecerá dos seus servos,
quando notar que o poder deles se foi,
e já não há nem escravo nem livre.
37 Então dirá: "Onde estão os seus deuses?
E a rocha em quem confiavam?
38 Deuses que comiam
a gordura de seus sacrifícios
e bebiam o vinho de suas libações?
Que eles se levantem e os ajudem,
para que haja um esconderijo para vocês!

39 Vejam, agora, que eu, sim, eu sou Ele,
e que não há nenhum deus além de mim;
eu mato e eu faço viver;
eu firo e eu saro;
e não há quem possa livrar
alguém da minha mão.
40 Levanto a mão aos céus
e afirmo por minha vida eterna:
41 se eu afiar a minha espada reluzente,
e a minha mão exercitar o juízo,
tomarei vingança contra os meus adversários
e retribuirei aos que me odeiam.
42 Embriagarei as minhas setas de sangue
— a minha espada comerá carne —,
do sangue dos mortos e dos prisioneiros,
das cabeças cabeludas do inimigo."

43 Ó nações, louvem com o povo de Deus,
porque o SENHOR vingará
o sangue dos seus servos,
tomará vingança dos seus adversários
e fará expiação pela terra do seu povo.

44 Moisés veio e falou todas as palavras deste
cântico aos ouvidos do povo, ele e Josué, filho de
Num. 45 Quando Moisés acabou de falar todas es-
tas palavras a todo o Israel, 46 disse-lhes:
— Guardem no coração todas as palavras que
hoje testifico entre vocês, para que ordenem a
seus filhos que tratem de cumprir todas as pala-
vras desta Lei. 47 Porque esta palavra não é para
vocês coisa vã; pelo contrário, é a sua vida; e, por
esta mesma palavra, vocês prolongarão os dias na
terra em que, passando o Jordão, vocês vão entrar
e da qual tomarão posse.

O FIM DA VIDA DE MOISÉS

32.48—34.12

Moisés vê a terra de Canaã

48 Naquele mesmo dia, o SENHOR falou a Moi-
sés, dizendo:
49 — Suba a este monte de Abarim, ao monte
Nebo, que está na terra de Moabe, em frente de
Jericó, e veja a terra de Canaã, que dou como pro-
priedade aos filhos de Israel. 50 Você vai morrer no
monte, ao qual terá subido, e será reunido ao seu
povo, como Arão, o seu irmão, morreu no mon-
te Hor e foi reunido ao seu povo. 51 Porque vocês
foram infiéis a mim no meio dos filhos de Israel,
nas águas de Meribá de Cades, no deserto de Zim,
pois não me santificaram no meio dos filhos de
Israel. 52 Por isso você verá a terra à sua frente,
mas não entrará nela, na terra que dou aos filhos
de Israel.

A bênção de Moisés

33 1 Esta é a bênção que Moisés, homem de
Deus, deu aos filhos de Israel, antes da sua
morte. 2 Ele disse:

O SENHOR veio do Sinai
e lhes alvoreceu de Seir;
resplandeceu desde o monte Parã.
Ele veio das miríades de santos;
à sua direita, havia para eles o fogo da lei.
3 Na verdade, amas os povos;
todos os teus santos estão na tua mão;
eles se colocam a teus pés
e aprendem das tuas palavras.
4 Moisés nos deu a Lei,
a herança da congregação de Jacó.
5 O SENHOR se tornou rei em Jesurum,
quando se congregaram os chefes do povo
com as tribos de Israel.

6 Que Rúben viva e não morra;
e que não sejam poucos os seus homens!

7 Isto é o que disse de Judá:

Ouve, ó SENHOR, a voz de Judá
e faze com que volte ao seu povo;
com as tuas mãos, luta por ele
e sê tu ajuda contra os seus inimigos.

8 De Levi disse:

Dá, ó Deus, o teu Tumim e o teu Urim
para o homem fidedigno,
que tu provaste em Massá,
com quem discutiste
nas águas de Meribá;
9 aquele que disse a seu pai e a sua mãe:
"Nunca os vi";
e que não conheceu os seus irmãos
e não estimou os seus filhos,
pois guardou a tua palavra
e observou a tua aliança.
10 Ensina os teus juízos a Jacó
e a tua lei, a Israel;
oferece incenso às tuas narinas
e holocausto, sobre o teu altar.
11 Abençoa o seu poder, ó Senhor,
e aceita a obra das suas mãos;
fere os lombos dos que se levantam
contra ele e o odeiam,
para que nunca mais se levantem.

12 De Benjamim disse:

O amado do Senhor habitará seguro com ele;
todo o dia o Senhor o protegerá,
e ele descansará nos seus braços.

13 De José disse:

Bendita do Senhor seja a sua terra,
com o que é mais excelente dos céus,
do orvalho e das profundezas;
14 com o que é mais excelente
daquilo que o sol amadurece
e daquilo que os meses produzem;
15 com o que é mais excelente
dos montes antigos
e mais excelente das colinas eternas;
16 com o que é mais excelente
da terra e da sua plenitude
e da bondade daquele que apareceu na sarça.
Que tudo isto venha sobre a cabeça de José,
sobre a cabeça do príncipe entre seus irmãos.
17 Ele tem a imponência
do primogênito de um touro,
e os seus chifres são
como os de um boi selvagem;
com eles rechaçará todos os povos
até as extremidades da terra.
Tais, pois, são as miríades de Efraim,
e tais são os milhares de Manassés.

18 De Zebulom disse:

Alegre-se, Zebulom, nas suas viagens,
e você, Issacar, nas suas tendas.
19 Os dois chamarão os povos ao monte;
ali oferecerão sacrifícios aceitáveis,
porque sugam a abundância dos mares
e os tesouros escondidos da areia.

20 De Gade disse:

Bendito aquele que expande
o território de Gade!
Como leoa ele fica à espreita
e despedaça o braço e o alto da cabeça.
21 Ficou com a melhor parte,
porque ali estava escondida
a porção que cabe ao chefe;
ele veio com os chefes do povo,
executou a justiça do Senhor
e os seus juízos para com Israel.

22 De Dã disse:

Dã é um leãozinho
que vem saltando de Basã.

23 De Naftali disse:

Naftali receberá favores
e, cheio da bênção do Senhor,
possuirá o lago e o Sul.

24 De Aser disse:

Bendito seja Aser entre os filhos de Jacó!
Que ele seja favorecido pelos seus irmãos
e banhe em azeite os seus pés.
25 Sejam de ferro e de bronze os seus ferrolhos,
e que a sua paz dure como os seus dias.

26 Não há ninguém como Deus, ó Jesurum!
Ele cavalga sobre os céus para ajudar você
e com a sua alteza, sobre as nuvens.
27 O Deus eterno é a sua habitação
e, por baixo de você,
ele estende os braços eternos.
Ele expulsou os inimigos de diante de você
e disse: "Destrua-os".
28 Israel, pois, habitará seguro,
a fonte de Jacó habitará a sós
numa terra de cereal e de vinho;
e os seus céus destilarão orvalho.

29 Feliz é você, ó Israel!
Quem é como você?
Povo salvo pelo Senhor,
que é o escudo que o socorre,
a espada que lhe dá alteza.
Assim, os seus inimigos se sujeitarão a você,
e você pisará os seus altos.

A morte de Moisés

34 1 Então Moisés subiu das campinas de Moabe
ao monte Nebo, ao alto do monte Pisga, que
está em frente de Jericó. E o Senhor lhe mostrou
toda a terra de Gileade até Dã; 2 e todo o Naftali, e a
terra de Efraim e Manassés; e toda a terra de Judá

até o mar ocidental; 3e o Neguebe e a campina do
vale de Jericó, a cidade das palmeiras, até a região
de Zoar. 4E o SENHOR disse a Moisés:
— Esta é a terra que, sob juramento, prometi
a Abraão, a Isaque e a Jacó, dizendo que a daria
à descendência deles. Estou permitindo que você
a veja com os seus próprios olhos, mas você não
entrará nela.
5Assim Moisés, servo do SENHOR, morreu ali,
na terra de Moabe, segundo a palavra do SENHOR.
6Este o sepultou num vale, na terra de Moabe,
diante de Bete-Peor, mas até hoje ninguém sabe
o lugar da sua sepultura. 7Moisés tinha cento e
vinte anos quando morreu, mas os seus olhos não
se haviam enfraquecido, e ele não havia perdido
o vigor. 8Os filhos de Israel prantearam Moisés
durante trinta dias, nas campinas de Moabe; en-
tão se cumpriram os dias do pranto do luto por
Moisés.
9Josué, filho de Num, estava cheio do espírito
de sabedoria, porque Moisés havia imposto as
mãos sobre ele. Assim, os filhos de Israel lhe de-
ram ouvidos e fizeram como o SENHOR havia or-
denado a Moisés.
10Nunca mais se levantou em Israel um profeta
como Moisés, com quem o SENHOR tratava face a
face. 11Nunca houve ninguém que fizesse todos
os sinais e maravilhas que, por ordem do SENHOR,
ele fez na terra do Egito, a Faraó, a todos os seus
oficiais e a toda a sua terra. 12Nunca houve quem
tivesse tanto poder e fizesse os grandes e terríveis
feitos que Moisés realizou à vista de todo o Israel.

O LIVRO DE

JOSUÉ

Deus anima Josué

1 1Depois que Moisés, servo do SENHOR, mor-
reu, o SENHOR falou a Josué, filho de Num, au-
xiliar de Moisés, dizendo:
2— Moisés, meu servo, está morto. Prepare-
-se, agora, e passe este Jordão, você e todo este
povo, e entre na terra que eu vou dar aos filhos
de Israel. 3Todo lugar em que puserem a planta
do pé eu darei a vocês, como prometi a Moisés.
4O território de vocês irá desde o deserto e o Lí-
bano até o grande rio, o rio Eufrates, estendendo-
-se através de toda a terra dos heteus e até o mar
Grande, na direção do poente do sol. 5Ninguém
poderá resistir a você todos os dias da sua vida.
Assim como estive com Moisés, estarei com você.
Não o deixarei, nem o abandonarei. 6Seja forte e
corajoso, porque você fará este povo herdar a ter-
ra que, sob juramento, prometi dar aos pais deles.
7Tão somente seja forte e muito corajoso para que
você tenha o cuidado de fazer segundo toda a Lei
que o meu servo Moisés lhe ordenou. Não se des-
vie dela, nem para a direita nem para a esquerda,
para que seja bem-sucedido por onde quer que
você andar. 8Não cesse de falar deste Livro da Lei;
pelo contrário, medite nele dia e noite, para que
você tenha o cuidado de fazer segundo tudo o
que nele está escrito; então você prosperará e será
bem-sucedido. 9Não foi isso que eu ordenei? Seja
forte e corajoso! Não tenha medo, nem fique as-
sustado, porque o SENHOR, seu Deus, estará com
você por onde quer que você andar.

Preparação para atravessar o Jordão

10Então Josué deu ordens aos chefes do povo,
dizendo:
11— Passem pelo meio do arraial e ordenem
ao povo, dizendo: "Preparem a comida, porque,
daqui a três dias, vocês vão atravessar este Jordão,
para que entrem na terra que o SENHOR, seu Deus,
lhes dá para que tomem posse dela."
12Josué falou aos rubenitas, aos gaditas e à meia
tribo de Manassés, dizendo:
13— Lembrem-se do que Moisés, servo do
SENHOR, ordenou a vocês, dizendo: "O SENHOR,
seu Deus, está dando descanso a vocês e lhes dará
esta terra. 14Que as mulheres de vocês, as crian-
ças e o gado fiquem na terra que Moisés lhes deu
deste lado do Jordão. Mas vocês, todos os valen-
tes, passarão armados na frente de seus irmãos
e os ajudarão, 15até que o SENHOR conceda des-
canso aos irmãos de vocês, como deu descanso a
vocês, e eles também tomem posse da terra que o
SENHOR, o Deus de vocês, lhes dá. Depois, vocês
poderão voltar e tomar posse da terra que Moisés,
servo do SENHOR, lhes deu por herança deste lado
do Jordão, para o nascente do sol."
16Eles responderam a Josué:
— Tudo o que você nos ordenou faremos e
aonde quer que você nos enviar iremos. 17Como
em tudo obedecemos a Moisés, assim obede-
ceremos [illegible]você; tão somente esteja com você
o SEN[illegible] Deus, como esteve com Moisés.
18T[illegible] que se rebelar contra as ordens

que você der e não obedecer às suas palavras em
tudo o que você lhe ordenar será morto; tão so-
mente seja forte e corajoso.

Os espias e Raabe

2 1Da localidade de Sitim, Josué, filho de Num,
enviou secretamente dois espias, dizendo:
— Vão e observem a terra e a cidade de Jericó.
Eles foram e entraram na casa de uma mulher
prostituta, cujo nome era Raabe, e pousaram ali.
2Então a seguinte notícia chegou aos ouvidos do
rei de Jericó:
— Eis que, esta noite, vieram aqui uns homens
dos filhos de Israel para espiar a terra.
3Por isso, o rei de Jericó mandou dizer a Raabe:
— Traga para fora esses homens que vieram
a você e que estão aí em sua casa, porque vieram
espiar toda a terra.
4Mas a mulher, que havia escondido os dois ho-
mens, respondeu:
— É verdade que os homens vieram a mim,
mas eu não sabia de onde eram. 5Quando o portão
da cidade ia ser fechado, sendo já escuro, eles saí-
ram. Não sei para onde foram. Se forem depressa
atrás deles, ainda os alcançarão.
6Ela, porém, os tinha levado para o terraço da
casa e os havia escondido entre as canas de linho
que havia colocado em ordem no terraço.
7Aqueles homens foram atrás dos espias pelo
caminho que leva aos vaus do Jordão. E, depois
que eles saíram, fechou-se o portão da cidade.
8Antes que os espias se deitassem, Raabe foi
aonde eles estavam, no terraço, 9e lhes disse:
— Bem sei que o SENHOR deu esta terra a vo-
cês, e que o pavor que vocês estão causando caiu
sobre nós, e que todos os moradores da terra
estão se derretendo de medo. 10Porque ouvimos
que o SENHOR secou as águas do mar Vermelho
diante de vocês, quando saíram do Egito. Tam-
bém ouvimos o que vocês fizeram com os dois
reis dos amorreus, Seom e Ogue, que estavam
do outro lado do Jordão, os quais vocês destruí-
ram. 11Quando ouvimos isso, o nosso coração se
derreteu, todos ficamos desanimados, por causa
da presença de vocês. Porque o SENHOR, o Deus
de vocês, é Deus em cima nos céus e embaixo na
terra. 12E agora jurem pelo SENHOR que, assim
como usei de misericórdia para com vocês, vocês
também usarão de misericórdia para com a casa
de meu pai e que me darão um sinal certo 13de
que conservarão a vida de meu pai e de minha
mãe, dos meus irmãos e das minhas irmãs, com
tudo o que eles têm, e de que livrarão a nossa
vida da morte.
14Então os homens lhe disseram:
— A nossa vida responderá pe[illegible]vocês, se
vocês não denunciarem esta no[illegible] E,
quando o SENHOR nos der esta terra, usaremos de
bondade e de fidelidade para com você.
15Então ela os fez descer por uma corda pela ja-
nela, porque a casa em que ela morava estava cons-
truída sobre a muralha da cidade. 16E disse a eles:
— Vão para o monte, para que os perseguidores
não os encontrem. Escondam-se lá durante três
dias, até que eles voltem; e, depois, sigam o seu ca-
minho.
17Os homens lhe disseram:
— Estaremos desobrigados deste seu juramen-
to que você nos fez jurar, 18se, quando entrarmos
nesta terra, você não amarrar este cordão de fio
de escarlate na janela por onde você nos fez des-
cer; e se você não reunir em sua casa o seu pai, a
sua mãe, os seus irmãos e toda a família de seu
pai. 19Quem sair para fora da porta da casa será
responsável pelo que lhe acontecer, e nós sere-
mos inocentes; mas, se alguém puser a mão em
alguém que estiver com você dentro de casa, nós
seremos responsáveis. 20E, se você denunciar esta
nossa missão, estaremos desobrigados do jura-
mento que você nos fez jurar.
21E ela disse:
— Que seja assim como vocês disseram.
Então Raabe os despediu, e eles se foram. E ela
amarrou o cordão de escarlate na janela.
22Os espias foram e chegaram ao monte. E
ficaram lá durante três dias, até que os persegui-
dores voltaram a Jericó; porque os perseguidores
os procuraram por todo o caminho, porém não os
acharam. 23Assim, os dois homens voltaram. Des-
ceram do monte, passaram o rio, e vieram a Josué,
filho de Num, e lhe contaram tudo o que lhes ha-
via acontecido. 24E disseram a Josué:
— Certamente o SENHOR entregou toda esta
terra em nossas mãos, e todos os seus moradores
estão se derretendo de medo por causa de nós.

A passagem do Jordão

3 1Josué se levantou de madrugada, e, tendo ele
e todos os filhos de Israel partido de Sitim, vie-
ram até o Jordão e pousaram ali antes que passas-
sem. 2Ao fim de três dias, os oficiais passaram pelo
meio do arraial 3e deram ordens ao povo, dizendo:
— Quando vocês virem que os sacerdotes levi-
tas estão levando a arca da aliança do SENHOR, seu
Deus, saiam também do lugar em que vocês estão
e sigam a arca. 4Contudo, deixem uma distância
de cerca de um quilômetro entre vocês e a arca;
não se aproximem dela. Dessa forma, vocês sabe-
rão o caminho pelo qual devem ir, visto que nunca
antes passaram por tal caminho.
5Josué disse ao povo:
— Santifiquem-se, porque amanhã o SENHOR
fará maravilhas no meio de vocês.
6E também falou aos sacerdotes, dizendo:

— Levantem a arca da aliança e passem adiante
do povo.

Levantaram, pois, a arca da aliança e foram an-
dando adiante do povo.

7 Então o SENHOR disse a Josué:

— Hoje começarei a engrandecer você aos
olhos de todo o Israel, para que saibam que, como
estive com Moisés, assim estarei com você. 8 Por-
tanto, você dará uma ordem aos sacerdotes que
levam a arca da aliança, dizendo: "Quando chega-
rem às margens das águas do Jordão, parem ali."

9 Então Josué disse aos filhos de Israel:

— Venham cá e ouçam as palavras do SENHOR,
seu Deus.

10 Josué continuou:

— Nisto vocês saberão que o Deus vivo está no
meio de vocês e que sem falta expulsará de dian-
te de vocês os cananeus, os heteus, os heveus, os
ferezeus, os girgaseus, os amorreus e os jebuseus.
11 Eis que a arca da aliança do Senhor de toda a
terra vai passar o Jordão na frente de vocês. 12 E
agora escolham doze homens das tribos de Israel,
um de cada tribo. 13 Quando as plantas dos pés dos
sacerdotes que levam a arca do SENHOR Deus, o
Senhor de toda a terra, tocarem nas águas do Jor-
dão, elas serão cortadas, a saber, as águas que vêm
de cima, e se amontoarão.

14 Quando o povo saiu das suas tendas, para
passar o Jordão, os sacerdotes que levavam a arca
da aliança iam adiante do povo. 15 E, quando os
que levavam a arca chegaram ao Jordão, e os seus
pés se molharam na beira das águas (porque o Jor-
dão transbordava sobre todas as suas ribanceiras,
durante todo o tempo da colheita), 16 as águas que
vinham de cima pararam de correr; levantaram-
-se num montão, numa grande distância, até a ci-
dade de Adã, que fica ao lado de Sartã; e as águas
que desciam ao mar da Arabá, que é o mar Salga-
do, foram completamente cortadas. Então o povo
passou diante de Jericó. 17 Porém os sacerdotes
que levavam a arca da aliança do SENHOR pararam
firmes no meio do Jordão, e todo o Israel passou a
pé enxuto, atravessando o Jordão.

As doze pedras tiradas do meio do Jordão

4 1 Quando todo o povo tinha passado o Jordão, o
SENHOR falou com Josué, dizendo:

2 — Escolham doze homens do meio do povo, um
de cada tribo, 3 e ordenem que tirem doze pedras do
meio do Jordão, do lugar onde os pés dos sacerdotes
ficaram parados, e que levem essas pedras e as de-
positem no lugar em que vocês irão passar a noite.

4 Então Josué chamou os doze homens que
havia escolhido dos filhos de Israel, 5 um de cada
tribo, e disse-lhes:

— Passem adiante da arca do SENHOR, seu
Deus, até o meio do Jordão. Cada um levante sobre
o ombro uma pedra, segundo o número das tribos
dos filhos de Israel, 6 para que isto seja por sinal
entre vocês. E, no futuro, quando os seus filhos
perguntarem: "O que significam estas pedras para
vocês?", 7 respondam que as águas do Jordão fo-
ram cortadas diante da arca da aliança do SENHOR.
Quando a arca passou, as águas do Jordão foram
cortadas. Estas pedras serão, para sempre, por me-
morial aos filhos de Israel.

8 Os filhos de Israel fizeram como Josué havia
ordenado e levantaram doze pedras do meio do
Jordão, como o SENHOR tinha dito a Josué, se-
gundo o número das tribos dos filhos de Israel,
e levaram-nas consigo ao lugar onde passariam
a noite, e as depositaram ali. 9 Josué também le-
vantou doze pedras no meio do Jordão, no lugar
onde ficaram parados os pés dos sacerdotes que
levavam a arca da aliança; e essas pedras estão ali
até o dia de hoje. 10 Porque os sacerdotes que leva-
vam a arca haviam parado no meio do Jordão, em
pé, até que se cumpriu tudo o que o SENHOR, por
meio de Moisés, havia ordenado a Josué que falas-
se ao povo; e o povo se apressou e passou.

11 Quando todo o povo tinha passado, a arca do
SENHOR e os sacerdotes também passaram, à vista
de todo o povo. 12 Passaram os filhos de Rúben, os
filhos de Gade e a meia tribo de Manassés, arma-
dos, na frente dos filhos de Israel, como Moisés
lhes tinha dito. 13 Uns quarenta mil homens de
guerra armados passaram diante do SENHOR para
a batalha, às campinas de Jericó. 14 Naquele dia, o
SENHOR engrandeceu Josué na presença de todo o
Israel; e respeitaram-no todos os dias da sua vida,
como haviam respeitado Moisés.

15 O SENHOR disse a Josué:

16 — Ordene aos sacerdotes que estão levando
a arca do testemunho que saiam do Jordão.

17 Então Josué ordenou aos sacerdotes, dizendo:

— Saiam do Jordão.

18 Quando os sacerdotes que levavam a arca da
aliança do SENHOR saíram do meio do Jordão, e as
plantas dos seus pés se puseram na terra seca, as
águas do Jordão voltaram ao seu lugar e corriam
como antes, sobre todas as suas ribanceiras.

19 O povo subiu do Jordão no dia dez do primei-
ro mês; e acamparam em Gilgal, do lado leste de
Jericó. 20 E foi em Gilgal que Josué levantou as doze
pedras que haviam tirado do Jordão. 21 E Josué dis-
se aos filhos de Israel:

— Quando, no futuro, os filhos perguntarem
a seus pais: "O que significam estas pedras?",
22 expliquem aos filhos de vocês, dizendo: "Israel
passou em seco este Jordão." 23 Porque o SENHOR,
o seu Deus, fez secar as águas do Jordão diante
de vocês, até que vocês tivessem passado, como
o SENHOR, o seu Deus, fez com o mar Vermelho,
que ele secou diante de nós, até que tivéssemos

passado. 24 Para que todos os povos da terra sai-
bam que a mão do SENHOR é forte, a fim de que
vocês temam o SENHOR, seu Deus, todos os dias.

A circuncisão dos filhos de Israel

5 1 Quando todos os reis dos amorreus que ha-
bitavam deste lado do Jordão, a oeste, e todos
os reis dos cananeus que estavam junto ao mar
ouviram que o SENHOR tinha secado as águas do
Jordão diante dos filhos de Israel, até que tivésse-
mos passado, o coração deles se derreteu de medo
e ficaram desanimados, por causa dos filhos de
Israel. 2 Naquele tempo o SENHOR disse a Josué:
— Faça facas de pedra e passe de novo a circun-
cidar os filhos de Israel.

3 Então Josué fez facas de pedra e circuncidou
os filhos de Israel em Gibeate-Haralote. 4 Foi
esta a razão por que Josué os circuncidou: todo
o povo que tinha saído do Egito, os homens, to-
dos os homens de guerra, tinham morrido pelo
caminho, no deserto. 5 Porque todo o povo que
saiu do Egito estava circuncidado, mas a nenhum
deles que havia nascido no deserto, pelo cami-
nho, depois de terem saído do Egito, haviam cir-
cuncidado. 6 Porque os filhos de Israel andaram
quarenta anos pelo deserto, até desaparecer toda
a nação, a saber, os homens de guerra que saíram
do Egito, que não obedeceram à voz do SENHOR,
aos quais o SENHOR tinha jurado que não lhes
deixaria ver a terra que o SENHOR, sob juramento,
prometeu dar a seus pais, terra que mana leite e
mel. 7 Porém em seu lugar pôs os filhos deles, e a
estes Josué circuncidou. Estavam incircuncisos,
porque não os circuncidaram no caminho. 8 De-
pois que toda a nação foi circuncidada, ficaram
no seu lugar no arraial, até que sararam. 9 Então o
SENHOR disse a Josué:
— Hoje removi de vocês a vergonha do Egito.

Por isso aquele lugar foi chamado de Gilgal até o dia de hoje.

A celebração da Páscoa

10 Enquanto os filhos de Israel estavam acampa-
dos em Gilgal, celebraram a Páscoa no dia catorze
do mês, à tarde, nas campinas de Jericó. 11 No dia
seguinte à Páscoa, comeram do fruto da terra; nes-
se mesmo dia comeram pães sem fermento e ce-
reais tostados. 12 Um dia depois de terem comido
do produto da terra, o maná cessou, e os filhos de
Israel não mais o tiveram; mas, naquele ano, co-
meram do que foi colhido na terra de Canaã.

O príncipe do exército de Deus

13 Quando Josué estava perto de Jericó, levantou
os olhos e olhou; e eis que se achava em pé diante
dele um homem que trazia na mão uma espada.
Josué se aproximou dele e perguntou:
— Você é dos nossos ou dos nossos adversá-
rios?
14 Ele respondeu:
— Não sou nem uma coisa nem outra. Sou
príncipe do exército do SENHOR e acabo de chegar.
Então Josué se prostrou com o rosto em terra e
o adorou. E lhe disse:
— Que diz meu senhor ao seu servo?
15 O príncipe do exército do SENHOR respondeu
a Josué:
— Tire as sandálias dos pés, porque o lugar em
que você está é santo.
E Josué fez assim.

A destruição de Jericó

6 1 Ora, Jericó estava rigorosamente fechada por
causa dos filhos de Israel; ninguém saía, nem
entrava. 2 Então o SENHOR disse a Josué:
— Olhe! Estou entregando em suas mãos a ci-
dade de Jericó, o seu rei e os seus valentes. 3 Vocês,
todos os homens de guerra, devem rodear a cida-
de, marchando ao redor dela uma vez. Façam isso
durante seis dias. 4 Sete sacerdotes levarão sete
trombetas de chifre de carneiro adiante da arca;
no sétimo dia, rodeiem a cidade sete vezes, e os
sacerdotes tocarão as trombetas. 5 Quando eles
tocarem longamente a trombeta de chifre de car-
neiro, e vocês ouvirem o som dela, todo o povo gri-
tará bem alto; a muralha da cidade cairá, e o povo
subirá nela, cada qual em frente de si.
6 Então Josué, filho de Num, chamou os sacer-
dotes e disse:
— Levem a arca da aliança, e sete sacerdotes le-
vem sete trombetas de chifre de carneiro adiante
da arca do SENHOR.
7 E disse ao povo:
— Avancem e rodeiem a cidade! E quem estiver
armado passe adiante da arca do SENHOR.
8 E assim foi que, como Josué havia falado ao
povo, os sete sacerdotes, com as sete trombetas
de chifre de carneiro diante do SENHOR, passa-
ram e tocaram as trombetas; e a arca da aliança
do SENHOR os seguia. 9 Os homens armados iam
adiante dos sacerdotes que tocavam as trombetas;
a retaguarda seguia após a arca, e as trombetas
soavam continuamente. 10 Mas Josué tinha dado
ordens ao povo, dizendo:
— Não gritem, nem façam ouvir a sua voz. Não
digam uma palavra sequer, até o dia em que eu
disser: "Gritem!" Então vocês gritarão.
11 Assim, Josué fez a arca do SENHOR rodear a
cidade, contornando-a uma vez. Depois voltaram
ao arraial e ali pernoitaram.
12 Josué se levantou de madrugada, e os sacer-
dotes levaram, de novo, a arca do SENHOR. 13 Os
sete sacerdotes que levavam as sete trombetas de
chifre de carneiro diante da arca do SENHOR iam

tocando continuamente. Os homens armados iam
adiante deles, e a retaguarda seguia após a arca
do SENHOR, enquanto as trombetas soavam con-
tinuamente. 14 No segundo dia, rodearam, outra
vez, a cidade e voltaram para o arraial; e assim fi-
zeram durante seis dias.

15 No sétimo dia, madrugaram ao romper da
manhã e, da mesma maneira, rodearam a cida-
de sete vezes; somente naquele dia rodearam a
cidade sete vezes. 16 E aconteceu que, na sétima
vez, quando os sacerdotes tocavam as trombetas,
Josué disse ao povo:

— Gritem, porque o SENHOR está entregando a
cidade a vocês! 17 Porém a cidade será condenada,
ela e tudo o que nela houver; somente ficará viva
Raabe, a prostituta, e todos os que estiverem com
ela em casa, porque escondeu os mensageiros que
enviamos. 18 Quanto a vocês, cuidem para não ficar
com nenhuma das coisas condenadas, para não
acontecer que, depois de as terem condenado, vocês
as tomem para si. Neste caso, tornariam maldito o
arraial de Israel e trariam confusão a ele. 19 Porém
toda prata, ouro e utensílios de bronze e de ferro são
consagrados ao SENHOR; irão para o seu tesouro.

20 Assim, o povo gritou, e os sacerdotes tocaram
as trombetas. Ao ouvir o som da trombeta, o povo
gritou com toda a força, as muralhas ruíram, e o
povo subiu à cidade, cada qual em frente de si, e
a tomaram. 21 Destruíram totalmente a fio de es-
pada tudo o que havia na cidade, tanto homens
como mulheres, tanto jovens como velhos, tam-
bém bois, ovelhas e jumentos.

Raabe é salva

22 Então Josué disse aos dois homens que espia-
ram a terra:

— Entrem na casa da prostituta e tirem-na de
lá com tudo o que ela tiver, como vocês juraram
a ela.

23 Então os jovens, os espias, entraram e tiraram
Raabe, o seu pai, a sua mãe, os seus irmãos e tudo
o que ela possuía. Tiraram também toda a sua pa-
rentela e os acamparam fora do arraial de Israel.
24 Porém queimaram a cidade e tudo o que havia
nela; tão somente a prata, o ouro e os utensílios de
bronze e de ferro deram para o tesouro da Casa do
SENHOR. 25 Mas Josué conservou com vida a prosti-
tuta Raabe, a casa de seu pai e tudo o que ela pos-
suía. E Raabe ficou morando no meio de Israel até
o dia de hoje, porque escondeu os mensageiros
que Josué tinha enviado para espiar Jericó.

26 Naquele tempo, Josué fez o povo jurar e
dizer:

> Maldito diante do SENHOR seja
> o homem que se levantar
> e reedificar esta cidade de Jericó;
> com a perda do seu primogênito
> lançará os seus alicerces
> e, à custa do filho mais novo,
> lhe colocará os portões.

27 Assim, o SENHOR estava com Josué e a fama
dele se espalhou por toda a terra.

O pecado de Acã

7 1 Mas os filhos de Israel foram infiéis em rela-
ção às coisas condenadas, porque Acã, filho
de Carmi, filho de Zabdi, filho de Zera, da tribo de
Judá, pegou para si uma parte das coisas condena-
das. A ira do SENHOR se acendeu contra os filhos
de Israel.

2 Josué enviou alguns homens de Jericó até a ci-
dade de Ai, que está junto a Bete-Áven, a leste de
Betel, e lhes falou, dizendo:

— Vão e espiem a terra.

Os homens foram e espiaram a cidade. 3 E volta-
ram a Josué e lhe disseram:

— Não é necessário que vá todo o povo; bas-
tam uns dois ou três mil homens, para atacar a
cidade de Ai. Não fatigue ali todo o povo, porque
são poucos os inimigos.

4 Assim, apenas uns três mil homens do povo
foram até lá, os quais fugiram diante dos homens
da cidade de Ai. 5 Os homens dali mataram uns
trinta e seis deles, e perseguiram os outros desde o
portão da cidade até as pedreiras, e os derrotaram
na descida. E o coração do povo se derreteu e se
tornou como água.

6 Então Josué rasgou a sua roupa e se prostrou
com o rosto em terra diante da arca do SENHOR até
a tarde, ele e os anciãos de Israel; e puseram pó so-
bre a cabeça. 7 E Josué disse:

— Ah! SENHOR Deus, por que fizeste este povo
passar o Jordão, para nos entregares nas mãos
dos amorreus, para sermos destruídos? Antes ti-
véssemos nos contentado em ficar do outro lado
do Jordão! 8 Ah! Senhor, que direi? Pois Israel
virou as costas diante dos seus inimigos! 9 Quan-
do os cananeus e todos os moradores da terra
ouvirem isto, nos cercarão e apagarão o nosso
nome da face da terra; e, então, que farás ao teu
grande nome?

10 Então o SENHOR disse a Josué:

— Levante-se! Por que você está assim pros-
trado sobre o seu rosto? 11 Israel pecou. Quebra-
ram a minha aliança, aquilo que eu lhes havia
ordenado, pois tomaram das coisas condenadas,
furtaram, mentiram e até debaixo da sua baga-
gem o puseram. 12 Por isso os filhos de Israel não
puderam resistir aos seus inimigos; viraram as
costas diante deles, porque Israel está condenado
à destruição. Não continuarei com vocês, se não
eliminarem do meio de vocês a coisa roubada.

13— Levante-se, santifique o povo e diga:
"Santifiquem-se para amanhã, porque assim diz
o SENHOR, Deus de Israel: 'Há coisas condenadas
no meio de vocês, ó Israel. Vocês não poderão re-
sistir aos seus inimigos enquanto não eliminarem
do meio de vocês as coisas condenadas. 14 Pela
manhã, pois, vocês se apresentarão, segundo as
suas tribos; e a tribo que o SENHOR designar por
sorteio se apresentará, segundo as famílias; e a
família que o SENHOR designar se apresentará por
casas; e a casa que o SENHOR designar se apre-
sentará homem por homem. 15 Aquele que for
achado com a coisa condenada será queimado,
ele e tudo o que tiver, porque quebrou a aliança
do SENHOR e cometeu um ato infame em Israel.'"

16 Então Josué se levantou de madrugada e fez
com que Israel se apresentasse, segundo as suas
tribos; e a sorte caiu sobre a tribo de Judá. 17 Ele fez
com que se apresentasse a tribo de Judá, e a família
indicada foi a dos zeraítas. Fez com que se apresen-
tasse a família dos zeraítas, homem por homem, e
a família indicada foi a de Zabdi. 18 E, fazendo com
que se apresentasse a família de Zabdi, homem
por homem, o indicado foi Acã, filho de Carmi, fi-
lho de Zabdi, filho de Zera, da tribo de Judá.

19 Então Josué disse a Acã:
— Meu filho, dê glória ao SENHOR, Deus de Is-
rael, e renda louvores a ele. E conte-me, agora, o
que foi que você fez; não me esconda nada.

20 Acã respondeu a Josué:
— É verdade, eu pequei contra o SENHOR, Deus
de Israel, e fiz assim e assim. 21 Quando vi entre
o despojo uma boa capa babilônica, uns dois qui-
los e meio de prata e uma barra de ouro pesando
mais de meio quilo, cobicei essas coisas e as pe-
guei para mim; e eis que estão escondidas na ter-
ra, no meio da minha tenda, e a prata, por baixo.

22 Então Josué enviou mensageiros que foram
correndo à tenda de Acã; e eis que tudo esta-
va escondido nela, e a prata estava por baixo.
23 Tiraram aquelas coisas do meio da tenda, e as
trouxeram a Josué e a todos os filhos de Israel, e
as colocaram diante do SENHOR. 24 Então Josué e
todo o Israel com ele pegaram Acã, filho de Zera,
e a prata, a capa, a barra de ouro, os filhos e as fi-
lhas dele, os seus bois, os seus jumentos, as suas
ovelhas, a sua tenda e tudo o que ele tinha e os
levaram para o vale de Acor. 25 Josué disse a Acã:
— Por que você trouxe esta calamidade sobre
nós? O SENHOR hoje trará calamidade sobre você.

E todo o Israel o apedrejou. E, depois de
apedrejá-los, ainda os queimou. 26 E levantaram so-
bre ele um montão de pedras, que permanece até
o dia de hoje.

Assim, o SENHOR apagou o furor da sua ira. Por
isso aquele lugar se chama o vale de Acor até o dia
de hoje.

A cidade de Ai é destruída

8 1 O SENHOR disse a Josué:
— Não tenha medo, nem fique assustado.
Leve com você toda a gente de guerra, prepare-se
e marche contra a cidade de Ai. Eis que entreguei
em suas mãos o rei de Ai, o seu povo, a sua cidade,
e a sua terra. 2 Você fará com a cidade de Ai e com o
seu rei o que fez com Jericó e com o seu rei, exceto
que desta vez vocês poderão saquear os seus des-
pojos e o seu gado. Ponha emboscadas à cidade,
por detrás dela.

3 Então Josué se preparou com toda a gente de
guerra para marchar contra a cidade de Ai. Josué
escolheu trinta mil homens valentes e os enviou
de noite. 4 Deu-lhes uma ordem, dizendo:
— Ponham-se de emboscada contra a cidade,
por detrás dela; não se distanciem muito da ci-
dade; e todos estejam alertas. 5 Eu e todo o povo
que está comigo nos aproximaremos da cidade; e,
quando eles saírem contra nós, como da primeira
vez, fugiremos deles. 6 Vamos deixar que saiam
atrás de nós, até que os tiremos da cidade; porque
dirão: "Estão fugindo de nós como da primeira
vez." Assim, fugiremos deles. 7 Então vocês sai-
rão da emboscada e tomarão a cidade; porque o
SENHOR, o seu Deus, entregará a cidade nas mãos
de vocês. 8 Depois de tomar a cidade, ponham
fogo nela. Façam segundo a palavra do SENHOR.
Vejam bem: é isto que estou ordenando a vocês.

9 Assim, Josué os enviou, e eles se foram à em-
boscada; e ficaram entre Betel e Ai, a oeste da cida-
de de Ai. Porém Josué passou aquela noite no meio
do povo.

10 Josué se levantou de madrugada, convocou o
povo, e marcharam ele e os anciãos de Israel, dian-
te do povo, contra a cidade de Ai. 11 Marcharam
também todos os homens de guerra que estavam
com ele. Aproximaram-se e chegaram em frente
da cidade; e acamparam do lado norte de Ai. Havia
um vale entre eles e a cidade de Ai. 12 Josué reuniu
uns cinco mil homens e os pôs entre Betel e Ai, em
emboscada, a oeste da cidade. 13 Assim foi dispos-
to o povo: todo o acampamento ao norte da cidade
e a emboscada a oeste dela. E naquela noite Josué
foi até o meio do vale.

14 E aconteceu que, ao ver isso, o rei da cidade
de Ai e os homens daquele lugar se apressaram e,
levantando-se de madrugada, saíram de encontro
a Israel, à batalha, diante das campinas. Porque o
rei não sabia que uma emboscada estava armada
contra ele atrás da cidade. 15 Josué e todo o Israel
fizeram de conta que estavam sendo derrotados
por eles e fugiram pelo caminho do deserto. 16 Por
isso todo o povo que estava na cidade foi con-
vocado para os perseguir; e perseguiram Josué e
foram afastados da cidade. 17 Nem um só homem
ficou em Ai, nem em Betel; todos saíram atrás dos

israelitas. Deixaram a cidade aberta e persegui-
ram Israel.
18 Então o SENHOR disse a Josué:
— Estenda na direção da cidade de Ai a lança
que você tem na mão, porque entregarei a cidade
nas suas mãos.
E Josué estendeu a sua lança na direção da cidade.
19 Então a emboscada se levantou apressadamente
do seu lugar, e, ao estender ele a mão, vieram à ci-
dade e a tomaram; e apressaram-se e puseram fogo
nela. 20 Quando os homens da cidade de Ai se vira-
ram para trás, olharam, e eis que a fumaça da cidade
subia ao céu, e não puderam fugir nem para um lado
nem para outro; porque o povo que fugia para o
deserto se voltou contra os que os perseguiam.
21 Quando Josué e todo o Israel viram que a
emboscada havia tomado a cidade e que a fu-
maça da cidade subia, voltaram e atacaram os
homens de Ai. 22 Da cidade saíram os outros ao
encontro do inimigo, que, assim, ficou no meio
de Israel, uns de uma parte, outros de outra. E os
atacaram de tal maneira, que nenhum deles so-
breviveu, nem escapou. 23 Porém o rei da cidade
de Ai foi capturado com vida e levado a Josué.
24 Quando os israelitas acabaram de matar todos
os moradores da cidade de Ai no campo e no de-
serto onde os tinham perseguido, e todos tinham
caído a fio de espada e já estavam mortos, todo o
Israel voltou à cidade de Ai, e a passaram a fio de
espada. 25 Os que morreram naquele dia, tanto
homens como mulheres, foram doze mil, todos
os moradores da cidade de Ai. 26 Porque Josué não
retirou a mão que havia estendido com a lança
até haver destruído totalmente os moradores da
cidade. 27 Os israelitas saquearam para si o gado e
os despojos daquela cidade, segundo a palavra do
SENHOR, que havia ordenado a Josué. 28 Então Josué
pôs fogo na cidade de Ai e a reduziu, para sempre,
a um montão, a ruínas até o dia de hoje. 29 Enforcou
o rei da cidade de Ai numa árvore e o deixou ali até
a tarde; ao pôr do sol, por ordem de Josué, tiraram
o cadáver da árvore e o jogaram na entrada do por-
tão da cidade. E sobre ele levantaram um montão
de pedras, que permanece até o dia de hoje.

Renovação da aliança

30 Então Josué edificou um altar ao SENHOR,
Deus de Israel, no monte Ebal, 31 como Moisés,
servo do SENHOR, havia ordenado aos filhos de
Israel, segundo o que está escrito no Livro da Lei
de Moisés, a saber, um altar de pedras toscas, que
não tinham sido trabalhadas com instrumentos
de ferro. Sobre esse altar ofereceram holocaustos
ao SENHOR e apresentaram ofertas pacíficas. 32 Ali
Josué escreveu, em pedras, uma cópia da lei de
Moisés, que este já havia escrito diante dos filhos
de Israel.
33 Todo o Israel, tanto estrangeiros como na-
turais, com os seus anciãos, os seus chefes e os
seus juízes estavam de um e de outro lado da arca,
diante dos sacerdotes levitas que levavam a arca
da aliança do SENHOR. Metade deles se postou
em frente do monte Gerizim, e a outra metade,
em frente do monte Ebal, como Moisés, servo do
SENHOR, havia ordenado anteriormente, para que
o povo de Israel fosse abençoado. 34 Depois, Josué
leu todas as palavras da lei, a bênção e a maldição,
segundo tudo o que está escrito no Livro da Lei.
35 Não houve uma só palavra, de tudo o que Moi-
sés havia ordenado, que Josué não lesse para toda a
congregação de Israel, e para as mulheres, as crian-
ças e os estrangeiros que viviam no meio deles.

A aliança com os gibeonitas

9 1 Todos os reis que estavam do lado oeste do
Jordão, nas montanhas e nas campinas, em
toda a costa do mar Grande até o Líbano ficaram
sabendo disso. Eram os reis dos heteus, dos amor-
reus, dos cananeus, dos ferezeus, dos heveus e
dos jebuseus. 2 Então eles se ajuntaram de comum
acordo, para guerrear contra Josué e contra Israel.
3 Mas os moradores de Gibeão, ouvindo o que
Josué tinha feito com Jericó e com Ai, 4 usaram
de astúcia: foram e se fingiram de embaixadores,
levando sacos velhos sobre os seus jumentos e
odres de vinho, velhos, rasgados e cheios de re-
mendos, 5 calçando sandálias velhas e remenda-
das e vestindo roupas velhas. E todo o pão que
traziam para comer era seco e bolorento. 6 Foram
a Josué, no arraial, em Gilgal, e lhe disseram, a ele
e aos homens de Israel:
— Viemos de uma terra distante e queremos
que vocês façam uma aliança conosco.
7 Mas os homens de Israel responderam aos
heveus:
— Talvez vocês morem aqui perto. Como pode-
mos fazer uma aliança com vocês?
8 Então disseram a Josué:
— Somos seus servos.
Mas Josué perguntou:
— Quem são vocês? De onde vêm?
9 Eles responderam:
— Estes seus servos vieram de uma terra muito
distante, por causa do nome do SENHOR, seu Deus.
Pois ouvimos a sua fama e tudo o que fez no Egi-
to, 10 e tudo o que fez com os dois reis dos amor-
reus que estavam do outro lado do Jordão, a saber,
Seom, rei de Hesbom, e Ogue, rei de Basã, que
estava em Astarote. 11 Por isso os nossos anciãos
e todos os moradores da nossa terra nos disseram:
"Levem com vocês alimentos para a viagem e vão
ao encontro deles, dizendo: 'Somos seus servos;
façam uma aliança conosco.' 12 Este nosso pão nós
pegamos em nossas casas quando ainda estava

quente, no dia em que saímos para vir falar com
vocês, e agora aqui está ele, já seco e bolorento.
13 Estes odres eram novos quando os enchemos de
vinho, mas agora já estão rasgados. E estas nossas
roupas e estas nossas sandálias já envelheceram,
por causa da longa viagem."

14 Então os israelitas aceitaram os alimentos
deles e não pediram conselho ao SENHOR. 15 Josué
concedeu-lhes paz e fez com eles a aliança de lhes
poupar a vida; e os chefes da congregação confir-
maram isso com juramento.

16 Ao fim de três dias, depois de terem feito a
aliança com eles, souberam que eram seus vizinhos
e que moravam perto deles. 17 Pois, partindo os fi-
lhos de Israel, chegaram às cidades deles ao terceiro
dia. E as cidades deles eram Gibeão, Cefira, Beerote
e Quiriate-Jearim. 18 Os filhos de Israel não os ataca-
ram, porque os chefes da congregação lhes haviam
jurado pelo SENHOR, Deus de Israel. Por isso toda a
congregação murmurou contra os chefes. 19 Então
todos os chefes disseram a toda a congregação:

— Nós juramos a eles pelo SENHOR, Deus de
Israel; por isso, não podemos tocar neles. 20 Isto,
porém, lhes faremos: vamos deixá-los viver, para
que não venha grande ira sobre nós, por causa do
juramento que lhes fizemos.

21 E os chefes acrescentaram:

— Deixem que vivam.

E assim eles se tornaram rachadores de lenha e
tiradores de água para toda a congregação, como
os chefes lhes tinham dito.

22 Josué chamou os gibeonitas e lhes disse:

— Por que vocês nos enganaram, dizendo que
moravam bem longe de nós, quando na verdade
moram aqui perto? 23 Agora vocês estão sob mal-
dição e entre vocês nunca deixará de haver escra-
vos, rachadores de lenha e tiradores de água para a
casa do meu Deus.

24 Então eles responderam a Josué:

— É que foi anunciado a estes seus servos,
como certo, que o SENHOR, seu Deus, havia orde-
nado ao seu servo Moisés que lhes desse toda esta
terra e destruísse todos os seus moradores diante
de vocês. Tememos muito pela nossa vida por cau-
sa de vocês e foi por isso que fizemos aquilo. 25 Eis
que estamos nas suas mãos; trate-nos segundo lhe
parecer bom e reto.

26 Josué fez como tinha dito e livrou-os das
mãos dos filhos de Israel; e não os mataram. 27 Na-
quele dia, Josué os fez rachadores de lenha e tira-
dores de água para a congregação e para o altar
do SENHOR, até o dia de hoje, no lugar que Deus
escolhesse.

Gibeão sitiada por cinco reis

10 1 Quando Adoni-Zedeque, rei de Jerusalém,
ouviu que Josué havia tomado a cidade de
Ai e a havia destruído totalmente, fazendo com Ai
e com o seu rei o mesmo que havia feito com Jeri-
có e com o seu rei, e que os moradores de Gibeão
tinham feito paz com os israelitas e estavam no
meio deles, 2 ficou com muito medo, porque Gi-
beão era uma cidade grande, tão grande como uma
das cidades reais e ainda maior do que Ai, e todos
os seus homens eram valentes. 3 Por isso Adoni-
-Zedeque, rei de Jerusalém, enviou mensageiros a
Hoão, rei de Hebrom, e a Pirã, rei de Jarmute, e a
Jafia, rei de Laquis, e a Debir, rei de Eglom, dizendo:
4 — Venham até aqui e me ajudem. Vamos ata-
car Gibeão, porque fez paz com Josué e com os fi-
lhos de Israel.

5 Então se ajuntaram cinco reis dos amorreus, o
rei de Jerusalém, o rei de Hebrom, o rei de Jarmu-
te, o rei de Laquis e o rei de Eglom, eles e todas as
suas tropas; vieram e acamparam junto a Gibeão e
atacaram a cidade.

Josué socorre Gibeão

6 Os homens de Gibeão mandaram dizer a Jo-
sué, no arraial de Gilgal:

— Não deixe de ajudar estes seus servos. Venha
depressa até aqui! Livre-nos e ajude-nos, pois to-
dos os reis dos amorreus que moram nas monta-
nhas se ajuntaram contra nós.

7 Então Josué partiu de Gilgal, ele e todo o exér-
cito com ele e todos os valentes. 8 E o SENHOR disse
a Josué:

— Não tenha medo deles, porque eu os entre-
guei nas suas mãos. Nenhum deles poderá resistir
a você.

9 Josué os atacou de surpresa, porque tinha
marchado durante toda a noite, saindo de Gilgal.
10 O SENHOR fez com que eles entrassem em pâni-
co diante de Israel, e os derrotou completamente
em Gibeão, e os foi perseguindo pelo caminho que
sobe a Bete-Horom, e os derrotou até Azeca e Ma-
quedá. 11 E aconteceu que, enquanto eles fugiam
de Israel, na descida de Bete-Horom, o SENHOR fez
cair do céu sobre eles grandes pedras, até Azeca, e
morreram. Mais foram os que morreram pela chu-
va de pedras do que os que foram mortos à espada
pelos filhos de Israel.

O sol e a lua se detêm

12 Então Josué falou ao SENHOR, no dia em que o
SENHOR entregou os amorreus nas mãos dos filhos
de Israel. E, na presença dos israelitas, ele disse:

"Sol, detenha-se em Gibeão,
e você, lua, pare
no vale de Aijalom."

13 E o sol se deteve, e a lua parou
até que o povo se vingou
de seus inimigos.

Não está isso escrito no Livro dos Justos? O
sol se deteve no meio do céu e não se apressou a
pôr-se, por quase um dia inteiro. 14 Não houve dia
semelhante a este, nem antes nem depois dele,
tendo o SENHOR, assim, atendido à voz de um ho-
mem; porque o SENHOR lutava por Israel.
15 Então Josué voltou ao arraial, em Gilgal, e
todo o Israel foi com ele.

Josué prende os cinco reis e os mata

16 Aqueles cinco reis fugiram e se esconderam
numa caverna em Maquedá. 17 E foi dito a Josué:
— Os cinco reis foram achados. Estão escondi-
dos numa caverna em Maquedá.
18 Então Josué disse:
— Rolem grandes pedras até a entrada da ca-
verna e ponham junto a ela alguns homens para
que fiquem vigiando. Mas vocês não se detenham.
19 Persigam os seus inimigos e matem os que vão
ficando para trás. Não os deixem entrar nas cida-
des deles, porque o SENHOR, o Deus de vocês, já os
entregou nas mãos de vocês.
20 Quando Josué e os filhos de Israel acabaram
de derrotá-los completamente, até consumi-los, e
os que conseguiram escapar tinham entrado nas
cidades fortificadas, 21 todo o povo voltou em paz
para junto de Josué, no acampamento de Maque-
dá. E não houve ninguém que movesse a língua
contra os filhos de Israel.
22 Depois Josué disse:
— Abram a entrada da caverna e tragam para
mim aqueles cinco reis que lá se encontram.
23 Eles fizeram assim e da caverna lhe trouxe-
ram os cinco reis: o rei de Jerusalém, o de Hebrom,
o de Jarmute, o de Laquis e o de Eglom. 24 Quando
os reis foram trazidos a Josué, este chamou todos
os homens de Israel e disse aos capitães do exérci-
to que tinham ido com ele:
— Venham e ponham o pé sobre o pescoço des-
tes reis.
E eles foram e puseram os pés sobre o pescoço
deles. 25 Então Josué disse aos capitães do exército:
— Não tenham medo, nem fiquem assustados.
Sejam fortes e corajosos, porque assim o SENHOR
fará com todos os seus inimigos, contra os quais
vocês lutarem.
26 Depois disto, Josué matou os reis e os pendu-
rou em cinco árvores. E eles ficaram pendurados
ali até a tarde. 27 Ao pôr do sol, Josué ordenou que
os tirassem das árvores. E lançaram-nos na caver-
na onde se haviam escondido. Na entrada da ca-
verna, puseram grandes pedras, que estão lá até o
dia de hoje.

Josué vence mais sete reis

28 No mesmo dia, Josué tomou a cidade de Ma-
quedá e a feriu à espada, bem como ao seu rei;
destruiu-os totalmente e a todos os que nela es-
tavam, sem deixar nem sequer um. Fez com o rei
de Maquedá o mesmo que havia feito com o rei de
Jericó.
29 Então Josué, e todo o Israel com ele, foi de Ma-
quedá a Libna e atacou a cidade. 30 E o SENHOR a
entregou nas mãos de Israel, tanto a cidade como o
seu rei, e a feriu à espada, a ela e todos os que nela
estavam, sem deixar nem sequer um. Fez com o
seu rei o mesmo que havia feito com o rei de Jericó.
31 Então Josué, e todo o Israel com ele, foi de
Libna a Laquis; cercou a cidade e a atacou. 32 E o
SENHOR entregou Laquis nas mãos de Israel, que,
no dia seguinte, a tomou e a feriu à espada, a ela
e todos os que nela estavam, conforme tudo o que
havia feito com Libna.
33 Horão, rei de Gezer, saiu para ajudar Laquis;
porém Josué o derrotou, a ele e o seu povo, sem
deixar nem sequer um.
34 E Josué, e todo o Israel com ele, foi de Laquis
a Eglom. Cercaram a cidade e a atacaram; 35 e, no
mesmo dia, a tomaram e a feriram à espada; e des-
truíram totalmente os que nela estavam, confor-
me tudo o que haviam feito com Laquis.
36 Depois, Josué, e todo o Israel com ele, foi de
Eglom a Hebrom. E guerrearam contra ela, 37 to-
maram a cidade e a feriram à espada, tanto o seu
rei como todas as suas cidades e todos os que
nelas estavam, sem deixar nem sequer um, con-
forme tudo o que haviam feito com Eglom. Josué
executou a condenação contra ela e contra todos
os que nela estavam.
38 Então Josué, e todo o Israel com ele, voltou
e atacou Debir; 39 e tomou a cidade com o seu rei
e todas as suas cidades e as feriu à espada. Todos
os que nelas estavam, destruiu-os totalmente sem
deixar nem sequer um. Como havia feito com
Hebrom, com Libna e o seu rei, também fez com
Debir e o seu rei.
40 Assim Josué conquistou toda aquela terra, a
região montanhosa, o Neguebe, a Sefelá e as des-
cidas das águas, e derrotou todos os seus reis. Des-
truiu tudo o que tinha fôlego de vida, sem deixar
nem sequer um, como o SENHOR, o Deus de Israel,
havia ordenado. 41 Josué os derrotou desde Cades-
-Barneia até Gaza, bem como toda a terra de Gósen
até Gibeão. 42 E, de uma só vez, Josué venceu todos
estes reis e tomou as suas terras, porque o SENHOR,
o Deus de Israel, lutava por Israel. 43 Então Josué, e
todo o Israel com ele, voltou ao arraial em Gilgal.

Outras vitórias de Josué

11 1 Quando Jabim, rei de Hazor, ouviu isto, en-
viou mensageiros a Jobabe, rei de Madom,
ao rei Sinrom, ao rei Acsafe 2 e aos reis que esta-
vam na região montanhosa ao norte, na Arabá ao
sul de Quinerete, na Sefelá e em Nafate-Dor, do

lado do mar, 3aos cananeus do leste e do oeste: aos
amorreus, aos heteus, aos ferezeus, aos jebuseus
nas montanhas e aos heveus ao pé do Hermom,
na terra de Mispa. 4Saíram, pois, estes e todas as
suas tropas com eles, muito povo, em multidão
como a areia que está na praia do mar, e também
muitos cavalos e carros de guerra. 5Todos estes
reis se ajuntaram, vieram e acamparam junto às
águas de Merom, para lutar contra Israel.
6O SENHOR disse a Josué:
— Não tenha medo deles, porque amanhã, a
esta mesma hora, eu os entregarei, todos mortos,
aos filhos de Israel. Você mutilará os cavalos deles
e queimará os seus carros de guerra.
7Josué e todos os homens de guerra com ele
avançaram de surpresa contra eles junto às águas
de Merom, e os atacaram. 8O SENHOR os entregou
nas mãos de Israel, que os atacou e perseguiu até
a grande Sidom, e até Misrefote-Maim, e até o vale
de Mispa, ao leste. Os israelitas os mataram sem
deixar nem sequer um. 9Josué fez com eles como
o SENHOR lhe havia ordenado: mutilou os cavalos
deles e queimou os seus carros de guerra.
10Nesse mesmo tempo, Josué voltou, tomou
Hazor e feriu à espada o seu rei, porque naquela
época Hazor era a capital de todos esses reinos.
11Mataram à espada todos os que nela estavam e
os destruíram totalmente; ninguém sobreviveu.
E a cidade de Hazor foi queimada. 12Josué to-
mou todas essas cidades e também os seus reis.
Matou todos, destruindo-os totalmente, como
Moisés, servo do SENHOR, havia ordenado. 13Mas
os israelitas não queimaram as cidades que es-
tavam sobre as colinas, exceto Hazor, que Josué
queimou. 14Os israelitas saquearam para si todos
os despojos dessas cidades e também o gado; po-
rém mataram à espada todas as pessoas, até que
as destruíram; e ninguém sobreviveu. 15Como o
SENHOR havia ordenado a Moisés, seu servo, as-
sim Moisés ordenou a Josué; e assim Josué o fez.
Nem uma só palavra deixou de cumprir de tudo o
que o SENHOR havia ordenado a Moisés.
16Assim Josué tomou toda aquela terra, a saber,
a região montanhosa, todo o Neguebe, toda a terra
de Gósen, a Sefelá, a Arabá e a região montanhosa
de Israel com as suas planícies; 17desde o monte
Halaque, que sobe a Seir, até Baal-Gade, no vale do
Líbano, ao pé do monte Hermom; também venceu
todos os seus reis e os matou. 18Por muito tempo,
Josué fez guerra contra todos esses reis. 19Não
houve cidade que fizesse paz com os filhos de
Israel, a não ser os heveus, moradores de Gibeão;
todas as demais foram tomadas por meio de guer-
ra. 20Porque do SENHOR vinha o endurecimento
do seu coração para saírem à guerra contra Israel,
a fim de que fossem totalmente destruídos e não
se tivesse piedade alguma; pelo contrário, fossem
totalmente destruídos, como o SENHOR havia or-
denado a Moisés.
21Naquele tempo, Josué foi e eliminou os ana-
quins da região montanhosa, de Hebrom, de De-
bir, de Anabe, e de todas as montanhas de Judá, e
de todas as montanhas de Israel; Josué os destruiu
totalmente com as suas cidades. 22Nem um dos
anaquins sobreviveu na terra dos filhos de Israel;
somente em Gaza, Gate e Asdode permaneceram
alguns. 23Assim Josué tomou toda esta terra, se-
gundo tudo o que o SENHOR tinha dito a Moisés.
E Josué deu a terra em herança aos filhos de Israel,
conforme as suas divisões e tribos. E a terra repou-
sou da guerra.

Os reis vencidos por Moisés

12 1Estes são os reis da terra que os filhos de
Israel derrotaram e de cujas terras se apos-
saram do outro lado do Jordão, na direção do leste,
desde o ribeiro de Arnom até o monte Hermom
e toda a planície do leste: 2Seom, rei dos amor-
reus, que habitava em Hesbom e dominava desde
Aroer, que está à beira do vale de Arnom, e desde
o meio do vale e a metade de Gileade até o ribeiro
de Jaboque, limite dos filhos de Amom; 3desde a
campina até o mar de Quinerete, para o leste, e
até o mar da Campina, o mar Salgado, para o leste,
pelo caminho de Bete-Jesimote; e desde o sul abai-
xo das encostas do monte Pisga.
4Também derrotaram Ogue, rei de Basã, um
dos remanescentes dos refains que morava em
Astarote e em Edrei. 5Ele dominava no monte
Hermom, em Salca e em toda a Basã, até a fron-
teira dos gesuritas e dos maacatitas, e metade de
Gileade, até a fronteira de Seom, rei de Hesbom.
6Moisés, servo do SENHOR, e os filhos de Israel os
derrotaram. E Moisés, servo do SENHOR, deu esta
terra como propriedade aos rubenitas, aos gaditas
e à meia tribo de Manassés.

Os reis vencidos por Josué

7Estes são os reis da terra que Josué e os filhos
de Israel derrotaram deste lado do Jordão, na dire-
ção do oeste, desde Baal-Gade, no vale do Líbano,
até o monte Halaque, que sobe a Seir, e cuja terra
Josué deu como propriedade às tribos de Israel,
segundo as suas divisões, 8a saber, o que havia na
região montanhosa, na Sefelá, na Arabá, nas des-
cidas das águas, no deserto e no Neguebe, onde
estava o heteu, o amorreu, o cananeu, o ferezeu,
o heveu e o jebuseu: 9o rei de Jericó; o rei de Ai,
que está ao lado de Betel; 10o rei de Jerusalém; o
rei de Hebrom; 11o rei de Jarmute; o rei de Laquis;
12o rei de Eglom; o rei de Gezer; 13o rei de Debir; o
rei de Geder; 14o rei de Horma; o rei de Arade; 15o
rei de Libna; o rei de Adulão; 16o rei de Maquedá;
o rei de Betel; 17o rei de Tapua; o rei de Héfer; 18o

rei de Afeca; o rei de Lasarom; 19 o rei de Madom;
o rei de Hazor; 20 o rei de Sinrom-Merom; o rei de
Acsafe; 21 o rei de Taanaque; o rei de Megido; 22 o rei
de Quedes; o rei de Jocneão do Carmelo; 23 o rei de
Dor, em Nafate-Dor; o rei de Goim, em Gilgal; 24 e o
rei de Tirza. Ao todo, trinta e um reis.

As terras ainda não conquistadas

13 1 Josué já era bem idoso e o SENHOR lhe disse:
— Você já é bem idoso, e ainda ficou muita
terra para ser conquistada. 2 Esta é a terra ainda
não conquistada: todas as regiões dos filisteus e
toda a Gesur; 3 desde Sior, que está diante do Egi-
to, até o limite de Ecrom, para o norte, que se con-
sidera como dos cananeus; cinco governantes dos
filisteus: o de Gaza, o de Asdode, o de Asquelom,
o de Gate e o de Ecrom; e os aveus, 4 ao sul, além
de toda a terra dos cananeus e Meara, que é dos
sidônios, até Afeca, na fronteira dos amorreus; 5 e
ainda a terra dos gibleus e todo o Líbano, para o
leste, desde Baal-Gade, ao pé do monte Hermom,
até a entrada de Hamate; 6 todos os que habitam
nas montanhas desde o Líbano até Misrefote-
-Maim, todos os sidônios. Eu os expulsarei de
diante dos filhos de Israel; reparta, pois, a terra
por herança a Israel, como ordenei a você. 7 Dis-
tribua, agora, a terra por herança às nove tribos e
à meia tribo de Manassés.

As terras das tribos a leste do Jordão

8 Com a outra meia tribo, os rubenitas e os ga-
ditas já receberam a sua herança do outro lado
do Jordão, para o leste, como já lhes tinha dado
Moisés, servo do SENHOR. 9 Começando com
Aroer, que está à borda do vale de Arnom, mais
a cidade que está no meio do vale, todo o planal-
to de Medeba até Dibom; 10 e todas as cidades de
Seom, rei dos amorreus, que reinou em Hesbom,
até a fronteira dos filhos de Amom. 11 E Gileade,
o território dos gesuritas, o dos maacatitas, todo
o monte Hermom e toda a Basã até Salca; 12 todo
o reino de Ogue, em Basã, que reinou em Astarote
e em Edrei, que ficou do resto dos refains, o qual
Moisés derrotou e expulsou. 13 Porém os filhos de
Israel não expulsaram os gesuritas, nem os maa-
catitas; pelo contrário, Gesur e Maacate permane-
ceram no meio de Israel até o dia de hoje.

As heranças distribuídas por Moisés

14 Foi somente à tribo de Levi que Moisés não
deu herança; as ofertas queimadas do SENHOR,
Deus de Israel, são a sua herança, como já lhe ti-
nha dito.

15 Moisés deu herança à tribo dos filhos de Rú-
ben, segundo as suas famílias, 16 começando o seu
território com Aroer, que está à borda do vale de
Arnom, mais a cidade que está no meio do vale
e todo o planalto até Medeba; 17 Hesbom e todas
as suas cidades, que estão no planalto: Dibom,
Bamote-Baal e Bete-Baal-Meom, 18 Jaza, Quede-
mote, Mefaate; 19 Quiriataim, Sibma, Zerete-Saar,
no monte do vale; 20 Bete-Peor, as encostas do
monte Pisga e Bete-Jesimote; 21 e todas as cida-
des do planalto e todo o reino de Seom, rei dos
amorreus, que reinou em Hesbom, a quem Moisés
derrotou, bem como os príncipes de Midiã, Evi,
Requém, Zur, Hur e Reba, príncipes de Seom, mo-
radores da terra. 22 Além de outros que foram mor-
tos, os filhos de Israel também mataram à espada
Balaão, filho de Beor, o adivinho. 23 A fronteira dos
filhos de Rúben é o Jordão e suas imediações; esta
é a herança dos filhos de Rúben, segundo as suas
famílias: as cidades com suas aldeias.

24 Moisés deu herança à tribo de Gade, a saber,
a seus filhos, segundo as suas famílias. 25 O seu
território incluía Jazer, todas as cidades de Gileade
e metade da terra dos filhos de Amom, até Aroer,
que está diante de Rabá; 26 desde Hesbom até
Ramate-Mispa e Betonim; e desde Maanaim até o
limite de Debir; 27 e, no vale: Bete-Arã, Bete-Ninra,
Sucote e Zafom, o resto do reino de Seom, rei de
Hesbom, mais o Jordão e suas imediações, até a
extremidade do mar de Quinerete, do outro lado
do Jordão, na direção do leste. 28 Esta é a herança
dos filhos de Gade, segundo as suas famílias: as
cidades com as suas aldeias.

29 Moisés também deu herança à meia tribo
de Manassés, segundo as suas famílias. 30 O seu
território começava com Maanaim e incluía todo
o Basã, todo o reino de Ogue, rei de Basã, e todas
as aldeias de Jair, que estão em Basã, sessenta ci-
dades; 31 e metade de Gileade, Astarote e Edrei,
cidades do reino de Ogue, em Basã. Estas foram
dadas aos filhos de Maquir, filho de Manassés, a
saber, à metade dos filhos de Maquir, segundo as
suas famílias.

32 São estas as heranças que Moisés repartiu nas
campinas de Moabe, do outro lado do Jordão, na
altura de Jericó, para o leste. 33 Porém à tribo de
Levi Moisés não deu herança; o SENHOR, Deus de
Israel, é a sua herança, como já lhe tinha dito.

A divisão da terra de Canaã

14 1 São estas as heranças que os filhos de Israel
receberam na terra de Canaã, e que Eleazar,
o sacerdote, e Josué, filho de Num, e os chefes das
famílias das tribos dos filhos de Israel repartiram
entre eles. 2 A distribuição da herança foi feita por
sorteio, como o SENHOR havia ordenado por meio
de Moisés, a respeito das nove tribos e meia. 3 Por-
que às duas tribos e meia Moisés já tinha dado
herança do outro lado do Jordão; mas aos levitas
não tinha dado herança entre os seus irmãos. 4 Os
filhos de José constituíram duas tribos, Manassés

e Efraim. Aos levitas não deram herança na terra,
a não ser cidades em que habitassem e os seus ar-
redores para seu gado e para sua posse. 5 Como o
SENHOR havia ordenado a Moisés, assim fizeram
os filhos de Israel e repartiram a terra.

Josué dá Hebrom a Calebe

6 Os filhos de Judá chegaram a Josué em Gilgal.
E Calebe, filho de Jefoné, o quenezeu, lhe disse:
— Você sabe o que o SENHOR falou a Moisés,
homem de Deus, em Cades-Barneia, a respeito de
mim e de você. 7 Eu tinha quarenta anos quando
Moisés, servo do SENHOR, me enviou de Cades-
-Barneia para espiar a terra. E eu lhe relatei o que
estava no meu coração. 8 Os meus irmãos que ti-
nham ido comigo amedrontaram o povo, mas eu
perseverei em seguir o SENHOR, meu Deus. 9 Então
Moisés, naquele dia, jurou, dizendo: "Certamente
a terra em que você pôs o pé será sua e de seus fi-
lhos, em herança perpétua, pois você perseverou
em seguir o SENHOR, meu Deus."
10 — E, agora, eis que o SENHOR me conservou
com vida, como prometeu. Quarenta e cinco anos
se passaram desde que o SENHOR falou essas pa-
lavras a Moisés, quando Israel ainda andava no
deserto; e, agora, eis que estou com oitenta e cinco
anos. 11 Estou tão forte hoje como no dia em que
Moisés me enviou. A força que eu tinha naquele
dia eu ainda tenho agora, tanto para combater
na guerra como para fazer o que for necessário.
12 Dê-me agora este monte de que o SENHOR fa-
lou naquele dia, pois, naquele dia, você ouviu
que lá estavam os anaquins, morando em cidades
grandes e fortificadas. Se o SENHOR Deus estiver
comigo, poderei expulsá-los, como ele mesmo
prometeu.
13 Josué o abençoou e deu a cidade de Hebrom
a Calebe, filho de Jefoné, para ser a herança dele.
14 Por isso, Hebrom passou a ser de Calebe, filho
de Jefoné, o quenezeu, em herança até o dia de
hoje, visto que havia perseverado em seguir o
SENHOR, Deus de Israel. 15 Antes disso o nome de
Hebrom era Quiriate-Arba; este Arba foi o maior
homem entre os anaquins.
E a terra repousou da guerra.

As heranças das nove tribos e meia

A herança de Judá

15 1 A sorte da tribo dos filhos de Judá, segundo
as suas famílias, caiu para o sul, até o limite
de Edom, até o deserto de Zim, até a extremidade
do lado sul. 2 O seu limite ao sul foi desde a extre-
midade do mar Salgado, desde a baía que olha
para o sul; 3 sai para o sul, até a subida de Acrabim,
passa por Zim, sobe do sul a Cades-Barneia, 4 pas-
sa por Hezrom, sobe a Adar e rodeia Carca; pas-
sa por Azmom e sai ao ribeiro do Egito; as saídas
deste limite vão até o mar. Este será o limite de
vocês do lado sul.
5 O limite para o leste será o mar Salgado, até a
foz do Jordão; e o limite para o norte será da baía
do mar, começando com a embocadura do Jordão,
6 limite que sobe até Bete-Hogla e passa do norte
a Bete-Arabá, subindo até a pedra de Boã, filho de
Rúben, 7 subindo ainda este limite a Debir desde o
vale de Acor, olhando para o norte, rumo a Gilgal,
a qual está à subida de Adumim, que está para o
sul do ribeiro; daí, o limite passa até as águas de
En-Semes; e as suas saídas estarão do lado de En-
-Rogel. 8 Deste ponto sobe pelo vale de Ben-Hinom,
do lado dos jebuseus do Sul, isto é, Jerusalém; e
este limite sobe até o alto do monte que está dian-
te do vale de Hinom, para o oeste, que está no fim
do vale dos Refains, do lado norte. 9 Então o limite
vai desde o alto do monte até a fonte das águas de
Neftoa; e sai até as cidades do monte Efrom; este
limite vai ainda até Baalá, isto é, Quiriate-Jearim.
10 Então o limite dá volta desde Baalá, para o oeste,
até o monte Seir, passa ao lado do monte de Jea-
rim do lado norte, isto é, Quesalom, e, descendo a
Bete-Semes, passa por Timna. 11 Segue mais ainda
o limite ao lado de Ecrom, para o norte, e, indo a
Siquerom, passa o monte de Baalá, saindo em Jab-
neel, para terminar no mar.
12 O limite do lado oeste é o mar Grande e as
suas imediações.
Estes são os limites dos filhos de Judá ao redor,
segundo as suas famílias.

Calebe conquista Hebrom

Jz 1.11-15

13 Josué deu a Calebe, filho de Jefoné, uma par-
te no meio dos filhos de Judá, segundo o SENHOR
lhe havia ordenado, a saber, Quiriate-Arba, isto
é, Hebrom. Este Arba era o pai de Anaque. 14 Dali
Calebe expulsou os três filhos de Anaque: Sesai,
Aimã e Talmai, gerados de Anaque. 15 Então Ca-
lebe avançou contra os moradores de Debir, cujo
nome havia sido Quiriate-Sefer. 16 Calebe disse:
— Darei a minha filha Acsa por mulher ao ho-
mem que atacar e conquistar Quiriate-Sefer.
17 Quem conquistou a cidade foi Otniel, filho de
Quenaz, irmão de Calebe. E Calebe lhe deu a sua
filha Acsa por mulher. 18 Esta, quando foi morar
com Otniel, insistiu com ele para que pedisse um
campo ao pai dela. Quando ela desceu do jumen-
to, Calebe lhe perguntou:
— O que é que você quer?
19 Ela respondeu:
— Quero que me dê um presente. Já que o
senhor me deu uma terra seca, me dê também al-
gumas fontes de água.
Então Calebe lhe deu as fontes superiores e as
fontes inferiores.

As cidades de Judá

20 Esta é a herança da tribo dos filhos de Judá, segundo as suas famílias. 21 As cidades no extremo sul da tribo dos filhos de Judá, na direção do território de Edom, eram estas: Cabzeel, Éder, Jagur, 22 Quiná, Dimona, Adada, 23 Quedes, Hazor, Itnã, 24 Zife, Telém, Bealote, 25 Hazor-Hadata, Queriote-Hezrom, que é Hazor, 26 Amã, Sema, Molada, 27 Hazar-Gada, Hesmom, Bete-Palete, 28 Hazar-Sual, Berseba, Biziotiá, 29 Baalá, Iim, Ezém, 30 Eltolade, Quesil, Horma, 31 Ziclague, Madmana, Sansana, 32 Lebaote, Silim, Aim e Rimom. Ao todo, vinte e nove cidades com as suas aldeias.

33 Na Sefelá, as cidades eram Estaol, Zorá, Asná, 34 Zanoa, En-Ganim, Tapua, Enã, 35 Jarmute, Adulão, Socó, Azeca, 36 Saaraim, Aditaim, Gedera e Gederotaim. Ao todo, catorze cidades com as suas aldeias.

37 Zenã, Hadasa, Migdal-Gade, 38 Dileã, Mispa, Jocteel, 39 Laquis, Boscate, Eglom, 40 Cabom, Laamás, Quitlis, 41 Gederote, Bete-Dagom, Naamá e Maquedá. Ao todo, dezesseis cidades com as suas aldeias.

42 Libna, Eter, Asã, 43 Ifta, Asná, Nezibe, 44 Queila, Aczibe e Maressa. Ao todo, nove cidades com as suas aldeias.

45 Ecrom com as suas vilas e aldeias; 46 desde Ecrom até o mar, todas as que estão do lado de Asdode, com as suas aldeias.

47 Asdode, as suas vilas e aldeias; Gaza, as suas vilas e aldeias, até o rio do Egito e o mar Grande com as suas imediações.

48 Na região montanhosa, as cidades eram Samir, Jatir, Socó, 49 Daná, Quiriate-Sana, que é Debir, 50 Anabe, Estemoa, Anim, 51 Gósen, Holom e Gilo. Ao todo, onze cidades com as suas aldeias.

52 Arabe, Dumá, Esã, 53 Janim, Bete-Tapua, Afeca, 54 Hunta, Quiriate-Arba, que é Hebrom, e Zior. Ao todo, nove cidades com as suas aldeias.

55 Maom, Carmelo, Zife, Jutá, 56 Jezreel, Jocdeão, Zanoa, 57 Caim, Gibeá e Timna. Ao todo, dez cidades com as suas aldeias.

58 Halul, Bete-Zur, Gedor, 59 Maarate, Bete-Anote e Eltecom. Ao todo, seis cidades com as suas aldeias. 60 Quiriate-Baal, que é Quiriate-Jearim, e Rabá. Ao todo, duas cidades com as suas aldeias.

61 No deserto, as cidades eram Bete-Arabá, Midim, Secaca, 62 Nibsã, Cidade do Sal e En-Gedi. Ao todo, seis cidades com as suas aldeias.

63 Mas os filhos de Judá não puderam expulsar os jebuseus que viviam em Jerusalém. Assim, os jebuseus moram com os filhos de Judá em Jerusalém até o dia de hoje.

A herança de Efraim

16 1 O território que, por sorteio, caiu aos filhos de José ia desde o Jordão, na altura de Jericó e no lado leste das águas de Jericó, até o deserto que sobe de Jericó pela região montanhosa até Betel. 2 De Betel ia até Luz, passava ao limite dos arquitas até Atarote 3 e descia, na direção do oeste, para a divisa de Jaflete, até a região de Bete-Horom-de-Baixo e até Gezer, terminando no mar. 4 Assim, Manassés e Efraim, filhos de José, receberam a sua herança.

5 O limite da herança dos filhos de Efraim, segundo as suas famílias, era, no leste, Atarote-Adar até Bete-Horom-de-Cima; 6 e vai o limite para o mar com Micmetate, ao norte, de onde volta para o leste até Taanate-Siló, e passa por ela a leste de Janoa; 7 desce desde Janoa a Atarote e a Naarate, toca em Jericó, terminando no Jordão. 8 De Tapua o limite vai, para o oeste, ao ribeiro de Caná, terminando no mar. Esta é a herança da tribo dos filhos de Efraim, segundo as suas famílias, 9 mais as cidades que foram separadas para os filhos de Efraim, que estavam no meio da herança dos filhos de Manassés; todas aquelas cidades com as suas aldeias. 10 Não expulsaram os cananeus que viviam em Gezer. Assim, eles moram no meio dos efraimitas até o dia de hoje, mas estão sujeitos a trabalhos forçados.

A herança da meia tribo de Manassés

17 1 Também caiu a sorte à tribo de Manassés, que era o primogênito de José. Maquir, o primogênito de Manassés, pai de Gileade, porque era homem de guerra, recebeu Gileade e Basã. 2 Os outros filhos de Manassés também receberam a sua parte, segundo as suas famílias, a saber, os filhos de Abiezer, os filhos de Heleque, os filhos de Asriel, os filhos de Siquém, os filhos de Héfer, os filhos de Semida. Estes são os filhos de Manassés, filho de José, segundo as suas famílias. 3 Porém Zelofeade, filho de Héfer, filho de Gileade, filho de Maquir, filho de Manassés, não teve filhos, mas só filhas, que se chamavam Macla, Noa, Hogla, Milca e Tirza. 4 Estas chegaram diante de Eleazar, o sacerdote, e diante de Josué, filho de Num, e diante dos chefes, dizendo:

— O SENHOR ordenou a Moisés que nos fosse dada uma herança no meio de nossos parentes.

Assim, segundo a ordem do SENHOR, Josué lhes deu herança no meio dos parentes de seu pai. 5 Couberam a Manassés dez quinhões, além da terra de Gileade e Basã, que está do outro lado do Jordão; 6 porque tanto as filhas de Manassés como os filhos dele receberam herança. Os outros filhos de Manassés receberam a terra de Gileade.

7 O limite de Manassés foi desde Aser até Micmetate, que está a leste de Siquém; e este limite vai, na direção do sul, até os moradores de En-Tapua. 8 A terra de Tapua pertencia a Manassés, mas Tapua, ainda que situada no limite de

Manassés, era dos filhos de Efraim. 9Então o li-
mite desce ao ribeiro de Caná. As cidades, entre
as de Manassés, ao sul do ribeiro, pertenciam a
Efraim; então o limite de Manassés vai ao norte
do ribeiro, terminando no mar. 10Efraim, ao sul,
Manassés, ao norte, e o mar é seu limite; pelo
norte, tocam em Aser e, pelo leste, em Issacar.
11Porque, nos territórios de Issacar e Aser, Ma-
nassés tinha Bete-Seã e as suas vilas, Ibleão e as
suas vilas, os habitantes de Dor e as suas vilas, os
habitantes de En-Dor e as suas vilas, os habitan-
tes de Taanaque e as suas vilas e os habitantes de
Megido e as suas vilas, a região das três colinas.
12E os filhos de Manassés não puderam expulsar
os moradores daquelas cidades, porque os cana-
neus persistiam em morar nessa terra. 13Quando
os filhos de Israel se tornaram fortes, sujeitaram
os cananeus a trabalhos forçados, porém não os
expulsaram totalmente.
14Então o povo dos filhos de José disse a Josué:
— Por que você nos deu por herança apenas
uma sorte e uma porção, sendo nós um povo
numeroso, visto que o SENHOR até aqui nos tem
abençoado?
15Josué respondeu:
— Se vocês são um povo numeroso, subam à
floresta e abram ali uma clareira na terra dos fere-
zeus e dos refains, visto que a região montanhosa
de Efraim é estreita demais para vocês.
16Então os filhos de José disseram:
— A região montanhosa não nos basta. E todos
os cananeus que vivem na planície têm carros de
ferro, tanto os que estão em Bete-Seã e nas suas
vilas como os que estão no vale de Jezreel.
17Então Josué disse à casa de José, a Efraim e a
Manassés:
— Vocês são um povo numeroso e forte. Vocês
não terão só uma parte, 18mas a região monta-
nhosa será de vocês. Ainda que seja uma floresta,
vocês poderão cortá-la, e até as suas extremidades
será toda de vocês. Porque vocês expulsarão os
cananeus, embora eles tenham carros de ferro e
sejam fortes.

A divisão do resto da terra

18 1Toda a congregação dos filhos de Israel se
reuniu em Siló, e ali armaram a tenda do en-
contro. E a terra estava sujeita diante deles.
2Sete tribos dos filhos de Israel ainda não ti-
nham recebido a sua herança. 3Então Josué disse
aos filhos de Israel:
— Até quando vocês terão preguiça de entrar e
tomar posse da terra que o SENHOR, o Deus de seus
pais, deu a vocês? 4Escolham três homens de cada
tribo, para que eu os envie, eles se disponham,
percorram a terra, façam uma descrição por escri-
to segundo a herança das tribos e depois voltem
para junto de mim. 5Dividirão a terra em sete par-
tes: Judá ficará no seu território, ao sul, e a casa de
José ficará no seu território, ao norte. 6Descrevam
a terra em sete partes e me tragam essa descrição,
para que aqui diante do SENHOR, nosso Deus, eu
lhes faça o sorteio. 7Porque os levitas não têm par-
te entre vocês, pois a parte deles é o sacerdócio do
SENHOR. Gade, Rúben e a meia tribo de Manassés
já haviam recebido a sua herança do outro lado
do Jordão, na direção do leste, a qual lhes foi dada
por Moisés, servo do SENHOR.
8Então aqueles homens se levantaram e se fo-
ram. E Josué deu a seguinte ordem aos que iam
fazer a descrição da terra:
— Vão, percorram a terra, façam uma descrição
dela e voltem para mim. Aqui em Siló, diante do
SENHOR, farei o sorteio para vocês.
9Assim os homens foram, percorreram a ter-
ra, fizeram dela uma descrição num livro, cidade
por cidade, em sete partes, e voltaram a Josué, ao
arraial em Siló. 10Então Josué lhes lançou as sor-
tes em Siló, diante do SENHOR. E ali Josué repar-
tiu a terra, segundo as suas divisões, aos filhos
de Israel.

A herança de Benjamim

11Saiu a sorte da tribo dos filhos de Benjamim,
segundo as suas famílias; e o território sorteado
ficava entre os filhos de Judá e os filhos de José.
12O seu limite foi para o lado norte desde o Jor-
dão; subia ao lado de Jericó, para o norte, e subia
pela região montanhosa, para o oeste, para termi-
nar no deserto de Bete-Áven. 13E dali o limite pas-
sava a Luz, ao lado de Luz, que é Betel, para o sul;
descia a Atarote-Adar, ao pé do monte que está do
lado sul de Bete-Horom-de-Baixo.
14O limite seguia e voltava ao lado oeste, para
o sul do monte que está diante de Bete-Horom,
para o sul, e terminava em Quiriate-Baal, que é
Quiriate-Jearim, cidade dos filhos de Judá; este era
o lado oeste.
15O lado do sul começava na extremidade leste
de Quiriate-Jearim e seguia até a fonte das águas
de Neftoa; 16o limite descia até a extremidade do
monte que está diante do vale de Ben-Hinom, ao
norte do vale dos Refains, e descia pelo vale de
Hinom do lado dos jebuseus, para o sul; e baixa-
va a En-Rogel; 17volvia-se para o norte, chegava a
En-Semes, de onde passava para Gelilote, que está
diante da subida de Adumim, e descia à pedra de
Boã, filho de Rúben; 18passava pela vertente nor-
te, diante da planície, e descia à planície. 19Depois,
o limite passava até o lado de Bete-Hogla, para o
norte, para terminar na baía do mar Salgado, na
desembocadura do Jordão, ao sul; este era o limite
do sul.
20Do lado leste, o Jordão era o seu limite.

Esta era a herança dos filhos de Benjamim nos
seus limites ao redor, segundo as suas famílias.

As cidades de Benjamim

21 As cidades da tribo dos filhos de Benjamim,
segundo as suas famílias, eram Jericó, Bete-Hogla,
Emeque-Quesis, 22 Bete-Arabá, Zemaraim, Be-
tel, 23 Avim, Pará, Ofra, 24 Quefar-Amonai, Ofni e
Gaba. Ao todo, doze cidades com as suas aldeias.
25 Gibeão, Ramá, Beerote, 26 Mispa, Cefira,
Mosa, 27 Requém, Irpeel, Tarala, 28 Zela, Elefe, Je-
bus, que é Jerusalém, Gibeá e Quiriate. Ao todo,
catorze cidades com as suas aldeias.
Esta era a herança dos filhos de Benjamim, se-
gundo as suas famílias.

A herança de Simeão

19 1 Saiu a segunda sorte a Simeão, à tribo dos
filhos de Simeão, segundo as suas famílias,
e a herança deles ficava no meio da herança dos
filhos de Judá. 2 Na herança receberam Berseba,
Seba, Molada, 3 Hazar-Sual, Balá, Ezém, 4 Eltolade,
Betul, Horma, 5 Ziclague, Bete-Marcabote, Hazar-
-Susa, 6 Bete-Lebaote e Saruém. Ao todo, treze
cidades com as suas aldeias. 7 Aim, Rimom, Eter e
Asã; ao todo, quatro cidades com as suas aldeias.
8 E todas as aldeias que havia ao redor destas ci-
dades, até Baalate-Ber, que é Ramá do Neguebe.
Esta era a herança da tribo dos filhos de Simeão,
segundo as suas famílias. 9 A herança dos filhos
de Simeão foi tirada da porção dos filhos de Judá,
pois a herança destes era demasiadamente grande
para eles. Por isso os filhos de Simeão receberam a
sua herança no meio dos filhos de Judá.

A herança de Zebulom

10 Saiu a terceira sorte aos filhos de Zebulom,
segundo as suas famílias. O limite da sua heran-
ça ia até Saride. 11 O seu limite subia, pelo oeste, a
Marala, tocava em Dabesete e chegava até o ribei-
ro que está diante de Jocneão. 12 De Saride, voltava
para o leste, para o nascente do sol, até o limite
de Quislote-Tabor, saía a Daberate, e ia subindo
a Jafia; 13 dali, passava, para o nascente, a Gate-
-Hefer, a Ete-Cazim, ia a Rimom, que se estendia
até Neá, 14 e, rodeando-a, o limite passava, para o
norte, a Hanatom e terminava no vale de Ifta-El.
15 Ainda Catate, Naalal, Sinrom, Idala e Belém,
completando doze cidades com as suas aldeias.
16 Esta era a herança dos filhos de Zebulom, se-
gundo as suas famílias; estas cidades com as suas
aldeias.

A herança de Issacar

17 A quarta sorte saiu a Issacar, aos filhos de Is-
sacar, segundo as suas famílias. 18 O seu território
incluía Jezreel, Quesulote, Suném, 19 Hafaraim,
Siom, Anacarate, 20 Rabite, Quisião, Ebes, 21 Reme-
te, En-Ganim, En-Hada e Bete-Pasês. 22 O limite
tocava o Tabor, Saazima e Bete-Semes e terminava
no Jordão. Ao todo, dezesseis cidades com as suas
aldeias. 23 Esta era a herança da tribo dos filhos de
Issacar, segundo as suas famílias; estas cidades
com as suas aldeias.

A herança de Aser

24 Saiu a quinta sorte à tribo dos filhos de Aser,
segundo as suas famílias. 25 O seu território in-
cluía Helcate, Hali, Béten, Acsafe, 26 Alameleque,
Amade e Misal; e tocava o Carmelo, para o oeste,
e Sior-Libnate; 27 voltava para o nascente do sol,
Bete-Dagom, e tocava Zebulom e o vale de Ifta-El,
ao norte de Bete-Emeque e de Neiel, e vinha sair
a Cabul, pela esquerda, 28 Ebrom, Reobe, Hamom
e Caná, até a grande Sidom. 29 O limite voltava a
Ramá e até a cidade fortificada de Tiro; então tor-
nava a Hosa, para terminar no mar, na região de
Aczibe; 30 também Umá, Afeca e Reobe, comple-
tando vinte e duas cidades com as suas aldeias.
31 Esta era a herança da tribo dos filhos de Aser,
segundo as suas famílias; estas cidades com as
suas aldeias.

A herança de Naftali

32 Saiu a sexta sorte aos filhos de Naftali, segun-
do as suas famílias. 33 O seu limite ia desde Helefe,
do carvalho em Zaanamim, Adami-Nequebe, Jab-
neel, até Lacum e terminava no Jordão. 34 O limite
voltava, pelo oeste, a Aznote-Tabor, de onde pas-
sava a Hucoque; tocava Zebulom, ao sul, e Aser, a
oeste, e Judá, pelo Jordão, ao nascente do sol. 35 As
cidades fortificadas eram Zidim, Zer, Hamate, Ra-
cate, Quinerete, 36 Adamá, Ramá, Hazor, 37 Que-
des, Edrei, En-Hazor, 38 Irom, Migdal-El, Horém,
Bete-Anate e Bete-Semes. Ao todo, dezenove cida-
des com as suas aldeias. 39 Esta era a herança da
tribo dos filhos de Naftali, segundo as suas famí-
lias; estas cidades com as suas aldeias.

A herança de Dã

40 A sétima sorte saiu à tribo dos filhos de Dã,
segundo as suas famílias. 41 O território da sua he-
rança incluía Zorá, Estaol, Ir-Semes, 42 Saalabim,
Aijalom, Itla, 43 Elom, Timna, Ecrom, 44 Elteque,
Gibetom, Baalate, 45 Jeúde, Benê-Beraque, Gate-
-Rimom, 46 Me-Jarcom e Racom, com o território
diante de Jope. 47 Mas o território dos filhos de Dã
era pequeno demais para eles. Por isso os filhos de
Dã foram e atacaram Lesém, e a tomaram, matan-
do os moradores a fio de espada. E tomando posse
da cidade, foram morar nela e lhe chamaram Dã,
segundo o nome de Dã, seu pai. 48 Esta era a he-
rança da tribo dos filhos de Dã, segundo as suas
famílias; estas cidades com as suas aldeias.

A herança de Josué

49 Quando acabaram de repartir a terra em
herança, segundo os seus territórios, os filhos
de Israel deram a Josué, filho de Num, uma he-
rança no meio deles. 50 Segundo o mandado do
SENHOR, deram-lhe a cidade que ele havia pedido,
Timnate-Sera, na região montanhosa de Efraim.
Josué reedificou a cidade e morou nela.
51 Estas foram as heranças que Eleazar, o sa-
cerdote, e Josué, filho de Num, e os chefes das
famílias repartiram por sorteio, em herança, pe-
las tribos dos filhos de Israel, em Siló, diante do
SENHOR, à porta da tenda do encontro. E assim
acabaram de repartir a terra.

As cidades de refúgio

Nm 35.9-28; Dt 4.41-43; 19.1-13

20 1 O SENHOR ordenou a Josué:
2 — Diga aos filhos de Israel: "Escolham as
cidades de refúgio de que lhes falei por meio de
Moisés, 3 para que possa fugir para lá o homicida
que matar uma pessoa por engano ou sem querer.
Essas cidades serão para vocês um lugar de refúgio
contra o vingador do sangue. 4 Ao fugir para uma
dessas cidades, o homicida involuntário se colo-
cará junto ao portão da cidade e exporá o seu caso
aos anciãos daquela cidade. Então eles o levarão
para dentro da cidade e lhe darão lugar, para que
habite com eles. 5 Se o vingador do sangue o per-
seguir, não lhe entregarão nas mãos o homicida,
porque matou o seu próximo sem querer e não
porque o odiava. 6 Habitará nessa cidade até que
compareça em juízo diante da congregação, até
que morra o sumo sacerdote que estiver servindo
naqueles dias. Então o homicida poderá voltar à
sua cidade e à sua casa, à cidade de onde fugiu."
7 Assim, designaram solenemente Quedes,
na Galileia, na região montanhosa de Nafta-
li, Siquém, na região montanhosa de Efraim, e
Quiriate-Arba, ou seja, Hebrom, na região mon-
tanhosa de Judá. 8 Do outro lado do Jordão, na al-
tura de Jericó, para o leste, designaram Bezer, no
deserto, no planalto da tribo de Rúben; e Ramote,
em Gileade, da tribo de Gade; e Golã, em Basã, da
tribo de Manassés.
9 São estas as cidades que foram designadas
para todos os filhos de Israel e para os estrangeiros
que moravam entre eles, para que nelas pudesse
se refugiar todo aquele que, por engano, matasse
uma pessoa, para que não morresse às mãos do
vingador do sangue, até comparecer diante da
congregação.

Cidades dos levitas

1Cr 6.54-81

21 1 Então os chefes das famílias dos levitas
se aproximaram de Eleazar, o sacerdote, de
Josué, filho de Num, e dos chefes das famílias das
tribos dos filhos de Israel, 2 em Siló, na terra de Ca-
naã, e lhes disseram:
— O SENHOR ordenou, por meio de Moisés, que
nos fossem dadas cidades para morar e também
os seus arredores para os nossos animais.
3 E os filhos de Israel deram aos levitas, da sua
herança, segundo o mandado do SENHOR, algumas
cidades e os seus arredores. 4 A sorte saiu para as
famílias dos coatitas. Assim, os levitas que eram
descendentes do sacerdote Arão receberam, por
sorteio, treze cidades das tribos de Judá, Simeão e
Benjamim. 5 Os outros filhos de Coate receberam,
por sorteio, dez cidades das famílias da tribo de
Efraim, da tribo de Dã e da meia tribo de Manassés.
6 Os filhos de Gérson receberam, por sorteio,
treze cidades das famílias da tribo de Issacar, da
tribo de Aser, da tribo de Naftali e da meia tribo
de Manassés, em Basã. 7 Os filhos de Merari rece-
beram, por sorteio, segundo as suas famílias, doze
cidades das tribos de Rúben, Gade e Zebulom.
8 Os filhos de Israel deram aos levitas estas ci-
dades e os seus arredores, por sorteio, como o
SENHOR havia ordenado por meio de Moisés.
9 Das tribos dos filhos de Judá e dos filhos de
Simeão, os filhos de Israel deram mais algumas
cidades que, nominalmente, foram designadas,
10 para que fossem dos filhos de Arão, das famílias
dos coatitas, dos filhos de Levi, porque a primeira
sorte foi deles. 11 Assim, lhes deram Quiriate-Arba
(Arba era pai de Anaque), que é Hebrom, na região
montanhosa de Judá, e, em torno dela, os seus ar-
redores. 12 Porém o campo da cidade, com as suas
aldeias, deram a Calebe, filho de Jefoné, como sua
propriedade.
13 Assim, aos filhos de Arão, o sacerdote, deram
Hebrom, cidade de refúgio do homicida, com os
seus arredores, Libna com os seus arredores, 14 Ja-
tir com os seus arredores, Estemoa com os seus
arredores, 15 Holom com os seus arredores, Debir
com os seus arredores, 16 Aim com os seus arre-
dores, Jutá com os seus arredores e Bete-Semes
com os seus arredores. Ao todo, nove cidades
dessas duas tribos. 17 Da tribo de Benjamim, de-
ram Gibeão com os seus arredores, Gaba com os
seus arredores, 18 Anatote com os seus arredores e
Almom com os seus arredores. Ao todo, quatro ci-
dades. 19 O total das cidades dos sacerdotes, filhos
de Arão, foi treze cidades com os seus arredores.
20 As outras famílias dos levitas de Coate rece-
beram as cidades da sua sorte da tribo de Efraim.
21 Deram-lhes Siquém, cidade de refúgio do ho-
micida, com os seus arredores, na região monta-
nhosa de Efraim, Gezer com os seus arredores,
22 Quibzaim com os seus arredores e Bete-Horom
com os seus arredores. Ao todo, quatro cidades.
23 Da tribo de Dã, deram Elteque com os seus

arredores, Gibetom com os seus arredores, 24 Ai-
jalom com os seus arredores e Gate-Rimom com
os seus arredores. Ao todo, quatro cidades. 25 Da
meia tribo de Manassés, deram Taanaque com os
seus arredores e Gate-Rimom com os seus arredo-
res. Ao todo, duas cidades. 26 No total, dez cidades
com os seus arredores, para as famílias dos de-
mais filhos de Coate.

27 Aos filhos de Gérson, das famílias dos levi-
tas, deram, em Basã, da tribo de Manassés, Golã,
a cidade de refúgio para o homicida, com os seus
arredores, e Beesterá com os seus arredores. Ao
todo, duas cidades. 28 Da tribo de Issacar, deram
Quisião com os seus arredores, Daberate com os
seus arredores, 29 Jarmute com os seus arredores e
En-Ganim com os seus arredores. Ao todo, quatro
cidades. 30 Da tribo de Aser, deram Misal com os
seus arredores, Abdom com os seus arredores,
31 Helcate com os seus arredores e Reobe com os
seus arredores. Ao todo, quatro cidades. 32 Da tribo
de Naftali, deram, na Galileia, Quedes, cidade de
refúgio para o homicida, com os seus arredores,
Hamote-Dor com os seus arredores e Cartã com
os seus arredores. Ao todo, três cidades. 33 Total
das cidades dos gersonitas, segundo as suas famí-
lias: treze cidades com os seus arredores.

34 Às famílias dos demais levitas dos filhos de
Merari deram, da tribo de Zebulom, Jocneão com
os seus arredores, Cartá com os seus arredores,
35 Dimna com os seus arredores e Naalal com os
seus arredores. Ao todo, quatro cidades. 36 Da tri-
bo de Rúben, deram Bezer com os seus arredores,
Jaza com os seus arredores, 37 Quedemote com os
seus arredores e Mefaate com os seus arredores.
Ao todo, quatro cidades. 38 Da tribo de Gade, de-
ram, em Gileade, Ramote, cidade de refúgio para
o homicida, com os seus arredores, Maanaim
com os seus arredores, 39 Hesbom com os seus
arredores e Jazer com os seus arredores. Ao todo,
quatro cidades. 40 Todas estas cidades tocaram
por sorteio aos filhos de Merari, segundo as suas
famílias, que ainda restavam das famílias dos le-
vitas: doze cidades.

41 O total das cidades dos levitas, no meio da
herança dos filhos de Israel, foram quarenta e oito
cidades com os seus arredores. 42 Cada uma dessas
cidades tinha pastagens ao seu redor. Era assim
com todas elas.

O povo de Israel toma posse da terra

43 Desta maneira, o Senhor deu a Israel toda a
terra que, sob juramento, havia prometido dar a
seus pais; eles tomaram posse dela e habitaram
nela. 44 O Senhor lhes deu repouso ao redor, se-
gundo tudo o que havia jurado a seus pais. Ne-
nhum de todos os seus inimigos resistiu diante
deles; a todos eles o Senhor entregou nas mãos
dos filhos de Israel. 45 Nenhuma promessa falhou
de todas as boas palavras que o Senhor havia fala-
do à casa de Israel; tudo se cumpriu.

Josué abençoa e despede as duas tribos e meia

22 1 Então Josué chamou os rubenitas, os gadi-
tas e a meia tribo de Manassés 2 e lhes disse:

— Vocês fizeram tudo o que Moisés, servo do
Senhor, lhes ordenou e também foram obedien-
tes a mim em tudo o que lhes ordenei. 3 Durante
todo esse tempo, até o dia de hoje, vocês não
abandonaram os seus irmãos; pelo contrário, ti-
veram o cuidado de guardar o mandamento do
Senhor, seu Deus. 4 Agora o Senhor, seu Deus, já
concedeu repouso aos irmãos de vocês, como lhes
havia prometido. Voltem, pois, agora, e vão para as
suas tendas, à terra que lhes pertence, que Moisés,
servo do Senhor, deu a vocês do outro lado do Jor-
dão. 5 Mas tenham o maior cuidado em guardar o
mandamento e a lei que Moisés, servo do Senhor,
lhes ordenou: que vocês amem o Senhor, seu
Deus, andem em todos os seus caminhos, guar-
dem os seus mandamentos, sejam fiéis a ele e o
sirvam de todo o coração e de toda a alma.

6 Assim, Josué os abençoou e os despediu. E eles
foram para as suas tendas.

7 Ora, Moisés tinha dado herança em Basã à
meia tribo de Manassés; porém à outra metade da
tribo Josué deu herança entre os seus irmãos, deste
lado do Jordão, para o oeste. E Josué, ao despedi-los
para as suas tendas, os abençoou 8 e lhes disse:

— Voltem para as suas tendas com grandes ri-
quezas, com muito gado, prata, ouro, bronze, ferro
e muitas roupas. Repartam com os seus irmãos o
despojo que tomaram dos inimigos.

9 Assim, os filhos de Rúben, os filhos de Gade
e a meia tribo de Manassés voltaram e se retira-
ram dos filhos de Israel em Siló, que está na terra
de Canaã, para irem à terra de Gileade, à terra da
sua propriedade, de que foram feitos possuido-
res, segundo o mandado do Senhor, por meio de
Moisés.

O altar junto ao Jordão

10 Quando chegaram à região próxima ao Jor-
dão, na terra de Canaã, os filhos de Rúben, os
filhos de Gade e a meia tribo de Manassés edifica-
ram um altar junto ao Jordão, altar grande e visto-
so. 11 Os filhos de Israel ouviram dizer:

— Eis que os filhos de Rúben, os filhos de Gade
e a meia tribo de Manassés edificaram um altar
diante da terra de Canaã, perto do Jordão, do lado
dos filhos de Israel.

12 Quando os filhos de Israel ouviram isso, toda
a congregação dos filhos de Israel se reuniu em
Siló, para fazer guerra contra eles.

13 E os filhos de Israel enviaram Fineias, filho do
sacerdote Eleazar, aos filhos de Rúben, aos filhos
de Gade e à meia tribo de Manassés. 14 Com ele fo-
ram dez chefes, um de cada tribo de Israel, sendo
cada um deles chefe da casa de seus pais entre os
grupos de milhares de Israel. 15 Eles se dirigiram à
terra de Gileade, onde estavam os filhos de Rúben,
os filhos de Gade e a meia tribo de Manassés, e
lhes falaram, dizendo:

16 — Assim diz toda a congregação do SENHOR:
Que infidelidade é esta que vocês cometeram
contra o Deus de Israel, deixando hoje de seguir
o SENHOR, edificando um altar para vocês, para se
rebelarem contra o SENHOR? 17 Será que não nos
bastou a iniquidade de Peor, de que até hoje ain-
da não nos purificamos, apesar de ter vindo uma
praga sobre a congregação do SENHOR, 18 para que
hoje vocês deixem de seguir o SENHOR? Se hoje
vocês se rebelam contra o SENHOR, amanhã ele fi-
cará irado com toda a congregação de Israel. 19 Se
a terra que vocês receberam por herança é imun-
da, passem para a terra que pertence ao SENHOR,
onde está o tabernáculo do SENHOR, e tomem
posse entre nós. Porém não se rebelem contra o
SENHOR, nem se rebelem contra nós, edificando
para vocês um altar que não é o altar do SENHOR,
nosso Deus. 20 Não cometeu Acã, filho de Zera,
infidelidade no que diz respeito às coisas conde-
nadas? E não veio ira sobre toda a congregação de
Israel? Pois aquele homem não morreu sozinho
na sua iniquidade.

21 Então os filhos de Rúben, os filhos de Gade e
a meia tribo de Manassés responderam aos cabe-
ças dos grupos de milhares de Israel:

22 — O Poderoso, Deus, o SENHOR! O Poderoso,
Deus, o SENHOR, ele sabe, e Israel mesmo o sabe-
rá. Se foi em rebeldia ou por infidelidade contra o
SENHOR que fizemos isso, não nos poupem a vida
no dia de hoje. 23 Se edificamos um altar para dei-
xarmos de seguir o SENHOR, ou para, sobre ele,
oferecermos holocausto e oferta de cereais ou,
sobre ele, fazermos oferta pacífica, que o SENHOR
mesmo nos responsabilize por isso. 24 Pelo contrá-
rio, fizemos isso por causa da seguinte preocupa-
ção: amanhã talvez os filhos de vocês dirão aos
nossos filhos: "O que é que vocês têm a ver com
o SENHOR, o Deus de Israel? 25 Porque o SENHOR
pôs o Jordão por limite entre nós e vocês, ó filhos
de Rúben e filhos de Gade. Vocês não têm nada a
ver com o SENHOR!" E, assim, bem poderiam os
filhos de vocês afastar os nossos filhos do temor
do SENHOR. 26 Por isso dissemos: "Vamos edificar
um altar, não para holocausto, nem para sacrifício,
27 mas para que entre nós e vocês e entre as nossas
gerações depois de nós nos sirva de testemunho, e
possamos servir o SENHOR na presença dele com
os nossos holocaustos, os nossos sacrifícios e as
nossas ofertas pacíficas." E também para que, no
futuro, os filhos de vocês não digam aos nossos
filhos: "Vocês não têm nada a ver com o SENHOR."
28 Por isso dissemos: Se, no futuro, disserem algo
assim a nós ou aos nossos descendentes, respon-
deremos: "Vejam o modelo do altar do SENHOR
que os nossos pais fizeram, não para holocausto,
nem para sacrifício, mas para testemunho entre
nós e vocês." 29 Longe de nós a intenção de nos
rebelarmos contra o SENHOR e deixarmos hoje de
seguir o SENHOR, edificando um altar para holo-
causto, oferta de cereais ou sacrifício, altar que
não é o altar do SENHOR, nosso Deus, que está
diante do seu tabernáculo.

30 Quando o sacerdote Fineias, os chefes da
congregação e os cabeças dos grupos de milhares
de Israel que estavam com ele ouviram as palavras
que disseram os filhos de Rúben, os filhos de Gade
e os filhos de Manassés, deram-se por satisfeitos.
31 E Fineias, filho do sacerdote Eleazar, disse aos
filhos de Rúben, aos filhos de Gade e aos filhos de
Manassés:

— Hoje sabemos que o SENHOR está no meio
de nós, porque vocês não cometeram infidelidade
contra o SENHOR. Assim vocês livraram os filhos
de Israel da mão do SENHOR.

32 Fineias, filho do sacerdote Eleazar, e os che-
fes, deixando os filhos de Rúben e os filhos de
Gade, voltaram da terra de Gileade para a terra de
Canaã, aos filhos de Israel, e lhes deram relatório
de tudo. 33 Com esta resposta os filhos de Israel se
deram por satisfeitos e bendisseram a Deus. E não
falaram mais de ir e fazer guerra contra eles, para
destruírem a terra em que habitavam os filhos de
Rúben e os filhos de Gade. 34 Os filhos de Rúben e
os filhos de Gade chamaram o altar de "Testemu-
nho", porque disseram: "É um testemunho entre
nós de que o SENHOR é Deus."

Josué exorta o povo a observar a Lei

23 1 Muito tempo havia se passado desde que
o SENHOR tinha dado a Israel repouso de to-
dos os seus inimigos ao redor. Josué agora já era
bem idoso. 2 Ele chamou todo o Israel, os seus an-
ciãos, os seus chefes, os seus juízes e os seus ofi-
ciais e lhes disse:

— Já estou bem velho, 3 e vocês já viram tudo
o que o SENHOR, seu Deus, fez com todas essas
nações por causa de vocês, porque o SENHOR,
seu Deus, é o que lutou por vocês. 4 Vejam bem:
por sorteio eu reparti entre as tribos de vocês es-
tas nações que restam, juntamente com todas as
nações que tenho eliminado, desde o Jordão até o
mar Grande, na direção do pôr do sol. 5 O SENHOR,
seu Deus, as afastará e as expulsará da presença
de vocês; e vocês tomarão posse das terras dessas
nações, como o SENHOR, seu Deus, prometeu.

6— Portanto, esforcem-se muito para guardar
e cumprir tudo o que está escrito no Livro da Lei
de Moisés, para que dela não se afastem, nem
para a direita nem para a esquerda, 7e para que
não se misturem com essas nações que resta-
ram entre vocês. Não façam menção dos nomes
de seus deuses, nem jurem por eles. Não sir-
vam, nem adorem esses deuses. 8Pelo contrário,
apeguem-se ao SENHOR, seu Deus, como vocês
têm feito até o dia de hoje. 9Porque o SENHOR
expulsou de diante de vocês grandes e fortes
nações; e, até o dia de hoje, ninguém conseguiu
resistir a vocês. 10Um só de vocês perseguirá mil,
pois o SENHOR, seu Deus, é quem luta por vocês,
como ele prometeu.

11— Portanto, empenhem-se em amar o
SENHOR, seu Deus. 12Porque, se vocês se desvia-
rem dele e se apegarem ao que resta dessas nações
que ainda se encontram entre vocês, e se unirem
com elas por meio de casamento, e se misturarem
com elas, e elas com vocês, 13saibam com certeza
que o SENHOR, seu Deus, não expulsará mais es-
sas nações de diante de vocês. Pelo contrário, elas
serão um laço e uma rede para vocês, e açoite nas
costas e espinhos nos olhos, até que vocês desa-
pareçam desta boa terra que o SENHOR, seu Deus,
lhes deu.

14— Eis que hoje sigo pelo caminho de todos
os mortais, e vocês sabem de todo o coração e de
toda a alma que nem uma só promessa falhou de
todas as boas palavras que o SENHOR, seu Deus,
lhes falou; todas se cumpriram, nem uma delas
falhou. 15E assim como se cumpriram todas estas
boas coisas que o SENHOR, seu Deus, lhes prome-
teu, assim o SENHOR também cumprirá contra vo-
cês todas as ameaças, até que os destrua de sobre
a boa terra que o SENHOR, seu Deus, lhes deu. 16Se
violarem a aliança que o SENHOR, seu Deus, lhes
ordenou, e forem e servirem outros deuses, e os
adorarem, a ira do SENHOR se acenderá sobre vo-
cês, e logo vocês desaparecerão da boa terra que
ele lhes deu.

Josué se despede do povo

24 1Depois Josué reuniu todas as tribos de Is-
rael em Siquém e chamou os anciãos de
Israel, os seus chefes, os seus juízes e os seus ofi-
ciais, e eles se apresentaram diante de Deus. 2En-
tão Josué disse a todo o povo:

— Assim diz o SENHOR, Deus de Israel: "Anti-
gamente, os pais de vocês, incluindo Tera, pai de
Abraão e de Naor, viviam do outro lado do Eufra-
tes e serviam outros deuses. 3Eu, porém, trouxe
Abraão, o pai de vocês, do outro lado do rio e o fiz
percorrer toda a terra de Canaã. Também multipli-
quei a descendência dele e lhe dei Isaque. 4A Isa-
que dei Jacó e Esaú. A Esaú dei como propriedade
as montanhas de Seir, mas Jacó e seus filhos des-
ceram para o Egito. 5Então enviei Moisés e Arão e
castiguei o Egito com o que fiz ali; e, depois, tirei
vocês de lá. 6Quando tirei os seus pais do Egito,
vocês chegaram até o mar. Os egípcios persegui-
ram os pais de vocês, com carros de guerra e ca-
valeiros, até o mar Vermelho. 7Os pais de vocês
clamaram e o SENHOR pôs escuridão entre vocês
e os egípcios, e trouxe o mar sobre eles, e o mar os
cobriu. Vocês viram com os seus próprios olhos o
que eu fiz no Egito. Depois vocês viveram no de-
serto por muito tempo.

8— Daí eu os trouxe à terra dos amorreus, que
moravam do outro lado do Jordão. Eles lutaram
contra vocês, mas eu os entreguei nas mãos de
vocês. Vocês tomaram posse da terra deles, e eu
os destruí diante de vocês. 9Então o rei de Moabe,
Balaque, filho de Zipor, se levantou e lutou contra
Israel. Mandou chamar Balaão, filho de Beor, para
que os amaldiçoasse. 10Porém eu não quis ouvir
Balaão, e ele teve de abençoar vocês. E assim eu
os livrei das mãos de Balaque.

11— Vocês atravessaram o Jordão e chegaram a
Jericó. Os moradores de Jericó lutaram contra vo-
cês e o mesmo fizeram também os amorreus, os
ferezeus, os cananeus, os heteus, os girgaseus, os
heveus e os jebuseus. Porém eu os entreguei nas
mãos de vocês. 12Enviei vespões adiante de vocês,
que os expulsaram de diante de vocês, bem como
os dois reis dos amorreus. E não foram as espa-
das nem os arcos de vocês que fizeram isso. 13Eu
lhes dei uma terra em que vocês não trabalharam
e cidades que vocês não haviam construído. Vo-
cês estão vivendo nessas cidades, e comem das
vinhas e dos olivais que não plantaram."

Renovação da aliança

14— Agora, pois, temam o SENHOR e o sirvam
com integridade e com fidelidade. Joguem fora
os deuses que os pais de vocês serviram do outro
lado do Eufrates e no Egito e sirvam o SENHOR.
15Mas, se vocês não quiserem servir o SENHOR,
escolham hoje a quem vão servir: se os deuses a
quem os pais de vocês serviram do outro lado do
Eufrates ou os deuses dos amorreus em cuja terra
vocês estão morando. Eu e a minha casa servire-
mos o SENHOR.

16Então o povo respondeu:

— Longe de nós abandonar o SENHOR para
servir outros deuses! 17Porque o SENHOR é o nos-
so Deus. Ele é quem nos tirou, a nós e aos nossos
pais, da terra do Egito, da casa da servidão. Ele é
quem fez estes grandes sinais aos nossos olhos e
nos guardou por todo o caminho em que andamos
e entre todos os povos pelo meio dos quais passa-
mos. 18O SENHOR expulsou de diante de nós todas
estas gentes, até o amorreu, morador da terra.

Portanto, nós também serviremos o Senhor, pois
ele é o nosso Deus.
19 Então Josué disse ao povo:
— Vocês não poderão servir o Senhor, porque
é Deus santo, Deus zeloso, que não perdoará a
transgressão e os pecados de vocês. 20 Se abando-
narem o Senhor e servirem deuses estranhos, ele
se voltará contra vocês, e lhes fará mal, e os des-
truirá, depois de lhes ter feito bem.
21 Então o povo disse a Josué:
— Não! O que queremos é servir o Senhor.
22 Josué disse ao povo:
— Vocês são testemunhas contra vocês mes-
mos de que escolheram o Senhor para o servir.
E eles disseram:
— Sim, somos testemunhas.
23 E Josué continuou:
— Agora, pois, joguem fora os deuses estra-
nhos que há no meio de vocês e inclinem o cora-
ção ao Senhor, Deus de Israel.
24 O povo disse a Josué:
— Ao Senhor, nosso Deus, serviremos e obe-
deceremos à sua voz.
25 Assim, naquele dia, Josué fez aliança com
o povo e lhes deu estatutos e juízos em Siquém.
26 Josué escreveu estas palavras no Livro da Lei de
Deus. Pegou uma grande pedra e a erigiu ali de-
baixo do carvalho que estava junto ao santuário
do Senhor. 27 Então Josué disse a todo o povo:
— Eis que esta pedra nos será testemunha, pois
ouviu todas as palavras que o Senhor nos tem
dito. Portanto, será testemunha contra vocês, para
que não mintam ao Deus de vocês.
28 Então Josué despediu o povo, cada um para a
sua herança.

A morte de Josué e de Eleazar

Jz 2.6-9

29 Depois destas coisas, Josué, filho de Num, ser-
vo do Senhor, morreu com a idade de cento e dez
anos. 30 Foi sepultado na sua própria herança, em
Timnate-Sera, que fica na região montanhosa de
Efraim, para o norte do monte Gaás.
31 Israel serviu o Senhor todos os dias de Josué
e todos os dias dos anciãos que ainda sobrevive-
ram por muito tempo depois de Josué e que sa-
biam de todas as obras que o Senhor tinha feito
por Israel.
32 Os ossos de José, que os filhos de Israel trou-
xeram do Egito, foram sepultados em Siquém,
naquela parte do campo que Jacó havia comprado
dos filhos de Hamor, pai de Siquém, por cem pe-
ças de prata, e que veio a ser a herança dos filhos
de José.
33 Morreu também Eleazar, filho de Arão, e o
sepultaram em Gibeá, cidade que pertencia a Fi-
neias, seu filho, e que lhe tinha sido dada na re-
gião montanhosa de Efraim.

O LIVRO DOS JUÍZES

Novas conquistas pelas tribos

1 1 Depois da morte de Josué, os filhos de Israel
consultaram o Senhor, dizendo:
— Quem de nós será a primeira tribo a lutar
contra os cananeus?
2 O Senhor respondeu:
— A tribo de Judá será a primeira; eis que entre-
guei a terra nas mãos desta tribo.
3 Então os filhos de Judá disseram aos seus ir-
mãos da tribo de Simeão:
— Venham conosco à herança que nos caiu
por sorteio, e lutemos contra os cananeus. Depois
também nós iremos com vocês à herança que lhes
caiu por sorteio.
E os filhos de Simeão foram com eles. 4 Os filhos
de Judá atacaram, e o Senhor lhes entregou nas
mãos os cananeus e os ferezeus; e, em Bezeque, ma-
taram dez mil homens. 5 Em Bezeque, encontraram
Adoni-Bezeque e lutaram contra ele; e derrotaram
os cananeus e os ferezeus. 6 Adoni-Bezeque fugiu,
mas eles o perseguiram e, prendendo-o, lhe corta-
ram os polegares das mãos e dos pés. 7 Então Adoni-
-Bezeque disse:
— Setenta reis, a quem haviam sido cortados os
polegares das mãos e dos pés, apanhavam miga-
lhas debaixo da minha mesa. Assim como eu fiz,
assim Deus me retribuiu.
E o levaram a Jerusalém, onde morreu.

A conquista de Jerusalém e Hebrom

8 Os filhos de Judá atacaram Jerusalém e,
tomando-a, mataram os seus moradores e puse-
ram fogo na cidade. 9 Depois, os filhos de Judá fo-
ram lutar contra os cananeus que habitavam nas
montanhas, no Neguebe e na Sefelá. 10 Também
atacaram os cananeus que moravam em Hebrom,

cujo nome antes era Quiriate-Arba, e derrotaram
Sesai, Aimã e Talmai.

Otniel conquista Debir

Js 15.14-19

11 Dali os filhos de Judá marcharam contra os
moradores de Debir, que antes era chamada de
Quiriate-Sefer. 12 Então Calebe disse:
— Darei a minha filha Acsa por mulher ao ho-
mem que atacar e conquistar Quiriate-Sefer.
13 Quem conquistou a cidade foi Otniel, filho
de Quenaz, o irmão de Calebe, mais novo do que
ele. E Calebe lhe deu a sua filha Acsa por mulher.
14 Esta, quando foi morar com Otniel, insistiu
com ele para que pedisse um campo ao pai dela.
Quando ela desceu do jumento, Calebe lhe per-
guntou:
— O que é que você quer?
15 Ela respondeu:
— Quero que me dê um presente. Já que o
senhor me deu uma terra seca, me dê também al-
gumas fontes de água.
Então Calebe lhe deu as fontes superiores e as
fontes inferiores.

Outras conquistas

16 Os filhos do queneu, sogro de Moisés, saíram
da cidade das palmeiras com os filhos de Judá e
foram ao deserto de Judá, que está ao sul de Ara-
de; foram e habitaram com este povo. 17 Os filhos
de Judá foram com os seus irmãos da tribo de Si-
meão e atacaram os cananeus que moravam em
Zefate e destruíram totalmente a cidade; por isso,
foi chamada de Horma.
18 Também conquistaram Gaza, Asquelom e
Ecrom com os seus respectivos territórios. 19 O
SENHOR esteve com os filhos de Judá, e estes ocupa-
ram a região das montanhas. Porém não expulsa-
ram os moradores do vale, porque estes tinham
carros de ferro. 20 E, como Moisés havia prometido,
deram Hebrom a Calebe, e este expulsou dali os
três filhos de Anaque.
21 Porém os filhos de Benjamim não expulsaram
os jebuseus que moravam em Jerusalém. Assim,
os jebuseus vivem com os filhos de Benjamim em
Jerusalém até o dia de hoje.
22 A casa de José atacou Betel, e o SENHOR es-
tava com eles. 23 A casa de José enviou homens
a espiar Betel, que antes se chamava Luz. 24 Os
espias viram um homem que saía da cidade e lhe
disseram:
— Mostre-nos a entrada da cidade, e teremos
misericórdia de você.
25 O homem mostrou a entrada da cidade, e
eles mataram os moradores ao fio da espada; mas
deixaram ir aquele homem e toda a sua família.
26 Então ele foi para a terra dos heteus, edificou
uma cidade, e lhe deu o nome de Luz. E este é o
seu nome até o dia de hoje.

Terras não conquistadas pelos israelitas

27 A tribo de Manassés não expulsou os mora-
dores de Bete-Seã, nem os de Taanaque, nem os
de Dor, nem os de Ibleão, nem os de Megido, to-
das com as suas respectivas aldeias; os cananeus
continuaram a viver naquela terra. 28 Quando,
porém, Israel se tornou mais forte, sujeitou os
cananeus a trabalhos forçados, mas não os ex-
pulsou de todo.
29 A tribo de Efraim não expulsou os cananeus,
moradores de Gezer. Assim, continuaram a viver
com eles em Gezer.
30 A tribo de Zebulom não expulsou os mora-
dores de Quitrom, nem os de Naalol. Os cana-
neus continuaram com eles, sujeitos a trabalhos
forçados.
31 A tribo de Aser não expulsou os morado-
res de Aco, nem os de Sidom, os de Alabe, os de
Aczibe, os de Helba, os de Afeca e os de Reobe.
32 Os aseritas continuaram no meio dos cana-
neus que moravam na terra, porque não os ex-
pulsaram.
33 A tribo de Naftali não expulsou os moradores
de Bete-Semes, nem os de Bete-Anate, mas con-
tinuou no meio dos cananeus que moravam na
terra. No entanto, os moradores de Bete-Semes e
Bete-Anate ficaram sujeitos a trabalhos forçados.
34 Os amorreus levaram os filhos de Dã a se re-
tirar para as montanhas e não os deixavam descer
ao vale. 35 Os amorreus conseguiram permane-
cer nas montanhas de Heres, em Aijalom e em
Saalabim; no entanto, a mão da casa de José pre-
valeceu, e os amorreus foram sujeitos a trabalhos
forçados. 36 O território dos amorreus ia desde a
subida de Acrabim e desde Sela para cima.

Deus repreende os israelitas

2 1 O Anjo do SENHOR foi de Gilgal a Boquim e
disse:
— Eu tirei vocês do Egito e os trouxe à terra
que, sob juramento, havia prometido aos seus
pais. Eu disse: "Nunca invalidarei a minha alian-
ça com vocês. 2 Quanto a vocês, não façam ne-
nhuma aliança com os moradores desta terra;
pelo contrário, derrubem os seus altares." No
entanto, vocês não obedeceram à minha voz. O
que é isso que vocês fizeram? 3 Por isso, também
eu disse: "Não expulsarei esses povos da pre-
sença de vocês; pelo contrário, eles serão seus
adversários, e os deuses deles serão uma arma-
dilha para vocês."
4 Quando o Anjo do SENHOR acabou de falar
estas palavras a todos os filhos de Israel, o povo
levantou a sua voz e chorou. 5 Por isso aquele lugar

foi chamado de Boquim. E ali ofereceram sacrifí-
cios ao SENHOR.

A morte de Josué

Js 24.29-31

6 Depois que Josué despediu o povo, os filhos
de Israel se foram, cada um à sua herança, para
possuírem a terra. 7 O povo serviu o SENHOR todos
os dias de Josué e todos os dias dos anciãos que
ainda sobreviveram por muito tempo depois de
Josué e que viram todas as grandes obras que o
SENHOR tinha feito por Israel.
8 Josué, filho de Num, servo do SENHOR, mor-
reu com a idade de cento e dez anos. 9 Foi sepul-
tado em sua própria herança, em Timnate-Heres,
na região montanhosa de Efraim, ao norte do
monte Gaás.
10 Toda aquela geração também morreu e foi
reunida aos seus pais. E, depois dela, se levantou
uma nova geração, que não conhecia o SENHOR,
nem as obras que ele havia feito por Israel. 11 En-
tão os filhos de Israel fizeram o que era mau aos
olhos do SENHOR, servindo os baalins. 12 Deixa-
ram o SENHOR, Deus de seus pais, que os havia ti-
rado da terra do Egito, e seguiram outros deuses,
os deuses dos povos que havia ao redor deles, e os
adoraram, e provocaram o SENHOR à ira. 13 Porque
deixaram o SENHOR e serviram Baal e Astarote.
14 A ira do SENHOR se acendeu contra Israel e ele
os entregou nas mãos de ladrões que os despoja-
vam do que possuíam. Ele os entregou nas mãos
dos seus inimigos ao redor; e não puderam mais
resistir a eles. 15 Por onde quer que fossem, a mão
do SENHOR estava contra eles para seu mal, como
o SENHOR lhes tinha dito e como lhes havia jura-
do. E estavam em grande aperto.
16 Então o SENHOR suscitou juízes, que os livra-
ram das mãos dos que os atacavam e roubavam.
17 Mas eles não obedeceram aos seus juízes; pelo
contrário, se prostituíram com outros deuses e os
adoraram. Depressa se desviaram do caminho por
onde andaram seus pais na obediência aos man-
damentos do SENHOR; e não fizeram como eles.
18 Quando o SENHOR lhes suscitava juízes, o
SENHOR estava com o juiz e os livrava das mãos
dos seus inimigos, todos os dias daquele juiz; por-
que o SENHOR se compadecia deles ante os seus
gemidos, por causa dos que os afligiam e opri-
miam. 19 Mas, quando o juiz morria, eles voltavam
a viver como antes e se tornavam piores do que
os seus pais, seguindo outros deuses, servindo-
-os e *adorando-os*. Não abandonavam nenhuma
das suas práticas, nem a sua obstinação. 20 Por
isso a ira do SENHOR se acendeu contra Israel, e
ele disse:
— Porque este povo transgrediu a minha alian-
ça que eu havia ordenado a seus pais e não deu
ouvidos à minha voz, 21 também eu não expulsa-
rei mais de diante deles nenhuma das nações que
Josué deixou quando morreu. 22 Por meio delas
vou pôr Israel à prova, para ver se o povo guardará
ou não o caminho do SENHOR, como seus pais o
guardaram.
23 Assim, o SENHOR deixou que aquelas nações
ficassem e não as expulsou logo, nem as entregou
nas mãos de Josué.

Povos pagãos no meio de Israel

3 1 São estas as nações que o SENHOR deixou fi-
car para, por meio delas, pôr Israel à prova, isto
é, para provar todos os israelitas que não sabiam
de todas as guerras de Canaã. 2 Ele fez isso tão
somente para que as gerações dos filhos de Israel
conhecessem a guerra, para lhes ensinar a guerra,
pelo menos às gerações que, anteriormente, não
sabiam disso. 3 Os que ficaram foram: cinco gover-
nantes dos filisteus, todos os cananeus, sidônios e
heveus que habitavam as montanhas do Líbano,
desde o monte de Baal-Hermom até a entrada de
Hamate. 4 Estes ficaram para, por meio deles, o
SENHOR pôr Israel à prova, para saber se dariam
ouvidos aos mandamentos que havia ordenado
a seus pais por meio de Moisés. 5 Assim, os filhos
de Israel moravam no meio dos cananeus, dos
heteus, dos amorreus, dos ferezeus, dos heveus e
dos jebuseus. 6 Tomaram de suas filhas para si por
mulheres e deram as suas próprias aos filhos de-
les; e rendiam culto a seus deuses.

Otniel

7 Os filhos de Israel fizeram o que era mau aos
olhos do SENHOR e se esqueceram do SENHOR, seu
Deus; e renderam culto aos baalins e ao poste da
deusa Aserá. 8 Então a ira do SENHOR se acendeu
contra Israel, e ele os entregou nas mãos de Cusã-
-Risataim, rei da Mesopotâmia; e os filhos de Is-
rael serviram Cusã-Risataim durante oito anos.
9 Os filhos de Israel clamaram ao SENHOR, e o
SENHOR lhes suscitou um libertador, que os li-
bertou: Otniel, filho de Quenaz, que era irmão
de Calebe e mais novo do que ele. 10 O Espírito
do SENHOR veio sobre ele, e ele se tornou juiz de
Israel. Foi para a guerra, e o SENHOR lhe entregou
nas mãos Cusã-Risataim, rei da Mesopotâmia,
contra o qual ele prevaleceu.
11 Então a terra ficou em paz durante quarenta
anos. Otniel, filho de Quenaz, morreu.

Eúde

12 Os filhos de Israel tornaram a fazer o que
era mau aos olhos do SENHOR. Por isso, o SENHOR
deu poder a Eglom, rei dos moabitas, contra Is-
rael, porque fizeram o que era mau aos olhos
do SENHOR. 13 Eglom se juntou com os filhos de

Amom e os amalequitas, foi e derrotou Israel. E
eles se apoderaram da cidade das palmeiras. 14 E
os filhos de Israel serviram Eglom, rei dos moabi-
tas, durante dezoito anos.

15 Então os filhos de Israel clamaram ao SENHOR,
e o SENHOR lhes suscitou um libertador: Eúde, ho-
mem canhoto, filho de Gera, benjamita. Por meio
dele, os filhos de Israel enviaram tributo a Eglom,
rei dos moabitas. 16 Eúde fez para si um punhal
de dois gumes, do comprimento de quase meio
metro; e cingiu-o debaixo da sua roupa, do lado
direito. 17 Então ele levou o tributo a Eglom, rei
dos moabitas. Eglom era um homem muito gordo.
18 Depois de entregar o tributo, Eúde saiu com os
carregadores do tributo. 19 Ele, porém, voltou do
ponto em que estavam as imagens de escultura ao
pé de Gilgal e disse ao rei:

— Tenho uma palavra secreta para o senhor, ó
rei.

O rei disse:

— Cale-se.

Então todos os que estavam com o rei saíram de
sua presença. 20 Eúde entrou numa sala de verão,
que o rei tinha só para si, e onde ele estava senta-
do. Eúde disse:

— Tenho uma palavra de Deus para o senhor.

E Eglom se levantou da cadeira. 21 Então Eúde
estendeu a mão esquerda, puxou o seu punhal
do lado direito e o cravou na barriga do rei, 22 de
tal maneira que entrou também o cabo com a lâ-
mina; e, porque não tirou o punhal da barriga, a
gordura se fechou sobre ele. Eúde saiu por uma
portinhola, 23 passou para a antessala, depois de
fechar e trancar as portas atrás de si. 24 Quando
ele tinha saído, vieram os servos do rei e viram
que as portas da sala de verão estavam trancadas.
E disseram:

— Sem dúvida ele está fazendo as necessidades
na sala de verão.

25 Esperaram até cansar; e, como o rei não abria
a porta da sala, pegaram a chave e a abriram; e eis
que o seu senhor estava morto, caído no chão.
26 Eúde escapou enquanto eles se demoravam e,
tendo passado pelas imagens de escultura, foi
para Seirá. 27 Tendo chegado, tocou a trombeta nas
montanhas de Efraim; e os filhos de Israel desce-
ram com ele das montanhas, indo ele à frente. 28 E
lhes disse:

— Sigam-me, porque o SENHOR entregou nas
mãos de vocês os seus inimigos, os moabitas.

Eles seguiram Eúde e tomaram os vaus do Jor-
dão contra os moabitas, e a nenhum deles deixa-
ram passar. 29 Naquele tempo, mataram uns dez
mil homens moabitas, todos robustos e valentes;
e não escapou nem sequer um. 30 Assim, naquele
dia, Moabe foi subjugado por Israel.

E a terra ficou em paz durante oitenta anos.

Sangar

31 Depois de Eúde veio Sangar, filho de Anate,
que matou seiscentos filisteus com uma aguilhada
de bois; e também ele libertou Israel.

Débora e Baraque

4 1 Os filhos de Israel tornaram a fazer o que era
mau aos olhos do SENHOR, depois da morte
de Eúde. 2 E o SENHOR os entregou nas mãos de
Jabim, rei de Canaã, que governava Hazor. O co-
mandante do seu exército era Sísera, que morava
em Harosete-Hagoim.

3 Os filhos de Israel clamaram ao SENHOR, por-
que Jabim tinha novecentos carros de ferro e, du-
rante vinte anos, oprimia duramente os filhos de
Israel.

4 Débora, profetisa, esposa de Lapidote, julga-
va Israel naquele tempo. 5 Ela atendia debaixo da
palmeira de Débora, entre Ramá e Betel, na re-
gião montanhosa de Efraim; e os filhos de Israel
vinham até ali para apresentar as suas questões.
6 Débora mandou chamar Baraque, filho de Abi-
noão, de Quedes de Naftali, e lhe disse:

— O SENHOR, Deus de Israel, deu a seguinte
ordem: "Vá e reúna os seus homens no monte
Tabor, escolhendo dez mil homens dos filhos de
Naftali e dos filhos de Zebulom. 7 Eu farei com que
Sísera, comandante do exército de Jabim, se dirija
até você junto ao ribeiro de Quisom, com os seus
carros de guerra e as suas tropas; e eu o entregarei
nas suas mãos."

8 Então Baraque disse a Débora:

— Se você for comigo, irei; mas, se você não for
comigo, não irei.

9 Ela respondeu:

— Certamente irei com você, mas a honra da
investida que você está empreendendo não será
sua, porque o SENHOR entregará Sísera nas mãos
de uma mulher.

E Débora foi com Baraque até Quedes. 10 Então
Baraque convocou as tribos de Zebulom e Naftali
em Quedes. Dez mil homens o seguiram, e Débora
também foi com ele.

11 Ora, Héber, o queneu, tinha se afastado dos
queneus, dos filhos de Hobabe, sogro de Moisés,
e havia armado as suas tendas até o carvalho de
Zaananim, que fica perto de Quedes.

12 Anunciaram a Sísera que Baraque, filho de
Abinoão, tinha subido ao monte Tabor. 13 Sísera
convocou todos os seus carros de guerra, nove-
centos carros de ferro, e todo o povo que estava
com ele, de Harosete-Hagoim para o ribeiro de
Quisom.

14 Então Débora disse a Baraque:

— Prepare-se, porque este é o dia em que o
SENHOR entregou Sísera em suas mãos. Não é ver-
dade que o SENHOR está indo à sua frente?

Então Baraque desceu do monte Tabor, e dez
mil homens o seguiram. 15 E o SENHOR derrotou
Sísera, todos os seus carros de guerra e todo o seu
exército a fio de espada, diante de Baraque; e Síse-
ra saltou do seu carro e fugiu a pé. 16 Mas Baraque
perseguiu os carros e os exércitos até Harosete-
-Hagoim. Todo o exército de Sísera caiu a fio de
espada, sem escapar nem sequer um.
17 Porém Sísera fugiu a pé para a tenda de Jael,
mulher de Héber, o queneu, pois havia paz entre
Jabim, rei de Hazor, e a casa de Héber, o queneu.
18 Jael saiu ao encontro de Sísera e lhe disse:
— Entre, meu senhor, entre na minha tenda.
Não tenha medo.
Ele entrou na tenda de Jael, e ela pôs sobre ele
uma coberta. 19 Então Sísera disse:
— Por favor, me dê um pouco de água, porque
estou com sede.
Ela abriu um odre de leite, e deu-lhe de beber.
Depois o cobriu novamente. 20 E ele lhe disse mais:
— Fique na porta da tenda. Se alguém vier e
perguntar se há alguém aqui, responda que não.
21 Então Jael, mulher de Héber, pegou uma es-
taca da tenda e, lançando mão de um martelo, foi
de mansinho até perto dele e lhe cravou a estaca
na têmpora, de modo que ela penetrou na terra.
Ele estava exausto e dormia profundamente; e foi
assim que morreu.
22 E eis que, quando Baraque estava perseguin-
do Sísera, Jael saiu ao encontro dele e lhe disse:
— Venha, e eu lhe mostrarei o homem que você
está procurando.
Ele a seguiu; e eis que Sísera estava caído, mor-
to, com a estaca fincada na têmpora.
23 Assim, naquele dia, Deus humilhou Jabim, rei
de Canaã, diante dos filhos de Israel. 24 E cada vez
mais a mão dos filhos de Israel prevalecia contra
Jabim, rei de Canaã, até que o exterminaram.

O cântico de Débora

5 1 Naquele dia Débora e Baraque, filho de Abi-
noão, cantaram assim:

2 Porque os chefes se puseram
à frente de Israel,
e o povo se ofereceu voluntariamente,
bendigam o SENHOR!
3 Escutem, ó reis! Ouçam, ó príncipes!
Eu, eu mesma cantarei ao SENHOR;
salmodiarei ao SENHOR, Deus de Israel.
4 Quando tu, ó SENHOR, saíste de Seir,
marchando desde o campo de Edom,
a terra estremeceu;
os céus gotejaram,
sim, até as nuvens gotejaram água.
5 Os montes tremeram diante do SENHOR,
e até o Sinai, diante do SENHOR, Deus de Israel.
6 Nos dias de Sangar, filho de Anate,
nos dias de Jael, cessaram as caravanas;
e os viajantes tomavam desvios tortuosos.
7 Ficaram desertas as aldeias em Israel,
ficaram desertas até que eu,
Débora, me levantei;
levantei-me por mãe em Israel.
8 Escolheram-se deuses novos;
então a guerra estava às portas;
não se via escudo nem lança
entre quarenta mil em Israel.
9 Meu coração está
com os comandantes de Israel,
que, voluntariamente,
se ofereceram entre o povo.
Bendigam o SENHOR.
10 Vocês que cavalgam jumentas brancas,
que se assentam em juízo
e que andam pelo caminho, falem disto.
11 À música dos distribuidores de água,
lá entre os canais dos rebanhos,
falem dos atos de justiça do SENHOR,
das justiças a favor
de suas aldeias em Israel.
Então o povo do SENHOR pôde
descer aos portões da cidade.
12 Desperte, Débora, desperte!
Desperte, acorde, entoe um cântico!
Levante-se, Baraque, filho de Abinoão,
e leve presos os que o prenderam.
13 Então desceu o restante dos nobres,
o povo do SENHOR em meu auxílio
contra os poderosos.
14 De Efraim, cujas raízes estão
na antiga região de Amaleque,
desceram guerreiros;
depois de você, ó Débora,
seguiu Benjamim com seus povos;
de Maquir desceram comandantes,
e, de Zebulom, os que levam
a vara de comando.
15 Também os príncipes de Issacar
foram com Débora;
Issacar seguiu Baraque,
em cujas pegadas foi enviado para o vale.
Entre as facções de Rúben
houve grande discussão.
16 Por que vocês ficaram entre os currais
para ouvir a flauta?
Entre as facções de Rúben
houve grande discussão.
17 Gileade ficou do outro lado do Jordão,
e Dã, por que se deteve
junto a seus navios?
Aser ficou junto à costa do mar
e repousou nas suas baías.

18 Zebulom é povo que arriscou a sua vida,
bem como Naftali, nas alturas do campo.

19 Vieram reis e lutaram.
Os reis de Canaã lutaram em Taanaque,
junto às águas de Megido,
mas não levaram nenhum despojo de prata.
20 Lá do céu as estrelas lutaram;
desde os lugares dos seus cursos
lutaram contra Sísera.
21 O ribeiro de Quisom os arrastou,
Quisom, o antigo ribeiro.
Avante, ó minha alma, firme!
22 Então os cascos dos cavalos
socavam pelo galopar,
o galopar dos seus guerreiros.

23 Amaldiçoem Meroz, diz o Anjo do SENHOR,
amaldiçoem duramente os seus moradores,
porque não vieram em socorro do SENHOR,
em socorro do SENHOR e seus heróis.

24 Que a mais bendita
entre as mulheres seja Jael,
mulher de Héber, o queneu;
que seja a mais bendita entre as mulheres
que vivem em tendas.
25 Sísera pediu água, e ela lhe deu leite;
em taça de príncipes
lhe ofereceu nata.
26 Ela estendeu uma das mãos
e apanhou a estaca,
e, com a mão direita, pegou o martelo
dos trabalhadores.
Golpeou Sísera,
rachou-lhe a cabeça,
furou e atravessou-lhe as têmporas.
27 Aos pés dela ele se encurvou,
caiu e ficou estirado;
a seus pés se encurvou e caiu;
onde se encurvou, ali caiu morto.

28 A mãe de Sísera olhava pela janela
e exclamava pela grade:
"Por que tarda em vir o seu carro?
Por que se demoram
os passos dos seus cavalos?"
29 As mais sábias das suas damas respondem,
e até ela a si mesma respondia:
30 "Não é verdade que acharam
e estão repartindo os despojos?
Uma ou duas moças para cada homem;
tecidos de várias cores para Sísera,
tecidos de várias cores de bordados;
um ou dois tecidos bordados,
para o pescoço da esposa."

31 Assim, ó SENHOR, pereçam
todos os teus inimigos!
Porém os que te amam brilhem como o sol
quando se levanta no seu esplendor.

E a terra ficou em paz durante quarenta anos.

Gideão

6 1 Os filhos de Israel fizeram o que era mau aos
olhos do SENHOR e por isso o SENHOR os entre-
gou nas mãos dos midianitas durante sete anos. 2 Os
midianitas prevaleceram contra Israel. E, por cau-
sa dos midianitas, os filhos de Israel fizeram para
si as covas que estão nos montes, as cavernas e as
fortificações. 3 Porque, cada vez que os israelitas se-
meavam, os midianitas, os amalequitas e os povos
do Oriente os atacavam. 4 Acampavam em Israel,
destruindo os produtos da terra até a vizinhança
de Gaza, e não deixavam em Israel sustento algum,
nem ovelhas, nem bois, nem jumentos. 5 Pois vi-
nham com o seu gado e as suas tendas, como uma
nuvem de gafanhotos. Eram tantos, que não se po-
diam contar, nem a eles nem aos seus camelos; e en-
travam na terra para a destruir. 6 Assim, Israel ficou
muito debilitado com a presença dos midianitas.
Então os filhos de Israel clamaram ao SENHOR.

7 Quando os filhos de Israel clamaram ao
SENHOR por causa dos midianitas, 8 o SENHOR lhes
enviou um profeta, que lhes disse:

— Assim diz o SENHOR, Deus de Israel: "Eu ti-
rei vocês do Egito, da casa da servidão. 9 Eu os li-
vrei das mãos dos egípcios e das mãos de todos
os opressores. Eu os expulsei e dei a vocês a terra
deles. 10 E disse: 'Eu sou o SENHOR, o Deus de vocês;
não adorem os deuses dos amorreus, em cuja terra
vocês estão morando.' Mas vocês não deram ouvi-
dos à minha voz."

11 Então o Anjo do SENHOR veio e sentou-se de-
baixo do carvalho que está em Ofra, que pertencia
a Joás, da família de Abiezer. Gideão, filho de Joás,
estava malhando o trigo no lagar, para o pôr a sal-
vo dos midianitas. 12 Então o Anjo do SENHOR lhe
apareceu e lhe disse:

— O SENHOR está com você, homem valente.

13 Gideão respondeu:

— Ah! Meu senhor! Se o SENHOR Deus está co-
nosco, por que nos aconteceu tudo isto? E onde
estão todas as suas maravilhas que os nossos pais
nos contaram? Eles disseram: "O SENHOR nos ti-
rou do Egito!" Porém, agora, o SENHOR nos aban-
donou e nos entregou nas mãos dos midianitas.

14 Então o SENHOR se virou para Gideão e disse:

— Vá nessa força que você tem e livre Israel das
mãos dos midianitas. Não é verdade que eu estou
enviando você?

15 Gideão respondeu:

— Ah! Meu Senhor! Como livrarei Israel? Eis
que a minha família é a mais pobre em Manassés,
e eu sou o menor na casa de meu pai.

16 Mas o SENHOR disse:

— Já que eu estou ao seu lado, você derrotará os midianitas como se fossem um só homem.

17 Gideão respondeu:

— Se de fato encontrei favor aos teus olhos, dá-me um sinal de que és tu, SENHOR, que estás falando comigo. 18 Peço que não te afastes daqui até que eu volte, traga a minha oferta e a coloque diante de ti.

Ele respondeu:

— Eu esperarei até que você volte.

19 Gideão entrou em casa, preparou um cabrito e fez pães sem fermento com vinte litros de farinha. Pôs a carne num cesto, e o caldo, numa panela. Depois, trouxe tudo até debaixo do carvalho e o entregou ao Anjo. 20 Porém o Anjo de Deus lhe disse:

— Pegue a carne e os pães sem fermento e coloque-os sobre esta rocha. Depois, derrame o caldo em cima.

Foi o que Gideão fez. 21 Então o Anjo do SENHOR estendeu a ponta do cajado que trazia na mão e tocou a carne e os pães sem fermento. Saiu fogo da rocha e queimou a carne e os pães. E o Anjo do SENHOR desapareceu da presença dele. 22 Quando Gideão viu que era o Anjo do SENHOR, disse:

— Ai de mim, SENHOR Deus! Pois vi o Anjo do SENHOR face a face.

23 Mas o SENHOR lhe disse:

— Que a paz esteja com você! Não tenha medo! Você não morrerá!

24 Então Gideão edificou ali um altar ao SENHOR e lhe deu o nome de "O SENHOR É Paz". Até o dia de hoje esse altar está em Ofra, que pertence à família de Abiezer.

25 Naquela mesma noite, o SENHOR disse a Gideão:

— Leve o touro que pertence a seu pai, a saber, o segundo touro de sete anos, e derrube o altar de Baal que é do seu pai, e corte o poste da deusa Aserá que está junto ao altar. 26 No alto desse lugar fortificado faça para o SENHOR, seu Deus, um altar em camadas de pedra. Depois, pegue o segundo touro e ofereça-o em holocausto com a lenha do poste da deusa Aserá que você irá cortar.

27 Então Gideão levou dez homens dos seus servos e fez como o SENHOR lhe havia falado. Mas, porque teve medo da casa de seu pai e dos homens daquela cidade, não o fez de dia, mas de noite.

28 De madrugada, quando os homens daquela cidade se levantaram, eis que o altar de Baal estava derrubado, e o poste da deusa Aserá que estava junto dele, cortado; e o referido segundo touro tinha sido oferecido no altar que havia sido edificado. 29 E diziam uns aos outros:

— Quem fez isto?

E, perguntando e inquirindo, disseram:

— Quem fez isso foi Gideão, o filho de Joás.

30 Então os homens daquela cidade disseram a Joás:

— Traga o seu filho para fora, para que seja morto, pois derrubou o altar de Baal e cortou o poste da deusa Aserá que estava junto dele.

31 Porém Joás disse a todos os que se puseram contra ele:

— Vocês querem defender a causa de Baal? Vocês querem livrá-lo? Quem defender a causa dele será morto ainda esta manhã. Se ele é deus, que defenda a si mesmo; afinal, derrubaram o seu altar.

32 Naquele dia Gideão passou a ser chamado de Jerubaal, porque foi dito: "Que Baal defenda a sua causa contra ele, pois foi ele quem derrubou o seu altar."

33 Todos os midianitas, amalequitas e povos do Oriente se ajuntaram, passaram o Jordão e acamparam no vale de Jezreel. 34 Então o Espírito do SENHOR revestiu Gideão, que fez soar o alarme, convocando os homens da família de Abiezer a segui-lo. 35 Enviou mensageiros por toda a tribo de Manassés, que também foi convocada a segui-lo. Enviou ainda mensageiros a Aser, a Zebulom e a Naftali, que foram se encontrar com ele.

36 Então Gideão se dirigiu a Deus, dizendo:

— Se realmente queres livrar Israel por minha mão, como disseste, 37 eis que eu porei uma porção de lã na eira. Se o orvalho estiver somente nela, e a terra ao redor estiver seca, então saberei que irás livrar Israel por meio de mim, como disseste.

38 E assim aconteceu. No outro dia, Gideão se levantou de madrugada e, apertando a lã, do orvalho que havia nela espremeu uma taça cheia de água.

39 Gideão se dirigiu a Deus mais uma vez, dizendo:

— Não se acenda contra mim a tua ira, se eu falar somente mais esta vez. Peço-te que me deixes fazer mais uma prova com a lã: que desta vez só a lã esteja seca, e que haja orvalho na terra ao redor dela.

40 E Deus assim o fez naquela noite, pois só a lã estava seca, e sobre a terra ao redor dela havia orvalho.

Gideão vence os midianitas

7 1 Então Jerubaal, isto é, Gideão, se levantou de madrugada, e todo o povo que com ele estava, e acamparam junto à fonte de Harode, de maneira que o arraial dos midianitas ficava ao norte deles, no vale, perto do monte de Moré.

2 O SENHOR disse a Gideão:

— É demais o povo que está com você, para eu entregar os midianitas nas suas mãos. Israel poderia se gloriar contra mim, dizendo: "A minha própria

mão me livrou." 3 Portanto, anuncie ao povo o se-
guinte: "Quem estiver assustado e com medo, saia
da região montanhosa de Gileade e volte para casa."
Então vinte e dois mil homens voltaram, e dez
mil ficaram.
4 Então o SENHOR disse a Gideão:
— Ainda há povo demais. Faça-os descer até
as águas, e ali eu os provarei para você. Aquele de
quem eu disser: "Este irá com você", esse de fato
irá com você; porém todo aquele de quem eu dis-
ser: "Este não irá com você", esse não irá.
5 Gideão fez com que os homens descessem até
as águas. Então o SENHOR lhe disse:
— Todos os que lamberem a água com a lín-
gua, como faz o cachorro, esses você deve pôr à
parte, separando-os daqueles que se ajoelharem
para beber.
6 O número dos que lamberam, levando a mão
à boca, foi de trezentos homens. Todos os outros
se ajoelharam para beber a água. 7 Então o SENHOR
disse a Gideão:
— Com estes trezentos homens que lamberam
a água eu livrarei vocês, e entregarei os midianitas
nas suas mãos. Diga a todos os outros que voltem
para casa.
8 Os trezentos homens pegaram as provisões e
as trombetas dos outros. Gideão mandou todos
os homens de Israel cada um à sua tenda, porém
reteve consigo os trezentos homens. O arraial dos
midianitas estava abaixo dele, no vale.
9 Naquela mesma noite, o SENHOR lhe disse:
— Levante-se e ataque o arraial, porque o en-
treguei nas suas mãos. 10 Se você ainda estiver
com medo de atacar, desça ao arraial com o seu
ajudante Pura 11 e ouça o que eles dizem. Então
você ganhará coragem e atacará o arraial.
Gideão desceu até a vanguarda do arraial com
o seu ajudante Pura. 12 Os midianitas, os amale-
quitas e todos os povos do Oriente cobriam o vale
como uma nuvem de gafanhotos. Os camelos de-
les eram uma multidão inumerável como a areia
que está na praia do mar. 13 Quando Gideão se
aproximou, eis que certo homem estava contando
um sonho ao seu amigo. Ele dizia:
— Tive um sonho. Eis que um pão de cevada
vinha rolando dentro do arraial dos midianitas.
Bateu contra a tenda, de maneira que esta caiu,
se virou de cima para baixo e ficou estendida
no chão.
14 O amigo respondeu:
— Isso não é outra coisa a não ser a espada de
Gideão, filho de Joás, homem israelita. Deus en-
tregou nas mãos dele os midianitas e todo este
arraial.
15 Quando Gideão ouviu o relato desse sonho
e o seu significado, adorou a Deus. Voltou para o
arraial de Israel e disse:
— Levantem-se, porque o SENHOR entregou o
arraial dos midianitas nas mãos de vocês.
16 Então repartiu os trezentos homens em três
companhias e entregou a cada homem uma trom-
beta e um cântaro vazio, com uma tocha dentro
dele. 17 E disse-lhes:
— Olhem para mim e façam como eu fizer.
Quando eu chegar às imediações do arraial, as-
sim como eu fizer, façam vocês também. 18 Quan-
do eu tocar a trombeta, e todos os que comigo
estiverem, então vocês tocarão a sua
trombeta ao redor de todo o arraial e dirão: "Pelo
SENHOR e por Gideão!"
19 Gideão e os cem homens que estavam com
ele chegaram às imediações do arraial por vol-
ta da meia-noite, pouco tempo após a troca das
guardas. Tocaram as trombetas e quebraram os
cântaros que tinham nas mãos. 20 Assim, as três
companhias tocaram as trombetas e despedaça-
ram os cântaros. Seguravam a tocha na mão es-
querda e a trombeta na mão direita. E gritavam:
"Uma espada pelo SENHOR e por Gideão!" 21 E cada
um permaneceu no seu lugar ao redor do arraial.
Todo o exército dos midianitas começou a correr,
a gritar e a fugir. 22 Ao soar das trezentas trom-
betas, o SENHOR tornou a espada de um contra o
outro, e isto em todo o arraial, que fugiu na dire-
ção de Zererá, até Bete-Sita, até a divisa de Abel-
-Meolá, perto de Tabate.
23 Então os homens de Israel, de Naftali, de Aser
e de todo o Manassés foram convocados e perse-
guiram os midianitas. 24 Gideão enviou mensagei-
ros a todas as montanhas de Efraim, dizendo:
— Desçam para atacar os midianitas e impedir
que eles passem pelas águas do Jordão até Bete-
-Bara.
Assim, todos os homens de Efraim foram
convocados. E eles cortaram a passagem dos
midianitas pelas águas do Jordão, até Bete-Bara.
25 E prenderam dois príncipes dos midianitas,
Orebe e Zeebe. Mataram Orebe no rochedo de
Orebe e mataram Zeebe no lagar de Zeebe. Per-
seguiram os midianitas e trouxeram a cabeça de
Orebe e a cabeça de Zeebe a Gideão, do outro
lado do Jordão.

A derrota final dos midianitas

8 1 Então os homens de Efraim disseram a Gi-
deão:
— Que é isto que você fez conosco, não nos
chamando quando foi lutar contra os midianitas?
E discutiram fortemente com ele. 2 Porém ele
lhes disse:
— Que mais fiz eu, agora, do que vocês? Não é
fato que os poucos cachos de uvas deixados por
Efraim são melhores do que toda a colheita de
Abiezer? 3 Deus entregou nas mãos de vocês os

príncipes dos midianitas, Orebe e Zeebe. O que
pude eu fazer em comparação com o que vocês
fizeram?
Depois de ele dizer isto, abrandou-se a ira deles
contra Gideão.
4Quando Gideão chegou ao Jordão, passou com
os trezentos homens que com ele estavam, cansa-
dos mas ainda perseguindo os inimigos. 5E disse
aos homens de Sucote:
— Por favor, deem alguns pães para estes que
me seguem, pois estão cansados, e eu vou ao en-
calço de Zeba e Salmuna, reis dos midianitas.
6Porém os chefes de Sucote disseram:
— Será que você já tem Zeba e Salmuna em seu
poder, para que demos pão ao exército que está
com você?
7Então Gideão disse:
— Por isso, quando o SENHOR entregar Zeba
e Salmuna nas minhas mãos, rasgarei a carne
de vocês com espinheiros e outras plantas do
deserto.
8Dali Gideão foi a Penuel e fez o mesmo pedido
aos homens daquele lugar. Mas esses de Penuel
lhe responderam como os homens de Sucote lhe
haviam respondido. 9Por isso também falou aos
homens de Penuel, dizendo:
— Quando eu voltar em paz, derrubarei esta
torre.
10Ora, Zeba e Salmuna estavam em Carcor com
os seus exércitos, uns quinze mil homens, todos
os que restaram do exército de povos do Oriente,
pois cento e vinte mil homens que puxavam da
espada tinham sido mortos. 11Gideão foi pelo ca-
minho dos nômades, a leste de Noba e Jogbeá, e
atacou aquele exército de surpresa. 12Zeba e Sal-
muna fugiram, mas Gideão os perseguiu. Ele pren-
deu os dois reis dos midianitas, Zeba e Salmuna, e
deixou todo aquele exército em pânico.
13Quando Gideão, filho de Joás, voltou da ba-
talha, pela subida de Heres, 14prendeu um moço
de Sucote e lhe fez perguntas. E o moço deu por
escrito o nome dos chefes e anciãos de Sucote, se-
tenta e sete homens. 15Então Gideão foi falar com
os homens de Sucote e lhes disse:
— Vejam! Aqui estão Zeba e Salmuna, a
respeito dos quais vocês zombaram de mim, di-
zendo: "Será que você já tem Zeba e Salmuna em
seu poder, para que demos pão aos seus homens
cansados?"
16E prendeu os anciãos da cidade. Pegou espi-
nheiros e outras plantas do deserto e, com eles,
deu severa lição aos homens de Sucote. 17Derru-
bou a torre de Penuel e matou os homens da cida-
de. 18Depois perguntou a Zeba e a Salmuna:
— Como eram os homens que vocês mataram
em Tabor?
E eles responderam:
— Como você, assim eram eles; cada um se pa-
recia com um filho de rei.
19Gideão disse:
— Eram meus irmãos, filhos de minha mãe.
Tão certo como vive o SENHOR, se vocês os tives-
sem deixado com vida, eu não mataria vocês.
20E disse a Jéter, seu primogênito:
— Levante-se e mate-os.
Porém o moço não arrancou da sua espada,
porque teve medo, pois ainda era jovem. 21Então
Zeba e Salmuna disseram:
— Venha você mesmo e nos mate. Pois o ho-
mem é conhecido por sua valentia.
Gideão foi, matou Zeba e Salmuna e pegou os
ornamentos em forma de meia-lua que estavam
no pescoço dos camelos deles.
22Então os homens de Israel disseram a Gi-
deão:
— Domine sobre nós, tanto você como o seu
filho e o filho de seu filho, porque você nos livrou
do poder dos midianitas.
23Porém Gideão lhes disse:
— Não dominarei sobre vocês, nem tampouco
meu filho dominará sobre vocês. O SENHOR Deus
dominará sobre vocês.
24E Gideão continuou:
— Mas quero fazer um pedido: que cada um de
vocês me dê as argolas do seu despojo.
É que os midianitas tinham argolas de ouro,
pois eram ismaelitas. 25Então eles responderam:
— De bom grado as daremos.
E estenderam uma capa, e cada um deles colo-
cou ali uma argola do seu despojo. 26O peso das
argolas de ouro que pediu foi de uns vinte quilos
de ouro — sem contar os ornamentos em forma
de meia-lua, os pendentes e as roupas de púrpura
que os reis dos midianitas usavam, e sem contar os
ornamentos que os camelos traziam ao pescoço.
27Disso Gideão fez uma estola sacerdotal e a
pôs na sua cidade, em Ofra. E todo o Israel se pros-
tituiu ali, adorando essa estola. E isso veio a ser
um tropeço para Gideão e toda a sua casa.
28Assim, os midianitas foram subjugados pelos
filhos de Israel e nunca mais levantaram a cabeça.
E a terra ficou em paz durante quarenta anos nos
dias de Gideão.

A morte de Gideão

29Jerubaal, filho de Joás, retirou-se e ficou
morando em sua casa. 30Gideão teve setenta fi-
lhos, todos provindos dele, porque tinha muitas
mulheres. 31A sua concubina, que morava em
Siquém, lhe deu também à luz um filho, e ele lhe
deu o nome de Abimeleque. 32Gideão, filho de
Joás, morreu em boa velhice e foi sepultado no tú-
mulo de Joás, seu pai, em Ofra, cidade da família
de Abiezer.

33 Depois que Gideão morreu, os filhos de Israel
voltaram a se prostituir com os baalins e puseram
Baal-Berite por deus. 34 Os filhos de Israel não se
lembraram do SENHOR, seu Deus, que os havia li-
vrado do poder de todos os seus inimigos ao redor.
35 Também não usaram de bondade com a casa de
Jerubaal, a saber, Gideão, segundo todo o bem que
ele tinha feito a Israel.

Abimeleque se declara rei

9 1 Abimeleque, filho de Jerubaal, foi a Siquém,
aos parentes de sua mãe, e falou com eles e
com toda a geração da casa de seu avô materno,
dizendo:
2 — Peço-lhes que perguntem a todos os cida-
dãos de Siquém: "O que é melhor para vocês: que
setenta homens, todos os filhos de Jerubaal, do-
minem sobre vocês ou que vocês sejam domina-
dos por apenas um?" Lembrem-se também de que
eu sou osso e carne de vocês.
3 Então os parentes de sua mãe falaram a todos
os cidadãos de Siquém todas aquelas palavras, e
o coração deles se inclinou a seguir Abimeleque,
porque disseram: "É nosso irmão." 4 E deram-lhe
setenta peças de prata, da casa de Baal-Berite,
com as quais Abimeleque contratou uns homens
levianos e atrevidos, que o seguiram. 5 Foi à casa
de seu pai, em Ofra, e matou os seus irmãos, os
filhos de Jerubaal, setenta homens, sobre uma
pedra. Porém Jotão, o filho mais moço de Jeru-
baal, escapou, porque havia se escondido. 6 En-
tão se reuniram todos os cidadãos de Siquém e
toda Bete-Milo, foram e proclamaram Abime-
leque rei, junto ao carvalho memorial que está
perto de Siquém.

A alegoria de Jotão

7 Quando soube disto, Jotão foi e se pôs no alto
do monte Gerizim. E, em alta voz, gritou, dizendo:
— Cidadãos de Siquém, escutem o que vou di-
zer, e Deus escutará vocês! 8 Certa vez as árvores
foram ungir para si um rei. Disseram à oliveira:
"Reine sobre nós." 9 Porém a oliveira lhes respon-
deu: "Deixaria eu o meu óleo, apreciado por Deus
e pelos homens, para dominar sobre as árvores?"
10 Então as árvores disseram à figueira: "Venha
você e reine sobre nós." 11 Porém a figueira lhes res-
pondeu: "Deixaria eu a minha doçura, o meu bom
fruto, para dominar sobre as árvores?" 12 Então
as árvores disseram à videira: "Venha você e rei-
ne sobre nós." 13 Porém a videira lhes respondeu:
"Deixaria eu o meu vinho, que agrada a Deus e aos
homens, para dominar sobre as árvores?" 14 Então
todas as árvores disseram ao espinheiro: "Venha
você e reine sobre nós." 15 E o espinheiro respon-
deu às árvores: "Se é verdade que querem me ungir
rei sobre vocês, venham e se refugiem debaixo de
minha sombra. Mas, se não, que do espinheiro saia
fogo que consuma os cedros do Líbano."
16 Jotão continuou:
— E agora, se vocês agiram de boa fé e com sin-
ceridade, proclamando Abimeleque como rei; se
vocês fizeram o que é correto em relação a Jeru-
baal e à sua casa, e se o trataram segundo ele me-
recia pelo que fez 17 — porque o meu pai lutou por
vocês, arriscou a vida e os livrou das mãos dos mi-
dianitas; 18 mas hoje vocês se levantaram contra a
casa de meu pai e mataram os filhos dele, setenta
homens, sobre uma pedra; e a Abimeleque, filho
da escrava dele, vocês puseram como rei sobre os
cidadãos de Siquém, porque é irmão de vocês —,
19 se vocês agiram de boa fé e com sinceridade para
com Jerubaal e a sua casa, então alegrem-se com
Abimeleque, e que ele também se alegre com vo-
cês. 20 Mas, se este não for o caso, que saia fogo de
Abimeleque e consuma os cidadãos de Siquém e
Bete-Milo! E que saia fogo dos cidadãos de Siquém
e de Bete-Milo, que consuma Abimeleque.
21 Depois disso Jotão fugiu e foi para Beer, onde
ficou morando, porque estava com medo de seu
irmão Abimeleque.

A conspiração de Gaal

22 Abimeleque havia dominado sobre Israel
durante três anos, 23 quando Deus suscitou um es-
pírito de aversão entre Abimeleque e os cidadãos
de Siquém, que foram desleais com Abimeleque.
24 Isto aconteceu para que fosse vingada a violên-
cia praticada contra os setenta filhos de Jerubaal,
e para que fossem castigados tanto Abimeleque,
que era irmão deles e os havia matado, como os ci-
dadãos de Siquém, que contribuíram para que ele
matasse os seus próprios irmãos. 25 Os cidadãos
de Siquém puseram sobre os altos dos montes
homens de emboscada contra Abimeleque, e eles
assaltavam todos os que passavam pelo caminho
perto deles. E Abimeleque foi informado disso.
26 Gaal, filho de Ebede, veio com os seus irmãos,
e se estabeleceram em Siquém. E os cidadãos de
Siquém confiaram nele, 27 foram ao campo, corta-
ram os cachos das vinhas, pisaram as uvas, fize-
ram festas, foram à casa de seu deus, comeram,
beberam e amaldiçoaram Abimeleque.
28 E Gaal, filho de Ebede, disse:
— Quem é Abimeleque, e quem somos nós de
Siquém, para que o sirvamos? Não é ele filho de
Jerubaal? E não é Zebul o seu oficial? Seria me-
lhor servir os homens de Hamor, pai de Siquém.
Mas nós, por que serviremos a ele? 29 Quem dera
estivesse este povo na minha mão! Eu expulsaria
Abimeleque. Eu diria a Abimeleque: "Multiplique
o seu exército e venha lutar."
30 Quando Zebul, governador da cidade, ouviu
as palavras de Gaal, filho de Ebede, ficou furioso.

31 E enviou, secretamente, mensageiros a Abime-
leque, dizendo:
— Eis que Gaal, filho de Ebede, e seus irmãos
vieram a Siquém e estão alvoroçando a cidade
contra você. 32 Levante-se de noite, você e o povo
que estiver com você, e ponham-se de embosca-
da no campo. 33 Levante-se pela manhã, ao sair
o sol, e ataque a cidade. Quando Gaal com a sua
gente sair para atacar, faça com ele o que estiver
ao seu alcance.

Abimeleque vence Gaal e os siquemitas

34 Assim, Abimeleque se levantou, de noite, e
todo o povo que estava com ele, e se puseram de
emboscada contra Siquém, em quatro grupos.
35 Gaal, filho de Ebede, saiu e pôs-se à entrada do
portão da cidade. Com isto Abimeleque e todo o
povo que estava com ele se levantaram das em-
boscadas. 36 Gaal viu aquele povo e disse a Zebul:
— Veja! Vem gente descendo do alto dos mon-
tes.
Mas Zebul respondeu:
— Você está vendo as sombras dos montes.
Elas se parecem com homens.
37 Porém Gaal tornou ainda a falar e disse:
— Veja! Vem gente descendo bem na nossa
frente, e uma tropa vem vindo do caminho do car-
valho dos Adivinhos.
38 Então Zebul disse a Gaal:
— Onde ficaram, agora, as suas ameaças? Não
foi você quem dizia: "Quem é Abimeleque, para
que o sirvamos?" Não é este o povo que você des-
prezou? Pois saia agora e vá lutar contra ele.
39 Gaal saiu à frente dos cidadãos de Siquém e
lutou contra Abimeleque. 40 Abimeleque perseguiu
Gaal, que fugiu dele. E muitos feridos caíram até
a entrada do portão da cidade. 41 Abimeleque
ficou em Arumá. E Zebul expulsou Gaal e seus
irmãos, para que não ficassem morando em Si-
quém.
42 No dia seguinte, o povo de Siquém saiu ao
campo, e Abimeleque foi avisado disto. 43 Então
ele reuniu os seus homens, e os dividiu em três
grupos, e os pôs de emboscada no campo. Quan-
do Abimeleque viu que o povo saía da cidade,
levantou-se contra eles e os atacou. 44 Abimeleque
e o grupo que estava com ele correram e tomaram
posição junto à entrada da cidade, enquanto os
dois outros grupos atacaram todos os que estavam
no campo e os destroçaram. 45 Abimeleque lutou
contra a cidade durante todo aquele dia. Tomou a
cidade e matou o povo que nela havia. Arrasou a
cidade e espalhou sal sobre ela.
46 Todos os cidadãos da Torre de Siquém sou-
beram disso e entraram na fortaleza, no templo
de El-Berite. 47 Mas Abimeleque soube que to-
dos os cidadãos da Torre de Siquém se haviam
reunido. 48 Então ele subiu o monte Salmom, ele e
todo o seu povo. Abimeleque pegou um machado
e cortou o galho de uma árvore. Ele o levantou,
pôs no ombro e disse ao povo que estava com ele:
— O que vocês me viram fazer, façam também
vocês, depressa.
49 Assim, cada um deles cortou um galho e se-
guiu Abimeleque. Puseram os galhos ao redor da
fortaleza, e os incendiaram. Assim, morreram to-
dos os que estavam na Torre de Siquém, mais ou
menos mil pessoas, homens e mulheres.

A morte de Abimeleque

50 Então Abimeleque foi a Tebes, sitiou a cida-
de e a tomou. 51 Havia, porém, no meio da cidade,
uma torre forte, e todos os homens e mulheres,
todos os moradores da cidade, fugiram para lá.
Fecharam as portas da torre e subiram ao terraço.
52 Abimeleque veio até a torre, lutou contra ela e
se aproximou da porta para a incendiar. 53 Mas
uma mulher jogou uma pedra superior de moi-
nho sobre a cabeça de Abimeleque e lhe quebrou
o crânio. 54 Então Abimeleque chamou depressa o
moço, seu escudeiro, e lhe disse:
— Tire a sua espada e me mate, para que não se
diga que uma mulher me matou.
O moço o atravessou com a espada, e ele mor-
reu. 55 Quando os homens de Israel viram que Abi-
meleque já estava morto, foram embora, cada um
para a sua casa. 56 Assim, Deus fez cair sobre Abi-
meleque o mal que ele havia feito a seu pai, ao ma-
tar os seus setenta irmãos. 57 De igual modo, Deus
fez cair sobre a cabeça dos homens de Siquém
todo o mal que haviam praticado. Assim, veio so-
bre eles a maldição de Jotão, filho de Jerubaal.

Tola e Jair

10 1 Depois de Abimeleque, Tola, filho de Puá,
filho de Dodô, homem de Issacar, se levan-
tou para livrar Israel. Ele morava em Samir, na
região montanhosa de Efraim. 2 Julgou Israel du-
rante vinte e três anos. Depois morreu e foi sepul-
tado em Samir.
3 Depois dele se levantou Jair, gileadita, que
julgou Israel durante vinte e dois anos. 4 Ele tinha
trinta filhos, que cavalgavam trinta jumentos.
E eles tinham trinta cidades, a que chamavam
Havote-Jair, até o dia de hoje, as quais estão na
terra de Gileade. 5 Jair morreu e foi sepultado em
Camom.

Servidão sob os filisteus e os amonitas

6 Os filhos de Israel tornaram a fazer o que era
mau aos olhos do SENHOR e adoraram os baalins,
Astarote, os deuses da Síria e os de Sidom, de
Moabe, dos filhos de Amom e dos filisteus. Eles
abandonaram o SENHOR e deixaram de adorá-lo.

7 Então a ira do Senhor se acendeu contra Israel, e
ele os entregou nas mãos dos filisteus e nas mãos
dos filhos de Amom, 8 os quais, nesse mesmo
ano, esmagaram e oprimiram os filhos de Israel.
Durante dezoito anos, oprimiram todos os filhos
de Israel que estavam do outro lado do Jordão,
na terra dos amorreus, que está em Gileade. 9 Os
filhos de Amom passaram o Jordão para lutar
também contra Judá, contra Benjamim e contra a
casa de Efraim, de maneira que Israel se viu muito
angustiado.
10 Então os filhos de Israel clamaram ao
Senhor, dizendo:
— Pecamos contra ti, porque deixamos o nosso
Deus e adoramos os baalins.
11 E o Senhor respondeu aos filhos de Israel:
— Quando os egípcios, os amorreus, os filhos
de Amom, os filisteus, 12 os sidônios, os amale-
quitas e os maonitas oprimiam vocês, e vocês
clamavam a mim, não é verdade que eu os livrei
das mãos deles? 13 Mas vocês me abandonaram
e serviram outros deuses. Por isso não os livrarei
mais. 14 Vão e clamem aos deuses que vocês esco-
lheram. Que eles os livrem no tempo do aperto.
15 Mas os filhos de Israel disseram ao Senhor:
— Nós pecamos. Faze-nos tudo o que te pare-
cer bem, mas, por favor, livra-nos ainda esta vez.
16 E tiraram os deuses estranhos do meio de si e
adoraram o Senhor. E ele já não pôde reter a sua
compaixão diante da desgraça de Israel.
17 Os filhos de Amom foram convocados e
acamparam em Gileade. Os filhos de Israel, por
sua vez, se reuniram e acamparam em Mispa.
18 Então o povo, aliás, os chefes de Gileade, disse-
ram uns aos outros:
— Quem será o homem que começará a lutar
contra os filhos de Amom? Quem fizer isso será o
chefe de todos os moradores de Gileade.

Jefté

11 1 Jefté, o gileadita, era homem valente, po-
rém filho de uma prostituta. O pai dele se
chamava Gileade. 2 Gileade também teve filhos da
sua esposa. Esses filhos cresceram e expulsaram
Jefté, dizendo:
— Você não herdará nada na casa de nosso pai,
porque é filho de outra mulher.
3 Então Jefté fugiu da presença de seus irmãos e
foi morar na terra de Tobe. Ali alguns homens sem
valor se juntaram a ele e o seguiam.
4 Passado algum tempo, os filhos de Amom
entraram em guerra contra Israel. 5 Quando os
filhos de Amom atacaram, os anciãos de Gileade
foram buscar Jefté na terra de Tobe. 6 E disseram
a Jefté:
— Venha ser o nosso chefe, para podermos lu-
tar contra os filhos de Amom.
7 Porém Jefté disse aos anciãos de Gileade:
— Vocês não são aqueles que me odiaram e me
expulsaram da casa de meu pai? Por que vêm a
mim agora, quando estão em aperto?
8 Os anciãos de Gileade responderam a Jefté:
— É por isso que agora estamos voltando a
você. Venha conosco e lute contra os filhos de
Amom. Seja o nosso chefe sobre todos os morado-
res de Gileade.
9 Então Jefté perguntou aos anciãos de Gileade:
— Se vocês me fizerem voltar para combater os
filhos de Amom, e o Senhor os entregar nas mi-
nhas mãos, então eu serei o chefe de vocês?
10 Os anciãos de Gileade responderam:
— O Senhor é nossa testemunha de que fare-
mos como você diz.
11 Então Jefté foi com os anciãos de Gileade, e
o povo o pôs por cabeça e chefe sobre si. E Jefté
proferiu todas as suas palavras diante do Senhor,
em Mispa.
12 Jefté enviou mensageiros ao rei dos filhos de
Amom, dizendo:
— O que você tem contra mim, para vir e atacar
a minha terra?
13 O rei dos filhos de Amom respondeu aos
mensageiros de Jefté:
— É porque, quando Israel saiu do Egito, tomou
a minha terra desde o Arnom até o Jaboque e até
o Jordão. Devolva-me agora essa terra, pacifica-
mente.
14 Porém Jefté tornou a enviar mensageiros ao
rei dos filhos de Amom, 15 dizendo:
— Assim diz Jefté: "Israel não tomou nem
a terra dos moabitas nem a terra dos filhos de
Amom. 16 Porque, quando Israel saiu do Egito,
andou pelo deserto até o mar Vermelho e chegou
a Cades. 17 Então Israel enviou mensageiros ao rei
dos edomitas, dizendo: 'Peço que você me deixe
passar pela sua terra.' Porém o rei dos edomitas
não lhe deu ouvidos. Israel mandou pedir a mes-
ma coisa ao rei dos moabitas, mas ele também
não quis atender. E, assim, Israel ficou em Cades.
18 Depois, andou pelo deserto, e rodeou a terra
dos edomitas e a terra dos moabitas, e chegou a
leste da terra destes, e acampou do outro lado do
Arnom. Não entrou no território dos moabitas,
porque o Arnom é a fronteira deles. 19 Então Israel
enviou mensageiros a Seom, rei dos amorreus,
rei de Hesbom. Israel lhe disse: 'Por favor, deixe-
-nos passar pela sua terra até o nosso destino.'
20 Porém Seom, não confiando em Israel, recusou
deixá-lo passar pelo seu território; pelo contrário,
reuniu todo o seu povo, acampou em Jaza, e lutou
contra Israel. 21 O Senhor, Deus de Israel, entre-
gou Seom e todo o seu povo nas mãos de Israel,
que os derrotou. E Israel tomou posse das terras
dos amorreus, que moravam naquele lugar. 22 Os

israelitas tomaram posse de todo o território dos
amorreus, desde o Arnom até o Jaboque e desde
o deserto até o Jordão. 23 Assim, o SENHOR, Deus
de Israel, expulsou os amorreus de diante do seu
povo de Israel. E você pretende ser dono desta
terra? 24 Não é fato que você considera como sua
propriedade aquilo que Quemos, seu deus, lhe
dá? Assim nós possuiremos o território de todos
os que o SENHOR, nosso Deus, expulsou de diante
de nós. 25 Você pensa que é melhor do que Bala-
que, filho de Zipor, rei dos moabitas? Será que
alguma vez ele entrou em conflito com Israel ou
lutou contra ele? 26 Enquanto Israel morou duran-
te trezentos anos em Hesbom e nas suas vilas, e
em Aroer e nas suas vilas, e em todas as cidades
que ficam às margens do Arnom, por que vocês,
amonitas, não as recuperaram durante esse tem-
po? 27 Portanto, não sou eu quem pecou contra
você! Porém você faz mal em lutar contra mim. O
SENHOR, que é juiz, julgue hoje entre os filhos de
Israel e os filhos de Amom."

28 Porém o rei dos filhos de Amom não deu ou-
vidos à mensagem que Jefté lhe havia mandado.

O voto de Jefté

29 Então o Espírito do SENHOR veio sobre Jefté.
Ele atravessou Gileade e Manassés e, passando
por Mispa de Gileade, foi até os filhos de Amom.
30 Jefté fez um voto ao SENHOR, dizendo:

— Se, de fato, entregares os filhos de Amom
nas minhas mãos, 31 quem primeiro sair da porta
da minha casa para se encontrar comigo, quan-
do eu voltar vitorioso sobre os filhos de Amom,
esse será do SENHOR, e eu o oferecerei em holo-
causto.

32 Assim, Jefté foi de encontro aos filhos de
Amom, para lutar contra eles, e o SENHOR os en-
tregou nas mãos de Jefté. 33 Ele os derrotou desde
Aroer até as proximidades de Minite — vinte ci-
dades ao todo — e até Abel-Queramim. Foi uma
grande derrota para os filhos de Amom, que, as-
sim, foram subjugados pelos filhos de Israel.

34 Quando Jefté voltou para a sua casa, em Mis-
pa, a filha saiu ao seu encontro, tocando o tambo-
rim e dançando. E ela era filha única; ele não tinha
outro filho nem filha. 35 Quando Jefté a viu, rasgou
as suas roupas e disse:

— Ah! Minha filha! Você me prostra por com-
pleto! Você passou a ser a causa da minha ruína,
porque fiz um voto ao SENHOR e não posso voltar
atrás.

36 E ela lhe disse:

— Meu pai, você fez um voto ao SENHOR. Faça
comigo segundo o voto que fez, agora que o
SENHOR o vingou dos seus inimigos, os filhos de
Amom.

37 E ela disse mais ao seu pai:

— Que me seja concedido isto: deixa-me por
dois meses, para que eu vá, e desça pelos montes,
e chore a minha virgindade, eu e as minhas com-
panheiras.

38 E o pai consentiu, dizendo:

— Vá.

Deixou-a ir por dois meses. Então ela se foi com
as suas companheiras e chorou a sua virgindade
pelos montes. 39 Ao fim dos dois meses, ela voltou
para seu pai, que lhe fez segundo o voto que tinha
feito. Assim, ela nunca teve relações com homem
algum. Daqui veio o costume em Israel 40 de as
filhas de Israel saírem por quatro dias, todos os
anos, a chorar pela filha de Jefté, o gileadita.

Jefté e os efraimitas

12 1 Então os homens de Efraim foram convo-
cados, passaram para Zafom e disseram a
Jefté:

— Por que você foi lutar contra os filhos de
Amom e não nos chamou para ir com você? Por
causa disso vamos queimar a sua casa com você
dentro dela.

2 Mas Jefté respondeu:

— Eu e o meu povo tivemos uma grande discus-
são com os filhos de Amom. Chamei vocês, mas
vocês não me livraram das mãos deles. 3 Quando
vi que vocês não iam me livrar, arrisquei a mi-
nha vida e fui lutar contra os filhos de Amom, e o
SENHOR os entregou nas minhas mãos. Então por
que vocês estão vindo hoje para lutar contra mim?

4 E Jefté reuniu todos os homens de Gileade e
lutou contra Efraim. Os homens de Gileade der-
rotaram os efraimitas, porque estes tinham dito:
"Vocês, gileaditas, que moram no meio de Efraim
e Manassés, são desertores de Efraim." 5 Porém os
gileaditas tomaram os vaus do Jordão que condu-
zem a Efraim. E, quando algum fugitivo de Efraim
dizia: "Quero passar", os homens de Gileade lhe
perguntavam: "Você é efraimita?" Se respondesse
que não, 6 os homens de Gileade lhe diziam: "En-
tão diga 'Xibolete'." Se ele dizia "Sibolete", não
podendo pronunciar corretamente a palavra, eles
o agarravam e matavam nos vaus do Jordão. Assim
naquele tempo foram mortos quarenta e dois mil
efraimitas.

7 Jefté, o gileadita, julgou Israel durante seis
anos. Ele morreu e foi sepultado numa das cida-
des de Gileade.

Ibsã, Elom e Abdom

8 Depois de Jefté, quem julgou Israel foi Ibsã,
que era de Belém. 9 Ele tinha trinta filhos e trin-
ta filhas. Ibsã deu as suas filhas em casamento a
homens de fora; e, de fora, trouxe trinta mulheres
para os seus filhos. Ibsã julgou Israel durante sete
anos. 10 Então morreu e foi sepultado em Belém.

11 Depois de Ibsã, veio Elom, o zebulonita, que julgou Israel durante dez anos. 12 Quando Elom, o zebulonita, morreu, foi sepultado em Aijalom, na terra de Zebulom.

13 Depois de Elom, quem julgou Israel foi Abdom, filho de Hilel, o piratonita. 14 Ele tinha quarenta filhos e trinta netos, que cavalgavam setenta jumentos. Abdom julgou Israel durante oito anos. 15 Então Abdom, filho de Hilel, o piratonita, morreu e foi sepultado em Piratom, na terra de Efraim, na região montanhosa dos amalequitas.

O nascimento de Sansão

13 1 Os filhos de Israel tornaram a fazer o que era mau aos olhos do SENHOR, e por isso ele os entregou nas mãos dos filisteus durante quarenta anos.

2 Havia um homem de Zorá, da linhagem de Dã, chamado Manoá, cuja mulher era estéril e não tinha filhos. 3 O Anjo do SENHOR apareceu a essa mulher e lhe disse:

— Eis que você é estéril e nunca teve filhos, mas você ficará grávida e dará à luz um filho. 4 Por isso, tenha cuidado e não beba vinho nem bebida forte, e não coma nenhuma comida impura. 5 Porque eis que você ficará grávida e dará à luz um filho sobre cuja cabeça não passará navalha. O menino será nazireu consagrado a Deus desde o ventre de sua mãe, e ele começará a livrar Israel do poder dos filisteus.

6 Então a mulher foi a seu marido e lhe disse:

— Um homem de Deus veio falar comigo. A sua aparência era semelhante à de um anjo de Deus, tremenda. Não perguntei de onde ele vinha, e ele não me disse como se chamava. 7 Porém ele me disse: "Eis que você ficará grávida e dará à luz um filho. Por isso, não beba vinho, nem bebida forte, nem coma coisa impura, porque o menino será nazireu consagrado a Deus desde o ventre materno até o dia de sua morte."

8 Então Manoá orou ao SENHOR, dizendo:

— Ah! Meu Senhor, peço que o homem de Deus que enviaste venha outra vez e nos ensine o que devemos fazer com o menino que há de nascer.

9 Deus ouviu a voz de Manoá, e o Anjo de Deus veio outra vez à mulher, quando ela estava sentada no campo. Porém Manoá, o marido, não estava com ela. 10 A mulher se apressou, correu e deu a notícia a seu marido. Ela lhe disse:

— Eis que me apareceu aquele homem que falou comigo no outro dia.

11 Então Manoá se levantou e seguiu a sua mulher. Quando encontrou o homem, perguntou:

— Você é o homem que falou com esta mulher?

Ele respondeu:

— Sim, sou eu.

12 Então Manoá disse:

— Quando se cumprirem as palavras que você falou, qual será o modo de viver do menino e o seu serviço?

13 O Anjo do SENHOR disse a Manoá:

— A sua mulher deve se guardar de tudo o que eu disse a ela. 14 Não deve comer nada que procede da videira. Não deve beber vinho nem bebida forte, nem comer nada que seja impuro. Ela deve observar tudo o que lhe ordenei.

15 Então Manoá disse ao Anjo do SENHOR:

— Permita-nos convidá-lo a ficar conosco. Queremos preparar um cabrito para você.

16 Porém o Anjo do SENHOR disse a Manoá:

— Ainda que você me convide, não comerei a sua comida. Mas, se você preparar um holocausto, ofereça-o ao SENHOR.

Acontece que Manoá não sabia que aquele era o Anjo do SENHOR. 17 Então Manoá perguntou ao Anjo do SENHOR:

— Qual é o seu nome, para que possamos honrar você, quando se cumprir aquilo que nos falou?

18 O Anjo do SENHOR respondeu:

— Por que você me pergunta pelo meu nome, que é maravilhoso?

19 Então Manoá pegou um cabrito e uma oferta de cereais e os ofereceu sobre uma rocha ao SENHOR Deus. E o Anjo do SENHOR fez algo maravilhoso, enquanto Manoá e a sua mulher estavam observando. 20 Aconteceu que, enquanto a chama que saiu do altar subia para o céu, o Anjo do SENHOR subiu nela. Ao verem isso, Manoá e a sua mulher se prostraram com o rosto em terra.

21 Nunca mais o Anjo do SENHOR apareceu a Manoá, nem à sua mulher. Então Manoá ficou sabendo que aquele era o Anjo do SENHOR.

22 Manoá disse à sua mulher:

— Certamente vamos morrer, porque vimos Deus.

23 Mas a mulher respondeu:

— Se o SENHOR Deus quisesse nos matar, não teria aceito de nossas mãos o holocausto e a oferta de cereais, nem nos teria mostrado tudo isso, nem nos teria revelado essas coisas.

24 Depois, a mulher deu à luz um filho e lhe deu o nome de Sansão. O menino cresceu, e o SENHOR o abençoou. 25 E o Espírito do SENHOR começou a agir nele em Maané-Dã, entre Zorá e Estaol.

O casamento de Sansão

14 1 Sansão foi a Timna, onde viu uma das filhas dos filisteus. 2 Voltou para casa e disse ao seu pai e à sua mãe:

— Vi uma mulher em Timna, das filhas dos filisteus, e agora gostaria que a buscassem para ser a minha esposa.

3 Porém o seu pai e a sua mãe lhe disseram:
— Será que não há mulher entre as filhas de seus parentes ou entre todo o nosso povo, para que você tivesse de ir procurar uma esposa no meio dos filisteus, aqueles incircuncisos?
Mas Sansão disse ao seu pai:
— Busquem essa mulher para mim, porque é só dela que me agrado.
4 Mas o seu pai e a sua mãe não sabiam que isto vinha do SENHOR, pois este procurava ocasião contra os filisteus. Porque naquele tempo os filisteus dominavam sobre Israel.
5 Sansão foi com o seu pai e a sua mãe a Timna.
Quando chegaram às vinhas de Timna, eis que um
leão novo, rugindo, saiu ao encontro dele. 6 Então
o Espírito do SENHOR de tal maneira se apossou de Sansão, que ele rasgou o leão como quem rasga um cabrito, sem nada ter nas mãos. Sansão, no entanto, não contou nem a seu pai nem a sua mãe o que havia feito.
7 Então ele foi e falou com aquela mulher, e dela
se agradou. 8 Depois de alguns dias, voltou para ca-
sar com ela. E, afastando-se do caminho para ver o corpo do leão morto, eis que havia nele um enxame
de abelhas com mel. 9 Pegou o favo nas mãos e se foi
andando e comendo dele. Quando chegou onde estavam o seu pai e a sua mãe, deu-lhes um pouco do mel, e eles comeram. Mas Sansão não lhes contou que havia tirado o mel do corpo do leão.

O enigma de Sansão

10 O pai de Sansão foi à casa daquela mulher,
e Sansão deu ali um banquete, como os moços
costumavam fazer. 11 Quando os filisteus viram
Sansão, convidaram trinta companheiros para es-
tarem com ele. 12 Então Sansão lhes disse:
— Vou propor um enigma para que vocês o decifrem. Se, nos sete dias das bodas, vocês puderem decifrá-lo e me explicar o seu significado, darei a vocês trinta túnicas e trinta mudas de rou-
pa. 13 Se não puderem me explicar o significado,
vocês me darão as trinta túnicas e as trinta mudas de roupa.
E eles disseram:
— Apresente-nos o enigma. Queremos ouvi-lo.
14 Sansão disse:

"Do que come saiu comida,
e do forte saiu doçura."

E, em três dias, não puderam decifrar o enigma.
15 No quarto dia, disseram à mulher de Sansão:
— Convença o seu marido a nos explicar o enigma. Do contrário, vamos pôr fogo em você e na casa de seu pai. Vocês nos convidaram para poderem se apossar do que é nosso, não foi?
16 Então a mulher de Sansão chorou diante dele
e disse:
— Você só me odeia! Você não me ama! Pois você deu aos homens do meu povo um enigma a decifrar e ainda não me contou o significado.
Mas Sansão respondeu:
— Olha! Nem para o meu pai nem para a minha mãe eu contei o significado do enigma. E acha que eu iria contar para você?
17 Ela chorou diante dele os sete dias em que
celebravam as bodas. No sétimo dia, Sansão disse a resposta, porque ela não parava de importunar. Então ela declarou o enigma aos homens do seu
povo. 18 Assim, no sétimo dia, antes do pôr do sol,
os homens daquela cidade disseram a Sansão:

Que coisa é mais doce do que o mel
e mais forte do que o leão?

E Sansão respondeu:

"Se vocês não tivessem lavrado
com a minha novilha,
nunca teriam descoberto o meu enigma."

19 Então o Espírito do SENHOR de tal maneira se
apossou de Sansão, que ele desceu até Asquelom, matou trinta homens daquela cidade, pegou as roupas deles e as deu aos que decifraram o enigma. Porém Sansão ficou irado e voltou para a casa do seu pai.
20 Quanto à mulher de Sansão, foi dada em ca-
samento ao homem que tinha sido o seu amigo de honra.

Sansão põe fogo nos campos dos filisteus

15 1 Passado algum tempo, nos dias da colheita
do trigo, Sansão, levando um cabrito, foi visitar a sua mulher. E dizia:
— Vou entrar no quarto da minha mulher.
Porém o pai dela não o deixou entrar 2 e lhe
disse:
— Eu realmente pensei que você tinha muito ódio por ela e, por isso, a dei ao seu companheiro. Mas você não concorda que a irmã mais nova é mais bonita do que ela? Fique com ela em lugar da outra.
3 Mas Sansão disse:
— Desta vez sou inocente para com os filisteus, quando lhes fizer algum mal.
4 Então saiu, apanhou trezentas raposas e pegou
um bom número de tochas. Amarrou as raposas duas a duas pela cauda e prendeu uma tocha em
cada par. 5 Pôs fogo nas tochas e largou as raposas
nas plantações dos filisteus. Assim, incendiou tanto os feixes como o cereal que ainda estava por ser
colhido, além das vinhas e dos olivais. 6 Os filisteus
perguntaram:
— Quem fez isso?
Responderam:
— Sansão, o genro do timnita, porque o sogro lhe tirou a mulher e a deu ao amigo dele.

Então os filisteus foram e queimaram a mulher
e o pai dela. 7 E Sansão disse a eles:
— Se é assim que vocês fazem, não desistirei
enquanto não me vingar.
8 E ele os atacou com fúria, matando muitos
deles. Depois desceu e habitou numa caverna da
rocha de Etã.

Os homens de Judá amarram Sansão

9 Então os filisteus subiram e acamparam em
Judá, espalhando-se por Leí. 10 Os homens de Judá
perguntaram aos filisteus:
— Por que vocês estão nos atacando?
Responderam:
— Viemos prender Sansão, para fazer com ele
o mesmo que ele fez conosco.
11 Então três mil homens de Judá foram até a ca-
verna da rocha de Etã e disseram a Sansão:
— Você não sabia que os filisteus dominam so-
bre nós? Por que, então, você nos fez isto?
Ele lhes respondeu:
— Assim como fizeram comigo eu fiz com eles.
12 Os homens de Judá disseram a Sansão:
— Viemos para amarrar você, para o entregar
nas mãos dos filisteus.
Sansão disse:
— Jurem para mim que vocês não me matarão.
13 Eles lhe disseram:
— Não! Nós somente vamos amarrar você e
entregá-lo nas mãos dos filisteus. Mas de maneira
nenhuma vamos matar você.
Então o amarraram com duas cordas novas e o
fizeram sair da caverna.

Sansão fere mil homens com uma queixada de jumento

14 Quando Sansão chegou a Leí, os filisteus fo-
ram gritando ao encontro dele. Mas o Espírito do
SENHOR de tal maneira se apossou de Sansão, que
as cordas que ele tinha nos braços se tornaram
como fios de linho queimados, e as amarras que
ele tinha nas mãos se soltaram. 15 Achou uma quei-
xada de jumento, ainda fresca, pegou-a na mão e
com ela matou mil homens. 16 E disse:

Com uma queixada de jumento
um montão, outro montão.
Com uma queixada de jumento
matei mil homens.

17 Quando acabou de falar, jogou fora a queixa-
da. E aquele lugar foi chamado de Ramate-Leí.
18 Sentindo muita sede, Sansão clamou ao
SENHOR e disse:
— Por meio de teu servo deste esta grande sal-
vação. Será que agora vou morrer de sede e cair
nas mãos desses incircuncisos?
19 Então o SENHOR fendeu a cavidade que estava
em Leí, e dela saiu água. Sansão bebeu, recobrou
alento e reviveu. Por isso aquele lugar se chama
En-Hacoré até o dia de hoje.
20 Sansão julgou Israel, nos dias dos filisteus,
durante vinte anos.

Sansão em Gaza

16 1 Sansão foi a Gaza, viu ali uma prostituta e
teve relações com ela. 2 Foi dito aos gazitas:
— Sansão chegou aqui.
Eles cercaram o local e ficaram a noite toda
esperando por ele, às escondidas, no portão da
cidade. Ficaram em silêncio durante toda a noite,
pois diziam:
— Vamos esperar até o raiar do dia. Então nós
o matamos.
3 Porém Sansão ficou deitado somente até a
meia-noite. Então se levantou, pegou ambas as fo-
lhas do portão da cidade e as arrancou juntamente
com os seus batentes e a tranca. Pôs tudo sobre os
ombros e levou ao alto do monte que está em fren-
te de Hebrom.

Sansão e Dalila

4 Depois disto, Sansão se apaixonou por uma
mulher do vale de Soreque, a qual se chamava
Dalila. 5 Então os governantes dos filisteus foram
falar com ela e lhe disseram:
— Convença-o a revelar em que consiste a sua
grande força e como poderíamos dominá-lo e
amarrá-lo, para que assim possamos subjugá-lo. Cada
um de nós dará a você mil e cem moedas de prata.
6 Então Dalila disse a Sansão:
— Peço que você me conte em que consiste a
sua grande força e com que você poderia ser amar-
rado e subjugado.
7 Sansão respondeu:
— Se me amarrarem com sete cordas de arco
ainda úmidas, ficarei fraco e serei como qualquer
outro homem.
8 Os governantes dos filisteus trouxeram a Da-
lila sete cordas de arco, ainda úmidas; e com as
cordas ela o amarrou. 9 Dalila havia deixado al-
guns homens escondidos no seu quarto. Então
ela disse:
— Sansão, os filisteus vêm vindo aí!
Mas ele arrebentou as cordas de arco como se
arrebenta o fio da estopa chamuscada que é colo-
cada perto do fogo. Assim, não se soube em que
consistia a força que ele tinha.
10 Então Dalila disse a Sansão:
— Eis que você tem zombado de mim e me
falou mentiras. Agora, por favor, conte-me como
você pode ser amarrado.
11 Ele lhe disse:
— Se me amarrarem bem com cordas novas,
que nunca foram usadas, ficarei fraco e serei como

qualquer outro homem. 12 Dalila pegou cordas no-
vas e o amarrou. Depois disse:
— Sansão, os filisteus vêm vindo aí!
Dalila havia deixado alguns homens escon-
didos no seu quarto. Mas Sansão arrebentou as
cordas de seus braços como se fossem um fio de
linha. 13 Dalila disse a Sansão:
— Até agora você tem zombado de mim e só
me falou mentiras. Diga-me como você poderia
ser amarrado.
Ele respondeu:
— Se você tecer num tear as sete tranças da
minha cabeça e se as prender com um pino de
tear, ficarei fraco e serei como qualquer outro
homem.
Enquanto ele dormia, ela pegou e teceu as sete
tranças dele num tear. 14 Prendeu-as com um pino
de tear e depois gritou:
— Sansão, os filisteus vêm vindo aí!
Mas ele despertou do sono, arrancou o pino e
tirou o cabelo do tear.
15 Então ela lhe disse:
— Como você pode dizer que me ama, se não
me revela o seu segredo? Por três vezes você zom-
bou de mim e ainda não me contou em que con-
siste a sua grande força.
16 Ela o importunava e pressionava todos os
dias com a mesma pergunta, de modo que a alma
dele se angustiou até a morte. 17 Então ele contou
o seu segredo, dizendo:
— Nunca foi passada uma navalha na minha
cabeça, porque sou nazireu consagrado a Deus
desde o ventre de minha mãe. Se o meu cabelo for
cortado, a minha força irá embora, ficarei fraco e
serei como qualquer outro homem.
18 Quando Dalila viu que ele lhe havia contado
o seu segredo, mandou chamar os governantes
dos filisteus, dizendo:
— Venham mais esta vez, porque agora ele me
contou o seu segredo.
Então os governantes dos filisteus vieram até
ela e trouxeram com eles o dinheiro. 19 Dalila fez
com que Sansão dormisse no colo dela e, tendo
chamado um homem, mandou rapar-lhe as sete
tranças da cabeça, e assim começou a subjugá-
-lo. Sansão havia perdido a sua força. 20 Então
ela gritou:
— Sansão, os filisteus vêm vindo aí!
Ele despertou do sono e disse consigo mes-
mo:
— Vou sair como nas outras vezes e me livra-
rei.
Mas ele não sabia ainda que o SENHOR já se
havia retirado dele. 21 Então os filisteus o agar-
raram, furaram os olhos dele e o levaram para
Gaza. Amarraram-no com correntes de bronze e
o puseram a virar um moinho na prisão. 22 Mas o
cabelo da sua cabeça, logo após ser rapado, co-
meçou a crescer de novo.

A morte de Sansão

23 Os governantes dos filisteus se reuniram para
oferecer um grande sacrifício ao seu deus Dagom
e para se alegrar. Diziam:
— O nosso deus entregou o nosso inimigo San-
são nas nossas mãos.
24 O povo, quando viu Sansão, louvava o seu
deus, dizendo:
— O nosso deus entregou nas nossas mãos o
nosso inimigo, aquele que destruía a nossa terra e
multiplicava os nossos mortos.
25 Com alegria no coração, disseram:
— Mandem vir Sansão, para que ele nos divirta.
Trouxeram Sansão do cárcere, e ele os divertia.
Quando o fizeram ficar em pé entre as colunas,
26 Sansão disse ao moço que o guiava pela mão:
— Deixe-me apalpar as colunas que sustentam
o templo, para que eu possa me encostar nelas.
27 Ora, o templo estava cheio de homens e
mulheres, e também ali estavam todos os gover-
nantes dos filisteus. E sobre o teto havia uns três
mil homens e mulheres, que olhavam enquanto
Sansão os divertia.
28 Sansão clamou ao SENHOR e disse:
— SENHOR Deus, peço-te que te lembres de
mim. Dá-me força só mais esta vez, ó Deus, para
que eu me vingue dos filisteus, que furaram os
meus olhos.
29 Em seguida, Sansão abraçou-se às duas colu-
nas do meio, que sustentavam o templo, e fez for-
ça sobre elas, com a mão direita em uma e com a
esquerda na outra. 30 E disse:
— Que eu morra com os filisteus.
E empurrou com toda a sua força, e o templo
caiu sobre os governantes e sobre todo o povo
que ali estava. Assim, foram mais os que Sansão
matou quando morreu do que os que ele havia
matado durante toda a sua vida.
31 Então os seus irmãos e toda a casa de seu pai
foram buscar o corpo. Eles o levaram e sepulta-
ram entre Zorá e Estaol, no túmulo de Manoá,
seu pai.
Sansão julgou Israel durante vinte anos.

Mica e os ídolos

17 1 Havia um homem da região montanhosa
de Efraim cujo nome era Mica. 2 Ele disse à
sua mãe:
— As mil e cem moedas de prata que lhe foram
roubadas, e a respeito das quais a senhora me
falou e proferiu maldições, eis que esse dinheiro
está comigo; eu o peguei.
Então a mãe lhe disse:
— Que o SENHOR o abençoe, meu filho!

3 Assim, ele devolveu as mil e cem moedas de
prata à sua mãe, que disse:
— De minha parte dedico esta prata ao SENHOR
Deus a favor de meu filho. Será usada para fazer
uma imagem de escultura e uma de fundição. Por
isso, agora eu devolvo esta prata a você.
4 Porém o filho devolveu a prata à sua mãe, que
pegou duzentas moedas de prata e as deu a um
ourives, o qual fez delas uma imagem de escultu-
ra e uma de fundição. E a imagem ficou na casa
de Mica. 5 E, assim, este homem, Mica, veio a ter
um santuário. Fez uma estola sacerdotal, alguns
ídolos do lar, e consagrou um de seus filhos para
ser o sacerdote. 6 Naqueles dias, não havia rei em
Israel; cada um fazia o que achava mais certo.

O levita na casa de Mica

7 Havia um jovem de Belém de Judá, da tribo
de Judá, que era levita e estrangeiro naquele lu-
gar. 8 Esse homem partiu da cidade de Belém de
Judá em busca de outro lugar para morar. E assim,
seguindo o seu caminho, chegou à região monta-
nhosa de Efraim, até a casa de Mica. 9 E Mica lhe
perguntou:
— De onde você vem?
Ele respondeu:
— Sou levita de Belém de Judá e estou procuran-
do um lugar para morar.
10 Então Mica disse:
— Fique comigo, como meu conselheiro e sa-
cerdote. Eu lhe darei dez moedas de prata por ano,
a roupa e o sustento.
O levita entrou 11 e consentiu em ficar com
aquele homem. E o jovem era para ele como um
de seus filhos. 12 Mica consagrou o jovem levita,
que passou a ser o seu sacerdote. E o jovem ficou
na casa de Mica. 13 Então Mica disse:
— Agora sei que o SENHOR me fará bem, porque
tenho um levita como sacerdote.

Mica e a tribo de Dã

18 1 Naqueles dias, não havia rei em Israel, e
a tribo dos danitas estava procurando um
território para morar, porque, até aquele dia, não
tinha recebido herança entre as tribos de Israel.
2 Então os filhos de Dã enviaram cinco homens
dentre todas as famílias da sua tribo, homens va-
lentes, de Zorá e de Estaol, para espiar e explorar
a terra. E lhes disseram:
— Vão e explorem a terra.
Chegaram à região montanhosa de Efraim,
até a casa de Mica, e ali pernoitaram. 3 Quando
se aproximaram da casa de Mica, reconheceram
a voz do jovem levita. Chegaram perto dele e lhe
perguntaram:
— Quem trouxe você para cá? O que você está
fazendo aqui? E o que prende você a este lugar?
4 Ele respondeu:
— Assim e assim Mica fez comigo: ele me con-
tratou, e eu me tornei o sacerdote dele.
5 E eles lhe disseram:
— Então, por favor, consulte a Deus, para que
saibamos se o caminho que seguimos irá pros-
perar.
6 O sacerdote respondeu:
— Vão em paz. O caminho de vocês está sob as
vistas do SENHOR.
7 Os cinco homens partiram e chegaram a Laís.
Viram que o povo daquele lugar vivia em seguran-
ça, segundo o costume dos sidônios, em paz e sem
desconfiar de nada. Nenhuma autoridade havia
que, por qualquer coisa, os oprimisse. Moravam
longe dos sidônios e não tinham contato com ou-
tros povos. 8 Então os cinco homens voltaram a
seus irmãos em Zorá e Estaol. E esses irmãos lhes
perguntaram:
— E então, o que nos dizem?
9 Eles responderam:
— Preparem-se e vamos atacá-los. Porque exa-
minamos a terra, e eis que é muito boa. Vão ficar
aí parados? Vão depressa e ocupem aquela terra.
10 Quando chegarem lá, vão encontrar um povo
que não desconfia de nada. A terra é ampla, e
Deus a está entregando nas mãos de vocês. É um
lugar em que não falta nada do que existe na terra.
11 Então partiram dali, do meio da tribo dos
danitas, de Zorá e de Estaol, seiscentos homens
armados com as suas armas de guerra. 12 Subiram
e acamparam em Quiriate-Jearim, em Judá. Por
isso aquele lugar é chamado de Maané-Dã, até o
dia de hoje. Fica a oeste de Quiriate-Jearim. 13 Dali
foram para a região montanhosa de Efraim e che-
garam à casa de Mica.
14 Os cinco homens que foram espiar a terra de
Laís disseram aos seus irmãos:
— Vocês sabiam que numa daquelas casas há
uma estola sacerdotal, alguns ídolos do lar, uma
imagem de escultura e uma de fundição? Deci-
dam, pois, o que vão fazer.
15 Então foram para lá, e chegaram à casa do jo-
vem levita, que era a casa de Mica, e o saudaram.
16 Os seiscentos homens da tribo de Dã, armados
com as suas armas de guerra, ficaram à entrada
do portão. 17 Porém os cinco homens que tinham
ido espiar a terra entraram na casa e apanharam
a imagem de escultura, a estola sacerdotal, os
ídolos do lar e a imagem de fundição, enquanto
o sacerdote estava em pé à entrada do portão com
os seiscentos homens que estavam armados com
as armas de guerra. 18 Quando eles entraram na
casa de Mica e apanharam a imagem de escultura,
a estola sacerdotal, os ídolos do lar e a imagem de
fundição, o sacerdote perguntou:
— O que é que vocês estão fazendo?

19 Eles responderam:
— Fique calado. Não diga nada a ninguém.
Venha conosco e seja o nosso conselheiro e sa-
cerdote. Ou você acha que é melhor ser sacerdote
na casa de um só homem do que ser sacerdote de
uma tribo e de uma família em Israel?
20 O sacerdote ficou contente, pegou a estola sa-
cerdotal, os ídolos do lar e a imagem de escultura
e entrou no meio do povo.
21 Eles deram meia-volta e partiram, não sem
antes colocar diante de si as crianças, o gado e os
seus bens. 22 Quando eles já estavam longe da casa
de Mica, os vizinhos deste se reuniram e foram
atrás dos filhos de Dã. 23 Eles gritaram para os fi-
lhos de Dã, que, voltando-se, perguntaram a Mica:
— O que é que você quer? Por que você convo-
cou todo esse povo?
24 Mica respondeu:
— Vocês pegaram os deuses que eu fiz e tam-
bém o meu sacerdote e foram embora. O que so-
brou para mim? E vocês ainda me perguntam: "O
que é que você quer?"
25 Porém os filhos de Dã lhe disseram:
— Seria melhor você ficar calado, porque, se
não, alguns dos nossos homens poderiam ficar
irritados e acabariam atacando você. Nesse caso,
perderiam a vida você e os da sua casa.
26 Assim, os filhos de Dã seguiram o seu cami-
nho. E Mica, vendo que eram mais fortes do que
ele, deu meia-volta e foi para casa.
27 Os homens de Dã levaram as coisas que Mica
havia feito e também o sacerdote dele, e foram a
Laís, a um povo que vivia em paz e sem descon-
fiar de nada. Mataram os moradores a fio de espa-
da e queimaram a cidade. 28 Não houve ninguém
que os livrasse, porque moravam longe de Sidom
e não tinham contato com outros povos. A cidade
ficava no vale junto a Bete-Reobe. Os filhos de Dã
reedificaram a cidade e passaram a morar nela.
29 E lhe chamaram Dã, segundo o nome de Dã,
seu pai, que era filho de Israel. Porém no passado
o nome dessa cidade era Laís. 30 Os filhos de Dã
levantaram para si aquela imagem de escultura,
e Jônatas, filho de Gérson e neto de Moisés, ele
e seus filhos foram sacerdotes da tribo dos dani-
tas até o dia do cativeiro do povo. 31 Assim, pois,
a imagem de escultura feita por Mica ficou entre
eles durante todo o tempo em que a Casa de Deus
esteve em Siló.

O levita e a sua concubina

19 1 Naqueles dias, em que não havia rei em
Israel, houve um homem levita, que, pe-
regrinando nos lados da região montanhosa
de Efraim, tomou para si uma concubina de
Belém de Judá. 2 Porém ela se irritou com ele e,
deixando-o, voltou para a casa de seu pai, em
Belém de Judá, onde ficou durante uns quatro
meses. 3 Seu marido, levando consigo o seu ser-
vo e dois jumentos, foi atrás dela para tentar
convencê-la a voltar. Ela o fez entrar na casa de
seu pai. Este, quando viu o levita, saiu alegre a
recebê-lo. 4 O sogro, o pai da moça, convenceu o
levita a ficar com ele durante três dias; comeram,
beberam, e o casal se alojou ali. 5 No quarto dia,
madrugaram e se levantaram para partir. Mas o
pai da moça disse a seu genro:
— Coma alguma coisa, para você ter mais força
para a viagem. Depois disso vocês podem ir em-
bora.
6 Os dois se sentaram, comeram e beberam jun-
tos. Então o pai da moça disse ao homem:
— Por favor, fique aqui mais uma noite e alegre
o seu coração.
7 Quando o homem se levantou para partir, o
seu sogro insistiu para que ficasse, e ele mais uma
vez pernoitou ali. 8 No quinto dia, ele se levantou
de madrugada para partir, mas o pai da moça lhe
disse:
— Coma alguma coisa. Fiquem até o entardecer.
E ambos comeram juntos. 9 Então o homem se
levantou para partir, ele, a sua concubina e o seu
servo. Mas o sogro dele, o pai da moça, lhe disse:
— Olhe! Está ficando tarde e a noite vem che-
gando. Passe mais uma noite aqui. Este dia já
está acabando. Passe aqui a noite, e alegre o seu
coração. Amanhã de madrugada vocês podem se
levantar e viajar de volta para casa.
10 Porém o homem não quis passar ali mais
uma noite. Ele se levantou, partiu e chegou até
a altura de Jebus, isto é, Jerusalém. Com ele iam
os dois jumentos encilhados e também a sua con-
cubina. 11 Quando chegaram perto de Jebus, o dia
já estava chegando ao fim. Então o servo disse a
seu senhor:
— Venha, vamos sair da estrada e entrar nessa
cidade dos jebuseus e passemos ali a noite.
12 Porém o seu senhor lhe disse:
— Não vamos entrar em nenhuma cidade es-
tranha, que não seja dos filhos de Israel. Vamos
um pouco mais adiante até Gibeá.
13 E continuou:
— Venha, vamos a um desses lugares e pernoi-
temos em Gibeá ou em Ramá.
14 Assim passaram adiante e continuaram a via-
gem. E o sol se pôs quando chegaram a Gibeá, que
pertence a Benjamim. 15 Saíram da estrada para
entrar em Gibeá, a fim de, nela, passarem a noi-
te. O levita entrou e se sentou na praça da cidade,
porque não houve quem os recolhesse em casa
para ali pernoitarem.
16 Eis que, ao anoitecer, um homem velho es-
tava voltando do seu trabalho no campo. Ele era
da região montanhosa de Efraim, mas morava em

Gibeá. Os outros habitantes do lugar eram benja-
mitas. 17 Quando o velho ergueu os olhos e viu o
viajante na praça da cidade, perguntou:
— Para onde você está indo? E de onde você
vem?
18 O levita respondeu:
— Estamos viajando de Belém de Judá para os
lados da região montanhosa de Efraim, de onde
sou. Fui a Belém de Judá e, agora, estou de viagem
para a Casa do SENHOR. Ninguém me recebeu em
sua casa, 19 embora tenhamos palha e pasto para
os nossos jumentos, e também pão e vinho para
mim, e para esta sua serva, e para o moço que vem
com estes seus servos. Não nos falta nada.
20 Então o velho disse:
— Que a paz esteja com você! Tudo o que lhe
vier a faltar fique a meu encargo. Só não passem
a noite na praça.
21 Ele os levou para a sua casa e deu pasto aos
jumentos. Depois de lavarem os pés, comeram e
beberam.
22 Enquanto eles se alegravam, eis que os ho-
mens daquela cidade, homens malignos, cer-
caram a casa e começaram a bater na porta. E
disseram ao velho, o dono da casa:
— Traga para fora o homem que entrou em sua
casa, para que abusemos dele.
23 O dono da casa saiu para falar com eles e
disse:
— Não, meus irmãos, não façam esta maldade.
Já que o homem está em minha casa, não façam
uma loucura dessas. 24 Vejam, aqui estão a minha
filha virgem e a concubina dele. Vou pôr as duas
para fora e vocês poderão abusar delas e fazer o
que bem quiserem. Mas não façam uma loucura
dessas com este homem!
25 Porém aqueles homens não o quiseram ouvir.
Então o levita pegou a sua concubina e a entregou
a eles do lado de fora. E eles a forçaram e abusa-
ram dela toda a noite até pela manhã; e, quando
estava amanhecendo, eles a deixaram. 26 Ao ama-
nhecer, a mulher veio e caiu à porta da casa do ho-
mem, onde o seu senhor estava hospedado. E ela
ficou ali até o clarear do dia.
27 De manhã, quando o seu senhor se levantou
e abriu as portas da casa, para continuar a viagem,
eis que a mulher, sua concubina, jazia à porta da
casa, com as mãos sobre a soleira. 28 Ele lhe disse:
— Levante-se, e vamos embora!
Porém não houve resposta. Então o homem a
pôs sobre o jumento e foi para a sua casa. 29 Che-
gando a casa, pegou uma faca e cortou o corpo da
concubina em doze pedaços. E enviou os pedaços
para todas as regiões da terra de Israel. 30 Todos os
que viram isso diziam:
— Nunca se fez uma coisa dessas, nem se viu
nada semelhante desde o dia em que os filhos de
Israel saíram da terra do Egito até o dia de hoje.
Pensem nisso, discutam entre si e digam o que se
deve fazer.

Os israelitas vingam a afronta feita ao levita

20 1 Todos os filhos de Israel, desde Dã até Ber-
seba, bem como da terra de Gileade, saí-
ram, e a congregação se reuniu diante do SENHOR
em Mispa, como se fosse um só homem. 2 Os che-
fes de todo o povo e todas as tribos de Israel se
apresentaram na congregação do povo de Deus.
Havia quatrocentos mil soldados de infantaria,
que puxavam da espada. 3 E os filhos de Benja-
mim ouviram que os filhos de Israel haviam se
reunido em Mispa. Os filhos de Israel disseram:
— Contem-nos como aconteceu essa maldade.
4 Então o levita, marido da mulher assassinada,
disse:
— Cheguei com a minha concubina a Gibeá,
cidade de Benjamim, para passar a noite. 5 Os ci-
dadãos de Gibeá se levantaram contra mim e, à
noite, cercaram a casa em que eu estava. Queriam
me matar e abusaram da minha concubina, que
morreu. 6 Então peguei o corpo da minha con-
cubina, cortei em pedaços, e os mandei por toda
a terra da herança de Israel, pois aqueles homens
cometeram uma maldade e loucura em Israel.
7 Eis que todos vocês são filhos de Israel; portan-
to, discutam o assunto e tomem uma decisão.
8 Então todo o povo se levantou como um só
homem, dizendo:
— Nenhum de nós irá para a sua tenda, e ne-
nhum de nós voltará para casa. 9 Mas isto é o que
faremos a Gibeá: um sorteio para ver quem ataca-
rá a cidade. 10 De todas as tribos de Israel vamos
separar dez homens de cem, e cem de mil, e mil
de dez mil, para providenciarem mantimento para
o povo, a fim de que este, indo a Gibeá de Benja-
mim, faça a ela conforme toda a loucura que fez
em Israel.
11 Assim, todos os homens de Israel se ajunta-
ram como se fossem um só homem contra essa
cidade.
12 As tribos de Israel enviaram homens por
toda a tribo de Benjamim, dizendo:
— Que maldade é essa que foi feita no meio de
vocês? 13 E agora entreguem-nos aqueles homens,
homens malignos, que estão em Gibeá, para que
os matemos e tiremos esse mal do meio de Israel.
Mas os filhos de Benjamim não quiseram ou-
vir a voz de seus irmãos, os filhos de Israel. 14 Ao
contrário, vindos de suas cidades, se ajuntaram
em Gibeá, para saírem à guerra contra os filhos de
Israel. 15 E naquele dia os filhos de Benjamim con-
vocaram das suas cidades vinte e seis mil homens
que puxavam da espada, além dos moradores de
Gibeá, dos quais reuniram setecentos homens

escolhidos. 16 Entre todo este povo havia setecen-
tos homens escolhidos, canhotos, que atiravam
com a funda e eram capazes de acertar uma pedra
num fio de cabelo, sem nunca errar. 17 Dos ho-
mens de Israel, além dos de Benjamim, foram con-
vocados quatrocentos mil homens que puxavam
da espada. Todos esses eram homens de guerra.

18 Os israelitas se levantaram e foram a Betel.
Ali, consultaram a Deus, dizendo:

— Quem de nós será o primeiro a lutar contra
Benjamim?

E o SENHOR respondeu:

— Judá irá primeiro.

19 Na manhã seguinte os filhos de Israel se le-
vantaram e acamparam perto de Gibeá. 20 E os ho-
mens de Israel saíram à batalha contra a tribo de
Benjamim e tomaram posição de ataque contra ela
junto a Gibeá. 21 Então os filhos de Benjamim saí-
ram de Gibeá e, naquele dia, mataram vinte e dois
mil homens de Israel. 22 Porém o povo dos homens
de Israel se animou e eles novamente tomaram po-
sição de ataque no mesmo lugar onde, no primeiro
dia, o tinham feito. 23 Antes disso, porém, os filhos
de Israel foram e choraram diante do SENHOR até a
tarde. E consultaram o SENHOR, dizendo:

— Devemos atacar outra vez os nossos irmãos
da tribo de Benjamim?

E o SENHOR respondeu:

— Sim, vocês devem atacar.

24 Assim, no dia seguinte, os filhos de Israel
marcharam contra os filhos de Benjamim. 25 Tam-
bém os de Benjamim, no dia seguinte, saíram de
Gibeá de encontro a eles. E mataram mais dezoito
mil homens, todos dos que puxavam da espada.
26 Então todos os filhos de Israel, todo o povo,
foram a Betel, choraram, estiveram ali diante do
SENHOR e jejuaram aquele dia até a tarde. E ofe-
receram holocaustos e ofertas pacíficas diante
do SENHOR. 27 E os filhos de Israel consultaram o
SENHOR. Porque naqueles dias a arca da aliança
de Deus estava ali em Betel. 28 E Fineias, filho de
Eleazar, filho de Arão, ministrava diante dela na-
queles dias. Os filhos de Israel perguntaram:

— Devemos sair mais uma vez para lutar contra
os nossos irmãos da tribo de Benjamim ou deve-
mos desistir?

O SENHOR respondeu:

— Vão novamente, porque amanhã eu os en-
tregarei nas mãos de vocês.

29 Então Israel pôs emboscadas ao redor de
Gibeá. 30 No terceiro dia, os filhos de Israel avan-
çaram contra os filhos de Benjamim e tomaram
posição de ataque contra Gibeá, como das outras
vezes. 31 Então os filhos de Benjamim saíram de
encontro ao povo, e, deixando-se atrair para lon-
ge da cidade, começaram a matar alguns do povo
de Israel, como haviam feito das outras vezes.
Pelas estradas, das quais uma vai para Betel e a
outra vai para Gibeá, e no campo, mataram uns
trinta homens de Israel. 32 Então os filhos de Ben-
jamim disseram:

— Eles estão sendo derrotados, como das ou-
tras vezes.

Porém os filhos de Israel disseram:

— Vamos fugir e atraí-los da cidade para as es-
tradas.

33 Todos os homens de Israel se levantaram do
seu lugar e tomaram posição de ataque em Baal-
-Tamar, e a emboscada de Israel saiu do seu lugar,
das vizinhanças de Geba. 34 Dez mil homens es-
colhidos de todo o Israel vieram contra Gibeá, e a
batalha se intensificou. Porém os filhos de Benja-
mim não imaginavam que o desastre era iminente.
35 Então o SENHOR derrotou Benjamim diante de
Israel. E, naquele dia, os filhos de Israel mataram
vinte e cinco mil e cem homens de Benjamim, to-
dos dos que puxavam da espada. 36 Então os filhos
de Benjamim viram que estavam derrotados.

Os homens de Israel foram cedendo terreno
aos benjamitas, porque confiavam na emboscada
que haviam posto contra Gibeá. 37 A emboscada
avançou depressa, investiu contra Gibeá e passou
os moradores a fio de espada. 38 Os homens de Is-
rael tinham combinado um sinal com a embos-
cada, que era fazer subir da cidade uma grande
nuvem de fumaça. 39 Então os homens de Israel
deviam voltar à batalha. Os filhos de Benjamim
tinham começado a atacar os homens de Israel e
já tinham matado uns trinta deles. E diziam:

— Com certeza eles já estão derrotados, como
na batalha anterior.

40 Então a nuvem de fumaça começou a levantar-
-se da cidade, como se fosse uma coluna. Os filhos
de Benjamim olharam para trás, e eis que a fumaça
da cidade subia para o céu. 41 Os homens de Israel
deram meia-volta, e os filhos de Benjamim fica-
ram apavorados, porque viram que o desastre era
iminente. 42 Eles viraram as costas para os homens
de Israel, em busca do caminho do deserto, mas
não puderam escapar da batalha; e os que vi-
nham das cidades os destruíram no meio deles.
43 Cercaram os filhos de Benjamim e os persegui-
ram; e, onde repousavam, ali os alcançavam, até
diante de Gibeá, para o nascente do sol. 44 Dos
filhos de Benjamim foram mortos dezoito mil
homens, todos estes homens valentes. 45 Então
se viraram e fugiram na direção do deserto, para
a rocha de Rimom. E, ao longo do caminho, os fi-
lhos de Israel ainda apanharam mais uns cinco
mil homens. Seguiram-nos de perto até Gidom,
e mataram mais dois mil homens. 46 Naquele dia,
morreram vinte e cinco mil homens dos filhos de
Benjamim, todos eles homens valentes que puxa-
vam da espada.

47 Porém seiscentos homens viraram e fugiram
para o deserto, para a rocha de Rimom, onde fi-
caram quatro meses. 48 Os homens de Israel vol-
taram para os filhos de Benjamim e passaram a
fio de espada tudo o que restou da cidade, tanto
homens como animais, tudo o que encontraram.
E também puseram fogo em todas as cidades que
encontraram.

Esposas para os benjamitas

21 1 Ora, os homens de Israel tinham feito um
juramento em Mispa, dizendo:
— Nenhum de nós dará sua filha em casamen-
to aos benjamitas.
2 O povo foi a Betel, e ali ficaram até a tarde
diante de Deus, levantaram a voz e choraram
amargamente. 3 Disseram:
— Ah! SENHOR, Deus de Israel, por que acon-
teceu isto em Israel? Por que hoje falta uma
tribo?
4 No dia seguinte, o povo, pela manhã, se levan-
tou e edificou ali um altar. E apresentaram holo-
caustos e ofertas pacíficas. 5 E os filhos de Israel
perguntaram:
— Quem de todas as tribos de Israel não com-
pareceu à assembleia do SENHOR?
Porque tinham feito um juramento solene:
quem não comparecesse à presença do SENHOR
em Mispa seria morto. 6 Os filhos de Israel tive-
ram compaixão de seus irmãos da tribo de Ben-
jamim e disseram:
— Hoje foi eliminada uma das tribos de Is-
rael. 7 Como obteremos mulheres para os res-
tantes deles, pois juramos, pelo SENHOR, que
não lhes daríamos em casamento nenhuma de
nossas filhas?
8 E perguntaram:
— Há alguma das tribos de Israel que não tenha
comparecido à presença do SENHOR em Mispa?
E eis que ninguém de Jabes-Gileade tinha ido
ao acampamento, à assembleia. 9 Quando conta-
ram o povo, eis que nenhum dos moradores de
Jabes-Gileade estava ali. 10 Por isso, a congrega-
ção mandou para lá doze mil homens dos mais
valentes e lhes ordenou, dizendo:
— Vão e matem os moradores de Jabes-Gileade
a fio de espada, tanto homens como mulheres e
crianças. 11 É isto que vocês devem fazer: Matem
todos os homens, bem como todas as mulheres
que não forem virgens.
12 E acharam entre os moradores de Jabes-
-Gileade quatrocentas moças virgens, que nunca
haviam tido relações com homem algum; e as
trouxeram ao acampamento, em Siló, que fica
na terra de Canaã. 13 Então toda a congregação
enviou mensageiros aos filhos de Benjamim que
estavam na rocha de Rimom, e lhes fizeram uma
proposta de paz. 14 Foi nesse tempo que os benja-
mitas voltaram e receberam aquelas mulheres de
Jabes-Gileade que tinham sido conservadas com
vida. Porém não havia uma para cada um deles.
15 Então o povo teve compaixão de Benjamim,
porque o SENHOR tinha aberto uma brecha nas
tribos de Israel.
16 Os anciãos da congregação disseram:
— Como obteremos mulheres para os que so-
braram, visto que as mulheres dos benjamitas fo-
ram exterminadas?
17 Disseram mais:
— Deve haver uma herança para os benjamitas
que sobraram, pois nenhuma tribo de Israel deve
ser destruída. 18 Porém nós não podemos dar a
eles as nossas filhas em casamento, porque os
filhos de Israel juraram, dizendo: "Maldito o que
der mulher aos benjamitas."
19 Então disseram:
— Eis que, de ano em ano, há uma solenidade
do SENHOR em Siló.
Siló fica ao norte de Betel, do lado do nascente
do sol, pelo caminho que vai de Betel a Siquém, e
ao sul de Lebona.
20 Então deram uma ordem aos filhos de Ben-
jamim, dizendo:
— Vão e se escondam nas vinhas. 21 Fiquem
vigiando. Quando as moças de Siló saírem a
dançar em rodas, saiam das vinhas, e cada um
agarre uma mulher para si. E então voltem para
a terra de Benjamim. 22 Quando os pais ou os ir-
mãos delas vierem se queixar a nós, diremos:
"Tenham pena deles por amor de nós, pois, na
guerra contra Jabes-Gileade, não conseguimos
mulheres para todos eles. E vocês não as deram a
eles, pois neste caso seriam culpados de quebrar
o juramento."
23 Assim fizeram os filhos de Benjamim. E
dentre as moças que saíram para dançar eles
tomaram para si mulheres, conforme o número
deles. Depois voltaram para a sua herança, reedi-
ficaram as cidades e habitaram nelas. 24 Então os
filhos de Israel também partiram dali, cada um
para a sua tribo, para a sua família e para a sua
herança.
25 Naqueles dias, não havia rei em Israel; cada
um fazia o que achava mais certo.

O LIVRO DE

RUTE

Elimeleque e a sua família em Moabe

1 1 Nos dias em que os juízes julgavam, houve
fome na terra de Israel. E um homem de Be-
lém de Judá foi morar por algum tempo na terra
de Moabe, com a sua mulher e os seus dois filhos.
2 Este homem se chamava Elimeleque, e sua mu-
lher se chamava Noemi. Os filhos se chamavam
Malom e Quiliom. Eram efrateus, de Belém de
Judá. Foram à terra de Moabe e ficaram ali. 3 Al-
gum tempo depois, Elimeleque, o marido de Noe-
mi, morreu, e ela ficou sozinha com os dois filhos.
4 Estes casaram com mulheres moabitas. O nome
de uma delas era Orfa, e o nome da outra era Rute.
E ficaram ali quase dez anos. 5 Depois morreram
também Malom e Quiliom, os dois filhos de Noe-
mi. E assim ela ficou sozinha, sem os dois filhos e
sem o marido.

Noemi e Rute vão para Belém

6 Então Noemi voltou da terra de Moabe com as
suas noras, porque ainda em Moabe ouviu que o
SENHOR havia se lembrado do seu povo, dando-
-lhe alimento. 7 Assim, ela saiu do lugar onde
havia morado, e as duas noras estavam com ela.
Enquanto caminhavam, voltando para a terra de
Judá, 8 Noemi disse às suas noras:

— Vão agora e voltem cada uma para a casa
de sua mãe. E que o SENHOR seja bondoso com
vocês, assim como vocês foram bondosas com os
que morreram e comigo. 9 O SENHOR faça com que
vocês sejam felizes, cada uma na casa de seu novo
marido.

E deu um beijo em cada uma delas. Elas, porém,
começaram a chorar alto 10 e lhe disseram:

— Não! Nós iremos com a senhora para junto
do seu povo.

11 Mas Noemi disse:

— Voltem, minhas filhas! Por que vocês iriam
comigo? Vocês acham que eu ainda tenho filhos
em meu ventre, para que casem com vocês? 12 Vol-
tem, minhas filhas! Vão embora, porque sou velha
demais para ter marido. E ainda que eu dissesse:
"Tenho esperança", ou ainda que casasse esta noi-
te e tivesse filhos, 13 será que vocês iriam esperar
até que eles viessem a crescer? Ficariam tanto
tempo sem casar? Não, minhas filhas! A minha
amargura é maior do que a de vocês, porque o
SENHOR descarregou a sua mão contra mim.

14 Então, de novo, choraram em alta voz. Orfa,
com um beijo, se despediu de sua sogra, porém
Rute se apegou a ela.

15 Então Noemi disse:

— Veja! A sua cunhada voltou para o seu povo
e para os seus deuses. Vá você também com ela.

16 Porém Rute respondeu:

— Não insista para que eu a deixe nem me
obrigue a não segui-la! Porque aonde quer que
você for, irei eu; e onde quer que pousar, ali pou-
sarei eu. O seu povo é o meu povo, e o seu Deus é
o meu Deus. 17 Onde quer que você morrer, mor-
rerei eu e aí serei sepultada. Que o SENHOR me
castigue, se outra coisa que não seja a morte me
separar de você.

18 Quando Noemi viu que Rute estava mesmo
decidida a acompanhá-la, deixou de insistir com
ela.

19 Então ambas se foram, até que chegaram a
Belém. E aconteceu que, ao chegarem ali, toda a
cidade se comoveu por causa delas. E as mulheres
perguntavam:

— Essa não é a Noemi?

20 Porém ela lhes dizia:

— Não me chamem de Noemi, mas de Mara,
porque o Todo-Poderoso me deu muita amargura.
21 Quando saí daqui, eu era plena, mas o SENHOR
me fez voltar vazia. Por que, então, querem me
chamar de Noemi, se o SENHOR deu testemunho
contra mim e o Todo-Poderoso me afligiu?

22 Foi assim que Noemi voltou da terra de
Moabe, com Rute, sua nora, a moabita. E chega-
ram a Belém no começo da colheita da cevada.

Rute vai apanhar espigas

2 1 Noemi tinha um parente de seu marido, dono
de muitos bens, da família de Elimeleque, o
qual se chamava Boaz. 2 Rute, a moabita, disse a
Noemi:

— Deixe-me ir ao campo para apanhar espigas
atrás daquele que me permitir fazer isso.

Noemi respondeu:

— Vá, minha filha!

3 Ela se foi, chegou ao campo e apanhava espi-
gas atrás dos ceifeiros. Por casualidade entrou na
parte do campo que pertencia a Boaz, que era da
família de Elimeleque.

4 Eis que Boaz veio de Belém e disse aos cei-
feiros:

— Que o SENHOR esteja com vocês!

E eles responderam:

— Que o SENHOR o abençoe!

5 Depois, Boaz perguntou ao servo encarrega-
do dos ceifeiros:

— De quem é essa moça?

6 O servo respondeu:

— Essa é a moça moabita que veio com Noemi
da terra de Moabe. 7 Ela me pediu que a deixasse
recolher espigas e ajuntá-las entre os feixes após
os ceifeiros. Assim, ela veio e ficou aqui desde a
manhã até agora. Só parou um pouco para des-
cansar no abrigo.
8 Então Boaz disse a Rute:
— Escute, minha filha, você não precisa ir co-
lher em outro campo, nem se afastar daqui. Fi-
que aqui com as minhas servas. 9 Fique atenta ao
campo onde forem colher e vá atrás delas. Eu dei
ordem aos servos para que não toquem em você.
Quando você ficar com sede, vá até as vasilhas e
beba da água que os servos tiraram.
10 Então Rute se inclinou e, encostando o rosto
no chão, disse a Boaz:
— Por que o senhor está me favorecendo e se
importa comigo, se eu sou uma estrangeira?
11 Boaz respondeu:
— Já me contaram tudo o que você fez pela
sua sogra, depois que você perdeu o marido. Sei
que você deixou pai, mãe e a terra onde nasceu e
veio para um povo que antes disso você não co-
nhecia. 12 O SENHOR lhe pague pelo bem que você
fez. Que você receba uma grande recompensa do
SENHOR, Deus de Israel, sob cujas asas você veio
buscar refúgio.
13 Então Rute disse:
— Meu caro senhor, você está me favorecendo
muito, pois me consolou e falou ao coração des-
ta sua serva, e eu nem mesmo sou como uma das
suas servas.
14 Na hora de comer, Boaz disse a Rute:
— Venha para cá e coma do pão. Molhe o seu
bocado no vinho.
Ela se sentou ao lado dos ceifeiros, e Boaz lhe
deu grãos tostados de cereais. Ela comeu até fi-
car satisfeita, e ainda sobrou. 15 Quando ela se
levantou para ir apanhar espigas, Boaz deu esta
ordem aos seus servos:
— Deixem que ela apanhe espigas até no meio
dos feixes e não sejam rudes com ela. 16 Tirem
também algumas espigas dos feixes e deixem
cair, para que ela as apanhe, e não a repreendam.
17 E assim Rute esteve apanhando espigas na-
quele campo até de tarde. Depois debulhou o que
havia apanhado, e foi quase vinte litros de cevada.
18 Ela pegou o cereal e voltou para a cidade. E a
sogra viu o quanto de cereal ela havia conseguido
apanhar. Rute também deu para a sogra a comida
que lhe havia sobrado, depois que ela comeu até
ficar satisfeita. 19 Então Noemi perguntou:
— Onde você foi colher hoje? Onde trabalhou?
Bendito seja aquele que acolheu você com tanta
generosidade!
E Rute contou à sua sogra onde havia trabalha-
do. E acrescentou:
— O nome do homem com quem trabalhei hoje
é Boaz.
20 Então Noemi disse à sua nora:
— Que ele seja abençoado pelo SENHOR Deus,
que não deixou de ser bondoso, nem para com os
vivos nem para com os mortos.
E Noemi acrescentou:
— Esse homem é nosso parente chegado e um
dos nossos resgatadores.
21 Então Rute, a moabita, disse:
— Ele também me disse que eu posso conti-
nuar com os servos dele, até que eles terminem de
fazer a colheita.
22 Noemi respondeu:
— É melhor mesmo que você vá com as servas
dele, minha filha. Noutro campo, poderiam mal-
tratar você.
23 Assim Rute ficou na companhia das servas
de Boaz, para apanhar espigas, até que a colheita
da cevada e do trigo se acabou. E continuou mo-
rando com a sua sogra.

Rute e Boaz na eira

3 1 Noemi, a sogra de Rute, disse:
— Minha filha, não é verdade que eu devo
procurar um lar para você, para que você seja fe-
liz? 2 E esse Boaz, na companhia de cujas servas
você esteve, não é um dos nossos parentes? Eis
que esta noite ele estará limpando cevada na eira.
3 Lave-se, ponha perfume, vista a sua melhor rou-
pa e vá até a eira. Mas não deixe que ele perceba
que você está ali, até que ele tenha acabado de
comer e beber. 4 Quando ele for dormir, repare
bem o lugar onde ele vai se deitar. Então vá, des-
cubra os pés dele e deite-se ali. Ele lhe dirá o que
você deve fazer.
5 Rute respondeu:
— Vou fazer tudo isso que a senhora está me
dizendo.
6 Então Rute foi para a eira e fez conforme tudo
o que a sua sogra lhe havia ordenado. 7 Quan-
do Boaz terminou de comer e beber e estava já
de coração um tanto alegre, foi deitar-se ao pé
de um monte de cereais. Então Rute chegou de
mansinho, descobriu os pés dele, e se deitou.
8 Aconteceu que, no meio da noite, o homem se
assustou e sentou-se; e eis que uma mulher esta-
va deitada a seus pés.
9 Boaz perguntou:
— Quem é você?
Ela respondeu:
— Sou Rute, a sua serva. Estenda a sua capa
sobre esta sua serva, porque o senhor é um resga-
tador.
10 Boaz respondeu:
— Que você seja bendita do SENHOR, minha fi-
lha! Você se mostrou mais bondosa agora do que

no passado, pois não foi procurar um homem mais jovem, fosse rico ou fosse pobre. 11 E agora, minha filha, não tenha medo. Tudo o que você falou eu vou fazer, porque todo o povo da cidade sabe que você é uma mulher virtuosa. 12 Sim, é verdade que eu sou resgatador, mas há ainda outro resgatador que é parente mais chegado do que eu. 13 Fique aqui esta noite. Pela manhã, se ele quiser resgatar você, muito bem; ele que o faça. Mas, se ele não quiser, eu o farei, tão certo como vive o SENHOR. Deite-se aqui até de manhã.

14 Rute ficou deitada aos pés dele até de manhã, mas levantou-se enquanto ainda estava escuro. Porque Boaz disse:

— Que ninguém saiba que uma mulher veio até a eira.

15 Disse mais:

— Traga o manto que você está usando e segure-o.

Ela o segurou, ele o encheu com seis medidas de cevada e o pôs sobre os ombros dela. Então ela voltou para a cidade.

16 Quando chegou à casa de sua sogra, esta lhe perguntou:

— Como se passaram as coisas, minha filha?

E Rute lhe contou tudo o que aquele homem tinha feito por ela. 17 E disse ainda:

— Ele me deu estas seis medidas de cevada e me disse: "Não volte para a sua sogra sem nada."

18 Então Noemi disse:

— Espere, minha filha, até que você saiba em que darão as coisas, porque aquele homem não descansará enquanto não resolver este caso, ainda hoje.

Boaz casa com Rute

4 1 Boaz foi até o portão da cidade e sentou-se ali. Eis que o resgatador de que Boaz havia falado ia passando. Então ele o chamou:

— Ó fulano, chegue até aqui e sente-se.

Ele foi e se sentou. 2 Então Boaz chamou dez homens dos anciãos da cidade e disse:

— Sentem-se aqui.

E eles se sentaram. 3 Boaz disse ao resgatador:

— Noemi, que voltou da terra dos moabitas, pôs à venda aquele pedaço de terra que foi de nosso parente Elimeleque. 4 Então resolvi informá-lo disso e dizer a você: compre essas terras na presença dos que estão sentados aqui e na presença dos anciãos do povo. Se você quer resgatá-las, faça *isto; se não,* diga, para que eu o saiba. Porque não há outro que possa resgatá-las a não ser você; e, depois de você, eu.

Então ele respondeu:

— Eu vou resgatar essas terras.

5 Boaz, porém, lhe disse:

— No dia em que você receber essas terras da mão de Noemi, também terá de receber Rute, a moabita, já viúva, para perpetuar o nome do esposo falecido na herança dele.

6 Então o resgatador disse:

— Nesse caso, não poderei fazer o resgate, para não prejudicar a minha própria herança. Faça você uso desse meu direito, porque eu não poderei fazê-lo.

7 Este era, antigamente, o costume em Israel, quanto a resgates e permutas: quem queria confirmar um negócio tirava a sandália do pé e a entregava ao outro. Era assim que se confirmava um negócio em Israel. 8 Por isso, quando o resgatador disse a Boaz: "Faça você o resgate", tirou a sandália do pé. 9 Então Boaz disse aos anciãos e a todo o povo:

— Hoje vocês são testemunhas de que comprei de Noemi tudo o que pertencia a Elimeleque, a Quiliom e a Malom. 10 E também tomo por mulher Rute, a moabita, que foi esposa de Malom, para perpetuar o nome deste sobre a sua herança, para que este nome não seja exterminado dentre seus irmãos e do portão da sua cidade. Hoje vocês são testemunhas disso.

11 Todo o povo que estava no portão e os anciãos disseram:

— Somos testemunhas.

E disseram a Boaz:

— Que o SENHOR faça a esta mulher, que está entrando na sua família, como fez a Raquel e Lia, que edificaram a casa de Israel. E que você, Boaz, seja um homem poderoso em Efrata, e que o seu nome se torne famoso em Belém. 12 Que, com os filhos que o SENHOR lhe der dessa jovem, a sua casa seja como a de Perez, o filho que Tamar deu a Judá.

Rute dá à luz Obede

13 Assim Boaz recebeu Rute, e ela passou a ser a sua mulher. Ele teve relações com ela, e o SENHOR concedeu que ela ficasse grávida e tivesse um filho. 14 Então as mulheres disseram a Noemi:

— Bendito seja o SENHOR, que não deixou hoje de lhe dar um neto que será o seu resgatador. Que o nome dele venha a ser famoso em Israel! 15 Nele você terá renovação da vida e consolo na velhice, pois a sua nora, que ama você, o deu à luz, e para você ela é melhor do que sete filhos.

16 Noemi pegou o menino no colo e passou a cuidar dele. 17 As vizinhas lhe deram nome, dizendo:

— Nasceu um filho para Noemi!

E o chamaram de Obede. Este veio a ser o pai de Jessé, pai de Davi.

18 E estas são as gerações de Perez: Perez gerou Esrom, 19 Esrom gerou Rão, Rão gerou Aminadabe, 20 Aminadabe gerou Naassom, Naassom gerou Salmom, 21 Salmom gerou Boaz, Boaz gerou Obede, 22 Obede gerou Jessé, e Jessé gerou Davi.

O PRIMEIRO LIVRO DE

SAMUEL

Elcana e suas mulheres

1 1 Houve um homem de Ramataim-Zofim, da
região montanhosa de Efraim, cujo nome era
Elcana, filho de Jeroão, filho de Eliú, filho de Toú,
filho de Zufe, efraimita. 2 Elcana tinha duas mu-
lheres: uma se chamava Ana, e a outra se chama-
va Penina. Penina tinha filhos; Ana, porém, não
tinha.

3 Todos os anos esse homem ia da sua cidade
para adorar e sacrificar ao SENHOR dos Exércitos,
em Siló, onde Hofni e Fineias, os dois filhos de Eli,
eram sacerdotes do SENHOR. 4 No dia em que Elcana
oferecia o seu sacrifício, ele dava porções deste a
Penina, sua mulher, e a todos os seus filhos e filhas.
5 A Ana, porém, dava uma porção dobrada, porque
ele a amava, mesmo que o SENHOR a tivesse dei-
xado estéril. 6 Penina, sua rival, a provocava exces-
sivamente para a irritar, porque o SENHOR a tinha
deixado sem filhos. 7 Isso acontecia ano após ano.
Todas as vezes que Ana ia à Casa do SENHOR, a ou-
tra a irritava. Por isso Ana se punha a chorar e não
comia nada. 8 Então Elcana, seu marido, lhe disse:

— Ana, por que você está chorando? E por
que não quer comer? E por que está tão triste?
Será que eu não sou melhor para você do que
dez filhos?

A oração e o voto de Ana

9 Certa vez após terem comido e bebido em Siló,
Ana se levantou, quando o sacerdote Eli estava sen-
tado na sua cadeira, junto a um pilar do templo do
SENHOR. 10 E Ana, com amargura de alma, orou ao
SENHOR e chorou muito. 11 Ela fez um voto, dizendo:

— SENHOR dos Exércitos, se de fato olhares
para a aflição da tua serva, e te lembrares de mim,
e não te esqueceres da tua serva, e lhe deres um
filho homem, eu o dedicarei ao SENHOR por todos
os dias da sua vida, e sobre a cabeça dele não pas-
sará navalha.

12 Ana continuava a orar diante do SENHOR, e o
sacerdote Eli começou a observar o movimento
dos lábios dela, 13 porque Ana só falava em seu
coração. Os seus lábios se moviam, porém não se
ouvia voz nenhuma. Por isso Eli pensou que ela
estava embriagada 14 e lhe disse:

— Até quando você vai ficar embriagada? Trate
de ficar longe do vinho!

15 Porém Ana respondeu:

— Não, meu senhor! Eu sou uma mulher an-
gustiada de espírito. Não bebi vinho nem bebida
forte. Apenas estava derramando a minha alma
diante do SENHOR. 16 Não pense que esta sua serva
é ímpia. Eu estava orando assim até agora porque
é grande a minha ansiedade e a minha aflição.

17 Então Eli disse:

— Vá em paz, e que o Deus de Israel lhe conce-
da o que você pediu.

18 Ana respondeu:

— Que eu possa encontrar favor aos seus
olhos.

Então ela seguiu o seu caminho, comeu algu-
ma coisa, e o seu semblante já não era triste.

Nascimento e dedicação de Samuel

19 Eles se levantaram de madrugada e adoraram
diante do SENHOR. Depois, voltaram para casa, em
Ramá. Elcana teve relações com Ana, sua mulher,
e o SENHOR se lembrou dela. 20 Ana ficou grávida
e, passado o devido tempo, teve um filho, a quem
deu o nome de Samuel, pois dizia:

— Do SENHOR o pedi.

21 Elcana, seu marido, foi com toda a sua casa
para oferecer ao SENHOR o sacrifício anual e para
cumprir o seu voto. 22 Ana, porém, não foi. Ela dis-
se a seu marido:

— Quando o menino for desmamado, eu o
levarei para ser apresentado ao SENHOR e para lá
ficar para sempre.

23 Elcana, seu marido, respondeu:

— Faça o que achar melhor. Fique aqui até
desmamá-lo. E que o SENHOR confirme a promes-
sa que você fez.

Assim, Ana ficou em casa e amamentou o filho,
até que o desmamou. 24 Depois de o ter desmama-
do, ela o levou consigo, com um novilho de três
anos, uma medida de farinha e um odre de vinho,
e o apresentou à Casa do SENHOR, em Siló. O me-
nino ainda era muito pequeno. 25 Depois de terem
sacrificado o novilho, levaram o menino a Eli. 26 E
Ana disse:

— Ah! Meu senhor, tão certo como você vive,
eu sou aquela mulher que esteve aqui ao seu lado,
orando ao SENHOR. 27 Era por este menino que
eu orava, e o SENHOR Deus me concedeu o pedi-
do que eu fiz. 28 Por isso também o entrego ao
SENHOR. Por todos os dias que viver, será dedicado
ao SENHOR.

E ali eles adoraram o SENHOR.

O cântico de Ana

2 1 Então Ana orou assim:

O meu coração exulta no SENHOR.
A minha força está exaltada no SENHOR.

A minha boca se ri dos meus inimigos,
porque me alegro na tua salvação.
2 Ninguém é santo como o SENHOR,
porque não há outro além de ti,
e não há rocha como o nosso Deus.
3 Não multipliquem palavras de orgulho;
que não saiam palavras arrogantes
da boca de vocês.
Porque o SENHOR é o Deus da sabedoria
e ele pesa na sua balança
todos os feitos das pessoas.
4 O arco dos fortes é quebrado,
porém os fracos são revestidos de força.
5 Os que antes estavam fartos
hoje trabalham pela comida,
mas os que andavam famintos
não têm mais fome.
Até a mulher estéril tem sete filhos,
e a que tinha muitos filhos
perde o vigor.

6 O SENHOR é quem tira a vida e quem a dá;
ele faz descer à sepultura e faz subir.
7 O SENHOR empobrece e enriquece;
humilha e também exalta.
8 Levanta o pobre do pó
e tira o necessitado do monte de lixo,
para o fazer assentar ao lado de príncipes,
para o fazer herdar o trono de glória.
Porque do SENHOR são as colunas da terra,
e ele firmou o mundo sobre elas.

9 Ele guarda os pés dos seus santos,
mas os perversos emudecem
nas trevas da morte,
porque o homem não prevalece pela força.
10 O SENHOR destrói os seus inimigos;
dos céus troveja contra eles.
O SENHOR julga as extremidades da terra,
dá força ao seu rei
e exalta o poder do seu ungido.

11 Então Elcana voltou para a sua casa, em
Ramá. Mas o menino ficou servindo o SENHOR,
diante do sacerdote Eli.

Os filhos de Eli

12 Os filhos de Eli eram homens malignos e
não se importavam com o SENHOR. 13 O costume
desses sacerdotes com o povo era este: quando
alguém oferecia um sacrifício, o servo do sacer-
dote vinha com um garfo de três dentes na mão
e, enquanto a carne estava cozinhando, 14 enfiava
o garfo na caldeira, na panela, no caldeirão ou na
marmita, e tudo o que o garfo tirava o sacerdote
pegava para si. Assim se fazia a todo o Israel que ia
ali, a Siló. 15 Também antes de se queimar a gordu-
ra, o servo do sacerdote vinha e dizia ao homem
que estava oferecendo o sacrifício: "Dê um pedaço
desta carne para o sacerdote assar. Ele não aceita-
rá de você carne cozida, mas apenas crua." 16 Se o
ofertante lhe respondia: "Deixe que primeiro quei-
me a gordura, depois você pode pegar o quanto
quiser", o servo do sacerdote dizia: "Não. Você tem
de entregar essa carne agora. Se não, eu a pegarei
à força."
17 Era, pois, muito grave o pecado desses mo-
ços diante do SENHOR, porque eles desprezavam a
oferta do SENHOR.

Samuel em Siló

18 Samuel ministrava diante do SENHOR, sendo
ainda menino, vestido de uma estola sacerdotal
de linho. 19 Sua mãe lhe fazia uma túnica peque-
na e, de ano em ano, a levava para ele quando ia
com o seu marido oferecer o sacrifício anual. 20 Eli
abençoava Elcana e a sua mulher e dizia:
— Que o SENHOR dê a você filhos desta mulher,
em lugar do filho que devolveu ao SENHOR.
E voltavam para a sua casa. 21 Assim, o SENHOR
abençoou Ana e ela engravidava. Teve mais três
filhos e duas filhas. E o menino Samuel crescia
diante do SENHOR.

Eli repreende os seus filhos

22 Eli já era muito velho e ouvia tudo o que os
seus filhos faziam a todo o Israel e de como se
deitavam com as mulheres que serviam à porta da
tenda do encontro. 23 E disse-lhes:
— Por que vocês fazem essas coisas? Pois de
todo este povo ouço constantemente falar das
coisas más que vocês fazem. 24 Não, meus filhos,
porque não é boa fama esta que ouço. Vocês estão
levando o povo do SENHOR a transgredir. 25 Se um
homem pecar contra o seu próximo, Deus será o
árbitro. Mas, se ele pecar contra o SENHOR, quem
intercederá por ele?
Mas eles não ouviram a voz de seu pai, porque o
SENHOR os queria matar.
26 E o jovem Samuel crescia em estatura e no fa-
vor do SENHOR e dos homens.

Profecia contra a casa de Eli

27 Um homem de Deus veio a Eli e disse:
— Assim diz o SENHOR: "Por acaso não me
manifestei à casa de seu pai, quando os israelitas
ainda estavam no Egito, na casa de Faraó? 28 Eu o
escolhi dentre todas as tribos de Israel para ser
o meu sacerdote, para subir ao meu altar, para
queimar o incenso e para usar a estola sacerdo-
tal diante de mim. E dei à casa de seu pai todas
as ofertas queimadas dos filhos de Israel. 29 Por
que tratam com desprezo os meus sacrifícios e as
minhas ofertas de cereais, que ordenei que se fi-
zessem na minha morada? E, você, por que honra

os seus filhos mais do que a mim, para que você e
eles engordem com as melhores partes de todas as
ofertas do meu povo de Israel?"
30— Portanto, o SENHOR, o Deus de Israel, diz:
"Na verdade, eu prometi que a sua casa e a casa
de seu pai andariam diante de mim para sempre.
Mas agora o SENHOR diz: Longe de mim tal coisa,
porque honrarei aqueles que me honram, porém
desprezarei os que me desprezam. 31 Eis que vêm
dias em que acabarei com o seu poder e com o po-
der da casa de seu pai, para que ninguém em sua
casa chegue a ficar velho. 32 E você verá a aflição
da morada de Deus, juntamente com o bem que
farei a Israel. Mas ninguém da sua casa chegará
à velhice. 33 O homem, porém, da sua linhagem a
quem eu não afastar do meu altar será poupado
apenas para lhe consumir os olhos e lhe entriste-
cer a alma. E todos os descendentes da sua casa
morrerão na flor da idade. 34 E o que vier a acon-
tecer com os seus dois filhos, Hofni e Fineias, será
um sinal para você: ambos morrerão no mesmo
dia. 35 Então suscitarei para mim um sacerdote
fiel, que fará segundo o que tenho no coração e
na mente. Eu lhe edificarei uma casa estável, e ele
andará diante do meu ungido para sempre. 36 E
todo aquele que restar da sua casa virá a inclinar-
-se diante dele, para obter uma moeda de prata e
um bocado de pão. E dirá: 'Peço que você me dê
um dos cargos sacerdotais, para que eu tenha um
pedaço de pão para comer.'"

Deus fala com Samuel numa visão

3 1 O menino Samuel servia o SENHOR, diante
de Eli. Naqueles dias, a palavra do SENHOR era
muito rara; as visões não eram frequentes. 2 Cer-
to dia, o sacerdote Eli, cujos olhos já começavam
a escurecer-se, a ponto de não poder ver, estava
deitado no lugar de costume. 3 Também Samuel
estava deitado no templo do SENHOR, onde estava
a arca da aliança. Antes que a lâmpada de Deus se
apagasse, 4 o SENHOR chamou o menino:
— Samuel, Samuel!
Este respondeu:
— Eis-me aqui!
5 Então correu para onde estava Eli e disse:
— Eis-me aqui, pois você me chamou.
Mas Eli respondeu:
— Eu não chamei você. Vá deitar.
Ele foi e se deitou. 6 O SENHOR tornou a chamar:
— Samuel!
Este se levantou, foi até Eli e disse:
— Eis-me aqui, pois você me chamou.
Mas Eli respondeu:
— Meu filho, eu não chamei você. Vá deitar.
7 Porém Samuel ainda não conhecia o SENHOR,
e a palavra do SENHOR ainda não havia sido mani-
festada a ele.
8 E o SENHOR chamou Samuel pela terceira vez.
Ele se levantou, foi até Eli e disse:
— Eis-me aqui, pois você me chamou.
Então Eli entendeu que era o SENHOR quem
chamava o menino. 9 Por isso, Eli disse a Samuel:
— Vá deitar. Se alguém chamar, diga: "Fala,
SENHOR, porque o teu servo ouve."
E Samuel foi para o seu lugar e se deitou.
10 Então o SENHOR veio e ali esteve, e chamou
como das outras vezes:
— Samuel, Samuel!
Este respondeu:
— Fala, porque o teu servo ouve.
11 E o SENHOR disse a Samuel:
— Eis que vou fazer uma coisa tal em Israel,
que todos os que a ouvirem ficarão com os dois
ouvidos tinindo. 12 Naquele dia farei contra Eli
tudo o que eu disse a respeito da casa dele, do
começo ao fim. 13 Porque eu já disse a ele que jul-
garei a sua casa para sempre, pela iniquidade que
ele bem conhecia, porque os seus filhos trouxe-
ram maldição sobre si, e ele não os repreendeu.
14 Portanto, jurei à casa de Eli que a sua iniquidade
nunca será expiada, nem com sacrifício, nem com
oferta de cereais.

Samuel conta a visão a Eli

15 Samuel ficou deitado até de manhã e, então,
abriu os portões da Casa do SENHOR. Mas estava
com medo de relatar a visão a Eli. 16 Então Eli cha-
mou Samuel e disse:
— Samuel, meu filho!
Ele respondeu:
— Eis-me aqui!
17 Então Eli disse:
— O que foi que o SENHOR lhe falou? Peço que
você não esconda nada de mim. Que Deus faça
com você o que bem quiser se você me esconder
alguma coisa de tudo o que ele falou.
18 Então Samuel lhe contou tudo, sem esconder
nada. E Eli disse:
— Ele é o SENHOR. Que ele faça o que achar me-
lhor.
19 Samuel crescia, e o SENHOR estava com ele e
não deixou que nenhuma de suas palavras caísse
por terra. 20 Todo o Israel, desde Dã até Berseba,
reconheceu que Samuel estava confirmado como
profeta do SENHOR. 21 O SENHOR continuou a apa-
recer em Siló, porque em Siló o SENHOR se mani-
festava a Samuel por meio da palavra do SENHOR.

Os filisteus vencem os israelitas

4 1 A palavra de Samuel veio a todo o Israel. Israel
saiu à batalha contra os filisteus e acampou
em Ebenézer; e os filisteus acamparam em Afeca.
2 Os filisteus se dispuseram em ordem de batalha,
para enfrentar Israel, e, quando a guerra começou,

Israel foi derrotado pelos filisteus, que mataram,
no campo aberto, cerca de quatro mil homens.
3 Quando o povo voltou ao arraial, os anciãos de
Israel disseram:
— Por que o SENHOR nos derrotou hoje diante
dos filisteus? Vamos trazer de Siló a arca da alian-
ça do SENHOR, para que esteja no meio de nós e
nos livre das mãos dos nossos inimigos.
4 Então o povo mandou trazer de Siló a arca do
SENHOR dos Exércitos, entronizado entre os que-
rubins. E os dois filhos de Eli, Hofni e Fineias, es-
tavam ali com a arca da aliança de Deus.

A arca é tomada. Hofni e Fineias são mortos

5 Quando a arca da aliança do SENHOR chegou
ao arraial, os israelitas gritaram tão alto, que o
chão tremeu. 6 Os filisteus ouviram a voz do júbilo
e disseram:
— Que voz de grande júbilo é esta no arraial
dos hebreus?
Então souberam que a arca do SENHOR havia
chegado ao arraial. 7 E os filisteus ficaram com
medo e disseram:
— Os deuses vieram ao arraial.
E diziam mais:
— Ai de nós! Porque nunca antes aconteceu
uma coisa dessas. 8 Ai de nós! Quem nos livra-
rá das mãos desses deuses poderosos? São os
deuses que atacaram os egípcios com todo tipo
de pragas no deserto. 9 Sejam fortes, filisteus!
Comportem-se como homens, para que não ve-
nham a ser escravos dos hebreus, como eles já
foram escravos de vocês! Comportem-se como
homens e lutem!
10 Então os filisteus lutaram. E Israel foi derro-
tado, e cada um fugiu para a sua tenda. Foi uma
grande derrota, pois foram mortos de Israel trin-
ta mil homens. 11 A arca de Deus foi tomada, e os
dois filhos de Eli, Hofni e Fineias, foram mortos.

A morte de Eli

12 Então um homem de Benjamim, saído das fi-
leiras, correu e, no mesmo dia, chegou a Siló. Ele
havia rasgado as suas roupas e espalhado terra so-
bre a cabeça. 13 Quando chegou, Eli estava sentado
numa cadeira, perto da estrada, olhando como
quem espera, porque o seu coração estava tremen-
do pela arca de Deus. Depois que o homem entrou
na cidade e deu a notícia, toda a cidade começou a
gritar. 14 Eli, ouvindo os gritos, perguntou:
— Que alvoroço é esse?
Então o homem correu e deu as notícias a Eli.
15 Ora, Eli estava com noventa e oito anos. Os seus
olhos já não se moviam, e ele não podia ver. 16 O
homem disse a Eli:
— Eu venho da frente de batalha. Eu fugi de lá
hoje mesmo.
Eli perguntou-lhe:
— O que aconteceu, meu filho?
17 Então o mensageiro respondeu:
— Israel fugiu dos filisteus. Houve grande ma-
tança entre o povo. Além disso, os seus dois filhos,
Hofni e Fineias, foram mortos, e a arca de Deus foi
tomada.
18 Quando ele fez menção da arca de Deus, Eli
caiu da cadeira para trás, junto ao portão da ci-
dade, quebrou o pescoço e morreu. Ele era um
homem velho e pesado, e havia julgado Israel du-
rante quarenta anos.
19 A nora de Eli, a mulher de Fineias, estava grá-
vida e próxima do parto. Quando ela ouviu estas
notícias, de que a arca de Deus havia sido tomada
e de que seu sogro e seu marido tinham morrido,
encurvou-se e deu à luz; porque as dores lhe so-
brevieram. 20 Quando ela estava morrendo, as mu-
lheres que a ajudavam disseram:
— Não tema, porque você teve um filho.
Ela, porém, não respondeu, nem fez caso disso.
21 Mas deu ao menino o nome de Icabô, dizendo:
— Foi-se a glória de Israel.
Ela disse isto, porque a arca de Deus havia sido
tomada e por causa de seu sogro e de seu marido.
22 E falou mais:
— Foi-se a glória de Israel, pois a arca de Deus
foi tomada.

A arca no templo de Dagom

5 1 Os filisteus tomaram a arca de Deus e a levaram
de Ebenézer a Asdode. 2 Os filisteus tomaram a
arca de Deus e a colocaram no templo de Dagom,
ao lado da imagem de Dagom. 3 Quando os morado-
res de Asdode se levantaram de madrugada, no dia
seguinte, eis que Dagom estava caído com o rosto
em terra, diante da arca do SENHOR. Eles pegaram a
imagem de Dagom e a puseram de volta no seu lu-
gar. 4 Levantando-se de madrugada no dia seguinte,
pela manhã, eis que Dagom estava caído de bruços
diante da arca do SENHOR. A cabeça de Dagom e
as duas mãos estavam cortadas e se encontravam
na soleira da porta; apenas o tronco dele estava
inteiro. 5 Por isso, os sacerdotes de Dagom e todos
os que entram no seu templo em Asdode não pi-
sam na soleira da porta, até o dia de hoje.
6 Porém a mão do SENHOR castigou duramente
os moradores de Asdode, e os assolou, e os feriu
com tumores, tanto em Asdode como nos seus ar-
redores. 7 Quando os homens de Asdode viram o
que estava acontecendo, disseram:
— A arca do Deus de Israel não deve ficar entre
nós, pois a sua mão é dura sobre nós e sobre Da-
gom, nosso deus.
8 Então enviaram mensageiros e reuniram todos
os governantes dos filisteus, e perguntaram:
— Que faremos com a arca do Deus de Israel?

Eles responderam:
— Que a arca do Deus de Israel seja levada até
Gate e, depois, de cidade em cidade.
E a levaram até Gate. 9 Depois que a levaram, a
mão do SENHOR foi contra aquela cidade, causan-
do grande terror; pois feriu os homens daquela
cidade, desde o pequeno até o grande; e lhes nas-
ceram tumores. 10 Então enviaram a arca de Deus a
Ecrom. Mas, quando a arca chegou lá, os ecronitas
exclamaram:
— Trouxeram a arca do Deus de Israel até aqui
para matar a nós e a nosso povo.
11 Então enviaram mensageiros e reuniram to-
dos os governantes dos filisteus, e disseram:
— Devolvam a arca do Deus de Israel. Que ela
volte ao seu lugar, para que não mate nem a nós
nem ao nosso povo.
Porque havia terror de morte em toda a cida-
de, e a mão de Deus castigou duramente ali. 12 Os
homens que não morriam eram atingidos com os
tumores, e o clamor da cidade subiu até o céu.

Os filisteus enviam a arca para fora da sua terra

6 1 A arca do SENHOR esteve sete meses na terra
dos filisteus. 2 Estes chamaram os sacerdotes e
os adivinhos e perguntaram:
— Que faremos com a arca do SENHOR? Digam-
-nos como a devolveremos para o seu lugar.
3 Eles responderam:
— Se devolverem a arca do Deus de Israel, não
a mandem vazia, mas enviem também a ele uma
oferta pela culpa. Então vocês serão curados e sa-
berão por que a mão dele continua pesando sobre
vocês.
4 Então os filisteus perguntaram:
— Que oferta pela culpa devemos mandar?
Os sacerdotes e adivinhos responderam:
— Mandem cinco tumores de ouro e cinco ratos
de ouro, segundo o número dos governantes dos
filisteus, porque a praga é uma e a mesma sobre
todos vocês e sobre todos os seus governantes.
5 Façam imitações dos tumores e dos ratos que an-
dam destruindo a terra, e deem glória ao Deus de
Israel. Assim ele talvez alivie a sua mão de cima de
vocês e do deus e da terra de vocês. 6 Por que vocês
endureceriam o coração, como os egípcios e Faraó
fizeram? Não é verdade que, depois que Deus os
maltratou, eles deixaram os israelitas sair, e eles
foram embora?
7 — Agora, pois, façam um carro novo, arran-
jem duas vacas com crias, sobre as quais nunca
foi colocado jugo, e amarrem as duas ao carro;
quanto aos bezerros, levem-nos para casa. 8 En-
tão peguem a arca do SENHOR e a ponham sobre o
carro. E num cofre, ao lado dele, ponham as figu-
ras de ouro que vocês vão lhe enviar como oferta
pela culpa; depois, deixem o carro ir. 9 Fiquem
observando: se ele subir pelo caminho de Bete-
-Semes, que leva a seu território, então foi o Deus
de Israel que nos fez este grande mal. Mas, se não,
saberemos que não foi a sua mão que nos atingiu,
e que isso nos aconteceu por acaso.

A arca chega a Bete-Semes

10 Os homens fizeram isso: pegaram duas vacas
com crias e as amarraram ao carro; e encerra-
ram os seus bezerros em casa. 11 Puseram a arca
do SENHOR sobre o carro, junto com o cofre que
continha os ratos de ouro e as imitações dos tu-
mores. 12 As vacas se encaminharam diretamente
para Bete-Semes e, andando e berrando, seguiam
sempre por esse mesmo caminho, sem se desvia-
rem nem para a direita nem para a esquerda. Os
governantes dos filisteus foram atrás delas, até a
fronteira com Bete-Semes.
13 O povo de Bete-Semes andava fazendo a
colheita do trigo no vale. Quando levantaram os
olhos, viram a arca e ficaram muito contentes. 14 O
carro veio até o campo de Josué, o bete-semita,
e parou ali, onde havia uma grande pedra. Eles
cortaram a madeira do carro em pedaços e ofere-
ceram as vacas ao SENHOR, em holocausto. 15 Os
levitas desceram a arca do SENHOR e também
o cofre que estava junto a ela, em que estavam
os objetos de ouro, e os puseram sobre a grande
pedra. No mesmo dia, os homens de Bete-Semes
ofereceram holocaustos e sacrifícios ao SENHOR.
16 Os cinco governantes dos filisteus viram aquilo
e voltaram para Ecrom no mesmo dia.
17 Estes são os tumores de ouro que os filisteus
enviaram ao SENHOR como oferta pela culpa: um
por Asdode; outro por Gaza; outro por Asquelom;
outro por Gate; e outro por Ecrom. 18 Enviaram
também os ratos de ouro, segundo o número de
todas as cidades dos filisteus, pertencentes aos
cinco governantes, desde as cidades fortificadas
até as aldeias campestres. A grande pedra, sobre
a qual puseram a arca do SENHOR, está até o dia de
hoje no campo de Josué, o bete-semita.

A arca chega a Quiriate-Jearim

19 O SENHOR feriu os homens de Bete-Semes,
porque olharam para dentro da arca do SENHOR,
matando setenta deles. Então o povo chorou,
porque o SENHOR tinha feito tão grande matança
entre eles. 20 Os homens de Bete-Semes disseram:
— Quem poderia estar diante do SENHOR, este
Deus santo? E para onde subirá, para que fique
longe de nós?
21 Então enviaram mensageiros aos moradores
de Quiriate-Jearim, dizendo:
— Os filisteus devolveram a arca do SENHOR.
Venham até aqui e levem a arca com vocês.

7 1 Então os homens de Quiriate-Jearim vieram
e levaram a arca do SENHOR à casa de Abina-
dabe, que ficava na colina. E consagraram Eleazar,
filho de Abinadabe, para que guardasse a arca do
SENHOR.

Samuel exorta ao arrependimento

2 Desde aquele dia, a arca ficou em Quiriate-
-Jearim, e tantos dias se passaram, que chegaram
a vinte anos. E toda a casa de Israel dirigia lamen-
tações ao SENHOR.
3 Samuel falou a toda a casa de Israel, dizendo:
— Se é de todo o coração que vocês estão vol-
tando ao SENHOR, então tirem do meio de vocês os
deuses estranhos e os astarotes, preparem o cora-
ção ao SENHOR e sirvam somente a ele. Ele livrará
vocês das mãos dos filisteus.
4 Então os filhos de Israel tiraram de seu meio
os baalins e os astarotes e serviram só ao SENHOR.

Os filisteus são vencidos

5 Samuel disse mais:
— Congreguem todo o Israel em Mispa, e eu
vou orar por vocês ao SENHOR.
6 Congregaram-se em Mispa, tiraram água e a
derramaram diante do SENHOR, jejuaram aquele
dia e ali disseram:
— Pecamos contra o SENHOR.
E Samuel julgou os filhos de Israel em Mispa.
7 Quando os filisteus ouviram que os filhos de
Israel estavam congregados em Mispa, os gover-
nantes dos filisteus saíram para atacá-los. Quan-
do os filhos de Israel ouviram isso, tiveram medo
dos filisteus. 8 Então os filhos de Israel disseram a
Samuel:
— Não cesse de clamar ao SENHOR, nosso Deus,
por nós, para que ele nos livre das mãos dos filis-
teus.
9 Então Samuel pegou um cordeiro que ainda
mamava e o sacrificou em holocausto ao SENHOR.
Samuel clamou ao SENHOR por Israel, e o SENHOR
lhe respondeu. 10 Enquanto Samuel oferecia o ho-
locausto, os filisteus chegaram para lutar contra
Israel. Mas naquele dia o SENHOR trovejou com
grande estrondo sobre os filisteus. Eles entraram
em pânico e foram derrotados pelos filhos de Is-
rael. 11 Os homens de Israel saíram de Mispa, per-
seguiram os filisteus e os derrotaram até abaixo
de Bete-Car.
12 Então Samuel pegou uma pedra e a pôs entre
Mispa e Sem. E lhe deu o nome de Ebenézer, di-
zendo:
— Até aqui nos ajudou o SENHOR.
13 Assim os filisteus foram abatidos e nunca
mais vieram ao território de Israel, porque a mão
do SENHOR esteve contra eles todos os dias de Sa-
muel. 14 As cidades que os filisteus haviam tomado
de Israel foram devolvidas, desde Ecrom até Gate.
E até os territórios ao redor delas Israel tirou das
mãos dos filisteus. E houve paz entre Israel e os
amorreus.
15 E Samuel julgou Israel durante todos os dias
de sua vida. 16 De ano em ano, fazia uma volta,
passando por Betel, Gilgal e Mispa; e julgava Israel
em todos esses lugares. 17 Porém voltava a Ramá,
porque a sua casa estava ali, onde julgava Israel e
onde edificou um altar ao SENHOR.

Os israelitas pedem um rei

8 1 Quando Samuel ficou velho, constituiu os
seus filhos por juízes sobre Israel. 2 O primo-
gênito se chamava Joel, e o segundo se chamava
Abias. Eles foram juízes em Berseba. 3 Porém os
filhos de Samuel não andaram pelos caminhos
dele; ao contrário, inclinaram-se à avareza, acei-
tavam suborno e perverteram o direito.
4 Então todos os anciãos de Israel se congrega-
ram e foram falar com Samuel, em Ramá. 5 Eles
disseram:
— Veja! Você está ficando velho e os seus fi-
lhos não andam pelos seus caminhos. Por isso,
queremos agora que você nos constitua um rei,
para que nos governe, como acontece em todas
as nações.
6 Mas Samuel não gostou desta palavra, quando
disseram: "Dê-nos um rei, para que nos governe."
Então Samuel orou ao SENHOR. 7 E o SENHOR disse
a Samuel:
— Atenda à voz do povo em tudo o que lhe
pedem. Porque não foi a você que rejeitaram,
mas a mim, para que eu não reine sobre eles.
8 Segundo todas as obras que fizeram desde o
dia em que os tirei do Egito até hoje, pois me dei-
xaram e serviram outros deuses, assim também
estão fazendo com você. 9 Agora, pois, atenda
à voz deles, porém advirta-os solenemente e
explique-lhes qual será o direito do rei que vier a
reinar sobre eles.
10 Samuel relatou todas as palavras do SENHOR
ao povo, que lhe pedia um rei, 11 dizendo:
— Este será o direito do rei que vier a reinar
sobre vocês: ele tomará os filhos de vocês e os
empregará no serviço dos seus carros de guerra
e como seus cavaleiros, para que corram na fren-
te deles. 12 Ele porá alguns por capitães de mil
e capitães de cinquenta; outros para lavrar os
campos dele e fazer as suas colheitas; e outros
para fabricar armas de guerra e equipamentos
para os seus carros. 13 Tomará as filhas de vocês
para serem perfumistas, cozinheiras e padeiras.
14 Tomará de vocês o melhor das lavouras, das
vinhas e dos olivais e o dará aos seus servido-
res. 15 Ficará com uma décima parte dos cereais
e das uvas que vocês colherem, para dar aos seus

oficiais e aos seus servidores. 16Também toma-
rá os servos e as servas de vocês, os melhores
jovens e os jumentos de vocês, e os empregará
no seu trabalho. 17Ficará com uma décima parte
dos rebanhos de vocês, e vocês serão seus ser-
vos. 18Então, naquele dia, vocês clamarão por
causa do rei que escolheram, mas o SENHOR não
os ouvirá naquele dia.

19Porém o povo não atendeu à voz de Samuel
e disse:

— Não! Queremos um rei sobre nós. 20Sere-
mos como todas as outras nações. O nosso rei
poderá nos governar, sair adiante de nós e fazer
as nossas guerras.

21Samuel ouviu todas as palavras do povo e as
repetiu diante do SENHOR. 22Então o SENHOR disse
a Samuel:

— Atenda à voz do povo e escolha um rei para
eles.

Então Samuel disse aos filhos de Israel:

— Cada um de vocês volte para a sua cidade.

Saul se encontra com Samuel

9 1Havia um homem de Benjamim, cujo nome
era Quis, filho de Abiel, filho de Zeror, filho de
Becorate, filho de Afias, benjamita, dono de mui-
tos bens. 2Ele tinha um filho chamado Saul, moço
e tão belo, que entre os filhos de Israel não havia
outro mais belo do que ele. Dos ombros para cima,
ele sobressaía a todo o povo.

3E aconteceu que as jumentas de Quis, pai de
Saul, se extraviaram. Então Quis disse a Saul, seu
filho:

— Leve agora com você um dos servos e vá pro-
curar as jumentas.

4Eles atravessaram a região montanhosa de
Efraim e a terra de Salisa, mas não as encontra-
ram. Depois, passaram à terra de Saalim, mas as
jumentas não estavam ali. Então atravessaram o
território de Benjamim, mas também não as en-
contraram.

5Quando chegaram à terra de Zufe, Saul disse
ao servo que estava com ele:

— Vamos voltar, porque, se não, o meu pai vai
deixar de se preocupar com as jumentas para co-
meçar a se afligir por causa de nós.

6Porém o servo respondeu:

— Nesta cidade mora um homem de Deus que
é muito estimado. Tudo o que ele diz acontece. Va-
mos agora até lá. Talvez ele possa nos mostrar o
caminho que devemos seguir.

7Então Saul disse ao servo:

— Mas, se formos para lá, o que levaremos para
aquele homem? Porque o pão que tínhamos em
nossas sacolas acabou, e não temos nenhum pre-
sente para levar ao homem de Deus. Ou será que
temos?

8O servo respondeu a Saul:

— Tenho ainda em mãos três gramas de prata,
que darei ao homem de Deus, para que nos mostre
o caminho.

9(Antigamente, em Israel, quando alguém ia
consultar a Deus, dizia: "Vamos falar com o vi-
dente." Porque antigamente o profeta de hoje se
chamava vidente.)

10Então Saul disse ao servo:

— Você tem razão. Vamos lá!

E foram à cidade onde morava o homem de
Deus. 11Quando subiam pela encosta da cidade,
encontraram umas moças que saíam a tirar água
e lhes perguntaram:

— O vidente está aqui?

12Elas responderam:

— Está. Eis que ali vai ele, à sua frente. Vão
depressa! Hoje ele veio à cidade, porque o povo
vai oferecer um sacrifício no lugar alto. 13Ao en-
trarem na cidade, vocês o encontrarão, antes que
ele suba ao lugar alto para comer. Porque o povo
não comerá enquanto ele não chegar, porque ele
tem de abençoar o sacrifício, e só depois os con-
vidados irão comer. Vão agora, porque hoje vocês
o acharão.

14Então eles foram até a cidade. Quando esta-
vam entrando, eis que Samuel saiu ao encontro
deles, para subir ao lugar alto.

15Ora, um dia antes de Saul chegar, o SENHOR
tinha revelado isso a Samuel, dizendo:

16— Amanhã a estas horas, enviarei a você um
homem da terra de Benjamim, o qual você ungirá
por príncipe sobre o meu povo de Israel. E ele li-
vrará o meu povo das mãos dos filisteus. Porque
olhei para o meu povo, pois o seu clamor chegou
a mim.

17Quando Samuel viu Saul, o SENHOR lhe disse:

— Eis o homem de quem lhe falei. Este domi-
nará sobre o meu povo.

18Saul se aproximou de Samuel no meio do
portão e disse:

— Peço que, por favor, me mostre onde é a
casa do vidente.

19Samuel respondeu a Saul:

— Eu sou o vidente. Suba adiante de mim ao
lugar alto. Hoje vocês comerão comigo. Pela ma-
nhã eu o deixarei ir e lhe contarei tudo o que está
no seu coração. 20Quanto às jumentas que se
perderam há três dias, não se preocupe com elas,
porque já foram encontradas. E para quem está
reservado tudo o que é precioso em Israel? Será
que não é para você e para toda a casa de seu pai?

21Então Saul respondeu:

— Por acaso não sou eu um benjamita, da me-
nor das tribos de Israel? E não é a minha família a
menor de todas as famílias da tribo de Benjamim?
Por que, então, você me fala com tais palavras?

22 Samuel levou Saul e o servo dele à sala de jantar e lhes deu o lugar de honra entre os convidados, que eram cerca de trinta pessoas. 23 Então Samuel disse ao cozinheiro:

— Traga aquela porção que eu lhe entreguei, aquela que eu lhe pedi para deixar reservada.

24 O cozinheiro pegou a coxa com o que havia nela e a pôs diante de Saul. Então Samuel disse:

— Aqui está o que foi reservado. Pegue e coma, pois foi guardado para você para esta ocasião, quando eu disse: "Convidei o povo."

Assim, Saul comeu com Samuel naquele dia.

25 Depois que desceram do lugar alto para a cidade, Samuel falou com Saul no terraço. 26 Levantaram-se de madrugada, quase ao raiar do dia, e Samuel chamou Saul para o terraço, dizendo:

— Levante-se, e eu irei com você para lhe indicar o caminho.

Saul levantou-se, e saíram ambos, ele e Samuel. 27 Quando estavam chegando à extremidade da cidade, Samuel disse a Saul:

— Diga ao servo que passe à frente de nós. E você, quando ele tiver ido embora, espere um pouco, para que eu possa transmitir a você a palavra de Deus.

Samuel unge Saul como rei de Israel

10 1 Samuel pegou um vaso de azeite e o derramou sobre a cabeça de Saul. Então ele o beijou e disse:

— O SENHOR está ungindo você como príncipe sobre a sua herança, o povo de Israel. 2 Hoje, quando você se afastar de mim, encontrará dois homens junto ao túmulo de Raquel, no território de Benjamim, em Zelza. Eles lhe dirão: "Já foram achadas as jumentas que você foi procurar. E eis que agora o seu pai já não pensa no caso delas e está aflito por causa de vocês, dizendo: 'Que posso fazer por meu filho?'" 3 Ao seguir adiante, você chegará ao carvalho de Tabor. Ali virão ao seu encontro três homens, que vão subindo a Deus em Betel. Um estará levando três cabritos; outro, três pães; e o outro, um odre de vinho. 4 Eles irão saudar você e lhe darão dois pães, que você deve aceitar. 5 Então você seguirá para Gibeá-Eloim, onde está a guarnição dos filisteus. Ao entrar na cidade, você encontrará um grupo de profetas que descem do lugar alto. Eles estarão tocando liras, tambores, flautas e harpas. E estarão profetizando. 6 O Espírito do SENHOR se apossará de você, e você profetizará com eles e será mudado em outro homem. 7 Quando estes sinais se cumprirem, faça o que a ocasião exigir, porque Deus está com você. 8 Vá na minha frente para Gilgal. Eis que eu descerei para junto de você, a fim de oferecer holocaustos e apresentar ofertas pacíficas. Espere sete dias, até que eu venha para junto de você e diga o que você deve fazer.

Saul entre os profetas

9 Aconteceu que, no momento em que Saul se virou para se despedir de Samuel, Deus lhe mudou o coração. E todos esses sinais aconteceram naquele mesmo dia. 10 Quando eles chegaram a Gibeá, eis que um grupo de profetas saiu ao encontro deles. O Espírito de Deus se apossou de Saul, e ele profetizou no meio deles. 11 Todos os que já o conheciam, vendo que ele profetizava com os profetas, perguntavam uns aos outros:

— Que é isso que aconteceu com o filho de Quis? Está também Saul entre os profetas?

12 Então um homem do lugar perguntou:

— E quem é o pai dos outros?

Por isso surgiu este provérbio: "Está também Saul entre os profetas?" 13 E, depois de profetizar, Saul seguiu para o alto do monte.

14 O tio de Saul perguntou a ele e ao seu servo:

— Aonde vocês foram?

Saul respondeu:

— Fomos procurar as jumentas e, quando vimos que não apareciam, fomos falar com Samuel.

15 Então o tio de Saul disse:

— Conte-me, por favor, o que Samuel disse a vocês.

16 Saul respondeu:

— Ele nos disse que as jumentas tinham sido encontradas.

Porém Saul não contou ao tio o que Samuel tinha dito a respeito do reino.

Saul se torna rei

17 Samuel convocou o povo para comparecer diante do SENHOR, em Mispa, 18 e disse aos filhos de Israel:

— Assim diz o SENHOR, o Deus de Israel: "Eu tirei Israel do Egito e os livrei das mãos dos egípcios e das mãos de todos os reinos que os oprimiam. 19 Mas hoje vocês rejeitaram o seu Deus, que os livrou de todos os seus males e trabalhos. Vocês lhe disseram: 'Não! Queremos um rei sobre nós.' Agora, pois, reúnam-se diante do SENHOR, por tribos e grupos de milhares."

20 Samuel fez com que todas as tribos se aproximassem, e a tribo sorteada foi a de Benjamim. 21 Então Samuel chamou a tribo de Benjamim pelas suas famílias, e foi indicada a família de Matri. E da família de Matri foi indicado Saul, filho de Quis. Mas, quando o procuraram, não puderam encontrá-lo. 22 Então perguntaram ao SENHOR se aquele homem já havia chegado ali. E o SENHOR respondeu:

— Ele está aí escondido entre a bagagem.

23 Então correram e o tiraram de lá. Ele ficou em pé no meio do povo, e era o mais alto de todos; dos ombros para cima, ele sobressaía a todo o povo. 24 Então Samuel disse a todo o povo:

— Vocês estão vendo quem o Senhor esco-
lheu? Pois em todo o povo não há ninguém seme-
lhante a ele.
Então todo o povo começou a gritar:
— Viva o rei!
25 Samuel explicou ao povo o direito do reino,
escreveu-o num livro e o pôs diante do Senhor.
Então Samuel despediu todo o povo, cada um
para sua casa. 26 Também Saul foi para a sua casa,
em Gibeá. Com ele foi uma tropa de homens cujo
coração Deus havia tocado. 27 Mas alguns homens
malignos disseram:
— Como poderá este homem nos salvar?
E o desprezaram e não lhe trouxeram presentes.
Mas Saul se fez de surdo.

Saul vence os amonitas

11 1 Então Naás, que era amonita, foi e sitiou
Jabes-Gileade. E todos os homens de Jabes
disseram a Naás:
— Faça uma aliança conosco, e nós o servire-
mos.
2 Porém Naás, o amonita, respondeu:
— Farei aliança com vocês sob a condição de
que seja vazado o olho direito de cada um de vo-
cês. Assim, trarei vergonha sobre todo o Israel.
3 Então os anciãos de Jabes lhe disseram:
— Dê-nos sete dias para enviar mensageiros
por todo o território de Israel. Se não houver nin-
guém que nos livre, então nos entregaremos a
você.
4 Quando os mensageiros chegaram a Gibeá,
onde morava Saul, relataram este caso ao povo.
Então todo o povo chorou em alta voz.
5 Eis que Saul voltava do campo, atrás dos bois,
e perguntou:
— Que tem o povo? Por que estão chorando?
Então lhe contaram o que os homens de Jabes
haviam relatado. 6 Quando Saul ouviu estas pala-
vras, o Espírito de Deus se apossou dele, e ficou
furioso. 7 Pegou uma junta de bois, cortou-os em
pedaços e os enviou a todo o território de Israel
por meio de mensageiros que dissessem:
— Assim se fará com os bois de todo aquele que
não seguir Saul e Samuel.
Então o temor do Senhor caiu sobre o povo,
e saíram como se fossem um só homem. 8 Saul
contou-os em Bezeque. Dos filhos de Israel, havia
trezentos mil; dos homens de Judá, trinta mil.
9 Então disseram aos mensageiros que tinham
vindo de Jabes:
— Digam aos homens de Jabes-Gileade que
amanhã, quando o sol aquentar, vocês serão so-
corridos.
Os mensageiros foram, anunciaram isto aos ho-
mens de Jabes, e estes se alegraram. 10 Então disse-
ram aos amonitas:
— Amanhã nós nos entregaremos, e vocês po-
derão fazer conosco o que bem quiserem.
11 Aconteceu que, no dia seguinte, Saul dividiu
o povo em três companhias, que, pela vigília da
manhã, vieram para o meio do arraial e atacaram
os amonitas, até que se fez sentir o calor do dia. Os
sobreviventes se espalharam, e não ficaram dois
deles juntos.
12 Então o povo disse a Samuel:
— Quem são aqueles que diziam que Saul não
deveria reinar sobre nós? Tragam-nos para aqui,
para que os matemos.
13 Porém Saul disse:
— Hoje ninguém será morto, porque no dia de
hoje o Senhor salvou Israel.
14 E Samuel disse ao povo:
— Venham, vamos a Gilgal e renovemos ali o
reino.
15 E todo o povo partiu para Gilgal, onde procla-
maram Saul seu rei, diante do Senhor, a cuja pre-
sença trouxeram ofertas pacíficas. E Saul muito se
alegrou ali com todos os homens de Israel.

Mensagem de Samuel ao povo

12 1 Então Samuel disse a todo o Israel:
— Eis que atendi ao que vocês me pediram
e constituí um rei sobre vocês. 2 E agora eis que
vocês têm o rei que irá adiante de vocês. Eu já sou
velho e tenho os cabelos brancos, e os meus filhos
estão com vocês. Eu tenho andado à frente de
vocês desde a minha mocidade até o dia de hoje.
3 Eis-me aqui. Testemunhem contra mim diante
do Senhor e diante do seu ungido: de quem tomei
o boi? De quem tomei o jumento? A quem enga-
nei? A quem oprimi? E das mãos de quem aceitei
suborno para encobrir com ele os meus olhos? Fa-
lem, e eu o restituirei.
4 Então responderam:
— Você não nos defraudou, nem nos oprimiu,
nem tomou coisa alguma das mãos de ninguém.
5 E ele lhes disse:
— O Senhor é testemunha contra vocês e tam-
bém o seu ungido é hoje testemunha de que vocês
não encontraram nada nas minhas mãos.
E o povo confirmou:
— Deus é testemunha.
6 Então Samuel disse ao povo:
— O Senhor é testemunha, ele que escolheu
Moisés e Arão e tirou os pais de vocês da terra do
Egito. 7 Agora fiquem aqui, porque vou discutir
com vocês diante do Senhor, com relação a todos
os seus atos de justiça que ele realizou em favor de
vocês e dos seus pais. 8 Depois que Jacó havia entra-
do no Egito, os pais de vocês clamaram ao Senhor,
e o Senhor enviou Moisés e Arão, que os tiraram
do Egito e os fizeram habitar neste lugar. 9 Porém
os pais de vocês se esqueceram do Senhor, seu

Deus. Então ele os entregou nas mãos de Sísera,
comandante do exército de Hazor, e nas mãos dos
filisteus, e nas mãos do rei de Moabe, que lutaram
contra eles. 10 Eles clamaram ao SENHOR e disse-
ram: "Pecamos, pois deixamos o SENHOR e ser-
vimos os baalins e astarotes. Mas agora livra-nos
das mãos de nossos inimigos, e te serviremos." 11 O
SENHOR enviou Jerubaal, Baraque, Jefté e Samuel, e
os livrou das mãos dos inimigos que os cercavam, e
vocês viveram em segurança.

12 — Quando vocês viram que Naás, rei dos
filhos de Amom, vinha contra vocês, vocês me
disseram: "Não! Queremos um rei sobre nós",
quando, na verdade, o SENHOR, seu Deus, era o
rei de vocês. 13 E agora, aqui está o rei que elege-
ram e que pediram. E eis que o SENHOR deu um
rei a vocês. 14 Se vocês temerem o SENHOR, se o
servirem, se derem ouvidos à sua voz e não fo-
rem rebeldes ao seu mandado, se seguirem o
SENHOR, seu Deus, tanto vocês como o rei que
governa sobre vocês, então tudo lhes irá bem.
15 Se, porém, vocês não derem ouvidos à voz do
SENHOR, mas forem rebeldes ao seu mandado,
a mão do SENHOR será contra vocês, como o foi
contra os pais de vocês. 16 Fiquem, agora, aqui e
vejam esta grande coisa que o SENHOR fará diante
de vocês. 17 Não estamos no tempo da colheita do
trigo? Pois eu vou clamar ao SENHOR, e ele man-
dará trovões e chuva. E vocês saberão e verão que
é grande a maldade que praticaram aos olhos do
SENHOR, pedindo um rei.

18 Então Samuel invocou o SENHOR, e o SENHOR
mandou trovões e chuva naquele dia. E todo o
povo temeu grandemente o SENHOR e Samuel.

19 Todo o povo disse a Samuel:

— Ore por estes seus servos ao SENHOR, seu
Deus, para que não venhamos a morrer, porque a
todos os nossos pecados acrescentamos o mal de
pedir para nós um rei.

20 Então Samuel disse ao povo:

— Não tenham medo. Vocês, de fato, comete-
ram todo este mal. No entanto, não se desviem
de seguir o SENHOR, mas sirvam o SENHOR de
todo o coração. 21 Não se desviem, pois vocês
estariam seguindo coisas vãs, que nada apro-
veitam e que não os podem livrar, porque são
vaidade. 22 Pois o SENHOR, por causa do seu
grande nome, não abandonará o seu povo, por-
que o SENHOR decidiu fazer de vocês o seu povo.
23 Quanto a mim, longe de mim que eu peque
contra o SENHOR, deixando de orar por vocês.
Pelo contrário, eu lhes ensinarei o caminho bom
e direito. 24 Tão somente temam o SENHOR e sir-
vam a ele fielmente de todo o coração. Vejam
que coisas grandiosas ele fez por vocês! 25 Se, po-
rém, continuarem a fazer o mal, perecerão, tanto
vocês como o seu rei.

Guerra entre os israelitas e os filisteus

13 1 Saul havia reinado em Israel durante um
ano. No segundo ano do seu reinado so-
bre o povo, 2 escolheu três mil homens de Israel:
dois mil estavam com Saul em Micmás e na re-
gião montanhosa de Betel, e mil estavam com
Jônatas em Gibeá de Benjamim. Saul despediu o
resto do povo, cada um para a sua casa. 3 Jônatas
derrotou a guarnição dos filisteus que estava em
Gibeá, e os filisteus ficaram sabendo disso. Então
Saul mandou tocar a trombeta por toda a terra,
dizendo:

— Que os hebreus escutem isto.

4 E todo o Israel ouviu dizer: "Saul derrotou a
guarnição dos filisteus, e agora os filisteus estão
com ódio de Israel." Então o povo foi convocado
para se juntar a Saul, em Gilgal.

5 Os filisteus se reuniram para lutar contra Is-
rael com trinta mil carros de guerra, seis mil cava-
leiros e povo em multidão como a areia que está
na praia do mar. Eles foram e acamparam em Mic-
más, a leste de Bete-Áven. 6 Quando os homens
de Israel viram que estavam em apuros (porque
o povo estava angustiado), se esconderam em ca-
vernas e em buracos, entre rochas, em túmulos e
cisternas. 7 Também alguns dos hebreus passaram
o Jordão e foram para a terra de Gade e Gileade. E
o povo que permaneceu com Saul, estando este
ainda em Gilgal, se encheu de temor.

Saul oferece sacrifícios e é reprovado por Samuel

8 Saul esperou sete dias, segundo o prazo deter-
minado por Samuel. Mas como Samuel não vinha
a Gilgal, o povo foi se espalhando dali. 9 Então Saul
disse:

— Tragam-me aqui o holocausto e as ofertas
pacíficas.

E ofereceu o holocausto. 10 Mal tinha ele aca-
bado de oferecer o holocausto, eis que chegou
Samuel. Saul saiu ao encontro dele, para o saudar.
11 Samuel perguntou:

— O que foi que você fez?

Saul respondeu:

— Vendo que o povo ia se espalhando daqui, e
que você não vinha no prazo combinado, e que os
filisteus já tinham se ajuntado em Micmás, 12 eu
disse comigo: "Agora os filisteus virão contra mim
em Gilgal, e ainda não busquei a face do SENHOR."
Assim, forçado pelas circunstâncias, ofereci holo-
caustos.

13 Então Samuel disse a Saul:

— Você cometeu uma loucura, não guardando
o mandamento que o SENHOR, seu Deus, lhe orde-
nou. Pois o SENHOR teria confirmado para sempre
o seu reinado sobre Israel. 14 Mas agora o seu rei-
nado não subsistirá. O SENHOR buscou para si um

homem segundo o seu coração e já lhe ordenou
que seja príncipe sobre o seu povo, porque você
não guardou o que o SENHOR lhe ordenou.
15 Então Samuel se levantou e foi de Gilgal a Gi-
beá de Benjamim. Saul contou o povo que estava
com ele: eram cerca de seiscentos homens.
16 Saul, o seu filho Jônatas e o povo que estava
com eles ficaram em Geba de Benjamim, enquan-
to os filisteus estavam acampados em Micmás.
17 Os saqueadores saíram do campo dos filisteus
em três tropas. Uma delas tomou o caminho de
Ofra à terra de Sual; 18 a outra tomou o caminho
de Bete-Horom; e a terceira, o caminho de onde
se avista o vale de Zeboim, na direção do deserto.
19 Ora, em toda a terra de Israel não havia um
único ferreiro, porque os filisteus tinham dito:
"Para que os hebreus não façam espadas, nem
lanças." 20 Por isso todo o Israel tinha de ir aos
filisteus para amolar as lâminas dos arados, as
enxadas, os machados e as foices. 21 Os filisteus
cobravam dos israelitas oito gramas de prata para
amolar os fios das lâminas e das enxadas e quatro
gramas de prata para amolar machados e aguilha-
das. 22 Por isso, no dia da batalha, não se achou
nem espada, nem lança na mão de nenhum do
povo que estava com Saul e com Jônatas; só Saul e
seu filho Jônatas tinham essas armas.
23 A guarnição dos filisteus saiu ao desfiladeiro
de Micmás.

A vitória de Jônatas

14 1 Um dia, Jônatas, filho de Saul, disse ao seu
jovem escudeiro:
— Venha, vamos até a guarnição dos filisteus,
que está do outro lado.
Porém ele não contou isso a seu pai.
2 Saul se encontrava na extremidade de Gibeá,
debaixo da romãzeira em Migrom. E o povo que
estava com ele eram cerca de seiscentos homens.
3 Aías, filho de Aitube, irmão de Icabô, filho de Fi-
neias, filho de Eli, sacerdote do SENHOR em Siló,
trazia a estola sacerdotal. O povo não sabia que
Jônatas tinha ido.
4 Entre os desfiladeiros pelos quais Jônatas pro-
curava passar à guarnição dos filisteus, havia um
penhasco íngreme de um lado, e outro penhasco
íngreme do outro lado. Um se chamava Bozez; o
outro, Sené. 5 Um deles se erguia ao norte, diante
de Micmás; o outro, ao sul, diante de Geba.
6 Jônatas disse ao seu escudeiro:
— Venha, vamos até a guarnição desses incir-
cuncisos. Talvez o SENHOR nos ajude, porque nada
pode impedir o SENHOR de livrar, seja com muitos
ou com poucos.
7 Então o escudeiro disse:
— Faça tudo o que estiver em seu coração. Eu
estou com você e farei o que você decidir.
8 Jônatas respondeu:
— Então vamos atravessar na direção daque-
les homens e deixar que eles nos vejam. 9 Se nos
disserem assim: "Fiquem parados até que che-
guemos perto de vocês", então ficaremos onde
estamos e não subiremos a eles. 10 Porém se dis-
serem: "Subam até aqui", então subiremos, pois
o SENHOR os entregou em nossas mãos. Isto nos
servirá de sinal.
11 Quando os dois se deixaram ver pela guarni-
ção dos filisteus, estes disseram:
— Eis que os hebreus estão saindo dos buracos
onde estavam escondidos.
12 Os homens da guarnição disseram a Jônatas e
ao seu escudeiro:
— Subam até aqui e nós daremos uma lição em
vocês.
Então Jônatas disse ao escudeiro:
— Venha atrás de mim, porque o SENHOR os en-
tregou nas mãos de Israel.
13 Então Jônatas subiu engatinhando, e o seu
escudeiro foi atrás. Os filisteus caíram diante de
Jônatas, e o seu escudeiro os matava atrás dele.
14 Neste primeiro ataque, Jônatas e o seu escudeiro
mataram perto de vinte homens, numa pequena
área de terra. 15 Houve grande espanto no arraial,
no campo e entre todo o povo. Também a guarni-
ção e os saqueadores tremeram, e até a terra tre-
meu. Foi um terror causado por Deus.
16 Em Gibeá de Benjamim, as sentinelas de
Saul olharam e eis que a multidão dos filisteus se
dispersava, correndo uns para cá, outros para lá.
17 Então Saul disse ao povo que estava com ele:
— Contem os soldados e vejam quem é que
saiu do acampamento.
Contaram, e eis que nem Jônatas nem o seu es-
cudeiro estavam ali. 18 Saul disse a Aías:
— Traga aqui a arca de Deus.
Isso porque, naquele dia, ela estava com os
filhos de Israel. 19 Enquanto Saul falava ao sacer-
dote, o alvoroço que havia no arraial dos filisteus
aumentava cada vez mais. Então Saul disse ao sa-
cerdote:
— Desista de trazer a arca.
20 Saul e todo o povo que estava com ele se reu-
niram e foram à batalha. E eis que a espada de
um era contra o outro, e houve grande tumulto.
21 Também os hebreus que anteriormente haviam
estado com os filisteus e que tinham ido com eles
ao arraial, também estes se juntaram com os isra-
elitas que estavam com Saul e Jônatas. 22 Quando
todos os homens de Israel que estavam escon-
didos na região montanhosa de Efraim ouviram
que os filisteus estavam fugindo, também eles
entraram na batalha e os perseguiram. 23 Assim o
SENHOR livrou Israel naquele dia. E a batalha pas-
sou além de Bete-Áven.

O voto de Saul

24 Naquele dia os homens de Israel estavam an-
gustiados, porque Saul havia levado o povo a fazer
um juramento, dizendo:
— Maldito o homem que comer algo antes de
anoitecer, antes de eu me vingar dos meus ini-
migos.
Por isso todo o povo se absteve de comer na-
quele dia. 25 Todo o povo chegou a um bosque
onde havia mel no chão. 26 Quando o povo entrou
no bosque, eis que o mel estava escorrendo. Mas
ninguém provou do mel, porque o povo estava
com medo do juramento. 27 Jônatas, porém, não
sabia que o pai havia levado o povo a fazer aquele
juramento. Por isso, estendeu a ponta da vara que
tinha na mão, e a molhou no favo de mel. Quando
comeu, os seus olhos voltaram a brilhar. 28 Então
alguém do meio do povo disse:
— O seu pai levou o povo a jurar solenemente,
dizendo: "Maldito o homem que comer algo no
dia de hoje." Por isso o povo está exausto.
29 Então Jônatas disse:
— Meu pai trouxe desastre sobre a terra. Vejam
como os meus olhos brilham por ter eu provado
um pouco deste mel. 30 Teria sido muito melhor
se hoje o povo tivesse comido livremente do que
encontrou entre os despojos de seus inimigos. A
derrota dos filisteus teria sido bem maior!
31 Naquele dia derrotaram os filisteus, desde
Micmás até Aijalom. O povo estava muito exaus-
to. 32 Então, lançando-se sobre o despojo, pegaram
ovelhas, bois e bezerros, e os mataram no chão, e
comeram a carne com sangue. 33 Foram contar isto
a Saul, dizendo:
— Eis que o povo está pecando contra o
SENHOR, porque comem a carne com sangue.
Saul gritou:
— Traidores! Rolem para aqui uma grande pedra.
34 E Saul disse mais:
— Espalhem-se entre o povo e digam a eles que
cada um me traga o seu boi, a sua ovelha, e que os
matem aqui, e então comam. E que não pequem
contra o SENHOR, comendo carne com sangue.
Então todo o povo trouxe, de noite, cada um o
seu boi e o matou ali. 35 E Saul edificou um altar
ao SENHOR. Foi o primeiro altar que lhe edificou.

Jônatas é salvo pelo povo

36 Então Saul disse:
— Vamos descer esta noite no encalço dos fi-
listeus. Vamos saqueá-los até o raiar do dia, e não
deixemos que fique nem sequer um deles.
Eles responderam:
— Faça como achar melhor.
37 Mas o sacerdote disse:
— Vamos primeiro nos aproximar de Deus.
Então Saul consultou a Deus, dizendo:
— Devo descer no encalço dos filisteus? Tu os
entregarás nas mãos de Israel?
Porém naquele dia Deus não lhe respondeu.
38 Então Saul disse:
— Venham cá, todos os chefes do povo, e
informem-se e descubram qual é o pecado que
foi cometido hoje. 39 Porque tão certo como vive o
SENHOR, que salva Israel, ainda que o meu filho Jô-
natas seja o culpado, certamente morrerá.
Porém ninguém de todo o povo lhe respondeu.
40 Então Saul disse a todo o Israel:
— Fiquem vocês de um lado, e eu e o meu filho
Jônatas ficaremos do outro.
E o povo disse a Saul:
— Faça como achar melhor.
41 Então Saul falou ao SENHOR, Deus de Israel:
— Mostra a verdade.
Então Jônatas e Saul foram indicados por sor-
teio, e o povo saiu livre. 42 Então Saul disse:
— Lancem a sorte entre mim e Jônatas, meu
filho.
E Jônatas foi indicado.
43 Então Saul disse a Jônatas:
— Diga-me o que foi que você fez.
E Jônatas respondeu:
— Eu apenas provei um pouco de mel com a
ponta da vara que tinha na mão. Eis-me aqui; es-
tou pronto para morrer.
44 Então Saul disse:
— Que Deus me castigue se você não for morto,
Jônatas.
45 Porém o povo disse a Saul:
— Como é que Jônatas pode ser morto, ele que
efetuou tamanha salvação em Israel? Nada disso!
Tão certo como vive o SENHOR, nem um de seus
cabelos cairá no chão! Pois foi com a ajuda de
Deus que ele fez isso, hoje.
Assim o povo salvou Jônatas, para que não mor-
resse. 46 E Saul deixou de perseguir os filisteus, e
estes voltaram para a sua terra.
47 Quando assumiu o reinado de Israel, Saul lu-
tou contra todos os seus inimigos ao redor: con-
tra Moabe, os filhos de Amom e Edom; contra os
reis de Zobá e os filisteus; e, para onde quer que
se voltava, era vitorioso. 48 Lutou com coragem,
derrotando os amalequitas e libertando Israel das
mãos dos que o saqueavam.
49 Os filhos de Saul eram Jônatas, Isvi e Malqui-
sua. Os nomes de suas duas filhas eram Merabe,
a mais velha, e Mical, a mais nova. 50 A mulher de
Saul se chamava Ainoã, filha de Aimaás. O nome
do general do seu exército era Abner, filho de Ner,
tio de Saul. 51 Quis era pai de Saul; e Ner, pai de
Abner, era filho de Abiel.
52 Durante todo o reinado de Saul, houve forte
guerra contra os filisteus. Por isso, sempre que via
um homem forte e valente, Saul o agregava a si.

A desobediência de Saul e a sua rejeição

15 1Samuel disse a Saul:
—Foi a mim que o SENHOR enviou para un-
gir você como rei sobre Israel, o povo dele. Agora
ouça as palavras do SENHOR. 2Assim diz o SENHOR
dos Exércitos: "Castigarei Amaleque pelo que fez a
Israel, colocando-se no caminho de Israel, quan-
do este saía do Egito. 3Portanto, vá e ataque os
amalequitas, destruindo totalmente aquilo que
eles tiverem. Não poupe ninguém. Mate homens e
mulheres, meninos e crianças de peito, bois e ove-
lhas, camelos e jumentos."
4Saul convocou o povo e fez a contagem em Te-
laim: duzentos mil homens de infantaria e dez mil
homens de Judá. 5Saul foi à cidade de Amaleque e
pôs emboscadas no vale. 6Então disse aos queneus:
— Vão embora, afastem-se e saiam do meio dos
amalequitas, para que eu não destrua vocês junta-
mente com eles, porque vocês usaram de miseri-
córdia para com todos os filhos de Israel, quando
eles saíram do Egito.
Assim, os queneus se retiraram do meio dos
amalequitas. 7Então Saul derrotou os amalequi-
tas, desde Havilá até chegar a Sur, que está diante
do Egito. 8Tomou vivo Agague, rei dos amalequi-
tas, porém destruiu todo o povo a fio de espada.
9Mas Saul e o povo pouparam Agague, o melhor
das ovelhas e dos bois, os animais gordos, os cor-
deiros e tudo o mais que era bom. A isso não qui-
seram destruir totalmente; porém toda coisa sem
valor e desprezível destruíram.
10Então a palavra do SENHOR veio a Samuel,
dizendo:
11— Lamento haver constituído Saul como rei,
porque deixou de me seguir e não executou as mi-
nhas palavras.
Então Samuel ficou triste e clamou ao SENHOR
durante toda a noite. 12Samuel madrugou para
encontrar Saul pela manhã. Mas anunciaram a
Samuel:
— Saul já chegou ao Carmelo, e eis que levan-
tou para si um monumento; depois, dando volta,
passou e desceu a Gilgal.
13Samuel encontrou Saul, e este lhe disse:
— Que você seja bendito do SENHOR! Executei
as palavras do SENHOR.
14Mas Samuel perguntou:
— Então que balido de ovelhas é este nos meus
ouvidos e o mugido de bois que estou escutando?
15Saul respondeu:
— Trouxeram isso dos amalequitas. Porque o
povo guardou o melhor das ovelhas e dos bois,
para os sacrificar ao SENHOR, o seu Deus. O resto
nós destruímos totalmente.
16Então Samuel disse a Saul:
— Espere! Vou declarar a você o que o SENHOR
me disse esta noite.
Saul respondeu:
— Fale.
17Samuel continuou:
— Não é verdade que, mesmo sendo pequeno
aos seus próprios olhos, você foi colocado por
cabeça das tribos de Israel? O SENHOR o ungiu
como rei sobre Israel. 18O SENHOR o enviou a este
caminho e disse: "Vá e destrua totalmente esses
pecadores, os amalequitas, e lute contra eles, até
exterminá-los." 19Por que, então, você não deu
ouvidos à voz do SENHOR, mas se lançou sobre o
despojo e fez o que era mau aos olhos do SENHOR?
20Então Saul disse a Samuel:
— Pelo contrário, dei ouvidos à voz do SENHOR
e segui o caminho pelo qual o SENHOR me enviou.
Eu trouxe Agague, o rei de Amaleque, e destruí
totalmente os amalequitas. 21Mas o povo pegou
do despojo ovelhas e bois, o melhor do que estava
destinado à destruição para oferecer ao SENHOR, o
seu Deus, em Gilgal.
22Porém Samuel disse:
— Será que o SENHOR tem mais prazer em ho-
locaustos e sacrifícios do que no obedecer à sua
palavra? Eis que o obedecer é melhor do que o
sacrificar, e o ouvir é melhor do que a gordura de
carneiros. 23Porque a rebelião é como o pecado
da feitiçaria, e a obstinação é como a idolatria e
o culto a ídolos do lar. Por você ter rejeitado a pa-
lavra do SENHOR, também ele o rejeitou como rei.
24Então Saul disse a Samuel:
— Pequei, pois transgredi o mandamento do
SENHOR e as palavras que você falou; porque temi
o povo e dei ouvidos à voz deles. 25Mas agora peço
que você perdoe o meu pecado e volte comigo,
para que eu adore o SENHOR.
26Porém Samuel disse a Saul:
— Não voltarei com você. Por você ter rejeitado
a palavra do SENHOR, ele também o rejeitou como
rei sobre Israel.
27Quando Samuel se virou para ir embora, Saul
o segurou pela borda do manto, e este se rasgou.
28Então Samuel lhe disse:
— Hoje o SENHOR rasgou das suas mãos o rei-
no de Israel e o deu a alguém que é melhor do que
você. 29Também a Glória de Israel não mente,
nem muda de ideia, porque não é homem, para
que mude de ideia.
30Então Saul disse:
— Pequei! Mas honre-me, agora, diante dos an-
ciãos do meu povo e diante de Israel. Volte comi-
go, para que eu adore o SENHOR, seu Deus.
31Então Samuel seguiu Saul, e este adorou o
SENHOR.

Samuel mata Agague

32Samuel disse:
— Tragam aqui Agague, rei dos amalequitas.

Agague veio a ele, confiante, e disse:
— Certamente já passou a amargura da morte.
33 Mas Samuel disse:
— Assim como a sua espada deixou muitas mu-
lheres sem filhos, também a sua mãe ficará sem o
seu filho.
E Samuel despedaçou Agague diante do
SENHOR, em Gilgal.
34 Então Samuel foi para Ramá, e Saul voltou
para a sua casa, em Gibeá de Saul. 35 Até o final de
sua vida, Samuel nunca mais viu Saul; porém ti-
nha pena de Saul. O SENHOR lamentou haver cons-
tituído Saul como rei sobre Israel.

Davi é ungido rei

16 1 O SENHOR disse a Samuel:
— Até quando você terá pena de Saul, se
eu o rejeitei como rei de Israel? Encha um chifre
de azeite e ponha-se a caminho; vou enviar você
a Jessé, o belemita, porque escolhi um dos filhos
dele para ser rei.
2 Samuel respondeu:
— Como posso fazer isso? Saul ficará sabendo
e me matará.
Então o SENHOR disse:
— Leve um novilho e diga: "Vim para oferecer
um sacrifício ao SENHOR." 3 Convide Jessé para o
sacrifício. Eu lhe mostrarei o que você deve fazer,
e você ungirá para mim aquele que eu indicar.
4 Samuel fez o que o SENHOR tinha dito e foi a
Belém. Os anciãos da cidade saíram ao encontro
dele, tremendo, e perguntaram:
— É de paz a sua vinda?
5 Samuel respondeu:
— Sim, é de paz. Vim oferecer sacrifício ao
SENHOR. Consagrem-se e venham comigo ao sa-
crifício.
Então ele consagrou Jessé e os filhos dele e os
convidou para o sacrifício. 6 Aconteceu que, quando
eles chegaram, Samuel viu Eliabe e disse consigo:
— Certamente está diante do SENHOR o seu
ungido.
7 Porém o SENHOR disse a Samuel:
— Não olhe para a sua aparência nem para a
sua altura, porque eu o rejeitei. Porque o SENHOR
não vê como o ser humano vê. O ser humano vê o
exterior, porém o SENHOR vê o coração.
8 Então Jessé chamou Abinadabe e o fez passar
diante de Samuel, que disse:
— Nem a este o SENHOR escolheu.
9 Então Jessé fez passar Samá. Porém Samuel
disse:
— Tampouco a este o SENHOR escolheu.
10 Assim Jessé fez passar os seus sete filhos
diante de Samuel. Porém Samuel disse a Jessé:
— O SENHOR não escolheu nenhum destes.
11 E perguntou a Jessé:
— Esses são todos os seus filhos?
Jessé respondeu:
— Ainda falta um, o mais moço; ele está apas-
centando as ovelhas.
Então Samuel disse a Jessé:
— Mande chamá-lo, pois não nos sentaremos à
mesa sem que ele venha.
12 Então mandou chamá-lo e o fez entrar. Davi
era ruivo, de belos olhos e boa aparência. E o
SENHOR disse a Samuel:
— Levante-se e unja-o, pois este é ele.
13 Samuel pegou o chifre do azeite e ungiu Davi
no meio de seus irmãos. E, daquele dia em diante,
o Espírito do SENHOR se apossou de Davi. Então
Samuel se levantou e foi para Ramá.

Davi e Saul

14 Depois que o Espírito do SENHOR se retirou de
Saul, um espírito mau, vindo da parte do SENHOR,
o atormentava. 15 Então os servos de Saul lhe dis-
seram:
— Eis que, agora, um espírito mau, enviado por
Deus, está atormentando o senhor, ó rei. 16 Por
isso, mande que estes seus servos, que estão em
sua presença, busquem um homem que saiba to-
car harpa. Assim, quando o espírito mau, enviado
por Deus, vier sobre o senhor, o homem dedilhará
a harpa e o senhor se sentirá melhor.
17 E Saul disse aos seus servos:
— Então procurem um homem que saiba tocar
bem harpa e tragam-no para cá.
18 Um dos moços disse:
— Conheço um filho de Jessé, o belemita, que
sabe tocar harpa. Ele é forte e valente, homem de
guerra, fala com sensatez e tem boa aparência; e o
SENHOR Deus está com ele.
19 Saul enviou mensageiros a Jessé, dizendo:
— Mande-me o seu filho Davi, aquele que está
com as ovelhas.
20 Então Jessé pegou um jumento e o carregou
de pão, um odre de vinho e um cabrito, e enviou-
-os a Saul por meio de Davi, seu filho. 21 Assim
Davi foi a Saul e esteve diante dele. Saul gostou
muito dele e fez dele o seu escudeiro. 22 Saul man-
dou dizer a Jessé:
— Deixe que Davi fique aqui, pois alcançou fa-
vor diante de mim.
23 E sempre que o espírito mau, enviado por
Deus, vinha sobre Saul, Davi pegava a harpa e a
dedilhava. Então Saul sentia alívio e se achava me-
lhor, e o espírito mau se retirava dele.

Davi e Golias

17 1 Os filisteus reuniram as suas tropas para a
guerra em Socó, que fica em Judá. Eles acam-
param entre Socó e Azeca, em Efes-Damim. 2 Saul
e os homens de Israel se reuniram e acamparam

no vale de Elá, e ali ordenaram a batalha contra
os filisteus. 3 Os filisteus estavam num monte e os
israelitas estavam no outro monte, ficando o vale
no meio deles.

4 Então do arraial dos filisteus saiu um guerreiro
chamado Golias. Ele era da cidade de Gate e tinha
quase três metros de altura. 5 Trazia na cabeça
um capacete de bronze e vestia uma couraça de
escamas de bronze, que pesava uns sessenta qui-
los. 6 Trazia caneleiras de bronze nas pernas e um
dardo de bronze sobre os ombros. 7 A haste da sua
lança era como o eixo do tecelão, e a ponta da sua
lança era de ferro e pesava mais de sete quilos. E
diante dele ia o escudeiro. 8 Golias parou e gritou
para as tropas de Israel:

— Para que vocês saíram para formar a linha
de batalha? Não sou eu filisteu, e vocês, servos de
Saul? Escolham entre vocês um homem que venha
lutar comigo. 9 Se ele puder lutar comigo e me ma-
tar, seremos servos de vocês. Mas, se eu o vencer e
o matar, vocês serão nossos servos e nos servirão.

10 E o filisteu continuou:

— Hoje eu desafio as tropas de Israel. Deem-me
um homem, para que lute comigo.

11 Quando Saul e todo o Israel ouviram estas pa-
lavras do filisteu, ficaram assustados e com muito
medo.

12 Davi era filho daquele efrateu de Belém de
Judá cujo nome era Jessé e que tinha oito filhos.
Nos dias de Saul, Jessé já era bastante idoso entre
os homens. 13 Os três filhos mais velhos de Jessé
tinham ido com Saul para a guerra. Esses três,
que tinham ido para a guerra, se chamavam Elia-
be, que era o primogênito; Abinadabe, que era o
segundo; e Samá, que era o terceiro. 14 Davi era o
mais moço; só os três mais velhos seguiram Saul.
15 Davi, porém, ia a Saul e voltava, para apascentar
as ovelhas de seu pai, em Belém.

16 O filisteu vinha de manhã e de tarde,
apresentando-se durante quarenta dias.

17 Jessé disse a Davi, seu filho:

— Peço que você leve para os seus irmãos uma
medida deste trigo tostado e estes dez pães. Corra
e leve isso para os seus irmãos, no acampamento.
18 Porém estes dez queijos, leve-os para o coman-
dante de mil. Veja como os seus irmãos estão pas-
sando e traga uma prova de que estão bem. 19 Saul,
eles e todos os homens de Israel estão no vale de
Elá, lutando contra os filisteus.

20 No dia seguinte, Davi se levantou de madru-
gada, deixou as ovelhas com um guarda, carregou
o que havia sido preparado e partiu, como Jessé
lhe havia ordenado. Chegou ao acampamento
quando as tropas estavam saindo para colocar-se
em ordem de combate e, aos gritos, chamavam
para a batalha. 21 Os israelitas e filisteus se puse-
ram em ordem, fileira contra fileira.

22 Davi deixou o que havia trazido aos cuidados
do guarda da bagagem e correu para a batalha.
Quando chegou lá, perguntou a seus irmãos se
estavam bem. 23 Enquanto Davi ainda falava com
eles, eis que vinha subindo do exército dos filis-
teus o guerreiro, cujo nome era Golias, o filisteu
de Gate. E falou as mesmas coisas que havia falado
anteriormente. E Davi escutou.

24 Todos os israelitas, vendo aquele homem,
fugiam dele, com muito medo. 25 E diziam uns aos
outros:

— Vocês viram aquele homem? Ele veio para
afrontar Israel. O rei dará muitas riquezas para
quem matar aquele homem. Também lhe dará a
filha em casamento, e à casa de seu pai isentará de
impostos em Israel.

26 Então Davi perguntou aos homens que esta-
vam perto dele:

— O que será dado ao homem que matar esse
filisteu e livrar Israel de tal afronta? Quem é esse
filisteu incircunciso para afrontar os exércitos do
Deus vivo?

27 E o povo lhe repetiu as mesmas palavras, di-
zendo:

— É isso que será dado ao homem que o matar.

28 Eliabe, o irmão mais velho, ouviu Davi falan-
do com aqueles homens. Ele ficou irado com Davi
e disse:

— Por que você veio para cá? E com quem você
deixou aquelas poucas ovelhas no deserto? Sei
que você é presunçoso e mau. Você veio aqui só
para ver a batalha.

29 Davi respondeu:

— O que foi que eu fiz agora? Apenas fiz uma
pergunta.

30 Então Davi se desviou dele na direção de ou-
tro e fez a mesma pergunta. E o povo lhe deu a
mesma resposta de antes.

31 Alguns homens que tinham ouvido as pala-
vras de Davi foram anunciá-las a Saul, que man-
dou chamar Davi. 32 Davi disse a Saul:

— Que ninguém desanime por causa dele. Este
seu servo irá e lutará contra esse filisteu.

33 Porém Saul disse a Davi:

— Você não poderá ir contra esse filisteu para
lutar contra ele. Você ainda é jovem, e ele é guer-
reiro desde a sua mocidade.

34 Davi respondeu:

— Este seu servo apascentava as ovelhas do
pai. Quando vinha um leão ou um urso e levava
um cordeiro do rebanho, 35 eu saía atrás dele, ba-
tia nele e livrava o cordeiro da sua boca. Se ele se
levantava contra mim, eu o agarrava pela barba
e o golpeava até matá-lo. 36 Este seu servo matou
tanto o leão como o urso. Este filisteu incircunciso
será como um deles, porque afrontou os exércitos
do Deus vivo.

37 E Davi continuou:
— O SENHOR me livrou das garras do leão e das
garras do urso; ele me livrará das mãos desse fi-
listeu.
Então Saul disse a Davi:
— Vá, e que o SENHOR esteja com você.
38 Saul vestiu Davi com a sua própria armadu-
ra, pôs um capacete de bronze na cabeça dele, e
o vestiu com uma couraça. 39 Davi cingiu a espada
sobre a armadura e tentou andar, pois jamais a ha-
via usado. Então Davi disse a Saul:
— Não posso andar com isto, porque nunca o
usei.
E Davi tirou aquilo de sobre si. 40 Pegou o seu
cajado na mão, escolheu cinco pedras lisas do ri-
beiro, e as pôs no alforje de pastor, que trazia con-
sigo. E, com a sua funda na mão, foi na direção do
filisteu.
41 O filisteu também vinha caminhando e se
aproximava de Davi, tendo à frente dele o seu es-
cudeiro. 42 O filisteu olhou e, vendo Davi, o despre-
zou, porque era apenas um moço ruivo e de boa
aparência. 43 O filisteu disse a Davi:
— Será que eu sou um cachorro, para que você
venha contra mim com pedaços de pau?
E, pelos seus deuses, o filisteu amaldiçoou Davi.
44 E disse mais a Davi:
— Venha aqui, que eu darei a sua carne às aves
dos céus e aos animais do campo.
45 Davi, porém, disse ao filisteu:
— Você vem contra mim com espada, com lan-
ça e com escudo. Eu, porém, vou contra você em
nome do SENHOR dos Exércitos, o Deus dos exérci-
tos de Israel, a quem você afrontou. 46 Hoje mesmo
o SENHOR entregará você nas minhas mãos. Eu o
matarei, cortarei a sua cabeça e hoje mesmo da-
rei os cadáveres do arraial dos filisteus às aves dos
céus e às feras da terra. E toda a terra saberá que
há Deus em Israel. 47 Toda esta multidão saberá
que o SENHOR salva, não com espada, nem com
lança. Porque do SENHOR é a guerra, e ele entrega-
rá todos vocês nas nossas mãos.
48 E aconteceu que, quando o filisteu se levan-
tou e começou a se aproximar de Davi, este se
apressou e, deixando as suas fileiras, correu de en-
contro ao filisteu. 49 Davi meteu a mão no alforje,
tirou dali uma pedra e, com a sua funda, a atirou
contra o filisteu, atingindo-o na testa. A pedra se
encravou na testa, e ele caiu com o rosto no chão.
50 Assim Davi derrotou o filisteu, com uma funda
e com uma pedra. Ele o derrubou e o matou. Não
havia nenhuma espada na mão de Davi. 51 Por isso,
Davi correu e, lançando-se sobre o filisteu, pegou
a espada dele, tirou-a da bainha e o matou, cor-
tando com ela a cabeça dele.
Quando os filisteus viram que o seu herói
estava morto, fugiram. 52 Então os homens de
Israel e Judá se levantaram, deram um grito e
perseguiram os filisteus até Gate e até os portões
de Ecrom. E os filisteus caíram feridos pelo ca-
minho, de Saaraim até Gate e até Ecrom. 53 Então
os filhos de Israel voltaram da perseguição aos
filisteus e saquearam os acampamentos deles.
54 Davi pegou a cabeça do filisteu e a levou para
Jerusalém. Porém as armas dele Davi colocou em
sua própria tenda.
55 Quando Saul viu Davi saindo para encontrar-
-se com o filisteu, perguntou a Abner, o coman-
dante do exército:
— Abner, aquele jovem é filho de quem?
Abner respondeu:
— Juro pela sua vida, ó rei, que não sei.
56 E o rei disse:
— Então pergunte de quem esse jovem é filho.
57 Quando Davi voltou, depois de matar o filis-
teu, Abner o tomou e o levou à presença de Saul.
Davi ainda trazia na mão a cabeça do filisteu.
58 Então Saul lhe perguntou:
— Meu jovem, de quem você é filho?
Davi respondeu:
— Sou filho de seu servo Jessé, o belemita.

A amizade de Jônatas e Davi

18 1 Depois de Davi ter falado com Saul, a alma
de Jônatas se ligou com a de Davi numa
profunda amizade. E Jônatas o amou como à sua
própria alma. 2 Naquele dia, Saul reteve Davi e
não permitiu que ele voltasse para a casa de seu
pai. 3 Jônatas e Davi fizeram uma aliança, porque
Jônatas o amava como à sua própria alma. 4 Jô-
natas tirou a capa que vestia e a deu a Davi. Deu
também a sua armadura, inclusive a espada, o
arco e o cinto. 5 Davi saía aonde quer que Saul
o enviava e tinha êxito, de modo que Saul o pôs
sobre tropas do seu exército. E Davi era ben-
quisto de todo o povo e até dos próprios servos
de Saul.

A inveja de Saul

6 E aconteceu que, quando eles estavam voltan-
do para casa, depois de Davi ter matado o filisteu,
as mulheres de todas as cidades de Israel saíram
ao encontro do rei Saul, cantando e dançando,
com tamborins, com alegria e com instrumentos
musicais. 7 As mulheres se alegravam e, cantando
alternadamente, diziam:

Saul matou os seus milhares,
porém Davi, os seus dez milhares.

8 Saul se indignou muito, pois estas palavras lhe
desagradaram em extremo. Ele disse:
— Para Davi elas deram dez milhares, mas para
mim apenas milhares. Na verdade, o que lhe falta,
a não ser o reino?

9 Daquele dia em diante, Saul não via Davi com
bons olhos.
10 No dia seguinte, um espírito mau, vindo da
parte de Deus, se apossou de Saul, que teve uma
crise de raiva em sua casa. Davi, como nos ou-
tros dias, dedilhava a harpa. Saul, porém, tinha
na mão uma lança, 11 que ele atirou, pensando
assim:

— Encravarei Davi na parede.

Porém Davi se desviou dele por duas vezes.
12 Saul tinha medo de Davi, porque o SENHOR es-
tava com este e tinha abandonado Saul. 13 Por isso
Saul o afastou de si e o pôs por chefe de mil. Davi
fazia saídas e entradas militares diante do povo.
14 Davi tinha êxito em todos os seus empreendi-
mentos, pois o SENHOR estava com ele. 15 Vendo
que Davi tinha êxito, Saul ficou com medo dele.
16 Porém todo o Israel e Judá amavam Davi, porque
fazia saídas e entradas militares diante deles.

Davi casa com a filha de Saul

17 Saul disse a Davi:

— Aqui está Merabe, a minha filha mais velha.
Eu a darei a você em casamento, com a condição
de que você seja um filho valente e trave as bata-
lhas do SENHOR.

Porque Saul pensava assim: "Não seja contra
ele a minha mão, e sim a dos filisteus." 18 Mas Davi
respondeu a Saul:

— Quem sou eu, e quem são os meus parentes,
a família de meu pai em Israel, para que eu seja
genro do rei?

19 Mas aconteceu que, na época em que Merabe,
filha de Saul, devia ser dada em casamento a Davi,
foi dada por mulher a Adriel, meolatita.

20 Mas Mical, a outra filha de Saul, amava Davi.
Contaram isso a Saul, e isso agradou a ele. 21 Saul
pensava assim: "Eu a darei em casamento a Davi,
para que ela lhe sirva de armadilha e para que a
mão dos filisteus venha a ser contra ele." Por isso
Saul disse a Davi:

— Com esta segunda você será hoje o meu
genro.

22 Saul ordenou que os seus servos falassem
confidencialmente com Davi, dizendo:

— O rei tem afeição por você, e todos os servos
dele amam você. Sendo assim, concorde em ser
genro do rei.

23 Os servos de Saul falaram estas palavras a
Davi, o qual respondeu:

— Vocês acham que é pouca coisa ser genro
do rei, sendo eu um homem pobre e sem impor-
tância?

24 Os servos de Saul lhe contaram isto, di-
zendo:

— Estas foram as palavras que Davi falou.

25 Então Saul ordenou que dissessem a Davi:

— O rei não deseja dote algum, mas cem pre-
púcios de filisteus, como vingança contra os seus
inimigos.

Porque Saul tentava fazer com que Davi fosse
morto pelos filisteus. 26 Quando os servos de Saul
relataram estas palavras a Davi, este gostou da
ideia de vir a ser genro do rei. Antes de vencido
o prazo, 27 Davi se levantou e partiu com os seus
homens, e mataram duzentos filisteus. Trouxe
os seus prepúcios e os entregou todos ao rei, para
que assim se tornasse seu genro. Então Saul lhe
deu a sua filha Mical em casamento. 28 Saul viu
e reconheceu que o SENHOR estava com Davi; e
Mical, filha de Saul, o amava. 29 Então Saul ficou
com mais medo ainda de Davi e continuamente
foi seu inimigo.

30 Cada vez que os chefes dos filisteus saíam
à batalha, Davi obtinha mais êxito do que todos
os servos de Saul. E assim o nome de Davi se tor-
nou muito estimado.

Jônatas intercede por Davi

19 1 Saul falou a seu filho Jônatas e a todos os
servos sobre matar Davi. Mas Jônatas, filho
de Saul, era muito afeiçoado a Davi. 2 Por isso, Jô-
natas revelou esse plano a Davi, dizendo:

— Meu pai, Saul, quer matar você. Tenha cui-
dado amanhã cedo. Fique num lugar oculto e
esconda-se. 3 Eu sairei e estarei ao lado de meu pai
no campo onde você estiver. Falarei com meu pai
a respeito de você. Se eu descobrir alguma coisa,
contarei a você.

4 Então Jônatas falou bem de Davi a Saul, seu
pai, e lhe disse:

— Que o rei não peque contra o seu servo Davi,
porque ele não pecou contra você. Pelo contrário,
o que ele tem feito é muito bom para você. 5 Arris-
cando a sua vida, ele matou o filisteu e o SENHOR
efetuou grande livramento a todo o Israel. Você
mesmo viu isso e ficou contente. Por que, então,
você pecaria contra sangue inocente, matando
Davi sem motivo?

6 Saul atendeu à voz de Jônatas e jurou:

— Tão certo como vive o SENHOR, ele não mor-
rerá.

7 Jônatas chamou Davi, contou-lhe todas estas
palavras e o levou a Saul. E Davi esteve diante de
Saul como antes.

Saul procura, de novo, matar Davi

8 E tornou a haver guerra. Davi lutou contra os
filisteus e os feriu com grande derrota, e eles fu-
giram dele.

9 E o espírito mau, enviado da parte do SENHOR,
veio sobre Saul. Ele estava sentado em sua casa,
com a sua lança na mão, enquanto Davi dedilhava
a harpa. 10 Saul tentou encravar Davi na parede,

porém ele se desviou e a lança foi se encravar na
parede. Então Davi fugiu e escapou.
11 Porém, naquela mesma noite, Saul mandou
mensageiros à casa de Davi, que o vigiassem, para
ele o matar pela manhã. Porém Mical, a mulher de
Davi, o avisou:
— Se não fugir esta noite, amanhã você estará
morto.

Mical engana seu pai e salva Davi

12 Então Mical desceu Davi por uma janela, e ele
se foi, fugiu e escapou. 13 Mical pegou um ídolo do
lar e o deitou na cama. Pôs um tecido de pelos de
cabra sobre a cabeça do ídolo, e o cobriu com um
manto. 14 Quando Saul enviou mensageiros para
prender Davi, Mical disse:
— Ele está doente.
15 Então Saul mandou mensageiros que fossem
ver Davi, dizendo:
— Tragam Davi mesmo que esteja na cama,
para que eu o mate.
16 Quando os mensageiros entraram, eis que na
cama estava apenas o ídolo do lar com o tecido de
pelos de cabra ao redor da cabeça. 17 Então Saul
disse a Mical:
— Por que você me enganou assim e deixou o
meu inimigo escapar?
Mical respondeu:
— Porque ele me disse: "Deixe-me ir; se não, eu
mato você."

Saul e seus mensageiros profetizam

18 Assim, Davi fugiu e escapou, e foi até onde
Samuel estava, em Ramá, e lhe contou tudo o
que Saul lhe havia feito. Então se retiraram, ele
e Samuel, e ficaram na casa dos profetas. 19 Saul
ficou sabendo que Davi estava na casa dos profe-
tas, em Ramá. 20 Então Saul enviou mensageiros
para trazerem Davi. Quando viram um grupo de
profetas profetizando, liderados por Samuel, o
Espírito de Deus veio sobre os mensageiros de
Saul, e também eles profetizaram. 21 Quando
soube disso, Saul enviou outros mensageiros, e
também estes profetizaram. Então Saul enviou
um terceiro grupo de mensageiros, os quais tam-
bém profetizaram. 22 Então o próprio Saul foi a
Ramá. Quando chegou ao poço grande na cidade
de Seco, perguntou:
— Onde estão Samuel e Davi?
Responderam:
— Eis que estão na casa dos profetas, em Ramá.
23 Então Saul foi para a casa dos profetas, em
Ramá. E o mesmo Espírito de Deus veio sobre ele,
que, caminhando, profetizava até chegar à casa
dos profetas, em Ramá. 24 Também ele despiu a
sua túnica e profetizou diante de Samuel. E, sem
a túnica, ficou deitado no chão todo aquele dia e
toda aquela noite. Por isso se diz: "Está também
Saul entre os profetas?"

Jônatas ajuda Davi

20 1 Então Davi fugiu da casa dos profetas, em
Ramá, foi até o lugar onde Jônatas estava e
lhe perguntou:
— O que foi que eu fiz? Qual é a minha culpa?
E qual é o meu pecado diante de seu pai, que pro-
cura tirar-me a vida?
2 Jônatas respondeu:
— Nada disso! Você não será morto. Meu pai
não faz coisa nenhuma, nem grande nem peque-
na, sem primeiro me dizer. Por que, então, meu pai
esconderia isso de mim? Não há nada disso.
3 Então Davi respondeu enfaticamente:
— Seu pai sabe muito bem que encontrei favor
diante de você. Assim, ele resolveu que você não
deve ficar sabendo disso, para não se entristecer.
Mas tão certo como vive o SENHOR, e como você
vive, Jônatas, há apenas um passo entre mim e a
morte.
4 Jônatas disse a Davi:
— Farei tudo o que você quiser que eu faça.
5 Davi disse a Jônatas:
— Amanhã é a Festa da Lua Nova, em que sem
falta deveria assentar-me com o rei para comer.
Mas deixe que eu vá embora, para me esconder
no campo, até a tarde do terceiro dia. 6 Se o seu
pai notar a minha ausência, diga o seguinte:
"Davi me pediu muito que o deixasse ir à toda
pressa a Belém, sua cidade, porque lá será ofere-
cido o sacrifício anual para toda a família." 7 Se
ele disser: "Está bem", então este seu servo terá
paz. Porém, se ficar com muita raiva, saiba que
ele já decidiu me fazer mal. 8 Use, pois, de mise-
ricórdia para com este seu servo, porque você me
fez entrar em aliança no SENHOR com você. Mas,
se sou culpado, mate-me você mesmo. Por que
você me levaria ao seu pai?
9 Então Jônatas disse:
— Nada disso! Se eu de algum modo soubesse
que o meu pai está determinado a trazer esse mal
sobre você, acha que eu não avisaria você?
10 Então Davi perguntou:
— Quem irá me avisar, se, por acaso, o seu pai
lhe responder asperamente?
11 Jônatas respondeu:
— Venha, vamos ao campo.
E eles foram.
12 Jônatas disse a Davi:
— O SENHOR, Deus de Israel, seja testemunha.
Amanhã ou depois de amanhã, a estas horas son-
darei meu pai. Se houver algo favorável a Davi,
eu lhe mandarei dizer. 13 Mas, se meu pai quiser
fazer mal a você, que o SENHOR faça com Jônatas
o que bem quiser, se eu não o avisar disso e não

o deixar ir embora, para que você siga em paz. E
que o SENHOR esteja com você, como tem estado
com o meu pai. 14 E, se eu, então, ainda viver, use
para comigo da bondade do SENHOR, para que
eu não morra. 15 Nem tampouco jamais afaste da
minha casa a sua bondade; nem ainda quando o
SENHOR eliminar da face da terra todos os inimi-
gos de Davi.

16 Assim, Jônatas fez aliança com a casa de Davi,
dizendo:

— Que o SENHOR vingue os inimigos de Davi.

17 Jônatas fez com que Davi jurasse de novo, pelo
amor que lhe tinha, porque Jônatas o amava com
todo o amor da sua alma. 18 Jônatas disse a Davi:

— Amanhã é a Festa da Lua Nova. Eles vão per-
guntar por você, porque o seu lugar estará vazio.
19 No terceiro dia, vá depressa ao lugar onde você
se escondeu no dia do combinado e fique junto à
pedra de Ezel. 20 Atirarei três flechas para aquele
lado, como quem atira ao alvo. 21 Eis que manda-
rei o moço e lhe direi: "Vá, procure as flechas." Se
eu disser ao moço: "Olhe, as flechas estão para cá
de você; traga-as", então venha, Davi, porque, tão
certo como vive o SENHOR, você terá paz, e nada
há que temer. 22 Porém, se eu disser ao moço:
"Olhe, as flechas estão mais para lá de você", vá
embora, porque o SENHOR manda que você vá.
23 Quanto àquilo de que eu e você falamos, eis
que o SENHOR é nossa testemunha para sempre.

24 Então Davi se escondeu no campo. E, sendo
a Festa da Lua Nova, o rei se pôs à mesa para co-
mer. 25 O rei sentou-se na sua cadeira, segundo o
costume, no lugar junto à parede. Jônatas ficou
na frente dele, e Abner sentou-se ao lado de Saul.
Mas o lugar de Davi estava desocupado. 26 Porém,
naquele dia, Saul não disse nada, pois pensava:
"Deve ter acontecido alguma coisa com ele. Ele
está cerimonialmente impuro. Certamente está
impuro."

27 No dia seguinte, o segundo dia da Festa da
Lua Nova, o lugar de Davi continuava desocupado.
Então Saul perguntou a Jônatas, seu filho:

— Por que o filho de Jessé não veio comer, nem
ontem nem hoje?

28 Jônatas respondeu:

— Davi me pediu, encarecidamente, que o dei-
xasse ir a Belém. 29 Ele me disse: "Peço que você
me deixe ir, porque a nossa família tem um sa-
crifício na cidade, e um de meus irmãos insiste
comigo para que eu vá. Portanto, se encontrei fa-
vor aos seus olhos, peço que me deixe partir, para
que eu veja os meus irmãos." Por isso, não veio à
mesa do rei.

Saul fica irado com Jônatas

30 Então Saul ficou irado com Jônatas e lhe
disse:

— Seu filho de mulher vadia e rebelde! Você
acha que eu não sei que você elegeu o filho de
Jessé, para vergonha sua e para vergonha de sua
mãe? 31 Pois, enquanto o filho de Jessé viver sobre
a terra, nem você estará seguro, nem seguro estará
o seu reino. Por isso, mande buscá-lo, agora, por-
que deve morrer.

32 Então Jônatas perguntou a Saul, seu pai:

— Por que ele deve morrer? O que foi que ele
fez?

33 Então Saul atirou a sua lança contra Jônatas
para matá-lo. Com isso Jônatas entendeu que, de
fato, seu pai já havia decidido matar Davi. 34 Por
isso, Jônatas, com muita raiva, se levantou da
mesa e, neste segundo dia da Festa da Lua Nova,
não comeu pão, pois ficou muito sentido por
causa de Davi, a quem seu pai havia insultado.

Jônatas se despede de Davi

35 Na manhã seguinte, Jônatas saiu ao campo,
no tempo combinado com Davi, e levou consigo
um rapazinho. 36 Então disse ao seu rapaz:

— Corra e busque as flechas que eu atirar.

O rapaz correu, e ele atirou uma flecha, que fez
passar além do rapaz. 37 Quando o rapaz chegou
ao lugar da flecha que Jônatas havia atirado, Jôna-
tas gritou atrás dele:

— A flecha não está mais para lá de você?

38 Jônatas gritou mais uma vez:

— Vamos! Depressa! Não fique aí parado!

O rapaz de Jônatas apanhou as flechas e voltou
ao seu senhor. 39 O rapaz não entendeu coisa al-
guma, pois só Jônatas e Davi sabiam deste combi-
nado. 40 Então Jônatas deu as suas armas ao rapaz
que o acompanhava e lhe disse:

— Vá, leve-as para a cidade.

41 Quando o rapaz foi embora, Davi se levantou
do lado do monte de pedras e se prostrou com o
rosto em terra três vezes. E beijaram um ao outro
e choraram juntos; Davi, porém, muito mais. 42 En-
tão Jônatas disse a Davi:

— Vá em paz, porque ambos juramos em nome
do SENHOR, dizendo: "O SENHOR seja para sempre
testemunha entre mim e você e entre a minha des-
cendência e a sua descendência."

43 Então Davi se levantou e foi embora. E Jôna-
tas voltou para a cidade.

Davi vai para junto de Aimeleque

21 1 Então Davi foi até Nobe, ao sacerdote Ai-
meleque. Aimeleque, tremendo, saiu ao en-
contro de Davi e perguntou:

— Por que você está sozinho e ninguém veio
com você?

2 Davi respondeu ao sacerdote Aimeleque:

— O rei me deu uma ordem e me disse que nin-
guém deveria saber por que ele me enviou e qual

é a tarefa de que me incumbiu. Quanto aos meus
soldados, combinei que me encontrassem em tal
e tal lugar. 3 Agora, o que você tem à mão? Dê-me
cinco pães ou o que puder encontrar.
4 O sacerdote respondeu a Davi, dizendo:
— Não tenho pão comum à mão. Há, porém,
pão sagrado, se ao menos os seus soldados se abs-
tiveram das mulheres.
5 Davi respondeu ao sacerdote:
— Sim, como sempre, quando saio à campa-
nha, foram-nos vedadas as mulheres, e os corpos
dos soldados não estão imundos. Se isso aconte-
ce em viagem comum, quanto mais serão puros
hoje!
6 Então o sacerdote deu a Davi o pão sagrado,
porque não havia ali outro, a não ser os pães da
proposição, que tinham sido tirados de diante do
SENHOR, quando foram trocados, no devido dia,
por pão quente.
7 Acontece que estava ali, naquele dia, um dos
servos de Saul, detido diante do SENHOR, cujo
nome era Doegue, edomita, o chefe dos pastores
de Saul.
8 Davi disse a Aimeleque:
— Você tem aqui à mão uma lança ou uma es-
pada? Eu não trouxe comigo nem a minha espada
nem as minhas armas, porque a ordem do rei era
urgente.
9 O sacerdote respondeu:
— A espada de Golias, o filisteu, a quem você
matou no vale de Elá, está aqui, enrolada num
pano atrás da estola sacerdotal. Se quiser levá-la,
leve-a, porque não há outra aqui, a não ser essa.
Davi disse:
— Não há outra semelhante; dê-me essa es-
pada.

Davi foge de Saul para Gate

10 Naquele dia, Davi se levantou e fugiu de Saul.
Ele foi procurar Aquis, rei de Gate. 11 Porém os ser-
vos de Aquis lhe disseram:
— Este não é Davi, o rei da terra? Não é a
respeito dele que se cantava nas danças, dizendo:

Saul matou os seus milhares,
porém Davi, os seus dez milhares?

12 Davi guardou essas palavras no coração e
teve muito medo de Aquis, rei de Gate. 13 Por
isso mudou o seu comportamento diante deles,
fingindo-se de louco nas mãos deles. Fazia riscos
nos batentes dos portões e deixava escorrer saliva
pela barba. 14 Então Aquis disse aos seus servos:
— Vocês estão vendo que este homem está
louco. Por que o trouxeram para cá? 15 Será que
estou com falta de doidos, para que vocês me
trouxessem este para fazer doidices diante de
mim? Devo deixar que este entre em minha casa?

Davi se esconde em Adulão e em Moabe

22 1 Davi saiu daquele lugar e se refugiou na
caverna de Adulão. Quando os seus irmãos
e toda a casa de seu pai souberam disso, foram fi-
car com ele. 2 Ajuntaram-se a ele todos os homens
que estavam em dificuldades, os que tinham dívi-
das, e todos os amargurados de espírito, e Davi se
tornou o chefe deles. E havia com ele uns quatro-
centos homens.
3 Daquele lugar Davi foi a Mispa, em Moabe, e
disse ao rei de Moabe:
— Deixe que o meu pai e a minha mãe fiquem
com vocês, até que eu saiba o que Deus vai fazer
de mim.
4 Davi levou-os ao rei de Moabe, e eles moraram
com ele durante todo o tempo em que Davi esteve
naquele lugar seguro. 5 Porém o profeta Gade disse
a Davi:
— Não fique neste lugar seguro; vá e entre na
terra de Judá.
Então Davi saiu e foi para o bosque de Herete.

Saul mata todos os sacerdotes de Nobe

6 Saul ficou sabendo que Davi e os homens
que o acompanhavam foram descobertos. Saul se
encontrava em Gibeá, debaixo de um arvoredo,
numa colina, com a sua lança na mão, e todos os
seus servos estavam com ele. 7 Saul disse aos ser-
vos que o rodeavam:
— Escutem, filhos de Benjamim! Será que o
filho de Jessé dará também a todos vocês terras e
vinhas e fará de todos vocês chefes de milhares e
chefes de centenas, 8 para que todos vocês tenham
conspirado contra mim? Não houve ninguém que
me avisasse que o meu filho fez aliança com o fi-
lho de Jessé. Não há nenhum de vocês que tenha
pena de mim e me conte que o meu filho instigou
contra mim o meu servo, para me armar ciladas,
como se vê neste dia.
9 Então Doegue, o edomita, que também estava
com os servos de Saul, disse:
— Eu vi o filho de Jessé chegar a Nobe, para
falar com Aimeleque, filho de Aitube. 10 A pedi-
do dele, Aimeleque consultou o SENHOR. Tam-
bém lhe deu mantimento e a espada de Golias,
o filisteu.
11 Então o rei mandou chamar o sacerdote Ai-
meleque, filho de Aitube, e toda a casa de seu pai,
a saber, os sacerdotes que estavam em Nobe. E to-
dos eles vieram ao rei. 12 Saul disse:
— Escute, filho de Aitube!
Este respondeu:
— Eis-me aqui, meu senhor!
13 Então Saul lhe disse:
— Por que você conspirou contra mim, você
e o filho de Jessé? Pois você lhe deu pão e espa-
da e consultou Deus a favor dele, para que se

levantasse contra mim e me armasse ciladas,
como hoje se vê.
14 Aimeleque respondeu ao rei:
— E quem, entre todos os seus servos, é tão fiel
quanto Davi, o genro do rei, chefe da sua guarda
pessoal e honrado na sua casa? 15 Por acaso foi
essa a primeira vez que consultei Deus em favor
dele? Não! Que o rei jamais acuse este seu servo,
nem ninguém da casa de meu pai, pois este seu
servo de nada soube de tudo isso, nem muito nem
pouco.
16 O rei respondeu:
— Aimeleque, você certamente morrerá, você e
toda a casa de seu pai.
17 Então o rei disse aos guardas que o rodeavam:
— Voltem-se e matem os sacerdotes do SENHOR, porque também estão de mãos dadas com Davi e porque souberam que fugiu e não me disseram nada.

Porém os servos do rei não quiseram estender
as mãos contra os sacerdotes do SENHOR. 18 Então
o rei disse a Doegue:
— Volte-se você e mate os sacerdotes.

Então Doegue, o edomita, se voltou e investiu
contra os sacerdotes. Naquele dia ele matou oitenta e cinco homens que vestiam estola sacerdotal
de linho. 19 Também a Nobe, a cidade desses sacerdotes, passou a fio de espada. Matou homens e mulheres, meninos e crianças de peito, bois, jumentos e ovelhas.

Abiatar refugia-se com Davi

20 Porém dos filhos de Aimeleque, filho de Aitube, um só, cujo nome era Abiatar, se salvou e fugiu para Davi. 21 Abiatar anunciou a Davi que Saul
tinha matado os sacerdotes do SENHOR. 22 Então
Davi disse a Abiatar:
— Naquele dia, quando vi que Doegue, o edomita, estava ali, eu sabia que ele não deixaria de contar tudo a Saul. Eu fui a causa da morte de todas as pessoas da casa de seu pai. 23 Fique comigo,
não tenha medo, porque quem procura a minha morte procura também a sua; mas comigo você estará a salvo.

Davi livra a cidade de Queila

23 1 Então disseram a Davi:
— Eis que os filisteus estão atacando a cidade de Queila e saqueando as eiras.
2 Davi consultou o SENHOR, perguntando:
— Devo ir e atacar esses filisteus?

O SENHOR respondeu a Davi:
— Vá, ataque os filisteus, e livre a cidade de Queila.
3 Porém os homens de Davi lhe disseram:
— Temos medo aqui em Judá, quanto mais indo a Queila lutar contra as tropas dos filisteus.
4 Então Davi tornou a consultar o SENHOR, e o
SENHOR lhe respondeu:
— Levante-se e vá até Queila, porque estou entregando os filisteus em suas mãos.
5 Então Davi e os seus homens foram a Queila,
lutaram contra os filisteus e tomaram todo o gado
deles. E causaram grande matança entre eles. Assim, Davi salvou os moradores de Queila.
6 Aconteceu que, quando Abiatar, filho de Aimeleque, fugiu para junto de Davi, em Queila, levou a estola sacerdotal.
7 Foi anunciado a Saul que Davi tinha ido a
Queila. Então Saul disse:
— Deus o entregou nas minhas mãos. Está cercado, pois entrou numa cidade de portões e ferrolhos.
8 Então Saul mandou chamar todo o povo para a
batalha, para que descessem a Queila e cercassem
Davi e os seus homens. 9 Quando Davi soube que
Saul maquinava o mal contra ele, disse ao sacerdote Abiatar:
— Traga aqui a estola sacerdotal.
10 Então Davi orou:
— Ó SENHOR, Deus de Israel, teu servo ouviu que Saul, de fato, procura vir a Queila, para destruir a cidade por minha causa. 11 Será que os
moradores de Queila me entregarão nas mãos dele? Será que Saul virá mesmo, como o teu servo ouviu? Ah! SENHOR, Deus de Israel, revela isto ao teu servo.

E o SENHOR lhe disse:
— Ele virá.
12 Então Davi perguntou:
— E será que os moradores de Queila me entregarão, juntamente com os meus servos, nas mãos de Saul?

O SENHOR respondeu:
— Entregarão.
13 Então Davi e os seus homens, que eram uns
seiscentos, saíram de Queila e se foram sem rumo certo. Quando foi anunciado a Saul que Davi tinha fugido de Queila, deixou de persegui-lo.
14 Davi permaneceu no deserto, nos lugares seguros, e ficou na região montanhosa no deserto
de Zife. Saul buscava-o todos os dias, porém Deus não o entregou nas suas mãos.

Davi e Jônatas renovam sua aliança

15 Quando Davi percebeu que Saul tinha saído
para tirar-lhe a vida, ficou no deserto de Zife, em
Horesa. 16 Então Jônatas, filho de Saul, se levantou
e foi falar com Davi, em Horesa, e lhe fortaleceu a
confiança em Deus. 17 Jônatas disse:
— Não tenha medo, porque a mão de Saul, meu pai, não encontrará você. Você será rei de Israel, e eu serei o segundo depois de você, o que também Saul, meu pai, bem sabe.

18 E ambos fizeram aliança diante do SENHOR.
Davi ficou em Horesa, e Jônatas voltou para casa.

A traição dos zifeus

19 Então os zifeus foram falar com Saul, em Gi-
beá, dizendo:
— Não é verdade que Davi está escondido en-
tre nós, nos lugares seguros de Horesa, no monte
Haquila, ao sul de Jesimom? 20 Agora, ó rei, confor-
me o desejo do seu coração, venha, que a nós nos
compete entregar Davi nas mãos do rei.
21 Saul respondeu:
— Que vocês sejam benditos do SENHOR,
porque tiveram pena de mim. 22 Vão, agora, e
informem-se ainda melhor. Descubram o lugar
que ele frequenta e quem o viu ali, porque me foi
dito que ele é muito astuto. 23 Por isso, prestem
bem atenção e informem-se a respeito de todos
os esconderijos em que ele se oculta. Voltem para
cá com informações seguras, e então eu irei com
vocês. Se ele estiver na região, irei procurá-lo entre
todos os milhares de Judá.
24 Então eles se levantaram e se foram a Zife,
adiante de Saul. Ora, Davi e os seus homens es-
tavam no deserto de Maom, na planície, ao sul
de Jesimom. 25 Saul e os seus homens foram ao
encalço dele, e isto foi dito a Davi. Por isso ele foi
para a rocha que está no deserto de Maom. Quan-
do Saul soube disso, perseguiu Davi no deserto de
Maom. 26 Saul ia de um lado do monte, e Davi e os
seus homens, do outro. Davi se apressou em fugir
para escapar de Saul, porém este e os seus homens
cercaram Davi e os seus homens para os prender.
27 Então veio um mensageiro a Saul, dizendo:
— Venha depressa, porque os filisteus invadi-
ram a terra.
28 Por isso Saul desistiu de perseguir Davi e foi
lutar contra os filisteus. Por esta razão, aquele
lugar se chamou Sela-Hamalecote. 29 Davi partiu
daquele lugar e ficou nos lugares seguros de En-
-Gedi.

Davi poupa a vida de Saul

24 1 Quando Saul voltou de perseguir os filis-
teus, foi-lhe dito:
— Eis que Davi está no deserto de En-Gedi.
2 Então Saul tomou três mil homens, escolhidos
dentre todo o Israel, e foi ao encalço de Davi e dos
seus homens, nas encostas das rochas das cabras
selvagens. 3 Chegou a uns currais de ovelhas no
caminho, onde havia uma caverna. Saul entrou
nela, para fazer as suas necessidades. Ora, Davi e
os seus homens estavam sentados no mais inte-
rior da caverna. 4 Então eles disseram a Davi:
— Hoje é o dia do qual o SENHOR lhe falou: "Eis
que eu entrego o seu inimigo nas suas mãos, e
você fará com ele o que bem quiser."
Então Davi se levantou e, sem ser notado, cor-
tou a ponta do manto de Saul. 5 Mas depois Davi
ficou com dor no coração por ter cortado a ponta
do manto de Saul 6 e disse aos seus homens:
— O SENHOR Deus me livre de fazer tal coisa ao
meu senhor, isto é, que eu estenda a mão contra
ele, pois é o ungido do SENHOR.
7 Com estas palavras, Davi conteve os seus ho-
mens e não permitiu que se levantassem contra
Saul. Então Saul se levantou, saiu da caverna e se-
guiu o seu caminho.
8 Depois, também Davi se levantou e, saindo da
caverna, gritou a Saul, dizendo:
— Ó rei, meu senhor!
Quando Saul olhou para trás, Davi se inclinou
e lhe fez reverência, com o rosto em terra. 9 E Davi
disse a Saul:
— Por que o senhor dá atenção às palavras dos
que dizem que Davi quer fazer-lhe mal? 10 Eis que
hoje o meu senhor pode ver com os seus próprios
olhos que o SENHOR Deus o pôs nas minhas mãos
nesta caverna, e alguns disseram que eu deveria
matá-lo. Mas eu o poupei, porque disse: "Não es-
tenderei a mão contra o meu senhor, pois é o un-
gido de Deus." 11 Veja, meu pai, veja aqui na minha
mão a ponta do seu manto. Por eu haver cortado
a ponta do seu manto sem matá-lo, reconheça e
veja que não há em mim nem mal nem rebeldia.
Nunca pequei contra o rei, ainda que ele esteja à
caça da minha vida para tirá-la de mim. 12 Que o
SENHOR Deus julgue entre nós dois e me vingue
do rei; porém não estenderei a minha mão contra
o rei. 13 Como o provérbio dos antigos diz: "Dos
perversos procede a perversidade." Mas eu não
estenderei a minha mão contra o senhor, meu
rei. 14 Atrás de quem saiu o rei de Israel? A quem
persegue? A um cão morto? A uma pulga? 15 Que
o SENHOR Deus seja o meu juiz e julgue entre nós
dois. Que ele examine e defenda a minha causa,
me faça justiça e me livre das mãos do rei.
16 Quando Davi acabou de falar todas estas pa-
lavras, Saul disse:
— É esta a sua voz, meu filho Davi?
E Saul chorou em alta voz. 17 Então disse a Davi:
— Você é mais justo do que eu, pois me recom-
pensou com o bem, enquanto eu o recompensei
com o mal. 18 Hoje você mostrou que me fez o
bem, pois o SENHOR me havia posto em suas mãos,
e você não me matou. 19 Porque quem é que en-
contra o inimigo e o deixa ir sem lhe fazer mal?
Que o SENHOR lhe pague com o bem por aquilo
que você fez por mim no dia de hoje. 20 Agora te-
nho certeza de que você será rei e de que o reino
de Israel se manterá firme na sua mão. 21 Portanto,
jure pelo SENHOR que você não eliminará a minha
descendência, nem apagará o meu nome da casa
de meu pai.

22 E Davi jurou a Saul. Este foi para casa, mas Davi e os seus homens foram ao lugar seguro.

A morte de Samuel

25 1 Samuel morreu, e todos os filhos de Israel se juntaram e o prantearam. E o sepultaram na sua casa, em Ramá. Davi se levantou e foi ao deserto de Parã.

Davi e Nabal

2 Havia um homem, em Maom, que tinha as suas propriedades no Carmelo. Era um homem muito rico: tinha três mil ovelhas e mil cabras. E ele estava tosquiando as suas ovelhas no Carmelo. 3 O nome desse homem era Nabal, e a mulher dele se chamava Abigail. Ela era inteligente e bonita, porém Nabal era grosseiro e mau em tudo o que fazia. Era descendente de Calebe. 4 Quando Davi, no deserto, ouviu dizer que Nabal tosquiava as suas ovelhas, 5 enviou dez rapazes e lhes disse:

— Vão ao Carmelo falar com Nabal e perguntem-lhe, em meu nome, como está. 6 Digam àquele afortunado: "Paz para você, paz para a sua casa e paz para tudo o que é seu! 7 Soube que você está fazendo a tosquia das suas ovelhas. Os seus pastores estiveram conosco e nós não os maltratamos e nada lhes faltou durante todo o tempo em que estiveram no Carmelo. 8 Pergunte aos seus moços, e eles lhe dirão. Portanto, que os meus rapazes encontrem favor em sua presença, porque chegamos em boa hora. Por favor, dê a estes seus servos e a Davi, seu filho, qualquer coisa que você tiver à mão."

9 Os rapazes de Davi foram e falaram a Nabal todas essas palavras em nome de Davi. Depois, ficaram esperando. 10 E Nabal deu a seguinte resposta aos servos de Davi:

— Quem é Davi? E quem é o filho de Jessé? Muitos são, hoje em dia, os servos que fogem do seu senhor. 11 Vocês acham que eu vou pegar o meu pão, a minha água e a carne dos animais que abati para os meus tosquiadores e dar a homens que eu não sei de onde vêm?

12 Então os rapazes de Davi se puseram a caminho e voltaram. Ao chegarem, disseram a Davi tudo o que Nabal havia falado. 13 Então Davi disse aos seus homens:

— Que cada um cinja a sua espada!

E cada um cingiu a sua espada, e também Davi cingiu a sua. Cerca de quatrocentos homens seguiram Davi, enquanto duzentos ficaram com a bagagem. 14 Nesse meio-tempo, um dos moços de Nabal foi falar com Abigail, a mulher de Nabal, dizendo:

— Davi enviou do deserto mensageiros para saudar o nosso senhor, mas ele os pôs a correr. 15 No entanto, aqueles homens nos têm sido muito bons, e nunca fomos maltratados por eles e de nenhuma coisa sentimos falta em todos os dias de nosso trato com eles, quando estávamos no campo. 16 Eles eram como um muro ao nosso redor, tanto de dia como de noite, todos os dias que estivemos com eles apascentando as ovelhas. 17 E agora pense bem e veja o que pode fazer, porque o mal já está determinado contra o nosso senhor e contra toda a sua casa; ele é homem maligno, e não há quem consiga falar com ele.

Abigail apazigua Davi

18 Então Abigail pegou, a toda pressa, duzentos pães, dois odres de vinho, cinco ovelhas preparadas, cinco medidas de trigo tostado, cem cachos de passas e duzentas pastas de figos, e pôs tudo sobre jumentos. 19 Então disse aos seus servos:

— Vão na minha frente, que eu vou logo atrás.

Porém ela não contou nada a seu marido Nabal. 20 Enquanto ela, cavalgando um jumento, descia, encoberta pelo monte, Davi e seus homens também desciam, e ela se encontrou com eles. 21 Ora, Davi tinha dito:

— Com certeza, de nada adiantou ter protegido tudo o que esse homem possui no deserto, e de nada sentiu falta de tudo o que lhe pertence; ele me pagou o bem com o mal. 22 Que Deus me castigue, se, até o amanhecer, eu não matar todos os do sexo masculino que estão com ele.

23 Quando Abigail viu Davi, desceu depressa do jumento e prostrou-se sobre o rosto diante de Davi, inclinando-se até o chão. 24 Lançou-se aos pés de Davi e disse:

— Meu senhor, que a culpa recaia sobre mim. Permita que esta sua serva fale e escute as palavras da sua serva. 25 Que o meu senhor não se importe com aquele homem maligno, a saber, com Nabal, porque ele é o que significa o seu nome. Nabal é o seu nome, e a tolice o acompanha. Eu, porém, esta sua serva, não vi os rapazes que o meu senhor mandou. 26 Agora, meu senhor, tão certo como vive o SENHOR Deus e tão certo como vive a sua alma, foi o SENHOR Deus quem o impediu de derramar sangue e de fazer justiça com as próprias mãos. Que os seus inimigos e os que procuram fazer mal ao meu senhor sejam como Nabal. 27 Este é o presente que esta sua serva trouxe ao meu senhor; que ele seja dado aos rapazes que seguem o meu senhor. 28 Perdoe a transgressão desta sua serva. Pois o SENHOR Deus certamente firmará a casa de meu senhor, porque ele está travando as batalhas do SENHOR Deus. E que não se ache mal em meu senhor durante toda a sua vida. 29 E, se algum homem se levantar para o perseguir e tirar-lhe a vida, a vida de meu senhor será atada no feixe dos que vivem com o SENHOR, seu Deus. Porém a vida de seus inimigos, este a lançará

fora como se a atirasse da cavidade de uma fun-
da. 30 E, quando o SENHOR Deus tiver feito a meu
senhor todo o bem que falou a seu respeito e o
tiver colocado como príncipe sobre Israel, 31 en-
tão meu senhor não terá motivo de pesar ou de
remorso por ter derramado sangue inocente e por
ter se vingado com as próprias mãos. E, quando
o SENHOR Deus tiver feito o bem a meu senhor,
então lembre-se desta sua serva.

32 Então Davi disse a Abigail:

— Bendito o SENHOR, Deus de Israel, que hoje
mandou você ao meu encontro. 33 Bendita seja a
sua prudência, e bendita seja você mesma, que
hoje me impediu de derramar sangue e de me vin-
gar com as minhas próprias mãos. 34 Porque, tão
certo como vive o SENHOR, Deus de Israel, que me
impediu de fazer mal a você, se você não tivesse
se apressado e não tivesse vindo ao meu encontro,
não teria ficado a Nabal, até o amanhecer, nem
um sequer do sexo masculino.

35 Então Davi recebeu da mão de Abigail o que
esta lhe havia trazido e lhe disse:

— Volte em paz para a sua casa. Como você
pode ver, dei ouvidos ao que você me falou e aten-
di o seu pedido.

A morte de Nabal

36 Abigail voltou para junto de Nabal. Eis que ele
fazia em casa um banquete, como banquete de rei.
O seu coração estava alegre, e ele, bastante embria-
gado. Por isso ela não lhe contou absolutamente
nada, até o amanhecer. 37 Pela manhã, quando Na-
bal já estava livre do vinho, sua mulher lhe contou
tudo. Então o coração dele amorteceu dentro do
peito, e ele ficou como uma pedra. 38 Passados uns
dez dias, o SENHOR feriu Nabal, e ele morreu.

Davi casa com Abigail

39 Quando Davi soube que Nabal havia morrido,
disse:

— Bendito seja o SENHOR, que pleiteou a cau-
sa da afronta que recebi de Nabal e livrou este
seu servo de fazer o mal. O SENHOR fez com que
a maldade de Nabal caísse sobre a própria ca-
beça dele.

Então Davi mandou um recado a Abigail, dizen-
do que desejava tomá-la por mulher. 40 Os servos
de Davi foram até Abigail, no Carmelo, e lhe dis-
seram:

— Davi nos mandou buscá-la para que a senho-
ra seja sua mulher.

41 Então ela se levantou, se inclinou com o rosto
em terra e disse:

— Eis que esta sua serva servirá de criada para
lavar os pés dos criados de meu senhor.

42 Abigail se dispôs imediatamente e montou
o seu jumento. E ela, acompanhada pelas cinco
moças que a serviam, seguiu os mensageiros de
Davi, que a recebeu por mulher.

43 Davi também havia tomado por mulher Ai-
noã de Jezreel, e ambas foram suas mulheres.
44 Saul tinha dado sua filha Mical, mulher de Davi,
a Palti, filho de Laís, que era de Galim.

Outra vez Davi poupa a vida de Saul

26 1 Os zifeus foram falar com Saul, em Gibeá,
e disseram:

— Não é verdade que Davi está escondido no
monte Haquila, em frente de Jesimom?

2 Então Saul se levantou e foi ao deserto de
Zife, em busca de Davi, levando consigo três mil
homens escolhidos de Israel. 3 Saul acampou no
monte Haquila, em frente de Jesimom, junto ao
caminho, porém Davi ficou no deserto. Quando
ouviu dizer que Saul vinha à sua procura no de-
serto, 4 enviou espias e soube que Saul, de fato,
tinha chegado. 5 Davi se levantou e foi ao lugar
onde Saul estava acampado. Viu o lugar onde dor-
miam Saul e Abner, filho de Ner, comandante do
seu exército. Saul dormia dentro do acampamen-
to, e o povo estava acampado ao redor dele.

6 Davi perguntou a Aimeleque, o heteu, e a Abi-
sai, filho de Zeruia, irmão de Joabe:

— Quem irá comigo ao arraial de Saul?

Abisai respondeu:

— Eu irei com você.

7 Assim, Davi e Abisai foram, de noite, ao acam-
pamento. E eis que Saul estava deitado, dormin-
do. A lança dele estava fincada na terra, perto da
sua cabeça. Abner e o povo estavam deitados ao
redor dele. 8 Então Abisai disse a Davi:

— Hoje Deus entregou o seu inimigo nas suas
mãos. Deixe que eu vá, agora, encravá-lo com a
lança, ao chão, com um só golpe; não será preciso
um segundo golpe.

9 Davi, porém, respondeu a Abisai:

— Não o mate, pois quem pode estender a mão
contra o ungido do SENHOR e ficar inocente?

10 Davi continuou:

— Tão certo como vive o SENHOR Deus, ele mes-
mo o matará; ou chegará o dia de sua morte, ou,
indo para a guerra, será morto em combate. 11 O
SENHOR me livre de estender a mão contra o seu
ungido! Agora, porém, pegue a lança que está perto
da cabeça dele e o jarro de água, e vamos embora.

12 Então Davi pegou a lança e o jarro de água
que estavam perto da cabeça de Saul, e eles foram
embora. Ninguém viu, nem ficou sabendo, nem
acordou. Todos dormiam, porque havia caído
sobre eles um profundo sono, vindo da parte do
SENHOR.

13 Quando Davi tinha passado para o outro lado,
pôs-se no alto do monte ao longe, de maneira que
havia uma grande distância entre eles. 14 Então

gritou para o povo e para Abner, filho de Ner, di-
zendo:
— Você não vai responder, Abner?
Então Abner respondeu:
— Quem é você, que está aí gritando para o rei?
15 Davi respondeu:
— Você não é homem? E quem é igual a você
em Israel? Então por que não protegeu o seu
senhor, o rei? Porque alguém do povo foi até aí
para matar o rei, seu senhor. 16 Não é bom isso
que você fez! Tão certo como vive o SENHOR Deus,
vocês merecem morrer, vocês que não protege-
ram seu senhor, o ungido do SENHOR Deus. Agora
vejam onde está a lança do rei e o jarro de água
que estava perto da cabeça dele.

Saul, outra vez, se reconcilia com Davi

17 Então Saul reconheceu a voz de Davi e disse:
— É esta a sua voz, meu filho Davi?
E Davi respondeu:
— Sim, é a minha voz, ó rei, meu senhor.
18 Disse mais:
— Por que o meu senhor está perseguindo o
seu servo? O que foi que eu fiz? E que maldade
se acha nas minhas mãos? 19 E agora, ó rei, meu
senhor, por favor escute as palavras deste seu
servo. Se é o SENHOR Deus que o está incitando
contra mim, que ele aceite uma oferta. Mas, se são
os filhos dos homens, que sejam malditos diante
do SENHOR! Porque eles me expulsaram hoje, para
que eu não tenha parte na herança do SENHOR,
como que dizendo: "Vá e sirva outros deuses."
20 Agora, que o meu sangue não seja derramado
longe desta terra do SENHOR. Porque o rei de Is-
rael saiu em busca de uma pulga, como quem per-
segue uma perdiz nos montes.
21 Então Saul disse:
— Pequei! Volte, meu filho Davi, pois não mais
lhe farei mal, porque hoje a minha vida foi precio-
sa aos seus olhos. Eu tenho agido como um louco
e cometi um erro muito grande.
22 Davi respondeu:
— Aqui está a lança, ó rei. Que um dos seus ra-
pazes venha aqui pegá-la. 23 E que o SENHOR Deus
recompense cada um pela sua justiça e lealdade.
Porque hoje o SENHOR Deus o havia entregado
nas minhas mãos, porém eu não quis estendê-las
contra o ungido do SENHOR. 24 Assim como hoje a
sua vida foi de grande valor aos meus olhos, assim
também seja a minha vida aos olhos do SENHOR
Deus, e que ele me livre de toda a angústia.
25 Então Saul disse a Davi:
— Bendito seja você, meu filho Davi! Porque
você fará grandes coisas e certamente será bem-
-sucedido.
Então Davi seguiu o seu caminho, e Saul voltou
para casa.

Davi, outra vez, com Aquis, rei de Gate

27 1 Davi disse consigo mesmo:
— Pode ser que algum dia eu venha a pe-
recer nas mãos de Saul. Portanto, não há nada
melhor para mim do que fugir para a terra dos
filisteus. Isto para que Saul perca de todo as espe-
ranças e deixe de me procurar em toda a terra de
Israel; assim, me livrarei das mãos dele.
2 Davi se levantou e, com os seiscentos homens
que estavam com ele, foi até Aquis, filho de Mao-
que, rei de Gate. 3 Davi ficou morando com Aquis,
na cidade de Gate, ele e os seus homens, cada
um com a sua família. Davi foi com as suas duas
mulheres: Ainoã, a jezreelita, e Abigail, a viúva
de Nabal, o carmelita. 4 Quando Saul foi avisado
de que Davi tinha fugido para Gate, desistiu de o
perseguir.
5 Davi disse a Aquis:
— Se encontrei favor em sua presença, dê-me
um lugar numa das cidades do interior, para que
eu more ali. Por que este seu servo ficaria moran-
do com você na cidade real?
6 Então, naquele dia, Aquis deu a Davi a cidade
de Ziclague. Por isso, Ziclague pertence aos reis de
Judá até o dia de hoje. 7 E todo o tempo que Davi
permaneceu na terra dos filisteus foi um ano e
quatro meses.
8 Davi ia com os seus homens, e eles atacavam
os gesuritas, os gersitas e os amalequitas, porque
estes eram os moradores da terra desde Telã, na
direção de Sur, até a terra do Egito. 9 Quando Davi
atacava aquela terra, não deixava com vida nem
homem nem mulher, e tomava as ovelhas, os bois,
os jumentos, os camelos e as roupas. Então volta-
va e vinha para junto de Aquis. 10 Quando Aquis
perguntava: "Quem foi que você atacou hoje?",
Davi respondia: "Ataquei o Sul de Judá, o Sul dos
jerameelitas, e o Sul dos queneus." 11 Davi não dei-
xava com vida nem homem nem mulher, para os
trazer a Gate, pois dizia: "Para que não nos denun-
ciem, dizendo: 'É assim que Davi fazia.'" Este era
o seu modo de agir durante todo o tempo em que
morou na terra dos filisteus. 12 Aquis confiava em
Davi, dizendo:
— Ele levou o seu povo de Israel a odiá-lo de
verdade, e por isso será meu servo para sempre.

Saul consulta a médium de En-Dor

28 1 E aconteceu que, naqueles dias, os fi-
listeus reuniram os seus exércitos para a
guerra, para lutar contra Israel. Então Aquis disse
a Davi:
— Fique sabendo que você irá comigo para a
batalha, você e os seus homens.
2 Então Davi disse a Aquis:
— Assim você saberá o quanto este seu servo
pode fazer.

Aquis respondeu:
— Por isso, você será meu guarda pessoal para
sempre.
3 Samuel já havia morrido, e todo o Israel o ti-
nha chorado e o tinha sepultado em Ramá, que
era a sua cidade. Saul havia desterrado os médiuns
e os adivinhos.
4 Os filisteus se reuniram e foram acampar em
Suném. Saul reuniu todo o Israel, e eles acam-
param em Gilboa. 5 Quando Saul viu o acampa-
mento dos filisteus, foi tomado de medo, e muito
se estremeceu o seu coração. 6 Saul consultou o
SENHOR, porém o SENHOR não lhe respondeu, nem
por sonhos, nem por Urim, nem por profetas. 7 En-
tão Saul disse aos seus servos:
— Procurem uma mulher que seja médium,
para que eu me encontre com ela e a consulte.
Os servos responderam:
— Há uma mulher em En-Dor que é médium.
8 Saul se disfarçou, vestiu outras roupas e se
foi, acompanhado de dois homens. Chegaram de
noite à casa da mulher, e Saul lhe disse:
— Peço que você adivinhe para mim pela necro-
mancia e me faça subir aquele que eu lhe disser.
9 Mas a mulher respondeu:
— Você sabe muito bem o que Saul fez: elimi-
nou da terra os médiuns e adivinhos. Então por
que você está me preparando uma armadilha, que
pode me levar à morte?
10 Então Saul lhe jurou pelo SENHOR, dizendo:
— Tão certo como vive o SENHOR, nenhum cas-
tigo lhe sobrevirá por isso.
11 Então a mulher perguntou:
— Quem você quer que eu faça subir?
Ele respondeu:
— Samuel.
12 Quando a mulher viu Samuel, gritou em alta
voz e disse a Saul:
— Por que você me enganou? Pois você mesmo
é Saul.
13 Mas o rei disse à mulher:
— Não tenha medo! O que você está vendo?
A mulher respondeu a Saul:
— Vejo um deus subindo da terra.
14 Ele perguntou:
— Como é a sua figura?
Ela respondeu:
— Vem subindo um ancião e está enrolado
numa capa.
Então Saul entendeu que se tratava de Samuel.
Ele se inclinou com o rosto em terra e se prostrou.
15 Samuel perguntou a Saul:
— Por que você foi me perturbar, fazendo-me
subir?
Então Saul disse:
— É que estou muito angustiado, porque os
filisteus guerreiam contra mim, e Deus se afastou
de mim e já não me responde, nem pelo ministério
dos profetas, nem por sonhos. Por isso o chamei
para que você me revele o que devo fazer.
16 Então Samuel disse:
— Por que você pergunta a mim, visto que o
SENHOR se afastou de você e se tornou seu inimi-
go? 17 Porque o SENHOR fez com você o que havia
anunciado por meio de mim: rasgou das suas mãos
o reino e o deu a alguém outro, que é Davi. 18 Você
não deu ouvidos à voz do SENHOR e não executou o
que ele, no furor da sua ira, ordenou contra Ama-
leque, por isso o SENHOR fez isso com você, hoje.
19 O SENHOR entregará também Israel, com você,
nas mãos dos filisteus, e, amanhã, você e os seus
filhos estarão comigo. O SENHOR também entrega-
rá o acampamento de Israel nas mãos dos filisteus.
20 De repente, Saul caiu estendido no chão e
ficou com muito medo por causa das palavras
de Samuel. Faltavam-lhe as forças, porque não
tinha comido nada todo aquele dia e toda aquela
noite. 21 A mulher se aproximou de Saul e, vendo
que ele estava muito perturbado, disse a ele:
— Veja, esta sua serva deu ouvidos à sua voz.
Eu arrisquei a minha vida e fiz o que o senhor me
pediu. 22 Então agora é a sua vez de ouvir as pala-
vras desta sua serva: deixe que eu traga um pouco
de comida. Coma, para que o senhor tenha forças
e possa seguir o seu caminho.
23 Porém ele recusou, dizendo:
— Não vou comer.
Mas os seus servos e a mulher insistiram, e en-
tão ele concordou. Levantou-se do chão e sentou-
-se na cama. 24 A mulher tinha em casa um bezerro
gordo, que ela se apressou em matar. Pegou tam-
bém farinha, amassou-a e fez alguns pães sem fer-
mento. 25 E trouxe a comida a Saul e os seus servos,
e eles comeram. Depois, se levantaram e foram
embora naquela mesma noite.

Os filisteus desconfiam de Davi

29 1 Os filisteus reuniram todos os seus exér-
citos em Afeca, enquanto os israelitas
acamparam junto à fonte que está em Jezreel. 2 Os
governantes dos filisteus se foram para lá com
centenas e com milhares. Davi e os seus homens
iam com Aquis, na retaguarda. 3 Então os chefes
dos filisteus perguntaram:
— O que estes hebreus estão fazendo aqui?
Aquis respondeu:
— Não é este Davi, o servo de Saul, rei de Is-
rael, que está comigo há muitos dias ou anos? E
desde que desertou e passou para o meu lado até
o dia de hoje não encontrei nada de errado nele.
4 Porém os comandantes dos filisteus se indig-
naram contra Aquis e lhe disseram:
— Mande este homem embora, para que vol-
te ao lugar que você lhe designou. Ele não deve

entrar conosco na batalha, para que não se torne nosso adversário no combate. Pois de que outro modo se reconciliaria com o seu senhor? Não seria, por acaso, com as cabeças destes homens? 5 Não é este aquele Davi, de quem cantavam nas danças, dizendo:

Saul matou os seus milhares,
porém Davi, os seus dez milhares?

6 Então Aquis chamou Davi e lhe disse:

— Tão certo como vive o SENHOR, você é um homem correto, e me parece bem que você tome parte comigo nesta campanha. Porque não encontrei nenhum mal em você, desde o dia em que você veio para junto de mim até o dia de hoje. Mas os governantes não se agradaram de você. 7 Portanto, agora volte e vá em paz, para que você não desagrade aos governantes dos filisteus.

8 Então Davi disse a Aquis:

— Mas o que foi que eu fiz? Ou o que você encontrou de errado neste seu servo, desde o dia em que entrei para o seu serviço até hoje, para que eu não possa lutar contra os inimigos do rei, meu senhor?

9 Aquis respondeu:

— Eu sei que aos meus olhos você é bom como um anjo de Deus. Mas os comandantes dos filisteus disseram: "Ele não deve ir conosco à batalha." 10 Portanto, levante-se amanhã de madrugada com os seus servos, que vieram com você. E ao se levantarem, logo que amanhecer, vão embora daqui.

11 Então Davi se levantou de madrugada, ele e os seus homens, para voltar à terra dos filisteus. E os filisteus foram para Jezreel.

Ziclague é saqueada pelos amalequitas

30 1 Aconteceu que, ao terceiro dia, quando Davi e os seus homens chegaram a Ziclague, os amalequitas já tinham invadido o Sul e a cidade de Ziclague. Tomaram Ziclague e a incendiaram. 2 Levaram cativas as mulheres que lá estavam, mas não mataram ninguém, nem pequenos nem grandes; tão somente os levaram consigo e foram embora. 3 Davi e os seus homens chegaram à cidade, e viram que tinha sido queimada, e que as suas mulheres, os seus filhos e as suas filhas haviam sido levados cativos. 4 Então Davi e o povo que estava com ele ergueram a voz e choraram, até não terem mais forças para chorar. 5 Também as duas mulheres de Davi tinham sido levadas: Ainoã, a jezreelita, e Abigail, a viúva de Nabal, o carmelita. 6 Davi ficou muito angustiado, pois o povo falava de apedrejá-lo, porque todos estavam amargurados, cada um por causa de seus filhos e suas filhas. Mas Davi se reanimou no SENHOR, seu Deus.

Davi livra os cativos

7 Davi disse a Abiatar, o sacerdote, filho de Aimeleque:

— Traga aqui a estola sacerdotal.

E Abiatar a trouxe a Davi. 8 Então Davi consultou o SENHOR, dizendo:

— Devo perseguir esse bando? Conseguirei alcançá-lo?

O SENHOR respondeu:

— Persiga o bando, porque você certamente o alcançará e libertará os cativos.

9 Então Davi partiu, ele e os seiscentos homens que com ele estavam, e chegaram ao ribeiro de Besor, onde os retardatários ficaram. 10 Davi e quatrocentos homens continuaram a perseguição, mas duzentos ficaram atrás, por não poderem passar o ribeiro de Besor, de tão cansados que estavam.

11 Encontraram no campo um homem egípcio e o trouxeram a Davi. Deram-lhe pão, e ele comeu, e deram-lhe água para beber. 12 Deram-lhe também um pedaço de pasta de figos secos e dois cachos de passas, e ele comeu. Assim, recobrou as forças, pois havia três dias e três noites que não comia pão, nem bebia água. 13 Então Davi lhe perguntou:

— De quem você é e de onde você vem?

O moço egípcio respondeu:

— Sou servo de um amalequita, e meu senhor me deixou aqui, porque adoeci há três dias. 14 Nós invadimos o lado sul dos queretitas, o território de Judá e o lado sul de Calebe e pusemos fogo em Ziclague.

15 Então Davi lhe perguntou:

— Você poderia me levar até esse bando?

Ele respondeu:

— Jure por Deus que não vai me matar, nem me entregar nas mãos de meu senhor, e eu o levarei até esse bando.

16 E ele levou Davi até lá. Eis que os amalequitas estavam espalhados por toda a região, comendo, bebendo e fazendo festa por todo aquele grande despojo que tomaram da terra dos filisteus e da terra de Judá. 17 Davi os atacou e lutou contra eles, desde o crepúsculo até a tarde do dia seguinte, e nenhum deles escapou, a não ser quatrocentos moços que montaram em camelos e fugiram. 18 Assim, Davi salvou tudo o que os amalequitas tinham levado. Também salvou as suas duas mulheres. 19 Não lhes faltou coisa alguma, nem pequena nem grande, nem os filhos, nem as filhas, nem o despojo, nada do que lhes haviam tomado: Davi trouxe tudo de volta. 20 Davi também tomou todas as ovelhas e o gado. Então levaram esses animais diante de Davi e disseram:

— Este é o despojo de Davi.

A lei a respeito da divisão da presa

21 Quando Davi se aproximou dos duzentos
homens que, de tão cansados que estavam, não o
puderam seguir e ficaram no ribeiro de Besor, estes
saíram ao encontro de Davi e do povo que vinha
com ele. Davi se aproximou deles e os saudou cor-
dialmente. 22 Então todos os perversos e malignos,
dentre os homens que tinham ido com Davi, dis-
seram:
— Uma vez que não foram conosco, não lhes
daremos nada do despojo que salvamos. Que cada
um leve a sua mulher e os seus filhos e se vá em-
bora.
23 Porém Davi disse:
— Meus irmãos, não façam isto com o que o
SENHOR nos deu. Ele nos guardou e entregou em
nossas mãos o bando que vinha contra nós. 24 E
quem lhes daria ouvidos nisso? Porque a mesma
parte que cabe aos que foram à batalha será tam-
bém a parte dos que ficaram com a bagagem; rece-
berão partes iguais.
25 E assim, desde aquele dia em diante, isso foi
estabelecido por estatuto e direito em Israel, até o
dia de hoje.
26 Quando Davi chegou a Ziclague, enviou parte
do despojo aos anciãos de Judá, seus amigos, di-
zendo:
— Este é um presente para vocês, tirado do des-
pojo dos inimigos do SENHOR.
27 Ele enviou esse presente aos anciãos de Be-
tel, de Ramote do Neguebe, de Jatir, 28 de Aroer, de
Sifmote, de Estemoa, 29 de Racal, das cidades dos
jerameelitas e dos queneus, 30 de Horma, de Bo-
rasã, de Atace, 31 de Hebrom e de todos os lugares
em que Davi tinha passado, ele e os seus homens.

A derrota de Israel e a morte de Saul

1Cr 10.1-7

31 1 Os filisteus lutaram contra Israel. E os ho-
mens de Israel, fugindo da presença dos
filisteus, caíram mortos no monte Gilboa. 2 Os
filisteus seguiram de perto Saul e seus filhos e
mataram Jônatas, Abinadabe e Malquisua, filhos
de Saul. 3 A batalha se intensificou contra Saul. Os
flecheiros o avistaram e ele foi ferido gravemente.
4 Então Saul disse ao seu escudeiro:
— Arranque a sua espada e atravesse-me com
ela, para que não venham esses incircuncisos, me
atravessem com a espada e zombem de mim.
Mas o seu escudeiro não quis fazer isso, porque
estava com muito medo. Então Saul pegou a sua
própria espada e se lançou sobre ela. 5 Quando o
escudeiro viu que Saul estava morto, também se
lançou sobre a sua espada e morreu com ele. 6 E
assim morreram juntamente naquele dia Saul, os
seus três filhos, o seu escudeiro e todos os seus
soldados. 7 Quando os homens de Israel que es-
tavam no outro lado do vale e no outro lado do
Jordão viram que o exército de Israel fugiu e que
Saul e seus filhos estavam mortos, abandonaram
as cidades e fugiram. E vieram os filisteus e habi-
taram nelas.

O sepultamento de Saul

1Cr 10.8-12

8 E aconteceu que no dia seguinte, quando os fi-
listeus foram tirar os despojos dos mortos, encon-
traram Saul e os seus três filhos caídos no monte
Gilboa. 9 Cortaram a cabeça de Saul e o despojaram
das suas armas. Enviaram mensageiros pela terra
dos filisteus, ao redor, para levar as boas-novas ao
templo dos seus ídolos e ao povo. 10 Puseram as ar-
mas de Saul no templo de Astarote, e o seu corpo
afixaram na muralha de Bete-Seã.
11 Quando os moradores de Jabes-Gileade ou-
viram o que os filisteus haviam feito com Saul,
12 todos os homens valentes se levantaram, ca-
minharam toda a noite, tiraram o corpo de Saul e
os corpos de seus filhos da muralha de Bete-Seã e
os levaram a Jabes, onde os queimaram. 13 Depois
pegaram os ossos deles e os sepultaram debaixo
de um arvoredo, em Jabes. E jejuaram sete dias.

O SEGUNDO LIVRO DE

SAMUEL

Davi recebe a notícia da morte de Saul

1 1 Depois da morte de Saul, quando Davi tinha
voltado de derrotar os amalequitas e já estava
dois dias em Ziclague, 2 aconteceu que, no tercei-
ro dia, veio do arraial de Saul um homem com as
roupas rasgadas e terra sobre a cabeça. Ao chegar
diante de Davi, ele se inclinou, prostrando-se em
terra. 3 Davi lhe perguntou:
— De onde você vem?
Ele respondeu:
— Fugi do arraial de Israel.
4 Então Davi disse:

— Como foi isso? Conte-me o que aconteceu.

O moço respondeu:

— O povo fugiu da batalha, e muitos foram mortos. Saul e seu filho Jônatas também morreram.

5 Davi perguntou ao moço que lhe trazia as notícias:

— Como você sabe que Saul e Jônatas, seu filho, estão mortos?

6 Então o moço portador das notícias disse:

— Cheguei, por acaso, ao monte Gilboa, e eis que Saul estava apoiado sobre a sua lança. E os carros de guerra e a cavalaria se aproximavam dele.
7 Olhando ele para trás, me viu e me chamou. Eu
disse: "Eis-me aqui." 8 Ele me perguntou: "Quem é
você?" Eu respondi: "Eu sou amalequita." 9 Então
ele me disse: "Venha aqui e me mate, pois me sinto vencido de cãibra, embora ainda esteja bem lúci-
do." 10 Então me aproximei dele e o matei, porque eu sabia que ele não viveria depois de ter caído. Peguei a coroa que ele tinha na cabeça e o bracelete e os trouxe aqui ao meu senhor.

Davi manda matar o amalequita

11 Então Davi rasgou as suas próprias roupas, e todos os homens que estavam com ele fizeram o
mesmo. 12 Prantearam, choraram e jejuaram até a tarde por Saul, por Jônatas, seu filho, pelo povo do SENHOR e pela casa de Israel, porque tinham
caído à espada. 13 Então Davi perguntou ao moço portador das notícias:

— De onde você é?

Ele respondeu:

— Sou filho de um homem estrangeiro, amalequita.

14 Davi lhe disse:

— Como você não temeu estender a mão para matar o ungido do SENHOR?

15 Então Davi chamou um dos moços e lhe disse:

— Vá até lá e mate-o.

Ele foi e o matou, 16 enquanto Davi dizia:

— O seu sangue caia sobre a sua cabeça, porque a sua própria boca testificou contra você, dizendo: "Matei o ungido do SENHOR."

A lamentação de Davi por Saul e Jônatas

17 Davi pranteou Saul e seu filho Jônatas com
esta lamentação. 18 E ele ordenou que se ensinasse aos filhos de Judá o Hino ao Arco, que está escrito no Livro dos Justos.

19 A sua glória, ó Israel,
foi morta sobre os seus montes!
Como caíram os valentes!
20 Não anunciem isso em Gate,
nem o publiquem nas ruas de Asquelom,
para que não se alegrem
as filhas dos filisteus,
nem saltem de contentamento
as filhas dos incircuncisos.
21 Montes de Gilboa,
que sobre vocês não caia
nem orvalho, nem chuva,
nem haja aí campos
que produzam ofertas,
pois neles foi profanado
o escudo dos valentes,
o escudo de Saul, que nunca mais será
ungido com óleo.
22 Sem sangue dos feridos,
sem gordura dos valentes,
nunca se recolheu o arco de Jônatas,
nem voltou vazia a espada de Saul.
23 Saul e Jônatas, queridos e amáveis,
nem na vida nem na morte se separaram!
Eram mais ligeiros do que as águias,
mais fortes do que os leões.

24 Filhas de Israel, chorem por Saul!
Ele as vestia de rico escarlate,
e enfeitava com ouro as roupas de vocês.
25 Como caíram os valentes
no meio da batalha!
Jônatas sobre os montes foi morto!
26 Estou angustiado por sua causa,
meu irmão Jônatas;
você era amabilíssimo para comigo!
Excepcional era o seu amor,
ultrapassando o amor de mulheres.
27 Como caíram os valentes,
e pereceram as armas de guerra!

Davi é ungido rei de Judá

2 1 Depois disto, Davi consultou o SENHOR, dizendo:

— Devo ir a alguma das cidades de Judá?

E o SENHOR respondeu:

— Vá, sim.

Davi perguntou:

— Para onde devo ir?

O SENHOR respondeu:

— Para Hebrom.

2 Davi foi para lá, levando consigo as suas duas mulheres, Ainoã, a jezreelita, e Abigail, a viúva de
Nabal, o carmelita. 3 Davi levou também os homens que estavam com ele, cada um com a sua família, e eles ficaram morando nas aldeias de Hebrom. 4 Então vieram os homens de Judá e ali ungiram Davi rei sobre a casa de Judá.

E informaram a Davi que os homens de Jabes-Gileade tinham sepultado Saul. 5 Então Davi en-
viou mensageiros aos homens de Jabes-Gileade para dizer-lhes:

— Benditos do SENHOR sejam vocês, por este
ato de bondade para com o seu senhor, para com
Saul, pois vocês o sepultaram! 6 E agora que o
SENHOR use de misericórdia e fidelidade para com
vocês. E eu também os tratarei bem por causa do
que vocês fizeram. 7 E agora sejam fortes e valen-
tes, porque Saul, o senhor de vocês, está morto, e
os da casa de Judá me ungiram para ser o seu rei.

Abner faz Isbosete rei de Israel

8 Abner, filho de Ner, capitão do exército de
Saul, levou Isbosete, filho de Saul, para Maa-
naim, 9 e o constituiu rei sobre Gileade, sobre
os assuritas, sobre Jezreel, Efraim, Benjamim e
sobre todo o Israel. 10 Isbosete, filho de Saul, ti-
nha quarenta anos de idade quando começou a
reinar sobre Israel, e reinou dois anos. Somente a
casa de Judá seguia Davi. 11 O tempo que Davi rei-
nou em Hebrom sobre a casa de Judá foram sete
anos e seis meses.

Vitória de Davi sobre Isbosete

12 Abner, filho de Ner, e os homens de Isbosete,
filho de Saul, saíram de Maanaim e foram para Gi-
beão. 13 Joabe, filho de Zeruia, e os servos de Davi
também saíram, e os dois grupos se encontraram
perto da cisterna de Gibeão. Um grupo parou do
lado de cá da cisterna, e o outro, do lado de lá.
14 Então Abner disse a Joabe:

— Que os moços se levantem e lutem diante
de nós.

Joabe respondeu:

— Está bem!

15 Então se levantaram e avançaram em igual
número: doze de Benjamim, da parte de Isbosete,
filho de Saul, e doze dos homens de Davi. 16 Cada
um pegou o seu adversário pela cabeça, meteu-
-lhe a espada no lado, e caíram mortos juntos.
Por isso aquele lugar foi chamado de Campo das
Espadas. Fica perto de Gibeão. 17 Houve um com-
bate intenso naquele dia, e Abner e os homens de
Israel foram derrotados pelos homens de Davi.

18 Estavam ali os três filhos de Zeruia: Joabe,
Abisai e Asael. Asael, que era ligeiro como uma
gazela selvagem, 19 perseguiu Abner e, na sua per-
seguição, não se desviou nem para a direita nem
para a esquerda. 20 Então Abner olhou para trás e
perguntou:

— É você, Asael?

Ele respondeu:

— Sou eu mesmo.

21 Então Abner disse:

— Desvie-se para a direita ou para a esquer-
da, agarre um dos soldados e pegue a armadura
dele.

Porém Asael não desistiu de perseguir Abner.
22 Então Abner disse mais uma vez:

— Pare de me perseguir! Do contrário, vou ter
de matá-lo. E, depois, como poderia eu olhar no
rosto de seu irmão Joabe?

23 Como Asael não quis deixar de persegui-lo,
Abner o feriu na barriga com a extremidade infe-
rior da lança, que lhe saiu pelas costas. Asael caiu
e morreu ali mesmo. Todos os que chegavam ao
lugar em que Asael tinha caído morto paravam.

24 Porém Joabe e Abisai perseguiram Abner. O
sol se pôs quando eles chegaram à colina de Amá,
que está em frente de Giá, no caminho do deserto
de Gibeão. 25 Os filhos de Benjamim se reuniram
em volta de Abner, formando uma só tropa, e se
puseram no alto de uma colina. 26 Então Abner
gritou para Joabe:

— Será que a espada vai consumir para sem-
pre? Você não sabe que serão amargas as suas
consequências? Até quando você vai esperar para
ordenar ao povo que deixe de perseguir os seus
irmãos?

27 Joabe respondeu:

— Tão certo como vive Deus, se você não ti-
vesse falado, só amanhã cedo o povo cessaria de
perseguir cada um o seu irmão.

28 Então Joabe tocou a trombeta, e todo o povo
parou, e eles não perseguiram mais Israel e a luta
acabou. 29 Abner e seus homens marcharam toda
aquela noite pela planície. Passaram o Jordão e,
caminhando toda a manhã, chegaram a Maa-
naim. 30 Joabe deixou de perseguir Abner. E, ten-
do reunido todo o povo, verificou que faltavam
dezenove dos homens de Davi, além de Asael.
31 Porém os servos de Davi tinham matado, dentre
os de Benjamim e dentre os soldados de Abner,
trezentos e sessenta homens. 32 Levaram Asael
e o sepultaram no túmulo de seu pai, em Belém.
Joabe e seus homens caminharam toda aquela
noite, e, ao amanhecer, chegaram a Hebrom.

3 1 Durou muito tempo a guerra entre a casa de
Saul e a casa de Davi. Davi se fortalecia cada
vez mais, enquanto a casa de Saul se enfraquecia.

Filhos de Davi que nasceram em Hebrom

1Cr 3.1-4

2 Em Hebrom, nasceram filhos a Davi. O pri-
mogênito foi Amnom, de Ainoã, a jezreelita. 3 O
segundo foi Quileabe, de Abigail, viúva de Nabal,
o carmelita. O terceiro foi Absalão, filho de Maaca,
filha de Talmai, rei de Gesur. 4 O quarto foi Ado-
nias, filho de Hagite. O quinto foi Sefatias, filho de
Abital. 5 O sexto foi Itreão, de Eglá, mulher de Davi.
Estes filhos de Davi nasceram em Hebrom.

Abner faz aliança com Davi

6 Enquanto durou a guerra entre a casa de Saul
e a casa de Davi, Abner se tornava cada vez mais
poderoso na casa de Saul.

7 Saul teve uma concubina chamada Rispa, filha
de Aiá. Isbosete perguntou a Abner:
— Por que você teve relações com a concubina
de meu pai?
8 Abner ficou indignado com as palavras de Is-
bosete e disse:
— Sou eu um cão a serviço de Judá? Ainda
hoje sou fiel à casa de Saul, seu pai, e aos irmãos
e amigos dele e não entreguei você nas mãos de
Davi. No entanto, hoje você quer me culpar por
causa dessa mulher! 9 Que Deus me castigue se eu
não fizer por Davi o que o SENHOR lhe prometeu,
10 transferindo o reino da casa de Saul e estabele-
cendo o trono de Davi sobre Israel e sobre Judá,
desde Dã até Berseba.
11 E Isbosete não pôde dizer nada a Abner, por-
que tinha medo dele. 12 Então Abner enviou men-
sageiros a Davi, dizendo:
— De quem é a terra? Faça uma aliança comi-
go, e eu o ajudarei a fazer com que todo o Israel se
junte a você.
13 Davi respondeu:
— Muito bem. Farei uma aliança com você,
porém uma coisa exijo: quando vier falar comigo,
você não verá a minha face, se primeiro não me
trouxer Mical, filha de Saul.
14 Davi também enviou mensageiros a Isbosete,
filho de Saul, dizendo:
— Dê-me de volta a minha mulher Mical. Para
poder casar com ela dei como pagamento cem
prepúcios de filisteus.
15 Então Isbosete mandou tirá-la do seu ma-
rido Paltiel, filho de Laís. 16 Seu marido a acom-
panhou, caminhando e chorando atrás dela, até
Baurim. Então Abner disse a ele:
— Agora vá e volte para casa.
E ele voltou.
17 Abner falou com os anciãos de Israel, di-
zendo:
— No passado, vocês queriam que Davi rei-
nasse sobre vocês. 18 Façam isto agora, porque o
SENHOR falou a Davi, dizendo: "Por meio de Davi,
meu servo, livrarei o meu povo das mãos dos filis-
teus e das mãos de todos os seus inimigos."
19 Abner falou também com a tribo de Benja-
mim. E então ele foi dizer a Davi, em Hebrom, tudo
o que agradava a Israel e a toda a casa de Benjamim.
20 Abner foi falar com Davi, em Hebrom, e vinte
homens estavam com ele. Davi ofereceu um ban-
quete a Abner e aos homens que tinham vindo
com ele. 21 Então Abner disse a Davi:
— Eu me levantarei e irei para ajuntar todo o
Israel ao rei, meu senhor, para fazerem aliança
com o rei. E meu senhor reinará sobre tudo o que
quiser.
Então Davi deixou que Abner partisse, e ele se
foi em paz.

Joabe mata Abner

22 Eis que os servos de Davi e Joabe vieram de
uma investida e traziam consigo grande despojo.
Mas Abner já não estava com Davi, em Hebrom,
porque este o havia deixado ir embora, e ele tinha
ido em paz. 23 Quando Joabe chegou com toda a
tropa que estava com ele, disseram-lhe:
— Abner, filho de Ner, veio falar com o rei, que
deixou que ele fosse embora em paz.
24 Então Joabe foi falar com o rei e lhe disse:
— O que foi que o senhor fez? Eis que Abner
esteve aqui e o senhor o deixou ir embora. Ago-
ra ele se foi! 25 O senhor bem conhece Abner,
filho de Ner. Veio para enganá-lo, para obser-
var os seus movimentos e sondar todos os seus
planos.
26 Ao sair da presença de Davi, Joabe enviou
mensageiros atrás de Abner, e eles o trouxeram
de volta desde a cisterna de Sirá, sem que Davi
o soubesse. 27 Quando Abner voltou a Hebrom,
Joabe o levou para um lado, no interior do portão
da cidade, para lhe falar em segredo, e ali o feriu
na barriga. E assim Abner morreu, por ter derra-
mado o sangue de Asael, irmão de Joabe. 28 De-
pois, quando Davi ficou sabendo, disse:
— Eu e o meu reino somos inocentes diante
do SENHOR, para sempre, do sangue de Abner, fi-
lho de Ner. 29 Que este sangue caia sobre a cabeça
de Joabe e sobre toda a casa de seu pai! Que nun-
ca falte na casa de Joabe quem tenha corrimento,
quem seja leproso, quem se apoie em muleta,
quem caia à espada, quem necessite de pão.
30 Assim, Joabe e seu irmão Abisai mataram
Abner, porque este tinha matado Asael, o irmão
deles, na batalha de Gibeão.

Davi lamenta a morte de Abner

31 Então Davi disse a Joabe e a todo o povo que
estava com ele:
— Rasguem as suas roupas, vistam-se de panos
de saco e façam lamentação por Abner.
E o próprio rei Davi ia seguindo o caixão. 32 Se-
pultaram Abner em Hebrom. O rei levantou a voz
e chorou junto à sepultura de Abner. E todo o
povo também chorou. 33 E o rei fez a seguinte la-
mentação por Abner:

Por que Abner teve de morrer
  como se fosse um tolo?
34 As suas mãos não estavam atadas,
  nem estavam acorrentados os seus pés.
Você caiu como quem cai
  diante dos filhos da maldade!

E todo o povo chorou muito mais por ele.
35 Então todo o povo veio fazer com que Davi
comesse pão, sendo ainda dia. Mas Davi fez este
juramento:

— Que Deus me castigue severamente se eu
provar pão ou qualquer outra coisa antes que o sol
se ponha.
36 Todo o povo notou isso e aprovou essa ati-
tude, assim como aprovava tudo o que o rei fazia.
37 Naquele dia, todo o povo e todo o Israel ficaram
sabendo que o rei não tinha nada a ver com a mor-
te de Abner, filho de Ner. 38 Então o rei disse aos
seus servos:
— Saibam que hoje caiu em Israel um príncipe
e um grande homem. 39 Hoje sou fraco, embora
ungido rei. Esses homens, os filhos de Zeruia, são
mais fortes do que eu. Que o SENHOR retribua ao
que fez esse mal como ele merece.

Isbosete é morto

4 1 Quando Isbosete, o filho de Saul, soube que
Abner tinha sido morto em Hebrom, as suas
mãos desfaleceram; e todo o Israel ficou cons-
ternado. 2 Esse filho de Saul tinha a seu serviço
dois homens, capitães de tropas. Um se chamava
Baaná e o outro, Recabe. Eram filhos de Rimom,
o beerotita, dos filhos de Benjamim, porque tam-
bém a cidade de Beerote era considerada como
pertencente a Benjamim. 3 Os beerotitas tinham
fugido para Gitaim e ali vivem como estrangeiros
até o dia de hoje.
4 Jônatas, filho de Saul, tinha um filho aleijado
dos pés. Ele tinha cinco anos de idade quando de
Jezreel chegaram as notícias da morte de Saul e
de Jônatas. Então sua ama o pegou e fugiu. Acon-
teceu que, apressando-se ela a fugir, ele caiu e fi-
cou manco. Seu nome era Mefibosete.
5 Recabe e Baaná, filhos de Rimom, beerotita,
chegaram à casa de Isbosete, no maior calor do
dia, estando este a dormir, ao meio-dia. 6 Ali, en-
traram para o interior da casa, como que vindo
buscar trigo, e o feriram na barriga. Depois, Re-
cabe e Baaná, seu irmão, fugiram. 7 Eles tinham
entrado na casa enquanto Isbosete estava deitado
em sua cama, no quarto de dormir, feriram-no e o
mataram. Depois cortaram a cabeça dele e a leva-
ram, andando toda a noite pelo caminho da pla-
nície. 8 Levaram a cabeça de Isbosete ao rei Davi,
em Hebrom, e lhe disseram:
— Aqui está a cabeça de Isbosete, filho de seu
inimigo Saul, que queria matá-lo. Assim, hoje o
SENHOR Deus vingou o rei, meu senhor, de Saul e
da sua descendência.
9 Porém Davi respondeu a Recabe e a Baaná, seu
irmão, filhos de Rimom, o beerotita, dizendo:
— Tão certo como vive o SENHOR, que remiu
a minha alma de toda a angústia, 10 quando al-
guém me trouxe a notícia de que Saul estava
morto, pensando que me trazia uma boa notícia,
como recompensa eu o agarrei e matei em Zicla-
gue. 11 Muito mais agora que homens perversos
mataram um homem justo em sua casa, deitado
no seu leito, será que eu não requereria o sangue
dele das mãos de vocês e não os exterminaria da
face da terra?
12 Então Davi deu ordem aos seus moços e
eles mataram Recabe e Baaná. Depois, cortaram
as mãos e os pés deles, e os penduraram junto à
cisterna em Hebrom. Porém pegaram a cabeça de
Isbosete e a sepultaram no túmulo de Abner, em
Hebrom.

Davi é ungido rei de todo o Israel

1Cr 11.1-3

5 1 Então todas as tribos de Israel vieram a Davi,
em Hebrom, e disseram:
— Veja, somos do mesmo povo que o senhor,
ó rei. 2 No passado, quando Saul ainda era rei so-
bre nós, era o senhor quem fazia entradas e saídas
militares com Israel. Também o SENHOR Deus lhe
disse: "Você apascentará o meu povo de Israel e
será príncipe sobre Israel."
3 Assim todos os anciãos de Israel foram falar
com o rei, em Hebrom. E o rei Davi fez com eles
uma aliança em Hebrom, diante do SENHOR. E eles
ungiram Davi rei sobre Israel.
4 Davi tinha trinta anos de idade quando come-
çou a reinar; e reinou durante quarenta anos. 5 Em
Hebrom, reinou sobre Judá sete anos e seis meses;
em Jerusalém, reinou trinta e três anos sobre todo
o Israel e Judá.

Davi conquista Sião

1Cr 11.4-9

6 O rei Davi partiu com os seus homens para
Jerusalém, para atacar os jebuseus que moravam
naquela terra. Os jebuseus disseram a Davi:
— Você não entrará aqui. Até os cegos e os co-
xos poderão impedi-lo de entrar.
Com isto queriam dizer: "Davi não entrará neste
lugar." 7 Porém Davi tomou a fortaleza de Sião, isto
é, a Cidade de Davi. 8 Davi, naquele dia, mandou
dizer:
— Todo o que está disposto a atacar os jebu-
seus suba pelo canal subterrâneo e ataque os ce-
gos e os coxos, a quem a alma de Davi odeia.
Por isso se diz: "Nem cego nem coxo entrará na
casa." 9 Assim, Davi morou na fortaleza e a cha-
mou de Cidade de Davi. Ele foi edificando ao re-
dor, desde Milo e para dentro. 10 Davi ia crescendo
em poder cada vez mais, porque o SENHOR, o Deus
dos Exércitos, estava com ele.

O reinado de Davi é reconhecido por Hirão

1Cr 14.1-2

11 Hirão, rei de Tiro, enviou a Davi mensageiros,
madeira de cedro, carpinteiros e pedreiros; estes
construíram um palácio para Davi. 12 Então Davi

reconheceu que o SENHOR o havia confirmado como rei sobre Israel e que tinha exaltado o seu reino por amor do seu povo de Israel.

Filhos de Davi que nasceram em Jerusalém

1Cr 3.5-9; 14.3-7

13 Davi tomou mais concubinas e mulheres de Jerusalém, depois que tinha vindo de Hebrom, e nasceram-lhe mais filhos e filhas. 14 São estes os nomes dos filhos de Davi que nasceram em Jerusalém: Samua, Sobabe, Natã, Salomão, 15 Ibar, Elisua, Nefegue, Jafia, 16 Elisama, Eliada e Elifelete.

Davi derrota os filisteus

1Cr 14.8-16

17 Quando os filisteus ouviram que Davi tinha sido ungido rei sobre Israel, subiram todos para prendê-lo. Quando soube disso, Davi desceu para a fortaleza. 18 Mas os filisteus vieram e se espalharam pelo vale dos Refains. 19 Então Davi consultou o SENHOR, dizendo:

— Devo atacar os filisteus? Tu os entregarás nas minhas mãos?

O SENHOR respondeu:

— Vá, porque certamente entregarei os filisteus nas suas mãos.

20 Então Davi foi até Baal-Perazim e os derrotou ali. E disse:

— O SENHOR rompeu as fileiras inimigas diante de mim, como as águas rompem barreiras.

Por isso, chamou aquele lugar de Baal-Perazim. 21 Os filisteus deixaram lá os seus ídolos, e Davi e os seus homens os levaram embora.

22 Os filisteus tornaram a subir e se espalharam pelo vale dos Refains. 23 Davi consultou o SENHOR, e este lhe respondeu:

— Não os ataque de frente, mas rodeie por detrás deles e ataque-os por diante das amoreiras. 24 E, quando você ouvir um barulho de marcha pelas copas das amoreiras, entre logo em ação: é o SENHOR que saiu à sua frente, para atacar o exército dos filisteus.

25 Davi fez como o SENHOR lhe havia ordenado, e atacou os filisteus desde Geba até Gezer.

A arca é levada para Jerusalém

1Cr 13.5—16.3

6 1 Mais uma vez Davi reuniu todos os escolhidos de Israel, em número de trinta mil. 2 Davi se levantou e, com todo o povo que tinha consigo, partiu para Baalá de Judá, para de lá trazer a arca de Deus, diante da qual se invoca o Nome, o nome do SENHOR dos Exércitos, que se assenta acima dos querubins. 3 Puseram a arca de Deus numa carroça nova e a levaram da casa de Abinadabe, que ficava numa colina. Uzá e Aiô, filhos de Abinadabe, conduziam aquela carroça. 4 Levaram a carroça com a arca de Deus da casa de Abinadabe, que ficava na colina; e Aiô ia adiante da arca. 5 Davi e toda a casa de Israel se alegravam diante do SENHOR, com todo tipo de instrumentos de madeira de faia, com harpas, liras, tamborins, pandeiros e címbalos.

6 Quando chegaram à eira de Nacom, Uzá estendeu a mão para segurar a arca de Deus, porque os bois tropeçaram. 7 Então a ira do SENHOR se acendeu contra Uzá, e Deus o feriu ali por esta irreverência. E Uzá morreu ali, ao lado da arca de Deus. 8 Davi ficou irado, porque o SENHOR havia irrompido contra Uzá, e chamou aquele lugar de Perez-Uzá, até o dia de hoje. 9 Naquele dia, Davi teve medo do SENHOR e disse:

— Como poderei levar comigo a arca do SENHOR?

10 Davi não quis levar a arca do SENHOR para junto de si, na Cidade de Davi, mas fez com que fosse levada para a casa de Obede-Edom, o geteu. 11 Assim, a arca do SENHOR ficou na casa de Obede-Edom, o geteu, durante três meses, e o SENHOR o abençoou e a toda a sua casa.

12 Avisaram o rei Davi, dizendo:

— O SENHOR abençoou a casa de Obede-Edom e tudo o que ele tem, por causa da arca de Deus.

Então Davi foi e, com alegria, trouxe a arca de Deus da casa de Obede-Edom à Cidade de Davi. 13 Quando os que levavam a arca do SENHOR tinham dado seis passos, Davi sacrificava um boi e um animal gordo. 14 Davi dançava com todas as suas forças diante do SENHOR; ele estava cingido de uma estola sacerdotal de linho. 15 Assim, Davi, com todo o Israel, levou a arca do SENHOR, com júbilo e ao som de trombetas.

16 Quando a arca do SENHOR estava entrando na Cidade de Davi, Mical, filha de Saul, olhou pela janela. E, ao ver o rei Davi, que ia saltando e dançando diante do SENHOR, ela o desprezou em seu coração.

17 Levaram a arca do SENHOR e a puseram no seu lugar, no meio da tenda que Davi tinha preparado para ela. Então Davi trouxe holocaustos e ofertas pacíficas diante do SENHOR. 18 Depois de trazer os holocaustos e as ofertas pacíficas, Davi abençoou o povo em nome do SENHOR dos Exércitos. 19 E repartiu a todo o povo e a toda a multidão de Israel, tanto homens como mulheres, a cada um, um bolo de pão, um bom pedaço de carne e passas. Então todo o povo se retirou, cada um para a sua casa.

Mical é repreendida por Davi

20 Quando Davi regressou para abençoar a sua casa, Mical, filha de Saul, saiu ao seu encontro e lhe disse:

— Que bela figura fez o rei de Israel no dia de hoje, descobrindo-se diante das servas de seus

servos, como se descobre um sem-vergonha qualquer!
21 Mas Davi disse a Mical:
— Eu fiz isso diante do SENHOR, que me escolheu em lugar de seu pai e de toda a casa dele, ordenando que eu fosse príncipe sobre o povo do SENHOR, sobre Israel. Foi diante do SENHOR que me
alegrei. 22 E me farei ainda mais desprezível e me humilharei aos meus próprios olhos. Quanto às servas, de quem você falou, serei honrado por elas.
23 Mical, filha de Saul, não teve filhos, até o dia da sua morte.

A aliança do Senhor com Davi

1Cr 17.1-15

7 1 E aconteceu que, quando o rei Davi já morava em seu palácio, pois o SENHOR lhe tinha dado
descanso de todos os seus inimigos ao redor, 2 o rei
disse ao profeta Natã:
— Veja! Estou morando num palácio feito de cedro, mas a arca de Deus se encontra numa tenda.
3 Então Natã disse ao rei:
— Vá e faça tudo o que estiver em seu coração, porque o SENHOR está com você.
4 Porém, naquela mesma noite, a palavra do SENHOR veio a Natã, dizendo:
5 — Vá e diga ao meu servo Davi: Assim diz o SENHOR: "Você quer edificar um templo para
minha habitação? 6 Desde o dia em que tirei os filhos de Israel do Egito até o dia de hoje, não habitei em nenhum templo, mas tenho andado em
tenda, em tabernáculo. 7 Em todos os lugares em que andei com todos os filhos de Israel, por acaso falei alguma palavra com qualquer das suas tribos, a quem mandei apascentar o meu povo de Israel, dizendo: 'Por que vocês não construíram um templo de cedro para mim?'"
8 — Agora diga ao meu servo Davi: Assim diz o SENHOR dos Exércitos: "Eu tirei você das pastagens e do trabalho de andar atrás das ovelhas, para que você fosse príncipe sobre o meu povo, sobre Israel.
9 Estive com você por onde quer que você andou e eliminei todos os seus inimigos diante de você. Engrandecerei o seu nome, como só os grandes
têm na terra. 10 Prepararei um lugar para o meu povo, para Israel, e o plantarei para que habite no seu lugar e não seja mais perturbado. E jamais os filhos da perversidade o afligirão, como no pas-
sado, 11 desde o dia em que mandei que houvesse juízes sobre o meu povo de Israel. Eu lhe darei descanso de todos os seus inimigos. O SENHOR também lhe faz saber que ele, o SENHOR, fará uma
casa para você. 12 Quando os seus dias se completarem e você descansar com os seus pais, então farei surgir depois de você o seu descendente, que procederá de você, e estabelecerei o seu reino.
13 Este edificará um templo ao meu nome, e eu estabelecerei para sempre o trono do seu reino. 14 Eu
lhe serei por pai, e ele me será por filho. Se vier a transgredir, eu o castigarei com varas de homens e
com açoites de filhos de homens. 15 Mas a minha
misericórdia não se afastará dele, como a retirei de
Saul, a quem tirei de diante de você. 16 Quanto a
você, a sua casa e o seu reino serão firmados para sempre diante de mim; o seu trono será estabelecido para sempre."
17 Segundo todas estas palavras e conforme toda esta visão, assim Natã falou com Davi.

Oração de agradecimento de Davi

1Cr 17.16-27

18 Então o rei Davi se pôs diante do SENHOR e disse:
— Quem sou eu, SENHOR Deus, e qual é a minha casa, para que me tenhas trazido até aqui?
19 E como se isto ainda fosse pouco aos teus olhos, SENHOR Deus, também falaste a respeito da casa de teu servo para tempos distantes; e isto é instrução para toda a humanidade, ó SENHOR Deus.
20 Que mais ainda te poderá dizer Davi? Pois tu
conheces bem o teu servo, ó SENHOR Deus. 21 Por
causa da tua palavra e segundo o teu coração, fizeste toda esta grandeza, dando-a a conhecer a
teu servo. 22 Portanto, grandioso és tu, ó SENHOR
Deus, porque não há ninguém semelhante a ti, e não há outro Deus além de ti, segundo tudo o que
nós mesmos temos ouvido. 23 Quem há como o teu
povo, como Israel, gente única na terra, a quem Deus foi resgatar para ser o seu povo? Fizeste para ti mesmo um nome e fizeste por teu povo estas grandes e tremendas coisas, para a tua terra, diante do teu povo, que resgataste do Egito, desterran-
do as nações e os seus deuses. 24 Estabeleceste o
teu povo de Israel por teu povo para sempre e tu, ó SENHOR, te fizeste o seu Deus.
25 — E agora, SENHOR Deus, quanto a esta palavra que disseste a respeito de teu servo e a respeito da sua casa, confirma-a para sempre; e faze como
falaste. 26 Seja para sempre engrandecido o teu
nome, e que se diga: "O SENHOR dos Exércitos é Deus sobre Israel!" E a casa de Davi, teu servo,
será estabelecida diante de ti. 27 Pois tu, ó SENHOR
dos Exércitos, Deus de Israel, fizeste ao teu servo esta revelação, dizendo: "Edificarei uma casa para você." Por isso, o teu servo se animou para fazer-te esta oração.
28 — Agora, pois, ó SENHOR Deus, tu mesmo és Deus, e as tuas palavras são verdade, e tens pro-
metido ao teu servo este bem. 29 Queiras, agora,
abençoar a casa do teu servo, a fim de permanecer para sempre diante de ti, pois tu, ó SENHOR Deus, o disseste; e, com a tua bênção, a casa do teu servo será abençoada para sempre.

Diversas vitórias de Davi

1Cr 18.1-13

8 1 Depois disso, Davi atacou os filisteus, derrotou-
-os e tomou das mãos deles o controle daquela
região. 2 Também derrotou os moabitas. Fez com
que se deitassem no chão e os mediu com uma
corda: os que ficaram dentro de duas medidas
foram mortos, e os que ficaram dentro da terceira
medida foram deixados com vida. Assim, os moa-
bitas se tornaram servos de Davi e lhe pagavam
tributo. 3 Davi também derrotou Hadadezer, filho
de Reobe, rei de Zobá, quando aquele foi resta-
belecer o seu domínio sobre o rio Eufrates. 4 Davi
tomou-lhe mil e setecentos cavaleiros e vinte mil
soldados de infantaria. Mutilou todos os cavalos
dos carros de guerra, com exceção dos que puxa-
vam cem deles.

5 Os sírios de Damasco foram socorrer Hadade-
zer, rei de Zobá, mas Davi matou vinte e dois mil
deles. 6 Davi pôs guarnições na Síria de Damasco,
e os sírios se tornaram servos de Davi e lhe paga-
vam tributo. E o SENHOR dava vitórias a Davi por
onde quer que ele ia. 7 Davi tomou os escudos de
ouro que eram usados pelos oficiais de Hadade-
zer e os trouxe a Jerusalém. 8 De Betá e Berotai,
cidades de Hadadezer, o rei Davi tomou grande
quantidade de bronze.

9 Quando Toí, rei de Hamate, soube que Davi
tinha derrotado todo o exército de Hadadezer,
10 mandou seu filho Jorão ao rei Davi, para o
saudar e cumprimentá-lo por ter lutado contra
Hadadezer e por havê-lo vencido. Acontece que
Hadadezer de contínuo fazia guerra a Toí. Jorão
trouxe consigo objetos de prata, de ouro e de
bronze, 11 que o rei Davi consagrou ao SENHOR,
juntamente com a prata e o ouro que já havia
consagrado de todas as nações que havia subju-
gado: 12 da Síria, de Moabe, dos filhos de Amom,
dos filisteus, de Amaleque e dos despojos de
Hadadezer, filho de Reobe, rei de Zobá. 13 Davi
ficou ainda mais famoso quando, ao voltar do
ataque aos sírios, matou dezoito mil homens no
vale do Sal. 14 Pôs guarnições em todo o Edom, e
todos os edomitas se tornaram servos de Davi.
E o SENHOR dava vitórias a Davi por onde quer
que ele ia.

Oficiais de Davi

2Sm 20.23-26; 1Cr 18.14-17

15 Davi reinou sobre todo o Israel; julgava e fazia
justiça a todo o seu povo. 16 Joabe, filho de Zeruia,
era comandante do exército; Josafá, filho de Ailu-
de, era cronista. 17 Zadoque, filho de Aitube, e
Aimeleque, filho de Abiatar, eram sacerdotes, e
Seraías, escrivão. 18 Benaia, filho de Joiada, era o
comandante da guarda real. Os filhos de Davi, po-
rém, eram seus ministros.

Davi e o filho de Jônatas

9 1 Um dia Davi perguntou:
— Será que resta ainda alguém da família de
Saul, para que eu use de bondade para com ele,
por causa de Jônatas?

2 Havia um servo na casa de Saul cujo nome era
Ziba. Chamaram-no, pedindo que viesse falar com
Davi. O rei perguntou:

— Você é Ziba?

Ele respondeu:

— Sou eu mesmo, seu servo.

3 Então Davi perguntou:

— Existe mais alguém da família de Saul para
que eu use da bondade de Deus para com ele?

Ziba respondeu:

— Ainda existe um filho de Jônatas, aleijado de
ambos os pés.

Então o rei perguntou:

4 — E onde está ele?

Ziba respondeu:

— Ele está na casa de Maquir, filho de Amiel,
em Lo-Debar.

5 Então o rei Davi mandou trazê-lo de Lo-Debar,
da casa de Maquir, filho de Amiel.

6 Quando Mefibosete, filho de Jônatas, fi-
lho de Saul, chegou diante de Davi, inclinou-se,
prostrando-se com o rosto em terra. Davi disse:

— Mefibosete!

Ele respondeu:

— Aqui estou. Às suas ordens!

7 Então Davi lhe disse:

— Não tenha medo, porque serei bondoso com
você por causa de Jônatas, seu pai. Vou restituir a
você todas as terras de Saul, seu pai, e você senta-
rá sempre à minha mesa para comer.

8 Então Mefibosete se inclinou e disse:

— Quem é este seu servo, para que o meu
senhor tenha olhado para um cão morto como eu?

9 Então Davi chamou Ziba, servo de Saul, e lhe
disse:

— Tudo o que pertencia a Saul e a toda a casa
dele eu dei ao neto de seu senhor. 10 Você, os seus
filhos e os seus servos cultivarão a terra para ele e
recolherão os frutos, para que a casa de seu senhor
tenha o que comer. Porém Mefibosete, neto de seu
senhor, sentará sempre à minha mesa para comer.

Ziba tinha quinze filhos e vinte servos. 11 Ziba
disse ao rei:

— Farei tudo o que o rei, meu senhor, ordena a
este seu servo.

E assim Mefibosete passou a fazer as refeições
à mesa de Davi, como um dos filhos do rei. 12 Me-
fibosete tinha um filho pequeno chamado Mica.
Todos os que moravam na casa de Ziba eram ser-
vos de Mefibosete. 13 Mefibosete morava em Jeru-
salém, porque fazia as refeições sempre à mesa do
rei. Ele era coxo de ambos os pés.

Davi derrota os amonitas e os sírios

1Cr 19.1-19

10 1 Depois disto, morreu o rei dos filhos de Amom, e em seu lugar reinou Hanum, o filho dele. 2 Então Davi disse:

— Serei bondoso com Hanum, filho de Naás, assim como o pai dele foi bondoso comigo.

E Davi enviou alguns servos para consolar Hanum por causa da morte de seu pai. E os servos de Davi chegaram à terra dos filhos de Amom. 3 Mas os príncipes dos filhos de Amom disseram a seu senhor, Hanum:

— O senhor pensa que foi para honrar o seu pai que Davi mandou esses consoladores? Não teria sido mais para que esses servos enviados por ele conheçam e espionem a cidade, para poderem destruí-la?

4 Então Hanum pegou os servos de Davi, rapou metade da barba de cada um deles, cortou metade das roupas até a altura das nádegas, e os mandou embora. 5 Quando Davi soube disso, enviou mensageiros ao encontro deles, porque estavam muito envergonhados. O rei mandou dizer-lhes:

— Fiquem em Jericó, até que a barba de vocês cresça de novo; depois, venham para cá.

6 Quando viram que haviam despertado o ódio de Davi, os filhos de Amom mandaram mensageiros e contrataram vinte mil soldados dos sírios de Bete-Reobe e dos sírios de Zobá, mil soldados do rei de Maaca e doze mil de Tobe. 7 Davi soube disso e enviou contra eles Joabe com todo o exército dos valentes. 8 Os filhos de Amom saíram e se prepararam para a batalha à entrada do portão da cidade, e os sírios de Zobá e Reobe e os homens de Tobe e Maaca estavam à parte no campo.

9 Quando Joabe viu que a batalha estava preparada contra ele tanto pela frente como pela retaguarda, escolheu os melhores soldados de Israel e os formou em linha contra os sírios. 10 O resto do exército ele entregou a Abisai, seu irmão, o qual o formou em linha contra os filhos de Amom. 11 Joabe disse a Abisai:

— Se os sírios forem mais fortes do que eu, você virá em meu socorro; e, se os filhos de Amom forem mais fortes do que você, eu irei em seu socorro. 12 Seja forte! Vamos lutar com coragem pelo nosso povo e pelas cidades de nosso Deus. E que o SENHOR Deus faça o que achar melhor.

13 Então Joabe avançou com o povo que estava com ele, e travaram batalha contra os sírios, que fugiram diante dele. 14 Quando os filhos de Amom *viram que os sírios* fugiam, também eles fugiram de Abisai e entraram na cidade. Então Joabe parou de lutar contra os filhos de Amom e voltou para Jerusalém.

15 Quando os sírios viram que tinham sido derrotados por Israel, tornaram a reunir as suas tropas. 16 Hadadezer mandou chamar os sírios que estavam do outro lado do rio Eufrates, e eles foram até Helã. Sobaque, comandante do exército de Hadadezer, marchava adiante deles.

17 Quando ficou sabendo disso, Davi reuniu todo o Israel, passou o Jordão e foi a Helã. Os sírios se puseram em ordem de batalha contra Davi e lutaram contra ele. 18 Porém os sírios fugiram de Israel, e Davi matou os condutores de setecentos carros de guerra e quarenta mil cavaleiros sírios. Também feriu Sobaque, o comandante do exército, que morreu ali. 19 Quando todos os reis, servos de Hadadezer, viram que tinham sido vencidos por Israel, fizeram paz com Israel e o serviram. E os sírios ficaram com medo de voltar a socorrer os filhos de Amom.

Davi e Bate-Seba

11 1 Decorrido um ano, no tempo em que os reis costumam sair para a guerra, Davi enviou Joabe, seus oficiais e todo o Israel. Eles destruíram os filhos de Amom e sitiaram a cidade de Rabá. Mas Davi ficou em Jerusalém.

2 Uma tarde, Davi se levantou do seu leito e andava passeando no terraço do palácio real. Dali viu uma mulher que estava tomando banho; ela era muito bonita. 3 Davi mandou perguntar quem era. Disseram-lhe:

— É Bate-Seba, filha de Eliã e mulher de Urias, o heteu.

4 Então Davi mandou mensageiros que a trouxessem; ela veio, e ele se deitou com ela. Ora, Bate-Seba tinha acabado de se purificar da impureza da menstruação. Depois, ela voltou para casa.

5 A mulher concebeu e mandou dizer a Davi:

— Estou grávida.

Davi e Urias

6 Então Davi enviou mensageiros a Joabe, dizendo:

— Mande-me Urias, o heteu.

E Joabe mandou Urias a Davi. 7 Quando Urias chegou, Davi perguntou como estava Joabe, como se achava o povo e como ia a guerra. 8 Depois, Davi disse a Urias:

— Vá para casa e descanse.

Urias saiu do palácio real, e logo saiu atrás dele um presente do rei. 9 Porém Urias dormiu junto ao portão do palácio, com todos os servos do seu senhor, e não foi para casa. 10 Relataram isso a Davi, dizendo:

— Urias não foi para casa.

Então Davi disse a Urias:

— Você não vem de uma viagem? Por que não foi para casa?

11 Urias respondeu:

— A arca, Israel e Judá ficam em tendas.
Joabe, meu senhor, e os servos de meu senhor
estão acampados ao ar livre. Como poderia eu ir
para casa, comer e beber e me deitar com a minha mulher? Juro pela vida do rei que não faria
tal coisa.

12 Então Davi disse a Urias:

— Fique aqui ainda hoje. Amanhã eu o mandarei de volta.

E Urias ficou em Jerusalém aquele dia e o seguinte.
13 Davi o convidou para comer e beber
com ele, e o embebedou. À tarde, Urias saiu e foi
deitar-se no seu leito, na companhia dos servos de
seu senhor. Ele não foi para casa.

A morte de Urias

14 Pela manhã, Davi escreveu uma carta a Joabe
e a mandou por Urias.
15 Na carta escreveu o seguinte: "Ponham Urias na linha de frente, onde o
combate for mais intenso. Depois deixem-no sozinho, para que seja ferido e morra."

16 Tendo sitiado a cidade, Joabe pôs Urias no
lugar onde sabia que estavam homens valentes.
17 Os homens da cidade saíram e lutaram contra
Joabe. Alguns dos oficiais de Davi foram mortos;
e morreu também Urias, o heteu.

18 Então Joabe enviou notícias a Davi, informando tudo o que havia acontecido na batalha.
19 Deu
ordem ao mensageiro, dizendo:

— Quando você terminar de contar ao rei os
acontecimentos desta batalha,
20 é possível que
ele fique indignado e pergunte: "Por que vocês
chegaram assim perto da cidade para lutar? Não
sabiam que eles iriam atirar da muralha?
21 Quem
matou Abimeleque, filho de Jerubesete? Não foi
uma mulher que, do alto da muralha, lançou
sobre ele uma pedra de moinho e o matou, em
Tebes? Por que vocês chegaram tão perto da
muralha?"

Então você dirá:

— Também morreu o seu servo Urias, o heteu.

22 O mensageiro partiu e, chegando, contou a
Davi tudo o que Joabe lhe havia mandado dizer.
23 O mensageiro disse a Davi:

— Na verdade, aqueles homens eram mais fortes do que nós e saíram para lutar contra nós em
campo aberto. Mas nós fomos contra eles, até a
entrada do portão.
24 Então os flecheiros, do alto da
muralha, atiraram contra os servos do rei, e alguns
deles foram mortos. Também morreu o seu servo
Urias, o heteu.

25 Davi respondeu ao mensageiro:

— Diga a Joabe que não encare isso como um
mal, porque a espada devora tanto este como
aquele. Que ele intensifique o seu ataque à cidade até conquistá-la. Quanto a você, encoraje
Joabe.

Davi casa com Bate-Seba

26 Quando a mulher de Urias soube que o seu
marido era morto, ela chorou por ele.
27 Passado o
luto, Davi mandou buscá-la e a trouxe para o palácio. Ela se tornou sua mulher e lhe deu um filho.
Porém isto que Davi tinha feito pareceu mau aos
olhos do SENHOR.

Natã repreende Davi

12 1 O SENHOR enviou Natã a Davi. Natã foi falar
com Davi e lhe disse:

— Havia numa cidade dois homens, um rico
e outro pobre.
2 O rico tinha ovelhas e gado em
grande número,
3 mas o pobre não tinha coisa nenhuma, a não ser uma cordeirinha que havia comprado. Ele a criou, e ela cresceu em sua casa, junto
com os seus filhos. Comia da sua comida e bebia
do seu copo. Dormia nos seus braços, e ele a tinha
como filha.
4 Certo dia chegou um viajante à casa
do homem rico, e este não quis pegar uma das suas
ovelhas ou um dos seus bois para dar de comer ao
visitante que havia chegado; em vez disso, pegou a
cordeirinha do homem pobre e a preparou para o
homem que havia chegado.

5 Então o furor de Davi se acendeu contra aquele homem, e ele disse a Natã:

— Tão certo como vive o SENHOR, o homem
que fez isso deve ser morto.
6 E pela cordeirinha
restituirá quatro vezes, porque fez uma coisa dessas e porque não se compadeceu.

7 Então Natã disse a Davi:

— Esse homem é você. Assim diz o SENHOR, o
Deus de Israel: "Eu o ungi rei sobre Israel e eu o
livrei das mãos de Saul.
8 Eu lhe dei a casa de seu
senhor e as mulheres de seu senhor em seus braços. Também lhe dei a casa de Israel e de Judá. E,
se isto fosse pouco, eu teria acrescentado tais e
tais coisas.
9 Por que, então, você desprezou a palavra do SENHOR, fazendo o que era mau aos olhos
dele? Com a espada você matou Urias, o heteu.
Você tomou por esposa a mulher dele, depois de o
matar com a espada dos filhos de Amom.
10 Agora, pois, a espada jamais se afastará da sua casa,
porque você me desprezou e tomou a mulher de
Urias, o heteu, para ser sua mulher."
11 Assim diz
o SENHOR: "Eis que farei com que de sua própria
casa venha o mal sobre você. Tomarei as suas
mulheres à sua própria vista e as darei a outro
homem, que se deitará com elas em plena luz do
dia.
12 Porque você o fez em segredo, mas eu farei
isso diante de todo o Israel e em plena luz do dia."

13 Então Davi disse a Natã:

— Pequei contra o SENHOR.

E Natã respondeu:

— Também o SENHOR perdoou o seu pecado; você não morrerá.
14 Mas, porque com isto
você deu motivo a que os inimigos do SENHOR

blasfemassem, também o filho que lhe nasceu
morrerá.
15 Então Natã foi para a sua casa.

A morte do filho de Bate-Seba

E o SENHOR feriu a criança que a mulher de
Urias teve com Davi; e a criança adoeceu grave-
mente. 16 Davi suplicou a Deus pela criança. Davi
jejuava e, entrando em casa, passava a noite dei-
tado no chão. 17 Então os anciãos do seu palácio
se aproximaram dele, para o levantar do chão;
porém ele não quis e não comeu com eles. 18 No
sétimo dia, a criança morreu. E os servos de Davi
ficaram com medo de informá-lo de que a criança
estava morta, porque diziam:
— Quando a criança ainda estava viva, faláva-
mos com ele, mas ele não dava ouvidos à nossa
voz. Como, então, vamos dizer a ele que a criança
morreu? Poderá fazer alguma loucura!
19 Mas Davi notou que os seus servos cochicha-
vam uns com os outros e entendeu que a criança
havia morrido. Então perguntou:
— A criança morreu?
Eles responderam:
— Morreu.
20 Então Davi se levantou do chão, lavou-se,
ungiu-se, trocou de roupa, entrou na Casa do
SENHOR e adorou. Depois, voltou para o palácio e
pediu comida; puseram-na diante dele, e ele co-
meu. 21 O seus servos lhe disseram:
— Que é isto que o senhor fez? Pela criança
viva o senhor jejuou e chorou, mas, depois que ela
morreu, se levantou e se pôs a comer!
22 Davi respondeu:
— Enquanto a criança ainda estava viva, je-
juei e chorei, porque dizia: "Talvez o SENHOR se
compadeça de mim, e a criança continuará viva."
23 Mas agora que ela morreu, por que jejuar? Pode-
rei eu trazê-la de volta? Eu irei até ela, mas ela não
voltará para mim.

O nascimento de Salomão

24 Então Davi consolou Bate-Seba, sua mulher.
Teve relações com ela, e ela teve um filho, a quem
Davi deu o nome de Salomão; e o SENHOR o amou.
25 Davi o entregou nas mãos do profeta Natã, e
este lhe chamou Jedidias, por causa do SENHOR.

Davi conquista Rabá

1Cr 20.1-3

26 Enquanto isso, Joabe atacou Rabá, dos filhos
de Amom, e tomou a cidade real. 27 Então Joabe
mandou mensageiros a Davi, dizendo:
— Lutei contra Rabá e tomei a cidade das
águas. 28 Reúna agora o resto do exército e cerque
a cidade para tomá-la; do contrário, se eu a tomar,
ela poderia ser chamada pelo meu nome.
29 Então Davi reuniu todo o povo, marchou para
Rabá, lutou contra ela, e a tomou. 30 Tirou a coroa
da cabeça do seu rei. O peso da coroa era de trinta
e quatro quilos de ouro, e havia nela pedras pre-
ciosas. Essa coroa foi posta na cabeça de Davi. E
da cidade ele levou muitos despojos. 31 Também
trouxe o povo que havia nela, e os fez trabalhar
com serras, picaretas, machados de ferro e em
fornos de tijolos. Davi fez o mesmo com todas as
cidades dos filhos de Amom. Depois voltou com
todo o exército para Jerusalém.

Amnom e Tamar

13 1 Passado algum tempo, aconteceu o seguin-
te. Absalão, filho de Davi, tinha uma irmã
muito bonita, cujo nome era Tamar. Amnom, fi-
lho de Davi, apaixonou-se por ela. 2 Amnom ficou
angustiado por causa de Tamar, sua irmã, a ponto
de adoecer, pois, sendo ela virgem, parecia impos-
sível para ele fazer alguma coisa com ela. 3 Mas
Amnom tinha um amigo que se chamava Jonada-
be, filho de Simeia, irmão de Davi. Jonadabe era
um homem muito esperto. 4 E ele disse a Amnom:
— Por que você está emagrecendo tanto dia
após dia, ó filho do rei? Por que não me conta o
que está acontecendo?
Então Amnom disse:
— Estou apaixonado por Tamar, irmã de Absa-
lão, meu irmão por parte de pai.
5 Jonadabe respondeu:
— Deite-se na sua cama e finja que está doente.
Quando o seu pai vier visitá-lo, diga-lhe: "Por fa-
vor, permita que a minha irmã Tamar venha e me
dê de comer. Que ela prepare a comida diante de
mim, para que eu coma de sua mão."
6 E assim Amnom deitou-se e fingiu que esta-
va doente. Quando o rei foi visitá-lo, Amnom lhe
disse:
— Por favor, permita que a minha irmã Tamar
venha e prepare dois bolos diante de mim, para
que eu coma de sua mão.
7 Então Davi mandou dizer a Tamar em seu pa-
lácio:
— Por favor, vá à casa de seu irmão Amnom e
prepare alguma comida para ele.
8 Tamar foi à casa de Amnom, seu irmão, e ele
estava deitado. Ela pegou a massa e a amassou,
fez bolos diante dele e os assou. 9 Pegou a assadei-
ra e tirou os bolos diante dele, mas ele não quis
comer. Amnom disse:
— Mandem que todos saiam da minha pre-
sença.
E todos saíram. 10 E Amnom disse a Tamar:
— Traga a comida ao meu quarto, e comerei da
sua mão.
Tamar pegou os bolos que havia feito e os levou
a Amnom, seu irmão, no quarto. 11 Quando ela

oferecia os bolos para que ele comesse, Amnom
agarrou-a e lhe disse:
— Venha, deite-se comigo, minha irmã.
12 Porém ela respondeu:
— Não, meu irmão, não me force, porque não
se faz uma coisa dessas em Israel. Não faça essa
loucura! 13 Porque, aonde iria eu com a minha
vergonha? E você seria como um dos loucos de
Israel. Agora, por favor, fale com o rei; ele não im-
pedirá que eu case com você.
14 Mas Amnom não quis dar ouvidos ao que
Tamar dizia; pelo contrário, sendo mais forte do
que ela, forçou-a e teve relações com ela.
15 Depois Amnom sentiu por ela grande aver-
são, e maior era a aversão que sentiu por ela do
que o amor com que a tinha amado. Então disse:
— Levante-se e saia daqui!
16 Mas Tamar respondeu:
— Não, meu irmão! Porque mandar-me em-
bora seria um mal maior do que o outro que você
me fez.
Porém ele não a quis ouvir. 17 Chamou o moço
que o servia e lhe disse:
— Ponha esta mulher para fora e tranque a
porta.
18 Tamar vestia uma túnica talar de mangas
compridas, porque assim se vestiam as filhas do
rei que ainda eram virgens. O servo a pôs para fora
e trancou a porta. 19 Então Tamar colocou cinza
sobre a cabeça, rasgou a túnica talar de mangas
compridas que vestia, pôs as mãos sobre a cabeça
e saiu, andando e clamando. 20 Absalão, seu irmão,
lhe disse:
— Foi o seu irmão Amnom que esteve com
você? Agora, minha irmã, fique calada; ele é seu
irmão. Que o seu coração não fique angustiado
por causa disso.
E assim Tamar, desolada, ficou na casa de Absa-
lão, seu irmão. 21 Quando o rei Davi soube de tudo
isso, ficou furioso. 22 Porém Absalão não falou
com Amnom nem mal nem bem, porque odiava
Amnom, por ter este violentado Tamar, sua irmã.
23 Passados dois anos, Absalão tosquiava as
suas ovelhas em Baal-Hazor, perto de Efraim, e
convidou todos os filhos do rei para irem até lá.
24 Absalão foi falar com o rei e disse:
— Eis que este seu servo está fazendo a tosquia
das ovelhas. Peço que o rei e os seus servidores
acompanhem este seu servo.
25 O rei, porém, disse a Absalão:
— Não, meu filho, não vamos todos juntos,
para não sermos pesados a você.
Absalão insistiu, mas o rei não quis ir; contudo,
o abençoou. 26 Então Absalão disse:
— Se o rei não quer ir, pelo menos deixe que
meu irmão Amnom nos acompanhe.
Porém o rei lhe disse:
— Por que ele iria com você?
27 Absalão insistiu, e o rei deixou que Amnom
e todos os filhos do rei fossem com ele. 28 Absalão
deu ordem aos seus moços, dizendo:
— Fiquem atentos! Quando o coração de Am-
nom estiver alegre de vinho, e eu der uma ordem
para matá-lo, então matem-no. Não tenham medo,
pois sou eu quem está ordenando. Sejam fortes e
valentes.
29 E os moços de Absalão fizeram com Amnom
como Absalão lhes havia ordenado. Então todos
os filhos do rei se levantaram, cada um montou a
sua mula, e fugiram.
30 Estavam eles ainda a caminho, quando che-
gou a Davi esta notícia: “Absalão matou todos os
filhos do rei, e nenhum deles escapou.” 31 Então o
rei se levantou, rasgou as suas roupas e se lançou
por terra. E todos os seus servos que estavam pre-
sentes rasgaram também as suas roupas. 32 Mas
Jonadabe, filho de Simeia, irmão de Davi, tomou
a palavra e disse:
— Não pense o meu senhor que mataram
todos os jovens, filhos do rei, porque somente
Amnom morreu. Absalão tinha resolvido fazer
isso, desde o dia em que a sua irmã Tamar foi vio-
lentada por Amnom. 33 Portanto, que o rei, meu
senhor, não ponha na cabeça essa ideia de que
todos os filhos do rei morreram, porque só Am-
nom morreu.
34 Enquanto isso, Absalão fugiu. O moço que
estava de guarda, levantando os olhos, viu que vi-
nha muito povo pelo caminho por detrás dele, pelo
lado do monte. 35 Então Jonadabe disse ao rei:
— Eis aí vêm os filhos do rei! Como este seu
servo falou, assim aconteceu.
36 Mal tinha ele acabado de falar, chegaram os
filhos do rei e, levantando a voz, choraram. Tam-
bém o rei e todos os seus servos choraram amar-
gamente.
37 Absalão, porém, fugiu e foi ficar com Talmai,
filho de Amiúde, rei de Gesur. E Davi pranteava
por seu filho todos os dias. 38 Assim, Absalão fu-
giu, indo para Gesur, onde ficou três anos. 39 En-
tão o rei Davi cessou de perseguir Absalão, porque
já tinha se consolado a respeito de Amnom, que
era morto.

Absalão volta para Jerusalém

14 1 Joabe, filho de Zeruia, vendo que o coração
do rei começava a inclinar-se para Absalão,
2 mandou trazer de Tecoa uma mulher sábia e lhe
disse:
— Finja que está muito triste, vista as suas rou-
pas de luto, não se unja com óleo e faça de conta
que é uma mulher que há muito tempo está de
luto por algum morto. 3 Apresente-se ao rei e diga-
-lhe tais e tais palavras.

E Joabe lhe pôs as palavras na boca. 4 A mulher
tecoíta apresentou-se ao rei, e, inclinando-se,
prostrou-se com o rosto em terra e disse:
— Ajude-me, ó rei!
5 Então o rei perguntou:
— Em que posso ajudá-la?
Ela respondeu:
— Ai de mim! Sou viúva; o meu marido mor-
reu. 6 Esta sua serva tinha dois filhos, que briga-
ram entre si no campo. Como não houve quem os
apartasse, um deles matou o outro. 7 Eis que toda
a parentela se levantou contra esta sua serva, e
estão dizendo: "Entregue-nos aquele que matou
o seu irmão, para que o matemos, em vingança
da vida que ele tirou e para que destruamos tam-
bém o herdeiro." Assim, querem apagar a última
brasa que me restou, não deixando a meu marido
nome, nem sobrevivente na terra.
8 O rei disse à mulher:
— Vá para a sua casa, e eu darei ordens a seu
respeito.
9 Mas a mulher tecoíta disse ao rei:
— Ó rei, meu senhor, que a culpa caia sobre
mim e sobre a casa de meu pai. O rei e o seu trono
sejam inocentes.
10 Então o rei disse:
— Se alguém falar contra você, traga-o aqui, e
ele nunca mais a incomodará.
11 A mulher acrescentou:
— Que o rei se lembre do SENHOR, seu Deus,
para que os vingadores do sangue não se multipli-
quem e exterminem o meu filho.
Davi respondeu:
— Tão certo como vive o SENHOR, não há de
cair no chão nem um só dos cabelos de seu filho.
12 Então a mulher disse:
— Permita que esta sua serva fale uma palavra
ao rei, meu senhor.
Ele disse:
— Fale.
13 E a mulher prosseguiu:
— Por que o senhor, meu rei, imaginou tal coi-
sa contra o povo de Deus? Pois, ao pronunciar tal
juízo, o rei condena a si mesmo, visto que não quer
fazer voltar o seu desterrado. 14 Porque todos te-
mos de morrer; somos como água derramada na
terra que já não se pode juntar. Porque Deus não
tira a vida, mas encontra meios para que o bani-
do não permaneça afastado de sua presença. 15 Se
vim, agora, falar esta palavra ao rei, meu senhor,
é porque o povo me atemorizou. Porque esta sua
serva dizia: *"Vou falar com o rei*, porque talvez ele
fará segundo a palavra desta sua serva. 16 Porque o
rei atenderá, para livrar a sua serva da mão do ho-
mem que quer destruir tanto a mim como a meu
filho da herança de Deus." 17 Dizia mais esta sua
serva: "Seja, agora, a palavra do rei, meu senhor,
para a minha tranquilidade, porque, como um
anjo de Deus, assim é o rei, meu senhor, para dis-
cernir entre o bem e o mal." Que o SENHOR, seu
Deus, esteja com o rei, meu senhor.
18 Então o rei disse à mulher:
— Não me encubra nada do que vou lhe per-
guntar.
A mulher respondeu:
— Pois fale o rei, meu senhor.
19 O rei perguntou:
— Não é verdade que a mão de Joabe está com
você em tudo isto?
Ela respondeu:
— Juro pela sua vida, ó rei, meu senhor, que
ninguém poderá se desviar, nem para a direita nem
para a esquerda, de tudo o que o rei, meu senhor,
tem dito. Sim, foi o seu servo Joabe quem me deu
ordem e foi ele quem ditou a esta sua serva todas
estas palavras. 20 Foi para mudar o aspecto deste
caso que o seu servo Joabe fez isto. Porém o meu
senhor é tão sábio como um anjo de Deus, para en-
tender tudo o que se passa na terra.
21 Então o rei disse a Joabe:
— Atendi ao seu pedido. Vá e traga o jovem Ab-
salão.
22 Joabe se inclinou, prostrou-se em terra, aben-
çoou o rei e disse:
— Hoje reconheço que obtive favor aos seus
olhos, ó rei, meu senhor, porque o rei fez segundo
a palavra do seu servo.
23 Então Joabe se levantou, foi a Gesur e trouxe
Absalão a Jerusalém. 24 Mas o rei disse:
— Que ele volte para a sua casa e não veja a mi-
nha face.
Assim Absalão voltou para a sua casa e não viu
a face do rei.

A beleza de Absalão

25 Em todo o Israel não havia homem tão ce-
lebrado por sua beleza como Absalão. Desde a
planta do pé até o alto da cabeça, não havia nele
defeito algum. 26 Quando cortava o cabelo — e isto
se fazia no fim de cada ano, porque o cabelo lhe
ficava pesado demais —, seu peso era de mais de
dois quilos, segundo o peso real. 27 Também nas-
ceram a Absalão três filhos e uma filha. A filha se
chamava Tamar e era uma mulher muito bonita.

Absalão é admitido à presença de Davi

28 Absalão ficou dois anos em Jerusalém sem
ver a face do rei. 29 Então mandou chamar Joabe,
para o enviar ao rei, mas Joabe não quis vir. Man-
dou chamá-lo segunda vez, mas Joabe ainda não
quis vir. 30 Então Absalão disse aos seus servos:
— Vejam, Joabe tem um pedaço de campo pe-
gado ao meu, e tem cevada nele. Vão lá e ponham
fogo.

E os servos de Absalão meteram fogo nesse pe-
daço de campo. 31 Então Joabe se levantou, foi à
casa de Absalão e lhe disse:
— Por que os seus servos meteram fogo no pe-
daço de campo que é meu?
32 Absalão respondeu:
— Mandei chamá-lo, dizendo: "Venha cá", para
que o envie ao rei, para dizer-lhe o seguinte: "Para
que vim de Gesur? Melhor seria ter ficado lá."
Agora quero ver o rei. Se há em mim alguma culpa,
que ele me mate.
33 Então Joabe foi ao rei e lhe entregou a men-
sagem de Absalão. O rei chamou Absalão, e este
se apresentou diante dele e inclinou-se sobre o
rosto em terra. E o rei o beijou.

A revolta de Absalão e a fuga de Davi

15 1 Depois disso, Absalão arranjou uma car-
ruagem, cavalos e cinquenta homens que
corressem na sua frente. 2 Ele se levantava cedo
e ficava à beira do caminho que levava ao portão
da cidade. Quando passava um homem que tinha
alguma demanda que devia ser submetida ao rei
para julgamento, Absalão o chamava a si e lhe
dizia: "De que cidade você é?" Quando ele res-
pondia: "Este seu servo é de tal tribo de Israel",
3 Absalão lhe dizia: "Olhe, a sua causa é boa e justa,
mas você não tem quem o ouça da parte do rei."
4 Absalão dizia mais: "Ah! Quem me dera ser juiz
na terra, para que viesse a mim todo homem que
tivesse demanda ou questão, para que eu lhe fizes-
se justiça!"
5 Também, quando alguém se aproximava para
inclinar-se diante dele, ele estendia as mãos,
abraçava-o e o beijava. 6 Absalão agia desta ma-
neira com todo o Israel que vinha ao rei para pedir
justiça e, assim, conquistava o coração dos ho-
mens de Israel.
7 Ao fim de quatro anos, Absalão disse ao rei:
— Deixe-me ir a Hebrom cumprir o voto que
fiz ao SENHOR. 8 Porque, quando estava morando
em Gesur, na Síria, este seu servo fez um voto,
dizendo: "Se o SENHOR me trouxer de volta a Jeru-
salém, prestarei culto ao SENHOR."
9 Então o rei disse:
— Vá em paz.
E Absalão levantou-se e foi para Hebrom.
10 Absalão enviou emissários secretos por todas
as tribos de Israel, dizendo:
— Quando ouvirem o som das trombetas, di-
gam: "Absalão é rei em Hebrom!"
11 De Jerusalém foram com Absalão duzentos
homens convidados, porém iam na sua sim-
plicidade, porque nada sabiam daquele plano.
12 Enquanto oferecia os seus sacrifícios, Absalão
também mandou chamar Aitofel, o gilonita, do
conselho de Davi, da sua cidade de Gilo. Assim
a conspiração tornou-se poderosa, e o povo que
tomava o partido de Absalão crescia em número.
13 Então um mensageiro veio a Davi, dizendo:
— Todo o povo de Israel está seguindo Absalão.
14 Diante disto, Davi disse a todos os servos que
estavam com ele em Jerusalém:
— Levantem-se, e vamos fugir, porque não
poderemos nos salvar de Absalão. Saiam o mais
depressa possível, para que ele não nos alcance,
lance sobre nós a ruína e passe a cidade a fio de
espada.
15 Então os servos do rei lhe disseram:
— Eis aqui os seus servos, dispostos a fazer
tudo o que o rei, nosso senhor, determinar.
16 O rei saiu, e todos os de sua casa o seguiram.
Deixou, porém, dez concubinas para cuidarem
do palácio. 17 Quando o rei e todo o povo estavam
saindo da cidade, pararam na última casa. 18 Todos
os seus servos passaram por ele. Também toda a
guarda real e todos os geteus, seiscentos homens
que o seguiram de Gate, passaram diante do rei.

A lealdade de Itai

19 Então o rei disse a Itai, o geteu:
— Por que também você está indo conosco?
Volte e fique com quem vier a ser o rei, porque você
é estrangeiro e desterrado de sua pátria. 20 Você
chegou ontem, e por que hoje eu já o levaria conos-
co a vaguear, quando eu mesmo não sei para onde
vou? Volte e leve consigo os seus companheiros. E
que a misericórdia e a fidelidade o acompanhem.
21 Porém Itai respondeu ao rei:
— Tão certo como vive o SENHOR Deus, e como
vive o rei, meu senhor, no lugar em que estiver o
rei, meu senhor, seja para morte seja para vida, lá
estará também este seu servo.
22 Então Davi disse a Itai:
— Vá e passe adiante.
E assim passaram adiante Itai, o geteu, todos
os seus homens e todas as crianças que estavam
com ele. 23 Toda a terra chorava em alta voz. E todo
o povo e também o rei passaram o ribeiro de Ce-
drom, seguindo o caminho do deserto.

Zadoque, Abiatar e Husai voltam para Jerusalém

24 Eis que Zadoque também estava ali, e com
ele todos os levitas que levavam a arca da aliança
de Deus. Puseram ali a arca de Deus, até que todo
o povo acabou de sair da cidade. 25 Então o rei dis-
se a Zadoque:
— Leve a arca de Deus de volta para a cidade.
Se eu encontrar favor aos olhos do SENHOR, ele
me fará voltar para lá e me deixará ver tanto a
arca como a sua habitação. 26 Se ele, porém, dis-
ser: "Não tenho prazer em você", eis-me aqui;
faça de mim o que achar melhor.

27 O rei disse mais a Zadoque, o sacerdote:
— Ó vidente, volte em paz para a cidade com
o seu filho Aimaás e com Abiatar e o filho dele,
Jônatas. 28 Vejam: vou ficar esperando nos vaus do
deserto até que me venham notícias de vocês.
29 Então Zadoque e Abiatar levaram a arca de
Deus de volta para Jerusalém e lá ficaram.
30 Davi seguiu pela encosta do monte das Olivei-
ras, subindo e chorando; tinha a cabeça coberta e
caminhava descalço. Todo o povo que ia com ele,
de cabeça coberta, subiu chorando. 31 Então conta-
ram a Davi que Aitofel estava entre os que conspi-
ravam com Absalão. Por isso Davi orou, dizendo:
— Ó SENHOR, peço-te que transformes em lou-
cura o conselho de Aitofel.
32 Quando Davi chegou ao alto do monte, onde
se costuma adorar a Deus, eis que Husai, o arqui-
ta, veio encontrar-se com ele, de manto rasgado e
com terra sobre a cabeça. 33 Davi lhe disse:
— Se você for comigo, será um peso para mim.
34 Mas, se voltar para a cidade e disser a Absalão:
"Eu serei, ó rei, seu servo; como no passado fui
servo de seu pai, assim agora serei seu servo",
você poderá me ajudar a frustrar o conselho de Ai-
tofel. 35 Os sacerdotes Zadoque e Abiatar estarão
lá com você. Conte a esses sacerdotes tudo o que
você ouvir no palácio real. 36 Lá estão também os
filhos deles, Aimaás, filho de Zadoque, e Jônatas,
filho de Abiatar. Por meio deles vocês podem me
mandar notícias de todas as coisas que ouvirem.
37 Então Husai, amigo de Davi, foi para a cidade,
e Absalão entrou em Jerusalém.

Davi e Ziba

16 1 Davi tinha acabado de passar o alto do
monte das Oliveiras quando Ziba, servo de
Mefibosete, veio ao encontro dele com dois ju-
mentos encilhados, trazendo duzentos pães, cem
cachos de passas, cem frutas de verão e um odre
de vinho. 2 O rei perguntou a Ziba:
— O que você pretende com isto?
Ziba respondeu:
— Os jumentos são para a casa do rei, para se-
rem montados; o pão e as frutas de verão, para os
moços comerem; o vinho, para os cansados no de-
serto beberem.
3 Então o rei perguntou:
— Onde está o neto de seu senhor?
Ziba respondeu:
— Eis que ficou em Jerusalém, pois disse:
"Hoje a casa de Israel me restituirá o reino de meu
avô."
4 Então o rei disse a Ziba:
— Tudo o que pertence a Mefibosete é seu.
Ziba respondeu:
— Eu me inclino e que eu encontre favor dian-
te do rei, meu senhor.

Davi amaldiçoado por Simei

5 Quando o rei Davi chegou a Baurim, eis que
dali saiu um homem da família da casa de Saul,
cujo nome era Simei, filho de Gera; saiu e ia amal-
diçoando. 6 Atirava pedras contra Davi e contra to-
dos os seus servos, embora todo o povo e todos os
valentes estivessem à direita e à esquerda do rei.
7 Enquanto amaldiçoava, Simei dizia:
— Fora daqui! Fora daqui, assassino! Homem
maligno! 8 O SENHOR Deus o está castigando por
todo o sangue derramado na casa de Saul, cujo
reino você usurpou. O SENHOR já entregou o reino
nas mãos de seu filho Absalão. Agora você caiu em
desgraça, porque é um assassino!
9 Então Abisai, filho de Zeruia, disse ao rei:
— Por que este cão morto amaldiçoaria meu
senhor, o rei? Deixe que vá até lá e corte a cabeça
dele.
10 Mas o rei disse:
— Que tenho eu a ver com vocês, filhos de
Zeruia? Deixem que amaldiçoe! Pois, se o SENHOR
lhe disse: "Amaldiçoe Davi", quem poderia per-
guntar: "Por que você está fazendo isso?"
11 E Davi disse a Abisai e a todos os seus servos:
— Se o meu próprio filho quer me matar, que
dizer desse benjamita? Deixem-no em paz. Que
amaldiçoe, pois o SENHOR lhe ordenou. 12 Talvez
o SENHOR olhe para a minha aflição e o SENHOR
reverta em bênção a maldição que ele está profe-
rindo no dia de hoje.
13 E assim Davi e os seus homens prosseguiam
o seu caminho. Também Simei ia pela encosta do
monte, ao lado dele, caminhando e amaldiçoan-
do, e atirava pedras e terra contra ele. 14 O rei e
todo o povo que ia com ele chegaram exaustos ao
Jordão e ali descansaram.

Absalão em Jerusalém

15 Absalão e todo o povo, homens de Israel,
entraram em Jerusalém, e Aitofel estava com ele.
16 Quando Husai, o arquita, amigo de Davi, se
apresentou a Absalão, disse a ele:
— Viva o rei! Viva o rei!
17 Porém Absalão disse a Husai:
— É esta a sua fidelidade para com o seu amigo
Davi? Por que você não foi com o seu amigo?
18 Husai respondeu a Absalão:
— Não! Aquele a quem o SENHOR elegeu e que
foi escolhido por todo este povo e todos os ho-
mens de Israel, dele serei e com ele ficarei. 19 Além
disso, a quem serviria eu? Será que não seria ao
filho do rei? Como servi ao seu pai, assim servirei
a você.
20 Então Absalão perguntou a Aitofel:
— O que vocês aconselham que devemos fa-
zer?
21 Aitofel respondeu a Absalão:

— Tenha relações com as concubinas de seu
pai, que ele deixou para cuidar do palácio. Todo o
Israel ficará sabendo que você se fez odioso para
com o seu pai, e todos os que estão com você fica-
rão animados.

22 Então armaram uma tenda para Absalão no
terraço, e ali, à vista de todo o Israel, ele teve rela-
ções com as concubinas de seu pai. 23 O conselho
que Aitofel dava, naqueles dias, era como respos-
ta de Deus a uma consulta; tanto Davi como Ab-
salão seguiam os conselhos de Aitofel.

Os conselhos de Aitofel e de Husai

17 1 Depois Aitofel disse a Absalão:
— Deixe-me escolher doze mil homens, e
me disporei e perseguirei Davi esta noite. 2 Vou
surpreendê-lo enquanto está cansado e desani-
mado. Farei com que entre em pânico e todo o
povo que está com ele fugirá. Então matarei ape-
nas o rei. 3 Trarei todo o povo de volta para você,
pois a volta de todos depende daquele a quem
você procura matar. Assim, todo o povo estará
em paz.

4 Este parecer agradou a Absalão e a todos os
anciãos de Israel. 5 Mas Absalão disse:

— Chamem agora Husai, o arquita, e ouçamos
também o que ele tem a dizer.

6 Quando Husai chegou, Absalão lhe falou, di-
zendo:

— O parecer de Aitofel é este. Vamos fazer o
que ele falou? Se não, diga você o que devemos
fazer.

7 Então Husai disse a Absalão:

— Desta vez o conselho de Aitofel não é bom.

8 Husai continuou:

— Você conhece o seu pai e os seus homens e
sabe que são valentes e estão enfurecidos como
a ursa no campo, roubada dos seus filhotes.
Além disso, o seu pai é homem de guerra e não
passará a noite com o povo. 9 Eis que agora deve
estar escondido em alguma caverna ou em outro
lugar qualquer. E, se acontecer que você tenha
algumas baixas no primeiro ataque, cada um que
ouvir isso dirá que houve matança no povo que
segue Absalão. 10 Então até o homem valente,
cujo coração é como o coração de leão, com cer-
teza irá desanimar, porque todo o Israel sabe que
o seu pai é um herói e que os que estão com ele
são homens valentes. 11 Eu aconselho que, a toda
pressa, se reúna em torno de você todo o Israel,
desde Dã até Berseba, em multidão como a areia
do mar, e que você mesmo os guie na batalha.
12 Então o atacaremos onde quer que se encontre
e facilmente cairemos sobre ele, como o orvalho
cai sobre a terra. E não ficará ele nem nenhum
dos homens que estão com ele — nem um só!
13 Se ele se retirar para alguma cidade, todo o
Israel levará cordas àquela cidade e nós a arrasta-
remos até o ribeiro, até que lá não fique nem uma
só pedrinha.

14 Então Absalão e todos os homens de Israel
disseram:

— O conselho de Husai, o arquita, é melhor do
que o conselho de Aitofel.

Acontece que o SENHOR havia decidido frustrar
o bom conselho de Aitofel, para que o mal viesse
sobre Absalão.

Davi é avisado e foge

15 Então Husai disse aos sacerdotes Zadoque
e Abiatar:

— Assim e assim Aitofel aconselhou a Absalão
e aos anciãos de Israel, mas assim e assim acon-
selhei eu. 16 Agora, pois, mandem depressa a se-
guinte mensagem a Davi: "Não passe esta noite
nos vaus do deserto, mas atravesse logo o rio, para
que não seja destruído o rei e todo o povo que com
ele está."

17 Jônatas e Aimaás estavam em En-Rogel. Uma
criada ia até lá e lhes passava informações, que
eles depois transmitiam ao rei Davi. Eles não po-
diam ser vistos entrar na cidade. 18 Mas um moço
os viu e contou a Absalão. Então os dois partiram
às pressas e entraram na casa de um homem, em
Baurim, que tinha um poço no seu pátio, ao qual
desceram. 19 A mulher desse homem pegou uma
coberta, e a estendeu sobre a boca do poço, e
espalhou grãos de cereais sobre ela. E assim nin-
guém suspeitou de nada. 20 Quando os servos de
Absalão chegaram àquela casa, perguntaram à
mulher:

— Onde estão Aimaás e Jônatas?

A mulher respondeu:

— Já passaram o ribeiro.

Eles saíram a procurá-los, mas não consegui-
ram achar. Então voltaram para Jerusalém. 21 De-
pois que eles foram embora, os dois logo saíram
do poço e foram avisar o rei Davi. Disseram:

— Levantem-se e passem depressa as águas,
porque assim e assim aconselhou Aitofel contra
vocês.

22 Então Davi e todo o povo que estava com ele
se levantaram e passaram o Jordão. Quando ama-
nheceu, não havia um só que não tivesse passado
o Jordão.

23 Quando Aitofel viu que o seu conselho não
tinha sido seguido, preparou o jumento e foi para
casa, na cidade em que morava. Pôs em ordem os
seus negócios e se enforcou; morreu e foi sepulta-
do na sepultura do seu pai.

24 Davi chegou a Maanaim. Absalão, tendo
passado o Jordão com todos os homens de Israel,
25 colocou Amasa no comando do exército, em
lugar de Joabe. Amasa era filho de certo homem

chamado Itra, o ismaelita, que era casado com
Abigail, filha de Naás e irmã de Zeruia, a mãe de
Joabe. 26E assim o povo de Israel e Absalão acam-
param na terra de Gileade.

27Quando Davi chegou a Maanaim, Sobi, filho
de Naás, de Rabá, dos filhos de Amom, e Maquir,
filho de Amiel, de Lo-Debar, e Barzilai, o gileadita,
de Rogelim, 28trouxeram camas, bacias e vasilhas
de barro, além de trigo, cevada, farinha, grãos tor-
rados, favas e lentilhas; 29também mel, coalhada,
ovelhas e queijos de leite de vaca. Levaram isso a
Davi e ao povo que estava com ele, para que co-
messem, porque disseram: “Este povo no deserto
está faminto, cansado e sedento.”

A morte de Absalão

18 1Davi contou os soldados que tinha con-
sigo e pôs sobre eles capitães de mil e ca-
pitães de cem. 2Então Davi enviou o povo: uma
terça parte sob o comando de Joabe, outra sob
o comando de Abisai, filho de Zeruia e irmão de
Joabe, e a outra sob o comando de Itai, o geteu. E
o rei disse ao povo:

— Eu também irei com vocês.

3Mas eles disseram:

— O senhor não deveria ir, porque, se formos
obrigados a fugir, não se importarão conosco, nem
ainda que metade de nós morra; mas o senhor
vale por dez mil de nós. Será melhor que da cidade
o senhor nos preste socorro.

4Davi respondeu:

— O que vocês acharem melhor, isso farei.

O rei se pôs ao lado do portão da cidade, e todo
o povo saiu a centenas e a milhares. 5E o rei deu
ordem a Joabe, a Abisai e a Itai, dizendo:

— Por amor a mim, tratem com brandura o jo-
vem Absalão.

Todo o povo ouviu quando o rei dava a ordem a
todos os capitães a respeito de Absalão.

6Assim, o povo saiu ao campo, a encontrar-se
com Israel, e a batalha teve lugar na floresta de
Efraim. 7Ali, o povo de Israel foi batido diante dos
servos de Davi; e, naquele mesmo dia, houve ali
grande derrota, com a perda de vinte mil homens.
8A batalha se estendeu por toda aquela região, e,
naquele dia, a floresta consumiu mais gente do que
a espada.

9Absalão, montado em sua mula, encontrou-se
com os homens de Davi. Quando a mula passou
debaixo dos ramos de um grande carvalho, a ca-
beça de Absalão ficou presa nos ramos. Ele ficou
pendurado entre o céu e a terra, enquanto a mula,
que ele montava, passou adiante. 10Um homem
viu isso e foi dizer a Joabe:

— Eu vi Absalão pendurado num carvalho.

11Então Joabe disse ao homem que lhe trouxe
a notícia:

— O quê?! Você o viu? E por que não o abateu
ali mesmo, derrubando-o por terra? Eu teria dado
a você dez moedas de prata e um cinto.

12Mas o homem disse a Joabe:

— Ainda que me pusessem nas mãos mil moe-
das de prata, não estenderia a mão contra o filho
do rei, pois ouvimos muito bem que o rei deu
uma ordem ao senhor, a Abisai e a Itai, dizendo:
“Poupem o jovem Absalão”. 13Se eu tivesse agido
traiçoeiramente contra a vida dele, nada disso po-
deria ser escondido do rei, e nem mesmo o senhor
me defenderia.

14Então Joabe disse:

— Não vou perder mais tempo com você.

Joabe pegou três dardos e com eles traspassou
o coração de Absalão, enquanto ele ainda estava
vivo, pendurado no carvalho. 15Dez jovens, que
levavam as armas de Joabe, cercaram Absalão e
acabaram de matá-lo. 16Então Joabe tocou a trom-
beta, e o povo voltou de perseguir Israel, porque
Joabe deteve o povo. 17Levaram Absalão e o joga-
ram numa grande cova na floresta. E levantaram
sobre ele um enorme monte de pedras. E todo o
Israel fugiu, cada um para a sua casa.

18Ora, quando ainda vivia, Absalão tinha le-
vantado para si uma coluna, que está no vale do
Rei, porque dizia: “Não tenho nenhum filho para
conservar a memória do meu nome.” E deu o seu
próprio nome à coluna, que até hoje se chama o
Monumento de Absalão.

Davi chora a morte de Absalão

19Então Aimaás, filho de Zadoque, disse a
Joabe:

— Deixe que eu vá correndo dar ao rei a notí-
cia de que o SENHOR Deus já o livrou das mãos de
seus inimigos.

20Mas Joabe lhe disse:

— Hoje você não será o portador de boas no-
tícias. Você poderá fazer isso outro dia, mas hoje
não, porque está morto o filho do rei.

21Então Joabe disse a um etíope:

— Vá e diga ao rei o que você viu.

Ele inclinou-se diante de Joabe e saiu correndo.
22Porém Aimaás, filho de Zadoque, tornou a falar
com Joabe:

— Aconteça o que acontecer, deixe-me tam-
bém correr atrás do etíope.

Joabe perguntou:

— Por que você quer correr, meu filho, se não
terá recompensa pela notícia?

23Aimaás respondeu:

— Aconteça o que acontecer, vou correr.

Então Joabe lhe disse:

— Corra.

Aimaás correu pelo caminho da planície e pas-
sou o etíope.

24 Davi estava sentado entre os dois portões
da entrada da cidade. A sentinela subiu ao ter-
raço do portão sobre a muralha e, levantando
os olhos, viu que um homem vinha correndo
sozinho. 25 A sentinela gritou e avisou o rei. O rei
disse:

— Se vem sozinho, traz boas notícias.

E vinha andando e chegando. 26 Então a senti-
nela viu outro homem que corria e gritou para o
porteiro:

— Eis que vem outro homem correndo sozinho.

Então o rei disse:

— Também este traz boas notícias.

27 A sentinela continuou:

— Vejo o jeito de correr do primeiro. Parece ser
o jeito de correr de Aimaás, filho de Zadoque.

Então o rei disse:

— Este homem é de bem e trará boas notícias.

28 Aimaás gritou e disse ao rei:

— Paz!

Inclinou-se diante do rei com o rosto em terra
e disse:

— Bendito seja o Senhor, seu Deus, que nos
entregou os homens que levantaram a mão contra
o rei, meu senhor.

29 Então o rei perguntou:

— Vai bem o jovem Absalão?

Aimaás respondeu:

— Vi um grande alvoroço, quando Joabe en-
viou este seu servo, ó rei, porém não sei o que era.

30 O rei disse:

— Fique ali ao lado e espere.

Ele ficou ao lado e esperou. 31 Então o etíope
chegou e disse:

— Boas notícias para o rei, meu senhor! Hoje o
Senhor Deus livrou o rei das mãos de todos os que
se levantaram contra ele.

32 Então o rei perguntou ao etíope:

— Vai bem o jovem Absalão?

O etíope respondeu:

— Que aquilo que aconteceu com aquele jovem
aconteça com os inimigos do rei, meu senhor, e
todos os que se levantam contra ele.

33 Então o rei, profundamente comovido, subiu
à sala que estava por cima do portão e chorou. E,
andando, dizia:

— Meu filho Absalão, meu filho, meu filho Ab-
salão! Quem me dera que eu tivesse morrido em
seu lugar, Absalão, meu filho, meu filho!

Joabe repreende Davi

19 1 Disseram a Joabe:

— Eis que o rei anda chorando e se lamen-
tando por Absalão.

2 Assim, a vitória se tornou, naquele mesmo
dia, em luto para todo o povo, porque, naquele
dia, o povo tinha ouvido dizer: "O rei está de luto
por causa de seu filho." 3 Naquele mesmo dia, o
povo entrou às escondidas na cidade, como o faz
quando foge envergonhado da batalha. 4 O rei ti-
nha coberto o rosto e exclamava em alta voz:

— Meu filho Absalão! Absalão, meu filho! Meu
filho!

5 Então Joabe entrou na casa do rei e lhe disse:

— Hoje o rei envergonhou a face de todos os
seus servos, que hoje mesmo livraram a sua vida,
a vida de seus filhos e de suas filhas e a vida de
suas mulheres e de suas concubinas. 6 Você ama
os que o odeiam e odeia os que o amam. Hoje dá
a entender que os seus comandantes e soldados
não têm qualquer valor. Porque agora entendo
que, se Absalão estivesse vivo e todos nós hoje
estivéssemos mortos, então você estaria conten-
te. 7 Agora, levante-se, saia e diga uma palavra
de encorajamento aos seus soldados. Juro pelo
Senhor que, se não sair, nem um só homem fica-
rá com você esta noite. E este mal seria maior do
que todos que têm vindo sobre você desde a sua
mocidade até agora.

8 Então o rei se levantou e sentou junto ao por-
tão da cidade. E anunciaram isso a todo o povo,
dizendo:

— Eis que o rei está sentado junto ao portão da
cidade.

E todo o povo veio apresentar-se diante do
rei. Ora, Israel havia fugido, cada um para a sua
tenda. 9 Todo o povo, em todas as tribos de Israel,
andava discutindo entre si, dizendo:

— O rei nos tirou das mãos de nossos inimigos,
livrou-nos das mãos dos filisteus e, agora, fugiu
da terra por causa de Absalão. 10 Absalão, a quem
ungimos sobre nós, morreu na batalha. Agora por
que vocês estão calados e não fazem com que o
rei volte?

Davi volta para Jerusalém

11 Então o rei Davi mandou dizer aos sacerdotes
Zadoque e Abiatar:

— Perguntem aos anciãos de Judá: "Por que vo-
cês seriam os últimos a trazer o rei de volta ao seu
palácio, visto que aquilo que todo o Israel dizia já
chegou aos ouvidos do rei? 12 Vocês são meus ir-
mãos. São do mesmo povo que eu. Por que, então,
seriam os últimos a trazer o rei de volta?" 13 Digam a
Amasa: "Você não é da mesma família que eu? Que
Deus me castigue se você não vier a ser para sempre
comandante do meu exército, em lugar de Joabe."

14 Com isto o rei moveu o coração de todos os
homens de Judá, como se fossem um só homem. E
mandaram dizer ao rei:

— Volte com todos os seus servos.

15 Então o rei voltou e chegou ao Jordão. E os
homens de Judá foram a Gilgal, para encontrar-se
com o rei, a fim de fazê-lo passar o Jordão.

Simei se encontra com Davi

16 Simei, filho de Gera, benjamita, que era de
Baurim, apressou-se e desceu com os homens de
Judá a encontrar-se com o rei Davi. 17 Com ele es-
tavam mil homens de Benjamim, bem como Ziba,
servo da casa de Saul, acompanhado de seus quin-
ze filhos e seus vinte servos. Entraram no Jordão
à vista do rei 18 e o atravessaram, para fazerem
passar a casa real e para fazerem o que lhe era
agradável. Então Simei, filho de Gera, prostrou-se
diante do rei, quando este ia passar o Jordão, 19 e
lhe disse:

— Que o meu senhor, o rei, não me tenha por
culpado nem se lembre do mal que este seu servo
cometeu no dia em que o rei, meu senhor, saiu de
Jerusalém. Que o rei não guarde isso em seu cora-
ção. 20 Porque este seu servo sabe que pecou. Por
isso, de toda a casa de José, sou hoje o primeiro
que veio encontrar-se com o rei, meu senhor.

21 Então Abisai, filho de Zeruia, disse:

— Será que Simei não deveria morrer pelo que
fez? Ele amaldiçoou o ungido do SENHOR!

22 Porém Davi disse:

— Que tenho eu a ver com vocês, filhos de
Zeruia? Querem agora se tornar meus adversá-
rios? Morreria alguém hoje em Israel? Será que
eu não sei que hoje novamente sou rei sobre Is-
rael?

23 Então o rei disse a Simei:

— Você não será morto.

E o rei jurou que seria assim.

Mefibosete se encontra com Davi

24 Também Mefibosete, neto de Saul, desceu a
encontrar-se com o rei. Ele não tinha tratado dos
pés, nem aparado a barba, nem lavado as roupas,
desde o dia em que o rei tinha saído até o dia em
que voltou em paz. 25 Quando ele chegou de Jeru-
salém para encontrar-se com o rei, este lhe per-
guntou:

— Por que você não foi comigo, Mefibosete?

26 Ele respondeu:

— Ó rei, meu senhor, o meu criado me enga-
nou. Porque este seu servo dizia: "Vou mandar
preparar um jumento e montarei nele para ir com
o rei." Porque este seu servo é coxo. 27 Além do
mais, o meu criado falsamente acusou este seu
servo diante do rei, meu senhor. Porém o rei, meu
senhor, é como um anjo de Deus; que faça o que
achar melhor. 28 Porque toda a casa de meu pai era
digna de morte diante do rei, meu senhor, mas o
rei pôs este seu servo entre os que sentam à sua
mesa para comer. Que direito ainda tenho? Que
mais posso pedir ao rei?

29 Então o rei disse:

— Por que você ainda fala dos seus negócios?
Eu decido que você e Ziba repartam as terras.

30 Mas Mefibosete disse ao rei:

— Que ele fique com tudo, uma vez que o rei,
meu senhor, já voltou em paz à sua casa.

Barzilai se encontra com Davi

31 Também Barzilai, o gileadita, desceu de Ro-
gelim e passou com o rei o Jordão, para o acom-
panhar até o outro lado. 32 Barzilai era bem velho,
da idade de oitenta anos. Ele havia sustentado o
rei quando este estava em Maanaim, porque era
um homem muito rico. 33 O rei disse a Barzilai:

— Venha comigo, e eu o sustentarei em Jerusa-
lém.

34 Mas Barzilai respondeu ao rei:

— Quantos serão ainda os dias dos anos da
minha vida? Não vale a pena subir com o rei a Je-
rusalém. 35 Hoje tenho oitenta anos. Poderia eu
discernir entre o que é bom e o que é mau? Pode-
ria este seu servo perceber o sabor do que come
e do que bebe? Poderia eu ainda ouvir a voz dos
cantores e cantoras? E por que este seu servo
se tornaria ainda um peso ao rei, meu senhor?
36 Este seu servo irá com o rei só um pouco além
do Jordão. Por que o rei iria me retribuir com tal
recompensa? 37 Deixe que este seu servo volte, e
morrerei na minha cidade e serei sepultado jun-
to de meu pai e de minha mãe. Mas aqui está o
seu servo Quimã. Deixe que ele passe com o rei,
meu senhor. Faça por ele o que achar melhor.

38 O rei respondeu:

— Quimã passará comigo, e eu farei por ele o
que você achar melhor. E tudo o que você me pe-
dir, isso farei por você.

39 Todo o povo passou o Jordão, e o rei também
passou. E o rei beijou Barzilai e o abençoou. E Bar-
zilai voltou para casa.

Discussão entre Israel e Judá

40 Dali o rei foi para Gilgal, e Quimã foi com
ele. Todo o povo de Judá e metade do povo de
Israel acompanharam o rei. 41 Eis que todos os
homens de Israel vieram falar com o rei e lhe
disseram:

— Por que os nossos irmãos, os homens de
Judá, roubaram o rei e o trouxeram para este lado
do Jordão com a casa dele e todos os servos de
Davi?

42 Então todos os homens de Judá responderam
aos homens de Israel:

— Porque o rei é nosso parente. E por que es-
tão irados por causa disso? Será que comemos à
custa do rei ou ele nos deu algum presente?

43 E os homens de Israel responderam aos ho-
mens de Judá e disseram:

— Nós temos dez vezes mais direito sobre o
rei do que vocês, e Davi é mais nosso do que de
vocês. Por que, então, fizeram pouco caso de nós?

Não fomos nós os primeiros a falar em trazer o
nosso rei de volta?
Porém a palavra dos homens de Judá foi mais
dura do que a palavra dos homens de Israel.

A revolta de Seba

20 1 Aconteceu que estava ali um homem per-
verso, cujo nome era Seba, filho de Bicri,
homem de Benjamim. Ele tocou a trombeta e
disse:
— Não temos parte em Davi, nem herança no
filho de Jessé. Cada um para as suas tendas, ó Is-
rael.
2 Então todos os homens de Israel se separaram
de Davi e seguiram Seba, filho de Bicri. Mas os ho-
mens de Judá se apegaram ao seu rei, conduzindo-
-o desde o Jordão até Jerusalém.
3 E Davi foi para o seu palácio em Jerusalém. O
rei tomou as dez concubinas, que tinha deixado
para cuidar do palácio, e as pôs em custódia, e as
sustentou, porém não teve relações com elas. Elas
ficaram enclausuradas até o dia em que morre-
ram, vivendo como viúvas.
4 O rei disse a Amasa:
— Convoque, para dentro de três dias, os ho-
mens de Judá e apresente-se aqui.
5 Amasa saiu para convocar os homens de Judá,
mas demorou-se além do tempo que lhe havia
sido dado. 6 Então Davi disse a Abisai:
— Agora Seba, o filho de Bicri, nos fará mais
mal do que Absalão. Por isso, pegue os servos do
seu senhor e vá atrás dele, para que não ache para
si cidades fortificadas e nos escape.
7 Então saíram com ele os soldados de Joabe, a
guarda real e todos os valentes. Saíram de Jerusa-
lém para perseguir Seba, filho de Bicri. 8 Quando
chegaram à pedra grande que está em Gibeão,
Amasa veio ao encontro deles. Joabe usava trajes
militares e sobre eles um cinto, no qual, presa aos
seus lombos, estava uma espada dentro da bainha.
Quando Joabe se adiantou, sua espada caiu. 9 En-
tão Joabe disse a Amasa:
— Você vai bem, meu irmão?
E, com a mão direita, pegou na barba de Ama-
sa, para o beijar. 10 Amasa não reparou na espada
que estava na mão de Joabe. Assim, este o feriu
com ela na barriga e lhe derramou por terra os
intestinos. Amasa morreu, sem que fosse preciso
dar um segundo golpe. Então Joabe e o seu irmão
Abisai perseguiram Seba, filho de Bicri. 11 Mas
um dos moços de Joabe parou junto do corpo de
Amasa e disse:
— Quem está do lado de Joabe e é por Davi, siga
Joabe!
12 Amasa estava envolto no seu sangue no
meio do caminho. Quando o moço viu que todo
o povo parava, arrastou Amasa do caminho para
o campo e lançou um manto sobre ele. Porque ele
via que todo aquele que chegava perto dele para-
va. 13 Depois que o corpo foi afastado do caminho,
todos os homens seguiram Joabe, para persegui-
rem Seba, filho de Bicri.
14 Seba passou por todas as tribos de Israel até
Abel-Bete-Maaca, e apenas os beritas se ajunta-
ram todos e o seguiram. 15 Joabe e os seus homens
vieram e o cercaram em Abel-Bete-Maaca. E le-
vantaram contra a cidade um montão da altura da
muralha. E todo o povo que estava com Joabe batia
na muralha para a derrubar. 16 Então uma mulher
sábia gritou de dentro da cidade:
— Escutem! Escutem! Digam a Joabe que venha
cá, para que eu fale com ele.
17 Quando ele chegou perto, a mulher pergun-
tou:
— Você é Joabe?
Ele respondeu:
— Eu sou.
Ela lhe disse:
— Ouça as palavras desta sua serva.
Joabe respondeu:
— Estou ouvindo.
18 Então ela disse:
— Antigamente se costumava dizer: "Peçam
conselho na cidade de Abel"; e assim as questões
eram resolvidas. 19 Eu sou uma das pacíficas e das
fiéis em Israel, e você procura destruir uma cidade
que é mãe em Israel. Por que você quer devorar a
herança do SENHOR?
20 Então Joabe respondeu:
— Longe, longe de mim que eu devore e des-
trua! 21 A coisa não é assim. Porém um homem
da região montanhosa de Efraim, chamado Seba,
filho de Bicri, levantou a mão contra o rei, contra
Davi. Entreguem-me só este, e eu vou me retirar
da cidade.
Então a mulher disse a Joabe:
— Eis que a cabeça dele será jogada por cima da
muralha para você.
22 Então a mulher, na sua sabedoria, foi falar
com todo o povo. E cortaram a cabeça de Seba,
filho de Bicri, e a jogaram para Joabe. Então Joabe
tocou a trombeta, e eles se retiraram da cidade,
cada um para a sua casa. E Joabe voltou a Jerusa-
lém, para junto do rei.

Oficiais de Davi

2Sm 8.15-18; 1Cr 18.14-17

23 Joabe era comandante de todo o exército de
Israel. Benaia, filho de Joiada, era comandante da
guarda real. 24 Adorão era chefe dos que estavam
sujeitos a trabalhos forçados. Josafá, filho de Ailu-
de, era o cronista. 25 Seva era o escrivão. Zadoque
e Abiatar eram os sacerdotes. 26 E também Ira, o
jairita, era ministro de Davi.

Os gibeonitas são vingados

21 1 Nos dias do rei Davi houve uma fome de
três anos consecutivos. Davi consultou o
Senhor, e o Senhor lhe disse:
— É por causa de Saul e de sua família sangui-
nária, porque ele matou os gibeonitas.
2 Então o rei chamou os gibeonitas e falou com
eles. Os gibeonitas não eram dos filhos de Israel,
mas do resto dos amorreus. Os filhos de Israel lhes
tinham jurado poupá-los, porém Saul procurou
destruí-los no seu zelo pelos filhos de Israel e de
Judá. 3 Davi perguntou aos gibeonitas:
— O que vocês querem que eu faça por vocês?
E que resgate lhes darei, para que abençoem a he-
rança do Senhor?
4 Os gibeonitas responderam:
— A nossa questão com Saul e com a sua casa
não tem nada a ver com prata nem com ouro.
Também não pretendemos matar pessoa alguma
em Israel.
Então Davi disse:
— O que vocês disserem, isso farei por vocês.
5 Eles responderam ao rei:
— Quanto ao homem que nos destruiu e pro-
curou que fôssemos exterminados, sem que pu-
déssemos subsistir dentro das fronteiras de Israel,
6 que nos sejam dados sete homens dos seus des-
cendentes, para que os enforquemos diante do
Senhor, em Gibeá de Saul, o eleito do Senhor.
E o rei disse:
— Eu vou dar.
7 Mas o rei poupou Mefibosete, filho de Jônatas,
filho de Saul, por causa do juramento ao Senhor
feito entre Davi e Jônatas, filho de Saul. 8 Porém
o rei pegou os dois filhos que Rispa, filha de Aiá,
tinha tido de Saul, a saber, Armoni e Mefibose-
te. Pegou também os cinco filhos que Merabe,
filha de Saul, tinha tido de Adriel, filho de Bar-
zilai, meolatita. 9 Davi os entregou nas mãos dos
gibeonitas, que os enforcaram no monte, diante
do Senhor, e os sete morreram ao mesmo tempo.
Foram mortos nos dias da colheita, nos primeiros
dias, no princípio da colheita da cevada.
10 Então Rispa, filha de Aiá, pegou um pano de
saco e o estendeu para si sobre uma rocha, desde
o princípio da colheita até que caiu água do céu
sobre os corpos. E não deixou que as aves do céu
se aproximassem deles de dia, nem os animais do
campo, de noite.
11 Contaram a Davi o que Rispa, filha de Aiá e
concubina de Saul, havia feito. 12 Então Davi foi e
tomou os ossos de Saul e os ossos de Jônatas, seu
filho, dos moradores de Jabes-Gileade, os quais os
furtaram da praça de Bete-Seã, onde os filisteus
os tinham pendurado, no dia em que mataram
Saul em Gilboa. 13 Dali, transportou os ossos de
Saul e os ossos de Jônatas, seu filho; e ajuntaram
também os ossos dos enforcados. 14 Sepultaram
os ossos de Saul e de Jônatas, seu filho, na terra de
Benjamim, em Zela, no túmulo de Quis, seu pai.
Fizeram tudo o que o rei havia ordenado. Depois
disto, Deus se tornou favorável para com a terra.

Gigantes mortos pelos homens de Davi

1Cr 20.4-8

15 De novo, os filisteus fizeram guerra contra
Israel. Davi foi com os seus soldados, e lutaram
contra os filisteus. E Davi ficou muito cansado.
16 Isbi-Benobe descendia dos gigantes. O peso do
bronze de sua lança era de quase quatro quilos, e
estava cingido de uma armadura nova. Este disse
que mataria Davi. 17 Porém Abisai, filho de Zeruia,
socorreu Davi, atacou o filisteu e o matou. Então
os homens de Davi lhe juraram, dizendo:
— Nunca mais o senhor sairá conosco à bata-
lha, para que a lâmpada de Israel não se apague.
18 Depois disto houve ainda, em Gobe, outra
batalha contra os filisteus. Foi então que Sibecai,
o husatita, matou Safe, que era descendente dos
gigantes.
19 Houve ainda, em Gobe, outra batalha contra
os filisteus, e Elanã, filho de Jaaré-Oregim, o be-
lemita, matou Golias, o geteu, cuja lança tinha a
haste como eixo de tecelão.
20 Houve ainda outra batalha em Gate. Ali ha-
via um homem de grande estatura, que tinha seis
dedos em cada mão e em cada pé, vinte e quatro
ao todo; também este descendia dos gigantes.
21 Quando ele insultou Israel, Jônatas, filho de Si-
meia, irmão de Davi, o matou.
22 Esses quatro eram descendentes dos gigan-
tes em Gate, e foram mortos por Davi e seus sol-
dados.

Cântico de Davi em ação de graças

Sl 18.1-50

22 1 Davi falou ao Senhor as palavras deste
cântico, no dia em que o Senhor o livrou
das mãos de todos os seus inimigos e das mãos de
Saul. 2 Ele disse:

O Senhor é a minha rocha,
a minha fortaleza, o meu libertador;
3 o meu Deus, o meu rochedo
em que me refugio;
o meu escudo, a força da minha salvação,
o meu alto refúgio.
Ó Deus, tu me salvas da violência.
4 Invoco o Senhor, digno de ser louvado,
e serei salvo dos meus inimigos.
5 Porque ondas de morte me cercaram,
torrentes de perdição me impuseram terror.
6 Cadeias infernais me envolveram,
e tramas de morte me surpreenderam.

7 Na minha angústia, invoquei o SENHOR;
gritei por socorro ao meu Deus.
Do seu templo ele ouviu a minha voz,
e o meu clamor chegou aos seus ouvidos.
8 Então a terra se abalou e tremeu;
vacilaram também os fundamentos dos céus
e se abalaram, porque ele estava irado.
9 Das suas narinas subiu fumaça,
e fogo devorador saiu da sua boca;
dele saíram brasas ardentes.
10 Ele baixou os céus e desceu,
e teve sob os pés densa escuridão.
11 Cavalgava um querubim e voou;
foi levado sobre as asas do vento.
12 Por abrigo pôs ao redor de si trevas,
ajuntamento de águas, nuvens dos céus.
13 Do resplendor que diante dele havia,
brasas de fogo se acenderam.
14 O SENHOR trovejou desde os céus;
o Altíssimo levantou a sua voz.
15 Atirou as suas flechas
e espalhou os meus inimigos;
multiplicou os seus raios e os dispersou.
16 Então se viu o leito do mar,
e se descobriram os fundamentos do mundo,
pela repreensão do SENHOR,
pelo sopro irado das suas narinas.
17 Do alto o SENHOR me estendeu
a mão e me segurou;
ele me tirou das águas profundas.
18 Livrou-me de forte inimigo
e dos que me odiavam,
pois eram mais poderosos do que eu.
19 Eles me atacaram no dia da minha calamidade,
mas o SENHOR me serviu de amparo.
20 Trouxe-me para um lugar espaçoso;
livrou-me, porque ele se agradou de mim.

21 O SENHOR me retribuiu
segundo a minha justiça;
recompensou-me conforme
a pureza das minhas mãos.
22 Pois tenho guardado os caminhos do SENHOR
e não me afastei perversamente do meu Deus.
23 Porque todos os seus juízos
estão diante de mim,
e não rejeitei os seus preceitos.
24 Também fui íntegro para com ele
e me guardei da iniquidade.
25 Por isso, o SENHOR me retribuiu
segundo a minha justiça,
conforme a minha pureza, na sua presença.

26 Para com quem é fiel, fiel te mostras;
com o íntegro, também íntegro.
27 Com o puro, puro te mostras;
com o perverso, inflexível.
28 Tu salvas o povo humilde,
mas, com um lance de vista,
abates os orgulhosos.
29 Tu, SENHOR, és a minha lâmpada;
o SENHOR derrama luz nas minhas trevas.
30 Pois contigo posso atacar exércitos,
com o meu Deus salto muralhas.
31 O caminho de Deus é perfeito;
a palavra do SENHOR é confiável;
ele é escudo para todos os que
nele se refugiam.

32 Pois quem é Deus além do SENHOR?
E quem é rochedo, a não ser o nosso Deus?
33 Deus é a minha fortaleza e a minha força
e ele aperfeiçoa o meu caminho.
34 Ele deu aos meus pés a ligeireza das corças
e me firmou nas minhas alturas.
35 Ele treinou as minhas mãos para o combate,
tanto que os meus braços
vergaram um arco de bronze.
36 Também me deste o escudo da tua salvação,
e a tua clemência me engrandeceu.
37 Alargaste o caminho sob meus passos,
e os meus pés não vacilaram.
38 Persegui os meus inimigos e os derrotei,
e só voltei depois de ter acabado com eles.
39 Acabei com eles, esmagando-os
a tal ponto, que não puderam se levantar;
caíram sob os meus pés.
40 Pois me cingiste de força para o combate
e me submeteste os que
se levantaram contra mim.
41 Também puseste em fuga
os meus inimigos,
e os que me odiavam, eu os exterminei.
42 Olharam, mas não houve quem os salvasse;
olharam para o SENHOR,
mas ele não respondeu.
43 Então os moí como o pó da terra;
esmaguei-os e, como a lama
das ruas, os amassei.

44 Dos conflitos do meu povo me livraste
e me fizeste cabeça das nações;
um povo que eu não conhecia me serviu.
45 Os estrangeiros se mostram
submissos a mim;
bastou-lhes ouvir a minha voz,
logo me obedeceram.
46 Os estrangeiros fraquejaram
e, tremendo, saíram das suas fortalezas.

47 O SENHOR vive! Bendita seja a minha rocha!
Exaltado seja o meu Deus,
a rocha da minha salvação!
48 O Deus que por mim tomou vingança
e me submeteu povos;

49 o Deus que me tirou
do meio dos meus inimigos;
sim, tu que me exaltaste
acima dos meus adversários
e me livraste dos homens violentos.

50 Por isso, eu te glorificarei
entre os gentios, ó SENHOR,
e cantarei louvores ao teu nome.
51 É ele quem dá grandes vitórias ao seu rei
e usa de misericórdia para com o seu ungido,
com Davi e sua posteridade, para sempre.

As últimas palavras de Davi

23 1 São estas as últimas palavras de Davi:

Palavra de Davi, filho de Jessé;
palavra do homem que foi exaltado,
do ungido do Deus de Jacó,
do suave salmista de Israel.

2 O Espírito do SENHOR fala por meio de mim;
e a sua palavra está na minha língua.
3 O Deus de Israel falou,
a Rocha de Israel me disse:
"Aquele que governa o povo com justiça,
que domina no temor de Deus,
4 é como a luz da manhã, quando sai o sol,
como manhã sem nuvens,
cujo esplendor, depois da chuva,
faz brotar da terra a erva."

5 Não é assim que a minha casa
está para com Deus?
Pois estabeleceu comigo uma aliança eterna,
em tudo bem-definida e segura.
Não me fará ele prosperar
toda a minha salvação
e toda a minha esperança?

6 Porém os homens malignos serão
todos lançados fora como os espinhos,
pois não podem ser tocados com as mãos;
7 mas quem quer tocá-los se arma de ferro
e da haste de uma lança;
e serão totalmente queimados
no fogo ali onde estão.

Os valentes de Davi

1Cr 11.10-47

8 São estes os nomes dos valentes de Davi:
Josebe-Bassebete, filho de Taquemoni, o principal
de três; este brandiu a sua lança contra oitocentos
homens e os matou de uma só vez.
9 Depois dele, Eleazar, filho de Dodô, filho de
Aoí, entre os três valentes que estavam com Davi,
quando desafiaram os filisteus ali reunidos para
a batalha. Quando os filhos de Israel já se haviam
retirado, 10 ele se levantou e atacou os filisteus, até
lhe cansar a mão e ficar grudada na espada. Naquele dia, o SENHOR efetuou grande livramento, e
o povo voltou para onde Eleazar estava somente
para pegar os despojos.

11 Depois dele vinha Sama, filho de Agé, o hararita, quando os filisteus se juntaram em Leí,
onde havia uma plantação de lentilhas; e o povo
fugia dos filisteus. 12 Sama pôs-se no meio daque-
le terreno, e o defendeu, e matou os filisteus; e o
SENHOR efetuou grande livramento.

13 No tempo da colheita, três dos trinta chefes
desceram à caverna de Adulão, onde Davi estava; e
uma tropa de filisteus tinha acampado no vale dos
Refains. 14 Nessa época Davi estava na fortaleza, e
a guarnição dos filisteus estava em Belém. 15 Davi
suspirou e disse:

— Quem me dera beber água do poço que está junto ao portão de Belém!

16 Então aqueles três valentes romperam pelo
acampamento dos filisteus, tiraram água do poço
junto ao portão de Belém e a levaram a Davi. Ele
não a quis beber, mas a derramou como libação ao
SENHOR. 17 E disse:

— Longe de mim, ó SENHOR, fazer tal coisa! Beberia eu o sangue dos homens que lá foram colocando em risco a sua vida?

E assim não a quis beber.

São estas as coisas que fizeram os três valentes.

18 Também Abisai, irmão de Joabe, filho de
Zeruia, era chefe de trinta. Este, empunhando a sua
lança, atacou trezentos homens e os matou. E tinha
nome entre os três. 19 Ele era mais nobre do que os
trinta e se tornou o chefe deles; contudo, não chegou aos primeiros três.

20 Também Benaia, filho de Joiada, era homem
valente de Cabzeel e realizou grandes feitos. Ele
matou dois heróis de Moabe. Desceu numa cova
e nela matou um leão no tempo da neve. 21 Matou
também um egípcio, homem de grande estatura. O
egípcio trazia na mão uma lança, mas Benaia o atacou com um cajado, arrancou a lança da mão dele e
o matou com ela. 22 Estas coisas fez Benaia, filho de
Joiada, pelo que teve nome entre os primeiros três
valentes. 23 Era mais nobre do que os trinta, porém
não chegou aos primeiros três. Davi o pôs sobre a
sua guarda.

24 Entre os trinta figuravam: Asael, irmão de
Joabe; Elanã, filho de Dodô, de Belém; 25 Sama, ha-
rodita; Elica, harodita; 26 Heles, paltita; Ira, filho de
Iques, tecoíta; 27 Abiezer, anatotita; Mebunai, hu-
satita; 28 Zalmom, aoíta; Maarai, netofatita; 29 He-
lebe, filho de Baaná, netofatita; Itai, filho de Ribai,
de Gibeá, dos filhos de Benjamim; 30 Benaia, pira-
tonita; Hidai, do ribeiro de Gaás; 31 Abi-Albom, ar-
batita; Azmavete, barumita; 32 Eliaba, saalbonita;
os filhos de Jasém; Jônatas; 33 Sama, hararita; Aião,
filho de Sarar, ararita; 34 Elifelete, filho de Aasbai,

filho de um maacatita; Eliã, filho de Aitofel, giloni-
ta; 35 Hezrai, carmelita; Paarai, arbita; 36 Igal, filho
de Natã, de Zobá; Bani, gadita; 37 Zeleque, amoni-
ta; Naarai, beerotita, o que carregava as armas de
Joabe, filho de Zeruia; 38 Ira, itrita; Garebe, itrita;
39 Urias, heteu. Ao todo eram trinta e sete.

O levantamento do censo

1Cr 21.1-6

24 1 Mais uma vez a ira do SENHOR se acendeu
contra os israelitas, e ele incitou Davi contra
eles, dizendo:

— Vá e levante o censo de Israel e de Judá.

2 O rei disse a Joabe, comandante do seu exército:

— Percorra todas as tribos de Israel, desde Dã
até Berseba, e levante o censo do povo, para que
eu saiba o seu número.

3 Então Joabe disse ao rei:

— Que o SENHOR, seu Deus, multiplique este
povo cem vezes mais, e que o rei, meu senhor, o
veja! Mas por que o rei, meu senhor, quer fazer uma
coisa dessas?

4 Porém a palavra do rei prevaleceu contra Joabe
e contra os chefes do exército. Então eles saíram
da presença do rei, para levantar o censo do povo
de Israel. 5 Passaram o Jordão e acamparam em
Aroer, à direita da cidade que está no meio do vale
de Gade, e foram a Jazer. 6 Dali foram a Gileade e
chegaram até Cades, na terra dos heteus. Segui-
ram a Dã-Jaã e viraram-se para Sidom. 7 Chegaram
à fortaleza de Tiro e a todas as cidades dos heveus
e dos cananeus, de onde saíram para o Sul de
Judá, a Berseba. 8 Assim, percorreram toda a terra
e, depois de nove meses e vinte dias, chegaram a
Jerusalém. 9 Joabe apresentou ao rei o resultado do
recenseamento do povo: havia em Israel oitocen-
tos mil homens de guerra, que puxavam da espa-
da; e em Judá eram quinhentos mil.

Davi escolhe o castigo

1Cr 21.7-17

10 Depois de haver recenseado o povo, Davi fi-
cou com dor no coração. Ele disse ao SENHOR:

— Cometi um grande pecado ao fazer o que
fiz. Mas agora, ó SENHOR, peço-te que perdoes a
iniquidade do teu servo, porque fiz uma grande
loucura.

11 Quando Davi se levantou pela manhã, a pa-
lavra do SENHOR veio ao profeta Gade, vidente de
Davi, dizendo:

12 — Vá e diga a Davi: Assim diz o SENHOR: "Eu
lhe ofereço três opções; escolha uma delas, para
que eu a execute contra você."

13 Gade foi falar com Davi e lhe comunicou isso,
dizendo:

— Você quer sete anos de fome na sua terra,
três meses fugindo dos seus inimigos, que vão
persegui-lo, ou três dias de peste na sua terra?
Decida, agora, e diga que resposta devo dar ao que
me enviou.

14 Então Davi disse a Gade:

— Estou muito angustiado. Porém é preferível
que caiamos nas mãos do SENHOR, porque mui-
tas são as suas misericórdias; não quero cair nas
mãos dos homens.

15 Então o SENHOR enviou a peste a Israel, des-
de a manhã até o tempo que havia determinado.
E, desde Dã até Berseba, morreram setenta mil
homens do povo. 16 Quando o Anjo do SENHOR es-
tendeu a mão sobre Jerusalém, para a destruir, o
SENHOR mudou de ideia quanto a este mal e disse
ao Anjo que fazia a destruição entre o povo:

— Basta! Retire a sua mão.

O Anjo estava junto à eira de Araúna, o jebuseu.
17 Ao ver o Anjo que feria o povo, Davi falou ao
SENHOR e disse:

— Eu é que pequei. Eu é que fiz essa perversi-
dade. Mas estas ovelhas o que fizeram? Que a tua
mão seja contra mim e contra a casa de meu pai.

Davi edifica um altar na eira de Araúna

1Cr 21.18-27

18 Naquele mesmo dia, Gade foi falar com Davi
e lhe disse:

— Vá e edifique um altar ao SENHOR na eira de
Araúna, o jebuseu.

19 Davi foi segundo a palavra de Gade, como o
SENHOR lhe havia ordenado. 20 Araúna viu, do alto,
que o rei e os seus homens vinham ao seu encon-
tro. Saiu e se inclinou diante do rei, com o rosto
em terra. 21 E perguntou:

— Por que o rei, meu senhor, vem até este seu
servo?

Davi respondeu:

— Para comprar de você esta eira, a fim de edi-
ficar nela um altar ao SENHOR, para que cesse a
praga no meio do povo.

22 Então Araúna disse a Davi:

— Que o rei, meu senhor, tome e ofereça o que
bem quiser. Aqui estão os bois para o holocausto,
o debulhador de cereais e a canga dos bois para
a lenha. 23 Tudo isto, ó rei, Araúna oferece ao rei.

E acrescentou:

— Que o SENHOR, seu Deus, aceite a sua oferta.

24 Porém o rei disse a Araúna:

— Não! Eu vou comprar de você pelo que vale.
Porque não oferecerei ao SENHOR, meu Deus, ho-
locaustos que não me custem nada.

Assim, Davi comprou a eira e os bois por cin-
quenta moedas de prata. 25 Davi edificou ali um
altar ao SENHOR e apresentou holocaustos e ofer-
tas pacíficas. Assim, o SENHOR se tornou favorá-
vel para com a terra, e a praga cessou no meio de
Israel.

O PRIMEIRO LIVRO DOS

REIS

A velhice de Davi

1 [1] Quando o rei Davi já estava bem velho,
envolviam-no com roupas, mas ele não se
aquecia. 2 Então os seus servos lhe disseram:
— Que se procure para o rei, nosso senhor,
uma jovem donzela, que esteja diante do rei e te-
nha cuidado dele, e durma nos seus braços, para
que o rei, nosso senhor, se aqueça.
3 Então procuraram em todo o território de
Israel uma jovem formosa. Acharam Abisague,
sunamita, e a levaram ao rei. 4 A jovem era muito
bonita. Cuidava do rei e o servia, mas o rei não teve
relações com ela.

Adonias tenta ser rei

5 Então Adonias, filho de Hagite, se exaltou e
disse:
— Eu serei o rei.
Providenciou carros de guerra, cavaleiros e
cinquenta homens que corressem na sua fren-
te. 6 Seu pai jamais o tinha contrariado, dizen-
do: "Por que você fez isso ou aquilo?" Adonias
tinha boa aparência e era mais jovem do que
Absalão. 7 Ele tinha feito um acordo com Joabe,
filho de Zeruia, e com Abiatar, o sacerdote, que
o seguiam e apoiavam. 8 Porém Zadoque, o sa-
cerdote, Benaia, filho de Joiada, Natã, o profeta,
Simei, Reí e os valentes de Davi não apoiavam
Adonias.
9 Certo dia Adonias sacrificou ovelhas, bois
e bezerros gordos junto à pedra de Zoelete, que
está perto de En-Rogel. Convidou todos os seus
irmãos, os filhos do rei, e todos os homens de
Judá que estavam a serviço do rei, 10 porém não
convidou Natã, o profeta, nem Benaia, nem os
valentes, nem Salomão, seu irmão.

Salomão é proclamado rei

11 Então Natã disse a Bate-Seba, mãe de Salo-
mão:
— Você não ouviu que Adonias, filho de Ha-
gite, se proclamou rei e que nosso senhor, Davi,
não sabe de nada? 12 Agora permita que eu lhe dê
um conselho, para que você salve a sua vida e a
vida do seu filho Salomão. 13 Vá, apresente-se ao
rei Davi e diga: "Ó rei, meu senhor, não é verdade
que você *jurou a esta* sua serva, dizendo: 'O seu
filho Salomão reinará depois de mim e ele se as-
sentará no meu trono?' Por que, então, Adonias
se tornou rei?" 14 — Eis que, enquanto você ainda
estiver falando com o rei, eu também entrarei de-
pois de você e confirmarei as suas palavras.
15 Assim, Bate-Seba entrou no quarto do rei para
falar com ele. O rei já era bem velho, e Abisague, a
sunamita, o servia. 16 Bate-Seba inclinou a cabeça e
prostrou-se diante do rei, que perguntou:
— O que você quer?
17 Ela respondeu:
— Meu senhor, você jurou a esta sua serva pelo
SENHOR, seu Deus, dizendo: "O seu filho Salomão
reinará depois de mim e ele se assentará no meu
trono." 18 Mas agora Adonias se proclamou rei, e
você, ó rei, meu senhor, não sabe disso. 19 Ele sa-
crificou bois, bezerros gordos e ovelhas em abun-
dância. Convidou todos os filhos do rei, Abiatar,
o sacerdote, e Joabe, comandante do exército,
mas não convidou o seu servo Salomão. 20 Porém,
ó rei, meu senhor, todo o Israel tem os olhos em
você, para que o rei diga quem se assentará no
trono do rei, meu senhor, depois dele. 21 Do con-
trário, sucederá que, quando o rei, meu senhor,
morrer, eu e o meu filho Salomão seremos tidos
por culpados.
22 Enquanto Bate-Seba ainda falava com o rei,
eis que o profeta Natã entrou. 23 E anunciaram isso
ao rei, dizendo:
— O profeta Natã está aí.
Ele se apresentou ao rei e prostrou-se com o
rosto em terra diante dele. 24 Natã perguntou:
— Rei Davi, por acaso o senhor declarou, di-
zendo: "Adonias reinará depois de mim e é ele
quem se assentará no meu trono"? 25 Porque hoje
ele foi sacrificar bois, bezerros gordos e ovelhas
em abundância. Convidou todos os filhos do rei,
os chefes do exército e Abiatar, o sacerdote. E eis
que estão comendo e bebendo com ele e gritan-
do: "Viva o rei Adonias!" 26 Porém não convidou
a mim, que sou servo do rei, nem Zadoque, o sa-
cerdote, nem Benaia, filho de Joiada, nem Salo-
mão, que é servo do meu senhor. 27 Será que isso
teria sido feito por ordem do rei, meu senhor? E o
senhor não contou nem a este seu servo quem se
assentaria no seu trono, depois do senhor!
28 O rei Davi respondeu:
— Chamem Bate-Seba.
Ela se apresentou ao rei e se pôs diante dele.
29 Então o rei jurou, dizendo:
— Tão certo como vive o SENHOR, que remiu a
minha alma de toda a angústia, 30 farei no dia de
hoje como jurei a você pelo SENHOR, Deus de Israel,
dizendo: "O seu filho Salomão reinará depois de
mim e se assentará no meu trono, em meu lugar."
31 Então Bate-Seba se inclinou, prostrou-se com
o rosto em terra diante do rei e disse:

— Que o rei Davi, meu senhor, viva para sem-
pre!
32 O rei Davi disse:
— Chamem Zadoque, o sacerdote, Natã, o
profeta, e Benaia, filho de Joiada.
E eles se apresentaram ao rei. 33 Então o rei
disse:
— Levem com vocês os meus servos, façam
o meu filho Salomão montar na minha mula e
levem-no a Giom. 34 Ali Zadoque, o sacerdote, com
Natã, o profeta, o ungirão rei sobre Israel. Então
toquem a trombeta e digam: "Viva o rei Salomão!"
35 Depois venham subindo com ele, e ele virá e se
assentará no meu trono, pois é ele quem reinará
em meu lugar. Porque ordenei que ele seja chefe
sobre Israel e sobre Judá.
36 Então Benaia, filho de Joiada, respondeu ao
rei:
— Amém! Que o SENHOR, Deus do rei, meu
senhor, confirme isso! 37 Como o SENHOR Deus
tem estado com o rei, meu senhor, assim esteja
com Salomão e faça com que o trono dele seja
maior do que o trono do rei Davi, meu senhor.
38 Então Zadoque, o sacerdote, Natã, o profeta,
Benaia, filho de Joiada, e a guarda real fizeram
Salomão montar na mula que era do rei Davi e o
levaram a Giom. 39 Zadoque, o sacerdote, levou o
chifre do azeite que estava no tabernáculo e un-
giu Salomão. Tocaram a trombeta, e todo o povo
gritou:
— Viva o rei Salomão!
40 Todo o povo vinha subindo atrás de Salo-
mão, tocando flautas e gritando de alegria. O ba-
rulho era tanto, que parecia que a terra estava se
fendendo.
41 Adonias e todos os convidados que estavam
com ele ouviram isso, quando acabavam de co-
mer. Também Joabe ouviu o som da trombeta e
perguntou:
— Que significa esse alvoroço na cidade?
42 Enquanto ele falava, eis que chegou Jônatas,
filho de Abiatar, o sacerdote. Adonias disse a Jô-
natas:
— Entre aqui, porque você é um homem va-
lente e deve estar trazendo boas notícias.
43 Mas Jônatas respondeu a Adonias:
— Pelo contrário. Nosso senhor, o rei Davi,
proclamou Salomão como rei. 44 E Davi enviou
com ele Zadoque, o sacerdote, Natã, o profeta,
Benaia, filho de Joiada, e os da guarda real; e eles
fizeram Salomão montar na mula que era do rei.
45 Zadoque, o sacerdote, e Natã, o profeta, o ungi-
ram rei em Giom. Eles voltaram de lá, cheios de
alegria, e a cidade se alvoroçou. É esse o barulho
que você ouviu. 46 Também Salomão já está senta-
do no trono do reino. 47 Além disso, os oficiais do
rei foram cumprimentar Davi e disseram: "Que o
seu Deus faça com que o nome de Salomão seja
mais célebre do que o seu nome, e faça com que
o trono dele seja maior do que o seu trono." E
o rei se inclinou sobre o leito. 48 O rei também
disse o seguinte: "Bendito seja o SENHOR, Deus
de Israel, que deu hoje quem se assente no meu
trono, e permitiu que eu o visse com os meus
próprios olhos."
49 Então todos os convidados que estavam com
Adonias começaram a tremer, se levantaram e
foram embora, cada um pelo seu caminho.
50 Porém Adonias, temendo Salomão, levantou-
-se, foi e pegou nas pontas do altar. 51 Então al-
guém foi dizer a Salomão:
— Eis que Adonias tem medo do rei Salomão,
porque pega nas pontas do altar, dizendo: "Que o
rei Salomão me jure hoje que não matará este seu
servo à espada."
52 Salomão respondeu:
— Se for homem de bem, nem um de seus ca-
belos cairá no chão. Mas se fizer alguma maldade,
morrerá.
53 Então o rei Salomão enviou mensageiros, e o
fizeram descer do altar. Adonias veio e se prostrou
diante do rei Salomão, que lhe disse:
— Vá para a sua casa.

As últimas ordens de Davi a Salomão

2 1 Quando se aproximava o dia da morte de
Davi, ele deu ordens a Salomão, seu filho, di-
zendo:
2 — Eu vou pelo caminho de todos os mortais.
Portanto, tenha coragem e seja homem! 3 Guarde
os preceitos do SENHOR, seu Deus, andando nos
seus caminhos, guardando os seus estatutos, os
seus mandamentos, os seus juízos e os seus tes-
temunhos, como está escrito na Lei de Moisés.
Assim, você será bem-sucedido em tudo o que
fizer e por onde quer que você for, 4 e o SENHOR
confirmará a promessa que me fez, dizendo: "Se
os seus filhos guardarem o seu caminho, andando
diante de mim fielmente, de todo o seu coração e
de toda a sua alma, nunca lhe faltará sucessor ao
trono de Israel."
5 — Você também sabe o que me fez Joabe, filho
de Zeruia, e o que fez com os dois comandantes do
exército de Israel, com Abner, filho de Ner, e com
Amasa, filho de Jéter. Ele os matou e, em tempo
de paz, vingou o sangue derramado em tempo
de guerra, manchando com ele o cinto que trazia
nos lombos e as sandálias nos pés. 6 Portanto, faça
segundo a sabedoria que você tem e não permita
que ele morra em paz com idade avançada. 7 Mas
seja bondoso com os filhos de Barzilai, o gileadita,
e que eles estejam entre os que sentam à sua mesa
para comer, porque estiveram ao meu lado quan-
do eu fugia por causa do seu irmão Absalão.

8 — Eis que você também terá de lidar com
Simei, filho de Gera, filho de Benjamim, de Baurim,
que me lançou uma terrível maldição no dia
em que eu ia a Maanaim. Porém ele veio ao meu
encontro junto ao Jordão, e eu, pelo SENHOR, lhe
jurei, dizendo que não o mataria à espada. 9 Mas,
agora, não o tenha por inocente, pois você é um
homem sábio e bem saberá o que deve fazer com
ele para que ele seja sepultado com os cabelos
brancos manchados de sangue.
10 Davi morreu e foi sepultado na Cidade de
Davi. 11 Davi reinou sobre Israel durante quarenta
anos: sete anos em Hebrom e trinta e três em
Jerusalém. 12 Salomão assentou-se no trono de
Davi, seu pai, e o seu reino se fortificou muito.

A morte de Adonias

13 Então Adonias, filho de Hagite, foi até Bate-Seba,
mãe de Salomão. Ela perguntou:
— É de paz a sua vinda?
E ele respondeu:
— Sim, é de paz.
14 E acrescentou:
— Tenho uma coisa para lhe dizer.
Ela disse:
— Fale.
15 Então Adonias disse:
— A senhora bem sabe que o reino era meu e
que todo o Israel esperava que eu reinasse. Mas
o reino se transferiu e veio a ser de meu irmão,
porque do SENHOR ele o recebeu. 16 Agora um só
pedido lhe faço e peço que não me seja recusado.
Ela lhe disse:
— Fale.
17 Então Adonias disse:
— Peço que a senhora fale com o rei Salomão,
que não recusará um pedido seu, para que ele me
dê por mulher Abisague, a sunamita.
18 Ao que Bate-Seba respondeu:
— Está bem, eu falarei por você ao rei.
19 Então Bate-Seba foi até o rei Salomão, para
falar-lhe em favor de Adonias. O rei se levantou
para recebê-la e se inclinou diante dela. Depois se
assentou no seu trono e mandou pôr uma cadeira
para a sua mãe, e ela se assentou à sua direita.
20 Então Bate-Seba disse:
— Só um pequeno pedido lhe faço e peço que
não me seja recusado.
E o rei disse:
— Pode pedir, minha mãe, porque não recusarei
um pedido seu.
21 *Bate-Seba disse:*
— Peço que Abisague, a sunamita, seja dada
por mulher a Adonias, seu irmão.
22 Então o rei Salomão disse à sua mãe:
— Por que a senhora pede Abisague, a sunamita,
para Adonias? Peça também para ele o reino,
porque é meu irmão mais velho. Sim, para ele, e
também para o sacerdote Abiatar e para Joabe, filho
de Zeruia.
23 E o rei Salomão jurou pelo SENHOR, dizendo:
— Que Deus me castigue, se Adonias não falou
esta palavra contra a sua própria vida. 24 E agora,
tão certo como vive o SENHOR, que me estabeleceu
e me fez assentar no trono de Davi, meu pai, e
me edificou casa, como tinha dito, Adonias morrerá
no dia de hoje.
25 E o rei Salomão enviou Benaia, filho de Joiada,
para atacar Adonias. Ele o atacou e foi assim
que Adonias morreu.
26 E ao sacerdote Abiatar o rei disse:
— Vá para Anatote, para os seus campos,
porque você é homem digno de morte. Hoje, porém,
não o matarei, porque você levou a arca do
SENHOR Deus diante de Davi, meu pai, e porque se
afligiu com todas as aflições de meu pai.
27 Salomão expulsou Abiatar, para que não mais
fosse sacerdote do SENHOR, cumprindo, assim, a
palavra que o SENHOR tinha dito a respeito da casa
de Eli, em Siló.

A morte de Joabe

28 Quando esta notícia chegou a Joabe — porque
Joabe tinha se desviado para seguir Adonias,
embora não tivesse se desviado para seguir Absalão
—, ele fugiu para o tabernáculo do SENHOR
e pegou nas pontas do altar. 29 E alguém foi dizer
ao rei Salomão que Joabe havia fugido para
o tabernáculo do SENHOR e estava junto ao altar.
Então Salomão enviou Benaia, filho de Joiada,
dizendo:
— Vá atacá-lo.
30 Benaia foi ao tabernáculo do SENHOR e disse
a Joabe:
— Assim diz o rei: "Saia daí."
Ele respondeu:
— Não saio! Vou morrer aqui.
Então Benaia voltou com a resposta ao rei, dizendo:
— Assim falou Joabe e foi isso que ele me respondeu.
31 E Salomão ordenou:
— Faça o que ele disse. Mate-o e sepulte-o,
para que você tire de mim e da casa de meu pai a
culpa do sangue que Joabe derramou sem razão.
32 Assim, o SENHOR fará recair a culpa de sangue
de Joabe sobre a cabeça dele, porque atacou dois
homens mais justos e melhores do que ele e os
matou à espada, sem que Davi, meu pai, o soubesse.
Ele matou Abner, filho de Ner, comandante
do exército de Israel, e Amasa, filho de Jéter,
comandante do exército de Judá. 33 Assim, o sangue
destes recairá sobre a cabeça de Joabe e sobre
a cabeça da sua descendência para sempre; mas

a Davi, à sua descendência, à sua casa e ao seu
trono, o SENHOR dará paz para todo o sempre.
34 Então Benaia, filho de Joiada, atacou Joabe e
o matou; e ele foi sepultado em sua casa, no de-
serto. 35 O rei pôs Benaia, filho de Joiada, como
comandante do exército em lugar de Joabe, e,
como sacerdote, colocou Zadoque em lugar de
Abiatar.

A morte de Simei

36 Depois o rei mandou chamar Simei e lhe
disse:
— Construa uma casa para você em Jerusalém e
fique morando aí. Não saia daí, nem para um lugar
nem para outro. 37 Fique sabendo que, no dia em
que você sair e passar o ribeiro de Cedrom, certa-
mente será morto; então o seu sangue cairá sobre
a sua cabeça.
38 Simei disse ao rei:
— Está bem. Este seu servo fará o que o rei,
meu senhor, ordenou.
E Simei ficou morando em Jerusalém por mui-
to tempo. 39 Mas, ao final de três anos, dois escra-
vos de Simei fugiram para Aquis, filho de Maaca,
rei de Gate. E foram contar isso a Simei, dizendo:
— Eis que os seus escravos estão na cidade de
Gate.
40 Então Simei se levantou, preparou o seu ju-
mento e foi até Gate, para junto de Aquis, em bus-
ca dos seus escravos. Simei foi e trouxe de Gate
os seus escravos. 41 Salomão foi avisado de que
Simei tinha ido de Jerusalém a Gate e que já ha-
via voltado. 42 Então o rei mandou chamar Simei
e lhe disse:
— Eu não fiz você jurar pelo SENHOR e não o
avisei, dizendo: "No dia em que você sair para um
lado ou para outro, saiba que você certamente será
morto"? E você me disse: "Está bem; concordo."
43 Por que, então, você não guardou o juramento
do SENHOR, nem a ordem que lhe dei?
44 E o rei disse mais a Simei:
— Você sabe muito bem e o seu coração reco-
nhece todo o mal que fez a Davi, meu pai; por isso
o SENHOR fez recair sobre a sua cabeça o mal que
você fez. 45 Mas o rei Salomão será abençoado, e
o trono de Davi será mantido diante do SENHOR,
para sempre.
46 O rei deu ordem a Benaia, filho de Joiada, e
ele saiu, atacou Simei e o matou. E assim se firmou
o reino sob o domínio de Salomão.

Salomão casa com a filha de Faraó

3 1 Salomão aliou-se com Faraó, rei do Egito,
pois tomou por mulher a filha de Faraó. Ele a
trouxe à Cidade de Davi, até que acabasse a cons-
trução do seu palácio, da Casa do SENHOR e da
muralha em volta de Jerusalém. 2 Entretanto, o
povo oferecia sacrifícios nos lugares altos, porque
até aqueles dias ainda não se tinha edificado tem-
plo ao nome do SENHOR.

Salomão pede a Deus sabedoria

2Cr 1.2-13

3 Salomão amava o SENHOR, andando nos pre-
ceitos de Davi, seu pai; porém oferecia sacrifícios
e queimava incenso nos lugares altos.
4 O rei foi a Gibeão para lá oferecer sacrifícios,
porque era o lugar alto mais importante. Naquele
altar, Salomão ofereceu mil holocaustos. 5 Em Gi-
beão, o SENHOR apareceu a Salomão de noite, em
sonhos. E Deus lhe disse:
— Peça o que você quer que eu lhe dê.
6 Salomão respondeu:
— Foste muito bondoso com o teu servo Davi,
meu pai, porque ele andou contigo em fidelidade,
em justiça e em retidão de coração, diante da tua
face. Mantiveste para com ele esta grande bonda-
de e lhe deste um filho que se assentasse no seu
trono, como hoje se vê. 7 E agora, ó SENHOR, meu
Deus, tu fizeste reinar teu servo em lugar de Davi,
meu pai. Mas eu não passo de uma criança, não
sei como devo agir. 8 Teu servo está no meio do teu
povo que escolheste, povo grande, tão numeroso
que não se pode contar. 9 Dá, pois, ao teu servo
coração compreensivo para governar o teu povo,
para que, com prudência, saiba discernir entre o
bem e o mal. Pois quem seria capaz de governar
este teu grande povo?
10 Estas palavras agradaram ao Senhor, por ha-
ver Salomão pedido tal coisa. 11 E Deus lhe disse:
— Já que você pediu isso e não me pediu lon-
gevidade, nem riquezas, nem a morte de seus ini-
migos, mas pediu entendimento, para discernir o
que é justo, 12 eis que farei como você pediu. Eu
lhe dou um coração sábio e inteligente, de manei-
ra que antes de você nunca houve ninguém igual
a você, nem haverá depois de você. 13 Também
lhe dou o que você não me pediu, tanto riquezas
como glória, de modo que, entre os reis, não ha-
verá ninguém semelhante a você durante os dias
da sua vida. 14 Se você andar nos meus caminhos
e guardar os meus estatutos e os meus manda-
mentos, como fez Davi, seu pai, eu prolongarei os
seus dias.
15 Salomão acordou, e eis que era um sonho.
Voltou para Jerusalém, pôs-se diante da arca da
aliança do SENHOR, ofereceu holocaustos, apre-
sentou ofertas pacíficas e deu um banquete a to-
dos os seus oficiais.

Salomão julga a causa de duas mulheres

16 Então duas prostitutas foram falar com o rei
Salomão. Apresentaram-se diante dele 17 e uma
das mulheres disse:

— Ah! Meu senhor, eu e esta mulher moramos
na mesma casa, onde dei à luz um filho. 18 No ter-
ceiro dia, depois do meu parto, também esta mu-
lher teve um filho. Estávamos juntas. Não havia
nenhuma outra pessoa conosco na casa; somente
nós duas estávamos ali. 19 De noite, o filho desta
mulher morreu, porque ela se deitou sobre ele.
20 Ela levantou-se no meio da noite e, enquanto
esta sua serva dormia, tirou o meu filho, que es-
tava do meu lado, e o pôs na cama dela; depois
colocou o filho dela, morto, nos meus braços.
21 Quando eu me levantei de madrugada para dar
de mamar ao meu filho, eis que ele estava morto.
Porém, quando reparei nele pela manhã, eis que
não era o filho que eu tinha dado à luz.

22 Então a outra mulher disse:

— Não! O que está vivo é o meu filho; o seu é o que está morto.

Porém a primeira mulher respondeu:

— Não! O que está morto é o seu filho; o meu é o que está vivo.

E assim elas falaram diante do rei.

23 Então o rei Salomão disse:

— Esta diz: "O que está vivo é o meu filho, e o seu filho é o que está morto"; e a outra responde: "Não, o que está morto é o seu filho, e o meu filho é o que está vivo."

24 E o rei continuou:

— Tragam-me uma espada.

E trouxeram uma espada diante do rei. 25 Então
o rei disse:

— Cortem o menino que está vivo em duas partes e deem metade a uma e metade a outra.

26 Então se aguçou o amor materno da mulher
cujo filho estava vivo e ela disse ao rei:

— Ah! Meu senhor, deem a ela o menino vivo! Não o matem de jeito nenhum!

Porém a outra dizia:

— Ele não será nem meu nem seu. Podem cortá-lo ao meio!

27 Então o rei disse:

— Entreguem o menino vivo à primeira mulher. Não o matem. Ela é a mãe do menino.

28 Todo o Israel ouviu a sentença que o rei havia
proferido. E todos tiveram profundo respeito ao
rei, porque viram que havia nele a sabedoria de
Deus, para fazer justiça.

Os oficiais de Salomão

4 1 O rei Salomão reinou sobre todo o Israel. 2 E
estes eram os seus altos oficiais: Azarias, filho
de Zadoque, era o sacerdote; 3 Eliorefe e Aías, fi-
lhos de Sisa, eram secretários; Josafá, filho de
Ailude, era o cronista; 4 Benaia, filho de Joiada,
era comandante do exército; Zadoque e Abia-
tar eram sacerdotes; 5 Azarias, filho de Natã, era
governador-chefe; Zabude, filho de Natã, era
ministro e amigo do rei; 6 Aisar era o responsável
pelo palácio; Adonirão, filho de Abda, era superin-
tendente dos que realizavam trabalhos forçados.

7 Salomão tinha doze governadores sobre todo
o Israel, que forneciam mantimento ao rei e ao
seu palácio; cada um tinha de fornecer durante
um mês do ano. 8 São estes os seus nomes: Ben-
-Hur, nas montanhas de Efraim; 9 Ben-Dequer,
em Macaz, Saalabim, Bete-Semes, Elom e Bete-
-Hanã; 10 Ben-Hesede, em Arubote, Socó e toda a
terra de Héfer; 11 Ben-Abinadabe, que era casado
com Tafate, filha de Salomão, em toda a cordi-
lheira de Dor; 12 Baaná, filho de Ailude, em Taa-
naque, Megido, e toda a Bete-Seã, que fica perto
de Zaretã, abaixo de Jezreel, desde Bete-Seã até
Abel-Meolá, até além de Jocmeão; 13 Ben-Geber,
em Ramote-Gileade, nas aldeias de Jair, filho de
Manassés, que estão em Gileade e também na
região de Argobe, em Basã, sessenta grandes ci-
dades com muralhas e ferrolhos de bronze; 14 Ai-
nadabe, filho de Ido, em Maanaim; 15 Aimaás,
que era casado com Basemate, outra filha de
Salomão, em Naftali; 16 Baaná, filho de Husai, em
Aser e Bealote; 17 Josafá, filho de Parua, em Issa-
car; 18 Simei, filho de Elá, em Benjamim; 19 Geber,
filho de Uri, na terra de Gileade, a terra de Seom,
rei dos amorreus, e de Ogue, rei de Basã; e havia
só um governador nesta região.

A prosperidade do reino de Salomão

20 O povo de Judá e Israel era tão numeroso
como a areia que está na praia do mar; eles co-
miam, bebiam e se alegravam. 21 Salomão domi-
nava sobre todos os reinos desde o Eufrates até a
terra dos filisteus e até a fronteira do Egito. Esses
reinos pagavam tributo e serviram Salomão du-
rante todos os dias da sua vida. 22 As provisões
diárias de Salomão eram três mil quilos da me-
lhor farinha e seis mil quilos de farinha; 23 dez
bois gordos, vinte bois de pasto e cem carneiros,
além dos veados, as gazelas, os corços e aves
bem-tratadas. 24 Porque Salomão dominava so-
bre toda a região e sobre todos os reis do lado de
cá do Eufrates, desde Tifsa até Gaza, e tinha paz
em toda a região ao redor. 25 Judá e Israel habi-
tavam seguros, cada um debaixo da sua videira
e debaixo da sua figueira, desde Dã até Berseba,
durante todos os dias de Salomão.

26 Salomão tinha também quatro mil cavalos
em estrebarias, para os seus carros de guerra, e
doze mil cavaleiros. 27 Os governadores forneciam
provisões, cada um no seu mês, ao rei Salomão e a
todos os que chegavam à sua mesa; coisa nenhu-
ma deixavam faltar. 28 Também levavam a cevada
e a palha para os cavalos e os ginetes, para o lu-
gar onde estivesse o rei, segundo lhes havia sido
prescrito.

A sabedoria de Salomão

29 Deus deu a Salomão sabedoria, entendi-
mento fora do comum e uma inteligência tão
vasta como a areia que está na praia do mar. 30 A
sabedoria de Salomão era maior do que a de to-
dos os homens do Oriente e do que toda a sabe-
doria dos egípcios. 31 Era mais sábio do que todos
os homens: mais sábio do que Etã, ezraíta, e do
que Hemã, Calcol e Darda, filhos de Maol. E a sua
fama se espalhou por todas as nações ao redor.
32 Compôs três mil provérbios, e os seus cânticos
foram mil e cinco. 33 Falou sobre todas as plantas,
desde o cedro que está no Líbano até o hissopo
que brota dos muros; também falou sobre os ani-
mais e as aves, os animais que rastejam e os pei-
xes. 34 De todos os povos vinha gente para ouvir a
sabedoria de Salomão, e também mensageiros de
todos os reis da terra que tinham ouvido falar da
sua sabedoria.

Salomão faz aliança com Hirão

2Cr 2.1-16

5 1 Também Hirão, rei de Tiro, enviou os seus
servos a Salomão, porque ouviu que Salomão
havia sido ungido rei em lugar de seu pai. Acon-
tece que Hirão sempre tinha sido amigo de Davi.
2 Então Salomão enviou mensageiros a Hirão, di-
zendo:

3 — Você sabe que Davi, meu pai, não pôde edi-
ficar um templo ao nome do SENHOR, seu Deus,
por causa das guerras em que se viu envolvido,
até que o SENHOR pôs os seus inimigos debaixo
dos pés dele. 4 Porém a mim o SENHOR, meu Deus,
tem dado descanso de todos os lados; não há nem
inimigo, nem adversidade alguma. 5 Por isso te-
nho a intenção de edificar um templo ao nome do
SENHOR, meu Deus, como o SENHOR falou a Davi,
meu pai, dizendo: "O seu filho, que porei em seu
lugar no seu trono, esse edificará uma casa ao
meu nome." 6 Agora ordene que cortem cedros do
Líbano para mim. Os meus servos estarão com os
seus servos, e eu lhe pagarei o salário destes se-
gundo o que você determinar. Porque você bem
sabe que entre o meu povo não há quem saiba
cortar a madeira como os sidônios.

7 Quando Hirão ouviu as palavras de Salomão,
ficou muito contente e disse:

— Bendito seja hoje o SENHOR, que deu a Davi
um filho sábio para reinar sobre este grande
povo.

8 Hirão enviou mensageiros a Salomão, di-
zendo:

— Ouvi a mensagem que você me enviou. Farei
tudo o que você deseja no que se refere às ma-
deiras de cedro e de cipreste. 9 Os meus servos as
levarão desde o Líbano até o mar, e eu farei com
que sejam conduzidas em jangadas pelo mar até o
lugar que você disser. Ali elas serão desamarradas
e você as receberá. E você também fará a minha
vontade, dando provisões à minha casa.

10 Assim, Hirão deu a Salomão madeira de ce-
dro e madeira de cipreste, segundo este queria.
11 Salomão deu a Hirão duas mil toneladas de tri-
go, para sustento da sua casa, e quatrocentos mil
litros de azeite de oliva puro; e o fazia de ano em
ano. 12 O SENHOR deu sabedoria a Salomão, como
lhe havia prometido. Havia paz entre Hirão e Sa-
lomão, e eles fizeram uma aliança entre si.

Preparativos para edificar o templo

2Cr 2.17-18

13 O rei Salomão formou uma leva de trabalha-
dores forçados dentre todo o Israel, num total de
trinta mil homens. 14 Ele os enviava ao Líbano al-
ternadamente, dez mil por mês; um mês estavam
no Líbano, e dois meses, cada um em sua casa.
E Adonirão dirigia a leva. 15 Salomão tinha tam-
bém setenta mil que levavam as cargas e oitenta
mil que talhavam pedra nas montanhas, 16 além
dos chefes-oficiais de Salomão, em número de
três mil e trezentos, que dirigiam a obra e davam
ordens ao povo que a executava. 17 O rei mandou
que trouxessem pedras grandes, pedras precio-
sas e pedras lavradas para os alicerces do templo.
18 Os edificadores de Salomão, e os de Hirão, e os
giblitas cortaram as pedras e prepararam a ma-
deira e as pedras para edificar o templo.

Salomão edifica o templo

2Cr 3.1-9

6 1 No ano quatrocentos e oitenta, depois que os
filhos de Israel saíram do Egito, Salomão, no
quarto ano do seu reinado sobre Israel, no mês
de zive, que é o segundo mês, começou a edificar
a Casa do SENHOR. 2 O templo que o rei Salomão
edificou ao SENHOR tinha vinte e sete metros de
comprimento, nove de largura e treze e meio de
altura. 3 O pórtico à entrada do templo media
nove metros no sentido da largura do Lugar San-
to, contra quatro e meio de fundo. 4 Para o templo,
fez janelas de ripas fixas superpostas. 5 Contra a
parede do templo, tanto do santuário como do
Santo dos Santos, edificou andares ao redor e fez
câmaras laterais ao redor. 6 O andar de baixo tinha
dois metros e vinte e cinco de largura, o do meio,
dois metros e setenta, e o terceiro, três metros e
dez. Pela parte de fora do templo ele fez reentrân-
cias para que as vigas não fossem introduzidas
nas paredes.

7 O templo foi construído com pedras já pre-
paradas nas pedreiras, de maneira que, durante
a construção, não se ouviu nenhum barulho de
martelo, machado ou qualquer outro instrumen-
to de ferro. 8 A porta da câmara do andar térreo

ficava no lado sul do templo, e por uma escada
se subia ao segundo andar e, deste, ao terceiro.
9 Assim Salomão construiu o templo e o rema-
tou, cobrindo-o com um tabuado de cedro. 10 Os
andares que edificou em volta do templo tinham
dois metros e vinte e cinco de altura cada um,
e estavam ligados ao templo por meio de vigas
de cedro.

11 Então a palavra do SENHOR veio a Salomão,
dizendo:

12 — Quanto a este templo que você está edifi-
cando, se você andar nos meus estatutos, e exe-
cutar os meus juízos, e guardar todos os meus
mandamentos, andando neles, cumprirei para
com você a minha palavra, a qual falei a Davi, seu
pai. 13 E habitarei no meio dos filhos de Israel e
não abandonarei o meu povo.

O Santo dos Santos

14 Assim Salomão construiu o templo e o re-
matou. 15 Também revestiu as paredes do templo
por dentro com tábuas de cedro. Desde o soalho
até o teto, cobriu as paredes com madeira por
dentro; e cobriu o piso do templo com tábuas de
cipreste. 16 Revestiu também os nove metros dos
fundos do templo com tábuas de cedro, desde o
chão até o teto; e esse interior ele constituiu em
santuário, a saber, o Santo dos Santos. 17 O Santo
Lugar do templo media dezoito metros de com-
primento. 18 O cedro do templo por dentro era
enfeitado com entalhes de frutos e flores aber-
tas. Tudo era cedro; não se via nenhuma pedra.
19 No mais interior do templo, preparou o Santo
dos Santos para nele colocar a arca da aliança do
SENHOR. 20 O Santo dos Santos tinha nove me-
tros de comprimento, nove de largura e nove de
altura; cobriu-o de ouro puro. Cobriu também
de ouro o altar de cedro. 21 Por dentro, Salomão
revestiu o templo de ouro puro; e fez passar cor-
rentes de ouro por dentro do Santo dos Santos,
que também havia revestido de ouro. 22 Assim
revestiu de ouro todo o interior do templo, e
também todo o altar que estava diante do Santo
dos Santos.

Os dois querubins

2Cr 3.10-13

23 No Santo dos Santos, Salomão fez dois
querubins de madeira de oliveira, cada um com
quatro metros e meio de altura. 24 Cada asa de
um querubim media dois metros e vinte e cinco.
Portanto, *de uma a outra* extremidade de suas
asas havia quatro metros e meio. 25 Assim, o outro
querubim também era de quatro metros e meio;
ambos os querubins tinham a mesma medida e a
mesma forma. 26 A altura de um querubim era de
quatro metros e meio; e essa era também a altura
do outro. 27 Ele pôs os querubins no mais interior
do templo. Os querubins estavam de asas esten-
didas, de maneira que a asa de um tocava numa
parede, e a asa do outro tocava na outra parede;
e as suas asas no meio da sala tocavam uma na
outra. 28 E cobriu de ouro os querubins.

Ornamentação das paredes e das portas

29 Em todas as paredes ao redor do templo,
tanto na parte mais interior como na parte ex-
terior, Salomão mandou esculpir entalhes de
querubins, palmeiras e flores abertas. 30 Tam-
bém revestiu de ouro o soalho, tanto na parte
mais interior do templo como na parte exterior.
31 Para a entrada do Santo dos Santos, fez uma
porta dupla de madeira de oliveira; a verga com
as ombreiras formavam uma porta pentagonal.
32 Assim, fabricou de madeira de oliveira duas
portas e mandou esculpir nelas entalhes de que-
rubins, de palmeiras e de flores abertas; a estas,
como as palmeiras e os querubins, revestiu de
ouro. 33 Para a entrada do Santo Lugar, fez baten-
tes de madeira de oliveira; entrada quadrilateral,
34 cujas duas portas eram de madeira de cipreste;
e as duas tábuas de cada porta eram dobradiças.
35 E mandou esculpir nelas entalhes de queru-
bins, de palmeiras e de flores abertas e revestiu
esses entalhes de ouro.

36 Também edificou o átrio interior de três or-
dens de pedras cortadas e de uma ordem de vigas
de cedro.

37 No quarto ano, no mês de zive, foi lançado o
fundamento da Casa do SENHOR. 38 E, no décimo
primeiro ano, no mês de bul, que é o oitavo mês,
o templo foi concluído com todas as suas depen-
dências, tal como devia ser. Salomão levou sete
anos para edificá-lo.

O palácio de Salomão

7 1 Salomão construiu o seu palácio e levou treze
anos para concluí-lo.

2 Ele construiu a Casa do Bosque do Líbano, de
quarenta e quatro metros de comprimento, vinte
e dois de largura e treze e meio de altura, sobre
quatro fileiras de colunas de cedro e vigas de ce-
dro sobre as colunas. 3 A cobertura era de cedro,
abrangendo as câmaras laterais em número de
quarenta e cinco, apoiadas em colunas, distribuí-
das em três fileiras de quinze. 4 Havia janelas em
três fileiras, uma em frente das outras, agrupadas
de três em três. 5 Todas as portas e janelas eram
quadradas, ficando umas em frente das outras em
três fileiras.

6 Depois, fez o Salão das Colunas, de vinte e dois
metros de comprimento e treze e meio de largura.
Havia um pórtico de colunas diante dele, e uma
área coberta na frente do pórtico.

7 Também fez a Sala do Trono, a saber, a Sala do
Julgamento, onde Salomão julgava. Ela era revesti-
da de cedro desde o chão até o teto.
8 A casa, em que haveria de morar, ele fez em
outro pátio, atrás da Sala do Trono, e era uma
obra semelhante à anterior. Salomão também fez
uma casa semelhante à Sala do Trono para a filha
de Faraó, que havia tomado por mulher.
9 Todas estas construções eram de pedras va-
liosas, cortadas sob medida, serradas para o lado
de dentro e para o lado de fora; e isto desde os ali-
cerces até as beiras do teto, e por fora até o átrio
maior. 10 Os alicerces eram de pedras valiosas,
pedras grandes; pedras de quatro metros e meio
e pedras de três metros e meio; 11 por cima delas,
pedras valiosas, cortadas sob medida, e cedros.
12 Ao redor do grande átrio, havia três fileiras de
pedras cortadas e uma fileira de vigas de cedro;
assim era também o átrio interior da Casa do
SENHOR e o pórtico daquela casa.
13 O rei Salomão enviou mensageiros que trou-
xessem de Tiro um homem chamado Hirão. 14 Ele
era filho de uma viúva, da tribo de Naftali, e o pai
dele, já falecido, era um homem de Tiro que traba-
lhava em bronze. Hirão era cheio de sabedoria, de
entendimento e de ciência para fazer todo tipo de
trabalho em bronze. Ele se apresentou ao rei Salo-
mão e fez toda a sua obra.

As duas colunas do templo

2Cr 3.15-17

15 Hirão fundiu duas colunas de bronze. A al-
tura de cada uma era de oito metros, e um fio de
cinco metros e quarenta era a medida de sua cir-
cunferência. 16 Também fez dois capitéis de bron-
ze para pôr sobre o alto das colunas. A altura de
cada um deles era de dois metros e vinte. 17 Havia
obra de rede e ornamentos torcidos em forma de
corrente, para os capitéis que estavam sobre o
alto das colunas; sete para um capitel e sete para
o outro. 18 Fez também romãs em duas fileiras por
cima de uma das obras de rede, para cobrir o ca-
pitel no alto da coluna; o mesmo fez com o outro
capitel.
19 Os capitéis que estavam no alto das colunas
tinham o formato de lírios, como na Sala do Tro-
no, e tinham um metro e oitenta de altura. 20 Perto
do bojo, próximo à obra de rede, os capitéis que
estavam no alto das duas colunas tinham duzen-
tas romãs, dispostas em fileiras ao redor, sobre um
e outro capitel.
21 Depois, levantou as colunas no pórtico do
templo. Tendo levantado a coluna da direita, deu-
-lhe o nome de Jaquim; e, tendo levantado a co-
luna da esquerda, deu-lhe o nome de Boaz. 22 No
alto das colunas estava a obra na forma de lírios. E,
assim, foi terminado o trabalho das colunas.

O mar de fundição

2Cr 4.1-5

23 Hirão fez também o mar de fundição, redon-
do, de quatro metros e meio de uma borda até a
outra, e de dois metros e vinte de altura; e um fio
de treze metros e meio era a medida de sua cir-
cunferência. 24 Por baixo da sua borda, ao redor,
havia ornamentos em forma de cabaças, dez a
cada meio metro; estavam em duas fileiras, fun-
didas quando se fundiu o mar de fundição. 25 O
mar de fundição se apoiava sobre doze touros de
bronze. Três olhavam para o norte; três, para o
oeste; três, para o sul; e três, para o leste. O mar de
fundição se apoiava sobre eles, cujas partes pos-
teriores convergiam para dentro. 26 A grossura das
paredes desse mar era de quatro dedos, e a sua
borda, como borda de copo, era como uma flor
de lírio. Nele cabiam cerca de quarenta mil litros.

Outros utensílios para o templo

2Cr 4.6-22

27 Hirão fez também dez suportes de bronze.
Cada um media um metro e oitenta de compri-
mento, um metro e oitenta de largura e um metro
e trinta de altura. 28 Os suportes eram do seguinte
modo: tinham painéis, que estavam entre moldu-
ras, 29 nos quais havia leões, bois e querubins. Nas
molduras de cima e de baixo dos leões e dos bois,
pendiam grinaldas decorativas. 30 Cada suporte
tinha quatro rodas de bronze e eixos de bronze;
os seus quatro pés tinham apoios debaixo da pia,
apoios fundidos, e ao lado de cada um havia gri-
naldas decorativas. 31 A boca dos suportes estava
dentro de uma guarnição que media quarenta e
cinco centímetros de altura; a boca era redonda
como a obra de um pedestal e tinha sessenta e
sete centímetros de diâmetro. Também nela havia
entalhes, e os seus painéis eram quadrados, não
redondos. 32 As quatro rodas estavam debaixo dos
painéis, e os eixos das rodas formavam uma peça
com o suporte; cada roda tinha sessenta e sete
centímetros de altura. 33 As rodas eram como as de
um carro: os seus eixos, aros, raios e cubos eram
todos fundidos. 34 Havia quatro apoios aos quatro
cantos de cada suporte, que com este formavam
uma peça. 35 No alto de cada suporte havia um ci-
lindro de vinte e dois centímetros de altura; tam-
bém, no alto de cada suporte, os apoios e painéis
formavam uma só peça com ele. 36 Na superfície
dos seus apoios e dos seus painéis, gravou queru-
bins, leões e palmeiras, segundo o espaço de cada
um, com grinaldas ao redor. 37 Deste modo, fez os
dez suportes; todos tinham a mesma fundição, o
mesmo tamanho e o mesmo entalhe.
38 Hirão também fez dez pias de bronze. Em
cada uma cabiam cerca de oitocentos litros, e
cada uma tinha um metro e oitenta de diâmetro.

Sobre cada um dos dez suportes estava uma pia.
39 Pôs cinco suportes à direita do templo e cinco,
à esquerda; porém o mar ele pôs ao lado direito do
templo, para o lado sudeste. 40 Depois Hirão fez os
caldeirões, as pás e as bacias.
E assim ele terminou de fazer toda a obra para
o rei Salomão, para a Casa do SENHOR: 41 as duas
colunas; os dois capitéis redondos que estavam
no alto das duas colunas; as duas redes, para co-
brirem os dois capitéis redondos que estavam no
alto das colunas; 42 as quatrocentas romãs para as
duas redes, isto é, duas fileiras de romãs para cada
rede, para cobrirem os dois capitéis redondos que
estavam no alto das colunas; 43 os dez suportes e
as dez pias sobre eles; 44 o mar de fundição com
os doze touros por baixo; 45 os caldeirões, as pás
e as bacias.
Todos estes utensílios que Hirão fez para o rei
Salomão, para a Casa do SENHOR, eram de bronze
polido. 46 O rei os fez fundir em terra barrenta, na
planície do Jordão, entre Sucote e Zaretã. 47 Salo-
mão deixou de pesar todos os utensílios devido ao
seu excessivo número, não se verificando, portan-
to, o peso do bronze.
48 Salomão também mandou fazer todos os
utensílios do Santo Lugar do SENHOR: o altar de
ouro e a mesa de ouro, sobre a qual estavam os
pães da proposição; 49 os candelabros de ouro fi-
níssimo, cinco à direita e cinco à esquerda, dian-
te do Santo dos Santos; as flores, as lâmpadas e
as tesouras de cortar pavios, também de ouro;
50 também as taças, os apagadores, as bacias, os
recipientes para incenso e os braseiros, de ouro
finíssimo; as dobradiças para as portas da casa in-
terior, que é o Santo dos Santos, e as das portas do
Santo Lugar do templo, também de ouro.

As dádivas de Davi são colocadas no templo

2Cr 5.1

51 Quando o rei Salomão terminou toda a obra
que fez para a Casa do SENHOR, trouxe as coisas
que Davi, seu pai, havia dedicado: a prata, o ouro
e os utensílios. Salomão pôs tudo isso entre os te-
souros da Casa do SENHOR.

Salomão leva a arca para o templo

2Cr 5.2-14

8 1 Então Salomão congregou os anciãos de Is-
rael, todos os chefes das tribos, os príncipes
das famílias dos israelitas, diante de si em Jerusa-
lém, para levarem a arca da aliança do SENHOR da
Cidade de Davi, que é Sião, para o templo. 2 Todos
os homens de Israel se congregaram junto ao rei
Salomão na ocasião da festa, no mês de etanim,
que é o sétimo. 3 Quando todos os anciãos de Is-
rael chegaram, os sacerdotes pegaram a arca do
SENHOR 4 e a levaram para cima, com a tenda do
encontro e com os utensílios sagrados que nela
havia; os sacerdotes e levitas é que levaram tudo
isso para o templo. 5 O rei Salomão e toda a con-
gregação de Israel, que se havia reunido diante
dele, estavam todos diante da arca, sacrificando
ovelhas e bois, que, de tão numerosos, não se
podiam contar. 6 Os sacerdotes puseram a arca
da aliança do SENHOR no seu lugar, no santuário
mais interior do templo, que é o Santo dos Santos,
debaixo das asas dos querubins. 7 Pois os queru-
bins estendiam as asas sobre o lugar da arca e, do
alto, cobriam a arca e os seus cabos. 8 Os cabos so-
bressaíam tanto, que suas pontas eram vistas do
Santo Lugar, diante do Santo dos Santos; porém
de fora não podiam ser vistos. E ali estão até o dia
de hoje. 9 Nada havia na arca a não ser as duas tá-
buas de pedra que Moisés havia colocado ali em
Horebe, quando o SENHOR fez aliança com os fi-
lhos de Israel, ao saírem da terra do Egito.
10 Quando os sacerdotes saíram do santuário,
uma nuvem encheu a Casa do SENHOR, 11 de ma-
neira que os sacerdotes não puderam permanecer
ali para ministrar, por causa da nuvem, porque a
glória do SENHOR encheu a Casa do SENHOR.
12 Então Salomão disse:
— O SENHOR declarou que habitaria em trevas
espessas. 13 Na verdade, edifiquei uma casa para
tua morada, lugar para a tua eterna habitação.

Salomão fala ao povo

2Cr 6.3-11

14 Depois o rei voltou o rosto e abençoou toda
a congregação de Israel, que se mantinha toda em
pé. 15 Salomão disse:
— Bendito seja o SENHOR, o Deus de Israel, que
falou pessoalmente com Davi, meu pai, e pelo seu
poder cumpriu o que prometeu, dizendo: 16 "Des-
de o dia em que tirei o meu povo de Israel do Egito,
não escolhi cidade alguma de todas as tribos de
Israel para edificar um templo a fim de ali estabe-
lecer o meu nome. Porém escolhi Davi para gover-
nar o meu povo de Israel."
17 — Também Davi, meu pai, havia proposto
em seu coração edificar um templo ao nome do
SENHOR, o Deus de Israel. 18 Porém o SENHOR disse
a Davi, meu pai: "Você fez bem quando resolveu
em seu coração edificar um templo ao meu nome.
19 Todavia, não será você quem edificará esse tem-
plo; o seu filho, que descenderá de você, ele o edi-
ficará ao meu nome." 20 Assim, o SENHOR cumpriu
a palavra que tinha dito, pois me levantei em lugar
de Davi, meu pai, e me assentei no trono de Israel,
como o SENHOR havia prometido, e edifiquei o
templo ao nome do SENHOR, o Deus de Israel. 21 E
nele preparei um lugar para a arca, em que estão
as tábuas da aliança que o SENHOR fez com os nos-
sos pais, quando os tirou da terra do Egito.

Salomão ora a Deus

2Cr 6.12-42

22 Salomão se pôs diante do altar do SENHOR, na
presença de toda a congregação de Israel, esten-
deu as mãos para os céus 23 e disse:
— Ó SENHOR, Deus de Israel, não há Deus como
tu, em cima nos céus nem embaixo na terra! Tu
guardas a aliança e a misericórdia aos teus servos
que de todo o coração andam diante de ti. 24 Cum-
priste para com o teu servo Davi, meu pai, o que
lhe prometeste; pessoalmente o disseste e pelo
teu poder o cumpriste, como hoje se vê. 25 Agora,
pois, ó SENHOR, Deus de Israel, cumpre a outra
promessa que fizeste a teu servo Davi, meu pai,
quando declaraste, dizendo: "Nunca lhe faltará
sucessor diante de mim, que se assente no trono
de Israel, contanto que os seus filhos guardem o
seu caminho, para andarem diante de mim como
você andou." 26 Agora também, ó Deus de Israel,
que se cumpra a palavra que disseste a teu servo
Davi, meu pai.
27 — Mas será que, de fato, Deus poderia habi-
tar na terra? Eis que os céus e até o céu dos céus
não te podem conter, muito menos este templo
que eu edifiquei. 28 Atenta, pois, para a oração
de teu servo e para a sua súplica, ó SENHOR, meu
Deus, ouvindo o clamor e a oração que faz hoje o
teu servo diante de ti. 29 Que os teus olhos estejam
abertos noite e dia sobre este templo, sobre este
lugar do qual disseste: "O meu nome estará ali",
para ouvires a oração que o teu servo fizer neste
lugar. 30 Ouve, pois, a súplica do teu servo e do teu
povo de Israel, quando orarem neste lugar. Ouve
no céu, lugar da tua habitação; ouve e perdoa.
31 — Se alguém pecar contra o seu próximo, e
lhe for exigido que jure, e ele vier jurar diante do
teu altar, neste templo, 32 ouve tu nos céus, age e
julga os teus servos, condenando o ímpio, fazendo
com que pague por seus atos, e justificando o jus-
to, para lhe retribuíres segundo a sua justiça.
33 — Quando o teu povo de Israel, por ter pe-
cado contra ti, for derrotado por um inimigo, e se
converter a ti, confessar o teu nome, orar e supli-
car a ti, neste templo, 34 ouve tu nos céus, perdoa o
pecado do teu povo de Israel e faze-o voltar à terra
que deste aos seus pais.
35 — Quando o céu se fechar, e não houver
chuva, por ter o povo pecado contra ti, e ele orar
neste lugar, confessar o teu nome e se converter
dos seus pecados, depois de o haveres castiga-
do, 36 ouve tu nos céus, perdoa o pecado de teus
servos e do teu povo de Israel, ensinando-lhes o
bom caminho em que devem andar, e envia chu-
va sobre esta tua terra, que deste em herança ao
teu povo.
37 — Quando houver fome na terra ou pes-
te, quando houver crestamento ou ferrugem,
gafanhotos e larvas, quando inimigos cercarem
as cidades do país ou houver alguma praga ou
doença, 38 toda oração e súplica que qualquer ho-
mem ou todo o teu povo de Israel fizer, conhecen-
do cada um a ferida do seu coração e estendendo
as mãos na direção deste templo, 39 ouve tu nos
céus, lugar da tua habitação, perdoa, age e dá a
cada um segundo todos os seus caminhos, visto
que lhe conheces o coração, porque tu, só tu, és
conhecedor do coração de todos os filhos dos
homens; 40 para que te temam todos os dias que
viverem na terra que deste aos nossos pais.
41 — Também ao estrangeiro, que não for do
teu povo de Israel, porém vier de uma terra dis-
tante, por amor do teu nome 42 — porque ouvirão
do teu grande nome, e da tua mão poderosa, e do
teu braço estendido —, e orar, voltado para este
templo, 43 ouve tu nos céus, lugar da tua habita-
ção, e faze tudo o que o estrangeiro te pedir, a fim
de que todos os povos da terra conheçam o teu
nome, para te temerem como o teu povo de Israel
e para saberem que este templo, que eu edifiquei,
é chamado pelo teu nome.
44 — Quando o teu povo sair à guerra contra o
seu inimigo, pelo caminho por onde os enviares,
e orarem ao SENHOR, voltados para esta cidade,
que tu escolheste, e para este templo que edifi-
quei ao teu nome, 45 ouve tu nos céus a sua ora-
ção e a sua súplica e faze-lhes justiça.
46 — Quando pecarem contra ti — pois não
há ninguém que não peque —, e tu te indignares
contra eles e os entregares às mãos do inimigo, a
fim de que os leve cativos à terra inimiga, longe ou
perto daqui; 47 e se, na terra aonde forem levados
cativos, caírem em si e se converterem, e, na terra
do seu cativeiro, te suplicarem, dizendo: "Peca-
mos, procedemos mal e cometemos iniquidade";
48 e se eles se converterem a ti de todo o seu cora-
ção e de toda a sua alma, na terra de seus inimi-
gos que os levarem cativos, e orarem a ti, voltados
para a sua terra, que deste aos seus pais, para esta
cidade que escolheste e para o templo que edifi-
quei ao teu nome, 49 ouve tu nos céus, lugar da tua
habitação, a sua prece e a sua súplica e faze-lhes
justiça; 50 perdoa ao teu povo, que houver pecado
contra ti, todas as suas transgressões que houve-
rem cometido contra ti; e move tu à compaixão os
que os levaram cativos, para que se compadeçam
deles. 51 Porque é o teu povo e a tua herança, que
tiraste da terra do Egito, do meio da fornalha de
ferro; 52 para que os teus olhos estejam abertos à
súplica do teu servo e à súplica do teu povo de Is-
rael, a fim de os ouvires em tudo o que clamarem
a ti. 53 Pois tu, ó SENHOR Deus, os separaste dentre
todos os povos da terra para serem a tua herança,
como falaste por meio do teu servo Moisés, quan-
do tiraste do Egito os nossos pais.

Salomão abençoa o povo

54 Quando Salomão acabou de fazer ao SENHOR
toda esta oração e súplica, ele se levantou de dian-
te do altar do SENHOR, onde tinha se ajoelhado
com as mãos estendidas para os céus. 55 Ele se pôs
em pé e abençoou toda a congregação de Israel em
alta voz, dizendo:
56 — Bendito seja o SENHOR, que deu repouso
ao seu povo de Israel, segundo tudo o que havia
prometido! Nem uma só palavra falhou de todas
as boas promessas que fez por meio de Moisés,
seu servo. 57 Que o SENHOR, nosso Deus, esteja
conosco, assim como esteve com os nossos pais.
Que ele não nos deixe nem nos abandone! 58 Que
ele faça com que o nosso coração se incline para
ele, a fim de andarmos em todos os seus cami-
nhos e guardarmos os seus mandamentos, e os
seus estatutos, e os seus juízos, que ordenou aos
nossos pais. 59 Que estas minhas palavras, com
que supliquei diante do SENHOR, estejam pre-
sentes, diante do SENHOR, nosso Deus, de dia e
de noite, para que ele faça justiça ao seu servo e
ao seu povo de Israel, segundo cada dia o exigir,
60 para que todos os povos da terra saibam que o
SENHOR é Deus e que não há outro. 61 Que o cora-
ção de vocês seja fiel para com o SENHOR, nosso
Deus, para andarem nos seus estatutos e guar-
darem os seus mandamentos, como vocês estão
fazendo hoje.

A conclusão da solenidade

2Cr 7.4-10

62 Então o rei e todo o Israel com ele oferece-
ram sacrifícios ao SENHOR. 63 Salomão ofereceu
em sacrifício pacífico ao SENHOR vinte e dois mil
bois e cento e vinte mil ovelhas. Assim, o rei e
todos os filhos de Israel consagraram a Casa do
SENHOR. 64 No mesmo dia, o rei consagrou o meio
do átrio que estava diante da Casa do SENHOR,
pois ali ofereceu os holocaustos e as ofertas com
a gordura dos sacrifícios pacíficos. Ele fez isso
porque o altar de bronze que estava diante do
SENHOR era muito pequeno para nele caberem os
holocaustos, as ofertas de cereais e a gordura dos
sacrifícios pacíficos.
65 Nesse tempo, Salomão celebrou a festa, e
todo o Israel com ele, uma grande congregação,
desde a entrada de Hamate até o rio do Egito,
diante do SENHOR, nosso Deus. Celebraram du-
rante sete dias além dos primeiros sete, a saber,
catorze dias.
66 No oitavo dia desta festa, Salomão des-
pediu o povo, e eles abençoaram o rei. Então
voltaram para as suas tendas, alegres e de co-
ração contente por causa de todo o bem que o
SENHOR tinha feito a Davi, seu servo, e a Israel,
seu povo.

A aliança de Deus com Salomão

2Cr 7.11-22

9 1 E aconteceu que, quando Salomão acabou de
edificar a Casa do SENHOR, o palácio real e tudo
o que tinha desejado e decidido fazer, 2 o SENHOR
tornou a aparecer-lhe, como tinha aparecido em
Gibeão. 3 E o SENHOR lhe disse:
— Ouvi a sua oração e a súplica que você fez
diante de mim. Santifiquei o templo que você edi-
ficou, a fim de pôr ali o meu nome para sempre; os
meus olhos e o meu coração estarão ali todos os
dias. 4 Se você andar diante de mim como fez o seu
pai Davi, com integridade de coração e com since-
ridade, fazendo segundo tudo o que lhe ordenei
e guardando os meus estatutos e os meus juízos,
5 também confirmarei o trono de seu reino sobre
Israel para sempre, como prometi a Davi, seu pai,
dizendo: “Nunca lhe faltará sucessor ao trono de
Israel.” 6 Porém, se vocês ou os seus filhos se afas-
tarem de mim e não guardarem os meus manda-
mentos e os meus estatutos, que eu lhes prescrevi,
e se servirem outros deuses e os adorarem, 7 então
eliminarei Israel da terra que lhe dei, e lançarei
para longe da minha presença este templo, que
santifiquei ao meu nome. E Israel virá a ser mo-
tivo de provérbio e de escárnio entre todos os
povos. 8 E todo aquele que passar por este templo,
agora tão exaltado, ficará espantado e zombará. E
perguntarão: “Por que o SENHOR fez isto com esta
terra e este templo?” 9 E a resposta será: “Porque
deixaram o SENHOR, seu Deus, que tirou da terra
do Egito os seus pais, e se apegaram a outros deu-
ses, os adoraram e os serviram. Por isso o SENHOR
trouxe sobre eles todo este mal.”

As demais atividades de Salomão

2Cr 8.1-18

10 Ao fim de vinte anos, Salomão havia termi-
nado as duas casas, a Casa do SENHOR e o palá-
cio real. 11 Como Hirão, rei de Tiro, havia trazido
a Salomão madeira de cedro e de cipreste e ouro,
tanto quanto ele precisava, este lhe deu vinte ci-
dades na terra da Galileia. 12 Hirão de Tiro foi ver
as cidades que Salomão lhe tinha dado, mas elas
não lhe agradaram. 13 Por isso disse a Salomão:
— Que cidades são essas que você me deu, meu
irmão?
E lhes deram o nome de Terra de Cabul, que é
usado até o dia de hoje. 14 Hirão tinha enviado ao
rei quatro toneladas de ouro.
15 A razão por que Salomão impôs o trabalho
forçado é esta: construir a Casa do SENHOR, o seu
próprio palácio, a fortaleza de Milo e a muralha
de Jerusalém, bem como Hazor, Megido e Gezer.
16 Porque Faraó, rei do Egito, havia atacado e con-
quistado Gezer, queimando a cidade e matando
os cananeus que moravam nela, entregando-a

como dote à sua filha, mulher de Salomão. 17 As-
sim, Salomão reconstruiu Gezer, Bete-Horom-
-de-Baixo, 18 Baalate, Tadmor, no deserto daquela
terra, 19 todas as cidades-armazéns que Salomão
tinha, as cidades para os carros de guerra, as ci-
dades para os cavaleiros e o que desejou enfim
construir em Jerusalém, no Líbano e em toda a
terra do seu domínio. 20 Quanto a todo o povo que
restou dos amorreus, heteus, ferezeus, heveus
e jebuseus e que não eram dos filhos de Israel,
21 e aos seus filhos, que restaram depois deles
na terra, os quais os filhos de Israel não pude-
ram destruir totalmente, esses Salomão reduziu
à condição de trabalhadores forçados, até hoje.
22 Mas Salomão não obrigou nenhum israelita a
trabalhar como escravo. Os israelitas eram ho-
mens de guerra, seus oficiais, seus comandantes,
seus capitães, chefes dos seus carros de guerra e
dos seus cavaleiros.

23 Os principais oficiais que estavam encar-
regados da obra de Salomão eram quinhentos e
cinquenta, que tinham a seu encargo o povo que
trabalhava na obra. 24 Quando a filha de Faraó se
mudou da Cidade de Davi para o palácio que Sa-
lomão havia construído para ela, então ele cons-
truiu Milo.

25 Três vezes por ano Salomão oferecia holo-
caustos e sacrifícios pacíficos sobre o altar que
havia edificado ao SENHOR e queimava incenso so-
bre o altar diante do SENHOR. Assim ele terminou
a construção do templo.

26 O rei Salomão também construiu uma frota
de navios em Eziom-Geber, que fica perto de Ela-
te, na praia do mar Vermelho, na terra de Edom.
27 Hirão enviou, com aquela frota, os seus servos,
marinheiros conhecedores do mar, para acompa-
nharem os servos de Salomão. 28 Chegaram a Ofir
e de lá trouxeram para o rei Salomão mais de ca-
torze toneladas de ouro.

A rainha de Sabá visita Salomão

2Cr 9.1-12

10 1 Quando a rainha de Sabá ouviu falar da
fama de Salomão, com respeito ao nome
do SENHOR, veio prová-lo com perguntas difíceis.
2 Chegou a Jerusalém com uma enorme comitiva,
com camelos carregados de especiarias, grande
quantidade de ouro e pedras preciosas. Ela se
apresentou diante de Salomão e lhe expôs tudo
o que trazia em sua mente. 3 Salomão respondeu
todas as perguntas que ela fez, e não houve nada
profundo demais que o rei não pudesse explicar.
4 Quando a rainha de Sabá viu toda a sabedoria de
Salomão, o palácio que ele havia construído, 5 a
comida que era servida na mesa dele, o lugar dos
seus oficiais, o serviço dos seus criados e os trajes
deles, seus copeiros, e o holocausto que oferecia
na Casa do SENHOR, ficou como fora de si 6 e disse
ao rei:

— É verdade o que ouvi na minha terra a respeito
de você e a respeito da sua sabedoria. 7 Eu, porém,
não acreditava naquelas palavras, até que vim e vi
com os meus próprios olhos. Eis que não me con-
taram nem a metade: você supera em sabedoria e
prosperidade a fama que ouvi. 8 Felizes os homens
à sua volta, felizes estes seus servos que estão sem-
pre diante de você e que ouvem a sua sabedoria!
9 Bendito seja o SENHOR, seu Deus, que se agradou
de você e o colocou no trono de Israel. O SENHOR
ama Israel para sempre e, por isso, ele o constituiu
rei, para que você execute o juízo e a justiça.

10 Ela entregou ao rei quatro toneladas de ouro,
grande quantidade de especiarias e pedras precio-
sas. Nunca mais veio especiaria em tanta abun-
dância, como a que a rainha de Sabá ofereceu ao
rei Salomão.

11 Também os navios de Hirão, que transporta-
vam ouro de Ofir, traziam de lá grande quantidade
de madeira de sândalo e pedras preciosas. 12 Desta
madeira de sândalo o rei mandou fazer corrimões
para a Casa do SENHOR e para o palácio real, bem
como harpas e liras para os cantores. Tal madeira
nunca se havia trazido para ali, nem se viu mais
semelhante madeira até o dia de hoje.

13 O rei Salomão deu à rainha de Sabá tudo o
que ela quis e pediu, além de tudo o que lhe deu
por sua generosidade real. Então ela voltou e foi
para a sua terra, ela e os seus servos.

As riquezas de Salomão

2Cr 1.14-17; 9.13-28

14 O peso do ouro que se trazia a Salomão a cada
ano era de cerca de vinte e três toneladas, 15 além
do que entrava dos vendedores e dos negociantes,
de todos os reis da Arábia e dos governadores da
terra. 16 O rei Salomão fez duzentos grandes es-
cudos de ouro batido, empregando sete quilos e
duzentos gramas de ouro em cada escudo. 17 Fez
também trezentos escudos menores de ouro ba-
tido, empregando um quilo e oitocentos gramas
de ouro em cada escudo. E o rei os pôs na Casa do
Bosque do Líbano. 18 O rei fez também um grande
trono de marfim e o cobriu de ouro puríssimo. 19 O
trono tinha seis degraus, e o encosto do trono, ao
alto, era redondo. De ambos os lados do assento
havia um braço, e a figura de um leão junto a cada
um dos braços. 20 Doze leões estavam ali sobre os
seis degraus, um em cada extremo destes. Nunca
se havia feito obra semelhante em nenhum outro
reino. 21 Todas as taças que o rei Salomão usava
para beber eram de ouro, e também de ouro puro
eram todos os objetos da Casa do Bosque do Líba-
no. Não havia nada de prata, porque nos dias de
Salomão não se dava nenhum valor a ela. 22 Porque

o rei tinha no mar uma frota de Társis, junto com os navios de Hirão. De três em três anos, a frota voltava de Társis, trazendo ouro, prata, marfim, bugios e pavões.

23 Assim, o rei Salomão excedeu a todos os reis do mundo, tanto em riqueza como em sabedoria. 24 Todo o mundo queria ver Salomão para ouvir a sabedoria que Deus tinha posto no coração dele. 25 Cada um trazia o seu presente: objetos de prata e de ouro, roupas, armaduras, especiarias, cavalos e mulas. E foi assim ano após ano. 26 Salomão ajuntou carros de guerra e cavaleiros. Tinha mil e quatrocentos carros de guerra e doze mil cavaleiros, que espalhou pelas cidades onde mantinha os carros, deixando uma parte junto ao rei, em Jerusalém. 27 O rei fez com que, em Jerusalém, a prata fosse tão comum como as pedras e os cedros fossem tão numerosos como os sicômoros que estão na Sefelá. 28 Os cavalos de Salomão vinham do Egito e da Cilícia, e comerciantes do rei os importavam da Cilícia por certo preço. 29 Importava-se do Egito um carro de guerra por seiscentas moedas de prata e um cavalo por cento e cinquenta. Nas mesmas condições, as caravanas os traziam e os exportavam para todos os reis dos heteus e para os reis da Síria.

A idolatria de Salomão

11 1 Além da filha de Faraó, Salomão amou muitas mulheres estrangeiras: moabitas, amonitas, edomitas, sidônias e heteias, 2 mulheres das nações de que o SENHOR tinha dito aos filhos de Israel: "Não casem com elas, nem casem elas com vocês, pois perverteriam o coração de vocês, para seguirem os seus deuses." A estas Salomão se apegou pelo amor. 3 Tinha setecentas mulheres que eram princesas e trezentas concubinas; e suas mulheres lhe perverteram o coração. 4 Sendo já velho, suas mulheres lhe perverteram o coração para seguir outros deuses, e o coração dele não era fiel ao SENHOR, seu Deus, como havia sido fiel o coração de Davi, seu pai. 5 Salomão seguiu Astarote, deusa dos sidônios, e Milcom, abominação dos amonitas. 6 Assim, Salomão fez o que era mau aos olhos do SENHOR e não perseverou em seguir o SENHOR, como Davi, seu pai, havia feito. 7 Nesse tempo, sobre o monte que fica diante de Jerusalém, Salomão construiu um santuário a Quemos, abominação de Moabe, e a Moloque, abominação dos filhos de Amom. 8 Assim fez para todas as suas mulheres estrangeiras, as quais queimavam incenso e ofereciam sacrifícios aos seus deuses.

A ira de Deus contra Salomão

9 O SENHOR se indignou contra Salomão, por ter desviado o seu coração do SENHOR, Deus de Israel, que lhe havia aparecido duas vezes 10 e ordenado que não seguisse outros deuses. Ele, porém, não guardou o que o SENHOR lhe havia ordenado. 11 Por isso o SENHOR disse a Salomão:

— Já que você procedeu assim e não guardou a minha aliança, nem os meus estatutos que lhe ordenei, vou tirar o reino de você e dá-lo a um dos seus servos. 12 No entanto, por amor a Davi, seu pai, não farei isso enquanto você estiver vivo, mas durante o reinado do seu filho. 13 Todavia, não tirarei o reino todo; darei uma tribo a seu filho, por amor a Davi, meu servo, e por amor a Jerusalém, que escolhi.

Os adversários de Salomão

14 O SENHOR levantou um adversário contra Salomão, a saber, Hadade, o edomita, que era da linhagem real de Edom. 15 Porque, quando Davi esteve em Edom, Joabe, o comandante do exército, que tinha ido sepultar os mortos, matou todos os homens em Edom. 16 Porque Joabe ficou ali seis meses com todo o Israel, até que eliminou todos os homens em Edom. 17 Porém Hadade fugiu para o Egito na companhia de alguns homens edomitas, dos servos de seu pai. Na ocasião, Hadade era ainda muito jovem. 18 Partiram de Midiã e foram até Parã, de onde levaram consigo alguns homens e chegaram ao Egito, a Faraó, rei do Egito, que deu a Hadade uma casa, e lhe prometeu sustento, e lhe deu terras. 19 Hadade encontrou favor aos olhos de Faraó, tanto que este lhe deu por mulher a irmã de sua própria mulher, 20 a irmã de Tafnes, a rainha. A irmã de Tafnes deu-lhe à luz seu filho Genubate, que foi criado por Tafnes na casa de Faraó, onde Genubate ficou entre os filhos de Faraó.

21 Quando Hadade soube no Egito que Davi tinha morrido e que Joabe, comandante do exército, estava morto, disse a Faraó:

— Deixe-me voltar para a minha terra.

22 Então Faraó lhe perguntou:

— Mas o que lhe falta comigo, para que você queira voltar para a sua terra?

Hadade respondeu:

— Não me falta nada; mas deixe-me ir.

23 Deus levantou mais um adversário contra Salomão, a saber, Rezom, filho de Eliada, que havia fugido de seu senhor Hadadezer, rei de Zobá. 24 Ele ajuntou homens e se fez chefe de um bando. Depois do morticínio feito por Davi, eles se foram para Damasco, onde habitaram e fizeram de Rezom o seu rei. 25 Este foi adversário de Israel durante toda a vida de Salomão, e lhe fez mal, como Hadade havia feito. Rezom detestava Israel e reinava sobre a Síria.

Aías prediz que Jeroboão será rei de Israel

26 Jeroboão, filho de Nebate, efraimita de Zereda, servo de Salomão, e cuja mãe era uma viúva

chamada Zerua, revoltou-se contra o rei. 27 Esta
foi a causa por que levantou a sua mão contra o
rei: Salomão estava edificando Milo e reparando
as brechas da cidade de seu pai Davi. 28 Jeroboão
era um homem valente e capaz. Quando Salomão
viu que ele era um jovem que fazia bem o seu tra-
balho, ele o encarregou de todos os trabalhadores
forçados da casa de José. 29 Aconteceu que, nesse
tempo, quando Jeroboão estava saindo de Jerusa-
lém, o profeta Aías, de Siló, o encontrou no cami-
nho. O profeta estava usando uma capa nova, e os
dois estavam sozinhos no campo. 30 Aías pegou a
capa nova que estava usando, rasgou-a em doze
pedaços 31 e disse a Jeroboão:

— Pegue dez pedaços, porque assim diz o
SENHOR, Deus de Israel: "Eis que rasgarei o reino
das mãos de Salomão, e a você darei dez tribos.
32 Porém ele terá uma tribo, por amor a Davi, meu
servo, e por amor a Jerusalém, a cidade que esco-
lhi de todas as tribos de Israel. 33 Porque Salomão
me abandonou e se inclinou diante de Astarote,
deusa dos sidônios, diante de Quemos, deus de
Moabe, e diante de Milcom, deus dos filhos de
Amom. Ele não andou nos meus caminhos para
fazer o que é reto aos meus olhos, a saber, para
guardar os meus estatutos e os meus juízos, como
fez Davi, seu pai. 34 Porém não vou tirar de Salo-
mão o reino todo; pelo contrário, farei com que
ele governe durante todos os dias da sua vida, por
amor a Davi, meu servo, que escolhi e que guar-
dou os meus mandamentos e os meus estatutos.
35 Mas da mão do filho de Salomão tomarei o
reino, a saber, as dez tribos, e as darei a você. 36 E
ao filho dele darei uma tribo, para que Davi, meu
servo, tenha sempre uma lâmpada diante de mim
em Jerusalém, a cidade que escolhi para pôr ali o
meu nome. 37 Quanto a você, eu o tomarei e você
reinará sobre tudo o que desejar a sua alma; e você
será rei sobre Israel. 38 Se você ouvir tudo o que eu
lhe ordenar, e andar nos meus caminhos, e fizer
o que é reto aos meus olhos, guardando os meus
estatutos e os meus mandamentos, como fez Davi,
meu servo, eu estarei com você, e lhe edificarei
uma casa estável, como edifiquei para Davi, e darei
Israel a você. 39 Por causa disso, afligirei a descen-
dência de Davi, mas não para sempre."

40 Salomão tentou matar Jeroboão, mas este se
levantou e fugiu para o Egito, para junto de Sisa-
que, rei do Egito; e ali permaneceu até a morte de
Salomão.

A morte de Salomão

2Cr 9.29-31

41 Quanto aos demais atos de Salomão, a tudo
o que fez e à sua sabedoria, não está tudo escrito
no Livro da História de Salomão? 42 O tempo que
Salomão reinou sobre todo o Israel, em Jerusalém,
foi de quarenta anos. 43 Salomão morreu e foi se-
pultado na Cidade de Davi, seu pai, e Roboão, seu
filho, reinou em seu lugar.

A revolta de dez tribos de Israel

2Cr 10.1-15

12 1 Roboão foi a Siquém, porque todo o Is-
rael se havia reunido ali, para o fazer rei.
2 Jeroboão, filho de Nebate, que ainda estava no
Egito, para onde havia fugido da presença do rei
Salomão, ouviu isso e voltou do Egito. 3 Mandaram
chamá-lo, e ele veio com toda a congregação de
Israel a Roboão, para lhe dizer:

4 — O seu pai nos impôs um pesado jugo; alivie
a dura servidão de seu pai e o pesado jugo que ele
nos impôs, e nós o serviremos.

5 Roboão respondeu:

— Vão embora e voltem daqui a três dias.

E o povo se foi.

6 O rei Roboão foi pedir conselho aos anciãos
que haviam estado na presença de Salomão, seu
pai, quando este ainda vivia, dizendo:

— Como vocês me aconselham a responder a
este povo?

7 Eles disseram:

— Se hoje o senhor se tornar servo deste povo e
o servir, e, em resposta, falar boas palavras, eles se
farão seus servos para sempre.

8 Mas Roboão desprezou o conselho que os
anciãos lhe tinham dado e foi pedir conselho aos
jovens que haviam crescido com ele e o serviam.
9 Ele perguntou:

— O que vocês me aconselham? O que devo
responder a este povo que me pediu para aliviar o
jugo que o meu pai lhes impôs?

10 E os jovens que haviam crescido com ele res-
ponderam:

— Diga o seguinte a este povo que se queixa do
pesado jugo que o seu pai lhe impôs e que pede
para que ele seja aliviado. Diga-lhe o seguinte: "O
meu dedo mínimo é mais grosso do que a cintura
do meu pai. 11 Assim que, se o meu pai lhes impôs
um jugo pesado, eu o tornarei ainda mais pesa-
do. Meu pai castigou vocês com açoites; eu vou
castigá-los com escorpiões."

12 No terceiro dia, Jeroboão e todo o povo fo-
ram falar com Roboão, como o rei lhes havia or-
denado, dizendo que voltassem em três dias. 13 O
rei deu uma resposta dura ao povo, porque havia
desprezado o conselho dos anciãos. 14 Preferiu se-
guir o conselho dos jovens, dizendo:

— Meu pai lhes impôs um pesado jugo, mas eu
o tornarei ainda mais pesado. Meu pai castigou
vocês com açoites; eu vou castigá-los com escor-
piões.

15 Assim o rei não deu ouvidos ao povo, porque
esta reviravolta vinha do SENHOR, para confirmar

a palavra que o SENHOR tinha dito a Jeroboão, filho
de Nebate, por meio de Aías, o silonita.

Dez tribos seguem Jeroboão

2Cr 10.16-19

16 Quando todo o Israel viu que o rei não lhe
dava ouvidos, reagiu, dizendo:
— Que parte temos nós em Davi? Não temos
herança no filho de Jessé! Às suas tendas, ó Israel!
Cuide, agora, de sua casa, ó Davi!
Então Israel se foi às suas tendas. 17 Quanto aos
filhos de Israel, porém, que moravam nas cidades
de Judá, sobre eles reinou Roboão.
18 Então o rei Roboão enviou Adonirão, superin-
tendente dos que realizavam trabalhos forçados,
porém todo o Israel o apedrejou, e ele morreu.
Mas o rei Roboão conseguiu subir no seu carro e
fugiu para Jerusalém. 19 Assim, Israel se mantém
rebelado contra a casa de Davi até o dia de hoje.
20 Quando todo o Israel soube que Jeroboão
tinha voltado, mandaram chamá-lo para a con-
gregação e o fizeram rei sobre todo o Israel. Nin-
guém seguiu a casa de Davi, a não ser a tribo de
Judá.

Deus proíbe fazer guerra contra as dez tribos

2Cr 11.1-4

21 Quando Roboão chegou a Jerusalém, reuniu
toda a casa de Judá e a tribo de Benjamim, cento
e oitenta mil homens escolhidos, treinados para a
guerra, para lutar contra a casa de Israel, a fim de
restituir o reino a Roboão, filho de Salomão. 22 Po-
rém a palavra de Deus veio a Semaías, homem de
Deus, dizendo:
23 — Diga a Roboão, filho de Salomão, rei de
Judá, e a toda a casa de Judá, e a Benjamim, e ao
resto do povo: 24 Assim diz o SENHOR: "Não subam,
nem lutem contra os seus irmãos, os filhos de Is-
rael. Que cada um volte para a sua casa, porque eu
é que fiz isto."
E eles obedeceram à palavra do SENHOR e volta-
ram, como o SENHOR lhes havia ordenado.

A idolatria de Jeroboão

25 Jeroboão edificou Siquém, na região monta-
nhosa de Efraim, e passou a residir ali; dali edi-
ficou Penuel. 26 Então ele pensou: "Agora o reino
voltará para a casa de Davi. 27 Se este povo subir
para fazer sacrifícios na Casa do SENHOR, em Je-
rusalém, o coração deles se voltará para o senhor
deles, para Roboão, rei de Judá. Eles me matarão e
voltarão para ele, para o rei de Judá."
28 Por isso, depois de se aconselhar, o rei fez
dois bezerros de ouro e disse ao povo:
— Basta de subir a Jerusalém! Eis aqui os seus
deuses, ó Israel, que tiraram vocês da terra do
Egito!
29 Pôs um em Betel e o outro em Dã. 30 E isso se
tornou em pecado, pois o povo ia até Dã, cada um
para adorar o bezerro. 31 Jeroboão fez também san-
tuários nos lugares altos e, dentre o povo, consti-
tuiu sacerdotes que não eram dos filhos de Levi.
32 Instituiu uma festa no oitavo mês, no dia décimo
quinto do mês, igual à festa que se realizava em
Judá, e ofereceu sacrifícios no altar. Fez o mesmo
em Betel e ofereceu sacrifícios aos bezerros que ha-
via feito. Também em Betel estabeleceu sacerdotes
que serviam nos lugares altos que havia construí-
do. 33 No décimo quinto dia do oitavo mês, esco-
lhido a seu bel-prazer, ele subiu ao altar que havia
construído em Betel e ordenou uma festa para os
filhos de Israel; subiu para queimar incenso.

Um profeta prediz contra o altar

13 1 Eis que, por ordem do SENHOR, um homem
de Deus foi de Judá a Betel; e Jeroboão esta-
va junto ao altar, para queimar incenso. 2 Por or-
dem do SENHOR, o profeta clamou contra o altar
e disse:
— Altar, altar! Assim diz o SENHOR: "Eis que um
filho nascerá à casa de Davi, cujo nome será Josias.
Em cima de você ele sacrificará os sacerdotes dos
lugares altos que queimam incenso em cima de
você. Ossos humanos serão queimados em cima
de você."
3 Naquele mesmo dia o profeta deu um sinal,
dizendo:
— Este é o sinal de que foi o SENHOR quem fa-
lou: Eis que o altar se fenderá, e as cinzas que es-
tão sobre ele se espalharão.
4 Quando o rei ouviu as palavras que o homem
de Deus proferiu contra o altar de Betel, Jeroboão
estendeu a mão de sobre o altar, dizendo:
— Prendam esse homem!
Mas a mão que ele tinha estendido contra o
homem de Deus secou, e ele não a podia recolher.
5 O altar se fendeu, e as cinzas se espalharam pelo
chão, conforme o sinal que o homem de Deus ti-
nha dado por ordem do SENHOR. 6 Então o rei disse
ao homem de Deus:
— Implore o favor do SENHOR, seu Deus, e ore
por mim, para que eu possa recolher a mão.
O homem de Deus implorou o favor do SENHOR,
e a mão do rei se recolheu e ficou como antes. 7 En-
tão o rei disse ao homem de Deus:
— Venha comigo até a minha casa e coma algu-
ma coisa; e eu o recompensarei.
8 Porém o homem de Deus disse ao rei:
— Ainda que me desse a metade da sua casa,
eu não o acompanharia e não comeria nem bebe-
ria nada neste lugar. 9 Porque assim me ordenou o
SENHOR Deus pela sua palavra, dizendo: "Não coma
nem beba nada naquele lugar; e não volte pelo ca-
minho por onde você foi."

10 E ele se foi por outro caminho, e não voltou
pelo caminho por onde tinha ido a Betel.

A desobediência e o castigo do profeta

11 Em Betel morava um velho profeta. Os seus
filhos vieram e lhe contaram tudo o que o homem
de Deus havia feito naquele dia em Betel. Também
lhe contaram as palavras que ele tinha dito ao rei.
12 Então o pai perguntou aos seus filhos:
— Por que caminho ele se foi?
E eles lhe mostraram o caminho que havia sido
tomado pelo homem de Deus que tinha vindo de
Judá.
13 Então ele disse aos seus filhos:
— Ponham a sela no meu jumento.
Eles puseram a sela no jumento, e o profeta
montou. 14 Então ele foi atrás do homem de Deus
e, achando-o sentado debaixo de um carvalho,
perguntou-lhe:
— Você é o homem de Deus que veio de Judá?
Ele respondeu:
— Sou eu mesmo.
15 Então o velho profeta lhe disse:
— Venha comigo até a minha casa e coma al-
guma coisa.
16 Mas o profeta de Judá respondeu:
— Não posso voltar com você, nem entrar em
sua casa. Não posso comer nem beber nada com
você neste lugar. 17 Porque me foi dito pela palavra
do SENHOR: "Ali, você não deve comer nem beber
nada; também não deve voltar pelo caminho por
onde foi."
18 O velho profeta respondeu:
— Também eu sou profeta como você, e um
anjo me falou por ordem do SENHOR, dizendo:
"Faça-o voltar com você à sua casa, para que coma
e beba alguma coisa."
Mas isso era mentira. 19 Então ele voltou com o
velho profeta e comeu e bebeu na casa dele.
20 Estando eles à mesa, a palavra do SENHOR
veio ao profeta que o tinha feito voltar, 21 e ele
gritou para o homem de Deus que tinha vindo de
Judá, dizendo:
— Assim diz o SENHOR: "Você foi rebelde à pala-
vra do SENHOR e não guardou o mandamento que
o SENHOR, seu Deus, lhe havia ordenado. 22 Você
voltou, comeu e bebeu no lugar onde ele havia
ordenado que você não deveria comer nem beber.
Por isso, o seu cadáver não será sepultado no se-
pulcro dos seus pais."
23 Depois que ele tinha comido e bebido, o ve-
lho profeta pôs a sela no jumento para o homem
de Deus a quem ele tinha feito voltar. 24 Ele foi em-
bora e, no caminho, um leão o encontrou e o ma-
tou. O cadáver dele ficou estendido no caminho,
e o jumento e o leão ficaram parados junto ao ca-
dáver. 25 Eis que alguns homens passaram e viram
o corpo jogado no caminho, bem como o leão pa-
rado junto ao corpo. Então foram e o disseram na
cidade onde o velho profeta morava.
26 Quando o profeta que o tinha feito voltar do
caminho ouviu isso, disse:
— É o homem de Deus que foi rebelde à palavra
do SENHOR. Por isso, o SENHOR o entregou ao leão,
que o despedaçou e matou, segundo a palavra que
o SENHOR lhe tinha dito.
27 Então disse aos seus filhos:
— Ponham a sela no meu jumento.
E eles fizeram o que o pai pediu. 28 Ele foi e en-
controu o cadáver estendido no caminho, e o ju-
mento e o leão parados junto ao cadáver. O leão
não tinha devorado o corpo, nem despedaçado o
jumento. 29 Então o profeta levantou o cadáver do
homem de Deus, pôs sobre o jumento e o levou
de volta. Assim, o velho profeta entrou na cidade,
para o chorar e sepultar. 30 Depositou o cadáver no
seu próprio sepulcro. E o prantearam, dizendo:
— Ah, meu irmão!
31 Depois de o haver sepultado, disse aos seus
filhos:
— Quando eu morrer, sepultem-me no túmulo
em que o homem de Deus está sepultado; ponham
os meus ossos junto aos ossos dele. 32 Porque cer-
tamente se cumprirá o que por ordem do SENHOR
ele clamou contra o altar que está em Betel e con-
tra todos os templos que existem nos lugares altos
das cidades de Samaria.

Jeroboão persiste no pecado

33 Depois destas coisas, Jeroboão ainda persis-
tiu em seu mau caminho; e continuou a constituir
pessoas tiradas do meio do povo como sacerdotes
para os lugares altos; a quem o desejasse, ele con-
sagrava para sacerdote dos lugares altos. 34 Isso
se tornou em pecado à casa de Jeroboão, para
destruí-la e extingui-la da face da terra.

A profecia de Aías contra Jeroboão

14 1 Naquele tempo, Abias, filho de Jeroboão,
adoeceu. 2 Então Jeroboão disse à sua mulher:
— Levante-se, ponha um disfarce para que não
saibam que você é a mulher de Jeroboão e vá até
Siló. Eis que lá está o profeta Aías, que disse a meu
respeito que eu seria rei sobre este povo. 3 Leve
com você dez pães, alguns bolos e um pote de mel
e vá falar com ele. Ele lhe dirá o que vai acontecer
com este menino.
4 A mulher de Jeroboão fez o que lhe foi pedi-
do: levantou-se, foi até Siló e entrou na casa de
Aías. Este já não podia ver, porque os seus olhos
já não se moviam, por causa da velhice. 5 Porém o
SENHOR disse a Aías:
— Eis que a mulher de Jeroboão está vindo para
lhe perguntar a respeito do filho dela, que está

doente. Assim e assim você deve falar com ela. Ao
chegar, ela vai estar disfarçada.
6 Quando ela estava entrando pela porta, Aías
ouviu o ruído de seus pés e disse:
— Entre, mulher de Jeroboão. Por que você veio
disfarçada? Estou encarregado de lhe dar más no-
tícias. 7 Vá e diga a Jeroboão: Assim diz o SENHOR,
Deus de Israel: "Eu tirei você do meio do povo e
fiz com que você se tornasse chefe sobre o meu
povo de Israel. 8 Tirei o reino da casa de Davi e o
entreguei a você. Mas você não foi como o meu
servo Davi, que guardou os meus mandamentos
e me seguiu de todo o coração, fazendo somen-
te o que é reto aos meus olhos. 9 Pelo contrário,
você fez o mal, pior do que todos os reis que vie-
ram antes de você. Fez outros deuses e imagens
de fundição, para provocar-me à ira, e me virou
as costas. 10 Portanto, eis que trarei o mal sobre a
casa de Jeroboão, e eliminarei de Jeroboão todo e
qualquer indivíduo do sexo masculino, tanto o es-
cravo como o livre, e lançarei fora os descendentes
da casa de Jeroboão como se lança fora o esterco,
até que, de todo, ela se acabe. 11 Se alguém da casa
de Jeroboão morrer na cidade, os cães o comerão;
e se alguém morrer no campo, as aves do céu o co-
merão, porque o SENHOR o disse."
12 — Quanto a você, mulher de Jeroboão,
levante-se e volte para casa. Quando você puser os
pés na cidade, o menino morrerá. 13 Todo o Israel
o pranteará e o sepultará. Ele será o único da casa
de Jeroboão que será sepultado, porque nele se
achou alguma coisa boa para com o SENHOR, Deus
de Israel, na casa de Jeroboão. 14 O SENHOR, porém,
levantará para si um rei sobre Israel, que eliminará,
no seu dia, a casa de Jeroboão. Quando será? Já está
acontecendo. 15 O SENHOR ferirá Israel para que se
agite como a cana se agita nas águas. Vai arrancar
Israel desta boa terra que ele deu aos seus pais e o
espalhará para além do Eufrates, porque fizeram
postes da deusa Aserá, provocando o SENHOR à
ira. 16 Entregará Israel por causa dos pecados que
Jeroboão cometeu e pelos que fez Israel cometer.
17 Então a mulher de Jeroboão se levantou, foi
e chegou a Tirza. Quando ela chegou à soleira da
porta, o menino morreu. 18 Sepultaram-no, e todo
o Israel o pranteou, segundo a palavra do SENHOR,
anunciada por meio do profeta Aías, seu servo.
19 Quanto aos demais atos de Jeroboão, como
guerreou e como reinou, está tudo escrito no Livro
da História dos Reis de Israel. 20 Foi de vinte e dois
anos o tempo que Jeroboão reinou. Ele morreu, e
Nadabe, seu filho, reinou em seu lugar.

O reinado de Roboão, de Judá

2Cr 12.1-16

21 Roboão, filho de Salomão, reinou em Judá.
Ele tinha quarenta e um anos de idade quando
começou a reinar e reinou dezessete anos em Je-
rusalém, na cidade que o SENHOR havia escolhido
de todas as tribos de Israel, para estabelecer ali o
seu nome. A mãe de Roboão se chamava Naamá,
e era amonita.
22 Judá fez o que era mau aos olhos do SENHOR, e,
com os pecados que cometeu, despertou o seu ciú-
me, mais do que os seus pais haviam feito. 23 Por-
que também os de Judá edificaram altos, estátuas,
colunas e postes da deusa Aserá sobre todas as
colinas e debaixo de todas as árvores frondosas.
24 Havia também na terra prostitutos cultuais. Fi-
zeram segundo todas as coisas abomináveis das
nações que o SENHOR havia expulsado de diante
dos filhos de Israel.
25 No quinto ano do reinado de Roboão, Sisaque,
rei do Egito, atacou Jerusalém. 26 Levou embora os
tesouros da Casa do SENHOR e os tesouros do palá-
cio real. Levou tudo, inclusive todos os escudos de
ouro que Salomão tinha feito. 27 Em lugar destes,
o rei Roboão fez escudos de bronze e os entregou
nas mãos dos capitães da guarda, que guardavam
o portão do palácio real. 28 Toda vez que o rei en-
trava na Casa do SENHOR, os da guarda usavam os
escudos e depois os devolviam à câmara da guarda.
29 Quanto aos demais atos de Roboão e a tudo o
que ele fez, não está tudo escrito no Livro da His-
tória dos Reis de Judá? 30 Roboão e Jeroboão esti-
veram sempre em guerra. 31 Roboão morreu e foi
sepultado nos túmulos de seus pais, na Cidade de
Davi. A mãe dele se chamava Naamá, e era amoni-
ta. E Abias, filho de Roboão, reinou em seu lugar.

O reinado de Abias, de Judá

2Cr 13.1-22

15 1 No décimo oitavo ano do reinado de Je-
roboão, filho de Nebate, Abias começou a
reinar sobre Judá. 2 Ele reinou três anos em Jeru-
salém. A mãe dele se chamava Maaca e era filha
de Absalão. 3 Abias andou em todos os pecados
que seu pai havia cometido antes dele, e o seu co-
ração não foi fiel ao SENHOR, seu Deus, como ha-
via sido fiel o coração de Davi, seu pai. 4 Mas, por
amor a Davi, o SENHOR, seu Deus, lhe deu uma
lâmpada em Jerusalém, levantando seu filho de-
pois dele e dando estabilidade a Jerusalém. 5 Por-
que Davi fez o que era reto aos olhos do SENHOR e
não se desviou em nada daquilo que o SENHOR lhe
havia ordenado, em todos os dias da sua vida, a
não ser no caso de Urias, o heteu. 6 Roboão e Jero-
boão estiveram sempre em guerra.
7 Quanto aos demais atos de Abias e a tudo o
que fez, não está tudo escrito no Livro da Histó-
ria dos Reis de Judá? Também houve guerra entre
Abias e Jeroboão. 8 Abias morreu, e eles o sepulta-
ram na Cidade de Davi. E Asa, seu filho, reinou
em seu lugar.

O reinado de Asa, de Judá

2Cr 14.1-8; 15.16—16.14

9 No vigésimo ano do reinado de Jeroboão, rei de
Israel, Asa começou a reinar sobre Judá. 10 Ele rei-
nou quarenta e um anos em Jerusalém. A mãe dele
se chamava Maaca, e era filha de Absalão. 11 Asa fez
o que era reto aos olhos do SENHOR, como Davi, seu
pai. 12 Porque tirou da terra os prostitutos cultuais
e removeu todos os ídolos que seus pais fizeram.
13 Ele depôs também Maaca, sua mãe, da digni-
dade de rainha-mãe, porque ela havia feito uma
abominável imagem para servir de poste da deusa
Aserá. O rei Asa destruiu essa imagem e a queimou
no vale do Cedrom. 14 Os lugares altos, porém, não
foram destruídos. No entanto, o coração de Asa foi
fiel ao SENHOR durante toda a sua vida. 15 Ele trou-
xe à Casa do SENHOR as coisas consagradas por seu
pai e as coisas que ele mesmo havia consagrado:
prata, ouro e utensílios.

16 Asa e Baasa, rei de Israel, estiveram sempre
em guerra. 17 Porque Baasa, rei de Israel, inva-
diu Judá e começou a edificar a cidade de Ramá,
para impedir a entrada e a saída do território de
Asa, rei de Judá. 18 Então Asa pegou toda a prata e
ouro restantes nos tesouros da Casa do SENHOR e
os tesouros do palácio real e os entregou aos seus
servos. E o rei Asa os enviou a Ben-Hadade, filho
de Tabrimom, filho de Heziom, rei da Síria, que
morava em Damasco, dizendo:

19 — Que haja uma aliança entre mim e você,
como houve entre o meu pai e o seu pai. Eis que
estou lhe enviando um presente, prata e ouro. Vá
e anule a sua aliança com Baasa, rei de Israel, para
que ele se retire do meu território.

20 Ben-Hadade deu ouvidos ao rei Asa e enviou
os capitães dos seus exércitos contra as cidades
de Israel. Eles conquistaram Ijom, Dã, Abel-Bete-
-Maaca e toda a região de Quinerete, com toda a
terra de Naftali. 21 Quando Baasa soube disso, dei-
xou de edificar Ramá e ficou em Tirza.

22 Então o rei Asa fez apregoar por toda a região
de Judá que todos, sem exceção, deviam ajudar a
trazer de Ramá as pedras e a madeira que Baasa
havia usado para edificá-la. Com elas o rei Asa edi-
ficou Geba de Benjamim e Mispa.

23 Quanto aos demais atos de Asa, a todo o seu
poder, a tudo o que fez e às cidades que edificou,
não está tudo escrito no Livro da História dos Reis
de Judá? Porém, no tempo da sua velhice, foi ata-
cado por uma doença nos pés. 24 Asa morreu e foi
sepultado na Cidade de Davi, seu pai. E Josafá, seu
filho, reinou em seu lugar.

O reinado de Nadabe, de Israel

25 Nadabe, filho de Jeroboão, começou a reinar
sobre Israel no segundo ano do reinado de Asa,
rei de Judá, e reinou sobre Israel dois anos. 26 Fez
o que era mau aos olhos do SENHOR e andou nos
caminhos de seu pai e no pecado que seu pai levou
Israel a cometer.

27 Baasa, filho de Aías, da casa de Issacar, cons-
pirou contra ele e o matou em Gibetom, que era
dos filisteus, quando Nadabe e todo o Israel cer-
cavam Gibetom. 28 No terceiro ano do reinado de
Asa, rei de Judá, Baasa matou Nadabe e passou a
reinar em seu lugar. 29 Logo que começou a reinar,
matou toda a descendência de Jeroboão. Não dei-
xou ninguém com vida; exterminou todos, segun-
do a palavra do SENHOR, anunciada por meio do
seu servo Aías, de Siló, 30 por causa dos pecados
que Jeroboão havia cometido e pelos que havia
levado Israel a cometer, por causa da provocação
com que havia irritado o SENHOR, Deus de Israel.

31 Quanto aos demais atos de Nadabe e a tudo o
que fez, não está tudo escrito no Livro da História
dos Reis de Israel? 32 Asa e Baasa, rei de Israel, esti-
veram sempre em guerra.

O reinado de Baasa, de Israel

33 No terceiro ano do reinado de Asa, rei de
Judá, Baasa, filho de Aías, começou a reinar sobre
todo o Israel, em Tirza, e reinou vinte e quatro
anos. 34 Fez o que era mau aos olhos do SENHOR e
andou no caminho de Jeroboão e no seu pecado, o
qual havia feito Israel cometer.

A profecia de Jeú contra Baasa

16 1 Então a palavra do SENHOR veio a Jeú, filho
de Hanani, contra Baasa, dizendo:

2 — Eu o levantei do pó e fiz com que você se
tornasse chefe sobre o meu povo de Israel, mas
você tem andado no caminho de Jeroboão e tem
feito o meu povo de Israel pecar, irritando-me com
os seus pecados. 3 Por isso, Baasa, vou extermi-
nar você e os seus descendentes e vou fazer com
a sua casa o que fiz com a casa de Jeroboão, filho
de Nebate. 4 Se alguém da casa de Baasa morrer na
cidade, os cães o comerão; e se alguém morrer no
campo, as aves do céu o comerão.

5 Quanto aos demais atos de Baasa, ao que fez e
ao seu poder, não está tudo escrito no Livro da His-
tória dos Reis de Israel? 6 Baasa morreu e foi sepul-
tado em Tirza. E Elá, seu filho, reinou em seu lugar.

7 Assim, por meio do profeta Jeú, filho de Hana-
ni, a palavra do SENHOR veio contra Baasa e contra
a sua descendência, por todo o mal que ele havia
feito aos olhos do SENHOR, irritando-o com as suas
obras e fazendo-se igual à casa de Jeroboão, e tam-
bém porque matou a casa de Jeroboão.

O reinado de Elá, de Israel. A conspiração de Zinri

8 No vigésimo sexto ano do reinado de Asa, rei
de Judá, Elá, filho de Baasa, começou a reinar sobre

Israel em Tirza; e reinou dois anos. 9Zinri, seu ser-
vo, comandante da metade dos carros de guerra,
conspirou contra ele. Elá estava em Tirza, bebendo
e embriagando-se na casa de Arsa, seu encarrega-
do em Tirza. 10Zinri entrou na casa, atacou Elá e o
matou, no vigésimo sétimo ano do reinado de Asa,
rei de Judá. E Zinri reinou em lugar de Elá.
11Logo que começou a reinar e se assentou no
trono, Zinri matou todos os descendentes de Baa-
sa; não lhe deixou nenhum do sexo masculino,
nem dos parentes, nem dos seus amigos. 12Assim,
Zinri exterminou todos os descendentes de Baa-
sa, segundo a palavra do Senhor, anunciada por
meio do profeta Jeú, contra Baasa, 13por todos os
pecados que Baasa e o seu filho Elá cometeram, e
pelos pecados que fizeram Israel cometer, irritan-
do o Senhor, Deus de Israel, com os seus ídolos.
14Quanto aos demais atos de Elá e a tudo o que
ele fez, não está tudo escrito no Livro da História
dos Reis de Israel?

O reinado de Zinri, de Israel

15No vigésimo sétimo ano do reinado de Asa,
rei de Judá, Zinri reinou sete dias em Tirza. O povo
estava acampado contra Gibetom, cidade que per-
tencia aos filisteus. 16O povo que estava acampado
ouviu dizer: "Zinri conspirou contra o rei e o ma-
tou." Por isso, naquele mesmo dia, no arraial, todo
o Israel constituiu rei sobre Israel a Onri, coman-
dante do exército. 17Onri saiu de Gibetom, estan-
do todo o Israel com ele, e sitiou Tirza. 18Quando
Zinri viu que a cidade havia sido tomada, foi para a
fortaleza do palácio real, pôs fogo no palácio real e
morreu, 19por causa dos pecados que havia come-
tido, fazendo o que era mau aos olhos do Senhor,
andando no caminho de Jeroboão e no pecado que
havia cometido, e fazendo Israel pecar.
20Quanto aos demais atos de Zinri e à conspi-
ração que fez, não está tudo escrito no Livro da
História dos Reis de Israel?

O reinado de Onri, de Israel

21Então o povo de Israel se dividiu em dois parti-
dos: metade do povo seguia Tibni, filho de Ginate,
para o fazer rei, e a outra metade seguia Onri. 22Mas
o povo que seguia Onri prevaleceu contra o que
seguia Tibni, filho de Ginate. Tibni morreu, e Onri
passou a reinar. 23No trigésimo primeiro ano do rei-
nado de Asa, rei de Judá, Onri começou a reinar so-
bre Israel e reinou doze anos. Em Tirza, reinou seis
anos. 24De Semer ele comprou o monte de Samaria
por sessenta e oito quilos de prata e o fortificou. E
à cidade que edificou sobre o monte chamou de
Samaria, nome oriundo de Semer, dono do monte.
25Onri fez o que era mau aos olhos do Senhor;
fez pior do que todos os reis que vieram antes
dele. 26Andou em todos os caminhos de Jeroboão,
filho de Nebate, bem como nos pecados que este
levou Israel a cometer, irritando o Senhor, Deus
de Israel, com os seus ídolos.
27Quanto aos demais atos de Onri, ao que fez e
ao poder que manifestou, não está tudo escrito no
Livro da História dos Reis de Israel? 28Onri mor-
reu e foi sepultado em Samaria. E Acabe, seu filho,
reinou em seu lugar.

O reinado de Acabe, de Israel. Seu casamento com Jezabel

29Acabe, filho de Onri, começou a reinar sobre
Israel no trigésimo oitavo ano do reinado de Asa, rei
de Judá. E Acabe, filho de Onri, reinou sobre Israel,
em Samaria, vinte e dois anos. 30Acabe, filho de
Onri, fez o que era mau aos olhos do Senhor, mais
do que todos os reis que vieram antes dele. 31Como
se fosse pouca coisa andar nos pecados de Jero-
boão, filho de Nebate, Acabe foi mais longe e tomou
por mulher Jezabel, filha de Etbaal, rei dos sidônios;
e foi, serviu Baal e o adorou. 32Levantou um altar
a Baal, no templo de Baal que tinha edificado em
Samaria. 33Acabe fez também um poste da deusa
Aserá, de maneira que cometeu mais abominações
para irritar o Senhor, Deus de Israel, do que todos
os reis de Israel que vieram antes dele.
34Em seus dias, Hiel, o betelita, edificou Jericó.
Quando ele lançou os alicerces da cidade, morreu
Abirão, seu filho primogênito; e, quando colocou
os portões, morreu Segube, seu filho mais novo,
segundo a palavra do Senhor, anunciada por
meio de Josué, filho de Num.

Elias prediz grande seca e é sustentado por corvos

17 1Então Elias, o tesbita, dos moradores de Gi-
leade, disse a Acabe:
— Tão certo como vive o Senhor, Deus de Is-
rael, a quem eu sirvo, não haverá orvalho nem chu-
va nos próximos anos, a não ser quando eu disser.
2Então a palavra do Senhor veio a Elias, di-
zendo:
3— Saia daqui, vá para o leste e esconda-se jun-
to ao ribeiro de Querite, nas imediações do Jordão.
4Você beberá a água do ribeiro; e eu ordenei aos
corvos que sustentem você naquele lugar.
5Elias foi e fez segundo a palavra do Senhor.
Retirou-se e ficou morando junto ao ribeiro de
Querite, nas imediações do Jordão. 6Os corvos lhe
traziam pão e carne pela manhã, bem como pão e
carne ao anoitecer; e ele bebia a água do ribeiro.
7Mas, passados alguns dias, o ribeiro secou, por-
que não chovia sobre a terra.

Elias e a viúva de Sarepta

8Então a palavra do Senhor veio a Elias, di-
zendo:

9— Levante-se e vá a Sarepta, que pertence a
Sidom, e fique por lá. Ali ordenei a uma viúva que
dê comida para você.
10 Então ele se levantou e foi a Sarepta. Chegan-
do ao portão da cidade, encontrou uma viúva que
estava apanhando lenha. Ele a chamou e lhe disse:
— Por favor, traga-me um pouco de água numa
vasilha para que eu possa beber.
11 Quando ela já estava indo buscar a água, Elias
a chamou e lhe disse:
— Traga-me também um bocado de pão, por
favor.
12 Porém ela respondeu:
— Tão certo como vive o SENHOR, seu Deus,
não tenho nenhum pão assado. Tenho apenas um
punhado de farinha numa panela e um pouco de
azeite num jarro. E, como você pode ver, apanhei
dois pedaços de lenha e vou preparar esse resto de
comida para mim e para o meu filho. Vamos co-
mer e depois morreremos de fome.
13 Elias disse a ela:
— Não tenha medo. Vá e faça o que você disse.
Mas primeiro faça um pãozinho com o que você
tem e traga-o para mim. Depois, prepare o resto
para você e para o seu filho. 14 Porque assim diz o
SENHOR, Deus de Israel: "A farinha da panela não
acabará, e o azeite do jarro não faltará, até o dia
em que o SENHOR fizer chover sobre a terra."
15 A viúva foi e fez segundo a palavra de Elias.
Assim, comeram ele, ela e a sua casa durante
muitos dias. 16 A farinha da panela não acabou, e
o azeite do jarro não faltou, segundo a palavra do
SENHOR, anunciada por meio de Elias.
17 Depois disto, o filho da mulher, dona da casa,
adoeceu. E a doença dele se agravou tanto, que ele
morreu. 18 Então a mulher disse a Elias:
— O que foi que eu fiz a você, homem de Deus?
Você veio aqui para trazer à memória a minha ini-
quidade e matar o meu filho?
19 Elias respondeu:
— Dê-me o seu filho.
Ele o tomou dos braços dela e o levou para
cima, ao quarto, onde ele mesmo se hospedava, e
o deitou em sua cama. 20 Então clamou ao SENHOR
e disse:
— Ó SENHOR, meu Deus, por que afligiste tam-
bém esta viúva, com quem me hospedo, matando
o filho dela?
21 E, estendendo-se três vezes sobre o menino,
clamou ao SENHOR e disse:
— Ó SENHOR, meu Deus, peço-te que restituas a
vida a este menino!
22 O SENHOR atendeu à voz de Elias, a vida foi
restituída ao menino, e ele reviveu. 23 Elias to-
mou o menino e o levou do quarto até a casa;
entregou-o à mãe dele e disse:
— Veja! O seu filho está vivo.
24 Então a mulher disse a Elias:
— Agora eu sei que você é um homem de
Deus e que a palavra do SENHOR na sua boca é
verdade.

Elias se apresenta diante de Acabe

18 1 Muito tempo depois, no terceiro ano da
seca, a palavra do SENHOR veio a Elias, di-
zendo:
— Vá apresentar-se a Acabe, porque farei cair
chuva sobre a terra.
2 Então Elias foi se apresentar a Acabe.
E a fome era extrema em Samaria. 3 Acabe
chamou Obadias, o responsável pelo palácio.
Este Obadias era um homem que temia muito o
SENHOR. 4 Assim, quando Jezabel exterminava os
profetas do SENHOR, Obadias tomou cem profetas
e, em grupos de cinquenta, os escondeu em caver-
nas, e os sustentou com pão e água. 5 E Acabe disse
a Obadias:
— Vá pela terra a todas as fontes de água e a
todos os vales; pode ser que achemos capim, para
que salvemos a vida dos cavalos e das mulas e não
percamos todos os animais.
6 Repartiram entre si a terra que iam percorrer;
Acabe foi sozinho por um caminho, e Obadias foi
sozinho por outro.
7 Quando Obadias já estava a caminho,
eis que Elias se encontrou com ele. Obadias,
reconhecendo-o, prostrou-se com o rosto em ter-
ra e disse:
— É você mesmo? É o meu senhor Elias?
8 Ele respondeu:
— Sim, sou eu. Vá e diga a seu senhor: "Eis que
Elias está aqui."
9 Mas Obadias disse:
— Em que pequei, para que você queira en-
tregar este seu servo nas mãos de Acabe, e ele
me mate? 10 Tão certo como vive o SENHOR, seu
Deus, não houve nação nem reino aonde meu
senhor, o rei, não mandasse homens à sua pro-
cura. E, quando diziam: "Ele não está aqui", fazia
aquele reino ou aquela nação jurar que não o ha-
viam encontrado. 11 E agora você quer que eu vá
dizer ao meu senhor, o rei, que Elias está aqui?
12 Pode ser que, tão logo eu me afaste de você,
o Espírito do SENHOR Deus o leve não sei para
onde, e, se eu der a notícia a Acabe e ele não o
encontrar, ele matará a mim, este seu servo, que
temo o SENHOR desde a minha mocidade. 13 Por
acaso não contaram a meu senhor o que fiz,
quando Jezabel matava os profetas do SENHOR,
como escondi cem dos profetas do SENHOR em
cavernas, de cinquenta em cinquenta, e os sus-
tentei com pão e água? 14 E agora você quer que
eu vá e diga ao meu senhor que Elias está aqui?
Ele vai me matar!

15 Elias respondeu:
— Tão certo como vive o SENHOR dos Exérci-
tos, a quem eu sirvo, hoje mesmo me apresentarei
a ele.
16 Então Obadias foi se encontrar com Acabe
e lhe deu a notícia. E Acabe foi se encontrar com
Elias.
17 Quando Acabe viu Elias, disse:
— Então é você, o perturbador de Israel?
18 Elias respondeu:
— Eu não tenho perturbado Israel. Quem
tem perturbado Israel é você e a casa de seu pai,
porque vocês abandonaram os mandamentos
do SENHOR e seguiram os baalins. 19 Agora or-
dene que todo o Israel venha se encontrar co-
migo no monte Carmelo. Convoque também os
quatrocentos e cinquenta profetas de Baal e os
quatrocentos profetas da deusa Aserá que são
sustentados por Jezabel.

Elias e os profetas de Baal no monte Carmelo

20 Então Acabe enviou mensageiros a todos os
filhos de Israel e ajuntou os profetas no monte
Carmelo. 21 Depois, Elias se aproximou de todo o
povo e disse:
— Até quando vocês ficarão pulando de um
lado para outro? Se o SENHOR é Deus, sigam-no; se
é Baal, sigam-no.
Porém o povo não disse uma só palavra. 22 En-
tão Elias disse ao povo:
— Eu sou o único que restou dos profetas do
SENHOR, e os profetas de Baal são quatrocentos e
cinquenta homens. 23 Tragam, agora, dois novi-
lhos. Eles que escolham para si um dos novilhos
e, cortando-o em pedaços, o ponham sobre a
lenha, porém não ponham fogo. Eu prepararei o
outro novilho e o porei sobre a lenha, mas não
porei fogo. 24 Então eles invocarão o nome de seu
deus, e eu invocarei o nome do SENHOR. E há de
ser que o deus que responder com fogo esse é
que é Deus.
E todo o povo respondeu:
— É uma boa proposta!
25 Elias disse aos profetas de Baal:
— Escolham um dos novilhos e preparem-no
primeiro, porque vocês são muitos. Depois, invo-
quem o nome do deus de vocês, mas não ponham
fogo na lenha.
26 Pegaram o novilho que lhes foi trazido,
prepararam-no e invocaram o nome de Baal, des-
de a manhã até o meio-dia, dizendo:
— Ó Baal, responde-nos!
Porém não se ouviu nenhuma voz e não houve
quem respondesse. E ficaram pulando ao redor do
altar que tinham feito.
27 Ao meio-dia, Elias começou a zombar deles,
dizendo:
— Gritem mais alto, porque ele é deus! Pode ser
que esteja meditando, atendendo a necessidades
ou viajando. Talvez esteja dormindo e necessite
que o acordem.
28 E eles clamavam em altas vozes e se cortavam
com facas e com lanças, segundo o seu costume,
até ficarem cobertos de sangue. 29 Passado o meio-
-dia, eles profetizaram, até a hora do sacrifício da
tarde; porém não houve voz, nem resposta, nem
atenção alguma.
30 Então Elias disse a todo o povo:
— Aproximem-se de mim.
E todo o povo se aproximou dele. Elias restau-
rou o altar do SENHOR, que estava em ruínas. 31 Pe-
gou doze pedras, segundo o número das tribos
dos filhos de Jacó, a quem tinha vindo a palavra
do SENHOR, dizendo: "O seu nome será Israel."
32 Com aquelas pedras edificou o altar em nome
do SENHOR. Ao redor dele fez uma vala capaz de
conter duas medidas de sementes 33 e então ar-
mou a lenha, cortou o novilho em pedaços e os
pôs sobre a lenha. 34 Então disse:
— Encham quatro cântaros com água e derra-
mem sobre o holocausto e sobre a lenha.
Disse ainda:
— Façam isso outra vez.
E eles o fizeram. Disse mais:
— Façam isso pela terceira vez.
E eles o fizeram pela terceira vez. 35 A água es-
corria do altar e enchia também a vala aberta.
36 Quando chegou a hora do sacrifício da tarde,
o profeta Elias se aproximou do altar e disse:
— Ó SENHOR, Deus de Abraão, de Isaque e de
Israel, que hoje se fique sabendo que tu és Deus
em Israel, e que eu sou o teu servo e que, segundo
a tua palavra, fiz todas estas coisas. 37 Responde-
-me, SENHOR, responde-me, para que este povo
saiba que tu, SENHOR, és Deus e que fizeste o cora-
ção deles voltar para ti.
38 Então caiu fogo do SENHOR e consumiu o ho-
locausto, a lenha, as pedras e a terra, e ainda lam-
beu a água que estava na vala. 39 Quando o povo
viu isso, todos se prostraram com o rosto em terra
e disseram:
— O SENHOR é Deus! Só o SENHOR é Deus!
40 Então Elias disse:
— Prendam os profetas de Baal! Que nem um
deles escape!
Eles os prenderam, e Elias os fez descer até o
ribeiro de Quisom e ali os matou.

Elias ora para que chova

41 Então Elias disse a Acabe:
— Suba, vá comer e beber, porque já se ouve
o barulho de abundante chuva.
42 Acabe subiu para comer e beber, mas Elias
subiu até o alto do Carmelo. Ali, encurvado para

a terra, pôs o rosto entre os joelhos 43 e disse ao
seu servo:
— Vá e olhe para o lado do mar.
Ele foi, olhou e disse:
— Não vi nada.
Então Elias disse:
— Volte.
E assim por sete vezes. 44 Na sétima vez o servo
disse:
— Eis que se levanta do mar uma nuvem pe-
quena como a palma da mão de um homem.
Então Elias disse:
— Suba e diga a Acabe: "Apronte o seu carro e
desça, para que a chuva não o detenha."
45 Em pouco tempo o céu escureceu, com
nuvens e vento, e caiu grande chuva. Acabe subiu
ao carro e foi para Jezreel. 46 A mão do SENHOR
veio sobre Elias, que cingiu os lombos e correu na
frente de Acabe, até a entrada de Jezreel.

Elias no monte Horebe

19 1 Acabe contou a Jezabel tudo o que Elias
havia feito e como havia matado todos os
profetas à espada. 2 Então Jezabel mandou um
mensageiro a Elias para dizer-lhe:
— Que os deuses me castiguem se amanhã
a estas horas eu não tiver feito com a sua vida
o mesmo que você fez com a vida de cada um
deles!
3 Elias ficou com medo, levantou-se e, para sal-
var a vida, se foi e chegou a Berseba, que pertence
a Judá. E ali ele deixou o seu servo. 4 Ele mesmo,
porém, foi para o deserto, caminhando um dia in-
teiro. Por fim, sentou-se debaixo de um zimbro.
Sentiu vontade de morrer e orou:
— Basta, SENHOR! Tira a minha vida, porque eu
não sou melhor do que os meus pais.
5 Deitou-se e dormiu debaixo de um zimbro. E
eis que um anjo tocou nele e lhe disse:
— Levante-se e coma.
6 Elias olhou e viu, perto da sua cabeça, um
pão assado sobre pedras em brasa e um jarro de
água. Comeu, bebeu e tornou a dormir. 7 O anjo do
SENHOR voltou, tocou nele e lhe disse:
— Levante-se e coma, porque a viagem será
longa.
8 Então Elias se levantou, comeu e bebeu. E,
com a força daquela comida, caminhou quaren-
ta dias e quarenta noites até Horebe, o monte de
Deus.
9 Ali entrou numa caverna, onde passou a noite.
E eis que a palavra do SENHOR veio a ele e lhe disse:
— O que você está fazendo aqui, Elias?
10 Ele respondeu:
— Tenho sido muito zeloso pelo SENHOR, Deus
dos Exércitos, porque os filhos de Israel deixa-
ram a tua aliança, derrubaram os teus altares e
mataram os teus profetas à espada. Só fiquei eu, e
eles estão querendo tirar-me a vida.
11 Então foi-lhe dito:
— Saia daí e fique diante do SENHOR no monte.
Eis que o SENHOR estava passando. E um gran-
de e forte vento fendia os montes e quebrava as
rochas diante do SENHOR. Mas o SENHOR não
estava no vento. Depois do vento, houve um
terremoto. Mas o SENHOR não estava no terre-
moto. 12 Depois do terremoto, veio um fogo. Mas
o SENHOR não estava no fogo. E, depois do fogo,
veio o som de um suave sussurro. 13 Quando Elias
ouviu isso, cobriu o rosto com o manto e, saindo,
pôs-se à entrada da caverna. Eis que veio uma voz
e lhe disse:
— O que você está fazendo aqui, Elias?
14 Ele respondeu:
— Tenho sido muito zeloso pelo SENHOR,
Deus dos Exércitos, porque os filhos de Israel
deixaram a tua aliança, derrubaram os teus al-
tares e mataram os teus profetas à espada. Só
fiquei eu, e eles estão querendo tirar-me a vida.
15 Então o SENHOR disse a Elias:
— Vá, volte ao seu caminho para o deserto de
Damasco. Chegando lá, unja Hazael como rei da
Síria. 16 Unja também Jeú, filho de Ninsi, como rei
de Israel e Eliseu, filho de Safate, de Abel-Meolá,
como profeta em seu lugar. 17 Quem escapar à es-
pada de Hazael, Jeú o matará; quem escapar à es-
pada de Jeú, Eliseu o matará. 18 Também conservei
em Israel sete mil, todos os joelhos que não se do-
braram a Baal, e toda boca que não o beijou.

O chamado de Eliseu

19 Elias saiu dali e encontrou Eliseu, filho de Sa-
fate, que estava lavrando com doze juntas de bois
adiante dele; ele estava com a décima segunda
junta. Elias passou por ele e lançou o seu manto
sobre ele. 20 Então Eliseu deixou os bois, correu
atrás de Elias e disse:
— Deixe-me beijar o meu pai e a minha mãe e,
então, eu o seguirei.
Elias respondeu:
— Vá e volte, pois você já sabe o que fiz com
você.
21 Eliseu voltou para trás, pegou a junta de bois
e os sacrificou. E, com os equipamentos dos bois,
cozinhou a carne e a deu ao povo, e eles come-
ram. Então se levantou, seguiu Elias, e o servia.

Acabe derrota os sírios

20 1 Ben-Hadade, rei da Síria, reuniu todo o seu
exército. Estavam com ele trinta e dois reis
com seus cavalos e carros de guerra. Ele subiu,
cercou Samaria e lutou contra ela. 2 Enviou men-
sageiros à cidade, a Acabe, rei de Israel, 3 que lhe
disseram:

— Assim diz Ben-Hadade: "A sua prata e o seu
ouro são meus; as suas mulheres e os seus melho-
res filhos também são meus."
4 O rei de Israel respondeu:
— Seja conforme a sua palavra, ó rei, meu
senhor; eu sou seu, e tudo o que tenho é seu.
5 Os mensageiros voltaram a Acabe e disseram:
— Assim diz Ben-Hadade: "Quando enviei
mensageiros que dissessem: 'A sua prata, o seu
ouro, as suas mulheres e os seus filhos são meus',
era para que você os entregasse para mim. 6 Se
amanhã a estas horas eu tiver de enviar os meus
servos até você, eles vasculharão o seu palácio e
as casas dos seus oficiais e meterão as mãos em
tudo o que você tem de precioso e o levarão."
7 Então o rei de Israel chamou todos os anciãos
da sua terra e lhes disse:
— Como vocês podem notar e ver, este homem
procura o mal. Mandou exigir as minhas mulhe-
res, os meus filhos, a minha prata e o meu ouro, e
não os neguei a ele.
8 Todos os anciãos e todo o povo lhe disseram:
— Não lhe dê ouvidos e não consinta.
9 Então Acabe disse aos mensageiros de Ben-
-Hadade:
— Digam ao rei, meu senhor: "Farei tudo o que
você pediu a este seu servo na primeira vez, porém
não posso fazer o que você está pedindo agora."
E os mensageiros se foram e deram esta respos-
ta. 10 Ben-Hadade tornou a enviar mensageiros,
dizendo:
— Que os deuses me castiguem, se o pó de Sa-
maria bastar para encher as mãos de todo o povo
que me segue.
11 Porém o rei de Israel respondeu:
— Digam ao rei Ben-Hadade: "Quem se veste
para a batalha não deve se gabar como aquele que
está se despindo depois da vitória."
12 Ben-Hadade ouviu esta resposta quando ele
e os outros reis estavam bebendo nas tendas. En-
tão ele disse aos seus servos:
— Preparem-se para atacar.
E eles se prepararam para atacar a cidade.
13 Eis que um profeta foi até Acabe, rei de Israel,
e lhe disse:
— Assim diz o SENHOR: "Você viu toda esta
grande multidão? Eis que hoje a entregarei nas
suas mãos, e você saberá que eu sou o SENHOR."
14 Acabe perguntou:
— Por meio de quem se dará isto?
Ele respondeu:
— Assim diz o SENHOR: "Pelos servos dos che-
fes das províncias."
Acabe perguntou:
— Quem começará a batalha?
E o profeta respondeu:
— Você!
15 Então Acabe contou os servos dos chefes das
províncias, e eram duzentos e trinta e dois. De-
pois, contou todo o povo, todos os filhos de Israel,
e eram sete mil.
16 Saíram ao meio-dia. Ben-Hadade, porém,
estava bebendo e embriagando-se nas tendas,
ele e os reis, os trinta e dois reis que o ajudavam.
17 Saíram primeiro os servos dos chefes das pro-
víncias. Ben-Hadade mandou observadores que
lhe deram avisos, dizendo:
— Uns homens estão saindo de Samaria.
18 Ele disse:
— Se vieram tratar de paz, prendam-nos vivos;
se vieram lutar, prendam-nos vivos também.
19 Os servos dos chefes das províncias e o exér-
cito que os seguia saíram da cidade, 20 e cada um
matou o homem contra quem lutava. Os sírios fu-
giram, e Israel os perseguiu. Porém Ben-Hadade,
rei da Síria, escapou a cavalo, com alguns cavalei-
ros. 21 O rei de Israel saiu e destroçou os cavalos
e os carros de guerra dos sírios, impondo-lhes
grande derrota.
22 Então o profeta foi até o rei de Israel e lhe
disse:
— Vá, seja forte, considere e veja o que vai fa-
zer, porque daqui a um ano o rei da Síria voltará
a atacar.
23 Os servos do rei da Síria lhe disseram:
— Os deuses deles são deuses dos montes, e
por isso eles foram mais fortes do que nós. Mas
vamos lutar contra eles na planície, e, por certo,
seremos mais fortes do que eles. 24 Portanto, faça
o seguinte: tire os reis, cada um do seu lugar, e
substitua-os por capitães, 25 e forme outro exér-
cito igual em número ao que você perdeu, com
outros tantos cavalos e outros tantos carros de
guerra. E vamos lutar contra eles na planície e,
por certo, seremos mais fortes do que eles.
O rei deu ouvidos ao que disseram e assim o
fez. 26 Decorrido um ano, Ben-Hadade convocou
os sírios e subiu a Afeca para lutar contra Israel.
27 Também os filhos de Israel foram reunidos para
a batalha. Eles foram providos de mantimentos
e marcharam contra os sírios. Os filhos de Israel
acamparam de frente para eles, como dois peque-
nos rebanhos de cabras, mas os sírios enchiam
a terra.
28 Um homem de Deus se aproximou e foi falar
com o rei de Israel, dizendo:
— Assim diz o SENHOR: "Porque os sírios disse-
ram que o SENHOR é deus dos montes e não dos
vales, entregarei toda esta grande multidão nas
suas mãos, e assim vocês saberão que eu sou o
SENHOR."
29 Sete dias estiveram acampados uns em
frente dos outros. No sétimo dia, travou-se a ba-
talha, e os filhos de Israel, num só dia, mataram

dos sírios cem mil soldados da infantaria. 30 Os
restantes fugiram para Afeca e entraram na cida-
de, mas a muralha da cidade caiu sobre os vinte
e sete mil homens que restaram. Ben-Hadade
fugiu, veio à cidade e se escondia de câmara em
câmara.
31 Então os seus servos lhe disseram:
— Eis que temos ouvido que os reis da casa de
Israel são reis clementes. Por isso, ponhamos pa-
nos de saco sobre os lombos e cordas ao redor da
cabeça e vamos até o rei de Israel; pode ser que
ele lhe poupe a vida.
32 Então se cingiram com pano de saco pelos
lombos, puseram cordas ao redor da cabeça e fo-
ram falar com o rei de Israel. Disseram:
— O seu servo Ben-Hadade manda dizer:
"Poupe-me a vida."
Acabe respondeu:
— Então ele ainda está vivo? Ele é meu irmão.
33 Aqueles homens tomaram isto como um
bom sinal, logo se aproveitaram dessa palavra e
disseram:
— Sim, o seu irmão Ben-Hadade!
O rei disse:
— Vão e tragam-no aqui.
Então Ben-Hadade saiu para se encontrar com
Acabe, e este o fez subir na sua carruagem. 34 Ben-
-Hadade lhe disse:
— Vou restituir as cidades que o meu pai tomou
do seu pai. Você poderá vender os seus produtos
em Damasco, como o meu pai fez em Samaria.
E Acabe respondeu:
— Com esta aliança, deixarei que você fique
livre.
Então Acabe fez uma aliança com ele e o deixou
ir embora.

Um profeta condena Acabe

35 Então, por ordem do SENHOR, um dos discí-
pulos dos profetas disse ao seu companheiro:
— Por favor, me esmurre.
Mas o homem se recusou a fazê-lo, 36 e por isso
o discípulo dos profetas lhe disse:
— Visto que você não obedeceu à voz do
SENHOR, eis que, tão logo você se afastar de mim,
um leão o matará.
Quando ele se afastou, um leão o encontrou e
o matou.
37 Então o profeta encontrou outro homem e
lhe disse:
— Por favor, me esmurre.
Ele o esmurrou e o feriu. 38 Então o profeta
partiu e ficou esperando o rei no caminho, disfar-
çado com uma venda sobre os olhos. 39 Quando o
rei ia passando, o profeta gritou:
— Este seu servo estava saindo do meio da
batalha, quando um companheiro se voltou e
me trouxe um homem, dizendo: "Vigie este ho-
mem. Se ele escapar, será a sua vida pela vida
dele ou você pagará trinta e quatro quilos de pra-
ta." 40 Enquanto este seu servo estava ocupado
daqui e dali, o homem se foi.
O rei de Israel respondeu:
— Esta é a sua sentença. Você mesmo a pronun-
ciou.
41 Então ele se apressou e tirou a venda dos
olhos, e o rei de Israel reconheceu que era um
dos profetas. 42 E o profeta disse ao rei:
— Assim diz o SENHOR: "Porque você sol-
tou o homem que eu havia condenado, será a
sua vida pela vida dele e o seu povo pelo povo
dele."
43 Então o rei de Israel se dirigiu à sua casa,
aborrecido e indignado, e chegou a Samaria.

Acabe e a vinha de Nabote

21 1 Depois disto, aconteceu o seguinte: Nabo-
te, o jezreelita, possuía uma vinha ao lado
do palácio que Acabe, rei de Samaria, tinha em
Jezreel. 2 Acabe disse a Nabote:
— Dê-me a sua vinha, para que me sirva de
horta, pois está perto, ao lado do meu palácio.
Em troca eu lhe darei outra, melhor. Ou, se for do
seu agrado, darei em dinheiro o que ela vale.
3 Porém Nabote disse a Acabe:
— Que o SENHOR Deus me livre de lhe dar a he-
rança de meus pais.
4 Então Acabe voltou para casa aborrecido e in-
dignado com o que Nabote, o jezreelita, lhe havia
falado, quando disse: "Não lhe darei a herança de
meus pais." E se deitou na cama, voltou o rosto
para a parede e não quis comer.
5 Porém Jezabel, a esposa, foi falar com ele e
perguntou:
— Que é isso que você tem? Por que está as-
sim aborrecido e não quer comer nada?
6 Acabe respondeu:
— É porque falei com Nabote, o jezreelita, e
lhe disse: "Dê-me a sua vinha por dinheiro; ou,
se preferir, lhe darei outra em troca." Porém ele
disse: "Não lhe darei a minha vinha."
7 Então Jezabel, sua esposa, lhe disse:
— Você está governando Israel ou não?
Levante-se, venha comer e alegre o seu coração;
eu lhe darei a vinha de Nabote, o jezreelita.

Jezabel ordena a morte de Nabote

8 Então Jezabel escreveu cartas em nome de
Acabe, selou-as com o sinete dele e as enviou
aos anciãos e aos nobres que moravam com Na-
bote na cidade dele. 9 E nas cartas ela escreveu o
seguinte: "Anunciem um dia de jejum e tragam
Nabote para a frente do povo. 10 Ponham senta-
dos na frente dele dois homens malignos, que

testemunhem contra ele, dizendo: 'Você blasfe-
mou contra Deus e contra o rei.' Depois, levem-
-no para fora e o apedrejem, para que morra."
11 Os homens daquela cidade, os anciãos e os
nobres que moravam com Nabote fizeram o que
Jezabel lhes ordenou, segundo estava escrito nas
cartas que lhes havia mandado. 12 Anunciaram
um dia de jejum e deram a Nabote um lugar de
destaque na frente do povo. 13 Então vieram dois
homens malignos, sentaram-se na frente dele e
testemunharam contra ele, contra Nabote, dian-
te do povo, dizendo:
— Nabote blasfemou contra Deus e contra o
rei.
E o levaram para fora da cidade e o apedreja-
ram, e ele morreu. 14 Então mandaram dizer a
Jezabel:
— Nabote foi apedrejado e morreu.
15 Quando Jezabel ouviu que Nabote tinha
sido apedrejado e estava morto, disse a Acabe:
— Levante-se e tome posse da vinha que Na-
bote, o jezreelita, não quis dar a você por dinhei-
ro. Porque Nabote não está mais vivo; morreu.
16 Quando Acabe ouviu que Nabote estava
morto, levantou-se para ir até a vinha de Nabote,
o jezreelita, para tomar posse dela.

Elias ameaça Acabe e Jezabel

17 Então a palavra do SENHOR veio a Elias, o tes-
bita, dizendo:
18 — Levante-se, vá encontrar-se com Acabe,
rei de Israel, que mora em Samaria. Eis que ele
está na vinha de Nabote, aonde foi para tomar
posse dela. 19 Fale com ele, dizendo: Assim diz o
SENHOR: "Você matou e, ainda por cima, tomou
a herança?" Fale também o seguinte: Assim diz o
SENHOR: "No mesmo lugar onde os cães lamberam
o sangue de Nabote, cães lamberão o seu sangue
— sim, o seu sangue."
20 Acabe perguntou a Elias:
— Então, meu inimigo, você já me achou?
Elias respondeu:
— Achei, sim, porque você já se vendeu para
fazer o que é mau aos olhos do SENHOR. 21 Eis
que trarei o mal sobre você, arrancarei a sua
posteridade e exterminarei de Acabe todos do
sexo masculino, quer escravo quer livre, em
Israel. 22 Farei com a sua casa o mesmo que fiz
com a casa de Jeroboão, filho de Nebate, e com
a casa de Baasa, filho de Aías, por causa da pro-
vocação com que você me irritou e levou Israel
a pecar.
23 — Também de Jezabel o SENHOR falou: "Os
cães devorarão Jezabel dentro das muralhas de
Jezreel. 24 Se alguém da casa de Acabe morrer na
cidade, os cães o comerão; e se alguém morrer
no campo, as aves do céu o comerão."

25 Nunca houve ninguém igual a Acabe, que
se vendeu para fazer o que era mau aos olhos do
SENHOR, porque Jezabel, sua esposa, o instiga-
va. 26 Ele fez grandes abominações, seguindo os
ídolos, conforme tudo o que fizeram os amor-
reus, que o SENHOR expulsou de diante dos fi-
lhos de Israel.
27 Quando Acabe ouviu estas palavras, rasgou
as suas roupas, cobriu-se de pano de saco e je-
juou; dormia vestido de pano de saco e andava
cabisbaixo. 28 Então a palavra do SENHOR veio a
Elias, o tesbita, dizendo:
29 — Você viu como Acabe se humilhou diante
de mim? Portanto, visto que ele se humilha dian-
te de mim, não trarei este mal nos seus dias, mas
nos dias de seu filho o trarei sobre a sua casa.

As profecias dos falsos profetas

2Cr 18.1-11

22 1 Três anos se passaram sem haver guerra
entre Síria e Israel. 2 Porém, no terceiro ano,
Josafá, rei de Judá, foi visitar o rei de Israel. 3 Este
perguntou aos seus servos:
— Vocês não sabem que Ramote-Gileade é
nossa, e nós ficamos quietos e não a tiramos das
mãos do rei da Síria?
4 Então perguntou a Josafá:
— Você vai comigo à batalha contra Ramote-
-Gileade?
Josafá respondeu ao rei de Israel:
— Sou como você é, o meu povo é como o seu
povo, e os meus cavalos são como os seus cavalos.
5 Josafá disse mais ao rei de Israel:
— Consulte primeiro a palavra do SENHOR.
6 Então o rei de Israel reuniu os profetas, cerca
de quatrocentos homens, e lhes perguntou:
— Devo ir e lutar contra Ramote-Gileade ou
devo me conter?
Eles responderam:
— Vá, porque o Senhor a entregará nas mãos
do rei.
7 Mas Josafá perguntou:
— Não há aqui ainda algum profeta do SENHOR,
para o consultarmos?
8 O rei de Israel respondeu a Josafá:
— Há um ainda, por meio de quem podemos
consultar o SENHOR. Mas eu o odeio, porque nun-
ca profetiza de mim o que é bom, mas somente o
que é mau. É Micaías, filho de Inlá.
Josafá disse:
— O rei não deveria falar assim.
9 Então o rei de Israel chamou um oficial e disse:
— Traga-me depressa Micaías, filho de Inlá.
10 O rei de Israel e Josafá, rei de Judá, estavam
assentados, cada um no seu trono, vestidos de
trajes reais, numa eira à entrada do portão da ci-
dade de Samaria; e todos os profetas profetizavam

diante deles. 11 Zedequias, filho de Quenaana, fez
para si uns chifres de ferro e disse:
— Assim diz o SENHOR: "Com estes você dará
chifradas nos sírios até que estejam destruídos."
12 Todos os profetas profetizaram assim, di-
zendo:
— Suba a Ramote-Gileade! Você triunfará! O
SENHOR a entregará nas mãos do rei.

A profecia de Micaías

2Cr 18.12-27

13 O mensageiro que tinha ido chamar Micaías
falou-lhe, dizendo:
— Eis que as palavras dos profetas a uma voz
predizem coisas boas para o rei. Portanto, que a
sua palavra seja como a palavra de um deles; fale
o que é bom.
14 Micaías respondeu:
— Tão certo como vive o SENHOR, o que o
SENHOR me disser, isso falarei.
15 Quando ele chegou à presença do rei, este lhe
perguntou:
— Micaías, devemos ir a Ramote-Gileade para a
batalha ou devemos nos conter?
Ele respondeu:
— Vá! Você triunfará! O SENHOR a entregará nas
mãos do rei.
16 O rei lhe disse:
— Quantas vezes devo fazer você jurar que não
me fale a não ser a verdade em nome do SENHOR?
17 Então Micaías disse:
— Vi todo o Israel disperso pelos montes, como
ovelhas que não têm pastor. E o SENHOR Deus dis-
se: "Estes não têm dono; que cada um volte em
paz para a sua casa."
18 Então o rei de Israel disse a Josafá:
— Eu não disse a você que a meu respeito ele
não profetiza o que é bom, mas somente o que
é mau?
19 Micaías prosseguiu:
— Portanto, ouça a palavra do SENHOR: Vi o
SENHOR assentado no seu trono, e todo o exérci-
to do céu estava junto dele, à sua direita e à sua
esquerda. 20 Então o SENHOR perguntou: "Quem
enganará Acabe, para que vá e seja morto em
Ramote-Gileade?" E um dizia uma coisa, e outro
dizia outra coisa. 21 Então um espírito saiu, se
apresentou diante do SENHOR e disse: "Eu o enga-
narei." O SENHOR perguntou: "Como?" 22 Ele res-
pondeu: "Sairei e serei um espírito mentiroso na
boca de todos os profetas do rei." Então o SENHOR
disse: "Você conseguirá enganá-lo. Vá e faça as-
sim." 23 E agora eis que o SENHOR pôs esse espírito
mentiroso na boca de todos estes seus profetas e
o SENHOR declarou que um mal vai lhe acontecer.
24 Então Zedequias, filho de Quenaana, chegou,
deu uma bofetada em Micaías e perguntou:
— Por onde é que passou o Espírito do SENHOR
ao sair de mim para falar com você?
25 Micaías respondeu:
— Eis que você o verá no dia em que estiver
correndo de quarto em quarto, tentando se escon-
der!
26 Então o rei de Israel disse:
— Prenda Micaías e leve-o de volta a Amom,
governador da cidade, e a Joás, filho do rei. 27 E
diga: "Assim diz o rei: Metam este homem na ca-
deia e o ponham a pão e água, até que eu volte em
paz."
28 Micaías disse:
— Se o rei de fato voltar em paz, é porque o
SENHOR não falou por meio de mim.
E acrescentou:
— Que todos os povos ouçam isto!

A morte de Acabe

2Cr 18.28-34

29 O rei de Israel e Josafá, rei de Judá, foram
atacar Ramote-Gileade. 30 O rei de Israel disse a
Josafá:
— Eu vou me disfarçar e entrar no combate,
mas você use os seus trajes reais.
E assim o rei de Israel se disfarçou e entrou no
combate.
31 Ora, o rei da Síria havia ordenado aos trinta
e dois capitães dos seus carros de guerra que não
lutassem nem contra pequeno nem contra gran-
de, mas somente contra o rei de Israel. 32 Quando
os capitães dos carros viram Josafá, disseram:
— Aquele certamente é o rei de Israel.
E se dirigiram até ele para o atacar. Porém Josafá
gritou. 33 Quando os capitães dos carros de guer-
ra viram que não era o rei de Israel, deixaram de
persegui-lo. 34 Então um homem entesou o arco e,
atirando ao acaso, atingiu o rei de Israel por entre
as juntas da sua armadura. Então o rei Acabe disse
ao condutor do seu carro:
— Dê a volta e leve-me para fora do combate,
porque estou gravemente ferido.
35 A batalha se intensificou naquele dia. Quanto
ao rei, seguraram-no em pé no seu carro de guerra
de frente para os sírios, mas à tarde ele morreu.
O sangue corria da ferida para o fundo do carro.
36 Ao pôr do sol, fez-se ouvir um grito pelo acam-
pamento, que dizia:
— Cada um para a sua cidade, e cada um para
a sua terra!
37 Morto o rei, levaram-no a Samaria, onde o se-
pultaram. 38 Quando lavaram o carro de guerra junto
à cisterna de Samaria, os cães lamberam o sangue
do rei, segundo a palavra que o SENHOR tinha dito;
as prostitutas banharam-se naquelas águas.
39 Quanto aos demais atos de Acabe, a tudo o
que fez, ao palácio de marfim que construiu e a

todas as cidades que edificou, não está tudo escri-
to no Livro da História dos Reis de Israel? 40 Assim,
Acabe morreu, e Acazias, seu filho, reinou em seu
lugar.

O reinado e a morte de Josafá

2Cr 20.31-37

41 Josafá, filho de Asa, começou a reinar sobre
Judá no quarto ano do reinado de Acabe, rei de
Israel. 42 Josafá tinha trinta e cinco anos de idade
quando começou a reinar e reinou vinte e cin-
co anos em Jerusalém. A mãe dele se chamava
Azuba e era filha de Sili. 43 Josafá andou em todos
os caminhos de Asa, seu pai; não se desviou deles
e fez o que era reto aos olhos do SENHOR. 44 Os lu-
gares altos, porém, não foram destruídos; neles, o
povo ainda oferecia sacrifícios e queimava incen-
so. 45 Josafá viveu em paz com o rei de Israel.
46 Quanto aos demais atos de Josafá, ao poder
que mostrou e como guerreou, não está tudo es-
crito no Livro da História dos Reis de Judá?
47 Também exterminou da terra os restantes
dos prostitutos cultuais que ficaram nos dias de
Asa, seu pai.
48 Nessa época não havia rei em Edom, porém
somente um governador. 49 Josafá fez grandes na-
vios, para irem a Ofir em busca de ouro; porém
não foram, porque os navios se quebraram em
Eziom-Geber. 50 Então Acazias, filho de Acabe,
disse a Josafá:
— Deixe que os meus servos naveguem com os
seus.
Porém Josafá não quis.
51 Josafá morreu e foi sepultado na Cidade de
Davi, seu pai; e Jeorão, seu filho, reinou em seu
lugar.

O reinado de Acazias, de Israel

52 Acazias, filho de Acabe, começou a reinar
sobre Israel em Samaria, no décimo sétimo ano
do reinado de Josafá, rei de Judá; e reinou dois
anos sobre Israel. 53 Fez o que era mau aos olhos
do SENHOR, pois andou nos caminhos de seu pai,
bem como nos caminhos de sua mãe e nos cami-
nhos de Jeroboão, filho de Nebate, que levou Israel
a pecar. 54 Ele serviu a Baal, e o adorou, como o seu
pai havia feito antes dele, provocando o SENHOR,
Deus de Israel, à ira.

O SEGUNDO LIVRO DOS

REIS

Acazias e o profeta Elias

1 1 Depois da morte de Acabe, o rei dos moabitas
se revoltou contra Israel.
2 E o rei Acazias caiu pelas grades de um quar-
to do andar superior, em Samaria, e ficou ferido.
Então enviou mensageiros e lhes disse:
— Vão consultar Baal-Zebube, deus de Ecrom,
para saber se vou sarar desta doença.
3 Mas o Anjo do SENHOR disse a Elias, o tesbita:
— Levante-se, vá encontrar-se com os men-
sageiros do rei de Samaria e pergunte-lhes: "Será
que não há Deus em Israel, para que vocês este-
jam indo consultar Baal-Zebube, deus de Ecrom?"
4 Por isso, assim diz o SENHOR: "Da cama em que
está deitado você não sairá mais. Você certamente
morrerá!"
Então Elias foi embora.
5 Os mensageiros voltaram para o rei, e este lhes
perguntou:
— O que houve? Por que voltaram?
6 Eles responderam:
— Um homem veio ao nosso encontro e nos dis-
se que deveríamos voltar para o rei que nos havia
mandado e dizer o seguinte: Assim diz o SENHOR:
"Será que não há Deus em Israel, para que você
esteja mandando consultar Baal-Zebube, deus de
Ecrom? Portanto, da cama em que está deitado
você não sairá mais. Você certamente morrerá!"
7 Então o rei perguntou:
— Qual era a aparência do homem que veio ao
encontro de vocês e falou tais palavras?
8 Eles responderam:
— Era um homem vestido de pelos, com um
cinto de couro na cintura.
Então o rei disse:
— É Elias, o tesbita.
9 Então o rei enviou um capitão de cinquenta,
com seus cinquenta soldados, em busca de Elias.
O capitão subiu o monte, em cujo topo Elias estava
sentado, e lhe disse:
— Homem de Deus, o rei está ordenando que
você desça daí.
10 Mas Elias respondeu ao capitão de cinquenta:
— Se eu sou homem de Deus, que desça fogo
do céu e consuma você e os seus cinquenta sol-
dados.

Então desceu fogo do céu e consumiu o capi-
tão e os seus cinquenta soldados.
11 O rei enviou outro capitão de cinquenta, com
os seus cinquenta soldados. Ele subiu o monte e
disse a Elias:
— Homem de Deus, o rei está ordenando que
você desça daí imediatamente.
12 Elias respondeu:
— Se eu sou homem de Deus, que desça fogo
do céu e consuma você e os seus cinquenta sol-
dados.
Então fogo de Deus desceu do céu e consumiu
o capitão e os seus cinquenta soldados.
13 O rei enviou um terceiro capitão de cinquen-
ta, com os seus cinquenta soldados. Este terceiro
capitão de cinquenta subiu o monte, pôs-se de
joelhos diante de Elias e lhe suplicou:
— Homem de Deus, peço, por favor, que a mi-
nha vida e a vida destes seus servos, os cinquenta
soldados, seja preciosa aos seus olhos. 14 Porque
desceu fogo do céu e consumiu aqueles dois pri-
meiros capitães de cinquenta, com os seus cin-
quenta soldados. Agora, porém, que a minha vida
seja preciosa aos seus olhos.
15 Então o Anjo do SENHOR disse a Elias:
— Desça com este; não tenha medo.
Ele se levantou, desceu com ele e se apresentou
ao rei. 16 Elias disse ao rei:
— Assim diz o SENHOR: "Por que você enviou
mensageiros para consultar Baal-Zebube, deus de
Ecrom? É porque não há Deus em Israel, cuja pala-
vra se possa consultar? Portanto, da cama em que
está deitado você não sairá mais. Você certamente
morrerá!"
17 E assim Acazias morreu, segundo a palavra
do SENHOR, anunciada por Elias. E Jorão, irmão de
Acazias, começou a reinar em seu lugar, no segun-
do ano do reinado de Jeorão, filho de Josafá, rei de
Judá. Isto porque Acazias não tinha filhos.
18 Quanto aos demais atos de Acazias e ao que
fez, não está tudo escrito no Livro da História dos
Reis de Israel?

Eliseu é sucessor de Elias

2 1 Quando o SENHOR estava para tomar Elias ao
céu num redemoinho, Elias saiu de Gilgal em
companhia de Eliseu. 2 E Elias disse a Eliseu:
— Fique aqui, porque o SENHOR me enviou a
Betel.
Mas Eliseu disse:
— Tão certo como vive o SENHOR, e como você
vive, não o deixarei ir sozinho.
E, assim, foram até Betel. 3 Os discípulos dos
profetas que estavam em Betel saíram ao encontro
de Eliseu e lhe perguntaram:
— Você sabia que hoje o SENHOR levará o seu
mestre, elevando-o por sobre a sua cabeça?
Ele respondeu:
— Sim, também eu já sei. Mas não digam nada.
4 Então Elias disse a Eliseu:
— Fique aqui, porque o SENHOR me enviou a
Jericó.
Mas Eliseu disse:
— Tão certo como vive o SENHOR, e como você
vive, não o deixarei ir sozinho.
E, assim, foram a Jericó. 5 Então os discípulos
dos profetas que estavam em Jericó se aproxima-
ram de Eliseu e lhe perguntaram:
— Você sabia que hoje o SENHOR levará o seu
mestre, elevando-o por sobre a sua cabeça?
Ele respondeu:
— Sim, também eu já sei. Mas não digam nada.
6 Mais uma vez Elias disse a Eliseu:
— Fique aqui, porque o SENHOR me enviou ao
Jordão.
Mas Eliseu disse:
— Tão certo como vive o SENHOR, e como você
vive, não o deixarei ir sozinho.
E, assim, os dois foram juntos. 7 Cinquenta
homens dos discípulos dos profetas foram e fi-
caram a certa distância, quando ambos pararam
junto ao Jordão. 8 Então Elias pegou o seu manto,
enrolou-o e bateu com ele nas águas, as quais se
dividiram para os dois lados; e ambos passaram
em seco.

Elias é elevado ao céu

9 Quando eles tinham passado o Jordão, Elias
disse a Eliseu:
— Diga o que você quer que eu faça por você,
antes que eu seja levado embora.
Eliseu disse:
— Quero receber por herança porção dobrada
do seu espírito.
10 Elias respondeu:
— Você fez um pedido difícil. Mas, se você
me vir quando eu for levado embora, será como
você pede; porém, se você não me vir, não será
assim.
11 Enquanto iam caminhando e falando, eis que
um carro de fogo, com cavalos de fogo, os separou
um do outro, e Elias subiu ao céu num redemoi-
nho. 12 Ao ver isso, Eliseu gritou:
— Meu pai, meu pai! Carros de Israel e seus ca-
valeiros!
E nunca mais ele viu Elias. E, pegando a sua
própria roupa, rasgou-a em duas partes. 13 Então
levantou o manto de Elias, que havia caído, e vol-
tou para a margem do Jordão. 14 Pegou o manto de
Elias, que havia caído, bateu com ele nas águas e
disse:
— Onde está o SENHOR, Deus de Elias?
Quando ele bateu nas águas, elas se dividiram
para os dois lados, e Eliseu passou.

Os discípulos dos profetas procuram Elias

15 Os discípulos dos profetas que estavam de-
fronte, em Jericó, viram isso e disseram:
— O espírito de Elias repousa sobre Eliseu.
Foram ao encontro de Eliseu e se prostraram
diante dele em terra. 16 E disseram a Eliseu:
— Eis que entre os seus servos há cinquenta
homens valentes. Deixe-os ir em procura do seu
mestre. Pode ser que o Espírito do SENHOR o tenha
levado e lançado em algum dos montes ou em al-
gum dos vales.
Porém ele respondeu:
— Não! Não mandem ninguém.
17 Mas eles insistiram com ele, até que, cons-
trangido, lhes disse:
— Podem enviar os homens.
E enviaram cinquenta homens, que o procura-
ram durante três dias, porém não o acharam. 18 En-
tão voltaram para junto de Eliseu, que tinha ficado
em Jericó. E ele lhes disse:
— Eu não disse que vocês não deveriam ir?

Eliseu torna saudáveis as águas de Jericó

19 Os homens da cidade disseram a Eliseu:
— Eis que esta cidade é bem-situada, como o
senhor pode ver, porém a água não é boa, e a terra
é estéril.
20 Ele disse:
— Tragam-me um prato novo e ponham nele
sal.
E eles trouxeram. 21 Então Eliseu foi até a fonte e
jogou o sal na água. E disse:
— Assim diz o SENHOR: "Tornei saudável esta
água; ela não será mais causa de morte nem de
esterilidade."
22 E aquela água ficou saudável, até o dia de
hoje, segundo a palavra que Eliseu tinha dito.

Rapazinhos zombam de Eliseu

23 Então Eliseu partiu dali para ir a Betel. Estan-
do ele a caminho, uns rapazinhos saíram da cida-
de, e zombavam dele, dizendo:
— Suba, seu careca! Suba, seu careca!
24 Eliseu se virou para trás, viu os rapazinhos e
os amaldiçoou em nome do SENHOR. Então duas
ursas saíram do bosque e despedaçaram quarenta
e dois deles. 25 Dali Eliseu foi para o monte Car-
melo, de onde voltou para Samaria.

O reinado de Jorão sobre Israel

3 1 Jorão, filho de Acabe, começou a reinar sobre
Israel, em Samaria, no décimo oitavo ano do
reinado de Josafá, rei de Judá; e reinou doze anos.
2 Fez o que era mau aos olhos do SENHOR, porém
não como o seu pai, nem como a sua mãe, porque
tirou a coluna de Baal, que o seu pai havia feito.
3 No entanto, aderiu aos pecados de Jeroboão, filho
de Nebate, que havia levado Israel a pecar, e não se
afastou deles.

Eliseu prediz a vitória sobre Moabe

4 Mesa, rei dos moabitas, era criador de gado e
pagava o seu tributo ao rei de Israel com cem mil
cordeiros e a lã de cem mil carneiros. 5 Mas depois
da morte de Acabe, o rei dos moabitas se revoltou
contra o rei de Israel. 6 Por isso, naquele instante
Jorão saiu de Samaria e reuniu todo o exército de
Israel. 7 Mandou dizer a Josafá, rei de Judá:
— O rei de Moabe se revoltou contra mim. Você
irá comigo à guerra contra Moabe?
Josafá respondeu:
— Irei. Sou como você é, o meu povo é como
o seu povo, e os meus cavalos são como os seus
cavalos.
8 E Josafá perguntou:
— Por que caminho iremos?
Jorão respondeu:
— Pelo caminho do deserto de Edom.
9 Partiram o rei de Israel, o rei de Judá e o rei de
Edom. Após sete dias de marcha, não havia água
para o exército e para os animais que os seguiam.
10 Então o rei de Israel disse:
— Ah! O SENHOR chamou estes três reis para
os entregar nas mãos de Moabe.
11 Josafá perguntou:
— Não há, aqui, algum profeta do SENHOR, para
que consultemos o SENHOR por meio dele?
Um dos servos do rei de Israel respondeu:
— Aqui está Eliseu, filho de Safate, que era ser-
vo de Elias.
12 Josafá disse:
— Está com ele a palavra do SENHOR.
Então o rei de Israel, Josafá e o rei de Edom fo-
ram falar com Eliseu. 13 Mas Eliseu disse ao rei de
Israel:
— Que tenho eu a ver com você? Vá falar com
os profetas de seu pai e os profetas de sua mãe.
Porém o rei de Israel lhe disse:
— Não, porque o SENHOR Deus é quem chamou
estes três reis para os entregar nas mãos de Moabe.
14 Eliseu disse:
— Tão certo como vive o SENHOR dos Exércitos,
em cuja presença estou, se eu não respeitasse a
presença de Josafá, rei de Judá, não daria atenção
nem olharia para você. 15 Agora me tragam um
músico.
Enquanto o músico tocava, o poder de Deus
veio sobre Eliseu. 16 Este disse:
— Assim diz o SENHOR: "Façam, neste vale,
covas e mais covas. 17 Porque assim diz o SENHOR:
Vocês não sentirão vento, nem verão chuva, mas
este vale se encherá de água; e vocês beberão,
bem como o seu gado e os seus animais." 18 Mas
isto ainda é pouco aos olhos do SENHOR. Ele

também entregará Moabe nas suas mãos. 19 Vocês
conquistarão todas as cidades fortificadas e todas
as cidades principais. Cortarão todas as árvores
frutíferas, taparão todas as fontes de água e da-
nificarão com pedras todos os campos de cultivo.
20 E aconteceu que, no dia seguinte, na hora do
sacrifício da manhã, eis que água vinha descendo
dos lados de Edom; e a terra se encheu de água.

A derrota de Moabe

21 Quando todos os moabitas ouviram que os
reis tinham vindo para lutar contra eles, convo-
caram todos os que estavam aptos para a guerra,
desde o mais novo até o mais velho, e tomaram
posição nas fronteiras. 22 Os moabitas se levan-
taram de madrugada e, quando o sol raiou sobre
as águas, viram que as águas diante deles estavam
vermelhas como sangue. 23 E disseram:

— Isto é sangue! Certamente os reis se destruí-
ram e se mataram um ao outro! Agora, moabitas, é
hora de pegar os despojos!

24 Mas, quando eles chegaram ao arraial de
Israel, os israelitas se levantaram e atacaram os
moabitas, os quais fugiram deles. Os israelitas
entraram na terra e também aí mataram os moa-
bitas. 25 Arrasaram as cidades, e cada um lançou
uma pedra em todos os campos de cultivo, e os
entulharam. Taparam todas as fontes de águas
e cortaram todas as árvores frutíferas. Só Quir-
-Haresete ficou com suas muralhas; mas os que
atiravam com fundas a cercaram e atacaram.

26 Quando o rei de Moabe percebeu que estava
perdendo a batalha, tomou consigo setecentos
homens armados com espada para abrir caminho
e chegar até o rei de Edom, porém não puderam.
27 Então pegou o seu filho primogênito, que havia
de reinar em seu lugar, e o ofereceu em holocaus-
to sobre a muralha. Houve grande ira contra Israel
e, por isso, eles se retiraram dali e voltaram para a
sua própria terra.

Eliseu aumenta o azeite da viúva

4 1 Certa mulher, viúva de um dos discípulos dos
profetas, clamou a Eliseu, dizendo:

— O meu marido, seu servo, está morto, e o
senhor sabe que esse seu servo temia o Senhor
Deus. Mas veio o credor para levar os meus dois
filhos como escravos.

2 Eliseu perguntou à mulher:

— O que posso fazer por você? Diga-me o que é
que você tem em casa.

Ela respondeu:

— Esta sua serva não tem nada em casa, a não
ser um jarro de azeite.

3 Então Eliseu disse:

— Vá, peça emprestadas vasilhas a todos os
seus vizinhos; vasilhas vazias, muitas vasilhas.
4 Depois entre em casa, feche a porta atrás de
você e dos seus filhos, e derrame o azeite em to-
das aquelas vasilhas. Ponha à parte as que forem
ficando cheias.

5 A mulher foi embora dali e fechou a porta
atrás de si e dos seus filhos. Estes lhe passavam as
vasilhas, e ela as enchia. 6 Quando todas estavam
cheias, ela disse a um dos filhos:

— Traga-me mais uma vasilha.

Mas ele respondeu:

— Não há mais vasilha nenhuma.

E o azeite parou. 7 Então ela foi e contou ao ho-
mem de Deus. Ele disse:

— Vá, venda o azeite e pague a sua dívida; e
você e os seus filhos vivam do que sobrar.

Eliseu e a sunamita

8 Certo dia, Eliseu passou por Suném, onde mo-
rava uma mulher rica, que insistiu para que ele fi-
casse para uma refeição. Assim, todas as vezes que
passava por lá, entrava para fazer uma refeição.
9 Ela disse ao seu marido:

— Vejo que este que passa sempre por aqui é um
santo homem de Deus. 10 Vamos fazer um quar-
to pequeno no terraço da casa e colocar nele uma
cama, uma mesa, uma cadeira e uma lamparina;
assim, quando ele vier à nossa casa, poderá ficar ali.

11 Um dia, vindo o profeta para ali, retirou-se
para o quarto e se deitou. 12 Então disse ao seu
servo Geazi:

— Vá chamar esta sunamita.

Ele a chamou, e ela se pôs diante do profeta.
13 Este tinha dito a Geazi que dissesse a ela:

— A senhora nos tem tratado com muito
cuidado. O que podemos fazer pela senhora?
Podemos falar em seu favor junto ao rei ou ao co-
mandante do exército?

Ela havia respondido:

— Eu estou bem, vivendo no meio do meu
povo.

14 Então o profeta perguntou a Geazi:

— O que se pode fazer por ela?

Geazi respondeu:

— Ora, ela não tem filhos, e o marido dela é
velho.

15 Eliseu disse:

— Vá chamá-la.

Ele a chamou, e ela se pôs à porta. 16 Então o
profeta disse à mulher:

— Por este tempo, daqui a um ano, você terá
um filho nos braços.

Ela disse:

— Não, meu senhor, homem de Deus, não min-
ta para esta sua serva.

17 A mulher engravidou e, no ano seguinte, no
tempo determinado, deu à luz um filho, como Eli-
seu tinha dito.

18 O menino cresceu e, certo dia, foi encontrar-
-se com o seu pai, que estava no campo com os
ceifeiros. 19 De repente ele disse a seu pai:
— Ai! A minha cabeça! A minha cabeça!
Então o pai disse a um dos servos:
— Leve-o para a mãe.
20 Ele o tomou e o levou para a mãe. O menino
ficou sentado no colo dela até o meio-dia, e então
morreu. 21 Ela subiu e o deitou sobre a cama do
homem de Deus; fechou a porta e saiu.
22 Chamou o marido e lhe disse:
— Mande-me um dos servos e uma das jumen-
tas. Preciso ir depressa falar com o homem de
Deus e voltar.
23 O marido perguntou:
— Por que você quer falar com ele hoje? Não é
dia de Festa da Lua Nova nem sábado.
Ela respondeu:
— Não faz mal.
24 Então ela mandou preparar a jumenta e disse
ao servo:
— Pegue as rédeas e vamos! Não diminua a
marcha, a não ser quando eu disser.
25 E assim ela partiu e foi falar com o homem de
Deus, no monte Carmelo. Ao vê-la de longe, o ho-
mem de Deus disse a Geazi, seu servo:
— Veja! É a sunamita. 26 Corra ao seu encontro
e pergunte a ela: "Vai tudo bem com você, com o
seu marido, com o menino?"
Ela respondeu:
— Vai tudo bem.
27 Quando ela chegou ao homem de Deus, no
monte, agarrou-se aos pés dele. Geazi se aproxi-
mou para arrancá-la, mas o homem de Deus lhe
disse:
— Deixe-a, porque a sua alma está em amar-
gura, e o SENHOR escondeu isso de mim; não me
revelou nada a respeito.
28 Então a mulher disse:
— Por acaso eu pedi a meu senhor algum filho?
Eu não lhe disse que não me enganasse?
29 Então o profeta disse a Geazi:
— Cinja os lombos, pegue o meu bordão e vá.
Se encontrar alguém, não o cumprimente; e, se al-
guém cumprimentar você, não responda. Ponha o
meu bordão sobre o rosto do menino.
30 Porém a mãe do menino disse:
— Tão certo como vive o SENHOR, e como você
vive, não o deixarei.
Então Eliseu se levantou e foi com ela. 31 Geazi
foi adiante deles e pôs o bordão sobre o rosto do
menino. Porém não houve nele voz nem sinal de
vida. Então voltou para encontrar-se com Eliseu e
lhe disse:
— O menino não acordou.
32 Quando o profeta chegou à casa, eis que o
menino estava morto sobre a cama. 33 Então ele
entrou, fechou a porta e orou ao SENHOR. 34 Su-
biu à cama, deitou-se sobre o menino e, pondo a
sua boca sobre a boca dele, os seus olhos sobre os
olhos dele e as suas mãos sobre as mãos dele, se
estendeu sobre ele; e o corpo do menino aqueceu.
35 Eliseu se levantou e andou no quarto de um lado
para outro. Tornou a subir à cama, e se estendeu
sobre o menino; este espirrou sete vezes e abriu
os olhos. 36 Então Eliseu chamou Geazi e disse:
— Chame a sunamita.
Ele a chamou. Quando ela chegou, Eliseu disse:
— Pegue o seu filho.
37 Ela entrou, lançou-se aos pés de Eliseu e
prostrou-se em terra; pegou o seu filho e saiu.

A morte que havia na panela é tirada

38 Eliseu voltou para Gilgal. Havia fome naquela
terra. Quando os discípulos dos profetas estavam
sentados diante dele, Eliseu disse ao seu servo:
— Ponha a panela grande no fogo e faça um co-
zido para os discípulos dos profetas.
39 Então um deles saiu para o campo a fim de
apanhar ervas. Ele achou uma trepadeira silvestre
e, colhendo os frutos, encheu a sua capa com eles.
Voltou para casa, cortou os frutos em pedaços e
os pôs na panela, mesmo sem saber o que eram.
40 Depois, deram de comer aos homens. Enquanto
comiam do cozido, gritaram:
— Morte na panela, ó homem de Deus!
E não puderam comer. 41 Mas Eliseu disse:
— Tragam farinha.
Ele a colocou na panela e disse:
— Sirva às pessoas para que comam.
E já não havia mal nenhum na panela.

Vinte pães satisfazem cem homens

42 Um homem veio de Baal-Salisa e trouxe ao
homem de Deus pães das primícias, vinte pães de
cevada, e espigas verdes numa sacola. Eliseu disse:
— Dê às pessoas para que comam.
43 Porém o seu servo lhe disse:
— Como vou pôr isto diante de cem homens?
Eliseu tornou a dizer:
— Dê às pessoas para que comam. Porque as-
sim diz o SENHOR: "Comerão, e ainda vai sobrar."
44 Então o servo pôs a comida diante deles; co-
meram, e ainda sobrou, conforme a palavra do
SENHOR.

Naamã é curado de lepra

5
1 Naamã, comandante do exército do rei da Sí-
ria, era grande homem diante do seu senhor e
de muito conceito, porque por meio dele o SENHOR
tinha dado a vitória à Síria. Ele era herói de guerra,
porém sofria de lepra.
2 Tropas saíram da Síria, e da terra de Israel le-
varam cativa uma menina, que ficou ao serviço da

mulher de Naamã. 3 Um dia a menina disse à sua
senhora:
— Quem dera o meu senhor estivesse na pre-
sença do profeta que está em Samaria; ele o cura-
ria da sua lepra.
4 Então Naamã foi contar isso ao seu senhor,
dizendo:
— Assim e assim falou a jovem que é da terra
de Israel.
5 O rei da Síria respondeu:
— Vá! Eu enviarei uma carta ao rei de Israel.
Então Naamã partiu e levou consigo trezentos
e quarenta quilos de prata, setenta e dois quilos
de ouro e dez mudas de roupa. 6 Levou também ao
rei de Israel a carta, que dizia: "Tão logo esta car-
ta chegar a você, saiba que eu lhe enviei Naamã,
meu servo, para que você o cure da sua lepra."
7 Quando o rei de Israel acabou de ler a carta,
rasgou as suas roupas em sinal de medo e disse:
— Por acaso sou Deus, com poder de tirar a
vida ou dá-la, para que este envie a mim um ho-
mem para eu curá-lo de sua lepra? Como vocês
podem notar e ver, ele está procurando um pre-
texto contra mim.
8 Mas, quando Eliseu, homem de Deus, ouviu
que o rei de Israel havia rasgado as suas roupas,
mandou dizer ao rei:
— Por que o senhor rasgou as suas roupas?
Deixe-o vir a mim, e ele saberá que há profeta em
Israel.
9 Então Naamã foi com os seus cavalos e os seus
carros e parou à porta da casa de Eliseu. 10 Eliseu
lhe mandou um mensageiro, dizendo:
— Vá e lave-se sete vezes no Jordão, e a sua car-
ne será restaurada, e você ficará limpo.
11 Mas Naamã ficou indignado e se foi, dizendo:
— Eu pensava que ele certamente sairia para
falar comigo, ficaria em pé, invocaria o nome do
SENHOR, seu Deus, passaria a mão sobre o lugar
da lepra e restauraria o leproso. 12 Por acaso não
são Abana e Farfar, rios de Damasco, melhores do
que todas as águas de Israel? Será que eu não po-
deria me lavar neles e ficar limpo?
Deu meia-volta e foi embora muito irritado.
13 Então os seus oficiais se aproximaram e lhe dis-
seram:
— Meu pai, se o profeta tivesse dito alguma
coisa difícil, por acaso o senhor não faria? Muito
mais agora que ele apenas disse: "Lave-se e você
ficará limpo."
14 Então Naamã desceu e mergulhou no Jor-
dão sete vezes, conforme a palavra do homem de
Deus; e a sua pele se tornou como a pele de uma
criança, e ficou limpo.
15 Depois ele voltou ao homem de Deus, ele
e toda a sua comitiva. Veio, pôs-se diante dele e
disse:
— Eis que, agora, reconheço que em toda a
terra não há Deus, a não ser em Israel. E agora,
por favor, aceite um presente deste seu servo.
16 Porém ele respondeu:
— Tão certo como vive o SENHOR, em cuja pre-
sença estou, não aceitarei nada.
Naamã insistiu com ele para que aceitasse, mas
ele recusou. 17 Então Naamã disse:
— Se você não quer, então peço que seja permi-
tido a este seu servo levar duas mulas carregadas
de terra; porque este seu servo nunca mais ofere-
cerá holocausto nem sacrifício a outros deuses, a
não ser ao SENHOR. 18 Mas que o SENHOR Deus per-
doe o seu servo uma coisa: quando meu senhor, o
rei, entrar no templo de Rimom para ali adorar, e
ele se encostar no meu braço, e eu também tiver
de me encurvar no templo de Rimom, quando
assim me prostrar no templo de Rimom, que o
SENHOR Deus perdoe este seu servo por isso.
19 Eliseu lhe disse:
— Vá em paz.

Geazi é atacado de lepra

Quando Naamã tinha se afastado certa distân-
cia, 20 Geazi, o servo de Eliseu, homem de Deus,
disse consigo:
— Eis que meu senhor foi generoso demais
com este sírio Naamã, recusando o que ele trazia.
Mas, tão certo como vive o SENHOR, vou correr
atrás dele e receberei dele alguma coisa.
21 Então Geazi correu atrás de Naamã. Quando
Naamã viu que alguém vinha correndo atrás dele,
saltou da carruagem para ir ao encontro dele. En-
tão perguntou:
— Está tudo bem?
22 Ele respondeu:
— Sim, tudo bem. Meu senhor me mandou di-
zer: "Eis que agora mesmo vieram da região mon-
tanhosa de Efraim dois jovens que fazem parte do
grupo dos discípulos dos profetas. Por favor, dê-
-lhes trinta e quatro quilos de prata e duas mudas
de roupa."
23 Naamã disse:
— Tenha a bondade de levar sessenta e oito
quilos.
Insistiu com ele e amarrou sessenta e oito qui-
los de prata em dois sacos e duas mudas de roupa.
Pôs isso sobre os ombros de dois dos seus servos,
para que o levassem à frente de Geazi. 24 Quando
ele chegou à colina, pegou os sacos que os servos
traziam e os depositou na casa. Então despediu
aqueles homens, que se foram. 25 Ele, porém,
entrou e se pôs diante de seu senhor. Eliseu per-
guntou:
— De onde você vem, Geazi?
Ele respondeu:
— Este seu servo não foi a lugar nenhum.

26 Porém Eliseu disse:
— Você acha que eu não estava com você em
espírito quando aquele homem voltou da sua
carruagem, para encontrar-se com você? Será
que esta era a ocasião para você aceitar prata e
aceitar roupas, olivais e vinhas, ovelhas e bois,
servos e servas? 27 Portanto, a lepra de Naamã
se pegará a você e à sua descendência para
sempre.
E Geazi saiu da presença de Eliseu já leproso,
branco como a neve.

Eliseu faz flutuar um machado

6 1 Os discípulos dos profetas disseram a Eliseu:
— Eis que o lugar em que moramos com você
é pequeno demais para nós. 2 Vamos até o Jordão,
tomemos de lá cada um de nós uma viga e cons-
truamos um lugar para morar.
Ele respondeu:
— Vão.
3 Mas um deles disse:
— Tenha a bondade de ir com estes seus ser-
vos.
Eliseu disse:
— Eu irei.
4 E foi com eles. Quando chegaram ao Jordão,
cortaram madeira. 5 Aconteceu que, enquanto um
deles derrubava um tronco, o machado caiu na
água. Ele gritou:
— Ai! Meu senhor! O machado era emprestado.
6 O homem de Deus perguntou:
— Onde caiu?
Ele mostrou-lhe o lugar. Então Eliseu cortou
um galho, jogou-o na água naquele lugar, e fez o
ferro flutuar. 7 Então disse:
— Pegue-o.
O homem estendeu a mão e o pegou.

A ação de Eliseu na guerra contra os sírios

8 O rei da Síria estava em guerra contra Israel. E,
em conselho com os seus oficiais, disse:
— Em tal e tal lugar estará o meu acampa-
mento.
9 Mas o homem de Deus mandou dizer ao rei de
Israel:
— Evite passar por tal lugar, porque os sírios
estão descendo para ali.
10 O rei de Israel enviou tropas ao lugar de que
o homem de Deus lhe havia falado e de que o ti-
nha avisado, e, assim, se salvou mais do que uma
ou duas vezes.
11 O rei da Síria ficou angustiado com este
incidente. Então chamou os seus servos e per-
guntou:
— Vocês não vão me dizer quem dos nossos
está do lado do rei de Israel?
12 Um dos servos respondeu:
— Ninguém, ó rei, meu senhor. Mas o profeta
Eliseu, que está em Israel, conta ao rei de Israel
as palavras que o senhor fala no seu quarto de
dormir.
13 Então o rei disse:
— Vão e descubram onde ele está, para que eu
mande prendê-lo.
E contaram ao rei:
— Eis que ele está em Dotã.
14 Então o rei enviou para lá cavalos, carros de
guerra e um grande exército. Eles chegaram de
noite e cercaram a cidade.
15 O servo do homem de Deus levantou-se bem
cedo e, ao sair, eis que tropas, cavalos e carros de
guerra haviam cercado a cidade. Então o moço
disse a Eliseu:
— Ai, meu senhor! Que faremos?
16 Ele respondeu:
— Não tenha medo, porque são mais os que es-
tão conosco do que os que estão com eles.
17 E Eliseu orou e disse:
— SENHOR, peço-te que abras os olhos dele
para que veja.
O SENHOR abriu os olhos do moço, e ele viu que
o monte estava cheio de cavalos e carros de fogo,
ao redor de Eliseu. 18 E, quando os sírios desceram
contra ele, Eliseu orou ao SENHOR e disse:
— Peço-te que firas esta gente de cegueira.
E ele os feriu de cegueira, conforme a palavra de
Eliseu. 19 Então Eliseu lhes disse:
— Não é este o caminho, nem esta a cidade;
sigam-me, e eu os guiarei ao homem que vocês
estão procurando.
E os guiou à cidade de Samaria.
20 Quando eles chegaram a Samaria, Eliseu
disse:
— Ó SENHOR, abre os olhos destes homens
para que vejam.
E o SENHOR abriu os olhos deles, e viram; e eis
que estavam dentro de Samaria. 21 Quando o rei
de Israel os viu, perguntou a Eliseu:
— Meu pai, devo matá-los? Devo matá-los?
22 Ele respondeu:
— Não os mate! Você mataria aqueles que fi-
zesse prisioneiros com a sua espada e o seu arco?
Ordena que lhes deem pão e água, para que co-
mam, bebam e voltem para o seu senhor.
23 Então o rei ofereceu-lhes um grande banque-
te, e comeram e beberam. Ele os despediu e eles
voltaram para o seu senhor. E da parte da Síria
não houve mais investidas na terra de Israel.

A fome em Samaria

24 Depois disto, Ben-Hadade, rei da Síria, ajun-
tou todo o seu exército, foi e sitiou a cidade de Sa-
maria. 25 Houve grande fome em Samaria. Eis que
a sitiaram, a ponto de se vender a cabeça de um

jumento por oitenta moedas de prata e um pouco
de esterco de pomba por cinco moedas de prata.
26 Quando o rei de Israel vinha passando, an-
dando sobre a muralha, uma mulher gritou:
— Ajude-me, ó rei, meu senhor!
27 Ele respondeu:
Se o SENHOR Deus não ajudar você, com que
poderei eu ajudá-la? Com a eira ou com o lagar?
28 E o rei acrescentou:
— Qual é o seu problema?
Ela respondeu:
— Esta mulher me disse: "Dê o seu filho, para
que hoje o comamos, e amanhã comeremos o
meu." 29 Assim, cozinhamos o meu filho e o co-
memos. Mas no outro dia, quando eu disse a ela:
"Dê o seu filho, para que o comamos", ela o es-
condeu.
30 Ao ouvir as palavras da mulher, o rei rasgou
as suas roupas. Como ele estava andando sobre a
muralha, o povo olhou e viu que, por baixo, sobre
a pele, o rei estava usando pano de saco.
31 Então o rei disse:
— Que Deus me castigue se até o final do dia
Eliseu, filho de Safate, ainda estiver com a cabeça
sobre os ombros.
32 Eliseu estava sentado em sua casa, junta-
mente com os anciãos. O rei enviou um homem
à sua frente. Mas, antes que o mensageiro chegas-
se, Eliseu disse aos anciãos:
— Vocês estão vendo como aquele filho de
um assassino mandou alguém para cortar a mi-
nha cabeça? Quando o mensageiro vier, fechem
a porta e empurrem-no com ela. Não é fato que
logo depois dele se ouvirá o barulho dos passos
de seu senhor?
33 Enquanto Eliseu ainda falava com eles, che-
gou o rei, que disse:
— Eis que este mal vem do SENHOR Deus. Que
mais poderia eu esperar do SENHOR?
7 1 Então Eliseu disse:
— Ouçam a palavra do SENHOR. Assim diz o
SENHOR: "Amanhã, a estas horas mais ou menos,
junto ao portão de Samaria, uma medida da me-
lhor farinha será vendida por uma moeda de pra-
ta, e duas medidas de cevada serão vendidas por
uma moeda de prata."
2 Porém o capitão em cujo braço o rei se apoiava
respondeu ao homem de Deus:
— Mesmo que o SENHOR Deus fizesse janelas
no céu, será que isso poderia acontecer?
O profeta respondeu:
— Eis que você verá isso com os seus próprios
olhos, mas não comerá disso.

O exército dos sírios foge

3 Quatro homens leprosos estavam à entrada
do portão da cidade. Eles disseram uns aos outros:
— Para que vamos ficar aqui sentados até mor-
rer? 4 Se decidirmos entrar na cidade, há fome na
cidade, e morreremos lá; se ficarmos sentados
aqui, também morreremos. Vamos então para o
arraial do sírios e nos entreguemos a eles. Se nos
deixarem viver, viveremos; se nos matarem, ape-
nas morreremos.
5 Ao anoitecer, eles se levantaram para ir até
o arraial dos sírios. Quando chegaram às ime-
diações do arraial, eis que lá não havia ninguém.
6 Porque o Senhor tinha feito com que no arraial
dos sírios se ouvisse um ruído de carros de guerra
e de cavalos e o ruído de um grande exército, de
maneira que disseram uns aos outros:
— Eis que o rei de Israel contratou os reis dos
heteus e os reis dos egípcios, para virem contra nós.
7 Por isso, ao anoitecer, eles se levantaram e fu-
giram, abandonando as suas tendas, os seus cava-
los e os seus jumentos, e deixando o arraial como
estava. Fugiram para salvar a sua vida.
8 Assim, quando aqueles leprosos chegaram
às imediações do arraial, entraram numa tenda,
comeram e beberam; depois levaram dali prata,
ouro e roupas; então se foram e esconderam tudo.
Voltaram, entraram em outra tenda, e dali tam-
bém levaram o que havia e esconderam.
9 Então disseram uns aos outros:
— Não é certo o que estamos fazendo. Este dia
é um dia de boas-novas, e nós nos calamos. Se es-
perarmos até a luz da manhã, seremos tidos por
culpados. Vamos agora mesmo anunciar isto no
palácio real.
10 Assim, eles foram e gritaram para os porteiros
da cidade, anunciando o seguinte:
— Fomos ao arraial dos sírios, e lá não vimos
nem ouvimos ninguém. Encontramos apenas
os cavalos e os jumentos amarrados, e as tendas
como estavam.
11 Então os porteiros gritaram e fizeram anun-
ciar a notícia no interior do palácio real. 12 O rei se
levantou de noite e disse a seus servos:
— Deixem que eu explique a vocês o que os
sírios nos fizeram. Eles sabem que nós estamos
famintos. Por isso, saíram do arraial e se escon-
deram no campo, pensando assim: "Quando eles
saírem da cidade, nós os apanharemos vivos e en-
traremos na cidade."
13 Então um dos servos do rei tomou a palavra
e disse:
— Vamos enviar alguns homens com cinco dos
cavalos que ainda restam na cidade e ver o que
acontece. Se morrerem, apenas terão a mesma
sorte da multidão dos israelitas que já morreram.
14 Assim, pegaram dois carros de guerra com
cavalos, e o rei enviou os homens atrás do exército
dos sírios, dizendo:
— Vão ver o que está acontecendo.

15 Eles foram atrás dos sírios até o Jordão, e eis
que todo o caminho estava cheio de roupas e de
armas que os sírios, na sua pressa, tinham jogado
fora. Os mensageiros voltaram e anunciaram isto
ao rei.
16 Então o povo saiu e saqueou o arraial dos sí-
rios. E assim uma medida da melhor farinha era
vendida por uma moeda de prata, e duas medidas
de cevada, por uma moeda de prata, segundo a
palavra do SENHOR.
17 O capitão em cujo braço o rei tinha se apoia-
do foi encarregado pelo rei de guardar o portão
da cidade, mas o povo o atropelou junto ao por-
tão e ele morreu, como o homem de Deus tinha
dito quando o rei foi falar com ele. 18 Assim se
cumpriu o que o homem de Deus tinha falado ao
rei: "Amanhã, a estas horas mais ou menos, junto
ao portão de Samaria, duas medidas de cevada
serão vendidas por uma moeda de prata, e uma
medida da melhor farinha será vendida por uma
moeda de prata." 19 Aquele capitão havia respon-
dido ao homem de Deus: "Mesmo que o SENHOR
Deus fizesse janelas no céu, será que isso pode-
ria acontecer, segundo essa palavra?" Ao que o
profeta havia respondido: "Eis que você verá isso
com os seus próprios olhos, mas não comerá dis-
so." 20 E assim aconteceu com ele, porque o povo
o atropelou junto ao portão, e ele morreu.

Os bens da sunamita são restituídos

8 1 Eliseu falou àquela mulher cujo filho ele havia
restaurado à vida, dizendo:
— Levante-se e saia daqui com os membros
de sua casa e fique peregrinando onde você pu-
der peregrinar, porque o SENHOR determinou que
haverá uma fome neste país, a qual irá durar sete
anos.
2 A mulher se levantou e fez segundo a palavra
do homem de Deus: saiu com os de sua casa e
peregrinou durante sete anos na terra dos filis-
teus.
3 Ao final dos sete anos, a mulher voltou da ter-
ra dos filisteus e foi falar com o rei, para reclamar
a sua casa e as suas terras. 4 O rei estava falando
com Geazi, o servo do homem de Deus, dizendo:
— Conte-me todas as grandes obras que Eliseu
tem feito.
5 Ele estava contando ao rei como Eliseu havia
restaurado à vida um morto, quando a mulher
cujo filho ele havia restaurado à vida chegou para
reclamar a sua casa e as suas terras. Então Geazi
disse:
— Ó rei, meu senhor, esta é a mulher, e este é o
filho dela, a quem Eliseu restaurou à vida.
6 O rei interrogou a mulher, e ela lhe contou
tudo. Então o rei colocou um oficial à disposição
da mulher e lhe deu a seguinte ordem:
— Faça com que lhe seja restituído tudo o que
era dela, inclusive todas as rendas do campo des-
de o dia em que deixou a terra até agora.

Eliseu e Hazael de Damasco

7 Eliseu foi a Damasco. Ben-Hadade, o rei da Sí-
ria, estava doente, e lhe anunciaram, dizendo:
— O homem de Deus chegou aqui.
8 Então o rei disse a Hazael:
— Pegue um presente e vá encontrar-se com
o homem de Deus. Por meio dele, pergunte ao
SENHOR Deus se vou sarar desta doença.
9 Assim, Hazael foi encontrar-se com Eliseu,
levando consigo um presente, a saber, quaren-
ta camelos carregados de tudo o que era bom de
Damasco. Ele chegou, apresentou-se diante dele
e disse:
— O seu filho Ben-Hadade, rei da Síria, me en-
viou para perguntar se ele vai sarar da sua doença.
10 Eliseu lhe respondeu:
— Vá e diga ao rei que ele certamente vai sarar.
Porém o SENHOR me mostrou que ele certamente
morrerá.
11 Eliseu olhou para Hazael e tanto lhe fitou os
olhos, que este ficou envergonhado. E o homem
de Deus chorou. 12 Então Hazael perguntou:
— Por que meu senhor está chorando?
Ele respondeu:
— Porque sei o mal que você vai fazer aos fi-
lhos de Israel. Você vai pôr fogo nas suas fortale-
zas, vai matar à espada os seus jovens, esmagar os
seus pequeninos e rasgar o ventre das mulheres
grávidas.
13 Hazael perguntou:
— Mas o que é este seu servo, este cão, para fa-
zer tão grandes coisas?
Eliseu disse:
— O SENHOR me mostrou que você será o rei da
Síria.
14 Então Hazael deixou Eliseu e voltou para jun-
to de seu senhor, o rei, que lhe perguntou:
— O que foi que Eliseu disse a você?
Hazael respondeu:
— Ele me disse que o senhor certamente vai
sarar.
15 No dia seguinte, Hazael pegou um cobertor,
molhou-o em água e o estendeu sobre o rosto do
rei até que morreu; e Hazael reinou em seu lugar.

O reinado de Jeorão, de Judá

2Cr 21.1-20

16 No quinto ano do reinado de Jorão, filho de
Acabe, rei de Israel, quando Josafá ainda reina-
va em Judá, Jeorão, filho de Josafá, rei de Judá,
começou a reinar. 17 Ele tinha trinta e dois anos
de idade quando começou a reinar e reinou oito
anos em Jerusalém. 18 Andou nos caminhos dos

reis de Israel, como também fizeram os da casa
de Acabe, porque era casado com uma filha dele.
E Jeorão fez o que era mau aos olhos do Senhor.
19 Porém o Senhor não quis destruir Judá por
amor a Davi, seu servo, segundo a promessa que
lhe havia feito de dar uma lâmpada a ele e aos
seus filhos para sempre.
20 Nos dias de Jeorão, os edomitas se revolta-
ram contra o poder de Judá e constituíram o seu
próprio rei. 21 Por isso, Jeorão foi a Zair com todos
os seus carros de guerra. Ele se levantou de noite
e atacou os edomitas que o cercavam e os capi-
tães dos carros de guerra; mas o povo de Jeorão
fugiu para as suas tendas. 22 Assim, Edom se re-
belou para se livrar do poder de Judá até o dia de
hoje. Na mesma época a cidade de Libna também
se rebelou.

23 Quanto aos demais atos de Jeorão e a tudo
o que ele fez, não está tudo escrito no Livro da
História dos Reis de Judá? 24 Jeorão morreu e foi
sepultado nos túmulos de seus pais, na Cidade
de Davi. E Acazias, filho de Jeorão, reinou em
seu lugar.

O reinado de Acazias, de Judá

2Cr 22.1-6

25 No décimo segundo ano do reinado de Jo-
rão, filho de Acabe, rei de Israel, Acazias, filho de
Jeorão, rei de Judá, começou a reinar. 26 Acazias
tinha vinte e dois anos de idade quando come-
çou a reinar e reinou um ano em Jerusalém. A
mãe dele, que era filha de Onri, rei de Israel, se
chamava Atalia.

27 Acazias andou no caminho da casa de Acabe
e fez o que era mau aos olhos do Senhor, como
os da casa de Acabe, porque era casado com uma
filha dele. 28 Acazias foi com Jorão, filho de Acabe,
a Ramote-Gileade, para guerrear contra Hazael,
rei da Síria; e os sírios feriram Jorão. 29 Então o rei
Jorão voltou para Jezreel, para curar-se das feridas
que os sírios lhe fizeram em Ramá, quando lutou
contra Hazael, rei da Síria. E Acazias, filho de
Jeorão, rei de Judá, foi a Jezreel para visitar Jorão,
filho de Acabe, que estava doente.

Jeú é ungido rei de Israel

9 1 Então o profeta Eliseu chamou um dos discí-
pulos dos profetas e lhe disse:

— Prepare-se, leve com você este vaso de azei-
te e vá até Ramote-Gileade. 2 Quando chegar lá,
procure Jeú, filho de Josafá, filho de Ninsi. Entre
no lugar onde ele estiver, peça que ele se levante
do meio de seus companheiros e leve-o para uma
câmara interior. 3 Pegue o vaso de azeite, derrame
o azeite sobre a cabeça dele e diga: Assim diz o
Senhor: "Eu o ungi para ser rei sobre Israel." De-
pois, abra a porta e fuja depressa.

4 O rapaz, o jovem profeta, foi até Ramote-
-Gileade. 5 Quando chegou lá, eis que os capitães
do exército estavam reunidos. Ele disse:

— Capitão, tenho uma mensagem para o
senhor.

Ao que Jeú perguntou:

— Para qual de nós?

O rapaz respondeu:

— Para o senhor, capitão!

6 Então Jeú se levantou e entrou na casa. O jo-
vem derramou o azeite sobre a cabeça de Jeú e lhe
disse:

— Assim diz o Senhor, Deus de Israel: "Eu o
ungi para ser rei sobre o povo do Senhor, sobre
Israel. 7 Você porá fim à casa de Acabe, seu senhor,
para que eu vingue da mão de Jezabel o sangue de
meus servos, os profetas, e o sangue de todos os
servos do Senhor. 8 Toda a casa de Acabe perece-
rá. Eliminarei de Acabe todos do sexo masculino,
quer escravo, quer livre, em Israel. 9 Porque farei
com a casa de Acabe o mesmo que fiz com a casa
de Jeroboão, filho de Nebate, e com a casa de
Baasa, filho de Aías. 10 Os cães devorarão Jezabel
no campo de Jezreel; não haverá quem a sepulte."
Dito isto, abriu a porta e fugiu.

11 Jeú saiu e voltou para junto dos outros servos
de seu senhor, que lhe perguntaram:

— Está tudo bem? Por que esse louco veio falar
com você?

Ele respondeu:

— Vocês conhecem esse homem e sabem as
coisas que ele anda dizendo.

12 Mas eles disseram:

— É mentira! Por favor, conte-nos o que ele
disse.

Então Jeú disse:

— Assim e assim me falou, a saber: Assim diz o
Senhor: "Eu o ungi para ser rei sobre Israel."

13 Então eles se apressaram e, tomando cada
um o seu manto, os puseram debaixo dele, sobre
os degraus, e tocaram a trombeta, e disseram:

— Jeú é rei!

Jeú mata Jorão e Acazias

14 Assim, Jeú, filho de Josafá, filho de Ninsi,
conspirou contra Jorão.

Ora, Jorão tinha estado em Ramote-Gileade,
ele e todo o Israel, para defendê-la de Hazael, rei
da Síria. 15 Porém o rei Jorão voltou a Jezreel para
se curar dos ferimentos que os sírios lhe haviam
causado, quando lutou contra Hazael, rei da Síria.
Jeú disse aos demais capitães do exército:

— Se é da vontade de vocês, que ninguém saia
escondido da cidade, para ir anunciar isto em
Jezreel.

16 Então Jeú subiu num carro de guerra e foi
para Jezreel, porque Jorão estava de cama ali.

Também Acazias, rei de Judá, tinha ido visitar
Jorão.
17 A sentinela que estava na torre de Jezreel viu
a tropa de Jeú, que se aproximava, e disse:
— Vejo uma tropa.
Jorão disse:
— Chame um cavaleiro e diga que vá ao encon-
tro deles, para perguntar: "Vocês vêm em paz?"
18 O cavaleiro foi ao encontro de Jeú e disse:
— Assim diz o rei: "Vocês vêm em paz?"
Jeú respondeu:
— O que você tem a ver com a paz? Passe para
trás de mim.
A sentinela deu aviso, dizendo:
— O mensageiro chegou até eles, mas não está
voltando.
19 Então o rei Jorão mandou outro cavaleiro.
Quando ele chegou até eles, disse:
— Assim diz o rei: "Vocês vêm em paz?"
Jeú respondeu:
— O que você tem a ver com a paz? Passe para
trás de mim.
20 A sentinela deu aviso, dizendo:
— Também este chegou até eles, mas não está
voltando. E o guiar do carro parece como o de Jeú,
filho de Ninsi, porque ele está guiando como um
louco.
21 Jorão disse:
— Preparem o meu carro de guerra!
E eles o prepararam. Jorão, rei de Israel, saiu, e
Acazias, rei de Judá, foi com ele, cada um em seu
carro de guerra. Foram ao encontro de Jeú, e o
acharam no campo de Nabote, o jezreelita. 22 Ao
ver Jeú, o rei Jorão perguntou:
— Jeú, você vem em paz?
Ele respondeu:
— Que paz, se ainda continuam as prostitui-
ções de sua mãe Jezabel e as suas muitas feitiça-
rias?
23 Então Jorão deu meia-volta e fugiu, gritando
para Acazias:
— É uma traição, Acazias!
24 Mas Jeú entesou o seu arco com toda a força
e atingiu Jorão entre os ombros; a flecha atraves-
sou o coração, e ele caiu morto no seu carro de
guerra.
25 Então Jeú disse a Bidcar, seu capitão:
— Levante-o e jogue-o no campo que era de
Nabote, o jezreelita. Lembre-se de que, quando
eu e você, juntos, vínhamos andando a cavalo
atrás de Acabe, o pai de Jorão, o SENHOR Deus
pronunciou contra ele esta sentença: 26 "Tão cer-
to como vi ontem à tarde o sangue de Nabote e o
sangue de seus filhos, diz o SENHOR, assim neste
campo eu darei a retribuição que você merece",
diz o SENHOR. Agora, pois, pegue-o e jogue-o nes-
te campo, segundo a palavra do SENHOR.
27 À vista disto, Acazias, rei de Judá, fugiu pelo
caminho de Bete-Hagã. Mas Jeú o perseguiu e
disse:
— Matem também a este!
E eles o atingiram dentro do carro de guerra,
na subida de Gur, perto de Ibleão. Acazias fugiu
para Megido, onde morreu. 28 Os servos dele o
levaram, num carro, para Jerusalém e o sepulta-
ram no seu túmulo junto a seus pais, na Cidade
de Davi. 29 Acazias havia começado a reinar sobre
Judá no décimo primeiro ano do reinado de Jorão,
filho de Acabe.

A morte de Jezabel

30 Jeú chegou a Jezreel, e Jezabel ficou sabendo
disso. Então ela se pintou em volta dos olhos, en-
feitou a cabeça e olhou pela janela. 31 Quando Jeú
entrou pelo portão do palácio, ela gritou:
— Correu tudo bem com Zinri, o assassino do
seu senhor?
32 Jeú ergueu o rosto, olhou para a janela e per-
guntou:
— Quem está do meu lado? Quem?
E dois ou três oficiais olharam para ele. 33 Então
ele disse:
— Joguem-na pela janela!
E eles a jogaram. O sangue dela salpicou a pare-
de e os cavalos, e Jeú a atropelou.
34 Jeú entrou no palácio, comeu e bebeu. Depois
disse:
— Tomem conta daquela maldita e sepultem o
corpo, porque ela é filha de rei.
35 Mas os que foram sepultá-la não acharam
dela nada mais do que a caveira, os pés e as pal-
mas das mãos. 36 Então voltaram e contaram isso
a Jeú. Ele disse:
— Esta é a palavra do SENHOR, que ele falou
por meio de Elias, o tesbita, seu servo, dizendo:
"No campo de Jezreel, os cães comerão a carne de
Jezabel. 37 O cadáver de Jezabel será como ester-
co sobre a terra no campo de Jezreel, de maneira
que ninguém poderá dizer: 'Esta é Jezabel.'"

Jeú extermina a casa de Acabe

10 1 Acabe tinha setenta filhos em Samaria. Jeú
escreveu cartas e as enviou a Samaria, aos
chefes da cidade, aos anciãos e aos tutores dos
filhos de Acabe, dizendo:
2 — Logo que esta carta chegar até vocês — pois
estão com vocês os filhos de seu senhor, o rei, bem
como os carros de guerra, os cavalos, a cidade for-
tificada e as armas —, 3 escolham o melhor e mais
capaz dos filhos de seu senhor, ponham-no sobre
o trono de seu pai e lutem pela casa de seu senhor.
4 Porém eles temeram muitíssimo e disseram:
— Dois reis não puderam resistir a ele; como
poderemos nós fazê-lo?

5 Então o responsável pelo palácio, o responsá-
vel pela cidade, os anciãos e os tutores mandaram
dizer a Jeú:
— Somos os seus servos e faremos tudo o que
o senhor nos ordenar. A ninguém constituiremos
rei; faça o que achar melhor.
6 Então Jeú lhes escreveu outra carta, dizendo:
"Se vocês estão do meu lado e querem obedecer-
-me, então peguem as cabeças dos filhos do rei,
seu senhor, e amanhã a estas horas venham a
mim a Jezreel."
Ora, os filhos do rei, que eram setenta, estavam
com os homens importantes da cidade, que os
criavam. 7 Quando receberam a carta, tomaram
os filhos do rei e os mataram, setenta homens, e
puseram as cabeças deles em cestos, que envia-
ram a Jeú, em Jezreel. 8 Um mensageiro foi até Jeú
e lhe disse:
— Trouxeram as cabeças dos filhos do rei.
Jeú disse:
— Ponham as cabeças em dois montões à en-
trada do portão, até pela manhã.
9 Pela manhã, Jeú saiu, parou e disse a todo o
povo:
— Vocês não têm culpa. Eis que eu conspirei
contra o meu senhor e o matei. Mas quem matou
todos estes? 10 Portanto, saibam agora que, da pa-
lavra do SENHOR, pronunciada contra a casa de
Acabe, nada cairá em terra, porque o SENHOR fez
o que falou por meio do seu servo Elias.
11 Então Jeú matou todos os que restavam da
casa de Acabe em Jezreel, bem como todos os
seus homens importantes, os seus conhecidos e
os seus sacerdotes, até não sobrar nem sequer
um deles.
12 Depois ele se levantou e partiu rumo a Sama-
ria. No caminho, quando estava em Bete-Equede
dos Pastores, 13 Jeú encontrou parentes de Aca-
zias, rei de Judá, e perguntou:
— Quem são vocês?
Eles responderam:
— Somos parentes de Acazias. Estamos indo
saudar os filhos do rei e os filhos da rainha-mãe.
14 Então Jeú disse:
— Prendam-nos vivos.
Eles os prenderam e os mataram junto ao poço
de Bete-Equede. Eram quarenta e dois homens, e
nenhum deles escapou com vida.

Jeú encontra Jonadabe

15 Jeú saiu dali e encontrou Jonadabe, filho de
Recabe, que vinha ao encontro dele. Jeú saudou-o
e lhe perguntou:
— Você tem o coração sincero para comigo, as-
sim como o meu coração é sincero para com você?
Jonadabe respondeu:
— Tenho.
Então Jeú disse:
— Se é assim, me dê a sua mão.
E Jonadabe deu-lhe a mão. Jeú o fez subir na sua
carruagem 16 e lhe disse:
— Venha comigo e você verá o meu zelo para
com o SENHOR.
E, assim, Jeú o levou na sua carruagem. 17 Quan-
do Jeú chegou a Samaria, matou todos os que res-
tavam da casa de Acabe, até destruí-los, segundo
a palavra que o SENHOR tinha anunciado a Elias.

Jeú mata os adoradores de Baal

18 Jeú reuniu todo o povo e disse:
— Acabe serviu pouco a Baal; Jeú, porém, o
servirá muito. 19 Por isso, tragam, agora, à minha
presença todos os profetas de Baal, todos os seus
adoradores e todos os seus sacerdotes. Que não
falte nenhum, pois tenho um grande sacrifício a
oferecer a Baal. Todo aquele que faltar será morto.
Porém Jeú fazia isto com astúcia, para destruir
os adoradores de Baal. 20 Depois Jeú disse:
— Proclamem uma reunião solene em honra a
Baal.
E a proclamação foi feita. 21 Jeú enviou mensa-
geiros por todo o Israel. Vieram todos os adora-
dores de Baal, e não ficou um só que não viesse.
Entraram no templo de Baal, que se encheu de
uma extremidade à outra. 22 Então Jeú disse ao en-
carregado das vestimentas:
— Traga vestimentas para todos os adoradores
de Baal.
E ele trouxe vestimentas para eles. 23 Depois
disso, Jeú entrou com Jonadabe, filho de Recabe,
no templo de Baal e disse aos adoradores de Baal:
— Olhem bem e assegurem-se de que não se
encontra aqui entre vocês nenhum dos servos
do SENHOR, mas somente os adoradores de Baal.
24 E, quando eles entraram para oferecer sacri-
fícios e holocaustos, Jeú colocou do lado de fora
oitenta homens e disse-lhes:
— Se escapar algum dos homens que eu en-
tregar nas mãos de vocês, aquele que o deixou
escapar pagará por isso com a sua própria vida.
25 Logo que acabou de oferecer o holocausto,
Jeú ordenou aos guardas e aos capitães:
— Entrem e matem todos! Não deixem que ne-
nhum escape!
E eles os mataram a fio de espada. Os guardas
e os capitães os lançaram fora. Depois entraram
no mais interior do templo de Baal, 26 tiraram as
colunas que estavam no templo de Baal e as quei-
maram. 27 Também destruíram a coluna de Baal e
derrubaram o templo de Baal, transformando-o
numa latrina, que existe até o dia de hoje.
28 Assim, Jeú acabou com o culto a Baal em
Israel. 29 Mas Jeú não se afastou dos pecados de
Jeroboão, filho de Nebate, que este levou Israel a

cometer, a saber, dos bezerros de ouro que esta-
vam em Betel e em Dã. 30 Por isso o SENHOR disse
a Jeú:
— Visto que você fez bem em realizar o que é
reto aos meus olhos e fez com a casa de Acabe se-
gundo tudo o que era do meu propósito, os seus
filhos até a quarta geração se assentarão no trono
de Israel.
31 Mas Jeú não teve cuidado de andar de todo o
seu coração na Lei do SENHOR, Deus de Israel, nem
se afastou dos pecados que Jeroboão levou Israel
a cometer.

A morte de Jeú

32 Naqueles dias, o SENHOR começou a diminuir
os limites de Israel. O rei Hazael conquistou todo
o território 33 desde o Jordão para o nascente do
sol, toda a terra de Gileade, os gaditas, os rubeni-
tas e os manassitas, desde Aroer, que está junto
ao vale de Arnom, a saber, Gileade e Basã.
34 Quanto aos demais atos de Jeú e a tudo o que
fez, e a todo o seu poder, não está tudo escrito no
Livro da História dos Reis de Israel? 35 Jeú morreu
e foi sepultado em Samaria. E Jeoacaz, seu filho,
reinou em seu lugar. 36 Jeú reinou sobre Israel em
Samaria vinte e oito anos.

Atalia usurpa o trono de Judá

2Cr 22.10-12

11 1 Quando Atalia, mãe de Acazias, viu que
seu filho era morto, levantou-se e destruiu
toda a descendência real. 2 Mas Jeoseba, filha do
rei Jorão e irmã de Acazias, raptou Joás, filho de
Acazias, do meio dos filhos do rei que seriam
mortos e o pôs, juntamente com a sua babá,
numa câmara interior; e, assim, o esconderam de
Atalia, e ele não foi morto. 3 Joás esteve com ela,
escondido na Casa do SENHOR, durante seis anos;
e Atalia reinava no país.

Joás é ungido rei de Judá

2Cr 23.1-11

4 No sétimo ano, Joiada mandou chamar os ca-
pitães dos cários e da guarda e reuniu-se com eles
na Casa do SENHOR. Fez uma aliança com eles,
pedindo que jurassem na Casa do SENHOR. Então
lhes mostrou o filho do rei 5 e lhes deu ordem, di-
zendo:
— Isto é o que vocês devem fazer: uma terça
parte de vocês, que entram de serviço no sába-
do, fará a guarda do palácio real; 6 outra terça
parte estará ao portão Sur; e a outra terça parte,
ao portão detrás da guarda; assim, vocês farão a
guarda e a defesa deste palácio. 7 Os dois grupos
que saem de serviço no sábado, estes todos farão
a guarda da Casa do SENHOR, junto ao rei. 8 Vocês
devem rodear o rei, cada um de armas na mão. E,
se alguém quiser entrar nas fileiras, que seja mor-
to. Vocês devem acompanhar o rei aonde quer
que ele for.
9 Os capitães de cem fizeram tudo o que o sa-
cerdote Joiada lhes havia ordenado. Cada um reu-
niu os seus soldados, tanto os que entravam de
serviço no sábado como os que saíam de serviço
no sábado, e os levou ao sacerdote Joiada. 10 O sa-
cerdote entregou aos capitães de cem as lanças
e os escudos que haviam sido do rei Davi e que
estavam na Casa do SENHOR. 11 Os guardas se pu-
seram, cada um de armas na mão, desde o lado
direito da casa real até o seu lado esquerdo, e até
o altar, e até o templo, para rodear o rei. 12 Então
Joiada trouxe para fora Joás, o filho do rei, pôs a
coroa na cabeça dele e lhe entregou o Livro do
Testemunho. Eles o constituíram rei, o ungiram,
bateram palmas e gritaram:
— Viva o rei!

A morte de Atalia

2Cr 23.12-15

13 Quando Atalia ouviu o barulho dos guardas
e do povo, veio para onde o povo estava, na Casa
do SENHOR. 14 Olhou, e eis que o rei estava junto à
coluna, segundo o costume. Os capitães e os toca-
dores de trombetas estavam ao lado do rei, e todo
o povo da terra se alegrava e tocava trombetas.
Então Atalia rasgou as suas roupas e gritou:
— Traição! Traição!
15 Porém o sacerdote Joiada deu ordem aos ca-
pitães que comandavam as tropas, dizendo:
— Façam-na sair por entre as fileiras e, se al-
guém a seguir, matem-no à espada.
Porque o sacerdote tinha dito: "Não a matem na
Casa do SENHOR."
16 Então eles a prenderam; e ela, pelo caminho
da entrada dos cavalos, foi para o palácio real,
onde a mataram.

A aliança de Joiada

2Cr 23.16-21

17 Joiada fez uma aliança entre o SENHOR, o rei
e o povo, para serem eles o povo do SENHOR. Fez
também uma aliança entre o rei e o povo. 18 Então
todo o povo da terra entrou no templo de Baal e
o derrubaram, despedaçando os altares e as ima-
gens de Baal. Matã, o sacerdote de Baal, foi morto
diante dos altares.
O sacerdote Joiada pôs guardas sobre a Casa
do SENHOR. 19 Reuniu os capitães dos cários, os
da guarda e todo o povo da terra, e todos estes
conduziram o rei desde a Casa do SENHOR até o
palácio real, passando pelo portão da guarda. E
Joás sentou-se no trono dos reis. 20 Todo o povo
da terra se alegrou, e a cidade ficou tranquila, de-
pois que mataram Atalia à espada, junto ao palácio

real. 21 Joás tinha sete anos de idade quando o fi-
zeram rei.

O reinado de Joás, de Judá

2Cr 24.1-14

12 1 No sétimo ano do reinado de Jeú, Joás co-
meçou a reinar. Ele reinou quarenta anos
em Jerusalém. A mãe dele se chamava Zíbia e era
de Berseba. 2 Joás fez o que era reto aos olhos do
SENHOR, todos os dias em que o sacerdote Joiada
o dirigia. 3 Apenas os lugares altos não foram tira-
dos, e o povo ainda sacrificava e queimava incen-
so nesses altos.
4 Joás disse aos sacerdotes:
— Todo o dinheiro das coisas santas que for
trazido à Casa do SENHOR, a saber, a taxa pessoal,
o resgate de pessoas segundo a sua avaliação e
todo o dinheiro que cada um trouxer volunta-
riamente para a Casa do SENHOR, 5 deverá ser
recebido pelos sacerdotes, cada um dos seus
conhecidos; e que os sacerdotes reparem os es-
tragos do templo, sempre que houver um reparo
a fazer.
6 Mas, no vigésimo terceiro ano do reinado de
Joás, os sacerdotes ainda não tinham reparado
os estragos do templo. 7 Então o rei Joás chamou
o sacerdote Joiada e os outros sacerdotes e lhes
disse:
— Por que vocês não estão reparando os es-
tragos do templo? Agora, pois, não recebam mais
dinheiro de seus conhecidos, mas entreguem-no
para a reparação dos estragos do templo.
8 Os sacerdotes concordaram em não mais re-
ceber dinheiro do povo e concordaram também
que não ficariam encarregados de reparar os es-
tragos do templo.
9 Então o sacerdote Joiada pegou uma caixa,
fez um buraco na tampa, e a pôs junto ao altar, à
direita de quem entrava na Casa do SENHOR. Os
sacerdotes que guardavam a entrada da porta
depositavam ali todo o dinheiro que era trazido
à Casa do SENHOR. 10 Quando viam que já havia
muito dinheiro na caixa, o escrivão do rei e o
sumo sacerdote vinham, contavam e ensacavam
o dinheiro que se achava na Casa do SENHOR. 11 O
dinheiro, depois de pesado, era entregue aos que
dirigiam a obra e tinham a seu encargo a Casa do
SENHOR. Estes pagavam aos carpinteiros e aos
construtores que reparavam a Casa do SENHOR,
12 e também aos pedreiros e aos cortadores de
pedras. Também compravam madeira e pedras
lavradas para repararem os estragos da Casa do
SENHOR, e custeavam todo o necessário para a
conservação da Casa do SENHOR. 13 Mas, do di-
nheiro que era trazido à Casa do SENHOR, não se
faziam nem taças de prata, nem apagadores, nem
bacias, nem trombetas, nem qualquer outro vaso
de ouro ou de prata para a Casa do SENHOR. 14 Por-
que davam o dinheiro aos que dirigiam a obra e
reparavam com ele a Casa do SENHOR. 15 Também
não pediam contas aos homens em cujas mãos
entregavam aquele dinheiro, para o dar aos que
faziam a obra, porque eram honestos. 16 Mas o di-
nheiro de oferta pela culpa e o dinheiro de oferta
pelos pecados não era trazido à Casa do SENHOR;
ficava para os sacerdotes.
17 Nessa época Hazael, rei da Síria, atacou e
conquistou a cidade de Gate. Depois Hazael resol-
veu marchar contra Jerusalém. 18 Porém Joás, rei
de Judá, pegou todas as coisas santas que Josafá,
Jeorão e Acazias, seus pais, reis de Judá, haviam
dedicado, bem como todo o ouro que havia nos
tesouros da Casa do SENHOR e no palácio real e os
mandou a Hazael, rei da Síria; e este se retirou de
Jerusalém.
19 Quanto aos demais atos de Joás e a tudo o que
fez, não está tudo escrito no Livro da História dos
Reis de Judá?

A conspiração contra o rei Joás

2Cr 24.25-27

20 Os servos de Joás se levantaram, fizeram uma
conspiração e mataram Joás na casa de Milo, que
fica na descida para Sila. 21 Jozacar, filho de Simea-
te, e Jozabade, filho de Somer, servos de Joás, o
atacaram, e ele morreu. Joás foi sepultado no tú-
mulo de seus pais na Cidade de Davi, e Amazias,
seu filho, reinou em seu lugar.

O reinado de Jeoacaz, de Israel

13 1 No vigésimo terceiro ano do reinado de
Joás, filho de Acazias, rei de Judá, Jeoacaz,
filho de Jeú, começou a reinar sobre Israel, em
Samaria, e reinou dezessete anos. 2 Jeoacaz fez o
que era mau aos olhos do SENHOR e andou nos
pecados de Jeroboão, filho de Nebate, que este
levou Israel a cometer; não se afastou deles. 3 Por
isso a ira do SENHOR se acendeu contra Israel, e
ele os entregou nas mãos de Hazael, rei da Síria, e
nas mãos de Ben-Hadade, filho de Hazael, todos
aqueles dias. 4 Porém Jeoacaz fez súplicas diante
do SENHOR, e o SENHOR o ouviu, pois viu a opres-
são com que o rei da Síria atormentava Israel. 5 O
SENHOR deu um salvador a Israel, de modo que os
filhos de Israel se livraram do poder dos sírios e
puderam morar, de novo, em suas casas, como
antes. 6 Contudo, não se afastaram dos pecados
da casa de Jeroboão, que este levou Israel a co-
meter, mas andaram neles; e também o poste da
deusa Aserá permaneceu em Samaria. 7 Do exér-
cito de Jeoacaz só restaram cinquenta cavaleiros,
dez carros de guerra e dez mil soldados de infan-
taria, porque o rei da Síria havia destruído os de-
mais, reduzindo-os a pó.

8 Quanto aos demais atos de Jeoacaz, a tudo o
que fez e ao seu poder, não está tudo escrito no
Livro da História dos Reis de Israel? 9 Jeoacaz
morreu e foi sepultado em Samaria. E Jeoás, seu
filho, reinou em seu lugar.

O reinado de Jeoás, de Israel

10 No trigésimo sétimo ano do reinado de
Joás, rei de Judá, Jeoás, filho de Jeoacaz, come-
çou a reinar sobre Israel, em Samaria; e reinou
dezesseis anos. 11 Fez o que era mau aos olhos
do SENHOR. Não se afastou de nenhum dos pe-
cados de Jeroboão, filho de Nebate, que este le-
vou Israel a cometer; porém andou neles.
12 Quanto aos demais atos de Jeoás, a tudo
o que fez e ao seu poder, com que lutou con-
tra Amazias, rei de Judá, não está tudo escrito
no Livro da História dos Reis de Israel? 13 Jeoás
morreu, e no seu trono se assentou Jeroboão.
Jeoás foi sepultado em Samaria, junto aos reis
de Israel.

A profecia final e a morte de Eliseu

14 Quando Eliseu estava sofrendo da enfermi-
dade da qual viria a morrer, Jeoás, rei de Israel, foi
visitá-lo. Chorou diante dele e disse:
— Meu pai, meu pai! Carros de Israel e seus ca-
valeiros!
15 Então Eliseu disse ao rei:
— Pegue um arco e algumas flechas.
Jeoás pegou o arco e as flechas. 16 Eliseu disse
ao rei de Israel:
— Empunhe o arco.
O rei fez assim. Então Eliseu pôs as mãos sobre
as mãos do rei 17 e disse:
— Abra a janela que dá para o leste.
O rei a abriu. Eliseu continuou:
— Atire!
E o rei atirou. Então Eliseu disse:
— Flecha da vitória do SENHOR! Flecha da vi-
tória contra os sírios! Você vencerá os sírios em
Afeca, até acabar com eles.
18 Eliseu disse mais:
— Pegue as flechas.
Ele as pegou. Então disse ao rei de Israel:
— Atire contra o chão.
O rei fez isso três vezes e parou. 19 Então o ho-
mem de Deus ficou indignado com ele e disse:
— Você deveria ter atirado cinco ou seis vezes
e assim venceria os sírios até acabar com eles;
mas agora vai vencê-los só três vezes.
20 Eliseu morreu, e o sepultaram. Ora, bandos
dos moabitas costumavam invadir a terra, no co-
meço do ano. 21 Aconteceu que, enquanto alguns
sepultavam um homem, eis que viram um desses
bandos. Então jogaram o homem na sepultura
de Eliseu e fugiram. Quando o cadáver tocou nos
ossos de Eliseu, o homem reviveu e se levantou
sobre os pés.

Guerra entre Israel e Síria

22 Hazael, rei da Síria, oprimiu Israel durante
todo o reinado de Jeoacaz. 23 Porém o SENHOR
teve misericórdia de Israel, se compadeceu deles
e voltou-se para eles, por amor da aliança com
Abraão, Isaque e Jacó; e não quis destruí-los e, até
agora, ainda não os expulsou da sua presença.
24 Hazael, rei da Síria, morreu, e Ben-Hadade,
seu filho, reinou em seu lugar. 25 Jeoás, filho de
Jeoacaz, retomou das mãos de Ben-Hadade as
cidades que, na guerra, este havia tomado de
Jeoacaz, seu pai. Três vezes Jeoás o derrotou e re-
cuperou as cidades de Israel.

O reinado de Amazias, de Judá

2Cr 25.1-24

14 1 No segundo ano do reinado de Jeoás, filho
de Jeoacaz, rei de Israel, Amazias, filho de
Joás, rei de Judá, começou a reinar. 2 Tinha vinte
e cinco anos de idade quando começou a reinar
e reinou vinte e nove anos em Jerusalém. A mãe
dele se chamava Jeoadã e era de Jerusalém. 3 Ama-
zias fez o que era reto aos olhos do SENHOR, ain-
da que não como Davi, seu pai; mas fez segundo
tudo o que o seu pai Joás havia feito. 4 Apenas os
lugares altos não foram tirados, e o povo ainda sa-
crificava e queimava incenso nesses altos.
5 Logo que o reino foi confirmado nas suas
mãos, matou os servos que tinham assassinado o
rei, seu pai. 6 No entanto, não matou os filhos dos
assassinos, mas fez segundo está escrito no Livro
da Lei de Moisés, no qual o SENHOR deu ordem,
dizendo: "Os pais não serão mortos por causa
dos filhos, nem os filhos serão mortos por causa
dos pais; cada qual será morto pelo seu próprio
pecado."
7 Amazias matou dez mil edomitas no vale
do Sal e conquistou a cidade de Sela na guerra,
dando-lhe o nome de Jocteel, que ela conserva até
o dia de hoje.
8 Então Amazias enviou mensageiros a Jeoás,
filho de Jeoacaz, filho de Jeú, rei de Israel, di-
zendo:
— Venha me enfrentar no campo de batalha.
9 Porém Jeoás, rei de Israel, respondeu a Ama-
zias, rei de Judá:
— O espinheiro que está no Líbano mandou
dizer ao cedro que lá está: "Dê a sua filha por mu-
lher ao meu filho." Mas um animal selvagem, que
estava no Líbano, passou e pisoteou o espinheiro.
10 Na verdade, você derrotou os edomitas, e o seu
coração se encheu de orgulho. Glorie-se disso e
fique em casa. Por que provocar um mal que trará
somente desgraça para você e para Judá?

11 Mas Amazias não quis atendê-lo. Então Jeoás,
rei de Israel, avançou contra Amazias, rei de Judá,
e eles se enfrentaram em Bete-Semes, que está
em Judá. 12 Judá foi derrotado por Israel, e os sol-
dados tiveram de fugir para as suas casas. 13 Jeoás,
rei de Israel, prendeu Amazias, rei de Judá, filho
de Joás, filho de Acazias, em Bete-Semes. Então
foi a Jerusalém e derrubou uma parte da muralha
da cidade, desde o Portão de Efraim até o Portão
da Esquina, numa extensão de mais ou menos
duzentos metros. 14 Pegou todo o ouro, a prata e
todos os utensílios que havia na Casa do SENHOR
e nos tesouros do palácio real, bem como alguns
reféns; e voltou para Samaria.

15 Quanto aos demais atos de Jeoás, ao que fez
e ao seu poder, com que lutou contra Amazias, rei
de Judá, não está tudo escrito no Livro da História
dos Reis de Israel? 16 Jeoás morreu e foi sepultado
em Samaria, junto aos reis de Israel. E Jeroboão,
seu filho, reinou em seu lugar.

A morte de Amazias

2Cr 25.25-28

17 Amazias, filho de Joás, rei de Judá, viveu
quinze anos depois da morte de Jeoás, filho de
Jeoacaz, rei de Israel. 18 Quanto aos demais atos de
Amazias, não está tudo escrito no Livro da Histó-
ria dos Reis de Judá?

19 Conspiraram contra ele em Jerusalém, e ele
fugiu para Laquis; porém enviaram homens atrás
dele até Laquis e o mataram. 20 Trouxeram-no so-
bre cavalos e o sepultaram em Jerusalém, junto a
seus pais, na Cidade de Davi.

21 Todo o povo de Judá tomou Uzias, que ti-
nha dezesseis anos de idade, e o constituiu rei
em lugar de Amazias, seu pai. 22 Depois da morte
de seu pai, Uzias reconstruiu Elate e a restituiu
a Judá.

O reinado de Jeroboão II, de Israel

23 No décimo quinto ano do reinado de Ama-
zias, filho de Joás, rei de Judá, Jeroboão, filho de
Jeoás, rei de Israel, começou a reinar em Samaria;
e reinou quarenta e um anos. 24 Jeroboão fez o que
era mau aos olhos do SENHOR. Jamais se afastou
de nenhum dos pecados de Jeroboão, filho de
Nebate, que este levou Israel a cometer. 25 Resta-
beleceu os limites de Israel, desde a entrada de
Hamate até o mar da Arabá, segundo a palavra
do SENHOR, Deus de Israel, anunciada por meio
de seu servo Jonas, filho de Amitai, o profeta, que
era de Gate-Hefer. 26 Porque o SENHOR viu que a
aflição de Israel era muito amarga, porque não ha-
via nem escravo, nem livre, nem quem socorres-
se Israel. 27 O SENHOR ainda não havia falado em
apagar o nome de Israel da face da terra; porém
os livrou por meio de Jeroboão, filho de Jeoás.

28 Quanto aos demais atos de Jeroboão, tudo o
que fez, o seu poder, como lutou e como recon-
quistou Damasco e Hamate, pertencentes a Judá,
para Israel, não está tudo escrito no Livro da
História dos Reis de Israel? 29 Jeroboão morreu
e foi sepultado nos túmulos dos reis de Israel; e
Zacarias, seu filho, reinou em seu lugar.

O reinado de Azarias, de Judá

2Cr 26.1-15

15 1 No vigésimo sétimo ano do reinado de
Jeroboão, rei de Israel, Azarias, filho de
Amazias, rei de Judá, começou a reinar. 2 Tinha
dezesseis anos de idade quando começou a rei-
nar e reinou cinquenta e dois anos em Jerusalém.
A mãe dele se chamava Jecolias e era de Jerusa-
lém. 3 Ele fez o que era reto aos olhos do SENHOR,
segundo tudo o que Amazias, seu pai, havia feito.
4 Apenas os lugares altos não foram tirados, e o
povo ainda sacrificava e queimava incenso nes-
ses altos.

Azarias é atacado de lepra

2Cr 26.16-23

5 O SENHOR feriu o rei, e ele ficou leproso até o
dia da sua morte e morava numa casa separada.
Jotão, filho do rei, era responsável pelo palácio e
governava o povo da terra.

6 Quanto aos demais atos de Azarias e a tudo o
que fez, não está tudo escrito no Livro da História
dos Reis de Judá? 7 Azarias morreu e foi sepultado
no túmulo de seus pais, na Cidade de Davi; e Jo-
tão, seu filho, reinou em seu lugar.

O reinado de Zacarias, de Israel

8 No trigésimo oitavo ano do reinado de Aza-
rias, rei de Judá, Zacarias, filho de Jeroboão,
reinou sobre Israel, em Samaria, durante seis
meses. 9 Fez o que era mau aos olhos do SENHOR,
como tinham feito seus pais. Não se afastou dos
pecados de Jeroboão, filho de Nebate, que este
levou Israel a cometer. 10 Salum, filho de Jabes,
conspirou contra ele, atacou-o diante do povo,
matou-o e reinou em seu lugar.

11 Quanto aos demais atos de Zacarias, está
tudo escrito no Livro da História dos Reis de Is-
rael. 12 Esta foi a palavra que o SENHOR falou a Jeú:
"Os seus filhos, até a quarta geração, se assenta-
rão no trono de Israel." E assim aconteceu.

O reinado de Salum, de Israel

13 Salum, filho de Jabes, começou a reinar no
trigésimo nono ano do reinado de Uzias, rei de
Judá; e reinou durante um mês em Samaria. 14 Me-
naém, filho de Gadi, foi de Tirza a Samaria, atacou
Salum, filho de Jabes, matou-o e reinou em seu
lugar.

15 Quanto aos demais atos de Salum e a conspi-
ração que fez, está tudo escrito no Livro da Histó-
ria dos Reis de Israel. 16 Saindo de Tirza, Menaém
destruiu a cidade de Tifsa e todos os seus mora-
dores, bem como toda aquela região. Porque não
abriram o portão da cidade, ele a devastou. Até
rasgou o ventre de todas as mulheres grávidas.

O reinado de Menaém, de Israel

17 Desde o trigésimo nono ano do reinado de
Azarias, rei de Judá, Menaém, filho de Gadi, co-
meçou a reinar sobre Israel e reinou dez anos
em Samaria. 18 Fez o que era mau aos olhos do
SENHOR. Durante todos os seus dias não se afas-
tou dos pecados de Jeroboão, filho de Nebate, que
este levou Israel a cometer. 19 Então Pul, rei da As-
síria, veio contra a terra, e Menaém lhe entregou
trinta e quatro toneladas de prata, para que este o
ajudasse a consolidar o seu reino. 20 Para pagar ao
rei da Assíria, Menaém exigiu dinheiro de todos
os poderosos e ricos em Israel, seiscentos gramas
de prata por cabeça. E assim o rei da Assíria deu a
volta e não se demorou ali na terra.
21 Quanto aos demais atos de Menaém e a tudo
o que fez, não está tudo escrito no Livro da His-
tória dos Reis de Israel? 22 Menaém morreu, e Pe-
caías, seu filho, reinou em seu lugar.

O reinado de Pecaías, de Israel

23 No quinquagésimo ano do reinado de Aza-
rias, rei de Judá, Pecaías, filho de Menaém, come-
çou a reinar; e reinou sobre Israel, em Samaria,
dois anos. 24 Fez o que era mau aos olhos do
SENHOR; não se afastou dos pecados de Jeroboão,
filho de Nebate, que este levou Israel a cometer.
25 Peca, seu capitão, filho de Remalias, conspirou
contra ele e o feriu em Samaria, na fortaleza do
palácio real, juntamente com Argobe e com Arié;
com Peca estavam cinquenta homens dos gilea-
ditas; Peca o matou e reinou em seu lugar.
26 Quanto aos demais atos de Pecaías e a tudo o
que fez, está tudo escrito no Livro da História dos
Reis de Israel.

O reinado de Peca, de Israel

27 No quinquagésimo segundo ano do reinado
de Azarias, rei de Judá, Peca, filho de Remalias,
começou a reinar; e reinou sobre Israel, em Sa-
maria, vinte anos. 28 Fez o que era mau aos olhos
do SENHOR. Não se afastou dos pecados de Je-
roboão, filho de Nebate, que este levou Israel a
cometer.
29 Nos dias de Peca, rei de Israel, Tiglate-Pileser,
rei da Assíria, veio e conquistou Ijom, Abel-Bete-
-Maaca, Janoa, Quedes, Hazor, as regiões de Gi-
leade e da Galileia, toda a terra de Naftali, e levou
os seus habitantes para a Assíria.
30 Oseias, filho de Elá, conspirou contra Peca,
filho de Remalias, atacou-o e o matou, e reinou
em seu lugar, no vigésimo ano do reinado de Jotão,
filho de Uzias.
31 Quanto aos demais atos de Peca e a tudo o
que fez, está tudo escrito no Livro da História dos
Reis de Israel.

O reinado de Jotão, de Judá

2Cr 27.1-9

32 No segundo ano do reinado de Peca, filho de
Remalias, rei de Israel, Jotão, filho de Uzias, rei de
Judá, começou a reinar. 33 Ele tinha vinte e cinco
anos de idade quando começou a reinar e reinou
dezesseis anos em Jerusalém. A mãe dele se cha-
mava Jerusa e era filha de Zadoque. 34 Fez o que
era reto aos olhos do SENHOR, segundo tudo o que
Uzias, seu pai, havia feito. 35 Apenas os lugares al-
tos não foram tirados, e o povo ainda sacrificava e
queimava incenso nesses altos. Jotão construiu o
Portão de Cima da Casa do SENHOR.
36 Quanto aos demais atos de Jotão e a tudo o
que fez, não está tudo escrito no Livro da História
dos Reis de Judá? 37 Naqueles dias, o SENHOR co-
meçou a enviar Rezim, rei da Síria, e Peca, filho de
Remalias, contra Judá. 38 Jotão morreu e foi sepul-
tado no túmulo de seus pais, na Cidade de Davi,
seu pai. E Acaz, seu filho, reinou em seu lugar.

O reinado de Acaz, de Judá

2Cr 28.1-4

16 1 No décimo sétimo ano do reinado de Peca,
filho de Remalias, Acaz, filho de Jotão, rei
de Judá, começou a reinar. 2 Acaz tinha vinte anos
de idade quando começou a reinar e reinou de-
zesseis anos em Jerusalém. Não fez o que era reto
aos olhos do SENHOR, seu Deus, ao contrário de
Davi, seu pai. 3 Andou no caminho dos reis de Is-
rael e até queimou o seu filho como sacrifício, se-
gundo as abominações dos gentios, que o SENHOR
havia expulsado de diante dos filhos de Israel.
4 Também sacrificou e queimou incenso nos lu-
gares altos, nas colinas e debaixo de toda árvore
frondosa.

Acaz pede socorro aos assírios

5 Então Rezim, rei da Síria, e Peca, filho de Re-
malias, rei de Israel, subiram a Jerusalém para
lutar contra ela. Cercaram Acaz, mas não conse-
guiram derrotá-lo. 6 Naquele tempo, Rezim, rei da
Síria, restituiu Elate à Síria e expulsou dela os ho-
mens de Judá. Os sírios foram para Elate e ficaram
morando ali até o dia de hoje. 7 Acaz enviou men-
sageiros a Tiglate-Pileser, rei da Assíria, dizendo:
— Eu sou seu servo e seu filho. Venha me li-
vrar do poder do rei da Síria e do poder do rei de
Israel, que se levantam contra mim.

8 Acaz pegou a prata e o ouro que havia na Casa
do Senhor e nos tesouros do palácio real e man-
dou de presente ao rei da Assíria. 9 O rei da Assíria
lhe deu ouvidos, subiu contra Damasco, tomou-a,
levou o povo para Quir e matou Rezim.

A idolatria de Acaz

2Cr 28.22-25

10 Então o rei Acaz foi a Damasco para se en-
contrar com Tiglate-Pileser, rei da Assíria. Ao ver
ali um altar, enviou ao sacerdote Urias o modelo
do altar e a planta segundo a qual tinha sido feito.
11 Urias, o sacerdote, edificou um altar segundo
tudo o que o rei Acaz havia ordenado de Damas-
co; o sacerdote Urias fez isso antes que o rei Acaz
viesse de Damasco. 12 Quando o rei voltou de Da-
masco, viu o altar, aproximou-se dele e nele sacri-
ficou. 13 Queimou o seu holocausto e a sua oferta
de cereais, derramou a sua libação e aspergiu o
sangue das suas ofertas pacíficas naquele altar.
14 O altar de bronze, que estava diante do Senhor,
ele o tirou da frente do templo, do lugar entre o
altar dele e a Casa do Senhor, e o pôs ao lado do
seu altar, do lado norte. 15 O rei Acaz também or-
denou ao sacerdote Urias, dizendo:
— Use este altar grande para o holocausto da
manhã, para a oferta de cereais da tarde, para o
holocausto do rei e a sua oferta de cereais, e para o
holocausto de todo o povo da terra, a sua oferta de
cereais e as suas libações. Todo o sangue dos holo-
caustos e todo o sangue dos sacrifícios você deve
aspergir nele. Mas o altar de bronze ficará para a
minha deliberação posterior.
16 E o sacerdote Urias fez tudo como o rei Acaz
lhe havia ordenado.
17 O rei Acaz cortou os painéis dos suportes e
tirou as pias que estavam em cima deles. Pegou
também o mar de fundição e o tirou de sobre os
touros de bronze, que estavam debaixo dele, e o
pôs sobre um pavimento de pedra. 18 Também, por
causa do rei da Assíria, retirou da Casa do Senhor
a estrutura coberta para uso no sábado, que tinha
sido construída no templo, e a entrada real pelo
lado de fora.

A morte de Acaz

2Cr 28.26-27

19 Quanto aos demais atos de Acaz e ao que
fez, não está tudo escrito no Livro da História dos
Reis de Judá? 20 Acaz morreu e foi sepultado junto
a seus pais, na Cidade de Davi; e Ezequias, seu fi-
lho, reinou em seu lugar.

O reinado de Oseias, de Israel

17 1 No décimo segundo ano do reinado de Acaz,
rei de Judá, Oseias, filho de Elá, começou
a reinar; e reinou sobre Israel, em Samaria, nove
anos. 2 Fez o que era mau aos olhos do Senhor,
porém não como os reis de Israel que vieram an-
tes dele.

A queda de Samaria e o cativeiro de Israel

3 Salmaneser, rei da Assíria, fez guerra contra
Oseias, e este ficou sendo servo dele e lhe paga-
va tributo. 4 Porém o rei da Assíria descobriu que
Oseias estava conspirando contra ele. Oseias tinha
mandado mensageiros a Sô, rei do Egito, e não
mais pagava tributo ao rei da Assíria, como ante-
riormente fazia de ano em ano. Por isso, o rei da
Assíria prendeu Oseias e o lançou num cárcere.
5 Depois, o rei da Assíria passou por toda a ter-
ra, foi até a cidade de Samaria e a sitiou por três
anos. 6 No nono ano do reinado de Oseias, o rei da
Assíria conquistou Samaria e levou os israelitas
para a Assíria. Ele os fez habitar em Hala, junto a
Habor, rio de Gozã, e nas cidades dos medos.

A causa do cativeiro

7 Isso aconteceu porque os filhos de Israel pe-
caram contra o Senhor, seu Deus, que os tirou da
terra do Egito e os livrou do poder de Faraó, rei do
Egito; e temeram outros deuses. 8 Andaram nos
estatutos das nações que o Senhor expulsou de
diante dos filhos de Israel e nos costumes esta-
belecidos pelos reis de Israel. 9 Os filhos de Israel
fizeram contra o Senhor, seu Deus, o que não era
reto; edificaram para si lugares altos em todas as
suas cidades, desde a torre dos vigias até a cidade
fortificada. 10 Levantaram para si colunas e postes
da deusa Aserá, em todas as colinas mais elevadas
e debaixo de todas as árvores frondosas. 11 Quei-
maram ali incenso em todos os lugares altos,
como as nações que o Senhor havia expulsado
de diante deles. Cometeram ações perversas para
provocarem o Senhor à ira 12 e serviram os ídolos,
dos quais o Senhor lhes tinha dito: "Não façam
estas coisas."
13 O Senhor advertiu Israel e Judá por meio de
todos os profetas e de todos os videntes, dizendo:
"Voltem-se dos seus maus caminhos e guardem
os meus mandamentos e os meus estatutos, se-
gundo toda a Lei que ordenei aos pais de vocês e
que lhes enviei por meio dos meus servos, os pro-
fetas." 14 Porém eles não quiseram ouvir; se torna-
ram obstinados e foram teimosos como os seus
pais, que não creram no Senhor, seu Deus. 15 Re-
jeitaram os estatutos e a aliança que Deus tinha
feito com os pais deles, e desprezaram as suas ad-
vertências. Seguiram os ídolos sem valor, e assim
eles mesmos se tornaram sem valor. Seguiram
as nações que estavam ao redor deles, das quais
o Senhor lhes havia ordenado que não as imi-
tassem. 16 Desprezaram todos os mandamentos
do Senhor, seu Deus, e fizeram para si imagens

de fundição, dois bezerros; fizeram um poste da
deusa Aserá, e adoraram todo o exército do céu,
e serviram Baal. 17 Também queimaram os seus
filhos e as suas filhas como sacrifício, deram-se
à prática de adivinhações e acreditaram em agou-
ros; e venderam-se para fazer o que era mau aos
olhos do SENHOR, para o provocarem à ira. 18 Por
isso o SENHOR muito se indignou contra Israel e o
afastou da sua presença; e nada mais ficou, a não
ser a tribo de Judá.

19 Também Judá não guardou os mandamentos
do SENHOR, seu Deus; pelo contrário, andaram
nos costumes que Israel introduziu. 20 Por isso o
SENHOR rejeitou toda a descendência de Israel, e
os afligiu, e os entregou nas mãos dos espoliado-
res, até que os expulsou da sua presença.

21 Pois, quando ele separou Israel da casa de
Davi, e eles fizeram de Jeroboão, filho de Neba-
te, o seu rei, Jeroboão levou Israel a abandonar
o SENHOR e o levou a cometer grande pecado.
22 Assim, os filhos de Israel andaram em todos os
pecados que Jeroboão tinha cometido; nunca se
afastaram deles, 23 até que o SENHOR afastou Israel
da sua presença, como havia falado pelo ministé-
rio de todos os seus servos, os profetas. E assim
Israel foi levado cativo da sua terra para a Assíria,
onde permanece até o dia de hoje.

O rei da Assíria renova a população de Samaria

24 O rei da Assíria trouxe gente da Babilônia, de
Cuta, de Ava, de Hamate e de Sefarvaim e os fez
morar nas cidades de Samaria, em lugar dos filhos
de Israel. Tomaram posse de Samaria e habitaram
nas suas cidades. 25 A princípio, quando passa-
ram a morar ali, não temeram o SENHOR. Então o
SENHOR mandou para o meio deles leões, que ma-
taram alguns do povo. 26 Por isso disseram ao rei
da Assíria:

— Os povos que o senhor, ó rei, transportou e
fez habitar nas cidades de Samaria não sabem a
maneira de servir o deus daquela terra e por isso
ele mandou leões para o meio deles. Os leões estão
matando aquelas pessoas, porque elas não sabem
como servir o deus daquela terra.

27 Então o rei da Assíria mandou dizer:

— Levem para lá um dos sacerdotes que vocês
trouxeram de lá. Que ele vá, fique morando lá, e
lhes ensine a maneira de servir o deus daquela
terra.

28 Assim um dos sacerdotes que havia sido leva-
do de Samaria foi e ficou morando em Betel. E lhes
ensinava como deviam temer o SENHOR.

O culto misto dos samaritanos

29 Porém cada nação fez ainda os seus próprios
deuses nas cidades em que morava, e os puseram
nos santuários dos lugares altos que os sama-
ritanos tinham feito. 30 Os da Babilônia fizeram
Sucote-Benote; os de Cuta fizeram Nergal; os de
Hamate fizeram Asima; 31 os aveus fizeram Nibaz
e Tartaque; e os sefarvitas queimavam seus filhos
a Adrameleque e a Anameleque, deuses de Sefar-
vaim. 32 Mas adoravam também o SENHOR. Consti-
tuíram como sacerdotes dos lugares altos homens
tirados do meio do povo, os quais oficiavam a fa-
vor deles nos santuários dos altos. 33 E assim eles
adoravam o SENHOR e, ao mesmo tempo, serviam
os seus próprios deuses, segundo o costume das
nações do meio das quais tinham sido trazidos.

34 Até o dia de hoje fazem segundo os antigos
costumes. Não temem o SENHOR, não fazem se-
gundo os seus estatutos e juízos, nem segundo a
lei e o mandamento que o SENHOR ordenou aos
filhos de Jacó, a quem deu o nome de Israel.

35 Ora, o SENHOR tinha feito uma aliança com
eles e lhes havia ordenado o seguinte: "Não te-
mam outros deuses; não se prostrem diante de-
les, não os sirvam, nem lhes ofereçam sacrifícios.
36 Mas temam o SENHOR, que os tirou da terra do
Egito com grande poder e com braço estendido;
prostrem-se diante dele e a ele ofereçam sacrifí-
cios. 37 Tenham o cuidado de observar todos os
dias os estatutos e os juízos, a lei e o mandamento
que ele lhes deu por escrito. Não adorem outros
deuses. 38 Não se esqueçam da aliança que fiz
com vocês e não adorem outros deuses. 39 Mas
adorem o SENHOR, seu Deus, e ele os livrará das
mãos de todos os seus inimigos."

40 Eles, porém, não deram ouvidos a isso e con-
tinuaram a fazer segundo o seu antigo costume.
41 Assim, estas nações adoravam o SENHOR e ser-
viam as suas próprias imagens de escultura. Como
fizeram os seus pais, assim fazem também os seus
filhos e os filhos de seus filhos, até o dia de hoje.

O reinado de Ezequias, de Judá

2Cr 29.1-2

18 1 No terceiro ano do reinado de Oseias, filho
de Elá, rei de Israel, Ezequias, filho de Acaz,
rei de Judá, começou a reinar. 2 Tinha vinte e cin-
co anos de idade quando começou a reinar e rei-
nou vinte e nove anos em Jerusalém. A mãe dele
se chamava Abi e era filha de Zacarias. 3 Ezequias
fez o que era reto aos olhos do SENHOR, segundo
tudo o que Davi, seu pai, havia feito. 4 Removeu
os lugares altos, quebrou as colunas e derrubou o
poste da deusa Aserá. Também fez em pedaços a
serpente de bronze que Moisés havia feito. Os fi-
lhos de Israel chamavam essa serpente de Neustã
e até aquele dia lhe queimavam incenso.

5 Ezequias confiou no SENHOR, Deus de Israel,
de maneira que não houve ninguém como ele en-
tre todos os reis de Judá, nem antes nem depois

dele. 6 Porque se apegou ao SENHOR, não deixou de segui-lo e guardou os mandamentos que o SENHOR ordenou a Moisés. 7 Assim, o SENHOR estava com ele, e ele teve êxito em todos os seus empreendimentos. Rebelou-se contra o rei da Assíria e não o serviu. 8 Derrotou os filisteus até Gaza e o seu território, desde a torre dos vigias até a cidade fortificada.

9 No quarto ano do reinado de Ezequias, que era o sétimo ano do reinado de Oseias, filho de Elá, rei de Israel, Salmaneser, rei da Assíria, atacou a cidade de Samaria e a cercou. 10 Ao fim de três anos, a cidade foi conquistada. Sim, no ano sexto do reinado de Ezequias, que era o nono ano do reinado de Oseias, rei de Israel, Samaria foi conquistada. 11 O rei da Assíria levou os israelitas para a Assíria e os fez habitar em Hala, junto a Habor, rio de Gozã, e nas cidades dos medos. 12 Isso aconteceu porque não obedeceram à voz do SENHOR, seu Deus, mas quebraram a sua aliança, a saber, tudo o que Moisés, servo do SENHOR, havia ordenado; não o ouviram, nem o fizeram.

Senaqueribe invade Judá

2Cr 32.1-8; Is 36.1-3

13 No décimo quarto ano do reinado de Ezequias, Senaqueribe, rei da Assíria, atacou todas as cidades fortificadas de Judá e as conquistou. 14 Então Ezequias, rei de Judá, enviou mensageiros ao rei da Assíria, que estava em Laquis, dizendo:

— Eu errei. Pare de me atacar, e cumprirei tudo o que você me impuser.

Então o rei da Assíria impôs a Ezequias, rei de Judá, um tributo de dez toneladas de prata e uma tonelada de ouro. 15 Ezequias deu toda a prata que havia na Casa do SENHOR e nos tesouros do palácio real. 16 Foi quando Ezequias arrancou o ouro que havia nas portas do templo do SENHOR e nas ombreiras, o ouro com que ele, o rei de Judá, as havia revestido, e o deu ao rei da Assíria. 17 Mas o rei da Assíria, que estava em Laquis, enviou Tartã, Rabe-Saris e Rabsaqué, com um grande exército, ao rei Ezequias, em Jerusalém. Eles vieram a Jerusalém e, quando chegaram, pararam na extremidade do aqueduto do tanque superior, junto ao caminho do campo do Lavandeiro. 18 Mandaram chamar o rei, e quem saiu ao encontro deles foram Eliaquim, filho de Hilquias, o responsável pelo palácio, Sebna, o escrivão, e Joá, filho de Asafe, o cronista.

Rabsaqué afronta Ezequias e o Senhor

2Cr 32.9-20; Is 36.4-22

19 Rabsaqué disse:

— Digam a Ezequias: Assim diz o grande rei, o rei da Assíria: "Que confiança é essa que você tem? 20 Bem posso dizer que o seu conselho e o seu poder para a guerra são meras palavras. Em quem você está confiando agora, para que se rebele contra mim? 21 Você confia nesse bordão de caniço esmagado que é o Egito. Se alguém se apoiar no caniço, ele vai espetar e furar a mão. Assim é Faraó, rei do Egito, para todos os que nele confiam. 22 Mas, se vocês me dizem: 'Confiamos no SENHOR, nosso Deus', eu pergunto: não é esse aquele cujos lugares altos e altares Ezequias removeu, dizendo a Judá e a Jerusalém que deveriam adorar somente diante do altar em Jerusalém? 23 Agora, pois, comprometa-se com meu senhor, o rei da Assíria, e eu lhe darei dois mil cavalos, se você puder achar cavaleiros para montá-los. 24 Como você poderia repelir um oficial do meu senhor, o rei, mesmo que seja um dos menores, e confiar no Egito para obter carros de guerra e cavaleiros? 25 Será que você pensa que é sem o consentimento do SENHOR Deus que eu vim contra este lugar, para o destruir? Foi o próprio SENHOR quem ordenou que eu atacasse esta terra e a destruísse."

26 Então Eliaquim, filho de Hilquias, Sebna e Joá disseram a Rabsaqué:

— Por favor, fale com estes seus servos em aramaico, porque nós o entendemos. Não fale em hebraico, aos ouvidos do povo que está sobre a muralha.

27 Mas Rabsaqué lhes respondeu:

— Você pensa que o meu senhor me enviou para dizer estas palavras apenas a você e ao seu rei? Ele me enviou para falar também aos homens que estão sentados sobre a muralha e que, junto com vocês, terão de comer o seu próprio excremento e beber a sua própria urina!

28 Então Rabsaqué se pôs em pé e gritou em hebraico:

— Escutem as palavras do grande rei, o rei da Assíria. 29 Assim diz o rei: "Não deixem que Ezequias os engane, pois ele não poderá livrá-los da minha mão. 30 Não deixem que Ezequias os leve a confiar no SENHOR, dizendo: 'O SENHOR certamente nos livrará, e esta cidade não será entregue nas mãos do rei da Assíria.' 31 Não deem ouvidos a Ezequias. Porque assim diz o rei da Assíria: 'Façam as pazes comigo e se entreguem. Então cada um comerá da sua própria videira e da sua própria figueira, e beberá a água da sua própria cisterna, 32 até que eu venha e os leve para uma terra como a de vocês, terra de cereal e de vinho, terra de pão e de vinhas, terra de oliveiras e de mel, para que vocês vivam e não morram.' Não deem ouvidos a Ezequias, porque ele está enganando vocês, ao dizer: 'O SENHOR nos livrará.' 33 Será que os deuses das nações puderam livrar, cada um a sua terra, das mãos do rei da Assíria? 34 Onde estão os deuses de Hamate e de Arpade? Onde estão os deuses

de Sefarvaim, Hena e Iva? Será que eles livraram
Samaria das minhas mãos? 35 De todos os deuses
destes países, quais foram os que livraram a sua
terra das minhas mãos? Então como o SENHOR poderá livrar Jerusalém das minhas mãos?"

36 O povo ficou calado e não lhe respondeu
palavra, porque assim lhe havia ordenado o rei:
"Não lhe respondam." 37 Então Eliaquim, filho de
Hilquias, o responsável pelo palácio, e Sebna, o
escrivão, e Joá, filho de Asafe, o cronista, voltaram
para junto do rei Ezequias, com as suas roupas rasgadas, e lhe contaram o que Rabsaqué tinha dito.

Ezequias consulta Isaías

Is 37.1-7

19 1 Quando o rei Ezequias ouviu isto, rasgou as
suas roupas, cobriu-se de pano de saco e entrou na Casa do SENHOR. 2 Então ele mandou que
Eliaquim, o responsável pelo palácio, Sebna, o escrivão, e os anciãos dos sacerdotes, todos vestidos
de pano de saco, fossem falar com o profeta Isaías,
filho de Amoz. 3 Eles lhe disseram:

— Assim diz Ezequias: "Este dia é dia de angústia, de castigo e de vergonha. Como se costuma
dizer, chegou a hora de a criança nascer, mas a
mãe não tem forças para dar à luz. 4 É bem possível que o SENHOR, seu Deus, tenha ouvido todas
as palavras de Rabsaqué, a quem o rei da Assíria,
seu senhor, enviou para afrontar o Deus vivo, e repreenda as palavras que ouviu. Portanto, ore pelo
resto que ficou."

5 Os servos do rei Ezequias foram falar com
Isaías, 6 que lhes disse:

— Digam ao rei o seguinte: Assim diz o SENHOR:
"Não tenha medo por causa das palavras que você
ouviu, com as quais os servos do rei da Assíria
blasfemaram contra mim. 7 Eis que porei nele um
espírito, e ele, ao ouvir certo rumor, voltará para
a sua terra; e lá eu farei com que ele seja morto à
espada."

A carta do rei da Assíria

Is 37.8-13

8 Rabsaqué voltou e encontrou o rei da Assíria
lutando contra Libna, pois tinha ouvido que o rei
já se havia retirado de Laquis. 9 Quando o rei ouviu
dizer que Tiraca, rei da Etiópia, havia saído para
guerrear contra ele, mandou de novo mensageiros
a Ezequias, com esta missão:

10 — Digam a Ezequias, rei de Judá: "Não deixe
que o seu Deus, em quem você confia, o engane,
ao dizer: 'Jerusalém não será entregue nas mãos
do rei da Assíria.' 11 Você já ouviu o que os reis
da Assíria fizeram com todas as terras, como as
destruíram totalmente. E você pensa que poderá
escapar? 12 Será que os deuses das nações livraram os povos que os meus pais destruíram, Gozã,
Harã e Rezefe e os filhos de Éden, que estavam
em Telassar? 13 Onde está o rei de Hamate, o rei
de Arpade e o rei da cidade de Sefarvaim, de Hena
e de Iva?"

A oração de Ezequias

Is 37.14-20

14 Ezequias recebeu a carta das mãos dos mensageiros e a leu. Então Ezequias subiu à Casa do
SENHOR e estendeu a carta diante do SENHOR. 15 E
Ezequias orou diante do SENHOR, dizendo:

— Ó SENHOR, Deus de Israel, que estás entronizado acima dos querubins, somente tu és o Deus
de todos os reinos da terra; tu fizeste os céus e a
terra. 16 Inclina, ó SENHOR, os ouvidos e ouve; abre,
SENHOR, os olhos e vê; ouve as palavras de Senaqueribe, as quais ele enviou para afrontar o Deus
vivo. 17 É verdade, SENHOR, que os reis da Assíria
assolaram todas as nações e suas terras 18 e lançaram no fogo os deuses deles, porque não eram
deuses, mas objetos de madeira e pedra, feitos por
mãos humanas; por isso, os destruíram. 19 Agora, ó
SENHOR, nosso Deus, livra-nos das mãos dele, para
que todos os reinos da terra saibam que só tu, ó
SENHOR, és Deus.

O profeta conforta Ezequias

Is 37.21-35

20 Então Isaías, filho de Amoz, mandou dizer a
Ezequias:

— Assim diz o SENHOR, o Deus de Israel: "Eu
ouvi a oração que você me fez a respeito de Senaqueribe, rei da Assíria." 21 E esta é a palavra que o
SENHOR falou a respeito dele:

"A virgem, a filha de Sião,
desdenha e zomba de você;
a filha de Jerusalém
meneia a cabeça atrás de você.
22 A quem você afrontou
e de quem blasfemou?
E contra quem você levantou a voz
e ergueu os olhos com arrogância?
Contra o Santo de Israel.
23 Por meio dos seus mensageiros,
você afrontou o SENHOR e disse:
'Com a multidão dos meus carros de guerra
eu subi ao alto dos montes,
ao mais interior do Líbano.
Cortei os seus altos cedros
e os seus melhores ciprestes;
cheguei aos seus abrigos mais distantes,
ao seu denso bosque.
24 Eu mesmo cavei e bebi
as águas de estrangeiros;
com as plantas de meus pés
sequei todos os rios do Egito.'"

25 "Por acaso, você não ouviu
que há muito tempo
eu, o SENHOR, determinei estas coisas,
e que já desde os dias remotos
as tinha planejado?
Agora eu as faço acontecer.
Eu quis que você reduzisse
a montões de ruínas
as cidades fortificadas.
26 Por isso, os seus moradores, debilitados,
andaram cheios de temor e envergonhados;
tornaram-se como a erva do campo,
a erva verde, o capim dos telhados
e o cereal queimado antes de amadurecer.
27 Mas eu sei onde você está;
conheço o seu sair e o seu entrar,
e o seu furor contra mim.
28 Por causa do seu furor contra mim
e porque a sua arrogância subiu
até os meus ouvidos,
eis que porei o meu anzol no seu nariz
e o meu freio na sua boca
e farei você voltar pelo caminho
por onde veio."

29— E isto será o sinal para você, rei Ezequias:
neste ano, se comerá o que nascer espontaneamen-
te e, no segundo ano, o que daí proceder. Mas no
terceiro ano semeiem e colham, plantem vinhas e
comam os seus frutos. 30 Aqueles da casa de Judá
que escaparam e ficaram como remanescente tor-
narão a lançar raízes e a dar frutos. 31 Porque de Je-
rusalém sairá o remanescente, e do monte Sião, o
que escapou. O zelo do SENHOR fará isto.
32— Portanto, assim diz o SENHOR a respeito do
rei da Assíria:

"Ele não entrará nesta cidade,
nem lançará nela flecha alguma.
Não virá diante dela com escudo,
nem construirá rampas de ataque contra ela.
33 Pelo caminho por onde vier, por esse voltará;
mas nesta cidade não entrará", diz o SENHOR.
34 "Porque eu defenderei
esta cidade, para a livrar,
por amor de mim
e por amor de meu servo Davi."

A destruição do exército dos assírios

2Cr 32.21; Is 37.36-38

35 Naquela mesma noite, o Anjo do SENHOR saiu e
matou cento e oitenta e cinco mil homens no arraial
dos assírios. De manhã, quando os restantes se levan-
taram, lá estavam todos aqueles cadáveres. 36 Então
Senaqueribe, rei da Assíria, levantou acampamento,
foi embora, voltou para Nínive e por lá ficou. 37 Cer-
to dia, quando ele estava adorando no templo de
seu deus Nisroque, os seus filhos Adrameleque e
Sarezer o mataram à espada; depois fugiram para
a terra de Ararate. E Esar-Hadom, filho de Sena-
queribe, reinou em seu lugar.

O rei Ezequias é curado

2Cr 32.24; Is 38.1-8

20 1 Por esse tempo, Ezequias adoeceu de uma
enfermidade mortal. O profeta Isaías, filho
de Amoz, foi visitá-lo e lhe disse:
— Assim diz o SENHOR: "Ponha em ordem a sua
casa, porque você morrerá; você não vai escapar."
2 Então Ezequias virou o rosto para a parede e
orou ao SENHOR, dizendo:
3— Ó SENHOR, lembra-te de que andei diante
de ti com fidelidade, com coração íntegro, e fiz o
que era reto aos teus olhos.
E Ezequias chorou amargamente.
4 Antes que Isaías tivesse saído do pátio central,
a palavra do SENHOR veio a ele, dizendo:
5— Volte e diga a Ezequias, príncipe do meu
povo: Assim diz o SENHOR, o Deus de Davi, seu pai:
"Ouvi a sua oração e vi as suas lágrimas. Eis que eu
vou curá-lo e, ao terceiro dia, você subirá à Casa
do SENHOR. 6 Acrescentarei quinze anos à sua vida
e livrarei das mãos do rei da Assíria tanto você
quanto esta cidade. Defenderei esta cidade por
amor de mim e por amor a Davi, meu servo."
7 Isaías disse mais:
— Peguem uma pasta de figos.
Eles a pegaram e a puseram sobre a úlcera. E
Ezequias recuperou a saúde. 8 Ezequias perguntou
a Isaías:
— Qual será o sinal de que o SENHOR me curará
e de que, ao terceiro dia, subirei à Casa do SENHOR?
9 Isaías respondeu:
— Este é o sinal que você receberá do SENHOR
para indicar que ele cumprirá o que prometeu:
você quer que a sombra se adiante dez graus ou
que retroceda dez graus?
10 Ezequias respondeu:
— É fácil a sombra adiantar dez graus. Mas que
não seja assim; pelo contrário, que ela retroceda
dez graus.
11 Então o profeta Isaías clamou ao SENHOR e ele
fez retroceder dez graus a sombra lançada pelo sol
declinante no relógio de Acaz.

Os mensageiros da Babilônia

Is 39.1-8

12 Nesse tempo, Merodaque-Baladã, filho de Ba-
ladã, rei da Babilônia, enviou cartas e um presen-
te a Ezequias, porque soube que ele havia estado
doente. 13 Ezequias recebeu bem os mensageiros e
lhes mostrou toda a casa do seu tesouro, a prata, o
ouro, as especiarias, os óleos finos, o seu arsenal
e tudo o que havia nos seus tesouros. Não houve
nada em seu palácio nem em todo o seu domínio

que Ezequias não lhes mostrasse. 14 Então o pro-
feta Isaías foi falar com o rei Ezequias e lhe disse:
— Que foi que aqueles homens disseram e de
onde vieram?
Ezequias respondeu:
— Vieram de uma terra distante, da Babilônia.
15 Isaías perguntou:
— O que eles viram no seu palácio?
Ezequias respondeu:
— Viram tudo o que há em meu palácio. Não
houve nada nos meus tesouros que eu não lhes
mostrasse.
16 Então Isaías disse a Ezequias:
— Ouça a palavra do SENHOR: 17 "Eis que virão
dias em que tudo o que houver no seu palácio, isto
é, tudo o que os seus pais ajuntaram até o dia de
hoje, será levado para a Babilônia; não ficará coisa
alguma, diz o SENHOR. 18 Alguns dos seus próprios
filhos, gerados por você, serão levados, para que
sejam eunucos no palácio do rei da Babilônia."
19 Então Ezequias disse a Isaías:
— Boa é a palavra do SENHOR que você falou.
Pois ele pensava assim: "Enquanto eu viver ha-
verá paz e segurança."

A morte de Ezequias

2Cr 32.32-33

20 Quanto aos demais atos de Ezequias, a todo o
seu poder, como fez o tanque e o aqueduto e trouxe
água para dentro da cidade, não está tudo escrito
no Livro da História dos Reis de Judá? 21 Ezequias
morreu, e Manassés, seu filho, reinou em seu lugar.

O reinado de Manassés, de Judá

2Cr 33.1-20

21 1 Manassés tinha doze anos de idade quando
começou a reinar e reinou cinquenta e cinco
anos em Jerusalém. A mãe dele se chamava Hefzi-
bá. 2 Fez o que era mau aos olhos do SENHOR, segun-
do as coisas abomináveis das nações que o SENHOR
havia expulsado de diante dos filhos de Israel.
3 Pois reconstruiu os lugares altos que Ezequias,
seu pai, havia destruído, levantou altares a Baal,
fez um poste da deusa Aserá como o que Acabe, rei
de Israel, havia feito, prostrou-se diante de todo o
exército dos céus e o serviu. 4 Edificou altares na
Casa do SENHOR, a respeito da qual o SENHOR tinha
dito: "Em Jerusalém porei o meu nome." 5 Também
edificou altares a todo o exército dos céus nos dois
átrios da Casa do SENHOR. 6 E queimou o seu filho
em sacrifício, adivinhava pelas nuvens, era agou-
reiro e tratava com médiuns e feiticeiros. Fazia con-
tinuamente o que era mau aos olhos do SENHOR,
para o provocar à ira. 7 Também pegou a imagem de
escultura da deusa Aserá que ele tinha feito e a co-
locou no templo a respeito do qual o SENHOR tinha
dito a Davi e a seu filho Salomão: "Neste templo e
em Jerusalém, que escolhi de todas as tribos de Is-
rael, porei o meu nome para sempre. 8 E não farei
com que os pés de Israel andem errantes, longe da
terra que dei aos seus pais, desde que eles tenham
o cuidado de fazer segundo tudo o que lhes tenho
mandado e conforme toda a Lei que Moisés, meu
servo, lhes ordenou." 9 Eles, porém, não ouviram.
Manassés de tal modo os levou a andar errantes,
que fizeram pior do que as nações que o SENHOR
tinha destruído de diante dos filhos de Israel.
10 Então o SENHOR falou por meio de seus ser-
vos, os profetas, dizendo:
11 — Visto que Manassés, rei de Judá, cometeu
estas abominações, fazendo pior do que tudo o
que os amorreus fizeram antes dele, e também le-
vou Judá a pecar com os ídolos dele, 12 assim diz o
SENHOR, Deus de Israel: Eis que trarei uma desgraça
tão grande sobre Jerusalém e Judá, que todo aquele
que ouvir a respeito dela ficará com os dois ouvidos
tinindo. 13 Estenderei sobre Jerusalém o cordel de
Samaria e o prumo da casa de Acabe. Eliminarei Je-
rusalém, como quem elimina a sujeira de um prato,
limpando e virando-o de boca para baixo. 14 Aban-
donarei o remanescente da minha herança e o en-
tregarei nas mãos de seus inimigos; servirá de presa
e despojo para todos os seus inimigos. 15 Porque
fizeram o que era mau aos meus olhos e me provo-
caram à ira, desde o dia em que os pais deles saíram
do Egito até o dia de hoje. 16 Além disso, Manassés
derramou muitíssimo sangue inocente, até encher
Jerusalém de um extremo ao outro, sem falar do seu
pecado, com que levou Judá a pecar, praticando o
que era mau aos olhos do SENHOR.
17 Quanto aos demais atos de Manassés, a tudo
o que fez e ao seu pecado, que cometeu, não está
tudo escrito no Livro da História dos Reis de Judá?
18 Manassés morreu e foi sepultado no jardim da
sua própria casa, no jardim de Uzá. E Amom, seu
filho, reinou em seu lugar.

O reinado de Amom, de Judá

2Cr 33.21-25

19 Amom tinha vinte e dois anos de idade quan-
do começou a reinar e reinou dois anos em Jeru-
salém. A mãe dele se chamava Mesulemete e era
filha de Haruz, de Jotbá.
20 Amom fez o que era mau aos olhos do SENHOR,
como Manassés, seu pai, havia feito. 21 Andou em
todo o caminho em que o pai dele tinha andado,
serviu os ídolos a que o pai dele havia servido e os
adorou. 22 Assim, ele abandonou o SENHOR, Deus
de seus pais, e não andou no caminho do SENHOR.
23 Os servos do rei Amom conspiraram contra
ele e o mataram em sua própria casa. 24 Porém o
povo daquela terra matou todos os que conspira-
ram contra o rei Amom e proclamou Josias, filho
de Amom, rei em seu lugar.

25 Quanto aos demais atos de Amom e a tudo o
que fez, não está tudo escrito no Livro da História
dos Reis de Judá? 26 Amom foi sepultado em seu tú-
mulo, no jardim de Uzá. E Josias, seu filho, reinou
em seu lugar.

O reinado de Josias, de Judá

2Cr 34.1-2

22 1 Josias tinha oito anos de idade quando co-
meçou a reinar e reinou trinta e um anos em
Jerusalém. A mãe dele se chamava Jedida e era fi-
lha de Adaías, de Boscate. 2 Josias fez o que era reto
aos olhos do Senhor, andou em todo o caminho
de Davi, seu pai, e não se desviou nem para a direi-
ta nem para a esquerda.

O rei repara o templo

2Cr 34.8-13

3 No décimo oitavo ano do seu reinado, o rei
Josias mandou o escrivão Safã, filho de Azalias,
filho de Mesulão, à Casa do Senhor, 4 dizendo:
— Vá pedir ao sumo sacerdote Hilquias que
conte o dinheiro que foi trazido à Casa do Senhor,
o qual os guardas da porta ajuntaram do povo.
5 Que esse dinheiro seja entregue aos que dirigem
a obra e têm a seu encargo a Casa do Senhor, para
que paguem àqueles que fazem a obra na Casa do
Senhor, para repararem os estragos do templo:
6 aos carpinteiros, aos construtores e aos pedrei-
ros. E que comprem madeira e pedras lavradas,
para repararem os estragos do templo. 7 Mas não
é necessário que prestem contas do dinheiro que
lhes foi entregue, porque são honestos.

Hilquias acha o Livro da Lei

2Cr 34.14-18

8 Então o sumo sacerdote Hilquias disse ao es-
crivão Safã:
— Achei o Livro da Lei na Casa do Senhor.
Hilquias entregou o livro a Safã, e este o leu.
9 Então o escrivão Safã foi falar com o rei e lhe deu
relatório, dizendo:
— Os seus servos contaram o dinheiro que es-
tava na casa do Senhor e o entregaram nas mãos
dos que dirigem a obra e têm a seu encargo a Casa
do Senhor.
10 Depois o escrivão Safã anunciou ao rei:
— O sacerdote Hilquias me entregou um livro.
E Safã o leu diante do rei.

Josias manda consultar a profetisa Hulda

2Cr 34.19-28

11 Quando ouviu as palavras do Livro da Lei, o rei
rasgou as suas roupas. 12 Então deu ordens a Hil-
quias, o sacerdote, a Aicão, filho de Safã, a Acbor,
filho de Micaías, a Safã, o escrivão, e a Asaías, servo
do rei, dizendo:
13 — Vão consultar o Senhor por mim, pelo
povo e por todo o Judá, a respeito das palavras
deste livro que foi encontrado. Porque é grande o
furor do Senhor, que se acendeu contra nós, por-
que os nossos pais não deram ouvidos às palavras
deste livro, para fazerem segundo tudo o que está
escrito a nosso respeito.
14 Então o sacerdote Hilquias, Aicão, Acbor, Safã
e Asaías foram falar com a profetisa Hulda, esposa
de Salum, encarregado das vestimentas da Casa do
Senhor, filho de Ticva, filho de Harás. Hulda mora-
va na parte nova da cidade, em Jerusalém. Eles lhe
contaram o que havia acontecido, 15 e ela lhes disse:
— Assim diz o Senhor, o Deus de Israel: "Digam
ao homem que os enviou a mim: 16 'Assim diz o
Senhor: Eis que trarei desgraça sobre este lugar e
sobre os seus moradores, a saber, todas as palavras
do livro que o rei de Judá leu. 17 Por terem me aban-
donado e queimado incenso a outros deuses, para
me provocarem à ira com todas as obras das suas
mãos, o meu furor se acendeu contra este lugar e
não se apagará.' 18 Mas ao rei de Judá, que os enviou
para consultar o Senhor, digam o seguinte: 'Assim
diz o Senhor, o Deus de Israel, a respeito das pala-
vras que você ouviu: 19 Visto que o seu coração se
enterneceu e você se humilhou diante do Senhor,
quando ouviu as ameaças que fiz contra este lugar
e contra os seus moradores — que seriam objeto
de horror e de maldição —, rasgou as suas roupas
e chorou diante de mim, também eu ouvi a sua
oração, diz o Senhor. 20 Por isso, deixarei que você
morra e seja sepultado em paz, e os seus olhos não
verão todo o mal que trarei sobre este lugar.'"
Então eles levaram esta resposta ao rei.

Josias renova a aliança

2Cr 34.29-33

23 1 Então o rei deu ordem, e todos os anciãos
de Judá e de Jerusalém se ajuntaram a ele. 2 O
rei subiu à Casa do Senhor, e com ele foram todos
os homens de Judá, todos os moradores de Jerusa-
lém, os sacerdotes, os profetas e todo o povo, desde
o menor até o maior. E o rei leu diante deles todas
as palavras do Livro da Aliança que havia sido en-
contrado na Casa do Senhor. 3 O rei se pôs em pé
junto à coluna e fez aliança diante do Senhor, para
o seguir, guardar os seus mandamentos, os seus
testemunhos e os seus estatutos, de todo o cora-
ção e de toda a alma, cumprindo as palavras desta
aliança, que estavam escritas naquele livro. E todo
o povo concordou com esta aliança.

A reforma religiosa feita por Josias

2Cr 34.3-7

4 Então o rei ordenou ao sumo sacerdote Hil-
quias, aos sacerdotes da segunda ordem e aos
guardas da porta que tirassem do templo do

SENHOR todos os utensílios que tinham sido feitos
para Baal, para o poste da deusa Aserá e para todo
o exército dos céus. Ele os queimou fora de Jerusa-
lém, nos campos do Cedrom, e levou as cinzas para
Betel. 5 Josias destituiu os sacerdotes que os reis de
Judá haviam escolhido para queimar incenso sobre
os lugares altos nas cidades de Judá e ao redor de
Jerusalém, bem como os que queimavam incenso
a Baal, ao sol, à lua, aos planetas e a todo o exér-
cito dos céus. 6 Também tirou da Casa do SENHOR
o poste da deusa Aserá, que levou para fora de Je-
rusalém até o vale do Cedrom, onde o queimou e
o reduziu a pó, que lançou sobre as sepulturas do
povo simples. 7 Também destruiu as dependências
dos prostitutos cultuais que estavam na Casa do
SENHOR, onde as mulheres teciam tendas para o
poste da deusa Aserá. 8 Josias trouxe todos os sa-
cerdotes das cidades de Judá e profanou os lugares
altos em que os sacerdotes queimavam incenso,
desde Geba até Berseba. Derrubou os altares das
portas, que estavam à entrada do portão de Josué,
governador da cidade, e que ficavam à esquerda
de quem entrava por ela. 9 Os sacerdotes dos lu-
gares altos não ofereciam sacrifícios sobre o altar
do SENHOR, em Jerusalém, mas comiam pães sem
fermento no meio de seus irmãos. 10 Josias também
profanou Tofete, que ficava no vale dos filhos de
Hinom, para que ninguém queimasse o seu filho
ou a sua filha como sacrifício a Moloque. 11 Tam-
bém tirou os cavalos que os reis de Judá tinham de-
dicado ao sol, à entrada da Casa do SENHOR, perto
da câmara de Natã-Meleque, o camareiro, a qual
ficava no átrio; e queimou os carros dedicados ao
sol. 12 O rei também derrubou os altares que esta-
vam sobre a sala de Acaz, sobre o terraço, altares
que foram feitos pelos reis de Judá, bem como os
altares que Manassés tinha construído nos dois
átrios da Casa do SENHOR. Ele os fez em pedaços,
tirou dali e lançou o pó deles no ribeiro de Cedrom.
13 O rei profanou também os lugares altos que es-
tavam a leste de Jerusalém, ao sul do monte da
Destruição, os quais Salomão, rei de Israel, havia
construído para Astarote, abominação dos sidô-
nios, para Quemos, abominação dos moabitas, e
para Milcom, abominação dos filhos de Amom.
14 Semelhantemente, fez em pedaços as colunas,
cortou os postes da deusa Aserá e encheu de ossos
humanos o lugar onde haviam estado.

15 Josias também derrubou o altar que estava
em Betel e o lugar alto que Jeroboão, filho de Ne-
bate, havia construído para levar Israel a pecar.
Destruiu o lugar alto, reduziu a pó o seu altar e
queimou o poste da deusa Aserá.

16 Quando Josias olhou ao seu redor, viu as se-
pulturas que estavam ali no monte; mandou tirar
delas os ossos e os queimou sobre o altar. E assim
ele profanou o altar, segundo a palavra do SENHOR
proclamada pelo homem de Deus que havia predi-
to estas coisas. 17 Então o rei perguntou:

— Que monumento é este que estou vendo?

Os homens da cidade responderam:

— É a sepultura do homem de Deus que veio de
Judá e proclamou estas coisas que o senhor acaba
de fazer contra o altar de Betel.

18 Josias disse:

— Deixem-no estar; ninguém mexa nos ossos
dele.

Assim, deixaram estar os seus ossos com os os-
sos do profeta que tinha vindo de Samaria.

19 Josias também tirou todos os santuários dos
lugares altos que havia nas cidades de Samaria e
que os reis de Israel tinham feito para provoca-
rem o SENHOR à ira; e fez com esses santuários
o mesmo que havia feito em Betel. 20 E também
matou todos os sacerdotes dos lugares altos que
havia ali, sobre os altares, e queimou ossos hu-
manos sobre eles. Depois voltou para Jerusalém.

A celebração da Páscoa

2Cr 35.1-19

21 O rei deu ordem a todo o povo, dizendo:

— Celebrem a Páscoa ao SENHOR, o Deus de vo-
cês, como está escrito neste Livro da Aliança.

22 Porque nunca se celebrou uma Páscoa como
esta desde os dias dos juízes que julgaram Israel,
nem durante os dias dos reis de Israel, nem nos
dias dos reis de Judá. 23 Porém no décimo oitavo
ano do reinado de Josias esta Páscoa foi celebrada
ao SENHOR, em Jerusalém.

A piedade de Josias

24 Josias também eliminou os médiuns, os feiti-
ceiros, os ídolos do lar, os ídolos e todas as abomi-
nações que se viam na terra de Judá e em Jerusalém,
para cumprir as palavras da lei, que estavam escritas
no livro que o sacerdote Hilquias havia achado na
Casa do SENHOR. 25 Antes dele, não houve rei que lhe
fosse semelhante, que se convertesse ao SENHOR de
todo o seu coração, de toda a sua alma e com todas
as suas forças, segundo toda a Lei de Moisés; e, de-
pois dele, nunca se levantou outro igual.

26 No entanto, o SENHOR não desistiu do furor
da sua grande ira, ira que se acendeu contra Judá
por causa de todas as provocações com que Ma-
nassés o tinha irritado. 27 O SENHOR disse:

— Removerei da minha presença também Judá,
como removi Israel, e rejeitarei Jerusalém, a cida-
de que escolhi, e o templo do qual eu disse: "O
meu nome estará ali."

A morte de Josias

2Cr 35.20-27

28 Quanto aos demais atos de Josias e a tudo o
que fez, não está tudo escrito no Livro da História

dos Reis de Judá? 29 Nos dias de Josias, Faraó Neco,
rei do Egito, marchou em direção ao rio Eufrates,
para ajudar o rei da Assíria. O rei Josias saiu para
lutar contra ele, mas Faraó Neco o matou, em Me-
gido, no primeiro encontro. 30 De Megido, os seus
servos o levaram morto e, num carro, o transpor-
taram para Jerusalém, onde o sepultaram no seu
túmulo. O povo da terra tomou Joacaz, filho de
Josias, e o ungiu, e o fez rei em lugar de seu pai.

O reinado de Joacaz, de Judá

2Cr 36.1-4

31 Joacaz tinha vinte e três anos de idade quando
começou a reinar e reinou três meses em Jerusalém.
A mãe dele se chamava Hamutal e era filha de Jere-
mias, de Libna. 32 Joacaz fez o que era mau aos olhos
do SENHOR, segundo tudo o que os seus pais ha-
viam feito. 33 Porém Faraó Neco mandou prendê-lo
em Ribla, na terra de Hamate, para que não reinasse
em Jerusalém; e impôs à terra um tributo de três mil
e quatrocentos quilos de prata e trinta e quatro qui-
los de ouro. 34 Faraó Neco colocou Eliaquim, filho
de Josias, como rei em lugar de Josias, seu pai, e mu-
dou o nome dele para Jeoaquim. Mas levou Joacaz
consigo para o Egito, onde ele morreu.

35 Jeoaquim entregou aquela prata e aquele ouro
a Faraó. Mas, para dar esse dinheiro segundo a or-
dem de Faraó, Jeoaquim estabeleceu um imposto
sobre a terra. Do povo da terra exigiu prata e ouro,
de cada um segundo as suas posses, para o dar a
Faraó Neco.

O reinado de Jeoaquim, de Judá

2Cr 36.5-8

36 Jeoaquim tinha vinte e cinco anos de idade
quando começou a reinar e reinou onze anos em
Jerusalém. A mãe dele se chamava Zebida e era fi-
lha de Pedaías, de Ruma. 37 Jeoaquim fez o que era
mau aos olhos do SENHOR, segundo tudo o que os
seus pais haviam feito.

24 1 Foi durante o reinado de Jeoaquim que
Nabucodonosor, rei da Babilônia, veio con-
tra Judá. Durante três anos, Jeoaquim foi servo de
Nabucodonosor, mas depois se revoltou contra
ele. 2 O SENHOR enviou contra Jeoaquim bandos de
caldeus, sírios, moabitas e amonitas. Ele os enviou
contra Judá para destruir o povo, conforme a pala-
vra que o SENHOR tinha falado por meio dos seus
servos, os profetas. 3 Na verdade, isto aconteceu
com Judá por ordem do SENHOR, que removeu o
povo da sua presença, por causa de todos os peca-
dos cometidos por Manassés 4 e também por causa
do sangue inocente que ele derramou, com o qual
encheu a cidade de Jerusalém; por isso, o SENHOR
não quis perdoar.

5 Quanto aos demais atos de Jeoaquim e a tudo o
que fez, não está tudo escrito no Livro da História
dos Reis de Judá? 6 Jeoaquim morreu, e Joaquim,
seu filho, reinou em seu lugar.

7 O rei do Egito nunca mais saiu da sua terra,
porque o rei da Babilônia tomou tudo o que era
dele, desde o ribeiro do Egito até o rio Eufrates.

O reinado de Joaquim, de Judá

2Cr 36.9

8 Joaquim tinha dezoito anos de idade quando
começou a reinar e reinou três meses em Jerusa-
lém. A mãe dele se chamava Neústa e era filha de
Elnatã, de Jerusalém. 9 Joaquim fez o que era mau
aos olhos do SENHOR, como o seu pai havia feito
antes dele.

Nabucodonosor leva cativa a nobreza de Jerusalém

10 Naquele tempo, os servos de Nabucodono-
sor, rei da Babilônia, subiram a Jerusalém, e a cida-
de foi cercada. 11 Nabucodonosor, rei da Babilônia,
veio à cidade, quando os seus servos a sitiavam.
12 Então Joaquim, rei de Judá, acompanhado de
sua mãe, seus servos, seus príncipes e seus ofi-
ciais, se entregou ao rei da Babilônia; e o rei da
Babilônia, no oitavo ano do seu reinado, o levou
cativo. 13 Levou dali todos os tesouros da Casa do
SENHOR e os tesouros do palácio real. E, conforme
o SENHOR tinha dito, cortou em pedaços todos os
utensílios de ouro que Salomão, rei de Israel, tinha
feito para o templo do SENHOR. 14 Nabucodonosor
levou cativa toda Jerusalém, bem como todos os
príncipes, todos os homens valentes, todos os ar-
tífices e ferreiros, ao todo dez mil; ninguém ficou,
a não ser o povo pobre da terra. 15 Levou cativos de
Jerusalém para a Babilônia o rei Joaquim, a mãe do
rei, as mulheres deste, seus oficiais e os homens
principais da terra. 16 O rei da Babilônia levou ca-
tivos para a Babilônia todos os homens valentes,
em número de sete mil, e ainda mil artífices e fer-
reiros, todos eles treinados para a guerra.

17 O rei da Babilônia constituiu rei, em lugar de
Joaquim, o tio paterno deste, Matanias, e mudou o
nome dele para Zedequias.

O reinado de Zedequias, de Judá

2Cr 36.10-12; Jr 52.1-3

18 Zedequias tinha vinte e um anos de idade
quando começou a reinar e reinou onze anos em
Jerusalém. A mãe dele se chamava Hamutal e era
filha de Jeremias, de Libna. 19 Zedequias fez o que
era mau aos olhos do SENHOR, segundo tudo o que
Joaquim havia feito.

A queda de Jerusalém

Jr 39.1-7; 52.3-11

20 Foi por causa da ira do SENHOR contra Jerusa-
lém e contra Judá que isto aconteceu, a ponto de

os rejeitar de sua presença. Zedequias rebelou-se
contra o rei da Babilônia.

25 1 Aconteceu que, no nono ano do reinado
de Zedequias, aos dez dias do décimo mês,
Nabucodonosor, rei da Babilônia, veio contra Jeru-
salém, ele e todo o seu exército. Sitiaram a cidade
e construíram rampas de ataque ao redor dela. 2 A
cidade ficou sitiada até o décimo primeiro ano do
reinado de Zedequias. 3 Aos nove dias do quarto
mês, quando a cidade se via apertada pela fome,
e não havia pão para o povo da terra, 4 a cidade foi
arrombada. Embora os caldeus estivessem em vol-
ta da cidade, todos os homens de guerra fugiram
de noite pelo caminho do portão que fica entre
as duas muralhas perto do jardim do rei. Fugiram
na direção do vale do Jordão, 5 mas o exército dos
caldeus perseguiu o rei Zedequias e o alcançou
nas campinas de Jericó; e todo o exército deste se
dispersou e o abandonou. 6 Então Zedequias foi
preso e levado ao rei da Babilônia, em Ribla, o qual
lhe pronunciou a sentença. 7 Mataram os filhos de
Zedequias na frente dele e então lhe furaram os
olhos; amarraram-no com correntes de bronze e
o levaram para a Babilônia.

O cativeiro de Judá

2Cr 36.17-21; Jr 39.8-10; 52.12-30

8 No sétimo dia do quinto mês, do décimo nono
ano do reinado de Nabucodonosor, rei da Babilô-
nia, Nebuzaradã, chefe da guarda e servidor do
rei da Babilônia, veio a Jerusalém. 9 Ele queimou a
Casa do Senhor e o palácio real, bem como todas
as casas de Jerusalém. Também entregou às cha-
mas todas as construções importantes. 10 Todo o
exército dos caldeus que estava com o chefe da
guarda derrubou as muralhas ao redor de Jerusa-
lém. 11 Nebuzaradã, o chefe da guarda, levou cati-
vos o resto do povo que havia ficado na cidade, os
desertores que se entregaram ao rei da Babilônia e
o restante da população. 12 Porém o chefe da guar-
da deixou alguns dos mais pobres da terra para
serem vinhateiros e lavradores. 13 Os caldeus cor-
taram em pedaços as colunas de bronze que esta-
vam na Casa do Senhor, bem como os suportes e
o mar de bronze que estavam na Casa do Senhor;
e levaram o bronze para a Babilônia. 14 Levaram
também as panelas, as pás, os apagadores, os reci-
pientes de incenso e todos os utensílios de bronze,
com que se ministrava. 15 O chefe da guarda levou
também os braseiros, as bacias e tudo o que fosse
de ouro ou de prata. 16 Quanto às duas colunas, ao
mar de bronze e aos suportes que Salomão havia
feito para a Casa do Senhor, o peso do bronze de
todos esses utensílios era incalculável. 17 A altura
de uma coluna era de oito metros, e sobre ela ha-
via um capitel de bronze de um metro e trinta de
altura. A obra de rede e as romãs sobre o capitel ao
redor, tudo era de bronze; semelhante a esta era a
outra coluna com a rede.
18 O chefe da guarda também levou cativos Se-
raías, sumo sacerdote, Sofonias, segundo sacer-
dote, e os três guardas da porta. 19 Da cidade ele
levou um oficial, que era comandante das tropas
de guerra, e cinco dos conselheiros do rei que
ainda estavam na cidade, bem como o escrivão-
-chefe do exército, que alistava o povo da terra,
e sessenta homens do povo do lugar, que esta-
vam na cidade. 20 Nebuzaradã, o chefe da guarda,
levou-os ao rei da Babilônia, em Ribla. 21 O rei da
Babilônia os matou ali mesmo, em Ribla, na terra
de Hamate. Assim Judá foi levado cativo para fora
da sua terra. 22 E sobre o povo que havia ficado
na terra de Judá, que Nabucodonosor, rei da Ba-
bilônia, havia deixado ali, ele nomeou como go-
vernador Gedalias, filho de Aicão, filho de Safã.

Ismael mata Gedalias

23 Quando os capitães dos exércitos, eles e os
seus soldados, ouviram que o rei da Babilônia
havia nomeado Gedalias como governador, fo-
ram falar com ele em Mispa. Esses capitães eram
Ismael, filho de Netanias, Joanã, filho de Careá,
Seraías, filho de Tanumete, o netofatita, e Jaza-
nias, filho do maacatita. Com eles estavam os seus
soldados. 24 Gedalias jurou a esses capitães e aos
seus soldados, dizendo:

— Vocês não precisam ter medo dos oficiais
dos caldeus. Fiquem na terra, sirvam o rei da Ba-
bilônia, e tudo irá bem com vocês.

25 Porém, no sétimo mês, Ismael, filho de Neta-
nias, filho de Elisama, que era de família real, foi
até Mispa com dez homens. Eles atacaram Geda-
lias e o mataram. Também mataram os judeus e
os caldeus que estavam com ele em Mispa. 26 En-
tão todo o povo, desde o menor até o maior, junto
com os capitães das tropas, se levantaram e foram
para o Egito, porque tinham medo dos caldeus.

Joaquim é libertado da prisão

Jr 52.31-34

27 No trigésimo sétimo ano do cativeiro de Joa-
quim, rei de Judá, no dia vinte e sete do décimo se-
gundo mês, Evil-Merodaque, rei da Babilônia, no
ano em que começou a reinar, libertou do cárce-
re Joaquim, rei de Judá. 28 Falou com ele de modo
bondoso e lhe deu um lugar de mais honra do
que a dos reis que estavam com ele na Babilônia.
29 Permitiu que ele deixasse de usar as roupas de
prisioneiro, e Joaquim passou a comer na presen-
ça dele todos os dias da sua vida. 30 E da parte do
rei lhe foi dada subsistência vitalícia, uma pensão
diária, durante todos os dias da sua vida.

O PRIMEIRO LIVRO DAS
CRÔNICAS

Descendentes de Adão
Gn 5.1-32

1 1 Adão, Sete, Enos, 2 Cainã, Maalalel, Jarede,
3 Enoque, Metusalém, Lameque, 4 Noé, Sem,
Cam e Jafé.

Descendentes dos filhos de Noé
Gn 10.1-32

5 Os filhos de Jafé foram: Gomer, Magogue,
Madai, Javã, Tubal, Meseque e Tiras. 6 Os filhos
de Gomer foram: Asquenaz, Rifate e Togarma.
7 Os filhos de Javã foram: Elisá, Társis, Quitim e
Rodanim.

8 Os filhos de Cam foram: Cuxe, Mizraim, Pute
e Canaã. 9 Os filhos de Cuxe foram: Sebá, Havilá,
Sabtá, Raamá e Sabtecá. Os filhos de Raamá fo-
ram: Sabá e Dedã. 10 Cuxe gerou Ninrode, que co-
meçou a ser poderoso na terra. 11 Mizraim gerou
Ludim, Anamim, Leabim, Naftuim, 12 Patrusim,
Casluim (de quem descendem os filisteus) e Caf-
torim. 13 Canaã gerou Sidom, seu primogênito, e
Hete, 14 e também os jebuseus, os amorreus, os
girgaseus, 15 os heveus, os arqueus, os sineus, 16 os
arvadeus, os zemareus e os hamateus.

17 Os filhos de Sem foram: Elão, Assur, Arfaxa-
de, Lude, Arã, Uz, Hul, Geter e Meseque. 18 Arfa-
xade gerou Selá, e Selá gerou Héber. 19 A Héber
nasceram dois filhos: o nome de um foi Pelegue,
porque em seus dias se repartiu a terra; e o nome
de seu irmão foi Joctã. 20 Joctã gerou Almodá, Sa-
lefe, Hazar-Mavé, Jerá, 21 Hadorão, Uzal, Dicla,
22 Ebal, Abimael, Sabá, 23 Ofir, Havilá e Jobabe.
Todos estes foram filhos de Joctã.

Descendentes de Sem
Gn 11.10-32

24 Sem, Arfaxade, Selá, 25 Héber, Pelegue, Reú,
26 Serugue, Naor, Tera 27 e Abrão, que é Abraão.

Descendentes de Ismael
Gn 25.12-18

28 Os filhos de Abraão foram: Isaque e Ismael.
29 São estas as suas gerações: o primogênito de
Ismael foi Nebaiote; depois Quedar, Adbeel,
Mibsão, 30 Misma, Dumá, Massá, Hadade, Temá,
31 Jetur, Nafis e Quedemá. Estes foram os filhos
de Ismael.

Descendentes de Abraão e Quetura
Gn 25.1-4

32 Quanto aos filhos de Quetura, concubina de
Abraão, esta deu à luz Zinrã, Jocsã, Medã, Midiã,
Isbaque e Sua. Os filhos de Jocsã foram: Sabá e
Dedã. 33 Os filhos de Midiã foram: Efá, Éfer, Eno-
que, Abida e Elda. Todos estes foram filhos de
Quetura. 34 Abraão, pois, gerou Isaque. Os filhos
de Isaque foram: Esaú e Israel.

Descendentes de Esaú
Gn 36.1-19

35 Os filhos de Esaú foram: Elifaz, Reuel, Jeús, Ja-
lão e Coré. 36 Os filhos de Elifaz foram: Temã, Omar,
Zefi, Gaetã, Quenaz, Timna e Amaleque. 37 Os fi-
lhos de Reuel foram: Naate, Zerá, Samá e Mizá.

Descendentes de Seir
Gn 36.20-30

38 Os filhos de Seir foram: Lotã, Sobal, Zibeão,
Aná, Diso, Eser e Disã. 39 Os filhos de Lotã foram:
Hori e Homã; e a irmã de Lotã foi Timna. 40 Os fi-
lhos de Sobal foram Aliã, Manaate, Ebal, Sefô e
Onã. Os filhos de Zibeão foram: Aías e Aná. 41 O
filho de Aná foi Disom. Os filhos de Disom foram:
Hanrão, Esbã, Itrã e Querã. 42 Os filhos de Eser fo-
ram: Bilã, Zaavã e Jaacã. Os filhos de Disã foram:
Uz e Arã.

Reis e chefes de Edom
Gn 36.31-43

43 Estes são os reis que reinaram na terra de
Edom, antes que houvesse rei sobre os filhos de
Israel:

Belá, filho de Beor. E o nome da sua cidade era
Dinabá. 44 Belá morreu e, em seu lugar, reinou Jo-
babe, filho de Zera, de Bozra.

45 Jobabe morreu e, em seu lugar, reinou Husão,
da terra dos temanitas.

46 Husão morreu e, em seu lugar, reinou Hada-
de, filho de Bedade. Este derrotou Midiã no cam-
po de Moabe. O nome da sua cidade era Avite.

47 Hadade morreu e, em seu lugar, reinou
Samlá, de Masreca.

48 Samlá morreu e, em seu lugar, reinou Saul, de
Reobote, junto ao Eufrates.

49 Saul morreu e, em seu lugar, reinou Baal-
-Hanã, filho de Acbor.

50 Baal-Hanã morreu e, em seu lugar, reinou
Hadade. O nome de sua cidade era Paú, e o de sua
mulher era Meetabel, filha de Matrede, filha de
Me-Zaabe. 51 Hadade morreu.

Estes são os nomes dos chefes de Edom: Timna,
Alva, Jetete, 52 Oolibama, Elá, Pinom, 53 Quenaz,
Temã, Mibzar, 54 Magdiel e Irão. Estes são os che-
fes de Edom.

Descendentes de Israel

Gn 35.22-26

2 1 Estes foram filhos de Israel: Rúben, Simeão,
Levi, Judá, Issacar, Zebulom, 2 Dã, José, Benja-
mim, Naftali, Gade e Aser.

Descendentes de Judá

3 Os filhos de Judá foram: Er, Onã e Selá; es-
tes três lhe nasceram de Bate-Sua, a cananeia.
Er, o primogênito de Judá, foi mau aos olhos do
SENHOR, e por isso o SENHOR o matou. 4 Porém
Tamar, nora de Judá, lhe deu à luz Perez e Zera.
Todos os filhos de Judá foram cinco.

5 Os filhos de Perez foram: Hezrom e Hamul.
6 Os filhos de Zera foram: Zinri, Etã, Hemã, Calcol
e Dara, cinco ao todo. 7 Os filhos de Carmi foram:
Acar, o perturbador de Israel, que pecou na coisa
condenada. 8 O filho de Etã foi Azarias.

9 Os filhos de Hezrom, que lhe nasceram, fo-
ram: Jerameel, Rão e Quelubai. 10 Rão gerou Ami-
nadabe; Aminadabe gerou Naassom, príncipe dos
filhos de Judá; 11 Naassom gerou Salma, e Salma
gerou Boaz; 12 Boaz gerou Obede, e Obede gerou
Jessé; 13 Jessé gerou Eliabe, seu primogênito, Abi-
nadabe, o segundo, Simeia, o terceiro, 14 Natanael,
o quarto, Radai, o quinto, 15 Ozém, o sexto, e Davi,
o sétimo. 16 As irmãs destes foram Zeruia e Abi-
gail. Os filhos de Zeruia foram três: Abisai, Joabe e
Asael. 17 Abigail deu à luz Amasa; e o pai de Ama-
sa foi Jéter, o ismaelita.

18 Calebe, filho de Hezrom, gerou filhos de
Azuba, sua mulher, e de Jeriote; os filhos desta
foram: Jeser, Sobabe e Ardom. 19 Azuba morreu,
e Calebe tomou para si Efrata, da qual lhe nasceu
Hur. 20 Hur gerou Uri, e Uri gerou Bezalel.

21 Então Hezrom teve relações com a filha de
Maquir, pai de Gileade; ele tinha sessenta anos
de idade quando a tomou, e ela deu à luz Segube.
22 Segube gerou Jair, que teve vinte e três cidades
na terra de Gileade. 23 Gesur e Arã tomaram as al-
deias de Jair, juntamente com Quenate e as suas
aldeias, a saber, sessenta lugares; todos estes fo-
ram filhos de Maquir, pai de Gileade. 24 Depois da
morte de Hezrom, em Calebe-Efrata, Abia, mulher
de Hezrom, lhe deu à luz Azur, pai de Tecoa.

25 Os filhos de Jerameel, primogênito de Hez-
rom, foram: Rão, o primogênito, Buna, Orém,
Ozém e Aías. 26 Jerameel teve outra mulher, cujo
nome era Atara; esta foi a mãe de Onã. 27 Os filhos
de Rão, primogênito de Jerameel, foram: Maaz,
Jamim e Equer. 28 Os filhos de Onã foram: Samai
e Jada; e os filhos de Samai foram: Nadabe e Abi-
sur. 29 A mulher de Abisur chamava-se Abiail e lhe
deu à luz Abã e Molide. 30 Os filhos de Nadabe fo-
ram: Selede e Apaim; e Selede morreu sem filhos.
31 O filho de Apaim foi Isi; o filho de Isi foi Sesã. E
o filho de Sesã foi Alai.

32 Os filhos de Jada, irmão de Samai, foram: Jé-
ter e Jônatas; e Jéter morreu sem filhos. 33 Os fi-
lhos de Jônatas foram: Pelete e Zaza; estes foram
os filhos de Jerameel.

34 Sesã não teve filhos, mas filhas; e Sesã tinha
um servo egípcio, cujo nome era Jara. 35 Sesã deu
sua filha por mulher a Jara, a quem ela deu à luz
Atai. 36 Atai gerou Natã, e Natã gerou Zabade.
37 Zabade gerou Eflal, e Eflal gerou Obede. 38 Obe-
de gerou Jeú, e Jeú gerou Azarias. 39 Azarias gerou
Heles, e Heles gerou Eleasa. 40 Eleasa gerou Sismai,
e Sismai gerou Salum. 41 Salum gerou Jecamias, e
Jecamias gerou Elisama.

42 O primogênito de Calebe, irmão de Jerameel,
foi Maressa, que foi o pai de Zife; o filho de Mares-
sa foi Abi-Hebrom. 43 Os filhos de Hebrom foram:
Coré, Tapua, Requém e Sema. 44 Sema gerou Raão,
pai de Jorqueão; e Requém gerou Samai. 45 O filho
de Samai foi Maom; e Maom foi o pai de Bete-Zur.

46 Efá, a concubina de Calebe, deu à luz Harã,
Mosa e Gazez; e Harã gerou Gazez. 47 Os filhos
de Jadai foram: Regém, Jotão, Gesã, Pelete, Efá e
Saafe. 48 De Maaca, sua concubina, Calebe gerou
Seber e Tiraná. 49 Maaca deu à luz também Saafe,
pai de Madmana, e Seva, pai de Macbena e de Gi-
beá; e Acsa foi filha de Calebe.

50 Estes foram os filhos de Calebe. Os filhos de
Hur, primogênito de Efrata, foram: Sobal, pai de
Quiriate-Jearim, 51 Salma, pai dos belemitas, e Ha-
refe, pai de Bete-Gader. 52 Os filhos de Sobal, pai de
Quiriate-Jearim, foram: Haroé e Hazi-Hamenuote.
53 As famílias de Quiriate-Jearim foram: os itritas,
os puítas, os sumateus e os misraeus; destes pro-
cederam os zoratitas e os estaoleus.

54 Os filhos de Salma foram: Belém e os neto-
fatitas, Atrote-Bete-Joabe e Hazi-Hamanaate,
zoreu.

55 As famílias dos escribas que habitavam em
Jabez foram os tiratitas, os simeatitas e os sucati-
tas; estes são os queneus, que vieram de Hamate,
pai da casa de Recabe.

Filhos de Davi

2Sm 3.2-5; 1Cr 14.3-7

3 1 Estes foram os filhos de Davi, que lhe nasce-
ram em Hebrom: o primogênito, Amnom, de
Ainoã, a jezreelita; o segundo, Daniel, de Abigail, a
carmelita; 2 o terceiro, Absalão, filho de Maaca, filha
de Talmai, rei de Gesur; o quarto, Adonias, filho de
Hagite; 3 o quinto, Sefatias, de Abital; o sexto, Itreão,
de Eglá, sua mulher. 4 Seis filhos lhe nasceram em
Hebrom, porque ali reinou sete anos e seis meses; e
trinta e três anos ele reinou em Jerusalém.

5 Estes lhe nasceram em Jerusalém: Simeia, So-
babe, Natã e Salomão; estes quatro lhe nasceram
de Bate-Seba, filha de Amiel. 6 Nasceram-lhe mais
Ibar, Elisama, Elifelete, 7 Nogá, Nefegue, Jafia,

8 Elisama, Eliada e Elifelete, nove ao todo. 9 Todos
estes foram filhos de Davi, além dos filhos das
concubinas; e Tamar, irmã deles.

Descendentes de Salomão

10 O filho de Salomão foi Roboão, de quem foi fi-
lho Abias, de quem foi filho Asa, de quem foi filho
Josafá; 11 de quem foi filho Jeorão, de quem foi filho
Acazias, de quem foi filho Joás; 12 de quem foi filho
Amazias, de quem foi filho Azarias, de quem foi
filho Jotão; 13 de quem foi filho Acaz, de quem foi
filho Ezequias, de quem foi filho Manassés; 14 de
quem foi filho Amom, de quem foi filho Josias.

15 Os filhos de Josias foram: o primogênito,
Joanã; o segundo, Jeoaquim; o terceiro, Zedequias;
o quarto, Salum. 16 Os filhos de Jeoaquim foram:
Jeconias e Zedequias.

17 Os filhos de Jeconias, o cativo, foram: Sealtiel,
18 Malquirão, Pedaías, Senazar, Jecamias, Hosama
e Nedabias. 19 Os filhos de Pedaías foram: Zoroba-
bel e Simei; os filhos de Zorobabel foram: Mesulão
e Hananias; e Selomite, irmã deles; 20 e Hasuba,
Oel, Berequias, Hasadias e Jusabe-Hesede; cinco
ao todo.

21 Os filhos de Hananias foram: Pelatias e Je-
saías; os filhos de Refaías, os filhos de Arnã, os fi-
lhos de Obadias, os filhos de Secanias. 22 O filho de
Secanias foi Semaías; os filhos de Semaías foram:
Hatus, Igal, Barias, Nearias e Safate, seis ao todo.
23 Os filhos de Nearias foram: Elioenai, Ezequias
e Azricão, três ao todo. 24 Os filhos de Elioenai
foram: Hodavias, Eliasibe, Pelaías, Acube, Joanã,
Delaías e Anani, sete ao todo.

Descendentes de Judá

4 1 Os filhos de Judá foram: Perez, Hezrom, Car-
mi, Hur e Sobal. 2 Reaías, filho de Sobal, gerou
Jaate; Jaate gerou Aumai e Laade; estas são as fa-
mílias dos zoratitas.

3 Estes foram os filhos do pai de Etã: Jezreel, Isma
e Idbas; e o nome da irmã deles era Hazelelponi; 4 e
mais Penuel, pai de Gedor, e Ezer, pai de Husa. Estes
foram os filhos de Hur, o primogênito de Efrata e
pai de Belém.

5 Asur, pai de Tecoa, teve duas mulheres: Hela
e Naara. 6 Naara deu à luz Auzão, Héfer, Temeni
e Haastari; estes foram os filhos de Naara. 7 Os fi-
lhos de Hela foram: Zerete, Isar e Etnã.

8 Coz gerou Anube e Zobeba e foi pai das famí-
lias de Aarel, filho de Harum.

9 Jabez foi mais ilustre do que seus irmãos; a sua
mãe deu-lhe o nome de Jabez, dizendo: "Porque
com dores o dei à luz." 10 Jabez invocou o Deus de
Israel, dizendo:

Oh! Quem dera me abençoasses
e expandisses o meu território!
Que a tua mão esteja comigo!
Preserva-me do mal,
para que não me sobrevenha aflição!

E Deus lhe concedeu o que ele tinha pedido.
11 Quelube, irmão de Suá, gerou Meir; este é o
pai de Estom. 12 Estom gerou Bete-Rafa, Paseia
e Teína, pai de Ir-Naás; estes foram os homens
de Reca.

13 Os filhos de Quenaz foram: Otniel e Seraías; o
filho de Otniel foi Hatate. 14 Meonotai gerou Ofra,
e Seraías gerou Joabe, fundador do vale dos Artífi-
ces, porque os dali eram artífices.

15 Os filhos de Calebe, filho de Jefoné, foram:
Iru, Elá e Naã; e o filho de Elá foi Quenaz.

16 Os filhos de Jealelel foram: Zife, Zifa, Tiria e
Asareel.

17 Os filhos de Ezra foram: Jéter, Merede, Éfer e
Jalom. Os filhos de Bitia, filha de Faraó, que Mere-
de tomou por mulher, foram: Miriã, Samai e Isbá,
pai de Estemoa. 18 E sua mulher, judia, deu à luz
Jerede, pai de Gedor, Héber, pai de Socó, e Jecutiel,
pai de Zanoa.

19 Os filhos da mulher de Hodias, irmã de Naã,
foram: Abiqueila, o garmita, e Estemoa, o maa-
catita.

20 Os filhos de Simão foram: Amnom, Rina,
Ben-Hanã e Tilom; e os filhos de Isi foram: Zoete
e Ben-Zoete.

21 Os filhos de Selá, filho de Judá, foram: Er, pai
de Leca, e Lada, pai de Maressa. Selá foi também
pai das famílias da casa dos que trabalhavam com
linho, em Bete-Asbeia, 22 bem como de Joquim, dos
homens de Cozeba, de Joás, de Sarafe, os quais
dominavam sobre Moabe, e de Jasubi-Leém. Estes
registros são antigos. 23 Estes eram oleiros e habi-
tantes de Netaim e de Gedera; moravam ali com o
rei para o servirem.

Descendentes de Simeão

24 Os filhos de Simeão foram: Nemuel, Jamim,
Jaribe, Zerá e Saul, 25 de quem foi filho Salum, de
quem foi filho Mibsão, de quem foi filho Misma.
26 O filho de Misma foi Hamuel, de quem foi filho
Zacur, de quem foi filho Simei. 27 Simei teve de-
zesseis filhos e seis filhas; mas seus irmãos não ti-
veram muitos filhos, nem se multiplicaram todas
as suas famílias como os filhos de Judá.

28 Habitavam em Berseba, em Molada, em Hazar-
-Sual, 29 em Bila, em Ezém, em Tolade, 30 em Betuel,
em Horma, em Ziclague, 31 em Bete-Marcabote, em
Hazar-Susim, em Bete-Biri e em Saaraim. Estas fo-
ram as suas cidades, até o reinado de Davi. 32 As suas
aldeias foram: Etã, Aim, Rimom, Toquém e Asã; cin-
co cidades, 33 com todas as suas aldeias que estavam
ao redor destas cidades, até Baal. Estas foram as suas
habitações e tinham seu registro genealógico.

34 Estes, registrados por seus nomes, foram chefes nas suas famílias: Mesobabe, Janleque, Josa, filho de Amazias, 35 Joel, Jeú, filho de Josibias, filho de Seraías, filho de Asiel, 36 Elioenai, Jaacobá, Jesoaías, Asaías, Adiel, Jesimiel, Benaia, 37 Ziza, filho de Sifi, filho de Alom, filho de Jedaías, filho de Sinri, filho de Semaías; 38 e as famílias de seus pais se multiplicaram abundantemente. 39 Chegaram até a entrada de Gedor, a leste do vale, à procura de pasto para os seus rebanhos. 40 Acharam pasto farto e bom e a terra espaçosa, tranquila e pacífica, onde os descendentes de Cam haviam morado antes.

41 Estes, que estão registrados por seus nomes, foram nos dias de Ezequias, rei de Judá, e derrubaram as tendas, e atacaram os meunitas que se encontravam ali, e os destruíram totalmente até o dia de hoje, e ficaram morando no lugar deles, porque ali havia pasto para os seus rebanhos. 42 Também deles, dos filhos de Simeão, quinhentos homens foram ao monte Seir, tendo por capitães Pelatias, Nearias, Refaías e Uziel, filhos de Isi. 43 Mataram o restante dos que escaparam dos amalequitas e estão morando ali até o dia de hoje.

Descendentes de Rúben

5 1 Quanto aos filhos de Rúben, o primogênito de Israel... Pois Rúben era o primogênito, mas, por ter profanado o leito de seu pai, o seu direito de primogenitura foi dado aos filhos de José, filho de Israel, de modo que, na genealogia, Rúben não foi contado como primogênito. 2 Judá, na verdade, foi poderoso entre seus irmãos, e dele veio o príncipe, mas o direito da primogenitura foi de José. 3 Os filhos de Rúben, o primogênito de Israel, foram estes: Enoque, Palu, Hezrom e Carmi.

4 O filho de Joel foi Semaías, de quem foi filho Gogue, de quem foi filho Simei, 5 de quem foi filho Mica, de quem foi filho Reaías, de quem foi filho Baal, 6 de quem foi filho Beera, o qual Tiglate-Pileser, rei da Assíria, levou cativo; ele foi chefe dos rubenitas.

7 Quanto a seus irmãos, pelas suas famílias, quando foram inscritos nas genealogias segundo as suas descendências, tinham por chefes Jeiel, Zacarias, 8 Bela, filho de Azaz, filho de Sema, filho de Joel, que habitaram em Aroer, até Nebo e Baal-Meom. 9 Também habitaram do lado leste, até a entrada do deserto, o qual se estende até o rio Eufrates, porque o seu gado se tinha multiplicado na terra de Gileade.

10 Nos dias de Saul, fizeram guerra aos hagarenos, que caíram pelo poder de sua mão, e habitaram nas tendas deles, em toda a terra fronteira de Gileade, do lado leste.

Descendentes de Gade

11 Os filhos de Gade habitaram em frente deles, na terra de Basã, até Salca. 12 Joel foi o cabeça, e Safã, o segundo; também Janai e Safate estavam em Basã. 13 Seus irmãos, segundo as suas casas paternas, foram: Micael, Mesulão, Seba, Jorai, Jacã, Zia e Héber, sete ao todo; 14 estes foram os filhos de Abiail, filho de Huri, filho de Jaroa, filho de Gileade, filho de Micael, filho de Jesisai, filho de Jado, filho de Buz. 15 Aí, filho de Abdiel, filho de Guni, foi o chefe da sua família. 16 Habitaram em Gileade, em Basã e suas aldeias, bem como até os limites de todos os arredores de Sarom. 17 Todos estes foram inscritos na genealogia, nos dias de Jotão, rei de Judá, e nos dias de Jeroboão, rei de Israel.

A história das tribos do Leste

18 Dos filhos de Rúben, dos gaditas e da meia tribo de Manassés, homens valentes, que traziam escudo e espada, entesavam o arco e eram treinados para a guerra, houve quarenta e quatro mil setecentos e sessenta, capazes de sair à batalha. 19 Fizeram guerra aos hagarenos, a Jetur, a Nafis e a Nodabe. 20 Foram ajudados contra eles, e os hagarenos e todos os que estavam com eles foram entregues nas suas mãos; porque, na batalha, clamaram a Deus, que lhes deu ouvidos, porque confiaram nele. 21 Levaram o gado dos hagarenos: cinquenta mil camelos, duzentas e cinquenta mil ovelhas, dois mil jumentos; e cem mil pessoas. 22 Porque muitos caíram feridos à espada, pois a batalha era de Deus. E eles habitaram no lugar deles até o exílio.

23 Os filhos da meia tribo de Manassés habitaram naquela terra de Basã até Baal-Hermom, e Senir, e o monte Hermom; e eram numerosos. 24 Estes foram chefes de suas famílias, a saber: Éfer, Isi, Eliel, Azriel, Jeremias, Hodavias e Jadiel, guerreiros valentes, homens famosos, chefes de suas famílias.

25 Porém foram infiéis ao Deus de seus pais e se prostituíram, seguindo os deuses dos povos da terra que Deus tinha destruído diante deles. 26 Por isso o Deus de Israel despertou o espírito de Pul, rei da Assíria, ou seja, o espírito de Tiglate-Pileser, rei da Assíria, que levou cativos os rubenitas, os gaditas e a meia tribo de Manassés, e os fez morar em Hala, Habor e Hara e nas proximidades do rio Gozã, onde permanecem até o dia de hoje.

Descendentes de Levi

6 1 Os filhos de Levi foram: Gérson, Coate e Merari.

2 Os filhos de Coate foram: Anrão, Isar, Hebrom e Uziel.

3 Os filhos de Anrão foram: Arão, Moisés e Miriã.

Os filhos de Arão foram: Nadabe, Abiú, Eleazar e Itamar.

4 Eleazar gerou Fineias, e Fineias gerou Abisua; 5 Abisua gerou Buqui, e Buqui gerou Uzi;

6 Uzi gerou Zeraías, e Zeraías gerou Meraiote;
7 Meraiote gerou Amarias, e Amarias gerou Ai-
tube; 8 Aitube gerou Zadoque, e Zadoque gerou
Aimaás; 9 Aimaás gerou Azarias, e Azarias gerou
Joanã; 10 Joanã gerou Azarias; este é o que serviu
como sacerdote no templo que Salomão tinha
edificado em Jerusalém. 11 Azarias gerou Ama-
rias, e Amarias gerou Aitube; 12 Aitube gerou
Zadoque, e Zadoque gerou Salum; 13 Salum ge-
rou Hilquias, e Hilquias gerou Azarias; 14 Azarias
gerou Seraías, e Seraías gerou Jeozadaque. 15 Jeo-
zadaque foi levado cativo, quando o SENHOR le-
vou Judá e Jerusalém para o exílio por meio de
Nabucodonosor.

16 Os filhos de Levi foram: Gérson, Coate e Me-
rari. 17 São estes os nomes dos filhos de Gérson:
Libni e Simei. 18 Os filhos de Coate foram: Anrão,
Isar, Hebrom e Uziel. 19 Os filhos de Merari foram:
Mali e Musi. São estas as famílias dos levitas, se-
gundo as casas de seus pais.

20 O filho de Gérson foi Libni, de quem foi filho
Jaate, de quem foi filho Zima, 21 de quem foi filho
Joá, de quem foi filho Ido, de quem foi filho Zerá,
de quem foi filho Jeaterai.

22 O filho de Coate foi Aminadabe, de quem foi fi-
lho Coré, de quem foi filho Assir, 23 de quem foi filho
Elcana, de quem foi filho Ebiasafe, de quem foi filho
Assir, 24 de quem foi filho Taate, de quem foi filho
Uriel, de quem foi filho Uzias, de quem foi filho Saul.
25 Os filhos de Elcana foram: Amasai e Aimote.
26 O filho de Elcana foi Zofai, de quem foi filho
Naate, 27 de quem foi filho Eliabe, de quem foi fi-
lho Jeroão, de quem foi filho Elcana.

28 Os filhos de Samuel foram: Joel, o primogêni-
to, e depois Abias.

29 O filho de Merari foi Mali, de quem foi filho
Libni, de quem foi filho Simei, de quem foi filho
Uzá, 30 de quem foi filho Simeia, de quem foi fi-
lho Hagias, de quem foi filho Asaías.

Cantores levitas

31 São estes os homens que Davi constituiu para
dirigir o canto na Casa do SENHOR, depois que a
arca foi colocada lá. 32 Ministravam diante do ta-
bernáculo da tenda do encontro com cânticos,
até que Salomão edificou a Casa do SENHOR em
Jerusalém; e exerciam o seu ministério segundo a
ordem prescrita. 33 São estes os que serviam com
seus filhos.

Dos filhos dos coatitas: Hemã, o cantor, filho
de Joel, filho de Samuel, 34 filho de Elcana, filho de
Jeroão, filho de Eliel, filho de Toá, 35 filho de Zufe,
filho de Elcana, filho de Maate, filho de Amasai,
36 filho de Elcana, filho de Joel, filho de Azarias,
filho de Sofonias, 37 filho de Taate, filho de Assir,
filho de Ebiasafe, filho de Corá, 38 filho de Isar, fi-
lho de Coate, filho de Levi, filho de Israel.

39 Seu irmão Asafe estava à sua direita. Asafe era
filho de Berequias, filho de Simeia, 40 filho de Mi-
cael, filho de Baaseias, filho de Malquias, 41 filho
de Etni, filho de Zera, filho de Adaías, 42 filho de
Etã, filho de Zima, filho de Simei, 43 filho de Jaate,
filho de Gérson, filho de Levi.

44 Seus irmãos, os filhos de Merari, estavam
à esquerda, a saber: Etã, filho de Quisi, filho de
Abdi, filho de Maluque, 45 filho de Hasabias, filho
de Amazias, filho de Hilquias, 46 filho de Anzi,
filho de Bani, filho de Semer, 47 filho de Mali, fi-
lho de Musi, filho de Merari, filho de Levi. 48 Seus
irmãos, os levitas, foram encarregados de todo o
serviço do tabernáculo da Casa de Deus.

Descendentes de Arão

49 Arão e os seus filhos faziam ofertas sobre
o altar do holocausto e sobre o altar do incenso,
todo o serviço relacionado com o Santo dos San-
tos e a expiação por Israel, segundo tudo o que
Moisés, servo de Deus, havia ordenado. 50 O filho
de Arão foi Eleazar, de quem foi filho Fineias, de
quem foi filho Abisua, 51 de quem foi filho Buqui,
de quem foi filho Uzi, de quem foi filho Zeraías,
52 de quem foi filho Meraiote, de quem foi filho
Amarias, de quem foi filho Aitube, 53 de quem foi
filho Zadoque, de quem foi filho Aimaás.

Cidades dos levitas

Js 21.1-42

54 São estes os lugares que eles habitavam, se-
gundo os seus acampamentos, dentro das suas
fronteiras, a saber: os filhos de Arão, das famílias
dos coatitas, foram os primeiros a serem sortea-
dos 55 e receberam Hebrom, na terra de Judá, e
os seus arredores. 56 Porém o campo da cidade
com suas aldeias foram dados a Calebe, filho de
Jefoné. 57 Aos filhos de Arão deram as cidades
de refúgio: Hebrom e Libna com os seus arre-
dores, Jatir e Estemoa com os seus arredores,
58 Hilém com os seus arredores, Debir com os
seus arredores, 59 Asã com os seus arredores e
Bete-Semes com os seus arredores; 60 da tribo de
Benjamim, Geba com os seus arredores, Alemete
com os seus arredores e Anatote com os seus ar-
redores; ao todo, treze cidades, segundo as suas
famílias. 61 Aos que restaram da família de Coate
foram dadas por sorteio dez cidades da meia tri-
bo, metade de Manassés.

62 Aos filhos de Gérson, segundo as suas fa-
mílias, da tribo de Issacar, da tribo de Aser, da
tribo de Naftali e da tribo de Manassés, em Basã,
foram dadas por sorteio treze cidades. 63 Aos
filhos de Merari, segundo as suas famílias, da
tribo de Rúben, da tribo de Gade e da tribo de
Zebulom, foram dadas por sorteio doze cidades.
64 Assim, os filhos de Israel deram aos levitas

estas cidades com os seus arredores. 65 Deram-
-lhes por sorteio, da tribo dos filhos de Judá, da
tribo dos filhos de Simeão e da tribo dos filhos
de Benjamim, estas cidades, que são menciona-
das nominalmente.
66 A algumas das famílias dos filhos de Coate
foram dadas cidades dos seus territórios da parte
da tribo de Efraim. 67 Pois lhes deram as cidades de
refúgio, Siquém com os seus arredores, na região
montanhosa de Efraim, bem como Gezer com os
seus arredores, 68 Jocmeão com os seus arredores,
Bete-Horom com os seus arredores, 69 Aijalom
com os seus arredores e Gate-Rimom com os seus
arredores; 70 e, da meia tribo de Manassés, Aner
com os seus arredores e Bileã com os seus arre-
dores foram dadas às demais famílias dos filhos
de Coate.
71 Aos filhos de Gérson foram dadas, da família
da meia tribo de Manassés, em Basã, Golã com os
seus arredores e Astarote com os seus arredores;
72 e da tribo de Issacar: Quedes com os seus arre-
dores, Daberate com os seus arredores, 73 Ramote
com os seus arredores e Aném com os seus arre-
dores; 74 e da tribo de Aser: Masal com os seus ar-
redores, Abdom com os seus arredores, 75 Hucoque
com os seus arredores e Reobe com os seus arre-
dores; 76 e da tribo de Naftali na Galileia: Quedes
com os seus arredores, Hamom com os seus arre-
dores e Quiriataim com os seus arredores.
77 Os demais filhos de Merari receberam, da
tribo de Zebulom, Rimono com os seus arredores
e Tabor com os seus arredores; 78 e do outro lado
do Jordão, na altura de Jericó, a leste do Jordão,
receberam, da tribo de Rúben, Bezer com os seus
arredores no deserto, Jaza com os seus arredores,
79 Quedemote com os seus arredores e Mefaate
com os seus arredores; 80 e da tribo de Gade em
Gileade: Ramote com os seus arredores, Maanaim
com os seus arredores, 81 Hesbom com os seus ar-
redores e Jazer com os seus arredores.

Descendentes de Issacar

7 1 Os filhos de Issacar foram: Tola, Puá, Jasube e
Sinrom, quatro ao todo.
2 Os filhos de Tola foram: Uzi, Refaías, Jeriel,
Jamai, Ibsão e Samuel, chefes das suas famílias,
descendentes de Tola; homens valentes nas suas
gerações, cujo número, nos dias de Davi, foi de
vinte e dois mil e setecentos.
3 O filho de Uzi foi Izraías; e os filhos de Izraías
foram: Micael, Obadias, Joel e Issias, cinco ao todo;
todos eles chefes. 4 Tinham, nas suas gerações, se-
gundo as suas famílias, em tropas de guerra, trinta
e seis mil homens; pois tinham muitas mulheres
e filhos. 5 Seus irmãos, em todas as famílias de Is-
sacar, homens valentes, foram oitenta e sete mil,
todos registrados pelas suas genealogias.

Descendentes de Benjamim

6 Os filhos de Benjamim foram: Belá, Bequer e
Jediael, três ao todo.
7 Os filhos de Belá foram: Esbom, Uzi, Uziel,
Jerimote e Iri; cinco ao todo; chefes das suas fa-
mílias, homens valentes, foram vinte e dois mil e
trinta e quatro, registrados pelas suas genealogias.
8 Os filhos de Bequer foram: Zemira, Joás, Elié-
zer, Elioenai, Onri, Jerimote, Abias, Anatote e Ale-
mete; todos filhos de Bequer. 9 O número deles,
registrados pelas suas genealogias, segundo as
suas gerações, chefes das suas famílias, homens
valentes, vinte mil e duzentos.
10 O filho de Jediael foi Bilã; os filhos de Bilã fo-
ram: Jeús, Benjamim, Eúde, Quenaana, Zetã, Társis
e Aisaar. 11 Todos estes, filhos de Jediael, foram che-
fes das suas famílias, homens valentes, dezessete
mil e duzentos, capazes de sair à guerra. 12 Supim e
Hupim eram filhos de Ir; e Husim era filho de Aer.

Descendentes de Naftali

13 Os filhos de Naftali foram: Jaziel, Guni, Jezer e
Salum, filhos de Bila.

Descendentes de Manassés

14 Os filhos de Manassés foram: Asriel, de sua
concubina síria, que também deu à luz Maquir,
pai de Gileade. 15 Maquir tomou a irmã de Hupim
e Supim por mulher. O nome dela era Maaca; o
nome do irmão de Maquir era Zelofeade, o qual
teve só filhas. 16 Maaca, mulher de Maquir, teve
um filho, a quem chamou Perez; irmão deste foi
Seres. Os filhos de Perez foram Ulão e Requém.
17 O filho de Ulão foi Bedã. Tais foram os filhos de
Gileade, filho de Maquir, filho de Manassés. 18 Sua
irmã Hamolequete deu à luz Isode, Abiezer e Ma-
cla. 19 Os filhos de Semida foram: Aiã, Siquém, Li-
qui e Anião.

Descendentes de Efraim

20 O filho de Efraim foi Sutela, de quem foi fi-
lho Berede, de quem foi filho Taate, de quem foi
filho Eleada, de quem foi filho Taate, 21 de quem
foi filho Zabade, de quem foi filho Sutela; e ain-
da Ézer e Eleade, mortos pelos homens de Gate,
naturais da terra, pois eles foram roubar o gado
destes. 22 Efraim, seu pai, chorou por eles muitos
dias, e os irmãos dele foram consolá-lo. 23 Depois,
teve relações com sua mulher, ela ficou grávida
e teve um filho, a quem ele chamou Berias, por
causa da desgraça que sua família havia sofrido.
24 Sua filha foi Seerá, que edificou Bete-Horom-
-de-Baixo e Bete-Horom-de-Cima, bem como
Uzém-Seerá.
25 O filho de Berias foi Refa, de quem foi filho
Resefe, de quem foi filho Tela, de quem foi filho
Taã, 26 de quem foi filho Ladã, de quem foi filho

Amiúde, de quem foi filho Elisama, 27 de quem foi
filho Num, de quem foi filho Josué.
28 A propriedade e habitação deles foram: Betel e
as suas aldeias; ao leste, Naarã; e, a oeste, Gezer e as
suas aldeias, Siquém e as suas aldeias, até Aia e as
suas aldeias; 29 do lado dos filhos de Manassés, Bete-
-Seã e as suas aldeias, Taanaque e as suas aldeias,
Megido e as suas aldeias, Dor e as suas aldeias; nes-
tas, habitaram os filhos de José, filho de Israel.

Descendentes de Aser

30 Os filhos de Aser foram: Imna, Isvá, Isvi e Be-
rias e Sera, irmã deles.
31 Os filhos de Berias foram: Héber e Malquiel;
este foi o pai de Birzavite.
32 Héber gerou Jaflete, Somer, Hotão e Suá, irmã
deles.
33 Os filhos de Jaflete foram: Pasaque, Bimal e
Asvate; estes foram os filhos de Jaflete.
34 Os filhos de Semer foram: Aí, Roga, Jeubá
e Arã.
35 Os filhos de seu irmão Helém foram: Zofa,
Imna, Seles e Amal.
36 Os filhos de Zofa foram: Sua, Harnefer,
Sual, Beri, Inra, 37 Bezer, Hode, Sama, Silsa, Itrã
e Beera.
38 Os filhos de Jéter foram: Jefoné, Pispa e Ara.
39 Os filhos de Ula foram: Ara, Haniel e Rizia.
40 Todos estes foram filhos de Aser, chefes das
famílias, escolhidos, homens valentes, chefes de
príncipes, registrados nas suas genealogias para
o serviço na guerra; seu número foi de vinte e
seis mil homens.

Descendentes de Benjamim

8 1 Benjamim gerou Belá, seu primogênito, Asbel,
o segundo, Aará, o terceiro, 2 Noá, o quarto, e
Rafa, o quinto.
3 Belá teve estes filhos: Adar, Gera, Abiúde,
4 Abisua, Naamã, Aoá, 5 Gera, Sefufá e Hurão.
6 Estes foram os filhos de Eúde, que foram che-
fes das famílias dos moradores de Geba e levados
para o exílio em Manaate: 7 Naamã, Aías e Gera;
este os levou cativos e gerou Uzá e Aiude.
8 Saaraim, depois de ter repudiado as suas mu-
lheres Husim e Baara, gerou filhos nos campos de
Moabe. 9 De Hodes, sua mulher, gerou Jobabe, Zí-
bia, Messa, Malcã, 10 Jeús, Saquias e Mirma; estes
foram os filhos dele, chefes das famílias. 11 Husim
gerou Abitube e Elpaal.
12 Os filhos de Elpaal foram: Héber, Misã e Se-
mede; este edificou Ono e Lode e as suas aldeias.
13 Berias e Sema foram chefes das famílias dos
moradores de Aijalom, que afugentaram os mora-
dores de Gate. 14 Aiô, Sasaque, Jeremote, 15 Zeba-
dias, Arade, Éder, 16 Micael, Ispa e Joá foram filhos
de Berias.
17 Zebadias, Mesulão, Hizqui, Héber, 18 Ismerai,
Izlias e Jobabe foram filhos de Elpaal.
19 Jaquim, Zicri, Zabdi, 20 Elienai, Ziletai, Eliel,
21 Adaías, Beraías e Sinrate foram filhos de Simei.
22 Ispã, Héber, Eliel, 23 Abdom, Zicri, Hanã,
24 Hananias, Elão, Antotias, 25 Ifdeias e Penuel fo-
ram filhos de Sasaque.
26 Sanserai, Searias, Atalias, 27 Jaaresias, Elias e
Zicri foram filhos de Jeroão.
28 Estes foram chefes das famílias, segundo as
suas gerações, e habitaram em Jerusalém.
29 Em Gibeão habitou o pai de Gibeão, cuja
mulher se chamava Maaca, 30 e também o seu fi-
lho primogênito Abdom e ainda Zur, Quis, Baal,
Nadabe, 31 Gedor, Aiô e Zequer. 32 Miclote gerou
Simeia. Estes habitaram em Jerusalém, perto dos
seus irmãos.
33 Ner gerou Quis, e Quis gerou Saul. Saul gerou
Jônatas, Malquisua, Abinadabe e Esbaal. 34 Filho
de Jônatas foi Meribe-Baal, e Meribe-Baal gerou
Mica. 35 Os filhos de Mica foram: Pitom, Meleque,
Tareia e Acaz. 36 Acaz gerou Jeoada; Jeoada gerou
Alemete, Azmavete e Zinri; e Zinri gerou Mosa.
37 Mosa gerou Bineá, de quem foi filho Rafa, de
quem foi filho Eleasa, de quem foi filho Azel.
38 Azel teve seis filhos, cujos nomes foram:
Azricão, Bocru, Ismael, Searias, Obadias e Hanã;
todos estes foram filhos de Azel.
39 Os filhos de Eseque, seu irmão, foram: Ulão,
seu primogênito, Jeús, o segundo, e Elifelete, o
terceiro.
40 Os filhos de Ulão foram homens valentes,
flecheiros; e tiveram muitos filhos e netos: cento
e cinquenta. Todos estes foram dos filhos de Ben-
jamim.

Habitantes de Jerusalém depois do cativeiro

9 1 Todo o Israel foi registrado por genealogias e
inscrito no Livro dos Reis de Israel. E Judá foi
levado para o exílio à Babilônia, por causa da sua
transgressão.
2 Os primeiros habitantes, que de novo vieram
morar nas suas propriedades e nas suas cidades,
foram os israelitas, os sacerdotes, os levitas e os
servidores do templo. 3 Porém alguns dos filhos
de Judá, dos filhos de Benjamim e dos filhos de
Efraim e Manassés habitaram em Jerusalém:
4 Utai, filho de Amiúde, filho de Onri, filho de Inri,
filho de Bani, dos filhos de Perez, filho de Judá;
5 dos silonitas: Asaías, o primogênito, e os seus
filhos; 6 dos filhos de Zerá: Jeuel e os seus irmãos,
seiscentos e noventa ao todo; 7 dos filhos de Ben-
jamim: Salu, filho de Mesulão, filho de Hodavias,
filho de Hassenuá; 8 Ibneias, filho de Jeroão, e Elá,
filho de Uzi, filho de Micri, e Mesulão, filho de Se-
fatias, filho de Reuel, filho de Ibnijas; 9 e os seus
irmãos, segundo as suas gerações, novecentos e

cinquenta e seis ao todo. Todos estes homens fo-
ram chefes de famílias nas casas de suas famílias.
10 Dos sacerdotes: Jedaías, Jeoiaribe, Jaquim,
11 Azarias, filho de Hilquias, filho de Mesulão, fi-
lho de Zadoque, filho de Meraiote, filho de Aitube,
chefe da Casa de Deus; 12 Adaías, filho de Jeroão,
filho de Pasur, filho de Malquias, e Masai, filho
de Adiel, filho de Jazera, filho de Mesulão, filho
de Mesilemite, filho de Imer, 13 bem como os seus
irmãos, chefes das suas famílias; mil setecentos e
sessenta ao todo, homens capazes para a obra do
ministério da Casa de Deus.
14 Dos levitas: Semaías, filho de Hassube, filho
de Azricão, filho de Hasabias, dos filhos de Me-
rari; 15 Baquebacar, Heres, Galal e Matanias, filho
de Mica, filho de Zicri, filho de Asafe; 16 Obadias,
filho de Semaías, filho de Galal, filho de Jedutum;
Berequias, filho de Asa, filho de Elcana, morador
das aldeias dos netofatitas.
17 Os porteiros: Salum, Acube, Talmom e Aimã
e os irmãos deles; Salum era o chefe. 18 Estavam
até agora de guarda à porta do rei, do lado do les-
te; tais foram os porteiros dos arraiais dos filhos
de Levi. 19 Salum, filho de Coré, filho de Ebiasafe,
filho de Corá, e seus irmãos da casa de seu pai, os
coraítas, estavam encarregados da obra do minis-
tério e eram guardas das portas do tabernáculo; e
os seus pais tinham sido encarregados do arraial
do SENHOR e eram guardas da entrada. 20 Fineias,
filho de Eleazar, os regia nesse tempo, e o SENHOR
estava com ele. 21 Zacarias, filho de Meselemias,
era o porteiro da entrada da tenda do encontro.
22 Todos estes, escolhidos para guardas das
portas, foram duzentos e doze. Estes foram regis-
trados pelas suas genealogias nas suas respectivas
aldeias; e Davi e Samuel, o vidente, os constituí-
ram cada um no seu cargo. 23 Eles e os seus filhos
guardavam os portões da Casa do SENHOR, isto é,
na casa da tenda. 24 Os porteiros estavam aos qua-
tro lados: a leste, a oeste, ao norte e ao sul. 25 Seus
irmãos, que habitavam nas suas aldeias, tinham
de vir, de tempos em tempos, para servir com eles
durante sete dias. 26 Porque havia sempre, naque-
le ofício, quatro porteiros principais, que eram
levitas, e tinham a seu encargo as câmaras e os
tesouros da Casa de Deus. 27 Estavam alojados ao
redor da Casa de Deus, porque estavam encarre-
gados da vigilância, e tinham o dever de abrir os
portões todas as manhãs.
28 Alguns deles estavam encarregados dos
utensílios usados no culto, porque estes eram
contados quando eram trazidos e quando eram
tirados. 29 Outros havia que estavam encarregados
dos móveis e de todos os objetos do santuário,
bem como da melhor farinha, do vinho, do azeite,
do incenso e das especiarias. 30 Alguns dos filhos
dos sacerdotes confeccionavam as especiarias.
31 Matitias, dentre os levitas, o primogênito de Sa-
lum, o coraíta, era o encarregado de fazer os pães
para as ofertas. 32 Outros dos seus irmãos, dos fi-
lhos dos coatitas, tinham o encargo de preparar
os pães da proposição para todos os sábados.
33 Quanto aos cantores, chefes das famílias
entre os levitas, ficavam alojados nas câmaras
do templo e estavam isentos de outros serviços;
porque, dia e noite, estavam ocupados no seu ser-
viço. 34 Estes foram chefes das famílias entre os
levitas, chefes em suas gerações, e moravam em
Jerusalém.

Antepassados e descendentes de Saul

1Cr 8.29-38

35 Em Gibeão habitou Jeiel, pai de Gibeão, cuja
mulher se chamava Maaca; 36 e também o seu fi-
lho primogênito Abdom e ainda Zur, Quis, Baal,
Ner, Nadabe, 37 Gedor, Aiô, Zacarias e Miclote.
38 Miclote gerou Simeia. Estes moraram em Jeru-
salém, perto dos seus irmãos. 39 Ner gerou Quis,
e Quis gerou Saul. Saul gerou Jônatas, Malquisua,
Abinadabe e Esbaal. 40 Filho de Jônatas foi Meribe-
-Baal, e Meribe-Baal gerou Mica. 41 Os filhos de
Mica foram: Pitom, Meleque e Tareia. 42 Acaz ge-
rou Jaerá, e Jaerá gerou Alemete, Azmavete e Zinri;
e Zinri gerou Mosa. 43 Mosa gerou Bineá, de quem
foi filho Refaías, de quem foi filho Eleasa, de quem
foi filho Azel. 44 Azel teve seis filhos, cujos nomes
foram Azricão, Bocru, Ismael, Searias, Obadias e
Hanã; todos estes foram filhos de Azel.

A derrota de Israel e a morte de Saul

1Sm 31.1-7

10 1 Os filisteus lutaram contra Israel. E os ho-
mens de Israel, fugindo da presença dos
filisteus, caíram mortos no monte Gilboa. 2 Os fi-
listeus perseguiram Saul e seus filhos e mataram
Jônatas, Abinadabe e Malquisua, filhos de Saul. 3 A
batalha se intensificou contra Saul. Os flecheiros o
avistaram e ele foi ferido gravemente. 4 Então Saul
disse ao seu escudeiro:

— Arranque a sua espada e atravesse-me com
ela, para que não venham esses incircuncisos e
zombem de mim.

Mas o seu escudeiro não quis fazer isso, porque
estava com muito medo. Então Saul pegou a sua
própria espada e se lançou sobre ela. 5 Quando o
escudeiro viu que Saul estava morto, também se
lançou sobre a espada e morreu com ele. 6 E assim
morreram Saul e os seus três filhos; e toda a sua
casa morreu juntamente com ele.
7 Quando os homens de Israel que estavam no
vale viram que o exército de Israel fugiu e que
Saul e seus filhos estavam mortos, abandonaram
as cidades e fugiram. E vieram os filisteus e habi-
taram nelas.

O sepultamento de Saul

1Sm 31.8-13

8 E aconteceu que no dia seguinte, quando os
filisteus foram tirar os despojos dos mortos, en-
contraram Saul e os seus filhos caídos no monte
Gilboa. 9 Despojaram os mortos, pegaram a cabeça
de Saul e as suas armas e enviaram mensageiros
pela terra dos filisteus, ao redor, para levar as
boas-novas a seus ídolos e ao povo. 10 Puseram as
armas de Saul no templo de seu deus, e a sua ca-
beça afixaram no templo de Dagom. 11 Quando to-
dos os moradores de Jabes-Gileade ouviram tudo
o que os filisteus haviam feito com Saul, 12 todos
os homens valentes se levantaram, pegaram o cor-
po de Saul e os corpos dos filhos e os trouxeram
a Jabes. Depois sepultaram os ossos deles debaixo
de um arvoredo, em Jabes. E jejuaram sete dias.

13 Assim, Saul morreu por causa da transgres-
são cometida contra o SENHOR, por causa da pa-
lavra do SENHOR, que ele não tinha guardado; e
também porque consultou uma médium 14 e não
o SENHOR, que, por isso, o matou e transferiu o
reino a Davi, filho de Jessé.

Davi é ungido rei de todo o Israel

2Sm 5.1-5

11 1 Então todo o Israel se reuniu com Davi, em
Hebrom, dizendo:

— Veja, somos do mesmo povo que o senhor, ó
rei. 2 No passado, quando Saul ainda era o rei, era
o senhor quem fazia saídas e entradas militares
com Israel. Também o SENHOR, seu Deus, lhe dis-
se: "Você apascentará o meu povo de Israel e será
príncipe sobre o meu povo de Israel."

3 Assim todos os anciãos de Israel foram falar
com o rei, em Hebrom. E Davi fez com eles uma
aliança em Hebrom, diante do SENHOR. E eles un-
giram Davi rei sobre Israel, segundo a palavra do
SENHOR por meio de Samuel.

Davi conquista Sião

2Sm 5.6-10

4 Davi partiu com todo o Israel para Jerusalém,
que é Jebus, porque ali estavam os jebuseus que
moravam naquela terra. 5 Os moradores de Jebus
disseram a Davi:

— Você não entrará aqui.

Porém Davi tomou a fortaleza de Sião, isto é, a
Cidade de Davi. 6 Porque Davi disse:

— O primeiro a atacar os jebuseus será o chefe
e comandante.

Então Joabe, filho de Zeruia, atacou em pri-
meiro lugar e foi feito chefe. 7 Assim, Davi morou
na fortaleza; por isso ela foi chamada de Cidade
de Davi. 8 Ele foi edificando a cidade ao redor,
desde Milo, completando o circuito; e Joabe re-
novou o resto da cidade. 9 Davi ia crescendo em
poder cada vez mais, porque o SENHOR dos Exér-
citos estava com ele.

Os valentes de Davi

2Sm 23.8-39

10 São estes os chefes dos valentes de Davi,
que o apoiaram valorosamente no seu reino,
com todo o Israel, para o fazerem rei, segun-
do a palavra do SENHOR, no que diz respeito
a esse povo.

11 Eis a lista dos valentes de Davi: Jasobeão,
hacmonita, o principal dos trinta; este brandiu
a sua lança contra trezentos homens e os ma-
tou de uma só vez. 12 Depois dele, Eleazar, filho
de Dodô, o aoíta, que era um dos três valentes.
13 Este estava com Davi em Pas-Damim, quando
os filisteus se reuniram ali para a batalha. Havia
ali uma plantação de cevada; e o povo fugiu dos
filisteus. 14 Puseram-se no meio daquele terre-
no, defenderam-no e mataram os filisteus; e o
SENHOR efetuou grande livramento.

15 Três dos trinta chefes desceram à rocha, para
falar com Davi na caverna de Adulão; e o exército
dos filisteus tinha acampado no vale dos Refains.
16 Nessa época Davi estava na fortaleza, e a guar-
nição dos filisteus estava em Belém. 17 Davi sus-
pirou e disse:

— Quem me dera beber água do poço que está
junto ao portão de Belém!

18 Então aqueles três romperam pelo acampa-
mento dos filisteus, tiraram água do poço junto ao
portão de Belém e a levaram a Davi. Ele não a quis
beber, mas a derramou como libação ao SENHOR.
19 E disse:

— Longe de mim, ó meu Deus, fazer tal coisa!
Beberia eu o sangue dos homens que lá foram
colocando em risco a sua vida? Pois, arriscando a
sua vida, a trouxeram.

E assim não a quis beber. São estas as coisas que
fizeram os três valentes.

20 Também Abisai, irmão de Joabe, era chefe
de trinta. Este, empunhando a sua lança, atacou
trezentos homens e os matou. E tinha nome en-
tre os três. 21 Ele era mais nobre do que os trinta e
se tornou o chefe deles; contudo, não chegou aos
primeiros três.

22 Também Benaia, filho de Joiada, era homem
valente de Cabzeel e realizou grandes feitos. Ele
matou dois heróis de Moabe. Desceu numa cova
e nela matou um leão no tempo da neve. 23 Ma-
tou também um egípcio, homem de dois metros e
vinte de altura; o egípcio trazia na mão uma lan-
ça como o eixo do tecelão, mas Benaia o atacou
com um cajado, arrancou a lança da mão dele e
o matou com ela. 24 Estas coisas fez Benaia, filho
de Joiada, pelo que teve nome entre os primeiros
três valentes. 25 Era mais nobre do que os trinta,

porém não chegou aos primeiros três. Davi o pôs sobre a sua guarda.

26 Os heróis dos exércitos foram: Asael, irmão de Joabe, Elanã, filho de Dodô, de Belém; 27 Samote, harorita; Heles, pelonita; 28 Ira, filho de Iques, tecoíta; Abiezer, anatotita; 29 Sibecai, husatita; Ilai, aoíta; 30 Maarai, netofatita; Helede, filho de Baaná, netofatita; 31 Itai, filho de Ribai, de Gibeá, dos filhos de Benjamim; Benaia, piratonita; 32 Hurai, do ribeiro de Gaás; Abiel, arbatita; 33 Azmavete, baarumita; Eliaba, saalbonita; 34 Benê-Hasém, gizonita; Jônatas, filho de Sage, hararita; 35 Aião, filho de Sacar, hararita; Elifal, filho de Ur; 36 Héfer, mequeratita; Aías, pelonita; 37 Hezro, carmelita; Naarai, filho de Ezbai; 38 Joel, irmão de Natã; Mibar, filho de Hagri; 39 Zeleque, amonita; Naarai, beerotita, o que carregava as armas de Joabe, filho de Zeruia; 40 Ira, o itrita; Garebe, itrita; 41 Urias, heteu; Zabade, filho de Alai; 42 Adina, filho de Siza, rubenita, chefe dos rubenitas, e com ele trinta; 43 Hanã, filho de Maaca; Josafá, mitenita; 44 Uzias, asteratita, Sama e Jeiel, filhos de Hotão, aroerita; 45 Jediael, filho de Sinri, e Joá, seu irmão, tizita; 46 Eliel, maavita, Jeribai e Josavias, filhos de Elnaão; Itma, moabita; 47 Eliel, Obede e Jaasiel, de Zobá.

O exército de Davi

12 1 São estes os que vieram a Davi em Ziclague, quando ele estava fugindo de Saul, filho de Quis. E eles eram dos valentes que o ajudavam na guerra. 2 Tinham por arma o arco e usavam tanto a mão direita como a esquerda para arremessar pedras com fundas e para atirar flechas com o arco.

Os parentes de Saul, da tribo de Benjamim, eram os seguintes: 3 Aiezer, o chefe, e Joás, filhos de Semaá, o gibeatita; Jeziel e Pelete, filhos de Azmavete; Beraca e Jeú, o anatotita; 4 Ismaías, o gibeonita, valente entre os trinta e chefe deles; Jeremias, Jaaziel, Joanã e Jozabade, o gederatita; 5 Eluzai, Jerimote, Bealias, Semarias e Sefatias, o harufita; 6 Elcana, Issias, Azarel, Joezer e Jasobeão, os coraítas; 7 Joela, Zebadias, filhos de Jeroão, de Gedor.

8 Dos gaditas passaram-se para o lado de Davi, quando ele estava na fortaleza no deserto, homens valentes, homens de guerra preparados para a batalha, armados de escudo e lança. O rosto deles era como de leões, e eles eram ligeiros como gazelas sobre os montes. Eram: 9 Ézer, o chefe, Obadias, o segundo, Eliabe, o terceiro, 10 Mismana, o quarto, Jeremias, o quinto, 11 Atai, o sexto, Eliel, o sétimo, 12 Joanã, o oitavo, Elzabade, o nono, 13 Jeremias, o décimo, Macbanai, o décimo primeiro. 14 Estes, dos filhos de Gade, foram capitães do exército. O menor valia por cem homens, e o maior valia por mil. 15 São estes os que passaram o Jordão no primeiro mês, quando ele transbordava por todas as suas ribanceiras, e puseram em fuga todos os que habitavam nos vales, tanto no leste como no oeste.

16 Também alguns dos filhos de Benjamim e de Judá vieram a Davi, na fortaleza. 17 Davi foi ao encontro deles e lhes falou, dizendo:

— Se vocês estão vindo pacificamente e para me ajudar, eu os recebo de todo o coração. Mas, se é para me entregarem aos meus adversários, não havendo maldade em mim, que o Deus de nossos pais o veja e o repreenda.

18 Então o Espírito veio sobre Amasai, chefe do grupo dos trinta, e ele disse:

— Somos seus, ó Davi, e estamos com você, filho de Jessé! Que a paz, sim, que a paz esteja com você! E que a paz esteja com os que o ajudam! Porque o seu Deus é quem ajuda você.

Davi os recebeu e os colocou como capitães de tropas.

19 Também de Manassés alguns passaram para o lado de Davi, quando ele veio com os filisteus para lutar contra Saul. Na verdade, Davi não ajudou os filisteus, porque os governantes destes, depois de se aconselharem, o mandaram embora, pois diziam:

— À custa de nossas cabeças ele passará para o lado de Saul, seu senhor.

20 Portanto, quando Davi estava voltando para Ziclague, passaram para o lado dele, de Manassés, os seguintes: Adna, Jozabade, Jediael, Micael, Jozabade, Eliú e Ziletai, chefes de milhares em Manassés. 21 Estes ajudaram Davi contra a tropa inimiga, porque todos eles eram homens valentes e capitães no exército. 22 Porque, naquele tempo, dia após dia, mais homens vinham a Davi para o ajudar, até que se formou um grande exército, como exército de Deus.

O exército que proclamou Davi como rei em Hebrom

23 Este é o número dos homens armados para a batalha, que vieram a Davi, em Hebrom, para lhe transferirem o reino de Saul, segundo a palavra do SENHOR: 24 dos filhos de Judá, que traziam escudo e lança, seis mil e oitocentos, armados para a guerra; 25 dos filhos de Simeão, homens valentes para a batalha, sete mil e cem; 26 dos filhos de Levi, quatro mil e seiscentos; 27 Joiada era o chefe da casa de Arão, e com ele vieram três mil e setecentos; 28 Zadoque, sendo ainda jovem, homem valente, trouxe vinte e dois chefes de sua casa paterna; 29 dos filhos de Benjamim, irmãos de Saul, vieram três mil; porque até então havia ainda muitos deles que eram fiéis à casa de Saul; 30 dos filhos de Efraim, vinte mil e oitocentos

homens valentes e de renome na casa de seus pais; 31 da meia tribo de Manassés, dezoito mil, que foram apontados nominalmente para vir e proclamar Davi como rei; 32 dos filhos de Issacar, que sabiam discernir o tempo, para saberem o que Israel devia fazer, duzentos chefes e todos os seus irmãos sob suas ordens; 33 de Zebulom, dos capazes para sair à guerra, providos com todas as armas de guerra, cinquenta mil, treinados para ordenar uma batalha de todo o coração; 34 de Naftali, mil capitães e, com eles, trinta e sete mil com escudo e lança; 35 dos danitas, preparados para a batalha, vinte e oito mil e seiscentos; 36 de Aser, dos capazes para sair à guerra e prontos para a batalha, quarenta mil; 37 do outro lado do Jordão, dos rubenitas e gaditas e da meia tribo de Manassés, providos de todo tipo de instrumentos de guerra, cento e vinte mil.

38 Todos estes homens de guerra, postos em ordem de batalha, vieram a Hebrom, resolvidos a proclamar Davi como rei sobre todo o Israel; também todo o resto de Israel era unânime no propósito de proclamar Davi como rei. 39 Estiveram ali com Davi três dias, comendo e bebendo; porque seus irmãos lhes tinham feito provisões. 40 E os vizinhos de mais perto, e também os mais distantes, como de Issacar, Zebulom e Naftali, trouxeram comida sobre jumentos, sobre camelos, sobre mulas e sobre bois, a saber, provisões de farinha, pasta de figo, cachos de passas, vinho, azeite, bois e ovelhas em abundância; porque havia muita alegria em Israel.

Davi se dispõe a trazer a arca para Jerusalém

13 1 Davi consultou os capitães de mil e os capitães de cem, e todos os chefes, 2 e então disse a toda a congregação de Israel:

— Se vocês acharem por bem, e se isso for da vontade do SENHOR, nosso Deus, enviemos depressa mensageiros a todos os nossos outros irmãos em todas as terras de Israel, e aos sacerdotes, e aos levitas com eles nas cidades e nos seus arredores, para que se reúnam conosco. 3 E então vamos trazer para o meio de nós a arca do nosso Deus, porque nos dias de Saul não nos valemos dela.

4 Toda a congregação concordou em fazer assim, porque isso pareceu justo aos olhos de todo o povo.

Davi procura trazer a arca

2Sm 6.1-11

5 Davi reuniu todo o Israel, desde Sior, no Egito, até a entrada de Hamate, para trazer a arca de Deus de Quiriate-Jearim. 6 Então Davi, com todo o Israel, foi a Baalá, isto é, a Quiriate-Jearim, que fica em Judá, para de lá trazer a arca de Deus, diante da qual é invocado o nome do SENHOR, que se assenta acima dos querubins. 7 Puseram a arca de Deus numa carroça nova e a levaram da casa de Abinadabe. Uzá e Aiô conduziam aquela carroça. 8 Davi e todo o Israel se alegravam diante de Deus com todas as suas forças, com cânticos, com harpas, liras, tamborins, címbalos e trombetas.

9 Quando chegaram à eira de Quidom, Uzá estendeu a mão para segurar a arca, porque os bois tropeçaram. 10 Então a ira do SENHOR se acendeu contra Uzá e o feriu, por ter estendido a mão para segurar a arca; e ele morreu ali diante de Deus. 11 Davi ficou irado, porque o SENHOR havia irrompido contra Uzá, e chamou aquele lugar de Perez-Uzá, até o dia de hoje. 12 Naquele dia, Davi teve medo de Deus e disse:

— Como poderei trazer a arca de Deus para junto de mim?

13 Por isso Davi não trouxe a arca para junto de si, para a Cidade de Davi, mas fez com que fosse levada para a casa de Obede-Edom, o geteu. 14 Assim, a arca de Deus ficou com a família de Obede-Edom durante três meses, e o SENHOR abençoou a casa de Obede-Edom e tudo o que ele tinha.

O reinado de Davi é reconhecido por Hirão

2Sm 5.11-12

14 1 Hirão, rei de Tiro, enviou a Davi mensageiros, madeira de cedro, pedreiros e carpinteiros, para lhe construírem um palácio. 2 Então Davi reconheceu que o SENHOR o havia confirmado como rei sobre Israel e que tinha exaltado muito o seu reino por amor do seu povo de Israel.

Filhos de Davi que nasceram em Jerusalém

2Sm 5.13-16; 1Cr 3.5-8

3 Davi tomou ainda mais mulheres em Jerusalém e gerou ainda mais filhos e filhas. 4 São estes os nomes dos filhos de Davi que nasceram em Jerusalém: Samua, Sobabe, Natã, Salomão, 5 Ibar, Elisua, Elpelete, 6 Nogá, Nefegue, Jafia, 7 Elisama, Beeliada e Elifelete.

Davi derrota os filisteus

2Sm 5.17-25

8 Quando os filisteus ouviram que Davi tinha sido ungido rei sobre todo o Israel, subiram todos para prendê-lo. Quando soube disso, Davi saiu contra eles. 9 Mas os filisteus vieram e investiram contra ele no vale dos Refains. 10 Então Davi consultou Deus, dizendo:

— Devo atacar os filisteus? Tu os entregarás nas minhas mãos?

O SENHOR respondeu:

— Vá, porque os entregarei nas suas mãos.

11 Então Davi foi até Baal-Perazim e os derrotou ali. E disse:

— Deus, por meio de mim, rompeu as fileiras inimigas, como as águas rompem barreiras.

Por isso, chamaram aquele lugar de Baal-Perazim. 12 Os filisteus deixaram lá os seus deuses, e Davi ordenou que fossem queimados.

13 Os filisteus tornaram a subir e fizeram uma nova investida no vale. 14 De novo, Davi consultou Deus, e este lhe respondeu:

— Não vá atrás deles, mas rodeie por detrás deles e ataque-os por diante das amoreiras. 15 Quando você ouvir um barulho de marcha pelas copas das amoreiras, saia para a batalha: é Deus que saiu à sua frente, para atacar o exército dos filisteus.

16 Davi fez como Deus lhe havia ordenado, e atacou o exército dos filisteus desde Gibeão até Gezer. 17 Assim a fama de Davi se espalhou por todas aquelas terras, e o SENHOR fez com que todas as nações tivessem medo dele.

Os levitas designados para levarem a arca

15 1 Davi fez também casas para si mesmo, na Cidade de Davi, e preparou um lugar para a arca de Deus e lhe armou uma tenda. 2 Então ele disse:

— Ninguém pode levar a arca de Deus, a não ser os levitas, porque o SENHOR os escolheu para levarem a arca do SENHOR e o servirem para sempre.

3 Davi reuniu todo o Israel em Jerusalém, para trazer a arca do SENHOR para o lugar que ele havia preparado para ela. 4 Davi reuniu os filhos de Arão e os levitas. 5 Dos filhos de Coate veio Uriel, o chefe, e seus irmãos, cento e vinte; 6 dos filhos de Merari veio Asaías, o chefe, e seus irmãos, duzentos e vinte; 7 dos filhos de Gérson veio Joel, o chefe, e seus irmãos, cento e trinta; 8 dos filhos de Elisafã veio Semaías, o chefe, e seus irmãos, duzentos; 9 dos filhos de Hebrom veio Eliel, o chefe, e seus irmãos, oitenta; 10 dos filhos de Uziel veio Aminadabe, o chefe, e seus irmãos, cento e doze.

11 Davi chamou os sacerdotes Zadoque e Abiatar e os levitas Uriel, Asaías, Joel, Semaías, Eliel e Aminadabe 12 e lhes disse:

— Vocês são os chefes das famílias dos levitas. Santifiquem a si mesmos e aos seus irmãos, para que possam trazer a arca do SENHOR, Deus de Israel, ao lugar que preparei para ela. 13 Pois, visto que vocês não a carregaram na primeira vez, o SENHOR, nosso Deus, irrompeu contra nós, porque não o buscamos, segundo nos tinha sido ordenado.

14 Então os sacerdotes e os levitas se santificaram, para trazer a arca do SENHOR, Deus de Israel. 15 Os filhos dos levitas trouxeram a arca de Deus sobre os ombros pelos cabos, como Moisés havia ordenado, segundo a palavra do SENHOR.

Músicos são designados para o culto

16 Davi ordenou aos chefes dos levitas que constituíssem os seus irmãos, os cantores, para que, acompanhados por instrumentos musicais, liras, harpas e címbalos, se fizessem ouvir, levantando a voz com alegria. 17 Assim, os levitas designaram Hemã, filho de Joel; e dos irmãos dele, Asafe, filho de Berequias; e dos filhos de Merari, irmãos deles, Etã, filho de Cusaías. 18 E com eles os seus irmãos da segunda ordem: Zacarias, Bene, Jaaziel, Semiramote, Jeiel, Uni, Eliabe, Benaia, Maaseias, Matitias, Elifeleu e Micneias e os porteiros Obede-Edom e Jeiel. 19 Assim, os cantores Hemã, Asafe e Etã se faziam ouvir com címbalos de bronze; 20 Zacarias, Aziel, Semiramote, Jeiel, Uni, Eliabe, Maaseias e Benaia, com liras, em voz de soprano; 21 Matitias, Elifeleu, Micneias, Obede-Edom, Jeiel e Azazias, com harpas, em voz de baixo, para conduzir o canto. 22 Quenanias, chefe dos levitas músicos, tinha o encargo de dirigir o canto, porque era perito nisso. 23 Berequias e Elcana eram porteiros da arca. 24 Sebanias, Josafá, Natanael, Amasai, Zacarias, Benaia e Eliézer, os sacerdotes, tocavam as trombetas diante da arca de Deus; Obede-Edom e Jeías eram porteiros da arca.

A arca é levada para Jerusalém

2Sm 6.12-19

25 Davi, os anciãos de Israel e os capitães de milhares foram, com alegria, buscar a arca da aliança do SENHOR na casa de Obede-Edom. 26 E visto que Deus ajudou os levitas que levavam a arca da aliança do SENHOR, ofereceram em sacrifício sete novilhos e sete carneiros. 27 Davi estava vestido com um manto de linho fino, bem como todos os levitas que levavam a arca, os cantores e Quenanias, chefe dos que levavam a arca e dos cantores; Davi vestia também uma estola sacerdotal de linho. 28 Assim, todo o Israel levou a arca da aliança do SENHOR, com júbilo e ao som de clarins, trombetas e címbalos, fazendo ressoar harpas e liras.

Mical despreza a Davi

2Sm 6.16,20-22

29 Quando a arca da aliança do SENHOR estava entrando na Cidade de Davi, Mical, filha de Saul, olhou pela janela. E, ao ver o rei Davi dançando e se alegrando, ela o desprezou em seu coração.

A oferta de sacrifícios

16 1 Levaram a arca de Deus e a puseram no meio da tenda que Davi tinha preparado para ela. Então trouxeram holocaustos e ofertas pacíficas diante de Deus. 2 Depois de trazer os holocaustos e as ofertas pacíficas, Davi abençoou o povo em nome do SENHOR. 3 E repartiu a todos

em Israel, tanto homens como mulheres, a cada
um, um bolo de pão, um bom pedaço de carne e
passas. 4 Designou dentre os levitas os que haviam
de ministrar diante da arca do SENHOR, e celebrar,
louvar e exaltar o SENHOR, Deus de Israel, a saber,
5 Asafe, o chefe, Zacarias, o segundo, e depois
Jeiel, Semiramote, Jeiel, Matitias, Eliabe, Benaia,
Obede-Edom e Jeiel, com liras e harpas; e Asafe
fazia ressoar os címbalos. 6 Os sacerdotes Benaia
e Jaaziel estavam continuamente com trombetas,
diante da arca da aliança de Deus.

7 Foi naquele dia que Davi encarregou, pela
primeira vez, Asafe e seus irmãos de celebrarem
com hinos o SENHOR.

Hino de ação de graças

Sl 105.1-15; 96.1-13; 106.1,47-48

8 Deem graças ao SENHOR,
invoquem o seu nome;
tornem conhecidos entre os povos
os seus feitos.
9 Cantem a Deus, cantem louvores a ele;
falem de todas as suas maravilhas.
10 Gloriem-se no seu santo nome;
alegre-se o coração
dos que buscam o SENHOR.
11 Busquem o SENHOR e o seu poder;
busquem continuamente a sua presença.
12 Lembrem-se das maravilhas que ele fez,
dos seus prodígios
e dos juízos de seus lábios,
13 vocês, descendentes de Israel, seu servo,
vocês, filhos de Jacó, seus escolhidos.

14 Ele é o SENHOR, nosso Deus;
os seus juízos permeiam toda a terra.
15 Lembra-se perpetuamente da sua aliança,
da palavra que empenhou para mil gerações;
16 da aliança que fez com Abraão
e do juramento que fez a Isaque;
17 o qual confirmou a Jacó por decreto
e a Israel, por aliança perpétua,
18 dizendo: "Eu lhe darei a terra de Canaã
como porção da sua herança."

19 Então eles eram em pequeno número,
pouquíssimos e estrangeiros
na terra de Canaã;
20 andavam de nação em nação,
de um reino para outro reino.
21 Deus não permitiu que ninguém os oprimisse,
e, por amor deles, repreendeu reis,
22 dizendo: "Não toquem nos meus ungidos,
nem maltratem os meus profetas."

23 Cantem ao SENHOR, todas as terras;
proclamem a sua salvação, dia após dia.
24 Anunciem entre as nações a sua glória,
entre todos os povos,
as suas maravilhas.
25 Porque o SENHOR é grande
e digno de ser louvado,
mais temível do que todos os deuses.
26 Porque todos os deuses dos povos
não passam de ídolos;
o SENHOR, porém, fez os céus.
27 Glória e majestade estão diante dele,
força e alegria, no seu santuário.

28 Deem ao SENHOR, ó famílias dos povos,
deem ao SENHOR glória e força.
29 Deem ao SENHOR a glória
devida ao seu nome;
tragam ofertas e entrem nos seus átrios.
Adorem o SENHOR
na beleza da sua santidade.
30 Tremam diante dele, todas as terras,
pois ele firmou o mundo para que não se abale.

31 Alegrem-se os céus, e a terra exulte;
diga-se entre as nações: "O SENHOR reina."
32 Ruja o mar e a sua plenitude;
alegre-se o campo e tudo o que nele há.
33 Cantem de alegria as árvores do bosque,
na presença do SENHOR,
porque vem julgar a terra.

34 Deem graças ao SENHOR, porque ele é bom,
porque a sua misericórdia dura para sempre.
35 E digam: "Salva-nos, ó Deus
da nossa salvação,
congrega-nos e livra-nos das nações,
para que demos graças ao teu santo nome
e nos gloriemos no teu louvor."

36 Bendito seja o SENHOR, Deus de Israel,
de eternidade a eternidade.

E todo o povo disse: "Amém!" E louvou o SENHOR.

Adoração em Jerusalém e Gibeão

37 Então Davi deixou Asafe e seus irmãos ali
diante da arca da aliança do SENHOR, para minis-
trarem continuamente diante dela, segundo o que
estava ordenado para cada dia. 38 Também deixou
Obede-Edom com os seus irmãos, em número de
sessenta e oito, bem como Obede-Edom, filho de
Jedutum, e Hosa, para serem porteiros. 39 E dei-
xou Zadoque, o sacerdote, e os sacerdotes, seus
irmãos, diante do tabernáculo do SENHOR, num
lugar alto de Gibeão, 40 para oferecerem conti-
nuamente ao SENHOR os holocaustos sobre o altar
dos holocaustos, de manhã e de tarde, segundo
tudo o que está escrito na Lei que o SENHOR ha-
via ordenado a Israel. 41 E com eles deixou Hemã,
Jedutum e os demais escolhidos, que foram nomi-
nalmente designados para louvarem o SENHOR,

porque a sua misericórdia dura para sempre.
42 Portanto, com eles estavam Hemã e Jedutum,
que faziam ressoar trombetas, címbalos e instru-
mentos musicais usados para louvar a Deus. Os
filhos de Jedutum eram porteiros.
43 Então todo o povo se retirou, cada um para sua
casa; Davi também foi, para abençoar a sua casa.

A aliança do Senhor com Davi

2Sm 7.1-17

17 1 E aconteceu que, quando Davi já morava
em seu palácio, ele disse ao profeta Natã:
— Eis que eu estou morando num palácio feito
de cedro, mas a arca da aliança do SENHOR se en-
contra numa tenda.
2 Então Natã disse a Davi:
— Faça tudo o que estiver em seu coração, por-
que Deus está com você.
3 Porém, naquela mesma noite, a palavra de
Deus veio a Natã, dizendo:
4 — Vá e diga a Davi, meu servo: Assim diz o
SENHOR: "Não será você quem edificará um templo
para minha habitação. 5 Desde o dia em que tirei
Israel do Egito até o dia de hoje, não habitei em
nenhum templo, mas tenho andado de tenda em
tenda, de tabernáculo em tabernáculo. 6 Em todos
os lugares em que andei com todo o Israel, por aca-
so falei alguma palavra com algum dos seus juízes,
a quem mandei apascentar o meu povo, dizendo:
'Por que vocês não construíram um templo de ce-
dro para mim?'" 7 Agora diga ao meu servo Davi:
Assim diz o SENHOR dos Exércitos: "Eu tirei você
das pastagens e do trabalho de andar atrás das
ovelhas, para que você fosse príncipe sobre o meu
povo de Israel. 8 Estive com você por onde quer que
você andou e eliminei todos os seus inimigos dian-
te de você. Engrandecerei o seu nome, como só os
grandes têm na terra. 9 Prepararei um lugar para o
meu povo de Israel e o plantarei para que habite no
seu lugar e não seja mais perturbado. E jamais os
filhos da perversidade o afligirão, como no passa-
do, 10 desde os dias em que mandei que houvesse
juízes sobre o meu povo de Israel. Subjugarei to-
dos os seus inimigos. Também lhe faço saber que
o SENHOR fará uma casa para você. 11 Quando se
cumprirem os seus dias e você for para junto de
seus pais, então farei surgir depois de você o seu
descendente, um dos seus filhos, e estabelecerei o
seu reino. 12 Este edificará um templo para mim, e
eu estabelecerei para sempre o seu trono. 13 Eu lhe
serei por pai, e ele me será por filho. Não tirarei
dele a minha misericórdia, como a retirei daquele
que foi rei antes de você. 14 Mas eu o confirmarei
na minha casa e no meu reino para sempre, e o seu
trono será estabelecido para sempre."
15 Segundo todas estas palavras e conforme
toda esta visão, assim Natã falou com Davi.

Oração de agradecimento de Davi

2Sm 7.18-29

16 Então o rei Davi se pôs diante do SENHOR e
disse:
— Quem sou eu, SENHOR Deus, e qual é a mi-
nha casa, para que me tenhas trazido até aqui? 17 E
como se isto fosse pouco aos teus olhos, ó Deus,
também falaste a respeito da casa de teu servo para
tempos distantes e me trataste como se eu fosse
um homem ilustre, ó SENHOR Deus. 18 Que mais
ainda te poderá dizer Davi a respeito das honras
feitas a teu servo? Pois tu conheces bem o teu ser-
vo. 19 Ó SENHOR, por amor de teu servo e segundo
o teu coração, fizeste toda esta grandeza, para tor-
nar conhecidas todas estas grandes coisas!
20 — SENHOR, não há ninguém semelhante a ti,
e não há outro Deus além de ti, segundo tudo o
que nós mesmos temos ouvido. 21 Quem há como
o teu povo de Israel, gente única na terra, a quem
Deus foi resgatar para ser o seu povo, fazendo para
ti mesmo um nome com estas grandes e tremen-
das coisas, desterrando as nações de diante do teu
povo, que resgataste do Egito? 22 Estabeleceste o
teu povo de Israel por teu povo para sempre e tu, ó
SENHOR, te fizeste o seu Deus.
23 — E agora, SENHOR, quanto a esta palavra que
disseste a respeito de teu servo e a respeito da sua
casa, seja estabelecida para sempre; e faze como
falaste. 24 Seja estabelecido e para sempre engran-
decido o teu nome, e que se diga: "O SENHOR dos
Exércitos, o Deus de Israel, é Deus para Israel." E
a casa de Davi, teu servo, será estabelecida diante
de ti. 25 Pois tu, Deus meu, fizeste ao teu servo a
revelação de que lhe edificarias uma casa. Por isso,
o teu servo se animou para fazer-te esta oração.
26 Agora, pois, ó SENHOR, tu mesmo és Deus e tens
prometido ao teu servo este bem. 27 Queiras, ago-
ra, abençoar a casa do teu servo, a fim de perma-
necer para sempre diante de ti, pois tu, ó SENHOR,
a abençoaste, e ela será abençoada para sempre.

Diversas vitórias de Davi

2Sm 8.1-14

18 1 Depois disso, Davi atacou os filisteus,
derrotou-os e tomou Gate e as suas aldeias
das mãos dos filisteus. 2 Também derrotou os
moabitas, que se tornaram servos de Davi e lhe
pagavam tributo.
3 Davi também derrotou Hadadezer, rei de
Zobá, nas imediações de Hamate, quando aquele
foi restabelecer o seu domínio sobre o rio Eufra-
tes. 4 Davi tomou-lhe mil carros de guerra, sete mil
cavaleiros e vinte mil soldados de infantaria. Mu-
tilou todos os cavalos dos carros de guerra, com
exceção dos que puxavam cem deles.
5 Os sírios de Damasco foram socorrer Hadade-
zer, rei de Zobá, mas Davi matou vinte e dois mil

deles. 6 Davi pôs guarnições na Síria de Damasco, e os sírios se tornaram servos de Davi e lhe pagavam tributo. E o SENHOR dava vitórias a Davi por onde quer que ele ia. 7 Davi tomou os escudos de ouro que eram usados pelos oficiais de Hadadezer e os trouxe a Jerusalém. 8 Também de Tibate e de Cum, cidades de Hadadezer, Davi tomou grande quantidade de bronze, de que Salomão fez o mar de bronze, as colunas e os utensílios de bronze.

9 Quando Toú, rei de Hamate, soube que Davi tinha derrotado todo o exército de Hadadezer, rei de Zobá, 10 mandou seu filho Hadorão ao rei Davi, para o saudar e cumprimentá-lo por ter lutado contra Hadadezer e por havê-lo vencido. Acontece que Hadadezer de contínuo fazia guerra a Toú. Hadorão trouxe consigo objetos de ouro, de prata e de bronze, 11 que o rei Davi consagrou ao SENHOR, juntamente com a prata e o ouro que havia trazido de todas as demais nações: de Edom, de Moabe, dos filhos de Amom, dos filisteus e de Amaleque.

12 Também Abisai, filho de Zeruia, matou dezoito mil edomitas no vale do Sal. 13 Pôs guarnições em Edom, e todos os edomitas se tornaram servos de Davi. E o SENHOR dava vitórias a Davi por onde quer que ele ia.

Oficiais de Davi

2Sm 8.15-18; 20.23-26

14 Davi reinou sobre todo o Israel; julgava e fazia justiça a todo o seu povo. 15 Joabe, filho de Zeruia, era comandante do exército; Josafá, filho de Ailude, era cronista. 16 Zadoque, filho de Aitube, e Abimeleque, filho de Abiatar, eram sacerdotes; e Sausa era o escrivão. 17 Benaia, filho de Joiada, era o comandante da guarda real. Os filhos de Davi, porém, eram os primeiros ao lado do rei.

Davi derrota os amonitas e os sírios

2Sm 10.1-19

19 1 Depois disto, morreu Naás, rei dos filhos de Amom, e seu filho reinou em seu lugar. 2 Então Davi disse:

— Serei bondoso com Hanum, filho de Naás, porque o pai dele foi bondoso comigo.

E Davi enviou mensageiros para consolar Hanum por causa da morte de seu pai. E os servos de Davi chegaram à terra dos filhos de Amom, a Hanum, para o consolarem. 3 Mas os príncipes dos filhos de Amom disseram a Hanum:

— O senhor pensa que foi para honrar o seu pai que Davi mandou esses consoladores? Não teria sido mais para que esses servos enviados por ele conheçam, destruam e espionem a terra?

4 Então Hanum pegou os servos de Davi, rapou a barba deles, cortou metade das roupas até a altura das nádegas, e os mandou embora. 5 Alguns foram e contaram a Davi o que tinha acontecido com aqueles homens. Então o rei enviou mensageiros ao encontro deles, porque estavam muito envergonhados. O rei mandou dizer-lhes:

— Fiquem em Jericó, até que a barba de vocês cresça de novo; depois, venham para cá.

6 Quando viram que haviam despertado o ódio de Davi, Hanum e os filhos de Amom pegaram trinta e quatro toneladas de prata, para contratar carros de guerra e cavaleiros da Mesopotâmia, dos sírios de Maaca e de Zobá. 7 Contrataram trinta e dois mil carros de guerra, bem como o rei de Maaca e a sua gente. Eles vieram e acamparam perto de Medeba. Também os filhos de Amom se ajuntaram das suas cidades e vieram para a guerra. 8 Davi soube disso e enviou contra eles Joabe com todo o exército dos valentes. 9 Os filhos de Amom saíram e se prepararam para a batalha à entrada do portão da cidade; porém os reis que vieram estavam à parte no campo.

10 Quando Joabe viu que a batalha estava preparada contra ele tanto pela frente como pela retaguarda, escolheu os melhores soldados de Israel e os formou em linha contra os sírios. 11 O resto do exército ele entregou a Abisai, seu irmão, e puseram-se em linha contra os filhos de Amom. 12 Joabe disse a Abisai:

— Se os sírios forem mais fortes do que eu, você virá em meu socorro; e, se os filhos de Amom forem mais fortes do que você, eu irei em seu socorro. 13 Seja forte! Vamos lutar com coragem pelo nosso povo e pelas cidades de nosso Deus. E que o SENHOR Deus faça o que achar melhor.

14 Então Joabe avançou com o povo que estava com ele, e travaram batalha contra os sírios, que fugiram diante dele. 15 Quando os filhos de Amom viram que os sírios fugiam, também eles fugiram de Abisai, irmão de Joabe, e entraram na cidade. Então Joabe parou de lutar contra os filhos de Amom e voltou para Jerusalém.

16 Quando os sírios viram que tinham sido derrotados por Israel, enviaram mensageiros e chamaram os sírios que estavam do outro lado do rio Eufrates. Sofaque, comandante do exército de Hadadezer, marchava adiante deles. 17 Quando ficou sabendo disso, Davi reuniu todo o Israel, passou o Jordão, foi ao encontro deles e se pôs em ordem de batalha. Depois que Davi tinha feito isto, os sírios lutaram contra ele. 18 Porém os sírios fugiram de Israel, e Davi matou os condutores de sete mil carros de guerra e quarenta mil soldados de infantaria dos sírios; e matou Sofaque, o comandante do exército. 19 Quando os servos de Hadadezer viram que tinham sido vencidos por Israel, fizeram paz com Davi e o serviram. E os sírios nunca mais quiseram socorrer os filhos de Amom.

Davi conquista Rabá
2Sm 12.26-31

20 1 Decorrido um ano, no tempo em que os
reis costumam sair para a guerra, Joabe
levou o exército, destruiu a terra dos filhos de
Amom, foi e sitiou Rabá. Mas Davi ficou em Jeru-
salém. Joabe atacou Rabá e a destruiu. 2 Davi tirou
a coroa da cabeça do seu rei e verificou que tinha
o peso de trinta e quatro quilos de ouro e que ha-
via nela pedras preciosas. Essa coroa foi posta na
cabeça de Davi. E da cidade ele levou muitos des-
pojos. 3 Também trouxe o povo que havia nela, e
os fez trabalhar com serras, picaretas de ferro e
machados. Davi fez o mesmo com todas as cida-
des dos filhos de Amom. Depois voltou com todo
o exército para Jerusalém.

Gigantes mortos pelos homens de Davi
2Sm 21.15-22

4 Depois disto houve guerra em Gezer contra os
filisteus. Foi então que Sibecai, o husatita, matou
Sipai, que era descendente dos gigantes; e os filis-
teus foram subjugados.
5 Houve ainda outra batalha contra os filisteus,
e Elanã, filho de Jair, matou Lami, irmão de Go-
lias, o geteu, cuja lança tinha a haste como eixo
de tecelão.
6 Houve ainda outra batalha em Gate. Ali havia
um homem de grande estatura, que tinha vinte e
quatro dedos, seis em cada mão e seis em cada pé;
também este descendia dos gigantes. 7 Quando ele
insultou Israel, Jônatas, filho de Simeia, irmão de
Davi, o matou.
8 Esses eram descendentes dos gigantes em
Gate, e foram mortos por Davi e seus soldados.

O levantamento do censo
2Sm 24.1-9

21 1 Então Satanás se levantou contra Israel
e incitou Davi a levantar o censo de Israel.
2 Davi disse a Joabe e aos chefes do povo:
— Vão e levantem o censo de Israel, desde Ber-
seba até Dã, e tragam-me a apuração para que eu
saiba o seu número.
3 Então Joabe disse:
— Que o SENHOR, seu Deus, multiplique este
povo cem vezes mais! No entanto, meu rei e
senhor, não são todos eles servos de meu senhor?
Por que meu senhor requer isso? Por que trazer,
assim, culpa sobre Israel?
4 Porém a palavra do rei prevaleceu contra
Joabe. Então Joabe saiu e percorreu todo o Israel;
depois, voltou para Jerusalém. 5 Joabe apresentou
a Davi o resultado do recenseamento do povo:
havia em Israel um milhão e cem mil homens
que puxavam da espada; e em Judá eram qua-
trocentos e setenta mil homens que puxavam da
espada. 6 Porém os de Levi e Benjamim não foram
contados entre eles, porque a ordem do rei foi
abominável a Joabe.

Davi escolhe o castigo
2Sm 24.10-17

7 Tudo isto desagradou a Deus, e por isso ele
castigou Israel. 8 Então Davi se dirigiu a Deus, di-
zendo:
— Cometi um grande pecado ao fazer tal coisa.
Mas agora peço-te que perdoes a iniquidade do
teu servo, porque fiz uma grande loucura.
9 Então o SENHOR falou a Gade, o vidente de
Davi, dizendo:
10 — Vá e diga a Davi: Assim diz o SENHOR: "Eu
lhe ofereço três opções; escolha uma delas, para
que eu a execute contra você."
11 Gade foi falar com Davi e lhe disse:
— Assim diz o SENHOR: "Escolha o que você
quer: 12 ou três anos de fome, ou que por três meses
você seja consumido diante dos seus adversários,
sendo alcançado pela espada dos seus inimigos,
ou que por três dias a espada do SENHOR, isto é, a
peste na terra e o Anjo do SENHOR causem destrui-
ção em todos os territórios de Israel." Diga, agora,
que resposta devo dar ao que me enviou.
13 Então Davi disse a Gade:
— Estou muito angustiado. Porém é preferível
que eu caia nas mãos do SENHOR, porque muitas
são as suas misericórdias; não quero cair nas mãos
dos homens.
14 Então o SENHOR enviou a peste a Israel; e
morreram setenta mil homens do povo de Israel.
15 Deus enviou um anjo a Jerusalém, para a des-
truir. Quando estava por destruí-la, o SENHOR
olhou, mudou de ideia quanto a este mal e disse
ao anjo destruidor:
— Basta! Retire a sua mão.
O Anjo do SENHOR estava junto à eira de Ornã,
o jebuseu. 16 Davi ergueu os olhos e viu o Anjo do
SENHOR, que estava entre a terra e o céu, com a
espada desembainhada na mão estendida contra
Jerusalém. Então Davi e os anciãos, vestidos de
pano de saco, se prostraram com o rosto em terra.
17 Davi falou para Deus:
— Por acaso não fui eu quem mandou contar
o povo? Eu é que pequei e fiz esse mal. Mas estas
ovelhas o que fizeram? Ah! SENHOR, meu Deus, que
a tua mão seja contra mim e contra a casa de meu
pai, mas não contra o teu povo, para castigá-lo.

Davi edifica um altar na eira de Ornã
2Sm 24.18-25

18 Então o Anjo do SENHOR disse a Gade que
mandasse Davi edificar um altar ao SENHOR na
eira de Ornã, o jebuseu. 19 Davi foi segundo a pa-
lavra que Gade havia falado em nome do SENHOR.

20 Ao voltar-se, Ornã viu o Anjo; e os seus quatro
filhos que estavam com ele se esconderam. Ora,
Ornã estava debulhando trigo. 21 Quando Davi
estava indo ao encontro de Ornã, este olhou e viu
Davi. E, saindo da eira, se inclinou diante de Davi,
com o rosto em terra. 22 Davi disse a Ornã:
— Dê-me este lugar da eira, a fim de edificar
nele um altar ao SENHOR, para que cesse a praga
de sobre o povo. Venda-me este lugar pelo seu
devido valor.
23 Então Ornã disse a Davi:
— Que o rei, meu senhor, a tome para si e faça
dela o que bem quiser. Eis que dou os bois para o
holocausto, o debulhador de cereais para a lenha
e o trigo para a oferta de cereais; dou tudo.
24 Porém o rei Davi disse a Ornã:
— Não! Eu vou comprar pelo seu inteiro va-
lor. Porque não tomarei o que é seu para dar ao
SENHOR, nem oferecerei holocausto que não me
custe nada.
25 Davi pagou a Ornã por aquele lugar sete
quilos e duzentos gramas de ouro. 26 Edificou ali
um altar ao SENHOR, ofereceu nele holocaustos e
sacrifícios pacíficos e invocou o SENHOR, que lhe
respondeu com fogo do céu sobre o altar do ho-
locausto. 27 O SENHOR deu ordem ao Anjo, e ele
meteu a sua espada na bainha.

O lugar do templo

28 Naquele tempo, ao ver que o SENHOR lhe ha-
via respondido na eira de Ornã, o jebuseu, Davi
ofereceu sacrifícios ali. 29 Porque naquele tempo
o tabernáculo do SENHOR, que Moisés havia feito
no deserto, e o altar do holocausto estavam no
lugar alto de Gibeão. 30 Davi não podia ir até lá
para consultar a Deus, porque estava com medo
da espada do Anjo do SENHOR.

Davi faz preparativos para edificar o templo

22 1 Davi disse:
— Aqui se levantará a Casa do SENHOR Deus
e o altar do holocausto para Israel.
2 Davi deu ordem para que fossem reunidos
os estrangeiros que estavam na terra de Israel, e
encarregou pedreiros que preparassem pedras la-
vradas para a construção da Casa de Deus. 3 Davi
ajuntou ferro em abundância, para os pregos das
folhas dos portões e para as junções, bem como
bronze em abundância, que nem foi pesado,
4 além de madeira de cedro sem conta, porque os
homens de Tiro e de Sidom a traziam a Davi em
grande quantidade. 5 Pois Davi dizia:
— Meu filho Salomão ainda é moço e inex-
periente, e o templo que será edificado para o
SENHOR deve ser sobremodo magnífico, para
nome e glória em todas as terras. Portanto, vou
providenciar o necessário para a construção.
Assim, antes de morrer, Davi providenciou ma-
teriais em abundância.

Ordens de Davi a Salomão

6 Então Davi chamou Salomão, seu filho, e lhe
ordenou que edificasse um templo ao SENHOR,
Deus de Israel. 7 Davi disse a Salomão:
— Meu filho, tive a intenção de edificar um
templo ao nome do SENHOR, meu Deus. 8 Porém
a palavra do SENHOR veio a mim, dizendo: "Você
derramou muito sangue e fez grandes guerras.
Você não edificará um templo ao meu nome, por-
que derramou muito sangue na terra, na minha
presença. 9 Eis que lhe nascerá um filho, que será
homem pacífico, porque lhe darei descanso de to-
dos os seus inimigos ao redor. Portanto, o nome
dele será Salomão, e nos seus dias darei paz e
tranquilidade a Israel. 10 Este edificará um templo
ao meu nome. Ele me será por filho, e eu lhe serei
por pai; e eu estabelecerei para sempre o trono do
seu reino sobre Israel."
11 — Agora, meu filho, que o SENHOR esteja
com você, a fim de que você prospere e possa
edificar a Casa do SENHOR, seu Deus, como ele
disse a seu respeito. 12 Que o SENHOR lhe conceda
prudência e entendimento, para que, quando for
rei sobre Israel, você guarde a Lei do SENHOR, seu
Deus. 13 Então você prosperará, se tiver o cuidado
de cumprir os estatutos e os juízos que o SENHOR
ordenou a Moisés a respeito de Israel. Seja forte
e corajoso, não tenha medo, nem fique assusta-
do. 14 Eis que, com muito esforço, preparei para a
Casa do SENHOR três mil e quatrocentas toneladas
de ouro e mais de trinta e quatro mil toneladas
de prata, e bronze e ferro em tal abundância, que
nem foram pesados. Também preparei madeira
e pedras, cuja quantidade você pode aumentar.
15 Além disso, você tem um grande número de
trabalhadores: cortadores de pedras, pedreiros,
carpinteiros e peritos em todo tipo de trabalho
16 em ouro, prata, bronze e ferro, que não se pode
contar. Portanto, mãos à obra, e que o SENHOR es-
teja com você!
17 Davi ordenou a todos os chefes de Israel que
ajudassem Salomão, seu filho, dizendo:
18 — Não está com vocês o SENHOR, seu Deus? E
não é fato que lhes deu paz por todos os lados? Pois
ele entregou nas minhas mãos os moradores desta
terra, a qual está sujeita diante do SENHOR e dian-
te do seu povo. 19 Agora disponham o coração e a
alma para buscar o SENHOR, seu Deus. Preparem-
-se e comecem a construir o santuário do SENHOR
Deus, para que a arca da aliança do SENHOR e os
utensílios sagrados de Deus sejam trazidos a este
templo, que será edificado ao nome do SENHOR.

23 1 Quando já era bem velho, Davi constituiu o
seu filho Salomão rei sobre Israel.

Turnos e funções dos levitas

2 Davi reuniu todos os chefes de Israel, bem
como os sacerdotes e levitas. 3 Foram contados os
levitas de trinta anos para cima, e seu número,
contados um por um, foi de trinta e oito mil
homens. 4 Destes, havia vinte e quatro mil para
supervisionarem a obra da Casa do SENHOR,
seis mil oficiais e juízes, 5 quatro mil porteiros e
quatro mil para louvarem o SENHOR com os ins-
trumentos que Davi fez para esse fim. 6 Davi os
repartiu por turnos, segundo os filhos de Levi:
Gérson, Coate e Merari.

7 Os filhos de Gérson foram: Ladã e Simei. 8 Os
filhos de Ladã foram: Jeiel, o chefe, Zetã e Joel, três
ao todo. 9 Os filhos de Simei foram: Selomite, Ha-
ziel e Harã, três ao todo. Estes foram os chefes das
famílias de Ladã.

10 Os filhos de Simei foram: Jaate, Ziza, Jeús e
Berias. Estes foram os filhos de Simei, quatro ao
todo. 11 Jaate era o chefe e Ziza era o segundo. Jeús
e Berias não tiveram muitos filhos e por isso estes
dois foram contados como uma só família.

12 Os filhos de Coate foram: Anrão, Isar, He-
brom e Uziel, quatro ao todo. 13 Os filhos de An-
rão foram: Arão e Moisés. Arão foi separado para
servir no Santo dos Santos, ele e os seus filhos,
para sempre, e para queimar incenso diante do
SENHOR, para o servir e para dar a bênção em seu
nome, para sempre. 14 Quanto a Moisés, homem
de Deus, seus filhos foram contados entre a tri-
bo de Levi. 15 Os filhos de Moisés foram: Gérson
e Eliézer. 16 O filho de Gérson foi Sebuel, o chefe.
17 O filho de Eliézer foi Reabias, o chefe; e ele não
teve outros filhos; mas os filhos de Reabias se
multiplicaram grandemente.

18 Os filhos de Isar foram: Selomite, o chefe.
19 Os filhos de Hebrom foram: Jerias, o chefe, Ama-
rias, o segundo, Jaaziel, o terceiro, e Jecameão, o
quarto. 20 Os filhos de Uziel foram: Mica, o chefe,
e Issias, o segundo.

21 Os filhos de Merari foram: Mali e Musi. Os fi-
lhos de Mali foram: Eleazar e Quis. 22 Eleazar mor-
reu e não teve filhos, porém filhas; e os filhos de
Quis, seus parentes, casaram com elas. 23 Os filhos
de Musi foram: Mali, Éder e Jerimote, três ao todo.

24 Estes foram os filhos de Levi, segundo as
suas famílias e chefes delas, segundo foram con-
tados nominalmente, um por um, de vinte anos
para cima, encarregados do ministério da Casa do
SENHOR. 25 Porque Davi disse:

— O SENHOR, Deus de Israel, deu paz ao seu
povo e habitará em Jerusalém para sempre.
26 Assim, os levitas já não precisarão levar o ta-
bernáculo e nenhum dos utensílios para o seu
ministério.

27 Porque, segundo as últimas palavras de Davi,
foram contados os filhos de Levi de vinte anos
para cima. 28 O serviço deles era ajudar os filhos
de Arão no ministério da Casa do SENHOR, nos
átrios e nas câmaras, na purificação de todas as
coisas sagradas e na obra do ministério da Casa de
Deus, 29 a saber, cuidar dos pães da proposição, da
melhor farinha para a oferta de cereais, dos bolos
sem fermento, das ofertas assadas e das mistura-
das com azeite, bem como dos pesos e das medi-
das. 30 Deviam estar presentes todas as manhãs e
todas as tardes para darem graças ao SENHOR e o
louvarem, 31 e sempre que fossem oferecidos os
holocaustos do SENHOR, nos sábados, nas Festas
da Lua Nova e nas festas fixas, diante do SENHOR,
segundo o número determinado. 32 Os filhos de
Levi deviam cuidar da tenda do encontro e do
santuário e deviam ajudar os filhos de Arão, seus
irmãos, no ministério da Casa do SENHOR.

Os turnos dos sacerdotes

24 1 Quanto aos filhos de Arão, foram eles di-
vididos por seus turnos. Os filhos de Arão
foram: Nadabe, Abiú, Eleazar e Itamar. 2 Nadabe
e Abiú morreram antes de seu pai e não tiveram
filhos; por isso, Eleazar e Itamar oficiavam como
sacerdotes. 3 Com a ajuda de Zadoque, que era dos
filhos de Eleazar, e de Aimeleque, que era dos fi-
lhos de Itamar, Davi os dividiu segundo os seus
deveres no seu ministério.

4 E verificou-se que, entre os chefes de famí-
lias, havia mais filhos de Eleazar do que filhos
de Itamar: dezesseis chefes de famílias dos filhos
de Eleazar, e oito chefes de famílias dos filhos de
Itamar. 5 Foram distribuídos por sorteio, tanto
uns como os outros, porque havia oficiais do san-
tuário e oficiais de Deus tanto entre os filhos de
Eleazar como entre os filhos de Itamar. 6 Semaías,
escrivão, filho de Natanael, levita, registrou-os
na presença do rei, dos príncipes, do sacerdote
Zadoque, de Aimeleque, filho de Abiatar, e dos
chefes das famílias dos sacerdotes e dos levitas,
sendo as famílias escolhidas por sorteio, alterna-
damente, para Eleazar e para Itamar.

7 A primeira sorte saiu para Jeoiaribe; a segun-
da, para Jedaías; 8 a terceira, para Harim; a quarta,
para Seorim; 9 a quinta, para Malquias; a sexta,
para Miamim; 10 a sétima, para Hacoz; a oitava,
para Abias; 11 a nona, para Jesua; a décima, para
Secanias; 12 a décima primeira, para Eliasibe; a dé-
cima segunda, para Jaquim; 13 a décima terceira,
para Hupá; a décima quarta, para Jesebeabe; 14 a
décima quinta, para Bilga; a décima sexta, para
Imer; 15 a décima sétima, para Hezir; a décima oi-
tava, para Hapises; 16 a décima nona, para Petaías;
a vigésima, para Jeezquel; 17 a vigésima primeira,
para Jaquim; a vigésima segunda, para Gamul; 18 a
vigésima terceira, para Delaías; a vigésima quarta,
para Maazias. 19 O ofício destes no seu ministério

era entrar na Casa do SENHOR, segundo a maneira estabelecida por Arão, seu pai, como o SENHOR, Deus de Israel, lhe havia ordenado.

20 Eis os chefes do restante dos filhos de Levi: dos filhos de Anrão, Subael; dos filhos de Subael, Jedias; 21 dos filhos de Reabias, Issias, o chefe; 22 dos isaritas, Selomite; dos filhos de Selomite, Jaate; 23 dos filhos de Hebrom, Jerias, o primeiro, Amarias, o segundo, Jaaziel, o terceiro, Jecameão, o quarto; 24 dos filhos de Uziel, Mica; dos filhos de Mica, Samir; 25 o irmão de Mica, Issias; dos filhos de Issias, Zacarias; 26 dos filhos de Merari, Mali e Musi; dos filhos de Jaazias, Beno; 27 dos filhos de Merari, da parte de Jaazias: Beno, Soão, Zacur e Ibri; 28 de Mali, Eleazar, que não teve filhos; 29 dos filhos de Quis, Jerameel; 30 dos filhos de Musi, Mali, Éder e Jerimote.

Estes foram os filhos dos levitas, segundo as suas famílias. 31 Também estes, tanto os chefes das famílias como os seus irmãos menores, como fizeram os seus outros irmãos, filhos de Arão, lançaram sortes na presença do rei Davi, de Zadoque, de Aimeleque e dos chefes das famílias dos sacerdotes e dos levitas.

Função dos cantores

25 1 Davi, juntamente com os chefes do serviço, separou para o ministério os filhos de Asafe, de Hemã e de Jedutum, para profetizarem com harpas, liras e címbalos. A lista dos encarregados neste ministério foi: 2 dos filhos de Asafe: Zacur, José, Netanias e Asarela, filhos de Asafe, sob a direção deste, que exercia o seu ministério debaixo das ordens do rei.

3 Quanto à família de Jedutum, os filhos: Gedalias, Zeri, Jesaías, Simei, Hasabias e Matitias, seis ao todo, sob a direção de Jedutum, seu pai, que profetizava com harpas, louvando e dando graças ao SENHOR.

4 Quanto à família de Hemã, os filhos: Buquias, Matanias, Uziel, Sebuel, Jerimote, Hananias, Hanani, Eliata, Gidalti, Romanti-Ézer, Josbecasa, Maloti, Hotir e Maaziote. 5 Todos estes foram filhos de Hemã, o vidente do rei e cujo poder Deus exaltou segundo as suas promessas, dando-lhe catorze filhos e três filhas. 6 Todos estes estavam sob a direção respectivamente de seus pais, para dirigir o canto na Casa do SENHOR, com címbalos, liras e harpas, para o ministério da Casa de Deus, estando Asafe, Jedutum e Hemã debaixo das ordens do rei. 7 O número deles, juntamente com os seus irmãos instruídos no canto do SENHOR, todos eles mestres, era de duzentos e oitenta e oito. 8 Lançaram sortes para designar os deveres, tanto dos jovens como dos velhos, tanto do mestre como do discípulo.

9 A primeira sorte tocou à família de Asafe e saiu para José; a segunda, para Gedalias, que, com os seus irmãos e os seus filhos, eram doze ao todo. 10 A terceira, para Zacur, seus filhos e seus irmãos, doze ao todo. 11 A quarta, para Izri, seus filhos e seus irmãos, doze ao todo. 12 A quinta, para Netanias, seus filhos e seus irmãos, doze ao todo. 13 A sexta, para Buquias, seus filhos e seus irmãos, doze ao todo. 14 A sétima, para Jesarela, seus filhos e seus irmãos, doze ao todo. 15 A oitava, para Jesaías, seus filhos e seus irmãos, doze ao todo. 16 A nona, para Matanias, seus filhos e seus irmãos, doze ao todo. 17 A décima, para Simei, seus filhos e seus irmãos, doze ao todo. 18 A décima primeira, para Azarel, seus filhos e seus irmãos, doze ao todo. 19 A décima segunda, para Hasabias, seus filhos e seus irmãos, doze ao todo. 20 A décima terceira, para Subael, seus filhos e seus irmãos, doze ao todo. 21 A décima quarta, para Matitias, seus filhos e seus irmãos, doze ao todo. 22 A décima quinta, para Jerimote, seus filhos e seus irmãos, doze ao todo. 23 A décima sexta, para Hananias, seus filhos e seus irmãos, doze ao todo. 24 A décima sétima, para Josbecasa, seus filhos e seus irmãos, doze ao todo. 25 A décima oitava, para Hanani, seus filhos e seus irmãos, doze ao todo. 26 A décima nona, para Maloti, seus filhos e seus irmãos, doze ao todo. 27 A vigésima, para Eliata, seus filhos e seus irmãos, doze ao todo. 28 A vigésima primeira, para Hotir, seus filhos e seus irmãos, doze ao todo. 29 A vigésima segunda, para Gidalti, seus filhos e seus irmãos, doze ao todo. 30 A vigésima terceira, para Maaziote, seus filhos e seus irmãos, doze ao todo. 31 A vigésima quarta, para Romanti-Ézer, seus filhos e seus irmãos, doze ao todo.

Os porteiros

26 1 Quanto aos turnos dos porteiros: dos coraítas, Meselemias, filho de Coré, dos filhos de Asafe. 2 Os filhos de Meselemias foram: Zacarias, o primogênito, Jediael, o segundo, Zebadias, o terceiro, Jatniel, o quarto, 3 Elão, o quinto, Joanã, o sexto, Elioenai, o sétimo.

4 Os filhos de Obede-Edom foram: Semaías, o primogênito, Jeozabade, o segundo, Joá, o terceiro, Sacar, o quarto, Natanael, o quinto, 5 Amiel, o sexto, Issacar, o sétimo, Peuletai, o oitavo. Porque Deus tinha abençoado Obede-Edom.

6 Também a seu filho Semaías nasceram filhos, que dominaram sobre a casa de seu pai; porque foram homens valentes. 7 Os filhos de Semaías foram: Otni, Rafael, Obede e Elzabade, cujos irmãos Eliú e Semaquias eram homens valentes. 8 Todos estes foram dos filhos de Obede-Edom; eles, seus filhos e seus irmãos, homens capazes e robustos para o serviço; ao todo, sessenta e dois.

9 Os filhos e os irmãos de Meselemias, homens valentes, foram dezoito.

10 De Hosa, dos filhos de Merari, foram filhos:
Sinri, a quem o pai constituiu chefe, ainda que não
era o primogênito, 11 Hilquias, o segundo, Teba-
lias, o terceiro, Zacarias, o quarto; todos os filhos e
irmãos de Hosa foram treze.
12 A estes turnos dos porteiros, isto é, a seus
chefes, foi entregue a guarda, para servirem, como
seus irmãos, na Casa do SENHOR. 13 Para cada por-
tão fizeram um sorteio para designar os deveres
tanto dos pequenos como dos grandes, segundo
as suas famílias. 14 A guarda do lado do leste caiu
por sorteio a Selemias; depois, lançaram sorte so-
bre seu filho Zacarias, conselheiro prudente, e lhe
saiu a guarda do lado do norte; 15 a Obede-Edom, a
guarda do lado do sul; e a seus filhos, a guarda da
casa de depósitos; 16 a Supim e Hosa, a guarda do
oeste, junto ao portão de Salequete, na estrada que
sobe. Uma guarda ficava ao lado de outra guarda.
17 A leste, estavam de guarda seis levitas; ao norte,
quatro por dia; ao sul, quatro por dia, e, para a casa
de depósitos, dois num lugar e dois noutro. 18 No
átrio a oeste, quatro junto ao caminho, dois junto
ao átrio. 19 São estes os turnos dos porteiros dos
filhos dos coraítas e dos filhos de Merari.

Guardas dos tesouros

20 Outros levitas, seus irmãos, tinham o encar-
go dos tesouros da Casa de Deus e dos tesouros
das coisas consagradas: 21 os filhos de Ladã, des-
cendentes dos gersonitas pertencentes a Ladã e
chefes das famílias deste, da família de Gérson:
Jeieli; 22 os filhos de Jeieli: Zetã e Joel, seu irmão;
estes estavam encarregados dos tesouros da Casa
do SENHOR.
23 Dos anramitas, dos isaritas, dos hebronitas,
dos uzielitas, 24 Sebuel, filho de Gérson, filho de
Moisés, era oficial encarregado dos tesouros.
25 Seus irmãos: de Eliézer, foi filho Reabias, de
quem foi filho Jesaías, de quem foi filho Jorão, de
quem foi filho Zicri, de quem foi filho Selomite.
26 Este Selomite e os seus irmãos tinham a seu
encargo todos os tesouros das coisas consagradas
que o rei Davi e os chefes das famílias, capitães
de milhares e de centenas e capitães do exército
tinham dedicado. 27 Dos despojos das guerras as
dedicaram para a conservação da Casa do SENHOR.
28 Tinham também a seu encargo tudo o que havia
sido dedicado por Samuel, o vidente, por Saul, fi-
lho de Quis, por Abner, filho de Ner, e por Joabe,
filho de Zeruia. Tudo o que qualquer pessoa ha-
via dedicado estava sob os cuidados de Selomite
e seus irmãos.

Os oficiais e os juízes

29 Dos isaritas, Quenanias e seus filhos foram
postos sobre Israel, para oficiais e juízes dos ne-
gócios externos.
30 Dos hebronitas, foram Hasabias e seus ir-
mãos, homens valentes, mil e setecentos, que
superintendiam Israel, além do Jordão para o
oeste, em todo serviço do SENHOR e interesses do
rei; 31 dos hebronitas, Jerias era o chefe. Quanto
aos hebronitas, suas genealogias e famílias, se
fizeram investigações no quadragésimo ano do
reinado de Davi e se acharam entre eles homens
valentes em Jazer de Gileade. 32 Seus irmãos, ho-
mens valentes, dois mil e setecentos, chefes das
famílias; e o rei Davi os constituiu sobre os rube-
nitas, os gaditas e a meia tribo dos manassitas,
para todos os negócios de Deus e para todos os
negócios do rei.

Os turnos de serviço para cada mês

27 1 São estes os filhos de Israel segundo o seu
número, os chefes das famílias e os capitães
de milhares e de centenas com os seus oficiais,
que serviam o rei em todos os negócios dos tur-
nos que entravam e saíam de mês em mês duran-
te o ano. Cada turno era de vinte e quatro mil.
2 Sobre o primeiro turno do primeiro mês esta-
va Jasobeão, filho de Zabdiel; em seu turno havia
vinte e quatro mil. 3 Ele era dos filhos de Perez,
chefe de todos os capitães dos exércitos para o
primeiro mês.
4 Sobre o turno do segundo mês estava Dodai, o
aoíta, a cujo lado estava Miclote; também em seu
turno havia vinte e quatro mil.
5 O terceiro capitão do exército e o designado
para o terceiro mês era Benaia, chefe, filho do sa-
cerdote Joiada; também em seu turno havia vinte
e quatro mil. 6 Esse Benaia era homem poderoso
entre os trinta e era o chefe deles; o seu turno esta-
va ao encargo do seu filho Amizabade.
7 O quarto, para o quarto mês, era Asael, irmão
de Joabe, e depois dele Zebadias, seu filho; tam-
bém em seu turno havia vinte e quatro mil.
8 O quinto capitão, para o quinto mês, era
Samute, o izraíta; também em seu turno havia
vinte e quatro mil.
9 O sexto, para o sexto mês, era Ira, filho de
Iques, o tecoíta; também em seu turno havia vinte
e quatro mil. 10 O sétimo, para o sétimo mês, era
Heles, o pelonita, dos filhos de Efraim; também
em seu turno havia vinte e quatro mil.
11 O oitavo, para o oitavo mês, era Sibecai, o hu-
satita, dos zeraítas; também em seu turno havia
vinte e quatro mil.
12 O nono, para o nono mês, era Abiezer, o ana-
totita, dos benjamitas; também em seu turno ha-
via vinte e quatro mil.
13 O décimo, para o décimo mês, era Maarai, o
netofatita, dos zeraítas; também em seu turno ha-
via vinte e quatro mil.
14 O décimo primeiro, para o décimo primeiro

mês, era Benaia, o piratonita, dos filhos de
Efraim; também em seu turno havia vinte e
quatro mil.
15 O décimo segundo, para o décimo segundo
mês, era Heldai, o netofatita, de Otniel; também
em seu turno havia vinte e quatro mil.

Os chefes das tribos

16 Estes foram os chefes das tribos de Israel:
sobre os rubenitas era chefe Eliézer, filho de Zi-
cri; sobre os simeonitas, Sefatias, filho de Maaca;
17 sobre os levitas, Hasabias, filho de Quemuel;
sobre os aronitas, Zadoque; 18 sobre Judá, Eliú,
dos irmãos de Davi; sobre Issacar, Onri, filho
de Micael; 19 sobre Zebulom, Ismaías, filho de
Obadias; sobre Naftali, Jerimote, filho de Azriel;
20 sobre os filhos de Efraim, Oseias, filho de Aza-
zias; sobre a meia tribo de Manassés, Joel, filho
de Pedaías; 21 sobre a outra meia tribo de Ma-
nassés em Gileade, Ido, filho de Zacarias; sobre
Benjamim, Jaasiel, filho de Abner; 22 sobre Dã,
Azarel, filho de Jeroão. Estes eram os chefes das
tribos de Israel.
23 Davi não contou os que tinham menos de
vinte anos, porque o SENHOR tinha dito que mul-
tiplicaria Israel como as estrelas do céu. 24 Joabe,
filho de Zeruia, tinha começado a contar o povo,
porém não acabou, visto que, por causa des-
se censo, veio grande ira sobre Israel. Por isso o
número não foi registrado na história do rei Davi.

Administradores dos bens de Davi

25 Azmavete, filho de Adiel, cuidava dos te-
souros do rei; Jônatas, filho de Uzias, cuidava do
que o rei possuía nos campos, nas cidades, nas
aldeias e nos castelos. 26 Ezri, filho de Quelube,
cuidava dos lavradores do campo, que cultiva-
vam a terra. 27 Simei, o ramatita, cuidava das
vinhas; porém Zabdi, o sifmita, cuidava do que
entrava das vinhas para as adegas. 28 Baal-Hanã,
o gederita, cuidava dos olivais e sicômoros que
havia na Sefelá; porém Joás cuidava dos depósi-
tos do azeite. 29 Sitrai, o saronita, cuidava do gado
que pastava em Sarom; porém Safate, filho de
Adlai, cuidava do gado dos vales. 30 Obil, o ismae-
lita, cuidava dos camelos; Jedias, o meronotita,
cuidava das jumentas. 31 Jaziz, o hagareno, cuida-
va das ovelhas; todos estes eram administradores
dos bens do rei Davi.

Conselheiros do rei

32 Jônatas, tio de Davi, era do conselho, homem
sábio e escriba. Jeiel, filho de Hacmoni, cuidava
dos filhos do rei. 33 Aitofel era do conselho do rei.
Husai, o arquita, era amigo do rei. 34 A Aitofel su-
cederam Joiada, filho de Benaia, e Abiatar. Joabe
era comandante do exército do rei.

Davi apresenta Salomão como seu sucessor

28 1 Davi convocou para Jerusalém todos os
chefes de Israel, os chefes das tribos, os ca-
pitães dos turnos que serviam o rei, os capitães de
mil e os de cem, os administradores de todos os
bens e rebanhos do rei e de seus filhos, bem como
os oficiais, os poderosos e todos os guerreiros va-
lentes. 2 O rei Davi se pôs em pé e disse:
— Meus irmãos e meu povo, escutem! Eu tive
a intenção de edificar um templo onde pudesse
repousar a arca da aliança do SENHOR e para que
fosse o estrado dos pés do nosso Deus. Eu havia
feito preparativos para essa construção. 3 Porém
Deus me disse: "Você não edificará um templo ao
meu nome, porque é homem de guerra e derra-
mou muito sangue." 4 O SENHOR, Deus de Israel,
me escolheu de toda a casa de meu pai, para que
eu fosse rei sobre Israel para sempre. Porque ele
escolheu Judá por príncipe e, da casa de Judá, es-
colheu a casa de meu pai. E entre os filhos de meu
pai se agradou de mim, para me fazer rei sobre
todo o Israel. 5 E, de todos os meus filhos — por-
que muitos filhos me deu o SENHOR —, ele esco-
lheu Salomão para se assentar no trono do reino
do SENHOR, sobre Israel. 6 E me disse: "O seu filho
Salomão é quem edificará o meu templo e os meus
átrios, porque o escolhi para filho e eu lhe serei
por pai. 7 Estabelecerei o seu reino para sempre, se
ele continuar a cumprir os meus mandamentos e
os meus juízos, como tem feito até o dia de hoje."
8 Portanto, agora, diante de todo o Israel, a congre-
gação do SENHOR, e diante do nosso Deus, que me
ouve, eu peço que vocês guardem e conheçam to-
dos os mandamentos do SENHOR, seu Deus, para
que vocês possuam esta boa terra e possam deixá-
-la como herança aos seus filhos, para sempre.
9 — Quanto a você, meu filho Salomão, conhe-
ça o Deus de seu pai e sirva-o de coração íntegro e
espírito voluntário, porque o SENHOR esquadrinha
todos os corações e penetra todos os desígnios do
pensamento. Se você o buscar, ele se deixará achar
por você; mas, se você o abandonar, ele o rejeita-
rá para sempre. 10 Agora tenha cuidado, porque o
SENHOR o escolheu para edificar uma casa que sir-
va de santuário. Seja forte e mãos à obra!

Davi dá a Salomão a planta do templo

11 Davi entregou a Salomão, seu filho, a planta
do pórtico com as suas casas, as suas tesourarias,
os seus cenáculos e as suas câmaras interiores,
bem como do lugar do propiciatório. 12 Também
entregou a planta de tudo o que tinha em mente
com referência aos átrios da Casa do SENHOR, e
a todas as câmaras ao redor, para os tesouros da
Casa de Deus e para os tesouros das coisas con-
sagradas. 13 Deu-lhe instruções para organizar os
turnos dos sacerdotes e dos levitas, e para toda

obra do ministério da Casa do SENHOR, e para
todos os utensílios para o serviço da Casa do
SENHOR. 14 Especificou o peso do ouro para todos
os utensílios de ouro de cada serviço; o peso da
prata para todos os utensílios de prata de cada
serviço; 15 o peso para os candelabros de ouro e
as suas lâmpadas de ouro, para cada candelabro e
suas lâmpadas, segundo o uso de cada um; 16 tam-
bém o peso do ouro para cada uma das mesas da
proposição, e o peso da prata para as mesas de
prata; 17 ouro puro para os garfos, para as bacias e
para os copos; para as taças de ouro o devido peso
a cada uma, bem como para as taças de prata, a
cada uma o seu peso; 18 o peso do ouro refinado
para o altar do incenso, bem como, segundo a
planta, o ouro para o carro dos querubins, que ha-
viam de estender as asas e cobrir a arca da aliança
do SENHOR. 19 Davi disse:
— Tudo isto me foi dado por escrito por man-
dado do SENHOR, a saber, todas as obras desta
planta.
20 Então Davi disse a Salomão, seu filho:
— Seja forte e corajoso e mãos à obra! Não te-
nha medo, nem fique assustado, porque o SENHOR
Deus, meu Deus, estará com você. Ele não o deixa-
rá, nem o abandonará, até que você termine todas
as obras para o serviço da Casa do SENHOR. 21 Eis
aí os turnos dos sacerdotes e dos levitas para todo
serviço da Casa de Deus. E, para toda obra, você
poderá contar com voluntários competentes para
fazer todo tipo de serviço. Também os chefes e
todo o povo estarão inteiramente às suas ordens.

Ofertas de Davi e dos chefes

29 1 O rei Davi disse a toda a congregação:
— Salomão, meu filho, o único a quem Deus
escolheu, ainda é moço e inexperiente, e esta obra
é grande, porque o palácio não é para homens, mas
para o SENHOR Deus. 2 Portanto, com todas as mi-
nhas forças já preparei para o templo de meu Deus
ouro para as obras de ouro, prata para as de prata,
bronze para as de bronze, ferro para as de ferro e
madeira para as de madeira; pedras de ônix, pedras
de engaste, pedras de várias cores, de mosaicos e
todo tipo de pedras preciosas, e mármore, e tudo
em abundância. 3 E ainda, porque amo o templo de
meu Deus, o ouro e a prata particulares que tenho
dou para o templo de meu Deus, além de tudo o
que preparei para o santuário: 4 cem toneladas de
ouro, do ouro de Ofir, e duzentas e quarenta tone-
ladas de prata purificada, para cobrir as paredes
das casas; 5 ouro para os objetos de ouro e prata
para os de prata, e para toda obra de mão dos artí-
fices. Quem, pois, está disposto hoje a ofertar com
generosidade para o SENHOR?
6 Então os chefes das famílias, os chefes das
tribos de Israel, os capitães de mil e os de cem
e até os administradores da obra do rei fizeram
ofertas voluntárias 7 e deram para o serviço da
Casa de Deus cento e setenta toneladas de ouro,
dez mil barras de ouro, trezentas e quarenta to-
neladas de prata, seiscentas e doze toneladas de
bronze e três mil e quatrocentas toneladas de fer-
ro. 8 Os que possuíam pedras preciosas as trouxe-
ram para o tesouro da Casa do SENHOR, a cargo
de Jeiel, o gersonita. 9 O povo se alegrou com tudo
o que se fez voluntariamente, porque de coração
íntegro fizeram ofertas voluntárias ao SENHOR.
Também o rei Davi se alegrou com grande júbilo.

Davi louva a Deus

10 Davi louvou o SENHOR diante de toda a con-
gregação e disse:
— Bendito és tu, SENHOR, Deus de Israel, nosso
pai, de eternidade a eternidade. 11 Teu, SENHOR, é
o poder, a grandeza, a honra, a vitória e a majesta-
de, porque teu é tudo o que há nos céus e na ter-
ra. Teu, SENHOR, é o reino, e tu te exaltaste como
chefe sobre todos. 12 Riquezas e glória vêm de ti.
Tu dominas sobre tudo, e na tua mão há força e
poder. Contigo está o engrandecer e dar força a
todos. 13 Agora, ó nosso Deus, graças te damos e
louvamos o teu glorioso nome. 14 Porque quem
sou eu, e quem é o meu povo para que pudésse-
mos dar voluntariamente estas coisas? Porque
tudo vem de ti, e nós só damos o que vem das
tuas mãos. 15 Porque somos estrangeiros diante
de ti e peregrinos como todos os nossos pais. Os
nossos dias sobre a terra são como a sombra, e não
temos permanência. 16 SENHOR, nosso Deus, toda
esta abundância que preparamos para edificar
um templo ao teu santo nome vem da tua mão e
é toda tua. 17 Bem sei, meu Deus, que tu provas os
corações e que te agradas da sinceridade. Eu tam-
bém, na sinceridade de meu coração, dei volunta-
riamente todas estas coisas, e acabo de ver com
alegria que o teu povo aqui reunido te faz ofertas
voluntariamente. 18 SENHOR, Deus de nossos pais
Abraão, Isaque e Israel, conserva para sempre no
coração do teu povo estas disposições e pensa-
mentos; firma o coração deles em ti. 19 E ao meu
filho Salomão dá coração íntegro para guardar os
teus mandamentos, os teus testemunhos e os teus
estatutos, fazendo tudo para edificar este palácio
para o qual fiz todos estes preparativos.
20 Então Davi disse a toda a congregação:
— Agora, louvem o SENHOR, seu Deus.
Então toda a congregação louvou o SENHOR,
Deus de seus pais. Todos inclinaram a cabeça,
adoraram o SENHOR e se prostraram diante do rei.
21 No dia seguinte, trouxeram sacrifícios ao
SENHOR e lhe ofereceram holocaustos de mil be-
zerros, mil carneiros, mil cordeiros, com as suas
libações; sacrifícios em abundância por todo o

Israel. 22 Comeram e beberam, naquele dia, diante do SENHOR, com grande alegria.

Salomão é proclamado rei

Pela segunda vez, fizeram rei a Salomão, filho de Davi, e o ungiram ao SENHOR por príncipe e a Zadoque, por sacerdote. 23 Salomão assentou-se no trono do SENHOR como rei em lugar de Davi, seu pai. Ele prosperou, e todo o Israel lhe obedecia. 24 Todos os oficiais, os soldados, e até todos os filhos do rei Davi prestaram homenagens ao rei Salomão. 25 O SENHOR engrandeceu muito Salomão diante de todo o Israel e lhe deu majestade real, qual antes dele não teve nenhum rei em Israel.

A morte de Davi

26 Assim, Davi, filho de Jessé, reinou sobre todo o Israel. 27 Ele reinou sobre Israel durante quarenta anos: sete anos em Hebrom e trinta e três em Jerusalém. 28 Morreu em boa velhice, cheio de dias, riquezas e glória; e Salomão, seu filho, reinou em seu lugar. 29 Os atos do rei Davi, tanto os primeiros como os últimos, estão escritos nas crônicas de Samuel, o vidente, nas crônicas de Natã, o profeta, e nas crônicas de Gade, o vidente. 30 Ali também está registrado o que se passou no seu reinado e se fala a respeito do seu poder e de todos os acontecimentos que se deram com ele, com Israel e com todos os reinos daquelas terras.

O SEGUNDO LIVRO DAS

CRÔNICAS

Salomão oferece sacrifícios em Gibeão

1Rs 3.3-4

1 1 Salomão, filho de Davi, fortaleceu-se no seu reino, e o SENHOR, seu Deus, estava com ele e muito o engrandeceu. 2 Salomão falou a todo o Israel, aos capitães de mil e aos de cem, aos juízes e a todos os chefes em todo o Israel, cabeças de famílias. 3 E foi com toda a congregação ao lugar alto que estava em Gibeão, porque ali estava a tenda do encontro de Deus, que Moisés, servo do SENHOR, tinha feito no deserto. 4 Quanto à arca de Deus, Davi a tinha trazido de Quiriate-Jearim para o lugar que lhe havia preparado, porque tinha armado uma tenda para a arca em Jerusalém. 5 Mas o altar de bronze que havia sido feito por Bezalel, filho de Uri, filho de Hur, estava ali diante do tabernáculo do SENHOR; e Salomão e a congregação consultaram o SENHOR. 6 Salomão ofereceu ali sacrifícios diante do SENHOR, sobre o altar de bronze que estava na tenda do encontro; e ofereceu sobre ele mil holocaustos.

Salomão pede a Deus sabedoria

1Rs 3.5-15

7 Naquela mesma noite, Deus apareceu a Salomão e lhe disse:

— Peça o que você quer que eu lhe dê.

8 Salomão respondeu:

— Foste muito bondoso com Davi, meu pai, e me fizeste reinar em seu lugar. 9 E agora, ó SENHOR Deus, cumpra-se a tua promessa feita a Davi, meu pai; porque tu me constituíste rei sobre um povo numeroso como o pó da terra. 10 Dá-me, agora, sabedoria e conhecimento, para que eu saiba conduzir-me à frente deste povo; pois quem seria capaz de governar este grande povo?

11 Deus disse a Salomão:

— Visto que foi este o desejo do seu coração, e você não pediu riquezas, bens ou honras, nem a morte dos seus inimigos, nem tampouco pediu longevidade, mas sabedoria e conhecimento para poder governar o meu povo, sobre o qual o constituí rei, 12 sabedoria e conhecimento lhe serão dados. E lhe darei também riquezas, bens e honras, como nenhum rei antes de você teve, nem nenhum rei depois de você terá.

13 Salomão voltou para Jerusalém, da sua ida ao lugar alto que ficava em Gibeão, de diante da tenda do encontro; e reinou sobre Israel.

As riquezas de Salomão

1Rs 10.26-29

14 Salomão ajuntou carros de guerra e cavaleiros. Tinha mil e quatrocentos carros de guerra e doze mil cavaleiros, que colocou nas cidades onde mantinha os carros, deixando uma parte junto ao rei, em Jerusalém. 15 O rei fez com que, em Jerusalém, a prata e o ouro fossem tão comuns como as pedras, e os cedros fossem tão numerosos como os sicômoros que estão na Sefelá. 16 Os cavalos de Salomão vinham do Egito e da Cilícia, e comerciantes do rei os importavam da Cilícia por certo preço. 17 Importava-se do Egito um carro de guerra por seiscentas moedas de prata e um cavalo, por cento e cinquenta; nas mesmas condições, as caravanas os traziam e os

exportavam para todos os reis dos heteus e para
os reis da Síria.

Salomão faz aliança com Hirão

1Rs 5.1-12

2 1Salomão resolveu edificar o templo ao nome
do SENHOR, bem como um palácio para o seu
reino. 2Salomão designou setenta mil homens
para levarem as cargas, oitenta mil para talharem
pedras nas montanhas e três mil e seiscentos para
dirigirem a obra. 3Salomão mandou dizer a Hirão,
rei de Tiro:

— Como você fez com Davi, meu pai, e lhe
mandou cedros, para edificar o palácio em que
morasse, assim também faça comigo. 4Eis que es-
tou para edificar um templo ao nome do SENHOR,
meu Deus, para consagrá-lo a ele, queimar dian-
te dele incenso aromático e lhe apresentar o pão
contínuo da proposição e os holocaustos da ma-
nhã e da tarde, nos sábados, nas Festas da Lua
Nova e nas festividades do SENHOR, nosso Deus.
Esta é uma obrigação perpétua para Israel. 5O
templo que edificarei será grande, porque o nosso
Deus é maior do que todos os deuses. 6No entan-
to, quem seria capaz de lhe edificar um templo,
visto que os céus e até o céu dos céus não o po-
dem conter? E quem sou eu para lhe edificar um
templo, a não ser para queimar incenso diante
dele? 7Portanto, mande-me, agora, um homem
que saiba trabalhar em ouro, em prata, em bron-
ze, em ferro, em obras de púrpura, de carmesim
e de pano azul; que saiba fazer obras de entalhe
juntamente com os peritos que estão comigo em
Judá e em Jerusalém, os quais Davi, meu pai, con-
tratou. 8Mande-me também madeira de cedros,
ciprestes e sândalo do Líbano; porque bem sei
que os seus servos sabem cortar madeira no Lí-
bano. Eis que os meus servos estarão com os seus
servos, 9para me prepararem muita madeira, por-
que o templo que edificarei será grande e maravi-
lhoso. 10Aos seus servos, cortadores da madeira,
darei duas mil toneladas de trigo batido, duas mil
toneladas de cevada, quatrocentos mil litros de
vinho e quatrocentos mil litros de azeite.

11Hirão, rei de Tiro, respondeu por uma carta
que enviou a Salomão, dizendo:

— O SENHOR Deus ama o seu povo e, por isso,
ele o constituiu rei sobre esse povo.

12Hirão também disse:

— Bendito seja o SENHOR, Deus de Israel, que
fez os céus e a terra, que deu ao rei Davi um fi-
lho sábio, dotado de prudência e entendimento,
que edifique um templo ao SENHOR e um palácio
para o seu próprio reino. 13E agora vou enviar um
homem sábio de grande entendimento, a saber,
Hirão-Abi, 14filho de uma mulher das filhas de Dã
e cujo pai era da cidade de Tiro. Ele sabe trabalhar
em ouro, em prata, em bronze, em ferro, em pe-
dras e em madeira, em obras de púrpura, de pano
azul e de linho fino e em obras de carmesim. É há-
bil para toda obra de entalhe e para elaborar qual-
quer plano que lhe for apresentado, juntamente
com os seus peritos e os peritos de Davi, meu
senhor, seu pai. 15Agora, que o meu senhor man-
de para os seus servos o trigo, a cevada, o azeite
e o vinho de que falou. 16E nós cortaremos tanta
madeira no Líbano quanta você precisar e a fare-
mos chegar em jangadas, pelo mar, a Jope, e dali
você a levará para Jerusalém.

Preparativos para edificar o templo

1Rs 5.13-18

17Salomão levantou o censo de todos os ho-
mens estrangeiros que havia na terra de Israel,
segundo o censo que Davi, o seu pai, havia feito;
e acharam-se cento e cinquenta e três mil e seis-
centos. 18Destes, Salomão designou setenta mil
para levarem as cargas, oitenta mil para talharem
pedras nas montanhas e três mil e seiscentos para
dirigirem o trabalho do povo.

Salomão edifica o templo

1Rs 6.1-10

3 1Salomão começou a edificar a Casa do
SENHOR em Jerusalém, no monte Moriá,
onde o SENHOR havia aparecido a Davi, seu pai,
lugar que Davi tinha designado na eira de Ornã,
o jebuseu. 2Começou a edificar no segundo dia
do segundo mês, no quarto ano do seu reinado.
3Foram estas as medidas dos alicerces que Salo-
mão lançou para edificar a Casa de Deus: vinte e
sete metros de comprimento por nove de largura,
segundo o padrão antigo. 4O pórtico diante da
casa tinha nove metros no sentido da largura do
Lugar Santo, e a altura era de cinquenta e quatro
metros. Salomão revestiu o interior do pórtico
de ouro puro. 5Também fez forrar de madeira de
cipreste a sala grande, revestiu-a de ouro puro e
gravou nela palmeiras e correntes. 6Também en-
feitou a sala com pedras preciosas; e o ouro era
de Parvaim. 7Revestiu de ouro a sala, as vigas,
os umbrais, as paredes e as portas; e esculpiu
querubins nas paredes. 8Fez o Santo dos Santos,
cujo comprimento era de nove metros, segundo
a largura da sala grande, e a largura também era
de nove metros. Revestiu o seu interior com vinte
toneladas de ouro puro. 9O peso dos pregos era de
seiscentos gramas de ouro. Também revestiu de
ouro os cenáculos.

Os dois querubins

1Rs 6.23-28

10No Santo dos Santos, Salomão fez dois que-
rubins de madeira e os revestiu de ouro. 11As asas

estendidas dos querubins mediam, juntas, quatro metros e meio; a asa de um deles, de dois metros e vinte e cinco, tocava na parede do templo; e a outra asa, igualmente de dois metros e vinte e cinco, tocava na asa do outro querubim. 12 Também a asa do outro querubim era de dois metros e vinte e cinco e tocava na outra parede; e a outra asa, igualmente de dois metros e vinte e cinco, estava unida à asa do outro querubim. As asas destes querubins se estendiam por nove metros. 13 Eles estavam em pé, com o rosto voltado para o Santo Lugar. 14 Salomão também fez o véu de pano azul, púrpura, carmesim e linho fino; e mandou bordar nele figuras de querubins.

As duas colunas

1Rs 7.15-22

15 Salomão fez também diante da sala duas colunas de quinze metros e meio de altura, com um capitel de dois metros e vinte sobre cada uma delas. 16 Também fez correntes, como as do Santo dos Santos, e as pôs no alto das colunas; fez também cem romãs, as quais pôs nas correntes. 17 Levantou as colunas diante do templo, uma à direita e outra à esquerda. À coluna da direita deu o nome de Jaquim, e à coluna da esquerda deu o nome de Boaz.

O mar de fundição

1Rs 7.23-26

4 1 Salomão também fez um altar de bronze de nove metros de comprimento, nove metros de largura e quatro metros e meio de altura. 2 Fez também o mar de fundição, redondo, de quatro metros e meio de uma borda até a outra borda, e de dois metros e vinte de altura; e a medida da circunferência correspondia a um fio de treze metros e meio. 3 Por baixo da sua borda, ao redor, havia figuras de touros, dez a cada meio metro; estavam em duas fileiras e foram fundidas quando se fundiu o mar de fundição. 4 O mar de fundição se apoiava sobre doze touros de bronze. Três olhavam para o norte, três, para o oeste, três, para o sul, e três, para o leste. O mar de fundição se apoiava sobre eles, cujas partes posteriores convergiam para dentro. 5 A grossura das paredes desse mar era de quatro dedos, e a sua borda, como borda de copo, era como uma flor de lírio. Nele cabiam cerca de sessenta mil litros.

Outros utensílios para o templo

1Rs 7.27-50

6 Também fez dez pias e pôs cinco à direita e cinco à esquerda. Nelas era lavado tudo o que se usava nos holocaustos; o mar de fundição, porém, era para que os sacerdotes se lavassem nele.

7 Fez também dez candelabros de ouro, segundo havia sido ordenado, e os pôs no templo, cinco à direita e cinco à esquerda.

8 Também fez dez mesas e as pôs no templo, cinco à direita e cinco à esquerda; também fez cem bacias de ouro.

9 Fez mais o pátio dos sacerdotes e o pátio grande, bem como as portas deles, as quais revestiu de bronze. 10 E pôs o mar de fundição ao lado direito, para o lado sudeste.

11 Depois Hirão fez as panelas, as pás e as bacias. E assim ele terminou de fazer a obra para o rei Salomão, para a Casa de Deus: 12 as duas colunas, os dois capitéis redondos que estavam no alto das duas colunas; as duas redes, para cobrirem os dois capitéis redondos que estavam no alto das colunas; 13 as quatrocentas romãs para as duas redes, isto é, duas fileiras de romãs para cada rede, para cobrirem os dois capitéis redondos que estavam no alto das colunas. 14 Fez também os suportes e as pias sobre eles, 15 o mar de fundição com os doze touros por baixo. 16 Também as panelas, as pás, os garfos e todos os utensílios que Hirão-Abi fez para o rei Salomão, para a Casa do SENHOR, eram de bronze purificado. 17 O rei os fez fundir em terra barrenta, na planície do Jordão, entre Sucote e Zereda.

18 Salomão fez todos estes objetos em grande abundância, não se verificando o peso do seu bronze. 19 Salomão também mandou fazer todos os utensílios do Santo Lugar de Deus: o altar de ouro e as mesas, sobre as quais estavam os pães da proposição; 20 e os candelabros com as suas lâmpadas de ouro puro, para as acenderem diante do Santo dos Santos, conforme havia sido ordenado. 21 As flores, as lâmpadas e as pinças eram do mais fino ouro. 22 Também os apagadores, as bacias, as taças e os incensários eram de ouro finíssimo. Quanto à entrada da casa, as portas de dentro do Santo dos Santos e as portas do Santo Lugar do templo eram de ouro.

As dádivas de Davi são colocadas no templo

1Rs 7.51

5 1 Quando Salomão terminou toda a obra que fez para a Casa do SENHOR, trouxe as coisas que Davi, seu pai, havia dedicado: a prata, o ouro e todos os utensílios. Salomão pôs tudo isso entre os tesouros da Casa de Deus.

Salomão leva a arca para o templo

1Rs 8.3-11

2 Então Salomão congregou os anciãos de Israel e todos os chefes das tribos, os chefes das famílias dos israelitas, em Jerusalém, para levarem a arca da aliança do SENHOR, da Cidade de Davi, que é Sião, para o templo. 3 Todos os homens de Israel se congregaram junto ao rei na ocasião da festa, que foi no sétimo mês. 4 Quando todos os anciãos de Israel chegaram, os levitas pegaram a arca do SENHOR 5 e a levaram para cima, com a tenda do

encontro e com os utensílios sagrados que nela
havia; os levitas sacerdotes é que levaram tudo
isso para o templo.
6 O rei Salomão e toda a congregação de Israel,
que se havia reunido diante dele, estavam todos
diante da arca, sacrificando ovelhas e bois, que,
de tão numerosos, não se podiam contar. 7 Os sa-
cerdotes puseram a arca da aliança do SENHOR no
seu lugar, no santuário mais interior do templo,
que é o Santo dos Santos, debaixo das asas dos
querubins. 8 Pois os querubins estendiam as asas
sobre o lugar da arca e, do alto, cobriam a arca e
os seus cabos. 9 Os cabos sobressaíam tanto, que
suas pontas eram vistas do Santo Lugar, diante do
Santo dos Santos; porém de fora não podiam ser
vistos. 10 E ali estão até o dia de hoje. Nada havia
na arca a não ser as duas tábuas que Moisés ha-
via colocado ali em Horebe, quando o SENHOR fez
aliança com os filhos de Israel, ao saírem do Egito.
11 Quando os sacerdotes saíram do santuário
— porque todos os sacerdotes, que estavam pre-
sentes, se santificaram, sem respeitarem os seus
turnos —; 12 e quando todos os levitas que eram
cantores, isto é, Asafe, Hemã, Jedutum e os filhos
e irmãos deles, vestidos de linho fino, estavam em
pé no lado leste do altar, com címbalos, harpas e
liras, e com eles até cento e vinte sacerdotes, que
tocavam as trombetas; 13 e quando em uníssono,
ao mesmo tempo, tocaram as trombetas e canta-
ram para se fazerem ouvir, para louvar e dar graças
ao SENHOR; e quando levantaram eles a voz com
trombetas, címbalos e outros instrumentos musi-
cais para louvarem o SENHOR, porque ele é bom,
porque a sua misericórdia dura para sempre, en-
tão o templo, a saber, a Casa do SENHOR, se encheu
de uma nuvem, 14 de maneira que os sacerdotes
não puderam permanecer ali para ministrar, por
causa da nuvem, porque a glória do SENHOR en-
cheu a Casa de Deus.

6
1 Então Salomão disse:
— O SENHOR declarou que habitaria em trevas
espessas. 2 Eu edifiquei uma casa para tua morada,
lugar para a tua eterna habitação.

Salomão fala ao povo

1Rs 8.14-21

3 Depois o rei voltou o rosto, e abençoou toda a
congregação de Israel, que se mantinha toda em
pé. 4 Salomão disse:
— Bendito seja o SENHOR, o Deus de Israel, que
falou pessoalmente com Davi, meu pai, e pelo seu
poder cumpriu o que prometeu, dizendo: 5 "Desde
o dia em que tirei o meu povo da terra do Egito, não
escolhi cidade alguma de todas as tribos de Israel,
para edificar um templo a fim de ali estabelecer o
meu nome, nem escolhi homem algum para che-
fe do meu povo de Israel. 6 Mas escolhi Jerusalém
para que ali seja estabelecido o meu nome e escolhi
Davi para governar o meu povo de Israel."
7 — Também Davi, meu pai, havia proposto
em seu coração edificar um templo ao nome do
SENHOR, o Deus de Israel. 8 Porém o SENHOR disse
a Davi, meu pai: "Você fez bem quando resolveu
em seu coração edificar um templo ao meu nome.
9 Todavia, não será você quem edificará esse tem-
plo; o seu filho, que descenderá de você, ele o edi-
ficará ao meu nome." 10 Assim, o SENHOR cumpriu
a palavra que tinha dito, pois me levantei em lugar
de Davi, meu pai, e me assentei no trono de Is-
rael, como o SENHOR havia prometido, e edifiquei
o templo ao nome do SENHOR, o Deus de Israel.
11 Nele pus a arca em que estão as tábuas da aliança
que o SENHOR fez com os filhos de Israel.

Salomão ora a Deus

1Rs 8.22-53

12 Salomão se pôs diante do altar do SENHOR,
na presença de toda a congregação de Israel, e
estendeu as mãos. 13 Porque Salomão tinha feito
uma plataforma de bronze, de dois metros e vinte
de comprimento, dois metros e vinte de largura e
um metro e trinta de altura, que tinha colocado no
meio do pátio. Ele se pôs em pé sobre ela. Depois,
ajoelhou-se na presença de toda a congregação de
Israel, estendeu as mãos para o céu 14 e disse:
— Ó SENHOR, Deus de Israel, não há Deus como
tu, nos céus e na terra! Tu guardas a aliança e a
misericórdia aos teus servos que de todo o coração
andam diante de ti. 15 Cumpriste para com o teu
servo Davi, meu pai, o que lhe prometeste; pes-
soalmente o disseste e pelo teu poder o cumpriste,
como hoje se vê. 16 Agora, pois, ó SENHOR, Deus de
Israel, cumpre a outra promessa que fizeste a teu
servo Davi, meu pai, quando declaraste, dizendo:
"Nunca lhe faltará sucessor diante de mim, que se
assente no trono de Israel, contanto que os seus fi-
lhos guardem o seu caminho, para andarem na lei
como você andou." 17 Agora também, ó SENHOR,
Deus de Israel, que se cumpra a palavra que dis-
seste a teu servo Davi.
18 — Mas será que, de fato, Deus poderia habi-
tar com os homens na terra? Eis que os céus e até
o céu dos céus não te podem conter, muito me-
nos este templo que eu edifiquei. 19 Atenta, pois,
para a oração de teu servo e para a sua súplica, ó
SENHOR, meu Deus, ouvindo o clamor e a oração
que o teu servo faz diante de ti. 20 Que os teus
olhos estejam abertos dia e noite sobre este tem-
plo, sobre este lugar, do qual disseste que o teu
nome estaria ali, para ouvires a oração que o teu
servo fizer neste lugar. 21 Ouve, pois, as súplicas
do teu servo e do teu povo de Israel, quando ora-
rem neste lugar. Ouve do lugar da tua habitação,
dos céus; ouve e perdoa.

22— Se alguém pecar contra o seu próximo, e lhe
for exigido que jure, e ele vier jurar diante do teu al-
tar, neste templo, 23 ouve tu desde os céus, age e jul-
ga os teus servos, dando a paga ao ímpio, fazendo
com que pague por seus atos, e justificando o justo,
para lhe retribuíres segundo a sua justiça.
24— Quando o teu povo de Israel for derrota-
do por um inimigo por ter pecado contra ti, e se
converter, confessar o teu nome, orar e suplicar
diante de ti neste templo, 25 ouve tu desde os céus,
perdoa o pecado do teu povo de Israel e faze-o
voltar à terra que deste a eles e aos seus pais.
26— Quando o céu se fechar e não houver chu-
va, por ter o povo pecado contra ti, e ele orar neste
lugar, confessar o teu nome e se converter dos seus
pecados, depois de o haveres castigado, 27 ouve tu
nos céus, perdoa o pecado de teus servos e do teu
povo de Israel, ensinando-lhes o bom caminho em
que devem andar, e envia chuva sobre esta tua ter-
ra, que deste em herança ao teu povo.
28— Quando houver fome na terra ou peste,
quando houver crestamento ou ferrugem, gafa-
nhotos e larvas, quando inimigos cercarem as ci-
dades do país ou houver alguma praga ou doença,
29 toda oração e súplica que qualquer homem ou
todo o teu povo de Israel fizer, conhecendo cada
um a sua própria ferida e a sua dor, e estendendo
as mãos na direção deste templo, 30 ouve tu des-
de os céus, lugar da tua habitação, perdoa e dá a
cada um segundo todos os seus caminhos, visto
que lhe conheces o coração, porque tu, só tu, és
conhecedor do coração dos filhos dos homens;
31 para que te temam e andem nos teus caminhos
todos os dias que viverem na terra que deste aos
nossos pais.
32— Também ao estrangeiro, que não for do teu
povo de Israel, porém vier de uma terra distante,
por amor do teu grande nome e por causa da tua
mão poderosa e do teu braço estendido, e orar, vol-
tado para este templo, 33 ouve tu desde os céus, do
lugar da tua habitação, e faze tudo o que o estran-
geiro te pedir, a fim de que todos os povos da terra
conheçam o teu nome, para te temerem como o
teu povo de Israel e para saberem que este templo,
que eu edifiquei, é chamado pelo teu nome.
34— Quando o teu povo sair à guerra contra o
seu inimigo, pelo caminho por onde os enviares, e
orarem a ti, voltados para esta cidade, que tu esco-
lheste, e para o templo que edifiquei ao teu nome,
35 ouve tu desde os céus a sua oração e a sua súpli-
ca e faze-lhes justiça.
36 Quando pecarem contra ti — pois não há ho-
mem que não peque —, e tu te indignares contra
eles e os entregares às mãos do inimigo, a fim de
que os leve cativos a uma terra, longe ou perto da-
qui; 37 e se, na terra aonde forem levados cativos,
caírem em si e se converterem, e, na terra do seu
cativeiro, te suplicarem, dizendo: "Pecamos, proce-
demos mal e cometemos iniquidade"; 38 e se eles se
converterem a ti de todo o seu coração e de toda a
sua alma, na terra do seu cativeiro, para onde foram
levados cativos, e orarem, voltados para a sua terra,
que deste aos seus pais, para esta cidade que esco-
lheste e para o templo que edifiquei ao teu nome,
39 ouve tu desde os céus, do lugar da tua habitação,
a sua prece e a sua súplica e faze-lhes justiça; per-
doa o teu povo que houver pecado contra ti.
40— Agora, ó meu Deus, que os teus olhos es-
tejam abertos e os teus ouvidos atentos à oração
que se fizer neste lugar. 41 E agora, SENHOR Deus,
levanta-te e entra para o teu repouso, tu e a arca
do teu poder. Que os teus sacerdotes, ó SENHOR
Deus, se revistam de salvação, e os teus santos se
alegrem com o bem. 42 Ó SENHOR Deus, não rejei-
tes o teu ungido. Lembra-te das misericórdias que
usaste para com Davi, teu servo.

A glória de Deus enche o templo

7 1 Quando Salomão acabou de orar, desceu
fogo do céu e consumiu o holocausto e os sa-
crifícios; e a glória do SENHOR encheu o templo.
2 Os sacerdotes não podiam entrar na Casa do
SENHOR, porque a glória do SENHOR tinha enchi-
do a Casa do SENHOR. 3 Todos os filhos de Israel,
vendo descer o fogo e a glória do SENHOR sobre o
templo, se inclinaram com o rosto em terra sobre
o pavimento, adoraram, e louvaram o SENHOR,
porque ele é bom, porque a sua misericórdia dura
para sempre.

A conclusão da solenidade

1Rs 8.62-66

4 Então o rei e todo o povo ofereceram sacri-
fícios ao SENHOR. 5 O rei Salomão ofereceu em
sacrifício vinte e dois mil bois e cento e vinte mil
ovelhas. Assim, o rei e todo o povo consagra-
ram a Casa de Deus. 6 Os sacerdotes estavam nos
seus devidos lugares, bem como os levitas com
os instrumentos musicais do SENHOR, que o rei
Davi tinha feito para com eles louvar o SENHOR
— porque a sua misericórdia dura para sempre
— quando Davi o louvava pelo ministério deles.
Os sacerdotes que tocavam as trombetas estavam
diante deles, e todo o Israel se mantinha em pé.
7 Salomão consagrou também o meio do átrio que
estava diante da Casa do SENHOR, pois ali ofereceu
os holocaustos e a gordura dos sacrifícios pací-
ficos. Ele fez isso porque no altar de bronze que
Salomão tinha construído não cabiam os holo-
caustos, as ofertas de cereais e a gordura dos sa-
crifícios pacíficos.
8 Nesse tempo, Salomão celebrou a festa duran-
te sete dias, e todo o Israel com ele, uma grande
congregação, desde a entrada de Hamate até o rio

do Egito. 9 No oitavo dia, tiveram uma reunião solene. Porque por sete dias haviam celebrado a consagração do altar, e a festa durou mais sete dias.
10 No vigésimo terceiro dia do sétimo mês, o rei despediu o povo para as suas tendas; e todos voltaram alegres e de coração contente por causa do bem que o SENHOR tinha feito a Davi, a Salomão e a Israel, seu povo.

A aliança de Deus com Salomão

1Rs 9.1-9

11 Assim, Salomão acabou de construir a Casa do SENHOR e o palácio real. Tudo o que Salomão tinha planejado fazer na Casa do SENHOR e no seu palácio ele efetuou com sucesso.
12 De noite, o SENHOR apareceu a Salomão e lhe disse:

— Ouvi a sua oração e escolhi para mim este lugar para casa do sacrifício.
13 Se eu fechar o céu de modo que não haja chuva, ou se ordenar aos gafanhotos que consumam a terra, ou se enviar a peste entre o meu povo,
14 se o meu povo, que se chama pelo meu nome, se humilhar, orar, me buscar e se converter dos seus maus caminhos, eu ouvirei dos céus, perdoarei os seus pecados e sararei a sua terra.
15 Os meus olhos estarão abertos e os meus ouvidos estarão atentos à oração que se fizer neste lugar.
16 Porque escolhi e santifiquei este templo, para que nele esteja o meu nome para sempre; os meus olhos e o meu coração estarão ali todos os dias.
17 Se você andar diante de mim como fez o seu pai Davi, fazendo segundo tudo o que lhe ordenei e guardando os meus estatutos e os meus juízos,
18 também confirmarei o trono de seu reino, segundo a aliança que fiz com Davi, seu pai, dizendo: "Nunca lhe faltará sucessor que governe em Israel."

19 — Porém, se vocês se afastarem de mim e abandonarem os meus estatutos e os meus mandamentos, que eu lhes prescrevi, e se servirem outros deuses e os adorarem,
20 então os arrancarei da minha terra que lhes dei, e lançarei para longe da minha presença este templo, que santifiquei ao meu nome. E tornarei o templo em motivo de provérbio e de escárnio entre todos os povos.
21 E todo aquele que passar por este templo, agora tão exaltado, ficará espantado e perguntará: "Por que o SENHOR fez isto com esta terra e este templo?"
22 E a resposta será: "Porque deixaram o SENHOR, o Deus de seus pais, que os tirou da terra do Egito, e se apegaram a outros deuses, os adoraram e os serviram. Por isso ele trouxe sobre eles todo este mal."

As demais atividades de Salomão

1Rs 9.10-28

8 1 Ao fim de vinte anos, Salomão havia terminado a Casa do SENHOR e o seu próprio palácio.
2 Ele também reconstruiu as cidades que Hirão lhe tinha dado e fez habitar nelas os filhos de Israel.
3 Depois Salomão foi a Hamate-Zobá e a conquistou.
4 Também reconstruiu Tadmor, no deserto, e todas as cidades-armazéns em Hamate.
5 Reconstruiu também Bete-Horom-de-Cima e Bete-Horom-de-Baixo, cidades fortificadas com muralhas, portões e ferrolhos,
6 e também Baalate, e todas as cidades-armazéns que Salomão tinha, todas as cidades para os carros de guerra, as cidades para os cavaleiros e tudo o que desejou enfim construir em Jerusalém, no Líbano e em toda a terra do seu domínio.

7 Quanto a todo o povo que restou dos heteus, amorreus, ferezeus, heveus e jebuseus e que não eram de Israel,
8 e aos seus filhos, que restaram depois deles na terra, os quais os filhos de Israel não puderam destruir totalmente, esses Salomão reduziu à condição de trabalhadores forçados, até hoje.
9 Mas Salomão não obrigou nenhum israelita a trabalhar para ele como escravo. Os israelitas eram homens de guerra, seus comandantes, chefes dos seus carros de guerra e dos seus cavaleiros.
10 Estes eram os principais oficiais que o rei Salomão tinha, em número de duzentos e cinquenta, que presidiam sobre o povo.

11 Salomão trouxe a filha de Faraó da Cidade de Davi para o palácio que ele havia construído para ela, pois disse:

— Minha esposa não morará no palácio de Davi, rei de Israel, porque os lugares em que entrou a arca do SENHOR são santos.

12 Então Salomão ofereceu holocaustos ao SENHOR, sobre o altar que havia edificado ao SENHOR diante do pórtico,
13 e isto segundo o dever de cada dia, conforme o preceito de Moisés, nos sábados, nas Festas da Lua Nova, e nas festas fixas, três vezes por ano: na Festa dos Pães sem Fermento, na Festa das Semanas e na Festa dos Tabernáculos.

14 Também, conforme a ordem de Davi, seu pai, dispôs os turnos dos sacerdotes nos seus ministérios. Também dispôs os turnos dos levitas para os seus cargos, para louvarem a Deus e servirem diante dos sacerdotes, segundo o dever de cada dia, e os porteiros pelos seus turnos a cada porta. Porque esta era a ordem de Davi, o homem de Deus.
15 Não se desviaram do que o rei havia ordenado aos sacerdotes e levitas, em coisa nenhuma, nem no que se refere aos tesouros.
16 Assim foi executada toda a obra de Salomão, desde o dia em que foram lançados os alicerces da Casa do SENHOR até o término da construção. E assim foi concluída a Casa do SENHOR.

17 Depois Salomão foi a Eziom-Geber e a Elate, à praia do mar, na terra de Edom.
18 Por meio de seus servos, Hirão enviou navios e marinheiros conhecedores do mar. Eles foram com os servos

de Salomão a Ofir e de lá trouxeram mais de
quinze toneladas de ouro, que entregaram ao rei
Salomão.

A rainha de Sabá visita Salomão

1Rs 10.1-13

9 1 Quando a rainha de Sabá ouviu falar da fama
de Salomão, veio a Jerusalém prová-lo com
perguntas difíceis. Chegou com uma enorme co-
mitiva, com camelos carregados de especiarias,
de ouro em abundância e pedras preciosas. Ela se
apresentou diante de Salomão e lhe expôs tudo
o que trazia em sua mente. 2 Salomão respondeu
todas as perguntas que ela fez, e não houve nada
profundo demais que Salomão não pudesse ex-
plicar. 3 Quando a rainha de Sabá viu a sabedoria
de Salomão, o palácio que ele havia construído, 4 a
comida que era servida na mesa dele, o lugar dos
seus oficiais, o serviço dos seus criados e os trajes
deles, seus copeiros e os trajes deles, e o holocaus-
to que oferecia na Casa do SENHOR, ficou como fora
de si 5 e disse ao rei:

— É verdade o que ouvi na minha terra a
respeito de você e a respeito da sua sabedoria. 6 Eu,
porém, não acreditava no que se falava, até que
vim e vi com os meus próprios olhos. Eis que não
me contaram nem a metade da grandeza da sua
sabedoria; você supera a fama que ouvi. 7 Felizes
os homens à sua volta e felizes estes seus servos
que estão sempre diante de você e que ouvem a
sua sabedoria! 8 Bendito seja o SENHOR, seu Deus,
que se agradou de você e o colocou no seu trono
como rei para o SENHOR, seu Deus. É porque o seu
Deus ama Israel e quer estabelecê-lo para sempre
que ele o constituiu rei sobre este povo, para que
você execute o juízo e a justiça.

9 Ela entregou ao rei quatro toneladas de ouro,
grande abundância de especiarias e pedras pre-
ciosas. Nunca mais houve especiarias como as
que a rainha de Sabá ofereceu ao rei Salomão.

10 Também os servos de Hirão e os servos de
Salomão, que tinham trazido ouro de Ofir, trou-
xeram madeira de sândalo e pedras preciosas.
11 Desta madeira de sândalo o rei mandou fazer
corrimões para a Casa do SENHOR e para o palácio
real, bem como harpas e liras para os cantores.
Nunca antes se tinha visto madeira como esta na
terra de Judá.

12 O rei Salomão deu à rainha de Sabá tudo o
que ela quis e pediu, além do equivalente ao que
ela lhe havia trazido. Então ela voltou e foi para a
sua terra, ela e os seus servos.

As riquezas de Salomão

1Rs 10.14-29

13 O peso do ouro que se trazia a Salomão a
cada ano era de cerca de vinte e três toneladas,
14 além do que entrava dos vendedores e dos ne-
gociantes. Também todos os reis da Arábia e os
governadores dessa mesma terra traziam a Salo-
mão ouro e prata.

15 O rei Salomão fez duzentos grandes escudos
de ouro batido, empregando sete quilos e duzen-
tos gramas de ouro batido em cada escudo. 16 Fez
também trezentos escudos menores de ouro ba-
tido, empregando três quilos e seiscentos gramas
de ouro em cada escudo. E o rei os pôs na Casa do
Bosque do Líbano.

17 O rei fez também um grande trono de marfim
e o cobriu de ouro puro. 18 O trono tinha seis de-
graus e um estrado de ouro ligado a ele. De ambos
os lados do assento havia um braço, e a figura de
um leão junto a cada um dos braços. 19 Doze leões
estavam ali sobre os seis degraus, um em cada ex-
tremo destes. Nunca se havia feito obra semelhante
em nenhum outro reino.

20 Todas as taças que o rei Salomão usava para
beber eram de ouro, e também de ouro puro eram
todos os objetos da Casa do Bosque do Líbano.
Nos dias de Salomão não se dava nenhum valor à
prata. 21 Porque o rei tinha navios que iam a Társis,
com os servos de Hirão. De três em três anos, os
navios voltavam de Társis, trazendo ouro, prata,
marfim, bugios e pavões.

22 Assim, o rei Salomão excedeu a todos os reis
do mundo, tanto em riqueza como em sabedoria.
23 Todos os reis do mundo queriam ver Salomão
para ouvir a sabedoria que Deus tinha posto no
coração dele. 24 Cada um trazia o seu presente: ob-
jetos de prata e de ouro, roupas, armaduras, espe-
ciarias, cavalos e mulas. E foi assim ano após ano.

25 Salomão tinha quatro mil cavalos em estre-
barias, para os seus carros de guerra, e doze mil
cavaleiros, que colocou nas cidades onde manti-
nha os carros, deixando uma parte junto ao rei,
em Jerusalém. 26 Salomão dominava sobre todos
os reis desde o Eufrates até a terra dos filisteus e
até a fronteira do Egito. 27 O rei fez com que, em Je-
rusalém, a prata fosse tão comum como as pedras
e os cedros fossem tão numerosos como os sicô-
moros que estão na Sefelá. 28 Importavam-se ca-
valos para Salomão, do Egito e de todas as terras.

A morte de Salomão

1Rs 11.41-43

29 Quanto aos demais atos de Salomão, tanto
os primeiros como os últimos, não está tudo es-
crito no Livro da História de Natã, o profeta, e na
Profecia de Aías, o silonita, e nas Visões de Ido, o
vidente, a respeito de Jeroboão, filho de Nebate?
30 Salomão reinou sobre todo o Israel, em Jerusa-
lém, durante quarenta anos. 31 Salomão morreu e
foi sepultado na Cidade de Davi, seu pai, e Roboão,
seu filho, reinou em seu lugar.

A revolta de dez tribos de Israel

1Rs 12.1-20

10 1 Roboão foi a Siquém, porque todo o Is-
rael se havia reunido ali, para o fazer rei.
2 Jeroboão, filho de Nebate, que ainda estava no
Egito, para onde havia fugido da presença do rei
Salomão, ouviu isso e voltou do Egito. 3 Mandaram
chamá-lo, e ele veio com todo o Israel a Roboão,
para lhe dizer:
4 — O seu pai nos impôs um pesado jugo; alivie
a dura servidão de seu pai e o pesado jugo que ele
nos impôs, e nós o serviremos.
5 Roboão respondeu:
— Voltem daqui a três dias.
E o povo se foi.
6 O rei Roboão foi pedir conselho aos anciãos
que haviam estado na presença de Salomão, seu
pai, quando este ainda vivia, dizendo:
— Como vocês me aconselham a responder a
este povo?
7 Eles disseram:
— Se o senhor for bom com este povo, e lhes
agradar, e lhes falar boas palavras, eles se farão
seus servos para sempre.
8 Mas Roboão desprezou o conselho que os
anciãos lhe tinham dado e foi pedir conselho aos
jovens que haviam crescido com ele e o serviam.
9 Ele perguntou:
— O que vocês me aconselham? O que devo
responder a este povo que me pediu para aliviar o
jugo que o meu pai lhes impôs?
10 E os jovens que haviam crescido com ele res-
ponderam:
— Diga o seguinte ao povo que se queixa do pe-
sado jugo que o seu pai lhe impôs e que pede para
que ele seja aliviado. Diga-lhe o seguinte: "O meu
dedo mínimo é mais grosso do que a cintura do
meu pai. 11 Assim que, se o meu pai lhes impôs um
jugo pesado, eu o tornarei ainda mais pesado. Meu
pai castigou vocês com açoites; eu vou castigá-los
com escorpiões."
12 No terceiro dia, Jeroboão e todo o povo foram
falar com Roboão, como o rei lhes havia ordenado,
dizendo que voltassem em três dias. 13 O rei lhes
deu uma resposta dura, porque o rei Roboão havia
desprezado o conselho dos anciãos. 14 Preferiu se-
guir o conselho dos jovens, dizendo:
— Meu pai lhes impôs um pesado jugo, mas eu
o tornarei ainda mais pesado. Meu pai castigou
vocês com açoites; eu vou castigá-los com escor-
piões.
15 Assim o rei não deu ouvidos ao povo, porque
esta reviravolta vinha de Deus, para que o SENHOR
confirmasse a palavra que tinha dito a Jeroboão,
filho de Nebate, por meio de Aías, o silonita.
16 Quando todo o Israel viu que o rei não lhe
dava ouvidos, reagiu, dizendo:
— Que parte temos nós em Davi? Não temos
herança no filho de Jessé! Às suas tendas, ó Israel!
Cuide, agora, de sua casa, ó Davi!
Então todo o Israel se foi às suas tendas. 17 Quan-
to aos filhos de Israel, porém, que moravam nas ci-
dades de Judá, sobre eles reinou Roboão.
18 Então o rei Roboão enviou Adonirão, superin-
tendente dos que realizavam trabalhos forçados,
porém os filhos de Israel o apedrejaram, e ele mor-
reu. Mas o rei Roboão conseguiu subir no seu carro
e fugiu para Jerusalém. 19 Assim, Israel se mantém
rebelado contra a casa de Davi até o dia de hoje.

Deus proíbe fazer guerra contra as dez tribos

1Rs 12.21-24

11 1 Quando Roboão chegou a Jerusalém, reu-
niu a casa de Judá e de Benjamim, cento e
oitenta mil homens escolhidos, treinados para a
guerra, para lutar contra Israel, a fim de restituir o
reino a Roboão. 2 Porém a palavra do SENHOR veio
a Semaías, homem de Deus, dizendo:
3 — Diga a Roboão, filho de Salomão, rei de
Judá, e a todo o Israel em Judá e Benjamim: 4 Assim
diz o SENHOR: "Não subam, nem lutem contra os
seus irmãos. Que cada um volte para a sua casa,
porque eu é que fiz isto."
E eles obedeceram à palavra do SENHOR e desis-
tiram de atacar Jeroboão.

As cidades fortificadas de Roboão

5 Roboão morou em Jerusalém e, para defesa,
fortificou várias cidades em Judá, a saber, 6 Belém,
Etã, Tecoa, 7 Bete-Zur, Socó, Adulão, 8 Gate, Mares-
sa, Zife, 9 Adoraim, Laquis, Azeca, 10 Zorá, Aijalom
e Hebrom. Todas estas cidades fortificadas estão
em Judá e Benjamim. 11 Assim, Roboão as tornou
em fortalezas, pôs nelas comandantes e nelas
armazenou mantimentos, azeite e vinho. 12 E pôs
em cada cidade um arsenal de escudos e lanças,
tornando-as muito fortes. Judá e Benjamim fica-
ram sob o domínio de Roboão.

Sacerdotes e levitas vêm a Jerusalém

13 Os sacerdotes e os levitas de todos os lugares
de Israel apoiaram Roboão. 14 Os levitas abando-
naram os arredores das suas cidades e as suas
propriedades e vieram para Judá e para Jerusalém,
porque Jeroboão e seus filhos os expulsaram, para
que não ministrassem ao SENHOR. 15 Jeroboão
constituiu os seus próprios sacerdotes, para os
lugares altos, para os ídolos em forma de bodes
e de bezerros que tinha mandado fazer. 16 Além
destes, também de todas as tribos de Israel os
que de coração resolveram buscar o SENHOR,
Deus de Israel, foram a Jerusalém, para oferecer
sacrifícios ao SENHOR, Deus de seus pais. 17 Assim,
fortaleceram o reino de Judá e firmaram o poder

de Roboão, filho de Salomão, durante três anos.
Porque durante três anos andaram no caminho
de Davi e de Salomão.

A família de Roboão

18 Roboão tomou por esposa Maalate, filha de
Jerimote, filho de Davi, e filha de Abiail, filha de
Eliabe, filho de Jessé. 19 Maalate lhe deu três fi-
lhos: Jeús, Semarias e Zaão. 20 Depois dela, Roboão
casou com Maaca, filha de Absalão, que lhe deu
quatro filhos: Abias, Atai, Ziza e Selomite. 21 Ro-
boão amava Maaca, filha de Absalão, mais do que
todas as suas outras mulheres e concubinas. Por-
que ele havia tomado dezoito mulheres e sessenta
concubinas; e gerou vinte e oito filhos e sessenta
filhas. 22 Roboão designou Abias, filho de Maaca,
para ser chefe, príncipe entre os seus irmãos, por-
que queria fazê-lo rei. 23 Procedeu com sabedoria e
distribuiu todos os seus filhos por todas as terras
de Judá e Benjamim, por todas as cidades fortifica-
das. Deu-lhes mantimentos em abundância e lhes
arranjou muitas mulheres.

A invasão de Sisaque

1Rs 14.25-28

12 1 Tendo Roboão confirmado o reino e
havendo-se fortalecido, abandonou a Lei do
SENHOR, e todo o Israel fez o mesmo. 2 Sisaque, rei
do Egito, atacou Jerusalém no quinto ano do rei-
nado de Roboão. Isso aconteceu porque tinham
transgredido contra o SENHOR. 3 O rei do Egito ata-
cou a cidade com mil e duzentos carros de guerra
e sessenta mil cavaleiros; era inumerável a gente
que vinha com ele do Egito, a saber, um exército
de líbios, suquitas e etíopes. 4 Sisaque tomou as
cidades fortificadas que pertenciam a Judá e veio a
Jerusalém. 5 Então o profeta Semaías foi falar com
Roboão e com os príncipes de Judá, que, por causa
de Sisaque, se haviam ajuntado em Jerusalém, e
lhes disse:

— Assim diz o SENHOR: "Vocês me abandona-
ram, e por isso eu os abandonei, entregando-os
nas mãos de Sisaque."

6 Então os príncipes de Israel e o rei se humilha-
ram e disseram:

— O SENHOR é justo.

7 Quando o SENHOR viu que eles se humilharam,
a palavra do SENHOR veio a Semaías, dizendo:

— Eles se humilharam. Não os destruirei, mas
em breve lhes darei socorro, para que o meu furor
não se derrame sobre Jerusalém por meio de Sisa-
que. 8 Porém serão servos dele, para que conhe-
çam a diferença entre o que é servir a mim e servir
os reinos da terra.

9 Então Sisaque, rei do Egito, atacou Jerusalém
e levou embora os tesouros da Casa do SENHOR e
os tesouros do palácio real. Levou tudo, inclusive
os escudos de ouro que Salomão tinha feito. 10 Em
lugar destes, o rei Roboão fez escudos de bronze e
os entregou nas mãos dos capitães da guarda, que
guardavam o portão do palácio real. 11 Toda vez
que o rei entrava na Casa do SENHOR, os da guarda
vinham, usavam os escudos, e depois os devol-
viam à câmara da guarda.

12 Pelo fato de Roboão ter se humilhado, a ira do
SENHOR se afastou dele, e não houve destruição
total. Porque em Judá ainda havia boas coisas.

O reinado de Roboão, de Judá

1Rs 14.21-31

13 O rei Roboão fortificou-se em Jerusalém
e continuou reinando. Roboão tinha quarenta
e um anos de idade quando começou a reinar e
reinou dezessete anos em Jerusalém, cidade que
o SENHOR escolheu dentre todas as tribos de Is-
rael para ali estabelecer o seu nome. A mãe dele
se chamava Naamá e era amonita. 14 Roboão fez
o que era mau, porque não dispôs o coração para
buscar o SENHOR.

15 Quanto aos demais atos de Roboão, tanto os
primeiros como os últimos, não está tudo escrito
no Livro da História de Semaías, o profeta, e no
Livro da História de Ido, o vidente, no registro das
genealogias? Roboão e Jeroboão estiveram sem-
pre em guerra. 16 Roboão morreu e foi sepultado
na Cidade de Davi. E Abias, seu filho, reinou em
seu lugar.

O reinado de Abias, de Judá

1Rs 15.1-8

13 1 No décimo oitavo ano do reinado de Jero-
boão, Abias começou a reinar sobre Judá.
Ele reinou três anos em Jerusalém. 2 A mãe dele
se chamava Micaía e era filha de Uriel, de Gibeá.
Também houve guerra entre Abias e Jeroboão.
3 Abias começou a guerra com um exército de
valentes guerreiros, de quatrocentos mil homens
escolhidos, e Jeroboão pôs em ordem de batalha
contra ele um exército de oitocentos mil homens
escolhidos, todos valentes guerreiros. 4 Abias pôs-
-se em pé no alto do monte Zemaraim, que está na
região montanhosa de Efraim, e gritou:

— Jeroboão e todo o Israel, escutem o que vou
dizer! 5 Será que vocês não sabem que o SENHOR, o
Deus de Israel, deu para sempre a Davi a soberania
de Israel, a ele e aos seus filhos, por uma aliança
perpétua? 6 Contudo, Jeroboão, filho de Nebate,
servo de Salomão, filho de Davi, se levantou e se
rebelou contra o seu senhor. 7 Juntaram-se a ele
uns homens vadios e malignos, que desafiaram
Roboão, filho de Salomão. Como Roboão era ain-
da jovem e indeciso, não lhes pôde resistir. 8 Ago-
ra vocês pensam que podem resistir ao reino do
SENHOR, que está nas mãos dos filhos de Davi.

Vocês são uma grande multidão e estão trazendo
com vocês os bezerros de ouro que Jeroboão fez
para serem os seus deuses. 9 Não é verdade que
vocês expulsaram os sacerdotes do SENHOR, os fi-
lhos de Arão e os levitas, e escolheram para si ou-
tros sacerdotes, como fazem os povos das outras
terras? Qualquer um que vem para consagrar-se
com um novilho e sete carneiros logo se torna sa-
cerdote daqueles que não são deuses.

10 — Quanto a nós, o SENHOR é o nosso Deus, e
nunca o abandonamos. Temos sacerdotes, que mi-
nistram ao SENHOR, a saber, os filhos de Arão e os
levitas na sua obra. 11 Cada dia, de manhã e à tarde,
oferecem holocaustos e queimam incenso aromá-
tico, colocando em ordem os pães da proposição
sobre a mesa puríssima e o candelabro de ouro e
as suas lâmpadas para se acenderem cada tarde,
porque nós guardamos o preceito do SENHOR, nos-
so Deus, ao passo que vocês o abandonaram. 12 Eis
que Deus está conosco, à nossa frente, e também
os seus sacerdotes, tocando com as trombetas,
para darem o grito de guerra contra vocês, ó filhos
de Israel. Não lutem contra o SENHOR, o Deus de
seus pais, porque vocês não serão bem-sucedidos.

13 Mas Jeroboão ordenou aos que estavam de
emboscada que fizessem uma volta e atacassem
o exército de Abias pela retaguarda, de maneira
que o seu exército estava em frente dos homens
de Judá, e a emboscada vinha por detrás deles.
14 Quando os homens de Judá olharam, viram
que a batalha estava por diante e por detrás. En-
tão clamaram ao SENHOR, e os sacerdotes tocaram
as trombetas. 15 Os homens de Judá gritaram.
Quando gritavam, Deus derrotou Jeroboão e todo
o Israel diante de Abias e de Judá. 16 Os filhos de
Israel fugiram de diante de Judá, e Deus os entre-
gou nas suas mãos. 17 Abias e o seu povo fizeram
grande matança entre eles, de maneira que morre-
ram quinhentos mil homens escolhidos de Israel.
18 Assim, os filhos de Israel foram humilhados
naquele tempo, e os filhos de Judá prevaleceram,
porque confiaram no SENHOR, Deus de seus pais.

19 Abias perseguiu Jeroboão e lhe tomou as ci-
dades de Betel, Jesana e Efrom, com as suas res-
pectivas vilas. 20 Jeroboão não restaurou mais o
seu poder no tempo de Abias. O SENHOR feriu
Jeroboão, e ele morreu. 21 Abias, porém, se forti-
ficou. Tomou para si catorze mulheres, e gerou
vinte e dois filhos e dezesseis filhas.

22 Quanto aos demais atos de Abias, tanto o que
fez como o que disse, está tudo escrito no Livro da
História do Profeta Ido.

O reinado de Asa, de Judá

1Rs 15.9-24

14 1 Abias morreu, e eles o sepultaram na Cida-
de de Davi. E Asa, seu filho, reinou em seu
lugar. Nos dias dele, a terra esteve em paz durante
dez anos. 2 Asa fez o que era bom e reto aos olhos
do SENHOR, seu Deus. 3 Porque aboliu os altares
dos deuses estranhos e o culto nos lugares altos,
quebrou as colunas e cortou os postes da deusa
Aserá. 4 Ordenou a Judá que buscasse o SENHOR,
Deus de seus pais, e que observasse a lei e o man-
damento. 5 Também aboliu de todas as cidades
de Judá o culto nos lugares altos e os altares do
incenso. E houve paz no seu reinado.

6 Asa construiu cidades fortificadas em Judá,
pois havia paz na terra, e não houve guerra con-
tra ele naqueles anos, porque o SENHOR lhe tinha
dado repouso. 7 Ele disse a Judá:

— Vamos construir estas cidades, cercá-las de
muralhas e torres, portões e ferrolhos, enquanto
a terra ainda está em paz diante de nós, pois te-
mos buscado o SENHOR, nosso Deus. Nós o temos
buscado, e ele nos deu repouso por todos os lados.

8 Então eles construíram e prosperaram. O rei
Asa tinha um exército de trezentos mil homens
de Judá, que traziam grandes escudos e lança, e
duzentos e oitenta mil homens de Benjamim, que
traziam escudo e atiravam com arco; todos eram
homens valentes.

Asa vence Zerá, o etíope

9 Zerá, o etíope, saiu contra eles com um exér-
cito de um milhão de homens e trezentos carros
de guerra, e chegou até Maressa. 10 Então Asa saiu
contra ele, e eles se prepararam para a batalha no
vale de Zefatá, perto de Maressa. 11 Asa clamou ao
SENHOR, seu Deus, e disse:

— SENHOR, além de ti não há quem possa so-
correr numa batalha entre o poderoso e o fraco.
Ajuda-nos, SENHOR, nosso Deus, porque em ti
confiamos e no teu nome viemos contra esta mul-
tidão. SENHOR, tu és o nosso Deus; que não preva-
leça contra ti o homem.

12 O SENHOR derrotou os etíopes diante de Asa
e diante de Judá; e eles fugiram. 13 Asa e o povo
que estava com ele os perseguiram até Gerar,
e os etíopes foram mortos, sem restar nem um
sequer, porque foram destroçados diante do
SENHOR e diante do seu exército; e eles levaram
dali muitos despojos. 14 Atacaram todas as cida-
des ao redor de Gerar, porque o terror do SENHOR
as havia invadido; e saquearam todas as cidades,
porque nelas havia muitos despojos. 15 Também
atacaram as tendas dos donos do gado, levaram
ovelhas em abundância e camelos e voltaram
para Jerusalém.

As reformas religiosas de Asa

15 1 O Espírito de Deus veio sobre Azarias, filho
de Odede, 2 que saiu ao encontro de Asa e
lhe disse:

— Asa e todo o Judá e Benjamim, escutem! O
Senhor está com vocês, enquanto vocês estão
com ele. Se o buscarem, ele se deixará achar;
mas, se o deixarem, ele também os deixará. 3Is-
rael esteve por muito tempo sem o verdadeiro
Deus, sem sacerdote que o ensinasse e sem Lei.
4Mas quando, na sua angústia, eles voltaram ao
Senhor, Deus de Israel, e o buscaram, foi por eles
achado. 5Naqueles tempos, não havia paz nem
para os que saíam nem para os que entravam,
mas muitas perturbações sobre todos os mo-
radores daquelas terras. 6Porque nação contra
nação e cidade contra cidade se despedaçavam,
porque Deus os afligiu com todo tipo de angús-
tia. 7Mas sejam fortes e não deixem que as suas
mãos desfaleçam, porque a obra de vocês será
recompensada.

8Ao ouvir estas palavras e a profecia do profe-
ta, filho de Odede, Asa se animou e tirou as abo-
minações de toda a terra de Judá e de Benjamim,
bem como das cidades que havia conquistado
na região montanhosa de Efraim. Ele renovou
o altar do Senhor, que estava diante do pórtico
do Senhor. 9Congregou todo o Judá e Benjamim
e também os de Efraim, Manassés e Simeão que
estavam morando entre eles, porque muitos de
Israel passaram para o lado de Asa, vendo que
o Senhor, seu Deus, estava com ele. 10Eles se
reuniram em Jerusalém no terceiro mês do dé-
cimo quinto ano do reinado de Asa. 11Naquele
dia, ofereceram em sacrifício ao Senhor, do
despojo que trouxeram, setecentos bois e sete
mil ovelhas. 12Entraram em aliança de buscar o
Senhor, Deus de seus pais, de todo o coração e
de toda a alma, 13e de condenar à morte todos
aqueles que não buscassem o Senhor, Deus
de Israel, tanto os pequenos como os grandes,
tanto homens como mulheres. 14Juraram ao
Senhor, em alta voz, com júbilo e ao som de cla-
rins e trombetas. 15Todo o Judá se alegrou por
causa deste juramento, porque eles juraram de
todo o coração e, de toda a boa vontade, busca-
ram o Senhor, e por eles foi achado. O Senhor
lhes deu paz por toda parte.

16O rei Asa depôs também Maaca, sua mãe,
da dignidade de rainha-mãe, porque ela havia
feito uma abominável imagem para servir de
poste da deusa Aserá. O rei Asa destruiu essa
imagem, que ele reduziu a pó e queimou no vale
do Cedrom. 17Os lugares altos, porém, não fo-
ram tirados de Israel. No entanto, o coração de
Asa foi fiel ao Senhor durante toda a sua vida.
18Ele trouxe à Casa de Deus as coisas consagra-
das por seu pai e as coisas que ele mesmo havia
consagrado: prata, ouro e utensílios. 19Não hou-
ve guerra até o trigésimo quinto ano do reinado
de Asa.

Asa faz aliança com o rei da Síria

1Rs 15.16-22

16 1No trigésimo sexto ano do reinado de Asa,
Baasa, rei de Israel, invadiu Judá e come-
çou a edificar a cidade de Ramá, para impedir a
entrada e a saída do território de Asa, rei de Judá.
2Então Asa tirou prata e ouro dos tesouros da Casa
do Senhor e dos tesouros do palácio real e enviou
servos a Ben-Hadade, rei da Síria, que morava em
Damasco, dizendo:

3— Que haja uma aliança entre mim e você,
como houve entre o meu pai e o seu pai. Eis que
estou lhe enviando prata e ouro. Vá e anule a sua
aliança com Baasa, rei de Israel, para que ele se re-
tire do meu território.

4Ben-Hadade deu ouvidos ao rei Asa e enviou
os capitães dos seus exércitos contra as cidades
de Israel. Eles conquistaram Ijom, Dã, Abel-
-Maim e todas as cidades-armazéns de Naftali.
5Quando Baasa soube disso, deixou de edificar
Ramá e não continuou a sua obra. 6Então o rei
Asa reuniu todo o povo de Judá, e trouxeram de
Ramá as pedras e a madeira que Baasa havia usa-
do para edificá-la. Com elas Asa edificou Geba
e Mispa.

Asa repreendido por Hanani

7Naquele tempo, o vidente Hanani foi falar com
Asa, rei de Judá, e lhe disse:

— Você confiou no rei da Síria e não confiou
no Senhor, seu Deus, e por isso o exército do rei
da Síria escapou das suas mãos. 8Não é verdade
que os etíopes e os líbios formavam um grande
exército, com muitos carros de guerra e cavalei-
ros? Mas, porque você confiou no Senhor, ele
os entregou nas suas mãos. 9Porque, quanto ao
Senhor, os seus olhos passam por toda a terra,
para dar força àqueles cujo coração é totalmente
dele. Nisto você cometeu uma loucura. Por isso,
de agora em diante haverá guerras contra você.

10Porém Asa se indignou contra o profeta e o
lançou na prisão, porque estava enfurecido contra
ele por causa disso. Na mesma ocasião, Asa opri-
miu alguns do povo.

A morte de Asa

1Rs 15.23-24

11Eis que os demais atos de Asa, tanto os pri-
meiros como os últimos, está tudo escrito no
Livro da História dos Reis de Judá e de Israel.
12No trigésimo nono ano do seu reinado, Asa
contraiu uma doença nos pés, e essa doença era
muito grave. Porém, na sua enfermidade ele não
recorreu ao Senhor, mas confiou nos médicos.
13Asa morreu no quadragésimo primeiro ano do
seu reinado. 14Foi sepultado no túmulo que ele
tinha mandado abrir para si na Cidade de Davi.

Puseram-no sobre um leito cheio de perfumes e de várias especiarias, preparados segundo a arte dos perfumistas. Depois fizeram uma grande fogueira em honra dele.

O reinado de Josafá, de Judá

17 1 Em lugar de Asa, reinou o seu filho Josafá, que se fortificou contra Israel. 2 Ele pôs tropas em todas as cidades fortificadas de Judá e estabeleceu guarnições na terra de Judá e nas cidades de Efraim, que Asa, seu pai, havia conquistado. 3 O SENHOR esteve com Josafá, porque ele andou nos primeiros caminhos de Davi, seu pai, e não buscou os baalins. 4 Pelo contrário, buscou o Deus de seu pai e andou nos seus mandamentos, e não segundo as obras de Israel. 5 O SENHOR confirmou o reino nas suas mãos, e todo o Judá deu presentes a Josafá, de modo que ele teve riquezas e glória em abundância. 6 O coração dele se tornou ousado em seguir os caminhos do SENHOR, e ainda tirou os lugares altos e os postes da deusa Aserá que havia em Judá.

7 No terceiro ano do seu reinado, Josafá enviou os seus oficiais Ben-Hail, Obadias, Zacarias, Natanael e Micaías, para ensinarem nas cidades de Judá. 8 Com eles enviou os levitas Semaías, Netanias, Zebadias, Asael, Semiramote, Jônatas, Adonias, Tobias e Tobe-Adonias. E, com estes levitas, enviou os sacerdotes Elisama e Jeorão. 9 Eles ensinaram em Judá, tendo consigo o Livro da Lei do SENHOR; percorriam todas as cidades de Judá e ensinavam o povo.

10 O terror do SENHOR veio sobre todos os reinos das terras que estavam ao redor de Judá, de maneira que não fizeram guerra contra Josafá. 11 Alguns dos filisteus trouxeram presentes a Josafá e prata como tributo. Também os árabes lhe trouxeram sete mil e setecentos carneiros e sete mil e setecentos bodes. 12 Josafá se tornou cada vez mais poderoso, e construiu fortalezas e cidades-armazéns em Judá. 13 Empreendeu muitas obras nas cidades de Judá e tinha, em Jerusalém, gente de guerra e homens valentes. 14 Este é o número deles segundo as suas famílias: em Judá, eram capitães de mil: o chefe Adna e, com ele, trezentos mil homens valentes; 15 depois dele, o capitão Joanã e, com ele, duzentos e oitenta mil homens; 16 e, depois, Amasias, filho de Zicri, que voluntariamente se ofereceu ao serviço do SENHOR, e, às suas ordens, duzentos mil homens valentes. 17 De Benjamim, Eliada, homem valente, e, com ele, duzentos mil homens, armados de arco e de escudo; 18 depois dele, Jozabade, com cento e oitenta mil homens armados para a guerra. 19 Estes estavam a serviço do rei, além dos que o rei tinha posto nas cidades fortificadas por todo o Judá.

As profecias dos falsos profetas

1Rs 22.1-12

18 1 Josafá tinha riquezas e glória em abundância, e tornou-se genro de Acabe. 2 Passados alguns anos, Josafá foi visitar Acabe, em Samaria. Acabe matou ovelhas e bois em abundância, para Josafá e para o povo que o acompanhava; e o persuadiu a ir com ele atacar Ramote-Gileade. 3 Acabe, rei de Israel, perguntou a Josafá, rei de Judá:

— Você vai comigo a Ramote-Gileade?

Josafá respondeu:

— Sou como você é, e o meu povo é como o seu povo. Iremos com você à guerra.

4 Josafá disse mais ao rei de Israel:

— Consulte primeiro a palavra do SENHOR.

5 Então o rei de Israel reuniu os profetas, quatrocentos homens, e lhes perguntou:

— Devemos ir e lutar contra Ramote-Gileade ou devo me conter?

Eles responderam:

— Vá, porque Deus a entregará nas mãos do rei.

6 Mas Josafá perguntou:

— Não há aqui ainda algum profeta do SENHOR, para o consultarmos?

7 O rei de Israel respondeu a Josafá:

— Há um ainda, por meio de quem podemos consultar o SENHOR. Mas eu o odeio, porque nunca profetiza de mim o que é bom, mas somente o que é mau. 8 O nome dele é Micaías, filho de Inlá.

Josafá disse:

— O rei não deveria falar assim.

Então o rei de Israel chamou um oficial e disse:

— Traga-me depressa Micaías, filho de Inlá.

9 O rei de Israel e Josafá, rei de Judá, estavam assentados, cada um no seu trono, vestidos de trajes reais, numa eira à entrada do portão da cidade de Samaria; e todos os profetas profetizavam diante deles. 10 Zedequias, filho de Quenaana, fez para si uns chifres de ferro e disse:

— Assim diz o SENHOR: "Com estes você dará chifradas nos sírios até que estejam destruídos."

11 Todos os profetas profetizaram assim, dizendo:

— Suba a Ramote-Gileade! Você triunfará! O SENHOR a entregará nas mãos do rei.

A profecia de Micaías

1Rs 22.13-28

12 O mensageiro que tinha ido chamar Micaías falou-lhe, dizendo:

— Eis que as palavras dos profetas a uma voz predizem coisas boas para o rei. Portanto, que a sua palavra seja como a de um deles; fale o que é bom.

13 Micaías respondeu:

— Tão certo como vive o SENHOR, o que o meu Deus me disser, isso falarei.

14 Quando ele chegou à presença do rei, este lhe
perguntou:
— Micaías, devemos ir a Ramote-Gileade para a
batalha ou devo me conter?
Ele respondeu:
— Vá! Você triunfará! Eles serão entregues nas
mãos de vocês.
15 O rei lhe disse:
— Quantas vezes devo fazer você jurar que não
me fale a não ser a verdade em nome do SENHOR?
16 Então Micaías disse:
— Vi todo o Israel disperso pelos montes, como
ovelhas que não têm pastor. E o SENHOR Deus dis-
se: "Estes não têm dono; que cada um volte em
paz para a sua casa."
17 Então o rei de Israel disse a Josafá:
— Eu não disse a você que a meu respeito ele não
profetiza o que é bom, mas somente o que é mau?
18 Micaías prosseguiu:
— Portanto, ouçam a palavra do SENHOR: Vi o
SENHOR assentado no seu trono, e todo o exército
do céu estava à sua direita e à sua esquerda. 19 En-
tão o SENHOR perguntou: "Quem enganará Acabe,
o rei de Israel, para que vá e seja morto em Ramote-
-Gileade?" E um dizia uma coisa, e outro dizia outra
coisa. 20 Então um espírito saiu, se apresentou dian-
te do SENHOR e disse: "Eu o enganarei." O SENHOR
perguntou: "Como?" 21 Ele respondeu: "Sairei e
serei um espírito mentiroso na boca de todos os
profetas do rei." Então o SENHOR disse: "Você con-
seguirá enganá-lo. Vá e faça assim." 22 E agora eis
que o SENHOR pôs esse espírito mentiroso na boca
destes seus profetas e o SENHOR declarou que um
mal vai lhe acontecer.
23 Então Zedequias, filho de Quenaana, chegou,
deu uma bofetada em Micaías e perguntou:
— Por qual caminho passou o Espírito do
SENHOR ao sair de mim para falar com você?
24 Micaías respondeu:
— Eis que você o verá no dia em que estiver cor-
rendo de quarto em quarto, tentando se esconder.
25 Então o rei de Israel disse:
— Prendam Micaías e levem-no de volta a
Amom, governador da cidade, e a Joás, filho do rei.
26 E digam: "Assim diz o rei: Metam este homem na
cadeia e o ponham a pão e água, até que eu volte
em paz."
27 Micaías disse:
— Se o rei de fato voltar em paz, é porque o
SENHOR não falou por meio de mim.
E acrescentou:
— Que todos os povos ouçam isto!

A morte de Acabe

1Rs 22.29-40

28 O rei de Israel e Josafá, rei de Judá, foram ata-
car Ramote-Gileade. 29 O rei de Israel disse a Josafá:
— Eu vou me disfarçar e entrar no combate,
mas você use os seus trajes reais.
E assim o rei de Israel se disfarçou, e eles entra-
ram no combate.
30 Ora, o rei da Síria havia ordenado aos capitães
dos seus carros de guerra que não lutassem nem
contra pequeno nem contra grande, mas somen-
te contra o rei de Israel. 31 Quando os capitães dos
carros viram Josafá, disseram:
— Aquele é o rei de Israel.
E se dirigiram até ele para o atacar. Porém Jo-
safá gritou, e o SENHOR o socorreu; Deus os des-
viou dele. 32 Quando os capitães dos carros de
guerra viram que não era o rei de Israel, deixaram
de persegui-lo. 33 Então um homem entesou o
arco e, atirando ao acaso, atingiu o rei de Israel
por entre as juntas da sua armadura. Então o rei
Acabe disse ao condutor do seu carro:
— Dê a volta e leve-me para fora do combate,
porque estou gravemente ferido.
34 A batalha se intensificou naquele dia. Quan-
to ao rei de Israel, segurou-se em pé no carro de
frente para os sírios, até a tarde. Mas, ao pôr do sol,
morreu.

O profeta Jeú repreende Josafá

19 1 Josafá, rei de Judá, voltou em paz para a sua
casa, em Jerusalém. 2 O vidente Jeú, filho de
Hanani, saiu ao encontro do rei Josafá e lhe disse:
— Será que você devia ajudar o perverso e
amar aqueles que odeiam o SENHOR Deus? Por
isso, a ira do SENHOR caiu sobre você. 3 No entan-
to, boas coisas foram encontradas em você, por-
que tirou os postes da deusa Aserá da terra e pôs
no coração o propósito de buscar a Deus.

Nomeação de juízes

4 Josafá morou em Jerusalém. Ele tornou a pas-
sar pelo povo desde Berseba até a região monta-
nhosa de Efraim e fez com que o povo voltasse ao
SENHOR, o Deus de seus pais. 5 Nomeou juízes no
país, em todas as cidades fortificadas de Judá, de
cidade em cidade. 6 Disse aos juízes:
— Vejam bem o que vão fazer, porque vocês
não estão julgando em nome de homens, e sim em
nome do SENHOR. E, ao julgarem, ele estará com
vocês. 7 E agora, que o temor do SENHOR esteja com
vocês. Tenham cuidado com o que vão fazer, por-
que o SENHOR, nosso Deus, não admite injustiça
nem parcialidade, e também não aceita suborno.
8 Além disso, em Jerusalém Josafá nomeou al-
guns dos levitas, dos sacerdotes e dos chefes das fa-
mílias de Israel para julgarem em nome do SENHOR
e decidirem as questões de litígio. Por isso, mora-
vam em Jerusalém. 9 Deu-lhes a seguinte ordem:
— Façam tudo isto no temor do SENHOR, com
fidelidade e coração íntegro. 10 Sempre que os seus

irmãos que moram nas cidades trouxerem uma
questão relacionada com homicídio ou referente a
lei e mandamento, estatutos e juízos, vocês devem
admoestá-los, para que não se façam culpados
diante do Senhor e para que não venha grande ira
sobre vocês e sobre os seus irmãos. Façam assim
e vocês não serão culpados. 11 Eis que Amarias, o
sumo sacerdote, presidirá nas coisas que dizem
respeito ao Senhor, e Zebadias, filho de Ismael,
chefe da casa de Judá, nas que dizem respeito ao
rei. Também os levitas serão oficiais à disposição
de vocês. Sejam fortes no cumprimento disso, e
que o Senhor esteja com os bons.

A oração de Josafá

20 1 Depois disto, os filhos de Moabe e os filhos
de Amom, com alguns dos meunitas, vie-
ram para fazer guerra contra Josafá. 2 Então vieram
alguns que avisaram Josafá, dizendo:

— Uma grande multidão está vindo contra Judá,
do outro lado do mar Morto, da Síria. Eis que eles já
estão em Hazazom-Tamar, que é En-Gedi.

3 Então Josafá teve medo e decidiu buscar o
Senhor; e proclamou um jejum em todo o Judá.
4 Judá se congregou para pedir socorro ao Senhor.
Também de todas as cidades de Judá veio gente
para buscar o Senhor.

5 Josafá pôs-se em pé, na congregação de Judá e
de Jerusalém, na Casa do Senhor, diante do pátio
novo, 6 e disse:

— Ó Senhor, Deus de nossos pais, não és tu
Deus nos céus? Não és tu que dominas sobre to-
dos os reinos dos povos? Na tua mão está a força e
o poder, e não há quem te possa resistir. 7 Ó nosso
Deus, acaso não expulsaste os moradores desta
terra de diante do teu povo de Israel e não a deste
para sempre à posteridade de Abraão, teu amigo?
8 Eles têm morado nela e nela edificaram um san-
tuário ao teu nome, dizendo: 9 "Se algum mal nos
sobrevier, espada, juízo, peste ou fome, nós nos
apresentaremos diante deste templo e diante de ti,
pois o teu nome está neste templo; e clamaremos
a ti na nossa angústia, tu nos ouvirás e livrarás."
10 E agora eis que os filhos de Amom e de Moabe
e os do monte Seir, cujas terras não permitiste a
Israel invadir, quando vinham da terra do Egito,
mas deles se desviaram e não os destruíram, 11 eis
que eles estão nos recompensando assim: estão
vindo para nos expulsar da tua propriedade, que
nos deste em herança. 12 Ó nosso Deus, acaso não
executarás o teu juízo contra eles? Porque em nós
não há força para resistirmos a essa grande mul-
tidão que vem contra nós. Não sabemos o que fa-
zer, mas os nossos olhos estão postos em ti.

Deus responde a oração

13 Todos os homens de Judá estavam em pé
diante do Senhor, com as suas crianças, as suas
mulheres e os seus filhos. 14 Então, no meio da con-
gregação, o Espírito do Senhor veio sobre Jaaziel,
filho de Zacarias, filho de Benaia, filho de Jeiel,
filho de Matanias, levita, dos filhos de Asafe. 15 Jaa-
ziel disse:

— Escutem com atenção, todo o Judá, morado-
res de Jerusalém e rei Josafá! Assim diz o Senhor:
"Não tenham medo nem se assustem por causa
desta grande multidão, pois esta batalha não é de
vocês, mas de Deus. 16 Amanhã vocês irão ao en-
contro deles. Eis que eles virão pela ladeira de Ziz,
e vocês os encontrarão no fim do vale, em frente
do deserto de Jeruel. 17 Neste encontro, vocês não
precisarão lutar. Tomem posição, fiquem parados
e vejam a salvação que o Senhor lhes dará, ó Judá
e Jerusalém. Não tenham medo nem se assus-
tem. Amanhã, saiam ao encontro deles, porque o
Senhor está com vocês."

18 Então Josafá se prostrou com o rosto em
terra, e todo o Judá e os moradores de Jerusalém
também se prostraram diante do Senhor e o
adoraram. 19 Os levitas dos filhos dos coatitas e
dos coraítas se levantaram para louvar o Senhor,
Deus de Israel, em voz bem alta.

Deus salva o seu povo

20 Na manhã seguinte, levantaram cedo e foram
para o deserto de Tecoa. Ao saírem, Josafá se pôs
em pé e disse:

— Escutem, povo de Judá e moradores de Je-
rusalém! Creiam no Senhor, seu Deus, e vocês
estarão seguros; creiam nos profetas do Senhor e
vocês serão bem-sucedidos.

21 Depois de se aconselhar com o povo, Josafá
designou os que deveriam cantar ao Senhor. Vesti-
dos de ornamentos sagrados e marchando à frente
do exército, deveriam louvar a Deus, dizendo:

"Deem graças ao Senhor,
porque a sua misericórdia
dura para sempre."

22 No momento em que eles começaram a can-
tar e a dar louvores, o Senhor pôs emboscadas
contra os filhos de Amom e de Moabe e os do
monte Seir que vieram contra Judá, e foram der-
rotados. 23 Porque os filhos de Amom e de Moabe
se levantaram contra os moradores do monte Seir,
para os destruir e exterminar. E, quando eles ti-
nham acabado com os moradores de Seir, ataca-
ram e destruíram-se uns aos outros.

24 Quando os homens de Judá chegaram a um
lugar alto de onde se pode olhar para o deserto,
procuraram ver a multidão, e eis que somente
avistaram cadáveres estendidos no chão; não ha-
via nenhum sobrevivente.

25 Josafá e o seu povo foram saquear os despojos e acharam entre os cadáveres riquezas em abundância e objetos preciosos. Pegaram para si mais do que podiam levar e gastaram três dias para saquear o despojo, de tanto que havia. 26 No quarto dia eles se reuniram no vale de Beraca, onde louvaram o SENHOR. Por isso, aquele lugar é chamado de vale de Beraca até o dia de hoje.

27 Então todos os homens de Judá e de Jerusalém voltaram, com Josafá à frente deles. Voltaram para Jerusalém com alegria, porque o SENHOR lhes tinha dado uma grande alegria com a vitória sobre os seus inimigos. 28 Entraram em Jerusalém ao som de liras, harpas e trombetas, e foram para a Casa do SENHOR. 29 O terror da parte de Deus veio sobre todos os reinos daquelas terras, quando ouviram que o SENHOR havia lutado contra os inimigos de Israel. 30 Assim, o reino de Josafá teve paz, porque Deus lhe deu repouso por todos os lados.

O fim do reinado de Josafá

1Rs 22.41-51

31 Josafá reinou sobre Judá. Ele tinha trinta e cinco anos de idade quando começou a reinar e reinou vinte e cinco anos em Jerusalém. A mãe dele se chamava Azuba e era filha de Sili. 32 Ele andou no caminho de Asa, seu pai; não se desviou dele e fez o que era reto aos olhos do SENHOR. 33 Os lugares altos, porém, não foram destruídos; porque o povo ainda não tinha disposto o coração para com o Deus de seus pais.

34 Quanto aos demais atos de Josafá, tanto os primeiros como os últimos, está tudo escrito nas Crônicas de Jeú, filho de Hanani, que as inseriu na História dos Reis de Israel.

35 Depois disto, Josafá, rei de Judá, se aliou com Acazias, rei de Israel, cuja conduta era ímpia. 36 Aliou-se com ele, para construir navios que fossem a Társis; os navios foram construídos em Eziom-Geber. 37 Então Eliézer, filho de Dodavá, de Maressa, profetizou contra Josafá, dizendo:

— Porque você se aliou com Acazias, o SENHOR destruirá o que você construiu.

E os navios se quebraram e não puderam ir a Társis.

21 1 Josafá morreu e foi sepultado no túmulo de seus pais, na Cidade de Davi; e Jeorão, seu filho, reinou em seu lugar.

O reinado de Jeorão, de Judá

2Rs 8.16-24

2 Jeorão tinha irmãos, filhos de Josafá. Eles se chamavam Azarias, Jeiel, Zacarias, Azarias, Micael e Sefatias, e eram todos filhos de Josafá, rei de Judá. 3 O pai deles lhes deu muitos presentes de prata, de ouro e de coisas preciosas, além de cidades fortificadas em Judá; porém deu o reino a Jeorão, por ser o primogênito.

4 Tendo Jeorão assumido o reino de seu pai e havendo-se fortalecido, matou à espada todos os seus irmãos e também alguns dos chefes de Israel. 5 Jeorão tinha trinta e dois anos de idade quando começou a reinar e reinou oito anos em Jerusalém. 6 Andou nos caminhos dos reis de Israel, como também fizeram os da casa de Acabe, porque era casado com uma filha dele. E Jeorão fez o que era mau aos olhos do SENHOR. 7 Porém o SENHOR não quis destruir a casa de Davi por causa da aliança que havia feito com ele e segundo a promessa que lhe havia feito de dar uma lâmpada a ele e aos seus filhos para sempre.

8 Nos dias de Jeorão, os edomitas se revoltaram contra o poder de Judá e constituíram o seu próprio rei. 9 Por isso Jeorão foi até lá com todos os seus chefes e com todos os seus carros de guerra. Ele se levantou de noite e atacou os edomitas que o cercavam e os capitães dos carros de guerra. 10 Assim, Edom se rebelou para se livrar do poder de Judá até o dia de hoje. Na mesma época a cidade de Libna também se rebelou contra Jeorão, porque este havia abandonado o SENHOR, Deus de seus pais.

11 Jeorão também construiu lugares altos nos montes de Judá, seduziu os moradores de Jerusalém à idolatria, e fez com que Judá se afastasse do SENHOR. 12 Então lhe chegou às mãos uma carta do profeta Elias, em que estava escrito:

"Assim diz o SENHOR, Deus de Davi, seu pai: 'Você não andou nos caminhos de seu pai Josafá, nem nos caminhos de Asa, rei de Judá, 13 mas andou nos caminhos dos reis de Israel e seduziu o povo de Judá e os moradores de Jerusalém à idolatria, segundo a idolatria da casa de Acabe. Além disso, você matou os seus próprios irmãos, da casa de seu pai, que eram melhores do que você. 14 Por isso o SENHOR castigará com um grande flagelo este povo do qual você é rei, bem como os seus filhos, as mulheres que você tem e todas as suas posses. 15 Você terá uma doença grave nos seus intestinos, doença esta que aumentará dia após dia, até que os seus intestinos saiam do corpo.'"

16 O SENHOR despertou contra Jeorão o ânimo dos filisteus e dos árabes que moravam perto dos etíopes. 17 Estes subiram contra o reino de Judá e o invadiram. Levaram embora todos os bens que encontraram no palácio real, inclusive os filhos e as mulheres dele, assim que não lhe deixaram filho algum, a não ser Jeoacaz, o mais moço deles.

18 Depois de tudo isto, o SENHOR feriu Jeorão com uma doença incurável nos intestinos. 19 A doença ia aumentando dia após dia e, ao final de dois anos, os intestinos saíram por causa da

doença, e ele morreu com dores horríveis. O seu
povo não fez nenhuma fogueira em honra dele,
como havia feito para os seus pais.
20 Jeorão tinha trinta e dois anos de idade quan-
do começou a reinar e reinou oito anos em Jeru-
salém. E se foi sem deixar saudades. Foi sepultado
na Cidade de Davi, mas não nos túmulos dos reis.

O reinado de Acazias, de Judá

2Rs 8.25-29

22 1 Em lugar de Jeorão, os moradores de Je-
rusalém fizeram rei a Acazias, o filho mais
moço de Jeorão. Isso porque a tropa que tinha
vindo com os árabes e invadido o arraial tinha
matado todos os filhos mais velhos do rei. Assim
Acazias, filho de Jeorão, rei de Judá, se tornou rei.
2 Acazias tinha vinte e dois anos de idade quando
começou a reinar e reinou um ano em Jerusalém.
3 A mãe dele, que era filha de Onri, se chamava
Atalia. Acazias também andou nos caminhos da
casa de Acabe, porque a mãe dele o aconselhava a
cometer iniquidades. 4 Fez o que era mau aos olhos
do SENHOR, como os da casa de Acabe, porque
eles foram os seus conselheiros depois da morte
de seu pai, para a sua perdição. 5 Também andou
nos conselhos deles e foi com Jorão, filho de Aca-
be, rei de Israel, a Ramote-Gileade, para guerrear
contra Hazael, rei da Síria; e os sírios feriram Jorão.
6 Então ele voltou para Jezreel, para curar-se das
feridas que lhe fizeram em Ramá, quando lutou
contra Hazael, rei da Síria. E Acazias, filho de Jeo-
rão, rei de Judá, foi a Jezreel visitar Jorão, filho de
Acabe, que estava doente.
7 Foi da vontade de Deus que Acazias, para a sua
ruína, fosse visitar Jorão. Porque, quando chegou,
saiu com Jorão para encontrar-se com Jeú, filho de
Ninsi, a quem o SENHOR tinha ungido para extermi-
nar a casa de Acabe. 8 Quando Jeú estava exe-
cutando juízo contra a casa de Acabe, encontrou os
príncipes de Judá e os filhos dos irmãos de Acazias,
que estavam ao serviço do rei, e os matou. 9 Depois,
mandou procurar Acazias e o encontrou em Sama-
ria, onde se havia escondido. Eles o levaram a Jeú
e o mataram. Então o sepultaram, porque disseram:
— Ele é neto de Josafá, que buscou o SENHOR de
todo o coração.
E não havia mais ninguém na casa de Acazias
que pudesse ser rei.

Atalia usurpa o trono de Judá

2Rs 11.1-3

10 Quando Atalia, mãe de Acazias, viu que seu
filho era morto, levantou-se e destruiu toda a des-
cendência real da casa de Judá. 11 Mas Jeosabeate,
filha do rei, raptou Joás, filho de Acazias, do meio
dos filhos do rei que seriam mortos e o escon-
deu, juntamente com a sua babá, numa câmara
interior. Assim Jeosabeate, a filha do rei Jeorão,
mulher do sacerdote Joiada e irmã de Acazias, o
escondeu de Atalia, e ele não foi morto. 12 Joás es-
teve com eles, escondido na Casa de Deus, duran-
te seis anos; e Atalia reinava no país.

Joás é ungido rei de Judá

2Rs 11.4-12

23 1 No sétimo ano, o sacerdote Joiada se ani-
mou e entrou em aliança com os capitães
de cem: Azarias, filho de Jeroão, Ismael, filho de
Joanã, Azarias, filho de Obede, Maaseias, filho de
Adaías, e Elisafate, filho de Zicri. 2 Estes percor-
reram Judá, congregaram os levitas de todas as
cidades de Judá e os chefes das famílias de Israel
e vieram para Jerusalém. 3 Toda essa congregação
fez aliança com o rei na Casa de Deus. Então Joia-
da lhes disse:
— Eis que o filho do rei deve reinar, como o
SENHOR Deus falou a respeito dos filhos de Davi.
4 Isto é o que vocês devem fazer: uma terça parte
de vocês, sacerdotes e levitas, que entram de ser-
viço no sábado, servirá de guarda dos portões do
templo; 5 outra terça parte estará no palácio real;
e a outra terça parte, no Portão do Fundamento; e
todo o povo estará nos pátios da Casa do SENHOR.
6 Que ninguém entre na Casa do SENHOR, a não
ser os sacerdotes e os levitas que ministram. Es-
tes poderão entrar, porque são santos, mas todo
o povo guardará o preceito do SENHOR. 7 Os le-
vitas devem rodear o rei, cada um de armas na
mão. E, se alguém quiser entrar no templo, que
seja morto. Vocês devem acompanhar o rei aonde
quer que ele for.
8 Os levitas e todo o Judá fizeram tudo o que o
sacerdote Joiada lhes havia ordenado. Cada um
reuniu os seus soldados, tanto os que entravam
de serviço no sábado como os que saíam de servi-
ço no sábado, porque o sacerdote Joiada não havia
dispensado nenhuma das turmas. 9 O sacerdote
Joiada entregou aos capitães de cem as lanças, os
escudos e os escudos menores que haviam sido
do rei Davi e que estavam na Casa de Deus. 10 Dis-
pôs todo o povo, cada um de armas na mão, desde
o lado direito do templo até o seu lado esquerdo, e
até o altar, e até o templo, para rodear o rei. 11 En-
tão trouxeram para fora o filho do rei, puseram a
coroa na cabeça dele, entregaram-lhe o Livro do
Testemunho e o constituíram rei. Joiada e seus
filhos o ungiram e gritaram:
— Viva o rei!

A morte de Atalia

2Rs 11.13-16

12 Quando a rainha Atalia ouviu o barulho do
povo que corria e louvava o rei, veio para onde o
povo estava, na Casa do SENHOR. 13 Olhou, e eis

que o rei estava junto à coluna, à entrada. Os capi-
tães e os tocadores de trombetas estavam ao lado
do rei, e todo o povo da terra se alegrava e tocava
trombetas. Também os cantores com os instru-
mentos musicais dirigiam o canto de louvores.
Então Atalia rasgou as suas roupas e gritou:
— Traição! Traição!
14 Porém o sacerdote Joiada trouxe para fora os
capitães que comandavam as tropas e disse-lhes:
— Façam-na sair por entre as fileiras e, se al-
guém a seguir, matem-no à espada.
Porque o sacerdote tinha dito: "Não a matem na
Casa do SENHOR." 15 Então eles a prenderam; e ela,
pelo caminho da entrada dos cavalos, foi para o
palácio real, onde a mataram.

A aliança de Joiada

2Rs 11.17-21

16 Joiada fez uma aliança entre si mesmo, todo
o povo e o rei, para serem eles o povo do SENHOR.
17 Então todo o povo entrou no templo de Baal
e o derrubaram, despedaçando os altares e as
imagens de Baal. Matã, o sacerdote de Baal, foi
morto diante dos altares. 18 Joiada entregou a su-
perintendência da Casa do SENHOR nas mãos dos
sacerdotes levitas, que Davi tinha organizado em
grupos para cuidarem da Casa do SENHOR, para
oferecerem os holocaustos do SENHOR, como
está escrito na Lei de Moisés, com alegria e com
canto, segundo a instituição de Davi. 19 Colocou
porteiros junto aos portões da Casa do SENHOR,
para que nela não entrasse ninguém que de algu-
ma forma fosse impuro. 20 Reuniu os capitães de
cem, os nobres, os governadores do povo e todo
o povo da terra, e todos estes conduziram o rei
da Casa do SENHOR até o palácio real, passando
pelo portão superior. E assentaram Joás no tro-
no do reino. 21 Todo o povo da terra se alegrou,
e a cidade ficou tranquila, depois que mataram
Atalia à espada.

O reinado de Joás, de Judá

2Rs 12.1-19

24 1 Joás tinha sete anos de idade quando co-
meçou a reinar e reinou quarenta anos em
Jerusalém. 2 A mãe dele se chamava Zíbia e era
de Berseba. Joás fez o que era reto aos olhos do
SENHOR todos os dias do sacerdote Joiada. 3 Joiada
lhe deu duas mulheres, e ele gerou filhos e filhas.
4 Depois disto, Joás decidiu restaurar a Casa do
SENHOR. 5 Reuniu os sacerdotes e os levitas e lhes
disse:
— Vão pelas cidades de Judá e levantem de
todo o Israel dinheiro para que todos os anos se-
jam feitos reparos no templo de seu Deus; e façam
isso depressa.
Porém os levitas não se apressaram. 6 Então o
rei mandou chamar o sumo sacerdote Joiada e lhe
perguntou:
— Por que você não exigiu que os levitas trou-
xessem de Judá e de Jerusalém o imposto que Moi-
sés, servo do SENHOR, pôs sobre a congregação de
Israel, para a tenda do testemunho?
7 Porque a perversa Atalia e os seus filhos tinham
arruinado a Casa de Deus; e usaram todas as coisas
sagradas da Casa do SENHOR no culto aos baalins.
8 O rei deu ordem e fizeram um cofre e o puse-
ram do lado de fora, junto ao portão da Casa do
SENHOR. 9 Publicou-se, em Judá e em Jerusalém, que
trouxessem ao SENHOR o imposto que Moisés, ser-
vo de Deus, havia colocado sobre Israel, no deserto.
10 Então todos os chefes e todo o povo se alegraram,
trouxeram o imposto e o lançaram no cofre, até fi-
car cheio. 11 Quando o cofre era levado pelos levi-
tas a uma comissão real, vendo-se que havia muito
dinheiro, o escrivão do rei e o comissário do sumo
sacerdote esvaziavam o cofre e o levavam de novo
ao seu lugar. Assim faziam dia após dia e ajuntaram
dinheiro em abundância.
12 O rei e Joiada entregavam esse dinheiro aos
que dirigiam a obra e tinham a seu encargo a Casa
do SENHOR, que contrataram pedreiros e car-
pinteiros, para restaurarem a Casa do SENHOR, e
também os que trabalhavam em ferro e em bron-
ze, para repararem a Casa do SENHOR. 13 Os que
estavam encarregados da obra trabalhavam, e a
reparação tinha bom êxito com eles; restauraram
a Casa de Deus no seu próprio estado e a conso-
lidaram. 14 Quando acabaram a obra, trouxeram
ao rei e a Joiada o resto do dinheiro, de que se fi-
zeram utensílios para a Casa do SENHOR, objetos
para o culto e para os holocaustos, taças e outros
objetos de ouro e de prata. E continuamente ofe-
receram holocaustos na Casa do SENHOR, todos
os dias de Joiada.
15 Joiada morreu após uma longa velhice; ti-
nha cento e trinta anos de idade quando morreu.
16 Sepultaram-no na Cidade de Davi com os reis,
porque ele tinha feito o bem em Israel e servido a
Deus e ao seu templo.

Zacarias é morto pelo rei

17 Depois da morte de Joiada, os chefes de Judá
foram e se prostraram diante do rei, e o rei os ou-
viu. 18 Então abandonaram a Casa do SENHOR,
Deus de seus pais, e serviram os postes da deu-
sa Aserá e aos ídolos. E, por esta sua culpa, veio
grande ira sobre Judá e Jerusalém. 19 Mas o SENHOR
lhes enviou profetas para os reconduzir a si; estes
profetas testemunharam contra eles, mas eles não
quiseram ouvir.
20 Então o Espírito de Deus se apoderou de Za-
carias, filho do sacerdote Joiada. Ele ficou em pé
diante do povo e lhes disse:

— Assim diz Deus: "Por que vocês estão trans-
gredindo os mandamentos do Senhor? Vocês não
vão prosperar! Por terem abandonado o Senhor,
também ele os abandonará."
21 Conspiraram contra ele e o apedrejaram, por
ordem do rei, no pátio da Casa do Senhor. 22 As-
sim, o rei Joás não se lembrou de como Joiada, pai
de Zacarias, tinha sido bondoso com ele, e acabou
matando o filho dele. Ao morrer, Zacarias disse:
— O Senhor verá isto e o retribuirá.

O juízo de Deus sobre Joás

23 Antes de se findar o ano, o exército dos sírios
atacou Joás. Invadiram Judá e Jerusalém, mataram
todos os chefes do povo, e levaram os despojos ao
rei de Damasco. 24 Embora o exército dos sírios
não fosse grande, o Senhor permitiu que eles ven-
cessem um exército que era muito maior, porque
eles tinham abandonado o Senhor, Deus de seus
pais. Assim os sírios executaram o juízo de Deus
contra Joás.

A conspiração contra o rei Joás

2Rs 12.20-21

25 Quando os sírios foram embora, deixando
Joás gravemente ferido, os servos de Joás cons-
piraram contra ele, por causa do sangue do filho
do sacerdote Joiada, e o mataram em sua cama.
26 Ele foi sepultado na Cidade de Davi, mas não
nos túmulos dos reis. Os que conspiraram contra
Joás foram Zabade, filho de Simeate, a amonita, e
Jeozabade, filho de Sinrite, a moabita. 27 Quanto
aos filhos de Joás, às numerosas sentenças profe-
ridas contra ele e à restauração da Casa de Deus,
está tudo escrito no Livro da História dos Reis. E
Amazias, filho de Joás, reinou em seu lugar.

O reinado de Amazias, de Judá

2Rs 14.1-7

25 1 Amazias tinha vinte e cinco anos de idade
quando começou a reinar e reinou vinte e
nove anos em Jerusalém. A mãe dele se chamava
Jeoadã e era de Jerusalém. 2 Amazias fez o que era
reto aos olhos do Senhor, mas não com coração
íntegro. 3 Logo que o reino foi confirmado nas suas
mãos, matou os servos que tinham assassinado o
rei, seu pai. 4 No entanto, não matou os filhos de-
les, mas fez segundo está escrito na Lei, no Livro
de Moisés, no qual o Senhor deu ordem, dizendo:
"Os pais não serão mortos por causa dos filhos,
nem os filhos serão mortos por causa dos pais;
cada qual será morto pelo seu próprio pecado."
5 Amazias congregou os homens de Judá e os
pôs, segundo as suas famílias, sob chefes de mil e
chefes de cem, por todo o Judá e Benjamim. Contou
os que tinham vinte anos de idade para cima e des-
cobriu que havia trezentos mil homens escolhidos
capazes de sair à guerra e manejar lança e escudo.
6 Também contratou cem mil homens valentes de
Israel por três mil e quatrocentos quilos de prata.
7 Porém certo homem de Deus foi falar com
Amazias e disse:
— Ó rei, não deixe que o exército de Israel o
acompanhe, porque o Senhor não está com Israel,
isto é, com nenhum dos filhos de Efraim. 8 Porém
vá sozinho, entre em ação e seja corajoso. Do con-
trário, Deus faria com que você caísse diante do
inimigo, porque Deus tem poder para dar a vitória
ou a derrota.
9 Amazias perguntou ao homem de Deus:
— E o que será dos três mil e quatrocentos qui-
los de prata que paguei às tropas de Israel?
Ao que o homem de Deus respondeu:
— O Senhor pode lhe dar muito mais do que
isso!
10 Então Amazias dispensou as tropas que ti-
nham vindo de Efraim, dizendo que voltassem
para casa. Eles ficaram muito irritados com o povo
de Judá e voltaram para casa enfurecidos.
11 Amazias tomou coragem e, conduzindo o seu
povo, foi até o vale do Sal, onde matou dez mil dos
filhos de Seir. 12 Também os filhos de Judá pren-
deram vivos dez mil e os levaram até o alto de um
penhasco, de onde os precipitaram, de modo que
todos foram esmigalhados. 13 Porém os homens
das tropas que Amazias tinha mandado embora,
para que não fossem com ele à guerra, atacaram as
cidades de Judá, desde Samaria até Bete-Horom.
Mataram três mil e levaram muitos despojos.
14 Quando Amazias voltou da matança dos
edomitas, trouxe consigo os deuses dos filhos
de Seir, tomou-os por seus deuses, adorou-os e
lhes queimou incenso. 15 Então o Senhor ficou
irado com Amazias e enviou-lhe um profeta que
lhe disse:
— Por que você está buscando deuses que não
puderam livrar do seu ataque o povo deles?
16 Enquanto o profeta ainda falava, o rei lhe
disse:
— Por acaso pusemos você por conselheiro
do rei? Pare com isso! Por que teríamos de matar
você?
Então o profeta parou, mas disse:
— Sei que Deus resolveu destruí-lo, porque
você fez isso e não deu ouvidos ao meu conselho.

Amazias é derrotado por Jeoás

2Rs 14.8-14

17 Então Amazias, rei de Judá, tomou conselho e
enviou mensageiros a Jeoás, filho de Jeoacaz, filho
de Jeú, rei de Israel, dizendo:
— Venha me enfrentar no campo de batalha.
18 Porém Jeoás, rei de Israel, respondeu a Ama-
zias, rei de Judá:

— O espinheiro que está no Líbano mandou
dizer ao cedro que lá está: "Dê a sua filha por mu-
lher ao meu filho." Mas um animal selvagem, que
estava no Líbano, passou e pisoteou o espinheiro.
19 Você diz: "Eis que derrotei os edomitas", e o seu
coração se encheu de orgulho, para você se gloriar.
Agora fique em casa. Por que provocar um mal
que trará somente desgraça para você e para Judá?
20 Mas Amazias não quis atendê-lo, porque isto
vinha de Deus, para entregá-los nas mãos dos ini-
migos, porque buscaram os deuses dos edomitas.
21 Então Jeoás, rei de Israel, avançou contra Ama-
zias, rei de Judá, e eles se enfrentaram em Bete-
-Semes, que está em Judá. 22 Judá foi derrotado
por Israel, e os soldados tiveram de fugir para as
suas casas. 23 Jeoás, rei de Israel, prendeu Ama-
zias, rei de Judá, filho de Joás, filho de Jeoacaz, em
Bete-Semes. Levou-o a Jerusalém, onde derrubou
uma parte da muralha da cidade, desde o Portão
de Efraim até o Portão da Esquina, numa exten-
são de mais ou menos duzentos metros. 24 Pegou
todo o ouro e a prata, e todos os utensílios que
havia na Casa de Deus, com Obede-Edom, e os
tesouros do palácio real, bem como alguns reféns;
e voltou para Samaria.

A morte de Amazias

2Rs 14.17-20

25 Amazias, filho de Joás, rei de Judá, viveu
quinze anos depois da morte de Jeoás, filho de
Jeoacaz, rei de Israel. 26 Quanto aos demais atos
de Amazias, tanto os primeiros como os últimos,
não está tudo escrito no Livro da História dos Reis
de Judá e de Israel? 27 Depois que Amazias deixou
de seguir o SENHOR, conspiraram contra ele em
Jerusalém, e ele fugiu para Laquis; porém envia-
ram homens atrás dele até Laquis e o mataram.
28 Trouxeram-no sobre cavalos e o sepultaram
junto a seus pais, na Cidade de Davi.

O reinado de Uzias, de Judá

2Rs 14.21-22; 15.1-4

26 1 Todo o povo de Judá tomou Uzias, que ti-
nha dezesseis anos de idade, e o constituiu
rei em lugar de Amazias, seu pai. 2 Depois da mor-
te de seu pai, Uzias reconstruiu Elate e a restituiu
a Judá.

3 Uzias tinha dezesseis anos de idade quando
começou a reinar e reinou cinquenta e dois anos
em Jerusalém. A mãe dele se chamava Jecolias e era
de Jerusalém. 4 Ele fez o que era reto aos olhos do
SENHOR, segundo tudo o que Amazias, seu pai, ha-
via feito. 5 Propôs-se buscar a Deus nos dias de Za-
carias, que era sábio nas visões de Deus. Enquanto
Uzias buscou o SENHOR, Deus o fez prosperar.

6 Ele foi e guerreou contra os filisteus. Des-
truiu as muralhas de Gate, de Jabné e de Asdode.
Construiu cidades no território de Asdode e entre
os filisteus. 7 Deus o ajudou contra os filisteus,
contra os árabes que moravam em Gur-Baal e con-
tra os meunitas. 8 Os amonitas pagavam tributo a
Uzias, que chegou a ser tão poderoso que a sua
fama se espalhou até a entrada do Egito.

9 Uzias construiu torres em Jerusalém, junto ao
Portão da Esquina, junto ao Portão do Vale e jun-
to ao Portão do Ângulo e as fortificou. 10 Também
construiu torres no deserto e cavou muitas cis-
ternas, porque tinha muito gado, tanto na Sefelá
como nas campinas. Tinha lavradores e vinhatei-
ros, nos montes e nos campos férteis, porque era
amigo da agricultura.

11 Uzias tinha um exército de homens prepa-
rados para a guerra, que saíam para a batalha em
tropas, segundo a lista feita pelo escrivão Jeiel e
pelo oficial Maaseias, sob a direção de Hananias,
um dos oficiais do rei. 12 O número total dos che-
fes das famílias, homens valentes, era de dois
mil e seiscentos. 13 Debaixo das suas ordens, ha-
via um exército guerreiro de trezentos e sete mil
e quinhentos homens, que faziam a guerra com
grande poder, para ajudar o rei contra os seus
inimigos. 14 Uzias preparou para todo o exército
escudos, lanças, capacetes, couraças e arcos e até
fundas para atirar pedras. 15 Em Jerusalém ele fa-
bricou máquinas, inventadas por homens peritos,
que foram colocadas nas torres e nos cantos das
muralhas, para atirarem flechas e grandes pedras.
A fama de Uzias se espalhou até muito longe,
porque ele foi maravilhosamente ajudado, até se
tornar muito poderoso.

Uzias é atacado de lepra

2Rs 15.5-7

16 Mas, depois que Uzias se tornou poderoso, o
coração dele se exaltou para a sua própria ruína.
Ele cometeu uma transgressão contra o SENHOR,
seu Deus, pois entrou no templo do SENHOR para
queimar incenso no altar do incenso. 17 Porém o
sacerdote Azarias entrou atrás dele, acompanha-
do de oitenta sacerdotes do SENHOR, homens da
maior firmeza. 18 Eles enfrentaram o rei Uzias e
lhe disseram:

— Não compete a você, Uzias, queimar incen-
so diante do SENHOR, mas aos sacerdotes, filhos
de Arão, que são consagrados para esse serviço.
Saia do santuário, porque você cometeu uma
transgressão e isso não lhe trará honra da parte do
SENHOR Deus.

19 Então Uzias se indignou. Ele tinha o incen-
sário na mão para queimar incenso. No momento
em que ele se indignou contra os sacerdotes, a le-
pra lhe saiu na testa, ali mesmo, na presença dos
sacerdotes, na Casa do SENHOR, junto ao altar do
incenso. 20 Quando o sumo sacerdote Azarias e

todos os sacerdotes se voltaram para ele, eis que
ele estava leproso na testa. Então apressadamen-
te o tiraram dali, e até ele mesmo se apressou em
sair, visto que o SENHOR o havia ferido.
21 Assim, o rei Uzias ficou leproso até o dia da
sua morte. E, por ser leproso, morou numa casa
separada, porque foi excluído da Casa do SENHOR.
E Jotão, seu filho, tinha a seu encargo o palácio
real, governando o povo da terra.
22 Quanto aos demais atos de Uzias, tanto os
primeiros como os últimos, o profeta Isaías, filho
de Amoz, os escreveu. 23 Uzias morreu e foi sepul-
tado no túmulo de seus pais, num cemitério que
pertencia aos reis. Porque disseram: "Ele era lepro-
so." E Jotão, seu filho, reinou em seu lugar.

O reinado de Jotão, de Judá

2Rs 15.32-38

27 1 Jotão tinha vinte e cinco anos de idade
quando começou a reinar e reinou dezesseis
anos em Jerusalém. A mãe dele se chamava Jeru-
sa e era filha de Zadoque. 2 Fez o que era reto aos
olhos do SENHOR, segundo tudo o que Uzias, seu
pai, havia feito, exceto que não entrou no templo
do SENHOR. E o povo continuava na prática do mal.
3 Ele edificou o Portão de Cima da Casa do
SENHOR e também edificou muitas obras sobre
a Muralha de Ofel. 4 Também construiu cidades
na região montanhosa de Judá e castelos e torres
nos bosques. 5 Ele também guerreou contra o rei
dos filhos de Amom e o derrotou, de modo que
os filhos de Amom, naquele ano, lhe deram três
mil e quatrocentos quilos de prata, mil toneladas
de trigo e mil toneladas de cevada. E eles lhe trou-
xeram isto também no segundo e no terceiro ano.
6 Assim, Jotão se tornou cada vez mais poderoso,
porque dirigia os seus caminhos segundo a vonta-
de do SENHOR, seu Deus.
7 Quanto aos demais atos de Jotão, todas as suas
guerras e empreendimentos, eis que está tudo es-
crito no Livro da História dos Reis de Israel e de
Judá. 8 Tinha vinte e cinco anos de idade quando
começou a reinar e reinou dezesseis anos em Jeru-
salém. 9 Jotão morreu e foi sepultado na Cidade de
Davi. E Acaz, seu filho, reinou em seu lugar.

O reinado de Acaz, de Judá

2Rs 16.1-4

28 1 Acaz tinha vinte anos de idade quando
começou a reinar e reinou dezesseis anos
em Jerusalém. Não fez o que era reto aos olhos
do SENHOR, ao contrário de Davi, seu pai. 2 Andou
nos caminhos dos reis de Israel e até fez imagens
fundidas aos baalins. 3 Também queimou incenso
no vale de Ben-Hinom e queimou os seus próprios
filhos, segundo as abominações dos gentios, que
o SENHOR havia expulsado de diante dos filhos de
Israel. 4 Também sacrificou e queimou incenso
nos lugares altos, nas colinas e debaixo de toda
árvore frondosa.
5 Por isso o SENHOR, seu Deus, o entregou nas
mãos do rei dos sírios, os quais o derrotaram e fize-
ram uma grande multidão de prisioneiros, que foram
levados para Damasco. Acaz também foi entregue
nas mãos do rei de Israel, que lhe impôs grande der-
rota. 6 Num só dia, Peca, filho de Remalias, matou em
Judá cento e vinte mil, todos homens poderosos, por
terem abandonado o SENHOR, Deus de seus pais. 7 Zi-
cri, homem valente de Efraim, matou Maaseias, filho
do rei, Azricão, alto oficial do palácio, e Elcana, o se-
gundo depois do rei. 8 Os filhos de Israel levaram pre-
sos de Judá, seu povo irmão, duzentos mil: mulheres,
filhos e filhas. Saquearam também muitos despojos,
que levaram para Samaria.

O profeta Odede

9 Havia em Samaria um profeta do SENHOR, cujo
nome era Odede. Ele saiu ao encontro do exército
que voltava para Samaria e lhe disse:
— Eis que o SENHOR, o Deus dos seus pais, ficou
irado com Judá e os entregou nas mãos de vocês, e
vocês os mataram com tamanha raiva, que chegou
até os céus. 10 Agora vocês estão querendo fazer
dos filhos de Judá e de Jerusalém os seus escravos
e as suas escravas. Será que vocês não são culpa-
dos diante do SENHOR, seu Deus? 11 Agora escutem
o que vou dizer e mandem de volta os prisioneiros
que vocês fizeram entre os seus irmãos, porque o
furor da ira do SENHOR está sobre vocês.
12 Então alguns dos chefes dos filhos de Efraim,
a saber, Azarias, filho de Joanã, Berequias, filho de
Mesilemote, Jeizquias, filho de Salum, e Amasa,
filho de Hadlai, se levantaram contra os que vol-
tavam da guerra 13 e lhes disseram:
— Não tragam esses prisioneiros para cá, por-
que vocês estão querendo aumentar ainda mais
os nossos pecados e a nossa culpa diante do
SENHOR. A nossa culpa já é grande, e o furor da ira
do SENHOR está sobre Israel.
14 Então os homens armados deixaram os pri-
sioneiros e o despojo diante dos chefes e de toda a
congregação. 15 Os homens que foram citados nomi-
nalmente se levantaram, cuidaram dos prisioneiros
e, com as roupas que estavam no meio dos despo-
jos, vestiram todos os que estavam nus. Deram-lhes
roupas, sandálias, comida, bebida, e os ungiram.
Fizeram montar em jumentos todos os que estavam
fracos, e os levaram até Jericó, a cidade das palmei-
ras, a seus irmãos. Então voltaram para Samaria.

Acaz pede socorro aos assírios

2Rs 16.5-9

16 Naquele tempo, o rei Acaz mandou pedir
aos reis da Assíria que o ajudassem, 17 porque,

de novo, os edomitas tinham vindo e derrotado
Judá, levando alguns prisioneiros. 18 Também os
filisteus atacaram as cidades da Sefelá e do sul de
Judá. Tomaram Bete-Semes, Aijalom, Gederote,
Socó e suas aldeias, Timna e suas aldeias e Ginzo
e suas aldeias; e ficaram morando ali. 19 Porque o
SENHOR humilhou Judá por causa do rei Acaz, por-
que este havia permitido que Judá caísse em imo-
ralidade e foi completamente infiel ao SENHOR.

20 O rei Tiglate-Pileser, da Assíria, atendeu o pe-
dido de Acaz. Porém, em vez de ajudá-lo, deixou-o
num aperto ainda maior. 21 Porque Acaz pegou ob-
jetos da Casa do SENHOR, do palácio real e das casas
dos príncipes e os deu ao rei da Assíria; porém isso
não lhe serviu de nada.

A idolatria de Acaz

2Rs 16.10-16

22 No tempo da sua angústia, foi ainda mais in-
fiel ao SENHOR; ele mesmo, o rei Acaz. 23 Ofereceu
sacrifícios aos deuses de Damasco, que o derrota-
ram, pois pensava: "Visto que os deuses dos reis
da Síria os ajudam, eu lhes oferecerei sacrifícios
para que ajudem a mim também." Porém eles fo-
ram a sua ruína e a de todo o Israel. 24 Acaz ajun-
tou os utensílios da Casa de Deus, os quebrou em
pedaços e fechou os portões da Casa do SENHOR;
e fez para si altares em todos os cantos de Jerusa-
lém. 25 Em cada cidade de Judá construiu lugares
altos para queimar incenso a outros deuses e as-
sim provocou à ira o SENHOR, Deus de seus pais.

A morte de Acaz

2Rs 16.19-20

26 Quanto aos demais atos de Acaz e a todos os
seus caminhos, tanto os primeiros como os últi-
mos, está tudo escrito no Livro da História dos
Reis de Judá e de Israel. 27 Acaz morreu e foi sepul-
tado na cidade de Jerusalém, mas não nos túmulos
dos reis de Israel. E Ezequias, seu filho, reinou em
seu lugar.

O reinado de Ezequias, de Judá

2Rs 18.1-3

29 1 Ezequias tinha vinte e cinco anos de idade
quando começou a reinar e reinou vinte e
nove anos em Jerusalém. A mãe dele se chamava
Abia e era filha de Zacarias. 2 Ezequias fez o que
era reto aos olhos do SENHOR, segundo tudo o que
Davi, seu pai, havia feito.

3 No primeiro ano do seu reinado, no primeiro
mês, abriu os portões da Casa do SENHOR e os re-
parou. 4 Trouxe os sacerdotes e os levitas, reuniu-
-os na praça leste 5 e lhes disse:

— Escutem, levitas! Santifiquem agora a si
mesmos e santifiquem a Casa do SENHOR, Deus de
seus pais. Tirem do santuário tudo o que é impuro.
6 Porque nossos pais foram infiéis e fizeram o que
era mau aos olhos do SENHOR, nosso Deus, e o
abandonaram. Desviaram o seu rosto do taberná-
culo do SENHOR e lhe viraram as costas. 7 Também
fecharam os portões do pórtico, apagaram as lâm-
padas, não queimaram incenso, nem ofereceram
holocaustos no santuário ao Deus de Israel. 8 Por
isso a ira do SENHOR veio sobre Judá e Jerusalém,
e ele os transformou em objeto de espanto, de
horror e de vaias, como vocês estão vendo com
os seus próprios olhos. 9 Porque eis que os nossos
pais caíram à espada, e, por isso, os nossos filhos,
as nossas filhas e as nossas mulheres foram para
o cativeiro.

10 — Agora estou resolvido a fazer uma aliança
com o SENHOR, Deus de Israel, para que o furor da
sua ira se afaste de nós. 11 Meus filhos, não sejam
negligentes, pois o SENHOR os escolheu para es-
tarem diante dele para o servirem, para serem os
seus ministros e queimarem incenso.

Os levitas purificam o templo

12 Então se levantaram os seguintes levitas:
Maate, filho de Amasai, e Joel, filho de Azarias,
dos filhos dos coatitas; Quis, filho de Abdi, e Aza-
rias, filho de Jealelel, dos filhos de Merari; Joá,
filho de Zima, e Éden, filho de Joá, dos filhos de
Gérson; 13 Sinri e Jeuel, dos filhos de Elisafã; Za-
carias e Matanias, dos filhos de Asafe; 14 Jeuel e
Simei, dos filhos de Hemã; Semaías e Uziel, dos
filhos de Jedutum.

15 Congregaram os seus irmãos, santificaram-
-se e vieram, cumprindo a ordem do rei, segundo
as palavras do SENHOR, para purificar a Casa do
SENHOR. 16 Os sacerdotes entraram na Casa do
SENHOR, para a purificar, e tiraram para fora, ao
pátio da Casa do SENHOR, todas as coisas impuras
que encontraram no templo do SENHOR. E os le-
vitas pegaram essas coisas e as levaram para fora,
ao vale do Cedrom. 17 Começaram a santificar no
primeiro dia do primeiro mês e no oitavo dia do
mês chegaram ao pórtico do SENHOR. Em oito dias
santificaram a Casa do SENHOR e no décimo sexto
dia do mês terminaram.

18 Então foram falar com o rei Ezequias no palá-
cio e disseram:

— Já purificamos toda a Casa do SENHOR, bem
como o altar do holocausto com todos os seus
utensílios e a mesa da proposição com todos os
seus objetos. 19 Também todos os objetos que o
rei Acaz, em sua infidelidade, jogou fora durante
o seu reinado, nós já preparamos e santificamos;
e eis que estão diante do altar do SENHOR.

Ezequias restabelece o culto

20 Então o rei Ezequias se levantou de madru-
gada, reuniu os chefes da cidade e subiu à Casa

do SENHOR. 21 Mandou trazer sete novilhos, sete
carneiros, sete cordeiros e sete bodes, como oferta pelo pecado a favor do reino, do santuário e de
Judá; e ordenou aos filhos de Arão, os sacerdotes, que os oferecessem sobre o altar do SENHOR.
22 Mortos os novilhos, os sacerdotes pegaram o
sangue e o aspergiram sobre o altar; mataram os
carneiros e aspergiram o sangue sobre o altar;
também mataram os cordeiros e aspergiram o
sangue sobre o altar. 23 Para oferta pelo pecado,
trouxeram os bodes diante do rei e da congregação, e estes puseram as mãos sobre eles. 24 Os
sacerdotes os mataram e, com o sangue, fizeram
uma oferta pelo pecado, ao pé do altar, para expiação de todo o Israel, porque o rei havia ordenado
que se fizesse aquele holocausto e oferta pelo pecado, por todo o Israel.

25 Também pôs os levitas na Casa do SENHOR
com címbalos, liras e harpas, segundo o mandado
de Davi e de Gade, o vidente do rei, e do profeta
Natã. Porque este mandado veio do SENHOR, por
meio de seus profetas. 26 Os levitas estavam em pé
com os instrumentos musicais de Davi, e os sacerdotes tinham as trombetas. 27 Ezequias ordenou
que oferecessem o holocausto sobre o altar. No
momento em que começou o holocausto, começou também o cântico ao SENHOR com as trombetas, ao som dos instrumentos musicais de Davi, rei
de Israel. 28 Toda a congregação se prostrou, quando se entoava o cântico, e as trombetas soavam;
tudo isto até findar-se o holocausto. 29 Depois que
eles terminaram de oferecer o sacrifício, o rei e todos os que estavam com ele se prostraram e adoraram. 30 Então o rei Ezequias e os chefes ordenaram
aos levitas que louvassem o SENHOR com as palavras de Davi e de Asafe, o vidente. Eles o fizeram
com alegria, e se inclinaram, e adoraram.

31 Ezequias tomou a palavra e disse:

— Agora vocês se consagraram ao SENHOR.
Venham e tragam sacrifícios e ofertas de ação de
graças à Casa do SENHOR.

A congregação trouxe sacrifícios e ofertas de
ação de graças, e todos os que estavam de coração disposto trouxeram holocaustos. 32 O número
dos holocaustos que a congregação trouxe foi de
setenta bois, cem carneiros e duzentos cordeiros;
tudo isto em holocausto para o SENHOR. 33 Também foram consagrados seiscentos bois e três
mil ovelhas. 34 Os sacerdotes, porém, eram muito
poucos e não conseguiam tirar a pele de todos os
holocaustos. Por isso os seus irmãos, os levitas, os
ajudaram, até findar-se a obra e até que os outros
sacerdotes se santificaram. Porque os levitas foram mais retos de coração, para se santificarem,
do que os sacerdotes. 35 Além dos holocaustos em
abundância, houve também a gordura das ofertas
pacíficas e as libações para os holocaustos.
Assim se restabeleceu o ministério da Casa do
SENHOR. 36 Ezequias e todo o povo se alegraram
com o que Deus tinha feito pelo povo, porque esta
obra foi feita em pouco tempo.

A celebração da Páscoa

30 1 Depois disto, Ezequias enviou mensageiros por todo o Israel e Judá. Escreveu
também cartas para as tribos de Efraim e de Manassés para que viessem à Casa do SENHOR, em
Jerusalém, para celebrarem a Páscoa ao SENHOR,
Deus de Israel. 2 Porque o rei, os seus príncipes e
toda a congregação em Jerusalém tinham concordado em celebrar a Páscoa no segundo mês. 3 Não
puderam celebrá-la no devido tempo, porque não
se tinham santificado sacerdotes em número suficiente, e o povo ainda não se havia reunido em
Jerusalém. 4 E isto foi aprovado pelo rei e por toda
a congregação. 5 Resolveram que se fizesse uma
proclamação por todo o Israel, desde Berseba até
Dã, para que viessem celebrar a Páscoa ao SENHOR,
Deus de Israel, em Jerusalém; porque não a celebravam mais com grande número de participantes, conforme estava prescrito.

6 Mensageiros levaram as cartas do rei e dos
seus príncipes por todo o Israel e Judá, segundo a
ordem do rei, dizendo:

"Filhos de Israel, voltem para o SENHOR,
o Deus de Abraão, de Isaque e de Israel, para
que ele se volte para o restante que escapou do
poder dos reis da Assíria. 7 Não sejam como os
seus pais e como os seus irmãos, que foram infiéis ao SENHOR, Deus de seus pais. Foi por isso
que ele os entregou à desolação, como vocês estão vendo. 8 Não sejam teimosos como os seus
pais. Entreguem-se ao SENHOR e venham ao
seu santuário, que ele santificou para sempre.
Sirvam ao SENHOR, o Deus de vocês, para que
o furor da sua ira se afaste de vocês. 9 Porque,
se vocês se voltarem ao SENHOR, os irmãos e
os filhos de vocês acharão misericórdia diante
dos que os levaram cativos, e eles voltarão a
esta terra. Porque o SENHOR, o Deus de vocês, é
bondoso e compassivo e não desviará de vocês
o seu rosto, se vocês se voltarem para ele."

10 Os mensageiros foram passando de cidade em
cidade, pela terra de Efraim e Manassés até Zebulom; mas as pessoas riram e zombaram deles. 11 Porém alguns de Aser, de Manassés e de Zebulom se
humilharam e foram a Jerusalém. 12 Também em
Judá se fez sentir a mão de Deus, dando-lhes um
só coração, para cumprirem a ordem do rei e dos
príncipes, segundo a palavra do SENHOR.

13 Uma grande multidão se reuniu em Jerusalém para celebrar a Festa dos Pães sem Fermento,

no segundo mês. Era uma congregação enorme.
14 Levantaram-se e tiraram os altares que havia em
Jerusalém. Também tiraram todos os altares do
incenso e os jogaram no vale do Cedrom. 15 Então
mataram os cordeiros da Páscoa no décimo quar-
to dia do segundo mês. Os sacerdotes e os levitas
se envergonharam, se santificaram e trouxeram
holocaustos à Casa do SENHOR. 16 Tomaram os
seus devidos lugares, segundo a Lei de Moisés, o
homem de Deus. Os sacerdotes aspergiam o san-
gue que recebiam das mãos dos levitas. 17 Porque
havia muitos na congregação que não se tinham
santificado, e por isso os levitas estavam encarre-
gados de matar os cordeiros da Páscoa por todos
aqueles que não estavam puros, para santificá-
-los ao SENHOR. 18 Porque uma multidão do povo,
muitos de Efraim, de Manassés, de Issacar e de
Zebulom não se tinham purificado e, mesmo as-
sim, comeram a Páscoa, não levando em conta o
que está escrito na Lei. Porém Ezequias orou por
eles, dizendo:

— Que o SENHOR, que é bom, perdoe todo
aquele 19 que dispôs o coração para buscar o
SENHOR Deus, o Deus de seus pais, ainda que não
segundo a purificação exigida pelo santuário.

20 O SENHOR ouviu a oração de Ezequias e sarou
o povo. 21 Os filhos de Israel que estavam em Jeru-
salém celebraram a Festa dos Pães sem Fermento
durante sete dias, com muita alegria. Diariamente
os levitas e os sacerdotes louvaram o SENHOR, com
instrumentos que tocaram bem alto em honra ao
SENHOR. 22 Ezequias falou ao coração de todos os
levitas que revelavam bom entendimento no ser-
viço do SENHOR. Durante sete dias, eles comeram
as ofertas da festa, trouxeram ofertas pacíficas e
deram graças ao SENHOR, Deus de seus pais.

23 Toda a congregação concordou em celebrar
outros sete dias, e de fato o fizeram com mui-
ta alegria. 24 Porque Ezequias, rei de Judá, deu à
congregação mil novilhos e sete mil ovelhas, e
os príncipes deram à congregação mil novilhos e
dez mil ovelhas. E os sacerdotes se santificaram
em grande número. 25 Alegraram-se toda a con-
gregação de Judá, os sacerdotes, os levitas e toda a
congregação dos que vieram de Israel, bem como
os estrangeiros que vieram da terra de Israel e os
que moravam em Judá. 26 Houve grande alegria em
Jerusalém, porque desde os dias de Salomão, filho
de Davi, rei de Israel, não havia acontecido coisa
semelhante em Jerusalém. 27 Então os sacerdotes
e os levitas se levantaram para abençoar o povo.
A voz deles foi ouvida, e a oração que eles fizeram
chegou até a santa habitação de Deus, até os céus.

A reforma feita por Ezequias

31 1 Acabando tudo isto, todos os israelitas
que estavam ali saíram às cidades de Judá,
quebraram as estátuas, cortaram os postes da deu-
sa Aserá e derrubaram os lugares altos e os alta-
res em todo o território de Judá, de Benjamim,
de Efraim e de Manassés, até que tudo estivesse
destruído. Depois, todos os filhos de Israel vol-
taram para as suas cidades, cada um para a sua
propriedade.

2 Ezequias estabeleceu os turnos dos sacerdo-
tes e dos levitas, turno após turno, segundo o seu
serviço: para os holocaustos e as ofertas pacíficas,
para ministrarem e cantarem junto às portas dos
arraiais do SENHOR. 3 A contribuição que o rei fazia
dos seus bens era destinada para os holocaustos,
para os holocaustos da manhã e os da tarde e para
os holocaustos dos sábados, das Festas da Lua
Nova e das festas fixas, como está escrito na Lei
do SENHOR.

4 Além disso, ordenou ao povo que morava em
Jerusalém que contribuísse com sua parte devida
aos sacerdotes e aos levitas, para que estes pudes-
sem dedicar-se à Lei do SENHOR. 5 Logo que se di-
vulgou esta ordem, os filhos de Israel trouxeram
em abundância as primícias do cereal, do vinho,
do azeite, do mel e de todo produto do campo;
trouxeram também em abundância os dízimos de
tudo. 6 Os filhos de Israel e de Judá que moravam
nas cidades de Judá também trouxeram dízimos
das vacas e das ovelhas e dízimos das coisas que
foram consagradas ao SENHOR, seu Deus; e fize-
ram montões e montões. 7 No terceiro mês, come-
çaram a fazer os primeiros montões; e, no sétimo
mês, acabaram. 8 Quando Ezequias e os príncipes
chegaram e viram aqueles montões, bendisseram
o SENHOR e o seu povo de Israel.

9 Ezequias fez perguntas aos sacerdotes e aos
levitas a respeito daqueles montões. 10 Então o
sumo sacerdote Azarias, da casa de Zadoque, res-
pondeu:

— Desde que o povo começou a trazer estas
ofertas à Casa do SENHOR, temos comido e nos
temos fartado delas, e ainda tem sobrado muita
coisa, porque o SENHOR abençoou o seu povo, e
esta grande quantidade é o que sobra.

11 Então Ezequias ordenou que preparassem
depósitos na Casa do SENHOR. 12 Uma vez prepa-
rados, recolheram neles fielmente as ofertas, os
dízimos e as coisas consagradas. Quem estava
encarregado disto era Conanias, o levita, e Simei,
seu irmão, era o seu auxiliar. 13 Jeiel, Azarias, Naa-
te, Asael, Jerimote, Jozabade, Eliel, Ismaquias,
Maate e Benaia eram supervisores sob a direção
de Conanias e Simei, seu irmão, nomeados pelo
rei Ezequias e por Azarias, chefe da Casa de Deus.
14 O levita Coré, filho de Imna e guarda do Portão
Leste, estava encarregado das ofertas voluntárias
trazidas para Deus, para distribuir as ofertas do
SENHOR e as coisas santíssimas. 15 Debaixo das

suas ordens estavam Éden, Miniamim, Jesua,
Semaías, Amarias e Secanias, nas cidades dos
sacerdotes, para com fidelidade distribuírem as
porções aos seus irmãos, segundo os seus turnos,
tanto aos pequenos como aos grandes. 16 Faziam
a distribuição aos que estavam registrados nas ge-
nealogias dos homens, de três anos para cima, e
que entravam na Casa do SENHOR, para a obra de
cada dia pelo seu ministério nos seus cargos, se-
gundo os seus turnos. 17 O registro dos sacerdotes
foi feito segundo as suas famílias, e o dos levitas
de vinte anos para cima foi feito segundo os seus
cargos nos seus turnos. 18 Deles, foram registra-
dos as crianças, as mulheres, os filhos e as filhas,
uma grande multidão, porque com fidelidade
se santificavam nas coisas sagradas. 19 Dentre
os sacerdotes, filhos de Arão, que moravam nos
campos ao redor das suas cidades, havia, em cada
cidade, homens que foram designados nominal-
mente para distribuir as porções a todo homem
entre os sacerdotes e a todos os levitas que foram
registrados.

20 Foi isso o que Ezequias fez em todo o Judá;
fez o que era bom, reto e verdadeiro aos olhos do
SENHOR, seu Deus. 21 Em toda a obra que Ezequias
realizou no serviço da Casa de Deus, na lei e nos
mandamentos, para buscar o seu Deus, ele o fez
de todo o coração e foi bem-sucedido.

Senaqueribe invade Judá

2Rs 18.13-18; Is 36.1-3

32 1 Depois destas coisas e desta fidelidade,
Senaqueribe, rei da Assíria, invadiu Judá e
sitiou as cidades fortificadas, com a intenção de
conquistá-las. 2 Quando Ezequias viu que Sena-
queribe tinha vindo e estava resolvido a atacar
Jerusalém, 3 decidiu, em consulta com os seus
oficiais e os seus homens valentes, tapar as fontes
das águas que havia fora da cidade; e eles o ajuda-
ram. 4 Assim, muito povo se ajuntou, e taparam to-
das as fontes, bem como o ribeiro que corria pelo
meio da terra, pois diziam: "Por que viriam os reis
da Assíria e achariam tanta água por aqui?"

5 Ezequias se animou, restaurou a muralha da
cidade e construiu torres sobre ela. Levantou tam-
bém outra muralha por fora, fortificou Milo na
Cidade de Davi e fez armas e escudos em abun-
dância. 6 Pôs oficiais de guerra à frente do povo,
reuniu-os na praça junto ao portão da cidade e lhes
falou ao coração, dizendo:

7 — Sejam fortes e corajosos, não tenham medo,
nem se assustem por causa do rei da Assíria, nem
por causa de toda a multidão que está com ele,
porque conosco está alguém que é maior do que o
que está com ele. 8 Com ele está o braço de carne,
mas conosco está o SENHOR, nosso Deus, para nos
ajudar e para guerrear as nossas guerras.

O povo se animou com as palavras de Ezequias,
rei de Judá.

O rei da Assíria afronta Ezequias e o Senhor

2Rs 18.19-37; Is 36.4-22

9 Depois disto, quando Senaqueribe, rei da Assí-
ria, com todo o seu exército sitiava Laquis, ele en-
viou os seus servos a Ezequias, rei de Judá, e a todo
o povo de Judá que estava em Jerusalém, dizendo:

10 — Assim diz Senaqueribe, rei da Assíria: "Em
que vocês confiam, vocês que estão aí em Jerusa-
lém, que está sitiada? 11 Por acaso, não é Ezequias
quem está incitando vocês, para que morram de
fome e de sede, dizendo: 'O SENHOR, nosso Deus,
nos livrará das mãos do rei da Assíria?' 12 Não é
Ezequias o mesmo que removeu os lugares altos e
os altares do SENHOR, dizendo a Judá e a Jerusalém:
'Diante de um só altar vocês devem se prostrar e
apenas sobre ele devem queimar incenso?' 13 Vocês
não sabem o que eu e os meus pais fizemos com
todos os povos das outras terras? Será que os deu-
ses das nações daquelas terras puderam de alguma
forma livrar o seu país das minhas mãos? 14 De to-
dos os deuses daquelas nações que os meus pais
destruíram, qual deles foi capaz de livrar o seu povo
das minhas mãos? Então como o Deus de vocês
será capaz de livrá-los das minhas mãos? 15 Portan-
to, não deixem agora que Ezequias os engane, nem
que os incite assim. Não acreditem nele! Porque ne-
nhum deus de nação alguma nem de reino algum
foi capaz de livrar o seu povo das minhas mãos,
nem das mãos de meus pais. Muito menos o Deus
de vocês será capaz de livrá-los das minhas mãos!"

16 Os servos de Senaqueribe falaram ainda mais
contra o SENHOR Deus e contra Ezequias, seu ser-
vo. 17 Senaqueribe escreveu também cartas para
blasfemar do SENHOR, Deus de Israel, e para falar
contra ele, dizendo: "Assim como os deuses das
nações de outras terras não livraram o seu povo
das minhas mãos, assim também o Deus de Eze-
quias não livrará o seu povo das minhas mãos."
18 Os servos gritaram bem alto, em hebraico, ao
povo de Jerusalém, que estava sobre a muralha,
para os atemorizar e os perturbar, para tomarem
a cidade. 19 Falaram do Deus de Jerusalém como
falavam dos deuses dos povos da terra, que são
obras das mãos dos homens.

A destruição do exército dos assírios

2Rs 19.35-37; Is 37.36-38

20 Então o rei Ezequias e o profeta Isaías, filho de
Amoz, oraram por causa disso e clamaram ao céu.
21 E o SENHOR enviou um anjo que destruiu todos os
homens valentes, os chefes e os príncipes no arraial
do rei da Assíria; e este, com o rosto coberto de ver-
gonha, voltou para a sua terra. Quando ele entrou
no templo de seu deus, os seus próprios filhos ali o

mataram à espada. 22Assim o SENHOR livrou Ezequias
e os moradores de Jerusalém das mãos de Senaque-
ribe, rei da Assíria, e das mãos de todos os inimigos;
e lhes deu paz por todos os lados. 23Muitos traziam
presentes a Jerusalém ao SENHOR e coisas preciosís-
simas a Ezequias, rei de Judá, de modo que, depois
disto, foi exaltado à vista de todas as nações.

A doença de Ezequias

2Rs 20.1-11; Is 38.1-8

24Por esse tempo, Ezequias adoeceu de uma
enfermidade mortal. Então orou ao SENHOR, que
lhe falou e lhe deu um sinal. 25Mas Ezequias não
correspondeu aos benefícios que lhe foram feitos,
pois o seu coração se exaltou. Por isso veio gran-
de ira sobre ele e sobre Judá e Jerusalém. 26Porém
Ezequias se humilhou por se ter exaltado o seu co-
ração, ele e os moradores de Jerusalém; e a ira do
SENHOR não veio sobre eles nos dias de Ezequias.
27Ezequias teve riquezas e glória em grande
abundância. Construiu depósitos para guardar a
prata, o ouro, as pedras preciosas, as especiarias,
os escudos e todos os objetos de valor. 28Também
construiu armazéns para a colheita do cereal, do
vinho e do azeite, estrebarias para toda espécie
de animais e currais para os rebanhos. 29Edificou
cidades e teve ovelhas e vacas em abundância, por-
que Deus lhe tinha dado muitos bens. 30Também o
mesmo Ezequias tapou o manancial superior das
águas de Giom e as canalizou para o oeste da Cida-
de de Davi. Ezequias prosperou em toda a sua obra.
31Mas, quando os embaixadores dos príncipes da
Babilônia lhe foram enviados para se informarem
a respeito do prodígio que tinha acontecido na ter-
ra, Deus o desamparou, para prová-lo e para saber
tudo o que havia no coração dele.

A morte de Ezequias

2Rs 20.20-21

32Quanto aos demais atos de Ezequias e às suas
obras de misericórdia, está tudo escrito na Visão
do Profeta Isaías, filho de Amoz, e no Livro da His-
tória dos Reis de Judá e de Israel. 33Ezequias mor-
reu e foi sepultado na subida para os túmulos dos
filhos de Davi. Todo o povo de Judá e os moradores
de Jerusalém lhe prestaram honras na sua morte.
E Manassés, seu filho, reinou em seu lugar.

O reinado de Manassés, de Judá

2Rs 21.1-9

33 1Manassés tinha doze anos de idade quando
começou a reinar e reinou cinquenta e cinco
anos em Jerusalém. 2Fez o que era mau aos olhos
do SENHOR, segundo as coisas abomináveis das na-
ções que o SENHOR havia expulsado de diante dos
filhos de Israel. 3Pois reconstruiu os lugares altos
que Ezequias, seu pai, havia derrubado, levantou
altares aos baalins, fez postes da deusa Aserá,
prostrou-se diante de todo o exército dos céus e
o serviu. 4Edificou altares na Casa do SENHOR, a
respeito da qual o SENHOR tinha dito: "Em Jerusa-
lém porei o meu nome para sempre." 5Também
edificou altares a todo o exército dos céus nos
dois átrios da Casa do SENHOR. 6Ele queimou os
seus filhos em sacrifício no vale de Ben-Hinom,
adivinhava pelas nuvens, era agoureiro, pratica-
va feitiçarias e tratava com médiuns e feiticeiros.
Fazia continuamente o que era mau aos olhos do
SENHOR, para o provocar à ira. 7Também pôs a
imagem de escultura do ídolo que tinha feito na
Casa de Deus, a respeito da qual Deus tinha dito
a Davi e a seu filho Salomão: "Neste templo e em
Jerusalém, que escolhi de todas as tribos de Israel,
porei o meu nome para sempre. 8E não removerei
mais o pé de Israel da terra que destinei aos seus
pais, desde que eles tenham o cuidado de fazer
tudo o que lhes tenho mandado, conforme toda a
lei, os estatutos e os juízos dados por meio de Moi-
sés." 9Manassés de tal modo levou o povo de Judá
e os moradores de Jerusalém a andarem errantes,
que fizeram pior do que as nações que o SENHOR
tinha destruído de diante dos filhos de Israel.

O cativeiro de Manassés e a sua oração

10O SENHOR falou a Manassés e ao seu povo,
porém não lhe deram ouvidos. 11Por isso o SENHOR
trouxe sobre eles os comandantes do exército do
rei da Assíria, que prenderam Manassés com gan-
chos, amarraram-no com correntes e o levaram
para a Babilônia. 12Ele, angustiado, suplicou ao
SENHOR, seu Deus, e muito se humilhou diante do
Deus de seus pais. 13Orou ao SENHOR, e o SENHOR
se tornou favorável para com ele, atendeu-lhe a
súplica e o fez voltar para Jerusalém, ao seu reino.
Então Manassés reconheceu que o SENHOR é Deus.
14Depois disto, Manassés construiu a muralha
de fora da Cidade de Davi, a oeste de Giom, no
vale, e à entrada do Portão dos Peixes, abrangendo
Ofel; ele fez uma muralha bem alta. Também pôs
chefes militares em todas as cidades fortificadas
de Judá. 15Tirou da Casa do SENHOR os deuses es-
tranhos e o ídolo, bem como todos os altares que
havia construído no monte da Casa do SENHOR e
em Jerusalém, e os lançou fora da cidade. 16Restau-
rou o altar do SENHOR, sacrificou sobre ele ofertas
pacíficas e de ação de graças e ordenou a Judá que
servisse o SENHOR, Deus de Israel. 17Porém o povo
ainda sacrificava nos lugares altos, mas somente
ao SENHOR, seu Deus.

A morte de Manassés

2Rs 21.17-18

18Quanto aos demais atos de Manassés, à sua
oração ao seu Deus e às palavras dos videntes que

lhe falaram em nome do SENHOR, Deus de Israel,
está tudo escrito na História dos Reis de Israel. 19 A
sua oração e como Deus se tornou favorável para
com ele, todo o seu pecado, a sua transgressão e os
locais onde edificou lugares altos e colocou postes
da deusa Aserá e imagens de escultura, antes que
se humilhasse, eis que está tudo escrito na Histó-
ria dos Videntes. 20 Manassés morreu e foi sepulta-
do na sua própria casa. E Amom, seu filho, reinou
em seu lugar.

O reinado de Amom, de Judá

2Rs 21.19-26

21 Amom tinha vinte e dois anos de idade quan-
do começou a reinar e reinou dois anos em Jeru-
salém. 22 Fez o que era mau aos olhos do SENHOR,
como Manassés, seu pai, havia feito. Ofereceu
sacrifícios a todas as imagens de escultura que
Manassés, seu pai, tinha feito e as serviu. 23 Mas
não se humilhou diante do SENHOR, como Ma-
nassés, seu pai, tinha se humilhado; pelo contrá-
rio, Amom se tornou mais e mais culpável. 24 Os
seus servos conspiraram contra ele e o mataram
em sua própria casa. 25 Porém o povo daquela ter-
ra matou todos os que conspiraram contra o rei
Amom e proclamou Josias, filho de Amom, rei em
seu lugar.

O reinado de Josias, de Judá

2Rs 22.1-2

34 1 Josias tinha oito anos de idade quando co-
meçou a reinar e reinou trinta e um anos em
Jerusalém. 2 Josias fez o que era reto aos olhos do
SENHOR, andou nos caminhos de Davi, seu pai, e
não se desviou nem para a direita nem para a es-
querda.

A reforma religiosa feita por Josias

2Rs 23.4-20

3 No oitavo ano de seu reinado, sendo ainda
moço, Josias começou a buscar o Deus de Davi,
seu pai. E, no décimo segundo ano, começou a
purificar Judá e Jerusalém dos lugares altos, dos
postes da deusa Aserá e das imagens de escultu-
ra e de fundição. 4 Na presença dele, derrubaram
os altares dos baalins. Ele despedaçou os altares
do incenso que estavam acima deles. Quebrou
os postes da deusa Aserá e as imagens de escul-
tura e de fundição, reduziu-os a pó e o espalhou
sobre as sepulturas dos que tinham oferecido sa-
crifícios a esses ídolos. 5 Queimou os ossos dos
sacerdotes pagãos sobre os altares deles e purifi-
cou Judá e Jerusalém. 6 Fez o mesmo nas cidades
de Manassés, de Efraim e de Simeão, até Naftali,
por todos os lados no meio das suas ruínas. 7 De-
pois de derrubar os altares, os postes da deusa
Aserá e as imagens de escultura, até reduzi-los
a pó, e depois de despedaçar todos os altares de
incenso em toda a terra de Israel, Josias voltou
para Jerusalém.

O rei repara o templo

2Rs 22.3-7

8 No décimo oitavo ano do seu reinado, havendo
já purificado a terra e o templo, Josias ordenou que
Safã, filho de Azalias, Maaseias, governador da ci-
dade, e Joá, filho de Joacaz, cronista, reparassem a
Casa do SENHOR, seu Deus. 9 Foram até o sumo sa-
cerdote Hilquias e entregaram o dinheiro que tinha
sido trazido à Casa de Deus e que os levitas, guar-
das da porta, tinham ajuntado, dinheiro provindo
das mãos de Manassés, de Efraim e de todo o resto
de Israel, bem como de todo o Judá e Benjamim e
dos moradores de Jerusalém. 10 Eles o entregaram
aos que dirigiam a obra e tinham a seu encargo a
Casa do SENHOR, para que pagassem àqueles que
faziam a obra, trabalhadores na Casa do SENHOR,
para repararem e restaurarem o templo. 11 Deram
o dinheiro aos carpinteiros e aos construtores,
para comprarem pedras lavradas e madeiras para
as junções e para servirem de vigas para as casas
que os reis de Judá deixaram cair em ruína. 12 Esses
homens trabalharam fielmente na obra. Os supe-
rintendentes deles eram Jaate e Obadias, levitas,
dos filhos de Merari, bem como Zacarias e Mesulão,
dos filhos dos coatitas, para supervisionar a obra.
13 Todos os levitas peritos em instrumentos musi-
cais eram superintendentes dos carregadores e diri-
giam todos os que faziam a obra, em qualquer tipo
de trabalho. Outros levitas eram escrivães, oficiais
e porteiros.

Hilquias acha o Livro da Lei

2Rs 22.8-10

14 Enquanto se tirava o dinheiro que havia sido
trazido à Casa do SENHOR, Hilquias, o sacerdote,
achou o Livro da Lei do SENHOR, dada por meio de
Moisés. 15 Então Hilquias disse ao escrivão Safã:
— Achei o Livro da Lei na Casa do SENHOR.
16 Hilquias entregou o livro a Safã. Então Safã
levou o livro ao rei e lhe deu relatório, dizendo:
— Tudo o que o senhor, ó rei, encomendou
aos seus servos, eles estão fazendo. 17 Contaram o
dinheiro que estava na Casa do SENHOR e o entre-
garam nas mãos dos que dirigem a obra e dos que
a executam.
18 E o escrivão Safã acrescentou:
— O sacerdote Hilquias me entregou um livro.
E Safã leu o livro em voz alta diante do rei.

Josias manda consultar a profetisa Hulda

2Rs 22.11-20

19 Quando o rei Josias ouviu as palavras da
Lei, rasgou as suas roupas. 20 Então deu ordens a

Hilquias, a Aição, filho de Safã, a Abdom, filho de
Mica, a Safã, o escrivão, e a Asaías, servo do rei,
dizendo:
21 — Vão consultar o SENHOR por mim e pelos
que restaram em Israel e Judá, a respeito das pala-
vras deste livro que foi encontrado. Porque é gran-
de o furor do SENHOR, que se derramou sobre nós,
porque os nossos pais não guardaram a palavra do
SENHOR, para fazerem segundo tudo o que está es-
crito neste livro.
22 Então Hilquias e os enviados pelo rei foram
falar com a profetisa Hulda, esposa de Salum,
encarregado das vestimentas da Casa do Senhor,
filho de Tocate, filho de Harás. Hulda morava na
parte nova da cidade, em Jerusalém. Eles lhe con-
taram o que havia acontecido, 23 e ela lhes disse:
— Assim diz o SENHOR, o Deus de Israel: "Di-
gam ao homem que os enviou a mim: 24 'Assim diz
o SENHOR: Eis que trarei desgraça sobre este lugar
e sobre os seus moradores, a saber, todas as mal-
dições escritas no livro que leram diante do rei de
Judá. 25 Por terem me abandonado e queimado
incenso a outros deuses, para me provocarem à
ira com todas as obras das suas mãos, o meu fu-
ror se derramou sobre este lugar e não se apagará.'
26 Mas ao rei de Judá, que os enviou para consultar
o SENHOR, digam o seguinte: 'Assim diz o SENHOR,
o Deus de Israel, a respeito das palavras que você
ouviu: 27 Visto que o seu coração se enterneceu e
você se humilhou diante de Deus, quando ouviu
as ameaças que ele fez contra este lugar e contra
os seus moradores, e se humilhou diante de mim,
rasgou as suas roupas e chorou diante de mim,
também eu ouvi a sua oração, diz o SENHOR. 28 Dei-
xarei que você morra e seja sepultado em paz, e os
seus olhos não verão todo o mal que trarei sobre
este lugar e sobre os seus moradores.'"
Então eles levaram esta resposta ao rei.

Josias renova a aliança

2Rs 23.1-3

29 Então o rei deu ordem, e todos os anciãos de
Judá e de Jerusalém se ajuntaram. 30 O rei subiu à
Casa do SENHOR, e com ele foram todos os homens
de Judá, os moradores de Jerusalém, os sacerdotes,
os levitas e todo o povo, desde o maior até o menor.
E o rei leu diante deles todas as palavras do Livro
da Aliança que havia sido encontrado na Casa do
SENHOR. 31 O rei se pôs em pé no seu lugar e fez
aliança diante do SENHOR, para o seguir, guardar
os seus mandamentos, os seus testemunhos e os
seus estatutos, de todo o seu coração e de toda a
sua alma, cumprindo as palavras da aliança, que
estavam escritas naquele livro. 32 Todos os que se
encontravam em Jerusalém e em Benjamim con-
cordaram com esta aliança; e os moradores de Je-
rusalém fizeram segundo a aliança de Deus, o Deus
dos seus pais. 33 Josias tirou todas as abominações
de todas as terras que eram dos filhos de Israel e
obrigou todos os que estavam em Israel a servir o
SENHOR, seu Deus. Enquanto Josias viveu, não dei-
xaram de seguir o SENHOR, Deus de seus pais.

A celebração da Páscoa

2Rs 23.21-23

35 1 Josias celebrou a Páscoa ao SENHOR, em
Jerusalém, e eles mataram os cordeiros da
Páscoa no décimo quarto dia do primeiro mês.
2 Josias estabeleceu os sacerdotes nos seus cargos
e os animou a servirem na Casa do SENHOR. 3 Disse
aos levitas que ensinavam a todo o Israel e esta-
vam consagrados ao SENHOR:
— Ponham a arca sagrada no templo que Salo-
mão, filho de Davi, rei de Israel, construiu. Vocês
não precisam mais carregá-la nos ombros. Agora
sirvam ao SENHOR, o Deus de vocês, e ao seu povo
de Israel. 4 Preparem-se segundo as suas famílias,
segundo os turnos de vocês, segundo a prescri-
ção de Davi, rei de Israel, e a de Salomão, seu fi-
lho. 5 Ministrem no santuário segundo os grupos
das famílias de seus irmãos, os filhos do povo; e
que haja, para cada grupo, uma parte das famí-
lias dos levitas. 6 Matem os cordeiros da Páscoa,
santifiquem-se e façam preparativos para que os
seus irmãos comemorem a Páscoa segundo a pa-
lavra do SENHOR, dada por meio de Moisés.
7 Josias deu ao povo, para todos os que ali es-
tavam, trinta mil cordeiros e cabritos do reba-
nho, todos para os sacrifícios da Páscoa, além
de três mil bois. Tudo isto foi tirado dos bens do
rei. 8 Também os seus príncipes fizeram ofertas
voluntárias ao povo, aos sacerdotes e aos levitas.
Hilquias, Zacarias e Jeiel, chefes da Casa de Deus,
deram aos sacerdotes, para os sacrifícios da Pás-
coa, dois mil e seiscentos cordeiros e cabritos e
trezentos bois. 9 Conanias, os seus irmãos Semaías
e Natanael, e também Hasabias, Jeiel e Jozabade,
chefes dos levitas, apresentaram aos levitas, para
os sacrifícios da Páscoa, cinco mil cordeiros e ca-
britos e quinhentos bois. 10 Assim se preparou o
serviço, e os sacerdotes se puseram nos seus lu-
gares com os levitas, pelos seus turnos, segundo
a ordem do rei.
11 Então mataram os cordeiros da Páscoa, e
os sacerdotes aspergiam o sangue recebido das
mãos dos levitas que tiravam a pele dos animais.
12 Puseram de parte o que era para os holocaus-
tos e o deram ao povo, segundo os grupos das fa-
mílias, para que estes o oferecessem ao SENHOR,
como está escrito no Livro de Moisés; e assim
fizeram com os bois. 13 Assaram o cordeiro da
Páscoa no fogo, segundo o rito. Cozinharam as
ofertas sagradas em panelas, em caldeirões e em
frigideiras, e as repartiram entre todo o povo.

14 Depois os levitas prepararam o que era deles e
dos sacerdotes, porque os sacerdotes, filhos de
Arão, se ocuparam, até a noite, com o sacrifício
dos holocaustos e da gordura. Foi por isso que os
levitas prepararam o que era deles e dos sacerdo-
tes, filhos de Arão. 15 Os cantores, filhos de Asafe,
estavam nos seus lugares, segundo o mandado de
Davi, de Asafe, de Hemã e de Jedutum, vidente do
rei. Também os porteiros estavam junto aos por-
tões; não necessitaram abandonar o seu serviço,
porque os seus irmãos, os levitas, preparavam o
necessário para eles.
16 Assim se estabeleceu todo o serviço do
Senhor, naquele dia, para celebrar a Páscoa e
oferecer holocaustos sobre o altar do Senhor,
segundo o mandado do rei Josias. 17 Os filhos de
Israel que estavam presentes celebraram a Páscoa
naquele tempo e a Festa dos Pães sem Fermento,
durante sete dias. 18 Nunca se celebrou uma Pás-
coa como esta em Israel desde os dias do profe-
ta Samuel. E nenhum dos reis de Israel celebrou
uma Páscoa como esta que Josias celebrou com
os sacerdotes e levitas, e com todo o Judá e Israel,
que estavam ali, e com os moradores de Jerusa-
lém. 19 Foi no décimo oitavo ano do reinado de
Josias que foi celebrada esta Páscoa.

A morte de Josias

2Rs 23.28-30

20 Depois de tudo isto, quando Josias já tinha
restaurado o templo, o rei Neco, do Egito, subiu
para guerrear em Carquemis, junto ao rio Eufrates.
E Josias saiu para lutar contra ele. 21 Então Neco
mandou mensageiros a ele, dizendo:
— O que você tem contra mim, rei de Judá? Não
venho contra você desta vez, mas contra o reino
com o qual estou em guerra. E Deus disse que me
apressasse. Pare de se opor a Deus, que está comi-
go, para que ele não o destrua.
22 Mas Josias não voltou atrás. Pelo contrário, se
disfarçou para lutar contra ele. Não deu ouvidos
às palavras que Neco lhe havia falado da parte de
Deus e foi lutar no vale de Megido. 23 Os flecheiros
atiraram contra o rei Josias. Então o rei disse aos
seus servos:
— Tirem-me daqui, porque estou gravemente
ferido.
24 Seus servos o tiraram do carro de guerra,
levaram-no para o segundo carro que ele tinha e
o transportaram para Jerusalém. Ele morreu e foi
sepultado nos túmulos de seus pais. Todo o Judá e
Jerusalém prantearam Josias.
25 Jeremias compôs uma lamentação sobre Jo-
sias, e até o dia de hoje todos os cantores e cantoras,
nas suas lamentações, se têm referido a Josias. Isto
se tornou um costume em Israel, e essas lamenta-
ções estão escritas no Livro das Lamentações.
26 Quanto aos demais atos de Josias e às suas
obras de misericórdia, segundo está escrito na Lei
do Senhor, 27 e aos seus atos, tanto os primeiros
como os últimos, está tudo escrito no Livro da
História dos Reis de Israel e de Judá.

O reinado de Joacaz, de Judá

2Rs 23.31-34

36 1 O povo da terra tomou Joacaz, filho de Jo-
sias, e o fez rei em lugar de seu pai, em Je-
rusalém. 2 Joacaz tinha vinte e três anos de idade
quando começou a reinar e reinou três meses em
Jerusalém. 3 Porém o rei do Egito o depôs em Jeru-
salém e impôs à terra um tributo de três mil e qua-
trocentos quilos de prata e trinta e quatro quilos
de ouro. 4 O rei do Egito colocou Eliaquim, irmão
de Joacaz, como rei sobre Judá e Jerusalém e mu-
dou o nome dele para Jeoaquim. Mas Neco levou
Joacaz, irmão de Eliaquim, para o Egito.

O reinado de Jeoaquim, de Judá

2Rs 23.36—24.6

5 Jeoaquim tinha vinte e cinco anos de idade
quando começou a reinar e reinou onze anos
em Jerusalém. Fez o que era mau aos olhos do
Senhor, seu Deus. 6 Nabucodonosor, rei da Babi-
lônia, veio contra ele, amarrou-o com correntes
de bronze, para levá-lo para a Babilônia. 7 Nabu-
codonosor levou também alguns dos utensílios
da Casa do Senhor para a Babilônia, onde os co-
locou no seu templo.
8 Quanto aos demais atos de Jeoaquim, às abo-
minações que cometeu e ao mais que se achou
nele, está tudo escrito no Livro da História dos
Reis de Israel e de Judá. E Joaquim, seu filho, rei-
nou em seu lugar.

O reinado de Joaquim, de Judá

2Rs 24.8-9

9 Joaquim tinha dezoito anos de idade quando
começou a reinar e reinou três meses e dez dias
em Jerusalém. Joaquim fez o que era mau aos olhos
do Senhor. 10 Na primavera do ano, o rei Nabuco-
donosor mandou levá-lo para a Babilônia, com os
mais preciosos utensílios da Casa do Senhor. E
constituiu Zedequias, irmão de Joaquim, rei sobre
Judá e Jerusalém.

O reinado de Zedequias, de Judá

2Rs 24.18-19

11 Zedequias tinha vinte e um anos de idade
quando começou a reinar e reinou onze anos
em Jerusalém. 12 Zedequias fez o que era mau aos
olhos do Senhor, seu Deus, e não se humilhou
diante do profeta Jeremias, que falava da parte do
Senhor. 13 Também se rebelou contra o rei Nabu-
codonosor, que o tinha obrigado a jurar fidelidade

em nome de Deus. Foi teimoso e tanto endureceu o seu coração, que não voltou ao SENHOR, Deus de Israel. 14 Também todos os chefes dos sacerdotes e o povo aumentavam mais e mais as suas transgressões, segundo todas as abominações dos gentios. E contaminaram o templo que o SENHOR tinha santificado em Jerusalém.

15 O SENHOR, Deus de seus pais, sempre de novo falou-lhes por meio dos seus mensageiros, porque teve compaixão do seu povo e da sua própria morada. 16 Mas eles zombaram dos mensageiros de Deus, desprezaram as palavras dele e debocharam dos seus profetas, até que a ira do SENHOR veio sobre o seu povo, e não houve mais remédio.

O cativeiro de Judá

2Rs 25.8-12; Jr 39.8-10; 52.12-16

17 Por isso, o SENHOR trouxe contra eles o rei dos caldeus, que matou os seus jovens à espada, na casa do santuário deles. Não teve piedade nem dos jovens nem das moças, nem dos adultos nem dos velhos; entregou todos nas mãos do rei dos caldeus. 18 Todos os utensílios da Casa de Deus, grandes e pequenos, os tesouros da Casa do SENHOR e os tesouros do rei e dos seus príncipes, tudo ele levou para a Babilônia. 19 Os caldeus queimaram a Casa de Deus e derrubaram a muralha de Jerusalém. Queimaram todos os seus palácios, destruindo também todos os seus objetos de valor. 20 Os que escaparam da espada, a esses ele levou para a Babilônia, onde se tornaram escravos dele e de seus filhos, até o tempo do reino da Pérsia. 21 Isto aconteceu para que se cumprisse a palavra do SENHOR, por boca de Jeremias, até que a terra desfrutasse dos seus sábados. Durante todos os dias da sua desolação a terra repousou, até que os setenta anos se cumpriram.

O decreto de Ciro

Ed 1.1-4

22 No primeiro ano do reinado de Ciro, rei da Pérsia, para que se cumprisse a palavra do SENHOR, por boca de Jeremias, o SENHOR despertou o espírito de Ciro, rei da Pérsia, que ordenou que se proclamasse em todo o seu reino e que se pusesse por escrito o seguinte:

23 "Assim diz Ciro, rei da Pérsia:

O SENHOR, Deus dos céus, me deu todos os reinos da terra e me encarregou de lhe edificar um templo em Jerusalém, que fica em Judá. Aquele dentre vocês que for do seu povo, que suba a Jerusalém, e o SENHOR, seu Deus, esteja com ele."

O LIVRO DE

ESDRAS

O decreto de Ciro

2Cr 36.22-23

1 1 No primeiro ano do reinado de Ciro, rei da Pérsia, para que se cumprisse a palavra do SENHOR, por boca de Jeremias, o SENHOR despertou o espírito de Ciro, rei da Pérsia, que ordenou que se proclamasse em todo o seu reino e que se pusesse por escrito o seguinte:

2 "Assim diz Ciro, rei da Pérsia:

O SENHOR, Deus dos céus, me deu todos os reinos da terra e me encarregou de lhe edificar um templo em Jerusalém, que fica em Judá. 3 Aquele dentre vocês que for do seu povo, que o seu Deus esteja com ele e que suba para Jerusalém, que fica em Judá, e edifique a Casa do SENHOR, Deus de Israel; ele é o Deus que está em Jerusalém. 4 Todo aquele que restar, seja qual for o lugar em que habita, que os homens desse lugar o ajudem com prata, ouro, bens e gado, além das dádivas voluntárias para a Casa de Deus, em Jerusalém."

5 Então se levantaram os chefes de famílias de Judá e de Benjamim, os sacerdotes e os levitas e todos aqueles cujo espírito Deus despertou, para subirem a edificar a Casa do SENHOR, em Jerusalém. 6 Todos os que moravam nos arredores os ajudaram com objetos de prata e de ouro, bens, gado e coisas preciosas, além de todas as ofertas voluntárias.

7 Também o rei Ciro entregou os utensílios da Casa do SENHOR, os quais Nabucodonosor tinha trazido de Jerusalém e colocado na casa de seus deuses. 8 Ciro, rei da Pérsia, tirou esses utensílios sob a direção do tesoureiro Mitredate, que os entregou contados a Sesbazar, príncipe de Judá. 9 Eis o número deles: trinta bacias de ouro, mil bacias de prata, vinte e nove facas, 10 trinta taças de ouro, quatrocentas e dez taças de prata de menor

qualidade e mil outros objetos. 11 Todos os utensí-
lios de ouro e de prata foram cinco mil e quatrocen-
tos. Sesbazar levou todos esses consigo, quando os
exilados voltaram da Babilônia para Jerusalém.

A lista dos que voltaram da Babilônia

Ne 7.5-73

2 1 Estes são os filhos da província que voltaram
do cativeiro, do meio dos exilados que Nabu-
codonosor, rei da Babilônia, tinha levado para lá.
Eles voltaram para Jerusalém e para Judá, cada um
para a sua cidade, 2 e vieram com Zorobabel, Jesua,
Neemias, Seraías, Reelaías, Mordecai, Bilsã, Mis-
par, Bigvai, Reum e Baaná.

Eis o número dos homens do povo de Israel: 3 os
filhos de Parós, dois mil cento e setenta e dois. 4 Os
filhos de Sefatias, trezentos e setenta e dois. 5 Os fi-
lhos de Ará, setecentos e setenta e cinco. 6 Os filhos
de Paate-Moabe, dos filhos de Jesua-Joabe, dois mil
oitocentos e doze. 7 Os filhos de Elão, mil duzentos e
cinquenta e quatro. 8 Os filhos de Zatu, novecentos
e quarenta e cinco. 9 Os filhos de Zacai, setecentos
e sessenta. 10 Os filhos de Bani, seiscentos e qua-
renta e dois. 11 Os filhos de Bebai, seiscentos e vinte
e três. 12 Os filhos de Azgade, mil duzentos e vinte e
dois. 13 Os filhos de Adonicão, seiscentos e sessenta
e seis. 14 Os filhos de Bigvai, dois mil e cinquenta e seis.
15 Os filhos de Adim, quatrocentos e cinquenta e qua-
tro. 16 Os filhos de Ater, da família de Ezequias, no-
venta e oito. 17 Os filhos de Bezai, trezentos e vinte
e três. 18 Os filhos de Jora, cento e doze. 19 Os filhos
de Hasum, duzentos e vinte e três. 20 Os filhos de
Gibar, noventa e cinco.

21 Os filhos de Belém, cento e vinte e três. 22 Os
homens de Netofa, cinquenta e seis. 23 Os homens
de Anatote, cento e vinte e oito. 24 Os filhos de Az-
mavete, quarenta e dois. 25 Os filhos de Quiriate-
-Arim, Cefira e Beerote, setecentos e quarenta e três.
26 Os filhos de Ramá e de Geba, seiscentos e vinte e
um. 27 Os homens de Micmás, cento e vinte e dois.
28 Os homens de Betel e Ai, duzentos e vinte e três.
29 Os filhos de Nebo, cinquenta e dois. 30 Os filhos de
Magbis, cento e cinquenta e seis. 31 Os filhos do outro
Elão, mil duzentos e cinquenta e quatro. 32 Os filhos
de Harim, trezentos e vinte. 33 Os filhos de Lode, Ha-
dide e Ono, setecentos e vinte e cinco. 34 Os filhos de
Jericó, trezentos e quarenta e cinco. 35 Os filhos de
Senaá, três mil seiscentos e trinta.

36 Os sacerdotes: os filhos de Jedaías, da casa de
Jesua, novecentos e setenta e três. 37 Os filhos de
Imer, mil e cinquenta e dois. 38 Os filhos de Pasur,
mil duzentos e quarenta e sete. 39 Os filhos de Ha-
rim, mil e dezessete.

40 Os levitas: os filhos de Jesua e Cadmiel, dos
filhos de Hodavias, setenta e quatro.

41 Os cantores: os filhos de Asafe, cento e vinte e
oito.

42 Os filhos dos porteiros: os filhos de Salum,
os filhos de Ater, os filhos de Talmom, os filhos
de Acube, os filhos de Hatita, os filhos de Sobai;
cento e trinta e nove ao todo.

43 Os servidores do templo: os filhos de Zia, os
filhos de Hasufa, os filhos de Tabaote, 44 os filhos
de Queros, os filhos de Sia, os filhos de Padom,
45 os filhos de Lebana, os filhos de Hagaba, os fi-
lhos de Acube, os filhos de Hagabe, 46 os filhos de
Sanlai, os filhos de Hanã, 47 os filhos de Gidel, os
filhos de Gaar, os filhos de Reaías, 48 os filhos de
Rezim, os filhos de Necoda, os filhos de Gazão,
49 os filhos de Uzá, os filhos de Paseia, os filhos de
Besai, 50 os filhos de Asná, os filhos dos meunitas,
os filhos dos nefuseus, 51 os filhos de Baquebuque,
os filhos de Hacufa, os filhos de Harur, 52 os filhos
de Baslute, os filhos de Meída, os filhos de Harsa,
53 os filhos de Barcos, os filhos de Sísera, os filhos
de Temá, 54 os filhos de Nesias e os filhos de Hatifa.

55 Os filhos dos servos de Salomão: os filhos de
Sotai, os filhos de Soferete, os filhos de Peruda,
56 os filhos de Jaala, os filhos de Darcom, os filhos
de Gidel, 57 os filhos de Sefatias, os filhos de Hatil,
os filhos de Poquerete-Hazebaim e os filhos de Ami.
58 Todos os servidores do templo e os filhos dos ser-
vos de Salomão eram trezentos e noventa e dois.

59 Os seguintes voltaram de Tel-Melá, Tel-
-Harsa, Querube, Adã e Imer, porém não puderam
provar que as suas famílias e a sua linhagem eram
de Israel: 60 os filhos de Delaías, os filhos de To-
bias, os filhos de Necoda, seiscentos e cinquenta
e dois. 61 Dos filhos dos sacerdotes: os filhos de
Habaías, os filhos de Coz, os filhos de Barzilai, que
tinha casado com uma das filhas de Barzilai, o gi-
leadita, e que foi chamado pelo nome dele. 62 Estes
procuraram o seu registro nos livros genealógi-
cos, porém não acharam; por isso, foram conside-
rados impuros para o sacerdócio. 63 O governador
lhes disse que não comessem das coisas sagradas,
até que se levantasse um sacerdote capaz de deci-
dir a questão por meio de Urim e Tumim.

64 Toda esta congregação junta era de quarenta e
dois mil trezentos e sessenta, 65 além dos seus ser-
vos e as suas servas, que eram sete mil trezentos
e trinta e sete. Havia também duzentos cantores e
cantoras. 66 Os seus cavalos eram setecentos e trin-
ta e seis; as suas mulas, duzentas e quarenta e cin-
co. 67 Os seus camelos eram quatrocentos e trinta
e cinco e os jumentos, seis mil setecentos e vinte.

68 Alguns dos chefes de famílias, ao chegarem à
Casa do SENHOR, em Jerusalém, deram ofertas vo-
luntárias para a Casa de Deus, para a restaurarem no
seu antigo lugar. 69 Segundo os seus recursos, deram
para o tesouro da obra meia tonelada de ouro, três
toneladas de prata e cem vestes sacerdotais.

70 Os sacerdotes, os levitas, algumas pessoas do
povo, os cantores, os porteiros e os servidores do

templo foram morar nas suas cidades, assim como
todo o Israel.

O altar é edificado

3 1 Quando chegou o sétimo mês e os filhos de
Israel já estavam morando nas suas cidades,
o povo se reuniu, como um só homem, em Jeru-
salém. 2 Então levantou-se Jesua, filho de Jozada-
que, e seus irmãos, sacerdotes, e Zorobabel, filho
de Sealtiel, e seus irmãos e edificaram o altar do
Deus de Israel, para oferecerem holocaustos sobre
ele, como está escrito na Lei de Moisés, homem
de Deus. 3 Firmaram o altar sobre as suas bases;
e, apesar de estarem sob o terror dos povos de
outras terras, ofereceram sobre ele holocaustos
ao SENHOR, de manhã e de tarde. 4 Celebraram a
Festa dos Tabernáculos, como está escrito, e ofe-
receram holocaustos diários, segundo o número
ordenado para cada dia. 5 Depois disto, ofereceram
o holocausto contínuo e os sacrifícios das Festas
da Lua Nova e de todas as festas fixas do SENHOR,
bem como os sacrifícios dos que traziam ofertas
voluntárias ao SENHOR. 6 Desde o primeiro dia do
sétimo mês, começaram a oferecer holocaustos
ao SENHOR, embora ainda não tivessem sido pos-
tos os fundamentos do templo do SENHOR.

Os alicerces do templo são lançados

7 Então deram dinheiro aos pedreiros e aos car-
pinteiros, bem como comida, bebida e azeite aos
homens de Tiro e de Sidom, para trazerem do Lí-
bano madeira de cedro até o mar, até Jope, segundo
a permissão que lhes tinha dado Ciro, rei da Pérsia.
8 No segundo ano depois que eles voltaram à
Casa de Deus, em Jerusalém, no segundo mês, Zo-
robabel, filho de Sealtiel, e Jesua, filho de Jozada-
que, e os seus outros irmãos, sacerdotes e levitas,
e todos os que voltaram do cativeiro a Jerusalém
puseram mãos à obra e constituíram levitas com
mais de vinte anos para supervisionar a reconstru-
ção da Casa do SENHOR. 9 Então se apresentaram
Jesua com os seus filhos e os seus irmãos, Cadmiel
e os seus filhos, os filhos de Judá, para juntamente
supervisionarem os que faziam a obra na Casa de
Deus, bem como os filhos de Henadade, seus fi-
lhos e seus irmãos, os levitas.
10 Quando os construtores lançaram os alicer-
ces do templo do SENHOR, apresentaram-se os
sacerdotes, paramentados e com trombetas, e os
levitas, filhos de Asafe, com címbalos, para lou-
varem o SENHOR, segundo as instruções deixadas
por Davi, rei de Israel. 11 Cantavam responsiva-
mente, louvando e dando graças ao SENHOR, com
estas palavras:

Ele é bom, porque a sua misericórdia
dura para sempre sobre Israel.

E todo o povo jubilou com altas vozes, louvan-
do o SENHOR por terem sido lançados os alicerces
da Casa do SENHOR. 12 Porém muitos dos sacerdo-
tes, levitas e chefes de famílias, já idosos, que ti-
nham visto o primeiro templo, choraram em alta
voz quando, diante de seus olhos, foram lançados
os alicerces deste templo; muitos, no entanto, le-
vantaram as vozes com gritos de alegria. 13 E assim
não se podiam distinguir as vozes de alegria das
vozes do choro do povo; pois o povo gritava tão
alto, que as vozes se ouviam de longe.

Os inimigos fazem parar as obras

4 1 Quando os adversários de Judá e Benjamim
ouviram que os que haviam voltado do cati-
veiro estavam reconstruindo o templo ao SENHOR,
Deus de Israel, 2 aproximaram-se de Zorobabel e
dos chefes de famílias e lhes disseram:

— Deixem-nos ajudar na construção, porque
buscamos o mesmo Deus que vocês buscam. Já
temos oferecido sacrifícios a ele desde os dias de
Esar-Hadom, rei da Assíria, que nos fez vir para este
lugar.

3 Porém Zorobabel, Jesua e os outros chefes de
famílias de Israel responderam:

— Vocês não têm nada a ver conosco na cons-
trução do templo ao nosso Deus. Nós mesmos,
sozinhos, vamos construí-lo ao SENHOR, Deus de
Israel, como Ciro, rei da Pérsia, nos ordenou.

4 Então o povo da terra começou a desanimar o
povo de Judá, perturbando-o no trabalho de cons-
trução. 5 Contrataram conselheiros para frustrar o
plano deles. Fizeram isso durante todo o reinado
de Ciro, rei da Pérsia, até o reinado de Dario, rei da
Pérsia.
6 No começo do reinado de Assuero, escreveram
uma acusação contra os habitantes de Judá e de Je-
rusalém. 7 E, nos dias de Artaxerxes, rei da Pérsia,
Bislão, Mitredate, Tabeel e os outros companheiros
escreveram uma carta a Artaxerxes. A carta foi es-
crita em aramaico e traduzida. 8 Reum, o coman-
dante, e Sinsai, o escrivão, escreveram uma carta
ao rei Artaxerxes contra Jerusalém.
9 Os que escreveram foram Reum, o comandan-
te, Sinsai, o escrivão, e os outros companheiros:
dinaítas, afarsaquitas, tarpelitas, afarsitas, arque-
vitas, babilônios, susanquitas, deavitas, elamitas
10 e outros povos, que o grande e afamado Os-
napar deportou e fez habitar na cidade de Samaria
e em outros lugares deste lado do Eufrates.
11 Eis o teor da carta endereçada ao rei Arta-
xerxes:

"Ao rei Artaxerxes, de seus servos, os ho-
mens deste lado do Eufrates e em tal tempo.
12 Seja do conhecimento do rei que os judeus
que saíram daí vieram a Jerusalém. Eles estão

reconstruindo aquela cidade rebelde e má. Es-
tão restaurando as muralhas e reparando os
seus fundamentos. 13 Saiba ainda o rei que, se
aquela cidade for reconstruída e as muralhas
forem restauradas, eles não pagarão os direitos,
os impostos e os pedágios e assim causarão pre-
juízos ao rei. 14 Agora, como somos assalariados
do rei e não queremos ver a desonra dele, por
isso mandamos este aviso ao rei, 15 para que
faça uma investigação no Livro das Crônicas de
seus pais, e nele o rei descobrirá e saberá que
aquela cidade foi rebelde e danosa aos reis e às
províncias e que nela tem havido rebeliões, des-
de os tempos antigos; por isso a cidade foi des-
truída. 16 Portanto, informamos ao rei que, se
essa cidade for reconstruída e as suas muralhas
forem restauradas, o rei não terá mais a posse
das terras deste lado do Eufrates."

17 O rei mandou a seguinte resposta:

"A Reum, o comandante, a Sinsai, o escrivão,
e aos seus companheiros que moram em Sama-
ria, bem como aos demais que estão além do
Eufrates: Paz!

18 A carta que vocês nos mandaram foi lida
com clareza na minha presença. 19 Por ordem
minha, fizeram uma investigação e descobriram
que, desde tempos antigos, aquela cidade tem
se levantado contra os reis, e nela ocorreram
rebeliões e tumultos. 20 Também houve reis po-
derosos sobre Jerusalém, que dominaram toda a
região além do Eufrates, aos quais foram pagos
direitos, impostos e pedágios. 21 Agora, deem
uma ordem para que aqueles homens parem o
trabalho e aquela cidade não seja reconstruída,
a não ser com autorização minha. 22 Tenham cui-
dado e não sejam negligentes nestas coisas. Por
que aumentaria o dano, em prejuízo dos reis?"

23 Depois que a cópia da carta do rei Artaxerxes
foi lida diante de Reum, de Sinsai, o escrivão, e dos
seus companheiros, eles foram depressa a Jerusa-
lém, aos judeus, e, de mão armada, os forçaram a
parar a obra.

24 Assim, a obra da Casa de Deus, em Jerusalém,
foi interrompida; e isso até o segundo ano do rei-
nado de Dario, rei da Pérsia.

As exortações de Ageu e Zacarias

5 1 O profeta Ageu e o profeta Zacarias, filho de
Ido, profetizaram aos judeus que estavam em
Judá e em Jerusalém, em nome do Deus de Israel,
que estava sobre eles. 2 Então Zorobabel, filho de
Sealtiel, e Jesua, filho de Jozadaque, começaram
a reconstruir a Casa de Deus, em Jerusalém. Os
referidos profetas de Deus estavam com eles e os
ajudavam.

3 Nesse tempo, Tatenai, governador da região
deste lado do Eufrates, e Setar-Bozenai e os seus
companheiros vieram até eles e assim lhes per-
guntaram:

— Quem deu ordem para vocês reconstruírem
este templo e restaurarem esta muralha?

4 Perguntaram mais:

— E quais são os nomes dos homens que estão
construindo este edifício?

5 Porém os olhos de Deus estavam sobre os an-
ciãos dos judeus, de maneira que não foram obri-
gados a parar, até que o assunto chegasse a Dario,
e viesse resposta por carta sobre isso.

Os adversários consultam Dario

6 Eis a cópia da carta que Tatenai, o governador
da região deste lado do Eufrates, com Setar-Bozenai
e os seus companheiros, os afarsaquitas, que esta-
vam deste lado do rio, enviaram ao rei Dario, 7 na
qual lhe deram um relatório nos seguintes termos:

"Ao rei Dario, toda a paz!

8 Saiba o rei que nós fomos à província de
Judá, ao templo do grande Deus, que está sendo
construído com grandes pedras. A madeira está
sendo colocada nas paredes, e a obra está sendo
feita com diligência e avançando nas mãos deles.

9 Perguntamos aos anciãos e assim lhes
dissemos: 'Quem deu ordem para vocês re-
construírem este templo e restaurarem esta
muralha?' 10 Além disto, perguntamos também
pelos nomes deles, para informar ao senhor,
para que pudéssemos enviar por escrito ao rei
os nomes dos homens que são os chefes deles.

11 Esta foi a resposta que nos deram: 'Nós
somos servos do Deus dos céus e da terra e es-
tamos reconstruindo o templo que há muitos
anos tinha sido construído, o qual um grande
rei de Israel construiu e terminou. 12 Mas, de-
pois que os nossos pais provocaram o Deus dos
céus à ira, ele os entregou nas mãos de Nabu-
codonosor, rei da Babilônia, o caldeu, o qual
destruiu este templo e transportou o povo para
a Babilônia. 13 Porém Ciro, rei da Babilônia, no
primeiro ano do seu reinado, deu ordem para
que esta Casa de Deus fosse reconstruída.
14 Também os utensílios de ouro e de prata, da
Casa de Deus, que Nabucodonosor tinha levado
do templo de Jerusalém e colocado no templo
da Babilônia, o rei Ciro os tirou de lá, e foram
dados a um homem cujo nome era Sesbazar, a
quem tinha nomeado governador 15 e a quem
disse: "Pegue estes utensílios, vá e leve-os ao
templo de Jerusalém, e que a Casa de Deus seja
reconstruída no seu antigo lugar." 16 Então veio
o dito Sesbazar e lançou os fundamentos da
Casa de Deus, em Jerusalém; e, daí para cá, o

templo tem estado em construção, mas ainda
não está acabado.'
17 Agora, se parecer bem ao rei, que se busque
nos arquivos reais, na Babilônia, se é verdade
que há uma ordem do rei Ciro para reconstruir
esta Casa de Deus, em Jerusalém. E que o rei nos
faça saber a sua vontade quanto a isto."

O decreto de Dario

6 1 Então o rei Dario deu ordem, e foi feita uma
busca nos arquivos reais da Babilônia, onde se
guardavam os documentos. 2 Em Ecbatana, a for-
taleza que está na província da Média, se achou
um rolo, e nele estava escrito um memorial que
dizia assim:

3 "O rei Ciro, no primeiro ano do seu reinado,
baixou o seguinte decreto:
Com respeito à Casa de Deus, em Jerusalém,
ela deve ser reconstruída para ser um lugar em
que se ofereçam sacrifícios. Os seus fundamen-
tos serão firmes, a sua altura será de vinte e sete
metros e a sua largura será de vinte e sete me-
tros, com três carreiras de grandes pedras e uma
carreira de madeira nova. 4 As despesas serão pa-
gas pelo palácio real. 5 Além disto, os utensílios
de ouro e de prata da Casa de Deus, que Nabu-
codonosor havia tirado do templo de Jerusalém,
levando-os para a Babilônia, serão devolvidos
para o templo de Jerusalém, cada utensílio para
o seu lugar; serão recolocados na Casa de Deus."

A resposta de Dario

6 "E agora você, Tatenai, governador da re-
gião do outro lado do Eufrates, e também
Setar-Bozenai e os seus companheiros, os afar-
saquitas, que estão do outro lado do rio, fiquem
longe daquele lugar. 7 Não interrompam a obra
desta Casa de Deus, para que o governador dos
judeus e os seus anciãos reedifiquem a Casa de
Deus no seu antigo lugar. 8 Também estou de-
cretando o que vocês devem fazer com estes
anciãos dos judeus, para que reedifiquem esta
Casa de Deus, a saber, que da tesouraria real,
isto é, dos tributos recebidos da região do outro
lado do rio Eufrates, se pague, diligentemente, a
despesa a estes homens, para que a obra não seja
interrompida. 9 Também lhes seja dado, dia após
dia, sem falta, aquilo de que necessitam: novi-
lhos, carneiros e cordeiros, para os holocaustos
ao Deus dos céus; e também trigo, sal, vinho e
azeite, segundo a determinação dos sacerdotes
que estão em Jerusalém. 10 Isto para que ofere-
çam sacrifícios de aroma agradável ao Deus dos
céus e orem pela vida do rei e dos seus filhos.
11 Também estou decretando que, se alguém
alterar este decreto, uma viga seja arrancada da
sua casa, e que ele seja levantado e pendurado
nela; e que a sua casa seja transformada num
montão de entulho. 12 Que o Deus que fez habi-
tar ali o seu nome derrube todos os reis e povos
que estenderem a mão para alterar o decreto e
para destruir esta Casa de Deus, que está em Je-
rusalém.
Eu, Dario, baixei o decreto; que se execute
com toda a diligência."

O templo é concluído

13 Então Tatenai, o governador da região deste
lado do Eufrates, Setar-Bozenai e os seus com-
panheiros assim o fizeram com toda a diligência,
segundo o que o rei Dario havia decretado. 14 Os
anciãos dos judeus iam construindo e prosperan-
do em virtude do que profetizaram os profetas
Ageu e Zacarias, filho de Ido. Reconstruíram o
templo e o terminaram segundo a ordem do Deus
de Israel e segundo o decreto de Ciro, de Dario e
de Artaxerxes, reis da Pérsia. 15 Terminaram a
construção deste templo no terceiro dia do mês de
adar, no sexto ano do reinado do rei Dario.

A dedicação do templo

16 Os filhos de Israel, os sacerdotes, os levitas e
o restante dos exilados celebraram com alegria a
dedicação desta Casa de Deus. 17 Para a dedicação
desta Casa de Deus ofereceram cem novilhos, du-
zentos carneiros, quatrocentos cordeiros e doze
cabritos, para oferta pelo pecado de todo o Israel,
segundo o número das tribos de Israel. 18 Estabe-
leceram os sacerdotes nos seus turnos e os levitas
nas suas divisões, para o serviço de Deus em Je-
rusalém, segundo está escrito no Livro de Moisés.

A celebração da Páscoa

19 Os que voltaram do cativeiro celebraram a
Páscoa no dia catorze do primeiro mês. 20 Os sa-
cerdotes e os levitas tinham se purificado, e todos,
sem exceção, estavam limpos. Mataram o cordeiro
da Páscoa para todos os que voltaram do cativeiro,
para os sacerdotes, seus irmãos, e para si mesmos.
21 Assim, os filhos de Israel que tinham voltado do
exílio comeram a Páscoa, juntamente com todos
os que, unindo-se a eles, se haviam separado das
coisas impuras dos gentios da terra, para busca-
rem o SENHOR, Deus de Israel. 22 Celebraram a
Festa dos Pães sem Fermento durante sete dias,
com alegria, porque o SENHOR os tinha alegrado,
mudando o coração do rei da Assíria a favor deles,
para lhes fortalecer as mãos na obra da Casa de
Deus, o Deus de Israel.

Artaxerxes envia Esdras a Jerusalém

7 1 Passadas estas coisas, no reinado de Arta-
xerxes, rei da Pérsia, Esdras veio da Babilônia.

Esdras era filho de Seraías, filho de Azarias, filho
de Hilquias, 2 filho de Salum, filho de Zadoque, fi-
lho de Aitube, 3 filho de Amarias, filho de Azarias,
filho de Meraiote, 4 filho de Zeraías, filho de Uzi,
filho de Buqui, 5 filho de Abisua, filho de Fineias,
filho de Eleazar, filho de Arão, o sumo sacerdote.
6 Ele era escriba versado na Lei de Moisés, dada
pelo SENHOR, Deus de Israel. E, como a mão do
SENHOR, seu Deus, estava sobre ele, o rei lhe deu
tudo o que ele havia pedido. 7 Também vieram para
Jerusalém alguns dos filhos de Israel, dos sacerdo-
tes, dos levitas, dos cantores, dos porteiros e dos
servidores do templo. Isto foi no sétimo ano do
reinado de Artaxerxes. 8 Esdras chegou a Jerusalém
no quinto mês, no sétimo ano deste rei. 9 Ele par-
tiu da Babilônia no primeiro dia do primeiro mês,
e, no primeiro dia do quinto mês, chegou a Jeru-
salém, porque a mão bondosa do seu Deus estava
sobre ele. 10 Porque Esdras pôs no coração o propó-
sito de buscar a Lei do SENHOR, cumpri-la e ensinar
em Israel os seus estatutos e os seus juízos.

11 Esta é a cópia da carta que o rei Artaxerxes
entregou ao sacerdote Esdras, o escriba versado
nas palavras, nos mandamentos e nos estatutos
que o SENHOR deu a Israel:

12 "Artaxerxes, rei dos reis, ao sacerdote Es-
dras, escriba da Lei do Deus do céu: Paz perfeita!
13 Estou decretando que, no meu reino, todo
aquele do povo de Israel e dos seus sacerdotes
e levitas que quiser ir com você para Jerusalém,
que vá. 14 Você está sendo autorizado pelo rei e
os seus sete conselheiros para fazer uma averi-
guação em Judá e em Jerusalém, segundo a Lei
do seu Deus, a qual está em suas mãos. 15 Leve
a prata e o ouro que o rei e os seus conselheiros
espontaneamente ofereceram ao Deus de Is-
rael, cuja habitação está em Jerusalém. 16 Leve
também a prata e o ouro que você achar em
toda a província da Babilônia, com as ofertas
voluntárias do povo e dos sacerdotes, ofere-
cidas espontaneamente para o templo de seu
Deus, em Jerusalém. 17 Empregue esse dinheiro
com diligência e compre novilhos, carneiros,
cordeiros, com as suas ofertas de cereais e as
suas libações, para oferecer sobre o altar do
templo do seu Deus, em Jerusalém. 18 Com o
resto da prata e do ouro, você e os seus irmãos
podem fazer o que acharem melhor, segundo
a vontade do seu Deus. 19 E os utensílios que
lhe foram dados para o serviço da casa do seu
Deus, restitua-os diante do Deus de Jerusalém.
20 E tudo mais que for necessário para o templo
de seu Deus e que você tiver de providenciar
será pago pela casa dos tesouros do rei.
21 Eu mesmo, o rei Artaxerxes, estou decre-
tando a todos os tesoureiros que estão do outro
lado do Eufrates o que segue: entreguem dili-
gentemente tudo o que o sacerdote Esdras, es-
criba da Lei do Deus do céu, solicitar, 22 até três
mil e quatrocentos quilos de prata, dez mil qui-
los de trigo, dois mil litros de vinho, dois mil li-
tros de azeite e sal à vontade. 23 Tudo o que for
ordenado pelo Deus do céu, que se faça com
exatidão para o templo do Deus do céu. Pois
por que haveria grande ira sobre o reino do rei
e dos seus filhos? 24 Também informamos, a
respeito de todos os sacerdotes e levitas, can-
tores, porteiros, de todos os que servem nesta
Casa de Deus, que não será lícito impor-lhes
nem direitos, nem impostos, nem pedágios.
25 E você, Esdras, conforme a sabedoria que
o seu Deus lhe deu, nomeie magistrados e juí-
zes que julguem todo o povo que está na região
do outro lado do Eufrates, isto é, todos os que
conhecem as leis do seu Deus; e que elas sejam
ensinadas aos que não as conhecem. 26 Todo
aquele que não observar a lei do seu Deus e a
lei do rei com diligência, seja condenado ou à
morte, ou ao desterro, ou ao confisco de bens,
ou à prisão."

Esdras louva a Deus

27 — Bendito seja o SENHOR, Deus de nossos
pais, que deste modo moveu o coração do rei
para adornar a Casa do SENHOR, em Jerusalém;
28 e que estendeu para mim a sua misericórdia
diante do rei, dos seus conselheiros e de todos
os seus príncipes poderosos. Assim, eu me ani-
mei, porque a mão do SENHOR, meu Deus, estava
sobre mim, e reuni alguns chefes de Israel para
voltarem comigo.

A lista dos que voltaram com Esdras

8 1 Estes são os chefes de famílias e esta é a ge-
nealogia dos que voltaram comigo da Babilô-
nia, no reinado do rei Artaxerxes: 2 dos filhos de
Fineias, Gérson; dos filhos de Itamar, Daniel; dos
filhos de Davi, Hatus; 3 dos filhos de Secanias, dos
filhos de Parós, Zacarias, e com ele foram regis-
trados cento e cinquenta homens. 4 Dos filhos de
Paate-Moabe, Elioenai, filho de Zeraías, e, com
ele, duzentos homens. 5 Dos filhos de Secanias,
o filho de Jaaziel, e, com ele, trezentos homens.
6 Dos filhos de Adim, Ebede, filho de Jônatas, e,
com ele, cinquenta homens. 7 Dos filhos de Elão,
Jesaías, filho de Atalias, e, com ele, setenta ho-
mens. 8 Dos filhos de Sefatias, Zebadias, filho de
Micael, e, com ele, oitenta homens. 9 Dos filhos
de Joabe, Obadias, filho de Jeiel, e, com ele, du-
zentos e dezoito homens. 10 Dos filhos de Bani,
Selomite, filho de Josifias, e, com ele, cento e ses-
senta homens. 11 Dos filhos de Bebai, Zacarias, o
filho de Bebai, e, com ele, vinte e oito homens.

12 Dos filhos de Azgade, Joanã, o filho de Hacatã,
e, com ele, cento e dez homens. 13 Dos filhos de
Adonicão, últimos a chegar, seus nomes eram es-
tes: Elifelete, Jeiel e Semaías, e, com eles, sessenta
homens. 14 Dos filhos de Bigvai, Utai e Zabude, e,
com eles, setenta homens.

Esdras manda buscar levitas

15 Eu os reuni perto do rio que corre para Aava,
onde ficamos acampados três dias. Atentando
para o povo e para os sacerdotes e não tendo acha-
do nenhum dos filhos de Levi, 16 mandei chamar
Eliézer, Ariel, Semaías, Elnatã, Jaribe, Elnatã, Natã,
Zacarias e Mesulão, os chefes, bem como Joiaribe e
Elnatã, que eram sábios. 17 Eu os enviei a Ido, chefe
em Casifia, e lhes dei as palavras que deveriam di-
zer a Ido e aos servidores do templo, seus irmãos,
em Casifia, para que nos enviassem ministros para
o templo do nosso Deus. 18 E, como a mão bondosa
de Deus estava sobre nós, eles nos enviaram um
homem sábio, dos filhos de Mali, filho de Levi,
filho de Israel, a saber, Serebias, com os seus fi-
lhos e irmãos, em número de dezoito. 19 Também
mandaram Hasabias e, com ele, Jesaías, dos filhos
de Merari, com os seus irmãos e os filhos deles, em
número de vinte. 20 E dos servidores do templo,
que Davi e os príncipes haviam escolhido para aju-
dar os levitas, duzentos e vinte, todos eles mencio-
nados nominalmente.

O jejum

21 Então ali, junto ao rio Aava, proclamei um je-
jum, para nos humilharmos diante do nosso Deus,
para lhe pedirmos uma boa viagem para nós, para
os nossos filhos e para tudo o que era nosso. 22 Por-
que tive vergonha de pedir ao rei exército e cavalei-
ros para nos defenderem do inimigo no caminho,
porque já lhe havíamos dito: "A mão do nosso Deus
está sobre todos os que o buscam, para o bem de-
les; mas a sua força e a sua ira são contra todos os
que o abandonam." 23 Assim nós jejuamos e pedi-
mos isto ao nosso Deus, e ele nos atendeu.

A entrega das contribuições aos sacerdotes

24 Então separei doze dos principais sacerdotes,
isto é, Serebias, Hasabias e dez dos seus irmãos.
25 Pesei-lhes a prata, o ouro e os utensílios que o
rei, os seus conselheiros, os seus príncipes e todo o
Israel que ali estava tinham contribuído para o tem-
plo do nosso Deus. 26 Entreguei-lhes nas mãos vinte
e dois mil quilos de prata, três mil e quatrocentos
quilos em objetos de prata e três mil e quatrocen-
tos quilos de ouro. 27 Além disso, entreguei vinte
taças de ouro de oito quilos e meio e dois objetos
de bronze lustroso e fino, tão precioso como ouro.
28 Então eu lhes disse:
— Vocês são santos ao SENHOR, e santos são
estes objetos, bem como esta prata e este ouro,
oferta voluntária ao SENHOR, Deus dos seus pais.
29 Vigiem e guardem essas coisas até que as pesem
na presença dos principais sacerdotes, dos levitas
e dos chefes de famílias de Israel, em Jerusalém,
nas câmaras da Casa do SENHOR.
30 Então os sacerdotes e os levitas receberam a
prata, o ouro e os objetos, para os trazerem a Jeru-
salém, ao templo do nosso Deus.

A chegada a Jerusalém

31 Partimos do rio Aava no dia doze do primei-
ro mês, a fim de irmos para Jerusalém. E a mão do
nosso Deus estava sobre nós e nos livrou das mãos
dos inimigos e dos que nos armavam ciladas pelo
caminho. 32 Chegamos a Jerusalém e descansamos
três dias. 33 No quarto dia, pesamos, no templo do
nosso Deus, a prata, o ouro e os objetos e os entre-
gamos a Meremote, filho do sacerdote Urias. Com
ele estavam Eleazar, filho de Fineias, e os levitas
Jozabade, filho de Jesua, e Noadias, filho de Binui.
34 Tudo foi contado e pesado, e o peso total foi
imediatamente registrado.
35 Os exilados que voltaram do cativeiro ofere-
ceram holocaustos ao Deus de Israel: doze novilhos
por todo o Israel, noventa e seis carneiros, setenta
e sete cordeiros e, como oferta pelo pecado, doze
bodes; tudo em holocausto ao SENHOR. 36 Então
deram as ordens do rei aos seus sátrapas e aos go-
vernadores da região deste lado do Eufrates, e estes
ajudaram o povo na reconstrução da Casa de Deus.

A oração e a confissão de Esdras

9 1 Acabadas estas coisas, alguns dos chefes vie-
ram falar comigo, dizendo:
— O povo de Israel, os sacerdotes e os levitas
não se separaram dos povos de outras terras e
das suas abominações, isto é, dos cananeus, dos
heteus, dos ferezeus, dos jebuseus, dos amoni-
tas, dos moabitas, dos egípcios e dos amorreus.
2 Tanto eles como os seus filhos casaram com mu-
lheres desses povos, e assim a linhagem santa se
misturou com os povos dessas terras. Os chefes e
os magistrados foram os primeiros a cometer esse
pecado.
3 Quando ouvi isso, rasguei as minhas roupas e
o meu manto, e arranquei os cabelos da cabeça e
da barba, e me sentei perplexo. 4 Então se reuni-
ram em volta de mim todos os que tremiam diante
das palavras do Deus de Israel, por causa da trans-
gressão dos que tinham voltado do cativeiro. Po-
rém eu permaneci sentado, perplexo, até a hora do
sacrifício da tarde.
5 Na hora do sacrifício da tarde, levantei-me da
minha humilhação, com as roupas e o manto já
rasgados, me pus de joelhos, estendi as mãos para
o SENHOR, meu Deus, 6 e disse:

— Meu Deus! Estou confuso e envergonhado,
para levantar a ti a face, meu Deus, porque as nos-
sas iniquidades se multiplicaram sobre a nossa ca-
beça, e a nossa culpa chega até os céus. 7 Desde os
dias dos nossos pais até hoje, estamos em grande
culpa e, por causa das nossas iniquidades, nós, os
nossos reis e os nossos sacerdotes fomos entregues
aos reis de outras terras, à espada, ao cativeiro, ao
roubo e à vergonha, como hoje se vê. 8 Agora, por
um breve momento, se manifestou a graça do
SENHOR, nosso Deus, deixando que alguns es-
capassem, dando-nos estabilidade no seu santo
lugar. Assim, iluminaste os nossos olhos, ó nosso
Deus, e nos deste um pouco de vida em meio à nos-
sa servidão. 9 Porque éramos escravos, mas o nosso
Deus não nos abandonou em nossa servidão. Pelo
contrário, estendeu sobre nós a sua misericórdia, e
achamos favor diante dos reis da Pérsia, para revi-
vermos, para levantarmos o templo do nosso Deus,
para restaurarmos as suas ruínas e para nos dar um
muro de segurança em Judá e em Jerusalém.

10 — Agora, ó nosso Deus, que diremos depois
disto? Pois deixamos os teus mandamentos, 11 que
ordenaste por meio dos teus servos, os profetas, di-
zendo: "A terra em que vocês estão entrando, para
dela tomar posse, é terra impura por causa da im-
pureza dos seus povos, por causa das coisas abomi-
náveis com que, na sua corrupção, eles encheram
a terra de uma extremidade à outra. 12 Por isso,
não deem as suas filhas em casamento aos filhos
deles, nem escolham para os seus filhos mulheres
do meio das filhas deles. Jamais procurem a paz e
o bem desses povos, para que vocês sejam fortes e
comam o melhor da terra, e a deixem como heran-
ça aos filhos de vocês, para sempre." 13 Depois de
tudo o que nos aconteceu por causa das nossas más
obras e da nossa grande culpa, e vendo ainda que
tu, ó nosso Deus, nos tens castigado menos do que
merecem as nossas iniquidades, e ainda nos deste
este restante que escapou, 14 será que poderíamos
voltar a transgredir os teus mandamentos e nos
unir em casamento com os povos que praticam es-
sas abominações? Não te indignarias contra nós, ao
ponto de nos destruíres completamente, sem que
houvesse nenhum remanescente nem alguém que
escapasse? 15 Ó SENHOR, Deus de Israel, tu és justo,
pois somos o restante que escapou, como hoje se
vê. Eis que estamos diante de ti com a nossa culpa,
porque não há ninguém que possa estar na tua pre-
sença por causa disto.

Os israelitas despedem as esposas estrangeiras

10 1 Enquanto Esdras orava e fazia confissão,
chorando prostrado diante da Casa de Deus,
uma enorme congregação de israelitas — ho-
mens, mulheres e crianças — se reuniu em volta
dele. E o povo chorava amargamente. 2 Então Se-
canias, filho de Jeiel, um dos filhos de Elão, tomou
a palavra e disse a Esdras:

— Nós temos transgredido contra o nosso
Deus, casando com mulheres estrangeiras, que
pertencem aos povos desta terra. Mas, quanto
a isto, ainda há esperança para Israel. 3 Façamos
agora uma aliança com o nosso Deus, de que des-
pediremos todas essas mulheres e os seus filhos,
segundo o conselho do meu senhor e dos que
tremem diante do mandamento do nosso Deus.
Que se faça segundo a Lei. 4 Levante-se, pois isto
é incumbência sua, e nós o apoiaremos. Seja forte
e mãos à obra!

5 Então Esdras se levantou e fez com que os
principais sacerdotes, os levitas e todo o Israel
jurassem que fariam segundo esta palavra. E eles
juraram.

6 Esdras se retirou de onde estava, diante da
Casa de Deus, e foi para a câmara de Joanã, filho
de Eliasibe. Ao entrar ali, não comeu pão nem
bebeu água, porque pranteava por causa da infi-
delidade dos que tinham voltado do exílio. 7 De-
pois anunciaram em Judá e Jerusalém que todos
os que tinham voltado do exílio deviam se reunir
em Jerusalém 8 e que, se alguém, em três dias,
não viesse, segundo o conselho dos chefes e dos
anciãos, todos os seus bens seriam totalmente
destruídos, e ele mesmo seria excluído da congre-
gação dos que voltaram do exílio.

9 Então todos os homens de Judá e Benjamim,
em três dias, se reuniram em Jerusalém. No dia
vinte do nono mês, todo o povo se assentou na
praça da Casa de Deus, tremendo por causa da-
quele assunto e por causa da chuva intensa. 10 En-
tão o sacerdote Esdras se levantou e lhes disse:

— Vocês foram infiéis, casando com mulheres
estrangeiras, aumentando a culpa de Israel. 11 Por-
tanto, façam confissão ao SENHOR, Deus dos seus
pais, e façam o que lhe agrada. Separem-se dos po-
vos desta terra e das mulheres estrangeiras.

12 E toda a congregação respondeu em voz alta:

— Que assim seja! Faremos segundo as suas
palavras. 13 Porém o povo é muito e, sendo a épo-
ca das chuvas, não podemos ficar aqui do lado de
fora. E isto não é coisa que se faça em um ou dois
dias, pois somos muitos os que transgredimos
neste assunto. 14 Que os nossos chefes decidam
por toda a congregação, e que todos os que em
nossas cidades casaram com mulheres estrangei-
ras venham a eles num dia marcado, acompanha-
dos dos anciãos e dos juízes de cada cidade, até
que se afaste de nós o furor da ira do nosso Deus,
por causa desta situação.

15 Apenas Jônatas, filho de Asael, e Jazeías, filho
de Ticvá, se opuseram a isso, apoiados por Mesu-
lão e pelo levita Sabetai.

16 Os que voltaram do exílio fizeram assim. Então o sacerdote Esdras escolheu nominalmente os chefes de famílias, segundo a casa de seus pais; e se sentaram no primeiro dia do décimo mês para examinar essa questão. 17 E, no primeiro dia do primeiro mês, concluíram o exame de todos os casos de homens que haviam casado com mulheres estrangeiras.

18 Dentre os filhos dos sacerdotes, foram encontrados os seguintes que tinham casado com mulheres estrangeiras: dos filhos de Jesua, filho de Jozadaque, e de seus irmãos: Maaseias, Eliézer, Jaribe e Gedalias. 19 Com um aperto de mão, prometeram mandar embora as suas mulheres e, por serem culpados, ofereceram um carneiro do rebanho pela sua culpa. 20 Dos filhos de Imer: Hanani e Zebadias. 21 Dos filhos de Harim: Maaseias, Elias, Semaías, Jeiel e Uzias. 22 Dos filhos de Pasur: Elioenai, Maaseias, Ismael, Natanael, Jozabade e Elasa.

23 Dos levitas: Jozabade e Simei, Quelaías, também chamado de Quelita, Petaías, Judá e Eliézer. 24 Dos cantores: Eliasibe; dos porteiros: Salum, Telém e Uri.

25 E de Israel, dos filhos de Parós: Ramias, Jezias, Malquias, Miamim, Eleazar, Malquias e Benaia. 26 Dos filhos de Elão: Matanias, Zacarias, Jeiel, Abdi, Jerimote e Elias. 27 Dos filhos de Zatu: Elioenai, Eliasibe, Matanias, Jerimote, Zabade e Aziza. 28 Dos filhos de Bebai: Joanã, Hananias, Zabai e Atlai. 29 Dos filhos de Bani: Mesulão, Maluque, Adaías, Jasube, Seal e Jerimote. 30 Dos filhos de Paate-Moabe: Adna, Quelal, Benaia, Maaseias, Matanias, Bezalel, Binui e Manassés. 31 Dos filhos de Harim: Eliézer, Issias, Malquias, Semaías, Simeão, 32 Benjamim, Maluque e Semarias. 33 Dos filhos de Hasum: Matenai, Matatá, Zabade, Elifelete, Jeremai, Manassés e Simei. 34 Dos filhos de Bani: Maadai, Anrão, Uel, 35 Benaia, Bedias, Queluí, 36 Vanias, Meremote, Eliasibe, 37 Matanias, Matenai, Jaasai, 38 Bani, Binui, Simei, 39 Selemias, Natã, Adaías, 40 Macnadbai, Sasai, Sarai, 41 Azarel, Selemias, Semarias, 42 Salum, Amarias e José. 43 Dos filhos de Nebo: Jeiel, Matitias, Zabade, Zebina, Jadai, Joel e Benaia. 44 Todos estes tinham casado com mulheres estrangeiras, e alguns deles tinham filhos destas mulheres.

O LIVRO DE NEEMIAS

Neemias ora por Jerusalém

1 1 Palavras de Neemias, filho de Hacalias. No mês de quisleu, no vigésimo ano, quando eu estava na cidadela de Susã, 2 veio Hanani, um dos meus irmãos, com alguns homens de Judá. Então lhes perguntei a respeito dos judeus que escaparam e que sobreviveram ao exílio e a respeito de Jerusalém. 3 E eles me responderam:

— Os restantes, os que sobreviveram ao exílio e se encontram lá na província, estão em grande miséria e humilhação. As muralhas de Jerusalém continuam em ruínas, e os seus portões foram destruídos pelo fogo.

4 Quando ouvi estas palavras, eu me sentei, chorei e lamentei por alguns dias. Fiquei jejuando e orando diante do Deus dos céus. 5 Eu disse:

— Ah! Senhor, Deus dos céus, Deus grande e temível, que guardas a aliança e a misericórdia para com aqueles que te amam e guardam os teus mandamentos! 6 Estejam atentos os teus ouvidos, e os teus olhos, abertos, para que atendas a oração do teu servo, que hoje faço diante de ti, dia e noite, pelos filhos de Israel, teus servos. Faço confissão dos pecados dos filhos de Israel, os quais temos cometido contra ti. Eu e a casa de meu pai pecamos. 7 Temos procedido de forma totalmente corrupta contra ti e não guardamos os mandamentos, nem os estatutos, nem os juízos que ordenaste a Moisés, teu servo. 8 Lembra-te da palavra que ordenaste a Moisés, teu servo, dizendo: "Se vocês forem infiéis, eu os espalharei entre os povos; 9 mas, se vocês se converterem a mim e guardarem os meus mandamentos, e os cumprirem, então, ainda que os seus desterrados estejam nos lugares mais distantes da terra, de lá os ajuntarei e os trarei para o lugar que escolhi para fazer habitar o meu nome." 10 Estes ainda são teus servos e o teu povo que resgataste com o teu grande poder e com a tua mão poderosa. 11 Ah! Senhor, estejam atentos os teus ouvidos à oração do teu servo e à oração dos teus servos que se agradam de temer o teu nome. Faze com que o teu servo seja bem-sucedido hoje e encontre misericórdia diante desse homem.

Nesse tempo eu era copeiro do rei.

Neemias é mandado a Jerusalém

2 1 No mês de nisã, no vigésimo ano do reinado de Artaxerxes, uma vez posto o vinho diante dele,

eu o peguei e ofereci ao rei. Ora, nunca antes eu ti-
nha estado triste diante dele. 2 Então o rei me disse:
— Por que o seu rosto está triste, se você não
está doente? Isso tem de ser tristeza do coração!
Então fiquei com muito medo 3 e lhe respondi:
— Que o rei viva para sempre! Como não es-
taria triste o meu rosto, se a cidade onde estão
sepultados os meus pais está em ruínas e os seus
portões foram queimados?
4 O rei me disse:
— O que você me pede agora?
Então orei ao Deus dos céus 5 e disse ao rei:
— Se for do agrado do rei, e se este seu servo
encontrou favor em sua presença, peço que o rei
me envie a Judá, à cidade onde estão os túmulos
dos meus pais, para que eu a reconstrua.
6 Então o rei, que tinha a rainha sentada ao seu
lado, me perguntou:
— Quanto vai durar a sua ausência? Quando
você voltará?
Marquei certo prazo, e o rei se deu por satisfeito
e me deixou ir. 7 Eu ainda disse ao rei:
— Se for do agrado do rei, que ele me dê cartas
para os governadores da região do outro lado do
Eufrates, para que me permitam passar e entrar
em Judá. 8 E também uma carta para Asafe, guarda
das florestas do rei, para que me dê madeira para
as vigas dos portões da cidadela do templo, para as
muralhas da cidade e para a casa em que deverei
me alojar.
E o rei me deu o que eu pedi, porque a mão bon-
dosa do meu Deus estava sobre mim.
9 Então fui aos governadores da região do outro
lado do Eufrates e lhes entreguei as cartas do rei.
Ora, o rei tinha enviado comigo oficiais do exér-
cito e cavaleiros. 10 Mas Sambalate, o horonita, e
Tobias, o servo amonita, ficaram sabendo disto
e não lhes agradou nem um pouco que alguém
estivesse interessado no bem dos filhos de Israel.

Neemias anima o povo a reedificar as muralhas

11 Então cheguei a Jerusalém. Depois de espe-
rar três dias, 12 me levantei à noite, junto com uns
poucos homens que estavam comigo. Não decla-
rei a ninguém o que o meu Deus havia posto no
meu coração para eu fazer em Jerusalém. Não
havia comigo animal algum, a não ser o que eu
montava. 13 De noite, saí pelo Portão do Vale, em
direção à Fonte do Dragão e ao Portão do Montu-
ro, e inspecionei as muralhas de Jerusalém, que
estavam em ruínas e cujos portões tinham sido
destruídos pelo fogo. 14 Passei ao Portão da Fon-
te e ao Tanque do Rei, mas não havia lugar por
onde o animal que eu montava pudesse passar.
15 Subi à noite pelo vale, sempre inspecionando
as muralhas. Voltei, entrei pelo Portão do Vale
e fui para casa. 16 Os magistrados não sabiam
aonde eu tinha ido nem o que tinha feito, pois
até ali eu não havia declarado coisa alguma, nem
aos judeus, nem aos sacerdotes, nem aos nobres,
nem aos magistrados, nem aos demais que iriam
fazer a obra.
17 Então eu lhes disse:
— Vocês estão vendo a miséria em que nós es-
tamos: Jerusalém em ruínas e os seus portões des-
truídos pelo fogo. Venham, vamos reconstruir as
muralhas de Jerusalém, para nos livrarmos desta
vergonha.
18 E lhes declarei como a mão bondosa do
meu Deus havia estado sobre mim e também as
palavras que o rei me havia falado. Então dis-
seram:
— Vamos nos preparar e começar a recons-
trução!
Então se prepararam para fazer esta boa obra.
19 Porém, quando Sambalate, o horonita, To-
bias, o servo amonita, e um árabe chamado Ge-
sém souberam disso, zombaram de nós e nos
desprezaram, dizendo:
— O que é isso que vocês estão fazendo? Que-
rem se rebelar contra o rei?
20 Então lhes respondi:
— O Deus dos céus é quem fará com que se-
jamos bem-sucedidos. Nós, seus servos, vamos
nos preparar e começar a reconstrução. Mas vo-
cês não têm parte, nem direito, nem memorial em
Jerusalém.

Os que trabalharam na reedificação das muralhas

3 1 Então o sumo sacerdote Eliasibe se levantou
com os seus irmãos, os sacerdotes, e recons-
truíram o Portão das Ovelhas. Eles o consagraram,
colocaram os portões no seu lugar e continuaram
a reconstrução até a Torre dos Cem e a Torre de
Hananel. 2 Ao lado dele trabalharam os homens de
Jericó, e, ao lado deles, Zacur, filho de Inri.
3 Os filhos de Hassenaá reconstruíram o Portão
dos Peixes. Colocaram as vigas e os portões nos
seus lugares, com os seus ferrolhos e as trancas.
4 Ao lado deles, quem fez os reparos foi Meremo-
te, filho de Urias, filho de Coz, e ao lado deste,
Mesulão, filho de Berequias, filho de Mesezabel.
Ao lado deste, Zadoque, filho de Baaná, fez os re-
paros. 5 Ao lado destes, trabalharam os tecoítas.
Mas os seus nobres não se sujeitaram ao serviço
do seu senhor.
6 Joiada, filho de Paseia, e Mesulão, filho de Be-
sodias, repararam o Portão Velho. Colocaram as
vigas e os portões nos seus lugares, com os seus
ferrolhos e as trancas. 7 Ao lado deles, trabalha-
ram Melatias, gibeonita, e Jadom, meronotita,
homens de Gibeão e de Mispa, que pertenciam

ao domínio do governador de além do Eufrates.
8 Ao seu lado, quem fez os reparos foi Uziel, filho
de Haraías, um dos ourives, e, ao lado dele, Ha-
nanias, um dos perfumistas. Eles restauraram
Jerusalém até a Muralha Larga. 9 Ao lado destes,
trabalhou Refaías, filho de Hur, governador de
metade do distrito de Jerusalém. 10 Ao seu lado, Je-
daías, filho de Harumafe, fez os reparos em frente
da sua casa; e, ao seu lado, Hatus, filho de Hasab-
neias, fez os reparos. 11 Malquias, filho de Harim,
e Hassube, filho de Paate-Moabe, repararam o
trecho seguinte e a Torre dos Fornos. 12 Ao lado
dele, quem fez os reparos foi Salum, filho de Ha-
loés, governador da outra metade do distrito de
Jerusalém, ele e as suas filhas.

13 Hanum e os moradores de Zanoa repararam
o Portão do Vale. Eles o reconstruíram, colocaram
os portões no seu lugar, com os seus ferrolhos e
as trancas, e ainda consertaram quinhentos me-
tros da muralha, até o Portão do Monturo.

14 O Portão do Monturo foi reparado por Mal-
quias, filho de Recabe, governador do distrito de
Bete-Haquerém. Ele o reconstruiu, colocou os por-
tões no seu lugar, com os seus ferrolhos e as trancas.

15 O Portão da Fonte foi reparado por Salum,
filho de Col-Hozé, governador do distrito de Mis-
pa. Ele o reconstruiu, fez uma cobertura, colocou
os portões no seu lugar, com os seus ferrolhos e
as trancas. Também reconstruiu a muralha do
tanque de Selá, junto ao jardim do rei, até os de-
graus que descem da Cidade de Davi. 16 Ao lado
dele, quem fez os reparos foi Neemias, filho de
Azbuque, governador de metade do distrito de
Bete-Zur, até em frente dos túmulos de Davi, até o
tanque e até a casa dos heróis.

17 Depois dele, os levitas, Reum, filho de Bani,
e, ao seu lado, Hasabias, governador da metade
do distrito de Queila, fizeram os reparos. 18 De-
pois dele, os reparos foram feitos pelos seus
irmãos: Bavai, filho de Henadade, governador
da metade do distrito de Queila. 19 Ao seu lado,
Ezer, filho de Jesua, governador de Mispa, repa-
rou outro trecho em frente da subida para a casa
das armas, na esquina da muralha. 20 Depois dele,
Baruque, filho de Zabai, reparou com muito cui-
dado outro trecho, desde a esquina da muralha
até a porta da casa de Eliasibe, o sumo sacerdote.
21 Depois dele, Meremote, filho de Urias, filho de
Coz, reparou outro trecho, desde a porta da casa
de Eliasibe até a extremidade da casa de Eliasibe.

22 Depois dele, quem fez os reparos foram os
sacerdotes que moravam na campina. 23 Depois,
Benjamim e Hassube fizeram os reparos, em
frente da sua casa. Depois deles, Azarias, filho de
Maaseias, filho de Ananias, reparou junto à sua
casa. 24 Depois dele, Binui, filho de Henadade, re-
parou outro trecho, desde a casa de Azarias até a
esquina. 25 Palal, filho de Uzai, reparou em frente
da esquina e da torre que sai do palácio real supe-
rior, que está junto ao pátio da prisão. Depois dele,
Pedaías, filho de Parós, 26 e os servos do templo
que moravam em Ofel fizeram os reparos até em
frente do Portão das Águas, na direção do leste,
e até a torre alta. 27 Depois, os tecoítas repararam
outro trecho, em frente da torre grande e alta, e
até a Muralha de Ofel.

28 Para cima do Portão dos Cavalos, os sacerdo-
tes fizeram os reparos, cada um em frente da sua
casa. 29 Depois deles, Zadoque, filho de Imer, repa-
rou em frente da sua casa e, depois dele, Semaías,
filho de Secanias, guarda do Portão Leste, reparou
o trecho seguinte. 30 Depois dele, Hananias, filho
de Selemias, e Hanum, o sexto filho de Zalafe, re-
pararam outro trecho. Depois deles, Mesulão, filho
de Berequias, fez os reparos em frente de sua resi-
dência. 31 Depois dele, Malquias, filho de um ouri-
ves, fez os reparos até a casa dos servos do templo
e dos mercadores, em frente do Portão da Guarda,
até o terraço da esquina. 32 Entre o terraço da es-
quina e o Portão das Ovelhas, os reparos foram
feitos pelos ourives e pelos mercadores.

A defesa contra os adversários

4 1 Quando Sambalate ouviu que nós estáva-
mos reconstruindo a muralha, ficou irado e
indignado, e começou a zombar dos judeus. 2 Na
presença de seus irmãos e do exército de Samaria
ele disse:

— O que é que esses judeus fracos estão fazen-
do? Vocês vão permitir que eles continuem? Será
que vão oferecer sacrifícios? Pensam que podem
acabar a obra num só dia? Será que as pedras
que foram queimadas poderão renascer daqueles
montões de pó?

3 Tobias, o amonita, estava com Sambalate e
disse:

— Mesmo que reconstruam, se vier uma rapo-
sa, derrubará aquela muralha de pedras!

4 "Ouve, ó nosso Deus, pois estamos sendo
desprezados. Faze com que o seu desprezo re-
caia sobre a cabeça deles, e faze com que sejam
despojo numa terra de cativeiro. 5 Não encubras
a sua iniquidade, e que o pecado deles não seja
apagado diante de ti, pois te provocaram à ira
na presença dos construtores."

6 Assim, reconstruímos a muralha. E toda a mu-
ralha foi acabada até a metade da sua altura, por-
que o povo tinha ânimo para trabalhar.

7 Mas, quando Sambalate, Tobias, os árabes,
os amonitas e os asdoditas ouviram que a repa-
ração das muralhas de Jerusalém ia adiante e que
já se começavam a fechar-lhe as brechas, ficaram
muito irados. 8 Todos se ajuntaram de comum

acordo para virem atacar Jerusalém e criar con-
fusão ali. 9 Porém nós oramos ao nosso Deus e,
como proteção, pusemos guarda contra eles, de
dia e de noite.

10 Então os que estavam em Judá disseram:

— Os carregadores já não têm mais forças, e os
escombros são muitos. Nós mesmos não seremos
capazes de reconstruir a muralha.

11 Os nossos inimigos diziam entre si: "Eles não
ficarão sabendo nem verão nada, até que entre-
mos no meio deles e os matemos. E assim vamos
fazer com que a obra pare."

12 Os judeus que habitavam na vizinhança de-
les nos disseram dez vezes: "De todos os lugares
onde moram, eles nos atacarão."

13 Então pus o povo, por famílias, nos lugares
baixos e abertos, por detrás da muralha, com
as suas espadas, as suas lanças e os seus arcos.
14 Depois de fazer uma inspeção, levantei-me e
disse aos nobres, aos magistrados e ao resto do
povo:

— Não tenham medo deles. Lembrem-se do
Senhor, grande e temível, e lutem pelos seus ir-
mãos, seus filhos, suas filhas, pelas mulheres e
pela casa de vocês.

15 Quando os nossos inimigos ouviram que
nós já sabíamos disso e que Deus tinha frustrado
o plano deles, voltamos todos nós para a mura-
lha, cada um à sua obra. 16 Daquele dia em diante,
metade dos meus homens trabalhava na obra, e
a outra metade empunhava lanças, escudos, ar-
cos e couraças; e os chefes estavam por trás de
toda a casa de Judá 17 que reconstruía a muralha.
Os carregadores, que por si mesmos tomavam as
cargas, cada um com uma das mãos fazia a obra e
com a outra segurava a arma. 18 Os construtores,
cada um trazia a sua espada na cintura, enquanto
construíam. O que tocava a trombeta estava ao
meu lado. 19 Eu disse aos nobres, aos magistrados
e ao resto do povo:

— Grande e extensa é a obra, e nós estamos
espalhados na muralha, longe uns dos outros.
20 No lugar em que ouvirem o som da trombeta, ali
reúnam-se em volta de nós. O nosso Deus lutará
por nós.

21 Assim trabalhávamos na obra; e metade em-
punhava as lanças desde o raiar do dia até o anoi-
tecer. 22 Também nesse mesmo tempo eu disse ao
povo:

— Cada um de vocês fique em Jerusalém com o
seu servo, para que de noite nos sirvam de guarda
e de dia trabalhem.

23 Nem eu, nem os meus irmãos, nem os meus
servos, nem os homens da guarda que me se-
guiam tirávamos as nossas roupas, nem mesmo
para dormir; cada um se deitava com as armas à
sua direita.

Medidas contra a exploração

5 1 Então se levantou grande clamor do povo e de
suas mulheres contra os judeus, seus irmãos.
2 Porque havia os que diziam:

— Somos muitos, nós, os nossos filhos e as
nossas filhas. Precisamos conseguir trigo, para
que possamos comer e continuar vivos.

3 Também houve os que diziam:

— Nós tivemos de hipotecar as nossas terras,
as nossas vinhas e as nossas casas, para conse-
guirmos trigo em meio a esta fome.

4 Houve ainda os que diziam:

— Pegamos dinheiro emprestado até para
pagar ao rei o tributo sobre as nossas terras e as
nossas vinhas. 5 Nós somos da mesma carne que
os nossos compatriotas, e os nossos filhos são
tão bons como os deles. No entanto, eis que su-
jeitamos os nossos filhos e as nossas filhas para
serem escravos. Algumas de nossas filhas já es-
tão reduzidas à escravidão. Não podemos fazer
nada para evitar isso, pois os nossos campos e as
nossas vinhas já são de outros.

6 Fiquei muito irritado ao ouvir estas palavras
e o clamor deles. 7 Depois de ter pensado bem a
respeito disso, repreendi os nobres e magistrados
e lhes disse:

— Vocês são exploradores, cada um para com
o seu irmão!

E convoquei uma grande assembleia contra
eles. 8 Disse-lhes:

— Nós, de acordo com as nossas posses, res-
gatamos os judeus, nossos compatriotas, que
foram vendidos aos gentios. E agora vocês estão
querendo vender os seus compatriotas, para que
tenhamos de comprá-los outra vez?

Então eles se calaram e não acharam o que res-
ponder.

9 Disse mais:

— Não é bom o que vocês estão fazendo. Não
é fato que vocês deviam andar no temor do nos-
so Deus, para evitar a vergonha diante de nossos
inimigos, os gentios? 10 Também eu, os meus
companheiros e os meus servos lhes demos di-
nheiro emprestado e trigo. Mas, por favor, va-
mos parar com esta exploração. 11 Peço que hoje
mesmo vocês lhes restituam as suas terras, as
suas vinhas, os seus olivais e as suas casas, bem
como a porcentagem do dinheiro, do trigo, do vi-
nho e do azeite, que vocês exigiram deles.

12 Eles responderam:

— Vamos restituir e nada pediremos deles. Fa-
remos o que você está dizendo.

Então chamei os sacerdotes e, na presença des-
tes, fiz com que jurassem que fariam o que pro-
meteram. 13 Também sacudi o meu manto e disse:

— Que Deus faça o mesmo, sacudindo para
fora de sua casa e de seu trabalho todo aquele

que não cumprir esta promessa! Que assim seja
sacudido e despojado.
E toda a congregação respondeu:
— Amém!
E louvaram o Senhor. E o povo fez segundo a
sua promessa.

O bom exemplo de Neemias

14 Também desde o dia em que fui nomeado
governador na terra de Judá, desde o vigésimo
ano até o trigésimo segundo ano do reinado de
Artaxerxes, doze anos, nem eu nem os meus
companheiros comemos o pão que me cabia
como governador. 15 Mas os primeiros governa-
dores, que estiveram antes de mim, oprimiram o
povo e tomaram dele pão e vinho, além de qua-
renta moedas de prata. Até os seus servos domi-
navam sobre o povo. Eu, porém, não fiz assim, por
causa do temor de Deus. 16 Pelo contrário, tam-
bém trabalhei na reconstrução da muralha, sem
comprar nenhuma terra. E todos os meus servos
se ajuntaram ali para a obra. 17 Também hospedei
cento e cinquenta homens dos judeus e dos ma-
gistrados, além daqueles das nações vizinhas que
vinham até nós. 18 O que se preparava para cada
dia era um boi e seis ovelhas escolhidas. Também
à minha custa eram preparadas aves e, de dez em
dez dias, muito vinho de todos os tipos. Nem por
isso exigi o pão devido ao governador, porque a
servidão deste povo era grande.

19 "Lembra-te de mim para meu bem, ó meu
Deus, e de tudo o que fiz por este povo."

Planos contra Neemias

6 1 Quando Sambalate, Tobias, Gesém, o árabe,
e o resto dos nossos inimigos ouviram que eu
tinha reconstruído a muralha e que nela já não ha-
via brecha nenhuma, ainda que até este tempo eu
ainda não tivesse colocado os portões no seu lu-
gar, 2 Sambalate e Gesém mandaram dizer a mim:
"Venha, vamos nos encontrar numa das aldeias do
vale de Ono." Na verdade, o que eles queriam era
me fazer mal. 3 Por isso enviei-lhes mensageiros
para dizer:
— Estou fazendo uma grande obra e não posso
descer até aí. Por que devo parar a obra para ir me
encontrar com vocês?
4 Quatro vezes eles fizeram o mesmo pedido,
mas eu lhes dei sempre a mesma resposta.
5 Então Sambalate me enviou pela quinta vez
o seu servo, que trazia na mão uma carta aberta.
6 Nela estava escrito o seguinte:

"Entre os gentios se ouviu, e Gesém tam-
bém está dizendo, que você e os judeus estão
querendo se rebelar e que, por isso, você está
reconstruindo a muralha. Também, segundo
se diz, você quer ser o rei deles, 7 e pôs alguns
profetas para falarem a respeito de você em
Jerusalém, dizendo: 'Ele é o rei de Judá.' Ora,
isso certamente vai chegar aos ouvidos do rei.
Portanto, venha agora e vamos, em conjunto,
conversar a respeito disso."

8 Mandei dizer-lhe:
— Nada disso que você está dizendo aconteceu.
Você está inventando tudo.
9 O que todos eles queriam era nos amedrontar.
Eles diziam: "As mãos deles largarão a obra, e ela
não será concluída."

"Agora, pois, ó Deus, fortalece as minhas
mãos."

10 Quando fui à casa de Semaías, filho de De-
laías, filho de Meetabel, que estava impedido de
sair de casa, ele me disse:
— Vamos nos encontrar na Casa de Deus, den-
tro do templo. Vamos fechar as portas do templo,
porque virão matar você. De noite eles virão ma-
tar você.
11 Porém eu disse:
— Você acha que um homem como eu fugiria?
Alguém como eu entraria no templo para salvar a
vida? De maneira nenhuma entrarei.
12 Então percebi que não era Deus quem o tinha
enviado, mas que ele falou tal profecia contra mim
porque Tobias e Sambalate o haviam subornado.
13 Para isto o subornaram, para me amedrontar
e para que, fazendo isso, eu viesse a pecar, para
que pudessem atacar a minha reputação e me
afrontar.

14 "Lembra-te, meu Deus, de Tobias e de
Sambalate, segundo as coisas que fizeram, e
também da profetisa Noadia e dos outros pro-
fetas que quiseram me amedrontar."

A reconstrução da muralha é terminada

15 A reconstrução da muralha foi terminada aos
vinte e cinco dias do mês de elul, em cinquenta
e dois dias. 16 Quando todos os nossos inimigos
ouviram isso, todos os gentios à nossa volta teme-
ram e decaíram muito no seu próprio conceito,
porque reconheceram que foi por intervenção do
nosso Deus que fizemos esta obra.
17 Também naqueles dias alguns nobres de
Judá escreveram muitas cartas a Tobias, e cartas
de Tobias vinham para eles. 18 Pois muitos em
Judá eram aliados dele, porque era genro de Se-
canias, filho de Ará. E o seu filho Joanã havia ca-
sado com a filha de Mesulão, filho de Berequias.
19 Também falavam das suas boas ações na minha
presença, e levavam a ele as minhas palavras. To-
bias escrevia cartas para me amedrontar.

Neemias estabelece guardas em Jerusalém

7 1 Depois de reconstruída a muralha e colocados
os portões no seu lugar, estabelecidos os por-
teiros, os cantores e os levitas, 2 eu nomeei Hanani,
meu irmão, e Hananias, comandante da fortaleza,
para que cuidassem da segurança de Jerusalém.
Hananias era homem fiel e temente a Deus, mais
do que muitos outros. 3 E eu lhes disse:

— Os portões de Jerusalém não devem ser
abertos antes que o sol faça sentir o seu calor. E os
portões devem ser fechados e trancados enquan-
to os guardas ainda estão ali. Escolham guardas
entre os moradores de Jerusalém, alguns para
que fiquem nos postos de guarda e outros para
que fiquem em frente das suas próprias casas.

4 A cidade era espaçosa e grande, mas havia
pouca gente nela, e as casas ainda não haviam
sido reconstruídas.

A relação dos que voltaram a Jerusalém

Ed 2.1-70

5 Então o meu Deus me pôs no coração que
ajuntasse os nobres, os magistrados e o povo, para
registrar as genealogias. Achei o livro da genealo-
gia dos que foram os primeiros a voltar do cativei-
ro, e nele estava escrito:

6 Estes são os filhos da província que voltaram
do cativeiro, do meio dos exilados que Nabucodo-
nosor, rei da Babilônia, tinha levado para lá. Eles
voltaram para Jerusalém e para Judá, cada um para
a sua cidade, 7 e vieram com Zorobabel, Jesua,
Neemias, Azarias, Raamias, Naamani, Mordecai,
Bilsã, Misperete, Bigvai, Neum e Baaná.

Eis o número dos homens do povo de Israel:
8 os filhos de Parós, dois mil cento e setenta e
dois. 9 Os filhos de Sefatias, trezentos e setenta e
dois. 10 Os filhos de Ará, seiscentos e cinquenta
e dois. 11 Os filhos de Paate-Moabe, dos filhos de
Jesua e de Joabe, dois mil oitocentos e dezoito. 12 Os
filhos de Elão, mil duzentos e cinquenta e quatro.
13 Os filhos de Zatu, oitocentos e quarenta e cinco.
14 Os filhos de Zacai, setecentos e sessenta. 15 Os
filhos de Binui, seiscentos e quarenta e oito. 16 Os
filhos de Bebai, seiscentos e vinte e oito. 17 Os fi-
lhos de Azgade, dois mil trezentos e vinte e dois.
18 Os filhos de Adonicão, seiscentos e sessenta e
sete. 19 Os filhos de Bigvai, dois mil e sessenta e
sete. 20 Os filhos de Adim, seiscentos e cinquenta
e cinco. 21 Os filhos de Ater, da família de Ezequias,
noventa e oito. 22 Os filhos de Hasum, trezentos e
vinte e oito. 23 Os filhos de Besai, trezentos e vinte
e quatro. 24 Os filhos de Harife, cento e doze. 25 Os
filhos de Gibeão, noventa e cinco. 26 Os homens de
Belém e de Netofa, cento e oitenta e oito. 27 Os ho-
mens de Anatote, cento e vinte e oito. 28 Os homens
de Bete-Azmavete, quarenta e dois. 29 Os homens
de Quiriate-Jearim, Cefira e Beerote, setecentos
e quarenta e três. 30 Os homens de Ramá e Geba,
seiscentos e vinte e um. 31 Os homens de Micmás,
cento e vinte e dois. 32 Os homens de Betel e Ai,
cento e vinte e três. 33 Os homens do outro Nebo,
cinquenta e dois. 34 Os filhos do outro Elão, mil du-
zentos e cinquenta e quatro. 35 Os filhos de Harim,
trezentos e vinte. 36 Os filhos de Jericó, trezentos
e quarenta e cinco. 37 Os filhos de Lode, Hadide e
Ono, setecentos e vinte e um. 38 Os filhos de Senaá,
três mil novecentos e trinta.

39 Os sacerdotes: os filhos de Jedaías, da casa de
Jesua, novecentos e setenta e três. 40 Os filhos de
Imer, mil e cinquenta e dois. 41 Os filhos de Pasur,
mil duzentos e quarenta e sete. 42 Os filhos de Ha-
rim, mil e dezessete.

43 Os levitas: os filhos de Jesua, de Cadmiel, dos
filhos de Hodeva, setenta e quatro.

44 Os cantores: os filhos de Asafe, cento e qua-
renta e oito.

45 Os porteiros: os filhos de Salum, os filhos de
Ater, os filhos de Talmom, os filhos de Acube, os
filhos de Hatita, os filhos de Sobai, cento e trinta
e oito.

46 Os servidores do templo: os filhos de Zia, os
filhos de Hasufa, os filhos de Tabaote, 47 os filhos
de Queros, os filhos de Sia, os filhos de Padom,
48 os filhos de Lebana, os filhos de Hagaba, os fi-
lhos de Salmai, 49 os filhos de Hanã, os filhos de Gi-
del, os filhos de Gaar, 50 os filhos de Reaías, os filhos
de Rezim, os filhos de Necoda, 51 os filhos de Gazão,
os filhos de Uzá, os filhos de Paseia, 52 os filhos de
Besai, os filhos de Meunim, os filhos de Nefuse-
sim, 53 os filhos de Baquebuque, os filhos de Ha-
cufa, os filhos de Harur, 54 os filhos de Bazlite, os
filhos de Meída, os filhos de Harsa, 55 os filhos de
Barcos, os filhos de Sísera, os filhos de Tama, 56 os
filhos de Nesias e os filhos de Hatifa.

57 Os filhos dos servos de Salomão: os filhos de
Sotai, os filhos de Soferete, os filhos de Perida,
58 os filhos de Jaala, os filhos de Darcom, os filhos
de Gidel, 59 os filhos de Sefatias, os filhos de Ha-
til, os filhos de Poquerete-Hazebaim e os filhos
de Amom. 60 Todos os servidores do templo e os
filhos dos servos de Salomão eram trezentos e
noventa e dois.

61 Os seguintes voltaram de Tel-Melá, Tel-
-Harsa, Querube, Adom e Imer, porém não pude-
ram provar que as suas famílias e a sua linhagem
eram de Israel: 62 os filhos de Delaías, os filhos de
Tobias, os filhos de Necoda, seiscentos e quarenta
e dois. 63 Dos sacerdotes: os filhos de Habaías, os
filhos de Coz, os filhos de Barzilai, que tinha ca-
sado com uma das filhas de Barzilai, o gileadita,
e que foi chamado pelo nome dele. 64 Estes pro-
curaram o seu registro nos livros genealógicos,
porém não acharam; por isso, foram considerados
impuros para o sacerdócio. 65 O governador lhes

disse que não comessem das coisas sagradas, até que se levantasse um sacerdote capaz de decidir a questão por meio de Urim e Tumim.

66 Toda esta congregação junta era de quarenta e dois mil trezentos e sessenta, 67 além dos seus servos e das suas servas, que eram sete mil trezentos e trinta e sete. Havia também duzentos e quarenta e cinco cantores e cantoras. 68 Os seus cavalos eram setecentos e trinta e seis; as suas mulas, duzentas e quarenta e cinco. 69 Os camelos eram quatrocentos e trinta e cinco e os jumentos, seis mil setecentos e vinte.

Contribuições para o templo

70 Alguns dos chefes das famílias contribuíram para a obra. O governador deu para o tesouro oito quilos e quatrocentos gramas de ouro, cinquenta bacias e quinhentas e trinta vestes sacerdotais. 71 E alguns mais dos chefes das famílias deram para o tesouro da obra cento e sessenta e oito quilos de ouro e mil e trezentos quilos de prata. 72 O que o restante do povo deu foram cento e sessenta e oito quilos de ouro, mil e duzentos quilos de prata e sessenta e sete vestes sacerdotais.

73 Os sacerdotes, os levitas, os porteiros, os cantores, alguns do povo, os servidores do templo e todo o Israel moravam nas suas cidades.

Esdras lê o Livro da Lei diante do povo

8 1 Quando chegou o sétimo mês e os filhos de Israel já estavam morando nas suas cidades, todo o povo se reuniu, como um só homem, na praça, diante do Portão das Águas. E pediram a Esdras, o escriba, que trouxesse o Livro da Lei de Moisés, que o SENHOR havia ordenado a Israel. 2 Esdras, o sacerdote, trouxe a Lei diante da congregação, composta por homens, mulheres e todos os que eram capazes de entender o que ouviam. Era o primeiro dia do sétimo mês. 3 Esdras leu o livro em voz alta, diante da praça que fica em frente ao Portão das Águas, desde o amanhecer até o meio-dia, na presença dos homens, das mulheres e dos que podiam entender. E todo o povo tinha os ouvidos atentos ao Livro da Lei.

4 Esdras, o escriba, estava num púlpito de madeira, que fizeram para aquele fim. Estavam em pé, ao lado dele, à sua direita, Matitias, Sema, Anaías, Urias, Hilquias e Maaseias; e à sua esquerda estavam Pedaías, Misael, Malquias, Hasum, Hasbadana, Zacarias e Mesulão. 5 Esdras abriu o livro à vista de todo o povo, porque se encontrava num lugar mais elevado do que todo o povo. Quando abriu o livro, todo o povo se pôs em pé. 6 Esdras louvou o SENHOR, o grande Deus, e todo o povo, levantando as mãos, respondeu:

— Amém! Amém!

Inclinaram-se e adoraram o SENHOR, com o rosto em terra.

7 E Jesua, Bani, Serebias, Jamim, Acube, Sabetai, Hodias, Maaseias, Quelita, Azarias, Jozabade, Hanã, Pelaías e os levitas ensinavam a Lei ao povo; e o povo permanecia no seu lugar. 8 Eles iam lendo o Livro da Lei de Deus, claramente, dando explicações, de maneira que o povo entendesse o que se lia.

9 Neemias, que era o governador, e Esdras, sacerdote e escriba, e os levitas que ensinavam o povo disseram a todos:

— Este dia é consagrado ao SENHOR, nosso Deus, e por isso vocês não devem prantear nem chorar.

Porque todo o povo chorava, ouvindo as palavras da Lei. 10 Então lhes disse:

— Vão para casa, comam e bebam o que tiverem de melhor. E mandem porções aos que não têm nada preparado para si. Porque este dia é consagrado ao nosso Senhor. Portanto, não fiquem tristes, porque a alegria do SENHOR é a força de vocês.

11 Os levitas tranquilizaram todo o povo, dizendo:

— Acalmem-se, porque este dia é santo. Não fiquem tristes.

12 Então todo o povo se foi para comer, beber, mandar porções aos que nada tinham e fazer uma grande festa, porque tinham entendido as palavras que lhes foram explicadas.

A Festa dos Tabernáculos

13 No dia seguinte, os chefes das famílias de todo o povo, os sacerdotes e os levitas se reuniram com Esdras, o sacerdote, para estudarem as palavras da Lei. 14 Acharam escrito na Lei que o SENHOR havia ordenado por meio de Moisés que os filhos de Israel deveriam morar em cabanas, durante a festa do sétimo mês. 15 Assim, publicaram e anunciaram em todas as suas cidades e em Jerusalém, dizendo:

— Saiam para os montes e tragam ramos de oliveiras, ramos de zambujeiros, ramos de murtas, ramos de palmeiras e ramos de árvores frondosas, para fazer cabanas, como está escrito.

16 O povo saiu, e trouxeram os ramos e fizeram para si cabanas, cada um no seu terraço, e nos seus pátios, nos átrios da Casa de Deus, na praça do Portão das Águas e na praça do Portão de Efraim. 17 Toda a congregação dos que tinham voltado do cativeiro fez cabanas e morou nelas. Porque os filhos de Israel nunca haviam feito isto, desde os dias de Josué, filho de Num, até aquele dia. E todos estavam muito alegres. 18 O Livro da Lei de Deus foi lido diariamente, desde o primeiro até o último dia da festa. E celebraram a festa

durante sete dias; no oitavo dia, houve uma reu-
nião solene, conforme estava ordenado na Lei.

Arrependimento e confissão de pecados

9 1 No dia vinte e quatro deste sétimo mês, os fi-
lhos de Israel se reuniram para um jejum. Ves-
tiam pano de saco e traziam terra sobre a cabeça.
2 Os da linhagem de Israel separaram-se de todos
os estrangeiros, puseram-se em pé e fizeram con-
fissão dos seus pecados e das iniquidades de seus
pais. 3 Levantando-se no seu lugar, leram no Livro
da Lei do SENHOR, seu Deus, durante uma quarta
parte do dia; e durante outra quarta parte do dia
fizeram confissão e adoraram o SENHOR, seu Deus.

4 Jesua, Bani, Cadmiel, Sebanias, Buni, Serebias,
Bani e Quenani se puseram em pé no estrado dos
levitas e clamaram em alta voz ao SENHOR, seu
Deus. 5 Os levitas Jesua, Cadmiel, Bani, Hasabneias,
Serebias, Hodias, Sebanias e Petaías disseram:

— Levantem-se e bendigam o SENHOR, seu
Deus, de eternidade a eternidade.

Então se disse:

— Bendito seja o teu nome glorioso, que ultra-
passa todo bendizer e louvor. 6 Só tu és o SENHOR!
Fizeste o céu, o céu dos céus e todo o seu exérci-
to, a terra e tudo o que nela há, os mares e tudo
o que há neles. Tu conservas a todos com vida, e
o exército dos céus te adora. 7 Tu és o SENHOR, o
Deus que escolheste Abrão, e o tiraste de Ur dos
caldeus, e lhe puseste por nome Abraão. 8 Achas-
te o seu coração fiel diante de ti e com ele fizeste
aliança, para dares à descendência dele a terra dos
cananeus, dos heteus, dos amorreus, dos fere-
zeus, dos jebuseus e dos girgaseus; e cumpriste as
tuas promessas, porque és justo.

9 — Viste a aflição dos nossos pais no Egito e
ouviste o clamor deles junto ao mar Vermelho.
10 Fizeste sinais e maravilhas contra Faraó e seus
servos e contra todo o povo da sua terra, porque
soubeste que os trataram com arrogância; e as-
sim adquiriste a fama que tens até o dia de hoje.
11 Dividiste o mar diante deles, de maneira que o
atravessaram em terra seca; lançaste os seus per-
seguidores nas profundezas, como uma pedra nas
águas impetuosas. 12 Tu os guiaste, durante o dia,
com uma coluna de nuvem e, durante a noite, com
uma coluna de fogo, para iluminar o caminho por
onde deviam seguir. 13 Desceste sobre o monte
Sinai, do céu falaste com eles e lhes deste juízos
retos, leis verdadeiras, estatutos e mandamentos
bons. 14 Tu lhes deste a conhecer o teu santo sá-
bado, e lhes deste mandamentos, estatutos e lei,
por meio de teu servo Moisés. 15 Quando estavam
com fome lhes deste pão dos céus, e quando esta-
vam com sede fizeste brotar água da rocha; e lhes
disseste que entrassem para tomar posse da terra
que, com juramento, prometeste dar a eles.

16 — Porém eles, os nossos pais, se tornaram ar-
rogantes e teimosos, e não deram ouvidos aos teus
mandamentos. 17 Recusaram ouvir-te e não se lem-
braram das tuas maravilhas, que fizeste no meio
deles. Foram teimosos e na sua rebelião escolhe-
ram um chefe, com o propósito de voltarem para a
sua servidão no Egito. Porém tu, ó Deus perdoador,
bondoso e compassivo, tardio em irar-te e grande
em bondade, tu não os abandonaste, 18 nem mes-
mo quando fizeram para si um bezerro de metal
fundido e disseram: "Este é o seu deus, que o tirou
do Egito"; e cometeram grandes blasfêmias.

19 — Mas tu, pela multidão das tuas misericór-
dias, não os abandonaste no deserto. A coluna de
nuvem nunca se afastou deles durante o dia, para
os guiar pelo caminho, nem a coluna de fogo du-
rante a noite, para iluminar o caminho por onde
deviam seguir. 20 E lhes concedeste o teu bom Espí-
rito, para os ensinar. Não lhes negaste o teu maná,
para poderem comer, e lhes deste água quando
tiveram sede. 21 Durante quarenta anos tu os sus-
tentaste no deserto, e nada lhes faltou; as roupas
que eles usavam não envelheceram, e os seus pés
não ficaram inchados.

22 — Também lhes deste reinos e povos, cujas
terras repartiste entre eles. Assim, conquistaram a
terra de Seom, rei de Hesbom, e a terra de Ogue,
rei de Basã. 23 Multiplicaste os seus filhos como as
estrelas do céu e os trouxeste à terra que tinhas
prometido aos seus pais, dizendo que nela deve-
riam entrar. 24 Os filhos deles entraram e tomaram
posse da terra. Subjugaste diante deles os morado-
res da terra, os cananeus, e os entregaste nas mãos
deles, com os reis e os povos da terra, para fazerem
com eles o que bem quisessem. 25 Conquistaram ci-
dades fortificadas e terra fértil; tomaram posse de
casas cheias de todo tipo de coisas boas, cisternas
cavadas, vinhas e olivais e árvores frutíferas em
abundância. Comeram, se fartaram, engordaram e
viveram em delícias, pela tua grande bondade.

26 — Ainda assim foram desobedientes e se
revoltaram contra ti; viraram as costas à tua Lei
e mataram os teus profetas, que testemunhavam
contra eles, para os fazerem voltar a ti; e comete-
ram grandes blasfêmias. 27 Por isso tu os entregas-
te nas mãos dos seus inimigos, que os oprimiram.
Mas no tempo da sua angústia, clamaram a ti e
dos céus tu os ouviste; e, segundo a tua grande
misericórdia, lhes deste libertadores que os sal-
varam das mãos dos que os oprimiam. 28 Porém,
quando se viam em descanso, tornavam a fazer o
mal diante de ti, e tu os abandonavas nas mãos
dos seus inimigos, para que dominassem sobre
eles. Mas, quando se converteram e clamaram a
ti, tu os ouviste dos céus e, segundo a tua miseri-
córdia, os livraste muitas vezes. 29 Testemunhaste
contra eles, para que voltassem à tua lei. Porém

eles se mostraram arrogantes e não deram ouvi-
dos aos teus mandamentos. Pecaram contra os
teus juízos, pelos quais aquele que os cumprir
viverá. Em sua rebeldia voltaram as costas, foram
teimosos e não quiseram ouvir. 30 No entanto, tu
os aturaste durante muitos anos e testemunhaste
contra eles pelo teu Espírito, por meio dos teus
profetas. Porém eles não quiseram ouvir e por
isso os entregaste nas mãos dos povos de outras
terras. 31 Mas, pela tua grande misericórdia, não
acabaste com eles nem os abandonaste, porque
tu és Deus clemente e misericordioso.

32 — Agora, pois, ó Deus nosso, ó Deus gran-
de, poderoso e temível, que guardas a aliança e a
misericórdia, não menosprezes toda a aflição que
nos sobreveio, a nós, aos nossos reis, aos nossos
príncipes, aos nossos sacerdotes, aos nossos pro-
fetas, aos nossos pais e a todo o teu povo, desde
os dias dos reis da Assíria até o dia de hoje. 33 Tu
foste justo em tudo o que nos aconteceu, pois
agiste com fidelidade, enquanto nós procedemos
mal. 34 Os nossos reis, os nossos príncipes, os nos-
sos sacerdotes e os nossos pais não guardaram a
tua lei, nem deram ouvidos aos mandamentos e
aos testemunhos que lhes deste. 35 Pois eles, no
seu reino, na abundância de bens que lhes deste,
na terra espaçosa e fértil que puseste diante de-
les não te serviram, nem se converteram de suas
obras más. 36 Eis que hoje somos escravos. E até
na terra que deste aos nossos pais, para comerem
o seu fruto e o seu bem, eis que somos escravos
nela. 37 Seus abundantes produtos são para os
reis que puseste sobre nós por causa dos nossos
pecados. Estes reis dominam sobre nós e sobre o
nosso gado, como bem entendem. Nós estamos
em grande angústia!

O povo promete guardar a Lei

38 — Por causa de tudo isso, nós fazemos uma
aliança fiel, por escrito. E os nossos príncipes, os
nossos levitas e os nossos sacerdotes puseram o
seu selo sobre ela.

10 1 Os que colocaram o seu selo foram: Nee-
mias, o governador, filho de Hacalias, e
Zedequias, 2 Seraías, Azarias, Jeremias, 3 Pasur,
Amarias, Malquias, 4 Hatus, Sebanias, Maluque,
5 Harim, Meremote, Obadias, 6 Daniel, Ginetom,
Baruque, 7 Mesulão, Abias, Miamim, 8 Maazias,
Bilgai, Semaías. Estes eram os sacerdotes.

9 E os levitas: Jesua, filho de Azanias, Binui, dos
filhos de Henadade, Cadmiel 10 e os irmãos deles:
Sebanias, Hodias, Quelita, Pelaías, Hanã, 11 Mica,
Reobe, Hasabias, 12 Zacur, Serebias, Sebanias,
13 Hodias, Bani e Beninu.

14 Os chefes do povo: Parós, Paate-Moabe, Elão,
Zatu, Bani, 15 Buni, Azgade, Bebai, 16 Adonias,
Bigvai, Adim, 17 Ater, Ezequias, Azur, 18 Hodias,
Hasum, Besai, 19 Harife, Anatote, Nebai, 20 Mag-
pias, Mesulão, Hezir, 21 Mesezabel, Zadoque, Ja-
dua, 22 Pelatias, Hanã, Anaías, 23 Oseias, Hananias,
Hassube, 24 Haloés, Pilha, Sobeque, 25 Reum, Ha-
sabna, Maaseias, 26 Aías, Hanã, Anã, 27 Maluque,
Harim e Baaná.

28 O resto do povo, os sacerdotes, os levitas, os
porteiros, os cantores, os servidores do templo
e todos os que tinham se separado dos povos de
outras terras para seguirem a Lei de Deus, com
as suas mulheres, os seus filhos e as suas filhas,
todos os que tinham saber e entendimento,
29 firmemente aderiram aos seus compatriotas,
os nobres, e prometeram, com juramento e sob
pena de maldição, que andariam na Lei de Deus,
que foi dada por meio de Moisés, servo de Deus;
que guardariam e cumpririam todos os manda-
mentos do SENHOR, nosso Deus, e os seus juízos
e os seus estatutos; 30 que não dariam as suas
filhas em casamento aos povos da terra, nem es-
colheriam as filhas deles para casar com os seus
filhos; 31 que, se os povos da terra trouxessem
qualquer mercadoria ou qualquer cereal para
vender no dia de sábado, nada comprariam de-
les no sábado nem em dias santificados; e que,
no sétimo ano, abririam mão da colheita e de
toda e qualquer cobrança.

32 Também assumimos a obrigação de contri-
buir anualmente com quatro gramas de prata para
o serviço do templo do nosso Deus, 33 para os pães
da proposição, para a oferta contínua de cereais,
para o holocausto contínuo dos sábados e das Fes-
tas da Lua Nova, para as festas fixas, para as coisas
sagradas, para as ofertas pelo pecado, para fazer
expiação por Israel e para toda a obra do templo
do nosso Deus.

34 Nós, os sacerdotes, os levitas e o povo lan-
çamos sortes a respeito da oferta da lenha que
se havia de trazer ao templo do nosso Deus,
segundo as nossas famílias, em tempos deter-
minados, de ano em ano, para queimar sobre o
altar do SENHOR, nosso Deus, como está escrito
na Lei. 35 Também nos comprometemos a tra-
zer anualmente à Casa do SENHOR as primícias
da nossa terra e todas as primícias de todas as
árvores frutíferas, 36 bem como os primogênitos
dos nossos filhos e os do nosso gado, como está
escrito na Lei.

Assumimos a obrigação de trazer ao templo
do nosso Deus, aos sacerdotes que ministram
nele, os primogênitos das nossas manadas e das
nossas ovelhas, 37 e de trazer aos sacerdotes, aos
depósitos do templo do nosso Deus, as primícias
da nossa massa, as nossas ofertas, o fruto de toda
árvore, o vinho e o azeite.

Também nos comprometemos a trazer os dízi-
mos da nossa terra aos levitas, pois a eles cumpre

receber os dízimos em todas as cidades onde
há lavoura. 38 O sacerdote, filho de Arão, estaria
com os levitas quando estes recebessem os dízi-
mos, e os levitas trariam os dízimos dos dízimos
ao templo do nosso Deus, aos depósitos da casa
do tesouro. 39 Porque os filhos de Israel e os fi-
lhos de Levi devem trazer as ofertas do cereal,
do vinho e do azeite para aqueles depósitos,
porque ali estão os utensílios do santuário, bem
como os sacerdotes que ministram, e também os
porteiros e os cantores.

Não abandonaremos o templo do nosso Deus.

Relação dos que ficaram morando em Jerusalém

11 1 Os chefes do povo ficaram morando em Je-
rusalém, mas o resto do povo fez um sorteio
para escolher um de cada dez para morar na santa
cidade de Jerusalém; os outros nove permanece-
riam em outras cidades. 2 O povo abençoou todos
os homens que voluntariamente se ofereciam
para morar em Jerusalém.

3 São estes os chefes da província que moraram
em Jerusalém; porém nas cidades de Judá cada um
morou na sua propriedade, nas suas cidades, a
saber, Israel, os sacerdotes, os levitas, os servido-
res do templo e os filhos dos servos de Salomão.
4 Assim, em Jerusalém ficaram morando alguns
dos filhos de Judá e dos filhos de Benjamim. Dos
filhos de Judá: Ataías, filho de Uzias, filho de Za-
carias, filho de Amarias, filho de Sefatias, filho de
Maalalel, dos filhos de Perez; 5 e Maaseias, filho de
Baruque, filho de Col-Hozé, filho de Hazaías, filho
de Adaías, filho de Joiaribe, filho de Zacarias, filho
do silonita. 6 Todos os filhos de Perez que mora-
ram em Jerusalém foram quatrocentos e sessenta
e oito homens valentes.

7 São estes os filhos de Benjamim: Salu, filho
de Mesulão, filho de Joede, filho de Pedaías, fi-
lho de Colaías, filho de Maaseias, filho de Itiel,
filho de Jesaías. 8 Depois dele, Gabai e Salai; ao
todo, novecentos e vinte e oito. 9 Joel, filho de
Zicri, superintendente deles; e Judá, filho de
Senua, o segundo sobre a cidade. 10 Dos sacerdo-
tes: Jedaías, filho de Joiaribe, Jaquim, 11 Seraías,
filho de Hilquias, filho de Mesulão, filho de Za-
doque, filho de Meraiote, 12 filho de Aitube, che-
fe da Casa de Deus, e os irmãos deles, que faziam
o serviço do templo, oitocentos e vinte e dois; e
Adaías, filho de Jeroão, filho de Pelalias, filho de
Anzi, filho de Zacarias, filho de Pasur, filho de
Malquias, 13 e os seus irmãos, chefes de famílias,
duzentos e quarenta e dois; e Amasai, filho de
Azarel, filho de Azai, filho de Mesilemote, filho
de Imer, 14 e os irmãos deles, homens valentes,
cento e vinte e oito; e, superintendente deles,
Zabdiel, filho de Gedolim.

15 Dos levitas: Semaías, filho de Hassube, filho
de Azricão, filho de Hasabias, filho de Buni; 16 Sa-
betai e Jozabade, dos cabeças dos levitas, que pre-
sidiam o serviço no lado de fora da Casa de Deus;
17 Matanias, filho de Mica, filho de Zabdi, filho
de Asafe, o chefe, que dirigia os louvores nas ora-
ções, e Baquebuquias, o segundo de seus irmãos;
depois, Abda, filho de Samua, filho de Galal, filho
de Jedutum. 18 Todos os levitas na santa cidade
eram duzentos e oitenta e quatro.

19 Dos porteiros: Acube, Talmom e os irmãos de-
les, os guardas das portas, cento e setenta e dois.

Os que ficaram morando nas cidades de Judá

20 O restante de Israel, dos sacerdotes e dos le-
vitas se estabeleceu em todas as cidades de Judá,
cada um na sua herança. 21 Os servidores do tem-
plo ficaram morando em Ofel e eram dirigidos
por Zia e Gispa. 22 O superintendente dos levi-
tas em Jerusalém era Uzi, filho de Bani, filho de
Hasabias, filho de Matanias, filho de Mica, dos
filhos de Asafe, que eram cantores a serviço da
Casa de Deus. 23 Porque havia um mandado do rei
a respeito deles e certo acordo com os cantores,
concernente às obrigações de cada dia. 24 Petaías,
filho de Mesezabel, dos filhos de Zera, filho de
Judá, estava à disposição do rei, em todos os ne-
gócios do povo.

Os residentes nas aldeias

25 Quanto às aldeias, com os seus campos, al-
guns dos filhos de Judá foram morar em Quiriate-
-Arba e suas aldeias, em Dibom e suas aldeias, em
Jecabzeel e suas aldeias, 26 e em Jesua, em Moladá,
em Bete-Palete, 27 em Hazar-Sual, em Berseba e
suas aldeias; 28 em Ziclague, em Mecona e suas
aldeias; 29 em En-Rimom, em Zorá, em Jarmute;
30 em Zanoa, em Adulão e nas suas aldeias; em La-
quis e em seus campos, em Azeca e suas aldeias.
Acamparam desde Berseba até o vale de Hinom.

31 Os filhos de Benjamim também se estabele-
ceram em Geba e daí em diante, em Micmás, Aia,
Betel e suas aldeias; 32 em Anatote, em Nobe, em
Ananias, 33 em Hazor, em Ramá, em Gitaim, 34 em
Hadide, em Zeboim, em Nebalate, 35 em Lode e
em Ono, no vale dos Artífices. 36 Dos levitas, havia
grupos tanto em Judá como em Benjamim.

Os sacerdotes que vieram para Jerusalém

12 1 Estes são os sacerdotes e levitas que vol-
taram do cativeiro com Zorobabel, filho de
Sealtiel, e com Jesua: Seraías, Jeremias, Esdras,
2 Amarias, Maluque, Hatus, 3 Secanias, Reum, Me-
remote, 4 Ido, Ginetoi, Abias, 5 Miamim, Maadias,
Bilga, 6 Semaías, Joiaribe, Jedaías, 7 Salu, Amoque,
Hilquias e Jedaías. Estes foram os chefes dos sacer-
dotes e de seus irmãos, nos dias de Jesua.

8 Também os levitas Jesua, Binui, Cadmiel,
Serebias, Judá e Matanias; este e os seus irmãos
dirigiam os louvores. 9 Baquebuquias e Uni, seus
irmãos, estavam diante deles, cada qual no seu
serviço. 10 Jesua gerou Joiaquim, Joiaquim gerou
Eliasibe, Eliasibe gerou Joiada, 11 Joiada gerou Jô-
natas, e Jônatas gerou Jadua.

12 Nos dias de Joiaquim, foram sacerdotes, chefes
de famílias: de Seraías, Meraías; de Jeremias, Hana-
nias; 13 de Esdras, Mesulão; de Amarias, Joanã; 14 de
Maluqui, Jônatas; de Sebanias, José; 15 de Harim,
Adna; de Meraiote, Helcai; 16 de Ido, Zacarias; de
Ginetom, Mesulão; 17 de Abias, Zicri; de Miniamim
e de Moadias, Piltai; 18 de Bilga, Samua; de Semaías,
Jônatas; 19 de Joiaribe, Matenai; de Jedaías, Uzi;
20 de Salai, Calai; de Amoque, Héber; 21 de Hilquias,
Hasabias; de Jedaías, Netanel.

22 Dos levitas, nos dias de Eliasibe, foram inscri-
tos como chefes de famílias Joiada, Joanã e Jadua,
bem como os sacerdotes, até o reinado de Dario,
o persa. 23 Os filhos de Levi foram inscritos como
chefes de famílias no Livro das Crônicas, até os
dias de Joanã, filho de Eliasibe. 24 Os chefes dos
levitas foram Hasabias, Serebias e Jesua, filho de
Cadmiel. Os irmãos deles ficavam diante deles
para louvarem e darem graças, segundo o man-
dado de Davi, homem de Deus, coro contra coro.
25 Matanias, Baquebuquias, Obadias, Mesulão,
Talmom e Acube eram porteiros e guardavam os
depósitos dos portões. 26 Estes viveram nos dias
de Joiaquim, filho de Jesua, filho de Jozadaque, e
nos dias de Neemias, o governador, e de Esdras, o
sacerdote e escriba.

A dedicação das muralhas

27 Na dedicação das muralhas de Jerusalém,
procuraram os levitas em todos os lugares onde
estavam morando, para fazê-los vir a Jerusalém a
fim de que fizessem a dedicação com alegria, lou-
vores, canto, címbalos, liras e harpas. 28 Reuniram-
-se os cantores, tanto da campina dos arredores de
Jerusalém como das aldeias dos netofatitas, 29 bem
como de Bete-Gilgal e dos campos de Geba e de
Azmavete, porque os cantores tinham edificado
para si aldeias nos arredores de Jerusalém. 30 Os
sacerdotes e os levitas purificaram a si mesmos, e
depois purificaram o povo, os portões e a muralha.

31 Então ordenei que as autoridades de Judá
subissem sobre a muralha e formei dois grandes
coros em procissão. Um deles foi para a direita so-
bre a muralha, em direção ao Portão do Monturo.
32 Atrás deles ia Hosaías e a metade das autorida-
des de Judá, 33 e Azarias, Esdras, Mesulão, 34 Judá,
Benjamim, Semaías e Jeremias; 35 também alguns
dos sacerdotes, com trombetas: Zacarias, filho de
Jônatas, filho de Semaías, filho de Matanias, filho
de Micaías, filho de Zacur, filho de Asafe, 36 e seus
irmãos, Semaías, Azarel, Milalai, Gilalai, Maai,
Netanel, Judá e Hanani, com os instrumentos
musicais de Davi, homem de Deus. Esdras, o es-
criba, ia na frente deles. 37 À entrada do Portão da
Fonte, subiram diretamente as escadas da Cidade
de Davi, onde a muralha se eleva por sobre a casa
de Davi, até o Portão das Águas, do lado leste.

38 O segundo coro foi na direção oposta, e eu o
seguia com metade do povo, sobre a muralha, pas-
sando pela Torre dos Fornos até a Muralha Larga.
39 E desde o Portão de Efraim, passaram por cima
do Portão Velho e do Portão dos Peixes, pela Tor-
re de Hananel, pela Torre dos Cem, até o Portão
do Gado; e pararam junto ao Portão da Guarda.
40 Então os dois coros pararam na Casa de Deus, e
o mesmo fizemos eu e a metade dos magistrados
que estavam comigo. 41 Os sacerdotes Eliaquim,
Maaseias, Miniamim, Micaías, Elioenai, Zacarias e
Hananias iam com as suas trombetas, 42 e também
Maaseias, Semaías, Eleazar, Uzi, Joanã, Malquias,
Elão e Ezer. E os cantores se faziam ouvir sob a
direção de Jezraías. 43 No mesmo dia, ofereceram
grandes sacrifícios e se alegraram, pois Deus os
havia enchido de alegria. Também as mulheres e
as crianças se alegraram, de modo que a alegria de
Jerusalém podia ser ouvida de longe.

A manutenção dos sacerdotes e levitas

44 Ainda no mesmo dia, foram nomeados ho-
mens para as câmaras dos tesouros, das ofertas,
das primícias e dos dízimos, para recolherem ne-
las, dos campos ao redor das cidades, as porções
designadas pela Lei para os sacerdotes e para os
levitas. Porque o povo de Judá estava alegre por
causa dos sacerdotes e dos levitas que ministra-
vam ali 45 e executavam o serviço do seu Deus e o
serviço da purificação. Também os cantores e por-
teiros faziam o seu serviço, segundo o mandado
de Davi e de seu filho Salomão. 46 Pois já no pas-
sado, nos dias de Davi e de Asafe, havia chefes dos
cantores, cânticos de louvor e ações de graças a
Deus. 47 Todo o Israel, nos dias de Zorobabel e nos
dias de Neemias, dava aos cantores e aos porteiros
as porções para cada dia. Também consagrava as
coisas destinadas aos levitas, e os levitas consa-
gravam as porções destinadas aos filhos de Arão.

Os estrangeiros são afastados de Israel

13 1 Naquele dia, o Livro de Moisés foi lido para
o povo, e nele achou-se escrito que os amo-
nitas e os moabitas não deveriam jamais entrar
na congregação de Deus, 2 porque não tinham ido
ao encontro dos filhos de Israel com pão e água.
Em vez disso, contrataram Balaão para os amaldi-
çoar. Mas o nosso Deus transformou a maldição
em bênção. 3 Quando os israelitas ouviram esta
lei, afastaram de Israel todos os estrangeiros.

Tobias é expulso do templo

4 Antes disto, o sacerdote Eliasibe, encarregado
dos depósitos do templo do nosso Deus, parente
de Tobias, 5 havia cedido para este uma grande sala.
Anteriormente, era ali que se depositavam as ofer-
tas de cereais, o incenso, os utensílios e os dízimos
dos cereais, do vinho e do azeite, que eram desti-
nados aos levitas, cantores e porteiros, bem como
as contribuições para os sacerdotes. 6 Mas, quando
isso aconteceu, eu não estava em Jerusalém, porque
no trigésimo segundo ano de Artaxerxes, rei da Ba-
bilônia, eu tinha voltado para junto do rei. Mas, de-
pois de certo tempo, pedi licença ao rei e voltei para
Jerusalém. 7 Então soube do mal que Eliasibe havia
feito para beneficiar Tobias, cedendo-lhe uma sala
nos pátios da Casa de Deus. 8 Isso me deixou tão
irritado, que atirei todos os móveis de Tobias para
fora da sala. 9 Então ordenei que purificassem as sa-
las, e coloquei ali outra vez os utensílios da Casa de
Deus, com as ofertas de cereais e o incenso.

A manutenção dos levitas é restaurada

10 Também soube que as porções dos levitas
não estavam sendo dadas a eles, de maneira que
os levitas e os cantores, que faziam o serviço, ti-
nham fugido cada um para o seu campo. 11 Então
repreendi os magistrados e perguntei:

— Por que a Casa de Deus ficou abandonada?

Reuni os levitas e os cantores e os restituí aos
seus postos. 12 Então todo o Judá trouxe os dízimos
dos cereais, do vinho e do azeite aos depósitos.
13 Por tesoureiros dos depósitos pus Selemias, o
sacerdote, Zadoque, o escrivão, e um levita chama-
do Pedaías. Como assistente deles pus Hanã, filho
de Zacur, filho de Matanias. Estes homens foram
achados fiéis e ficaram encarregados de distribuir
as porções entre os seus irmãos.

14 "Lembra-te de mim, ó meu Deus, e não
apagues o bem que eu fiz ao templo de meu
Deus e ao seu serviço."

A observância do sábado é restabelecida

15 Naqueles dias, vi que em Judá havia homens
que no sábado pisavam uvas nos lagares e traziam
trigo que carregavam sobre jumentos. Também no
dia de sábado traziam para Jerusalém vinho, uvas
e figos e todo tipo de cargas. Protestei contra eles
por venderem alimentos neste dia.
16 Também moravam em Jerusalém homens de
Tiro que traziam peixes e todo tipo de mercadorias,
que no sábado vendiam aos filhos de Judá e em Je-
rusalém. 17 Repreendi os nobres de Judá e lhes disse:

— Que coisa errada é esta que vocês estão fazen-
do? Estão profanando o dia de sábado! 18 Por acaso
os pais de vocês não fizeram o mesmo, levando o
nosso Deus a trazer todo este mal sobre nós e sobre
esta cidade? E vocês ainda estão trazendo ira maior
sobre Israel, profanando o sábado.
19 Quando os portões de Jerusalém começavam
a projetar a sua sombra antes do sábado, ordenei
que fossem fechados. E determinei que não fossem
abertos, a não ser depois do sábado. Coloquei al-
guns dos meus servos junto aos portões, para que
nenhuma carga entrasse no dia de sábado. 20 Então
os negociantes e os vendedores de todo tipo de
mercadorias pernoitaram fora de Jerusalém, uma
ou duas vezes. 21 Eu os repreendi e lhes disse:

— Por que estão passando a noite diante da mu-
ralha? Se fizerem isso outra vez, eu usarei a força.

Daí em diante não voltaram mais no sábado.
22 Também mandei aos levitas que se purificassem
e viessem guardar os portões, para santificar o dia
de sábado.

"Também nisto, lembra-te de mim, ó meu
Deus. Tem piedade de mim por tua grande mi-
sericórdia."

Condenação do casamento misto

23 Vi também, naqueles dias, que judeus ha-
viam casado com mulheres asdoditas, amonitas
e moabitas. 24 E seus filhos falavam metade das
palavras na língua de Asdode ou na língua de seu
respectivo povo, mas não sabiam falar a língua
dos judeus. 25 Eu os repreendi e os amaldiçoei; es-
panquei alguns deles e arranquei os seus cabelos.
E os fiz jurar em nome de Deus, dizendo:

— Não deem mais as suas filhas em casamento
aos filhos deles, nem escolham mais as filhas deles
para os seus filhos ou para vocês mesmos. 26 Não
foi por causa disto que Salomão, rei de Israel, pe-
cou? Entre muitas nações não havia rei semelhante
a ele. Era amado por seu Deus, e Deus o colocou
como rei sobre todo o Israel. Mas as mulheres es-
trangeiras o fizeram cair no pecado. 27 Será que
devemos dar ouvidos a vocês, para fazermos todo
este grande mal, sendo infiéis ao nosso Deus, ca-
sando com mulheres estrangeiras?
28 Um dos filhos de Joiada, filho do sumo sa-
cerdote Eliasibe, era genro de Sambalate, o horo-
nita. Por isso, eu o expulsei da minha presença.

29 "Lembra-te deles, ó meu Deus, pois conta-
minaram o sacerdócio e a aliança sacerdotal e
levítica."

As reformas de Neemias

30 Assim, eu os purifiquei de tudo o que era es-
trangeiro e organizei o serviço dos sacerdotes e dos
levitas, cada um na sua função. 31 Organizei tam-
bém o fornecimento de lenha em tempos determi-
nados, bem como das primícias.

"Lembra-te de mim, ó meu Deus, para o meu
bem."

O LIVRO DE

ESTER

O banquete de Assuero

1 1 Isto aconteceu nos dias de Assuero, o Assuero
que reinou sobre cento e vinte e sete provín-
cias, desde a Índia até a Etiópia. 2 Naqueles dias,
quando Assuero reinava na cidadela de Susã, 3 no
terceiro ano do seu reinado, deu um banquete
a todos os seus oficiais e servidores. O exército
da Pérsia e da Média, bem como os nobres e os
governadores das províncias estavam presentes.
4 Então Assuero mostrou as riquezas da glória do
seu reino e o esplendor da sua excelente grandeza
durante muitos dias, durante cento e oitenta dias.
5 Passados esses dias, o rei deu um banquete a
todo o povo que estava na cidadela de Susã, tanto
para os maiores como para os menores, durante
sete dias, no pátio do jardim do palácio real. 6 Havia
cortinas de algodão, brancas e azuis, amarradas
com cordões de linho e de púrpura a argolas de
prata e a colunas de alabastro. A armação dos lei-
tos era de ouro e de prata, sobre um piso de pórfiro,
de mármore, de alabastro e de pedras preciosas.
7 A bebida era servida em taças de ouro, de vários
tipos, e havia muito vinho real, graças à generosi-
dade do rei. 8 Bebiam sem restrições, como estava
prescrito, pois o rei havia ordenado a todos os ofi-
ciais da sua casa que fizessem segundo a vontade
de cada um. 9 Também a rainha Vasti deu um ban-
quete às mulheres no palácio do rei Assuero.

A rainha Vasti desafia o rei Assuero

10 No sétimo dia, quando o seu coração já estava
alegre por causa do vinho, o rei Assuero ordenou
a Meumã, Bizta, Harbona, Bigtá, Abagta, Zetar e
Carcas, os sete eunucos que serviam na presença
dele, 11 que trouxessem à sua presença a rainha
Vasti, com a coroa real. Ele queria mostrar aos po-
vos e aos príncipes a beleza dela, pois ela era muito
bonita. 12 Porém a rainha Vasti se recusou a atender
a ordem do rei, transmitida por meio dos eunucos.
Diante disso, o rei muito se enfureceu e se infla-
mou de raiva.

13 Então o rei consultou os sábios que enten-
diam dos tempos, porque era seu costume fazer
isso na presença de todos os que conheciam a
lei e o direito. 14 E os mais chegados a ele eram:
Carsena, Setar, Admata, Társis, Meres, Marsena e
Memucã, os sete príncipes dos persas e dos me-
dos, que tinham acesso direto ao rei e se assen-
tavam como principais no reino. 15 Ele perguntou:

— Segundo a lei, o que se deve fazer à rainha
Vasti, por não haver cumprido a ordem do rei As-
suero, transmitida por meio dos eunucos?

16 Então Memucã disse na presença do rei e dos
príncipes:

— A rainha Vasti não somente ofendeu o rei,
mas também todos os príncipes e todos os povos
de todas as províncias do rei Assuero. 17 Porque a
notícia do que a rainha fez chegará a todas as mu-
lheres, de modo que desprezarão o seu marido,
dizendo: "O rei Assuero mandou que a rainha Vas-
ti fosse trazida à sua presença, mas ela não foi."
18 Hoje mesmo, as princesas da Pérsia e da Média,
ao ouvirem o que a rainha fez, dirão o mesmo a
todos os príncipes do rei. E assim haverá muito
desprezo e indignação. 19 Se for do agrado do rei,
que ele baixe um decreto real, e que se inscreva
nas leis dos persas e dos medos e não se revogue,
que Vasti fica proibida de comparecer à presença
do rei Assuero. E que o rei dê o reino dela a outra
que seja melhor do que ela. 20 Quando este decre-
to do rei for proclamado em todo o seu reino, que
é tão vasto, todas as mulheres darão honra a seu
marido, tanto ao mais importante como ao me-
nos importante.

21 O conselho agradou tanto ao rei como aos
príncipes; e o rei fez o que Memucã havia sugeri-
do. 22 Enviou cartas a todas as províncias do reino,
a cada província segundo o seu modo de escrever
e a cada povo segundo a sua língua: que cada ho-
mem fosse senhor em sua casa, e que se falasse a
língua do seu povo.

Ester é feita rainha

2 1 Depois disto, quando a raiva do rei Assuero
já havia passado, ele se lembrou de Vasti e do
que ela havia feito, e do que havia sido decretado
contra ela. 2 Então os servos do rei, que o serviam,
lhe disseram:

— Que se procurem moças virgens de boa apa-
rência para o rei. 3 Que o rei nomeie comissários
em todas as províncias do seu reino, que reúnam
todas as moças virgens e de boa aparência no
harém da cidadela de Susã, sob os cuidados de
Hegai, eunuco do rei, guarda das mulheres. E que
se dê a elas os produtos de beleza que desejarem.
4 A moça que cair no agrado do rei, essa reine em
lugar de Vasti.

O rei concordou com isto, e assim se fez.

5 Ora, na cidadela de Susã havia um judeu da
tribo de Benjamim chamado Mordecai, filho de
Jair, filho de Simei, filho de Quis. 6 Ele tinha sido
levado de Jerusalém com os exilados que foram
deportados com Jeconias, rei de Judá, a quem
Nabucodonosor, rei da Babilônia, havia levado

para o exílio. 7 Mordecai havia criado Hadassa,
que é Ester, filha de seu tio, que era órfã de pai
e mãe. A jovem era bonita e formosa. Depois que
o pai e a mãe dela morreram, Mordecai a adotou
como filha.

8 Quando a ordem e o decreto do rei foram
divulgados, muitas moças foram levadas para
a cidadela de Susã, sob os cuidados de Hegai.
Levaram também Ester ao palácio real e a entre-
garam aos cuidados de Hegai, guarda das mu-
lheres. 9 A moça lhe pareceu formosa e alcançou
favor diante dele. Por isso Hegai se apressou em
dar-lhe os produtos de beleza e a alimentação
especial. Também lhe deu sete moças escolhidas
do palácio real e a transferiu com essas moças
para os melhores aposentos do harém. 10 Ester
não havia declarado o seu povo nem a sua pa-
rentela, pois Mordecai lhe havia ordenado que
não dissesse nada a respeito disso. 11 Mordecai
passeava todos os dias diante do pátio do harém,
para saber como Ester estava passando e o que ia
acontecer com ela.

12 Depois de doze meses de tratamento seguin-
do as prescrições para as mulheres, que eram
embelezadas seis meses com óleo de mirra e seis
meses com óleos aromáticos, essências e perfu-
mes em uso entre as mulheres, chegava a vez de
cada moça ser levada ao rei Assuero. 13 Então a
moça ia ao encontro do rei e podia levar consigo
tudo o que quisesse do harém para o palácio. 14 À
tarde, ela entrava no palácio e, pela manhã, vol-
tava para o segundo harém, sob os cuidados de
Saasgaz, eunuco do rei, guarda das concubinas. A
moça não voltava mais ao rei, a menos que o rei a
desejasse, e ela fosse chamada pelo nome.

15 Quando chegou a vez de Ester, filha de
Abiail, tio de Mordecai, que a tinha adotado como
filha, ela não pediu nada além do que Hegai, eu-
nuco do rei, guarda das mulheres, lhe havia acon-
selhado. E Ester alcançou favor de todos os que
a contemplavam. 16 Assim, Ester foi levada ao rei
Assuero, ao palácio real, no décimo mês, que é o
mês de tebete, no sétimo ano do seu reinado. 17 O
rei amou Ester mais do que todas as mulheres, e
ela alcançou diante dele favor e aprovação mais
do que todas as virgens. E o rei pôs a coroa real na
cabeça dela e a fez rainha em lugar de Vasti.

18 Então o rei deu um grande banquete a todos
os seus oficiais e servidores; era o banquete de
Ester. Concedeu alívio às províncias e distribuiu
presentes segundo a sua generosidade real.

19 Quando as virgens foram reunidas pela se-
gunda vez, Mordecai estava sentado junto à porta
do rei. 20 Ester ainda não havia declarado a sua li-
nhagem e o seu povo, como Mordecai lhe havia or-
denado. E Ester continuava a cumprir as ordens de
Mordecai, como tinha feito quando este a criava.

Mordecai descobre uma conspiração

21 Naqueles dias, quando Mordecai estava sen-
tado junto à porta do rei, dois eunucos do rei, que
se chamavam Bigtã e Teres e eram do corpo da
guarda, ficaram indignados e planejaram matar
o rei Assuero. 22 Isto chegou ao conhecimento de
Mordecai, que o revelou à rainha Ester, e Ester o
disse ao rei, em nome de Mordecai. 23 Investigou-
-se o caso, e era fato; e os dois conspiradores fo-
ram pendurados numa forca. Isso foi escrito no
Livro das Crônicas, diante do rei.

Mordecai é odiado por Hamã

3 1 Depois disto, o rei Assuero engrandeceu
Hamã, filho de Hamedata, agagita, e o exaltou,
e lhe deu um cargo mais elevado do que o de todos
os oficiais que estavam com ele. 2 Todos os servos
do rei, que estavam à porta do rei, se inclinavam
e se prostravam diante de Hamã, porque esta era
a ordem do rei a respeito dele. Mordecai, porém,
não se inclinava nem se prostrava. 3 Então os ser-
vos do rei, que estavam à porta do rei, pergunta-
ram a Mordecai:

— Por que você está transgredindo as ordens
do rei?

4 Dia após dia eles falavam com Mordecai, mas
ele não lhes dava ouvidos. Então contaram isso a
Hamã, para ver se as palavras de Mordecai se man-
teriam em pé, porque ele lhes tinha declarado que
era judeu. 5 Quando Hamã viu que Mordecai não
se inclinava nem se prostrava diante dele, encheu-
-se de furor. 6 Porém julgou que era pouco, nos seus
propósitos, atentar apenas contra Mordecai, porque
lhe haviam declarado de que povo era Mordecai. Por
isso, Hamã procurou destruir todos os judeus, povo
de Mordecai, que havia em todo o reino de Assuero.

Hamã pretende matar todos os judeus

7 No primeiro mês, que é o mês de nisã, no dé-
cimo segundo ano do reinado de Assuero, foi lan-
çado o Pur, isto é, fizeram um sorteio na presença
de Hamã, para determinar o dia e o mês; e foi sor-
teado o décimo segundo mês, que é o mês de adar.
8 Então Hamã disse ao rei Assuero:

— Existe um povo espalhado e disperso entre
os povos em todas as províncias do seu reino,
cujas leis são diferentes das leis de todos os povos.
Eles não cumprem as leis do rei e por isso não con-
vém tolerá-los. 9 Se for do agrado do rei, decrete-
-se que sejam mortos, e eu porei nas mãos dos que
executarem a obra trezentas e quarenta toneladas
de prata para que entrem nos tesouros do rei.

10 Então o rei tirou da mão o seu anel-sinete e o
deu a Hamã, filho de Hamedata, agagita, inimigo
dos judeus, 11 e lhe disse:

— Fique com essa prata e faça com esse povo o
que bem quiser.

O rei decreta a morte dos judeus

12 No dia treze do primeiro mês, chamaram os
secretários do rei e, segundo tudo o que Hamã ha-
via ordenado, se escreveu aos sátrapas do rei, aos
governadores de todas as províncias e aos chefes
de cada povo. A ordem devia ser endereçada a cada
província no seu próprio modo de escrever e a cada
povo na sua própria língua. Foi escrita em nome do
rei Assuero e selada com o anel-sinete do rei. 13 As
cartas foram enviadas por meio de mensageiros
a todas as províncias do rei, com instruções para
que num só dia, o dia treze do décimo segundo
mês, que é o mês de adar, todos os judeus, tanto os
jovens como os velhos, as mulheres e as crianças,
fossem destruídos, mortos e aniquilados, e que os
seus bens fossem saqueados. 14 Uma cópia da car-
ta, que determinava a proclamação da lei em todas
as províncias, foi enviada a todos os povos, para
que se preparassem para aquele dia.

15 Os mensageiros, impelidos pela ordem do rei,
partiram imediatamente. E a lei foi proclamada
na cidadela de Susã. O rei Assuero e Hamã se as-
sentaram para beber, mas a cidade de Susã estava
perplexa.

Ester promete interceder pelo seu povo

4 1 Quando Mordecai soube tudo o que havia
passado, rasgou as suas roupas, se cobriu de
pano de saco e de cinza, e saiu pela cidade, cla-
mando em alta voz e soltando gritos de amargura.
2 Chegou até a porta do rei, porque ninguém vesti-
do de pano de saco podia entrar pela porta do rei.
3 Em todas as províncias aonde chegava a palavra
do rei e a sua lei, havia entre os judeus grande
luto, com jejum, choro e lamentação; e muitos se
deitavam em pano de saco e em cinza.

4 Então as servas de Ester e os eunucos vieram
e contaram a ela o que se passava. A rainha ficou
muito aflita. Mandou roupas para que Mordecai
pudesse tirar a vestimenta de pano de saco e se
vestisse, mas ele não aceitou. 5 Então Ester cha-
mou Hataque, um dos eunucos do rei, que este
tinha escolhido para a servir, e lhe ordenou que
fosse a Mordecai para saber o que se passava e por
que ele estava fazendo aquilo. 6 Hataque foi até a
praça da cidade para encontrar-se com Morde-
cai junto à porta do rei. 7 Mordecai contou tudo
o que havia acontecido com ele. Disse também a
quantia certa de prata que Hamã tinha prometido
pagar aos tesouros do rei pelo aniquilamento dos
judeus. 8 Também lhe deu uma cópia do decreto
escrito que havia sido publicado em Susã, orde-
nando a destruição dos judeus. Mordecai pediu a
Hataque que mostrasse a cópia a Ester e a pusesse
a par de tudo, a fim de que ela fosse falar com o rei
e lhe pedisse misericórdia e, na sua presença, lhe
suplicasse pelo povo dela.
9 Hataque voltou e transmitiu a Ester as palavras
de Mordecai. 10 Então Ester falou com Hataque e
mandou que ele entregasse a seguinte mensagem
a Mordecai: 11 "Todos os servos do rei e o povo
das províncias do rei sabem que, para qualquer
homem ou mulher que, sem ser chamado, entrar
no pátio interior para falar com o rei, não há outra
sentença que não a de morte, a não ser que o rei
estenda para essa pessoa o cetro de ouro, para que
viva. E eu, nestes trinta dias, não fui chamada para
comparecer diante do rei."

12 Estas palavras de Ester foram transmitidas a
Mordecai. 13 Então Mordecai pediu que respondes-
sem a Ester: "Não pense que, por estar no palácio real,
você será a única, entre todos os judeus, que conse-
guirá escapar. 14 Porque, se você ficar calada agora, de
outro lugar virá socorro e livramento para os judeus,
mas você e a casa de seu pai perecerão. Mas quem
sabe se não foi para uma conjuntura como esta que
você foi elevada à condição de rainha?"

15 Então Ester pediu que levassem a Mordecai a
seguinte resposta: 16 "Vá e reúna todos os judeus
que estiverem em Susã, e jejuem por mim. Não co-
mam nem bebam nada durante três dias, nem de
noite nem de dia. Eu e as minhas servas também
jejuaremos. Depois, irei falar com o rei, ainda que
seja contra a lei; se eu tiver de morrer, morrerei."

17 Então Mordecai foi e fez tudo o que Ester lhe
havia ordenado.

Ester convida o rei e Hamã para um banquete

5 1 No terceiro dia, Ester se aprontou com os seus
trajes reais e se pôs no pátio interior do palá-
cio real, em frente à residência do rei. O rei estava
sentado no seu trono real, voltado para a porta da
residência. 2 Quando o rei viu a rainha Ester para-
da no pátio, ela alcançou favor diante dele, e o rei
estendeu-lhe o cetro de ouro que tinha na mão.
Ester se aproximou e tocou na ponta do cetro.
3 Então o rei perguntou:

— O que é que você tem, rainha Ester? Qual é o
seu pedido? Até a metade do reino lhe será dado.

4 Ester respondeu:

— Se for do seu agrado, venha hoje com Hamã
ao banquete que preparei para o rei.

5 Então o rei disse:

— Peçam a Hamã que venha depressa, para que
possamos atender ao pedido de Ester.

Assim, o rei e Hamã foram ao banquete que Es-
ter havia preparado. 6 Enquanto bebiam vinho, o
rei disse a Ester:

— Qual é o seu pedido? Peça, e lhe será dado. O
que você quer? Será dado, mesmo que seja metade
do reino.

7 Ester respondeu:

— Meu pedido e o meu desejo são o seguinte:
8 se achei favor diante do rei, e se for do agrado do

rei conceder o meu pedido e cumprir o meu dese-
jo, então que o rei venha com Hamã ao banquete
que vou preparar para eles amanhã. Então farei o
pedido que o rei me concede.
9 Naquele dia, Hamã saiu alegre e animado.
Mas ficou furioso ao encontrar Mordecai junto à
porta do rei e ver que ele não se levantava nem
tremia diante dele. 10 Porém Hamã se conteve e
foi para casa. Depois mandou vir os seus amigos
e Zeres, sua mulher. 11 Hamã falou sobre a glória
das suas riquezas, a multidão de seus filhos, tudo
em que o rei o tinha engrandecido e como o ti-
nha exaltado sobre os oficiais e servos do rei. 12 E
Hamã acrescentou:
— A própria rainha Ester a ninguém mais con-
vidou para vir com o rei ao banquete que tinha pre-
parado, a não ser a mim. E também para amanhã
estou convidado por ela, juntamente com o rei.
13 Porém tudo isto não me satisfaz, enquanto eu vir
o judeu Mordecai sentado junto à porta do rei.
14 Então Zeres, a mulher de Hamã, e todos os
amigos dele disseram:
— Mande fazer uma forca de vinte e dois me-
tros de altura e, pela manhã, diga ao rei que nela
enforquem Mordecai. Então vá alegre com o rei ao
banquete.
A sugestão foi bem-aceita por Hamã, que man-
dou levantar a forca.

Hamã é forçado a honrar Mordecai

6 1 Naquela noite, o rei não pôde dormir. Então
mandou buscar o Livro dos Feitos Memoráveis,
que foi lido diante do rei. 2 Achou-se escrito que
Mordecai é quem havia denunciado Bigtã e Teres,
os dois eunucos do rei, guardas da porta, que ti-
nham planejado matar o rei Assuero. 3 Então o rei
perguntou:
— Que honras e distinções foram conferidas a
Mordecai por ter feito isso?
Os servos do rei que o serviam responderam:
— Ele não recebeu nenhuma recompensa!
4 O rei perguntou:
— Quem está no pátio?
Ora, Hamã tinha entrado no pátio exterior do
palácio real, para pedir ao rei que Mordecai fos-
se pendurado na forca que ele, Hamã, lhe havia
preparado. 5 Os servos do rei lhe disseram:
— Hamã está no pátio.
Então o rei mandou que ele entrasse. 6 Hamã
entrou. E o rei lhe perguntou:
— O que você acha que deveria ser feito ao ho-
mem a quem o rei deseja honrar?
Então Hamã pensou assim: "A quem mais o rei
poderia querer honrar a não ser a mim?" 7 Por isso
ele respondeu ao rei:
— Quanto ao homem a quem o rei gostaria de
honrar, 8 que sejam trazidos os trajes reais, que o
rei costuma usar, e o cavalo em que o rei costuma
andar montado e sobre cuja cabeça tenha sido
colocada uma coroa real. 9 Que os trajes e o cavalo
sejam entregues a um dos mais nobres oficiais do
rei, para que se encarregue de vestir aquele a quem
o rei deseja honrar. Depois, que o leve a cavalo pela
praça da cidade, proclamando em voz alta: "É isto
que se faz ao homem a quem o rei deseja honrar."
10 Então o rei disse a Hamã:
— Vá depressa, pegue os trajes e o cavalo, e faça
com o judeu Mordecai tudo o que você falou. Ele
está sentado junto à porta do rei. E não omita coi-
sa nenhuma de tudo o que você falou.
11 Hamã pegou os trajes e o cavalo, vestiu Mor-
decai, e o levou a cavalo pela praça da cidade,
proclamando em voz alta: "É isto que se faz ao ho-
mem a quem o rei deseja honrar."
12 Depois disto, Mordecai voltou para a porta do
rei, enquanto Hamã foi correndo para casa, angus-
tiado e de cabeça coberta. 13 Hamã contou a Zeres,
sua mulher, e a todos os seus amigos tudo o que
tinha acontecido com ele. Então os seus amigos,
que eram sábios, e Zeres, sua mulher, disseram:
— Se Mordecai, diante do qual você já come-
çou a cair, é da descendência dos judeus, você não
conseguirá fazer nada contra ele. Você certamente
será derrotado.
14 Enquanto estes ainda falavam com ele, os
eunucos do rei chegaram e, sem demora, levaram
Hamã ao banquete que Ester havia preparado.

Ester denuncia Hamã

7 1 O rei foi com Hamã ao banquete da rainha
Ester. 2 No segundo dia, durante o banquete do
vinho, o rei perguntou a Ester:
— Qual é o seu pedido, rainha Ester? Você será
atendida. O que você quer? Até a metade do reino
lhe será dado.
3 Então a rainha Ester disse:
— Se eu tiver obtido o seu favor, ó rei, e se for
do agrado do rei, que a minha vida seja a resposta
ao meu pedido e que, como desejo, eu possa ter o
meu povo. 4 Porque fomos vendidos, eu e o meu
povo, para sermos destruídos, mortos e aniquila-
dos de vez. Se ainda nos tivessem vendido como
escravos e escravas, eu me calaria, pois não vale-
ria a pena incomodar o rei por uma coisa dessas.
5 Então o rei Assuero perguntou à rainha Ester:
— Quem é esse cujo coração o instigou a fazer
uma coisa dessas? Onde está esse homem?
6 Ester respondeu:
— O adversário e inimigo é este malvado Hamã.
Então Hamã ficou apavorado diante do rei e
da rainha. 7 O rei, no seu furor, se levantou do
banquete do vinho e passou para o jardim do pa-
lácio. Hamã, porém, ficou para rogar por sua vida à
rainha Ester, pois viu que o mal contra ele já estava

determinado pelo rei. 8 Quando o rei voltou do jar-
dim do palácio para a casa do banquete do vinho,
Hamã tinha caído sobre o divã em que se achava
Ester. Então o rei disse:
— Será que ele queria desonrar a rainha diante
de mim, aqui no meu palácio?
Quando o rei acabou de dizer estas palavras, co-
briram o rosto de Hamã. 9 Então Harbona, um dos
eunucos que serviam o rei, disse:
— Eis que existe junto à casa de Hamã a forca
de vinte e dois metros de altura que ele preparou
para Mordecai, aquele que havia falado em defesa
do rei.
Então o rei disse:
— Que ele seja enforcado nela!
10 E assim enforcaram Hamã na forca que ele
tinha preparado para Mordecai. Então o furor do
rei se aplacou.

Os judeus são autorizados a resistir

8 1 Naquele mesmo dia, o rei Assuero deu à rainha
Ester a casa de Hamã, inimigo dos judeus. E
Mordecai foi trazido à presença do rei, porque Es-
ter revelou que ele era seu parente. 2 O rei pegou o
seu anel-sinete, que havia tomado de Hamã, e o
deu a Mordecai. E Ester pôs Mordecai por admi-
nistrador da casa de Hamã.
3 Ester voltou a falar com o rei. Ela se lançou
aos pés dele e, com lágrimas, lhe implorou que re-
vogasse a maldade de Hamã, o agagita, e a trama
que ele havia arquitetado contra os judeus. 4 O rei
estendeu o cetro de ouro para Ester. Então ela se
levantou, pôs-se em pé diante do rei 5 e disse:
— Se for do agrado do rei, se eu achei favor
diante dele, se isto parecer justo aos olhos do rei
e se nisto lhe agrado, que se escreva uma ordem
revogando os decretos concebidos por Hamã, fi-
lho de Hamedata, o agagita, os quais ele escreveu
para aniquilar os judeus que se encontram em to-
das as províncias do rei. 6 Pois como poderei ver
a desgraça que sobrevirá ao meu povo? E como
poderei ver a destruição da minha parentela?
7 Então o rei Assuero disse à rainha Ester e ao
judeu Mordecai:
— Eis que dei a Ester a casa de Hamã, que foi
pendurado numa forca, porque tinha planejado
matar os judeus. 8 E agora, em nome do rei, escre-
vam aos judeus o que bem lhes parecer e selem
o documento com o anel-sinete do rei. Porque
os decretos feitos em nome do rei e que foram
selados com o seu anel-sinete não podem ser
revogados.
9 Então foram chamados imediatamente os
secretários do rei, aos vinte e três dias do mês de
sivã, que é o terceiro mês. E, segundo tudo o que
Mordecai ordenou, foi redigido um decreto para
os judeus, para os sátrapas, para os governadores
e para os oficiais das províncias que se estendem
da Índia até a Etiópia, cento e vinte e sete provín-
cias, a cada uma no seu próprio modo de escrever,
e a cada povo na sua própria língua; e também aos
judeus segundo o seu próprio modo de escrever e
na sua própria língua. 10 Escreveu-se em nome do
rei Assuero, e se selou com o anel-sinete do rei. As
cartas foram enviadas por meio de mensageiros
montados em ginetes criados nas estrebarias do
rei. 11 Nas cartas, o rei permitia aos judeus de cada
cidade que se reunissem e se organizassem para
defender a sua vida, para destruir, matar e aniqui-
lar de vez toda e qualquer força armada do povo
da província que viesse contra eles, crianças e mu-
lheres, e que se saqueassem os seus bens, 12 num
mesmo dia, em todas as províncias do rei Assuero,
no dia treze do décimo segundo mês, que é o mês
de adar. 13 Uma cópia da carta, que determinava a
proclamação da lei em todas as províncias, foi en-
viada a todos os povos, para que os judeus se pre-
parassem para aquele dia, para se vingarem dos
seus inimigos. 14 Os mensageiros, montados em
ginetes que se usavam no serviço do rei, partiram
imediatamente, impelidos pela ordem do rei. E a
lei foi publicada na cidadela de Susã.
15 Então Mordecai saiu da presença do rei com
trajes reais em azul-celeste e branco, com uma
grande coroa de ouro e um manto de linho fino e
púrpura. E a cidade de Susã exultou e se alegrou.
16 Para os judeus houve felicidade, alegria, júbilo e
honra. 17 Também em cada província e em cada ci-
dade aonde chegava a palavra do rei e a sua ordem,
havia entre os judeus alegria e júbilo, banquetes e
festas. E muitos que eram dos povos da terra se
tornaram judeus, porque o temor dos judeus tinha
caído sobre eles.

Os judeus matam aos seus inimigos

9 1 No dia treze do décimo segundo mês, que é
o mês de adar, quando a palavra do rei e a sua
ordem deveriam ser executadas, no dia em que os
inimigos dos judeus esperavam apoderar-se deles,
aconteceu o contrário, pois os judeus é que se apo-
deraram dos que os odiavam. 2 Nas suas cidades,
em todas as províncias do rei Assuero, os judeus se
reuniram para atacar aqueles que queriam destruí-
-los. E ninguém podia resistir-lhes, porque o terror
que inspiravam caiu sobre todos aqueles povos.
3 Todos os oficiais das províncias, os sátrapas, os
governadores e os oficiais do rei auxiliavam os
judeus, porque o temor de Mordecai tinha caído
sobre eles. 4 Porque Mordecai era grande na casa
do rei, e a fama dele se espalhava por todas as pro-
víncias; o seu poder ia aumentando cada vez mais.
5 Assim, os judeus mataram todos os seus inimigos
a golpes de espada, matando, destruindo e fazen-
do com os seus inimigos o que bem quiseram. 6 Na

cidadela de Susã, os judeus mataram e destruíram
quinhentos homens. 7 Mataram também Parsan-
data, Dalfom, Aspata, 8 Porata, Adalia, Aridata,
9 Farmasta, Arisai, Aridai e Vaizata, 10 que eram os
dez filhos de Hamã, filho de Hamedata, o inimigo
dos judeus; porém no despojo não tocaram.

11 No mesmo dia, o rei foi informado do número
dos mortos na cidadela de Susã. 12 O rei disse à rainha
Ester:

— Na cidadela de Susã, os judeus mataram e
destruíram quinhentos homens e os dez filhos de
Hamã. E nas demais províncias do rei, o que será
que fizeram? E agora, qual é o seu pedido? Peça, e
lhe será dado. Você tem ainda algum outro desejo?
Será concedido.

13 Então Ester disse:

— Se for do agrado do rei, permita aos judeus
de Susã que também amanhã façam segundo o
decreto de hoje e pendurem em forca os cadáveres
dos dez filhos de Hamã.

14 Então o rei ordenou que assim se fizesse. Um
decreto foi publicado em Susã, e os cadáveres dos
dez filhos de Hamã foram pendurados na forca.
15 Os judeus de Susã se reuniram também no dia
catorze do mês de adar, e mataram trezentos ho-
mens em Susã; porém no despojo não tocaram.

A Festa de Purim

16 Também os demais judeus que viviam nas
províncias do rei se reuniram e se organizaram
para defender a vida e se livrar dos seus inimigos.
Mataram setenta e cinco mil dos que os odiavam;
porém no despojo não tocaram. 17 Isto aconteceu
no dia treze do mês de adar. No dia catorze, des-
cansaram e fizeram dele um dia de festa e de ale-
gria. 18 Mas os judeus de Susã se reuniram nos dias
treze e catorze do mesmo mês. Descansaram no
dia quinze e fizeram dele um dia de festa e de ale-
gria. 19 Por isso os judeus das vilas, que moram nas
aldeias do campo, fazem do dia catorze do mês de
adar um dia de alegria, de banquetes e de festa, e
um dia em que mandam presentes uns aos outros.

20 Mordecai escreveu estas coisas e enviou car-
tas a todos os judeus que moravam em todas as
províncias do rei Assuero, aos de perto e aos de
longe, 21 ordenando-lhes que comemorassem o
dia catorze do mês de adar e o dia quinze do mes-
mo mês, todos os anos, 22 como os dias em que os
judeus se livraram dos seus inimigos, o mês em
que a tristeza virou alegria e o luto se transformou
em festa. E que esses fossem dias de festa e de ale-
gria, de troca de presentes e dádivas aos pobres.

23 Assim, os judeus aceitaram como costume o
que, naquele tempo, haviam feito pela primeira
vez, segundo Mordecai lhes havia ordenado por
escrito. 24 Porque Hamã, filho de Hamedata, o
agagita, inimigo de todos os judeus, tinha plane-
jado destruir os judeus; e tinha lançado o "Pur",
isto é, sortes, para os assolar e destruir. 25 Mas
Ester foi falar com o rei, e ele ordenou por cartas
que o plano perverso de Hamã, que ele tinha ela-
borado contra os judeus, recaísse sobre a própria
cabeça dele, e que ele e os seus filhos fossem en-
forcados. 26 Por isso, esses dias são chamados de
"Purim", do nome "Pur". Daí, por causa de todas
as palavras daquela carta, e do que testemunha-
ram, e do que lhes havia acontecido, 27 os judeus
decidiram que eles mesmos, os seus descenden-
tes e todos os que viessem se juntar a eles não
deixariam de comemorar estes dois dias segundo
o que se havia escrito a respeito deles, no tem-
po marcado, todos os anos. 28 E que estes dias
seriam lembrados e comemorados geração após
geração, por todas as famílias, em todas as pro-
víncias e em todas as cidades, e que estes dias de
Purim jamais iriam desaparecer entre os judeus,
e que a memória deles jamais se extinguiria entre
os seus descendentes.

29 Então a rainha Ester, filha de Abiail, e o ju-
deu Mordecai escreveram, com toda a autorida-
de, uma segunda carta, para confirmar a carta
de Purim. 30 Mandaram cartas a todos os judeus,
às cento e vinte e sete províncias do reino de As-
suero, com palavras amigáveis e sinceras, 31 para
confirmar estes dias de Purim nos seus tempos
determinados, como o judeu Mordecai e a rainha
Ester lhes haviam ordenado, e como eles mes-
mos já o tinham estabelecido sobre si e sobre a
sua descendência, a respeito do jejum e do seu
lamento. 32 E o decreto de Ester estabeleceu estas
particularidades de Purim; e se escreveu no livro.

O renome de Mordecai

10 1 Depois disto, o rei Assuero impôs tribu-
to sobre a terra e sobre as terras do mar.
2 Quanto aos demais atos do seu poder e do seu
valor e ao relatório completo da grandeza de
Mordecai, a quem o rei exaltou, não está tudo es-
crito no Livro da História dos Reis da Média e da
Pérsia? 3 Pois o judeu Mordecai foi o segundo de-
pois do rei Assuero, e grande para com os judeus,
e estimado pela multidão de seus irmãos, tendo
procurado o bem-estar do seu povo e trabalhado
pela prosperidade da sua nação.

O LIVRO DE

JÓ

Jó, sua família e sua riqueza

1 1 Havia um homem na terra de Uz cujo nome
era Jó. Este homem era íntegro e reto, temia a
Deus e se desviava do mal. 2 Nasceram-lhe sete
filhos e três filhas. 3 Tinha sete mil ovelhas, três
mil camelos, quinhentas juntas de bois e qui-
nhentas jumentas. Também tinha muitíssima
gente a seu serviço, de maneira que este homem
era o maior de todos os do Oriente.
4 Os filhos dele iam às casas uns dos outros e
faziam banquetes, cada um por sua vez, e man-
davam convidar as suas três irmãs a comerem e
beberem com eles. 5 Quando se encerrava um ci-
clo de banquetes, Jó chamava os seus filhos e os
santificava; levantava-se de madrugada e oferecia
holocaustos segundo o número de todos eles. Pois
Jó pensava assim: "Talvez os meus filhos tenham
pecado e blasfemado contra Deus em seu cora-
ção." Jó fazia isso continuamente.

Satanás põe em dúvida a sinceridade de Jó

6 Num dia em que os filhos de Deus vieram
apresentar-se diante do SENHOR, veio também
Satanás entre eles. 7 Então o SENHOR perguntou a
Satanás:
— De onde você vem?
Satanás respondeu ao SENHOR:
— De rodear a terra e passear por ela.
8 E o SENHOR disse a Satanás:
— Você reparou no meu servo Jó? Não há nin-
guém como ele na terra. Ele é um homem ínte-
gro e reto, que teme a Deus e se desvia do mal.
9 Então Satanás respondeu ao SENHOR:
— Será que é sem motivo que Jó teme a
Deus? 10 Não é verdade que tu mesmo puseste
uma cerca ao redor dele, da sua casa e de tudo
o que ele tem? Abençoaste a obra de suas mãos,
e os seus bens se multiplicaram na terra. 11 Mas
estende a tua mão e toca em tudo o que ele tem,
para ver se ele não blasfema contra ti na tua
face.
12 Então o SENHOR disse a Satanás:
— Você pode fazer o que quiser com tudo o
que ele tem; só não estenda a mão contra ele.
Então Satanás saiu da presença do SENHOR.

Jó perde os filhos e as riquezas

13 Um dia, quando os filhos e as filhas de Jó
comiam e bebiam vinho na casa do irmão mais
velho, 14 veio um mensageiro a Jó e lhe disse:
— Os bois estavam lavrando e as jumentas
estavam pastando junto a eles. 15 De repente, os
sabeus atacaram e levaram tudo. Mataram os ser-
vos a fio de espada. Só eu consegui escapar, para
trazer a notícia.
16 Enquanto este ainda falava, veio outro men-
sageiro e disse:
— Fogo de Deus caiu do céu e queimou as ove-
lhas e os servos, destruindo todos eles. Só eu con-
segui escapar, para trazer a notícia.
17 Enquanto este ainda falava, veio outro men-
sageiro e disse:
— Os caldeus se dividiram em três bandos, ata-
caram os camelos e os levaram embora. Mataram
os servos a fio de espada. Só eu consegui escapar,
para trazer a notícia.
18 Também este ainda falava quando veio outro
e disse:
— Os seus filhos e as suas filhas estavam co-
mendo e bebendo vinho na casa do irmão mais
velho. 19 De repente, eis que se levantou um vento
muito forte do lado do deserto e bateu contra os
quatro cantos da casa. Ela caiu sobre os jovens, e
eles morreram. Só eu consegui escapar, para tra-
zer a notícia.
20 Então Jó se levantou, rasgou o seu manto, ra-
pou a cabeça, prostrou-se em terra e adorou. 21 E
disse:
— Nu saí do ventre de minha mãe e nu voltarei.
O SENHOR o deu e o SENHOR o tomou; bendito seja
o nome do SENHOR!
22 Em tudo isto Jó não pecou, nem atribuiu a
Deus falta alguma.

A segunda prova de Jó

2 1 Num dia em que os filhos de Deus vieram
apresentar-se diante do SENHOR, veio tam-
bém Satanás entre eles apresentar-se diante do
SENHOR. 2 Então o SENHOR perguntou a Satanás:
— De onde você vem?
Satanás respondeu ao SENHOR:
— De rodear a terra e passear por ela.
3 E o SENHOR disse a Satanás:
— Você reparou no meu servo Jó? Não há nin-
guém como ele na terra. Ele é um homem ínte-
gro e reto, que teme a Deus e se desvia do mal.
Ele ainda conserva a sua integridade, embora
você me incitasse contra ele, para destruí-lo sem
motivo.
4 Então Satanás respondeu ao SENHOR:
— Pele por pele! Um homem é capaz de dar
tudo o que tem pela sua vida. 5 Mas estende a tua
mão e toca nos ossos e na carne dele, para ver se
ele não blasfema contra ti na tua face.

6 Então o SENHOR disse a Satanás:
— Você pode fazer com ele o que quiser; mas
poupe-lhe a vida.
7 Então Satanás saiu da presença do SENHOR e
feriu Jó com tumores malignos, desde a planta do
pé até o alto da cabeça.
8 Jó, sentado em cinza, pegou um caco de barro
para com ele raspar as feridas. 9 Então a mulher
dele disse:
— Você ainda conserva a sua integridade?
Amaldiçoe a Deus e morra!
10 Mas Jó respondeu:
— Você fala como uma doida. Temos recebido
de Deus o bem; por que não receberíamos tam-
bém o mal?
Em tudo isto Jó não pecou com os seus lábios.

A visita dos amigos

11 Quando três amigos de Jó ouviram que todo
este mal havia caído sobre ele, vieram, cada um
do seu lugar: Elifaz, o temanita, Bildade, o suíta, e
Zofar, o naamatita. Tinham combinado ir juntos
condoer-se dele e consolá-lo. 12 De longe eles le-
vantaram os olhos e não o reconheceram. Então
ergueram a voz e choraram. E cada um, rasgan-
do o seu manto, lançava pó ao ar sobre a cabeça.
13 Sentaram-se com ele no chão durante sete dias
e sete noites. E ninguém lhe disse uma só palavra,
pois viam que a dor era muito grande.

PRIMEIRO DIÁLOGO

CAPS. 3—14

A queixa de Jó

Cap. 3

Jó amaldiçoa o seu nascimento

3 1 Depois disto, Jó passou a falar e amaldiçoou o
dia do seu nascimento. 2 Jó disse:

3 "Pereça o dia em que nasci
e a noite em que se disse:
'Foi concebido um homem!'
4 Que aquele dia se transforme em trevas,
e Deus, lá de cima, não se importe com ele,
nem resplandeça sobre ele a luz.
5 Que as trevas e a sombra da morte
se apoderem desse dia;
que uma nuvem habite sobre ele;
que tudo o que pode escurecer o dia o espante.
6 Aquela noite, que dela se apoderem
densas trevas;
que ela não se alegre entre os dias do ano,
nem entre na conta dos meses.
7 Sim, que seja estéril aquela noite,
e dela sejam banidos os gritos de alegria.
8 Amaldiçoem-na aqueles que sabem
amaldiçoar o dia
e sabem instigar o Leviatã.
9 Escureçam-se as estrelas do seu alvorecer;
que a noite espere a luz, e a luz não venha;
que não veja o despontar da alvorada,
10 pois não fechou as portas
do ventre da minha mãe,
nem escondeu dos meus olhos o sofrimento."

Por que não morri ao nascer?

11 "Por que não morri ao nascer?
Por que não expirei ao sair do ventre
de minha mãe?
12 Por que houve um colo que me acolhesse,
e seios, para que eu mamasse?
13 Porque agora eu repousaria tranquilo;
dormiria, e então haveria para mim descanso,
14 com os reis e conselheiros da terra
que construíram para si mausoléus;
15 ou com os príncipes que tinham ouro
e encheram as suas casas de prata;
16 ou, como aborto oculto, eu não existiria,
como crianças que nunca viram a luz.
17 Ali os maus cessam de perturbar,
e ali repousam os cansados.
18 Ali os presos juntamente repousam
e não ouvem a voz do capataz.
19 Ali está tanto o pequeno como o grande,
e o servo fica livre de seu senhor."

Por que o miserável continua vivendo?

20 "Por que se concede luz ao miserável
e vida aos de coração amargurado,
21 que esperam a morte, e ela não vem,
que cavam em procura dela mais do que
tesouros ocultos,
22 que se alegrariam por um túmulo
e exultariam se achassem a sepultura?
23 Por que se concede luz ao homem
cujo caminho é oculto,
e a quem Deus cercou de todos os lados?"
24 "Porque em vez do meu pão me vêm gemidos,
e os meus lamentos se derramam como água.
25 Aquilo que temo me sobrevém,
e o que receio me acontece.
26 Não tenho descanso, não tenho sossego,
não tenho repouso;
só tenho inquietação."

Primeira fala de Elifaz

Caps. 4—5

Chegou a sua vez de sofrer

4 1 Então Elifaz, o temanita, tomou a palavra e
disse:

2 "Se alguém tentar falar,
você terá paciência para ouvir?
Mas quem poderá conter as palavras?

3 Veja bem! Você ensinou a muitos
e fortaleceu mãos cansadas.
4 As suas palavras sustentaram
os que tropeçavam,
e você fortaleceu joelhos vacilantes.
5 Mas agora, quando chega a sua vez,
você perde a paciência;
ao ser atingido, você fica apavorado.
6 Você não tem confiança no seu temor a Deus?
Não tem esperança na integridade
dos seus caminhos?
7 Pense bem: será que algum
inocente já chegou a perecer?
E onde os retos foram destruídos?
8 Segundo eu tenho visto,
os que lavram a iniquidade e semeiam o mal,
isso mesmo eles colhem.
9 Com o hálito de Deus perecem;
e com o sopro da sua ira são consumidos.
10 Cessa o bramido do leão e a voz do leão feroz,
e os dentes dos leõezinhos são quebrados.
11 O leão morre, porque não há presa,
e os filhos da leoa andam dispersos."

Pode um mortal ser justo diante de Deus?

12 "Uma palavra me foi trazida em segredo,
e os meus ouvidos perceberam
um sussurro dela.
13 Entre pensamentos de visões noturnas,
quando o sono profundo cai sobre as pessoas,
14 sobrevieram-me o espanto e o tremor,
e todos os meus ossos estremeceram.
15 Então um espírito passou por diante de mim;
e se arrepiaram os cabelos do meu corpo.
16 Ele parou, mas não reconheci a sua aparência.
Um vulto estava diante dos meus olhos;
houve silêncio, e ouvi uma voz:
17 'Pode um mortal ser justo diante de Deus?
Pode alguém ser puro diante do seu Criador?
18 Eis que Deus não confia nos seus servos
e aos seus anjos atribui imperfeições;
19 quanto mais àqueles
que habitam em casas de barro,
cujo fundamento está no pó,
e que são esmagados como a traça!
20 Nascem de manhã e à tarde são destruídos;
perecem para sempre, sem que ninguém
se importe com isso.
21 Se o fio da vida lhes é cortado,
morrem e não alcançam a sabedoria.'"

O ser humano nasce para o sofrimento

5 1 "Grite agora, para ver
se há quem responda!
E para qual dos santos anjos você se voltará?
2 Porque a ira mata o insensato,
e a inveja destrói o tolo.
3 Eu mesmo vi o insensato lançar raízes,
mas logo declarei maldita a sua habitação.
4 Os filhos dele estão longe do socorro;
são espezinhados nos tribunais,
e não há quem os livre.
5 A sua colheita, o faminto a devora,
arrebatando até o que se encontra
no meio de espinhos;
e o sedento suga os seus bens.
6 Porque a aflição não vem do pó,
e o sofrimento não brota do chão.
7 Mas o ser humano nasce para o sofrimento,
como as faíscas das brasas voam para cima."

Há esperança para os pobres

8 "Quanto a mim, eu buscaria a Deus
e a ele entregaria a minha causa.
9 Deus faz coisas grandes e insondáveis,
maravilhas que não se podem enumerar.
10 Faz chover sobre a terra
e envia águas sobre os campos.
11 Põe os abatidos num lugar alto
e conduz os enlutados a um lugar seguro.
12 Deus frustra os planos dos astutos,
para que não possam realizar seus projetos.
13 Ele apanha os sábios na própria astúcia deles,
e o conselho dos que tramam não chega a vingar.
14 De dia eles encontram as trevas,
e ao meio-dia andam tateando
como se fosse noite.
15 Porém Deus salva da espada que lhes sai da boca,
salva os necessitados das mãos dos poderosos.
16 Assim, há esperança para os pobres,
e a iniquidade tapa a sua própria boca."

As mãos de Deus curam

17 "Bem-aventurado é aquele
a quem Deus disciplina!
Portanto, não despreze a disciplina
do Todo-Poderoso.
18 Porque ele faz a ferida e ele mesmo a faz sarar;
ele fere, e as suas mãos curam.
19 De seis angústias ele o livrará,
e na sétima o mal não tocará em você.
20 Na fome ele livrará você da morte;
na guerra, do poder da espada.
21 Você estará abrigado do açoite da língua
e, quando vier a destruição,
não ficará com medo.
22 Da destruição e da fome você dará risada
e dos animais da terra não terá medo.
23 Porque com as pedras do campo
você fará aliança,
e os animais selvagens viverão em paz com você.
24 Saberá que a sua tenda está em paz;
percorrerá as suas posses
e não achará falta de nada.

25 Saberá que a sua descendência se multiplicará,
e que a sua posteridade será
como a erva da terra.
26 Em robusta velhice você descerá à sepultura,
como se recolhe o feixe de trigo no tempo certo.
27 Veja bem! Isto é o que investigamos, e assim é.
Ouça e medite nisso para o seu bem."

Resposta de Jó

Caps. 6—7

Por que prolongar a vida, se o fim é certo?

6 1 Então Jó respondeu:
2 "Ah! Se a minha queixa, de fato,
pudesse ser pesada,
e contra ela, numa balança,
se pusesse a minha miséria,
3 esta, na verdade, pesaria mais
que a areia dos mares.
Por isso é que as minhas palavras
foram precipitadas.
4 Porque as flechas do Todo-Poderoso
estão cravadas em mim,
e o meu espírito sorve o veneno delas;
os terrores de Deus se armam contra mim.
5 Será que o jumento selvagem
zurra quando está junto à relva?
Ou será que o boi berra junto ao seu pasto?
6 Pode-se comer sem sal o que é insípido?
Ou haverá sabor na clara do ovo?
7 Aquilo que a minha alma recusava tocar,
isso é agora a minha comida repugnante."

8 "Quem dera que se cumprisse o meu pedido,
e que Deus me concedesse o que desejo!
9 Que fosse do agrado de Deus esmagar-me,
que soltasse a sua mão e acabasse comigo!
10 Isto ainda seria a minha consolação,
e eu saltaria de contente
na minha dor, que é implacável;
porque não tenho negado as palavras do Santo.
11 Por que esperar, se já não tenho forças?
Por que prolongar a vida, se o meu fim é certo?
12 Por acaso a minha força é a força da pedra?
Ou é de bronze a minha carne?
13 Não encontro socorro em mim mesmo;
foram afastados de mim os meus recursos."

Meus amigos me enganaram

14 "Ao aflito deve o amigo mostrar compaixão,
mesmo ao que abandonou
o temor do Todo-Poderoso.
15 Meus irmãos me enganaram;
são como um ribeiro, como a torrente
que transborda no vale,
16 turvada com o gelo e com a neve
que nela se esconde,
17 torrente que seca quando o tempo aquece,
e que no calor desaparece do seu lugar.
18 As caravanas se desviam dos seus caminhos,
sobem para lugares desolados e perecem.
19 As caravanas de Temá procuram essa torrente,
os viajantes de Sabá por ela suspiram.
20 Ficam envergonhados por terem confiado;
quando chegam ali, ficam decepcionados.
21 Assim também vocês não me ajudaram em nada;
veem os meus males e ficam com medo.
22 Por acaso pedi que me dessem recompensa?
Ou que da riqueza de vocês
me trouxessem algum presente?
23 Será que pedi que me livrassem
do poder do opressor?
Ou que me resgatassem das mãos dos tiranos?"

Vejam que não estou mentindo

24 "Ensinem-me, e eu me calarei;
mostrem-me em que tenho errado.
25 Como são persuasivas as palavras retas!
Mas o que é que a repreensão
de vocês repreende?
26 Por acaso vocês pensam em reprovar
as minhas palavras,
ditas por um desesperado ao vento?
27 Até sobre um órfão vocês lançariam sortes
e seriam capazes de vender um amigo!
28 Agora, pois, tenham a bondade
de olhar para mim
e vejam que não estou mentindo
na cara de vocês.
29 Por favor, mudem de parecer,
e que não haja injustiça;
mudem de parecer,
e a justiça da minha causa triunfará.
30 Há iniquidade em meus lábios?
Será que a minha boca não consegue
discernir coisas perniciosas?"

A vida é uma luta sem fim

7 1 "Não é verdade que a vida do ser humano
neste mundo é uma luta sem fim?
Não são os seus dias como
os de um trabalhador diarista?
2 Como o escravo que suspira pela sombra
e como o trabalhador que espera pelo seu salário,
3 assim me deram por herança
meses de desengano
e me proporcionaram noites de aflição.
4 Ao deitar-me, pergunto: quando me levantarei?
Mas a noite é longa,
e estou farto de me virar na cama,
até o amanhecer.
5 O meu corpo está vestido de vermes
e de crostas terrosas;
a minha pele racha e de novo forma pus.

6 Os meus dias são mais velozes
do que a lançadeira do tecelão
e se findam sem esperança.
7 Lembra-te, ó Deus, de que a minha vida é um sopro;
os meus olhos não tornarão a ver a felicidade.
8 Os olhos de quem agora me vê não me verão mais;
os teus olhos me procurarão,
mas já terei desaparecido."

Deixa-me em paz

9 "Assim como a nuvem se desfaz e passa,
aquele que desce à sepultura
jamais voltará a subir.
10 Nunca mais voltará para a sua casa,
e o lugar onde mora nunca mais o conhecerá.
11 Por isso, não reprimirei a minha boca.
Na angústia do meu espírito, falarei;
na amargura da minha alma, eu me queixarei.
12 Será que eu sou o mar ou algum monstro marinho,
para que me ponhas sob guarda?
13 Quando digo: 'O meu leito me consolará,
a minha cama aliviará a minha queixa',
14 então me assustas com sonhos
e me atemorizas com visões.
15 Por isso, prefiro ser estrangulado;
antes a morte do que esta tortura.
16 Estou farto da minha vida;
não quero viver para sempre.
Deixa-me em paz, porque os meus dias
são um sopro."

Que é o homem?

17 "Que é o homem, para que tu lhe dês
tanta importância,
para que dês a ele atenção,
18 para que a cada manhã o visites,
e que a cada momento o ponhas à prova?
19 Até quando não desviarás de mim o teu olhar?
Até quando não me darás tempo
de engolir a minha saliva?
20 Se pequei, que mal fiz a ti,
ó Espreitador da humanidade?
Por que fizeste de mim o teu alvo,
tornando-me um peso para mim mesmo?
21 Por que não perdoas a minha transgressão
e não tiras a minha iniquidade?
Pois agora me deitarei no pó;
e, se me procuras, já terei desaparecido."

Primeira fala de Bildade

Cap. 8

Busque a Deus

8 1 Então Bildade, o suíta, tomou a palavra e disse:
2 "Até quando você falará estas coisas?
E até quando as palavras da sua boca serão
como um vento impetuoso?
3 Será que Deus perverteria o direito?
Será que o Todo-Poderoso perverteria a justiça?
4 Se os seus filhos pecaram contra ele,
também ele os entregou ao poder
da transgressão que cometeram.
5 Mas, se você buscar a Deus
e pedir misericórdia ao Todo-Poderoso,
6 se você for puro e reto,
ele, sem demora, despertará para ajudá-lo
e restaurará a justiça da sua morada.
7 O seu primeiro estado parecerá pequeno
comparado com a grandeza do seu último estado."

A esperança dos ímpios perecerá

8 "Por favor, pergunte agora aos que são
de gerações passadas
e atente para a experiência dos pais deles.
9 Porque nós somos de ontem e nada sabemos;
pois os nossos dias sobre a terra
são como a sombra.
10 Será que os pais não o ensinarão,
falando com você?
Será que do próprio entendimento
não proferirão estas palavras?
11 'Pode o papiro crescer fora do pântano?
Ou cresce o junco sem água?
12 Quando estão verdes, e ainda não foram colhidos,
secam antes de qualquer outra erva.
13 São assim as veredas de todos
os que se esquecem de Deus;
e a esperança dos ímpios perecerá.
14 A sua firmeza será frustrada,
e a sua confiança é teia de aranha.
15 Ele se encosta em sua casa, mas ela não resiste;
agarra-se a ela, mas ela não fica em pé.'"

16 "Ele é viçoso diante do sol,
e os seus renovos se espalham pelo jardim;
17 as suas raízes se entrelaçam
num montão de pedras
e penetram até as muralhas.
18 Mas, se o arrancam do seu lugar,
este o negará, dizendo: 'Eu nunca vi você.'
19 Eis no que deu a sua vida!
E do pó brotarão outros."

20 "Eis que Deus não rejeita o íntegro,
nem toma os malfeitores pela mão.
21 Ele encherá a sua boca de riso
e os seus lábios de alegria.
22 Os que o odeiam se cobrirão de vergonha,
e a tenda dos ímpios não subsistirá."

Resposta de Jó

Caps. 9—10

Quem ousa desafiar a Deus?

9 1 Então Jó respondeu:

2 "Na verdade, sei que assim é;
porque, como pode o mortal
ser justo diante de Deus?
3 Se quiser discutir com ele,
nem a uma de mil coisas lhe poderá responder.
4 Ele é sábio de coração e grande em poder;
quem ousou desafiá-lo e sobreviveu?
5 Ele é quem remove os montes, sem que saibam
que na sua ira ele os transtorna.
6 Deus remove a terra do seu lugar,
e faz as suas colunas estremecerem.
7 Ele dá uma ordem ao sol, e este não sai,
e sela as estrelas.
8 Sozinho ele estende os céus
e anda sobre as costas do mar.
9 Ele fez a Ursa Maior, o Órion,
o Sete-estrelo e as constelações do Sul.
10 Deus faz coisas grandes e insondáveis,
e maravilhas que não se podem enumerar.
11 Eis que ele passa por mim, e não o vejo;
segue diante de mim, e não o percebo.
12 Eis que arrebata a presa! Quem o pode impedir?
Quem lhe dirá: 'O que estás fazendo?'
13 Deus não revogará a sua própria ira;
debaixo dele se curvam os ajudantes
do monstro Raabe."

Sou justo e íntegro

14 "Como então poderei eu responder a ele?
Como escolher as minhas palavras,
para argumentar com ele?
15 Ainda que eu fosse justo, não lhe responderia;
pelo contrário, pediria misericórdia
ao meu Juiz.
16 Ainda que eu o chamasse e ele me respondesse,
nem por isso eu creria que ele deu ouvidos
à minha voz.
17 Porque me esmaga com uma tempestade
e sem motivo multiplica as minhas feridas.
18 Não me permite respirar,
porque me enche de amargura.
19 Se é uma questão de força, ele é o forte;
se é uma questão de justiça, ele dirá:
'Quem pode me intimar?'
20 Ainda que eu seja justo,
a minha boca me condenará;
embora eu seja íntegro, ela me declarará culpado.
21 Eu sou íntegro, mas não me importo comigo,
não faço caso da minha vida.
22 Para mim, é tudo a mesma coisa; por isso, digo:
ele destrói tanto os íntegros
como os perversos.
23 Se um flagelo mata de repente,
ele rirá do desespero dos inocentes.
24 A terra está entregue nas mãos dos ímpios,
e Deus ainda cobre o rosto dos juízes.
Se ele não é o causador disso, quem seria?"

Deus não me considerará inocente

25 "Os meus dias são mais velozes
do que um corredor;
fogem sem ter visto a felicidade.
26 Passam como barcos de junco,
como a águia que se lança sobre a presa.
27 Se eu disser: 'Vou esquecer a minha queixa,
deixarei o meu ar triste e ficarei contente';
28 ainda assim todas as minhas dores
me apavoram,
porque bem sei que não me considerarás inocente.
29 Eu serei condenado;
por que, pois, trabalho em vão?
30 Ainda que me lave com água de neve
e purifique as minhas mãos com sabão,
31 mesmo assim me submergirás no lodo,
e as minhas próprias roupas terão nojo de mim.
32 Porque ele não é ser humano, como eu,
a quem eu responda, se formos juntos ao tribunal.
33 Não há entre nós árbitro
que ponha a mão sobre nós dois.
34 Que ele tire a sua vara de cima de mim,
e que o seu terror não me amedronte!
35 Então falarei sem o temer;
do contrário, eu não estaria em mim."

Darei livre curso à minha queixa

10 1 "Estou cansado de viver.
Darei livre curso à minha queixa,
falarei na amargura da minha alma.
2 Pedirei a Deus: 'Não me condenes!'
Faze-me saber o que tens contra mim.
3 Será que tens prazer em me oprimir,
em rejeitar a obra das tuas mãos
e em favorecer o conselho dos ímpios?
4 Por acaso, tens olhos de gente?
Ou vês tu como vê uma pessoa?
5 São os teus dias como os dias de um mortal?
Ou são os teus anos
como os anos de um ser humano,
6 para te informares da minha iniquidade
e indagares o meu pecado?
7 Bem sabes que eu não sou culpado;
todavia, não há ninguém que possa
me livrar da tua mão."

Vais reduzir-me a pó?

8 "As tuas mãos me plasmaram e me fizeram,
porém, agora, queres destruir-me.
9 Lembra-te de que me formaste como em barro.
E, agora, queres reduzir-me a pó?
10 Por acaso, não me derramaste como leite
e não me coalhaste como queijo?
11 De pele e carne me vestiste
e de ossos e tendões me teceste.
12 Tu me deste vida e bondade,
e o teu cuidado guardou o meu espírito.

13 Mas ocultaste estas coisas no teu coração;
e agora sei que este era o teu plano.
14 Se eu pecar, tu me observas;
e da minha iniquidade não me perdoarás.
15 Se for iníquo, ai de mim!
E, se for justo, não ouso levantar a cabeça,
pois estou envergonhado
e olho para a minha miséria.
16 Porque, se levanto a cabeça,
tu me caças como um leão feroz
e de novo revelas o teu poder maravilhoso
contra mim.
17 Renovas contra mim as tuas testemunhas
e multiplicas contra mim a tua ira;
males e lutas se sucedem contra mim."

Ó Deus, deixa-me em paz!

18 "Por que me tiraste do ventre de minha mãe?
Eu deveria ter morrido
antes que um olho me visse!
19 Teria sido como alguém que nunca existiu
e já do ventre teria sido levado à sepultura.
20 Não são poucos os meus dias?
Cessa, pois, e deixa-me em paz,
para que por um pouco eu tome alento,
21 antes que eu vá para o lugar do qual não voltarei,
para a terra das trevas e da sombra da morte,
22 terra de escuridão, de trevas profundas,
terra da sombra da morte e do caos,
onde a própria luz é como a escuridão."

Primeira fala de Zofar

Cap. 11

Por acaso, tem razão o falador?

11 1 Então Zofar, o naamatita, tomou a palavra
e disse:

2 "Será que todas essas palavras
ficarão sem resposta?
Por acaso, tem razão o falador?
3 Você pensa, Jó, que o seu palavreado
fará calar os homens?
E, quando você zomba, pensa que
não haverá ninguém que o envergonhe?
4 Pois você diz: 'A minha doutrina é pura,
e sou limpo aos olhos de Deus.'
5 Mas quem dera que Deus falasse
e abrisse os seus lábios contra você,
6 e lhe revelasse os segredos da sabedoria,
pois a verdadeira sabedoria é multiforme!
Saiba, portanto, que Deus permite
que seja esquecida parte da sua iniquidade."

Você pode desvendar os mistérios de Deus?

7 "Será que você pode desvendar
os mistérios de Deus
ou descobrir a perfeição do Todo-Poderoso?
8 A sabedoria de Deus
é mais elevada do que os céus;
o que você poderá fazer?
Ela é mais profunda do que o abismo;
o que você poderá saber?
9 A sua medida é mais longa do que a terra
e mais larga do que o mar.
10 Se ele passa, prende alguém e chama a juízo,
quem o poderá impedir?
11 Deus conhece os homens falsos
e, sem esforço, vê a iniquidade.
12 Mas os tolos se tornarão sábios
quando a cria de uma jumenta
selvagem nascer homem."

Lance para longe a iniquidade

13 "Se você dispuser o coração
e estender as mãos para Deus;
14 se lançar para longe a iniquidade de suas mãos
e não permitir que a injustiça
habite na sua tenda,
15 então você levantará o seu rosto sem mácula,
estará seguro e não temerá.
16 Pois você esquecerá os seus sofrimentos
e só lembrará deles como de águas passadas.
17 A sua vida será mais clara que o meio-dia;
ainda que haja trevas, serão como a manhã.
18 Você se sentirá seguro,
porque haverá esperança;
olhará ao redor e dormirá tranquilo.
19 Você se deitará, e ninguém irá atemorizá-lo;
e muitos procurarão obter o seu favor.
20 Mas os olhos dos ímpios desfalecerão,
sem que encontrem refúgio;
a única esperança deles será morrer."

Resposta de Jó

Caps. 12—14

Eu também tenho entendimento

12 1 Então Jó respondeu:

2 "Na verdade, vocês são o povo,
e com vocês morrerá a sabedoria.
3 Mas eu também tenho entendimento;
em nada sou inferior a vocês.
Quem não sabe coisas como essas?
4 Eu sou motivo de riso
para os meus amigos —
eu, que invocava a Deus, e ele me respondia;
o justo e o reto são motivo de riso.
5 No pensamento de quem está seguro
há desprezo pela desgraça,
um empurrão para aquele
cujos pés já vacilam.
6 Os opressores têm paz em suas tendas,
e os que provocam a Deus estão seguros;
o deus deles é a sua própria força."

Os animais o ensinarão

7 "Mas pergunte agora aos animais,
e cada um deles o ensinará;
pergunte às aves do céu, e elas lhe contarão.
8 Ou fale com a terra, e ela o instruirá;
até os peixes do mar lhe contarão.
9 De todos estes, quem não sabe
que a mão do SENHOR fez isto?
10 Na sua mão está a vida de todos os seres vivos
e o espírito de todo o gênero humano.
11 Por acaso, o ouvido não avalia as palavras,
assim como o paladar prova as comidas?"

Com Deus estão a sabedoria e a força

12 "Está a sabedoria com os idosos?
Será que a longevidade traz o entendimento?
13 Com Deus estão a sabedoria e a força;
ele tem conselho e entendimento.
14 O que ele derruba não pode ser reconstruído;
se ele lança alguém na prisão,
ninguém a pode abrir.
15 Se ele retém as águas, elas secam;
se ele as solta, elas devastam a terra."

16 "Com ele estão a força e a sabedoria;
a ele pertencem o enganado e o enganador.
17 Ele leva os conselheiros embora, descalços,
e faz os juízes de tolos.
18 Solta os laços que prendem os reis
e amarra uma corda aos seus lombos.
19 Ele leva os sacerdotes embora, descalços,
e transtorna os poderosos.
20 Deixa os conselheiros sem palavras
e tira o entendimento dos anciãos.
21 Lança desprezo sobre os príncipes
e afrouxa o cinto dos fortes.
22 Das trevas revela coisas profundas
e traz à luz a densa escuridão.
23 Deus engrandece as nações e depois as destrói;
dispersa-as e de novo as congrega.
24 Tira o entendimento
dos chefes do povo da terra
e os faz vaguear pelos desertos
sem caminhos.
25 Nas trevas andam tateando, sem terem luz;
ele os faz cambalear como bêbados."

Falarei ao Todo-Poderoso

13 1 "Eis que os meus olhos
viram tudo isso,
e os meus ouvidos o ouviram e entenderam.
2 O que vocês sabem eu também sei;
em nada sou inferior a vocês.
3 Mas falarei ao Todo-Poderoso
e quero defender-me diante de Deus.
4 Vocês, porém, cobrem a verdade com mentiras;
todos vocês são médicos que não valem nada.
5 Quem dera vocês ficassem
completamente calados!
Vocês poderiam passar por sábios!"

Vocês zombariam de Deus?

6 "Ouçam agora a minha defesa
e prestem atenção aos argumentos
dos meus lábios.
7 Será que vão dizer perversidades
em favor de Deus?
Vão dizer mentiras a favor dele?
8 Serão parciais por ele?
Argumentarão a favor de Deus?
9 Por acaso, seria bom se ele os examinasse?
Ou vocês zombariam dele,
como zombam das pessoas?
10 Ele certamente os repreenderá,
se em oculto forem parciais.
11 A grandeza dele não os amedrontaria?
E o terror dele não cairia sobre vocês?
12 As máximas de vocês são provérbios de cinza;
as defesas de vocês são muralhas de barro."

Defenderei minha causa diante de Deus

13 "Calem-se diante de mim, e eu falarei;
que venha sobre mim o que vier.
14 Tomarei a minha carne nos meus dentes
e porei a minha vida nas minhas mãos.
15 Eis que ele me matará, já não tenho esperança;
mesmo assim defenderei
a minha conduta diante dele.
16 Também isto será a minha salvação:
o fato de um ímpio não comparecer diante dele.
17 Ouçam com atenção as minhas palavras
e escutem a minha exposição.
18 Tenho já bem-encaminhada minha causa
e estou certo de que serei justificado."

Ó Deus, por que me consideras teu inimigo?

19 "Quem há que possa entrar em litígio comigo?
Se houver, eu fico calado e morro.
20 Concede-me somente duas coisas, ó Deus,
e assim não me esconderei de ti:
21 tira a tua mão de cima de mim,
e não me amedronte o teu terror."

22 "Interpela-me, e eu responderei;
ou deixa-me falar, e tu responderás.
23 Quantas culpas e pecados tenho eu?
Mostra-me a minha transgressão e o meu pecado."

24 "Por que escondes o teu rosto
e me consideras teu inimigo?
25 Queres aterrorizar uma folha levada pelo vento?
E perseguirás a palha seca?"

26 "Pois decretas contra mim coisas amargas
e me atribuis as culpas da minha mocidade.

27 Também prendes os meus pés com correntes,
observas todos os meus caminhos
e traças limites à planta dos meus pés,
28 apesar de eu ser como uma coisa podre
que se consome
e como a roupa que é comida pela traça."

A brevidade da vida

14 1 "O ser humano, nascido de mulher,
vive breve tempo, cheio de inquietação.
2 Nasce como a flor e murcha;
foge como a sombra e não permanece.
3 Sobre ele abres os teus olhos?
E me fazes entrar em juízo contigo?
4 Quem poderá tirar coisa pura
daquilo que é impuro?
Ninguém!
5 Visto que os dias do ser humano estão contados,
o número dos seus meses está nas tuas mãos;
traçaste limites além dos quais não passará.
6 Desvia dele o teu olhar, para que tenha repouso,
até que, como o trabalhador,
tenha prazer no seu dia."

7 "Porque há esperança para a árvore,
pois, mesmo cortada, voltará a brotar,
e não cessarão os seus rebentos.
8 Se as suas raízes envelhecerem na terra,
e o seu tronco morrer no chão,
9 ao cheiro das águas brotará
e dará ramos como a planta nova.
10 Mas, se alguém morre, fica prostrado;
o ser humano expira e para onde vai?"

11 "Como as águas do lago evaporam,
e o rio se esgota e seca,
12 assim o ser humano se deita e não se levanta;
enquanto existirem os céus, não acordará,
nem será despertado do seu sono."

Eu esperarei a minha mudança

13 "Quem dera me escondesses na sepultura
e me ocultasses até que a tua ira passasse!
Quem dera me fixasses um prazo
e depois te lembrasses de mim!
14 Quando alguém morre, será que volta a viver?
Todos os dias da minha luta esperaria,
até que viesse a minha mudança.
15 Tu me chamarias, e eu te responderia;
terias saudades da obra das tuas mãos;
16 e até contarias os meus passos
e não levarias em conta os meus pecados.
17 A minha transgressão estaria selada num saco,
e terias encoberto as minhas iniquidades."

Tu destróis a esperança humana

18 "Mas como o monte que desmorona e se desfaz,
e a rocha que se move do seu lugar,
19 como as águas gastam as pedras,
e as cheias levam o pó da terra,
assim destróis a esperança humana.
20 Tu prevaleces para sempre
contra o ser humano, e ele passa;
mudas o semblante dele e o despedes.
21 Os seus filhos recebem honras, e ele não sabe;
são humilhados, e ele não percebe.
22 Ele sente as dores apenas de seu próprio corpo,
e a sua alma lamenta apenas por si mesma."

SEGUNDO DIÁLOGO

CAPS. 15—21

Segunda fala de Elifaz

Cap. 15

A sua própria boca o condena

15 1 Então Elifaz, o temanita, tomou a palavra
e disse:

2 "Será que um sábio daria respostas vazias?
Será que encheria a si mesmo de vento leste?
3 Argumentaria com palavras que de nada servem
e com razões das quais nada se aproveita?
4 Mas você destrói o temor de Deus
e diminui a devoção a ele devida.
5 Pois o que você fala se inspira em sua iniquidade,
e você adota a língua dos astutos.
6 A sua própria boca o condena, e não eu;
os seus lábios dão testemunho contra você."

7 "Será que você é o primeiro homem que nasceu?
Por acaso, você foi formado antes dos montes?
8 Será que você ouviu o conselho secreto de Deus
e detém toda a sabedoria?
9 O que você sabe, que nós não sabemos?
O que você entende, que nós não entendemos?
10 Também há entre nós homens idosos
e de cabelos brancos,
muito mais velhos do que o seu pai."

11 "Você faz pouco caso das consolações de Deus
e das suaves palavras que dirigimos a você?
12 Por que você se deixa levar pelo seu coração?
Por que os seus olhos flamejam,
13 para que você dirija contra Deus o seu furor?
E por que deixa que tais palavras
saiam de sua boca?"

14 "Que é o homem, para que seja puro?
E o que nasce de mulher, para ser justo?
15 Eis que Deus não confia nem nos seus santos!
Nem os céus são puros aos seus olhos,
16 quanto menos o homem,
que é abominável e corrupto,
que bebe a iniquidade como a água!"

O ímpio é atormentado todos os dias

17 "Escute o que eu vou explicar;
vou contar-lhe o que eu vi,

18 o que os sábios anunciaram,
sem ocultar nada, tendo-o recebido dos pais deles,
19 aos quais somente foi dada esta terra,
sem que nenhum estrangeiro passasse entre eles."

20 "O ímpio é atormentado todos os dias,
no curto número de anos que se reservam
para o opressor.
21 O som dos horrores está nos seus ouvidos;
na prosperidade lhe sobrevém o destruidor.
22 Não crê que possa escapar das trevas,
e sim que a espada o espera.
23 Anda vagando, em busca de pão,
dizendo: 'Onde está?'
Bem sabe que o dia das trevas está perto.
24 A angústia e a tribulação o assombram;
prevalecem contra ele,
como o rei preparado para a batalha.
25 Porque ele levantou a mão contra Deus
e desafiou o Todo-Poderoso;
26 arremete contra ele obstinadamente,
protegido por um grosso escudo.
27 Porque cobriu o rosto com a sua gordura,
que se acumulou também na cintura;
28 morou em cidades assoladas,
em casas em que ninguém devia morar,
que estavam prestes a virar ruínas.
29 Por isso, não ficará rico,
nem subsistirá a sua riqueza;
nem se estenderão os seus bens pela terra.
30 Não escapará das trevas;
a chama do fogo secará os seus rebentos,
e ao sopro da boca de Deus será arrebatado.
31 Que ele não confie na vaidade,
enganando a si mesmo,
porque a vaidade será a sua recompensa.
32 Esta lhe chegará antes da hora,
e o seu ramo não reverdecerá.
33 Será como a videira que perde as uvas ainda verdes,
como a oliveira que deixa cair a sua flor.
34 Porque a companhia dos ímpios será estéril,
e o fogo consumirá as tendas do suborno.
35 Concebem o mal e dão à luz a iniquidade;
o coração deles só prepara enganos."

Resposta de Jó

Caps. 16—17

Um montão de palavras

16 1 Então Jó respondeu:
2 "Tenho ouvido muitas coisas como estas.
Todos vocês são consoladores
que só aumentam o meu sofrimento.
3 Será que não terão fim essas palavras vazias?
Ou o que é que instiga você a responder assim?
4 Eu também poderia falar como vocês falam.
Se vocês estivessem em meu lugar,
eu poderia dirigir-lhes um montão de palavras
e balançar a cabeça na presença de vocês.
5 Poderia fortalecê-los com as minhas palavras,
e a consolação dos meus lábios
abrandaria a dor de vocês.
6 Se eu falar, a minha dor não cessa;
se me calar, qual é o meu alívio?"

Deus me esmagou

7 "Na verdade, esgotaste as minhas forças;
tu, ó Deus, destruíste toda a minha família.
8 Testemunha disto é que me deixaste enrugado;
a minha magreza já se levanta contra mim
e me acusa cara a cara."

9 "Na sua ira me despedaçou e me perseguiu;
rangeu os dentes contra mim
e, como meu adversário, aguça os olhos.
10 Homens abrem a sua boca contra mim,
com desprezo me esbofeteiam;
todos se ajuntam contra mim.
11 Deus me entrega aos ímpios
e me faz cair nas mãos dos perversos.
12 Eu vivia em paz, porém ele me esmagou;
pegou-me pelo pescoço e me despedaçou;
ele fez de mim o seu alvo.
13 As suas flechas me atingem de todos os lados;
atravessa-me os rins, e não me poupa,
derrama o meu fel sobre a terra.
14 Ele me fere com golpes e mais golpes;
arremete contra mim como um guerreiro."

15 "Costurei uma roupa feita de pano de saco
sobre a minha pele
e enterrei o meu orgulho no pó.
16 O meu rosto está vermelho de tanto chorar,
e sobre as minhas pálpebras
está a sombra da morte,
17 embora não haja violência nas minhas mãos,
e seja pura a minha oração."

A minha testemunha está no céu

18 "Ó terra, não cubra o meu sangue,
e não haja lugar em que se oculte o meu clamor!
19 Já agora a minha testemunha está no céu,
e nas alturas se encontra
quem advoga a minha causa.
20 Os meus amigos zombam de mim,
mas os meus olhos se desfazem
em lágrimas diante de Deus,
21 para que ele mantenha o direito do homem
contra o próprio Deus
e o do filho do homem contra o seu próximo.
22 Porque dentro de poucos anos
eu seguirei o caminho de onde não voltarei."

17 1 "O meu espírito vai se consumindo,
os meus dias vão se apagando,
e só tenho diante de mim a sepultura.

2 Estou cercado de zombadores,
e os meus olhos são obrigados
a contemplar as suas provocações."

Sou aquele em cujo rosto se cospe

3 "Dá-me, ó Deus, um penhor,
e sê o meu fiador diante de ti;
quem mais haverá que possa
se comprometer comigo?
4 Fechaste o coração deles para o entendimento,
e por isso não os exaltarás.
5 Se alguém entrega os seus amigos como presa,
os olhos de seus filhos desfalecerão.
6 Mas ele me pôs por provérbio dos povos;
tornei-me como aquele em cujo rosto se cospe.
7 Os meus olhos se escureceram de mágoa,
e todos os meus membros são como a sombra.
8 Os retos ficam admirados com isto,
e os inocentes se levantam contra os ímpios.
9 O justo segue o seu caminho,
e o puro de mãos se torna cada vez mais forte.
10 Mas voltem, todos vocês, e venham cá;
porque não acharei nenhum sábio entre vocês."

Onde está a minha esperança?

11 "Os meus dias passaram,
e fracassaram os meus planos,
os desejos do meu coração.
12 Transformam a noite em dia,
e dizem: 'A luz está perto das trevas.'
13 Mas, se eu aguardo a sepultura por minha casa;
se faço a minha cama nas trevas;
14 se digo à cova: 'Você é o meu pai',
e aos vermes: 'Vocês são
a minha mãe e a minha irmã',
15 onde está, então, a minha esperança?
Sim, a minha esperança, quem a poderá ver?
16 Ela descerá até as portas do mundo dos mortos,
quando juntos descansarmos no pó."

Segunda fala de Bildade

Cap. 18

A terra será abandonada por sua causa?

18 1 Então Bildade, o suíta, tomou a palavra e disse:
2 "Até quando você andará à caça de palavras?
Considere bem, e então falaremos.
3 Por que somos considerados como animais
e passamos por tolos aos seus olhos?
4 Você, que se despedaça em sua ira,
pensa que a terra será abandonada por sua causa?
Você pensa que as rochas
devem ser tiradas do seu lugar?"

O fim do ímpio

5 "Na verdade, a luz do ímpio se apagará,
e a chama do seu fogo não resplandecerá.
6 A luz se escurecerá na sua tenda,
e a sua lâmpada sobre ele se apagará.
7 Os seus passos vigorosos se estreitarão,
e a sua própria trama o derrubará.
8 Porque por seus próprios pés é lançado na rede
e andará sobre as suas malhas.
9 A armadilha o apanhará pelo calcanhar,
e o laço o prenderá.
10 A corda está escondida na terra para apanhá-lo,
a armadilha se encontra no seu caminho.
11 Terrores o amedrontam de todos os lados
e o perseguem a cada passo.
12 A calamidade virá faminta sobre ele,
e a miséria estará alerta ao seu lado.
13 Ela devorará os membros do seu corpo;
serão devorados pelo primogênito da morte.
14 O ímpio será arrancado
da segurança de sua tenda,
e será levado ao rei dos terrores.
15 Nenhum dos seus irá morar na sua tenda;
enxofre será espalhado sobre a sua habitação.
16 Por baixo secarão as suas raízes,
e por cima murcharão os seus ramos.
17 A sua memória desaparecerá da terra,
e pelas praças não terá nome.
18 Da luz o lançarão nas trevas
e o afugentarão do mundo.
19 Não terá filho nem posteridade entre o seu povo,
nem sobrevivente algum ficará nas suas moradas.
20 Do seu dia se espantarão os do Ocidente,
e os do Oriente serão tomados de horror.
21 Tais são, na verdade, as moradas do ímpio,
e este é o paradeiro
daquele que não conhece Deus."

Resposta de Jó

Cap. 19

Vocês me insultaram

19 1 Então Jó respondeu:
2 "Até quando vocês vão me atormentar
e me esmagar com as suas palavras?
3 Já dez vezes vocês me insultaram
e não se envergonham de me injuriar.
4 Se eu tivesse realmente cometido algum erro,
isso interessaria somente a mim.
5 Se vocês querem se engrandecer contra mim
e usam a minha vergonha
como argumento contra mim,
6 então saibam que Deus foi injusto comigo
e me cercou com a sua rede."

Deus me arruinou

7 "Eis que clamo: 'Violência!', mas não sou ouvido;
grito: 'Socorro!', porém não há justiça.
8 Deus fechou o meu caminho, e não consigo passar;
e nas minhas veredas pôs trevas.

9 Despojou-me da minha honra
e tirou a coroa da minha cabeça.
10 Arruinou-me de todos os lados, e eu me vou;
tirou-me a esperança,
como se arranca uma árvore.
11 Acendeu contra mim a sua ira
e me trata como um dos seus adversários.
12 Juntas vieram as suas tropas;
prepararam contra mim o seu caminho
e acamparam ao redor da minha tenda."

Todos me abandonaram

13 "Deus levou os meus irmãos para longe de mim,
e os que me conhecem, como estranhos,
se afastaram de mim.
14 Os meus parentes me abandonaram,
e os meus conhecidos se esqueceram de mim.
15 Os que se abrigam na minha casa
e as minhas servas me consideram
como um estranho;
vim a ser um estrangeiro aos olhos deles.
16 Chamo o meu servo, e ele não me responde;
tenho de suplicar-lhe, eu mesmo.
17 O meu hálito é intolerável à minha mulher,
e pelo mau cheiro sou repugnante
aos meus irmãos.
18 Até as crianças me desprezam,
e, quando tento me levantar, zombam de mim.
19 Todos os meus amigos íntimos me detestam,
e até os que eu amava se voltaram contra mim.
20 Os meus ossos se apegam
à minha pele e à minha carne;
escapei só com a pele dos meus dentes.
21 Tenham pena de mim, meus amigos,
tenham pena de mim,
porque a mão de Deus me atingiu.
22 Por que vocês me perseguem
como Deus me persegue
e não cessam de devorar a minha carne?"

Eu sei que o meu Redentor vive

23 "Quem dera fossem agora
escritas as minhas palavras!
Quem dera fossem gravadas em livro!
24 Que, com pena de ferro e com chumbo,
para sempre fossem esculpidas na rocha!
25 Porque eu sei que o meu Redentor vive
e por fim se levantará sobre a terra.
26 Depois, revestido este meu corpo da minha pele,
em minha carne verei a Deus.
27 Eu o verei por mim mesmo,
os meus olhos o verão, e não outros;
de saudade o meu coração
desfalece dentro de mim."
28 "Se vocês disserem: 'Como o perseguiremos?'
E: 'A causa deste mal se acha nele mesmo',
29 então tenham medo da espada,
porque tais acusações merecem o seu furor,
para que vocês saibam que há um juízo."

Segunda fala de Zofar

Cap. 20

20 1 Então Zofar, o naamatita, tomou a palavra
e disse:

2 "Visto que os meus pensamentos
me impõem resposta,
eu me apresso.
3 Eu ouvi a repreensão, que me envergonha,
mas o meu espírito me obriga a responder
segundo o meu entendimento."

O júbilo dos ímpios é breve

4 "Será que você não sabe
que desde todos os tempos,
desde que o ser humano foi posto sobre a terra,
5 o júbilo dos ímpios é breve,
e a alegria dos maus é momentânea?
6 Ainda que a sua presunção chegue aos céus,
e a sua cabeça atinja as nuvens,
7 como o seu próprio esterco,
ele apodrecerá para sempre,
e os que o conheceram
perguntarão: 'Onde está ele?'
8 Voará como um sonho e não será encontrado;
será afugentado como uma visão da noite.
9 Os olhos que o viram não o verão mais,
e o lugar onde ele estava não o verá outra vez.
10 Os seus filhos procurarão aplacar os pobres,
e com as suas mãos
ele lhes devolverá os seus bens.
11 Ainda que os seus ossos estejam cheios do
vigor da sua juventude,
esse vigor se deitará com ele no pó."

O mal é veneno

12 "Ainda que o mal seja doce na sua boca,
e ele o esconda debaixo da língua,
13 e o saboreie, e não o queira largar,
mas o retenha em sua boca,
14 o fato é que a sua comida
se transformará no seu estômago;
será veneno de cobra no seu interior.
15 Engoliu riquezas, mas terá de vomitá-las;
Deus o obrigará a lançá-las de seu ventre.
16 Sugou veneno de cobra;
a mordedura da víbora o matará.
17 Não se deliciará com a vista dos ribeiros
e dos rios transbordantes de mel e de leite.
18 Devolverá o fruto do seu trabalho
e não o engolirá;
do lucro dos seus negócios
não tirará prazer nenhum.

19 Porque oprimiu e desamparou os pobres,
roubou casas que não construiu.
20 Por não haver limites à sua cobiça,
não chegará a salvar
as coisas por ele desejadas.
21 Nada escapou à sua cobiça insaciável;
por isso a sua prosperidade não durará.
22 Na plenitude da sua riqueza, ficará angustiado;
toda a força da miséria virá sobre ele."

A ira de Deus sobre o ímpio

23 "Para encher-lhe a barriga,
Deus mandará sobre ele o furor da sua ira,
que, por alimento, mandará chover sobre ele.
24 Se fugir das armas de ferro,
uma flecha de bronze o atravessará.
25 Ele arranca a flecha das suas costas,
e esta vem brilhando com o seu fel;
e o pavor tomará conta dele.
26 Todas as calamidades serão reservadas
contra os seus tesouros;
um fogo não aceso por mãos humanas o consumirá
e devorará o que ficar na sua tenda."

27 "Os céus manifestarão a sua iniquidade;
e a terra se levantará contra ele.
28 As riquezas de sua casa serão levadas embora;
como água serão derramadas
no dia da ira de Deus.
29 Esta é, da parte de Deus, a sorte do ímpio;
esta é a herança decretada por Deus."

Resposta de Jó

Cap. 21

Será que é do homem que eu me queixo?

21 1 Então Jó respondeu:

2 "Ouçam com atenção as minhas palavras;
seja esta a consolação que vocês me trazem.
3 Tenham paciência, e eu falarei;
e, havendo eu falado, poderão zombar de mim.
4 Será que é do homem que eu me queixo?
Não tenho motivo para ficar impaciente?
5 Olhem para mim e fiquem pasmos,
e ponham a mão sobre a boca.
6 Porque só de pensar nisso fico apavorado,
e sinto um calafrio passar pelo meu corpo."

Os maus cantam e se alegram

7 "Como é que os ímpios continuam vivos,
envelhecem e ainda se tornam mais poderosos?
8 Os seus filhos se estabelecem na sua presença;
e os seus descendentes, diante dos seus olhos.
9 As suas casas têm paz e estão livres do medo;
e a vara de Deus não os fustiga.
10 Os seus touros geram e não falham;
as suas novilhas têm a cria e não abortam.
11 Deixam as suas crianças correr como um rebanho;
os seus filhos saltam de alegria.
12 Cantam com tamborim e harpa
e alegram-se ao som da flauta.
13 Passam os seus dias em prosperidade
e em paz descem à sepultura."
14 "E são estes os que se dirigem a Deus, dizendo:
'Deixa-nos em paz.
Não queremos conhecer os teus caminhos.
15 Quem é o Todo-Poderoso, para que o sirvamos?
E o que ganhamos, se lhe fizermos orações?'
16 Vejam que não provém deles a sua prosperidade.
Longe de mim o conselho dos ímpios!"

Que Deus castigue os ímpios

17 "Quantas vezes se apaga a lâmpada dos ímpios?
Quantas vezes lhes sobrevém a destruição?
Quantas vezes Deus, na sua ira, os faz sofrer?
18 Quantas vezes são como a palha diante do vento
e como a poeira que é levada pela tempestade?"
19 "Vocês dizem que Deus reserva o castigo
do perverso para os filhos dele.
Mas é ao perverso que Deus deveria punir,
para que o sinta.
20 Seus próprios olhos devem ver a sua ruína;
que ele beba do furor do Todo-Poderoso!
21 Porque depois de morto,
e acabada a contagem dos seus meses,
que interessa a ele a sua casa?
22 Será que alguém pode ensinar algo a Deus,
a ele que julga os que estão nos céus?"
23 "Um morre em pleno vigor,
despreocupado e tranquilo,
24 com os seus baldes cheios de leite
e os ossos repletos de tutano.
25 Outro, ao contrário, morre com o coração
cheio de amargura,
não havendo provado o bem.
26 Juntamente jazem no pó,
onde os vermes os cobrem."

Vocês querem me consolar com palavras vazias?

27 "Eis que eu conheço os pensamentos de vocês
e os planos injustos que fazem
para me prejudicar.
28 Porque vocês perguntam:
'Onde está agora a casa do príncipe?'
E: 'Onde ficou a tenda
em que moravam os ímpios?'"
29 "Será que vocês nunca interrogaram
os que viajam?
E não levaram em conta as suas declarações,
30 que o mau é poupado no dia da calamidade,
e é socorrido no dia do furor?
31 Quem lhe jogará na cara o que ele fez?
Quem o fará pagar pelo que fez?

32 Finalmente, é levado à sepultura,
e sobre o seu túmulo se faz vigilância.
33 A terra do vale que o cobre é leve;
todos os homens o seguem,
assim como são inumeráveis
os que foram adiante dele.
34 Como, então, vocês querem me consolar
com palavras vazias?
Nas respostas de vocês só há falsidade."

TERCEIRO DIÁLOGO

CAPS. 22—27

Terceira fala de Elifaz

Cap. 22

Você cometeu muitos pecados

22 1 Então Elifaz, o temanita, tomou a palavra
e disse:
2 "Pode o homem ser de algum proveito para Deus?
Não! O sábio só é útil a si mesmo.
3 Será que o Todo-Poderoso
tem interesse em que você seja justo?
Será que ele tem algum lucro,
se você for perfeito
em todos os seus caminhos?
4 Ou será que é por causa
do seu temor a Deus que ele o repreende
ou entra em juízo contra você?
5 Não é fato que é grande a sua maldade,
e incalculável a sua iniquidade?
6 Porque sem motivo você exigiu
penhores do seu irmão
e despojou das roupas
os que estavam seminus.
7 Você não deu água ao cansado
e ao faminto você se recusou a dar pão.
8 A terra pertencia ao homem poderoso,
e só os privilegiados moravam nela.
9 Você despediu as viúvas de mãos vazias,
e os braços dos órfãos foram quebrados.
10 Por isso, você está cercado de laços,
e repentino pavor toma conta de você.
11 Está submerso por trevas,
que impedem você de enxergar,
e pelas águas transbordantes que o cobrem."

Você quer seguir os iníquos?

12 "Não está Deus nas alturas do céu?
Olhe para as estrelas mais altas! Que altura!
13 E você diz: 'O que é que Deus sabe?
Será que ele pode julgar
através de densa escuridão?
14 Grossas nuvens o encobrem,
de modo que não pode ver;
ele só passeia pela abóbada do céu.'"
15 "Você quer seguir a rota antiga,
que os iníquos percorreram?
16 Estes foram levados antes do tempo;
uma torrente arrastou os seus alicerces.
17 Diziam a Deus: 'Deixa-nos em paz.'
E perguntavam: 'O que pode fazer-nos
o Todo-Poderoso?'
18 Contudo, foi Deus quem encheu de bens
as casas deles.
Longe de mim o conselho dos ímpios!
19 Os justos veem a destruição deles e se alegram;
o inocente zomba deles,
20 dizendo: 'Na verdade, os nossos adversários
foram destruídos,
e o fogo consumiu o resto deles.'"

Reconcilie-se com Deus

21 "Portanto, reconcilie-se
com Deus, viva em paz com ele
e assim lhe sobrevirá o bem.
22 Aceite a instrução que vem da boca de Deus
e guarde as palavras dele em seu coração.
23 Se você se converter ao Todo-Poderoso,
será restabelecido;
se afastar da sua tenda a injustiça
24 e lançar ao pó o seu ouro —
o ouro de Ofir entre pedras dos ribeiros —,
25 então o Todo-Poderoso será o seu ouro
e a sua prata escolhida.
26 Então você encontrará prazer
no Todo-Poderoso
e levantará o seu rosto para Deus.
27 Você fará oração, e Deus o ouvirá;
e você pagará os seus votos.
28 Se você projetar alguma coisa,
ela lhe será bem-sucedida,
e a luz brilhará em seus caminhos.
29 Se forem humilhados, você dirá: 'Para cima!'
E Deus salvará o humilde.
30 Livrará até o que não é inocente;
sim, será libertado,
porque você tem as mãos limpas."

Resposta de Jó

Caps. 23—24

Quem dera eu soubesse onde encontrar Deus!

23 1 Então Jó respondeu:
2 "Ainda hoje a minha queixa é de um revoltado,
apesar de a minha mão reprimir o meu gemido.
3 Quem dera eu soubesse onde encontrá-lo!
Então me chegaria ao seu tribunal.
4 Exporia diante dele a minha causa,
encheria a minha boca de argumentos.
5 Saberia com que palavras ele me responderia
e entenderia o que ele fosse me dizer.
6 Será que ele discutiria comigo,
segundo a grandeza do seu poder?
Não! Ele me atenderia.

7 Ali, o homem reto apresentaria
a sua causa diante dele,
e eu me livraria para sempre do meu juiz."

Deus sabe o meu caminho

8 "Se me adianto, Deus não está ali;
se volto para trás, não o percebo.
9 Se ele age à minha esquerda, não o vejo;
se ele se esconde à minha direita, não o enxergo.
10 Mas ele sabe o meu caminho;
se ele me provasse, eu sairia como o ouro.
11 Os meus pés seguiram as suas pisadas;
guardei o seu caminho e não me desviei dele.
12 Do mandamento dos seus lábios nunca me afastei;
escondi no meu íntimo as palavras da sua boca."

Deus cumprirá o que está ordenado a meu respeito

13 "Mas, se Deus resolveu alguma coisa,
quem o pode convencer a mudar de ideia?
O que ele quer, isso fará.
14 Pois ele cumprirá o que está ordenado
a meu respeito
e muitas coisas como estas ainda tem planejado.
15 Por isso, fico apavorado na sua presença;
e, quando penso nisso, tenho medo dele.
16 Deus é quem fez o meu coração esmorecer;
o Todo-Poderoso me encheu de pavor.
17 Porque não estou desfalecido por causa das trevas,
nem porque a escuridão cobre o meu rosto."

Os maus roubam

24 1 "Por que o Todo-Poderoso
não designa tempos de julgamento?
E por que os que o conhecem não veem tais dias?
2 Há os que removem os marcos de divisa,
roubam os rebanhos e os apascentam.
3 Levam o jumento que pertence ao órfão,
e, como penhor, ficam com o boi da viúva.
4 Desviam do caminho os necessitados,
e os pobres da terra todos têm de se esconder."

Os pobres são explorados pelos maus

5 "Como jumentos selvagens no deserto,
os pobres saem para o seu trabalho,
à procura de alimento;
em campo aberto encontram comida
para eles e para os seus filhos.
6 Cortam o seu pasto no campo,
e apanham as uvas que ficaram
nas vinhas dos ímpios.
7 Passam a noite nus por falta de roupa
e não têm cobertas contra o frio.
8 São encharcados pelas chuvas das montanhas
e, por falta de abrigo, abraçam-se às rochas.
9 Orfãozinhos são arrancados do peito,
e dos pobres se toma penhor.
10 Os pobres andam nus, sem roupa,
e, famintos, carregam os feixes.
11 Entre os muros desses perversos
espremem o azeite;
pisam as uvas no lagar,
enquanto padecem sede.
12 Desde as cidades gemem
os que estão para morrer,
e a alma dos feridos pede socorro,
mas Deus não considera isso anormal."

Perversos, assassinos, adúlteros, ladrões

13 "Os perversos são inimigos da luz,
não conhecem os seus caminhos,
nem permanecem nas suas veredas.
14 O assassino se levanta de madrugada,
mata o pobre e o necessitado,
e de noite se torna ladrão.
15 O olho do adúltero aguarda o crepúsculo,
dizendo: 'Ninguém me verá';
e cobre o rosto.
16 Nas trevas, ladrões invadem as casas,
mas de dia ficam escondidos;
não querem nada com a luz.
17 Pois a manhã é para todos eles
como sombra de morte,
mas os terrores da noite
lhes são familiares."

Deus atenta ao perverso

18 "Os perversos são levados rapidamente
na superfície das águas;
a porção deles na terra é maldita,
e por isso já não andam
pelo caminho das vinhas.
19 A seca e o calor desfazem as águas da neve;
a sepultura faz o mesmo
com os que pecaram.
20 A mãe se esquecerá deles,
os vermes os comerão com gosto;
nunca mais haverá lembrança deles.
A injustiça será quebrada como uma árvore.
21 Maltratam as estéreis, que não têm filhos,
e não fazem o bem às viúvas.
22 Mas Deus, por sua força,
prolonga os dias dos valentes;
eles se veem em pé
quando desesperavam da vida.
23 Ele lhes dá descanso, e nisso se apoiam;
mas os olhos de Deus estão atentos
aos caminhos deles.
24 São exaltados por breve tempo;
depois, passam, colhidos
como todos os demais;
são cortados como as espigas do trigo.
25 Se não é assim, quem me desmentirá
e anulará as minhas palavras?"

Terceira fala de Bildade

Cap. 25

Pode o homem ser justo diante de Deus?

25 1 Então Bildade, o suíta, tomou a palavra e disse:

2 "A Deus pertence o domínio e o poder;
ele faz reinar a paz nas alturas celestes.
3 Será que é possível contar os seus exércitos?
E sobre quem não se levanta a sua luz?
4 Como pode o mortal ser justo diante de Deus?
E como pode ser puro aquele que nasce de mulher?
5 Eis que até a lua não tem brilho,
e as estrelas não são puras aos olhos dele.
6 Quanto menos o homem, que é larva,
e o filho do homem, que é verme!"

Jó critica Bildade

26.1-4

26 1 Então Jó respondeu:

2 "Como você sabe ajudar o que não tem força!
Como você sabe socorrer o braço
que não tem vigor!
3 Como você sabe aconselhar
o que não tem sabedoria
e revelar plenitude de verdadeiro conhecimento!
4 Com a ajuda de quem você profere tais palavras?
E de quem é o espírito que fala em você?"

Continuação da terceira fala de Bildade

26.5-14

A grandeza do poder de Deus

5 "Os mortos tremem
debaixo das águas com os seus moradores.
6 O mundo dos mortos está desnudo
diante de Deus,
e não há coberta para o abismo.
7 Ele estende o norte sobre o vazio
e faz a terra pairar sobre o nada.
8 Prende as águas em densas nuvens,
e as nuvens não se rasgam debaixo delas.
9 Encobre a face do seu trono
e sobre ele estende a sua nuvem.
10 Traçou um círculo sobre a superfície das águas,
no limite entre a luz e as trevas.
11 As colunas do céu tremem
e se espantam diante da sua ameaça.
12 Com a sua força dominou o mar
e com o seu entendimento
despedaçou o monstro Raabe.
13 Pelo seu sopro o céu se aclarou,
a sua mão feriu a serpente veloz.
14 Eis que isto são apenas
as bordas dos seus caminhos!
Dele temos ouvido apenas um leve sussurro!
Mas o trovão do seu poder, quem o entenderá?"

Resposta de Jó

Cap. 27

Nunca abrirei mão da minha integridade

27 1 Jó continuou em sua fala, dizendo:

2 "Tão certo como vive Deus,
que me tirou o direito,
o Todo-Poderoso,
que amargurou a minha alma,
3 enquanto eu puder respirar
e o sopro de Deus estiver nas minhas narinas,
4 nunca os meus lábios falarão injustiça,
nem a minha língua pronunciará engano.
5 Longe de mim que eu dê razão a vocês!
Até morrer, nunca abrirei mão
da minha integridade.
6 À minha justiça me apegarei e não a largarei;
a minha consciência não me acusará
em toda a minha vida."

Que o meu inimigo seja castigado

7 "Que o meu inimigo seja como o perverso,
e o que se levantar contra mim, como o injusto.
8 Porque qual será a esperança do ímpio,
quando lhe for tirada a vida,
quando Deus lhe arrancar a alma?
9 Será que Deus ouvirá o seu clamor,
quando lhe sobrevier a angústia?
10 Será que o ímpio encontrará prazer
no Todo-Poderoso
e invocará a Deus a todo o momento?"

11 "Vou ensinar a vocês a respeito do poder de Deus
e não lhes ocultarei o que está na mente
do Todo-Poderoso.
12 Eis que todos vocês já viram isso.
Por que, então, ficam repetindo palavras
que não fazem sentido?"

A porção que Deus dará ao perverso

13 "Esta é a porção que Deus dará ao perverso,
a herança que os opressores receberão
do Todo-Poderoso:
14 Se os filhos deles se multiplicarem,
será para que sejam mortos à espada;
e os seus descendentes passarão fome.
15 Os que sobreviverem, a peste os sepultará,
e as suas viúvas não chorarão por eles."

16 "Se o perverso amontoar prata como pó
e acumular roupas como barro,
17 poderá até acumular tudo isso,
mas o justo é que vestirá as roupas,
e o inocente ficará com a prata.
18 A casa que ele edifica é como a da traça,
como a cabana que o vigia constrói.
19 Rico, ele se deita com a sua riqueza,
mas, quando abre os olhos, ela já se foi.

20 Pavores se apoderam dele como inundação,
de noite a tempestade o arrebata.
21 O vento leste o leva, e ele se vai;
varre-o com ímpeto do seu lugar.
22 Deus lança isto sobre ele e não o poupa,
a ele que procura fugir às pressas da sua mão.
23 Diante de sua queda, as pessoas batem palmas;
ao vê-lo ir embora o vaiam com assobios."

Elogio da sabedoria

Cap. 28

Os seus olhos veem o que há de precioso

28 1 "Na verdade, a prata
tem as suas minas,
e o ouro, que se refina, tem o seu lugar.
2 O ferro é tirado da terra,
e da pedra se funde o cobre.
3 Os homens põem termo à escuridão
e até os últimos confins procuram as pedras
ocultas nas trevas e na densa escuridão.
4 Abrem entrada para minas
longe da habitação dos homens;
são esquecidos pelos que passam por cima;
e, assim, longe de todos, dependurados
em cordas, balançam de um lado para outro.
5 Da terra procede o alimento,
mas embaixo ela é revolvida como que pelo fogo.
6 Nas suas pedras se encontra safira,
e há pó que contém ouro.
7 Essa vereda, a ave de rapina a ignora,
e os olhos do falcão nunca a viram.
8 Feras majestosas nunca pisaram essa vereda,
e nenhum leão passou por ali.
9 O homem estende a sua mão contra o rochedo
e revolve os montes desde as suas raízes.
10 Abre canais nas pedras,
e os seus olhos veem tudo o que há de mais
precioso.
11 Tapa os veios de água, e nem uma gota sai deles;
e traz à luz o que estava escondido."

O valor da sabedoria

12 "Mas onde se achará a sabedoria?
E em que lugar estará o entendimento?
13 O ser humano não conhece o valor da sabedoria,
e ela não se encontra na terra dos viventes.
14 O abismo diz: 'Ela não está em mim.'
E o mar diz: 'Não está comigo.'
15 Não se compra a sabedoria com ouro fino;
ela também não pode ser paga com prata.
16 O seu valor não pode ser avaliado
pelo ouro de Ofir,
nem pelo precioso ônix, nem pela safira.
17 O ouro não se iguala a ela, nem o cristal;
não se pode trocá-la por joias de ouro fino.
18 Ela faz esquecer o coral e o cristal;
o preço da sabedoria é maior que o das pérolas.
19 O topázio da Etiópia não se compara com ela;
não se compra a sabedoria nem com ouro puro.

O temor do Senhor é a sabedoria

20 Mas de onde vem a sabedoria?
E em que lugar estará o entendimento?
21 Está encoberta aos olhos de todos os seres vivos,
e oculta às aves do céu.
22 O abismo e a morte dizem:
'Ouvimos com os nossos ouvidos a sua fama.'"

23 "Deus lhe entende o caminho,
e ele é quem sabe o seu lugar.
24 Porque o seu olhar
alcança as extremidades da terra;
ele vê tudo o que há debaixo dos céus.
25 Quando Deus regulou o peso do vento
e fixou a medida das águas;
26 quando determinou leis para a chuva
e caminho para o relâmpago dos trovões,
27 então ele viu a sabedoria e a manifestou;
estabeleceu-a e também a examinou.
28 E disse ao ser humano:
'Eis que o temor do Senhor é a sabedoria,
e afastar-se do mal é o entendimento.'"

Defesa final de Jó

Caps. 29—31

Deus cuidava de mim

29 1 Jó continuou em sua fala, dizendo:
2 "Ah! Quem me dera ser
como fui nos meses passados,
como nos dias em que Deus cuidava de mim!
3 Quando Deus fazia resplandecer
a sua lâmpada sobre a minha cabeça,
quando eu, guiado por sua luz,
caminhava na escuridão.
4 Quem me dera ser como fui nos dias do meu vigor,
quando a amizade de Deus
estava sobre a minha tenda,
5 quando o Todo-Poderoso ainda estava comigo,
e os meus filhos estavam ao meu redor,
6 quando eu lavava os meus pés em leite,
e da rocha me corriam rios de azeite.
7 Quando eu me dirigia até o portão da cidade
e mandava preparar o meu assento na praça,
8 os moços me viam e se retiravam,
e os idosos se levantavam e ficavam em pé.
9 Os príncipes reprimiam as suas palavras
e punham a mão sobre a boca.
10 A voz dos nobres emudecia,
e a língua deles se apegava ao céu da boca."

Eu era pai dos necessitados

11 "O ouvido que me ouvia dizia que eu era feliz;
o olho que me via dava testemunho de mim,

12 porque eu livrava os pobres que pediam ajuda
e também o órfão que não tinha
quem o socorresse.
13 A bênção do que estava prestes a perecer
vinha sobre mim,
e eu fazia o coração da viúva cantar de alegria.
14 Eu me cobria de retidão, e ela me servia de roupa;
a minha justiça era como
um manto e um turbante.
15 Eu era os olhos do cego
e os pés do aleijado.
16 Era pai dos necessitados
e até as causas dos desconhecidos eu examinava.
17 Eu quebrava os queixos dos iníquos
e arrancava as vítimas dos dentes deles."

Todos esperavam o meu conselho

18 "Eu dizia: 'Vou morrer no meu ninho,
e multiplicarei os meus dias como a areia.
19 As minhas raízes se estenderão até as águas,
e o orvalho ficará durante a noite
sobre os meus ramos.
20 A minha honra se renovará em mim,
e o meu arco se reforçará na minha mão.'"

21 "Os que me ouviam esperavam o meu conselho
e guardavam silêncio para ouvi-lo.
22 Depois que eu falava, não diziam nada;
as minhas palavras caíam
sobre eles como orvalho.
23 Esperavam-me como se espera a chuva,
abriam a boca como para absorver
a chuva fora de época.
24 Quando eu sorria para eles, nem acreditavam;
e a luz do meu rosto eles não desprezavam.
25 Eu escolhia o caminho para eles,
assentava-me como chefe
e vivia como rei entre as suas tropas;
eu era como quem consola os que pranteiam."

Todos zombam de mim

30 1 "Mas agora zombam de mim
os que têm menos idade do que eu,
cujos pais eu não teria aceito
nem para colocar ao lado
dos cães do meu rebanho.
2 De que também me serviria a força de suas mãos,
se eles são homens cujo vigor já desapareceu?
3 Enfraqueceram de tanto
passar fome e necessidade;
roem a terra seca,
desde muito em ruínas e desolada.
4 Apanham malvas e folhas de arbustos
e se alimentam de raízes de zimbro.
5 São expulsos do meio das pessoas;
grita-se contra eles, como se grita
atrás de um ladrão.
6 Têm de morar nos desfiladeiros sombrios,
nas cavernas da terra e das rochas.
7 Uivam entre os arbustos e se ajuntam
debaixo dos espinheiros.
8 São filhos de doidos, gente sem nome,
e são escorraçados da terra."

9 "Mas agora sou a canção de deboche
dessa gente;
sirvo de provérbio no meio deles.
10 Eles me detestam,
fogem para longe de mim
e não têm receio de me cuspir
no rosto.
11 Deus afrouxou a corda
do meu arco e me oprimiu;
por isso, sacudiram de si
o freio diante de mim.
12 À minha direita se levanta
um bando e me empurra,
e contra mim prepara
o seu caminho de destruição.
13 Arruínam o meu caminho;
promovem a minha destruição
sem a ajuda de ninguém.
14 Vêm contra mim
como por uma grande brecha
e se revolvem avante
no meio das ruínas.
15 Sobrevieram-me pavores;
a minha honra é como que varrida
pelo vento;
como nuvem passou
a minha felicidade."

Tu foste cruel comigo

16 "Agora a minha alma
se derrama dentro de mim;
os dias da aflição
se apoderam de mim.
17 A noite perfura os meus ossos,
e o mal que me corrói não descansa.
18 Pela grande violência
do meu mal está desfigurada
a minha roupa;
este mal me envolve
como a gola da minha túnica.
19 Deus me lançou na lama,
e me tornei semelhante ao pó e à cinza."

20 "Clamo a ti, ó Deus,
e não me respondes;
estou em pé, mas apenas olhas para mim.
21 Tu foste cruel comigo;
e, com a força da tua mão,
me atacas.
22 Tu me levantas sobre o vento
e me fazes cavalgá-lo;

no estrondo da tempestade
me jogas de um lado para outro.
23 Pois eu sei que me levarás à morte
e à casa destinada a todos os vivos."

24 "Não é fato que de um montão de ruínas
um homem estenderá a sua mão?
E, na sua desventura,
não levantará um grito por socorro?
25 Por acaso, não chorei por aquele que atravessava
dias difíceis?
Não se angustiou a minha alma pelo necessitado?
26 Quando eu esperava o bem, eis que me veio o mal;
esperava a luz, e veio a escuridão."

Eu clamo por socorro

27 "O meu íntimo se agita sem cessar;
e dias de aflição me sobrevêm.
28 Tenho a pele queimada, mas não pelo sol;
levanto-me na congregação e clamo por socorro.
29 Sou irmão dos chacais
e companheiro de avestruzes.
30 A minha pele escurece e cai;
os meus ossos queimam de febre.
31 Por isso, a minha harpa é usada
para fazer lamentações,
e a minha flauta, para acompanhar
os que choram."

Que Deus me pese numa balança justa

31 1 "Fiz uma aliança
com os meus olhos:
de não olhar para uma virgem.
2 Do contrário, qual seria
a minha porção do Deus lá de cima,
e que herança receberia
do Todo-Poderoso desde as alturas?
3 Por acaso, não é a perdição para o ímpio,
e a desgraça para os que praticam a maldade?
4 Será que Deus não vê os meus caminhos
e não conta todos os meus passos?
5 Se andei com falsidade
ou se o meu pé se apressou para o engano
6 — que Deus me pese numa balança justa
e conhecerá a minha integridade!"

Nunca cobicei, nem adulterei

7 "Se os meus passos se desviaram
do caminho,
se o meu coração segue os meus olhos,
e se alguma mancha se apegou às minhas mãos,
8 então que outros comam o que eu semeei,
e que seja arrancado
o que se produz no meu campo.
9 Se o meu coração se deixou
seduzir por uma mulher,
se fiquei rondando a porta do meu próximo,
10 então que a minha mulher
moa os cereais para outro homem,
e que outros se deitem com ela.
11 Pois eu teria cometido um crime hediondo,
um delito a ser punido pelos juízes.
12 Isso seria fogo que consome até a destruição
e arrancaria toda a minha colheita pela raiz."

Sempre fui justo e caridoso

13 "Se não reconheci o direito do meu servo
ou da minha serva
quando eles reclamavam contra mim,
14 então que faria eu
quando Deus se levantasse no tribunal?
E, se ele me interrogasse, que lhe responderia eu?
15 Aquele que me formou no ventre de minha mãe
não os fez também a eles?
Ou não é o mesmo Deus que nos formou
no ventre materno?"

16 "Se retive o que os pobres desejavam
ou deixei que os olhos das viúvas
esperassem em vão;
17 ou, se sozinho comi o meu bocado,
sem reparti-lo com os órfãos
18 — porque desde a minha mocidade
eu os criei como se fosse pai deles,
durante toda a minha vida
fui o guia das viúvas —;
19 se vi alguém perecer por falta de roupa
ou notava que o necessitado
não tinha com que se cobrir;
20 se ele não me agradeceu do fundo do coração,
quando se aquecia com a lã dos meus cordeiros;
21 se eu levantei a mão contra o órfão,
sabendo que eu tinha o apoio dos juízes,
22 então que a omoplata caia do meu ombro,
e que o meu braço seja arrancado da articulação.
23 Porque o castigo de Deus
seria para mim um assombro,
e eu não poderia enfrentar a sua majestade."

Nunca neguei a Deus

24 "Se no ouro pus a minha esperança
ou se eu disse ao ouro fino:
'Você é a minha garantia';
25 se me alegrei por ser grande
a minha riqueza
e por ter a minha mão alcançado muito;
26 se olhei para o sol, quando resplandecia,
ou para a lua, que caminhava em seu esplendor,
27 e o meu coração se deixou seduzir em segredo,
e eu lhes atirei beijos com a mão,
28 também isto seria um delito
a ser punido pelos juízes,
pois eu teria negado a Deus,
que está lá em cima."

Nunca me alegrei com o mal

29 "Se me alegrei com a desgraça do que me odeia
e se exultei quando o mal o atingiu
30 — eu que não deixei a minha boca pecar,
rogando praga para que morresse —;
31 se as pessoas que moram
na minha tenda não disseram:
'Quem nos dera encontrar alguém
que não se saciou da carne provida por ele'
32 — pois o estrangeiro
não pernoitava na rua;
as minhas portas estavam sempre abertas
para os viajantes! —;
33 se, como Adão, encobri as minhas transgressões,
ocultando a minha iniquidade em meu íntimo,
34 porque eu tinha medo da grande multidão,
e o desprezo das famílias me apavorava,
fazendo com que eu me calasse
e não saísse da porta..."

Eis aqui a minha defesa

35 "Quem dera que eu tivesse quem me ouvisse!
Eis aqui a minha defesa assinada!
Que o Todo-Poderoso me responda!
Que o meu adversário escreva a sua acusação!
36 Por certo que a levaria sobre o meu ombro,
e a poria sobre mim como se fosse uma coroa.
37 Eu lhe mostraria o número dos meus passos;
como príncipe eu me aproximaria dele."

38 "Se a minha terra clamar contra mim,
e se os seus sulcos juntamente chorarem;
39 se comi os seus frutos sem pagar
ou se causei a morte aos seus donos,
40 que ela produza espinhos em vez de trigo,
e joio em lugar de cevada."

Fim das palavras de Jó.

AS FALAS DE ELIÚ

Caps. 32—37

32 1 Aqueles três homens pararam de responder
a Jó, porque ele se considerava justo. 2 Então
se acendeu a ira de Eliú, filho de Baraquel, o buzi-
ta, da família de Rão. Ele ficou indignado contra Jó,
porque este pretendia ser mais justo do que Deus.
3 Eliú também ficou irado com os três amigos de Jó,
porque, mesmo não tendo o que responder, eles o
condenavam. 4 Eliú, porém, havia esperado para fa-
lar a Jó, pois os outros eram mais velhos do que ele.
5 Quando Eliú viu que aqueles três homens já não
tinham o que responder, ficou irado.

Primeira fala de Eliú

Caps. 32—33

O sopro de Deus dá entendimento

6 Então Eliú, filho de Baraquel, o buzita, tomou
a palavra e disse:

"Eu sou de menos idade,
e vocês são idosos.
Por isso, tive receio e fiquei com medo
de dar a minha opinião.
7 Pensei assim: 'Que falem os que têm mais idade,
e que a multidão dos anos ensine a sabedoria.'
8 Na verdade, há um espírito no homem,
e o sopro do Todo-Poderoso lhe dá entendimento.
9 Os de mais idade não são os sábios,
nem são os velhos os que entendem o que é reto.
10 Por isso digo: Escutem o que vou dizer,
e também eu darei a minha opinião."

Deus pode vencê-lo, e não o homem

11 "Eis que esperei que vocês falassem
e dei ouvidos às suas considerações,
enquanto, quem sabe, buscavam o que dizer.
12 Dei atenção ao que diziam,
mas nenhum de vocês conseguiu refutar Jó,
nem responder aos seus argumentos.
13 Portanto, não me venham
com a seguinte desculpa:
'Descobrimos a sabedoria!
Deus pode vencê-lo, e não o homem.'
14 Ora, ele não me dirigiu palavra alguma,
e eu não lhe responderei com as palavras
que vocês usaram."

Darei a minha opinião

15 "Jó, os três estão pasmados, já não respondem,
faltam-lhes as palavras.
16 Será que devo esperar, pois não falam,
estão parados e nada mais respondem?
17 Também eu de minha parte vou responder
e darei a minha opinião.
18 Porque tenho muito que falar,
e o meu espírito me constrange.
19 Eis que dentro de mim sou como o vinho,
sem respiradouro,
como odres novos, prestes a arrebentar.
20 Permitam, pois, que eu fale para poder desabafar;
abrirei os lábios e responderei.
21 Não tratarei nenhum de vocês com parcialidade
e não vou lisonjear ninguém.
22 Porque não sei lisonjear;
se assim fizesse, em breve
me levaria o meu Criador."

Os meus lábios proferem o puro saber

33 1 "E agora, Jó, escute
os meus argumentos
e dê ouvidos a todas as minhas palavras.
2 Passo agora a falar;
em minha boca fala a língua.
3 Os meus argumentos provam
a sinceridade do meu coração,
e os meus lábios proferem o puro saber.

4 O Espírito de Deus me fez,
e o sopro do Todo-Poderoso me dá vida."
5 "Responda-me, se for capaz;
prepare os seus argumentos
e apresente-se diante de mim.
6 Eis que diante de Deus sou igual a você;
também eu fui formado do barro.
7 Por isso, não tenha medo de mim;
a minha mão não será pesada sobre você."

Você disse que não tem iniquidade

8 "Na verdade, você falou diante de mim;
eu ouvi o som das suas palavras, dizendo:
9 'Estou limpo, sem transgressão;
sou puro e não tenho iniquidade.
10 Eis que Deus procura pretextos contra mim
e me considera seu inimigo.
11 Prendeu os meus pés com correntes
e observa todas as minhas veredas.'"

Deus é maior do que o homem

12 "Devo lhe dizer que nisto você não tem razão;
porque Deus é maior do que o homem.
13 Por que você discute com ele,
afirmando que ele não presta contas
de nenhum dos seus atos?
14 Pelo contrário, Deus fala de um modo,
sim, de dois modos,
mas o homem não atenta para isso.
15 Em sonho ou em visão de noite,
quando o sono profundo cai sobre as pessoas,
quando adormecem na cama,
16 então lhes abre os ouvidos
e lhes sela a sua instrução,
17 para afastar o ser humano dos seus planos
e livrá-lo do orgulho;
18 para guardar a sua alma da cova
e a sua vida de passar pela espada."

Deus lhe restitui a sua justiça

19 "Também no seu leito é castigado com dores,
com incessante conflito em seus ossos;
20 de modo que abomina o pão,
e detesta até a comida mais saborosa.
21 A sua carne, que se via, agora desaparece,
e os seus ossos, que não se viam, agora aparecem.
22 A sua alma está perto da morte,
e a sua vida se aproxima dos que trazem a morte."

23 "Se com ele houver um anjo intercessor,
um dos milhares,
para declarar ao homem o que é certo,
24 então Deus terá misericórdia dele e dirá ao anjo:
'Livre-o, para que não desça à cova;
já achei um resgate para ele.'
25 Então a sua carne recupera o vigor da infância,
e ele volta aos dias da juventude.
26 Ele ora a Deus, que se agrada dele;
com alegria vê a face de Deus,
e Deus lhe restitui a sua justiça.
27 Depois, cantará diante de todos e dirá:
'Pequei, perverti o direito
e não fui punido como merecia.
28 Deus livrou a minha alma de ir para a cova,
e a minha vida verá a luz.'"

29 "Eis que Deus faz tudo isto
duas e três vezes no seu trato
com o ser humano,
30 para reconduzir da cova a sua alma
e iluminá-lo com a luz dos viventes."

31 "Agora, Jó, preste atenção
e escute o que vou dizer;
fique calado, porque vou falar.
32 Se você tem alguma coisa a dizer, diga;
fale, porque gostaria de lhe dar razão.
33 Se não, escute o que vou dizer;
fique calado, e eu lhe ensinarei a sabedoria."

Segunda fala de Eliú

Cap. 34

34 1 Eliú disse mais:

2 "Vocês que são sábios, ouçam as minhas palavras;
vocês que são instruídos,
escutem o que vou dizer.
3 Porque o ouvido avalia as palavras,
assim como o paladar prova a comida.
4 Escolhamos para nós o que é direito;
conheçamos entre nós o que é bom."

Deus não perverte o direito

5 "Porque Jó disse: 'Sou justo,
e Deus tirou o meu direito.
6 Apesar do meu direito,
sou considerado mentiroso;
a minha ferida é incurável, embora não tenha
cometido nenhum pecado.'"
7 "Será que existe outro homem semelhante a Jó
que bebe a zombaria como se fosse água?
8 Ele segue o caminho
dos que praticam a iniquidade
e anda com homens perversos.
9 Pois disse: 'De nada adianta ao homem
ter o seu prazer em Deus.'"
10 "Por isso, vocês que têm
entendimento, me escutem:
longe de Deus o praticar ele a maldade,
e longe do Todo-Poderoso o cometer injustiça.
11 Pois Deus retribui ao homem
segundo as suas obras
e paga a cada um conforme o seu caminho.
12 Na verdade, Deus não pratica o mal;
o Todo-Poderoso não perverte o direito.

13 Quem lhe entregou o governo da terra?
Quem lhe confiou o universo?
14 Se Deus pensasse apenas em si mesmo
e fizesse voltar para si
o seu espírito e o seu sopro,
15 toda a humanidade morreria ao mesmo tempo,
e o homem voltaria para o pó."

Deus é justo e poderoso

16 "Portanto, se você
tem entendimento, escute isto;
dê ouvidos ao som das minhas palavras.
17 Se Deus odiasse o direito,
será que poderia governar?
E será que você quer condenar
aquele que é justo e poderoso?
18 Será que alguém diria a um rei:
'Você não vale nada!'?
Ou diria aos príncipes: 'Seus perversos!'?
19 Quanto menos dirá isso
àquele que não privilegia os príncipes,
e que não favorece o rico em prejuízo do pobre;
porque todos são obra de suas mãos.
20 De repente, morrem;
no meio da noite, as pessoas
são abaladas e passam,
e os poderosos são levados
por uma força invisível.
21 Os olhos de Deus estão
sobre os caminhos do homem
e veem todos os seus passos.
22 Não há trevas nem sombra profunda o bastante,
onde os que praticam a iniquidade
possam se esconder.
23 Pois Deus não precisa observar
o homem por muito tempo
antes de o fazer comparecer
em juízo diante dele.
24 Deus arrasa os poderosos, sem os inquirir,
e põe outros em seu lugar.
25 Porque ele conhece as obras deles;
de noite, os transtorna
e eles são esmagados.
26 Ele os castiga como se fossem ímpios,
à vista de todos,
27 porque se afastaram de Deus,
e não quiseram compreender
nenhum de seus caminhos,
28 e assim fizeram com que o grito dos pobres
subisse até Deus,
e este ouviu o lamento dos aflitos."

29 "Se ele se calar, quem o condenará?
Se encobrir o rosto, quem poderá vê-lo?
Mas ele está acima dos povos e das pessoas,
30 para que o ímpio não reine,
e não haja quem iluda o povo."

Você prometeu parar de praticar injustiça?

31 "Se alguém se dirige a Deus, dizendo:
'Sofri, não vou pecar mais;
32 ensina-me o que não consigo ver;
se cometi injustiça, jamais voltarei a praticá-la',
33 será que Deus deve recompensá-lo segundo
o que você quer ou não quer?
Será que ele deve dizer: 'Escolha você, e não eu;
diga o que você sabe; fale'?"

34 "Os homens que têm
entendimento me responderão,
o sábio que me ouve dirá:
35 'Jó falou sem conhecimento,
e nas palavras dele não há sabedoria.'
36 Quem dera Jó fosse provado até o fim,
porque ele respondeu como homem iníquo.
37 Pois ao seu pecado acrescenta rebelião;
entre nós, em tom de zombaria, bate palmas
e multiplica as suas palavras contra Deus."

Terceira fala de Eliú

Cap. 35

35 1 Eliú disse ainda:

2 "Você acha que é justo dizer:
'A minha justiça é maior do que a de Deus'?
3 Porque você diz: 'De que me serviria ela?
Que proveito tenho, se eu não pecar?'
4 Eu darei a resposta a você
e aos seus amigos também.
5 Olhe para o céu e veja;
contemple as altas nuvens acima de você."

A sua impiedade só pode fazer mal ao homem

6 "Se você peca, que mal causa a Deus?
Se as suas transgressões
se multiplicam, que prejuízo
isso poderia trazer a ele?
7 Se você é justo, o que está dando a ele
ou o que ele recebe da sua mão?
8 A sua impiedade só pode fazer mal ao homem;
e a sua justiça só pode dar proveito
ao filho do homem."

9 "Por causa das muitas opressões,
as pessoas clamam;
clamam por socorro
contra o braço dos poderosos.
10 Mas ninguém diz: 'Onde está Deus, que me fez,
que inspira canções de louvor durante a noite,
11 que nos ensina mais do que aos animais da terra
e nos faz mais sábios do que as aves dos céus?'
12 Clamam, porém ele não responde,
por causa da arrogância dos maus.
13 Só gritos vazios Deus não ouvirá;
o Todo-Poderoso não lhes dará atenção."

Você abre a boca com palavras vazias

14 "Jó, ainda que você diga que não o vê,
a sua causa está diante dele;
por isso, espere em Deus.
15 Mas agora, porque Deus
na sua ira não está punindo,
nem fazendo muito caso das transgressões,
16 você abre a sua boca com palavras vazias,
amontoando frases sem sabedoria."

Quarta fala de Eliú

Caps. 36—37

36 1 Eliú seguiu falando e disse:

2 "Mais um pouco de paciência,
e eu lhe mostrarei
que tenho mais argumentos a favor de Deus.
3 Trarei o meu conhecimento de longe
e atribuirei a justiça ao meu Criador.
4 Porque, na verdade, as minhas palavras
não são falsas;
quem está diante de você é senhor do assunto."

Deus é grande e não despreza ninguém

5 "Eis que Deus é grande e não despreza ninguém;
ele é grande na força da sua compreensão.
6 Não poupa a vida do ímpio,
mas faz justiça aos aflitos.
7 Deus não tira os seus olhos dos justos;
pelo contrário, os assenta no trono
com os reis, para sempre,
e eles são exaltados.
8 Se estão presos com correntes
e amarrados com cordas de aflição,
9 ele lhes faz ver as suas obras,
as suas transgressões,
e que se mostraram arrogantes.
10 Abre-lhes também os ouvidos para a instrução
e ordena que se convertam da iniquidade.
11 Se o ouvirem e o servirem,
acabarão os seus dias em felicidade
e os seus anos em delícias.
12 Porém, se não o ouvirem,
serão passados pela espada
e morrerão na sua cegueira."

13 "Os ímpios de coração alimentam a ira;
e, quando são aprisionados
por Deus, não clamam pedindo socorro.
14 Perdem a vida na sua mocidade
e morrem entre os prostitutos cultuais.
15 Deus livra o aflito por meio da sua aflição
e pelo sofrimento lhe abre os ouvidos."

Não se incline para a iniquidade

16 "Assim também a você
Deus procura tirar da angústia
e levar para um lugar espaçoso,
em que não há aperto,
e para o conforto de uma mesa
cheia de comida saborosa.
17 Mas você se enche do juízo do perverso,
e, por isso, o juízo e a justiça o alcançarão.
18 Tenha cuidado para que
a ira não o leve a zombar,
nem permita que a grande quantia
do resgate o desvie.
19 Será que ele levaria em conta
as suas lamúrias e todos
os seus grandes esforços,
para que você se veja livre da sua angústia?
20 Não suspire pela noite,
em que povos serão tirados do seu lugar.
21 Cuidado! Não se incline para a iniquidade,
você parece preferir a iniquidade
à sua miséria."

Deus se mostra grande em seu poder!

22 "Eis que Deus se mostra grande
em seu poder!
Quem é mestre como ele?
23 Quem lhe prescreveu o seu caminho
ou quem pode lhe dizer:
'Cometeste uma injustiça'?
24 Lembre-se de exaltar as obras de Deus,
que as pessoas celebram.
25 Toda a humanidade olha para elas;
as pessoas as contemplam de longe.
26 Eis que Deus é grande,
e não o podemos compreender;
o número dos seus anos não se pode calcular."

O poder e a majestade de Deus

27 "Ele atrai para si as gotas de água
que de seu vapor destilam em chuva,
28 a qual as nuvens derramam
e gotejam sobre a terra em grande abundância.
29 Pode alguém entender
como ele estende as nuvens
e como os trovões ecoam em sua tenda?
30 Eis que ele espalha sobre elas o seu relâmpago
e encobre as profundezas do mar.
31 Pois por estas coisas ele julga os povos
e lhes dá alimento em abundância.
32 Enche as mãos de relâmpagos
e os arremessa contra o adversário.
33 O fragor da tempestade
dá notícias a respeito dele,
dele que é zeloso na sua ira contra a injustiça."

37 1 "Diante disto,
o meu coração treme
e salta do seu lugar.
2 Ouçam atentamente o trovão de Deus,
o estrondo que sai da sua boca.

3 Ele o solta por baixo de todos os céus,
e o seu relâmpago chega até os confins da terra.
4 Depois deste, ruge a sua voz,
troveja com o estrondo da sua majestade,
e ele já não retém o relâmpago
quando se ouve a sua voz.
5 Com a sua voz Deus troveja maravilhosamente;
ele faz grandes coisas,
que nós não compreendemos.
6 Porque ele diz à neve: 'Caia sobre a terra';
e à chuva e ao aguaceiro: 'Sejam fortes'.
7 Assim, ele torna inativas as mãos de todos,
para que reconheçam as obras dele.
8 Os animais entram nos seus esconderijos
e ficam nas suas cavernas.
9 De suas recâmaras sai a tempestade,
e os ventos fortes trazem o frio.
10 Pelo sopro de Deus se dá a geada,
e uma grande extensão de água congela.
11 Carrega de umidade as densas nuvens,
e do meio delas irradia o seu relâmpago.
12 Então as nuvens, segundo o rumo que ele dá,
se espalham para uma e outra direção,
para fazerem tudo o que lhes ordena
sobre a superfície da terra.
13 E tudo isso ele faz vir para disciplina,
se convém à terra,
ou para exercer a sua misericórdia."

Deus é perfeito em conhecimento

14 "Dê ouvidos a isto, Jó;
pare e pense nas maravilhas de Deus.
15 Será que você sabe
como Deus comanda as nuvens
e como faz resplandecer
o relâmpago da sua nuvem?
16 Será que você sabe algo
sobre o equilíbrio das nuvens
e sobre as maravilhas daquele que é perfeito
em conhecimento?
17 Você, cujas roupas ficam aquecidas
quando há forte calor por causa do vento sul,
18 será que você pode ajudar
Deus a estender o firmamento,
que é sólido como espelho de metal fundido?
19 Ensine-nos o que devemos dizer a ele,
porque nós, envoltos em trevas,
não podemos expor a nossa causa diante dele.
20 Será que alguém deveria contar a Deus
que eu quero falar com ele?
Se alguém fizesse isso, seria devorado."

21 "Eis que ninguém pode olhar para o sol,
que brilha no céu,
uma vez passado o vento que o deixa limpo.
22 Do norte vem o áureo esplendor,
pois Deus está cercado de tremenda majestade.
23 Quanto ao Todo-Poderoso,
não o podemos compreender.
Ele é grande em poder,
porém não perverte o juízo
e a plenitude da justiça.
24 Por isso, as pessoas o temem;
ele não olha para os que se julgam sábios."

DIÁLOGO FINAL

38.1—42.6

Primeira resposta de Deus a Jó

38.1—40.2

38 1 Então, do meio de um redemoinho, o
SENHOR respondeu a Jó e disse:
2 "Quem é este que obscurece os meus planos
com palavras sem conhecimento?
3 Cinja os lombos como homem,
pois eu lhe farei perguntas,
e você me responderá."

Eu lancei os fundamentos da terra

4 "Onde você estava, quando eu lancei
os fundamentos da terra?
Responda, se você tem entendimento.
5 Quem determinou as medidas da terra,
se é que você o sabe?
Ou quem estendeu sobre ela
uma linha de medir?
6 Sobre o que estão firmadas as suas bases
ou quem lhe assentou a pedra angular,
7 quando as estrelas da alva,
juntas, alegremente cantavam,
e todos os filhos de Deus
gritavam de alegria?"
8 "Ou quem encerrou o mar com portões,
quando irrompeu do ventre,
9 quando eu lhe pus as nuvens por vestimenta
e a escuridão por fraldas,
10 quando eu lhe tracei limites,
e lhe pus ferrolhos e portas,
11 e disse: 'Até aqui você pode chegar,
mas deste ponto não passará.
Aqui se quebrará o orgulho das suas ondas'?"

De onde vêm a luz e a escuridão?

12 "Alguma vez na vida
você deu ordens à madrugada
ou mostrou ao amanhecer o seu lugar,
13 para que agarrasse a terra pelas extremidades
e dela sacudisse os perversos?
14 A terra se modela como o barro debaixo do selo,
e tudo se apresenta como um vestido.
15 Dos ímpios é retirada a sua luz,
e o braço levantado para ferir se quebra."
16 "Você foi até as nascentes do mar
ou percorreu o mais profundo do abismo?

17 Será que a você foram reveladas
as portas da morte?
Você viu essas portas da região tenebrosa?
18 Você tem noção clara da largura da terra?
Responda, se você sabe tudo isso."

19 "Onde está o caminho para a morada da luz?
E, quanto às trevas, onde é o seu lugar,
20 para que você as conduza ao seu território
e conheça o caminho para a sua casa?
21 Você sabe isso, porque nesse tempo
já era nascido
e porque é grande o número dos seus dias!"

Quem faz a neve?

22 "Você alguma vez entrou nos depósitos da neve
ou viu os reservatórios do granizo,
23 que eu guardo até o tempo da angústia,
até o dia da batalha e da guerra?
24 Qual é o caminho para o lugar
onde se difunde a luz
e onde o vento leste se espalha sobre a terra?"

Quem faz a chuva, o orvalho, o gelo e a geada?

25 "Quem abriu canais para o aguaceiro
ou caminho para os relâmpagos e trovões,
26 para fazer chover sobre a terra
onde não há ninguém,
e nos lugares desertos onde ninguém mora;
27 para dessedentar a terra deserta e assolada
e para fazer crescer os renovos da erva?
28 Por acaso a chuva tem pai?
Ou quem gera as gotas de orvalho?
29 De que ventre procede o gelo?
E quem dá à luz a geada do céu?
30 As águas ficam duras como a pedra,
e a superfície das profundezas
se torna compacta."

Você conhece as leis que governam o céu?

31 "Será que você pode atar
as correntes do Sete-estrelo
ou soltar as cordas do Órion?
32 Você pode fazer aparecer
as constelações a seu tempo
ou guiar a Ursa Maior com os seus filhos?
33 Você conhece as leis que governam os céus,
e pode estabelecer a sua influência sobre a terra?"

Quem pode derramar a chuva?

34 "Você é capaz de levantar a sua voz até as nuvens,
para que a abundância das águas cubra você?
35 Você pode dar ordens aos relâmpagos,
para que saiam e lhe digam: 'Às suas ordens!'?
36 Quem pôs sabedoria no coração
ou deu entendimento à mente?
37 Quem pode numerar com sabedoria as nuvens?
Ou os cântaros dos céus, quem os pode despejar,
38 para que o pó se transforme em massa sólida,
e os torrões se apeguem uns aos outros?"

Quem alimenta os animais e as aves?

39 "Será que é você que caça a presa para a leoa
ou mata a fome dos leõezinhos,
40 quando se agacham nos covis
e ficam à espreita nas suas covas?
41 Quem prepara o alimento para o corvo,
quando os seus filhotes clamam a Deus
e andam vagueando,
por não terem o que comer?"

Quem fez cada animal com o seu jeito de ser?

39 1 "Você sabe o tempo em que
as cabras-monteses têm os filhos
ou cuidou das corças quando dão suas crias?
2 Pode contar os meses que cumprem?
Ou sabe o tempo do seu parto?
3 Elas se encurvam para terem seus filhos,
e lançam de si as suas dores.
4 Seus filhos se tornam robustos,
crescem no campo aberto,
saem e nunca mais voltam para elas.
5 Quem pôs em liberdade o jumento selvagem?
Quem soltou as suas cordas?
6 Eu lhe dei o deserto por casa
e a terra salgada por morada.
7 Ele se ri do tumulto da cidade,
não ouve os gritos do guia.
8 Os montes são o lugar do seu pasto,
e anda à procura de tudo o que está verde.
9 Será que o boi selvagem
aceitará trabalhar para você?
Será que ele passará a noite
junto da sua manjedoura?
10 Por acaso você consegue
prendê-lo ao arado com cordas?
Ou irá ele atrás de você para desfazer os torrões
nos campos do vale?
11 Você vai confiar nele,
por causa da grande força que ele tem,
ou deixará o seu trabalho por conta dele?
12 Você acredita que ele trará
para casa o que você semeou
e o recolherá na sua eira?"

13 "A avestruz bate alegre as asas,
como se tivesse asas e plumagem de cegonha.
14 Ela põe os seus ovos no chão
e deixa que sejam chocados na areia,
15 e se esquece de que algum pé os pode esmagar
ou de que os animais do campo podem pisá-los.
16 Trata com dureza os seus filhos,
como se não fossem seus.

Embora seja em vão o seu trabalho,
ela está tranquila,
17 porque Deus lhe negou sabedoria
e não lhe deu entendimento.
18 Mas, quando de um salto se levanta para correr,
ri do cavalo e do cavaleiro."

19 "Por acaso foi você quem deu força ao cavalo
ou revestiu o seu pescoço de crinas?
20 É você quem o faz pular como gafanhoto?
Terrível é o fogoso respirar das suas ventas.
21 Escarva no vale, satisfeito com a sua força,
e sai ao encontro dos inimigos.
22 Zomba do medo e não se espanta;
não recua por causa da espada.
23 Sobre ele balança a aljava,
cintila a lança e o dardo.
24 Com ímpeto e fúria vai engolindo as distâncias
e não se contém ao som do clarim.
25 A cada toque do clarim ele diz: 'Avante!'
Cheira de longe a batalha,
o grito dos comandantes e o alarido de guerra."

26 "Será que é pela inteligência
que você tem que o falcão voa,
estendendo as suas asas para o Sul?
27 Ou é por uma ordem sua que a águia sobe
e faz o seu ninho lá no alto?
28 Ela mora no penhasco onde faz a sua morada,
no alto do penhasco, em lugar seguro.
29 Dali, descobre a presa;
seus olhos a avistam de longe.
30 Seus filhotes chupam sangue;
onde há mortos, ali ela está."

40 1 O SENHOR disse mais a Jó:

2 "Será que alguém que usa de censuras
poderá discutir com o Todo-Poderoso?
Que responda a isso aquele que critica Deus!"

Primeira resposta de Jó a Deus

40.3-5

3 Então Jó respondeu ao SENHOR e disse:

4 "Sou indigno. Que te responderia eu?
Ponho a mão sobre a minha boca.
5 Uma vez falei, e não direi mais nada;
aliás, duas vezes, porém não prosseguirei."

Segunda e última resposta de Deus a Jó

40.6—41.34

Você tem um braço tão forte como o braço de Deus?

6 Então o SENHOR, do meio de um redemoinho,
respondeu a Jó e disse:

7 "Cinja os lombos como homem,
pois eu lhe farei perguntas, e você me responderá.
8 Será que você está querendo
anular a minha justiça?
Ou me condenará, para se justificar?
9 Você tem um braço tão forte
como o braço de Deus?
Você pode trovejar com a voz como ele troveja?
10 Adorne-se, então, de excelência e grandeza,
e vista-se de majestade e glória.
11 Derrame as torrentes da sua ira;
olhe para os orgulhosos e humilhe-os.
12 Sim, olhe para eles e humilhe-os;
esmague os ímpios no lugar onde estiverem.
13 Cubra-os todos no pó;
prenda todos eles no sepulcro.
14 Então também eu confessarei a seu respeito
que a sua mão direita lhe dá vitória."

Quem é capaz de apanhar o monstro Beemote?

15 "Contemple agora o Beemote, que eu criei
junto com você,
e que come capim como o boi.
16 A força dele está nos seus lombos,
e o seu poder, nos músculos do seu ventre.
17 Ele endurece a sua cauda como cedro;
os tendões das suas coxas estão entretecidos.
18 Os seus ossos são como tubos de bronze;
as suas pernas são como barras de ferro.
19 Ele é obra-prima dos feitos de Deus;
aquele que o fez o proveu de espada.
20 Na verdade, os montes lhe produzem pasto,
onde todos os animais selvagens se divertem.
21 Deita-se debaixo das árvores de lótus,
no esconderijo da lama, no meio dos juncos.
22 As árvores de lótus o cobrem com sua sombra;
os salgueiros do ribeiro o rodeiam.
23 Se um rio transborda, ele não se apressa;
fica tranquilo mesmo que o Jordão
se levante até a sua boca.
24 Será que alguém pode apanhá-lo
quando ele está olhando?
Ou lhe meter um laço pelo nariz?"

Quem é capaz de enfrentar o monstro Leviatã?

41 1 "Você é capaz de pescar
o monstro Leviatã com um anzol
e prender a sua língua com uma corda?
2 Você consegue passar uma vara de junco
pelo nariz dele?
Ou furar o queixo dele com um gancho?
3 Por acaso ele lhe fará muitas súplicas?
Ou lhe falará palavras brandas?
4 Será que ele fará um acordo com você,
para que seja seu escravo para sempre?
5 Será que você vai brincar
com ele, como se fosse um passarinho?
Irá prendê-lo com uma corda,
para dá-lo às suas meninas?

6 Será que os seus sócios o colocarão à venda?
Ou irão reparti-lo entre os negociantes?
7 Você consegue encher de arpões a pele dele?
Ou cravar fisgas de pesca na sua cabeça?
8 Ponha a mão sobre ele;
você se lembrará da luta
e nunca mais repetirá o gesto."

9 "Eis que a gente se engana na esperança que tem;
não é fato que alguém cairá
por terra só em vê-lo?
10 Ninguém é tão ousado,
que se atreva a despertá-lo."

"Quem então será capaz
de se erguer diante de mim?
11 Quem primeiro deu algo a mim, para que eu tenha
de retribuir-lhe?
Pois o que está debaixo de todos os céus é meu."

12 "Não me calarei a respeito das pernas do Leviatã,
nem da sua grande força,
nem da graça da sua compostura.
13 Quem poderá tirar a capa do seu dorso?
Ou lhe penetrará a dupla couraça?
14 Quem abriria as portas de sua boca?
Pois em roda dos seus dentes está o terror.
15 As fileiras de suas escamas são o seu orgulho,
cada uma bem-encostada
como por um selo que as ajusta.
16 A tal ponto uma se junta à outra,
que entre elas não passa nem o ar.
17 Elas se ligam umas às outras,
aderem entre si e não podem ser separadas.
18 Cada um dos seus espirros
faz resplandecer a luz,
e os seus olhos são como os raios do amanhecer.
19 Da sua boca saem tochas;
faíscas de fogo saltam dela.
20 Das suas narinas procede fumaça,
como de uma panela fervente
sobre juncos em chama.
21 O sopro dele acende o carvão;
da sua boca saem chamas.
22 No seu pescoço reside a força;
e diante dele salta o desespero.
23 Suas partes carnudas são bem-pegadas entre si;
todas fundidas nele e imóveis.
24 O coração dele é duro como uma pedra,
firme como a pedra inferior de um moinho.
25 Quando ele se levanta, os valentes tremem;
quando ele irrompe, ficam como que fora de si.
26 Se o golpe de espada o alcança,
isso não tem efeito algum,
e o mesmo vale para a lança, o dardo ou a flecha.
27 Para ele, o ferro é como palha,
e o cobre, como pau podre.
28 As flechas não o fazem fugir;
para ele, as pedras das fundas
se transformam em palha.
29 Os porretes são para ele como talos de capim;
quando agitam a lança, ele dá risada.
30 Debaixo do ventre ele tem escamas pontiagudas;
arrasta-se sobre a lama,
como um instrumento de debulhar.
31 Leva as profundezas a ferver como panela;
torna o mar como caldeira de unguento.
32 Deixa atrás de si um sulco luminoso,
como se o abismo tivesse uma cabeleira branca.
33 Na terra, não há ninguém como ele,
pois foi feito para nunca ter medo.
34 O Leviatã olha com desprezo tudo o que é alto;
é rei sobre todos os orgulhosos."

Última resposta de Jó ao Senhor

42.1-6

42 1 Então Jó respondeu ao SENHOR e disse:
2 "Bem sei que tudo podes,
e nenhum dos teus planos pode ser frustrado.
3 Tu perguntaste: 'Quem é este que,
sem conhecimento, encobre os meus planos?'
Na verdade, falei do que eu não entendia,
coisas que são maravilhosas demais para mim,
coisas que eu não conhecia.
4 Disseste: 'Escute, porque eu vou falar;
farei perguntas, e você me responderá.'
5 Eu te conhecia só de ouvir,
mas agora os meus olhos te veem.
6 Por isso, me abomino
e me arrependo no pó e na cinza."

CENA FINAL

42.7-17

Os três amigos de Jó

7 Depois que o SENHOR falou estas palavras a Jó,
o SENHOR disse também a Elifaz, o temanita:
— A minha ira se acendeu contra você e contra
os seus dois amigos, porque vocês não falaram a
meu respeito o que é reto, como o meu servo Jó
falou. 8 Agora peguem sete novilhos e sete car-
neiros, e vão até o meu servo Jó, e ofereçam ho-
locaustos em favor de vocês. O meu servo Jó orará
por vocês, e eu aceitarei a intercessão dele, para
que eu não os trate segundo a falta de juízo de
vocês. Porque vocês não falaram a meu respeito o
que é reto, como o meu servo Jó falou.
9 Então Elifaz, o temanita, Bildade, o suíta, e Zofar,
o naamatita, foram e fizeram o que o SENHOR lhes
havia ordenado; e o SENHOR aceitou a oração de Jó.

A nova família de Jó

10 O SENHOR restaurou a sorte de Jó, quando este
orou pelos seus amigos, e o SENHOR lhe deu o do-
bro de tudo o que tinha tido antes. 11 Então vieram

a ele todos os seus irmãos, todas as suas irmãs e todos os que o haviam conhecido antes, e comeram com ele em sua casa. E se condoeram dele, e o consolaram por todo o mal que o SENHOR tinha enviado sobre ele. E cada um lhe deu dinheiro e um anel de ouro.

12 O SENHOR abençoou o último estado de Jó mais do que o primeiro. Ele veio a ter catorze mil ovelhas, seis mil camelos, mil juntas de bois e mil jumentas.
13 Também teve outros sete filhos e três filhas. 14 À
primeira filha deu o nome de Jemima; à segunda chamou de Quézia; e à terceira, Quéren-Hapuque.
15 Em toda aquela terra não havia mulheres tão bonitas como as filhas de Jó; e seu pai lhes deu herança entre seus irmãos.
16 Depois disto, Jó viveu mais cento e quarenta anos; e viu os seus filhos e os filhos de seus filhos, até a quarta geração.
17 E assim Jó morreu, após uma longa velhice.

O LIVRO DOS SALMOS

LIVRO I

SALMOS 1—41

Os justos e os ímpios

1 1 Bem-aventurado é aquele
que não anda no conselho dos ímpios,
não se detém no caminho dos pecadores,
nem se assenta na roda dos escarnecedores.
2 Pelo contrário, o seu prazer está
na lei do SENHOR,
e na sua lei medita de dia e de noite.
3 Ele é como árvore plantada
junto a uma corrente de águas,
que, no devido tempo, dá o seu fruto,
e cuja folhagem não murcha;
e tudo o que ele faz será bem-sucedido.

4 Os ímpios não são assim;
são, porém, como a palha que o vento dispersa.
5 Por isso, os ímpios não prevalecerão no juízo,
nem os pecadores, na congregação dos justos.
6 Pois o SENHOR conhece o caminho dos justos,
mas o caminho dos ímpios perecerá.

O reinado do Ungido de Deus

2 1 Por que se enfurecem as nações
e os povos imaginam coisas vãs?
2 Os reis da terra se levantam,
e as autoridades conspiram
contra o SENHOR e contra
o seu Ungido, dizendo:
3 "Vamos romper os seus laços
e sacudir de nós as suas algemas."

4 Aquele que habita nos céus dá risada;
o Senhor zomba deles.
5 Na sua ira, a seu tempo, lhes falará
e no seu furor os deixará apavorados, dizendo:
6 "Eu constituí o meu Rei
sobre o meu santo monte Sião."

7 O rei diz: "Proclamarei o decreto do SENHOR.
Ele me disse: 'Você é meu Filho,
hoje eu gerei você.
8 Peça, e eu lhe darei as nações por herança
e as extremidades da terra por sua possessão.
9 Com uma vara de ferro você as quebrará
e as despedaçará como um vaso de oleiro.'"
10 Agora, pois, ó reis, sejam prudentes;
deixem-se advertir, juízes da terra.
11 Sirvam o SENHOR com temor
e alegrem-se nele com tremor.
12 Beijem o Filho para que não se irrite,
e não pereçam no caminho;
porque em breve se acenderá a sua ira.
Bem-aventurados todos
os que nele se refugiam.

Confiança na salvação de Deus

Salmo de Davi quando fugia de Absalão, seu filho

3 1 SENHOR, como tem crescido o número
dos meus adversários!
São numerosos os que se levantam contra mim.
2 São muitos os que dizem de mim:
"Não há em Deus salvação para ele."
3 Porém tu, SENHOR, és o meu escudo protetor,
és a minha glória e o que exalta a minha cabeça.
4 Com a minha voz clamo ao SENHOR,
e ele do seu santo monte me responde.
5 Eu me deito e pego no sono;
acordo, porque o SENHOR me sustenta.
6 Não tenho medo dos milhares
que tomam posição contra mim de todos os lados.
7 Levanta-te, SENHOR!
Salva-me, Deus meu,
pois desferes um golpe no queixo
de todos os meus inimigos
e quebras os dentes dos ímpios.

8 Do SENHOR é a salvação.
A tua bênção esteja sobre o teu povo!

Confiança em Deus na angústia

Ao mestre de canto, com instrumentos de cordas. Salmo de Davi

4 1 Responde-me quando clamo,
ó Deus da minha justiça;
na angústia, tu me deste alívio;
tem misericórdia de mim e ouve a minha oração.

2 Filhos dos homens, até quando vocês vão querer
transformar a minha glória em vergonha?
Até quando amarão a vaidade
e buscarão a mentira?
3 Saibam, porém, que o SENHOR
distingue para si o piedoso;
o SENHOR me ouve quando eu clamo por ele.

4 Tremam de medo e não pequem;
consultem no travesseiro o coração
e sosseguem.
5 Ofereçam sacrifícios de justiça
e confiem no SENHOR.

6 Há muitos que dizem:
"Quem nos dará a conhecer o bem?"
SENHOR, levanta sobre nós a luz do teu rosto.
7 Mais alegria me puseste no coração
do que a alegria deles,
quando eles têm fartura de cereal e de vinho.

8 Em paz me deito e logo pego no sono,
porque só tu, SENHOR, me fazes repousar seguro.

Oração pedindo a proteção de Deus

Ao mestre de canto, para flautas. Salmo de Davi

5 1 Dá ouvidos, SENHOR, às minhas palavras
e acode ao meu gemido.
2 Escuta, Rei meu e Deus meu,
a minha voz que clama,
pois a ti é que imploro.
3 De manhã, SENHOR, ouves a minha voz;
de manhã te apresento a minha oração
e fico esperando.

4 Pois tu não és Deus que se agrade
com a iniquidade,
e contigo não subsiste o mal.
5 Os arrogantes não permanecerão
na tua presença;
odeias todos os que praticam a iniquidade.
6 Tu destróis os que proferem mentira;
o SENHOR abomina o sanguinário
e o fraudulento.
7 Eu, porém, pela riqueza da tua misericórdia,
entrarei na tua casa
e me prostrarei diante do teu santo templo,
no teu temor.

8 SENHOR, guia-me na tua justiça,
por causa dos meus adversários;
endireita diante de mim o teu caminho.
9 Porque na boca dos meus
adversários não há sinceridade;
o íntimo deles está cheio de crimes;
a garganta deles é sepulcro aberto,
e com a língua lisonjeiam.
10 Declara-os culpados, ó Deus;
que eles caiam por seus próprios planos.
Rejeita-os por causa de
suas muitas transgressões,
pois se rebelaram contra ti.

11 Mas alegrem-se todos
os que confiam em ti;
cantem de júbilo para sempre,
porque tu os defendes;
e em ti se gloriem
os que amam o teu nome.
12 Pois tu, SENHOR, abençoas o justo
e, como escudo, o cercas da tua bondade.

Oração em tempo de angústia

Ao mestre de canto, com instrumentos de oito cordas. Salmo de Davi

6 1 SENHOR, não me repreendas na tua ira,
nem me castigues no teu furor.
2 Tem compaixão de mim, SENHOR,
porque eu me sinto debilitado;
sara-me, SENHOR, porque
os meus ossos estão abalados.
3 Também a minha alma está
profundamente perturbada;
mas tu, SENHOR, até quando?

4 Volta-te, SENHOR, e socorre-me;
salva-me por tua graça.
5 Pois, na morte, não há recordação de ti;
no sepulcro, quem te dará louvor?

6 Estou cansado de tanto gemer;
todas as noites faço nadar o meu leito,
de minhas lágrimas o alago.
7 De tristeza os meus olhos se consomem,
envelhecem por causa de
todos os meus adversários.

8 Afastem-se de mim, todos vocês
que praticam a iniquidade,
porque o SENHOR ouviu
a voz do meu lamento;
9 o SENHOR ouviu a minha súplica;
o SENHOR acolhe a minha oração.
10 Sejam envergonhados e fiquem
extremamente perturbados
todos os meus inimigos;
retirem-se, num instante,
cobertos de vergonha.

Oração pedindo justiça

Cântico de Davi. Entoado ao SENHOR, com respeito às palavras de Cuxe, benjamita

7 1 SENHOR, meu Deus, em ti me refugio;
salva-me de todos os que me perseguem
e livra-me,
2 para que ninguém, como leão, me arrebate,
despedaçando-me, não havendo
quem me livre.

3 SENHOR, meu Deus, se eu fiz isso
de que me culpam,
se cometi alguma injustiça,
4 se paguei com o mal
a quem estava em paz comigo,
eu, que poupei aquele
que sem razão me oprimia,
5 então que o inimigo me persiga e me alcance,
pisoteie no chão a minha vida
e reduza a pó a minha glória.

6 Levanta-te, SENHOR, na tua indignação,
mostra a tua grandeza contra
a fúria dos meus adversários
e desperta-te em meu favor,
segundo o juízo que designaste.
7 Reúnam-se os povos ao redor de ti,
e das alturas domina sobre eles.
8 O SENHOR julga os povos;
julga-me, SENHOR, segundo a minha justiça
e segundo a integridade que há em mim.
9 Que cesse a maldade dos ímpios.
Fortalece o justo,
pois sondas a mente e o coração,
ó Deus justo.

10 Deus é o meu escudo;
ele salva os retos de coração.
11 Deus é justo juiz,
Deus que sente indignação todos os dias.
12 Se alguém não se converter,
Deus afiará a sua espada;
já armou e deixou pronto o seu arco;
13 para ele já preparou armas mortais,
fez as suas setas inflamadas.

14 Eis que o ímpio está com dores
de iniquidade;
concebeu a maldade
e dá à luz a mentira.
15 Abre e aprofunda uma cova,
e cai nesse mesmo poço que faz.
16 A sua maldade recai sobre a cabeça,
e sobre o próprio crânio
desce a sua violência.

17 Eu, porém, louvarei o SENHOR,
segundo a sua justiça,
e cantarei louvores ao nome do SENHOR Altíssimo.

A glória divina e a dignidade do filho do homem

Ao mestre de canto, segundo a melodia "Os lagares". Salmo de Davi

8 1 Ó SENHOR, Senhor nosso,
como é magnífico o teu nome em toda a terra!
Pois puseste nos céus a tua majestade.
2 Da boca de pequeninos e crianças de peito
suscitaste força, por causa dos teus adversários,
para fazeres emudecer o inimigo e o vingador.

3 Quando contemplo os teus céus,
obra dos teus dedos,
e a lua e as estrelas que estabeleceste,
4 que é o homem, para que dele te lembres?
E o filho do homem, para que o visites?
5 Fizeste-o, no entanto,
por um pouco, menor do que Deus
e de glória e de honra o coroaste.
6 Deste-lhe domínio sobre as obras da tua mão
e sob seus pés tudo lhe puseste:
7 ovelhas e bois, todos,
e também os animais do campo;
8 as aves do céu, os peixes do mar
e tudo o que percorre as veredas dos mares.

9 Ó SENHOR, Senhor nosso,
como é magnífico o teu nome em toda a terra!

Louvor a Deus pela sua justiça

Ao mestre de canto, segundo a melodia "A morte para o filho". Salmo de Davi

9 1 Eu te louvarei, SENHOR, de todo o meu coração;
contarei todas as tuas maravilhas.
2 Em ti me alegrarei e exultarei;
ao teu nome, ó Altíssimo, eu cantarei louvores.
3 Pois, ao retrocederem os meus inimigos,
tropeçam e somem da tua presença.
4 Porque defendes o meu direito e a minha causa;
no trono te assentas e julgas retamente.

5 Tu repreendes as nações, destróis o ímpio
e para todo o sempre lhes apagas o nome.
6 Quanto aos inimigos, estão consumidos,
suas ruínas são perpétuas;
arrasaste as suas cidades;
até a memória deles pereceu.

7 Mas o SENHOR permanece
no seu trono eternamente,
trono que erigiu para julgar.
8 Ele mesmo julga o mundo com justiça;
julgará os povos com retidão.
9 O SENHOR é também alto refúgio para o oprimido,
refúgio nas horas de angústia.
10 Em ti, pois, confiam os que conhecem o teu nome,
porque tu, SENHOR, não desamparas
os que te buscam.

11 Cantem louvores ao SENHOR, que habita em Sião;
proclamem entre os povos o que ele tem feito.
12 Pois aquele que requer o sangue
lembra-se deles
e não se esquece do clamor dos aflitos.

13 Compadece-te de mim, SENHOR;
vê a que sofrimentos me reduziram
os que me odeiam,
tu que me levantas das portas da morte;
14 para que, às portas da filha de Sião,
eu proclame todos os teus louvores
e me alegre na tua salvação.

15 As nações se afundaram na cova que fizeram,
no laço que esconderam ficou preso o seu pé.
16 O SENHOR se dá a conhecer
pelo juízo que executa;
os ímpios ficam enredados
nas obras de suas próprias mãos.

17 No inferno serão lançados os perversos,
todas as nações que se esquecem de Deus.
18 Pois o necessitado não será
esquecido para sempre,
e a esperança dos aflitos não será frustrada
perpetuamente.

19 Levanta-te, SENHOR;
não deixes que os mortais prevaleçam.
Sejam as nações julgadas na tua presença.
20 Infunde-lhes o medo, SENHOR;
saibam as nações que não passam
de simples mortais.

Oração pedindo justiça

10 1 Por que, SENHOR,
te conservas longe?
Por que te escondes nas horas de angústia?
2 Com arrogância, os ímpios
perseguem os pobres;
que eles sejam apanhados
nas ciladas que armaram!

3 Pois o perverso se gloria da sua própria cobiça,
o avarento maldiz o SENHOR
e blasfema contra ele.
4 Em sua soberba, o perverso não investiga;
tudo o que ele pensa é que Deus não existe.
5 São prósperos os caminhos dele em todo tempo;
muito acima e longe dele estão os teus juízos;
quanto aos seus adversários,
ele a todos trata com desprezo.
6 Pois lá no seu íntimo diz: "Jamais serei abalado;
de geração em geração,
nenhum mal me sobrevirá."
7 A sua boca está cheia de maldição,
enganos e opressão;
debaixo da língua ele tem insulto e maldade.
8 Põe-se de tocaia nas aldeias,
trucida os inocentes nos lugares ocultos;
seus olhos espreitam o desamparado.
9 Ele se põe de emboscada,
como o leão na sua caverna;
está de emboscada para enlaçar o pobre:
apanha-o e o arrasta com a sua rede.
10 Abaixa-se, rasteja;
nas suas garras caem os necessitados.
11 Diz ele, no seu íntimo: "Deus se esqueceu,
virou o rosto e nunca verá isto."

12 Levanta-te, SENHOR! Ó Deus, ergue a tua mão!
Não te esqueças dos pobres.
13 Por que o ímpio despreza Deus,
dizendo no seu íntimo que Deus
não lhe pedirá contas?
14 Tu, porém, tens visto isso,
porque atentas ao sofrimento e à dor,
para que os possas tomar em tuas mãos.
A ti se entrega o desamparado;
tu tens sido o defensor do órfão.
15 Quebra o braço do perverso e do malvado;
pede contas da sua maldade,
até que a descubras de todo.

16 O SENHOR é rei eterno:
da sua terra somem as nações.
17 Tens ouvido, SENHOR, o desejo dos humildes;
tu lhes firmarás o coração
e ouvirás o seu clamor,
18 para fazeres justiça ao órfão e ao oprimido,
a fim de que o ser humano, que é da terra,
não volte a espalhar o terror.

Deus é forte refúgio

Ao mestre de canto. Salmo de Davi

11 1 No SENHOR me refugio.
Como então vocês dizem à minha alma:
"Fuja como um pássaro para o seu monte"?
2 Porque eis aí os ímpios, armando os seus arcos;
colocam a flecha na corda,
para, às escondidas, dispararem
contra os retos de coração.
3 Ora, se forem destruídos os fundamentos,
que poderá fazer o justo?

4 O SENHOR está no seu santo templo;
nos céus o SENHOR tem o seu trono;
os seus olhos estão atentos,
as suas pálpebras sondam os filhos dos homens.
5 O SENHOR põe à prova o justo e o ímpio;
mas ele abomina o que ama a violência.
6 Fará chover sobre os perversos
brasas de fogo e enxofre,
e vento abrasador será a parte do cálice deles.
7 Por ser justo, o SENHOR ama a justiça;
os retos lhe contemplarão a face.

Auxílio contra a falsidade

Ao mestre de canto, para instrumentos de oito cordas. Salmo de Davi

12 1 Salva-nos, SENHOR!
Porque já não há quem seja piedoso;
desaparecem os fiéis
entre os filhos dos homens.
2 Falam com falsidade uns aos outros,
falam com lábios bajuladores e coração fingido.
3 Que o SENHOR corte todos os lábios bajuladores
e a língua que fala soberbamente.
4 Pois dizem: "Com a nossa língua prevaleceremos;
os lábios são nossos; quem é senhor sobre nós?"

5 "Por causa da opressão dos pobres
e do gemido dos necessitados,
eu me levantarei agora", diz o SENHOR,
"e porei a salvo aquele que anseia por isso."
6 As palavras do SENHOR são palavras puras,
prata refinada em forno de barro,
depurada sete vezes.

7 Sim, SENHOR, tu nos guardarás;
tu nos livrarás desta geração para sempre.
8 Os perversos andam por toda parte,
quando aquilo que não presta
é exaltado entre os filhos dos homens.

Oração de fé

Ao mestre de canto. Salmo de Davi

13 1 Até quando, SENHOR,
te esquecerás de mim? Será para sempre?
Até quando esconderás de mim o teu rosto?
2 Até quando estarei relutando em minha alma,
com tristeza no coração cada dia?
Até quando o meu inimigo se exaltará sobre mim?

3 Olha para mim e responde-me,
SENHOR, meu Deus!
Ilumina os meus olhos, para que
eu não durma o sono da morte;
4 para que o meu inimigo não diga:
"Prevaleci contra ele";
e não se alegrem os meus adversários,
se eu for abalado.

5 Quanto a mim, confio na tua graça;
que o meu coração se alegre na tua salvação.
6 Cantarei ao SENHOR,
porque ele me tem feito muito bem.

A corrupção do pecador e sua redenção

Sl 53

Ao mestre de canto. Salmo de Davi

14 1 Diz o insensato no seu coração:
"Não há Deus."
São corruptos e praticam abominação;
já não há quem faça o bem.
2 Do céu o SENHOR olha para os filhos dos homens,
para ver se há quem tenha entendimento,
se há quem busque a Deus.
3 Todos se desviaram
e juntamente se corromperam;
não há quem faça o bem,
não há nem um sequer.

4 Será que não entendem nada
todos esses que praticam a iniquidade,
que devoram o meu povo
como se comessem pão,
e que não invocam o SENHOR?
5 Lá, ficarão tomados de grande pavor,
porque Deus está com a linhagem do justo.
6 Vocês querem frustrar o conselho dos humildes,
mas o SENHOR é o refúgio deles.

7 Quem dera que de Sião viesse já
a salvação de Israel!
Quando o SENHOR restaurar a sorte do seu povo,
Jacó exultará e Israel se encherá de alegria.

O que Deus espera do seu povo

Salmo de Davi

15 1 SENHOR, quem habitará
no teu tabernáculo?
Quem poderá morar no teu santo monte?

2 Aquele que vive com integridade,
que pratica a justiça,
e, de coração, fala a verdade;
3 aquele que não difama com sua língua,
não faz mal ao próximo,
nem lança injúria contra o seu vizinho;
4 aquele que, a seus olhos, tem por desprezível
ao que merece reprovação,
mas honra os que temem o SENHOR;
aquele que jura e cumpre o que prometeu,
mesmo com prejuízo próprio;
5 aquele que não empresta
o seu dinheiro com usura,
nem aceita suborno contra o inocente.

Quem age assim não será jamais abalado.

O Santo de Deus

Hino de Davi

16 1 Guarda-me, ó Deus,
porque em ti me refugio.
2 Digo ao SENHOR: "Tu és o meu Senhor;
outro bem não possuo, senão a ti somente."
3 Quanto aos santos que há na terra,
eles são os notáveis
nos quais tenho todo o meu prazer.

4 Muitas serão as dores dos que trocam o SENHOR
por outros deuses;
não oferecerei as suas libações de sangue,

e os meus lábios não pronunciarão
os nomes deles.

5 O SENHOR é a porção da minha herança
e o meu cálice;
tu sustentas a minha sorte.
6 As minhas divisas caíram em lugares agradáveis;
é linda a minha herança.
7 Bendigo o SENHOR, que me aconselha;
pois até durante a noite
o meu coração me ensina.
8 Tenho o SENHOR sempre diante de mim;
estando ele à minha direita, não serei abalado.

9 Por isso o meu coração se alegra
e o meu espírito exulta;
até o meu corpo repousará seguro.
10 Pois não deixarás a minha alma na morte,
nem permitirás que o teu Santo veja corrupção.
11 Tu me farás ver os caminhos da vida;
na tua presença há plenitude de alegria,
à tua direita, há delícias perpetuamente.

Súplica por proteção divina

Oração de Davi

17 1 Ouve, SENHOR, a causa justa,
atende o meu clamor!
Dá ouvidos à minha oração, pois ela não procede
de lábios enganosos.
2 Venha da tua presença
o julgamento a meu respeito;
os teus olhos veem com equidade.

3 Sondas o meu coração, de noite me visitas,
provas-me no fogo e não encontras em mim
nenhuma iniquidade;
a minha boca não transgride.
4 Quanto às obras humanas,
pela palavra dos teus lábios
eu tenho me guardado
dos caminhos do violento.
5 Os meus passos se acostumaram às tuas veredas,
os meus pés não resvalaram.

6 Eu te invoco, ó Deus, pois tu me respondes;
inclina os ouvidos para mim
e ouve as minhas palavras.
7 Mostra as maravilhas da tua bondade,
ó Salvador daqueles que à tua direita se refugiam
dos seus adversários.
8 Guarda-me como a menina dos olhos;
esconde-me à sombra das tuas asas.
9 Protege-me dos perversos que me oprimem,
dos inimigos que me assediam de morte.

10 Insensíveis, eles cerram o coração
e falam com lábios insolentes;
11 andam agora cercando os nossos passos
e fixam em nós os olhos para nos derrubar.
12 Parecem-se com o leão, ávido por sua presa,
ou o leãozinho, que espreita de emboscada.

13 Levanta-te, SENHOR! Enfrenta-os e arrasa-os!
Com a tua espada livra a minha alma do ímpio.
14 Com a tua mão, SENHOR,
livra-me dos homens deste mundo,
cuja porção é desta vida
e cujo ventre tu enches com os teus tesouros;
os quais se fartam de filhos
e o que lhes sobra deixam aos seus pequeninos.

15 Eu, porém, na justiça contemplarei a tua face;
quando acordar, me satisfarei
com a tua semelhança.

Cântico de vitória

2Sm 22.1-51

Ao mestre de canto. Salmo de Davi, servo do SENHOR, o qual dirigiu ao SENHOR as palavras deste cântico, no dia em que o SENHOR o livrou de todos os seus inimigos e das mãos de Saul. Ele disse:

18 1 Eu te amo, ó SENHOR,
força minha.
2 O SENHOR é a minha rocha,
a minha fortaleza, o meu libertador;
o meu Deus, o meu rochedo em que me refugio;
o meu escudo, a força da minha salvação,
o meu alto refúgio.
3 Invoco o SENHOR, digno de ser louvado,
e serei salvo dos meus inimigos.

4 Laços de morte me cercaram;
torrentes de perdição me impuseram terror.
5 Cadeias infernais me envolveram,
e tramas de morte me surpreenderam.

6 Na minha angústia, invoquei o SENHOR;
gritei por socorro ao meu Deus.
Do seu templo ele ouviu a minha voz,
e o meu clamor chegou aos seus ouvidos.

7 Então a terra se abalou e tremeu;
vacilaram também os fundamentos
dos montes
e se abalaram, porque Deus estava irado.
8 Das suas narinas subiu fumaça,
e fogo devorador saiu da sua boca;
dele saíram brasas ardentes.
9 Ele baixou os céus e desceu,
e teve sob os pés densa escuridão.
10 Cavalgava um querubim e voou;
foi levado sobre as asas do vento.
11 Das trevas fez um manto em que se ocultou;
escuridão de águas e espessas nuvens dos céus
eram o seu abrigo.
12 Do resplendor que diante dele havia,
as densas nuvens se desfizeram
em granizo e brasas de fogo.

13 O SENHOR trovejou nos céus;
o Altíssimo levantou a sua voz,
e houve granizo e brasas de fogo.
14 Atirou as suas flechas
e espalhou os meus inimigos;
multiplicou os seus raios e os dispersou.
15 Então se viu o leito das águas,
e se descobriram os fundamentos do mundo,
pela tua repreensão, SENHOR,
pelo sopro impetuoso das tuas narinas.

16 Do alto o SENHOR me estendeu
a mão e me segurou;
ele me tirou das águas profundas.
17 Livrou-me de forte inimigo
e dos que me odiavam,
pois eram mais poderosos do que eu.
18 Eles me atacaram no dia da minha calamidade,
mas o SENHOR me serviu de amparo.
19 Trouxe-me para um lugar espaçoso;
livrou-me, porque ele se agradou de mim.

20 O SENHOR me retribuiu segundo a minha justiça;
recompensou-me conforme a pureza
das minhas mãos.
21 Pois tenho guardado os caminhos do SENHOR
e não me afastei perversamente
do meu Deus.
22 Porque todos os seus juízos estão diante de mim,
e não rejeitei os seus preceitos.
23 Também fui íntegro para com ele
e me guardei da iniquidade.
24 Por isso, o SENHOR me retribuiu
segundo a minha justiça,
conforme a pureza das minhas mãos,
na sua presença.

25 Para com quem é fiel, fiel te mostras;
com o íntegro, também íntegro.
26 Com o puro, puro te mostras;
com o perverso, inflexível.
27 Porque tu salvas o povo humilde,
mas os olhos soberbos, tu os abates.
28 Porque fazes resplandecer a minha lâmpada;
o SENHOR, meu Deus,
derrama luz nas minhas trevas.
29 Pois contigo posso atacar exércitos;
com o meu Deus salto muralhas.
30 O caminho de Deus é perfeito;
a palavra do SENHOR é confiável;
ele é escudo para todos os que nele se refugiam.

31 Pois quem é Deus além do SENHOR?
E quem é rochedo, a não ser o nosso Deus?
32 O Deus que me revestiu de força
e aperfeiçoou o meu caminho,
33 ele deu aos meus pés a ligeireza das corças
e me firmou nas minhas alturas.
34 Ele treinou as minhas mãos para o combate,
tanto que os meus braços
vergaram um arco de bronze.
35 Também me deste o escudo da tua salvação;
a tua mão direita me susteve,
e a tua clemência me engrandeceu.
36 Alargaste o caminho sob meus passos,
e os meus pés não vacilaram.
37 Persegui os meus inimigos e os alcancei,
e só voltei depois de ter acabado com eles.
38 Esmaguei-os a tal ponto,
que não puderam se levantar;
caíram sob os meus pés.
39 Pois me cingiste de força para o combate
e me submeteste os que
se levantaram contra mim.
40 Também puseste em fuga os meus inimigos,
e os que me odiavam, eu os exterminei.
41 Gritaram por socorro,
mas não houve quem os salvasse;
clamaram ao SENHOR, mas ele não respondeu.
42 Então os reduzi a pó, o pó que o vento leva;
lancei-os fora como a lama das ruas.

43 Dos conflitos do povo me livraste
e me fizeste cabeça das nações;
um povo que eu não conhecia me serviu.
44 Bastou-lhe ouvir a minha voz,
logo me obedeceu;
os estrangeiros se mostram submissos a mim.
45 Os estrangeiros fraquejaram
e, tremendo, saíram das suas fortalezas.

46 O SENHOR vive! Bendita seja a minha rocha!
Exaltado seja o Deus da minha salvação,
47 o Deus que por mim tomou vingança
e me submeteu povos;
48 o Deus que me livrou dos meus inimigos;
sim, tu que me exaltaste
acima dos meus adversários
e me livraste dos homens violentos.

49 Por isso, eu te glorificarei
entre os gentios, ó SENHOR,
e cantarei louvores ao teu nome.
50 É ele quem dá grandes vitórias ao seu rei
e usa de misericórdia para com o seu ungido,
com Davi e sua posteridade, para sempre.

A excelência da criação e da palavra de Deus

Ao mestre de canto. Salmo de Davi

19 1 Os céus proclamam
a glória de Deus,
e o firmamento anuncia as obras das suas mãos.
2 Um dia discursa a outro dia,
e uma noite revela conhecimento a outra noite.
3 Não há linguagem, nem há palavras,
e deles não se ouve nenhum som.

4 No entanto, por toda a terra
se faz ouvir a sua voz,
e as suas palavras chegam
até os confins do mundo.

Aí, pôs uma tenda para o sol,
5 que é como um noivo que sai dos seus aposentos,
e se alegra como um herói
a percorrer o seu caminho.
6 Principia numa extremidade dos céus,
e até a outra vai o seu percurso;
e nada pode se esconder do seu calor.
7 A lei do SENHOR é perfeita
e restaura a alma;
o testemunho do SENHOR é fiel
e dá sabedoria aos simples.
8 Os preceitos do SENHOR são retos
e alegram o coração;
o mandamento do SENHOR é puro
e ilumina os olhos.
9 O temor do SENHOR é límpido
e permanece para sempre;
os juízos do SENHOR são verdadeiros
e todos igualmente, justos.
10 São mais desejáveis do que ouro,
mais do que muito ouro depurado;
e são mais doces do que o mel
e o destilar dos favos.

11 Além disso, por eles se admoesta o teu servo;
em os guardar há grande recompensa.
12 Quem há que possa discernir
as suas próprias faltas?
Absolve-me das que me são ocultas.
13 Também da soberba guarda o teu servo;
que ela não me domine.
Então serei irrepreensível
e ficarei livre de grande transgressão.

14 As palavras dos meus lábios
e o meditar do meu coração
sejam agradáveis na tua presença,
SENHOR, rocha minha
e redentor meu!

Oração pela vitória

Ao mestre de canto. Salmo de Davi

20 1 Que o SENHOR lhe responda
no dia da tribulação;
que o nome do Deus de Jacó o proteja!
2 Que do seu santuário lhe envie socorro
e que desde Sião o sustenha.
3 Que ele se lembre de todas
as suas ofertas de cereais
e aceite os holocaustos que você ofereceu.
4 Que Deus lhe conceda
o que o seu coração almeja
e realize tudo o que você planejou.

5 Celebraremos com júbilo a sua vitória
e em nome do nosso Deus hastearemos pendões.
Que o SENHOR satisfaça todos os seus desejos.

6 Agora sei que o SENHOR salva o seu ungido;
ele lhe responderá do seu santo céu
com a vitoriosa força da sua mão direita.
7 Uns confiam em carros de guerra,
e outros, em seus cavalos;
nós, porém, invocaremos o nome
do SENHOR, nosso Deus.
8 Eles se prostram e caem;
nós, porém, nos levantamos
e nos mantemos em pé.

9 Ó SENHOR, dá vitória ao rei;
responde-nos quando clamarmos.

Gratidão pela vitória

Ao mestre de canto. Salmo de Davi

21 1 Na tua força, SENHOR, o rei se alegra!
E como exulta com a tua salvação!
2 Tu lhe satisfizeste o desejo do coração
e não lhe negaste as súplicas dos seus lábios.
3 Pois o supres das bênçãos de bondade;
e lhe pões na cabeça uma coroa de ouro puro.
4 Ele te pediu vida, e tu lhe deste;
sim, longevidade para todo o sempre.

5 Grande é a glória dele por causa da tua salvação;
de esplendor e majestade o cobriste.
6 Pois o puseste por bênção para sempre
e o encheste de alegria com a tua presença.
7 O rei confia no SENHOR
e pela misericórdia do Altíssimo jamais vacilará.
8 A mão dele alcançará todos os seus inimigos,
a sua mão direita apanhará os que o odeiam.
9 Tu os farás como uma fornalha ardente,
quando te manifestares;
o SENHOR, na sua indignação, os consumirá,
o fogo os devorará.
10 Destruirás da terra a sua posteridade
e a sua descendência,
de entre os filhos dos homens.
11 Se contra ti planejarem o mal
e armarem ciladas, não obterão êxito;
12 porque tu os porás em fuga
e mirarás o rosto deles com o teu arco.

13 Exalta-te, SENHOR, na tua força!
Nós cantaremos e louvaremos o teu poder.

Um grito de angústia e um salmo de louvor

Ao mestre de canto, segundo a melodia "Corça da manhã". Salmo de Davi

22 1 Deus meu, Deus meu,
por que me desamparaste?
Por que se acham longe de minha salvação
as palavras de meu gemido?

2 Deus meu, clamo de dia, e não me respondes;
também de noite, porém não tenho sossego.
3 Contudo, tu és santo,
entronizado entre os louvores de Israel.
4 Nossos pais confiaram em ti;
confiaram, e tu os livraste.
5 A ti clamaram e escaparam;
confiaram em ti e não foram envergonhados.
6 Mas eu sou verme e não um ser humano;
afrontado pelos homens e desprezado pelo povo.
7 Todos os que me veem zombam de mim;
fazem caretas e balançam a cabeça, dizendo:
8 "Confiou no SENHOR! Ele que o livre!
Salve-o, pois nele tem prazer."
9 Contudo, tu és quem me fez nascer;
e me preservaste, estando eu ainda
ao seio de minha mãe.
10 A ti me entreguei desde o meu nascimento;
desde o ventre de minha mãe, tu és o meu Deus.
11 Não te distancies de mim,
porque a tribulação está próxima,
e não há quem me ajude.
12 Muitos touros me cercam,
fortes touros de Basã me rodeiam.
13 Contra mim abrem a boca,
como faz o leão que despedaça e ruge.
14 Derramei-me como água,
e todos os meus ossos se desconjuntaram;
meu coração fez-se como cera,
derreteu-se dentro de mim.
15 Secou-se o meu vigor, como um caco de barro,
e a língua se me apega ao céu da boca;
assim, me deitas no pó da morte.
16 Cães me cercam;
um bando de malfeitores me rodeia;
traspassaram-me as mãos e os pés.
17 Posso contar todos os meus ossos;
os meus inimigos estão olhando para mim
e me encarando.
18 Repartem entre si as minhas roupas
e sobre a minha túnica lançam sortes.
19 Tu, porém, SENHOR, não te afastes de mim;
força minha, apressa-te em me socorrer.
20 Livra a minha alma da espada,
e, das presas do cão, a minha vida.
21 Salva-me da boca do leão
e dos chifres dos búfalos;
sim, tu me respondes.
22 A meus irmãos declararei o teu nome;
no meio da congregação eu te louvarei.
23 Louvem o SENHOR, vocês que o temem;
glorifiquem-no, todos vocês,
descendência de Jacó;
temam-no, todos vocês, posteridade de Israel.
24 Porque não desprezou nem detestou
a dor do aflito,
nem ocultou dele o seu rosto,
mas o ouviu, quando lhe gritou por socorro.
25 De ti vem o meu louvor na grande congregação;
cumprirei os meus votos
na presença dos que o temem.
26 Os sofredores hão de comer e fartar-se;
louvarão o SENHOR aqueles que o buscam.
Que o coração de vocês viva para sempre!
27 Os confins da terra se lembrarão do SENHOR
e a ele se converterão;
diante dele se prostrarão
todas as famílias das nações.
28 Pois do SENHOR é o reino,
é ele quem governa as nações.
29 Todos os ricos da terra hão de comer e adorar,
e todos os que descem ao pó
se prostrarão diante dele,
até aquele que não pode preservar a própria vida.
30 A posteridade o servirá,
e se falará do Senhor à geração vindoura.
31 Virão e anunciarão a justiça dele;
ao povo que há de nascer,
contarão que foi ele quem o fez.

Deus, o nosso pastor

Salmo de Davi

23 1 O SENHOR é o meu pastor;
nada me faltará.
2 Ele me faz repousar em pastos verdejantes.
Leva-me para junto das águas de descanso;
3 refrigera-me a alma.
Guia-me pelas veredas da justiça
por amor do seu nome.
4 Ainda que eu ande pelo vale da sombra da morte,
não temerei mal nenhum,
porque tu estás comigo;
o teu bordão e o teu cajado me consolam.
5 Preparas-me uma mesa
na presença dos meus adversários,
unges a minha cabeça com óleo;
o meu cálice transborda.
6 Bondade e misericórdia certamente me seguirão
todos os dias da minha vida;
e habitarei na Casa do SENHOR
para todo o sempre.

A vinda do Rei da glória

Salmo de Davi

24 1 Ao SENHOR pertence
a terra e a sua plenitude,
o mundo e os que nele habitam.
2 Porque ele fundou-a sobre os mares
e sobre as correntes a estabeleceu.

3 Quem subirá ao monte do SENHOR?
Quem há de permanecer no seu santo lugar?
4 O que é limpo de mãos e puro de coração,
que não entrega a sua alma à falsidade,
nem faz juramentos com a intenção de enganar.
5 Este receberá do SENHOR a bênção
e a justiça do Deus da sua salvação.
6 Esta é a geração dos que o buscam,
dos que buscam a face do Deus de Jacó.

7 Levantem as suas cabeças, ó portas!
Levantem-se, ó portais eternos,
para que entre o Rei da glória.
8 Quem é o Rei da glória?
O SENHOR, forte e poderoso,
o SENHOR, poderoso nas batalhas.

9 Levantem as suas cabeças, ó portas!
Levantem-se, ó portais eternos,
para que entre o Rei da glória.
10 Quem é esse Rei da glória?
O SENHOR dos Exércitos,
ele é o Rei da glória.

Oração por auxílio divino

De Davi

25 1 A ti, SENHOR, elevo a minha alma.
2 Deus meu, em ti confio.

Não seja eu envergonhado,
nem exultem sobre mim os meus inimigos.
3 Na verdade, dos que em ti esperam,
ninguém será envergonhado;
envergonhados serão os que, sem motivo,
procedem traiçoeiramente.

4 Faze-me conhecer os teus caminhos, SENHOR;
ensina-me as tuas veredas.
5 Guia-me na tua verdade e ensina-me,
pois tu és o Deus da minha salvação,
em quem eu espero todo o dia.
6 Lembra-te, SENHOR, das tuas misericórdias
e das tuas bondades,
que são desde a eternidade.
7 Não te lembres dos meus pecados da mocidade,
nem das minhas transgressões.
Lembra-te de mim, segundo a tua misericórdia,
por causa da tua bondade, ó SENHOR.

8 Bom e reto é o SENHOR,
por isso aponta o caminho aos pecadores.
9 Guia os humildes na justiça
e ensina aos mansos o seu caminho.
10 Todas as veredas do SENHOR
são misericórdia e verdade
para os que guardam a sua aliança
e os seus testemunhos.

11 Por causa do teu nome, SENHOR,
perdoa a minha iniquidade, que é grande.

12 Àquele que teme o SENHOR,
ele o instruirá no caminho que deve escolher.
13 Na prosperidade repousará a sua alma,
e a sua descendência herdará a terra.
14 O SENHOR confia o seu segredo aos que o temem,
aos quais ele dará a conhecer a sua aliança.

15 Os meus olhos se elevam
continuamente ao SENHOR,
pois ele tirará os meus pés do laço.
16 Volta-te para mim e tem compaixão,
porque estou sozinho e aflito.
17 Alivia-me as tribulações do coração;
tira-me das minhas angústias.
18 Considera as minhas aflições
e o meu sofrimento
e perdoa todos os meus pecados.

19 Considera os meus inimigos, pois são muitos
e têm por mim um ódio mortal.
20 Guarda a minha alma e livra-me;
não seja eu envergonhado, pois em ti me refugio.
21 Que a sinceridade e a retidão me preservem,
porque em ti espero.

22 Ó Deus, redime Israel
de todas as suas tribulações.

Oração de um justo

Salmo de Davi

26 1 Faze-me justiça, SENHOR,
pois tenho andado na minha integridade
e confio no SENHOR, sem vacilar.
2 Examina-me, SENHOR, e prova-me;
sonda o meu coração e os meus pensamentos.
3 Pois a tua misericórdia, tenho-a diante dos olhos
e tenho andado na tua verdade.

4 Não me tenho assentado com gente falsa
e com os hipócritas não me associo.
5 Detesto a assembleia dos malfeitores
e com os ímpios não me assento.

6 Lavo as mãos na inocência
e, assim, andarei, SENHOR, ao redor do teu altar,
7 para entoar, com voz alta, os louvores
e proclamar todas as tuas maravilhas.
8 Eu amo, SENHOR, a habitação de tua casa
e o lugar onde a tua glória reside.

9 Não colhas a minha alma com a dos pecadores,
nem a minha vida com a dos sanguinários,
10 em cujas mãos há crimes
e cuja mão direita está cheia de subornos.
11 Quanto a mim, porém,
ando na minha integridade;
livra-me e tem compaixão de mim.

12 O meu pé está firme em terreno plano;
nas congregações, bendirei o SENHOR.

Com Deus não temeremos
Salmo de Davi

27 1 O SENHOR é a minha luz
e a minha salvação;
de quem terei medo?
O SENHOR é a fortaleza da minha vida;
a quem temerei?

2 Quando malfeitores me sobrevêm
para me destruir,
meus opressores e inimigos,
eles é que tropeçam e caem.
3 Ainda que um exército se acampe contra mim,
não se atemorizará o meu coração;
e, se estourar contra mim a guerra,
ainda assim terei confiança.

4 Uma coisa peço ao SENHOR
e a buscarei:
que eu possa morar na Casa do SENHOR
todos os dias da minha vida,
para contemplar a beleza do SENHOR
e meditar no seu templo.
5 Pois, no dia da adversidade,
ele me ocultará no seu abrigo;
no interior do seu tabernáculo, me acolherá;
ele me porá no alto de uma rocha.
6 Agora, será exaltada a minha cabeça
acima dos inimigos que me cercam.
No seu tabernáculo, oferecerei
sacrifícios de júbilo;
cantarei e salmodiarei ao SENHOR.

7 Ouve, SENHOR, a minha voz; eu clamo;
tem compaixão de mim e responde-me.
8 Ao meu coração me ocorre:
"Busquem a minha presença."
Buscarei, pois, SENHOR,
a tua presença.
9 Não me escondas, SENHOR, a tua face;
não rejeites com ira o teu servo.
Tu és o meu auxílio;
não me deixes, nem me abandones,
ó Deus da minha salvação.
10 Porque, se o meu pai e a minha mãe
me abandonarem,
o SENHOR me acolherá.

11 Ensina-me, SENHOR, o teu caminho
e guia-me por vereda plana,
por causa dos meus inimigos.
12 Não me entregues à vontade
dos meus adversários;
pois contra mim se levantam
falsas testemunhas
e os que só respiram crueldade.

13 Eu creio que verei a bondade do SENHOR
na terra dos viventes.
14 Espere no SENHOR.
Anime-se, e fortifique-se o seu coração;
espere, pois, no SENHOR.

Súplica e ações de graças
Salmo de Davi

28 1 A ti clamo, ó SENHOR;
rocha minha, não sejas surdo para comigo;
porque, se te calares quanto a mim,
serei semelhante aos que descem à cova.
2 Ouve a voz das minhas súplicas,
quando a ti clamar por socorro,
quando erguer as mãos para o teu santuário.

3 Não me arrastes com os ímpios,
com os que praticam a iniquidade.
Eles falam de paz ao seu próximo,
porém no coração têm perversidade.
4 Paga-lhes segundo as suas obras,
segundo a maldade dos seus atos.
Dá-lhes conforme a obra de suas mãos,
retribui-lhes o que merecem.
5 E, visto que não compreendem
os feitos do SENHOR,
nem o que as suas mãos fazem,
ele os derrubará e não os reedificará.

6 Bendito seja o SENHOR,
porque ouviu a voz das minhas súplicas!
7 O SENHOR é a minha força e o meu escudo;
nele o meu coração confia, nele fui socorrido;
por isso, o meu coração exulta,
e com o meu cântico o louvarei.

8 O SENHOR é a força do seu povo,
o refúgio salvador do seu ungido.
9 Salva o teu povo e abençoa a tua herança;
apascenta-os e exalta-os para sempre.

A poderosa voz de Deus
Salmo de Davi

29 1 Deem ao SENHOR,
ó filhos de Deus,
deem ao SENHOR glória e força.
2 Deem ao SENHOR a glória devida ao seu nome,
adorem o SENHOR na beleza da sua santidade.

3 Ouve-se a voz do SENHOR sobre as águas;
o Deus da glória troveja;
o SENHOR está sobre as muitas águas.
4 A voz do SENHOR é poderosa;
a voz do SENHOR é cheia de majestade.
5 A voz do SENHOR quebra os cedros;
sim, o SENHOR despedaça os cedros do Líbano.
6 Ele faz o Líbano saltar como um bezerro,
e o monte Hermom pular
como um boi selvagem.
7 A voz do SENHOR
produz chamas de fogo.

8 A voz do SENHOR faz tremer o deserto;
o SENHOR faz tremer o deserto de Cades.
9 A voz do SENHOR faz dar cria às corças
e desnuda os bosques;
e no seu templo todos dizem: "Glória!"

10 O SENHOR governa os dilúvios;
como rei, o SENHOR governa para sempre.
11 O SENHOR dá força ao seu povo,
o SENHOR abençoa o seu povo com paz.

Ação de graças pela libertação da morte

Salmo de Davi. Cântico da dedicação da casa

30 1 Eu te exaltarei, SENHOR,
porque tu me livraste
e não permitiste que os meus inimigos
se alegrassem contra mim.
2 SENHOR, meu Deus, clamei a ti por socorro,
e tu me curaste.
3 SENHOR, da sepultura fizeste subir a minha alma;
preservaste-me a vida
para que não descesse ao abismo.
4 Cantem louvores ao SENHOR,
vocês que são os seus santos,
e deem graças ao seu santo nome.
5 Porque a sua ira dura só um momento,
mas o seu favor dura a vida inteira.
O choro pode durar uma noite,
mas a alegria vem pela manhã.

6 Eu disse na minha prosperidade:
"Jamais serei abalado."
7 Tu, SENHOR, por teu favor
fizeste permanecer forte a minha montanha;
apenas voltaste o rosto,
fiquei logo com medo.

8 Por ti, SENHOR, clamei;
ao Senhor implorei.
9 Que proveito obterás no meu sangue,
quando baixo à cova?
Será que o pó é capaz de te louvar?
Poderá ele declarar a tua verdade?
10 Ouve, SENHOR, e tem compaixão de mim;
sê tu, SENHOR, o meu auxílio.
11 Tornaste o meu pranto em dança alegre;
tiraste o meu pano de saco
e me cingiste de alegria,
12 para que o meu espírito
te cante louvores e não se cale.
SENHOR, Deus meu, graças te darei para sempre.

Lamento e louvor

Ao mestre de canto. Salmo de Davi

31 1 Em ti, SENHOR, me refugio;
não seja eu jamais envergonhado;
livra-me por tua justiça.
2 Inclina-me os ouvidos,
livra-me depressa;
sê o meu castelo forte,
cidadela fortíssima que me salve.

3 Porque tu és a minha rocha
e a minha fortaleza;
por causa do teu nome,
tu me conduzirás e me guiarás.
4 Tira-me do laço que,
às escondidas, me armaram,
pois tu és a minha fortaleza.
5 Nas tuas mãos entrego o meu espírito;
tu me remiste, SENHOR, Deus da verdade.

6 Tu detestas os que adoram ídolos vãos;
eu, porém, confio no SENHOR.
7 Eu me alegrarei e regozijarei na tua bondade,
pois tens visto a minha aflição,
conheceste as angústias de minha alma
8 e não me entregaste nas mãos do inimigo;
firmaste os meus pés em lugar espaçoso.

9 Compadece-te de mim, SENHOR,
porque estou angustiado;
de tristeza se consomem os meus olhos,
a minha alma e o meu corpo.
10 Gasta-se a minha vida na tristeza,
e os meus anos, em gemidos;
debilita-se a minha força,
por causa da minha iniquidade,
e os meus ossos se consomem.

11 Tornei-me objeto de deboche
para todos os meus adversários,
de espanto para os meus vizinhos
e de horror para os meus conhecidos;
os que me veem na rua fogem de mim.
12 Estou esquecido no coração deles, como morto;
sou como vaso quebrado.
13 Pois tenho ouvido a murmuração de muitos,
terror por todos os lados;
conspirando contra mim,
tramam tirar-me a vida.

14 Quanto a mim, confio em ti, SENHOR.
Eu disse: "Tu és o meu Deus."
15 Nas tuas mãos estão os meus dias;
livra-me das mãos dos meus inimigos
e dos meus perseguidores.
16 Faze resplandecer o teu rosto sobre o teu servo;
salva-me por tua misericórdia.
17 Não seja eu envergonhado, SENHOR,
pois te invoquei;
envergonhados sejam os perversos,
emudecidos na morte.
18 Emudeçam os lábios mentirosos,
que falam insolentemente contra o justo,
com arrogância e desdém.

19 Como é grande a tua bondade,
que reservaste aos que te temem,
da qual usas, diante dos filhos dos homens,
para com os que em ti se refugiam!
20 No recôndito da tua presença,
tu os esconderás das intrigas humanas,
num esconderijo os ocultarás
do conflito de línguas.

21 Bendito seja o SENHOR,
que engrandeceu a sua misericórdia
para comigo, numa cidade sitiada!
22 Eu disse na minha pressa:
"Estou excluído da tua presença."
Mas tu ouviste a voz das minhas súplicas,
quando clamei por teu socorro.

23 Amem o SENHOR, todos vocês
que são os seus santos.
O SENHOR preserva os fiéis,
mas retribui com abundância aos soberbos.
24 Sejam fortes, e que se revigore o coração
de todos vocês que esperam no SENHOR.

A bem-aventurança de quem recebe o perdão

De Davi. Salmo didático

32 1 Bem-aventurado aquele
cuja transgressão é perdoada,
cujo pecado é coberto.
2 Bem-aventurado é aquele a quem o SENHOR
não atribui iniquidade
e em cujo espírito não há engano.

3 Enquanto calei os meus pecados,
envelheceram os meus ossos
pelos meus constantes gemidos todo o dia.
4 Porque a tua mão pesava dia e noite sobre mim,
e o meu vigor secou como no calor do verão.
5 Confessei-te o meu pecado
e a minha iniquidade não mais ocultei.
Eu disse: "Confessarei ao SENHOR
as minhas transgressões";
e tu perdoaste a iniquidade do meu pecado.

6 Sendo assim, todo o que é piedoso te fará súplicas
em tempo de poder te encontrar.
Com efeito, quando transbordarem muitas águas,
não o atingirão.
7 Tu és o meu esconderijo;
tu me preservas da tribulação
e me cercas de alegres cantos de livramento.

8 Eu o instruirei e lhe ensinarei o caminho
que você deve seguir;
e, sob as minhas vistas, lhe darei conselho.
9 Não sejam como o cavalo ou a mula,
que não têm entendimento,
que são dominados com freios e cabrestos;
do contrário não obedecem a você.

10 Muitos são os sofrimentos do ímpio,
mas o que confia no SENHOR,
a misericórdia o cercará.

11 Alegrem-se no SENHOR e regozijem-se, ó justos;
exultem, todos vocês que são retos de coração.

Louvor ao Criador e Senhor

33 1 Exultem no SENHOR, ó justos!
Aos que são retos fica bem louvá-lo.
2 Louvem o SENHOR com harpa,
louvem-no com cânticos na lira de dez cordas.
3 Cantem-lhe um cântico novo,
toquem com arte e com júbilo.

4 Porque a palavra do SENHOR é reta,
e todo o seu proceder é fiel.
5 Ele ama a justiça e o direito;
a terra está cheia da bondade do SENHOR.

6 Os céus por sua palavra se fizeram,
e, pelo sopro de sua boca, o exército deles.
7 Ele ajunta em montão as águas do mar;
e em reservatório encerra os abismos.
8 Que toda a terra tema o SENHOR,
que tremam todos os habitantes do mundo.
9 Pois ele falou, e tudo se fez;
ele ordenou, e tudo passou a existir.

10 O SENHOR frustra os planos das nações
e anula os intentos dos povos.
11 O plano do SENHOR dura para sempre;
os intentos do seu coração, por todas as gerações.
12 Feliz a nação cujo Deus é o SENHOR,
e o povo que ele escolheu para a sua herança.
13 O SENHOR olha dos céus
e vê todos os filhos dos homens;
14 do lugar de sua morada, observa
todos os moradores da terra,
15 ele, que forma o coração de todos eles,
que contempla todas as suas obras.

16 Não há rei que se salve
com o poder dos seus exércitos;
nem por sua muita força se livra o valente.
17 O cavalo não garante a vitória;
apesar de sua grande força, a ninguém pode livrar.
18 Eis que os olhos do SENHOR
estão sobre os que o temem,
sobre os que esperam na sua misericórdia,
19 para livrar a alma deles da morte,
e, no tempo da fome, conservar-lhes a vida.

20 Nossa alma espera no SENHOR,
nosso auxílio e escudo.
21 Nele, o nosso coração se alegra,
pois confiamos no seu santo nome.

22 Seja sobre nós, SENHOR, a tua misericórdia,
como de ti esperamos.

O Senhor é bom!

Salmo de Davi, quando se fingiu de louco na presença de Abimeleque e, por este expulso, ele se foi

34 1 Bendirei o SENHOR
em todo o tempo,
o seu louvor estará sempre nos meus lábios.
2 A minha alma se gloriará no SENHOR;
os humildes ouvirão isso e se alegrarão.
3 Louvem comigo a grandeza do SENHOR,
e todos juntos lhe exaltemos o nome.

4 Busquei o SENHOR, e ele me acolheu;
livrou-me de todos os meus temores.
5 Os que olham para ele ficarão radiantes;
o rosto deles jamais se cobrirá de vexame.
6 Clamou este aflito, e o SENHOR o ouviu
e o livrou de todas as suas angústias.
7 O anjo do SENHOR acampa-se
ao redor dos que o temem e os livra.

8 Provem e vejam que o SENHOR é bom;
bem-aventurado é quem nele se refugia.
9 Temam o SENHOR,
vocês que são os seus santos,
pois nada falta aos que o temem.
10 Os leõezinhos passam necessidade
e sentem fome,
porém aos que buscam o SENHOR
bem nenhum lhes faltará.

11 Venham, meus filhos, e escutem;
eu lhes ensinarei o temor do SENHOR.
12 Quem de vocês ama a vida
e quer longevidade para ver o bem?
13 Refreie a língua do mal
e os lábios de falarem palavras enganosas.
14 Afaste-se do mal e pratique o bem;
procure a paz e empenhe-se por alcançá-la.

15 Os olhos do SENHOR repousam sobre os justos,
e os seus ouvidos estão abertos ao seu clamor.
16 O rosto do SENHOR está contra
os que praticam o mal,
para extirpar da terra a memória deles.
17 Clamam os justos, e o SENHOR os escuta
e os livra de todas as suas angústias.
18 Perto está o SENHOR dos que têm
o coração quebrantado;
ele salva os de espírito oprimido.

19 Muitas são as aflições do justo,
mas o SENHOR de todas o livra.
20 Preserva-lhe todos os ossos,
nem um deles sequer será quebrado.
21 A desgraça matará o ímpio,
e os que odeiam o justo serão condenados.
22 O SENHOR resgata a alma dos seus servos,
e dos que nele confiam
nenhum será condenado.

Oração pedindo a ajuda de Deus

Salmo de Davi

35 1 Ó SENHOR, defende a minha causa
contra os que me acusam;
luta contra aqueles que me atacam.
2 Embraça o escudo e a couraça
e ergue-te em meu auxílio.
3 Empunha a lança
e reprime o passo dos meus perseguidores.
Dize à minha alma:
"Eu sou a sua salvação."
4 Sejam confundidos e cobertos de vexame
os que buscam tirar-me a vida;
retrocedam e sejam envergonhados
os que tramam contra mim.
5 Sejam como a palha que o vento leva,
impelindo-os o anjo do SENHOR.
6 Que o caminho deles fique escuro
e se torne escorregadio,
e que o anjo do SENHOR os persiga.
7 Pois sem razão me armaram ciladas,
sem motivo abriram uma cova para mim.
8 Venha sobre o inimigo a destruição,
quando ele menos esperar;
e prendam-no os laços que tramou ocultamente;
caia neles para a sua própria ruína.
9 Então a minha alma se alegrará no SENHOR
e se regozijará na sua salvação.
10 Todos os meus ossos dirão:
"SENHOR, quem é semelhante a ti?
Pois livras o aflito daquele que é
mais forte do que ele;
livras o pobre e o necessitado
daqueles que os exploram."

11 Falsas testemunhas se levantam
e me interrogam sobre coisas que eu não sei.
12 Pagam-me o mal pelo bem,
o que é desolação para a minha alma.
13 Quanto a mim, porém, estando eles enfermos,
as minhas roupas eram pano de saco;
eu afligia a minha alma com jejum
e em oração me reclinava sobre o peito.
14 Portava-me como se eles fossem
meus amigos ou meus irmãos;
andava curvado, de luto,
como quem chora por sua mãe.
15 Quando, porém, tropecei,
eles se alegraram e se reuniram;
reuniram-se contra mim;
homens sem valor, que eu não conhecia,
dilaceraram-me sem tréguas;
16 como hipócritas zombadores numa festa,
rangiam os dentes contra mim.
17 Até quando, Senhor, ficarás olhando?
Livra-me da violência deles;

salva dos leões
a minha preciosa vida.
18 Renderei graças na grande congregação,
te louvarei no meio da multidão poderosa.

19 Não se alegrem de mim os que,
sem razão, são meus inimigos;
não pisquem os olhos os que
sem motivo me odeiam.
20 Não é de paz que eles falam;
pelo contrário, tramam enganos
contra os pacíficos da terra.
21 Escancaram contra mim a boca
e dizem: "Pegamos! Pegamos!
Vimos tudo com os nossos próprios olhos!"

22 Tu, SENHOR, tens visto isso; não te cales;
Senhor, não te ausentes de mim.
23 Acorda e desperta para me fazeres justiça!
Defende a minha causa, Deus meu e Senhor meu.
24 Julga-me, SENHOR, Deus meu,
segundo a tua justiça;
não permitas que se alegrem à minha custa.
25 Não digam eles lá no seu íntimo:
"Agora, sim! Cumpriu-se o nosso desejo!"
Não digam: "Acabamos com ele!"
26 Envergonhem-se e, juntos,
sejam cobertos de vexame
os que se alegram com o meu mal!
Cubram-se de vergonha e humilhação
os que se engrandecem contra mim!
27 Cantem de júbilo e se alegrem
os que têm prazer na minha retidão!
Que eles digam sempre:
"Glorificado seja o SENHOR,
que se compraz na prosperidade do seu servo!"
28 E a minha língua celebrará a tua justiça
e o teu louvor todo o dia.

A maldade humana e a bondade de Deus

Ao mestre de canto. De Davi, servo do SENHOR

36 1 Há no coração do ímpio
a voz da transgressão;
não há temor de Deus
diante de seus olhos.
2 Porque a transgressão o lisonjeia a seus olhos
e lhe diz que a sua iniquidade
não há de ser descoberta, nem detestada.
3 As palavras de sua boca são maldade e engano;
deixou de lado o discernimento
e a prática do bem.
4 No seu leito, planeja maldades,
detém-se em caminho que não é bom,
e não rejeita aquilo que é mau.

5 A tua misericórdia, SENHOR, chega até os céus,
a tua fidelidade vai até as nuvens.
6 A tua justiça é como as grandes montanhas;
os teus juízos são como um abismo profundo.
Tu, SENHOR, preservas as pessoas
e os animais.
7 Como é preciosa, ó Deus, a tua misericórdia!
Por isso, os filhos dos homens
se acolhem à sombra das tuas asas.
8 Fartam-se da abundância da tua casa,
e na torrente das tuas delícias
lhes dás de beber.
9 Pois em ti está a fonte da vida;
na tua luz, vemos a luz.

10 Estende a tua misericórdia aos que te conhecem,
e a tua justiça, aos retos de coração.
11 Não deixes que os pés dos soberbos
me esmaguem,
nem que a mão dos ímpios me obrigue a fugir.
12 Tombaram os obreiros da iniquidade;
foram derrubados e não conseguem
mais se levantar.

O fim dos maus e dos bons

Salmo de Davi

37 1 Não se irrite
por causa dos malfeitores,
nem tenha inveja dos que praticam a iniquidade.
2 Pois em breve eles secarão como a relva
e murcharão como a erva verde.

3 Confie no SENHOR e faça o bem;
habite na terra e alimente-se da verdade.
4 Agrade-se do SENHOR,
e ele satisfará os desejos do seu coração.

5 Entregue o seu caminho ao SENHOR,
confie nele, e o mais ele fará.
6 Fará com que a sua justiça sobressaia como a luz
e que o seu direito brilhe como o sol ao meio-dia.

7 Descanse no SENHOR e espere nele;
não se irrite por causa daquele
que prospera em seu caminho,
por causa do que realiza os seus maus desígnios.

8 Deixe a ira, abandone o furor;
não se irrite; certamente isso acabará mal.
9 Porque os malfeitores serão exterminados,
mas os que esperam no SENHOR possuirão a terra.

10 Mais um pouco de tempo,
e já não existirão os ímpios;
você procurará no lugar onde eles estavam
e não os encontrará.
11 Mas os mansos herdarão a terra
e terão alegria na abundância de paz.

12 Os ímpios fazem planos contra os justos
e contra eles rangem os dentes.
13 O Senhor dá risada dos ímpios,
pois vê que o dia deles está chegando.

14 Os ímpios puxam da espada
e preparam o arco
para abater os pobres e necessitados,
para matar os que trilham o reto caminho.
15 Mas a espada deles lhes atravessará
o próprio coração,
e os seus arcos serão despedaçados.

16 Mais vale o pouco do justo
que a abundância de muitos ímpios.
17 Pois os braços dos ímpios serão quebrados,
mas os justos, o SENHOR os sustém.

18 O SENHOR conhece os dias dos íntegros;
a herança deles permanecerá para sempre.
19 Não serão envergonhados
nos tempos difíceis
e nos dias da fome se fartarão.

20 Os ímpios, no entanto, perecerão,
e os inimigos do SENHOR serão
como as mais belas pastagens:
desaparecerão, como desaparece a fumaça.

21 O ímpio pede emprestado e não paga;
o justo, porém, se compadece e dá.
22 Aqueles a quem o SENHOR abençoa
possuirão a terra;
e serão exterminados aqueles
a quem ele amaldiçoa.

23 O SENHOR firma os passos do homem bom
e se agrada do seu caminho;
24 se cair, não ficará prostrado,
porque o SENHOR o segura pela mão.
25 Fui moço e agora sou velho,
porém jamais vi o justo desamparado,
nem a sua descendência a mendigar o pão.
26 É sempre compassivo e empresta,
e a sua descendência será uma bênção.

27 Afaste-se do mal e pratique o bem,
e a sua morada será perpétua.
28 Pois o SENHOR ama a justiça
e não desampara os seus santos.
Serão preservados para sempre,
mas a descendência dos ímpios
será exterminada.
29 Os justos herdarão a terra
e nela habitarão para sempre.

30 Da boca do justo procede sabedoria,
e a sua língua fala o que é justo.
31 No coração, ele tem a lei do seu Deus;
os seus passos não vacilarão.
32 O perverso espreita o justo
e procura tirar-lhe a vida.
33 Mas o SENHOR não o deixará
nas mãos do perverso,
nem o condenará quando for julgado.

34 Espere no SENHOR e ande nos seus caminhos;
ele o exaltará para que você herde a terra;
você verá quando os ímpios forem exterminados.

35 Vi um ímpio prepotente
expandir-se como um cedro do Líbano.
36 Passei, e eis que havia desaparecido;
procurei-o, e já não foi encontrado.

37 Observe aquele que é íntegro e reto;
porque o futuro dele será de paz.
38 Quanto aos transgressores,
serão todos destruídos;
a descendência dos ímpios será exterminada.

39 Mas a salvação dos justos vem do SENHOR;
ele é a fortaleza deles em tempos de angústia.
40 O SENHOR os ajuda e os livra;
livra-os dos ímpios e os salva,
porque nele buscam refúgio.

Oração de um pecador aflito

Salmo de Davi. Em memória

38 1 Não me repreendas, SENHOR,
na tua ira,
nem me castigues no teu furor.
2 Cravam-se em mim as tuas setas,
e a tua mão recai sobre mim.
3 Não há parte sã na minha carne,
por causa da tua indignação;
não há saúde nos meus ossos,
por causa do meu pecado.
4 Pois já se elevam acima de minha cabeça
as minhas iniquidades;
como fardos pesados,
excedem as minhas forças.

5 Tenho feridas que cheiram mal
e estão cheias de pus,
por causa da minha insensatez.
6 Sinto-me encurvado e muito abatido,
ando de luto o dia todo.
7 Os meus lombos ardem,
e não há parte sã na minha carne.
8 Estou aflito e mui quebrantado;
dou gemidos por causa
do desassossego do meu coração.

9 Na tua presença, Senhor,
estão os meus desejos todos,
e a minha ansiedade não te é oculta.
10 O meu coração bate acelerado,
faltam-me as forças,
e a luz dos meus olhos, até essa me deixou!
11 Os meus amigos e companheiros
afastam-se da minha desgraça,
e os meus parentes ficam de longe.
12 Armam ciladas contra mim
os que tramam tirar-me a vida;

os que me procuram fazer o mal
dizem coisas perniciosas
e imaginam engano todo o dia.
13 Mas eu, como surdo, não ouço
e, qual mudo, não abro a boca.
14 Sou como quem não ouve
e em cujos lábios não há réplica.
15 Pois em ti, SENHOR, espero;
tu me responderás, Senhor, Deus meu.
16 Porque eu dizia: "Não deixes
que eles se alegrem de mim
e contra mim se engrandeçam
quando me resvala o pé."
17 Pois estou prestes a tropeçar;
a minha dor está sempre diante de mim.
18 Confesso a minha iniquidade;
suporto tristeza por causa do meu pecado.
19 Mas os meus inimigos são vigorosos e fortes,
e são muitos os que sem motivo me odeiam.
20 Aqueles que pagam o mal pelo bem
são meus adversários, porque eu sigo o que é bom.

21 Não me desampares, SENHOR;
Deus meu, não te ausentes de mim.
22 Apressa-te em socorrer-me,
Senhor, salvação minha.

A vaidade da vida

Ao mestre de canto, Jedutum. Salmo de Davi

39 1 Eu disse comigo mesmo:
"Guardarei os meus caminhos,
para não pecar com a língua;
porei mordaça à minha boca,
enquanto os ímpios estiverem
na minha presença."
2 Emudeci em silêncio,
calei a respeito do bem,
e a minha dor se agravou.
3 O coração me ardia no peito;
enquanto eu meditava,
um fogo se acendeu dentro de mim.
Então eu disse em voz alta:
4 "SENHOR, dá-me a conhecer o meu fim
e qual é a soma dos meus dias,
para que eu reconheça a minha fragilidade."

5 Deste aos meus dias o comprimento
de alguns palmos;
à tua presença, o prazo da minha vida é nada.
Na verdade, todo ser humano,
por mais firme que esteja, é pura vaidade.
6 De fato, o ser humano passa como uma sombra.
Em vão se inquieta;
amontoa tesouros e não sabe
quem ficará com eles.

7 E eu, Senhor, que espero?
Tu és a minha esperança.
8 Livra-me de todas as minhas iniquidades;
não permitas que os insensatos
zombem de mim.
9 Emudeço, não abro os lábios
porque tu fizeste isso.
10 Tira de sobre mim o teu flagelo;
pelo golpe de tua mão, estou perecendo.
11 Quando castigas alguém com repreensões,
por causa do pecado,
destróis nele, como traça, o que tem de precioso.
De fato, o ser humano é pura vaidade.

12 Ouve, SENHOR, a minha oração,
escuta-me quando grito por socorro.
Não fiques insensível às minhas lágrimas,
porque sou forasteiro diante de ti,
peregrino como todos os meus pais o foram.
13 Desvia de mim o olhar,
para que eu tome alento,
antes que eu passe e deixe de existir.

Cântico de louvor e pedido de ajuda

Ao mestre de canto. Salmo de Davi

40 1 Esperei com paciência
pelo SENHOR;
ele se inclinou para mim
e me ouviu quando clamei por socorro.
2 Tirou-me de um poço de perdição,
de um atoleiro de lama;
colocou os meus pés sobre uma rocha
e firmou os meus passos.
3 E me pôs nos lábios um cântico novo,
um hino de louvor ao nosso Deus.
Muitos verão essas coisas, temerão
e confiarão no SENHOR.
4 Bem-aventurado é aquele
que põe no SENHOR a sua confiança
e não se volta para os arrogantes,
nem para os que seguem a mentira.
5 São muitas, SENHOR, Deus meu,
as maravilhas que tens operado
e também os teus desígnios para conosco;
não há ninguém que possa se igualar a ti.
Eu quisera anunciá-los e deles falar,
mas são mais do que se pode contar.

6 Sacrifícios e ofertas não quiseste;
abriste os meus ouvidos;
holocaustos e ofertas pelo pecado
não requeres.
7 Então eu disse: "Eis aqui estou,
no rolo do livro está escrito a meu respeito;
8 agrada-me fazer a tua vontade,
ó Deus meu;
a tua lei está dentro do meu coração."
9 Proclamei as boas-novas de justiça
na grande congregação;

jamais cerrei os lábios,
tu o sabes, SENHOR.
10 Não ocultei no coração a tua justiça;
proclamei a tua fidelidade e a tua salvação;
não escondi da grande congregação
a tua graça e a tua verdade.

11 Não retenhas de mim, SENHOR,
as tuas misericórdias;
que a tua graça e a tua verdade
sempre me guardem.
12 São incontáveis os males que me cercam;
as minhas iniquidades me alcançaram,
tantas, que me impedem a visão;
são mais numerosas
que os cabelos de minha cabeça,
e o coração desfalece.

13 Agrada-te, SENHOR, em me livrar;
apressa-te, ó SENHOR, em me socorrer.
14 Que sejam envergonhados
e cobertos de vexame
todos os que buscam tirar-me a vida;
retrocedam e cubram-se de vergonha
os que se alegram com o meu mal.
15 Sofram perturbação
por causa da sua vergonha
aqueles que me dizem: "Bem feito! Bem feito!"
16 Exultem e em ti se alegrem
todos os que te buscam;
os que amam a tua salvação
digam sempre: "O SENHOR seja engrandecido!"
17 Eu sou pobre e necessitado,
porém o Senhor cuida de mim.
Tu és o meu amparo e o meu libertador;
não te demores, ó Deus meu!

Oração de um doente

Ao mestre de canto. Salmo de Davi

41 1 Bem-aventurado é aquele
que ajuda os necessitados;
o SENHOR o livra no dia do mal.
2 O SENHOR o protege, preserva-lhe a vida
e o faz feliz na terra;
não o entrega à vontade dos seus inimigos.
3 O SENHOR o assiste no leito da enfermidade.
Quando doente, tu lhe restauras a saúde.

4 Eu disse: "Compadece-te de mim, SENHOR;
sara a minha alma, porque pequei contra ti."
5 Os meus inimigos falam mal de mim:
"Quando é que ele vai morrer e ser esquecido?"
6 Se algum deles vem me visitar, diz coisas vãs,
amontoando maldades no coração;
ao sair, é disso que fala.
7 Todos os que me odeiam se reúnem
e ficam cochichando;
pensam o pior a respeito de mim, dizendo:
8 "Foi uma peste que deu nele";
e: "Caiu de cama, e não vai se levantar mais."
9 Até o meu amigo íntimo, em quem eu confiava,
que comia do meu pão,
levantou contra mim o seu calcanhar.

10 Tu, porém, SENHOR, compadece-te de mim
e levanta-me, para que eu lhes pague
segundo merecem.
11 Com isto saberei que te agradas de mim:
em não triunfar contra mim o meu inimigo.
12 Quanto a mim, tu me susténs
na minha integridade
e me pões na tua presença para sempre.

13 Bendito seja o SENHOR, Deus de Israel,
de eternidade a eternidade!
Amém e amém!

LIVRO II

SALMOS 42—72

A alma suspira por Deus

Ao mestre de canto. Salmo didático dos filhos de Corá

42 1 Assim como a corça suspira
pelas correntes das águas,
assim, por ti, ó Deus, suspira a minha alma.
2 A minha alma tem sede de Deus,
do Deus vivo.
Quando irei e me apresentarei
diante da face de Deus?
3 As minhas lágrimas têm sido
o meu alimento dia e noite,
enquanto me dizem continuamente:
"E o seu Deus, onde está?"
4 Lembro-me destas coisas —
e dentro de mim
se derrama a minha alma —,
de como eu passava com a multidão de povo
e os guiava em procissão à Casa de Deus,
entre gritos de alegria e louvor,
multidão em festa.

5 Por que você está abatida, ó minha alma?
Por que se perturba dentro de mim?
Espere em Deus, pois ainda o louvarei,
a ele, meu auxílio e Deus meu.

6 Sinto abatida dentro de mim a minha alma;
lembro-me, portanto, de ti,
nas terras do Jordão, no Hermom,
e no monte Mizar.
7 Um abismo chama outro abismo,
ao ruído das tuas cachoeiras;
todas as tuas ondas e vagas
passaram sobre mim.
8 Contudo, o SENHOR, durante o dia,
me concede a sua misericórdia,

e de noite está comigo o seu cântico,
uma oração ao Deus da minha vida.

9 Pergunto a Deus, minha rocha:
"Por que te esqueceste de mim?
Por que hei de andar eu lamentando
sob a opressão dos meus inimigos?"
10 Os meus ossos se esmigalham,
quando os meus adversários me insultam,
perguntando sem parar:
"E o seu Deus, onde está?"

11 Por que você está abatida, ó minha alma?
Por que se perturba dentro de mim?
Espere em Deus, pois ainda o louvarei,
a ele, meu auxílio e Deus meu.

Desejos pelo santuário

43 1 Faze-me justiça, ó Deus,
e defende a minha causa
contra a nação infiel;
livra-me dessa gente fraudulenta e injusta.
2 Pois tu és o Deus da minha fortaleza.
Por que me rejeitas?
Por que hei de andar eu lamentando
sob a opressão dos meus inimigos?

3 Envia a tua luz e a tua verdade,
para que me guiem
e me levem ao teu santo monte
e aos teus tabernáculos.
4 Então irei ao altar de Deus,
de Deus, que é a minha grande alegria;
ao som da harpa eu te louvarei,
ó Deus, Deus meu.

5 Por que você está abatida, ó minha alma?
Por que se perturba dentro de mim?
Espere em Deus, pois ainda o louvarei,
a ele, meu auxílio e Deus meu.

Apelo por auxílio divino

Ao mestre de canto. Dos filhos de Corá. Salmo didático

44 1 Ó Deus, nós ouvimos
com os próprios ouvidos;
nossos pais nos contaram
o que fizeste outrora, em seus dias.
2 Com a tua mão expulsaste as nações
e estabeleceste os nossos pais;
afligiste os povos
e ampliaste o território de nossos pais.
3 Pois não foi por sua espada
que eles conquistaram a terra,
nem foi o seu braço
que lhes deu vitória,
e sim a tua mão poderosa, e o teu braço,
e a luz do teu rosto,
porque te agradaste deles.

4 Tu és o meu rei, ó Deus;
ordena a vitória de Jacó.
5 Com o teu auxílio,
vencemos os nossos inimigos;
em teu nome, pisamos sobre
os que se levantam contra nós.
6 Não confio no meu arco,
e não é a minha espada que me salva.
7 Pois tu nos salvaste dos nossos inimigos
e cobriste de vergonha os que nos odeiam.
8 Em Deus, nos temos gloriado continuamente
e para sempre louvaremos o teu nome.

9 Agora, porém, tu nos rejeitaste
e nos expuseste à vergonha,
e já não acompanhas os nossos exércitos.
10 Tu nos fazes bater em retirada
diante dos nossos inimigos,
e os que nos odeiam
nos tomam por seu despojo.
11 Entregaste-nos como ovelhas
para o matadouro
e nos espalhaste entre as nações.
12 Vendes por nada o teu povo
e não tens lucro com a sua venda.
13 Tu nos fazes objeto de deboche
para os nossos vizinhos,
de escárnio e de zombaria aos que nos rodeiam.
14 Tu fazes de nós provérbio entre as nações;
os povos nos veem e balançam a cabeça.
15 A minha humilhação
está sempre diante de mim;
o meu rosto se cobre de vergonha,
16 ante os gritos do que afronta e blasfema,
à vista do inimigo e do vingador.

17 Tudo isso nos sobreveio;
entretanto, não nos esquecemos de ti,
nem fomos infiéis à tua aliança.
18 O nosso coração não voltou atrás,
nem os nossos passos se desviaram
dos teus caminhos,
19 para nos esmagares onde vivem os chacais
e nos envolveres com as sombras da morte.
20 Se tivéssemos esquecido
o nome do nosso Deus
ou se tivéssemos estendido
as mãos a um deus estranho,
21 será que Deus não teria descoberto isso,
ele, que conhece os segredos dos corações?
22 Mas, por amor de ti, somos entregues
à morte continuamente,
somos considerados como ovelhas
para o matadouro.

23 Desperta! Por que dormes, Senhor?
Desperta! Não nos rejeites
para sempre!

24 Por que escondes o rosto
e te esqueces da nossa miséria
e da nossa opressão?
25 Pois a nossa alma está abatida até o pó,
e o nosso corpo está como que pegado no chão.
26 Levanta-te para socorrer-nos;
resgata-nos por amor da tua bondade.

O Ungido de Deus e a sua noiva

Ao mestre de canto, segundo a melodia "Os lírios". Dos filhos de Corá. Salmo didático. Cântico de amor

45 1 O meu coração transborda
de belas palavras.
Ao rei consagro o que compus;
a minha língua é como a pena
de um hábil escritor.
2 O senhor, ó rei, é o mais formoso
dos filhos dos homens;
a graça se extravasou nos seus lábios;
por isso, Deus o abençoou para sempre.
3 Cinja a espada no seu flanco, herói;
cinja a sua glória e a sua majestade!
4 E nessa majestade cavalgue vitoriosamente,
pela causa da verdade e da justiça;
e a sua mão direita lhe ensinará proezas.
5 As suas flechas são afiadas
e penetram o coração dos inimigos do rei;
os povos caem submissos aos seus pés.

6 O teu trono, ó Deus, é para todo o sempre;
cetro de justiça é o cetro do teu reino.
7 O senhor, ó rei, ama a justiça
e odeia a iniquidade;
por isso, Deus, o seu Deus, o ungiu
com o óleo de alegria,
como a nenhum dos seus companheiros.
8 Todas as suas roupas cheiram
a mirra, aloés e cássia;
de palácios de marfim ressoam
instrumentos de cordas que o alegram.
9 Filhas de reis se encontram
entre as suas damas de honra;
à sua direita está a rainha
enfeitada com ouro finíssimo de Ofir.

10 Ouça, filha, olhe e preste atenção:
esqueça o seu povo e a casa de seu pai.
11 Então o rei ficará encantado
com a sua formosura;
por ser ele o seu senhor,
incline-se diante dele.
12 A filha de Tiro virá trazendo presentes;
os mais ricos do povo lhe pedirão favores.

13 A filha do rei é toda formosura
no interior do palácio;
os seus vestidos são enfeitados de ouro.
14 Em roupas bordadas
conduzem-na diante do rei;
as virgens, suas companheiras que a seguem,
serão trazidas à sua presença, ó rei.
15 Serão conduzidas com alegria e regozijo;
entrarão no palácio do rei.
16 Em lugar de seus pais, estarão os seus filhos,
colocados como príncipes por toda a terra.
17 Farei com que o seu nome
seja celebrado de geração em geração,
e, assim, os povos o louvarão
para todo o sempre.

Deus é o nosso refúgio e fortaleza

Ao mestre de canto. Dos filhos de Corá. Em voz de soprano. Cântico

46 1 Deus é o nosso refúgio
e fortaleza,
socorro bem presente nas tribulações.
2 Portanto, não temeremos,
ainda que a terra se transtorne
e os montes se abalem no seio dos mares;
3 ainda que as águas tumultuem e espumejem
e na sua fúria os montes estremeçam.

4 Há um rio, cujas correntes
alegram a cidade de Deus,
o santuário das moradas do Altíssimo.
5 Deus está no meio dela; jamais será abalada.
Deus a ajudará desde o romper da manhã.
6 Bramam nações, reinos se abalam.
Deus faz ouvir a sua voz, e a terra se dissolve.

7 O SENHOR dos Exércitos está conosco;
o Deus de Jacó é o nosso refúgio.

8 Venham contemplar as obras do SENHOR,
que tem feito desolações na terra.
9 Ele faz cessar as guerras até os confins do mundo,
quebra o arco e despedaça a lança;
queima os carros no fogo.
10 Aquietem-se e saibam que eu sou Deus;
sou exaltado entre as nações,
sou exaltado na terra.

11 O SENHOR dos Exércitos está conosco;
o Deus de Jacó é o nosso refúgio.

Deus, o rei de toda a terra

Ao mestre de canto. Salmo dos filhos de Corá

47 1 Batam palmas, todos os povos;
aclamem a Deus com vozes de júbilo.
2 Pois o SENHOR Altíssimo é tremendo,
é o grande rei de toda a terra.

3 Ele nos submeteu os povos
e pôs as nações debaixo dos nossos pés.
4 Escolheu para nós a nossa herança,
a glória de Jacó, a quem ele ama.

5 Deus subiu em meio a aclamações,
o SENHOR, ao som de trombeta.
6 Cantem louvores a Deus, cantem louvores;
cantem louvores ao nosso Rei,
cantem louvores.
7 Deus é o Rei de toda a terra;
cantem louvores com harmonioso cântico.

8 Deus reina sobre as nações;
Deus se assenta no seu santo trono.
9 Os príncipes dos povos se reúnem
com o povo do Deus de Abraão,
porque a Deus pertencem os escudos da terra;
ele se exaltou gloriosamente.

A cidade de Deus

Cântico. Salmo dos filhos de Corá

48 1 Grande é o SENHOR
e mui digno de ser louvado,
na cidade do nosso Deus, seu santo monte.
2 Alto e belo, alegria de toda a terra,
é o monte Sião, para os lados do Norte,
a cidade do grande Rei.
3 Nos palácios dela,
Deus se faz conhecer como alto refúgio.

4 Por isso, eis que os reis se uniram
e juntos a atacaram.
5 Quando viram, se espantaram;
ficaram com medo e fugiram apressados.
6 O terror ali os venceu,
e sentiram dores como de mulher
que está dando à luz.
7 Com vento leste destruíste
as naus de Társis.

8 Como temos ouvido dizer,
agora vimos que aconteceu
na cidade do SENHOR dos Exércitos,
na cidade do nosso Deus.
Deus a estabelece para sempre.
9 Pensamos, ó Deus, na tua misericórdia
no meio do teu templo.
10 Como o teu nome, ó Deus,
assim o teu louvor se estende
até os confins da terra;
a tua mão direita está cheia de justiça.
11 Alegre-se o monte Sião,
exultem as filhas de Judá,
por causa dos teus juízos.

12 Andem em volta de Sião, rodeiem-na toda,
contem as suas torres;
13 notem bem as suas muralhas,
observem os seus palácios,
para que possam contar às gerações vindouras
14 que este é Deus,
o nosso Deus para todo o sempre;
ele será nosso guia até a morte.

A vaidade das riquezas

Ao mestre de canto. Salmo dos filhos de Corá

49 1 Povos todos, escutem isto;
deem ouvidos,
todos os moradores da terra,
2 tanto os humildes como os poderosos,
todos juntamente, os ricos e os pobres.
3 Os meus lábios falarão sabedoria,
e o meu coração terá pensamentos profundos.
4 Inclinarei os meus ouvidos a uma parábola,
decifrarei o meu enigma ao som da harpa.

5 Por que temerei nos dias maus,
quando me cercar a iniquidade
dos que me perseguem,
6 dos que confiam nos seus bens
e se gloriam na sua muita riqueza?
7 Ao irmão, verdadeiramente,
ninguém o pode remir,
nem pagar por ele a Deus o seu resgate —
8 pois a redenção da alma deles é caríssima,
e cessará a tentativa para sempre —,
9 para que continue a viver perpetuamente
e não venha a morrer.

10 Porque vê-se que os sábios morrem,
e que perecem também os tolos e estúpidos,
os quais deixam as suas riquezas
para os outros.
11 Em seu íntimo pensam que as suas casas
serão perpétuas
e, as suas moradas, para todas as gerações;
chegam a dar o seu próprio nome
às suas terras.

12 Todavia, o ser humano não permanece
em sua ostentação;
pelo contrário, é como os animais, que perecem.

13 Tal proceder é tolice deles;
mas os seus seguidores aplaudem
o que eles dizem.
14 Como ovelhas são postos na sepultura;
a morte é o seu pastor;
eles descem diretamente para a cova,
onde a sua formosura se consome;
o mundo dos mortos é o lugar em que habitam.
15 Mas Deus remirá a minha alma
do poder da morte,
pois ele me tomará para si.

16 Não tenha medo, quando alguém enriquecer,
quando aumentar a glória de sua casa;
17 pois, quando morrer, nada levará consigo,
a sua glória não o acompanhará.
18 Ainda que durante a vida
ele tenha se lisonjeado,
e ainda que o louvem
quando faz o bem a si mesmo,

19 irá juntar-se à geração de seus pais,
os quais já não verão a luz.

20 O ser humano, revestido de honrarias,
mas sem entendimento,
é como os animais, que perecem.

A verdadeira adoração

Salmo de Asafe

50 1 Fala o Poderoso, o SENHOR Deus,
e chama a terra desde o Oriente
até o Ocidente.
2 Desde Sião, excelência de formosura,
resplandece Deus.

3 O nosso Deus vem e não guarda silêncio.
À frente dele vem um fogo devorador,
e ao seu redor ruge grande tormenta.
4 Ele intima os céus lá em cima e a terra,
para julgar o seu povo.
5 Ele diz: "Congreguem os meus santos,
os que comigo fizeram aliança
por meio de sacrifícios."
6 Os céus anunciam a sua justiça,
porque é o próprio Deus que julga.

7 "Escute, meu povo, e eu falarei;
ó Israel, e eu testemunharei contra você.
Eu sou Deus, o seu Deus.
8 Não o repreendo pelos seus sacrifícios,
nem pelos holocaustos que você
continuamente me oferece.
9 Não aceitarei novilhos da sua casa,
nem bodes dos seus apriscos.
10 Pois são meus todos os animais do bosque
e o gado aos milhares sobre as montanhas.
11 Conheço todas as aves dos montes,
e são meus todos os animais
que vivem no campo."

12 "Se eu tivesse fome, não teria necessidade
de dizê-lo a você,
pois meu é o mundo e a sua plenitude.
13 Acaso como eu carne de touros?
Ou bebo sangue de cabritos?
14 Ofereça a Deus sacrifício de ações de graças
e cumpra os seus votos para com o Altíssimo.
15 Invoque-me no dia da angústia;
eu o livrarei, e você me glorificará."

16 Mas ao ímpio Deus diz:
"De que lhe serve repetir os meus preceitos
e ter nos lábios a minha aliança,
17 se você odeia a disciplina
e rejeita as minhas palavras?
18 Se vê um ladrão, você se torna amigo dele,
e aos adúlteros você se associa.
19 Abre a boca para o mal,
e a sua língua trama enganos.
20 Senta-se para falar contra o seu irmão
e difama o filho de sua mãe.
21 Você tem feito essas coisas, e eu me calei;
você pensava que eu era igual a você;
mas agora eu o repreenderei
e porei tudo à sua vista."

22 "Considerem, pois, nisto,
vocês que se esquecem de Deus,
para que eu não os despedace,
sem haver quem os livre.
23 Aquele que me oferece sacrifício
de ações de graças, esse me glorificará;
e ao que prepara o seu caminho,
farei com que veja a salvação de Deus."

Confissão e arrependimento

Ao mestre de canto. Salmo de Davi, quando o profeta Natã foi falar com ele, depois de ele ter estado com Bate-Seba

51 1 Compadece-te de mim, ó Deus,
segundo a tua benignidade;
e, segundo a multidão das tuas misericórdias,
apaga as minhas transgressões.
2 Lava-me completamente da minha iniquidade
e purifica-me do meu pecado.

3 Pois eu conheço as minhas transgressões,
e o meu pecado está sempre diante de mim.
4 Pequei contra ti, contra ti somente,
e fiz o que é mau aos teus olhos,
de maneira que serás tido por justo no teu falar
e puro no teu julgar.
5 Eu nasci na iniquidade,
e em pecado me concebeu a minha mãe.

6 Eis que te agradas da verdade no íntimo
e no oculto me fazes conhecer a sabedoria.
7 Purifica-me com hissopo, e ficarei limpo;
lava-me, e ficarei mais alvo do que a neve.
8 Faze-me ouvir júbilo e alegria,
para que exultem os ossos que esmagaste.
9 Esconde o teu rosto dos meus pecados
e apaga todas as minhas iniquidades.
10 Cria em mim, ó Deus, um coração puro
e renova dentro de mim um espírito inabalável.
11 Não me lances fora da tua presença,
nem me retires o teu Santo Espírito.
12 Restitui-me a alegria da tua salvação
e sustenta-me com um espírito voluntário.
13 Então ensinarei aos transgressores
os teus caminhos,
e os pecadores se converterão a ti.

14 Livra-me dos crimes de sangue, ó Deus,
Deus da minha salvação,
e a minha língua exaltará a tua justiça.
15 Abre, Senhor, os meus lábios,
e a minha boca manifestará o teu louvor.

16 Pois não te agradas de sacrifícios;
do contrário, eu os ofereceria;
e não tens prazer em holocaustos.
17 Sacrifício agradável a Deus
é o espírito quebrantado;
coração quebrantado e contrito,
não o desprezarás, ó Deus.

18 Faze bem a Sião, segundo a tua boa vontade;
edifica as muralhas de Jerusalém.
19 Então te agradarás dos sacrifícios de justiça,
dos holocaustos e das ofertas queimadas;
e sobre o teu altar serão oferecidos novilhos.

A justiça e a bondade de Deus

Ao mestre de canto. Salmo didático de Davi, quando Doegue, edomita, foi contar a Saul que Davi tinha ido à casa de Abimeleque

52 1 Por que você se gloria
na maldade, ó homem poderoso?
Pois a bondade de Deus dura para sempre.
2 Com a língua você trama planos de destruição;
ela é como navalha afiada,
que só produz enganos.
3 Você ama o mal mais do que o bem;
prefere mentir a falar a verdade.
4 Você ama todas as palavras devoradoras,
ó língua fraudulenta!
5 Também Deus o destruirá para sempre;
ele o pegará e arrancará da tenda
em que você habita
e o extirpará da terra dos viventes.
6 Os justos verão tudo isso,
temerão e vão rir dele, dizendo:
7 "Eis o homem que não fazia de Deus
a sua fortaleza,
mas confiava na abundância
dos seus próprios bens
e se fortalecia na sua perversidade."

8 Quanto a mim, porém,
sou como a oliveira verde
na Casa de Deus;
confio na misericórdia de Deus
para todo o sempre.
9 Sempre te louvarei,
porque assim o fizeste;
na presença dos teus fiéis,
esperarei no teu nome, porque é bom.

A corrupção do pecador e sua redenção

Sl 14

Ao mestre de canto. Salmo didático de Davi, para cítara

53 1 Diz o insensato no seu coração:
"Não há Deus."
Corrompem-se e praticam iniquidade;
já não há quem faça o bem.
2 Do céu Deus olha para os filhos dos homens,
para ver se há quem entenda,
se há quem busque a Deus.
3 Todos se desviaram
e juntamente se corromperam;
não há quem faça o bem,
não há nem um sequer.

4 Será que não entendem nada esses que praticam
a iniquidade,
que devoram o meu povo
como se comessem pão
e que não invocam a Deus?
5 Ficam tomados de grande pavor,
onde não há o que temer;
porque Deus dispersa os ossos
daqueles que cercam você;
você faz com que fiquem envergonhados,
porque Deus os rejeita.

6 Quem dera que de Sião
viesse já a salvação de Israel!
Quando Deus restaurar a sorte do seu povo,
Jacó exultará e Israel se encherá de alegria.

Oração pedindo a ajuda de Deus

Ao mestre de canto. Salmo didático. Para instrumentos de cordas. De Davi, quando os zifeus foram dizer a Saul: "Não está Davi escondido entre nós?"

54 1 Ó Deus, salva-me, pelo teu nome,
e faze-me justiça pelo teu poder.
2 Escuta, ó Deus, a minha oração,
dá ouvidos às palavras da minha boca.
3 Pois contra mim se levantam os insolentes,
e os violentos procuram tirar-me a vida;
eles não têm Deus diante de si.

4 Eis que Deus é o meu ajudador,
o Senhor é quem me sustenta a vida.
5 Ele retribuirá o mal aos meus inimigos.
Por tua fidelidade, acaba com eles.
6 Eu te oferecerei sacrifícios
voluntariamente;
louvarei o teu nome, ó SENHOR, porque é bom.
7 Pois ele me livrou de todas as minhas aflições;
e os meus olhos viram
a ruína dos meus inimigos.

Confiança em meio à perseguição

Ao mestre de canto. Para instrumentos de cordas. Salmo didático de Davi

55 1 Dá ouvidos, ó Deus,
à minha oração;
não te escondas da minha súplica.
2 Atende-me e responde-me;
sinto-me perplexo em minha queixa
e ando perturbado,

3 por causa do clamor do inimigo
e da opressão do ímpio;
pois sobre mim lançam calamidade
e furiosamente me hostilizam.

4 O meu coração estremece no peito,
terrores de morte caem sobre mim.
5 Temor e tremor me sobrevêm,
e o horror se apodera de mim.
6 Então eu disse: Quem me dera
ter asas como a pomba!
Voaria e acharia descanso.
7 Eis que fugiria para longe
e ficaria no deserto.
8 Depressa eu me abrigaria
do vendaval e da tempestade.

9 Destrói, Senhor, e confunde
os seus conselhos,
porque vejo violência e conflitos na cidade.
10 Dia e noite andam em volta dela,
nas suas muralhas,
e, dentro delas, reinam a corrupção e a maldade.
11 Há destruição no meio da cidade;
das suas praças não se afastam
a opressão e o engano.

12 Porque não é um inimigo que me afronta;
se o fosse, eu o suportaria;
nem é o que me odeia
quem se exalta contra mim,
pois dele eu me esconderia;
13 mas é você, homem meu igual,
meu companheiro e meu íntimo amigo.
14 Juntos nos entretínhamos
e íamos com a multidão à Casa de Deus.

15 Que a morte os assalte,
e vivos desçam à sepultura!
Porque há maldade nas suas moradas
e no seu íntimo.
16 Eu, porém, invocarei a Deus,
e o SENHOR me salvará.
17 À tarde, pela manhã e ao meio-dia,
farei as minhas queixas e lamentarei;
e ele ouvirá a minha voz.
18 Em paz ele livra a minha alma
dos que me perseguem;
pois são muitos contra mim.
19 Deus ouvirá e lhes responderá,
ele, que preside desde a eternidade,
porque não há neles mudança nenhuma,
e não temem a Deus.

20 Tal homem estendeu as mãos
contra os que tinham paz com ele;
violou a sua aliança.
21 A sua fala era mais macia que a manteiga,
porém no coração havia guerra;
as suas palavras eram mais suaves
que o azeite,
mas eram, de fato, espadas afiadas.

22 Lance os seus cuidados sobre o SENHOR
e ele o susterá;
jamais permitirá que o justo seja abalado.
23 Tu, porém, ó Deus, os lançarás
na cova profunda.
Homens sanguinários e fraudulentos
não chegarão à metade dos seus dias;
eu, todavia, confiarei em ti.

Oração de confiança em Deus

Ao mestre de canto, segundo a melodia "A pomba nos terebintos distantes". Hino de Davi, quando os filisteus o prenderam em Gate

56

1 Tem misericórdia de mim, ó Deus,
porque os homens querem me destruir;
todo o dia eles me oprimem
e lutam contra mim.
2 Os meus inimigos sempre querem me destruir;
são muitos os que atrevidamente me combatem.

3 Quando eu ficar com medo,
hei de confiar em ti.
4 Em Deus, cuja palavra eu exalto,
neste Deus ponho a minha confiança
e nada temerei.
Que me pode fazer um mortal?

5 Todo o dia torcem as minhas palavras;
os seus pensamentos são todos
contra mim para o mal.
6 Ajuntam-se, escondem-se,
espionam os meus passos,
como aguardando a hora de me tirarem a vida.
7 Dá-lhes a retribuição segundo a sua iniquidade.
Derruba os povos, ó Deus, na tua ira!

8 Contaste os meus passos
quando sofri perseguições.
Recolhe as minhas lágrimas no teu odre;
não estão elas inscritas no teu livro?
9 No dia em que eu te invocar,
os meus inimigos baterão em retirada.
Uma coisa eu sei: que Deus é por mim.
10 Em Deus, cuja palavra eu louvo,
no SENHOR, cuja palavra eu louvo,
11 neste Deus ponho a minha confiança
e nada temerei.
Que me pode fazer um simples ser humano?

12 Os votos que fiz, eu os manterei, ó Deus;
trarei as ofertas de ações de graças.
13 Pois da morte livraste a minha alma,
sim, livraste da queda os meus pés,
para que eu ande na presença de Deus,
na luz da vida.

Louvor pela bondade de Deus

Ao mestre de canto, segundo a melodia "Não destruas". Hino de Davi, quando fugia de Saul, na caverna

57 1 Tem misericórdia de mim, ó Deus,
tem misericórdia,
pois em ti a minha alma se refugia;
à sombra das tuas asas me abrigo,
até que passem as calamidades.
2 Clamarei ao Deus Altíssimo,
ao Deus que por mim tudo executa.
3 Dos céus ele me envia o seu auxílio e me livra;
cobre de vergonha os que procuram me destruir.
Envia a sua misericórdia e a sua fidelidade.
4 A minha alma está rodeada de leões,
ávidos por devorar os filhos dos homens;
lanças e flechas são os seus dentes,
espada afiada é a língua deles.
5 Sê exaltado, ó Deus, acima dos céus;
e em toda a terra brilhe a tua glória.

6 Armaram uma rede aos meus passos,
a minha alma está abatida.
Abriram uma cova diante de mim,
mas eles mesmos caíram nela.

7 Firme está o meu coração, ó Deus,
o meu coração está firme;
cantarei e entoarei louvores.
8 Acorde, ó minha alma!
Acordem, lira e harpa!
Quero acordar o alvorecer.
9 Eu te darei graças entre os povos;
cantarei louvores a ti entre as nações.
10 Pois a tua misericórdia se eleva até os céus,
e a tua fidelidade, até as nuvens.

11 Sê exaltado, ó Deus, acima dos céus;
e em toda a terra brilhe a tua glória.

O castigo dos ímpios

Ao mestre de canto, segundo a melodia "Não destruas". Hino de Davi

58 1 Será que vocês, juízes,
tomam decisões justas?
Julgam com retidão os filhos dos homens?
2 Longe disso! Pelo contrário, no íntimo
vocês planejam iniquidades
e distribuem na terra a violência de suas mãos.

3 Os ímpios se desviam desde a sua concepção;
nascem e já se desencaminham,
proferindo mentiras.
4 Têm veneno semelhante
ao veneno da serpente;
são como a víbora surda, que tapa os ouvidos,
5 para não ouvir a voz dos encantadores,
do mais fascinante em encantamentos.

6 Ó Deus, quebra-lhes os dentes na boca;
arranca, SENHOR, as presas dos leõezinhos.
7 Que eles desapareçam
como as águas que se escoam;
ao dispararem flechas, que elas se despedacem.
8 Sejam como a lesma, que se dilui ao passar;
como o aborto de mulher,
que nunca vejam a luz do sol.
9 Como espinheiros, antes que as panelas
de vocês sintam deles o calor,
tanto os verdes como os que estão em brasa,
serão arrebatados como por um redemoinho.

10 Os justos se alegrarão ao verem a vingança;
banharão os pés no sangue dos ímpios.
11 Então se dirá: "Na verdade,
há recompensa para os justos;
de fato há um Deus que julga na terra."

Súplica por libertação

Ao mestre de canto, segundo a melodia "Não destruas". Hino de Davi, quando Saul mandou que lhe vigiassem a casa, para o matar

59 1 Livra-me, Deus meu,
dos meus inimigos;
põe-me fora do alcance dos meus adversários.
2 Livra-me dos que praticam a iniquidade
e salva-me dos homens sanguinários.
3 Pois eis que armam ciladas à minha alma;
contra mim se reúnem os fortes,
sem que eu tenha cometido
qualquer transgressão ou pecado, ó SENHOR.
4 Sem culpa minha, eles se apressam
para me atacar;
desperta, vem ao meu encontro e vê.
5 Tu, SENHOR, Deus dos Exércitos,
és o Deus de Israel;
desperta, pois, e castiga
todas as nações;
não te compadeças de nenhum
dos que traiçoeiramente praticam a iniquidade.

6 Ao anoitecer, uivam como cães,
à volta da cidade.
7 Proferem ameaças;
em seus lábios há espadas.
Pois dizem: "Quem vai ouvir?"

8 Mas tu, SENHOR, vais rir deles;
zombarás de todas as nações.
9 Em ti, força minha, esperarei;
pois Deus é meu alto refúgio.

10 Meu Deus virá ao meu encontro
com a sua misericórdia,
Deus me fará ver
a derrota dos meus inimigos.
11 Não os mates, para que
o meu povo não se esqueça;

dispersa-os pelo teu poder e abate-os,
ó Senhor, escudo nosso.

12 Pelo pecado de sua boca,
pelas palavras dos seus lábios,
na sua própria soberba sejam enredados
e pelas maldições e mentiras que proferem.
13 Consome-os com indignação, consome-os,
para que deixem de existir
e se saiba que Deus reina em Jacó,
até os confins da terra.

14 Ao anoitecer, uivam como cães,
à volta da cidade.
15 Vagueiam à procura de comida
e, se não se fartam, então rosnam.

16 Eu, porém, cantarei a tua força;
pela manhã louvarei com alegria
a tua misericórdia,
pois tu me tens sido alto refúgio
e proteção no dia da minha angústia.
17 A ti, força minha, cantarei louvores,
porque Deus é meu alto refúgio,
é o Deus da minha misericórdia.

Oração em tempos de guerra

Ao mestre de canto, segundo a melodia "O lírio do testemunho". Hino de Davi para ensinar. Quando lutou contra os sírios da Mesopotâmia e de Zobá, e quando Joabe, regressando, derrotou doze mil edomitas, no vale do Sal

60 1 Ó Deus, tu nos rejeitaste
e nos dispersaste.
Tens estado indignado,
mas agora restabelece-nos!
2 Abalaste a terra e a fendeste;
repara-lhe as brechas, pois ela ameaça ruir.
3 Fizeste o teu povo experimentar reveses
e nos deste a beber um vinho que atordoa.
4 Deste um estandarte aos que te temem,
para fugirem de diante do arco.
5 Para que os teus amados sejam livres,
salva-nos com a tua mão direita e responde-nos.

6 Deus falou na sua santidade:
"Exultarei; dividirei Siquém
e medirei o vale de Sucote.
7 Gileade é meu e meu é também Manassés;
Efraim é o meu capacete;
Judá é o meu cetro.
8 Moabe, porém, é a minha bacia de lavar;
sobre Edom atirarei a minha sandália;
sobre a Filístia jubilarei."

9 Quem me conduzirá à cidade fortificada?
Quem me guiará até Edom?
10 Não nos rejeitaste, ó Deus?
Tu não sais, ó Deus, com os nossos exércitos!

11 Presta-nos auxílio na angústia,
pois vão é o socorro humano.
12 Em Deus faremos proezas,
porque ele mesmo pisará os nossos adversários.

Confiança na proteção de Deus

Ao mestre de canto. Com instrumentos de cordas. De Davi

61 1 Ouve, ó Deus, a minha súplica;
atende à minha oração.
2 Desde os confins da terra clamo por ti,
no abatimento do meu coração.

Leva-me para a rocha que é alta demais para mim;
3 pois tu tens sido o meu refúgio
e uma torre forte contra o inimigo.
4 Que eu possa habitar no teu tabernáculo
para sempre
e abrigar-me no esconderijo das tuas asas.
5 Pois ouviste, ó Deus, os meus votos
e me deste a herança
dos que temem o teu nome.

6 Dias sobre dias acrescentas ao rei;
os seus anos duram gerações após gerações.
7 Que ele permaneça para sempre diante de Deus;
concede-lhe que a bondade
e a fidelidade o preservem.

8 Assim, cantarei louvores
ao teu nome para sempre,
para cumprir, dia após dia, os meus votos.

Esperança somente em Deus

Ao mestre de canto, segundo a melodia de Jedutum. De Davi

62 1 Somente em Deus a minha alma
espera silenciosa;
dele vem a minha salvação.
2 Só ele é a minha rocha, a minha salvação
e o meu alto refúgio; não serei muito abalado.

3 Até quando vocês atacarão um homem,
todos vocês, para o derrubarem,
como se fosse uma parede pendida
ou um muro prestes a cair?
4 Só pensam em derrubá-lo da sua dignidade.
Eles se alegram na mentira;
de boca bendizem,
porém no interior maldizem.

5 Somente em Deus, ó minha alma,
espere silenciosa,
porque dele vem a minha esperança.
6 Só ele é a minha rocha, a minha salvação
e o meu alto refúgio; não serei jamais abalado.
7 De Deus dependem a minha salvação
e a minha glória;
ele é a minha forte rocha e o meu refúgio.

8 Confie nele em todo tempo, ó povo;
derrame diante dele o seu coração.
Deus é o nosso refúgio.
9 Pura vaidade são os homens plebeus;
os de fina estirpe não passam de falsidade;
pesados em balança,
eles juntos são mais leves do que a vaidade.
10 Não confiem na opressão,
nem ponham falsas esperanças na rapina.
Se as riquezas de vocês aumentam,
não ponham nelas o coração.

11 Uma vez Deus falou,
duas vezes ouvi isto:
Que o poder pertence a Deus,
12 e a ti, Senhor, pertence a graça,
pois a cada um retribuis
segundo as suas obras.

Sede de Deus

Salmo de Davi, quando estava no deserto de Judá

63 1 Ó Deus, tu és o meu Deus;
eu te busco ansiosamente.
A minha alma tem sede de ti;
meu corpo te almeja,
como terra árida, exausta e sem água.
2 Assim, quero ver-te no santuário,
para contemplar a tua força e a tua glória.
3 Porque a tua graça é melhor do que a vida;
os meus lábios te louvam.
4 Assim, eu te bendirei enquanto viver;
em teu nome, levanto as mãos.
5 Como de saborosa comida
se farta a minha alma;
e, com júbilo nos lábios, a minha boca te louva,
6 no meu leito, quando de ti me recordo
e em ti medito, durante as vigílias da noite.
7 Porque tu tens sido o meu auxílio;
à sombra das tuas asas, eu canto de alegria.
8 A minha alma apega-se a ti;
a tua mão direita me ampara.

9 Porém os que procuram destruir a minha vida
descerão às profundezas da terra.
10 Serão entregues ao poder da espada
e virão a ser pasto dos chacais.
11 Mas o rei se alegrará em Deus;
quem por ele jura se gloriará,
pois se tapará a boca dos que proferem mentira.

Pedido de proteção contra inimigos

Ao mestre de canto. Salmo de Davi

64 1 Ouve, ó Deus, a minha voz
na minha queixa;
preserva a minha vida
do terror do inimigo.
2 Esconde-me da conspiração
dos malfeitores
e do tumulto dos que praticam
a iniquidade.

3 Eles afiam a língua como espada
e apontam, quais flechas, palavras amargas,
4 para, às escondidas, atingirem o íntegro;
contra ele disparam repentinamente
e não temem.
5 Teimam no mau propósito;
falam em secretamente armar ciladas,
e dizem: "Quem nos verá?"
6 Planejam iniquidades e dizem:
"O plano que fizemos é perfeito!"
Os pensamentos e o coração
de cada um deles são um abismo.

7 Mas Deus atira contra eles uma flecha;
de repente, ficarão feridos.
8 Assim, serão levados a tropeçar;
a própria língua se voltará contra eles;
todos os que os veem balançam a cabeça.

9 Todas as pessoas temerão,
e anunciarão as obras de Deus,
e entenderão o que ele faz.
10 O justo se alegra no SENHOR e nele confia;
e se gloriam todos os retos de coração.

Gratidão pelas colheitas

Ao mestre de canto. De Davi. Cântico

65 1 A ti, ó Deus, o louvor
é devido em Sião,
e a ti se pagarão os votos.
2 Ó tu que escutas a oração,
a ti virão todas as pessoas,
3 por causa de suas iniquidades.
Se prevalecem as nossas transgressões,
tu as perdoas.
4 Bem-aventurado aquele a quem escolhes
e aproximas de ti, para que habite
nos teus átrios.
Ficaremos satisfeitos
com a bondade de tua casa —
o teu santo templo.

5 Com tremendos feitos nos respondes
em tua justiça,
ó Deus, Salvador nosso,
esperança de todos os confins da terra
e dos mares longínquos.
6 Com a tua força consolidas os montes,
cingido de poder.
7 Tu acalmas o rugido dos mares,
o ruído das suas ondas
e o tumulto dos povos.
8 Os que habitam nos confins da terra
temem os teus sinais;
os que vêm do Oriente e do Ocidente,
tu os fazes exultar de júbilo.

9 Tu visitas a terra e a regas;
tu a enriqueces grandemente.
Os ribeiros de Deus são abundantes de água;
provês o cereal,
porque para isso preparas a terra,
10 regando-lhe os sulcos
e desmanchando os torrões.
Tu a amoleces com chuviscos
e lhe abençoas a produção.

11 Coroas o ano da tua bondade;
as tuas pegadas destilam fartura,
12 destilam sobre as pastagens do deserto,
e de júbilo se revestem as colinas.
13 Os campos se cobrem de rebanhos,
e os vales se enchem de espigas;
exultam de alegria e cantam.

Cântico de louvor e gratidão

Ao mestre de canto. Cântico. Salmo

66 1 Aclamem a Deus, todas as terras!
2 Cantem louvores à glória do seu nome,
deem glória ao seu louvor.
3 Digam isto a Deus:
"Que tremendos são os teus feitos!
Pela grandeza do teu poder,
a ti se mostram submissos os teus inimigos.
4 Toda a terra se prostra diante de ti,
e canta louvores a ti;
canta louvores ao teu nome."

5 Venham e vejam as obras de Deus:
tremendos feitos para com
os filhos dos homens!
6 Transformou o mar em terra seca;
eles atravessaram o rio a pé;
ali, nos alegramos nele.
7 Ele, em seu poder, governa eternamente;
os seus olhos vigiam as nações.
Não se exaltem os rebeldes!

8 Bendigam, ó povos, o nosso Deus;
façam ouvir a voz do seu louvor.
9 É ele quem preserva com vida a nossa alma
e não permite que resvalem os nossos pés.

10 Pois tu, ó Deus, nos provaste;
tu nos refinaste como se faz com a prata.
11 Tu nos deixaste cair na armadilha;
puseste uma pesada carga
nas nossas costas;
12 fizeste com que os nossos inimigos
cavalgassem sobre a nossa cabeça;
passamos pelo fogo e pela água;
porém, afinal, nos trouxeste
para um lugar espaçoso.

13 Entrarei na tua casa com holocaustos;
a ti pagarei os meus votos,
14 que os meus lábios fizeram,
e que, no dia da angústia,
a minha boca prometeu.
15 Oferecerei a ti holocaustos de animais gordos,
com aroma de carneiros;
oferecerei novilhos e cabritos.

16 Venham e escutem, todos vocês
que temem a Deus,
e eu contarei o que ele tem feito
por minha alma.
17 A ele clamei com a boca; com a língua o exaltei.
18 Se, no coração, eu tivesse
contemplado iniquidade,
o Senhor não teria me ouvido.
19 Entretanto, Deus me ouviu
e atendeu a voz da minha oração.
20 Bendito seja Deus,
que não rejeitou a minha oração,
nem afastou de mim a sua graça.

Convite para louvar a Deus

Ao mestre de canto. Para instrumentos de cordas. Salmo. Cântico

67 1 Seja Deus gracioso para conosco,
e nos abençoe,
e faça resplandecer sobre nós o seu rosto;
2 para que se conheça na terra o teu caminho
e, em todas as nações, a tua salvação.

3 Louvem-te os povos, ó Deus!
Louvem-te os povos todos!

4 Alegrem-se e exultem as nações,
pois julgas os povos com justiça
e guias na terra as nações.

5 Louvem-te os povos, ó Deus!
Louvem-te os povos todos!

6 A terra deu o seu fruto,
e Deus, o nosso Deus, nos abençoa.
7 Que Deus nos abençoe,
e todos os confins da terra o temerão.

A vitória de Deus sobre os inimigos

Ao mestre de canto. Salmo de Davi. Cântico

68 1 Deus se levanta; os seus inimigos
se dispersam;
os que o odeiam fogem da sua presença.
2 Como se dissipa a fumaça, assim tu os dispersas;
como a cera se derrete perto do fogo,
assim os ímpios somem da presença de Deus.
3 Os justos, porém, se alegram;
exultam na presença de Deus
e folgam de alegria.

4 Cantem a Deus, cantem louvores ao seu nome;
exaltem aquele que cavalga
sobre as nuvens.

SENHOR é o seu nome;
exultem diante dele.
5 Pai dos órfãos e juiz das viúvas
é Deus em sua santa morada.
6 Deus faz com que o solitário
more em família;
liberta os cativos e lhes dá prosperidade;
só os rebeldes habitam em terra estéril.

7 Ao saíres, ó Deus, à frente do teu povo,
ao avançares pelo deserto,
8 a terra tremeu; também os céus gotejaram
na presença de Deus;
o próprio Sinai tremeu na presença de Deus,
do Deus de Israel.
9 Chuva abundante derramaste,
ó Deus, sobre a tua herança;
quando ela já estava exausta,
tu a restabeleceste.
10 Aí habitou o teu povo;
em tua bondade, ó Deus,
fizeste provisão para os necessitados.
11 O Senhor deu a palavra,
e grande é o exército das mensageiras
das boas-novas:
12 "Reis de exércitos fogem! Eles fogem!"
E a dona de casa reparte os despojos.
13 Por que estão repousando
entre as cercas dos apriscos?
As asas da pomba são cobertas de prata,
cujas penas maiores
têm o brilho do ouro puro.
14 Quando o Todo-Poderoso ali dispersa os reis,
cai neve sobre o monte Salmom.

15 Monte altíssimo é o monte de Basã;
serra de elevações é o monte de Basã.
16 Por que olham com inveja,
ó montes elevados,
para o monte que Deus escolheu
para sua habitação?
O SENHOR habitará nele para sempre.

17 Os carros de Deus são vinte mil,
sim, milhares de milhares.
No meio deles, está o Senhor;
o Sinai tornou-se em santuário.
18 Subiste às alturas, levaste cativo o cativeiro;
recebeste homens por dádivas,
até mesmo rebeldes,
para que o SENHOR Deus habite no meio deles.

19 Bendito seja o Senhor que,
dia a dia, leva o nosso fardo!
Deus é a nossa salvação.
20 O nosso Deus é o Deus libertador;
com Deus, o SENHOR,
está o escaparmos da morte.

21 Sim, Deus parte a cabeça dos seus inimigos
e racha o crânio do que anda
nos seus próprios delitos.
22 O Senhor disse: "Eu os trarei de Basã,
eu os farei voltar das profundezas do mar,
23 para que você banhe o seu pé em sangue,
e a língua dos seus cães tenha
a sua porção dos inimigos."

24 Viu-se, ó Deus, o teu cortejo,
o cortejo do meu Deus, do meu Rei, no santuário.
25 Os cantores iam na frente,
atrás vinham os tocadores
de instrumentos de cordas,
em meio às moças com tamborins.
26 Bendigam a Deus nas congregações,
bendigam o SENHOR, vocês que são
da linhagem de Israel.
27 Ali está o mais novo,
Benjamim, que os precede,
os príncipes de Judá, em grande número,
os príncipes de Zebulom
e os príncipes de Naftali.

28 Reúne, ó Deus, a tua força,
força divina que usaste a nosso favor,
29 oriunda do teu templo em Jerusalém.
Os reis te oferecerão presentes.
30 Reprime a fera dos canaviais,
a multidão dos fortes como touros
e dos povos com novilhos,
pisando sobre os que cobiçam
barras de prata.
Dispersa os povos que têm prazer na guerra.
31 Príncipes vêm do Egito;
a Etiópia corre a estender
mãos cheias para Deus.

32 Reinos da terra, cantem a Deus,
cantem louvores ao Senhor,
33 àquele que vai montado sobre os céus,
os céus da antiguidade;
eis que ele faz ouvir a sua voz,
voz poderosa.
34 Deem glória a Deus!
A sua majestade está sobre Israel,
e a sua fortaleza, nos céus.
35 Ó Deus, tu és tremendo
no teu santuário!
O Deus de Israel,
ele dá força e poder ao seu povo.

Bendito seja Deus!

Um grito de angústia

Ao mestre de canto, segundo a melodia "Os lírios". De Davi

69 1 Salva-me, ó Deus,
porque as águas me sobem até a alma.

2 Estou atolado num profundo lamaçal,
que não dá pé.
Entrei em águas profundas,
e estou sendo arrastado pela correnteza.
3 Estou cansado de clamar,
e a minha garganta secou;
os meus olhos esmorecem
de tanto esperar por meu Deus.

4 Os que, sem razão, me odeiam
são mais numerosos do que os cabelos
da minha cabeça;
são poderosos os que querem me destruir,
os que com falsos motivos
são meus inimigos;
por isso, tenho de restituir o que não roubei.

5 Tu, ó Deus, bem conheces a minha insensatez,
e as minhas culpas não te são ocultas.
6 Não sejam envergonhados por minha causa
os que esperam em ti,
ó SENHOR, Deus dos Exércitos;
nem por minha causa sofram vexame
os que te buscam,
ó Deus de Israel.
7 Pois tenho suportado afrontas por amor de ti,
e o meu rosto se cobre de vergonha.
8 Tornei-me um estranho para os meus irmãos
e um desconhecido para os filhos
da minha mãe.

9 Pois o zelo da tua casa me consumiu,
e as ofensas dos que te insultam
caem sobre mim.
10 Chorei, jejuei,
mas até isto se tornou motivo
de deboche para mim.
11 Pus um pano de saco por roupa
e me tornei motivo de provérbio para eles.
12 Os que se assentam junto ao portão da cidade
falam de mim,
e sou motivo para cantigas de bêbados.

13 Quanto a mim, porém, SENHOR,
faço a ti, em tempo favorável, a minha oração.
Responde-me, ó Deus, pela riqueza da tua graça.
Pela tua fidelidade em socorrer,
14 livra-me do lamaçal,
para que eu não me afunde;
que eu seja salvo dos que me odeiam
e das profundezas das águas.
15 Não deixes que a corrente das águas
me arraste,
nem que as profundezas do abismo
me engulam,
nem que se feche sobre mim a boca do poço.

16 Responde-me, SENHOR,
pois compassiva é a tua graça;
volta-te para mim segundo a riqueza
das tuas misericórdias.
17 Não escondas o rosto ao teu servo,
pois estou angustiado;
responde-me depressa.
18 Aproxima-te de minha alma e redime-a;
resgata-me por causa dos meus inimigos.

19 Tu conheces a minha afronta,
a minha vergonha e o meu vexame;
todos os meus adversários estão à tua vista.
20 As afrontas partiram o meu coração, e desfaleci.
Esperei por piedade, mas foi em vão.
Esperei por consoladores,
mas não apareceu ninguém.
21 Por alimento me deram fel
e na minha sede me deram a beber vinagre.

22 Que a mesa deles se torne em laço diante deles,
e a prosperidade, em armadilha.
23 Que os olhos deles se escureçam,
para que não vejam;
e faze com que as suas costas
não parem de tremer.
24 Derrama sobre eles a tua indignação,
e que o furor da tua ira os alcance.
25 Fique deserta a sua morada,
e não haja quem habite nas suas tendas.
26 Pois perseguem a quem tu feriste
e ficam falando sobre as dores daqueles
a quem golpeaste.
27 Soma-lhes iniquidade à iniquidade,
e que não tenham acesso à tua justiça.
28 Sejam riscados do Livro dos Vivos
e não sejam incluídos na lista dos justos.

29 Quanto a mim, porém, estou sofrendo e aflito;
que a tua salvação, ó Deus,
me ponha num alto refúgio.

30 Louvarei com cânticos o nome de Deus;
quero exaltá-lo com ações de graças.
31 Isso será muito mais agradável ao SENHOR
do que um boi ou um novilho
com chifres e cascos.
32 Que os aflitos vejam isso e se alegrem;
quanto a vocês que buscam a Deus,
que o seu coração se reanime.
33 Porque o SENHOR ouve os necessitados
e não despreza os seus prisioneiros.

34 Louvem-no os céus e a terra,
os mares e tudo o que neles se move.
35 Porque Deus salvará Sião
e edificará as cidades de Judá;
habitarão ali e tomarão posse de Sião.
36 Também a descendência
dos seus servos a herdará,
e nela habitarão os que amam o nome de Deus.

Oração pedindo ajuda

Sl 40.13-17

Ao mestre de canto. De Davi. Em memória

70 1 Agrada-te, ó Deus, em me livrar;
apressa-te, ó SENHOR, em me socorrer.
2 Que sejam envergonhados
e cobertos de vexame
os que buscam tirar-me a vida;
retrocedam e cubram-se de vergonha
os que se alegram com o meu mal.
3 Retrocedam por causa da sua vergonha
os que dizem: "Bem feito! Bem feito!"

4 Exultem e em ti se alegrem
todos os que te buscam;
e os que amam a tua salvação
digam sempre: "Deus seja engrandecido!"

5 Eu sou pobre e necessitado;
ó Deus, apressa-te em me socorrer,
pois tu és o meu amparo e o meu libertador.
SENHOR, não te demores!

Súplicas de um ancião

71 1 Em ti, SENHOR, me refugio;
não seja eu jamais envergonhado.
2 Livra-me por tua justiça e resgata-me;
inclina-me os ouvidos e salva-me.
3 Sê tu para mim uma rocha habitável
em que eu sempre possa me refugiar.
Ordenaste que eu me salve,
pois tu és a minha rocha e a minha fortaleza.

4 Livra-me, Deus meu, das mãos do ímpio,
das garras do homem injusto e cruel.
5 Pois tu és a minha esperança, SENHOR Deus,
a minha confiança desde a minha mocidade.
6 Em ti eu tenho me apoiado
desde o meu nascimento;
tu me tiraste do ventre materno.
A ti se dirige constantemente o meu louvor.

7 Para muitos sou motivo de espanto,
mas tu és o meu forte refúgio.
8 Os meus lábios estão repletos do teu louvor
e da tua glória continuamente.
9 Não me rejeites na minha velhice;
quando me faltarem as forças,
não me desampares.
10 Pois os meus inimigos falam contra mim;
e os que querem matar-me conspiram,
11 dizendo: "Deus o abandonou.
Persigam-no e prendam-no,
pois não há quem o possa livrar."

12 Ó Deus, não te ausentes de mim;
Deus meu, apressa-te em me socorrer.
13 Que sejam envergonhados e consumidos
os que são adversários de minha alma;
cubram-se de vergonha e de vexame
os que procuram o meu mal.
14 Quanto a mim, esperarei sempre
e te louvarei cada vez mais.
15 A minha boca proclamará a tua justiça;
o dia inteiro contarei os feitos da tua salvação,
ainda que eu não saiba o seu número.
16 Irei na força do SENHOR Deus;
anunciarei a tua justiça, a tua somente.

17 Tu me tens ensinado, ó Deus,
desde a minha mocidade;
e até agora tenho anunciado as tuas maravilhas.
18 Não me desampares, ó Deus,
agora que estou velho e de cabelos brancos,
até que eu tenha declarado
à presente geração a tua força
e às gerações vindouras o teu poder.

19 A tua justiça, ó Deus, se eleva até os céus.
Grandes coisas tens feito, ó Deus;
quem é semelhante a ti?
20 Tu, que me tens feito ver
muitas angústias e males,
me restaurarás ainda a vida
e de novo me tirarás dos abismos da terra.
21 Aumenta a minha grandeza
e consola-me novamente.

22 Eu também te louvo com a lira
por tua verdade, ó Deus meu;
cantarei louvores a ti
ao som da harpa, ó Santo de Israel.
23 Os meus lábios exultarão
quando eu cantar louvores a ti;
também exultará a minha alma, que remiste.
24 Igualmente a minha língua
celebrará a tua justiça todo o dia;
pois estão envergonhados e confundidos
os que procuram o meu mal.

O rei justo e o seu reinado eterno

Salmo de Salomão

72 1 Concede ao rei, ó Deus,
os teus juízos
e a tua justiça, ao filho do rei.
2 Que ele julgue o teu povo com justiça
e os teus aflitos, com retidão.
3 Os montes trarão paz ao povo;
também as colinas a trarão, com justiça.
4 Que o rei julgue os aflitos do povo,
salve os filhos dos necessitados
e esmague o opressor.
5 Ele permanecerá enquanto existir o sol
e enquanto durar a lua, através das gerações.
6 Seja ele como chuva que desce
sobre a campina ceifada,
como aguaceiros que regam a terra.

7 Que em seus dias floresçam os justos,
e haja abundância de paz
até que cesse de haver lua.

8 Domine ele de mar a mar
e desde o rio até os confins da terra.
9 Curvem-se diante dele os habitantes do deserto,
e os seus inimigos lambam o pó.
10 Que os reis de Társis e das ilhas
lhe paguem tributo;
os reis de Sabá e de Sebá lhe ofereçam presentes.
11 E todos os reis se prostrem diante dele;
todas as nações o sirvam.

12 Porque ele livra os necessitados
que pedem socorro,
e também os aflitos e aqueles
que não têm quem os ajude.
13 Ele se compadece dos fracos e dos necessitados
e salva a alma dos que precisam de auxílio.
14 Ele os redime da opressão e da violência,
e precioso lhe é o sangue deles.

15 Viva o rei! E que lhe deem ouro de Sabá!
Que continuamente se faça por ele oração,
e o bendigam todos os dias.
16 Haja na terra abundância de cereais,
que ondulem até o alto dos montes.
Sejam os seus frutos como os do Líbano,
e das cidades floresçam os habitantes
como a erva da terra.
17 Que o nome do rei permaneça para sempre,
e que prospere enquanto o sol brilhar!
Que todos sejam abençoados por meio dele,
e que todas as nações lhe chamem
bem-aventurado.

18 Bendito seja o SENHOR Deus, o Deus de Israel,
o único que faz maravilhas!
19 Bendito para sempre o seu glorioso nome,
e da sua glória se encha toda a terra.
Amém e amém!

20 Aqui terminam as orações
de Davi, filho de Jessé.

LIVRO III

SALMOS 73—89

O problema da prosperidade dos maus

Salmo de Asafe

73 1 De fato, Deus é bom
para com Israel,
para com os de coração limpo.

2 Quanto a mim, porém,
quase me resvalaram os pés;
pouco faltou para que
se desviassem os meus passos.
3 Pois eu invejava os arrogantes,
ao ver a prosperidade dos maus.
4 Para eles não há preocupações,
o seu corpo é forte e sadio.
5 Não partilham das canseiras dos mortais,
nem são afligidos como os outros.
6 Por isso, a soberba os cinge como um colar,
e a violência os envolve como um manto.
7 Os olhos saltam-lhes de tanta gordura;
do coração deles brotam fantasias.
8 Zombam e falam com maldade;
falam da opressão com arrogância.
9 Abrem a boca para falar contra os céus,
e a língua deles percorre a terra.
10 Por isso, o seu povo se volta para eles
e os tem por fonte da qual bebe com avidez.
11 Eles dizem: "Como Deus ficará sabendo?
Por acaso o Altíssimo
tem algum conhecimento?"
12 Eis que estes são os ímpios;
e, sempre tranquilos,
aumentam as suas riquezas.

13 Com certeza foi inútil
conservar puro o meu coração
e lavar as minhas mãos na inocência.
14 Pois o dia inteiro sou afligido
e cada manhã sou castigado.
15 Se eu tivesse pensado em falar tais palavras,
já aí teria traído a geração
de teus filhos, ó Deus.
16 Em só refletir para compreender isso,
achei que a tarefa era
pesada demais para mim;
17 até que entrei no santuário de Deus
e descobri qual seria o fim deles.
18 Tu certamente os pões em lugares escorregadios
e os fazes cair na destruição.
19 Como são destruídos num instante!
São totalmente aniquilados de terror!
20 Como acontece com o sonho,
quando alguém acorda,
assim, ó Senhor, ao despertares,
desprezarás a imagem deles.
21 Quando o meu coração
estava cheio de amargura
e o meu íntimo se comoveu,
22 eu estava embrutecido e sem entendimento;
era como um animal diante de ti.
23 No entanto, estou sempre contigo,
tu me seguras pela minha mão direita.
24 Tu me guias com o teu conselho
e depois me recebes na glória.
25 Quem tenho eu no céu além de ti?
E quem poderia eu querer na terra além de ti?
26 Ainda que a minha carne
e o meu coração desfaleçam,
Deus é a fortaleza do meu coração
e a minha herança para sempre.

27 Os que se afastam de ti
certamente perecerão;
tu destróis todos os que são infiéis
para contigo.
28 Quanto a mim, bom é estar perto de Deus;
faço do SENHOR Deus o meu refúgio,
para proclamar todas as suas obras.

Oração pela libertação do povo

Salmo didático de Asafe

74 1 Ó Deus, por que nos rejeitas
para sempre?
Por que se acende a tua ira
contra as ovelhas do teu pasto?
2 Lembra-te da tua congregação,
que adquiriste desde a antiguidade,
que remiste para ser a tribo da tua herança.
Lembra-te do monte Sião, no qual tens habitado.
3 Dirige os teus passos para as ruínas perpétuas,
para tudo de mau que o inimigo
fez no santuário.

4 Os teus adversários bramam
no lugar das assembleias
e erguem as suas próprias insígnias como sinais.
5 Parecem-se com os que
empunham os seus machados
no espesso da floresta;
6 e agora, com os seus machados e martelos,
destroem todos os entalhes de madeira.
7 Incendeiam o teu santuário;
profanam a morada do teu nome,
arrasando-a até o chão.
8 Disseram no seu coração:
"Acabemos com eles de uma vez."
Queimaram todos os lugares santos
de Deus na terra.

9 Já não vemos os nossos sinais;
já não há profeta;
nem há, entre nós, quem saiba
até quando isso vai durar.
10 Até quando, ó Deus, o adversário nos afrontará?
Será que o inimigo blasfemará
o teu nome para sempre?
11 Por que retiras a tua mão, sim, a tua mão direita,
e a conservas no teu seio?

12 Mas Deus é meu Rei desde a antiguidade;
ele é quem opera feitos salvadores
no meio da terra.
13 Tu, com o teu poder, dividiste o mar;
esmagaste sobre as águas
a cabeça dos monstros marinhos.
14 Despedaçaste as cabeças do Leviatã
e o deste por alimento às criaturas do deserto.
15 Tu abriste fontes e ribeiros;
secaste rios caudalosos.
16 Teu é o dia; tua também é a noite;
a luz e o sol, tu os formaste.
17 Fixaste os confins da terra;
verão e inverno, tu os fizeste.

18 Lembra-te disto: o inimigo
tem insultado o SENHOR,
e um povo insensato
tem blasfemado o teu nome.
19 Não entregues à rapina a vida de tua pomba,
nem te esqueças para sempre
da vida dos teus aflitos.
20 Lembra-te da tua aliança,
pois os lugares tenebrosos da terra
estão cheios de moradas de violência.
21 Não fique envergonhado o oprimido;
que o aflito e o necessitado louvem o teu nome.

22 Levanta-te, ó Deus, e defende a tua causa;
lembra-te de como o ímpio
te afronta todos os dias.
23 Não te esqueças da gritaria dos teus inimigos,
do sempre crescente tumulto
dos teus adversários.

Deus é juiz

Ao mestre de canto, segundo a melodia "Não destruas". Salmo de Asafe. Cântico

75 1 Graças te rendemos, ó Deus,
graças te rendemos!
Invocamos o teu nome,
e declaramos as tuas maravilhas.

2 Pois disseste: "Quando chegar
o tempo determinado,
julgarei com retidão.
3 Ainda que tremam a terra
e todos os seus moradores,
eu firmarei as suas colunas.
4 Digo aos soberbos que não sejam arrogantes;
e aos ímpios, que não fiquem
de nariz empinado.
5 Não levantem orgulhosamente o seu nariz,
nem falem com insolência."

6 Porque não é do Oriente, não é do Ocidente,
nem do deserto que vem o auxílio.
7 Deus é o juiz;
a um ele humilha, a outro ele exalta.
8 Porque na mão do SENHOR há um cálice
cujo vinho espumeja, cheio de mistura;
dele dá a beber;
sorvem-no, até a última gota,
todos os ímpios da terra.

9 Quanto a mim, exultarei para sempre;
cantarei louvores ao Deus de Jacó.
10 Ele diz: "Abaterei as forças dos ímpios;
mas a força dos justos será exaltada."

A majestade e o poder de Deus

Ao mestre de canto, com instrumentos de cordas. Salmo de Asafe. Cântico

76 1 Deus é conhecido em Judá;
grande é o seu nome em Israel.
2 Em Salém está o seu tabernáculo,
e, em Sião, a sua morada.
3 Ali, despedaçou ele as flechas,
o escudo, a espada e a batalha.

4 Tu és ilustre e mais glorioso
do que os montes eternos.
5 Os corajosos foram despojados;
jazem a dormir o seu sono,
e nenhum dos valentes
pode valer-se das próprias mãos.
6 Ante a tua repreensão, ó Deus de Jacó,
carros de guerra e cavalos foram lançados
num sono profundo.

7 Tu, sim, tu és terrível;
se estás irado,
quem pode permanecer na tua presença?
8 Desde os céus fizeste ouvir o teu juízo;
a terra tremeu e se aquietou,
9 quando Deus se levantou para julgar
e salvar todos os humildes da terra.

10 Pois até a ira humana há de louvar-te;
e da ira restante te cingirás.
11 Façam votos ao Senhor, seu Deus,
e tratem de cumpri-los;
todos os que o rodeiam tragam presentes
àquele que deve ser temido.
12 Ele acaba com o orgulho dos príncipes;
ele é tremendo para os reis da terra.

Consolo em tempo de angústia

Ao mestre de canto, Jedutum. Salmo de Asafe

77 1 Elevo a Deus a minha voz
e clamo,
elevo a Deus a minha voz, para que me atenda.
2 No dia da minha angústia, procuro o Senhor;
erguem-se as minhas mãos durante a noite
e não se cansam;
a minha alma não encontra consolo.
3 Lembro-me de Deus e começo a gemer;
medito, e o meu espírito desfalece.

4 Não me deixas pregar os olhos;
tão perturbado estou, que nem posso falar.
5 Penso nos dias de outrora,
trago à lembrança os anos de tempos passados.
6 De noite indago o meu íntimo,
e o meu espírito pergunta:
7 "Será que o Senhor nos rejeitará para sempre?
Acaso, não voltará a ser propício?
8 Cessou perpetuamente a sua graça?
Caducou a sua promessa para todas as gerações?
9 Será que Deus se esqueceu de ser bondoso?
Ou será que encerrou
as suas misericórdias na sua ira?"
10 Então eu disse: "Esta é a minha aflição:
o poder do Altíssimo não é mais o mesmo."

11 Recordarei os feitos do Senhor;
certamente me lembrarei
das tuas maravilhas da antiguidade.
12 Meditarei em todas as tuas obras
e pensarei em todos os teus feitos poderosos.

13 O teu caminho, ó Deus, é de santidade.
Que deus é tão grande como o nosso Deus?
14 Tu és o Deus que operas maravilhas
e, entre os povos, tens feito notório o teu poder.
15 Com o teu braço remiste o teu povo,
os filhos de Jacó e de José.

16 As águas te viram, ó Deus,
as águas te viram e temeram;
até os abismos se abalaram.
17 Grossas nuvens se desfizeram em água;
houve trovões nos espaços;
também as tuas setas cruzaram
de uma parte para outra.
18 O estrondo do teu trovão ecoou na redondeza;
os relâmpagos iluminaram o mundo;
a terra se abalou e tremeu.

19 O teu caminho foi pelo mar;
as tuas veredas passaram pelas grandes águas,
mas ninguém encontrou as tuas pegadas.
20 O teu povo, tu o conduziste, como rebanho,
pelas mãos de Moisés e de Arão.

Deus e o seu povo

Salmo didático de Asafe

78 1 Meu povo, escute a minha lei;
dê ouvidos às palavras da minha boca.
2 Abrirei os meus lábios para proferir parábolas
e publicarei enigmas dos tempos antigos.
3 O que ouvimos e aprendemos,
o que os nossos pais nos contaram,
4 não o encobriremos a seus filhos;
contaremos à geração vindoura
os louvores do Senhor, e o seu poder,
e as maravilhas que fez.

5 Ele estabeleceu um testemunho em Jacó,
e instituiu uma lei em Israel,
e ordenou aos nossos pais
que os transmitissem a seus filhos,
6 a fim de que a nova geração os conhecesse,
e os filhos que ainda hão de nascer
se levantassem e, por sua vez,
os contassem aos seus descendentes;
7 para que pusessem
a sua confiança em Deus

e não se esquecessem dos feitos de Deus,
mas lhe observassem os mandamentos;
8 e que não fossem, como seus pais,
geração obstinada e rebelde,
geração de coração inconstante,
e cujo espírito não foi fiel a Deus.

9 Os filhos de Efraim, embora armados com arcos,
bateram em retirada no dia do combate.
10 Não guardaram a aliança de Deus,
não quiseram andar na sua lei;
11 esqueceram-se das suas obras
e das maravilhas que lhes havia mostrado.
12 Deus fez prodígios na presença de seus pais
na terra do Egito, no campo de Zoã.
13 Dividiu o mar e os fez passar por ele;
fez parar as águas como um montão.
14 Durante o dia, os guiou com uma nuvem
e de noite, com um clarão de fogo.
15 No deserto, fendeu rochas
e lhes deu de beber abundantemente
como de abismos.
16 Da pedra fez brotar torrentes,
fez manar água como rios.

17 Mas, ainda assim, continuaram
a pecar contra ele
e se rebelaram, no deserto, contra o Altíssimo.
18 Tentaram a Deus no seu coração,
pedindo alimento que lhes fosse do gosto.
19 Falaram contra Deus, dizendo:
"Será que Deus pode preparar-nos
uma mesa no deserto?
20 É verdade que ele feriu a rocha,
e dela manaram águas,
transbordaram as torrentes.
Mas será que ele pode dar-nos pão também?
Ou fornecer carne para o seu povo?"
21 Ouvindo isto, o Senhor ficou indignado;
acendeu-se fogo contra Jacó,
e também se levantou o seu furor contra Israel,
22 porque não creram em Deus,
nem confiaram na sua salvação.

23 Mesmo assim, deu ordens às nuvens
e abriu as portas dos céus;
24 fez chover maná sobre eles, para alimentá-los,
e lhes deu cereal do céu.
25 Todos comeram o pão dos anjos;
ele enviou-lhes comida à vontade.
26 Fez soprar no céu o vento do Oriente
e pelo seu poder conduziu o vento do Sul.
27 Também fez chover sobre eles
carne como poeira
e aves numerosas como a areia do mar.
28 Fez com que caíssem
no meio do arraial deles,
ao redor de suas tendas.
29 Então comeram e se fartaram a valer;
pois lhes fez o que desejavam.
30 Porém não reprimiram o apetite.
Ainda tinham o alimento na boca,
31 quando se elevou contra eles a ira de Deus,
e entre os seus mais robustos semeou a morte,
e prostrou os jovens de Israel.

32 Apesar de tudo isso, continuaram a pecar
e não creram nas maravilhas de Deus.
33 Por isso, ele fez com que os seus dias
se dissipassem num sopro
e os seus anos, em súbito terror.
34 Quando os fazia morrer, eles o buscavam;
arrependidos, procuravam Deus.
35 Lembravam-se de que Deus era a sua rocha
e o Deus Altíssimo, o seu Redentor.
36 Lisonjeavam-no, porém de boca,
e com a língua lhe mentiam.
37 Porque o coração deles
não era firme para com ele,
nem foram fiéis à sua aliança.
38 Ele, porém, que é misericordioso,
perdoa a iniquidade e não destrói;
muitas vezes desvia a sua ira
e não desperta toda a sua indignação.
39 Lembra-se de que eles são simples mortais,
vento que passa e não volta mais.

40 Quantas vezes se rebelaram
contra ele no deserto
e nos lugares áridos lhe causaram tristeza!
41 Tornaram a pôr Deus à prova,
ofenderam o Santo de Israel.
42 Não se lembraram do poder dele,
nem do dia em que os resgatou
do adversário;
43 de como no Egito ele operou os seus sinais
e os seus prodígios, no campo de Zoã;
44 e transformou em sangue os rios deles,
para que das suas correntes não bebessem.
45 Enviou contra eles enxames de moscas
que os devorassem
e rãs que os destruíssem.
46 Entregou às lagartas as suas colheitas
e aos gafanhotos, o fruto do seu trabalho.
47 Com chuvas de pedra lhes destruiu as vinhas
e os seus sicômoros, com geada.
48 Entregou ao granizo o gado deles
e aos raios, os seus rebanhos.
49 Lançou contra eles o furor da sua ira:
cólera, indignação e calamidade,
legião de anjos portadores de males.
50 Deu livre curso à sua ira;
não poupou da morte a alma deles,
mas entregou a vida deles à peste.
51 Matou todos os primogênitos no Egito,
as primícias do vigor nas tendas de Cam.

52 Fez sair o seu povo como ovelhas
e o guiou pelo deserto, como um rebanho.
53 Dirigiu-o com segurança, e não tiveram medo,
ao passo que o mar submergiu os seus inimigos.
54 Levou-os até a sua terra santa,
até o monte que a sua mão direita adquiriu.
55 Da presença deles expulsou as nações,
cuja região repartiu com eles por herança;
e nas suas tendas fez habitar as tribos de Israel.

56 Ainda assim, tentaram o Deus Altíssimo,
e a ele resistiram,
e não lhe guardaram os testemunhos.
57 Tornaram atrás e foram infiéis
como os seus pais;
desviaram-se como um arco enganoso.
58 Pois o provocaram à ira com os seus lugares altos
e com as suas imagens de escultura
despertaram o seu ciúme.
59 Deus ouviu isso e se indignou;
rejeitou completamente o povo de Israel.
60 Por isso, abandonou o tabernáculo de Siló,
a tenda de sua morada aqui na terra,
61 e passou a arca da aliança ao cativeiro,
e a sua glória, à mão do adversário.
62 Entregou o seu povo à espada
e se encolerizou contra a sua própria herança.
63 O fogo devorou os jovens deles,
e as suas donzelas não tiveram canto nupcial.
64 Os seus sacerdotes caíram à espada,
e as suas viúvas não fizeram lamentações.

65 Então o Senhor despertou como de um sono,
como um valente que grita excitado pelo vinho;
66 fez recuar a golpes os seus adversários
e os entregou a perpétuo desprezo.
67 Além disso, rejeitou a tenda de José
e não elegeu a tribo de Efraim.
68 Pelo contrário, escolheu a tribo de Judá,
o monte Sião, que ele amava.
69 E construiu o seu santuário durável como os céus
e firme como a terra
que estabeleceu para sempre.
70 Também escolheu o seu servo Davi,
e o tirou do aprisco das ovelhas,
71 do cuidado das ovelhas e suas crias,
para ser o pastor de Jacó, seu povo,
e de Israel, sua herança.
72 E ele os apascentou
segundo a integridade do seu coração
e os dirigiu com sábias mãos.

Apelo à misericórdia divina

Salmo de Asafe

79 1 Ó Deus, as nações invadiram a tua herança,
profanaram o teu santo templo,
reduziram Jerusalém a um montão de ruínas.
2 Deram os cadáveres dos teus servos
por alimento às aves dos céus
e a carne dos teus santos, às feras da terra.
3 Derramaram como água o sangue deles
ao redor de Jerusalém,
e não houve quem lhes desse sepultura.

4 Tornamo-nos objeto de deboche
para os nossos vizinhos,
de escárnio e de zombaria dos que nos rodeiam.
5 Até quando, Senhor? Será para sempre a tua ira?
Queimará como o fogo o teu zelo?
6 Derrama o teu furor
sobre as nações que não te conhecem
e sobre os reinos que não invocam o teu nome.
7 Porque eles devoraram Jacó
e destruíram as suas moradas.
8 Não nos faças pagar
pelas iniquidades de nossos pais;
que as tuas misericórdias
venham depressa ao nosso encontro,
pois estamos muito abatidos.

9 Ajuda-nos, ó Deus e Salvador nosso,
pela glória do teu nome;
livra-nos e perdoa os nossos pecados,
por amor do teu nome.
10 Por que diriam as nações:
"Onde está o Deus deles?"
Seja manifesta entre as nações
e diante dos nossos olhos
a vingança do sangue
dos teus servos, que foi derramado.
11 Chegue à tua presença
o gemido dos prisioneiros;
com o teu grande poder,
preserva os que estão condenados à morte.

12 Retribui, Senhor,
aos nossos vizinhos sete vezes mais
as afrontas com que te afrontaram.
13 Quanto a nós, teu povo
e ovelhas do teu pasto,
para sempre te daremos graças;
de geração em geração
proclamaremos os teus louvores.

Oração pela restauração de Israel

Ao mestre de canto, segundo a melodia "Os lírios". Testemunho de Asafe. Salmo

80 1 Dá ouvidos, ó pastor de Israel,
tu que conduzes José
como um rebanho;
tu que estás entronizado
acima dos querubins,
mostra o teu esplendor.
2 Diante de Efraim, Benjamim e Manassés,
desperta o teu poder e vem salvar-nos.

3 Restaura-nos, ó Deus;
faze resplandecer o teu rosto, e seremos salvos.
4 Ó SENHOR, Deus dos Exércitos,
até quando estarás indignado
contra a oração do teu povo?
5 Para comer, tu lhe deste pão de lágrimas
e, para beber, pranto em abundância.
6 Fizeste de nós um motivo de conflito
entre os nossos vizinhos,
e os nossos inimigos zombam de nós a valer.

7 Restaura-nos, ó Deus dos Exércitos;
faze resplandecer o teu rosto,
e seremos salvos.

8 Trouxeste uma videira do Egito;
expulsaste as nações e a plantaste.
9 Preparaste-lhe o terreno,
ela deitou profundas raízes e encheu a terra.
10 Com a sombra dela os montes se cobriram,
e os seus ramos se estenderam
por cima dos cedros de Deus.
11 Ela estendeu a sua ramagem até o mar
e os seus rebentos, até o rio.
12 Por que derrubaste as cercas
que havia em volta dela,
deixando que todos os que passam
pelo caminho arranquem as suas uvas?
13 O javali da selva a devasta,
e os animais do campo se alimentam dela.

14 Ó Deus dos Exércitos, volta-te, nós te rogamos!
Olha do céu, vê e visita esta vinha!
15 Protege o que a tua mão direita plantou,
o ramo que para ti fortaleceste.

16 Foi cortada, foi queimada.
Pereçam os nossos inimigos
pela repreensão do teu rosto.
17 Seja a tua mão sobre aquele que escolheste,
sobre o filho do homem que fortaleceste para ti.
18 E assim não nos afastaremos de ti.
Vivifica-nos, e invocaremos o teu nome.

19 Restaura-nos, ó SENHOR, Deus dos Exércitos;
faze resplandecer o teu rosto, e seremos salvos.

Exortação a louvor e obediência

Ao mestre de canto, segundo a melodia "Os lagares". Salmo de Asafe

81 1 Cantem de júbilo a Deus,
força nossa;
celebrem o Deus de Jacó.
2 Cantem louvores e façam soar os tamborins,
a suave harpa e também a lira.
3 Toquem a trombeta na Festa da Lua Nova,
na lua cheia, dia da nossa festa.
4 É preceito para Israel,
é prescrição do Deus de Jacó.
5 Ele o ordenou, como lei, a José,
ao marchar contra a terra do Egito.

Ouvi uma linguagem
que eu não conhecia, dizendo:
6 "Livrei os seus ombros do peso,
e as mãos de vocês ficaram livres dos cestos.
7 Na angústia, vocês clamaram e eu os livrei;
do esconderijo do trovão eu lhes respondi;
e eu os pus à prova junto às águas de Meribá.
8 Escute, meu povo, as minhas admoestações.
Ó Israel, se ao menos você me escutasse!
9 Não haja no meio de vocês
nenhum deus estranho,
nem se prostrem diante de um deus estrangeiro.
10 Eu sou o SENHOR, o Deus de vocês,
que os tirei da terra do Egito.
Abram bem a boca, e eu a encherei.

11 Mas o meu povo não escutou a minha voz;
Israel não quis saber de mim.
12 Assim, deixei que andassem
na teimosia do seu coração,
e seguissem as suas próprias inclinações.
13 Ah! Se o meu povo me escutasse,
se Israel andasse nos meus caminhos!
14 Eu derrotaria logo os seus inimigos
e voltaria a minha mão
contra os seus adversários.
15 Os que odeiam o SENHOR
se submeteriam a ele,
e isto duraria para sempre.
16 Mas a vocês eu sustentaria com o trigo mais fino
e os saciaria com o mel que escorre da rocha."

Deus, o juiz de todos

Salmo de Asafe

82 1 Deus toma o seu lugar
na congregação divina;
no meio dos deuses, ele julga.
2 Até quando julgarão injustamente
e tomarão partido pela causa dos ímpios?
3 Defendam o direito dos fracos e dos órfãos,
façam justiça aos aflitos e desamparados.
4 Socorram os fracos e os necessitados,
tirando-os das mãos dos ímpios.

5 "Eles nada sabem, nem entendem;
vagueiam em trevas;
todos os fundamentos da terra vacilam.
6 Eu disse: 'Vocês são deuses;
todos vocês são filhos do Altíssimo.
7 Mas vocês morrerão
como simples mortais,
e, como qualquer dos príncipes,
vocês sucumbirão.'"

8 Levanta-te, ó Deus, julga a terra,
pois a ti pertencem todas as nações.

Julgamento de Deus contra as nações inimigas

Cântico. Salmo de Asafe

83 1 Ó Deus, não te cales!
Não te emudeças, nem fiques inativo, ó Deus!
2 Os teus inimigos se alvoroçam,
e os que te odeiam levantam a cabeça.
3 Tramam astutamente contra o teu povo
e conspiram contra os teus protegidos.
4 Eles dizem: "Venham, vamos riscá-los
da lista dos povos!
E que ninguém mais se lembre
do nome de Israel!"

5 Pois tramam de comum acordo
e firmam aliança contra ti.
6 São as tendas de Edom e os ismaelitas,
Moabe e os hagarenos,
7 Gebal, Amom e Amaleque,
a Filístia com os habitantes de Tiro.
8 Também a Assíria se alia com eles,
e se constituem braço forte aos filhos de Ló.

9 Faze com eles como fizeste com Midiã,
como fizeste com Sísera e com Jabim
no ribeiro de Quisom;
10 eles foram destruídos em En-Dor
e se tornaram adubo para a terra.
11 Sejam os seus nobres
como Orebe e como Zeebe,
e os seus príncipes, como Zeba e como Salmuna,
12 que disseram: "Vamos nos apoderar
das habitações de Deus."

13 Deus meu, faze-os como folhas
impelidas por um redemoinho,
como a palha que o vento leva.
14 Como o fogo devora um bosque
e as chamas incendeiam os montes,
15 assim persegue-os com a tua tempestade
e amedronta-os com o teu vendaval.
16 Cobre o rosto deles de vergonha,
para que busquem o teu nome, SENHOR.
17 Sejam envergonhados
e confundidos para sempre;
que pereçam em completa desgraça.
18 Então reconhecerão que só tu,
cujo nome é SENHOR,
és o Altíssimo sobre toda a terra.

Saudades do templo

Ao mestre de canto, segundo a melodia "Os lagares". Salmo dos filhos de Corá

84 1 Quão amáveis são
os teus tabernáculos,
SENHOR dos Exércitos!
2 A minha alma suspira e desfalece
pelos átrios do SENHOR;
o meu coração e a mi
exultam pelo Deus v
3 O pardal encontrou cas
e a andorinha, ninho par
onde acolha os seus filho
perto dos teus altares, SENH
Rei meu e Deus meu!
4 Bem-aventurados os que habi
louvam-te perpetuamente.

5 Bem-aventurado é aquele cuja fo
em cujo coração se encontram
os caminhos aplanados!
6 Quando passa pelo vale árido,
faz dele um manancial;
de bênçãos o cobre a primeira chuva.
7 Vão indo de força em força;
cada um deles aparece diante de Deus em Sião.
8 SENHOR, Deus dos Exércitos,
escuta a minha oração;
ouve-me, ó Deus de Jacó!
9 Olha, ó Deus, escudo nosso,
e contempla o rosto do teu ungido.

10 Pois um dia nos teus átrios vale mais que mil;
prefiro estar à porta da casa do meu Deus
a permanecer nas tendas da perversidade.
11 Porque o SENHOR Deus é sol e escudo;
o SENHOR dá graça e glória;
não recusa nenhum bem
aos que andam retamente.

12 Ó SENHOR dos Exércitos,
feliz é aquele que em ti confia.

Oração pela restauração de Israel

Ao mestre de canto. Salmo dos filhos de Corá

85 1 Favoreceste a tua terra, SENHOR;
restauraste a prosperidade de Jacó.
2 Perdoaste a iniquidade de teu povo,
encobriste todos os seus pecados.
3 A tua indignação, reprimiste-a toda;
do furor da tua ira te desviaste.

4 Restabelece-nos, ó Deus da nossa salvação,
e retira de sobre nós a tua ira.
5 Estarás para sempre irado contra nós?
Prolongarás a tua ira por todas as gerações?
6 Será que não tornarás a vivificar-nos,
para que em ti se alegre o teu povo?
7 Mostra-nos, SENHOR, a tua misericórdia
e concede-nos a tua salvação.

8 Escutarei o que Deus, o SENHOR, disser,
pois falará de paz ao seu povo
e aos seus santos;
e que jamais caiam em insensatez.
9 Próxima está a salvação dos que o temem,
para que a glória habite em nossa terra.

…ade se encontraram,
…z se beijaram.
…a a verdade,
10 A g… justiça baixa o seu olhar.
…o SENHOR dará o que é bom,
…sa terra produzirá o seu fruto.
…stiça irá adiante do SENHOR,
…as pegadas ela transforma em caminhos.

…lica e confiança

…ração de Davi

86 1 Inclina, SENHOR, os teus ouvidos
e responde-me,
pois estou aflito e necessitado.
2 Preserva a minha alma, pois eu sou piedoso.
Ó Deus meu, salva o teu servo
que em ti confia.
3 Compadece-te de mim, ó Senhor,
pois a ti clamo todo o dia.
4 Alegra a alma do teu servo,
porque a ti, Senhor, elevo a minha alma.
5 Pois tu, Senhor, és bom e perdoador;
rico em misericórdia
para com todos os que te invocam.
6 Escuta, SENHOR, a minha oração
e atende à voz das minhas súplicas.
7 No dia da minha angústia clamo a ti,
porque me respondes.

8 Não há entre os deuses
quem seja semelhante a ti, Senhor;
e nada existe que se compare às tuas obras.
9 Todas as nações que fizeste
virão, se prostrarão diante de ti, Senhor,
e glorificarão o teu nome.
10 Pois tu és grande e operas maravilhas;
só tu és Deus!

11 Ensina-me, SENHOR, o teu caminho,
e andarei na tua verdade;
põe em meu coração o desejo
de temer o teu nome.
12 Eu te darei graças, Senhor, Deus meu,
de todo o coração,
e glorificarei para sempre o teu nome.
13 Pois grande é a tua misericórdia para comigo,
e me livraste a alma
do mais profundo poder da morte.

14 Ó Deus, os soberbos se levantaram contra mim,
e um bando de violentos procura tirar-me a vida;
eles não te consideram.
15 Mas tu, Senhor, és Deus compassivo
e bondoso,
tardio em irar-se e grande
em misericórdia e fidelidade.
16 Volta-te para mim
e tem compaixão de mim;
concede a tua força ao teu servo
e salva o filho da tua serva.
17 Mostra-me um sinal do teu favor,
para que o vejam e se envergonhem
os que me odeiam;
pois tu, SENHOR, me ajudas e me consolas.

Jerusalém, a cidade de Deus

Salmo dos filhos de Corá. Cântico

87 1 Fundada por ele
sobre os montes santos,
2 o SENHOR ama as portas de Sião
mais do que todas as habitações de Jacó.
3 Coisas gloriosas são ditas a respeito de você,
ó cidade de Deus!

4 "Dentre os que me conhecem,
farei menção de Raabe e da Babilônia.
Eis aí a Filístia e Tiro com a Etiópia;
'nasceram em Sião', é o que se diz."

5 E a respeito de Sião se dirá:
"Este e aquele nasceram nela";
e o próprio Altíssimo a estabelecerá.
6 O SENHOR, ao registrar os povos, dirá:
"Este nasceu lá."
7 Todos os cantores, saltando de alegria, dirão:
"Todas as minhas fontes estão em ti."

Oração de um sofredor

Cântico. Salmo dos filhos de Corá. Ao mestre de canto. Para ser cantado com cítara. Salmo didático de Hemã, ezraíta

88 1 Ó SENHOR, Deus da minha
salvação,
dia e noite clamo diante de ti.

2 Chegue à tua presença a minha oração;
inclina os teus ouvidos ao meu clamor.
3 Pois a minha alma está cheia de angústias,
e a minha vida já se aproxima da morte.
4 Sou contado com os que descem ao abismo.
Sou como um homem sem força,
5 atirado entre os mortos;
como os feridos de morte que jazem na sepultura,
dos quais já não te lembras;
pois foram abandonados pelas tuas mãos.
6 Puseste-me na mais profunda cova,
nos lugares tenebrosos, nos abismos.
7 Sobre mim pesa a tua ira;
tu me abates com todas as tuas ondas.
8 Afastaste de mim os meus conhecidos
e me fizeste objeto de abominação
para com eles;
estou preso e não vejo como sair.
9 Os meus olhos desfalecem de aflição;
dia após dia, venho clamando a ti, SENHOR,
e a ti levanto as minhas mãos.

10 Será que farás maravilhas para os mortos?
Ou será que os finados
se levantarão para te louvar?
11 A tua bondade será anunciada na sepultura?
A tua fidelidade, nos abismos?
12 Acaso nas trevas se manifestam
as tuas maravilhas?
E a tua justiça, na terra do esquecimento?

13 Mas eu, SENHOR, clamo a ti por socorro,
e de madrugada dirijo a ti a minha oração.
14 Por que rejeitas, SENHOR, a minha alma
e ocultas de mim o teu rosto?
15 Ando aflito e prestes a morrer desde moço;
sob o peso dos teus terrores,
estou desorientado.
16 Sobre mim passou a tua ira;
os teus terrores acabaram comigo.
17 O dia todo eles me rodeiam como água;
a um tempo me circundam.
18 Para longe de mim afastaste
os amigos e companheiros;
os meus conhecidos agora são as trevas.

A promessa de Deus a Davi

Salmo didático de Etã, ezraíta

89 1 Cantarei para sempre
as tuas misericórdias, ó SENHOR;
os meus lábios proclamarão
a todas as gerações a tua fidelidade.
2 Pois eu disse: A misericórdia
está edificada para sempre;
a tua fidelidade, tu a confirmarás nos céus.
3 Tu disseste: "Fiz uma aliança
com o meu escolhido
e jurei a Davi, meu servo:
4 'Para sempre estabelecerei a sua posteridade
e firmarei o seu trono de geração em geração.'"

5 Os céus celebram as tuas maravilhas, ó SENHOR,
e, na assembleia dos santos,
louvam a tua fidelidade.
6 Pois quem nos céus é comparável ao SENHOR?
Entre os seres celestiais,
quem é semelhante ao SENHOR?
7 Deus infunde grande terror
na assembleia dos santos;
é temível sobre todos os que o rodeiam.

8 Ó SENHOR, Deus dos Exércitos,
quem é poderoso como tu és, SENHOR,
com a tua fidelidade ao redor de ti?!
9 Dominas a fúria do mar;
quando as suas ondas se levantam,
tu as acalmas.
10 Esmagaste o monstro Raabe e o mataste;
com o teu braço forte
dispersaste os teus inimigos.
11 Teus são os céus, e tua é a terra;
o mundo e a sua plenitude,
tu os estabeleceste.
12 O Norte e o Sul, tu os criaste;
o Tabor e o Hermom exultam em teu nome.
13 O teu braço é poderoso;
forte é a tua mão, e elevada é a tua mão direita.
14 Justiça e direito são o fundamento do teu trono;
graça e verdade te precedem.

15 Bem-aventurado o povo
que conhece os gritos de alegria,
que anda, ó SENHOR, na luz da tua presença.
16 Em teu nome se alegra o dia todo
e na tua justiça se exalta,
17 porque tu és a glória de sua força;
no teu favor é exaltado o nosso poder.
18 Pois ao SENHOR pertence o nosso escudo,
e ao Santo de Israel, o nosso rei.
19 Outrora falaste em visão
aos teus santos e disseste:
"A um herói concedi o poder de socorrer;
do meio do povo, exaltei um escolhido.
20 Encontrei Davi, meu servo;
com o meu santo óleo o ungi.
21 A minha mão estará sempre com ele,
o meu braço o fortalecerá.
22 O inimigo jamais o surpreenderá,
nem será ele humilhado
pelo filho da perversidade.
23 Esmagarei diante dele os seus adversários
e destruirei aqueles que o odeiam.
24 A minha fidelidade e a minha bondade
o acompanharão,
e em meu nome crescerá o seu poder.
25 Porei a sua mão sobre o mar
e a sua direita, sobre os rios.
26 Ele me invocará, dizendo: 'Tu és o meu pai,
meu Deus e a rocha da minha salvação.'
27 Por isso, farei dele o meu primogênito,
o mais elevado entre os reis da terra.
28 Conservarei para sempre
a minha bondade para com ele
e lhe confirmarei a minha aliança.
29 Farei durar para sempre a sua descendência;
e o seu trono ficará firme enquanto o céu existir."

30 "Se os filhos dele desprezarem a minha lei
e não andarem nos meus juízos,
31 se violarem os meus preceitos
e não guardarem os meus mandamentos,
32 então punirei com vara as suas transgressões
e com açoites, a sua iniquidade.
33 Mas jamais retirarei dele a minha bondade,
nem desmentirei a minha fidelidade.
34 Não violarei a minha aliança,
nem modificarei o que
os meus lábios prometeram."

35 “Uma vez jurei por minha santidade
que nunca mentiria a Davi.
36 A sua posteridade durará para sempre,
e o seu trono, como o sol diante de mim.
37 Ele será estabelecido para sempre como a lua
e fiel como a testemunha nos céus.”

38 Tu, porém, o repudiaste e o rejeitaste;
e te indignaste com o teu ungido.
39 Quebraste a aliança com o teu servo;
profanaste a sua coroa, jogando-a no chão.
40 Arrasaste todas as suas muralhas;
reduziste a ruínas as suas fortificações.
41 Todos os que passam pelo caminho o saqueiam;
ele se tornou objeto de deboche
para os vizinhos.
42 Exaltaste a mão direita dos seus adversários
e deste alegria a todos os seus inimigos.
43 Deixaste sem fio a sua espada
e não o sustentaste na batalha.
44 Fizeste cessar o seu esplendor
e deitaste por terra o seu trono.
45 Abreviaste os dias da sua mocidade
e o cobriste de vergonha.

46 Até quando, SENHOR?
Ficarás escondido para sempre?
Até quando a tua ira queimará como fogo?
47 Lembra-te de como é breve a minha existência!
Terias criado em vão
todos os filhos dos homens?
48 Quem é que pode viver e não ver a morte?
Ou quem pode livrar a sua alma
do poder da sepultura?

49 Senhor, onde estão
as tuas misericórdias de outrora,
juradas a Davi por tua fidelidade?
50 Lembra-te, Senhor, dos insultos
contra os teus servos
e de como trago no peito
a injúria de muitos povos,
51 com que os teus inimigos,
SENHOR, têm insultado,
sim, insultado os passos do teu ungido.

52 Bendito seja o SENHOR para sempre!
Amém e amém!

LIVRO IV

SALMOS 90—106

A eternidade de Deus e a transitoriedade do ser humano

Oração de Moisés, homem de Deus

90 1 Senhor, tu tens sido o nosso refúgio,
de geração em geração.
2 Antes que os montes nascessem
e tu formasses a terra e o mundo,
de eternidade a eternidade, tu és Deus.

3 Tu reduzes o ser humano ao pó
e dizes: “Voltem ao pó, filhos dos homens.”
4 Pois mil anos, aos teus olhos,
são como o dia de ontem que se foi
e como a vigília da noite.
5 Tu os arrastas na torrente; são como um sono.
São como a relva que floresce de madrugada;
6 de madrugada, viceja e floresce;
à tarde, murcha e seca.

7 Pois somos consumidos pela tua ira
e pelo teu furor, conturbados.
8 Puseste as nossas iniquidades diante de ti
e, sob a luz do teu rosto,
os nossos pecados ocultos.

9 Pois todos os nossos dias se passam na tua ira;
acabam-se os nossos anos
como um breve pensamento.
10 Os dias da nossa vida sobem a setenta anos
ou, em havendo vigor, a oitenta;
neste caso, o melhor deles é canseira e enfado,
porque tudo passa rapidamente,
e nós voamos.
11 Quem conhece o poder da tua ira?
E a tua cólera, segundo o temor
que te é devido?
12 Ensina-nos a contar os nossos dias,
para que alcancemos coração sábio.

13 Volta-te, SENHOR!
Até quando estarás indignado?
Tem compaixão dos teus servos.
14 Sacia-nos de manhã com a tua bondade,
para que cantemos de júbilo
e nos alegremos todos os nossos dias.
15 Alegra-nos por tantos dias
quantos nos tens afligido,
por tantos anos
quantos suportamos a adversidade.
16 Aos teus servos apareçam as tuas obras,
e a seus filhos, a tua glória.
17 Seja sobre nós a graça do Senhor, nosso Deus;
confirma sobre nós as obras das nossas mãos,
sim, confirma a obra das nossas mãos.

Sob a sombra do Altíssimo

91 1 Aquele que habita
no esconderijo do Altíssimo
e descansa à sombra do Onipotente
2 diz ao SENHOR: “Tu és o meu refúgio
e a minha fortaleza,
o meu Deus, em quem confio.”

3 Pois ele livrará você do laço do passarinheiro
e da peste perniciosa.
4 Ele o cobrirá com as suas penas,
e, sob as suas asas, você estará seguro;
a sua verdade é proteção e escudo.

5 Você não terá medo do terror noturno,
nem da flecha que voa de dia,
6 nem da peste que se propaga nas trevas,
nem da mortandade que assola ao meio-dia.
7 Caiam mil ao seu lado,
e dez mil, à sua direita;
você não será atingido.
8 Somente com os seus olhos você contemplará
e verá o castigo dos ímpios.

9 Você disse: "O SENHOR é o meu refúgio."
Você fez do Altíssimo a sua morada.
10 Nenhum mal lhe sucederá,
praga nenhuma chegará à sua tenda.
11 Porque aos seus anjos
ele dará ordens a seu respeito,
para que guardem você
em todos os seus caminhos.
12 Eles o sustentarão nas suas mãos,
para que você não tropece em alguma pedra.
13 Você pisará o leão e a cobra;
com os pés esmagará o leãozinho e a serpente.

14 Deus diz: "Porque a mim
se apegou com amor, eu o livrarei;
eu o protegerei, porque conhece o meu nome.
15 Ele me invocará, e eu lhe responderei;
na sua angústia eu estarei com ele;
eu o livrarei e o glorificarei.
16 Vou saciá-lo com longevidade
e lhe mostrarei a minha salvação."

Hino de gratidão a Deus

Salmo. Cântico para o dia de sábado

92 1 Bom é render graças ao SENHOR
e cantar louvores ao teu nome, ó Altíssimo,
2 anunciar de manhã a tua misericórdia
e, durante as noites, a tua fidelidade,
3 com instrumentos de dez cordas, ao som da lira
e com a solenidade da harpa.
4 Pois me alegraste, SENHOR, com os teus feitos;
exultarei nas obras das tuas mãos.

5 Como são grandes, SENHOR, as tuas obras!
Os teus pensamentos, que profundos!
6 O tolo não compreende,
e o insensato não percebe isto:
7 ainda que os ímpios brotem como a erva,
e floresçam todos os que praticam a iniquidade,
serão destruídos para sempre.
8 Mas tu, SENHOR, és o Altíssimo eternamente.
9 Eis que os teus inimigos, SENHOR,
eis que os teus inimigos perecerão;
serão dispersos todos
os que praticam a iniquidade.

10 Porém tu exaltas o meu poder
como o do boi selvagem;
derramas sobre mim o óleo fresco.
11 Os meus olhos veem a derrota
dos inimigos que me espreitam,
e os meus ouvidos escutam os gritos
dos malfeitores que contra mim se levantam.

12 O justo florescerá como a palmeira,
crescerá como o cedro no Líbano.
13 Plantados na Casa do SENHOR,
florescerão nos átrios do nosso Deus.
14 Na velhice ainda darão frutos,
serão cheios de seiva e de verdor,
15 para anunciar que o SENHOR é reto.
Ele é a minha rocha, e nele não há injustiça.

O poder e a majestade de Deus

93 1 Reina o SENHOR.
Ele se revestiu de majestade;
o SENHOR se revestiu de poder e se cingiu.
Firmou o mundo, que não vacila.
2 O teu trono está firme desde a antiguidade;
tu és desde a eternidade.

3 Levantam os rios, ó SENHOR,
levantam os rios o seu bramido;
levantam os rios o seu fragor.
4 Mas o SENHOR nas alturas é mais poderoso
do que o bramido das grandes águas,
do que as poderosas ondas do mar.

5 Os teus testemunhos são fidelíssimos;
à tua casa convém a santidade, SENHOR,
para todo o sempre.

Apelo para a justiça de Deus

94 1 Ó SENHOR, Deus das vinganças,
ó Deus das vinganças, resplandece.
2 Levanta-te, ó juiz da terra,
e dá aos soberbos o castigo
que eles merecem.
3 Até quando, SENHOR, os ímpios,
até quando os ímpios exultarão?
4 Fazem alarde e falam com arrogância;
todos os que praticam a iniquidade
se vangloriam.
5 Esmagam o teu povo, SENHOR,
e oprimem a tua herança.
6 Matam as viúvas e os estrangeiros
e assassinam os órfãos.
7 E dizem: "O SENHOR não está vendo;
o Deus de Jacó não faz caso disso."

8 Prestem atenção, ó estúpidos dentre o povo;
e vocês, tolos, quando se tornarão sábios?
9 Aquele que fez o ouvido será que não ouve?
Aquele que formou os olhos
será que não enxerga?
10 Aquele que repreende as nações
será que não vai punir?

Aquele que dá aos seres humanos
o conhecimento
será que não tem sabedoria?
11 O SENHOR conhece
os pensamentos do ser humano,
e sabe que são pensamentos vãos.

12 Bem-aventurado, SENHOR,
é aquele a quem tu repreendes,
a quem ensinas a tua lei,
13 para lhe dares descanso dos dias maus,
até que se abra a cova para o ímpio.
14 Pois o SENHOR não abandonará o seu povo;
ele não irá desamparar a sua herança.
15 Nos tribunais voltará a imperar a justiça,
e todos os de coração reto a seguirão.

16 Quem se levantará a meu favor
contra os perversos?
Quem estará comigo
contra os que praticam a iniquidade?
17 Se não fosse o auxílio do SENHOR,
a minha alma já estaria
na região do silêncio.
18 Quando eu digo: "Os meus pés vão resvalar",
a tua bondade, SENHOR, me sustém.
19 Multiplicando-se em mim as inquietações,
as tuas consolações me alegram a alma.

20 Será que pode associar-se
contigo o trono da perversidade,
que forja o mal, tendo uma lei por pretexto?
21 Ajuntam-se contra a vida dos justos
e condenam à morte os inocentes.
22 Mas o SENHOR é o meu alto refúgio;
o meu Deus é o rochedo em que me abrigo.
23 Sobre eles faz recair a sua iniquidade
e pela maldade deles próprios os destruirá;
o SENHOR, nosso Deus, os destruirá.

Convite a louvar a Deus

95 1 Venham, cantemos
ao SENHOR com júbilo,
celebremos o Rochedo da nossa salvação.
2 Saiamos ao seu encontro com ações de graças,
vitoriemo-lo com salmos.
3 Porque o SENHOR é o Deus supremo
e o grande Rei acima de todos os deuses.
4 Nas suas mãos estão
as profundezas da terra,
e as alturas dos montes lhe pertencem.
5 Dele é o mar, pois ele o fez;
obra de suas mãos, os continentes.
6 Venham, adoremos e prostremo-nos;
ajoelhemos diante do SENHOR, que nos criou.
7 Ele é o nosso Deus,
e nós somos povo do seu pasto
e ovelhas de sua mão.

Hoje, se ouvirem a sua voz,
8 não endureçam o coração, como em Meribá,
como naquele dia em Massá, no deserto,
9 quando os pais de vocês me tentaram,
pondo-me à prova,
apesar de terem visto as minhas obras.
10 Durante quarenta anos,
estive irritado com essa geração
e disse: "Este é um povo que gosta de se desviar;
eles não conhecem os meus caminhos."
11 Por isso, jurei na minha ira:
"Eles não entrarão no meu descanso."

Louvor à glória e à majestade de Deus

1Cr 16.23-33

96 1 Cantem ao SENHOR
um cântico novo,
cantem ao SENHOR, todas as terras.
2 Cantem ao SENHOR, bendigam o seu nome;
proclamem a sua salvação, dia após dia.
3 Anunciem entre as nações a sua glória,
entre todos os povos, as suas maravilhas.
4 Porque o SENHOR é grande e digno de ser louvado,
mais temível do que todos os deuses.
5 Porque todos os deuses dos povos
não passam de ídolos;
o SENHOR, porém, fez os céus.
6 Glória e majestade estão diante dele,
força e formosura, no seu santuário.

7 Deem ao SENHOR, ó famílias dos povos,
deem ao SENHOR glória e força.
8 Deem ao SENHOR a glória devida ao seu nome;
tragam ofertas e entrem nos seus átrios.
9 Adorem o SENHOR na beleza da sua santidade;
tremam diante dele, todas as terras.

10 Digam entre as nações: "Reina o SENHOR."
Ele firmou o mundo para que não se abale
e julga os povos com justiça.

11 Alegrem-se os céus, e a terra exulte;
ruja o mar e a sua plenitude.
12 Alegre-se o campo e tudo o que nele há;
cantem de alegria todas as árvores do bosque,
13 na presença do SENHOR,
porque vem, vem julgar a terra;
julgará o mundo com justiça
e os povos, de acordo com a sua fidelidade.

A majestade e o domínio de Deus

97 1 Reina o SENHOR.
Alegre-se a terra,
exultem as muitas ilhas.
2 Nuvens e escuridão o rodeiam,
justiça e juízo são a base do seu trono.
3 Adiante dele vai um fogo
que consome os inimigos ao seu redor.

4 Os seus relâmpagos iluminam o mundo;
a terra os vê e estremece.
5 Os montes se derretem como cera
na presença do SENHOR,
na presença do Senhor de toda a terra.
6 Os céus anunciam a sua justiça,
e todos os povos veem a sua glória.

7 Sejam envergonhados todos
os que adoram imagens de escultura,
os que se gloriam de ídolos.
Todos os deuses prostrem-se diante dele.
8 Sião ouve e se alegra,
as filhas de Judá exultam,
por causa da tua justiça, ó SENHOR.
9 Pois tu, SENHOR, és o Altíssimo
sobre toda a terra;
tu estás muito acima de todos os deuses.

10 Vocês que amam o SENHOR, odeiem o mal;
ele protege a vida dos seus santos,
e os livra das mãos dos ímpios.
11 A luz se difunde para o justo,
e a alegria, para os retos de coração.
12 Alegrem-se no SENHOR, ó justos,
e deem graças ao seu santo nome.

A justiça de Deus

Salmo

98 1 Cantem ao SENHOR
um cântico novo,
porque ele tem feito maravilhas;
a sua mão direita e o seu braço santo
lhe alcançaram a vitória.
2 O SENHOR fez notória a sua salvação;
manifestou a sua justiça
diante dos olhos das nações.
3 Lembrou-se da sua misericórdia
e da sua fidelidade
para com a casa de Israel;
todos os confins da terra viram
a salvação do nosso Deus.

4 Celebrem com júbilo ao SENHOR,
todos os moradores da terra;
gritem de alegria, exultem e cantem louvores.
5 Cantem com harpa louvores ao SENHOR,
com harpa e voz de canto;
6 com trombetas e ao som de buzinas,
exultem diante do SENHOR, que é rei.

7 Ruja o mar e a sua plenitude,
o mundo e os que nele habitam.
8 Os rios batam palmas,
e juntos cantem de júbilo os montes,
9 na presença do SENHOR,
porque ele vem julgar a terra;
julgará o mundo com justiça
e os povos, com retidão.

A santidade de Deus

99 1 Reina o SENHOR;
tremam os povos.
Ele está entronizado acima dos querubins;
abale-se a terra.
2 O SENHOR é grande em Sião
e está exaltado acima de todos os povos.
3 Celebrem eles o teu nome grande e tremendo,
porque é santo.

4 És rei poderoso que ama a justiça;
tu estabeleces o direito,
executas o juízo e a justiça em Jacó.
5 Exaltem o SENHOR, nosso Deus,
e prostrem-se diante do estrado de seus pés.
O SENHOR é santo.

6 Moisés e Arão, entre os seus sacerdotes,
e, Samuel, entre os que lhe invocam o nome,
clamavam ao SENHOR, e ele os ouvia.
7 Falava-lhes na coluna de nuvem;
eles guardavam os seus mandamentos
e a lei que lhes tinha dado.

8 Tu lhes respondeste, ó SENHOR, nosso Deus;
foste para eles Deus perdoador,
ainda que os tenhas castigado por seus atos.

9 Exaltem o SENHOR, nosso Deus,
e prostrem-se diante do seu santo monte,
porque santo é o SENHOR, nosso Deus.

Hino de louvor

Salmo de ações de graças

100 1 Celebrem com júbilo ao SENHOR,
todas as terras.
2 Sirvam ao SENHOR com alegria,
apresentem-se diante dele com cântico.

3 Saibam que o SENHOR é Deus;
foi ele quem nos fez, e dele somos;
somos o seu povo e rebanho do seu pastoreio.
4 Entrem por suas portas com ações de graças
e nos seus átrios, com hinos de louvor;
rendam-lhe graças e bendigam o seu nome.
5 Porque o SENHOR é bom,
a sua misericórdia dura para sempre,
e, de geração em geração, a sua fidelidade.

Promessas de um rei

Salmo de Davi

101 1 Cantarei a respeito da bondade
e da justiça;
a ti, SENHOR, cantarei.
2 Quero, com sabedoria, refletir
no caminho da perfeição.
Quando virás ao meu encontro?

Em minha casa,
andarei com sinceridade de coração.

3 Não porei coisa injusta
diante dos meus olhos.
Detesto a conduta dos que se desviam.
Nada disto se pegará em mim.
4 Longe de mim o coração perverso;
não quero conhecer o mal.
5 Ao que às escondidas calunia o próximo,
a esse destruirei;
o que tem olhar arrogante e coração orgulhoso,
não o suportarei.
6 Os meus olhos procurarão os fiéis da terra,
para que morem comigo;
o que anda em reto caminho,
esse me servirá.

7 Não ficará em minha casa
o que usa de fraude;
o que fala mentiras não permanecerá
diante dos meus olhos.
8 Manhã após manhã, destruirei
todos os ímpios da terra,
para limpar a cidade do SENHOR
dos que praticam a iniquidade.

Oração de um aflito

Oração do aflito que, desfalecido, derrama a sua queixa diante do SENHOR

102 1 Ouve, SENHOR, a minha súplica,
e cheguem a ti os meus clamores.
2 Não escondas de mim o teu rosto
no dia da minha angústia;
inclina-me os ouvidos;
no dia em que eu clamar, responde-me depressa.

3 Porque os meus dias
desaparecem como fumaça,
e os meus ossos queimam
como se estivessem no fogo.
4 Cortado como a erva, secou-se o meu coração;
até me esqueço de comer o meu pão.
5 Os meus ossos já se apegam à pele,
por causa do meu dolorido gemer.
6 Sou como o pelicano no deserto,
como a coruja das ruínas.
7 Não durmo
e sou como o passarinho solitário
nos telhados.
8 Os meus inimigos me insultam a toda hora;
furiosos contra mim, praguejam
com o meu próprio nome.

9 Por pão tenho comido cinza
e as lágrimas se misturam com a minha bebida,
10 por causa da tua indignação e da tua ira,
porque me elevaste e depois me abateste.
11 Como a sombra que declina,
assim são os meus dias,
e eu vou secando como a relva.

12 Tu, porém, SENHOR, permaneces para sempre,
e a memória do teu nome, de geração em geração.
13 Tu te levantarás e terás piedade de Sião;
é tempo de te compadeceres dela,
e já chegou a sua hora.
14 Porque os teus servos amam até as pedras de Sião
e se compadecem do seu pó.

15 Todas as nações temerão o nome do SENHOR,
e todos os reis da terra temerão a sua glória,
16 quando o SENHOR reconstruir Sião
e se manifestar na sua glória,
17 quando atender à oração do desamparado
e não desprezar as suas preces.

18 Isto ficará registrado para as gerações futuras,
e um povo, que há de ser criado,
louvará o SENHOR, dizendo:
19 "O SENHOR, do alto do seu santuário,
desde os céus, olhou para a terra,
20 a fim de ouvir o gemido dos cativos
e libertar os condenados à morte."
21 Em Sião será anunciado o nome do SENHOR
e o seu louvor, em Jerusalém,
22 quando se reunirem os povos e os reinos,
para servirem o SENHOR.

23 Ele me abateu a força no caminho
e abreviou os meus dias.
24 Eu disse: Deus meu, não me leves
na metade de minha vida;
tu, cujos anos se estendem por todas as gerações.
25 Em tempos remotos, lançaste
os fundamentos da terra;
e os céus são obra das tuas mãos.
26 Eles perecerão, mas tu permaneces;
todos eles envelhecerão como veste,
como roupa os mudarás, e serão mudados.
27 Tu, porém, és sempre o mesmo,
e os teus anos jamais terão fim.
28 Os filhos dos teus servos habitarão seguros,
e diante de ti se estabelecerá a sua descendência.

A misericórdia de Deus

Salmo de Davi

103 1 Bendiga, minha alma, o SENHOR,
e tudo o que há em mim
bendiga o seu santo nome.
2 Bendiga, minha alma, o SENHOR,
e não se esqueça de nem um só
de seus benefícios.
3 Ele é quem perdoa todas as suas iniquidades;
quem cura todas as suas enfermidades;
4 quem da cova redime a sua vida
e coroa você de graça e misericórdia.
5 É ele quem enche de bens a sua vida,
de modo que a sua mocidade
se renova como a da águia.

6 O SENHOR faz justiça
e julga todos os oprimidos.
7 Manifestou os seus caminhos a Moisés
e os seus feitos aos filhos de Israel.
8 O SENHOR é compassivo e bondoso;
tardio em irar-se e rico em bondade.
9 Não repreende perpetuamente,
nem conserva para sempre a sua ira.
10 Não nos trata segundo os nossos pecados,
nem nos retribui conforme
as nossas iniquidades.
11 Pois quanto o céu se eleva acima da terra,
assim é grande a sua misericórdia
para com os que o temem.
12 Quanto o Oriente está longe do Ocidente,
assim ele afasta de nós as nossas transgressões.
13 Como um pai se compadece de seus filhos,
assim o SENHOR se compadece dos que o temem.
14 Pois ele conhece a nossa estrutura
e sabe que somos pó.

15 Quanto ao ser humano,
os seus dias são como a relva.
Como a flor do campo, assim ele floresce;
16 mas, soprando nela o vento, desaparece
e não conhecerá, daí em diante, o seu lugar.
17 Mas a misericórdia do SENHOR
é de eternidade a eternidade
sobre os que o temem,
e a sua justiça, sobre os filhos dos filhos,
18 para com os que guardam a sua aliança
e para com os que se lembram
dos seus preceitos e os cumprem.

19 Nos céus, o SENHOR estabeleceu o seu trono,
e o seu reino domina sobre tudo.
20 Bendigam o SENHOR os seus anjos,
valorosos em poder,
que executam as suas ordens
e lhe obedecem à palavra.
21 Bendigam o SENHOR todos os seus exércitos,
ministros seus, que fazem a sua vontade.
22 Bendigam o SENHOR todas as suas obras,
em todos os lugares do seu domínio.
Bendiga, minha alma, o SENHOR.

Louvor ao Deus Criador

104 1 Bendiga, minha alma, o SENHOR!
SENHOR, Deus meu,
como tu és grandioso!
Estás revestido de glória e majestade,
2 coberto de luz como de um manto.
Tu estendes o céu como uma cortina,
3 pões nas águas o vigamento da tua morada,
tomas as nuvens por carruagem
e voas nas asas do vento.
4 Fazes a teus anjos ventos
e a teus ministros, labaredas de fogo.
5 Lançaste os fundamentos da terra,
para que ela não se abale em tempo nenhum.
6 Tomaste o abismo por vestuário e a cobriste;
as águas ficaram acima das montanhas.
7 Com a tua repreensão, as águas fugiram,
com a voz do teu trovão, bateram em retirada.
8 Elevaram-se os montes, desceram os vales,
até o lugar que lhes havias preparado.
9 Puseste às águas divisa
que não ultrapassarão,
para que não voltem a cobrir a terra.

10 Tu fazes rebentar fontes no vale,
cujas águas correm entre os montes;
11 dão de beber a todos os animais do campo;
os jumentos selvagens matam a sua sede.
12 Junto delas as aves do céu têm o seu pouso
e, por entre a ramagem,
elas se põem a cantar.

13 Do alto de tua morada, regas os montes;
a terra farta-se do fruto de tuas obras.
14 Fazes crescer a relva para os animais
e as plantas que o ser humano cultiva,
para que da terra tire o seu alimento:
15 o vinho, que alegra o coração,
o azeite, que lhe dá brilho ao rosto,
e o pão, que lhe sustém as forças.

16 São saciadas as árvores do SENHOR
e os cedros do Líbano que ele plantou,
17 em que as aves fazem os seus ninhos;
quanto à cegonha, a sua casa é nos ciprestes.
18 Os altos montes são das cabras-monteses,
e as rochas, o refúgio dos arganazes.

19 Fez a lua para marcar o tempo;
o sol conhece a hora de se pôr.
20 Envias as trevas e vem a noite,
na qual vagueiam os animais da selva.
21 Os leõezinhos rugem pela presa
e buscam de Deus o sustento;
22 em vindo o sol, eles se recolhem
e se acomodam nos seus covis.
23 Então as pessoas saem para o seu trabalho
e para o seu serviço até a tarde.

24 Que variedade, SENHOR, nas tuas obras!
Fizeste todas elas com sabedoria;
a terra está cheia das tuas riquezas.
25 Eis o mar vasto, imenso,
no qual se movem seres sem conta,
animais pequenos e grandes.
26 Por ele transitam os navios
e o Leviatã que formaste para nele brincar.

27 Todos esperam de ti
que lhes dês de comer a seu tempo.
28 Se lhes dás, eles o recolhem;
se abres a mão, eles se fartam de bens.

29 Se escondes o rosto, eles se perturbam;
se lhes cortas a respiração, morrem
e voltam ao pó.
30 Envias o teu Espírito, eles são criados,
e assim renovas a face da terra.

31 Que a glória do SENHOR dure para sempre!
Exulte o SENHOR por suas obras!
32 Com só olhar para a terra, ele a faz tremer;
toca as montanhas, e elas fumegam.

33 Cantarei ao SENHOR enquanto eu viver;
cantarei louvores ao meu Deus
durante a minha vida.
34 Seja-lhe agradável a minha meditação;
eu me alegrarei no SENHOR.
35 Desapareçam da terra os pecadores,
e que os perversos deixem de existir.

Bendiga, minha alma, o SENHOR!
Aleluia!

Deus e o seu povo

1Cr 16.8-22

105 1 Deem graças ao SENHOR,
invoquem o seu nome;
tornem conhecidos entre os povos
os seus feitos.
2 Cantem a Deus, cantem louvores a ele;
falem de todas as suas maravilhas.
3 Gloriem-se no seu santo nome;
alegre-se o coração dos que buscam o SENHOR.
4 Busquem o SENHOR e o seu poder;
busquem continuamente a sua presença.
5 Lembrem-se das maravilhas que ele fez,
dos seus prodígios e dos juízos de seus lábios,
6 vocês, descendentes de Abraão, seu servo,
vocês, filhos de Jacó, seus escolhidos.

7 Ele é o SENHOR, nosso Deus;
os seus juízos permeiam toda a terra.
8 Lembra-se perpetuamente da sua aliança,
da palavra que empenhou para mil gerações;
9 da aliança que fez com Abraão
e do juramento que fez a Isaque;
10 o qual confirmou a Jacó por decreto
e a Israel por aliança perpétua,
11 dizendo: "Eu lhe darei a terra de Canaã
como porção da sua herança."

12 Quando eles eram em pequeno número,
pouquíssimos e estrangeiros na terra de Canaã;
13 quando andavam de nação em nação,
de um reino para outro reino,
14 Deus não permitiu
que ninguém os oprimisse,
e, por amor deles, repreendeu reis,
15 dizendo: "Não toquem nos meus ungidos,
nem maltratem os meus profetas."
16 Deus fez vir fome sobre a terra
e cortou os meios de se obter pão.
17 Adiante deles enviou um homem,
José, que foi vendido como escravo.
18 Apertaram os seus pés com correntes
e puseram uma coleira de ferro no seu pescoço,
19 até cumprir-se a profecia a respeito dele,
e tê-lo provado a palavra do SENHOR.
20 O rei mandou soltá-lo;
o dominador dos povos o pôs em liberdade.
21 Constituiu-o senhor de sua casa
e administrador de tudo o que possuía,
22 para, como bem quisesse,
sujeitar os seus príncipes
e ensinar a sabedoria aos seus anciãos.

23 Então Israel entrou no Egito,
e Jacó peregrinou na terra de Cam.
24 Deus fez sobremodo fecundo o seu povo
e o tornou mais forte do que os seus opressores.
25 Mudou o coração dos egípcios
para que odiassem o seu povo
e usassem de astúcia para com os seus servos.
26 Deus lhes enviou Moisés, seu servo,
e Arão, a quem havia escolhido,
27 por meio dos quais fez, entre eles,
os seus sinais e maravilhas na terra de Cam.
28 Enviou trevas, e tudo escureceu;
e Moisés e Arão não foram rebeldes à sua palavra.
29 Transformou-lhes as águas em sangue
e assim lhes fez morrer os peixes.
30 A terra deles produziu rãs em abundância,
até nos aposentos dos reis.
31 Deus falou, e vieram
nuvens de moscas e piolhos
em toda a terra do Egito.
32 Por chuva deu-lhes granizo
e fogo chamejante, naquela terra.
33 Devastou-lhes os vinhedos e os figueirais
e quebrou as árvores da terra deles.
34 Ele falou, e vieram gafanhotos
e lagartas sem conta,
35 que devoraram toda a vegetação do país
e comeram o fruto dos seus campos.
36 Também feriu de morte
todos os primogênitos da terra deles,
as primícias do seu vigor.

37 Então Deus fez sair o seu povo, com prata e ouro,
e entre as suas tribos não havia um só inválido.
38 O Egito se alegrou quando eles saíram,
porque lhe tinham infundido terror.
39 Deus estendeu uma nuvem
que lhes servisse de toldo
e um fogo para os iluminar de noite.
40 Pediram, e Deus fez vir codornizes
e os saciou com pão do céu.

41 Fendeu a rocha, e dela brotaram águas,
que correram como um rio pelo deserto.
42 Porque estava lembrado da sua santa palavra
e de Abraão, seu servo.

43 Ele conduziu o seu povo com alegria
e, com júbilo, os seus escolhidos.
44 Deu-lhes as terras das nações,
e eles se apossaram do fruto
do trabalho dos povos,
45 para que lhe guardassem os preceitos
e lhe observassem as leis.

Aleluia!

A graça de Deus e a ingratidão de Israel

106 1 Aleluia!
Deem graças ao SENHOR, porque ele é bom,
porque a sua misericórdia dura para sempre.
2 Quem saberá contar
os poderosos feitos do SENHOR
ou anunciar todo o seu louvor?
3 Bem-aventurados os que guardam a retidão
e os que praticam a justiça em todo tempo.

4 Lembra-te de mim, SENHOR,
segundo a tua bondade para com o teu povo;
visita-me com a tua salvação,
5 para que eu veja a prosperidade
dos teus escolhidos,
e me alegre com a alegria do teu povo,
e me glorie com a tua herança.

6 Pecamos, como os nossos pais;
cometemos iniquidade, procedemos mal.
7 Nossos pais, no Egito,
não entenderam as tuas maravilhas;
não se lembraram da multidão
das tuas misericórdias
e foram rebeldes junto ao mar, o mar Vermelho.
8 Mas Deus os salvou por amor do seu nome,
para lhes revelar o seu poder.
9 Repreendeu o mar Vermelho, e ele secou;
ele os fez passar pelos abismos,
como por um deserto.
10 Salvou-os das mãos de quem os odiava
e os resgatou do poder do inimigo.
11 As águas cobriram os seus opressores;
nem um deles escapou.
12 Então creram nas suas palavras
e lhe cantaram louvor.

13 Logo, porém, se esqueceram das obras de Deus
e não esperaram pelos seus desígnios.
14 Entregaram-se à cobiça, no deserto;
e, nos lugares áridos, puseram Deus à prova.
15 Concedeu-lhes o que pediram,
mas enviou-lhes também
uma doença terrível.

16 Tiveram inveja de Moisés, no acampamento,
e de Arão, o santo do SENHOR.
17 A terra se abriu, engoliu Datã,
e cobriu o grupo de Abirão.
18 Um fogo se acendeu contra o grupo deles;
as chamas devoraram os ímpios.

19 Em Horebe, fizeram um bezerro
e adoraram o ídolo de metal fundido.
20 E, assim, trocaram a glória de Deus
pela imagem de um novilho que come capim.
21 Esqueceram-se de Deus, seu Salvador,
que, no Egito, havia feito coisas grandiosas,
22 maravilhas na terra de Cam,
tremendos feitos no mar Vermelho.
23 Deus os teria exterminado, como tinha dito,
se Moisés, seu escolhido,
não houvesse intercedido,
impedindo que o seu furor os destruísse.

24 Também desprezaram a terra aprazível
e não deram crédito à palavra de Deus;
25 pelo contrário, murmuraram em suas tendas
e não ouviram a voz do SENHOR.
26 Então lhes jurou, de mão erguida,
que os havia de arrasar no deserto;
27 e também espalharia entre as nações
a sua descendência
e os dispersaria por outras terras.

28 Também se juntaram a Baal-Peor
e comeram os sacrifícios dos ídolos mortos.
29 Assim, com tais ações, provocaram a ira do SENHOR;
e a peste se espalhou entre eles.
30 Então se levantou Fineias e executou o juízo;
e a peste cessou.
31 Isso lhe foi atribuído como justiça,
de geração em geração, para sempre.

32 Depois, provocaram Deus nas águas de Meribá,
e, por causa deles, aconteceu
uma desgraça com Moisés,
33 pois foram rebeldes ao Espírito de Deus,
e Moisés falou sem refletir.

34 Não exterminaram os povos,
como o SENHOR lhes havia ordenado.
35 Em vez disso, se mesclaram com as nações
e aprenderam os seus costumes.
36 Adoraram os seus ídolos,
os quais se tornaram armadilha para eles.
37 Sacrificaram seus filhos
e suas filhas aos demônios.
38 Derramaram sangue inocente,
o sangue de seus filhos e filhas,
que sacrificaram aos ídolos de Canaã;
e a terra foi contaminada com sangue.
39 Assim se contaminaram com as suas obras
e se prostituíram nos seus feitos.

40 Por isso, acendeu-se a ira
do SENHOR contra o seu povo,
e ele abominou a sua própria herança
41 e os entregou ao poder das nações;
sobre eles dominaram os que os odiavam.
42 Também os oprimiram os seus inimigos,
sob cujo poder foram subjugados.
43 Muitas vezes os libertou,
mas eles o provocaram com os seus planos
e, na sua iniquidade, foram abatidos.
44 Mas Deus olhou para eles
quando estavam angustiados
e lhes ouviu o clamor;
45 lembrou-se, a favor deles, de sua aliança
e se compadeceu, segundo a multidão
de suas misericórdias.
46 Fez também com que deles tivessem compaixão
todos os que os levaram cativos.
47 Salva-nos, SENHOR, nosso Deus,
e congrega-nos dentre as nações,
para que demos graças ao teu santo nome
e nos gloriemos no teu louvor.

48 Bendito seja o SENHOR, Deus de Israel,
de eternidade a eternidade;
e todo o povo diga: "Amém!"
Aleluia!

LIVRO V

SALMOS 107—150

Deus salva de todas as tribulações

107 1 Deem graças ao SENHOR,
porque ele é bom,
e a sua misericórdia dura para sempre.
2 Digam-no os remidos do SENHOR,
os que ele resgatou da mão do inimigo
3 e congregou dentre as terras,
do Oriente e do Ocidente,
do Norte e do Sul.

4 Andaram errantes pelo deserto,
por lugares áridos,
sem achar cidade em que pudessem morar.
5 Famintos e sedentos,
desfalecia neles a alma.
6 Então, na sua angústia, clamaram ao SENHOR,
e ele os livrou das suas tribulações.
7 Conduziu-os pelo caminho direito,
para que fossem à cidade
em que pudessem morar.
8 Que eles deem graças ao SENHOR por sua bondade
e por suas maravilhas
para com os filhos dos homens!
9 Pois saciou a alma sedenta
e encheu de bens a alma faminta.

10 Alguns se assentaram nas trevas
e nas sombras da morte,
presos em aflição
e em correntes de ferro,
11 por terem se rebelado contra a palavra de Deus
e desprezado o conselho do Altíssimo,
12 de modo que lhes abateu
o coração com trabalhos —
esses caíram, e não houve quem os socorresse.
13 Então, na sua angústia, clamaram ao SENHOR,
e ele os livrou das suas tribulações.
14 Tirou-os das trevas e das sombras da morte
e quebrou as correntes que os prendiam.
15 Que eles deem graças ao SENHOR
por sua bondade
e por suas maravilhas
para com os filhos dos homens!
16 Pois derrubou as portas de bronze
e despedaçou as trancas de ferro.

17 Os insensatos, por causa do seu
caminho de transgressão
e por causa das suas iniquidades,
serão afligidos.
18 Abominaram todo tipo de comida,
e chegaram às portas da morte.
19 Então, na sua angústia, clamaram ao SENHOR,
e ele os livrou das suas tribulações.
20 Enviou-lhes a sua palavra, e os sarou,
e os livrou do que lhes era mortal.
21 Que eles deem graças ao SENHOR
por sua bondade
e por suas maravilhas
para com os filhos dos homens!
22 Que ofereçam sacrifícios de ações de graças
e proclamem com júbilo as suas obras!

23 Os que, tomando navios, descem aos mares,
os que fazem comércio na imensidade das águas,
24 esses veem as obras do SENHOR
e as suas maravilhas nas profundezas do abismo.
25 Pois Deus falou e fez levantar
o vento tempestuoso,
que elevou as ondas do mar.
26 Subiram até os céus, desceram até os abismos;
no meio destas angústias, desfalecia-lhes a alma.
27 Andaram, e cambalearam como bêbados,
e de nada adiantou a sua habilidade.
28 Então, na sua angústia, clamaram ao SENHOR,
e ele os livrou das suas tribulações.
29 Fez cessar a tormenta,
e as ondas se acalmaram.
30 Então se alegraram com a calmaria;
e, assim, os levou ao porto desejado.
31 Que eles deem graças ao SENHOR
por sua bondade
e por suas maravilhas
para com os filhos dos homens!
32 Que o exaltem na assembleia do povo
e o glorifiquem no conselho dos anciãos.

33 Deus transformou rios em desertos
e mananciais, em terra seca;
34 fez da terra frutífera um deserto salgado,
por causa da maldade dos seus habitantes.
35 Transformou o deserto em lençóis de água
e a terra seca, em mananciais.
36 Estabeleceu aí os famintos,
os quais construíram uma cidade
em que pudessem morar.
37 Semearam campos, e plantaram vinhas,
e tiveram fartas colheitas.
38 Ele os abençoou, e eles se multiplicaram muito;
e o gado deles não diminuiu.

39 Mas outra vez foram reduzidos
e humilhados pela opressão,
pela adversidade e pelo sofrimento.
40 Deus mostra desprezo pelos príncipes
e os faz andar errantes, onde não há caminho.
41 Mas levanta da opressão o necessitado,
e faz aumentar a sua família como um rebanho.
42 Os retos veem isso e se alegram,
mas todos os ímpios têm de fechar a boca.

43 Quem é sábio atente para essas coisas
e considere as misericórdias do SENHOR.

Deus concede vitória ao seu povo

Sl 57.7-11

Cântico. Salmo de Davi

108 1 Firme está o meu coração, ó Deus!
Cantarei e entoarei louvores
de toda a minha alma.
2 Acordem, lira e harpa!
Quero acordar o alvorecer.
3 Eu te darei graças entre os povos, ó SENHOR!
Cantarei louvores a ti entre as nações.
4 Porque a tua misericórdia
se eleva acima dos céus,
e a tua fidelidade, até as nuvens.

5 Sê exaltado, ó Deus, acima dos céus;
e em toda a terra brilhe a tua glória.
6 Para que os teus amados sejam livres,
salva-nos com a tua mão direita e responde-nos.

7 Deus falou na sua santidade:
"Exultarei; dividirei Siquém
e medirei o vale de Sucote.
8 Gileade é meu e meu é também Manassés;
Efraim é o meu capacete;
Judá é o meu cetro.
9 Moabe, porém, é a minha bacia de lavar;
sobre Edom atirarei a minha sandália;
sobre a Filístia jubilarei."

10 Quem me conduzirá à cidade fortificada?
Quem me guiará até Edom?
11 Não nos rejeitaste, ó Deus?
Tu não sais, ó Deus,
com os nossos exércitos!
12 Presta-nos auxílio na angústia,
pois vão é o socorro humano.
13 Em Deus faremos proezas,
porque ele mesmo pisará os nossos adversários.

Oração de um homem perseguido

Ao mestre de canto. Salmo de Davi

109 1 Ó Deus do meu louvor,
não te cales!
2 Pois contra mim se abriram
lábios maldosos e fraudulentos;
com língua mentirosa falam contra mim.
3 Cercam-me com palavras odiosas
e me atacam sem motivo.
4 Em paga do meu amor, me hostilizam;
eu, porém, oro.
5 Pagaram-me o bem com o mal;
o amor, com ódio.

6 Suscita contra ele um ímpio,
e que à sua direita esteja um acusador.
7 Quando o julgarem, que ele seja condenado;
e que a oração dele seja tida como pecado.
8 Sejam poucos os seus dias,
e outro tome o seu encargo.
9 Fiquem órfãos os seus filhos,
e viúva, a sua esposa.
10 Andem errantes os seus filhos e mendiguem;
e sejam expulsos das ruínas de suas casas.
11 Que um credor se aposse de tudo o que ele tem;
que estranhos saqueiem o fruto do seu trabalho.
12 Ninguém tenha misericórdia dele,
nem haja quem se compadeça
dos seus filhos órfãos.
13 Desapareça a sua posteridade,
e que o seu nome se extinga na geração seguinte.
14 Que a iniquidade de seus pais fique viva
na memória do SENHOR,
e não se apague o pecado de sua mãe.
15 Permaneçam ante os olhos do SENHOR,
para que faça desaparecer da terra a sua memória.

16 Porque ele não se lembrou de usar de misericórdia,
mas perseguiu o pobre e o necessitado,
bem como o quebrantado de coração,
para os entregar à morte.
17 Amou a maldição: que ela o apanhe!
Não quis a bênção: que ela se afaste dele.
18 Vestiu-se de maldição como de uma túnica:
que ela penetre, como água, no seu interior,
e nos seus ossos, como azeite.
19 Seja para ele como a roupa que o cobre
e como o cinto com que sempre se cinge.
20 Que esta seja, da parte do SENHOR,
a recompensa dos que me acusam
e dos que falam mal de mim.

21 Mas tu, Senhor Deus, age por mim,
por amor do teu nome;
livra-me, porque é boa a tua misericórdia.
22 Porque sou pobre e necessitado
e, dentro de mim, sinto ferido o coração.
23 Vou passando, como a sombra que declina;
sou atirado para longe, como um gafanhoto.
24 De tanto jejuar, os meus joelhos vacilam,
e o meu corpo definha de magreza.
25 Tornei-me para eles objeto de zombaria;
quando me veem,
balançam a cabeça.

26 Socorre-me, Senhor, meu Deus!
Salva-me segundo a tua misericórdia.
27 Para que saibam que isso vem das tuas mãos;
que tu, Senhor, o fizeste.
28 Amaldiçoem eles, mas tu, abençoa.
Sejam envergonhados
os que se levantam contra mim;
alegre-se, porém, o teu servo.
29 Cubram-se de vexame os meus adversários,
e a sua própria vergonha
os envolva como um manto.

30 Muitas graças darei ao Senhor
com os meus lábios;
eu o louvarei no meio da multidão;
31 porque ele se põe à direita do pobre,
para o livrar daqueles que o condenam.

O reino e o sacerdócio do Messias

Salmo de Davi

110 1 Disse o Senhor
ao meu senhor:
"Sente-se à minha direita,
até que eu ponha os seus inimigos
por estrado dos seus pés."
2 O Senhor lhe enviará de Sião
o cetro do poder,
dizendo: "Domine entre os seus inimigos."
3 O seu povo se apresentará
voluntariamente,
no dia em que você manifestar o seu poder;
com santos ornamentos,
como o orvalho do alvorecer,
virão os seus jovens.

4 O Senhor jurou e não voltará atrás:
Você é sacerdote para sempre,
segundo a ordem de Melquisedeque.
5 O Senhor, à sua direita,
no dia em que se irar, esmagará os reis.
6 Ele julgará entre as nações,
enchendo-as de cadáveres;
esmagará cabeças por toda a terra.
7 No caminho, beberá água na torrente
e passará de cabeça erguida.

As obras magníficas de Deus

111 1 Aleluia!
De todo o coração
louvarei o Senhor,
na companhia dos justos e na assembleia.

2 Grandes são as obras do Senhor,
consideradas por todos
os que se alegram por causa delas.
3 Em suas obras há glória e majestade,
e a sua justiça permanece para sempre.
4 Ele fez memoráveis as suas maravilhas;
bondoso e compassivo é o Senhor.
5 Ele dá sustento aos que o temem;
sempre se lembra da sua aliança.
6 Manifestou ao seu povo
o poder das suas obras,
dando-lhe a herança das nações.

7 As obras de suas mãos
são verdade e justiça;
fiéis são todos os seus preceitos.
8 Estáveis são eles para todo o sempre,
instituídos em fidelidade e retidão.
9 Enviou ao seu povo a redenção;
estabeleceu para sempre a sua aliança;
santo e tremendo é o seu nome.

10 O temor do Senhor é o princípio da sabedoria;
revelam prudência todos os que o praticam.
O seu louvor permanece para sempre.

A felicidade de quem teme a Deus

112 1 Aleluia!
Bem-aventurado é aquele
que teme o Senhor
e tem grande prazer nos seus mandamentos.
2 A sua descendência será poderosa na terra;
a geração dos justos será abençoada.
3 Na sua casa há prosperidade e riqueza,
e a sua justiça permanece para sempre.
4 Aos justos, nasce luz nas trevas;
ele é bondoso, compassivo e justo.

5 Feliz aquele que se compadece e empresta;
ele defenderá a sua causa em juízo;
6 não será jamais abalado;
será tido em memória eterna.
7 Não se atemoriza de más notícias;
o seu coração é firme, confiante no Senhor.
8 O seu coração, bem firmado, não teme,
até que veja a derrota dos seus inimigos.
9 Distribui, dá aos pobres;
a sua justiça permanece para sempre,
e o seu poder se exaltará em glória.

10 O ímpio vê isso e fica com raiva;
range os dentes e se consome.
O desejo dos ímpios perecerá.

Louvor a Deus pela sua bondade

113 1 Aleluia!
Louvem, ó servos do SENHOR,
louvem o nome do SENHOR.
2 Bendito seja o nome do SENHOR,
agora e para sempre.
3 Do nascimento do sol
até o momento em que se põe,
louvado seja o nome do SENHOR.
4 Excelso é o SENHOR, acima de todas as nações,
e a sua glória está acima dos céus.

5 Quem é semelhante ao SENHOR, nosso Deus,
cujo trono está nas alturas,
6 que se inclina para ver
o que se passa no céu e sobre a terra?
7 Ele levanta o pobre do pó
e tira o necessitado do monte de lixo,
8 para o fazer sentar ao lado dos príncipes,
sim, com os príncipes do seu povo.
9 O SENHOR faz com que
a mulher estéril viva em família
e seja alegre mãe de filhos.

Aleluia!

As maravilhas do êxodo

114 1 Quando Israel saiu do Egito,
e a casa de Jacó, do meio de
um povo de língua estranha,
2 Judá se tornou o santuário do Senhor,
e Israel, o seu domínio.

3 O mar viu isso e fugiu;
o Jordão recuou.
4 Os montes saltaram como carneiros,
e as colinas, como cordeiros do rebanho.

5 O que lhe aconteceu, ó mar,
para que você fugisse assim?
E você, Jordão, por que recuou?
6 Montes, por que estão saltando como carneiros?
E vocês, colinas, como cordeiros do rebanho?

7 Trema, ó terra, na presença do Senhor,
na presença do Deus de Jacó!
8 Ele transformou a rocha em lençol de água
e o rochedo, em manancial.

Louvor ao verdadeiro Deus

115 1 Não a nós, SENHOR, não a nós,
mas ao teu nome dá glória,
por amor da tua misericórdia e da tua fidelidade.

2 Por que diriam as nações:
"Onde está o Deus deles?"
3 O nosso Deus está no céu
e faz tudo como lhe agrada.
4 Os ídolos das nações são prata e ouro,
obra de mãos humanas.
5 Têm boca e não falam;
têm olhos e não veem;
6 têm ouvidos e não ouvem;
têm nariz e não cheiram;
7 têm mãos e não apalpam;
têm pés e não andam;
som nenhum lhes sai da garganta.
8 Tornem-se semelhantes a eles os que os fazem
e todos os que neles confiam.

9 Ó Israel, confie no SENHOR!
Ele é o seu amparo e o seu escudo.
10 Casa de Arão, confie no SENHOR!
Ele é o seu amparo e o seu escudo.
11 Vocês que temem o SENHOR, confiem no SENHOR!
Ele é o seu amparo e o seu escudo.
12 O SENHOR lembrou-se de nós; ele nos abençoará;
abençoará a casa de Israel,
abençoará a casa de Arão.
13 Ele abençoa os que temem o SENHOR,
tanto pequenos como grandes.

14 O SENHOR os abençoe mais e mais,
a vocês e aos seus filhos.
15 Que vocês sejam abençoados pelo SENHOR,
que fez os céus e a terra.
16 Os céus são os céus do SENHOR,
mas a terra ele deu aos filhos dos homens.
17 Os mortos não louvam o SENHOR,
nem os que descem à região do silêncio
podem fazer isso.
18 Nós, porém, bendiremos o SENHOR,
desde agora e para sempre.

Aleluia!

Salmo de gratidão

116 1 Amo o SENHOR, porque ele ouve
a minha voz e as minhas súplicas.
2 Porque inclinou para mim os seus ouvidos,
eu o invocarei por toda a minha vida.
3 Laços de morte me cercaram,
e angústias do inferno se apoderaram de mim;
fiquei aflito e triste.
4 Então invoquei o nome do SENHOR:
"Ó SENHOR, livra a minha alma."

5 Compassivo e justo é o SENHOR;
o nosso Deus é misericordioso.
6 O SENHOR vela pelos simples;
quando eu estava prostrado, ele me salvou.
7 Ó minha alma, volte ao seu sossego,
pois o SENHOR tem sido bom para você.

8 Pois livraste da morte a minha alma,
das lágrimas, os meus olhos,
da queda, os meus pés.
9 Andarei na presença do SENHOR,
na terra dos viventes.

10 Eu cria, mesmo quando eu disse:
"Estou muito aflito."
11 Eu disse na minha perturbação:
"Todas as pessoas são mentirosas."

12 Que darei ao SENHOR
por todos os seus benefícios para comigo?
13 Erguerei o cálice da salvação
e invocarei o nome do SENHOR.
14 Cumprirei os meus votos ao SENHOR,
na presença de todo o seu povo.

15 Preciosa é aos olhos do SENHOR
a morte dos seus santos.
16 SENHOR, eu sou de fato teu servo;
eu sou teu servo, filho da tua serva;
quebraste as correntes que me prendiam.
17 A ti oferecerei sacrifícios de ações de graças
e invocarei o nome do SENHOR.
18 Cumprirei os meus votos ao SENHOR,
na presença de todo o seu povo,
19 nos átrios da Casa do SENHOR,
em seu meio, ó Jerusalém.

Aleluia!

Salmo de louvor

117 1 Louvem o SENHOR, todos os gentios;
que todos os povos o louvem!
2 Porque grande é a sua misericórdia
para conosco,
e a fidelidade do SENHOR dura para sempre.

Aleluia!

A alegria dos justos pela salvação

118 1 Deem graças ao SENHOR,
porque ele é bom,
porque a sua misericórdia dura para sempre.
2 Diga, pois, Israel:
"Sim, a sua misericórdia dura para sempre."
3 Diga, pois, a casa de Arão:
"Sim, a sua misericórdia dura para sempre."
4 Digam, pois, os que temem o SENHOR:
"Sim, a sua misericórdia dura para sempre."

5 Na angústia, invoquei o SENHOR;
e o SENHOR me ouviu e me pôs a salvo.
6 O SENHOR está comigo; não temerei.
O que é que alguém pode me fazer?
7 O SENHOR está comigo, para me ajudar;
por isso, verei a derrota
dos meus inimigos.
8 Melhor é buscar refúgio no SENHOR
do que confiar nos seres humanos.
9 Melhor é buscar refúgio no SENHOR
do que confiar em príncipes.

10 Todas as nações me cercaram,
mas em nome do SENHOR as destruí.
11 Elas me cercaram, sim,
me cercaram de todos os lados;
mas em nome do SENHOR as destruí.
12 Como abelhas me cercaram,
porém como fogo em espinhos
foram queimados;
em nome do SENHOR as destruí.
13 Empurraram-me violentamente
para me fazer cair,
porém o SENHOR me ajudou.
14 O SENHOR é a minha força e o meu cântico,
porque ele me salvou.

15 Nas tendas dos justos há voz de júbilo
e de salvação;
a mão do SENHOR faz proezas.
16 A mão do SENHOR se eleva,
a mão do SENHOR faz proezas.
17 Não morrerei; pelo contrário, viverei
e contarei as obras do SENHOR.
18 O SENHOR me castigou severamente,
mas não me entregou à morte.

19 Abram as portas da justiça para mim;
entrarei por elas e darei graças ao SENHOR.
20 Esta é a porta do SENHOR;
por ela entrarão os justos.

21 Graças te dou porque me escutaste
e foste a minha salvação.

22 A pedra que os construtores rejeitaram,
essa veio a ser a pedra angular.
23 Isto procede do SENHOR
e é maravilhoso aos nossos olhos.
24 Este é o dia que o SENHOR fez;
exultemos e alegremo-nos nele.
25 Oh! Salva-nos, SENHOR, nós te pedimos;
oh! SENHOR, concede-nos prosperidade!

26 Bendito o que vem em nome do SENHOR.
Da Casa do SENHOR, nós os abençoamos.
27 O SENHOR é Deus, ele é a nossa luz;
adornem a festa com ramos
até as pontas do altar.

28 Tu és o meu Deus, e eu te louvarei;
tu és o meu Deus, eu te exaltarei.

29 Deem graças ao SENHOR, porque ele é bom,
porque a sua misericórdia dura para sempre.

A excelência da lei divina

Álefe

119 1 Bem-aventurados
os irrepreensíveis no seu caminho,
que andam na lei do SENHOR.
2 Bem-aventurados os que guardam
os seus testemunhos
e o buscam de todo o coração;

3 não praticam iniquidade
e andam nos seus caminhos.
4 Tu ordenaste os teus preceitos,
para que os cumpramos à risca.
5 Quem dera fossem firmes os meus passos,
para que eu observe os teus decretos.
6 Então não terei de que me envergonhar,
quando considerar todos os teus mandamentos.
7 Eu te darei graças com integridade de coração,
quando tiver aprendido os teus retos juízos.
8 Cumprirei os teus decretos;
não me desampares jamais.

Bete

9 De que maneira poderá o jovem
guardar puro o seu caminho?
Observando-o segundo a tua palavra.
10 De todo o coração te busquei;
não deixes que eu me desvie
dos teus mandamentos.
11 Guardo a tua palavra no meu coração
para não pecar contra ti.
12 Bendito és tu, SENHOR;
ensina-me os teus decretos.
13 Com os lábios tenho narrado
todos os juízos da tua boca.
14 Mais me alegro com o caminho
dos teus testemunhos
do que com todas as riquezas.
15 Meditarei nos teus preceitos
e às tuas veredas terei respeito.
16 Terei prazer nos teus decretos;
não me esquecerei da tua palavra.

Guímel

17 Sê generoso com o teu servo,
para que eu viva e observe a tua palavra.
18 Desvenda os meus olhos,
para que eu contemple as maravilhas da tua lei.
19 Sou peregrino na terra;
não escondas de mim os teus mandamentos.
20 Consumida está a minha alma
por desejar, incessantemente, os teus juízos.
21 Tu repreendes os soberbos, os malditos,
que se desviam dos teus mandamentos.
22 Tira de sobre mim os insultos e o desprezo,
pois tenho guardado os teus testemunhos.
23 Assentaram-se príncipes e falaram contra mim,
mas o teu servo meditou nos teus decretos.
24 Também os teus testemunhos são o meu prazer,
são os meus conselheiros.

Dálete

25 A minha alma está apegada ao pó;
vivifica-me segundo a tua palavra.
26 Eu te expus os meus caminhos, e tu me respondeste;
ensina-me os teus decretos.
27 Faze-me compreender o caminho
dos teus preceitos,
e meditarei nas tuas maravilhas.
28 A minha alma se consome de tristeza;
fortalece-me segundo a tua palavra.
29 Afasta de mim o caminho da falsidade
e favorece-me com a tua lei.
30 Escolhi o caminho da fidelidade
e decidi seguir os teus juízos.
31 Aos teus testemunhos me apego;
não permitas, SENHOR,
que eu seja envergonhado.
32 Percorrerei o caminho dos teus mandamentos,
quando me deres mais entendimento.

Hê

33 Ensina-me, SENHOR,
o caminho dos teus decretos,
e os seguirei até o fim.
34 Dá-me entendimento, e guardarei a tua lei;
de todo o coração a cumprirei.
35 Guia-me pela vereda dos teus mandamentos,
pois nela encontro felicidade.
36 Inclina o meu coração aos teus testemunhos
e não à cobiça.
37 Desvia os meus olhos,
para que não vejam a vaidade,
e vivifica-me no teu caminho.
38 Confirma ao teu servo a tua promessa
feita aos que te temem.
39 Afasta de mim a afronta, que me causa medo,
porque os teus juízos são bons.
40 Eis que tenho suspirado pelos teus preceitos;
vivifica-me por tua justiça.

Vau

41 Venham também sobre mim
as tuas misericórdias, SENHOR,
e a tua salvação, segundo a tua promessa.
42 Então saberei responder
aos que me insultam,
pois confio na tua palavra.
43 Não tires jamais de minha boca
a palavra da verdade,
pois tenho esperado nos teus juízos.
44 Assim, observarei continuamente a tua lei,
para todo o sempre.
45 Andarei em liberdade,
pois tenho buscado os teus preceitos.
46 Também falarei dos teus testemunhos
na presença dos reis
e não me envergonharei.
47 Terei prazer nos teus mandamentos,
os quais eu amo.
48 Para os teus mandamentos,
que amo, levantarei as mãos
e meditarei nos teus decretos.

Zaine

49 Lembra-te da promessa que fizeste ao teu servo,
na qual me tens feito esperar.
50 O que me consola na minha angústia é isto:
que a tua palavra me vivifica.
51 Os soberbos zombam continuamente de mim,
mas eu não me afasto da tua lei.
52 Lembro-me dos teus juízos de outrora
e me consolo, ó SENHOR.
53 De mim se apoderou a indignação,
por causa dos pecadores
que abandonaram a tua lei.
54 Os teus decretos são motivo
dos meus cânticos,
na casa da minha peregrinação.
55 Lembro-me, SENHOR,
do teu nome, durante a noite,
e observo a tua lei.
56 Isto é assim comigo,
porque guardo os teus preceitos.

Hete

57 O SENHOR é a minha porção;
eu disse que guardaria as tuas palavras.
58 De todo o coração, imploro a tua graça;
compadece-te de mim, segundo a tua palavra.
59 Penso nos meus caminhos
e volto os meus passos para os teus testemunhos.
60 Apresso-me, não me demoro
a praticar os teus mandamentos.
61 Laços de perversos me cercam,
mas não me esqueço da tua lei.
62 No meio da noite eu me levanto
para te dar graças,
por causa dos teus retos juízos.
63 Companheiro sou de todos os que te temem
e dos que guardam os teus preceitos.
64 A terra, SENHOR, está cheia da tua bondade;
ensina-me os teus decretos.

Tete

65 Tens sido bom para o teu servo,
SENHOR, segundo a tua palavra.
66 Ensina-me bom juízo e conhecimento,
pois creio nos teus mandamentos.
67 Antes de ser afligido, eu andava errado,
mas agora guardo a tua palavra.
68 Tu és bom e fazes o bem;
ensina-me os teus decretos.
69 Os soberbos têm forjado mentiras contra mim,
mas eu guardo de todo o coração
os teus preceitos.
70 O coração deles se tornou insensível,
como se fosse de sebo;
mas eu me alegro na tua lei.
71 Foi bom que eu tivesse passado pela aflição,
para que aprendesse os teus decretos.
72 Para mim vale mais a lei
que procede da tua boca
do que milhares de peças de ouro ou de prata.

Iode

73 As tuas mãos me fizeram e me formaram;
dá-me entendimento para que eu aprenda
os teus mandamentos.
74 Aqueles que te temem
se alegram quando me veem,
porque na tua palavra tenho esperado.
75 Bem sei, ó SENHOR, que os teus juízos são justos
e que com fidelidade me afligiste.
76 Que a tua bondade me sirva de consolo,
segundo a palavra que deste ao teu servo.
77 Venham sobre mim as tuas misericórdias,
para que eu viva;
pois na tua lei está o meu prazer.
78 Envergonhados sejam os soberbos
por me haverem oprimido injustamente;
eu, porém, meditarei nos teus preceitos.
79 Voltem-se para mim os que te temem
e os que conhecem os teus testemunhos.
80 Seja o meu coração
irrepreensível nos teus decretos,
para que eu não seja envergonhado.

Cafe

81 A minha alma desfalece,
aguardando a tua salvação;
porém espero na tua palavra.
82 Os meus olhos esmorecem de tanto esperar
por tua promessa,
e pergunto: "Quando me consolarás?"
83 Já me assemelho a um odre na fumaça,
mas não me esqueço dos teus decretos.
84 Quantos vêm a ser os dias do teu servo?
Quando me farás justiça
contra os que me perseguem?
85 Para mim abriram covas os soberbos,
que não andam conforme a tua lei.
86 Todos os teus mandamentos são verdadeiros.
Ajuda-me, pois sou perseguido injustamente.
87 Quase acabaram comigo, na terra;
mas eu não deixo os teus preceitos.
88 Vivifica-me, segundo a tua misericórdia,
e guardarei os testemunhos
que procedem de tua boca.

Lâmede

89 Para sempre, ó SENHOR,
a tua palavra está firmada no céu.
90 A tua fidelidade se estende de geração em geração;
fundaste a terra, e ela permanece.
91 Conforme os teus juízos,
assim tudo se mantém até hoje;
porque todas as coisas estão ao teu dispor.

92 Se a tua lei não tivesse sido o meu prazer,
há muito eu teria perecido na minha angústia.
93 Nunca me esquecerei dos teus preceitos,
pois é por meio deles que me tens dado vida.
94 Sou teu; salva-me,
pois eu busco os teus preceitos.
95 Os ímpios me espreitam para me destruir,
mas eu considero os teus testemunhos.
96 Tenho visto que toda perfeição tem o seu limite;
mas o teu mandamento é ilimitado.

Mem

97 Quanto amo a tua lei!
É a minha meditação todo o dia!
98 O teu mandamento me torna mais sábio
do que os meus inimigos,
porque eu o tenho sempre comigo.
99 Compreendo mais do que
todos os meus mestres,
porque medito nos teus testemunhos.
100 Sou mais entendido do que os idosos,
porque guardo os teus preceitos.
101 De todo mau caminho desvio os meus pés,
para observar a tua palavra.
102 Não me afasto dos teus juízos,
pois tu me ensinas.
103 Quão doces são as tuas palavras ao meu paladar!
Mais que o mel à minha boca.
104 Por meio dos teus preceitos,
consigo entendimento;
por isso, detesto todo caminho de falsidade.

Num

105 Lâmpada para os meus pés é a tua palavra,
é luz para os meus caminhos.
106 Jurei e confirmei o juramento
de guardar os teus retos juízos.
107 Estou aflitíssimo;
vivifica-me, SENHOR, segundo a tua palavra.
108 Aceita, SENHOR, a espontânea
oferenda dos meus lábios
e ensina-me os teus juízos.
109 A minha vida está sempre em perigo;
no entanto, não me esqueço da tua lei.
110 Os ímpios armam ciladas contra mim,
mas eu não me desvio dos teus preceitos.
111 Os teus testemunhos,
recebi-os por legado perpétuo,
porque são a alegria do meu coração.
112 Inclino o coração a guardar os teus decretos,
para sempre, até o fim.

Sâmeque

113 Detesto a falsidade,
porém amo a tua lei.
114 Tu és o meu refúgio e o meu escudo;
na tua palavra eu espero.
115 Afastem-se de mim, malfeitores;
quero guardar os mandamentos do meu Deus.
116 Ampara-me, segundo a tua promessa,
para que eu viva;
não permitas que eu seja envergonhado
na minha esperança.
117 Sustenta-me, e serei salvo
e sempre atentarei para os teus decretos.
118 Desprezas os que se desviam dos teus decretos,
porque a astúcia deles é vã.
119 Rejeitas, como escória, todos os ímpios da terra;
por isso, amo os teus testemunhos.
120 Meu corpo treme de medo de ti,
e temo os teus juízos.

Aim

121 Tenho praticado juízo e justiça;
não me entregues aos meus opressores.
122 Sê fiador do teu servo para o bem;
não permitas que os soberbos me oprimam.
123 Os meus olhos desfalecem
à espera da tua salvação
e da promessa da tua justiça.
124 Trata o teu servo segundo a tua misericórdia
e ensina-me os teus decretos.
125 Sou teu servo; dá-me entendimento,
para que eu conheça os teus testemunhos.
126 Já é tempo de entrar em ação, ó SENHOR,
pois a tua lei está sendo violada.
127 Amo os teus mandamentos mais do que o ouro,
mais do que o ouro refinado.
128 Por isso, considero, em tudo,
retos todos os teus preceitos
e detesto todo caminho de falsidade.

Pê

129 Maravilhosos são os teus testemunhos;
por isso, a minha alma os observa.
130 A revelação das tuas palavras traz luz
e dá entendimento aos simples.
131 Abro a boca e suspiro,
porque desejo os teus mandamentos.
132 Volta-te para mim e tem compaixão,
como costumas fazer aos que amam o teu nome.
133 Firma os meus passos na tua palavra,
e não permitas que nenhuma iniquidade
me domine.
134 Livra-me da opressão dos homens,
e guardarei os teus preceitos.
135 Faze resplandecer o teu rosto sobre o teu servo
e ensina-me os teus decretos.
136 Meus olhos vertem rios de lágrimas,
porque os outros não guardam a tua lei.

Tsadê

137 Justo és tu, SENHOR,
e retos são os teus juízos.

138 Os teus testemunhos,
tu os ordenaste com retidão
e com absoluta fidelidade.
139 O meu zelo me consome,
porque os meus adversários
se esquecem da tua palavra.
140 Puríssima é a tua palavra;
por isso, o teu servo a estima.
141 Sou pequeno e desprezado,
mas não me esqueço dos teus preceitos.
142 A tua justiça é justiça eterna,
e a tua lei é a própria verdade.
143 Sobre mim vieram tribulação e angústia,
mas os teus mandamentos são o meu prazer.
144 Eterna é a justiça dos teus testemunhos;
dá-me entendimento, e viverei.

Cofe

145 De todo o coração eu te invoco;
ouve-me, SENHOR;
observo os teus decretos.
146 Clamo a ti; salva-me,
e guardarei os teus testemunhos.
147 Levanto-me antes do amanhecer e clamo;
na tua palavra, espero confiante.
148 Fico acordado nas vigílias da noite,
para meditar na tua palavra.
149 Ouve, SENHOR, a minha voz,
segundo a tua bondade;
vivifica-me, segundo os teus juízos.
150 Aproximam-se de mim os que
seguem a maldade;
eles se afastam da tua lei.
151 Tu estás perto, SENHOR,
e todos os teus mandamentos são verdade.
152 Quanto aos teus testemunhos,
há muito sei que os estabeleceste para sempre.

Rexe

153 Olha para a minha aflição e livra-me,
pois não me esqueço da tua lei.
154 Defende a minha causa e liberta-me;
vivifica-me, segundo a tua promessa.
155 A salvação está longe dos ímpios,
pois não procuram os teus decretos.
156 Muitas, SENHOR, são as tuas misericórdias;
vivifica-me, segundo os teus juízos.
157 São muitos os meus perseguidores
e os meus adversários,
mas eu não me desvio dos teus testemunhos.
158 Vi os infiéis e senti desgosto,
porque não guardam a tua palavra.
159 Vê como amo os teus preceitos;
vivifica-me, SENHOR, segundo a tua bondade.
160 As tuas palavras são em tudo
verdade desde o princípio,
e cada um dos teus justos juízos dura para sempre.

Chim

161 Poderosos me perseguem sem motivo,
mas o que o meu coração teme é a tua palavra.
162 Alegro-me nas tuas promessas,
como quem acha grandes despojos.
163 Odeio e detesto a mentira,
mas amo a tua lei.
164 Sete vezes por dia, eu te louvo
pela justiça dos teus juízos.
165 Grande paz têm os que amam a tua lei;
para eles não há nada que os faça tropeçar.
166 Espero, SENHOR, na tua salvação
e cumpro os teus mandamentos.
167 A minha alma tem observado
os teus testemunhos;
eu os amo profundamente.
168 Tenho observado os teus preceitos
e os teus testemunhos,
pois na tua presença estão
todos os meus caminhos.

Tau

169 Chegue a ti, SENHOR, a minha súplica;
dá-me entendimento, segundo a tua palavra.
170 Chegue a minha petição à tua presença;
livra-me segundo a tua palavra.
171 Que os meus lábios te louvem,
pois me ensinas os teus decretos.
172 Que a minha língua celebre a tua lei,
pois todos os teus mandamentos são justos.
173 Que a tua mão venha me socorrer,
pois escolhi os teus preceitos.
174 Anseio pela tua salvação, SENHOR;
a tua lei é o meu prazer.
175 Que eu possa viver para te louvar;
e que os teus juízos me ajudem.
176 Ando errante como ovelha perdida;
procura o teu servo, pois não me esqueço
dos teus mandamentos.

Contra as más línguas

Cântico de peregrinação

120 1 Na minha angústia,
clamo ao SENHOR,
e ele me ouve.
2 SENHOR, livra-me dos lábios mentirosos,
da língua enganadora.

3 O que lhe será dado
ou o que lhe será acrescentado,
ó língua enganadora?
4 Flechas afiadas de guerreiro
e brasas vivas de zimbro.

5 Ai de mim, que peregrino em Meseque
e habito nas tendas de Quedar.
6 Já há tempo demais que habito
com aqueles que odeiam a paz.

7 Sou pela paz; quando, porém, eu falo,
eles teimam pela guerra.

Deus, o nosso protetor

Cântico de peregrinação

121 1 Elevo os meus olhos
para os montes:
de onde me virá o socorro?
2 O meu socorro vem do SENHOR,
que fez o céu e a terra.

3 Ele não permitirá
que os seus pés vacilem;
não dormitará
aquele que guarda você.
4 É certo que não dormita, nem dorme
o guarda de Israel.

5 O SENHOR é quem guarda você;
o SENHOR é a sombra à sua direita.
6 De dia não lhe fará mal o sol,
nem de noite, a lua.
7 O SENHOR guardará você de todo mal;
guardará a sua alma.
8 O SENHOR guardará a sua saída e a sua entrada,
desde agora e para sempre.

Oração pela paz de Jerusalém

Cântico de peregrinação. De Davi

122 1 Alegrei-me quando me disseram:
"Vamos à Casa do SENHOR."
2 Pararam os nossos pés
junto às suas portas, ó Jerusalém!

3 Jerusalém, você que está construída
como uma cidade bem sólida,
4 para onde sobem as tribos,
as tribos do SENHOR,
como convém a Israel,
para renderem graças ao nome do SENHOR.
5 Lá estão os tronos de justiça,
os tronos da casa de Davi.

6 Orem pela paz de Jerusalém!
Que sejam prósperos aqueles que a amam.
7 Reine paz em seu meio
e prosperidade nos seus palácios.
8 Por amor dos meus irmãos e amigos,
eu peço: "Haja paz em você!"
9 Por amor da Casa do SENHOR, nosso Deus,
buscarei o seu bem.

Oração por compaixão

Cântico de peregrinação

123 1 A ti, que habitas nos céus,
elevo os olhos!
2 Como os olhos dos servos estão atentos
às mãos dos seus senhores,
e os olhos da serva, à mão de sua senhora,
assim os nossos olhos estão atentos
ao SENHOR, nosso Deus,
até que tenha compaixão de nós.

3 Tem compaixão de nós, SENHOR, tem compaixão,
pois estamos saturados de tanto desprezo.
4 A nossa alma está saturada
da zombaria dos arrogantes
e do desprezo dos soberbos.

Deus, nosso protetor e libertador

Cântico de peregrinação. De Davi

124 1 Não fosse o SENHOR,
que esteve ao nosso lado —
Israel que o diga —;
2 não fosse o SENHOR, que esteve ao nosso lado,
quando os nossos inimigos
se levantaram contra nós,
3 eles nos teriam engolido vivos,
quando a sua ira se acendeu contra nós.
4 As águas nos teriam submergido,
e a torrente teria passado por cima de nós;
5 águas impetuosas teriam passado
por cima de nós.

6 Bendito seja o SENHOR,
que não nos deu por presa aos dentes deles.
7 A nossa alma foi salva,
como um pássaro do laço dos passarinheiros;
rompeu-se o laço,
e nós nos vimos livres.
8 O nosso socorro está no nome do SENHOR,
que fez o céu e a terra.

Fé inabalável

Cântico de peregrinação

125 1 Os que confiam no SENHOR
são como o monte Sião,
que não se abala,
mas continua firme para sempre.
2 Como em volta de Jerusalém
estão os montes,
assim o SENHOR está ao redor do seu povo,
desde agora e para sempre.

3 O cetro dos ímpios
não permanecerá
na terra dos justos,
para que os justos não comecem
a praticar a iniquidade.

4 Faze o bem, SENHOR,
aos bons e aos retos de coração.
5 Quanto aos que se desviam
para caminhos tortuosos,
o SENHOR os levará
juntamente com os malfeitores.

Paz sobre Israel!

Consolo para os que choram

Cântico de peregrinação

126 1 Quando o SENHOR restaurou
a sorte de Sião,
ficamos como quem sonha.
2 Então a nossa boca se encheu de riso,
e a nossa língua, de júbilo.
Então entre as nações se dizia:
"Grandes coisas o SENHOR tem feito por eles."
3 De fato, grandes coisas o SENHOR fez por nós;
por isso, estamos alegres.

4 Restaura, SENHOR, a nossa sorte,
como as torrentes no Neguebe.
5 Os que com lágrimas semeiam
com júbilo ceifarão.
6 Quem sai andando e chorando,
enquanto semeia,
voltará com júbilo, trazendo os seus feixes.

Todo bem procede de Deus

Cântico de peregrinação. De Salomão

127 1 Se o SENHOR não edificar a casa,
em vão trabalham os que a edificam.
Se o SENHOR não guardar a cidade,
em vão vigia a sentinela.
2 Será inútil levantar de madrugada,
dormir tarde,
comer o pão que conseguiram com tanto esforço;
aos seus amados ele o dá enquanto dormem.

3 Herança do SENHOR são os filhos;
o fruto do ventre, seu galardão.
4 Como flechas na mão do guerreiro,
assim são os filhos da sua mocidade.
5 Feliz o homem que enche deles a sua aljava;
não será envergonhado,
quando enfrentar os seus inimigos no tribunal.

Temor de Deus e felicidade no lar

Cântico de peregrinação

128 1 Bem-aventurado
aquele que teme o SENHOR
e anda nos seus caminhos!
2 Você comerá do fruto do seu trabalho,
será feliz, e tudo irá bem com você.
3 Sua esposa, no interior de sua casa,
será como a videira frutífera;
seus filhos serão como rebentos da oliveira
ao redor da sua mesa.
4 Eis como será abençoado
o homem que teme o SENHOR!

5 Que o SENHOR o abençoe desde Sião,
para que você veja a prosperidade de Jerusalém
durante os dias de sua vida,
6 e veja os filhos dos seus filhos.

Paz sobre Israel!

Perseguido, mas não derrotado

Cântico de peregrinação

129 1 Muitas vezes me angustiaram
desde a minha mocidade —
Israel que o diga —;
2 muitas vezes me angustiaram
desde a minha mocidade,
mas não prevaleceram contra mim.
3 Os lavradores passaram o arado
nas minhas costas
e abriram longos sulcos.
4 Mas o SENHOR é justo;
cortou as cordas dos ímpios.

5 Sejam envergonhados e repelidos
todos os que odeiam Sião!
6 Sejam como a erva dos telhados,
que seca antes de florescer,
7 que não enche a mão do ceifeiro,
nem os braços daquele que ata os feixes!
8 E também os que passam não digam:
"A bênção do SENHOR seja com vocês!
Nós os abençoamos em nome do SENHOR!"

Das profundezas clamo a ti

Cântico de peregrinação

130 1 Das profundezas
clamo a ti, SENHOR.
2 Escuta, Senhor, a minha voz;
estejam alertas os teus ouvidos
às minhas súplicas.
3 Se tu, SENHOR, observares iniquidades,
quem, Senhor, poderá escapar?
4 Mas contigo está o perdão,
para que sejas temido.

5 Aguardo o SENHOR, a minha alma o aguarda;
eu espero na sua palavra.
6 A minha alma anseia pelo Senhor
mais do que os guardas anseiam
pelo romper da manhã.

Mais do que os guardas pelo romper da manhã,
7 espere Israel no SENHOR,
pois no SENHOR há misericórdia;
nele, temos ampla redenção.
8 É ele quem redime Israel
de todas as suas iniquidades.

Humildade e confiança em Deus

Cântico de peregrinação. De Davi

131 1 SENHOR, não é orgulhoso
o meu coração,
nem arrogante o meu olhar.
Não ando à procura de coisas grandes,
nem de coisas maravilhosas demais para mim.
2 Pelo contrário, fiz calar
e sossegar a minha alma.

Como a criança desmamada
se aquieta nos braços de sua mãe,
assim é a minha alma dentro de mim.
3 Espere, ó Israel, no SENHOR,
desde agora e para sempre.

Uma promessa antiga

Cântico de peregrinação

132 1 Lembra-te, SENHOR, de Davi
e de todas as suas provações.
2 Lembra-te de como ele jurou ao SENHOR
e fez votos ao Poderoso de Jacó, dizendo:
3 "Não entrarei na tenda em que moro,
nem me deitarei no leito em que repouso;
4 não darei sono aos meus olhos,
nem repouso às minhas pálpebras,
5 enquanto eu não encontrar
um lugar para o SENHOR,
uma morada para o Poderoso de Jacó."
6 Ouvimos dizer que a arca estava em Efrata
e a encontramos no campo de Jaar.
7 Entremos na sua morada,
adoremos diante do estrado de seus pés.

8 Levanta-te, SENHOR,
e entra no lugar do teu repouso,
tu e a arca do teu poder.
9 Vistam-se de justiça os teus sacerdotes,
e exultem os teus fiéis.

10 Por amor de Davi, teu servo,
não rejeites o teu ungido.
11 O SENHOR jurou a Davi com firme juramento
e dele não se desviará:
"Farei com que no seu trono
se assente um dos seus descendentes.
12 Se os filhos de você guardarem a minha aliança
e o testemunho que eu lhes ensinar,
também os filhos deles se assentarão
para sempre no seu trono."

13 Pois o SENHOR escolheu Sião,
preferiu-a por sua morada, dizendo:
14 "Este é para sempre o lugar do meu repouso;
aqui habitarei, pois este é o meu desejo.
15 Abençoarei com abundância o seu mantimento
e de pão fartarei os seus pobres.
16 Vestirei de salvação os seus sacerdotes,
e de júbilo exultarão os seus fiéis.
17 Ali, farei brotar o poder de Davi;
preparei uma lâmpada para o meu ungido.
18 Cobrirei de vexame os seus inimigos,
mas sobre ele brilhará a sua coroa."

A excelência da união fraternal

Cântico de peregrinação. De Davi

133 1 Oh! Como é bom e agradável
viverem unidos os irmãos!
2 É como o óleo precioso sobre a cabeça,
o qual desce pela barba,
a barba de Arão,
e desce para a gola de suas vestes.
3 É como o orvalho do Hermom,
que desce sobre os montes de Sião.
Ali o SENHOR ordena a sua bênção
e a vida para sempre.

Convite ao louvor a Deus

Cântico de peregrinação

134 1 Bendigam o SENHOR, todos vocês,
servos do SENHOR,
que se encontram na Casa do SENHOR
nas horas da noite.
2 Levantem as mãos para o santuário
e bendigam o SENHOR.
3 Que, de Sião, o SENHOR,
que fez o céu e a terra, abençoe você!

Louvores a Deus

135 1 Aleluia!
Louvem o nome do SENHOR!
Louvem-no vocês, servos do SENHOR,
2 que estão na Casa do SENHOR,
nos átrios da casa do nosso Deus.
3 Louvem o SENHOR, porque o SENHOR é bom;
cantem louvores ao seu nome,
porque é agradável.
4 Pois o SENHOR escolheu Jacó para ser dele,
e Israel, para ser o seu tesouro especial.

5 De fato, eu sei que o SENHOR é grande
e que o nosso Deus está acima
de todos os deuses.
6 Tudo o que agrada ao SENHOR, ele o faz,
nos céus e na terra,
no mar e em todos os abismos.
7 Faz subir as nuvens dos confins da terra,
faz os relâmpagos para a chuva,
faz sair o vento dos seus reservatórios.

8 Foi ele quem matou os primogênitos no Egito,
tanto das pessoas como dos animais.
9 Foi ele quem fez sinais e maravilhas
em seu meio, ó Egito,
contra Faraó e todos os seus servos.
10 Ele destruiu muitas nações
e matou reis poderosos:
11 Seom, rei dos amorreus,
Ogue, rei de Basã,
e todos os reinos de Canaã.
12 E a terra deles deu em herança,
em herança a Israel, seu povo.

13 O teu nome, SENHOR, permanece para sempre;
a tua memória, SENHOR, passará
de geração em geração.

14 Pois o SENHOR julga o seu povo
e se compadece dos seus servos.

15 Os ídolos das nações são prata e ouro,
obra de mãos humanas.
16 Têm boca e não falam;
têm olhos e não veem;
17 têm ouvidos e não ouvem;
pois não há alento de vida em sua boca.
18 Tornam-se semelhantes a eles os que os fazem,
e todos os que neles confiam.

19 Casa de Israel, bendigam o SENHOR!
Casa de Arão, bendigam o SENHOR!
20 Casa de Levi, bendigam o SENHOR!
Vocês que temem o SENHOR,
bendigam o SENHOR!
21 Desde Sião bendito seja o SENHOR,
que habita em Jerusalém!
Aleluia!

A misericórdia de Deus

136 1 Deem graças ao SENHOR,
porque ele é bom,
porque a sua misericórdia dura para sempre.
2 Deem graças ao Deus dos deuses,
porque a sua misericórdia dura para sempre.
3 Deem graças ao Senhor dos senhores,
porque a sua misericórdia dura para sempre.

4 Ao único que opera grandes maravilhas,
porque a sua misericórdia dura para sempre.
5 Àquele que com entendimento fez os céus,
porque a sua misericórdia dura para sempre.
6 Àquele que estendeu a terra sobre as águas,
porque a sua misericórdia dura para sempre.
7 Àquele que fez os grandes luzeiros,
porque a sua misericórdia dura para sempre.
8 Fez o sol para presidir o dia,
porque a sua misericórdia dura para sempre.
9 Fez a lua e as estrelas para presidirem a noite,
porque a sua misericórdia dura para sempre.

10 Àquele que matou os primogênitos do Egito,
porque a sua misericórdia dura para sempre.
11 E tirou Israel do meio deles,
porque a sua misericórdia dura para sempre.
12 Ele os tirou com mão poderosa
e braço estendido,
porque a sua misericórdia dura para sempre.
13 Àquele que dividiu
o mar Vermelho em duas partes,
porque a sua misericórdia dura para sempre.
14 E fez Israel passar pelo meio dele,
porque a sua misericórdia dura para sempre.
15 Mas lançou Faraó e o seu exército
no mar Vermelho,
porque a sua misericórdia
dura para sempre.
16 Àquele que conduziu o seu povo pelo deserto,
porque a sua misericórdia dura para sempre.
17 Àquele que matou reis poderosos,
porque a sua misericórdia dura para sempre.
18 E tirou a vida de reis famosos,
porque a sua misericórdia dura para sempre.
19 Matou Seom, rei dos amorreus,
porque a sua misericórdia dura para sempre.
20 E matou Ogue, rei de Basã,
porque a sua misericórdia dura para sempre.
21 E deu a terra deles em herança,
porque a sua misericórdia dura para sempre.
22 Em herança a Israel, seu servo,
porque a sua misericórdia dura para sempre.

23 Àquele que se lembrou de nós
em nosso abatimento,
porque a sua misericórdia dura para sempre.
24 E nos libertou dos nossos inimigos,
porque a sua misericórdia dura para sempre.
25 Ele dá alimento a todos os seres vivos,
porque a sua misericórdia dura para sempre.

26 Deem louvores ao Deus dos céus,
porque a sua misericórdia dura para sempre.

Saudades de Sião

137 1 Às margens dos rios da Babilônia,
nós nos assentávamos e chorávamos,
lembrando-nos de Sião.
2 Nos salgueiros que lá havia,
pendurávamos as nossas harpas,
3 pois aqueles que nos levaram cativos
nos pediam canções,
e os nossos opressores queriam
que fôssemos alegres, dizendo:
"Cantem para nós um dos cânticos de Sião."

4 Mas como poderíamos entoar
um cântico ao SENHOR
em terra estranha?
5 Se eu me esquecer de você, ó Jerusalém,
que a minha mão direita se resseque.
6 Que a minha língua fique colada
ao céu da boca,
se eu não me lembrar de você,
se eu não preferir Jerusalém
à minha maior alegria.

7 Contra os filhos de Edom, lembra-te, SENHOR,
do dia em que Jerusalém foi tomada,
pois diziam: "Arrasem! Arrasem Jerusalém
até os seus alicerces!"
8 Filha da Babilônia, você que será destruída,
feliz aquele que lhe retribuir
o mal que você nos fez.
9 Feliz aquele que pegar os seus filhos
e esmagá-los contra a pedra.

Gratidão a Deus por sua fidelidade

Salmo de Davi

138 1 Eu te darei graças, SENHOR,
de todo o meu coração;
na presença dos poderosos te cantarei louvores.
2 Voltado para o teu santo templo,
eu me prostrarei
e louvarei o teu nome,
por causa da tua misericórdia e da tua verdade,
pois engrandeceste acima de tudo
o teu nome e a tua palavra.
3 No dia em que eu clamei, tu me respondeste
e alentaste a força de minha alma.

4 Todos os reis da terra te louvarão, SENHOR,
quando ouvirem as palavras da tua boca,
5 e cantarão os caminhos do SENHOR,
pois grande é a glória do SENHOR.
6 O SENHOR é excelso, contudo,
atenta para os humildes;
os soberbos, ele os conhece de longe.

7 Se ando em meio à angústia,
tu me refazes a vida;
estendes a mão contra a ira dos meus inimigos;
a tua mão direita me salva.
8 O que diz respeito a mim
o SENHOR levará a bom termo;
a tua misericórdia, ó SENHOR, dura para sempre;
não desampares as obras das tuas mãos.

Deus onisciente e onipotente

Ao mestre de canto. Salmo de Davi

139 1 SENHOR, tu me sondas
e me conheces.
2 Sabes quando me sento e quando me levanto;
de longe conheces os meus pensamentos.
3 Observas o meu andar e o meu deitar
e conheces todos os meus caminhos.
4 A palavra ainda nem chegou à minha língua,
e tu, SENHOR, já a conheces toda.
5 Tu me cercas por todos os lados
e pões a tua mão sobre mim.
6 Tal conhecimento é maravilhoso
demais para mim:
é tão elevado, que não o posso atingir.

7 Para onde me ausentarei do teu Espírito?
Para onde fugirei da tua face?
8 Se subo aos céus, lá estás;
se faço a minha cama no mais profundo abismo,
lá estás também;
9 se tomo as asas da alvorada
e me detenho nos confins dos mares,
10 ainda ali a tua mão me guiará,
e a tua mão direita me susterá.
11 Se eu digo: "As trevas, com certeza, me encobrirão,
e a luz ao redor de mim se fará noite",
12 até as próprias trevas não te serão escuras,
e a noite é tão clara como o dia.
Para ti, as trevas e a luz são a mesma coisa.

13 Pois tu formaste o meu interior,
tu me teceste no ventre de minha mãe.
14 Graças te dou, visto que de modo
assombrosamente maravilhoso
me formaste;
as tuas obras são admiráveis,
e a minha alma o sabe muito bem.
15 Os meus ossos não te foram encobertos,
quando no oculto
fui formado e entretecido
como nas profundezas da terra.
16 Os teus olhos viram a minha substância
ainda informe,
e no teu livro foram escritos
todos os meus dias,
cada um deles escrito e determinado,
quando nem um deles ainda existia.
17 Que preciosos para mim, ó Deus,
são os teus pensamentos!
E como é grande a soma deles!
18 Se os contasse, seriam mais
do que os grãos de areia;
quando acordo, ainda estou contigo.

19 Como eu gostaria, ó Deus,
que acabasses com os perversos;
afastem-se, pois, de mim, homens violentos.
20 Eles se rebelam contra ti
e como teus inimigos falam coisas ruins.
21 Acaso não odeio os que te odeiam, SENHOR?
E não desprezo os que se levantam contra ti?
22 Eu os detesto com ódio completo;
para mim são inimigos de fato.

23 Sonda-me, ó Deus, e conhece o meu coração,
prova-me e conhece os meus pensamentos;
24 vê se há em mim algum caminho mau
e guia-me pelo caminho eterno.

Oração por proteção

Ao mestre de canto. Salmo de Davi

140 1 SENHOR, livra-me dos maus;
protege-me dos homens violentos,
2 que planejam o mal em seu coração
e vivem provocando conflitos.
3 Aguçam a língua como a serpente;
sob os lábios têm veneno de víbora.
4 Guarda-me, SENHOR, das mãos dos ímpios,
protege-me dos homens violentos,
que se empenham por me desviar os passos.
5 Os soberbos ocultaram
armadilhas e cordas contra mim,
estenderam uma rede à beira do caminho;
armaram ciladas contra mim.

6 Digo ao SENHOR: "Tu és o meu Deus."
Escuta, SENHOR, a voz das minhas súplicas.
7 Ó SENHOR Deus, força da minha salvação,
tu me protegeste a cabeça no dia da batalha.
8 Não concedas, SENHOR,
aos ímpios os seus desejos;
não permitas que sejam bem-sucedidos
os seus maus propósitos.
9 Se exaltam a cabeça os que me cercam,
que a maldade dos seus lábios caia sobre eles.
10 Caiam sobre eles brasas vivas,
sejam atirados ao fogo,
lançados em abismos para que
não mais se levantem.
11 O caluniador não se estabelecerá na terra;
ao homem violento, o mal o perseguirá
com golpe sobre golpe.

12 Sei que o SENHOR defenderá
a causa do oprimido
e o direito do necessitado.
13 Assim, os justos renderão graças ao teu nome;
os retos habitarão na tua presença.

Oração vespertina

Salmo de Davi

141 1 SENHOR, eu clamo a ti;
apressa-te em me socorrer!
Inclina os ouvidos à minha voz,
quando te invoco.
2 Suba à tua presença
a minha oração como incenso,
e seja o erguer de minhas mãos
como oferenda vespertina.

3 Põe guarda à minha boca, SENHOR;
vigia a porta dos meus lábios.
4 Não permitas que o meu coração
se incline para o mal,
para a prática da perversidade
na companhia de malfeitores;
e que eu não coma das suas iguarias.

5 Fira-me o justo, e isso será um favor;
repreenda-me, e será como óleo
sobre a minha cabeça,
a qual não há de rejeitá-lo.
Continuarei a orar enquanto os perversos
praticam maldade.
6 Quando os seus juízes forem lançados
do alto de uma rocha,
eles ouvirão as minhas palavras,
que são agradáveis.
7 Como quando se lavra e sulca a terra,
assim os nossos ossos são espalhados
à boca da sepultura.

8 Pois em ti, SENHOR Deus, estão os meus olhos:
em ti confio; não desampares a minha alma.
9 Guarda-me dos laços que me armaram
e das armadilhas dos que praticam iniquidade.
10 Que os ímpios caiam nas suas próprias redes,
enquanto eu escapo ileso.

Oração pedindo ajuda

Salmo didático de Davi. Oração que fez quando estava na caverna

142 1 Ao SENHOR ergo
a minha voz e clamo;
com a minha voz suplico ao SENHOR.
2 Derramo diante dele a minha queixa,
à sua presença exponho a minha angústia.
3 Quando dentro de mim esmorece o espírito,
tu sabes o caminho por onde devo andar.
No caminho em que ando,
ocultaram uma armadilha para mim.
4 Olha à minha direita e vê,
pois não há quem me reconheça,
nenhum lugar de refúgio,
ninguém que por mim se interesse.

5 A ti clamo, SENHOR,
e digo: "Tu és o meu refúgio,
a minha porção na terra dos viventes."
6 Atende ao meu clamor,
pois me sinto muito fraco.
Livra-me dos meus perseguidores,
porque são mais fortes do que eu.
7 Tira a minha alma do cárcere
para que eu dê graças ao teu nome;
os justos me rodearão,
quando me fizeres esse bem.

Súplica por libertação

Salmo de Davi

143 1 Ouve, SENHOR, a minha oração,
dá ouvidos às minhas súplicas.
Responde-me, segundo a tua fidelidade,
segundo a tua justiça.
2 Não entres em juízo com o teu servo,
porque à tua vista não há justo nenhum vivente.

3 Pois o inimigo tem perseguido a minha alma;
tem lançado por terra a minha vida;
tem-me feito habitar na escuridão,
como aqueles que morreram há muito tempo.
4 Por isso, dentro de mim
esmorece o meu espírito,
e o coração está aflito.

5 Lembro-me dos dias de outrora,
penso em todos os teus feitos
e medito nas obras das tuas mãos.
6 A ti levanto as mãos;
a minha alma anseia por ti como terra sedenta.
7 SENHOR, responde-me depressa!
O meu espírito desfalece;

não me escondas a tua face,
para que eu não me torne
como os que baixam à cova.
8 Faze-me ouvir, pela manhã, da tua graça,
pois em ti confio;
mostra-me o caminho por onde devo andar,
porque a ti elevo a minha alma.
9 Livra-me, SENHOR, dos meus inimigos;
pois em ti é que me refugio.
10 Ensina-me a fazer a tua vontade,
pois tu és o meu Deus;
que o teu bom Espírito me guie
por terreno plano.
11 Vivifica-me, SENHOR, por amor do teu nome;
por amor da tua justiça,
tira a minha alma da angústia.
12 E, por tua misericórdia,
acaba com os meus inimigos
e destrói todos os meus adversários,
pois eu sou teu servo.

Gratidão pela proteção de Deus

Salmo de Davi

144 1 Bendito seja o SENHOR,
rocha minha,
que treina as minhas mãos para a batalha
e os dedos, para a guerra.
2 Ele é a minha misericórdia e a minha fortaleza,
meu alto refúgio e meu libertador,
meu escudo, aquele em quem confio
e quem me submete o meu povo.
3 SENHOR, que é o homem para que dele
tomes conhecimento?
E o filho do homem, para que o estimes?
4 O ser humano é como um sopro;
os seus dias são como a sombra que passa.

5 Abaixa, SENHOR, os teus céus e desce;
toca os montes, para que fumeguem.
6 Manda relâmpagos e dispersa os meus inimigos;
arremessa as tuas flechas para fazê-los fugir.
7 Estende a mão lá do alto;
livra-me e salva-me das muitas águas
e do poder de estranhos,
8 cuja boca profere mentiras,
e cuja mão direita é a mão direita da falsidade.

9 A ti, ó Deus, entoarei um cântico novo;
na lira de dez cordas, te cantarei louvores.
10 É ele quem dá aos reis a vitória;
quem livra o seu servo Davi da espada maligna.
11 Livra-me e salva-me do poder de estranhos,
cuja boca profere mentiras,
e cuja mão direita é a mão direita da falsidade.

12 Que os nossos filhos
sejam, na sua mocidade, como plantas viçosas,
e que as nossas filhas sejam como colunas,
esculpidas para um palácio.
13 Que os nossos celeiros transbordem,
cheios de todo tipo de provisões.
Que os nossos rebanhos
produzam a milhares
e a dezenas de milhares, em nossos campos.
14 Que o nosso gado seja fértil,
e as vacas não percam as suas crias.
Não haja gritos de lamento em nossas praças.

15 Bem-aventurado o povo a quem assim sucede!
Sim, feliz é o povo cujo Deus é o SENHOR!

Hino de louvor

Louvores de Davi

145 1 Eu te exaltarei, ó Deus meu e Rei;
bendirei o teu nome
para todo o sempre.
2 Todos os dias te bendirei
e louvarei o teu nome para todo o sempre.
3 Grande é o SENHOR e mui digno de ser louvado;
a sua grandeza é insondável.

4 Uma geração louvará
à outra geração as tuas obras
e anunciará os teus poderosos feitos.
5 Meditarei no glorioso esplendor
da tua majestade
e nas tuas maravilhas.
6 Falarão do poder dos teus feitos tremendos,
e eu anunciarei a tua grandeza.
7 Divulgarão a memória da tua imensa bondade
e com júbilo celebrarão a tua justiça.

8 Bondoso e compassivo é o SENHOR,
tardio em irar-se e grande em misericórdia.
9 O SENHOR é bom para todos,
e as suas misericórdias permeiam
todas as suas obras.

10 Todas as tuas obras te renderão graças, SENHOR;
e os teus santos te bendirão.
11 Falarão da glória do teu reino
e confessarão o teu poder,
12 para que os filhos dos homens conheçam
os teus feitos poderosos
e a glória da majestade do teu reino.
13 O teu reino é um reino eterno,
e o teu domínio subsiste por todas as gerações.

O SENHOR é fiel em todas as suas palavras
e santo em todas as suas obras.
14 O SENHOR sustém todos os que vacilam
e levanta todos os que estão prostrados.
15 Em ti esperam os olhos de todos,
e tu, a seu tempo, lhes dás o alimento.
16 Abres a mão
e satisfazes os desejos de todos os viventes.

17 Justo é o SENHOR em todos os seus caminhos,
bondoso em todas as suas obras.
18 Perto está o SENHOR de todos os que o invocam,
de todos os que o invocam em verdade.
19 Ele satisfaz o desejo dos que o temem;
ouve o seu clamor e os salva.
20 O SENHOR protege todos os que o amam;
porém todos os ímpios serão exterminados.

21 A minha boca proclamará o louvor do SENHOR.
Que todos os seres vivos
louvem o seu santo nome, para todo o sempre.

Confiança em Deus

146 1 Aleluia!

Louve, ó minha alma, o SENHOR.
2 Louvarei o SENHOR durante a minha vida;
cantarei louvores ao meu Deus
enquanto eu viver.

3 Não confiem em príncipes,
nem nos filhos dos homens,
em quem não há salvação.
4 Sai-lhes o espírito, e eles voltam ao pó;
nesse mesmo dia,
acabam todos os seus planos.

5 Bem-aventurado aquele que tem
o Deus de Jacó por seu auxílio,
cuja esperança está no SENHOR, seu Deus,
6 que fez os céus e a terra,
o mar e tudo o que neles há
e mantém para sempre a sua fidelidade.
7 Que faz justiça aos oprimidos
e dá pão aos que têm fome.
O SENHOR liberta os encarcerados.
8 O SENHOR abre os olhos aos cegos,
o SENHOR levanta os abatidos,
o SENHOR ama os justos.
9 O SENHOR guarda o estrangeiro,
ampara o órfão e a viúva,
porém transtorna o caminho dos ímpios.
10 O SENHOR reina para sempre;
o seu Deus, ó Sião, reina
de geração em geração.

Aleluia!

Louvor ao Deus poderoso

147 1 Aleluia!

Bom e amável é cantar louvores
ao nosso Deus;
fica-lhe bem o cântico de louvor.
2 O SENHOR edifica Jerusalém
e congrega os dispersos de Israel.
3 Ele sara os que têm o coração quebrantado
e trata das feridas deles.
4 Conta o número das estrelas,
chamando-as todas pelo seu nome.
5 Grande é o Senhor nosso e mui poderoso;
o seu entendimento não se pode medir.
6 O SENHOR ampara os humildes,
mas faz com que os ímpios caiam por terra.

7 Cantem ao SENHOR com ações de graças;
ao som da harpa,
cantem louvores ao nosso Deus,
8 que cobre de nuvens o céu,
prepara a chuva para a terra,
faz brotar nos montes a erva
9 e dá o alimento aos animais
e aos filhos dos corvos, quando clamam.

10 Não faz caso da força do cavalo,
nem se compraz nos músculos do guerreiro.
11 O SENHOR se agrada dos que o temem
e dos que esperam na sua misericórdia.

12 Louve o SENHOR, ó Jerusalém!
Louve o seu Deus, ó Sião!
13 Pois ele reforçou as trancas dos seus portões
e abençoou os que habitam
em seu meio.
14 Estabeleceu a paz em seu território
e farta você com o melhor do trigo.

15 Ele envia as suas ordens à terra,
e sua palavra corre velozmente.
16 Faz cair a neve como lã
e espalha a geada como cinza.
17 Faz cair o seu gelo como se fossem migalhas;
quem pode resistir ao seu frio?
18 Manda a sua palavra e o gelo se derrete;
faz soprar o vento, e as águas correm.

19 Anuncia a sua palavra a Jacó,
as suas leis e os seus preceitos, a Israel.
20 Não fez assim com nenhuma outra nação;
todas ignoram os seus preceitos.

Aleluia!

Um coro de aleluias

148 1 Aleluia!

Louvem o SENHOR do alto dos céus,
louvem o SENHOR nas alturas.
2 Louvem o SENHOR, todos os seus anjos;
louvem-no, todos os seus exércitos celestiais.
3 Louvem o SENHOR, sol e lua;
louvem-no, todas as estrelas luzentes.
4 Louvem o SENHOR, céus dos céus
e as águas que estão
acima do firmamento.

5 Louvem o nome do SENHOR,
pois ele deu uma ordem, e foram criados.

6 Ele os estabeleceu para todo o sempre;
fixou-lhes uma ordem que não será mudada.

7 Desde a terra, louvem o SENHOR!
Louvem-no, monstros marinhos
e todos os abismos;
8 fogo e granizo, neve e vapor
e ventos fortes que lhe executam a palavra;
9 montes e todas as colinas,
árvores frutíferas e todos os cedros;
10 feras e todo o gado,
animais que rastejam e aves;
11 reis da terra e todos os povos,
príncipes e todos os juízes da terra;
12 rapazes e moças,
velhos e crianças.
13 Louvem o nome do SENHOR,
porque só o seu nome é excelso;
a sua majestade está acima da terra e do céu.
14 Ele exalta o poder do seu povo,
o louvor de todos os seus santos,
dos filhos de Israel, povo que lhe é chegado.

Aleluia!

Hino de louvor

149 1 Aleluia!

Cantem ao SENHOR um cântico novo;
cantem o seu louvor na assembleia dos santos.
2 Alegre-se Israel no seu Criador;
exultem no seu Rei os filhos de Sião.
3 Louvem o nome do SENHOR com danças;
cantem-lhe salmos
ao som de tamborins e harpas.
4 Porque o SENHOR se agrada do seu povo
e exalta os humildes com a salvação.
5 Que os santos exultem de glória,
e no seu leito cantem de júbilo.
6 Nos seus lábios estejam
os altos louvores de Deus,
e, nas suas mãos,
uma espada de dois gumes,
7 para exercer vingança entre as nações
e castigo sobre os povos;
8 para prender os seus reis com correntes
e os seus nobres, com cadeias de ferro;
9 para executar contra eles a sentença escrita,
o que será honra para todos os seus santos.

Aleluia!

Doxologia final

150 1 Aleluia!

Louvem a Deus no seu santuário;
louvem a Deus no firmamento,
obra do seu poder.
2 Louvem-no pelos seus poderosos feitos;
louvem-no segundo a sua imensa grandeza.
3 Louvem-no ao som da trombeta;
louvem-no com harpas e liras.
4 Louvem-no com tamborins e danças;
louvem-no com instrumentos
de cordas e com flautas.
5 Louvem-no com címbalos sonoros;
louvem-no com címbalos retumbantes.
6 Todo ser que respira louve o SENHOR.

Aleluia!

PROVÉRBIOS

DE SALOMÃO

Uso dos provérbios

1 1 Provérbios de Salomão,
filho de Davi, rei de Israel,
2 para aprender a sabedoria e o ensino;
para entender as palavras de inteligência;
3 para obter o ensino do bom proceder,
a justiça, o juízo e a equidade;
4 para dar prudência aos simples
e conhecimento e discernimento
aos jovens.
5 Que o sábio ouça e cresça em prudência;
e que o instruído adquira habilidade
6 para entender provérbios e parábolas,
as palavras e os enigmas dos sábios.
7 O temor do SENHOR é o princípio do saber,
mas os insensatos desprezam
a sabedoria e o ensino.

Contra as seduções dos pecadores

8 Meu filho, ouça o ensino de seu pai
e não despreze a instrução de sua mãe.
9 Porque serão um diadema
de graça para a sua cabeça
e colares para o seu pescoço.

10 Meu filho, se os pecadores
quiserem seduzir você,
não consinta.

11 Talvez eles digam: "Venha conosco!
Vamos preparar uma emboscada
para matar alguém;
vamos espreitar os inocentes,
ainda que sem motivo.
12 Vamos engoli-los vivos,
como o mundo dos mortos,
e inteiros, como os que descem ao abismo.
13 Acharemos todo tipo de bens preciosos;
encheremos a nossa casa de despojos.
14 Junte-se a nós!
Teremos todos uma só bolsa."
15 Meu filho, não se ponha a caminho com eles;
fique com os seus pés longe das suas veredas!
16 Porque os pés deles correm para o mal
e se apressam a derramar sangue.
17 Pois em vão se estende a rede
se a ave estiver olhando;
18 mas estes armam emboscadas
contra o seu próprio sangue
e ficam à espreita contra a própria vida.
19 Este é o fim de todo ganancioso;
e este espírito de ganância
tira a vida de quem o possui.

O convite da Sabedoria

20 A Sabedoria grita nas ruas;
nas praças, levanta a sua voz.
21 Do alto das muralhas clama,
à entrada dos portões e nas cidades
profere as suas palavras:
22 "Até quando vocês, ingênuos,
amarão a ingenuidade?
E vocês, zombadores, até quando
terão prazer na zombaria?
E vocês, tolos, até quando
odiarão o conhecimento?
23 Deem ouvidos à minha repreensão;
eis que derramarei o meu espírito sobre vocês
e lhes darei a conhecer as minhas palavras.
24 Mas porque clamei,
e vocês se recusaram a ouvir;
porque estendi a minha mão,
e não houve quem atendesse;
25 — pelo contrário, rejeitaram
todo o meu conselho
e não quiseram a minha repreensão —
26 também eu darei risada
da desgraça de vocês;
ficarei zombando quando chegar o terror,
27 quando o terror chegar como a tormenta,
quando a calamidade chegar
como o redemoinho,
quando lhes sobrevierem o aperto e a angústia.
28 Então eles me invocarão,
mas eu não responderei;
sairão à minha procura,
porém não me encontrarão.
29 Porque odiaram o conhecimento
e não preferiram o temor do SENHOR;
30 não quiseram o meu conselho
e desprezaram toda a minha repreensão.
31 Portanto, comerão do fruto da sua conduta
e dos seus próprios conselhos se fartarão.
32 Os ingênuos são mortos
porque se desviam da sabedoria;
os tolos são destruídos por estarem satisfeitos
consigo mesmos.
33 Mas o que me der ouvidos habitará seguro,
tranquilo e sem temor do mal."

A excelência da sabedoria

2 1 Meu filho, se você aceitar as minhas palavras
e guardar no seu coração
os meus mandamentos;
2 se você der ouvidos à sabedoria
e inclinar o seu coração ao entendimento;
3 sim, se você pedir inteligência
e gritar por entendimento;
4 se buscar a sabedoria como a prata
e a procurar como se procuram
tesouros escondidos,
5 então você entenderá o temor do SENHOR
e achará o conhecimento de Deus.
6 Porque o SENHOR dá a sabedoria,
e da sua boca vem o conhecimento
e a inteligência.
7 Ele reserva a verdadeira
sabedoria para os retos;
é escudo para os que andam
com integridade,
8 guardando as veredas da justiça
e conservando o caminho dos seus santos.
9 Então você entenderá a justiça, o juízo
e a equidade — todas as boas veredas.
10 Porque a sabedoria entrará no seu coração,
e o conhecimento será agradável à sua alma.
11 O discernimento o guardará
e o entendimento o protegerá.
12 A sabedoria o livrará do caminho do mal
e do homem que diz coisas perversas;
13 dos que abandonam as veredas da retidão,
para andarem pelos caminhos das trevas;
14 dos que têm prazer em fazer o mal
e se alegram com as perversidades dos maus,
15 cujas veredas são tortuosas
e que se desviam em seus caminhos.
16 A sabedoria também o livrará
da mulher adúltera,
da estranha que lisonjeia com palavras,
17 que abandona o amigo da sua mocidade
e se esquece da aliança do seu Deus;

18 porque a casa dela se inclina para a morte,
e as suas veredas conduzem
para o mundo dos mortos.
19 Todos os que se dirigem
a essa mulher não voltarão
e não encontrarão as veredas da vida.
20 Tendo a sabedoria, você andará
pelo caminho dos homens de bem
e guardará as veredas dos justos.
21 Porque os retos habitarão a terra,
e os íntegros permanecerão nela.
22 Mas os perversos serão eliminados da terra,
e os infiéis serão dela arrancados.

Conselhos da Sabedoria aos moços

3 1 Meu filho, não se esqueça dos meus ensinos,
e que o seu coração guarde
os meus mandamentos,
2 porque eles aumentarão os seus dias
e lhe acrescentarão anos de vida e paz.
3 Não deixe que a bondade
e a fidelidade abandonem você.
Amarre-as ao pescoço;
escreva-as na tábua do seu coração
4 e você encontrará favor e boa compreensão
diante de Deus e das outras pessoas.

5 Confie no SENHOR de todo o seu coração
e não se apoie no seu próprio entendimento.
6 Reconheça o SENHOR em todos
os seus caminhos,
e ele endireitará as suas veredas.
7 Não seja sábio aos seus próprios olhos;
tema o SENHOR e afaste-se do mal.
8 Isto será como um remédio para o seu corpo
e refrigério para os seus ossos.
9 Honre o SENHOR com os seus bens
e com as primícias de toda a sua renda;
10 e os seus celeiros ficarão completamente cheios,
e os seus lagares transbordarão de vinho.

11 Meu filho, não rejeite a disciplina do SENHOR,
nem se aborreça com a sua repreensão.
12 Porque o SENHOR repreende a quem ama,
assim como um pai repreende
o filho a quem quer bem.

13 Feliz é quem acha a sabedoria;
feliz é aquele que alcança o entendimento.
14 Porque o lucro que a sabedoria dá é melhor
do que o lucro da prata,
e a sua renda é melhor do que o ouro mais fino.
15 A sabedoria é mais preciosa do que as joias,
e tudo o que você possa desejar
não se compara com ela.
16 Em sua mão direita ela oferece vida longa,
e na sua mão esquerda
ela tem riquezas e honra.
17 Os seus caminhos são caminhos agradáveis,
e todas as suas veredas são paz.
18 Ela é árvore de vida para os que a alcançam,
e felizes são todos os que a retêm.

19 O SENHOR com sabedoria lançou
os fundamentos da terra;
com inteligência estabeleceu os céus.
20 Pelo seu conhecimento
os abismos se romperam,
e as nuvens destilam o orvalho.

21 Meu filho, que estas coisas
não se afastem dos seus olhos;
guarde a verdadeira sabedoria
e o discernimento;
22 porque serão vida para a sua alma
e enfeite para o seu pescoço.
23 Então você andará seguro no seu caminho,
e o seu pé não tropeçará.
24 Quando se deitar, você não terá medo;
sim, você se deitará e o seu sono será tranquilo.
25 Não temerá o pavor repentino,
nem a desgraça dos ímpios, quando vier.
26 Porque o SENHOR será a sua segurança
e ele não deixará que os seus pés sejam presos.

27 Não deixe de fazer o bem aos que dele precisam,
estando em sua mão o poder de fazê-lo.
28 Não diga ao seu próximo: "Vá e volte mais tarde;
amanhã eu terei algo para dar",
se você tem isso em suas mãos agora.
29 Não planeje nenhum mal contra o seu próximo,
pois ele mora ao seu lado e confia em você.
30 Não entre em litígio com alguém,
se ele não tiver feito nenhum mal a você.
31 Não tenha inveja do homem violento,
nem siga nenhum de seus caminhos;
32 porque o SENHOR detesta o perverso,
mas aos retos trata com intimidade.
33 A maldição do SENHOR está
sobre a casa dos ímpios,
porém a morada dos justos ele abençoa.
34 Certamente ele zomba dos zombadores,
mas dá graça aos humildes.
35 Os sábios herdarão honra,
mas aos tolos está reservada a vergonha.

Conselho paternal

4 1 Filhos, escutem a instrução do pai;
estejam atentos para que
obtenham o entendimento.
2 Porque eu lhes dou boa instrução;
não abandonem o meu ensino.
3 Quando eu era menino
em companhia de meu pai,
uma criança inexperiente, mas única
aos olhos de minha mãe,

4 ele me ensinava e me dizia:
“Que o seu coração retenha as minhas palavras;
guarde os meus mandamentos e você viverá.
5 Adquira a sabedoria, adquira o entendimento;
não se esqueça nem se afaste
das minhas palavras.
6 Não abandone a sabedoria, e ela guardará você;
ame-a, e ela o protegerá.
7 O princípio da sabedoria é: adquira a sabedoria;
sim, com tudo o que você possui,
adquira o entendimento.
8 Valorize a sabedoria, e ela o exaltará;
se você a abraçar, ela o honrará.
9 Ela porá um diadema de graça em sua cabeça
e lhe entregará uma coroa de glória.”

10 Meu filho, escute e aceite as minhas palavras,
e os anos de sua vida se multiplicarão.
11 Eu ensinei a você o caminho da sabedoria
e o fiz andar pelas veredas da retidão.
12 Se você andar por elas,
os seus passos não se embaraçarão;
se você correr, não tropeçará.
13 Retenha a instrução e não a deixe;
guarde-a, porque ela é a sua vida.
14 Não entre na vereda dos ímpios,
nem siga pelo caminho dos maus.
15 Evite esse caminho; não passe por ele;
desvie-se dele e passe longe.
16 Os maus não dormem, se não fizerem o mal;
o sono foge deles, se não fizerem
alguém tropeçar.
17 Porque comem o pão da maldade
e bebem o vinho das violências.
18 Mas a vereda dos justos
é como a luz do alvorecer,
que vai brilhando mais e mais até ser dia claro.
19 O caminho dos ímpios é como a escuridão;
nem eles sabem em que tropeçam.

20 Meu filho, escute as minhas palavras;
preste atenção aos meus ensinamentos.
21 Não deixe que eles se afastem dos seus olhos;
guarde-os no mais íntimo do seu coração.
22 Porque são vida para quem os encontra
e saúde para todo o seu corpo.
23 De tudo o que se deve guardar,
guarde bem o seu coração,
porque dele procedem as fontes da vida.
24 Afaste de você a falsidade da boca
e mantenha longe de você
a perversidade dos lábios.
25 Que os seus olhos olhem direito,
e que as suas vistas se fixem
no que está diante de você.
26 Faça plana a vereda de seus pés,
para que todos os seus caminhos sejam retos.
27 Não se incline nem para a direita
nem para a esquerda;
afaste os seus pés do mal.

Advertência contra a imoralidade

5 1 Meu filho, dê atenção à minha sabedoria;
incline os ouvidos à minha inteligência,
2 para que você conserve o discernimento,
e para que os seus lábios guardem
o conhecimento.
3 Porque os lábios da mulher imoral destilam mel,
e as suas palavras são mais suaves
do que o azeite;
4 mas o seu fim é amargo como fel,
e cortante como uma espada de dois gumes.
5 Os seus pés descem para a morte;
os seus passos conduzem ao inferno.
6 Ela não faz plana a vereda da vida;
anda errante nos seus caminhos e não o sabe.

7 E agora, meu filho, escute o que eu digo
e não se desvie das palavras da minha boca.
8 Afaste o seu caminho dessa mulher;
não se aproxime da porta da casa dela,
9 para que você não dê a outros a sua honra,
nem a sua vida a homens cruéis;
10 para que os estranhos
não se fartem dos seus bens,
e o fruto do seu trabalho
não acabe em casa alheia.
11 No fim de sua vida você ficará gemendo,
quando a sua carne e o seu corpo
se consumirem.
12 Então você dirá: “Como foi
que eu pude odiar o ensino?
E por que o meu coração
desprezou a disciplina?
13 Não escutei a voz dos que me ensinavam,
nem dei ouvidos aos meus mestres!
14 Quase caí em ruína completa
no meio da congregação reunida.”

15 Beba a água da sua própria cisterna
e das correntes do seu poço.
16 Por que você derramaria as suas fontes lá fora,
e os seus ribeiros de água pelas praças?
17 Que sejam para você somente
e não para os estranhos que estão com você.
18 Seja bendito o seu manancial,
e alegre-se com a mulher da sua mocidade,
19 corça amorosa e gazela graciosa.
Que os seios dela saciem você
em todo o tempo;
embriague-se sempre com as suas carícias.
20 Meu filho, por que você andaria
cego atrás de uma estranha
e abraçaria os seios de outra?

21 Porque os caminhos do homem
estão diante dos olhos do SENHOR,
e ele considera todas as suas veredas.
22 Quanto ao ímpio,
as suas iniquidades o prenderão,
e com as cordas do seu pecado será detido.
23 Ele morrerá pela falta de disciplina,
e, pelo excesso de sua loucura,
sai cambaleando por aí.

Advertência contra o servir de fiador

6 1 Meu filho, se você ficou
por fiador do seu próximo
e se comprometeu com um estranho,
2 está enredado com as palavras da sua boca,
e ficou preso pelo que você falou.
3 Agora, meu filho, faça o seguinte para se livrar,
pois você caiu nas mãos dessa pessoa:
vá, humilhe-se e importune o seu próximo.
4 Não se deite para dormir,
não dê descanso aos seus olhos.
5 Livre-se, como a gazela, das mãos do caçador
e, como a ave, das mãos do passarinheiro.

Advertência contra a preguiça

6 Vá ter com a formiga, ó preguiçoso!
Observe os caminhos dela e seja sábio.
7 Não tendo ela chefe,
nem oficial, nem comandante,
8 no verão prepara a sua comida,
no tempo da colheita ajunta o seu mantimento.
9 Ó preguiçoso, até quando vai ficar deitado?
Quando se levantará do seu sono?
10 Um pouco de sono, um breve cochilo,
braços cruzados para descansar,
11 e a sua pobreza virá como um ladrão,
a miséria atacará como um homem armado.

Advertência contra a maldade

12 Perverso e vil
é o que anda com a iniquidade na boca,
13 pisca os olhos, arrasta os pés
e faz sinais com os dedos.
14 No seu coração há perversidade;
está sempre planejando o mal
e semeando discórdias.
15 Por isso a sua destruição virá repentinamente;
de um momento para outro
ficará irremediavelmente arruinado.
16 Seis coisas o SENHOR Deus odeia,
e uma sétima a sua alma detesta:
17 olhos cheios de orgulho, língua mentirosa,
mãos que derramam sangue inocente,
18 coração que faz planos perversos,
pés que se apressam a fazer o mal,
19 testemunha falsa que profere mentiras
e o que semeia discórdia entre irmãos.

Advertência contra o adultério

20 Meu filho, guarde o mandamento de seu pai
e não abandone a instrução de sua mãe.
21 Tenha-os sempre amarrados ao seu coração,
pendure-os no seu pescoço.
22 Quando você andar,
essa instrução o guiará;
quando você se deitar, ela o guardará;
quando acordar, falará com você.
23 Porque o mandamento
é lâmpada, e a instrução é luz;
e as repreensões da disciplina
são o caminho da vida.
24 Eles o protegerão da mulher perversa
e das lisonjas da mulher estranha.
25 Não cobice no coração a sua formosura,
nem se deixe seduzir pelo seu olhar.
26 O máximo que se paga por uma prostituta
é um pedaço de pão,
mas a adúltera anda à caça
de uma vida preciosa.
27 Poderá alguém carregar fogo no colo,
sem que as suas roupas se incendeiem?
28 Ou andará alguém sobre brasas,
sem que os seus pés se queimem?
29 Assim será com o que se aproximar
da mulher do seu próximo;
não ficará sem castigo todo aquele
que tocar nela.
30 Não se despreza o ladrão
quando, faminto, rouba para matar a fome.
31 Pois este, ao ser apanhado,
pagará sete vezes tanto;
entregará todos os bens de sua casa.
32 Quem comete adultério não tem juízo;
só mesmo quem quer arruinar-se
é que pratica tal coisa.
33 Achará açoites e desonra,
e a sua vergonha nunca passará.
34 Porque o ciúme desperta o furor do marido;
ele não terá compaixão no dia da vingança.
35 Não se contentará com o resgate,
nem aceitará presentes,
ainda que sejam muitos.

7 1 Meu filho, guarde as minhas palavras
e conserve os meus mandamentos
em seu coração.
2 Observe os meus mandamentos
e você viverá;
guarde a minha lei
como a menina dos seus olhos.
3 Amarre-os aos dedos,
escreva-os na tábua do seu coração.
4 Diga à Sabedoria: "Você é minha irmã";
e ao Entendimento: "Você é meu parente."
5 Eles o guardarão da mulher imoral,
da estranha que lisonjeia com palavras.

A mulher imoral

6 Porque da janela da minha casa,
olhando pela grade,
7 vi entre os ingênuos,
e descobri entre os jovens
um que não tinha juízo.
8 Ele ia e vinha pela rua junto à esquina
da mulher estranha
e seguia o caminho da casa dela,
9 no crepúsculo, ao anoitecer,
na escuridão da noite, nas trevas.

10 Eis que a mulher lhe saiu ao encontro,
com roupas de prostituta
e astúcia no coração.
11 É espalhafatosa e inquieta;
os seus pés não param em casa.
12 Ora está nas ruas, ora, nas praças,
espreitando por todos os cantos.
13 Ela agarrou o jovem e o beijou;
e com o maior descaramento lhe disse:
14 "Eu tinha de oferecer sacrifícios pacíficos;
hoje paguei os meus votos.
15 Por isso, saí ao seu encontro;
vim procurá-lo, e agora o encontrei!
16 Já cobri de colchas a minha cama,
de linho fino do Egito, de várias cores.
17 Já perfumei o meu leito
com mirra, aloés e cinamomo.
18 Venha, vamos nos embriagar
com as delícias do amor,
até o amanhecer;
gozemos amores.
19 Porque o meu marido não está em casa;
saiu de viagem para longe.
20 Levou consigo uma bolsa cheia de dinheiro;
não voltará para casa antes da lua cheia."

21 Ela o seduziu com as suas muitas palavras,
com as lisonjas dos seus lábios o arrastou.
22 E, num instante, ele a seguiu,
como um boi que vai para o matadouro;
como um animal que corre para a armadilha,
23 até que uma flecha lhe atravesse o coração.
Ele era como a ave que corre
para dentro do alçapão,
sem saber que isto lhe custará a vida.

24 Agora, meu filho, escute o que eu digo
e dê atenção às palavras da minha boca.
25 Não deixe que o seu coração
se desvie para os caminhos dessa mulher,
e não ande perdido nas suas veredas.
26 Porque a muitos ela feriu e derrubou;
e são muitos os que
por ela foram mortos.
27 A casa dela é caminho para o abismo
e desce para as câmaras da morte.

A excelência da Sabedoria

8 1 Por acaso, não clama a Sabedoria?
E o Entendimento não faz ouvir a sua voz?
2 A Sabedoria se coloca no topo
dos lugares elevados, junto ao caminho,
nas encruzilhadas das veredas.
3 Junto aos portões, à entrada da cidade,
à entrada dos portões ela está gritando:

4 "É para vocês, homens, que eu clamo;
e a minha voz se dirige aos filhos dos homens.
5 Vocês, ingênuos, entendam a prudência;
e vocês, tolos, entendam a sabedoria.
6 Escutem, pois falarei coisas excelentes;
os meus lábios dirão o que é reto.
7 Porque a minha boca proclamará a verdade;
os meus lábios detestam a maldade.
8 Todas as palavras da minha boca são justas;
não há nelas nenhuma coisa torta,
nem perversa.
9 Todas são retas para os que têm compreensão
e justas, para os que acham
o conhecimento.
10 Aceitem o meu ensino, em vez da prata,
e o conhecimento, em lugar do ouro escolhido.
11 Porque a sabedoria é melhor do que as joias,
e tudo o que se possa desejar
não se compara com ela.

12 Eu, a Sabedoria, moro com a prudência
e disponho de conhecimento e de conselhos.
13 O temor do SENHOR consiste em odiar o mal.
Eu odeio a soberba, a arrogância,
o mau caminho e a boca
que fala coisas perversas.
14 Meu é o conselho e a verdadeira sabedoria;
eu sou o Entendimento, minha é a fortaleza.
15 Por meio de mim os reis governam,
e os príncipes decretam justiça.
16 Por meio de mim governam os príncipes,
os nobres e todos os juízes da terra.
17 Eu amo os que me amam;
os que me procuram me encontram.
18 Riquezas e honra estão comigo,
bens duráveis e justiça.
19 O meu fruto é melhor do que o ouro,
do que o ouro refinado;
e o meu rendimento é maior
do que a prata escolhida.
20 Ando pelo caminho da justiça
e sigo as veredas do juízo,
21 para dotar de bens os que me amam
e encher os seus tesouros."

A eternidade da Sabedoria

22 O SENHOR me possuía no início da sua obra,
antes das suas obras mais antigas.

23 Fui estabelecida desde a eternidade,
desde o princípio, antes do começo da terra.
24 Nasci antes de haver abismos,
quando ainda não havia fontes
carregadas de águas.
25 Antes que os montes fossem firmados,
antes de haver colinas, eu nasci.
26 Deus ainda não tinha feito
a terra, nem os seus campos,
nem sequer o princípio do pó do mundo.
27 Eu estava lá quando ele preparava os céus,
quando traçava o horizonte
sobre a face do abismo.
28 Estava lá quando ele firmava
as nuvens de cima,
quando estabelecia as fontes do abismo,
29 quando fixava ao mar os seus limites,
para que as águas não transgredissem
a sua ordem.
Quando ele compunha
os fundamentos da terra,
30 eu estava com ele e era o seu arquiteto.
Dia após dia eu era a sua alegria,
divertindo-me em todo o tempo
na sua presença,
31 divertindo-me no seu mundo habitável
e achando alegria junto aos filhos dos homens.

32 Agora, meus filhos, escutem o que eu digo,
porque felizes são os que guardam
os meus caminhos.
33 Ouçam o ensino, sejam sábios
e não o rejeitem.
34 Feliz é aquele que me ouve,
vigiando dia após dia diante das minhas portas,
esperando na entrada da minha casa.
35 Pois quem me encontra encontra a vida
e alcança favor do SENHOR.
36 Mas quem peca contra mim
violenta a própria alma.
Todos os que me odeiam amam a morte.

O banquete da Sabedoria

9 1 A Sabedoria construiu a sua casa,
esculpiu para si sete colunas.
2 Matou os seus animais para a festa
e preparou o seu vinho;
também já arrumou a sua mesa.
3 Enviou as suas criadas para que,
dos lugares mais altos
da cidade, façam este convite:
4 "Quem é ingênuo, venha para cá."
Aos que não têm juízo ela diz:
5 "Venham, comam do meu pão
e bebam do vinho que preparei.
6 Afastem-se dos ingênuos e vivam;
andem pelo caminho do entendimento."
7 Quem repreende o zombador
traz afronta sobre si;
e quem censura o ímpio será insultado.
8 Não repreenda o zombador,
para que ele não odeie você;
repreenda o sábio, e ele o amará.
9 Dê instrução ao sábio,
e ele se tornará mais sábio ainda;
ensine o justo, e ele crescerá na prudência.

10 O temor do SENHOR é o princípio da sabedoria;
conhecer o Santo é ter entendimento.
11 Porque por mim se multiplicarão os seus dias,
e aumentarão os anos de sua vida.
12 Se você é sábio, é sábio para si mesmo;
se é zombador, só você sofrerá as consequências.

O convite da loucura

13 A loucura é mulher espalhafatosa;
é tola e não sabe coisa alguma.
14 Senta-se junto à porta de sua casa,
toma uma cadeira no lugar mais alto da cidade,
15 para dizer aos que passam
e seguem direito o seu caminho:
16 "Quem for ingênuo, venha para cá."
E aos que não têm juízo ela diz:
17 "A água roubada é doce,
e o pão comido às escondidas é saboroso."
18 Eles, porém, não sabem que ali estão os mortos,
que os seus convidados estão
nas profundezas do inferno.

O justo em contraste com o ímpio

10 1 Provérbios de Salomão.

O filho sábio é a alegria do seu pai,
mas o filho tolo é a tristeza da sua mãe.
2 Os tesouros conseguidos de forma iníqua
não servem para nada,
mas a justiça livra da morte.
3 O SENHOR não deixa o justo passar fome,
mas rechaça a avidez dos ímpios.
4 Quem trabalha com a mão ociosa fica pobre,
mas o que trabalha com diligência enriquece.
5 Quem ajunta no verão é filho sábio,
mas o que dorme no tempo da colheita
é filho que envergonha.
6 Sobre a cabeça do justo há bênçãos,
mas na boca dos ímpios mora a violência.
7 A memória do justo é abençoada,
mas o nome dos ímpios irá apodrecer.
8 Quem tem coração sábio aceita
os mandamentos,
mas o que fala tolices acaba em ruína.
9 Quem anda com integridade anda seguro,
mas o que perverte os seus caminhos
será descoberto.

10 Quem pisca os olhos traz desgosto,
e o que fala tolices acaba em ruína.
11 A boca do justo é manancial de vida,
mas na boca dos ímpios mora a violência.
12 O ódio provoca conflitos,
mas o amor cobre todas as transgressões.
13 Nos lábios do sábio se acha sabedoria,
mas a vara é para as costas
de quem não tem juízo.
14 Os sábios acumulam conhecimento,
mas a fala dos insensatos é ruína iminente.
15 Os bens do rico são a sua fortaleza;
o que leva os pobres à ruína é a sua pobreza.
16 A obra do justo conduz à vida,
e o rendimento do ímpio leva ao pecado.
17 O caminho para a vida
é de quem guarda o ensino,
mas o que abandona a repreensão
anda errante.
18 O que encobre o ódio tem lábios mentirosos,
e o que difama é tolo.
19 Quem fala demais acaba caindo
em transgressão,
mas quem controla a língua é sábio.
20 A fala dos justos é prata escolhida,
mas o coração dos ímpios vale muito pouco.
21 As palavras dos justos alimentam muitos,
mas os insensatos morrem por falta de juízo.
22 A bênção do SENHOR enriquece,
e ele não acrescenta nenhum desgosto a ela.
23 Praticar a maldade é como um divertimento
para o insensato;
o homem inteligente
se diverte com a sabedoria.
24 Aquilo que o ímpio teme, isso lhe sobrevém;
o que os justos desejam Deus lhes concede.
25 O ímpio desaparece assim
como passa a tempestade,
mas o justo tem um alicerce eterno.
26 Como vinagre para os dentes
e fumaça para os olhos,
assim é o preguiçoso para aqueles que o enviam.
27 O temor do SENHOR prolonga os dias da vida,
mas o tempo dos ímpios será abreviado.
28 A esperança dos justos é alegria,
mas a expectativa dos ímpios perecerá.
29 O caminho do SENHOR
é fortaleza para os íntegros,
mas ruína para os que praticam a iniquidade.
30 O justo nunca será abalado,
mas os ímpios não habitarão na terra.
31 A boca do justo produz sabedoria,
mas a língua da perversidade
será arrancada.
32 Os lábios do justo sabem o que agrada,
mas da boca dos ímpios
só saem perversidades.

11 1 O SENHOR detesta
balanças desonestas,
mas o peso justo é o seu prazer.
2 Quando vem a soberba, a desgraça não tarda,
mas com os humildes está a sabedoria.
3 A integridade dos retos os guia,
mas a falsidade dos infiéis os destruirá.
4 As riquezas não servem para nada
no dia da ira,
mas a justiça livra da morte.
5 A justiça do íntegro endireita o seu caminho,
mas o ímpio cai pela sua impiedade.
6 A justiça dos retos os livrará,
mas os infiéis serão apanhados
na sua própria ambição.
7 Quando morre o ímpio, morre a sua esperança,
e o que ele esperava do seu poder se dissipa.
8 O justo é libertado da angústia,
mas o ímpio a recebe em lugar dele.
9 O ímpio destrói o próximo com o que diz,
mas os justos são libertados pelo conhecimento.
10 A cidade se alegra com o bem-estar dos justos,
mas dá gritos de alegria
quando perecem os ímpios.
11 Pela bênção dos retos a cidade é exaltada,
mas pela boca dos ímpios é destruída.
12 Quem fala mal do seu próximo não tem juízo;
o homem prudente se cala.
13 O mexeriqueiro revela os segredos,
mas o fiel de espírito os encobre.
14 Não havendo direção sábia, o povo fracassa;
com muitos conselheiros, há segurança.
15 Quem fica por fiador de um estranho
acaba tendo um problema,
mas o que foge de ser fiador estará seguro.
16 A mulher bondosa alcança honra;
os poderosos adquirem riqueza.
17 O homem bondoso faz bem a si mesmo,
mas o cruel fere a si mesmo.
18 O ímpio recebe um salário ilusório,
mas o que semeia justiça
terá recompensa verdadeira.
19 Tão certo como a justiça conduz para a vida,
quem segue o mal caminha para a morte.
20 O SENHOR detesta os perversos de coração,
mas os que andam com integridade
são o seu prazer.
21 É evidente que os maus serão castigados,
mas a geração dos justos será poupada.
22 Como joia de ouro em focinho de porco,
assim é a mulher bonita que não tem juízo.
23 O desejo dos justos tende somente para o bem,
mas a expectativa dos ímpios resulta em ira.
24 Uns dão com generosidade
e têm cada vez mais;
outros retêm mais do que é justo
e acabam na pobreza.

25 A pessoa generosa prosperará,
e quem dá de beber terá a sua sede saciada.
26 O povo amaldiçoa quem retém o trigo,
mas bênção virá sobre a cabeça
daquele que o vende.
27 Quem procura o bem alcança favor;
quem corre atrás do mal
acaba encontrando o que procura.
28 Quem confia nas suas riquezas cairá,
mas os justos reverdecerão
como as folhagens.
29 Aquele que perturba a sua casa herdará o vento,
e o insensato será servo do sábio de coração.
30 O fruto do justo é árvore de vida,
e o que ganha almas é sábio.
31 Se o justo é punido na terra,
quanto mais o ímpio e o pecador!

12 1 Quem ama a disciplina
ama o conhecimento,
mas o que odeia a repreensão é tolo.
2 Quem faz o bem alcança o favor do SENHOR,
mas aquele que tem más intenções,
este o SENHOR condena.
3 Ninguém se estabelece pela maldade,
mas a raiz dos justos não será removida.
4 A mulher virtuosa é a coroa do seu marido,
mas a que envergonha o marido
é como podridão nos seus ossos.
5 Os pensamentos dos justos são retos;
os conselhos dos ímpios são falsos.
6 As palavras dos ímpios são emboscadas
para derramar sangue,
mas a boca dos retos salva da morte.
7 Os ímpios são derrubados e desaparecem,
mas a casa dos justos permanecerá.
8 Cada um será louvado
segundo o seu entendimento,
mas quem tem coração perverso
será desprezado.
9 Melhor é ser modesto e fazer o seu trabalho
do que engrandecer a si mesmo
e não ter o que comer.
10 O justo cuida dos seus animais,
mas o coração dos ímpios é cruel.
11 O que lavra a sua terra
terá pão em abundância,
mas quem corre atrás de coisas sem valor
não tem juízo.
12 O ímpio quer viver do que caçam os maus,
mas a raiz dos justos produz o seu fruto.
13 Os maus se enredam na transgressão
daquilo que falam,
mas os justos escaparão da angústia.
14 Cada um se farta de bem
pelo fruto daquilo que diz,
e o que as suas mãos fizerem,
isso receberá de volta.
15 O caminho do insensato
parece reto aos seus olhos,
mas o sábio ouve os conselhos.
16 O insensato mostra logo a sua ira,
mas o prudente ignora os insultos.
17 Quem diz a verdade favorece a justiça,
mas a testemunha falsa está a serviço da fraude.
18 Palavras precipitadas
são como pontas de espada,
mas as palavras dos sábios são remédio.
19 Os lábios que falam a verdade
permanecem para sempre,
mas a língua mentirosa desaparece
num instante.
20 Há fraude no coração dos que planejam o mal,
mas os que aconselham a paz têm alegria.
21 Nenhuma desgraça sobrevirá ao justo,
mas os ímpios, o mal os apanhará em cheio.
22 O SENHOR detesta lábios mentirosos,
mas aqueles que praticam
a verdade são o seu prazer.
23 Aquele que é prudente oculta o conhecimento,
mas o coração dos insensatos
proclama a tolice.
24 O homem esforçado dominará,
mas o preguiçoso ficará sujeito
a trabalhos forçados.
25 A ansiedade no coração pode abater alguém,
mas uma boa palavra traz alegria.
26 O justo serve de guia para o seu companheiro,
mas o caminho dos ímpios os leva
a andar errantes.
27 O preguiçoso não assará a sua caça,
mas o bem precioso do homem
é ser esforçado.
28 Na vereda da justiça está a vida,
e neste caminho não há morte.

13 1 O filho sábio ouve
a instrução do pai,
mas o zombador não dá ouvidos
à repreensão.
2 Do fruto da boca cada um comerá o bem,
mas os infiéis só desejam a violência.
3 Quem vigia as suas palavras conserva a sua vida,
mas o que fala demais arruína a si mesmo.
4 O preguiçoso deseja e nada tem,
mas o desejo dos que se esforçam
será atendido.
5 O justo odeia a mentira,
mas o ímpio traz vergonha e desonra.
6 A justiça guarda o que anda com integridade,
mas a maldade subverte o pecador.
7 Uns se dizem ricos sem terem nada;
outros se dizem pobres,
tendo muita riqueza.
8 O resgate pela vida de alguém
são as riquezas que ele tem,

mas o pobre não corre o risco
de ser ameaçado.
9 A luz dos justos brilha intensamente,
mas a lâmpada dos ímpios se apagará.
10 Da soberba só resulta a discórdia,
mas a sabedoria está com os que se aconselham.
11 A riqueza obtida com facilidade, essa diminui,
mas quem a ajunta pelo trabalho,
esse a vê aumentar.
12 Esperança adiada faz adoecer o coração;
desejo cumprido é árvore de vida.
13 Quem despreza a palavra terá de pagar por isso,
mas o que teme o mandamento
será recompensado.
14 O ensino do sábio é fonte de vida
para evitar os laços da morte.
15 O bom senso conquista favor,
mas o caminho dos infiéis é intransitável.
16 Quem é prudente age com conhecimento,
mas o tolo espalha a sua tolice.
17 O mensageiro perverso se precipita no mal,
mas o embaixador fiel produz cura.
18 Pobreza e vergonha sobrevêm
ao que rejeita a instrução,
mas o que aceita a repreensão será honrado.
19 O desejo que se cumpre agrada a alma,
mas os tolos detestam afastar-se do mal.
20 Quem anda com os sábios será sábio,
mas o companheiro dos tolos acabará mal.
21 A desgraça persegue os pecadores,
mas os justos serão recompensados com o bem.
22 O homem bom deixa herança
aos filhos de seus filhos,
mas a riqueza do pecador
é depositada para o justo.
23 As terras dos pobres
dão mantimento em abundância,
mas isso se perde por falta de justiça.
24 O que retém a vara odeia o seu filho;
quem o ama, este o disciplina desde cedo.
25 O justo tem o bastante
para satisfazer o seu apetite,
mas o estômago dos ímpios passa fome.

14 1 A mulher sábia edifica a sua casa,
mas a insensata a derruba
com as próprias mãos.
2 Quem anda na retidão teme o Senhor,
mas o que anda em caminhos tortuosos,
esse o despreza.
3 Na boca do tolo está a vara
para a sua própria soberba,
mas os lábios dos sábios os protegerão.
4 Quando não há bois, o celeiro fica vazio,
mas pela força do boi
há abundância de colheitas.
5 A testemunha verdadeira não mente,
mas a testemunha falsa despeja mentiras.
6 O zombador procura a sabedoria
e não a encontra,
mas o sábio adquire
o conhecimento com facilidade.
7 Fuja da presença do insensato,
porque nele você não encontrará
palavras de conhecimento.
8 A sabedoria do prudente
é entender o seu próprio caminho,
mas a insensatez dos tolos é enganadora.
9 Os insensatos zombam do pecado,
mas entre os retos há boa vontade.
10 O coração conhece a sua própria amargura,
e da alegria que ele sente
os estranhos não poderão participar.
11 A casa dos ímpios será destruída,
mas a tenda dos retos florescerá.
12 Há caminho que ao ser humano
parece direito,
mas o fim dele é caminho de morte.
13 Até no riso o coração pode ter dor,
e o fim da alegria pode ser a tristeza.
14 O infiel de coração sofre as consequências
dos seus próprios caminhos,
mas quem é de bem é recompensado
pelo seu próprio proceder.
15 O ingênuo dá crédito a tudo o que se diz,
mas o prudente reflete
antes de dar um passo.
16 O sábio é cauteloso e se desvia do mal,
mas o tolo é afoito e se dá por seguro.
17 Quem logo se irrita comete loucuras,
e aquele que tem más intenções será odiado.
18 Os ingênuos herdam a tolice,
mas os prudentes se coroam de conhecimento.
19 Os maus se inclinarão diante dos bons,
e os ímpios farão súplicas
junto às portas do justo.
20 O pobre é odiado até pelo seu vizinho,
mas o rico tem muitos amigos.
21 Quem despreza o seu vizinho peca,
mas o que se compadece dos pobres é feliz.
22 Por acaso não se afastam do caminho
os que planejam o mal?
Mas haverá amor e fidelidade
para os que planejam o bem.
23 Em todo trabalho há proveito;
meras palavras, porém, levam à penúria.
24 Para os sábios a riqueza é coroa,
mas a tolice dos insensatos
não passa de tolice.
25 A testemunha verdadeira salva vidas,
mas quem profere mentiras é enganador.
26 Quem teme ao Senhor tem forte amparo,
e isso é refúgio para os seus filhos.
27 O temor do Senhor é fonte de vida
para evitar os laços da morte.

28 Na multidão do povo está a glória do rei,
mas na falta de povo
está a ruína do príncipe.
29 Quem tarda em irar-se
é grande em entendimento,
mas o que facilmente perde a calma
faz um elogio à loucura.
30 O ânimo sereno é a vida do corpo,
mas a inveja é a podridão dos ossos.
31 Quem oprime o pobre insulta aquele que o criou,
mas o que se compadece
do necessitado honra a Deus.
32 O ímpio é derrubado pela sua maldade,
mas o justo, até na morte tem esperança.
33 No coração do prudente repousa a sabedoria,
mas o que há no interior dos tolos
logo se manifesta.
34 A justiça é a glória da nação,
mas o pecado é a vergonha dos povos.
35 O servo prudente recebe o favor do rei,
mas o que causa vergonha
é objeto do seu furor.

15 1 A resposta branda desvia o furor,
mas a palavra dura suscita a ira.
2 A língua dos sábios adorna o conhecimento,
mas a boca dos insensatos derrama tolices.
3 Os olhos do SENHOR estão em todo lugar,
contemplando os maus e os bons.
4 A língua serena é árvore de vida,
mas a língua perversa esmaga o espírito.
5 O insensato despreza a instrução de seu pai,
mas o que aceita a repreensão
consegue a prudência.
6 Na casa do justo há grande tesouro,
mas no lucro dos ímpios há infelicidade.
7 As palavras dos sábios
difundem o conhecimento,
mas o coração dos insensatos
não procede assim.
8 O SENHOR detesta o sacrifício dos ímpios,
mas a oração dos retos é o seu prazer.
9 O SENHOR detesta o caminho do ímpio,
mas ama o que segue a justiça.
10 Disciplina rigorosa há
para o que abandona o caminho,
e quem odeia a repreensão morrerá.
11 O mundo dos mortos e o abismo
estão expostos diante do SENHOR;
quanto mais o coração dos filhos dos homens!
12 O zombador não gosta de quem o repreende,
nem se aproxima dos sábios.
13 O coração alegre embeleza o rosto,
mas com a tristeza do coração
o espírito se abate.
14 O coração sábio busca o conhecimento,
mas a boca dos insensatos
se alimenta de estupidez.
15 Para quem está aflito, todos os dias são maus,
mas a vida de quem tem o coração alegre
é uma festa contínua.
16 Melhor é o pouco, havendo o temor do SENHOR,
do que um grande tesouro
onde há inquietação.
17 Melhor é um prato de legumes onde há amor
do que um boi inteiro acompanhado de ódio.
18 Quem se irrita facilmente provoca discórdia,
mas quem é tardio em ficar irado
acalma os conflitos.
19 O caminho do preguiçoso
é como que cercado de espinhos,
mas a vereda dos justos é plana.
20 O filho sábio alegra o seu pai,
mas o insensato despreza a sua mãe.
21 Quem não tem juízo se alegra com a sua tolice,
mas quem é sábio anda retamente.
22 Sem conselhos os projetos fracassam,
mas com muitos conselheiros há sucesso.
23 Que alegria é ter a resposta adequada!
Como é boa a palavra dita na hora certa!
24 Para o sábio, o caminho da vida leva para cima,
para desviar do inferno, embaixo.
25 O SENHOR derruba a casa dos orgulhosos,
mas preserva a herança da viúva.
26 O SENHOR detesta os planos dos maus,
mas as palavras bondosas lhe são aprazíveis.
27 Quem é ávido por lucro desonesto
arruína a sua casa,
mas o que odeia o suborno, esse viverá.
28 O coração do justo medita o que há de responder,
mas a boca dos ímpios derrama maldades.
29 O SENHOR está longe dos ímpios,
mas ouve a oração dos justos.
30 O brilho nos olhos alegra o coração;
uma boa notícia fortalece até os ossos.
31 Quem dá ouvidos à repreensão construtiva
terá a sua morada no meio dos sábios.
32 Quem rejeita a disciplina despreza a si mesmo,
mas o que aceita a repreensão
adquire entendimento.
33 O temor do SENHOR é instrução na sabedoria,
e a humildade precede a honra.

16 1 O coração do ser humano
pode fazer planos,
mas a resposta certa vem dos lábios do SENHOR.
2 Todos os caminhos de uma pessoa são puros
aos seus próprios olhos,
mas o SENHOR sonda o espírito.
3 Entregue as suas obras ao SENHOR,
e o que você tem planejado se realizará.
4 O SENHOR fez todas as coisas
para determinados fins;
até o ímpio, para o dia da calamidade.
5 O SENHOR detesta todo aquele que é orgulhoso;
é evidente que este não ficará impune.

6 Pela misericórdia e pela verdade
se expia a culpa;
e pelo temor do SENHOR se evita o mal.
7 Se os caminhos de alguém
são agradáveis ao SENHOR,
ele faz com que até os seus inimigos
vivam em paz com ele.
8 Melhor é o pouco, havendo justiça,
do que grandes rendimentos com injustiça.
9 O coração do ser humano traça o seu caminho,
mas o SENHOR lhe dirige os passos.
10 Nos lábios do rei se acham decisões autorizadas;
que ele seja justo ao pronunciar uma sentença.
11 Peso e balança justos pertencem ao SENHOR;
obra sua são todos os pesos da bolsa.
12 Os reis detestam a prática da maldade,
porque o trono se estabelece pela justiça.
13 Os lábios justos são o contentamento do rei,
e ele ama o que fala coisas retas.
14 O furor do rei é como um mensageiro da morte,
mas o homem sábio consegue acalmá-lo.
15 O semblante alegre do rei significa vida,
e a sua bondade é como chuva fora de época.
16 Quanto melhor é adquirir
a sabedoria do que o ouro!
E mais excelente é adquirir
o entendimento do que a prata!
17 O caminho dos retos é desviar-se do mal;
quem guarda o seu caminho
preserva a sua vida.
18 Antes da ruína vem a soberba,
e o espírito orgulhoso precede a queda.
19 Melhor é ser humilde de espírito
com os humildes
do que repartir o despojo com os orgulhosos.
20 Quem atenta para o ensino acha o bem,
e o que confia no SENHOR, esse é feliz.
21 O sábio de coração é chamado prudente,
e a doçura no falar aumenta o saber.
22 O bom senso, para aqueles
que o possuem, é fonte de vida;
mas a tolice é a punição dos insensatos.
23 O coração do sábio é mestre de sua boca
e aumenta a persuasão dos seus lábios.
24 Palavras agradáveis são como favo de mel:
doces para a alma e remédio para o corpo.
25 Há caminho que parece direito ao ser humano,
mas o fim dele é caminho de morte.
26 A fome do trabalhador o faz trabalhar,
porque a sua boca o incita a isso.
27 O desprezível cava o mal,
e nos seus lábios
há como que fogo ardente.
28 O perverso semeia discórdias,
e o difamador separa os maiores amigos.
29 O violento alicia o seu companheiro
e guia-o por um caminho que não é bom.
30 Quem pisca os olhos imagina o mal;
quem morde os lábios o executa.
31 Os cabelos brancos são uma coroa de honra
que é encontrada no caminho da justiça.
32 É melhor ter paciência
do que ser herói de guerra;
o que domina o seu espírito
é melhor do que
o que conquista uma cidade.
33 Para fazer um sorteio são lançados os dados,
mas toda decisão procede do SENHOR.

17

1 Melhor é um bocado seco
e tranquilidade
do que a casa cheia de carnes e brigas.
2 O escravo sábio dominará sobre
o filho que causa vergonha
e, entre os irmãos, terá parte na herança.
3 O crisol prova a prata e o forno prova o ouro;
mas o SENHOR prova os corações.
4 O malfeitor dá atenção aos lábios iníquos;
o mentiroso inclina os ouvidos
para a língua maligna.
5 Quem zomba do pobre insulta
aquele que o criou;
o que se alegra com a calamidade
não ficará impune.
6 Coroa dos velhos são os filhos dos filhos;
e a glória dos filhos são os pais.
7 Palavras bonitas não ficam bem ao insensato;
muito menos a mentira na boca do príncipe!
8 O suborno é pedra mágica
aos olhos de quem o oferece;
onde quer que for oferecido dará resultado.
9 Quem encobre a transgressão
fortalece a amizade,
mas o que insiste no assunto
separa os maiores amigos.
10 Uma repreensão cala mais fundo
em quem tem juízo
do que cem chicotadas no insensato.
11 O rebelde só procura fazer o mal;
por isso, um mensageiro cruel
será enviado contra ele.
12 Melhor é encontrar uma ursa
da qual roubaram os filhotes
do que o insensato na sua tolice.
13 Quanto àquele que paga o bem com o mal,
o mal não se afastará da sua casa.
14 Começar uma discussão é como
abrir uma represa;
por isso, desista antes que surja o conflito.
15 O SENHOR detesta quem justifica o ímpio
e quem condena o justo;
ele detesta tanto um quanto o outro.
16 De que serviria o dinheiro
na mão do tolo para comprar a sabedoria,
se ele não tem entendimento?

17 O amigo ama em todo tempo,
e na angústia nasce o irmão.
18 Quem não tem juízo se compromete,
ficando por fiador do seu próximo.
19 Quem ama a discórdia ama o pecado;
o que faz alta a sua porta
facilita a própria queda.
20 O perverso de coração jamais encontra o bem;
e o que diz coisas más acaba em desgraça.
21 Quem gera um tolo faz isso
para a sua própria tristeza;
o pai do insensato não terá alegria.
22 O coração alegre é bom remédio,
mas o espírito abatido faz secar os ossos.
23 O ímpio aceita suborno secretamente,
para perverter as veredas da justiça.
24 A sabedoria é o alvo do inteligente,
mas o tolo volta os olhos
para os confins da terra.
25 O filho insensato é tristeza para o pai
e amargura para quem o deu à luz.
26 Não é bom punir o justo;
é contra todo direito ferir o príncipe.
27 Quem controla as suas palavras
possui conhecimento,
e o sereno de espírito é inteligente.
28 Até o insensato, quando se cala,
é tido por sábio;
se fica de boca fechada, passa por inteligente.

18 1 O solitário busca
o seu próprio interesse
e se opõe à verdadeira sabedoria.
2 O tolo não tem prazer no entendimento,
mas apenas em externar o que pensa.
3 Com a maldade vem também o desprezo;
com a desonra vem a vergonha.
4 As palavras de uma pessoa
são águas profundas,
e a fonte da sabedoria é um ribeiro
que transborda.
5 Não é bom ser parcial com os ímpios,
para torcer o direito contra os justos.
6 Os lábios do tolo entram na discussão,
e a sua boca clama por açoites.
7 A boca do tolo é a sua própria destruição,
e os seus lábios são uma armadilha
para a sua alma.
8 As palavras do difamador são comida fina,
que desce para o mais interior do ventre.
9 Quem é negligente no seu trabalho
já é irmão do desperdiçador.
10 Torre forte é o nome do SENHOR;
o justo corre para ela e está seguro.
11 Os bens do rico são a sua cidade fortificada
e, segundo imagina, uma alta muralha.
12 Antes da ruína, o coração humano se gaba,
mas a humildade precede a honra.
13 Responder antes de ouvir
é tolice e vergonha.
14 O espírito firme sustenta
a pessoa na sua doença,
mas o espírito abatido,
quem o pode suportar?
15 O coração do sábio adquire o conhecimento,
e o ouvido dos sábios procura o saber.
16 Um presente que se dá abre portas
e leva alguém à presença dos grandes.
17 O primeiro que pleiteia
a sua causa parece justo,
até que vem o outro e o examina.
18 Um sorteio põe fim às rixas
e decide questões entre os poderosos.
19 Um irmão ofendido resiste
mais que uma fortaleza,
e as rixas são como as trancas
das portas de um castelo.
20 Do fruto da boca o coração se farta;
do que produzem os lábios ele se satisfaz.
21 A morte e a vida estão no poder da língua;
quem bem a utiliza come do seu fruto.
22 Quem acha uma esposa acha o bem;
recebeu uma bênção do SENHOR.
23 O pobre fala com súplicas,
mas o rico responde com dureza.
24 Quem tem muitos amigos
pode cair em desgraça;
mas há amigo mais chegado que um irmão.

19 1 Melhor é o pobre que anda
na sua integridade
do que o perverso de lábios, que é um tolo.
2 Não é bom agir sem pensar;
quem se precipita acaba pecando.
3 A tolice de uma pessoa perverte o seu caminho,
mas é contra o SENHOR que
o seu coração se irrita.
4 Na riqueza, os amigos se multiplicam;
mas o pobre, até o seu único amigo o abandona.
5 A falsa testemunha não ficará impune,
e o que profere mentiras não escapará.
6 Ao generoso, muitos o adulam,
e todos são amigos de quem dá presentes.
7 Se os irmãos do pobre o detestam,
quanto mais se afastarão dele os seus amigos!
Corre atrás deles com súplicas,
mas não os alcança.
8 Quem adquire sabedoria ama a sua alma;
o que conserva o entendimento acha o bem.
9 A falsa testemunha não ficará impune,
e o que profere mentiras perecerá.
10 Ao tolo não fica bem viver no luxo;
quanto menos ao escravo
dominar os príncipes!
11 O bom senso leva a pessoa a controlar a sua ira;
a sua glória é perdoar as ofensas.

12 A indignação do rei é como o rugido do leão,
mas a sua bondade
é como o orvalho sobre a relva.
13 Um filho tolo é a desgraça do pai,
e uma esposa briguenta
é como uma goteira que não para.
14 A casa e os bens vêm como herança dos pais,
mas a esposa sensata vem do SENHOR.
15 A preguiça faz cair em profundo sono,
e o ocioso passará fome.
16 Quem guarda o mandamento guarda a sua alma,
mas o que despreza os seus caminhos,
esse morrerá.
17 Quem se compadece do pobre
empresta ao SENHOR,
e este lhe retribuirá o benefício.
18 Corrija o seu filho, enquanto há esperança,
mas não se exceda a ponto de matá-lo.
19 Aquele que se deixa levar pela ira
terá de sofrer o castigo;
porque, se você o livrar, terá de livrá-lo de novo.
20 Ouça os conselhos e receba a instrução,
para que você seja sábio a partir de agora.
21 Há muitos planos no coração do ser humano,
mas o propósito do SENHOR permanecerá.
22 O que torna alguém agradável
é a sua misericórdia;
o pobre é preferível ao mentiroso.
23 O temor do SENHOR conduz à vida;
aquele que o tem ficará satisfeito,
e mal nenhum o visitará.
24 O preguiçoso põe a mão no prato
e não quer ter o trabalho de a levar à boca.
25 Castigue o zombador,
e o ingênuo aprenderá a prudência;
repreenda o sábio,
e ele crescerá no conhecimento.
26 Quem maltrata o seu pai
ou manda embora a sua mãe
é filho que causa vergonha e traz desonra.
27 Meu filho, se deixar de ouvir a instrução,
você se desviará das palavras
do conhecimento.
28 A testemunha depravada zomba da justiça,
e a boca dos ímpios devora a iniquidade.
29 Preparados estão os juízos para os zombadores
e os açoites para as costas dos tolos.

20

1 O vinho é zombador
e a bebida forte causa alvoroço;
todo aquele que é vencido por eles não é sábio.
2 A fúria do rei é como o rugido do leão;
quem o provoca peca contra a própria vida.
3 É uma honra para alguém
ficar longe de conflitos,
mas os insensatos envolvem-se neles.
4 O preguiçoso não ara as terras
porque é inverno;
por isso, no tempo da colheita,
procura e não encontra nada.
5 Os propósitos do coração humano
são como águas profundas,
mas quem é inteligente
sabe como trazê-los à tona.
6 Muitos proclamam a sua própria bondade,
mas alguém que é digno
de confiança, quem o achará?
7 O justo anda na sua integridade;
felizes são os seus filhos depois dele.
8 Quando o rei se assenta no trono para julgar,
com os seus olhos dispersa todo mal.
9 Quem pode dizer: "Purifiquei o meu coração;
estou limpo do meu pecado"?
10 O SENHOR detesta o uso
de dois pesos e duas medidas;
ele detesta tanto uma coisa quanto a outra.
11 Até a criança se dá a conhecer
pelas suas ações,
se o que faz é puro e reto.
12 O ouvido que ouve e o olho que vê,
o SENHOR os fez, tanto um como o outro.
13 Não ame o sono,
para que você não empobreça;
abra os olhos e você terá pão de sobra.
14 "Não presta! Não vale tanto!" —
diz o comprador;
mas, quando vai embora,
então se gaba do negócio que fez.
15 Há ouro e abundância de pérolas,
mas palavras que transmitem
conhecimento são joia preciosa.
16 Que se tome a roupa daquele que fica
por fiador de um estranho;
que ela sirva de penhor,
quando ele se compromete
por estrangeiros.
17 O pão que se ganha com fraude
pode ser gostoso,
mas depois a boca se encherá de areia.
18 Os planos são estabelecidos
mediante os conselhos;
faça a guerra com prudência.
19 O mexeriqueiro revela os segredos;
portanto, não se meta com quem fala demais.
20 Se alguém amaldiçoa o seu pai ou a sua mãe,
a sua lâmpada se apagará
na mais densa escuridão.
21 A posse antecipada de uma herança
no fim não será abençoada.
22 Não diga: "Vou me vingar do mal";
espere no SENHOR, e ele o livrará.
23 O SENHOR detesta o uso de dois pesos,
e uma balança desonesta não é boa.
24 Os passos de cada pessoa
são dirigidos pelo SENHOR;

como poderá alguém entender
o seu próprio caminho?
25 É uma armadilha dizer precipitadamente:
"Isto é santo!",
e só refletir depois de fazer o voto.
26 O rei sábio peneira os maus
e faz passar sobre eles a roda.
27 O espírito do ser humano
é a lâmpada do SENHOR,
a qual examina o mais profundo do seu ser.
28 Bondade e fidelidade preservam o rei;
é com bondade que ele sustém o seu trono.
29 A glória dos jovens é a sua força,
e a beleza dos velhos
são os seus cabelos brancos.
30 Os vergões das feridas purificam do mal,
e os açoites limpam
o mais íntimo do corpo.

21 1 Como correntes de águas,
assim é o coração do rei na mão do SENHOR;
este o dirige para onde quiser.
2 Todo caminho de uma pessoa
é reto aos seus próprios olhos,
mas o SENHOR sonda os corações.
3 Fazer justiça e julgar com retidão
é mais aceitável ao SENHOR
do que oferecer sacrifícios.
4 Olhar arrogante e coração orgulhoso
— a lâmpada dos ímpios — são pecado.
5 Os planos de quem é esforçado
conduzem à fartura,
mas a pressa excessiva leva à pobreza.
6 Fazer fortuna por meio da mentira
é vaidade e armadilha mortal.
7 A violência dos ímpios os leva à ruína,
porque eles se recusam a praticar a justiça.
8 O caminho do culpado é tortuoso,
mas, quanto ao inocente, a sua conduta é reta.
9 Melhor é morar no canto do terraço
do que com uma mulher briguenta
na mesma casa.
10 A alma do ímpio deseja o mal;
nem o seu vizinho recebe dele compaixão.
11 Quando o zombador é castigado,
os ingênuos se tornam sábios;
e, quando o sábio é instruído,
cresce no conhecimento.
12 Deus, o justo, observa a casa dos ímpios
e os faz cair em desgraça.
13 Quem tapa os ouvidos ao clamor do pobre
também clamará e não será ouvido.
14 O presente que se dá em segredo
acalma a ira,
e a dádiva em sigilo
vence a mais forte indignação.
15 Praticar a justiça é uma alegria para o justo,
mas espanto para os que praticam o mal.
16 Quem se desvia do caminho
do entendimento
repousará na congregação dos mortos.
17 Quem ama os prazeres
acabará na pobreza;
quem ama o vinho e a boa vida
nunca ficará rico.
18 O ímpio serve de resgate para o justo,
e, em lugar dos retos, é entregue o infiel.
19 Melhor é morar numa terra deserta
do que com a mulher briguenta e geniosa.
20 Na casa do sábio há tesouros preciosos
e o suficiente para viver,
mas o tolo desperdiça tudo o que tem.
21 Quem segue a justiça e a bondade
achará a vida, a justiça e a honra.
22 O sábio escala a cidade dos valentes
e derruba a fortaleza em que eles confiam.
23 Quem guarda a boca e a língua
guarda a sua alma de muitas dificuldades.
24 Quanto ao orgulhoso e arrogante,
zombador é o seu nome;
ele age com orgulho e arrogância.
25 O preguiçoso morre desejando,
porque as suas mãos se recusam a trabalhar.
26 O cobiçoso cobiça todo o dia,
porém o justo dá com generosidade.
27 O sacrifício dos ímpios já é abominação;
ainda mais quando é oferecido
com más intenções!
28 A testemunha falsa perecerá,
mas quem sabe ouvir
falará sem ser contestado.
29 O ímpio aparenta determinação,
mas o justo considera o seu caminho.
30 Não há sabedoria, nem entendimento,
nem mesmo conselho contra o SENHOR.
31 O cavalo é preparado para o dia da batalha,
mas a vitória vem do SENHOR.

22 1 Mais vale o bom nome
do que as muitas riquezas;
ser estimado é melhor
do que a prata e o ouro.
2 O rico e o pobre têm algo em comum:
o SENHOR fez tanto um como o outro.
3 O prudente vê o mal e se esconde;
mas os ingênuos seguem em frente
e sofrem as consequências.
4 A recompensa da humildade
e do temor do SENHOR
são riquezas, honra e vida.
5 No caminho do perverso
há espinhos e armadilhas;
quem quer guardar a sua vida afasta-se deles.
6 Ensine a criança no caminho
em que deve andar,
e ainda quando for velho não se desviará dele.

7 O rico domina sobre o pobre,
e o que pede emprestado
é servo de quem empresta.
8 O que semeia a injustiça colhe a desgraça,
e a vara da sua indignação será destruída.
9 O generoso será abençoado,
porque reparte o seu pão com os pobres.
10 Mande embora o zombador,
e com ele se irá a discórdia;
cessarão as discussões e a vergonha.
11 Quem ama a pureza do coração
e é habilidoso no falar
terá a amizade do rei.
12 Os olhos do SENHOR
preservam o conhecimento,
mas ele subverte as palavras dos infiéis.
13 O preguiçoso diz: "Um leão está lá fora!
Serei morto no meio da rua!"
14 Cova profunda é a boca da mulher estranha;
aquele contra quem
o SENHOR se irar cairá nela.
15 A tolice está ligada ao coração da criança,
mas a vara da disciplina a afastará dela.
16 Quem oprime o pobre para enriquecer a si
ou o que dá presentes ao rico
certamente empobrecerá.

Trinta provérbios dos sábios

17 Preste atenção e ouça as palavras dos sábios;
aplique o coração aos meus ensinamentos.
18 Porque será agradável
se você os guardar em seu coração
e se tiver todos eles presentes
nos seus lábios.
19 Quero que a sua confiança esteja no SENHOR;
por isso, hoje dou esta instrução
a você — a você mesmo.
20 Por acaso, não lhe escrevi trinta provérbios
de conselhos e conhecimentos?
21 Fiz isso para que você
tenha certeza das palavras da verdade,
a fim de que possa responder
claramente aos que lhe fizerem perguntas.

— 1 —

22 Não roube o pobre, porque é pobre,
nem oprima o necessitado no tribunal,
23 porque o SENHOR defenderá a causa deles
e tirará a vida daqueles que os exploram.

— 2 —

24 Não faça amizade com quem
facilmente fica irado,
nem ande na companhia
de quem é agressivo,
25 para que você não aprenda os seus caminhos
e, assim, fique preso numa armadilha.

— 3 —

26 Não esteja entre os que se comprometem
e ficam por fiadores de dívidas,
27 pois, se você não tiver com que pagar,
vão acabar lhe tirando até mesmo
a cama em que costuma se deitar!

— 4 —

28 Não remova os marcos antigos
que os seus pais colocaram.

— 5 —

29 Você está vendo alguém que é habilidoso
naquilo que faz?
Ele será posto diante de reis;
não estará a serviço da plebe.

— 6 —

23 1 Quando você se assentar
para comer
com um governador,
leve bem em conta
quem está diante de você.
2 Encoste uma faca na sua própria garganta,
se você é glutão.
3 Não cobice os pratos deliciosos que ele serve,
porque essa comida é enganadora.

— 7 —

4 Não se fatigue para ficar rico;
não aplique nisso a sua inteligência.
5 Você quer pôr os seus olhos
naquilo que não é nada?
Porque certamente a riqueza criará asas,
como a águia que voa pelos céus.

— 8 —

6 Não coma o pão do invejoso,
nem cobice os seus pratos deliciosos.
7 Porque, como imagina
em sua alma, assim ele é.
Ele diz: "Coma e beba!",
mas não está sendo sincero.
8 Você vomitará o bocado que comeu
e terá desperdiçado
as palavras amáveis que falou.

— 9 —

9 Não fale com um tolo,
porque ele desprezará
a sabedoria das suas palavras.

— 10 —

10 Não remova os marcos antigos,
nem entre nos campos dos órfãos,
11 porque o Redentor deles é forte
e defenderá a causa deles contra você.

— 11 —

12 Aplique o seu coração ao ensino
e os seus ouvidos às palavras
do conhecimento.

— 12 —

13 Não deixe a criança sem disciplina,
porque, se você a castigar
com a vara, ela não morrerá.
14 Você a castigará com a vara
e livrará a alma dela do inferno.

— 13 —

15 Meu filho, se o seu coração for sábio,
também o meu coração se alegrará;
16 o meu íntimo exultará,
quando os seus lábios falarem coisas retas.

— 14 —

17 Não tenha inveja dos pecadores;
pelo contrário, persevere
no temor do SENHOR todo tempo.
18 Porque certamente haverá um futuro,
e a sua esperança não será frustrada.

— 15 —

19 Escute, meu filho, e seja sábio;
guie o seu coração no caminho reto.
20 Não se junte com os beberrões
nem com os comilões,
21 porque os beberrões e os comilões
acabam na pobreza,
e a sonolência os levará a vestir trapos.

— 16 —

22 Escute o seu pai, que o gerou,
e não despreze a sua mãe, quando ela envelhecer.
23 Compre a verdade e não a venda;
compre a sabedoria, a instrução
e o entendimento.
24 O pai de um justo fica muito feliz,
e quem gerar um filho sábio
terá nele a sua alegria.
25 Dê essa alegria ao seu pai e à sua mãe,
e que se encha de felicidade
aquela que o deu à luz.

— 17 —

26 Meu filho, preste bem atenção
no que eu digo,
e que os seus olhos se agradem
dos meus caminhos.
27 Pois uma prostituta é como uma cova profunda,
e a mulher estranha
é como um poço estreito.
28 Como assaltante, ela fica à espreita
e multiplica entre os homens os infiéis.

— 18 —

29 Para quem são os ais?
Para quem são os pesares?
Para quem são as rixas?
Para quem são as queixas?
Para quem são os ferimentos sem motivo?
E para quem são os olhos vermelhos?
30 Para os que se demoram em beber vinho,
para os que andam buscando
bebida misturada.
31 Não olhe para o vinho,
quando se mostra vermelho,
quando resplandece no copo
e desce suavemente.
32 Pois no fim morderá como a cobra
e picará como a víbora.
33 Os seus olhos verão coisas esquisitas,
e o seu coração o levará
a dizer coisas perversas.
34 Você será como o que se deita
no meio do mar
e como o que se deita no alto do mastro do navio.
35 Você dirá: "Fui espancado, mas não doeu;
bateram em mim, mas eu não senti nada!
Quando vou despertar?
Então voltarei a beber."

— 19 —

24 1 Não tenha inveja dos maus
nem queira estar com eles,
2 porque o coração deles planeja a violência,
e os seus lábios falam para ferir.

— 20 —

3 Com a sabedoria se constrói a casa,
e com a inteligência ela se firma;
4 pelo conhecimento os seus cômodos
se encherão
de todo tipo de bens, preciosos e agradáveis.

— 21 —

5 Quem é sábio é forte,
e aquele que tem conhecimento
consolida a sua força.
6 Porque com prudência você deve fazer a guerra;
na multidão de conselheiros está a vitória.

— 22 —

7 A sabedoria é elevada demais
para o insensato;
no tribunal, ele não abre a boca.

— 23 —

8 Quem só pensa em fazer o mal
será chamado "mestre de intrigas".
9 Os planos do tolo são pecado,
e o zombador é abominável às pessoas.

— 24 —

10 Se você se mostra fraco no dia da angústia,
é porque a sua força é pequena.

— 25 —

11 Liberte os que estão sendo levados para a morte
e salve os que cambaleiam
ao ser levados para a matança.
12 Você poderá dizer: "Não sabíamos de nada!"
Mas será que aquele que pesa os corações
não o perceberá?
Aquele que atenta para a sua alma
não ficará sabendo?
E não pagará ele a cada um segundo as suas obras?

— 26 —

13 Meu filho, coma mel, porque é saudável,
e o favo, porque é doce ao seu paladar.
14 Saiba que assim é a sabedoria
para a sua alma.
Se você a encontrar, haverá um futuro,
e a sua esperança não será frustrada.

— 27 —

15 Não espie a habitação do justo, ó perverso,
nem destrua o lugar do seu repouso,
16 porque sete vezes cairá o justo e se levantará;
mas os perversos são derrubados
pela calamidade.

— 28 —

17 Quando o seu inimigo cair, não se alegre,
nem se regozije o seu coração
quando ele tropeçar,
18 para que o Senhor não veja isso
e se desagrade, e desvie do inimigo a sua ira.

— 29 —

19 Não se irrite por causa dos malfeitores,
nem tenha inveja dos ímpios,
20 porque os maus não terão futuro,
e a lâmpada dos ímpios se apagará.

— 30 —

21 Meu filho, tema o Senhor e o rei;
não se meta com os revoltosos,
22 porque de repente serão destruídos,
e a ruína que virá do Senhor
e do rei, quem a conhecerá?

Mais alguns provérbios dos sábios

23 Estes também são provérbios dos sábios.

Parcialidade no julgamento não é bom.
24 Quem disser ao ímpio: "Você é justo"
será amaldiçoado pelos povos
e detestado pelas nações.
25 Mas haverá bem-estar
para os que repreenderem o ímpio,
e sobre eles virão grandes bênçãos.
26 Como beijo nos lábios,
assim é a resposta com palavras sinceras.

27 Cuide dos seus negócios lá fora,
apronte a lavoura no campo
e, depois, edifique a sua casa.
28 Não testemunhe sem motivo
contra o seu próximo,
nem o engane com os seus lábios.
29 Não diga: "Vou fazer com ele
o mesmo que ele fez comigo;
pagarei a cada um segundo as suas obras."

30 Passei pelo campo do preguiçoso
e junto à vinha do homem sem juízo.
31 Eis que tudo estava cheio de espinhos
e coberto de urtigas;
e o muro de pedra estava em ruínas.
32 Ao contemplar aquilo, eu fiquei pensando;
olhei, e tirei a seguinte lição:
33 Um pouco de sono, um breve cochilo,
braços cruzados para descansar,
34 e a sua pobreza virá como um ladrão,
a miséria atacará como um homem armado.

Símiles e lições morais

25 1 Também estes são provérbios de Salomão,
que foram transcritos pelos homens a servi-
ço de Ezequias, rei de Judá.

2 A glória de Deus é encobrir as coisas,
mas a glória dos reis é investigá-las.
3 Como a altura dos céus e a profundeza da terra,
assim também o coração dos reis é insondável.
4 Tire a escória da prata,
e sairá um vaso para o ourives;
5 tire o ímpio da presença do rei,
e o seu trono se firmará na justiça.
6 Não se glorie na presença do rei,
nem se ponha no meio dos grandes,
7 porque melhor é que lhe digam: "Suba para cá!",
do que ser humilhado diante do príncipe.

A respeito do que os seus olhos viram,
8 não se apresse a levar ao tribunal,
pois, ao fim, o que é que você fará,
se o seu próximo o puser em apuros?
9 Defenda a sua causa
diretamente com o seu próximo
e não revele o segredo do outro.
10 Do contrário, quem o ouvir
poderá envergonhá-lo,
e você nunca se livrará dessa má fama.

11 Como maçãs de ouro em bandejas de prata,
assim é a palavra dita a seu tempo.

12 Como pendentes e joias de ouro puro,
assim é a repreensão dada por um sábio
a um ouvinte atento.
13 Como o frescor de neve
no tempo da colheita,
assim é o mensageiro fiel
para com os que o enviam,
porque refrigera a alma dos seus senhores.
14 Como nuvens e ventos que não trazem chuva,
assim é aquele que se gaba
de presentes que não deu.
15 Com paciência se convence um príncipe,
e a língua branda quebra ossos.

16 Você encontrou mel? Coma apenas o suficiente,
para que você não fique enjoado
e venha a vomitá-lo.
17 Não seja frequente na casa do seu próximo,
para que ele não se canse de você
e passe a detestá-lo.

18 Martelo, espada e flecha aguda
é o que levanta falso testemunho
contra o seu próximo.
19 Como dente quebrado e pé sem firmeza,
assim é a confiança numa pessoa desleal
em tempo de angústia.
20 Como quem se despe num dia de frio
e como vinagre sobre feridas,
assim é o que entoa canções
para quem está aflito.
21 Se o seu inimigo tiver fome, dê-lhe de comer;
se tiver sede, dê-lhe de beber,
22 porque assim você amontoará
brasas vivas sobre a cabeça dele,
e o SENHOR recompensará você.
23 O vento norte traz chuva,
e a língua que espalha calúnias
traz o rosto irado.
24 Melhor é morar no canto do terraço
do que com uma mulher briguenta
na mesma casa.
25 Como água fria para quem tem sede,
assim é a boa notícia
que vem de um país distante.
26 Como fonte que foi turvada
e manancial contaminado,
assim é o justo que cede ao ímpio.
27 Comer muito mel não é bom;
assim, procurar a própria honra não é honra.
28 Como cidade derrubada, que não tem muralhas,
assim é aquele que não tem
domínio próprio.

O tolo

26 1 Como a neve no verão
e como a chuva no tempo da colheita,
assim a honra não fica bem a um tolo.
2 Como o pássaro que foge
e como a andorinha no seu voo,
assim a maldição sem motivo
não se cumpre.
3 O açoite é para o cavalo, o freio, para o jumento,
e a vara, para as costas dos tolos.
4 Não responda ao insensato
segundo a sua tolice,
para que você não se torne semelhante a ele.
5 Responda ao insensato segundo a sua tolice,
para que ele não seja sábio
aos seus próprios olhos.
6 Como cortar os pés e sofrer dano,
assim é mandar mensagens
por meio de um tolo.
7 As pernas do coxo pendem bambas;
assim é o provérbio na boca dos tolos.
8 Como amarrar a pedra na funda,
assim é dar honra a um tolo.
9 Como o espinho que entra
na mão de um bêbado,
assim é o provérbio na boca dos tolos.
10 Como um flecheiro que fere a todos,
assim é o que contrata os tolos
e os primeiros que passam.
11 Como o cão que volta ao seu próprio vômito,
assim é o insensato que repete a sua tolice.
12 Você viu alguém que é sábio
aos seus próprios olhos?
Há mais esperança para um tolo
do que para ele.

O preguiçoso

13 O preguiçoso diz:
"Um leão está no caminho!
Um leão está no meio da rua!"
14 A porta gira nas dobradiças;
o preguiçoso se vira na cama.
15 O preguiçoso põe a mão no prato
e não quer ter o trabalho de a levar à boca.
16 O preguiçoso é mais sábio
aos seus próprios olhos
do que sete homens que sabem responder bem.

Outros provérbios

17 Quem se mete na discussão dos outros
é como aquele que pega pelas orelhas
um cão que vai passando.
18 Como o louco que lança
fogo, flechas e morte,
19 assim é aquele que engana o seu próximo
e diz: "Fiz isso por brincadeira."
20 Sem lenha, o fogo se apaga;
e, não havendo difamador, cessa a discórdia.
21 O que o carvão é para as brasas
e a lenha é para o fogo,
o briguento é para acender uma discussão.

22 As palavras do difamador são comida fina,
que desce para o mais interior do ventre.
23 Como vaso de barro coberto de prata,
assim são os lábios amorosos
e o coração mau.
24 Quem odeia dissimula com os lábios,
mas no seu íntimo esconde a falsidade;
25 quando ele vier com palavras suaves,
não acredite nele,
porque tem sete abominações em seu coração.
26 Ainda que o seu ódio se encubra
com falsidade,
a sua maldade será exposta aos olhos de todos.
27 Quem abre uma cova acaba caindo nela;
e a pedra rolará sobre quem
a pôs em movimento.
28 A língua falsa odeia aqueles a quem engana,
e a boca lisonjeira é causa de ruína.

27 1 Não se gabe do dia de amanhã,
porque você não sabe o que ele trará à luz.
2 Deixe que outros o louvem,
e não a sua própria boca;
um estranho, e não você mesmo.
3 Pesada é a pedra, e a areia também;
mas a ira do insensato
é mais pesada do que as duas.
4 Cruel é o furor e impetuosa é a ira,
mas quem pode resistir à inveja?
5 Melhor é a repreensão franca
do que o amor encoberto.
6 Leais são as feridas feitas pelo que ama,
porém os beijos de quem odeia
são enganosos.
7 Quem está farto pisa o favo de mel,
mas para o faminto até o amargo é doce.
8 Como a ave que vagueia longe do seu ninho,
assim é quem anda vagueando
longe do seu lar.
9 Como o óleo e o perfume alegram o coração,
assim o amigo encontra doçura
no conselho cordial.
10 Não abandone o seu amigo,
nem o amigo do seu pai.
Não vá para a casa do seu irmão
no dia da adversidade;
mais vale o vizinho perto
do que o irmão longe.
11 Meu filho, seja sábio e alegre o meu coração,
para que eu saiba responder
àqueles que me afrontam.
12 O prudente vê o mal e se esconde;
mas os ingênuos seguem em frente
e sofrem as consequências.
13 Que se tome a roupa daquele que fica
por fiador de um estranho;
que ela sirva de penhor,
quando ele se obriga por mulher estranha.
14 Se alguém bendiz o seu vizinho
em alta voz, logo de manhã,
a sua bênção soará como maldição.
15 A goteira contínua num dia chuvoso
e a esposa briguenta são semelhantes;
16 contê-la seria conter o vento,
seria pegar o óleo com a mão.
17 O ferro se afia com ferro,
e uma pessoa, pela presença do seu próximo.
18 Quem cuida da figueira comerá do seu fruto;
e o que trata bem o seu senhor será honrado.
19 Como a água reflete o rosto,
assim o coração reflete o que a pessoa é.
20 O mundo dos mortos e o abismo
nunca se fartam,
e os olhos do ser humano nunca se satisfazem.
21 Como o crisol prova a prata
e o forno prova o ouro,
assim o homem é provado
pelos elogios que recebe.
22 Mesmo que você moesse o insensato
como se soca o cereal num pilão,
a tolice não se afastaria dele.
23 Procure conhecer o estado das suas ovelhas
e cuide dos seus rebanhos,
24 porque as riquezas não duram para sempre,
nem a coroa, de geração em geração.
25 Quando o feno for removido,
aparecerem os renovos
e se recolher o capim dos montes,
26 então os cordeiros lhe darão a lã para a roupa,
os bodes serão vendidos para pagar o campo
27 e as cabras produzirão leite em abundância
para alimentar você, alimentar a sua casa
e sustentar as suas servas.

28 1 Os ímpios fogem, mesmo quando
ninguém os persegue,
mas o justo é intrépido como o leão.
2 Por causa da transgressão da terra,
mudam-se frequentemente os príncipes,
mas por um, sábio e prudente,
a ordem é mantida.
3 O pobre que oprime os pobres
é como chuva torrencial
que destrói as colheitas.
4 Os que abandonam a lei elogiam os ímpios,
mas os que guardam a lei
se indignam contra eles.
5 Os maus não entendem o que é justo,
mas os que buscam o SENHOR entendem tudo.
6 Melhor é o pobre
que anda na sua integridade
do que o perverso,
nos seus caminhos, ainda que seja rico.
7 Quem guarda a lei é filho inteligente,
mas o companheiro dos comilões
envergonha o seu pai.

8 Quem aumenta os seus bens
com juros e ganância
ajunta-os para o que se compadece
dos pobres.
9 Quem desvia os ouvidos de ouvir a lei,
até a sua oração será abominável.
10 Quem desvia os retos para o mau caminho,
ele mesmo cairá na cova que fez;
mas os íntegros herdarão o bem.
11 O homem rico é sábio aos seus próprios olhos;
mas o pobre que é sábio o conhece muito bem.
12 Quando os justos triunfam, há grande alegria;
mas, quando os maus se levantam,
as pessoas se escondem.
13 Quem encobre as suas transgressões
jamais prosperará;
mas o que as confessa e abandona
alcançará misericórdia.
14 Feliz é aquele que sempre teme o SENHOR;
mas o que endurece o seu coração
cairá na desgraça.
15 Como leão que ruge e urso que ataca,
assim é o ímpio que domina
sobre um povo pobre.
16 O príncipe sem juízo aumenta a opressão,
mas o que odeia a avareza viverá muitos anos.
17 O assassino carregado de culpa
fugirá até a cova;
que ninguém o detenha!
18 Quem anda em integridade será salvo,
mas o perverso em seus caminhos cairá logo.
19 O que lavra a sua terra terá pão em abundância,
mas quem corre atrás de coisas sem valor
se fartará de pobreza.
20 O homem fiel será cumulado de bênçãos,
mas quem tem pressa de enriquecer
não ficará sem castigo.
21 Parcialidade não é bom,
porque uma pessoa é capaz de transgredir
até por um bocado de pão.
22 O ganancioso corre atrás das riquezas,
mas não sabe que a pobreza há de vir sobre ele.
23 Quem repreende alguém
achará depois mais favor
do que aquele que só lisonjeia.
24 Quem rouba o seu pai
ou a sua mãe
e diz: "Não é pecado",
esse é companheiro do destruidor.
25 O cobiçoso provoca discórdias,
mas o que confia no SENHOR prosperará.
26 Quem confia no seu próprio coração é tolo,
mas o que anda em sabedoria será salvo.
27 Quem dá aos pobres
não passará necessidade,
mas o que fecha os olhos para eles
será coberto de maldições.
28 Quando os maus se levantam,
as pessoas se escondem,
mas, quando eles perecem,
os justos se multiplicam.

29

1 Quem teima em rejeitar
a repreensão
será destruído de repente sem que haja remédio.
2 Quando os justos se multiplicam,
o povo se alegra;
quando o ímpio domina, então o povo lamenta.
3 Quem ama a sabedoria alegra o seu pai,
mas o companheiro de prostitutas
desperdiça os bens.
4 O rei justo traz estabilidade ao país,
mas o amigo de impostos o leva à ruína.
5 Quem lisonjeia o seu próximo
está armando uma rede para os seus pés.
6 Na transgressão do homem mau,
há uma armadilha,
mas o justo canta e se alegra.
7 O justo se interessa pelo direito dos pobres,
mas o ímpio não se importa com isso.
8 Os zombadores alvoroçam a cidade,
mas os sábios acalmam os ânimos.
9 Se o sábio discute com um insensato,
quer este se enfureça, quer se ria,
não haverá descanso.
10 Os homens sanguinários odeiam o íntegro,
mas os retos procuram o seu bem.
11 O tolo derrama toda a sua ira,
mas o sábio se domina e a reprime.
12 Se um governador dá atenção
a palavras mentirosas,
todos os seus servos virão a ser perversos.
13 O pobre e o seu opressor
têm algo em comum:
é o SENHOR quem dá luz
aos olhos de ambos.
14 O rei que julga os pobres segundo a verdade
firmará o seu trono para sempre.
15 A vara e a disciplina dão sabedoria,
mas a criança entregue a si mesma
envergonha a sua mãe.
16 Quando os ímpios se multiplicam,
multiplicam-se as transgressões,
mas os justos verão a ruína deles.
17 Corrija o seu filho, e você terá descanso;
ele será um prazer para a sua alma.
18 Não havendo profecia, o povo se corrompe;
mas o que guarda a lei, esse é feliz.
19 O servo não se emendará com palavras,
porque, mesmo que entenda, não obedecerá.
20 Você viu alguém que é precipitado no falar?
Há mais esperança para um tolo
do que para ele.
21 Se alguém mimar o escravo desde a infância,
por fim ele vai querer ser filho.

22 A pessoa colérica provoca discórdias,
e quem facilmente fica irado
multiplica as transgressões.
23 O orgulho do ser humano o abaterá,
mas o humilde de espírito obterá honra.
24 Quem tem parte com um ladrão
odeia a própria alma;
mesmo ouvindo a maldição,
permanece calado.
25 Quem tem medo dos outros
cai numa armadilha,
mas o que confia no SENHOR está seguro.
26 Muitos buscam o favor daquele que governa,
mas a justiça do SENHOR vem para todos.
27 Para os justos, a pessoa iníqua é abominação,
e o reto em seu caminho
é abominação ao ímpio.

As palavras de Agur

30 1 Palavras de Agur, filho de Jaque, de Massá.
O homem disse:
"Estou cansado, ó Deus;
estou cansado, ó Deus, e exausto
2 porque sou demasiadamente
estúpido para ser homem.
Não tenho a inteligência
de um ser humano,
3 não aprendi a sabedoria,
nem tenho o conhecimento do Santo.
4 Quem subiu ao céu e desceu?
Quem pegou o vento com as suas mãos?
Quem amarrou as águas na sua roupa?
Quem estabeleceu
todas as extremidades da terra?
Qual é o seu nome,
e qual é o nome de seu filho,
se é que você o sabe?
5 Toda palavra de Deus é pura.
Ele é escudo para os que nele confiam.
6 Não acrescente nada às suas palavras,
para que ele não o repreenda,
e você seja achado mentiroso."

Uma oração

7 Duas coisas te peço, ó Deus;
não recuse o meu pedido, antes que eu morra:
8 afasta de mim a falsidade e a mentira;
não me dês nem a pobreza
nem a riqueza;
dá-me o pão que me for necessário,
9 para não acontecer que,
estando eu farto, te negue
e diga: "Quem é o SENHOR?"
Ou que, empobrecido, venha a furtar
e profane o nome de Deus.

Outros provérbios

10 Não calunie o servo diante de seu senhor,
para que você não seja
amaldiçoado por aquele servo
e seja visto como culpado.

11 Há pessoas que amaldiçoam o próprio pai
e que não bendizem a própria mãe.
12 Há pessoas que são puras
aos próprios olhos
e que jamais foram lavadas da sua sujeira.
13 Há pessoas cujos olhos são arrogantes
e que olham para os outros com desdém!
14 Há pessoas cujos dentes são espadas,
e cujas mandíbulas são facas,
para consumirem os aflitos da terra
e os necessitados deste mundo.
15 A sanguessuga tem duas filhas,
que se chamam Dá e Dá.

Há três coisas que nunca se fartam;
na verdade, há quatro que nunca dizem: "Basta!"
16 Elas são o mundo dos mortos,
o ventre estéril,
a terra, que não se farta de água,
e o fogo, que nunca diz: "Basta!"

17 Os olhos de quem zomba do pai
ou de quem nega obediência à sua mãe,
corvos do vale os arrancarão
e pelos filhotes da águia serão comidos.

18 Há três coisas que são
maravilhosas demais para mim;
na verdade, há quatro que eu não entendo:
19 o caminho da águia no céu,
o caminho da cobra na rocha,
o caminho do navio no meio do mar
e o caminho do homem com uma moça.
20 Tal é o caminho da mulher adúltera:
come, limpa a boca
e depois diz: "Não fiz nada de errado!"

21 Três coisas fazem a terra tremer;
na verdade, são quatro
que ela não pode suportar:
22 o escravo que se torna rei;
o insensato que anda farto de pão;
23 a mulher desprezada que se casa;
e a escrava que se torna
herdeira da sua senhora.

24 Há quatro coisas bem pequenas na terra,
mas que são mais sábias do que os sábios:
25 as formigas, povo sem força,
mas que no verão prepara a sua comida;
26 os arganazes, povo que não é poderoso,
mas que faz a sua casa nas rochas;
27 os gafanhotos, que não têm rei,
mas que marcham todos em bandos;

28 a lagartixa, que se pode apanhar com as mãos,
mas que se encontra até nos palácios dos reis.

29 Há três que têm passo elegante;
na verdade, quatro
que são imponentes no andar:
30 o leão, o mais forte dos animais,
que não foge diante de nada;
31 o galo, que anda ereto; o bode;
e o rei, a quem não se pode resistir.

32 Se você foi tolo a ponto de se exaltar
ou se planejou o mal,
ponha a mão sobre a sua boca.
33 Porque o bater do leite produz manteiga,
o torcer do nariz produz sangue
e o instigar a ira produz brigas.

Conselhos para o rei Lemuel

31 1 Palavras do rei Lemuel, de Massá, que a
mãe dele lhe ensinou.

2 O que lhe direi, meu filho, filho do meu ventre?
Que lhe direi, ó filho dos meus votos?
3 Não dê às mulheres a sua força,
nem os seus caminhos
às que destroem os reis.
4 Não é próprio dos reis, ó Lemuel,
não é próprio dos reis beber vinho,
nem dos príncipes desejar bebida forte.
5 Quando eles bebem, se esquecem da lei
e pervertem o direito de todos os aflitos.
6 Deem bebida forte aos que estão morrendo
e vinho, aos amargurados de espírito;
7 para que bebam e se esqueçam da sua pobreza,
e não se lembrem mais da sua miséria.
8 Abra a boca a favor do mudo,
pelo direito de todos os desamparados.
9 Abra a boca, julgue retamente
e faça justiça aos pobres e aos necessitados.

O louvor da mulher virtuosa

10 Mulher virtuosa, quem a achará?
O seu valor muito excede o de finas joias.
11 O coração do seu marido confia nela,
e não haverá falta de ganho.
12 Ela lhe faz bem e não mal,
todos os dias da sua vida.
13 Busca lã e linho
e de bom grado trabalha com as mãos.
14 É como o navio mercante:
de longe traz o seu pão.
15 É ainda noite, e ela já se levanta,
e dá mantimento à sua casa
e tarefa às suas servas.
16 Ela examina uma propriedade e adquire-a;
planta uma vinha com a renda do seu trabalho.
17 Cinge os lombos com força
e fortalece os seus braços.
18 Ela percebe que o seu ganho é bom;
a sua lâmpada não se apaga de noite.
19 Estende as mãos ao fuso,
mãos que pegam na roca.
20 Abre a mão aos aflitos;
e ainda a estende aos necessitados.
21 Quanto à sua casa, não teme a neve,
pois todos andam vestidos de lã escarlate.
22 Faz para si cobertas,
veste-se de linho fino e de púrpura.
23 Seu marido é estimado entre os juízes,
quando se assenta com os anciãos da terra.
24 Ela faz roupas de linho fino e as vende;
ela fornece cintas aos comerciantes.
25 A força e a dignidade são os seus vestidos,
e, quanto ao dia de amanhã,
não tem preocupações.
26 Fala com sabedoria,
e a instrução da bondade está na sua língua.
27 Cuida do bom andamento da sua casa
e não come o pão da preguiça.
28 Seus filhos se levantam
e a chamam de bem-aventurada;
seu marido a louva, dizendo:
29 "Muitas mulheres são virtuosas
no que fazem,
mas você supera todas elas."
30 Enganosa é a graça, e vã é a formosura,
mas a mulher que teme o Senhor,
essa será louvada.
31 Deem a ela o fruto das suas mãos,
e que de público as suas obras a louvem.

O LIVRO DO

ECLESIASTES

OU O PREGADOR

Tudo é vaidade

1 1 Palavras do Pregador, filho de Davi, rei de Je-
rusalém.

2 Vaidade de vaidades, diz o Pregador.
Vaidade de vaidades! Tudo é vaidade.
3 Que proveito alguém tem de todo o seu trabalho,
com que se afadiga debaixo do sol?
4 Geração vai e geração vem,
mas a terra permanece para sempre.
5 O sol se levanta, e o sol se põe,
e volta ao seu lugar, onde nasce de novo.
6 O vento vai para o sul
e faz o seu giro para o norte;
dá voltas e mais voltas
e retorna aos seus circuitos.
7 Todos os rios correm para o mar,
e o mar não se enche;
ao lugar para onde correm os rios,
para lá eles voltam a correr.
8 Todas as coisas são canseiras tais,
que ninguém as pode exprimir;
os olhos não se fartam de ver,
nem os ouvidos se enchem de ouvir.
9 O que foi é o que há de ser;
e o que se fez, isso se tornará a fazer;
não há nada de novo debaixo do sol.
10 Será que existe alguma coisa
de que se possa dizer: "Veja! Isto é novo!"?
Não! Já existiu em tempos passados,
muito antes de nós.
11 Já não há lembrança das coisas que se foram;
e das coisas que ainda virão
também não haverá memória
entre os que hão de vir depois delas.

A experiência do Pregador

12 Eu, o Pregador, venho sendo rei de Israel, em
Jerusalém. 13 Dediquei-me a investigar e a me infor-
mar com sabedoria a respeito de tudo o que se faz
debaixo do céu. Que enfadonho trabalho Deus im-
pôs aos filhos dos homens, para com ele os afligir!
14 Vi todas as obras que se fazem debaixo do sol,
e eis que tudo é vaidade e correr atrás do vento.

15 Aquilo que é torto não pode ser endireitado;
e o que falta não pode ser contado.

16 Eu disse a mim mesmo: "Eu me tornei im-
portante e superei em sabedoria todos os que
governaram em Jerusalém antes de mim. O meu co-
ração tem tido larga experiência da sabedoria e do
conhecimento." 17 Assim, procurei conhecer a sabe-
doria e saber o que é a tolice e a falta de juízo; mas
descobri que também isto é correr atrás do vento.

18 Porque na muita sabedoria há muito enfado;
e quem aumenta o seu conhecimento
aumenta também a sua dor.

A vaidade das riquezas

2 1 Eu disse a mim mesmo: "Vamos! Prove a ale-
gria; procure ser feliz." Mas também isso era vai-
dade. 2 Concluí que o riso é tolice e que a alegria não
serve para nada. 3 Resolvi no meu coração entregar-
-me ao vinho, sem deixar de me guiar pela sabe-
doria e de me apoderar da loucura, até descobrir o
que de bom os filhos dos homens poderiam fazer
debaixo do céu, durante os poucos dias da sua vida.
4 Empreendi grandes obras. Construí casas e
plantei vinhas para mim. 5 Fiz jardins e pomares
para mim e neles plantei árvores frutíferas de toda
espécie. 6 Fiz para mim tanques de águas, para com
eles regar o bosque em que reverdeciam as árvores.
7 Comprei escravos e escravas e tive escravos que
nasceram em minha casa. Também tive bois e ove-
lhas, mais do que tiveram todos os que viveram em
Jerusalém antes de mim. 8 Amontoei também para
mim prata e ouro e tesouros de reis e de províncias.
Provi-me de cantores e cantoras e das delícias dos
filhos dos homens: mulheres e mais mulheres.
9 Eu me tornei importante e superei todos os que vi-
veram antes de mim em Jerusalém; e a minha sabedo-
ria nunca me abandonou. 10 Tudo aquilo que os meus
olhos desejaram eu não lhes neguei, nem privei o meu
coração de alegria alguma, pois eu me alegrava com
todas as minhas fadigas, e isso era a recompensa por
todas elas. 11 Considerei todas as obras que as minhas
mãos fizeram, e também o trabalho que eu, com fadi-
gas, havia feito; e eis que tudo era vaidade e correr atrás
do vento, e nenhum proveito havia debaixo do sol.

A vaidade da sabedoria

12 Então passei a refletir sobre a sabedoria, a
tolice e a falta de juízo. O que poderá fazer o suces-
sor do rei? O mesmo que outros já fizeram. 13 En-
tão vi que a sabedoria é mais proveitosa do que a
falta de juízo, assim como a luz traz mais proveito
do que as trevas. 14 O sábio tem os seus olhos bem
abertos, enquanto o tolo anda em trevas; contudo,
entendi que a mesma coisa acontece com ambos.
15 Aí eu disse a mim mesmo: "O que acontece com
o tolo acontece comigo também; de que adianta,

então, ser sábio?" Então eu disse a mim mesmo que
também isso era vaidade. 16 Pois nem o sábio nem o
tolo serão lembrados para sempre; pois, passados
alguns dias, tudo cai no esquecimento. Ah! O sábio
morre do mesmo modo que o tolo! 17 Por isso perdi
o gosto pela vida, pois me foi pesado demais o tra-
balho que se faz debaixo do sol. Sim, tudo é vaidade
e correr atrás do vento.

A vaidade do trabalho

18 Também perdi o gosto por todo o meu traba-
lho, com que me afadiguei debaixo do sol, pois o
resultado de tudo isso ficará para quem vier de-
pois de mim. 19 E quem pode dizer se ele será um
sábio ou um tolo? No entanto, ele terá domínio so-
bre todo o ganho das minhas fadigas e sabedoria
debaixo do sol. Também isto é vaidade.
20 Então tratei de fazer com que o meu coração
perdesse a esperança de todo trabalho com que
me afadiguei debaixo do sol. 21 Porque uma pessoa
pode fazer o seu trabalho com sabedoria, conheci-
mento e habilidade, mas deixará o seu ganho como
herança a quem por ele não se esforçou. Também
isto é vaidade e grande mal. 22 Pois que proveito al-
guém tem de todo o seu trabalho e da fadiga do seu
coração, em que anda trabalhando debaixo do sol?
23 Porque todos os seus dias são cheios de dor, e o
seu trabalho é desgosto; nem de noite o seu coração
descansa. Também isto é vaidade.
24 Não há nada melhor para o ser humano do
que comer, beber e fazer com que a sua alma des-
frute o que conseguiu do seu trabalho. No entanto,
vi também que isto vem da mão de Deus, 25 pois,
separado deste, quem pode comer ou quem pode
alegrar-se? 26 Porque Deus dá sabedoria, conhe-
cimento e prazer à pessoa que lhe agrada; mas ao
pecador dá trabalho, para que ele ajunte e amon-
toe, a fim de dar àquele que agrada a Deus. Tam-
bém isto é vaidade e correr atrás do vento.

Tempo para tudo

3 1 Tudo tem o seu tempo determinado,
e há tempo para todo propósito debaixo do céu:
2 há tempo de nascer e tempo de morrer;
tempo de plantar
e tempo de arrancar o que se plantou;
3 tempo de matar e tempo de curar;
tempo de derrubar e tempo de construir;
4 tempo de chorar e tempo de rir;
tempo de prantear e tempo de saltar de alegria;
5 tempo de espalhar pedras
e tempo de ajuntar pedras;
tempo de abraçar e tempo de deixar de abraçar;
6 tempo de procurar e tempo de perder;
tempo de guardar e tempo de jogar fora;
7 tempo de rasgar e tempo de costurar;
tempo de ficar calado e tempo de falar;
8 tempo de amar e tempo de odiar;
tempo de guerra e tempo de paz.

O ser humano não conhece o seu tempo determinado

9 Que proveito tem o trabalhador naquilo com
que se afadiga? 10 Vi o trabalho que Deus impôs aos
filhos dos homens, para com ele os afligir. 11 Deus fez
tudo formoso no seu devido tempo. Também pôs a
eternidade no coração do ser humano, sem que este
possa descobrir as obras que Deus fez desde o prin-
cípio até o fim. 12 Sei que não há nada melhor para
o ser humano do que alegrar-se e aproveitar a vida
ao máximo. 13 Sei também que poder comer, beber
e desfrutar o que se conseguiu com todo o trabalho
é dom de Deus. 14 Sei que tudo o que Deus faz durará
eternamente, sem que nada possa ser acrescentado
nem tirado, e que Deus faz isto para que as pessoas o
temam. 15 O que é já foi, e o que será também já foi;
Deus fará vir outra vez o que já passou.

O fim de seres humanos e animais

16 Vi ainda debaixo do sol que no lugar do juízo rei-
nava a maldade e no lugar da justiça havia mais mal-
dade. 17 Então eu disse a mim mesmo: "Deus julgará o
justo e o ímpio; porque há um tempo para todo pro-
pósito e para toda obra." 18 Eu disse mais: "Isto é por
causa dos filhos dos homens, para que Deus os prove,
e eles vejam que são em si mesmos como os animais."
19 Porque o mesmo que acontece com os filhos dos
homens acontece com os animais: como morre um,
assim morre o outro. Todos têm o mesmo fôlego de
vida, e o ser humano não tem nenhuma vantagem
sobre os animais. Porque tudo é vaidade. 20 Todos
vão para o mesmo lugar; todos procedem do pó e ao
pó voltarão. 21 Quem sabe se o fôlego de vida dos fi-
lhos dos homens se dirige para cima e o dos animais
para baixo, para a terra? 22 Assim, percebi que não há
nada melhor para o ser humano do que desfrutar do
seu trabalho, porque essa é a sua recompensa. Pois
quem o fará voltar para ver o que será depois dele?

As tribulações da vida

4 1 Vi ainda todas as opressões praticadas de-
baixo do sol: vi as lágrimas dos que foram
oprimidos, sem que ninguém os consolasse; vi a
violência na mão dos opressores, sem que nin-
guém consolasse os oprimidos. 2 Por isso conside-
ro mais felizes os que já morreram, mais do que os
que ainda vivem. 3 Porém mais feliz do que uns e
outros é aquele que ainda não nasceu e não viu as
más obras que se fazem debaixo do sol.
4 Então vi que toda fadiga e toda habilidade no
trabalho provêm da inveja do ser humano contra o
seu próximo. Também isto é vaidade e correr atrás
do vento.
5 O tolo cruza os braços e destrói a si mesmo.

6 Melhor é um punhado de descanso do que
ambas as mãos cheias de trabalho e correr atrás
do vento.
7 Então considerei outra vaidade debaixo do
sol: 8 um homem sem ninguém, que não tem fi-
lhos nem irmãos, mas que não cessa de trabalhar
e cujos olhos não se fartam de riquezas. E ele não
pergunta: "Para quem estou trabalhando, se não
aproveito as coisas boas da vida?" Também isto é
vaidade e enfadonho trabalho.
9 Melhor é serem dois do que um, porque maior é
o pagamento pelo seu trabalho. 10 Porque se caírem,
um levanta o companheiro. Mas ai do que estiver só,
pois, caindo, não haverá quem o levante. 11 Também,
se dois dormirem juntos, eles se aquecerão; mas,
se for um sozinho, como se aquecerá? 12 Se alguém
quiser dominar um deles, os dois poderão resistir; o
cordão de três dobras não se rompe com facilidade.
13 Melhor é o jovem pobre e sábio do que o rei
velho e tolo, que já não se deixa admoestar. 14 Por-
que ele saiu da prisão para reinar, embora tenha
nascido pobre em seu reino. 15 Vi todos os viventes
que andam debaixo do sol com o jovem sucessor,
que ficará em lugar do rei. 16 Era sem conta todo o
povo que ele dominava, mas os que virão depois
não estarão contentes com ele. Na verdade, tam-
bém isto é vaidade e correr atrás do vento.

Cuidado com os votos precipitados

5 1 Guarde o pé, quando você entrar na Casa de
Deus. Chegar-se para ouvir é melhor do que
oferecer um sacrifício de tolos, que fazem o mal
sem se dar conta. 2 Que a sua boca não se precipite,
nem se apresse o seu coração em pronunciar uma
palavra diante de Deus. Porque Deus está nos céus,
e você, aqui na terra. Portanto, sejam poucas as
suas palavras. 3 Porque das muitas preocupações
vêm os sonhos, e do muito falar, palavras tolas.
4 Quando você fizer algum voto a Deus, não de-
more a cumpri-lo, pois ele não se agrada de tolos.
Cumpra o voto que você faz. 5 Melhor é não fazer
voto do que fazer e não cumprir. 6 Não consinta que
a sua boca o leve a pecar, nem diga ao mensageiro
de Deus que foi descuido. Por que fazer com que
Deus fique irado por causa do que você diz e deixar
que ele destrua o que você fez? 7 Porque, como na
multidão dos sonhos há vaidade, assim também
nas muitas palavras. Portanto, tema a Deus.

A vaidade das riquezas

8 Se você notar em alguma província opressão
de pobres e roubo em lugar do direito e da justiça,
não fique admirado com isso; porque o que está
num posto elevado tem acima de si outro mais ele-
vado que o explora, e sobre estes há ainda outros
mais elevados que também exploram. 9 O proveito
da terra é para todos; até o rei se serve do campo.
10 Quem ama o dinheiro jamais se fartará de
dinheiro; e quem ama a abundância nunca ficará
satisfeito com o que ganha. Também isto é vaida-
de. 11 Onde os bens se multiplicam, também se
multiplicam os que deles comem. E que proveito
têm os donos, a não ser o de ver esses bens com os
seus olhos? 12 Doce é o sono do trabalhador, quer
coma pouco, quer muito; mas a fartura do rico não
o deixa dormir.
13 Há um grave mal que vi debaixo do sol: as ri-
quezas que os seus donos guardam para o seu pró-
prio prejuízo. 14 E, se essas riquezas se perdem num
mau negócio, o filho que esse homem gerou ficará
de mãos vazias. 15 Como saiu do ventre de sua mãe,
a saber, nu, assim voltará, indo-se como veio; e do
seu trabalho nada poderá levar consigo. 16 Também
isto é um grave mal: precisamente como veio, assim
ele vai. E que proveito terá de haver trabalhado para
o vento? 17 Em todos os seus dias, comeu o seu pão
nas trevas, com muito enfado, com enfermidades e
indignação.
18 Eis o que eu vi: boa e bela coisa é comer e be-
ber e desfrutar o que conseguiu de todo o seu tra-
balho, com que se afadigou debaixo do sol, durante
os poucos dias da vida que Deus lhe deu; porque
esta é a sua porção. 19 Quanto àquele a quem Deus
conferiu riquezas e bens e lhe deu poder para de-
les comer, receber a sua porção e desfrutar do seu
trabalho, isto é dom de Deus. 20 Porque não ficará
pensando muito nos dias da sua vida, pois Deus
lhe enche o coração de alegria.

6 1 Há um mal que vi debaixo do sol e que pesa
sobre a humanidade: 2 aquele a quem Deus
conferiu riquezas, bens e honra, e nada lhe falta
de tudo o que a sua alma deseja, mas Deus não lhe
concede que desfrute disso; ficará para um estra-
nho. Também isto é vaidade e grande mal.
3 Se alguém gerar cem filhos e viver muitos
anos, até uma idade avançada, e se a sua alma não
se fartar do bem, e além disso não tiver sepultura,
digo que um aborto é mais feliz do que ele. 4 Pois o
aborto vem ao mundo para nada e desaparece na
calada da noite, e as trevas encobrem o seu nome.
5 Não viu o sol, nada conhece, porém tem mais des-
canso do que o outro, 6 ainda que aquele vivesse
duas vezes mil anos, mas não desfrutasse do bem.
Por acaso, não vão todos para o mesmo lugar?
7 Todo trabalho do ser humano é para a sua
boca; contudo, o seu apetite nunca se satisfaz.
8 Pois que vantagem tem o sábio sobre o tolo? Ou o
pobre que sabe como sobreviver? 9 Melhor é o que
os olhos veem do que aquilo que a alma deseja.
Também isto é vaidade e correr atrás do vento.
10 Tudo o que agora existe já recebeu um nome
há muito tempo. E sabe-se o que é o ser humano, e
que não pode enfrentar quem é mais forte do que
ele. 11 Quando aumentam as palavras, aumenta a

vaidade. Qual o proveito que se tem disso? 12 Pois
quem sabe o que é bom para uma pessoa durante
os poucos dias da sua vida de vaidade, os quais ela
gasta como sombra? Quem poderá lhe dizer o que
vai acontecer debaixo do sol depois que ela morrer?

A sabedoria e a tolice

7 1 A boa fama é melhor do que um bom perfume,
e o dia da morte é melhor
do que o dia do nascimento.
2 Melhor é ir à casa onde há luto
do que ir à casa onde há banquete,
pois naquela se vê o fim de todas as pessoas;
e que os vivos o tomem em consideração.
3 Melhor é a mágoa do que o riso,
porque com a tristeza do rosto
se melhora o coração.
4 O coração dos sábios está na casa do luto,
mas o dos insensatos, na casa da alegria.
5 Melhor é ouvir a repreensão do sábio
do que ouvir a canção dos tolos.
6 Pois, como o crepitar dos espinhos
debaixo de uma panela,
assim é a risada dos tolos.
Também isto é vaidade.
7 Certamente a opressão faz do sábio um tolo,
e o suborno corrompe o coração.
8 Melhor é o fim das coisas do que o seu princípio;
a paciência é melhor do que a arrogância.
9 Não se apresse em ficar irado,
porque a ira se abriga no íntimo dos tolos.
10 Nunca pergunte: "Por que os dias passados foram
melhores que os de agora?"
Pois não é sábio fazer essa pergunta.
11 Boa é a sabedoria, havendo herança;
ela é proveitosa para os que veem o sol.
12 A sabedoria protege,
do mesmo modo que o dinheiro;
mas a vantagem da sabedoria
é que ela dá vida a quem a possui.
13 Observe as obras de Deus,
pois quem poderá endireitar o que ele fez torto?
14 No dia da prosperidade, seja feliz;
mas, no dia da adversidade,
considere que Deus fez tanto este como aquele,
para que o ser humano não descubra nada
do que há de vir depois dele.

15 Tudo isto vi nos dias da minha vaidade: há
justos que perecem na sua justiça, e há ímpios que
prolongam os seus dias na sua maldade. 16 Não
seja demasiadamente justo, nem exageradamente
sábio; por que você destruiria a si mesmo? 17 Não
seja demasiadamente perverso, nem seja tolo; por
que você morreria antes da sua hora? 18 Bom é que
você retenha isto e também não abra mão daquilo;
pois quem teme a Deus sai ileso de tudo isto.
19 A sabedoria fortalece o sábio, mais do que
dez poderosos que se encontram numa cidade.
20 Não há nenhum justo sobre a terra que faça o
bem e que não peque.
21 Não dê atenção a todas as palavras que se di-
zem, para que você não venha a ouvir o seu servo
amaldiçoando você. 22 E você sabe que muitas ve-
zes você mesmo já amaldiçoou os outros.
23 Tudo isto examinei por meio da sabedoria. Eu
disse: "Serei sábio." Mas a sabedoria estava longe de
mim. 24 O que está longe e é muito profundo, quem
o poderá encontrar? 25 Procurei conhecer, investigar,
buscar a sabedoria e a razão, e compreender que a
maldade é estupidez e a tolice é loucura.
26 Achei coisa mais amarga do que a morte: a mu-
lher cujo coração é rede e armadilha e cujas mãos
são correntes. Quem agrada a Deus fugirá dela, mas
o pecador virá a ser seu prisioneiro.
27 Eis o que descobri, diz o Pregador, conferindo
uma coisa com outra, para a respeito delas formar
o meu juízo, 28 juízo que ainda procuro e não en-
contrei: entre mil homens achei um como esperava,
mas entre tantas mulheres não achei nem sequer
uma. 29 O que descobri é tão somente isto: que Deus
fez o ser humano reto, mas ele se meteu em muitos
problemas.

8 1 Quem é como o sábio? E quem sabe a interpre-
tação das coisas? A sabedoria faz reluzir o rosto
de uma pessoa e muda a dureza do seu semblante.

A obediência ao rei

2 Eu digo a você: observe o mandamento do rei, e
isso por causa do juramento que você fez diante de
Deus. 3 Não tenha pressa em sair da presença dele,
nem insista em fazer o que é mau, porque ele faz o
que bem entende. 4 Porque a palavra do rei tem auto-
ridade suprema. Quem pode lhe perguntar: "O que
você está fazendo?" 5 Quem guarda o mandamento
não experimenta nenhum mal; e o coração do sábio
conhece o tempo e o modo certo de agir. 6 Porque há
um tempo e um modo para todo propósito; porque é
grande o mal que pesa sobre o ser humano.
7 Ninguém sabe o que vai acontecer. Pois quem
poderá lhe dizer o que vai acontecer? 8 Não há nin-
guém que tenha domínio sobre o espírito para o
reter; nem tampouco quem tenha poder sobre o dia
da morte. Não há como escapar desse combate, e a
maldade não poderá livrar os que a praticam. 9 Tudo
isso vi quando comecei a pensar no que se faz de-
baixo do sol. Há um tempo em que uma pessoa tem
domínio sobre outra pessoa, para seu próprio mal.

As desigualdades da vida

10 Assim também vi os ímpios serem sepultados
com honra, ao passo que os que frequentavam o
lugar santo foram esquecidos na cidade onde fize-
ram o bem. Também isto é vaidade. 11 Como não

se executa logo a sentença contra uma obra má,
o coração humano está inteiramente disposto a
praticar o mal. 12 Ainda que o pecador faça o mal
cem vezes, e a vida dele se prolongue, eu sei com
certeza que tudo correrá bem para os que temem a
Deus. 13 Mas nada correrá bem para o ímpio, e ele
não prolongará os seus dias; será como a sombra,
visto que não teme a Deus.

14 Ainda há outra vaidade sobre a terra: justos
que são tratados segundo as obras dos ímpios, e
ímpios que são tratados segundo as obras dos jus-
tos. Digo que também isto é vaidade.

15 Por isso exalto a alegria, porque para o ser hu-
mano não há nada melhor debaixo do sol do que
comer, beber e alegrar-se; pois isso o acompanhará
no seu trabalho nos dias da vida que Deus lhe dá
debaixo do sol.

16 Quando me dediquei a conhecer a sabedoria
e a ver o trabalho que há sobre a terra — pois nem
de dia nem de noite se consegue conciliar o sono
—, 17 contemplei toda a obra de Deus e vi que o
ser humano não pode compreender a obra que se
faz debaixo do sol; por mais que se esforce para a
descobrir, não a entenderá; e, ainda que o sábio
diga que conseguirá conhecê-la, nem por isso a
poderá achar.

Tudo acontece igualmente com todos

9 1 Tenho refletido sobre todas estas coisas para
chegar à seguinte conclusão: os justos e os sá-
bios, com os seus feitos, estão nas mãos de Deus;
e, se é amor ou se é ódio que está à sua espera, isso
ninguém sabe. Ninguém sabe o que vai acontecer.
2 Tudo acontece igualmente com todos: o mesmo
acontece com o justo e com o ímpio, com o bom
e com o mau, com o puro e com o impuro, com o
que oferece sacrifícios e com o que não os oferece,
com o bom e com o pecador, tanto com o que faz
juramentos como com aquele que tem medo de
fazê-los. 3 Este é o mal que há em tudo o que se faz
debaixo do sol: a mesma coisa acontece com todos.
Também o coração das pessoas está cheio de mal-
dade; está cheio de loucura enquanto elas vivem;
depois, rumo aos mortos. 4 Para aquele que está
entre os vivos há esperança, porque mais vale um
cão vivo do que um leão morto. 5 Porque os vivos
sabem que vão morrer, mas os mortos não sabem
nada e não têm nenhuma recompensa a receber,
porque a memória deles jaz no esquecimento.
6 Amor, ódio e inveja para eles já não existem mais;
eles estão afastados para sempre de tudo o que se
faz debaixo do sol.

7 Portanto, vá e coma com alegria o seu pão
e beba com prazer o seu vinho, pois Deus já se
agradou do que você faz. 8 Que as suas vestes se-
jam sempre brancas, e que nunca falte óleo sobre
a sua cabeça. 9 Aproveite a vida com a mulher que
você ama, todos os dias dessa vida fugaz que Deus
lhe deu debaixo do sol, porque esta é a parte que
lhe cabe nesta vida pelo trabalho com que você se
afadigou debaixo do sol. 10 Tudo o que vier às suas
mãos para fazer, faça-o conforme as suas forças,
porque na sepultura, que é para onde você vai, não
há obra, nem projetos, nem conhecimento, nem
sabedoria alguma.

Trabalhos sem recompensa

11 Vi ainda debaixo do sol que os mais rápidos
nem sempre ganham a corrida, que os mais for-
tes nem sempre vencem a batalha, que os sábios
nem sempre têm pão, que os prudentes nem sem-
pre têm riqueza, que os inteligentes nem sempre
são honrados, mas que tudo depende do tempo e
do acaso. 12 Pois ninguém sabe a sua hora. Assim
como os peixes que são apanhados na rede trai-
çoeira e como os pássaros que são pegos na ar-
madilha, assim também os filhos dos homens se
enredam no tempo da calamidade, quando esta cai
de repente sobre eles.

Exemplo que ilustra esta verdade

13 Também vi este exemplo de sabedoria debai-
xo do sol, que me pareceu excelente. 14 Havia uma
pequena cidade onde moravam poucos homens.
Um rei poderoso atacou a cidade, sitiou-a e levan-
tou contra ela grandes rampas de ataque. 15 Nessa
cidade se encontrava um homem pobre e sábio, que
poderia ter livrado a cidade com a sua sabedoria; no
entanto, ninguém se lembrou daquele pobre. 16 En-
tão eu concluí que a sabedoria é melhor do que a
força, mesmo que a sabedoria do pobre seja despre-
zada, e as suas palavras não sejam ouvidas.

17 As palavras dos sábios, ouvidas em silêncio,
valem mais do que os gritos de quem governa en-
tre tolos.

18 Melhor é a sabedoria do que as armas de guer-
ra, mas um só pecador destrói muitas coisas boas.

A excelência da sabedoria

10 1 Assim como a mosca morta
faz o óleo do perfumador
exalar mau cheiro,
assim também uma pequena tolice
pode ter mais peso
do que a sabedoria e a honra.
2 O coração do sábio se inclina para o bem,
mas o coração do tolo se inclina para o mal.
3 Quando o tolo vai pelo caminho,
falta-lhe o entendimento;
e, assim, mostra a todos que é mesmo um tolo.
4 Se aquele que governa
ficar indignado contra você,
não deixe o seu lugar,
porque o ânimo sereno acalma grandes ofensas.

5 Ainda há um mal que vi debaixo do sol, um
erro cometido pelos que governam: 6 os tolos co-
locados em muitos postos elevados, enquanto os
ricos ocupam os postos inferiores. 7 Vi servos an-
dando a cavalo e príncipes andando a pé como se
fossem servos.

8 Quem abre uma cova acaba caindo nela,
e quem arromba um muro
será mordido por uma cobra.
9 Quem arranca pedras será ferido por elas,
e o que racha lenha se expõe ao perigo.
10 Se o machado está embotado
e ninguém o afia,
é preciso redobrar a força;
mas com sabedoria se obtém êxito.
11 Se a cobra morder antes de estar encantada,
de nada adianta o trabalho do encantador.

12 As palavras do sábio lhe trazem favor,
mas o tolo é destruído pelo que diz;
13 as primeiras palavras de sua boca são tolice,
e as últimas, loucura perversa.
14 O tolo multiplica as palavras,
mas o ser humano não sabe
o que vai acontecer.
Quem poderá lhe dizer o que será depois dele?
15 O trabalho do tolo o fatiga,
pois nem sabe ir à cidade.

16 Ai de você, ó terra cujo rei é criança
e cujos príncipes se banqueteiam já de manhã.
17 Feliz é você, ó terra cujo rei é filho de nobres
e cujos príncipes se sentam à mesa a seu tempo
para refazer as forças
e não para se embriagar.
18 Por causa da preguiça o teto desaba,
e por causa dos braços cruzados
a casa tem goteiras.
19 As festas são feitas para rir,
o vinho alegra a vida,
e o dinheiro dá conta de tudo.
20 Nem em pensamento fale mal do rei,
e não fale mal do rico nem mesmo quando você
estiver sozinho em seu quarto,
porque as aves do céu
poderiam levar a sua voz,
e o que tem asas poderia contar
o que você falou.

A conduta prudente do sábio

11 1 Lance o seu pão sobre as águas,
porque depois de muitos dias
você o achará.
2 Reparta com sete e até mesmo com oito,
porque você não sabe que mal sobrevirá à terra.
3 Se as nuvens estão cheias,
derramam chuva sobre a terra;
se uma árvore cair para o sul ou para o norte,
no lugar em que cair, aí ficará.
4 Quem somente observa o vento nunca semeará,
e o que olha para as nuvens
nunca fará a colheita.

5 Assim como você não conhece o caminho do
vento, nem sabe como se formam os ossos no ven-
tre da mulher grávida, assim também não entende
as obras de Deus, que faz todas as coisas. 6 Semeie a
sua semente de manhã e à tarde não fique de braços
cruzados, porque você não sabe qual irá prosperar:
se esta, se aquela ou se ambas serão igualmente
boas. 7 Doce é a luz, e agradável aos olhos é ver o sol.
8 Mesmo que alguém viva muitos anos, deve alegrar-
-se em todos eles; contudo, deve lembrar-se de que
há dias de trevas, que serão muitos, e que tudo o que
virá é vaidade.

A mocidade

9 Alegre-se, jovem, na sua mocidade, e que o
seu coração lhe dê muita alegria nos dias da sua
juventude. Ande nos caminhos que satisfazem
ao seu coração e agradam aos seus olhos; saiba,
porém, que de todas estas coisas Deus lhe pedirá
contas. 10 Afaste do seu coração a mágoa e remova
de seu corpo a dor, porque a juventude e a prima-
vera da vida são vaidade.

A velhice

12 1 Lembre-se do seu Criador nos dias da sua
mocidade, antes que venham os dias maus,
e cheguem os anos em que você dirá: "Não tenho
neles prazer." 2 Lembre-se do Criador antes que
se escureçam o sol, a lua e as estrelas, e as nuvens
voltem depois da chuva. 3 Lembre-se dele antes do
dia em que tremerem os guardas da casa, os seus
braços, e se curvarem os homens que no passado
eram fortes, as suas pernas, e cessarem os moedores
da sua boca, por já serem poucos, e se escurecerem
os que olham pelas janelas, os seus olhos. 4 Faça isso
antes que as portas da rua se fechem e o ruído das
pedras do moinho se torne difícil de ouvir; quando
você se levantar à voz das aves, e todas as harmo-
nias, filhas da música, começarem a desaparecer;
5 quando você tiver medo do que é alto e se espantar
no caminho; quando florescer como a amendoeira,
e o gafanhoto lhe for um peso; e quando você perder
o apetite. Porque o ser humano vai à morada eter-
na, e os pranteadores andarão rodeando pela praça.
6 Lembre-se do seu Criador, antes que se rompa o fio
de prata, e se despedace o copo de ouro, e se quebre
o cântaro junto à fonte, e se desfaça a roda junto ao
poço, 7 e o pó volte à terra, de onde veio, e o espírito
volte a Deus, que o deu.
8 Vaidade de vaidade, diz o Pregador, tudo é vai-
dade.

Conclusão

9 O Pregador, além de sábio, ainda ensinou ao povo o conhecimento; e, atentando e examinando, compôs muitos provérbios.
10 O Pregador procurou achar palavras agradáveis e escrever com retidão palavras de verdade.
11 As palavras dos sábios são como aguilhões, e as coleções de sentenças são como pregos bem-fixados; elas provêm de um único Pastor.
12 Além do mais, meu filho, leve em conta o seguinte: não há limite para fazer livros, e o muito estudar é enfado da carne.
13 De tudo o que se ouviu, a conclusão é esta: tema a Deus e guarde os seus mandamentos, porque isto é o dever de cada pessoa.
14 Porque Deus há de trazer a juízo todas as obras, até as que estão escondidas, quer sejam boas, quer sejam más.

CÂNTICO DOS CÂNTICOS

DE SALOMÃO

1 1 Cântico dos cânticos de Salomão.

Primeiro cântico

Esposa

2 Beije-me com os beijos de sua boca!
Porque o seu amor é melhor do que o vinho.
3 Suave é o aroma dos seus perfumes;
como perfume derramado é o seu nome.
Por isso, as donzelas o amam.
4 Leve-me com você! Vamos depressa!
O rei me introduziu nos seus aposentos.

Coro

Exultaremos e nos alegraremos por sua causa;
do seu amor nos lembraremos,
mais do que do vinho.
Não é sem razão que o amam.

Esposa

5 Eu sou morena e bonita,
ó filhas de Jerusalém,
como as tendas de Quedar,
como as cortinas de Salomão.
6 Não olhem para a minha pele morena,
porque o sol me queimou.
Os filhos de minha mãe
se indignaram contra mim
e me puseram por guarda das vinhas;
mas a minha vinha, que me pertence,
não a guardei.

7 Diga-me, ó amado de minha alma:
Onde você apascenta o seu rebanho?
Onde você o faz repousar ao meio-dia?
Diga, para que eu não ande vagando
junto ao rebanho dos seus companheiros.

Esposo

8 Se você, a mais bela das mulheres, não o sabe,
siga as pisadas dos rebanhos
e apascente os seus cabritos
junto às tendas dos pastores.
9 Comparo você, minha querida,
com as éguas das carruagens de Faraó.
10 O seu rosto fica lindo com os enfeites,
o seu pescoço, com os colares.
11 Faremos para você enfeites de ouro,
com incrustações de prata.

Esposa

12 Enquanto o rei está assentado à sua mesa,
o meu nardo exala o seu perfume.
13 O meu amado é para mim
como um sachê de mirra,
posto entre os meus seios.
14 O meu amado é para mim
como um ramalhete de flores de hena
nas vinhas de En-Gedi.

Esposo

15 Como você é bela, minha querida!
Como você é bela!
Os seus olhos são como pombas.

Esposa

16 Como você é belo, meu amado!
Como é encantador!
O nosso leito é de viçosa relva.
17 As vigas da nossa casa são os cedros,
e o nosso teto são os ciprestes.

2 1 Eu sou a rosa de Sarom,
o lírio dos vales.

Esposo

2 Como um lírio entre os espinhos,
assim é a minha querida entre as donzelas.

Esposa

3 Como a macieira
entre as árvores do bosque,
assim é o meu amado entre os jovens.

Desejo muito a sua sombra
e debaixo dela me assento,
e o seu fruto é doce ao meu paladar.
4 Ele me levou à sala do banquete,
e o seu estandarte sobre mim é o amor.
5 Sustentem-me com passas,
confortem-me com maçãs,
pois estou morrendo de amor.
6 A sua mão esquerda
está debaixo da minha cabeça,
e a direita me abraça.

7 Filhas de Jerusalém,
jurem pelas gazelas e pelas corças selvagens
que vocês não acordarão
nem despertarão o amor,
até que este o queira.

Segundo cântico

Esposa

8 Ouço a voz do meu amado.
Eis que ele vem, saltando sobre os montes,
pulando sobre as colinas.
9 O meu amado é semelhante ao gamo
ou ao filho da gazela.
Eis que ele está detrás de nossa parede,
olhando pelas janelas,
espreitando pelas grades.
10 O meu amado fala e me diz:

Esposo

Levante-se, minha querida,
minha linda, e venha comigo.
11 Porque eis que passou o inverno,
a chuva cessou e se foi,
12 aparecem as flores na terra,
chegou o tempo de cantarem as aves,
e já se ouve a voz da rolinha em nossa terra.
13 A figueira começou a dar seus figos,
e as vinhas em flor exalam o seu aroma.
Levante-se, minha querida,
minha linda, e venha comigo.
14 Minha pombinha, escondida nas fendas
dos penhascos,
no esconderijo das rochas escarpadas,
mostre-me o seu rosto,
deixe-me ouvir a sua voz;
porque a sua voz é doce,
e o seu rosto é lindo.

Esposa

15 Peguem as raposas,
as raposinhas, que devastam os vinhedos,
porque as nossas vinhas estão em flor.
16 O meu amado é meu, e eu sou dele;
ele apascenta o seu rebanho entre os lírios.
17 Antes que rompa o dia
e fujam as sombras,
volte, meu amado.
Venha correndo como o gamo
ou o filho das gazelas sobre os montes de Beter.

3 1 De noite, na minha cama,
busquei o amado de minha alma;
busquei-o, mas não o achei.
2 Eu me levantarei agora e rodearei a cidade,
pelas ruas e pelas praças;
buscarei o amado da minha alma.
Busquei-o, mas não o achei.
3 Os guardas, que rondavam
a cidade, me encontraram.
Então lhes perguntei: "Vocês viram o amado
da minha alma?"
4 Mal os deixei, encontrei logo
o amado da minha alma.
Agarrei-me a ele e não o deixei ir embora,
até que o fiz entrar na casa de minha mãe
e no quarto daquela que me concebeu.

5 Filhas de Jerusalém,
jurem pelas gazelas e pelas corças selvagens
que vocês não acordarão
nem despertarão o amor,
até que este o queira.

Terceiro cântico

Coro

6 O que é aquilo que vem subindo do deserto,
como colunas de fumaça,
perfumado de mirra, de incenso
e de todos os tipos de pós aromáticos
do mercador?
7 É a liteira de Salomão.
Vem escoltada por sessenta valentes,
dos melhores valentes de Israel.
8 Todos sabem manejar a espada
e são treinados para a guerra;
cada um leva a espada na cintura,
por causa dos temores noturnos.
9 O rei Salomão mandou fazer
um palanquim de madeira do Líbano.
10 As colunas eram de prata,
o encosto de ouro, o assento de púrpura,
e o interior foi enfeitado
com carinho pelas mulheres de Jerusalém.

11 Saiam, ó filhas de Sião,
e venham ver o rei Salomão com a coroa
com que sua mãe o coroou
no dia do seu casamento,
no dia da alegria do seu coração.

Esposo

4 1 Como você é bela, minha querida!
Como você é linda!

Os seus olhos são como pombas
e brilham através do véu.
Os seus cabelos são como um rebanho de cabras
que descem ondeantes do monte de Gileade.
2 Os seus dentes são como
um rebanho de ovelhas recém-tosquiadas,
que sobem do lavadouro;
cada uma tem o seu par,
e nenhuma está faltando.
3 Os seus lábios são como um fio de escarlate,
e a sua boca é linda.
As suas faces, como romã partida,
brilham através do véu.
4 O seu pescoço é como a torre de Davi,
edificada para arsenal;
mil escudos pendem dela,
todos escudos de soldados valentes.
5 Os seus seios são como
duas crias gêmeas de uma gazela,
que pastam entre os lírios.

6 Antes que rompa o dia,
e fujam as sombras,
irei ao monte da mirra
e à colina do incenso.
7 Você é toda linda, minha querida,
e em você não há defeito.
8 Venha comigo do Líbano, minha noiva,
venha comigo do Líbano.
Desça do alto do monte Amana,
do alto do Senir e do Hermom,
dos covis dos leões,
dos montes dos leopardos.
9 Você roubou meu coração,
meu amor, minha noiva;
roubou meu coração com um só dos seus olhares,
com uma só pérola do seu colar.
10 Como são agradáveis as suas carícias,
meu amor, minha noiva!
O seu amor é melhor do que o vinho,
e o aroma do seu perfume
é mais suave do que todas as especiarias!
11 Os seus lábios destilam mel, minha noiva.
Mel e leite se acham debaixo da sua língua,
e o cheiro dos seus vestidos
é como o cheiro do Líbano.

12 Meu amor, minha noiva,
você é um jardim fechado,
um manancial recluso, uma fonte selada.
13 Os seus renovos são um pomar de romãs
com frutos excelentes: henas com nardos,
14 nardo e açafrão, cálamo e cinamomo,
com todo tipo de árvores de incenso,
mirra e aloés, com todas
as principais especiarias.
15 Você é fonte dos jardins,
poço de águas vivas que correm do Líbano!

Esposa

16 Desperte, vento norte,
e venha, vento sul!
Soprem no meu jardim,
para que se derramem os seus aromas.
Que o meu amado venha ao seu jardim
e coma os seus frutos excelentes!

Esposo

5 1 Já entrei no meu jardim,
meu amor, minha noiva.
Colhi a minha mirra com as especiarias,
comi o meu favo com o mel,
bebi o meu vinho com o leite.

Coro

Comam e bebam, meus amigos;
até ficarem embriagados de amor.

Quarto cântico

Esposa

2 Eu dormia, mas o meu coração
estava acordado.
Eis a voz do meu amado, que está batendo:

Esposo

Deixe-me entrar, meu amor, minha querida,
minha pombinha sem defeito,
porque a minha cabeça está cheia de orvalho,
e os meus cabelos, das gotas da noite.

Esposa

3 Já tirei a minha túnica!
Como posso vesti-la outra vez?
Já lavei os pés!
Como voltar a sujá-los?
4 O meu amado meteu a mão pela fresta,
e o meu coração estremeceu.
5 Eu me levantei para abrir a porta
ao meu amado.
As minhas mãos destilavam mirra,
e os meus dedos deixavam
escorrer mirra preciosa
sobre a tranca da porta.
6 Abri a porta ao meu amado,
mas ele já tinha se afastado e ido embora.
Eu tinha estremecido, quando ele me falou.
Busquei-o, mas não o achei;
chamei-o, mas ele não respondeu.
7 Os guardas, que rondavam
a cidade, me encontraram;
eles me espancaram e me feriram;
os guardas das muralhas tomaram o meu manto.

8 Filhas de Jerusalém, jurem:
se encontrarem o meu amado,
digam que estou morrendo de amor.

Coro

9 O que é que o seu amado tem
que os outros não tenham,
ó mais bela das mulheres?
O que é que o seu amado tem
que os outros não tenham,
para que você nos faça jurar?

Esposa

10 O meu amado é alvo e rosado,
o mais destacado entre dez mil.
11 A sua cabeça é como o ouro mais depurado,
os seus cabelos ondulados
são pretos como o corvo.
12 Os seus olhos são como pombas
junto ao ribeiro,
brancas como leite,
banhando-se junto às correntes das águas.
13 As suas faces são como canteiros de bálsamo,
como colinas de ervas aromáticas.
Os seus lábios são como lírios
que gotejam mirra preciosa.
14 As suas mãos são cilindros de ouro
enfeitados de turquesas.
O seu ventre é como alvo marfim,
coberto de safiras.
15 As suas pernas são colunas de mármore,
assentadas sobre bases de ouro puro.
O aspecto do meu amado é como o do Líbano;
ele é elegante como os cedros.
16 O seu falar é muito suave;
sim, ele é totalmente desejável.
Assim é o meu amado, assim é o meu esposo,
ó filhas de Jerusalém.

Coro

6 1 Para onde foi o seu amado,
ó mais bela das mulheres?
Que rumo tomou o seu amado,
para que a ajudemos a encontrá-lo?

Esposa

2 O meu amado desceu ao seu jardim,
aos canteiros de bálsamo,
para pastorear nos jardins
e para colher os lírios.
3 Eu sou do meu amado, e o meu amado é meu;
ele apascenta o seu rebanho entre os lírios.

Quinto cântico

Esposo

4 Minha querida, você é bonita como Tirza,
encantadora como Jerusalém,
impressionante como
um exército com bandeiras.
5 Desvie de mim os seus olhos,
porque eles me perturbam.
Os seus cabelos são como um rebanho de cabras
que descem ondeantes de Gileade.
6 Os seus dentes são como um rebanho de ovelhas
que sobem do lavadouro;
cada uma tem o seu par,
e nenhuma está faltando.
7 As suas faces, como romã partida,
brilham através do véu.
8 Sessenta são as rainhas, oitenta, as concubinas,
e as virgens, sem número;
9 mas uma só é a minha pombinha sem defeito,
a mais querida da sua mãe,
a predileta daquela que a deu à luz.
As outras mulheres a veem
e dizem que ela é feliz;
as rainhas e as concubinas a louvam.

Coro

10 Quem é esta que aparece como a alva do dia,
bonita como a lua, pura como o sol,
impressionante como um exército
com bandeiras?

Esposa

11 Desci ao jardim das nogueiras,
para ver os renovos do vale,
para ver se brotavam as videiras,
se as romãzeiras estavam em flor.
12 Não sei como,
imaginei-me no carro do meu nobre povo!

Coro

13 Volte, volte, sulamita!
Volte, volte, para que nós a contemplemos.

Esposa

Por que vocês querem contemplar a sulamita
na dança de Maanaim?

Esposo

7 1 Como são bonitos os seus pés nas sandálias,
ó filha do príncipe!
As curvas dos seus quadris
são como colares trabalhados
por mãos de artista.
2 O seu umbigo é uma taça redonda
onde nunca falta bebida;
o seu ventre é um monte de trigo,
cercado de lírios.
3 Os seus seios são como duas crias gêmeas
de uma gazela.
4 O seu pescoço é como uma torre de marfim.
Os seus olhos são como
as piscinas de Hesbom,
junto ao portão de Bate-Rabim.
O seu nariz é como a torre do Líbano,
voltada para Damasco.

5 A sua cabeça é como o monte Carmelo;
os seus cabelos são como a púrpura;
um rei está preso nas suas tranças.
6 Como você é linda!
Como você é atraente, meu amor,
com as suas delícias!
7 Esse seu porte é semelhante à palmeira,
e os seus seios se parecem com os cachos.
8 Eu disse: "Vou subir na palmeira
e colher os seus frutos."
Sejam os seus seios como os cachos de uvas,
e o aroma da sua respiração,
como o das maçãs.
9 Os seus beijos são como o bom vinho...

Esposa

... vinho que se escoa suavemente
para o meu amado,
deslizando entre os seus lábios e dentes.
10 Eu sou do meu amado,
e ele tem saudades de mim.
11 Venha, meu amado, vamos para o campo,
passemos a noite nas aldeias.
12 Vamos levantar cedo e olhar as parreiras,
para ver se já começaram a brotar,
se as flores estão se abrindo,
se as romãzeiras já estão em flor.
Ali eu lhe darei o meu amor.
13 As mandrágoras exalam o seu perfume,
e às nossas portas há todo tipo
de frutos excelentes,
frescos e secos,
que reservei para você, meu amado.

8 1 Quem dera que você fosse meu irmão,
amamentado aos seios de minha mãe!
Se eu o encontrasse na rua, poderia beijá-lo,
e não me desprezariam!
2 Eu o levaria para a casa da minha mãe,
e você me ensinaria;
eu lhe daria de beber vinho aromático
e o suco das minhas romãs.
3 A sua mão esquerda estaria
debaixo da minha cabeça,
e a sua direita me abraçaria.

4 Filhas de Jerusalém,
jurem pelas gazelas e pelas corças selvagens
que vocês não acordarão
nem despertarão o amor,
até que este o queira.

Sexto cântico

Coro

5 Quem é esta que vem subindo do deserto,
apoiada em seu amado?

Esposa

Debaixo da macieira eu o despertei;
ali a sua mãe teve dores de parto,
ali esteve com dores aquela que o deu à luz.
6 Ponha-me como selo sobre o seu coração,
como selo sobre o seu braço,
porque o amor é tão forte como a morte,
e o ciúme é tão duro como a sepultura.
As suas chamas são chamas de fogo,
são labaredas enormes.
7 As muitas águas não poderiam apagar o amor,
nem os rios, afogá-lo.
Ainda que alguém oferecesse todos os bens
da sua casa para comprar o amor,
receberia em troca apenas desprezo.

Os irmãos

8 Temos uma irmãzinha
que ainda não tem seios.
Que faremos por esta nossa irmã,
no dia em que for pedida em casamento?
9 Se ela fosse uma muralha,
edificaríamos sobre ela uma torre de prata;
se ela fosse uma porta,
nós a reforçaríamos com tábuas de cedro.

Esposa

10 Eu sou uma muralha,
e os meus seios, como as suas torres.
Por isso, sou para ele
como aquela que encontra a paz.

Coro

11 Salomão teve uma vinha em Baal-Hamom.
Ele a entregou a uns lavradores,
e cada um lhe trazia pelo seu fruto
mil moedas de prata.

Esposa

12 A minha vinha, que me pertence,
dessa cuido eu!
Você, Salomão, terá as suas mil moedas,
e os que guardam o fruto dela,
as suas duzentas.

Esposo

13 Você, que habita nos jardins,
os meus companheiros querem ouvir a sua voz!
Eu também quero ouvi-la.

Esposa

14 Venha depressa, meu amado,
correndo como um gamo
ou um filho da gazela
sobre os montes perfumados.

1 1 Visão que Isaías, filho de Amoz, teve a
respeito de Judá e Jerusalém, nos dias de Uzias,
Jotão, Acaz e Ezequias, reis de Judá.

A nação pecadora

2 Escutem, ó céus,
e ouça, ó terra,
porque o SENHOR é quem fala:
"Criei filhos e os fiz crescer,
mas eles se revoltaram contra mim.
3 O boi conhece o seu dono,
e o jumento, o lugar onde lhe dão comida,
mas Israel não tem conhecimento,
o meu povo não entende."

4 Ai desta nação pecadora,
deste povo carregado de iniquidade!
São descendência de malfeitores,
filhos que praticam o mal.
Rejeitaram o SENHOR,
desprezaram o Santo de Israel,
voltaram para trás.

5 Por que vocês insistem em ser castigados?
Por que continuam em rebeldia?
Toda a cabeça está doente,
e todo o coração está enfermo.
6 Desde a planta do pé até o alto da cabeça
não há nada são,
a não ser feridas, contusões e chagas abertas,
umas e outras que não foram limpas,
nem atadas, nem tratadas com azeite.

7 A terra de vocês está devastada,
as cidades foram consumidas
pelo fogo.
Quanto às lavouras, os estrangeiros
as devoraram na presença de vocês,
e a terra se acha devastada
como numa destruição
feita por estrangeiros.
8 A filha de Sião foi deixada
como cabana na vinha,
como choupana no pepinal,
como cidade sitiada.

9 Se o SENHOR dos Exércitos
não nos tivesse deixado alguns sobreviventes,
já nos teríamos tornado como Sodoma
e semelhantes a Gomorra.

O culto hipócrita é condenado

10 Príncipes de Sodoma,
escutem a palavra do SENHOR!
Povo de Gomorra,
dê ouvidos à lei do nosso Deus!

11 O SENHOR diz:
"De que me serve a multidão dos sacrifícios
que vocês oferecem?
Estou farto dos holocaustos de carneiros
e da gordura de animais cevados.
Não me agrado do sangue de novilhos,
nem de cordeiros, nem de bodes.

12 Quando comparecem diante de mim,
quem requereu de vocês
esse pisotear dos meus átrios?
13 Não me tragam mais ofertas vãs!
O incenso é para mim abominação,
e também as Festas da Lua Nova, os sábados
e a convocação das assembleias.
Não posso suportar iniquidade
associada à reunião solene.
14 As Festas da Lua Nova e as solenidades,
a minha alma as odeia;
já são um peso para mim;
estou cansado de suportá-las."

15 "Quando vocês estendem as mãos,
eu fecho os meus olhos;
sim, quando multiplicam as suas orações,
não as ouço,
porque as mãos de vocês estão cheias de sangue.
16 Lavem-se e purifiquem-se!
Tirem da minha presença
a maldade dos seus atos;
parem de fazer o mal!
17 Aprendam a fazer o bem;
busquem a justiça,
repreendam o opressor;
garantam o direito dos órfãos,
defendam a causa das viúvas."

O convite da graça

18 O SENHOR diz:
"Venham, pois, e vamos discutir a questão.
Ainda que os pecados de vocês
sejam como o escarlate,
eles se tornarão brancos como a neve;
ainda que sejam vermelhos
como o carmesim,
eles se tornarão como a lã.
19 Se estiverem dispostos e me ouvirem,
vocês comerão o melhor desta terra.
20 Mas, se recusarem e forem rebeldes,
vocês serão devorados pela espada;
porque a boca do SENHOR o disse."

O julgamento e a redenção de Jerusalém

21 Como se fez prostituta a cidade fiel,
ela que estava cheia de justiça!

Nela habitava a retidão,
mas agora só restaram assassinos.

22 Jerusalém, a sua prata se tornou escória,
o seu licor se misturou com água.
23 Os seus príncipes são rebeldes
e companheiros de ladrões.
Cada um deles ama o suborno
e corre atrás de recompensas.
Eles não defendem o direito do órfão,
e a causa das viúvas não chega diante deles.

24 Por isso, o Senhor, o SENHOR dos Exércitos,
o Poderoso de Israel, diz:
"Ah! Acertarei as contas
com os meus adversários
e me vingarei dos meus inimigos.
25 Voltarei a minha mão contra você, Jerusalém,
purificando-a da sua escória
como se faz com potassa
e tirando de você todo metal impuro.
26 Eu lhe darei juízes
como você tinha antigamente,
e conselheiros, como no princípio.
Depois disso você será chamada
'Cidade da Justiça', 'Cidade Fiel'."

27 Sião será redimida pelo direito,
e os que se arrependem, pela justiça.
28 Mas os transgressores e os pecadores
serão juntamente destruídos,
e os que deixarem o SENHOR perecerão.
29 Vocês terão vergonha
dos carvalhos que cobiçaram
e ficarão desiludidos
por causa dos jardins sagrados
que escolheram.
30 Porque vocês serão como o carvalho
cujas folhas murcham;
serão como um jardim que não tem água.
31 O forte se tornará como estopa,
e a sua obra, como faísca;
ambos serão queimados juntos,
e não haverá quem apague o fogo.

O monte do Senhor

Mq 4.1-5

2 1 Palavra que, em visão, veio a Isaías, filho de
Amoz, a respeito de Judá e Jerusalém.

2 Nos últimos dias,
o monte do templo do SENHOR
será estabelecido no alto dos montes
e se elevará sobre as colinas,
e para ele afluirão todas as nações.
3 Muitos povos virão e dirão:
"Venham, subamos ao monte do SENHOR
e ao templo do Deus de Jacó,
para que nos ensine os seus caminhos,
e andemos nas suas veredas."
Porque de Sião sairá a lei,
e a palavra do SENHOR, de Jerusalém.
4 Ele julgará entre as nações
e corrigirá muitos povos.
Estes transformarão as suas espadas
em lâminas de arados
e as suas lanças, em foices.
Nação não levantará a espada contra nação,
nem aprenderão mais a guerra.

5 Venham, ó casa de Jacó,
e andemos na luz do SENHOR.

O Dia do Senhor

6 Pois, tu, SENHOR, abandonaste o teu povo,
a casa de Jacó.
Porque eles se encheram
da corrupção do Oriente,
são adivinhos como os filisteus
e se associam com os filhos dos estrangeiros.
7 A terra de Israel está cheia de prata e de ouro,
e não têm fim os seus tesouros.
Também está cheia de cavalos,
e são incontáveis os seus carros de guerra.
8 A terra de Israel também está cheia de ídolos.
Eles adoram a obra das suas mãos,
aquilo que os seus próprios dedos fizeram.
9 Com isso, o povo se abate
e as pessoas se humilham.
Não os perdoes, ó SENHOR!

10 Entre no meio das rochas
e esconda-se no pó,
ante o terror do SENHOR
e a glória da sua majestade.
11 Os olhos arrogantes serão abatidos,
e a soberba humana será humilhada;
só o SENHOR será exaltado naquele dia.
12 Porque o Dia do SENHOR dos Exércitos
será contra todos os orgulhosos e arrogantes
e contra todos os que se exaltam,
para que sejam humilhados;
13 contra todos os cedros do Líbano,
altos e imponentes;
e contra todos os carvalhos de Basã;
14 contra todos os montes altos
e contra todas as colinas elevadas;
15 contra toda torre alta
e contra toda muralha firme;
16 contra todos os navios de Társis
e contra tudo o que é belo à vista.
17 A arrogância das pessoas será abatida,
e a soberba humana será humilhada;
só o SENHOR será exaltado naquele dia.
18 Os ídolos serão totalmente destruídos.
19 Então as pessoas se meterão nas cavernas
das rochas e nos buracos da terra,

ante o terror do SENHOR e
a glória da sua majestade,
quando ele se levantar
para encher a terra de espanto.
20 Naquele dia, as pessoas lançarão aos ratos
e aos morcegos
os seus ídolos de prata e os seus ídolos de ouro,
que fizeram para adorar,
21 e entrarão nas fendas das rochas
e nas cavernas dos penhascos,
para fugir do terror do SENHOR
e da glória da sua majestade,
quando ele se levantar
para encher a terra de espanto.

22 Afastem-se, pois, do ser humano,
que só tem vida enquanto respira.
Pois em que ele deve ser estimado?

Julgamento de Judá e de Jerusalém

3 1 Porque eis que o Senhor, o SENHOR dos Exércitos,
vai tirar de Jerusalém e de Judá
o sustento e o apoio,
todo sustento de pão
e todo sustento de água.
2 Ele vai tirar também o valente,
o guerreiro e o juiz;
o profeta, o adivinho e o ancião;
3 o capitão de cinquenta, o nobre,
o conselheiro, o hábil artífice
e o perito em encantamentos.
4 O SENHOR lhes dará meninos por chefes,
e crianças governarão sobre eles.
5 Entre o povo, uns oprimirão os outros,
cada um o seu próximo.
Os jovens se levantarão contra os velhos,
as pessoas desprezíveis contra os nobres.

6 Quando alguém for falar com o seu irmão
na casa de seu pai, dizendo:
"Você ainda tem um manto;
venha ser o nosso chefe
e assuma o controle dessas ruínas",
7 naquele dia o outro levantará a sua voz,
dizendo: "Não sou médico
e não há comida nem roupa em minha casa;
não me ponham por chefe do povo."

8 Jerusalém tropeçou,
e a terra de Judá está caída;
porque as suas palavras e as suas obras
são contra o SENHOR,
para desafiarem a sua gloriosa presença.
9 O aspecto do rosto testifica contra eles;
e, como Sodoma, exibem o seu pecado
e não o encobrem.
Ai deles! Porque estão provocando
a sua própria desgraça.

10 Digam ao justo que tudo irá bem com ele;
porque comerá do fruto das suas ações.
11 Ai do ímpio! Tudo irá mal com ele;
porque o pagamento dele será
o que as próprias mãos fizeram.
12 Os opressores do meu povo são crianças,
e mulheres estão à frente do seu governo.
Meu povo, os seus guias enganam você
e destroem o caminho
por onde você deve seguir.
13 O SENHOR se levanta para
apresentar a sua causa;
ele se apresenta para julgar os povos.
14 O SENHOR entra em juízo
contra os anciãos do seu povo
e contra os seus líderes.
Ele diz: "Foram vocês
que arruinaram esta vinha.
O que roubaram dos pobres
está na casa de vocês.
15 Com que direito vocês esmagam o meu povo
e moem a face dos pobres?"
O Senhor, o SENHOR dos Exércitos,
é quem está falando.

Julgamento das filhas de Sião

16 O SENHOR disse:
"Visto que são orgulhosas as filhas de Sião
e andam de pescoço erguido,
com olhar despudorado,
dando passos curtos
e fazendo tinir os enfeites dos tornozelos,
17 o Senhor fará com que apareça sarna
na cabeça das filhas de Sião;
o SENHOR fará com que se veja a nudez delas."

18 Naquele dia, o Senhor tirará os enfeites que
elas têm nos tornozelos, as toucas e os ornamen-
tos em forma de meia-lua; 19 os pendentes, os bra-
celetes e os véus esvoaçantes; 20 os turbantes, as
correntinhas para os tornozelos, os cintos, as cai-
xinhas de perfume e os amuletos; 21 os anéis e as
joias pendentes do nariz; 22 os vestidos de festa, os
mantos, os xales e as bolsas; 23 os espelhos, as rou-
pas finíssimas, os enfeites para a cabeça e os véus.

24 Em vez de perfume haverá cheiro podre;
em vez de cinto, uma corda;
em vez de belos penteados, cabeça rapada;
em vez de vestidos luxuosos,
roupa feita de pano de saco;
e marca de fogo em lugar de formosura.
25 Os homens de Jerusalém cairão à espada,
e os valentes serão mortos na guerra.
26 Os portões da cidade chorarão
e estarão de luto;
Sião, desolada, se assentará no chão.

4 1 Naquele dia, sete mulheres hão de agarrar um
só homem, dizendo: "Nós providenciaremos
a nossa comida e as nossas roupas; apenas que-
remos ser chamadas pelo seu nome; livre-nos da
nossa vergonha."

O reinado do Renovo do Senhor

2 Naquele dia, o Renovo do SENHOR será de bele-
za e de glória; e o fruto da terra será o orgulho e a
glória para os de Israel que forem salvos. 3 Os res-
tantes de Sião e os que ficarem em Jerusalém serão
chamados santos, isto é, todos os que estão inscri-
tos em Jerusalém, para a vida. 4 Naquele tempo, o
Senhor lavará a impureza das filhas de Sião e lim-
pará Jerusalém da culpa do sangue que há no meio
dela, com o Espírito de justiça e com o Espírito puri-
ficador. 5 Sobre todos os lugares do monte Sião e so-
bre todas as suas assembleias, o SENHOR criará uma
nuvem durante o dia e fumaça e um clarão de fogo
aceso durante a noite. Porque sobre toda a glória se
estenderá uma proteção. 6 E haverá um tabernáculo
para sombra contra o calor do dia e para refúgio e
esconderijo contra a tempestade e a chuva.

A parábola da vinha

5 1 Agora cantarei ao meu amado
o seu cântico a respeito da sua vinha.
O meu amado teve uma vinha
numa colina fértil.
2 Ele cavou a terra, tirou as pedras
e plantou as melhores mudas de videira.
No meio da vinha ele construiu uma torre
e fez também um lagar.
Ele esperava que desse uvas boas,
mas deu uvas bravas.

3 "E agora, ó moradores de Jerusalém
e homens de Judá,
peço que julguem entre mim
e a minha vinha.
4 Que mais se podia fazer à minha vinha,
que eu não lhe tenha feito?
E como, esperando eu
que desse uvas boas,
veio a produzir uvas bravas?"
5 "E agora lhes darei a conhecer
o que pretendo fazer com a minha vinha:
vou tirar a cerca que está ao redor,
para que a vinha sirva de pasto;
derrubarei o seu muro,
para que ela seja pisoteada.
6 Farei dela um lugar abandonado;
não será podada, nem cavada,
mas crescerão nela espinheiros
e ervas daninhas.
Também darei ordem às nuvens
para que não derramem chuva sobre ela."

7 Porque a vinha do SENHOR dos Exércitos
é a casa de Israel,
e os homens de Judá são
a planta preferida do SENHOR.
Este esperava retidão, mas eis aí opressão;
esperava justiça, mas eis aí clamor
por causa da injustiça.

Ai dos maus!

8 Ai dos que ajuntam casas e mais casas,
reúnem para si campos e mais campos,
até que não haja mais lugar,
e ficam como únicos moradores
no meio da terra!
9 Eu ouvi o SENHOR dos Exércitos dizer isto:
"Na verdade, muitas casas ficarão desertas,
até as grandes e belas ficarão sem moradores.
10 Uma grande vinha produzirá
somente alguns litros de vinho,
e um saco cheio de semente
não dará mais do que alguns quilos de trigo."

11 Ai dos que se levantam pela manhã
para logo se embriagarem,
e continuam até alta noite,
até que o vinho os esquente!
12 Liras e harpas, tamborins e flautas
— e vinho — não faltam nos seus banquetes;
porém não consideram os feitos do SENHOR,
nem olham para as obras das suas mãos.
13 Portanto, o meu povo será levado cativo
por falta de entendimento;
os seus nobres passarão fome,
e o povo simples morrerá de sede.
14 Por isso, a sepultura aumentou o seu apetite
e abriu ao máximo a sua boca.
Para lá desce o esplendor de Jerusalém
e a sua multidão,
o seu ruído e os que nela se alegram.
15 Então o povo será abatido
e as pessoas se humilharão;
e os olhos dos orgulhosos serão humilhados.
16 Mas o SENHOR dos Exércitos
será exaltado em juízo;
Deus, o Santo, será santificado em justiça.
17 Então os cordeiros pastarão ali
como se estivessem no seu pasto;
e os nômades se nutrirão dos campos
que os ricos deixaram abandonados.

18 Ai dos que puxam para si a iniquidade
com cordões de injustiça,
que puxam o pecado como se faz
com as cordas de uma carroça!
19 E dizem: "Que Deus se apresse
e termine logo a sua obra,
para que a vejamos!
Que se aproxime

e se manifeste o conselho do Santo de Israel,
para que o conheçamos!"

20 Ai dos que ao mal chamam bem
e ao bem chamam mal;
que fazem das trevas luz
e da luz fazem trevas;
que mudam o amargo em doce
e o doce mudam em amargo!

21 Ai dos que são sábios aos seus próprios olhos
e inteligentes em seu próprio conceito!

22 Ai dos que são heróis para beber vinho
e valentes para misturar bebida forte;
23 que por suborno justificam o ímpio,
mas ao justo negam justiça!

Deus castigará o seu povo

24 Portanto, assim como as labaredas
consomem a palha,
e a erva seca se desfaz pela chama,
assim a raiz deles será como podridão,
e a flor deles subirá como pó;
porque rejeitaram a lei do SENHOR dos Exércitos
e desprezaram a palavra do Santo de Israel.
25 Por isso, a ira do SENHOR
se acendeu contra o seu povo,
povo contra o qual estendeu a mão
e ao qual castigou.
Os montes tremeram
e os seus cadáveres são como lixo
no meio das ruas.
Nem com tudo isto se desviou a ira de Deus,
e a mão dele continua estendida.

26 Ele levantará um estandarte
para as nações distantes
e lhes assobiará para que venham
das extremidades da terra;
e eis que elas vêm rapidamente,
com toda pressa.
27 Não há entre elas quem esteja cansado,
nem quem tropece;
ninguém dormita, nem dorme.
Eles não desatam o cinto dos seus lombos,
e as correias das suas sandálias não se rompem.
28 As suas flechas são afiadas,
e todos os seus arcos, entesados.
Os cascos dos seus cavalos
são duros como pedra,
e as rodas dos seus carros de guerra
são como um redemoinho.
29 O rugido deles é como o do leão;
rugem como filhos de leão,
e, rosnando, arrebatam a presa
e a levam, e não há quem a livre.
30 Naquele dia, o bramido contra eles
será como o bramido do mar;
se alguém olhar para a terra,
eis que só haverá trevas e angústia;
a luz se escurecerá em densas nuvens.

A visão de Isaías e o seu chamado

6 1 No ano da morte do rei Uzias, eu vi o Senhor as-
sentado sobre um alto e sublime trono, e as abas
de suas vestes enchiam o templo. 2 Serafins estavam
por cima dele. Cada um tinha seis asas: com duas
cobria o rosto, com duas cobria os pés e com duas
voava. 3 E clamavam uns para os outros, dizendo:

"Santo, santo, santo é o SENHOR dos Exércitos;
toda a terra está cheia da sua glória."

4 Os umbrais das portas se moveram com a voz
do que clamava, e o templo se encheu de fumaça.
5 Então eu disse:
— Ai de mim! Estou perdido! Porque sou ho-
mem de lábios impuros, e habito no meio de um
povo de lábios impuros; e os meus olhos viram o
Rei, o SENHOR dos Exércitos!
6 Então um dos serafins voou para mim, tra-
zendo na mão uma brasa viva, que havia tirado do
altar com uma pinça. 7 Com a brasa tocou a minha
boca e disse:
— Eis que esta brasa tocou os seus lábios. A sua
iniquidade foi tirada, e o seu pecado, perdoado.
8 Depois disto, ouvi a voz do Senhor, que dizia:
— A quem enviarei, e quem há de ir por nós?
Eu respondi:
— Eis-me aqui, envia-me a mim.
9 Então ele disse:
— Vá e diga a este povo:

"Ouçam; ouçam, mas sem entender.
Vejam; vejam, mas sem perceber."
10 Torne insensível
o coração deste povo,
endureça-lhes os ouvidos
e feche os olhos deles,
para que não venham a
ver com os olhos,
ouvir com os ouvidos
e entender com o coração,
e se convertam, e sejam curados.

11 Então eu perguntei:
"Até quando, Senhor?"
Ele respondeu:
"Até que as cidades estejam em ruínas
e fiquem sem habitantes,
as casas fiquem sem moradores
e a terra esteja em ruínas e devastada,
12 e o SENHOR afaste dela o povo,
e no meio da terra sejam muitos
os lugares abandonados.
13 Mas, se ainda ficar a décima parte dela,
tornará a ser destruída.

Como o terebinto e como o carvalho,
dos quais, depois de derrubados,
ainda fica o toco,
assim a santa semente será o seu toco."

Profecia contra Israel e Síria

7 1 Nos dias em que Acaz, filho de Jotão, filho
de Uzias, era rei de Judá, Rezim, rei da Síria,
e Peca, filho de Remalias, rei de Israel, subiram a
Jerusalém para lutar contra ela, mas não consegui-
ram conquistá-la.
2 Quando informaram à casa de Davi que a Sí-
ria estava aliada com Efraim, o coração de Acaz e
o coração do seu povo ficaram agitados, como se
agitam as árvores do bosque com o vento.
3 Então o SENHOR disse a Isaías:
— Vá, agora, com o seu filho Sear-Jasube
encontrar-se com Acaz, que está na outra extre-
midade do aqueduto do tanque superior, junto ao
caminho do campo do Lavandeiro. 4 Diga-lhe o se-
guinte: "Tenha cuidado e fique calmo. Não tenha
medo nem fique desanimado por causa desses dois
tocos de lenha fumegante, por causa do furor da ira
de Rezim e da Síria, e do filho de Remalias. 5 Porque
a Síria, Efraim e o filho de Remalias resolveram aca-
bar com você, dizendo: 6 'Vamos atacar e amedron-
tar o reino de Judá. Vamos conquistá-lo para nós e
fazer reinar no meio dele o filho de Tabeal.'"

7 Assim diz o SENHOR Deus:
"Isso não tem nenhuma chance de acontecer.
8 Porque a capital da Síria é Damasco,
e o cabeça de Damasco é Rezim.
E dentro de sessenta e cinco anos
Efraim será destruído
e deixará de ser povo.
9 A capital de Efraim é Samaria,
e o cabeça de Samaria é o filho de Remalias.
Se vocês não crerem,
certamente não permanecerão."

A promessa a respeito do Emanuel

10 E o SENHOR continuou a falar com Acaz, di-
zendo:
11 — Peça ao SENHOR, seu Deus, um sinal, quer seja
embaixo, nas profundezas, ou em cima, nas alturas.
12 Acaz, porém, disse:
— Não pedirei, nem tentarei o SENHOR.
13 Então Isaías disse:
— Agora escute, ó casa de Davi! Será que não
basta vocês abusarem da paciência dos homens?
Querem abusar também da paciência do meu
Deus? 14 Portanto, o Senhor mesmo lhes dará um
sinal: eis que a virgem conceberá e dará à luz um fi-
lho e lhe chamará Emanuel. 15 Ele comerá mantei-
ga e mel quando souber desprezar o mal e escolher
o bem. 16 Na verdade, antes que este menino saiba
desprezar o mal e escolher o bem, a terra daqueles
dois reis que você tanto teme será abandonada.

Males sobre Jerusalém

17 — Mas o SENHOR fará vir sobre você, sobre o
seu povo e sobre a casa de seu pai dias tais como
nunca houve, desde o dia em que Efraim se sepa-
rou de Judá; ele fará vir o rei da Assíria. 18 Naquele
dia, o SENHOR assobiará às moscas que estão no ex-
tremo dos rios do Egito e às abelhas que se encon-
tram na terra da Assíria. 19 Elas virão e pousarão
todas nos vales profundos, nas fendas das rochas,
em todos os espinhos e em todas as pastagens.
20 — Naquele dia, o Senhor o rapará com uma
navalha alugada do outro lado do rio, a saber, por
meio do rei da Assíria. Rapará a sua cabeça e os
cabelos dos seus pés e tirará também a sua barba.
21 Naquele dia, um homem manterá apenas uma
vaca nova e duas ovelhas, 22 e será tal a abundân-
cia de leite que elas lhe darão, que comerá man-
teiga. Todo o restante que ficar no meio da terra
comerá manteiga e mel.
23 — Também, naquele dia, todo lugar em que
houver mil videiras, no valor de mil moedas de
prata, será tomado por espinheiros e ervas dani-
nhas. 24 Com flechas e arco se entrará aí, porque
os espinheiros e as ervas daninhas cobrirão toda
a terra. 25 Quanto a todos os montes, onde se cos-
tuma cavar com enxadas, para ali você não irá com
medo dos espinhos e das ervas daninhas; eles
servirão para pasto dos bois e para serem pisados
pelas ovelhas.

A invasão dos assírios

8 1 O SENHOR me disse:
— Pegue uma tabuleta grande e escreva nela
de maneira inteligível: Maer-Salal-Hás-Baz
2 Como testemunhas fidedignas, chamei o sacer-
dote Urias e Zacarias, filho de Jeberequias.
3 Então tive relações com a profetisa, ela ficou
grávida e deu à luz um filho. E o SENHOR me disse:
— Ponha nele o nome de Maer-Salal-Hás-Baz.
4 Porque, antes que o menino saiba dizer "papai"
ou "mamãe", as riquezas de Damasco e os despo-
jos de Samaria serão levados ao rei da Assíria.
5 O SENHOR falou comigo de novo, dizendo:
6 — Visto que este povo desprezou as águas de
Siloé, que correm brandamente, e está se derreten-
do de medo diante de Rezim e do filho de Rema-
lias, 7 eis que o Senhor fará vir sobre eles as águas
do Eufrates, fortes e impetuosas, isto é, o rei da As-
síria com toda a sua glória. Essas águas encherão
o leito dos rios e transbordarão por todas as suas
ribanceiras. 8 Penetrarão em Judá, inundando-o, e
passando por ele, chegarão até o pescoço. As suas
asas estendidas cobrirão a largura de toda a sua
terra, ó Emanuel.

O Senhor é a nossa esperança

9 Fiquem furiosos, ó povos,
e serão despedaçados!
Deem ouvidos, todos os países distantes!
Preparem-se para a batalha
e vocês serão despedaçados!
Sim, preparem-se para a batalha
e vocês serão despedaçados!
10 Elaborem projetos,
mas eles serão frustrados;
deem ordens, mas elas não serão cumpridas,
porque Deus está conosco.

11 Porque assim o SENHOR me disse, tendo forte
a mão sobre mim, e me advertiu que eu não an-
dasse pelo caminho deste povo. Ele disse:
12 — Não chamem conspiração a tudo o que este
povo chama conspiração. Não temam aquilo que o
povo teme, nem fiquem apavorados. 13 Ao SENHOR
dos Exércitos, a ele vocês devem santificar. É a ele
que devem temer; é dele que devem ter pavor. 14 Ele
será um santuário para vocês, mas será pedra de
tropeço e rocha de ofensa às duas casas de Israel;
será laço e armadilha aos moradores de Jerusalém.
15 Muitos deles tropeçarão, cairão e serão despeda-
çados; serão enlaçados e presos.
16 — Guarde bem o testemunho e sele a lei entre
os meus discípulos. 17 Esperarei no SENHOR, que es-
conde o seu rosto da casa de Jacó; a ele aguardarei.
18 — Eis-me aqui, com os filhos que o SENHOR
me deu, como sinais e maravilhas em Israel da par-
te do SENHOR dos Exércitos, que habita no monte
Sião.
19 — Quando disserem a vocês: "Consultem os mé-
diuns e os adivinhos, que sussurram e murmuram",
será que um povo não deveria consultar o seu Deus?
A favor dos vivos se consultarão os mortos? 20 À lei e
ao testemunho! Se eles não falarem segundo esta pa-
lavra, jamais verão a luz do alvorecer. 21 Passarão pela
terra duramente oprimidos e famintos. E, quando
tiverem fome, enfurecendo-se, amaldiçoarão o seu
rei e o seu Deus, olhando para cima. 22 Olharão para a
terra, e eis aí angústia, escuridão e sombras de ansie-
dade; e serão lançados em densas trevas.

O Príncipe da Paz

9 1 Mas para a terra que estava aflita não conti-
nuará a escuridão. Deus, nos primeiros tem-
pos, tornou desprezível a terra de Zebulom e a
terra de Naftali, mas, nos últimos tempos, tornará
glorioso o caminho do mar, além do Jordão, Gali-
leia dos gentios.

2 O povo que andava em trevas viu grande luz,
e aos que viviam
na região da sombra da morte
resplandeceu-lhes a luz.
3 Tu, SENHOR, tens multiplicado este povo
e aumentaste a sua alegria;
eles se alegram diante de ti,
como se alegram no tempo da colheita
e como exultam quando repartem
os despojos.
4 Porque tu quebraste o jugo
que pesava sobre eles,
a vara que lhes feria os ombros
e o cetro do seu opressor,
como no dia da vitória sobre os midianitas.

5 Porque toda bota com que o guerreiro
anda no tumulto da batalha
e toda roupa revolvida em sangue
serão queimadas,
servirão de pasto ao fogo.
6 Porque um menino nos nasceu,
um filho se nos deu.
O governo está sobre os seus ombros,
e o seu nome será: "Maravilhoso Conselheiro",
"Deus Forte", "Pai da Eternidade",
"Príncipe da Paz".
7 Ele estenderá o seu governo,
e haverá paz sem fim sobre o trono de Davi
e sobre o seu reino,
para o estabelecer e para o firmar
com juízo e com justiça,
desde agora e para sempre.
O zelo do SENHOR dos Exércitos fará isto.

Profecia contra o reino de Israel

8 O Senhor enviou uma palavra contra Jacó,
e ela caiu em Israel.
9 Todo o povo o saberá,
Efraim e os moradores de Samaria,
que com soberba e orgulho de coração dizem:
10 "Os tijolos ruíram por terra,
mas nós vamos reconstruir
com pedras lavradas;
os sicômoros foram cortados,
mas nós os trocaremos por cedros."
11 Por isso, o SENHOR suscitou contra ele
os adversários de Rezim
e instigou os inimigos.
12 Do Oriente vieram os sírios,
do Ocidente vieram os filisteus
e devoraram Israel com a boca escancarada.
Nem com tudo isto se desviou a ira de Deus,
e a mão dele continua estendida.

13 Mas este povo não se voltou
para aquele que o feria,
nem buscou o SENHOR dos Exércitos.
14 Por isso, num só dia, o SENHOR corta de Israel
a cabeça e a cauda, a palma e o junco.
15 O ancião e o homem de respeito são a cabeça,
e o profeta que ensina a mentira é a cauda.

16 Porque os guias deste povo são enganadores,
e os que por eles são guiados
são destruídos.
17 Por isso, o Senhor não se alegra
com os seus jovens
e não se compadece dos seus órfãos
e das suas viúvas,
porque todos eles são ímpios e maus,
e todos falam tolices.
Nem com tudo isto se desviou a ira de Deus,
e a mão dele continua estendida.

18 Porque a maldade queima como um fogo,
ela devora os espinheiros e as ervas daninhas;
incendeia as árvores do bosque,
e estas sobem em espessas nuvens de fumaça.
19 Por causa da ira do SENHOR dos Exércitos,
a terra está em chamas,
e o povo é como lenha para o fogo;
ninguém poupa o seu irmão.
20 Abocanham à direita e ainda têm fome,
devoram à esquerda e não se fartam;
cada um come a carne do seu próprio braço.
21 Manassés ataca Efraim,
e Efraim ataca Manassés,
e ambos, juntos, atacam Judá.
Nem com tudo isto se desviou a ira de Deus,
e a mão dele continua estendida.

10 1 Ai dos que decretam leis injustas,
dos que escrevem decretos opressivos,
2 para negarem justiça aos pobres,
para privarem do seu direito
os aflitos do meu povo,
a fim de despojarem as viúvas
e roubarem os órfãos!
3 Mas o que vocês vão fazer no dia do castigo,
na calamidade que vem de longe?
A quem vão pedir socorro
e onde deixarão a sua glória?
4 Nada mais lhes resta a fazer,
a não ser curvar-se entre os prisioneiros
e cair entre os mortos.
Nem com tudo isto se desviou a ira de Deus,
e a mão dele continua estendida.

Profecia contra a Assíria

5 "Ai da Assíria, cetro da minha ira!
A vara em sua mão
é o instrumento do meu furor.
6 Eu a envio contra uma nação ímpia,
e contra o povo da minha indignação
lhe dou ordens,
para que dele roube a presa e lhe tome o despojo,
e o ponha para ser pisado aos pés,
como a lama das ruas.
7 Ela, porém, assim não pensa,
o seu coração não entende assim;
pelo contrário, em seu coração
só pensa em destruir
e exterminar não poucas nações.
8 Porque diz: 'Não são
meus comandantes todos eles reis?
9 Não é Calno como Carquemis?
Não é Hamate como Arpade?
E Samaria, como Damasco?
10 O meu poder atingiu os reinos dos ídolos,
ainda que as suas imagens de escultura
eram melhores do que as de Jerusalém
e do que as de Samaria.
11 Será que não posso fazer
com Jerusalém e os seus ídolos
o mesmo que fiz com Samaria e os seus ídolos?'"

12 Por isso, quando o Senhor tiver acabado toda
a sua obra no monte Sião e em Jerusalém, então
castigará a arrogância do coração do rei da Assíria
e o excessivo orgulho dos seus olhos. 13 Porque o
rei disse:

"Eu fiz isso com o poder da minha mão
e com a minha sabedoria,
porque sou inteligente.
Removi os limites dos povos,
roubei os seus tesouros,
e como valente abati
os que se assentavam em tronos.
14 Meti a mão nas riquezas dos povos
como se mete a mão num ninho;
e, como se ajuntam os ovos abandonados,
assim eu ajuntei toda a terra,
e não houve quem batesse as asas,
ou abrisse o bico, ou desse um pio."

15 Será que o machado pode se gloriar
contra aquele que corta com ele?
Ou será que a serra pode se engrandecer
contra o que a maneja?
Seria como se o cetro movesse quem o segura
ou o bastão levantasse quem não é madeira!
16 Por isso, o Senhor, o SENHOR dos Exércitos,
fará definhar os soldados deles,
todos robustos,
e debaixo da sua glória acenderá uma chama,
como a chama de fogo.
17 Porque a Luz de Israel virá a ser como fogo,
e o seu Santo, como labareda,
que, num só dia, queimará e consumirá
as ervas daninhas e os espinheiros da Assíria.
18 Também destruirá totalmente
a glória da sua floresta e do seu campo fértil;
e será como quando um doente
vai definhando.
19 As árvores que restarem na sua floresta
serão tão poucas,
que até uma criança poderá contá-las.

Um resto voltará

20 Naquele dia, os restantes de Israel e os da casa
de Jacó que tiverem escapado nunca mais se apoia-
rão naquele que os feriu, mas se apoiarão no SENHOR,
o Santo de Israel. 21 Um resto voltará; sim, um resto
de Jacó voltará para o Deus Forte. 22 Porque ainda que
o seu povo, ó Israel, seja como a areia do mar, apenas
um resto voltará. Uma destruição está determinada,
transbordante de justiça. 23 Porque essa destruição,
já determinada, o Senhor, o SENHOR dos Exércitos, a
executará no meio de toda esta terra.

24 Por isso, assim diz o Senhor, o SENHOR dos
Exércitos:

— Povo meu, que mora em Sião, não tenha
medo da Assíria, quando ela castigar você com uma
vara e levantar contra você o seu bastão à maneira
dos egípcios. 25 Pois daqui a bem pouco se cumprirá
a minha indignação e a minha ira, para a consumir.
26 Porque o SENHOR dos Exércitos suscitará contra
ela um flagelo, como a matança de Midiã junto ao
rochedo de Orebe. O seu bordão estará sobre o mar,
e ele o levantará como fez no Egito. 27 Naquele dia, o
peso deles será tirado dos ombros de vocês, e o jugo
deles será removido do pescoço de vocês, jugo que
será despedaçado por causa da gordura.

28 A Assíria vem a Aiate, passa por Migrom
e em Micmás larga a sua bagagem.
29 Passa o desfiladeiro, aloja-se em Geba,
já Ramá treme, Gibeá de Saul foge.
30 Grite bem alto, ó filha de Galim!
Escute, ó Laís! Pobre Anatote!
31 Madmena se dispersa;
os moradores de Gebim fogem para salvar-se.
32 Nesse mesmo dia,
a Assíria parará em Nobe;
agitará o punho fechado
para o monte da filha de Sião,
a colina de Jerusalém.

33 Mas eis que o Senhor, o SENHOR dos Exércitos,
cortará os ramos com violência;
as árvores de grande porte serão derrubadas,
e as mais altas serão abatidas.
34 Cortará com o machado as árvores da floresta,
e o Líbano cairá pela mão de um poderoso.

O reinado de paz

11 1 Do tronco de Jessé sairá um rebento,
e das suas raízes brotará um renovo.
2 Repousará sobre ele o Espírito do SENHOR,
o Espírito de sabedoria e de entendimento,
o Espírito de conselho e de fortaleza,
o Espírito de conhecimento
e de temor do SENHOR.
3 Ele terá o seu prazer no temor do SENHOR.
Não julgará segundo a aparência,
nem decidirá pelo que ouviu dizer,
4 mas julgará com justiça os pobres
e decidirá com equidade
a favor dos mansos da terra.
Castigará a terra com a vara de sua boca
e com o sopro dos seus lábios
matará o perverso.
5 O cinto dele será a justiça,
e a verdade será a faixa na cintura.

6 O lobo habitará com o cordeiro,
o leopardo se deitará junto do cabrito,
o bezerro, o leão novo
e o novilho gordo andarão juntos,
e um pequenino os guiará.
7 A vaca e a ursa pastarão juntas,
e as suas crias juntas se deitarão;
e o leão comerá palha como o boi.
8 A criança de peito brincará
sobre a toca da cobra,
e o já desmamado meterá a mão
no ninho da serpente.
9 Não se fará mal nem dano algum
em todo o meu santo monte,
porque a terra se encherá
do conhecimento do SENHOR,
como as águas cobrem o mar.

A nova glória de Israel

10 Naquele dia, a raiz de Jessé estará posta por
estandarte dos povos. As nações recorrerão a ela,
e a glória será a sua morada.

11 Naquele dia, o Senhor tornará a estender a
mão para resgatar o resto do seu povo, que for dei-
xado, da Assíria, do Egito, de Patros, da Etiópia, de
Elão, de Sinar, de Hamate e das terras do mar.

12 Levantará um estandarte para as nações,
ajuntará os desterrados de Israel
e recolherá os dispersos de Judá
desde os quatro cantos da terra.
13 A inveja de Efraim acabará,
e os adversários de Judá serão eliminados.
Efraim não terá inveja de Judá,
e Judá não oprimirá Efraim.
14 Ao contrário, voarão
sobre os ombros
dos filisteus, ao Ocidente;
juntos despojarão os filhos do Oriente;
estenderão as mãos
sobre Edom e Moabe,
e os filhos de Amom lhes serão sujeitos.
15 O SENHOR destruirá totalmente
o golfo do mar do Egito,
e com a força do seu vento
moverá a mão contra o Eufrates,
dividindo-o em sete canais,
para que qualquer um possa
atravessá-lo de sandálias.

16 Haverá um caminho plano
para o resto do seu povo
que for deixado na Assíria,
como houve para Israel
no dia em que saiu da terra do Egito.

Cântico de louvor pela restauração de Israel

12 1 Naquele dia, você dirá:
"Graças te dou, ó SENHOR,
porque, ainda que te iraste contra mim,
a tua ira se retirou,
e tu me consolas.
2 Eis que Deus é a minha salvação;
confiarei e não temerei,
porque o SENHOR Deus
é a minha força e o meu cântico;
ele se tornou a minha salvação.
3 Com alegria, vocês tirarão água
das fontes da salvação."

4 Naquele dia, vocês dirão:
"Deem graças ao SENHOR,
invoquem o seu nome;
tornem conhecidos entre os povos
os seus feitos,
anunciem que é excelso o seu nome.
5 Cantem louvores ao SENHOR,
porque ele fez coisas grandiosas;
saiba-se isto em toda a terra.
6 Exultem e gritem de alegria,
ó moradores de Sião,
porque grande é o Santo de Israel
no meio de vocês."

Profecia contra a Babilônia

13 1 Sentença contra a Babilônia que Isaías, fi-
lho de Amoz, recebeu numa visão.

2 Sobre um monte escalvado,
levantem um estandarte.
Ergam a voz para eles,
acenem com a mão,
para que entrem pelos portões dos príncipes.
3 Eu dei ordens aos meus consagrados,
sim, chamei os meus valentes,
os que exultam com a minha majestade,
para que executem a minha ira.

4 Já se ouve sobre os montes
um rumor como o de uma grande multidão,
o clamor de reinos e de nações já congregados.
O SENHOR dos Exércitos reúne
as tropas de guerra.
5 Eles vêm de um país remoto,
desde a extremidade dos céus:
é o SENHOR e os instrumentos
da sua indignação,
para destruir toda a terra.
6 Lamentem, pois o Dia do SENHOR está perto;
ele vem como destruição
da parte do Todo-Poderoso.
7 Por isso, todas as mãos desfalecerão,
e o coração de todos se derreterá.
8 Ficarão apavorados;
angústia e dores tomarão conta deles,
e se contorcerão qual mulher
que está dando à luz.
Olharão espantados uns para os outros,
com os rostos da cor do fogo.

9 Eis que vem o Dia do SENHOR,
dia cruel, com ira e ardente furor,
para fazer da terra uma desolação
e exterminar dela os pecadores.
10 Porque as estrelas e constelações dos céus
não darão a sua luz;
o sol, logo ao nascer, se escurecerá,
e a lua não fará resplandecer a sua luz.
11 "Castigarei o mundo por causa da sua maldade,
e os perversos, por causa da sua iniquidade.
Farei cessar a arrogância dos atrevidos
e abaterei o orgulho dos violentos.
12 Farei com que as pessoas sejam mais escassas
do que o ouro puro,
mais raras do que o ouro de Ofir.
13 Portanto, farei estremecer os céus,
e a terra será sacudida do seu lugar,
por causa da ira do SENHOR dos Exércitos
e por causa do dia do seu ardente furor."

14 "Cada um será como a gazela que foge
e como o rebanho que ninguém recolhe;
cada um voltará para o seu povo
e cada um fugirá para a sua terra.
15 Quem for achado será traspassado,
e aquele que for apanhado será morto à espada.
16 As crianças serão esmagadas
diante dos olhos deles;
as casas serão saqueadas,
e as mulheres deles, violentadas."
17 "Eis que contra os babilônios
eu despertarei os medos,
que não farão caso de prata,
nem se alegrarão com ouro.
18 As suas flechas matarão os jovens;
eles não se compadecerão
dos recém-nascidos,
e os seus olhos não pouparão as crianças.
19 Babilônia, a joia dos reinos,
glória e orgulho dos caldeus,
será como Sodoma e Gomorra,
quando Deus as destruiu.
20 Nunca mais será habitada,
ninguém morará nela de geração em geração.
Os árabes não armarão ali as suas tendas,

e os pastores não levarão
para lá os seus rebanhos.
21 Porém, nela, os animais do deserto repousarão,
e as suas casas se encherão de corujas.
Ali habitarão os avestruzes,
e os bodes selvagens pularão ali.
22 As hienas uivarão nos seus castelos;
os chacais, nos seus palácios de prazer.
A hora da Babilônia está chegando,
e os seus dias não serão prolongados."

A volta de Israel para a sua terra

14 1 Porque o SENHOR se compadecerá de Jacó
e voltará a escolher Israel, estabelecendo-
-os na sua própria terra. A eles se juntarão os es-
trangeiros, e estes farão parte da casa de Jacó. 2 Os
povos os pegarão e os levarão aos lugares deles, e
a casa de Israel terá esses povos por servos e ser-
vas, na terra do SENHOR. Os israelitas terão como
prisioneiros aqueles que os tinham aprisionado e
dominarão os seus opressores.

Hino triunfal sobre a queda da Babilônia

3 Povo de Israel, no dia em que Deus vier a dar-
-lhe descanso do sofrimento, das angústias e da
dura servidão que lhe foi imposta, 4 você proferirá
esta sátira contra o rei da Babilônia:

Como cessou o opressor!
Como acabou a tirania!
5 O SENHOR quebrou o bastão dos ímpios
e o cetro dos dominadores,
6 que feriam os povos com furor,
com golpes incessantes,
e com ira dominavam as nações,
com perseguição irreprimível.
7 Agora toda a terra descansa e está sossegada.
Todos dão gritos de alegria.
8 Até os ciprestes se alegram por causa de você,
e os cedros do Líbano exclamam:
"Desde que você caiu,
ninguém mais vem para nos cortar."
9 Lá embaixo, o mundo dos mortos
se agita por causa de você,
para sair ao seu encontro quando você chegar.
Por sua causa, ele desperta as sombras
e todos os príncipes da terra,
e faz levantar dos seus tronos
todos os reis das nações.
10 Todos estes começam a falar
e se dirigem a você, dizendo:
"Então também você enfraqueceu como nós?
E você se tornou como um de nós?
11 A sua soberba foi jogada no abismo,
junto com o som das suas harpas.
A sua cama é de larvas
e os vermes são a sua coberta."
12 Veja como você caiu do céu,
ó estrela da manhã, filho da alva!
Veja como você foi lançado por terra,
você que debilitava as nações!
13 Você pensava assim:
"Subirei ao céu,
exaltarei o meu trono acima das estrelas
e me assentarei no monte da congregação,
nas extremidades do Norte.
14 Subirei acima das mais altas nuvens
e serei semelhante ao Altíssimo."
15 Mas você descerá ao mundo dos mortos,
no mais profundo do abismo.
16 Os que virem você olharão atentamente
e perguntarão:
"É este o homem que fazia a terra tremer
e que abalava os reinos?
17 Que transformava o mundo num deserto
e arrasava as suas cidades?
Que não deixava os seus prisioneiros
voltarem para casa?"
18 Todos os reis das nações,
sim, todos jazem com honra,
cada um em seu túmulo.
19 Mas você é lançado fora da sua sepultura,
como um renovo abominável,
coberto de mortos traspassados à espada
e que descem à cova de pedras,
como um cadáver pisoteado.
20 Você não se reunirá com eles na sepultura,
porque você destruiu a sua própria terra
e matou o seu próprio povo.
A descendência dos malfeitores
jamais será nomeada.
21 Preparem a matança dos filhos dele
por causa da maldade de seus pais,
para que esses não se levantem,
tomem posse da terra,
e encham o mundo de cidades.

22 — Eu me levantarei contra eles, diz o SENHOR
dos Exércitos. Acabarei com o nome e os sobreviven-
tes da Babilônia, com os seus descendentes e a sua
posteridade, diz o SENHOR. 23 Farei dela a habitação
de ouriços e um lugar de pântanos. Vou varrê-la com
a vassoura da destruição, diz o SENHOR dos Exércitos.

Profecia contra os assírios

24 O SENHOR dos Exércitos jurou, dizendo:

"Como pensei, assim será,
e, como determinei, assim acontecerá.
25 Esmagarei a Assíria na minha terra
e nas minhas montanhas a pisarei,
para que o seu jugo se afaste de Israel,
e a sua carga se desvie dos ombros dele.

26 Este é o plano que foi elaborado
para toda a terra;
e esta é a mão que está estendida
sobre todas as nações."

27 Pois, se o SENHOR dos Exércitos
o determinou,
quem poderá invalidá-lo?
Se a mão dele está estendida,
quem a fará voltar atrás?

Profecia contra os filisteus

28 No ano em que o rei Acaz morreu, foi pronun-
ciada esta sentença:

29 "Não se alegrem, todos vocês da Filístia,
por estar quebrada a vara que os feria.
Porque da raiz da cobra sairá uma víbora,
e o seu fruto será uma serpente voadora.
30 Os primogênitos dos pobres
serão apascentados,
e os necessitados se deitarão em segurança.
Porém farei morrer de fome
a sua raiz, ó Filístia,
e os seus sobreviventes serão mortos.
31 Uive, ó portão! Grite, ó cidade!
Todos vocês da Filístia, tremam de medo!
Porque do Norte vem fumaça,
e ninguém há que se afaste das suas fileiras."

32 Que resposta se dará, então,
aos mensageiros daquele povo?
"O SENHOR fundou Sião,
e nela os aflitos do seu povo
encontram refúgio."

Profecia contra Moabe

15 1 Sentença contra Moabe.

Certamente numa noite
Ar de Moabe foi arrasada,
e ela está destruída;
certamente numa noite
Quir de Moabe foi arrasada,
e ela está destruída.
2 Sobe-se ao templo e a Dibom,
aos lugares altos, para chorar.
Por Nebo e por Medeba, Moabe lamenta;
todas as cabeças são rapadas,
e toda barba é cortada.
3 Nas ruas andam vestidos de panos de saco;
nos terraços e nas praças todos pranteiam,
desatando-se em lágrimas.
4 Tanto Hesbom como Eleale
andam gritando;
até Jaza se ouve a sua voz.
Por isso, os soldados de Moabe clamam;
a sua alma treme dentro deles.

5 O meu coração clama por causa de Moabe.
Os seus fugitivos vão até a região de Zoar
e Eglate-Selisia;
vão chorando pela subida de Luíte
e no caminho de Horonaim
levantam gritos de desespero.
6 Porque as águas de Ninrim desapareceram;
seca-se o pasto, acaba-se o capim,
e não há mais nada que esteja verde.
7 Por isso, eles mesmos levam
a riqueza que adquiriram e guardaram
para além do ribeiro dos Salgueiros.
8 Porque o pranto se espalha
pelo território de Moabe;
o seu clamor chega até Eglaim;
o clamor chega até Beer-Elim.
9 As águas de Dimom estão cheias de sangue,
mas trarei ainda mais sobre Dimom:
um leão para atacar aqueles
que escaparem de Moabe
e os que permanecerem na terra.

O desespero dos moabitas

16 1 Enviem cordeiros
ao dominador da terra,
desde Sela, pelo deserto,
até o monte da filha de Sião.
2 Como pássaro espantado,
lançado fora do ninho,
assim são as filhas de Moabe
nos vaus do rio Arnom.
Elas dizem a Judá:
3 "Dê-nos um conselho,
tome uma decisão.
Faça com que, em pleno meio-dia,
a sua sombra seja como noite para nós.
Esconda os desterrados
e não revele onde estão os fugitivos.
4 Que os desterrados de Moabe
possam morar em seu território;
sirva-lhes de esconderijo contra o destruidor."
Quando o homem violento tiver fim,
a destruição for desfeita
e o opressor deixar a terra,
5 então um trono será estabelecido em bondade,
e sobre ele se assentará com fidelidade,
no tabernáculo de Davi, alguém que julgue,
busque o juízo e não tarde em fazer justiça.

6 Ouvimos falar da soberba de Moabe,
que de fato é extremamente soberbo.
Ouvimos falar da sua arrogância,
do seu orgulho e do seu furor;
mas todo esse seu orgulho é vão.
7 Por isso, Moabe pranteará por Moabe;
todos prantearão.
Profundamente abatidos,

hão de suspirar pelos bolos de passas
de Quir-Haresete.
8 Porque os campos de Hesbom estão murchos;
os senhores das nações destruíram
os melhores ramos da vinha de Sibma,
que se estendiam até Jazer
e se perdiam no deserto,
ramos que se estendiam e passavam além do mar.
9 Por isso, prantearei, com o pranto de Jazer,
pela vinha de Sibma.
Eu as regarei com as minhas lágrimas,
ó Hesbom e Eleale,
pois sobre os seus frutos de verão
e sobre a sua colheita já caiu
o "eia" dos inimigos.
10 Fugiu a alegria e o regozijo dos pomares;
nas vinhas já não se canta, nem há júbilo algum.
Já não se pisam as uvas nos lagares;
eu fiz cessar o "eia" dos pisadores.
11 Por isso, o meu íntimo vibra por Moabe
como se fosse harpa,
e o meu coração estremece por Quir-Heres.

12 Quando Moabe se apresentar e se cansar nos
lugares altos, quando entrar no seu santuário para
orar, nada alcançará.
13 Esta é a palavra que o SENHOR há muito pronun-
ciou contra Moabe. 14 Agora, porém, o SENHOR diz:
— Daqui a exatamente três anos, será humilha-
da a glória de Moabe, com toda a sua grande multi-
dão; e o resto que ficar será pouco, pequeno e fraco.

Profecia contra Damasco e Efraim

17 1 Sentença contra Damasco.

"Eis que Damasco deixará de ser cidade
e será um montão de ruínas.
2 As cidades de Aroer serão abandonadas;
hão de ser para os rebanhos,
que aí se deitarão sem haver quem os espante.
3 A fortaleza de Efraim desaparecerá,
bem como o reino de Damasco;
e o restante da Síria será como
a glória dos filhos de Israel",
diz o SENHOR dos Exércitos.

4 "Naquele dia, a glória de Jacó será diminuída,
e a gordura da sua carne desaparecerá.
5 Será como quando o ceifeiro ajunta o trigo
e com o braço colhe as espigas;
será como quem colhe espigas
no vale dos Refains.
6 Mas ainda ficarão algumas espigas,
como no sacudir da oliveira;
duas ou três azeitonas na ponta
do ramo mais alto,
e quatro ou cinco nos ramos mais produtivos",
diz o SENHOR, o Deus de Israel.

7 Naquele dia, as pessoas olharão para o seu
Criador, e os seus olhos estarão voltados para o
Santo de Israel. 8 Eles não olharão para os altares,
obra de suas mãos, nem voltarão os olhos para o
que os seus dedos fizeram, nem para os postes da
deusa Aserá, nem para os altares do incenso.
9 Naquele dia, as cidades que eles fortificaram
ficarão como os lugares abandonados no bosque
ou no alto das montanhas, os quais no passado fo-
ram abandonados diante da chegada dos filhos de
Israel, e haverá desolação.

10 Porque você se esqueceu
do Deus da sua salvação
e não se lembrou da Rocha da sua fortaleza.
Ainda que você faça belas plantações
e plante mudas de fora,
11 e, no dia em que você as plantar, as fizer crescer,
e na manhã seguinte as fizer florescer,
ainda assim a colheita voará
no dia da tribulação e das dores incuráveis.

12 Ai do bramido dos grandes povos
que bramam como bramam os mares,
e do rugido das nações
que rugem como rugem as águas impetuosas!
13 As nações rugem como as muitas águas,
mas Deus as repreenderá,
e fugirão para longe;
serão afugentadas como a palha dos montes
diante do vento
e como pó levado pelo tufão.
14 Ao anoitecer, eis que há pavor,
e, antes que amanheça o dia, já não existem.
Este é o destino daqueles que nos despojam
e a sorte daqueles que nos saqueiam.

Profecia contra a Etiópia

18 1 Ai da terra onde há o roçar
de muitas asas de insetos,
que está além dos rios da Etiópia,
2 que envia embaixadores por mar
em navios de papiro sobre as águas.

Vão, mensageiros velozes,
a uma nação de homens altos
e de pele lustrosa,
a um povo que é temido
pelos de perto e de longe,
a uma nação poderosa e esmagadora,
cuja terra é dividida por rios.
3 Todos vocês, habitantes do mundo,
os moradores da terra,
olhem bem quando a bandeira
for levantada nos montes.
Quando a trombeta soar, escutem!
4 Porque o SENHOR me disse:
"Olhando da minha morada,

estarei calmo como o ardor do sol
resplandecente,
como a nuvem do orvalho
no tempo quente da colheita."
5 Porque antes da vindima, caída já a flor,
e quando as uvas amadurecem,
então podará os brotos com a foice
e cortará os ramos que se estendem.
6 Todos serão deixados para as aves dos montes
e para os animais selvagens;
sobre eles as aves de rapina passarão o verão,
e todos os animais selvagens
passarão o inverno sobre eles.

7 Naquele tempo, será levado um presente
ao SENHOR dos Exércitos
por um povo de homens altos
e de pele lustrosa,
povo que é temido pelos de perto e de longe,
por uma nação poderosa e esmagadora,
cuja terra é dividida por rios.
Esse presente será levado
ao lugar do nome do SENHOR dos Exércitos,
ao monte Sião.

Profecia contra o Egito

19 1 Sentença contra o Egito.

Eis que o SENHOR, cavalgando
uma nuvem ligeira,
vai indo para o Egito.
Os ídolos do Egito estremecerão diante dele,
e o coração dos egípcios
se derreterá dentro deles.
2 "Porque farei com que egípcios
se levantem contra egípcios,
e cada um lutará contra o seu irmão
e cada um contra o seu próximo;
cidade contra cidade, reino contra reino.
3 O espírito dos egípcios
irá esmorecer dentro deles,
e eu farei com que os planos deles fracassem.
Eles consultarão os seus ídolos, encantadores,
médiuns e feiticeiros.
4 Entregarei os egípcios
nas mãos de um senhor cruel,
e um rei feroz os dominará",
diz o Senhor, o SENHOR dos Exércitos.

5 As águas do mar baixarão,
e o rio Nilo se tornará seco e árido.
6 Os canais exalarão mau cheiro,
e os braços do Nilo diminuirão até secar;
as canas e os juncos murcharão.
7 A relva que está junto ao Nilo,
junto às suas margens,
e tudo o que foi semeado junto dele secarão,
serão levados pelo vento e desaparecerão.
8 Os pescadores gemerão,
e lamentarão todos os que lançam
anzóis no rio;
e os que estendem redes
sobre as águas desfalecerão.
9 Os que trabalham em linho fino
e os que tecem pano de algodão
ficarão decepcionados.
10 Os seus homens importantes
serão esmagados,
e todos os que trabalham por salário
andarão de alma entristecida.

11 Na verdade, os príncipes de Zoã não têm juízo;
os sábios conselheiros de Faraó
dão conselhos estúpidos.
Como vocês podem dizer ao Faraó:
"Sou filho de sábios, filho de antigos reis?"
12 Onde estão agora os seus sábios?
Que eles agora lhe anunciem ou informem
o que o SENHOR dos Exércitos
determinou contra o Egito.
13 Os príncipes de Zoã perderam o juízo,
e os príncipes de Mênfis estão enganados;
os que são a pedra de esquina das suas tribos
estão levando o Egito a andar errante.
14 O SENHOR derramou no coração deles
um espírito de confusão;
eles fizeram o Egito andar errante
em toda a sua obra,
como o bêbado quando escorrega
no seu próprio vômito.
15 Para o Egito, não há obra alguma
que possa ser feita pela cabeça ou cauda,
pela palma ou junco.

O Egito e a Assíria voltarão para o Senhor

16 Naquele dia, os egípcios serão como mulheres:
ficarão tremendo de medo quando se levantar a
mão do SENHOR dos Exércitos, que ele agitará con-
tra eles. 17 A terra de Judá será um espanto para o
Egito; todo aquele que dela se lembrar ficará apavo-
rado por causa da decisão que o SENHOR dos Exérci-
tos tomou contra eles.
18 Naquele dia, haverá cinco cidades na terra
do Egito que falarão a língua de Canaã e farão ju-
ramento ao SENHOR dos Exércitos; uma delas se
chamará Cidade do Sol.
19 Naquele dia, o SENHOR terá um altar no
meio da terra do Egito, e na fronteira do país será
levantada uma coluna em honra do SENHOR.
20 Servirá de sinal e de testemunho ao SENHOR
dos Exércitos na terra do Egito. Quando eles cla-
marem ao SENHOR por causa dos opressores, ele
lhes enviará um salvador e defensor que os há de
livrar. 21 O SENHOR se dará a conhecer ao Egito, e os
egípcios conhecerão o SENHOR naquele dia. Eles o

adorarão com sacrifícios e ofertas de cereais, e fa-
rão votos ao SENHOR, e os cumprirão. 22 O SENHOR
ferirá os egípcios; ele os ferirá, mas depois os cura-
rá. Eles se converterão ao SENHOR, e ele lhes aten-
derá as orações e os curará.
23 Naquele dia, haverá uma estrada do Egito até a
Assíria. Os assírios irão ao Egito, e os egípcios irão à
Assíria; e os egípcios adorarão com os assírios.
24 Naquele dia, Israel será o terceiro com os egíp-
cios e os assírios, uma bênção no meio da terra.
25 O SENHOR dos Exércitos os abençoará, dizendo:
"Bendito seja o Egito, meu povo! Bendita seja a As-
síria, obra de minhas mãos. E bendito seja Israel,
minha herança."

Profecia do cativeiro dos egípcios e dos etíopes

20 1 No ano em que Tartã, enviado por Sargão,
rei da Assíria, veio a Asdode, atacou a cida-
de e a conquistou, 2 nesse mesmo tempo o SENHOR
falou por meio de Isaías, filho de Amoz, dizendo:
— Solte de seus lombos a roupa de pano gros-
seiro e tire as sandálias dos pés.
Isaías fez isso, passando a andar despido e des-
calço.
3 Então o SENHOR disse:
— Assim como o meu servo Isaías andou três
anos despido e descalço, como sinal e prenúncio
contra o Egito e contra a Etiópia, 4 assim o rei da
Assíria levará os presos do Egito e os exilados da
Etiópia, tanto moços como velhos, despidos e
descalços e com as nádegas descobertas, para ver-
gonha do Egito. 5 Então os israelitas ficarão apavo-
rados e envergonhados por causa dos etíopes, sua
esperança, e dos egípcios, sua glória. 6 Os morado-
res desta região dirão naquele dia: "Vejam o que
aconteceu com aqueles em quem esperávamos e a
quem recorremos para nos livrar do rei da Assíria!
E, agora, como nós vamos escapar?"

Profecia contra a Babilônia

21 1 Sentença contra o deserto junto ao mar.

Como as tempestades vêm do Sul,
ele virá do deserto, de uma terra horrível.
2 Uma visão terrível me foi anunciada:
o traidor procede traiçoeiramente,
e o destruidor anda destruindo.
Ao ataque, ó Elão!
Feche o cerco, ó Média!
Já fiz cessar todo gemido.
3 Por isso, os meus lombos estão
cheios de angústia;
tive dores como as dores da mulher
que está dando à luz;
contorço-me de dores e não posso ouvir,
desfaleço e não posso ver.
4 O meu coração bate forte,
o horror me apavora;
o crepúsculo que eu aguardava
só me trouxe tremor.
5 Põe-se a mesa, estendem-se tapetes,
come-se e bebe-se.
Levantem-se, príncipes, e untem os escudos.
6 Porque assim me disse o Senhor:
"Vá e ponha uma sentinela,
que fique olhando e anuncie o que enxergar.
7 Se ela enxergar uma tropa de cavaleiros
de dois a dois,
uma tropa de jumentos e uma tropa de camelos,
ela que escute atentamente,
com muita atenção."
8 Então o que estava olhando gritou:
"Senhor, durante o dia estou continuamente
sobre a torre de vigia
e fico de guarda durante noites inteiras.
9 Eis que agora vem uma tropa de homens,
cavaleiros de dois a dois."
Então ele ergueu a voz e disse:
"Caiu! Babilônia caiu!
Todas as imagens de escultura dos seus deuses
jazem despedaçadas no chão!"
10 Ah, meu povo, debulhado e batido
como o trigo na eira!
O que ouvi do SENHOR dos Exércitos,
o Deus de Israel,
isso lhes anunciei.

Profecia contra Dumá

11 Sentença contra Dumá.

Alguém me chama desde Seir:
"Guarda, falta muito para acabar a noite?
Guarda, falta muito?"
12 O guarda responde:
"O dia vai chegar, e também a noite.
Se quiserem perguntar de novo,
voltem e perguntem."

Profecia contra a Arábia

13 Sentença contra a Arábia.

Nos bosques da Arábia, vocês passarão a noite,
ó caravanas de dedanitas.
14 Levem água para os sedentos.
Ó moradores da terra de Tema,
levem pão aos fugitivos.
15 Porque eles fogem da espada,
da espada desembainhada,
do arco entesado e do furor da guerra.

16 Porque assim me disse o Senhor:
— Dentro de exatamente um ano, toda a gló-
ria de Quedar desaparecerá. 17 E o que restar do

número dos flecheiros, homens valentes dos filhos de Quedar, será diminuto, porque assim o disse o SENHOR, o Deus de Israel.

Profecia contra Jerusalém

22 1 Sentença contra o vale da Visão.

O que aconteceu, para que todo o seu povo
esteja subindo aos terraços?
2 Você estava cheia de aclamações,
era uma cidade barulhenta,
cidade cheia de alegria!
Os seus mortos não foram mortos à espada,
nem morreram na guerra.
3 Todos os seus chefes fugiram na mesma hora
e foram presos sem que
fosse atirada uma só flecha.
Todos os moradores
que foram encontrados foram presos,
apesar de já estarem longe na fuga.
4 Portanto, digo: "Não olhem para mim;
deixem-me chorar amargamente.
Não insistam em querer consolar-me
por causa da ruína da filha do meu povo."
5 Porque este é um dia de tumulto,
pisoteamento e alvoroço da parte do Senhor,
o SENHOR dos Exércitos, no vale da Visão:
um derrubar de muralhas
e um clamor que vai até os montes.
6 Porque Elão pegou a sua aljava
e vem com carros de guerra e cavaleiros;
e Quir prepara os escudos.
7 Os seus formosos vales
se encheram de carros de guerra,
e os cavaleiros se posicionaram junto ao portão.

8 Foi-se a proteção de Judá.
Naquele dia, vocês olharam para as armas da
Casa do Bosque. 9 Notaram as brechas da Cidade
de Davi, que eram muitas, e ajuntaram água no
tanque inferior. 10 Também contaram as casas
de Jerusalém e derrubaram algumas delas, para
reforçar a muralha. 11 Também construíram um
reservatório entre as duas muralhas para as águas
do tanque velho.

Mas vocês não olharam para aquele
que fez essas coisas,
nem levaram em conta aquele
que há muito as formou.
12 Naquele dia, o Senhor,
o SENHOR dos Exércitos,
os convidava para chorar, prantear,
rapar a cabeça e vestir roupa
feita de pano de saco.
13 Porém, o que se viu era só festa e alegria.
Vocês mataram bois, degolaram ovelhas,
comeram carne, beberam vinho e disseram:
"Comamos e bebamos,
porque amanhã morreremos."

14 Mas o SENHOR dos Exércitos me revelou o
seguinte:
"Certamente essa maldade
não será perdoada,
até que vocês morram, diz o Senhor,
o SENHOR dos Exércitos."

Sebna é removido do ofício. Eliaquim é exaltado

15 Assim diz o Senhor, o SENHOR dos Exércitos:
— Vá falar com esse administrador, com Sebna,
o responsável pelo palácio, e pergunte-lhe: 16 "O
que você está fazendo aqui? Ou que parente você
tem aqui, para que abra aqui uma sepultura para
você, lavrando num lugar elevado a sua sepultura,
escavando na rocha a sua própria morada? 17 Eis
que como homem forte o SENHOR vai jogar você
para bem longe. Ele o pegará com firmeza 18 e o
fará rolar como uma bola, lançando-o numa terra
espaçosa. Ali você morrerá, e ali acabarão os carros
da sua glória. Pois você é a vergonha da casa do seu
senhor. 19 Eu vou removê-lo do seu ofício, e você
será derrubado da sua posição."
20 — Naquele dia, chamarei o meu servo Elia-
quim, filho de Hilquias. 21 Eu o vestirei com a túnica
que você usava, irei cingi-lo com a faixa que era sua
e lhe entregarei nas mãos o poder que você tinha.
Ele será como um pai para os moradores de Jerusa-
lém e para a casa de Judá. 22 Porei sobre o ombro dele
a chave da casa de Davi. Ele abrirá, e ninguém fecha-
rá; fechará, e ninguém abrirá. 23 Vou fincá-lo como
estaca em lugar firme, e ele será como um trono de
honra para a casa de seu pai. 24 Nele, pendurarão
toda a glória da casa de seu pai, a prole e os descen-
dentes, todos os utensílios menores, desde as taças
até os jarros. 25 Naquele dia, diz o SENHOR dos Exér-
citos, a estaca que tinha sido fincada em lugar firme
será tirada, será arrancada e cairá, e a carga que nela
estava se desprenderá, porque o SENHOR o disse.

Profecia contra Tiro

23 1 Sentença contra Tiro.

Lamentem, navios de Társis,
porque Tiro foi destruída,
a ponto de não haver nela casa nenhuma,
nem ancoradouro.
Da terra de Chipre lhes foi revelado isto.
2 Calem-se, moradores do litoral,
vocês que foram enriquecidos
pelos mercadores de Sidom,
navegando pelo mar.
3 Através das vastas águas,

você recebeu o cereal dos canais do Egito
e a colheita do Nilo,
e você, ó Tiro, se tornou a feira das nações.
4 Fique envergonhada, ó Sidom,
porque o mar, a fortaleza do mar,
fala, dizendo:
"Não tive dores de parto, não dei à luz,
não criei rapazes, nem eduquei moças."
5 Quando a notícia a respeito de Tiro
chegar ao Egito,
eles ficarão angustiados.

6 Fujam para Társis!
Lamentem, moradores do litoral.
7 É esta a cidade de vocês
que andava exultante,
cuja origem é de tempos antigos,
cujos pés a levaram até longe
para se estabelecer?
8 Quem decretou isso contra Tiro,
a cidade distribuidora de coroas,
cujos mercadores são príncipes
e cujos negociantes
são os mais nobres da terra?
9 O SENHOR dos Exércitos decretou isso,
para abater o orgulho de toda beleza
e humilhar os mais nobres da terra.

10 Percorra livremente
como o rio Nilo a sua terra,
ó filha de Társis;
já não há quem a restrinja.
11 O SENHOR estendeu a mão sobre o mar
e abalou os reinos;
deu ordens contra Canaã,
para que as suas fortalezas
fossem destruídas.
12 Ele disse: "Nunca mais você irá se alegrar,
ó oprimida virgem filha de Sidom!
Levante-se, vá até Chipre,
mas nem ali você terá descanso."

13 Eis a terra dos caldeus, povo que não existe
mais e que a Assíria havia destinado para os ani-
mais do deserto. Eles levantaram suas torres, arra-
saram os palácios de Tiro e a deixaram em ruínas.

14 Lamentem, navios de Társis,
porque aquela que era a fortaleza de vocês
foi destruída!

15 Naquele dia, Tiro ficará no esquecimento por
setenta anos, o tempo de vida de um rei. Mas no
fim dos setenta anos acontecerá com Tiro o que
diz a canção da prostituta:

16 "Pegue a harpa, rodeie a cidade,
ó prostituta esquecida;
toque bem, cante muitas canções,
para que se lembrem de você."

17 Passados os setenta anos, o SENHOR se lem-
brará de Tiro, e ela voltará ao seu ofício e se pros-
tituirá com todos os reinos da terra. 18 O ganho
e o salário de sua impureza serão dedicados ao
SENHOR. Não serão armazenados, nem guardados,
mas o seu ganho será para os que habitam diante
do SENHOR, para que tenham comida em abundân-
cia e roupas finas.

O Senhor vai castigar o mundo

24 1 Eis que o SENHOR vai devastar
e desolar a terra,
vai transtornar a sua superfície
e dispersar os seus moradores.
2 O mesmo vai acontecer com todos:
com o povo e com o sacerdote;
com o servo e com o seu senhor;
com a serva e com a sua dona;
com o comprador e com o vendedor;
com o que empresta
e com o que toma emprestado;
com o credor e com o devedor.
3 A terra será completamente devastada
e totalmente saqueada,
porque o SENHOR é quem proferiu esta palavra.

4 A terra pranteia e murcha;
o mundo enfraquece e murcha;
enfraquecem os mais nobres do povo da terra.
5 A terra está contaminada
por causa dos seus moradores,
porque transgridem as leis,
violam os estatutos
e quebram a aliança eterna.
6 Por isso, a maldição consome a terra,
e os que habitam nela se tornam culpados.
Por isso, os moradores da terra serão queimados,
e poucas pessoas restarão.
7 O vinho pranteia,
a videira murcha,
e gemem todos os que estavam
de coração alegre.
8 Cessou o som alegre dos tamborins,
acabou o ruído dos que exultam,
cessou o som alegre da harpa.
9 Já não se bebe vinho entre canções;
a bebida forte é amarga para os que a bebem.
10 A cidade caótica está demolida;
todas as casas estão fechadas,
e ninguém consegue entrar.
11 Gritam por vinho nas ruas;
todo o riso desapareceu;
a alegria foi banida da terra.
12 Na cidade, só restou a desolação,
e o portão está em pedaços.
13 O que acontecerá na terra,
no meio dos povos,

é como o sacudir da oliveira
no tempo da colheita
e o rebuscar das parreiras
depois de acabada a vindima.

A alegria dos justos e a ruína dos transgressores

14 Eles levantam a voz e cantam com alegria;
por causa da glória do SENHOR,
exultam desde o mar.
15 Por isso, no Oriente deem glória ao SENHOR
e, nas terras do mar,
glorifiquem o nome do SENHOR,
o Deus de Israel.
16 Dos confins da terra ouvimos cantar:
"Glória ao Justo!"
Mas eu digo: "Estou definhando!
Estou definhando! Ai de mim!
Os traidores estão traindo;
sim, os traidores só tramam traições."
17 Terror, buracos e armadilhas
esperam por vocês, moradores da terra.
18 Aquele que fugir da voz do terror
cairá no buraco,
e, se sair do buraco,
será apanhado na armadilha.
Porque as represas do alto se abrem,
e tremem os fundamentos da terra.
19 A terra será totalmente quebrada,
a terra ficará completamente despedaçada,
a terra será violentamente sacudida.
20 A terra vai cambalear como um bêbado
e balançar como uma cabana;
a sua transgressão pesa sobre ela,
ela cairá e nunca mais se levantará.
21 Naquele dia, o SENHOR castigará,
nas alturas, os exércitos celestiais,
e, na terra, castigará os reis da terra.
22 Serão ajuntados como presos em masmorra
e encerrados num cárcere;
e, depois de muitos dias, serão castigados.
23 A lua ficará corada de vergonha
e o sol se envergonhará
quando o SENHOR dos Exércitos
reinar no monte Sião e em Jerusalém;
e diante dos seus anciãos haverá glória.

Cântico de louvor pela misericórdia divina

25 1 Ó SENHOR, tu és o meu Deus;
eu te exaltarei e louvarei o teu nome,
porque tens feito maravilhas
e tens executado os teus conselhos antigos,
fiéis e verdadeiros.
2 Porque da cidade fizeste um montão de pedras
e da cidade fortificada, uma ruína;
a fortaleza dos estrangeiros já não é cidade
e jamais será reconstruída.
3 Por isso, um povo forte te glorificará,
e a cidade das nações opressoras te temerá.
4 Porque foste a fortaleza do pobre
e a fortaleza do necessitado na sua angústia;
refúgio contra a tempestade
e sombra contra o calor.
Porque a fúria dos tiranos é como
a tempestade contra o muro,
5 como o calor em lugar seco.
Tu farás cessar o tumulto dos estrangeiros.
Como o calor se abranda
com a sombra de uma nuvem,
assim o hino triunfal dos tiranos será silenciado.

Um banquete para todos os povos

6 O SENHOR dos Exércitos dará neste monte
um banquete para todos os povos.
Será um banquete de carnes suculentas
e vinhos envelhecidos:
carnes suculentas com tutanos
e vinhos envelhecidos bem-clarificados.
7 Neste monte ele acabará
com o pano que cobre todos os povos
e com o véu que está posto
sobre todas as nações.
8 Tragará a morte para sempre, e, assim,
o SENHOR Deus enxugará as lágrimas
de todos os rostos,
e tirará de toda a terra o vexame do seu povo,
porque o SENHOR falou.
9 Naquele dia, se dirá:
"Eis que este é o nosso Deus,
em quem esperávamos, e ele nos salvará;
este é o SENHOR, a quem aguardávamos;
na sua salvação exultaremos
e nos alegraremos."

Deus castigará Moabe

10 Porque a mão do SENHOR
repousará neste monte;
mas Moabe será pisoteado no seu lugar,
como se pisa a palha na esterqueira.
11 No meio disto Moabe estenderá os braços,
como o nadador os estende para nadar;
mas o SENHOR lhe abaterá o orgulho,
apesar da perícia dos seus braços.
12 Ele derrubará as altas fortalezas
das muralhas de Moabe;
irá abatê-las e derrubá-las até o chão, até o pó.

Cântico de confiança na proteção divina

26 1 Naquele dia, se entoará este cântico na terra
de Judá:

Temos uma cidade forte,
na qual Deus põe a salvação
como muralha e defesa.

2 Abram os portões,
para que entre a nação justa,
que guarda a fidelidade.
3 Tu, SENHOR, conservarás em perfeita paz
aquele cujo propósito é firme,
porque ele confia em ti.
4 Confiem sempre no SENHOR,
porque o SENHOR Deus é uma rocha eterna.
5 Ele derruba os que habitam
no alto, na cidade elevada;
derruba e humilha até o chão, até o pó.
6 O pé a pisará; os pés dos aflitos,
e os passos dos pobres.

7 A vereda do justo é plana;
tu, que és justo, aplanas a vereda do justo.
8 Também através dos teus juízos,
SENHOR, te esperamos;
no teu nome e na tua memória
está o desejo da nossa alma.
9 Com minha alma suspiro de noite por ti
e, com o meu espírito dentro de mim,
eu te busco ansiosamente.
Porque, quando os teus juízos reinam na terra,
os moradores do mundo aprendem a justiça.
10 Ainda que se mostre favor ao ímpio,
nem por isso ele aprende a justiça;
até na terra da retidão ele comete a iniquidade
e não vê a majestade do SENHOR.

11 SENHOR, a tua mão está levantada,
mas eles não a veem!
Porém eles verão o teu zelo pelo povo
e ficarão envergonhados.
Que o teu furor, por causa
dos teus adversários, os consuma.

12 SENHOR, concede-nos a paz,
porque todas as nossas obras
tu as fazes por nós.
13 Ó SENHOR, nosso Deus,
outros senhores têm tido domínio sobre nós,
mas nós louvamos unicamente o teu nome.
14 Eles estão mortos, não voltarão a viver;
são apenas sombras, não ressuscitarão.
Porque tu os castigaste e destruíste,
e apagaste completamente a lembrança deles.
15 Tu, SENHOR, aumentaste o povo,
aumentaste o povo e tens sido glorificado;
alargaste todas as fronteiras do país.

16 SENHOR, na angústia te buscaram;
vindo sobre eles a tua correção,
derramaram as suas orações.
17 Como a mulher grávida que vai dar à luz
se contorce e grita de dor,
assim estávamos nós na tua presença, ó SENHOR!
18 Concebemos e nos contorcemos
em dores de parto,
mas o que demos à luz foi vento;
não trouxemos à terra livramento algum,
e não nasceram moradores do mundo.
19 Os teus mortos e também o meu cadáver
viverão e ressuscitarão.
Despertem e cantem de alegria,
vocês que habitam no pó,
porque o teu orvalho, ó Deus,
será como o orvalho de vida,
e a terra dará à luz os seus mortos.

Castigo e salvação

20 Meu povo, entrem nos seus quartos
e tranquem as portas;
escondam-se por um momento,
até que passe a ira.
21 Pois eis que o SENHOR sai do seu lugar,
para castigar a iniquidade
dos moradores da terra.
A terra deixará aparecer o sangue que embebeu
e não encobrirá mais aqueles que foram mortos.

Deus ama o seu povo e o salva

27 1 Naquele dia, com a sua espada terrível,
grande e forte,
o SENHOR castigará o Leviatã, serpente veloz,
o Leviatã, serpente sinuosa;
ele matará o monstro que está no mar.

2 Naquele dia, o SENHOR dirá:
"Cantem a respeito da vinha deliciosa!
3 Eu, o SENHOR, a vigio
e a rego constantemente.
De dia e de noite eu cuido dela,
para que ninguém lhe faça dano.
4 Não estou irado com ela.
Quem me dera ter espinheiros
e ervas daninhas diante de mim!
Em guerra, eu iria contra eles
e os queimaria ao mesmo tempo.
5 Ou que se ponham sob a minha proteção
e façam as pazes comigo;
sim, que façam as pazes comigo."

6 Virão dias em que Jacó lançará raízes
e Israel florescerá e brotará;
e encherão o mundo de frutos.

7 Será mesmo que o SENHOR castigou Israel
como fez com aqueles
que castigaram o seu povo?
Ou o matou, assim como fez
com aqueles que mataram o seu povo?
8 Com "xô!", "xô!" e exílio o trataste;
com forte sopro o expulsaste
no dia do vento leste.
9 Portanto, com isto será expiada
a culpa de Jacó.

E este será todo o fruto do perdão
do seu pecado:
quando ele fizer com que
todas as pedras dos altares pagãos
sejam esmigalhadas,
como se fossem pedras de cal,
os postes da deusa Aserá
e os altares do incenso não ficarão em pé.

10 Porque a cidade fortificada está solitária;
é habitação desamparada e abandonada
como um deserto.
Ali pastam os bezerros;
ali eles se deitam e comem os ramos das árvores.
11 Quando os ramos secam, são quebrados.
Então vêm as mulheres
e os apanham para fazer fogo.
Porque este é um povo
que não tem entendimento;
por isso, aquele que o fez
não terá compaixão dele,
e aquele que o formou
não será gracioso para com ele.

12 Naquele dia, em que o SENHOR debulhará o
seu cereal desde o Eufrates até o ribeiro do Egito,
vocês, filhos de Israel, serão colhidos um a um.
13 Naquele dia, se tocará uma grande trombeta,
e os que andavam perdidos pela terra da Assíria
e os que foram desterrados para a terra do Egito
virão e adorarão o SENHOR no monte santo em Je-
rusalém.

A impenitência de Efraim será castigada

28 1 Ai de Samaria, a orgulhosa coroa
dos bêbados de Efraim,
a flor murcha da gloriosa formosura
que se encontra nos altos do fertilíssimo vale
dos que são vencidos pelo vinho!
2 Eis que o Senhor vai enviar
um homem valente e poderoso;
este, com poder jogará tudo no chão,
como chuva de pedras,
como tormenta destruidora
e como tempestade de águas impetuosas
que transbordam.
3 A orgulhosa coroa dos bêbados de Efraim
será pisada com os pés.
4 A flor murcha da gloriosa formosura
que se encontra nos altos do fertilíssimo vale
será como o figo prematuro,
que amadurece antes do verão:
quando alguém põe os olhos nele,
mal o apanha, já o devora.

5 Naquele dia, o SENHOR dos Exércitos
será a coroa de glória e o formoso diadema
para o restante de seu povo.
6 Ele será o espírito de justiça
para aqueles que se assentam para julgar
e a força para os que rechaçam
o ataque inimigo junto ao portão da cidade.

Contra os habitantes de Jerusalém

7 Mas há outros que cambaleiam
por causa do vinho
e não podem ficar em pé
por causa da bebida forte:
os sacerdotes e os profetas.
Cambaleiam por causa da bebida forte,
são vencidos pelo vinho,
não podem ficar em pé
por causa da bebida forte;
estão confusos quando recebem uma visão,
tropeçam quando proferem sentenças.
8 Porque todas as mesas estão cheias de vômito,
e não há lugar sem sujeira.

9 Eles dizem:
"A quem ele quer ensinar o conhecimento?
E a quem ele quer explicar a mensagem?
A crianças desmamadas
e aos que acabaram de ser afastados
do seio materno?
10 Porque nos fala como a crianças,
repetindo palavras e frases.
Uma palavra, depois mais outra,
um pouco aqui, um pouco ali."

11 Pois bem, por meio de lábios zombeteiros
e de uma língua estranha
o SENHOR falará a este povo,
12 ao qual ele disse:
"Este é o descanso; deem descanso ao cansado.
E este é o refrigério."
Mas eles não quiseram ouvir.
13 Assim, a palavra do SENHOR lhes será
como a fala de crianças:
palavras e frases repetidas,
uma palavra, depois mais outra,
um pouco aqui, um pouco ali.
Isso para que andem, caiam para trás,
sejam despedaçados,
enlaçados e presos.

14 Portanto, escutem a palavra do SENHOR,
homens zombadores,
vocês que governam este povo
que está em Jerusalém.
15 Porque vocês dizem:
"Fizemos aliança com a morte
e acordo com a sepultura.
Quando passar a catástrofe arrasadora,
não nos atingirá,
porque o nosso refúgio é a mentira
e o nosso esconderijo é a falsidade."

16 Portanto, assim diz o SENHOR Deus:
"Eis que ponho em Sião uma pedra,
pedra já provada, pedra preciosa,
angular, solidamente assentada;
aquele que crer não foge.
17 Farei do juízo a régua e da justiça, o prumo."

O granizo varrerá o refúgio da mentira,
e as águas arrastarão o esconderijo.
18 A aliança que vocês fizeram
com a morte será anulada,
e o acordo com a sepultura não será mantido;
e, quando o flagelo arrasador passar,
vocês serão esmagados por ele.
19 Todas as vezes que passar, ele os arrastará;
porque passará manhã após manhã,
e todos os dias, e todas as noites.
E será simplesmente um horror
o entender a mensagem.
20 Porque a cama será tão curta,
que ninguém poderá se estender nela;
e o cobertor será tão estreito,
que ninguém poderá se cobrir com ele.
21 Porque o SENHOR se levantará
como no monte Perazim,
e ficará irado como no vale de Gibeão,
para realizar a sua obra, a sua obra alheia,
e para executar a sua tarefa,
a sua tarefa estranha.
22 E agora parem de zombar,
para que as correntes que os prendem
não se tornem mais fortes.
Porque já ouvi o Senhor,
o SENHOR dos Exércitos,
falar de uma destruição,
e essa já está determinada sobre toda a terra.

Deus é grande em sabedoria

23 Prestem atenção e ouçam a minha voz;
estejam atentos e ouçam o meu discurso.
24 Será que o agricultor está sempre lavrando,
a fim de semear?
Será que ele está sempre abrindo sulcos na terra
e desfazendo os torrões?
25 Não! Pelo contrário,
depois de ter nivelado a superfície,
ele espalha o endro, semeia o cominho,
planta o trigo nos sulcos,
a cevada no devido lugar,
e o centeio nas bordas.
26 Pois o seu Deus o instrui
devidamente e o ensina.
27 Porque não se debulha o endro
com instrumento de trilhar,
nem se passa roda de carro sobre o cominho,
mas o endro é debulhado com uma vara
e o cominho, com um pedaço de pau.
28 O cereal é debulhado,
mas o lavrador não o trilha sem parar;
as rodas do carro passam por cima dele,
mas os seus cavalos não esmagam os grãos.
29 Também isso procede
do SENHOR dos Exércitos;
ele é maravilhoso em conselho
e grande em sabedoria.

Jerusalém e seus inimigos

29 1 Ai de Ariel! Ariel,
cidade onde Davi acampou!
Acrescentem ano a ano,
deixem que as festas completem o seu ciclo;
2 no entanto, porei Ariel em aperto,
e haverá pranto e lamentação;
e ela será para mim como Ariel.
3 Acamparei ao redor de você,
vou cercá-la de trincheiras
e levantarei rampas de ataque contra você.
4 Então, lançada por terra,
do chão você falará,
e do pó sairá afogada a sua fala.
A sua voz subirá da terra
como se fosse a de um fantasma;
a sua fala será
como um cochicho vindo do pó.
5 Mas a multidão dos seus inimigos
será como o pó fino,
e a multidão dos tiranos, como a palha que voa.
E isso acontecerá de repente, num instante.
6 Do SENHOR dos Exércitos vem o castigo
com trovões, com terremotos,
grande estrondo, tufão de vento,
tempestade e labaredas de um fogo devorador.
7 Como sonho e visão noturna
será a multidão de todas as nações
que lutam contra Ariel,
bem como todos os que lutam contra ela
e contra a sua fortaleza
e a põem em aperto.
8 Será também como o faminto
que sonha que está comendo,
mas que, ao acordar, sente-se vazio;
ou como a pessoa sedenta
que sonha estar bebendo água,
mas que, ao acordar, sente-se fraca
e ainda com sede.
Assim será toda a multidão
das nações que lutam contra o monte Sião.

A cegueira espiritual e a hipocrisia do povo

9 Fiquem espantados e continuem assim!
Fiquem cegos e continuem sem ver!
Eles estão bêbados, mas não de vinho;
andam cambaleando, mas não
por causa de bebida forte.

10 Porque o SENHOR derramou
sobre vocês o espírito de profundo sono;
ele fechou os olhos de vocês,
que são os profetas,
e cobriu a cabeça de vocês, que são os videntes.

11 Para vocês, toda visão já se tornou como as
palavras de um livro selado. Se derem o livro a al-
guém que sabe ler, dizendo: "Leia isto, por favor",
ele responderá: "Não posso, porque está selado."
12 E, se derem o livro a quem não sabe ler, dizendo:
"Leia isto, por favor", ele responderá: "Não sei ler."

13 O Senhor disse:
"Visto que este povo se aproxima de mim
e com a sua boca e com os seus lábios me honra,
mas o seu coração está longe de mim,
e o seu temor para comigo
consiste só em mandamentos
ensinados por homens,
14 continuarei a fazer obra maravilhosa
no meio deste povo.
Sim, farei obra maravilhosa e um prodígio,
de maneira que a sabedoria
dos seus sábios será destruída,
e o entendimento dos seus
entendidos desaparecerá."

15 Ai dos que escondem profundamente
o seu propósito do SENHOR!
Ai dos que fazem
as suas próprias obras às escuras,
e dizem: "Quem nos vê?
Quem sabe o que estamos fazendo?"
16 Como vocês invertem as coisas!
Será que o oleiro é igual ao barro?
Pode a obra dizer ao seu artífice:
"Ele não me fez"?
Pode a coisa feita dizer do seu oleiro:
"Ele não sabe nada"?

A redenção de Israel

17 Não é fato que,
dentro de muito pouco tempo,
o Líbano se tornará pomar,
e o pomar será tido por bosque?
18 Naquele dia, os surdos ouvirão
as palavras do livro,
e os cegos, livres da escuridão
e das trevas, as verão.
19 Os mansos voltarão a se alegrar no SENHOR,
e os pobres do meio do povo
exultarão no Santo de Israel.
20 Pois o tirano será reduzido a nada,
o zombador já não existirá,
e serão eliminados todos os que buscam o mal,
21 os quais com uma palavra
condenam o inocente,
põem armadilhas
ao que repreende no tribunal,
e sem motivo negam ao justo o seu direito.

22 Portanto, a respeito da casa de Jacó, o SENHOR,
que remiu Abraão, diz o seguinte:

"Jacó não será mais envergonhado,
nem mais ficará pálido o seu rosto.
23 Pois, quando ele e os seus filhos
virem a obra das minhas mãos no meio deles,
santificarão o meu nome;
sim, santificarão o Santo de Jacó
e temerão o Deus de Israel.
24 E os desencaminhados de espírito
virão a ter entendimento,
e os murmuradores hão de aceitar instrução."

Contra a aliança com o Egito

30 1 "Ai dos filhos rebeldes", diz o SENHOR,
"que executam planos
que não procedem de mim
e fazem aliança sem consultar o meu Espírito,
para acrescentarem pecado sobre pecado!
2 Eles descem ao Egito sem me consultar,
buscando refúgio em Faraó
e abrigo à sombra do Egito!
3 Mas o refúgio de Faraó se transformará
em vergonha para vocês,
e o abrigo na sombra do Egito
resultará em humilhação.
4 Porque os príncipes de Judá já estão em Zoã,
e os seus embaixadores já chegaram a Hanes.
5 Mas todos ficarão envergonhados
por causa de um povo
que não os ajudará em nada,
que não servirá nem de ajuda
nem de proveito,
porém de vergonha e de vexame."

6 Sentença contra a Besta do Sul.
"Atravessando a terra da aflição e da angústia,
de onde vêm a leoa, o leão,
a víbora e a serpente voadora,
os embaixadores levam as suas riquezas
em lombo de jumento,
e transportam os seus tesouros
sobre as corcovas de camelos.
Levam as suas riquezas e os seus tesouros
a um povo que não lhes será de proveito algum.
7 Pois, quanto ao Egito,
o seu auxílio é vão e inútil.
Por isso, eu o chamo de 'Besta que nada faz'."

Um povo rebelde

8 "Agora vá e escreva isso
numa tabuinha diante deles,
escreva-o num livro,

para que fique registrado para os dias vindouros,
para sempre, perpetuamente.
9 Porque este é um povo rebelde;
são filhos mentirosos,
filhos que não querem ouvir a lei do SENHOR.
10 Eles dizem aos videntes:
'Não tenham mais visões!'
E aos profetas: 'Não profetizem
para nós o que é reto;
digam-nos coisas agradáveis,
profetizem ilusões.
11 Desviem-se do caminho,
afastem-se da vereda;
não nos falem mais
a respeito do Santo de Israel.'"

12 Por isso o Santo de Israel diz:
"Vocês rejeitam esta palavra,
confiam na opressão e na perversidade
e se apoiam sobre isso.
13 Portanto, esta maldade será para vocês
como brecha num muro alto,
que, formando uma barriga,
está prestes a cair,
e cuja queda vem de repente, num momento.
14 O SENHOR quebrará esse muro
como se quebra o vaso do oleiro,
despedaçando-o por completo;
não se achará entre os seus cacos
um que sirva para tirar brasas da lareira
ou apanhar água da cisterna."

15 Porque assim diz o SENHOR Deus,
o Santo de Israel:
"Na conversão e no descanso
está a salvação de vocês;
na tranquilidade e na confiança
reside a força de vocês.
Mas vocês não quiseram.
16 Pelo contrário, disseram:
'Nada disso! Nós vamos fugir a cavalo!'
Portanto, vocês fugirão.
E vocês disseram:
'Vamos cavalgar sobre cavalos ligeiros!'
Portanto, ligeiros serão aqueles
que perseguem vocês.
17 Mil homens fugirão pela ameaça de apenas um;
pela ameaça de cinco, todos vocês fugirão,
até que sejam deixados como um mastro
no alto do monte
e como um estandarte no topo da colina."

Promessas consoladoras para Sião

18 Por isso, o SENHOR espera,
para ter misericórdia de vocês,
e se levanta, para se compadecer de vocês,
porque o SENHOR é Deus de justiça.
Bem-aventurados todos os que nele esperam.

19 Porque o povo habitará em Sião, em Jerusa-
lém. Vocês não vão chorar mais. Ele certamente
se compadecerá, ao ouvir o clamor de vocês; e,
ouvindo-o, lhes responderá. 20 Embora o Senhor
lhes dê pão de angústia e água de aflição, os mes-
tres de vocês não se esconderão mais; vocês os ve-
rão com os seus próprios olhos. 21 Quando vocês
se desviarem para a direita ou para a esquerda,
ouvirão atrás de vocês uma palavra, dizendo: "Este
é o caminho; andem nele." 22 Vocês tratarão como
impuras as imagens esculpidas cobertas de prata e
as imagens de fundição revestidas de ouro; vocês
as jogarão fora como coisa impura e dirão a cada
uma delas: "Fora daqui!"

23 O Senhor lhes dará chuva para as sementes
que vocês semearem na terra, e também lhes dará
o alimento que a terra produzir, o qual será farto
e nutritivo. Naquele dia, o gado de vocês pastará
em lugares espaçosos. 24 Os bois e os jumentos
que lavram a terra comerão forragem com sal,
espalhada com pá e forcado. 25 No dia do grande
massacre, quando caírem as torres, haverá ribei-
ros e correntes de água em todos os montes altos
e em todas as colinas elevadas. 26 A luz da lua será
como a do sol, e a do sol será sete vezes maior,
como a luz de sete dias, no dia em que o SENHOR
tratar as fraturas do seu povo e curar a ferida do
golpe que ele deu.

O julgamento da Assíria

27 Eis que o nome do SENHOR vem de longe,
ardendo na sua ira, no meio de espessas nuvens.
Os seus lábios estão cheios de indignação,
e a sua língua é como fogo devorador.
28 A sua respiração é como a torrente
que transborda e chega até o pescoço.
Ele vem peneirar as nações
com peneira de destruição;
porá na boca dos povos um freio
para fazer com que andem errantes.
29 Vocês cantarão como nas noites
em que se celebra uma festa santa;
terão alegria de coração
como a daquele que sai ao som da flauta
para ir ao monte do SENHOR,
à Rocha de Israel.
30 O SENHOR fará ouvir a sua voz majestosa
e fará ver o golpe do seu braço,
que desce com indignação de ira,
no meio de chamas devoradoras,
de chuvas torrenciais,
de tempestades e de granizo.
31 Porque a Assíria ficará apavorada
com a voz do SENHOR,
quando ele a ferir com o seu bastão.
32 Cada pancada castigadora
que o SENHOR lhe der com o bastão

será ao som de tamborins e harpas;
ele combaterá desferindo golpes contra eles.
33 Porque há muito está preparada a fogueira;
sim, preparada para o rei.
Ela é profunda e larga,
com fogo e lenha em abundância;
o sopro do SENHOR,
como torrente de enxofre, a acenderá.

Os egípcios são homens e não deuses

31 1 Ai dos que descem ao Egito
em busca de socorro
e se estribam em cavalos!
Eles confiam em carros de guerra,
porque são muitos,
e em cavaleiros, porque são fortes,
mas não olham para o Santo de Israel,
nem buscam o SENHOR.
2 Porém o SENHOR também é sábio
e faz vir a desgraça;
ele não volta atrás naquilo que falou.
Ele se levantará contra a casa dos malfeitores
e contra os que ajudam
os que praticam o mal.
3 Pois os egípcios são homens e não deuses;
os seus cavalos são carne, e não espírito.
Quando o SENHOR estender a mão,
tropeçará aquele que ajuda
e cairá quem é ajudado;
e juntos todos perecerão.

4 Porque assim me disse o SENHOR:
"Como o leão e o filhote do leão
rugem sobre a sua presa
e, ainda que se convoque contra eles
grande número de pastores,
não se espantam com o barulho
nem se apavoram
com os gritos desses pastores,
assim o SENHOR dos Exércitos descerá para lutar
sobre o monte Sião e sobre a sua colina.
5 Como uma ave paira sobre o seu ninho,
assim o SENHOR dos Exércitos
defenderá Jerusalém;
ele a defenderá e salvará, poupará e livrará."

6 Ó filhos de Israel, voltem-se para aquele con-
tra quem vocês se rebelaram tão profundamente.
7 Pois, naquele dia, cada um de vocês jogará fora
os ídolos de prata e os ídolos de ouro que as suas
mãos pecaminosas fabricaram.

8 "A Assíria cairá pela espada, não de homem;
a espada, não de um ser humano,
a destruirá.
A Assíria fugirá diante da espada,
e os seus jovens serão sujeitos
a trabalhos forçados.
9 De medo não enxergará a sua rocha de refúgio;
os seus príncipes, apavorados,
desertarão a bandeira",
diz o SENHOR, cujo fogo está em Sião
e cuja fornalha está em Jerusalém.

Um reinado de justiça

32 1 Eis aí um rei que irá reinar
com justiça,
e príncipes que irão governar com retidão.
2 Cada um deles servirá
de esconderijo contra o vento,
de refúgio contra a tempestade,
de torrentes de água em lugares secos
e de sombra de uma grande rocha
em terra sedenta.
3 Os olhos dos que veem não se fecharão,
e os ouvidos dos que ouvem estarão atentos.
4 O coração dos apressados
saberá compreender,
e a língua dos gagos falará com rapidez e clareza.
5 O tolo nunca mais será chamado de nobre,
e do fraudulento nunca mais
se dirá que é generoso.
6 Porque o tolo fala tolices,
e o seu coração só pensa em fazer o mal,
para praticar a iniquidade
e para proferir mentiras contra o SENHOR,
para deixar o faminto sem comida
e o sedento sem ter o que beber.
7 Quanto ao fraudulento,
os seus projetos são maus.
Ele planeja intrigas para,
com palavras mentirosas,
arruinar os necessitados,
mesmo quando a causa dos pobres é justa.
8 Mas o nobre projeta coisas nobres
e pela sua nobreza se mantém em pé.

Advertências contra as mulheres de Jerusalém

9 Vocês, mulheres que vivem tranquilas,
levantem-se e ouçam a minha voz;
e vocês, filhas que estão confiantes,
escutem o que vou dizer.
10 Daqui a pouco mais de um ano,
vocês, que estão confiantes, vão tremer de medo,
porque a vindima se acabará,
e não haverá colheita.
11 Vocês, mulheres que vivem tranquilas,
comecem a sentir pavor;
e vocês, que estão confiantes, tremam de medo.
Tirem as suas roupas, fiquem nuas,
e vistam-se de pano de saco.
12 Batam no peito e chorem
por causa dos campos aprazíveis
e por causa das vinhas frutíferas.

13 Sobre a terra do meu povo
virão espinheiros e ervas daninhas.
Chorem também por causa de todas as casas
onde há júbilo, na cidade cheia de alegria.
14 O palácio será abandonado,
a cidade populosa ficará deserta.
Ofel e a torre da guarda
servirão de cavernas para sempre,
para alegria dos jumentos selvagens
e pastagem dos rebanhos.

15 Isso será assim até que se derrame
sobre nós o Espírito lá do alto.
Então o deserto se tornará em pomar,
e o pomar será tido por bosque;
16 a retidão habitará no deserto,
e a justiça morará no pomar.
17 O efeito da justiça será paz,
e o fruto da justiça será repouso
e segurança, para sempre.
18 O meu povo habitará em moradas de paz,
em moradas bem seguras
e em lugares quietos e tranquilos,
19 mesmo que haja granizo, caia o bosque
e a cidade seja inteiramente arrasada.
20 Bem-aventurados são vocês,
que semeiam junto a todas as águas
e deixam os bois e jumentos
pastar em liberdade.

A aflição e o livramento de Jerusalém

33 1 Ai de você, destruidor
que nunca foi destruído!
Ai de você, traidor que nunca foi traído!
Quando você acabar de destruir,
será destruído;
quando acabar de trair, será traído.

2 Senhor, tem misericórdia de nós!
Em ti temos esperado.
Sê tu o nosso braço manhã após manhã
e a nossa salvação no tempo da angústia.
3 Ao ruído do tumulto, os povos fogem;
quando tu te ergues, as nações se dispersam.
4 Então o despojo que vocês ajuntaram
será recolhido
como se devorado
por uma nuvem de gafanhotos;
como os gafanhotos saltam,
assim os homens saltarão sobre ele.

5 O Senhor é sublime,
pois habita nas alturas;
encheu Sião de retidão e de justiça.
6 Ó Sião, no seu tempo haverá estabilidade,
abundância de salvação,
sabedoria e conhecimento.
O temor do Senhor será o seu tesouro.

7 Eis que os heróis pranteiam nas ruas,
e os mensageiros de paz
estão chorando amargamente.
8 As estradas estão desoladas,
ninguém passa por elas.
Rompem-se as alianças,
as cidades são desprezadas,
não há respeito pelas pessoas.
9 A terra geme e desfalece;
o Líbano se envergonha e murcha;
Sarom se torna como um deserto,
Basã e Carmelo são despidos de suas folhas.

10 "Agora me levantarei", diz o Senhor;
"agora me erguerei; agora serei exaltado.
11 Vocês conceberam palha e darão à luz restolho;
o sopro que sai da boca de vocês
é um fogo que os há de devorar.
12 Os povos serão queimados
como se queima a cal;
como espinhos cortados, serão jogados no fogo.
13 Vocês que estão longe, escutem o que eu fiz;
e vocês que estão perto,
reconheçam o meu poder."

14 Em Sião, os pecadores estão atemorizados;
o tremor se apodera dos ímpios.
Eles perguntam:
"Quem de nós habitará com o fogo devorador?
Quem de nós habitará com chamas eternas?"
15 Aquele que anda em justiça
e fala o que é reto;
que despreza o ganho de opressão;
que, com um gesto de mãos,
recusa aceitar suborno;
que tapa os ouvidos,
para não ouvir falar de homicídios,
e fecha os olhos, para não ver o mal.
16 Este habitará nas alturas;
as fortalezas das rochas
serão o seu alto refúgio,
o seu pão lhe será dado,
e água nunca lhe faltará.

17 Os olhos de vocês verão
o rei na sua formosura,
verão a terra que se estende até longe.
18 O seu coração se lembrará dos terrores, dizendo:
"Onde está o escrivão?
Onde está aquele que recolheu o tributo?
E onde está aquele que contou as torres?"
19 Você já não verá aquele povo atrevido,
povo de fala obscura,
de uma língua estranha,
que não se pode entender.

20 Olhe para Sião, a cidade das nossas festas.
Os seus olhos verão Jerusalém,
habitação tranquila,

tenda que não será removida,
cujas estacas nunca serão arrancadas,
nem rebentada nenhuma de suas cordas.
21 Mas o SENHOR ali nos será grandioso,
fará as vezes de largos rios e canais.
Nenhum barco a remo passará por eles,
navio grande por eles não navegará.
22 Porque o SENHOR é o nosso juiz,
o SENHOR é o nosso legislador,
o SENHOR é o nosso Rei; ele nos salvará.
23 Agora as suas cordas estão frouxas;
não permitem firmar o mastro,
nem estender a vela.
Então se repartirá a presa de muitos despojos;
até os coxos participarão dela.
24 Nenhum morador de Jerusalém
dirá: "Estou doente";
o povo que habita nela
terá o seu pecado perdoado.

A indignação de Deus contra as nações

34 1 Aproximem-se, ó nações, para ouvir,
e vocês, povos, escutem!
Que a terra e a sua plenitude ouçam;
que o mundo e tudo
o que ele produz escutem.
2 Porque a indignação do SENHOR
está contra todas as nações,
e o seu furor está contra todo o exército delas;
ele as destinou para a destruição
e as entregou à matança.
3 Os mortos deles serão lançados fora,
e dos seus cadáveres subirá o mau cheiro;
os montes se inundarão do sangue deles.
4 Todo o exército dos céus se dissolverá,
e os céus se enrolarão como um pergaminho;
todo o exército dos céus cairá,
como cai a folha da videira e a folha da figueira.

5 Porque a minha espada
se embriagou nos céus;
eis que, para exercer juízo,
ela desce sobre Edom
e sobre o povo que destinei para a destruição.
6 A espada do SENHOR está cheia de sangue,
engrossada da gordura
e do sangue de cordeiros e de bodes,
da gordura dos rins de carneiros.
Porque o SENHOR fará um sacrifício em Bozra
e grande matança na terra de Edom.
7 Os bois selvagens cairão com eles,
e os novilhos, com os touros.
A terra deles ficará embriagada de sangue,
e o pó ficará encharcado de gordura.
8 Porque esse será
o dia da vingança do SENHOR,
o ano de retribuições pela causa de Sião.
9 Os ribeiros de Edom
se transformarão em piche,
e o seu pó, em enxofre;
a sua terra se tornará em piche ardente.
10 O fogo não se apagará
nem de noite nem de dia,
e a sua fumaça subirá para sempre.
De geração em geração ficará abandonada,
e para todo o sempre ninguém passará por ela.
11 O pelicano e o ouriço tomarão posse do lugar;
a coruja e o corvo habitarão nessa terra.
O SENHOR estenderá sobre Edom
o cordel de destruição e o prumo de ruína.
12 Já não haverá nobres
para proclamarem um rei;
os seus príncipes já não existem.
13 Nos seus palácios, crescerão espinhos,
e as urtigas e os cardos
tomarão conta das suas fortalezas.
Edom será uma habitação de chacais
e morada de avestruzes.
14 Os animais do deserto
se encontrarão com as hienas,
e os bodes selvagens clamarão uns aos outros;
animais noturnos ali pousarão
e acharão para si lugar de repouso.
15 Ali a coruja fará o seu ninho,
porá os seus ovos e os chocará;
e na sua sombra abrigará os seus filhotes.
Também ali os abutres se ajuntarão,
cada um com o seu par.

16 Procurem no livro do SENHOR e leiam:
Nenhuma dessas criaturas faltará,
e nenhuma estará sem o seu par.
Porque a boca do SENHOR o ordenou,
e o seu Espírito mesmo as ajuntará.
17 Porque ele lançou as sortes a favor delas,
e a sua mão lhes repartiu a terra com o cordel;
para sempre a possuirão,
através das gerações habitarão nela.

A felicidade na Sião futura

35 1 O deserto e a terra seca se alegrarão;
o ermo exultará e florescerá
como o narciso.
2 Ele se cobrirá de flores,
dará gritos de alegria e exultará.
Receberá a glória do Líbano,
o esplendor do Carmelo e de Sarom.
Eles verão a glória do SENHOR,
o esplendor do nosso Deus.

3 Fortaleçam as mãos frouxas
e firmem os joelhos vacilantes.
4 Digam aos desalentados de coração:
"Sejam fortes, não tenham medo.
Eis aí está o Deus de vocês.

A vingança vem, a retribuição de Deus;
ele vem para salvar vocês."

5 Então se abrirão os olhos dos cegos,
e se desimpedirão os ouvidos dos surdos;
6 os coxos saltarão como as corças,
e a língua dos mudos cantará.
Pois águas arrebentarão no deserto,
e ribeiros, no ermo.
7 A areia escaldante se transformará em lagos,
e a terra seca, em mananciais de água.
Onde os chacais costumavam viver,
crescerá a erva com canas e juncos.

8 E ali haverá uma estrada,
um caminho que será chamado
de Caminho Santo.
Os impuros não passarão por ele,
pois será somente para o povo de Deus.
Quem passar por esse caminho,
mesmo que seja um tolo, não se perderá.
9 Ali não haverá leão;
nenhum animal feroz passará por ele
nem será encontrado nele;
mas os remidos andarão por esse caminho.
10 Os resgatados do SENHOR voltarão
e virão a Sião com cânticos de júbilo.
Alegria eterna coroará a sua cabeça.
Ficarão tomados de júbilo e alegria,
e deles fugirão a tristeza e o gemido.

Senaquerribe invade Judá

2Rs 18.13-37; 2Cr 32.1-19

36 1 No décimo quarto ano do reinado de Eze-
quias, Senaquerribe, rei da Assíria, atacou
todas as cidades fortificadas de Judá e as con-
quistou. 2 O rei da Assíria, que estava em Laquis,
enviou Rabsaqué, com um grande exército, a
Jerusalém, ao rei Ezequias. Ele parou na extremi-
dade do aqueduto do tanque superior, junto ao
caminho do campo do Lavandeiro. 3 Quem saiu ao
encontro dele foram Eliaquim, filho de Hilquias, o
responsável pelo palácio, Sebna, o escrivão, e Joá,
filho de Asafe, o cronista.

Rabsaqué afronta Ezequias e o Senhor

2Rs 18.19-37; 2Cr 32.9-20

4 Rabsaqué disse:
— Digam a Ezequias: "Assim diz o grande rei,
o rei da Assíria: Que confiança é essa que você
tem? 5 Bem posso dizer que o seu conselho e o seu
poder para a guerra são meras palavras. Em quem
você está confiando, para que se rebele contra
mim? 6 Você confia nesse bordão de caniço esma-
gado que é o Egito. Se alguém se apoiar no caniço,
ele vai espetar e furar a mão. Assim é Faraó, rei do
Egito, para todos os que nele confiam. 7 Mas, se
você me diz: 'Confiamos no SENHOR, nosso Deus',
eu pergunto: não é esse aquele cujos lugares altos
e altares Ezequias removeu, dizendo a Judá e a Je-
rusalém que deveriam adorar somente diante do
altar em Jerusalém?"
8 — Agora, pois, comprometa-se com meu
senhor, o rei da Assíria, e eu lhe darei dois mil ca-
valos, se você puder achar cavaleiros para montá-
-los. 9 Como você poderia repelir um oficial do meu
senhor, o rei, mesmo que seja um dos menores, e
confiar no Egito para obter carros de guerra e ca-
valeiros? 10 E será que você pensa que é sem o con-
sentimento do SENHOR Deus que eu vim contra esta
terra, para a destruir? Foi o próprio SENHOR quem
ordenou que eu atacasse esta terra e a destruísse.
11 Então Eliaquim, Sebna e Joá disseram a Rab-
saqué:
— Por favor, fale com estes seus servos em ara-
maico, porque nós o entendemos. Não fale em
hebraico, aos ouvidos do povo que está sobre a
muralha.
12 Mas Rabsaqué lhes respondeu:
— Você pensa que o meu senhor me enviou
para dizer estas palavras apenas a você e ao seu
rei? Ele me enviou para falar também aos homens
que estão sentados sobre a muralha e que, junto
com vocês, terão de comer o seu próprio excre-
mento e beber a sua própria urina!
13 Então Rabsaqué se pôs em pé e gritou em he-
braico:
— Escutem as palavras do grande rei, o rei da As-
síria. 14 Assim diz o rei: "Não deixem que Ezequias
os engane, pois ele não poderá livrá-los. 15 Não
deixem que Ezequias os leve a confiar no SENHOR,
dizendo: 'O SENHOR certamente nos livrará, e esta
cidade não será entregue nas mãos do rei da Assí-
ria.' 16 Não deem ouvidos a Ezequias. Porque assim
diz o rei da Assíria: Façam as pazes comigo e se
entreguem. Então cada um comerá da sua própria
videira e da sua própria figueira, e beberá a água da
sua própria cisterna, 17 até que eu venha e os leve
para uma terra como a de vocês, terra de cereal e de
vinho, terra de pão e de vinhas. 18 Não deixem que
Ezequias os engane, dizendo: 'O SENHOR nos livra-
rá.' Será que os deuses das nações puderam livrar,
cada um a sua terra, das mãos do rei da Assíria?
19 Onde estão os deuses de Hamate e de Arpade?
Onde estão os deuses de Sefarvaim? Será que eles
livraram Samaria das minhas mãos? 20 De todos os
deuses destes países, quais foram os que livraram a
sua terra das minhas mãos? Então como o SENHOR
poderá livrar Jerusalém das minhas mãos?"
21 Eles, porém, ficaram calados e não lhe res-
ponderam palavra, porque assim lhes havia
ordenado o rei: "Não lhe respondam." 22 Então
Eliaquim, filho de Hilquias, o responsável pelo
palácio, e Sebna, o escrivão, e Joá, filho de Asafe,
o cronista, voltaram para junto do rei Ezequias,

com as suas roupas rasgadas, e lhe contaram o que
Rabsaqué tinha dito.

Ezequias consulta o profeta Isaías

2Rs 19.1-7

37 1 Quando o rei Ezequias ouviu isto, rasgou
as suas roupas, cobriu-se de pano de saco
e entrou na Casa do SENHOR. 2 Então ele mandou
que Eliaquim, o responsável pelo palácio, Sebna,
o escrivão, e os anciãos dos sacerdotes, todos ves-
tidos de pano de saco, fossem falar com o profeta
Isaías, filho de Amoz. 3 Eles lhe disseram:
— Assim diz Ezequias: "Este dia é dia de angús-
tia, de castigo e de vergonha. Como se costuma di-
zer, chegou a hora de a criança nascer, mas a mãe
não tem forças para dar à luz. 4 É bem possível que
o SENHOR, seu Deus, tenha ouvido as palavras de
Rabsaqué, a quem o rei da Assíria, seu senhor, en-
viou para afrontar o Deus vivo, e repreenda as pala-
vras que ouviu. Portanto, ore pelo resto que ficou."
5 Os servos do rei Ezequias foram falar com
Isaías, 6 que lhes disse:
— Digam ao rei o seguinte: Assim diz o SENHOR:
"Não tenha medo por causa das palavras que você
ouviu, com as quais os servos do rei da Assíria blas-
femaram contra mim. 7 Eis que porei nele um espí-
rito, e ele, ao ouvir certo rumor, voltará para a sua
terra; e lá eu farei com que ele seja morto à espada."

A carta do rei da Assíria

2Rs 19.8-13

8 Rabsaqué voltou e encontrou o rei da Assíria
lutando contra Libna, pois tinha ouvido que o rei
já se havia retirado de Laquis. 9 Quando o rei ouviu
dizer que Tiraca, rei da Etiópia, havia saído para
guerrear contra ele, mandou mensageiros a Eze-
quias, com esta missão:
10 — Digam a Ezequias, rei de Judá: "Não deixe
que o seu Deus, em quem você confia, o engane,
ao dizer: 'Jerusalém não será entregue nas mãos
do rei da Assíria.' 11 Você já ouviu o que os reis da
Assíria fizeram com todas as terras, como as des-
truíram totalmente. E você pensa que poderá esca-
par? 12 Será que os deuses das nações livraram os
povos que os meus pais destruíram, Gozã, Harã e
Rezefe e os filhos de Éden, que estavam em Telas-
sar? 13 Onde está o rei de Hamate, o rei de Arpade,
e o rei da cidade de Sefarvaim, de Hena e de Iva?"

A oração de Ezequias

2Rs 19.14-19

14 Ezequias recebeu a carta das mãos dos men-
sageiros e a leu. Então Ezequias subiu à Casa do
SENHOR e estendeu a carta diante do SENHOR. 15 E
Ezequias orou ao SENHOR, dizendo:
16 — Ó SENHOR dos Exércitos, Deus de Israel,
que estás entronizado acima dos querubins,
somente tu és o Deus de todos os reinos da terra;
tu fizeste os céus e a terra. 17 Inclina, ó SENHOR,
os ouvidos e ouve; abre, SENHOR, os olhos e vê;
ouve todas as palavras de Senaqueribe, as quais
ele enviou para afrontar o Deus vivo. 18 É verdade,
SENHOR, que os reis da Assíria assolaram todos os
países e suas terras 19 e lançaram no fogo os deu-
ses deles, porque não eram deuses, mas objetos
de madeira e pedra, feitos por mãos humanas;
por isso, os destruíram. 20 Agora, ó SENHOR, nosso
Deus, livra-nos das mãos dele, para que todos os
reinos da terra saibam que só tu és o SENHOR.

O profeta conforta Ezequias

2Rs 19.20-34

21 Então Isaías, filho de Amoz, mandou dizer a
Ezequias:
— Assim diz o SENHOR, o Deus de Israel: Visto
que você fez uma oração a respeito de Senaqueri-
be, rei da Assíria, 22 esta é a palavra que o SENHOR
falou a respeito dele:

"A virgem, a filha de Sião,
desdenha e zomba de você;
a filha de Jerusalém
meneia a cabeça atrás de você.
23 A quem você afrontou e de quem blasfemou?
E contra quem você levantou a voz
e ergueu os olhos com arrogância?
Contra o Santo de Israel.
24 Por meio dos seus servos,
você afrontou o Senhor e disse:
'Com a multidão dos meus carros de guerra
eu subi ao alto dos montes,
ao mais interior do Líbano.
Cortei os seus altos cedros
e os seus melhores ciprestes;
cheguei ao lugar mais elevado,
ao seu denso bosque.
25 Eu mesmo cavei e bebi as águas
e com as plantas de meus pés
sequei todos os rios do Egito.'"
26 "Por acaso, você não ouviu
que há muito tempo eu, o SENHOR,
determinei estas coisas,
e que já desde os dias remotos
as tinha planejado?
Agora eu as faço acontecer.
Eu quis que você reduzisse
a montões de ruínas as cidades fortificadas.
27 Por isso, os seus moradores, debilitados,
andaram cheios de temor
e envergonhados;
tornaram-se como a erva do campo,
a erva verde e o capim
dos telhados queimado
antes de amadurecer."

28 "Mas eu sei onde você está;
conheço o seu sair e o seu entrar,
e o seu furor contra mim.
29 Por causa do seu furor contra mim
e porque a sua arrogância subiu
até os meus ouvidos,
eis que porei o meu anzol no seu nariz
e o meu freio na sua boca
e farei você voltar pelo caminho por onde veio."

30 — E isto será o sinal para você, rei Ezequias:
neste ano, se comerá o que nascer espontanea-
mente e, no segundo ano, o que daí proceder.
Mas no terceiro ano semeiem e colham, plantem
vinhas e comam os seus frutos. 31 Aqueles da casa
de Judá que escaparam e ficaram como rema-
nescente tornarão a lançar raízes e a dar frutos.
32 Porque de Jerusalém sairá o remanescente, e do
monte Sião, o que escapou. O zelo do SENHOR dos
Exércitos fará isto.
33 — Portanto, assim diz o SENHOR a respeito do
rei da Assíria:

"Ele não entrará nesta cidade,
nem lançará nela flecha alguma.
Não virá diante dela com escudo,
nem construirá rampas de ataque contra ela.
34 Pelo caminho por onde vier,
por esse voltará;
mas nesta cidade não entrará", diz o SENHOR.
35 "Porque eu defenderei esta cidade, para a livrar,
por amor de mim e por amor
do meu servo Davi."

A destruição do exército assírio

2Rs 19.35-37; 2Cr 32.21-22

36 Então o Anjo do SENHOR saiu e matou cento
e oitenta e cinco mil homens no arraial dos assí-
rios. De manhã, quando os restantes se levanta-
ram, lá estavam todos aqueles cadáveres. 37 Então
Senaqueribe, rei da Assíria, levantou acampa-
mento, foi embora, voltou para Nínive e por lá
ficou. 38 Certo dia, quando ele estava adorando no
templo de seu deus Nisroque, os seus filhos Adra-
meleque e Sarezer o mataram à espada; depois
fugiram para a terra de Ararate. E Esar-Hadom,
filho de Senaqueribe, reinou em seu lugar.

A doença de Ezequias e a sua cura maravilhosa

2Rs 20.1-11; 2Cr 32.24-31

38 1 Por esse tempo, Ezequias adoeceu de uma
enfermidade mortal. O profeta Isaías, filho
de Amoz, foi visitá-lo e lhe disse:
— Assim diz o SENHOR: "Ponha em ordem a sua
casa, porque você morrerá; você não vai escapar."
2 Então Ezequias virou o rosto para a parede e
orou ao SENHOR. 3 Ezequias disse:
— Ó SENHOR, lembra-te de que andei diante de
ti com fidelidade, com coração íntegro, e fiz o que
era reto aos teus olhos.
E Ezequias chorou amargamente. 4 Então a pa-
lavra do SENHOR veio a Isaías, dizendo:
5 — Vá e diga a Ezequias: Assim diz o SENHOR,
o Deus de Davi, seu pai: "Ouvi a sua oração e vi as
suas lágrimas. Acrescentarei quinze anos à sua
vida. 6 Livrarei das mãos do rei da Assíria tanto
você quanto esta cidade. Eu defenderei esta cida-
de. 7 Este é o sinal que você receberá do SENHOR
para indicar que ele cumprirá o que prometeu:
8 eis que farei retroceder dez graus a sombra lan-
çada pelo sol declinante no relógio de Acaz."
Assim, o sol retrocedeu os dez graus que já ha-
via declinado.

Cântico de Ezequias

9 Este é o cântico que Ezequias, rei de Israel,
escreveu depois de ter estado doente e se ter res-
tabelecido:

10 Eu disse: "Em pleno vigor de meus dias,
hei de passar pelas portas do além;
fui privado do resto dos meus anos.
11 Eu disse: já não verei o SENHOR,
o SENHOR na terra dos viventes;
jamais verei homem algum
entre os moradores do mundo.
12 A minha habitação foi arrancada
e removida para longe de mim,
como a tenda de um pastor.
Como tecelão, enrolei a minha vida;
ele me cortará do tear;
do dia para a noite darás cabo de mim.
13 Esperei com paciência até a madrugada,
mas ele, como leão, quebrou
todos os meus ossos;
do dia para a noite darás cabo de mim."

14 "Eu sussurrava como a andorinha ou o grou
e gemia como a pomba;
os meus olhos se cansaram de olhar para cima.
Ó Senhor, ando oprimido!
Sê tu o meu fiador!
15 Que direi? Como falou, assim ele me fez;
andarei vagarosamente
pelo resto dos meus anos,
por causa da amargura da minha alma."

16 "Senhor, por causa destas coisas
vivem os homens,
e inteiramente delas depende o meu espírito.
Portanto, restaura a minha saúde
e faze-me viver.
17 Eis que foi para a minha paz
que eu tive grande amargura;
tu, porém, amaste a minha alma

e a livraste da cova da corrupção,
porque lançaste para trás de ti
todos os meus pecados.
18 A sepultura não pode te louvar,
nem a morte glorificar-te;
os que descem à cova
não esperam em tua fidelidade.
19 Os vivos, somente os vivos, esses te louvam,
como hoje estou fazendo.
Os pais darão a conhecer aos filhos
a tua fidelidade.
20 O Senhor veio salvar-me.
Por isso, tangendo os instrumentos de cordas,
nós o louvaremos todos os dias de nossa vida,
na Casa do Senhor."

21 Ora, Isaías tinha dito:
— Peguem uma pasta de figos, ponham como
emplastro sobre a úlcera, e ele irá recuperar a
saúde.
22 E Ezequias tinha perguntado:
— Qual será o sinal de que subirei à Casa do
Senhor?

Os mensageiros da Babilônia

2Rs 20.12-19

39 1 Nesse tempo, Merodaque-Baladã, filho de
Baladã, rei da Babilônia, enviou cartas e um
presente a Ezequias, porque soube que ele havia
estado doente, mas que agora já estava recupe-
rado. 2 Ezequias se agradou disso e mostrou aos
mensageiros a casa do seu tesouro, a prata, o ouro,
as especiarias, os óleos finos, todo o seu arsenal
e tudo o que havia nos seus tesouros. Não houve
nada em seu palácio nem em todo o seu domínio
que Ezequias não lhes mostrasse.
3 Então o profeta Isaías foi falar com o rei Eze-
quias e lhe disse:
— Que foi que aqueles homens disseram e de
onde vieram?
Ezequias respondeu:
— Vieram de uma terra distante, da Babilônia,
para me visitar.
4 Isaías perguntou:
— O que eles viram no seu palácio?
Ezequias respondeu:
— Viram tudo o que há em meu palácio. Não
houve nada nos meus tesouros que eu não lhes
mostrasse.
5 Então Isaías disse a Ezequias:
— Ouça a palavra do Senhor dos Exércitos: 6 "Eis
que virão dias em que tudo o que houver no seu pa-
lácio, isto é, tudo o que os seus pais ajuntaram até o
dia de hoje, será levado para a Babilônia; não ficará
coisa alguma, diz o Senhor. 7 Alguns dos seus pró-
prios filhos, gerados por você, serão levados, para
que sejam eunucos no palácio do rei da Babilônia."
8 Então Ezequias disse a Isaías:
— Boa é a palavra do Senhor que você falou.
Pois ele pensava assim: "Enquanto eu viver ha-
verá paz e segurança."

Mensagem de consolo

40 1 "Consolem, consolem o meu povo",
diz o Deus de vocês.
2 "Falem ao coração de Jerusalém
e anunciem que o tempo
da sua escravidão já acabou,
que a sua iniquidade está perdoada
e que ela já recebeu em dobro
das mãos do Senhor
por todos os seus pecados."
3 Uma voz clama:
"No deserto preparem o caminho do Senhor!
No ermo façam uma estrada reta
para o nosso Deus!
4 Todos os vales serão levantados,
e todos os montes e colinas serão rebaixados;
o que é tortuoso será retificado,
e os lugares ásperos serão aplanados.
5 A glória do Senhor se manifestará,
e toda a humanidade a verá,
pois a boca do Senhor o disse."
6 Uma voz diz: "Proclame!"
E alguém pergunta: "Que hei de proclamar?"
Toda a humanidade é erva,
e toda a sua glória é como a flor do campo.
7 A erva seca e as flores caem,
soprando nelas o hálito do Senhor.
Na verdade, o povo é erva.
8 A erva seca e as flores caem,
mas a palavra do nosso Deus
permanece para sempre.
9 Ó Sião, você que anuncia boas-novas,
suba a um alto monte!
Ó Jerusalém, você que anuncia boas-novas,
levante a sua voz fortemente!
Levante-a, não tenha medo.
Diga às cidades de Judá:
"Eis aí está o seu Deus!"
10 Eis que o Senhor Deus virá com poder,
e o seu braço dominará;
eis que o seu galardão está com ele,
e diante dele vem a sua recompensa.
11 Como pastor, ele apascentará o seu rebanho;
entre os seus braços recolherá os cordeirinhos
e os carregará no colo;
as que amamentam ele guiará mansamente.

A majestade do Senhor

12 Quem na concha de sua mão
mediu as águas

e tomou a medida dos céus a palmos?
Quem recolheu o pó da terra
na terça parte de uma vasilha
e pesou os montes e as colinas
numa balança?
13 Quem guiou o Espírito do SENHOR?
Ou, como seu conselheiro, o ensinou?
14 Com quem ele se aconselhou,
para que lhe desse compreensão?
Quem lhe ensinou a vereda da justiça
ou quem lhe ensinou sabedoria?
E quem lhe mostrou
o caminho de entendimento?

15 Eis que as nações são consideradas por ele
como um pingo que cai de um balde
e como um grão de pó na balança;
eis que ele carrega as ilhas
como se fossem pó fino.
16 O Líbano não seria suficiente para o fogo,
e os animais de lá não bastariam
para um holocausto.
17 Diante dele, todas as nações
são como coisa que não é nada;
ele as considera menos
do que nada, como um vácuo.

18 Com quem vocês querem comparar Deus?
Com que imagem vocês o podem confrontar?
19 Quanto à imagem, esta é moldada pelo artífice;
depois, o ourives a reveste de ouro
e forja correntes de prata para ela.
20 O pobre, que não pode fazer tal oferta,
escolhe madeira que não apodrece
e procura um artífice perito
para fazer uma imagem esculpida
que não oscile.

21 Será que vocês não sabem?
Será que não ouviram?
Será que isso não lhes foi anunciado
desde o princípio?
Vocês não entenderam isso
desde a fundação do mundo?
Vocês não atentaram
para os fundamentos da terra?
22 Ele é o que está assentado
sobre a cúpula da terra,
cujos moradores são como gafanhotos.
É ele quem estende os céus como cortina
e os desenrola como tenda
para neles habitar.
23 É ele quem reduz a nada os príncipes
e torna em nulidade os juízes da terra.
24 Mal foram plantados e semeados,
mal se arraigou na terra o seu tronco,
já secam, quando um sopro passa por eles,
e uma tempestade os leva como palha.

25 "Com quem vocês vão me comparar?
A quem eu seria igual?" — diz o Santo.
26 Levantem os olhos para o alto e vejam.
Quem criou estas coisas?
Aquele que faz sair o seu exército de estrelas,
todas bem-contadas,
as quais ele chama pelo nome;
por ser ele grande em força
e forte em poder,
nem uma só vem a faltar.
27 Por que, então, você diz, ó Jacó,
e você fala, ó Israel:
"O meu caminho está encoberto ao SENHOR,
e o meu direito passa
despercebido ao meu Deus"?
28 Será que você não sabe,
nem ouviu que o eterno Deus, o SENHOR,
o Criador dos confins da terra,
nem se cansa, nem se fatiga?
A sabedoria dele é insondável.
29 Ele fortalece o cansado
e multiplica as forças
ao que não tem nenhum vigor.
30 Os jovens se cansam e se fatigam,
e os moços, de exaustos, caem,
31 mas os que esperam no SENHOR
renovam as suas forças,
sobem com asas como águias,
correm e não se cansam,
caminham e não se fatigam.

Deus promete salvar o povo de Israel

41 1 "Calem-se diante de mim, ó ilhas!
E que os povos renovem as suas forças!
Que se aproximem e, então, falem;
vamos nos reunir
para o julgamento."

2 "Quem fez surgir no Oriente
aquele a cujos passos segue a vitória?
Quem lhe entrega as nações
e faz com que os reis se submetam a ele?
Com a sua espada ele os transforma em pó,
e com o seu arco,
em palha que o vento dispersa.
3 Ele os persegue e avança em segurança,
por um caminho em que ele
nunca havia passado.
4 Quem fez e executou tudo isso?
Aquele que desde o princípio
tem chamado as gerações à existência,
eu, o SENHOR, o primeiro,
e aquele que estará
com os últimos; eu mesmo."

5 Os países do mar viram isto e temeram;
os confins da terra tremeram;
eles se aproximaram e vieram.

6 Um ajuda o outro
e diz a seu próximo: "Seja forte."
7 O artífice anima o ourives,
e o que trabalha com o martelo
encoraja o que bate na bigorna,
dizendo que a soldagem foi bem-feita.
Então fixam tudo com pregos
para que não oscile.

8 "Mas você, Israel, meu servo;
você, Jacó, a quem escolhi;
você, descendente de Abraão, meu amigo;
9 você, a quem eu trouxe dos confins da terra
e chamei dos seus cantos mais remotos,
e a quem eu disse: 'Você é o meu servo,
eu o escolhi e não o rejeitei';
10 não tema, porque eu estou com você;
não fique com medo,
porque eu sou o seu Deus.
Eu lhe dou forças; sim, eu o ajudo;
sim, eu o seguro com a mão direita
da minha justiça."

11 "Eis que serão envergonhados e humilhados
todos os que se enfurecem contra você;
os que lutam contra você
serão reduzidos a nada e perecerão.
12 Você procurará os que lutam contra você,
porém não os achará;
serão reduzidos a nada
e a coisa de nenhum valor
os que fazem guerra contra você.
13 Porque eu, o SENHOR, seu Deus,
o tomo pela mão direita e lhe digo:
'Não tenha medo, pois eu o ajudarei.'"

14 "Não tenha medo, ó vermezinho de Jacó,
povozinho de Israel, pois eu o ajudarei",
diz o SENHOR;
"o seu Redentor é o Santo de Israel.
15 Eis que farei de você um debulhador de cereais
cortante e novo, armado de lâminas duplas.
Você trilhará e esmagará os montes,
e reduzirá as colinas a palha.
16 Você os jogará para cima com a pá,
e o vento os levará,
e o redemoinho os espalhará.
Então você se alegrará no SENHOR
e se gloriará no Santo de Israel."

17 "Os pobres e necessitados buscam água,
mas não a encontram;
a língua deles está ressequida de sede.
Mas eu, o SENHOR, os ouvirei,
eu, o Deus de Israel, não os abandonarei.
18 Abrirei rios no alto dos montes
e fontes no meio dos vales;
transformarei o deserto em lençóis de águas
e a terra seca, em mananciais.
19 Plantarei no deserto o cedro,
a acácia, a murta e a oliveira;
porei juntos no ermo o cipreste,
o olmeiro e o buxo,
20 para que todos vejam e saibam,
considerem e juntamente entendam
que a mão do SENHOR fez isso,
e que o Santo de Israel o criou."

O Senhor desafia os deuses

21 "Exponham a sua causa", diz o SENHOR;
"apresentem as suas razões,
diz o Rei de Jacó.
22 Aproximem-se e anunciem-nos
as coisas que hão de acontecer;
contem-nos as profecias anteriores,
para que as examinemos
e saibamos se elas se cumpriram;
ou falem-nos a respeito
das coisas futuras.
23 Anunciem-nos as coisas que ainda hão de vir,
para que saibamos que vocês são deuses.
Façam alguma coisa, seja boa ou seja má,
para que fiquemos com medo,
e juntamente o veremos.
24 Eis que vocês são menos do que nada,
e menos do que nada é o que vocês fazem;
abominável é quem os escolhe."

25 "Do Norte suscitei um homem, e ele vem;
desde o Oriente, onde nasce o sol,
ele invocará o meu nome;
pisará os governantes como se fossem lama,
como o oleiro pisa o barro.
26 Quem anunciou isso desde o princípio,
a fim de que o possamos saber?
Quem falou disso antecipadamente,
para que digamos: 'É isso mesmo'?
Mas não houve quem anunciasse,
quem proclamasse,
nem ainda quem tivesse ouvido
qualquer palavra da parte de vocês.
27 Eu sou o que primeiro disse
a Sião: 'Eis! Ei-los aí!'
E a Jerusalém dou um mensageiro
de boas-novas.
28 Quando eu olho, não há ninguém;
entre eles não há nenhum conselheiro
a quem eu pergunte, e me responda.
29 Eis que todos são nada;
as suas obras são coisa nenhuma;
as suas imagens de fundição
são vento e vácuo."

O Servo do Senhor

42 1 "Eis aqui o meu servo,
a quem sustenho;

o meu escolhido, em quem
a minha alma se agrada.
Pus sobre ele o meu Espírito,
e ele promulgará o direito para os gentios.
2 Não clamará, não gritará,
nem fará ouvir na praça a sua voz.
3 Não esmagará a cana quebrada,
nem apagará o pavio que fumega;
com fidelidade, promulgará o direito.
4 Não desanimará, nem será esmagado
até que estabeleça na terra a justiça;
e as terras do mar aguardarão a sua doutrina."

5 Assim diz Deus, o Senhor,
que criou os céus e os estendeu;
que formou a terra e tudo o que ela produz;
que dá fôlego de vida
ao povo que nela está
e o espírito aos que andam nela:
6 "Eu, o Senhor, chamei você em justiça;
eu o tomarei pela mão, o guardarei,
e farei de você mediador da aliança
com o povo
e luz para os gentios;
7 para abrir os olhos dos cegos,
para tirar da prisão os cativos,
e do cárcere, os que jazem em trevas.
8 Eu sou o Senhor: este é o meu nome.
Não darei a mais ninguém a minha glória,
nem a minha honra, às imagens de escultura."

9 "Eis que as primeiras predições
já se cumpriram,
e agora eu lhes anuncio coisas novas;
e, antes que se cumpram, eu as revelo a vocês."

Cântico de louvor pela salvação do povo

10 Cantem ao Senhor um cântico novo!
Que ele seja louvado desde os confins da terra
pelos que navegam no mar,
por todas as criaturas que vivem nele,
e pelas terras do mar e os seus moradores.
11 Ergam a voz o deserto, as suas cidades
e as aldeias habitadas por Quedar;
exultem os que habitam em Sela
e clamem do alto dos montes;
12 deem honra ao Senhor
e anunciem a sua glória nas terras do mar.
13 O Senhor sairá como valente,
despertará o seu zelo como homem de guerra.
Clamará, lançará forte grito de guerra
e mostrará sua força contra os seus inimigos.

14 "Por muito tempo me calei,
estive em silêncio e me contive;
mas agora darei gritos
como mulher
que está dando à luz,
e ao mesmo tempo ofegarei,
e estarei esbaforido.
15 Devastarei os montes e as colinas,
e farei secar toda a sua vegetação;
tornarei os rios em terra firme
e secarei os lagos.
16 Guiarei os cegos por um caminho
que não conhecem,
farei com que andem
por veredas desconhecidas;
tornarei as trevas em luz diante deles
e aplanarei os caminhos ásperos.
Estas coisas lhes farei
e nunca os abandonarei.
17 Retrocederão e ficarão cobertos de vergonha
os que confiam em imagens de escultura
e que dizem às imagens de fundição:
'Vocês são os nossos deuses.'"

Lamento sobre a cegueira de Israel

18 "Escutem, surdos,
e vocês, cegos, olhem, para que possam ver.
19 Quem é tão cego como o meu servo,
ou tão surdo como o meu mensageiro,
a quem envio?
Quem é tão cego como o meu amigo,
e tão cego como o servo do Senhor?
20 Você vê muitas coisas, mas não as observa;
ainda que tenha os ouvidos abertos,
não ouve nada."
21 Foi do agrado do Senhor,
por amor da sua própria justiça,
engrandecer a lei e torná-la gloriosa.
22 Mas este é um povo roubado e saqueado.
Todos estão trancados em cavernas
e escondidos em cárceres;
foram feitos prisioneiros,
e não há ninguém que os livre;
foram levados como despojo,
e ninguém diz: "Devolva!"

23 Quem de vocês dará ouvidos a isto?
Quem dará atenção e ouvirá
o que há de ser depois?
24 Quem entregou Jacó por despojo
e Israel aos roubadores?
Por acaso não foi o Senhor,
aquele contra quem pecaram
e nos caminhos do qual não queriam andar,
não dando ouvidos à sua lei?
25 Por isso derramou sobre eles
o furor da sua ira
e a violência da guerra;
ateou fogo em tudo o que estava em volta deles,
mas eles não entenderam;
ele os queimou,
mas eles não fizeram caso.

Só Deus resgata Israel

43 1 Mas agora, assim diz o SENHOR,
que o criou, ó Jacó,
e que o formou, ó Israel:
"Não tenha medo, porque eu o remi;
eu o chamei pelo seu nome; você é meu.
2 Quando você passar pelas águas,
eu estarei com você;
quando passar pelos rios,
eles não o submergirão;
quando passar pelo fogo,
você não se queimará;
as chamas não o atingirão.
3 Porque eu sou o SENHOR, seu Deus,
o Santo de Israel, o seu Salvador;
dei o Egito em resgate por você,
e a Etiópia e Sebá para que você fosse meu.
4 Visto que você é precioso aos meus olhos
e digno de honra,
e porque eu o amo,
darei homens por você
e povos em troca de sua vida.
5 Não tenha medo, porque eu estarei com você."

"Trarei a sua descendência desde o Oriente
e a ajuntarei desde o Ocidente.
6 Direi ao Norte: 'Entregue!'
E ao Sul: 'Não os impeça de sair!'
Tragam os meus filhos de longe
e as minhas filhas dos confins da terra,
7 todos os que são chamados pelo meu nome,
e os que criei para minha glória,
sim, aqueles que formei e fiz."

8 "Traga o povo que é cego, ainda que tenha olhos,
e que é surdo, ainda que tenha ouvidos.
9 Todas as nações se congreguem,
e os povos se reúnam.
Quem dentre eles pode anunciar isto
e mostrar-nos as predições antigas?
Que apresentem as suas testemunhas,
para que se justifiquem,
e para que se ouça e se diga: 'É verdade!'"

10 "Vocês são as minhas testemunhas",
diz o SENHOR.
"Vocês são o meu servo a quem escolhi,
para que vocês saibam, creiam em mim
e entendam que eu sou,
e que antes de mim deus nenhum se formou,
e depois de mim nenhum haverá.
11 Eu, eu sou o SENHOR,
e fora de mim não há salvador.
12 Eu anunciei salvação, eu a realizei e a fiz ouvir;
deus estranho não houve entre vocês,
pois vocês são as minhas testemunhas",
diz o SENHOR.
"Eu sou Deus.
13 Ainda antes que houvesse dia, eu sou;
e não há quem possa livrar alguém
das minhas mãos;
agindo eu, quem o impedirá?"

Libertação do jugo da Babilônia

14 Assim diz o SENHOR,
o seu Redentor, o Santo de Israel:
"Por causa de vocês, enviarei inimigos
contra a Babilônia
e a todos os babilônios
farei embarcar
como fugitivos nos navios
de que se orgulhavam.
15 Eu sou o SENHOR, o Santo Deus de vocês,
o Criador de Israel e o seu Rei."

16 Assim diz o SENHOR,
que preparou um caminho no mar
e uma vereda nas águas impetuosas;
17 que fez sair os carros de guerra e os cavalos,
o exército e a força,
e eles jazem ali e jamais se levantarão;
estão extintos, apagados como um pavio.

18 "Não fiquem lembrando
das coisas passadas,
nem pensem nas coisas antigas.
19 Eis que faço uma coisa nova.
Agora mesmo ela está saindo à luz.
Será que vocês não o percebem?
Eis que porei um caminho no deserto
e rios nos lugares áridos.
20 Os animais do campo me glorificarão,
os chacais e os filhotes de avestruzes,
porque porei águas no deserto
e rios nos lugares áridos,
para dar de beber ao meu povo,
ao meu escolhido,
21 a este povo que formei para mim,
para celebrar o meu louvor."

A misericórdia do Senhor

22 "Contudo, você não me invocou, ó Jacó;
e você se cansou de mim, ó Israel.
23 Você não me trouxe as ovelhas
para os holocaustos,
nem me honrou com os seus sacrifícios.
Não lhe dei trabalho
com ofertas de cereais,
nem o cansei, pedindo incenso.
24 Você não me comprou
cana aromática,
nem me satisfez com a gordura
dos seus sacrifícios.
Mas você me deu trabalho
com os seus pecados
e me cansou com as suas iniquidades."

25 "Eu, eu mesmo, sou o que
apago as suas transgressões
por amor de mim;
dos pecados que você cometeu
não me lembro.
26 Relembre-me o que aconteceu!
Vamos juntos ao tribunal!
Apresente as suas razões,
para que você possa se justificar.
27 O seu primeiro pai pecou,
e os seus guias se revoltaram contra mim.
28 Por isso, profanarei os líderes do santuário,
e entregarei Jacó à destruição
e Israel, à zombaria."

O Senhor é o único Deus

44 1 "Mas agora escute, Jacó, meu servo,
e Israel, a quem escolhi."
2 Assim diz o SENHOR, que o criou
e formou desde o ventre materno,
e que o ajuda:
"Não tenha medo, meu servo Jacó,
meu amado, a quem escolhi.
3 Porque derramarei água sobre o chão sedento
e torrentes sobre a terra seca.
Derramarei o meu Espírito
sobre a sua posteridade
e a minha bênção sobre os seus descendentes,
4 e eles brotarão como a relva,
como salgueiros junto às correntes de água."
5 "Um dirá: 'Eu sou do SENHOR';
outro se chamará pelo nome de Jacó;
o outro ainda escreverá na própria mão:
'Eu sou do SENHOR',
e por sobrenome tomará o nome de Israel."
6 Assim diz o SENHOR,
o Rei e Redentor de Israel,
o SENHOR dos Exércitos:
"Eu sou o primeiro e eu sou o último,
e além de mim não há Deus.
7 Quem, assim como eu, fez predições
desde que estabeleci o mais antigo povo?
Que o declare e o exponha diante de mim!
Que esse anuncie as coisas futuras,
as coisas que hão de vir!
8 Não fiquem apavorados, nem tenham medo.
Por acaso não revelei e anunciei isso a vocês
muito tempo atrás?
Vocês são as minhas testemunhas.
Será que há outro Deus além de mim?
Não, não há outra Rocha que eu conheça."

Contra a idolatria

9 Todos os artífices de imagens de escultura são
nada, e as coisas que eles tanto estimam não têm
valor nenhum. Eles mesmos são testemunhas de
que elas nada veem, nem entendem, para que se-
jam envergonhados. 10 Quem formaria um deus ou
fundiria uma imagem de escultura, que não tem
valor nenhum? 11 Eis que todos os seus seguido-
res ficarão envergonhados, pois os artífices não
passam de homens. Que todos eles se reúnam e se
apresentem! Sentirão pavor e, todos juntos, serão
envergonhados.
12 O ferreiro pega uma ferramenta e trabalha
nas brasas; vai moldando um ídolo com o martelo
e forja-o com a força do seu braço. Ele tem fome e
perde as forças; não bebe água e desfalece.
13 O carpinteiro estende o cordel sobre a madei-
ra e, com o lápis, esboça uma imagem; alisa-a com
plaina, marca com o compasso e faz uma escultu-
ra à semelhança e beleza de um ser humano, para
ser colocada num templo.
14 Um homem corta para si cedros, toma um ci-
preste ou um carvalho, fazendo escolha entre as
árvores do bosque; planta um pinheiro, e a chuva
o faz crescer.
15 Tais árvores servem ao homem para queimar;
com parte de sua madeira ele se aquece e também
assa o pão; com a outra parte ele faz um deus e se
prostra diante dele; esculpe uma imagem e se ajoe-
lha diante dela. 16 Metade queima no fogo e com ela
assa a carne para comer; faz um assado e dele se
farta; também se aquece e diz: "Ah! Já estou aqueci-
do! E como é bom olhar para o fogo." 17 Do resto ele
faz um deus, uma imagem de escultura; ajoelha-se
diante dela, prostra-se e lhe dirige a sua oração, di-
zendo: "Livra-me, porque tu és o meu deus."
18 Nada sabem, nem entendem, porque os olhos
deles estão grudados, para que não vejam, e o cora-
ção deles já não pode entender. 19 Nenhum deles cai
em si, já não há conhecimento nem compreensão
para dizer: "Metade da madeira queimei e sobre as
brasas assei pão e carne para comer. E será que da-
quilo que restou eu faria uma abominação? Deveria
eu me ajoelhar diante de um pedaço de madeira?"
20 Tal homem se apascenta de cinza; o seu cora-
ção enganado o iludiu, de maneira que não pode
livrar a sua alma, nem dizer: "Não é uma mentira
isso que tenho em minha mão?"

A promessa de livramento

21 "Lembre-se destas coisas, ó Jacó,
ó Israel, porque você é meu servo!
Eu o formei, você é meu servo, ó Israel;
não me esquecerei de você.
22 Desfaço as suas transgressões
como a névoa
e os seus pecados, como a nuvem;
volte para mim, porque eu o remi."

23 "Alegrem-se, ó céus,
porque o SENHOR fez isto;

exultem, ó profundezas da terra;
cantem de alegria, vocês, montes,
vocês, bosques e todas as suas árvores,
porque o SENHOR remiu Jacó
e se glorificou em Israel."

24 Assim diz o SENHOR, o seu Redentor,
o mesmo que o formou
desde o ventre materno:
"Eu sou o SENHOR, que faço todas as coisas.
Sozinho estendi os céus
e sozinho espraiei a terra.
25 Eu frustro os sinais
dos que profetizam mentiras
e faço com que os adivinhos
fiquem parecendo tolos.
Obrigo os sábios a recuar,
transformando o seu saber em tolice.
26 Eu confirmo a palavra do meu servo
e cumpro o conselho dos meus mensageiros.
Digo a respeito de Jerusalém:
'Ela será habitada';
e a respeito das cidades de Judá:
'Elas serão edificadas';
e quanto às suas ruínas: 'Eu as levantarei'.
27 Digo à profundeza do mar:
'Seque, e eu secarei os seus rios.'
28 Eu digo a respeito de Ciro:
'Ele é meu pastor e cumprirá
tudo o que me agrada.'
Digo também de Jerusalém: 'Será edificada';
e do templo: 'Seus alicerces serão lançados.'"

Ciro, o libertador de Israel

45 1 Assim diz o SENHOR ao seu ungido,
a Ciro, a quem tomo pela mão direita,
para submeter as nações diante dele,
para desarmar os reis,
e para abrir diante dele os portões,
que não se fecharão:
2 "Eu irei adiante de você,
endireitarei os caminhos tortuosos,
quebrarei os portões de bronze
e despedaçarei as trancas de ferro.
3 Darei a você os tesouros escondidos
e as riquezas encobertas,
para que você saiba que eu sou o SENHOR,
o Deus de Israel, que o chama pelo seu nome.
4 Por amor do meu servo Jacó
e de Israel, meu escolhido,
eu o chamei pelo seu nome
e lhe dei um título de honra,
mesmo que você não me conheça."

5 "Eu sou o SENHOR, e não há outro;
além de mim não há Deus;
eu o cingirei, mesmo que você
não me conheça.
6 Para que se saiba,
desde o nascente do sol até o poente,
que além de mim não há outro;
eu sou o SENHOR, e não há outro.
7 Eu formo a luz e crio as trevas;
promovo a paz e crio os conflitos;
eu, o SENHOR, faço todas estas coisas."
8 "Que os céus gotejem lá do alto,
e as nuvens chovam justiça;
que a terra se abra e produza a salvação,
e juntamente com ela brote a justiça;
eu, o SENHOR, as criei."

O Senhor é o Criador

9 Ai daquele que discute com o seu Criador,
sendo um simples caco
entre outros cacos de barro!
Será que o barro pergunta ao oleiro:
"O que você está fazendo?"
Ou diz: "Este seu vaso não tem alça!"
10 Ai daquele que diz ao seu pai:
"Por que você gerou?"
E à sua mãe: "Por que você deu à luz?"
11 Assim diz o SENHOR, o Santo de Israel,
que formou o seu povo:
"Por acaso vocês querem saber
as coisas futuras?
Querem dar ordens a respeito de meus filhos
e a respeito das obras das minhas mãos?
12 Eu fiz a terra e criei nela o ser humano;
as minhas mãos estenderam os céus,
e a todos os seus exércitos
dei as minhas ordens.
13 Eu, na minha justiça, suscitei Ciro
e endireitarei todos os seus caminhos.
Ele reconstruirá a minha cidade
e libertará os meus exilados,
não por preço nem por presentes",
diz o SENHOR dos Exércitos.

14 Assim diz o SENHOR:
"A riqueza do Egito, as mercadorias da Etiópia
e os sabeus, homens de grande estatura,
lhe serão entregues e serão seus.
Eles o seguirão, presos com correntes,
se prostrarão diante de você
e lhe farão as suas súplicas, dizendo:
'Certamente Deus está com você,
e não há outro que seja Deus.'"

15 Verdadeiramente tu és
um Deus que se esconde,
ó Deus de Israel, ó Salvador.
16 Ficarão envergonhados
e serão humilhados
todos os que fabricam ídolos;
juntos ficarão cobertos de vergonha.

17 Israel, porém, será salvo
pelo SENHOR com salvação eterna;
vocês não serão envergonhados
nem humilhados, por toda a eternidade.

18 Porque assim diz o SENHOR, que criou os céus
— e ele é o único Deus;
que formou a terra e a fez —
ele a estabeleceu;
ele não a criou para ser um caos,
mas para ser habitada:
"Eu sou o SENHOR, e não há outro.
19 Não falei em segredo,
nem em algum lugar escuro da terra;
eu não disse à descendência de Jacó:
'Busquem-me em vão';
eu, o SENHOR, falo a verdade
e proclamo o que é direito."

O Senhor e os ídolos

20 "Reúnam-se e venham;
aproximem-se todos juntos,
vocês que escaparam das nações.
Não sabem nada os que carregam
as suas imagens de madeira
e fazem súplicas a um deus
que não pode salvar.
21 Declarem e apresentem as suas razões.
Que tomem conselho uns com os outros.
Quem fez ouvir isto desde a antiguidade?
Quem desde aquele tempo o anunciou?
Será que não fui eu, o SENHOR?
Pois não há outro Deus, além de mim,
Deus justo e Salvador não há além de mim."

22 "Voltem-se para mim e sejam salvos,
vocês, todos os confins da terra;
porque eu sou Deus, e não há outro.
23 Por mim mesmo tenho jurado;
da minha boca saiu o que é justo,
e a minha palavra não tornará atrás.
Diante de mim se dobrará todo joelho,
e jurará toda língua.
24 De mim se dirá:
'Tão somente no SENHOR há justiça e força.'
Até ele virão e serão envergonhados
todos os que se irritarem contra ele.
25 Mas no SENHOR será justificada
toda a descendência de Israel
e nele se gloriará."

A queda dos ídolos da Babilônia

46 1 "Bel se encurva, Nebo se abaixa;
os ídolos são postos
sobre os animais, sobre as bestas.
As cargas que vocês costumavam levar
são canseira para os animais
já cansados.
2 Esses deuses juntamente
se abaixam e se encurvam;
não podem salvar a carga,
mas eles mesmos vão para o cativeiro."

3 "Escutem, ó casa de Jacó
e todo o remanescente da casa de Israel,
vocês que eu carrego desde o ventre materno
e que levo nos braços desde o nascimento.
4 Até a velhice de vocês eu serei o mesmo
e ainda quando tiverem cabelos brancos
eu os carregarei.
Eu os fiz e eu os levarei;
eu os carregarei e os salvarei."

5 "Com quem vocês vão me comparar?
A quem eu seria igual?
E que coisa semelhante confrontarão comigo?
6 Os que gastam o ouro da bolsa
e pesam a prata nas balanças
contratam um ourives
para que faça um deus;
e depois se prostram
e se inclinam diante dele.
7 Eles o põem sobre os ombros,
levam-no e o põem no seu lugar, e aí ele fica;
do seu lugar não se move.
Recorrem a ele,
mas nenhuma resposta ele dá
e não livra ninguém da sua tribulação."

8 "Lembrem-se disso e animem-se;
pensem a respeito disso, ó rebeldes.
9 Lembrem-se das coisas passadas,
das coisas da antiguidade:
que eu sou Deus, e não há outro;
eu sou Deus, e não há
outro semelhante a mim.
10 Desde o princípio anuncio
o que há de acontecer
e desde a antiguidade revelo
as coisas que ainda não sucederam.
Eu digo: o meu conselho
permanecerá em pé,
e farei toda a minha vontade.
11 Chamo uma ave de rapina desde o Oriente;
de uma terra longínqua
vem o homem do meu conselho.
Eu o disse e também o cumprirei;
fiz este plano,
também o executarei."

12 "Escutem, vocês de coração obstinado,
que estão longe da justiça.
13 Faço chegar a minha justiça,
e ela não está longe;
a minha salvação não tardará.
Estabelecerei em Sião o livramento
e em Israel, a minha glória."

A queda da Babilônia

47 1 "Desça e sente-se no pó,
ó virgem filha da Babilônia;
sente-se no chão, pois já não há trono,
ó filha dos caldeus.
Porque nunca mais você será chamada
sensível e delicada.
2 Pegue as pedras do moinho e faça farinha;
tire o véu, levante a saia,
descubra as pernas e atravesse os rios.
3 A sua nudez será descoberta,
e se verá a sua vergonha;
tomarei vingança e não pouparei ninguém."

4 Quanto ao nosso Redentor,
Senhor dos Exércitos é o seu nome,
o Santo de Israel.

5 "Fique sentada em silêncio
e vá para um lugar escuro, ó filha dos caldeus,
porque nunca mais você será chamada
senhora dos reinos.
6 Eu estava irado contra o meu povo,
profanei a minha herança
e a entreguei nas suas mãos,
mas você não usou de misericórdia com ela
e até sobre os velhos
você fez muito pesado o seu jugo.
7 Você disse: 'Eu serei senhora para sempre!'
Até agora você não levou estas coisas a sério,
nem se lembrou do seu fim.
8 Agora, pois, escute isto,
você que ama os prazeres,
que habita segura e que diz a si mesma:
'Eu sou a única,
e não há outra além de mim.
Não ficarei viúva, nem conhecerei
a perda de filhos.'"

9 "Mas ambas estas coisas virão sobre você
num momento, no mesmo dia:
perda de filhos e viuvez;
virão em cheio sobre você,
apesar da multidão das suas feitiçarias
e da abundância dos seus encantamentos.
10 Porque você confiou na sua maldade e dizia:
'Não há quem me veja.'
A sua sabedoria e o seu conhecimento,
isso fez com que você se desviasse
e dissesse a si mesma:
'Eu sou a única, e não há outra além de mim.'
11 Por isso, virá sobre você uma desgraça
que você não saberá afastar
com os seus encantamentos.
Cairá sobre você uma calamidade
da qual não poderá se livrar por expiação.
Porque sobre você virá, de repente,
uma desolação como você não imaginava.
12 Continue, pois,
com os seus encantamentos
e com a multidão das suas feitiçarias
em que você tem se fatigado
desde a sua mocidade!
Talvez você possa tirar algum proveito disso;
talvez, com isso, consiga inspirar terror.
13 Você está cansada
de tanto ouvir conselhos!
Que se levantem, agora,
os que dissecam os céus e fitam os astros,
os que em cada lua nova predizem
o que há de vir sobre você.
Que eles a ajudem!
14 Eis que serão como palha,
o fogo os queimará;
não poderão livrar-se do poder das chamas;
nenhuma brasa restará
para se aquecerem,
nem fogo, para que diante dele se assentem.
15 Isso é o que lhe farão
aqueles com quem você se fatigou,
aqueles com quem negociou
desde a sua mocidade:
eles se dispersarão, cambaleantes,
cada qual pelo seu caminho;
não haverá ninguém para salvá-la."

A infidelidade de Israel é repreendida

48 1 Escutem isto, casa de Jacó,
vocês que se chamam
pelo nome de Israel
e saíram da linhagem de Judá,
vocês que juram pelo nome do Senhor
e confessam o Deus de Israel,
mas não em verdade nem em justiça.
2 Da santa cidade tomam o nome
e se firmam sobre o Deus de Israel,
cujo nome é Senhor dos Exércitos.
3 "Desde a antiguidade
anunciei as primeiras coisas;
a minha boca as pronunciou,
e eu as fiz ouvir;
de repente agi, e elas se cumpriram.
4 Porque eu sabia que você era obstinado,
que o seu pescoço
é um tendão de ferro
e que a sua testa era de bronze.
5 Por isso, desde aquele tempo
eu lhe anunciei essas coisas
e as dei a conhecer
antes que acontecessem,
para que você não dissesse:
'O meu ídolo fez estas coisas';
ou: 'A minha imagem de escultura
e a minha imagem de fundição
as ordenaram.'"

6 "Você já ouviu; agora olhe bem para tudo isto;
será que você não vai admitir
que falei a verdade?
Desde agora lhe anuncio coisas novas e ocultas,
que você não conhecia.
7 Foram criadas agora e não há muito tempo,
e antes deste dia você não tinha
ouvido falar nelas,
para que você não diga: 'Sim, eu já sabia.'
8 Você não ouviu, não conheceu,
nem tampouco antecipadamente
se abriram os seus ouvidos,
porque eu sabia que você não é nada confiável
e é chamado de transgressor
desde o ventre materno."

9 "Por amor do meu nome, retardarei a minha ira
e, por causa da minha honra,
me conterei em relação a você,
para que eu não venha a exterminá-lo.
10 Eis que refinei você, mas não como a prata;
eu o provei na fornalha da aflição.
11 Por amor de mim,
por amor de mim é que faço isto;
pois como seria profanado o meu nome?
Não darei a mais ninguém a minha glória."

O Senhor chama Israel

12 "Escute, ó Jacó,
e também você, Israel, a quem chamei:
Eu sou o mesmo, sou o primeiro
e também o último.
13 Também a minha mão fundou a terra,
e a minha mão direita estendeu os céus;
quando eu os chamar,
eles se apresentarão juntos."

14 "Reúnam-se, todos vocês, e escutem!
Quem, dentre eles, anunciou estas coisas?
Aquele a quem o Senhor amou
executará a sua vontade contra a Babilônia,
e o seu braço será contra os caldeus.
15 Eu, eu tenho falado; também já o chamei.
Eu o trouxe e farei próspero o seu caminho.
16 Aproximem-se de mim e escutem isto:
desde o princípio, não falei em segredo;
desde o tempo em que isso vem acontecendo,
tenho estado lá."

"Agora, o Senhor Deus enviou a mim
e o seu Espírito."
17 Assim diz o Senhor, o seu Redentor,
o Santo de Israel:
"Eu sou o Senhor, o seu Deus,
que lhe ensina o que é útil
e o guia pelo caminho em que você deve andar.
18 Ah! Se você tivesse dado ouvidos
aos meus mandamentos!
Então a sua paz seria como um rio,
e a sua justiça, como as ondas do mar.
19 Também a sua posteridade seria como a areia,
e os seus descendentes, como os grãos da areia;
o seu nome nunca seria eliminado
nem destruído de diante de mim."

20 Saiam da Babilônia,
fujam do meio dos caldeus!
Anunciem isto com voz de júbilo;
proclamem e levem esta boa notícia
até os confins da terra.
Digam: "O Senhor remiu o seu servo Jacó."
21 Não padeceram sede,
quando ele os levava pelos desertos;
fez brotar para eles água da rocha;
fendeu a pedra, e a água jorrou.

22 "Mas para os ímpios
não há paz", diz o Senhor.

O Servo do Senhor é a luz dos gentios

49 1 Escutem, terras do mar,
e vocês, povos de longe,
prestem atenção!
O Senhor me chamou desde o meu nascimento,
desde o ventre de minha mãe
fez menção do meu nome.
2 Ele fez a minha boca como uma espada aguda,
na sombra da sua mão me escondeu.
Ele fez de mim uma flecha polida,
e me guardou na sua aljava.
3 E me disse: "Você é o meu servo,
você é Israel, por meio de quem
hei de ser glorificado."
4 Mas eu disse: "Tenho trabalhado em vão;
gastei as minhas forças por nada e à toa."
Todavia, o meu direito está diante do Senhor,
a minha recompensa está diante do meu Deus.

5 Mas agora diz o Senhor,
que me formou desde o ventre
para ser o seu servo,
para trazer Jacó de volta e reunir Israel a ele,
porque sou glorificado diante do Senhor,
e o meu Deus é a minha força.
6 Sim, ele diz:
"Para você, é muito pouco ser o meu servo
para restaurar as tribos de Jacó
e trazer de volta o remanescente de Israel.
Farei também com que você seja
uma luz para os gentios,
para que você seja a minha salvação
até os confins da terra."
7 O Senhor, o Redentor e Santo de Israel,
diz ao que é desprezado,
ao que é detestado pelas nações,
ao servo dos dominadores:

"Os reis o verão e se levantarão;
os príncipes se inclinarão diante de você
por amor do SENHOR, que é fiel,
e do Santo de Israel, que o escolheu."

A restauração de Israel

8 Assim diz o SENHOR:
"No tempo aceitável eu escutei você
e no dia da salvação eu o socorri.
Eu o guardarei
e o farei mediador da aliança com o povo,
para restaurar a terra
e repartir as propriedades devastadas,
9 para dizer aos presos: 'Saiam da prisão!',
e aos que estão em trevas: 'Venham para fora!'"

"Eles pastarão ao longo dos caminhos
e em todos os montes desertos terão o seu pasto.
10 Não terão fome nem sede,
o calor forte e o sol não os afligirão,
porque o que se compadece deles os guiará
e os conduzirá aos mananciais das águas.
11 Transformarei todos os meus montes
em caminhos,
e as minhas estradas serão levantadas.
12 Eis que estes virão de longe,
e eis que aqueles virão do Norte e do Ocidente;
outros virão da terra de Sinim."

13 Alegrem-se, ó céus, exulte, ó terra,
e vocês, montes, cantem de alegria,
porque o SENHOR consolou o seu povo
e se compadece dos seus aflitos.

14 Mas Sião diz: "O SENHOR me abandonou,
o Senhor se esqueceu de mim."
15 O SENHOR responde:
"Será que uma mulher pode se esquecer
do filho que ainda mama,
de maneira que não se compadeça
do filho do seu ventre?
Mas ainda que esta viesse a se esquecer dele,
eu, porém, não me esquecerei de você.
16 Eis que eu gravei você
nas palmas das minhas mãos;
as suas muralhas estão continuamente
diante de mim.
17 Os seus filhos virão depressa,
enquanto os que a destruíram e devastaram
se afastam de você.
18 Levante os olhos ao redor e veja:
todos se reúnem e vêm até você.
Tão certo como eu vivo", diz o SENHOR,
"de todos eles você se vestirá como de um enfeite
e deles se cingirá como noiva."

19 "Pois, quanto aos seus lugares
desertos e devastados
e à sua terra destruída,
agora você, ó Sião,
certamente será pequena demais
para os moradores;
e os que a devoravam estarão bem longe.
20 Os filhos que nasceram
nos seus dias de luto dirão a você:
'Este lugar é pequeno demais para nós;
dê-nos mais espaço para morar.'
21 Então você pensará assim:
'Quem me gerou estes filhos?
Pois eu era uma mulher sem filhos e estéril,
em exílio e abandonada.
Quem criou esses filhos para mim?
Fui deixada sozinha; e estes onde estavam?'"

22 Assim diz o SENHOR Deus:
"Eis que acenarei para as nações
e diante dos povos levantarei a minha bandeira;
eles trarão nos braços os seus filhos, ó Sião,
e as suas filhas serão levadas sobre os ombros.
23 Reis serão os guardiões deles,
e rainhas serão as suas babás.
Eles se inclinarão diante de você
com o rosto em terra
e lamberão o pó dos seus pés.
Então você saberá que eu sou o SENHOR
e que os que esperam em mim
não serão envergonhados."

24 Será que alguém pode
tirar o despojo de um valente?
Será que os presos podem fugir do tirano?
25 Mas assim diz o SENHOR:
"Certamente os presos
serão tirados do valente,
e o despojo do tirano será resgatado,
porque eu lutarei
contra os que lutam contra você
e salvarei os seus filhos.
26 Farei com que os seus opressores
comam a sua própria carne
e se embriaguem
com o seu próprio sangue,
como se fosse vinho novo.
Então toda a humanidade saberá
que eu sou o SENHOR, o seu Salvador
e o seu Redentor, o Poderoso de Jacó."

50 1 Assim diz o SENHOR:
"Onde está a carta de divórcio
que eu entreguei à mãe de vocês
e com a qual eu a repudiei?
Ou quem é o meu credor,
a quem eu os vendi?
Eis que vocês foram vendidos
por causa das suas iniquidades,
e a mãe de vocês foi repudiada
por causa das transgressões de vocês.

2 Por que razão, quando eu vim,
ninguém apareceu?
Quando chamei, ninguém respondeu?
Será que a minha mão se encolheu tanto,
que já não pode remir?
Ou será que já não há força em mim para livrar?
Eis que pela minha repreensão
eu seco o mar
e transformo os rios em deserto,
até que os seus peixes cheirem mal;
pois, não havendo água, morrem de sede.
3 Posso vestir os céus de escuridão
e cobri-los com pano de saco."

O sofrimento e a fidelidade do Servo do Senhor

4 O SENHOR Deus me deu uma língua erudita,
para que eu saiba dizer
boa palavra ao cansado.
Ele me desperta todas as manhãs;
desperta o meu ouvido para que eu ouça
como aqueles que aprendem.
5 O SENHOR Deus me abriu os ouvidos,
e eu não fui rebelde nem me retraí.
6 Ofereci as costas aos que me batiam
e o rosto aos que me arrancavam a barba;
não escondi o rosto dos que me afrontavam
e cuspiam em mim.
7 Porque o SENHOR Deus me ajuda.
Por isso, não serei humilhado;
por isso, fiz o meu rosto como uma pedra
e sei que não serei envergonhado.
8 Perto está o que me justifica.
Quem ousará entrar em litígio comigo?
Compareçamos juntos diante do juiz!
Quem é o meu adversário?
Que se aproxime de mim!
9 Eis que o SENHOR Deus me ajuda.
Quem poderá me condenar?
Eis que todos eles envelhecerão como a roupa;
a traça os comerá.
10 Quem de vocês teme o SENHOR
e ouve a voz do seu Servo?
Aquele que anda em trevas, sem nenhuma luz,
confie no nome do SENHOR
e se firme sobre o seu Deus.
11 Todos vocês que acendem fogo
e se armam com flechas incendiárias,
andem entre as labaredas do fogo de vocês
e entre as flechas que vocês acenderam!
De mim lhes sobrevirá isto:
vocês se deitarão em tormentos.

Palavra de conforto para Sião

51 1 "Escutem, vocês que procuram
a justiça,
vocês que buscam o SENHOR:
olhem para a rocha
da qual vocês foram cortados
e para a pedreira de onde foram tirados.
2 Olhem para Abraão, seu pai,
e para Sara, que os deu à luz.
Porque Abraão era um só,
quando eu o chamei,
o abençoei e o multipliquei.
3 Porque o SENHOR terá piedade de Sião;
terá piedade de todos
os seus lugares desolados.
Fará o seu deserto como o Éden,
e os seus lugares áridos,
como o jardim do SENHOR.
Ali haverá júbilo e alegria,
ações de graças e som de música."

4 "Preste atenção, meu povo,
e escute, minha nação!
Porque de mim sairá a lei,
e estabelecerei o meu direito
como luz dos povos.
5 Perto está a minha justiça,
a minha salvação já aparece,
e os meus braços dominarão os povos.
As terras do mar me aguardam
e no meu braço esperam.
6 Levantem os olhos para os céus
e olhem para a terra, aqui embaixo!
Porque os céus desaparecerão
como a fumaça,
e a terra envelhecerá como a roupa;
os seus moradores morrerão como mosquitos,
mas a minha salvação durará para sempre,
e a minha justiça não será anulada."

7 "Escutem, vocês que conhecem a justiça,
vocês, povo em cujo coração está a minha lei:
não temam os insultos dos homens,
nem fiquem assustados
por causa das suas zombarias.
8 Porque as traças os roerão
como fazem com a roupa,
e os bichos os comerão como fazem com a lã.
Mas a minha justiça durará para sempre,
e a minha salvação, de geração em geração.

9 Desperta! Desperta, braço do SENHOR,
e arma-te de força!
Desperta como nos dias passados,
como nas gerações antigas!
Não és tu aquele que cortou Raabe em pedaços
e feriu o monstro marinho?
10 Não és tu aquele que secou o mar,
as águas do grande abismo?
Não abriste um caminho no fundo do mar,
para que passassem os remidos?

11 Os resgatados do SENHOR voltarão
e entrarão em Sião
com cânticos de júbilo.
Alegria eterna coroará a sua cabeça.
Ficarão tomados de júbilo e alegria,
e deles fugirão a tristeza e o gemido."

12 "Eu, eu sou aquele que os consola;
quem, então, é você, para que tenha medo
do homem, que é mortal,
ou do filho do homem, que não passa de erva?
13 Por que você se esquece do SENHOR, que o criou,
que estendeu os céus e fundou a terra,
e todo o dia, sem cessar,
teme a fúria do opressor,
que se prepara para destruir?
Onde está a fúria do opressor?
14 O exilado cativo depressa será libertado,
lá não morrerá, lá não descerá à sepultura;
o seu pão não lhe faltará."

15 "Pois eu sou o SENHOR, seu Deus,
que agito o mar, de modo que bramem
as suas ondas.
O meu nome é SENHOR dos Exércitos.
16 Confio a você as minhas palavras
e o protejo com a sombra da minha mão,
para que eu estenda os céus,
firme a terra e diga a Sião:
'Você é o meu povo.'"

17 Acorde! Acorde e levante-se, ó Jerusalém,
você que bebeu da mão do SENHOR
o cálice da sua ira,
você que esgotou o cálice de atordoamento.
18 De todos os filhos que ela teve nenhum a guiou;
de todos os filhos que criou
nenhum a tomou pela mão.

19 Estas duas coisas lhe sobrevieram,
mas quem teve compaixão de você?
Houve destruição e ruína, fome e espada,
mas quem veio consolar você?
20 Os seus filhos desmaiaram,
jazem nas esquinas de todas as ruas,
como o antílope na rede.
Estão cheios da ira do SENHOR
e da repreensão do seu Deus.

21 Por isso, agora escute isto,
você que está aflita e embriagada,
mas não de vinho.
22 Assim diz o seu Senhor,
o SENHOR, seu Deus,
que defenderá a causa do seu povo:
"Eis que eu tiro da sua mão
o cálice de atordoamento,
o cálice da minha ira.
Você nunca mais beberá dele.
23 Eu o porei nas mãos dos que a atormentaram,
dos que lhe disseram:
'Abaixe-se, para que passemos
por cima de você!'
E você pôs as suas costas como chão
e como rua para os que passavam."

Deus salvará Jerusalém

52 1 Acorde! Acorde, ó Sião,
e revista-se de força!
Vista as suas roupas finas,
ó Jerusalém, cidade santa,
porque os incircuncisos e imundos
nunca mais entrarão em você.
2 Levante e sacuda a poeira, ó Jerusalém cativa;
livre-se das correntes de seu pescoço,
ó cativa filha de Sião.

3 Porque assim diz o SENHOR:
— Por nada vocês foram vendidos, e sem di-
nheiro serão resgatados.
4 Porque assim diz o SENHOR Deus:
— O meu povo no princípio desceu ao Egito,
para nele habitar, e a Assíria sem razão o oprimiu.
5 Agora, que farei eu aqui, diz o SENHOR, pois o
meu povo foi levado por nada? Os seus opressores
dão uivos, diz o SENHOR, e o meu nome é blasfe-
mado todo o dia, sem cessar. 6 Por isso, o meu povo
saberá o meu nome; por isso, naquele dia, saberá
que sou eu quem diz: "Eis-me aqui."

7 Quão formosos são sobre os montes
os pés do que anuncia boas-novas,
que faz ouvir a paz,
que anuncia coisas boas,
que faz ouvir a salvação,
que diz a Sião: "O seu Deus reina!"
8 Eis o grito dos seus atalaias!
Eles erguem a voz e juntos gritam de alegria,
porque com os seus próprios olhos
veem o retorno do SENHOR a Sião.
9 Gritem de alegria e juntas exultem,
ó ruínas de Jerusalém,
porque o SENHOR consolou o seu povo;
ele remiu Jerusalém.
10 O SENHOR desnudou o seu santo braço
à vista de todas as nações,
e todos os confins da terra
verão a salvação do nosso Deus.

11 Fora! Fora! Saiam de lá!
Não toquem em coisa impura!
Saiam do meio dela, purifiquem-se,
vocês que levam os utensílios do SENHOR.
12 Porque vocês não sairão às pressas,
nem partirão como quem foge.
Porque o SENHOR irá adiante de vocês,
e o Deus de Israel será a sua retaguarda.

O sofrimento e a vitória do Servo do Senhor

13 "Eis que o meu Servo procederá com prudência;
será exaltado e elevado, e será mui sublime.
14 Como muitos pasmaram à vista dele —
pois o seu aspecto estava tão desfigurado,
mais do que o de outro qualquer,
e a sua aparência, mais do que a dos outros
filhos dos homens —,
15 assim causará admiração às nações,
e os reis fecharão a sua boca por causa dele.
Porque verão aquilo
que não lhes foi anunciado,
e entenderão aquilo que não tinham ouvido."

53 1 Quem creu em nossa pregação?
E a quem foi revelado o braço do SENHOR?
2 Porque foi subindo como um renovo diante dele
e como raiz de uma terra seca.
Não tinha boa aparência nem formosura;
olhamos para ele,
mas não havia nenhuma beleza
que nos agradasse.
3 Era desprezado e o mais rejeitado
entre os homens,
homem de dores e que sabe o que é padecer.
E, como um de quem os homens
escondem o rosto,
era desprezado, e dele não fizemos caso.

4 Certamente ele tomou sobre si
as nossas enfermidades
e as nossas dores levou sobre si;
e nós o considerávamos como aflito,
ferido de Deus e oprimido.
5 Mas ele foi traspassado
por causa das nossas transgressões
e esmagado por causa das nossas iniquidades;
o castigo que nos traz a paz estava sobre ele,
e pelas suas feridas fomos sarados.
6 Todos nós andávamos
desgarrados como ovelhas;
cada um se desviava pelo seu próprio caminho,
mas o SENHOR fez cair sobre ele
a iniquidade de todos nós.

7 Ele foi oprimido e humilhado,
mas não abriu a boca.
Como cordeiro foi levado ao matadouro
e, como ovelha muda
diante dos seus tosquiadores,
ele não abriu a boca.
8 Pela opressão e pelo juízo, ele foi levado,
e de sua linhagem, quem se preocupou com ela?
Porque ele foi cortado da terra dos viventes;
foi ferido por causa
da transgressão do meu povo.
9 Designaram-lhe a sepultura
com os ímpios,
mas com o rico esteve na sua morte,
embora não tivesse feito injustiça,
e nenhum engano fosse
encontrado em sua boca.

10 Todavia, ao SENHOR agradou esmagá-lo,
fazendo-o sofrer.
Quando ele der a sua alma
como oferta pelo pecado,
verá a sua posteridade e prolongará os seus dias;
e a vontade do SENHOR
prosperará nas suas mãos.
11 Ele verá o fruto do trabalho de sua alma
e ficará satisfeito.
O meu Servo, o Justo,
com o seu conhecimento justificará a muitos,
porque as iniquidades deles levará sobre si.
12 Por isso, eu lhe darei a sua parte
com os grandes,
e com os poderosos ele repartirá o despojo,
pois derramou a sua alma na morte
e foi contado com os transgressores.
Contudo, levou sobre si o pecado de muitos
e pelos transgressores intercedeu.

O futuro glorioso de Sião

54 1 "Cante, ó estéril,
você que não deu à luz;
exulte e grite de alegria,
você que nunca sentiu dores de parto!
Porque os filhos da mulher solitária
são mais numerosos do que os filhos da casada",
diz o SENHOR.
2 "Alargue o espaço de sua tenda
e aumente o toldo de sua habitação;
não o impeça; alongue as cordas
e firme bem as estacas.
3 Porque você se expandirá para a direita
e para a esquerda;
a sua posteridade possuirá as nações
e fará com que se povoem as cidades arrasadas."

4 "Não tenha medo,
porque você não será envergonhada;
não tenha vergonha,
porque você não sofrerá humilhação.
Você se esquecerá
da vergonha da sua mocidade
e não mais se lembrará
da desgraça da sua viuvez.
5 Porque o seu Criador é o seu marido;
SENHOR dos Exércitos é o seu nome.
O Santo de Israel é o seu Redentor;
ele é chamado 'O Deus de toda a terra'."

6 "Porque o SENHOR chamou você
como se chama a mulher abandonada
e de espírito abatido,

como se chama a mulher da mocidade,
que havia sido repudiada, diz o seu Deus.
7 Por um breve momento abandonei você,
mas com grande misericórdia
tornarei a acolhê-la.
8 Num ímpeto de indignação,
escondi de você a minha face
por um momento,
mas com misericórdia eterna
me compadeço de você",
diz o SENHOR, o seu Redentor.

9 "Porque isto é para mim como as águas de Noé:
como jurei que as águas de Noé
não mais inundariam a terra,
assim jurei que não mais
ficaria irado com você,
nem a repreenderia.
10 Mesmo que os montes se retirem
e as colinas sejam removidas,
a minha misericórdia
não se afastará de você,
e a minha aliança de paz não será removida",
diz o SENHOR, que se compadece de você.

11 "Ó cidade aflita, sacudida pela tormenta
e desconsolada!
Eis que eu assentarei as suas pedras
com argamassa colorida
e lançarei os seus alicerces sobre safiras.
12 As suas torres serão de rubis,
os seus portões
serão de esmeraldas
e toda a sua muralha
será de pedras preciosas.
13 Todos os seus filhos
serão ensinados pelo SENHOR,
e será grande a paz de seus filhos.
14 Você será estabelecida em justiça.
Ficará longe da opressão, porque não temerá;
ficará longe do terror,
porque ele não chegará perto de você.
15 Se alguém a atacar,
isso não procederá de mim;
mas quem a atacar cairá diante de você."

16 "Eis que eu criei o ferreiro,
que assopra as brasas no fogo
e que produz a arma para o seu devido fim;
eu criei também o destruidor,
para trazer a ruína.
17 Nenhuma arma forjada
contra você prosperará;
e você condenará toda língua
que quiser acusá-la em juízo.
Esta é a herança dos servos do SENHOR
e a sua justiça que procede de mim",
diz o SENHOR.

O convite gracioso de Deus

55 1 "Ah! Todos vocês que têm sede,
venham às águas;
e vocês que não têm dinheiro,
venham, comprem e comam!
Sim, venham e comprem,
sem dinheiro e sem preço,
vinho e leite.
2 Por que vocês gastam o dinheiro
naquilo que não é pão,
e o seu suor, naquilo que não satisfaz?
Ouçam com atenção o que eu digo,
comam o que é bom
e vocês irão saborear
comidas deliciosas.
3 Deem ouvidos e venham a mim;
escutem, e vocês viverão.
Porque farei uma aliança eterna
com vocês,
que consiste nas fiéis misericórdias
prometidas a Davi.
4 Eis que eu fiz dele
uma testemunha aos povos,
um príncipe e governador dos povos.
5 Eis que você chamará uma nação
que você não conhece,
e uma nação que nunca o conheceu
virá correndo para junto de você,
por causa do SENHOR, seu Deus,
e do Santo de Israel,
porque este o glorificou."

6 Busquem o SENHOR enquanto ele pode
ser encontrado;
invoquem-no enquanto ele está perto.
7 Que o ímpio abandone
o seu mau caminho,
e o homem mau, os seus pensamentos;
converta-se ao SENHOR,
que se compadecerá dele,
e volte-se para o nosso Deus,
porque é rico em perdoar.
8 "Porque os meus pensamentos
não são os pensamentos de vocês,
e os caminhos de vocês
não são os meus caminhos",
diz o SENHOR.
9 "Porque, assim como os céus
são mais altos do que a terra,
assim os meus caminhos
são mais altos do que os seus caminhos,
e os meus pensamentos
são mais altos do que
os pensamentos de vocês.
10 Porque, assim como a chuva
e a neve descem dos céus
e para lá não voltam,

sem que primeiro reguem a terra,
e a fecundem, e a façam brotar,
para dar semente ao semeador
e pão ao que come,
11 assim será a palavra que sair da minha boca:
não voltará para mim vazia,
mas fará o que me apraz
e prosperará naquilo para que a designei."

12 "Vocês sairão com alegria
e em paz serão guiados;
os montes e as colinas romperão em cânticos
diante de vocês,
e todas as árvores do campo baterão palmas.
13 Em lugar do espinheiro, crescerá o cipreste,
e em lugar da sarça crescerá a murta.
E isso será glória para o SENHOR
e sinal eterno, que nunca se apagará."

Salvação para os gentios

56 1 Assim diz o SENHOR:
"Mantenham o direito e pratiquem a justiça,
porque a minha salvação está prestes a vir,
e a minha justiça está prestes a se manifestar.
2 Bem-aventurado quem faz isto,
e aquele que nisto se firma,
que se guarda de profanar o sábado
e guarda a sua mão de cometer algum mal."

3 O estrangeiro que tiver se unido
ao SENHOR não deve dizer:
"O SENHOR certamente me excluirá do seu povo."
E um eunuco não deve dizer:
"Eis que eu sou uma árvore seca."
4 Porque assim diz o SENHOR:
"Aos eunucos que guardam os meus sábados,
escolhem aquilo que me agrada
e abraçam a minha aliança,
5 darei no meu templo
e dentro das minhas muralhas
um memorial e um nome melhor
do que filhos e filhas;
darei a cada um deles um nome eterno,
que nunca se apagará.
6 Aos estrangeiros que se aproximam do SENHOR,
para o servir e para amar o nome do SENHOR,
sendo deste modo servos deles,
sim, todos os que guardam o sábado,
não o profanando,
e abraçam a minha aliança,
7 também os levarei ao meu santo monte
e lhes darei alegria na minha Casa de Oração.
Os seus holocaustos e os seus sacrifícios
serão aceitos no meu altar,
porque a minha casa será chamada
'Casa de Oração' para todos os povos."
8 Assim diz o SENHOR Deus,
que congrega os dispersos de Israel:
"Ainda congregarei outros
aos que já se acham reunidos."

Ai dos atalaias de Israel!

9 "Vocês, todos os animais do campo,
todos os animais dos bosques,
venham comer.
10 Os atalaias de Israel são cegos, nada sabem.
Todos são cães mudos, não podem latir.
São sonhadores preguiçosos, gostam de dormir.
11 Tais cães são gulosos, nunca se fartam.
São pastores que nada compreendem;
todos seguem o seu próprio caminho,
cada um para a sua ganância,
todos sem exceção.
12 Eles dizem: 'Venham! Vou trazer o vinho!
Vamos nos encharcar de bebida forte!
O dia de amanhã será como este
e ainda maior e mais famoso.'"

A idolatria de Israel é condenada

57 1 "Os justos perecem,
e não há quem se importa com isso;
os piedosos desaparecem
sem que alguém considere nesse fato.
Pois o justo é levado antes que venha o mal
2 e entra na paz;
os que andam em retidão
descansam no seu leito."

3 "Mas vocês, filhos de feiticeira,
vocês, descendência de adúlteros
e de prostitutas,
venham cá!
4 De quem vocês estão zombando?
Contra quem estão escancarando a boca
e mostrando a língua?
Por acaso vocês não são filhos da transgressão,
descendência da falsidade,
5 vocês que se inflamam em seus desejos
junto aos carvalhos,
debaixo de toda árvore frondosa,
e sacrificam os seus filhos nos vales
e nas fendas dos penhascos?
6 Entre as pedras lisas dos ribeiros
vocês escolhem os seus ídolos;
elas são a sua parte.
Sobre elas vocês também
oferecem as suas libações
e apresentam ofertas de cereais.
Será que eu poderia estar contente
com estas coisas?
7 Sobre um monte alto e elevado
vocês põem o seu leito;
para lá vocês sobem para oferecer sacrifícios.
8 Atrás das portas e das ombreiras
vocês põem os seus símbolos pagãos.

Afastando-se de mim,
vocês sobem ao leito
e o alargam para os seus amantes,
apresentando-lhes as suas exigências.
Vocês gostam de se deitar com eles
e lhes contemplar a nudez."

9 "Você vai ao rei com óleo
e multiplica os seus perfumes;
envia os seus embaixadores para longe,
até a profundidade da sepultura.
10 Nessa longa viagem você se cansa,
mas não diz: 'É inútil!'
Você encontra novas forças;
por isso, não desfalece."

11 "Mas de quem você teve receio ou temor,
para que mentisse e não se lembrasse de mim,
nem me levasse a sério?
Será que é porque me calo,
e isso desde muito tempo,
e você não me teme?
12 Eu publicarei essa sua justiça e as suas obras,
mas isso não a beneficiará em nada.
13 Quando você clamar por ajuda,
que a sua coleção de ídolos a livre!
O vento levará todos eles;
um sopro os arrebatará.
Mas o que confia em mim herdará a terra
e possuirá o meu santo monte."

Mensagem de paz para os arrependidos

14 Então se dirá:
"Aterrem, aterrem a estrada,
preparem o caminho,
tirem os tropeços do caminho do meu povo."
15 Porque assim diz o Alto, o Sublime,
que habita a eternidade e cujo nome é Santo:
"Habito no alto e santo lugar,
mas habito também com o contrito
e abatido de espírito,
para vivificar o espírito dos abatidos
e vivificar o coração dos contritos.
16 Pois não farei litígio para sempre,
nem me indignarei continuamente;
porque, do contrário, o espírito
definharia diante de mim,
bem como o fôlego da vida, que eu criei.
17 Por causa da maldade da cobiça do meu povo
eu me indignei e o feri;
escondi o meu rosto e me indignei,
mas, em sua rebeldia,
o povo seguiu o seu próprio caminho."

18 "Tenho visto os caminhos do meu povo,
mas vou curá-lo;
também o guiarei e tornarei a dar consolação,
a ele e aos seus pranteadores.
19 Como fruto dos seus lábios criei a paz,
paz para os que estão longe
e para os que estão perto", diz o SENHOR,
"e eu o sararei.
20 Mas os ímpios são como o mar agitado,
que não se pode aquietar,
cujas águas lançam de si lama e lodo.
21 Para os ímpios, diz o meu Deus, não há paz."

O jejum que agrada a Deus

58 1 "Grite a plenos pulmões,
não se detenha!
Erga a voz como a trombeta
e anuncie ao meu povo a sua transgressão
e à casa de Jacó, os seus pecados.
2 Mesmo neste estado,
ainda me procuram dia a dia,
têm prazer em saber os meus caminhos.
Como povo que pratica a justiça
e não deixa o direito do seu Deus,
perguntam-me por sentenças justas,
têm prazer em se aproximar de Deus,
3 dizendo: 'Por que jejuamos, se tu nem notas?
Por que nos humilhamos,
se tu não levas isso em conta?'
Acontece que, no dia em que jejuam,
vocês cuidam dos seus próprios interesses
e oprimem os seus trabalhadores.
4 Eis que vocês jejuam
apenas para discutir,
brigar e bater uns nos outros;
jejuando assim como hoje,
o clamor de vocês não será ouvido lá no alto.
5 Seria este o jejum que escolhi:
que num só dia a pessoa se humilhe,
incline a sua cabeça como o junco
e estenda debaixo de si pano de saco e cinza?
É isso o que vocês chamam de jejum
e dia aceitável ao SENHOR?
6 Será que não é este o jejum que escolhi:
que vocês quebrem as correntes da injustiça,
desfaçam as ataduras da servidão,
deixem livres os oprimidos
e acabem com todo tipo de servidão?
7 Será que não é também
que vocês repartam o seu pão com os famintos,
recolham em casa
os pobres desabrigados,
vistam os que encontrarem nus
e não voltem as costas ao seu semelhante?"

8 "Então a luz de vocês romperá
como a luz do alvorecer,
e a sua cura brotará sem demora;
a justiça irá adiante de vocês,
e a glória do SENHOR
será a sua retaguarda.

9 Então vocês pedirão ajuda,
e o SENHOR responderá;
gritarão por socorro,
e ele dirá: 'Eis-me aqui.'"

"Se tirarem do meio de vocês
todo tipo de servidão,
o dedo que ameaça e a linguagem ofensiva;
10 se abrirem o seu coração aos famintos
e socorrerem os aflitos,
então a luz de vocês nascerá nas trevas,
e a escuridão em que vocês se encontram
será como a luz do meio-dia.
11 O SENHOR os guiará continuamente,
lhes dará de comer até em lugares áridos
e fortalecerá os seus ossos.
Vocês serão como um jardim regado
e como um manancial
cujas águas nunca secam.
12 Vocês reconstruirão as antigas ruínas,
levantarão os fundamentos
de muitas gerações
e serão chamados de 'Reparadores de brechas'
e 'Restauradores de veredas',
para que o país se torne habitável."

13 "Se vigiarem os seus pés,
para não profanarem o sábado;
se deixarem de cuidar
dos seus próprios interesses
no meu santo dia;
se chamarem ao sábado de 'meu prazer'
e 'santo dia do SENHOR, digno de honra';
se guardarem o sábado,
não seguindo os seus próprios caminhos,
não pretendendo fazer a sua própria vontade,
nem falando palavras vãs,
14 então vocês terão no SENHOR
a sua fonte de alegria.
Eu os farei cavalgar
sobre os altos da terra
e os sustentarei com a herança de Jacó, seu pai.
Porque a boca do SENHOR o disse."

Confissão da maldade nacional

59 1 Eis que a mão do SENHOR
não está encolhida,
para que não possa salvar;
e o seu ouvido não está surdo,
para não poder ouvir.
2 Mas as iniquidades de vocês
fazem separação entre vocês e o seu Deus;
e os pecados que vocês cometem
o levam a esconder o seu rosto de vocês,
para não ouvir os seus pedidos.
3 Porque as mãos de vocês
estão manchadas de sangue,
e os seus dedos, de iniquidade;
os lábios de vocês falam mentiras,
e a sua língua profere maldade.
4 Não há ninguém que clame pela justiça,
ninguém que compareça em juízo
pela verdade;
confiam no que é nulo
e andam falando mentiras;
concebem o mal
e dão à luz a iniquidade.
5 Chocam ovos de cobra
e tecem teias de aranha;
quem comer os ovos morrerá,
e, se um dos ovos é quebrado, sai uma víbora.
6 As suas teias não servem para fazer roupa,
ninguém pode se cobrir com o que eles fazem.
As obras deles são obras de iniquidade,
e atos de violência estão nas suas mãos.
7 Os pés deles correm para o mal,
são velozes para derramar sangue inocente.
Os pensamentos deles são
pensamentos de iniquidade;
nos seus caminhos há ruína e destruição.
8 Não conhecem o caminho da paz,
nem há justiça nos seus passos.
Fizeram para si veredas tortuosas;
quem anda por elas não conhece a paz.

9 Por isso, o juízo está longe de nós,
e a justiça não nos alcança.
Esperamos pela luz, e eis que há só trevas;
esperamos pela claridade,
mas andamos na escuridão.
10 Apalpamos as paredes como cegos,
sim, como os que não têm olhos,
andamos apalpando;
tropeçamos ao meio-dia como nas trevas
e entre os robustos somos como os mortos.
11 Todos nós bramamos como ursos
e gememos como pombas;
esperamos o juízo, mas ele não aparece;
esperamos a salvação, mas ela está longe de nós.
12 Porque as nossas transgressões
se multiplicam diante de ti,
e os nossos pecados testificam contra nós.
As nossas transgressões estão conosco,
e conhecemos as nossas iniquidades.
13 Temos sido infiéis
e mentimos contra o SENHOR;
nós nos afastamos do nosso Deus;
pregamos a opressão e a rebeldia;
proferimos palavras de falsidade
que concebemos em nosso coração.
14 Por isso, o direito se retirou,
e a justiça se pôs de longe,
porque a verdade anda tropeçando
pelas praças,
e a retidão não pode entrar.

15 Sim, a verdade sumiu,
e quem se desvia do mal é tratado como presa.
O SENHOR viu isso
e desaprovou o fato de não haver justiça.
16 Viu que não havia ninguém
e maravilhou-se de que
não houvesse um intercessor;
por isso, o seu próprio braço
lhe trouxe a salvação,
e a sua própria justiça foi o seu apoio.
17 Vestiu-se de justiça, como de uma couraça,
e pôs o capacete da salvação na cabeça;
pôs sobre si a veste da vingança
e se cobriu de zelo, como de um manto.
18 Segundo as obras deles, assim retribuirá:
aos seus adversários, furor;
aos seus inimigos, o que merecem;
às terras do mar, a devida recompensa.
19 Assim, temerão o nome do SENHOR
desde o poente,
e a sua glória, desde o nascente do sol;
pois virá como torrente impetuosa,
impelida pelo Espírito do SENHOR.

20 "O Redentor virá a Sião
e aos de Jacó que se converterem", diz o SENHOR.

21 — Quanto a mim, esta é a minha aliança com
eles, diz o SENHOR: o meu Espírito, que está sobre
você, e as minhas palavras, que pus na sua boca,
não se desviarão dela, nem da boca de seus filhos,
nem da boca dos filhos de seus filhos, desde agora
e para todo o sempre, diz o SENHOR.

A glória da nova Jerusalém

60 1 Levante-se, resplandeça,
porque já vem a sua luz,
e a glória do SENHOR
está raiando sobre você.
2 Porque eis que as trevas cobrem a terra,
e a escuridão envolve os povos;
mas sobre você aparece
resplandecente o SENHOR,
e a sua glória já está brilhando sobre você.
3 As nações se encaminham
para a sua luz, ó Jerusalém,
e os reis são atraídos
para o resplendor do seu amanhecer.

4 Levante os olhos ao redor e veja:
todos se reúnem e vêm até você.
Os seus filhos chegam de longe,
e as suas filhas são trazidas nos braços.
5 Ao ver isso, você ficará radiante de alegria;
o seu coração baterá forte
e se dilatará de júbilo,
porque você receberá a abundância do mar,
e as riquezas das nações serão trazidas a você.
6 O seu território ficará coberto
por uma multidão de camelos,
os dromedários de Midiã e de Efa.
Todos virão de Sabá;
trarão ouro e incenso
e publicarão os louvores do SENHOR.
7 Todas as ovelhas de Quedar
se reunirão junto de você;
os carneiros de Nebaiote a servirão;
serão aceitos ao serem oferecidos
sobre o meu altar,
e eu tornarei mais glorioso
o templo da minha glória.

8 Quem são estes que vêm voando como nuvens
e como pombas voltando ao pombal?
9 Certamente as terras do mar me aguardarão.
À frente virão os navios de Társis
para trazerem de longe
os seus filhos, ó Jerusalém,
e, com eles, a prata e o ouro,
para a santificação
do nome do SENHOR, seu Deus,
e do Santo de Israel,
porque ele revestiu você de glória.

10 "Estrangeiros edificarão as suas muralhas,
e os seus reis a servirão.
Porque no meu furor eu a castiguei,
mas na minha graça tive compaixão de você.
11 Os seus portões estarão sempre abertos;
não serão fechados nem de dia nem de noite,
para que lhe sejam trazidas
as riquezas das nações,
e, conduzidos com elas, os seus reis.
12 Porque a nação e o reino
que não a servirem perecerão;
sim, essas nações serão totalmente arrasadas."

13 "A glória do Líbano virá a você:
o cipreste, o olmeiro e o buxo, conjuntamente,
para adornarem o lugar do meu santuário;
e farei glorioso o lugar
em que descansam os meus pés.
14 Também virão e se inclinarão
os filhos dos que a oprimiram;
todos os que a desprezaram
se prostrarão até as plantas dos seus pés
e a chamarão 'Cidade do SENHOR',
a 'Sião do Santo de Israel'."

15 "Você era uma cidade abandonada e odiada,
um lugar onde não passava ninguém,
mas eu farei de você uma glória eterna,
uma alegria de geração em geração.
16 Você mamará o leite das nações
e se alimentará ao peito dos reis;
e saberá que eu sou o SENHOR, o seu Salvador,
o seu Redentor, o Poderoso de Jacó."

17 "Em vez de bronze, eu lhe trarei ouro;
em vez de ferro, eu lhe trarei prata;
em vez de madeira, bronze,
e, em vez de pedras, ferro.
Farei com que a paz seja o seu inspetor
e com que a justiça seja o seu opressor.
18 Nunca mais se ouvirá falar
de violência na sua terra,
nem de ruína ou destruição em seu território,
mas às suas muralhas você chamará 'Salvação',
e aos seus portões, 'Louvor'."

19 "Nunca mais o sol será a sua luz durante o dia,
e o resplendor da lua nunca mais a iluminará;
pois o SENHOR será a sua luz perpétua,
e o seu Deus será a sua glória.
20 O seu sol nunca se porá,
e a sua lua nunca minguará,
porque o SENHOR será a sua luz perpétua,
e os dias do seu luto chegarão ao fim.
21 Todos os do seu povo serão justos
e para sempre herdarão a terra;
serão renovos que eu plantei,
obra das minhas mãos,
para que eu seja glorificado.
22 O pequeno virá a ser mil,
e o menor, uma nação forte;
eu, o SENHOR, farei com que,
no tempo certo, isso logo se cumpra."

As boas-novas da salvação

61 1 O Espírito do SENHOR Deus
está sobre mim,
porque o SENHOR me ungiu
para pregar boas-novas aos pobres,
enviou-me a curar os quebrantados de coração,
a proclamar libertação aos cativos
e a pôr em liberdade os algemados,
2 a apregoar o ano aceitável do SENHOR
e o dia da vingança do nosso Deus,
a consolar todos os que choram
3 e a pôr sobre os que choram em Sião
uma coroa em vez de cinzas,
óleo de alegria em vez de pranto,
manto de louvor em vez de espírito angustiado.
Eles serão chamados carvalhos de justiça,
plantados pelo SENHOR para a sua glória.
4 Reconstruirão as antigas ruínas,
restaurarão os lugares anteriormente destruídos
e renovarão as cidades arruinadas,
destruídas de geração em geração.

5 Estranhos se apresentarão
e apascentarão os rebanhos de vocês;
estrangeiros serão os seus
lavradores e vinhateiros.
6 Mas vocês serão chamados
sacerdotes do SENHOR,
e serão conhecidos como
ministros do nosso Deus.
Comerão as riquezas das nações
e se orgulharão do que era a glória delas.
7 Em lugar de vergonha,
vocês terão dupla honra;
em lugar da afronta,
exultarão na herança recebida;
por isso, em sua terra possuirão o dobro
e terão perpétua alegria.

8 "Porque eu, o SENHOR, amo a justiça
e odeio a iniquidade do roubo;
em fidelidade lhes darei a sua recompensa
e com eles farei aliança eterna.
9 A posteridade deles
será conhecida entre as nações,
os seus descendentes, no meio dos povos;
todos os que os virem reconhecerão
que eles são família bendita do SENHOR."

10 Tenho grande alegria no SENHOR!
A minha alma se alegra no meu Deus,
porque me cobriu de vestes de salvação
e me envolveu com o manto de justiça,
como noivo que se adorna de turbante,
como noiva que se enfeita com as suas joias.
11 Porque, como a terra produz os seus renovos,
e como o jardim faz brotar
o que nele se semeia,
assim o SENHOR Deus fará brotar a justiça
e o louvor diante de todas as nações.

Jerusalém, a noiva do Senhor

62 1 Por amor de Sião, não me calarei
e, por amor de Jerusalém,
não me aquietarei,
até que a sua justiça saia como um resplendor,
e a sua salvação, como uma tocha acesa.
2 As nações verão a sua justiça, ó Jerusalém,
e todos os reis contemplarão a sua glória;
e você será chamada por um nome novo,
que a boca do SENHOR designará.
3 Você será uma coroa de glória
na mão do SENHOR,
um diadema real na mão do seu Deus.
4 Nunca mais a chamarão de "Abandonada",
e a sua terra não será mais
chamada de "Arrasada".
Você será chamada de "Minha Delícia",
e a sua terra, de "Casada",
porque o SENHOR se delicia em você,
e a sua terra se casará.
5 Porque, como o jovem se casa com a moça,
assim os seus filhos se casarão com você;
como o noivo se alegra com a noiva,
assim o seu Deus
se alegrará com você.

6 Sobre as suas muralhas,
ó Jerusalém, pus guardas,
que jamais se calarão, nem de dia nem de noite.
Vocês, que farão com que o SENHOR se lembre,
não descansem,
7 nem deem a ele descanso
até que restabeleça Jerusalém
e a ponha por objeto de louvor na terra.

8 O SENHOR jurou pela sua mão direita
e pelo seu braço poderoso:
"Nunca mais darei o seu cereal
como alimento para os seus inimigos,
nem os estrangeiros beberão o seu vinho,
que você produziu com tanto trabalho.
9 Mas aqueles que ajuntam o cereal
serão os que o comerão, louvando o SENHOR;
e os que recolhem as uvas
beberão o vinho nos átrios do meu santuário."

10 Passem, passem pelas portas!
Preparem o caminho para o povo!
Aterrem, aterrem a estrada, tirem as pedras,
levantem um estandarte para os povos.
11 Eis que o SENHOR fez ouvir
até os confins da terra estas palavras:
"Digam à filha de Sião:
Eis que vem o seu Salvador;
com ele vem a sua recompensa,
e diante dele vem o seu galardão."
12 Eles serão chamados de
"Povo Santo", "Remidos do SENHOR",
e você, Jerusalém, será chamada de "Procurada",
"Cidade Não Abandonada".

Deus vinga o seu povo

63 1 "Quem é este que vem de Edom,
de Bozra,
vestido de roupas vermelhas,
roupas vistosas,
que vem marchando
na plenitude da sua força"?

"Sou eu, que falo com justiça,
que sou poderoso para salvar."

2 "Por que as suas roupas estão vermelhas?
Por que se parecem com as roupas
de quem pisa uvas no lagar?"

3 "O lagar, eu o pisei sozinho.
Dos povos, ninguém esteve comigo.
Pisei as uvas na minha ira;
no meu furor, as esmaguei,
e o seu sangue respingou nas minhas roupas,
e todas elas ficaram manchadas.
4 Porque o dia da vingança
estava no meu coração,
e o ano da redenção havia chegado.
5 Olhei, e não havia quem me ajudasse;
fiquei admirado por não haver
quem me apoiasse.
Por isso o meu próprio braço
me trouxe a salvação,
e o meu furor foi o meu apoio.
6 Na minha ira, pisei os povos,
no meu furor, embriaguei-os,
derramando o seu sangue no chão."

A bondade de Deus para com Israel

7 Celebrarei as misericórdias do SENHOR
e os seus atos gloriosos,
segundo tudo o que o SENHOR nos concedeu
e segundo a grande bondade
para com a casa de Israel,
bondade que usou para com eles,
segundo a sua compaixão
e segundo a multidão das suas misericórdias.
8 Porque ele dizia:
"Certamente eles são o meu povo,
filhos que nunca me trairão."
E ele se tornou o Salvador deles.
9 Em toda a angústia deles,
também ele se angustiava;
e o Anjo da sua presença os salvou.
Por seu amor e por sua compaixão,
ele mesmo os remiu,
os tomou e os conduziu
todos os dias da antiguidade.
10 Mas eles foram rebeldes
e contristaram o seu Espírito Santo.
Por isso, ele se tornou inimigo deles
e ele mesmo lutou contra eles.
11 Então o povo se lembrou dos dias antigos,
lembrou de Moisés, e disse:
"Onde está aquele que tirou o seu povo do mar,
junto com o pastor do seu rebanho?
Onde está o que pôs nele o seu Espírito Santo,
12 aquele que fez com que o seu braço glorioso
estivesse à mão direita de Moisés?
Onde está aquele que dividiu
as águas diante deles,
adquirindo para si um nome eterno?
13 Aquele que os guiou pelos abismos,
como a um cavalo pelo deserto,
de modo que nunca tropeçaram?
14 Como o gado que desce aos vales para repousar,
o Espírito do SENHOR lhes deu descanso."
Assim, guiaste o teu povo,
para adquirires um nome glorioso.

Oração pedindo a ajuda de Deus

15 Olha para nós lá do céu,
da tua santa e gloriosa habitação.
Onde estão o teu zelo
e as tuas obras poderosas?

Estás retendo a ternura do teu coração?
Já se esgotaram as tuas misericórdias
para comigo?
16 Mas tu és o nosso Pai.
Abraão não nos conhece
e Israel não nos reconhece,
mas tu, ó SENHOR, és o nosso Pai;
nosso Redentor é o teu nome
desde a antiguidade.
17 Ó SENHOR, por que fazes
com que nos desviemos dos teus caminhos?
Por que endureces o nosso coração,
para que não te temamos?
Volta, por amor dos teus servos
e das tribos da tua herança.
18 Só por breve tempo
o teu santo povo tomou posse do país;
nossos adversários pisaram o teu santuário.
19 Tornamo-nos como aqueles
sobre quem tu nunca dominaste
e como os que nunca se chamaram
pelo teu nome.

64 1 Ah! Se fendesses os céus
e descesses!
Se os montes tremessem na tua presença,
2 como quando o fogo acende os gravetos,
como quando faz ferver a água,
para fazeres notório o teu nome
aos teus adversários,
e para que as nações tremam diante de ti!
3 Quando fizeste coisas terríveis,
que nós nem esperávamos,
desceste, e os montes
tremeram diante de ti.
4 Porque desde a antiguidade não se ouviu,
nem com os ouvidos se percebeu,
nem com os olhos se viu Deus além de ti,
que trabalha para aquele que nele espera.
5 Tu sais ao encontro daquele
que com alegria pratica a justiça,
daqueles que se lembram de ti
nos teus caminhos.

Eis que te iraste, porque pecamos.
Por muito tempo temos pecado;
como, então, seremos salvos?
6 Todos nós somos como o imundo,
e todas as nossas justiças são
como trapo da imundícia.
Todos nós murchamos como a folha;
e as nossas iniquidades
nos arrastam como um vento.
7 Não há ninguém que invoque o teu nome,
que se disponha a apegar-se a ti.
Porque escondes de nós o teu rosto
e nos consomes por causa
das nossas iniquidades.
8 Mas agora, SENHOR, tu és o nosso Pai.
Nós somos o barro, e tu és o nosso oleiro;
e todos nós somos obra das tuas mãos.
9 Não te enfureças tanto, ó SENHOR,
nem te lembres para sempre
da nossa iniquidade.
Olha para nós, por favor,
pois todos nós somos o teu povo.
10 As tuas santas cidades estão desertas.
Sião virou um deserto;
Jerusalém está arrasada.
11 O nosso templo santo e glorioso,
em que nossos pais te louvavam,
foi queimado;
todas as nossas coisas preciosas
se tornaram em ruínas.
12 Diante de tais calamidades,
como podes te conter, ó SENHOR?
Ficarias calado e nos afligirias ainda mais?

Os rebeldes serão rejeitados

65 1 "Fui buscado pelos que
não perguntavam por mim;
fui achado por aqueles que não me buscavam.
A um povo que não se chamava
pelo meu nome,
eu disse: 'Eis-me aqui! Eis-me aqui!'
2 Todo o dia estendi as mãos
a um povo rebelde,
que anda por um caminho
que não é bom,
seguindo os seus próprios pensamentos.
3 É um povo que de contínuo
me irrita abertamente,
sacrificando em jardins
e queimando incenso sobre altares de tijolos.
4 Eles se assentam entre as sepulturas
e passam as noites em lugares misteriosos.
Comem carne de porco
e nos seus pratos têm ensopado
de carne abominável.
5 É um povo que diz:
'Fique onde você está!
Não se aproxime de mim,
porque sou mais santo do que você.'
Estes são como fumaça no meu nariz,
como fogo que queima o dia todo.
6 Eis que está escrito diante de mim:
'Não me calarei, mas retribuirei;
farei retribuição total
7 pelas iniquidades de vocês
e também pelas iniquidades dos seus pais'",
diz o SENHOR.
"Eles queimaram incenso nos montes
e me afrontaram nas colinas;
por isso, eu os farei pagar integralmente
pelas suas obras antigas."

Deus poupará os seus servos

8 Assim diz o SENHOR:
"Como quando se acha suco num cacho de uvas
e se diz: 'Não o destruam,
pois há bênção nele',
assim farei por amor de meus servos
e não destruirei todos eles.
9 Farei sair de Jacó descendência
e de Judá, um herdeiro
que possua os meus montes.
Os meus eleitos herdarão a terra,
e os meus servos habitarão nela.
10 Sarom servirá de pasto para as ovelhas,
e o vale de Acor, de lugar
de repouso para o gado,
para o meu povo que me buscar."

11 "Mas quanto a vocês
que se afastam do SENHOR,
que se esquecem do meu santo monte,
que preparam uma mesa
para a deusa Fortuna
e misturam vinho para o deus Destino,
12 eu os destinarei à espada,
e todos vocês se encurvarão à matança.
Porque eu chamei, e vocês não responderam;
falei, e não atenderam,
mas fizeram o que é mau aos meus olhos
e escolheram aquilo
em que eu não tenho prazer."

13 Portanto, assim diz o SENHOR Deus:
"Eis que os meus servos comerão,
mas vocês passarão fome;
os meus servos beberão,
mas vocês terão sede;
os meus servos se alegrarão,
mas vocês passarão vergonha;
14 os meus servos cantarão
por terem o coração alegre,
mas vocês gritarão pela tristeza do coração
e uivarão pela angústia de espírito.

15 O nome de vocês será deixado
como fórmula de maldição
para os meus eleitos.
O SENHOR Deus fará com que vocês morram,
e aos servos dele chamará por outro nome.
16 Assim, quem quiser ser abençoado na terra,
será abençoado pelo Deus da verdade;
e quem jurar na terra,
jurará pelo Deus da verdade.
Porque as angústias passadas serão esquecidas
e ficarão escondidas dos meus olhos."

Novos céus e nova terra

17 "Pois eis que eu crio
novos céus e nova terra;
e não haverá lembrança das coisas passadas,
jamais haverá memória delas.
18 Exultem e alegrem-se
para sempre no que eu crio;
porque eis que crio para Jerusalém alegria
e para o seu povo, exultação.
19 Eu me alegrarei por causa de Jerusalém
e exultarei no meu povo,
e nunca mais se ouvirá nela
nem voz de choro nem de clamor.
20 Não haverá mais nela criança
que viva somente alguns dias,
nem velho que não complete os seus dias.
Porque morrer aos cem anos
será morrer ainda jovem,
e quem pecar só aos cem anos
será amaldiçoado."

21 "Eles construirão casas e nelas habitarão;
plantarão vinhas e comerão o seu fruto.
22 Não construirão para que outros habitem,
nem plantarão para que outros comam.
Porque a longevidade do meu povo
será como a da árvore,
e os meus eleitos desfrutarão ao máximo
as obras das suas próprias mãos.
23 Não farão o seu trabalho em vão,
nem irão gerar filhos para a calamidade,
porque são a descendência
dos benditos do SENHOR,
e os seus filhos estarão com eles.
24 Antes mesmo que clamem, eu responderei;
estando eles ainda falando, eu os ouvirei.
25 O lobo e o cordeiro pastarão juntos,
e o leão comerá palha como o boi;
pó será a comida da serpente.
Não se fará mal nem dano algum
em todo o meu santo monte", diz o SENHOR.

A religião falsa é condenada

66 1 Assim diz o SENHOR:
"O céu é o meu trono,
e a terra é o estrado dos meus pés.
Que casa, então, vocês poderiam
construir para mim?
Ou que lugar para o meu repouso?
2 Porque a minha mão fez todas estas coisas,
e todas vieram a existir", diz o SENHOR.
"Mas eis para quem olharei:
para o aflito e abatido de espírito
e que treme diante da minha palavra."

3 "Quem mata um boi é como
o que comete homicídio;
quem sacrifica um cordeiro,
como o que quebra o pescoço de um cão;
quem traz uma oferta de cereais,
como o que oferece sangue de porco;

quem queima incenso,
como o que bendiz um ídolo.
Como estes escolheram
os seus próprios caminhos,
e a sua alma tem prazer nas suas abominações,
4 assim eu lhes escolherei o castigo
e farei vir sobre eles o que eles temem.
Porque clamei, e ninguém respondeu;
falei, e não escutaram,
mas fizeram o que era mau aos meus olhos
e escolheram aquilo
em que eu não tenho prazer."

5 Escutem a palavra do SENHOR,
vocês que tremem diante da sua palavra:
"Os irmãos de vocês os odeiam e os rejeitam
por causa do amor de vocês pelo meu nome.
Eles dizem: 'Que o SENHOR mostre a sua glória,
para que vejamos a alegria de vocês.'
Mas eles é que serão envergonhados.
6 Voz de grande tumulto virá da cidade,
voz do templo, voz do SENHOR,
que dá a devida retribuição aos seus inimigos."
7 "Antes de entrar em trabalho
de parto, deu à luz;
antes que lhe viessem as dores,
teve um menino.
8 Quem já ouviu uma coisa dessas?
Quem já viu algo assim?
Será que um país pode nascer num só dia?
Será que uma nação pode nascer de uma só vez?
Pois Sião, antes que lhe viessem as dores,
deu à luz os seus filhos.
9 Será que eu faria vir as dores de parto,
sem fazer com que o filho nasça?" —
diz o SENHOR.
"Será que eu, que faço nascer,
fecharia o ventre da mãe?" —
diz o seu Deus, ó Sião.

A felicidade eterna de Sião

10 "Alegrem-se com Jerusalém
e exultem por causa dela,
todos vocês que a amam!
Alegrem-se com ela,
todos vocês que por ela prantearam!
11 Porque vocês mamarão
nos peitos das suas consolações
e ficarão satisfeitos;
sugarão e se deliciarão
com a abundância da sua glória."
12 Porque assim diz o SENHOR:
"Eis que estenderei sobre Jerusalém
a paz como um rio,
e a glória das nações,
como uma torrente que transborda;
então vocês serão amamentados,
carregados nos braços
e acalentados no colo.
13 Tal como a mãe consola o filho,
assim eu os consolarei;
em Jerusalém vocês serão consolados.
14 Vocês verão isso,
e o coração de vocês ficará cheio de alegria;
e os seus ossos serão revigorados
como a erva tenra.
O poder do SENHOR será notório aos seus servos,
e ele se indignará contra os seus inimigos."

15 Porque eis que o SENHOR virá em fogo,
e os seus carros de guerra,
como uma tempestade,
para tornar a sua ira em furor
e a sua repreensão, em chamas de fogo.
16 Porque com fogo e com a sua espada
o SENHOR entrará em juízo
com toda a humanidade;
e serão muitos os mortos da parte do SENHOR.

17 O SENHOR diz:
— Os que se santificam e se purificam para en-
trarem nos jardins após a deusa que está no meio,
que comem carne de porco, coisas abomináveis e
ratos serão todos destruídos ao mesmo tempo.
18 — Porque eu conheço as obras e os pensa-
mentos deles e venho para ajuntar todas as nações
e línguas; elas virão e contemplarão a minha glória.
19 Porei entre elas um sinal e alguns dos que foram
salvos enviarei às nações, a Társis, Pul e Lude, que
atiram com o arco, a Tubal e Javã, até as terras do
mar mais remotas, que jamais ouviram falar de mim,
nem viram a minha glória; eles anunciarão entre as
nações a minha glória. 20 De todas essas nações, eles
trarão todos os irmãos de vocês como uma oferta ao
SENHOR. Virão sobre cavalos, em carros, em liteiras e
sobre mulas e camelos, ao meu santo monte, a Jeru-
salém, diz o SENHOR, como quando os filhos de Israel
trazem as suas ofertas de cereais, em vasos puros à
Casa do SENHOR. 21 Também deles escolherei alguns
para sacerdotes e para levitas, diz o SENHOR.

22 "Porque, assim como
os novos céus e a nova terra,
que hei de fazer, estarão diante de mim",
diz o SENHOR,
"assim também estão diante de mim
a posteridade e o nome de vocês.
23 De uma Festa da Lua Nova à outra
e de um sábado a outro,
toda a humanidade virá adorar diante de mim",
diz o SENHOR.

24 "Eles sairão e verão os cadáveres daqueles
que se rebelaram contra mim; porque o seu verme
nunca morrerá, nem o seu fogo se apagará; e eles
serão um horror para toda a humanidade."

JEREMIAS

O chamado de Jeremias

1 [1]Palavras de Jeremias, filho de Hilquias, um
dos sacerdotes que estavam em Anatote, na
terra de Benjamim. [2]A palavra do SENHOR veio a
ele no décimo terceiro ano do reinado de Josias,
filho de Amom e rei de Judá. [3]Veio também nos
dias de Jeoaquim, filho de Josias, rei de Judá, até o
fim do décimo primeiro ano do reinado de Zede-
quias, filho de Josias, rei de Judá. No quinto mês
desse ano, os moradores de Jerusalém foram le-
vados ao exílio.

[4]A palavra do SENHOR veio a mim, dizendo:

[5]"Antes de formá-lo no ventre materno,
eu já o conhecia;
e, antes de você nascer, eu o consagrei
e constituí profeta às nações."

[6]Então eu disse:

— Ah! SENHOR Deus! Eis que não sei falar, por-
que não passo de uma criança.

[7]Mas o SENHOR me disse:

"Não diga: 'Não passo de uma criança.'
Porque a todos a quem eu o enviar,
você irá;
e tudo o que eu lhe ordenar, você falará.
[8]Não tenha medo de ninguém,
porque eu estou com você para livrá-lo",
diz o SENHOR.

[9]Depois, o SENHOR estendeu a mão e tocou na
minha boca. E o SENHOR me disse:

"Eis que ponho as minhas palavras
na sua boca.
[10]Veja! Hoje eu o constituo
sobre as nações e sobre os reinos,
para arrancar e derrubar,
para destruir e arruinar,
e também para edificar e plantar."

A visão do ramo de amendoeira

[11]A palavra do SENHOR veio a mim, dizendo:

— O que você está vendo, Jeremias?

Respondi:

— Vejo um ramo de amendoeira.

[12]O SENHOR me disse:

— Você viu bem, porque eu estou vigiando para
que a minha palavra se cumpra.

A visão da panela

[13]Outra vez a palavra do SENHOR veio a mim,
dizendo:

— O que você está vendo?

Eu respondi:

— Vejo uma panela fervendo, cuja boca se incli-
na do Norte para cá.

[14]Então o SENHOR disse:

— Do Norte se derramará o mal sobre todos
os habitantes da terra. [15]Pois eis que convoco to-
das as tribos dos reinos do Norte, diz o SENHOR;
elas virão, e cada reino porá o seu trono à entrada
dos portões de Jerusalém e contra todas as suas
muralhas ao redor e contra todas as cidades de
Judá. [16]Pronunciarei as minhas sentenças contra
os moradores dessas cidades, por causa de toda a
maldade deles; pois me abandonaram, queimaram
incenso a deuses estranhos e adoraram as obras das
suas próprias mãos. [17]Você, Jeremias, prepare-se e
vá dizer-lhes tudo o que eu ordenar a você. Não se
assuste por causa deles, para que eu não tenha de
fazer com que você fique assustado na presença de-
les. [18]Quanto a mim, eis que hoje ponho você por
cidade fortificada, por coluna de ferro e por mura-
lha de bronze, contra todo o país, contra os reis de
Judá, contra as suas autoridades, contra os seus sa-
cerdotes e contra o seu povo. [19]Eles lutarão contra
você, mas não conseguirão derrotá-lo; porque eu
estou com você para livrá-lo, diz o SENHOR.

O amor de Deus e a rebeldia do povo

2 [1]A palavra do SENHOR veio a mim, dizendo:
[2]— Vá e proclame diante do povo de Jerusa-
lém:

Assim diz o SENHOR:
"Lembro-me de você, meu povo,
da sua afeição quando era jovem,
do seu amor quando noiva
e de como você me seguia no deserto,
numa terra que não é semeada.
[3]Israel era consagrado ao SENHOR
e era as primícias da sua colheita;
todos os que o devoraram
se faziam culpados;
o mal vinha sobre eles", diz o SENHOR.

[4]Escutem a palavra do SENHOR, ó casa de Jacó e
todas as famílias da casa de Israel.

[5]Assim diz o SENHOR:
"Que injustiça os pais de vocês
acharam em mim,
para que se afastassem de mim,
seguindo os ídolos sem valor
e se tornando eles mesmos
sem valor?
[6]Eles não perguntaram:
'Onde está o SENHOR,
que nos tirou da terra do Egito

e nos guiou pelo deserto,
por uma terra árida e cheia de covas,
por uma terra de sequidão e sombras de morte,
por uma terra em que ninguém passava
e na qual não morava ninguém?'
7 Eu os trouxe para uma terra fértil,
para que vocês comessem o seu fruto
e as coisas boas que ela tem.
Mas, depois de entrar,
vocês contaminaram a minha terra
e fizeram da minha herança
uma abominação.
8 Os sacerdotes não perguntaram:
'Onde está o SENHOR?'
E os que tratavam da lei não me conheceram,
os pastores se revoltaram contra mim,
os profetas profetizaram por Baal
e andaram atrás de coisas
que não têm proveito algum."

Infidelidade sem igual

9 "Portanto, ainda entrarei
em litígio com vocês", diz o SENHOR,
"e até com os filhos dos filhos
de vocês entrarei em litígio.
10 Vão até as terras do mar de Chipre e vejam;
mandem mensageiros a Quedar
e observem com atenção.
Vejam se já aconteceu coisa semelhante.
11 Houve alguma nação
que trocasse os seus deuses,
mesmo que não fossem deuses de verdade?
Mas o meu povo trocou a sua Glória
por aquilo que não tem proveito algum.
12 Fiquem espantados com isto, ó céus!
Fiquem horrorizados e cheios de espanto",
diz o SENHOR.
13 "Porque o meu povo cometeu dois males:
abandonaram a mim, a fonte de água viva,
e cavaram cisternas, cisternas rachadas,
que não retêm as águas."

14 "Por acaso Israel é escravo
ou servo nascido em casa?
Por que, então, veio a ser presa de outros?
15 Os leões novos rugiram contra ele
e levantaram a sua voz.
Fizeram da terra de Israel uma desolação;
as suas cidades estão queimadas,
e não há quem nelas habite.
16 Até os moradores de Mênfis e de Tafnes
raparam o alto da cabeça de Israel.
17 Por acaso isso não aconteceu com você
porque você abandonou o SENHOR, seu Deus,
quando ele o guiava pelo caminho?
18 E, agora, que lucro você terá indo ao Egito
para beber as águas do Nilo?
Ou indo à Assíria para beber
as águas do Eufrates?
19 A sua própria maldade o castigará,
e as suas infidelidades o repreenderão.
Saiba, pois, e veja como é mau
e quão amargo é deixar o SENHOR, seu Deus,
e não ter temor de mim", diz o Senhor,
o SENHOR dos Exércitos.

Israel adorou Baal

20 "Porque há muito tempo quebrei o seu jugo
e rompi as ataduras que o prendiam,
mas você disse: 'Não quero te servir.'
Pois, em todos os montes altos
e debaixo de todas as árvores frondosas,
você se deitava e se prostituía.
21 Eu mesmo a plantei como videira excelente,
da semente mais pura.
Como, então, você se tornou
uma planta degenerada,
como de videira brava?
22 Mesmo que você se lave com salitre
e use muito sabão,
a mancha da sua iniquidade
continua diante de mim", diz o SENHOR Deus.

23 "Como é que você pode dizer:
'Não estou manchada,
nem fui atrás dos baalins'?
Veja os seus rastros no vale
e reconheça o que você fez!
Você é como uma jovem camela
de pés ligeiros,
que anda ziguezagueando pelo caminho.
24 Você é como uma jumenta selvagem,
acostumada ao deserto e que,
no ardor do cio, fareja o vento.
Quem a impediria de satisfazer o seu desejo?
Os que a procuram não têm de fatigar-se;
no mês dela a acharão.
25 Evite andar por aí com pés descalços
e não deixe a sua garganta com sede.
Mas você diz: 'Não! É inútil!
Porque amo os estranhos
e é atrás deles que eu vou.'"

26 "Como um ladrão se envergonha
quando o apanham,
assim ficarão envergonhados
os da casa de Israel:
eles, os seus reis, os seus príncipes,
os seus sacerdotes e os seus profetas.
27 Eles dizem a um pedaço
de madeira: 'Você é o meu pai',
e à pedra: 'Você me deu à luz'.
Pois me viraram as costas e não o rosto;
mas, na hora da angústia, dizem:
'Levanta-te e salva-nos!'

28 Onde estão os deuses que vocês fizeram
para vocês mesmos?
Eles que se levantem, se é que podem salvá-los
na hora da calamidade!
Porque os seus deuses, ó Judá,
são tantos quantas as suas cidades."
29 "Por que vocês querem discutir comigo?
Todos vocês transgrediram contra mim",
diz o SENHOR.
30 "Em vão castiguei os filhos de vocês;
eles não aceitaram a minha disciplina.
Como leão destruidor,
a espada que está na mão de vocês
devorou os seus profetas.
31 Vocês, desta geração, considerem
a palavra do SENHOR.
Será que eu tenho sido um deserto para Israel?
Ou uma terra da mais espessa escuridão?
Por que, então, o meu povo diz:
'Somos livres para fazer o que quisermos!
Jamais voltaremos para ti'?
32 Por acaso, uma virgem
se esquece dos seus enfeites?
Ou uma noiva se esquece do seu véu?
Mas o meu povo se esqueceu de mim
por dias sem fim."

33 "Como você sabe dispor bem os seus caminhos,
para buscar o amor!
Pois você poderia ensinar
até as mulheres perdidas.
34 Nas bordas das suas roupas
se achou também
o sangue de pobres e inocentes,
que não foram surpreendidos no ato de roubar.
Apesar de todas estas coisas,
35 você ainda diz: 'Estou inocente.
Certamente a sua ira se desviou de mim.'
Eis que entrarei em juízo contra você,
porque você diz: 'Não pequei.'
36 Por que você é tão leviana
e fica sempre mudando de rumo?
Também pelo Egito você será envergonhada,
assim como foi envergonhada pela Assíria.
37 Também do Egito você sairá
com as mãos sobre a cabeça.
Porque o SENHOR rejeitou
aqueles em quem você confia,
e você não será bem-sucedida
com a ajuda deles."

A infidelidade do povo

3 1 "Se um homem repudiar a sua mulher,
e ela o deixar e se tornar esposa
de outro homem,
será que o primeiro marido
poderá voltar para ela?
Não seria aquela terra totalmente contaminada
por causa disso?
Ora, você se prostituiu com muitos amantes
e ainda assim quer voltar para mim!" —
diz o SENHOR.
2 "Levante os olhos aos lugares altos e veja:
onde você não se prostituiu?
Na beira dos caminhos
você se assentava à espera deles
como o árabe se assenta no deserto.
E assim você contaminou a terra
com a sua prostituição
e com a sua maldade.
3 É por isso que não tem chovido,
e a chuva fora de época não veio.
Mas você tem a fronte de prostituta
e não quer se envergonhar.
4 Não é fato que agora mesmo
você me invoca,
dizendo: 'Meu pai, tu és meu amigo
desde a minha mocidade.
5 Conservarás para sempre a tua ira?
Ou a reterás até o fim?'
Sim, isso é o que você diz,
mas comete maldade até não poder mais."

A necessidade do arrependimento

6 Nos dias do rei Josias, o SENHOR me disse:
— Você viu o que fez a rebelde Israel? Foi a todos
os montes altos e ficou debaixo de todas as árvores
frondosas para entregar-se à prostituição. 7 E, depois
de ela ter feito tudo isso, eu pensei que ela voltaria
para mim, mas não voltou. E a sua traiçoeira irmã
Judá viu isso. 8 Quando, por causa de tudo isso, por
ter ela cometido adultério, eu despedi a rebelde Is-
rael e lhe dei carta de divórcio, vi que a irmã dela, a
traiçoeira Judá, não ficou com medo, mas também
ela foi e se entregou à prostituição. 9 E aconteceu
que, pela facilidade com que se entregou à prosti-
tuição, ela contaminou a terra; porque adulterou,
adorando pedras e árvores. 10 Apesar de tudo isso,
a irmã dela, a traiçoeira Judá, não voltou para mim
de todo o coração, mas fingidamente, diz o SENHOR.
11 O SENHOR me disse:
— A rebelde Israel se mostrou mais justa do
que a traiçoeira Judá. 12 Vá, pois, e proclame estas
palavras para o lado do Norte, dizendo:

"Volte, ó rebelde Israel", diz o SENHOR,
"e não farei cair a minha ira sobre você,
porque eu sou compassivo", diz o SENHOR,
"e não manterei para sempre a minha ira.
13 Tão somente reconheça a sua iniquidade,
reconheça que você transgrediu
contra o SENHOR, seu Deus,
e que você se prostituiu
com os estranhos

debaixo de todas as árvores frondosas
e não deu ouvidos à minha voz",
diz o SENHOR.
14 "Voltem para mim, ó filhos rebeldes",
diz o SENHOR.
"Porque eu é que sou o esposo de vocês.
Eu os tomarei, um de cada cidade
e dois de cada família, e os levarei a Sião."

15— Darei a vocês pastores segundo o meu coração,
que os apascentem com conhecimento e com inteli-
gência. 16E, quando vocês se multiplicarem e se tor-
narem fecundos na terra, então, diz o SENHOR, nunca
mais se exclamará: "A arca da aliança do SENHOR!" Ela
não lhes virá à mente, não se lembrarão dela nem dela
sentirão falta; e não se fará outra. 17Naquele tempo,
chamarão Jerusalém de "Trono do SENHOR". Nela se
reunirão todas as nações em nome do SENHOR e já não
andarão segundo a dureza do seu coração maligno.
18Naqueles dias, a casa de Judá andará com a casa de
Israel, e elas virão juntas da terra do Norte para a terra
que dei em herança aos pais de vocês.

Convite ao arrependimento

19 "Eu disse a mim mesmo:
Como eu gostaria de colocá-la entre os filhos
e dar-lhe a terra desejável,
a mais bela herança das nações!
Pensei que você me chamaria de 'pai'
e não se desviaria de mim.
20 Mas, assim como a mulher que,
com traição, se afasta do seu marido,
assim você foi infiel para comigo,
ó casa de Israel", diz o SENHOR.
21 "Nos lugares altos, se ouve uma voz:
o pranto e as súplicas dos filhos de Israel.
Porque eles perverteram o seu caminho
e se esqueceram do SENHOR, seu Deus.
22 Voltem, filhos rebeldes!
Eu curarei as suas rebeliões."

O povo responde:
"Eis-nos aqui! Vimos ter contigo,
porque tu és o SENHOR, nosso Deus.
23 Na verdade, não passa de ilusão
o que vem das colinas,
o barulho que vem das montanhas.
Na verdade, a salvação de Israel
está no SENHOR, nosso Deus."

24Mas, desde a nossa juventude, a coisa vergo-
nhosa devorou o trabalho de nossos pais: as suas
ovelhas e o seu gado, os seus filhos e as suas filhas.
25Devíamos nos prostrar em nossa vergonha, e dei-
xar que a nossa desonra nos cubra, porque temos
pecado contra o SENHOR, nosso Deus, nós e nossos
pais, desde a nossa mocidade até o dia de hoje; e
não demos ouvidos à voz do SENHOR, nosso Deus.

A volta para Deus

4 1 "Se você voltar, ó Israel,
volte para mim", diz o SENHOR;
"se remover as suas abominações
de diante de mim,
você não mais andará sem rumo;
2 se jurar em verdade, em juízo e em justiça,
dizendo: 'Tão certo como vive o SENHOR',
então nele serão benditas
as nações e nele se gloriarão."

3Porque assim diz o SENHOR aos homens de
Judá e Jerusalém:

"Lavrem os campos não cultivados
e não semeiem no meio dos espinhos.
4 Deixem-se circuncidar para o SENHOR;
circuncidem o seu coração,
ó homens de Judá e moradores de Jerusalém,
para que o meu furor não saia como fogo,
por causa da maldade do que vocês fazem,
e queime, sem que haja quem o possa apagar."

O mal vem do Norte

5 Anunciem em Judá,
proclamem em Jerusalém e digam:
"Toquem a trombeta na terra!"
Gritem bem alto, dizendo:
"Reúnam-se, e entremos
nas cidades fortificadas!"
6 Levantem um estandarte,
fujam e não se detenham no caminho;
porque eu faço vir do Norte um mal,
uma grande destruição.
7 Um leão já subiu do seu esconderijo,
um destruidor das nações já partiu;
já deixou o seu lugar para fazer
desta terra uma desolação,
a fim de que as suas cidades, ó Judá,
sejam destruídas e fiquem desabitadas.
8 Por isso, vistam roupa feita de pano de saco,
lamentem e uivem,
porque o furor da ira do SENHOR
não se desviou de nós.

9— Naquele dia, diz o SENHOR, o rei e as auto-
ridades perderão a coragem, os sacerdotes ficarão
pasmados, e os profetas, espantados.
10Então eu disse:
— Ah! SENHOR Deus! Na verdade, enganaste
completamente este povo e Jerusalém, dizendo:
"Vocês terão paz!", quando uma espada lhes pene-
tra até a alma.
11Naquele tempo, se dirá a este povo e à cidade
de Jerusalém:
— Um vento abrasador, vindo dos lugares altos
do deserto, sopra na direção da filha do meu povo,
não para peneirar nem para limpar. 12Um vento mais

forte do que este virá ainda de minha parte, e, então, também eu pronunciarei a sentença contra eles.

13 Eis que o destruidor avança
como as nuvens;
os seus carros de guerra
são como a tempestade;
os seus cavalos são mais ligeiros
do que as águias.
Ai de nós! Estamos perdidos!
14 Lave a maldade do seu coração, ó Jerusalém,
para que você seja salva!
Até quando você abrigará
esses seus maus pensamentos?
15 Uma voz se faz ouvir desde Dã
e anuncia a calamidade
desde a região montanhosa de Efraim!
16 Anunciem isto às nações
e proclamem contra Jerusalém:
"De uma terra longínqua vêm sitiadores
e levantam a voz contra as cidades de Judá.
17 Como os guardas de um campo,
eles cercam Jerusalém,
porque ela se rebelou contra mim",
diz o SENHOR.
18 "A sua conduta e as suas obras
fizeram vir estas coisas
sobre você, ó Jerusalém;
a sua calamidade, que é amarga,
atinge até o seu coração."

A tristeza de Jeremias por causa do seu povo

19 Ah! Meu coração! Meu coração!
Eu me contorço em dores.
Oh! As paredes do meu coração!
Meu coração se agita!
Não posso ficar calado,
porque ouvi o som da trombeta
e os gritos de guerra.
20 Golpe sobre golpe se anuncia,
pois a terra toda já está destruída;
de repente, foram destruídas as minhas tendas;
num momento, foram rasgadas
as suas lonas.
21 Até quando terei de ver
o estandarte do inimigo,
terei de ouvir o som da trombeta?

22 "O meu povo é insensato;
eles não me conhecem.
São filhos tolos; eles não têm entendimento.
São sábios para o mal
e não sabem fazer o bem."

A destruição futura

23 Olhei para a terra,
e eis que ela estava sem forma e vazia;
olhei para os céus, e eles não tinham luz.
24 Olhei para os montes, e eis que tremiam;
e todas as colinas estremeciam.
25 Olhei, e eis que não havia ninguém,
e todas as aves dos céus haviam fugido.
26 Olhei ainda, e eis que
a terra fértil era um deserto,
e todas as suas cidades
estavam derrubadas em ruínas
diante do SENHOR, diante do furor da sua ira.

27 Pois assim diz o SENHOR:
"Toda a terra será devastada,
porém não vou destruí-la completamente."
28 "Por isso, a terra pranteará,
e os céus, lá em cima, escurecerão;
porque falei, resolvi,
não mudo de ideia nem volto atrás."

29 "Ao clamor dos cavaleiros e dos flecheiros,
todas as cidades fogem;
entram pelas selvas
e sobem pelos penhascos;
todas as cidades ficam abandonadas,
e já ninguém habita nelas.
30 E você, cidade destruída,
por que está fazendo isso?
Por que se veste de escarlate,
se enfeita com joias de ouro
e se pinta em volta dos olhos,
se é em vão que você se embeleza?
Os seus amantes a desprezam
e querem matá-la.
31 Porque ouço um grito como de parturiente,
uma angústia como da mulher
que está dando à luz o seu primeiro filho.
É o grito da filha de Sião, ofegante,
que estende as mãos, dizendo:
'Ai de mim agora!
Porque a minha alma desfalece
diante dos assassinos.'"

Os pecados de Jerusalém e de Judá

5 1 Deem uma volta
pelas ruas de Jerusalém,
olhem, investiguem, procurem nas suas praças
para ver se acham alguém,
se há uma pessoa que pratique a justiça
ou busque a verdade.
Se acharem, eu perdoarei a cidade.
2 Embora digam: "Tão certo
como vive o SENHOR",
certamente juram falso.
3 SENHOR, por acaso os teus olhos
não atentam para a fidelidade?
Tu feriste esse povo,
mas eles não sentiram nada;
tu os consumiste,

mas eles não quiseram aceitar a disciplina;
endureceram o rosto mais do que uma rocha;
não quiseram voltar.

4 Mas eu pensei:
"São apenas pobres insensatos,
pois não conhecem o caminho do SENHOR,
o direito do seu Deus.
5 Irei aos poderosos e falarei com eles,
porque eles sabem o caminho do SENHOR,
o direito do seu Deus."
Mas todos eles quebraram o jugo
e romperam as algemas.
6 Por isso, um leão do bosque os matará,
um lobo dos desertos os despedaçará,
um leopardo estará à espreita das suas cidades.
Quem sair das cidades será devorado;
porque as transgressões deles são muitas,
e as suas rebeldias se multiplicaram.
7 "Jerusalém, como posso perdoá-la?
Os seus filhos me abandonaram
e juram pelos que não são deuses.
Depois de eu ter-lhes saciado a fome,
adulteraram e se reuniram
em casas de prostitutas.
8 Como garanhões bem fartos
e cheios de desejo,
cada um fica rinchando
para a mulher do seu próximo.
9 Deixaria eu de castigar estas coisas?" —
diz o SENHOR.
"Não deveria eu me vingar
de uma nação como esta?"

10 "Que os inimigos passem
pelas carreiras da vinha
e a destruam, porém não por completo;
tirem os ramos, porque não são do SENHOR.
11 Porque a casa de Israel e a casa de Judá
foram totalmente infiéis a mim",
diz o SENHOR.

12 Negaram o SENHOR e disseram:
"Não é ele. Nenhum mal nos sobrevirá;
não veremos a guerra nem passaremos fome."
13 Os profetas não passam de vento,
porque a palavra não está com eles;
as suas ameaças se cumprirão
contra eles mesmos.
14 Portanto, o SENHOR,
o Deus dos Exércitos, me disse:
"Visto que eles proferiram
tais palavras,
eis que transformarei em fogo
as minhas palavras na sua boca
e farei deste povo a lenha;
e o fogo os consumirá.
15 Eis que trago contra você
uma nação de longe,
ó casa de Israel", diz o SENHOR;
"nação robusta, nação antiga,
nação cuja língua você não conhece;
e cuja fala você não entende.
16 A aljava deles é como uma sepultura aberta;
todos os seus homens são valentes.
17 Devorarão as colheitas e o pão de vocês,
devorarão os seus filhos e as suas filhas;
comerão as suas ovelhas e o seu gado;
comerão os frutos das suas videiras
e figueiras;
e com a espada derrubarão
as cidades fortificadas em que vocês confiam."

18 — Porém, mesmo naqueles dias, diz o SENHOR,
não os destruirei completamente. 19 Quando per-
guntarem: "Por que o SENHOR, nosso Deus, nos fez
todas essas coisas?", você lhes responderá: "Vocês
me abandonaram e serviram a deuses estranhos na
terra de vocês. Por isso, terão de servir a estrangei-
ros numa terra que não é de vocês."

Deus avisa o seu povo

20 Anunciem isto na casa de Jacó
e façam uma proclamação em Judá, dizendo:
21 "Escute agora isto, povo tolo
e sem entendimento,
vocês que têm olhos e não veem,
têm ouvidos e não ouvem.
22 Por que não me temem?" — diz o SENHOR.
"Por que não tremem diante de mim?
Pois fui eu que pus a areia como limite do mar,
limite perpétuo, que ele não irá ultrapassar.
Ainda que se levantem as suas ondas,
elas não prevalecerão;
ainda que bramem,
não passarão daquele limite.
23 Mas este povo tem um coração
teimoso e rebelde;
desviaram-se e se foram.
24 Em seu coração não dizem:
'Temamos agora o SENHOR, nosso Deus,
que nos dá a seu tempo as chuvas,
as primeiras e as últimas,
e que nos reserva as semanas
determinadas da colheita.'
25 As maldades que vocês fizeram
desviaram essas coisas boas,
e os seus pecados afastaram de vocês o bem.
26 Porque no meio do meu povo
se encontram ímpios,
que andam espiando,
como espreitam os passarinheiros.
Como eles, preparam armadilhas
e prendem os homens.

27 Como uma gaiola cheia de pássaros,
assim as casas deles estão cheias de fraude;
por isso, se tornaram poderosos
e enriqueceram.
28 Engordaram, ficaram estufados
e não há limite para as suas maldades.
Não julgam a causa dos órfãos,
para que ela prospere,
nem defendem o direito
dos necessitados.
29 Deixaria eu de castigar estas coisas?" —
diz o SENHOR.
"Não deveria eu me vingar
de uma nação como esta?"

30 Coisa espantosa e horrenda
se anda fazendo na terra:
31 os profetas profetizam falsamente,
e os sacerdotes dominam
de mãos dadas com eles.
E é o que o meu povo deseja.
Porém o que é que vocês farão
quando o fim chegar?

Jerusalém será sitiada

6 1 Filhos de Benjamim,
fujam do meio de Jerusalém!
Toquem a trombeta em Tecoa
e levantem o facho de luz em Bete-Haquerém,
porque do lado do Norte surge um grande mal,
uma grande destruição.
2 Deixarei em ruínas a formosa
e delicada filha de Sião.
3 Contra ela virão pastores com os seus rebanhos;
levantarão as suas tendas ao redor,
e cada um apascentará no seu devido lugar.

4 "Preparem a guerra contra ela!
Levantem-se, e vamos atacar ao meio-dia.
Ai de nós! Porque o dia já declina,
e as sombras da tarde já vão se estendendo!
5 Levantem-se, e vamos atacar de noite
e destruir as suas fortalezas."

6 Porque assim diz o SENHOR dos Exércitos:
"Cortem árvores e construam
rampas de ataque contra Jerusalém.
Esta é a cidade que há de ser punida;
só há opressão no meio dela.
7 Como o poço conserva frescas as suas águas,
assim ela conserva a sua maldade.
Violência e destruição se ouvem nela;
enfermidade e feridas há
diante de mim continuamente.
8 Aceite a disciplina, ó Jerusalém,
para que eu não me afaste de você,
para que eu não a torne em desolação
e terra não habitada."

O castigo por causa do pecado

9 Assim diz o SENHOR dos Exércitos:
"Diligentemente se rebuscará
o remanescente de Israel
como se faz com uma vinha.
A exemplo do vindimador,
ponha a mão por entre os ramos."

10 A quem falarei e testemunharei,
para que ouçam?
Eis que os seus ouvidos estão incircuncisos
e não podem ouvir.
Eis que a palavra do SENHOR
é para eles objeto de deboche;
não gostam dela.
11 Por isso, estou repleto da ira do SENHOR;
estou cansado de guardá-la dentro de mim.
"Derrame-a sobre as crianças pelas ruas
e sobre os jovens nas suas reuniões.
Porque até o marido e a mulher serão presos,
e também os velhos
e os que têm idade avançada.
12 As suas casas serão entregues a outros,
os campos e também as mulheres,
porque estenderei a mão
contra os habitantes desta terra",
diz o SENHOR.
13 "Porque desde o menor deles até o maior,
cada um se dá à ganância,
e tanto o profeta como o sacerdote
usam de falsidade.
14 Curam superficialmente
a ferida do meu povo,
dizendo: 'Paz, paz'; quando não há paz.
15 Será que ficaram envergonhados,
porque cometeram abominação?
Não, eles não ficaram com vergonha.
Eles nem sabem o que é envergonhar-se.
Portanto, cairão com os que caem;
quando eu os castigar, tropeçarão",
diz o SENHOR.

16 Assim diz o SENHOR:
"Ponham-se à beira dos caminhos e olhem;
perguntem pelas veredas antigas,
qual é o bom caminho;
andem por ele e vocês acharão
descanso para a sua alma.
Mas eles dizem: 'Não andaremos nele.'
17 Também pus atalaias sobre vocês, dizendo:
'Fiquem atentos ao som da trombeta.'
Mas eles dizem: 'Não escutaremos.'
18 Portanto, escutem, ó nações,
e saiba, ó congregação,
o que vai acontecer com eles!
19 Ouça, ó terra!
Eis que eu trarei mal sobre este povo,
o próprio fruto dos seus pensamentos,

porque não estão atentos às minhas palavras
e rejeitam a minha lei.
20 Para que, pois, me vem o incenso de Sabá
e a melhor cana aromática
de terras distantes?
Os holocaustos que vocês oferecem
não são aceitáveis,
e os seus sacrifícios não me agradam."

21 Portanto, assim diz o SENHOR:
"Eis que porei tropeços diante deste povo;
neles cairão pais e filhos juntamente;
o vizinho e o seu companheiro perecerão."

O inimigo do Norte

22 Assim diz o SENHOR:
"Eis que um povo vem da terra do Norte,
e uma grande nação se levanta
dos confins da terra.
23 Armam-se de arco e de lança;
são cruéis e não conhecem a compaixão.
O barulho que fazem é como o bramido do mar.
Vêm montados em cavalos,
como guerreiros em ordem de batalha
contra você, ó filha de Sião.
24 Ao ouvirmos a fama deles,
as nossas mãos desfaleceram;
angústia tomou conta de nós,
dores como as da mulher que está dando à luz.
25 Não saiam ao campo,
nem andem pelo caminho,
porque o inimigo tem espada,
e há terror por todos os lados.
26 Ó filha do meu povo,
vista roupa feita de pano de saco e role no pó;
pranteie como por um filho único,
pranto de amarguras;
porque de repente virá o destruidor sobre nós."

O trabalho inútil de Jeremias

27 "Jeremias, fiz de você um purificador de metais
entre o meu povo,
uma fortaleza, para que você examine
e venha a conhecer o caminho deles.
28 Todos são mais do que rebeldes
e andam espalhando calúnias;
são bronze e ferro, são todos corruptores.
29 O fole sopra com força,
e o chumbo já se derreteu com o calor.
Em vão continua a depuração,
porque os maus não são separados.
30 Serão chamados de 'prata rejeitada',
porque o SENHOR os rejeitou."

O templo não protege a nação iníqua

7 1 Palavra que foi dita a Jeremias da parte do
SENHOR:

2 — Fique junto à porta da Casa do SENHOR e
proclame ali esta palavra: "Escutem a palavra do
SENHOR, todos de Judá, vocês que entram por es-
tas portas, para adorar o SENHOR. 3 Assim diz o
SENHOR dos Exércitos, o Deus de Israel: Corrijam
a sua conduta e as suas ações, e eu os farei habi-
tar neste lugar. 4 Não confiem em palavras falsas,
dizendo: 'Templo do SENHOR! Templo do SENHOR!
Este é o templo do SENHOR!'"
5 — Mas, se de fato emendarem os seus cami-
nhos e as suas ações, se de fato praticarem a justi-
ça, cada um com o seu próximo; 6 se não oprimirem
o estrangeiro, o órfão e a viúva, nem derramarem
sangue inocente neste lugar, nem seguirem outros
deuses para o próprio mal de vocês, 7 eu os farei
habitar neste lugar, na terra que dei aos pais de vo-
cês, desde os tempos antigos e para sempre.
8 — Eis que vocês confiam em palavras falsas, que
não servem para nada. 9 O que é isso? Vocês roubam,
matam, cometem adultério e juram falsamente,
queimam incenso a Baal e seguem outros deuses
que vocês não conheciam no passado, 10 e depois
vêm e se põem diante de mim neste templo que se
chama pelo meu nome, e dizem: "Estamos salvos!"
Sim, só para continuarem a praticar essas abomina-
ções! 11 Será que este templo que se chama pelo meu
nome é um covil de salteadores aos olhos de vocês?
Eis que eu, eu mesmo, vi isso, diz o SENHOR.
12 — Mas vão agora ao meu lugar que estava em
Siló, onde, no princípio, fiz habitar o meu nome, e
vejam o que lhe fiz, por causa da maldade do meu
povo de Israel. 13 Agora, visto que vocês fazem todas
estas obras, diz o SENHOR, e eu falei muitas e muitas
vezes, mas vocês não me ouviram, chamei, mas vo-
cês não me responderam, 14 farei também com este
templo que se chama pelo meu nome, no qual vo-
cês confiam, e com este lugar, que dei a vocês e aos
seus pais, o mesmo que fiz com Siló. 15 Vou expulsar
vocês da minha presença, como expulsei todos os
seus irmãos, toda a posteridade de Efraim.

A intercessão do profeta não salvará o povo rebelde

16 — Quanto a você, Jeremias, não interceda
por este povo, nem levante por ele clamor ou
oração, nem insista comigo, porque eu não ouvi-
rei a sua voz. 17 Será que você não enxerga o que
andam fazendo nas cidades de Judá e nas ruas de
Jerusalém? 18 Os filhos apanham a lenha, os pais
acendem o fogo e as mulheres amassam a farinha,
para se fazerem bolos à Rainha dos Céus. Tam-
bém oferecem libações a outros deuses, para me
provocarem à ira. 19 Mas será que é a mim que eles
provocam à ira? — diz o SENHOR. Não seria muito
mais a si mesmos, para a sua própria vergonha?
20 — Portanto, assim diz o SENHOR Deus: Eis que
a minha ira e o meu furor se derramarão sobre este

lugar, sobre as pessoas e sobre os animais, sobre as
árvores do campo e sobre os frutos da terra. A mi-
nha ira queimará como um fogo e não se apagará.

A mera multiplicação dos sacrifícios é inútil

21— Assim diz o SENHOR dos Exércitos, o Deus
de Israel: Juntem os seus holocaustos aos outros
sacrifícios e comam a carne vocês mesmos. 22 No
dia em que tirei os pais de vocês da terra do Egito,
não falei nem lhes ordenei nada a respeito de holo-
caustos ou sacrifícios. 23 Mas o que lhes ordenei foi
isto: "Deem ouvidos à minha voz, e eu serei o seu
Deus, e vocês serão o meu povo. Andem em todo
o caminho que eu lhes ordeno, para que tudo lhes
vá bem." 24 Mas eles não quiseram ouvir, nem aten-
deram, porém andaram nos seus próprios conse-
lhos e na dureza do seu coração maligno; andaram
para trás e não para a frente. 25 Desde o dia em
que os pais de vocês saíram da terra do Egito até
hoje, muitas e muitas vezes, todos os dias, eu lhes
enviei todos os meus servos, os profetas. 26 Mas
vocês não quiseram me ouvir, nem atenderam;
foram teimosos e fizeram pior do que os seus pais.

27— Portanto, Jeremias, você dirá a eles todas
estas palavras, mas eles não lhe darão ouvidos; você
os chamará, mas eles não responderão. 28 Então
você lhes dirá: "Esta é a nação que não dá ouvidos à
voz do SENHOR, seu Deus, e não aceita a disciplina.
A verdade desapareceu; foi eliminada da sua boca."

Judá é rejeitado por Deus

29 "Corte os seus cabelos
consagrados, ó Jerusalém,
e jogue-os fora.
Comece a prantear sobre o alto dos montes,
porque o SENHOR rejeitou e abandonou
a geração que é objeto do seu furor."

30— Porque os filhos de Judá fizeram o que era
mau aos meus olhos, diz o SENHOR. Puseram os
seus ídolos abomináveis no templo que se chama
pelo meu nome, para o contaminarem. 31 Edifi-
caram os altos de Tofete, no vale de Ben-Hinom,
para queimarem em sacrifício os seus filhos e as
suas filhas, algo que nunca ordenei, nem me pas-
sou pela mente. 32 Portanto, eis que virão dias, diz
o SENHOR, em que já não se chamará Tofete, nem
vale de Ben-Hinom, mas o vale da Matança. Os
mortos serão sepultados em Tofete por não haver
outro lugar. 33 Os cadáveres deste povo servirão de
alimento às aves dos céus e aos animais selvagens;
e não haverá ninguém que os espante. 34 Farei ces-
sar nas cidades de Judá e nas ruas de Jerusalém o
som das festas e da alegria, a voz do noivo e a voz
da noiva; porque a terra ficará em ruínas.

8 1— Naquele tempo, diz o SENHOR, serão ti-
rados das sepulturas os ossos dos reis e das
autoridades de Judá, os ossos dos sacerdotes e dos
profetas e os ossos dos moradores de Jerusalém.
2 Os ossos serão espalhados ao sol, à lua e a todo
o exército do céu, a quem tinham amado, a quem
serviram e seguiram, a quem procuraram e dian-
te de quem se prostraram. Não serão recolhidos,
nem sepultados; serão como esterco sobre a terra.
3 Todos os que restarem desta nação malvada, em
todos os lugares para onde os dispersei, preferirão
morrer a ficar vivos, diz o SENHOR dos Exércitos.

O castigo é inevitável

4 Diga-lhes mais: Assim diz o SENHOR:
"Quando as pessoas caem,
será que não se levantam?
Quando alguém se desvia
do caminho, não torna a voltar?
5 Por que, então, este povo de Jerusalém se afasta,
em contínua rebeldia?
Persiste no engano e não quer voltar.
6 Eu escutei e ouvi,
mas eles não falam o que é reto.
Ninguém se arrepende da sua maldade.
Ninguém pergunta:
'O que foi que eu fiz de errado?'
Cada um se afasta e segue o seu caminho
como um cavalo que arremete
com ímpeto na batalha.
7 Até a cegonha no céu conhece as suas estações,
e a rolinha, a andorinha e o grou
observam o tempo da sua migração.
Mas o meu povo
não conhece o juízo do SENHOR."

8 "Como vocês podem dizer:
'Somos sábios,
e a lei do SENHOR está conosco'?
Na verdade, a falsa pena dos escribas
a transformou em mentira.
9 Os sábios serão envergonhados,
aterrorizados e presos.
Eis que rejeitaram a palavra do SENHOR.
Que sabedoria é essa que eles têm?
10 Portanto, darei as mulheres deles
a outros homens,
e os seus campos, a novos possuidores.
Porque, desde o menor deles até o maior,
cada um está entregue à ganância,
e tanto o profeta como o sacerdote
usam de falsidade.
11 Curam superficialmente
a ferida do meu povo,
dizendo: 'Paz, paz'; quando não há paz.
12 Será que eles ficaram envergonhados
por cometerem abominação?
Não, eles não ficaram com vergonha.
Eles nem sabem o que é envergonhar-se.

Portanto, cairão com os que caem;
quando eu os castigar, tropeçarão",
diz o SENHOR.
13 "Eu os consumirei de todo", diz o SENHOR.
"Não haverá uvas na videira,
nem figos na figueira,
e as folhas já estão murchas.
E já designei os que passarão sobre eles."

14 Por que nós estamos sentados aqui?
Reúnam-se! Entremos nas cidades fortificadas
e pereçamos ali.
Pois o SENHOR, nosso Deus,
já decretou a nossa morte
e nos deu de beber água envenenada,
porque pecamos contra o SENHOR.
15 Espera-se a paz, e não há nada de bom;
espera-se o tempo da cura, e eis o terror.

16 "Desde Dã se ouve o resfolegar
dos cavalos do inimigo;
toda a terra treme ao som dos relinchos
dos seus garanhões.
Os inimigos vêm e devoram
a terra e a sua abundância,
a cidade e os que habitam nela.
17 Porque eis que envio cobras venenosas
para o meio de vocês,
serpentes contra as quais não há encantamento,
e que picarão vocês", diz o SENHOR.

A dor do profeta por causa da ruína do povo

18 Ah! Se eu pudesse consolar-me
na minha tristeza!
O meu coração desfalece dentro de mim.
19 Eis a voz do clamor da filha do meu povo
de terra mui remota:
"Será que o SENHOR não está em Sião?
Não está nela o seu Rei?"

"Por que vocês me provocaram à ira
com as suas imagens de escultura,
com os ídolos dos estrangeiros?"
20 Passou a colheita, acabou o verão,
e nós não estamos salvos.

21 Tenho o coração partido
por causa da ferida da filha do meu povo.
Estou de luto;
o espanto se apoderou de mim.
22 Será que não há bálsamo em Gileade?
Ou não há lá médico?
Por que, então, não se realizou
cura da filha do meu povo?

9 1 Quem dera a minha cabeça se tornasse em águas,
e os meus olhos, em fonte de lágrimas!
Então choraria de dia e de noite
os mortos da filha do meu povo.
2 Quem me dera eu tivesse no deserto
um abrigo para viajantes!
Então deixaria o meu povo
e me afastaria dele,
porque todos eles são adúlteros,
são um bando de traidores.
3 Curvam a língua, como se fosse o seu arco,
para disparar mentiras.

"Fortalecem-se na terra,
mas não para a verdade,
porque avançam de maldade em maldade
e não me conhecem", diz o SENHOR.
4 "Que cada um de vocês
se proteja do seu amigo
e não confie em nenhum irmão.
Porque todo irmão é enganador,
e todo amigo não faz mais
do que espalhar calúnias.
5 Cada um zomba do seu próximo,
e não falam a verdade.
Ensinam a sua língua a proferir mentiras;
cansam-se de tanto praticar a iniquidade.
6 Vivem no meio da falsidade;
pela falsidade se recusam a me conhecer",
diz o SENHOR.

Ameaças de ruína e exílio

7 Portanto, assim diz o SENHOR dos Exércitos:
"Eis que eu os depurarei e os provarei.
Pois que outra coisa poderia eu
fazer com a filha do meu povo?
8 A língua deles é flecha mortífera;
falam mentiras.
Com a boca, cada um fala de paz
com o seu companheiro,
mas no seu interior lhe arma ciladas.
9 Deixaria eu de castigá-los
por estas coisas?" — diz o SENHOR.
"Não deveria eu me vingar
de uma nação como esta?"

10 Pelos montes, levantarei choro e pranto
e, pelas pastagens do deserto, lamentação.
Porque já estão queimadas,
e ninguém passa por elas.
Já não se ouve ali o mugido de gado;
tanto as aves dos céus
como os animais fugiram e se foram.
11 Farei de Jerusalém um montão de ruínas,
morada de chacais;
e das cidades de Judá farei uma desolação,
para que fiquem desabitadas.

12 — Quem é o homem sábio, que entenda isto?
E a quem falou a boca do SENHOR, para que possa
explicá-lo? Por que a terra foi destruída e se quei-
mou como deserto pelo qual não passa ninguém?

13 O SENHOR respondeu:
— Porque deixaram a minha lei, que pus diante
deles, e não deram ouvidos ao que eu disse, nem
andaram na minha lei. 14 Pelo contrário, andaram
na dureza do seu coração e seguiram os baalins,
como os pais deles lhes ensinaram. 15 Portanto, as-
sim diz o SENHOR dos Exércitos, Deus de Israel: Eis
que alimentarei este povo com absinto e lhe darei
de beber água envenenada. 16 Eu os espalharei en-
tre nações que nem eles nem os seus pais conhe-
ceram; e enviarei a espada após eles, até que eu os
tenha destruído.

17 Assim diz o SENHOR dos Exércitos:
"Considerem e chamem carpideiras,
para que venham;
mandem procurar mulheres hábeis,
para que venham.
18 Que elas se apressem
e levantem sobre nós o seu lamento,
para que os nossos olhos
se desfaçam em lágrimas,
e as nossas pálpebras destilem água."

19 Porque uma voz de pranto se ouve de Sião:
"Como estamos arruinados!
Estamos muito envergonhados!
Porque deixamos a nossa terra,
e eles derrubaram as nossas casas."

20 Portanto, mulheres,
escutem a palavra do SENHOR
e que os seus ouvidos
recebam a palavra da sua boca.
Ensinem às suas filhas um canto fúnebre;
que cada uma ensine à sua companheira
uma lamentação.
21 Porque a morte subiu pelas nossas janelas
e entrou em nossos palácios;
exterminou as crianças nas ruas
e os jovens nas praças.

22 "Fale: Assim diz o SENHOR:
Os cadáveres das pessoas
ficarão espalhados
como adubo sobre o campo,
como espigas que o ceifeiro deixa para trás,
sem que haja quem as recolha."

Gloriar-se no Senhor

23 — Assim diz o SENHOR: Não se glorie o sá-
bio na sua sabedoria, nem o forte, na sua força,
nem o rico, nas suas riquezas. 24 Mas aquele que
se gloria, glorie-se nisto: em me conhecer e saber
que eu sou o SENHOR e faço misericórdia, juízo e
justiça na terra; porque destas coisas me agrado,
diz o SENHOR.

25 — Eis que vêm dias, diz o SENHOR, em que
castigarei todos os que são circuncidados apenas
na carne: 26 o povo do Egito, de Judá, de Edom, os
filhos de Amom, de Moabe, e todos os que cortam
o cabelo nas têmporas e vivem no deserto. Porque
todas essas nações e toda a casa de Israel são incir-
cuncisos de coração.

A idolatria e a verdadeira adoração

10 1 Ouçam a palavra que o SENHOR dirige a vo-
cês, ó casa de Israel. 2 Assim diz o SENHOR:

"Não aprendam o caminho dos gentios,
nem fiquem com medo dos sinais nos céus,
porque com eles os gentios
se atemorizam.
3 Porque os costumes dos povos são vaidade.
Cortam uma árvore do bosque,
e um artífice a trabalha com o machado.
4 Com prata e ouro a enfeitam,
com pregos e martelos a fixam,
para que não caia.
5 Os ídolos são como um espantalho em pepinal;
eles não falam.
Necessitam de quem os leve,
porque não podem andar.
Não tenham receio deles,
pois não podem fazer mal;
também não podem fazer o bem."

6 Não há ninguém semelhante a ti, ó SENHOR!
Tu és grande, e grande é o poder do teu nome.
7 Quem não temeria a ti, ó Rei das nações?
Porque isto te é devido.
Porque entre todos os sábios das nações
e em todo o seu reino
não há ninguém semelhante a ti.
8 Mas todos eles se tornaram estúpidos e tolos;
seu ensino é vão e morto
como um pedaço de madeira.
9 Traz-se prata batida de Társis e ouro de Ufaz;
os ídolos são obra de artífice
e de mãos de ourives.
Da cor azul e púrpura são as vestes deles;
todos eles são obra de pessoas habilidosas.
10 Mas o SENHOR é o verdadeiro Deus;
ele é o Deus vivo e o Rei eterno.
A terra treme diante do seu furor,
e as nações não podem suportar
a sua indignação.
11 Digam-lhes o seguinte:
"Os deuses que não fizeram os céus e a terra
desaparecerão da terra e de debaixo destes céus."

12 O SENHOR fez a terra pelo seu poder.
Com a sua sabedoria, estabeleceu o mundo;
e, com a sua inteligência, estendeu os céus.
13 Quando ele faz soar a sua voz,
logo há tumulto de águas no céu,
e nuvens sobem das extremidades da terra.

Ele cria os relâmpagos para a chuva
e dos seus depósitos faz sair o vento.
14 Todas as pessoas são tolas
e não têm conhecimento.
Todo ourives é envergonhado pela imagem
que ele mesmo esculpiu,
pois as suas imagens são falsas,
e nelas não há fôlego de vida.
15 São vaidade, obras ridículas.
Quando chegar o tempo
do seu castigo, virão a perecer.
16 Aquele que é a Porção de Jacó
não é semelhante a essas imagens,
porque ele é o Criador de todas as coisas
e Israel é a tribo da sua herança.
SENHOR dos Exércitos é o seu nome.

Lamento sobre a destruição de Judá

17 Ajunte do chão os seus pertences,
ó filha de Sião,
você que mora em lugar sitiado.
18 Porque assim diz o SENHOR:
"Eis que desta vez lançarei fora
os moradores da terra
e os angustiarei,
para que venham a senti-lo."

19 Ai de mim, por causa da minha ruína!
A minha ferida é muito grave!
E eu dizia: "Certamente este é o meu sofrimento,
e eu posso suportá-lo."
20 A minha tenda foi destruída,
todas as cordas se romperam.
Os meus filhos se foram e já não existem;
não restou ninguém para levantar a minha tenda
e erguer as suas lonas.
21 Porque os pastores se tornaram tolos
e não buscaram o SENHOR;
por isso, não prosperaram,
e todos os seus rebanhos se acham dispersos.
22 Eis aí um rumor!
Eis que vem grande tumulto da terra do Norte,
para fazer das cidades de Judá uma desolação,
morada de chacais.

Jeremias ora em favor do seu povo

23 Eu sei, ó SENHOR,
que não cabe ao ser humano
determinar o seu caminho,
nem cabe ao que anda dirigir os seus passos.
24 Castiga-me, ó SENHOR, mas em justa medida;
não na tua ira, para que não me reduzas a nada.
25 Derrama o teu furor
sobre as nações que não te conhecem
e sobre os povos
que não invocam o teu nome.
Porque foram eles que devoraram Jacó;
eles o devoraram, consumiram,
e destruíram as suas moradas.

A aliança é quebrada

11 1 Palavra que foi dita a Jeremias da parte do
SENHOR:
2 — Ouça as palavras desta aliança e fale aos ho-
mens de Judá e aos moradores de Jerusalém. 3 Diga-
-lhes: "Assim diz o SENHOR, o Deus de Israel: Maldito
aquele que não der ouvidos às palavras desta alian-
ça, 4 que ordenei aos pais de vocês, no dia em que os
tirei da terra do Egito, da fornalha de ferro. Eu lhes
disse: 'Deem ouvidos à minha voz e façam tudo o
que eu lhes ordeno, e vocês serão o meu povo, e eu
serei o seu Deus. 5 Assim confirmarei o juramento
que fiz aos pais de vocês de lhes dar uma terra que
manasse leite e mel, como se vê neste dia.'"

Então eu respondi:
— Amém, SENHOR!
6 E o SENHOR me disse:
— Proclame todas estas palavras nas cidades
de Judá e nas ruas de Jerusalém. Diga-lhes que
deem ouvidos às palavras desta aliança e que as
cumpram. 7 Porque adverti solenemente os pais
de vocês, no dia em que os tirei do Egito, até o dia
de hoje, testemunhando sempre de novo que des-
sem ouvidos à minha voz. 8 Mas eles não quiseram
ouvir, nem atenderam. Pelo contrário, andaram,
cada um, segundo a dureza do seu coração malig-
no. Por isso, fiz cair sobre eles todas as ameaças
desta aliança, a qual lhes ordenei que cumpris-
sem, mas que eles não cumpriram.
9 O SENHOR ainda me disse o seguinte:
— Os homens de Judá e os moradores de Jeru-
salém armaram uma conspiração. 10 Retornaram
às maldades de seus primeiros pais, que recusaram
ouvir as minhas palavras. Também eles seguiram
outros deuses para os servir. A casa de Israel e a
casa de Judá quebraram a minha aliança, que eu fiz
com os seus pais. 11 Portanto, assim diz o SENHOR:
"Eis que trarei uma calamidade sobre eles, da qual
não poderão escapar. Clamarão a mim, porém não
os ouvirei. 12 Então as cidades de Judá e os morado-
res de Jerusalém irão aos deuses a quem eles quei-
maram incenso e a eles clamarão; porém estes de
modo nenhum os livrarão na hora da calamidade.
13 Porque os seus deuses, ó Judá, são tantos quan-
tas as suas cidades, e os altares que vocês levanta-
ram para a coisa vergonhosa, isto é, para queimar
incenso a Baal, são tantos quanto o número das
ruas de Jerusalém."
14 — Quanto a você, Jeremias, não interceda por
este povo, nem levante por ele clamor ou oração,
porque não os ouvirei quando eles clamarem a
mim na hora da calamidade.
15 — Que direito tem minha amada na minha
casa, ela que cometeu tantas maldades? Será que

votos e carnes sacrificadas poderão afastar de
você a calamidade? Então você saltaria de prazer.
16 O SENHOR a chamou de oliveira verde, formosa
por seus deliciosos frutos. Mas agora, ao som de
grande tumulto, acendeu fogo ao redor dela e que-
brou os seus ramos. 17 Porque o SENHOR dos Exér-
citos, que a plantou, anunciou contra você uma
calamidade, por causa do mal que a casa de Israel
e a casa de Judá praticaram. Porque me provoca-
ram à ira, queimando incenso a Baal.

Primeiro lamento de Jeremias

18 O SENHOR me contou e eu fiquei sabendo;
tu me mostraste o que
eles estavam planejando.
19 Eu era como um cordeiro manso,
que é levado ao matadouro.
Eu não sabia que tramavam
contra mim, dizendo:
"Vamos destruir a árvore com seu fruto.
Vamos cortá-lo da terra dos viventes,
para que ninguém mais lembre do nome dele."
20 Mas, ó SENHOR dos Exércitos, justo Juiz,
que provas o mais íntimo do coração,
permite que eu veja
a tua vingança contra eles,
pois te confiei a minha causa.

A resposta de Deus

21 Portanto, assim diz o SENHOR a respeito dos ho-
mens de Anatote que querem me ver morto e dizem:
"Não profetize em nome do SENHOR, para que não o
matemos." 22 Sim, assim diz o SENHOR dos Exércitos:
— Eis que eu os punirei. Os jovens morrerão à
espada, os seus filhos e as suas filhas morrerão de
fome. 23 E não sobrará nenhum deles, porque farei
vir a calamidade sobre os homens de Anatote, no
ano da sua punição.

Segundo lamento de Jeremias

12 1 Justo serias, SENHOR,
se eu apresentasse a minha causa
diante de ti.
No entanto, preciso falar contigo
a respeito da justiça.
Por que o caminho dos ímpios prospera?
Por que todos os traidores vivem em paz?
2 Tu os plantas, e eles lançam raízes;
crescem e dão fruto.
Estás perto dos lábios deles,
mas longe do coração.
3 Mas tu, ó SENHOR, me conheces;
tu me vês e provas o que o meu coração sente
em relação a ti.
Arranca-os como ovelhas
destinadas ao matadouro
e separa-os para o dia da matança.
4 Até quando a terra estará de luto,
e se secará a erva de todo o campo?
Os animais e as aves estão morrendo
por causa da maldade dos moradores da terra,
que dizem: "Deus não vê
aquilo que nos espera."

A resposta de Deus

5 "Jeremias, se você se cansa
correndo com homens que vão a pé,
como poderá competir
com os que vão a cavalo?
Se em terra de paz você não se sente seguro,
que fará na floresta do Jordão?
6 Porque até mesmo os seus irmãos
e a casa de seu pai
estão sendo desleais para com você;
eles o perseguem com fortes gritos.
Não confie neles,
ainda que lhe digam coisas boas."

Deus castiga os devastadores do país

7 "Abandonei o meu templo,
rejeitei a minha herança;
entreguei aquela que eu mais amava
nas mãos de seus inimigos.
8 A minha herança tornou-se para mim
como um leão na floresta;
levantou a voz contra mim,
e por isso eu a odeio.
9 A minha herança é para mim
uma ave de rapina de várias cores
contra a qual se ajuntam outras aves de rapina.
Vão, pois, e reúnam
todos os animais do campo;
que eles venham para devorá-la.
10 Muitos pastores destruíram a minha vinha
e pisaram o meu campo;
fizeram da porção que era o meu prazer
um deserto.
11 Eles a tornaram em desolação,
e, no seu abandono, ela clama a mim;
toda a terra está devastada,
mas não há ninguém que se importe com isso.
12 Sobre todos os lugares altos do deserto
vieram destruidores;
porque a espada do SENHOR devora
de um a outro extremo da terra;
não há paz para ninguém.
13 Semearam trigo e colheram espinhos;
cansaram-se, mas sem proveito algum.
Ficarão envergonhados das suas colheitas,
por causa do furor da ira do SENHOR."

14 Assim diz o SENHOR a respeito de todos os
meus maus vizinhos, que se apoderam da minha
herança, que deixei ao meu povo de Israel:

— Eis que os arrancarei da sua terra, e arrancarei a casa de Judá do meio deles.
15 Depois de os haver arrancado, eu me voltarei e terei compaixão deles e os farei voltar, cada um à sua herança, cada um à sua terra.
16 Se diligentemente aprenderem os caminhos do meu povo; se jurarem pelo meu nome, dizendo: "Tão certo como vive o SENHOR", assim como no passado ensinaram o meu povo a jurar por Baal, então serão edificados no meio do meu povo.
17 Mas, se não quiserem ouvir, arrancarei essa nação; arrancarei e destruirei, diz o SENHOR.

O cinto de linho

13 1 Assim me disse o SENHOR:
— Vá, compre um cinto de linho e coloque-o em volta da cintura. Não o molhe antes disso.
2 Comprei o cinto, segundo a palavra do SENHOR, e o pus em volta da cintura.
3 Então, pela segunda vez a palavra do SENHOR veio a mim, dizendo:
4 — Pegue o cinto que você comprou e que está em volta de sua cintura, vá até o rio Eufrates e esconda-o ali na fenda de uma rocha.
5 Fui e escondi o cinto junto ao rio Eufrates, como o SENHOR me havia ordenado.
6 Passados muitos dias, o SENHOR me disse:
— Levante-se, vá até o rio Eufrates e pegue o cinto que eu lhe ordenei que escondesse ali.
7 Fui até o rio Eufrates, cavei e tirei o cinto do lugar onde o havia escondido. E eis que o cinto tinha apodrecido e não prestava para nada.
8 Então a palavra do SENHOR veio a mim, dizendo:
9 — Assim diz o SENHOR: Deste modo farei também apodrecer o orgulho de Judá e o grande orgulho de Jerusalém.
10 Este povo mau, que se recusa a ouvir as minhas palavras, que anda segundo a dureza do seu coração e segue outros deuses para os servir e adorar, será tal como este cinto, que não presta para nada.
11 Porque, assim como o cinto se apega à cintura de um homem, assim eu fiz apegar-se a mim toda a casa de Israel e toda a casa de Judá, diz o SENHOR, para que me fossem por povo, nome, louvor e glória; mas eles não quiseram ouvir.

A jarra de vinho

12 Diga-lhes também esta palavra:
— Assim diz o SENHOR, Deus de Israel: Toda jarra deve ficar cheia de vinho. Então eles dirão a você: "Não sabemos nós muito bem que toda jarra deve ficar cheia de vinho?"
13 Mas você responderá: "Assim diz o SENHOR: Eis que eu vou encher de embriaguez todos os moradores desta terra: os reis que se assentam no trono de Davi, os sacerdotes, os profetas e todos os moradores de Jerusalém.
14 Eu os farei em pedaços, atirando uns contra os outros, tanto os pais como os filhos, diz o SENHOR. Não pouparei, não terei pena, nem terei compaixão deles; nada me impedirá de destruí-los."

Apelo e ameaças

15 Ouçam e prestem atenção:
não sejam orgulhosos!
Porque o SENHOR falou.
16 Deem glória ao SENHOR, seu Deus,
antes que ele faça vir as trevas,
antes que os pés de vocês
tropecem nos montes tenebrosos
e antes que, esperando vocês a luz,
ele a mude em sombra de morte
e a reduza à escuridão.
17 Mas, se vocês não quiserem ouvir,
eu chorarei em segredo
por causa do orgulho de vocês.
Chorarei amargamente
e os meus olhos se desfarão em lágrimas,
porque o rebanho do SENHOR foi levado cativo.

18 Diga ao rei e à rainha-mãe:
"Humilhem-se e sentem no chão,
porque as gloriosas coroas
caíram da cabeça de vocês."
19 As cidades do Sul estão fechadas,
e não há ninguém que as abra.
Todo o Judá foi levado para o exílio,
todos cativos.

20 "Levantem os olhos
e vejam os que vêm do Norte.
Onde está o rebanho que lhe foi confiado,
o seu lindo rebanho?
21 O que você dirá,
quando ele puser por cabeça sobre você
aqueles a quem você ensinou a ser amigos?
Será que você não sentirá dores,
como as da mulher que está dando à luz?
22 Talvez você se pergunte:
'Por que me sobrevieram estas coisas?'
Então saiba que foi por causa
da multidão de suas maldades
que as abas de sua saia foram levantadas
e os seus calcanhares sofrem violência."

23 "Será que o etíope pode mudar a sua pele
ou o leopardo, as suas manchas?
Se fosse possível, também vocês
poderiam fazer o bem,
estando acostumados a fazer o mal.
24 Por isso eu os espalharei
como a palha que é levada
pelo vento do deserto.
25 Esta será a parte que lhe cabe,
a porção que reservei para você", diz o SENHOR,
"porque você se esqueceu de mim
e confiou em mentiras.
26 Assim, eu mesmo levantarei
as abas de sua saia até a altura do seu rosto,
e aparecerão as suas vergonhas.

27 Tenho visto as suas abominações
sobre as colinas e no campo,
a saber, os seus adultérios, os seus relinchos
e a vergonha da sua prostituição.
Ai de você, Jerusalém!
Você não vai se purificar?
Quanto tempo isso vai durar?"

Grande seca em Judá

14 1 Palavra do SENHOR que veio a Jeremias a
respeito da seca:

2 "Judá anda chorando,
as suas portas estão abandonadas
e, de luto, se curvam até o chão;
e o clamor de Jerusalém vai subindo.
3 Os poderosos mandam os servos buscar água.
Estes vão às cisternas e não encontram água;
voltam com os seus cântaros vazios
e, decepcionados e confusos, cobrem a cabeça.
4 Por não ter havido chuva sobre a terra,
esta se acha ressequida;
e, por isso, os lavradores, decepcionados,
cobrem a cabeça.
5 Até as corças no campo têm as suas crias
e as abandonam, porque não há capim.
6 Os jumentos selvagens
se põem no alto dos morros
e, ofegantes, sorvem o vento como chacais;
os seus olhos desfalecem, por falta de pasto."

7 Ainda que as nossas maldades
testifiquem contra nós,
ó SENHOR, age por amor do teu nome!
Porque as nossas rebeldias se multiplicaram;
pecamos contra ti.
8 Ó Esperança de Israel
e Redentor do teu povo no tempo da angústia,
por que serias como estrangeiro na terra
e como viajante que fica só uma noite?
9 Por que serias como homem
que foi pego de surpresa,
como valente que não pode salvar?
Mas tu, ó SENHOR, estás em nosso meio,
e nós somos chamados pelo teu nome.
Não nos abandones!

10 Assim diz o SENHOR a respeito deste povo:
"Eles gostam de andar errantes
e não sabem controlar os pés.
Por isso, o SENHOR não se agrada deles;
agora ele se lembrará
das maldades que fizeram
e os castigará por causa dos seus pecados."

11 O SENHOR me disse ainda:
— Não interceda por este povo para o bem
dele. 12 Quando jejuarem, não ouvirei o seu cla-
mor e, quando trouxerem holocaustos e ofertas de
cereais, não me agradarei deles. Pelo contrário, eu
os consumirei pela guerra, pela fome e pela peste.
13 Então eu disse:
— Ah! SENHOR Deus, eis que os profetas lhes di-
zem: "Vocês não verão a guerra, nem passarão fome.
Porque eu lhes darei verdadeira paz neste lugar."
14 E o SENHOR respondeu:
— Esses profetas profetizam mentiras em meu
nome. Nunca os enviei, nem lhes dei ordem, nem
lhes falei. Eles estão profetizando para vocês vi-
sões falsas, adivinhações inúteis e engano que
procede do seu íntimo. 15 Portanto, assim diz o
SENHOR a respeito dos profetas que, profetizando
em meu nome, sem que eu os tenha mandado,
dizem que não haverá guerra nem fome nesta ter-
ra: Esses profetas serão consumidos pela guerra e
pela fome. 16 O povo a quem eles profetizam será
lançado nas ruas de Jerusalém, por causa da fome
e da guerra. Não haverá quem os sepulte — a eles,
a suas mulheres, a seus filhos e a suas filhas. Por-
que derramarei sobre eles a sua maldade. 17 Por-
tanto, diga-lhes esta palavra:

"Que os meus olhos derramem lágrimas
de noite e de dia, sem cessar.
Porque a virgem, filha do meu povo,
sofreu um grande golpe;
está gravemente ferida.
18 Se saio ao campo, vejo
os que foram mortos à espada;
se entro na cidade, estão ali
os debilitados pela fome.
Até os profetas e os sacerdotes
vagueiam pela terra
e não sabem para onde vão."

O povo confessa o seu pecado

19 Será que de todo rejeitaste Judá?
Será que a tua alma tem nojo de Sião?
Por que nos feriste, e não há cura para nós?
Aguardamos a paz, e não há nada de bom;
esperamos o tempo da cura, e eis o terror.
20 Conhecemos, ó SENHOR, a nossa maldade
e a iniquidade de nossos pais;
porque temos pecado contra ti.
21 Não nos rejeites, por amor do teu nome;
não desprezes o trono da tua glória.
Lembra-te e não anules
a tua aliança conosco.
22 Será que existe entre os ídolos dos gentios
algum que faça chover?
Ou podem os céus por si mesmos
dar chuvas?
Não és tu somente, ó SENHOR,
nosso Deus, o que fazes isto?
Portanto, em ti esperamos,
pois tu fazes todas estas coisas.

15 1 Então o Senhor me disse:
— Mesmo que Moisés e Samuel se puses-
sem diante de mim, meu coração não se inclinaria
para este povo. Mande-os embora! Que saiam da
minha presença! 2 Se lhe perguntarem: "Para onde
iremos?", responda:

Assim diz o Senhor:
"Quem é para a morte vai para a morte;
quem é para a espada vai para a espada;
quem é para a fome vai para a fome;
e quem é para o cativeiro vai para o cativeiro."

3 — Porque os punirei com quatro tipos de cas-
tigo, diz o Senhor: com espada para matar, com
cães para os arrastar e com as aves dos céus e os
animais selvagens para os devorar e destruir. 4 Fa-
rei deles um objeto de espanto para todos os rei-
nos da terra, por causa de tudo o que Manassés,
filho de Ezequias, rei de Judá, fez em Jerusalém.

5 "Pois quem se compadecerá
de você, ó Jerusalém?
Ou quem ficará triste por você?
Ou quem se desviará do caminho
para perguntar pelo seu bem-estar?
6 Você me rejeitou", diz o Senhor;
"você voltou para trás.
Por isso, levantei a mão contra você e a destruí;
cansei de ter compaixão.
7 Eu os espalhei com a pá
nos portões das cidades.
Deixei-os sem filhos, destruí o meu povo,
mas eles não deixaram os seus maus caminhos.
8 As suas viúvas se multiplicaram
mais do que a areia do mar.
Eu trouxe ao meio-dia
um destruidor sobre a mãe de jovens;
fiz cair de repente sobre ela angústia e pavor.
9 Aquela que tinha sete filhos desmaiou
e respira com dificuldade.
Para ela, o sol se pôs quando ainda era dia;
ela ficou envergonhada e confusa.
Os sobreviventes, eu os entregarei à espada,
diante dos seus inimigos", diz o Senhor.

Terceiro lamento de Jeremias

10 Ai de mim, minha mãe! Porque você me pôs
no mundo para ser homem de rixa e homem de
discórdias para toda a terra! Nunca lhes empres-
tei, nem pedi dinheiro emprestado, mas todos me
amaldiçoam.
11 O Senhor disse:
— Na verdade, eu o fortalecerei para o bem e
farei com que o inimigo lhe dirija súplicas no tem-
po da calamidade e no tempo da aflição. 12 Pode
alguém quebrar o ferro, o ferro do Norte, ou o
bronze? 13 Por todos os seus pecados, em todos os
seus territórios, entregarei de graça os seus bens
e os seus tesouros, para que sejam saqueados.
14 Farei com que sejam escravos dos seus inimigos,
numa terra que não conhecem, porque um fogo se
acendeu em minha ira e queimará sobre vocês.

15 Ó Senhor, tu o sabes.
Lembra-te de mim,
ampara-me e vinga-me
dos meus perseguidores.
Não permitas que,
por causa da tua longanimidade,
eu seja arrebatado.
Fica sabendo que por causa de ti
tenho sofrido afrontas.
16 Achadas as tuas palavras, logo as comi.
As tuas palavras
encheram o meu coração
de júbilo e de alegria,
pois sou chamado pelo teu nome,
ó Senhor, Deus dos Exércitos.
17 Nunca me assentei
na roda dos que se divertem,
nem me alegrei.
Oprimido por tua mão,
eu me assentei solitário,
pois me encheste de indignação.
18 Por que a minha dor não passa,
e a minha ferida me dói e não admite cura?
Serias tu para mim como ribeiro ilusório,
como águas que enganam?

19 Portanto, assim diz o Senhor:
"Se você se arrepender, eu o farei voltar
e você estará diante de mim.
Se separar o que é precioso
daquilo que não presta,
você será a minha boca.
Eles se voltarão para você,
mas você não passará
para o lado deles.
20 Farei de você um forte muro de bronze
diante deste povo.
Eles lutarão contra você,
mas não conseguirão derrotá-lo,
porque eu estou com você
para salvá-lo e livrá-lo deles", diz o Senhor.
21 "Eu o libertarei
das mãos dos iníquos
e o livrarei das garras dos violentos."

A vida solitária do profeta, figura do povo

16 1 A palavra do Senhor veio a mim, dizendo:
2 — Não case, nem tenha filhos ou filhas
neste lugar. 3 Porque assim diz o Senhor a respeito
dos filhos e das filhas que nascerem neste lugar,
a respeito das mães que os tiverem e dos pais que

os gerarem nesta terra: 4 Morrerão de doenças
terríveis e não serão pranteados, nem sepultados;
servirão de esterco para a terra. A espada e a fome
os consumirão, e os seus cadáveres servirão de
alimento às aves do céu e aos animais selvagens.
5 — Porque assim diz o SENHOR: Não entre em
casa onde há luto, nem vá pranteá-los ou consolar
os enlutados. Porque deste povo retirei a minha
paz, diz o SENHOR, e também a minha bondade e
a minha compaixão. 6 Nesta terra, morrerão tanto
grandes como pequenos e não serão sepultados
nem prantearão por eles. Não se farão por eles
cortes na pele nem por eles se raparão as cabe-
ças. 7 Não se dará pão a quem estiver de luto, para
consolá-lo por causa de morte, nem lhe darão de
beber do copo da consolação, pelo pai ou pela mãe.
8 — Também não entre numa casa em que há
um banquete, para sentar com eles a comer e a
beber. 9 Porque assim diz o SENHOR dos Exércitos,
o Deus de Israel: Eis que farei cessar neste lugar,
diante dos olhos de vocês e enquanto vocês ainda
estiverem vivos, o som das festas e da alegria, a
voz do noivo e a voz da noiva.
10 — Quando você anunciar a este povo to-
das estas palavras, eles perguntarão: "Por que o
SENHOR nos ameaça com todo este grande mal?
Qual é a nossa iniquidade, qual é o nosso pecado,
que cometemos contra o SENHOR, nosso Deus?"
11 Então você responderá: "Porque os pais de vo-
cês me abandonaram, diz o SENHOR, e foram atrás
de outros deuses, os serviram e os adoraram; eles
me abandonaram e não guardaram a minha lei.
12 Vocês fizeram pior do que os seus pais, porque
eis que cada um de vocês anda segundo a dureza
do seu coração maligno, para não me dar ouvidos.
13 Portanto, eu os lançarei fora desta terra, para
uma terra que nem vocês nem os seus pais co-
nheceram. Ali vocês servirão a outros deuses, dia
e noite, porque não terei misericórdia de vocês."
14 — Portanto, eis que vêm dias, diz o SENHOR,
em que nunca mais se dirá: "Tão certo como vive
o SENHOR, que tirou os filhos de Israel do Egito."
15 Pelo contrário, se dirá: "Tão certo como vive o
SENHOR, que tirou os filhos de Israel da terra do
Norte e de todas as terras para onde os tinha dis-
persado." Pois eu os farei voltar para a sua terra,
que dei aos seus pais.
16 — Eis que mandarei muitos pescadores, diz
o SENHOR, os quais os pescarão. Depois, enviarei
muitos caçadores, os quais os trarão de todos os
montes, de todas as colinas e até das fendas das
rochas. 17 Porque os meus olhos estão sobre todos
os caminhos deles. Eles não conseguem se escon-
der de mim, e a iniquidade deles não se encobre
aos meus olhos. 18 Primeiramente, pagarei em do-
bro a sua iniquidade e o seu pecado, porque pro-
fanaram a minha terra com os cadáveres dos seus
ídolos detestáveis e encheram a minha herança
com as suas abominações.

As nações voltam para Deus

19 Ó SENHOR, minha força
e minha fortaleza,
meu refúgio no dia da angústia,
a ti virão as nações
desde os confins da terra e dirão:
"Nossos pais herdaram
só mentiras e coisas vãs,
em que não há proveito.
20 Será que o ser humano pode fazer
os seus próprios deuses?
Esses não são deuses de verdade!"

21 — Portanto, eis que lhes farei conhecer, sim,
desta vez lhes farei conhecer a minha força e o
meu poder. E saberão que o meu nome é SENHOR.

O pecado engana e destrói

17 1 — O pecado de Judá está escrito com um
ponteiro de ferro e com ponta de diaman-
te, gravado na tábua do seu coração e nas pontas
dos seus altares. 2 Os seus filhos se lembram dos
seus altares e dos postes da deusa Aserá junto às
árvores frondosas, sobre as colinas elevadas 3 e
nos montes do campo. Darei os seus bens e todos
os seus tesouros como despojo, e farei o mesmo
com os seus lugares altos por causa do pecado, em
todos os seus territórios! 4 Você terá de abandonar
a herança que lhe dei. Farei com que você sirva os
seus inimigos numa terra que você não conhece.
Porque o fogo que você acendeu na minha ira
queimará para sempre.

Pensamentos de sabedoria

5 Assim diz o SENHOR:
"Maldito aquele que confia no ser humano,
que faz da carne mortal o seu braço
e cujo coração se desvia do SENHOR!
6 Porque ele será como um arbusto
solitário no deserto
e não verá quando vier o bem;
pelo contrário, morará
nos lugares secos do deserto,
na terra salgada e inabitável."

7 "Bendito aquele que confia no SENHOR
e cuja esperança é o SENHOR.
8 Porque ele é como a árvore
plantada junto às águas,
que estende as suas raízes para o ribeiro
e não receia quando vem o calor,
porque as suas folhas permanecem verdes;
e, no ano da seca, não se perturba,
nem deixa de dar fruto."

9 "Enganoso é o coração,
mais do que todas as coisas,
e desesperadamente corrupto.
Quem poderá entendê-lo?
10 Eu, o SENHOR, sondo o coração.
Eu provo os pensamentos,
para dar a cada um
segundo os seus caminhos,
segundo o fruto das suas ações."

11 Como a perdiz que choca ovos que não pôs,
assim é aquele que ajunta riquezas
desonestamente;
no meio da vida ficará sem elas
e no seu fim passará por tolo.
12 Um trono de glória enaltecido
desde o princípio
é o lugar do nosso santuário.
13 Ó SENHOR, Esperança de Israel!
Todos aqueles que te abandonam
serão envergonhados;
o nome dos que se afastam de ti
será escrito no chão,
porque abandonam o SENHOR,
a fonte das águas vivas.

Quarto lamento de Jeremias

14 Cura-me, SENHOR, e serei curado;
salva-me, e serei salvo,
porque tu és o meu louvor.
15 Eis que eles me dizem:
"Onde está a palavra do SENHOR?
Que se cumpra!"
16 Mas eu não me recusei
a ser pastor, seguindo-te.
Também não desejei
o dia da aflição, tu o sabes.
O que saiu dos meus lábios
está no teu conhecimento.
17 Não sejas para mim motivo de terror;
tu és o meu refúgio
no dia da calamidade.
18 Que sejam envergonhados
os que me perseguem,
e não seja eu envergonhado;
assombrem-se eles, e não me assombre eu.
Traze sobre eles o dia da calamidade
e destrói-os com dobrada destruição.

O sábado

19 Assim me disse o SENHOR:
— Vá e fique junto ao Portão do Povo, pelo qual
entram e saem os reis de Judá; depois, vá também
a todos os outros portões de Jerusalém, 20 e diga a
todos: "Escutem a palavra do SENHOR, vocês, reis
de Judá, e todo o Judá, e todos os moradores de Je-
rusalém que entram por estes portões. 21 Assim diz
o SENHOR: Para o próprio bem de vocês, tenham
o cuidado de não levar cargas no dia de sábado,
nem de introduzi-las em Jerusalém pelos portões.
22 Não saiam de casa carregando objetos no dia do
sábado, nem façam trabalho algum. Pelo contrá-
rio, santifiquem o dia de sábado, como ordenei aos
seus pais. 23 Mas eles não me deram ouvidos, nem
atenderam; pelo contrário, foram teimosos, e não
quiseram ouvir nem aceitar a disciplina. 24 Se de
fato me ouvirem, diz o SENHOR, não introduzindo
cargas pelos portões desta cidade no dia de sába-
do; se santificarem o dia de sábado, não fazendo
nele trabalho algum, 25 então pelos portões desta
cidade entrarão reis e príncipes, que se assentarão
no trono de Davi, andando em carros e montados
em cavalos, eles e os seus príncipes, o povo de
Judá e os moradores de Jerusalém; e esta cidade
será para sempre habitada. 26 Virão das cidades
de Judá e dos arredores de Jerusalém, da terra de
Benjamim, da Sefelá, das montanhas e do Sul, tra-
zendo holocaustos, sacrifícios, ofertas de cereais
e incenso, oferecendo igualmente sacrifícios de
ações de graças na Casa do SENHOR. 27 Mas, se não
me ouvirem, e, por isso, não santificarem o dia de
sábado, e carregarem alguma carga, quando entra-
rem pelos portões de Jerusalém no dia de sábado,
então porei fogo nesses portões. O fogo queimará
os palácios de Jerusalém e não se apagará."

O vaso do oleiro

18 1 Palavra que foi dita a Jeremias da parte do
SENHOR:
2 — Levante-se e desça até a casa do oleiro, e lá
você ouvirá as minhas palavras.
3 Desci à casa do oleiro, e eis que ele estava tra-
balhando sobre a roda. 4 Como o vaso que o olei-
ro fazia de barro se estragou nas suas mãos, ele
tornou a fazer dele outro vaso, segundo bem lhe
pareceu.
5 Então a palavra do SENHOR veio a mim, di-
zendo:
6 — Casa de Israel, será que não posso fazer com
vocês como fez esse oleiro? — diz o SENHOR. Eis
que, como o barro na mão do oleiro, assim são vo-
cês na minha mão, ó casa de Israel. 7 No momento
em que eu falar a respeito de uma nação ou de um
reino para o arrancar, derrubar e destruir, 8 se essa
nação se converter da maldade contra a qual eu fa-
lei, também eu mudarei de ideia a respeito do mal
que pensava fazer-lhe. 9 E, no momento em que eu
falar a respeito de uma nação ou de um reino, para
o edificar e plantar, 10 se ele fizer o que é mau aos
meus olhos e não obedecer à minha voz, então eu
mudarei de ideia quanto ao bem que havia prome-
tido fazer. 11 Portanto, fale agora ao povo de Judá e
aos moradores de Jerusalém, dizendo: Assim diz o
SENHOR: "Eis que estou forjando uma calamidade

e formando um plano contra vocês. Por isso,
convertam-se, cada um de vocês, do seu mau ca-
minho e corrijam a sua conduta e as suas ações."
12 Mas eles dizem: "Não! É inútil! Porque seguire-
mos os nossos planos, e cada um fará segundo a
dureza do seu coração maligno."

13 Portanto, assim diz o SENHOR:
"Perguntem agora entre os gentios
se alguém já ouviu uma coisa dessas.
A virgem de Israel fez uma coisa
sobremaneira horrenda!
14 Será que a neve deixará o Líbano,
a rocha que se ergue na planície?
Ou faltarão as águas que vêm de longe,
frias e correntes?
15 Mas o meu povo se esqueceu de mim.
Queimou incenso aos ídolos,
que os fizeram tropeçar
nos seus caminhos e nas veredas antigas,
para que andassem por desvios,
por caminhos não aterrados,
16 para fazerem da sua terra
um objeto de horror e de incessantes vaias.
Todo aquele que passar por ela ficará espantado
e balançará a cabeça.
17 Como vento leste,
eu os espalharei diante dos inimigos.
Eu lhes mostrarei as costas e não o rosto,
no dia da sua calamidade."

18 Então disseram:
— Venham! Vamos fazer planos contra Jere-
mias. Porque não há de faltar a lei ao sacerdote,
nem o conselho ao sábio, nem a palavra ao pro-
feta. Venham! Vamos fazer acusações contra ele
e não dar atenção a nenhuma das suas palavras.

Quinto lamento de Jeremias

19 — Olha para mim, SENHOR,
e ouve a voz dos que me acusam.
20 Por acaso, é com o mal que se paga o bem?
Pois abriram uma cova para mim.
Lembra-te de que eu compareci
à tua presença,
para interceder pelo bem-estar deles,
para desviar deles a tua ira.
21 Portanto, entrega os filhos deles
à fome e ao poder da espada.
Que as mulheres sejam roubadas
dos filhos e fiquem viúvas.
Que os maridos sejam mortos pela peste,
e que os jovens sejam mortos
à espada na batalha.
22 Ouça-se o clamor que vem de suas casas,
quando trouxeres bandos
contra eles de repente.
Porque abriram uma cova para prender-me
e puseram armadilhas para os meus pés.
23 Mas tu, ó SENHOR, conheces todos os planos
que fizeram contra mim para me matar.
Não perdoes a maldade deles,
nem apagues o seu pecado
de diante da tua face.
Sejam eles derrubados diante de ti;
age contra eles no tempo da tua ira.

O pote quebrado

19 1 Assim diz o SENHOR:
— Vá comprar um pote de barro de um olei-
ro e leve com você alguns dos anciãos do povo e
dos anciãos dos sacerdotes. 2 Vá até o vale de Ben-
-Hinom, que está junto à entrada do Portão dos
Cacos, e proclame ali as palavras que eu lhe disser.
3 — Diga o seguinte: "Escutem a palavra do
SENHOR, ó reis de Judá e moradores de Jerusalém.
Assim diz o SENHOR dos Exércitos, o Deus de Israel:
Eis que trarei uma calamidade sobre este lugar, e
quem ouvir falar dela ficará com os ouvidos tinin-
do. 4 Porque eles me abandonaram e profanaram
este lugar, queimando nele incenso a outros deuses,
que nem eles, nem os seus pais, nem os reis de Judá
conheceram. E encheram este lugar de sangue de
inocentes. 5 Edificaram os altos de Baal, para quei-
marem os seus filhos no fogo em holocaustos a
Baal, o que nunca lhes ordenei, nem falei, nem me
passou pela mente. 6 Por isso, eis que vêm dias, diz o
SENHOR, em que este lugar já não se chamará Tofete,
nem vale de Ben-Hinom, mas o vale da Matança.
7 Porque desfarei os planos de Judá e de Jerusalém
neste lugar e os farei cair à espada diante de seus
inimigos e pela mão dos que procuram tirar-lhes
a vida; e darei os seus cadáveres como alimento às
aves dos céus e aos animais selvagens. 8 Porei esta
cidade por objeto de horror e de vaias. Todo aquele
que passar por ela ficará espantado e zombará por
causa do desastre que lhe aconteceu. 9 Farei com que
comam a carne de seus filhos e a carne de suas fi-
lhas, e cada um comerá a carne do seu próximo, na
angústia e no aperto em que ficarão com o cerco dos
seus inimigos e dos que procuram tirar-lhes a vida."
10 — Depois quebre o pote à vista dos homens
que foram com você 11 e diga-lhes: Assim diz o
SENHOR dos Exércitos: "Deste modo quebrarei
este povo e esta cidade, como se quebra o vaso do
oleiro, que não pode mais ser restaurado. Os mor-
tos serão sepultados em Tofete, porque não haverá
outro lugar para os sepultar. 12 Assim farei a este
lugar, diz o SENHOR, e aos seus moradores; e farei
com que esta cidade seja como Tofete. 13 As casas
de Jerusalém e as casas dos reis de Judá, sobre
cujos terraços queimaram incenso a todo o exérci-
to dos céus e ofereceram libações a outros deuses,
serão imundas como o lugar de Tofete."

14 Jeremias voltou de Tofete, lugar para onde o
Senhor o tinha enviado para profetizar, pôs-se em
pé no átrio da Casa do Senhor e disse a todo o povo:
15 — Assim diz o Senhor dos Exércitos, o Deus
de Israel: "Eis que trarei sobre esta cidade e sobre
todos os povoados vizinhos todas as calamidades
que pronunciei contra ela, porque foram teimosos
e não deram ouvidos às minhas palavras."

Jeremias e o sacerdote Pasur

20 1 Pasur, filho do sacerdote Imer, que era
superintendente da Casa do Senhor, ou-
viu Jeremias profetizando estas coisas 2 e por isso
mandou que o profeta fosse açoitado e preso no
tronco que ficava junto ao portão superior de Ben-
jamim, na Casa do Senhor. No dia seguinte, Pasur
mandou que Jeremias fosse tirado do tronco.
3 Então Jeremias lhe disse:
— O Senhor mudou o seu nome de Pasur para
Magor-Missabibe. 4 Pois assim diz o Senhor: "Eis
que farei de você um terror para você mesmo e
para todos os seus amigos. Eles serão mortos à
espada pelos seus inimigos, e você verá isso. En-
tregarei todo o povo de Judá nas mãos do rei da
Babilônia, que os levará presos à Babilônia e os ma-
tará à espada. 5 Também entregarei toda a riqueza
desta cidade, todo o fruto do seu trabalho e todas
as suas coisas preciosas; sim, entregarei todos os
tesouros dos reis de Judá nas mãos de seus inimi-
gos, os quais hão de saquear, pegar e levar tudo
para a Babilônia. 6 E você, Pasur, e todos os mora-
dores da sua casa serão levados para o cativeiro.
Você irá à Babilônia, onde morrerá e será sepul-
tado, você e todos os seus amigos, aos quais você
profetizou falsamente."

Sexto lamento de Jeremias

7 Tu me persuadiste, Senhor,
e eu fui persuadido.
Foste mais forte do que eu e prevaleceste.
Sou motivo de riso o dia inteiro;
todos zombam de mim.
8 Porque, sempre que falo,
tenho de gritar e clamar:
"Violência e destruição!"
Por causa da palavra do Senhor,
sou objeto de deboche
e de zombaria o tempo todo.
9 Quando pensei: "Não me lembrarei dele
e não falarei mais em seu nome",
então isso se tornou
em meu coração como um fogo,
encerrado nos meus ossos.
Estou cansado de sofrer
e não posso mais.
10 Porque ouvi a murmuração de muitos:
"Há terror por todos os lados!
Denunciem, e nós o denunciaremos!"
Todos os meus amigos íntimos
esperam que eu tropece
e dizem: "Talvez ele se deixe persuadir;
então nós o venceremos
e dele nos vingaremos."
11 Mas o Senhor está comigo
como um poderoso guerreiro.
Por isso, os meus perseguidores
tropeçarão e não vencerão.
Ficarão muito envergonhados
por causa do seu fracasso;
sofrerão afronta perpétua,
que jamais será esquecida.
12 Ó Senhor dos Exércitos,
que provas o justo
e vês o mais íntimo do coração,
permite que eu veja
a tua vingança contra eles,
pois te confiei a minha causa.
13 Cantem ao Senhor! Louvem o Senhor!
Pois ele livrou a vida do necessitado
das mãos dos malfeitores.

14 Maldito o dia em que eu nasci!
Não seja bendito o dia
em que a minha mãe me deu à luz!
15 Maldito o homem
que deu a notícia a meu pai, dizendo:
"Nasceu o seu filho! É um menino!",
causando-lhe grande alegria.
16 Que esse homem seja como as cidades
que o Senhor, sem ter compaixão, destruiu!
Que ele ouça gritos de dor pela manhã
e alarido de guerra ao meio-dia,
17 porque não me matou no ventre materno.
Então a minha mãe teria sido
a minha sepultura,
e ela teria ficado para sempre grávida.
18 Por que saí do ventre materno
tão somente para ver trabalho e tristeza
e para que se consumam
de vergonha os meus dias?

Jerusalém será destruída

21 1 Palavra que foi dita a Jeremias da parte do
Senhor, quando o rei Zedequias lhe enviou
Pasur, filho de Malquias, e o sacerdote Sofonias,
filho de Maaseias:
2 — Pergunte por nós ao Senhor, por que Na-
bucodonosor, rei da Babilônia, está fazendo guer-
ra contra nós. Talvez o Senhor nos trate segundo
todas as suas maravilhas e faça com que o rei se
retire de nós.
3 Então Jeremias mandou que dissessem ao rei
Zedequias:

4— Assim diz o SENHOR, o Deus de Israel: "Eis
que farei retroceder as armas de guerra que estão
nas mãos de vocês e com as quais vocês estão lu-
tando fora das muralhas contra o rei da Babilônia e
contra os caldeus, que estão cercando a cidade. Es-
sas armas, eu as ajuntarei no meio desta cidade. 5 Eu
mesmo lutarei contra vocês com braço estendido e
mão poderosa, com ira, com indignação e grande
furor. 6 Matarei os habitantes desta cidade, tanto as
pessoas como os animais; morrerão de uma grande
peste. 7 Depois disso, diz o SENHOR, entregarei Ze-
dequias, rei de Judá, os seus servos e o povo — to-
dos os moradores desta cidade que sobreviverem à
peste, à espada e à fome — nas mãos de Nabucodo-
nosor, rei da Babilônia, nas mãos de seus inimigos
e nas mãos dos que procuram tirar-lhes a vida. Ele
os matará a fio de espada; não os poupará, não se
compadecerá, nem terá misericórdia."

8— A este povo você dirá o seguinte: Assim diz
o SENHOR: "Eis que ponho diante de vocês o cami-
nho da vida e o caminho da morte. 9 Quem ficar
nesta cidade morrerá à espada, de fome ou de pes-
te; mas quem sair e se render aos caldeus, que es-
tão cercando a cidade, não morrerá; conseguirá ao
menos salvar a sua vida. 10 Pois voltei o meu rosto
contra esta cidade para trazer desgraça e não para
fazer-lhe bem, diz o SENHOR; ela será entregue nas
mãos do rei da Babilônia, e este a queimará."

11— À casa do rei de Judá você dirá o seguinte:
Escutem a palavra do SENHOR! 12 Ó casa de Davi,
assim diz o SENHOR:

"Julguem com retidão todos os dias
e livrem o oprimido das mãos do opressor,
para que o meu furor não saia como fogo,
por causa da maldade do que vocês fazem,
e queime, sem que haja quem o possa apagar.
13 Eis que eu sou contra você,
ó Moradora do vale,
ó Rocha da campina", diz o SENHOR.
"Sou contra vocês que dizem:
'Quem descerá contra nós?'
Ou: 'Quem entrará nas nossas moradas?'
14 Eu os castigarei segundo
o fruto das ações de vocês", diz o SENHOR;
"acenderei fogo em seu bosque,
o qual queimará todos os seus arredores."

Profecia contra a casa real de Judá

22 1— Assim diz o SENHOR: Desça ao palácio do
rei de Judá e anuncie ali esta palavra: 2 Ouça
a palavra do SENHOR, ó rei de Judá, você que se
assenta no trono de Davi. Que ouçam também os
seus servos e o seu povo que entra por estas por-
tas. 3 Assim diz o SENHOR: Pratiquem o direito e a
justiça e livrem o oprimido das mãos do opressor.
Não oprimam nem maltratem o estrangeiro, nem o
órfão, nem a viúva. Não derramem sangue inocen-
te neste lugar. 4 Porque, se vocês de fato cumprirem
esta palavra, então pelas portas deste palácio en-
trarão os reis que se assentarão no trono de Davi,
em carros e montados em cavalos, eles, os seus
servos e o seu povo. 5 Mas, se não ouvirem estas
palavras, juro por mim mesmo, diz o SENHOR, que
este palácio se tornará em ruínas. 6 Porque assim
diz o SENHOR a respeito do palácio do rei de Judá:

"Para mim você é como Gileade
e o pico dos montes do Líbano,
mas certamente farei de você
um deserto e cidades desabitadas.
7 Designarei contra você destruidores,
cada um com as suas armas;
eles cortarão os seus melhores cedros
e os lançarão no fogo."

8— Muitas nações passarão por esta cidade, e di-
rão uns aos outros: "Por que o SENHOR fez uma coisa
dessas com esta grande cidade?" 9 Então se respon-
derá: "Porque abandonaram a aliança do SENHOR,
seu Deus, e adoraram outros deuses e os serviram."

Profecia a respeito de Salum, rei de Judá

10 Não chorem pelo rei morto,
nem lamentem a sua perda.
Chorem amargamente
por aquele que foi para o exílio,
porque nunca mais voltará
nem verá a terra onde nasceu.

11 Porque assim diz o SENHOR a respeito de Sa-
lum, filho de Josias, rei de Judá, que reinou em lu-
gar de Josias, seu pai, e que foi levado deste lugar:
— Nunca mais voltará para cá. 12 Porque mor-
rerá no lugar para onde o levaram cativo e nunca
mais verá esta terra.

Profecia contra Jeoaquim, rei de Judá

13 "Ai daquele que edifica a sua casa
com injustiça
e os seus aposentos, contrariando o direito!
Que faz o seu próximo trabalhar de graça,
sem lhe pagar o salário.
14 Ai daquele que diz:
'Edificarei para mim uma casa bem grande,
com aposentos espaçosos.'
Então ele põe janelas na casa,
forra as paredes com cedro,
e a pinta de vermelho.
15 Você acha que reinará
só porque compete com outros
no uso de cedro?
Por acaso o seu pai não comeu e bebeu,
e não praticou o juízo e a justiça?
Por isso, tudo lhe corria bem.

16 Julgou a causa do aflito e do necessitado,
e tudo lhe corria bem.
Por acaso, não é isso que se chama
conhecer-me?" — diz o SENHOR.
17 "Mas os seus olhos e o seu coração
estão voltados somente para a ganância,
para derramar sangue inocente
e para levar a efeito
a violência e a extorsão."

18 Portanto, assim diz o SENHOR a respeito de
Jeoaquim, filho de Josias, rei de Judá:

"Não o lamentarão, dizendo: 'Ai, meu irmão!'
Ou: 'Ai, minha irmã!'
Nem o lamentarão, dizendo: 'Ai, senhor!'
Ou: 'Ai, majestade!'
19 Como se sepulta um jumento,
assim o sepultarão:
será arrastado e lançado para bem longe,
para fora dos portões de Jerusalém."
20 "Suba ao Líbano, ó Jerusalém, e grite;
erga a sua voz em Basã e grite desde Abarim,
porque todos os seus amantes
estão esmagados.
21 Falei com você na sua prosperidade,
mas você disse: 'Não ouvirei.'
Tem sido este o seu caminho,
desde a sua mocidade,
pois você nunca deu ouvidos à minha voz.
22 O vento apascentará todos os seus pastores,
e os seus amantes irão para o cativeiro;
então você certamente ficará
envergonhada e confusa,
por causa de toda a sua maldade.
23 Você, que habita no Líbano
e faz o seu ninho nos cedros,
como vai gemer quando vierem
as dores e as angústias
como as da mulher que está dando à luz!"

Profecia contra Jeconias, rei de Judá

24 — Tão certo como eu vivo, diz o SENHOR,
ainda que Jeconias, filho de Jeoaquim, rei de Judá,
fosse o anel de selar na minha mão direita, eu dali
o arrancaria. 25 Vou entregá-lo, ó rei, nas mãos dos
que procuram tirar a sua vida e nas mãos daqueles
a quem você teme, a saber, nas mãos de Nabuco-
donosor, rei da Babilônia, e nas mãos dos caldeus.
26 Lançarei você e a sua mãe, que o pôs no mundo,
para outra terra, em que vocês não nasceram; e ali
morrerão. 27 Mas à terra da qual eles terão sauda-
des, a essa não voltarão.

28 Será que este Jeconias
é como um vaso quebrado
e desprezado,
do qual ninguém se agrada?
Por que é que ele e os seus filhos
foram lançados fora,
jogados numa terra que não conhecem?
29 Ó terra, terra, terra!
Ouça a palavra do SENHOR!
30 Assim diz o SENHOR:
"Registrem que esse homem não teve filhos.
É homem que não prosperará
nos seus dias,
e nenhum dos seus filhos prosperará,
para se assentar no trono de Davi
e ainda reinar em Judá."

Profecia contra os maus pastores

23 1 — Ai dos pastores que destroem e dis-
persam as ovelhas do meu pasto! — diz o
SENHOR. 2 Portanto, assim diz o SENHOR, o Deus
de Israel, a respeito dos pastores que apascentam
o meu povo: "Vocês dispersaram as minhas ove-
lhas e as afugentaram, e não cuidaram delas. Mas
eu tratarei de castigar vocês por causa das mal-
dades que praticaram, diz o SENHOR. 3 Eu mesmo
recolherei o remanescente das minhas ovelhas,
de todas as terras para onde as tiver dispersado, e
as farei voltar aos seus apriscos; serão fecundas e
se multiplicarão. 4 Porei sobre elas pastores que as
apascentem, e elas jamais terão medo, nem ficarão
assustadas; nem uma delas faltará, diz o SENHOR."

Profecia sobre o Renovo de Davi

Jr 33.14-16

5 — Eis que vêm dias, diz o SENHOR, em que le-
vantarei a Davi um Renovo justo; e, como rei que
é, reinará, agirá com sabedoria e executará o juízo
e a justiça na terra. 6 Nos seus dias, Judá será salvo,
e Israel habitará seguro. E este será o nome pelo
qual será chamado: "SENHOR, Justiça Nossa".
7 — Portanto, eis que vêm dias, diz o SENHOR,
em que nunca mais dirão: "Tão certo como vive o
SENHOR, que tirou os filhos de Israel da terra do
Egito", 8 mas: "Tão certo como vive o SENHOR, que
tirou e trouxe a descendência da casa de Israel da
terra do Norte e de todas as terras para onde os ti-
nha dispersado". E habitarão na sua própria terra.

Contra os falsos profetas

9 A respeito dos profetas:

"O meu coração está partido dentro de mim.
Todos os meus ossos estremecem.
Sou como um homem embriagado
e como um homem vencido pelo vinho,
por causa do SENHOR
e por causa das suas santas palavras.
10 Porque a terra está cheia de adúlteros
e chora por causa da maldição divina;
os pastos do deserto estão secos.

Porque o modo de vida deles é mau,
e seu uso da força não é reto."

11 "Pois tanto o profeta como o sacerdote
estão contaminados;
até na minha casa achei a sua maldade",
diz o SENHOR.

12 "Portanto, o caminho deles será
como lugares escorregadios na escuridão,
para a qual serão empurrados
e na qual cairão.
Porque trarei sobre eles a calamidade,
o ano da sua punição", diz o SENHOR.

13 "Nos profetas de Samaria
vi algo que causa desgosto:
profetizaram por Baal
e fizeram o meu povo de Israel
andar errante.

14 Mas nos profetas de Jerusalém
vejo coisa horrenda:
cometem adultério, andam com falsidade
e fortalecem as mãos dos malfeitores,
para que não se convertam da sua maldade.
Para mim, todos eles se tornaram
como Sodoma,
e os moradores de Jerusalém,
como Gomorra.

15 Portanto, assim diz o SENHOR dos Exércitos
a respeito dos profetas:
Eis que os alimentarei com absinto
e lhes darei de beber água envenenada;
porque dos profetas de Jerusalém
se derramou a impiedade sobre toda a terra."

16 Assim diz o SENHOR dos Exércitos:
— Não deem ouvidos às palavras dos profetas
que profetizam entre vocês e que os enchem de
falsas esperanças; falam as visões do seu coração,
não o que vem da boca do SENHOR. 17 Dizem con-
tinuamente aos que me desprezam: "O SENHOR
disse: Vocês terão paz"; e a todos os que andam se-
gundo a dureza do seu coração dizem: "Nenhum
mal lhes sobrevirá."

18 Porque quem esteve no conselho do SENHOR,
e viu, e ouviu a sua palavra?
Quem esteve atento à sua palavra e a ouviu?

19 Eis a tempestade do SENHOR!
O furor saiu, e um vendaval passou
sobre a cabeça dos ímpios.

20 A ira do SENHOR não se desviará
até que ele execute e cumpra
os desígnios do seu coração.
Nos últimos dias, vocês entenderão isso
claramente.

21 "Não mandei esses profetas,
mas eles foram correndo;
não lhes falei, mas eles profetizaram.

22 Mas, se tivessem estado no meu conselho,
teriam anunciado
as minhas palavras ao meu povo
e o teriam feito voltar do seu mau caminho
e da maldade das suas ações."

23 — Sou eu Deus apenas de perto, diz o SENHOR,
e não também Deus de longe? 24 Pode alguém se
ocultar em esconderijos, de modo que eu não o
veja? — diz o SENHOR. Não encho eu os céus e a ter-
ra? — diz o SENHOR. 25 Tenho ouvido o que dizem
aqueles profetas, proclamando mentiras em meu
nome, dizendo: "Sonhei, sonhei." 26 Até quando
acontecerá isso no coração dos profetas que pro-
clamam mentiras, que proclamam só o engano
do próprio coração? 27 Até quando tentarão fazer
com que o meu povo se esqueça do meu nome
por meio dos sonhos que contam uns aos outros,
assim como os pais deles se esqueceram do meu
nome, por causa de Baal? 28 O profeta que tem
um sonho conte-o como um simples sonho. Mas
aquele em quem está a minha palavra fale a minha
palavra com verdade. O que é que a palha tem a
ver com o trigo? — diz o SENHOR. 29 Não é a minha
palavra como fogo, diz o SENHOR, e como um mar-
telo que despedaça a rocha? 30 Portanto, eis que
eu sou contra esses profetas, diz o SENHOR, que
roubam as minhas palavras uns dos outros. 31 Eis
que eu sou contra esses profetas, diz o SENHOR,
que pregam a sua própria palavra e afirmam: "Ele
disse." 32 Eis que eu sou contra os que profetizam
sonhos mentirosos, diz o SENHOR, e os contam, e
com as suas mentiras e leviandades fazem o meu
povo andar errante. Eu não os enviei, nem lhes
dei ordem alguma; e eles não trazem nenhum
proveito a este povo, diz o SENHOR.

33 — Quando, pois, este povo ou um profeta ou
um sacerdote perguntar a você, Jeremias: "Qual é
a sentença pesada do SENHOR?", responda: "Vocês
são o peso, e eu os lançarei fora", diz o SENHOR.
34 E, se um profeta, um sacerdote, ou alguém do
povo disser: "Sentença pesada do SENHOR", cas-
tigarei esse homem e a sua casa. 35 Em vez disso,
cada um deveria perguntar ao seu companheiro
e ao seu irmão: "O que o SENHOR respondeu? O
que foi que o SENHOR falou?" 36 Mas nunca mais
vocês devem fazer menção das palavras "senten-
ça pesada do SENHOR", pois o que se tornará um
peso para alguém é a própria palavra que ele falou.
Porque vocês torcem as palavras do Deus vivo, do
SENHOR dos Exércitos, o nosso Deus. 37 O que você
deve perguntar a um profeta é: "O que foi que o
SENHOR lhe respondeu? O que foi que o SENHOR
falou?" 38 Mas, porque vocês dizem: "Sentença
pesada do SENHOR", assim diz o SENHOR: Porque
vocês continuam a usar as palavras "sentença pe-
sada do SENHOR", quando eu lhes havia proibido

de fazer isso, 39 eu os levantarei e os lançarei fora
da minha presença, tanto vocês como a cidade
que dei a vocês e aos seus pais. 40 Porei sobre vocês
perpétuo desprezo e eterna vergonha, que jamais
serão esquecidos.

A visão dos dois cestos de figos

24 1 O SENHOR me mostrou dois cestos de figos
postos diante do templo do SENHOR. Isso
aconteceu depois que Nabucodonosor, rei da Ba-
bilônia, levou para o cativeiro Jeconias, filho de
Jeoaquim, rei de Judá, as autoridades de Judá, os
artífices e os ferreiros; ele os levou de Jerusalém
à Babilônia. 2 Um cesto tinha figos muito bons,
como os figos do começo da colheita, mas o outro
tinha figos ruins, que eram tão ruins que não se
podiam comer. 3 Então o SENHOR me perguntou:
— O que você está vendo, Jeremias?
Eu respondi:
— Figos! Os figos bons são muito bons e os
ruins são muito ruins, tão ruins que não se podem
comer.
4 Então a palavra do SENHOR veio a mim, dizendo:
5 — Assim diz o SENHOR, o Deus de Israel: Os
exilados de Judá, que eu enviei deste lugar para a
terra dos caldeus, são como esses figos bons: eu os
considero bons. 6 Olharei para eles favoravelmente
e os trarei de volta para esta terra. Eu os edifica-
rei e não os destruirei; plantarei e não arrancarei.
7 Eu lhes darei um coração para que me conheçam,
para que saibam que eu sou o SENHOR. Eles serão o
meu povo, e eu serei o seu Deus, porque se volta-
rão para mim de todo o seu coração.
8 — Como se rejeitam os figos ruins, que são
tão ruins que não se podem comer, assim tratarei
Zedequias, rei de Judá, diz o SENHOR, e os seus ofi-
ciais, e o restante de Jerusalém, tanto os que fica-
ram nesta terra como os que moram na terra do
Egito. 9 Farei deles um motivo de espanto, uma ca-
lamidade para todos os reinos da terra. Em todos
os lugares para onde os dispersarei, serão objeto
de deboche, de provérbio, de escárnio e de mal-
dição. 10 Enviarei contra eles a espada, a fome e a
peste, até que desapareçam da terra que lhes dei, a
eles e aos seus pais.

Setenta anos de cativeiro

25 1 Palavra que veio a Jeremias a respeito de
todo o povo de Judá, no quarto ano do rei-
nado de Jeoaquim, filho de Josias, rei de Judá, que
era o primeiro ano do reinado de Nabucodonosor,
rei da Babilônia. 2 O profeta Jeremias anunciou a
todo o povo de Judá e a todos os moradores de Je-
rusalém, dizendo:
3 — Durante vinte e três anos, desde o décimo
terceiro ano do reinado de Josias, filho de Amom,
rei de Judá, até hoje, a palavra do SENHOR tem
vindo a mim, e sempre de novo eu a tenho anun-
ciado a vocês, mas vocês não escutaram. 4 Tam-
bém sempre de novo o SENHOR enviou os seus
servos, os profetas, mas vocês não escutaram nem
inclinaram os ouvidos para ouvir, 5 quando eles di-
ziam: "Convertam-se agora, cada um de vocês, do
seu mau caminho e da maldade das suas ações, e
vocês habitarão na terra que o SENHOR deu a vo-
cês e aos seus pais, desde os tempos antigos e para
sempre. 6 Não sigam outros deuses para os servir e
adorar, nem me provoquem à ira com as obras de
suas mãos. E então não lhes farei mal algum. 7 Mas
vocês não me deram ouvidos, diz o SENHOR. Pelo
contrário, me provocaram à ira com as obras de
suas mãos, para o próprio mal de vocês."
8 — Portanto, assim diz o SENHOR dos Exércitos:
Visto que vocês não escutaram as minhas pala-
vras, 9 eis que mandarei buscar todas as tribos do
Norte, diz o SENHOR, e também Nabucodonosor,
rei da Babilônia, meu servo, e os trarei contra esta
terra, contra os seus moradores e contra todas
estas nações ao redor, e os destruirei totalmen-
te. Farei deles um objeto de horror e de vaias,
ruínas perpétuas. 10 Farei cessar entre eles o som
das festas e da alegria, a voz do noivo e a voz da
noiva, o ruído das pedras do moinho e a luz das
lamparinas. 11 Toda esta terra virá a ser uma ruí-
na, objeto de horror, e estas nações servirão o rei
da Babilônia durante setenta anos. 12 Acontece-
rá, porém, que, quando se cumprirem os setenta
anos, castigarei o rei da Babilônia e aquela nação,
a terra dos caldeus, por causa de sua iniquidade,
diz o SENHOR; farei deles ruínas perpétuas. 13 Farei
com que se cumpram sobre aquela terra todas as
minhas ameaças que proferi contra ela, tudo o que
está escrito neste livro e que Jeremias profetizou
contra todas as nações. 14 Porque também eles se-
rão escravos de muitas nações e de grandes reis,
e assim lhes retribuirei segundo os seus feitos e
segundo as obras das suas mãos.

O castigo das nações

15 Porque assim me disse o SENHOR, o Deus de
Israel:
— Pegue o cálice do vinho do meu furor que
está em minha mão e faça com que bebam dele to-
das as nações às quais eu o enviar. 16 Elas beberão,
ficarão tremendo e enlouquecerão, por causa da
espada que eu enviarei para o meio delas.
17 Peguei o cálice da mão do SENHOR e dei de be-
ber a todas as nações às quais o SENHOR tinha me
enviado: 18 Jerusalém, as cidades de Judá, os seus
reis e as suas autoridades, para fazer deles uma
ruína, objeto de horror, de vaias e de maldição,
como hoje se vê; 19 Faraó, rei do Egito, os seus ser-
vos, as suas autoridades e todo o seu povo; 20 todo
misto de gente, todos os reis da terra de Uz, todos

os reis da terra dos filisteus: Asquelom, Gaza,
Ecrom e o que resta de Asdode; 21 Edom, Moabe e
os filhos de Amom; 22 todos os reis de Tiro, todos
os reis de Sidom e os reis das terras além do mar;
23 Dedã, Tema, Buz e todos os que cortam os cabe-
los nas têmporas; 24 todos os reis da Arábia e todos
os reis do misto de gente que habita no deserto;
25 todos os reis de Zinri, todos os reis de Elão e to-
dos os reis da Média; 26 todos os reis do Norte, os
de perto e os de longe, um após outro, e todos os
reinos do mundo sobre a face da terra; e, depois de
todos eles, o rei da Babilônia.

27 — Então você lhes dirá: Assim diz o SENHOR
dos Exércitos, o Deus de Israel: "Bebam, fiquem
bêbados e vomitem; caiam e não mais se levan-
tem, por causa da espada que estou enviando para
o meio de vocês." 28 Se recusarem pegar o cálice
que está em sua mão, Jeremias, e não quiserem
beber, então diga-lhes: Assim diz o SENHOR dos
Exércitos: "Vocês terão de bebê-lo! 29 Pois eis que
eu começo a castigar na cidade que se chama pelo
meu nome; portanto, como vocês podem pensar
que ficarão impunes? Não, não ficarão impunes,
porque eu chamo a espada sobre todos os mora-
dores da terra", diz o SENHOR dos Exércitos.

30 — Você, Jeremias, profetize contra eles todas
estas palavras e diga-lhes:

"O SENHOR lá do alto rugirá
e da sua santa morada fará ouvir a sua voz.
Rugirá fortemente contra o seu povo,
com brados contra todos
os moradores da terra,
como o 'eia!' dos que pisam as uvas.
31 O estrondo chegará
até os confins da terra,
porque o SENHOR tem uma controvérsia
com as nações;
entrará em juízo contra toda a humanidade,
e entregará os ímpios à espada",
diz o SENHOR.

32 Assim diz o SENHOR dos Exércitos:
"Eis que a calamidade
passa de nação para nação,
e grande tempestade
se levanta dos confins da terra."

33 — Os que o SENHOR entregar à morte naquele
dia se estenderão de uma a outra extremidade da
terra. Não serão pranteados, nem recolhidos, nem
sepultados; serão como esterco sobre a face da terra.

34 "Lamentem, pastores, e gritem!
Rolem no pó, vocês,
donos do rebanho!
Porque chegou o tempo
de serem mortos e dispersos;
vocês cairão como jarros preciosos.
35 Não haverá refúgio para os pastores,
nem salvamento para os donos do rebanho.
36 Vozes! É o grito dos pastores
e o uivo dos donos do rebanho!
Porque o SENHOR está destruindo
o pasto deles.
37 Porque as pastagens tranquilas
serão devastadas,
por causa do furor da ira do SENHOR.
38 Saiu da sua morada como um leão;
porque a terra deles foi posta em ruínas,
por causa da espada do opressor
e por causa do furor da sua ira."

Jeremias é ameaçado de morte

26 1 No princípio do reinado de Jeoaquim, filho
de Josias, rei de Judá, veio esta palavra do
SENHOR:

2 — Assim diz o SENHOR: Fique no átrio da Casa
do SENHOR e diga ao povo de todas as cidades de
Judá que vem adorar na Casa do SENHOR todas
as palavras que ordenei que você lhes dissesse.
Não omita nem uma palavra sequer. 3 Talvez eles
ouçam e se convertam, cada um do seu mau ca-
minho; então eu mudarei de ideia a respeito do
mal que estou planejando fazer-lhes por causa
da maldade das suas ações. 4 Diga-lhes o seguinte:
Assim diz o SENHOR: "Se vocês não me derem ou-
vidos para andarem na minha lei, que pus diante
de vocês, 5 e para ouvirem as palavras dos meus
servos, os profetas, que sempre de novo lhes te-
nho enviado e aos quais até agora vocês não qui-
seram ouvir, 6 então farei com que este templo
seja como Siló e farei desta cidade maldição para
todas as nações da terra."

7 Os sacerdotes, os profetas e todo o povo ou-
viram Jeremias, quando proferia essas palavras
na Casa do SENHOR. 8 Quando Jeremias acabou de
falar ao povo tudo o que o SENHOR lhe havia or-
denado, os sacerdotes, os profetas e todo o povo o
prenderam, dizendo:

— Você será morto. 9 Como você ousa profeti-
zar em nome do SENHOR, dizendo que este templo
será como Siló, e que esta cidade será destruída e
ficará sem moradores?

E todo o povo se ajuntou contra Jeremias, na
Casa do SENHOR.

10 Quando as autoridades de Judá ouviram isso,
subiram do palácio do rei à Casa do SENHOR e se
assentaram à entrada da Porta Nova da Casa do
SENHOR. 11 Então os sacerdotes e os profetas fala-
ram às autoridades e a todo o povo, dizendo:

— Este homem é réu de morte, porque profeti-
zou contra esta cidade, como vocês ouviram com
os seus próprios ouvidos.

12 Então Jeremias falou a todas as autoridades e
a todo o povo, dizendo:

— O SENHOR me enviou a profetizar contra este
templo e contra esta cidade todas as palavras que
vocês ouviram. 13 E agora corrijam a sua conduta e
as suas ações, e ouçam a voz do SENHOR, seu Deus;
então o SENHOR mudará de ideia a respeito do mal
que falou contra vocês. 14 Quanto a mim, eis que
estou nas mãos de vocês; façam comigo segundo
lhes parecer bom e reto. 15 Saibam, porém, com
certeza que, se me matarem, trarão sangue ino-
cente sobre vocês, sobre esta cidade e sobre os
seus moradores; porque, na verdade, o SENHOR me
enviou a vocês, para anunciar-lhes estas palavras.
16 Então as autoridades e todo o povo disseram
aos sacerdotes e aos profetas:

— Este homem não é réu de morte, porque nos
falou em nome do SENHOR, nosso Deus.

17 Também alguns dos anciãos da terra se le-
vantaram e falaram a toda a congregação do povo,
dizendo:

18 — Miqueias, de Moresete, profetizou nos
dias de Ezequias, rei de Judá, e falou a todo o povo
de Judá, dizendo:

Assim diz o SENHOR dos Exércitos:
"Sião será lavrada como um campo,
Jerusalém se tornará
em montões de ruínas,
e o monte do templo,
numa colina coberta de mato."

19 — Por acaso, Ezequias, rei de Judá, e todo o
Judá mataram Miqueias? Não é fato que Ezequias
temeu o SENHOR e implorou o favor do SENHOR? E
o SENHOR não mudou de ideia a respeito do mal
que tinha falado contra eles? E nós vamos trazer
tão grande mal sobre nós mesmos?

20 — Também houve outro homem, Urias, filho
de Semaías, de Quiriate-Jearim, que profetizava em
nome do SENHOR e profetizou contra esta cidade e
contra esta terra, assim como Jeremias está fazen-
do. 21 Quando o rei Jeoaquim, e todos os seus va-
lentes, e todas as autoridades ouviram as palavras
de Urias, o rei quis matá-lo. Mas Urias, ouvindo
isto, ficou com medo e fugiu para o Egito. 22 Porém
o rei Jeoaquim enviou Elnatã, filho de Acbor, ao
Egito e com ele outros homens. 23 Eles trouxeram
Urias do Egito e o entregaram ao rei Jeoaquim, que
mandou matá-lo à espada e lançar o cadáver nas
sepulturas do povo simples.

24 Porém a influência de Aicão, filho de Safã,
protegeu Jeremias, para que ele não fosse entregue
nas mãos do povo, para ser morto.

As cangas simbólicas

27 1 No princípio do reinado de Zedequias, fi-
lho de Josias, rei de Judá, veio da parte do
SENHOR esta palavra a Jeremias: 2 Assim me disse
o SENHOR:

— Faça cangas com tiras de couro e canzis e
coloque-as no seu pescoço. 3 Por meio dos men-
sageiros que vieram a Jerusalém para se encontrar
com Zedequias, rei de Judá, envie essas cangas ao
rei de Edom, ao rei de Moabe, ao rei dos filhos de
Amom, ao rei de Tiro e ao rei de Sidom. 4 Ordene-
-lhes que digam aos seus senhores: Assim diz o
SENHOR dos Exércitos, o Deus de Israel:

5 — "Eu fiz a terra, os seres humanos e os ani-
mais que estão sobre a face da terra, com o meu
grande poder e com o meu braço estendido, e a
dou a quem eu quiser. 6 Agora eu entreguei todas
estas terras nas mãos de Nabucodonosor, rei da
Babilônia, meu servo. Até os animais selvagens
eu entreguei a ele, para que o sirvam. 7 Todas as
nações servirão a ele, a seu filho e ao filho de seu
filho, até que também chegue a vez da sua própria
terra, quando muitas nações e grandes reis o fize-
rem seu escravo."

8 — "Se alguma nação ou reino não servir Na-
bucodonosor, rei da Babilônia, e não puser o pes-
coço debaixo do jugo do rei da Babilônia, então
castigarei essa nação com espada, com fome e com
peste, diz o SENHOR, até que eu a destrua comple-
tamente por meio de Nabucodonosor. 9 Quanto a
vocês, não deem ouvidos aos seus profetas, aos
seus adivinhos, aos seus sonhadores, aos seus
agoureiros e aos seus encantadores, que dizem
que vocês não devem servir o rei da Babilônia.
10 Porque eles profetizam mentiras para que vocês
sejam mandados para longe da sua terra, e para
que vocês sejam expulsos por mim e destruídos.
11 Mas a nação que colocar o pescoço sob o jugo
do rei da Babilônia e o servir, eu a deixarei na sua
terra, para cultivá-la e morar nela", diz o SENHOR.

12 Também a Zedequias, rei de Judá, eu falei nos
mesmos termos, dizendo:

— Coloquem o pescoço sob o jugo do rei da
Babilônia, sirvam a ele e ao seu povo, e vocês vive-
rão. 13 Por que é que você e o seu povo morreriam
à espada, de fome e de peste, como o SENHOR disse
que acontecerá com a nação que não servir o rei
da Babilônia? 14 Não deem ouvidos às palavras dos
profetas que dizem que vocês não devem servir o
rei da Babilônia. É mentira o que eles profetizam.
15 Porque não os enviei, diz o SENHOR, e profetizam
falsamente em meu nome, para que vocês sejam
expulsos por mim e destruídos, vocês e eles que
profetizam essas coisas.

16 Também falei aos sacerdotes e a todo este
povo, dizendo:

— Assim diz o SENHOR: "Não deem ouvidos às
palavras dos seus profetas que dizem que em bre-
ve os utensílios da Casa do SENHOR serão trazidos
de volta da Babilônia. É mentira o que eles pro-
fetizam. 17 Não deem ouvidos ao que eles dizem;
sirvam o rei da Babilônia e vocês viverão. Por que

fazer com que esta cidade se torne um montão de
ruínas? 18 Porém, se eles são profetas, e se a pala-
vra do Senhor está com eles, que orem ao Senhor
dos Exércitos, para que os utensílios que ficaram
na Casa do Senhor, e no palácio do rei de Judá, e
em Jerusalém não sejam levados para a Babilônia."
19 — Porque assim diz o Senhor dos Exércitos
a respeito das colunas, do mar de fundição, dos
suportes e dos outros utensílios que ficaram na
cidade, 20 os quais Nabucodonosor, rei da Babi-
lônia, não levou, quando deportou, de Jerusalém
para a Babilônia, Jeconias, filho de Jeoaquim, rei
de Judá, assim como todos os nobres de Judá e de
Jerusalém; 21 sim, isto diz o Senhor dos Exércitos,
o Deus de Israel, a respeito dos utensílios que fi-
caram na Casa do Senhor, e no palácio do rei de
Judá, e em Jerusalém: 22 "Serão levados para a Ba-
bilônia, onde ficarão até o dia em que eu atentar
para eles, diz o Senhor; então farei com que sejam
trazidos e devolvidos a este lugar."

Jeremias e o falso profeta Hananias

28 1 No mesmo ano, no princípio do reinado
de Zedequias, rei de Judá, isto é, no quinto
mês do quarto ano, Hananias, filho de Azur e pro-
feta da cidade de Gibeão, falou comigo na Casa do
Senhor, na presença dos sacerdotes e de todo o
povo. Ele me disse:
2 — Assim diz o Senhor dos Exércitos, o Deus de
Israel: "Quebrei o jugo do rei da Babilônia. 3 Dentro
de dois anos, eu trarei de volta a este lugar todos
os utensílios da Casa do Senhor, que Nabucodo-
nosor, rei da Babilônia, tirou daqui e levou para a
Babilônia. 4 Eu também trarei de volta a este lugar
Jeconias, filho de Jeoaquim, rei de Judá, e todos os
exilados de Judá que foram para a Babilônia, diz o
Senhor; porque quebrei o jugo do rei da Babilônia."
5 Então o profeta Jeremias respondeu ao profeta
Hananias, na presença dos sacerdotes e de todo
o povo que estava na Casa do Senhor. 6 Jeremias
disse:
— Amém! Que assim faça o Senhor! Que o
Senhor confirme as palavras que você profetizou,
e traga de volta a este lugar os utensílios da Casa do
Senhor e todos os exilados que estão na Babilônia.
7 Mas ouça bem esta palavra, que eu falo a você e a
todo o povo: 8 Os profetas que houve antes de mim
e antes de você, desde a antiguidade, profetizaram
guerra, calamidade e peste contra muitas terras e
grandes reinos. 9 O profeta que profetizar paz será
conhecido como profeta enviado pelo Senhor ape-
nas quando a sua palavra se cumprir.
10 Então o profeta Hananias tirou a canga que
estava no pescoço do profeta Jeremias e a que-
brou. 11 Depois falou na presença de todo o povo:
— Assim diz o Senhor: "Deste modo, dentro de
dois anos, quebrarei o jugo que Nabucodonosor,
rei da Babilônia, pôs sobre o pescoço de todas as
nações."
Diante disso, Jeremias, o profeta, foi embora,
seguindo o seu caminho.
12 Mas depois que Hananias, o profeta, quebrou
a canga que estava no pescoço do profeta Jeremias,
veio a palavra do Senhor a Jeremias, dizendo:
13 — Vá e fale com Hananias, dizendo: Assim diz
o Senhor: "Você quebrou uma canga de madeira,
mas ela será substituída por uma canga de ferro.
14 Porque assim diz o Senhor dos Exércitos, o Deus
de Israel: Porei um jugo de ferro sobre o pescoço de
todas estas nações, para servirem Nabucodonosor,
rei da Babilônia; e elas o servirão. Até os animais
selvagens eu entreguei a ele."
15 Então o profeta Jeremias disse ao profeta Ha-
nanias:
— Escute bem, Hananias: O Senhor não o en-
viou, mas você fez com que este povo confiasse
em mentiras. 16 Por isso, assim diz o Senhor: "Eis
que eu o expulsarei da face da terra. Você morrerá
ainda este ano, porque pregou rebeldia contra o
Senhor."
17 E o profeta Hananias morreu naquele mesmo
ano, no sétimo mês.

A carta de Jeremias aos cativos da Babilônia

29 1 São estas as palavras da carta que o profeta
Jeremias enviou de Jerusalém ao resto dos
anciãos do cativeiro, aos sacerdotes, aos profetas e
a todo o povo que Nabucodonosor havia deporta-
do de Jerusalém para a Babilônia. 2 Isso aconteceu
depois que saíram de Jerusalém o rei Jeconias, a
rainha-mãe, os oficiais, as autoridades de Judá e
Jerusalém e os carpinteiros e ferreiros. 3 A carta
foi levada por Elasa, filho de Safã, e por Gemarias,
filho de Hilquias, os quais Zedequias, rei de Judá,
tinha enviado à Babilônia, a Nabucodonosor, rei
da Babilônia. Ela dizia o seguinte:

4 Assim diz o Senhor dos Exércitos, o Deus
de Israel, a todos os exilados que eu deportei de
Jerusalém para a Babilônia:
5 "Construam casas e morem nelas; plan-
tem pomares e comam o seu fruto. 6 Casem e
tenham filhos e filhas; escolham esposas para
os filhos de vocês e deem as suas filhas em
casamento, para que tenham filhos e filhas.
Aumentem em número e não diminuam aí
na Babilônia! 7 Procurem a paz da cidade para
onde eu os deportei e orem por ela ao Senhor;
porque na sua paz vocês terão paz. 8 Porque
assim diz o Senhor dos Exércitos, o Deus de
Israel: Não se deixem enganar pelos profetas
e adivinhos que vivem no meio de vocês. Não
deem ouvidos aos sonhadores, que sempre so-
nham segundo o desejo de vocês. 9 Porque eles

profetizam falsamente em meu nome; eu não
os enviei", diz o SENHOR.
10 Assim diz o SENHOR: "Logo que se cumpri-
rem para a Babilônia setenta anos, atentarei para
vocês e cumprirei a promessa que fiz a vocês,
trazendo-os de volta a este lugar. 11 Eu é que sei
que pensamentos tenho a respeito de vocês, diz
o SENHOR. São pensamentos de paz e não de mal,
para dar-lhes um futuro e uma esperança. 12 Então
vocês me invocarão, se aproximarão de mim em
oração, e eu os ouvirei. 13 Vocês me buscarão e me
acharão quando me buscarem de todo o coração.
14 Serei achado por vocês, diz o SENHOR, e farei
com que mude a sorte de vocês. Eu os congregarei
de todas as nações e de todos os lugares para onde
os dispersei, diz o SENHOR, e trarei vocês de volta
ao lugar de onde os mandei para o exílio."

15 Vocês dizem: "O SENHOR nos suscitou pro-
fetas na Babilônia." 16 Mas assim diz o SENHOR a
respeito do rei que se assenta no trono de Davi e
de todo o povo que vive nesta cidade, os irmãos
de vocês que não foram com vocês para o exílio.
17 Assim diz o SENHOR dos Exércitos: "Eis que en-
viarei contra eles a espada, a fome e a peste e fa-
rei com que sejam como figos ruins, que são tão
ruins que não se podem comer. 18 Eu os persegui-
rei com a espada, a fome e a peste. Farei deles um
motivo de espanto para todos os reinos da terra
e os porei por objeto de maldição, de horror, de
vaias e de deboche entre todas as nações para
onde os tiver dispersado. 19 Porque eles não de-
ram ouvidos às minhas palavras, diz o SENHOR,
que sempre de novo lhes enviei por meio dos
meus servos, os profetas. E vocês também não
quiseram ouvir, diz o SENHOR. 20 Portanto, escutem
a palavra do SENHOR, todos vocês exilados, que
enviei de Jerusalém para a Babilônia."

21 Assim diz o SENHOR dos Exércitos, o Deus
de Israel, a respeito de Acabe, filho de Colaías,
e de Zedequias, filho de Maaseias, que estão no
meio de vocês e profetizam mentiras em meu
nome: "Eis que os entregarei nas mãos de Na-
bucodonosor, rei da Babilônia, e ele os matará
diante dos olhos de vocês. 22 Daí surgirá nova
espécie de maldição entre os exilados de Judá
que estão na Babilônia: 'Que o SENHOR faça com
você o que fez com Zedequias e Acabe, os quais
o rei da Babilônia assou no fogo!' 23 Isso porque
fizeram loucura em Israel, cometeram adulté-
rio com as mulheres de seus companheiros e
anunciaram falsamente em meu nome palavras
que não lhes mandei dizer. Eu o sei e sou teste-
munha disso, diz o SENHOR."

O falso profeta Semaías

24 — A Semaías, de Neelão, diga que 25 assim diz
o SENHOR dos Exércitos, o Deus de Israel:
— Em seu próprio nome você enviou cartas a
todo o povo que está em Jerusalém, a Sofonias, fi-
lho de Maaseias, o sacerdote, e a todos os sacerdo-
tes, dizendo: 26 "O SENHOR o constituiu sacerdote
em lugar do sacerdote Joiada, para que, na Casa
do SENHOR, você se encarregue de todo louco que
quer passar por profeta, para lançá-lo na prisão e
prendê-lo no tronco. 27 Então, por que você não
repreendeu Jeremias, de Anatote, que profetiza
no meio de vocês? 28 Pois nos enviou mensageiros
à Babilônia para nos dizer: 'O exílio vai ser longo!
Construam casas e morem nelas; plantem poma-
res e comam o seu fruto.'"

29 O sacerdote Sofonias leu esta carta em voz
alta para o profeta Jeremias. 30 Então veio a palavra
do SENHOR a Jeremias, dizendo:

31 — Mande dizer a todos os exilados: "Assim diz
o SENHOR a respeito de Semaías, de Neelão: Visto
que Semaías profetizou a vocês sem que eu o te-
nha enviado e fez com que vocês confiassem em
mentiras, 32 assim diz o SENHOR: Eis que castigarei
Semaías, de Neelão, e a sua descendência. Ele não
terá ninguém que habite entre este povo e não verá
o bem que hei de fazer ao meu povo, diz o SENHOR,
porque pregou rebeldia contra o SENHOR."

Deus promete restaurar o seu povo

30 1 Palavra que foi dita a Jeremias da parte do
SENHOR:

2 — Assim diz o SENHOR, Deus de Israel: Escreva
num livro todas as palavras que eu lhe falei. 3 Por-
que eis que vêm dias, diz o SENHOR, em que muda-
rei a sorte do meu povo de Israel e de Judá, diz o
SENHOR. Farei com que voltem para a terra que dei
aos seus pais, e eles a possuirão.

4 São estas as palavras que o SENHOR falou a
respeito de Israel e de Judá:

5 Assim diz o SENHOR:
"Ouvimos um grito de terror,
um grito de medo e não de paz.
6 Perguntem e vejam se um homem
pode dar à luz uma criança?
Por que, então, vejo todos esses homens
com as mãos na cintura,
como se fossem uma mulher
que está dando à luz?
E por que se tornaram pálidos
todos os rostos?
7 Ah! Que grande é aquele dia,
e não há outro semelhante!
É tempo de angústia para Jacó,
mas ele será salvo dela."

8 — Naquele dia, diz o SENHOR dos Exércitos,
eu quebrarei o jugo que está sobre o pescoço de
vocês e despedaçarei as correias. E nunca mais es-
trangeiros irão escravizar este povo, 9 que servirá

ao SENHOR, seu Deus, e também a Davi, que lhes darei como rei.

10 "Portanto, não tenha medo, meu servo Jacó",
diz o SENHOR,
"nem se atemorize, ó Israel.
Pois eis que eu o livrarei dessa terra distante
e salvarei a sua descendência
da terra do exílio.
Jacó voltará e ficará tranquilo e sossegado;
e não haverá quem o atemorize.
11 Porque eu estou com você para salvá-lo",
diz o SENHOR.
"Por isso, destruirei completamente
todas as nações por onde o espalhei.
A você eu não destruirei
completamente,
mas castigarei em justa medida;
de modo nenhum deixarei você impune."

12 Porque assim diz o SENHOR:
"A sua ferida é incurável,
o seu ferimento é grave.
13 Não há quem defenda a sua causa;
não há remédio nem cura para a sua ferida.
14 Todos os seus amantes
se esqueceram de você;
já não perguntam por você.
Porque eu a feri
como se você fosse um inimigo;
o castigo foi cruel,
por causa da grandeza da sua maldade
e da multidão dos seus pecados.
15 Por que você grita
por causa da sua ferida?
Essa sua dor é incurável.
Por causa da grandeza de sua maldade
e da multidão dos seus pecados
é que eu fiz estas coisas.
16 Por isso, todos os que a devoram
serão devorados,
e todos os seus inimigos serão levados,
cada um deles para o cativeiro.
Aqueles que a despojam serão despojados,
e entregarei ao saque
todos os que a saqueiam.
17 Porque restaurarei a sua saúde
e curarei as suas feridas", diz o SENHOR.
"Porque chamaram você
de repudiada, dizendo:
'É Sião, ninguém mais pergunta por ela.'"

18 Assim diz o SENHOR:
"Eis que restaurarei a sorte das tendas de Jacó
e me compadecerei das suas moradas.
A cidade será reedificada
sobre o seu montão de ruínas,
e o palácio será habitado outra vez.
19 De lá sairão ações de graças
e os gritos dos que se alegram.
Eu os multiplicarei,
e não serão diminuídos;
eu os glorificarei, e não serão desprezados.
20 Os seus filhos serão como antigamente,
e a sua congregação será firmada
diante de mim;
e castigarei todos os seus opressores.
21 O seu príncipe procederá deles,
do meio deles sairá aquele que há de reinar.
Farei com que ele se aproxime,
e ele chegará perto de mim;
pois quem por si mesmo ousaria
aproximar-se de mim?" — diz o SENHOR.
22 "Vocês serão o meu povo,
e eu serei o seu Deus."

23 Eis a tempestade do SENHOR!
O furor saiu,
uma tempestade passou
sobre a cabeça dos ímpios.
24 O furor da ira do SENHOR não se desviará
até que ele execute e cumpra
os desígnios do seu coração.
Nos últimos dias, vocês entenderão isso.

Lamento transformado em júbilo

31 1 — Naquele tempo, diz o SENHOR, serei o
Deus de todas as tribos de Israel, e elas serão
o meu povo.

2 Assim diz o SENHOR:
"O povo que se livrou da espada
obteve favor no deserto.
Eu irei e darei descanso a Israel."

3 De longe o SENHOR lhe apareceu, dizendo:
"Com amor eterno eu a amei;
por isso, com bondade a atraí.
4 Eu a edificarei de novo,
e você será edificada, ó virgem de Israel!
Mais uma vez você se enfeitará
com os seus tamborins
e sairá com o coro dos que dançam.
5 Mais uma vez você plantará vinhas
nos montes de Samaria;
aqueles que as plantarem
comerão os frutos.
6 Porque virá o dia
em que os atalaias gritarão
na região montanhosa de Efraim:
'Levantem-se, e subamos a Sião,
ao SENHOR, nosso Deus!'"

7 Porque assim diz o SENHOR:
"Cantem de alegria por causa de Jacó,
exultem por causa da cabeça das nações.
Proclamem, cantem louvores e digam:

'Salva, SENHOR, o teu povo,
o remanescente de Israel.'
8 Eis que eu os trarei da terra do Norte
e os congregarei das extremidades da terra.
Entre eles estarão também os cegos e aleijados,
as mulheres grávidas
e as que estão para dar à luz;
em grande congregação, voltarão para aqui.
9 Virão com choro, e com súplicas os levarei;
eu os guiarei aos ribeiros de águas,
por um caminho reto em que não tropeçarão;
porque sou pai para Israel,
e Efraim é o meu primogênito."

10 "Escutem a palavra do SENHOR, ó nações,
e anunciem isto nas terras distantes do mar.
Digam: 'Aquele que espalhou Israel
o congregará e o guardará,
como um pastor faz com o seu rebanho.'
11 Porque o SENHOR redimiu Jacó
e o livrou das mãos do que era
mais forte do que ele.
12 Hão de vir e exultar no monte Sião,
radiantes de alegria por causa dos bens
que o SENHOR lhes deu:
o cereal, o vinho, o azeite,
os cordeiros e os bezerros.
Serão como um jardim regado,
e nunca mais desfalecerão."
13 "Então a virgem se alegrará na dança,
juntamente com os jovens e os velhos.
Transformarei o seu pranto
em júbilo e os consolarei;
eu lhes darei alegria em vez de tristeza.
14 Saciarei a fome dos sacerdotes
com saborosa comida,
e o meu povo se fartará
com a minha bondade", diz o SENHOR.

15 Assim diz o SENHOR:
"Ouviu-se um clamor em Ramá,
pranto e grande lamento;
era Raquel chorando por seus filhos
e inconsolável por causa deles,
porque já não existem."
16 Assim diz o SENHOR:
"Reprima a sua voz de choro
e enxugue as lágrimas de seus olhos,
porque o seu trabalho será recompensado",
diz o SENHOR;
"pois os seus filhos voltarão
da terra do inimigo.
17 Há esperança para o seu futuro", diz o SENHOR,
"porque os seus filhos voltarão
para a sua própria terra."
18 "Ouvi muito bem que Efraim
se queixava, dizendo:
'Tu me castigaste, e fui castigado
como novilho ainda não domado.
Converte-me, e serei convertido,
porque tu és o SENHOR, o meu Deus.
19 Na verdade, depois que eu me afastei,
eu me arrependi;
depois que fui instruído, bati no peito;
fiquei envergonhado, confuso,
porque suportei a afronta
da minha mocidade.'"

20 "Não é Efraim o meu filho querido,
o filho das minhas delícias?
Pois sempre que falo contra ele,
lembro dele com ternura.
Por isso, o meu coração se comove por ele,
e dele certamente me compadecerei",
diz o SENHOR.
21 "Coloque sinais e marcos na estrada;
preste atenção na vereda,
no caminho por onde você passou.
Volte, ó virgem de Israel!
Volte para as suas cidades.
22 Até quando você andará errante,
ó filha rebelde?
Porque o SENHOR criou coisa nova na terra:
uma mulher cortejando um homem!"

A prosperidade do povo de Deus

23 Assim diz o SENHOR dos Exércitos, o Deus de
Israel:
— Quando eu os trouxer de volta do cativeiro,
na terra de Judá e nas suas cidades se dirá outra
vez:

"O SENHOR a abençoe, ó morada da justiça!
O SENHOR o abençoe, ó monte santo!"

24 — Nela, habitarão Judá e todas as suas cida-
des, bem como os lavradores e os que pastoreiam
os rebanhos. 25 Porque satisfarei à alma cansada, e
saciarei toda alma desfalecida.
26 Nisto, acordei e olhei ao redor; e o meu sono
tinha sido doce.
27 — Eis que vêm dias, diz o SENHOR, em que
semearei a casa de Israel e a casa de Judá com a se-
mente de pessoas e de animais. 28 Como os vigiei
para arrancar, para derrubar, para subverter, para
destruir e para afligir, assim os vigiarei para edifi-
car e para plantar, diz o SENHOR. 29 Naqueles dias,
já não dirão:

"Os pais comeram uvas verdes,
e os dentes dos filhos
é que se embotaram."

30 Pelo contrário, cada um morrerá por causa da
sua própria iniquidade. Quem comer uvas verdes é
que ficará com os dentes embotados.

A nova aliança com Israel

31 — Eis aí vêm dias, diz o SENHOR, em que fir-
marei nova aliança com a casa de Israel e com a
casa de Judá. 32 Não segundo a aliança que fiz com
os seus pais, no dia em que os tomei pela mão, para
os tirar da terra do Egito; pois eles quebraram a mi-
nha aliança, apesar de eu ter sido seu esposo, diz o
SENHOR. 33 Porque esta é a aliança que farei com a
casa de Israel, depois daqueles dias, diz o SENHOR:
Na mente lhes imprimirei as minhas leis, também
no seu coração as inscreverei; eu serei o Deus de-
les, e eles serão o meu povo. 34 Não ensinará ja-
mais cada um ao seu próximo, nem cada um ao
seu irmão, dizendo: "Conheça o SENHOR!" Porque
todos me conhecerão, desde o menor até o maior
deles, diz o SENHOR. Pois perdoarei as suas iniqui-
dades e dos seus pecados jamais me lembrarei.

35 Assim diz o SENHOR,
que dá o sol para a luz do dia
e as leis fixas à lua e às estrelas
para a luz da noite,
que agita o mar e faz bramir as suas ondas;
SENHOR dos Exércitos é o seu nome.
36 "Se estas leis fixas falharem diante de mim",
diz o SENHOR,
"também a descendência de Israel
deixará de ser
uma nação diante de mim para sempre."

37 Assim diz o SENHOR:
"Se puderem ser medidos os céus lá em cima
e sondados os fundamentos
da terra cá embaixo,
também eu rejeitarei
toda a descendência de Israel,
por tudo o que fizeram", diz o SENHOR.

38 — Eis que vêm dias, diz o SENHOR, em que
esta cidade será reedificada para o SENHOR, desde
a Torre de Hananel até o Portão da Esquina. 39 O
cordel de medir se estenderá em linha reta até a
colina de Garebe, e depois se virará na direção
de Goa. 40 Todo o vale dos cadáveres e da cinza e
todos os campos até o ribeiro de Cedrom, até a
esquina do Portão dos Cavalos para o leste, serão
consagrados ao SENHOR. Esta Jerusalém jamais
será arrancada ou destruída.

Jeremias compra um campo em Anatote

32 1 Palavra que foi dita a Jeremias da parte
do SENHOR, no décimo ano do reinado de
Zedequias, rei de Judá, ou décimo oitavo ano do
reinado de Nabucodonosor. 2 Ora, nesse tempo o
exército do rei da Babilônia cercava Jerusalém, e
o profeta Jeremias estava preso no pátio da guar-
da que estava no palácio do rei de Judá. 3 Pois Ze-
dequias, rei de Judá, o havia encerrado, dizendo:
— Como você ousa profetizar que o SENHOR
Deus disse que entregará esta cidade nas mãos do
rei da Babilônia, e que este a conquistará? 4 Como
ousa dizer que Zedequias, rei de Judá, não escapará
das mãos dos caldeus, mas infalivelmente será en-
tregue nas mãos do rei da Babilônia, vindo a falar
com ele pessoalmente e vendo-o face a face? 5 Como
ousa profetizar que ele levará Zedequias para a Babi-
lônia, onde ficará até que o SENHOR atente para ele,
como ele mesmo disse, e que, se lutarmos contra os
caldeus, não seremos bem-sucedidos?
6 Jeremias disse:
— A palavra do SENHOR veio a mim, dizendo:
7 "Eis que Hanamel, filho de seu tio Salum, virá fa-
lar com você, dizendo: 'Compre o meu campo que
está em Anatote, pois, pela lei a respeito do resga-
te, compete a você comprá-lo.'"
8 — Então, exatamente como o SENHOR tinha
dito, Hanamel, filho de meu tio, veio falar comigo no
pátio da guarda e me disse: "Compre o meu campo
que está em Anatote, na terra de Benjamim, porque
você tem o direito de posse e de resgate. Compre!"
Então entendi que isto era a palavra do SENHOR.
9 Assim comprei de Hanamel, filho de meu tio, o
campo que está em Anatote e pesei o dinheiro para
ele: duzentos gramas de prata. 10 Assinei a escritu-
ra, fechei-a com selo, chamei testemunhas e pesei
o dinheiro numa balança. 11 Peguei a escritura da
compra, tanto a selada, que continha o contrato e as
condições, como a cópia aberta, 12 e entreguei essa
escritura da compra a Baruque, filho de Nerias, filho
de Maaseias, na presença de Hanamel, filho de meu
tio, na presença das testemunhas que assinaram a
escritura da compra, e na presença de todos os ju-
deus que estavam sentados no pátio da guarda. 13 Na
presença deles dei uma ordem a Baruque, dizendo:
14 — Assim diz o SENHOR dos Exércitos, o Deus
de Israel: Pegue estas escrituras da compra, tanto
a selada como a aberta, e coloque-as num vaso
de barro, para que se conservem por muitos dias.
15 Porque assim diz o SENHOR dos Exércitos, o
Deus de Israel: Ainda se comprarão casas, campos
e vinhas nesta terra.

Jeremias pede esclarecimentos a Deus

16 Depois que dei a escritura da compra a Baru-
que, filho de Nerias, orei ao SENHOR, dizendo:
17 — Ah! SENHOR Deus, eis que tu fizeste os
céus e a terra com o teu grande poder e com o
teu braço estendido; nada é demasiadamente
difícil para ti. 18 Tu fazes misericórdia até mil ge-
rações, mas também retribuis a iniquidade dos
pais nos filhos. Tu és o grande, o poderoso Deus,
cujo nome é SENHOR dos Exércitos, 19 grande em
conselho e magnífico em obras. Os teus olhos es-
tão abertos sobre todos os caminhos dos filhos
dos homens, para dar a cada um segundo o seu

proceder, segundo o fruto das suas obras. 20 Fizes-
te sinais e maravilhas na terra do Egito até o dia
de hoje, tanto em Israel como em toda a humani-
dade, e assim adquiriste a fama que tens até o dia
de hoje. 21 Tiraste o teu povo de Israel da terra do
Egito, com sinais e maravilhas, com mão poderosa
e braço estendido e com grande espanto, 22 e lhe
deste esta terra, que com juramento prometeste
aos seus pais, terra que mana leite e mel. 23 Entra-
ram nela e dela tomaram posse, mas não obede-
ceram à tua voz, nem andaram na tua lei; de tudo
o que lhes mandaste que fizessem, nada fizeram.
Por isso, trouxeste sobre eles todo este mal.
24 — Eis que rampas de ataque já foram construí-
das ao redor da cidade, para ser tomada, e a cidade,
vencida pela espada, pela fome e pela peste, cairá
nas mãos dos caldeus, que lutam contra ela. Como
vês, aquilo que disseste aconteceu. 25 No entanto,
SENHOR Deus, tu me disseste: "Compre o campo por
dinheiro e chame testemunhas", embora a cidade já
esteja sendo entregue nas mãos dos caldeus.

A resposta de Deus

26 Então a palavra do SENHOR veio a Jeremias,
dizendo:
27 — Eis que eu sou o SENHOR, o Deus de toda a
humanidade. Será que existe algo demasiadamente
difícil para mim? 28 Portanto, assim diz o SENHOR:
Eis que entregarei esta cidade nas mãos dos cal-
deus, nas mãos de Nabucodonosor, rei da Babilô-
nia, e ele a tomará. 29 Os caldeus, que lutam contra
esta cidade, entrarão nela, porão fogo nesta cidade
e queimarão as casas sobre cujos terraços queima-
ram incenso a Baal e ofereceram libações a outros
deuses, para me provocarem à ira. 30 Porque os fi-
lhos de Israel e os filhos de Judá só fizeram o que é
mau aos meus olhos, desde a sua mocidade. Tudo o
que os filhos de Israel fizeram foi provocar-me à ira
com as obras das suas mãos, diz o SENHOR. 31 Por-
que esta cidade, desde o dia em que a construíram
até o dia de hoje, tem servido para provocar a mi-
nha ira e o meu furor. Por isso, vou removê-la da
minha presença, 32 por causa de toda a maldade que
os filhos de Israel e os filhos de Judá fizeram, para
me provocarem à ira, eles, os seus reis, as suas auto-
ridades, os seus sacerdotes e os seus profetas, bem
como o povo de Judá e os moradores de Jerusalém.
33 Eles me viraram as costas e não o rosto. E, embora
eu os ensinasse sempre de novo, eles não quiseram
ouvir, para receberem a advertência. 34 Pelo contrá-
rio, puseram as suas abominações no templo que se
chama pelo meu nome, para o profanarem. 35 Edi-
ficaram os altos de Baal, que estão no vale de Ben-
-Hinom, para queimarem os seus filhos e as suas
filhas em sacrifício a Moloque, algo que nunca lhes
ordenei, nem me passou pela mente que fizessem
tal abominação, para levarem Judá a pecar.

Promessa de esperança

36 — Agora, pois, assim diz o SENHOR, o Deus de
Israel, a respeito desta cidade, da qual vocês dizem
que já foi entregue nas mãos do rei da Babilônia,
pela espada, pela fome e pela peste. 37 Eis que eu
os congregarei de todas as terras, para onde os
dispersei na minha ira, no meu furor e na minha
grande indignação. Eu os farei voltar a este lugar e
farei com que nele habitem em segurança.
38 — Eles serão o meu povo, e eu serei o seu Deus.
39 Eu lhes darei um só coração e um só caminho,
para que me temam todos os dias, para o seu pró-
prio bem e o bem de seus filhos. 40 Farei com eles
uma aliança eterna, segundo a qual não deixarei
de lhes fazer o bem; porei o meu temor no coração
deles, para que nunca se afastem de mim. 41 Terei
alegria em lhes fazer o bem, e os plantarei firme-
mente nesta terra, de todo o meu coração e de toda
a minha alma.
42 — Porque assim diz o SENHOR: Assim como fiz
vir sobre este povo todo este grande mal, assim lhes
trarei todo o bem que lhes estou prometendo. 43 Ain-
da se comprarão campos nesta terra, da qual vocês
dizem: "Está deserta, sem pessoas e sem animais;
foi entregue nas mãos dos caldeus." 44 Comprarão
campos por dinheiro, assinarão as escrituras e as
fecharão com selos, e chamarão testemunhas, na
terra de Benjamim, nos arredores de Jerusalém, nas
cidades de Judá, nas cidades da região montanhosa,
nas cidades da Sefelá e nas cidades do Sul. Porque
eu os trarei de volta do cativeiro, diz o SENHOR.

Promessas de paz e prosperidade

33 1 Quando Jeremias ainda estava encarcera-
do no pátio da guarda, a palavra do SENHOR
veio a ele pela segunda vez, dizendo:
2 — Assim diz o SENHOR que faz estas coi-
sas, o SENHOR que as forma para as estabelecer
— SENHOR é o seu nome: 3 Chame por mim e eu
responderei; eu lhe anunciarei coisas grandes e
ocultas, que você não conhece. 4 Porque assim diz
o SENHOR, o Deus de Israel, a respeito das casas
desta cidade e das casas dos reis de Judá, que foram
derrubadas para defender a cidade contra as ram-
pas de ataque e a espada: 5 Quando se der a batalha
contra os caldeus, eu as encherei de cadáveres da-
queles que serão feridos por minha ira e meu furor.
Porque desta cidade escondi o meu rosto, por cau-
sa de toda a sua maldade.
6 — Eis que lhe trarei saúde e cura e os sararei; e
lhes revelarei abundância de paz e segurança. 7 Res-
taurarei a sorte de Judá e de Israel e os edificarei
como no princípio. 8 Eu os purificarei de toda a sua
iniquidade com que pecaram contra mim e perdoa-
rei todas as suas iniquidades com que pecaram e se
revoltaram contra mim. 9 Jerusalém será para mim
um motivo de fama, louvor e glória, entre todas as

nações da terra que ouvirem todo o bem que eu lhe
faço. Temerão e tremerão por causa de todo o bem e
por causa de toda a paz que eu lhe dou.
10 Assim diz o SENHOR:
— Neste lugar, que vocês dizem que está de-
serto, sem pessoas e sem animais, nas cidades de
Judá e nas ruas de Jerusalém, que estão arrasadas,
sem pessoas, sem moradores e sem animais, ainda
se ouvirá 11 o som das festas e da alegria, a voz do
noivo e a voz da noiva, e a voz dos que cantam:

"Deem graças ao SENHOR dos Exércitos,
porque ele é bom,
porque a sua misericórdia dura para sempre."

— Também se ouvirá a voz dos que trazem
ofertas de ações de graças à Casa do SENHOR; por-
que restaurarei a sorte da terra como no princípio,
diz o SENHOR.
12 Assim diz o SENHOR dos Exércitos:
— Ainda neste lugar, que está deserto, sem pes-
soas e sem animais, e em todas as suas cidades,
haverá moradas onde pastores farão repousar os
seus rebanhos. 13 Nas cidades da região monta-
nhosa, nas cidades da Sefelá, nas cidades do Sul,
na terra de Benjamim, nos arredores de Jerusalém
e nas cidades de Judá, ainda passarão os rebanhos
pelas mãos de quem os conte, diz o SENHOR.

Repetição da promessa do Renovo de Davi

Jr 23.5-6

14 — Eis que vêm dias, diz o SENHOR, em que
cumprirei a promessa que fiz à casa de Israel e à
casa de Judá. 15 Naqueles dias e naquele tempo,
farei brotar a Davi um Renovo de justiça, e ele exe-
cutará o juízo e a justiça na terra. 16 Naqueles dias,
Judá será salvo e Jerusalém habitará em seguran-
ça; ela será chamada "SENHOR, Justiça Nossa".
17 — Porque assim diz o SENHOR: Nunca faltará
a Davi homem que se assente no trono da casa
de Israel, 18 nem aos sacerdotes levitas faltará
homem diante de mim, para que ofereça holo-
causto, queime oferta de cereais e faça sacrifício
todos os dias.
19 A palavra do SENHOR veio a Jeremias, di-
zendo:
20 — Assim diz o SENHOR: Se vocês puderem in-
validar a minha aliança com o dia e a minha alian-
ça com a noite, de tal modo que não haja nem dia
nem noite a seu tempo, 21 então também poderá
ser invalidada a minha aliança com Davi, meu ser-
vo, para que ele não tenha filho que reine no seu
trono. Também poderá ser invalidada a minha
aliança com os sacerdotes levitas, meus ministros.
22 Como não se pode contar o exército dos céus
nem medir a areia do mar, assim tornarei incontá-
vel a descendência de Davi, meu servo, e os levitas
que ministram diante de mim.
23 A palavra do SENHOR veio a Jeremias, dizendo:
24 — Você notou o que esse povo está dizendo?
Estão dizendo: "As duas famílias que o SENHOR
escolheu, essas ele rejeitou." Assim desprezam
o meu povo, ao ponto de não considerá-lo mais
uma nação.
25 Assim diz o SENHOR:
— Se a minha aliança com o dia e com a noite
não permanecer, e se eu não mantiver as leis fi-
xas dos céus e da terra, 26 então também rejeitarei
a descendência de Jacó e de Davi, meu servo, de
modo que não tome da sua descendência quem
domine sobre a descendência de Abraão, Isaque
e Jacó. Porque restaurarei a sua sorte e deles me
compadecerei.

Mensagem para Zedequias

34 1 Palavra que foi dita a Jeremias da parte do
SENHOR, quando Nabucodonosor, rei da Ba-
bilônia, e todo o seu exército, e todos os reinos da
terra que estavam debaixo do seu poder, e todos
os povos lutavam contra Jerusalém e contra todas
as cidades ao redor:
2 — Assim diz o SENHOR, Deus de Israel: Vá
e diga a Zedequias, rei de Judá, que assim diz o
SENHOR: "Eis que entregarei esta cidade nas mãos
do rei da Babilônia, o qual a queimará. 3 Você não
escapará das mãos dele; pelo contrário, será preso
e entregue nas suas mãos. Você verá o rei da Ba-
bilônia face a face, e ele falará com você pessoal-
mente. E você será levado para a Babilônia."
4 — No entanto, ouça a palavra do SENHOR,
ó Zedequias, rei de Judá: Assim diz o SENHOR a
respeito de você: "Você não morrerá à espada,
5 mas morrerá em paz. Queimarão perfumes em
sua honra, como queimaram em honra aos seus
pais, os reis que o precederam. E eles o prantearão,
dizendo: 'Ai, senhor!' Pois sou eu quem está dizen-
do isto", diz o SENHOR.
6 O profeta Jeremias falou todas estas palavras
a Zedequias, rei de Judá, em Jerusalém, 7 quando
o exército do rei da Babilônia lutava contra Jeru-
salém e contra as cidades de Judá que ainda resta-
vam, a saber, Laquis e Azeca; porque de todas as
cidades fortificadas de Judá só estas haviam ficado.

Os escravos devem ser libertados

8 Palavra que foi dita a Jeremias da parte do
SENHOR, depois que o rei Zedequias fez aliança
com todo o povo de Jerusalém, para lhes apre-
goar liberdade: 9 que cada um libertasse os seus
escravos hebreus e que cada um libertasse as
suas escravas hebreias, de maneira que ninguém
tivesse como escravo um judeu, seu compatriota.
10 Todas as autoridades e todo o povo que haviam
entrado na aliança obedeceram, libertando cada
um os seus escravos e cada um as suas escravas,

de maneira que já não os retiveram como escravos; obedeceram e os despediram. 11 Mas depois mudaram de ideia, e fizeram voltar os escravos e as escravas que haviam libertado, e os sujeitaram outra vez à escravidão.

12 A palavra do SENHOR veio a Jeremias, da parte do SENHOR, dizendo:

13 — Assim diz o SENHOR, Deus de Israel: Eu fiz uma aliança com os pais de vocês, no dia em que os tirei da terra do Egito, da casa da servidão, dizendo: 14 "Ao fim de sete anos, cada um deve libertar o seu compatriota hebreu que tiver sido vendido a vocês como escravo; depois que ele o tiver servido durante seis anos, você lhe dará a liberdade." Mas os pais de vocês não me deram ouvidos, nem atenderam. 15 Há pouco vocês tinham voltado a fazer o que é reto aos meus olhos, apregoando liberdade cada um ao seu próximo. Vocês tinham feito uma aliança diante de mim, no templo que se chama pelo meu nome. 16 Mas agora vocês mudaram de ideia e profanaram o meu nome, pois fizeram voltar os escravos e as escravas que haviam libertado conforme a vontade deles e os sujeitaram outra vez à escravidão.

17 — Portanto, assim diz o SENHOR: Vocês não me deram ouvidos e não apregoaram liberdade, cada um a seu compatriota e cada um ao seu próximo. Por isso, eis que eu apregoo liberdade para vocês, diz o SENHOR, liberdade para a espada, para a peste e para a fome. Farei de vocês um objeto de espanto para todos os reinos da terra. 18 Farei com os homens que transgrediram a minha aliança e não cumpriram as palavras da aliança que fizeram diante de mim o mesmo que eles fizeram com o bezerro que cortaram ao meio, para passarem entre as duas partes. 19 As autoridades de Judá e de Jerusalém, os oficiais, os sacerdotes e todo o povo da terra, esses que passaram entre as duas partes do bezerro, 20 eu os entregarei nas mãos de seus inimigos e nas mãos dos que procuram tirar-lhes a vida, e os cadáveres deles servirão de alimento às aves dos céus e aos animais selvagens. 21 Quanto a Zedequias, rei de Judá, e aos seus oficiais, eu os entregarei nas mãos de seus inimigos e nas mãos dos que procuram tirar-lhes a vida, nas mãos do exército do rei da Babilônia, que já se retirou de vocês. 22 Eis que eu darei ordem, diz o SENHOR, e os farei voltar a esta cidade. Eles lutarão contra ela, tomarão a cidade e a queimarão. Farei com que as cidades de Judá fiquem em ruínas e sem moradores.

O exemplo dos recabitas

35 1 Palavra que foi dita a Jeremias da parte do SENHOR, nos dias de Jeoaquim, filho de Josias, rei de Judá:

2 — Vá à casa dos recabitas, fale com eles, leve-os à Casa do SENHOR, a uma das câmaras, e ofereça-lhes vinho para beber.

3 Então fui falar com Jazanias, filho de Jeremias, filho de Habazinias, com os irmãos dele, com todos os filhos dele e com toda a casa dos recabitas, 4 e os levei à Casa do SENHOR, à câmara dos filhos de Hanã, filho de Jigdalias, homem de Deus. Esta câmara ficava junto à câmara dos oficiais e sobre a câmara de Maaseias, filho de Salum, guarda da porta. 5 Então pus jarras cheias de vinho e copos diante dos filhos da casa dos recabitas e lhes disse:

— Bebam!

6 Mas eles disseram:

— Não beberemos vinho, porque Jonadabe, filho de Recabe, nosso pai, nos ordenou: "Nunca bebam vinho, nem vocês nem os seus filhos. 7 Não construam casas, não façam plantações, não cultivem nem possuam vinhas. Morem a vida inteira em tendas, para que vocês vivam muitos dias sobre a terra em que são estrangeiros." 8 E nós temos obedecido à voz de Jonadabe, filho de Recabe, nosso pai, em tudo o que ele nos ordenou. Nunca bebemos vinho, nem nós, nem nossas mulheres, nem nossos filhos, nem nossas filhas. 9 Não construímos casas para morar. Não temos vinhas, nem campos, nem plantações. 10 Temos morado em tendas, e, assim, temos obedecido e feito tudo o que o nosso pai Jonadabe nos ordenou. 11 Mas, quando Nabucodonosor, rei da Babilônia, começou a marchar contra esta terra, dissemos: "Venham, vamos nos refugiar em Jerusalém, por causa do exército dos caldeus e dos sírios." E assim ficamos em Jerusalém.

12 Então a palavra do SENHOR veio a Jeremias, dizendo:

13 — Assim diz o SENHOR dos Exércitos, o Deus de Israel: Vá e diga ao povo de Judá e aos moradores de Jerusalém: "Será que vocês nunca vão aceitar a minha advertência para obedecer às minhas palavras? — diz o SENHOR. 14 As palavras de Jonadabe, filho de Recabe, que ordenou a seus filhos que não bebessem vinho, foram guardadas; eles não bebem vinho até o dia de hoje, porque obedecem às ordens de seu pai. A mim, porém, que tenho falado a vocês sempre de novo, vocês não obedecem. 15 Sempre de novo eu enviei todos os meus servos, os profetas, dizendo: 'Convertam-se agora, cada um de vocês, do seu mau caminho, corrijam as suas ações, não sigam outros deuses para servi-los, e assim vocês ficarão na terra que eu dei a vocês e aos seus pais.' Mas vocês não me deram ouvidos, nem atenderam. 16 Os filhos de Jonadabe, filho de Recabe, guardaram o mandamento de seu pai, que ele lhes deu, mas este povo não me obedeceu. 17 Por isso, assim diz o SENHOR, o Deus dos Exércitos, o Deus de Israel: Eis que trarei sobre Judá e sobre todos os moradores de Jerusalém todo o mal que falei contra eles. Porque lhes falei e eles não me obedeceram, chamei e eles não responderam."

18 E à casa dos recabitas Jeremias disse:

— Assim diz o SENHOR dos Exércitos, o Deus
de Israel: "Vocês obedeceram ao mandamento de
Jonadabe, o pai de vocês, guardaram todos os seus
preceitos e fizeram tudo o que ele lhes ordenou.
19 Por isso, assim diz o SENHOR dos Exércitos, o
Deus de Israel: Nunca faltará a Jonadabe, filho de
Recabe, um descendente homem para me servir."

O rolo de Jeremias é lido no templo

36 1 No quarto ano do reinado de Jeoaquim,
filho de Josias, rei de Judá, esta palavra do
SENHOR veio a Jeremias:
2 — Pegue um rolo, um livro, e escreva nele to-
das as palavras que falei a você contra Israel, con-
tra Judá e contra todas as nações, desde o dia em
que comecei a falar com você, nos dias de Josias,
até hoje. 3 Talvez os da casa de Judá ouçam todo o
mal que eu estou planejando fazer-lhes e venham
a converter-se cada um do seu mau caminho, e eu
lhes perdoe a iniquidade e o pecado.
4 Então Jeremias chamou Baruque, filho de Ne-
rias, e Baruque escreveu no rolo, segundo o que
Jeremias ditava, todas as palavras que o SENHOR
lhe havia revelado.
5 Então Jeremias deu a seguinte ordem a Ba-
ruque:
— Eu estou preso; não posso entrar na Casa do
SENHOR. 6 Vá você até lá e, do rolo que você escre-
veu, segundo o que eu ditei, leia em voz alta todas
as palavras do SENHOR, diante do povo, na Casa do
SENHOR, no dia de jejum. Leia também diante de
todos os de Judá que vêm das suas cidades. 7 Pode
ser que as humildes súplicas deles sejam bem-
-acolhidas pelo SENHOR, e cada um se converta do
seu mau caminho; porque grande é a ira e o furor
que o SENHOR tem manifestado contra este povo.
8 Baruque, filho de Nerias, fez tudo o que o pro-
feta Jeremias lhe havia ordenado e, na Casa do
SENHOR, leu as palavras do SENHOR que estavam
naquele livro.
9 No nono mês do quinto ano do reinado de
Jeoaquim, filho de Josias, rei de Judá, apregoaram
jejum diante do SENHOR a todo o povo em Jeru-
salém e a todo o povo que vinha das cidades de
Judá a Jerusalém. 10 Então, diante de todo o povo,
na Casa do SENHOR, na câmara de Gemarias, fi-
lho de Safã, o escriba, no átrio superior, à entrada
da Porta Nova da Casa do SENHOR, Baruque leu as
palavras de Jeremias que estavam naquele livro.

O rolo é lido diante das autoridades

11 Quando Micaías, filho de Gemarias, filho
de Safã, ouviu todas as palavras do SENHOR, que
estavam naquele livro, 12 desceu à casa do rei, à
câmara do escrivão. Eis que todas as autorida-
des estavam ali assentadas: o escrivão Elisama,
Delaías, filho de Semaías, Elnatã, filho de Acbor,
Gemarias, filho de Safã, Zedequias, filho de Ha-
nanias, e todas as outras autoridades. 13 Micaías
anunciou-lhes todas as palavras que tinha ouvi-
do, quando Baruque leu o livro diante do povo.
14 Então todas as autoridades mandaram Jeudi,
filho de Netanias, filho de Selemias, filho de Cusi,
dizer a Baruque:
— Pegue aquele rolo que você leu diante do
povo e venha para cá.
Baruque, filho de Nerias, pegou o rolo e foi até
eles. 15 Então disseram a ele:
— Por favor, sente-se e leia esse rolo para nós.
E Baruque o leu diante deles. 16 Quando as
autoridades ouviram todas aquelas palavras,
entreolharam-se atemorizadas e disseram a Ba-
ruque:
— Sem dúvida nenhuma, anunciaremos ao rei
todas estas palavras.
17 E perguntaram a Baruque:
— Diga-nos, por favor, como é que você escre-
veu todas essas palavras? Foi o profeta que ditou?
18 Baruque respondeu:
— Ele pessoalmente ditou todas estas palavras,
e eu as escrevi com tinta neste rolo.
19 Então as autoridades disseram a Baruque:
— Vá esconder-se, e leve Jeremias com você.
Que ninguém saiba onde vocês estão!

O rei lança o rolo no fogo

20 Depois de terem depositado o rolo na câmara
do escrivão Elisama, as autoridades foram ao átrio
do palácio real e anunciaram diante do rei todas
aquelas palavras. 21 Então o rei mandou que Jeudi
fosse buscar o rolo. Jeudi pegou o rolo na câmara
do escrivão Elisama e o leu diante do rei e de todas
as autoridades que estavam com ele. 22 O rei estava
sentado em seus aposentos de inverno, pelo nono
mês do ano, e diante dele estava um braseiro ace-
so. 23 Sempre que Jeudi terminava a leitura de três
ou quatro colunas do rolo, o rei as cortava com um
canivete de escrivão e lançava no fogo que havia no
braseiro, até que todo o rolo se consumiu no fogo
que estava no braseiro. 24 Ninguém ficou com medo
e ninguém rasgou as suas roupas, nem o rei nem
nenhum dos servos que ouviram todas aquelas
palavras. 25 Por mais que Elnatã, Delaías e Gemarias
tivessem insistido com o rei que não queimasse o
rolo, ele não lhes deu ouvidos. 26 Pelo contrário, o
rei ordenou a Jerameel, filho de Hameleque, a Se-
raías, filho de Azriel, e a Selemias, filho de Abdeel,
que prendessem Baruque, o escrivão, e Jeremias, o
profeta. Mas o SENHOR os havia escondido.

Baruque escreve outro rolo

27 Depois que o rei havia queimado o rolo com as
palavras ditadas por Jeremias e escritas por Baru-
que, a palavra do SENHOR veio a Jeremias, dizendo:

28 — Pegue outro rolo e escreva nele todas as
palavras que estavam no original, que Jeoaquim,
rei de Judá, queimou. 29 E a Jeoaquim, rei de Judá,
diga que assim diz o SENHOR: "Você queimou aque-
le rolo e perguntou por que Jeremias escreveu nele
que certamente viria o rei da Babilônia, destruiria
esta terra e acabaria com as pessoas e os animais.
30 Portanto, assim diz o SENHOR, a respeito de Jeoa-
quim, rei de Judá: Ele não terá quem se assente no
trono de Davi, e o seu cadáver será largado ao calor
do dia e à geada da noite. 31 Eu o castigarei, bem
como a sua descendência e os seus servos, por
causa da iniquidade deles. Sobre ele, sobre os mo-
radores de Jerusalém e sobre o povo de Judá farei
cair todo o mal que tenho falado contra eles, sem
que me ouvissem."

32 Então Jeremias pegou outro rolo e o deu a
Baruque, filho de Nerias, o escrivão, o qual escre-
veu nele, conforme Jeremias ia ditando, todas as
palavras do livro que Jeoaquim, rei de Judá, havia
queimado. E ainda se acrescentaram a elas muitas
palavras semelhantes.

Jeremias na prisão

37 1 Zedequias, filho de Josias, a quem Nabuco-
donosor, rei da Babilônia, havia constituído
rei na terra de Judá, reinou em lugar de Conias,
filho de Jeoaquim. 2 Mas nem ele, nem os seus ser-
vos, nem o povo da terra deram ouvidos às pala-
vras do SENHOR, que ele falou por meio do profeta
Jeremias.

3 Contudo, o rei Zedequias mandou que Jucal,
filho de Selemias, e o sacerdote Sofonias, filho de
Maaseias, fossem falar com o profeta Jeremias, para
dizer:

— Por favor, ore ao SENHOR, nosso Deus, por nós.

4 Jeremias andava livremente entre o povo, por-
que ainda não tinha sido preso. 5 O exército de Fa-
raó tinha vindo do Egito. Quando os caldeus, que
sitiavam Jerusalém, ouviram isso, retiraram-se dela.
6 Então a palavra do SENHOR veio ao profeta Je-
remias, dizendo:

7 — Assim diz o SENHOR, Deus de Israel: Digam
ao rei de Judá, que pediu que vocês viessem a mim,
para me consultar: "Eis que o exército de Faraó,
que saiu do Egito para socorrer vocês, voltará para
a sua terra, no Egito. 8 Então os caldeus voltarão a
esta cidade. Eles lutarão contra ela, tomarão a ci-
dade e a queimarão. 9 Assim diz o SENHOR: Não se
enganem, dizendo: 'Sem dúvida, os caldeus irão
embora.' Porque eles não irão embora. 10 Porque,
ainda que vocês derrotassem todo o exército dos
caldeus, que está lutando contra vocês, e ficassem
deles apenas homens feridos, eles se levantariam,
cada um na sua tenda, e queimariam esta cidade."

11 Quando o exército dos caldeus se havia reti-
rado de Jerusalém, por causa do exército de Faraó,
12 Jeremias saiu de Jerusalém, a fim de ir à terra
de Benjamim, para receber a sua parte de uma
herança que tinha no meio do povo. 13 Ao chegar
ao Portão de Benjamim, achava-se ali um capitão
da guarda, cujo nome era Jerias, filho de Selemias,
filho de Hananias. O capitão prendeu o profeta Je-
remias, dizendo:

— Você está fugindo para o lado dos caldeus.

14 Jeremias respondeu:

— É mentira! Não estou fugindo para o lado dos
caldeus.

Mas Jerias não lhe deu ouvidos; prendeu Jere-
mias e o levou às autoridades. 15 As autoridades,
iradas contra Jeremias, açoitaram-no e o prende-
ram na casa de Jônatas, o escrivão. Essa casa tinha
sido transformada em prisão.

16 Assim, Jeremias foi levado às celas do cala-
bouço, onde ficou por muitos dias. 17 O rei Zede-
quias mandou trazê-lo para sua casa e, em secreto,
lhe perguntou:

— Há alguma palavra do SENHOR?

Jeremias respondeu:

— Há.

E continuou:

— O senhor, ó rei, será entregue nas mãos do
rei da Babilônia.

18 Então Jeremias perguntou ao rei Zedequias:

— Em que pequei contra o senhor, ó rei, ou con-
tra os seus servos, ou contra este povo, para que
me pusessem na prisão? 19 Onde estão agora os
profetas que lhes profetizavam, dizendo: "O rei da
Babilônia não virá contra vocês, nem contra esta
terra"? 20 E agora, ó rei, meu senhor, escute, e que
a minha humilde súplica seja bem-acolhida! Não
me mande de volta à casa de Jônatas, o escrivão,
para que eu não venha a morrer ali.

21 Então o rei Zedequias ordenou que pusessem
Jeremias no pátio da guarda. E, cada dia, davam-lhe
um pão da Rua dos Padeiros, até acabar-se todo o
pão da cidade. Assim Jeremias ficou no pátio da
guarda.

Jeremias na cisterna

38 1 Sefatias, filho de Matã, Gedalias, filho de
Pasur, Jucal, filho de Selemias, e Pasur, filho
de Malquias, ouviram as palavras que Jeremias
anunciava a todo o povo, dizendo:

2 — Assim diz o SENHOR: "Quem ficar nesta ci-
dade morrerá à espada, de fome e de peste; mas
aquele que sair e se render aos caldeus viverá;
porque a vida lhe será por despojo, e viverá. 3 As-
sim diz o SENHOR: Esta cidade infalivelmente será
entregue nas mãos do exército do rei da Babilônia,
e este a tomará."

4 Então as autoridades disseram ao rei:

— Este homem tem de ser morto, porque,
dizendo essas palavras, desfalece as mãos dos

homens de guerra que restam nesta cidade e as
mãos de todo o povo. Este homem não procura o
bem-estar do povo, e sim o mal.
5 O rei Zedequias respondeu:
— Eis que ele está nas mãos de vocês, pois o rei
nada pode fazer contra vocês.
6 Então eles pegaram Jeremias e o lançaram na
cisterna de Malquias, filho do rei, que ficava no
pátio da guarda. Desceram Jeremias com cordas.
Na cisterna não havia água, apenas lama; e Jere-
mias se atolou na lama.
7 Ebede-Meleque, o etíope, eunuco que estava
na casa do rei, ouviu que tinham colocado Jere-
mias na cisterna. Quando o rei estava sentado
junto ao Portão de Benjamim, 8 Ebede-Meleque
saiu da casa do rei e lhe falou:
9 — Ó rei, meu senhor, aqueles homens agiram
mal em tudo o que fizeram ao profeta Jeremias, que
eles lançaram na cisterna. No lugar onde ele está,
morrerá de fome, pois já não há mais pão na cidade.
10 Então o rei deu ordem a Ebede-Meleque, o
etíope, dizendo:
— Leve com você trinta homens e tire da cis-
terna o profeta Jeremias, antes que morra.
11 Ebede-Meleque levou os homens consigo e
foi à casa do rei, a um lugar debaixo da tesoura-
ria, e pegou algumas roupas usadas e trapos, e os
desceu a Jeremias na cisterna, por meio de cordas.
12 Ebede-Meleque, o etíope, disse a Jeremias:
— Ponha agora essas roupas usadas e esses
trapos nas axilas, por debaixo das cordas.
Jeremias o fez. 13 Puxaram Jeremias com as cor-
das e o tiraram da cisterna; e Jeremias ficou no
pátio da guarda.

Zedequias consulta o profeta

14 Então o rei Zedequias mandou trazer o pro-
feta Jeremias à sua presença, à terceira entrada na
Casa do SENHOR, e lhe disse:
— Eu quero perguntar algo a você; não esconda
nada de mim.
15 Jeremias disse a Zedequias:
— Se eu disser algo, por acaso o senhor, ó rei,
não me matará? E mesmo que eu lhe dê conse-
lhos, o senhor não me escutará.
16 Então Zedequias jurou secretamente a Jere-
mias, dizendo:
— Tão certo como vive o SENHOR, que nos deu
a vida, não o matarei, nem o entregarei nas mãos
desses homens que querem matá-lo.
17 Então Jeremias disse a Zedequias:
— Assim diz o SENHOR, o Deus dos Exércitos,
Deus de Israel: "Se você se render voluntariamente
aos oficiais do rei da Babilônia, então a sua vida será
poupada, esta cidade não será queimada, e você e a
sua casa ficarão vivos. 18 Mas, se você não se render
aos oficiais do rei da Babilônia, então esta cidade
será entregue nas mãos dos caldeus, eles a queima-
rão, e você não escapará das mãos deles."
19 O rei Zedequias disse a Jeremias:
— Tenho receio dos judeus que passaram para
o lado dos caldeus. Pode acontecer que os caldeus
me entreguem nas mãos desses judeus, e eles
zombem de mim.
20 Mas Jeremias respondeu:
— Eles não o entregarão. Ouça a voz do SENHOR
no que estou lhe dizendo. Então tudo lhe cor-
rerá bem, e a sua vida será poupada. 21 Mas, se o
senhor, ó rei, não quiser se render, isto é o que o
SENHOR Deus me mostrou: 22 Todas as mulheres
que ficaram na casa do rei de Judá serão levadas
aos oficiais do rei da Babilônia e dirão:

"Os seus bons amigos, ó rei,
o enganaram e dominaram.
Mas, agora que os pés do rei
se atolaram na lama,
eles o abandonaram."

23 — Assim, todas as suas mulheres e os seus
filhos serão levados aos caldeus. O senhor, ó rei,
não escapará das mãos deles, mas será prisioneiro
na mão do rei da Babilônia, e esta cidade será quei-
mada.
24 Então Zedequias disse a Jeremias:
— Que ninguém saiba desta conversa, e você
não morrerá. 25 Se as autoridades souberem que
falei com você, vierem procurá-lo e lhe disserem:
"Conte-nos o que foi que você disse ao rei e o que
ele disse a você; não esconda nada de nós, e nós
não mataremos você", 26 diga: "Apresentei a minha
humilde súplica diante do rei para que não me
mandasse de volta à casa de Jônatas, para que eu
não venha a morrer ali."
27 Quando todas as autoridades se dirigiram a
Jeremias e o interrogaram, ele lhes falou como o
rei havia ordenado. Então o deixaram em paz, por-
que ninguém mais ficou sabendo o que foi conver-
sado. 28 Jeremias ficou no pátio da guarda, até o dia
em que Jerusalém foi tomada.

Nabucodonosor toma Jerusalém

2Rs 24.20—25.12; 2Cr 36.17-21; Jr 52.1-16

39 1 Jerusalém foi tomada. Era o décimo mês
do nono ano do reinado de Zedequias, rei
de Judá, quando Nabucodonosor, rei da Babi-
lônia, veio com todo o seu exército contra Jeru-
salém e a sitiou. 2 Era o décimo primeiro ano do
reinado de Zedequias, no quarto mês, aos nove
do mês, quando foi aberta uma brecha na mura-
lha da cidade. 3 Então todos os oficiais do rei da
Babilônia entraram e se assentaram no Portão do
Meio: Nergal-Sarezer, Sangar-Nebo, Sarsequim,
Rabe-Saris, Nergal-Sarezer, Rabe-Mague e todos
os outros oficiais do rei da Babilônia.

4 Quando Zedequias e todos os homens de
guerra viram o que havia acontecido, fugiram e, de
noite, saíram da cidade, pelo caminho do jardim
do rei, pelo portão que ficava entre as duas mura-
lhas. Fugiram na direção do vale do Jordão. 5 Mas
o exército dos caldeus os perseguiu e alcançou Ze-
dequias nas campinas de Jericó. Eles o prenderam
e o levaram a Ribla, na terra de Hamate, a Nabu-
codonosor, rei da Babilônia, que lhe pronunciou
a sentença. 6 Em Ribla, o rei da Babilônia mandou
matar os filhos de Zedequias à vista deste; tam-
bém mandou matar todas as autoridades de Judá.
7 Mandou furar os olhos de Zedequias e amarrou-o
com correntes de bronze, para o levar à Babilônia.

8 Os caldeus queimaram o palácio do rei e as
casas do povo e derrubaram as muralhas de Je-
rusalém. 9 Nebuzaradã, o chefe da guarda, levou
cativos para a Babilônia o resto do povo que havia
ficado na cidade, os desertores que se entregaram
a ele e o restante da população. 10 Porém Nebuza-
radã, o chefe da guarda, deixou na terra de Judá
alguns dos mais pobres da terra, que nada tinham;
e lhes deu vinhas e campos naquele dia.

Nabucodonosor cuida de Jeremias

11 Mas a respeito de Jeremias, Nabucodonosor,
rei da Babilônia, tinha dado a seguinte ordem a
Nebuzaradã, o chefe da guarda:

12 — Trate de encontrá-lo, cuide bem dele e não
lhe faça nenhum mal. Faça com Jeremias o que ele
lhe disser.

13 Assim, Nebuzaradã, o chefe da guarda, Nebu-
sazbã, Rabe-Saris, Nergal-Sarezer, Rabe-Mague, e
todos os oficiais do rei da Babilônia 14 mandaram
tirar Jeremias do pátio da guarda e o entregaram a
Gedalias, filho de Aicão, filho de Safã, para que o
levasse para casa. Assim Jeremias habitou no meio
do povo.

15 Ora, quando Jeremias ainda estava detido no
pátio da guarda, a palavra do SENHOR tinha vindo
a ele, dizendo:

16 — Vá e diga a Ebede-Meleque, o etíope, que
assim diz o SENHOR dos Exércitos, o Deus de Israel:
"Eis que eu cumprirei as minhas palavras contra
esta cidade para o mal e não para o bem; elas se
cumprirão diante de você naquele dia. 17 Mas a
você eu livrarei naquele dia, diz o SENHOR, e você
não será entregue nas mãos dos homens de quem
tem medo. 18 Pois eu certamente o salvarei. Você
não cairá à espada. A sua vida lhe será por despojo,
porque você confiou em mim", diz o SENHOR.

Jeremias e Gedalias

40 1 Palavra que foi dita a Jeremias da parte do
SENHOR, depois que Nebuzaradã, o chefe da
guarda, o pôs em liberdade em Ramá, estando ele
amarrado com correntes no meio de todos os do
cativeiro de Jerusalém e de Judá, que estavam sen-
do levados cativos para a Babilônia. 2 O chefe da
guarda chamou Jeremias de lado e lhe disse:

— O SENHOR, seu Deus, pronunciou esta cala-
midade contra este lugar. 3 Agora o SENHOR trouxe
e fez o que tinha anunciado. Tudo isto aconteceu,
porque vocês pecaram contra o SENHOR e não
obedeceram à sua voz. 4 Agora, eis que hoje estou
soltando as correntes que estavam em suas mãos.
Se for do seu agrado ir comigo para a Babilônia,
venha, e eu cuidarei bem de você. Mas, se não for
do seu agrado ir comigo para a Babilônia, fique
aqui. Veja, toda a terra está diante de você. Vá para
o lugar que for do seu agrado e melhor para você.

5 Mas, visto que Jeremias demorava a se decidir,
o capitão lhe disse:

— Volte para junto de Gedalias, filho de Aicão,
filho de Safã, a quem o rei da Babilônia nomeou
governador das cidades de Judá, e more com ele
no meio do povo. Ou, se quiser ir para qualquer
outro lugar, vá.

O chefe da guarda deu-lhe mantimentos e um
presente e o deixou ir. 6 Assim, Jeremias foi para jun-
to de Gedalias, filho de Aicão, em Mispa. E morou
com ele no meio do povo que havia ficado na terra.

7 Quando os capitães dos exércitos que estavam
no campo, eles e seus soldados, ouviram que o rei
da Babilônia havia nomeado Gedalias, filho de
Aicão, como governador da terra, e que lhe havia
confiado os homens, as mulheres, os meninos e os
mais pobres da terra que não foram levados ao exí-
lio, para a Babilônia, 8 foram falar com ele em Mis-
pa. Esses capitães eram Ismael, filho de Netanias,
Joanã e Jônatas, filhos de Careá, Seraías, filho de
Tanumete, os filhos de Efai, o netofatita, Jezanias,
filho do maacatita. Com eles estavam os seus sol-
dados. 9 Gedalias, filho de Aicão, filho de Safã, ju-
rou a esses capitães e aos seus soldados, dizendo:

— Vocês não precisam ter medo dos oficiais
dos caldeus. Fiquem na terra, sirvam o rei da Babi-
lônia, e tudo irá bem com vocês. 10 Quanto a mim,
eis que ficarei em Mispa, para estar às ordens dos
caldeus que vierem a nós. Quanto a vocês, colham
as uvas para o vinho, as frutas de verão e o azeite.
Ponham tudo nas suas vasilhas e morem nas cida-
des que vocês tomaram.

11 Da mesma forma, todos os judeus que es-
tavam em Moabe, entre os filhos de Amom e em
Edom e os que havia em todas aquelas terras
ouviram que o rei da Babilônia havia deixado
um remanescente em Judá e que havia nomeado
Gedalias, filho de Aicão, filho de Safã, como go-
vernador sobre eles. 12 Então todos esses judeus
voltaram de todos os lugares para onde tinham
sido dispersos e vieram à terra de Judá, para junto
de Gedalias, em Mispa. E colheram vinho e frutas
de verão em grande abundância.

Ismael conspira contra Gedalias

13 Joanã, filho de Careá, e todos os comandan-
tes dos exércitos que estavam no campo foram até
Gedalias, em Mispa, 14 e lhe disseram:
— Você sabia que Baalis, rei dos filhos de
Amom, enviou Ismael, filho de Netanias, para ma-
tar você?
Mas Gedalias, filho de Aicão, não lhes deu cré-
dito. 15 Então Joanã, filho de Careá, disse a Geda-
lias em segredo, em Mispa:
— Irei agora e matarei Ismael, filho de Neta-
nias, sem que ninguém o saiba. Por que deixar que
ele venha para assassiná-lo, fazendo com que todo
o Judá que se reuniu à sua volta seja espalhado, e
venha a perecer o remanescente de Judá?
16 Mas Gedalias, filho de Aicão, disse a Joanã,
filho de Careá:
— Não faça isso! Porque isso que você está di-
zendo a respeito de Ismael é falso.
41 1 No sétimo mês, Ismael, filho de Netanias,
filho de Elisama, de família real e um dos ca-
pitães do rei, foi até Mispa com dez homens para
se encontrar com Gedalias, filho de Aicão. En-
quanto comiam juntos, em Mispa, 2 Ismael, filho
de Netanias, e os dez homens que estavam com
ele se levantaram e mataram a fio de espada Geda-
lias, filho de Aicão, filho de Safã. Assim mataram
aquele que o rei da Babilônia havia nomeado go-
vernador da terra. 3 Ismael também matou todos
os judeus que estavam com Gedalias, em Mispa, e
os caldeus, homens de guerra, que se achavam ali.
4 No dia seguinte, antes que alguém soubesse da
morte de Gedalias, 5 vieram alguns homens de Si-
quém, de Siló e de Samaria. Eram oitenta homens,
com a barba raspada, as roupas rasgadas e com
cortes na pele, trazendo consigo ofertas de cereais
e incenso, para levarem à Casa do SENHOR. 6 Ismael,
filho de Netanias, saiu de Mispa para encontrar-
-se com eles, chorando enquanto caminhava. Ao
encontrá-los, disse-lhes:
— Venham encontrar-se com Gedalias, filho de
Aicão.
7 Mas, quando eles chegaram até o meio da ci-
dade, Ismael, filho de Netanias, e os que estavam
com ele mataram aqueles homens e jogaram os
corpos num poço. 8 Mas houve dez homens entre
eles que disseram a Ismael:
— Não nos mate, porque temos trigo, cevada,
azeite e mel escondidos no campo.
Por isso, ele desistiu e não os matou como ha-
via feito com os outros. 9 O poço em que Ismael
jogou todos os cadáveres dos homens que havia
matado, juntamente com o corpo de Gedalias, é o
mesmo que o rei Asa havia cavado, na sua defesa
contra Baasa, rei de Israel. Foi esse mesmo poço
que Ismael, filho de Netanias, encheu de cadáve-
res. 10 Ismael levou cativo todo o resto do povo que
estava em Mispa, isto é, as filhas do rei e todo o
povo que havia ficado em Mispa, que Nebuzaradã,
o chefe da guarda, havia confiado a Gedalias, filho
de Aicão, o governador. Ismael, filho de Netanias,
levou-os como prisioneiros e partiu em direção ao
território dos filhos de Amom.

Joanã livra os cativos

11 Quando Joanã, filho de Careá, e todos os
comandantes dos exércitos que estavam com ele
ouviram falar de todo o mal que Ismael, filho de
Netanias, havia feito, 12 levaram consigo todos os
seus homens e foram lutar contra Ismael, filho
de Netanias. Acharam-no junto às grandes águas
que há em Gibeão. 13 Ora, todo o povo que esta-
va com Ismael se alegrou quando viu Joanã, filho
de Careá, e todos os comandantes dos exércitos
que vinham com ele. 14 Todo o povo que Ismael
havia levado cativo de Mispa virou as costas, vol-
tou e foi para o lado Joanã, filho de Careá. 15 Mas
Ismael, filho de Netanias, escapou de Joanã com
oito homens e se foi para o território dos filhos
de Amom.
16 Então Joanã, filho de Careá, e todos os coman-
dantes dos exércitos que estavam com ele reuniram
todo o restante do povo que Ismael, filho de Neta-
nias, havia levado cativo de Mispa, depois de ter
matado Gedalias, filho de Aicão, isto é, reuniram os
homens valentes de guerra, as mulheres, os meni-
nos e os eunucos que havia recuperado em Gibeão.
17 Seguiram adiante e pararam em Gerute-Quimã,
que fica perto de Belém, para dali irem para o Egito,
18 por causa dos caldeus. Estavam com medo dos
caldeus porque Ismael, filho de Netanias, tinha ma-
tado Gedalias, filho de Aicão, a quem o rei da Babi-
lônia havia nomeado governador da terra.

Jeremias exorta o povo a não ir ao Egito

42 1 Então todos os capitães dos exércitos e
Joanã, filho de Careá, e Jezanias, filho de
Hosaías, e todo o povo, desde o menor até o maior,
se aproximaram 2 e disseram ao profeta Jeremias:
— Apresentamos a você a nossa humilde sú-
plica, para que você ore ao SENHOR, seu Deus, por
nós e por este remanescente. Porque, de muitos
que éramos, só restamos uns poucos, como você
pode ver com os seus próprios olhos. 3 Ore, pedin-
do que o SENHOR, seu Deus, nos mostre o cami-
nho que devemos seguir e o que devemos fazer.
4 O profeta Jeremias respondeu:
— Eu ouvi o pedido de vocês. Vou orar ao
SENHOR, o Deus de vocês, de acordo com o que vo-
cês pediram. Tudo o que o SENHOR lhes disser em
resposta, eu o declararei a vocês, sem ocultar nada.
5 Então eles disseram a Jeremias:
— Que o SENHOR seja uma testemunha verdadei-
ra e fiel contra nós, se não fizermos conforme toda a

palavra que o SENHOR, seu Deus, nos disser por meio
de você! 6 Seja ela boa ou má, obedeceremos à voz
do SENHOR, nosso Deus, a quem pedimos que você
ore por nós, para que tudo corra bem conosco, ao
obedecermos à voz do SENHOR, nosso Deus.
7 Depois de dez dias, a palavra do SENHOR veio
a Jeremias. 8 Então ele chamou Joanã, filho de Ca-
reá, todos os capitães dos exércitos que estavam
com ele e todo o povo, desde o menor até o maior,
9 e lhes disse:
— Assim diz o SENHOR, Deus de Israel, a quem
vocês me enviaram para apresentar a súplica de
vocês: 10 "Se vocês permanecerem nesta terra, en-
tão eu os edificarei e não os derrubarei; eu os plan-
tarei e não os arrancarei, porque estou triste pelo
mal que lhes fiz. 11 Não tenham medo do rei da Ba-
bilônia, de quem agora vocês estão com medo. Não
tenham medo dele, diz o SENHOR, porque eu estou
com vocês, para os salvar e livrar das mãos dele.
12 Terei misericórdia de vocês, para que ele tenha
misericórdia de vocês e os faça voltar a esta terra."
13 — Mas, se vocês disserem: "Não ficaremos
nesta terra"; se desobedecerem à voz do SENHOR,
seu Deus, 14 e disserem: "Não! Preferimos ir à ter-
ra do Egito, onde não veremos guerra, nem ouvi-
remos som de trombeta, nem passaremos fome,
e ali vamos morar", 15 nesse caso, ouça a palavra
do SENHOR, ó remanescente de Judá. Assim diz
o SENHOR dos Exércitos, o Deus de Israel: "Se ti-
verem o firme propósito de entrar no Egito para
morar, 16 então a guerra da qual vocês têm medo
os alcançará, e a fome que vocês receiam irá no
encalço de vocês até o Egito, onde vocês morre-
rão. 17 Assim será com todos os que tiverem o pro-
pósito de entrar no Egito para morar: morrerão à
espada, de fome e de peste. Não haverá um só que
sobreviva ou escape do mal que trarei sobre eles."
18 — Porque assim diz o SENHOR dos Exérci-
tos, o Deus de Israel: "Assim como se derramou
a minha ira e o meu furor sobre os moradores de
Jerusalém, o meu furor se derramará sobre vocês,
quando entrarem no Egito. Vocês serão objeto de
maldição, de horror, de zombaria e de deboche, e
nunca mais verão este lugar."
19 — O SENHOR disse a vocês, que são o rema-
nescente de Judá: "Não vão para o Egito." Estejam
certos de que hoje eu faço esta advertência: 20 Vo-
cês estão se enganando, à custa da própria vida.
Porque me enviaram ao SENHOR, seu Deus, dizen-
do: "Ore por nós ao SENHOR, nosso Deus. Depois,
conte-nos tudo o que o SENHOR, nosso Deus,
disser, e nós o faremos." 21 Mas, agora que eu lhes
contei tudo isso, vocês não deram ouvidos à voz
do SENHOR, seu Deus, não fazendo nada do que
ele me mandou dizer. 22 Agora, pois, estejam cer-
tos de que morrerão à espada, de fome e de peste
no mesmo lugar aonde desejaram ir para morar.

Jeremias é levado ao Egito

43 1 Quando Jeremias acabou de falar a todo o
povo todas as palavras do SENHOR, o Deus
deles, palavras todas com as quais o SENHOR, o
Deus deles, o havia enviado ao povo, 2 Azarias, fi-
lho de Hosaías, Joanã, filho de Careá, e todos os
homens orgulhosos disseram a Jeremias:
— É mentira isso que você está dizendo! O
SENHOR, nosso Deus, não o enviou a dizer: "Não
entrem no Egito para morar." 3 Baruque, filho de
Nerias, é que está incitando você contra nós, para
nos entregar nas mãos dos caldeus, a fim de nos
matarem ou nos exilarem na Babilônia.
4 Assim nem Joanã, filho de Careá, nem os ca-
pitães dos exércitos, nem o povo todo obedeceu
à voz do SENHOR, para ficarem na terra de Judá.
5 Pelo contrário, Joanã, filho de Careá, e todos os
capitães dos exércitos reuniram todo o remanes-
cente de Judá que, de todas as nações para as quais
haviam sido dispersos, tinham voltado para morar
na terra de Judá, 6 isto é, reuniram os homens, as
mulheres e as crianças, as filhas do rei e todos os
que Nebuzaradã, o chefe da guarda, tinha deixado
com Gedalias, filho de Aicão, filho de Safã, bem
como o profeta Jeremias e Baruque, filho de Ne-
rias, 7 e entraram na terra do Egito, desobedecen-
do à voz do SENHOR, e chegaram até Tafnes.

Jeremias profetiza a conquista do Egito por Nabucodonosor

8 Então a palavra do SENHOR veio a Jeremias, em
Tafnes, dizendo:
9 — Pegue algumas pedras grandes e enterre-as
na argamassa do pavimento que está à entrada do
palácio de Faraó, em Tafnes, à vista de homens
judeus, 10 e diga-lhes: Assim diz o SENHOR dos
Exércitos, o Deus de Israel: "Eis que eu mandarei
vir Nabucodonosor, rei da Babilônia, meu servo, e
porei o seu trono sobre estas pedras que enterrei;
ele estenderá a sua tenda real sobre elas. 11 Virá e
destruirá a terra do Egito; quem é para a morte vai
para a morte; quem é para o cativeiro vai para o
cativeiro; e quem é para a espada vai para a espa-
da. 12 Porá fogo nos templos dos deuses do Egito
e os queimará, levando cativos os ídolos. Limpa-
rá a terra do Egito, assim como um pastor tira os
piolhos da sua própria roupa; e sairá dali em paz.
13 Quebrará as colunas de Bete-Semes na terra do
Egito e queimará os templos dos deuses do Egito."

A infidelidade dos judeus é repreendida

44 1 Palavra que veio a Jeremias a respeito de
todos os judeus moradores da terra do Egi-
to, em Migdol, em Tafnes, em Mênfis e na terra de
Patros:
2 — Assim diz o SENHOR dos Exércitos, Deus de
Israel: "Vocês viram todo o mal que fiz cair sobre

Jerusalém e sobre todas as cidades de Judá. Eis que
hoje elas estão em ruínas, e ninguém mora nelas,
3 por causa da maldade que fizeram, para me pro-
vocarem à ira, indo queimar incenso e servir ou-
tros deuses que nem eles, nem vocês, nem os pais
de vocês haviam conhecido. 4 Sempre de novo eu
lhes enviei os meus servos, os profetas, para lhes
dizer: 'Não façam esta coisa abominável que eu
detesto.' 5 Mas eles não quiseram ouvir, nem aten-
deram para se converterem da sua maldade, para
não queimarem incenso a outros deuses. 6 Por
isso, derramou-se a minha indignação e a minha
ira, que se acenderam nas cidades de Judá e nas
ruas de Jerusalém, fazendo com que ficassem ar-
rasadas e em ruínas, como hoje se vê."

7 — E agora, assim diz o SENHOR, Deus dos Exér-
citos, o Deus de Israel: "Por que estão fazendo este
mal tão grande contra vocês mesmos, eliminando
do meio de Judá homens e mulheres, crianças e
aqueles que ainda mamam, de modo que não lhes
fique nenhum remanescente? 8 Por que vocês me
irritam com as obras de suas mãos, queimando
incenso a outros deuses na terra do Egito, aonde
vieram para morar? Por que vocês querem ser eli-
minados e se tornar objeto de maldição e de debo-
che entre todas as nações da terra? 9 Será que vocês
já esqueceram as maldades dos seus pais, as mal-
dades dos reis de Judá, as maldades das suas mu-
lheres, as maldades que vocês mesmos fizeram e as
maldades que as mulheres de vocês fizeram, mal-
dades cometidas na terra de Judá e nas ruas de Jeru-
salém? 10 Não se humilharam até o dia de hoje, não
temeram, não andaram na minha lei nem nos meus
estatutos, que pus diante de vocês e dos seus pais."

11 — Portanto, assim diz o SENHOR dos Exérci-
tos, o Deus de Israel: "Eis que voltarei o meu rosto
contra vocês para trazer desgraça e para eliminar
todo o povo de Judá. 12 Farei com que o remanes-
cente de Judá, que se obstinou em entrar na terra
do Egito para morar, seja totalmente destruído.
Cairá à espada e à fome; desde o menor até o maior
perecerão; morrerão à espada e à fome. Serão ob-
jeto de maldição, de horror, de zombaria e de de-
boche. 13 Porque castigarei os que moram na terra
do Egito como castiguei Jerusalém: com a espada,
a fome e a peste, 14 de maneira que, dos restantes
de Judá que vieram à terra do Egito para morar, não
haverá quem escape e sobreviva para voltar à terra
de Judá, à qual desejam voltar para morar; mas não
voltarão a não ser alguns fugitivos."

15 Então todos os homens que sabiam que as
suas mulheres queimavam incenso a outros deu-
ses e todas as mulheres que estavam ali em pé,
uma grande multidão, e todo o povo que morava
na terra do Egito, em Patros, disseram a Jeremias:

16 — Não obedeceremos à palavra que você nos
anunciou em nome do SENHOR. 17 Pelo contrário,
certamente faremos tudo o que dissemos que fa-
ríamos. Queimaremos incenso à Rainha dos Céus
e lhe ofereceremos libações, como nós, nossos
pais, nossos reis e nossas autoridades costumá-
vamos fazer nas cidades de Judá e nas ruas de
Jerusalém. Naquele tempo, tínhamos fartura de
pão, prosperávamos e nenhum mal nos acontecia.
18 Mas, desde que paramos de queimar incenso à
Rainha dos Céus e de lhe oferecer libações, tive-
mos falta de tudo e fomos consumidos pela espa-
da e pela fome.

19 E as mulheres acrescentaram:

— Quando nós queimávamos incenso à Rainha
dos Céus e lhe oferecíamos libações, será que era
sem o consentimento de nossos maridos que fi-
zemos bolos para representá-la e lhe oferecemos
libações?

20 Então Jeremias se dirigiu a todo o povo, aos
homens e às mulheres, a todo o povo que lhe tinha
dado esta resposta, dizendo:

21 — Quanto ao incenso que vocês queimaram
nas cidades de Judá e nas ruas de Jerusalém, vocês
e os seus pais, os seus reis, as suas autoridades e o
povo da terra, será que o SENHOR não se lembrou
disso nem lhe veio isso à mente? 22 O SENHOR já
não podia por mais tempo suportar a maldade da-
quilo que vocês fizeram, as abominações que co-
meteram. Por isso, a terra de vocês se tornou uma
ruína, objeto de horror e de maldição, um lugar
desabitado, como hoje se vê. 23 Porque vocês quei-
maram incenso a outros deuses e pecaram contra
o SENHOR. Não obedeceram à voz do SENHOR e não
andaram na sua lei, nos seus estatutos e nos seus
testemunhos. Foi por isso que lhes sobreveio este
mal, como hoje se vê.

24 Jeremias disse mais a todo o povo e a todas as
mulheres:

— Escutem a palavra do SENHOR, todos vocês do
povo de Judá que estão na terra do Egito: 25 Assim
diz o SENHOR dos Exércitos, o Deus de Israel: "Vo-
cês e as suas mulheres não somente declararam
com a boca, mas também cumpriram com as suas
mãos os votos que fizeram, a saber: 'Certamente
cumpriremos os nossos votos, que fizemos, de
queimar incenso à Rainha dos Céus e de lhe ofe-
recer libações.' Pois bem, confirmem os votos que
fizeram! Sim, cumpram o que prometeram! 26 Mas
escutem a palavra do SENHOR, todos vocês do povo
de Judá que vivem na terra do Egito: Eis que eu juro
pelo meu grande nome, diz o SENHOR, que o meu
nome nunca mais será pronunciado por ninguém
de Judá em toda a terra do Egito, dizendo: 'Tão cer-
to como vive o SENHOR Deus.' 27 Eis que vigiarei so-
bre eles para mal e não para bem. Todos os de Judá
que estão na terra do Egito serão consumidos pela
espada e pela fome, até que não fique ninguém.
28 Os que escaparem da espada voltarão da terra

do Egito à terra de Judá, poucos em número; e todo
o remanescente de Judá que veio à terra do Egito
para morar ficará sabendo qual foi a palavra que se
cumpriu, a minha ou a deles. 29 Este é o sinal que
dou para vocês de que eu os castigarei neste lugar,
diz o SENHOR, para que saibam que as minhas pa-
lavras certamente se cumprirão contra vocês para
mal. 30 Eis o sinal, diz o SENHOR: Eu entregarei o
Faraó Hofra, rei do Egito, nas mãos de seus ini-
migos, nas mãos dos que querem matá-lo, assim
como entreguei Zedequias, rei de Judá, nas mãos
de Nabucodonosor, rei da Babilônia, que era seu
inimigo e procurava tirar-lhe a vida."

A mensagem de Jeremias a Baruque

45 1 Palavra que o profeta Jeremias falou a Ba-
ruque, filho de Nerias, quando este escrevia
num livro as palavras ditadas por Jeremias, no
quarto ano do reinado de Jeoaquim, filho de Jo-
sias, rei de Judá:

2 — Assim diz o SENHOR, Deus de Israel, a respeito
de você, Baruque: 3 Você disse: "Ai de mim! Porque
o SENHOR acrescentou tristeza ao meu sofrimento.
Estou cansado de gemer e não encontro descanso."
4 Diga-lhe o seguinte: Assim diz o SENHOR: "Aquilo
que construí eu vou demolir e aquilo que plantei eu
vou arrancar, e isto em toda a terra. 5 E você está bus-
cando coisas grandes para si mesmo? Não faça isto!
Porque eis que trarei mal sobre toda a humanidade,
diz o SENHOR, mas a você darei a sua vida como des-
pojo, em qualquer lugar para onde você for."

Profecia a respeito do Egito

46 1 Palavra do SENHOR que veio ao profeta Jere-
mias a respeito das nações.

2 A respeito do Egito, contra o exército de Faraó
Neco, rei do Egito, exército que estava junto ao rio
Eufrates em Carquemis e que foi derrotado por
Nabucodonosor, rei da Babilônia, no quarto ano
do reinado de Jeoaquim, filho de Josias, rei de Judá:

3 "Preparem os escudos e as couraças
e entrem na batalha!
4 Ponham arreios nos cavalos
e montem, cavaleiros!
Tomem posição e ponham os capacetes!
Afiem as lanças e vistam as armaduras!"

5 "Mas o que vejo?" — diz o SENHOR.
"Eles ficaram com medo
e viraram as costas.
Os seus valentes estão derrotados
e vão fugindo, sem olhar para trás;
há terror por todos os lados.
6 Aqueles que são ligeiros não podem fugir,
e os valentes não conseguem escapar.
No Norte, junto ao rio Eufrates,
tropeçaram e caíram."

7 "Quem é este que vem subindo como o Nilo,
como rios cujas águas se agitam?
8 O Egito vem subindo como o Nilo,
como rios cujas águas se agitam.
Ele disse: 'Subirei, cobrirei a terra,
destruirei as cidades e os seus moradores.'
9 Avancem, cavalos!
Corram furiosamente, carros de guerra!
Que saiam os valentes:
os etíopes e os de Pute, que manejam o escudo,
e os lídios, que manejam e entesam o arco."

10 "Porque este dia é o Dia do Senhor,
o SENHOR dos Exércitos,
dia de vingança contra os seus adversários.
A espada os devorará,
ficará saciada e embriagada
com o sangue deles.
Porque o Senhor, o SENHOR dos Exércitos,
tem um sacrifício na terra do Norte,
junto ao rio Eufrates.
11 Suba a Gileade e consiga bálsamo,
ó virgem filha do Egito!
É em vão que você multiplica remédios,
pois não há cura para você.
12 As nações ouviram falar
da vergonha que você passou,
e os seus gritos encheram a terra.
Porque um soldado tropeçou no outro,
e ambos caíram no chão."

A vinda de Nabucodonosor

13 Palavra que o SENHOR falou ao profeta Jere-
mias a respeito da vinda de Nabucodonosor, rei da
Babilônia, para atacar a terra do Egito:

14 "Anunciem no Egito
e proclamem isto em Migdol, Mênfis e Tafnes.
Digam: 'Tomem posição
e estejam preparados!
Porque a espada já devorou
o que está ao redor de vocês.
15 Por que o seu Touro está caído no chão?
Não pôde se manter em pé,
porque o SENHOR o abateu.'
16 O SENHOR multiplicou os que tropeçavam;
caíram uns sobre os outros e disseram:
'Levantem-se, e voltemos ao nosso povo
e à terra onde nascemos,
por causa da espada que oprime.'
17 Ali, darão a Faraó, rei do Egito,
o apelido de 'Espalhafatoso
Que Perdeu A Oportunidade'."

18 "Tão certo como eu vivo", diz o Rei,
cujo nome é SENHOR dos Exércitos,
"e tão certo como o Tabor está entre os montes
e o Carmelo está junto ao mar, assim ele virá."

19 "Prepare a sua bagagem para o exílio,
ó moradora, filha do Egito.
Porque Mênfis se tornará em desolação,
ficará em ruínas e desabitada.
20 O Egito é uma bela novilha,
mas uma mutuca do Norte
já vem atacá-la; sim, já vem.
21 Até os soldados mercenários no meio deles,
que são como bezerros gordos,
viraram as costas e fugiram juntos;
não resistiram,
porque veio sobre eles o dia da sua ruína
e o tempo do seu castigo.
22 O Egito faz um ruído
como o da serpente que foge,
porque os seus inimigos
vêm contra ele, com machados,
como se fossem cortadores de lenha.
23 Cortarão a sua floresta", diz o SENHOR,
"ainda que impenetrável,
porque se multiplicaram
mais do que os gafanhotos;
são inumeráveis.
24 A filha do Egito está envergonhada;
foi entregue nas mãos do povo do Norte."

25 O SENHOR dos Exércitos, o Deus de Israel, diz:
— Eis que eu castigarei Amom, deus de Tebas,
e também Faraó, o Egito, os seus deuses e os seus
reis, o próprio Faraó e os que confiam nele. 26 Eu os
entregarei nas mãos dos que querem matá-los, nas
mãos de Nabucodonosor, rei da Babilônia, e nas
mãos dos seus servos. Porém mais tarde voltará a
ser habitada, como nos dias antigos, diz o Senhor.

Deus salvará o seu povo

27 "Não tenha medo, meu servo Jacó,
nem fique assustado, ó Israel.
Pois eis que eu o livrarei
dessa terra distante
e salvarei a sua descendência
da terra do exílio;
Jacó voltará e ficará tranquilo e sossegado;
e não haverá quem o atemorize.
28 Não tenha medo, meu servo Jacó",
diz o SENHOR,
"porque eu estou com você.
Por isso, destruirei completamente
todas as nações por onde o dispersei.
A você eu não destruirei completamente,
mas castigarei em justa medida;
de modo nenhum deixarei você impune."

Profecia a respeito dos filisteus

47 1 Palavra do SENHOR que veio ao profeta Jere-
mias a respeito dos filisteus, antes que Faraó
atacasse Gaza.
2 Assim diz o SENHOR:
"Eis que do Norte se levantam as águas,
e se tornarão em torrente transbordante.
Inundarão a terra e a sua plenitude,
a cidade e os seus habitantes.
As pessoas gritarão por socorro,
e todos os moradores da terra se lamentarão,
3 ao ruído dos cascos dos seus cavalos,
ao barulho de seus carros de guerra,
ao estrondo das suas rodas.
Os pais não voltarão para socorrer os filhos,
porque as mãos deles enfraqueceram,
4 por causa do dia que vem
para destruir todos os filisteus,
para exterminar todo o resto
que poderia socorrer Tiro e Sidom.
Porque o SENHOR destruirá os filisteus,
o resto que veio da ilha de Caftor.
5 O povo de Gaza rapou a cabeça;
Asquelom foi reduzida a silêncio,
com o resto do seu vale.
Até quando vocês vão fazer
cortes na pele em sinal de luto?"
6 "'Ah! Espada do SENHOR,
quando é que você vai parar?
Volte para a sua bainha,
descanse e fique quieta.'
7 Mas como pode ela ficar quieta,
se o SENHOR lhe deu ordens?
Ele a dirige contra Asquelom
e contra a costa do mar."

Profecia a respeito de Moabe

48 1 A respeito de Moabe, assim diz o SENHOR
dos Exércitos, o Deus de Israel:
"Ai da cidade de Nebo, porque foi destruída!
Quiriataim está envergonhada, já foi tomada;
a fortaleza está envergonhada e destruída.
2 A glória de Moabe já se foi.
Em Hesbom tramaram contra ela, dizendo:
'Venham, vamos eliminá-la
para que não seja mais povo!'
Também você, ó Madmém,
será reduzida a silêncio;
a espada a perseguirá.
3 Ouve-se um grito desde Horonaim:
'Ruína e grande destruição!'
4 Moabe está destruída;
seus filhinhos fizeram ouvir gritos.
5 Pela subida de Luíte,
eles seguem com choro contínuo;
na descida de Horonaim,
se ouvem gritos angustiosos de ruína.
6 'Fujam! Corram para salvar a vida,
ainda que vocês venham a ser
como o arbusto solitário no deserto.'"

7 "Pois, por ter confiado nas suas obras
e nos seus tesouros,
também você, Moabe, será tomada.
O deus Quemos irá para o cativeiro,
junto com os seus sacerdotes
e os seus príncipes.
8 O destruidor virá sobre cada uma das cidades,
e nenhuma escapará;
perecerá o vale,
e a planície será destruída,
porque o SENHOR o disse.
9 Deem asas a Moabe, para que saia voando;
as suas cidades se tornarão em ruínas,
e ninguém morará nelas."

10 Maldito aquele que fizer
a obra do SENHOR relaxadamente!
Maldito aquele que retém
a sua espada do sangue!

A destruição das cidades de Moabe

11 "Moabe esteve despreocupado
desde a sua mocidade,
como vinho descansando sobre a borra.
Não foi mudado de vasilha em vasilha,
nem foi para o cativeiro.
Por isso, conservou o seu sabor,
e o seu aroma não se alterou."

12 — Portanto, eis que vêm dias, diz o SENHOR,
em que lhe enviarei derramadores, que o derrama-
rão; despejarão as suas vasilhas e as farão em pe-
daços. 13 Moabe terá vergonha de Quemos, como
a casa de Israel se envergonhou de Betel, sua con-
fiança.

14 "Como vocês podem dizer:
'Somos valentes e homens fortes
para a guerra'?
15 Moabe foi destruído
e as suas cidades foram invadidas,
e os seus melhores jovens
foram levados ao matadouro,
diz o Rei, cujo nome
é SENHOR dos Exércitos.
16 A destruição de Moabe está prestes a vir,
e muito se apressa o seu mal."

17 "Tenham pena de Moabe,
todos vocês que estão ao seu redor
e todos os que conhecem a sua fama.
Digam: 'Como se quebrou
a vara forte, o cajado formoso!'
18 Desça da sua glória e sente-se em terra sedenta,
ó moradora de Dibom.
Porque o destruidor de Moabe sobe contra você
e destruirá as suas fortalezas.
19 Fique na beira do caminho e espie,
ó moradora de Aroer.
Pergunte ao que foge e àquela que escapou:
'O que foi que aconteceu?'
20 Moabe está envergonhado,
porque foi destruído.
Chorem e gritem!
Anunciem junto ao Arnom
que Moabe foi destruído."

21 — O juízo veio também sobre a terra da
planície, sobre Holom, Jaza e Mefaate; 22 sobre
Dibom, Nebo e Bete-Diblataim; 23 sobre Quiria-
taim, Bete-Gamul e Bete-Meom; 24 sobre Queriote
e Bozra, e até sobre todas as cidades da terra de
Moabe, tanto as de longe como as de perto. 25 O
poder de Moabe foi eliminado, e o seu braço foi
quebrado, diz o SENHOR.

26 — Façam com que Moabe fique bêbado,
porque se exaltou contra o SENHOR. Moabe se re-
volverá no seu próprio vômito e também ele será
motivo de riso. 27 Pois não foi Israel também moti-
vo de riso para você? Mas por acaso foi Israel acha-
do entre ladrões, para que você balance a cabeça,
quando fala dele?

28 "Deixem as cidades e vão morar nos rochedos,
ó moradores de Moabe.
Sejam como as pombas que se aninham
nos flancos da boca do abismo.
29 Ouvimos falar da soberba de Moabe,
que de fato é extremamente soberbo.
Ouvimos falar da sua presunção,
do seu orgulho,
da sua vaidade e da arrogância
do seu coração.
30 Conheço a sua insolência", diz o SENHOR,
"mas isso não vale nada;
as suas arrogâncias nada farão.
31 Por isso, vou chorar por Moabe,
sim, gritarei por todo o Moabe;
pelos homens de Quir-Heres lamentarei.
32 Mais do que por Jazer,
chorarei por você, ó vinha de Sibma.
Os seus ramos passaram o mar,
chegaram até o mar de Jazer;
mas o destruidor caiu
sobre os seus frutos de verão
e sobre as suas uvas.
33 Fugiu a alegria e o regozijo
dos campos férteis de Moabe,
pois acabei com o vinho nos lagares.
Já não pisam as uvas com gritos de alegria;
os gritos não são gritos de alegria."

34 — Ouve-se o grito de Hesbom até Eleale e Jaza,
e de Zoar se dão gritos até Horonaim e Eglate-Selisia;
porque até as águas de Ninrim secaram. 35 Farei de-
saparecer de Moabe, diz o SENHOR, quem sacrifique
nos altos e queime incenso aos seus deuses.

36— Por isso, o meu coração geme como flau-
ta por causa de Moabe, e como flauta geme por
causa do povo de Quir-Heres, porque tudo o que
haviam ajuntado se perdeu. 37 Porque toda cabeça
será rapada e toda barba, cortada; sobre todas as
mãos haverá incisões, e, em volta da cintura, pano
de saco. 38 Sobre todos os terraços de Moabe e em
todas as suas praças há pranto, porque fiz Moabe
em pedaços, como vasilha de barro que ninguém
quer, diz o SENHOR. 39 Como foi destruído! Como
choram! Como, de vergonha, Moabe virou as cos-
tas! Assim, Moabe se tornou motivo de riso e de
espanto para todos os que estão ao seu redor.

40 Porque assim diz o SENHOR:
"Eis que uma nação voará como a águia
e estenderá as suas asas contra Moabe.
41 As cidades serão tomadas
e as fortalezas, ocupadas.
Naquele dia, o coração dos valentes de Moabe
será como o coração da mulher
que está em dores de parto.
42 Moabe será destruído, para que não seja povo,
porque se exaltou contra o SENHOR.
43 Terror, cova e armadilha esperam por vocês,
moradores de Moabe", diz o SENHOR.
44 "Aquele que fugir do terror cairá na cova,
e, se sair da cova,
será apanhado na armadilha;
porque trarei sobre ele, sobre Moabe,
o ano do seu castigo."

45 "Os que fogem param sem forças
à sombra de Hesbom;
porém sai fogo de Hesbom
e labareda do meio de Seom
e devora as têmporas de Moabe
e o alto da cabeça desse povo
que ama tanto a guerra.
46 Ai de você, Moabe!
O povo de Quemos foi destruído;
os seus filhos foram feitos cativos,
e as suas filhas foram levadas ao cativeiro.
47 Contudo, mudarei a sorte de Moabe,
nos últimos dias", diz o SENHOR.

Até aqui o juízo contra Moabe.

Profecia a respeito dos amonitas

49 1 A respeito dos filhos de Amom, assim diz
o SENHOR:

"Por acaso Israel não tem filhos?
Não tem herdeiro?
Então por que Milcom herdou
o território de Gade,
e o seu povo mora nas cidades dessa tribo?
2 Portanto, eis que vêm dias",
diz o SENHOR,
"em que farei ouvir o alarido de guerra
em Rabá dos filhos de Amom.
Ela se tornará um montão de ruínas,
e as suas aldeias serão queimadas;
e Israel retomará a herança
que lhe havia sido tirada", diz o SENHOR.

3 "Chore, povo de Hesbom,
porque a cidade de Ai foi destruída.
Gritem, filhos de Rabá,
vistam roupa feita de pano de saco,
lamentem e deem voltas
por entre as muralhas.
Porque Milcom irá para o cativeiro,
junto com os seus sacerdotes
e os seus príncipes.
4 Por que você se orgulha nos vales,
nos seus vales férteis, ó filha rebelde,
que confia nos seus tesouros,
dizendo: 'Quem me atacará?'
5 Eis que de todos os lados
trarei terror sobre você", diz o Senhor,
o SENHOR dos Exércitos.
"Vocês serão dispersos, cada um numa direção,
e não haverá quem consiga
reunir os fugitivos."

6— Mas depois disto mudarei a sorte dos filhos
de Amom, diz o Senhor.

Profecia a respeito dos edomitas

7 A respeito de Edom, assim diz o SENHOR dos
Exércitos:

"Por acaso não existe mais
sabedoria em Temã?
Será que pereceu o conselho dos sábios?
Desvaneceu a sabedoria deles?
8 Fujam, voltem,
escondam-se em cavernas,
ó moradores de Dedã,
porque eu trarei sobre ele a ruína de Esaú,
o tempo do seu castigo.
9 Se os que colhem uvas fossem até você,
não deixariam pelo menos alguns cachos?
Se ladrões viessem de noite,
não danificariam só o que lhes bastasse?
10 Mas eu despi Esaú,
descobri os seus esconderijos,
e não poderá se esconder.
Está destruída a sua descendência,
bem como os seus irmãos e vizinhos,
e ele já não existe.
11 Deixe os seus órfãos,
que eu os guardarei em vida;
e as suas viúvas podem confiar em mim."

12— Porque assim diz o SENHOR: "Se até os que
não estavam condenados a beber o cálice terão de

bebê-lo, por que você ficaria impune? Você não fi-
cará impune, mas certamente beberá esse cálice.
13 Porque por mim mesmo jurei, diz o SENHOR, que
Bozra será objeto de horror, de deboche, de de-
solação e de maldição; e todas as suas cidades se
tornarão em ruínas perpétuas."

Os pecados e o castigo de Edom

14 Eu ouvi uma notícia vinda do SENHOR,
e um mensageiro foi enviado
às nações para lhes dizer:
"Reúnam-se e venham atacar Edom!
Preparem-se para a guerra."

15 "Eis que fiz de você uma nação pequena
entre as outras,
desprezada entre os povos.
16 O terror que você inspira
e o orgulho do seu coração o enganaram.
Você, que vive nas fendas das rochas
e ocupa as alturas dos montes,
ainda que eleve o seu ninho como a águia,
de lá eu o derrubarei", diz o SENHOR.

17 — Assim, Edom será objeto de horror; todo
aquele que passar por ele ficará espantado e zom-
bará por causa do desastre que lhe aconteceu.
18 Como na destruição de Sodoma e Gomorra e
das suas cidades vizinhas, diz o SENHOR, assim não
habitará ninguém ali, nem morará nele homem
algum. 19 Eis que, assim como o leão sobe da flo-
resta do Jordão contra o rebanho em pasto verde,
assim, num momento, farei com que Edom fuja
dali. E estabelecerei sobre ele a quem eu escolher.
Pois quem é semelhante a mim? Quem me pedirá
contas? E quem é o pastor que me poderá resistir?
20 — Portanto, ouçam a decisão que o SENHOR
tomou contra Edom, e os planos que ele fez contra
os moradores de Temã. Certamente até os meno-
res do rebanho serão arrastados. Certamente as
suas moradas serão destruídas por causa deles.
21 A terra tremerá com o estrondo da sua queda; e
os seus gritos serão ouvidos até o mar Vermelho.
22 Eis que um inimigo, como águia, subirá, voará e
estenderá as suas asas contra Bozra. Naquele dia,
o coração dos valentes de Edom será como o cora-
ção da mulher que está em dores de parto.

Profecia a respeito de Damasco

23 A respeito de Damasco.

"As cidades de Hamate
e Arpade estão envergonhadas;
e, tendo ouvido más notícias, cambaleiam;
são como o mar agitado,
que não se pode sossegar.
24 Damasco está enfraquecida;
virou as costas para fugir.
Tremor tomou conta dela;
angústia e dores lhe sobrevieram,
como de mulher que está dando à luz.
25 Como está abandonada a famosa cidade,
a cidade da alegria!
26 Portanto, os seus jovens cairão nas suas praças;
todos os homens de guerra
serão reduzidos a silêncio naquele dia",
diz o SENHOR dos Exércitos.
27 "Porei fogo nas muralhas de Damasco,
o qual queimará os palácios de Ben-Hadade."

Profecia a respeito de Quedar e de Hazor

28 A respeito de Quedar e dos reinos de Hazor,
que foram derrotados por Nabucodonosor, rei da
Babilônia, assim diz o SENHOR:

"Levantem-se e ataquem Quedar;
destruam esse povo do Oriente.
29 Eles pegarão as suas tendas,
os seus rebanhos;
levarão embora as lonas das suas tendas,
todos os seus bens e os seus camelos;
e lhes gritarão:
'Há terror por todos os lados!'
30 Fujam, afastem-se para bem longe,
escondam-se em cavernas,
ó moradores de Hazor", diz o SENHOR.
"Porque Nabucodonosor, rei da Babilônia,
tomou uma decisão
e formou um plano contra vocês.
31 Levantem-se, babilônios,
e ataquem uma nação que vive em paz
e sem desconfiar de nada", diz o SENHOR;
"que não tem portões, nem ferrolhos;
eles vivem isolados.
32 Os seus camelos serão para presa,
e os seus muitos rebanhos de gado
serão levados como despojo.
Espalharei a todos os ventos
aqueles que cortam
os cabelos nas têmporas
e de todos os lados lhes trarei a ruína",
diz o SENHOR.
33 "Hazor se tornará em morada de chacais,
um lugar desolado para sempre.
Ninguém vai morar ali,
homem nenhum habitará nela."

Profecia a respeito de Elão

34 Palavra do SENHOR que veio ao profeta Jere-
mias a respeito de Elão, no princípio do reinado de
Zedequias, rei de Judá. 35 Assim diz o SENHOR dos
Exércitos:

— Eis que eu quebrarei o arco de Elão, a fonte
do seu poder. 36 Trarei sobre Elão os quatro ven-
tos dos quatro cantos da terra e os dispersarei na

direção de todos esses ventos; e não haverá país
aonde não cheguem os fugitivos de Elão. 37 Farei
com que o povo de Elão trema diante dos seus inimigos e diante dos que querem matá-los. Farei vir
sobre os elamitas o mal, o furor da minha ira, diz
o SENHOR; e enviarei a espada após eles, até que eu
os tenha destruído. 38 Porei o meu trono em Elão
e destruirei dali o rei e os oficiais, diz o SENHOR.
39 Mas, nos últimos dias, mudarei a sorte de Elão,
diz o SENHOR.

Profecia a respeito da Babilônia

50 1 Palavra que o SENHOR falou contra a Babilônia e contra a terra dos caldeus, por meio
do profeta Jeremias.

2 "Anunciem entre as nações,
proclamem e levantem um estandarte;
proclamem, não encubram nada.
Digam: 'Babilônia foi tomada,
Bel foi humilhado,
Marduque foi destruído.
As suas imagens estão cobertas de vergonha,
e seus ídolos tremem de terror.'"

3 — Porque do Norte veio contra ela uma nação que tornará deserta a sua terra, e não haverá
quem nela habite; tanto as pessoas como os animais fugiram e se foram. 4 Naqueles dias, naquele
tempo, diz o SENHOR, os filhos de Israel voltarão,
eles e os filhos de Judá juntamente; andando e
chorando, virão e buscarão o SENHOR, seu Deus.
5 Perguntarão pelo caminho que leva a Sião, com o
rosto voltado para lá, e dirão: "Venham, vamos nos
unir ao SENHOR em aliança eterna que jamais será
esquecida." 6 O meu povo tem sido um rebanho
de ovelhas perdidas. Os seus pastores as fizeram
andar errantes e deixaram que elas se desviassem
para os montes. Andaram de monte em monte e
se esqueceram do seu aprisco. 7 Todos os que as
acharam as devoraram. Os seus adversários diziam: "Não é culpa nossa!" Porque eles pecaram
contra o SENHOR, a morada da justiça, e contra a
esperança de seus pais, o SENHOR.

8 — Fujam da Babilônia! Saiam da terra dos
caldeus! Sejam como os bodes que vão adiante do
rebanho! 9 Porque eis que eu suscitarei e farei vir
contra a Babilônia um conjunto de grandes nações
da terra do Norte, e se porão em ordem de batalha
contra ela; assim ela será tomada. As flechas deles
serão como guerreiros bem treinados que nunca
voltam de mãos vazias.
10 — A Caldeia servirá de presa; todos os que a
saquearem se fartarão, diz o SENHOR.

11 "Ainda que se alegrem e exultem,
ó saqueadores da minha herança,
ainda que saltem como um bezerro no pasto
e fiquem rinchando
como um cavalo fogoso,
12 a mãe de vocês ficará
profundamente envergonhada;
aquela que os deu à luz será humilhada.
Eis que ela será a última das nações,
um deserto, uma terra seca e uma solidão.
13 Por causa da indignação do SENHOR,
não será habitada,
mas ficará totalmente deserta.
Quem passar pela Babilônia ficará espantado
e zombará por causa do desastre
que lhe aconteceu.
14 Ponham-se em ordem de batalha
ao redor da Babilônia,
todos vocês que manejam o arco!
Atirem contra ela! Não poupem flechas,
porque ela pecou contra o SENHOR.
15 Gritem contra ela, rodeando-a!
Ela já se rendeu.
As suas torres caíram
e as suas muralhas vieram abaixo.
Esta é a vingança do SENHOR; vinguem-se dela;
façam com ela o que ela fez com os outros.
16 Eliminem da Babilônia o que semeia
e o que maneja a foice no tempo da colheita.
Por causa da espada do opressor,
cada um voltará para o seu povo
e cada um fugirá para a sua terra."

A volta de Israel

17 — Israel é cordeiro desgarrado, que os leões
afugentaram. Primeiro, o rei da Assíria o devorou,
e, por fim, Nabucodonosor lhe quebrou os ossos.
18 Portanto, assim diz o SENHOR dos Exércitos, o
Deus de Israel: Eis que castigarei o rei da Babilônia
e a sua terra, como castiguei o rei da Assíria. 19 Farei Israel voltar para a sua morada, e pastará no
Carmelo e em Basã; matará a sua fome na região
montanhosa de Efraim e em Gileade. 20 Naqueles
dias e naquele tempo, diz o SENHOR, se sairá em
busca da iniquidade de Israel, mas ela já não existirá; procurarão os pecados de Judá, mas eles não
serão encontrados, porque perdoarei aqueles que
eu deixar como remanescente.

A condenação da Babilônia

21 "Ataque a terra de Merataim
e os moradores de Pecode.
Mate e destrua tudo após eles", diz o SENHOR,
"e faça tudo o que lhe ordenei.
22 Há na terra estrondo de batalha
e de grande destruição.
23 Como está quebrado,
feito em pedaços o martelo de toda a terra!
Como a Babilônia se tornou objeto de horror
entre as nações!

24 Preparei uma armadilha, ó Babilônia,
e você, sem se dar conta, caiu nela.
Você foi surpreendida e apanhada,
porque desafiou o SENHOR.
25 O SENHOR abriu o seu arsenal
e tirou dele as armas da sua indignação,
porque o Senhor, o SENHOR dos Exércitos,
tem uma obra a realizar
na terra dos caldeus.
26 Venham contra ela
de todos os confins da terra!
Abram os seus celeiros,
façam dela montões de ruínas,
destruam-na por completo!
Não deixem sobrar nada!
27 Matem à espada todos os seus touros!
Que sejam levados para o matadouro!
Ai deles! Pois é chegado o seu dia,
o tempo do seu castigo."

28 — Ouve-se a voz dos que fugiram e escaparam da terra da Babilônia, para anunciarem em Sião a vingança do SENHOR, nosso Deus, a vingança pelo que fizeram contra o seu templo.

29 — Convoquem uma multidão de flecheiros para que ataquem a Babilônia. Acampem-se ao redor dela e não deixem ninguém escapar. Retribuam-lhe segundo a sua obra; façam com ela o que ela fez com os outros. Porque ela procedeu com arrogância contra o SENHOR, contra o Santo de Israel.
30 Portanto, os seus jovens cairão nas suas praças, e todos os seus homens de guerra serão reduzidos a silêncio naquele dia, diz o SENHOR.

31 "Eis que eu sou contra você,
cidade orgulhosa",
diz o Senhor, o SENHOR dos Exércitos,
"porque chegou o seu dia,
o tempo em que hei de castigá-la.
32 Então o orgulhoso tropeçará e cairá,
e não haverá ninguém que o levante.
Porei fogo nas suas cidades,
o qual queimará todos os seus arredores."

33 — Assim diz o SENHOR dos Exércitos: Os filhos de Israel e os filhos de Judá sofrem opressão juntamente. Todos aqueles que os levaram cativos os retêm e não querem deixá-los ir embora.
34 Mas o Redentor deles é forte; SENHOR dos Exércitos é o seu nome. Certamente defenderá a causa deles, para aquietar a terra e inquietar os moradores da Babilônia.

35 Diz o SENHOR:
"A espada virá sobre os caldeus,
sobre os moradores da Babilônia
e sobre os seus príncipes e os seus sábios.
36 A espada virá sobre os adivinhos,
e eles se tornarão tolos;
virá sobre os valentes dela,
e ficarão apavorados.
37 A espada virá sobre os seus cavalos
e sobre os seus carros de guerra.
Virá sobre os mercenários
que estão no meio dela,
e eles ficarão com medo
como se fossem mulheres.
A espada virá sobre os tesouros dela,
e serão saqueados.
38 A espada virá sobre as suas águas,
e estas secarão;
porque é uma terra de imagens de escultura,
e os seus moradores enlouquecem
por estas coisas horríveis."

39 — Por isso, as feras do deserto com os chacais habitarão na Babilônia; também os avestruzes habitarão nela. Nunca mais será povoada, nem habitada de geração em geração.
40 Como quando Deus destruiu Sodoma e Gomorra e as suas cidades vizinhas, diz o SENHOR, assim não habitará ninguém ali, nem morará nela homem algum.

41 "Eis que um povo vem do Norte;
uma grande nação e muitos reis
se levantarão dos confins da terra.
42 Armam-se de arco e de lança;
são cruéis e não conhecem a compaixão.
O barulho que fazem
é como o bramido do mar.
Vêm montados em cavalos,
como guerreiros em ordem de batalha
contra você, ó filha da Babilônia.
43 O rei da Babilônia ouviu a fama deles,
e as suas mãos desfaleceram;
a angústia se apoderou dele,
e dores, como de mulher
que está dando à luz."

44 — Eis que, como o leão sobe da floresta do Jordão contra o rebanho em pasto verde, assim, num momento, farei com que ela fuja dali. E estabelecerei sobre ela a quem eu escolher. Pois quem é semelhante a mim? Quem me pedirá contas? E quem é o pastor que me poderá resistir?
45 Portanto, ouçam a decisão que o SENHOR tomou contra a Babilônia, e os planos que ele fez contra a terra dos caldeus. Certamente até os menores do rebanho serão arrastados. Certamente as suas moradas serão destruídas por causa deles.
46 A terra tremerá com o estrondo da tomada da Babilônia; e o seu grito será ouvido entre as nações.

O poder e a queda da Babilônia

51 1 Assim diz o SENHOR:
"Eis que levantarei um vento destruidor
contra a Babilônia e os seus habitantes.

2 Enviarei estrangeiros contra a Babilônia,
que a lançarão ao vento
como quem separa o trigo da palha
e deixarão a terra deserta.
No dia da calamidade,
virão contra ela de todos os lados.
3 Que os flecheiros não tenham
tempo de entesar o arco
nem de vestir as suas armaduras.
Não poupem os seus jovens!
Destruam por completo todo o seu exército!
4 Que eles caiam mortos na terra dos caldeus,
atravessados pela espada
nas ruas das suas cidades!
5 Porque Israel e Judá
não enviuvaram do seu Deus,
do SENHOR dos Exércitos;
mas a terra dos caldeus está cheia de culpa
diante do Santo de Israel."

6 "Fujam da Babilônia!
Que cada um salve a sua vida!
Não sejam destruídos por causa
da maldade dela!
Porque é tempo da vingança do SENHOR:
ele lhe dará o castigo que ela merece.
7 A Babilônia era um copo de ouro
na mão do SENHOR.
Esse copo embriagava toda a terra,
e do seu vinho beberam as nações;
por isso, enlouqueceram.
8 Repentinamente, a Babilônia caiu
e ficou arruinada.
Chorem por ela!
Tragam bálsamo para a sua ferida;
talvez ela possa ser curada.
9 Queríamos curar Babilônia, mas ela não sarou.
Deixem-na, e que cada um vá para a sua terra,
porque o seu juízo chega até o céu
e se eleva até as mais altas nuvens.
10 O SENHOR trouxe a nossa justiça à luz.
Venham, e anunciemos em Sião
a obra do SENHOR, nosso Deus."
11 "Afiem as flechas! Preparem os escudos!"

O SENHOR despertou o espírito dos reis dos me-
dos, porque o seu propósito é destruir a Babilônia.
Pois esta é a vingança do SENHOR, a vingança pelo
que fizeram contra o seu templo.

12 "Levantem um estandarte
contra as muralhas da Babilônia!
Reforcem a guarda!
Coloquem sentinelas!
Preparem emboscadas!
Porque o SENHOR planejou
e fez o que tinha dito
a respeito dos moradores da Babilônia.
13 Você que mora sobre muitas águas
e está rica de tesouros,
o seu fim chegou;
o fio da sua vida foi cortado.
14 O SENHOR dos Exércitos jurou
por si mesmo, dizendo:
Certamente eu a encherei de homens,
como se fossem gafanhotos,
e eles darão o grito de vitória sobre você."

Hino de louvor a Deus

15 Deus fez a terra pelo seu poder.
Com a sua sabedoria, estabeleceu o mundo;
e, com a sua inteligência, estendeu os céus.
16 Quando ele faz soar a sua voz,
logo há tumulto de águas no céu,
e nuvens sobem das extremidades da terra.
Ele cria os relâmpagos para a chuva
e dos seus depósitos faz sair o vento.

17 Todas as pessoas são tolas
e não têm conhecimento.
Todo ourives é envergonhado
pela imagem que ele mesmo esculpiu,
pois as suas imagens são falsas,
e nelas não há fôlego de vida.
18 São vaidade, obras ridículas.
Quando chegar o tempo
do seu castigo, virão a perecer.

19 Aquele que é a Porção de Jacó
não é semelhante a essas imagens,
porque ele é o Criador de todas as coisas,
e Israel é a tribo da sua herança.
SENHOR dos Exércitos é o seu nome.

Babilônia, poder destruidor nas mãos de Deus

20 "Babilônia, você era o meu martelo
e minhas armas de guerra.
Por meio de você,
despedacei nações e destruí reinos.
21 Por meio de você,
despedacei o cavalo e o seu cavaleiro;
despedacei o carro de guerra
e o seu cocheiro.
22 Por meio de você,
despedacei homens e mulheres,
despedacei velhos e jovens,
despedacei rapazes e moças.
23 Por meio de você,
despedacei o pastor e o seu rebanho,
despedacei o lavrador e a sua junta de bois,
despedacei governadores e autoridades."

O castigo da Babilônia

24 — Diante dos olhos de vocês, pagarei à Ba-
bilônia e a todos os moradores da Caldeia toda a
maldade que fizeram em Sião, diz o SENHOR.

25 "Eis que sou contra você,
ó montanha destruidora,
que destrói toda a terra", diz o SENHOR.
"Estenderei a mão contra você,
farei com que role do alto das rochas
e se transforme em monte queimado.
26 De você não será tirada nenhuma pedra
para ser pedra angular
ou para fazer um alicerce,
porque você será uma desolação perpétua",
diz o SENHOR.

27 "Levantem um estandarte na terra,
toquem a trombeta entre as nações,
preparem as nações para lutarem contra ela.
Convoquem contra ela os reinos
de Ararate, Mini e Asquenaz.
Nomeiem contra ela um comandante.
Façam vir cavalos como gafanhotos eriçados.
28 Preparem as nações
para lutarem contra ela,
os reis dos medos, os seus governadores,
todas as suas autoridades
e toda a terra do seu domínio.
29 A terra treme e se contorce em dores,
porque os planos do SENHOR
contra a Babilônia estão firmes,
para fazer da terra da Babilônia uma desolação,
sem que haja quem nela habite.
30 Os valentes da Babilônia pararam de lutar
e permanecem nas fortalezas.
Desfaleceu-lhes a força,
tornaram-se como mulheres.
As suas casas estão em chamas,
os ferrolhos dos portões foram quebrados.
31 Um arauto sai ao encontro de outro arauto,
um mensageiro sai ao encontro
de outro mensageiro,
para anunciar ao rei da Babilônia
que a sua cidade foi invadida
de todos os lados,
32 que as passagens do rio estão ocupadas,
as fortalezas estão em chamas,
e os homens de guerra, amedrontados.
33 Porque assim diz o SENHOR dos Exércitos,
o Deus de Israel:
A filha da Babilônia é como a eira
quando é aplanada e pisada;
ainda um pouco, e chegará para ela
o tempo da colheita."
34 "Nabucodonosor, rei da Babilônia, nos devorou,
esmagou-nos e fez de nós
um objeto inútil.
Como monstro marinho, nos engoliu,
encheu a sua barriga
com as nossas comidas finas
e nos jogou fora.

35 Que a moradora de Sião diga:
'A violência que se fez a mim
e à minha carne
caia sobre a Babilônia!'
Que Jerusalém diga:
'O meu sangue caia
sobre os moradores da Caldeia!'"

36 Portanto, assim diz o SENHOR:
"Eis que defenderei a sua causa
e vingarei o mal que lhe fizeram.
Secarei as águas da Babilônia
e farei com que se esgotem as suas fontes.
37 Babilônia se tornará um montão de ruínas,
morada de chacais,
objeto de espanto e de vaias,
e não haverá quem nela habite.
38 Os babilônios rugem como leões
e rosnam como leõezinhos.
39 Estando eles esganados,
prepararei um banquete para eles.
Eu os deixarei embriagados,
para que se alegrem
e durmam sono eterno e não acordem",
diz o SENHOR.
40 "Farei com que sejam levados
como cordeiros ao matadouro,
como carneiros e bodes."

A queda da Babilônia

41 "Como foi tomada a Babilônia,
e apanhada de surpresa
a glória de toda a terra!
Como é possível?
Babilônia se tornou objeto de horror
entre as nações.
42 O mar invadiu a Babilônia
e a cobriu com a multidão das suas ondas.
43 Suas cidades se tornaram em desolação,
terra seca e deserta,
terra em que ninguém habita
e por onde não passa ninguém.
44 Castigarei Bel na Babilônia
e farei com que lance de sua boca
o que engoliu.
As nações nunca mais afluirão a ele.
Também a muralha da Babilônia cairá."
45 "Saia do meio dela, meu povo!
Que cada um salve a sua vida
do furor da ira do SENHOR.
46 Não desfaleça o coração de vocês,
nem tenham medo do rumor
que se há de ouvir na terra.
Pois virá num ano um rumor,
noutro ano, outro rumor.
Haverá violência na terra,
dominador contra dominador."

47 "Portanto, eis que vêm dias
em que castigarei as imagens de escultura
da Babilônia.
Toda a sua terra será envergonhada,
e todos os seus feridos cairão no meio dela.
48 Os céus, a terra e tudo o que neles há
jubilarão sobre a Babilônia,
porque do Norte lhe virão os destruidores",
diz o SENHOR.
49 "Como a Babilônia fez cair
os feridos de Israel,
assim, na Babilônia, cairão
os feridos de toda a terra."

Mensagem aos judeus na Babilônia

50 "Vocês que escaparam da espada,
andem, não parem!
De longe, lembrem-se do SENHOR
e pensem em Jerusalém.
51 Vocês dirão: 'Estamos envergonhados,
porque ouvimos falar da afronta.
O nosso rosto se cobre de vergonha,
porque vieram estrangeiros
e entraram nos santuários
da Casa do SENHOR.'"

52 "Portanto, eis que vêm dias", diz o SENHOR,
"em que castigarei as imagens de escultura
da Babilônia;
e em toda a terra os feridos gemerão.
53 Mesmo que a Babilônia subisse aos céus
e mesmo que fortificasse no alto
a sua fortaleza,
ainda assim eu mandaria
destruidores contra ela", diz o SENHOR.

A destruição da Babilônia

54 "Da Babilônia se ouvem gritos,
e da terra dos caldeus,
o ruído de grande destruição.
55 Porque o SENHOR está destruindo
a Babilônia
e fazendo cessar o barulho que ela faz.
As suas ondas bramarão
como muitas águas
e se ouvirá o tumulto da sua voz.
56 Porque um destruidor vem contra ela,
contra a Babilônia;
os seus valentes estão presos,
já estão quebrados os seus arcos.
Porque o SENHOR é Deus que retribui,
e ele certamente lhe retribuirá.
57 Deixarei embriagados os seus príncipes,
os seus sábios, os seus governadores,
as suas autoridades e os seus valentes.
Dormirão sono eterno e não acordarão",
diz o Rei, cujo nome é SENHOR dos Exércitos.

58 Assim diz o SENHOR dos Exércitos:
"A grossa muralha da Babilônia
será totalmente derrubada,
e os seus altos portões serão incendiados.
Assim, os povos trabalharam em vão,
e o esforço das nações acabou
sendo consumido pelo fogo."

A mensagem de Jeremias é enviada à Babilônia

59 Esta é a ordem que o profeta Jeremias deu a
Seraías, filho de Nerias, filho de Maaseias, quando
este estava de saída para a Babilônia com Zede-
quias, rei de Judá, no quarto ano do seu reinado.
Seraías era o chefe dos camareiros. 60 Jeremias es-
creveu num livro todo o mal que havia de vir sobre
a Babilônia, a saber, todas as palavras já escritas
contra a Babilônia. 61 Jeremias disse a Seraías:
— Quando você chegar à Babilônia, trate de ler
em voz alta todas estas palavras. 62 Depois, diga:
"Ó SENHOR! Tu falaste a respeito deste lugar que o
exterminarias, a fim de que nada fique nele, nem
pessoa nem animal, e que se tornaria em desola-
ção perpétua." 63 Quando você acabar de ler o livro,
amarre-o numa pedra e jogue-o no meio do Eufra-
tes. 64 Então diga: "Assim será afundada a Babilônia
e não se levantará, por causa do mal que eu hei de
trazer sobre ela; e os seus moradores sucumbirão."
Até aqui as palavras de Jeremias.

A queda de Jerusalém

2Rs 24.18—25.7; 2Cr 36.11-21; Jr 39.1-7

52 1 Zedequias tinha vinte e um anos de ida-
de quando começou a reinar e reinou
onze anos em Jerusalém. A mãe dele se chamava
Hamutal e era filha de Jeremias, de Libna. 2 Ze-
dequias fez o que era mau aos olhos do SENHOR,
segundo tudo o que Jeoaquim havia feito. 3 Foi por
causa da ira do SENHOR contra Jerusalém e contra
Judá que isto aconteceu, a ponto de os rejeitar da
sua presença.
Zedequias rebelou-se contra o rei da Babilô-
nia. 4 Aconteceu que, no nono ano do reinado de
Zedequias, aos dez dias do décimo mês, Nabu-
codonosor, rei da Babilônia, veio contra Jerusa-
lém, ele e todo o seu exército. Sitiaram a cidade
e construíram rampas de ataque ao redor dela. 5 A
cidade ficou sitiada até o décimo primeiro ano do
reinado de Zedequias. 6 Aos nove dias do quarto
mês, quando a cidade se via apertada pela fome,
e não havia pão para o povo da terra, 7 a cidade
foi arrombada. Embora os caldeus estivessem em
volta da cidade, todos os homens de guerra fu-
giram e saíram de noite pelo caminho do portão
que fica entre as duas muralhas perto do jardim
do rei. Fugiram na direção do vale do Jordão. 8 Mas
o exército dos caldeus perseguiu o rei Zedequias e

o alcançou nas campinas de Jericó; e todo o exér-
cito deste se dispersou e o abandonou. 9 Então Ze-
dequias foi preso e levado ao rei da Babilônia, em
Ribla, na terra de Hamate, o qual lhe pronunciou
a sentença. 10 O rei da Babilônia mandou matar os
filhos de Zedequias à vista deste; também man-
dou matar todas as autoridades de Judá, em Ribla.
11 Mandou furar os olhos de Zedequias, amarrou-o
com correntes de bronze, levou-o à Babilônia e o
conservou no cárcere até o dia da sua morte.

A destruição do templo

2Rs 25.8-17; 2Cr 36.17-21

12 No décimo dia do quinto mês, no décimo
nono ano do reinado de Nabucodonosor, rei da
Babilônia, Nebuzaradã, chefe da guarda e servidor
do rei da Babilônia, veio a Jerusalém. 13 Ele quei-
mou a Casa do SENHOR e o palácio real, bem como
todas as casas de Jerusalém. Também entregou às
chamas todas as construções importantes. 14 Todo
o exército dos caldeus que estava com o chefe da
guarda derrubou todas as muralhas ao redor de Je-
rusalém. 15 Nebuzaradã, o chefe da guarda, levou
cativos os mais pobres do povo, o resto do povo
que havia ficado na cidade, os desertores que se
entregaram ao rei da Babilônia e o restante da po-
pulação. 16 Porém Nebuzaradã, o chefe da guarda,
deixou alguns dos mais pobres da terra para serem
vinhateiros e lavradores.

17 Os caldeus cortaram em pedaços as colunas
de bronze que estavam na Casa do SENHOR, bem
como os suportes e o mar de bronze que estavam
na Casa do SENHOR; e levaram todo o bronze para
a Babilônia. 18 Levaram também as panelas, as
pás, os apagadores, as bacias, os recipientes de
incenso e todos os utensílios de bronze, com que
se ministrava. 19 O chefe da guarda levou também
os copos, os braseiros, as bacias, as panelas, os
candelabros, os recipientes de incenso e as taças,
tudo o que fosse de ouro ou de prata. 20 Quanto às
duas colunas, ao mar de bronze e aos doze touros
de bronze que o sustentavam, e que Salomão ha-
via feito para a Casa do SENHOR, o peso do bronze
de todos esses utensílios era incalculável. 21 Quan-
to às colunas, a altura de uma era de oito metros,
e um cordão de cinco metros e trinta e cinco a
cercava. Eram ocas, e a grossura do metal era de
dez centímetros. 22 Sobre ela havia um capitel de
bronze; a altura de cada capitel era de dois metros
e vinte. A obra de rede e as romãs sobre o capitel
ao redor eram de bronze. 23 Semelhante a esta era
a outra coluna com as romãs. Havia noventa e seis
romãs aos lados; todas as romãs sobre a obra de
rede ao redor eram cem.

O povo de Judá é levado para a Babilônia

2Rs 25.18-21

24 O chefe da guarda também levou cativos Se-
raías, sumo sacerdote, Sofonias, segundo sacer-
dote, e os três guardas da porta. 25 Da cidade ele
levou um oficial, que era comandante das tropas
de guerra, e sete conselheiros do rei que ainda es-
tavam na cidade, bem como o escrivão-chefe do
exército, que alistava o povo da terra, e sessenta
homens do povo do lugar, que estavam na cida-
de. 26 Nebuzaradã, o chefe da guarda, levou-os ao
rei da Babilônia, em Ribla. 27 O rei da Babilônia os
matou ali mesmo, em Ribla, na terra de Hamate.

Assim Judá foi levado cativo para fora de sua
terra. 28 Este é o povo que Nabucodonosor levou
para o exílio: no sétimo ano, três mil e vinte e três
judeus; 29 no décimo oitavo ano de Nabucodono-
sor, ele levou cativas de Jerusalém oitocentas e
trinta e duas pessoas; 30 no vigésimo terceiro ano
de Nabucodonosor, Nebuzaradã, o chefe da guar-
da, levou cativas, dentre os judeus, setecentas e
quarenta e cinco pessoas. Ao todo, foram levadas
quatro mil e seiscentas pessoas.

O rei Joaquim é libertado

2Rs 25.27-30

31 No trigésimo sétimo ano do cativeiro de Joa-
quim, rei de Judá, no dia vinte e cinco do décimo
segundo mês, Evil-Merodaque, rei da Babilônia,
no ano em que começou a reinar, libertou Joa-
quim, rei de Judá, e o fez sair do cárcere. 32 Falou
com ele de modo bondoso e lhe deu um lugar de
mais honra do que a dos reis que estavam com
ele na Babilônia. 33 Permitiu que ele deixasse de
usar as roupas de prisioneiro, e Joaquim passou a
comer na presença dele todos os dias da sua vida.
34 E da parte do rei da Babilônia lhe foi dada sub-
sistência vitalícia, uma pensão diária, até o dia da
sua morte, durante todos os dias da sua vida.

LAMENTAÇÕES
DE JEREMIAS

Jerusalém destruída

1 Álefe — 1 Como jaz solitária
a cidade outrora populosa!
Tornou-se como viúva
a que foi grande entre as nações!
Princesa entre as províncias,
ficou sujeita a trabalhos forçados!

Bete — 2 Chora amargamente de noite,
e as lágrimas lhe correm pelo rosto.
Entre todos os seus amantes
não tem quem a console.
Todos os seus amigos a traíram;
tornaram-se seus inimigos.

Guímel — 3 Judá foi levado ao exílio,
afligido e sob grande servidão;
agora habita entre as nações,
sem encontrar descanso.
Todos os seus perseguidores
o apanharam nas suas angústias.

Dálete — 4 Os caminhos de Sião
estão de luto,
porque não há quem venha à reunião solene.
Todas as suas portas estão desertas,
os seus sacerdotes vivem gemendo,
as suas virgens estão tristes,
e ela mesma se acha em amargura.

Hê — 5 Os seus adversários a dominam,
os seus inimigos prosperam.
Porque o SENHOR a afligiu,
por causa da multidão das suas transgressões;
os seus filhinhos tiveram de ir para o exílio,
na frente dos adversários.
Vau — 6 Da filha de Sião já se passou
todo o esplendor.
Os seus príncipes ficaram sendo
como corços que não acham pasto
e caminham exaustos
na frente do perseguidor.

Zaine — 7 Agora que está aflita
e andando sem rumo,
Jerusalém se lembra
de todas as coisas preciosas
que teve nos tempos antigos.
Ela se recorda de como o seu povo
caiu nas mãos do adversário,
sem que ninguém viesse socorrê-la,
e de como os adversários a viram
e deram risada da sua queda.

Hete — 8 Jerusalém pecou gravemente;
por isso, se tornou repugnante.
Todos os que a honravam agora a desprezam,
porque viram a sua nudez;
ela também geme
e se retira envergonhada.

Tete — 9 A sua impureza está nas suas saias.
Ela não pensava no que poderia acontecer;
por isso, caiu de modo espantoso
e não tem quem a console.
Vê, SENHOR, a minha aflição,
porque o inimigo se exalta.

Iode — 10 O adversário pôs a mão
em todas as coisas preciosas dela.
Ela viu as nações entrarem
no seu santuário,
apesar de teres proibido
que entrassem na tua congregação.

Cafe — 11 Todo o seu povo anda gemendo
e à procura de pão;
trocaram as suas coisas preciosas
por mantimento,
para poderem restaurar as forças.
Vê, SENHOR, e contempla,
pois me tornei desprezível.

Lâmede — 12 Todos vocês que passam
pelo caminho,
será que isto não os comove?
Olhem e vejam se há dor igual à minha,
essa dor que me sobreveio,
com que o SENHOR me afligiu
no dia do furor da sua ira.
Mem — 13 Lá do alto ele enviou fogo
aos meus ossos,
o qual se apoderou deles;
estendeu uma rede aos meus pés,
e me fez voltar para trás;
deixou-me desolada
e sofrendo todo o dia.

Num — 14 Ele, com a sua mão,
fez das minhas transgressões um jugo;
elas foram entretecidas
e penduradas no meu pescoço.
O Senhor abateu a minha força;
ele me entregou
nas mãos daqueles
contra os quais não posso resistir.

Sâmeque — 15 O Senhor dispersou
todos os valentes
que estavam comigo;
convocou um exército contra mim,
para esmagar os meus jovens;

o Senhor pisou, como num lagar,
a virgem filha de Judá.

Aim — 16 Por estas coisas, eu choro;
os meus olhos, os meus olhos
se desfazem em lágrimas.
Porque o consolador,
que devia restaurar as minhas forças,
se afastou de mim.
Os meus filhos estão desolados,
porque o inimigo prevaleceu.

Pê — 17 Sião estende as mãos,
e não há quem a console.
O SENHOR ordenou a respeito de Jacó
que os seus vizinhos se tornem seus inimigos;
para eles, Jerusalém
se tornou coisa imunda.

Tsadê — 18 Justo é o SENHOR,
pois me rebelei contra a sua palavra.
Escutem, todos os povos,
e vejam a minha dor;
as minhas virgens e os meus jovens
foram levados para o cativeiro.

Cofe — 19 Chamei os meus amantes,
mas eles me enganaram;
os meus sacerdotes e os meus anciãos
morreram na cidade,
quando estavam à procura de mantimento
para restaurarem as suas forças.

Rexe — 20 Olha, SENHOR,
porque estou angustiada!
A minha alma se agita,
o meu coração está transtornado
dentro de mim,
porque gravemente me rebelei contra ti.
Lá fora, a espada mata os filhos;
aqui dentro, a morte se propaga.

Chim — 21 Ouvem-se os meus gemidos,
mas não tenho quem me console.
Todos os meus inimigos que souberam
da minha desgraça
se alegram, porque tu a fizeste
cair sobre mim;
mas, quando trouxeres
o dia que anunciaste,
eles serão semelhantes a mim.

Tau — 22 Venha toda a sua iniquidade
à tua presença,
e faze com eles como fizeste comigo
por causa de todas
as minhas transgressões;
porque os meus gemidos
são muitos,
e o meu coração desfalece.

As tristezas de Sião provêm de Deus

2 Álefe — 1 Como o Senhor, na sua ira,
cobriu de nuvens a filha de Sião!
Precipitou do céu à terra a glória de Israel
e, no dia da sua ira,
não se lembrou do estrado de seus pés.

Bete — 2 O Senhor devorou
todas as moradas de Jacó
e não teve piedade;
no seu furor, derrubou
as fortalezas da filha de Judá;
lançou por terra e profanou
o reino e os seus príncipes.

Guímel — 3 No furor da sua ira,
cortou toda a força de Israel;
retirou a sua mão direita
em face do inimigo.
Consumiu Jacó como labareda de fogo
que devora tudo ao seu redor.

Dálete — 4 Entesou o seu arco,
como se fosse um inimigo;
firmou a sua mão direita,
como se fosse um adversário.
Destruiu tudo
o que era formoso à vista;
derramou o seu furor, como fogo,
sobre a tenda da filha de Sião.

Hê — 5 O Senhor se tornou como inimigo,
devorando Israel;
devorou todos os seus palácios,
destruiu as suas fortalezas
e multiplicou na filha de Judá
o pranto e a lamentação.

Vau — 6 Demoliu com violência
o seu tabernáculo,
como se fosse uma horta;
destruiu o lugar da sua congregação.
O SENHOR, em Sião,
entregou ao esquecimento
as festas e o sábado
e, na indignação da sua ira,
rejeitou com desprezo o rei e o sacerdote.

Zaine — 7 O Senhor rejeitou o seu altar
e detestou o seu santuário.
Entregou nas mãos dos inimigos
os muros dos seus castelos;
eles deram gritos
na Casa do SENHOR,
como se fosse dia de festa.

Hete — 8 O SENHOR resolveu
destruir a muralha da filha de Sião;
estendeu o cordel
e não retirou a sua mão destruidora.

Fez gemer a muralha e as paredes;
juntas enfraqueceram.

Tete — 9 Os seus portões caíram por terra;
ele quebrou e despedaçou as suas trancas.
O seu rei e os seus príncipes
estão entre as nações
onde já não vigora a lei;
os seus profetas não recebem
mais visões do SENHOR.

Iode — 10 Os anciãos da filha de Sião
estão sentados no chão, em silêncio;
lançam pó sobre a cabeça,
vestindo roupa feita de pano de saco;
as virgens de Jerusalém
abaixam a cabeça até o chão.

Cafe — 11 Com lágrimas se consumiram
os meus olhos,
a minha alma se agita;
o meu coração se derramou de angústia
por causa da calamidade
da filha do meu povo,
porque crianças e bebês desmaiam
pelas ruas da cidade.

Lâmede — 12 Perguntam às suas mães:
"O que temos para comer e beber?",
ao mesmo tempo em que desfalecem
como o ferido pelas ruas da cidade
ou quando dão o último suspiro
nos braços de sua mãe.

Mem — 13 O que posso lhe dizer?
A quem você se assemelha,
ó filha de Jerusalém?
A quem posso compará-la,
para lhe trazer consolo, ó virgem filha de Sião?
Porque a sua calamidade
é tão grande como o mar;
quem poderá curá-la?

Num — 14 As visões que
os seus profetas lhe anunciaram
eram falsas e enganosas.
Eles não expuseram
a maldade do que você fazia,
para restaurarem a sua sorte,
mas anunciaram visões falsas,
que a levaram ao cativeiro.

Sâmeque — 15 Todos os que passam
pelo caminho
zombam, batendo palmas,
vaiam e balançam a cabeça
diante da filha de Jerusalém.
Perguntam: "É esta a cidade
que chamavam de Perfeição da Formosura,
a alegria de toda a terra?"

Pê — 16 Todos os seus inimigos
abrem a boca contra você,
vaiam, rangem os dentes e dizem:
"Nós acabamos com ela!
Certamente este é o dia que esperávamos!
Conseguimos! Esse dia chegou!"

Aim — 17 O SENHOR fez o que tinha em vista;
cumpriu a ameaça que pronunciou
desde os dias da antiguidade.
Derrubou sem dó nem piedade;
deixou que os inimigos se alegrassem
por causa de você
e exaltou o poder dos seus adversários.

Tsadê — 18 O coração do povo
clama ao Senhor.
Ó muralha da filha de Sião,
que as suas lágrimas corram
como um ribeiro,
de dia e de noite!
Não descanse!
Que a menina de seus olhos
não pare de chorar!

Cofe — 19 Levante-se e clame de noite,
no princípio das vigílias.
Derrame, como água,
o coração diante do Senhor;
levante a ele as mãos,
pela vida de seus filhinhos,
que desfalecem de fome
nas esquinas de todas as ruas.

Rexe — 20 Vê, ó SENHOR, e considera
a quem trataste assim!
Será que as mulheres
deviam comer
o fruto de si mesmas,
as crianças que elas tanto amam?
Ou será que os sacerdotes e profetas
deviam ser mortos
no santuário do Senhor?

Chim — 21 Os jovens e os velhos
jazem por terra pelas ruas;
as minhas virgens e os meus jovens
foram mortos à espada.
Tu os mataste no dia da tua ira;
fizeste matança
sem dó nem piedade.

Tau — 22 Convocaste de toda parte
terrores contra mim,
como se fosse um dia de festa;
não houve quem escapasse
ou ficasse com vida
no dia da ira do SENHOR.
Os filhos que tive e criei,
o meu inimigo os consumiu.

Castigo, arrependimento e esperança

3 Álefe — 1 Eu sou o homem que viu a aflição
causada pela vara do furor de Deus.
2 Ele me levou e me fez andar
nas trevas e não na luz.
3 Certamente ele voltou a sua mão contra mim,
sem parar, todo o dia.

Bete — 4 Fez envelhecer a minha carne
e a minha pele,
e despedaçou os meus ossos.
5 Construiu rampas de ataque contra mim
e me cercou de amargura e dor.
6 Ele me faz habitar na escuridão,
como aqueles que morreram há muito tempo.

Guímel — 7 Cercou-me de um muro,
e já não posso sair;
prendeu-me com pesadas correntes.
8 Mesmo quando clamo e grito,
ele fecha os ouvidos à minha oração.
9 Fechou os meus caminhos
com blocos de pedra,
fez tortuosas as minhas veredas.

Dálete — 10 Foi para mim como
um urso à espreita,
como um leão pronto para atacar.
11 Desviou os meus caminhos
e me fez em pedaços;
depois me abandonou.
12 Entesou o seu arco
e me pôs como alvo de suas flechas.

Hê — 13 As flechas da sua aljava
atingiram o meu coração.
14 Fui feito motivo de riso para todo o meu povo,
e a sua canção de deboche o dia inteiro.
15 Fartou-me de amarguras,
e me saciou de absinto.

Vau — 16 Quebrou os meus dentes nas pedras,
e cobriu-me de cinza.
17 Já não sei o que é ter paz
e esqueci o que é desfrutar do bem.
18 Então eu disse: "Não tenho mais forças.
A minha esperança no SENHOR acabou."

Zaine — 19 Lembra-te da minha aflição
e do meu andar errante,
do absinto e da amargura.
20 Minha alma continuamente se lembra disso
e se abate dentro de mim.
21 Quero trazer à memória
o que pode me dar esperança.

Hete — 22 As misericórdias
do SENHOR são a causa
de não sermos consumidos,
porque as suas misericórdias não têm fim;
23 renovam-se cada manhã.
Grande é a tua fidelidade.
24 A minha porção é o SENHOR, diz a minha alma;
portanto, esperarei nele.

Tete — 25 O SENHOR é bom
para os que esperam nele,
para aqueles que o buscam.
26 Bom é aguardar a salvação do SENHOR,
e isso, em silêncio.
27 Bom é para o homem
suportar o jugo na sua mocidade.

Iode — 28 Que ele se assente solitário
e fique em silêncio,
porque esse jugo Deus pôs sobre ele.
29 Ponha a sua boca no pó;
talvez ainda haja esperança.
30 Dê a face ao que o fere
e suporte todas as afrontas.

Cafe — 31 O Senhor não rejeitará
para sempre.
32 Ainda que entristeça alguém,
terá compaixão segundo a grandeza
das suas misericórdias.
33 Porque não aflige
nem entristece de bom grado
os filhos dos homens.

Lâmede — 34 Pisar debaixo dos pés
todos os prisioneiros da terra,
35 perverter o direito do homem
diante do Altíssimo,
36 subverter a justiça num processo
— será que o Senhor não veria tais coisas?

Mem — 37 Quem é aquele que diz,
e assim acontece,
sem que o Senhor o tenha ordenado?
38 Por acaso, não é
da boca do Altíssimo que procedem
tanto o mal como o bem?
39 Por que se queixa o homem?
Queixe-se cada um dos seus próprios pecados.

Num — 40 Examinemos bem
os nossos caminhos
e voltemos para o SENHOR.
41 Levantemos o coração,
juntamente com as mãos,
para Deus nos céus, dizendo:
42 "Nós pecamos e fomos rebeldes,
e tu não nos perdoaste."

Sâmeque — 43 Cobriste-nos de ira
e nos perseguiste;
nos mataste sem dó nem piedade.
44 De nuvens te encobriste
para que a nossa oração não passe.

45 Como lixo e refugo nos puseste
no meio dos povos.

Pê — 46 Todos os nossos inimigos
abriram a boca contra nós.
47 Sobre nós vieram o temor e a cova,
a desolação e a ruína.
48 Dos meus olhos correm rios de lágrimas,
por causa da destruição
da filha do meu povo.

Aim — 49 Os meus olhos choram,
não cessam, e não há descanso,
50 até que o SENHOR atenda
e veja lá do céu.
51 O que vejo entristece a minha alma:
o sofrimento de todas
as filhas da minha cidade.

Tsadê — 52 Aqueles que sem motivo
são meus inimigos
caçaram-me como se eu fosse uma ave.
53 Lançaram-me vivo numa cova
e atiraram pedras sobre mim.
54 Águas correram sobre a minha cabeça;
então eu disse: "Estou perdido!"

Cofe — 55 Da mais profunda cova, SENHOR,
invoquei o teu nome.
56 Ouviste a minha voz, quando pedi:
"Não feches os teus ouvidos
aos meus lamentos,
ao meu clamor."
57 No dia em que te invoquei,
chegaste perto de mim
e disseste: "Não tenha medo."

Rexe — 58 Defendeste a minha causa,
Senhor;
remiste a minha vida.
59 Viste, SENHOR, a injustiça
que me fizeram;
julga a minha causa.
60 Viste toda a sua vingança,
todos os seus planos contra mim.

Chim — 61 Ouviste as suas afrontas,
SENHOR,
todos os seus planos contra mim,
62 as acusações que me fazem
e o que murmuram contra mim,
o dia todo.
63 Observa-os quando se assentam
e quando se levantam;
eu sou motivo de zombaria para eles.

Tau — 64 Tu, SENHOR, lhes retribuirás
segundo a obra das mãos deles.
65 Tu lhes darás dureza de coração,
que é a tua maldição sobre eles.
66 Na tua ira, os perseguirás,
e eles serão eliminados
de debaixo dos céus do SENHOR.

Os sofrimentos do cerco

4 Álefe — 1 Como se escureceu o ouro!
Como o ouro refinado
perdeu o seu brilho!
Como estão espalhadas
as pedras do santuário
pelas esquinas de todas as ruas!

Bete — 2 Os nobres filhos de Sião,
comparáveis a ouro puro,
agora são tratados
como simples objetos de barro,
obra das mãos de oleiro!

Guímel — 3 Até os chacais dão o peito,
dão de mamar aos seus filhotes;
mas a filha do meu povo
tornou-se cruel
como as avestruzes no deserto.

Dálete — 4 A língua do bebê que mama
fica pegada, pela sede, ao céu da boca;
as crianças pedem pão,
mas não há quem as alimente.

Hê — 5 Os que se alimentavam
de comidas finas
desfalecem nas ruas;
os que se criaram entre escarlate
agora vivem entre montes de lixo.

Vau — 6 Porque a maldade
da filha do meu povo
é maior do que o pecado
de Sodoma,
que foi destruída num momento,
sem intervenção humana.

Zaine — 7 Os seus príncipes
eram mais alvos do que a neve,
mais brancos do que o leite;
eram mais ruivos de corpo
do que os corais
e tinham a formosura da safira.

Hete — 8 Mas agora o aspecto deles
é mais escuro do que a fuligem;
não são reconhecidos nas ruas.
A sua pele grudou nos ossos,
secou-se como a madeira.

Tete — 9 Mais felizes foram
as vítimas da espada
do que as vítimas da fome;
porque estas se definham
atingidas mortalmente
pela falta do produto dos campos.

Iode — 10 As mãos das mulheres
que antes eram compassivas
cozinharam os seus próprios filhos;
estes lhes serviram de alimento
quando a filha do meu povo foi destruída.

Cafe — 11 O SENHOR deu cumprimento
à sua indignação,
derramou o furor da sua ira;
acendeu fogo em Sião,
que consumiu os seus alicerces.

Lâmede — 12 Nem os reis da terra,
nem todos os moradores
do mundo acreditavam
que o adversário ou inimigo pudesse entrar
pelos portões de Jerusalém.

Mem — 13 Tudo isso aconteceu
por causa dos pecados dos seus profetas
e por causa das maldades
dos seus sacerdotes,
que derramaram no meio dela
o sangue dos justos.

Num — 14 Vagueiam como cegos
pelas ruas,
andam contaminados de sangue,
de maneira que ninguém
pode tocar na roupa deles.

Sâmeque — 15 E o povo grita:
"Afastem-se, imundos!
Afastem-se, afastem-se, não toquem em nada!"
Quando fugiram e andaram errantes,
dizia-se entre as nações:
"Aqui eles não podem morar."

Pê — 16 A ira do SENHOR os espalhou;
ele já não dá atenção a eles.
Não respeitaram os sacerdotes,
nem se compadeceram dos anciãos.

Aim — 17 Os nossos olhos
ainda desfalecem,
esperando socorro que nunca chega;
de nossas torres, temos olhado para um povo
que não nos pode livrar.

Tsadê — 18 Espreitavam os nossos passos,
de maneira que não podíamos andar
pelas nossas ruas.
Nosso fim se aproximava,
os nossos dias estavam contados,
era chegado o nosso fim.

Cofe — 19 Os nossos perseguidores
foram mais ligeiros
do que as águias nos céus;
sobre os montes nos perseguiram,
no deserto nos armaram ciladas.

Rexe — 20 O ungido do SENHOR,
que era o nosso alento,
foi preso nas armadilhas deles.
Dele dizíamos:
"Debaixo da sua sombra,
viveremos entre as nações."

Chim — 21 Exulte e alegre-se agora,
ó filha de Edom,
você que habita na terra de Uz.
Logo chegará a sua hora
de beber do cálice;
você ficará embriagada e despida.

Tau — 22 O castigo por causa
da sua maldade
está consumado, ó filha de Sião;
o SENHOR nunca mais a levará para o exílio.
Mas ele castigará a sua maldade,
ó filha de Edom;
porá a descoberto os pecados
que você cometeu.

Oração pedindo misericórdia

5 1 Lembra-te, SENHOR,
do que nos aconteceu;
considera e olha para a nossa desgraça.

2 A nossa herança foi entregue
a estranhos,
e as nossas casas, a estrangeiros.

3 Somos órfãos, já não temos pai;
as nossas mães são como viúvas.

4 Temos de comprar a nossa própria água;
temos de pagar pela nossa própria lenha.

5 Os nossos perseguidores
estão sobre o nosso pescoço;
estamos exaustos e não temos descanso.

6 Submetemo-nos aos egípcios e aos assírios,
para nos fartarem de pão.

7 Nossos pais pecaram e já não existem;
nós é que recebemos o castigo
pelas suas iniquidades.

8 Escravos dominam sobre nós;
não há ninguém que nos livre das suas mãos.

9 Arriscamos a vida
para conseguir o nosso pão,
por causa da ameaça
que vem do deserto.

10 Nossa pele queima como um forno,
por causa do ardor da fome.

11 As mulheres foram violentadas em Sião;
as virgens, nas cidades de Judá.

12 Enforcaram os príncipes,
não tiveram nenhum respeito
pelos velhos.

13 Os jovens são obrigados a virar os moinhos;
os meninos tropeçam
debaixo das cargas de lenha.

14 Os anciãos já não se reúnem
junto ao portão da cidade;
os jovens já não cantam mais.

15 Cessou a alegria de nosso coração;
a nossa dança se transformou em lamentações.

16 Caiu a coroa da nossa cabeça.
Ai de nós, porque pecamos!

17 Por causa disso,
o nosso coração está doente;
por causa dessas coisas,
os nossos olhos se escureceram.

18 Pelo monte Sião, que está abandonado,
vagueiam os chacais.

19 Tu, SENHOR, reinas eternamente,
o teu trono subsiste
de geração em geração.

20 Por que te esquecerias de nós para sempre?
Por que nos desampararias
por tanto tempo?

21 Converte-nos a ti, SENHOR,
e seremos convertidos;
renova os nossos dias como antigamente.

22 Por que nos rejeitarias de vez?
Por que ficarias tão enfurecido contra nós?

EZEQUIEL

A PRIMEIRA VISÃO DE EZEQUIEL

CAPS. 1—7

A visão dos quatro seres viventes

1 1 No trigésimo ano, no quinto dia do quarto
mês, estando eu no meio dos exilados, junto
ao rio Quebar, os céus se abriram e eu tive visões
de Deus.
2 No quinto dia do referido mês, no quinto ano
de cativeiro do rei Joaquim, 3 a palavra do SENHOR
veio expressamente a Ezequiel, filho de Buzi, o
sacerdote, na terra dos caldeus, junto ao rio Que-
bar. Ali a mão do SENHOR esteve sobre ele.
4 Olhei, e eis que do Norte vinha um vento
tempestuoso e uma grande nuvem envolta em
fogo e rodeada de resplendor. E no meio disso ha-
via uma coisa como metal brilhante, que saía do
meio do fogo.
5 Do meio disso saía algo semelhante a quatro
seres viventes, cuja aparência era esta: tinham a
semelhança de ser humano. 6 Cada um tinha qua-
tro rostos e quatro asas. 7 As suas pernas eram re-
tas, e a planta dos pés era como a de um bezerro
e brilhavam como bronze polido. 8 Debaixo das
asas, nos quatro lados, tinham mãos humanas.
Assim, todos os quatro seres viventes tinham
rostos e asas. 9 As asas se uniam uma à outra. Eles
não se viravam quando se moviam; cada um an-
dava para a sua frente.
10 Quanto à forma de seus rostos, cada um tinha
um rosto de ser humano. Do lado direito, os qua-
tro tinham rosto de leão; do lado esquerdo, rosto
de boi; e os quatro também tinham rosto de águia.
11 Assim eram os seus rostos. Suas asas se abriam
para cima. Cada ser vivente tinha duas asas, uni-
das cada uma à do outro; com as outras duas asas
eles cobriam o corpo. 12 Cada um andava para a
sua frente. Para onde o espírito queria ir, eles iam;
não se viravam quando se moviam. 13 O aspecto
dos seres viventes era como carvão em brasa, à se-
melhança de tochas. O fogo corria resplandecente
por entre os seres viventes, e dele saíam relâmpa-
gos. 14 Os seres viventes ziguezagueavam à seme-
lhança de relâmpagos.

A visão das quatro rodas

15 Quando eu estava olhando para os seres vi-
ventes, eis que havia uma roda no chão, ao lado
de cada um deles. 16 O aspecto das rodas e a sua
estrutura eram brilhantes como o berilo. As qua-
tro tinham a mesma aparência, cujo aspecto e es-
trutura eram como se uma roda estivesse dentro
da outra. 17 Quando elas andavam, podiam ir em
quatro direções e não se viravam quando se mo-
viam. 18 Os aros dessas rodas eram altos e metiam
medo; e, nas quatro rodas, os aros estavam cheios
de olhos ao redor.
19 Quando os seres viventes se moviam, as rodas
se moviam ao lado deles; quando eles se elevavam
do chão, também as rodas se elevavam. 20 Para onde
o espírito queria ir, eles iam, pois o espírito os im-
pelia; e as rodas se elevavam do chão juntamente
com eles, porque nelas estava o espírito dos seres

viventes. 21 Quando os seres viventes se moviam,
as rodas se moviam; quando eles paravam, as rodas
paravam; e, quando eles se elevavam do chão, as
rodas também se elevavam com eles; porque o espí-
rito dos seres viventes estava nas rodas.
22 Sobre a cabeça dos seres viventes havia algo
semelhante ao firmamento, como cristal brilhante
que metia medo, estendido por sobre a cabeça de-
les. 23 Por debaixo do firmamento, cada ser vivente
estendia duas asas na direção do ser que lhe esta-
va próximo; e com as outras duas asas cobriam o
corpo. 24 Quando eles andaram, ouvi o ruído das
suas asas, que era como o som de muitas águas,
como a voz do Onipotente, um som de tumulto
como o tropel de um exército. Quando eles para-
vam, abaixavam as asas. 25 Veio uma voz de cima
do firmamento que estava sobre a cabeça deles.
Quando eles paravam, abaixavam as asas.

A visão da glória divina

26 Por cima do firmamento que estava sobre a
cabeça dos seres viventes, havia algo semelhante
a um trono, como uma safira; e, sobre essa espécie
de trono, estava sentada uma figura semelhante a
um ser humano. 27 Vi que essa figura era como me-
tal brilhante, como um fogo ao redor dela, desde a
sua cintura e daí para cima; e desde a sua cintura
e daí para baixo, vi que essa figura era como fogo
e havia um resplendor ao redor dela. 28 Como o as-
pecto do arco que aparece nas nuvens em dia de
chuva, assim era o resplendor ao redor. Esta era
a aparência da glória do SENHOR. Ao ver isto, caí
com o rosto em terra e ouvi a voz de quem falava.

O chamado de Ezequiel

2 1 Esta voz me disse:
— Filho do homem, fique em pé, e falarei com
você.
2 Enquanto falava comigo, o Espírito entrou em
mim e me fez ficar em pé, e ouvi aquele que falava
comigo. 3 Ele me disse:
— Filho do homem, eu vou enviá-lo aos filhos
de Israel, às nações rebeldes que se rebelaram
contra mim. Eles e os pais deles se revoltaram con-
tra mim, até precisamente o dia de hoje. 4 Os filhos
têm a mente fechada e o coração endurecido. Eu
vou enviá-lo até eles, e você lhes dirá: "Assim diz
o SENHOR Deus." 5 Eles, quer ouçam quer deixem
de ouvir, porque são casa rebelde, saberão que um
profeta esteve no meio deles.
6 — Você, filho do homem, não tenha medo
deles nem do que eles disserem. Mesmo que você
esteja entre sarças e espinhos e more com escor-
piões, não tenha medo do que eles disserem nem
se assuste com o rosto deles, porque são casa re-
belde. 7 Você lhes dirá as minhas palavras, quer
ouçam quer deixem de ouvir, pois são rebeldes.
8 — Você, filho do homem, ouça o que eu lhe
digo: não seja rebelde como essa gente. Abra a
boca e coma o que eu vou lhe dar.
9 Então olhei, e eis que certa mão se estendia para
mim, e nela se achava o rolo de um livro. 10 Ela o de-
senrolou diante de mim, e estava escrito por dentro
e por fora. No rolo, estavam escritas lamentações,
gemidos e ais.

3 1 Ainda me disse:
— Filho do homem, coma o que está aí diante
de você. Coma esse rolo; depois, vá falar à casa de
Israel.
2 Então abri a boca, e ele me deu o rolo para co-
mer. 3 E me disse:
— Filho do homem, coma e encha o seu estô-
mago com este rolo que eu lhe dou.
Eu o comi, e na minha boca era doce como o
mel.

A missão do profeta

4 Disse-me ainda:
— Filho do homem, vá à casa de Israel e diga-lhe
as minhas palavras. 5 Porque você não está sendo
enviado a um povo de fala obscura nem de língua
difícil, mas à casa de Israel. 6 Você não está sendo
enviado a muitos povos de fala obscura e de língua
difícil, cujas palavras você não poderia entender.
Se eu o enviasse a esses povos, eles certamente
dariam ouvidos a você. 7 Mas a casa de Israel não
vai querer dar ouvidos a você, porque não quer dar
ouvidos a mim; pois toda a casa de Israel tem o co-
ração fechado e a mente endurecida. 8 Eis que en-
dureci o seu rosto contra o rosto deles e endureci a
sua fronte contra a fronte deles. 9 Tornei a sua fron-
te mais dura do que a rocha — como o diamante.
Portanto, não tenha medo deles, nem se assuste
com o rosto deles, porque são casa rebelde.
10 Ainda me disse mais:
— Filho do homem, guarde em seu coração to-
das as minhas palavras que eu lhe falar e ouça-as
com muita atenção. 11 Vá falar com os exilados, os fi-
lhos do seu povo, e, quer ouçam quer deixem de ou-
vir, fale com eles e diga-lhes: "Assim diz o SENHOR
Deus."
12 Então o Espírito me levantou, e ouvi atrás
de mim a voz de um grande estrondo, que,
levantando-se do seu lugar, dizia:
— Bendita seja a glória do SENHOR.
13 Ouvi o ruído das asas dos seres viventes, que
tocavam umas nas outras, e o barulho das rodas
juntamente com eles e o som de um grande estron-
do. 14 Então o Espírito me levantou e me levou. Eu
fui, amargurado no furor do meu espírito, e a mão
do SENHOR se fez forte sobre mim. 15 Então fui a
Tel-Abibe, aos exilados que habitavam junto ao rio
Quebar, e, durante sete dias, assentei-me ali, per-
plexo, no meio deles.

O atalaia de Israel

16 Depois dos sete dias, a palavra do SENHOR
veio a mim, dizendo:
17 — Filho do homem, eu o coloquei como ata-
laia sobre a casa de Israel. Você ouvirá a palavra
da minha boca e lhes dará aviso da minha parte.
18 Quando eu disser ao ímpio: "Você certamente
morrerá", e você não o avisar e nada disser para
o advertir do seu mau caminho, para lhe salvar a
vida, esse ímpio morrerá na sua maldade, mas você
será responsável pela morte dele. 19 Mas, se você
avisar o ímpio, e ele não se converter da sua mal-
dade e do seu mau caminho, ele morrerá na sua
maldade, mas você terá salvo a sua vida.
20 — Também quando o justo se desviar da sua
justiça e fizer maldade, e eu puser diante dele um
tropeço, ele morrerá. Visto que você não o avisou,
ele morrerá no seu pecado, e os atos de justiça que
ele havia praticado não serão lembrados, e você
será responsável pela morte dele. 21 No entanto, se
você avisar o justo, para que não peque, e ele não
pecar, certamente viverá, porque foi avisado; e
você terá salvo a sua vida.
22 A mão do SENHOR veio sobre mim, e ele me
disse:
— Levante-se e vá para o vale, onde falarei com
você.
23 Levantei-me e fui para o vale, e eis que a gló-
ria do SENHOR estava ali, como a glória que eu ti-
nha visto junto ao rio Quebar; e caí com o rosto em
terra. 24 Então o Espírito entrou em mim, e me pôs
em pé, e falou comigo, e me disse:
— Vá para a sua casa e tranque-se dentro dela.
25 Quanto a você, filho do homem, eis que porão cor-
das sobre você e irão amarrá-lo com elas; e você não
poderá sair para o meio do povo. 26 Farei com que a
sua língua se apegue ao céu da boca, e você ficará
mudo e incapaz de os repreender; porque são casa
rebelde. 27 Mas, quando eu falar com você, eu lhe de-
volverei a fala e você lhes dirá: "Assim diz o SENHOR
Deus." Quem ouvir, que ouça; e quem deixar de ou-
vir, que fique sem ouvir; porque são casa rebelde.

O cerco simbólico de Jerusalém

4 1 — Filho do homem, pegue um tijolo, ponha-o
diante de você e faça nele um desenho da ci-
dade de Jerusalém. 2 Nesse desenho, a cidade de-
verá estar sitiada, com rampas e torres de ataque,
acampamentos e aríetes em volta dela. 3 Pegue
também uma assadeira de ferro e coloque-a como
muro de ferro entre você e a cidade. Volte o seu
rosto para a cidade. Ela será sitiada, e você a sitia-
rá. Isso servirá de sinal para a casa de Israel.
4 — Deite-se também sobre o seu lado es-
querdo e ponha sobre ele a maldade da casa de
Israel. Conforme o número dos dias que se deitar
sobre o seu lado esquerdo, você levará sobre si
a maldade da casa de Israel. 5 Porque determi-
nei que cada ano da sua maldade corresponda a
um dia, num total de trezentos e noventa dias; e
você levará sobre si a maldade da casa de Israel.
6 Quando você tiver cumprido esses dias, deite-se
sobre o seu lado direito, e você levará sobre si a
maldade da casa de Judá durante quarenta dias:
um dia para cada ano. 7 Volte o seu rosto para o
cerco de Jerusalém e, com o braço descoberto,
profetize contra ela. 8 Eis que vou amarrá-lo com
cordas, e assim você não poderá se virar de um
lado para o outro até que você tenha cumprido os
dias do seu cerco.
9 — Pegue trigo, cevada, favas, lentilha, aveia e
centeio, coloque-os numa vasilha e com eles faça
pão para você. Durante os dias em que você se dei-
tar sobre o seu lado, trezentos e noventa dias, você
comerá desse pão. 10 A sua comida será por peso,
duzentos e quarenta gramas, que você comerá de
tempos em tempos. 11 Também a água que você
beber será medida: meio litro por dia, para beber de
tempos em tempos. 12 O que você comer será como
bolo de cevada, assado sobre esterco humano, à vis-
ta do povo.
13 E o SENHOR disse ainda:
— Assim os filhos de Israel comerão a sua comi-
da impura, entre as nações para onde os expulsarei.
14 Então eu disse:
— Ah! SENHOR Deus! Eis que eu nunca me con-
taminei, pois, desde a minha mocidade até agora,
nunca comi carne de animal que morreu por si ou
que foi dilacerado por feras. Em minha boca ja-
mais entrou qualquer carne abominável.
15 Então ele me disse:
— Pois bem, vou deixar que você use esterco de
vaca em lugar de esterco humano; asse o seu pão
em cima dele.
16 Disse mais:
— Filho do homem, eis que eu cortarei o supri-
mento de pão em Jerusalém. Comerão o pão por
peso e com ansiedade; beberão a água por medida
e com espanto. 17 Visto que lhes faltará o pão e a
água, ficarão espantados uns com os outros e se
consumirão nas suas maldades.

5 1 — Filho do homem, pegue uma espada afiada
e use-a como navalha de barbeiro, passando-a
pela sua cabeça e pela sua barba. Depois, pegue
uma balança e reparta os cabelos que você cor-
tou. 2 Queime uma terça parte no meio da cidade,
quando se cumprirem os dias do cerco. Pegue ou-
tra terça parte e corte-a com a espada, enquanto
você rodeia a cidade. Espalhe a outra terça parte
ao vento, e irei atrás deles com a espada. 3 Mas pe-
gue uns poucos cabelos e prenda-os nas bordas
das suas roupas. 4 Pegue ainda alguns cabelos,
jogue-os no fogo, e deixe que se queimem. Dali
sairá um fogo contra toda a casa de Israel.

As causas do cerco de Jerusalém

5— Assim diz o SENHOR Deus: Esta é Jerusalém;
eu a coloquei no meio das nações, com os outros
países ao seu redor. 6 Ela, porém, se rebelou contra
os meus juízos e os meus estatutos, sendo mais
perversa do que as nações e os países ao seu redor.
Porque os moradores de Jerusalém rejeitaram os
meus juízos e não andaram nos meus estatutos.
7 Portanto, assim diz o SENHOR Deus: Vocês são
mais rebeldes do que as nações que estão ao seu
redor. Não andaram nos meus estatutos, não exe-
cutaram os meus juízos, nem procederam segundo
o direito das nações ao redor de vocês. 8 Por isso,
assim diz o SENHOR Deus: Eis que eu, eu mesmo,
estou contra você, Jerusalém, e vou executar os
meus juízos dentro de você, à vista das nações.
9 Farei com você o que nunca fiz e o que jamais farei
de novo, por causa de todas as suas abominações.
10 Por isso, os pais vão devorar os próprios filhos
dentro de você, ó Jerusalém, e os filhos vão devorar
os pais. Executarei em você os meus juízos e tudo
o que restar de você espalharei aos quatro ventos.
11 Portanto, porque você profanou o meu santuário
com todas as suas coisas detestáveis e com todas
as suas abominações, tão certo como eu vivo, diz o
SENHOR Deus, eu me retirarei. Os meus olhos não
terão piedade, e eu não a pouparei. 12 Uma terça
parte dos seus moradores morrerá de peste e será
consumida pela fome dentro de suas muralhas;
outra terça parte cairá à espada nos seus arredores;
e a outra terça parte espalharei aos quatro ventos e
irei atrás dela com a espada na mão.

13— Assim se cumprirá a minha ira, satisfarei
neles o meu furor e me acalmarei. Saberão que eu,
o SENHOR, falei motivado pelo meu zelo, quando
cumprir neles o meu furor. 14 Jerusalém, farei de
você uma desolação e objeto de deboche entre as
nações que estão ao seu redor, à vista de todos os
que passarem.

15— Assim, você será objeto de deboche e de
zombaria, um exemplo de castigo e um motivo de
espanto às nações que estão ao seu redor, quando
eu executar em você juízos com ira e indignação,
em furiosos castigos. Eu, o SENHOR, falei. 16 Quan-
do eu atirar contra eles as flechas mortais da fome,
flechas destruidoras, que eu enviarei para destruir
vocês, então aumentarei a fome entre vocês e lhes
cortarei o suprimento de pão. 17 Enviarei sobre vo-
cês a fome, e animais selvagens que os deixarão
sem filhos; a peste e o derramamento de sangue
passarão por você, e trarei a espada contra você.
Eu, o SENHOR, falei.

Profecia contra a idolatria de Israel

6 1 A palavra do SENHOR veio a mim, dizendo:
2— Filho do homem, volte o seu rosto para os
montes de Israel e profetize contra eles, dizendo:
3 Montes de Israel, ouçam a palavra do SENHOR
Deus. Assim diz o SENHOR Deus aos montes e às
colinas, aos desfiladeiros e aos vales: Eis que eu,
eu mesmo, trarei a espada sobre vocês e destruirei
os seus lugares altos. 4 Os altares de sacrifício serão
destruídos, e os altares onde vocês queimam incen-
so serão quebrados. Farei com que os mortos caiam
diante dos seus ídolos. 5 Porei os cadáveres dos fi-
lhos de Israel diante dos seus ídolos e espalharei
os ossos de vocês ao redor dos seus altares. 6 Onde
quer que vocês morarem, as cidades serão destruí-
das e os lugares altos ficarão em ruínas, para que os
altares sejam destruídos e arruinados, os seus ído-
los sejam quebrados e extintos, os seus altares do
incenso sejam eliminados, e as obras que vocês rea-
lizaram sejam desfeitas. 7 Os mortos cairão no meio
de vocês, e vocês saberão que eu sou o SENHOR.

8— Mas deixarei um resto, porque alguns de
vocês escaparão da espada entre as nações, quan-
do forem espalhados por outras terras. 9 Aqueles
que escaparem se lembrarão de mim entre as na-
ções para onde foram levados em cativeiro. Lem-
brarão como eu sofri por causa do seu coração
infiel, que se afastou de mim, e por causa dos seus
olhos, que se prostituíram com os seus ídolos. Eles
terão nojo de si mesmos, por causa das maldades
que fizeram em todas as suas abominações. 10 Sa-
berão que eu sou o SENHOR e que não foi sem mo-
tivo que eu disse que lhes faria este mal.

11— Assim diz o SENHOR Deus: Contorça as
mãos, bata os pés e diga: "Ah", por todas as terríveis
abominações da casa de Israel! Pois cairão à espada,
de fome e de peste. 12 O que estiver longe morrerá
de peste; o que estiver perto cairá à espada; e o que
sobreviver e for poupado morrerá de fome. Assim,
neles cumprirei o meu furor. 13 Então vocês sabe-
rão que eu sou o SENHOR, quando os seus mortos
estiverem estendidos no meio dos seus ídolos, ao
redor dos seus altares, em todas as colinas elevadas
e no alto de todos os montes, debaixo de todas as
árvores frondosas e debaixo de todos os carvalhos
espessos, lugares onde ofereciam suave perfume a
todos os seus ídolos. 14 Estenderei a mão sobre eles
e, onde quer que estiverem morando, tornarei a
terra em desolação, uma desolação desde o deserto
até Ribla. E saberão que eu sou o SENHOR.

O fim chegou!

7 1 A palavra do SENHOR veio a mim, dizendo:
2— Filho do homem, assim diz o SENHOR Deus
a respeito da terra de Israel:

"Chegou o fim!
O fim chegou sobre os quatro cantos da terra.
3 Agora o fim chegou
sobre você, povo de Israel.
Enviarei a minha ira sobre vocês.

Eu os julgarei segundo os seus caminhos
e farei cair sobre vocês
todas as suas abominações.
4 Os meus olhos não terão piedade,
e eu não os pouparei.
Pelo contrário, eu darei
o que vocês merecem por seus atos,
e farei com que paguem
por todas as suas abominações.
E vocês saberão que eu sou o SENHOR."

5 — Assim diz o SENHOR Deus:
"Calamidade após calamidade, eis que vêm.
6 Chegou o fim!
O fim chegou, já despertou contra você!
7 A sua sentença chegou, ó morador desta terra.
Chegou a hora. O dia está próximo,
dia de tumulto, e não de alegria,
sobre os montes.
8 Agora, em breve,
derramarei o meu furor sobre você,
cumprirei a minha ira contra você.
Eu os castigarei segundo os seus caminhos
e os farei pagar por todas as suas abominações.
9 Os meus olhos não terão piedade,
e eu não os pouparei.
Segundo os seus caminhos,
assim os castigarei,
e os farei pagar por suas abominações.
E vocês saberão que eu, o SENHOR,
sou o que castiga."

10 "Eis o dia! Eis que chegou!
Brotou a sentença,
já floresceu a vara,
reverdeceu a arrogância.
11 A violência se ergueu
para servir de vara de maldade.
Nada restará deles, nem da sua multidão,
nem da sua riqueza, nem da sua glória.
12 Chegou a hora, o dia está próximo.
Quem compra não se alegre,
e quem vende não se entristeça,
porque a ira cairá sobre todos eles.
13 Porque o vendedor não tornará a possuir
aquilo que vendeu,
por mais que viva.
Porque a profecia contra todos eles
não será revogada,
e, por causa da própria maldade,
ninguém preservará a vida."

14 "Tocaram a trombeta e prepararam tudo,
mas ninguém vai à batalha,
porque a minha ira cairá sobre todos eles.
15 Fora está a espada;
dentro, a peste e a fome.
Quem está no campo morre à espada,
e quem está na cidade,
a fome e a peste o consomem.
16 Se alguns deles, fugindo, escaparem,
estarão pelos montes, como pombas dos vales,
todos gemendo, cada um
por causa da sua maldade.
17 Todas as mãos desfalecerão,
e todos os joelhos se desfarão em água.
18 Vestirão roupa feita de pano de saco,
e o terror tomará conta deles.
Todos os rostos
ficarão cobertos de vergonha,
e todas as cabeças serão rapadas.
19 Jogarão a sua prata nas ruas,
e o seu ouro será tratado
como se fosse sujeira.
Nem a sua prata nem o seu ouro
poderão livrá-los
no dia da ira do SENHOR;
eles não saciarão a sua fome,
nem lhes encherão o estômago,
porque a prata e o ouro foram o tropeço
que os levou a cair em iniquidade.
20 Dessas preciosas joias fizeram
seu objeto de orgulho
e fabricaram as suas abomináveis imagens
e seus ídolos detestáveis.
Por isso, fiz com que essas coisas
se tornassem como sujeira para eles."

21 "Entregarei tudo isso
nas mãos de estrangeiros, por presa,
e aos ímpios da terra, por despojo;
eles o profanarão.
22 Desviarei deles o rosto,
e profanarão o meu tesouro;
ladrões entrarão nele e o profanarão."

23 "Prepare uma corrente,
porque a terra está cheia
de crimes de sangue,
e a cidade, cheia de violência.
24 Trarei aqui as piores nações,
que tomarão posse das casas deles.
Farei cessar a arrogância dos valentes,
e os seus lugares santos
serão profanados.
25 A destruição está a caminho!
Eles buscarão paz,
mas não haverá paz.
26 Virá miséria sobre miséria,
e um rumor após o outro.
Buscarão visões de profetas;
do sacerdote perecerá a lei,
e dos anciãos, o conselho.
27 O rei estará de luto,
o príncipe se vestirá de horror,
e as mãos do povo da terra tremerão de medo.

Vou tratá-los segundo a sua conduta,
e os julgarei pelos seus próprios critérios.
E eles saberão que eu sou o SENHOR."

A SEGUNDA VISÃO DE EZEQUIEL

CAPS. 8—10

A idolatria em Jerusalém

8 1No sexto ano, no sexto mês, aos cinco dias do
mês, quando eu estava sentado em minha casa e
os anciãos de Judá estavam sentados diante de mim,
aconteceu que ali a mão do SENHOR Deus caiu sobre
mim. 2Olhei, e eis uma figura como de um homem.
Do que parecia ser a sua cintura e daí para baixo era
fogo e, da cintura para cima, como o resplendor de
metal brilhante. 3Ele estendeu algo em forma de
mão e me pegou pelos cachos dos meus cabelos. O
Espírito me levantou entre a terra e o céu e me le-
vou a Jerusalém em visões de Deus, até a entrada do
portão do pátio de dentro, que dá para o norte, onde
estava colocada a imagem dos ciúmes, que provoca
o ciúme de Deus. 4Eis que ali estava a glória do Deus
de Israel, como na visão que eu tive no vale.
5Ele me disse:
— Filho do homem, olhe para o norte.
Olhei para lá, e eis que do lado norte, junto ao
portão do altar, na entrada, estava essa imagem
dos ciúmes. 6Então ele me disse:
— Filho do homem, você vê o que eles estão
fazendo? Veja as grandes abominações que a casa
de Israel faz neste lugar, para que eu me afaste do
meu santuário. Pois você ainda verá abominações
maiores do que essas.
7Ele me levou à entrada do átrio. Olhei, e eis
que havia um buraco na parede. 8Então me disse:
— Filho do homem, escave aquela parede.
Escavei a parede, e eis que havia uma porta.
9Ele me disse:
— Entre e veja as terríveis abominações que
eles fazem aqui.
10Entrei e olhei. Eis que na parede em todo o
redor estavam gravadas figuras de animais que
rastejam e de animais impuros e de todos os ído-
los da casa de Israel. 11Em pé diante deles estavam
setenta homens dos anciãos da casa de Israel, com
Jazanias, filho de Safã, no meio deles. Cada um ti-
nha na mão o seu incensário; e subia uma nuvem
de incenso. 12Então me disse:
— Filho do homem, você está vendo o que
os anciãos da casa de Israel fazem nas trevas,
cada um na sua sala de imagens? Pois dizem: "O
SENHOR não nos vê, o SENHOR abandonou a terra."
13Também me disse:
— Você verá abominações ainda maiores, que
eles estão fazendo.
14Levou-me à entrada do portão norte da Casa do
SENHOR, e eis que estavam ali mulheres assentadas
chorando pelo deus Tamuz. 15Ele me disse:
— Você está vendo isso, filho do homem? Você
verá abominações ainda maiores do que estas.
16Levou-me para o átrio de dentro da Casa do
SENHOR. E eis que ali, junto à entrada do templo
do SENHOR, entre o pórtico e o altar, estavam cerca
de vinte e cinco homens, de costas para o templo
do SENHOR e com o rosto voltado para o leste; ado-
ravam o sol, virados para o leste. 17Então me disse:
— Você está vendo, filho do homem? Será que
é pouca coisa para a casa de Judá o fato de fazerem
as abominações que fazem aqui, para que ainda
encham de violência a terra e tornem a irritar-me?
Eis que eles chegam o ramo ao seu nariz. 18Por
isso, também eu os tratarei com furor. Os meus
olhos não terão piedade, e eu não os pouparei.
Ainda que gritem aos meus ouvidos em alta voz,
nem assim os ouvirei.

O castigo de Jerusalém

9 1Então ouvi que ele gritava em alta voz, di-
zendo:
— Venham cá, vocês que estão encarregados
da cidade, cada um com a sua arma destruidora
na mão.
2Eis que vinham seis homens pelo caminho do
portão superior, que dá para o norte, cada um com
a sua arma esmagadora na mão. Entre eles estava
um homem vestido de linho, com um estojo de es-
criba à cintura. Eles entraram e se puseram junto
ao altar de bronze.
3A glória do Deus de Israel se levantou do que-
rubim sobre o qual estava, indo até a entrada do
templo. E o SENHOR clamou ao homem vestido de
linho, que tinha o estojo de escriba à cintura, 4e
lhe disse:
— Passe pelo meio da cidade, pelo meio de Je-
rusalém, e marque com um sinal a testa daqueles
que suspiram e gemem por causa de todas as abo-
minações que se cometem no meio dela.
5Depois ouvi o SENHOR dizer aos outros homens:
— Passem pela cidade após ele e matem! Que
os olhos de vocês não tenham piedade e não pou-
pem ninguém. 6Matem os velhos, os jovens, as
moças, as crianças e as mulheres, até exterminá-
-los. Mas não se aproximem de ninguém que tiver
o sinal na testa. Comecem pelo meu santuário.
Então começaram pelos anciãos que estavam
diante do templo. 7E ele lhes disse:
— Contaminem o templo! Encham de mortos
os seus átrios! Vão!
Eles saíram e começaram a matar na cidade.
8Enquanto a matança continuava, fiquei ali sozi-
nho. Caí com o rosto em terra, clamei e disse:
— Ah! SENHOR Deus! Será que vais destruir
todo o restante de Israel, derramando o teu furor
sobre Jerusalém?
9Então me respondeu:

— A iniquidade da casa de Israel e de Judá é
excessivamente grande, a terra se encheu de san-
gue, e a cidade, de injustiça. E eles ainda dizem: "O
SENHOR abandonou a terra, o SENHOR não nos vê."
10 Quanto a mim, os meus olhos não terão pieda-
de, e não pouparei ninguém. Eu lhes darei o que
merecem por seus atos.
11 Então o homem que estava vestido de linho
e que tinha o estojo de escriba à cintura relatou,
dizendo:
— Fiz como me ordenaste.

A visão das brasas de fogo

10 1 Olhei, e eis que, no firmamento que esta-
va por cima da cabeça dos querubins, havia
algo como uma pedra de safira e que parecia ser
um trono. 2 E falou ao homem vestido de linho:
— Vá por entre as rodas até debaixo dos queru-
bins e encha as mãos com brasas acesas que estão
entre os querubins. Depois, espalhe as brasas so-
bre a cidade.
Ele entrou, enquanto eu observava. 3 Os que-
rubins estavam no lado sul do templo, quando o
homem entrou; e uma nuvem encheu o átrio in-
terior. 4 Então a glória do SENHOR se levantou de
sobre o querubim e foi para a entrada do templo. O
templo se encheu da nuvem, e o átrio ficou cheio
do brilho da glória do SENHOR. 5 O ruído das asas
dos querubins se ouviu até o átrio exterior, como a
voz do Deus Todo-Poderoso, quando fala.
6 Quando o SENHOR ordenou ao homem vestido
de linho que fosse tirar fogo do meio das rodas, do
meio dos querubins, ele entrou e se pôs junto às
rodas. 7 Então um dos querubins estendeu a mão
para o fogo que estava entre eles, pegou algumas
brasas e as pôs nas mãos do homem que estava
vestido de linho, o qual as pegou e saiu. 8 Os que-
rubins tinham debaixo das suas asas o que parecia
ser mão humana.

A visão das quatro rodas

9 Olhei, e eis quatro rodas junto aos querubins,
uma roda junto a cada querubim; o aspecto das ro-
das era brilhante como pedra de berilo. 10 Quanto
ao seu aspecto, as quatro rodas tinham a mesma
aparência; eram como se uma roda estivesse den-
tro da outra. 11 Quando elas andavam, podiam ir
em quatro direções e não se viravam quando se
moviam. Para onde a primeira roda ia, as outras
seguiam; e elas não se viravam quando se moviam.
12 Todo o corpo dos querubins, suas costas, as
mãos, as asas e também as rodas estavam cheias
de olhos ao redor. 13 Quanto às rodas, pude ouvir
que foram chamadas de "giratórias". 14 Cada um
dos seres viventes tinha quatro rostos: o primeiro
era rosto de querubim, o segundo, rosto humano,
o terceiro, rosto de leão, e o quarto, rosto de águia.
15 Os querubins se elevaram. Estes eram os
mesmos seres viventes que vi junto ao rio Quebar.
16 Quando os querubins se moviam, as rodas se
moviam ao lado deles; quando os querubins le-
vantavam as suas asas, para se elevarem da terra,
as rodas não se separavam deles. 17 Quando eles
paravam, as rodas paravam; e, quando eles se ele-
vavam, as rodas também se elevavam; porque o
espírito dos seres viventes estava nelas.

A glória de Deus abandona o templo

18 Então a glória do SENHOR saiu da entrada do
templo e parou sobre os querubins. 19 Os queru-
bins levantaram as suas asas e se elevaram da ter-
ra à minha vista, quando saíram acompanhados
pelas rodas. Pararam à entrada do portão leste da
Casa do SENHOR, e a glória do Deus de Israel estava
no alto, sobre eles.
20 Estes eram os mesmos seres viventes que vi
debaixo do Deus de Israel, junto ao rio Quebar, e
fiquei sabendo que eram querubins. 21 Cada um ti-
nha quatro rostos e quatro asas e, debaixo das asas,
o que parecia mãos humanas. 22 A aparência dos
seus rostos era como a dos rostos que eu tinha visto
junto ao rio Quebar; tinham o mesmo aspecto, eram
os mesmos seres. Cada um andava para a sua frente.

O juízo de Deus contra os chefes do povo

11 1 Então o Espírito me levantou e me levou ao
portão leste da Casa do SENHOR, a qual dá
para o leste. À entrada do portão, estavam vinte e
cinco homens. No meio deles, vi Jazanias, filho de
Azur, e Pelatias, filho de Benaías, chefes do povo.
2 E disse-me:
— Filho do homem, são estes os homens que
planejam o mal e dão conselhos perversos nesta
cidade. 3 Eles dizem: "Não está próximo o tempo
de construir casas. Esta cidade é a panela, e nós
somos a carne." 4 Portanto, profetize contra eles,
profetize, ó filho do homem.
5 Então o Espírito do SENHOR caiu sobre mim e
me disse:
— Fale: Assim diz o SENHOR: "É isso o que vocês
estão dizendo, ó casa de Israel. Porque eu sei o que
passa pela mente de vocês. 6 Vocês multiplicaram
os seus mortos nesta cidade e encheram as ruas de
cadáveres. 7 Portanto, assim diz o SENHOR Deus: Os
mortos que vocês largaram no meio da cidade são
a carne, e a cidade é a panela; quanto a vocês, eu os
expulsarei da cidade. 8 Vocês ficaram com medo da
espada, mas é a espada que trarei sobre vocês, diz o
SENHOR Deus. 9 Levarei vocês para fora da cidade e
os entregarei nas mãos de estrangeiros, e executa-
rei juízos entre vocês. 10 Vocês cairão à espada. Nos
confins de Israel, eu os julgarei, e vocês saberão
que eu sou o SENHOR. 11 Esta cidade não será uma
panela para vocês, e vocês não serão a carne dentro

dela. Nos confins de Israel, eu os julgarei, 12 e vocês saberão que eu sou o SENHOR. Pois vocês não andaram nos meus estatutos, nem executaram os meus juízos; pelo contrário, agiram segundo os juízos das nações que estão ao redor de vocês."

13 Enquanto eu profetizava, Pelatias, filho de Benaías, morreu. Então caí com o rosto em terra, clamei em alta voz e disse:

— Ah! SENHOR Deus! Darás fim ao remanescente de Israel?

Promessa da restauração de Israel

14 A palavra do SENHOR veio a mim, dizendo:

15 — Filho do homem, os seus irmãos, os seus próprios irmãos, os seus parentes e toda a casa de Israel, todos eles são aqueles a quem os moradores de Jerusalém disseram: "Afastem-se do SENHOR! A nós é que esta terra foi dada como herança."

16 — Portanto, diga: Assim diz o SENHOR Deus: "Embora eu os tenha expulsado para o meio das nações e embora eu os tenha espalhado por outras terras, eu lhes servirei de santuário, por um pouco de tempo, nas terras para onde foram."

17 — Por isso, diga: Assim diz o SENHOR Deus: "Eu os ajuntarei do meio dos povos, e os recolherei das terras por onde foram espalhados, e lhes darei a terra de Israel. 18 Voltarão para ali e tirarão dela todos os seus ídolos detestáveis e todas as suas abominações. 19 Eu lhes darei um só coração, e porei um espírito novo dentro deles; tirarei deles o coração de pedra e lhes darei coração de carne, 20 para que andem nos meus estatutos e guardem os meus juízos, e os executem. Eles serão o meu povo, e eu serei o seu Deus. 21 Mas, quanto àqueles cujo coração segue os seus ídolos detestáveis e as suas abominações, eu lhes darei o que merecem por seus atos", diz o SENHOR Deus.

A glória de Deus se afasta de Jerusalém

22 Então os querubins elevaram as suas asas, e as rodas os acompanhavam; e a glória do Deus de Israel estava no alto, sobre eles. 23 A glória do SENHOR subiu do meio da cidade e se pôs sobre o monte que está a leste da cidade. 24 Depois, o Espírito me levantou e me levou à Caldeia, para junto dos exilados, numa visão pelo Espírito de Deus. E a visão que eu havia tido se afastou de mim. 25 Então contei aos exilados todas as coisas que o SENHOR me havia mostrado.

O profeta descreve o cativeiro

12 1 A palavra do SENHOR veio a mim, dizendo:

2 — Filho do homem, você mora no meio da casa rebelde, que tem olhos para ver e não vê, tem ouvidos para ouvir e não ouve, porque é casa rebelde.

3 — Filho do homem, prepare a bagagem de exílio e durante o dia, à vista deles, vá para o exílio. Do lugar onde você está, vá para outro lugar, à vista deles. Talvez eles entendam, embora sejam casa rebelde. 4 À vista deles, durante o dia, traga para fora a sua bagagem de exílio. Depois, à tarde, saia, à vista deles, como se estivesse indo para o exílio. 5 Abra um buraco na parede, à vista deles, e saia por ali. 6 À vista deles, ponha a bagagem nos ombros e saia com ela quando já for escuro. Cubra o rosto para que você não possa ver o chão, porque eu fiz de você um sinal para a casa de Israel.

7 Como me foi ordenado, assim eu fiz: de dia, levei para fora a minha bagagem de exílio. Depois, à tarde, com as minhas mãos abri um buraco na parede. Saí quando já era escuro, levando nos ombros a bagagem, à vista deles.

8 Pela manhã, a palavra do SENHOR veio a mim, dizendo:

9 — Filho do homem, a casa de Israel, aquela casa rebelde, não lhe perguntou o que você estava fazendo? 10 Pois diga-lhes: Assim diz o SENHOR Deus: "Esta sentença refere-se ao que governa em Jerusalém e a toda a casa de Israel, que está no meio dela." 11 Diga: "Eu sou um sinal para vocês. Como eu fiz, assim será feito com eles; irão para o exílio, para o cativeiro. 12 O príncipe que está no meio deles levará nos ombros a bagagem e, no escuro, sairá. Abrirá um buraco na parede para sair por ele. Cobrirá o rosto para que os seus olhos não vejam o chão. 13 Também estenderei a minha rede sobre ele, e será apanhado nas minhas malhas. Eu o levarei para a Babilônia, à terra dos caldeus, mas ele não a verá, ainda que venha a morrer ali. 14 Espalharei aos quatro ventos todos os que, para o ajudarem, estão ao redor dele, e todas as suas tropas; irei atrás deles com a espada na mão. 15 Saberão que eu sou o SENHOR, quando eu os dispersar entre as nações e os espalhar por outras terras. 16 Deixarei que alguns poucos escapem da espada, da fome e da peste, para que publiquem todas as suas coisas abomináveis entre as nações para onde forem; e saberão que eu sou o SENHOR."

17 Então a palavra do SENHOR veio a mim, dizendo:

18 — Filho do homem, você comerá o seu pão com tremor e beberá a sua água com estremecimento e ansiedade. 19 E você dirá ao povo da terra: Assim diz o SENHOR Deus a respeito dos moradores de Jerusalém, na terra de Israel: "Eles comerão o seu pão com ansiedade e beberão a sua água com espanto, porque a terra deles será despojada de tudo o que contém, por causa da violência de todos os que nela habitam. 20 As cidades habitadas cairão em ruínas, e a terra se tornará em desolação; e vocês saberão que eu sou o SENHOR."

Provérbios falsos a respeito da profecia verdadeira

21 A palavra do SENHOR veio a mim, dizendo:

22— Filho do homem, que provérbio é esse que
vocês têm na terra de Israel: "Os dias passam, e
as profecias fracassam"? 23 Portanto, diga-lhes:
Assim diz o SENHOR Deus: "Darei um basta nesse
provérbio, e ele não será mais usado em Israel."
Mas diga-lhes: "Os dias vêm vindo, e as profecias
vão se cumprindo." 24 Porque não haverá mais ne-
nhuma profecia falsa nem adivinhação lisonjeira
no meio da casa de Israel. 25 Porque eu, o SENHOR,
falarei, e a palavra que eu falar se cumprirá e não
será adiada. Porque falarei a palavra e a cumprirei,
diz o SENHOR Deus, enquanto vocês, que são casa
rebelde, ainda estiverem vivos.
26 A palavra do SENHOR veio a mim, dizendo:
27— Filho do homem, eis que os da casa de
Israel dizem: "As visões que esse homem tem se
referem a dias futuros, e as suas profecias tratam
de tempos distantes." 28 Portanto, diga-lhes: Assim
diz o SENHOR Deus: "Nenhuma das minhas pala-
vras será adiada, e a palavra que eu falar se cum-
prirá", diz o SENHOR Deus.

Profecia contra os falsos profetas

13 1 A palavra do SENHOR veio a mim, dizendo:
2— Filho do homem, profetize contra os
profetas de Israel. A esses que profetizam o que
lhes vem do coração, diga que ouçam a palavra do
SENHOR.
3— Assim diz o SENHOR Deus: "Ai dos profetas
insensatos, que seguem o seu próprio espírito
sem nada terem visto! 4 Os seus profetas, ó Israel,
são como chacais entre as ruínas. 5 Vocês não fo-
ram consertar as brechas, nem fizeram muralhas
para a casa de Israel, para que ela permaneça
firme na batalha do Dia do SENHOR. 6 As visões
que eles tiveram são falsas e as adivinhações são
mentirosas. Dizem: 'O SENHOR disse', quando
o SENHOR não os enviou. E ainda esperam que a
palavra se cumpra! 7 Não é fato que vocês tiveram
visões falsas e anunciaram adivinhações mentiro-
sas, quando disseram: 'O SENHOR diz', sendo que
eu não disse nada?"
8— Portanto, assim diz o SENHOR Deus: "Como
vocês anunciam falsidades e têm visões mentiro-
sas, por isso eu estou contra vocês, diz o SENHOR
Deus. 9 Minha mão será contra os profetas que
têm visões falsas e que adivinham mentiras. Não
estarão no conselho do meu povo, não serão ins-
critos nos registros da casa de Israel, nem entra-
rão na terra de Israel. E vocês saberão que eu sou
o SENHOR Deus. 10 Porque andam enganando, sim,
enganando o meu povo, dizendo: 'Paz', quando
não há paz. E, quando se constrói uma parede sem
argamassa, os profetas a cobrem com cal. 11 Diga
aos que estão aplicando a cal que a parede ruirá.
Haverá chuva torrencial. Vocês, pedras de grani-
zo, cairão, e um vento tempestuoso irromperá.
12 Quando a parede cair, certamente vão pergun-
tar: 'Onde está a cal com que vocês a caiaram?'"
13— Portanto, assim diz o SENHOR Deus: "No
meu furor, mandarei um vento tempestuoso; na
minha ira, haverá chuva torrencial; e, na minha
indignação, pedras de granizo, para a destruir.
14 Derrubarei a parede que vocês cobriram com
cal. Vou arrasá-la, para que apareçam os seus ali-
cerces. Quando a parede cair, vocês serão destruí-
dos no meio dela e saberão que eu sou o SENHOR.
15 Assim, cumprirei o meu furor contra a parede e
contra os que a cobriram com cal. E direi a vocês:
'Já não existe parede, como também não existem
aqueles que a cobriram de cal, 16 os profetas de Is-
rael que profetizam a respeito de Jerusalém e para
ela têm visões de paz, quando não há paz'", diz o
SENHOR Deus.

Contra as falsas profetisas

17— Filho do homem, vire o seu rosto contra as
filhas do seu povo que profetizam o que lhes vem
do próprio coração. Profetize contra elas 18 e diga:
Assim diz o SENHOR Deus: "Ai das que costuram
fitinhas mágicas para serem usadas em todas as
articulações das mãos e fazem véus para cabeças
de todo tamanho, para enredarem as pessoas!
Vocês querem enredar a vida do meu povo para
preservar a própria vida? 19 Vocês me profanaram
no meio do meu povo por punhados de cevada e
por pedaços de pão, para matarem pessoas que
não deveriam morrer e para deixarem com vida
aqueles que não deveriam viver, mentindo, assim,
ao meu povo, que escuta mentiras."
20— Portanto, assim diz o SENHOR Deus: "Eis
que eu sou contra as fitinhas mágicas que vocês
usam para enredar as pessoas como se fossem
pássaros. Eu as arrancarei dos seus braços, e dei-
xarei livres aqueles que vocês enredaram como
se fossem pássaros. 21 Também rasgarei os véus e
livrarei o meu povo das mãos de vocês. Ele nunca
mais estará ao alcance de vocês para ser caçado.
E vocês, mulheres, saberão que eu sou o SENHOR."
22— "Visto que com mentiras vocês desanima-
ram o coração do justo, não o havendo eu entris-
tecido, e fortaleceram as mãos do ímpio para que
não se desviasse do seu mau caminho e vivesse,
23 por isso vocês não terão mais visões falsas, e
nunca mais farão adivinhações. Livrarei o meu
povo das mãos de vocês, e vocês, mulheres, sabe-
rão que eu sou o SENHOR."

O castigo dos idólatras

14 1 Então alguns dos anciãos de Israel vieram e
se assentaram diante de mim. 2 A palavra do
SENHOR veio a mim, dizendo:
3— Filho do homem, estes homens levantaram
ídolos dentro de seu coração e puseram diante de

si o tropeço que os leva a cair em iniquidade. Será
que eu deveria permitir que eles me consultem?
4 Portanto, fale com eles e diga-lhes: Assim diz o
SENHOR Deus: "Qualquer homem da casa de Israel
que levantar ídolos dentro de seu coração e puser
diante de si tropeço que o leva a cair em iniqui-
dade e que depois vier consultar um profeta, eu,
o SENHOR, lhe responderei segundo a multidão
dos seus ídolos. 5 Farei isso para que eu possa con-
quistar novamente a casa de Israel no seu próprio
coração, porque todos se afastaram de mim para
seguirem os seus ídolos."

6 — Portanto, diga à casa de Israel: Assim diz
o SENHOR Deus: "Convertam-se e afastem-se dos
seus ídolos; desviem o rosto de todas as suas abo-
minações. 7 Porque qualquer homem da casa de
Israel ou dos estrangeiros que moram em Israel
que se afastar de mim, que levantar ídolos dentro
de seu coração e que depois vier consultar um pro-
feta, para me consultar por meio dele, a esse, eu,
o SENHOR, responderei por mim mesmo. 8 Voltarei
o rosto contra o tal homem, farei dele um sinal e
provérbio e o eliminarei do meio do meu povo. E
vocês saberão que eu sou o SENHOR."

9 — "Se o profeta for enganado e falar alguma
coisa, fui eu, o SENHOR, que enganei esse profeta;
estenderei a mão contra ele e o eliminarei do meio
do meu povo de Israel. 10 Ambos levarão sobre si a
sua iniquidade. A iniquidade daquele que consulta
será como a do profeta, 11 para que a casa de Israel
não se desvie mais de mim, nem mais se contamine
com todas as suas transgressões. Eles serão o meu
povo, e eu serei o seu Deus", diz o SENHOR Deus.

A justiça dos castigos de Deus

12 A palavra do SENHOR veio a mim, dizendo:
13 — Filho do homem, quando uma terra pecar
contra mim, cometendo graves transgressões, es-
tenderei a mão contra ela, e cortarei o suprimento
de pão, enviarei contra ela fome e eliminarei dela
pessoas e animais. 14 Mesmo que estivessem no
meio dela estes três homens, Noé, Daniel e Jó, eles,
pela sua justiça, salvariam apenas a sua própria
vida, diz o SENHOR Deus.

15 — Se eu fizer passar pela terra animais selva-
gens, e eles a devastarem, assim que fique assola-
da, e ninguém possa passar por ela por causa das
feras, 16 tão certo como eu vivo, diz o SENHOR Deus,
mesmo que esses três homens estivessem no meio
dela, não salvariam nem os seus filhos nem as suas
filhas; só eles seriam salvos, e a terra seria assolada.

17 — Ou se eu fizer vir a espada sobre essa terra e
disser: "Espada, passe pela terra"; e eu eliminar dela
pessoas e animais, 18 tão certo como eu vivo, diz o
SENHOR Deus, mesmo que esses três homens esti-
vessem no meio dela, não salvariam nem os seus
filhos nem as suas filhas; só eles seriam salvos.

19 — Ou se eu enviar a peste sobre essa terra e
derramar o meu furor sobre ela com sangue, para
eliminar dela pessoas e animais, 20 tão certo como
eu vivo, diz o SENHOR Deus, mesmo que Noé, Da-
niel e Jó estivessem no meio dela, não salvariam
nem o seu filho nem a sua filha; pela sua justiça
salvariam apenas a sua própria vida.

21 — Porque assim diz o SENHOR Deus: Quanto
pior não será, se eu enviar os meus quatro piores
castigos, isto é, a espada, a fome, os animais sel-
vagens e a peste, contra Jerusalém, para eliminar
dela pessoas e animais? 22 Mas eis que alguns so-
breviventes serão deixados nela, filhos e filhas que
serão levados para fora. Eis que eles virão a vocês, e
vocês verão a sua conduta e as suas ações. E ficarão
consolados do mal que eu fiz vir sobre Jerusalém,
sim, de tudo o que fiz vir sobre ela. 23 Eles os conso-
larão quando vocês virem a sua conduta e as suas
ações. E vocês saberão que não foi sem motivo que
fiz tudo o que fiz nela, diz o SENHOR Deus.

Jerusalém é uma videira inútil

15 1 A palavra do SENHOR veio a mim, dizendo:
2 — Filho do homem, de todos os ramos das
árvores da floresta, o que acontece com a lenha
da videira? 3 Será que essa madeira pode ser em-
pregada para fazer alguma obra? Será que é pos-
sível tirar dela uma estaca para pendurar objetos?
4 Eis que é jogada no fogo, para ser queimada. Se o
fogo queima as duas extremidades, e o meio fica
também carbonizado, será que serve para alguma
obra? 5 Ora, se já não servia para nada quando es-
tava inteira, muito menos servirá para fazer algu-
ma coisa depois que o fogo a queimou ou estiver
carbonizada.

6 — Portanto, assim diz o SENHOR Deus: Como
a lenha da videira entre as árvores da floresta, que
entreguei ao fogo para ser queimada, assim entre-
garei os moradores de Jerusalém. 7 Voltarei o rosto
contra eles. Mesmo que saiam do fogo, o fogo os
consumirá. E vocês saberão que eu sou o SENHOR,
quando tiver voltado o rosto contra eles. 8 Torna-
rei a terra em desolação, porque cometeram graves
transgressões, diz o SENHOR Deus.

A infidelidade de Jerusalém

16 1 A palavra do SENHOR veio a mim, dizendo:
2 — Filho do homem, mostre a Jerusalém
as suas abominações 3 e diga-lhe: Assim diz o
SENHOR Deus a Jerusalém:
— "Quanto à sua origem e ao seu nascimento,
você procede da terra dos cananeus. O seu pai era
amorreu, e a sua mãe era heteia. 4 Quanto ao seu
nascimento, no dia em que você nasceu, não lhe
cortaram o cordão umbilical, nem a lavaram com
água para que ficasse limpa, nem a esfregaram com
sal, nem a enrolaram em panos. 5 Ninguém olhou

para você com piedade, para lhe fazer qualquer
dessas coisas, compadecendo-se de você. Pelo
contrário, no dia em que nasceu, você foi jogada
em campo aberto, porque tiveram nojo de você."
6 — "Quando passei por perto e vi que você se
revolvia no seu sangue, eu lhe disse: 'Ainda que
você esteja coberta de sangue, fique viva! Sim, ain-
da que você esteja coberta de sangue, fique viva!'
7 Eu a fiz crescer como uma planta do campo. Você
cresceu, se desenvolveu e ficou muito bonita. Os
seus seios tomaram forma, os cabelos cresceram,
mas você estava completamente nua."
8 — "Quando passei de novo por perto e olhei
para você, eis que você tinha chegado à idade do
amor. Estendi sobre você as abas do meu manto
e cobri a sua nudez. Fiz um juramento e entrei em
aliança com você, diz o Senhor Deus; e você pas-
sou a ser minha."
9 — "Então eu a lavei com água, limpei o san-
gue que a cobria e a ungi com óleo. 10 Também
a vesti com roupas bordadas e lhe dei sandálias
feitas com couro da melhor qualidade; eu a cingi
de linho fino e a cobri de seda. 11 Também a enfei-
tei com joias: braceletes nas mãos e um colar no
pescoço. 12 Coloquei um pendente em seu nariz,
brincos nas orelhas e uma linda coroa na cabeça.
13 Assim, você foi enfeitada com ouro e prata; as
suas roupas eram de linho fino, de seda e de bor-
dados. Você se alimentou da melhor farinha, de
mel e azeite; você era muito bonita e chegou a ser
rainha. 14 A sua fama correu entre as nações, por
causa da sua beleza, pois você era perfeita, por
causa do meu esplendor que eu tinha posto sobre
você, diz o Senhor Deus."
15 — "Mas você confiou em sua beleza, e a sua
fama fez com que você se prostituísse; e você se
ofereceu a todos os que passavam, para ser deles.
16 Você pegou algumas de suas roupas e fez para si
lugares altos enfeitados de diversas cores, nos quais
você se prostituiu. Nunca antes havia acontecido
algo assim, e jamais voltará a acontecer. 17 Você pe-
gou as suas belas joias, feitas com o ouro e a pra-
ta que eu lhe tinha dado, e fez para si imagens de
homens, com as quais você se prostituiu. 18 Você
pegou os seus vestidos bordados e com eles cobriu
as imagens; o meu óleo e o meu perfume você pôs
diante delas. 19 A comida que eu lhe dei — a melhor
farinha, o óleo e o mel, com que eu a sustentava —
você também pôs diante delas em aroma agradável;
e assim se fez, diz o Senhor Deus."
20 — "Além disso, você pegou os filhos e as fi-
lhas que teve comigo e os sacrificou às imagens,
para serem consumidos. Como se não bastasse
essa sua prostituição, 21 você matou os meus filhos
e os entregou a essas imagens como oferta pelo
fogo. 22 Em todas as suas abominações e nas suas
prostituições, você não se lembrou dos dias da sua
mocidade, quando você estava completamente
nua, revolvendo-se no seu sangue."

Jerusalém, a adúltera

23 — "Depois de toda a sua maldade — 'Ai! Ai
de você!', diz o Senhor Deus —, 24 você construiu
altares e um lugar elevado em cada praça. 25 Na
entrada de todos os caminhos, você construiu
um lugar elevado, profanou a sua beleza, se ofe-
receu a todos os que passavam e multiplicou as
suas prostituições. 26 Você também se prostituiu
com os filhos do Egito, seus vizinhos de membros
avantajados, e multiplicou a sua prostituição, para
me provocar à ira."
27 — "Por isso, estendi a mão contra você, dimi-
nuí o seu território e a entreguei à vontade daquelas
que a odeiam, as filhas dos filisteus, que se enver-
gonhavam da conduta depravada de vocês. 28 E, por
ser insaciável, você também se prostituiu com os
filhos da Assíria. E, prostituindo-se com eles, nem
assim ficou satisfeita; 29 pelo contrário, você esten-
deu as suas prostituições até a Caldeia, essa terra de
negociantes, mas nem com isso ficou satisfeita."
30 — "Como é fraco o seu coração, diz o Senhor
Deus, pois você faz todas estas coisas que são pró-
prias de uma prostituta descarada. 31 Construindo
os seus altares na entrada de todos os caminhos
e o seu lugar elevado em cada praça, você não foi
como a prostituta, porque desprezou o pagamen-
to. 32 Você foi como a mulher adúltera, que, em
lugar de seu marido, recebe os estranhos. 33 Todas
as prostitutas recebem pagamento, mas você dá
presentes a todos os seus amantes. Você faz isso
para que venham de todas as partes adulterar com
você. 34 Com você, na sua vida de prostituta, acon-
tece o contrário do que se dá com outras mulhe-
res. Ninguém pede que você se prostitua. Você faz
o pagamento, e ninguém paga nada a você. Nisso
você é diferente!"

A condenação de Jerusalém

35 — "Portanto, prostituta, ouça a palavra do
Senhor. 36 Assim diz o Senhor Deus: Por você ter
derramado o seu dinheiro e deixado à mostra a sua
nudez nas suas prostituições com os seus aman-
tes; por causa também de todos os seus ídolos
abomináveis e do sangue de seus filhos que você
ofereceu a esses ídolos, 37 eis que reunirei todos os
amantes que você quis agradar, tanto os que você
amava como todos os que você odiava. Eu os trarei
contra você de todos os lados e descobrirei as suas
vergonhas diante deles, para que eles vejam toda
a sua nudez. 38 Eu a julgarei como são julgadas as
adúlteras e as assassinas; farei com que você seja
vítima de furor e de ciúme. 39 Vou entregá-la nas
mãos deles, e eles derrubarão os seus altares e
lugares elevados. Vão despir você, levar as suas

belas joias, e a deixarão completamente nua.
40 Trarão contra você uma multidão, irão apedrejá-
-la e a cortarão em pedaços com as suas espadas.
41 Queimarão as suas casas e executarão juízos
contra você, à vista de muitas mulheres. Acabarei
com a sua prostituição, e você não fará mais ne-
nhum pagamento. 42 Desse modo, desafogarei em
você o meu furor e deixarei de ter ciúmes de você.
Estarei calmo e não ficarei mais irado. 43 Visto que
você não se lembrou dos dias da sua mocidade e
me provocou à ira com todas essas coisas, eis que
também eu farei recair sobre a sua cabeça o casti-
go que os seus atos merecem, diz o SENHOR Deus.
Não é fato que a todas as suas outras abominações
você acrescentou esta depravação?"

Tal mãe, tal filha

44 — "Eis que todos os que usam provérbios
usarão contra você o seguinte: 'Tal mãe, tal filha.'
45 Você é filha da sua mãe, que teve nojo de seu ma-
rido e de seus filhos. E você é irmã das suas irmãs,
que tiveram nojo de seus maridos e de seus filhos.
A mãe de vocês era heteia, e o pai era amorreu."

46 — "A sua irmã mais velha é Samaria, que
mora ao norte de você com as suas filhas; e a sua
irmã mais nova, que mora ao sul de você, é Sodo-
ma com as suas filhas. 47 Você andou nos mesmos
caminhos em que elas andaram e fez as mesmas
abominações que elas fizeram. E, como se isto não
fosse o bastante, você ainda se corrompeu mais do
que elas, em todos os seus caminhos. 48 Tão certo
como eu vivo, diz o SENHOR Deus, a sua irmã So-
doma e as filhas dela não fizeram o que você e as
suas filhas fizeram. 49 Eis que esta foi a iniquidade
de sua irmã Sodoma: ela e as suas filhas foram or-
gulhosas, tiveram fartura de pão e próspera tran-
quilidade, mas nunca ampararam os pobres e os
necessitados. 50 Foram arrogantes e fizeram abo-
minações diante de mim. Ao ver isso, eu as removi
daquele lugar. 51 Também Samaria não cometeu
metade dos pecados que você cometeu. Você mul-
tiplicou as suas abominações mais do que elas e
assim, com todas essas suas abominações, fez com
que as suas irmãs parecessem mais justas do que
são. 52 Agora, pois, suporte a sua humilhação, você
que advogou a causa de suas irmãs. Diante dos
pecados que você cometeu, que são mais abomi-
náveis do que os pecados que elas cometeram, elas
são mais justas do que você. Portanto, envergonhe-
-se e suporte a sua humilhação, pois você fez as
suas irmãs parecerem mais justas do que você."

Sodoma e Samaria voltarão a ser o que eram

53 — "Restaurarei a sorte delas — a de Sodo-
ma e de suas filhas e a de Samaria e de suas filhas
— e restaurarei também a sua sorte entre elas,
54 para que você suporte a sua humilhação e seja
envergonhada por tudo o que você fez, servindo-
-lhes de consolo. 55 Quando as suas irmãs, Sodoma
com as suas filhas e Samaria com as suas filhas,
voltarem ao seu primeiro estado, também você
e as suas filhas voltarão ao seu primeiro estado.
56 Não é fato que, nos dias do seu orgulho, você
usou o nome de sua irmã Sodoma como provér-
bio, 57 antes que se descobrissem as maldades que
você fazia? Agora você se tornou, como ela, objeto
de zombaria das filhas da Síria e de todos os que
estão ao redor dela, as filhas dos filisteus que a
desprezam. 58 Você terá de sofrer as consequências
da perversidade e das abominações que você prati-
cou, diz o SENHOR."

Uma aliança eterna

59 — Porque assim diz o SENHOR Deus: "Eu farei
com você o mesmo que você fez, pois você des-
prezou o juramento e quebrou a aliança. 60 Mas eu
me lembrarei da aliança que fiz com você nos dias
da sua mocidade e com você estabelecerei uma
aliança eterna. 61 Então você se lembrará dos seus
caminhos e ficará envergonhada quando receber
as suas irmãs, tanto as mais velhas como as mais
novas. Eu as darei a você por filhas, mas não pela
sua aliança. 62 Estabelecerei a minha aliança com
você, e você saberá que eu sou o SENHOR, 63 para
que você se lembre e fique envergonhada, e nunca
mais abra a sua boca por causa da sua humilhação,
quando eu lhe houver perdoado tudo o que você
fez", diz o SENHOR Deus.

A parábola das duas águias e da videira

17 1 A palavra do SENHOR veio a mim, dizendo:
2 — Filho do homem, proponha um enigma
e apresente uma parábola à casa de Israel. 3 Diga:
Assim diz o SENHOR Deus:

"Uma grande águia, de grandes asas,
de comprida plumagem,
cheia de penas de várias cores,
veio ao Líbano e levou a ponta de um cedro.
4 Arrancou a ponta mais alta
dos seus ramos
e a levou para uma terra
de negociantes;
na cidade de mercadores, a deixou.
5 Depois, pegou uma semente da terra
e a plantou num campo fértil;
pegou-a e a plantou
junto às muitas águas,
como se fosse um salgueiro.
6 Ela cresceu e se tornou uma videira
de pouca altura, mas esparramada,
com os ramos virados para a águia
e as raízes debaixo dela.
Assim, ela se tornou uma videira,

e produzia ramos,
e lançava renovos."

7 "Houve outra grande águia,
de grandes asas e de muitas penas.
E eis que a videira lançou as suas raízes
na direção dessa águia
e estendeu para ela os seus ramos,
desde o lugar onde estava plantada,
para que a regasse.
8 Ela estava plantada em boa terra,
junto a muitas águas,
para produzir ramos,
dar frutos e ser excelente videira."

9— Diga: Assim diz o SENHOR Deus:

"Será que ela vai prosperar?
Será que a primeira águia
não lhe arrancará as raízes
e não cortará o seu fruto,
para que se sequem todas as folhas
de seus renovos?
Não será necessária muita força
nem muita gente para arrancá-la pelas raízes.
10 Mas, mesmo que esteja plantada,
será que vai prosperar?
Será que não vai secar completamente
quando o vento leste tocar nela?
No lugar onde está plantada, secará."

11 Então a palavra do SENHOR veio a mim, dizendo:
12— Pergunte agora à casa rebelde: Será que
vocês não sabem o que significa isso? Diga: Eis
que o rei da Babilônia veio a Jerusalém, pegou o
seu rei e os seus príncipes e os levou consigo para
a Babilônia. 13 Escolheu um membro da família
real, fez aliança com ele e tomou dele juramento.
Levou os poderosos da terra, 14 para que o reino
ficasse humilhado e não se levantasse, mas, guar-
dando a sua aliança, pudesse subsistir. 15 Mas ele
se rebelou contra o rei da Babilônia, enviando os
seus mensageiros ao Egito, para conseguir cavalos
e um grande exército. Será que prosperará ou con-
seguirá escapar aquele que faz tais coisas? Poderá
quebrar a aliança e escapar?

16— Tão certo como eu vivo, diz o SENHOR Deus,
no lugar em que mora o rei que o pôs no trono, cujo
juramento desprezou e cuja aliança quebrou, sim,
junto dele, no meio da Babilônia será morto. 17 Fa-
raó, nem com grande exército, nem com numerosa
companhia, o ajudará na guerra, quando rampas
e torres de ataque forem levantadas para destruir
muitas vidas. 18 Ele desprezou o juramento, que-
brando a aliança feita com aperto de mão, e prati-
cou todas estas coisas; por isso, não escapará.

19— Portanto, assim diz o SENHOR Deus: Tão
certo como eu vivo, o meu juramento que ele
desprezou e a minha aliança que ele quebrou, isto
farei recair sobre a sua cabeça. 20 Estenderei sobre
ele a minha rede, e ficará preso nas minhas ma-
lhas. Eu o levarei para a Babilônia e ali entrarei em
juízo com ele por causa da rebeldia que praticou
contra mim. 21 Todos os seus fugitivos, com todas
as suas tropas, cairão à espada, e os que restarem
serão espalhados aos quatro ventos. Então vocês
saberão que eu, o SENHOR, falei.

Uma promessa de restauração

22— Assim diz o SENHOR Deus: Também eu pe-
garei a ponta mais alta de um cedro e a plantarei;
do principal dos seus ramos cortarei o renovo mais
tenro e eu mesmo o plantarei sobre um monte alto
e sublime. 23 No monte alto de Israel, o plantarei;
ele produzirá ramos, dará frutos e se tornará um
cedro excelente. Debaixo dele, viverão pássaros de
todo tipo; à sombra dos seus ramos se aninharão
aves de toda espécie. 24 Todas as árvores do campo
saberão que eu, o SENHOR, derrubo a árvore alta e
elevo a baixa, seco a árvore verde e faço reverdecer
a seca. Eu, o SENHOR, falei e eu o cumprirei.

A responsabilidade é pessoal

18 1 A palavra do SENHOR veio a mim, dizendo:
2— O que vocês querem dizer, vocês que
ficam repetindo este provérbio a respeito da ter-
ra de Israel: "Os pais comeram uvas verdes, e os
dentes dos filhos é que se embotaram"? 3 Tão cer-
to como eu vivo, diz o SENHOR Deus, vocês nunca
mais repetirão esse provérbio em Israel. 4 Eis que
todas as pessoas são minhas. Assim como a pes-
soa do pai, também a pessoa do filho é minha. A
pessoa que pecar, essa morrerá.

5— Se um homem é justo e age com justiça e
retidão — 6 não come carne sacrificada nos altos
nem levanta os olhos para os ídolos da casa de
Israel; não contamina a mulher do seu próximo
nem tem relações com a mulher menstruada;
7 não oprime ninguém, mas devolve ao devedor
a coisa penhorada e não rouba; reparte o seu pão
com o faminto e cobre com roupas aquele que está
nu; 8 não empresta para ter lucro e não cobra ju-
ros; desvia a sua mão da injustiça e é imparcial ao
julgar uma questão entre duas pessoas; 9 anda nos
meus estatutos e guarda os meus juízos, proce-
dendo retamente —, esse tal é justo e certamente
viverá, diz o SENHOR Deus.

10— Se ele gerar um filho ladrão, assassino,
que fizer a seu irmão qualquer uma dessas coisas
11 que o pai nunca cometeu, mas comer carne sa-
crificada nos altos, contaminar a mulher de seu
próximo, 12 oprimir o pobre e necessitado, praticar
roubos, não devolver o penhor, levantar os olhos
para os ídolos, cometer abominação, 13 emprestar
para ter lucro e cobrar juros, será que esse viverá?

Não viverá. Ele fez todas estas abominações e será
morto; é responsável pela própria morte.
14— E, se esse filho gerar um filho que veja to-
dos os pecados que o pai cometeu, e, vendo-os,
não fizer coisas semelhantes, 15 não comer carne
sacrificada nos altos, não levantar os olhos para os
ídolos da casa de Israel, não contaminar a mulher
de seu próximo, 16 não oprimir ninguém, não reti-
ver o penhor, não roubar, repartir o seu pão com
o faminto, cobrir com roupas aquele que está nu,
17 desviar a sua mão da injustiça, não emprestar
para ter lucro nem cobrar juros, executar os meus
juízos e andar nos meus estatutos, esse tal não
morrerá por causa da iniquidade de seu pai; cer-
tamente viverá. 18 Quanto ao pai dele, porque pra-
ticou extorsão, roubou os bens do próximo e fez o
que não era bom no meio de seu povo, eis que ele
morrerá por causa de sua iniquidade.
19— Mas vocês perguntam: "Por que o filho não
paga pela iniquidade do pai?" Porque o filho fez o
que era justo e reto. Ele guardou todos os meus es-
tatutos e os praticou. Por isso, certamente viverá.
20 A pessoa que pecar, essa morrerá. O filho não
pagará pela iniquidade do pai, nem o pai pagará
pela iniquidade do filho. A justiça do justo ficará
sobre ele, e a maldade do ímpio cairá sobre este.
21— Mas, se o ímpio se converter de todos os
pecados que cometeu, e guardar todos os meus es-
tatutos, e fizer o que é justo e reto, certamente vi-
verá; não será morto. 22 De todas as transgressões
que cometeu, nenhuma será lembrada contra ele;
pela justiça que praticou, viverá.
23— Vocês pensam que eu tenho prazer na
morte do ímpio? — diz o Senhor Deus. Não dese-
jo eu muito mais que ele se converta dos seus ca-
minhos e viva? 24 Mas, se o justo se desviar da sua
justiça e fizer maldade, fazendo as mesmas abo-
minações que o ímpio faz, será que ele viverá? De
todos os atos de justiça que praticou, nenhum será
lembrado; na sua transgressão com que transgre-
diu e no seu pecado que cometeu, neles morrerá.
25— No entanto, vocês dizem: "O caminho do
Senhor não é reto." Então escute, ó casa de Israel:
Será que é o meu caminho que não é reto? Não
seriam muito mais os caminhos de vocês que são
tortuosos? 26 Se o justo se desviar da sua justiça e
fizer maldade, morrerá por causa dela; na iniqui-
dade que cometeu, morrerá. 27 Mas, se o ímpio se
converter da maldade que cometeu e praticar o
que é justo e reto, ele preservará a sua vida. 28 Pois
se ele percebe o que fez e se converte de todas as
transgressões que cometeu, certamente viverá;
não será morto. 29 No entanto, a casa de Israel
diz: "O caminho do Senhor não é reto." Será que
são os meus caminhos que não são retos, ó casa
de Israel? Não seriam muito mais os caminhos de
vocês que são tortuosos?
30— Portanto, eu os julgarei, cada um segundo
os seus caminhos, ó casa de Israel, diz o Senhor
Deus. Convertam-se e afastem-se de todas as suas
transgressões, para que a iniquidade não lhes sir-
va de tropeço. 31 Livrem-se de todas as transgres-
sões que vocês cometeram e façam para vocês um
coração novo e um espírito novo. Por que vocês
haveriam de morrer, ó casa de Israel? 32 Eu não
tenho prazer na morte de ninguém, diz o Senhor
Deus. Portanto, convertam-se e vivam.

A parábola do leão enjaulado

19 1— Quanto a você, faça uma lamentação so-
bre os príncipes de Israel. 2 Diga:

"Que bela leoa entre os leões era a sua mãe!
Deitada entre os leõezinhos,
criou os seus filhotes.
3 Criou um dos seus filhotinhos, que,
ao se tornar um leãozinho,
aprendeu a despedaçar a presa;
chegou a devorar gente.
4 Quando as nações ouviram falar dele,
o apanharam na cova que fizeram,
e ele foi levado com ganchos
para a terra do Egito.
5 Vendo frustrada e perdida a sua esperança,
a leoa pegou outro dos seus filhotes
e o fez leãozinho.
6 Este, andando entre os leões,
veio a ser um leãozinho
e aprendeu a despedaçar a presa;
chegou a devorar gente.
7 Destruiu palácios e arrasou cidades.
A terra e os seus moradores ficaram assustados,
ao ouvirem o seu rugido.
8 Então se ajuntaram contra ele
os povos das províncias vizinhas.
Estenderam sobre ele a rede,
e ele foi apanhado na cova que fizeram.
9 Com ganchos, meteram-no
dentro de uma jaula
e o levaram ao rei da Babilônia.
Deixaram-no preso,
para que nunca mais se ouvisse
o seu rugido nos montes de Israel."

A parábola da videira arruinada

10 "Sua mãe era como uma videira
dentro da vinha,
plantada junto às águas;
ela frutificou e se encheu de ramos,
por causa das muitas águas.
11 Os galhos fortes se tornaram
para ela cetros de dominadores.
A sua estatura
se elevou até as nuvens,

e na sua altura era visível
com a multidão dos seus ramos.
12 Mas ela foi arrancada com furor
e jogada no chão.
O vento leste secou os seus frutos.
Seus fortes galhos
foram quebrados e secaram;
o fogo os consumiu.
13 Agora, a videira está plantada
no deserto,
numa terra seca e sedenta.
14 Do ramo principal saiu fogo
que consumiu o seu fruto,
de maneira que já não há nela
galho forte
que sirva de cetro para dominar."

Esta é uma lamentação e ficará servindo de la-
mentação.

As abominações da casa de Israel depois do êxodo

20 1 No sétimo ano, no quinto mês, aos dez dias
do mês, alguns dos anciãos de Israel vieram
consultar o SENHOR e se assentaram diante de mim.
2 Então a palavra do SENHOR veio a mim, dizendo:
3 — Filho do homem, fale com os anciãos de Israel
e diga-lhes: Assim diz o SENHOR Deus: "Por acaso
vocês vieram para me consultar? Tão certo como eu
vivo, diz o SENHOR Deus, vocês não me consultarão."
4 — Você está pronto para julgá-los, filho do
homem? Você está pronto para julgá-los? Mostre-
-lhes as abominações que os pais deles praticaram
5 e diga-lhes: Assim diz o SENHOR Deus: "No dia em
que escolhi Israel, levantando a mão, jurei à descen-
dência da casa de Jacó e me dei a conhecer a eles na
terra do Egito; levantei a mão e jurei, dizendo: 'Eu
sou o SENHOR, seu Deus.' 6 Naquele dia, jurei tirá-
-los da terra do Egito e levá-los para uma terra que
lhes tinha previsto, uma terra que mana leite e mel,
coroa de todas as terras. 7 Então eu lhes disse: 'Cada
um de vocês deve jogar fora as abominações de
que se agradam os seus olhos. Não se contaminem
com os ídolos do Egito; eu sou o SENHOR, seu Deus.'
8 Mas eles se rebelaram contra mim e não quiseram
me ouvir. Ninguém jogava fora as abominações de
que se agradavam os seus olhos, nem abandonava
os ídolos do Egito. Então eu disse que derramaria
sobre eles o meu furor, para cumprir a minha ira
contra eles, no meio da terra do Egito. 9 Mas agi por
amor do meu nome, para que não fosse profanado
diante das nações no meio das quais eles estavam,
diante das quais eu me dei a conhecer a eles, para
os tirar da terra do Egito."
10 — "Eu os tirei da terra do Egito e os levei
para o deserto. 11 Dei-lhes os meus estatutos e
lhes fiz conhecer os meus juízos, pelos quais o
ser humano viverá, se os cumprir. 12 Também lhes
dei os meus sábados, para servirem de sinal en-
tre mim e eles, para que soubessem que eu sou o
SENHOR que os santifica. 13 Mas a casa de Israel se
rebelou contra mim no deserto, não andando nos
meus estatutos e rejeitando os meus juízos, pelos
quais viverá aquele que os cumprir; e profanaram
grandemente os meus sábados. Então eu disse
que derramaria sobre eles o meu furor no deser-
to, para os consumir. 14 Mas agi por amor do meu
nome, para que não fosse profanado aos olhos das
nações diante das quais os tirei do Egito."
15 — "Além disso, no deserto, jurei que não os
levaria à terra que lhes tinha dado, uma terra que
mana leite e mel, coroa de todas as terras. 16 Porque
rejeitaram os meus juízos, não andaram nos meus
estatutos e profanaram os meus sábados, pois o
seu coração se voltava para os seus ídolos. 17 Mas
os meus olhos tiveram piedade deles e eu não os
destruí, nem os consumi totalmente no deserto."
18 — "Então eu disse aos seus filhos no deser-
to: 'Não andem nos estatutos de seus pais, nem
guardem os seus juízos, nem se contaminem com
os seus ídolos. 19 Eu sou o SENHOR, seu Deus. An-
dem nos meus estatutos, guardem os meus juízos
e coloquem-nos em prática. 20 Santifiquem os
meus sábados, pois servirão de sinal entre mim
e vocês, para que saibam que eu sou o SENHOR,
seu Deus.' 21 Mas também os filhos se rebelaram
contra mim e não andaram nos meus estatutos,
nem guardaram os meus juízos, pelos quais o ser
humano viverá, se os cumprir; pelo contrário, eles
profanaram os meus sábados. Então eu disse que
derramaria sobre eles o meu furor, para cumprir
contra eles a minha ira no deserto. 22 Mas contive a
minha mão e agi por amor do meu nome, para que
não fosse profanado aos olhos das nações diante
das quais os tirei do Egito."
23 — "Mais uma vez, no deserto, jurei dispersá-
-los entre as nações e espalhá-los por outras ter-
ras, 24 porque não executaram os meus juízos,
rejeitaram os meus estatutos, profanaram os meus
sábados, e os seus olhos se voltavam para os ído-
los de seus pais. 25 Por isso também lhes dei esta-
tutos que não eram bons e juízos pelos quais não
haviam de viver. 26 Permiti que eles se contami-
nassem com as suas dádivas, como quando quei-
mavam os seus filhos primogênitos. Fiz isso para
que ficassem horrorizados e para que soubessem
que eu sou o SENHOR."
27 — Portanto, fale à casa de Israel, ó filho do
homem, e diga-lhes: Assim diz o SENHOR Deus:
"Ainda nisto os pais de vocês blasfemaram con-
tra mim, na infidelidade que cometeram contra
mim: 28 quando eu os introduzi na terra que havia
jurado dar-lhes, onde quer que viam um monte
alto e uma árvore frondosa, aí ofereciam os seus

sacrifícios, apresentavam suas ofertas provocan-
tes, punham os seus aromas agradáveis e ofere-
ciam as suas libações. 29 Eu lhes perguntei: 'Que
lugar alto é esse, aonde vocês vão?' Por isso, o seu
nome tem sido Lugar Alto até o dia de hoje."

30 — Portanto, diga à casa de Israel: Assim diz
o SENHOR Deus: "Será que vocês não estão se
contaminando a exemplo dos pais de vocês, e se
prostituindo com as suas abominações? 31 Quan-
do oferecem as suas dádivas e queimam os seus
filhos como sacrifício, vocês se contaminam com
todos os seus ídolos, até o dia de hoje. Será que eu
devo deixar que vocês me consultem, ó casa de Is-
rael? Tão certo como eu vivo, diz o SENHOR Deus,
vocês não me consultarão. 32 O que vocês têm em
mente jamais acontecerá, ou seja, isso de dizer:
'Seremos como as nações, como os povos de ou-
tras terras, adorando as árvores e as pedras.'"

Castigo e perdão

33 — "Tão certo como eu vivo, diz o SENHOR
Deus, hei de reinar sobre vocês com mão podero-
sa, com braço estendido e derramado furor. 34 Vou
tirá-los do meio dos povos e congregá-los das ter-
ras por onde vocês foram espalhados, com mão
forte, com braço estendido e derramado furor.
35 Vou levá-los ao deserto dos povos e ali entrarei
em juízo com vocês, face a face. 36 Como entrei em
juízo com os pais de vocês no deserto da terra do
Egito, assim entrarei em juízo com vocês, diz o
SENHOR Deus. 37 Eu os farei passar debaixo do meu
cajado e os farei entrar no vínculo da aliança. 38 Ti-
rarei do meio de vocês os rebeldes e os que trans-
grediram contra mim. Eu os farei sair da terra onde
estão morando, mas eles não entrarão na terra de
Israel. E vocês saberão que eu sou o SENHOR."

39 — "Quanto a vocês, ó casa de Israel, assim
diz o SENHOR Deus: Que cada um vá e adore os
seus ídolos, agora e mais tarde, já que vocês não
querem me ouvir! Mas não profanem mais o meu
santo nome com as suas dádivas e com os ído-
los de vocês. 40 Porque no meu santo monte, no
monte alto de Israel, diz o SENHOR Deus, ali toda
a casa de Israel me adorará, toda a casa de Israel,
naquela terra. Ali me agradarei deles. Ali requere-
rei as ofertas de vocês, as primícias das dádivas e
todas as coisas sagradas. 41 Eu me agradarei de vo-
cês como de aroma agradável, quando eu os tirar
do meio dos povos e os congregar das terras por
onde vocês foram espalhados; e serei santificado
diante das nações por meio de vocês. 42 Vocês sa-
berão que eu sou o SENHOR, quando eu os fizer
entrar na terra de Israel, na terra que jurei dar aos
pais de vocês. 43 Ali, vocês se lembrarão dos seus
caminhos e de todas as ações com que se conta-
minaram e terão nojo de vocês mesmos, por todas
as maldades que fizeram. 44 Saberão que eu sou o
SENHOR, quando eu agir com vocês por amor do
meu nome, não segundo os seus maus caminhos,
nem segundo as suas ações corruptas, ó casa de
Israel", diz o SENHOR Deus.

A profecia contra o Sul

45 A palavra do SENHOR veio a mim, dizendo:
46 — Filho do homem, vire o seu rosto para o
Sul e fale contra ele. Profetize contra a floresta do
campo do Sul 47 e diga à floresta do Sul: "Ouça a
palavra do SENHOR! Assim diz o SENHOR Deus: Eis
que acenderei em você um fogo que consumirá to-
das as árvores, tanto as verdes como as secas. A
chama desse fogo não se apagará e todos os rostos,
desde o Sul até o Norte, se queimarão. 48 E todos
verão que eu, o SENHOR, o acendi; não se apagará."
49 Então eu disse:
— Ah! SENHOR Deus! Eles ficam dizendo que eu
só sei contar parábolas!

A espada de Deus

21 1 A palavra do SENHOR veio a mim, dizendo:
2 — Filho do homem, vire o seu rosto contra
Jerusalém, fale contra os santuários e profetize
contra a terra de Israel. 3 Diga à terra de Israel: As-
sim diz o SENHOR: "Eis que estou contra você. Vou
tirar a minha espada da bainha, e eliminarei do seu
meio tanto o justo como o ímpio. 4 Visto que elimi-
narei do seu meio o justo e o ímpio, a minha espada
sairá da bainha contra todos, desde o Sul até o Nor-
te. 5 Todos saberão que eu, o SENHOR, tirei a minha
espada da bainha e que não a porei de volta."
6 — Você, filho do homem, comece a gemer.
Na presença deles, fique gemendo de coração
quebrantado e com amargura. 7 Quando pergun-
tarem: "Por que você está gemendo?", responda:
"Por causa das notícias que estão chegando." Todo
coração se derreterá, todas as mãos desfalecerão,
todo espírito ficará angustiado e todos os joelhos
se desfarão em água. Eis que virá, e se cumprirá,
diz o SENHOR Deus.
8 A palavra do SENHOR veio a mim, dizendo:
9 — Filho do homem, profetize e diga: Assim diz
o Senhor:

"A espada, a espada está afiada e polida;
10 afiada para a matança,
polida para reluzir
como relâmpago.
Israel diz: 'Vamos nos alegrar!
O cetro do meu filho despreza
qualquer outra madeira.'
11 Mas Deus responde:
'A espada foi entregue para ser polida,
para ser manejada;
está afiada e polida,
para ser posta na mão do matador.

12 Grite e lamente, filho do homem,
porque a espada será
contra o meu povo,
contra todos os príncipes de Israel.
Estes, juntamente com o meu povo,
estão entregues à espada;
portanto, bata no peito
em sinal de tristeza.
13 Pois haverá uma prova.
E o que acontecerá,
se o próprio cetro que desprezou a todos
não vier a subsistir?'"
— diz o SENHOR Deus.

14 — Filho do homem, profetize e bata com as
mãos uma na outra. Que a espada golpeie duas ve-
zes, sim, até três vezes. É a espada da matança, da
grande matança, que os rodeia, 15 para que o cora-
ção se derreta e se multipliquem os que tropeçam.
Junto a todas as portas faço reluzir a espada. Ah!
Ela foi feita para ser raio e está afiada para matar.
16 Ó espada, vire-se com toda a força para a direita,
vire-se para a esquerda, para onde quer que a sua
lâmina se dirigir. 17 Também eu baterei as minhas
mãos uma na outra e desafogarei o meu furor; eu,
o SENHOR, falei.

A espada do rei da Babilônia

18 A palavra do SENHOR veio a mim, dizendo:
19 — Filho do homem, trace dois caminhos por
onde a espada do rei da Babilônia poderá vir. Am-
bos devem sair da mesma terra. Faça um marco
indicador e coloque-o na bifurcação do caminho
para a cidade. 20 Indique o caminho para que a es-
pada chegue a Rabá dos filhos de Amom, e a Je-
rusalém, a fortificada, em Judá. 21 Porque o rei da
Babilônia irá parar na bifurcação, na entrada dos
dois caminhos, para fazer adivinhações: sacudirá
as flechas, consultará os ídolos do lar, examinará
o fígado de um animal. 22 Na mão direita estará a
adivinhação sobre Jerusalém, para dispor os aríe-
tes, para abrir a boca com ordens de matar, para
lançar gritos de guerra, para colocar os aríetes
contra os portões, para levantar rampas e torres
de ataque. 23 Aos moradores da cidade isso pare-
cerá uma adivinhação falsa, pois eles têm em seu
favor juramentos solenes. Mas Deus se lembrará
da iniquidade deles, para que sejam presos.
24 — Portanto, assim diz o SENHOR Deus: "Visto
que vocês me fazem lembrar da sua iniquidade, na
medida em que as suas transgressões são desco-
bertas e em todas as suas ações aparecem os seus
pecados — sim, visto que vocês foram lembrados,
serão presos por causa disso."
25 — Quanto a você, profano e ímpio príncipe
de Israel, cujo dia chegou no tempo do seu castigo
final, 26 assim diz o SENHOR Deus: "Tire o turbante
e remova a coroa. O que é já não será o mesmo; o
humilde será exaltado e o soberbo será abatido.
27 Ruína! Ruína! A ruínas a reduzirei, e ela já não
será, até que venha aquele a quem caberá o julga-
mento; a ele eu a entregarei."
28 — E você, filho do homem, profetize e diga:
Assim diz o SENHOR Deus a respeito dos filhos de
Amom e a respeito dos seus insultos:

"A espada, a espada está desembainhada,
polida para a matança, para consumir,
para reluzir como relâmpago.
29 Apesar das visões falsas
e das adivinhações mentirosas,
a espada será posta no pescoço
dos profanos, dos perversos,
cujo dia virá no tempo do castigo final.
30 Ponha a espada de volta na sua bainha.
No lugar em que você foi formado,
na terra do seu nascimento,
eu o julgarei.
31 Derramarei sobre você a minha indignação,
assoprarei contra você o fogo do meu furor
e o entregarei nas mãos de homens brutais,
mestres de destruição.
32 Você servirá de pasto ao fogo,
o seu sangue será derramado
no meio da terra,
e você não será mais lembrado;
porque eu, o SENHOR, falei."

As abominações de Jerusalém

22 1 A palavra do SENHOR veio a mim, dizendo:
2 — Filho do homem, será que você está
pronto para julgar? Está pronto para julgar a cida-
de sanguinária? Mostre-lhe todas as suas abomi-
nações 3 e diga: Assim diz o SENHOR Deus: "Ai da
cidade que derrama sangue no meio de si, para
que venha o seu tempo, e que faz ídolos contra
si mesma, para se contaminar! 4 Você se tornou
culpada pelo sangue que derramou e está conta-
minada pelos ídolos que fabricou. Você fez chegar
o dia do seu julgamento e o término de seus anos.
Por isso, fiz de você objeto de deboche das nações
e de zombaria de todas as terras. 5 Tanto as que
estão perto como as que estão longe zombarão
de você, cidade de má fama, cheia de inquietação.
6 Eis que os príncipes de Israel, cada um segundo
o seu poder, nada mais intentam, a não ser der-
ramar sangue. 7 Em seu meio, desprezam o pai e a
mãe, praticam extorsões contra o estrangeiro e são
injustos com o órfão e a viúva. 8 Você desprezou
as minhas coisas santas e profanou os meus sába-
dos. 9 Em seu meio há homens que dizem calúnias
para derramar sangue. Em seu meio, comem car-
ne sacrificada nos montes e cometem perversi-
dade. 10 Em seu meio, homens têm relações com

a mulher do próprio pai e abusam da mulher no
período da sua menstruação. 11 Um comete abo-
minação com a mulher do seu próximo, outro
contamina vergonhosamente a sua nora, e outro
abusa da sua irmã, filha de seu pai. 12 Em seu meio,
aceitam suborno para derramar sangue. Você em-
prestou com usura e cobrou juros. Você explorou
o seu próximo com extorsão. Mas de mim você se
esqueceu, diz o SENHOR Deus."

13 — "Eis que bato as minhas mãos uma na ou-
tra com furor contra a exploração que você prati-
cou e por causa do sangue que foi derramado em
seu meio. 14 Estará firme o seu coração? Estarão
fortes as suas mãos, nos dias em que eu vier tratar
com você? Eu, o SENHOR, falei e eu o cumprirei.
15 Eu a dispersarei entre as nações, eu a espalharei
por outras terras e acabarei com a sua impureza.
16 Você será profanada em si mesma, à vista das
nações, e saberá que eu sou o SENHOR."

O forno de fundição

17 A palavra do SENHOR veio a mim, dizendo:
18 — Filho do homem, a casa de Israel se trans-
formou em escória para mim. Todos eles são co-
bre, estanho, ferro e chumbo no meio do forno;
eles são a escória da prata. 19 Portanto, assim diz
o SENHOR Deus: Visto que todos vocês se trans-
formaram em escória, eis que eu os ajuntarei no
meio de Jerusalém. 20 Como se ajuntam a prata, o
cobre, o ferro, o chumbo e o estanho no meio do
forno, para assoprar o fogo sobre eles, a fim de se
fundirem, assim na minha ira e no meu furor eu
os ajuntarei, ali os deixarei e fundirei. 21 Eu os reu-
nirei e assoprarei sobre vocês o fogo do meu fu-
ror; e vocês serão fundidos no meio de Jerusalém.
22 Como se funde a prata no meio do forno, assim
vocês serão fundidos no meio dela. E saberão que
eu, o SENHOR, derramei o meu furor sobre vocês.

Os pecados das autoridades de Israel

23 A palavra do SENHOR veio a mim, dizendo:
24 — Filho do homem, diga a essa terra: "Você é
terra que não está purificada e que não tem chu-
va no dia da indignação. 25 Há, no meio dela, uma
conspiração dos seus profetas. Como um leão que
ruge, que arrebata a presa, assim eles devoram
pessoas, se apossam de tesouros e coisas precio-
sas, multiplicam as viúvas no meio dela. 26 Os seus
sacerdotes transgridem a minha lei e profanam as
minhas coisas santas. Não fazem distinção entre
o santo e o profano e não ensinam a diferença
entre o puro e o impuro. Não respeitam os meus
sábados, e assim sou profanado no meio deles.
27 Os seus líderes no meio dela são como lobos
que arrebatam a presa para derramarem o sangue,
para destruírem vidas e ganharem lucro desones-
to. 28 Os seus profetas cobrem isso com cal, tendo
visões falsas e predizendo mentiras. Dizem: 'Assim
diz o SENHOR Deus', sem que o SENHOR tenha fala-
do. 29 O povo da terra pratica extorsão e anda rou-
bando. Fazem violência aos pobres e necessitados,
e injustamente oprimem os estrangeiros."

30 — "Procurei entre eles um homem que re-
construísse a muralha e se colocasse na brecha
diante de mim, a favor desta terra, para que eu não
a destruísse, mas não encontrei ninguém. 31 Por
isso, derramarei sobre eles a minha indignação, e
com o fogo do meu furor os consumirei. Farei cair
sobre a cabeça deles o castigo que os seus atos me-
recem", diz o SENHOR Deus.

Oolá e Oolibá, as duas prostitutas

23 1 A palavra do SENHOR veio a mim, dizendo:
2 — Filho do homem, houve duas mulhe-
res, filhas da mesma mãe. 3 Elas se prostituíram
no Egito; tornaram-se prostitutas quando eram
jovens. Ali foram apertados os seus peitos e apal-
pados os seios da sua virgindade. 4 Os nomes delas
eram Oolá, a mais velha, e Oolibá, sua irmã. Elas
eram minhas e tiveram filhos e filhas. Quanto aos
nomes, Oolá é Samaria e Oolibá é Jerusalém.

5 — Oolá se prostituiu quando era minha.
Inflamou-se pelos seus amantes, pelos assírios,
seus vizinhos, 6 que se vestiam de azul, governa-
dores e comandantes, todos jovens atraentes, ca-
valeiros montados em cavalos. 7 Ela se prostituiu
com eles, que eram todos a fina flor dos filhos da
Assíria, e com todos aqueles pelos quais se infla-
mava; com todos os seus ídolos ela se contaminou.
8 Não abandonou a prostituição que havia começa-
do no Egito. Porque, quando era jovem, os homens
se deitaram com ela, apalparam os seios da sua vir-
gindade e a trataram como prostituta. 9 Por isso, eu
a entreguei nas mãos dos seus amantes, nas mãos
dos filhos da Assíria, pelos quais havia se inflama-
do. 10 Estes descobriram as vergonhas dela, leva-
ram os seus filhos e as suas filhas, e a mataram à
espada. Ela se tornou falada entre as mulheres por
causa dos juízos que executaram sobre ela.

11 — Apesar de ter visto isso, sua irmã Oolibá
se corrompeu mais do que ela em sua paixão, e
a sua prostituição foi pior do que a de sua irmã.
12 Inflamou-se pelos filhos da Assíria, governado-
res e comandantes, seus vizinhos, vestidos com
primor, cavaleiros montados em cavalos, todos
jovens atraentes. 13 Vi que também ela havia se
contaminado; o caminho de ambas era o mesmo.
14 Aumentou a sua prostituição, porque viu figuras
de homens gravadas na parede, imagens dos cal-
deus, pintados de vermelho, 15 de lombos cingidos
e turbantes pendentes da cabeça, todos com apa-
rência de oficiais, semelhantes aos filhos da Babi-
lônia, nascidos na Caldeia. 16 Vendo-os, Oolibá se
inflamou por eles e lhes mandou mensageiros à

Caldeia. 17 Então os filhos da Babilônia vieram se
deitar com ela no leito dos amores e a contamina-
ram com as suas prostituições. Após contaminar-
-se com eles, enojada, ela os abandonou. 18 Assim,
depois que ela mostrou a sua prostituição e a sua
nudez, eu a abandonei, com nojo, assim como
havia abandonado a irmã dela. 19 Mas Oolibá mul-
tiplicou as suas prostituições, lembrando-se dos
dias da sua juventude, quando era prostituta na
terra do Egito. 20 Inflamou-se pelos seus amantes,
cujos membros eram como o de jumento e cuja
ejaculação era como a dos cavalos. 21 Assim, você
trouxe à memória a perversidade dos seus tempos
de jovem, quando os do Egito apalpavam os seus
seios e apertavam os peitos da sua juventude.

22 — Por isso, Oolibá, assim diz o SENHOR Deus:
"Eis que despertarei contra você os seus amantes,
os quais, com nojo, você abandonou, e os trarei con-
tra você de todos os lados: 23 os filhos da Babilônia
e todos os caldeus de Pecode, de Soa, de Coa e to-
dos os filhos da Assíria com eles, jovens atraentes,
governadores e comandantes, oficiais e homens de
renome, todos montados em cavalos. 24 Virão con-
tra você com armas, carros de guerra e carretas, e
com um grande exército. Eles se colocarão contra
você com escudos grandes, escudos pequenos e
capacetes. Deixarei que a julguem, e eles a julgarão
segundo as suas leis. 25 Porei contra você o meu zelo,
e eles a tratarão com furor. Cortarão o seu nariz e as
suas orelhas, e o que restar cairá à espada; levarão os
seus filhos e as suas filhas, e quem ainda lhe restar
será consumido pelo fogo. 26 Eles arrancarão as suas
roupas e levarão as suas belas joias. 27 Assim, acaba-
rei com a sua perversidade e com a prostituição que
você trouxe da terra do Egito. Você não levantará os
olhos para eles e não se lembrará mais do Egito."

28 — Porque assim diz o SENHOR Deus: "Eis que
eu a entregarei nas mãos daqueles que você odeia,
nas mãos daqueles que, com nojo, você abando-
nou. 29 Eles a tratarão com ódio, levarão todo o
fruto do seu trabalho e a deixarão completamente
nua. Ficará exposta a vergonha da sua prostitui-
ção, a sua perversidade e as suas devassidões.
30 Isso lhe acontecerá, porque você se prostituiu
com os gentios e se contaminou com os seus ído-
los. 31 Você andou no caminho de sua irmã; por
isso, o copo que era dela eu entregarei a você."

32 — Assim diz o SENHOR Deus:

"Você beberá o copo de sua irmã,
que é fundo e largo.
Você será motivo de riso e de zombaria,
pois nele cabe muito.
33 Você ficará completamente bêbada
e sentirá muita dor;
o copo de sua irmã Samaria
é copo de espanto e de desolação.
34 Você o beberá até a última gota,
ficará roendo os cacos,
e rasgará os próprios seios.
Porque eu falei", diz o SENHOR Deus.

35 — Portanto, assim diz o SENHOR Deus: "Visto
que você se esqueceu de mim e me virou as costas,
também terá de sofrer as consequências da sua
perversidade e das suas prostituições."

36 Disse-me ainda o SENHOR:

— Filho do homem, você está pronto para julgar
Oolá e Oolibá? Mostre-lhes as suas abominações.
37 Porque elas cometeram adultério, e nas suas
mãos há culpa de sangue. Adulteraram com os
seus ídolos, e até os filhos que tiveram comigo elas
ofereceram aos ídolos para serem consumidos pelo
fogo. 38 E fizeram mais isto: no mesmo dia conta-
minaram o meu santuário e profanaram os meus
sábados. 39 Pois, havendo sacrificado seus filhos
aos ídolos, vieram, no mesmo dia, ao meu santuá-
rio para o profanarem; foi o que fizeram em meu
templo. 40 E mais ainda: mandaram vir uns homens
de longe, aos quais tinha sido enviado um mensa-
geiro, e eis que eles vieram. Por amor deles, você
se banhou, pintou os olhos e se enfeitou com joias.
41 Você se assentou num suntuoso leito, diante do
qual se achava uma mesa preparada, sobre a qual
você pôs o meu incenso e o meu óleo. 42 Ouvia-se
com ela a voz de uma multidão alegre. Com ho-
mens de classe baixa foram trazidos do deserto
uns bêbados, que puseram braceletes nas mãos
delas e, na cabeça, belas coroas. 43 Então eu disse
a respeito da mulher envelhecida em adultérios:
"Agora ela vai continuar com as suas prostitui-
ções!" 44 E tiveram relações com ela, como quem
tem relações com uma prostituta. Foi assim que ti-
veram relações com Oolá e Oolibá, essas mulheres
depravadas. 45 Mas homens justos as julgarão como
se julgam as adúlteras e as assassinas; porque são
adúlteras, e, nas suas mãos, há culpa de sangue.

46 — Pois assim diz o SENHOR Deus: Trarei con-
tra elas uma grande multidão e as entregarei ao
tumulto e ao saque. 47 A multidão as apedrejará e
as golpeará com as suas espadas; matarão os seus
filhos e as suas filhas e queimarão as suas casas.
48 Assim, acabarei com a perversidade da terra,
para que isso sirva de aviso a todas as mulheres
e elas não sigam o exemplo da perversidade de-
las. 49 Vocês serão castigadas por causa da sua
perversidade e sofrerão as consequências de
seus pecados de idolatria. E saberão que eu sou
o SENHOR Deus.

A parábola da panela

24 1 A palavra do SENHOR veio a mim, no nono
ano, no décimo mês, aos dez dias do mês,
dizendo:

2— Filho do homem, anote o dia de hoje, sim,
o dia de hoje, porque o rei da Babilônia começa o
cerco de Jerusalém neste dia. 3 Conte uma parábo-
la à casa rebelde e diga: Assim diz o SENHOR Deus:

"Ponha a panela no fogo,
encha-a com água,
4 acrescente pedaços de carne,
todos os bons pedaços
— tanto da parte traseira
como da parte dianteira;
coloque também os melhores ossos.
5 Pegue isso dos melhores
animais do rebanho.
Empilhe lenha debaixo da panela,
deixe ferver bem
e cozinhe os ossos dentro dela."

6— Portanto, assim diz o SENHOR Deus: Ai da
cidade sanguinária, da panela cheia de ferrugem,
ferrugem que não foi tirada dela! Tire de dentro a
carne, pedaço por pedaço, sem escolha. 7 Porque
a culpa de sangue está no meio dela. O sangue foi
derramado sobre a rocha escalvada e não sobre a
terra, para o cobrir com o pó. 8 Para fazer subir a in-
dignação, para tomar vingança, eu pus o seu sangue
numa rocha escalvada, para que não fosse coberto.

9— Portanto, assim diz o SENHOR Deus: Ai da
cidade sanguinária! Eu mesmo aumentarei a pilha
de lenha. 10 Amontoe muita lenha, acenda o fogo,
cozinhe a carne, engrosse o caldo, deixe que os
ossos fiquem torrados. 11 Ponha a panela vazia so-
bre as brasas, para que ela aqueça, o seu cobre se
torne candente, a impureza que está dentro dela
se derreta e a sua ferrugem se consuma. 12 Traba-
lho inútil! A sua muita ferrugem não sai, nem pelo
fogo. 13 Jerusalém, por causa de sua imunda per-
versidade, e porque eu quis purificá-la, mas você
não ficou limpa, você não ficará pura de novo até
que eu tenha satisfeito o meu furor contra você.
14 Eu, o SENHOR, falei; será assim; eu o farei. Não
voltarei atrás e não pouparei, nem mudarei de
ideia. Você será julgada segundo os seus caminhos
e segundo os seus atos, diz o SENHOR Deus.

A viuvez de Ezequiel

15 A palavra do SENHOR veio a mim, dizendo:
16— Filho do homem, eis que, com um só gol-
pe, tirarei aquela que é a delícia dos seus olhos.
Você não deve lamentar, nem chorar, nem der-
ramar lágrimas. 17 Sofra em silêncio; não faça la-
mentação pelos mortos. Prenda o seu turbante;
ponha as sandálias nos pés; não cubra o bigode, e
não coma o pão que lhe mandarem.
18 Falei ao povo pela manhã, e à tarde a minha
mulher morreu. Na manhã seguinte, fiz como
me havia sido ordenado. 19 Então o povo me per-
guntou:
— Você não vai nos explicar o que significa
para nós isso que você está fazendo?
20 Eu respondi:
— A palavra do SENHOR veio a mim, dizendo:
21 Diga à casa de Israel: Assim diz o SENHOR Deus:
"Eis que profanarei o meu santuário, do qual vo-
cês tanto se orgulham, que é a delícia dos seus
olhos e o desejo do seu coração. Os filhos e as
filhas que vocês deixaram para trás cairão à es-
pada. 22 Vocês farão o que eu fiz: não cobrirão o
bigode, nem comerão o pão que lhes mandarem.
23 Manterão o turbante na cabeça e as sandálias
nos pés. Não irão lamentar nem chorar, mas se-
rão consumidos nas suas maldades e gemerão
uns pelos outros. 24 Assim, Ezequiel será um sinal
para vocês: tudo o que ele fez vocês também fa-
rão. Quando isso acontecer, vocês saberão que eu
sou o SENHOR Deus."
25— Filho do homem, no dia em que eu lhes
tirar o objeto do seu orgulho, a sua alegria e a sua
glória, a delícia dos seus olhos e o desejo de seu
coração — bem como os seus filhos e as suas fi-
lhas —, 26 nesse dia um sobrevivente virá falar
com você, para lhe dar a notícia. 27 Nesse dia, você
poderá abrir a sua boca para falar com aquele so-
brevivente; você falará e não mais ficará mudo.
Assim, você será um sinal para eles, e eles saberão
que eu sou o SENHOR.

Profecia contra Amom

25 1 A palavra do SENHOR veio a mim, dizendo:
2— Filho do homem, vire o seu rosto contra
os filhos de Amom e profetize contra eles. 3 Diga
aos filhos de Amom: "Ouçam a palavra do SENHOR
Deus! Assim diz o SENHOR Deus: Visto que vocês
disseram: 'Bem feito!', quando o meu santuário foi
profanado, quando a terra de Israel foi arrasada e
quando a casa de Judá foi levada para o exílio, 4 eis
que eu os entregarei ao poder dos filhos do Orien-
te, que estabelecerão os seus acampamentos no
meio de vocês e ficarão morando aí. Eles comerão
as frutas e beberão o leite de vocês. 5 Farei de Rabá
uma estrebaria de camelos e dos filhos de Amom,
um curral de ovelhas; e vocês saberão que eu sou
o SENHOR."
6— Porque assim diz o SENHOR Deus: "Visto
que vocês bateram palmas, pularam de alegria e,
com o mais profundo desprezo, se alegraram por
causa da terra de Israel, 7 eis que estenderei a mi-
nha mão contra vocês e os darei por despojo às
nações. Eu os eliminarei do meio das nações e os
farei perecer do meio dos povos. Acabarei com vo-
cês, e vocês saberão que eu sou o SENHOR."

Profecia contra Moabe

8— Assim diz o SENHOR Deus: Visto que Moabe
e Seir dizem: "A casa de Judá é como qualquer

outra nação", 9 eis que abrirei o flanco de Moabe,
começando pelas cidades, sim, pelas cidades da
fronteira, a glória daquela terra, Bete-Jesimote,
Baal-Meom e Quiriataim. 10 Eu as darei aos povos
do Oriente como propriedade, juntamente com os
filhos de Amom, para que destes não haja memó-
ria entre as nações. 11 Também executarei juízos
contra Moabe, e os moabitas saberão que eu sou
o SENHOR.

Profecia contra Edom

12 — Assim diz o SENHOR Deus: Visto que Edom
se mostrou vingativo para com a casa de Judá e se
fez culpado ao extremo, quando se vingou dela,
13 assim diz o SENHOR Deus: Também estenderei a
mão contra Edom e eliminarei dele pessoas e ani-
mais. Farei de Edom um deserto, e desde Temã até
Dedã cairão à espada. 14 Exercerei a minha vingan-
ça contra Edom, por meio do meu povo de Israel,
que fará em Edom segundo a minha ira e segundo
o meu furor. E os edomitas conhecerão a minha
vingança, diz o SENHOR Deus.

Profecia contra a Filístia

15 — Assim diz o SENHOR Deus: Visto que os
filisteus se mostraram vingativos e com profundo
desprezo executaram vingança, para destruírem
com inimizade sem fim, 16 assim diz o SENHOR
Deus: Eis que eu estenderei a minha mão contra
os filisteus, eliminarei os queretitas e destruirei
o resto da costa do mar. 17 Tomarei deles grandes
vinganças, com furiosas repreensões. E saberão
que eu sou o SENHOR, quando eu tiver exercido a
minha vingança contra eles.

Profecia contra Tiro

26 1 No décimo primeiro ano, no primeiro dia
do mês, a palavra do SENHOR veio a mim,
dizendo:

2 — Filho do homem, Tiro disse a respeito de
Jerusalém: "Bem feito! Foi arrombada a porta
dos povos; ela se abriu para mim. Eu me tornarei
rico, agora que ela foi arrasada." 3 Por isso, assim
diz o SENHOR Deus: Eis que eu estou contra você,
ó Tiro, e farei subir muitas nações contra você,
assim como o mar faz subir as suas ondas. 4 Elas
destruirão as muralhas de Tiro e derrubarão as
suas torres; e eu varrerei o seu pó e farei dela uma
rocha escalvada. 5 No meio do mar, ela virá a ser
apenas um lugar onde pescadores secam as suas
redes, porque eu o anunciei, diz o SENHOR Deus. E
ela se tornará despojo para as nações. 6 Suas filhas
que estão no continente serão mortas à espada; e
saberão que eu sou o SENHOR.

7 — Porque assim diz o SENHOR Deus: Eis que
trarei contra Tiro o rei Nabucodonosor, que virá
da Babilônia, do Norte, e que é o rei dos reis. Ele
virá com cavalos e carros de guerra, com cavalei-
ros e com um enorme exército. 8 As suas filhas
que estão no continente, ele as matará à espada.
Construirá torres de ataque e levantará uma ram-
pa contra você; virá com uma barreira de escudos.
9 Disporá os seus aríetes contra as suas muralhas
e, com barras de ferro, derrubará as suas torres.
10 Os cavalos dele serão tantos que você ficará
coberta de pó. As suas muralhas tremerão com o
estrondo dos cavaleiros, das carretas e dos carros
de guerra, quando ele entrar pelos seus portões
como quem entra numa cidade em que se fez uma
brecha na muralha. 11 Com os cascos dos seus
cavalos, socará todas as suas ruas. Matará o seu
povo à espada, e as suas fortes colunas cairão por
terra. 12 Roubarão as suas riquezas e saquearão as
suas mercadorias. Derrubarão as suas muralhas e
arrasarão as suas casas luxuosas. As suas pedras, a
sua madeira e o seu pó eles lançarão no meio das
águas. 13 Farei cessar o ruído das suas canções, e
não se ouvirá mais o som das suas harpas. 14 Fa-
rei de você uma rocha escalvada. Você virá a ser
apenas um lugar onde pescadores secam as suas
redes. Você jamais será reconstruída, porque eu, o
SENHOR, falei, diz o SENHOR Deus.

15 — Assim diz o SENHOR Deus a Tiro: "Não é
fato que as terras do mar tremerão com o estrondo
da sua queda, quando gemerem os feridos, quan-
do se fizer espantosa matança em suas ruas? 16 To-
dos os príncipes do mar descerão dos seus tronos,
tirarão de si os seus mantos e despirão as suas
roupas bordadas. Eles se vestirão de tremores,
ficarão sentados no chão, tremendo sem parar; e
ficarão espantados por causa de você. 17 Farão uma
lamentação sobre você, dizendo:

'Como você está destruída,
ó bem-povoada e afamada cidade,
que dominava os mares,
você e os seus moradores,
que atemorizavam todos os que moram ali!
18 Agora as ilhas tremem,
no dia da sua queda;
as ilhas, que estão no mar,
ficam assustadas com a sua ruína.'"

19 — Porque assim diz o SENHOR Deus: "Quan-
do eu fizer de você uma cidade arrasada, como as
cidades que não são habitadas, quando eu fizer o
abismo vir sobre você e as muitas águas a cobri-
rem, 20 então farei você descer com os que descem
à cova, ao povo antigo. Eu a farei habitar nas partes
mais baixas da terra, em lugares desertos antigos,
com os que descem à cova, para que você não seja
mais habitada; e criarei coisas gloriosas na terra
dos viventes. 21 Farei de você um grande espanto, e
você deixará de existir; quando a procurarem, você
jamais será encontrada", diz o SENHOR Deus.

Lamentação sobre Tiro

27 1 A palavra do SENHOR veio a mim, dizendo:
2 — Filho do homem, faça uma lamentação
sobre Tiro. 3 Diga a Tiro, que habita nas entradas
do mar e negocia com os povos em muitas terras
do mar: Assim diz o SENHOR Deus:

"Ó Tiro, você diz que é
a Perfeição da Formosura.
4 As suas fronteiras estão no coração dos mares;
os que a construíram
aperfeiçoaram a sua beleza.
5 Fabricaram todos os seus conveses
de ciprestes de Senir;
trouxeram cedros do Líbano
para fazer o seu mastro.
6 Fizeram os seus remos de carvalhos de Basã;
os seus bancos, fizeram-nos
de marfim engastado em pinho de Chipre.
7 A sua vela era de linho fino
bordado do Egito,
para servir de estandarte;
azul e púrpura das ilhas de Elisá
eram o seu toldo.
8 Os moradores de Sidom
e de Arvade foram os seus remadores;
os seus sábios, ó Tiro,
que se achavam dentro de você,
esses foram os seus pilotos.
9 Os anciãos de Gebal
e os seus sábios
estavam dentro de você
para reparar as brechas;
todos os navios do mar
e os marinheiros
se achavam dentro de você,
para comprar as suas mercadorias."

10 — Os persas, os lídios e os de Pute serviam
no seu exército como homens de guerra; pendu-
ravam em você os seus escudos e capacetes; foram
eles que a cobriram de glória. 11 Os filhos de Ar-
vade e o seu exército estavam sobre as muralhas
que a rodeavam, e os gamaditas ficavam de vigia
nas torres; penduravam os seus escudos nas suas
muralhas e aperfeiçoavam a sua beleza.

12 — Társis negociava com você, por causa da
abundância de todo tipo de riquezas; em troca
das suas mercadorias lhe traziam prata, ferro,
estanho e chumbo. 13 Javã, Tubal e Meseque nego-
ciavam com você; em troca das suas mercadorias,
davam escravos e objetos de bronze. 14 Os da casa
de Togarma, em troca das suas mercadorias, da-
vam cavalos, ginetes e mulas. 15 Os filhos de Dedã
negociavam com você; muitas terras do mar eram
o mercado das suas manufaturas; em troca, tra-
ziam dentes de marfim e madeira de ébano. 16 A
Síria negociava com você por causa da multidão
das suas manufaturas; por suas mercadorias, eles
davam esmeralda, púrpura, obras bordadas, linho
fino, coral e pedras preciosas. 17 Judá e a terra de
Israel negociavam com você; pelas suas mercado-
rias, davam o trigo de Minite, confeitos, mel, azei-
te e bálsamo. 18 Damasco negociava com você, por
causa da multidão das suas manufaturas, por cau-
sa da abundância de todo tipo de riquezas, dando
em troca vinho de Helbom e lã de Saar. 19 Também
Dã e Javã, de Uzal, pelas suas mercadorias, davam
em troca ferro trabalhado, cássia e cálamo, que
assim entravam no seu comércio. 20 Dedã nego-
ciava com você, trazendo mantas para cavalos.
21 A Arábia e todos os príncipes de Quedar eram
seus clientes; negociavam com você, trazendo cor-
deiros, carneiros e bodes; nisto, negociavam com
você. 22 Os mercadores de Sabá e Raamá negocia-
vam com você; pelas suas mercadorias, davam
em troca os mais finos aromas, pedras preciosas
e ouro. 23 Harã, Cane e Éden, mercadores de Sabá,
Assíria e Quilmade eram seus clientes. 24 Negocia-
vam com você, trazendo todo tipo de mercadorias,
tecidos de púrpura e bordados, tapetes de várias
cores e cordas trançadas e fortes. 25 Os navios de
Társis transportavam as suas mercadorias.

"Você se enriqueceu e ficou famosa
no coração dos mares.
26 Os seus remadores conduziram
você sobre grandes águas;
o vento leste a destroçou
no coração dos mares.
27 As suas riquezas,
as suas mercadorias, os seus bens,
os seus marinheiros, os seus pilotos,
os encarregados de reparar as brechas,
os seus comerciantes
e todos os soldados que estão dentro de você,
juntamente com toda a multidão
do povo que está dentro de você,
se afundarão no coração dos mares
no dia da sua ruína, ó Tiro.
28 Ao estrondo da gritaria dos seus pilotos,
as praias tremerão.
29 Todos os remadores, os marinheiros,
e todos os pilotos do mar
descerão de seus navios e pararão em terra.
30 Farão ouvir a sua voz por causa de você
e gritarão amargamente;
lançarão pó sobre a cabeça
e rolarão na cinza.
31 Raparão a cabeça por sua causa,
vestirão roupa feita de pano de saco
e chorarão por você com amargura de alma
e com amarga lamentação.
32 Em seu pranto, farão
uma lamentação sobre você, dizendo:

'Quem era como Tiro,
que agora está reduzida ao silêncio
no meio do mar?
33 Quando as suas mercadorias
eram exportadas pelos mares,
você satisfez muitos povos;
com as suas muitas riquezas
e suas mercadorias
você enriqueceu os reis da terra.
34 Agora você foi destroçada nos mares,
nas profundezas das águas;
se afundaram as suas mercadorias
e toda a multidão que estava dentro de você.'"
35 "Todos os moradores das ilhas
se espantam por causa de você;
os seus reis estão apavorados
e trazem o medo estampado no rosto.
36 Os mercadores entre os povos zombam de você;
você se tornou objeto de espanto
e deixará de existir para sempre."

Profecia contra o rei de Tiro

28 1 A palavra do SENHOR veio a mim, dizendo:
2 — Filho do homem, diga ao governante de
Tiro:

Assim diz o SENHOR Deus:
"Visto que o seu coração se eleva
e você diz: 'Eu sou um deus;
sobre a cadeira de um deus me assento
no coração dos mares',
sendo você um simples homem,
e não um deus,
ainda que pense que o seu coração
é como se fosse o coração de Deus —
3 sim, você pensa que é
mais sábio do que Daniel,
que não há segredo algum
que se possa esconder de você,
4 que pela sua sabedoria
e pelo seu entendimento
você alcançou o seu poder
e encheu os seus tesouros de ouro e prata,
5 que pela sua grande habilidade
para fazer negócios
você aumentou as suas riquezas
e, por causa delas, se eleva o seu coração."
6 Por isso, assim diz o SENHOR Deus:
"Visto que você pensa que o seu coração
é como se fosse o coração de Deus,
7 eis que trarei contra você
os mais terríveis estrangeiros dentre as nações,
os quais irão com a espada na mão
contra a beleza da sua sabedoria
e mancharão o seu resplendor.
8 Eles farão com que você desça à cova,
e você sofrerá morte violenta
no coração dos mares.
9 Será que você ainda vai dizer que é Deus,
quando estiver diante
daquele que o matará?
Pois ficará claro que você é
um simples homem, e não Deus,
quando estiver nas mãos
daqueles que o matarão.
10 Você terá uma morte horrível,
nas mãos de estrangeiros,
porque eu falei", diz o SENHOR Deus.

Outra lamentação sobre o rei de Tiro

11 A palavra do SENHOR veio a mim, dizendo:
12 — Filho do homem, faça uma lamentação so-
bre o rei de Tiro e diga-lhe:

Assim diz o SENHOR Deus:
"Você era o modelo da perfeição,
cheio de sabedoria
e perfeito em formosura.
13 Você estava no Éden, jardim de Deus,
e se cobria de todas as pedras preciosas:
sárdio, topázio, diamante, berilo, ônix,
jaspe, safira, carbúnculo e esmeralda.
Os seus engastes e ornamentos
eram feitos de ouro
e foram preparados
no dia em que você foi criado.
14 Você era um querubim
da guarda, que foi ungido.
Eu o estabeleci.
Você permanecia no monte santo de Deus
e andava no meio das pedras brilhantes.
15 Você era perfeito nos seus caminhos,
desde o dia em que foi criado
até que se achou iniquidade em você.
16 Na multiplicação do seu comércio,
você se encheu de violência e pecou.
Por isso, ó querubim da guarda, eu o profanei
e lancei fora do monte de Deus;
eu o expulsei do meio das pedras brilhantes.
17 Você ficou orgulhoso
por causa da sua formosura;
corrompeu a sua sabedoria
por causa do seu resplendor.
Por isso, eu o lancei por terra;
eu o coloquei diante dos reis,
para que o contemplem.
18 Pela multidão das suas iniquidades,
pela injustiça do seu comércio,
você profanou os seus santuários.
Por isso, fiz sair do meio de você
um fogo, que o consumiu;
eu o reduzi a cinzas sobre a terra,
aos olhos de todos os que o contemplam.

19 Todos os que o conhecem entre os povos
se espantam por causa de você;
você se tornou objeto de espanto
e deixará de existir para sempre.”

Profecia contra Sidom

20 A palavra do SENHOR veio a mim, dizendo:
21 — Filho do homem, vire o seu rosto contra
Sidom, profetize contra ela 22 e diga:

Assim diz o SENHOR Deus:
“Eis que eu estou contra você, ó Sidom,
e serei glorificado no meio de você.
Saberão que eu sou o SENHOR,
quando nela executar juízos
e nela me santificar.
23 Pois enviarei contra ela
a peste e o sangue nas suas ruas;
os feridos cairão no meio dela,
pela espada contra ela, por todos os lados.
E saberão que eu sou o SENHOR.”

Bênçãos para o povo de Israel

24 — Para a casa de Israel já não haverá espinho
que a pique, nem ferrão que cause dor, entre todos
os vizinhos que a tratam com desprezo; e saberão
que eu sou o SENHOR Deus.
25 — Assim diz o SENHOR Deus: Quando eu
congregar a casa de Israel do meio dos povos por
onde estão espalhados e eu me santificar entre
eles, diante das nações, então habitarão na terra
que dei ao meu servo Jacó. 26 Habitarão nela segu-
ros, edificarão casas e plantarão vinhas. Habitarão
seguros, quando eu executar juízos contra todos
os que os tratam com desprezo ao redor deles; e
saberão que eu sou o SENHOR, o Deus de Israel.

Profecia contra o Egito

29 1 No décimo ano, no décimo mês, aos doze
dias do mês, a palavra do SENHOR veio a
mim, dizendo:
2 — Filho do homem, vire o seu rosto contra
Faraó, rei do Egito, e profetize contra ele e contra
todo o Egito. 3 Fale e diga:

Assim diz o SENHOR Deus:
“Eis que estou contra você, Faraó,
rei do Egito, crocodilo enorme,
deitado no meio dos seus rios,
e que diz: ‘O meu rio é meu;
eu o fiz para mim mesmo.’
4 Mas eu porei anzóis em seus queixos
e farei com que os peixes dos seus rios
se apeguem às suas escamas.
Vou tirá-lo do meio dos seus rios,
juntamente com todos os peixes
dos seus rios grudados nas suas escamas.
5 Vou lançá-lo no deserto,
você e todos os peixes dos seus rios.
Você cairá em campo aberto,
não será recolhido nem sepultado.
Eu o darei como alimento
aos animais selvagens e às aves do céu.
6 E todos os moradores do Egito
saberão que eu sou o SENHOR.”

— Porque os egípcios se tornaram um bordão de
caniço para a casa de Israel. 7 Quando os israelitas
o pegaram com a mão, você rachou e lhes rasgou
o ombro; quando eles se apoiaram, você quebrou,
fazendo tremer os lombos deles. 8 Por isso, assim
diz o SENHOR Deus: “Eis que trarei sobre você a
espada e eliminarei de você pessoas e animais. 9 A
terra do Egito se tornará em desolação e deserto; e
saberão que eu sou o SENHOR. Porque você disse:
‘O rio é meu; eu o fiz’, 10 eis que estou contra você
e contra os seus rios. Farei da terra do Egito um de-
serto, uma completa desolação, desde Migdol até
Sevene, até as fronteiras da Etiópia. 11 Não passará
por ela pé humano, nem pata de animal passará
por ela, nem será habitada durante quarenta anos,
12 porque tornarei a terra do Egito em desolação, no
meio de terras desoladas; as suas cidades no meio
das cidades desertas se tornarão em desolação du-
rante quarenta anos; dispersarei os egípcios entre
as nações e os espalharei por outras terras.”
13 — Mas assim diz o SENHOR Deus: Ao fim de
quarenta anos, ajuntarei os egípcios do meio dos
povos por onde foram espalhados. 14 Restaura-
rei a sorte dos egípcios e os farei voltar à terra de
Patros, à terra de sua origem; e serão ali um reino
humilde. 15 O Egito se tornará o mais humilde dos
reinos e nunca mais se exaltará sobre as nações.
Eu os diminuirei, para que não dominem sobre as
nações. 16 A casa de Israel nunca mais porá a sua
confiança no Egito, confiança essa que me traria à
memória a iniquidade de Israel quando se voltava
ao Egito em busca de socorro. Então eles saberão
que eu sou o SENHOR Deus.

Nabucodonosor conquista o Egito

17 No vigésimo sétimo ano, no primeiro mês, no
primeiro dia do mês, a palavra do SENHOR veio a
mim, dizendo:
18 — Filho do homem, o rei Nabucodonosor, da
Babilônia, conduziu o seu exército num difícil ata-
que à cidade de Tiro. Todas as cabeças se torna-
ram calvas e todos os ombros ficaram esfolados,
mas nem ele nem o seu exército receberam qual-
quer recompensa pelo esforço que fizeram. 19 Por-
tanto, assim diz o SENHOR Deus: Eis que eu darei a
Nabucodonosor, rei da Babilônia, a terra do Egito.
Ele levará a sua multidão, tomará o seu despojo e
roubará a sua presa, e isto será o pagamento para o

seu exército. 20 Como pagamento pelo seu esforço
eu lhe dei a terra do Egito, visto que eles trabalha-
ram para mim, diz o Senhor Deus.

21 — Naquele dia, farei brotar o poder na casa
de Israel. E a você, Ezequiel, permitirei que fale
livremente no meio deles. E saberão que eu sou o
Senhor.

O Egito será conquistado pela Babilônia

30 1 A palavra do Senhor veio a mim, dizendo:
2 — Filho do homem, profetize e diga: Assim
diz o Senhor Deus:

"Gritem: Ah! Aquele dia!
3 Porque está perto o dia,
sim, está perto o Dia do Senhor.
Será um dia de nuvens, o tempo dos gentios.
4 A espada virá contra o Egito,
e haverá grande angústia na Etiópia,
quando caírem os feridos no Egito;
o seu povo será levado para o cativeiro,
e serão destruídos
os seus fundamentos.
5 A Etiópia, Pute, Lude e toda a Arábia,
os de Cube e os homens
da terra da aliança
cairão à espada juntamente com o Egito."

6 Assim diz o Senhor:
"Também cairão os que sustêm o Egito,
e será humilhado o orgulho do seu poder.
Desde Migdol até Sevene,
cairão à espada", diz o Senhor Deus.
7 "Serão desolados
no meio de terras desertas,
e as suas cidades estarão no meio
das cidades devastadas.
8 Saberão que eu sou o Senhor,
quando eu tiver posto fogo no Egito
e forem destruídos todos
os que lhe prestavam auxílio."

9 — Naquele dia, enviarei mensageiros em na-
vios, para amedrontarem o povo da Etiópia, que
vive despreocupado, e haverá angústia entre eles
no dia da ruína do Egito; pois eis que já vem.

10 Assim diz o Senhor Deus:
"Farei cessar a pompa do Egito,
por meio de Nabucodonosor,
rei da Babilônia.
11 Ele e o seu povo com ele,
os mais terríveis das nações,
serão levados para destruírem a terra;
atacarão o Egito com suas espadas na mão
e encherão a terra de mortos.
12 Secarei os rios e venderei a terra,
entregando-a nas mãos dos maus.
Por meio de estrangeiros,
farei desolada a terra e a sua plenitude.
Eu, o Senhor, falei."

13 Assim diz o Senhor Deus:
"Também destruirei os ídolos
e eliminarei as imagens de Mênfis.
Não haverá mais príncipe
na terra do Egito,
onde implantarei o terror.
14 Farei de Patros uma desolação,
porei fogo em Zoã
e executarei juízo em Tebas.
15 Derramarei o meu furor
sobre Sim, fortaleza do Egito,
e exterminarei a multidão de Tebas.
16 Atearei fogo no Egito.
A cidade de Sim
terá grande angústia,
Tebas será destruída,
e Mênfis terá adversários em pleno dia.
17 Os jovens de Áven e de Pi-Besete
cairão à espada,
e estas cidades irão para o cativeiro.
18 Em Tafnes, o dia se escurecerá,
quando eu quebrar ali os jugos do Egito
e nela cessar o orgulho do seu poder;
uma nuvem a cobrirá,
e as suas filhas
irão para o cativeiro.
19 Assim, executarei juízo no Egito,
e saberão que eu sou o Senhor."

O rei de braços quebrados

20 No décimo primeiro ano, no primeiro mês,
aos sete dias do mês, a palavra do Senhor veio a
mim, dizendo:

21 — Filho do homem, eu quebrei o braço de Fa-
raó, rei do Egito, e eis que não foi atado para que
seja tratado com remédios, nem posto numa tala
para tornar-se forte o bastante para empunhar a
espada. 22 Portanto, assim diz o Senhor Deus: Eis
que eu estou contra Faraó, rei do Egito. Quebrarei
os seus braços, tanto o forte como o que já está
quebrado, e farei com que a espada caia da sua
mão. 23 Dispersarei os egípcios entre as nações
e os espalharei por outras terras. 24 Fortalecerei
os braços do rei da Babilônia e porei a minha es-
pada na mão dele. Porém quebrarei os braços de
Faraó, que, diante dele, gemerá como geme quem
foi mortalmente ferido. 25 Levantarei os braços do
rei da Babilônia, mas os braços de Faraó cairão.
Saberão que eu sou o Senhor, quando eu puser a
minha espada na mão do rei da Babilônia e ele a
estender contra a terra do Egito. 26 Dispersarei os
egípcios entre as nações e os espalharei por outras
terras. Assim eles saberão que eu sou o Senhor.

O destino do Egito

31 1 No décimo primeiro ano, no terceiro
mês, no primeiro dia do mês, a palavra do
SENHOR veio a mim, dizendo:

2 — Filho do homem, diga a Faraó, rei do Egito,
e à multidão do seu povo:

"A quem você é semelhante
em sua grandeza?
3 Eis que a Assíria era um cedro no Líbano,
de lindos ramos, de sombrosa folhagem
e de grande estatura, cujo topo
chegava até as nuvens.
4 As águas o fizeram crescer;
as fontes do abismo o fortaleceram,
fazendo correr as suas torrentes
no lugar em que ele estava plantado
e enviando os seus ribeiros
para todas as árvores do campo.
5 Cresceu mais do que
todas as árvores do campo;
os seus galhos se multiplicaram
e os seus ramos se alongaram,
por causa das muitas águas
durante o seu crescimento.
6 Todas as aves do céu
se aninhavam nos seus galhos,
todos os animais do campo
davam cria debaixo dos seus ramos,
e todos os grandes povos
se assentavam à sua sombra.
7 Ele era formoso na sua grandeza
e na extensão dos seus ramos,
porque as suas raízes
estavam junto às muitas águas.
8 Os cedros no jardim de Deus
não lhe eram rivais;
os ciprestes não igualavam os seus ramos,
e os plátanos não tinham renovos
como os seus;
nenhuma árvore no jardim de Deus
se assemelhava a esse cedro
na sua formosura.
9 Eu o fiz formoso, com a multidão
dos seus ramos.
Todas as árvores do Éden,
que estavam no jardim de Deus,
tinham inveja dele."

10 — Portanto, assim diz o SENHOR Deus: Visto
que ela elevou a sua estatura, o seu topo chegou
até as nuvens e o seu coração ficou orgulhoso da
sua altura, 11 eu entregarei essa árvore nas mãos
da mais poderosa das nações, que certamente lhe
dará o tratamento que a sua impiedade merece. Eu
a rejeitei. 12 Os mais terríveis estrangeiros dentre
as nações a cortaram e a abandonaram. Os seus
galhos caíram sobre os montes e por todos os
vales; os seus ramos jazem quebrados em todos
os ribeiros da terra; todos os povos da terra se re-
tiraram da sua sombra e a deixaram. 13 Todas as
aves do céu habitarão nas suas ruínas, e todos os
animais selvagens se acolherão sob os seus ramos.
14 Isso aconteceu para que todas as árvores junto
às águas não elevem a sua estatura nem levan-
tem o seu topo até as nuvens, e para que as bem-
-regadas não venham a confiar em si, por causa da
sua altura. Porque todas foram entregues à morte,
às profundezas da terra, no meio dos filhos dos
homens, com os que descem à cova.

15 — Assim diz o SENHOR Deus: No dia em que a
árvore desceu ao mundo dos mortos, fiz com que
houvesse luto. Por causa dela, cobri o abismo, re-
tive as suas cadeias, e as suas muitas águas se de-
tiveram; cobri o Líbano de preto, por causa dela, e
todas as árvores do campo ficaram murchas por
causa dela. 16 Fiz tremer as nações ao som da sua
queda, quando a fiz descer ao mundo dos mortos
com os que descem ao abismo. Todas as árvores
do Éden, as mais bonitas e as melhores do Líbano,
todas as que foram regadas pelas águas se conso-
lavam nas profundezas da terra. 17 Também estas,
com ela, descerão ao mundo dos mortos, para
juntar-se com os que foram mortos à espada; sim,
os que foram o braço dela e que estavam assenta-
dos à sua sombra entre as nações.

18 — A quem, pois, você é semelhante em glória
e em grandeza entre as árvores do Éden? No en-
tanto, você descerá às profundezas da terra com as
árvores do Éden. No meio dos incircuncisos, você
jazerá com os que foram mortos à espada. Este é
Faraó e toda a sua pompa, diz o SENHOR Deus.

Lamentação sobre Faraó, rei do Egito

32 1 No décimo segundo ano, no décimo se-
gundo mês, no primeiro dia do mês, a pala-
vra do SENHOR veio a mim, dizendo:

2 — Filho do homem, faça uma lamentação so-
bre Faraó, rei do Egito, e diga-lhe:

"Você foi comparado
a um leão entre as nações,
mas não passa de um crocodilo nas águas,
agitando as águas, turvando-as com os pés,
sujando os rios."
3 Assim diz o SENHOR Deus:
"Estenderei sobre você a minha rede
no meio de muitos povos,
que o puxarão para fora na minha rede.
4 Eu o deixarei no chão,
eu o lançarei em campo aberto.
Trarei sobre você
todas as aves do céu,
e os animais de toda a terra
se fartarão da sua carne.

5 Porei as suas carnes sobre os montes
e encherei os vales com o seu cadáver.
6 Com o seu sangue que se derrama,
regarei a terra até os montes,
e dele se encherão os ribeiros.
7 Quando eu o extinguir, cobrirei os céus
e farei escurecer as estrelas;
encobrirei o sol com uma nuvem,
e a lua não fará resplandecer a sua luz.
8 Por sua causa, vestirei de preto
todos os brilhantes luzeiros do céu
e trarei trevas sobre o seu país",
diz o SENHOR Deus.

9 — "Afligirei o coração de muitos povos, quando
se levar às nações, às terras que você não conhe-
ceu, a notícia da sua destruição. 10 Farei com que
muitos povos fiquem espantados a seu respeito, e
os seus reis tremam de medo, quando eu brandir
a minha espada diante deles. No dia em que você
cair, eles ficarão tremendo sem parar, com medo de
perder a vida."
11 — Pois assim diz o SENHOR Deus: "A espada
do rei da Babilônia virá contra você. 12 Farei com
que a multidão do seu povo caia à espada de va-
lentes guerreiros, que são todos os mais terríveis
das nações."

"Eles acabarão com o orgulho do Egito,
e todo o seu povo será destruído.
13 Destruirei todos os seus animais
junto às muitas águas,
que nunca mais serão turvadas
por pés humanos
ou por cascos de animais.
14 Então farei assentar as suas águas
e farei correr os seus rios
como o azeite", diz o SENHOR Deus.
15 "Quando eu tornar o Egito em desolação
e a terra for destituída
de tudo o que a enchia,
e quando eu destruir
todos os que nela habitam,
então saberão
que eu sou o SENHOR."

16 — Esta é a lamentação que se fará, que farão
as filhas das nações; sobre o Egito e todo o seu
povo se lamentará, diz o SENHOR Deus.

O Egito desce ao mundo dos mortos

17 No décimo segundo ano, aos quinze dias do
primeiro mês, a palavra do SENHOR veio a mim,
dizendo:
18 — Filho do homem, pranteie sobre a multidão
do Egito e faça-a descer, ela e as filhas das nações
poderosas, às profundezas da terra, juntamente
com os que descem à cova. 19 Diga o seguinte:

"Você pensa que supera os outros em beleza?
Pois agora desça e deite-se
com os incircuncisos."

20 — No meio daqueles que foram mortos à espa-
da, eles cairão. Ele foi entregue à espada; arrastem o
Egito e toda a sua multidão. 21 Do mundo dos mor-
tos, os mais poderosos dos valentes, juntamente
com os que o socorrem, lhe dirão: "Eles desceram,
lá jazem eles, os incircuncisos, mortos à espada."
22 — Ali está a Assíria com todo o seu exército.
Ao redor dela, todos os seus túmulos. Todos eles
foram mortos; caíram à espada. 23 Os seus túmulos
foram postos nas extremidades da cova, e todo o
exército da Assíria se encontra ao redor do seu tú-
mulo. Foram mortos, caíram à espada todos esses
que tinham causado espanto na terra dos viventes.
24 — Ali está Elão com todo o seu exército, ao
redor do seu túmulo. Todos foram mortos; caíram
à espada. Desceram incircuncisos às profundezas
da terra esses que causaram terror na terra dos
viventes. Levaram a sua vergonha com os que des-
ceram à cova. 25 No meio dos mortos, lhe puseram
um leito entre todo o seu exército. Ao redor dele
estão os seus túmulos. Todos esses incircuncisos
foram mortos à espada, porque causaram terror
na terra dos viventes e levaram a sua vergonha
com os que desceram à cova. Foram postos no
meio dos que foram mortos.
26 — Ali estão Meseque e Tubal com todo o seu
exército. Ao redor deles estão os seus túmulos. To-
dos eles são incircuncisos e foram mortos à espa-
da, porque causaram terror na terra dos viventes.
27 E estão com os valentes dos tempos antigos que,
dentre os incircuncisos, foram mortos e desceram
ao mundo dos mortos com as suas próprias armas
de guerra e com a espada debaixo da cabeça. A
iniquidade deles está sobre os seus ossos, porque
eram o terror dos heróis na terra dos viventes.
28 — Também você, Egito, será quebrado no
meio dos incircuncisos e jazerá com os que foram
mortos à espada.
29 — Ali está Edom, os seus reis e todos os seus
príncipes, que, apesar do seu poder, jazem com os
que foram mortos à espada; estes jazem com os in-
circuncisos e com os que desceram à cova.
30 — Ali estão os príncipes do Norte, todos eles,
e todos os sidônios, que desceram com os que fo-
ram mortos, envergonhados com o terror causado
pelo seu poder. Eles jazem incircuncisos com os
que foram mortos à espada e levam a sua vergo-
nha com os que desceram à cova.
31 — Faraó os verá e se consolará sobre toda a
sua multidão. Sim, o próprio Faraó e todo o seu
exército foram mortos à espada, diz o SENHOR
Deus. 32 Porque também eu pus o meu espanto na
terra dos viventes. Por isso, ele jazerá no meio dos

incircuncisos, com os que foram mortos à espada,
Faraó e todo o seu povo, diz o SENHOR Deus.

O dever do verdadeiro atalaia

33 1 A palavra do SENHOR veio a mim, dizendo:
2 — Filho do homem, fale com os filhos de seu
povo e diga-lhes: Quando eu fizer vir um exército
inimigo sobre uma terra, se o povo dessa terra es-
colher um homem do meio deles e o constituir por
seu atalaia, 3 e se, ao ver que o inimigo se aproxima,
esse atalaia tocar a trombeta e avisar o povo, 4 então
aquele que ouvir o som da trombeta e não se der
por avisado, se o inimigo vier e o abater, esse será
responsável pela sua própria morte. 5 Ele ouviu o
som da trombeta e não se deu por avisado; será res-
ponsável por sua própria morte. Se ele tivesse dado
atenção ao aviso, salvaria a sua vida. 6 Mas, se o ata-
laia vir que vem o inimigo e não tocar a trombeta, e
o povo não for avisado, se o inimigo vier e abater um
deles, este foi abatido na sua maldade, mas quem
será responsável pela morte dele é o atalaia.

7 — Quanto a você, filho do homem, eu o cons-
tituí por atalaia sobre a casa de Israel. Portanto,
você ouvirá a palavra da minha boca e lhes dará
aviso da minha parte. 8 Se eu disser ao ímpio que
ele certamente morrerá, e você não falar, para
advertir o ímpio do seu mau caminho, esse ímpio
morrerá na sua maldade, mas você será responsá-
vel pela morte dele. 9 Mas, se você falar ao ímpio,
para o avisar do seu mau caminho, para que dele
se converta, e ele não se converter do seu cami-
nho, esse ímpio morrerá na sua maldade, mas
você terá salvo a sua vida.

10 — Filho do homem, diga à casa de Israel: Vocês
dizem: "Visto que as nossas transgressões e os nos-
sos pecados estão sobre nós, e nós desfalecemos por
causa deles, como poderemos viver?" 11 Diga-lhes:
Tão certo como eu vivo, diz o SENHOR Deus, não te-
nho prazer na morte do ímpio, mas em que o ímpio
se converta do seu caminho e viva. Convertam-se!
Convertam-se dos seus maus caminhos! Por que vo-
cês haveriam de morrer, ó casa de Israel?

12 — Filho do homem, diga aos filhos do seu
povo: A justiça do justo não o livrará no dia da sua
transgressão. Quanto à maldade do ímpio, não
cairá por ela, no dia em que se converter da sua
maldade; nem o justo pela sua justiça poderá viver
no dia em que pecar. 13 Quando eu disser ao justo
que certamente viverá, e ele, confiando na sua jus-
tiça, fizer maldade, não me lembrarei de nenhum
dos seus atos de justiça, e ele morrerá por causa
da injustiça que cometeu. 14 E, quando eu disser ao
ímpio que certamente morrerá, e ele se converter
do seu pecado, fizer o que é justo e reto, 15 resti-
tuir o penhor, devolver o que roubou, andar nos
estatutos da vida e não fizer maldade, certamente
viverá; não morrerá. 16 De todos os pecados que
cometeu, nenhum deles será lembrado contra ele.
Fez o que é justo e reto; certamente viverá.

17 — No entanto, os filhos do seu povo dizem:
"O caminho do Senhor não é reto." Mas é o cami-
nho deles que não é reto. 18 Se o justo se desviar da
sua justiça e fizer maldade, morrerá nela. 19 E, se o
ímpio se converter da sua maldade e fizer o que é
justo e reto, por causa desses atos viverá. 20 No en-
tanto, vocês dizem: "O caminho do Senhor não é
reto." Mas eu os julgarei, cada um segundo os seus
caminhos, ó casa de Israel.

A queda de Jerusalém e as suas causas

21 No décimo segundo ano do nosso exílio, aos
cinco dias do décimo mês, veio a mim um sobre-
vivente de Jerusalém, dizendo: "A cidade caiu."
22 Ora, na tarde do dia anterior, antes da chegada
desse sobrevivente, a mão do SENHOR havia esta-
do sobre mim e eu recuperei a fala. Assim, pela
manhã, antes de chegar aquele homem, eu havia
recuperado a fala, e não fiquei mais em silêncio.

23 Então a palavra do SENHOR veio a mim, dizendo:
24 — Filho do homem, os moradores desses
lugares desertos da terra de Israel estão dizendo:
"Abraão era um só, mas possuiu esta terra. Ora,
como nós somos muitos, certamente esta terra
nos foi dada como propriedade."

25 — Por isso, diga-lhes: Assim diz o SENHOR
Deus: "Vocês comem carne com sangue, levantam
os olhos para os seus ídolos, cometem assassina-
tos, e ainda pensam que hão de possuir a terra?
26 Vocês confiam em suas espadas, cometem abo-
minações, cada um de vocês contamina a mulher
do seu próximo, e ainda pensam que hão de pos-
suir a terra?" 27 Diga-lhes que assim diz o SENHOR
Deus: "Tão certo como eu vivo, os que estiverem
em lugares desertos cairão à espada, e o que esti-
ver em campo aberto, eu o entregarei aos animais
selvagens, para que o devorem, e os que estiverem
em fortalezas e em cavernas morrerão de peste.
28 Tornarei a terra em desolação e espanto, e o or-
gulho do seu poder chegará ao fim. Os montes de
Israel ficarão tão desolados, que ninguém passará
por eles. 29 Então saberão que eu sou o SENHOR,
quando eu tornar a terra em desolação e espanto,
por todas as abominações que cometeram."

30 — Quanto a você, filho do homem, os filhos
do seu povo falam de você junto às paredes e nas
portas das casas, dizendo um ao outro, cada um
ao seu irmão: "Venham, vamos ouvir a palavra que
procede do SENHOR." 31 Eles vêm até você, como
o povo costuma vir, assentam-se diante de você
como meu povo e ouvem as suas palavras, mas
não as põem em prática. Com a boca, professam
muito amor, mas o coração deles só ambiciona lu-
cro. 32 Para eles você não passa de alguém que can-
ta canções de amor, tem uma bela voz e é um bom

músico, porque ouvem as suas palavras, mas não as põem em prática. 33 Mas, quando isso vier — e certamente virá —, então saberão que um profeta esteve no meio deles.

Profecia contra os pastores infiéis de Israel

34 1 A palavra do SENHOR veio a mim, dizendo: 2 — Filho do homem, profetize contra os pastores de Israel; profetize e diga-lhes: Assim diz o SENHOR Deus: "Ai dos pastores de Israel que apascentam a si mesmos! Será que os pastores não deveriam apascentar as ovelhas? 3 Vocês comem a gordura, vestem-se da lã e matam as melhores ovelhas para comer, mas não apascentam o rebanho. 4 Vocês não fortaleceram as fracas, não curaram as doentes, não enfaixaram as quebradas, não trouxeram de volta as desgarradas e não buscaram as perdidas, mas dominam sobre elas com força e tirania. 5 Assim, elas se espalharam, por não haver pastor, e se tornaram pasto para todos os animais selvagens. 6 As minhas ovelhas andam desgarradas por todos os montes e por todas as colinas. As minhas ovelhas andam espalhadas por toda a terra, sem haver quem as procure ou quem as busque."

7 — Por isso, pastores, ouçam a palavra do SENHOR: 8 Tão certo como eu vivo, diz o SENHOR Deus, visto que as minhas ovelhas foram entregues à rapina e se tornaram pasto para todos os animais selvagens, por não haver pastor, e que os meus pastores não procuram as minhas ovelhas, pois apascentam a si mesmos e não apascentam as minhas ovelhas, 9 por isso, pastores, ouçam a palavra do SENHOR: 10 Assim diz o SENHOR Deus: Eis que estou contra os pastores e lhes pedirei contas das minhas ovelhas. Farei com que deixem de apascentar ovelhas, e não apascentarão mais a si mesmos. Livrarei as minhas ovelhas da sua boca, para que já não lhes sirvam de comida.

O cuidado de Deus pelo seu rebanho

11 — Porque assim diz o SENHOR Deus: Eis que eu mesmo procurarei as minhas ovelhas e as buscarei. 12 Como o pastor busca o seu rebanho, no dia em que encontra ovelhas dispersas, assim buscarei as minhas ovelhas. Eu as livrarei de todos os lugares por onde foram espalhadas no dia de nuvens e densas trevas. 13 Vou tirá-las do meio dos povos, e as congregarei dos diversos países, e as trarei de volta à sua terra. Vou apascentá-las nos montes de Israel, junto às correntes de água e em todos os lugares habitados da terra. 14 Deixarei que pastem em bons pastos, e nos altos montes de Israel será a sua pastagem. Ali elas se deitarão em boa pastagem e terão pastos bons nos montes de Israel. 15 Eu mesmo apascentarei as minhas ovelhas e as farei repousar, diz o SENHOR Deus. 16 Buscarei as perdidas, trarei de volta as desgarradas, enfaixarei as quebradas e curarei as doentes; mas destruirei as gordas e fortes. Eu as apascentarei com justiça.

17 — Quanto a vocês, minhas ovelhas, assim diz o SENHOR Deus: "Eis que julgarei entre ovelhas e ovelhas, entre carneiros e bodes. 18 Será que não lhes basta a boa pastagem? Ainda precisam pisar aos pés o resto do seu pasto? E não lhes basta o fato de terem bebido a água limpa? Ainda precisam turvar o resto com os pés? 19 As minhas ovelhas têm de comer o que vocês pisaram com os pés e beber o que vocês turvaram com os pés."

20 — Por isso, assim lhes diz o SENHOR Deus: "Eis que eu mesmo julgarei entre ovelhas gordas e ovelhas magras. 21 Visto que, com o lado e com o ombro, vocês dão empurrões e, com os chifres, rechaçam todas as ovelhas fracas até que as tenham espalhado por toda parte, 22 eu livrarei as minhas ovelhas, para que não mais sirvam de rapina, e julgarei entre ovelhas e ovelhas. 23 Porei sobre elas um só pastor, e ele as apascentará: o meu servo Davi. Ele as apascentará e será o seu pastor. 24 Eu, o SENHOR, serei o seu Deus, e o meu servo Davi será príncipe no meio delas. Eu, o SENHOR, falei."

25 — Farei uma aliança de paz com as minhas ovelhas. Livrarei a terra de animais selvagens, para que as minhas ovelhas vivam em segurança no deserto e durmam nos bosques. 26 Delas e dos lugares ao redor do meu monte, eu farei uma bênção. Farei descer a chuva a seu tempo; serão chuvas de bênção. 27 As árvores do campo darão o seu fruto, e a terra dará as suas colheitas. As ovelhas estarão seguras na sua terra e saberão que eu sou o SENHOR, quando eu quebrar o jugo que pesava sobre elas e as livrar das mãos dos que as escravizavam. 28 Já não servirão de rapina aos gentios, nem serão devoradas por animais selvagens. Viverão em segurança, e não haverá quem as espante. 29 Eu lhes darei plantação memorável, e nunca mais serão vítimas de fome na terra, nem terão de suportar a zombaria das outras nações. 30 Saberão que eu, o SENHOR, seu Deus, estou com elas e que elas são o meu povo, a casa de Israel, diz o SENHOR Deus.

31 — "Vocês são as minhas ovelhas, ovelhas do meu pasto. Vocês são o meu povo, e eu sou o seu Deus", diz o SENHOR Deus.

Profecia contra o monte Seir

35 1 A palavra do SENHOR veio a mim, dizendo: 2 — Filho do homem, vire o seu rosto contra o monte Seir e profetize contra ele. 3 Diga-lhe: Assim diz o SENHOR Deus: "Eis que estou contra você, monte Seir. Estenderei a minha mão contra você e o tornarei em desolação e espanto. 4 Deixarei desertas as suas cidades, e você será desolado. Então saberá que eu sou o SENHOR. 5 Pois você guardou uma inimizade sem fim e deixou os filhos de Israel entregues ao poder da espada, no tempo da calamidade

e do castigo final. 6 Por isso, tão certo como eu vivo,
diz o SENHOR Deus, farei você sangrar, e o derra-
mamento de sangue o perseguirá. Visto que você
não odiou o derramamento de sangue, este o per-
seguirá. 7 Farei do monte Seir extrema desolação e
eliminarei dele os que por ali passam e os que por
ali voltam. 8 Encherei os seus montes de cadáveres;
os mortos à espada ficarão caídos nas suas colinas,
nos seus vales e em todas as suas correntes de água.
9 Farei de você uma desolação perpétua, e as suas
cidades não voltarão a ser habitadas. Assim vocês
saberão que eu sou o SENHOR."

10 — "Porque você disse: 'Esses dois povos são
meus e eu vou tomar posse dessas duas terras',
sendo que o SENHOR estava ali. 11 Por isso, tão cer-
to como eu vivo, diz o SENHOR Deus, procederei
segundo a sua ira e segundo a sua inveja, com que,
no seu ódio, você os tratou. E eu me farei conheci-
do entre eles, quando castigar você. 12 Você saberá
que eu, o SENHOR, ouvi todas as blasfêmias que
você falou contra os montes de Israel, dizendo: 'Já
estão arrasados e nos foram entregues por pasto.'
13 Vocês se exaltaram contra mim com aquilo que
falaram e não pouparam palavras contra mim. Eu
ouvi isso muito bem."

14 — Assim diz o SENHOR Deus: "Enquanto toda a
terra se alegra, farei de você uma desolação. 15 Assim
como você se alegrou quando a herança da casa de
Israel foi arrasada, assim também farei com você.
Você será arrasado, ó monte Seir e todo o Edom,
sim, todo ele. Então saberão que eu sou o SENHOR."

Profecia para os montes de Israel

36 1 — Filho do homem, profetize para os mon-
tes de Israel e diga: Montes de Israel, ouçam
a palavra do SENHOR. 2 Assim diz o SENHOR Deus:
"Os inimigos disseram a respeito de vocês: 'Bem
feito!', e também: 'Os eternos lugares altos são
nossa herança.'" 3 Por isso, profetize e diga: Assim
diz o SENHOR Deus: "Visto que eles os assolaram
e procuraram abocanhar de todos os lados, para
que vocês se tornassem propriedade do resto das
nações e fossem alvo de falatório e difamação en-
tre o povo, 4 por isso, ó montes de Israel, ouçam a
palavra do SENHOR Deus: Assim diz o SENHOR Deus
aos montes e às colinas, aos desfiladeiros e aos va-
les, aos lugares desertos e desolados e às cidades
abandonadas, que se tornaram rapina e motivo de
zombaria para o resto das nações vizinhas."

5 — Portanto, assim diz o SENHOR Deus: Certa-
mente, no fogo do meu zelo, falei contra o resto das
nações e contra todo o Edom. Eles se apropriaram
da minha terra, com alegria de todo o coração e com
profundo desprezo, para despovoá-la e saqueá-la.

6 — Portanto, profetize a respeito da terra de
Israel e diga aos montes e às colinas, aos desfila-
deiros e aos vales: Assim diz o SENHOR Deus: "Eis
que falo no meu zelo e no meu furor, porque vo-
cês tiveram de suportar a zombaria das nações.
7 Portanto, assim diz o SENHOR Deus: Juro que as
nações que estão ao redor de vocês também serão
motivo de zombaria. 8 Quanto a vocês, montes de
Israel, vocês produzirão os seus ramos e darão os
seus frutos para o meu povo de Israel, o qual está
prestes a vir. 9 Porque eis que estou do lado de
vocês. Eu me voltarei para vocês, e vocês serão la-
vrados e semeados. 10 Multiplicarei pessoas sobre
vocês, toda a casa de Israel, sim, toda ela. As cida-
des serão habitadas e as ruínas serão reconstruí-
das. 11 Multiplicarei pessoas e animais sobre vocês.
Eles se multiplicarão e serão fecundos. Farei com
que vocês voltem a morar onde moravam no pas-
sado e os tratarei melhor do que no começo. Então
vocês saberão que eu sou o SENHOR. 12 Farei com
que pessoas, o meu povo de Israel, andem sobre
vocês, ó montes. Eles tomarão posse de vocês, vo-
cês serão a herança deles, e nunca mais deixarão
que eles fiquem sem os seus filhos."

13 — Assim diz o SENHOR Deus: "Visto que lhe
dizem: 'Você é uma terra que devora as pessoas,
uma terra que deixa o povo sem filhos', 14 certa-
mente você não devorará mais as pessoas nem
privará o seu povo dos seus filhos, diz o SENHOR
Deus. 15 Não permitirei mais que você ouça a zom-
baria das nações ou tenha de suportar a vergonha
dos povos. Nunca mais você deixará o seu povo
sem os seus filhos", diz o SENHOR Deus.

A restauração de Israel

16 A palavra do SENHOR veio a mim, dizendo:

17 — Filho do homem, quando os da casa de Is-
rael moravam na sua terra, eles a contaminaram
com os seus caminhos e as suas ações. Aos meus
olhos, o caminho deles era como a impureza da
menstruação. 18 Por isso, derramei o meu furor
sobre eles, por causa do sangue que derramaram
sobre a terra e por causa dos seus ídolos com que
a contaminaram. 19 Eu os dispersei entre as na-
ções, e foram espalhados por outras terras; segun-
do os seus caminhos e segundo as suas ações, eu
os castiguei. 20 Quando chegaram às nações para
onde foram, profanaram o meu santo nome, pois
deles se dizia: "Esse é o povo do SENHOR, mas eles
tiveram de sair da terra dele." 21 Mas eu tratei de
proteger o meu santo nome, que a casa de Israel
profanou entre as nações para onde foi.

22 — Portanto, diga à casa de Israel: Assim diz
o SENHOR Deus: "Não é por causa de vocês que
eu faço isto, ó casa de Israel, mas pelo meu san-
to nome, que vocês profanaram entre as nações
para onde foram. 23 Revelarei a santidade do meu
grande nome, que foi profanado entre as nações,
o qual vocês profanaram no meio delas. As nações
saberão que eu sou o SENHOR, diz o SENHOR Deus,

quando eu manifestar a minha santidade diante
delas por meio de vocês. 24 Eu os tirarei do meio
das nações, eu os congregarei de todos os países e
os trarei de volta para a sua própria terra. 25 Então
aspergirei água pura sobre vocês, e vocês ficarão
purificados. Eu os purificarei de todas as suas im-
purezas e de todos os seus ídolos. 26 Eu lhes darei
um coração novo e porei dentro de vocês um es-
pírito novo. Tirarei de vocês o coração de pedra e
lhes darei um coração de carne. 27 Porei dentro de
vocês o meu Espírito e farei com que andem nos
meus estatutos, guardem e observem os meus juí-
zos. 28 Vocês habitarão na terra que eu dei aos seus
pais. Vocês serão o meu povo, e eu serei o seu Deus.
29 Eu os livrarei de todas as suas impurezas. Farei
vir o trigo, e o multiplicarei, e não trarei fome sobre
vocês. 30 Multiplicarei os frutos das árvores e as co-
lheitas do campo, para que vocês nunca mais pas-
sem vergonha entre as nações por causa da fome.
31 Então vocês se lembrarão dos seus maus cami-
nhos e das suas ações que não foram boas, e terão
nojo de vocês mesmos por causa das suas iniquida-
des e das suas abominações. 32 Não é por causa de
vocês, fique bem-entendido, que eu faço isto, diz o
SENHOR Deus. Fiquem envergonhados e confusos
por causa dos seus caminhos, ó casa de Israel."

33 — Assim diz o SENHOR Deus: No dia em que eu
os purificar de todas as suas iniquidades, então fa-
rei com que as cidades sejam habitadas e as ruínas
sejam reconstruídas. 34 A terra que estava abando-
nada será cultivada e deixará de ser um lugar aban-
donado aos olhos de todos os que passam. 35 Então
se dirá: "Esta terra abandonada ficou como o jardim
do Éden. As cidades que estavam desertas, abando-
nadas e em ruínas estão fortificadas e habitadas."
36 Então as nações que tiverem restado ao redor de
vocês saberão que eu, o SENHOR, reconstruí as cida-
des destruídas e replantei o que estava abandona-
do. Eu, o SENHOR, falei e eu o cumprirei.

37 — Assim diz o SENHOR Deus: Deixarei que a
casa de Israel peça que eu lhe faça ainda isto: que
eu aumente o número de pessoas como se fosse
um rebanho. 38 Como os rebanhos consagrados
para os sacrifícios, os rebanhos de Jerusalém nas
suas festas fixas, assim as cidades desertas se en-
cherão de rebanhos de pessoas. E eles saberão que
eu sou o SENHOR.

A visão de um vale de ossos secos

37 1 Veio sobre mim a mão do SENHOR, e ele me
levou pelo Espírito do SENHOR e me deixou
no meio de um vale que estava cheio de ossos.
2 Ele me fez andar ao redor deles, e eu pude ver
que eram muito numerosos na superfície do vale e
estavam sequíssimos. 3 Então me perguntou:

— Filho do homem, será que estes ossos po-
dem reviver?

Respondi:

— SENHOR Deus, tu o sabes.

4 Então ele me disse:

— Profetize para estes ossos e diga-lhes: "Ossos
secos, ouçam a palavra do SENHOR."

5 — Assim diz o SENHOR Deus a estes ossos: "Eis
que farei entrar em vocês o espírito, e vocês vive-
rão. 6 Porei tendões sobre vocês, farei crescer carne
sobre vocês e os cobrirei de pele. Porei em vocês o
espírito, e vocês viverão. Então vocês saberão que
eu sou o SENHOR."

7 Então profetizei como me havia sido ordena-
do. Enquanto eu profetizava, houve um ruído, um
barulho de ossos que batiam contra ossos e se
ajuntavam, cada osso ao seu osso. 8 Olhei, e eis que
apareceram tendões sobre os ossos, cresceram as
carnes, e eles se cobriram de pele. Mas não havia
neles o espírito.

9 Então ele me disse:

— Profetize ao espírito. Profetize, filho do ho-
mem, e diga ao espírito: Assim diz o SENHOR Deus:
"Venha dos quatro ventos, ó espírito, e sopre sobre
estes mortos, para que vivam."

10 Profetizei como ele me havia ordenado. O es-
pírito entrou neles, eles viveram e se puseram em
pé. Formavam um exército, um enorme exército.

11 Então ele me disse:

— Filho do homem, esses ossos são toda a casa
de Israel. Eis que dizem: "Os nossos ossos estão se-
cos, perdemos a nossa esperança, fomos extermi-
nados." 12 Portanto, profetize e diga-lhes: Assim diz
o SENHOR Deus: "Eis que abrirei as sepulturas de vo-
cês e os farei sair delas, ó povo meu, e os levarei de
volta à terra de Israel. 13 Vocês saberão que eu sou
o SENHOR, quando eu abrir as sepulturas de vocês
e os fizer sair delas, ó povo meu. 14 Porei em vocês
o meu Espírito, e vocês viverão. Eu os estabelecerei
na sua própria terra, e vocês saberão que eu sou o
SENHOR. Eu falei e eu o cumprirei, diz o SENHOR."

Reunificação de Judá e Israel

15 A palavra do SENHOR veio a mim, dizendo:

16 — Filho do homem, pegue um pedaço de
madeira e escreva nele o seguinte: "De Judá e dos
filhos de Israel, seus companheiros." Depois, pegue
outro pedaço de madeira e escreva nele: "De José,
pedaço de madeira de Efraim, e de toda a casa de
Israel, seus companheiros." 17 Junte os pedaços de
madeira um ao outro, faça deles um só pedaço, para
que se tornem apenas um na sua mão. 18 Quando os
filhos do seu povo perguntarem: "Você não vai nos
explicar o que significa isso?", 19 responda: Assim
diz o SENHOR Deus: "Eis que eu pegarei o pedaço de
madeira de José, que está na mão de Efraim, e das
tribos de Israel, suas companheiras, e o ajuntarei
ao pedaço de Judá, e farei deles um só pedaço, e se
tornarão apenas um na minha mão."

20— Os pedaços de madeira em que você escre-
veu devem ficar na sua mão, para que o povo os
veja. 21 Então diga-lhes: Assim diz o SENHOR Deus:
"Eis que eu tirarei os filhos de Israel do meio das
nações para onde eles foram, e os congregarei de
todos os lugares ao redor, e os levarei para a sua
própria terra. 22 Farei deles uma só nação na terra,
nos montes de Israel, e um só rei será rei de todos
eles. Nunca mais serão duas nações; nunca mais
se dividirão em dois reinos. 23 Nunca mais se con-
taminarão com os seus ídolos, nem com as suas
abominações, nem com qualquer das suas trans-
gressões. Eu os livrarei de todas as suas apostasias
em que pecaram e os purificarei. Assim, eles serão
o meu povo, e eu serei o seu Deus."

24— "O meu servo Davi reinará sobre eles, e
todos eles terão um só pastor. Andarão nos meus
juízos, guardarão os meus estatutos e os obser-
varão. 25 Habitarão na terra que dei ao meu servo
Jacó, na qual os pais de vocês habitaram. Habi-
tarão nela, eles e os seus filhos e os filhos dos
seus filhos, para sempre. E Davi, meu servo, será
o príncipe deles para sempre. 26 Farei com eles
uma aliança de paz; será uma aliança eterna. Eu
os estabelecerei, os multiplicarei, e porei o meu
santuário no meio deles para sempre. 27 O meu ta-
bernáculo estará com eles; eu serei o seu Deus, e
eles serão o meu povo. 28 As nações saberão que eu
sou o SENHOR que santifico Israel, quando o meu
santuário estiver no meio deles para sempre."

Profecia contra Gogue

38 1 A palavra do SENHOR veio a mim, dizendo:
2— Filho do homem, vire o seu rosto contra
Gogue, da terra de Magogue, príncipe de Rôs, de
Meseque e Tubal, e profetize contra ele, 3 dizendo:
Assim diz o SENHOR Deus: "Eis que estou contra
você, Gogue, príncipe de Rôs, de Meseque e Tu-
bal. 4 Eu o farei mudar de direção, porei anzóis em
seu queixo e o levarei para longe, juntamente com
todo o seu exército: cavalos e cavaleiros, todos
vestidos de armamento completo, grande multi-
dão, com escudos, todos empunhando a espada;
5 persas e etíopes e Pute com eles, todos com es-
cudo e capacete; 6 Gômer e todas as suas tropas; a
casa de Togarma, do lado do Norte, e todas as suas
tropas, muitos povos com você."

7— "Prepare-se, sim, esteja preparado, você e
toda a multidão de povo que se reuniu a você, e
sirva-lhes de guarda. 8 Depois de muitos dias, você
será convocado; no fim dos anos, você invadirá a
terra que se recuperou da espada, cujo povo foi
reunido dentre muitos povos sobre os montes de
Israel, que por muito tempo estavam desolados.
Este povo foi tirado do meio dos povos, e todos
eles habitarão em segurança. 9 Então você subi-
rá, virá como uma tempestade, será como uma
nuvem que cobre a terra, você, e todas as suas tro-
pas, e muitos povos com você."

10— Assim diz o SENHOR Deus: "Naquele dia,
certos pensamentos virão à sua mente e você
conceberá um plano perverso. 11 Você dirá: 'Vou
invadir a terra das aldeias sem muralhas. Atacarei
um povo pacífico que vive em segurança, todos
em cidades sem muralhas, sem ferrolhos nem
portões, 12 para levar o despojo, arrebatar a pre-
sa e levantar a mão contra as terras desertas que
agora se acham habitadas e contra o povo que se
congregou dentre as nações, o qual tem gado e
bens e habita no meio da terra.' 13 Sabá e Dedã e os
mercadores de Társis, e todos os seus governado-
res lhe dirão: 'Você veio para levar o despojo? Você
reuniu o seu bando para arrebatar a presa, para
levar a prata e o ouro, para pegar o gado e os bens,
para saquear grandes despojos?'"

Gogue invadirá Israel

14— Portanto, profetize, filho do homem, e diga
a Gogue: Assim diz o SENHOR Deus: "Será que,
naquele dia, quando o meu povo de Israel estiver
vivendo em segurança, você não ficará sabendo?
15 Você virá do seu lugar, dos lados do Norte, você e
muitos povos com você, todos montados em cava-
los, uma grande multidão e um poderoso exército.
16 Você subirá contra o meu povo de Israel, como
nuvem, para cobrir a terra. Nos últimos dias, trarei
você contra a minha terra, para que as nações me
conheçam, quando eu tiver revelado a minha san-
tidade em você, ó Gogue, diante das nações."

17— Assim diz o SENHOR Deus: "Por acaso você
não é aquele de quem falei nos tempos antigos, por
meio dos meus servos, os profetas de Israel, que
naqueles dias profetizaram, durante anos, que eu
faria com que você viesse e atacasse o meu povo?
18 Naquele dia, quando Gogue vier contra a terra de
Israel, diz o SENHOR Deus, eu ficarei furioso. 19 Pois,
no meu zelo, no fogo do meu furor, eu disse que,
naquele dia, haverá um grande terremoto na ter-
ra de Israel. 20 Os peixes do mar, as aves do céu, os
animais selvagens, todos os animais que rastejam
sobre a terra e todas as pessoas que estão sobre a
face da terra tremerão diante de mim. Os montes
virão abaixo, os rochedos se desfarão, e todas as
muralhas desabarão por terra. 21 Convocarei a es-
pada contra Gogue em todos os meus montes, diz
o SENHOR Deus; a espada de cada um se voltará
contra o seu próximo. 22 Eu o castigarei com peste
e derramamento de sangue. Farei cair chuva tor-
rencial, grandes pedras de granizo, fogo e enxofre
sobre ele, sobre as suas tropas e sobre os muitos
povos que estiverem com ele. 23 Assim, revelarei a
minha grandeza e a minha santidade e me darei
a conhecer aos olhos de muitas nações. E saberão
que eu sou o SENHOR."

A queda de Gogue

39 1— Filho do homem, profetize contra Go-
gue e diga: Assim diz o SENHOR Deus: "Eis
que estou contra você, Gogue, príncipe de Rôs, de
Meseque e Tubal. 2Eu o farei mudar de direção e
o conduzirei. Farei com que você venha dos lados
do Norte e o trarei aos montes de Israel. 3Então
tirarei o arco da sua mão esquerda e farei cair
as flechas que estão em sua mão direita. 4Nos
montes de Israel, você cairá — você, todas as
suas tropas e os povos que estão com você. Eu o
entregarei a todo tipo de ave de rapina e aos ani-
mais selvagens, para que o devorem. 5Você cairá
em campo aberto, porque eu falei, diz o SENHOR
Deus. 6Porei fogo em Magogue e nos que vivem
em segurança nas terras do mar. Então eles sa-
berão que eu sou o SENHOR. 7Farei conhecido o
meu santo nome no meio do meu povo de Israel
e nunca mais deixarei que o meu santo nome seja
profanado. Então as nações saberão que eu sou o
SENHOR, o Santo em Israel."

8— Eis que vem e se cumprirá, diz o SENHOR
Deus; este é o dia de que tenho falado. 9Os mora-
dores das cidades de Israel sairão e farão fogo com
as armas, queimando as couraças e os escudos,
os arcos e as flechas, os porretes e as lanças; fa-
rão fogo com tudo isso durante sete anos. 10Não
terão de trazer lenha do campo, nem a cortarão
dos bosques, mas com as armas acenderão fogo.
Saquearão aqueles que os saquearam e despojarão
aqueles que os despojaram, diz o SENHOR Deus.

O sepultamento de Gogue

11— Naquele dia, darei a Gogue um lugar de
sepultura em Israel, o vale dos Viajantes, a leste
do mar, que fará parar os que passarem por esse
lugar. Gogue e todo o seu exército serão sepulta-
dos ali, e aquele lugar será chamado de Hamom-
-Gogue. 12A casa de Israel levará sete meses para
sepultá-los, a fim de limpar a terra. 13Sim, todo o
povo da terra os sepultará. E o dia em que eu for
glorificado será para eles um dia memorável, diz
o SENHOR Deus. 14Serão separados homens que,
sem cessar, percorrerão a terra para sepultar os
que tenham ficado nela, para a limpar; depois de
sete meses, iniciarão a busca. 15Ao percorrerem
a terra, se um deles encontrar um osso humano,
porá ao lado um sinal, até que os coveiros o sepul-
tem no vale do Exército de Gogue. 16Também ha-
verá uma cidade com o nome de Hamoná. Assim,
limparão a terra.

17— Filho do homem, assim diz o SENHOR Deus:
Diga às aves de toda espécie e a todos os animais
selvagens: "Reúnam-se e venham! Venham de toda
parte para o sacrifício que eu estou oferecendo por
vocês, um grande sacrifício nos montes de Israel.
Vocês comerão carne e beberão sangue. 18Comerão
a carne dos poderosos e beberão o sangue dos prín-
cipes da terra — os carneiros e cordeiros, os bodes
e novilhos, todos engordados em Basã. 19Vocês co-
merão gordura até se fartarem e beberão sangue até
ficarem embriagados, no sacrifício que oferecerei
por vocês. 20À minha mesa, vocês se fartarão de
cavalos e de cavaleiros, de valentes e de todos os
homens de guerra", diz o SENHOR Deus.

21— Manifestarei a minha glória entre as na-
ções, e todas as nações verão o meu juízo, que eu
tiver executado, e a minha mão, que eu tiver posto
sobre elas. 22Desse dia em diante, a casa de Israel
saberá que eu sou o SENHOR, seu Deus. 23As na-
ções saberão que a casa de Israel foi levada para o
exílio por causa da sua iniquidade, porque foram
infiéis a mim. Assim, escondi deles o meu rosto e
os entreguei nas mãos dos seus adversários, e to-
dos eles caíram à espada. 24Eu os tratei de acordo
com a sua impureza e as suas transgressões, e es-
condi deles o meu rosto.

25— Portanto, assim diz o SENHOR Deus: Ago-
ra, restaurarei a sorte de Jacó e me compadecerei
de toda a casa de Israel; terei zelo pelo meu santo
nome. 26Quando eles habitarem seguros na sua
terra, sem haver quem os atemorize, esquecerão a
sua vergonha e toda a infidelidade com que se re-
belaram contra mim. 27Quando eu tornar a trazê-
-los do meio dos povos, e os houver ajuntado das
terras de seus inimigos, revelarei neles a minha
santidade diante de muitas nações. 28Saberão que
eu sou o SENHOR, seu Deus, quando virem que eu os
enviei para o cativeiro entre as nações, e os tornei a
ajuntar para voltarem à sua terra, e que não deixarei
que nenhum deles fique no exílio. 29Nunca mais es-
conderei deles o meu rosto, pois derramarei o meu
Espírito sobre a casa de Israel, diz o SENHOR Deus.

A VISÃO DO TEMPLO

CAPS. 40—48

Ezequiel é levado a Jerusalém

40 1No vigésimo quinto ano do nosso exílio,
no princípio do ano, no décimo dia do mês,
catorze anos após a queda da cidade de Jerusa-
lém, nesse mesmo dia, veio sobre mim a mão do
SENHOR, e ele me levou para lá. 2Em visões, Deus
me levou à terra de Israel e me pôs sobre um mon-
te muito alto, sobre o qual havia uma estrutura de
cidade, para o lado sul. 3Ele me levou para lá, e eu
vi um homem cuja aparência era como a do bron-
ze. Estava em pé junto ao portão e tinha na mão
um cordel de linho e uma cana de medir.

4O homem me disse:

— Filho do homem, veja com os próprios olhos,
ouça com os próprios ouvidos e preste atenção em
tudo o que eu lhe mostrar, porque para isso você
foi trazido aqui. Anuncie à casa de Israel tudo o que
você está vendo.

O portão do leste

5 Vi uma muralha externa que rodeava todo o templo e, na mão do homem, uma cana de medir, que tinha três metros de comprimento. Ele mediu a largura da muralha e deu três metros; mediu a altura e deu três metros. 6 Então veio ao portão que dava para o leste e subiu pelos seus degraus. Mediu o limiar do portão e deu três metros de largura. 7 Cada câmara lateral tinha três metros de comprimento e três metros de largura. O espaço entre uma e outra câmara era de dois metros e meio. O limiar do portão, junto ao vestíbulo da porta interior, tinha três metros. 8 Também mediu o vestíbulo da porta interior e deu três metros. 9 Então mediu o vestíbulo do portão, que tinha quatro metros, e os seus pilares, que tinham um metro. O vestíbulo do portão está voltado para o templo. 10 O portão do lado leste possuía três câmaras de cada lado, cuja medida era a mesma para cada uma. Também os pilares de cada lado tinham a mesma medida. 11 Em seguida, ele mediu a largura da entrada do portão, que era de cinco metros; a profundidade da entrada era de seis metros e meio. 12 Diante de cada uma das câmaras havia uma mureta, que tinha meio metro de espessura. Cada câmara tinha três metros de cada lado. 13 Então ele mediu o portão desde a extremidade do teto de uma câmara até a da outra, e deu doze metros e meio. As portas das câmaras ficavam uma diante da outra. 14 Mediu a distância até os pilares, e deu trinta metros, e o átrio se estendia até os pilares ao redor da porta. 15 Desde a dianteira do portão da entrada até a dianteira do vestíbulo da porta interior, a distância era de vinte e cinco metros. 16 Havia também janelas com ripas fixas superpostas para as câmaras e para os pilares, e do mesmo modo, para os vestíbulos. As janelas ficavam ao redor pela parte de dentro, e nos pilares havia palmeiras esculpidas.

O átrio exterior

17 Ele me levou ao átrio exterior, e eis que havia nele câmaras e um pavimento em volta de todo o átrio. Diante deste pavimento havia trinta câmaras. 18 O pavimento ao lado das portas tinha o mesmo comprimento das portas; esse era o pavimento inferior. 19 Então mediu a largura desde a dianteira do portão inferior até a dianteira do átrio interior, e deu cinquenta metros do lado leste e do lado norte.

O portão do norte

20 Quanto ao portão que dava para o norte, no átrio exterior, ele mediu o seu comprimento e a sua largura. 21 As suas câmaras, três de um lado e três do outro, os seus pilares e os seus vestíbulos tinham as mesmas medidas do primeiro portão: vinte e cinco metros de comprimento e doze metros e meio de largura. 22 As suas janelas, os seus vestíbulos e as suas palmeiras esculpidas tinham as mesmas medidas do portão que dava para o leste. Subia-se para esse portão por sete degraus, e o seu vestíbulo estava diante dele. 23 Esse portão do átrio interior estava diante do portão do norte, como no caso do portão do leste. Ele mediu de um portão a outro portão, e deu cinquenta metros.

O portão do sul

24 Então ele me levou para o lado sul, e eis que havia ali um portão que dava para o sul. Ele mediu os seus pilares e os seus vestíbulos, que tinham as mesmas dimensões dos outros. 25 Havia também janelas ao redor dos seus vestíbulos, como as outras janelas; o comprimento era de vinte e cinco metros, e a largura, de doze metros e meio. 26 Havia uma escada de sete degraus, e o seu vestíbulo estava diante dela; e tinha palmeiras esculpidas nos pilares, tanto de um lado como do outro. 27 O átrio interior também tinha um portão que dava para o sul. Ele mediu de um portão ao outro, na direção do sul, e deu cinquenta metros.

O átrio interior: o portão do sul

28 Então ele me levou ao átrio interior pelo portão do sul; ele mediu o portão do sul, que tinha as mesmas dimensões dos outros. 29 As suas câmaras, os seus pilares e os seus vestíbulos tinham as mesmas medidas dos outros. Tinham também janelas ao redor dos seus vestíbulos; o comprimento era de vinte e cinco metros, e a largura, de doze metros e meio. 30 Havia vestíbulos ao redor; o comprimento era de vinte e cinco metros, e a largura, de doze metros e meio. 31 O seu vestíbulo dava para o átrio exterior, havia palmeiras esculpidas nos seus pilares, e a sua escada tinha oito degraus.

O átrio interior: o portão do leste

32 Depois, ele me levou ao átrio interior, para o leste, e mediu o portão, que tinha as mesmas dimensões dos outros portões. 33 Também as suas câmaras, os seus pilares e os seus vestíbulos tinham as mesmas medidas dos outros. Havia também janelas ao redor dos seus vestíbulos; o comprimento era de vinte e cinco metros, e a largura, de doze metros e meio. 34 O seu vestíbulo dava para o átrio exterior, havia palmeiras esculpidas nos seus pilares, de um e de outro lado, e a sua escada tinha oito degraus.

O átrio interior: o portão do norte

35 Então me levou ao portão do norte e o mediu; tinha as mesmas dimensões dos outros portões. 36 Também as suas câmaras, os seus pilares, os seus vestíbulos e as suas janelas ao redor; o comprimento era de vinte e cinco metros, e a largura, de doze metros e meio. 37 O seu vestíbulo dava

para o átrio exterior, havia palmeiras esculpidas
nos seus pilares, de um e de outro lado, e a sua es-
cada tinha oito degraus.

Os edifícios perto do portão do norte

38 Havia uma câmara com a sua entrada junto
aos pilares dos vestíbulos onde lavavam os holo-
caustos. 39 No vestíbulo do portão havia duas mesas
de um lado e duas do outro, para nelas se degolar
os holocaustos e as ofertas pelo pecado e pela cul-
pa. 40 Do lado de fora, na subida para a entrada do
portão do norte havia duas mesas; e, no outro lado
do vestíbulo do portão, havia duas mesas. 41 Qua-
tro mesas de um lado, e quatro do outro lado do
portão; oito mesas, sobre as quais eram mortos os
animais do sacrifício. 42 As quatro mesas para os ho-
locaustos eram de pedras lavradas. Tinham setenta
e cinco centímetros de comprimento e de largura,
e meio metro de altura. Sobre elas se punham os
instrumentos com que matavam os animais para
os holocaustos e os sacrifícios. 43 Ganchos, de sete
centímetros e meio de comprimento, estavam fixa-
dos à parede, em toda a sua extensão. Mas a carne
para os sacrifícios estava sobre as mesas.

44 Fora do portão interior, no átrio de dentro, es-
tavam duas câmaras. Uma ficava ao lado do portão
do norte, e dava para o sul; outra ficava ao lado do
portão do sul, e dava para o norte. 45 Ele me disse:

— Esta câmara que dá para o sul é para os sa-
cerdotes que têm a guarda do templo, 46 e a câmara
que dá para o norte é para os sacerdotes que têm a
guarda do altar. São eles os filhos de Zadoque, os
quais, dentre os filhos de Levi, se aproximam do
SENHOR para o servir.

O átrio interior e o templo

47 Ele mediu o átrio, que tinha cinquenta metros
de comprimento e cinquenta de largura — um
quadrado. O altar estava diante do templo.

48 Então me levou ao vestíbulo do templo. Me-
diu cada pilar do vestíbulo: dois metros e meio de
um lado e dois metros e meio do outro. A largura
do portão era de um metro e meio de um lado e um
metro e meio do outro. 49 O comprimento do vestí-
bulo era de dez metros, e a largura, de seis metros.
Era por degraus que se subia até lá. Havia colunas
junto aos pilares, uma de um lado e outra do outro.

41 1 Então ele me levou ao templo e mediu os
pilares, três metros de largura de um lado e
três metros de largura do outro, que era a largura
do tabernáculo. 2 A largura da entrada era de cinco
metros, e as paredes laterais tinham dois metros e
meio, uma de cada lado. Também mediu a profun-
didade da nave, e deu vinte metros; mediu a lar-
gura, e deu dez metros. 3 Entrou na parte interior,
mediu o pilar da entrada, e deu um metro; mediu
a largura da entrada, e deu três metros. 4 Também
mediu o seu comprimento, e deu dez metros; me-
diu a largura, e deu dez metros, na parte frontal da
nave. Então ele me disse:

— Este é o Santo dos Santos.

As câmaras laterais

5 Depois ele mediu a parede do templo: três me-
tros de espessura. A largura de cada câmara late-
ral era de dois metros. Essas câmaras ficavam em
toda a volta do templo. 6 As câmaras laterais esta-
vam em três andares, câmara sobre câmara, trinta
em cada andar. E havia reentrâncias na parede do
templo ao redor, para as câmaras laterais, para que
as vigas se apoiassem nelas e não fossem introdu-
zidas na parede do templo. 7 As câmaras laterais
aumentavam em largura de andar para andar, cor-
respondendo às reentrâncias do templo de andar
em andar ao redor; por isso o templo era mais lar-
go em cima. Assim, se subia do andar inferior para
o superior, passando pelo andar do meio.

8 E vi um pavimento elevado ao redor do templo;
eram os alicerces das câmaras laterais de três me-
tros de altura. 9 A grossura da parede externa das
câmaras laterais era de dois metros e meio. A área
aberta entre as câmaras laterais do templo 10 e as ou-
tras câmaras tinha dez metros de largura por todo o
redor do templo. 11 As entradas das câmaras laterais
estavam voltadas para a área aberta: uma entrada
para o norte e outra para o sul; a largura da área que
sobrava era de dois metros e meio ao redor.

O edifício do lado oeste

12 O edifício que estava numa área separada, do
lado oeste, tinha a largura de trinta e cinco metros.
A parede do edifício tinha dois metros e meio de
espessura ao redor, e o seu comprimento era de
quarenta e cinco metros.

As medidas totais do templo

13 Então ele mediu o templo: cinquenta metros
de comprimento. A área separada, o edifício e as
suas paredes também tinham cinquenta metros
de comprimento. 14 A largura da frente do templo
e da área separada, do lado oeste, era de cinquen-
ta metros. 15 Também mediu o comprimento do
edifício, que estava na área separada e por detrás
do templo, e as suas galerias em cada lado, e deu
cinquenta metros.

O templo propriamente dito, o Santíssimo, o
vestíbulo do átrio, 16 os umbrais, as janelas estrei-
tas e as galerias ao redor dos três, diante do um-
bral, estavam cobertos de madeira ao redor, e isto
desde o chão até as janelas, que estavam cobertas.
17 No espaço em cima da porta, e até o templo de
dentro e de fora, e em toda a parede ao redor, por
dentro e por fora, havia obras de escultura, 18 a sa-
ber, querubins e palmeiras. Entre um querubim e

outro querubim havia uma palmeira. Cada queru-
bim tinha dois rostos: 19um rosto humano olhava
para a palmeira de um lado, e um rosto de leão
olhava para a palmeira do outro lado. Era assim por
todo o templo ao redor. 20Desde o chão até acima
da entrada havia querubins e palmeiras, até mes-
mo pela parede do templo.
21Os batentes do templo eram quadrados, e a
entrada do Santo dos Santos tinha a mesma apa-
rência.

O altar de madeira

22O altar de madeira tinha um metro e meio
de altura, e o seu comprimento era de um metro.
Os seus cantos, a sua base e os seus lados eram de
madeira. O homem me disse:
— Esta é a mesa que está diante do SENHOR.

As portas

23Tanto o templo quanto o Santo dos Santos
tinham duas portas. 24Havia duas folhas para
as portas, duas folhas dobráveis; duas para cada
porta. 25Nelas, isto é, nas portas do templo, havia
querubins e palmeiras, como havia nas paredes.
Havia também uma cobertura feita de madeira
na frente do vestíbulo por fora. 26E havia janelas
estreitas e palmeiras em ambos os lados do vestí-
bulo, bem como nas câmaras laterais do templo e
na cobertura de madeira.

Os dois edifícios perto do templo

42 1Depois disto, o homem me fez sair para o
átrio exterior, para o lado norte, e me levou
às câmaras que estavam para o lado norte, opostas
ao edifício na área separada. 2Esse edifício do lado
norte tinha cinquenta metros de comprimento, e a
largura era de vinte e cinco metros. 3De um lado,
dava para a área de dez metros que pertencia ao
átrio interior e, de outro lado, dava para o pavimen-
to que pertencia ao átrio exterior. Havia uma galeria
frente a outra galeria em três andares. 4Diante das
câmaras havia uma passagem de cinco metros de
largura, do lado de dentro, e cinquenta metros de
comprimento; e as suas entradas eram para o lado
norte. 5As câmaras superiores eram mais estreitas,
porque as galerias tiravam mais espaço destas do
que das de baixo e das do meio do edifício. 6Porque
elas eram de três andares e não tinham colunas
como as colunas dos átrios; por isso, as câmaras su-
periores eram mais estreitas do que as de baixo e as
do meio. 7Havia também um muro do lado de fora,
diante das câmaras, no caminho do átrio exterior,
diante das câmaras; esse muro tinha vinte e cinco
metros de comprimento. 8Pois o comprimento das
câmaras, que estavam no átrio exterior, era de vinte
e cinco metros; e eis que diante do templo a exten-
são era de cinquenta metros. 9Na parte de baixo,
do lado leste, ficava a entrada dessas câmaras, para
quem entra nelas pelo átrio exterior.
10Na largura do muro do átrio, do lado sul, dian-
te do edifício na área separada, havia também câ-
maras 11e uma passagem na frente delas. Tinham
a feição das câmaras do lado norte, o mesmo com-
primento, a mesma largura, as mesmas saídas, o
mesmo arranjo. Como as entradas das câmaras do
lado norte, 12assim eram as entradas das câmaras
do lado sul. Havia uma entrada no início da pas-
sagem, a saber, a passagem bem diante do muro
correspondente, para quem entra pelo lado leste.
13Então o homem me disse:
— As câmaras do norte e as câmaras do sul,
que estão diante da área separada, são câmaras
santas, em que os sacerdotes, que se aproximam
do SENHOR, comerão as coisas santíssimas. Nelas
também depositarão as coisas santíssimas, isto é, as
ofertas de cereais e as ofertas pelo pecado e pela cul-
pa; porque o lugar é santo. 14Quando os sacerdotes
entrarem, não deverão sair do santuário para o átrio
exterior, mas porão ali as vestes com que ministra-
ram, porque elas são santas; usarão outras roupas e
assim se aproximarão do lugar destinado ao povo.

As medidas da área do templo

15Quando acabou de medir o templo interior, ele
me fez sair pelo portão que dá para o leste e mediu
a área ao redor. 16Mediu o lado leste com a cana de
medir, e deu duzentos e cinquenta metros. 17Mediu
o lado norte, e deu duzentos e cinquenta metros.
18Mediu também o lado sul: duzentos e cinquenta
metros. 19Voltou-se para o lado oeste e mediu; deu
duzentos e cinquenta metros. 20Assim, ele mediu a
área pelos quatro lados. Havia um muro ao redor,
de duzentos e cinquenta metros de comprimento e
duzentos e cinquenta metros de largura, para fazer
separação entre o santo e o profano.

A glória de Deus enche o templo

43 1Então o homem me levou ao portão, ao
portão que dá para o leste. 2E eis que, do
lado leste, vinha a glória do Deus de Israel. A sua
voz era como o som de muitas águas, e a terra res-
plandeceu por causa da sua glória. 3O aspecto da
visão era como o da visão que eu tive quando vim
destruir a cidade e como as visões que tive junto
ao rio Quebar. Então caí com o rosto em terra. 4A
glória do SENHOR entrou no templo pelo portão
que dá para o leste.
5O Espírito me levantou e me levou ao átrio
interior, e eis que a glória do SENHOR enchia o
templo. 6Enquanto o homem estava em pé ao meu
lado, ouvi uma voz que me foi dirigida do interior
do templo. 7O SENHOR me disse:
— Filho do homem, este é o lugar do meu trono
e o lugar das plantas dos meus pés, onde habitarei

no meio dos filhos de Israel para sempre. Nun-
ca mais a casa de Israel contaminará o meu santo
nome, nem eles nem os seus reis, com as suas pros-
tituições e com o cadáver dos seus reis, nos seus
lugares altos. 8 Quando puseram o seu limiar junto
ao meu limiar e os seus batentes junto aos meus
batentes, havendo apenas uma parede entre mim e
eles, contaminaram o meu santo nome com as abo-
minações que cometeram; por isso, eu os consumi
na minha ira. 9 Agora, que eles lancem para longe de
mim a sua prostituição e o cadáver dos seus reis, e
habitarei no meio deles para sempre.

10 — Filho do homem, mostre à casa de Israel
este templo, para que eles se envergonhem das
suas iniquidades; deixe que tirem as medidas des-
se modelo perfeito. 11 Se eles se envergonharem
de tudo o que fizeram, faça com que conheçam a
planta deste templo e o seu arranjo, as suas saídas,
as suas entradas, todas as suas formas, todos os
seus estatutos, todas as suas disposições e todas
as suas leis. Escreva isto na presença deles para
que observem todas as suas instituições e todos
os seus estatutos e os cumpram. 12 Esta é a lei do
templo: no alto do monte, todo o terreno ao redor
será santíssimo. Eis que esta é a lei do templo.

O altar dos holocaustos

13 São estas as medidas do altar, usando-se o
mesmo sistema de medidas utilizado para medir o
templo. A calha tem meio metro de fundura e meio
metro de largura; e a sua borda, em todo o seu con-
torno, é de um palmo. E esta é a altura do altar: 14 da
calha, no chão, até a parte inferior, um metro, com
meio metro de largura. Da parte menor até a parte
maior, dois metros, com meio metro de largura.
15 A lareira tem dois metros de altura; da lareira
para cima se projetam quatro chifres. 16 A lareira
tem seis metros de comprimento e seis metros de
largura, um quadrado com quatro lados iguais. 17 A
parte do meio tem sete metros de comprimento e
sete metros de largura, com quatro lados iguais; a
borda ao redor dela é de vinte e cinco centímetros.
A calha ao redor do altar tem meio metro. Os de-
graus do altar estão voltados para o leste.

A consagração do altar

18 Então ele me disse:
— Filho do homem, assim diz o SENHOR Deus:
São estas as determinações do altar, no dia em que
o fizerem, para oferecerem sobre ele holocaustos e
para sobre ele aspergirem sangue. 19 Aos sacerdo-
tes levitas, que são da descendência de Zadoque,
que se aproximam de mim, diz o SENHOR Deus,
para me servirem, você dará um novilho para
oferta pelo pecado. 20 Você pegará um pouco do
sangue e o porá sobre os quatro chifres do altar,
e nos quatro cantos da parte do meio, e na borda
ao redor. Assim, você fará a purificação do altar e a
expiação por ele. 21 Então você pegará o novilho da
oferta pelo pecado, o qual será queimado no lugar
do templo para isso designado, fora do santuário.
22 No segundo dia, você oferecerá um bode sem
defeito como oferta pelo pecado; e purificarão o
altar, como o purificaram com o novilho. 23 Quan-
do você tiver acabado de o purificar, ofereça um
novilho sem defeito e, do rebanho, um carneiro
sem defeito. 24 Ofereça-os diante do SENHOR; os
sacerdotes espalharão sal sobre eles e os ofere-
cerão em holocausto ao SENHOR. 25 Durante sete
dias, você oferecerá cada dia um bode como oferta
pelo pecado; também prepararão um novilho e,
do rebanho, um carneiro sem defeito. 26 Durante
sete dias, farão expiação pelo altar e o purificarão;
e, assim, o consagrarão. 27 Tendo eles cumprido
estes dias, no oitavo dia, e dali em diante, os sa-
cerdotes oferecerão sobre o altar os holocaustos e
as ofertas pacíficas que vocês trouxerem; e eu me
agradarei de vocês, diz o SENHOR Deus.

O portão leste

44 1 Então o homem me fez voltar para o portão
exterior do santuário, que dá para o leste e
que estava fechado. 2 E o SENHOR me disse:
— Este portão permanecerá fechado; não deve-
rá ser aberto. Ninguém entrará por ele, porque o
SENHOR, o Deus de Israel, entrou por ele. Por isso,
permanecerá fechado. 3 Quanto ao príncipe, ele se
assentará ali por ser príncipe, para comer o pão
diante do SENHOR. Entrará pelo vestíbulo da porta
e sairá pelo mesmo caminho.

Reformas no ministério do santuário

4 Depois, o homem me levou para a frente do tem-
plo, passando pelo portão do norte. Olhei, e eis que
a glória do SENHOR enchia a Casa do SENHOR; então
caí com o rosto em terra. 5 E o SENHOR me disse:
— Filho do homem, preste atenção, veja com
os próprios olhos e ouça com os próprios ouvidos
tudo o que eu lhe disser a respeito de todas as de-
terminações da Casa do SENHOR e de todas as suas
leis. Preste atenção na entrada do templo e em to-
das as saídas do santuário.

6 — Diga aos rebeldes, à casa de Israel: Assim
diz o SENHOR Deus: "Basta de todas essas suas
abominações, ó casa de Israel! 7 Porque vocês le-
varam estrangeiros, incircuncisos de coração e
incircuncisos de carne, para estarem em meu san-
tuário e profaná-lo, a saber, o meu templo, quando
oferecem o meu pão, a gordura e o sangue. Vocês
quebraram a minha aliança, fazendo todas essas
abominações. 8 Vocês não cumpriram as prescri-
ções a respeito das minhas coisas sagradas, mas
constituíram estrangeiros para executarem o ser-
viço no meu santuário em lugar de vocês."

9— Assim diz o SENHOR Deus: Nenhum es-
trangeiro que se encontra no meio dos filhos de
Israel, incircunciso de coração ou incircunciso
de carne, entrará no meu santuário. 10 Os levitas,
porém, que se afastaram de mim quando Israel se
desviou, que se desviaram de mim, para ir atrás
dos seus ídolos, levarão sobre si a sua iniquidade.
11 Contudo, eles poderão servir no meu santuário
como guardas dos portões e ministros do templo.
Eles matarão os animais do holocausto e do sacri-
fício para o povo e estarão diante do povo para o
servir. 12 Mas, porque serviram o povo na presen-
ça dos seus ídolos e puseram diante da casa de
Israel um tropeço que os levou a cair em iniqui-
dade, por isso, jurei a respeito deles, diz o SENHOR
Deus, que eles levarão sobre si a sua iniquidade.
13 Não se aproximarão de mim, para me servirem
no sacerdócio, nem se aproximarão de nenhuma
de todas as minhas coisas sagradas, que são san-
tíssimas, mas levarão sobre si a sua vergonha e as
suas abominações que cometeram. 14 Contudo,
eu os encarregarei da guarda do templo, de todo
o serviço e de tudo o que tiver de ser feito nele.

Os deveres dos sacerdotes

15— Mas os sacerdotes levitas, os filhos de Zado-
que, que cumpriram as prescrições do meu santuá-
rio, quando os filhos de Israel se desviaram de mim,
eles se aproximarão de mim, para me servirem, e es-
tarão diante de mim, para me oferecerem a gordura
e o sangue, diz o SENHOR Deus. 16 Eles entrarão no
meu santuário, e se aproximarão da minha mesa,
para me servirem, e cumprirão as minhas prescri-
ções. 17 Quando entrarem pelos portões do átrio in-
terior, usarão vestes de linho. Não deverão usar nada
feito de lã, quando servirem nos portões do átrio
interior ou dentro do templo. 18 Deverão usar tur-
bantes de linho na cabeça e calções de linho sobre
as coxas. Não deverão usar nada que os leve a suar.
19 Quando saírem para o átrio exterior, para junto
do povo, deverão tirar as vestes com que ministra-
ram, deixando-as nas santas câmaras. Deverão usar
outras roupas, para que, com as suas vestes, não
santifiquem o povo. 20 Não raparão a cabeça, nem
deixarão o cabelo ficar comprido; pelo contrário,
devem cortá-lo como convém. 21 Nenhum sacerdote
beberá vinho quando entrar no átrio interior. 22 O
sacerdote não se casará nem com viúva nem com
mulher divorciada, mas somente com uma virgem
da linhagem da casa de Israel ou com a viúva de um
sacerdote. 23 Os sacerdotes ensinarão o meu povo a
distinguir entre o santo e o profano e lhe darão en-
tendimento quanto à diferença entre o impuro e o
puro. 24 Quando houver litígio, eles atuarão como
juízes, decidindo a questão segundo o meu direito.
Guardarão as minhas leis e os meus estatutos em
todas as festas fixas e santificarão os meus sábados.
25— Não se aproximarão de nenhuma pessoa
morta, porque se contaminariam. Apenas se o
morto for o pai, a mãe, um filho, uma filha, um
irmão, ou uma irmã que não tiver marido, pode-
rão se contaminar. 26 Depois que ele se purificar
de novo, deverá esperar sete dias. 27 No dia em que
ele entrar no lugar santo, no átrio interior, para
ministrar no lugar santo, apresentará a sua oferta
pelo pecado, diz o SENHOR Deus.

28— Os sacerdotes terão uma herança; eu sou a
sua herança. Vocês não lhes darão nenhuma pro-
priedade em Israel; eu sou a sua propriedade. 29 As
ofertas de cereais, as ofertas pelo pecado e as ofertas
pela culpa eles comerão; e toda coisa consagrada em
Israel será deles. 30 O melhor de todos os primeiros
frutos de toda espécie e toda oferta de toda espécie
serão dos sacerdotes. Também a primeira parte do
cereal moído vocês darão aos sacerdotes, para que
façam repousar a bênção sobre a casa de vocês.
31 Os sacerdotes não comerão nenhum pássaro ou
animal que tenha morrido por si mesmo ou que te-
nha sido dilacerado por outro animal.

A porção da terra separada para Deus

45 1— Quando vocês repartirem a terra como
herança, façam uma oferta ao SENHOR, uma
porção santa da terra. O comprimento dessa por-
ção será de doze quilômetros e meio, e a largura
será de cinco quilômetros; ela será santa em toda
a sua extensão. 2 Dessa porção, o santuário será
uma área quadrada de duzentos e cinquenta me-
tros por duzentos e cinquenta, tendo ao redor
uma área aberta de vinte e cinco metros de largu-
ra. 3 Dessa porção santa, separe uma área de doze
quilômetros e meio de comprimento por cinco
quilômetros de largura; ali estará o santuário, o
lugar santíssimo. 4 Este será o lugar santo da terra,
destinado aos sacerdotes, ministros do santuário,
que dele se aproximam para servir o SENHOR, e
lhes servirá de lugar para as suas casas; será tam-
bém um lugar santo para o santuário. 5 Os levitas,
ministros do templo, terão uma propriedade de
doze quilômetros e meio de comprimento por
cinco de largura, onde poderão morar em suas ci-
dades. 6 Separem uma área de dois quilômetros e
meio de largura por doze quilômetros e meio de
comprimento ao lado da porção santa, para ser
propriedade da cidade; ela pertencerá a toda a
casa de Israel.

A porção do príncipe de Israel

7— O príncipe terá a sua parte dos dois lados da
porção santa e da propriedade da cidade, diante
da porção santa e diante da propriedade da cida-
de. Do lado oeste se estenderá na direção do oeste,
e do lado leste se estenderá na direção do leste. O
comprimento corresponderá a uma das porções

das tribos, desde a fronteira oeste até a fronteira leste. 8 Esta terra será a propriedade do príncipe em Israel. Os meus príncipes nunca mais oprimirão o meu povo; pelo contrário, distribuirão a terra à casa de Israel, segundo as suas tribos.

Pesos e medidas

9 — Assim diz o SENHOR Deus: Basta, ó príncipes de Israel! Afastem a violência e a opressão e pratiquem o juízo e a justiça. Deixem de fazer explorações entre o meu povo, diz o SENHOR Deus.

10 — Tenham balanças justas, efa justo e bato justo. 11 O efa, para medir cereais, e o bato, para medir líquidos, serão da mesma capacidade, de maneira que o bato contenha a décima parte do ômer, e o efa contenha a décima parte do ômer. O ômer será a medida padrão. 12 O siclo será de vinte geras. Uma mina será igual a vinte siclos, mais vinte e cinco siclos, mais quinze siclos.

13 — Esta será a oferta que vocês farão: a sexta parte de um efa de cada ômer de trigo, e a sexta parte de um efa de cada ômer de cevada. 14 A porção determinada de azeite será a décima parte de um bato de cada coro de azeite. Um coro, como o ômer, tem dez batos. 15 De cada rebanho de duzentas cabeças, um cordeiro deverá ser tirado dos pastos ricos de Israel, para oferta de cereais, para holocausto e para sacrifício pacífico, para que façam expiação pelo povo, diz o SENHOR Deus. 16 Todo o povo da terra fará contribuição, para esta oferta, ao príncipe em Israel. 17 Estarão a cargo do príncipe os holocaustos, as ofertas de cereais e as libações, nas Festas da Lua Nova e nos sábados, em todas as festas fixas da casa de Israel. Ele mesmo proverá a oferta pelo pecado, a oferta de cereais, o holocausto e os sacrifícios pacíficos, para fazer expiação pela casa de Israel.

Ofertas no Ano-Novo

18 — Assim diz o SENHOR Deus: No primeiro mês, no primeiro dia do mês, você pegará um novilho sem defeito e fará a purificação do santuário. 19 O sacerdote pegará um pouco do sangue e o porá nos batentes do templo, nos quatro cantos da borda do altar e nos batentes do portão do átrio interior. 20 Faça o mesmo no sétimo dia do mês, por causa dos que pecam sem intenção ou por ignorância. Assim, vocês farão expiação pelo templo.

Na Páscoa

21 — No primeiro mês, no dia catorze do mês, vocês terão a Páscoa, festa de sete dias, em que comerão pães sem fermento. 22 O príncipe, no mesmo dia, por si e por todo o povo da terra, proverá um novilho para oferta pelo pecado. 23 Nos sete dias da festa, ele preparará um holocausto ao SENHOR: sete novilhos e sete carneiros sem defeito, cada dia durante os sete dias; e um bode cada dia como oferta pelo pecado. 24 Também preparará uma oferta de cereais: dezessete litros e meio para cada novilho e para cada carneiro, e três litros e meio de azeite. 25 No dia quinze do sétimo mês e durante os sete dias da festa, fará o mesmo: a mesma oferta pelo pecado, o mesmo holocausto, a mesma oferta e a mesma porção de azeite.

Nos sábados e Festas da Lua Nova

46 1 — Assim diz o SENHOR Deus: O portão do átrio interior, que dá para o leste, estará fechado durante os seis dias de trabalho, mas será aberto no sábado e também na Festa da Lua Nova. 2 O príncipe entrará de fora pelo vestíbulo do portão e permanecerá junto ao batente do portão. Os sacerdotes prepararão o holocausto dele e os seus sacrifícios pacíficos; ele se prostrará no limiar do portão e sairá. Mas o portão não será fechado até a tarde. 3 O povo da terra adorará na entrada do mesmo portão, nos sábados e nas Festas da Lua Nova, diante do SENHOR. 4 O holocausto que o príncipe oferecer ao SENHOR será, no dia de sábado, seis cordeiros sem defeito e um carneiro sem defeito. 5 A oferta de cereais será de dezessete litros e meio para cada carneiro; para cada cordeiro, a oferta de cereais será o que ele puder dar; e, para cada medida de cereais, três litros e meio de azeite. 6 Mas, na Festa da Lua Nova, será um novilho sem defeito e seis cordeiros e um carneiro; eles serão sem defeito. 7 Preparará por oferta de cereais dezessete litros e meio para cada novilho e dezessete litros e meio para cada carneiro, mas, pelos cordeiros, segundo as suas posses; e, para cada medida de cereais, três litros e meio de azeite. 8 Quando o príncipe entrar, entrará pelo vestíbulo do portão e sairá pelo mesmo caminho.

Instruções referentes às ofertas

9 — Mas, quando o povo da terra comparecer diante do SENHOR, nas festas fixas, aquele que entrar pelo portão do norte, para adorar, sairá pelo portão do sul; e aquele que entrar pelo portão do sul sairá pelo portão do norte. Não sairá pelo mesmo portão pelo qual entrou, mas sairá pelo portão oposto. 10 O príncipe estará no meio deles, quando eles entrarem; quando eles saírem, ele sairá. 11 Nas solenidades e nas festas fixas, a oferta de cereais será de dezessete litros e meio para cada novilho e dezessete litros e meio para cada carneiro; mas, pelos cordeiros, será o que puder dar; e, para cada medida de cereais, três litros e meio de azeite.

12 — Quando o príncipe quiser oferecer um holocausto ou sacrifícios pacíficos, como oferta voluntária ao SENHOR, então lhe abrirão o portão que dá para o leste, e ele oferecerá o seu holocausto e os seus sacrifícios pacíficos, como costuma fazer

no dia de sábado. Ele sairá, e o portão será fechado
depois que ele sair.
13— Prepare um cordeiro de um ano, sem defei-
to, em holocausto ao SENHOR, cada dia. Esta oferta
deverá ser feita todas as manhãs. 14 Juntamente
com ele, prepare todas as manhãs uma oferta de
cereais para o SENHOR: três litros de farinha e, para
misturar com ela, um litro de azeite. Isto é estatuto
perpétuo e contínuo. 15 Assim prepararão o cordei-
ro, a oferta de cereais e o azeite todas as manhãs,
em holocausto contínuo.
16— Assim diz o SENHOR Deus: Se o príncipe der
um presente de sua herança a um dos seus filhos,
ele pertencerá aos filhos; será propriedade deles
por herança. 17 Mas, se ele der um presente da sua
herança a um dos seus servos, isso será dele até o
ano da liberdade, quando voltará a ser do príncipe.
Porque aos seus filhos, e somente a eles, perten-
cerá a herança. 18 O príncipe não tomará nada da
herança do povo, expulsando-os das suas proprie-
dades. Da sua própria propriedade deixará herança
aos seus filhos, para que o meu povo não seja es-
palhado, cada um para longe da sua propriedade.

As cozinhas do templo

19 Depois disto, o homem me levou, pela en-
trada que estava ao lado do portão, para as câma-
ras santas dos sacerdotes, as quais davam para o
norte; e eis que havia um lugar nos fundos, para o
lado oeste. 20 Ele me disse:
— Este é o lugar onde os sacerdotes cozinharão a
oferta pela culpa e a oferta pelo pecado e onde assa-
rão as ofertas de cereais, para que não tragam nada
para o átrio exterior e assim santifiquem o povo.
21 Então ele me levou para fora, para o átrio
exterior, e me fez passar pelos quatro cantos do
átrio; e eis que em cada canto do átrio havia ou-
tro átrio. 22 Nos quatro cantos do átrio havia átrios
pequenos, menores, de vinte metros de compri-
mento por quinze de largura. Os quatro tinham
as mesmas dimensões. 23 Havia um muro ao redor
dos átrios, ao redor dos quatro, e havia lugares
para cozinhar ao pé dos muros ao redor. 24 Então
ele me disse:
— São estas as cozinhas, onde os ministros do
templo cozinharão os sacrifícios do povo.

As águas que saem do templo

47 1 Depois disto, o homem me fez voltar à
entrada do templo, e eis que água saía de
debaixo do limiar do templo e corria na direção
do leste. Porque a fachada do templo dava para o
leste. A água vinha de debaixo do lado direito do
templo, do lado sul do altar. 2 Ele me fez sair pelo
portão do norte, para dar uma volta por fora, até
o portão exterior, que dá para o leste; e eis que a
água borbulhava do lado direito.
3 O homem saiu para o leste, tendo na mão um
cordel de medir. Mediu quinhentos metros e me
fez passar pela água, que me dava pelos torno-
zelos. 4 Mediu mais quinhentos metros e me fez
passar pela água, que me dava pelos joelhos. Me-
diu mais quinhentos metros e me fez passar pela
água, que agora me dava pela cintura. 5 Mediu ain-
da outros quinhentos metros, e era já um rio que
eu não podia atravessar, porque as águas tinham
crescido. Eram águas em que se podia nadar, um
rio pelo qual não se podia passar andando. 6 Então
ele me perguntou:
— Você viu isso, filho do homem?
Então o homem me levou de volta à margem
do rio. 7 Quando cheguei lá, eis que à margem do
rio havia grande abundância de árvores, dos dois
lados do rio. 8 Então me disse:
— Estas águas correm para a região leste, des-
cem ao vale do Jordão e entram no mar, cujas
águas ficarão saudáveis. 9 Todos os seres vivos que
povoam os lugares por onde este rio passar terão
vida. E haverá muitíssimo peixe, porque essas
águas chegaram lá. As águas do mar Morto se tor-
narão saudáveis, e tudo viverá por onde quer que
esse rio passar. 10 Junto a ele se acharão pescadores.
Desde En-Gedi até En-Eglaim haverá lugar para es-
tender e secar as redes. Os peixes serão de muitas
espécies, como os peixes do mar Grande. 11 Mas os
seus charcos e os seus pântanos não se tornarão
saudáveis; serão deixados para o sal. 12 Nas duas
margens do rio nascerá todo tipo de árvore fru-
tífera. As folhas dessas árvores não murcharão, e
elas nunca deixarão de dar o seu fruto. Produzirão
frutos novos todos os meses, porque são regadas
pelas águas que saem do santuário. Os seus frutos
servirão de alimento, e as suas folhas, de remédio.

As fronteiras da terra de Israel

13— Assim diz o SENHOR Deus: Estas serão as
fronteiras pelas quais vocês repartirão a terra
como herança para as doze tribos de Israel. José
terá duas partes. 14 Repartam a terra em partes
iguais, pois jurei dá-la aos pais de vocês. Assim,
esta mesma terra lhes será dada como herança.
15— Este será o limite da terra: do lado norte,
desde o mar Grande, pelo caminho de Hetlom, até
a entrada de Zedade, 16 Hamate, Berota, Sibraim,
que ficam na fronteira entre Damasco e Hamate,
até Hazer-Haticom, que está na fronteira de Haurã.
17 Assim, a fronteira será desde o mar até Hazar-
-Enom, na fronteira de Damasco, ao norte, que é
também a fronteira de Hamate. Esta será a fronteira
do lado norte.
18— No lado leste, a fronteira será entre Haurã
e Damasco; entre Gileade e a terra de Israel, será o
Jordão; vocês medirão desde o limite do norte até
o mar Morto. Esta será a fronteira do lado leste.

19— No lado sul, a fronteira irá desde Tamar
até as águas de Meribá-Cades, e então seguindo o
ribeiro do Egito até o mar Grande. Esta será a fron-
teira do lado sul.
20— No lado oeste, a fronteira será o mar Gran-
de, subindo até diante da entrada de Hamate. Esta
será a fronteira do lado oeste.
21— Repartam esta terra entre vocês, segundo
as tribos de Israel. 22 Vocês devem reparti-la como
herança para vocês e para os estrangeiros que mo-
ram no meio de vocês, que gerarem filhos no meio
de vocês. Eles deverão ser considerados como na-
turais entre os filhos de Israel; junto com vocês,
eles receberão uma herança no meio das tribos
de Israel. 23 Na tribo em que o estrangeiro estiver
morando, ali vocês lhe darão a sua herança, diz o
SENHOR Deus.

Os limites de sete tribos

48 1— São estes os nomes das tribos: desde a
parte extrema do norte, via Hetlom, até a en-
trada de Hamate, até Hazar-Enom, o limite norte
de Damasco até junto de Hamate e desde o lado
leste até o oeste, Dã terá uma porção. 2 Limitando-
-se com Dã, desde o lado leste até o lado oeste, Aser
terá uma porção. 3 Limitando-se com Aser, desde o
lado leste até o lado oeste, Naftali terá uma porção.
4 Limitando-se com Naftali, desde o lado leste até o
lado oeste, Manassés terá uma porção. 5 Limitando-
-se com Manassés, desde o lado leste até o lado
oeste, Efraim terá uma porção. 6 Limitando-se com
Efraim, desde o lado leste até o lado oeste, Rúben
terá uma porção. 7 Limitando-se com Rúben, desde
o lado leste até o lado oeste, Judá terá uma porção.
8 Limitando-se com Judá, desde o lado leste até o
lado oeste, ficará a região sagrada que vocês devem
separar. Terá doze quilômetros e meio de largura e
o mesmo comprimento que o das outras porções,
desde o lado leste até o lado oeste; o santuário
estará no meio dela. 9 A região que vocês devem
separar ao SENHOR terá doze quilômetros e meio
de comprimento e cinco quilômetros de largura.
10 Esta região sagrada será dos sacerdotes. Terá, ao
norte, doze quilômetros e meio, a oeste, cinco qui-
lômetros de largura, a leste, cinco quilômetros de
largura e ao sul, doze quilômetros e meio de com-
primento; o santuário do SENHOR estará no meio
dela. 11 Será para os sacerdotes santificados, para
os filhos de Zadoque, que cumpriram o seu dever e
não se desviaram como fizeram os levitas, quando
os filhos de Israel se desviaram. 12 Será uma região
especial dentro da região sagrada, um lugar santís-
simo, fazendo limites com a porção dos levitas.

Os limites dos sacerdotes e dos levitas

13— Os levitas terão uma área de doze qui-
lômetros e meio de comprimento por cinco
quilômetros de largura, paralela à porção dos
sacerdotes. Seu comprimento total será de doze
quilômetros e meio, e a largura será de cinco qui-
lômetros. 14 Não poderão vender nem trocar ne-
nhuma parte dessa área. A melhor parte da terra
não pode ser transferida a outros, porque é santa
para o SENHOR.

Os limites da cidade

15— A área que restar, de dois quilômetros
e meio de largura por doze quilômetros e meio
de comprimento será para o uso civil da cidade,
para habitação e para arredores; a cidade ficará
no meio. 16 Estas serão as suas dimensões: o lado
norte, de dois mil duzentos e cinquenta metros, o
lado sul, de dois mil duzentos e cinquenta metros,
o lado leste, de dois mil duzentos e cinquenta me-
tros, e o lado oeste, de dois mil duzentos e cin-
quenta metros. 17 Os arredores da cidade serão, ao
norte, de cento e vinte e cinco metros, ao sul, de
cento e vinte e cinco metros, a leste, de cento e
vinte e cinco metros e, a oeste, de cento e vinte e
cinco metros. 18 Quanto à área restante, paralela à
região sagrada, será de cinco quilômetros para o
leste e de cinco quilômetros para o oeste; e o seu
produto será para o sustento daqueles que traba-
lham na cidade. 19 Essa parte será cultivada pelos
trabalhadores da cidade, provindos de todas as
tribos de Israel. 20 A região sagrada terá doze qui-
lômetros e meio de cada lado, formando um qua-
drado, e incluirá a propriedade da cidade.

A área do príncipe

21— O que restar de ambos os lados da região
sagrada e da propriedade da cidade será do prínci-
pe. Aquilo que se estende dos doze quilômetros e
meio em direção do leste e também dos doze qui-
lômetros e meio em direção oeste, paralelamente
com as porções, será do príncipe; a região sagrada
e o santuário do templo estarão no meio. 22 A área
que pertence aos levitas e à cidade estará no meio
daquilo que pertence ao príncipe. A área entre o
território de Judá e o território de Benjamim será
do príncipe.

Os limites das outras cinco tribos

23— Quanto ao resto das tribos, desde o lado
leste até o lado oeste, Benjamim terá uma por-
ção. 24 Limitando-se com Benjamim, desde o lado
leste até o lado oeste, Simeão terá uma porção.
25 Limitando-se com Simeão, desde o lado leste até
o lado oeste, Issacar terá uma porção. 26 Limitando-
-se com Issacar, desde o lado leste até o lado oeste,
Zebulom terá uma porção. 27 Limitando-se com
Zebulom, desde o lado leste até o lado oeste, Gade
terá uma porção. 28 Limitando-se com o território
de Gade, ao sul, o limite será desde Tamar até as

águas de Meribá-Cades, ao longo do ribeiro do
Egito até o mar Grande.
29 — Esta é a terra que vocês repartirão como
herança para as tribos de Israel, e estas são as suas
porções, diz o SENHOR Deus.

Os portões da cidade

30 — São estas as saídas da cidade: do lado
norte, que mede dois mil duzentos e cinquenta
metros, 31 três portões: o portão de Rúben, o de
Judá e o de Levi, sendo que os portões da cidade
terão os nomes das tribos de Israel; 32 do lado les-
te, dois mil duzentos e cinquenta metros e três
portões, a saber: o portão de José, o de Benja-
mim e o de Dã; 33 do lado sul, dois mil duzentos
e cinquenta metros e três portões: o portão de
Simeão, o de Issacar e o de Zebulom; 34 do lado
oeste, dois mil duzentos e cinquenta metros e os
seus três portões: o portão de Gade, o de Aser e o
de Naftali. 35 O contorno será de nove quilôme-
tros. E o nome da cidade desde aquele dia será:
"O SENHOR Está Ali".

DANIEL

A educação de Daniel e de seus companheiros

1 1 No ano terceiro do reinado de Jeoaquim, rei de
Judá, Nabucodonosor, rei da Babilônia, veio a
Jerusalém e a sitiou. 2 O Senhor entregou nas mãos
dele Jeoaquim, rei de Judá, e alguns dos utensí-
lios da Casa de Deus. Nabucodonosor levou esses
utensílios para a terra de Sinar, para o templo do
seu deus, e os pôs na casa do tesouro do seu deus.
3 Depois, o rei ordenou a Aspenaz, chefe dos seus
eunucos, que trouxesse alguns dos filhos de Israel,
tanto da linhagem real como dos nobres, 4 jovens
sem nenhum defeito, de boa aparência, sábios, ins-
truídos, versados no conhecimento e que fossem
competentes para servirem no palácio real. E que
Aspenaz lhes ensinasse a cultura e a língua dos cal-
deus. 5 O rei determinou que eles recebessem uma
alimentação diária tirada das finas iguarias da mesa
real e do vinho que ele bebia. Os jovens deveriam
ser educados ao longo de três anos e, ao final des-
se período, passariam a servir o rei. 6 Entre eles, se
achavam Daniel, Hananias, Misael e Azarias, que
eram da tribo de Judá. 7 O chefe dos eunucos lhes
deu outros nomes, a saber: a Daniel, o de Beltessa-
zar; a Hananias, o de Sadraque; a Misael, o de Mesa-
que; e a Azarias, o de Abede-Nego.
8 Daniel resolveu não se contaminar com as fi-
nas iguarias do rei, nem com o vinho que ele be-
bia; por isso, pediu ao chefe dos eunucos que lhe
permitisse não se contaminar. 9 E Deus concedeu
a Daniel misericórdia e compreensão da parte do
chefe dos eunucos. 10 Porém o chefe dos eunucos
disse a Daniel:
— Tenho medo do meu senhor, o rei, que de-
terminou o que vocês devem comer e beber. E se
ele perceber que o rosto de vocês está mais aba-
tido do que o rosto dos outros jovens da mesma
idade? Se isto viesse a acontecer, vocês poriam a
minha cabeça em perigo diante do rei.
11 Então Daniel foi falar com o cozinheiro-
-chefe, a quem o chefe dos eunucos havia encar-
regado de cuidar de Daniel, Hananias, Misael e
Azarias. 12 Daniel disse a ele:
— Por favor, faça uma experiência com estes
seus servos durante dez dias. Dê-nos legumes para
comer e água para beber. 13 Depois, compare a nos-
sa aparência com a dos jovens que comem das fi-
nas iguarias do rei. Dependendo do que enxergar, o
senhor decidirá o que fazer com estes seus servos.
14 O cozinheiro-chefe concordou e fez a expe-
riência durante dez dias. 15 No fim dos dez dias,
a aparência dos quatro jovens era melhor, e eles
estavam mais robustos do que todos os jovens
que comiam das finas iguarias do rei. 16 Com isto,
o cozinheiro-chefe tirou deles as finas iguarias e o
vinho que deviam beber e lhes dava legumes.
17 Ora, a estes quatro jovens Deus deu o conhe-
cimento e a inteligência em toda cultura e sabedo-
ria. Mas a Daniel deu inteligência para interpretar
todo tipo de visões e sonhos.
18 Ao final do tempo determinado pelo rei para
que os jovens fossem levados à sua presença, o
chefe dos eunucos os levou à presença de Nabu-
codonosor. 19 Então o rei falou com eles. E, entre
todos, não foram achados outros como Daniel,
Hananias, Misael e Azarias. Por isso, passaram a
servir o rei. 20 Em toda matéria de sabedoria e de
inteligência sobre que o rei lhes fez perguntas, os
achou dez vezes mais sábios do que todos os ma-
gos e encantadores que havia em todo o seu reino.
21 Daniel continuou ali até o primeiro ano do
reinado de Ciro.

Daniel interpreta o sonho de Nabucodonosor

2 1 No segundo ano do seu reinado, Nabucodo-
nosor teve uns sonhos que o deixaram pertur-
bado e sem poder dormir. 2 Então o rei mandou

chamar os magos, os encantadores, os feiticeiros e
os caldeus, para que lhe dissessem o que ele havia
sonhado. Eles vieram e se apresentaram diante do
rei. 3 Ele lhes disse:
— Tive um sonho e fiquei perturbado, querendo saber que sonho foi esse.
4 Os caldeus disseram ao rei em aramaico:
— Que o rei viva eternamente! Conte o sonho a estes seus servos, e daremos a interpretação.
5 Mas o rei respondeu aos caldeus:
— Uma coisa é certa: se não me contarem o sonho e a sua interpretação, vocês serão despedaçados, e as casas de vocês serão reduzidas a ruínas.
6 Mas, se me contarem o sonho e a sua interpreta-
ção, vocês receberão de mim dádivas, prêmios e grandes honras. Portanto, contem-me o sonho e a sua interpretação.
7 Os caldeus responderam pela segunda vez:
— Que o rei conte o sonho a estes seus servos, e nós lhe daremos a interpretação.
8 O rei respondeu:
— Bem percebo que vocês estão querendo ganhar tempo, porque sabem que o que eu disse está
resolvido, 9 isto é, se não me contarem o sonho,
todos vocês receberão a mesma sentença. Vocês combinaram dizer palavras mentirosas e perversas na minha presença, esperando que a situação mude. Portanto, contem-me o sonho, e saberei que vocês podem me dar a interpretação.
10 Os caldeus responderam na presença do rei:
— Não há nenhum mortal sobre a face da terra que possa fazer o que o rei exige. Nunca houve um rei, por maior e mais poderoso que fosse, que tenha exigido semelhante coisa de um mago, en-
cantador ou caldeu. 11 Isso que o rei exige é difícil,
e não há ninguém que o possa revelar diante do rei, a não ser os deuses, e estes não moram entre os mortais.
12 Ao ouvir isto, o rei ficou tão irado e furioso,
que mandou matar todos os sábios da Babilônia.
13 Saiu o decreto, segundo o qual os sábios deviam
ser mortos. Foram buscar também Daniel e os seus companheiros, para que fossem mortos.
14 Então Daniel, com cautela e prudência, foi fa-
lar com Arioque, chefe da guarda do rei, que tinha
saído para matar os sábios da Babilônia. 15 Daniel
perguntou a Arioque, encarregado do rei:
— Por que esse decreto do rei é tão urgente?
Então Arioque explicou o caso a Daniel. 16 Da-
niel foi falar com o rei, para pedir que lhe desse tempo, e ele revelaria ao rei a interpretação.
17 Então Daniel foi para casa e explicou a situa-
ção a Hananias, Misael e Azarias, seus companhei-
ros, 18 para que pedissem misericórdia ao Deus
do céu sobre este mistério, a fim de que Daniel e os seus companheiros não fossem mortos com o
resto dos sábios da Babilônia. 19 Então o mistério
foi revelado a Daniel numa visão de noite. Daniel
bendisse o Deus do céu, 20 dizendo:

"Bendito seja o nome de Deus,
de eternidade a eternidade,
porque dele é a sabedoria e o poder!
21 É ele quem muda o tempo e as estações,
remove reis e estabelece reis;
ele dá sabedoria aos sábios
e entendimento aos inteligentes.
22 Ele revela o profundo e o escondido;
conhece o que está em trevas,
e com ele mora a luz.
23 Ó Deus de meus pais,
eu te agradeço e te louvo,
porque me deste sabedoria e poder,
e agora me revelaste o que te pedimos,
porque nos fizeste saber este caso do rei."

24 Por isso, Daniel foi falar com Arioque, a quem
o rei tinha encarregado de exterminar os sábios da Babilônia. Daniel entrou e lhe disse:
— Não mate os sábios da Babilônia! Leve-me à presença do rei, e revelarei ao rei a interpretação.
25 Então Arioque depressa levou Daniel à pre-
sença do rei e lhe disse:
— Achei um dos filhos dos exilados de Judá, que revelará ao rei a interpretação.
26 O rei perguntou a Daniel, cujo nome era Bel-
tessazar:
— Você é capaz de me contar o que vi no sonho e qual é a sua interpretação?
27 Daniel respondeu na presença do rei:
— O mistério que o rei exige, nem sábios, nem
magos nem encantadores o podem revelar. 28 Mas
há um Deus no céu, que revela os mistérios, pois fez saber ao rei Nabucodonosor o que vai acontecer nos últimos dias. O sonho e as visões que o senhor teve, quando estava em sua cama, são estes:
29 — Quando o senhor, ó rei, estava na sua cama,
surgiram em sua mente pensamentos a respeito do que vai acontecer no futuro. Deus, que revela os mistérios, revelou ao senhor o que vai acontecer.
30 Quanto a mim, este mistério me foi revelado, não
porque exista em mim mais sabedoria do que em todos os outros homens, mas para que a interpretação fosse revelada ao rei, e para que ele entenda o que passou pela sua mente.
31 — O senhor, ó rei, estava olhando e viu uma
grande estátua. Esta, que era imensa e de extraordinário esplendor, estava em pé, bem na sua frente; e
a aparência dela era terrível. 32 A cabeça era de ouro
puro, o peito e os braços eram de prata, o ventre e os
quadris eram de bronze; 33 as pernas eram de ferro,
e os pés eram em parte de ferro e em parte de barro.
34 Enquanto o senhor estava olhando, uma pedra
foi cortada sem auxílio de mãos humanas, atingiu a estátua nos pés de ferro e de barro e os despedaçou.

35 O ferro, o barro, o bronze, a prata e o ouro foram
despedaçados no mesmo instante, e se fizeram
como a palha das eiras no verão. O vento os levou, e
deles não se viu mais nenhum vestígio. Mas a pedra
que atingiu a estátua se tornou uma grande montanha,
que encheu toda a terra.

36 — Este é o sonho; e também a sua interpretação
diremos ao rei. 37 O senhor, ó rei, que é rei de
reis, a quem o Deus do céu conferiu o reino, o poder,
a força e a glória; 38 em cujas mãos foram entregues
os filhos dos homens, onde quer que eles
habitem, e os animais do campo e as aves do céu,
para que dominasse sobre todos eles, o senhor, ó
rei, é a cabeça de ouro.

39 — Depois do senhor, se levantará outro reino,
inferior ao seu; e um terceiro reino, de bronze, que
terá domínio sobre toda a terra. 40 O quarto reino
será forte como o ferro; pois o ferro quebra e despedaça
tudo; como o ferro quebra todas as coisas,
assim esse reino fará em pedaços e destruirá todos
os outros.

41 — Quanto aos pés e aos dedos dos pés que o
senhor viu, que eram em parte de barro de oleiro
e em parte de ferro, isto significa que esse será um
reino dividido. Contudo, haverá nele alguma coisa
da firmeza do ferro, porque o senhor viu o ferro
misturado com barro. 42 Como os dedos dos pés
eram em parte de ferro e em parte de barro, assim,
por um lado, o reino será forte e, por outro, será
frágil. 43 Quanto ao ferro misturado com o barro
que o senhor viu, isto significa que procurarão se
misturar por meio de casamentos, mas não se ligarão
um ao outro, assim como o ferro não se mistura
com o barro. 44 Mas, nos dias desses reis, o Deus
do céu levantará um reino que jamais será destruído
e que não passará a outro povo. Esse reino despedaçará
e consumirá todos esses outros reinos,
mas ele mesmo subsistirá para sempre, 45 assim
como o rei viu que do monte foi cortada uma pedra,
sem auxílio de mãos humanas, e ela despedaçou
o ferro, o bronze, o barro, a prata e o ouro. O
Grande Deus revelou ao rei o que vai acontecer no
futuro. Certo é o sonho, e fiel é a sua interpretação.

46 Então o rei Nabucodonosor se inclinou e
se prostrou com rosto em terra diante de Daniel.
Ordenou que oferecessem a Daniel uma oferta de
cereais e incenso. 47 O rei disse a Daniel:

— Certamente o Deus que vocês adoram é o
Deus dos deuses e o Senhor dos reis. Ele é quem
revela os mistérios, pois você foi capaz de revelar
este mistério.

48 Então o rei engrandeceu Daniel e lhe deu
muitos e grandes presentes. Ele o pôs como governador
de toda a província da Babilônia. Também
o fez chefe supremo de todos os sábios da Babilônia.
49 A pedido de Daniel, o rei pôs Sadraque,
Mesaque e Abede-Nego como administradores da
província da Babilônia; mas Daniel permaneceu
na corte do rei.

A estátua de ouro e a fornalha de fogo ardente

3 1 O rei Nabucodonosor fez uma imagem de
ouro que tinha vinte e sete metros de altura e
dois metros e setenta de largura, que ele levantou
na planície de Dura, na província da Babilônia.
2 Então o rei Nabucodonosor mandou reunir os
sátrapas, os prefeitos, os governadores, os juízes,
os tesoureiros, os magistrados, os conselheiros e
todos os oficiais das províncias, para que viessem
à dedicação da imagem que o rei Nabucodonosor
tinha levantado. 3 Então se reuniram os sátrapas,
os prefeitos, os governadores, os juízes, os tesoureiros,
os magistrados, os conselheiros e todos os
oficiais das províncias, para a dedicação da imagem
que o rei Nabucodonosor tinha levantado. E
ficaram em pé diante da imagem que Nabucodonosor
tinha levantado. 4 Nisto, o arauto proclamou
em alta voz:

— Ordena-se a vocês, pessoas de todos os povos,
nações e línguas, 5 que, no momento em que
ouvirem o som da trombeta, da flauta, da harpa,
da cítara, da lira, da gaita de foles e de todo tipo de
música, vocês se prostrem e adorem a imagem de
ouro que o rei Nabucodonosor levantou. 6 Quem
não se prostrar e não a adorar será, no mesmo instante,
lançado na fornalha de fogo ardente.

7 Assim, quando ouviram o som da trombeta,
da flauta, da harpa, da cítara, da lira e de todo tipo
de música, pessoas de todos os povos, nações e
línguas se prostraram e adoraram a imagem de
ouro que o rei Nabucodonosor tinha levantado.

8 No mesmo instante, alguns homens caldeus
se aproximaram e acusaram os judeus. 9 Disseram
ao rei Nabucodonosor:

— Que o rei viva eternamente! 10 O senhor, ó rei,
baixou um decreto, ordenando que todo homem
que ouvisse o som da trombeta, da flauta, da harpa,
da cítara, da lira, da gaita de foles e de todo tipo
de música deveria se prostrar e adorar a imagem
de ouro, 11 e que todo aquele que não se prostrasse
e não adorasse seria lançado na fornalha de fogo
ardente. 12 Há uns homens judeus, que o senhor,
ó rei, pôs como administradores da província da
Babilônia: Sadraque, Mesaque e Abede-Nego. Esses
homens fizeram pouco caso do senhor, ó rei;
não prestam culto aos deuses do rei, nem adoram a
imagem de ouro que o senhor levantou.

13 Então Nabucodonosor, irado e furioso, mandou
chamar Sadraque, Mesaque e Abede-Nego, e
eles foram levados à presença do rei. 14 Nabucodonosor
lhes disse:

— Sadraque, Mesaque e Abede-Nego, é verdade
que vocês não prestam culto aos meus deuses, nem

adoram a imagem de ouro que levantei? 15 Agora,
pois, se vocês estão prontos, quando ouvirem o
som da trombeta, da flauta, da cítara, da harpa,
da lira, da gaita de foles, prostrem-se e adorem a
imagem que eu fiz. Mas, se não a adorarem, serão,
no mesmo instante, lançados na fornalha de fogo
ardente. E quem é o deus que os poderá livrar das
minhas mãos?

16 Sadraque, Mesaque e Abede-Nego responde-
ram ao rei:

— Ó Nabucodonosor, quanto a isto não preci-
samos nem responder. 17 Se o nosso Deus, a quem
servimos, quiser livrar-nos, ele nos livrará da forna-
lha de fogo ardente e das suas mãos, ó rei. 18 E mes-
mo que ele não nos livre, fique sabendo, ó rei, que
não prestaremos culto aos seus deuses, nem ado-
raremos a imagem de ouro que o senhor levantou.

19 Então Nabucodonosor se encheu de fúria e
o aspecto do seu rosto se alterou em relação a Sa-
draque, Mesaque e Abede-Nego. Ordenou que se
esquentasse a fornalha sete vezes mais do que de
costume. 20 Ordenou aos soldados mais fortes do
seu exército que amarrassem Sadraque, Mesaque
e Abede-Nego e os jogassem na fornalha de fogo
ardente. 21 Então estes homens foram amarrados
com os seus mantos, túnicas, chapéus e as suas
outras roupas e foram jogados na fornalha de fogo
ardente. 22 Mas porque o rei exigia urgência e a
fornalha estava superaquecida, as chamas do fogo
mataram os homens que jogaram Sadraque, Mesa-
que e Abede-Nego dentro da fornalha. 23 E os três
homens, Sadraque, Mesaque e Abede-Nego, caíram
amarrados dentro da fornalha de fogo ardente.

24 Em seguida, o rei Nabucodonosor, muito
espantado, se levantou depressa e perguntou aos
seus conselheiros:

— Não eram três os homens que amarramos e
jogamos no fogo?

Eles responderam:

— É verdade, ó rei.

25 Mas o rei disse:

— Eu, porém, estou vendo quatro homens sol-
tos, andando no meio do fogo! Não sofreram ne-
nhum dano! E o aspecto do quarto é semelhante a
um filho dos deuses.

26 Então Nabucodonosor se aproximou da porta
da fornalha de fogo ardente e gritou:

— Sadraque, Mesaque e Abede-Nego, servos
do Deus Altíssimo, venham para fora! Venham cá!

Então Sadraque, Mesaque e Abede-Nego saíram
do meio do fogo. 27 Os sátrapas, os prefeitos, os go-
vernadores e conselheiros do rei chegaram perto
deles e viram que o fogo não teve poder algum sobre
o corpo desses homens. Os cabelos da cabeça não
foram chamuscados, os mantos não sofreram mu-
dança, e eles não estavam com cheiro de fumaça.

28 Nabucodonosor disse:

— Bendito seja o Deus de Sadraque, Mesaque
e Abede-Nego, que enviou o seu anjo e livrou os
seus servos, que confiaram nele, pois não quise-
ram cumprir a palavra do rei, preferindo entregar
o seu corpo a servir e adorar um deus que não era
o Deus deles. 29 Portanto, faço um decreto, orde-
nando que todo povo, nação e língua que disser
blasfêmia contra o Deus de Sadraque, Mesaque e
Abede-Nego seja despedaçado, e que as suas ca-
sas sejam reduzidas a ruínas. Porque não há outro
deus que possa livrar como este.

30 Então o rei fez prosperar Sadraque, Mesaque
e Abede-Nego na província da Babilônia.

O decreto do rei

4 1 O rei Nabucodonosor às pessoas de todos os
povos, nações e línguas, que habitam em toda
a terra:

"Que a paz lhes seja multiplicada! 2 Pareceu-
-me bem tornar conhecidos os sinais e as ma-
ravilhas que Deus, o Altíssimo, tem feito para
comigo."

3 "Como são grandes os seus sinais,
e como são poderosas
as suas maravilhas!
O seu reino é um reino eterno,
e o seu domínio se estende
de geração em geração."

O segundo sonho de Nabucodonosor e a sua loucura

4 — Eu, Nabucodonosor, estava tranquilo em
minha casa e feliz no meu palácio. 5 Tive um so-
nho que me espantou. Quando eu estava na minha
cama, os pensamentos e as visões que passaram
diante dos meus olhos me perturbaram. 6 Por isso,
expedi um decreto, ordenando que fossem trazi-
dos à minha presença todos os sábios da Babilônia,
para que me revelassem a interpretação do sonho.
7 Então vieram os magos, os encantadores, os cal-
deus e os feiticeiros. Eu lhes contei o sonho, mas
eles não puderam me revelar a sua interpretação.
8 Por fim, apresentou-se Daniel, que é chamado de
Beltessazar, em honra ao nome do meu deus. Ele
tem o espírito dos santos deuses, e eu lhe contei o
sonho, dizendo: 9 "Beltessazar, chefe dos magos, eu
sei que você tem o espírito dos santos deuses e que
não há mistério que você não possa explicar. Vou
lhe contar o sonho que eu tive, para que você me
diga o que ele significa. 10 Estas foram as visões que
passaram diante dos meus olhos quando eu esta-
va deitado na minha cama: eu estava olhando e vi
uma árvore no meio da terra, cuja altura era enor-
me. 11 A árvore cresceu e se tornou forte, de manei-
ra que a sua altura chegou até o céu; ela podia ser
vista desde os confins da terra. 12 A sua folhagem

era bela, o seu fruto era abundante, e nela havia
sustento para todos. Debaixo dela os animais sel-
vagens achavam sombra, e as aves do céu faziam
morada nos seus ramos; e todos os seres vivos se
alimentavam dela. 13 No meu sonho, quando eu
estava na minha cama, vi um vigilante, um santo,
que descia do céu, 14 gritando em alta voz: 'Derru-
bem a árvore, cortem os seus ramos, arranquem
as folhas e espalhem os seus frutos. Espantem os
animais que estão debaixo dela e as aves que fazem
morada nos seus ramos. 15 Mas o toco, com as raí-
zes, deixem na terra, amarrado com correntes de
ferro e de bronze, em meio à erva do campo. Que
esse toco seja molhado pelo orvalho do céu, e que a
parte que lhe cabe seja a erva da terra, junto com os
animais. 16 Que o coração dele seja mudado, para
que não seja mais coração humano, e lhe seja dado
coração de animal; e passem sobre ele sete tempos.
17 Esta sentença é por decreto dos vigilantes, e esta
ordem é por mandado dos santos, para que os que
vivem saibam que o Altíssimo tem domínio sobre
o reino dos homens. Ele dá esse reino a quem quer,
e põe sobre ele até o mais humilde dos homens.'"

18 — Este foi o sonho que eu, rei Nabucodonosor,
tive. Você, Beltessazar, diga a interpretação, porque
todos os sábios do meu reino não puderam me
revelar a interpretação. Mas eu sei que você pode,
porque você tem o espírito dos santos deuses.

Daniel explica o sonho

19 Então Daniel, cujo nome era Beltessazar, fi-
cou perplexo por algum tempo, e os seus pensa-
mentos o perturbavam. Então o rei lhe disse:

— Beltessazar, não deixe que o sonho ou a sua
interpretação o perturbem.

Beltessazar respondeu:

— Meu senhor, quem dera o sonho fosse a
respeito daqueles que o odeiam, e a sua interpreta-
ção se aplicasse aos seus inimigos! 20 A árvore que
o senhor viu, que cresceu e se tornou forte, cuja al-
tura chegou até o céu, que foi vista por toda a terra,
21 cuja folhagem era bela, cujo fruto era abundante,
na qual havia sustento para todos, debaixo da qual
os animais selvagens achavam sombra, e em cujos
ramos as aves do céu faziam morada, 22 aquela ár-
vore é o senhor, ó rei, que cresceu e veio a ser for-
te. A sua grandeza, ó rei, cresceu e chega até o céu,
e o seu domínio se estende até a extremidade da
terra. 23 Quanto ao vigilante ou santo que o rei viu,
que descia do céu e que dizia: "Cortem e destruam
a árvore, mas deixem o toco com as raízes na terra,
amarrado com correntes de ferro e de bronze, em
meio à erva do campo; que esse toco seja molhado
pelo orvalho do céu, e que a parte que lhe cabe seja
com os animais selvagens, até que passem sobre ele
sete tempos", 24 esta é a interpretação, ó rei, e este é
o decreto do Altíssimo, que virá contra meu senhor,
o rei: 25 o senhor será expulso do meio das pessoas,
e a sua morada será com os animais selvagens; o
senhor comerá capim como os bois, e será molha-
do pelo orvalho do céu; e passarão sete tempos, até
que o senhor, ó rei, reconheça que o Altíssimo tem
domínio sobre os reinos do mundo e os dá a quem
ele quer. 26 Quanto ao que foi dito, que se deixasse o
toco da árvore com as suas raízes, isto significa que
o seu reino voltará a ser seu, depois que o senhor
tiver reconhecido que o Céu domina. 27 Portanto, ó
rei, aceite o meu conselho: abandone os seus peca-
dos, praticando a justiça, e acabe com as suas iniqui-
dades, usando de misericórdia para com os pobres;
assim talvez a sua tranquilidade se prolongue.

O sonho se cumpre

28 Tudo isso, de fato, aconteceu com o rei Nabu-
codonosor. 29 Passados doze meses, quando estava
passeando no terraço do palácio real da cidade da
Babilônia, 30 o rei disse:

— Não é esta a grande Babilônia que eu cons-
truí para a casa real, com o meu grandioso poder e
para glória da minha majestade?

31 Enquanto o rei ainda falava, veio uma voz do
céu, que disse:

— A você, rei Nabucodonosor, se anuncia o
seguinte: Este reino lhe foi tirado. 32 Você será ex-
pulso do meio das pessoas, e a sua morada será
com os animais selvagens; você comerá capim
como os bois, e passarão sete tempos, até que você
reconheça que o Altíssimo tem domínio sobre os
reinos do mundo e os dá a quem ele quer.

33 No mesmo instante, se cumpriu a palavra so-
bre Nabucodonosor. Ele foi expulso do meio das
pessoas e começou a comer capim como os bois.
O seu corpo foi molhado pelo orvalho do céu, até
que lhe cresceram os cabelos como as penas da
águia, e as suas unhas, como as garras das aves.

34 — Mas ao fim daqueles dias, eu, Nabuco-
donosor, levantei os olhos ao céu, e recuperei o
entendimento. Então eu bendisse o Altíssimo, e
louvei e glorifiquei aquele que vive para sempre:

"O seu domínio é eterno,
e o seu reino se estende
de geração em geração.
35 Todos os moradores da terra
são considerados como nada,
e o Altíssimo faz o que quer
com o exército do céu
e com os moradores da terra.
Não há quem possa deter
a sua mão,
nem questionar o que ele faz."

36 — Nesse tempo, recuperei o entendimento e,
para a dignidade do meu reino, recuperei também
a minha majestade e o meu resplendor. Os meus

conselheiros e os homens importantes vieram
me procurar, fui restabelecido no meu reino, e a
minha grandeza se tornou ainda maior. 37 Agora
eu, Nabucodonosor, louvo, engrandeço e glorifico
o Rei do céu, porque todas as suas obras são ver-
dadeiras, e os seus caminhos são justos. Ele tem
poder para humilhar os orgulhosos.

O banquete do rei Belsazar

5 1 O rei Belsazar deu um grande banquete a mil
homens importantes do seu reino e bebeu vi-
nho na presença deles. 2 Enquanto Belsazar bebia e
apreciava o vinho, mandou trazer os utensílios de
ouro e de prata que Nabucodonosor, o seu pai, ha-
via tirado do templo de Jerusalém, para que ele, os
homens importantes do reino e as mulheres e con-
cubinas do rei os usassem para beber vinho. 3 Então
trouxeram os utensílios de ouro, que haviam sido
tirados do templo da Casa de Deus em Jerusalém,
e beberam neles o rei, os homens importantes do
reino e as mulheres e concubinas do rei. 4 Beberam
o vinho e deram louvores aos deuses de ouro, de
prata, de bronze, de ferro, de madeira e de pedra.
5 No mesmo instante, apareceram uns dedos de
mão humana, que começaram a escrever na pare-
de caiada do palácio real, no lugar iluminado pelo
candelabro; e o rei via os dedos que estavam es-
crevendo. 6 Então o semblante do rei empalideceu,
e os seus pensamentos o deixaram perturbado; as
suas pernas bambearam, e os seus joelhos batiam
um no outro. 7 O rei ordenou, em voz alta, que fos-
sem chamados os encantadores, os caldeus e os
feiticeiros. O rei disse aos sábios da Babilônia:
— Aquele que ler o que está escrito na parede
e me declarar a sua interpretação será vestido de
púrpura, receberá uma corrente de ouro para pôr
no pescoço e será o terceiro homem mais impor-
tante do meu reino.
8 Então entraram todos os sábios do rei, mas
não puderam ler o que estava escrito na parede,
nem revelar ao rei a sua interpretação. 9 Com isto,
o rei Belsazar ficou muito perturbado e o seu sem-
blante se tornou cada vez mais pálido. Os homens
importantes do reino estavam perplexos.
10 A rainha-mãe, que tinha ouvido os gritos do
rei e dos homens importantes do reino, entrou na
sala do banquete e disse:
— Que o rei viva eternamente! Não deixe que
os seus pensamentos o perturbem, nem fique as-
sim tão pálido. 11 Há aqui no seu reino um homem
que tem o espírito dos santos deuses. Nos dias de
seu pai, se achou nele luz, inteligência e sabedo-
ria como a sabedoria dos deuses. O seu pai, o rei
Nabucodonosor, sim, o seu pai, ó rei, o constituiu
chefe dos magos, dos encantadores, dos caldeus
e dos feiticeiros, 12 porque nesse Daniel, a quem o
rei tinha dado o nome de Beltessazar, se acharam
espírito excelente, conhecimento e inteligência,
interpretação de sonhos, declaração de enigmas e
solução de casos difíceis. Portanto, chame Daniel,
e ele dará a interpretação.
13 Então Daniel foi levado à presença do rei. O
rei falou com Daniel e lhe perguntou:
— Você é aquele Daniel, dos exilados de Judá,
que o rei, meu pai, trouxe de Judá? 14 Tenho ouvido
dizer a seu respeito que o espírito dos deuses está
em você, e que em você se acham luz, inteligência
e excelente sabedoria. 15 Acabam de ser trazidos à
minha presença os sábios e os encantadores, para
lerem o que está escrito na parede e me darem a
sua interpretação. Mas eles não puderam dar a
interpretação dessas palavras. 16 Eu, porém, tenho
ouvido dizer que você é capaz de dar interpreta-
ções e solucionar casos difíceis. Portanto, se você
puder ler o que está escrito e me revelar a sua in-
terpretação, você será vestido de púrpura, receberá
uma corrente de ouro para pôr no pescoço e será
o terceiro homem mais importante do meu reino.
17 Então Daniel respondeu e disse na presença
do rei:
— O senhor pode ficar com os seus presentes e
dar as suas recompensas a outra pessoa. No entanto,
vou ler para o rei o que está escrito na parede e lhe
darei a interpretação. 18 Ó rei, o Deus Altíssimo deu o
reino a Nabucodonosor, seu pai, bem como grande-
za, glória e majestade. 19 Por causa da grandeza que
lhe deu, pessoas de todos os povos, nações e línguas
tremiam e temiam diante dele. Matava a quem que-
ria e a quem queria deixava com vida; exaltava uns
e humilhava outros. 20 Mas, quando o coração dele
se elevou, e o seu espírito se tornou orgulhoso e
arrogante, foi derrubado do seu trono real e perdeu
toda a sua glória. 21 Foi expulso do meio dos filhos
dos homens, o seu coração foi feito semelhante ao
dos animais, e passou a morar com os jumentos sel-
vagens. Comia capim como os bois e o seu corpo foi
molhado pelo orvalho do céu, até que reconheceu
que Deus, o Altíssimo, tem domínio sobre os reinos
do mundo e os dá a quem ele quer.
22 — E o senhor, rei Belsazar, que é filho de
Nabucodonosor, não humilhou o seu coração,
mesmo sabendo de tudo isso. 23 Pelo contrário,
se levantou contra o Senhor do céu, mandando
trazer os utensílios do templo dele, para que o
senhor, ó rei, as suas mulheres e concubinas, jun-
tamente com os homens importantes do reino,
bebessem vinho neles. Além disso, o senhor deu
louvores aos deuses de prata, de ouro, de bronze,
de ferro, de madeira e de pedra, que não veem, não
ouvem e não sabem nada. Mas o senhor não deu
glória a Deus, em cuja mão estão a sua vida e to-
dos os seus caminhos. 24 É por isso que ele enviou
aquela mão que escreveu na parede. 25 E o que está
escrito é isto: MENE, MENE, TEQUEL e PARSIM.

26 — Esta é a interpretação daquilo: Mene: Deus
contou os dias do seu reinado, ó rei, e pôs um fim
nele. 27 Tequel: Você foi pesado na balança e acha-
do em falta. 28 Peres: O seu reino foi dividido e en-
tregue aos medos e aos persas.

29 Então Belsazar mandou que vestissem Daniel
de púrpura, que lhe pusessem uma corrente de
ouro no pescoço, e que proclamassem que passa-
ria a ser o terceiro no governo do seu reino.

30 Naquela mesma noite, Belsazar, rei dos cal-
deus, foi morto. 31 E Dario, o medo, se apoderou
do reino, quando tinha mais ou menos sessenta e
dois anos de idade.

Daniel na cova dos leões

6 1 Dario decidiu constituir cento e vinte sátra-
pas, para que administrassem todo o seu reino.
2 Sobre eles colocou três presidentes, dos quais
Daniel era um, aos quais esses sátrapas deveriam
prestar contas, para que o rei não tivesse nenhum
prejuízo. 3 Então o mesmo Daniel se destacou en-
tre os demais presidentes e sátrapas, porque nele
havia um espírito excelente. O rei até pensava em
colocá-lo sobre todo o reino. 4 Então os presiden-
tes e os sátrapas começaram a procurar um pre-
texto relacionado com a administração do reino,
para poderem acusar Daniel. Mas não consegui-
ram encontrar esse pretexto, nem culpa alguma,
porque ele era fiel, e não se achava nele nenhum
erro nem culpa. 5 Então esses homens disseram:

— Nunca acharemos um pretexto para acusar
esse Daniel, a menos que procuremos algo relacio-
nado com a lei do Deus que ele adora.

6 Então esses presidentes e sátrapas foram jun-
tos falar com o rei e disseram:

— Que o rei Dario viva eternamente! 7 Todos
os presidentes do reino, os prefeitos e sátrapas,
conselheiros e governadores concordaram em
que o rei baixe um decreto e sancione um interdi-
to, ordenando que todo aquele que, nos próximos
trinta dias, fizer um pedido a qualquer deus ou a
qualquer homem e não ao senhor, ó rei, seja joga-
do na cova dos leões. 8 Portanto, ó rei, sancione o
interdito e assine o documento, para que não seja
mudado, segundo a lei dos medos e dos persas, que
não pode ser revogada.

9 E assim o rei Dario assinou o documento e o
interdito.

10 Quando Daniel soube que o documento tinha
sido assinado, voltou para casa. Em seu quarto,
no andar de cima, as janelas abriam para o lado
de Jerusalém. Três vezes por dia, ele se punha de
joelhos, orava, e dava graças diante do seu Deus,
como era o seu costume.

11 Então aqueles homens foram juntos até
a casa de Daniel e o encontraram orando e fa-
zendo súplicas diante do seu Deus. 12 Depois, se
apresentaram ao rei, para falar a respeito do inter-
dito real. Perguntaram ao rei:

— Não é verdade que o senhor assinou um in-
terdito ordenando, no espaço de trinta dias, que
todo homem que fizesse um pedido a qualquer
deus ou a qualquer homem e não ao senhor, ó rei,
fosse jogado na cova dos leões?

O rei respondeu:

— Sim, o interdito está em vigor, segundo a lei
dos medos e dos persas, que não pode ser revogada.

13 Então eles disseram ao rei:

— Esse Daniel, que é dos exilados de Judá, faz pou-
co caso do senhor, ó rei, e do interdito que o senhor
assinou. Três vezes por dia, ele faz a sua oração.

14 Ao ouvir isso, o rei ficou muito triste e decidiu
livrar Daniel. Até o pôr do sol, se empenhou por
salvá-lo. 15 Então aqueles homens foram juntos até
o rei e lhe disseram:

— Lembre-se, ó rei, que é uma lei dos medos e
dos persas que nenhum interdito ou decreto que o
rei sancionou pode ser mudado.

16 Então o rei ordenou que trouxessem Daniel e
o jogassem na cova dos leões. O rei disse a Daniel:

— O seu Deus, a quem você serve conti-
nuamente, que ele o livre.

17 Foi trazida uma pedra e ela foi colocada sobre a
boca da cova. O rei selou a pedra com o seu próprio
anel e com o anel dos homens importantes do rei-
no, para que nada se mudasse a respeito de Daniel.
18 Então o rei se dirigiu para o seu palácio, passou a
noite em jejum e não deixou trazer à sua presença
instrumentos de música; e o sono fugiu dele.

19 Pela manhã, ao romper o dia, o rei se levantou
e foi depressa à cova dos leões. 20 Ao se aproximar
da cova, chamou Daniel com voz triste. O rei disse
a Daniel:

— Daniel, servo do Deus vivo! Será que o seu
Deus, a quem você serve continuamente, conse-
guiu livrá-lo dos leões?

21 Daniel respondeu:

— Que o rei viva eternamente! 22 O meu Deus
enviou o seu anjo e fechou a boca dos leões, para
que não me fizessem mal algum. Porque fui consi-
derado inocente diante dele. E também não come-
ti nenhum delito contra o senhor, ó rei.

23 Então o rei, com muita alegria, mandou que
tirassem Daniel da cova. Assim, Daniel foi tirado da
cova, e não se achou nele ferimento algum, porque
havia confiado em seu Deus. 24 O rei deu uma or-
dem, e foram trazidos aqueles homens que tinham
acusado Daniel. Foram jogados na cova dos leões,
eles, os seus filhos e as suas mulheres. Ainda não ti-
nham chegado ao fundo da cova, e já os leões se apo-
deraram deles, e lhes esmigalharam todos os ossos.

25 Então o rei Dario escreveu às pessoas de to-
dos os povos, nações e línguas que habitam em
toda a terra:

"Que a paz lhes seja multiplicada! 26 Faço um
decreto pelo qual, em todo o domínio do meu
reino, todos tremam e temam diante do Deus
de Daniel."

"Porque ele é o Deus vivo
e que permanece
para sempre.
O seu reino não será destruído,
e o seu domínio não terá fim.
27 Ele livra, salva, e faz sinais
e maravilhas no céu e na terra.
Foi ele quem livrou Daniel
do poder dos leões."

28 Daniel prosperou no reinado de Dario e no
reinado de Ciro, o persa.

O sonho sobre os quatro animais

7 1 No primeiro ano do reinado de Belsazar, rei
da Babilônia, Daniel teve um sonho, e visões
passaram diante de seus olhos, quando ele estava
deitado em sua cama. Logo depois ele escreveu
o sonho, fazendo um resumo de todas as coisas.
2 Daniel disse:
— Eu estava olhando, durante a minha visão da
noite, e eis que os quatro ventos do céu agitavam o
grande mar. 3 Quatro animais, grandes, diferentes
uns dos outros, subiam do mar.
4 — O primeiro era como um leão e tinha asas
de águia. Enquanto eu olhava, as suas asas foram
arrancadas, ele foi levantado da terra e posto em
pé, para que andasse como homem; e foi dada a
ele uma mente humana.
5 — A seguir, apareceu o segundo animal, se-
melhante a um urso, o qual se levantou sobre um
dos seus lados. Na boca, entre os dentes, trazia
três costelas. E lhe diziam: "Levante-se e devore
muita carne."
6 — Depois disto, continuei olhando, e eis que
apareceu outro animal, semelhante a um leopar-
do. Tinha nas costas quatro asas de ave. Este ani-
mal tinha também quatro cabeças, e foi-lhe dado
domínio.
7 — Depois disto, eu continuava olhando nas
visões da noite, e apareceu o quarto animal, ter-
rível, espantoso e muito forte. Tinha grandes
dentes de ferro. Ele devorava, fazia em pedaços
e pisava com os pés o que sobrava. Era diferente
de todos os animais que apareceram antes dele e
tinha dez chifres.
8 — Enquanto eu observava os chifres, eis que
entre eles subiu outro chifre, pequeno, diante
do qual três dos primeiros chifres foram arran-
cados. E eis que neste chifre havia olhos, como
olhos de ser humano, e uma boca que falava com
arrogância.

A visão de Deus

9 "Continuei olhando,
até que foram postos uns tronos,
e o Ancião de Dias se assentou.
Sua roupa era branca como a neve,
e os cabelos da cabeça
eram como a lã pura.
O seu trono eram chamas de fogo,
e as rodas do trono eram fogo ardente.
10 Um rio de fogo manava
e saía de diante dele.
Milhares de milhares o serviam,
e milhões de milhões
estavam diante dele.
Foi instalada a sessão do tribunal
e foram abertos os livros."

11 — Continuei olhando, por causa do som das
palavras arrogantes que o chifre proferia. Fiquei
olhando e vi que o animal foi morto, e o seu cor-
po foi destruído e entregue para ser queimado.
12 Quanto aos outros animais, foi-lhes tirado o do-
mínio, mas foi-lhes dada prolongação de vida por
um prazo e um tempo.

13 "Eu estava olhando
nas minhas visões da noite.
E eis que vinha com as nuvens do céu
alguém como um filho do homem.
Ele se dirigiu ao Ancião de Dias,
e o fizeram chegar até ele.
14 Foi-lhe dado o domínio,
a glória e o reino,
para que as pessoas de todos
os povos, nações e línguas
o servissem.
O seu domínio é domínio eterno,
que não passará,
e o seu reino jamais será destruído."

15 — Eu, Daniel, fiquei alarmado, e as visões que
passaram diante dos meus olhos me perturbaram.
16 Então me dirigi a um dos que estavam ali perto e
lhe pedi a verdade a respeito de tudo isso. Ele falou
comigo e me fez saber a interpretação das coisas:
17 "Estes grandes animais, que são quatro, são qua-
tro reis que se levantarão da terra. 18 Mas os santos
do Altíssimo receberão o reino e o possuirão para
todo o sempre, de eternidade a eternidade."
19 — Então tive desejo de conhecer a verdade
a respeito do quarto animal, que era diferente de
todos os outros, muito terrível, cujos dentes eram
de ferro, cujas garras eram de bronze, que devo-
rava, fazia em pedaços e pisava com os pés o que
sobrava. 20 Também quis saber a respeito dos dez
chifres que ele tinha na cabeça e do outro chifre
que subiu, diante do qual caíram três chifres, ou
seja, aquele chifre que tinha olhos e uma boca que

falava com arrogância e que parecia mais forte do
que os outros chifres. 21 Enquanto eu olhava, eis
que esse chifre fazia guerra contra os santos e es-
tava vencendo. 22 Até que veio o Ancião de Dias e
fez justiça aos santos do Altíssimo. E veio o tempo
em que os santos possuíram o reino.

23 — Então ele disse:

"O quarto animal será
um quarto reino na terra,
que será diferente
de todos os outros reinos.
Ele devorará toda a terra,
e a pisará com os pés,
e a fará em pedaços.
24 Os dez chifres correspondem a dez reis
que se levantarão daquele reino.
Depois deles, se levantará outro rei,
que será diferente dos primeiros,
e derrotará três reis.
25 Ele falará contra o Altíssimo,
oprimirá os santos do Altíssimo
e tentará mudar os tempos e a lei;
e os santos serão entregues
nas mãos dele
por um tempo, tempos
e metade de um tempo.
26 Mas, depois, será instalada
a sessão do tribunal
para lhe tirar o domínio,
para o destruir e o consumir até o fim.
27 O reino, o domínio
e a majestade dos reinos
debaixo de todo o céu
serão dados ao povo
dos santos do Altíssimo.
O seu reino será um reino eterno
e todos os domínios o servirão
e lhe obedecerão."

28 — Aqui termina a explicação. Quanto a mim, Daniel, os meus pensamentos muito me perturbaram, e o meu rosto se empalideceu. Mas guardei estas coisas em meu coração.

A visão sobre um carneiro e um bode

8 1 No terceiro ano do reinado do rei Belsazar, eu,
Daniel, tive uma visão. Isto aconteceu depois da-
quela visão que eu tive anteriormente. 2 Quando tive
a visão, parecia que eu estava na cidadela de Susã,
que fica na província de Elão. Nessa visão, eu estava
junto ao rio Ulai. 3 Levantei os olhos e eis que, diante
do rio, estava um carneiro, que tinha dois chifres.
Os dois chifres eram compridos, mas um era mais
comprido do que o outro; e o mais comprido apa-
receu por último. 4 Vi que o carneiro dava chifradas
para o oeste, para o norte e para o sul, e nenhum
animal podia resistir a ele, nem havia quem pudesse
livrar-se do seu poder. Ele fazia o que bem queria e,
assim, se engrandeceu cada vez mais.

5 Enquanto eu procurava entender isso, eis que
um bode vinha do oeste percorrendo toda a terra,
mas sem tocar no chão. Esse bode tinha um chifre
bem visível entre os olhos. 6 Foi na direção do car-
neiro que tinha os dois chifres, que eu tinha visto
diante do rio, e correu contra ele com todo o seu fu-
rioso poder. 7 Eu vi quando o bode chegou perto do
carneiro e, enfurecido contra ele, o atacou e lhe que-
brou os dois chifres. O carneiro não tinha força para
resistir ao bode. O bode jogou o carneiro no chão e o
pisou com os pés, e não houve quem pudesse livrar
o carneiro do poder do bode. 8 O bode se engrande-
ceu cada vez mais. Porém, quando estava no auge
do seu poder, o seu grande chifre foi quebrado, e
em seu lugar saíram quatro chifres bem visíveis, que
cresceram na direção dos quatro ventos do céu.

9 De um deles saiu um chifre pequeno, que se
engrandeceu na direção do sul, do leste e da terra
gloriosa. 10 Ele se engrandeceu tanto, que alcan-
çou o exército dos céus. Lançou por terra alguns
desse exército e das estrelas e os pisou com os pés.
11 Ele se engrandeceu tanto, que chegou a desafiar
o príncipe desse exército. Tirou dele o sacrifício
diário e destruiu o lugar do seu santuário. 12 O
exército lhe foi entregue, com o sacrifício diário,
por causa das transgressões. Lançou por terra a
verdade, e tudo o que ele fez prosperou.

13 Depois, ouvi um santo que falava; e outro san-
to lhe perguntou:

— Até quando vai durar a visão do sacrifício diário suprimido e da transgressão desoladora? Até quando o santuário e o exército ficarão entregues, para que sejam pisados aos pés?

14 Ele me disse:

— Até duas mil e trezentas tardes e manhãs. Depois, o santuário será purificado.

15 Depois que tive a visão, eu, Daniel, procurei
entendê-la. Foi quando se apresentou diante de
mim um ser que tinha a aparência de homem. 16 E
ouvi uma voz de homem que vinha das margens
do rio Ulai e que gritou assim:

— Gabriel, explique a visão a esse homem.

17 Ele veio para perto de onde eu estava. Quan-
do chegou, fiquei com muito medo e caí com o
rosto em terra. Mas ele me disse:

— Filho do homem, você precisa entender que esta visão se refere ao tempo do fim.

18 Ele ainda falava comigo quando caí sem sen-
tidos, com o rosto em terra. Ele, porém, me tocou,
me pôs em pé 19 e disse:

— Eis que vou lhe contar o que há de aconte-
cer no último tempo da ira, porque esta visão se
refere ao tempo determinado do fim. 20 Aquele
carneiro com dois chifres, que você viu, são os
reis da Média e da Pérsia. 21 O bode peludo é o

rei da Grécia, e o chifre grande entre os olhos é o primeiro rei. 22 O fato de o chifre ter sido quebrado, levantando-se quatro chifres em lugar dele, significa que quatro reinos se levantarão deste povo, mas não com força igual à que ele tinha. 23 Quando se aproximar o fim desses reinos e as transgressões tiverem chegado ao máximo, surgirá um rei cruel e mestre em intrigas. 24 Grande será o seu poder, mas não por sua própria força. Causará destruições terríveis, e prosperará naquilo que fizer. Destruirá os poderosos e o povo santo. 25 Por sua astúcia, fará prosperar o engano. No seu coração ele se engrandecerá, e destruirá muitos que vivem despreocupadamente. Ele se levantará contra o Príncipe dos príncipes, mas será destruído sem intervenção humana.

26 — A visão das tardes e das manhãs, que lhe foi dada, é verdadeira. Mas guarde a visão em segredo, porque se refere a dias ainda bem distantes.

27 Eu, Daniel, enfraqueci e fiquei doente durante vários dias. Depois, me levantei e tratei dos negócios do rei. Fiquei espantado com a visão, e não havia quem a entendesse.

A oração de Daniel pelo povo

9 1 No primeiro ano do reinado de Dario, filho de Assuero, da linhagem dos medos, que foi constituído rei sobre os caldeus, 2 no primeiro ano do seu reinado, eu, Daniel, entendi, pelos livros, que, de acordo com o que o SENHOR havia falado ao profeta Jeremias, a desolação de Jerusalém iria durar setenta anos. 3 Voltei o rosto ao Senhor Deus, para o buscar com oração e súplicas, com jejum, vestido de pano de saco e sentado na cinza. 4 Orei ao SENHOR, meu Deus, e fiz a seguinte confissão:

— Ah! Senhor! Deus grande e temível, que guardas a aliança e a misericórdia para com os que te amam e guardam os teus mandamentos, 5 nós temos pecado e cometido iniquidades. Procedemos mal e fomos rebeldes, afastando-nos dos teus mandamentos e dos teus juízos. 6 Não demos ouvidos aos teus servos, os profetas, que em teu nome falaram aos nossos reis, aos nossos príncipes, aos nossos pais e a todo o povo da terra. 7 A ti, ó Senhor, pertence a justiça, mas a nós cabe o corar de vergonha, como hoje se vê, a saber, aos homens de Judá, aos moradores de Jerusalém, a todo o Israel, tanto os de perto como os de longe, em todas as terras para onde os expulsaste, por causa das transgressões que cometeram contra ti. 8 Ó SENHOR, a nós pertence o corar de vergonha, aos nossos reis, aos nossos príncipes e aos nossos pais, porque temos pecado contra ti. 9 Ao Senhor, nosso Deus, pertence a misericórdia e o perdão, pois nos rebelamos contra ele 10 e não obedecemos à voz do SENHOR, nosso Deus, para andarmos nas suas leis, que nos deu por meio dos seus servos, os profetas. 11 Sim, todo o Israel transgrediu a tua lei e se desviou, deixando de ouvir a tua voz. Por isso, as maldições que estão escritas na Lei de Moisés, servo de Deus, e que foram confirmadas com juramento, se derramaram sobre nós, porque pecamos contra ti. 12 Ele confirmou a sua palavra, que falou contra nós e contra os nossos juízes que nos julgavam, e fez vir sobre nós um grande mal. Nunca antes, debaixo do céu, havia acontecido algo como o que aconteceu com Jerusalém! 13 Como está escrito na Lei de Moisés, todo este mal nos sobreveio. Mas mesmo assim não temos implorado o favor do SENHOR, nosso Deus, para nos convertermos das nossas iniquidades e nos aplicarmos à tua verdade. 14 O SENHOR tinha preparado esse mal e o fez cair sobre nós, pois o SENHOR, nosso Deus, é justo em tudo o que faz, e nós não obedecemos à sua voz.

15 — Ó Senhor, nosso Deus, que tiraste o teu povo da terra do Egito com mão poderosa e adquiriste a fama que tens até o dia de hoje, nós temos pecado e cometido iniquidade. 16 Ó Senhor, segundo todas as tuas justiças, afasta a tua ira e o teu furor da tua cidade de Jerusalém, do teu santo monte, porque, por causa dos nossos pecados e por causa das iniquidades de nossos pais, Jerusalém e o teu povo se tornaram objeto de deboche para todos os que estão ao redor de nós. 17 E agora, ó nosso Deus, ouve a oração e as súplicas do teu servo. Por amor do Senhor, faze resplandecer o teu rosto sobre o teu santuário, que está abandonado. 18 Inclina, ó Deus meu, os ouvidos e ouve! Abre os olhos e olha para a nossa desolação e para a cidade que é chamada pelo teu nome! Lançamos as nossas súplicas diante de ti não porque confiamos em nossas justiças, mas porque confiamos em tuas muitas misericórdias. 19 Ó Senhor, ouve! Ó Senhor, perdoa! Ó Senhor, atende-nos e age! Não te demores, por amor de ti mesmo, ó meu Deus, porque a tua cidade e o teu povo são chamados pelo teu nome.

A profecia das setenta semanas

20 Enquanto eu ainda falava, orava, confessava o meu pecado e o pecado do meu povo de Israel e lançava a minha súplica diante do SENHOR, meu Deus, pelo monte santo do meu Deus, 21 sim, enquanto eu assim orava, Gabriel, o homem que eu tinha visto na minha visão anterior, veio rapidamente, voando, e tocou em mim; era hora do sacrifício da tarde. 22 Ele queria instruir-me, falou comigo e disse:

— Daniel, agora eu vim para dar a você inteligência e discernimento. 23 Quando você começou a fazer as suas súplicas, foi dada uma ordem, e eu vim para explicar tudo a você, porque Deus o ama muito. Portanto, preste atenção à mensagem e entenda a visão.

24 — Setenta semanas estão determinadas para o seu povo e para a sua santa cidade, para acabar

com a transgressão, para dar fim aos pecados, para
expiar a iniquidade, para trazer a justiça eterna,
para selar a visão e a profecia e para ungir o Santo
dos Santos. 25 Saiba e entenda isto: desde que foi
dada a ordem para restaurar e para edificar Jeru-
salém até a vinda do Ungido, o Príncipe, haverá
sete semanas e sessenta e duas semanas. As ruas
e as muralhas serão reconstruídas, mas será um
tempo de muita angústia. 26 Depois das sessenta
e duas semanas, o Ungido será morto e não terá
nada. O povo de um príncipe que há de vir destrui-
rá a cidade e o santuário. O seu fim virá como uma
inundação. Até o fim haverá guerra, e desolações
foram determinadas. 27 Ele fará firme aliança com
muitos, por uma semana. Na metade da semana,
fará cessar o sacrifício e a oferta de cereais. Sobre
a asa das abominações virá aquele que causa deso-
lação, até que a destruição, que está determinada,
seja derramada sobre ele.

A visão de Daniel no rio Tigre

10 1 No terceiro ano de Ciro, rei da Pérsia, uma
palavra foi revelada a Daniel, cujo nome é
Beltessazar. A palavra era verdadeira e envolvia
grande conflito. Ele entendeu a palavra e teve en-
tendimento da visão. 2 Naqueles dias, eu, Daniel,
fiquei de luto por três semanas. 3 Não comi nada
que fosse saboroso, não provei carne nem vinho, e
não me ungi com óleo algum, até que passaram as
três semanas.

4 No dia vinte e quatro do primeiro mês, estan-
do eu na margem do grande rio Tigre, 5 levantei os
olhos e vi um homem vestido de linho, com um
cinto de ouro puro de Ufaz na cintura. 6 O seu cor-
po era como o berilo, o seu rosto parecia um relâm-
pago, os seus olhos eram como tochas de fogo, os
seus braços e os seus pés brilhavam como bronze
polido, e a voz das suas palavras era como o baru-
lho de uma multidão.

7 Só eu, Daniel, tive aquela visão. Os homens
que estavam comigo nada viram, mas ficaram com
muito medo, fugiram e se esconderam. 8 Assim, fi-
quei sozinho e contemplei esta grande visão, e não
restou força em mim. O meu rosto mudou de cor e
se desfigurou, e perdi as forças. 9 Contudo, ouvi a
voz das suas palavras; e, ouvindo essa voz, caí sem
sentidos, com o rosto em terra.

10 Eis que a mão de alguém tocou em mim, e me
ajudou a ficar de joelhos, apoiado nas palmas das
mãos. 11 Ele me disse:

— Daniel, homem muito amado, esteja atento
às palavras que vou lhe dizer. Fique em pé, porque
fui enviado para falar com você.

Enquanto ele falava comigo, eu me pus em pé,
tremendo. 12 Então ele me disse:

— Não tenha medo, Daniel, porque as suas
palavras foram ouvidas, desde o primeiro dia em
que você dispôs o coração a compreender e a se
humilhar na presença do seu Deus. Foi por causa
dessas suas palavras que eu vim. 13 Mas o prínci-
pe do reino da Pérsia me resistiu durante vinte e
um dias. Porém Miguel, um dos príncipes mais
importantes, veio me ajudar, e eu fiquei ali com
os reis da Pérsia. 14 Agora, vim para fazer com que
você entenda o que vai acontecer com o seu povo
nos últimos dias. Porque a visão se refere a dias
ainda distantes.

15 Enquanto ele me dizia essas palavras, dirigi o
olhar para o chão e fiquei mudo. 16 Então um ser
semelhante aos filhos dos homens me tocou os
lábios, e passei a falar. Eu disse àquele que estava
diante de mim:

— Meu senhor, essa visão me causou muita
dor, e eu fiquei sem força alguma. 17 Como pode
este seu servo falar com o meu senhor? Porque,
quanto a mim, não me resta mais nenhuma força,
e quase não posso respirar.

18 Então aquele ser semelhante a um homem
tocou em mim outra vez e me fortaleceu. 19 E disse:
— Não tenha medo, homem muito amado! Que
a paz esteja com você! Anime-se! Sim, anime-se!

Enquanto ele falava comigo, fiquei fortalecido
e disse:

— Fale agora, meu senhor, pois as suas palavras
me fortaleceram.

20 E ele disse:

— Você sabe por que eu vim? Agora voltarei a
lutar contra o príncipe da Pérsia. Quando eu sair,
eis que virá o príncipe da Grécia. 21 Mas eu direi a
você o que está expresso no Livro da Verdade. E na
minha luta contra eles não há ninguém que esteja
ao meu lado, a não ser Miguel, o príncipe de vocês.

11 1 Mas eu, no primeiro ano de Dario, o medo,
me levantei para o fortalecer e animar.

Os reis do Norte e do Sul

2 — Agora, eu vou lhe dizer a verdade: eis que ain-
da três reis se levantarão na Pérsia, e o quarto será
muito mais rico do que todos eles. Fortalecido por
suas riquezas, instigará todos contra o reino da Gré-
cia. 3 Depois, se levantará um rei poderoso, que rei-
nará com grande domínio e fará o que quiser. 4 Mas,
no auge do seu poder, o seu reino será quebrado e
repartido para os quatro ventos do céu, mas não
para a sua posteridade, nem com o mesmo poder
com que ele reinou, porque o seu reino será arran-
cado e passará a outros fora de seus descendentes.

5 — O rei do Sul será forte, mas um dos seus
príncipes será mais forte do que ele, e reinará, e
será grande o seu domínio. 6 Mas, depois de alguns
anos, eles se aliarão um com o outro. A filha do rei
do Sul casará com o rei do Norte, para estabelecer a
concórdia. Ela, porém, não conservará o seu poder,
e ele não permanecerá, nem manterá o seu poder.

Porque ela será entregue, juntamente com os que a
trouxeram, o seu pai e aquele que a tomou por sua
naqueles tempos. 7 Mas em lugar dele se levantará
um renovo da linhagem dela, que avançará contra
o exército do rei do Norte, entrará na sua fortaleza,
lutará contra eles e prevalecerá. 8 Também levará
como despojo para o Egito os deuses deles, as suas
imagens fundidas e os seus objetos preciosos de
prata e de ouro. Por alguns anos, ele deixará o rei
do Norte em paz. 9 Depois, este avançará contra o
reino do rei do Sul, mas voltará para a sua terra.

10 — Os seus filhos farão guerra e reunirão um
grande exército. Um deles virá apressadamente,
arrasará tudo e passará adiante; e, voltando, le-
vará a guerra até a fortaleza do rei do Sul. 11 Então
o rei do Sul ficará furioso e sairá para atacar o rei
do Norte. Este reunirá um grande exército, que
será entregue nas mãos do rei do Sul. 12 O grande
exército será levado, e o coração do rei do Sul se
exaltará; ele derrubará muitos milhares, porém
não prevalecerá. 13 Porque o rei do Norte voltará, e
reunirá um exército ainda maior do que o primei-
ro, e, depois de alguns anos, virá com um grande
exército e abundantes provisões.

14 — Naqueles tempos, muitos se levantarão
contra o rei do Sul. Também os violentos do seu
povo, ó Daniel, se levantarão para cumprirem a
visão, mas serão derrotados. 15 O rei do Norte virá,
levantará rampas de ataque e tomará cidades forti-
ficadas. As forças do Sul não poderão resistir. Nem
mesmo os melhores soldados terão forças para
resistir. 16 O invasor fará o que bem quiser, e não
haverá quem lhe possa resistir. Ocupará a terra glo-
riosa, e tudo estará em suas mãos. 17 Resolverá vir
com a força de todo o seu reino e entrará em acor-
do com o rei do Sul. Ele lhe dará uma filha em ca-
samento, para destruir o reino do Sul, mas isto não
vingará, nem será para a sua vantagem. 18 Depois,
se voltará para as terras do mar e tomará muitas
delas. Mas um príncipe porá fim à arrogância dele
e fará com que pague por isso. 19 Então voltará para
as fortalezas da sua própria terra, mas tropeçará e
cairá, para nunca mais ser achado.

20 — Depois, se levantará em lugar dele um que
fará passar um arrecadador de impostos pela gló-
ria do reino; mas, em poucos dias, será destruído,
e isso sem ira nem batalha. 21 Depois, se levantará
em seu lugar um homem desprezível, ao qual não
tinham dado a dignidade real; mas ele virá de sur-
presa e tomará o reino, com intrigas. 22 Exércitos
serão arrasados diante dele; serão esmagados, in-
clusive o príncipe da aliança. 23 Apesar da aliança
com ele, usará de engano; subirá e se tornará forte
com pouca gente. 24 Virá também de surpresa aos
lugares mais férteis da província e fará o que nun-
ca fizeram os seus pais, nem os pais de seus pais:
repartirá entre eles a presa, os despojos e os bens;
e fará os seus planos contra as fortalezas, mas só
por certo tempo.

25 — Despertará a sua força e a sua coragem con-
tra o rei do Sul, à frente de grande exército. O rei
do Sul sairá à batalha com um grande e poderoso
exército, mas não prevalecerá, porque farão planos
contra ele. 26 Os que comerem as finas iguarias
dele o destruirão, o exército dele será arrasado, e
muitos serão mortos. 27 Também estes dois reis se
empenharão em fazer o mal e, sentados à mesma
mesa, falarão mentiras. Porém isso não prosperará,
porque o fim virá no tempo determinado. 28 Então
o rei do Norte voltará para a sua terra com grande
riqueza, e o seu coração será contra a santa aliança;
fará o que quiser e depois voltará para a sua terra.

29 — No tempo determinado, voltará a atacar o
Sul, mas desta vez não será como foi na primeira vez,
30 porque virão contra ele navios de Quitim. Contra-
riado, ele voltará e se indignará contra a santa alian-
ça, e fará o que quiser. E, tendo voltado, dará atenção
aos que abandonaram a santa aliança. 31 Forças en-
viadas por ele profanarão o santuário e a fortaleza,
acabarão com o sacrifício diário, estabelecendo a
abominação desoladora. 32 Com lisonjas, perverterá
aqueles que violaram a aliança, mas o povo que co-
nhece o seu Deus se tornará forte e ativo. 33 Os sábios
entre o povo ensinarão a muitos; todavia, cairão pela
espada e pelo fogo, pelo cativeiro e pelo roubo, por
algum tempo. 34 Ao caírem, receberão uma pequena
ajuda; mas muitos se ajuntarão a eles com lisonjas.
35 Alguns dos sábios cairão para serem provados,
purificados e limpos, até o tempo do fim, porque se
dará ainda no tempo determinado.

36 — Este rei fará o que quiser, se levantará, e
se engrandecerá sobre tudo o que se chama deus.
Falará coisas incríveis contra o Deus dos deuses e
será bem-sucedido, até que se cumpra a indigna-
ção; porque aquilo que está determinado será feito.
37 Não terá respeito aos deuses dos seus pais, nem
ao deus que as mulheres preferem, nem a qual-
quer deus, porque se engrandecerá acima de tudo.
38 Mas, em lugar dos deuses, honrará o deus das
fortalezas; a um deus que os seus pais não conhe-
ceram, honrará com ouro, com prata, com pedras
preciosas e objetos de valor. 39 Com o auxílio de um
deus estranho, atacará as mais poderosas fortale-
zas, e aos que o reconhecerem, multiplicará a hon-
ra, e os fará reinar sobre muitos, e lhes repartirá a
terra por um preço.

40 — No tempo do fim, o rei do Sul lutará con-
tra ele, e o rei do Norte arremeterá contra ele com
carros de guerra, cavaleiros e com muitos navios,
e entrará nas suas terras, e as inundará, e passará.
41 Entrará também na terra gloriosa, e muitos su-
cumbirão, mas Edom, Moabe e as primícias dos fi-
lhos de Amom escaparão do seu poder. 42 Estenderá
a sua mão contra as terras, e nem mesmo a terra

do Egito escapará. 43 Tomará posse dos tesouros de ouro e de prata e de todas as coisas preciosas do Egito; os líbios e os etíopes o seguirão. 44 Mas será perturbado por rumores vindos do Oriente e do Norte e sairá com grande furor, para destruir e exterminar muitos. 45 Armará as suas tendas palacianas entre o mar e o glorioso monte santo. Mas chegará ao seu fim, e não haverá quem o socorra.

O tempo do fim

12 1 — Nesse tempo, se levantará Miguel, o grande príncipe, o defensor dos filhos do povo de Deus, e haverá tempo de angústia, como nunca houve, desde que existem nações até aquele tempo. Mas, naquele tempo, o povo de Deus será salvo, todo aquele que for achado inscrito no livro. 2 Muitos dos que dormem no pó da terra ressuscitarão, uns para a vida eterna, outros para vergonha e horror eterno. 3 Os que forem sábios resplandecerão como o fulgor do firmamento, e os que conduzirem muitos à justiça brilharão como as estrelas, sempre e eternamente. 4 Quanto a você, Daniel, encerre as palavras e sele o livro, até o tempo do fim. Muitos correrão de um lado para outro, e o saber se multiplicará.

5 Então eu, Daniel, olhei, e eis que outros dois estavam em pé às margens do rio, um de cada lado. 6 Um deles perguntou ao homem vestido de linho, que estava sobre as águas do rio:

— Quando se cumprirão estas maravilhas?

7 Então ouvi o homem vestido de linho, que estava sobre as águas do rio. Ele levantou a mão direita e a esquerda ao céu e jurou por aquele que vive eternamente, dizendo:

— Passarão um tempo, tempos e metade de um tempo. E, quando tiverem acabado de destruir o poder do povo santo, estas coisas todas se cumprirão.

8 Eu ouvi, mas não entendi. Então perguntei:

— Meu senhor, qual será o fim destas coisas?

9 Ele respondeu:

— Siga o seu caminho, Daniel, porque estas palavras estão encerradas e seladas até o tempo do fim. 10 Muitos serão purificados, limpos e provados, mas os ímpios continuarão na sua impiedade, e nenhum deles entenderá; mas os sábios entenderão. 11 Depois do tempo em que o sacrifício diário for tirado e a abominação desoladora for estabelecida, haverá ainda mil duzentos e noventa dias. 12 Bem-aventurado o que espera e chega até mil trezentos e trinta e cinco dias.

13 — Quanto a você, siga o seu caminho até o fim. Você descansará e, ao fim dos dias, se levantará para receber a sua herança.

OSEIAS

1 1 Palavra do SENHOR que foi dirigida a Oseias, filho de Beeri, nos dias de Uzias, Jotão, Acaz e Ezequias, reis de Judá, e nos dias de Jeroboão, filho de Joás, rei de Israel.

A mulher e os filhos de Oseias

2 Quando, pela primeira vez, o SENHOR falou por meio de Oseias, o SENHOR lhe disse:

— Vá e case com uma prostituta, e tenha com ela filhos de uma prostituta. Porque a terra se prostituiu, desviando-se do SENHOR.

3 Então Oseias foi e casou com Gômer, filha de Diblaim, que ficou grávida e lhe deu um filho. 4 E o SENHOR disse a Oseias:

— Ponha nele o nome de Jezreel, porque daqui a pouco castigarei a casa de Jeú por causa do sangue derramado em Jezreel. Vou acabar com o reino da casa de Israel. 5 Naquele dia, quebrarei o arco de Israel no vale de Jezreel.

6 Gômer ficou grávida outra vez e deu à luz uma filha. Então o SENHOR disse a Oseias:

— Ponha nela o nome de Lo-Ruamá, porque não voltarei a ter compaixão da casa de Israel, para lhe perdoar. 7 Porém da casa de Judá eu terei compaixão e os salvarei pelo SENHOR, seu Deus. Porque não os salvarei pelo arco, nem pela espada, nem pela guerra, nem pelos cavalos, nem pelos cavaleiros.

8 Depois de ter desmamado Lo-Ruamá, Gômer ficou grávida mais uma vez e deu à luz um filho. 9 E o SENHOR disse:

— Ponha nele o nome de Lo-Ami, porque vocês não são o meu povo, nem eu serei o seu Deus.

A futura grandeza de Israel

10 Todavia, o número dos filhos de Israel será como a areia do mar, que não se pode medir, nem contar. E acontecerá que, no lugar em que lhes foi dito: "Vocês não são o meu povo", ali mesmo se dirá a eles: "Vocês são filhos do Deus vivo." 11 Os filhos de Judá e os filhos de Israel serão reunidos, e constituirão sobre si uma só cabeça. Eles se levantarão da terra, porque grande será o dia de Jezreel.

2 1 Chamem seus irmãos de Ami, e suas irmãs de Ruamá.

A infidelidade de Israel

2 "Acusem a mãe de vocês, acusem-na,
porque ela não é minha mulher,
e eu não sou seu marido.
Que ela afaste as suas prostituições
de sua presença
e os seus adultérios de entre os seus seios.
3 Do contrário, eu a deixarei
sem roupa
e nua como no dia em que nasceu.
Eu a tornarei semelhante
a um deserto, a uma terra seca,
e deixarei que morra de sede.
4 E não terei compaixão de seus filhos,
porque são filhos de uma prostituta.
5 Pois a mãe deles se prostituiu;
aquela que os concebeu
agiu de forma vergonhosa.
Porque disse:
'Irei atrás dos meus amantes,
que me dão o meu pão e a minha água,
a minha lã e o meu linho,
o meu azeite e as minhas bebidas.'"

6 "Portanto, eis que cercarei
o seu caminho com espinhos
e levantarei um muro contra ela,
para que ela não ache as suas veredas.
7 Ela correrá atrás dos seus amantes,
mas não os alcançará;
irá procurá-los, mas não os encontrará.
Então dirá: 'Vou voltar
para o meu primeiro marido,
porque a minha vida era melhor
naquele tempo do que agora.'
8 Ela não reconheceu
que fui eu que lhe dei o trigo,
o vinho e o azeite;
fui eu que lhe multipliquei a prata e o ouro,
que eles usaram para Baal.
9 Portanto, farei com que, no devido tempo,
ela devolva o meu trigo e o meu vinho.
Tirarei dela a minha lã e o meu linho,
que deviam cobrir a sua nudez.
10 Agora descobrirei as suas vergonhas
aos olhos dos seus amantes,
e ninguém a livrará da minha mão.
11 Farei cessar toda a sua alegria,
as suas festas, as Festas de Lua Nova,
os seus sábados
e todas as suas solenidades.
12 Devastarei as suas videiras
e as suas figueiras, das quais ela diz:
'Este é o pagamento que recebi
dos meus amantes.'
Farei com que virem mato,
e os animais selvagens as devorarão.
13 Eu a castigarei pelos dias dos baalins,
nos quais lhes queimou incenso,
e se enfeitou
com os seus pendentes
e com as suas joias,
e andou atrás de seus amantes,
mas de mim se esqueceu", diz o SENHOR.

A misericórdia de Deus

14 "Portanto, eis que eu a atrairei,
e a levarei para o deserto,
e lhe falarei ao coração.
15 E ali eu lhe devolverei as suas vinhas
e farei do vale de Acor
uma porta de esperança.
Ali ela me responderá
como nos dias da sua mocidade
e como no dia em que saiu
da terra do Egito.
16 Naquele dia", diz o SENHOR,
"ela me chamará de 'Meu Marido',
e não me chamará mais de
'Meu Baal'.
17 Removerei da sua boca
os nomes dos baalins,
e ela não mais se lembrará
desses nomes.
18 Naquele dia, farei a favor dela uma aliança
com os animais selvagens,
com as aves do céu
e com os animais que rastejam
sobre a terra.
Tirarei da terra o arco, a espada e a guerra
e farei com que o meu povo
repouse em segurança.
19 Farei de você a minha esposa para sempre.
Farei de você a minha esposa
em justiça,
em juízo, em bondade e em misericórdia.
20 Farei de você a minha esposa
em fidelidade,
e você conhecerá o SENHOR."
21 "Naquele dia, eu responderei",
diz o SENHOR,
"responderei aos céus,
e estes responderão à terra;
22 a terra responderá ao trigo,
ao vinho e ao azeite;
e estes responderão a Jezreel.
23 Semearei Israel
para mim mesmo na terra
e terei compaixão de Lo-Ruamá.
E para Lo-Ami direi:
'Você é o meu povo!'
Ele responderá:
'Tu és o meu Deus!'"

O amor de Deus pelo povo infiel

3 1 O SENHOR me disse:
— Vá outra vez e ame uma mulher, que
é amada por outro e é adúltera, assim como o
SENHOR ama os filhos de Israel, embora eles olhem
para outros deuses e amem bolos de passas.
2 Assim, comprei-a por quinze peças de prata e
cento e cinquenta quilos de cevada. 3 E eu disse a
ela:
— Você vai ficar comigo por muito tempo. Você
não deve se prostituir, nem se entregar a outro homem. E eu farei o mesmo em relação a você.
4 Porque os filhos de Israel ficarão por muito
tempo sem rei, sem príncipe, sem sacrifício, sem
coluna, sem estola sacerdotal ou ídolos do lar.
5 Depois, os filhos de Israel voltarão e buscarão o
SENHOR, seu Deus, e Davi, seu rei; e, nos últimos
dias, tremendo, se aproximarão do SENHOR e da
sua bondade.

Deus acusa Israel

4 1 Filhos de Israel, escutem
a palavra do SENHOR.
Porque o SENHOR tem
uma controvérsia
com os moradores da terra:

"Não há verdade, nem amor,
nem conhecimento de Deus na terra,
2 mas apenas juramento falso,
mentira e assassinato,
roubo e adultério.
Há violência e homicídios
sobre homicídios.
3 Por isso, a terra está de luto,
e todos os seus moradores
desfalecem,
juntamente com os animais
do campo
e com as aves do céu;
e até os peixes do mar estão morrendo."

Deus acusa os sacerdotes

4 "Todavia, que ninguém acuse,
nem repreenda,
porque a minha acusação
é contra vocês, sacerdotes.
5 Por isso, vocês tropeçarão de dia,
e os profetas,
juntamente com vocês,
tropeçarão de noite;
e eu destruirei a mãe de vocês.
6 O meu povo
está sendo destruído,
pois lhe falta o conhecimento.
Pelo fato de vocês, sacerdotes,
rejeitarem o conhecimento,
também eu os rejeitarei,
para que não sejam mais
sacerdotes diante de mim;
visto que se esqueceram
da lei do seu Deus,
também eu me esquecerei
dos seus filhos."

7 "Quanto mais estes se multiplicaram,
tanto mais contra mim pecaram;
eu mudarei a sua honra
em vergonha.
8 Alimentam-se do pecado do meu povo
e o seu maior desejo
é que o povo continue a pecar.
9 Por isso, tal povo, tal sacerdote;
eu os castigarei pela sua conduta
e lhes darei o que merecem
por seus atos.
10 Comerão, mas não ficarão satisfeitos;
eles se entregarão à prostituição,
mas não se multiplicarão,
porque deixaram de adorar o SENHOR."

11 "A prostituição,
o vinho envelhecido e o vinho novo
tiram o entendimento.
12 O meu povo consulta
os seus ídolos de madeira,
e um pedaço de pau lhes dá resposta.
Porque um espírito de prostituição
os enganou,
e eles, prostituindo-se,
abandonaram o seu Deus.
13 Sacrificam no alto dos montes
e queimam incenso sobre as colinas,
debaixo dos carvalhos,
dos álamos e dos terebintos,
porque é boa a sua sombra.
Por isso, as filhas de vocês
se prostituem,
e as suas noras adulteram."

14 "Não castigarei as filhas de vocês,
que se prostituem,
nem as suas noras,
quando adulteram,
porque os próprios homens
se retiram com as meretrizes
e oferecem sacrifícios
com as prostitutas cultuais.
E um povo que não tem entendimento
corre para a sua perdição."

15 "Se você, Israel, quer se prostituir,
pelo menos não faça
com que Judá se torne culpado.
Não venham a Gilgal,
nem subam a Bete-Áven.

E não jurem, dizendo:
'Tão certo como vive o SENHOR.'
16 Como vaca rebelde, Israel se rebelou.
Será que o SENHOR
pode apascentá-los
num lugar espaçoso
como se fossem cordeiros?"

17 "Efraim está entregue aos ídolos;
é deixá-lo.
18 Tendo acabado de beber,
eles se entregam à prostituição;
os seus príncipes amam
apaixonadamente a desonra.
19 O vento os envolveu nas suas asas,
e eles ficarão envergonhados
por causa dos seus sacrifícios."

Sentença contra Israel e Judá

5 1 "Ouçam isto, sacerdotes!
Fique atenta, ó casa de Israel!
Dê ouvidos, ó casa do rei!
Porque a sentença é contra vocês!
Pois vocês foram um laço em Mispa
e uma rede estendida sobre o Tabor.
2 Os rebeldes se aprofundaram
na matança,
mas eu castigarei todos eles."

3 "Eu conheço Efraim,
e Israel não me está oculto.
Porque você, Efraim, se prostituiu,
e Israel está contaminado.
4 O que eles fazem não lhes permitem
voltar para o seu Deus,
porque um espírito
de prostituição está no meio deles,
e não conhecem o SENHOR."

5 "A arrogância de Israel
abertamente dá testemunho
contra eles;
Israel e Efraim cairão
por causa da sua iniquidade,
e Judá cairá juntamente com eles.
6 Com os seus rebanhos e o seu gado
irão em busca do SENHOR,
mas não o acharão;
ele se afastou deles.
7 Foram infiéis ao SENHOR,
porque tiveram filhos bastardos;
agora a Festa da Lua Nova
os consumirá
com as suas plantações."

8 "Toquem a trombeta em Gibeá
e façam soar o alarme em Ramá!
Comecem a gritar em Bete-Áven!
Cuidado, Benjamim!
9 Efraim se tornará em desolação
no dia do castigo;
entre as tribos de Israel,
tornei conhecido o que se cumprirá.
10 Os príncipes de Judá são como
os que mudam os marcos;
derramarei o meu furor
sobre eles como água.
11 Efraim está oprimido
e esmagado pelo juízo,
porque preferiu seguir a vaidade.
12 Portanto, para Efraim eu serei
como a traça
e para a casa de Judá, como a podridão."

13 "Quando Efraim viu
a sua enfermidade
e Judá notou a sua ferida,
Efraim se dirigiu à Assíria
e enviou mensageiros ao grande rei.
Mas ele não tem condições de curá-los,
nem de sarar a sua ferida.
14 Porque para Efraim
eu serei como um leão,
e para a casa de Judá,
como um leãozinho.
Eu, eu mesmo, os despedaçarei
e depois irei embora;
vou arrastá-los comigo,
e não haverá quem possa livrá-los."

15 "Irei e voltarei para o meu lugar,
até que se reconheçam culpados
e busquem a minha face;
estando angustiados,
eles me buscarão ansiosamente."

Arrependimento fingido

6 1 "Venham e voltemos para o SENHOR!
Porque ele nos despedaçou,
mas vai nos curar;
ele nos feriu, mas vai atar as feridas.
2 Depois de dois dias, nos dará vida;
ao terceiro dia, nos ressuscitará,
e viveremos diante dele.
3 Conheçamos e prossigamos
em conhecer o SENHOR!
Como o amanhecer, a sua vinda é certa;
ele descerá sobre nós como a chuva,
como chuva fora de época
que rega a terra."

4 "Que farei com você, Efraim?
Que farei com você, Judá?
Porque o amor de vocês é
como a névoa da manhã
e como o orvalho da madrugada,
que logo desaparece.

5 Por isso, os abati por meio dos profetas;
pela palavra da minha boca, os matei;
e os meus juízos sairão como a luz.
6 Pois quero misericórdia, e não sacrifício;
conhecimento de Deus,
mais do que holocaustos."

7 "Mas eles transgrediram
a aliança, como Adão;
eles foram infiéis a mim.
8 Gileade é a cidade
dos que praticam a injustiça,
manchada de sangue.
9 Como bandos de assaltantes
que espreitam alguém,
assim é a companhia dos sacerdotes,
pois matam no caminho para Siquém;
praticam perversidades.
10 Vejo uma coisa horrenda na casa de Israel:
ali está a prostituição de Efraim;
Israel se contaminou."

11 "Também você, Judá, será ceifado,
quando eu remover o cativeiro
do meu povo.

7 1 Quando tento sarar Israel,
se descobre a iniquidade de Efraim
e a maldade de Samaria,
porque praticam a falsidade;
ladrões invadem as casas
e bandos assaltam nas ruas.
2 Não se dão conta de que
eu me lembro de todas as suas maldades.
Agora estão rodeados
pelas suas más ações,
que estão sempre diante de mim.
3 Alegram o rei com as suas maldades,
e os príncipes, com as suas mentiras.
4 Todos eles são adúlteros.
São semelhantes ao forno
aceso pelo padeiro,
que não precisa atiçar o fogo
desde que sovou a massa até que seja levedada.
5 No dia da festa do nosso rei,
os príncipes adoeceram
de tanto beber vinho,
e o rei estendeu a mão aos zombadores.
6 Enquanto estão à espreita,
preparam o coração como um forno:
durante a noite o seu furor se abranda,
mas, pela manhã, queima
como um fogo abrasador.
7 Todos eles são quentes
como um forno
e consomem os seus juízes.
Todos os seus reis caem,
mas não há ninguém entre eles
que me invoque."

8 "Efraim se mistura com os povos
e é um pão que não foi virado
na hora de assar.
9 Estrangeiros sugam as suas forças,
mas ele não percebe;
cabelos brancos
se espalham pela cabeça,
mas ele não o sabe.
10 A arrogância de Israel
abertamente dá testemunho contra eles,
mas eles não voltam
para o SENHOR, seu Deus,
nem o buscam em tudo isso."

11 "Porque Efraim é como
uma pomba ingênua, sem entendimento:
chamam o Egito
e se voltam para a Assíria.
12 Quando forem,
estenderei a minha rede sobre eles
e farei com que desçam
como as aves do céu.
Eu os castigarei de acordo
com o que ouviram
na sua congregação.
13 — Ai deles! Porque fugiram de mim.
Destruição sobre eles,
porque se rebelaram contra mim!
Eu os remiria, mas eles falam mentiras
contra mim."

14 "Não clamam a mim de coração,
mas dão uivos nas suas camas.
Eles se ajuntam para o trigo e para o vinho,
mas se rebelam contra mim.
15 Eu treinei e fortaleci os seus braços,
mas eles planejam o mal contra mim.
16 Eles voltam, mas não para o Altíssimo.
Fizeram-se como um arco defeituoso.
Os seus príncipes
serão mortos à espada,
por causa da insolência da sua língua.
Serão motivo de zombaria na terra do Egito."

O castigo está próximo

8 1 "Toque a trombeta!
Ele vem como a águia
contra a casa do SENHOR,
porque transgrediram a minha aliança
e se rebelaram contra a minha lei.
2 Eles me invocam, dizendo:
'Nosso Deus!
Nós, Israel, te conhecemos.'
3 Mas Israel rejeitou o que é bom;
o inimigo o perseguirá."

4 "Eles estabeleceram reis,
mas não da minha parte;

constituíram príncipes,
mas eu não o soube.
Com a sua prata e com o seu ouro
fizeram ídolos para si,
para a sua própria destruição.
5 O seu bezerro, ó Samaria, é rejeitado.
A minha ira se acende contra eles.
Até quando eles serão incapazes
da inocência?
6 Porque esse bezerro vem de Israel;
é obra de artífice, não é Deus.
Esse bezerro de Samaria
será quebrado em pedaços."

7 "Porque semeiam ventos
e colherão tempestades.
O cereal que estiver por ser colhido
não terá espigas,
e não haverá farinha;
e, se houver, os estrangeiros a comerão.
8 Israel foi devorado.
Agora está entre as nações
como coisa de que ninguém se agrada.
9 Porque foram pedir ajuda à Assíria,
como um jumento selvagem
que segue o seu próprio rumo.
Efraim contratou amantes.
10 Todavia, ainda que contratem
amantes entre as nações para socorrê-los,
eu os reunirei para juízo.
Já começaram a definhar
sob a opressão do poderoso rei."

11 "Visto que Efraim multiplicou
altares para pecar,
estes altares lhe serviram para pecar.
12 Embora eu lhe escreva
a minha lei em dez mil preceitos,
estes seriam tidos como coisa estranha.
13 Amam o sacrifício; por isso, sacrificam,
pois gostam de carne e a comem,
mas o SENHOR não os aceita.
Agora ele se lembrará da iniquidade deles
e castigará os pecados que cometeram.
Vou mandá-los de volta para o Egito!
14 Porque Israel se esqueceu do seu Criador
e edificou palácios,
e Judá multiplicou cidades fortificadas;
mas eu enviarei fogo
contra as suas cidades,
fogo que consumirá
os seus palácios."

O castigo de Israel

9 1 "Não se alegre, Israel,
nem exulte como os outros povos.
Porque você se prostituiu,
abandonando o seu Deus.
Você gostou de receber
o pagamento de prostituta
em todas as eiras de cereais.
2 A eira e o lagar não os alimentarão;
e o vinho novo lhes faltará.
3 Não permanecerão
na terra do SENHOR;
Efraim voltará para o Egito,
e na Assíria comerão comida impura."

4 "Não oferecerão libações de vinho ao SENHOR,
nem os seus sacrifícios lhe serão agradáveis.
O pão que comerem será
como pão de pranteadores,
e todos os que dele comerem
ficarão impuros.
Esse pão será exclusivamente para eles;
não entrará na Casa do SENHOR."

5 "O que vocês farão no dia da solenidade
e no dia da festa do SENHOR?
6 Porque eis que eles fugiram
por causa da destruição.
O Egito os reunirá,
e Mênfis os sepultará.
Os seus tesouros de prata
ficarão para as urtigas;
espinhos tomarão conta
das suas moradas."

7 "Chegaram os dias do castigo,
chegaram os dias da retribuição.
Israel ficará sabendo.
O profeta é um tolo,
e o homem de espírito é um louco,
por causa da abundância
da sua iniquidade,
ó Israel, e do seu imenso ódio.
8 O profeta é sentinela contra Efraim,
ao lado de meu Deus,
mas o laço do passarinheiro se encontra
em todos os seus caminhos,
e inimizade no templo do seu Deus.
9 Eles se afundaram na corrupção,
como nos dias de Gibeá.
O SENHOR se lembrará
das suas injustiças
e castigará os pecados
que eles cometeram."

10 "Encontrei Israel como uvas no deserto;
vi os pais de vocês como
as primícias da figueira nova.
Mas eles foram para Baal-Peor,
consagraram-se à vergonhosa idolatria
e se tornaram tão abomináveis
como aquilo que amaram.
11 Quanto a Efraim,
a sua glória voará como ave;

não haverá nascimento,
nem gravidez, nem concepção.
12 Ainda que venham
a criar os seus filhos,
eu os privarei deles,
para que não fique nem um sequer.
Ai deles, quando deles eu me afastar!
13 Aos meus olhos,
Efraim era como Tiro,
plantado num lugar agradável;
mas Efraim levará os seus filhos
ao matador.
14 Dá-lhes, ó SENHOR!
O que lhes darás?
Dá-lhes um ventre estéril e seios sem leite."

15 "Toda a maldade deles se acha em Gilgal;
foi ali que comecei a odiá-los.
Por causa da maldade das suas ações,
eu os expulsarei da minha casa.
Não os amarei mais.
Todos os seus príncipes são rebeldes."

16 "Efraim está ferido.
Secaram-se as suas raízes; não dará fruto.
E mesmo que as mulheres
voltem a dar à luz,
eu matarei esses filhos queridos.
17 O meu Deus os rejeitará,
porque não lhe dão ouvidos;
e andarão sem rumo entre as nações."

Israel semeou maldade e colherá destruição

10 1 "Israel era uma videira
de ramagem viçosa,
que dava o seu fruto.
Quanto mais abundantes os frutos,
maior o número de altares;
quanto mais a terra produzia,
tanto mais embelezavam as colunas sagradas.
2 O coração deles está dividido
e agora terão de pagar por isso.
O SENHOR quebrará os altares deles
e destruirá as colunas sagradas."

3 "Agora eles vão dizer: 'Não temos rei,
porque não tememos o SENHOR.
E o rei, que poderia fazer por nós?'
4 Falam palavras vãs,
juram falsamente e fazem alianças;
por isso, o juízo brota
como erva venenosa nos sulcos dos campos.
5 Os moradores de Samaria
ficarão com medo
por causa do bezerro de Bete-Áven;
o seu povo se lamentará por causa dele,
e os sacerdotes idólatras tremerão
por causa da sua glória, que já se foi.
6 Também o bezerro
será levado à Assíria
como presente para o grande rei.
Efraim se cobrirá de vexame,
e Israel ficará com vergonha
do seu ídolo de madeira."

7 "O rei de Samaria será
como lasca de madeira
na superfície da água.
8 Os lugares altos de Áven,
que são o pecado de Israel,
serão destruídos;
espinhos e ervas daninhas
crescerão sobre os seus altares.
E o povo dirá aos montes: 'Cubram-nos!'
E às colinas: 'Caiam em cima de nós!'"

Deus dá a sentença contra Israel

9 "Desde os dias de Gibeá,
você pecou, ó Israel,
e nesse pecado você permaneceu.
Será que a batalha
contra os filhos da perversidade
não há de alcançá-los em Gibeá?
10 Eu os castigarei na medida do meu desejo.
Os povos se ajuntarão contra eles,
quando eu os punir por causa
de sua dupla transgressão.
11 Porque Efraim era uma bezerra domada,
que gostava de pisar o trigo na eira.
Coloquei o jugo sobre o seu belo pescoço;
atrelei Efraim ao carro.
Judá lavrará,
Jacó lhe desfará os torrões.
12 Então eu disse: 'Semeiem a justiça
e colham a misericórdia.
Lavrem o campo não cultivado,
porque é tempo de buscar o SENHOR,
até que ele venha,
e chova a justiça sobre vocês.'"

13 "Vocês lavraram para a maldade,
colheram a injustiça
e comeram os frutos da mentira.
Vocês confiaram nos seus carros de guerra
e na multidão dos seus valentes,
14 e por isso entre o seu povo
se levantará o tumulto de guerra,
e todas as suas fortalezas serão destruídas,
como Salmã destruiu Bete-Arbel
no dia da batalha.
As mães foram despedaçadas
com os seus filhos.
15 Assim se fará com você, ó Betel,
por causa da sua grande maldade.
Ao amanhecer, o rei de Israel
será totalmente destruído."

O amor de Deus e a ingratidão de Israel

11 1 "Quando Israel era menino,
eu o amei;
e do Egito chamei o meu filho.
2 Quanto mais eu os chamava,
tanto mais se afastavam de mim;
sacrificavam a baalins
e queimavam incenso às imagens de escultura.
3 Mas fui eu que ensinei Efraim a andar;
tomei-os nos meus braços,
mas eles não entenderam
que era eu que os curava.
4 Atraí-os com cordas humanas,
com laços de amor;
fui para eles como quem alivia
o jugo de sobre o pescoço
e me inclinei para dar-lhes de comer."

5 "Não voltarão para a terra do Egito,
mas o assírio será o seu rei,
porque se recusam a voltar para mim.
6 A espada cairá sobre as suas cidades,
consumirá os seus ferrolhos,
e as devorará,
por causa dos seus caprichos.
7 Porque o meu povo é inclinado
a rebelar-se contra mim;
se são chamados a dirigir-se
para o alto, ninguém o faz.
8 Como poderia eu abandoná-lo, Efraim?
Como poderia entregá-lo, Israel?
Como faria com você o que fiz com Admá?
Como poderia fazer de você outra Zeboim?
Meu coração se comove dentro de mim;
toda a minha compaixão se manifesta.
9 Não executarei o furor da minha ira;
não voltarei para destruir Efraim.
Porque eu sou Deus e não homem;
sou o Santo no meio de vocês.
Não virei com ira."

10 "Seguirão o SENHOR,
que rugirá como leão.
E, quando ele rugir,
os filhos, tremendo, virão do Ocidente;
11 tremendo, como passarinhos, virão os do Egito,
e, como pombas, os da terra da Assíria.
Eu os farei habitar em suas próprias casas",
diz o SENHOR.

A condenação de Israel e de Judá

12 "Efraim me cercou com mentiras,
e a casa de Israel, com engano;
mas Judá ainda está do lado de Deus
e permanece fiel ao Santo.

12 1 Efraim apascenta o vento
e persegue o vento leste o dia inteiro.
Multiplica mentiras e destruição.
Faz aliança com a Assíria,
mas o azeite é levado para o Egito."

A acusação contra Judá

2 "O SENHOR tem uma controvérsia com Judá
e castigará Jacó segundo a sua conduta;
ele lhe dará o que merece por seus atos.
3 No ventre, Jacó pegou
no calcanhar de seu irmão;
no vigor da sua idade, lutou com Deus.
4 Lutou com o anjo e venceu;
chorou e pediu que o abençoasse.
Em Betel, encontrou Deus,
e ali Deus falou com ele.
5 O SENHOR, o Deus dos Exércitos,
o SENHOR é o seu nome.
6 Quanto a você, volte para o seu Deus,
siga o amor e a justiça,
e espere sempre no seu Deus."

7 "Como mercador que tem nas mãos
uma balança desonesta
e ama a opressão,
8 Efraim diz: 'Certamente fiquei rico!
Encontrei muitas riquezas!
Em todos esses meus esforços,
não encontrarão em mim nenhum delito,
nada que seja pecado.'
9 Mas eu sou o SENHOR, seu Deus,
desde a terra do Egito;
eu ainda os farei habitar em tendas,
como nos dias da festa."

10 "Falei aos profetas e multipliquei as visões;
e, pelo ministério dos profetas, propus símiles.
11 Será que há transgressão em Gileade?
Eles são pura vaidade!
Em Gilgal sacrificam bois;
os seus altares serão como montões de pedra
nos sulcos dos campos.
12 Jacó fugiu para a terra da Síria;
ali Israel trabalhou
para conseguir uma esposa
e por ela guardou o gado.
13 Mas o SENHOR, por meio de um profeta,
tirou Israel do Egito
e, por um profeta, cuidou do seu povo.
14 Efraim amargamente o provocou à ira;
por isso, o seu Senhor fará
com que ele pague
pelo sangue que derramou
e lhe retribuirá pelas suas afrontas."

Castigo definitivo

13 1 "Quando Efraim falava,
havia tremor;
foi exaltado em Israel.

Mas ele se fez culpado
por causa de Baal e morreu.
2 Agora, pecam cada vez mais,
e da sua prata fazem imagens de fundição,
ídolos segundo o seu conceito,
todos obra de artífices, e dizem:
'Ofereçam sacrifícios a eles.'
Chegam até a beijar esses bezerros!
3 Por isso, serão como a névoa da manhã,
como o orvalho da madrugada,
que logo desaparece,
como a palha que o vento leva da eira
e como a fumaça que sai por uma janela."

4 "Mas eu sou o SENHOR, seu Deus,
desde a terra do Egito.
Portanto, vocês não conhecerão
outro deus além de mim,
porque não há salvador, a não ser eu.
5 Eu os conheci no deserto,
em terra muito seca.
6 Quando tinham comida, eles se fartaram,
e, uma vez fartos,
seu coração se encheu de orgulho;
por isso, se esqueceram de mim.
7 Portanto, serei para eles como um leão;
como um leopardo,
ficarei espreitando no caminho.
8 Como ursa, roubada dos seus filhotes,
eu os atacarei e lhes rasgarei o peito.
Como leão, eu os devorarei ali mesmo;
como um animal selvagem, os farei em pedaços."

9 "A sua ruína, ó Israel, vem de você,
e só de mim, o seu socorro.
10 Onde está, agora, o seu rei,
para que o salve em todas as suas cidades?
E os seus juízes, dos quais você disse:
'Dê-me um rei e príncipes'?
11 Eu lhe dei um rei na minha ira,
e o tirei de você no meu furor."

12 "As iniquidades de Efraim estão atadas juntas;
o seu pecado está armazenado.
13 As dores de parto virão,
mas ele é filho insensato;
porque será tempo de nascer,
mas ele não estará no lugar
por onde deve vir ao mundo."

14 "Eu os remirei do poder do inferno
e os resgatarei da morte.
Onde estão, ó morte, as suas pragas?
Onde está, ó inferno, a sua destruição?
Meus olhos estarão fechados para a compaixão."

15 "Ainda que Efraim dê frutos entre os irmãos,
virá o vento leste, vento do SENHOR,
subindo do deserto;
ele secará a sua nascente
e estancará a sua fonte;
ele saqueará o tesouro
de todas as coisas preciosas.
16 Samaria levará sobre si a sua culpa,
porque se rebelou contra o seu Deus;
cairá à espada,
seus filhos serão despedaçados,
e as suas mulheres grávidas
serão abertas pelo meio."

Chamado para voltar ao Senhor

14 1 "Israel, volte para o SENHOR, seu Deus,
porque você caiu
por causa dos seus pecados.
2 Tragam palavras de arrependimento
e convertam-se ao SENHOR, dizendo:
'Perdoa toda a nossa iniquidade,
aceita o que é bom
e, em vez de novilhos,
os sacrifícios dos nossos lábios.
3 A Assíria não nos salvará.
Não iremos montados em cavalos
e não mais diremos às obras das nossas mãos
que elas são o nosso Deus.
Porque só em ti o órfão encontra misericórdia.'"

4 "Vou curar a rebeldia deles.
Vou amá-los de boa vontade,
porque a minha ira se afastou deles.
5 Serei para Israel como orvalho;
ele florescerá como o lírio
e lançará as suas raízes
como o cedro do Líbano.
6 Os seus ramos se estenderão,
o seu esplendor será como o da oliveira,
e a sua fragrância, como a do cedro do Líbano.
7 Os que se assentavam
à sua sombra voltarão;
serão vivificados como o trigo
e florescerão como a videira;
a sua fama será como a do vinho do Líbano."

8 "Ó Efraim, que tenho eu a ver com os ídolos?
Sou eu que ouço as suas orações
e cuido de você!
Eu sou como o cipreste verde;
de mim procede o seu fruto."

Apelo final

9 Quem é sábio,
que entenda estas coisas!
Quem é inteligente,
que as compreenda!
Porque os caminhos do SENHOR
são retos,
e os justos andarão neles,
mas os transgressores neles cairão.

JOEL

1 ¹Palavra do SENHOR que foi dirigida a Joel, filho de Petuel.

A praga de gafanhotos e a seca

²"Prestem atenção, velhos,
e escutem, todos os moradores da terra!
Aconteceu algo assim no tempo de vocês
ou nos dias de seus pais?
³Contem isto aos filhos de vocês;
que eles o contem aos filhos deles,
e que estes falem sobre isso
à geração seguinte."

⁴"O que o gafanhoto cortador deixou,
o gafanhoto migrador comeu;
o que o migrador deixou,
o gafanhoto devorador comeu;
o que o devorador deixou,
o gafanhoto destruidor comeu."

⁵"Acordem, beberrões, e chorem!
Lamentem, todos vocês que gostam de vinho,
por causa do vinho novo,
pois foi tirado da boca de vocês.
⁶Porque veio um povo contra a minha terra,
poderoso e inumerável,
com dentes como de leão
e presas como de leoa.
⁷Destruiu as minhas videiras
e destroçou as minhas figueiras.
Tirou as cascas das árvores e as jogou fora;
os galhos ficaram brancos."

⁸"Lamentem,
assim como a virgem,
vestida de roupa feita de pano de saco,
lamenta a morte do seu noivo.
⁹Na Casa do SENHOR,
foram cortadas as ofertas de cereais
e as libações.
Os sacerdotes, ministros do SENHOR,
estão enlutados.
¹⁰Os campos foram arrasados,
e a terra está de luto,
porque o cereal foi destruído,
o vinho novo acabou,
o azeite está no fim."

¹¹"Fiquem envergonhados, lavradores;
lamentem, vinhateiros,
por causa do trigo e da cevada,
porque a colheita foi destruída.
¹²As videiras secaram,
as figueiras murcharam,
as romãzeiras, as palmeiras
e as macieiras também.
Todas as árvores do campo secaram,
e já não há alegria
entre os filhos dos homens."

Chamado ao arrependimento

¹³"Sacerdotes, vistam roupa
feita de pano de saco e pranteiem.
Ministros do altar, lamentem.
Ministros do meu Deus, venham
e passem a noite vestidos
de panos de saco.
Porque no templo de seu Deus
não há mais ofertas de cereais e libações.
¹⁴Proclamem um santo jejum,
convoquem uma reunião solene.
Reúnam os anciãos
e todos os moradores desta terra
na Casa do SENHOR, seu Deus,
e clamem ao SENHOR."

¹⁵"Ah! Que dia!
Porque o Dia do SENHOR está perto
e ele vem como destruição
da parte do Todo-Poderoso."

¹⁶Por acaso, o alimento não foi destruído
diante dos nossos olhos?
E, do templo do nosso Deus,
não desapareceram a alegria e o regozijo?
¹⁷As sementes secaram
debaixo dos seus torrões;
os celeiros foram destruídos,
os armazéns, derrubados,
porque o cereal se perdeu.
¹⁸Como geme o gado!
As manadas de bois estão inquietas,
porque não têm pasto;
também os rebanhos de ovelhas
estão sofrendo.

¹⁹A ti, ó SENHOR, clamo,
porque o fogo devorou as pastagens,
e as chamas consumiram
todas as árvores do campo.
²⁰Também todos os animais selvagens
suspiram por ti,
porque os rios secaram,
e o fogo devorou as pastagens.

O Dia do Senhor

2 ¹Toquem a trombeta em Sião
e deem o alarme no meu santo monte.
Que todos os moradores da terra tremam,
porque o Dia do SENHOR está chegando;
já está próximo.

2 É dia de trevas e escuridão,
dia de nuvens e densas trevas!
Como a luz do amanhecer
sobre os montes,
assim se difunde um povo grande
e poderoso,
como nunca houve igual
desde os tempos antigos,
nem haverá outro depois dele
pelos anos seguintes,
de geração em geração.
3 À frente dele vai fogo devorador,
atrás dele vêm chamas destruidoras.
Diante desse povo,
a terra é como o jardim do Éden;
mas, atrás dele, fica devastada
como um deserto.
Nada lhe escapa.

4 A sua aparência é como a de cavalos;
e, como cavaleiros, assim correm.
5 Com um estrondo semelhante
ao de carros de guerra,
eles vêm saltando no alto dos montes,
crepitando como chamas de fogo
que devoram a palha,
como um povo poderoso
posto em ordem de combate.
6 Diante deles, os povos tremem;
todos os rostos empalidecem.
7 Correm como valentes;
como homens de guerra, sobem muros.
Cada um vai no seu caminho
e não se desvia da sua fileira.
8 Não empurram uns aos outros;
cada um segue o seu rumo.
Avançam entre as lanças
e não se detêm no seu caminho.
9 Invadem a cidade,
correm pelas muralhas,
sobem pelas paredes das casas,
entram pelas janelas como ladrões.
10 Diante deles, a terra treme
e os céus se abalam;
o sol e a lua se escurecem,
e as estrelas deixam de brilhar.
11 O Senhor levanta a voz
diante do seu exército.
Porque o seu arraial é enorme,
e quem executa as suas ordens é poderoso.
Sim, grande e mui terrível
é o Dia do Senhor!
Quem o poderá suportar?

A misericórdia do Senhor

12 Ainda assim, agora mesmo,
diz o Senhor:
"Convertam-se a mim de todo o coração;
com jejuns, com choro e com pranto.
13 Rasguem o coração, e não as suas roupas."

Convertam-se ao Senhor, seu Deus,
porque ele é bondoso e compassivo,
tardio em irar-se
e grande em misericórdia,
e muda de ideia quanto ao mal
que havia anunciado.
14 Quem sabe se ele não se voltará
e mudará de ideia,
e, ao passar, deixe uma bênção,
para que vocês possam trazer
ofertas de cereais e libações
ao Senhor, seu Deus?
15 Toquem a trombeta em Sião,
proclamem um santo jejum,
convoquem uma reunião solene.
16 Reúnam o povo,
santifiquem a congregação,
congreguem os anciãos,
reúnam as crianças e os que mamam no peito.
Que o noivo saia do seu quarto,
e a noiva, dos seus aposentos.
17 Que os sacerdotes, ministros do Senhor,
chorem entre o pórtico e o altar, e orem:
"Poupa o teu povo, ó Senhor,
e não faças da tua herança
um objeto de deboche
e de zombaria entre as nações.
Por que hão de dizer entre os povos:
'Onde está o Deus deles?'"

A compaixão de Deus

18 Então o Senhor
teve grande amor pela sua terra
e se compadeceu do seu povo.
19 O Senhor respondeu ao seu povo:
"Eis que lhes envio o cereal,
o vinho e o azeite,
e vocês ficarão satisfeitos.
Nunca mais farei de vocês
motivo de zombaria entre as nações.
20 Mas o invasor que vem do Norte,
eu o removerei para longe de vocês
e o lançarei para uma terra seca e deserta.
Lançarei a sua vanguarda para o mar oriental,
e a sua retaguarda, para o mar ocidental.
Subirá o seu mau cheiro,
e subirá a sua podridão;
porque agiu poderosamente."
21 "Não tenha medo, ó terra;
alegre-se e exulte,
porque o Senhor faz grandes coisas.
22 Não tenham medo,
animais selvagens,

porque os pastos do deserto
reverdecerão,
porque as árvores darão os seus frutos,
as figueiras e as videiras
produzirão com vigor.
23 Filhos de Sião, alegrem-se
e exultem no SENHOR, seu Deus,
porque ele lhes dará as chuvas
em justa medida;
fará descer, como no passado,
as primeiras e as últimas chuvas.
24 As eiras se encherão de trigo,
e os lagares transbordarão
de vinho e de azeite.
25 Restituirei os anos que foram consumidos
pelos gafanhotos
— o migrador, o devorador
e o destruidor —,
o meu grande exército
que enviei contra vocês.
26 Vocês terão comida em abundância
e ficarão satisfeitos,
e louvarão o nome do SENHOR, seu Deus,
que fez maravilhas em favor de vocês.
E nunca mais o meu povo
será envergonhado.
27 Vocês saberão que eu estou
no meio de Israel,
e que eu sou o SENHOR, o Deus de vocês,
e que não há outro.
E nunca mais o meu povo será envergonhado."

A promessa do derramamento do Espírito

28 "E acontecerá, depois disso,
que derramarei o meu Espírito
sobre toda a humanidade.
Os filhos e as filhas de vocês profetizarão,
os seus velhos sonharão,
e os seus jovens terão visões.
29 Até sobre os servos e sobre as servas
derramarei o meu Espírito naqueles dias.
30 Mostrarei prodígios no céu e na terra:
sangue, fogo e colunas de fumaça.
31 O sol se transformará em trevas,
e a lua, em sangue,
antes que venha o grande
e terrível Dia do SENHOR."

32 E acontecerá que todo aquele que invocar
o nome do SENHOR será salvo. Porque, no monte
Sião e em Jerusalém, estarão os que forem salvos,
como o SENHOR prometeu; e, entre os sobreviven-
tes, aqueles que o SENHOR chamar.

Os juízos de Deus sobre as nações inimigas

3 1 — Eis que, naqueles dias e naquele tempo,
em que mudarei a sorte de Judá e de Jerusalém,
2 congregarei todas as nações e as farei descer ao
vale de Josafá. E ali entrarei em juízo contra elas
por causa do meu povo e da minha herança, Israel,
a quem elas espalharam entre os povos, repartindo
a minha terra entre si. 3 Lançaram sortes sobre o
meu povo, e deram meninos em troca de prostitu-
tas, e venderam meninas por vinho, que beberam.
4 O que vocês têm contra mim, Tiro, Sidom, e todas
as regiões da Filístia? Estão querendo se vingar de
mim? Se é isso que vocês querem, sem demora fa-
rei com que essa vingança caia sobre a cabeça de
vocês. 5 Visto que vocês levaram a minha prata e
o meu ouro, e puseram as minhas joias preciosas
nos seus templos, 6 e venderam os filhos de Judá e
os filhos de Jerusalém aos filhos dos gregos, para
afastá-los da sua terra, 7 eis que eu os trarei desse
lugar para onde vocês os venderam e farei com que
a vingança caia sobre a própria cabeça de vocês.
8 Venderei os filhos e as filhas de vocês aos filhos
de Judá, e estes os venderão aos sabeus, que são
uma nação distante, porque o SENHOR o disse.

9 — Proclamem isto entre as nações:
"Declarem guerra santa
e convoquem os valentes.
Que todos os homens de guerra
se apresentem e se preparem.
10 Transformem as suas lâminas
de arado em espadas,
e as suas foices, em lanças.
Que o fraco diga: 'Eu sou forte.'"

11 "Todos vocês, povos vizinhos,
apressem-se e venham depressa,
e reúnam-se ali."
Faze descer os teus valentes, ó SENHOR!

12 "Que todas as nações se levantem
e sigam para o vale de Josafá,
porque ali me assentarei
para julgar todas as nações vizinhas.
13 Peguem a foice e comecem a colher,
porque a plantação está madura.
Venham, pisem as uvas,
porque o lagar está cheio,
os seus compartimentos transbordam.
Porque é grande a maldade dessas nações!"

14 "Multidões, multidões no vale da Decisão!
Porque o Dia do SENHOR está perto,
no vale da Decisão.
15 O sol e a lua se escurecem,
e as estrelas deixam de brilhar.
16 O SENHOR rugirá de Sião
e de Jerusalém fará ouvir a sua voz.
Os céus e a terra tremerão,
mas o SENHOR será o refúgio do seu povo
e a fortaleza dos filhos de Israel."

A restauração de Israel

17 "Assim vocês saberão
que eu sou o SENHOR, o Deus de vocês,
que habito em Sião, o meu santo monte.
Jerusalém será santa;
estranhos não passarão mais por ela.
18 E acontecerá que, naquele dia,
os montes destilarão vinho,
e as colinas manarão leite,
e todos os rios de Judá estarão cheios de água.
Uma fonte sairá da Casa do SENHOR
e regará o vale de Sitim.
19 O Egito se tornará uma desolação,
e Edom se fará um deserto abandonado,
por causa da violência que fizeram
aos filhos de Judá,
em cuja terra derramaram
sangue inocente.
20 Judá, porém, será habitada para sempre,
e Jerusalém, de geração em geração.
21 Eu vingarei o sangue deles,
que ainda não foi vingado."

E o SENHOR habitará em Sião.

AMÓS

1 1 Palavras que, em visão, vieram a Amós, um
pastor da cidade de Tecoa, a respeito de Israel.
Isso aconteceu nos dias de Uzias, rei de Judá, e nos
dias de Jeroboão, filho de Joás, rei de Israel, dois
anos antes do terremoto. 2 Amós disse:

"O SENHOR rugirá de Sião
e de Jerusalém fará ouvir a sua voz.
Os campos dos pastores estarão de luto,
e o alto do Carmelo secará."

Ameaças contra diversas nações

Síria

3 Assim diz o SENHOR:

"Por três transgressões de Damasco,
sim, por causa de quatro,
não suspenderei o castigo.
Porque passaram
um instrumento de trilhar
com pontas de ferro sobre Gileade.
4 Por isso, porei fogo
à casa de Hazael,
fogo que consumirá
as fortalezas de Ben-Hadade.
5 Quebrarei os ferrolhos
de Damasco
e eliminarei o morador de Biqueate-Áven
e o que tem o cetro de Bete-Éden.
O povo da Síria será levado
em cativeiro a Quir", diz o SENHOR.

Filístia

6 Assim diz o SENHOR:

"Por três transgressões de Gaza,
sim, por causa de quatro,
não suspenderei o castigo.
Porque levaram em cativeiro
todo um povo,
para entregá-lo a Edom.
7 Por isso, porei fogo nas muralhas de Gaza,
fogo que consumirá as suas fortalezas.
8 Eliminarei o morador de Asdode
e o que tem o cetro de Asquelom.
Voltarei a minha mão contra Ecrom,
e o resto dos filisteus perecerá",
diz o SENHOR.

Tiro

9 Assim diz o SENHOR:

"Por três transgressões de Tiro,
sim, por causa de quatro,
não suspenderei o castigo.
Porque levaram em cativeiro todo um povo,
para entregá-lo a Edom
e não se lembraram da aliança de irmãos.
10 Por isso, porei fogo nas muralhas de Tiro,
fogo que consumirá as suas fortalezas."

Edom

11 Assim diz o SENHOR:

"Por três transgressões de Edom,
sim, por causa de quatro,
não suspenderei o castigo.
Porque perseguiu o seu irmão com a espada
e não teve nenhuma compaixão dele.
A sua ira não cessou
de despedaçar,
e conservou a sua indignação
para sempre.
12 Por isso, porei fogo em Temã,
fogo que consumirá
as fortalezas de Bozra."

Amom

13 Assim diz o SENHOR:

"Por três transgressões dos filhos de Amom,
sim, por causa de quatro,
não suspenderei o castigo.
Porque rasgaram o ventre
das grávidas da região de Gileade,
para ampliarem as suas fronteiras.
14 Por isso, porei fogo
nas muralhas de Rabá,
fogo que consumirá
as suas fortalezas,
com alarido no dia da batalha,
com turbilhão no dia da tempestade.
15 O seu rei irá para o cativeiro,
ele e os seus príncipes com ele",
diz o SENHOR.

Moabe

2 1 Assim diz o SENHOR:

"Por três transgressões de Moabe,
sim, por causa de quatro,
não suspenderei o castigo.
Porque queimou os ossos do rei de Edom,
até reduzi-los a cinza.
2 Por isso, porei fogo em Moabe,
fogo que consumirá
as fortalezas de Queriote.
Moabe morrerá entre grande estrondo,
alarido e som de trombeta.
3 Eliminarei do meio dele o juiz,
e juntamente com ele
matarei todos os seus príncipes",
diz o SENHOR.

Judá

4 Assim diz o SENHOR:

"Por três transgressões de Judá,
sim, por causa de quatro,
não suspenderei o castigo.
Porque rejeitaram a lei do SENHOR
e não guardaram os seus estatutos.
Os falsos deuses os enganaram,
deuses que os pais deles haviam seguido.
5 Por isso, porei fogo em Judá,
fogo que consumirá as fortalezas de Jerusalém."

Israel

6 Assim diz o SENHOR:

"Por três transgressões de Israel,
sim, por causa de quatro,
não suspenderei o castigo.
Porque vendem o justo por dinheiro
e condenam o necessitado
por causa de um par de sandálias.
7 Esmagam no pó da terra
a cabeça dos pobres
e pervertem o caminho
dos necessitados.
Um homem e seu pai têm relações
com a mesma jovem
e, assim, profanam o meu santo nome.
8 Eles se deitam ao lado
de qualquer altar
sobre roupas recebidas como penhor
e, no templo do seu deus,
bebem o vinho
dos que foram multados."

9 "Todavia, fui eu que destruí
diante deles os amorreus,
que eram tão altos como os cedros
e tão fortes como os carvalhos;
destruí os seus frutos por cima
e as suas raízes por baixo.
10 Também fui eu que tirei vocês
da terra do Egito
e durante quarenta anos
os conduzi pelo deserto,
para que vocês pudessem tomar
posse da terra dos amorreus.
11 Escolhi alguns dos seus filhos
para serem profetas
e alguns dos seus jovens
para serem nazireus.
Não é isto assim, filhos de Israel?" —
diz o SENHOR.
12 "Mas vocês deram
vinho aos nazireus
e ordenaram aos profetas
que não profetizassem."

13 "Como faz um carro
carregado de feixes,
eu os esmagarei ali
onde vocês se encontram.
14 Os mais ágeis não encontrarão
refúgio,
os fortes não poderão usar a sua força,
e os valentes não conseguirão
salvar a sua vida.
15 Os que manejam o arco não resistirão,
os mais velozes não conseguirão fugir,
e os que vão montados a cavalo
não conseguirão salvar a sua vida.
16 Até mesmo os mais corajosos
entre os valentes
fugirão nus naquele dia", diz o SENHOR.

O castigo contra a maldade de Israel

3 1 Ouçam a palavra que o SENHOR fala contra vo-
cês, filhos de Israel, contra toda a família que
ele tirou da terra do Egito. Ele diz:

2 "De todas as famílias da terra,
somente a vocês eu escolhi;
portanto, eu os punirei
por todas as suas iniquidades.
3 Será que dois andarão juntos,
se não estiverem de acordo?
4 Será que o leão vai rugir na floresta,
sem que tenha encontrado presa?
Será que o leãozinho
fará ouvir a sua voz no covil,
se não tiver apanhado nada?
5 Será que a ave
cairá na armadilha,
se o laço não estiver armado?
Será que o laço se levanta do chão,
sem que tenha apanhado
alguma coisa?
6 Será possível tocar a trombeta
na cidade,
sem que o povo comece a tremer?
Será que sobrevirá algum mal
à cidade,
sem que o SENHOR o tenha feito?"

7 "Certamente o SENHOR Deus
não fará coisa alguma,
sem primeiro revelar o seu segredo
aos seus servos, os profetas.
8 O leão rugiu,
quem não ficará com medo?
O SENHOR Deus falou, quem não profetizará?"

9 "Proclamem nas fortalezas de Asdode
e nos palácios
da terra do Egito o seguinte:
'Reúnam-se nos montes
de Samaria
e vejam que grandes tumultos
lá existem
e que opressões há no meio dela.'
10 Porque o povo de Samaria
não sabe fazer o que é reto",
diz o SENHOR,
"e entesoura nos seus palácios
a violência e a devastação."

11 Portanto, assim diz o SENHOR Deus:

"Um inimigo cercará a sua terra,
destruirá o seu poder,
e os seus palácios
serão saqueados."

12 Assim diz o SENHOR:
— Como o pastor livra da boca do leão as duas
pernas ou um pedacinho da orelha de um animal,
assim serão salvos os filhos de Israel que vivem
em Samaria com apenas o canto da cama e parte
do leito.

13 "Ouçam e deem testemunho
contra a casa de Jacó",
diz o SENHOR Deus, o Deus dos Exércitos:
14 "No dia em que eu punir Israel,
por causa das suas transgressões,
visitarei também os altares de Betel;
e as pontas do altar serão cortadas
e cairão por terra.
15 Derrubarei a casa de inverno
com a casa de verão;
as casas de marfim ficarão em ruínas,
e as grandes casas
serão destruídas",
diz o SENHOR.

Ameaças contra as mulheres de Samaria

4 1 "Ouçam esta palavra,
vacas de Basã,
vocês que estão no monte de Samaria,
que oprimem os pobres,
esmagam os necessitados
e dizem aos maridos:
'Tragam vinho, e vamos beber!'
2 O SENHOR Deus jurou
pela sua santidade
que virão dias em que vocês
serão arrastadas com ganchos;
até as últimas de vocês serão levadas
com anzóis de pesca.
3 Vocês sairão em fila pelas brechas
e serão lançadas
na direção do monte Hermom",
diz o SENHOR.

A cegueira espiritual de Israel

4 "Venham a Betel e pequem!
Venham a Gilgal e pequem ainda mais!
Cada manhã, tragam os seus sacrifícios
e, de três em três dias, os seus dízimos!
5 Ofereçam sacrifícios de louvor
com pão levedado
e proclamem ofertas voluntárias!
Tornem isso público,
porque é disso que vocês gostam,
ó filhos de Israel", diz o SENHOR Deus.

6 "Também deixei que vocês ficassem
sem ter o que mastigar
em todas as suas cidades
e com falta de pão
em todos os lugares,
mas vocês não se converteram a mim",
diz o SENHOR.
7 "Além disso, retive a chuva,
faltando ainda três meses para a colheita.
Fiz chover sobre uma cidade
e sobre a outra, não;

um campo teve chuva,
mas o outro, que ficou sem chuva, secou.
8 Pessoas de duas ou três cidades
se dirigiram a outra cidade para beber água,
sem conseguirem matar a sede,
mas vocês não se converteram a mim",
diz o SENHOR.
9 "Eu os castiguei
com o crestamento e a ferrugem.
Os gafanhotos devoraram
as hortas e as vinhas,
as figueiras e as oliveiras,
mas vocês não se converteram
a mim", diz o SENHOR.
10 "Enviei a peste contra vocês,
assim como havia feito no Egito.
Matei os seus jovens à espada,
deixei que os seus cavalos
fossem capturados,
e fiz com que o mau cheiro
dos acampamentos
chegasse aos seus narizes,
mas vocês não se converteram
a mim", diz o SENHOR.
11 "Destruí alguns de vocês,
como Deus destruiu Sodoma
e Gomorra.
Vocês foram como um toco de lenha
tirado do fogo,
mas não se converteram a mim",
diz o SENHOR.
12 "Portanto, assim farei com você, Israel!
E, porque farei isso com você,
prepare-se, ó Israel,
para se encontrar com o seu Deus!
13 Porque é ele
quem forma os montes,
cria o vento
e declara aos seres humanos
qual é o seu pensamento;
ele faz da manhã trevas
e anda sobre os altos da terra;
SENHOR, Deus dos Exércitos,
é o seu nome."

Busquem o Senhor e vocês viverão

5 1 Ouçam esta palavra que falo contra vocês, ó
casa de Israel. É uma lamentação.

2 "Caiu a virgem de Israel,
para nunca mais se levantar!
Está estendida na sua própria terra,
e não há quem a levante."

3 Porque assim diz o SENHOR Deus:
"A cidade da qual saem mil
conservará apenas cem,
e aquela da qual saem cem
conservará apenas dez
para a casa de Israel."

4 Pois assim diz o SENHOR à casa de Israel:
'Busquem a mim e vocês viverão.
5 Porém não busquem Betel,
nem venham a Gilgal,
nem passem a Berseba.
Porque Gilgal certamente será levada cativa,
e Betel será reduzida a nada.
6 Busquem o SENHOR e vocês viverão.
Do contrário, ele irromperá
na casa de José
como um fogo que a consome,
e não haverá em Betel
quem consiga apagá-lo.
7 Vocês que transformam
o juízo em veneno
e lançam por terra a justiça,
8 busquem aquele que fez
o Sete-estrelo e o Órion;
aquele que torna as densas trevas em manhã
e muda o dia em noite;
aquele que chama as águas do mar
e as derrama sobre a terra;
SENHOR é o seu nome.
9 É ele que faz vir
súbita destruição sobre o forte
e ruína contra a fortaleza."
10 "Vocês odeiam
quem os repreende no tribunal
e detestam quem fala
com sinceridade.
11 Portanto, visto que pisam os pobres
e deles exigem tributo de trigo,
vocês não habitarão nas casas
de pedras lavradas que construíram,
nem beberão o vinho
das belas videiras que plantaram.
12 Porque sei que são muitas
as suas transgressões
e que são graves os pecados
que vocês cometem.
Vocês afligem os justos, aceitam suborno
e rejeitam as causas
dos necessitados no tribunal.
13 Por isso, numa época de tanta corrupção,
quem é prudente prefere ficar calado."

14 "Busquem o bem e não o mal,
para que vocês vivam.
E assim o SENHOR, o Deus dos Exércitos,
estará com vocês,
como vocês dizem.
15 Odeiem o mal e amem o bem.
Promovam a justiça nos tribunais.

Talvez o SENHOR, o Deus dos Exércitos,
se compadeça do remanescente
de José."

16 Portanto, assim diz o Senhor, o SENHOR, Deus
dos Exércitos:

"Em todas as praças haverá pranto,
e em todas as ruas dirão: 'Ai! Ai!'
Chamarão os lavradores para o pranto
e, para o choro,
os que sabem prantear.
17 Em todas as vinhas haverá pranto,
porque passarei pelo meio de vocês",
diz o SENHOR.

O Dia do Senhor

18 "Ai dos que desejam o Dia do SENHOR!
Para que vocês desejam o Dia do SENHOR?
Será um dia de trevas e não de luz.
19 Será como se um homem
fugisse de um leão
e lhe saísse ao encontro um urso;
ou como se, entrando em casa
e encostando a mão na parede,
fosse mordido por uma cobra.
20 O dia do SENHOR será
um dia de trevas e não de luz!
Será um dia de completa escuridão,
sem nenhuma claridade!"

Deus exige justiça e não sacrifícios

21 "Eu odeio e desprezo
as suas festas
e com as suas reuniões solenes
não tenho nenhum prazer.
22 Mesmo que vocês me ofereçam
holocaustos e ofertas de cereais,
não me agradarei deles.
Quanto às suas ofertas pacíficas
de animais gordos,
nem sequer olharei para elas.
23 Afastem de mim
o barulho dos seus cânticos,
porque não ouvirei
as melodias das suas liras.
24 Em vez disso, corra o juízo como as águas,
e a justiça,
como um ribeiro perene."

25 — Casa de Israel, por acaso vocês me apre-
sentaram sacrifícios e ofertas de cereais durante
os quarenta anos no deserto? 26 Pelo contrário,
levaram o seu rei Sicute e Quium, o seu deus-
-estrela, imagens que vocês fizeram para si mes-
mos. 27 Por isso, vou mandar vocês ao exílio para
além de Damasco, diz o SENHOR, cujo nome é
Deus dos Exércitos.

A corrupção e a destruição de Israel

6 1 "Ai dos que andam
à vontade em Sião
e dos que vivem sem receio
no monte de Samaria,
homens notáveis
da principal das nações,
aos quais se dirige a casa de Israel!
2 Vão à cidade de Calné e olhem.
Dali, vão à grande cidade
de Hamate
e, depois, desçam até
Gate dos filisteus.
Será que eles são melhores
do que os reinos de vocês?
Ou será que o território deles
é maior do que o de vocês?
3 Vocês imaginam que o dia mau
está longe,
mas estão fazendo com que
o trono da violência
se aproxime.
4 Vocês dormem
em camas de marfim
e se espreguiçam
sobre os seus leitos.
Comem os cordeiros do rebanho
e os bezerros
que estão na engorda.
5 Ficam cantando à toa
ao som da lira
e, como Davi, inventam
instrumentos musicais.
6 Bebem vinho em taças
e se ungem
com o mais excelente óleo,
mas não se afligem
com a ruína de José.
7 Portanto, vocês estarão
entre os primeiros que serão
levados para o cativeiro,
e cessarão as festanças
dos que gostam
de se espreguiçar."

8 O SENHOR Deus jurou por si mesmo. O
SENHOR, o Deus dos Exércitos, diz:

"Eu detesto o orgulho de Jacó
e odeio os seus palácios.
Abandonarei a cidade
e tudo o que nela há."

9 Se numa casa ficarem dez homens, também
esses morrerão. 10 E, se um parente chegado, o
qual os há de queimar, pega os cadáveres para os
levar para fora da casa e pergunta ao que estiver
lá dentro: "Há mais alguém com você?" E este

responder: "Não, não há"; então lhe dirá: "Cale-se!
Não mencione o nome do SENHOR."

11 Pois eis que o SENHOR ordena,
e será destroçada a casa grande,
e a pequena será feita em pedaços.

12 "Será que os cavalos podem
correr sobre as rochas?
Será que é possível lavrá-las com bois?
No entanto, vocês transformaram
o juízo em veneno
e o fruto da justiça, em alosna.
13 Vocês se alegram por terem
conquistado Lo-Debar, e dizem:
'Não é fato que, com as nossas próprias forças,
nos apoderamos de Carnaim?'
14 Pois eis que trarei contra vocês,
ó casa de Israel, uma nação que os oprimirá,
desde a entrada de Hamate
até o ribeiro da Arabá",
diz o SENHOR, o Deus dos Exércitos.

A visão do gafanhoto, do fogo e do prumo

7 1 O SENHOR Deus me mostrou o seguinte: eis
que ele formava uma nuvem de gafanhotos no
momento em que começavam a brotar as plantas
da entressafra, ou seja, a cultura tardia que vinha
depois de concluída a colheita reservada ao rei.
2 Quando tinham acabado de comer toda a plan-
tação, eu disse:
— SENHOR Deus, perdoa, por favor! Como po-
derá Jacó sobreviver? Pois ele é pequeno.
3 Então o SENHOR mudou de ideia em relação a
isso e falou:
— Isso não vai acontecer.
4 Depois, o SENHOR Deus me mostrou o seguin-
te: eis que o SENHOR Deus chamou o fogo para
exercer a sua justiça. Este fogo consumiu o grande
abismo e começava a devorar a terra. 5 Então eu
disse:
— SENHOR Deus, para, por favor! Como poderá
Jacó sobreviver? Pois ele é pequeno.
6 E o SENHOR mudou de ideia em relação a isso
e falou:
— Também isso não vai acontecer.
7 Mostrou-me também isto: eis que o Senhor
estava sobre um muro levantado a prumo, e tinha
um prumo na mão. 8 O SENHOR me perguntou:
— O que você está vendo, Amós?
Respondi:
— Um prumo.
Então o Senhor disse:
— Eis que eu porei o prumo no meio do meu
povo de Israel; não posso mais ignorar o que fa-
zem. 9 Os lugares altos de Isaque serão assolados,
e os santuários de Israel serão destruídos. E eu me
levantarei com a espada contra a casa de Jeroboão.

Amós e o sacerdote Amazias

10 Então Amazias, o sacerdote de Betel, mandou
dizer a Jeroboão, rei de Israel:
— Amós está conspirando contra o rei no meio
da casa de Israel. A terra não pode suportar todas
as suas palavras. 11 Porque assim diz Amós: "Jero-
boão morrerá à espada, e Israel certamente será
levado para fora de sua terra, em cativeiro."
12 Depois Amazias disse a Amós:
— Saia daqui, vidente! Fuja para a terra de Judá
e vá ganhar a vida por lá. Em Judá você pode pro-
fetizar. 13 Mas em Betel, daqui em diante, você não
poderá profetizar, porque este é o santuário do rei
e o templo do reino.
14 Amós respondeu e disse a Amazias:
— Eu não sou profeta nem discípulo de profe-
ta. Eu cuido de gado e colho sicômoros. 15 Mas o
SENHOR me tirou do trabalho de andar atrás do gado
e me disse: "Vá e profetize ao meu povo de Israel."
16 Portanto, agora ouça a palavra do SENHOR. Você
diz: "Não profetize contra Israel nem fale contra a
casa de Isaque." 17 Pois bem, assim diz o SENHOR:

"A sua mulher se prostituirá na cidade,
e os seus filhos e as suas filhas
cairão à espada.
A sua terra será repartida a cordel,
e você morrerá numa terra impura.
E Israel certamente será levado cativo
para fora da sua terra."

A visão de um cesto de frutos

8 1 O SENHOR Deus também me mostrou o se-
guinte: um cesto de frutos de verão. 2 E pergun-
tou:
— O que você está vendo, Amós?
E eu respondi:
— Um cesto de frutos de verão.
Então o SENHOR me disse:

"Chegou o fim para o meu povo de Israel;
não posso mais ignorar o que fazem.
3 Naquele dia", diz o SENHOR Deus,
"os cânticos do templo serão gritos de dor.
Muitos cadáveres!
Cadáveres jogados por toda parte!
Silêncio!"

A ruína de Israel está perto

4 Ouçam isto, vocês que pisam
os necessitados
e destroem os miseráveis da terra,
5 dizendo: "Quando passará
a Festa da Lua Nova,
para vendermos os cereais?
E o sábado, para abrirmos
os celeiros de trigo,
diminuindo a quantidade,

aumentando o peso
e enganando com balanças
desonestas,
6 para comprarmos os pobres por dinheiro
e os necessitados
por um par de sandálias
e vendermos o refugo do trigo?"
7 O SENHOR jurou
pela glória de Jacó, dizendo:
"Nunca me esquecerei
de nenhuma das suas obras!
8 Por causa disto, será que
a terra não vai tremer?
E não estarão enlutados
todos os seus moradores?
Toda a terra se levantará
como o Nilo,
será agitada e abaixará
como o rio do Egito."

9 "Naquele dia",
diz o SENHOR Deus,
"farei com que o sol
se ponha ao meio-dia
e com que a terra se cubra
de trevas em pleno dia.
10 Transformarei as suas festas
em luto
e todos os seus cânticos
em lamentações.
Vou fazer com que todos vistam
roupas feitas de pano de saco
e rapem a cabeça.
Farei com que isso seja
como luto por um filho único,
luto cujo fim será como dia de amargura."

11 "Eis que vêm dias", diz o SENHOR Deus,
"em que enviarei sobre a terra
fome — não de pão,
e sede — não de água,
mas de ouvir as palavras
do SENHOR.
12 Andarão de mar a mar
e do Norte até o Oriente;
correrão por toda parte,
procurando a palavra do SENHOR,
mas não a acharão.
13 Naquele dia, as moças bonitas
e os jovens desmaiarão de sede,
14 os que agora juram
pelo ídolo de Samaria
e dizem: 'Tão certo como vive
o seu deus, ó Dã!'
E: 'Tão certo como vive o culto de Berseba!'
Esses mesmos cairão
e nunca mais se levantarão."

Os juízos de Deus são inevitáveis

9 1 Vi o Senhor, que estava em pé junto ao altar.
Ele me disse:

"Bata nos capitéis das colunas,
para que os umbrais comecem a tremer
e os pedaços caiam
sobre a cabeça de todos eles.
Matarei à espada os que restarem.
Nenhum deles fugirá,
e nenhum escapará.
2 Ainda que cavem para chegar
ao mais profundo abismo,
a minha mão os tirará de lá.
Se subirem ao céu,
de lá os farei descer.
3 Se eles se esconderem no alto do Carmelo,
irei atrás deles e de lá os tirarei.
E, caso se ocultarem dos meus olhos
no fundo do mar,
ali darei ordem à serpente,
e ela os morderá.
4 Se forem levados para o cativeiro
pelos seus inimigos,
ali darei ordem à espada,
e ela os matará;
porei os meus olhos sobre eles
para o mal e não para o bem."

5 Porque o Senhor, o SENHOR dos Exércitos,
é o que toca na terra, e ela se derrete,
e todos os seus moradores
estarão de luto.
Toda a terra subirá como o Nilo
e abaixará como o rio do Egito.
6 Deus é o que edifica as suas câmaras no céu
e firmou a sua abóbada sobre a terra.
Ele é o que chama as águas do mar
e as derrama sobre a terra;
SENHOR é o seu nome.

7 "Filhos de Israel,
não é verdade que vocês são para mim
como os filhos dos etíopes?" —
diz o SENHOR.
"Não é fato que eu tirei Israel
da terra do Egito,
os filisteus de Caftor, e os sírios de Quir?
8 Eis que os olhos do SENHOR Deus
estão contra este reino pecador,
e eu o destruirei da face da terra.
Mas não destruirei por completo
a casa de Jacó", diz o SENHOR.
9 "Porque eis que darei ordens
e sacudirei a casa de Israel
entre todas as nações,
assim como se sacode trigo na peneira,
sem que um só grão caia na terra.

10 Todos os pecadores
do meu povo morrerão à espada,
os que dizem: 'O mal não nos alcançará
nem nos encontrará.'"

Restauração do Israel espiritual

11 "Naquele dia, levantarei
o tabernáculo caído de Davi.
Vou reparar as suas brechas
e levantá-lo das suas ruínas.
Vou restaurá-lo, para que volte a ser como era
nos dias da antiguidade,
12 para que o meu povo tome posse
do restante de Edom
e de todas as nações
que são chamadas pelo meu nome",
diz o SENHOR, que faz estas coisas.
13 "Eis que vêm dias", diz o SENHOR,
"em que o que lavra
virá logo após o que colhe,
e o que pisa as uvas virá logo após
o que lança semente.
Os montes destilarão vinho,
e todas as colinas se derreterão.
14 Mudarei a sorte do meu povo de Israel.
Eles reedificarão as cidades destruídas
e nelas habitarão.
Plantarão vinhas e beberão o seu vinho;
farão pomares
e comerão dos seus frutos.
15 Eu os plantarei na sua terra,
e, dessa terra que lhes dei,
nunca mais serão arrancados",
diz o SENHOR, seu Deus.

OBADIAS

1 Visão de Obadias.

Deus castigará Edom

Jr 49.14-16

Assim diz o SENHOR Deus a respeito de Edom:

"Ouvimos uma notícia
vinda do SENHOR,
e um mensageiro foi enviado
às nações para dizer:
'Preparem-se! Preparem-se
para a guerra contra Edom!'
2 Eis que fiz de você uma nação
pequena entre as outras,
muito desprezada.
3 O orgulho do seu coração o enganou.
Você vive nas fendas das rochas,
num lugar elevado,
e diz em seu íntimo:
'Quem poderá me jogar lá para baixo?'
4 Ainda que você suba como a águia
e faça o seu ninho entre as estrelas,
de lá eu o derrubarei", diz o SENHOR.
5 "Se ladrões o atacassem
ou assaltantes viessem de noite
— como você está destruído! —
não levariam só o que lhes bastasse?
Se fossem até você
os que colhem uvas,
não deixariam pelo menos alguns cachos?
6 Como foram saqueados os bens de Esaú!
Como foram vasculhados
os seus tesouros escondidos!
7 Todos os seus aliados, ó Edom,
o empurraram para fora do seu território.
Aqueles que estavam em paz com você
o enganaram e prevaleceram contra você.
Aqueles que sentam à sua mesa
prepararam uma armadilha
para os seus pés.
E não há em Edom entendimento."

8 "Naquele dia", diz o SENHOR,
"destruirei os sábios de Edom
e o entendimento do monte de Esaú.
9 Os seus valentes, ó Temã,
ficarão apavorados,
para que, do monte de Esaú,
todos sejam exterminados pela matança."

A violência de Edom contra Jacó

10 "Por causa da violência feita
ao seu irmão Jacó,
você ficará coberto de vergonha
e será exterminado para sempre.
11 No dia em que estranhos
levaram os bens de seu irmão Jacó,
você estava presente;
quando estrangeiros entraram
pelos portões
e lançaram sortes sobre Jerusalém,
você mesmo era um deles.

12 Você não devia ter olhado com prazer
para o dia do seu irmão,
o dia da sua calamidade.
Você não devia ter-se alegrado
pelo que aconteceu com os filhos de Judá,
no dia da sua ruína.
Você não devia ter falado de boca cheia,
no dia da angústia.
13 Você não devia ter entrado
pelo portão do meu povo,
no dia da sua calamidade.
Você não devia ter olhado
com prazer para o seu mal,
no dia da sua calamidade.
Você não devia ter posto as mãos
sobre os seus bens,
no dia da sua calamidade.
14 Você não devia ter parado
nas encruzilhadas,
para exterminar os que escapassem.
Você não devia ter entregado ao inimigo
os que escaparam com vida,
no dia da angústia."

A restauração e a felicidade de Israel

15 "Porque o Dia do SENHOR
está prestes a vir sobre todas as nações.
Você será tratado da mesma forma
como tratou os outros;
o mal que você fez
cairá sobre a sua cabeça.
16 Porque, assim como vocês
beberam no meu santo monte,
assim todas as nações beberão sem parar;
irão beber, engolir,
e serão como se nunca tivessem existido."
17 "Mas, no monte Sião, haverá livramento.
O monte será santo,
e os da casa de Jacó tomarão posse
de sua herança.
18 A casa de Jacó será fogo
e a casa de José será chama,
mas a casa de Esaú será a palha.
O fogo e a chama incendiarão a palha
e a consumirão;
e ninguém mais restará
da casa de Esaú, porque o SENHOR o falou."
19 "Os de Neguebe tomarão posse
do monte de Esaú,
e os da Sefelá ocuparão
o território dos filisteus;
tomarão posse também
dos campos de Efraim
e dos campos de Samaria;
e Benjamim tomará posse de Gileade.
20 Os cativos do exército
dos filhos de Israel
tomarão posse do território
dos cananeus até Sarepta,
e os cativos de Jerusalém,
que estão em Sefarade,
tomarão posse das cidades do Sul.
21 Salvadores hão de subir ao monte Sião,
para julgarem o monte de Esaú;
e o reino será do SENHOR."

JONAS

O chamado de Jonas, a sua fuga e o seu castigo

1 1 A palavra do SENHOR veio a Jonas, filho de
Amitai, dizendo:
2 — Levante-se, vá à grande cidade de Nínive e
pregue contra ela, porque a sua maldade subiu até
a minha presença.
3 Jonas se levantou, mas para fugir da presença
do SENHOR, para Társis. Desceu a Jope, e encon-
trou um navio que ia para Társis. Pagou a passa-
gem e embarcou no navio, para ir com eles para
Társis, para longe da presença do SENHOR.
4 Mas o SENHOR lançou sobre o mar um forte
vento, e levantou-se uma tempestade tão violenta,
que parecia que o navio estava a ponto de se despe-
daçar. 5 Então os marinheiros ficaram com medo e
clamavam cada um ao seu deus. Lançaram no mar a
carga que estava no navio, para que ele ficasse mais
leve. Jonas, porém, havia descido ao porão do navio;
ali havia se deitado, e dormia profundamente.
6 O capitão do navio se aproximou de Jonas e
lhe disse:
— O que está acontecendo com você? Agarrado
no sono? Levante-se, invoque o seu deus! Talvez
assim esse deus se lembre de nós, para que não
pereçamos.
7 Os marinheiros diziam uns aos outros:
— Vamos lançar sortes para descobrir quem é o
culpado desse mal que caiu sobre nós.
Lançaram sortes, e a sorte caiu sobre Jonas.
8 Então lhe disseram:

— Agora nos diga: Quem é o culpado por este
mal que nos aconteceu? Qual é a sua ocupação?
De onde você vem? Qual a sua terra? E de que
povo você é?

9 Jonas respondeu:

— Eu sou hebreu e temo o SENHOR, o Deus do
céu, que fez o mar e a terra.

10 Então os homens ficaram com muito medo e
lhe perguntaram:

— O que é isso que você fez?

Pois aqueles homens sabiam que Jonas estava
fugindo da presença do SENHOR, porque ele lhes
havia contado.

11 Então lhe perguntaram:

— O que devemos fazer com você, para que o
mar se acalme?

Disseram isto porque o mar ia se tornando cada
vez mais tempestuoso. 12 Jonas respondeu:

— Peguem-me e me lancem no mar; então o
mar ficará calmo. Porque eu sei que, por minha
causa, esta grande tempestade caiu sobre vocês.

13 Em vez disso, os homens remavam,
esforçando-se por alcançar a terra, mas não po-
diam, porque o mar ia se tornando cada vez mais
tempestuoso contra eles. 14 Então clamaram ao
SENHOR e disseram:

— Ah! SENHOR! Rogamos-te que não nos deixes
perecer por causa da vida deste homem, e não fa-
ças cair sobre nós este sangue inocente. Porque tu,
SENHOR, fizeste o que foi do teu agrado.

15 Em seguida, os marinheiros pegaram Jonas e
o lançaram no mar; e a fúria do mar se acalmou.
16 Então esses homens temeram muito o SENHOR;
ofereceram sacrifícios ao SENHOR e fizeram votos.

17 O SENHOR ordenou que um grande peixe en-
golisse Jonas. E Jonas esteve três dias e três noites
no ventre do peixe.

A oração de Jonas

2 1 Então Jonas, do ventre do peixe, orou ao
SENHOR, seu Deus, 2 e disse:

"Na minha angústia, clamei ao SENHOR,
e ele me respondeu;
do ventre do abismo, gritei,
e tu ouviste a minha voz.
3 Pois me lançaste nas profundezas,
no coração dos mares,
e a corrente das águas me cercou;
todas as tuas ondas e as tuas vagas
passaram sobre mim.
4 Então eu disse:
'Estou excluído da tua presença;
será que tornarei a ver
o teu santo templo?'
5 "As águas me cercaram até a alma,
o abismo me rodeou;
e as algas se enrolaram na minha cabeça.
6 Desci até os fundamentos dos montes;
desci até a terra,
cujos ferrolhos se fecharam
atrás de mim para sempre.
Tu, porém, fizeste a minha vida
subir da sepultura,
ó SENHOR, meu Deus!
7 Quando, dentro de mim,
desfalecia a minha alma,
eu me lembrei do SENHOR;
e subiu a ti a minha oração,
no teu santo templo.
8 Os que adoram ídolos vãos
abandonam aquele
que lhes é misericordioso.
9 Mas, com a voz
do agradecimento,
eu te oferecerei sacrifício;
o que prometi cumprirei.
Ao SENHOR pertence a salvação!"

10 E o SENHOR falou ao peixe, e este vomitou Jo-
nas na terra.

Jonas prega em Nínive

3 1 A palavra do SENHOR veio a Jonas pela segun-
da vez, dizendo:
2 — Levante-se, vá à grande cidade de Nínive
e pregue contra ela a mensagem que eu lhe darei.

3 Jonas se levantou e foi a Nínive, segundo a
palavra do SENHOR. Ora, Nínive era uma cidade
muito importante diante de Deus; eram necessá-
rios três dias para percorrê-la. 4 Jonas começou a
percorrer a cidade caminho de um dia, e pregava,
dizendo:

— Ainda quarenta dias, e Nínive será destruída.

O arrependimento dos ninivitas

5 Os ninivitas creram em Deus. Proclamaram
um jejum e vestiram roupa feita de pano de saco,
desde o maior até o menor.

6 Quando esta notícia chegou ao rei de Nínive,
ele se levantou do seu trono, tirou os trajes reais,
cobriu-se de pano de saco e sentou-se sobre cin-
zas. 7 E mandou proclamar e divulgar em Nínive o
seguinte:

— Por mandado do rei e dos seus nobres, nin-
guém — nem mesmo os animais, bois e ovelhas
— pode comer coisa alguma; não lhes deem pasto,
nem deixem que bebam água. 8 Todos devem ser
cobertos de pano de saco, tanto as pessoas como
os animais. Então clamarão fortemente a Deus e
se converterão, cada um do seu mau caminho e da
violência que há nas suas mãos. 9 Quem sabe? Tal-
vez Deus se volte e mude de ideia, e então se afaste
do furor da sua ira, para que não pereçamos.

10 Deus viu o que fizeram, como se converteram
do seu mau caminho; e Deus mudou de ideia quan-
to ao mal que tinha dito que lhes faria e não o fez.

A raiva de Jonas e a misericórdia de Deus

4 1 Mas Jonas ficou muito aborrecido e com rai-
va. 2 Ele orou ao SENHOR e disse:
— Ah! SENHOR! Não foi isso que eu disse, es-
tando ainda na minha terra? Por isso, me adian-
tei, fugindo para Társis, pois sabia que tu és Deus
bondoso e compassivo, tardio em irar-se e grande
em misericórdia, e que mudas de ideia quanto ao
mal que anunciaste. 3 Agora, SENHOR, peço que me
tires a vida, porque para mim é melhor morrer do
que viver.
4 E o SENHOR disse:
— Você acha que é razoável essa sua raiva?
5 Então Jonas saiu da cidade e sentou-se num
lugar a leste da mesma. Ali construiu um abrigo,
sentou-se na sombra, para ver o que aconteceria
com a cidade.
6 Então o SENHOR Deus fez crescer uma planta
por cima de Jonas, para que fizesse sombra sobre
a sua cabeça, a fim de o livrar do seu desconforto.
E Jonas ficou muito contente por causa da planta.
7 Mas no dia seguinte, ao amanhecer, Deus en-
viou um verme, que atacou a planta, e ela secou.
8 Quando o sol nasceu, Deus fez soprar um vento
leste muito quente. O sol bateu na cabeça de Jo-
nas, de maneira que ele quase desmaiou. Então
pediu para morrer, dizendo:
— Para mim é melhor morrer do que viver!
9 Então Deus perguntou a Jonas:
— Você acha que é razoável essa sua raiva por
causa da planta?
Jonas respondeu:
— É tão razoável que até quero morrer!
10 E o SENHOR disse:
— Você tem compaixão da planta que não lhe
custou nenhum trabalho. Você não a fez crescer.
Numa noite ela nasceu e na noite seguinte desa-
pareceu. 11 E você não acha que eu deveria ter mui-
to mais compaixão da grande cidade de Nínive,
em que há mais de cento e vinte mil pessoas, que
não sabem distinguir entre a mão direita e a mão
esquerda, e também muitos animais?

MIQUEIAS

1 1 Palavra do SENHOR que em visão veio a Mi-
queias, de Moresete, a respeito de Samaria e
Jerusalém. Isso aconteceu nos dias de Jotão, Acaz e
Ezequias, reis de Judá.

Ameaças contra Samaria e Jerusalém

2 "Escutem, todos os povos!
Prestem atenção, ó terra
e todos os seus moradores!
O SENHOR Deus será testemunha
contra vocês;
do seu santo templo, o Senhor falará.
3 Porque eis que o SENHOR
sai do seu lugar;
ele desce e anda sobre os altos da terra.
4 Os montes debaixo dele se derretem,
e os vales se fendem;
são como a cera diante do fogo,
como as águas que se precipitam
num abismo."

5 "Tudo isso por causa da transgressão de Jacó
e dos pecados da casa de Israel.
Qual é a transgressão de Jacó?
Será que não é Samaria?
E quais são os lugares altos de Judá?
Será que não é Jerusalém?
6 Por isso, farei de Samaria
um montão de pedras no campo,
uma terra de plantar vinhas.
Farei com que as pedras rolem para o vale
e deixarei descobertos os seus alicerces.
7 Todas as suas imagens de escultura
serão despedaçadas,
e tudo o que ela ganhou
com a sua impureza será queimado.
De todos os seus ídolos eu farei uma ruína.
Visto que ela os ajuntou
com pagamento por prostituição,
em pagamento por prostituição
eles serão transformados."

8 "Por isso, lamento e choro;
ando descalço e nu;
faço lamentações como os chacais
e pranteio como os avestruzes.
9 Porque as feridas de Samaria são incuráveis;
o mal chegou até Judá;
estendeu-se até a porta do meu povo,
até Jerusalém.

10 Não anunciem isso em Gate, nem chorem;
rolem no pó, em Bete-Leafra.
11 Moradores de Safir, sigam para o exílio
em vergonhosa nudez.
Os moradores de Zaanã
não podem sair da cidade;
o pranto do povo de Bete-Ezel
tira de vocês o lugar de refúgio.
12 Os moradores de Marote
suspiram pelo bem,
porque o SENHOR fez o mal chegar
até as portas de Jerusalém.
13 Moradores de Laquis,
atrelem os ginetes aos carros!
Com vocês teve início
o pecado da filha de Sião;
entre vocês se encontraram
as transgressões de Israel.
14 Portanto, vocês darão presentes
de despedida a Moresete-Gate;
as casas de Aczibe serão algo
enganoso para os reis de Israel.
15 Enviarei ainda quem tomará
posse de vocês, moradores de Maressa;
a glória de Israel chegará até Adulão.
16 Cortem os cabelos e rapem a cabeça
por causa dos seus filhos queridos;
alarguem a sua calva como a águia,
porque esses filhos serão levados
para o cativeiro."

Ai dos opressores gananciosos

2 1 "Ai daqueles que, ainda no seu leito,
imaginam a iniquidade
e planejam o mal!
Ao amanhecer, eles o praticam,
porque têm poder para tanto.
2 Cobiçam campos e se apossam deles;
cobiçam casas e as tomam;
assim, fazem violência
a um homem e à sua casa,
a uma pessoa e à sua herança."

3 Portanto, assim diz o SENHOR:
"Eis que estou forjando
uma calamidade contra esta família,
da qual vocês não livrarão o seu pescoço.
Vocês não andarão mais
de cabeça erguida,
porque será um tempo de calamidade.
4 Naquele dia, se criará um provérbio
a respeito de vocês
e se entoará
a seguinte lamentação:
'Estamos completamente arruinados!
A porção do meu povo, Deus a trocou!
Como ele tirou o que era nosso!
Entregou os nossos campos
aos rebeldes!'
5 Portanto, na congregação do SENHOR,
quando a terra for dividida por sorteio,
vocês não receberão
nem uma parte dela."

Contra os falsos profetas

6 "Eles dizem: 'Não profetizem.
Não profetizem tais coisas,
porque a desgraça não cairá sobre nós.
7 Tais coisas anunciadas
não alcançarão a casa de Jacó.
Estaria o Espírito do SENHOR irritado?
Será que ele agiria assim?'"

"De fato, as minhas palavras fazem o bem
ao que anda retamente.
8 Mas, há pouco, o meu povo
se levantou como um inimigo.
Além da roupa, vocês arrancam a capa
daqueles que passam seguros,
sem pensar em guerra.
9 Vocês expulsam do seu lar querido
as mulheres de meu povo;
dos filhinhos delas vocês tiram
a minha glória, para sempre.
10 Levantem-se e vão embora!
Porque este não é o lugar de descanso.
Vão embora
por causa da impureza
que traz destruição,
sim, destruição enorme.
11 Se alguém, seguindo o vento e a falsidade,
inventar uma mentira do tipo:
'Eu lhes profetizarei a respeito de vinho
e de bebida forte',
esse tal será o profeta deste povo."

O Senhor congrega o remanescente de Israel

12 "Certamente eu ajuntarei
todos vocês, casa de Jacó;
certamente congregarei
o remanescente de Israel.
Eu os porei todos juntos,
como ovelhas no aprisco,
como rebanho no meio de sua pastagem;
farão muito barulho,
por causa da multidão
de pessoas.
13 Diante deles virá
o que abre caminho;
eles abrirão caminho,
entrarão pelo portão
e sairão por ele;
e o seu Rei irá adiante deles;
sim, o SENHOR irá à frente deles."

Ameaças contra os maus governantes e os falsos profetas

3 1 Eu disse:
Escutem agora, governantes de Jacó
e chefes da casa de Israel:
Por acaso não é a vocês
que compete conhecer a justiça?
2 Mas vocês odeiam o bem e amam o mal;
arrancam a pele do meu povo
e a carne de cima dos seus ossos.
3 Vocês comem a carne do meu povo
e lhes arrancam a pele;
quebram os seus ossos,
e os repartem em pedaços
que vão para a panela
e em carne que vai para o caldeirão.
4 Um dia eles hão de invocar o SENHOR,
mas ele não os ouvirá;
naquele tempo, esconderá deles
a sua face,
por causa do mal que praticaram.

5 Assim diz o SENHOR a respeito dos profetas
que fazem o meu povo andar errante
e que clamam: "Paz",
quando têm o que mastigar,
mas apregoam guerra santa contra aqueles
que não lhes dão nada para comer:
6 "Por isso, vocês terão noites sem visões;
vocês terão trevas sem adivinhações.
O sol se porá sobre os profetas,
e o dia se transformará em escuridão.
7 Os videntes serão envergonhados,
e os adivinhos serão humilhados.
Todos eles colocarão a mão sobre a boca,
porque não haverá resposta de Deus."

8 Quanto a mim, estou cheio
do poder do Espírito do SENHOR,
cheio de justiça e de força,
para declarar a Jacó a sua transgressão
e a Israel, o seu pecado.

9 Escutem agora isto,
governantes da casa de Jacó
e chefes da casa de Israel,
vocês que detestam a justiça
e pervertem tudo o que é correto,
10 que edificam Sião com sangue
e Jerusalém, com iniquidade.
11 Os seus cabeças dão as sentenças por suborno,
os seus sacerdotes ensinam
por interesse,
e os seus profetas adivinham por dinheiro.
E ainda se apoiam no SENHOR, dizendo:
"Não está o SENHOR
no meio de nós?
Nenhum mal nos sobrevirá."
12 Portanto, por causa de vocês,
Sião será lavrada como um campo,
e Jerusalém se tornará
um montão de ruínas,
e o monte do templo,
numa colina coberta de mato.

O monte do Senhor

Is 2.1-4

4 1 Nos últimos dias,
o monte do templo do SENHOR
será estabelecido
no alto dos montes
e se elevará sobre as colinas,
e para ele afluirão os povos.
2 Muitas nações virão e dirão:
"Venham, subamos
ao monte do SENHOR
e ao templo do Deus de Jacó,
para que nos ensine
os seus caminhos,
e andemos nas suas veredas."
Porque de Sião sairá a lei,
e a palavra do SENHOR,
de Jerusalém.
3 Ele julgará entre muitos povos
e corrigirá nações poderosas
e distantes.
Estas transformarão as suas espadas
em lâminas de arados
e as suas lanças, em foices.
Nação não levantará a espada
contra nação,
nem aprenderão mais a guerra.
4 Mas cada um se assentará
debaixo da sua videira
e debaixo da sua figueira,
e não haverá quem os atemorize,
porque a boca do
SENHOR dos Exércitos o disse.
5 Porque todos os povos andam,
cada um em nome do seu deus;
mas, quanto a nós, andaremos
em nome do SENHOR, nosso Deus,
para todo o sempre.

Deus salvará o seu povo

6 "Naquele dia", diz o SENHOR,
"congregarei os que coxeiam
e recolherei os que foram expulsos
e os que eu tinha afligido.
7 Dos que coxeiam farei um remanescente
e dos que foram lançados para longe,
uma nação poderosa;
e o SENHOR reinará sobre eles
no monte Sião,
desde agora e para sempre.

8 A você, ó torre do rebanho,
monte da filha de Sião,
a você virá, sim, virá o primeiro domínio,
o reino da filha de Jerusalém."

9 Agora, por que você está
gritando tão alto?
Será porque você não tem rei?
Morreram os seus conselheiros?
Apoderou-se de você a dor
como da mulher
que está dando à luz?
10 Suporte as dores e faça força,
filha de Sião,
como a mulher que está dando à luz.
Porque agora vocês terão de sair da cidade
e morar nos campos;
vocês irão para a Babilônia.
Ali, porém, vocês serão libertados;
ali, o SENHOR os remirá
das mãos dos inimigos.

11 Agora muitas nações se reuniram
contra você, dizendo:
"Que Jerusalém seja profanada!
Que os nossos olhos se deliciem
com a ruína de Sião!"
12 Mas essas nações não conhecem
os pensamentos do SENHOR,
nem entendem o seu plano:
ele as ajuntou como feixes
a serem batidos na eira.
13 Levante-se e comece a debulhar,
ó filha de Sião,
porque eu lhe darei chifres de ferro
e cascos de bronze.
Você esmagará muitos povos,
e as riquezas que eles adquiriram
serão dedicadas ao SENHOR,
e os bens que eles conquistaram pela força
serão consagrados ao Senhor de toda a terra.

5 1 Agora ajunte-se em tropas,
ó filha de tropas,
porque fomos sitiados,
e ferirão com uma vara a face do juiz de Israel.

O nascimento do Messias e o seu reinado

2 "E você, Belém-Efrata,
que é pequena demais para figurar
como grupo de milhares de Judá,
de você me sairá aquele
que há de reinar em Israel,
e cujas origens são desde os tempos antigos,
desde os dias da eternidade."

3 Portanto, o SENHOR os entregará
até o tempo em que a que está em dores
tiver dado à luz;
então o restante de seus irmãos
voltará aos filhos de Israel.
4 Ele se manterá firme
e apascentará o povo na força do SENHOR,
na majestade do nome do SENHOR,
seu Deus;
e eles habitarão seguros,
porque, agora, ele será engrandecido
até os confins da terra.
5 E ele será a nossa paz.

Quando a Assíria vier à nossa terra
e quando entrar em nossas fortalezas,
levantaremos contra ela sete pastores
e oito chefes do povo.
6 Estes dominarão a terra da Assíria
com a espada,
e a terra de Ninrode,
dentro de suas próprias portas.
Assim, nos livrará da Assíria,
quando esta vier à nossa terra
e invadir as nossas fronteiras.

7 O remanescente de Jacó estará
no meio de muitos povos
como orvalho do SENHOR,
como chuvisco sobre a relva,
que não espera pelo homem,
nem depende dos filhos de homens.
8 O remanescente de Jacó
estará entre as nações,
no meio de muitos povos,
como um leão entre
os animais da floresta,
como um leãozinho
entre os rebanhos de ovelhas,
o qual, se passar,
ataca e despedaça a presa,
sem que ninguém a possa livrar.
9 A sua mão se exaltará
sobre os seus adversários,
e todos os seus inimigos serão eliminados.

10 "Naquele dia", diz o SENHOR,
"eliminarei do meio de vocês os cavalos
e destruirei os carros de guerra;
11 destruirei as cidades da sua terra
e derrubarei todas as fortalezas de vocês;
12 arrancarei as feitiçarias das suas mãos,
e vocês não mais terão adivinhos;
13 do meio de vocês eliminarei
as imagens de escultura e as colunas,
e vocês não mais se inclinarão
diante do que fizeram
com as suas próprias mãos;
14 eliminarei do meio de vocês
os postes da deusa Aserá
e destruirei as cidades de vocês.

15 Com ira e furor,
eu me vingarei das nações
que não me obedeceram."

Deus entrará em juízo com o seu povo

6 1 Escutem agora
o que diz o SENHOR:
"Levante-se, defenda a sua causa
diante dos montes,
e que as colinas ouçam a sua voz.
2 Ó montes, escutem
a controvérsia do SENHOR,
e vocês, duráveis fundamentos da terra,
prestem atenção, porque o SENHOR
tem uma controvérsia com o seu povo
e entrará em juízo com Israel."

3 "Meu povo, o que foi que eu lhe fiz?
E como foi que eu
o levei a ficar cansado?
Responda!
4 Pois eu o tirei da terra do Egito
e o resgatei da casa da servidão,
e enviei adiante de você
Moisés, Arão e Miriã.
5 Meu povo, lembre-se do que Balaque,
rei de Moabe, havia planejado
e do que Balaão, filho de Beor,
lhe respondeu.
Lembre-se também do que aconteceu
desde Sitim até Gilgal,
para que você conheça
os atos de justiça do SENHOR."

O que Deus exige

6 Com que me apresentarei ao SENHOR
e me inclinarei diante do Deus excelso?
Virei diante dele com holocaustos,
com bezerros de um ano?
7 Será que o SENHOR se agrada
com milhares de carneiros,
com dez mil ribeiros de azeite?
Darei o meu primogênito
pela minha transgressão,
o fruto do meu corpo,
pelo pecado da minha alma?
8 Ele já mostrou a você o que é bom;
e o que o SENHOR pede de você?
Que pratique a justiça,
ame a misericórdia
e ande humildemente com o seu Deus.

A injustiça terá seu castigo

9 A voz do SENHOR se dirige à cidade,
e é verdadeira sabedoria temer o seu nome.
"Escutem, ó tribo
e todos os moradores!
10 Ainda se encontram,
na casa dos ímpios,
os tesouros da impiedade
e a medida falsa que eu detesto?
11 Poderei eu inocentar
balanças desonestas
e uma bolsa
com pesos adulterados?
12 Porque os ricos da cidade
estão cheios de violência;
os seus habitantes falam mentiras
e a língua deles é enganosa.
13 Assim, também eu passarei a feri-los
e os destruirei
por causa dos seus pecados.
14 Vocês comerão,
mas não ficarão satisfeitos;
a fome continuará nas suas entranhas.
Tentarão pôr os seus bens a salvo,
mas não conseguirão preservá-los;
e aquilo que preservarem,
eu entregarei à espada.
15 Vocês irão semear,
mas não colherão nada;
vocês esmagarão as azeitonas,
mas não se ungirão com o azeite;
pisarão as uvas,
mas não beberão o vinho.
16 Vocês observaram os estatutos de Onri
e todas as obras da casa de Acabe
e andaram nos conselhos deles.
Por isso, farei de Jerusalém
um lugar desolado,
e dos seus moradores um objeto de vaias.
E vocês terão de suportar
a zombaria dos povos."

A corrupção moral de Israel

7 1 Ai de mim!
Porque estou como quando
são colhidas as frutas do verão,
como quando se procuram uvas
depois da vindima:
não há cacho de uvas para chupar,
nem figos temporãos
que eu gostaria de comer.
2 Desapareceram da terra os piedosos,
e não há entre todos
um só que seja reto.
Todos ficam à espreita para derramar sangue;
cada um caça o seu irmão com rede.
3 As suas mãos são hábeis
na prática do mal.
As autoridades exigem,
os juízes aceitam suborno,
os poderosos manifestam
os seus maus desejos

e, assim, em conjunto
tramam os seus projetos.
4 O melhor deles é como um espinheiro;
o mais reto é pior
do que uma cerca de espinhos.
É chegado o dia anunciado
por suas sentinelas,
o dia em que vocês serão castigados;
agora começará a confusão deles.
5 Não acredite em seu amigo,
nem confie no seu companheiro.
Não compartilhe os seus segredos
nem mesmo com a sua mulher.
6 Porque o filho despreza o pai,
a filha se levanta contra a mãe,
a nora, contra a sogra;
os inimigos de uma pessoa
são os da sua própria casa.

7 Eu, porém, olharei para o SENHOR
e esperarei no Deus da minha salvação;
o meu Deus me ouvirá.

Deus se compadece de Israel

8 Minha inimiga, não se alegre
a respeito de mim;
ainda que tenha caído,
eu tornarei a me levantar;
se morar nas trevas,
o SENHOR será a minha luz.
9 Sofrerei a ira do SENHOR,
porque pequei contra ele,
até que julgue a minha causa
e execute o meu direito;
ele me levará para a luz,
e eu verei a sua justiça.
10 A minha inimiga verá isso;
ficará coberta de vergonha
aquela que me disse:
"Onde está o SENHOR, seu Deus?"
Os meus olhos a contemplarão;
agora ela será pisada
como a lama das ruas.

11 No dia da reedificação
das suas muralhas, ó Jerusalém,
nesse dia, os seus limites
serão ampliados.
12 Nesse dia, virão a você
desde a Assíria até o Egito,
e do Egito até o Eufrates,
e do mar até o mar,
e da montanha até a montanha.
13 Mas a terra se tornará em desolação,
por causa dos seus moradores,
por causa do fruto das suas ações.

14 Ó SENHOR, apascenta o teu povo
com o teu bordão,
o rebanho da tua herança,
que mora a sós numa floresta,
no meio da terra fértil;
que ele seja apascentado
em Basã e Gileade,
como nos dias da antiguidade.

15 Eu lhe mostrarei maravilhas,
como nos dias em que você saiu
da terra do Egito.

16 As nações verão isso
e se envergonharão
de todo o seu poder;
porão a mão sobre a boca,
e os seus ouvidos ficarão surdos.
17 Lamberão o pó como serpentes;
como animais que se arrastam pelo chão,
tremendo, sairão dos seus esconderijos
e, tremendo, virão ao SENHOR, nosso Deus;
e terão medo de ti.
18 Quem é semelhante a ti, ó Deus,
que perdoas a iniquidade
e te esqueces da transgressão
do remanescente da tua herança?

O SENHOR não retém
a sua ira para sempre,
porque tem prazer na misericórdia.
19 Ele voltará a ter compaixão de nós;
pisará aos pés as nossas iniquidades
e lançará todos os nossos pecados
nas profundezas do mar.

20 Mostrarás a Jacó a fidelidade
e a Abraão, a misericórdia,
as quais juraste aos nossos pais,
desde os dias antigos.

NAUM

1 [1] Sentença contra Nínive. Livro da visão de
Naum, da cidade de Elcos.

A ira e a misericórdia de Deus

[2] O SENHOR é Deus zeloso e vingador,
o SENHOR é vingador e cheio de ira;
o SENHOR toma vingança
contra os seus adversários
e reserva indignação
para os seus inimigos.
[3] O SENHOR é tardio em irar-se,
mas grande em poder
e jamais inocenta o culpado.

O SENHOR tem o seu caminho
na tormenta e na tempestade,
e as nuvens são a poeira dos seus pés.
[4] Repreende o mar, e ele seca;
faz com que todos os rios fiquem secos.
Basã e o Carmelo desfalecem,
e as flores do Líbano murcham.
[5] Os montes tremem diante dele,
e as colinas se derretem.
A terra se levanta diante dele,
sim, o mundo e todos os seus moradores.
[6] Quem pode suportar a sua indignação?
E quem subsistirá diante do furor
da sua ira?
A sua cólera se derrama como fogo,
e as rochas são por ele demolidas.

[7] O SENHOR é bom,
é fortaleza no dia da angústia
e conhece os que nele se refugiam.
[8] Mas, com inundação transbordante,
acabará de uma vez
com o lugar dessa cidade;
com trevas, o SENHOR perseguirá
os seus inimigos.
[9] O que é que vocês estão
planejando contra o SENHOR?
Ele mesmo os
consumirá completamente;
a angústia não se levantará duas vezes!
[10] Porque, ainda que eles se entrelacem
como os espinhos
e se saturem de vinho como bêbados,
serão inteiramente consumidos
como palha seca.

[11] De você, Nínive, saiu um
que planeja o mal contra o SENHOR,
alguém que aconselha a maldade.

[12] Assim diz o SENHOR:
"Por mais seguros que estejam
e por mais numerosos que eles sejam,
ainda assim serão exterminados
e passarão.
Meu povo, embora eu o tenha afligido,
não o afligirei mais.
[13] Quebrarei o jugo deles que pesa sobre você
e romperei os laços que o prendem."

[14] Porém contra você, Assíria,
o SENHOR deu ordem
para que não haja posteridade
que leve o seu nome;
do templo dos seus deuses
exterminarei as imagens
de escultura e de fundição.
Farei a sua sepultura,
porque você é desprezível.

[15] Eis sobre os montes
os pés do que anuncia boas-novas,
do que anuncia a paz!
Celebre as suas festas, ó Judá,
cumpra os seus votos,
porque o ímpio
não mais passará por você;
ele foi inteiramente exterminado.

A queda de Nínive

2 [1] O destruidor avança
contra você, Nínive!
Guarde a fortaleza,
vigie o caminho,
prepare-se para lutar,
reúna todas as suas forças!
[2] Porque o SENHOR restaurará
a glória de Jacó,
como a glória de Israel;
porque saqueadores os saquearam
e destruíram os seus ramos.

[3] Os escudos dos seus heróis são vermelhos;
os homens valentes vestem escarlate.
Os carros de guerra
brilham como fogo
no dia da sua preparação,
e as lanças são agitadas.
[4] Os carros de guerra passam
furiosamente pelas ruas
e se cruzam velozes pelas praças;
parecem tochas,
correm como relâmpago.

[5] Os nobres são chamados,
mas tropeçam no seu caminho;
apressam-se para chegar à muralha
e preparam a defesa.

6 As comportas dos rios se abrem,
e o palácio é destruído.
7 Está decretado:
a cidade-rainha está despida,
levada em cativeiro;
as suas servas gemem como pombas
e batem no peito.
8 Nínive, desde que existe,
tem sido como um tanque de águas;
mas, agora, o seu povo foge.
Alguém grita: "Parem! Parem!",
mas ninguém se volta.
9 Saqueiem a prata,
saqueiem o ouro,
porque os tesouros não têm fim;
a cidade está repleta de objetos de valor.

10 Vazio, desolação, ruína!
O coração se derrete,
os joelhos tremem,
acabam-se as forças,
e o rosto de todos empalidece.

11 Onde está, agora, o covil dos leões
e o lugar onde os leõezinhos
se alimentavam,
onde passeavam o leão,
a leoa e o filhote do leão,
sem que ninguém os espantasse?
12 O leão arrebatava o bastante
para os seus filhotes,
estrangulava a presa para as suas leoas,
e enchia de vítimas as suas cavernas,
e os seus covis, de rapina.

13 "Eis que eu estou contra você",
diz o SENHOR dos Exércitos;
"queimarei os seus carros de guerra,
a espada devorará
os seus leõezinhos,
arrancarei da terra a sua presa,
e nunca mais se ouvirá a voz
dos seus embaixadores."

A ruína completa de Nínive

3 1 Ai da cidade sanguinária,
toda cheia de mentiras e de roubo
e que não solta a sua presa!
2 Eis o estalo dos açoites,
o estrondo das rodas,
o galope dos cavalos
e os carros que vão saltando!
3 Os cavaleiros que esporeiam,
as espadas brilhantes,
as lanças reluzentes,
uma multidão de feridos,
massa de cadáveres,
mortos sem fim
— chegam a tropeçar
sobre os mortos.
4 Tudo isso por causa
da grande prostituição
da bela e encantadora prostituta,
da mestra de feitiçarias,
que seduzia as nações com a sua prostituição
e os povos, com as suas feitiçarias.

5 "Eis que eu estou contra você",
diz o SENHOR dos Exércitos.
"Levantarei as abas de sua saia
sobre o seu rosto,
e mostrarei às nações a sua nudez,
e aos reinos, as suas vergonhas.
6 Vou jogar sujeira sobre você,
tratá-la com desprezo
e transformá-la em espetáculo.
7 Todos os que a virem fugirão de você
e dirão: 'Nínive está destruída!'
Quem terá compaixão dela?
De onde buscarei quem a console?"

8 Será que você é melhor do que Tebas,
que estava situada junto ao Nilo,
cercada de águas, protegida pelo mar
e tendo as águas por muralha?
9 A Etiópia e o Egito eram a sua força,
força sem limites;
Pute e Líbia eram seus aliados.
10 Todavia, ela foi levada ao exílio,
foi para o cativeiro.
Também os seus filhos foram despedaçados
nas esquinas de todas as ruas.
Sobre os seus nobres lançaram sortes,
e todos os seus grandes
foram presos com correntes.

11 Também você, Nínive,
será embriagada e se esconderá.
Também você procurará
um refúgio contra o inimigo.
12 Todas as suas fortalezas
são como figueiras com figos prematuros:
é só sacudir a figueira,
que os figos caem na boca
de quem os há de comer.
13 Eis que os seus soldados são como mulheres.
Os portões do seu país estão
completamente abertos
para os seus inimigos;
o fogo destruiu as trancas.

14 Tire água para o tempo do cerco,
reforce as suas fortalezas,
entre no lodo e pise o barro,
pegue as formas para fazer tijolos.
15 No entanto, você será consumida pelo fogo
e exterminada pela espada

como folhas devoradas pelos gafanhotos.
Multipliquem-se como os gafanhotos!
Tornem-se tão numerosos como eles!
16 Os seus negociantes eram
mais numerosos do que as estrelas do céu,
mas como gafanhotos
bateram asas e voaram.
17 Os seus príncipes eram como gafanhotos,
e os seus chefes,
como gafanhotos grandes,
que pousam nos muros em dias de frio;
quando o sol aparece, voam embora,
e não se sabe para onde vão.
18 Os seus pastores dormem, ó rei da Assíria;
os seus nobres cochilam.
O seu povo está espalhado
pelos montes,
e não há quem possa ajuntá-lo.
19 Não há remédio para o seu mal;
o seu ferimento é grave.
Todos os que ouvirem falar
do que aconteceu com você
baterão palmas.
Pois quem não foi vítima
da sua crueldade sem fim?

HABACUQUE

1 1 Sentença revelada ao profeta Habacuque.

A queixa de Habacuque

2 Até quando, SENHOR,
clamarei pedindo ajuda,
e tu não me ouvirás?
Até quando gritarei: "Violência!",
e tu não salvarás?
3 Por que me fazes ver a iniquidade?
Por que toleras a opressão?
Pois a destruição e a violência
estão diante de mim;
há litígios e surgem discórdias.
4 Por isso, a lei se afrouxa
e a justiça nunca se manifesta.
Porque os ímpios cercam os justos,
e assim a justiça é torcida.

A resposta de Deus

5 "Olhem entre as nações e vejam;
fiquem maravilhados e admirados.
Porque, no tempo de vocês,
eu realizo obra tal que vocês não acreditarão
se alguém lhes contar.
6 Pois eis que trago os caldeus,
nação cruel e impetuosa,
que marcham pela largura da terra,
para apoderar-se de moradas que não são suas.
7 Eles são pavorosos e terríveis;
fazem as suas próprias leis
e impõem a sua dignidade.
8 Os seus cavalos são mais ligeiros
do que os leopardos,
mais ferozes do que os lobos ao anoitecer.
Os seus cavaleiros se espalham
por toda parte;
sim, os seus cavaleiros chegam de longe,
voam como a águia
que se precipita para devorar.
9 Eles todos vêm para fazer violência.
Estão determinados a seguir em frente.
Reúnem os cativos como se ajunta areia.
10 Zombam dos reis;
os príncipes são motivo de riso para eles.
Riem de todas as fortalezas,
porque, amontoando terra, as conquistam.
11 Então passam como passa o vento
e seguem adiante.
Tornam-se culpados estes
cujo deus é a própria força."

Habacuque se queixa de novo

12 Não és tu desde a eternidade,
ó SENHOR, meu Deus, ó meu Santo?
Não morreremos.
Ó SENHOR, puseste aquele povo
para executar juízo;
tu, ó Rocha, o estabeleceste
para servir de disciplina.
13 Tu és tão puro de olhos,
que não podes suportar o mal
nem tolerar a opressão.
Por que, então, toleras os traidores
e te calas quando os perversos devoram
aqueles que são mais justos do que eles?
14 Por que tratas as pessoas
como se fossem peixes do mar,
como se fossem animais que rastejam,
que não têm quem os governe?
15 O inimigo pesca todos com o anzol,
apanha-os na sua rede
e os ajunta na sua rede de arrastão;

então ele se alegra e fica contente.
16 Por isso, ele oferece sacrifício à sua rede
e queima incenso
à sua rede de arrastão,
pois é por meio delas
que aumentou as suas riquezas
e tem abundância de comida.
17 Mas será que ele continuará
a esvaziar a sua rede?
Será que continuará a matar
os povos sem dó nem piedade?

2 1 Estarei na minha torre de vigia,
ficarei na fortaleza
e vigiarei para ver o que Deus me dirá
e que resposta eu terei à minha queixa.

Nova resposta de Deus

2 O SENHOR me respondeu e disse:

"Escreva a visão,
torne-a bem legível sobre tábuas,
para que possa ser lida
até por quem passa correndo.
3 Porque a visão ainda está
para se cumprir no tempo determinado;
ela se apressa para o fim e não falhará.
Mesmo que pareça demorar, espere,
porque certamente virá; não tardará."

4 "Eis que a sua alma está orgulhosa!
A sua alma não é reta nele;
mas o justo viverá pela sua fé.
5 Assim como o vinho é enganoso,
também o arrogante não se contém.
O seu apetite é como a sepultura;
ele é como a morte, que nunca se farta.
Ele ajunta para si todas as nações
e congrega todos os povos."

Cinco ais sobre os caldeus

6 Não é fato que todos esses povos proferirão
contra ele um provérbio, um dito em tom de zom-
baria? Eles dirão:

Ai daquele que acumula
o que não é seu — até quando? —,
e daquele que se enche de coisas penhoradas!
7 Será que não se levantarão
de repente contra você os seus credores?
E não despertarão aqueles
que farão você tremer?
Você lhes servirá de despojo.
8 Visto que você despojou muitas nações,
todos os povos que restaram virão despojá-lo.
Porque você derramou muito sangue
e cometeu violência contra a terra,
contra as cidades
e contra todos os seus moradores.

9 Ai daquele que ajunta em sua casa
bens mal-adquiridos,
para pôr o seu ninho num lugar bem alto,
a fim de livrar-se das garras do mal!
10 Os seus planos resultarão
em vergonha para a sua casa.
Ao destruir muitos povos,
você pecou contra a sua própria vida.
11 Porque as pedras das paredes
clamarão contra você,
e as vigas do madeiramento farão eco.

12 Ai daquele que edifica
uma cidade com sangue
e a fundamenta na iniquidade!
13 Será que não é a vontade
do SENHOR dos Exércitos
que os povos trabalhem para o fogo
e que as nações se fatiguem em vão?
14 Porque a terra se encherá
do conhecimento da glória do SENHOR,
como as águas cobrem o mar.

15 Ai daquele que dá ao seu companheiro
vinho misturado com o seu furor,
e que o embebeda
para lhe contemplar a nudez!
16 Você ficará coberto de vergonha
em vez de honra.
Beba você também
e mostre a sua incircuncisão!
Chegará a sua vez de pegar o cálice
da mão direita do SENHOR,
e a sua glória se transformará em vergonha.
17 Porque a violência contra o Líbano
cairá sobre você,
e você ficará apavorado
por ter destruído os animais.
Porque você derramou muito sangue
e cometeu violência contra a terra,
contra as cidades
e contra todos os seus moradores.

18 Para que serve o ídolo,
visto que o seu artífice o esculpiu?
E de que serve a imagem de fundição,
mestra de mentiras,
para que o artífice confie na sua obra,
fazendo ídolos mudos?

19 Ai daquele que diz à madeira: "Acorde!"
E à pedra muda: "Levante-se!"
Pode o ídolo ensinar?
Eis que está coberto de ouro e de prata,
mas, no seu interior,
não há fôlego nenhum.
20 O SENHOR, porém,
está no seu santo templo;
cale-se diante dele toda a terra.

A oração de Habacuque

3 1Oração do profeta Habacuque sob a forma de canto.

2 SENHOR, tenho ouvido a tua fama,
e me sinto alarmado.
Aviva a tua obra, ó SENHOR,
no decorrer dos anos,
e, no decurso dos anos, faze-a conhecida.
Na tua ira, lembra-te da misericórdia.

3 Deus vem de Temã,
o Santo vem do monte Parã.
A sua glória cobre os céus,
e a terra se enche do seu louvor.
4 O seu resplendor é como a luz,
e raios brilham da sua mão;
o seu poder se esconde ali.
5 Adiante dele vai a peste,
e a pestilência segue os seus passos.
6 Ele para e faz a terra tremer;
olha e sacode as nações.
Esmigalham-se os montes primitivos;
as colinas antigas se abatem.
Os caminhos de Deus são eternos.
7 Vejo as tendas de Cusã em aflição;
os acampamentos da terra de Midiã tremem.

8 Acaso é contra os rios, SENHOR,
que estás irado?
É contra os ribeiros a tua ira
ou contra o mar, o teu furor,
já que andas montado nos teus cavalos,
nos teus carros de vitória?
9 Preparas o teu arco;
a tua aljava está cheia de flechas.
Tu fendes a terra com rios.
10 Os montes te veem e se contorcem;
torrentes de água passam.
As profundezas do mar fazem ouvir a sua voz
e levantam bem alto as suas mãos.
11 O sol e a lua param nas suas moradas,
ao resplandecer a luz das tuas flechas sibilantes,
ao fulgor do relâmpago da tua lança.
12 Na tua indignação, marchas pela terra;
na tua ira, pisas as nações.
13 Tu sais para salvar o teu povo,
para salvar o teu ungido.
Feres o chefe da casa dos ímpios,
deixando-o descoberto dos pés à cabeça.
14 Traspassas a cabeça
dos guerreiros do inimigo
com as suas próprias lanças,
os quais, como tempestade,
avançam para me destruir;
alegram-se, como se estivessem
para devorar o pobre em segredo.
15 Marchas com os teus cavalos pelo mar,
pela massa de grandes águas.

16 Ouvi isso, e o meu íntimo se comoveu;
os meus lábios tremeram
ao ouvir a sua voz.
A podridão entrou nos meus ossos,
e os meus joelhos vacilaram,
pois, em silêncio, devo esperar
o dia da angústia,
que virá contra o povo que nos ataca.

17 Ainda que a figueira não floresça,
nem haja fruto na videira;
ainda que a colheita da oliveira decepcione,
e os campos não produzam mantimento;
ainda que as ovelhas
desapareçam do aprisco,
e nos currais não haja mais gado,
18 mesmo assim
eu me alegro no SENHOR,
e exulto no Deus da minha salvação.
19 O SENHOR Deus é a minha fortaleza.
Ele dá aos meus pés a ligeireza das corças,
e me faz andar nas minhas alturas.

Ao mestre de canto. Para instrumentos de cordas.

SOFONIAS

1 1Palavra do SENHOR que veio a Sofonias, filho de Cusi, filho de Gedalias, filho de Amarias, filho de Ezequias, nos dias de Josias, filho de Amom, rei de Judá.

Ameaças contra Judá e Jerusalém

2 “Certamente consumirei todas as coisas
sobre a face da terra”, diz o SENHOR.
3 “Consumirei as pessoas e os animais,
consumirei as aves do céu, os peixes do mar,
e as ofensas com os ímpios.
E exterminarei os seres humanos
da face da terra”, diz o SENHOR.
4 “Estenderei a mão contra Judá
e contra todos os moradores
de Jerusalém.

Exterminarei deste lugar o resto de Baal
e a lembrança dos ministros dos ídolos
e seus sacerdotes.
5 Exterminarei os que sobre os terraços adoram
o exército do céu
e os que adoram o SENHOR
e juram por ele e também por Milcom.
6 Farei desaparecer também
os que deixam de seguir o SENHOR
e os que não buscam o SENHOR,
nem perguntam por ele."

O dia da ira do Senhor

7 "Calem-se diante do SENHOR Deus,
porque o Dia do SENHOR está perto.
O SENHOR preparou o sacrifício
e santificou os seus convidados.
8 No dia do sacrifício do SENHOR,
hei de castigar as autoridades, e os filhos do rei,
e todos os que se vestem como estrangeiros.
9 Castigarei também, naquele dia,
todos aqueles que sobem o pedestal dos ídolos
e enchem de violência e engano
a casa dos seus senhores."

10 "Naquele dia", diz o SENHOR,
"se ouvirá um grito
desde o Portão dos Peixes,
e um uivo desde a parte nova da cidade,
e grande lamento desde as colinas.
11 Lamentem, moradores da cidade baixa,
porque todos os comerciantes serão mortos
e todos os que pesam prata serão destruídos.
12 Naquele tempo, vasculharei
Jerusalém com lanternas
e castigarei aqueles
que estão apegados à borra do vinho
e dizem no seu coração:
'O SENHOR não faz bem nem faz mal.'
13 Por isso, os bens deles serão saqueados,
e as suas casas serão destruídas.
Eles construirão casas,
mas não habitarão nelas;
plantarão vinhas,
mas não beberão o vinho."

14 "Está perto o grande Dia do SENHOR;
está perto e vem chegando depressa.
Atenção! O Dia do SENHOR é amargo,
e nele clamarão até os poderosos.
15 Aquele dia será um dia de ira,
dia de angústia e tribulação,
dia de ruína e destruição,
dia de trevas e escuridão,
dia de nuvens e densas trevas,
16 dia de toque de trombeta e gritos de guerra
contra as cidades fortificadas
e contra as torres altas.
17 Trarei angústia sobre as pessoas,
e elas andarão como se estivessem cegas,
porque pecaram contra o SENHOR.
O sangue dessas pessoas
será derramado como pó,
e a sua carne será espalhada
como esterco.
18 Nem a prata nem o ouro
poderão livrá-las
no dia da ira do SENHOR,
mas, pelo fogo do seu zelo,
a terra será consumida.
Porque ele certamente fará
destruição total e repentina
de todos os moradores da terra."

Convite ao arrependimento

2 1 Reúna-se e concentre-se,
ó nação sem pudor,
2 antes que saia o decreto
e o dia se vá como a palha,
antes que venha sobre você
o furor da ira do SENHOR,
sim, antes que venha sobre você
o dia da ira do SENHOR.
3 Busquem o SENHOR, todos vocês,
os humildes da terra,
que cumprem
os seus mandamentos.
Busquem a justiça,
busquem a humildade.
Talvez assim vocês sejam poupados
no dia da ira do SENHOR.

Ameaças contra os filisteus

4 Porque Gaza será abandonada,
e Asquelom ficará deserta;
Asdode, ao meio-dia, será expulsa,
e Ecrom será desarraigada.
5 Ai dos que habitam no litoral,
do povo dos queretitas!
A palavra do SENHOR será contra você,
Canaã, terra dos filisteus.
"Farei com que
você seja destruída,
até que não reste
um morador sequer."
6 O litoral será de pastagens,
com refúgios para os pastores
e currais para os rebanhos.
7 O litoral pertencerá ao remanescente
da casa de Judá.
Ali apascentarão os seus rebanhos
e, ao anoitecer, se deitarão
nas casas de Asquelom;
porque o SENHOR, seu Deus, os visitará
e mudará a sorte deles.

Ameaças contra Moabe e Amom

8 "Ouvi a zombaria de Moabe
e as palavras injuriosas
dos filhos de Amom,
que zombaram do meu povo
e se gabaram contra o seu território.
9 Portanto, tão certo como eu vivo",
diz o SENHOR dos Exércitos,
o Deus de Israel,
"Moabe será como Sodoma,
e os filhos de Amom, como Gomorra,
campo de urtigas, poços de sal
e desolação perpétua.
O remanescente do meu povo
os saqueará,
e os sobreviventes da minha nação
tomarão posse dos seus territórios."
10 Isso lhes sobrevirá
por causa do seu orgulho,
porque zombaram e se gabaram
contra o povo
do SENHOR dos Exércitos.
11 O SENHOR será terrível contra eles,
porque aniquilará
todos os deuses da terra.
E todos os povos das nações,
cada um do seu lugar, o adorarão.

Ameaças contra a Etiópia e a Assíria

12 Também vocês, ó etíopes,
serão mortos pela espada do SENHOR.
13 Ele estenderá também
a mão contra o Norte
e destruirá a Assíria;
e fará de Nínive uma desolação
e terra seca como o deserto.
14 No meio dessa cidade,
repousarão os rebanhos
e todo tipo de animais.
Nos capitéis das colunas se alojarão
tanto o pelicano como o ouriço.
A voz das aves ressoará nas janelas.
Haverá escombros nos umbrais das portas,
porque o madeiramento de cedro
será arrancado.
15 Esta é a cidade alegre e confiante,
que dizia consigo mesma:
"Eu sou a única,
e não há outra além de mim."
Como se tornou em desolação,
em pousada de animais!
Todos os que passarem por ela hão de vaiar
e farão gestos de desprezo.

Ameaças contra Jerusalém

3 1 Ai da cidade opressora,
rebelde e manchada!
2 Não atende ninguém,
não aceita disciplina,
não confia no SENHOR,
nem se aproxima do seu Deus.
3 Os seus príncipes são leões rugidores
no meio dela,
os seus juízes são lobos do anoitecer,
que não deixam os ossos
para serem roídos no dia seguinte.
4 Os seus profetas são levianos e falsos.
Os seus sacerdotes
profanam o santuário
e fazem violência à lei.
5 O SENHOR é justo, no meio da cidade;
ele não comete injustiça.
Manhã após manhã,
ele traz o seu juízo à luz;
não falha.
Mas o injusto não sabe o que é vergonha.

6 "Exterminei nações.
As suas torres estão destruídas.
Tornei desertas as suas praças,
a ponto de não haver quem passe por elas.
As suas cidades foram destruídas,
de maneira que não há ninguém,
ninguém que as habite.
7 Eu dizia: 'Certamente você, Jerusalém,
viverá em temor diante de mim
e aceitará a disciplina,
e, assim, a sua morada não seria destruída,
segundo o que eu havia determinado.'
Mas eles se tornaram
cada vez mais corruptos
em todos os seus atos."

A salvação da filha de Jerusalém

8 "Portanto, esperem por mim", diz o SENHOR,
"esperem pelo dia em que eu me levantar
para tomar o despojo.
Porque a minha resolução é ajuntar as nações
e congregar os reinos,
para fazer cair sobre eles a minha indignação
e todo o furor da minha ira.
Porque toda esta terra será consumida
pelo fogo do meu zelo."
9 "Então darei lábios puros aos povos,
para que todos invoquem
o nome do SENHOR
e o sirvam de comum acordo.
10 Dalém dos rios da Etiópia,
os meus adoradores,
que constituem a filha da minha dispersão,
me trarão sacrifícios.
11 Naquele dia, você não terá
de se envergonhar
de nenhuma das suas rebeliões contra mim,

porque tirarei do meio de você,
Jerusalém,
os que exultam no seu orgulho,
e você nunca mais se orgulhará
no meu santo monte.
12 Mas deixarei no meio de você
um povo modesto e humilde,
que confia no nome do SENHOR.
13 O remanescente de Israel
não cometerá injustiça.
Eles não proferirão mentira,
e da sua boca não sairão palavras enganosas,
porque serão apascentados, se deitarão,
e não haverá quem os atemorize."

14 Cante, ó filha de Sião!
Grite de alegria, ó Israel!
Alegre-se e exulte de todo o coração,
ó filha de Jerusalém.
15 O SENHOR retirou as sentenças
que eram contra você
e afastou os seus inimigos.
O Rei de Israel, o SENHOR, está no meio de você;
você não precisa mais temer nenhum mal.
16 Naquele dia, se dirá a Jerusalém:
"Não tenha medo, ó Sião,
não desfaleçam as suas mãos."
17 O SENHOR, seu Deus, está no meio de você,
poderoso para salvar.
Ele ficará muito contente com você.
Ele a renovará no seu amor,
e se encherá de júbilo por causa de você.

18 "Congregarei
os que estão entristecidos
por se acharem afastados
das festas solenes,
estes que são do seu meio
e sobre os quais pesam afrontas.
19 Eis que, naquele tempo,
agirei contra todos os que a afligem.
Salvarei os que coxeiam
e recolherei os que foram expulsos.
Farei deles um louvor e um nome
em toda a terra
em que foram envergonhados.
20 Naquele tempo,
farei com que vocês voltem
e os recolherei.
Certamente farei de vocês
um nome e um louvor
entre todos os povos da terra,
quando eu restaurar a sorte de vocês
diante dos seus próprios olhos", diz o SENHOR.

AGEU

Ageu exorta o povo a reconstruir o templo

1 1 No segundo ano do reinado de Dario, no sexto
mês, no primeiro dia do mês, por meio do pro-
feta Ageu, a palavra do SENHOR veio a Zorobabel,
filho de Salatiel, governador de Judá, e a Josué, fi-
lho de Jozadaque, o sumo sacerdote, dizendo:
2 — Assim diz o SENHOR dos Exércitos: Este
povo diz: "Ainda não chegou o tempo, o tempo em
que a Casa do SENHOR deve ser reconstruída."
3 Por isso, a palavra do SENHOR veio por meio do
profeta Ageu, dizendo:
4 — Acaso é tempo de vocês morarem em casas
luxuosas, enquanto este templo permanece em ruí-
nas? 5 Portanto, assim diz o SENHOR dos Exércitos:
Considerem o que tem acontecido com vocês. 6 Vo-
cês semearam muito e colheram pouco; comem,
mas isso não chega para matar a fome; bebem, mas
isso não dá para ficarem satisfeitos; põem roupa,
mas ninguém se aquece; e o que recebe salário,
recebe-o para colocá-lo numa sacola furada.
7 — Assim diz o SENHOR dos Exércitos: Consi-
derem o que tem acontecido com vocês. 8 Vão até
o monte, tragam madeira e reconstruam o tem-
plo. Dele me agradarei e serei glorificado, diz o
SENHOR. 9 Vocês esperavam que fosse muito, mas
o que veio foi pouco, e esse pouco, quando o leva-
ram para casa, eu o dissipei com um sopro. E por
quê? — pergunta o SENHOR dos Exércitos. Porque
o meu templo permanece em ruínas, enquanto
cada um de vocês corre por causa de sua própria
casa. 10 Por isso, os céus retêm o seu orvalho, e a
terra não produz os seus frutos. 11 Fiz vir a seca so-
bre a terra e sobre os montes, sobre o cereal, sobre
o vinho, sobre o azeite, sobre o que o solo produz,
sobre as pessoas, sobre os animais e sobre todo
trabalho das mãos.

O povo atende ao Senhor

12 Então Zorobabel, filho de Salatiel, e Josué,
filho de Jozadaque, o sumo sacerdote, e todo o re-
manescente do povo atenderam à voz do SENHOR,
seu Deus, e às palavras do profeta Ageu, as quais
o SENHOR, seu Deus, havia ordenado que ele dis-
sesse. E o povo temeu diante do SENHOR. 13 Então

Ageu, o enviado do SENHOR, falou ao povo, segundo a mensagem do SENHOR, dizendo:

— Eu estou com vocês, diz o SENHOR.

14 O SENHOR despertou o espírito de Zorobabel, filho de Salatiel, governador de Judá, e o espírito de Josué, filho de Jozadaque, o sumo sacerdote, e o espírito de todo o remanescente do povo; eles vieram e começaram a trabalhar no templo do SENHOR dos Exércitos, seu Deus. 15 Era o vigésimo quarto dia do sexto mês do segundo ano do reinado de Dario.

A glória do novo templo

2 1 No segundo ano do reinado de Dario, no sétimo mês, no vigésimo primeiro dia do mês, a palavra do SENHOR veio por meio do profeta Ageu, dizendo:

2 — Fale agora a Zorobabel, filho de Salatiel, governador de Judá, e a Josué, filho de Jozadaque, o sumo sacerdote, e ao remanescente do povo, dizendo: 3 Quem de vocês, que tenha sobrevivido, contemplou este templo na sua primeira glória? E como vocês o veem agora? Por acaso não é como nada aos olhos de vocês? 4 Mas agora o SENHOR diz: Seja forte, Zorobabel! Seja forte, Josué, filho de Jozadaque, o sumo sacerdote! E vocês, todo o povo da terra, sejam fortes, diz o SENHOR, e trabalhem, porque eu estou com vocês, diz o SENHOR dos Exércitos. 5 Segundo a aliança que fiz com vocês, quando saíram do Egito, o meu Espírito habita no meio de vocês. Não tenham medo.

6 — Pois assim diz o SENHOR dos Exércitos: Daqui a pouco, mais uma vez eu farei tremer o céu, a terra, o mar e a terra seca. 7 Farei tremer todas as nações, e serão trazidas as coisas preciosas de todas as nações, e encherei este templo de glória, diz o SENHOR dos Exércitos. 8 Minha é a prata, meu é o ouro, diz o SENHOR dos Exércitos. 9 A glória deste novo templo será maior do que a do primeiro, diz o SENHOR dos Exércitos; e neste lugar darei a paz, diz o SENHOR dos Exércitos.

A infidelidade do povo é repreendida

10 No vigésimo quarto dia do nono mês, no segundo ano do reinado de Dario, a palavra do SENHOR veio ao profeta Ageu, dizendo:

11 — Assim diz o SENHOR dos Exércitos: Peça aos sacerdotes que decidam a seguinte questão relacionada com a lei: 12 Se alguém leva carne santificada na borda de sua roupa, e ela vier a tocar no pão, ou no cozido, ou no vinho, ou no azeite, ou em qualquer outro mantimento, isso ficará santificado?

E os sacerdotes responderam:

— Não.

13 Então Ageu perguntou:

— Se alguém que se tornou impuro pelo contato com um cadáver tocar em qualquer dessas coisas, ficará ela impura?

E os sacerdotes responderam:

— Sim, ficará impura.

14 Então Ageu continuou:

— Assim é este povo, e assim é esta nação diante de mim, diz o SENHOR. Assim é toda a obra das suas mãos, e o que ali oferecem: tudo é impuro. 15 Agora considerem tudo o que aconteceu desde aquele dia. Antes de vocês terem começado a colocar pedra sobre pedra no templo do SENHOR, 16 antes daquele tempo, alguém vinha a um monte de trigo esperando encontrar vinte medidas, e havia somente dez; vinha ao lagar para tirar cinquenta medidas, e havia somente vinte. 17 Eu os feri com queimaduras, com ferrugem, com granizo, em tudo o que vocês fizeram; mas não houve, entre vocês, quem voltasse para mim, diz o SENHOR.

18 — Por isso, desde o dia de hoje, desde o vigésimo quarto dia do nono mês, desde o dia em que foram lançados os alicerces do templo do SENHOR, considerem no seguinte: 19 Ainda há sementes no celeiro? Além disso, a videira, a figueira, a romãzeira e a oliveira não têm dado os seus frutos. Mas, de hoje em diante, eu abençoarei vocês.

A promessa do Senhor a Zorobabel

20 A palavra do SENHOR veio pela segunda vez a Ageu, no vigésimo quarto dia do mês, dizendo:

21 — Fale a Zorobabel, o governador de Judá: "Farei tremer o céu e a terra. 22 Derrubarei o trono dos reinos e destruirei a força dos reinos das nações. Destruirei os carros de guerra e os que andam neles; os cavalos morrerão e os seus cavaleiros matarão uns aos outros. 23 Naquele dia, diz o SENHOR dos Exércitos, tomarei você, Zorobabel, filho de Salatiel, você que é meu servo, diz o SENHOR, e farei de você um anel de selar, porque eu o escolhi", diz o SENHOR dos Exércitos.

ZACARIAS

Exortação ao arrependimento

1 1 No oitavo mês do segundo ano do reinado
de Dario, a palavra do SENHOR veio ao profeta
Zacarias, filho de Baraquias, filho de Ido, dizendo:
2 — O SENHOR ficou muito irado com os pais de
vocês. 3 Portanto, diga-lhes: Assim diz o SENHOR
dos Exércitos: "Voltem para mim, diz o SENHOR
dos Exércitos, e eu voltarei para vocês, diz o
SENHOR dos Exércitos. 4 Não sejam como os seus
pais. Quando os primeiros profetas clamavam:
'Assim diz o SENHOR dos Exércitos: Convertam-se
dos seus maus caminhos e das suas obras más',
eles não ouviram nem me deram atenção, diz o
SENHOR. 5 Os pais de vocês, onde estão? E os pro-
fetas, será que ainda estão vivos? 6 E não é fato que
as minhas palavras e os meus estatutos, que eu
prescrevi aos profetas, meus servos, alcançaram
os pais de vocês? Sim, estes se arrependeram e
disseram: 'Como o SENHOR dos Exércitos tinha in-
tenção de nos tratar, segundo os nossos caminhos
e segundo as nossas obras, assim ele nos tratou.'"

A primeira visão: os cavalos

7 No vigésimo quarto dia do décimo primeiro
mês, que é o mês de sebate, no segundo ano do
reinado de Dario, a palavra do SENHOR veio ao
profeta Zacarias, filho de Baraquias, filho de Ido.
8 Tive de noite uma visão, e eis um homem mon-
tado num cavalo vermelho. Ele estava parado en-
tre as murtas que havia num vale profundo. Atrás
dele se achavam cavalos vermelhos, baios e bran-
cos. 9 Então perguntei:
— Meu senhor, quem são estes?
E o anjo que falava comigo respondeu:
— Eu lhe mostrarei quem são eles.
10 Então o homem que estava entre as murtas disse:
— Eles são os que o SENHOR enviou para per-
correrem a terra.
11 Eles responderam ao anjo do SENHOR, que es-
tava entre as murtas, e disseram:
— Nós já percorremos a terra, e eis que toda a
terra está, agora, calma e tranquila.
12 Então o anjo do SENHOR disse:
— Ó SENHOR dos Exércitos, até quando não te-
rás compaixão de Jerusalém e das cidades de Judá,
contra as quais estás indignado há setenta anos?
13 E o SENHOR respondeu com palavras boas,
palavras consoladoras, ao anjo que falava comigo.
14 E este me disse:
— Proclame: Assim diz o SENHOR dos Exérci-
tos: "Tenho grande amor por Jerusalém e Sião.
15 E, com grande indignação, estou irado contra
as nações que vivem confiantes. Porque eu estava
um pouco indignado, mas elas agravaram o mal.
16 Portanto, assim diz o SENHOR: Voltei-me para Je-
rusalém com misericórdia, e nela será reconstruí-
do o meu templo, diz o SENHOR dos Exércitos. E o
cordel será estendido sobre Jerusalém."
17 — Proclame outra vez, dizendo: Assim diz o
SENHOR dos Exércitos: "As minhas cidades volta-
rão a transbordar de bens; o SENHOR voltará a con-
solar Sião e voltará a escolher Jerusalém."

A segunda visão: os chifres e os ferreiros

18 Levantei os olhos e vi, e eis quatro chifres.
19 Perguntei ao anjo que falava comigo:
— O que é isto?
Ele me respondeu:
— São os chifres que dispersaram Judá, Israel
e Jerusalém.
20 O SENHOR me mostrou quatro ferreiros. 21 En-
tão perguntei:
— O que é que eles vêm fazer?
Ele respondeu:
— Aqueles são os chifres que dispersaram Judá,
de maneira que ninguém pode levantar a cabeça.
Mas estes ferreiros vieram para os amedrontar,
para derrubar os chifres das nações que levantaram
o seu poder contra a terra de Judá, para a espalhar.

A terceira visão: Jerusalém é medida

2 1 Levantei os olhos e vi, e eis um homem que
tinha na mão um cordel de medir. 2 Então per-
guntei:
— Para onde você vai?
Ele me respondeu:
— Vou medir Jerusalém, para saber a sua largu-
ra e o seu comprimento.
3 Eis que o anjo que falava comigo se afastou, e
outro anjo veio se encontrar com ele. 4 E lhe disse:
— Corra e diga àquele jovem: "Jerusalém será
habitada como as aldeias sem muralhas, por cau-
sa do grande número de pessoas e de animais que
haverá nela. 5 Pois eu serei uma muralha de fogo
ao redor dela, diz o SENHOR, eu mesmo serei, no
meio dela, a sua glória."

Israel é exortado a voltar para Sião

6 — Vamos! Vamos! Fujam da terra do Norte,
diz o SENHOR, porque eu espalhei vocês como os
quatro ventos do céu, diz o SENHOR. 7 Vamos! Fuja,
Sião, você que habita com a filha da Babilônia.
8 — Pois assim diz o SENHOR dos Exércitos:
Para obter a glória, ele me enviou às nações que
saquearam os bens de vocês. Porque aquele que
tocar em vocês toca na menina dos meus olhos.
9 Porque eis que agitarei a mão contra eles, e eles
virão a ser a presa daqueles que os serviram.

Assim vocês saberão que o SENHOR dos Exércitos é quem me enviou.

10— Alegre-se e cante, ó filha de Sião, porque eis que venho e habitarei no meio de você, diz o SENHOR. 11 Naquele dia, muitas nações se juntarão ao SENHOR e serão o meu povo. Habitarei em seu meio, e vocês saberão que o SENHOR dos Exércitos é quem me enviou a vocês. 12 Então o SENHOR herdará a terra de Judá como a sua porção na terra santa e voltará a escolher Jerusalém. 13 Calem-se todos diante do SENHOR, porque ele se levantou da sua santa morada.

A quarta visão: o sumo sacerdote Josué

3 1 Deus me mostrou o sumo sacerdote Josué, que estava diante do Anjo do SENHOR; mostrou também Satanás, que estava à direita de Josué, para o acusar. 2 Mas o SENHOR disse a Satanás:

— Que o SENHOR o repreenda, Satanás! Sim, que o SENHOR, que escolheu Jerusalém, o repreenda! Não é este um toco de lenha tirado do fogo?

3 Ora, Josué estava diante do Anjo vestido com roupas muito sujas. 4 O Anjo tomou a palavra e disse aos que estavam diante dele:

— Tirem as roupas sujas que ele está usando.

E a Josué ele disse:

— Eis que tirei de você a sua iniquidade e agora o vestirei com roupas finas.

5 Então eu disse:

— Ponham um turbante limpo na cabeça dele.

Puseram um turbante limpo na cabeça dele e o vestiram, na presença do Anjo do SENHOR, 6 que disse a Josué:

7— Assim diz o SENHOR dos Exércitos: Se você andar nos meus caminhos e observar os meus preceitos, você julgará o meu templo e guardará os meus átrios. Eu lhe darei livre acesso entre estes que aqui se encontram. 8 Portanto, escute, Josué, sumo sacerdote, você e os seus companheiros que estão sentados diante de você, porque estes homens são um sinal do que há de vir: eis que eu farei vir o meu servo, o Renovo. 9 Porque eis aqui a pedra que pus diante de Josué; sobre esta pedra única estão sete olhos. Eis que eu gravarei nela uma inscrição, diz o SENHOR dos Exércitos, e tirarei a iniquidade desta terra num só dia. 10 Naquele dia, diz o SENHOR dos Exércitos, cada um de vocês convidará o seu próximo para sentar-se debaixo da videira e debaixo da figueira.

A quinta visão: o candelabro de ouro

4 1 O anjo que falava comigo voltou e me despertou, como se desperta alguém do sono. 2 Ele me perguntou:

— O que você está vendo?

Respondi:

— Vejo um candelabro todo de ouro e um vaso de azeite em cima com as suas sete lâmpadas e sete tubos, um para cada uma das lâmpadas que estão em cima do candelabro. 3 Junto ao candelabro vejo duas oliveiras, uma à direita do vaso de azeite, e a outra à sua esquerda.

4 Então perguntei ao anjo que falava comigo:

— Meu senhor, o que é isto?

5 O anjo que falava comigo disse:

— Você não sabe o que é isto?

Respondi:

— Não, meu senhor.

6 Ele prosseguiu e me disse:

— Esta é a palavra do SENHOR a Zorobabel: "Não por força nem por poder, mas pelo meu Espírito", diz o SENHOR dos Exércitos.

7— "Quem é você, ó grande monte? Diante de Zorobabel você será uma planície. Porque ele colocará a pedra de remate do templo, em meio a aclamações: 'Haja graça e graça para ela!'"

8 Novamente a palavra do SENHOR veio a mim, dizendo:

9— As mãos de Zorobabel lançaram os alicerces deste templo, e as mãos dele vão terminar a construção, para que vocês saibam que o SENHOR dos Exércitos é quem me enviou a vocês. 10 Pois quem despreza o dia dos humildes começos, esse ficará alegre ao ver o prumo nas mãos de Zorobabel. Aqueles sete olhos são os olhos do SENHOR, que percorrem toda a terra.

11 Então perguntei ao anjo:

— O que são as duas oliveiras à direita e à esquerda do candelabro?

12 E acrescentei uma segunda pergunta:

— O que são aqueles dois ramos de oliveira que estão junto aos dois tubos de ouro, que vertem azeite dourado?

13 Ele me respondeu:

— Você não sabe o que é isto?

Eu respondi:

— Não, meu senhor.

14 Então ele disse:

— São os dois ungidos, que estão a serviço do Senhor de toda a terra.

A sexta visão: o rolo que voava

5 1 Tornei a levantar os olhos e vi, e eis um livro em forma de rolo que voava. 2 O anjo me perguntou:

— O que você está vendo?

Eu respondi:

— Vejo um rolo voando, que tem nove metros de comprimento e quatro metros e meio de largura.

3 Então ele me disse:

— Esta é a maldição que sai pela face de toda a terra. Porque quem roubar será expulso segundo a maldição, e quem jurar falsamente será expulso também segundo a mesma maldição. 4 Enviarei

essa maldição, diz o SENHOR dos Exércitos, e a fa-
rei entrar na casa do ladrão e na casa do que jurar
falsamente pelo meu nome; ela ficará nessas casas
e consumirá a sua madeira e as suas pedras.

A sétima visão: a mulher e o cesto

5O anjo que falava comigo saiu e me disse:
— Levante os olhos e veja o que é isto que está
saindo.
6Eu perguntei:
— O que é isto?
Ele me respondeu:
— É um cesto que serve para medir.
E acrescentou:
— Isto é a iniquidade em toda a terra.
7Então foi levantada a tampa de chumbo que
cobria o cesto, e eis que uma mulher estava senta-
da dentro do cesto. 8O anjo explicou:
— Isto é a maldade.
E a empurrou para o fundo do cesto, sobre cuja
boca pôs o peso de chumbo.
9Levantei os olhos e vi, e eis que saíram duas
mulheres. Havia vento em suas asas, que eram
como de cegonha; e levantaram o cesto entre a
terra e o céu. 10Então perguntei ao anjo que falava
comigo:
— Para onde elas estão levando o cesto?
11Ele respondeu:
— Para a terra de Sinar, onde edificarão um
templo para aquela mulher. Quando o templo es-
tiver concluído, ela será posta ali em seu próprio
lugar.

A oitava visão: as quatro carruagens

6 1Outra vez levantei os olhos e vi, e eis que qua-
tro carruagens saíam do meio de dois montes,
e estes montes eram de bronze. 2Na primeira car-
ruagem, os cavalos eram vermelhos; na segun-
da, eram pretos; 3na terceira, eram brancos; e na
quarta, eram baios. Todos eram fortes. 4Então per-
guntei ao anjo que falava comigo:
— Meu senhor, o que é isto?
5O anjo respondeu:
— São os quatro ventos do céu, que saem de
onde estavam diante do Senhor de toda a terra. 6A
carruagem em que estão os cavalos pretos sai para
a terra do Norte. Os cavalos brancos saem após
eles, e os cavalos baios vão para a terra do Sul.
7Assim, os cavalos fortes saem, forcejando para
seguir adiante, para percorrerem a terra.
O SENHOR lhes disse:
— Vão e percorram a terra.
E eles percorriam a terra. 8Então ele me cha-
mou e me disse:
— Eis que aqueles que saíram para a terra do
Norte fazem o meu Espírito repousar na terra do
Norte.

A coroação de Josué. O Renovo

9A palavra do SENHOR veio a mim, dizendo:
10— Receba o que foi trazido pelos exilados
Heldai, Tobias e Jedaías, que voltaram da Babilô-
nia, e no mesmo dia entre na casa de Josias, filho
de Sofonias. 11Receba a prata e o ouro, faça uma
coroa e coloque-a na cabeça do sumo sacerdote
Josué, filho de Jozadaque. 12E diga-lhe: Assim diz
o SENHOR dos Exércitos: "Eis aqui o homem cujo
nome é Renovo. Ele brotará do seu lugar e edificará
o templo do SENHOR. 13Ele mesmo edificará o tem-
plo do SENHOR e será revestido de glória. Ele se as-
sentará no seu trono, e dominará, e será sacerdote
no seu trono; e reinará perfeita união entre ambos
os ofícios. 14A coroa será para Helém, para Tobias,
para Jedaías e para Hem, filho de Sofonias, como
memorial no templo do SENHOR. 15Aqueles que
estão longe virão e ajudarão a edificar o templo do
SENHOR, e vocês saberão que o SENHOR dos Exér-
citos me enviou a vocês. Isto acontecerá se vocês
ouvirem atentamente a voz do SENHOR, seu Deus."

O jejum que não agrada a Deus

7 1No quarto ano do reinado de Dario, no quar-
to dia do nono mês, que é o mês de quisleu, a
palavra do SENHOR veio a Zacarias. 2Ora, o povo
de Betel tinha enviado Sarezer, Regém-Meleque
e seus companheiros, para suplicarem o favor
do SENHOR, 3perguntando aos sacerdotes, que
estavam na Casa do SENHOR dos Exércitos, e aos
profetas: "Devemos nós continuar a chorar, com
jejum, no quinto mês, como temos feito por tantos
anos?" 4Então a palavra do SENHOR dos Exércitos
veio a mim, dizendo:
5— Pergunte a todo o povo desta terra e aos
sacerdotes: Quando vocês jejuaram e prantearam,
no quinto e no sétimo mês, durante estes setenta
anos, será que foi realmente para mim que vocês
jejuaram? 6Quando vocês comem e bebem, não é
para vocês mesmos que comem e bebem? 7Será
que vocês não ouviram as palavras que o SENHOR
pregou pelo ministério dos profetas que nos pre-
cederam, quando Jerusalém estava habitada e em
paz com as suas cidades ao redor dela, e o Sul e a
Sefelá eram habitados?

A desobediência foi a causa do cativeiro

8A palavra do SENHOR veio a Zacarias, dizendo:
9— Assim falou o SENHOR dos Exércitos: "Jul-
guem segundo a verdade e sejam bondosos e mi-
sericordiosos uns com os outros. 10Não oprimam
a viúva, nem o órfão, nem o estrangeiro, nem o
pobre, e que ninguém faça planos para prejudicar
o seu próximo." 11Porém eles não quiseram aten-
der e, rebeldes, me viraram as costas e taparam os
ouvidos, para que não ouvissem. 12Sim, fizeram
o seu coração duro como diamante, para que não

ouvissem a lei, nem as palavras que o SENHOR dos
Exércitos tinha enviado pelo seu Espírito, median-
te os profetas que nos precederam; daí veio a gran-
de ira do SENHOR dos Exércitos. 13 Visto que eu
clamei, e eles não me ouviram, eles também cla-
maram, e eu não os ouvi, diz o SENHOR dos Exér-
citos. 14 Com uma tempestade, eu os espalhei por
todas as nações que eles não conheciam. E a terra
foi devastada atrás deles, de modo que ninguém
passava por ela, nem voltava; porque da terra de-
sejável fizeram uma desolação.

Sião restaurada

8 1 A palavra do SENHOR dos Exércitos veio a
mim, dizendo:
2 — Assim diz o SENHOR dos Exércitos: Tenho
grande amor por Sião. É um amor tão grande que
me leva à indignação contra os seus inimigos.
3 — Assim diz o SENHOR: Voltarei para Sião e
habitarei no meio de Jerusalém. E Jerusalém será
chamada de "Cidade Fiel", e o monte do SENHOR
dos Exércitos será chamado de "Monte Santo".
4 — Assim diz o SENHOR dos Exércitos: Os ve-
lhos e as velhas voltarão a sentar-se nas praças de
Jerusalém, levando cada um na mão a sua bengala,
por causa da sua muita idade. 5 As praças da cida-
de se encherão de meninos e meninas, que nelas
brincarão.
6 — Assim diz o SENHOR dos Exércitos: Isso
pode parecer impossível aos olhos do remanes-
cente deste povo naqueles dias, mas não será im-
possível para mim, diz o SENHOR dos Exércitos.
7 — Assim diz o SENHOR dos Exércitos: Eis que
salvarei o meu povo, tirando-o da terra do Oriente
e da terra do Ocidente. 8 Eu os trarei, e habitarão
em Jerusalém. Eles serão o meu povo, e eu serei o
seu Deus, em verdade e em justiça.
9 — Assim diz o SENHOR dos Exércitos: Sejam
fortes, todos vocês que nestes dias estão ouvindo
estas palavras da boca dos profetas, a saber, nos
dias em que foram lançados os alicerces da Casa
do SENHOR dos Exércitos, para que o templo fosse
construído. 10 Porque, antes daqueles dias, não ha-
via salário para os trabalhadores, nem pagamento
pelo trabalho dos animais. Não havia paz para o
que entrava, nem para o que saía, por causa dos
inimigos, porque eu incitei cada um contra o seu
próximo. 11 Mas, agora, não tratarei o remanescen-
te deste povo como tratei o povo no passado, diz
o SENHOR dos Exércitos. 12 Porque haverá semea-
dura em paz, as videiras darão o seu fruto, a terra,
as suas colheitas, e os céus, o seu orvalho. E farei
com que o remanescente deste povo herde tudo
isso. 13 Casa de Judá e casa de Israel, assim como
vocês foram uma maldição entre as nações, assim
agora eu os salvarei, e vocês serão uma bênção.
Não tenham medo! Pelo contrário, sejam fortes!
14 — Porque assim diz o SENHOR dos Exércitos:
Assim como eu havia decidido castigar vocês,
quando os seus pais me provocaram à ira, diz
o SENHOR dos Exércitos, e não mudei de ideia,
15 também decidi agora fazer bem a Jerusalém e à
casa de Judá nestes dias. Não tenham medo! 16 Eis
as coisas que vocês devem fazer: Que cada um fale
a verdade com o seu próximo. Nos tribunais, jul-
guem com justiça, segundo a verdade, em favor da
paz. 17 Que ninguém faça planos para prejudicar o
seu próximo, nem ame o juramento falso, porque
eu odeio todas estas coisas, diz o SENHOR.
18 A palavra do SENHOR dos Exércitos veio a
mim, dizendo:
19 — Assim diz o SENHOR dos Exércitos: O jejum
do quarto mês, o do quinto, o do sétimo e o do dé-
cimo serão para a casa de Judá um dia de júbilo,
alegria e festividades solenes. Portanto, amem a
verdade e a paz.
20 — Assim diz o SENHOR dos Exércitos: Ainda
virão povos e moradores de muitas cidades, 21 e
os moradores de uma cidade irão à outra, dizen-
do: "Vamos depressa suplicar o favor do SENHOR e
buscar o SENHOR dos Exércitos; eu também irei."
22 Muitos povos e nações poderosas virão a Jeru-
salém buscar o SENHOR dos Exércitos e suplicar o
favor do SENHOR.
23 — Assim diz o SENHOR dos Exércitos: Na-
queles dias, dez homens, de todas as línguas das
nações, pegarão, sim, pegarão na borda da roupa
de um judeu e lhe dirão: "Queremos ir com vocês,
porque ouvimos que Deus está com vocês."

O castigo de diversos povos

9 1 A sentença pronunciada pelo SENHOR
é contra a terra de Hadraque
e repousa sobre Damasco,
porque o SENHOR põe os olhos
sobre a humanidade
e sobre todas as tribos de Israel.
2 Também repousa sobre Hamate,
que faz fronteira com Damasco,
e sobre Tiro e Sidom,
cuja sabedoria é grande.
3 Tiro edificou para si uma fortaleza
e amontoou prata como pó,
e ouro como lama das ruas.
4 Eis que o Senhor tomará posse da cidade
e jogará as riquezas dela no mar;
e Tiro será consumida pelo fogo.
5 Asquelom verá isso e ficará com medo.
Também Gaza ficará com medo
e terá grande dor.
Igualmente Ecrom,
porque a sua esperança estará perdida.
O rei de Gaza perecerá,
e Asquelom não será habitada.

6 Um povo bastardo
habitará em Asdode,
e exterminarei o orgulho dos filisteus.
7 Da boca destes
tirarei a carne com sangue
e, dos seus dentes, as suas abominações.
Então eles ficarão como um resto
para o nosso Deus,
e serão como chefes em Judá;
e Ecrom será como os jebuseus.
8 Eu me acamparei ao redor da minha casa
para defendê-la contra forças invasoras,
para que ninguém passe, nem volte.
Nunca mais passará sobre eles o opressor,
porque agora vejo isso
com os meus próprios olhos.

O rei vem de Sião

9 Alegre-se muito, ó filha de Sião!
Exulte, ó filha de Jerusalém!
Eis que o seu rei vem até você,
justo e salvador,
humilde, montado em jumento,
num jumentinho, cria de jumenta.
10 Destruirei os carros de guerra de Efraim
e os cavalos de Jerusalém;
os arcos de guerra serão destruídos.
Ele anunciará paz às nações;
o seu domínio se estenderá de mar a mar
e desde o Eufrates até os confins da terra.
11 Quanto a você, Sião,
por causa do sangue
da minha aliança com você,
tirei os seus cativos da cova
em que não havia água.
12 Voltem para a fortaleza,
ó prisioneiros da esperança!
Também hoje anuncio
que lhes restituirei tudo em dobro.
13 Porque entesei Judá
como meu arco de guerra
e fiz de Efraim a minha flecha.
Levantarei os seus filhos, ó Sião,
contra os filhos da Grécia,
e farei você semelhante à espada
de um valente.
14 O SENHOR será visto sobre os filhos de Sião,
e as suas flechas sairão
como o relâmpago.
O SENHOR Deus fará soar a trombeta
e irá com os redemoinhos do Sul.
15 O SENHOR dos Exércitos
protegerá o seu povo.
Eles engolirão os inimigos
e pisarão nas pedras atiradas com as fundas.
Também beberão o sangue deles
como se fosse vinho;
eles se encherão como as bacias do sacrifício
e ficarão ensopados
como os cantos do altar.
16 Naquele dia, o SENHOR,
seu Deus, os salvará,
como o rebanho do seu povo;
porque eles são pedras de uma coroa
e resplandecem na terra dele.
17 Pois quão grande é a sua bondade!
E quão grande é a sua formosura!
O trigo fará florescer os jovens,
e o vinho, as moças.

Deus abençoará Judá e Israel

10 1 Peçam ao SENHOR chuva
no tempo das últimas chuvas;
peçam ao SENHOR,
que faz as nuvens de chuva,
e ele lhes dará chuva abundante
e a cada um, a vegetação no campo.
2 Porque os ídolos do lar falam coisas vãs
e os adivinhos veem mentiras
e contam sonhos enganadores;
oferecem consolações vazias.
Por isso, o povo anda como ovelhas,
aflito por não ter pastor.

3 "É contra os pastores
que se acendeu a minha ira;
castigarei os bodes
que vão adiante do rebanho.
Mas o SENHOR dos Exércitos cuidará
do seu rebanho, a casa de Judá,
e fará dela o seu majestoso cavalo
na batalha.
4 De Judá sairá a pedra angular;
dele, a estaca da tenda;
dele, o arco de guerra;
dele sairão todos os chefes juntos.
5 E serão como valentes que, na batalha,
pisam aos pés os seus inimigos
na lama das ruas.
Lutarão, porque o SENHOR está com eles,
e envergonharão os que andam
montados em cavalos."
6 "Fortalecerei a casa de Judá
e salvarei a casa de José.
Eu os farei voltar,
porque me compadeço deles;
e serão como se eu
não os tivesse rejeitado,
porque eu sou o SENHOR,
seu Deus, e os ouvirei.
7 Os de Efraim serão
como um valente,
e o seu coração se alegrará
como se tivessem bebido vinho;

os seus filhos verão isso e se alegrarão;
o seu coração exultará no SENHOR.
8 Eu lhes assobiarei e os reunirei,
porque já os remi;
eles se multiplicarão
como antes tinham se multiplicado.
9 Embora eu os tenha espalhado
entre os povos,
eles se lembram de mim
em lugares distantes;
continuarão vivos
com os seus filhos e voltarão.
10 Porque eu os farei voltar
da terra do Egito
e os congregarei da Assíria.
Eu os trarei à terra de Gileade e ao Líbano,
e não haverá lugar para todos.
11 Passarão pelo mar de angústia,
serão feridas as ondas do mar,
e todas as profundezas do Nilo se secarão.
Então será derrubado
o orgulho da Assíria,
e o cetro do Egito será removido.
12 Eu os fortalecerei no SENHOR,
e eles andarão no meu nome", diz o SENHOR.

11 1 Abra as suas portas, ó Líbano,
para que o fogo consuma
os seus cedros.
2 Chorem, ciprestes, porque os cedros caíram,
porque as mais excelentes árvores
foram destruídas.
Chorem, carvalhos de Basã,
porque a densa floresta foi derrubada.
3 Eis a voz de choro dos pastores,
porque a sua glória foi destruída!
Eis o rugido dos leõezinhos,
porque o orgulho do Jordão foi destruído!

A parábola do bom pastor

4 — Assim diz o SENHOR, meu Deus: Apascente
as ovelhas destinadas para o matadouro. 5 Aqueles
que as compram matam-nas e não são punidos; os
que as vendem dizem: "Louvado seja o SENHOR!
Ficamos ricos!" E os pastores das ovelhas não
se compadecem delas. 6 Certamente não terei
mais compaixão dos moradores desta terra, diz o
SENHOR. Eis que eu entregarei cada um nas mãos
do seu próximo e nas mãos do seu rei. Eles destruirão o país, e eu não os livrarei das mãos deles.
7 Apascentei as ovelhas destinadas para o matadouro pelos negociantes das ovelhas. Peguei dois
cajados: a um chamei "Graça", e a outro, "União".
E apascentei as ovelhas. 8 Em um mês destruí três
pastores. Perdi a paciência com eles, e também
eles se cansaram de mim. 9 Então eu disse:
— Não serei mais o pastor de vocês. Quem
tiver de morrer, que morra! Quem tiver de ser
destruído, que seja! E os que restarem, que cada
um coma a carne do seu próximo.
10 Peguei o cajado chamado Graça e o quebrei,
para anular a minha aliança, que eu havia feito com
todos os povos. 11 Portanto, a aliança foi anulada
naquele dia. E os negociantes de ovelhas, que estavam me observando, reconheceram que isto era
palavra do SENHOR. 12 Eu lhes disse:
— Se estiverem de acordo, paguem o meu salário; se não, deixem por isso mesmo.
Então pesaram o meu salário: trinta moedas de
prata.
13 Então o SENHOR me disse:
— Pegue esse dinheiro, esse magnífico preço
em que fui avaliado por eles, e jogue para o oleiro.
Peguei as trinta moedas de prata e as joguei
para o oleiro, na Casa do SENHOR. 14 Depois, quebrei o segundo cajado, chamado União, para romper a irmandade entre Judá e Israel.

A parábola do pastor insensato

15 O SENHOR me disse:
— Agora pegue os apetrechos de um pastor insensato. 16 Porque eis que eu levantarei na terra um
pastor que não cuidará das ovelhas que estão perecendo, não buscará a desgarrada, não curará a que
foi ferida, nem apascentará a sã, mas comerá a carne
das ovelhas gordas e arrancará até os cascos delas.

17 Ai do pastor inútil,
que abandona o rebanho!
A espada cairá sobre o seu braço
e sobre o seu olho direito;
o braço ficará
completamente seco,
e o olho direito totalmente cego.

A salvação de Jerusalém

12 1 Sentença pronunciada pelo SENHOR a
respeito de Israel. O SENHOR, que estendeu
o céu, fundou a terra e formou o espírito do ser
humano dentro dele, diz:
2 — Eis que eu farei de Jerusalém um cálice
de atordoamento para todos os povos vizinhos
e também para Judá, durante o sítio contra Jerusalém. 3 Naquele dia, farei de Jerusalém uma
pedra pesada para todos os povos. Todos os que
tentarem erguê-la ficarão gravemente feridos. E
todas as nações da terra se ajuntarão contra ela.
4 Naquele dia, diz o SENHOR, farei com que todos
os cavalos fiquem espantados e os seus cavaleiros
fiquem loucos. Manterei os meus olhos abertos
sobre a casa de Judá e farei com que todos os cavalos dos povos fiquem cegos. 5 Então os chefes de
Judá pensarão assim: "Os moradores de Jerusalém
têm a força do SENHOR dos Exércitos, seu Deus."
6 Naquele dia, porei os chefes de Judá como um

braseiro aceso debaixo da lenha e como uma to-
cha acesa entre os feixes de trigo. Eles destruirão
à direita e à esquerda todos os povos ao redor, e
Jerusalém será habitada outra vez no seu lugar,
na própria Jerusalém. 7 O SENHOR salvará primei-
ramente as tendas de Judá, para que a glória da
casa de Davi e a glória dos moradores de Jerusalém
não sejam exaltadas acima de Judá. 8 Naquele dia,
o SENHOR protegerá os moradores de Jerusalém.
O mais fraco dentre eles, naquele dia, será como
Davi, e a casa de Davi será como Deus, como o
Anjo do SENHOR diante deles. 9 Naquele dia, pro-
curarei destruir todas as nações que vierem contra
Jerusalém.

O arrependimento dos habitantes de Jerusalém

10 E sobre a casa de Davi e sobre os moradores
de Jerusalém derramarei o espírito da graça e de
súplicas. Olharão para aquele a quem traspassa-
ram. Prantearão por ele como quem pranteia por
um filho único e chorarão por ele como se chora
amargamente pelo primogênito. 11 Naquele dia, o
pranto em Jerusalém será tão grande como o pran-
to de Hadade-Rimom, no vale de Megido. 12 A ter-
ra pranteará, cada família à parte: a família da casa
de Davi à parte, e suas mulheres à parte; a família
da casa de Natã à parte, e suas mulheres à parte;
13 a família da casa de Levi à parte, e suas mulheres
à parte; a família dos simeítas à parte, e suas mu-
lheres à parte. 14 Todas as outras famílias prantea-
rão, cada família à parte, e suas mulheres à parte.

13 1 — Naquele dia, haverá uma fonte aberta
para a casa de Davi e para os moradores de
Jerusalém, para remover o pecado e a impureza.

A eliminação da idolatria

2 — Naquele dia, diz o SENHOR dos Exércitos, eli-
minarei da terra os nomes dos ídolos, e não haverá
mais memória deles. Também removerei da terra
os profetas e o espírito imundo. 3 Se alguém ainda
profetizar, seu pai e sua mãe, que o geraram, lhe di-
rão: "Você será morto, porque está falando menti-
ras em nome do SENHOR." E seu pai e sua mãe, que
o geraram, o matarão à espada, quando ele profe-
tizar. 4 Naquele dia, os profetas terão vergonha de
suas visões proféticas, e nunca mais vestirão um
manto de pelos, para enganar as pessoas. 5 Pelo
contrário, cada um dirá: "Eu não sou profeta; sou
lavrador. Trabalho no campo desde a minha juven-
tude." 6 Se alguém lhe perguntar: "Que feridas são
essas nas suas mãos?", ele responderá: "São as feri-
das com que fui ferido na casa dos meus amigos."

O pastor de Deus é ferido

7 "Levante-se, ó espada,
e ataque o meu pastor
e aquele que é o meu companheiro",
diz o SENHOR dos Exércitos.
"Fira o pastor, e as ovelhas ficarão dispersas.
E voltarei a minha mão para os pequeninos.
8 Em toda a terra", diz o SENHOR,
"dois terços dela serão eliminados e morrerão;
mas uma terça parte irá sobreviver.
9 Farei essa terça parte passar pelo fogo,
e a purificarei como se purifica a prata,
e a provarei como se prova o ouro.
Eles invocarão o meu nome,
e eu os atenderei.
Direi: 'Vocês são o meu povo',
e eles responderão:
'O SENHOR é o nosso Deus.'"

O juízo sobre Jerusalém e seus opressores

14 1 Eis que vem o Dia do SENHOR, em que o seu
despojo será repartido dentro de você, ó Je-
rusalém. 2 Porque eu ajuntarei todas as nações para
a batalha contra Jerusalém. A cidade será tomada,
as casas serão saqueadas e as mulheres, violenta-
das. Metade da cidade será levada para o cativeiro,
mas o restante do povo não será expulso da cidade.
3 Então o SENHOR sairá e lutará contra essas nações,
como ele costumava lutar no dia da batalha. 4 Na-
quele dia, os seus pés estarão sobre o monte das
Oliveiras, que está em frente de Jerusalém, para
o leste. O monte das Oliveiras será fendido pelo
meio, do leste ao oeste, formando um grande vale.
Metade do monte se afastará para o norte, e a outra
metade, para o sul. 5 Vocês fugirão pelo meu vale
entre os montes, porque esse vale chegará até Azal.
Sim, vocês fugirão como fugiram do terremoto nos
dias de Uzias, rei de Judá. Então virá o SENHOR,
meu Deus, e todos os santos virão com ele.
6 Naquele dia, não haverá luz, mas frio e gelo.
7 Mas será um dia singular, um dia conhecido do
SENHOR. Não haverá separação entre dia e noite,
pois mesmo depois de anoitecer ainda será dia claro.
8 Naquele dia, águas vivas correrão de Jerusa-
lém, metade delas para o mar oriental, e a outra
metade para o mar ocidental; isso acontecerá
tanto no verão como no inverno. 9 O SENHOR será
Rei sobre toda a terra. Naquele dia, um só será o
SENHOR, e um só será o seu nome.
10 Toda a terra se tornará em planície, desde
Geba até Rimom, ao sul de Jerusalém. Mas Jeru-
salém será exaltada e habitada no seu lugar, des-
de o Portão de Benjamim até o lugar do primeiro
portão, até o Portão da Esquina e desde a Torre de
Hananel até os lagares do rei. 11 Será habitada, e já
não haverá maldição; Jerusalém habitará segura.
12 Esta será a praga com que o SENHOR castiga-
rá todos os povos que guerrearem contra Jerusa-
lém: a carne deles apodrecerá, estando eles em
pé, os seus olhos apodrecerão nas suas órbitas, e

a língua deles apodrecerá na boca. 13 Naquele dia,
também haverá da parte do SENHOR grande con-
fusão entre eles; cada um agarrará a mão do seu
próximo, cada um levantará a mão contra o seu
próximo. 14 Também Judá irá lutar em Jerusalém.
E se ajuntarão as riquezas de todas as nações vizi-
nhas: ouro, prata e roupas em grande abundância.
15 Como esta praga, assim será a praga dos cavalos,
das mulas, dos camelos, dos jumentos e de todos
os animais que estiverem naqueles arraiais.

A glória futura da cidade de Deus

16 Todos os que restarem de todas as nações que
vieram contra Jerusalém subirão de ano em ano
para adorar o Rei, o SENHOR dos Exércitos, e para
celebrar a Festa dos Tabernáculos. 17 Se algum dos
povos da terra não subir a Jerusalém, para adorar o
Rei, o SENHOR dos Exércitos, esse povo ficará sem
chuva. 18 Se os egípcios não subirem, nem vierem,
ficarão sem chuva; virá sobre eles a praga com que
o SENHOR castigará as nações que não subirem
para celebrar a Festa dos Tabernáculos. 19 Este
será o castigo dos egípcios e o castigo de todas as
nações que não subirem para celebrar a Festa dos
Tabernáculos.

20 Naquele dia, será gravado nas campainhas
dos cavalos: "Santo ao SENHOR", e as panelas do
templo do SENHOR serão como as bacias diante do
altar; 21 sim, todas as panelas em Jerusalém e em
Judá serão santas ao SENHOR dos Exércitos. Todos
os que oferecerem sacrifícios usarão essas pane-
las para cozinhar a carne do sacrifício. Naquele
dia, não haverá mais comerciantes no templo do
SENHOR dos Exércitos.

MALAQUIAS

1 1 Sentença pronunciada pelo SENHOR contra
Israel, por meio de Malaquias.

O amor do Senhor por Jacó

2 O SENHOR diz:
— Eu sempre os amei.
Mas vocês perguntam:
— Como é que nos amaste?
E o SENHOR responde:
— Esaú era irmão de Jacó, mas eu amei Jacó 3 e
desprezei Esaú. Fiz dos montes de Edom uma de-
solação e dei a sua herança aos chacais do deserto.
4 Se Edom disser: "Fomos destruídos, mas va-
mos reconstruir o que está em ruínas", o SENHOR
dos Exércitos responderá: "Eles podem até re-
construir, mas eu vou derrubar outra vez. E a terra
deles será chamada de 'Terra Da Maldade' e 'Povo
Contra Quem O SENHOR Está Irado Para Sempre'."
5 Vocês verão isso com os seus olhos e dirão:
— O SENHOR é grande também fora das fron-
teiras de Israel.

O Senhor reprova os sacerdotes

6 — O filho honra o pai, e o servo respeita o seu
senhor. Se eu sou pai, onde está a minha honra?
E, se eu sou senhor, onde está o respeito para co-
migo? Eu, o SENHOR dos Exércitos, pergunto isso
a vocês, sacerdotes que desprezam o meu nome.
Mas vocês perguntam: "Como desprezamos o
teu nome?" 7 Vocês oferecem pão impuro sobre o
meu altar e ainda perguntam: "Em que te havemos
profanado?" Nisso de pensarem que a mesa do
SENHOR pode ser desprezada. 8 Quando vocês ofe-
recem em sacrifício um animal cego, será que isso
não está errado? E, quando trazem um animal coxo
ou doente, será que isso não está errado? Ora, ex-
perimentem oferecer um animal desses ao seu go-
vernador! Será que ele se agradará de vocês ou será
favorável a vocês? — diz o SENHOR dos Exércitos.
9 — E agora, sacerdotes, supliquem o favor de
Deus, para que nos conceda a sua graça. Mas, com
tais ofertas nas mãos, será que ele será favorável
a vocês? — diz o SENHOR dos Exércitos. 10 Quem
dera houvesse entre vocês alguém que fechasse
as portas do templo, para que não acendessem em
vão o fogo do meu altar! Eu não tenho prazer em
vocês, diz o SENHOR dos Exércitos, nem aceitarei as
suas ofertas. 11 Mas, desde o nascente do sol até o
poente, é grande o meu nome entre as nações. Em
todos os lugares lhe é queimado incenso e são tra-
zidas ofertas puras, porque é grande o meu nome
entre as nações, diz o SENHOR dos Exércitos. 12 Mas
vocês estão profanando o meu nome, quando pen-
sam que a mesa do SENHOR é impura, e que a comi-
da que é oferecida sobre ela pode ser desprezada.
13 E vocês dizem ainda: "Que canseira!" E torcem
o nariz para isso, diz o SENHOR dos Exércitos. Ofe-
recem animais roubados, coxos ou doentes. Vocês
acham que eu vou aceitar isso? — diz o SENHOR.
14 Maldito seja o enganador, que, tendo um ani-
mal sadio no seu rebanho, promete e oferece ao
SENHOR um defeituoso! Porque eu sou grande Rei,

diz o SENHOR dos Exércitos, e o meu nome é terrí-
vel entre as nações.

O castigo dos sacerdotes

2 1 — E agora, sacerdotes, este mandamento é
para vocês. 2 Se não ouvirem e não se impor-
tarem com a necessidade de honrar o meu nome,
diz o SENHOR dos Exércitos, enviarei sobre vocês
a maldição e amaldiçoarei as suas bênçãos. Aliás,
já as amaldiçoei, porque vocês não se importaram
com a honra devida ao meu nome. 3 Eis que re-
provarei a sua descendência, passarei no rosto de
vocês o esterco dos animais sacrificados nas suas
festas, e vocês serão levados embora com esse
esterco. 4 Então vocês saberão que eu lhes enviei
este mandamento, para que se mantenha a minha
aliança com Levi, diz o SENHOR dos Exércitos.

5 — Minha aliança com ele foi de vida e de paz,
e foi isso que eu lhe dei, para que me temesse; e,
de fato, ele me temeu e tremeu por causa do meu
nome. 6 A verdadeira instrução esteve na sua boca,
e nenhuma injustiça se achou em seus lábios. Ele
andou comigo em paz e em retidão, e afastou mui-
tos da iniquidade. 7 Porque os lábios do sacerdote
devem guardar o conhecimento, e da sua boca to-
dos devem buscar a instrução, porque ele é men-
sageiro do SENHOR dos Exércitos.

8 — Mas vocês se desviaram do caminho e, por
meio de sua instrução, levaram muitos a tropeçar;
vocês violaram a aliança de Levi, diz o SENHOR dos
Exércitos. 9 Por isso, também eu os fiz desprezíveis
e indignos diante de todo o povo, na medida em
que vocês não guardaram os meus caminhos e se
mostraram parciais na aplicação da lei.

Advertência contra a infidelidade conjugal

10 Não temos nós todos o mesmo Pai? Não nos
criou o mesmo Deus? Por que, então, seremos des-
leais uns para com os outros, profanando a aliança
de nossos pais? 11 Judá tem sido infiel, e abomina-
ção foi cometida em Israel e em Jerusalém. Porque
Judá profanou o santuário do SENHOR, o qual ele
ama, e se casou com a adoradora de deus estra-
nho. 12 O SENHOR eliminará das tendas de Jacó
aquele que fizer isso, seja ele quem for, mesmo
que apresente ofertas ao SENHOR dos Exércitos.

13 Há outra coisa que vocês fazem: cobrem de
lágrimas o altar do SENHOR, com choro e gemidos,
porque ele já não olha para a oferta nem a aceita
com prazer. 14 E vocês perguntam: "Por quê?" Por-
que o SENHOR foi testemunha da aliança entre você
e a mulher da sua mocidade, a quem você foi infiel,
sendo ela a sua companheira e a mulher da sua
aliança. 15 Não fez o SENHOR somente um, mesmo
que lhe sobrasse o espírito? E por que somente
um? Porque buscava uma descendência piedosa.
Portanto, tenham cuidado para que ninguém seja
infiel para com a mulher da sua mocidade. 16 Por-
que o SENHOR, o Deus de Israel, diz que odeia o di-
vórcio e também aquele que cobre de violência as
suas roupas, diz o SENHOR dos Exércitos. Portanto,
tenham cuidado e não sejam infiéis.

O mensageiro do Senhor

17 Vocês estão cansando o SENHOR com as suas
palavras, e ainda perguntam: "Em que nós o can-
samos?" Nisso de dizerem: "Aqueles que fazem
o mal passam por bons aos olhos do SENHOR, e é
desses que ele se agrada." Ou: "Onde está o Deus
da justiça?"

3 1 — Eis que eu envio o meu mensageiro, que
preparará o caminho diante de mim. De repente,
o Senhor, a quem vocês buscam, virá ao seu templo;
e o mensageiro da aliança, a quem vocês desejam,
eis que ele vem, diz o SENHOR dos Exércitos.

2 Mas quem poderá suportar o dia da sua vinda?
E quem poderá subsistir quando ele aparecer? Por-
que ele é como o fogo do ourives e como o sabão
dos lavandeiros. 3 Ele se assentará como derretedor
e purificador de prata. Purificará os filhos de Levi e
os refinará como ouro e como prata. E eles trarão ao
SENHOR as ofertas justas. 4 Então a oferta de Judá e
de Jerusalém será agradável ao SENHOR, como nos
dias da antiguidade e como nos primeiros anos.

5 — Virei até vocês para juízo. Terei pressa em
testemunhar contra os feiticeiros, contra os adúl-
teros, contra os que juram falsamente, contra os
que oprimem os trabalhadores, as viúvas e os ór-
fãos, torcem o direito dos estrangeiros, e não me
temem, diz o SENHOR dos Exércitos.

O roubo contra Deus

6 — Porque eu, o SENHOR, não mudo; por isso,
vocês, filhos de Jacó, não foram destruídos. 7 Desde
os dias dos seus pais, vocês se afastaram dos meus
estatutos e não os guardaram. Voltem para mim, e
eu voltarei para vocês, diz o SENHOR dos Exércitos.
Mas vocês perguntam: "Como havemos de voltar?"
8 Será que alguém pode roubar a Deus? Mas vocês
estão me roubando e ainda perguntam: "Em que
te roubamos?" Nos dízimos e nas ofertas. 9 Com
maldição vocês são amaldiçoados, porque estão
me roubando, vocês, a nação toda. 10 Tragam todos
os dízimos à casa do Tesouro, para que haja manti-
mento na minha casa. Ponham-me à prova nisto,
diz o SENHOR dos Exércitos, se eu não lhes abrir as
janelas do céu e não derramar sobre vocês bênção
sem medida. 11 Por causa de vocês, repreenderei o
devorador, para que não consuma os produtos da
terra, e não deixarei que as suas videiras nos cam-
pos fiquem sem frutos, diz o SENHOR dos Exérci-
tos. 12 Todas as nações dirão que vocês são felizes,
porque vocês serão uma terra de delícias, diz o
SENHOR dos Exércitos.

A diferença entre o justo e o perverso

13— Vocês disseram palavras duras contra mim,
diz o Senhor, e ainda perguntam: “O que falamos
contra ti?” 14 Vocês dizem: “É inútil servir a Deus.
De que nos adianta guardar os seus preceitos e
andar de luto diante do Senhor dos Exércitos?
15 Agora, pois, nós vamos dizer que os soberbos
é que são felizes. Também os que praticam o mal
prosperam; sim, eles tentam o Senhor e escapam.”

16 Então os que temiam o Senhor falavam uns
aos outros. O Senhor escutou com atenção o que
diziam. Havia um memorial escrito diante dele
para os que temem o Senhor e para os que se lem-
bram do seu nome.

17— Eles serão a minha propriedade peculiar,
naquele dia que prepararei, diz o Senhor dos
Exércitos. Eu os pouparei como um homem pou-
pa seu filho que o serve. 18 Então vocês verão mais
uma vez a diferença entre o justo e o ímpio, entre o
que serve a Deus e o que não o serve.

O sol da justiça e seu precursor

4 1— Pois eis que vem o dia, queimando como
fornalha. Todos os soberbos e todos os que
praticam o mal serão como a palha; o dia que vem
os queimará, diz o Senhor dos Exércitos, de modo
que não lhes deixará nem raiz nem ramo. 2 Mas
para vocês que temem o meu nome nascerá o sol
da justiça, trazendo salvação nas suas asas. Vocês
sairão e saltarão como bezerros soltos da estreba-
ria. 3 Vocês pisarão os ímpios, pois eles se farão cin-
zas debaixo das plantas dos pés de vocês, naquele
dia que prepararei, diz o Senhor dos Exércitos.

4— Lembrem-se da Lei de Moisés, meu servo, a
qual lhe prescrevi em Horebe para todo o Israel, a
saber, estatutos e juízos.

5— Eis que eu lhes enviarei o profeta Elias, an-
tes que venha o grande e terrível Dia do Senhor.
6 Ele converterá o coração dos pais aos seus filhos
e o coração dos filhos aos seus pais, para que eu
não venha e castigue a terra com maldição.

NOVO
TESTAMENTO

O EVANGELHO SEGUNDO

MATEUS

A genealogia de Jesus Cristo

Lc 3.23-38

1 1 Livro da genealogia de Jesus Cristo, filho de
Davi, filho de Abraão.
2 Abraão gerou Isaque; Isaque gerou Jacó;
Jacó gerou Judá e os seus irmãos; 3 Judá gerou
Perez e Zera, cuja mãe foi Tamar; Perez gerou
Esrom; Esrom gerou Arão; 4 Arão gerou Ami-
nadabe; Aminadabe gerou Naassom; Naassom
gerou Salmom; 5 Salmom gerou Boaz, cuja mãe
foi Raabe; Boaz gerou Obede, cuja mãe foi Rute;
e Obede gerou Jessé; 6 Jessé gerou o rei Davi; e
o rei Davi gerou Salomão, cuja mãe foi aquela
que tinha sido mulher de Urias; 7 Salomão gerou
Roboão; Roboão gerou Abias; Abias gerou Asa;
8 Asa gerou Josafá; Josafá gerou Jorão; Jorão ge-
rou Uzias; 9 Uzias gerou Jotão; Jotão gerou Acaz;
Acaz gerou Ezequias; 10 Ezequias gerou Ma-
nassés; Manassés gerou Amom; Amom gerou
Josias; 11 Josias gerou Jeconias e os seus irmãos,
no tempo do exílio na Babilônia.
12 Depois do exílio na Babilônia, Jeconias gerou
Salatiel; e Salatiel gerou Zorobabel; 13 Zorobabel
gerou Abiúde; Abiúde gerou Eliaquim; Eliaquim
gerou Azor; 14 Azor gerou Sadoque; Sadoque ge-
rou Aquim; Aquim gerou Eliúde; 15 Eliúde gerou
Eleazar; Eleazar gerou Matã; Matã gerou Jacó. 16 E
Jacó gerou José, marido de Maria, da qual nasceu
Jesus, que se chama o Cristo.
17 Assim, todas as gerações, desde Abraão até
Davi, são catorze; desde Davi até o exílio na Babi-
lônia, catorze gerações; e desde o exílio na Babilô-
nia até Cristo, catorze gerações.

O nascimento de Jesus Cristo

Lc 2.1-7

18 O nascimento de Jesus Cristo foi assim: Ma-
ria, a sua mãe, estava comprometida para casar
com José. Mas, antes de se unirem, ela se achou
grávida pelo Espírito Santo. 19 José, com quem
Maria estava para casar, sendo um homem justo e
não querendo envergonhá-la em público, resolveu
deixá-la sem que ninguém soubesse. 20 Enquanto
ele refletia sobre isso, eis que lhe apareceu em so-
nho um anjo do Senhor, dizendo:
— José, filho de Davi, não tenha medo de re-
ceber Maria como esposa, porque o que nela foi
gerado é do Espírito Santo. 21 Ela dará à luz um
filho e você porá nele o nome de Jesus, porque ele
salvará o seu povo dos pecados deles.
22 Ora, tudo isto aconteceu para se cumprir o que
foi dito pelo Senhor por meio do profeta:

23 "Eis que a virgem conceberá
e dará à luz um filho,
e ele será chamado pelo nome
de Emanuel."

("Emanuel" significa: "Deus conosco".)
24 Quando José despertou do sono, fez como o
anjo do Senhor lhe havia ordenado e recebeu Ma-
ria por esposa. 25 Porém não teve relações com ela
enquanto ela não deu à luz um filho, a quem pôs o
nome de Jesus.

A visita dos magos

2 1 Tendo Jesus nascido em Belém da Judeia, nos
dias do rei Herodes, eis que vieram uns magos
do Oriente a Jerusalém. 2 E perguntavam:
— Onde está o recém-nascido Rei dos judeus?
Porque vimos a sua estrela no Oriente e viemos
para adorá-lo.
3 Ao ouvir isso, o rei Herodes ficou alarmado, e,
com ele, toda a Jerusalém. 4 Então Herodes convo-
cou todos os principais sacerdotes e escribas do
povo e lhes perguntou onde o Cristo deveria nas-
cer. 5 Eles responderam:
— Em Belém da Judeia, porque assim está escri-
to por meio do profeta:

6 "E você, Belém, terra de Judá,
de modo nenhum é a menor
entre as principais de Judá;
porque de você sairá o Guia
que apascentará
o meu povo, Israel."

7 Com isto, Herodes, tendo chamado os magos
para uma reunião secreta, perguntou-lhes sobre o
tempo exato em que a estrela havia aparecido. 8 E,
enviando-os a Belém, disse-lhes:
— Vão e busquem informações precisas a
respeito do menino; e, quando o tiverem encon-
trado, avisem-me, para eu também ir adorá-lo.
9 Depois de ouvirem o rei, os magos parti-
ram; e eis que a estrela que viram no Oriente ia
adiante deles, até que, chegando, parou sobre
onde o menino estava. 10 E, vendo eles a estrela,
alegraram-se com grande e intenso júbilo. 11 En-
trando na casa, viram o menino com Maria, sua
mãe. Prostrando-se, o adoraram; e, abrindo os
seus tesouros, entregaram-lhe suas ofertas: ouro,
incenso e mirra.
12 E, tendo sido avisados por Deus em sonho
para não voltarem à presença de Herodes, os
magos seguiram por outro caminho para a sua
terra.

A fuga para o Egito

13 Depois que os magos foram embora, um anjo
do Senhor apareceu em sonho a José e disse:
— Levante-se, tome o menino e a sua mãe e fuja
para o Egito. Fique por lá até que eu avise você; por-
que Herodes há de procurar o menino para matá-lo.
14 Levantando-se José, tomou de noite o meni-
no e a sua mãe e partiu para o Egito, 15 onde ficou
até a morte de Herodes. Isso aconteceu para se
cumprir o que foi dito pelo Senhor, por meio do
profeta: "Do Egito chamei o meu Filho."

A matança dos meninos de Belém

16 Vendo-se iludido pelos magos, Herodes ficou
muito furioso e mandou matar todos os meninos
de Belém e de todos os seus arredores, de dois
anos para baixo, conforme as informações que
havia recebido dos magos a respeito do tempo em
que a estrela havia aparecido. 17 Então se cumpriu
o que foi dito por meio do profeta Jeremias:

18 "Ouviu-se um clamor em Ramá,
pranto e grande lamento;
era Raquel chorando por seus filhos
e inconsolável porque eles já não existem."

A volta do Egito

19 Depois da morte de Herodes, um anjo do Senhor
apareceu em sonho a José, no Egito, e lhe disse:
20 — Levante-se, tome o menino e a sua mãe e
vá para a terra de Israel, porque os que queriam
matar o menino já morreram.
21 Levantando-se José, tomou o menino e a sua
mãe e voltou para a terra de Israel. 22 Porém, ouvin-
do que Arquelau reinava na Judeia em lugar de seu
pai Herodes, teve medo de ir para lá. E, tendo sido
avisado por Deus em sonho, José foi para a região
da Galileia. 23 E foi morar numa cidade chamada
Nazaré, para se cumprir o que foi dito por meio dos
profetas: "Ele será chamado Nazareno."

A pregação de João Batista

Mc 1.1-8; Lc 3.1-9,15-17; Jo 1.19-28

3 1 Naqueles dias, apareceu João Batista pregan-
do no deserto da Judeia. 2 Ele dizia:
— Arrependam-se, porque está próximo o Rei-
no dos Céus.
3 Pois é a João que se refere o que foi dito por
meio do profeta Isaías:

"Voz do que clama no deserto:
Preparem o caminho do Senhor,
endireitem as suas veredas."

4 João usava uma roupa feita de pelos de camelo
e um cinto de couro. O seu alimento eram gafanho-
tos e mel silvestre. 5 Então os moradores de Jerusa-
lém, de toda a Judeia e de toda a região em volta do
Jordão iam até onde ele estava. 6 E, confessando os
seus pecados, eram batizados por ele no rio Jordão.
7 Quando João viu que muitos fariseus e sadu-
ceus vinham ao seu batismo, disse-lhes:
— Raça de víboras! Quem deu a entender que
vocês podem fugir da ira que está por vir? 8 Produ-
zam fruto digno de arrependimento! 9 E não pen-
sem que podem dizer uns aos outros: "Temos por
pai Abraão", porque eu afirmo a vocês que Deus
pode fazer com que destas pedras surjam filhos a
Abraão. 10 E o machado já está posto à raiz das ár-
vores. Portanto, toda árvore que não produz bom
fruto é cortada e lançada ao fogo. 11 Eu batizo vo-
cês com água, para arrependimento; mas aquele
que vem depois de mim é mais poderoso do que
eu, do qual não sou digno de carregar as sandálias.
Ele os batizará com o Espírito Santo e com fogo.
12 Ele tem a pá em suas mãos, limpará a sua eira e
recolherá o seu trigo no celeiro; porém queimará a
palha num fogo que nunca se apaga.

O batismo de Jesus

Mc 1.9-11; Lc 3.21-22

13 Por esse tempo, Jesus foi da Galileia para o rio
Jordão, a fim de que João o batizasse. 14 João, po-
rém, quis convencê-lo a mudar de ideia, dizendo:
— Eu é que preciso ser batizado por você, e é
você que vem a mim?
15 Mas Jesus respondeu:
— Deixe por enquanto, porque assim nos con-
vém cumprir toda a justiça.
Então ele concordou. 16 Depois de batizado, Jesus
logo saiu da água. E eis que os céus se abriram e ele
viu o Espírito de Deus descendo como pomba, vin-
do sobre ele. 17 E eis que uma voz dos céus dizia:
— Este é o meu Filho amado, em quem me
agrado.

A tentação de Jesus

Mc 1.12-13; Lc 4.1-13

4 1 A seguir, Jesus foi levado pelo Espírito ao de-
serto, para ser tentado pelo diabo. 2 E, depois
de jejuar quarenta dias e quarenta noites, teve
fome. 3 Então o tentador, aproximando-se, disse
a Jesus:
— Se você é o Filho de Deus, mande que estas
pedras se transformem em pães.
4 Jesus, porém, respondeu:
— Está escrito:

"O ser humano não viverá só de pão,
mas de toda palavra que procede
da boca de Deus."

5 Então o diabo levou Jesus à Cidade Santa,
colocou-o sobre o pináculo do templo 6 e disse:
— Se você é o Filho de Deus, jogue-se daqui,
porque está escrito:

"Aos seus anjos ele dará ordens
a seu respeito.
E eles o sustentarão nas suas mãos,
para que você não tropece
em alguma pedra."

7 Jesus respondeu:
— Também está escrito: "Não ponha à prova o
Senhor, seu Deus."
8 O diabo ainda levou Jesus a um monte muito
alto, mostrou-lhe todos os reinos do mundo e a
glória deles 9 e disse:
— Tudo isso lhe darei se, prostrado, você me
adorar.
10 Então Jesus lhe ordenou:
— Vá embora, Satanás, porque está escrito:

"Adore o Senhor, seu Deus,
e preste culto somente a ele."

11 Com isto, o diabo deixou Jesus, e eis que vie-
ram anjos e o serviram.

O começo do ministério na Galileia

Mc 1.14-15; Lc 4.14-15

12 Ao ouvir que João tinha sido preso, Jesus vol-
tou para a Galileia. 13 E, deixando Nazaré, foi morar
em Cafarnaum, situada à beira-mar, na região de
Zebulom e Naftali. 14 Isso aconteceu para se cum-
prir o que tinha sido dito por meio do profeta Isaías:

15 "Terra de Zebulom,
terra de Naftali,
caminho do mar, além do Jordão,
Galileia dos gentios!
16 O povo que vivia em trevas
viu grande luz,
e aos que viviam na região
e sombra da morte
resplandeceu-lhes a luz."

17 Daí em diante Jesus começou a pregar e a di-
zer:
— Arrependam-se, porque está próximo o Rei-
no dos Céus.

Jesus chama quatro pescadores

Mc 1.16-20; Lc 5.1-11

18 Caminhando junto ao mar da Galileia, Jesus
viu dois irmãos, Simão, chamado Pedro, e André.
Eles lançavam as redes ao mar, porque eram pes-
cadores. 19 Jesus lhes disse:
— Venham comigo, e eu os farei pescadores de
gente.
20 Então eles deixaram imediatamente as redes
e o seguiram.
21 Pouco mais adiante, Jesus viu outros dois
irmãos, Tiago, filho de Zebedeu, e João, o irmão
dele. Eles estavam no barco em companhia de
seu pai, consertando as redes; e Jesus os chamou.
22 Então eles, no mesmo instante, deixaram o bar-
co e seu pai e seguiram Jesus.

Jesus ensina e cura muitas pessoas

Lc 6.17-19

23 Jesus percorria toda a Galileia, ensinando
nas sinagogas, pregando o evangelho do Reino
e curando todo tipo de doenças e enfermidades
entre o povo. 24 E a sua fama correu por toda a
Síria. Trouxeram-lhe, então, todos os doentes,
acometidos de várias enfermidades e tormentos:
endemoniados, epilépticos e paralíticos. E ele os
curou. 25 E da Galileia, de Decápolis, de Jerusalém,
da Judeia e do outro lado do Jordão numerosas
multidões o seguiam.

O sermão do monte

Caps. 5—7

5 1 Ao ver as multidões, Jesus subiu ao monte. Ele
se assentou e os seus discípulos se aproxima-
ram dele. 2 Então ele passou a ensiná-los.

As bem-aventuranças

Lc 6.20-23

Jesus disse:

3 — Bem-aventurados
os pobres em espírito,
porque deles é o Reino dos Céus.
4 — Bem-aventurados
os que choram,
porque serão consolados.
5 — Bem-aventurados os mansos,
porque herdarão a terra.
6 — Bem-aventurados
os que têm fome
e sede de justiça,
porque serão saciados.
7 — Bem-aventurados
os misericordiosos,
porque alcançarão misericórdia.
8 — Bem-aventurados
os limpos de coração,
porque verão a Deus.
9 — Bem-aventurados
os pacificadores,
porque serão chamados
filhos de Deus.
10 — Bem-aventurados
os perseguidos
por causa da justiça,
porque deles é o Reino dos Céus.

11 — Bem-aventurados são vocês quando, por
minha causa, os insultarem e os perseguirem,
e, mentindo, disserem todo mal contra vocês.
12 Alegrem-se e exultem, porque é grande a sua

recompensa nos céus; pois assim perseguiram os
profetas que viveram antes de vocês.

Sal e luz

Mc 9.50; Lc 14.34-35

13 — Vocês são o sal da terra; ora, se o sal vier
a ser insípido, como lhe restaurar o sabor? Para
nada mais presta senão para, lançado fora, ser pi-
sado pelos homens.
14 — Vocês são a luz do mundo. Não se pode es-
conder uma cidade situada no alto de um monte.
15 Nem se acende uma lamparina para colocá-la de-
baixo de um cesto, mas num lugar adequado onde
ilumina bem todos os que estão na casa. 16 Assim
brilhe também a luz de vocês diante dos outros,
para que vejam as boas obras que vocês fazem e
glorifiquem o Pai de vocês, que está nos céus.

Ensino a respeito da Lei

17 — Não pensem que vim revogar a Lei ou os
Profetas; não vim para revogar, mas para cumprir.
18 Porque em verdade lhes digo: até que o céu e a
terra passem, nem um i ou um til jamais passará
da Lei, até que tudo se cumpra. 19 Aquele, pois,
que desrespeitar um destes mandamentos, ainda
que dos menores, e ensinar os outros a fazer o
mesmo, será considerado mínimo no Reino dos
Céus; aquele, porém, que os observar e ensinar,
esse será considerado grande no Reino dos Céus.
20 Porque eu afirmo que, se a justiça de vocês não
exceder em muito a dos escribas e fariseus, jamais
entrarão no Reino dos Céus.

Ensino a respeito da ira

21 — Vocês ouviram o que foi dito aos antigos:
"Não mate." E ainda: "Quem matar estará sujeito
a julgamento." 22 Eu, porém, lhes digo que todo
aquele que se irar contra o seu irmão estará sujeito
a julgamento; e quem insultar o seu irmão estará
sujeito a julgamento do tribunal; e quem o chamar
de tolo estará sujeito ao inferno de fogo. 23 Portan-
to, se você estiver trazendo a sua oferta ao altar e
lá se lembrar que o seu irmão tem alguma coisa
contra você, 24 deixe diante do altar a sua oferta e
vá primeiro reconciliar-se com o seu irmão; e en-
tão volte e faça a sua oferta.
25 — Entre em acordo sem demora com o seu
adversário, enquanto você está com ele a cami-
nho, para que o adversário não entregue você ao
juiz, o juiz entregue você ao oficial de justiça, e
você seja jogado na prisão. 26 Em verdade lhe digo
que você não sairá dali enquanto não pagar o últi-
mo centavo.

Ensino a respeito do adultério

27 — Vocês ouviram o que foi dito: "Não come-
ta adultério." 28 Eu, porém, lhes digo: todo o que
olhar para uma mulher com intenção impura, já
cometeu adultério com ela no seu coração.
29 — Se o seu olho direito leva você a tropeçar,
arranque-o e jogue-o fora. Pois é preferível você
perder uma parte do seu corpo do que ter o corpo
inteiro lançado no inferno. 30 E, se a sua mão direi-
ta leva você a tropeçar, corte-a e jogue-a fora. Pois
é preferível você perder uma parte do seu corpo
do que o corpo inteiro ir para o inferno.

Ensino a respeito do divórcio

Mt 19.1-9; Mc 10.1-12; Lc 16.18

31 — Também foi dito: "Aquele que repudiar a
sua mulher deve dar-lhe uma carta de divórcio."
32 Eu, porém, lhes digo: quem repudiar a sua mu-
lher, exceto em caso de relações sexuais ilícitas, a
expõe a se tornar adúltera; e aquele que casar com
a repudiada comete adultério.

Ensino a respeito de juramentos

33 — Vocês também ouviram o que foi dito aos
antigos: "Não faça juramento falso, mas cumpra
rigorosamente para com o Senhor o que você ju-
rou." 34 Eu, porém, lhes digo: não jurem de modo
nenhum; nem pelo céu, por ser o trono de Deus;
35 nem pela terra, por ser estrado de seus pés; nem
por Jerusalém, por ser a cidade do grande Rei.
36 Não jure pela sua cabeça, porque você não pode
fazer com que um só cabelo fique branco ou preto.
37 Que a palavra de vocês seja: Sim, sim; não, não.
O que passar disto vem do Maligno.

Ensino a respeito da vingança

Lc 6.29-30

38 — Vocês ouviram o que foi dito: "Olho por
olho, dente por dente." 39 Eu, porém, lhes digo:
Não resistam ao perverso. Se alguém lhe der um
tapa na face direita, ofereça-lhe também a face
esquerda. 40 Se alguém quer processar você e tirar-
-lhe a túnica, deixe que leve também a capa. 41 Se
alguém obrigar você a andar uma milha, vá com
ele duas. 42 Dê a quem lhe pede e não volte as cos-
tas ao que quer lhe pedir emprestado.

O amor aos inimigos

Lc 6.27-28,32-36

43 — Vocês ouviram o que foi dito: "Ame o seu
próximo e odeie o seu inimigo." 44 Eu, porém, lhes
digo: amem os seus inimigos e orem pelos que
perseguem vocês, 45 para demonstrarem que são
filhos do Pai de vocês, que está nos céus. Porque
ele faz o seu sol nascer sobre maus e bons e vir
chuvas sobre justos e injustos. 46 Porque, se vocês
amam aqueles que os amam, que recompensa te-
rão? Os publicanos também não fazem o mesmo?
47 E, se saudarem somente os seus irmãos, o que
é que estão fazendo de mais? Os gentios também

não fazem o mesmo? 48 Portanto, sejam perfeitos
como é perfeito o Pai de vocês, que está no céu.

Ensino a respeito das esmolas

6 1— Evitem praticar as suas obras de justiça
diante dos outros para serem vistos por eles;
porque, sendo assim, vocês já não terão nenhuma
recompensa junto do Pai de vocês, que está nos
céus.
2— Quando, pois, você der esmola, não fique
tocando trombeta nas sinagogas e nas ruas, como
fazem os hipócritas, para serem elogiados pelos
outros. Em verdade lhes digo que eles já recebe-
ram a sua recompensa. 3 Mas, ao dar esmola, que
a sua mão esquerda ignore o que a mão direita
está fazendo, 4 para que a sua esmola fique em
secreto. E o seu Pai, que vê em secreto, lhe dará
a recompensa.

Ensino a respeito da oração

Lc 11.2-4

5— E, quando orarem, não sejam como os hi-
pócritas, que gostam de orar em pé nas sinagogas
e nos cantos das praças, para serem vistos pelos
outros. Em verdade lhes digo que eles já recebe-
ram a sua recompensa. 6 Mas, ao orar, entre no
seu quarto e, fechada a porta, ore ao seu Pai, que
está em secreto. E o seu Pai, que vê em secreto,
lhe dará a recompensa. 7 E, orando, não usem vãs
repetições, como os gentios; porque eles pensam
que por muito falar serão ouvidos. 8 Não sejam,
portanto, como eles; porque o Pai de vocês sabe o
que vocês precisam, antes mesmo de lhe pedirem.
9— Portanto, orem assim:

"Pai nosso, que estás nos céus,
santificado seja o teu nome;
10 venha o teu Reino;
seja feita a tua vontade,
assim na terra como no céu;
11 o pão nosso de cada dia
nos dá hoje;
12 e perdoa-nos as nossas dívidas,
assim como nós
também perdoamos
aos nossos devedores;
13 e não nos deixes
cair em tentação;
mas livra-nos do mal
[pois teu é o Reino,
o poder e a glória
para sempre. Amém]!"

14— Porque, se perdoarem aos outros as ofensas
deles, também o Pai de vocês, que está no céu,
perdoará vocês; 15 se, porém, não perdoarem aos
outros as ofensas deles, também o Pai de vocês
não perdoará as ofensas de vocês.

Ensino a respeito do jejum

16— Quando vocês jejuarem, não fiquem com
uma aparência triste, como os hipócritas; porque
desfiguram o rosto a fim de parecer aos outros que
estão jejuando. Em verdade lhes digo que eles já
receberam a sua recompensa. 17 Mas você, quando
jejuar, unja a cabeça e lave o rosto, 18 a fim de não
parecer aos outros que você está jejuando, e sim
ao seu Pai, em secreto. E o seu Pai, que vê em se-
creto, lhe dará a recompensa.

Os tesouros no céu

Lc 12.33-34

19— Não acumulem tesouros sobre a terra,
onde as traças e a ferrugem corroem e onde la-
drões escavam e roubam; 20 mas ajuntem tesouros
no céu, onde as traças e a ferrugem não corroem,
e onde ladrões não escavam, nem roubam. 21 Por-
que, onde estiver o seu tesouro, aí estará também
o seu coração.

A luz do corpo

Lc 11.34-36

22— Os olhos são a lâmpada do corpo. Se os
seus olhos forem bons, todo o seu corpo será
cheio de luz; 23 se, porém, os seus olhos forem
maus, todo o seu corpo estará em trevas. Portanto,
se a luz que existe em você são trevas, que grandes
trevas serão!

Os dois senhores

Lc 16.13

24— Ninguém pode servir a dois senhores; por-
que ou irá odiar um e amar o outro, ou irá se de-
dicar a um e desprezar o outro. Vocês não podem
servir a Deus e às riquezas.

As preocupações

Lc 12.22-34

25— Por isso, digo a vocês: não se preocupem com
a sua vida, quanto ao que irão comer ou beber; nem
com o corpo, quanto ao que irão vestir. Não é a vida
mais do que o alimento, e não é o corpo mais do que
as roupas? 26 Observem as aves do céu, que não se-
meiam, não colhem, nem ajuntam em celeiros. No
entanto, o Pai de vocês, que está no céu, as sustenta.
Será que vocês não valem muito mais do que as aves?
27 Quem de vocês, por mais que se preocupe, pode
acrescentar um côvado ao curso da sua vida?
28— E por que se preocupam com o que vão
vestir? Observem como crescem os lírios do cam-
po: eles não trabalham, nem fiam. 29 Eu, porém,
afirmo a vocês que nem Salomão, em toda a sua
glória, se vestiu como qualquer deles. 30 Ora, se
Deus veste assim a erva do campo, que hoje existe
e amanhã é lançada no forno, não fará muito mais
por vocês, homens de pequena fé? 31 Portanto,

não se preocupem, dizendo: "Que comeremos?",
"Que beberemos?" ou "Com que nos vestiremos?"
32 Porque os gentios é que procuram todas estas
coisas. O Pai de vocês, que está no céu, sabe que
vocês precisam de todas elas. 33 Mas busquem em
primeiro lugar o Reino de Deus e a sua justiça, e
todas estas coisas lhes serão acrescentadas.
34 — Portanto, não se preocupem com o dia de
amanhã, pois o amanhã trará os seus cuidados;
basta ao dia o seu próprio mal.

O hábito de julgar os outros

Lc 6.37-38,41-42

7 1 — Não julguem, para que vocês não sejam jul-
gados. 2 Pois com o critério com que vocês jul-
garem vocês serão julgados; e com a medida com
que vocês tiverem medido vocês também serão
medidos.
3 — Por que você vê o cisco no olho do seu ir-
mão, mas não repara na trave que está no seu pró-
prio? 4 Ou como você dirá a seu irmão: "Deixe que
eu tire o cisco do seu olho", quando você tem uma
trave no seu próprio? 5 Hipócrita! Tire primeiro
a trave do seu olho e então você verá claramente
para tirar o cisco do olho do seu irmão.
6 — Não deem aos cães o que é santo, nem jo-
guem as suas pérolas diante dos porcos, para que
estes não as pisem com os pés e aqueles, voltando-
-se, não estraçalhem vocês.

Jesus encoraja a oração

Lc 11.9-13

7 — Peçam e lhes será dado; busquem e acharão;
batam, e a porta será aberta para vocês. 8 Pois todo
o que pede recebe; o que busca encontra; e, a quem
bate, a porta será aberta. 9 Ou quem de vocês, se o
filho pedir pão, lhe dará uma pedra? 10 Ou, se pedir
um peixe, lhe dará uma cobra? 11 Ora, se vocês, que
são maus, sabem dar coisas boas aos seus filhos,
quanto mais o Pai de vocês, que está nos céus, dará
coisas boas aos que lhe pedirem?
12 — Portanto, tudo o que vocês querem que os
outros façam a vocês, façam também vocês a eles;
porque esta é a Lei e os Profetas.

A porta estreita

Lc 13.24

13 — Entrem pela porta estreita! Porque larga é
a porta e espaçoso é o caminho que conduz para a
perdição, e são muitos os que entram por ela. 14 Es-
treita é a porta e apertado é o caminho que con-
duz para a vida, e são poucos os que o encontram.

Os falsos profetas

Lc 6.43-44

15 — Cuidado com os falsos profetas, que se
apresentam a vocês disfarçados de ovelhas, mas
por dentro são lobos vorazes. 16 Pelos seus frutos
vocês os conhecerão. Por acaso se colhem uvas
de espinheiros ou figos de ervas daninhas? 17 As-
sim, toda árvore boa produz frutos bons, porém
a árvore má produz frutos maus. 18 A árvore boa
não pode produzir frutos maus, e a árvore má não
pode produzir frutos bons. 19 Toda árvore que não
produz bom fruto é cortada e jogada no fogo. 20 As-
sim, pois, pelos seus frutos vocês os conhecerão.

Quem entra no Reino dos Céus

Lc 13.25-27

21 — Nem todo o que me diz: "Senhor, Senhor!"
entrará no Reino dos Céus, mas aquele que faz a
vontade de meu Pai, que está nos céus. 22 Muitos,
naquele dia, vão me dizer: "Senhor, Senhor, nós
não profetizamos em seu nome? E em seu nome
não expulsamos demônios? E em seu nome não
fizemos muitos milagres?" 23 Então lhes direi cla-
ramente: "Eu nunca conheci vocês. Afastem-se de
mim, vocês que praticam o mal."

Os dois fundamentos

Lc 6.47-49

24 — Todo aquele, pois, que ouve estas minhas
palavras e as pratica será comparado a um homem
prudente que construiu a sua casa sobre a rocha.
25 Caiu a chuva, transbordaram os rios, sopraram
os ventos e bateram com força contra aquela casa,
e ela não desabou, porque tinha sido construída
sobre a rocha. 26 E todo aquele que ouve estas mi-
nhas palavras e não as pratica será comparado a um
homem insensato que construiu a sua casa sobre a
areia. 27 Caiu a chuva, transbordaram os rios, sopra-
ram os ventos e bateram com força contra aquela
casa, e ela desabou, sendo grande a sua ruína.

O fim do sermão do monte

28 Quando Jesus acabou de proferir estas pa-
lavras, as multidões estavam maravilhadas com
a sua doutrina, 29 porque ele as ensinava como
quem tem autoridade, e não como os escribas.

A cura de um leproso

Mc 1.40-45; Lc 5.12-16

8 1 Quando Jesus desceu do monte, grandes
multidões o seguiram. 2 E eis que um leproso
aproximou-se e o adorou, dizendo:
— Senhor, se quiser, pode me purificar.
3 E Jesus, estendendo a mão, tocou nele, dizen-
do:
— Quero, sim. Fique limpo!
E, no mesmo instante, ele ficou limpo da sua
lepra. 4 Então Jesus lhe disse:
— Olhe, não conte isso a ninguém, mas vá,
apresente-se ao sacerdote e faça a oferta que Moi-
ses ordenou, para servir de testemunho ao povo.

A cura do servo de um centurião
Lc 7.1-10

5 Tendo Jesus entrado em Cafarnaum, um cen-
turião se aproximou dele, implorando:
6 — Senhor, o meu servo está na minha casa, de
cama, paralítico, sofrendo horrivelmente.
7 Jesus lhe disse:
— Eu vou lá curá-lo.
8 Mas o centurião respondeu:
— Senhor, não sou digno de recebê-lo em mi-
nha casa. Mas apenas mande com uma palavra,
e o meu servo será curado. 9 Porque também eu
sou homem sujeito à autoridade, tenho soldados
às minhas ordens e digo a este: "Vá", e ele vai; e a
outro: "Venha", e ele vem; e ao meu servo: "Faça
isto", e ele o faz.
10 Ao ouvir isso, Jesus ficou admirado e disse aos
que o acompanhavam:
— Em verdade lhes digo que nem mesmo em Is-
rael encontrei fé como esta. 11 Digo a vocês que mui-
tos virão do Oriente e do Ocidente e tomarão lugar
à mesa com Abraão, Isaque e Jacó no Reino dos
Céus. 12 Mas os filhos do Reino serão lançados para
fora, nas trevas; ali haverá choro e ranger de dentes.
13 Então Jesus disse ao centurião:
— Vá! E seja feito conforme você crê.
E, naquela mesma hora, o servo do centurião
foi curado.

A cura da sogra de Pedro
Mc 1.29-31; Lc 4.38-39

14 Tendo Jesus chegado à casa de Pedro, viu a so-
gra deste acamada, com febre. 15 Mas Jesus tomou-a
pela mão, e a febre a deixou. Ela se levantou e pas-
sou a servi-lo.

Muitas outras curas
Mc 1.32-34; Lc 4.40-41

16 Ao cair da tarde, trouxeram a Jesus muitos
endemoniados. E apenas com a palavra expulsou
os espíritos e curou todos os que estavam doen-
tes, 17 para se cumprir o que foi dito por meio do
profeta Isaías:

"Ele mesmo tomou
as nossas enfermidades
e carregou as nossas doenças."

Jesus põe à prova os que querem segui-lo
Lc 9.57-62

18 Vendo Jesus muita gente ao seu redor, orde-
nou que passassem para a outra margem. 19 Então,
aproximando-se dele um escriba, disse a Jesus:
— Mestre, vou segui-lo para onde quer que o
senhor for.
20 Mas Jesus lhe respondeu:
— As raposas têm as suas tocas e as aves do céu
têm os seus ninhos, mas o Filho do Homem não
tem onde reclinar a cabeça.
21 E outro dos discípulos lhe disse:
— Senhor, deixe-me ir primeiro sepultar o meu
pai.
22 Mas Jesus respondeu:
— Siga-me e deixe que os mortos sepultem os
seus mortos.

Jesus acalma uma tempestade
Mc 4.35-41; Lc 8.22-25

23 Jesus entrou no barco e os seus discípulos
o seguiram. 24 E eis que levantou-se no mar uma
grande tempestade, de modo que as ondas co-
briam o barco. Jesus, porém, estava dormindo.
25 Mas os discípulos foram acordá-lo, dizendo:
— Senhor, salve-nos! Estamos perecendo!
26 Então Jesus perguntou:
— Por que vocês são tão medrosos, homens de
pequena fé?
E, levantando-se, repreendeu os ventos e o
mar; e tudo ficou bem calmo. 27 E aqueles homens
ficaram admirados, dizendo:
— Quem é este que até os ventos e o mar lhe
obedecem?

A cura de dois endemoniados gadarenos
Mc 5.1-20; Lc 8.26-39

28 Quando Jesus chegou à outra margem, à terra
dos gadarenos, dois endemoniados foram ao seu
encontro, saindo dentre os túmulos. Eles eram tão
furiosos, que ninguém podia passar por aquele ca-
minho. 29 E eis que gritaram:
— O que você quer conosco, Filho de Deus?
Você veio aqui nos atormentar antes do tempo?
30 Ora, uma grande manada de porcos estava
pastando não longe deles. 31 Então os demônios
pediram a Jesus com insistência:
— Se você vai nos expulsar, mande-nos para a
manada de porcos.
32 Jesus disse:
— Pois vão.
E eles, saindo, entraram nos porcos; e eis que
toda a manada se precipitou, despenhadeiro abai-
xo, para dentro do mar, e morreram nas águas.
33 Os que tratavam dos porcos fugiram e, che-
gando à cidade, anunciaram todas estas coisas e
o que tinha acontecido com os endemoniados.
34 Então a cidade toda saiu para encontrar-se com
Jesus. E, ao vê-lo, pediram-lhe com insistência que
se retirasse da terra deles.

A cura de um paralítico em Cafarnaum
Mc 2.1-12; Lc 5.17-26

9 1 Entrando num barco, Jesus passou para o ou-
tro lado do mar e foi para a sua própria cidade.
2 E eis que lhe trouxeram um paralítico deitado

num leito. Jesus, vendo a fé que eles tinham, disse
ao paralítico:
— Coragem, filho; os seus pecados estão per-
doados.
3 Mas alguns escribas diziam entre si:
— Ele está blasfemando.
4 Jesus, porém, conhecendo os pensamentos
deles, disse:
— Por que vocês estão pensando o mal em seu
coração? 5 Pois o que é mais fácil? Dizer: "Os seus
pecados estão perdoados", ou dizer: "Levante-se
e ande"? 6 Mas isto é para que vocês saibam que
o Filho do Homem tem autoridade sobre a terra
para perdoar pecados.
Então disse ao paralítico:
— Levante-se, pegue o seu leito e vá para casa.
7 E o homem se levantou e voltou para casa.
8 Vendo isto, as multidões, possuídas de temor, de-
ram glória a Deus, que tinha dado tal autoridade
aos homens.

O chamado de Mateus

Mc 2.13-17; Lc 5.27-32

9 Quando Jesus saiu dali, viu um homem cha-
mado Mateus sentado na coletoria e lhe disse:
— Siga-me!
Ele se levantou e o seguiu.
10 Estando Jesus à mesa, na casa de Mateus,
muitos publicanos e pecadores vieram e tomaram
lugares com Jesus e os seus discípulos. 11 Vendo
isto, os fariseus perguntavam aos discípulos de
Jesus:
— Por que o Mestre de vocês come com os pu-
blicanos e pecadores?
12 Mas Jesus, ouvindo, disse:
— Os sãos não precisam de médico, e sim os
doentes. 13 Vão e aprendam o que significa: "Quero
misericórdia, e não sacrifício." Pois não vim cha-
mar justos, e sim pecadores.

A questão do jejum

Mc 2.18-22; Lc 5.33-39

14 Vieram, depois, os discípulos de João e per-
guntaram a Jesus:
— Por que nós e os fariseus jejuamos muitas
vezes, mas os seus discípulos não jejuam?
15 Jesus respondeu:
— Como podem os convidados para o casamen-
to estar tristes enquanto o noivo está com eles? No
entanto, virão dias em que o noivo lhes será tirado,
e então eles vão jejuar. 16 Ninguém põe remendo de
pano novo em roupa velha; porque o remendo tira
um pedaço da roupa, e o buraco fica ainda maior.
17 Nem se põe vinho novo em odres velhos, porque,
se alguém fizer isso, os odres se rompem, o vinho
se derrama, e os odres se perdem. Mas põe-se vi-
nho novo em odres novos, e ambos se conservam.

O pedido do chefe da sinagoga

Mc 5.21-24a; Lc 8.40-42a

18 Enquanto Jesus lhes dizia estas coisas, eis que
um chefe da sinagoga, aproximando-se, o adorou
e disse:
— Minha filha morreu agora mesmo; mas ve-
nha impor a mão sobre ela, e ela viverá.
19 E Jesus se levantou e o seguiu, juntamente
com os seus discípulos.

A cura de uma mulher enferma

Mc 5.24b-34; Lc 8.42b-48

20 E eis que uma mulher, que durante doze anos
vinha sofrendo de uma hemorragia, veio por trás
de Jesus e tocou na borda da capa dele. 21 Porque
dizia consigo mesma: "Se eu apenas tocar na capa
dele, ficarei curada." 22 Então Jesus, voltando-se e
vendo-a, disse:
— Coragem, filha, a sua fé salvou você.
E, desde aquele instante, a mulher ficou sã.

A ressurreição da filha do chefe da sinagoga

Mc 5.35-43; Lc 8.49-56

23 Tendo Jesus chegado à casa do chefe e vendo
os tocadores de flauta e o povo em alvoroço, disse:
24 — Saiam daqui! Porque a menina não está
morta, mas dorme.
E riam-se dele. 25 Mas, quando o povo tinha sido
colocado para fora, Jesus entrou, tomou a meni-
na pela mão, e ela se levantou. 26 E a notícia deste
acontecimento se espalhou por toda aquela terra.

A cura de dois cegos

27 Saindo Jesus dali, dois cegos o seguiram, gri-
tando:
— Tenha compaixão de nós, Filho de Davi!
28 Quando ele entrou em casa, os cegos se apro-
ximaram, e Jesus lhes perguntou:
— Vocês creem que eu posso fazer isso?
Eles responderam:
— Sim, Senhor!
29 Então Jesus tocou nos olhos deles, dizendo:
— Que se faça com vocês conforme a fé que
vocês têm.
30 E os olhos deles se abriram. Jesus, porém, os
advertiu severamente, dizendo:
— Tenham cuidado para que ninguém fique
sabendo disto.
31 Eles, porém, saíram e espalharam a notícia a
respeito de Jesus por toda aquela terra.

A cura de um mudo endemoniado

32 Quando eles saíram, eis que trouxeram a
Jesus um mudo endemoniado. 33 E, assim que o
demônio foi expulso, o mudo passou a falar. E as
multidões se admiravam, dizendo:
— Jamais se viu tal coisa em Israel!

34 Mas os fariseus diziam:

— Ele expulsa os demônios pelo poder do maioral dos demônios.

A compaixão de Jesus

35 E Jesus percorria todas as cidades e aldeias, ensinando nas sinagogas, pregando o evangelho do Reino e curando todo tipo de doenças e enfermidades. 36 Ao ver as multidões, Jesus se compadeceu delas, porque estavam aflitas e exaustas como ovelhas que não têm pastor. 37 Então Jesus disse aos seus discípulos:

— A seara é grande, mas os trabalhadores são poucos. 38 Por isso, peçam ao Senhor da seara que mande trabalhadores para a sua seara.

Os doze apóstolos

Os seus nomes

Mc 3.13-19; Lc 6.12-16

10 1 Tendo Jesus chamado os seus doze discípulos, deu-lhes autoridade sobre espíritos imundos para os expulsar e para curar todo tipo de doenças e enfermidades. 2 Ora, os nomes dos doze apóstolos são estes: primeiro, Simão, chamado Pedro, e André, seu irmão; Tiago, filho de Zebedeu, e João, seu irmão; 3 Filipe e Bartolomeu; Tomé e Mateus, o publicano; Tiago, filho de Alfeu, e Tadeu; 4 Simão, o Zelote, e Judas Iscariotes, que foi quem o traiu.

As instruções para os doze

Mc 6.7-13; Lc 9.1-6

5 Jesus enviou esses doze, dando-lhes as seguintes instruções:

— Não tomem o caminho que leva aos gentios, nem entrem nas cidades dos samaritanos, 6 mas, de preferência, procurem as ovelhas perdidas da casa de Israel. 7 Pelo caminho, preguem que está próximo o Reino dos Céus. 8 Curem enfermos, ressuscitem mortos, purifiquem leprosos, expulsem demônios. Vocês receberam de graça; portanto, deem de graça. 9 Não levem ouro, nem prata, nem cobre em seus cintos; 10 nem sacola para o caminho, nem duas túnicas, nem sandálias, nem bordão; porque o trabalhador é digno do seu alimento.

11 — E, em qualquer cidade ou aldeia em que vocês entrarem, perguntem quem nelas é digno; e fiquem ali até saírem daquele lugar. 12 Ao entrarem na casa, saúdem-na. 13 Se a casa for digna, que a paz de vocês venha sobre ela; se, porém, não for digna, a paz voltará para vocês. 14 Se alguém não quiser recebê-los nem ouvir as palavras de vocês, ao saírem daquela casa ou daquela cidade, sacudam o pó dos pés. 15 Em verdade lhes digo que haverá menos rigor para Sodoma e Gomorra, no Dia do Juízo, do que para aquela cidade.

As admoestações

Mc 13.9-13; Lc 21.12-17

16 — Eis que eu os envio como ovelhas para o meio de lobos. Portanto, sejam prudentes como as serpentes e simples como as pombas. 17 Tenham cuidado com os homens, porque eles os entregarão aos tribunais e os açoitarão nas suas sinagogas. 18 Por minha causa vocês serão levados à presença de governadores e de reis, para lhes servir de testemunho, a eles e aos gentios. 19 E, quando entregarem vocês, não se preocupem quanto a como ou o que irão falar, porque, naquela hora, lhes será concedido o que vocês dirão. 20 Afinal, não são vocês que estão falando, mas o Espírito do Pai de vocês é quem fala por meio de vocês.

21 — Um irmão entregará à morte outro irmão, e o pai entregará o filho. Haverá filhos que se levantarão contra os seus pais e os matarão. 22 Todos odiarão vocês por causa do meu nome; aquele, porém, que ficar firme até o fim, esse será salvo. 23 Quando, porém, perseguirem vocês numa cidade, fujam para outra. Porque em verdade lhes digo que não terão percorrido as cidades de Israel, até que venha o Filho do Homem.

24 — O discípulo não está acima do seu mestre, nem o servo está acima do seu senhor. 25 Basta ao discípulo ser como o seu mestre, e ao servo ser como o seu senhor. Se chamaram o dono da casa de Belzebu, quanto mais os membros da sua casa!

A quem temer

Lc 12.2-7

26 — Portanto, não tenham medo deles. Pois não há nada encoberto que não venha a ser revelado, nem oculto que não venha a ser conhecido. 27 O que lhes digo às escuras, repitam a plena luz; e o que é dito para vocês ao pé do ouvido, proclamem dos telhados. 28 Não temam os que matam o corpo, mas não podem matar a alma; pelo contrário, temam aquele que pode fazer perecer no inferno tanto a alma como o corpo.

29 — Não se vendem dois pardais por uma moedinha? Entretanto, nenhum deles cairá no chão sem o consentimento do Pai de vocês. 30 E, quanto a vocês, até os cabelos da cabeça de vocês estão todos contados. 31 Portanto, não temam! Vocês valem bem mais do que muitos pardais.

Confessar e negar a Cristo

Lc 12.8-9

32 — Portanto, todo aquele que me confessar diante dos outros, também eu o confessarei diante de meu Pai, que está nos céus; 33 mas aquele que me negar diante das pessoas, também eu o negarei diante de meu Pai, que está nos céus.

As dificuldades

Lc 12.51-53 14.26-27

34 — Não pensem que eu vim trazer paz à terra;
não vim trazer paz, mas espada. 35 Pois vim causar
divisão entre o homem e o seu pai; entre a filha e
a sua mãe e entre a nora e a sua sogra. 36 Assim, os
inimigos de uma pessoa serão os da sua própria
casa.

37 — Quem ama o seu pai ou a sua mãe mais do
que a mim não é digno de mim; quem ama o seu
filho ou a sua filha mais do que a mim não é digno
de mim; 38 e quem não toma a sua cruz e vem após
mim não é digno de mim. 39 Quem acha a sua vida
a perderá; e quem perde a vida por minha causa,
esse a achará.

As recompensas

Mc 9.41

40 — Quem recebe vocês é a mim que recebe; e
quem recebe a mim recebe aquele que me enviou.
41 Quem recebe um profeta, no caráter de profeta,
receberá a recompensa de profeta; quem recebe
um justo, no caráter de justo, receberá a recompen-
sa de justo. 42 E quem der de beber, ainda que seja
um copo de água fria, a um destes pequeninos, por
ser este meu discípulo, em verdade lhes digo que
de modo nenhum perderá a sua recompensa.

Jesus prega nas cidades

11 1 Quando Jesus acabou de dar estas instru-
ções a seus doze discípulos, saiu dali para ir
ensinar e pregar nas cidades deles.

Os mensageiros de João Batista

Lc 7.18-35

2 Quando João, no cárcere, ouviu falar das obras
de Cristo, mandou que seus discípulos fossem
perguntar:
3 — Você é aquele que estava para vir ou deve-
mos esperar outro?
4 Então Jesus lhes respondeu:
— Voltem e anunciem a João o que estão ou-
vindo e vendo: 5 os cegos veem, os coxos andam,
os leprosos são purificados, os surdos ouvem, os
mortos são ressuscitados e aos pobres está sendo
pregado o evangelho. 6 E bem-aventurado é aquele
que não achar em mim motivo de tropeço.
7 Quando os discípulos de João foram embo-
ra, Jesus começou a dizer ao povo a respeito de
João:
— O que vocês foram ver no deserto? Um ca-
niço agitado pelo vento? 8 O que vocês foram ver?
Um homem vestido de roupas finas? Os que ves-
tem roupas finas moram nos palácios reais. 9 Sim,
o que foram ver? Um profeta? Sim, eu lhes digo, e
muito mais do que um profeta. 10 Este é aquele de
quem está escrito:

"Eis que eu envio adiante de você
o meu mensageiro,
que preparará o caminho
diante de você."

11 — Em verdade lhes digo: entre os nascidos de
mulher, não apareceu ninguém maior do que João
Batista; mas o menor no Reino dos Céus é maior
do que ele. 12 Desde os dias de João Batista até ago-
ra, o Reino dos Céus sofre violência, e os que usam
de força se apoderam dele. 13 Porque todos os Pro-
fetas e a Lei profetizaram até João. 14 E, se vocês o
querem reconhecer, ele mesmo é Elias, que estava
para vir. 15 Quem tem ouvidos para ouvir, ouça.
16 — Mas a que compararei esta geração? É
semelhante a meninos que, sentados nas praças,
gritam aos companheiros:

17 "Nós tocamos flauta,
mas vocês não dançaram;
entoamos lamentações,
mas vocês não prantearam."

18 — Pois veio João, que não comia nem bebia, e
as pessoas dizem: "Ele tem demônio!" 19 Veio o Fi-
lho do Homem, comendo e bebendo, e as pessoas
dizem: "Eis aí um glutão e bebedor de vinho, ami-
go de publicanos e pecadores!" Mas a sabedoria é
justificada por suas obras.

Ai das cidades impenitentes!

Lc 10.13-15

20 Então Jesus começou a repreender as cidades
nas quais ele tinha feito muitos milagres, pelo fato
de não terem se arrependido:
21 — Ai de você, Corazim! Ai de você, Betsaida!
Porque, se em Tiro e em Sidom se tivessem operado
os milagres que foram feitos em vocês, há muito que
elas teriam se arrependido com pano de saco e cin-
za. 22 Mas eu digo a vocês que, no Dia do Juízo, have-
rá menos rigor para Tiro e Sidom do que para vocês.
23 — E você, Cafarnaum, pensa que será elevada
até o céu? Será jogada no inferno! Porque, se em So-
doma se tivessem operado os milagres que foram fei-
tos em você, ela teria permanecido até o dia de hoje.
24 Mas eu digo a vocês que, no Dia do Juízo, haverá
menos rigor para a terra de Sodoma do que para você.

Jesus, Salvador dos humildes

Lc 10.21-22

25 Por aquele tempo, Jesus exclamou:
— Graças te dou, ó Pai, Senhor do céu e da ter-
ra, porque escondeste estas coisas dos sábios e
instruídos e as revelaste aos pequeninos. 26 Sim, ó
Pai, porque assim foi do teu agrado. 27 Tudo me foi
entregue por meu Pai. Ninguém conhece o Filho, a
não ser o Pai; e ninguém conhece o Pai, a não ser
o Filho e aquele a quem o Filho o quiser revelar.

Venham a mim

28— Venham a mim todos vocês que estão can-
sados e sobrecarregados, e eu os aliviarei. 29 To-
mem sobre vocês o meu jugo e aprendam de mim,
porque sou manso e humilde de coração; e vocês
acharão descanso para a sua alma. 30 Porque o meu
jugo é suave, e o meu fardo é leve.

Jesus é senhor do sábado

Mc 2.23-28; Lc 6.1-5

12 1 Por aquele tempo, num sábado, Jesus pas-
sou pelas searas. Estando os seus discípulos
com fome, começaram a colher espigas e a comer.
2 Os fariseus, vendo isso, disseram a Jesus:
— Olhe! Os seus discípulos estão fazendo o que
não é lícito fazer num sábado.
3 Mas Jesus lhes disse:
— Vocês não leram o que Davi fez quando ele e
os seus companheiros tiveram fome? 4 Como en-
trou na Casa de Deus, e comeram os pães da pro-
posição, os quais não era lícito comer, nem a ele
nem aos que estavam com ele, mas exclusivamen-
te aos sacerdotes? 5 Ou vocês não leram na Lei que,
aos sábados, os sacerdotes no templo profanam o
sábado e ficam sem culpa? 6 Pois eu lhes digo que
aqui está quem é maior do que o templo. 7 Mas, se
vocês soubessem o que significa: "Quero miseri-
córdia, e não sacrifício", não teriam condenado
inocentes. 8 Porque o Filho do Homem é senhor
do sábado.

O homem da mão ressequida

Mc 3.1-6; Lc 6.6-11

9 Tendo Jesus saído dali, entrou na sinagoga de-
les. 10 Achava-se ali um homem que tinha uma das
mãos ressequida. Então, a fim de o acusar, pergun-
taram a Jesus:
— É lícito curar no sábado?
11 Ao que lhes respondeu:
— Quem de vocês será o homem que, tendo
uma ovelha, e, num sábado, esta cair numa cova,
não fará todo o esforço para tirá-la dali? 12 Ora,
quanto mais vale um homem do que uma ovelha!
Logo, é lícito nos sábados fazer o bem.
13 Então Jesus disse ao homem:
— Estenda a mão.
O homem estendeu a mão, e ela foi restaurada
e ficou sã como a outra. 14 Mas os fariseus, sain-
do dali, conspiravam contra ele, procurando ver
como o matariam.

O servo escolhido de Deus

15 Mas Jesus, sabendo disto, afastou-se dali.
Muitos o seguiram, e a todos ele curou, 16 adver-
tindo-lhes, porém, que não o expusessem à pu-
blicidade. 17 Isso aconteceu para se cumprir o que
foi dito por meio do profeta Isaías:

18 "Eis aqui o meu servo, que escolhi,
o meu amado, em quem
a minha alma se agrada.
Farei repousar sobre ele o meu Espírito,
e ele anunciará juízo aos gentios.
19 Não entrará em discussões, nem gritará,
nem fará ouvir nas praças a sua voz.
20 Não esmagará a cana quebrada,
nem apagará o pavio que fumega,
até que faça vencedor o juízo.
21 E no seu nome os gentios
colocarão a sua esperança."

Jesus e Belzebu

Mc 3.20-30; Lc 11.14-23

22 Então trouxeram a Jesus um endemoniado,
cego e mudo. Jesus o curou, e o homem passou
a falar e a ver. 23 E toda a multidão se admirava e
dizia:
— Não seria este, por acaso, o Filho de Davi?
24 Mas os fariseus, ouvindo isto, diziam:
— Este não expulsa demônios senão pelo po-
der de Belzebu, o maioral dos demônios.
25 Mas Jesus, sabendo o que eles pensavam,
disse-lhes:
— Todo reino dividido contra si mesmo ficará
deserto, e toda cidade ou casa dividida contra si
mesma não subsistirá. 26 Se Satanás expulsa Sata-
nás, está dividido contra si mesmo; como, então, o
seu reino subsistirá? 27 E, se eu expulso os demô-
nios por Belzebu, por quem os filhos de vocês os
expulsam? Por isso, eles mesmos serão os juízes
de vocês. 28 Se, porém, eu expulso os demônios
pelo Espírito de Deus, certamente é chegado o
Reino de Deus sobre vocês. 29 Ou como pode al-
guém entrar na casa do valente e roubar-lhe os
bens sem primeiro amarrá-lo? E só então saqueará
a casa dele.
30— Quem não é por mim é contra mim; e
quem comigo não ajunta espalha. 31 Por isso,
digo a vocês que todo pecado e blasfêmia serão
perdoados aos homens; mas a blasfêmia contra
o Espírito não será perdoada. 32 Se alguém disser
alguma palavra contra o Filho do Homem, isso lhe
será perdoado; mas, se alguém falar contra o Espí-
rito Santo, isso não lhe será perdoado, nem neste
mundo nem no porvir.

As árvores e os seus frutos

Lc 6.43-45

33— Tornem a árvore boa e o seu fruto será bom,
ou tornem a árvore má e o seu fruto será mau; por-
que pelo fruto se conhece a árvore. 34 Raça de ví-
boras! Como vocês podem falar coisas boas, sendo
maus? Porque a boca fala do que está cheio o cora-
ção. 35 A pessoa boa tira do tesouro bom coisas boas;
mas a pessoa má do mau tesouro tira coisas más.

36 — Digo a vocês que, no Dia do Juízo, as pessoas
darão conta de toda palavra inútil que proferirem;
37 porque, pelas suas palavras, você será justifica-
do e, pelas suas palavras, você será condenado.

O sinal de Jonas

Mc 8.11-12; Lc 11.29-32

38 Então alguns escribas e fariseus disseram a Jesus:
— Mestre, queremos ver algum sinal feito pelo
senhor.
39 Mas ele respondeu:
— Uma geração perversa e adúltera pede um
sinal, mas nenhum sinal lhe será dado, senão o do
profeta Jonas. 40 Porque assim como Jonas esteve três
dias e três noites no ventre do grande peixe, assim
o Filho do Homem estará três dias e três noites no
coração da terra. 41 Ninivitas se levantarão, no Juízo,
com esta geração e a condenarão, porque se arrepen-
deram com a pregação de Jonas. E aqui está quem é
maior do que Jonas. 42 A rainha do Sul se levantará,
no Juízo, com esta geração e a condenará, porque
veio dos confins da terra para ouvir a sabedoria de
Salomão. E aqui está quem é maior do que Salomão.

A volta do espírito imundo

Lc 11.24-26

43 — Quando o espírito imundo sai de uma pes-
soa, anda por lugares áridos procurando repou-
so, porém não encontra. 44 Por isso, diz: "Voltarei
para a minha casa, de onde saí." E, voltando, ele
a encontra vazia, varrida e arrumada. 45 Então vai
e leva consigo outros sete espíritos, piores do que
ele, e, entrando, habitam ali. E o último estado da-
quela pessoa se torna pior do que o primeiro. As-
sim também acontecerá a esta geração perversa.

A mãe e os irmãos de Jesus

Mc 3.31-35; Lc 8.19-21

46 Enquanto Jesus ainda falava ao povo, eis que
a mãe e os irmãos dele estavam do lado de fora,
procurando falar com ele. 47 E alguém lhe disse:
— A sua mãe e os seus irmãos estão lá fora e
querem falar com o senhor.
48 Porém Jesus respondeu ao que lhe trouxe o
aviso:
— Quem é a minha mãe e quem são os meus
irmãos?
49 E, estendendo a mão para os discípulos, disse:
— Eis minha mãe e meus irmãos. 50 Portanto,
aquele que fizer a vontade de meu Pai celeste, esse
é meu irmão, minha irmã e minha mãe.

A parábola do semeador

Mc 4.1-9; Lc 8.4-8

13 1 Naquele mesmo dia, Jesus saiu de casa e se
assentou à beira-mar. 2 E grandes multidões
se reuniram em volta dele, de modo que entrou
num barco e se assentou. E toda a multidão estava
em pé na praia. 3 E de muitas coisas lhes falou por
parábolas, dizendo:
— Eis que o semeador saiu a semear. 4 E, ao se-
mear, uma parte caiu à beira do caminho, e, vin-
do as aves, a comeram. 5 Outra parte caiu em solo
rochoso, onde a terra era pouca, e logo nasceu,
visto não ser profunda a terra. 6 Saindo, porém, o
sol, a queimou; e, porque não tinha raiz, secou-se.
7 Outra parte caiu entre os espinhos; e os espinhos
cresceram e a sufocaram. 8 Outra, enfim, caiu em
boa terra e deu fruto: a cem, a sessenta e a trinta
por um. 9 Quem tem ouvidos para ouvir, ouça.

Por que Jesus usava parábolas

Mc 4.10-12; Lc 8.9-10

10 Então os discípulos se aproximaram de Jesus
e lhe perguntaram:
— Por que o senhor fala com eles por meio de
parábolas?
11 Ao que Jesus respondeu:
— Porque a vocês é dado conhecer os mistérios
do Reino dos Céus, mas àqueles isso não é conce-
dido. 12 Pois ao que tem, mais será dado, e terá em
abundância; mas, ao que não tem, até o que tem
lhe será tirado. 13 Por isso, falo com eles por meio
de parábolas: porque, vendo, não veem; e, ouvin-
do, não ouvem, nem entendem. 14 Assim, neles se
cumpre a profecia de Isaías:

"Ouvindo, vocês ouvirão
 e de modo nenhum
 entenderão;
vendo, vocês verão
 e de modo nenhum
 perceberão.
15 Porque o coração deste povo
 está endurecido;
ouviram com os ouvidos tapados
 e fecharam os olhos;
para não acontecer que
 vejam com os olhos,
 ouçam com os ouvidos,
 entendam com o coração,
 se convertam
 e sejam por mim curados."

16 — Bem-aventurados, porém, são os olhos de
vocês, porque veem; e bem-aventurados são os ou-
vidos de vocês, porque ouvem. 17 Pois em verdade
lhes digo que muitos profetas e justos desejaram ver
o que vocês estão vendo, mas não viram; e quiseram
ouvir o que vocês estão ouvindo, mas não ouviram.

A explicação da parábola

Mc 4.13-20; Lc 8.11-15

18 — Ouçam, portanto, o que significa a parábo-
la do semeador. 19 A todos os que ouvem a palavra

do Reino e não a compreendem, vem o Maligno e
arrebata o que lhes foi semeado no coração. Este
é o que foi semeado à beira do caminho. 20 O que
foi semeado em solo rochoso, esse é o que ouve a
palavra e logo a recebe com alegria. 21 Mas ele não
tem raiz em si mesmo, sendo de pouca duração.
Quando chega a angústia ou a perseguição por
causa da palavra, logo se escandaliza. 22 O que foi
semeado entre os espinhos é o que ouve a palavra,
porém as preocupações deste mundo e a fasci-
nação das riquezas sufocam a palavra, e ela fica
infrutífera. 23 Mas o que foi semeado em boa terra
é o que ouve a palavra e a compreende; este fruti-
fica e produz a cem, a sessenta e a trinta por um.

A parábola do joio

24 Jesus lhes propôs outra parábola, dizendo:
— O Reino dos Céus é semelhante a um ho-
mem que semeou boa semente no seu campo.
25 Mas, enquanto todos estavam dormindo, veio o
inimigo dele, semeou o joio no meio do trigo e foi
embora. 26 E, quando as plantas cresceram e pro-
duziram fruto, apareceu também o joio. 27 Então
os servos do dono da casa chegaram e disseram:
"Patrão, o senhor não semeou boa semente no seu
campo? De onde, então, vem o joio?" 28 Ele, po-
rém, lhes respondeu: "Um inimigo fez isso." Mas
os servos lhe perguntaram: "O senhor quer que a
gente vá e arranque o joio?" 29 O dono da casa res-
pondeu: "Não! Porque, ao separar o joio, vocês po-
derão arrancar também com ele o trigo. 30 Deixem
que cresçam juntos até a colheita. E, no tempo da
colheita, direi aos ceifeiros: 'Ajuntem primeiro o
joio e amarrem-no em feixes para ser queimado;
mas recolham o trigo no meu celeiro.'"

A parábola do grão de mostarda

Mc 4.30-32; Lc 13.18-19

31 Jesus lhes propôs outra parábola, dizendo:
— O Reino dos Céus é semelhante a um grão de
mostarda, que um homem pegou e plantou no seu
campo. 32 Esse grão é, na verdade, a menor de todas
as sementes, mas, quando cresce, é maior do que
as hortaliças, e chega a ser uma árvore, de modo
que as aves do céu vêm se aninhar nos seus ramos.

A parábola do fermento

Lc 13.20-21

33 Jesus lhes contou ainda outra parábola:
— O Reino dos Céus é semelhante ao fermento
que uma mulher pegou e misturou em três medi-
das de farinha, até ficar tudo levedado.

O uso das parábolas

Mc 4.33-34

34 Jesus disse todas estas coisas às multidões
por parábolas e sem parábolas nada lhes dizia.
35 Isso aconteceu para se cumprir o que foi dito por
meio do profeta:

"Abrirei a minha boca
em parábolas;
publicarei coisas ocultas
desde a criação do mundo."

A explicação da parábola do joio

36 Então, despedindo as multidões, Jesus foi
para casa. E, aproximando-se dele os seus discípu-
los, disseram:
— Explique-nos a parábola do joio do campo.
37 E Jesus respondeu:
— O que semeia a boa semente é o Filho do Ho-
mem. 38 O campo é o mundo. A boa semente são
os filhos do Reino; o joio são os filhos do Maligno.
39 O inimigo que o semeou é o diabo. A colheita é o
fim dos tempos, e os ceifeiros são os anjos. 40 Pois,
assim como o joio é colhido e jogado no fogo, as-
sim será no fim dos tempos. 41 O Filho do Homem
mandará os seus anjos, que ajuntarão do seu Reino
todos os que servem de pedra de tropeço e os que
praticam o mal 42 e os lançarão na fornalha acesa;
ali haverá choro e ranger de dentes. 43 Então os jus-
tos resplandecerão como o sol, no Reino de seu Pai.
Quem tem ouvidos para ouvir, ouça.

A parábola do tesouro escondido

44 — O Reino dos Céus é semelhante a um te-
souro escondido no campo, que um homem achou
e escondeu. Então, transbordante de alegria, vai,
vende tudo o que tem e compra aquele campo.

A parábola da pérola

45 — O Reino dos Céus é também semelhante
a um homem que negocia e procura boas pérolas.
46 Quando encontrou uma pérola de grande valor,
ele foi, vendeu tudo o que tinha e comprou a pérola.

A parábola da rede

47 — O Reino dos Céus é ainda semelhante a
uma rede que foi lançada ao mar e apanhou pei-
xes de toda espécie. 48 E, quando já estava cheia,
os pescadores a arrastaram para a praia e, assenta-
dos, escolheram os bons para os cestos e jogaram
fora os ruins. 49 Assim será no fim dos tempos: os
anjos sairão, separarão os maus dentre os justos
50 e os lançarão na fornalha acesa; ali haverá choro
e ranger de dentes.

Coisas novas e velhas

51 Então Jesus perguntou:
— Vocês entenderam todas estas coisas?
Eles responderam:
— Sim!
52 Então Jesus lhes disse:

— Por isso, todo escriba instruído no Reino dos
Céus é semelhante a um pai de família que tira do
seu depósito coisas novas e coisas velhas.

Jesus é rejeitado em Nazaré

Mc 6.1-6; Lc 4.16-30

53 Quando Jesus acabou de contar essas pará-
bolas, retirou-se dali. 54 E, chegando à sua terra,
ensinava-os na sinagoga, de modo que se maravi-
lhavam e diziam:
— De onde lhe vêm esta sabedoria e estes po-
deres miraculosos? 55 Não é este o filho do car-
pinteiro? A sua mãe não se chama Maria, e seus
irmãos não são Tiago, José, Simão e Judas? 56 To-
das as suas irmãs não vivem entre nós? Então, de
onde lhe vem tudo isto?
57 E escandalizavam-se por causa dele. Jesus,
porém, lhes disse:
— Nenhum profeta é desprezado, a não ser na
sua terra e na sua casa.
58 E não fez ali muitos milagres, por causa da in-
credulidade deles.

A morte de João Batista

Mc 6.14-29; Lc 9.7-9

14 1 Por aquele tempo, o tetrarca Herodes sou-
be da fama de Jesus 2 e disse aos que o ser-
viam:
— Este é João Batista. Ele ressuscitou dos mor-
tos, e, por isso, forças miraculosas operam nele.
3 Porque Herodes, havendo prendido João, o
amarrou e pôs na prisão, por causa de Herodias,
mulher do seu irmão Filipe. 4 Pois João lhe dizia:
"Você não tem o direito de viver com ela." 5 Embo-
ra Herodes quisesse matá-lo, tinha medo do povo,
porque consideravam João como profeta.
6 Mas, quando chegou o dia do aniversário de
Herodes, a filha de Herodias dançou diante de
todos e agradou a Herodes. 7 Este prometeu, com
juramento, dar-lhe o que ela pedisse. 8 Então ela,
instigada por sua mãe, disse:
— Dê-me, aqui, num prato, a cabeça de João
Batista.
9 O rei ficou triste, mas, por causa do juramento
e dos que estavam com ele à mesa, ordenou que o
pedido fosse atendido. 10 Assim, deu ordens para
que João fosse decapitado na prisão. 11 A cabeça
foi trazida num prato e dada à jovem, que a levou
à sua mãe. 12 Então vieram os discípulos de João,
levaram o corpo e o sepultaram; depois, foram e
anunciaram isso a Jesus.

A primeira multiplicação de pães e peixes

Mc 6.30-44; Lc 9.10-17; Jo 6.1-14

13 Jesus, ouvindo isto, retirou-se dali num barco
para um lugar deserto, à parte. Ao saberem disso,
as multidões vieram das cidades seguindo-o por
terra. 14 Ao desembarcar, Jesus viu uma grande
multidão, compadeceu-se dela e curou os seus
enfermos.
15 Ao cair da tarde, os discípulos se aproxima-
ram de Jesus e disseram:
— Este lugar é deserto, e já é tarde. Mande as
multidões embora, para que, indo pelas aldeias,
comprem para si o que comer.
16 Jesus, porém, lhes disse:
— Não precisam ir embora; deem vocês mes-
mos de comer a eles.
17 Mas eles responderam:
— Não temos aqui senão cinco pães e dois pei-
xes.
18 Então Jesus disse:
— Tragam esses pães e peixes aqui para mim.
19 E, tendo mandado que a multidão se as-
sentasse sobre a relva, pegando os cinco pães e
os dois peixes, erguendo os olhos para o céu, os
abençoou. Depois, tendo partido os pães, deu-os
aos discípulos, e estes deram às multidões. 20 To-
dos comeram e se fartaram, e ainda recolheram
doze cestos cheios dos pedaços que sobraram. 21 E
os que comeram eram cerca de cinco mil homens,
além de mulheres e crianças.

Jesus anda sobre o mar

Mc 6.45-52; Jo 6.15-21

22 Logo a seguir, Jesus fez com que os discípulos
entrassem no barco e fossem adiante dele para o
outro lado, enquanto ele despedia as multidões.
23 E, tendo despedido as multidões, ele subiu ao
monte, a fim de orar sozinho. Ao cair da tarde, lá
estava ele, só. 24 Entretanto, o barco já estava lon-
ge, a uma boa distância da terra, açoitado pelas
ondas; porque o vento era contrário. 25 De madru-
gada, Jesus foi até onde eles estavam, andando so-
bre o mar. 26 Os discípulos, porém, vendo-o andar
sobre o mar, ficaram apavorados e disseram:
— É um fantasma!
E, tomados de medo, gritaram. 27 Mas Jesus
imediatamente lhes disse:
— Coragem! Sou eu. Não tenham medo!
28 Então Pedro disse:
— Se é o Senhor mesmo, mande que eu vá até
aí, andando sobre as águas.
29 Jesus disse:
— Venha!
E Pedro, descendo do barco, andou sobre as
águas e foi até Jesus. 30 Reparando, porém, na for-
ça do vento, teve medo; e, começando a afundar,
gritou:
— Salve-me, Senhor!
31 E, prontamente, Jesus, estendendo a mão, o
segurou e disse:
— Homem de pequena fé, por que você duvi-
dou?

32 Subindo ambos para o barco, o vento cessou.
33 E os que estavam no barco o adoraram, dizendo:
— Verdadeiramente o senhor é o Filho de Deus!

Jesus cura em Genesaré

Mc 6.53-56

34 Estando já no outro lado, chegaram à terra de
Genesaré. 35 Quando as pessoas daquela terra o
reconheceram, mandaram avisar em todos aque-
les arredores e lhe trouxeram todos os enfermos.
36 E pediam-lhe que ao menos pudessem tocar na
borda da sua roupa. E todos os que tocavam nela
ficaram curados.

Jesus e a tradição dos anciãos

Mc 7.1-23

15 1 Então alguns fariseus e escribas vieram de
Jerusalém até Jesus e perguntaram:
2 — Por que os seus discípulos transgridem a
tradição dos anciãos? Pois não lavam as mãos,
quando comem.
3 Jesus, porém, lhes respondeu:
— Por que também vocês transgridem o man-
damento de Deus, por causa da tradição de vocês?
4 Porque Deus disse: "Honre o seu pai e a sua mãe."
E: "Quem maldisser o seu pai ou a sua mãe seja pu-
nido de morte." 5 Vocês, porém, dizem que, se al-
guém disser ao seu pai ou à sua mãe: "A ajuda que
você poderia receber de mim é oferta ao Senhor",
6 esse não precisará mais honrar os seus pais. E, as-
sim, vocês invalidam a palavra de Deus, por causa
da tradição de vocês. 7 Hipócritas! Bem profetizou
Isaías a respeito de vocês, dizendo:

8 "Este povo me honra
com os lábios,
mas o seu coração
está longe de mim.
9 E em vão me adoram,
ensinando doutrinas
que são preceitos humanos."

10 E, convocando a multidão, Jesus disse:
— Escutem e entendam: 11 o que contamina a
pessoa não é o que entra pela boca, mas o que sai
da boca; isto, sim, contamina a pessoa.
12 Então, aproximando-se dele os discípulos,
disseram:
— Sabia que os fariseus, ouvindo o que o
senhor disse, ficaram escandalizados?
13 Mas ele respondeu:
— Toda planta que meu Pai celeste não plantou
será arrancada. 14 Esqueçam os fariseus; são cegos,
guias de cegos. Ora, se um cego guiar outro cego,
ambos cairão num buraco.
15 Então Pedro disse a Jesus:
— Explique-nos esta parábola.
16 Jesus, porém, disse:
— Também vocês ainda não entenderam?
17 Não compreendem que tudo o que entra pela
boca desce para o estômago e depois é elimina-
do? 18 Mas o que sai da boca vem do coração, e é
isso que contamina a pessoa. 19 Porque do cora-
ção procedem maus pensamentos, homicídios,
adultérios, imoralidade sexual, furtos, falsos tes-
temunhos, blasfêmias. 20 São estas as coisas que
contaminam a pessoa; mas o comer sem lavar as
mãos não a contamina.

A mulher cananeia

Mc 7.24-30

21 Saindo dali, Jesus foi para a região de Tiro e
Sidom. 22 E eis que uma mulher cananeia, que ti-
nha vindo daqueles lados, clamava:
— Senhor, Filho de Davi, tenha compaixão de
mim! Minha filha está horrivelmente endemonia-
da.
23 Jesus, porém, não lhe respondeu palavra. En-
tão os seus discípulos, aproximando-se, disseram:
— Mande-a embora, pois vem gritando atrás
de nós.
24 Mas Jesus respondeu:
— Não fui enviado senão às ovelhas perdidas
da casa de Israel.
25 Ela, porém, veio e o adorou, dizendo:
— Senhor, me ajude!
26 Jesus respondeu:
— Não é correto pegar o pão dos filhos e jogá-lo
aos cachorrinhos.
27 A mulher disse:
— É verdade, Senhor, pois os cachorrinhos
comem das migalhas que caem da mesa dos seus
donos.
28 Então Jesus exclamou:
— Mulher, que grande fé você tem! Que seja fei-
to como você quer.
E, desde aquele momento, a filha dela ficou
curada.

Jesus cura muitos enfermos

29 Saindo dali, Jesus foi para junto do mar da
Galileia; e, subindo ao monte, assentou-se ali. 30 E
vieram a ele muitas multidões trazendo consigo
coxos, cegos, aleijados, mudos e muitos outros e
os deixaram junto aos pés de Jesus; e ele os curou.
31 O povo ficou maravilhado ao ver que os mudos
falavam, os aleijados recuperavam a saúde, os
coxos andavam e os cegos viam. E glorificavam o
Deus de Israel.

A segunda multiplicação de pães e peixes

Mc 8.1-10

32 Então Jesus chamou os seus discípulos e disse:
— Tenho compaixão desta gente, porque já faz
três dias que eles estão comigo e não têm o que

comer. E não quero mandá-los para casa em je-
jum, para que não desfaleçam pelo caminho.
33 Mas os discípulos lhe disseram:
— Onde haverá neste deserto pão suficiente
para saciar tão grande multidão?
34 Jesus perguntou:
— Quantos pães vocês têm?
Eles responderam:
— Sete pães e alguns peixinhos.
35 Então, tendo mandado o povo assentar-se
no chão, 36 pegou os sete pães e os peixes e, tendo
dado graças, os partiu e deu aos discípulos, e estes
distribuíram ao povo. 37 Todos comeram e se far-
taram; e, dos pedaços que sobraram, recolheram
sete cestos cheios. 38 Ora, os que comeram eram
quatro mil homens, além de mulheres e crianças.
39 E, tendo despedido as multidões, Jesus entrou
no barco e foi para o território de Magadã.

O pedido por um sinal

Mc 8.11-13; Lc 12.54-56

16 1 Os fariseus e os saduceus se aproximaram
de Jesus e, tentando-o, pediram-lhe que lhes
mostrasse um sinal vindo do céu. 2 Mas Jesus res-
pondeu:
— Chegada a tarde, vocês dizem: "Teremos
tempo bom, porque o céu está avermelhado." 3 E,
pela manhã, vocês dizem: "Hoje teremos tempes-
tade, porque o céu está de um vermelho sombrio."
Na verdade, vocês sabem interpretar a aparência
do céu. Então como não são capazes de interpre-
tar os sinais dos tempos? 4 Uma geração perversa
e adúltera pede um sinal, mas nenhum sinal lhe
será dado, senão o de Jonas.
E, deixando-os, Jesus se retirou.

O fermento dos fariseus e dos saduceus

Mc 8.14-21

5 Ora, tendo os discípulos passado para a outra
margem do lago, esqueceram-se de levar pão. 6 E
Jesus lhes disse:
— Fiquem atentos e tenham cuidado com o fer-
mento dos fariseus e dos saduceus.
7 Eles, porém, começaram a discutir entre si,
dizendo:
— Ele diz isso porque não trouxemos pão.
8 Jesus percebeu isso e perguntou:
— Por que estão discutindo entre vocês, ho-
mens de pequena fé, sobre o fato de não terem
pão? 9 Vocês ainda não percebem, nem se lem-
bram dos cinco pães para cinco mil homens e de
quantos cestos vocês recolheram? 10 Nem dos sete
pães para os quatro mil e de quantos cestos vocês
recolheram? 11 Como não compreendem que eu
não estava falando com vocês a respeito de pães?
Tenham cuidado com o fermento dos fariseus e
dos saduceus.
12 Então entenderam que Jesus lhes tinha dito
que tivessem cuidado não com o fermento usado
no pão, mas com a doutrina dos fariseus e sadu-
ceus.

A confissão de Pedro

Mc 8.27-30; Lc 9.18-21

13 Indo Jesus para a região de Cesareia de Filipe,
perguntou a seus discípulos:
— Quem os outros dizem que é o Filho do Ho-
mem?
14 E eles responderam:
— Uns dizem que é João Batista; outros dizem
que é Elias; e outros dizem que é Jeremias ou um
dos profetas.
15 Ao que Jesus perguntou:
— E vocês, quem dizem que eu sou?
16 Respondendo, Simão Pedro disse:
— O senhor é o Cristo, o Filho do Deus vivo.
17 Então Jesus lhe afirmou:
— Bem-aventurado é você, Simão Barjonas,
porque não foi carne e sangue que revelaram isso
a você, mas meu Pai, que está nos céus. 18 Também
eu lhe digo que você é Pedro, e sobre esta pedra
edificarei a minha igreja, e as portas do inferno
não prevalecerão contra ela. 19 Eu lhe darei as cha-
ves do Reino dos Céus; o que você ligar na terra
terá sido ligado nos céus; e o que você desligar na
terra terá sido desligado nos céus.
20 Então Jesus ordenou aos discípulos que não
dissessem a ninguém que ele era o Cristo.

Jesus prediz a sua morte e ressurreição

Mc 8.31-33; Lc 9.22

21 Desde esse tempo, Jesus começou a mostrar
aos seus discípulos que era necessário que ele
fosse para Jerusalém, sofresse muitas coisas nas
mãos dos anciãos, dos principais sacerdotes e dos
escribas, fosse morto e, no terceiro dia, ressusci-
tasse. 22 Então Pedro, chamando-o à parte, come-
çou a repreendê-lo, dizendo:
— Que Deus não permita, Senhor! Isso de
modo nenhum irá lhe acontecer.
23 Mas Jesus, voltando-se, disse a Pedro:
— Saia da minha frente, Satanás! Você é para
mim uma pedra de tropeço, porque não leva em
consideração as coisas de Deus, e sim as dos ho-
mens.

Tome a sua cruz

Mc 8.34—9.1; Lc 9.23-27

24 Então Jesus disse aos seus discípulos:
— Se alguém quer vir após mim, negue a si mes-
mo, tome a sua cruz e siga-me. 25 Pois quem quiser
salvar a sua vida a perderá; e quem perder a vida
por minha causa, esse a achará. 26 De que adian-
tará uma pessoa ganhar o mundo inteiro e perder

a sua alma? Ou que dará uma pessoa em troca de
sua alma? 27 Porque o Filho do Homem há de vir
na glória de seu Pai, com os seus anjos, e então re-
tribuirá a cada um conforme as suas obras. 28 Em
verdade lhes digo que, dos que aqui se encontram,
existem alguns que não passarão pela morte até
que vejam o Filho do Homem vir no seu Reino.

A transfiguração de Jesus

Mc 9.2-8; Lc 9.28-36

17 1 Seis dias depois, Jesus tomou consigo Pe-
dro e os irmãos Tiago e João e os levou, em
particular, a um alto monte. 2 E Jesus foi transfigu-
rado diante deles. O seu rosto resplandecia como
o sol, e as suas roupas se tornaram brancas como
a luz. 3 E eis que lhes apareceram Moisés e Elias,
falando com Jesus. 4 Então Pedro, tomando a pala-
vra, disse a Jesus:

— Senhor, bom é estarmos aqui. Se o senhor
quiser, farei aqui três tendas: uma para o senhor,
outra para Moisés e outra para Elias.

5 Falava ele ainda, quando uma nuvem lumino-
sa os envolveu; e eis, vindo da nuvem, uma voz
que dizia:

— Este é o meu Filho amado, em quem me
agrado; escutem o que ele diz!

6 Ao ouvirem aquela voz, os discípulos caí-
ram de bruços, tomados de grande medo. 7 Jesus
aproximou-se e tocou neles, dizendo:

— Levantem-se e não tenham medo!

8 Então eles, levantando os olhos, não viram
mais ninguém, a não ser Jesus.

A vinda de Elias

Mc 9.9-13

9 Ao descerem do monte, Jesus lhes ordenou:

— Não contem a ninguém o que vocês viram,
até que o Filho do Homem ressuscite dentre os
mortos.

10 Mas os discípulos perguntaram a Jesus:

— Por que, então, os escribas dizem ser neces-
sário que Elias venha primeiro?

11 Jesus respondeu:

— De fato, Elias virá e restaurará todas as coi-
sas. 12 Eu, porém, lhes digo que Elias já veio, e não
o reconheceram; pelo contrário, fizeram com ele
tudo o que quiseram. Assim também o Filho do
Homem irá sofrer nas mãos deles.

13 Então os discípulos entenderam que ele esta-
va se referindo a João Batista.

A cura de um menino

Mc 9.14-29; Lc 9.37-43a

14 Quando eles chegaram para junto da multi-
dão, um homem se aproximou de Jesus, ajoelhou-
-se e disse:

15 — Senhor, tenha pena do meu filho, porque
ele tem convulsões e sofre muito; pois muitas
vezes cai no fogo e outras tantas cai na água.
16 Apresentei-o aos seus discípulos, mas eles não
puderam curá-lo.

17 Jesus exclamou:

— Ó geração incrédula e perversa! Até quando
estarei com vocês? Até quando terei de suportá-
-los? Tragam o menino até aqui.

18 E Jesus repreendeu o demônio, e este saiu
do menino; e, desde aquela hora, o menino ficou
curado.

19 Então os discípulos, aproximando-se de
Jesus, perguntaram em particular:

— Por que motivo nós não pudemos expulsá-lo?

20 Jesus respondeu:

— Por causa da pequenez da fé que vocês têm.
Pois em verdade lhes digo que, se tiverem fé como
um grão de mostarda, dirão a este monte: "Mude-
-se daqui para lá", e ele se mudará. Nada lhes será
impossível. 21 [Mas esse tipo de demônio só pode
ser expulso por meio de oração e jejum.]

De novo Jesus prediz a sua morte e ressurreição

Mc 9.30-32; Lc 9.43b-45

22 Quando eles estavam reunidos na Galileia,
Jesus lhes disse:

— O Filho do Homem está para ser entregue
nas mãos dos homens, 23 e estes o matarão; mas,
ao terceiro dia, ressuscitará.

Então os discípulos ficaram muito tristes.

Jesus paga imposto

24 Quando Jesus e os discípulos chegaram a
Cafarnaum, os que cobravam o imposto das duas
dracmas se dirigiram a Pedro e perguntaram:

— O Mestre de vocês não paga as duas dracmas?

25 Pedro respondeu:

— Claro que paga!

Quando Pedro estava entrando em casa, Jesus
se adiantou, dizendo:

— Simão, o que você acha? De quem os reis da
terra cobram impostos ou tributo: dos seus filhos
ou dos estranhos?

26 Quando Pedro respondeu: "Dos estranhos",
Jesus lhe disse:

— Logo, os filhos estão isentos. 27 Mas, para que
não os escandalizemos, vá ao mar, jogue o anzol e
puxe o primeiro peixe que fisgar. Ao abrir a boca
do peixe, você encontrará uma moeda. Pegue essa
moeda e entregue aos cobradores, para pagar o
meu imposto e o seu.

O maior no Reino dos Céus

Mc 9.33-37; Lc 9.46-48

18 1 Naquela hora, os discípulos se aproxima-
ram de Jesus e perguntaram:

— Quem é o maior no Reino dos Céus?
2 E Jesus, chamando uma criança, colocou-a no
meio deles 3 e disse:
— Em verdade lhes digo: se vocês não se con-
verterem e não se tornarem como crianças, de
maneira nenhuma entrarão no Reino dos Céus.
4 Portanto, aquele que se humilhar como esta
criança, esse é o maior no Reino dos Céus. 5 E quem
receber uma criança, tal como esta, em meu nome,
é a mim que recebe.

Os tropeços

Mc 9.42-48; Lc 17.1-2

6 — E, se alguém fizer tropeçar um destes pe-
queninos que creem em mim, seria melhor para
esse que uma grande pedra de moinho fosse pen-
durada ao seu pescoço e fosse afogado na profun-
deza do mar.
7 — Ai do mundo por causa das pedras de tro-
peço! Porque é inevitável que elas existam, mas ai
de quem é responsável por elas!
8 — Se a sua mão ou o seu pé leva você a tro-
peçar, corte-o e jogue fora; pois é melhor você
entrar na vida manco ou aleijado do que, tendo
duas mãos ou dois pés, ser lançado no fogo eter-
no. 9 E, se um dos seus olhos leva você a tropeçar,
arranque-o e jogue fora; pois é melhor você entrar
na vida com um só dos seus olhos do que, tendo
os dois, ser lançado no inferno de fogo.

A ovelha desgarrada

Lc 15.3-7

10 — Fiquem atentos, para não desprezarem
nenhum destes pequeninos! Porque eu afirmo a
vocês que os anjos deles, lá nos céus, veem in-
cessantemente a face de meu Pai celeste. 11 Por-
que o Filho do Homem veio salvar o que estava
perdido.
12 — O que vocês acham? Se um homem tiver
cem ovelhas, e uma delas se desgarrar, não deixará
ele nos montes as noventa e nove, indo procurar a
que se desgarrou? 13 E, se consegue encontrá-la,
em verdade lhes digo que ficará mais alegre por
causa desta do que pelas noventa e nove que não
se desgarraram. 14 Assim, não é da vontade do Pai
de vocês, que está nos céus, que se perca um só
destes pequeninos.

Como tratar um irmão que peca

Lc 17.3

15 — Se o seu irmão pecar contra você, vá e
repreenda-o em particular. Se ele ouvir, você ga-
nhou o seu irmão. 16 Mas, se não ouvir, leve ainda
com você uma ou duas pessoas, para que, pelo
depoimento de duas ou três testemunhas, toda
questão seja decidida. 17 E, se ele se recusar a ou-
vir essas pessoas, exponha o assunto à igreja; e, se
ele se recusar a ouvir também a igreja, considere-o
como gentio e publicano.
18 — Em verdade lhes digo que tudo o que liga-
rem na terra terá sido ligado nos céus, e tudo o que
desligarem na terra terá sido desligado nos céus.
19 Em verdade também lhes digo que, se dois de
vocês, sobre a terra, concordarem a respeito de
qualquer coisa que vierem a pedir, isso lhes será
concedido por meu Pai, que está nos céus. 20 Por-
que, onde estiverem dois ou três reunidos em meu
nome, ali estou no meio deles.

A parábola do servo que não queria perdoar

Lc 17.4

21 Então Pedro, aproximando-se, perguntou a
Jesus:
— Senhor, até quantas vezes meu irmão pecará
contra mim, que eu lhe perdoe? Até sete vezes?
22 Jesus respondeu:
— Não digo a você que perdoe até sete vezes,
mas até setenta vezes sete.
23 — Por isso, o Reino dos Céus é semelhante a
um rei que resolveu ajustar contas com os seus ser-
vos. 24 E, passando a fazê-lo, trouxeram-lhe um que
lhe devia dez mil talentos. 25 Não tendo ele, porém,
com que pagar, o senhor desse servo ordenou que
fossem vendidos ele, a mulher, os filhos e tudo o
que possuía e que, assim, a dívida fosse paga. 26 En-
tão o servo, caindo aos pés dele, implorava: "Te-
nha paciência comigo, e pagarei tudo ao senhor."
27 E o senhor daquele servo, compadecendo-se,
mandou-o embora e perdoou-lhe a dívida.
28 — Saindo, porém, aquele servo, encontrou
um dos seus conservos que lhe devia cem dená-
rios. Agarrando-o, começou a sufocá-lo, dizendo:
"Pague-me o que você me deve." 29 Então o seu con-
servo, caindo aos pés dele, pedia: "Tenha paciência
comigo, e pagarei tudo a você." 30 Ele, porém, não
quis. Pelo contrário, foi e o lançou na prisão, até que
saldasse a dívida.
31 — Vendo os seus companheiros o que havia
acontecido, ficaram muito tristes e foram relatar ao
seu senhor tudo o que havia acontecido. 32 Então o
senhor, chamando aquele servo, lhe disse: "Servo
malvado, eu lhe perdoei aquela dívida toda porque
você me implorou. 33 Será que você também não
devia ter compaixão do seu conservo, assim como
eu tive compaixão de você?" 34 E, indignando-se,
o senhor entregou aquele servo aos carrascos, até
que lhe pagasse toda a dívida. 35 Assim também o
meu Pai, que está no céu, fará com vocês, se do ín-
timo não perdoarem cada um a seu irmão.

A questão do divórcio

Mc 10.1-12

19 1 Quando Jesus acabou de proferir estas
palavras, deixou a Galileia e foi para o

território da Judeia, além do Jordão. 2 Grandes multidões o seguiram, e ele as curou ali.

3 Alguns fariseus se aproximaram de Jesus e, testando-o, perguntaram:

— É lícito ao homem repudiar a sua mulher por qualquer motivo?

4 Jesus respondeu:

— Vocês não leram que o Criador, desde o princípio, os fez homem e mulher 5 e que disse: "Por isso o homem deixará o seu pai e a sua mãe e se unirá à sua mulher, tornando-se os dois uma só carne"? 6 De modo que já não são mais dois, porém uma só carne. Portanto, que ninguém separe o que Deus ajuntou.

7 Os fariseus perguntaram:

— Então por que Moisés ordenou dar uma carta de divórcio e repudiar a mulher?

8 Jesus respondeu:

— Foi por causa da dureza do coração de vocês que Moisés permitiu que vocês repudiassem a mulher, mas não foi assim desde o princípio. 9 Eu, porém, lhes digo: quem repudiar a sua mulher, não sendo por causa de relações sexuais ilícitas, e casar com outra comete adultério.

10 Os discípulos de Jesus disseram:

— Se essa é a situação do homem em relação à sua mulher, não convém casar.

11 Jesus, porém, lhes respondeu:

— Nem todos são aptos para aceitar este ensinamento, mas apenas aqueles a quem isso é dado. 12 Porque há eunucos de nascença; há outros a quem os homens fizeram tais; e há outros que se fizeram eunucos, por causa do Reino dos Céus. Quem é apto para aceitar isto, que aceite.

Jesus abençoa as crianças

Mc 10.13-16; Lc 18.15-17

13 Então trouxeram algumas crianças a Jesus para que ele lhes impusesse as mãos e orasse, mas os discípulos os repreendiam. 14 Jesus, porém, disse:

— Deixem os pequeninos e não os impeçam de vir a mim, porque dos tais é o Reino dos Céus.

15 E, tendo-lhes imposto as mãos, retirou-se dali.

O jovem rico

Mc 10.17-22; Lc 18.18-23

16 E eis que alguém, aproximando-se de Jesus, lhe perguntou:

— Mestre, que farei de bom para alcançar a vida eterna?

17 Jesus respondeu:

— Por que você me pergunta a respeito do que é bom? Bom só existe um. Mas, se você quer entrar na vida, guarde os mandamentos.

18 E ele lhe perguntou:

— Quais?

Jesus respondeu:

— "Não mate, não cometa adultério, não furte, não dê falso testemunho; 19 honre o seu pai e a sua mãe e ame o seu próximo como você ama a si mesmo."

20 O jovem disse:

— Tudo isso tenho observado. O que me falta ainda?

21 Jesus respondeu:

— Se você quer ser perfeito, vá, venda os seus bens, dê o dinheiro aos pobres e você terá um tesouro nos céus; depois, venha e siga-me.

22 Mas o jovem, ouvindo esta palavra, retirou-se triste, porque era dono de muitas propriedades.

O perigo das riquezas

Mc 10.23-31; Lc 18.24-30

23 Então Jesus disse aos seus discípulos:

— Em verdade lhes digo que um rico dificilmente entrará no Reino dos Céus. 24 E ainda lhes digo que é mais fácil um camelo passar pelo fundo de uma agulha do que um rico entrar no Reino de Deus.

25 Ouvindo isto, os discípulos ficaram muito admirados e perguntaram:

— Sendo assim, quem pode ser salvo?

26 Jesus, olhando para eles, disse:

— Para os seres humanos isto é impossível, mas para Deus tudo é possível.

27 Então Pedro, tomando a palavra, disse:

— Eis que nós deixamos tudo e seguimos o senhor; que será, pois, de nós?

28 Jesus lhes respondeu:

— Em verdade lhes digo que, na regeneração, quando o Filho do Homem se assentar no trono da sua glória, vocês que me seguiram também se assentarão em doze tronos para julgar as doze tribos de Israel. 29 E todo aquele que tiver deixado casas, irmãos, irmãs, pai, mãe, filhos ou campos, por causa do meu nome, receberá muitas vezes mais e herdará a vida eterna. 30 Porém muitos primeiros serão últimos; e os últimos serão primeiros.

A parábola dos trabalhadores na vinha

20 1 — Porque o Reino dos Céus é semelhante a um homem, dono de terras, que saiu de madrugada para contratar trabalhadores para a sua vinha. 2 E, tendo combinado com os trabalhadores o pagamento de um denário por dia, mandou-os para a vinha. 3 Saindo por volta de nove horas da manhã, viu, na praça, outros que estavam desocupados 4 e lhes disse: "Vão vocês também trabalhar na vinha, e eu lhes pagarei o que for justo." 5 Eles foram. Tendo saído de novo, perto do meio-dia e às três horas da tarde, fez a mesma coisa. 6 E, saindo por volta de cinco horas da tarde, encontrou outros que estavam desocupados e lhes

perguntou: "Por que vocês ficaram desocupados o
dia todo?" 7 Eles responderam: "Porque ninguém
nos contratou." Então ele lhes disse: "Vão vocês
também trabalhar na vinha."

8 — Ao cair da tarde, o dono da vinha disse ao
seu administrador: "Chame os trabalhadores e
pague-lhes o salário, começando pelos últimos,
indo até os primeiros." 9 Chegando os que foram
contratados às cinco da tarde, cada um deles re-
cebeu um denário. 10 Ao chegarem os primeiros,
pensaram que receberiam mais; porém também
estes receberam um denário cada um. 11 Mas,
tendo-o recebido, começaram a murmurar contra
o dono das terras, 12 dizendo: "Estes últimos tra-
balharam apenas uma hora, mas você os igualou
a nós, que suportamos a fadiga e o calor do dia."

13 — Então o dono disse a um deles: "Amigo,
não estou sendo injusto com você. Você não com-
binou comigo trabalhar por um denário? 14 Pegue
o que é seu e saia daqui. Pois quero dar a este úl-
timo tanto quanto dei a você. 15 Será que não me é
lícito fazer o que quero com o que é meu? Ou você
ficou com inveja porque eu sou bom?"

16 — Assim, os últimos serão primeiros, e os
primeiros serão últimos.

Jesus ainda outra vez prediz sua morte e ressurreição

Mc 10.32-34; Lc 18.31-34

17 Estando Jesus para subir a Jerusalém, chamou
os doze discípulos para um lado e, no caminho,
lhes disse:

18 — Eis que subimos para Jerusalém, e o Filho
do Homem será entregue aos principais sacerdo-
tes e aos escribas. Eles vão condená-lo à morte 19 e
entregá-lo aos gentios para ser zombado, açoitado
e crucificado; mas, ao terceiro dia, ressuscitará.

O pedido da mãe de Tiago e João

Mc 10.35-45

20 Então se aproximou de Jesus a mulher de Ze-
bedeu, com seus filhos, e, adorando-o, pediu-lhe
um favor. 21 Jesus lhe perguntou:

— O que você quer?

Ela respondeu:

— Mande que, no seu reino, estes meus dois
filhos se assentem um à sua direita e o outro à sua
esquerda.

22 Mas Jesus disse:

— Vocês não sabem o que estão pedindo. Será
que podem beber o cálice que eu estou para be-
ber?

Eles responderam:

— Podemos.

23 Então Jesus lhes disse:

— Vocês beberão o meu cálice. Quanto a sen-
tar à minha direita e à minha esquerda, não me
compete concedê-lo, pois é para aqueles a quem
está preparado por meu Pai.

24 Quando os outros dez discípulos ouviram
isso, ficaram indignados com os dois irmãos.
25 Então Jesus, chamando-os para junto de si,
disse:

— Vocês sabem que os governadores dos povos
os dominam e que os maiorais exercem autorida-
de sobre eles. 26 Mas entre vocês não será assim;
pelo contrário, quem quiser tornar-se grande en-
tre vocês, que se coloque a serviço dos outros; 27 e
quem quiser ser o primeiro entre vocês, que seja
servo de vocês; 28 tal como o Filho do Homem, que
não veio para ser servido, mas para servir e dar a
sua vida em resgate por muitos.

A cura de dois cegos de Jericó

Mc 10.46-52; Lc 18.35-43

29 Saindo eles de Jericó, uma grande multidão
seguia Jesus. 30 E eis que dois cegos, sentados à
beira do caminho, tendo ouvido que Jesus passava,
começaram a gritar:

— Senhor, Filho de Davi, tenha compaixão de
nós!

31 Mas a multidão os repreendia para que se ca-
lassem. Eles, porém, gritavam cada vez mais:

— Senhor, Filho de Davi, tenha compaixão de
nós!

32 Jesus parou, chamou-os e perguntou:

— O que vocês querem que eu lhes faça?

33 Eles responderam:

— Senhor, que se abram os nossos olhos.

34 Profundamente compadecido, Jesus tocou
nos olhos deles. E imediatamente recuperaram a
vista e o seguiram.

Jesus entra em Jerusalém

Mc 11.1-11; Lc 19.28-40; Jo 12.12-19

21 1 Quando se aproximaram de Jerusalém e
chegaram a Betfagé, ao monte das Oliveiras,
Jesus enviou dois discípulos, 2 dizendo-lhes:

— Vão até a aldeia que está diante de vocês e
logo encontrarão presa uma jumenta e, com ela,
um jumentinho. Desprendam e tragam para mim.
3 E, se alguém disser alguma coisa, respondam: "O
Senhor precisa deles." E logo ele deixará que vocês
tragam os animais.

4 Ora, isto aconteceu para se cumprir o que foi
dito por meio do profeta:

5 "Digam à filha de Sião:
Eis que o seu Rei vem até você,
humilde, montado em jumenta,
e num jumentinho,
cria de animal de carga."

6 Indo os discípulos e tendo feito como Jesus
lhes havia ordenado, 7 trouxeram a jumenta e o

jumentinho. Então puseram em cima deles as suas
capas, e sobre elas Jesus montou. 8 E a maior parte
da multidão estendeu as suas capas no caminho, e
outros cortavam ramos de árvores, espalhando-os
pelo caminho. 9 E as multidões, tanto as que iam
adiante dele como as que o seguiam, clamavam:

"Hosana ao Filho de Davi!
Bendito o que vem em nome do Senhor!
Hosana nas maiores alturas!"

10 E, quando Jesus entrou em Jerusalém, toda a
cidade se alvoroçou. E perguntavam:

— Quem é este?

11 E as multidões respondiam:

— Este é o profeta Jesus, de Nazaré da Galileia!

A purificação do templo

Mc 11.15-19; Lc 19.45-48; Jo 2.13-22

12 Jesus entrou no templo e expulsou todos os
que ali vendiam e compravam. Derrubou as me-
sas dos cambistas e as cadeiras dos que vendiam
pombas. 13 E disse-lhes:

— Está escrito: "A minha casa será chamada
'Casa de Oração'." Mas vocês estão fazendo dela
um covil de salteadores.

14 Cegos e coxos se aproximaram de Jesus, no
templo, e ele os curou. 15 Mas, quando os princi-
pais sacerdotes e os escribas viram as maravilhas
que Jesus fazia e as crianças que gritavam no tem-
plo: "Hosana ao Filho de Davi!", ficaram indigna-
dos e perguntaram a Jesus:

16 — Você está ouvindo o que estão dizendo?

Jesus respondeu:

— Sim! Vocês nunca leram: "Da boca de pe-
queninos e crianças de peito tiraste o perfeito
louvor"?

17 E, deixando-os, saiu da cidade e foi para Betâ-
nia, onde passou a noite.

A figueira sem fruto

Mc 11.12-14,20-24

18 Cedo de manhã, ao voltar para a cidade, Jesus
teve fome. 19 E, vendo uma figueira à beira do ca-
minho, aproximou-se dela, mas não encontrou
nada, a não ser folhas. Então Jesus disse à figueira:

— Nunca mais nasça fruto de você!

E a figueira secou imediatamente. 20 Quando os
discípulos viram isso, ficaram admirados e disse-
ram:

— Como a figueira secou depressa!

21 Ao que Jesus lhes disse:

— Em verdade lhes digo que, se tiverem fé e
não duvidarem, não somente farão o que foi fei-
to à figueira, mas até mesmo, se disserem a este
monte: "Levante-se e jogue-se no mar", assim será
feito. 22 E tudo o que pedirem em oração, crendo,
vocês receberão.

A autoridade de Jesus

Mc 11.27-33; Lc 20.1-8

23 Jesus entrou no templo e, quando já estava
ensinando, os principais sacerdotes e os anciãos
do povo se aproximaram dele e perguntaram:

— Com que autoridade você faz estas coisas? E
quem lhe deu esta autoridade?

24 Jesus respondeu:

— Eu também vou fazer uma pergunta a vocês.
Se me responderem, também eu lhes direi com
que autoridade faço estas coisas. 25 De onde era o
batismo de João: do céu ou dos homens?

E eles discutiam entre si:

— Se dissermos: "Do céu", ele nos dirá: "Então
por que não acreditaram nele?" 26 Mas, se disser-
mos: "Dos homens", é de temer o povo. Porque
todos consideram João um profeta.

27 Então responderam a Jesus:

— Não sabemos.

E ele, por sua vez, lhes disse:

— Então eu também não lhes digo com que au-
toridade faço estas coisas.

A parábola dos dois filhos

28 — O que vocês acham? Um homem tinha
dois filhos. Chegando-se ao primeiro, disse: "Fi-
lho, vá hoje trabalhar na vinha." 29 Ele respon-
deu: "Não quero ir." Mas depois, arrependido, foi.
30 Dirigindo-se ao outro filho, o pai disse a mesma
coisa. Ele respondeu: "Sim, senhor." Mas não foi.
31 Qual dos dois fez a vontade do pai?

Eles responderam:

— O primeiro.

Então Jesus disse:

— Em verdade lhes digo que os publicanos e as
prostitutas estão entrando no Reino de Deus pri-
meiro que vocês. 32 Porque João veio até vocês no
caminho da justiça, e vocês não acreditaram nele;
no entanto, os publicanos e as prostitutas acredi-
taram. Vocês, porém, mesmo vendo isso, não se
arrependeram depois para acreditar nele.

A parábola dos lavradores maus

Mc 12.1-12; Lc 20.9-19

33 — Escutem outra parábola. Havia um ho-
mem, dono de terras, que plantou uma vinha. Pôs
uma cerca em volta dela, construiu nela um lagar,
edificou uma torre e arrendou a vinha a uns la-
vradores. Depois, ausentou-se do país. 34 Quando
chegou o tempo da colheita, o dono da vinha man-
dou os seus servos aos lavradores, para receber
os frutos que cabiam a ele. 35 Mas os lavradores,
agarrando os servos, espancaram um, mataram
outro e apedrejaram ainda outro. 36 O dono en-
viou ainda outros servos em maior número; e os
lavradores fizeram a mesma coisa com eles. 37 Por
último, o dono da vinha enviou-lhes o seu próprio

filho, pensando: "O meu filho eles respeitarão."
38 Mas os lavradores, vendo o filho, disseram uns
aos outros: "Este é o herdeiro; venham, vamos
matá-lo e ficar com a herança dele para nós." 39 E,
agarrando-o, lançaram-no fora da vinha e o ma-
taram. 40 Quando, pois, vier o dono da vinha, que
fará àqueles lavradores?
41 Eles responderam:
— Fará perecer horrivelmente aqueles malva-
dos e arrendará a vinha a outros lavradores que
lhe entregarão os frutos no tempo certo.
42 Então Jesus perguntou:
— Vocês nunca leram nas Escrituras:

"A pedra que os construtores
rejeitaram,
essa veio a ser a pedra angular.
Isto procede do Senhor
e é maravilhoso
aos nossos olhos"?

43 — Portanto, eu lhes digo que o Reino de Deus
será tirado de vocês e entregue a um povo que lhe
produza os respectivos frutos. 44 Todo o que cair
sobre esta pedra ficará em pedaços; e aquele sobre
quem ela cair ficará reduzido a pó.
45 Os principais sacerdotes e os fariseus, ouvin-
do estas parábolas, entenderam que Jesus falava a
respeito deles; 46 e, embora quisessem prendê-lo,
tinham medo das multidões, porque estas o con-
sideravam como profeta.

A parábola da festa de casamento

Lc 14.15-24

22 1 De novo Jesus lhes falou por parábolas, di-
zendo:
2 — O Reino dos Céus é semelhante a um rei
que preparou uma festa de casamento para seu
filho. 3 Enviou os seus servos a chamar os convi-
dados para a festa, mas estes não quiseram vir.
4 Enviou ainda outros servos, dizendo: "Digam aos
convidados: Eis que já preparei o meu banquete;
os meus bois e animais da engorda já foram aba-
tidos, e tudo está pronto; venham para a festa."
5 Mas os convidados não se importaram e se fo-
ram, um para o seu campo, outro para o seu negó-
cio. 6 Outros, agarrando os servos, os maltrataram
e mataram.
7 — O rei ficou furioso e, enviando as suas tro-
pas, exterminou aqueles assassinos e incendiou a
cidade deles. 8 Então disse aos seus servos: "A festa
está pronta, mas os convidados não eram dignos.
9 Vão, pois, para as encruzilhadas dos caminhos
e convidem para o banquete todos os que vocês
encontrarem." 10 E, saindo aqueles servos pelas
estradas, reuniram todos os que encontraram,
maus e bons; e a sala do banquete ficou cheia de
convidados.
11 — Mas, quando o rei entrou para ver os que
estavam à mesa, notou ali um homem que não
trazia veste nupcial 12 e perguntou-lhe: "Amigo,
como você entrou aqui sem veste nupcial?" E ele
emudeceu. 13 Então o rei ordenou aos serventes:
"Amarrem os pés e as mãos dele e atirem-no para
fora, nas trevas; ali haverá choro e ranger de den-
tes." 14 Porque muitos são chamados, mas poucos
são escolhidos.

A questão do imposto

Mc 12.13-17; Lc 20.20-26

15 Então os fariseus se retiraram e consultaram
entre si como surpreenderiam Jesus em alguma
palavra. 16 E enviaram-lhe discípulos, juntamente
com os herodianos, para lhe dizer:
— Mestre, sabemos que o senhor é verdadei-
ro e que ensina o caminho de Deus de acordo
com a verdade, sem se importar com a opinião
dos outros, porque não olha para a aparência das
pessoas. 17 Assim sendo, diga-nos o que o senhor
acha: é lícito pagar imposto a César ou não?
18 Mas Jesus, percebendo a maldade deles, res-
pondeu:
— Hipócritas, por que vocês estão me pondo à
prova? 19 Mostrem-me a moeda do imposto.
Trouxeram-lhe um denário. 20 E Jesus lhes per-
guntou:
— De quem é esta figura e esta inscrição?
21 Eles responderam:
— De César.
Então Jesus lhes disse:
— Deem, pois, a César o que é de César e a Deus
o que é de Deus.
22 Ouvindo isto, se admiraram e, deixando-o,
foram embora.

Os saduceus e a ressurreição

Mc 12.18-27; Lc 20.27-40

23 Naquele dia, alguns saduceus, que dizem não
haver ressurreição, aproximaram-se de Jesus e lhe
perguntaram:
24 — Mestre, Moisés disse: "Se alguém mor-
rer, não tendo filhos, o irmão desse homem deve
casar com a viúva e gerar descendentes para o
falecido." 25 Ora, havia entre nós sete irmãos. O
primeiro, tendo casado, morreu e, não tendo des-
cendência, deixou sua mulher para seu irmão.
26 O mesmo aconteceu com o segundo, com o
terceiro, até o sétimo. 27 Por fim, depois de todos,
morreu também a mulher. 28 Portanto, na ressur-
reição, de qual dos sete ela será esposa? Porque
todos casaram com ela.
29 Jesus respondeu:
— O erro de vocês está no fato de não conhe-
cerem as Escrituras nem o poder de Deus. 30 Por-
que, na ressurreição, nem casam, nem se dão

em casamento, mas são como os anjos no céu.
31 Quanto à ressurreição dos mortos, vocês nunca
leram o que Deus disse a vocês: 32 "Eu sou o Deus
de Abraão, o Deus de Isaque e o Deus de Jacó"? Ele
não é Deus de mortos, e sim de vivos.
33 Ouvindo isto, as multidões se maravilhavam
da sua doutrina.

O grande mandamento

Mc 12.28-34; Lc 10.25-28

34 Entretanto, os fariseus, sabendo que Jesus ha-
via silenciado os saduceus, reuniram-se em con-
selho. 35 E um deles, intérprete da Lei, querendo
pôr Jesus à prova, perguntou-lhe:
36 — Mestre, qual é o grande mandamento na
Lei?
37 Jesus respondeu:
— "Ame o Senhor, seu Deus, de todo o seu
coração, de toda a sua alma e de todo o seu en-
tendimento." 38 Este é o grande e primeiro man-
damento. 39 E o segundo, semelhante a este, é:
"Ame o seu próximo como você ama a si mesmo."
40 Destes dois mandamentos dependem toda a Lei
e os Profetas.

O Cristo, filho de Davi

Mc 12.35-37; Lc 20.41-44

41 Estando reunidos os fariseus, Jesus lhes per-
guntou:
42 — O que vocês pensam do Cristo? De quem
é filho?
Eles responderam:
— De Davi.
43 E Jesus perguntou:
— Então, como é que Davi, pelo Espírito, chama
o Cristo de Senhor, dizendo:

44 "Disse o Senhor ao meu Senhor:
'Sente-se à minha direita,
até que eu ponha os seus inimigos
debaixo dos seus pés'"?

45 — Portanto, se Davi o chama de Senhor,
como ele pode ser filho de Davi?
46 E ninguém podia lhe responder uma palavra;
e a partir daquele dia ninguém mais ousou fazer
perguntas.

Jesus censura os escribas e os fariseus

Mc 12.38-40; Lc 11.37-52; 20.45-47

23 1 Então Jesus falou às multidões e aos seus
discípulos:
2 — Na cadeira de Moisés se assentaram os
escribas e os fariseus. 3 Portanto, façam e obser-
vem tudo o que eles disserem a vocês, mas não
os imitem em suas obras; porque dizem e não
fazem. 4 Atam fardos pesados, difíceis de carre-
gar, e os põem sobre os ombros dos outros, mas
eles mesmos nem com o dedo querem movê-los.
5 Praticam todas as suas obras a fim de serem vis-
tos pelos outros; pois alargam os seus filactérios e
alongam as franjas de suas capas. 6 Gostam do pri-
meiro lugar nos banquetes e das primeiras cadei-
ras nas sinagogas, 7 das saudações nas praças e de
serem chamados de "mestre". 8 Mas vocês não se-
rão chamados de "mestre", porque um só é Mestre
de vocês, e todos vocês são irmãos. 9 Aqui na terra,
não chamem ninguém de "pai", porque só um é
o Pai de vocês, aquele que está nos céus. 10 Nem
queiram ser chamados de "guias", porque um só é
o Guia de vocês, o Cristo. 11 Mas o maior entre vo-
cês será o servo de vocês. 12 Quem se exaltar será
humilhado; e quem se humilhar será exaltado.
13 — Ai de vocês, escribas e fariseus, hipócritas,
porque vocês fecham o Reino dos Céus diante das
pessoas; pois vocês mesmos não entram, nem dei-
xam entrar os que estão entrando!
14 [— Ai de vocês, escribas e fariseus, hipócri-
tas, porque vocês devoram as casas das viúvas e,
para o justificar, fazem longas orações; por isso,
vocês sofrerão juízo muito mais severo!]
15 — Ai de vocês, escribas e fariseus, hipócritas,
porque vocês percorrem o mar e a terra para fazer
um prosélito; e, uma vez feito, o tornam filho do
inferno duas vezes mais do que vocês!
16 — Ai de vocês, guias cegos, que dizem: "Se
alguém jurar pelo santuário, isso não tem impor-
tância; mas, se alguém jurar pelo ouro do santuá-
rio, fica obrigado pelo que jurou!" 17 Seus tolos e
cegos! Qual é mais importante: o ouro ou o san-
tuário que santifica o ouro? 18 E vocês dizem: "Se
alguém jurar pelo altar, isso não tem importância;
mas, se alguém jurar pela oferta que está sobre o
altar, fica obrigado pelo que jurou." 19 Cegos! Qual
é mais importante: a oferta ou o altar que santifica
a oferta? 20 Portanto, quem jurar pelo altar jura por
ele e por tudo o que está sobre ele. 21 Quem jurar
pelo santuário jura por ele e por aquele que nele
habita; 22 e quem jurar pelo céu jura pelo trono de
Deus e por aquele que está sentado no trono.
23 — Ai de vocês, escribas e fariseus, hipócritas,
porque vocês dão o dízimo da hortelã, do endro
e do cominho e desprezam os preceitos mais im-
portantes da Lei: a justiça, a misericórdia e a fé.
Mas vocês deviam fazer estas coisas, sem omitir
aquelas! 24 Guias cegos! Coam um mosquito, mas
engolem um camelo!
25 — Ai de vocês, escribas e fariseus, hipócritas,
porque vocês limpam o exterior do copo e do pra-
to, mas estes, por dentro, estão cheios de roubo e
de glutonaria! 26 Fariseu cego! Limpe primeiro o
interior do copo, para que também o seu exterior
fique limpo!
27 — Ai de vocês, escribas e fariseus, hipócri-
tas, porque vocês são semelhantes aos sepulcros

pintados de branco, que, por fora, se mostram
belos, mas interiormente estão cheios de ossos
de mortos e de toda podridão! 28 Assim também
vocês, por fora, parecem justos aos olhos dos ou-
tros, mas, por dentro, estão cheios de hipocrisia e
de maldade.

29 — Ai de vocês, escribas e fariseus, hipócritas,
porque vocês edificam os sepulcros dos profetas,
enfeitam os túmulos dos justos 30 e dizem: "Se nós
tivéssemos vivido nos dias de nossos pais, não te-
ríamos sido seus cúmplices, quando mataram os
profetas!" 31 Assim, vocês dão testemunho contra
si mesmos de que são filhos dos que mataram os
profetas. 32 Portanto, tratem de terminar aquilo
que os pais de vocês começaram.

33 — Serpentes, raça de víboras! Como esperam
escapar da condenação do inferno? 34 Por isso, eis
que eu lhes envio profetas, sábios e escribas. A uns
vocês matarão e a outros crucificarão; a outros
ainda vocês açoitarão nas sinagogas e perseguirão
de cidade em cidade; 35 para que recaia sobre vo-
cês todo o sangue justo derramado sobre a terra,
desde o sangue do justo Abel até o sangue de Za-
carias, filho de Baraquias, a quem vocês mataram
entre o santuário e o altar. 36 Em verdade lhes digo
que todas estas coisas hão de vir sobre a presente
geração.

O lamento sobre Jerusalém

Lc 13.34-35

37 — Jerusalém, Jerusalém! Você mata os pro-
fetas e apedreja os que lhe são enviados! Quantas
vezes eu quis reunir os seus filhos, como a galinha
ajunta os seus pintinhos debaixo das asas, mas vo-
cês não quiseram! 38 Eis que a casa de vocês ficará
deserta. 39 Pois eu lhes afirmo que, desde agora,
não me verão mais, até que venham a dizer: "Ben-
dito o que vem em nome do Senhor!"

O sermão profético

A destruição do templo

Mc 13.1-2; Lc 21.5-6

24 1 Jesus saiu do templo e, enquanto cami-
nhava, os seus discípulos se aproximaram
para lhe mostrar as construções do templo. 2 Ele,
porém, lhes disse:

— Vocês estão vendo todas estas coisas? Em
verdade lhes digo que não ficará aqui pedra sobre
pedra que não seja derrubada.

O princípio das dores

Mc 13.3-13; Lc 21.7-19

3 Jesus estava sentado no monte das Oliveiras
quando os discípulos se aproximaram dele e, em
particular, lhe pediram:

— Diga-nos quando essas coisas vão acontecer e
que sinal haverá da sua vinda e do fim dos tempos.

4 E Jesus respondeu:

— Tenham cuidado para que ninguém os enga-
ne. 5 Porque muitos virão em meu nome, dizendo:
"Eu sou o Cristo"; e enganarão a muitos. 6 E vocês
ouvirão falar de guerras e rumores de guerras.
Fiquem atentos e não se assustem, porque é ne-
cessário que isso aconteça, mas ainda não é o fim.
7 Porque nação se levantará contra nação, e reino,
contra reino. Haverá fomes e terremotos em vários
lugares. 8 Porém todas essas coisas são o princípio
das dores.

9 — Vocês serão entregues para serem maltra-
tados e eles os matarão. Vocês serão odiados por
todas as nações por causa do meu nome. 10 Nesse
tempo, muitos hão de se escandalizar, trair e odiar
uns aos outros. 11 Muitos falsos profetas se levan-
tarão e enganarão a muitos. 12 E, por se multipli-
car a maldade, o amor se esfriará de quase todos.
13 Aquele, porém, que ficar firme até o fim, esse
será salvo. 14 E será pregado este evangelho do Rei-
no por todo o mundo, para testemunho a todas as
nações. Então virá o fim.

A grande tribulação

Mc 13.14-24; Lc 21.20-23

15 — Quando, pois, vocês virem, situado no
lugar santo, o abominável da desolação de que
falou o profeta Daniel (quem lê entenda), 16 então
os que estiverem na Judeia fujam para os montes.
17 Quem estiver no terraço não desça para tirar de
casa alguma coisa. 18 E quem estiver no campo não
volte atrás para buscar a sua capa. 19 Ai das que
estiverem grávidas e das que amamentarem na-
queles dias! 20 Orem para que a fuga de vocês não
aconteça no inverno, nem no sábado. 21 Porque
nesse tempo haverá grande tribulação, como nun-
ca houve desde o princípio do mundo até agora e
nunca jamais haverá. 22 Não tivessem aqueles dias
sido abreviados, ninguém seria salvo; mas, por
causa dos escolhidos, tais dias serão abreviados.

23 — Então, se alguém disser a vocês: "Olhem!
Aqui está o Cristo!" ou: "Ali está ele!", não acredi-
tem. 24 Porque surgirão falsos cristos e falsos pro-
fetas, operando grandes sinais e prodígios, para
enganar, se possível, os próprios eleitos. 25 Eis que
tenho predito isso a vocês. 26 Portanto, se disserem
a vocês: "Eis que ele está no deserto!", não vão lá.
Ou, se disserem: "Eis que ele está no interior da
casa!", não acreditem. 27 Porque, assim como o
relâmpago sai do Oriente e brilha até o Ocidente,
assim será a vinda do Filho do Homem. 28 Onde
estiver o cadáver, aí se ajuntarão os abutres.

A vinda do Filho do Homem

Mc 13.24-27; Lc 21.25-28

29 — Logo em seguida à tribulação daque-
les dias, o sol escurecerá, a lua não dará a sua

claridade, as estrelas cairão do firmamento e os
poderes dos céus serão abalados. 30 Então apare-
cerá no céu o sinal do Filho do Homem. Todos os
povos da terra se lamentarão e verão o Filho do
Homem vindo sobre as nuvens do céu, com poder
e grande glória. 31 E ele enviará os seus anjos, com
grande som de trombeta, os quais reunirão os seus
escolhidos dos quatro ventos, de uma a outra ex-
tremidade dos céus.

A parábola da figueira

Mc 13.28-31; Lc 21.29-33

32 — Aprendam a parábola da figueira: quando
já os seus ramos se renovam e as folhas brotam,
vocês sabem que o verão está próximo. 33 Assim,
também vocês, quando virem todas estas coisas,
saibam que está próximo, às portas. 34 Em verdade
lhes digo que não passará esta geração sem que
tudo isto aconteça. 35 Passará o céu e a terra, po-
rém as minhas palavras não passarão.

Exortação à vigilância

Mc 13.32-37; Lc 17.26-30,34-36

36 — Mas a respeito daquele dia e hora ninguém
sabe, nem os anjos dos céus, nem o Filho, senão o
Pai. 37 Pois assim como foi nos dias de Noé, assim
será também a vinda do Filho do Homem. 38 Pois
assim como nos dias anteriores ao dilúvio comiam
e bebiam, casavam e davam-se em casamento, até
o dia em que Noé entrou na arca, 39 e não o perce-
beram, até que veio o dilúvio e os levou a todos,
assim será também a vinda do Filho do Homem.
40 Então dois estarão no campo: um será levado, e
o outro será deixado; 41 duas mulheres estarão tra-
balhando num moinho: uma será levada, e a outra
será deixada.

42 — Portanto, vigiem, porque vocês não sabem
em que dia virá o Senhor de vocês. 43 Porém, con-
siderem isto: se o pai de família soubesse a que
hora viria o ladrão, vigiaria e não deixaria que a
sua casa fosse arrombada. 44 Por isso, estejam tam-
bém vocês preparados, porque o Filho do Homem
virá à hora em que vocês menos esperam.

A parábola do servo fiel e do servo mau

Lc 12.41-48

45 — Quem é, pois, o servo fiel e prudente, a
quem o senhor deixou encarregado dos demais
servos, para lhes dar o sustento a seu tempo?
46 Bem-aventurado aquele servo a quem seu
senhor, quando vier, achar fazendo assim. 47 Em
verdade lhes digo que lhe confiará todos os seus
bens. 48 Mas o que acontecerá se aquele servo,
sendo mau, disser consigo mesmo: "Meu senhor
demora para vir", 49 e começar a espancar os seus
companheiros e a comer e beber com os bêbados?
50 Virá o senhor daquele servo, em dia em que não
o espera e em hora que não sabe, 51 e irá aplicar-
-lhe um castigo severo, condenando-o com os hi-
pócritas. Ali haverá choro e ranger de dentes.

A parábola das dez virgens

25 1 — Então o Reino dos Céus será semelhante
a dez virgens que, pegando as suas lampa-
rinas, saíram a encontrar-se com o noivo. 2 Cinco
delas eram imprudentes, e cinco, prudentes. 3 As
imprudentes, ao pegar as suas lamparinas, não le-
varam óleo consigo, 4 mas as prudentes, além das
lamparinas, levaram óleo nas vasilhas. 5 E, como o
noivo estava demorando, todas ficaram sonolen-
tas e adormeceram. 6 Mas, à meia-noite, ouviu-se
um grito: "Eis o noivo! Saiam ao encontro dele!"

7 — Então todas aquelas virgens se levantaram
e prepararam as suas lamparinas. 8 E as impru-
dentes disseram às prudentes: "Deem a nós um
pouco do óleo que vocês trouxeram, porque as
nossas lamparinas estão se apagando." 9 Mas as
prudentes responderam: "Não! Porque então vai
faltar tanto para nós como para vocês! Vão aos
que o vendem e comprem óleo para vocês." 10 E,
saindo elas para comprar, chegou o noivo, e as
que estavam preparadas entraram com ele para a
festa do casamento. E fechou-se a porta. 11 Mais
tarde, chegaram as virgens imprudentes, dizendo:
"Senhor, senhor, abra a porta para nós!" 12 Mas o
noivo respondeu: "Em verdade lhes digo que não
as conheço." 13 Portanto, vigiem, porque vocês não
sabem o dia nem a hora.

A parábola dos talentos

Lc 19.11-27

14 — Pois será como um homem que,
ausentando-se do país, chamou os seus servos e
lhes confiou os seus bens. 15 A um deu cinco talen-
tos, a outro deu dois e a outro deu um, de acordo
com a capacidade de cada um deles; e então par-
tiu. 16 O servo que tinha recebido cinco talentos
saiu imediatamente a negociar com eles e ganhou
outros cinco. 17 Do mesmo modo, o que tinha rece-
bido dois ganhou outros dois. 18 Mas o servo que
tinha recebido um talento, saindo, fez um buraco
na terra e escondeu o dinheiro do seu senhor.

19 — Depois de muito tempo, o senhor daqueles
servos voltou e fez um ajuste de contas com eles.
20 Aproximando-se o que tinha recebido cinco ta-
lentos, entregou outros cinco, dizendo: "O senhor
me confiou cinco talentos; eis aqui outros cinco
que ganhei." 21 O senhor disse: "Muito bem, servo
bom e fiel; você foi fiel no pouco, sobre o muito
o colocarei; venha participar da alegria do seu
senhor."

22 — E, aproximando-se também o que tinha re-
cebido dois talentos, disse: "O senhor me confiou
dois talentos; eis aqui outros dois que ganhei."

23 Então o senhor disse: "Muito bem, servo bom e
fiel; você foi fiel no pouco, sobre o muito o colo-
carei; venha participar da alegria do seu senhor."
24 — Chegando, por fim, o que tinha recebido
um talento, disse: "Sabendo que o senhor é um ho-
mem severo, que colhe onde não plantou e ajunta
onde não espalhou, 25 fiquei com medo e escondi o
seu talento na terra; aqui está o que é seu." 26 Mas o
senhor respondeu: "Servo mau e preguiçoso! Você
sabia que eu colho onde não plantei e ajunto onde
não espalhei? 27 Então você devia ter entregado o
meu dinheiro aos banqueiros, e eu, ao voltar, rece-
beria com juros o que é meu."
28 — "Portanto, tirem dele o talento e deem ao
que tem dez. 29 Porque a todo o que tem, mais será
dado, e terá em abundância; mas ao que não tem,
até o que tem lhe será tirado. 30 Quanto ao servo
inútil, lancem-no para fora, nas trevas. Ali haverá
choro e ranger de dentes."

O grande julgamento

31 — Quando o Filho do Homem vier na sua
majestade e todos os anjos com ele, então se as-
sentará no trono da sua glória. 32 Todas as nações
serão reunidas em sua presença, e ele separará
uns dos outros, como o pastor separa as ovelhas
dos cabritos: 33 porá as ovelhas à sua direita e os
cabritos, à sua esquerda.
34 — Então o Rei dirá aos que estiverem à sua
direita: "Venham, benditos de meu Pai! Venham
herdar o Reino que está preparado para vocês
desde a fundação do mundo. 35 Porque tive fome,
e vocês me deram de comer; tive sede, e vocês
me deram de beber; eu era forasteiro, e vocês me
hospedaram; 36 eu estava nu, e vocês me vestiram;
enfermo, e me visitaram; preso, e foram me ver."
37 — Então os justos perguntarão: "Quando foi
que vimos o senhor com fome e lhe demos de
comer? Ou com sede e lhe demos de beber? 38 E
quando foi que vimos o senhor como forasteiro e
o hospedamos? Ou nu e o vestimos? 39 E quando
foi que vimos o senhor enfermo ou preso e fomos
visitá-lo?"
40 — O Rei, respondendo, lhes dirá: "Em ver-
dade lhes digo que, sempre que o fizeram a um
destes meus pequeninos irmãos, foi a mim que o
fizeram."
41 — Então o Rei dirá também aos que estive-
rem à sua esquerda: "Afastem-se de mim, maldi-
tos, para o fogo eterno, preparado para o diabo e
seus anjos. 42 Porque tive fome, e vocês não me
deram de comer; tive sede, e vocês não me de-
ram de beber; 43 sendo forasteiro, vocês não me
hospedaram; estando nu, vocês não me vestiram;
achando-me enfermo e preso, vocês não foram
me ver."
44 — E eles lhe perguntarão: "Quando foi que
vimos o senhor com fome, com sede, forasteiro,
nu, enfermo ou preso e não o socorremos?"
45 — Então o Rei responderá: "Em verdade lhes
digo que, sempre que o deixaram de fazer a um
destes mais pequeninos, foi a mim que o deixaram
de fazer." 46 E estes irão para o castigo eterno, po-
rém os justos irão para a vida eterna.

O plano para matar Jesus

Mc 14.1-2; Lc 22.1-2; Jo 11.45-53

26 1 Quando Jesus acabou de proferir estas pa-
lavras, disse aos seus discípulos:
2 — Vocês sabem que, daqui a dois dias, será
celebrada a Páscoa, e o Filho do Homem será en-
tregue para ser crucificado.
3 Então os principais sacerdotes e os anciãos do
povo se reuniram no palácio do sumo sacerdote,
chamado Caifás, 4 e deliberaram prender Jesus, à
traição, e matá-lo. 5 Mas diziam:
— Não durante a festa, para que não haja tu-
multo entre o povo.

Jesus é ungido em Betânia

Mc 14.3-9; Jo 12.1-8

6 Quando Jesus estava em Betânia, na casa de
Simão, o leproso, 7 aproximou-se dele uma mu-
lher, trazendo um frasco feito de alabastro com
um perfume precioso, que ela derramou sobre a
cabeça de Jesus, estando ele à mesa. 8 Vendo isto,
os discípulos ficaram indignados e disseram:
— Para que este desperdício? 9 Este perfume
poderia ter sido vendido por muito dinheiro, para
ser dado aos pobres.
10 Mas Jesus, sabendo disto, lhes disse:
— Por que vocês estão incomodando esta
mulher? Ela praticou uma boa ação para comigo.
11 Porque os pobres estarão sempre com vocês,
mas a mim vocês nem sempre terão. 12 Porque,
derramando este perfume sobre o meu corpo, ela
o fez para o meu sepultamento. 13 Em verdade lhes
digo que, onde for pregado em todo o mundo este
evangelho, também será contado o que ela fez,
para memória dela.

O pacto da traição

Mc 14.10-11; Lc 22.3-6

14 Então um dos doze, chamado Judas Iscariotes,
foi falar com os principais sacerdotes. 15 Ele disse:
— Quanto me darão para que eu o entregue a
vocês?
E pagaram-lhe trinta moedas de prata. 16 E, des-
se momento em diante, Judas buscava uma boa
ocasião para entregar Jesus.

Os discípulos preparam a Páscoa

Mc 14.12-16; Lc 22.7-13

17 No primeiro dia da Festa dos Pães sem

Fermento, os discípulos vieram a Jesus e lhe per-
guntaram:
— Onde quer que façamos os preparativos para
que o senhor possa comer a Páscoa?
18 E ele lhes respondeu:
— Vão até a cidade, procurem certo homem
e digam: "O Mestre diz: O meu tempo está próxi-
mo. É em sua casa que celebrarei a Páscoa com os
meus discípulos."
19 E eles fizeram como Jesus lhes havia ordena-
do e prepararam a Páscoa.

O traidor é indicado

Mc 14.17-21; Lc 22.21-23; Jo 13.21-30

20 Ao cair da tarde, Jesus pôs-se à mesa com os
doze discípulos. 21 E, enquanto comiam, Jesus disse:
— Em verdade lhes digo que um de vocês vai
me trair.
22 E eles, muito entristecidos, começaram um
por um a perguntar-lhe:
— Por acaso seria eu, Senhor?
23 Jesus respondeu:
— O que comigo põe a mão no prato, esse vai
me trair. 24 O Filho do Homem vai, como está es-
crito a seu respeito; mas ai daquele por quem o
Filho do Homem está sendo traído! Melhor seria
para ele se nunca tivesse nascido!
25 Então Judas, que o traía, perguntou:
— Por acaso sou eu, Mestre?
Jesus respondeu:
— Você acabou de dizer isso.

A Ceia do Senhor

Mc 14.22-26; Lc 22.14-20; 1Co 11.23-25

26 Enquanto comiam, Jesus pegou um pão, e,
abençoando-o, o partiu e deu aos discípulos, di-
zendo:
— Tomem, comam; isto é o meu corpo.
27 A seguir, Jesus pegou um cálice e, tendo dado
graças, o deu aos seus discípulos, dizendo:
— Bebam todos dele; 28 porque isto é o meu san-
gue, o sangue da aliança, derramado em favor de
muitos, para remissão de pecados. 29 E digo a vocês
que, desta hora em diante, nunca mais beberei des-
te fruto da videira, até aquele dia em que beberei
com vocês o vinho novo, no Reino de meu Pai.
30 E, tendo cantado um hino, saíram para o
monte das Oliveiras.

Pedro é avisado

Mc 14.27-31; Lc 22.31-34; Jo 13.36-38

31 Então Jesus disse aos discípulos:
— Esta noite serei uma pedra de tropeço para
todos vocês, porque está escrito: "Ferirei o pastor,
e as ovelhas do rebanho ficarão dispersas." 32 Mas,
depois da minha ressurreição, irei adiante de vo-
cês para a Galileia.
33 Mas Pedro, tomando a palavra, disse a Jesus:
— Ainda que o senhor venha a ser um tropeço
para todos, nunca o será para mim.
34 Mas Jesus lhe disse:
— Em verdade lhe digo que, nesta noite, antes
que o galo cante, você me negará três vezes.
35 Pedro insistiu:
— Ainda que me seja necessário morrer com o
senhor, de modo nenhum o negarei.
E todos os discípulos disseram o mesmo.

Jesus no Getsêmani

Mc 14.32-42; Lc 22.39-46

36 Em seguida, Jesus foi com eles a um lugar
chamado Getsêmani. E disse aos discípulos:
— Sentem-se aqui, enquanto eu vou ali orar.
37 E, levando consigo Pedro e os dois filhos de
Zebedeu, começou a sentir-se tomado de tristeza
e de angústia. 38 Então lhes disse:
— A minha alma está profundamente triste até
a morte; fiquem aqui e vigiem comigo.
39 E, adiantando-se um pouco, prostrou-se so-
bre o seu rosto, orando e dizendo:
— Meu Pai, se é possível, que passe de mim este
cálice! Contudo, não seja como eu quero, e sim
como tu queres.
40 E, voltando para os discípulos, achou-os dor-
mindo. E disse a Pedro:
— Então nem uma hora vocês puderam vigiar
comigo? 41 Vigiem e orem, para que não caiam em
tentação; o espírito, na verdade, está pronto, mas
a carne é fraca.
42 Retirando-se pela segunda vez, orou de novo,
dizendo:
— Meu Pai, se não é possível que este cálice
passe de mim sem que eu o beba, faça-se a tua
vontade.
43 E, voltando, achou-os outra vez dormin-
do; porque os olhos deles estavam pesados.
44 Deixando-os novamente, foi orar pela terceira
vez, repetindo as mesmas palavras. 45 Então voltou
para os discípulos e lhes disse:
— Vocês ainda estão dormindo e descansan-
do! Eis que é chegada a hora, e o Filho do Homem
está sendo entregue nas mãos de pecadores.
46 Levantem-se, vamos embora! Eis que o traidor
se aproxima.

Jesus é preso

Mc 14.43-50; Lc 22.47-53; Jo 18.1-11

47 E enquanto Jesus ainda falava, eis que che-
gou Judas, um dos doze, e, com ele, grande mul-
tidão com espadas e porretes, vinda da parte
dos principais sacerdotes e dos anciãos do povo.
48 Ora, o traidor tinha dado a eles um sinal: "Aque-
le que eu beijar, é esse; prendam-no." 49 E logo,
aproximando-se de Jesus, Judas disse:

— Salve, Mestre!
E o beijou. 50 Jesus, porém, lhe disse:
— Amigo, o que você veio fazer?
Nisto, aproximando-se eles, agarraram Jesus e o
prenderam. 51 E eis que um dos que estavam com
Jesus, estendendo a mão, sacou da espada e, gol-
peando o servo do sumo sacerdote, cortou-lhe a
orelha. 52 Então Jesus lhe disse:
— Coloque a espada de volta no seu lugar, pois
todos os que lançam mão da espada à espada pe-
recerão. 53 Ou você acha que não posso pedir a
meu Pai, e ele me mandaria neste momento mais
de doze legiões de anjos? 54 Mas como, então, se
cumpririam as Escrituras, que dizem que assim
deve acontecer?
55 Naquele momento, Jesus disse às multidões:
— Vocês vieram com espadas e porretes para
prender-me, como se eu fosse um salteador?
Todos os dias, no templo, eu me assentava ensi-
nando, e vocês não me prenderam. 56 Tudo isto,
porém, aconteceu para que se cumprissem as Es-
crituras dos profetas.
Então todos os discípulos o deixaram e fugiram.

Jesus diante do Sinédrio

Mc 14.53-65; Lc 22.63-71; Jo 18.12-14,19-24

57 E os que prenderam Jesus o levaram à casa de
Caifás, o sumo sacerdote, onde se haviam reunido
os escribas e os anciãos. 58 Pedro o seguia de longe
até o pátio do sumo sacerdote. E, tendo entrado,
assentou-se entre os servos, para ver como aqui-
lo ia terminar. 59 E os principais sacerdotes e todo
o Sinédrio procuravam algum testemunho falso
contra Jesus, a fim de o condenarem à morte. 60 E
não acharam, apesar de terem sido apresentadas
muitas testemunhas falsas. Mas, afinal, compare-
ceram duas, afirmando:
61 — Este disse: "Posso destruir o santuário de
Deus e reconstruí-lo em três dias."
62 E, levantando-se o sumo sacerdote, pergun-
tou a Jesus:
— Você não diz nada em resposta ao que estes
depõem contra você?
63 Jesus, porém, guardou silêncio. E o sumo sa-
cerdote lhe disse:
— Eu exijo que nos diga, tendo o Deus vivo por
testemunha, se você é o Cristo, o Filho de Deus.
64 Jesus respondeu:
— É o senhor mesmo quem está dizendo isso.
Mas eu lhes digo que, desde agora, vocês verão
o Filho do Homem sentado à direita do Todo-
-Poderoso e vindo sobre as nuvens do céu.
65 Então o sumo sacerdote rasgou as suas vestes
e disse:
— Blasfemou! Por que ainda precisamos de tes-
temunhas? Eis que agora mesmo vocês ouviram a
blasfêmia! 66 O que vocês acham?
E eles responderam:
— É réu de morte.
67 Então alguns cuspiram no rosto de Jesus e
bateram nele. E outros o esbofeteavam, dizendo:
68 — Profetize para nós, ó Cristo! Quem foi que
bateu em você?

Pedro nega Jesus

Mc 14.66-72; Lc 22.55-62; Jo 18.15-18,25-27

69 Pedro estava sentado fora no pátio. Uma em-
pregada se aproximou e lhe disse:
— Você também estava com Jesus, o galileu.
70 Mas ele negou diante de todos e disse:
— Não sei o que você está dizendo.
71 Quando se dirigia para a porta, Pedro foi visto
por outra empregada, que disse aos que estavam
ali:
— Este também estava com Jesus, o Nazareno.
72 E ele negou outra vez, com juramento:
— Não conheço esse homem.
73 Pouco depois, aproximando-se os que esta-
vam ali, disseram a Pedro:
— Com certeza você também é um deles, por-
que o seu modo de falar o denuncia.
74 Então ele começou a praguejar e a jurar:
— Não conheço esse homem!
E no mesmo instante o galo cantou. 75 Então
Pedro se lembrou da palavra que Jesus lhe tinha
dito: "Antes que o galo cante, você me negará três
vezes." E Pedro, saindo dali, chorou amargamente.

Jesus entregue a Pilatos

Mc 15.1; Lc 23.1-2; Jo 18.28-32

27 1 Ao romper o dia, todos os principais sa-
cerdotes e os anciãos do povo entraram
em conselho contra Jesus, para o matarem; 2 e,
amarrando-o, levaram-no e o entregaram ao go-
vernador Pilatos.

A morte de Judas

3 Então Judas, que o traiu, vendo que Jesus havia
sido condenado, tocado de remorso, devolveu as
trinta moedas de prata aos principais sacerdotes e
aos anciãos, dizendo:
4 — Pequei, traindo sangue inocente.
Eles, porém, responderam:
— Que nos importa? Isso é com você.
5 Então Judas, atirando as moedas de prata para
dentro do templo, retirou-se e se enforcou. 6 E os
principais sacerdotes, pegando as moedas, disse-
ram:
— Não é lícito colocá-las no cofre das ofertas,
porque é preço de sangue.
7 E, tendo deliberado, compraram com elas o
campo do oleiro, para cemitério de forasteiros.
8 Por isso, aquele campo é chamado, até o dia de
hoje, Campo de Sangue. 9 Então se cumpriu o que

foi dito por meio do profeta Jeremias: "Pegaram as
trinta moedas de prata, preço em que foi estimado
aquele a quem alguns dos filhos de Israel avalia-
ram, 10 e as deram pelo campo do oleiro, assim
como me ordenou o Senhor."

Jesus diante de Pilatos

Mc 15.2-5; Lc 23.3-5; Jo 18.33-38a

11 Jesus estava em pé diante do governador, e
este o interrogou, dizendo:
— Você é o rei dos judeus?
Jesus respondeu:
— O senhor está dizendo isso.
12 E, sendo acusado pelos principais sacerdotes
e pelos anciãos, Jesus nada respondeu. 13 Então Pi-
latos perguntou:
— Não está ouvindo quantas acusações fazem
contra você?
14 Mas Jesus não respondeu nem uma palavra, a
ponto de o governador ficar muito admirado.

Jesus é condenado à morte

Mc 15.6-15; Lc 23.13-25; Jo 18.38b—19.16

15 Ora, por ocasião da festa, o governador costu-
mava soltar ao povo um preso, conforme eles qui-
sessem. 16 Naquela ocasião, eles tinham um preso
muito conhecido, chamado Barrabás. 17 Estando,
pois, o povo reunido, Pilatos lhes perguntou:
— Quem vocês querem que eu solte: Barrabás
ou Jesus, chamado Cristo?
18 Porque sabia que era por inveja que eles ti-
nham entregado Jesus.
19 E, estando Pilatos sentado no tribunal, a mu-
lher dele mandou dizer-lhe:
— Não se envolva com esse justo, porque hoje,
em sonho, sofri muito por causa dele.
20 Mas os principais sacerdotes e os anciãos
persuadiram o povo a que pedisse Barrabás e con-
denasse Jesus à morte. 21 De novo, o governador
perguntou:
— Qual dos dois vocês querem que eu solte?
Eles responderam:
— Barrabás!
22 Pilatos lhes perguntou:
— Que farei, então, com Jesus, chamado Cristo?
Todos responderam:
— Que seja crucificado!
23 Pilatos continuou:
— Que mal ele fez?
Porém eles gritavam cada vez mais:
— Que seja crucificado!
24 Vendo Pilatos que nada conseguia e que, ao
contrário, o tumulto aumentava, mandou trazer
água e lavou as mãos diante do povo, dizendo:
— Estou inocente do sangue deste homem; fi-
que o caso com vocês!
25 E o povo todo respondeu:
— Que o sangue dele caia sobre nós e sobre os
nossos filhos!
26 Então Pilatos lhes soltou Barrabás. E, depois
de mandar açoitar Jesus, entregou-o para ser cru-
cificado.

Os soldados zombam de Jesus

Mc 15.16-20; Jo 19.2-3

27 Logo a seguir, os soldados do governador,
levando Jesus para o Pretório, reuniram em tor-
no dele toda a tropa. 28 Tiraram a roupa de Jesus
e o vestiram com um manto escarlate. 29 E, tecen-
do uma coroa de espinhos, a puseram na cabeça
dele, e colocaram um caniço na sua mão direita.
E, ajoelhando-se diante dele, zombavam, dizendo:
— Salve, rei dos judeus!
30 E, cuspindo nele, pegaram o caniço e batiam
na sua cabeça. 31 Depois de terem zombado dele,
tiraram-lhe o manto e o vestiram com as suas pró-
prias roupas. Então o levaram para ser crucificado.

A crucificação de Jesus

Mc 15.21-32; Lc 23.26-43; Jo 19.17-27

32 Ao saírem, encontraram um cireneu, chama-
do Simão, a quem obrigaram a carregar a cruz de
Jesus. 33 E, chegando a um lugar chamado Gólgota,
que significa "Lugar da Caveira", 34 deram vinho
com fel para Jesus beber; mas ele, provando-o, não
quis beber. 35 Depois de o crucificarem, repartiram
entre si as roupas dele, tirando a sorte. 36 E, assen-
tados ali, o guardavam. 37 Por cima da cabeça de
Jesus puseram por escrito a acusação contra ele:
"Este é Jesus, o Rei dos Judeus". 38 E dois ladrões
foram crucificados com ele, um à sua direita e ou-
tro à sua esquerda. 39 Os que iam passando blasfe-
mavam contra ele, balançando a cabeça e dizendo:
40 — Ei, você que destrói o santuário e em três
dias o reedifica! Salve a si mesmo, se você é o Filho
de Deus, e desça da cruz!
41 De igual modo, os principais sacerdotes com
os escribas e anciãos, zombando, diziam:
42 — Salvou os outros, a si mesmo não pode sal-
var. É rei de Israel! Que ele desça da cruz, e então
creremos nele. 43 Confiou em Deus; pois que Deus
venha livrá-lo agora, se, de fato, lhe quer bem; por-
que ele disse: "Sou Filho de Deus."
44 Também os ladrões que haviam sido crucifi-
cados com ele o insultavam.

A morte de Jesus

Mc 15.33-41; Lc 23.44-49; Jo 19.28-30

45 A partir do meio-dia, houve trevas sobre toda
a terra até as três horas da tarde. 46 Por volta de
três horas da tarde, Jesus clamou em alta voz, di-
zendo:
— Eli, Eli, lemá sabactani? — Isso quer dizer:
"Deus meu, Deus meu, por que me desamparaste?"

47 Alguns dos que estavam ali, ouvindo isto, di-
ziam:
— Ele chama por Elias.
48 E, logo, um deles correu a buscar uma espon-
ja e, tendo-a embebido em vinagre e colocado na
ponta de um caniço, deu-lhe de beber. 49 Os ou-
tros, porém, diziam:
— Espere! Vejamos se Elias vem salvá-lo.
50 E Jesus, clamando outra vez em alta voz, en-
tregou o espírito.
51 Eis que o véu do santuário se rasgou em duas
partes, de alto a baixo; a terra tremeu e as rochas
se partiram; 52 os túmulos se abriram, e muitos
corpos de santos já falecidos ressuscitaram; 53 e,
saindo dos túmulos depois da ressurreição de
Jesus, entraram na cidade santa e apareceram a
muitos. 54 O centurião e os que com ele guardavam
Jesus, vendo o terremoto e tudo o que se passava,
ficaram possuídos de grande temor e disseram:
— Verdadeiramente este era o Filho de Deus.
55 Estavam ali muitas mulheres, observando de
longe. Eram as que vinham seguindo Jesus desde a
Galileia, para o servir. 56 Entre elas estavam Maria
Madalena, Maria, mãe de Tiago e de José, e a mu-
lher de Zebedeu.

O sepultamento de Jesus

Mc 15.42-47; Lc 23.50-56; Jo 19.38-42

57 Ao cair da tarde, veio um homem rico de
Arimateia, chamado José, que era também discí-
pulo de Jesus. 58 Este foi até Pilatos e lhe pediu o
corpo de Jesus. Então Pilatos mandou que o cor-
po lhe fosse entregue. 59 E José, levando o corpo,
envolveu-o num lençol limpo de linho 60 e o depo-
sitou no seu túmulo novo, que ele tinha mandado
abrir na rocha; e, rolando uma grande pedra para
a entrada do túmulo, foi embora. 61 Estavam ali,
sentadas em frente do túmulo, Maria Madalena e
a outra Maria.

A guarda do túmulo

62 No dia seguinte, que é o dia depois da pre-
paração, os principais sacerdotes e os fariseus se
reuniram com Pilatos 63 e lhe disseram:
— Senhor, nós lembramos que aquele enga-
nador, enquanto vivia, disse: "Depois de três dias
ressuscitarei." 64 Portanto, mande que o túmulo
seja guardado com segurança até o terceiro dia,
para que não aconteça que, vindo os discípulos
dele, o roubem e depois digam ao povo: "Ressus-
citou dos mortos." E este último engano será pior
do que o primeiro.
65 Pilatos respondeu:
— Uma escolta está à disposição de vocês. Vão
e guardem o túmulo como bem entenderem.
66 Indo eles, montaram guarda ao túmulo, se-
lando a pedra e deixando ali a escolta.

A ressurreição de Jesus

Mc 16.1-8; Lc 24.1-12; Jo 20.1-10

28 1 Passado o sábado, no começo do primeiro
dia da semana, Maria Madalena e a outra
Maria foram ver o túmulo. 2 E eis que houve um
grande terremoto; porque um anjo do Senhor des-
ceu do céu e, aproximando-se, removeu a pedra
e sentou sobre ela. 3 O aspecto dele era como um
relâmpago, e a sua roupa era branca como a neve.
4 E os guardas, com medo do anjo, tremeram e fi-
caram como se estivessem mortos. 5 Mas o anjo,
dirigindo-se às mulheres, disse:
— Não tenham medo! Sei que vocês procuram
Jesus, que foi crucificado. 6 Ele não está aqui; res-
suscitou, como tinha dito. Venham ver onde ele
jazia. 7 Agora vão depressa e digam aos seus discí-
pulos que ele ressuscitou dos mortos e vai adiante
de vocês para a Galileia; lá vocês o verão. É como
acabei de dizer a vocês.
8 E, retirando-se elas apressadamente do sepul-
cro, tomadas de medo e grande alegria, correram
para anunciar isso aos discípulos. 9 E eis que Jesus
veio ao encontro delas e disse:
— Salve!
E elas, aproximando-se, abraçaram os pés dele
e o adoraram. 10 Então Jesus lhes disse:
— Não tenham medo! Vão dizer aos meus ir-
mãos que se dirijam à Galileia e lá eles me verão.

Os judeus subornam os guardas

11 E, enquanto elas iam, eis que alguns da guar-
da foram à cidade e contaram aos principais sacer-
dotes tudo o que havia acontecido. 12 Reunindo-se
eles em conselho com os anciãos, deram grande
soma de dinheiro aos soldados, 13 recomendando-
-lhes:
— Digam isto: "Os discípulos dele vieram de
noite, enquanto estávamos dormindo, e roubaram
o corpo." 14 E, se isto chegar ao conhecimento do
governador, nós o convenceremos e faremos com
que vocês não tenham maiores preocupações.
15 Os soldados receberam o dinheiro e fizeram
como tinham sido instruídos. Esta versão se espa-
lhou entre os judeus até o dia de hoje.

A Grande Comissão

Mc 16.14-18; Lc 24.36-49; Jo 20.19-23; At 1.6-8

16 Os onze discípulos partiram para a Galileia, para
o monte que Jesus lhes havia designado. 17 E, quan-
do viram Jesus, o adoraram; mas alguns duvidaram.
18 Jesus, aproximando-se, falou-lhes, dizendo:
— Toda a autoridade me foi dada no céu e na
terra. 19 Portanto, vão e façam discípulos de todas as
nações, batizando-os em nome do Pai, do Filho e do
Espírito Santo, 20 ensinando-os a guardar todas as
coisas que tenho ordenado a vocês. E eis que estou
com vocês todos os dias até o fim dos tempos.

O EVANGELHO SEGUNDO

MARCOS

A pregação de João Batista

Mt 3.1-12; Lc 3.1-9,15-17; Jo 1.19-28

1 1 Princípio do evangelho de Jesus Cristo, Filho de
Deus. 2 Como está escrito na profecia de Isaías:

"Eis que envio o meu mensageiro
adiante de você,
o qual preparará o seu caminho.
3 Voz do que clama no deserto:
Preparem o caminho do Senhor,
endireitem as suas veredas."

4 E foi assim que João Batista apareceu no de-
serto, pregando batismo de arrependimento para
remissão de pecados. 5 E toda a região da Judeia
e todos os moradores de Jerusalém iam até ele.
E, confessando os seus pecados, eram batizados
por ele no rio Jordão. 6 A roupa de João era feita de
pelos de camelo. Ele usava um cinto de couro e se
alimentava de gafanhotos e mel silvestre.
7 E João pregava, dizendo:
— Depois de mim vem aquele que é mais po-
deroso do que eu, do qual não sou digno de,
curvando-me, desamarrar as correias das suas
sandálias. 8 Eu batizei vocês com água; ele, porém,
os batizará com o Espírito Santo.

O batismo de Jesus

Mt 3.13-17; Lc 3.21-22

9 Naqueles dias, Jesus veio de Nazaré da Galileia
e foi batizado por João no rio Jordão. 10 Logo ao sair
da água, Jesus viu os céus se abrindo e o Espírito
descendo como pomba sobre ele. 11 Então veio
uma voz dos céus, que dizia:
— Você é o meu Filho amado; em você me agrado.

A tentação de Jesus

Mt 4.1-11; Lc 4.1-13

12 E logo o Espírito conduziu Jesus ao deserto,
13 onde ficou durante quarenta dias, sendo tentado
por Satanás. Estava com as feras, e os anjos o serviam.

O começo do ministério na Galileia

Mt 4.12-17; Lc 4.14-15

14 Depois de João ter sido preso, Jesus foi para a
Galileia, pregando o evangelho de Deus. 15 Ele dizia:
— O tempo está cumprido, e o Reino de Deus está
próximo; arrependam-se e creiam no evangelho.

Jesus chama quatro pescadores

Mt 4.18-22; Lc 5.1-11

16 Caminhando junto ao mar da Galileia, Jesus
viu os irmãos Simão e André, que lançavam a
rede ao mar, porque eram pescadores. 17 Jesus
lhes disse:
— Venham comigo, e eu farei com que sejam
pescadores de gente.
18 Então eles deixaram imediatamente as re-
des e o seguiram. 19 Pouco mais adiante, Jesus viu
Tiago, filho de Zebedeu, e João, seu irmão, que
estavam no barco consertando as redes, 20 e logo
os chamou. E eles seguiram Jesus, deixando o seu
pai Zebedeu no barco com os empregados.

A cura de um endemoniado em Cafarnaum

Lc 4.31-37

21 Depois, entraram em Cafarnaum, e, logo
no sábado, Jesus foi ensinar na sinagoga. 22 E
maravilhavam-se com a sua doutrina, porque os
ensinava como alguém que tem autoridade e não
como os escribas. 23 E logo apareceu na sinagoga
um homem possuído de espírito imundo, o qual
gritou:
24 — O que você quer conosco, Jesus Nazareno?
Você veio para nos destruir? Sei muito bem quem
você é: o Santo de Deus!
25 Mas Jesus o repreendeu, dizendo:
— Cale-se e saia desse homem.
26 Então o espírito imundo, agitando-o violenta-
mente e gritando em alta voz, saiu dele. 27 Todos
se admiraram, a ponto de perguntarem entre si:
— Que é isto? Uma nova doutrina! Com autori-
dade ele ordena aos espíritos imundos, e eles lhe
obedecem!
28 E a fama de Jesus se espalhou depressa em to-
das as direções, por toda a região da Galileia.

A cura da sogra de Pedro

Mt 8.14-15; Lc 4.38-39

29 E, saindo da sinagoga, foram, com Tiago e
João, para a casa de Simão e André. 30 A sogra de
Simão estava de cama, com febre; e logo deram
essa notícia a Jesus. 31 Então, aproximando-se,
Jesus pegou na mão dela e fez com que ela se le-
vantasse. A febre a deixou, e ela passou a servi-los.

Muitas outras curas

Mt 8.16-17; Lc 4.40-41

32 À tarde, depois do pôr do sol, trouxeram a
Jesus todos os enfermos e endemoniados. 33 Toda
a cidade estava reunida à porta da casa. 34 E ele
curou muitos que se achavam doentes de todo
tipo de enfermidades. Também expulsou muitos
demônios, não lhes permitindo que falassem, por-
que sabiam quem ele era.

Jesus prega nas sinagogas

Lc 4.42-44

35 Tendo-se levantado de madrugada, quando
ainda estava escuro, Jesus saiu e foi para um lugar
deserto, e ali orava. 36 Simão e os que estavam com
ele procuraram Jesus por toda parte. 37 Quando o
encontraram, lhe disseram:

— Todos estão à sua procura.

38 Jesus, porém, lhes disse:

— Vamos a outros lugares, aos povoados vizinhos, a fim de que eu pregue também ali, pois foi para isso que eu vim.

39 Então ele foi por toda a Galileia, pregando nas
sinagogas deles e expulsando os demônios.

A cura de um leproso

Mt 8.1-4; Lc 5.12-16

40 Um leproso se aproximou de Jesus e lhe pediu, de joelhos:

— Se o senhor quiser, pode me purificar.

41 E Jesus, profundamente compadecido, estendeu a mão, tocou nele e disse:

— Quero, sim. Fique limpo!

42 No mesmo instante, a lepra desapareceu dele,
e ele ficou limpo. 43 E, advertindo-o severamente,
logo o despediu. 44 E lhe disse:

— Olhe! Não conte nada a ninguém, mas vá, apresente-se ao sacerdote e ofereça, pela sua purificação, o sacrifício que Moisés ordenou, para servir de testemunho ao povo.

45 Mas, tendo ele saído, começou a proclamar muitas coisas e a divulgar a notícia, a ponto de Jesus não poder mais entrar publicamente em nenhuma cidade. Por isso, permanecia fora, em lugares desertos. E de toda parte vinham ao encontro dele.

A cura de um paralítico em Cafarnaum

Mt 9.1-8; Lc 5.17-26

2 1 Dias depois, Jesus entrou de novo em Cafarnaum, e logo se ouviu dizer que ele estava
em casa. 2 Muitos se reuniram ali, a ponto de não
haver lugar nem mesmo junto à porta. E Jesus
anunciava-lhes a palavra. 3 Trouxeram-lhe, então,
um paralítico, carregado por quatro homens. 4 E,
não podendo aproximar-se de Jesus, por causa da multidão, removeram o telhado no ponto correspondente ao lugar onde Jesus se encontrava e, pela abertura, desceram o leito em que o paralítico estava deitado. 5 Vendo-lhes a fé, Jesus disse ao
paralítico:

— Filho, os seus pecados estão perdoados.

6 Alguns escribas estavam sentados ali e pensavam em seu coração:

7 — Como ele se atreve a falar assim? Isto é blasfêmia! Quem pode perdoar pecados, a não ser um, que é Deus?

8 E Jesus, percebendo imediatamente em seu espírito que eles assim pensavam, disse-lhes:

— Por que vocês estão pensando essas coisas
em seu coração? 9 O que é mais fácil? Dizer ao
paralítico: "Os seus pecados estão perdoados", ou dizer: "Levante-se, tome o seu leito e ande"?
10 Mas isto é para que vocês saibam que o Filho do Homem tem autoridade sobre a terra para perdoar pecados.

E disse ao paralítico:

11 — Eu digo a você: Levante-se, pegue o seu leito e vá para casa.

12 Ele se levantou e, no mesmo instante, pegando o leito, retirou-se à vista de todos, a ponto de todos se admirarem e darem glória a Deus, dizendo:

— Jamais vimos coisa assim!

O chamado de Levi

Mt 9.9-13; Lc 5.27-32

13 De novo, Jesus foi para junto do mar, e toda a
multidão vinha ao encontro dele, e ele os ensina-
va. 14 Quando ia passando, viu Levi, filho de Alfeu,
sentado na coletoria e lhe disse:

— Siga-me!

Ele se levantou e o seguiu.

15 Achando-se Jesus à mesa, na casa de Levi,
estavam junto com ele e com os seus discípulos
muitos publicanos e pecadores; porque estes eram
muitos e também o seguiam. 16 Os escribas dos
fariseus, vendo Jesus comer em companhia dos pecadores e publicanos, perguntavam aos discípulos dele:

— Por que ele come e bebe com os publicanos e pecadores?

17 Tendo ouvido isto, Jesus lhes respondeu:

— Os sãos não precisam de médico, e sim os doentes; eu não vim chamar justos, e sim pecadores.

A questão do jejum

Mt 9.14-17; Lc 5.33-39

18 Ora, os discípulos de João e os fariseus estavam jejuando. Algumas pessoas foram perguntar a Jesus:

— Por que os discípulos de João e os discípulos dos fariseus jejuam, mas os seus discípulos não jejuam?

19 Jesus respondeu:

— Como podem os convidados para o casamento jejuar enquanto o noivo está com eles? Durante o tempo em que o noivo estiver presen-
te, não podem jejuar. 20 No entanto, virão dias em
que o noivo lhes será tirado, e então, naquele dia,
eles vão jejuar. 21 Ninguém costura um remendo
de pano novo em roupa velha; porque o remendo novo tira um pedaço da roupa velha, e o buraco

fica ainda maior. 22 E ninguém põe vinho novo em
odres velhos, porque, se fizer isso, o vinho rom-
perá os odres e se perdem tanto o vinho como os
odres. Mas põe-se vinho novo em odres novos.

Jesus é senhor do sábado

Mt 12.1-8; Lc 6.1-5

23 Aconteceu que, num sábado, Jesus atraves-
sava as searas, e os seus discípulos, ao passar,
começaram a colher espigas. 24 Então os fariseus
disseram a Jesus:

— Olhe! Por que eles estão fazendo o que não é
lícito aos sábados?

25 Ele lhes respondeu:

— Vocês nunca leram o que Davi fez quando
se viu em necessidade e teve fome, ele e os seus
companheiros? 26 Como entrou na Casa de Deus,
no tempo do sumo sacerdote Abiatar, e comeu os
pães da proposição, os quais só aos sacerdotes era
lícito comer, e ainda deu esses pães aos seus com-
panheiros?

27 E Jesus acrescentou:

— O sábado foi estabelecido por causa do
homem, e não o homem por causa do sábado.
28 Assim, o Filho do Homem é senhor também do
sábado.

O homem da mão ressequida

Mt 12.9-14; Lc 6.6-11

3 1 De novo, Jesus entrou na sinagoga. E estava ali
um homem que tinha uma das mãos ressequi-
da. 2 E estavam observando Jesus para ver se cura-
ria aquele homem no sábado, a fim de o acusarem.
3 Jesus disse ao homem da mão ressequida:

— Venha aqui para o meio!

4 Então lhes perguntou:

— É lícito nos sábados fazer o bem ou fazer o
mal? Salvar uma vida ou deixar morrer?

Mas eles ficaram em silêncio. 5 Então Jesus,
olhando em volta, indignado e entristecido com
a dureza de coração daquelas pessoas, disse ao
homem:

— Estenda a mão.

O homem estendeu a mão, e ela lhe foi restau-
rada. 6 Os fariseus saíram dali e, com os herodia-
nos, logo começaram a conspirar contra Jesus,
procurando ver como o matariam.

Jesus cura muitos à beira-mar

7 Jesus se retirou com os seus discípulos para o
mar. Uma grande multidão o seguia. Eram pessoas
que tinham vindo da Galileia, da Judeia, 8 de Jeru-
salém, da Idumeia, do outro lado do Jordão e dos
arredores de Tiro e de Sidom, porque ouviam falar
das coisas que Jesus fazia. 9 Então recomendou aos
seus discípulos que sempre lhe tivessem pronto um
barquinho, por causa da multidão, a fim de não o
apertarem. 10 Pois curava muitas pessoas, de modo
que todos os que tinham alguma enfermidade se
esforçavam para chegar perto, a fim de poderem to-
car nele. 11 Também os espíritos imundos, quando
o viam, prostravam-se diante dele e gritavam:

— Você é o Filho de Deus!

12 Mas Jesus lhes advertia severamente que não
o expusessem à publicidade.

Os doze apóstolos

Mt 10.1-4; Lc 6.12-16

13 Depois, Jesus subiu ao monte e chamou os
que ele quis, e vieram para junto dele. 14 Então
designou doze, aos quais chamou de apóstolos,
para estarem com ele e para os enviar a pregar
15 e a exercer a autoridade de expulsar demônios.
16 Eis os doze que designou: Simão, a quem acres-
centou o nome de Pedro; 17 Tiago, filho de Zebe-
deu, e João, irmão de Tiago, aos quais deu o nome
de Boanerges, que quer dizer "filhos do trovão";
18 André, Filipe, Bartolomeu, Mateus e Tomé; Tia-
go, filho de Alfeu; Tadeu; Simão, o Zelote; 19 e Ju-
das Iscariotes, que foi quem o traiu.

Jesus e Belzebu

Mt 12.22-32; Lc 11.14-23; 12.10

20 Então Jesus foi para casa. E outra vez se ajun-
tou uma multidão, de tal modo que nem podiam
comer. 21 E, quando os parentes de Jesus ouviram
isto, saíram para prendê-lo, porque diziam:

— Está fora de si.

22 Os escribas, que tinham vindo de Jerusalém,
diziam:

— Ele está possuído de Belzebu. Ele expulsa os
demônios pelo poder do maioral dos demônios.

23 Então, convocando-os, Jesus lhes disse, por
meio de parábolas:

— Como pode Satanás expulsar Satanás? 24 Se
um reino estiver dividido contra si mesmo, tal rei-
no não pode subsistir. 25 Se uma casa estiver dividi-
da contra si mesma, tal casa não poderá subsistir.
26 Se Satanás se levantou contra si mesmo e está di-
vidido, não pode subsistir; é o seu fim. 27 Ninguém
pode entrar na casa do valente para roubar-lhe os
bens, sem primeiro amarrá-lo; e só então saqueará
a casa dele. 28 Em verdade lhes digo que tudo será
perdoado aos filhos dos homens: os pecados e as
blasfêmias que proferirem. 29 Mas aquele que blas-
femar contra o Espírito Santo nunca terá perdão,
visto que é réu de pecado eterno.

30 Jesus disse isto porque diziam: "Está possuído
de um espírito imundo."

A mãe e os irmãos de Jesus

Mt 12.46-50; Lc 8.19-21

31 Nisto, chegaram a mãe e os irmãos de Jesus e,
tendo ficado do lado de fora, mandaram chamá-lo.

32 Muita gente estava sentada ao redor de Jesus, e
alguns lhe disseram:
— Olhe, a sua mãe, os seus irmãos e as suas ir-
mãs estão lá fora, procurando o senhor.
33 Então Jesus perguntou:
— Quem é a minha mãe e quem são os meus
irmãos?
34 E, olhando em volta para os que estavam sen-
tados ao seu redor, disse:
— Eis minha mãe e meus irmãos. 35 Portanto,
aquele que fizer a vontade de Deus, esse é meu
irmão, minha irmã e minha mãe.

A parábola do semeador

Mt 13.1-9; Lc 8.4-8

4 1 Jesus começou a ensinar outra vez à beira-
-mar. E uma numerosa multidão se reuniu em
volta dele, de modo que entrou num barco, onde
se assentou, afastando-se da praia. E todo o povo
estava à beira-mar, na praia. 2 Assim, ensinava-
-lhes muitas coisas por parábolas e, durante o seu
ensino, dizia:
3 — Escutem! Eis que o semeador saiu a semear.
4 E, ao semear, uma parte caiu à beira do caminho,
e vieram as aves e a comeram. 5 Outra parte caiu
em solo rochoso, onde a terra era pouca, e logo
nasceu, visto não ser profunda a terra. 6 Saindo,
porém, o sol, a queimou; e, porque não tinha raiz,
secou-se. 7 Outra parte caiu entre os espinhos; e os
espinhos cresceram e a sufocaram, e não deu fru-
to. 8 Outra, enfim, caiu em boa terra e deu fruto;
a semente brotou, cresceu e produziu a trinta, a
sessenta e a cem por um.
9 E Jesus acrescentou:
— Quem tem ouvidos para ouvir, ouça.

Por que Jesus usava parábolas

Mt 13.10-17; Lc 8.9-10

10 Quando Jesus ficou só, os que estavam junto
dele com os doze começaram a lhe fazer pergun-
tas a respeito das parábolas. 11 Jesus disse a eles:
— A vocês é dado conhecer o mistério do Rei-
no de Deus, mas aos de fora tudo se ensina por
meio de parábolas, 12 para que, vendo, vejam e
não percebam; e, ouvindo, ouçam e não enten-
dam; para que não venham a converter-se e sejam
perdoados.

A explicação da parábola

Mt 13.18-23; Lc 8.11-15

13 Então Jesus lhes perguntou:
— Se vocês não entendem esta parábola, como
compreenderão todas as outras? 14 O semeador
semeia a palavra. 15 Estes são os da beira do cami-
nho, onde a palavra é semeada: quando a ouvem,
logo Satanás vem e tira a palavra semeada neles.
16 E estes são os semeados em solo rochoso, os
quais, ouvindo a palavra, logo a recebem com
alegria. 17 Mas eles não têm raiz em si mesmos,
sendo de pouca duração. Quando chega a angús-
tia ou a perseguição por causa da palavra, logo
se escandalizam. 18 Os outros, os semeados entre
os espinhos, são os que ouvem a palavra, 19 mas
as preocupações deste mundo, a fascinação da
riqueza e outras ambições aparecem e sufocam a
palavra, e ela fica infrutífera. 20 Os que foram se-
meados em boa terra são aqueles que ouvem a pa-
lavra e a recebem, frutificando a trinta, a sessenta
e a cem por um.

A luz

Lc 8. 6-18

21 Jesus também lhes disse:
— Será que alguém traz uma lamparina para
que seja colocada debaixo de um cesto ou da
cama? Por acaso não a coloca num lugar em que
ilumine bem? 22 Porque não há nada oculto, senão
para ser manifesto; e nada escondido, senão para
ser revelado. 23 Se alguém tem ouvidos para ouvir,
ouça.
24 Então lhes disse:
— Prestem bem atenção no que vocês ouvem.
Com a medida com que tiverem medido vocês se-
rão medidos, e mais ainda lhes será acrescentado.
25 Pois ao que tem, mais será dado; e, ao que não
tem, até o que tem lhe será tirado.

A parábola da semente

26 Jesus disse ainda:
— O Reino de Deus é como um homem que
lança a semente na terra. 27 Ele dorme e acorda, de
noite e de dia, e a semente germina e cresce, sem
que ele saiba como. 28 A terra por si mesma frutifi-
ca: primeiro aparece a planta, depois, a espiga, e,
por fim, o grão cheio na espiga. 29 E, quando o fru-
to já está maduro, logo manda cortar com a foice,
porque chegou a colheita.

A parábola do grão de mostarda

Mt 13.31-32; Lc 13.18-19

30 Disse mais:
— Com que poderemos comparar o Reino de
Deus? Ou com que parábola o apresentaremos?
31 É como um grão de mostarda, que, quando
semeado, é a menor de todas as sementes sobre a
terra; 32 mas, uma vez semeada, cresce e se torna
maior do que todas as hortaliças; cria ramos tão
grandes, que as aves do céu podem se aninhar à
sua sombra.

O uso das parábolas

Mt 13.34-35

33 E com muitas parábolas semelhantes Jesus
lhes expunha a palavra, conforme podiam

compreendê-la. 34 E sem parábolas não lhes fala-
va; tudo, porém, explicava em particular aos seus
próprios discípulos.

Jesus acalma uma tempestade

Mt 8.23-27; Lc 8.22-25

35 Naquele dia, sendo já tarde, Jesus disse aos
discípulos:

— Vamos passar para a outra margem.

36 E eles, despedindo a multidão, o levaram assim
como estava, no barco; e outros barcos o seguiam.
37 Ora, levantou-se grande temporal de vento, e as
ondas se arremessavam contra o barco, de modo
que o mesmo já estava se enchendo de água. 38 E
Jesus estava na popa, dormindo sobre o travesseiro.
Os discípulos o acordaram e lhe disseram:

— Mestre, o senhor não se importa que pere-
çamos?

39 E ele, despertando, repreendeu o vento e dis-
se ao mar:

— Acalme-se! Fique quieto!

O vento se aquietou, e tudo ficou bem calmo.
40 Então Jesus lhes perguntou:

— Por que vocês são tão medrosos? Como é
que ainda não têm fé?

41 E eles, possuídos de grande temor, diziam
uns aos outros:

— Quem é este que até o vento e o mar lhe obe-
decem?

A cura do endemoniado geraseno

Mt 8.28-34; Lc 8.26-39

5 1 Jesus e os discípulos chegaram à outra mar-
gem do mar, à terra dos gerasenos. 2 Ao de-
sembarcar, logo um homem possuído de espírito
imundo veio dos túmulos ao encontro de Jesus.
3 Esse homem vivia nos túmulos, e ninguém podia
prendê-lo, nem mesmo com correntes. 4 Porque,
tendo sido muitas vezes preso com correntes e
cadeias, as cadeias foram quebradas por ele, e as
correntes foram despedaçadas. E ninguém con-
seguia dominá-lo. 5 Andava sempre, de noite e de
dia, gritando por entre os túmulos e pelos montes,
ferindo-se com pedras. 6 Quando, de longe, viu
Jesus, correu e prostrou-se diante dele, 7 gritando
em alta voz:

— O que você quer comigo, Jesus, Filho do
Deus Altíssimo? Por Deus, peço-lhe que não me
atormente!

8 Ele disse isto, porque Jesus tinha dito a ele:
"Espírito imundo, saia desse homem!"

9 Então Jesus lhe perguntou:

— Qual é o seu nome?

Ele respondeu:

— Legião é o meu nome, porque somos muitos.

10 E pediu-lhe com insistência que não os man-
dasse para fora do país.

11 Ora, uma grande manada de porcos estava
pastando ali pelo monte. 12 E os espíritos imundos
pediram a Jesus:

— Mande-nos para os porcos, para que entre-
mos neles.

13 E Jesus o permitiu. Então, saindo os espíritos
imundos, entraram nos porcos. E a manada, que
era cerca de dois mil, precipitou-se despenhadei-
ro abaixo, para dentro do mar, onde se afogaram.
14 Os que tratavam dos porcos fugiram e foram
anunciá-lo na cidade e pelos campos.

Então o povo saiu para ver o que tinha aconteci-
do. 15 Aproximando-se de Jesus, viram o endemo-
niado, o que antes estava dominado pela legião,
assentado, vestido, em perfeito juízo; e temeram.
16 Os que haviam presenciado os fatos contaram-
-lhes o que tinha acontecido ao endemoniado e
também falaram a respeito dos porcos. 17 E come-
çaram a pedir com insistência que Jesus se retiras-
se da terra deles.

18 Quando Jesus estava entrando no barco,
aquele que antes estava possuído pelos demônios
pediu com insistência que Jesus o deixasse ficar
com ele. 19 Jesus, porém, não o permitiu; ao con-
trário, ordenou-lhe:

— Vá para a sua casa, para os seus parentes,
e conte-lhes tudo o que o Senhor fez por você e
como teve compaixão de você.

20 Então ele foi e começou a proclamar em De-
cápolis tudo o que Jesus lhe tinha feito; e todos se
admiravam.

O pedido de Jairo

Mt 9.18-19; Lc 8.40-42a

21 Tendo Jesus voltado de barco para o outro
lado, reuniu-se em volta dele uma grande multi-
dão; e ele estava junto do mar. 22 Então chegou um
dos chefes da sinagoga, chamado Jairo, e, vendo-o,
prostrou-se aos pés de Jesus 23 e lhe pediu com in-
sistência:

— Minha filhinha está morrendo; venha impor
as mãos sobre ela, para que seja salva e viva.

24 Jesus foi com ele.

A cura de uma mulher enferma

Mt 9.20-22; Lc 8.42b-48

Uma grande multidão seguia Jesus, apertando-o
de todos os lados.

25 Estava ali certa mulher, que, havia doze anos,
vinha sofrendo de uma hemorragia. 26 Ela havia
padecido muito nas mãos de vários médicos e
gastado tudo o que tinha, sem, contudo, melho-
rar de saúde; pelo contrário, piorava cada vez
mais. 27 Tendo ouvido a fama de Jesus, a mulher
chegou por trás, no meio da multidão, e tocou na
capa dele. 28 Porque dizia: "Se eu apenas tocar na
roupa dele, ficarei curada." 29 E logo a hemorragia

estancou, e ela sentiu no corpo que estava curada
daquele mal. 30 Jesus, reconhecendo imediata-
mente que dele havia saído poder, virando-se no
meio da multidão, perguntou:
— Quem tocou na minha roupa?
31 Os discípulos responderam:
— O senhor está vendo que a multidão o aperta
e ainda pergunta: “Quem me tocou?”
32 Ele, porém, olhava ao redor para ver quem ti-
nha feito aquilo. 33 Então a mulher, amedrontada e
trêmula, ciente do que lhe havia acontecido, veio,
prostrou-se diante de Jesus e declarou-lhe toda a
verdade. 34 Então Jesus lhe disse:
— Filha, a sua fé salvou você. Vá em paz e fique
livre desse mal.

A ressurreição da filha de Jairo

Mt 9.23-26; Lc 8.49-56

35 Enquanto Jesus ainda falava, chegaram al-
guns da casa do chefe da sinagoga, dizendo:
— A sua filha já morreu; por que você ainda in-
comoda o Mestre?
36 Mas Jesus, sem levar em conta tais palavras,
disse ao chefe da sinagoga:
— Não tenha medo; apenas creia!
37 Jesus não permitiu que ninguém o acompa-
nhasse, a não ser Pedro e os irmãos Tiago e João.
38 Chegando à casa do chefe da sinagoga, Jesus viu
o alvoroço, os que choravam e os que pranteavam
muito. 39 Ao entrar, disse:
— Por que vocês estão alvoroçados e choran-
do? A criança não está morta, mas dorme.
40 E riam-se dele. Mas Jesus, mandando que
todos saíssem, levou consigo o pai e a mãe da
criança e os que vieram com ele e entrou onde ela
estava. 41 Tomando a criança pela mão, disse:
— Talitá cumi! — que quer dizer: “Menina, eu
digo a você: Levante-se!”
42 Imediatamente a menina, que tinha doze
anos, se levantou e começou a andar. Então todos
ficaram muito admirados. 43 Mas Jesus ordenou-
-lhes expressamente que ninguém o soubesse. E
mandou que dessem de comer à menina.

Jesus é rejeitado em Nazaré

Mt 13.53-58; Lc 4.16-30

6 1 Tendo saído dali, Jesus foi para a sua terra, e
os seus discípulos o acompanharam. 2 Che-
gando o sábado, começou a ensinar na sinagoga,
e muitos, ouvindo-o, se maravilhavam, dizendo:
— De onde lhe vem tudo isso? Que sabedoria
é esta que lhe foi dada? E como se fazem tais ma-
ravilhas por suas mãos? 3 Não é este o carpinteiro,
o filho de Maria e irmão de Tiago, José, Judas e
Simão? As suas irmãs não vivem aqui entre nós?
E escandalizavam-se por causa dele. 4 Jesus, po-
rém, lhes disse:
— Nenhum profeta é desprezado, a não ser na
sua terra, entre os seus parentes e na sua casa.
5 Não pôde fazer ali nenhum milagre, a não ser
curar uns poucos doentes, impondo-lhes as mãos.
6 E admirava-se da incredulidade deles.

As instruções para os doze

Mt 10.1,5-15; Lc 9.1-6

Jesus percorria as aldeias vizinhas, ensinando.
7 Chamou os doze e passou a enviá-los de dois
em dois, dando-lhes autoridade sobre os espíri-
tos imundos. 8 Ordenou-lhes que não levassem
nada para o caminho, exceto um bordão; nem pão,
nem sacola, nem dinheiro; 9 e que fossem calça-
dos de sandálias e não usassem duas túnicas. 10 E
recomendou-lhes:
— Quando vocês entrarem numa casa, fiquem
ali até saírem daquele lugar. 11 Se em algum lugar
não quiserem recebê-los nem ouvi-los, ao saírem
dali sacudam o pó dos pés, em testemunho contra
eles.
12 Então, saindo eles, pregavam ao povo que se
arrependesse. 13 Expulsavam muitos demônios e
curavam numerosos enfermos, ungindo-os com
óleo.

A morte de João Batista

Mt 14.1-12; Lc 9.7-9

14 Isto chegou aos ouvidos do rei Herodes, por-
que o nome de Jesus havia se tornado conhecido.
E alguns diziam: “João Batista ressuscitou dentre
os mortos e, por isso, forças miraculosas operam
nele.” 15 Outros diziam: “É Elias.” Ainda outros di-
ziam: “É profeta como um dos antigos profetas.”
16 Herodes, porém, ouvindo isto, disse:
— É João, a quem eu mandei decapitar, que res-
suscitou.
17 Porque o próprio Herodes havia mandado
prender João e amarrá-lo na prisão, por causa
de Herodias, mulher do seu irmão Filipe, com a
qual Herodes havia casado. 18 Pois João lhe dizia:
“Você não tem o direito de viver com a mulher
do seu irmão.”
19 Herodias odiava João Batista e queria matá-lo,
mas não conseguia fazer isso. 20 Porque Herodes
temia João, sabendo que era homem justo e santo,
e o mantinha em segurança. E, quando o ouvia, fi-
cava perplexo, embora gostasse de escutá-lo.
21 Chegando uma ocasião favorável, em que
Herodes, no dia do seu aniversário, deu um
banquete às autoridades, aos oficiais militares e
às pessoas importantes da Galileia, 22 a filha de
Herodias entrou no salão e, dançando, agradou a
Herodes e aos seus convidados. Então o rei disse
à jovem:
— Peça o que quiser, e eu lhe darei.
23 E fez este juramento:

— O que você me pedir eu lhe darei, mesmo
que seja a metade do meu reino.
24 Ela saiu e foi perguntar à mãe:
— O que pedirei?
A mãe respondeu:
— A cabeça de João Batista.
25 No mesmo instante, voltando apressadamen-
te para junto do rei, disse:
— Quero que, sem demora, o senhor me dê
num prato a cabeça de João Batista.
26 O rei ficou muito triste, mas, por causa do
juramento e dos que estavam com ele à mesa,
não quis negar o pedido da jovem. 27 E, enviando
logo o executor, mandou que lhe trouxessem a
cabeça de João. Ele foi e o decapitou na prisão,
28 e, trazendo a cabeça num prato, a entregou à
jovem, e esta, por sua vez, a entregou à sua mãe.
29 Os discípulos de João, logo que souberam dis-
to, vieram, levaram o corpo dele e o colocaram
num túmulo.

A primeira multiplicação de pães e peixes

Mt 14.13-21; Lc 9.10-17; Jo 6.1-14

30 Os apóstolos voltaram à presença de Jesus e
lhe relataram tudo o que tinham feito e ensinado.
31 E ele lhes disse:
— Venham repousar um pouco, à parte, num
lugar deserto.
Isto porque eles não tinham tempo nem
para comer, visto serem muitos os que iam e vi-
nham. 32 Então foram de barco para um lugar
deserto, à parte. 33 Muitos, porém, os viram sair
e, reconhecendo-os, correram para lá, a pé, de
todas as cidades, e chegaram antes deles. 34 Ao
desembarcar, Jesus viu uma grande multidão e
compadeceu-se dela, porque eram como ovelhas
que não têm pastor. E começou a ensinar-lhes
muitas coisas.
35 Como já era bastante tarde, os discípulos se
aproximaram de Jesus e disseram:
— Este lugar é deserto, e já é bastante tarde.
36 Mande essas pessoas embora, para que, indo
pelos campos ao redor e pelas aldeias, comprem
para si o que comer.
37 Jesus, porém, lhes disse:
— Deem vocês mesmos de comer a eles.
Mas eles disseram:
— Iremos comprar duzentos denários de pão
para lhes dar de comer?
38 E Jesus lhes disse:
— Quantos pães vocês têm? Tratem de desco-
brir!
Eles foram se informar e responderam:
— Cinco pães e dois peixes.
39 Então Jesus lhes ordenou que todos se as-
sentassem, em grupos, sobre a relva verde. 40 E
eles o fizeram, repartindo-se em grupos de cem
e de cinquenta. 41 Jesus, pegando os cinco pães e
os dois peixes, erguendo os olhos para o céu, os
abençoou. Depois partiu os pães e os deu aos seus
discípulos para que os distribuíssem. E também
repartiu os dois peixes entre todos. 42 Todos co-
meram e se fartaram, 43 e ainda recolheram doze
cestos cheios de pedaços de pão e de peixe. 44 Os
que comeram os pães eram cinco mil homens.

Jesus anda sobre o mar

Mt 14.22-33; Jo 6.15-21

45 Logo a seguir, Jesus fez com que os seus
discípulos entrassem no barco e fossem adiante
dele para o outro lado, para Betsaida, enquanto
ele despedia a multidão. 46 E, tendo-os despedi-
do, ele subiu ao monte para orar. 47 Ao cair da tar-
de, o barco estava no meio do mar, e Jesus estava
sozinho em terra. 48 De madrugada, vendo que os
discípulos remavam com dificuldade, porque o
vento lhes era contrário, Jesus foi até onde eles
estavam, andando sobre o mar; e queria passar
adiante deles. 49 Eles, porém, vendo-o andar so-
bre o mar, pensaram tratar-se de um fantasma
e gritaram. 50 Pois todos viram Jesus e ficaram
apavorados. Mas Jesus imediatamente falou com
eles e disse:
— Coragem! Sou eu. Não tenham medo!
51 Então subiu no barco para estar com eles,
e o vento cessou. Ficaram totalmente perple-
xos, 52 porque não haviam compreendido o
milagre dos pães, pois o coração deles estava
endurecido.

Jesus cura em Genesaré

Mt 14.34-36

53 Estando já no outro lado, chegaram à terra de
Genesaré, onde atracaram. 54 Saindo eles do barco,
o povo logo reconheceu Jesus. 55 E eles, percor-
rendo toda aquela região, começaram a trazer em
leitos os enfermos e os levavam para onde ouviam
que ele estava. 56 Onde quer que ele entrasse, nas
aldeias, cidades ou campos, punham os enfermos
nas praças, pedindo-lhe que os deixasse tocar ao
menos na borda da sua roupa. E todos os que toca-
vam nela ficavam curados.

Jesus e a tradição dos anciãos

Mt 15.1-20

7 1 Os fariseus e alguns escribas, vindos de Je-
rusalém, reuniram-se em volta de Jesus. 2 Eles
viram que alguns dos discípulos de Jesus comiam
pão com as mãos impuras, isto é, sem lavar. 3 Por-
que os fariseus e todos os judeus, observando a
tradição dos anciãos, não comem sem lavar cui-
dadosamente as mãos. 4 Quando voltam da praça,
não comem sem se lavar. E há muitas outras coisas
que receberam para observar, como a lavagem de

copos, jarros e vasos de metal e camas. 5Os fari-
seus e os escribas perguntaram a Jesus:
— Por que os seus discípulos não vivem con-
forme a tradição dos anciãos, mas comem com as
mãos impuras?
6Jesus respondeu:
— Bem profetizou Isaías a respeito de vocês,
hipócritas, como está escrito:

"Este povo me honra
com os lábios,
mas o seu coração
está longe de mim.
7 E em vão me adoram,
ensinando doutrinas
que são preceitos humanos."

8— Rejeitando o mandamento de Deus, vocês
guardam a tradição humana.
9E disse-lhes ainda:
— Vocês sempre encontram uma maneira de
rejeitar o mandamento de Deus para guardarem
a própria tradição. 10Pois Moisés disse: "Honre o
seu pai e a sua mãe." E: "Quem maldisser o seu
pai ou a sua mãe seja punido de morte." 11Vocês,
porém, dizem que, se alguém disser ao seu pai ou
à sua mãe: "A ajuda que você poderia receber de
mim é Corbã, isto é, oferta ao Senhor", 12então
vocês o dispensam de fazer qualquer coisa em
favor do seu pai ou da sua mãe, 13invalidando a
palavra de Deus por meio da tradição que vocês
mesmos passam de pai para filho. E fazem muitas
outras coisas semelhantes.
14E, convocando outra vez a multidão, Jesus
disse:
— Escutem todos e entendam: 15Não existe
nada fora da pessoa que, entrando nela, possa
contaminá-la; mas o que sai da pessoa é o que a
contamina. 16[Se alguém tem ouvidos para ouvir,
ouça.]
17Quando entrou em casa, deixando a multi-
dão, os seus discípulos o interrogaram a respeito
da parábola. 18Jesus lhes disse:
— Então vocês também não entendem? Não
compreendem que tudo o que está fora da pessoa,
entrando nela, não a pode contaminar, 19porque
não entra no coração dela, mas no estômago, e de-
pois é eliminado?
E, assim, Jesus considerou puros todos os ali-
mentos. 20E dizia:
— O que sai da pessoa, isso é o que a contami-
na. 21Porque de dentro, do coração das pessoas,
é que procedem os maus pensamentos, as imo-
ralidades sexuais, os furtos, os homicídios, 22os
adultérios, a avareza, as maldades, o engano, a
libertinagem, a inveja, a blasfêmia, o orgulho, a
falta de juízo. 23Todos estes males vêm de dentro e
contaminam a pessoa.

A mulher siro-fenícia

Mt 15.21-28

24Levantando-se Jesus, saiu dali e foi para as
terras de Tiro e Sidom. Tendo entrado numa casa,
não queria que ninguém soubesse onde ele estava.
No entanto, não pôde ocultar-se, 25porque uma
mulher, cuja filhinha estava possuída de espírito
imundo, logo ouviu falar a respeito de Jesus. Ela
veio e se ajoelhou aos pés dele. 26Essa mulher era
estrangeira, de origem siro-fenícia, e pedia a Jesus
que expulsasse o demônio da sua filha. 27Mas
Jesus lhe disse:
— Deixe primeiro que os filhos se fartem, por-
que não é correto pegar o pão dos filhos e jogá-lo
aos cachorrinhos.
28A mulher respondeu a ele:
— Senhor, os cachorrinhos, debaixo da mesa,
comem das migalhas das crianças.
29Então Jesus disse à mulher:
— Por causa desta palavra, você pode ir; o de-
mônio já saiu da sua filha.
30Quando a mulher voltou para casa, achou a
menina sobre a cama, pois o demônio tinha saído
dela.

A cura de um surdo e gago

31De novo, Jesus se retirou das terras de Tiro
e foi por Sidom até o mar da Galileia, através do
território de Decápolis. 32Então lhe trouxeram um
surdo e gago e lhe suplicaram que impusesse as
mãos sobre ele. 33Jesus, tirando-o da multidão, à
parte, pôs os dedos nos ouvidos dele; depois, cus-
pindo, aplicou saliva na língua do homem. 34En-
tão, erguendo os olhos ao céu, suspirou e disse:
— Efatá! — que quer dizer: "Abra-se!"
35E logo os ouvidos do homem se abriram,
e o empecilho da língua se soltou, e ele falava
sem dificuldade. 36Jesus lhes ordenou que não
contassem isso a ninguém; porém, quanto mais
recomendava, tanto mais eles o divulgavam. 37Fi-
cavam muito admirados, dizendo:
— Tudo ele tem feito muito bem; faz até os sur-
dos ouvirem e os mudos falarem.

A segunda multiplicação de pães e peixes

Mt 15.32-39

8 1Naqueles dias, quando outra vez se reuniu
grande multidão, e não tendo o que comer,
Jesus chamou os discípulos e lhes disse:
2— Tenho compaixão desta gente, porque já
faz três dias que eles estão comigo e não têm o
que comer. 3Se eu os mandar para casa em jejum,
desfalecerão pelo caminho; e alguns deles vieram
de longe.
4Mas os discípulos lhe responderam:
— Como poderá alguém saciá-los de pão neste
deserto?

5 Então Jesus perguntou:
— Quantos pães vocês têm?
Eles responderam:
— Sete.
6 Então mandou o povo assentar-se no chão. E,
pegando os sete pães, partiu-os, após ter dado gra-
ças, e os deu aos seus discípulos, para que estes os
distribuíssem, repartindo entre o povo. 7 Tinham
também alguns peixinhos. E, abençoando-os,
mandou que estes igualmente fossem distri-
buídos. 8 Comeram e se fartaram; e dos pedaços
restantes recolheram sete cestos. 9 Eram cerca
de quatro mil homens. Então Jesus os despediu.
10 Logo a seguir, tendo entrado no barco junta-
mente com os seus discípulos, foi para a região de
Dalmanuta.

O pedido por um sinal

Mt 16.1-4

11 Os fariseus chegaram e começaram a discutir
com Jesus. E, tentando-o, pediram-lhe um sinal
vindo do céu. 12 Jesus, porém, arrancou do íntimo
do seu espírito um gemido e disse:
— Por que esta geração pede um sinal? Em ver-
dade lhes digo que nenhum sinal será dado a esta
geração.
13 E, deixando-os, tornou a embarcar e foi para
o outro lado.

O fermento dos fariseus e o fermento de Herodes

Mt 16.5-12

14 Ora, os discípulos se esqueceram de levar
pão e, no barco, não tinham consigo senão um só.
15 Jesus os preveniu, dizendo:
— Fiquem atentos e tomem cuidado com o
fermento dos fariseus e com o fermento de He-
rodes.
16 E eles começaram a discutir entre si, dizendo:
— Ele diz isso porque não temos pão.
17 Jesus percebeu isso e perguntou:
— Por que vocês estão discutindo sobre o fato
de não terem pão? Vocês ainda não percebem
nem compreendem? Têm o coração endurecido?
18 Tendo olhos, não veem? E, tendo ouvidos, não
ouvem? Não se lembram 19 de quando parti os cin-
co pães para os cinco mil, quantos cestos cheios de
pedaços vocês recolheram?
Eles responderam:
— Doze!
20 — E de quando parti os sete pães para os qua-
tro mil, quantos cestos cheios de pedaços vocês
recolheram?
Responderam:
— Sete!
21 Ao que Jesus lhes disse:
— Vocês ainda não compreendem?

A cura de um cego em Betsaida

22 Então chegaram a Betsaida. E lhe trouxe-
ram um cego e pediram a Jesus que tocasse nele.
23 Jesus, tomando o cego pela mão, levou-o para
fora da aldeia. Então cuspiu nos olhos do homem
e, impondo-lhe as mãos, perguntou:
— Você vê alguma coisa?
24 O homem, recuperando a visão, respondeu:
— Vejo pessoas, mas elas parecem árvores que
andam.
25 Então Jesus novamente pôs as mãos sobre
os olhos dele. E o homem, passando a ver clara-
mente, ficou restabelecido; e distinguia tudo de
modo perfeito. 26 E Jesus o mandou para casa,
recomendando-lhe:
— Não entre na aldeia.

A confissão de Pedro

Mt 16.13-20; Lc 9.18-21

27 Então Jesus e os seus discípulos foram para
as aldeias de Cesareia de Filipe. No caminho,
perguntou-lhes:
— Quem os outros dizem que eu sou?
28 Os discípulos responderam:
— Uns dizem que é João Batista; outros dizem
que é Elias; e ainda outros dizem que é um dos
profetas.
29 Então Jesus perguntou:
— E vocês, quem dizem que eu sou?
Respondendo, Pedro lhe disse:
— O senhor é o Cristo.
30 Então Jesus os advertiu de que a ninguém dis-
sessem tal coisa a seu respeito.

Jesus prediz a sua morte e ressurreição

Mt 16.21-23; Lc 9.22

31 Então Jesus começou a ensinar-lhes que era
necessário que o Filho do Homem sofresse muitas
coisas, fosse rejeitado pelos anciãos, pelos prin-
cipais sacerdotes e pelos escribas, fosse morto e
que, depois de três dias, ressuscitasse. 32 E isto ele
expunha claramente. Então Pedro, chamando-
-o à parte, começou a repreendê-lo. 33 Mas Jesus,
voltando-se e vendo os seus discípulos, repreen-
deu Pedro e disse:
— Saia da minha frente, Satanás! Porque você
não leva em consideração as coisas de Deus, e sim
as dos homens.

Tome a sua cruz

Mt 16.24-28; Lc 9.23-27

34 Então, convocando a multidão e juntamente
os seus discípulos, Jesus lhes disse:
— Se alguém quer vir após mim, negue a si
mesmo, tome a sua cruz e siga-me. 35 Pois quem
quiser salvar a sua vida a perderá; e quem perder
a vida por minha causa e por causa do evangelho,

esse a salvará. 36 De que adianta uma pessoa ga-
nhar o mundo inteiro e perder a sua alma? 37 Que
daria uma pessoa em troca de sua alma? 38 Pois
quem, nesta geração adúltera e pecadora, se en-
vergonhar de mim e das minhas palavras, também
o Filho do Homem se envergonhará dele, quando
vier na glória do seu Pai com os santos anjos.

9 1 Dizia-lhes ainda:
— Em verdade lhes digo que, dos que aqui se
encontram, existem alguns que não passarão pela
morte até que vejam ter chegado com poder o Rei-
no de Deus.

A transfiguração de Jesus

Mt 17.1-8; Lc 9.28-36

2 Seis dias depois, Jesus tomou consigo Pedro,
Tiago e João e os levou, em particular, a sós, a um
alto monte. E Jesus foi transfigurado diante deles.
3 As suas roupas se tornaram resplandecentes, de
um branco muito intenso, como nenhum lavandei-
ro no mundo as poderia alvejar. 4 E lhes apareceu
Elias com Moisés, e estavam falando com Jesus.
5 Então Pedro, tomando a palavra, disse a Jesus:
— Mestre, bom é estarmos aqui. Façamos três
tendas: uma para o senhor, outra para Moisés e
outra para Elias.
6 Pois não sabia o que dizer, por estarem eles
apavorados. 7 A seguir, veio uma nuvem que os en-
volveu; e dela veio uma voz que dizia:
— Este é o meu Filho amado; escutem o que ele
diz!
8 E, de repente, olhando ao redor, não viram
mais ninguém com eles, a não ser Jesus.

A vinda de Elias

Mt 17.9-13

9 Ao descerem do monte, Jesus lhes ordenou
que não divulgassem as coisas que tinham visto,
até o dia em que o Filho do Homem ressuscitasse
dentre os mortos. 10 Eles guardaram a recomenda-
ção, perguntando uns aos outros o que seria esse
ressuscitar dentre os mortos. 11 Então pergunta-
ram a Jesus:
— Por que os escribas dizem ser necessário que
Elias venha primeiro?
12 Jesus respondeu:
— Elias, vindo primeiro, restaurará todas as
coisas. Como, então, está escrito sobre o Filho
do Homem que sofrerá muito e será desprezado?
13 Eu, porém, lhes digo que Elias já veio, e fizeram
com ele tudo o que quiseram, como está escrito a
respeito dele.

A cura de um menino

Mt 17.14-21; Lc 9.37-43a

14 Quando eles se aproximaram dos outros dis-
cípulos, viram numerosa multidão ao redor deles
e os escribas discutindo com eles. 15 E logo toda a
multidão, ao ver Jesus, ficou surpresa e, correndo
até ele, o saudava. 16 Então Jesus perguntou:
— O que é que vocês estão discutindo com
eles?
17 E um, do meio da multidão, respondeu:
— Mestre, eu trouxe até o senhor o meu filho,
que está possuído de um espírito mudo; 18 e este,
sempre que se apossa dele, lança-o por terra, e ele
espuma, range os dentes e vai definhando. Pedi
aos seus discípulos que o expulsassem, mas eles
não puderam.
19 Então Jesus exclamou:
— Ó geração incrédula, até quando estarei com
vocês? Até quando terei de suportá-los? Tragam o
menino até aqui.
20 E eles o trouxeram. Quando ele viu Jesus,
o espírito imediatamente agitou o menino com
violência, e, caindo ele por terra, revolvia-se espu-
mando. 21 Jesus perguntou ao pai do menino:
— Há quanto tempo isso está acontecendo com
ele?
O pai respondeu:
— Desde a infância; 22 e muitas vezes o tem
lançado no fogo e na água, para o matar. Mas, se o
senhor pode fazer alguma coisa, tenha compaixão
de nós e ajude-nos.
23 Ao que Jesus respondeu:
— "Se o senhor pode"? Tudo é possível ao que
crê.
24 E imediatamente o pai do menino excla-
mou:
— Eu creio! Ajude-me na minha falta de fé!
25 Vendo Jesus que muita gente estava se reu-
nindo, repreendeu o espírito imundo, dizendo-
-lhe:
— Espírito mudo e surdo, eu ordeno a você:
Saia deste menino e nunca mais entre nele.
26 E ele, gritando e agitando-o muito, saiu,
deixando-o como se estivesse morto, a ponto de
muitos dizerem:
— Morreu.
27 Mas Jesus, tomando-o pela mão, o ergueu, e
ele se levantou.
28 Quando Jesus entrou em casa, os seus discí-
pulos lhe perguntaram em particular:
— Por que nós não pudemos expulsá-lo?
29 Jesus respondeu:
— Esse tipo de espírito só pode ser expulso por
meio de oração.

De novo Jesus prediz a sua morte e ressurreição

Mt 17.22-23; Lc 9.43b-45

30 E, tendo saído dali, passavam pela Galileia, e
Jesus não queria que ninguém o soubesse, 31 por-
que ensinava os seus discípulos e lhes dizia:

— O Filho do Homem será entregue nas mãos dos homens, e estes o matarão; mas, três dias depois da sua morte, ressuscitará.

32 Eles, porém, não compreendiam isto e tinham medo de perguntar.

O maior no Reino dos Céus

Mt 18.1-5; Lc 9.46-48

33 Chegaram, então, a Cafarnaum. Estando em casa, Jesus perguntou aos discípulos:

— Sobre o que vocês estavam discutindo no caminho?

34 Mas eles se calaram, porque, no caminho, tinham discutido entre si sobre quem era o maior. 35 E Jesus, assentando-se, chamou os doze e lhes disse:

— Se alguém quer ser o primeiro, será o último e servo de todos.

36 Trazendo uma criança, colocou-a no meio deles e, tomando-a nos braços, disse-lhes:

37 — Quem receber uma criança, tal como esta, em meu nome, recebe a mim; e quem receber a mim, não é a mim que recebe, mas aquele que me enviou.

Quem não é contra nós é por nós

Lc 9.49-50

38 João disse a Jesus:

— Mestre, vimos um homem que expulsava demônios em seu nome, mas nós o proibimos de fazer isso, porque não nos seguia.

39 Mas Jesus respondeu:

— Não o proíbam, porque não há ninguém que faça milagre em meu nome e, logo a seguir, possa falar mal de mim. 40 Pois quem não é contra nós é a favor de nós. 41 Pois aquele que lhes der de beber um copo de água, em meu nome, porque vocês são de Cristo, em verdade lhes digo que de modo nenhum perderá a sua recompensa.

Os tropeços

Mt 18.6-9; Lc 17.1-2

42 — E, se alguém fizer tropeçar um destes pequeninos que creem em mim, seria melhor para esse que uma grande pedra de moinho fosse pendurada ao seu pescoço e fosse jogado no mar. 43 E, se a sua mão leva você a tropeçar, corte-a; pois é melhor você entrar aleijado na vida do que, tendo as duas mãos, ir para o inferno, para o fogo que nunca se apaga 44 [onde não lhes morre o verme, nem o fogo se apaga]. 45 E, se o seu pé leva você a tropeçar, corte-o; pois é melhor você entrar na vida aleijado do que, tendo os dois pés, ser lançado no inferno 46 [onde não lhes morre o verme, nem o fogo se apaga]. 47 E, se um dos seus olhos leva você a tropeçar, arranque-o; pois é melhor você entrar no Reino de Deus com um olho só do que, tendo os dois, ser lançado no inferno, 48 onde não lhes morre o verme, nem o fogo se apaga.

49 — Porque cada um será salgado com fogo. 50 O sal é bom; mas, se o sal vier a se tornar insípido, como lhe restaurar o sabor? Tenham sal em vocês mesmos e paz uns com os outros.

A respeito do divórcio

Mt 19.1-12

10 1 Saindo dali, Jesus foi para o território da Judeia e para além do Jordão. E outra vez as multidões se reuniram junto a ele, e, de novo, ele as ensinava, segundo o seu costume.

2 E, aproximando-se alguns fariseus, o puseram à prova, perguntando:

— É lícito ao marido repudiar a sua mulher?

3 Jesus respondeu:

— O que foi que Moisés ordenou a vocês?

4 Eles disseram:

— Moisés permitiu escrever uma carta de divórcio e repudiar.

5 Mas Jesus lhes disse:

— Foi por causa da dureza do coração de vocês que Moisés deixou escrito esse mandamento. 6 Porém, desde o princípio da criação, Deus os fez homem e mulher. 7 "Por isso o homem deixará o seu pai e a sua mãe e se unirá à sua mulher, 8 tornando-se os dois uma só carne." De modo que já não são mais dois, porém uma só carne. 9 Portanto, que ninguém separe o que Deus ajuntou.

10 Em casa, os discípulos voltaram a fazer perguntas sobre esse assunto. 11 E Jesus lhes disse:

— Quem repudiar a sua mulher e casar com outra comete adultério contra aquela. 12 E, se ela repudiar o seu marido e casar com outro, comete adultério.

Jesus abençoa as crianças

Mt 19.13-15; Lc 18.15-17

13 Então trouxeram algumas crianças a Jesus para que as abençoasse, mas os discípulos os repreendiam. 14 Jesus, porém, vendo isto, indignou-se e disse-lhes:

— Deixem que os pequeninos venham a mim; não os impeçam, porque dos tais é o Reino de Deus. 15 Em verdade lhes digo: Quem não receber o Reino de Deus como uma criança de maneira nenhuma entrará nele.

16 Então, tomando as crianças nos braços e impondo-lhes as mãos, as abençoava.

O jovem rico

Mt 19.16-22; Lc 18.18-23

17 Pondo-se Jesus a caminho, um homem correu ao seu encontro e, ajoelhando-se diante dele, perguntou-lhe:

— Bom Mestre, que farei para herdar a vida eter-
na?
18 Jesus respondeu:
— Por que você me chama de bom? Ninguém é
bom, a não ser um, que é Deus. 19 Você conhece os
mandamentos: "Não mate, não cometa adultério,
não furte, não dê falso testemunho, não defraude
ninguém, honre o seu pai e a sua mãe."
20 Então o homem respondeu:
— Mestre, tudo isso tenho observado desde a
minha juventude.
21 E Jesus, olhando para ele com amor, disse:
— Só uma coisa falta a você: vá, venda tudo o
que tem, dê o dinheiro aos pobres e você terá um
tesouro no céu; depois, venha e siga-me.
22 Ele, porém, contrariado com esta palavra,
retirou-se triste, porque era dono de muitas pro-
priedades.

O perigo das riquezas

Mt 19.23-30; Lc 18.24-30

23 Então Jesus, olhando ao redor, disse aos seus
discípulos:
— Como é difícil para os que têm riquezas en-
trar no Reino de Deus!
24 Os discípulos estranharam estas palavras,
mas Jesus insistiu em dizer-lhes:
— Filhos, como é difícil entrar no Reino de
Deus! 25 É mais fácil um camelo passar pelo fundo
de uma agulha do que um rico entrar no Reino de
Deus.
26 Eles ficaram muito admirados, dizendo en-
tre si:
— Sendo assim, quem pode ser salvo?
27 Jesus, olhando para eles, disse:
— Para os seres humanos é impossível; contu-
do, não para Deus, porque para Deus tudo é pos-
sível.
28 Então Pedro começou a dizer-lhe:
— Eis que nós deixamos tudo e seguimos o
senhor.
29 Jesus respondeu:
— Em verdade lhes digo que não há ninguém
que tenha deixado casa, irmãos, irmãs, mãe, pai,
filhos ou campos por minha causa e por causa do
evangelho, 30 que não receba, já no presente, cem
vezes mais casas, irmãos, irmãs, mães, filhos e
campos, com perseguições; e, no mundo por vir,
receberá a vida eterna. 31 Porém muitos primeiros
serão últimos, e os últimos serão primeiros.

Jesus ainda outra vez prediz sua morte e ressurreição

Mt 20.17-19; Lc 18.31-34

32 Estavam a caminho, subindo para Jerusalém,
e Jesus ia adiante dos seus discípulos. Estes se
admiravam e o seguiam tomados de apreensões.
E Jesus, chamando outra vez os doze para um
lado, começou a revelar-lhes as coisas que deviam
acontecer com ele, dizendo:
33 — Eis que subimos para Jerusalém, e o Filho
do Homem será entregue aos principais sacerdo-
tes e aos escribas. Eles vão condená-lo à morte e
entregá-lo aos gentios. 34 Vão zombar dele, cuspir
nele, açoitá-lo e matá-lo; mas, depois de três dias,
ressuscitará.

O pedido de Tiago e João

Mt 20.20-28

35 Então se aproximaram dele Tiago e João, fi-
lhos de Zebedeu, dizendo:
— Mestre, queremos que o senhor nos conceda
o que vamos pedir.
36 E Jesus lhes perguntou:
— O que querem que eu lhes faça?
37 Eles responderam:
— Permite-nos que, na sua glória, nos assente-
mos um à sua direita e o outro à sua esquerda.
38 Mas Jesus lhes disse:
— Vocês não sabem o que estão pedindo. Será
que podem beber o cálice que eu bebo ou receber
o batismo com que eu sou batizado?
39 Eles responderam:
— Podemos.
Então Jesus lhes disse:
— Vocês beberão o cálice que eu bebo e recebe-
rão o batismo com que eu sou batizado. 40 Quan-
to a sentar à minha direita ou à minha esquerda,
não me compete concedê-lo, pois é para aqueles a
quem está preparado.
41 Quando os outros dez discípulos ouviram
isso, começaram a ficar indignados com Tiago e
João. 42 Mas Jesus, chamando todos para junto de
si, disse:
— Vocês sabem que os que são considerados
governadores dos povos os dominam e que os
seus maiorais exercem autoridade sobre eles.
43 Mas entre vocês não é assim; pelo contrário,
quem quiser tornar-se grande entre vocês, que se
coloque a serviço dos outros; 44 e quem quiser ser
o primeiro entre vocês, que seja servo de todos.
45 Pois o próprio Filho do Homem não veio para
ser servido, mas para servir e dar a sua vida em
resgate por muitos.

A cura do cego de Jericó

Mt 20.29-34; Lc 18.35-43

46 E foram para Jericó. Quando Jesus saía de Je-
ricó, juntamente com os discípulos e numerosa
multidão, Bartimeu, um cego mendigo, filho de
Timeu, estava sentado à beira do caminho 47 e, ou-
vindo que era Jesus, o Nazareno, começou a gritar:
— Jesus, Filho de Davi, tenha compaixão de
mim!

48E muitos o repreendiam para que se calasse,
mas ele gritava cada vez mais:
— Filho de Davi, tenha compaixão de mim!
49Jesus parou e disse:
— Chamem o cego.
Chamaram, então, o cego, dizendo-lhe:
— Coragem! Levante-se, porque ele está chamando você.
50Atirando a capa para o lado, o cego levantou-
-se de um salto e foi até onde estava Jesus, 51que
lhe perguntou:
— O que você quer que eu lhe faça?
O cego respondeu:
— Mestre, que eu possa ver de novo.
52Então Jesus lhe disse:
— Vá, a sua fé salvou você.
E imediatamente passou a ver e foi seguindo Jesus estrada afora.

Jesus entra em Jerusalém

Mt 21.1-11; Lc 19.28-40; Jo 12.12-19

11 1Quando se aproximavam de Jerusalém, de
Betfagé e Betânia, junto ao monte das Oli-
veiras, Jesus enviou dois dos seus discípulos 2e
disse-lhes:
— Vão até a aldeia que está diante de vocês e
logo, ao entrar, encontrarão preso um jumentinho, o
qual ainda ninguém montou; desprendam o jumen-
tinho e tragam aqui. 3Se alguém perguntar: "Por que
estão fazendo isso?", respondam: "O Senhor precisa
dele e logo o mandará de volta para cá."
4Então foram e acharam o jumentinho preso,
junto ao portão, do lado de fora, na rua, e o despren-
deram. 5Alguns dos que ali estavam reclamaram:
— O que estão fazendo, soltando o jumentinho?
6Eles, porém, responderam conforme as ins-
truções de Jesus. Então os deixaram ir. 7Levaram o
jumentinho a Jesus, puseram as suas capas sobre o
animal, e Jesus montou nele. 8Muitos estenderam as
suas capas no caminho, e outros espalharam ramos
que tinham cortado nos campos. 9Tanto os que iam
adiante dele como os que o seguiam clamavam:

"Hosana!
Bendito o que vem em nome do Senhor!
10Bendito o Reino que vem,
o reino de Davi, nosso pai!
Hosana nas maiores alturas!"

11E Jesus entrou em Jerusalém, no templo. E,
tendo observado tudo, como já era tarde, saiu para
Betânia com os doze.

A figueira sem fruto

Mt 21.18-19

12No dia seguinte, quando saíram de Betânia,
Jesus teve fome. 13E, vendo de longe uma figueira
com folhas, foi ver se nela acharia alguma coisa.
Aproximando-se dela, nada achou, a não ser fo-
lhas; porque não era tempo de figos. 14Então Jesus
disse à figueira:
— Nunca mais alguém coma dos seus frutos!
E os discípulos de Jesus ouviram isto.

Jesus no templo

Mt 21.12-17; Lc 19.45-48; Jo 2.13-22

15E foram para Jerusalém. Quando Jesus en-
trou no templo, começou a expulsar os que ali
vendiam e compravam. Derrubou as mesas dos
cambistas e as cadeiras dos que vendiam pom-
bas, 16e não permitia que alguém atravessasse o
templo carregando algum objeto. 17Também os
ensinava e dizia:
— Não é isso que está escrito: "A minha casa será chamada 'Casa de Oração' para todas as nações"? Mas vocês fizeram dela um covil de salteadores.
18E os principais sacerdotes e escribas ouviram
isso e procuravam uma maneira de matar Jesus,
pois o temiam, porque toda a multidão se maravi-
lhava de sua doutrina.
19Em vindo a tarde, Jesus e os discípulos saíram
da cidade.

A lição da figueira

Mt 21.20-22

20E, passando eles pela manhã, viram que a
figueira estava seca desde a raiz. 21Então Pedro,
lembrando-se, falou:
— Mestre, eis que a figueira que o senhor amaldiçoou ficou seca.
22Ao que Jesus lhes disse:
— Tenham fé em Deus. 23Porque em verda-
de lhes digo que, se alguém disser a este monte:
"Levante-se e jogue-se no mar", e não duvidar
no seu coração, mas crer que se fará o que diz,
assim será com ele. 24Por isso digo a vocês que
tudo o que pedirem em oração, creiam que já o
receberam, e assim será com vocês. 25E, quando
estiverem orando, se tiverem alguma coisa con-
tra alguém, perdoem, para que o Pai de vocês,
que está nos céus, perdoe as ofensas de vocês.
26[Mas, se vocês não perdoarem, também o Pai
de vocês, que está nos céus, não perdoará as
ofensas de vocês.]

A autoridade de Jesus

Mt 21.23-27; Lc 20.1-8

27Então regressaram para Jerusalém. E en-
quanto Jesus andava pelo templo, os principais
sacerdotes, os escribas e os anciãos vieram ao seu
encontro 28e lhe perguntaram:
— Com que autoridade você faz estas coisas?
Ou quem lhe deu esta autoridade para fazer isto?

29 Jesus respondeu:
— Eu vou fazer uma pergunta a vocês. Respon-
dam, e eu lhes direi com que autoridade faço estas
coisas. 30 O batismo de João era do céu ou dos ho-
mens? Respondam!
31 E eles discutiam entre si:
— Se dissermos: "Do céu", ele dirá: "Então por
que não acreditaram nele?" 32 Se, porém, disser-
mos: "Dos homens", é de temer o povo.
Porque todos pensavam que João era realmente
um profeta.
33 Então responderam a Jesus:
— Não sabemos.
E Jesus, por sua vez, lhes disse:
— Então eu também não lhes digo com que au-
toridade faço estas coisas.

A parábola dos lavradores maus

Mt 21.33-46; Lc 20.9-19

12 1 Depois Jesus começou a falar-lhes por pa-
rábola:
— Um homem plantou uma vinha. Pôs uma
cerca em volta dela, construiu um lagar, edificou
uma torre e arrendou a vinha a uns lavradores.
Depois, ausentou-se do país. 2 No tempo da co-
lheita, mandou um servo para que recebesse dos
lavradores a sua parte dos frutos da vinha. 3 Mas
os lavradores o agarraram, espancaram e o des-
pacharam de mãos vazias. 4 De novo, enviou-lhes
outro servo, e eles bateram na cabeça dele e o
insultaram. 5 Mandou ainda outro servo, e a este
mataram. Muitos outros lhes enviou, dos quais es-
pancaram uns e mataram outros.
6 — Restava-lhe ainda um: o seu filho amado.
Por fim, mandou o filho, pensando: "O meu filho
eles respeitarão." 7 Mas os tais lavradores disseram
entre si: "Este é o herdeiro; venham, vamos matá-
-lo, e a herança será nossa." 8 E, agarrando o filho,
mataram-no e o lançaram fora da vinha.
9 — Que fará, pois, o dono da vinha? Virá, ex-
terminará aqueles lavradores e entregará a vinha
a outros. 10 Vocês ainda não leram este trecho da
Escritura:

"A pedra que os construtores rejeitaram,
essa veio a ser a pedra angular.
11 Isto procede do Senhor
e é maravilhoso
aos nossos olhos"?

12 E procuravam prender Jesus, porque enten-
deram que ele havia contado essa parábola contra
eles; mas temiam o povo. Então eles o deixaram e
foram embora.

A questão do imposto

Mt 22.15-22; Lc 20.20-26

13 E enviaram a Jesus alguns dos fariseus e dos
herodianos, para que o apanhassem em alguma
palavra. 14 Chegando, disseram-lhe:
— Mestre, sabemos que o senhor é verdadeiro
e não se importa com a opinião dos outros, porque
não olha a aparência das pessoas, mas, segundo a
verdade, ensina o caminho de Deus; é lícito pagar
imposto a César ou não? Devemos ou não deve-
mos pagar?
15 Mas Jesus, percebendo a hipocrisia deles, res-
pondeu:
— Por que vocês estão me pondo à prova?
Tragam-me um denário para que eu o veja.
16 Eles trouxeram. E Jesus lhes perguntou:
— De quem é esta figura e esta inscrição?
Eles responderam:
— De César.
17 Então Jesus disse:
— Deem a César o que é de César e a Deus o que
é de Deus.
E muito se admiraram dele.

Os saduceus e a ressurreição

Mt 22.23-33; Lc 20.27-40

18 Então alguns saduceus, que dizem não haver
ressurreição, aproximaram-se de Jesus e lhe per-
guntaram:
19 — Mestre, Moisés nos deixou escrito que, se
um homem morrer e deixar mulher sem filhos,
o irmão desse homem deve casar com a viúva e
gerar descendentes para o falecido. 20 Havia sete
irmãos. O primeiro casou e morreu sem deixar
filhos; 21 o segundo casou com a viúva e morreu,
também sem deixar descendência; e o terceiro, da
mesma forma. 22 E, assim, os sete não deixaram
descendência. Por fim, depois de todos, morreu
também a mulher. 23 Na ressurreição, quando eles
ressuscitarem, de qual deles ela será a esposa?
Porque os sete casaram com ela.
24 Jesus respondeu:
— Será que o erro de vocês não está no fato
de não conhecerem as Escrituras nem o poder
de Deus? 25 Pois, quando ressuscitarem dentre os
mortos, nem casarão, nem se darão em casamen-
to, mas serão como os anjos nos céus. 26 Quanto
aos mortos, que eles de fato ressuscitam, vocês
nunca leram no Livro de Moisés, no trecho refe-
rente à sarça, como Deus lhe falou: "Eu sou o Deus
de Abraão, o Deus de Isaque e o Deus de Jacó"?
27 Ele não é Deus de mortos, e sim de vivos. Vocês
estão completamente enganados.

O grande mandamento

Mt 22.34-40; Lc 10.25-28

28 Chegando um dos escribas, que ouviu a dis-
cussão entre eles e viu que Jesus tinha dado uma
boa resposta, perguntou-lhe:
— Qual é o principal de todos os mandamentos?

29 Jesus respondeu:
— O principal é: "Escute, ó Israel, o Senhor,
nosso Deus, é o único Senhor! 30 Ame o Senhor,
seu Deus, de todo o seu coração, de toda a sua
alma, de todo o seu entendimento e com toda a
sua força." 31 O segundo é: "Ame o seu próximo
como você ama a si mesmo." Não há outro mandamento maior do que estes.
32 Então o escriba disse:
— Muito bem, Mestre! E com verdade o senhor
disse que ele é o único, e não há outro além dele,
33 e que amar a Deus de todo o coração e de todo
o entendimento e com todas as forças e amar o
próximo como a si mesmo é mais do que todos os
holocaustos e sacrifícios.
34 Vendo Jesus que o escriba havia respondido
sabiamente, declarou-lhe:
— Você não está longe do Reino de Deus.
E ninguém mais ousava fazer perguntas a Jesus.

O Cristo, filho de Davi

Mt 22.41-46; Lc 20.41-44

35 Jesus, ensinando no templo, perguntou:
— Como dizem os escribas que o Cristo é filho de Davi? 36 O próprio Davi falou, pelo Espírito
Santo:

"Disse o Senhor ao meu Senhor:
'Sente-se à minha direita,
até que eu ponha os seus inimigos
debaixo dos seus pés.'"

37 — O próprio Davi chama o Cristo de Senhor;
então como ele pode ser filho de Davi?
E a grande multidão o ouvia com prazer.

Jesus censura os escribas

Mt 23.1-36; Lc 20.45-47

38 E, ao ensinar, Jesus dizia:
— Cuidado com os escribas, que gostam de
andar com vestes talares e das saudações nas
praças; 39 buscam as primeiras cadeiras nas sinagogas e os primeiros lugares nos banquetes;
40 devoram as casas das viúvas e, para o justificar,
fazem longas orações. Estes sofrerão juízo muito
mais severo.

A oferta da viúva pobre

Lc 21.1-4

41 Sentado diante da caixa de ofertas, Jesus
observava como o povo lançava ali o dinheiro.
Ora, muitos ricos depositavam grandes quantias.
42 Vindo, porém, uma viúva pobre, lançou duas
pequenas moedas correspondentes a um quadrante. 43 E, chamando os seus discípulos, Jesus
disse:
— Em verdade lhes digo que esta viúva pobre
lançou na caixa de ofertas mais do que todos os
ofertantes. 44 Porque todos eles deram daquilo que
lhes sobrava; ela, porém, da sua pobreza deu tudo
o que possuía, todo o seu sustento.

O sermão profético

A destruição do templo

Mt 24.1-2; Lc 21.5-6

13 1 Quando Jesus estava saindo do templo, um
dos seus discípulos lhe disse:
— Mestre! Que pedras, que construções!
2 Mas Jesus respondeu:
— Você está vendo estas grandes construções?
Não ficará aqui pedra sobre pedra que não seja
derrubada.

O princípio das dores

Mt 24.3-14; Lc 21.7-19

3 Jesus estava sentado no monte das Oliveiras,
diante do templo, quando Pedro, Tiago, João e André lhe perguntaram em particular:
4 — Diga-nos quando essas coisas vão acontecer e que sinal haverá quando todas elas estiverem
para se cumprir.
5 Então Jesus começou a dizer-lhes:
— Tenham cuidado para que ninguém os engane. 6 Muitos virão em meu nome, dizendo: "Sou
eu"; e enganarão a muitos. 7 Quando vocês ouvirem falar de guerras e rumores de guerras, não se
assustem; é necessário que isso aconteça, mas ainda não é o fim. 8 Porque nação se levantará contra
nação, e reino, contra reino. Haverá terremotos em
vários lugares e também fomes. Essas coisas são o
princípio das dores.
9 — Estejam de sobreaviso, porque as pessoas
os entregarão aos tribunais e às sinagogas. Vocês serão açoitados e, por minha causa, serão
levados à presença de governadores e reis, para
lhes servir de testemunho. 10 Mas é necessário
que primeiro o evangelho seja pregado a todas
as nações.
11 — Quando, pois, levarem vocês para os entregar, não se preocupem com o que irão dizer,
mas digam o que lhes for concedido naquela
hora. Porque não são vocês que estão falando,
mas o Espírito Santo. 12 Um irmão entregará à
morte outro irmão, e o pai entregará o filho. Haverá filhos que se levantarão contra os seus pais
e os matarão. 13 Todos odiarão vocês por causa do
meu nome; aquele, porém, que ficar firme até o
fim, esse será salvo.

A grande tribulação

Mt 24.15-28; Lc 21.20-24

14 — Quando, pois, vocês virem o abominável
da desolação situado onde não deve estar (quem
lê entenda), então os que estiverem na Judeia fujam para os montes. 15 Quem estiver no terraço

não desça nem entre para tirar de casa alguma coi-
sa. 16 E quem estiver no campo não volte atrás para
buscar a sua capa. 17 Ai das que estiverem grávidas
e das que amamentarem naqueles dias! 18 Orem
para que isso não aconteça no inverno. 19 Porque
aqueles dias serão de tamanha tribulação, como
nunca houve desde o princípio do mundo criado
por Deus até agora e nunca jamais haverá. 20 Se o
Senhor não tivesse abreviado aqueles dias, nin-
guém seria salvo. Mas, por causa dos eleitos que
ele escolheu, Deus abreviou tais dias. 21 Então, se
alguém disser a vocês: "Olhem! Aqui está o Cris-
to!" ou: "Olhem! Ali está ele!", não acreditem.
22 Porque surgirão falsos cristos e falsos profetas,
operando sinais e prodígios, para enganar, se pos-
sível, os próprios eleitos. 23 Estejam de sobreaviso;
tudo isso tenho predito a vocês.

A vinda do Filho do Homem

Mt 24.29-31; Lc 21.25-28

24 — Mas, naqueles dias, após a referida tribu-
lação, o sol escurecerá, a lua não dará a sua cla-
ridade, 25 as estrelas cairão do firmamento e os
poderes dos céus serão abalados. 26 Então verão
o Filho do Homem vindo nas nuvens, com gran-
de poder e glória. 27 E então ele enviará os anjos e
reunirá os seus escolhidos dos quatro ventos, da
extremidade da terra até a extremidade do céu.

A parábola da figueira

Mt 24.32-35; Lc 21.29-33

28 — Aprendam, pois, a parábola da figueira:
quando já os seus ramos se renovam e as folhas
brotam, vocês sabem que o verão está próximo.
29 Assim, também vocês, quando virem acon-
tecer essas coisas, saibam que está próximo, às
portas. 30 Em verdade lhes digo que não passará
esta geração sem que tudo isto aconteça. 31 Pas-
sará o céu e a terra, porém as minhas palavras
não passarão.

Exortação à vigilância

Mt 24.36-44; Lc 17.26-30,34-36

32 — Mas a respeito daquele dia ou da hora
ninguém sabe, nem os anjos no céu, nem o Filho,
senão o Pai.

33 — Estejam de sobreaviso e vigiem, porque
vocês não sabem quando será o tempo. 34 É como
um homem que, ausentando-se do país, deixa a
sua casa, dá autoridade aos seus servos, a cada
um a sua obrigação, e ao porteiro ordena que vi-
gie. 35 Portanto, vigiem, porque vocês não sabem
quando virá o dono da casa: se à tarde, se à meia-
-noite, se ao cantar do galo, se pela manhã; 36 para
que, vindo ele inesperadamente, não encontre vo-
cês dormindo. 37 O que, porém, digo a vocês, digo
a todos: vigiem!

O plano para matar Jesus

Mt 26.1-5; Lc 22.1-2; Jo 11.45-53

14 1 Dois dias depois seria celebrada a Páscoa
e a Festa dos Pães sem Fermento. Os prin-
cipais sacerdotes e os escribas procuravam uma
forma de prender Jesus, à traição, para matá-lo.
2 Pois diziam:

— Não durante a festa, para que não haja tu-
multo entre o povo.

Jesus é ungido em Betânia

Mt 26.6-13; Jo 12.1-8

3 Quando Jesus estava em Betânia, fazendo uma
refeição na casa de Simão, o leproso, veio uma
mulher, trazendo um frasco feito de alabastro
com um perfume muito valioso, de nardo puro; e,
quebrando o frasco, derramou o perfume sobre a
cabeça de Jesus. 4 Alguns dos que estavam ali fica-
ram indignados e diziam entre si:

— Para que este desperdício de perfume? 5 Este
perfume poderia ter sido vendido por mais de tre-
zentos denários, para ser dado aos pobres.

E murmuravam contra ela. 6 Mas Jesus disse:

— Deixem a mulher em paz! Por que vocês a
estão incomodando? Ela praticou uma boa ação
para comigo. 7 Porque os pobres estarão sempre
com vocês, e, quando quiserem, podem fazer-lhes
o bem, mas a mim vocês nem sempre terão. 8 Ela
fez o que pôde: ungiu o meu corpo antecipada-
mente para a sepultura. 9 Em verdade lhes digo
que, onde for pregado em todo o mundo o evan-
gelho, também será contado o que ela fez, para
memória dela.

O pacto da traição

Mt 26.14-16; Lc 22.3-6

10 E Judas Iscariotes, um dos doze, foi falar com
os principais sacerdotes, para lhes entregar Jesus.
11 Eles, ouvindo isto, se alegraram e prometeram
dar dinheiro a ele; nesse meio-tempo, Judas bus-
cava uma boa ocasião para entregar Jesus.

Os discípulos preparam a Páscoa

Mt 26.17-19; Lc 22.7-13

12 E, no primeiro dia da Festa dos Pães sem Fer-
mento, quando se fazia o sacrifício do cordeiro
pascal, os discípulos de Jesus lhe perguntaram:

— Onde quer que façamos os preparativos para
que o senhor possa comer a Páscoa?

13 Então Jesus enviou dois dos seus discípulos,
dizendo-lhes:

— Vão até a cidade. Ali, um homem trazendo
um cântaro de água sairá ao encontro de vocês.
14 Sigam esse homem e digam ao dono da casa em
que ele entrar que o Mestre pergunta: "Onde fica
o meu aposento no qual comerei a Páscoa com
os meus discípulos?" 15 E ele lhes mostrará um

espaçoso cenáculo mobiliado e pronto; ali façam
os preparativos.
16 Os discípulos saíram, foram à cidade e,
achando tudo como Jesus lhes tinha dito, prepara-
ram a Páscoa.

O traidor é indicado

Mt 26.20-25; Lc 22.21-23; Jo 13.21-30

17 Ao cair da tarde, Jesus chegou com os doze.
18 Quando estavam à mesa e comiam, Jesus
disse:
— Em verdade lhes digo que um de vocês, o que
come comigo, vai me trair.
19 E eles começaram a entristecer-se e a per-
guntar-lhe, um por um:
— Por acaso seria eu?
20 Jesus respondeu:
— É um dos doze, o que comigo põe a mão no
prato. 21 Pois o Filho do Homem vai, como está
escrito a seu respeito; mas ai daquele por quem o
Filho do Homem está sendo traído! Melhor seria
para ele se nunca tivesse nascido!

A Ceia do Senhor

Mt 26.26-30; Lc 22.14-20; 1Co 11.23-25

22 E, enquanto comiam, Jesus pegou um pão e,
abençoando-o, o partiu e lhes deu, dizendo:
— Tomem; isto é o meu corpo.
23 A seguir, Jesus pegou um cálice e, tendo dado
graças, o deu aos seus discípulos; e todos beberam
dele. 24 Então lhes disse:
— Isto é o meu sangue, o sangue da aliança,
derramado em favor de muitos. 25 Em verdade lhes
digo que nunca mais beberei do fruto da videira,
até aquele dia em que beberei o vinho novo, no
Reino de Deus.
26 E, tendo cantado um hino, saíram para o
monte das Oliveiras.

Pedro é avisado

Mt 26.31-35; Lc 22.31-34; Jo 13.36-38

27 E Jesus disse aos discípulos:
— Serei uma pedra de tropeço para todos vo-
cês, porque está escrito: "Ferirei o pastor, e as ove-
lhas ficarão dispersas." 28 Mas, depois da minha
ressurreição, irei adiante de vocês para a Galileia.
29 Então Pedro disse a Jesus:
— Ainda que o senhor venha a ser um tropeço
para todos, não o será para mim!
30 Mas Jesus lhe disse:
— Em verdade lhe digo que hoje, nesta noite,
antes que o galo cante duas vezes, você me negará
três vezes.
31 Mas Pedro insistia com mais veemência:
— Ainda que me seja necessário morrer com o
senhor, de modo nenhum o negarei.
E todos os outros diziam a mesma coisa.

Jesus no Getsêmani

Mt 26.36-46; Lc 22.39-46

32 Então foram a um lugar chamado Getsêmani.
Ali, Jesus disse aos seus discípulos:
— Sentem-se aqui, enquanto eu vou orar.
33 E, levando consigo Pedro, Tiago e João, come-
çou a sentir-se tomado de pavor e de angústia. 34 E
lhes disse:
— A minha alma está profundamente triste até
a morte; fiquem aqui e vigiem.
35 E, adiantando-se um pouco, prostrou-se em
terra; e orava para que, se possível, lhe fosse pou-
pada aquela hora. 36 E dizia:
— Aba, Pai, tudo te é possível; passa de mim
este cálice! Porém não seja o que eu quero, e sim
o que tu queres.
37 E, voltando, achou-os dormindo. E disse a
Pedro:
— Simão, você está dormindo? Não conseguiu
vigiar nem uma hora? 38 Vigiem e orem, para que
não caiam em tentação; o espírito, na verdade,
está pronto, mas a carne é fraca.
39 Retirando-se de novo, orou repetindo as mes-
mas palavras. 40 E voltando, achou-os outra vez
dormindo, porque os olhos deles estavam pesa-
dos; e não sabiam o que lhe responder. 41 E, quan-
do voltou pela terceira vez, Jesus lhes disse:
— Vocês ainda estão dormindo e descansando!
Basta! Chegou a hora; o Filho do Homem está sen-
do entregue nas mãos dos pecadores. 42 Levantem-
-se, vamos embora! Eis que o traidor se aproxima.

Jesus é preso

Mt 26.47-56; Lc 22.47-53; Jo 18.1-12

43 E logo, enquanto Jesus ainda falava, chegou
Judas, um dos doze, e, com ele, uma multidão com
espadas e porretes, vinda da parte dos principais sa-
cerdotes, escribas e anciãos. 44 Ora, o traidor tinha
dado a eles um sinal: "Aquele que eu beijar, é esse;
prendam e levem-no com segurança." 45 E logo que
chegou, aproximando-se de Jesus, Judas disse:
— Mestre!
E o beijou. 46 Então eles agarraram Jesus e o
prenderam. 47 Nisto, um dos que estavam ali, sa-
cando da espada, feriu o servo do sumo sacerdote
e cortou-lhe a orelha. 48 Jesus lhes disse:
— Vocês vieram com espadas e porretes para
prender-me, como se eu fosse um salteador?
49 Todos os dias eu estava com vocês no templo,
ensinando, e vocês não me prenderam; mas isto é
para que se cumprissem as Escrituras.
50 Então todos o deixaram e fugiram.

Jesus seguido por um jovem

51 Um jovem, coberto unicamente com um len-
çol, seguia Jesus. Eles o agarraram, 52 mas ele lar-
gou o lençol e fugiu nu.

Jesus diante do Sinédrio

Mt 26.57-68; Lc 22.54-55,63-71; Jo 18.12-14,19-24

53 E levaram Jesus ao sumo sacerdote, e então
se reuniram todos os principais sacerdotes, os an-
ciãos e os escribas.
54 Pedro seguiu Jesus de longe até o interior do
pátio do sumo sacerdote e estava assentado entre
os servos, aquentando-se ao fogo. 55 E os principais
sacerdotes e todo o Sinédrio procuravam algum
testemunho contra Jesus para o condenar à morte,
mas não achavam nada. 56 Pois muitos testemu-
nhavam falsamente contra Jesus, mas os depoi-
mentos não eram coerentes. 57 E, levantando-se
alguns, testemunhavam falsamente, dizendo:
58 — Nós o ouvimos declarar: "Eu destruirei
este santuário edificado por mãos humanas e, em
três dias, construirei outro, não por mãos huma-
nas."
59 Nem assim o testemunho deles era coerente.
60 E, levantando-se o sumo sacerdote, no meio,
perguntou a Jesus:
— Você não diz nada em resposta ao que estes
depõem contra você?
61 Jesus, porém, guardou silêncio e nada res-
pondeu. O sumo sacerdote tornou a interrogá-lo:
— Você é o Cristo, o Filho do Deus Bendito?
62 Jesus respondeu:
— Eu sou, e vocês verão o Filho do Homem
sentado à direita do Todo-Poderoso e vindo com
as nuvens do céu.
63 O sumo sacerdote, rasgando as suas vestes,
disse:
— Por que ainda precisamos de testemunhas?
64 Vocês ouviram a blasfêmia. Qual é o parecer de
vocês?
E todos o julgaram réu de morte. 65 Alguns co-
meçaram a cuspir nele, a cobrir-lhe o rosto, a ba-
ter nele e a dizer-lhe:
— Profetize!
E os guardas davam-lhe bofetadas.

Pedro nega Jesus

Mt 26.69-75; Lc 22.55-62; Jo 18.15-18,25-27

66 Estando Pedro embaixo no pátio, veio uma
das empregadas do sumo sacerdote 67 e, vendo
Pedro, que se aquecia, fixou os olhos nele e disse:
— Você também estava com Jesus, o Nazareno.
68 Mas ele negou, dizendo:
— Não o conheço, nem compreendo o que você
está falando.
E saiu para o pórtico. E o galo cantou. 69 E a em-
pregada, vendo-o, tornou a dizer aos que estavam ali:
— Este é um deles.
70 Mas ele negou outra vez. E, pouco depois, os
que estavam ali disseram outra vez a Pedro:
— Com certeza você é um deles, porque tam-
bém é galileu.
71 Ele, porém, começou a praguejar e a jurar:
— Não conheço esse homem de quem vocês
estão falando!
72 E no mesmo instante o galo cantou pela se-
gunda vez. Então Pedro se lembrou da palavra que
Jesus lhe tinha dito: "Antes que o galo cante duas
vezes, você me negará três vezes." E, caindo em si,
começou a chorar.

Jesus diante de Pilatos

Mt 27.1-2,11-14; Lc 23.1-5; Jo 18.28-38a

15 1 Logo pela manhã, os principais sacerdo-
tes entraram em conselho com os anciãos,
os escribas e todo o Sinédrio; e, amarrando Jesus,
levaram-no e o entregaram a Pilatos. 2 Pilatos per-
guntou:
— Você é o rei dos judeus?
Jesus respondeu:
— O senhor está dizendo isso.
3 E os principais sacerdotes o acusavam de mui-
tas coisas. 4 Então Pilatos tornou a perguntar:
— Você não vai responder nada? Veja quantas
acusações fazem contra você!
5 Jesus, porém, não disse mais nada, a ponto de
Pilatos muito se admirar.

Jesus é condenado à morte

Mt 27.15-26; Lc 23.13-25; Jo 18.38b—19.16

6 Ora, por ocasião da festa, era costume soltar
ao povo um dos presos, aquele que eles pedissem.
7 Havia um, chamado Barrabás, preso com rebel-
des, os quais em um tumulto haviam cometido
homicídio. 8 Vindo a multidão, começou a pedir
que Pilatos lhes fizesse como de costume. 9 E Pila-
tos lhes respondeu, dizendo:
— Vocês querem que eu lhes solte o rei dos ju-
deus?
10 Pois ele bem percebia que era por inveja que
os principais sacerdotes lhe haviam entregado
Jesus. 11 Mas os principais sacerdotes incitaram a
multidão no sentido de que lhes soltasse, de prefe-
rência, Barrabás. 12 E Pilatos lhes perguntou:
— O que, então, vocês querem que eu faça com
este a quem vocês chamam de rei dos judeus?
13 Eles gritaram:
— Crucifique-o!
14 Mas Pilatos lhes disse:
— Que mal fez ele?
Porém eles gritavam cada vez mais:
— Crucifique-o!
15 Então Pilatos, querendo contentar a multi-
dão, lhes soltou Barrabás. E, depois de mandar
açoitar Jesus, entregou-o para ser crucificado.

Os soldados zombam de Jesus

Mt 27.27-31; Jo 19.2-3

16 Então os soldados levaram Jesus para dentro

do palácio, que é o Pretório, e reuniram toda a
tropa. 17 Vestiram Jesus com um manto púrpura
e, tecendo uma coroa de espinhos, a puseram na
cabeça dele. 18 E o saudavam, dizendo:
— Salve, rei dos judeus!
19 Batiam na cabeça dele com um caniço, cuspiam nele e, pondo-se de joelhos, o adoravam.
20 Depois de terem zombado dele, tiraram-lhe o
manto púrpura e o vestiram com as suas próprias
roupas. Então conduziram Jesus para fora a fim de
o crucificarem.

A crucificação de Jesus

Mt 27.32-44; Lc 23.26-43; Jo 19.17-27

21 E obrigaram Simão Cireneu, que passava, vindo do campo, pai de Alexandre e de Rufo, a carregar a cruz de Jesus.
22 E levaram Jesus para o Gólgota, que quer dizer "Lugar da Caveira". 23 Quiseram dar-lhe para
beber vinho misturado com mirra, mas Jesus não
aceitou. 24 Então o crucificaram e repartiram entre
si as roupas dele, tirando a sorte, para ver o que
cada um levaria. 25 Eram nove horas da manhã
quando o crucificaram. 26 E a inscrição com a acusação contra ele dizia: "O REI DOS JUDEUS". 27 Com ele
crucificaram dois ladrões, um à sua direita e outro
à sua esquerda. 28 [E cumpriu-se a Escritura que
diz: "Com malfeitores foi contado."]
29 Os que iam passando blasfemavam contra
ele, balançando a cabeça e dizendo:
— Ah! Você que destrói o santuário e em três
dias o reedifica! 30 Salve a si mesmo, descendo da
cruz!
31 De igual modo, os principais sacerdotes com
os escribas, zombando, diziam entre si:
— Salvou os outros, a si mesmo não pode salvar. 32 Que o Cristo, o rei de Israel, desça agora da
cruz para que vejamos e creiamos.
Também os que com ele foram crucificados o
insultavam.

A morte de Jesus

Mt 27.45-56; Lc 23.44-49; Jo 19.28-30

33 Chegado o meio-dia, houve trevas sobre toda
a terra até as três horas da tarde. 34 E às três horas,
Jesus clamou em alta voz:
— Eloí, Eloí, lemá sabactani? — Isso quer dizer:
"Deus meu, Deus meu, por que me desamparaste?"
35 E alguns dos que estavam ali, ouvindo isto,
diziam:
— Vejam! Ele chama por Elias!
36 E um deles correu para embeber uma esponja
em vinagre e, colocando-a na ponta de um caniço,
deu-lhe de beber, dizendo:
— Esperem! Vejamos se Elias vem tirá-lo!
37 Mas Jesus, dando um forte grito, expirou. 38 E
o véu do santuário se rasgou em duas partes, de
alto a baixo. 39 O centurião que estava em frente de
Jesus, vendo que assim havia expirado, disse:
— Verdadeiramente este homem era o Filho de
Deus.
40 Estavam também ali algumas mulheres, observando de longe. Entre elas estavam Maria Madalena, Maria, mãe de Tiago, o Menor, e de José, e
ainda Salomé. 41 Quando Jesus estava na Galileia,
essas mulheres o acompanhavam e serviam. E,
além destas, havia muitas outras que tinham ido
com ele para Jerusalém.

O sepultamento de Jesus

Mt 27.57-61; Lc 23.50-56; Jo 19.38-42

42 Ao cair da tarde, por ser o dia da preparação,
isto é, a véspera do sábado, 43 José de Arimateia,
ilustre membro do Sinédrio, que também esperava
o Reino de Deus, dirigiu-se ousadamente a Pilatos
e pediu o corpo de Jesus. 44 Mas Pilatos admirou-se
de que ele já tivesse morrido. E, tendo chamado o
centurião, perguntou-lhe se havia muito que Jesus
tinha morrido. 45 Após certificar-se, pela informação do comandante, cedeu o corpo a José. 46 Este,
baixando o corpo da cruz, envolveu-o num lençol
que tinha comprado e o depositou num túmulo
que tinha sido aberto numa rocha; e rolou uma pedra para a entrada do túmulo. 47 Maria Madalena e
Maria, mãe de José, observaram onde ele foi posto.

A ressurreição de Jesus

Mt 28.1-8; Lc 24.1-12; Jo 20.1-10

16 1 Passado o sábado, Maria Madalena, Maria,
mãe de Tiago, e Salomé compraram óleos
aromáticos para ungir o corpo de Jesus. 2 E, bem
cedo, no primeiro dia da semana, ao nascer do sol,
foram ao túmulo. 3 Diziam umas às outras:
— Quem nos removerá a pedra da entrada do
túmulo?
4 E, olhando, viram que a pedra já estava removida. É que a pedra era muito grande. 5 Entrando
no túmulo, viram um jovem sentado ao lado direito, vestido de branco, e ficaram atemorizadas.
6 Ele, porém, lhes disse:
— Não tenham medo! Vocês procuram Jesus, o
Nazareno, que foi crucificado; ele ressuscitou, não
está aqui; vejam o lugar onde o tinham colocado.
7 Mas vão e digam aos discípulos dele e a Pedro
que ele vai adiante de vocês para a Galileia; lá vocês o verão, como ele disse.
8 E, saindo elas, fugiram do sepulcro, porque estavam tomadas de temor e assombro. E não contaram nada a ninguém, porque estavam com medo.

Jesus aparece a Maria Madalena

Mt 28.9-10; Jo 20.11-18

9 [Havendo Jesus ressuscitado de manhã cedo
no primeiro dia da semana, apareceu primeiro a

Maria Madalena, da qual tinha expulsado sete de-
mônios. 10 E, partindo ela, foi anunciá-lo àqueles
que, tendo sido companheiros de Jesus, estavam
tristes e choravam.
11 Estes, ouvindo que ele vivia e que tinha sido
visto por ela, não acreditaram.

Jesus aparece a dois discípulos

Lc 24.13-35

12 Depois disso, Jesus manifestou-se em outra
forma a dois deles que estavam a caminho do
campo. 13 E, indo, eles o anunciaram aos demais,
mas também a estes dois eles não deram crédito.

A ordem para a evangelização

Mt 28.16-20; Lc 24.36-49; Jo 20.19-23; At 1.6-8

14 Finalmente, Jesus apareceu aos onze, quan-
do estavam à mesa, e censurou-lhes a incredu-
lidade e a dureza de coração, porque não deram
crédito aos que o tinham visto já ressuscitado.
15 E disse-lhes:
— Vão por todo o mundo e preguem o evan-
gelho a toda criatura. 16 Quem crer e for batizado
será salvo; quem, porém, não crer será condenado.
17 Estes sinais acompanharão aqueles que creem:
em meu nome, expulsarão demônios; falarão no-
vas línguas; 18 pegarão em serpentes; e, se bebe-
rem alguma coisa mortífera, não lhes fará mal; se
impuserem as mãos sobre enfermos, eles ficarão
curados.

A ascensão de Jesus

Lc 24.50-53; At 1.9-11

19 De fato, o Senhor Jesus, depois de lhes ter fa-
lado, foi recebido no céu e sentou-se à direita de
Deus. 20 E eles foram e pregaram por toda parte,
cooperando com eles o Senhor e confirmando a
palavra por meio de sinais, que se seguiam.]

O EVANGELHO SEGUNDO
LUCAS

Prefácio

1 1 Visto que muitos já empreenderam uma nar-
ração coordenada dos fatos que entre nós se
realizaram, 2 conforme nos transmitiram os que
desde o princípio foram deles testemunhas ocula-
res e ministros da palavra, 3 igualmente a mim
pareceu bem, depois de cuidadosa investigação
de tudo desde a sua origem, dar-lhe por escrito,
excelentíssimo Teófilo, uma exposição em ordem,
4 para que você tenha plena certeza das verdades
em que foi instruído.

O nascimento de João Batista é anunciado

5 Nos dias de Herodes, rei da Judeia, houve um
sacerdote chamado Zacarias, do turno de Abias. A
mulher dele era das filhas de Arão e se chamava
Isabel. 6 Ambos eram justos diante de Deus, viven-
do de forma irrepreensível em todos os preceitos
e mandamentos do Senhor. 7 Eles não tinham fi-
lhos, porque Isabel era estéril, e os dois já tinham
idade avançada.
8 E aconteceu que, enquanto Zacarias exercia o
sacerdócio diante de Deus na ordem do seu turno,
coube-lhe por sorteio, 9 segundo o costume sacer-
dotal, entrar no santuário do Senhor para queimar
o incenso. 10 Durante esse tempo, toda a multidão
do povo permanecia na parte de fora, orando. 11 E
eis que apareceu a Zacarias um anjo do Senhor,
em pé, à direita do altar do incenso. 12 Ao vê-lo,
Zacarias ficou assustado, e o temor se apoderou
dele. 13 O anjo, porém, lhe disse:
— Não tenha medo, Zacarias, porque a sua ora-
ção foi ouvida. Isabel, sua esposa, dará à luz um
filho, a quem você dará o nome de João. 14 Você fi-
cará alegre e feliz, e muitos ficarão contentes com
o nascimento dele. 15 Pois ele será grande diante
do Senhor, não beberá vinho nem bebida forte, e
será cheio do Espírito Santo, já desde o ventre ma-
terno. 16 Ele converterá muitos dos filhos de Israel
ao Senhor, seu Deus. 17 E irá adiante do Senhor no
espírito e poder de Elias, para converter o coração
dos pais aos filhos, converter os desobedientes à
prudência dos justos e habilitar para o Senhor um
povo preparado.
18 Então Zacarias perguntou ao anjo:
— Como terei certeza disso? Pois eu sou velho,
e a minha mulher também já tem idade avançada.
19 O anjo respondeu:
— Eu sou Gabriel, que estou a serviço de Deus,
e fui enviado para falar com você e lhe trazer esta
boa notícia. 20 Todavia, você ficará mudo e não
poderá falar até o dia em que estas coisas vie-
rem a acontecer, porque você não acreditou nas
minhas palavras, as quais, no devido tempo, se
cumprirão.

21 O povo estava esperando Zacarias e admi-
rava-se com a demora dele no santuário. 22 Quan-
do Zacarias saiu, não lhes podia falar. Então
entenderam que ele havia tido uma visão no san-
tuário. E expressava-se por sinais e permanecia
mudo. 23 Aconteceu que, terminados os dias do
seu ministério, Zacarias voltou para casa.
24 Passados esses dias, Isabel, a mulher de Zaca-
rias, ficou grávida. E ela não saiu de casa durante
cinco meses, dizendo:
25 — Foi isto o que o Senhor me fez, ao
contemplar-me, para acabar com a minha vergo-
nha diante das pessoas.

O nascimento de Jesus é anunciado

26 No sexto mês, o anjo Gabriel foi enviado
por Deus a uma cidade da Galileia, chamada Na-
zaré, 27 a uma virgem que estava comprometida
a casar com um homem da casa de Davi, cujo
nome era José. A virgem se chamava Maria. 28 E,
aproximando-se dela, o anjo disse:
— Salve, agraciada! O Senhor está com você.
29 Ela, porém, ao ouvir esta palavra, perturbou-
-se muito e pôs-se a pensar no que poderia signifi-
car esta saudação. 30 Mas o anjo lhe disse:
— Não tenha medo, Maria; porque você foi
abençoada por Deus. 31 Você ficará grávida e dará à
luz um filho, a quem chamará pelo nome de Jesus.
32 Este será grande e será chamado Filho do Altís-
simo. Deus, o Senhor, lhe dará o trono de Davi, seu
pai. 33 Ele reinará para sempre sobre a casa de Jacó,
e o seu reinado não terá fim.
34 Então Maria disse ao anjo:
— Como será isto, se eu nunca tive relações
com homem algum?
35 O anjo respondeu:
— O Espírito Santo virá sobre você, e o poder
do Altíssimo a envolverá com a sua sombra; por
isso, também o ente santo que há de nascer será
chamado Filho de Deus. 36 E Isabel, sua parenta,
igualmente está grávida, apesar de sua idade avan-
çada, sendo este já o sexto mês de gestação para
aquela que diziam ser estéril. 37 Porque para Deus
não há nada impossível.
38 Então Maria disse:
— Aqui está a serva do Senhor; que aconteça
comigo o que você falou.
Então o anjo foi embora.

Maria visita Isabel

39 Naqueles dias, Maria se aprontou e foi de-
pressa à região montanhosa, a uma cidade de
Judá. 40 Entrou na casa de Zacarias e saudou Isa-
bel. 41 Quando Isabel ouviu a saudação de Maria,
a criança lhe estremeceu no ventre. Então Isabel
ficou cheia do Espírito Santo. 42 E exclamou em
alta voz:
— Bendita é você entre as mulheres, e bendi-
to o fruto do seu ventre! 43 E que grande honra é
para mim receber a visita da mãe do meu Senhor!
44 Pois, logo que me chegou aos ouvidos a voz da
saudação que você fez, a criança estremeceu de
alegria dentro de mim. 45 Bem-aventurada a que
creu, porque serão cumpridas as palavras que lhe
foram ditas da parte do Senhor.

O cântico de Maria

46 Então Maria disse:

"A minha alma engrandece
ao Senhor,
47 e o meu espírito se alegrou
em Deus, meu Salvador,
48 porque ele atentou
para a humildade da sua serva.
Pois, desde agora,
todas as gerações
me considerarão bem-aventurada,
49 porque o Poderoso me fez
grandes coisas.
Santo é o seu nome.
50 A sua misericórdia vai de geração em geração
sobre os que o temem.
51 Agiu com o seu braço valorosamente;
dispersou os que, no coração,
alimentavam pensamentos soberbos.
52 Derrubou dos seus tronos
os poderosos
e exaltou os humildes.
53 Encheu de bens os famintos
e despediu vazios os ricos.
54 Amparou Israel, seu servo,
a fim de lembrar-se
da sua misericórdia
55 a favor de Abraão
e de sua descendência,
para sempre,
como havia prometido
aos nossos pais."

56 Maria permaneceu cerca de três meses com
Isabel e voltou para casa.

O nascimento de João Batista

57 Quando chegou o tempo de Isabel dar à luz,
ela teve um filho. 58 Os vizinhos e parentes ouvi-
ram que o Senhor tinha usado de grande mise-
ricórdia para com Isabel e se alegraram com ela.
59 Aconteceu que, no oitavo dia, foram circuncidar
o menino e queriam dar-lhe o nome de seu pai,
Zacarias. 60 Mas a mãe do menino disse:
— De modo nenhum! Ele será chamado João.
61 Disseram-lhe:
— Mas você não tem nenhum parente com esse
nome!

62 Fizeram sinais, perguntando ao pai do me-
nino que nome queria que lhe dessem. 63 Então,
pedindo uma tabuinha, ele escreveu:
— O nome dele é João.
E todos se admiraram. 64 Imediatamente a boca
de Zacarias se abriu e a língua se soltou. Então
começou a falar, louvando a Deus. 65 Todos os vi-
zinhos deles ficaram possuídos de temor, e essas
coisas foram divulgadas por toda a região mon-
tanhosa da Judeia. 66 Todos os que as ouviram
guardavam-nas no coração, dizendo:
— O que virá a ser este menino?
E a mão do Senhor estava com ele.

O cântico de Zacarias

67 Zacarias, o pai de João, cheio do Espírito San-
to, profetizou, dizendo:

68 "Bendito seja o Senhor, Deus de Israel,
porque visitou
e redimiu o seu povo,
69 e nos suscitou plena
e poderosa salvação
na casa de Davi, seu servo,
70 como havia prometido,
desde a antiguidade,
por boca dos seus santos profetas,
71 para nos libertar
dos nossos inimigos
e das mãos de todos
os que nos odeiam;
72 para usar de misericórdia
com os nossos pais
e lembrar-se da sua santa aliança
73 e do juramento que fez
a nosso pai Abraão,
74 de conceder-nos que,
livres das mãos de inimigos,
o adorássemos sem temor,
75 em santidade e justiça
diante dele,
todos os nossos dias.
76 E você, menino, será chamado
profeta do Altíssimo,
porque precederá o Senhor,
preparando-lhe os caminhos,
77 para dar ao seu povo
conhecimento da salvação,
por meio da remissão dos seus pecados,
78 graças à profunda misericórdia
de nosso Deus,
pela qual nos visitará
o sol nascente das alturas,
79 para iluminar os que jazem
nas trevas e na sombra da morte,
e dirigir os nossos pés
pelo caminho da paz."

80 O menino crescia e se fortalecia em espírito.
E viveu nos desertos até o dia em que havia de
manifestar-se a Israel.

O nascimento de Jesus Cristo

Mt 1.18-25

2 1 Naqueles dias, foi publicado um decreto de
César Augusto, convocando toda a população
do Império para recensear-se. 2 Este, o primei-
ro recenseamento, foi feito quando Quirino era
governador da Síria. 3 Todos iam alistar-se, cada
um à sua própria cidade. 4 José também saiu da
Galileia, da cidade de Nazaré, e foi para a Judeia,
até a cidade de Davi, chamada Belém, por ser ele
da casa e família de Davi, 5 a fim de alistar-se com
Maria, sua esposa, que estava grávida. 6 E aconte-
ceu que, estando eles ali, chegou o tempo de ela
ter a criança. 7 Então Maria deu à luz o seu filho
primogênito, enfaixou o menino e o deitou numa
manjedoura, porque não havia lugar para eles na
hospedaria.

Os pastores e os anjos

8 Havia, naquela mesma região, pastores que vi-
viam nos campos e guardavam os seus rebanhos
durante as vigílias da noite. 9 E um anjo do Senhor
desceu aonde eles estavam, e a glória do Senhor
brilhou ao redor deles; e ficaram tomados de gran-
de temor. 10 O anjo, porém, lhes disse:
— Não tenham medo! Estou aqui para lhes tra-
zer boa-nova de grande alegria, que será para todo
o povo: 11 é que hoje, na cidade de Davi, lhes nasceu
o Salvador, que é Cristo, o Senhor. 12 E isto servirá a
vocês de sinal: vocês encontrarão uma criança en-
volta em faixas e deitada em manjedoura.
13 E, de repente, apareceu com o anjo uma mul-
tidão do exército celestial, louvando a Deus e di-
zendo:

14 "Glória a Deus
nas maiores alturas,
e paz na terra entre os homens,
a quem ele quer bem."

15 Quando os anjos se afastaram deles e volta-
ram para o céu, os pastores disseram uns aos ou-
tros:
— Vamos até Belém e vejamos os acontecimen-
tos que o Senhor nos deu a conhecer.
16 Foram depressa e encontraram Maria e José, e
a criança deitada na manjedoura. 17 E, vendo isso,
divulgaram o que lhes tinha sido dito a respeito
deste menino. 18 Todos os que ouviram se admira-
ram das coisas relatadas pelos pastores. 19 Maria,
porém, guardava todas estas palavras, meditando-
-as no coração. 20 E os pastores voltaram, glorifi-
cando e louvando a Deus por tudo o que tinham
ouvido e visto, como lhes tinha sido anunciado.

A circuncisão de Jesus

21 E ao se completarem oito dias, quando o me-
nino foi circuncidado, deram-lhe o nome de Jesus.
Esse nome tinha sido dado pelo anjo, antes de o
menino ser concebido.

A apresentação de Jesus no templo

22 Passados os dias da purificação deles segundo a
Lei de Moisés, levaram o menino a Jerusalém para o
apresentar ao Senhor, 23 conforme o que está escrito
na Lei do Senhor: "Todo primogênito será consagra-
do ao Senhor." 24 E também foram para oferecer um
sacrifício, segundo o que está escrito na referida Lei:
"Um par de rolinhas ou dois pombinhos."

O cântico de Simeão

25 Em Jerusalém havia um homem chamado Si-
meão. Este homem era justo e piedoso e esperava
a consolação de Israel; e o Espírito Santo estava
sobre ele. 26 Ele tinha recebido uma revelação do
Espírito Santo de que não morreria antes de ver o
Cristo do Senhor. 27 Movido pelo Espírito, ele foi
ao templo. Quando os pais trouxeram o menino
Jesus para fazerem com ele o que a Lei ordenava,
28 Simeão o tomou nos braços e louvou a Deus,
dizendo:

29 "Agora, Senhor,
podes despedir
em paz o teu servo,
segundo a tua palavra;
30 porque os meus olhos já viram
a tua salvação,
31 a qual preparaste
diante de todos os povos:
32 luz para revelação aos gentios,
e para glória do teu povo
de Israel."

33 E o pai e a mãe do menino estavam admira-
dos com o que se dizia a respeito dele. 34 Simeão os
abençoou e disse a Maria, mãe do menino:
— Eis que este menino está destinado tanto
para ruína como para elevação de muitos em Is-
rael e para ser alvo de contradição, 35 para que se
manifestem os pensamentos de muitos corações.
Quanto a você, Maria, uma espada atravessará a
sua alma.

A profetisa Ana

36 Havia uma profetisa, chamada Ana, filha de
Fanuel, da tribo de Aser. Ela era bem idosa, tendo
vivido com o marido sete anos desde que tinha se
casado. 37 Agora era viúva de oitenta e quatro anos.
Ela não deixava o templo, mas adorava noite e dia,
com jejuns e orações. 38 E, chegando naquela hora,
dava graças a Deus e falava a respeito do menino a
todos os que esperavam a redenção de Jerusalém.

A volta para Nazaré

39 Depois de terem cumprido tudo conforme a
Lei do Senhor, voltaram para a Galileia, para a sua
cidade de Nazaré. 40 O menino crescia e se fortale-
cia, enchendo-se de sabedoria; e a graça de Deus
estava sobre ele.

O menino Jesus no templo

41 Todos os anos os pais de Jesus iam a Jerusa-
lém, para a Festa da Páscoa. 42 Quando ele atingiu
os doze anos, foram a Jerusalém, segundo o cos-
tume da festa. 43 Terminados os dias da festa, ao
regressarem, o menino Jesus ficou em Jerusalém,
sem que os pais dele o soubessem. 44 Pensando,
porém, que ele estava entre os companheiros de
viagem, andaram um dia inteiro e, então, come-
çaram a procurá-lo entre os parentes e os conhe-
cidos. 45 E, como não o encontraram, voltaram
a Jerusalém à sua procura. 46 Três dias depois, o
acharam no templo, assentado no meio dos dou-
tores, ouvindo-os e fazendo-lhes perguntas. 47 E
todos os que ouviam o menino se admiravam mui-
to da sua inteligência e das suas respostas. 48 Logo
que os pais o viram, ficaram maravilhados. E a sua
mãe lhe disse:
— Filho, por que você fez isso conosco? Seu pai
e eu estávamos aflitos à sua procura.
49 Ele respondeu:
— Por que me procuravam? Não sabiam que eu
tinha de estar na casa de meu Pai?
50 Não compreenderam, porém, as palavras que
lhes disse. 51 E voltou com eles para Nazaré e era
submisso a eles. E a mãe dele guardava todas estas
coisas no coração.
52 E Jesus crescia em sabedoria, estatura e graça,
diante de Deus e dos homens.

A pregação de João Batista

Mt 3.1-12; Mc 1.1-8; Jo 1.19-28

3 1 No décimo quinto ano do reinado de Tibério
César, sendo Pôncio Pilatos governador da
Judeia, Herodes, tetrarca da Galileia, seu irmão
Filipe, tetrarca da região da Itureia e Traconites, e
Lisânias, tetrarca de Abilene, 2 sendo sumos sacer-
dotes Anás e Caifás, a palavra de Deus veio a João,
filho de Zacarias, no deserto. 3 Ele percorreu toda a
região nas imediações do rio Jordão, pregando ba-
tismo de arrependimento para remissão de peca-
dos, 4 conforme está escrito no livro das palavras
do profeta Isaías:

"Voz do que clama no deserto:
Preparem o caminho do Senhor,
endireitem as suas veredas.
5 Todos os vales serão aterrados,
e todos os montes e colinas
serão nivelados;

os caminhos tortuosos
serão retificados,
e as estradas irregulares
serão aplanadas;
6 e toda a humanidade verá
a salvação que vem de Deus."

7 João dizia às multidões que saíam para ser ba-
tizadas:
— Raça de víboras! Quem deu a entender que
vocês podem fugir da ira vindoura? 8 Produzam
frutos dignos de arrependimento! E não comecem
a dizer uns aos outros: "Temos por pai Abraão",
porque eu afirmo a vocês que Deus pode fazer
com que destas pedras surjam filhos a Abraão. 9 E
também o machado já está posto à raiz das árvo-
res. Portanto, toda árvore que não produz bom
fruto é cortada e lançada ao fogo.
10 Então as multidões perguntaram a João:
— O que é que devemos fazer?
11 Ele respondeu:
— Quem tiver duas túnicas reparta com quem
não tem, e quem tiver comida faça o mesmo.
12 Também alguns publicanos chegaram para
ser batizados e perguntaram a João:
— Mestre, o que devemos fazer?
13 Ele respondeu:
— Não cobrem mais do que o estipulado.
14 Também soldados lhe perguntaram:
— E nós, o que devemos fazer?
E ele lhes disse:
— Não sejam prepotentes, não façam denún-
cias falsas e contentem-se com o salário que vocês
recebem.
15 Estando o povo na expectativa, e pensando
todos em seu íntimo a respeito de João, se por aca-
so ele não seria o próprio Cristo, 16 João tratou de
explicar a todos:
— Eu, na verdade, batizo vocês com água, mas
vem aquele que é mais poderoso do que eu, do qual
não sou digno de desamarrar as correias das suas
sandálias; ele os batizará com o Espírito Santo e
com fogo. 17 Ele tem a pá em suas mãos, para limpar
a sua eira e recolher o trigo no seu celeiro; porém
queimará a palha num fogo que nunca se apaga.
18 E assim, com muitas outras exortações, João
anunciava o evangelho ao povo. 19 Mas Herodes, o te-
trarca, sendo repreendido por João por causa de He-
rodias, mulher de seu irmão, e por todas as maldades
que o mesmo Herodes havia feito, 20 acrescentou
a todas as outras ainda esta: mandou prender João.

O batismo de Jesus

Mt 3.13-17; Mc 1.9-11

21 Ao ser todo o povo batizado, Jesus também
foi batizado. E aconteceu que, enquanto ele orava,
o céu se abriu, 22 o Espírito Santo desceu sobre ele
em forma corpórea como pomba, e do céu veio uma
voz, que dizia:
— Você é o meu Filho amado; em você me
agrado.

A genealogia de Jesus Cristo

Mt 1.1-17

23 Ora, Jesus tinha cerca de trinta anos quando
começou o seu ministério. Era, conforme se pen-
sava, filho de José, filho de Eli, 24 filho de Matate,
filho de Levi, filho de Melqui, filho de Janai, filho
de José, 25 filho de Matatias, filho de Amós, filho de
Naum, filho de Esli, filho de Nagai, 26 filho de Maa-
te, filho de Matatias, filho de Semei, filho de José,
filho de Jodá, 27 filho de Joanã, filho de Resa, filho
de Zorobabel, filho de Salatiel, filho de Neri, 28 filho
de Melqui, filho de Adi, filho de Cosã, filho de El-
madã, filho de Er, 29 filho de Josué, filho de Eliézer,
filho de Jorim, filho de Matate, filho de Levi, 30 filho
de Simeão, filho de Judá, filho de José, filho de Jonã,
filho de Eliaquim, 31 filho de Meleá, filho de Mená,
filho de Matatá, filho de Natã, filho de Davi, 32 filho
de Jessé, filho de Obede, filho de Boaz, filho de Salá,
filho de Naassom, 33 filho de Aminadabe, filho de
Admim, filho de Arni, filho de Esrom, filho de Pe-
rez, filho de Judá, 34 filho de Jacó, filho de Isaque,
filho de Abraão, filho de Tera, filho de Naor, 35 filho
de Serugue, filho de Ragaú, filho de Faleque, filho
de Éber, filho de Salá, 36 filho de Cainã, filho de Ar-
faxade, filho de Sem, filho de Noé, filho de Lame-
que, 37 filho de Metusalém, filho de Enoque, filho
de Jarede, filho de Maalalel, filho de Cainã, 38 filho
de Enos, filho de Sete, filho de Adão, filho de Deus.

A tentação de Jesus

Mt 4.1-11; Mc 1.12-13

4 1 Jesus, cheio do Espírito Santo, voltou do
Jordão e foi guiado pelo mesmo Espírito, no
deserto, 2 durante quarenta dias, sendo tentado
pelo diabo. Nada comeu naqueles dias, ao fim dos
quais teve fome. 3 Então o diabo disse a Jesus:
— Se você é o Filho de Deus, mande que esta
pedra se transforme em pão.
4 Mas Jesus lhe respondeu:
— Está escrito: "O ser humano não viverá só de pão."
5 Então o diabo o levou para um lugar mais alto
e num instante lhe mostrou todos os reinos do
mundo. 6 E disse:
— Eu lhe darei todo este poder e a glória destes
reinos, porque isso me foi entregue, e posso dar
a quem eu quiser. 7 Portanto, se você me adorar,
tudo isso será seu.
8 Mas Jesus respondeu:
— Está escrito:

"Adore o Senhor, seu Deus,
e preste culto somente a ele."

9 Então o diabo levou Jesus a Jerusalém,
colocou-o sobre o pináculo do templo e disse:
— Se você é o Filho de Deus, jogue-se daqui,
10 porque está escrito:

"Aos seus anjos ele dará ordens
a seu respeito,
para que o guardem."

11 E:

"Eles o sustentarão nas suas mãos,
para que você não tropece
em alguma pedra."

12 Jesus respondeu ao diabo:
— Também foi dito: "Não ponha à prova o
Senhor, seu Deus."
13 Tendo concluído todas as tentações, o diabo
afastou-se de Jesus, até momento oportuno.

Jesus inicia a sua missão na Galileia

Mt 4.12-17; Mc 1.14-15

14 Então Jesus, no poder do Espírito, voltou para
a Galileia, e a sua fama correu por toda aquela re-
gião. 15 E ensinava nas sinagogas, sendo elogiado
por todos.

Jesus é rejeitado em Nazaré

Mt 13.53-58; Mc 6.1-6

16 Jesus foi para Nazaré, onde havia sido cria-
do. Num sábado, entrou na sinagoga, segundo o
seu costume, e levantou-se para ler. 17 Então lhe
deram o livro do profeta Isaías. E, abrindo o livro,
achou o lugar onde está escrito:

18 "O Espírito do Senhor
está sobre mim,
porque ele me ungiu
para evangelizar os pobres;
enviou-me para proclamar
libertação aos cativos
e restauração da vista aos cegos,
para pôr em liberdade
os oprimidos,
19 e proclamar o ano aceitável
do Senhor."

20 Tendo fechado o livro, Jesus o devolveu ao
assistente e sentou-se. Todos na sinagoga tinham
os olhos fixos nele. 21 Então Jesus começou a dizer:
— Hoje se cumpriu a Escritura que vocês aca-
bam de ouvir.
22 Todos davam testemunho dele e se maravi-
lhavam das palavras cheias de graça que lhe saíam
dos lábios. E perguntavam:
— Não é este o filho de José?
23 Então Jesus disse:
— Sem dúvida, vocês citarão para mim o pro-
vérbio: "Médico, cure-se a si mesmo." Dirão:
"Tudo o que ouvimos que você fez em Cafarnaum,
faça-o também aqui na sua terra."
24 E Jesus prosseguiu:
— De fato, afirmo a vocês que nenhum profeta
é bem recebido na sua própria terra. 25 Na verda-
de lhes digo que havia muitas viúvas em Israel no
tempo de Elias, quando o céu se fechou por três
anos e seis meses, reinando grande fome em toda
a terra, 26 e Elias não foi enviado a nenhuma delas,
a não ser a uma viúva de Sarepta de Sidom. 27 Ha-
via também muitos leprosos em Israel nos dias do
profeta Eliseu, e nenhum deles foi purificado, a
não ser Naamã, o sírio.
28 Todos na sinagoga, ouvindo estas coisas, se
encheram de ira. 29 E, levantando-se, expulsaram
Jesus da cidade e o levaram até o alto do monte
sobre o qual a cidade estava edificada, para que,
de lá, pudessem atirá-lo abaixo. 30 Jesus, porém,
passando pelo meio deles, foi embora.

A cura de um endemoniado em Cafarnaum

Mc 1.21-28

31 E Jesus foi a Cafarnaum, cidade da Galileia, e
os ensinava no sábado. 32 E maravilhavam-se com
a sua doutrina, porque a sua palavra era com au-
toridade.
33 E apareceu na sinagoga um homem possuído
de um espírito de demônio imundo, o qual gritou
em alta voz:
34 — Ah! O que você quer conosco, Jesus Naza-
reno? Você veio para nos destruir? Sei muito bem
quem você é: o Santo de Deus!
35 Mas Jesus o repreendeu, dizendo:
— Cale-se e saia desse homem.
O demônio, depois de o ter jogado no chão no
meio de todos, saiu daquele homem sem lhe fazer
mal. 36 Todos ficaram admirados e comentavam
entre si:
— Que palavra é esta? Pois, com autoridade e
poder, ele ordena aos espíritos imundos, e eles
saem.
37 E a fama de Jesus se espalhava por todos os
lugares daquela região.

A cura da sogra de Pedro

Mt 8.14-15; Mc 1.29-31

38 Deixando a sinagoga, Jesus foi para a casa de
Simão. A sogra de Simão estava doente, com febre
muito alta, e pediram a Jesus em favor dela. 39 E
inclinando-se para ela, Jesus repreendeu a febre,
e esta a deixou. E imediatamente ela se levantou e
passou a servi-los.

Muitas outras curas

Mt 8.16-17; Mc 1.32-34

40 Ao pôr do sol, todos os que tinham enfermos,
com diferentes tipos de doença, os trouxeram

a Jesus. E ele os curava, impondo as mãos sobre
cada um deles. 41 Também de muitos saíam demô-
nios, gritando e dizendo:
— Você é o Filho de Deus!
Ele, porém, os repreendia para que não falas-
sem, pois sabiam que ele era o Cristo.

Jesus prega nas sinagogas

Mc 1.35-39

42 Quando amanheceu, Jesus saiu e foi para um
lugar deserto. As multidões o procuravam, foram
até junto dele e não queriam deixar que ele fosse
embora. 43 Jesus, porém, lhes disse:
— É necessário que eu anuncie o evangelho do
Reino de Deus também nas outras cidades, pois é
para isso que fui enviado.
44 E pregava nas sinagogas da Judeia.

A pesca maravilhosa. Os primeiros discípulos

Mt 4.18-22; Mc 1.16-20

5 1 Aconteceu que Jesus estava junto ao lago de
Genesaré, e a multidão o apertava para ouvir a
palavra de Deus. 2 Então ele viu dois barcos junto
à praia do lago. Os pescadores tinham desembar-
cado e estavam lavando as redes. 3 Entrando num
dos barcos, que era o de Simão, Jesus pediu-lhe
que o afastasse um pouco da praia; e, assentando-
-se, do barco ensinava as multidões. 4 Quando aca-
bou de falar, Jesus disse a Simão:
— Leve o barco para o lugar mais fundo do lago
e então lancem as redes de vocês para pescar.
5 Em resposta, Simão disse:
— Mestre, havendo trabalhado toda a noite,
nada apanhamos; mas, sob esta sua palavra, lan-
çarei as redes.
6 Fazendo isso, apanharam grande quantidade
de peixes; e as redes deles começaram a se rom-
per. 7 Então fizeram sinais aos companheiros do
outro barco, para que fossem ajudá-los. E foram
e encheram ambos os barcos, a ponto de quase
afundarem. 8 Vendo isto, Simão Pedro prostrou-se
aos pés de Jesus, dizendo:
— Senhor, afaste-se de mim, porque sou pecador.
9 Pois, à vista da pesca que fizeram, a admira-
ção se apoderou dele e de todos os seus compa-
nheiros, 10 bem como de Tiago e João, filhos de
Zebedeu, que eram seus sócios. Então Jesus disse
a Simão:
— Não tenha medo! De agora em diante você
será pescador de gente.
11 E, arrastando eles os barcos para a praia, dei-
xando tudo, o seguiram.

A cura de um leproso

Mt 8.1-4; Mc 1.40-45

12 Aconteceu que, estando Jesus numa das ci-
dades, um homem coberto de lepra veio à sua
presença. Quando ele viu Jesus, prostrou-se com
o rosto em terra e pediu:
— Senhor, se quiser, pode purificar-me.
13 E Jesus, estendendo a mão, tocou nele, dizendo:
— Quero, sim. Fique limpo!
E, no mesmo instante, a lepra daquele homem
desapareceu. 14 Jesus ordenou-lhe que não contas-
se isso a ninguém. E acrescentou:
— Mas vá, apresente-se ao sacerdote e ofereça
pela purificação o sacrifício que Moisés ordenou,
para servir de testemunho ao povo.
15 Porém o que se dizia a respeito de Jesus se
espalhava cada vez mais, e grandes multidões
afluíam para o ouvir e para serem curadas de suas
enfermidades. 16 Jesus, porém, se retirava para lu-
gares solitários e orava.

A cura de um paralítico em Cafarnaum

Mt 9.1-8; Mc 2.1-12

17 E aconteceu que, num daqueles dias, Jesus esta-
va ensinando, e achavam-se ali assentados fariseus
e mestres da Lei, vindos de todas as aldeias da Gali-
leia, da Judeia e de Jerusalém. E o poder do Senhor
estava com ele para curar. 18 Vieram, então, alguns
homens trazendo um paralítico deitado num leito.
Eles procuravam levá-lo para dentro e colocá-lo
diante de Jesus. 19 E, não encontrando uma forma de
fazer isso por causa da multidão, subiram ao telhado
e, por entre as telhas, desceram o paralítico no seu
leito, deixando-o no meio das pessoas, diante de
Jesus. 20 Vendo-lhes a fé, Jesus disse ao paralítico:
— Homem, os seus pecados estão perdoados.
21 E os escribas e fariseus começaram a pensar:
— Quem é este que diz blasfêmias? Quem pode
perdoar pecados, a não ser um, que é Deus?
22 Jesus, porém, conhecendo os pensamentos
deles, disse-lhes:
— O que vocês estão pensando em seu coração?
23 O que é mais fácil? Dizer: "Os seus pecados estão
perdoados", ou dizer: "Levante-se e ande"? 24 Mas
isto é para que vocês saibam que o Filho do Homem
tem autoridade sobre a terra para perdoar pecados.
E disse ao paralítico:
— Eu digo a você: Levante-se, pegue o seu leito
e vá para casa.
25 E imediatamente ele se levantou diante de
todos e, pegando o leito em que até então estava
deitado, voltou para casa, glorificando a Deus.
26 Todos ficaram muito admirados, davam glória a
Deus e, cheios de temor, diziam:
— Hoje vimos coisas extraordinárias!

O chamado de Levi

Mt 9.9-13; Mc 2.13-17

27 Depois disso, Jesus saiu e viu um publicano,
chamado Levi, sentado na coletoria. E lhe disse:
— Siga-me!

28 Ele se levantou e, deixando tudo, o seguiu.
29 Então Levi lhe ofereceu um grande ban-
quete em sua casa; e era grande o número de
publicanos e outras pessoas que estavam com
eles à mesa. 30 Os fariseus e seus escribas mur-
muravam contra os discípulos de Jesus, pergun-
tando:

— Por que vocês comem e bebem com os publi-
canos e pecadores?

31 Jesus tomou a palavra e disse:

— Os sãos não precisam de médico, e sim os
doentes. 32 Não vim chamar justos, e sim pecado-
res, ao arrependimento.

A questão do jejum

Mt 9.14-17; Mc 2.18-22

33 Então eles disseram a Jesus:

— Os discípulos de João frequentemente je-
juam e fazem orações, e os discípulos dos fariseus
fazem o mesmo; mas os seus discípulos comem e
bebem.

34 Jesus, porém, lhes disse:

— Será que vocês podem fazer com que os con-
vidados para o casamento jejuem enquanto o noi-
vo está com eles? 35 No entanto, virão dias em que
o noivo lhes será tirado, e então, naqueles dias,
eles vão jejuar.

36 Também lhes contou uma parábola:

— Ninguém tira um pedaço de uma roupa nova
para colocar sobre roupa velha; pois, se o fizer,
rasgará a roupa nova, e, além disso, o remendo da
roupa nova não combinará com a roupa velha. 37 E
ninguém põe vinho novo em odres velhos, por-
que, se fizer isso, o vinho novo romperá os odres,
o vinho se derramará, e os odres se estragarão.
38 Pelo contrário, vinho novo deve ser posto em
odres novos. 39 E ninguém, tendo bebido o vinho
velho, prefere o novo, porque diz: "O velho é ex-
celente."

Jesus é senhor do sábado

Mt 12.1-8; Mc 2.23-28

6 1 Aconteceu que, num sábado, Jesus passava
pelas searas, e os seus discípulos colhiam e
comiam espigas, debulhando-as com as mãos. 2 E
alguns dos fariseus lhes disseram:

— Por que vocês fazem o que não é lícito aos
sábados?

3 Jesus tomou a palavra e disse:

— Vocês nem ao menos leram o que Davi fez
quando teve fome, ele e os seus companheiros?
4 Como entrou na casa de Deus e, pegando os
pães da proposição, comeu e deu também aos
que estavam com ele, pães que não lhes era lícito
comer, mas exclusivamente aos sacerdotes?
5 Então Jesus lhes disse:

— O Filho do Homem é senhor do sábado.

O homem da mão ressequida

Mt 12.9-14; Mc 3.1-6

6 Aconteceu que, em outro sábado, Jesus entrou
na sinagoga e começou a ensinar. Estava ali um
homem que tinha a mão direita ressequida. 7 Os
escribas e os fariseus observavam Jesus, procuran-
do ver se ele faria uma cura no sábado, a fim de
acharem de que o acusar. 8 Mas Jesus, conhecendo
os pensamentos deles, disse ao homem da mão
ressequida:

— Levante-se e venha para o meio.

E ele, levantando-se, ficou em pé. 9 Então Jesus
disse a eles:

— Vou fazer uma pergunta a vocês: é lícito no
sábado fazer o bem ou fazer o mal? Salvar uma
vida ou deixar que se perca?

10 Então Jesus, olhando para todos que estavam
ao seu redor, disse ao homem:

— Estenda a mão!

Ele assim o fez, e a mão lhe foi restaurada.
11 Mas eles se encheram de furor e discutiam entre
si quanto ao que fariam contra Jesus.

Os doze apóstolos

Mt 10.1-4; Mc 3.13-19

12 Naqueles dias, Jesus se retirou para o monte,
a fim de orar, e passou a noite orando a Deus. 13 E,
quando amanheceu, chamou a si os seus discí-
pulos e escolheu doze dentre eles, aos quais deu
também o nome de apóstolos: 14 Simão, a quem
acrescentou o nome de Pedro, e André, seu ir-
mão; Tiago e João; Filipe e Bartolomeu; 15 Mateus
e Tomé; Tiago, filho de Alfeu, e Simão, chamado
Zelote; 16 Judas, filho de Tiago, e Judas Iscariotes,
que se tornou traidor.

Jesus ensina e cura muitas pessoas

Mt 4.23-25

17 E, descendo com eles do monte, Jesus parou
num lugar plano onde se encontravam muitos dis-
cípulos seus e grande multidão do povo, de toda
a Judeia, de Jerusalém e do litoral de Tiro e de Si-
dom, 18 que vieram para o ouvir e para ser curados
de suas doenças. Também os atormentados por
espíritos imundos eram curados. 19 E todos da
multidão procuravam tocar em Jesus, porque dele
saía poder; e curava todos.

As bem-aventuranças e os ais

Mt 5.1-12

20 Então, olhando para os seus discípulos, Jesus
lhes disse:

— Bem-aventurados são vocês,
os pobres,
porque o Reino de Deus
é de vocês.

21 — Bem-aventurados são vocês
que agora têm fome,
porque serão saciados.
— Bem-aventurados são vocês
que agora choram,
porque vocês hão de rir.

22 — Bem-aventurados são vocês quando as
pessoas os odiarem, expulsarem da sua compa-
nhia, insultarem e rejeitarem o nome de vocês
como indigno, por causa do Filho do Homem.
23 Alegrem-se naquele dia e exultem, porque gran-
de é a recompensa de vocês no céu; porque os pais
dessas pessoas fizeram o mesmo com os profetas.

24 — Mas ai de vocês, os ricos,
porque vocês já receberam a consolação!
25 — Ai de vocês que agora estão fartos,
porque vocês vão passar fome!
— Ai de vocês
que agora estão rindo,
porque vocês vão lamentar e chorar!

26 — Ai de vocês, quando todos os elogiarem,
porque os pais dessas pessoas fizeram o mesmo
com os falsos profetas!

O amor aos inimigos

Mt 5.38-48

27 — Digo, porém, a vocês que me ouvem:
amem os seus inimigos, façam o bem aos que
odeiam vocês. 28 Abençoem aqueles que os amal-
diçoam, orem pelos que maltratam vocês. 29 Ao
que lhe bate numa face, ofereça também a outra;
e, ao que lhe tirar a capa, deixe que leve também
a túnica. 30 Dê a todo o que lhe pedir alguma coisa;
e, se alguém levar o que é seu, não exija que seja
devolvido. 31 Façam aos outros o mesmo que vocês
querem que eles façam a vocês.
32 — Se vocês amam aqueles que os amam, que
recompensa terão? Porque até os pecadores amam
aqueles que os amam. 33 Se fizerem o bem aos que
lhes fazem o bem, que recompensa terão? Até os
pecadores fazem isso. 34 E, se emprestam àqueles
de quem esperam receber, que recompensa terão?
Também os pecadores emprestam aos pecado-
res, para receberem outro tanto. 35 Vocês, porém,
amem os seus inimigos, façam o bem e empres-
tem, sem esperar nada em troca; vocês terão uma
grande recompensa e serão filhos do Altíssimo.
Pois ele é bondoso até para os ingratos e maus.
36 Sejam misericordiosos, como também é miseri-
cordioso o Pai de vocês.

O hábito de julgar os outros

Mt 7.1-5

37 — Não julguem e vocês não serão julgados;
não condenem e vocês não serão condenados;
perdoem e serão perdoados; 38 deem e lhes será
dado; boa medida, prensada, sacudida e transbor-
dante será dada a vocês; porque com a medida com
que tiverem medido vocês serão medidos também.
39 Jesus lhes contou também uma parábola:
— Será que um cego pode guiar outro cego?
Não é fato que ambos cairão num buraco?
40 — O discípulo não está acima do seu mestre;
todo aquele, porém, que for bem-instruído será
como o seu mestre.
41 — Por que você vê o cisco no olho do seu ir-
mão, mas não repara na trave que está no seu pró-
prio olho? 42 Como você poderá dizer a seu irmão:
"Deixe, irmão, que eu tire o cisco que está no seu
olho", se você não repara na trave que está no seu
próprio olho? Hipócrita! Tire primeiro a trave do
seu olho e então você verá claramente para tirar o
cisco que está no olho do seu irmão.

As árvores e os seus frutos

Mt 7.17-20; 12.33-35

43 — Não há árvore boa que dê mau fruto, nem
árvore má que dê bom fruto. 44 Porque cada árvore
é conhecida pelos frutos que produz. Porque não
se colhem figos de ervas daninhas, nem se apa-
nham uvas dos espinheiros. 45 A pessoa boa tira o
bem do bom tesouro do coração, e a pessoa má tira
o mal do mau tesouro; porque a boca fala do que
está cheio o coração.

Os dois fundamentos

Mt 7.24-27

46 — Por que vocês me chamam "Senhor,
Senhor!", e não fazem o que eu mando? 47 Eu vou
mostrar a vocês a quem é semelhante todo aque-
le que vem a mim, ouve as minhas palavras e as
pratica. 48 Esse é semelhante a um homem que, ao
construir uma casa, cavou, abriu profunda vala e
lançou o alicerce sobre a rocha. Quando veio a en-
chente, as águas bateram contra aquela casa e não
a puderam abalar, por ter sido bem-construída.
49 Mas o que ouve e não pratica é semelhante a um
homem que construiu uma casa sobre a terra, sem
alicerces, e, quando as águas bateram contra ela,
logo desabou; e aconteceu que foi grande a ruína
daquela casa.

A cura do servo de um centurião

Mt 8.5-13

7 1 Tendo Jesus concluído todas as suas palavras
dirigidas ao povo, entrou em Cafarnaum. 2 E
o servo de um centurião, a quem este muito esti-
mava, estava doente, quase à morte. 3 Quando o
centurião ouviu falar a respeito de Jesus, enviou-
-lhe alguns anciãos dos judeus, pedindo-lhe que
viesse curar o seu servo. 4 Estes, aproximando-se
de Jesus, lhe pediram com insistência:

— Ele merece a sua ajuda, 5porque é amigo do
nosso povo, e ele mesmo construiu a nossa sina-
goga.
6Então Jesus foi com eles. Quando Jesus já es-
tava perto da casa, o centurião enviou-lhe alguns
amigos, dizendo:
— Senhor, não se incomode, porque não sou
digno de recebê-lo em minha casa. 7Por isso, não
me julguei digno de ir falar pessoalmente com o
senhor; porém diga uma palavra, e o meu servo
será curado. 8Porque também eu sou homem sujei-
to à autoridade, tenho soldados às minhas ordens
e digo a este: "Vá", e ele vai; e a outro: "Venha", e ele
vem; e ao meu servo: "Faça isto", e ele o faz.
9Ao ouvir estas palavras, Jesus ficou admirado
com aquele homem e, voltando-se para o povo
que o acompanhava, disse:
— Eu lhes digo que nem mesmo em Israel en-
contrei fé como esta.
10E, quando os que tinham sido enviados volta-
ram para casa, encontraram o servo curado.

A ressurreição do filho de uma viúva

11Pouco depois, Jesus foi para uma cidade cha-
mada Naim, e os seus discípulos e numerosa mul-
tidão iam com ele. 12Ao aproximar-se do portão da
cidade, eis que saía o enterro do filho único de uma
viúva; e grande multidão da cidade ia com ela. 13Ao
vê-la, o Senhor se compadeceu dela e lhe disse:
— Não chore!
14Chegando-se, tocou no caixão e os que o esta-
vam carregando pararam. Então Jesus disse:
— Jovem, eu ordeno a você: levante-se!
15O que estava morto sentou-se e passou a falar;
e Jesus o restituiu à sua mãe. 16Todos ficaram pos-
suídos de temor e glorificavam a Deus, dizendo:
— Grande profeta se levantou entre nós. Deus
visitou o seu povo.
17Esta notícia a respeito de Jesus se espalhou
por toda a Judeia e por toda aquela região.

Os mensageiros de João Batista

Mt 11.2-19

18Todas estas coisas foram relatadas a João pe-
los seus discípulos. E João, chamando dois deles,
19enviou-os ao Senhor para perguntar:
— Você é aquele que estava para vir ou deve-
mos esperar outro?
20Quando os homens chegaram a Jesus, disse-
ram:
— João Batista nos enviou para perguntar: O
senhor é aquele que estava para vir ou devemos
esperar outro?
21Naquela mesma hora, Jesus curou muitas
pessoas de doenças, de sofrimentos e de espíri-
tos malignos; e deu vista a muitos cegos. 22Então
Jesus lhes respondeu:
— Voltem e anunciem a João o que vocês vi-
ram e ouviram: os cegos veem, os coxos andam,
os leprosos são purificados, os surdos ouvem, os
mortos são ressuscitados e aos pobres está sendo
pregado o evangelho. 23E bem-aventurado é aque-
le que não achar em mim motivo de tropeço.
24Quando os mensageiros de João se retiraram,
Jesus começou a dizer ao povo a respeito de João:
— O que vocês foram ver no deserto? Um cani-
ço agitado pelo vento? 25O que vocês foram ver?
Um homem vestido de roupas finas? Os que se
vestem bem e vivem no luxo moram nos palácios
reais. 26Sim, o que foram ver? Um profeta? Sim, eu
lhes digo, e muito mais do que um profeta. 27Este é
aquele de quem está escrito: "Eis que envio adian-
te de você o meu mensageiro, o qual preparará o
caminho diante de você."
28— E eu lhes digo: entre os nascidos de mu-
lher, ninguém é maior do que João; mas o menor
no Reino de Deus é maior do que ele.
29Todo o povo que o ouviu e até os publicanos
reconheceram a justiça de Deus, tendo sido batiza-
dos com o batismo de João; 30mas os fariseus e os
intérpretes da Lei rejeitaram, quanto a si mesmos,
o plano de Deus, não tendo sido batizados por ele.
31E Jesus continuou:
— A que, pois, compararei as pessoas desta ge-
ração? A que são semelhantes? 32São semelhantes
a meninos que, sentados na praça, gritam uns
para os outros:

"Nós tocamos flauta,
mas vocês não dançaram;
entoamos lamentações,
mas vocês não choraram."

33— Pois veio João Batista, não comendo pão
nem bebendo vinho, e vocês dizem: "Ele tem de-
mônio!" 34Veio o Filho do Homem, comendo e be-
bendo, e vocês dizem: "Eis aí um glutão e bebedor
de vinho, amigo de publicanos e pecadores!" 35Mas
a sabedoria é justificada por todos os seus filhos.

A pecadora que ungiu os pés de Jesus

36Um dos fariseus convidou Jesus para que fos-
se jantar com ele. Jesus, entrando na casa do fari-
seu, tomou lugar à mesa. 37E eis que uma mulher
da cidade, pecadora, sabendo que ele estava jan-
tando na casa do fariseu, foi até lá com um frasco
feito de alabastro cheio de perfume. 38E, estando
por detrás, aos pés de Jesus, chorando, molhava-
-os com as suas lágrimas e os enxugava com os
próprios cabelos. Ela beijava os pés de Jesus e os
ungia com o perfume. 39Ao ver isto, o fariseu que
o havia convidado disse consigo mesmo:
— Se este fosse profeta, bem saberia quem e
que tipo de mulher é esta que está tocando nele,
porque é uma pecadora.

40 Jesus se dirigiu ao fariseu e lhe disse:
— Simão, tenho uma coisa para lhe dizer.
Ele respondeu:
— Diga, Mestre.
41 Jesus continuou:
— Certo credor tinha dois devedores: um lhe
devia quinhentos denários, e o outro devia cin-
quenta. 42 E, como eles não tinham com que pagar,
o credor perdoou a dívida de ambos. Qual deles,
portanto, o amará mais?
43 Simão respondeu:
— Penso que é aquele a quem mais perdoou.
Jesus disse:
— Você julgou bem.
44 E, voltando-se para a mulher, Jesus disse a
Simão:
— Você está vendo esta mulher? Quando entrei
aqui em sua casa, você não me ofereceu água para
lavar os pés; esta, porém, molhou os meus pés
com lágrimas e os enxugou com os seus cabelos.
45 Você não me recebeu com um beijo na face; ela,
porém, desde que entrei, não deixou de me bei-
jar os pés. 46 Você não ungiu a minha cabeça com
óleo, mas esta, com perfume, ungiu os meus pés.
47 Por isso, afirmo a você que os muitos pecados
dela foram perdoados, porque ela muito amou;
mas aquele a quem pouco se perdoa, pouco ama.
48 Então Jesus disse à mulher:
— Os seus pecados estão perdoados.
49 Os que estavam com ele à mesa começaram
a dizer entre si:
— Quem é este que até perdoa pecados?
50 Mas Jesus disse à mulher:
— A sua fé salvou você; vá em paz.

As mulheres que seguiam Jesus

8 1 Aconteceu, depois disso, que Jesus andava
de cidade em cidade e de aldeia em aldeia,
pregando e anunciando o evangelho do Reino de
Deus. Iam com ele os doze discípulos, 2 e também
algumas mulheres que haviam sido curadas de
espíritos malignos e de enfermidades: Maria, cha-
mada Madalena, da qual saíram sete demônios;
3 Joana, mulher de Cuza, procurador de Herodes;
Suzana e muitas outras, as quais, com os seus
bens, ajudavam Jesus e os seus discípulos.

A parábola do semeador

Mt 13.1-9; Mc 4.1-9

4 Quando uma grande multidão se reuniu e pes-
soas de todas as cidades vieram até Jesus, ele disse
por parábola:
5 — Um semeador saiu a semear. E, ao semear,
uma parte caiu à beira do caminho, foi pisada, e
as aves do céu a comeram. 6 Outra parte caiu so-
bre a pedra e, tendo crescido, secou por falta de
umidade. 7 Outra caiu no meio dos espinhos; e
os espinhos, ao crescerem com ela, a sufocaram.
8 Outra, enfim, caiu em boa terra; cresceu e produ-
ziu a cem por um.
Dizendo isto, Jesus clamou:
— Quem tem ouvidos para ouvir, ouça.

Por que Jesus usava parábolas

Mt 13.10-17; Mc 4.10-12

9 Então os discípulos de Jesus lhe perguntaram
o que significava essa parábola. 10 Jesus respondeu:
— A vocês é dado conhecer os mistérios do
Reino de Deus, mas aos demais fala-se por pará-
bolas, para que, vendo, não vejam e, ouvindo, não
entendam.

A explicação da parábola

Mt 13.18-23; Mc 4.13-20

11 — Este é o significado da parábola: a se-
mente é a palavra de Deus. 12 Os que estão à beira
do caminho são os que a ouviram; depois vem o
diabo e tira-lhes a palavra do coração, para não
acontecer que, crendo, sejam salvos. 13 Os que es-
tão sobre a pedra são os que, ouvindo a palavra,
a recebem com alegria. Estes não têm raiz, creem
apenas por algum tempo e, na hora da provação,
se desviam. 14 A parte que caiu entre espinhos,
estes são os que ouviram e, no decorrer dos dias,
foram sufocados com as preocupações, as rique-
zas e os prazeres desta vida; os seus frutos não
chegam a amadurecer. 15 A parte que caiu na terra
boa, estes são os que, tendo ouvido de bom e reto
coração, retêm a palavra; estes frutificam com
perseverança.

A luz

Mc 4.21-25

16 — Ninguém, depois de acender uma lampa-
rina, a cobre com um vaso ou a põe debaixo de
uma cama; pelo contrário, coloca-a num lugar
em que ilumina bem, a fim de que os que entram
vejam a luz. 17 Não há nada oculto que não venha
a ser manifesto, nem escondido que não venha a
ser conhecido e revelado. 18 Portanto, vejam como
vocês ouvem. Porque ao que tiver, mais será dado;
e ao que não tiver, até aquilo que julga ter lhe será
tirado.

A mãe e os irmãos de Jesus

Mt 12.46-50; Mc 3.31-35

19 A mãe e os irmãos de Jesus chegaram até
onde ele estava, mas não podiam aproximar-se
por causa da multidão. 20 E lhe comunicaram:
— A sua mãe e os seus irmãos estão lá fora e
querem vê-lo.
21 Jesus, porém, lhes respondeu:
— Minha mãe e meus irmãos são aqueles que
ouvem a palavra de Deus e a praticam.

Jesus acalma uma tempestade
Mt 8.23-27; Mc 4.35-41

22Aconteceu que, num daqueles dias, Jesus en-
trou num barco em companhia dos seus discípu-
los e lhes disse:
— Vamos passar para a outra margem do lago.
E partiram. **23**Enquanto navegavam, ele ador-
meceu. E sobreveio uma tempestade de vento no
lago, e eles corriam perigo. **24**Chegando-se a Jesus,
os discípulos o despertaram, dizendo:
— Mestre, Mestre, estamos perecendo!
Levantando-se, Jesus repreendeu o vento e
a fúria da água. Tudo cessou e ficou bem calmo.
25Então Jesus lhes perguntou:
— Vocês não têm fé?
Eles, possuídos de temor e admiração, diziam
uns aos outros:
— Quem é este que até manda nos ventos e nas
ondas, e lhe obedecem?

A cura do endemoniado geraseno
Mt 8.28-34; Mc 5.1-20

26Então rumaram para a terra dos gerasenos,
que fica de frente para a Galileia. **27**Logo que Jesus
desembarcou, veio da cidade ao seu encontro um
homem possuído de demônios que, havia muito,
não se vestia, nem habitava em casa alguma, po-
rém vivia nos túmulos. **28**Quando ele viu Jesus,
prostrou-se diante dele, dizendo com voz forte:
— O que você quer comigo, Jesus, Filho do
Deus Altíssimo? Peço-lhe que não me atormente.
29Porque Jesus havia ordenado ao espírito
imundo que saísse do homem, pois muitas vezes
se havia apoderado dele. E, embora procurassem
conservá-lo preso com cadeias e correntes, despe-
daçava tudo e era impelido pelo demônio para o
deserto. **30**Jesus perguntou a ele:
— Qual é o seu nome?
Ele respondeu:
— Legião.
Isto porque muitos demônios tinham entrado
nele. **31**Estes pediram a Jesus que não os mandasse
para o abismo. **32**Ora, uma grande manada de por-
cos estava pastando ali no monte. E os demônios
pediram a Jesus que os deixasse entrar naqueles
porcos. E Jesus o permitiu. **33**Tendo os demônios
saído do homem, entraram nos porcos, e a ma-
nada precipitou-se despenhadeiro abaixo, para
dentro do lago, e se afogou. **34**Vendo o que tinha
acontecido, os que tratavam dos porcos fugiram e
foram anunciá-lo na cidade e pelos campos.
35Então o povo saiu para ver o que tinha
acontecido. Aproximando-se de Jesus, encon-
traram o homem de quem tinham saído os de-
mônios, vestido, em perfeito juízo, sentado aos
pés de Jesus; e temeram. **36**E algumas pessoas
que tinham presenciado os fatos contaram-lhes
também como o endemoniado tinha sido salvo.
37Todo o povo da terra dos gerasenos pediu a
Jesus que se retirasse, pois ficaram com muito
medo. E Jesus, entrando de novo no barco, vol-
tou. **38**O homem de quem tinham saído os de-
mônios lhe pediu que o deixasse estar com ele.
Jesus, porém, o despediu, dizendo:
39— Volte para a sua casa e conte tudo o que
Deus fez por você.
Então ele foi, proclamando por toda a cidade o
que Jesus lhe tinha feito.

O pedido de Jairo
Mt 9.18-19; Mc 5.21-24a

40Quando Jesus voltou, a multidão o recebeu
com alegria, porque todos o estavam esperando.
41Eis que veio um homem chamado Jairo, que era
chefe da sinagoga, e, prostrando-se aos pés de
Jesus, suplicou-lhe que fosse até a sua casa. **42**Pois
tinha uma filha única de uns doze anos, que esta-
va morrendo.

A cura de uma mulher enferma
Mt 9.20-22; Mc 5.24b-34

Enquanto Jesus caminhava, as multidões o
apertavam. **43**Certa mulher que, havia doze anos,
vinha sofrendo de uma hemorragia e que havia
gastado todos os seus bens com os médicos, sem
que ninguém a pudesse curar, **44**veio por trás de
Jesus e tocou na borda da capa dele. E logo a he-
morragia dela estancou. **45**Mas Jesus perguntou:
— Quem me tocou?
Como todos negassem, Pedro disse:
— Mestre, é a multidão que o rodeia e aperta!
46Mas Jesus insistiu:
— Alguém me tocou, porque senti que de mim
saiu poder.
47A mulher, vendo que não podia passar des-
percebida, aproximou-se trêmula e, prostrando-se
diante de Jesus, declarou, à vista de todo o povo, o
motivo por que havia tocado nele e como imedia-
tamente tinha sido curada. **48**Então Jesus lhe disse:
— Filha, a sua fé salvou você. Vá em paz.

A ressurreição da filha de Jairo
Mt 9.23-26; Mc 5.35-43

49Enquanto Jesus ainda falava, veio uma pessoa
da casa do chefe da sinagoga, dizendo:
— A sua filha já morreu; não incomode mais o
Mestre.
50Mas Jesus, ouvindo isto, lhe disse:
— Não tenha medo; apenas creia, e ela será salva.
51Tendo chegado à casa, Jesus não permitiu que
ninguém entrasse com ele, a não ser Pedro, João e
Tiago, além do pai e da mãe da menina. **52**E todos
choravam e a pranteavam. Mas Jesus disse:
— Não chorem; ela não está morta, mas dorme.

53 E riam-se dele, porque sabiam que ela estava
morta. 54 Mas Jesus, tomando-a pela mão, disse
em voz alta:
— Menina, levante-se!
55 Voltou-lhe o espírito, ela imediatamente se
levantou, e Jesus mandou que lhe dessem de co-
mer. 56 Seus pais ficaram maravilhados, mas ele
lhes advertiu que a ninguém contassem o que ha-
via acontecido.

As instruções para os doze

Mt 10.5-15; Mc 6.7-13

9 1 Tendo Jesus convocado os doze, deu-lhes po-
der e autoridade sobre todos os demônios e
para curar doenças. 2 Também os enviou a pregar o
Reino de Deus e a curar os enfermos. 3 E disse-lhes:
— Não levem nada para o caminho: nem bor-
dão, nem sacola, nem pão, nem dinheiro; vocês
também não devem ter duas túnicas. 4 Na casa em
que vocês entrarem, fiquem ali até saírem daquele
lugar. 5 E onde quer que não receberem vocês, ao
saírem daquela cidade sacudam o pó dos pés em
testemunho contra eles.
6 Então, saindo, percorriam todas as aldeias, anun-
ciando o evangelho e fazendo curas por toda parte.

A dúvida de Herodes

Mt 14.1-12; Mc 6.14-29

7 Ora, o tetrarca Herodes soube de tudo o que se
passava e ficou perplexo, porque alguns diziam:
"João ressuscitou dentre os mortos." 8 Outros diziam:
"Elias apareceu." E ainda outros diziam: "Um dos an-
tigos profetas ressuscitou." 9 Herodes, porém, disse:
— Eu mandei decapitar João. Quem, então, é
este a respeito do qual tenho ouvido tais coisas?
E se esforçava para vê-lo.

A primeira multiplicação de pães e peixes

Mt 14.13-21; Mc 6.30-44; Jo 6.1-14

10 Ao regressarem, os apóstolos relataram a Jesus
tudo o que tinham feito. Ele, levando-os consigo,
retirou-se à parte para uma cidade chamada Bet-
saida. 11 Mas as multidões souberam disso e o se-
guiram. Acolhendo-as, Jesus lhes falava a respeito
do Reino de Deus e socorria os que tinham necessi-
dade de cura. 12 Mas o dia estava chegando ao fim.
Então os doze se aproximaram de Jesus e disseram:
— Despeça a multidão, para que, indo às aldeias
e campos ao redor, se hospedem e encontrem ali-
mento; pois estamos aqui em lugar deserto.
13 Jesus, porém, lhes disse:
— Deem vocês mesmos de comer a eles.
Os discípulos responderam:
— Não temos mais que cinco pães e dois peixes,
a não ser que nós mesmos vamos e compremos
comida para todo este povo.
14 Porque estavam ali cerca de cinco mil ho-
mens. Então Jesus disse aos seus discípulos:
— Façam com que se assentem em grupos de
cinquenta.
15 Eles atenderam, fazendo com que todos se
assentassem. 16 E Jesus, pegando os cinco pães e
os dois peixes, erguendo os olhos para o céu, os
abençoou, partiu e deu aos discípulos para que os
distribuíssem entre o povo. 17 Todos comeram e se
fartaram; e dos pedaços que sobraram foram reco-
lhidos doze cestos.

A confissão de Pedro. Jesus prediz a própria morte

Mt 16.13-21; Mc 8.27-31

18 E aconteceu que, enquanto Jesus estava oran-
do em particular, achavam-se presentes os discí-
pulos, a quem perguntou:
— Quem as multidões dizem que eu sou?
19 Eles responderam:
— Uns dizem que é João Batista; outros dizem
que é Elias; e ainda outros dizem que um dos anti-
gos profetas ressuscitou.
20 Então Jesus perguntou:
— E vocês, quem dizem que eu sou?
Respondendo, Pedro disse:
— O Cristo de Deus.
21 Jesus, porém, advertindo-os, mandou que a
ninguém declarassem tal coisa, 22 dizendo:
— É necessário que o Filho do Homem sofra
muitas coisas, seja rejeitado pelos anciãos, pelos
principais sacerdotes e pelos escribas, seja morto
e, no terceiro dia, ressuscite.

Tome a sua cruz

Mt 16.24-28; Mc 8.34—9.1

23 Jesus dizia a todos:
— Se alguém quer vir após mim, negue a si
mesmo, dia a dia tome a sua cruz e siga-me. 24 Pois
quem quiser salvar a sua vida a perderá; e quem
perder a vida por minha causa, esse a salvará. 25 De
que adianta uma pessoa ganhar o mundo inteiro,
se vier a perder-se ou causar dano a si mesma?
26 Pois quem se envergonhar de mim e das minhas
palavras, dele se envergonhará o Filho do Homem,
quando vier na sua glória e na glória do Pai e dos
santos anjos. 27 Em verdade lhes digo que alguns
dos que aqui se encontram não passarão pela mor-
te até que vejam o Reino de Deus.

A transfiguração de Jesus

Mt 17.1-13; Mc 9.2-8

28 Cerca de oito dias depois de proferidas estas
palavras, Jesus levou consigo Pedro, João e Tiago
e subiu ao monte com o propósito de orar. 29 E
aconteceu que, enquanto ele orava, a aparência
do seu rosto se transfigurou e a roupa dele ficou

de um branco brilhante. 30 E eis que dois homens
falavam com ele: eram Moisés e Elias, 31 que apa-
receram em glória e falavam da morte de Jesus,
que ele estava para cumprir em Jerusalém. 32 Pe-
dro e seus companheiros estavam caindo de
sono; mas, conservando-se acordados, viram a
glória de Jesus e os dois homens que estavam com
ele. 33 Quando estes começaram a se afastar de
Jesus, Pedro lhe disse:

— Mestre, bom é estarmos aqui. Façamos três
tendas: uma para o senhor, outra para Moisés e
outra para Elias.

Porém, Pedro não sabia o que estava dizendo.
34 Enquanto assim falava, veio uma nuvem e os en-
volveu. E ficaram com medo ao entrar na nuvem.
35 E dela veio uma voz que dizia:

— Este é o meu Filho, o meu eleito; escutem o
que ele diz!

36 Depois daquela voz, perceberam que Jesus
estava sozinho. Eles ficaram calados e, naqueles
dias, não contaram nada a ninguém a respeito do
que tinham visto.

A cura de um jovem

Mt 17.14-21; Mc 9.14-29

37 No dia seguinte, quando eles desceram do
monte, uma grande multidão veio ao encontro de
Jesus. 38 E eis que, do meio da multidão, surgiu um
homem, dizendo em alta voz:

— Mestre, peço que o senhor olhe o meu fi-
lho, porque é o único que tenho. 39 Um espírito
se apodera dele, e, de repente, o menino grita, e o
espírito o convulsiona até espumar; e dificilmen-
te o deixa, depois de o ter maltratado. 40 Pedi aos
seus discípulos que o expulsassem, mas eles não
puderam.

41 Jesus exclamou:

— Ó geração incrédula e perversa! Até quando
estarei com vocês e terei de suportá-los? Traga o
seu filho aqui.

42 Quando o menino estava se aproximando, o
demônio o atirou no chão e o convulsionou; mas
Jesus repreendeu o espírito imundo, curou o me-
nino e o entregou ao pai. 43 E todos ficaram mara-
vilhados com a majestade de Deus.

De novo Jesus prediz a sua morte

Mt 17.22-23; Mc 9.30-32

Como todos estavam admirados com tudo o
que Jesus fazia, ele disse aos seus discípulos:

44 — Prestem bem atenção nas seguintes pala-
vras: o Filho do Homem está para ser entregue nas
mãos dos homens.

45 Eles, porém, não entendiam isso, e lhes foi
encoberto para que não o compreendessem. E
temiam fazer perguntas a Jesus a respeito deste
assunto.

O maior no Reino de Deus

Mt 18.1-5; Mc 9.33-37

46 Surgiu entre os discípulos uma discussão so-
bre qual deles seria o maior. 47 Mas Jesus, saben-
do o que se passava no coração deles, pegou uma
criança, colocou-a junto de si 48 e lhes disse:

— Quem receber esta criança em meu nome é
a mim que recebe; e quem receber a mim recebe
aquele que me enviou; porque aquele que for o
menor de todos entre vocês, esse é que é grande.

Quem não é contra vocês é a favor de vocês

Mc 9.38-40

49 João tomou a palavra e disse:

— Mestre, vimos certo homem que expulsava
demônios em seu nome, mas nós o proibimos de
fazer isso, porque não segue conosco.

50 Mas Jesus lhe disse:

— Não proíbam, pois quem não é contra vocês
é a favor de vocês.

Os samaritanos não recebem Jesus

51 E aconteceu que, ao se completarem os dias
em que seria elevado ao céu, Jesus manifestou,
no semblante, a firme resolução de ir para Jeru-
salém. 52 E enviou mensageiros que fossem na
frente. Indo eles, entraram numa aldeia de sa-
maritanos para lhe preparar pousada. 53 Mas não
o receberam, porque o aspecto dele era de quem,
decisivamente, ia para Jerusalém. 54 Vendo isto, os
discípulos Tiago e João perguntaram:

— Senhor, quer que mandemos descer fogo do
céu para os consumir?

55 Mas Jesus, voltando-se, os repreendeu. 56 E
seguiram para outra aldeia.

Jesus põe à prova os que querem segui-lo

Mt 8.19-22

57 Enquanto seguiam pelo caminho, alguém disse
a Jesus:

— Vou segui-lo para onde quer que o senhor for.

58 Mas Jesus lhe respondeu:

— As raposas têm as suas tocas e as aves do céu
têm os seus ninhos, mas o Filho do Homem não
tem onde reclinar a cabeça.

59 A outro Jesus disse:

— Siga-me!

Mas ele respondeu:

— Senhor, deixe-me ir primeiro sepultar o meu
pai.

60 Mas Jesus insistiu:

— Deixe que os mortos sepultem os seus mor-
tos. Você, porém, vá e anuncie o Reino de Deus.

61 Outro lhe disse:

— Senhor, quero segui-lo, mas permita que
antes disso eu me despeça das pessoas da minha
casa.

62 Mas Jesus lhe respondeu:
— Ninguém que põe a mão no arado e olha
para trás é apto para o Reino de Deus.

A missão dos setenta

10 1 Depois disso, o Senhor escolheu outros se-
tenta e os enviou de dois em dois, para que
fossem adiante dele a cada cidade e lugar onde ele
haveria de passar. 2 E lhes disse:
— A seara é grande, mas os trabalhadores são
poucos. Por isso, peçam ao Senhor da seara que
mande trabalhadores para a sua seara. 3 Vão! Eis
que eu os envio como cordeiros para o meio de
lobos. 4 Não levem bolsa, nem sacola, nem san-
dálias; e não saúdem ninguém pelo caminho. 5 Ao
entrarem numa casa, digam primeiro: “Paz seja
nesta casa!” 6 Se houver ali uma pessoa que ama
a paz, sobre ela repousará a paz de vocês; se não
houver, a paz voltará sobre vocês. 7 Fiquem na
mesma casa, comendo e bebendo do que eles tive-
rem; porque o trabalhador é digno do seu salário.
Não fiquem mudando de casa em casa. 8 Quando
entrarem numa cidade e ali forem bem-recebidos,
comam do que lhes for oferecido. 9 Curem os
doentes que nela houver e digam ao povo dali: “O
Reino de Deus se aproximou de vocês.” 10 Porém,
quando entrarem numa cidade e não forem bem-
-recebidos, saiam pelas ruas, dizendo: 11 “Até o pó
desta cidade, que grudou nos nossos pés, sacudi-
mos contra vocês! No entanto, saibam que está
próximo o Reino de Deus.” 12 Eu digo a vocês que,
naquele dia, haverá menos rigor para Sodoma do
que para aquela cidade.

Ai das cidades impenitentes!

Mt 11.20-24

13 — Ai de você, Corazim! Ai de você, Betsaida!
Porque, se em Tiro e em Sidom se tivessem ope-
rado os milagres que foram feitos em vocês, há
muito que elas teriam se arrependido, assentadas
em pano de saco e cinza. 14 Mas, no Juízo, haverá
menos rigor para Tiro e Sidom do que para vocês.
15 — E você, Cafarnaum, pensa que será elevada
até o céu? Será jogada no inferno!
16 — Quem ouve vocês ouve a mim; e quem re-
jeita vocês é a mim que rejeita; quem, porém, me
rejeita está rejeitando aquele que me enviou.

O regresso dos setenta

17 Então os setenta voltaram, cheios de alegria,
dizendo:
— Senhor, em seu nome os próprios demônios
se submetem a nós!
18 Jesus lhes disse:
— Eu via Satanás caindo do céu como um re-
lâmpago. 19 Eis que eu dei a vocês autoridade para
pisarem cobras e escorpiões e sobre todo o poder
do inimigo, e nada, absolutamente, lhes causará
dano. 20 No entanto, alegrem-se, não porque os es-
píritos se submetem a vocês, e sim porque o nome
de cada um de vocês está registrado no céu.

Jesus, o Salvador dos humildes

Mt 11.25-27; 13.16-17

21 Naquela hora, Jesus exultou no Espírito Santo
e exclamou:
— Graças te dou, ó Pai, Senhor do céu e da ter-
ra, porque escondeste estas coisas dos sábios e
instruídos e as revelaste aos pequeninos. Sim, ó
Pai, porque assim foi do teu agrado.
22 — Tudo me foi entregue por meu Pai. Nin-
guém sabe quem é o Filho, a não ser o Pai; e tam-
bém ninguém sabe quem é o Pai, a não ser o Filho
e aquele a quem o Filho o quiser revelar.
23 E, voltando-se para os seus discípulos, Jesus
lhes disse em particular:
— Bem-aventurados os olhos que veem as coi-
sas que vocês estão vendo. 24 Pois eu lhes digo que
muitos profetas e reis quiseram ver o que vocês es-
tão vendo, mas não viram; e quiseram ouvir o que
vocês estão ouvindo, mas não ouviram.

O bom samaritano

25 E eis que certo homem, intérprete da Lei, se
levantou com o objetivo de pôr Jesus à prova e lhe
perguntou:
— Mestre, que farei para herdar a vida eterna?
26 Então Jesus lhe perguntou:
— O que está escrito na Lei? Como você a en-
tende?
27 A isto ele respondeu:
— “Ame o Senhor, seu Deus, de todo o seu cora-
ção, de toda a sua alma, com todas as suas forças e
todo o seu entendimento.” E: “Ame o seu próximo
como você ama a si mesmo.”
28 Então Jesus lhe disse:
— Você respondeu corretamente. Faça isto e
você viverá.
29 Mas ele, querendo justificar-se, perguntou a
Jesus:
— Quem é o meu próximo?
30 Jesus prosseguiu, dizendo:
— Um homem descia de Jerusalém para Jericó
e caiu nas mãos de alguns ladrões. Estes, depois de
lhe tirar a roupa e lhe causar muitos ferimentos,
retiraram-se, deixando-o semimorto. 31 Por casua-
lidade, um sacerdote estava descendo por aquele
mesmo caminho e, vendo aquele homem, passou
de largo. 32 De igual modo, um levita descia por
aquele lugar e, vendo-o, passou de largo. 33 Certo
samaritano, que seguia o seu caminho, passou
perto do homem e, vendo-o, compadeceu-se
dele. 34 E, aproximando-se, fez curativos nos feri-
mentos dele, aplicando-lhes óleo e vinho. Depois,

colocou aquele homem sobre o seu próprio ani-
mal, levou-o para uma hospedaria e tratou dele.
35 No dia seguinte, separou dois denários e os
entregou ao hospedeiro, dizendo: "Cuide deste
homem. E, se você gastar algo a mais, farei o reem-
bolso quando eu voltar."
36 Então Jesus perguntou:
— Qual destes três lhe parece ter sido o próxi-
mo do homem que caiu nas mãos dos ladrões?
37 O intérprete da Lei respondeu:
— O que usou de misericórdia para com ele.
Então Jesus lhe disse:
— Vá e faça o mesmo.

Marta e Maria

38 Quando eles seguiam viagem, Jesus entrou
numa aldeia. E certa mulher, chamada Mar-
ta, hospedou-o na sua casa. 39 Marta tinha uma
irmã, chamada Maria, que, assentada aos pés do
Senhor, ouvia o seu ensino. 40 Marta agitava-se de
um lado para outro, ocupada em muitos serviços.
Então se aproximou de Jesus e disse:
— O Senhor não se importa com o fato de mi-
nha irmã ter deixado que eu fique sozinha para
servir? Diga-lhe que venha me ajudar.
41 Mas o Senhor respondeu:
— Marta! Marta! Você anda inquieta e se preo-
cupa com muitas coisas, 42 mas apenas uma é ne-
cessária. Maria escolheu a boa parte, e esta não lhe
será tirada.

Jesus ensina a orar

Mt 6.9-15

11 1 Jesus estava orando em certo lugar e, quan-
do terminou, um dos seus discípulos lhe
pediu:
— Senhor, ensine-nos a orar como também
João ensinou os discípulos dele.
2 Então Jesus disse:
— Quando vocês orarem, digam:

"Pai,
santificado seja o teu nome;
venha o teu Reino;
3 o pão nosso de cada dia
dá-nos diariamente;
4 perdoa-nos os nossos pecados,
pois também nós perdoamos
a todo o que nos deve;
e não nos deixes cair em tentação."

A parábola do amigo que incomoda

5 Jesus disse ainda:
— Se um de vocês tiver um amigo e for procurá-
-lo à meia-noite, dizendo: "Amigo, me empreste
três pães, 6 porque outro amigo meu chegou de
viagem e eu não tenho nada para lhe oferecer"; 7 e
se o outro lhe responder lá de dentro: "Deixe-me
em paz! A porta já está fechada, e eu e os meus fi-
lhos já estamos deitados. Não posso me levantar
para lhe dar os pães", 8 digo a vocês que, se ele não
se levantar para dar esses pães por ser seu amigo,
ele o fará por causa do incômodo e lhe dará tudo
de que tiver necessidade.

Jesus encoraja a oração

Mt 7.7-11

9 — Por isso, digo a vocês: Peçam e lhes será
dado; busquem e acharão; batam, e a porta será
aberta para vocês. 10 Pois todo o que pede recebe;
o que busca encontra; e a quem bate, a porta será
aberta. 11 Quem de vocês, sendo pai, daria uma co-
bra ao filho que lhe pede um peixe? 12 Ou daria um
escorpião ao filho que lhe pede um ovo? 13 Ora, se
vocês, que são maus, sabem dar coisas boas aos
seus filhos, quanto mais o Pai celeste dará o Espí-
rito Santo aos que lhe pedirem!

Jesus e Belzebu

Mt 12.22-32; Mc 3.20-30

14 Certo dia, Jesus estava expulsando um de-
mônio que era mudo. E aconteceu que, ao sair o
demônio, o mudo passou a falar. E as multidões se
admiravam. 15 Mas alguns deles diziam:
— Ele expulsa os demônios pelo poder de Bel-
zebu, o maioral dos demônios.
16 E outros, tentando-o, pediam dele um sinal
vindo do céu. 17 Mas Jesus, sabendo o que passava
pela mente deles, disse-lhes:
— Todo reino dividido contra si mesmo ficará
deserto, e casa sobre casa cairá. 18 Se também Sa-
tanás estiver dividido contra si mesmo, como o
seu reino subsistirá? Isto porque vocês dizem que
eu expulso os demônios por Belzebu. 19 E, se eu
expulso os demônios por Belzebu, por quem os fi-
lhos de vocês os expulsam? Por isso, eles mesmos
serão os juízes de vocês. 20 Se, porém, eu expulso
os demônios pelo dedo de Deus, certamente é
chegado o Reino de Deus sobre vocês. 21 Quando
o valente, bem-armado, guarda a sua própria casa,
todos os seus bens ficam em segurança. 22 Mas, se
aparece alguém mais valente do que ele, vence-o,
tira-lhe a armadura em que confiava e reparte os
seus despojos. 23 Quem não é por mim é contra
mim; e quem comigo não ajunta espalha.

A volta do espírito imundo

Mt 12.43-45

24 — Quando o espírito imundo sai de uma pes-
soa, anda por lugares áridos, procurando repouso.
E, não o achando, diz: "Voltarei para a minha casa,
de onde saí." 25 E, voltando, a encontra varrida e
arrumada. 26 Então vai e leva consigo outros sete
espíritos, piores do que ele, e, entrando, habitam

ali. E o último estado daquela pessoa se torna pior
do que o primeiro.

A exclamação de uma mulher

27 Aconteceu que, ao dizer Jesus estas palavras,
uma mulher, que estava no meio da multidão, dis-
se a ele, erguendo a voz:
— Bem-aventurado o ventre que concebeu
você e os seios que o amamentaram!
28 Jesus, porém, respondeu:
— Pelo contrário! Mais bem-aventurados são
os que ouvem a palavra de Deus e a guardam!

O sinal de Jonas

Mt 12.38-42; Mc 8.12

29 Visto que aumentavam as multidões em volta
dele, Jesus começou a dizer:
— Esta é uma geração perversa! Pede sinal; mas
nenhum sinal lhe será dado, senão o de Jonas. 30 Por-
que, assim como Jonas foi sinal para os ninivitas, o
Filho do Homem o será para esta geração. 31 A rai-
nha do Sul se levantará, no Juízo, com os homens
desta geração e os condenará, porque veio dos con-
fins da terra para ouvir a sabedoria de Salomão. E
aqui está quem é maior do que Salomão. 32 Ninivitas
se levantarão, no Juízo, com esta geração e a conde-
narão, porque se arrependeram com a pregação de
Jonas. E aqui está quem é maior do que Jonas.

A luz do corpo

Mt 5.15; 6.22-23

33 — Ninguém, depois de acender uma lampa-
rina, a coloca em lugar escondido, nem debaixo de
um cesto, mas num lugar em que ilumina bem, a
fim de que os que entram vejam a luz. 34 Os olhos
são a lâmpada do corpo. Se os seus olhos forem
bons, todo o seu corpo será cheio de luz; mas, se
forem maus, o seu corpo ficará em trevas. 35 Por-
tanto, tenha cuidado para que a luz que está em
você não sejam trevas. 36 Pois, se todo o seu corpo
for luminoso, sem ter qualquer parte em trevas,
será todo resplandecente como a lamparina quan-
do ilumina você em plena luz.

Jesus censura os fariseus e os escribas

Mt 23.1-36; Mc 12.38-40; Lc 20.45-47

37 Ao falar Jesus estas palavras, um fariseu o
convidou para uma refeição na sua casa. Entran-
do na casa, Jesus tomou lugar à mesa. 38 O fariseu
admirou-se ao ver que Jesus não tinha se lavado
antes de comer. 39 Mas o Senhor lhe disse:
— Vocês, fariseus, limpam o exterior do copo
e do prato; mas o interior de vocês está cheio de
roubo e de maldade. 40 Seus tolos! Quem fez o
exterior não é o mesmo que fez o interior? 41 Mas
deem como esmola o que está dentro do copo e do
prato, e tudo lhes será limpo. 42 Mas ai de vocês,
fariseus! Porque vocês dão o dízimo da hortelã, da
arruda e de todas as hortaliças, e desprezam a jus-
tiça e o amor de Deus. Vocês deveriam fazer estas
coisas, sem omitir aquelas. 43 Ai de vocês, fariseus!
Porque gostam da primeira cadeira nas sinagogas
e das saudações nas praças. 44 Ai de vocês que são
como as sepulturas invisíveis, sobre as quais as
pessoas passam sem perceber!
45 Então, tomando a palavra, um dos intérpretes
da Lei disse a Jesus:
— Mestre, ao dizer estas coisas o senhor está
ofendendo também a nós!
46 Mas Jesus respondeu:
— Ai de vocês também, intérpretes da Lei!
Porque sobrecarregam os outros com fardos su-
periores às suas forças, mas vocês nem sequer
com um dedo tocam nesses fardos. 47 Ai de vocês!
Porque edificam os túmulos dos profetas que os
pais de vocês assassinaram. 48 Assim, são teste-
munhas e aprovam com cumplicidade as obras
dos pais de vocês; porque eles mataram os pro-
fetas, e vocês edificam túmulos para eles. 49 Por
isso, também disse a sabedoria de Deus: "Manda-
rei para eles profetas e apóstolos, e a alguns deles
matarão e a outros perseguirão", 50 para que desta
geração se peçam contas do sangue dos profetas,
derramado desde a fundação do mundo, 51 desde
o sangue de Abel até o sangue de Zacarias, que
foi assassinado entre o altar e o santuário. Sim,
eu afirmo a vocês que se pedirão contas a esta
geração. 52 Ai de vocês, intérpretes da Lei! Porque
vocês pegaram a chave do conhecimento. No en-
tanto, vocês mesmos não entraram e impediram
os que estavam entrando.
53 Quando Jesus saiu dali, os escribas e fari-
seus começaram a contestá-lo com veemência,
fazendo perguntas a respeito de muitos assuntos,
54 com o objetivo de tirar daquilo que ele dizia um
motivo para o acusar.

Jesus adverte contra a hipocrisia

12 1 Visto que milhares de pessoas se aglome-
raram, a ponto de se atropelarem umas às
outras, Jesus começou a dizer, antes de tudo, aos
seus discípulos:
— Cuidado com o fermento dos fariseus, que
é a hipocrisia. 2 Não há nada encoberto que não
venha a ser revelado, nem oculto que não venha
a ser conhecido. 3 Porque tudo o que vocês disse-
ram às escuras será ouvido em plena luz; e o que
disseram ao pé do ouvido no interior da casa será
proclamado dos telhados.

A quem temer

Mt 10.28-31

4 — Digo a vocês, meus amigos: não temam
os que matam o corpo e, depois disso, nada mais

podem fazer. 5 Eu, porém, vou mostrar a quem
vocês devem temer: temam aquele que, depois de
matar, tem poder para lançar no inferno. Sim, digo
que a esse vocês devem temer.
6 — Não se vendem cinco pardais por duas
moedinhas? Entretanto, Deus não se esquece de
nenhum deles. 7 Até os cabelos da cabeça de vocês
estão todos contados. Não temam! Vocês valem
bem mais do que muitos pardais.

Confessar e negar Cristo

Mt 10.32-33; 10.19-20

8 — Digo mais a vocês: todo aquele que me con-
fessar diante dos outros, também o Filho do Ho-
mem o confessará diante dos anjos de Deus; 9 mas
o que me negar diante das pessoas será negado
diante dos anjos de Deus. 10 Todo aquele que dis-
ser uma palavra contra o Filho do Homem, isso lhe
será perdoado; mas, para o que blasfemar contra o
Espírito Santo, não haverá perdão.
11 — Quando levarem vocês às sinagogas ou
à presença de governadores e autoridades, não
se preocupem quanto à maneira como irão res-
ponder, nem quanto às coisas que tiverem de
falar. 12 Porque o Espírito Santo lhes ensinará,
naquela mesma hora, as coisas que vocês de-
vem dizer.

A parábola do rico tolo

13 Nesse ponto, um homem que estava no meio
da multidão disse a Jesus:
— Mestre, diga a meu irmão que reparta comi-
go a herança.
14 Mas Jesus lhe respondeu:
— Homem, quem me nomeou juiz ou reparti-
dor entre vocês?
15 Então lhes recomendou:
— Tenham cuidado e não se deixem dominar
por qualquer tipo de avareza, porque a vida de
uma pessoa não consiste na abundância dos bens
que ela tem.
16 E Jesus lhes contou ainda uma parábola, di-
zendo:
— O campo de um homem rico produziu
com abundância. 17 Então ele começou a pensar:
"Que farei, pois não tenho onde armazenar a mi-
nha colheita?" 18 Até que disse: "Já sei! Destruirei
os meus celeiros, construirei outros maiores e
aí armazenarei todo o meu produto e todos os
meus bens. 19 Então direi à minha alma: 'Você
tem em depósito muitos bens para muitos anos;
descanse, coma, beba e aproveite a vida.'" 20 Mas
Deus lhe disse: "Louco! Esta noite lhe pedirão
a sua alma; e o que você tem preparado, para
quem será?"
21 — Assim é o que ajunta tesouros para si mes-
mo, mas não é rico para com Deus.

As preocupações

Mt 6.25-34

22 A seguir, Jesus se dirigiu aos seus discípulos,
dizendo:
— Por isso, digo a vocês: não se preocupem
com a sua vida, quanto ao que irão comer, nem
com o corpo, quanto ao que irão vestir. 23 Porque
a vida é mais do que o alimento, e o corpo, mais
do que as roupas. 24 Observem os corvos, que não
semeiam, não colhem, não têm despensa nem
celeiros; contudo, Deus os sustenta. Vocês valem
muito mais do que as aves! 25 Quem de vocês,
por mais que se preocupe, pode acrescentar um
côvado ao curso da sua vida? 26 Portanto, se não
podem fazer nada quanto às coisas mínimas, por
que se preocupam com as outras? 27 Observem
como crescem os lírios: eles não trabalham, nem
fiam. Eu, porém, afirmo a vocês que nem Salo-
mão, em toda a sua glória, se vestiu como qual-
quer deles. 28 Ora, se Deus veste assim a erva que
hoje está no campo e amanhã é lançada no forno,
muito mais fará por vocês, homens de pequena
fé! 29 Portanto, não fiquem perguntando o que
irão comer ou beber e não fiquem preocupados
com isso. 30 Porque os gentios de todo o mundo
é que procuram estas coisas; mas o Pai de vocês
sabe que vocês precisam delas. 31 Busquem, an-
tes de tudo, o seu Reino, e estas coisas lhes serão
acrescentadas.
32 — Não tenha medo, ó pequenino rebanho;
porque o Pai de vocês se agradou em dar-lhes o
seu Reino. 33 Vendam os seus bens e deem esmola;
façam para vocês mesmos bolsas que não desgas-
tem, tesouro inesgotável nos céus, onde o ladrão
não chega, nem a traça corrói, 34 porque, onde es-
tiver o tesouro de vocês, aí estará também o seu
coração.

A parábola do servo vigilante

Mt 24.45-51

35 — Estejam preparados, com o corpo cingido
e as lamparinas acesas. 36 Façam como os homens
que esperam pelo seu senhor, ao voltar ele das
festas de casamento; para que logo abram a porta,
quando vier e bater. 37 Bem-aventurados aqueles
servos a quem o senhor, quando vier, encontrar
vigilantes. Em verdade lhes digo que ele há de
cingir-se, dar-lhes lugar à mesa e, aproximando-
-se, os servirá. 38 Quer ele venha à meia-noite ou
de madrugada, bem-aventurados serão eles, se os
encontrar vigilantes. 39 Porém, considerem isto:
se o pai de família soubesse a que hora viria o
ladrão, não deixaria que a sua casa fosse arrom-
bada. 40 Estejam também vocês preparados, por-
que o Filho do Homem virá à hora em que vocês
menos esperam.
41 Então Pedro perguntou:

— Senhor, esta parábola é só para nós ou tam-
bém para todos?
42 O Senhor respondeu:
— Quem é, pois, o mordomo fiel e prudente, a
quem o senhor deixará encarregado dos demais
servos da casa, para lhes dar o sustento no devido
tempo? 43 Bem-aventurado aquele servo a quem
seu senhor, quando vier, achar fazendo assim.
44 Em verdade lhes digo que lhe confiará todos os
seus bens. 45 Mas o que acontecerá se aquele ser-
vo disser consigo mesmo: "Meu senhor demora
para vir", e começar a espancar os empregados e
as empregadas, a comer, a beber e a embriagar-se?
46 Virá o senhor daquele servo, em dia em que não
o espera e em hora que não sabe, e irá aplicar-lhe
um castigo severo, condenando-o com os infiéis.
47 — Aquele servo que conheceu a vontade de
seu senhor e não se aprontou, nem fez segundo
a sua vontade, será punido com muitos açoites.
48 Aquele, porém, que não soube a vontade do
seu senhor e fez coisas dignas de reprovação le-
vará poucos açoites. Mas àquele a quem muito
foi dado, muito lhe será exigido; e àquele a quem
muito se confia, muito mais lhe pedirão.

Jesus traz fogo e divisão à terra

Mt 10.34-36

49 — Eu vim para lançar fogo sobre a terra, e
bem que eu gostaria que já estivesse aceso. 50 Mas
existe um batismo pelo qual tenho de passar, e
como me angustio até que o mesmo se cumpra!
51 Vocês pensam que vim para dar paz à terra? Eu
afirmo a vocês que não; pelo contrário, vim para
trazer divisão. 52 Porque, daqui em diante, estarão
cinco divididos numa casa: três contra dois e dois
contra três. 53 Estarão divididos: pai contra filho,
filho contra pai; mãe contra filha, filha contra
mãe; sogra contra nora e nora contra sogra.

Os sinais dos tempos

Mt 16.2-3

54 Jesus disse ainda às multidões:
— Quando vocês veem uma nuvem subindo no
oeste, logo dizem que vai chover, e assim aconte-
ce. 55 E, quando notam que sopra o vento sul, di-
zem que fará calor, e assim acontece. 56 Hipócritas!
Vocês sabem interpretar a aparência da terra e do
céu, mas não sabem discernir esta época?

O acordo com o adversário

Mt 5.25-26

57 — E por que não julgam também por vocês
mesmos o que é justo? 58 Quando você for com o
seu adversário ao magistrado, faça o possível para
chegar a um acordo com ele enquanto vocês es-
tão a caminho, para não acontecer que ele arras-
te você ao juiz, o juiz entregue você ao oficial de
justiça e o oficial de justiça ponha você na prisão.
59 Digo-lhe que você não sairá dali enquanto não
pagar o último centavo.

Arrepender-se ou perecer

13 1 Naquela mesma ocasião, estavam ali al-
gumas pessoas que falaram para Jesus a
respeito dos galileus cujo sangue Pilatos havia
misturado com os sacrifícios que os mesmos reali-
zavam. 2 Então Jesus lhes disse:
— Vocês pensam que esses galileus eram mais
pecadores do que todos os outros galileus, por te-
rem padecido estas coisas? 3 Digo a vocês que não
eram; se, porém, não se arrependerem, todos vo-
cês também perecerão. 4 E, quanto àqueles dezoito
sobre os quais desabou a torre de Siloé e os matou,
vocês pensam que eles eram mais culpados do que
todos os outros moradores de Jerusalém? 5 Digo a
vocês que não eram; mas, se não se arrependerem,
todos vocês também perecerão.

A parábola da figueira estéril

6 E Jesus contou a seguinte parábola:
— Certo homem tinha uma figueira plantada
na sua vinha e, vindo procurar fruto nela, não
achou. 7 Então disse ao homem que cuidava da
vinha: "Já faz três anos que venho procurar fru-
to nesta figueira e não encontro nada. Portanto,
corte-a! Por que ela ainda está ocupando inutil-
mente a terra?" 8 Mas o homem que cuidava da
vinha respondeu: "Senhor, deixe-a ainda este ano,
até que eu escave ao redor dela e ponha estrume.
9 Se vier a dar fruto, muito bem. Se não der fruto, o
senhor poderá cortá-la."

A cura de uma mulher enferma num sábado

10 Num sábado, Jesus estava ensinando numa
das sinagogas. 11 E chegou ali uma mulher possuí-
da de um espírito de enfermidade, havia já dezoito
anos; ela andava encurvada, sem poder se endirei-
tar de modo nenhum. 12 Ao vê-la, Jesus a chamou
e lhe disse:
— Mulher, você está livre da sua enfermidade.
13 E, impondo-lhe as mãos, ela imediatamente
se endireitou e dava glória a Deus. 14 O chefe da
sinagoga, indignado por ver que Jesus curava no
sábado, disse à multidão:
— Há seis dias em que se deve trabalhar. Ve-
nham nesses dias para serem curados, mas não no
sábado.
15 Porém o Senhor lhe respondeu:
— Hipócritas! Cada um de vocês não despren-
de da manjedoura, no sábado, o seu boi ou o seu
jumento, para levá-lo a beber? 16 Por que motivo
não se devia livrar deste cativeiro, em dia de sá-
bado, esta filha de Abraão, a quem Satanás trazia
presa há dezoito anos?

17 Tendo Jesus dito estas palavras, todos os seus
adversários ficaram envergonhados. Entretanto, o
povo se alegrava por todos os feitos gloriosos que
Jesus realizava.

A parábola do grão de mostarda

Mt 13.31-32; Mc 4.30-32

18 Jesus disse:
— A que é semelhante o Reino de Deus, e a
que o compararei? 19 É semelhante a um grão de
mostarda, que um homem plantou na sua horta; e
cresceu e fez-se árvore; e as aves do céu se aninha-
ram nos seus ramos.

A parábola do fermento

Mt 13.33

20 Disse mais:
— A que compararei o Reino de Deus? 21 É se-
melhante ao fermento que uma mulher pegou
e misturou em três medidas de farinha, até ficar
tudo levedado.

A porta estreita

Mt 7.13-14,21-23

22 Jesus passava por cidades e aldeias, ensinan-
do e caminhando para Jerusalém. 23 E alguém lhe
perguntou:
— Senhor, são poucos os que são salvos?
24 Jesus respondeu:
— Esforcem-se por entrar pela porta estreita!
Pois eu afirmo a vocês que muitos procurarão en-
trar, mas não conseguirão. 25 Quando o dono da casa
se tiver levantado e fechado a porta, e vocês, do lado
de fora, começarem a bater, dizendo: "Senhor, abra
a porta para nós", ele responderá: "Não sei de onde
vocês são." 26 Então vocês dirão: "Comíamos e bebía-
mos com o senhor. Além disso, o senhor ensinava
em nossas ruas." 27 Mas ele dirá a vocês: "Não sei de
onde vocês são; afastem-se de mim, vocês todos que
praticam o mal." 28 Ali haverá choro e ranger de den-
tes, quando vocês virem Abraão, Isaque, Jacó e todos
os profetas no Reino de Deus, mas vocês lançados
fora. 29 Muitos virão do Oriente e do Ocidente, do
Norte e do Sul e tomarão lugar à mesa no Reino de
Deus. 30 Porém, de fato, há últimos que serão primei-
ros, e primeiros que serão últimos.

O lamento sobre Jerusalém

Mt 23.37-39

31 Naquela mesma hora, alguns fariseus vieram
para dizer a Jesus:
— Vá embora daqui, porque Herodes quer
matá-lo.
32 Ele, porém, lhes respondeu:
— Vão e digam a essa raposa que hoje e ama-
nhã expulso demônios e curo doentes, e no ter-
ceiro dia terminarei. 33 Porém, preciso caminhar
hoje, amanhã e depois, porque não se espera que
um profeta morra fora de Jerusalém.
34 — Jerusalém, Jerusalém! Você mata os pro-
fetas e apedreja os que lhe são enviados! Quantas
vezes eu quis reunir os seus filhos, como a galinha
ajunta os do seu próprio ninho debaixo das asas,
mas vocês não quiseram! 35 Eis que a casa de vocês
ficará deserta. E eu afirmo a vocês que não me ve-
rão mais, até que venham a dizer: "Bendito o que
vem em nome do Senhor!"

A cura de um hidrópico

14 1 Num sábado, ao entrar Jesus na casa de
um dos principais fariseus para tomar uma
refeição, eles o estavam observando. 2 E eis que
diante dele se achava um homem hidrópico. 3 En-
tão Jesus, dirigindo-se aos intérpretes da Lei e aos
fariseus, perguntou:
— É ou não é lícito curar no sábado?
4 Eles, porém, não disseram nada. Então Jesus
pegou na mão daquele homem, curou-o e o man-
dou embora. 5 A seguir, Jesus lhes perguntou:
— Quem de vocês, se o filho ou o boi cair num
poço, não irá tirá-lo imediatamente, mesmo em
dia de sábado?
6 A isto nada puderam responder.

Os primeiros lugares

7 Reparando como os convidados escolhiam os
primeiros lugares, Jesus contou-lhes uma parábola:
8 — Quando alguém convidá-lo para um ca-
samento, não sente no lugar de honra, pois pode
haver um convidado mais importante do que você.
9 Então aquele que convidou os dois dirá a você: "Dê
o lugar a este aqui." Então você irá, envergonhado,
ocupar o último lugar. 10 Pelo contrário, quando
alguém convidá-lo, vá sentar no último lugar, para
que, quando vier aquele que o convidou, diga a
você: "Amigo, venha sentar num lugar melhor."
Isso será uma honra para você diante de todos os
demais convidados. 11 Porque todo o que se exalta
será humilhado; e o que se humilha será exaltado.
12 Depois Jesus disse ao que o havia convidado:
— Quando você der um jantar ou uma ceia, não
convide os seus amigos, nem os seus irmãos, nem
os seus parentes, nem os vizinhos ricos; para não
acontecer que eles retribuam o convite e você seja
recompensado. 13 Pelo contrário, ao dar um ban-
quete, convide os pobres, os aleijados, os coxos e os
cegos, 14 e você será bem-aventurado, pelo fato de
não terem eles com que recompensá-lo. A sua re-
compensa você receberá na ressurreição dos justos.

A parábola da grande ceia

Mt 22.1-10

15 Ao ouvir tais palavras, um dos que estavam à
mesa com Jesus lhe disse:

— Bem-aventurado aquele que participar do
banquete no Reino de Deus.
16 Jesus, porém, respondeu:
— Certo homem deu uma grande ceia e convi-
dou muitos. 17 À hora da ceia, enviou o seu servo
para avisar aos convidados: “Venham, porque
tudo já está preparado.” 18 Mas todos eles, um por
um, começaram a apresentar desculpas. O primei-
ro disse: “Comprei um campo e preciso ir vê-lo;
peço que me desculpe.” 19 Outro disse: “Comprei
cinco juntas de bois e vou experimentá-las; peço
que me desculpe.” 20 E outro disse: “Casei-me e,
por isso, não posso ir.”
21 — O servo voltou e, contou tudo ao seu
senhor. Então, irado, o dono da casa disse ao seu
servo: “Saia depressa para as ruas e becos da ci-
dade e traga para cá os pobres, os aleijados, os
cegos e os coxos.” 22 Mais tarde, o servo lhe disse:
“Patrão, já fiz o que o senhor mandou, e ainda há
lugar.” 23 Então o senhor disse ao servo: “Saia pe-
los caminhos e atalhos e obrigue todos a entrar,
para que a minha casa fique cheia. 24 Porque digo
a vocês que nenhum daqueles homens que foram
convidados provará a minha ceia.”

As condições para ser seguidor de Jesus

Mt 10.37-38

25 Grandes multidões acompanhavam Jesus, e
ele, voltando-se, lhes disse:
26 — Se alguém vem a mim e não me ama mais
do que ama o seu pai, a sua mãe, a sua mulher, os
seus filhos, os seus irmãos, as suas irmãs e até a
sua própria vida, não pode ser meu discípulo. 27 E
quem não tomar a sua cruz e vier após mim não
pode ser meu discípulo. 28 Pois qual de vocês, pre-
tendendo construir uma torre, não se assenta pri-
meiro para calcular a despesa e verificar se tem os
meios para a concluir? 29 Para não acontecer que,
tendo lançado os alicerces e não podendo terminar
a construção, todos os que a virem zombem dele,
30 dizendo: “Este homem começou a construir e
não pôde acabar.” 31 Ou qual é o rei que, indo para
combater outro rei, não se assenta primeiro para
calcular se com dez mil homens poderá enfrentar
o que vem contra ele com vinte mil? 32 Caso con-
trário, estando o outro ainda longe, envia-lhe uma
embaixada, pedindo condições de paz. 33 Assim,
pois, qualquer um de vocês que não renuncia a
tudo o que tem não pode ser meu discípulo.

Sal insípido

Mt 5.13; Mc 9.50

34 — O sal é certamente bom; mas, se o sal se
tornar insípido, como lhe restaurar o sabor? 35 Não
presta mais nem para a terra nem para o monte de
estrume; lançam-no fora. Quem tem ouvidos para
ouvir, ouça.

A parábola da ovelha perdida

Mt 18.12-14

15 1 Aproximavam-se de Jesus todos os publica-
nos e pecadores para o ouvir. 2 Os fariseus e
os escribas murmuravam, dizendo:
— Este recebe pecadores e come com eles.
3 Então Jesus lhes contou esta parábola:
4 — Qual de vocês é o homem que, possuindo
cem ovelhas e perdendo uma delas, não deixa no
deserto as noventa e nove e vai em busca da que
se perdeu, até encontrá-la? 5 E, quando a encontra,
põe-na sobre os ombros, cheio de alegria. 6 E, indo
para casa, reúne os amigos e vizinhos, dizendo-
-lhes: “Alegrem-se comigo, porque já achei a mi-
nha ovelha perdida.” 7 Digo a vocês que, assim,
haverá mais alegria no céu por um pecador que se
arrepende do que por noventa e nove justos que
não necessitam de arrependimento.

A parábola da dracma perdida

8 — Ou qual é a mulher que, tendo dez drac-
mas, se perder uma delas, não acende a lampari-
na, varre a casa e a procura com muito empenho
até encontrá-la? 9 E, quando a encontra, reúne as
amigas e vizinhas, dizendo: “Alegrem-se comigo,
porque achei a dracma que eu tinha perdido.”
10 Eu afirmo a vocês que a mesma alegria existe
diante dos anjos de Deus por um pecador que se
arrepende.

A parábola do filho perdido

11 Jesus continuou:
— Certo homem tinha dois filhos. 12 O mais
moço deles disse ao pai: “Pai, quero que o senhor
me dê a parte dos bens que me cabe.” E o pai re-
partiu os bens entre eles.
13 — Passados não muitos dias, o filho mais
moço, ajuntando tudo o que era seu, partiu para
uma terra distante e lá desperdiçou todos os seus
bens, vivendo de forma desenfreada.
14 — Depois de ter consumido tudo, sobreveio
àquele país uma grande fome, e ele começou a
passar necessidade. 15 Então foi pedir trabalho a
um dos cidadãos daquela terra, e este o mandou
para os seus campos a fim de cuidar dos porcos.
16 Ali, ele desejava alimentar-se das alfarrobas
que os porcos comiam, mas ninguém lhe dava
nada. 17 Então, caindo em si, disse: “Quantos tra-
balhadores de meu pai têm pão com fartura, e eu
aqui estou morrendo de fome! 18 Vou me arrumar,
voltar para o meu pai e lhe dizer: ‘Pai, pequei con-
tra Deus e diante do senhor; 19 já não sou digno
de ser chamado de seu filho; trate-me como um
dos seus trabalhadores.’” 20 E, arrumando-se, foi
para o seu pai.
— Vinha ele ainda longe, quando seu pai o
avistou e, compadecido dele, correndo, o abraçou

e beijou. 21 E o filho lhe disse: "Pai, pequei contra
Deus e diante do senhor; já não sou digno de ser
chamado de seu filho." 22 O pai, porém, disse aos
servos: "Tragam depressa a melhor roupa e vistam
nele. Ponham um anel no dedo dele e sandálias
nos pés. 23 Tragam e matem o bezerro gordo. Va-
mos comer e festejar, 24 porque este meu filho es-
tava morto e reviveu, estava perdido e foi achado."
E começaram a festejar.

25 — Ora, o filho mais velho estava no campo.
Quando voltava, ao aproximar-se da casa, ouviu
a música e as danças. 26 Chamou um dos empre-
gados e perguntou o que era aquilo. 27 E ele infor-
mou: "O seu irmão voltou e, por tê-lo recuperado
com saúde, o seu pai mandou matar o bezerro
gordo."

28 — O filho mais velho se indignou e não
queria entrar. Saindo, porém, o pai, procurava
convencê-lo a entrar. 29 Mas ele respondeu ao seu
pai: "Faz tantos anos que sirvo o senhor e nunca
transgredi um mandamento seu. Mas o senhor
nunca me deu um cabrito sequer para fazer uma
festa com os meus amigos. 30 Mas, quando veio
esse seu filho, que sumiu com os bens do senhor,
gastando tudo com prostitutas, o senhor mandou
matar o bezerro gordo para ele!"

31 — Então o pai respondeu: "Meu filho, você
está sempre comigo; tudo o que eu tenho é seu.
32 Mas era preciso festejar e alegrar-se, porque este
seu irmão estava morto e reviveu, estava perdido
e foi achado."

A parábola do administrador infiel

16 1 Jesus disse também aos seus discípulos:
— Certo homem rico tinha um adminis-
trador. Um dia, ele recebeu uma denúncia de que
esse administrador estava desperdiçando os bens
dele. 2 Então, chamando-o, lhe disse: "Que é isto
que ouço a seu respeito? Preste contas da sua ad-
ministração, porque você não pode mais ser o meu
administrador."

3 — O administrador, então, se pôs a pensar:
"Que farei, agora que estou sendo demitido pelo
meu patrão? Trabalhar na terra, não posso. De
mendigar, tenho vergonha. 4 Já sei o que vou fazer,
para que, quando for demitido, as pessoas me re-
cebam em suas casas."

5 — Tendo chamado cada um dos devedores do
seu patrão, perguntou ao primeiro: "Quanto você
deve ao meu patrão?" 6 Ele respondeu: "Cem barris
de azeite." Então o administrador disse: "Pegue a
sua conta, sente-se depressa e escreva cinquen-
ta." 7 Depois, perguntou a outro: "E você, quanto
deve?" Ele respondeu: "Cem sacos de trigo." O ad-
ministrador lhe disse: "Pegue a sua conta e escreva
oitenta." 8 E o patrão elogiou o administrador in-
fiel por sua esperteza. Porque os filhos do mundo
são mais espertos na sua própria geração do que
os filhos da luz.

9 — E eu recomendo a vocês: usem a riqueza in-
justa para fazer amigos, para que, quando a rique-
za faltar, vocês sejam recebidos nos tabernáculos
eternos.

10 — Quem é fiel no pouco também é fiel no
muito; e quem é injusto no pouco também é injus-
to no muito. 11 Portanto, se vocês não forem fiéis
na aplicação da riqueza injusta, quem lhes confia-
rá a verdadeira riqueza? 12 Se vocês não são fiéis
na aplicação do que é dos outros, quem lhes dará
o que é de vocês? 13 Nenhum servo pode servir a
dois senhores; porque irá odiar um e amar o outro
ou irá se dedicar a um e desprezar o outro. Vocês
não podem servir a Deus e à riqueza.

A Lei e o Reino de Deus

Mt 11.12-13

14 Os fariseus, que eram avarentos, ouviam tudo
isto e zombavam de Jesus. 15 Mas Jesus lhes disse:
— Vocês são os que se justificam diante dos ho-
mens, mas Deus conhece o coração de vocês; pois
aquilo que é elevado entre homens é abominação
diante de Deus.

16 — A Lei e os Profetas duraram até João; des-
de esse tempo o evangelho do Reino de Deus vem
sendo anunciado, e todos se esforçam para entrar
nele. 17 E é mais fácil passar o céu e a terra do que
cair um til sequer da Lei.

A respeito do divórcio

Mt 5.31-32; 19.9; Mc 10.10-12

18 — Quem repudiar a sua mulher e casar com
outra comete adultério; e aquele que casa com a
mulher repudiada pelo marido também comete
adultério.

O rico e o mendigo

19 — Ora, havia certo homem rico que se vestia
de púrpura e de linho finíssimo e que se alegra-
va todos os dias com grande ostentação. 20 Havia
também certo mendigo, chamado Lázaro, coberto
de feridas, que ficava deitado à porta da casa do
rico. 21 Ele desejava alimentar-se das migalhas
que caíam da mesa do rico, e até os cães vinham
lamber-lhe as feridas. 22 E aconteceu que o men-
digo morreu e foi levado pelos anjos para junto de
Abraão. Morreu também o rico e foi sepultado.

23 — No inferno, estando em tormentos, o rico
levantou os olhos e viu ao longe Abraão, e Lázaro
junto dele. 24 Então, gritando, disse: "Pai Abraão,
tenha misericórdia de mim! E mande que Lázaro
molhe a ponta do dedo em água e me refresque
a língua, porque estou atormentado neste fogo."
25 Mas Abraão disse: "Filho, lembre-se de que você
recebeu os seus bens durante a sua vida, enquanto

Lázaro só teve males. Agora, porém, ele está con-
solado aqui, enquanto você está em tormentos.
26 E, além de tudo, há um grande abismo entre nós
e vocês, de modo que os que querem passar daqui
até vocês não podem, nem os de lá passar para cá.”
27 Então o rico disse: “Pai, eu peço que mande Lá-
zaro à minha casa paterna, 28 porque tenho cinco
irmãos; para que lhes dê testemunho, a fim de que
não venham também para este lugar de tormen-
to.” 29 Abraão respondeu: “Eles têm Moisés e os
Profetas; ouçam-nos.” 30 Mas ele insistiu: “Não, pai
Abraão; se alguém dentre os mortos for até lá, eles
irão se arrepender.” 31 Abraão, porém, lhe respon-
deu: “Se não ouvem Moisés e os Profetas, também
não se deixarão convencer, mesmo que ressuscite
alguém dentre os mortos.”

Os tropeços

Mt 18.6-7; Mc 9.42-50

17 1 Jesus disse aos seus discípulos:
— É inevitável que existam pedras de
tropeço, mas ai de quem é responsável por elas!
2 Seria melhor para esse que uma pedra de moinho
fosse pendurada ao seu pescoço e fosse atirado no
mar do que fazer tropeçar um destes pequeninos.

O perdão e a fé

Mt 18.21-22

3 — Tenham cuidado. Se o seu irmão pecar,
repreenda-o; se ele se arrepender, perdoe-lhe.
4 Se pecar contra você sete vezes num dia e sete
vezes vier para lhe dizer: “Estou arrependido”,
perdoe-lhe.
5 Então os apóstolos disseram ao Senhor:
— Aumente-nos a fé.
6 Ao que o Senhor respondeu:
— Se vocês tivessem fé como um grão de mos-
tarda, diriam a esta amoreira: “Arranque-se e
transplante-se no mar.” E ela obedeceria.
7 — Qual de vocês, tendo um servo ocupado na
lavoura ou em guardar o gado, lhe dirá quando ele
voltar do campo: “Venha agora mesmo e sente-se
à mesa”? 8 Não é verdade que, ao contrário, lhe
dirá: “Prepare o meu jantar. Apronte-se e sirva-me
enquanto eu como e bebo. Depois, você pode co-
mer e beber”? 9 Será que ele terá de agradecer ao
servo por ter feito o que lhe havia ordenado? 10 As-
sim também vocês, depois de terem feito tudo
o que lhes foi ordenado, digam: “Somos servos
inúteis, porque fizemos apenas o que devíamos
fazer.”

A cura de dez leprosos

11 De caminho para Jerusalém, Jesus passava
pelo meio de Samaria e da Galileia. 12 Ao entrar
numa aldeia, saíram-lhe ao encontro dez leprosos,
13 que ficaram de longe e gritaram:
— Jesus, Mestre, tenha compaixão de nós!
14 Ao vê-los, Jesus disse:
— Vão e apresentem-se aos sacerdotes.
Aconteceu que, indo eles, foram purificados.
15 Um dos dez, vendo que estava curado, voltou
dando glória a Deus em alta voz 16 e prostrou-
-se com o rosto em terra aos pés de Jesus,
agradecendo-lhe. E este era samaritano. 17 Então
Jesus perguntou:
— Não eram dez os que foram curados? Onde
estão os nove? 18 Não se achou quem voltasse para
dar glória a Deus, a não ser este estrangeiro?
19 E lhe disse:
— Levante-se e vá; a sua fé salvou você.

A vinda do Reino de Deus

Mt 24.23-28,37-41

20 Indagado pelos fariseus sobre quando viria o
Reino de Deus, Jesus lhes respondeu:
— O Reino de Deus não vem com visível apa-
rência. 21 Nem dirão: “Ele está aqui!” Ou: “Lá está
ele!” Porque o Reino de Deus está entre vocês.
22 A seguir, Jesus disse aos seus discípulos:
— Virá o tempo em que vocês desejarão ver um
dos dias do Filho do Homem, mas não verão. 23 E
dirão a vocês: “Ele está aqui!” Ou: “Lá está ele!”
Não saiam nem sigam essa gente. 24 Porque assim
como o relâmpago, que resplandece e brilha de
uma extremidade do céu até a outra, assim será,
no seu dia, o Filho do Homem. 25 Mas é necessá-
rio que primeiro ele padeça muitas coisas e seja
rejeitado por esta geração. 26 Assim como foi nos
dias de Noé, será também nos dias do Filho do
Homem: 27 comiam, bebiam, casavam e davam-
-se em casamento, até o dia em que Noé entrou na
arca, veio o dilúvio e destruiu todos. 28 O mesmo
aconteceu nos dias de Ló: comiam, bebiam, com-
pravam, vendiam, plantavam e edificavam; 29 mas,
no dia em que Ló saiu de Sodoma, choveu do céu
fogo e enxofre e destruiu todos. 30 Assim será no
dia em que o Filho do Homem se manifestar.
31 — Naquele dia, quem estiver no terraço e ti-
ver os seus bens em casa não desça para tirá-los; e,
de igual modo, quem estiver no campo não volte
para trás. 32 Lembrem-se da mulher de Ló. 33 Quem
tentar preservar a sua vida a perderá; e quem a
perder, esse a salvará. 34 Digo a vocês que, naquela
noite, duas pessoas estarão numa cama: uma será
levada, e a outra será deixada. 35 Duas mulheres
estarão juntas moendo trigo: uma será tomada, e a
outra será deixada. 36 [Dois estarão no campo: um
será tomado, e o outro será deixado.]
37 Então perguntaram a Jesus:
— Onde será isso, Senhor?
Ele respondeu:
— Onde estiver o corpo, aí se ajuntarão tam-
bém os abutres.

A parábola do juiz iníquo

18 1 Jesus lhes contou uma parábola para mos-
trar que deviam orar sempre e nunca desa-
nimar:
2 — Em certa cidade havia um juiz que não
temia a Deus, nem respeitava ninguém. 3 Havia
também, naquela mesma cidade, uma viúva que
sempre o procurava, dizendo: “Julgue a minha
causa contra o meu adversário.” 4 Por algum tem-
po, ele não a quis atender, mas depois pensou as-
sim: “É bem verdade que eu não temo a Deus, nem
respeito ninguém. 5 Porém, como esta viúva fica
me incomodando, vou julgar a sua causa, para não
acontecer que, por fim, venha a molestar-me.”
6 Então o Senhor disse:
— Ouçam bem o que diz este juiz iníquo. 7 Será
que Deus não fará justiça aos seus escolhidos, que
a ele clamam dia e noite, embora pareça demorado
em defendê-los? 8 Digo a vocês que, depressa, lhes
fará justiça. Contudo, quando o Filho do Homem
vier, será que ainda encontrará fé sobre a terra?

A parábola do fariseu e do publicano

9 Jesus também contou esta parábola para al-
guns que confiavam em si mesmos, por se consi-
derarem justos, e desprezavam os outros:
10 — Dois homens foram ao templo para orar:
um era fariseu e o outro era publicano. 11 O fari-
seu ficou em pé e orava de si para si mesmo, des-
ta forma: “Ó Deus, graças te dou porque não sou
como os demais homens, roubadores, injustos e
adúlteros, nem ainda como este publicano. 12 Jejuo
duas vezes por semana e dou o dízimo de tudo o
que ganho.” 13 O publicano, estando em pé, longe,
nem mesmo ousava levantar os olhos para o céu,
mas batia no peito, dizendo: “Ó Deus, tem pena de
mim, que sou pecador!” 14 Digo a vocês que este
desceu justificado para a sua casa, e não aquele.
Porque todo o que se exalta será humilhado; mas
o que se humilha será exaltado.

Jesus abençoa as crianças

Mt 19.13-15; Mc 10.13-16

15 Traziam também as crianças a Jesus para que
ele as abençoasse, mas os discípulos, ao verem
isso, os repreendiam. 16 Jesus, porém, chamando
as crianças para junto de si, disse:
— Deixem que os pequeninos venham a mim
e não os impeçam, porque dos tais é o Reino de
Deus. 17 Em verdade lhes digo: Quem não receber
o Reino de Deus como uma criança de maneira
nenhuma entrará nele.

O jovem rico

Mt 19.16-22; Mc 10.17-22

18 Certo homem de destaque perguntou a Jesus:
— Bom Mestre, que farei para herdar a vida eterna?
19 Jesus respondeu:
— Por que você me chama de bom? Ninguém
é bom, a não ser um, que é Deus. 20 Você conhece
os mandamentos: “Não cometa adultério”, “não
mate”, “não furte”, “não dê falso testemunho”,
“honre o seu pai e a sua mãe”.
21 Então o homem disse:
— Tudo isso tenho observado desde a minha
juventude.
22 Ouvindo isso, Jesus lhe disse:
— Uma coisa ainda falta a você: venda tudo o
que tem, dê o dinheiro aos pobres e você terá um
tesouro nos céus; depois, venha e siga-me.
23 Mas, ouvindo ele estas palavras, ficou muito
triste, porque era riquíssimo.

O perigo das riquezas

Mt 19.23-30; Mc 10.23-31

24 Jesus, vendo-o assim triste, disse:
— Como é difícil para os que têm riquezas en-
trar no Reino de Deus! 25 Porque é mais fácil um
camelo passar pelo fundo de uma agulha do que
um rico entrar no Reino de Deus.
26 Os que ouviram isto perguntaram:
— Sendo assim, quem pode ser salvo?
27 Mas Jesus respondeu:
— O que é impossível para o ser humano é pos-
sível para Deus.
28 Então Pedro disse:
— Eis que nós deixamos nossa casa e seguimos
o senhor.
29 Jesus lhes respondeu:
— Em verdade lhes digo que não há ninguém
que tenha deixado casa, mulher, irmãos, pais ou
filhos, por causa do Reino de Deus, 30 que não re-
ceba, no presente, muitas vezes mais e, no mundo
por vir, receberá a vida eterna.

Jesus outra vez prediz sua morte e ressurreição

Mt 20.17-19; Mc 10.32-34

31 Chamando os doze para um lado, Jesus lhes
disse:
— Eis que subimos para Jerusalém, onde se
cumprirá tudo o que está escrito por meio dos
profetas a respeito do Filho do Homem. 32 Ele
será entregue aos gentios, que vão zombar dele,
insultá-lo e cuspir nele. 33 Depois de açoitá-lo, eles
o matarão, mas, ao terceiro dia, ressuscitará.
34 Eles, porém, não entenderam nada disso. O
significado dessas palavras lhes era encoberto, e
eles não sabiam do que Jesus estava falando.

A cura do cego de Jericó

Mt 20.29-34; Mc 10.46-52

35 Aconteceu que, quando Jesus se aproxima-
va de Jericó, um cego estava sentado à beira do

caminho, pedindo esmolas. 36 E, ouvindo o baru-
lho da multidão que passava, perguntou o que era
aquilo. 37 Anunciaram-lhe que Jesus, o Nazareno,
estava passando. 38 Então ele gritou:

— Jesus, Filho de Davi, tenha compaixão de mim!

39 E os que iam na frente o repreendiam para
que se calasse. Mas ele gritava cada vez mais:

— Filho de Davi, tenha compaixão de mim!

40 Jesus parou e mandou que trouxessem o cego.
E, tendo ele chegado, Jesus perguntou:

41 — O que você quer que eu lhe faça?

Ele respondeu:

— Senhor, que eu possa ver de novo.

42 Jesus lhe disse:

— Pois, então, veja! A sua fé salvou você.

43 Imediatamente ele passou a ver de novo e
seguia Jesus, glorificando a Deus. Também todo o
povo, vendo isto, dava louvores a Deus.

Zaqueu, o publicano

19 1 Entrando em Jericó, Jesus atravessava a ci-
dade. 2 Eis que um homem rico, chamado Za-
queu, chefe dos publicanos, 3 procurava ver quem
era Jesus, mas não podia, por causa da multidão,
por ser ele de pequena estatura. 4 Então, correndo
adiante, subiu num sicômoro a fim de ver Jesus,
porque ele havia de passar por ali. 5 Quando Jesus
chegou àquele lugar, olhando para cima, disse:

— Zaqueu, desça depressa, porque hoje preciso ficar na sua casa.

6 Zaqueu desceu depressa e o recebeu com
alegria. 7 Todos os que viram isto murmuravam,
dizendo que Jesus tinha se hospedado com um
homem pecador. 8 Zaqueu, por sua vez, se levan-
tou e disse ao Senhor:

— Senhor, vou dar a metade dos meus bens aos pobres. E, se roubei alguma coisa de alguém, vou restituir quatro vezes mais.

9 Então Jesus lhe disse:

— Hoje houve salvação nesta casa, pois tam-
bém este é filho de Abraão. 10 Porque o Filho do
Homem veio buscar e salvar o perdido.

A parábola das dez minas

Mt 25.14-30

11 Ouvindo eles estas coisas, Jesus contou uma
parábola, visto estar perto de Jerusalém e lhes pa-
recer que o Reino de Deus havia de manifestar-se
imediatamente. 12 Por isso, Jesus disse:

— Certo homem nobre partiu para uma ter-
ra distante, a fim de tomar posse de um reino e
voltar. 13 Chamou dez dos seus servos, confiou-
-lhes dez minas e disse-lhes: "Negociem até que
eu volte." 14 Mas os seus concidadãos o odiavam e
enviaram após ele uma embaixada, dizendo: "Não
queremos que este reine sobre nós."

15 — Quando ele voltou, depois de ter tomado
posse do reino, mandou chamar os servos a quem
tinha dado o dinheiro, a fim de saber quanto ti-
nham conseguido ganhar em seus negócios.

16 — O primeiro se apresentou e disse: "Senhor,
a sua mina rendeu dez." 17 O senhor lhe disse:
"Muito bem, servo bom! E porque você foi fiel no
pouco, terá autoridade sobre dez cidades."

18 — O segundo servo veio e disse: "Senhor, a
sua mina rendeu cinco." 19 A este o senhor disse:
"Você terá autoridade sobre cinco cidades."

20 — Então veio outro servo, dizendo: "Senhor,
aqui está a sua mina, que eu guardei embrulhada
num lenço. 21 Porque tive medo do senhor, que é
homem rigoroso. O senhor retira o que não depo-
sitou e colhe o que não semeou." 22 Mas o senhor
respondeu: "Servo mau, eu o julgarei usando as
suas próprias palavras. Você sabia que eu sou ho-
mem rigoroso, que retiro o que não depositei e
colho o que não semeei. 23 Por que você não pôs o
meu dinheiro no banco? E, então, na minha vinda,
eu o receberia com juros."

24 — E disse aos que estavam ali: "Tirem dele a
mina e deem ao que tem as dez." 25 Eles pondera-
ram: "Senhor, ele já tem dez." 26 Ao que o senhor
respondeu: "Pois eu declaro a vocês que a todo
o que tem será dado ainda mais; mas ao que não
tem, até o que tem lhe será tirado. 27 Mas quanto
a esses meus inimigos, que não quiseram que eu
reinasse sobre eles, tragam-nos aqui e os matem
na minha presença."

Jesus entra em Jerusalém

Mt 21.1-11; Mc 11.1-11; Jo 12.12-19

28 E, depois de dizer isto, Jesus prosseguia a
sua viagem para Jerusalém. 29 E aconteceu que,
ao aproximar-se de Betfagé e de Betânia, junto ao
monte das Oliveiras, Jesus enviou dois dos seus
discípulos, 30 dizendo-lhes:

— Vão até a aldeia que fica ali adiante e, ao
entrar, encontrarão preso um jumentinho, o qual
ainda ninguém montou; desprendam o jumenti-
nho e tragam aqui. 31 Se alguém perguntar: "Por
que o estão desprendendo?", respondam assim:
"Porque o Senhor precisa dele."

32 E, indo os que foram mandados, acharam
tudo conforme Jesus lhes tinha dito. 33 Quando
eles estavam soltando o jumentinho, os donos do
animal disseram:

— Por que estão desprendendo o jumentinho?

34 Eles responderam:

— Porque o Senhor precisa dele.

35 Então trouxeram o jumentinho até Jesus e,
pondo as suas capas sobre o animal, ajudaram
Jesus a montar.

36 À medida que Jesus avançava, as pessoas es-
tendiam as suas capas no caminho. 37 E, quando

Jesus se aproximava da descida do monte das Oli-
veiras, toda a multidão dos discípulos começou,
com muita alegria, a louvar a Deus em alta voz,
por todos os milagres que tinham visto. 38 Diziam:

"Bendito é o Rei que vem
em nome do Senhor!
Paz no céu e glória
nas maiores alturas!"

39 Alguns dos fariseus lhe disseram em meio à
multidão:

— Mestre, repreenda os seus discípulos!

40 Mas Jesus respondeu:

— Eu afirmo a vocês que, se eles se calarem, as
próprias pedras clamarão.

Jesus chora ao ver Jerusalém

41 Quando Jesus ia chegando a Jerusalém, vendo
a cidade, chorou por ela, 42 dizendo:

— Ah! Se você soubesse, ainda hoje, o que é
preciso para conseguir a paz! Mas isto está agora
oculto aos seus olhos. 43 Pois virão dias em que os
seus inimigos cercarão você de trincheiras e aper-
tarão o cerco por todos os lados; 44 e vão arrasar
você e matar todos os seus moradores. Não deixa-
rão pedra sobre pedra, porque você não reconhe-
ceu o tempo em que Deus veio visitá-la.

A purificação do templo

Mt 21.12-17; Mc 11.15-19; Jo 2.13-22

45 Depois, entrando no templo, Jesus começou a
expulsar os que ali vendiam, 46 dizendo-lhes:

— Está escrito: "A minha casa será 'Casa de
Oração'." Mas vocês fizeram dela um covil de sal-
teadores.

47 Diariamente, Jesus ensinava no templo. Os
principais sacerdotes, os escribas e os maiorais do
povo procuravam tirar-lhe a vida, 48 mas não acha-
vam uma forma de fazer isso, porque todo o povo,
ao ouvi-lo, era cativado por ele.

A autoridade de Jesus

Mt 21.23-27; Mc 11.27-33

20 1 Aconteceu que, num daqueles dias, es-
tando Jesus a ensinar o povo no templo e
a evangelizar, chegaram os principais sacerdotes
e os escribas, juntamente com os anciãos, 2 e lhe
perguntaram:

— Diga-nos com que autoridade você faz estas
coisas? Ou quem lhe deu esta autoridade?

3 Jesus respondeu:

— Eu também vou fazer uma pergunta a vocês.
Digam: 4 O batismo de João era do céu ou dos ho-
mens?

5 Então discutiram entre si:

— Se dissermos: "Do céu", ele dirá: "Por que
não acreditaram nele?" 6 Mas, se dissermos: "Dos
homens", o povo todo nos apedrejará, porque está
convicto de que João era profeta.

7 Por fim, responderam que não sabiam de onde
era. 8 E Jesus lhes disse:

— Então eu também não lhes digo com que au-
toridade faço estas coisas.

A parábola dos lavradores maus

Mt 21.33-46; Mc 12.1-12

9 A seguir, Jesus passou a contar ao povo esta
parábola:

— Certo homem plantou uma vinha, arrendou-a
para uns lavradores e ausentou-se do país por pra-
zo considerável. 10 No devido tempo, mandou um
servo aos lavradores para que lhe dessem do fruto
da vinha. Mas os lavradores, depois de espancá-lo,
o despacharam de mãos vazias. 11 Em vista disso,
enviou-lhes outro servo, mas também a este es-
pancaram e, depois de insultá-lo, despacharam de
mãos vazias. 12 Mandou ainda um terceiro; tam-
bém a este, depois de feri-lo, expulsaram. 13 Então
o dono da vinha disse: "Que farei? Enviarei o meu
filho amado; talvez o respeitem."

14 — Mas, quando os lavradores viram o filho,
começaram a discutir entre si: "Este é o herdeiro;
vamos matá-lo, para que a herança seja nossa."
15 E, lançando-o fora da vinha, o mataram.

— Que lhes fará, pois, o dono da vinha? 16 Virá,
exterminará aqueles lavradores e entregará a vi-
nha a outros.

Ao ouvir isto, disseram:

— Que tal não aconteça!

17 Mas Jesus, com o olhar fixo neles, disse:

— Que quer dizer então o que está escrito: "A
pedra que os construtores rejeitaram, essa veio a
ser a pedra angular"? 18 Todo o que cair sobre esta
pedra ficará em pedaços; e aquele sobre quem ela
cair ficará reduzido a pó.

19 Naquela mesma hora, os escribas e os princi-
pais sacerdotes procuravam prender Jesus, porque
entenderam que ele havia contado essa parábola
contra eles; mas temiam o povo.

A questão do imposto

Mt 22.15-22; Mc 12.13-17

20 Eles passaram a vigiar Jesus. Enviaram es-
piões que se fingiam de justos para ver se o apa-
nhavam em alguma palavra, a fim de entregá-lo à
jurisdição e à autoridade do governador. 21 Então
lhe perguntaram:

— Mestre, sabemos que o senhor fala e ensina
corretamente e não se deixa levar pela aparência
das pessoas, mas ensina o caminho de Deus se-
gundo a verdade. 22 É lícito pagar imposto a César
ou não?

23 Mas Jesus, percebendo a artimanha deles,
respondeu:

24— Mostrem-me um denário. De quem é a fi-
gura e a inscrição?
Eles responderam:
— De César.
Então Jesus lhes disse:
25— Pois deem a César o que é de César e a
Deus o que é de Deus.
26 Não puderam apanhá-lo em palavra alguma
diante do povo; e, admirados da sua resposta,
calaram-se.

Os saduceus e a ressurreição

Mt 22.23-33; Mc 12.18-27

27 Chegando alguns dos saduceus, que dizem
não haver ressurreição, 28 perguntaram a Jesus:
— Mestre, Moisés nos deixou escrito que, se
um homem casado morrer sem deixar filhos, o ir-
mão desse homem deve casar com a viúva e gerar
descendentes para o falecido. 29 Ora, havia sete
irmãos: o primeiro casou e morreu sem filhos;
30 o segundo 31 e o terceiro também casaram com
a viúva, e assim foi com os sete. Todos morreram
sem deixar filhos. 32 Por fim, morreu também a
mulher. 33 Portanto, na ressurreição, de qual de-
les a mulher será esposa? Porque os sete casaram
com ela.
34 Jesus respondeu:
— Os filhos deste mundo casam e se dão em
casamento, 35 mas os que são considerados dig-
nos de alcançar a era vindoura e a ressurreição
dentre os mortos não casam, nem se dão em ca-
samento. 36 Pois não podem mais morrer, porque
são iguais aos anjos e são filhos de Deus, sendo
filhos da ressurreição. 37 E que os mortos ressusci-
tam, Moisés o indicou no trecho referente à sarça,
quando afirma que o Senhor é o Deus de Abraão,
o Deus de Isaque e o Deus de Jacó. 38 Ora, Deus
não é Deus de mortos, e sim de vivos; porque para
ele todos vivem.
39 Então alguns dos escribas disseram:
— Boa resposta, Mestre!
40 E não ousaram mais fazer perguntas a Jesus.

O Cristo, filho de Davi

Mt 22.41-46; Mc 12.35-37

41 Mas Jesus lhes perguntou:
— Como se pode dizer que o Cristo é filho de
Davi? 42 Pois o próprio Davi afirma no Livro dos
Salmos:

"Disse o Senhor ao meu Senhor:
'Sente-se à minha direita,
43 até que eu ponha
os seus inimigos
por estrado dos seus pés.'"

44— Portanto, Davi o chama de Senhor. Então
como ele pode ser filho de Davi?

Jesus censura os escribas

Mt 23.1-36; Mc 12.38-40; Lc 11.37-54

45 Quando todo o povo estava ouvindo, Jesus
disse aos seus discípulos:
46— Cuidado com os escribas, que gostam de
andar com vestes talares e muito apreciam as sau-
dações nas praças, as primeiras cadeiras nas sina-
gogas e os primeiros lugares nos banquetes. 47 Eles
devoram as casas das viúvas e, para o justificar,
fazem longas orações. Estes sofrerão juízo muito
mais severo.

A oferta da viúva pobre

Mc 12.41-44

21 1 Jesus estava observando e viu os ricos que
lançavam seu dinheiro na caixa de ofertas.
2 Viu também certa viúva pobre lançar ali duas pe-
quenas moedas. 3 Então Jesus disse:
— Em verdade lhes digo que esta viúva pobre
deu mais do que todos. 4 Porque todos esses de-
ram como oferta daquilo que lhes sobrava; esta,
porém, da sua pobreza deu tudo o que possuía,
todo o seu sustento.

A destruição do templo

Mt 24.1-2; Mc 13.1-2

5 Alguns falavam a respeito do templo, como es-
tava ornado de belas pedras e de dádivas. 6 Então
Jesus disse:
— Vocês estão vendo estas coisas? Virão dias
em que não ficará pedra sobre pedra que não seja
derrubada.

O princípio das dores

Mt 24.3-14; Mc 13.3-13

7 Perguntaram a Jesus:
— Mestre, quando será isto? E que sinal haverá
quando estas coisas estiverem para acontecer?
8 Jesus respondeu:
— Tenham cuidado para não serem engana-
dos. Porque muitos virão em meu nome, dizendo:
"Sou eu!" E também: "Chegou a hora!" Porém não
vão atrás deles. 9 Quando vocês ouvirem falar de
guerras e revoluções, não fiquem assustados; pois
é necessário que primeiro aconteçam estas coisas,
mas o fim não será logo.
10 Então Jesus lhes disse:
— Nação se levantará contra nação, e reino,
contra reino. 11 Haverá grandes terremotos, epide-
mias e fome em vários lugares, coisas espantosas
e também grandes sinais vindos do céu. 12 Antes,
porém, de todas estas coisas, vocês serão presos e
perseguidos. Vocês serão entregues às sinagogas
e lançados nas prisões; serão levados à presen-
ça de reis e de governadores, por causa do meu
nome. 13 Isto acontecerá para que vocês deem
testemunho. 14 Tomem, pois, a decisão de não se

preocupar com o que irão responder, 15porque eu
lhes darei palavras e sabedoria a que não poderão
resistir nem contradizer todos os que se opuserem
a vocês. 16E vocês serão entregues até por seus
próprios pais, irmãos, parentes e amigos; e eles
matarão alguns de vocês. 17Todos odiarão vocês
por causa do meu nome. 18Mas não se perderá um
só fio de cabelo da cabeça de vocês. 19É pela per-
severança que vocês ganharão a sua alma.

Jerusalém sitiada

Mt 24.15-28; Mc 13.14-23

20— Quando, porém, vocês virem Jerusalém si-
tiada de exércitos, saibam que está próxima a sua
devastação. 21Então os que estiverem na Judeia
fujam para os montes; os que se encontrarem den-
tro da cidade saiam dela; e os que estiverem nos
campos não entrem na cidade. 22Porque esses dias
são de vingança, para se cumprir tudo o que está
escrito. 23Ai das que estiverem grávidas e das que
amamentarem naqueles dias! Porque haverá gran-
de aflição na terra e ira contra este povo. 24Cairão
a fio de espada e serão levados cativos para todas
as nações; e, até que os tempos dos gentios se
completem, Jerusalém será pisada por eles.

A vinda do Filho do Homem

Mt 24.29-31; Mc 13.24-27

25— Haverá sinais no sol, na lua e nas estrelas;
sobre a terra, angústia entre as nações em perple-
xidade por causa do bramido do mar e das ondas.
26Haverá pessoas que desmaiarão de terror e pela
expectativa das coisas que sobrevirão ao mundo,
pois os poderes dos céus serão abalados. 27Então
verão o Filho do Homem vindo numa nuvem, com
poder e grande glória. 28Ora, quando estas coisas
começarem a acontecer, levantem-se e fiquem de
cabeça erguida, porque a redenção de vocês se
aproxima.

A parábola da figueira

Mt 24.32-35; Mc 13.28-31

29Jesus ainda lhes contou uma parábola, dizen-
do:

— Olhem para a figueira e todas as árvores.
30Quando veem que começam a brotar, vocês
mesmos sabem que o verão está próximo. 31Assim
também, quando virem acontecer essas coisas,
saibam que está próximo o Reino de Deus. 32Em
verdade lhes digo que não passará esta geração
sem que tudo isto aconteça. 33Passará o céu e a
terra, porém as minhas palavras não passarão.

Exortação à vigilância

34— Tenham cuidado para não acontecer que
o coração de vocês fique sobrecarregado com
as consequências da orgia, da embriaguez e das
preocupações deste mundo, e para que aque-
le dia não venha sobre vocês repentinamente,
35como uma armadilha. Pois sobrevirá a todos os
que vivem sobre a face de toda a terra. 36Portan-
to, vigiem o tempo todo, orando, para que vocês
possam escapar de todas essas coisas que têm de
acontecer e para que possam estar em pé na pre-
sença do Filho do Homem.

37Jesus ensinava todos os dias no templo, mas à
noite saía e ficava no monte chamado das Olivei-
ras. 38E todo o povo madrugava para ir ao encon-
tro dele no templo, a fim de ouvi-lo.

O plano para matar Jesus

Mt 26.1-5; Mc 14.1-2; Jo 11.45-53

22 1Estava próxima a Festa dos Pães sem Fer-
mento, chamada Páscoa. 2Os principais sa-
cerdotes e os escribas procuravam uma forma de
matar Jesus; porque temiam o povo.

O pacto da traição

Mt 26.14-16; Mc 14.10-11

3Ora, Satanás entrou em Judas, chamado Isca-
riotes, que era um dos doze. 4Judas foi entender-
-se com os principais sacerdotes e os capitães
sobre como lhes entregaria Jesus. 5Eles se alegra-
ram e combinaram em lhe dar dinheiro. 6Judas
concordou e buscava uma boa ocasião para lhes
entregar Jesus, longe da multidão.

Os discípulos preparam a Páscoa

Mt 26.17-25; Mc 14.12-21; Jo 13.21-30

7Chegou o dia da Festa dos Pães sem Fermen-
to, em que era necessário fazer o sacrifício do
cordeiro pascal. 8Então Jesus enviou Pedro e João,
dizendo:

— Vão e preparem a Páscoa para que a coma-
mos.

9Eles lhe perguntaram:

— Onde o senhor quer que a preparemos?

10Jesus lhes explicou:

— Ao entrar na cidade, vocês encontrarão um
homem com um cântaro de água; sigam esse ho-
mem até a casa em que ele entrar 11e digam ao
dono da casa: "O Mestre pergunta: 'Onde fica o
aposento no qual comerei a Páscoa com os meus
discípulos?'" 12Ele lhes mostrará um espaçoso ce-
náculo mobiliado; ali façam os preparativos.

13E, indo, acharam tudo como Jesus lhes tinha
dito e prepararam a Páscoa.

A Ceia do Senhor

Mt 26.26-30; Mc 14.22-26; 1Co 11.23-25

14Chegada a hora, Jesus se pôs à mesa, e os após-
tolos estavam com ele. 15Então Jesus lhes disse:

— Tenho desejado ansiosamente comer esta
Páscoa com vocês, antes do meu sofrimento.

16 Pois eu lhes digo que nunca mais a comerei, até
que ela se cumpra no Reino de Deus.
17 E, pegando um cálice, depois de ter dado gra-
ças, disse:
— Peguem e repartam entre vocês. 18 Pois eu
digo a vocês que, de agora em diante, não mais
beberei do fruto da videira, até que venha o Reino
de Deus.
19 E, pegando um pão, tendo dado graças, o par-
tiu e lhes deu, dizendo:
— Isto é o meu corpo, que é dado por vocês; fa-
çam isto em memória de mim.
20 Do mesmo modo, depois da ceia, pegou o cá-
lice, dizendo:
— Este cálice é a nova aliança no meu sangue
derramado por vocês.
21 — Mas eis que a mão do traidor está comigo
à mesa. 22 Pois o Filho do Homem vai segundo o
que está determinado, mas ai daquele por quem
ele está sendo traído!
23 Então começaram a perguntar entre si qual
deles seria o que estava para fazer isso.

Quem é o maior

24 Houve também entre eles uma discussão
sobre qual deles parecia ser o maior. 25 Mas Jesus
lhes disse:
— Os reis dos povos dominam sobre eles, e os
que exercem autoridade são chamados de benfei-
tores. 26 Mas vocês não são assim; pelo contrário,
o maior entre vocês seja como o menor; e aque-
le que dirige seja como o que serve. 27 Pois qual é
maior: aquele que está à mesa ou aquele que ser-
ve? Não é verdade que é aquele que está à mesa?
Pois, no meio de vocês, eu sou como quem serve.
28 Vocês são os que têm permanecido comigo nas
minhas tentações. 29 E eu confio a vocês um reino,
assim como o meu Pai confiou a mim, 30 para que
comam e bebam à minha mesa no meu Reino; e
vocês se assentarão em tronos para julgar as doze
tribos de Israel.

Pedro é avisado

Mt 26.31-35; Mc 14.27-31; Jo 13.36-38

31 — Simão, Simão, eis que Satanás pediu para
peneirar vocês como trigo! 32 Eu, porém, orei por
você, para que a sua fé não desfaleça. E você,
quando voltar para mim, fortaleça os seus irmãos.
33 Porém Pedro respondeu:
— Estou pronto para ir com o Senhor, tanto
para a prisão como para a morte.
34 Mas Jesus lhe disse:
— Eu lhe digo, Pedro, que hoje, antes que o galo
cante, você negará três vezes que me conhece.

As duas espadas

35 A seguir, Jesus perguntou aos discípulos:
— Quando eu os enviei sem bolsa, sem saco-
la e sem sandálias, por acaso faltou-lhes alguma
coisa?
Eles responderam:
— Não faltou nada!
36 Então Jesus lhes disse:
— Agora, porém, quem tem bolsa, pegue-a, e
faça o mesmo com a sacola; e o que não tem espa-
da, venda a sua capa e compre uma. 37 Pois eu lhes
digo que é preciso que se cumpra em mim o que
está escrito: "Ele foi contado com os malfeitores."
Pois o que a mim se refere está sendo cumprido.
38 Então lhe disseram:
— Senhor, aqui estão duas espadas!
Jesus lhes respondeu:
— Basta!

Jesus no monte das Oliveiras

Mt 26.36-46; Mc 14.32-42

39 E, saindo, Jesus foi, como de costume, para
o monte das Oliveiras; e os discípulos o acompa-
nharam. 40 Chegando ao lugar escolhido, Jesus
lhes disse:
— Orem, para que vocês não caiam em tenta-
ção.
41 Ele, por sua vez, se afastou um pouco, e, de
joelhos, orava, 42 dizendo:
— Pai, se queres, afasta de mim este cálice!
Contudo, não se faça a minha vontade, e sim a tua.
43 Então lhe apareceu um anjo do céu que o
confortava. 44 E, estando em agonia, orava mais
intensamente. E aconteceu que o suor dele se tor-
nou como gotas de sangue caindo sobre a terra.
45 Levantando-se da oração, Jesus foi até onde os
discípulos estavam, e os encontrou dormindo de
tristeza. 46 E disse:
— Por que vocês estão dormindo? Levantem-se
e orem, para que não caiam em tentação.

Jesus é preso

Mt 26.47-56; Mc 14.43-50; Jo 18.1-11

47 Enquanto Jesus ainda falava, eis que chegou
uma multidão. E um dos doze, que se chamava Ju-
das, vinha à frente deles e se aproximou de Jesus
para o beijar. 48 Jesus, porém, lhe disse:
— Judas, com um beijo você trai o Filho do Ho-
mem?
49 Os que estavam ao redor de Jesus, vendo o
que estava por acontecer, perguntaram:
— Senhor, devemos atacar com as espadas?
50 Um deles golpeou o servo do sumo sacerdote
e cortou-lhe a orelha direita. 51 Mas Jesus inter-
veio, dizendo:
— Deixem! Basta!
E, tocando na orelha do homem, o curou. 52 En-
tão Jesus disse aos principais sacerdotes, capitães
do templo e anciãos que vieram prendê-lo:

— Vocês vieram com espadas e porretes como
para prender um salteador? 53 Todos os dias, es-
tando eu com vocês no templo, vocês não tenta-
ram me prender. Esta, porém, é a hora de vocês e a
hora do poder das trevas.

Pedro nega Jesus

Mt 26.57-58,69-75; Mc 14.53-54,66-72; Jo 18.12-18,25-27

54 Então, prendendo Jesus, levaram-no e o intro-
duziram na casa do sumo sacerdote. Pedro seguia
de longe. 55 Quando acenderam um fogo no meio
do pátio e se assentaram juntos, Pedro tomou lu-
gar entre eles. 56 Uma empregada, vendo-o senta-
do perto do fogo, fixou os olhos nele e disse:
— Este também estava com ele.
57 Mas Pedro negou, dizendo:
— Mulher, não o conheço.
58 Pouco depois, outro homem, ao ver Pedro,
disse:
— Você também é um deles.
Mas Pedro disse:
— Homem, eu não sou um deles.
59 E, tendo passado cerca de uma hora, outro
afirmou, dizendo:
— Com certeza este também estava com ele,
porque também é galileu.
60 Mas Pedro insistiu:
— Homem, não sei do que você está falando.
E logo, enquanto Pedro ainda falava, o galo
cantou. 61 Então, o Senhor voltou-se e fixou os
olhos em Pedro. E Pedro se lembrou da palavra do
Senhor, como lhe tinha dito: “Hoje, antes que o
galo cante, você me negará três vezes.” 62 E Pedro,
saindo dali, chorou amargamente.

Os guardas zombam de Jesus

Mt 26.67-68; Mc 14.65

63 Os homens que detinham Jesus zombavam
dele, davam-lhe pancadas e, 64 colocando uma
venda sobre os olhos dele, diziam:
— Profetize! Quem foi que bateu em você?
65 E muitas outras coisas diziam contra ele,
blasfemando.

Jesus diante do Sinédrio

Mt 26.63-65; 27.1; Mc 14.61-64; 15.1

66 Logo que amanheceu, reuniu-se a assembleia
dos anciãos do povo, tanto os principais sacerdo-
tes como os escribas, e o conduziram ao Sinédrio,
onde lhe disseram:
67 — Se você é o Cristo, diga-nos.
Então Jesus lhes respondeu:
— Se disser, vocês não vão acreditar. 68 E, se eu
perguntar, vocês não me darão resposta. 69 Desde
agora, o Filho do Homem estará sentado à direita
do Deus Todo-Poderoso.
70 Todos perguntaram:
— Então você é o Filho de Deus?
Jesus respondeu:
— Vocês dizem que eu sou.
71 Eles disseram:
— Que necessidade ainda temos de testemu-
nho? Porque nós mesmos ouvimos o que ele falou.

Jesus diante de Pilatos

Mt 27.2,11-14; Mc 15.2-5; Jo 18.28-38

23 1 Levantando-se toda a assembleia, levaram
Jesus a Pilatos. 2 E ali começaram a acusá-lo,
dizendo:
— Encontramos este homem pervertendo a
nossa nação, impedindo que se pague imposto a
César e afirmando ser ele o Cristo, o Rei.
3 Então Pilatos perguntou a Jesus:
— Você é o rei dos judeus?
Jesus respondeu:
— O senhor está dizendo isso.
4 Então Pilatos disse aos principais sacerdotes e
às multidões:
— Não vejo neste homem crime algum.
5 Mas eles insistiam cada vez mais, dizendo:
— Ele agita o povo, ensinando por toda a Ju-
deia. Começou na Galileia e agora chegou aqui.

Jesus diante de Herodes

6 Quando Pilatos ouviu isso, perguntou se o
homem era galileu. 7 Ao saber que Jesus era da
região governada por Herodes, e estando este em
Jerusalém naqueles dias, Pilatos enviou Jesus a
Herodes.
8 Quando Herodes viu Jesus, ficou muito con-
tente, pois havia muito queria vê-lo, por ter ou-
vido falar a respeito dele. Esperava também vê-lo
fazer algum sinal. 9 E de muitas maneiras o inter-
rogava, mas Jesus não lhe respondia nada. 10 Os
principais sacerdotes e os escribas ali presentes
o acusavam com veemência. 11 Mas Herodes, jun-
tamente com os seus soldados, tratou Jesus com
desprezo. E, para zombar de Jesus, mandou que o
vestissem com um manto luxuoso, e o devolveu a
Pilatos. 12 Naquele mesmo dia, Herodes e Pilatos
se reconciliaram, pois antes eram inimigos.

Jesus é condenado à morte

Mt 27.15-26; Mc 15.6-15; Jo 18.39b—19.16

13 Pilatos, então, reuniu os principais sacerdo-
tes, as autoridades e o povo 14 e lhes disse:
— Vocês me apresentaram este homem como
sendo um agitador do povo. Mas, tendo-o inter-
rogado na presença de vocês, nada verifiquei con-
tra ele dos crimes de que vocês o acusam. 15 Nem
mesmo Herodes, pois o mandou de volta para cá.
Assim, é claro que ele não fez nada que mereça a
pena de morte. 16 Portanto, após castigá-lo, orde-
narei que seja solto.

17 [E ele era obrigado a soltar-lhes um detento
por ocasião da festa.] 18 Toda a multidão, porém,
gritava:
— Fora com este! Solte-nos Barrabás!
19 Barrabás estava preso por causa de uma re-
volta na cidade e também por homicídio. 20 Pila-
tos, querendo soltar Jesus, falou outra vez ao povo.
21 Eles, porém, gritavam mais ainda:
— Crucifique! Crucifique-o!
22 Então, pela terceira vez, Pilatos lhes pergun-
tou:
— Que mal fez este? De fato, não achei nada
contra ele para condená-lo à morte. Portanto, de-
pois de o castigar, mandarei soltá-lo.
23 Mas eles insistiam com grandes gritos, pedin-
do que fosse crucificado. E o clamor deles preva-
leceu.
24 Então Pilatos decidiu atender-lhes o pedido.
25 Soltou aquele que estava encarcerado por causa
da revolta e do homicídio, a quem eles pediam; e,
quanto a Jesus, entregou-o à vontade deles.

A crucificação de Jesus

Mt 27.32-44; Mc 15.21-32; Jo 19.17-27

26 E, enquanto o conduziam, eles agarraram um
cireneu, chamado Simão, que vinha do campo, e
puseram-lhe a cruz sobre os ombros, para que a
levasse após Jesus.
27 Uma grande multidão de povo o seguia, e
também mulheres que batiam no peito e o lamen-
tavam. 28 Porém Jesus, voltando-se para elas, disse:
— Filhas de Jerusalém, não chorem por mim;
chorem antes por vocês mesmas e por seus fi-
lhos! 29 Porque virão dias em que se dirá: "Bem-
-aventuradas as estéreis, que não geraram, nem
amamentaram." 30 Nesses dias, dirão aos montes:
"Caiam em cima de nós!" E às colinas: "Cubram-
-nos!" 31 Porque, se isto é feito com a madeira ver-
de, o que será da madeira seca?
32 E também eram levados outros dois, que
eram malfeitores, para serem executados com
Jesus.
33 Quando chegaram ao lugar chamado Calvário,
ali o crucificaram, bem como aos malfeitores, um à
sua direita, outro à sua esquerda. 34 Mas Jesus dizia:
— Pai, perdoa-lhes, porque não sabem o que
fazem.
Então, para repartir as roupas dele, lançaram
sortes. 35 O povo estava ali e observava tudo. Tam-
bém as autoridades zombavam e diziam:
— Salvou os outros. Que salve a si mesmo, se é,
de fato, o Cristo de Deus, o escolhido.
36 Igualmente os soldados zombavam dele e,
aproximando-se, trouxeram-lhe vinagre, dizendo:
37 — Se você é o rei dos judeus, salve a si mesmo.
38 Acima de Jesus estava a seguinte inscrição:
"ESTE É O REI DOS JUDEUS".

Os dois malfeitores

39 Um dos malfeitores crucificados blasfemava
contra Jesus, dizendo:
— Você não é o Cristo? Salve a si mesmo e a nós
também.
40 Porém o outro malfeitor o repreendeu, dizendo:
— Você nem ao menos teme a Deus, estando sob
igual sentença? 41 A nossa punição é justa, porque
estamos recebendo o castigo que os nossos atos
merecem; mas este não fez mal nenhum.
42 E acrescentou:
— Jesus, lembre-se de mim quando você vier
no seu Reino.
43 Jesus lhe respondeu:
— Em verdade lhe digo que hoje você estará co-
migo no paraíso.

A morte de Jesus

Mt 27.45-56; Mc 15.33-41; Jo 19.28-30

44 Já era quase meio-dia, e, escurecendo-se o
sol, houve trevas sobre toda a terra até as três ho-
ras da tarde. 45 E o véu do santuário se rasgou pelo
meio. 46 Então Jesus clamou em alta voz:
— Pai, nas tuas mãos entrego o meu espírito!
E, dito isto, expirou.
47 O centurião, vendo o que tinha acontecido,
deu glória a Deus, dizendo:
— Verdadeiramente este homem era justo.
48 E todas as multidões reunidas para aquele es-
petáculo, vendo o que havia acontecido, retiraram-
-se, batendo no peito. 49 Entretanto, todos os
conhecidos de Jesus e as mulheres que o tinham
seguido desde a Galileia ficaram de longe, contem-
plando estas coisas.

O sepultamento de Jesus

Mt 27.57-61; Mc 15.42-47; Jo 19.38-42

50 E eis que havia um homem, chamado José,
membro do Sinédrio, homem bom e justo, 51 que não
tinha concordado com o plano e a ação dos outros;
era natural de Arimateia, cidade dos judeus, e espe-
rava o Reino de Deus. 52 Ele foi até Pilatos e lhe pediu
o corpo de Jesus. 53 E, tirando-o da cruz, envolveu-o
num lençol de linho e o depositou num túmulo aber-
to numa rocha, onde ninguém havia sido sepultado
ainda. 54 Era o dia da preparação, e o sábado estava
para começar. 55 As mulheres que tinham vindo com
Jesus desde a Galileia seguiram José e viram o túmulo
e como o corpo foi colocado ali. 56 Então se retiraram
para preparar óleos aromáticos e perfumes.
E, no sábado, descansaram, segundo o manda-
mento.

A ressurreição de Jesus

Mt 28.1-10; Mc 16.1-8; Jo 20.1-10

24 1 Mas, no primeiro dia da semana, alta ma-
drugada, as mulheres foram ao túmulo,

levando os óleos aromáticos que haviam prepa-
rado. 2 Encontraram a pedra removida do túmulo,
3 mas, ao entrar, não acharam o corpo do Senhor
Jesus. 4 Aconteceu que, perplexas a esse respeito,
apareceram-lhes dois homens com roupas res-
plandecentes. 5 Estando elas com muito medo e
baixando os olhos para o chão, eles disseram:

— Por que vocês estão procurando entre os
mortos aquele que vive? 6 Ele não está aqui, mas
ressuscitou. Lembrem-se do que ele falou para vo-
cês, estando ainda na Galileia: 7 "É necessário que o
Filho do Homem seja entregue nas mãos de peca-
dores, seja crucificado e ressuscite no terceiro dia."

8 Então elas se lembraram das palavras de Jesus.
9 E, voltando do túmulo, anunciaram todas estas
coisas aos onze e a todos os outros que estavam
com eles. 10 Essas mulheres eram Maria Madalena,
Joana e Maria, mãe de Tiago; também as demais
que estavam com elas confirmaram estas coisas
aos apóstolos. 11 Mas para eles tais palavras pare-
ciam um delírio; eles não acreditaram no que as
mulheres diziam. 12 Pedro, porém, levantando-se,
correu ao túmulo. E, abaixando-se, viu somente
os lençóis de linho e nada mais; e retirou-se para
casa, admirado com o que tinha acontecido.

Os discípulos no caminho de Emaús

Mc 16.12-13

13 Naquele mesmo dia, dois discípulos estavam
indo para uma aldeia chamada Emaús, que fica-
va a uns dez quilômetros de Jerusalém. 14 E iam
conversando a respeito de tudo o que tinha acon-
tecido. 15 Enquanto conversavam e discutiam, o
próprio Jesus se aproximou e ia com eles. 16 Porém
os olhos deles estavam como que impedidos de o
reconhecer. 17 Então ele lhes perguntou:

— O que é que vocês estão discutindo pelo ca-
minho?

E eles pararam entristecidos. 18 Um, porém,
chamado Cleopas, respondeu:

— Será que você é o único que esteve em Jeru-
salém e não sabe o que aconteceu lá, nestes últi-
mos dias?

19 Ele lhes perguntou:

— Do que se trata?

Eles explicaram:

— Aquilo que aconteceu com Jesus, o Naza-
reno, que era profeta, poderoso em obras e pala-
vras, diante de Deus e de todo o povo, 20 e como
os principais sacerdotes e as nossas autoridades o
entregaram para ser condenado à morte e o cru-
cificaram. 21 Nós esperávamos que fosse ele quem
havia de redimir Israel. Mas, depois de tudo isto,
já estamos no terceiro dia desde que essas coisas
aconteceram. 22 É verdade também que algumas
mulheres do nosso grupo nos surpreenderam.
Indo de madrugada ao túmulo 23 e não achando o
corpo de Jesus, voltaram dizendo que tinham tido
uma visão de anjos, os quais afirmam que ele vive.
24 De fato, alguns dos nossos foram ao túmulo e
verificaram a exatidão do que as mulheres disse-
ram; mas não o viram.

25 Então ele lhes disse:

— Como vocês são insensatos e demoram para
crer em tudo o que os profetas disseram! 26 Não é
verdade que o Cristo tinha de sofrer e entrar na
sua glória?

27 E, começando por Moisés e todos os Profetas,
explicou-lhes o que constava a respeito dele em
todas as Escrituras.

28 Quando se aproximavam da aldeia para onde
iam, ele fez menção de passar adiante. 29 Mas eles
o convenceram a ficar, dizendo:

— Fique conosco, porque é tarde, e o dia já está
chegando ao fim.

E entrou para ficar com eles. 30 E aconteceu que,
quando estavam à mesa, ele pegou o pão e o aben-
çoou; depois, partiu o pão e o deu a eles. 31 Então
os olhos deles se abriram, e eles reconheceram
Jesus; mas ele desapareceu da presença deles. 32 E
disseram um ao outro:

— Não é verdade que o coração nos ardia no
peito, quando ele nos falava pelo caminho, quan-
do nos explicava as Escrituras?

33 E, na mesma hora, levantando-se, voltaram
para Jerusalém, onde acharam reunidos os onze e
outros com eles, 34 os quais diziam:

— De fato, o Senhor ressuscitou e já apareceu
a Simão!

35 Então os dois contaram o que lhes tinha
acontecido no caminho e como tinham reconhe-
cido o Senhor no partir do pão.

Jesus aparece aos discípulos

Mt 28.16-20; Mc 16.14-18; Jo 20.19-23; At 1.6-8

36 Falavam eles ainda estas coisas quando Jesus
apareceu no meio deles e lhes disse:

— Que a paz esteja com vocês!

37 Eles, porém, ficaram assustados e com medo,
pensando que estavam vendo um espírito. 38 Mas
ele lhes disse:

— Por que vocês estão assustados? E por que
surgem dúvidas no coração de vocês? 39 Vejam as
minhas mãos e os meus pés, que sou eu mesmo.
Toquem em mim e vejam que é verdade, porque
um espírito não tem carne nem ossos, como vocês
estão vendo que eu tenho.

40 Dizendo isto, mostrou-lhes as mãos e os pés.
41 E, por não acreditarem eles ainda, por causa da
alegria, e como estavam admirados, Jesus lhes
disse:

— Vocês têm aqui alguma coisa para comer?

42 Então lhe apresentaram um pedaço de peixe
assado, 43 e ele comeu na presença deles.

44 A seguir, Jesus lhes disse:
— São estas as palavras que eu lhes falei, estan-
do ainda com vocês: era necessário que se cum-
prisse tudo o que está escrito a respeito de mim na
Lei de Moisés, nos Profetas e nos Salmos.
45 Então lhes abriu o entendimento para com-
preenderem as Escrituras. 46 E disse-lhes:
— Assim está escrito que o Cristo tinha de so-
frer, ressuscitar dentre os mortos no terceiro dia,
47 e que em seu nome se pregasse arrependimen-
to para remissão de pecados a todas as nações,
começando em Jerusalém. 48 Vocês são testemu-
nhas destas coisas. 49 Eis que envio sobre vocês a
promessa de meu Pai; permaneçam, pois, na cida-
de, até que vocês sejam revestidos do poder que
vem do alto.

A ascensão de Jesus

Mc 16.19-20; At 1.9-11

50 Então Jesus os levou para fora, até Betânia.
E, erguendo as mãos, os abençoou. 51 Aconte-
ceu que, enquanto os abençoava, ia-se retirando
deles, sendo elevado para o céu. 52 Então eles,
adorando-o, voltaram para Jerusalém cheios de
alegria. 53 E estavam sempre no templo, louvando
a Deus.

O EVANGELHO SEGUNDO

JOÃO

A encarnação do Verbo

1 1 No princípio era o Verbo, e o Verbo estava
com Deus, e o Verbo era Deus. 2 Ele estava no
princípio com Deus. 3 Todas as coisas foram feitas
por ele, e, sem ele, nada do que foi feito se fez. 4 A
vida estava nele e a vida era a luz dos homens. 5 A
luz resplandece nas trevas, e as trevas não preva-
leceram contra ela.
6 Houve um homem enviado por Deus, e o nome
dele era João. 7 Este veio como testemunha para
testificar a respeito da luz, para que todos viessem
a crer por meio dele. 8 Ele não era a luz, mas veio
para dar testemunho da luz, 9 a verdadeira luz, que,
vinda ao mundo, ilumina toda a humanidade.
10 O Verbo estava no mundo, o mundo foi fei-
to por meio dele, mas o mundo não o conheceu.
11 Veio para o que era seu, e os seus não o recebe-
ram. 12 Mas, a todos quantos o receberam, deu-
-lhes o poder de serem feitos filhos de Deus, a
saber, aos que creem no seu nome, 13 os quais não
nasceram do sangue, nem da vontade da carne,
nem da vontade do homem, mas de Deus. 14 E o
Verbo se fez carne e habitou entre nós, cheio de
graça e de verdade, e vimos a sua glória, glória
como do unigênito do Pai.
15 João dá testemunho a respeito dele e exclama:
— Este é aquele de quem eu dizia: "Ele vem
depois de mim, mas é mais importante do que eu,
pois já existia antes de mim."
16 Porque todos nós temos recebido da sua pleni-
tude e graça sobre graça. 17 Porque a lei foi dada por
meio de Moisés; a graça e a verdade vieram por meio
de Jesus Cristo. 18 Ninguém jamais viu Deus; o Deus
unigênito, que está junto do Pai, é quem o revelou.

O testemunho de João Batista

Mt 3.1-12; Mc 1.2-8; Lc 3.1-18

19 Este foi o testemunho de João, quando os
judeus lhe enviaram de Jerusalém sacerdotes e
levitas para perguntar: "Quem é você?" 20 Ele con-
fessou e não negou; confessou:
— Eu não sou o Cristo.
21 Diante disso, lhe perguntaram:
— Quem é você, então? Você é Elias?
Ele disse:
— Não sou.
Então perguntaram:
— Você é o profeta?
Ele respondeu:
— Não, não sou.
22 Disseram-lhe, então:
— Diga quem é você, para podermos dar uma
resposta àqueles que nos enviaram. O que é que
você diz a respeito de si mesmo?
23 Então ele respondeu:
— Eu sou "a voz do que clama no deserto: En-
direitem o caminho do Senhor", como disse o pro-
feta Isaías.
24 Ora, os que haviam sido enviados eram do
grupo dos fariseus. 25 E perguntaram a João:
— Então por que você batiza, se não é o Cristo,
nem Elias, nem o profeta?
26 João respondeu:
— Eu batizo com água, mas no meio de vocês
está alguém que vocês não conhecem. 27 Ele vem
depois de mim, mas não sou digno de desamarrar
as correias das suas sandálias.
28 Essas coisas aconteceram em Betânia, do
outro lado do Jordão, onde João estava batizando.

O Cordeiro de Deus
29No dia seguinte, vendo que Jesus vinha em
sua direção, João disse:
— Eis o Cordeiro de Deus, que tira o pecado
do mundo! 30Este é aquele a respeito de quem eu
falava, quando disse: "Depois de mim vem um ho-
mem que é mais importante do que eu, porque já
existia antes de mim." 31Eu mesmo não o conhe-
cia, mas vim batizando com água a fim de que ele
fosse manifestado a Israel.
32E João testemunhou, dizendo:
— Vi o Espírito descer do céu como pomba e
pousar sobre ele. 33Eu não o conhecia; aquele,
porém, que me enviou a batizar com água me dis-
se: "Aquele sobre quem você vir descer e pousar o
Espírito, esse é o que batiza com o Espírito Santo."
34Pois eu mesmo vi e dou testemunho de que ele
é o Filho de Deus.

Os primeiros discípulos de Jesus
35No dia seguinte, João estava outra vez na
companhia de dois dos seus discípulos 36e, vendo
Jesus passar, disse:
— Eis o Cordeiro de Deus!
37Os dois discípulos, ouvindo-o dizer isso, se-
guiram Jesus. 38E Jesus, voltando-se e vendo que o
seguiam, disse-lhes:
— O que vocês estão procurando?
Eles disseram:
— Rabi, onde o senhor mora? ("Rabi" quer di-
zer "Mestre".)
39Jesus respondeu:
— Venham ver!
Então eles foram, viram onde Jesus estava mo-
rando e ficaram com ele aquele dia. Eram mais ou
menos quatro horas da tarde.
40André, o irmão de Simão Pedro, era um dos
dois que tinham ouvido o testemunho de João e
seguido Jesus. 41Ele encontrou primeiro o seu pró-
prio irmão, Simão, a quem disse:
— Achamos o Messias! ("Messias" quer dizer
"Cristo".)
42E o levou a Jesus. Jesus olhou para ele e disse:
— Você é Simão, filho de João, mas agora será
chamado Cefas. ("Cefas" quer dizer "Pedro".)

Filipe e Natanael
43No dia seguinte, Jesus resolveu ir para a Gali-
leia e encontrou Filipe, a quem disse:
— Siga-me.
44Esse Filipe era de Betsaida, cidade de André e
de Pedro. 45Filipe encontrou Natanael e lhe disse:
— Achamos aquele de quem Moisés escreveu
na Lei, e a quem se referiram os profetas: Jesus, o
Nazareno, filho de José.
46Então Natanael perguntou:
— De Nazaré pode sair alguma coisa boa?
Filipe respondeu:
— Venha ver!
47Jesus viu Natanael se aproximar e disse a
respeito dele:
— Eis um verdadeiro israelita, em quem não
existe fingimento algum!
48Natanael perguntou a Jesus:
— De onde o senhor me conhece?
Jesus respondeu:
— Antes de Filipe chamá-lo, eu já tinha visto
você debaixo da figueira.
49Então Natanael exclamou:
— Mestre, o senhor é o Filho de Deus! O senhor
é o Rei de Israel!
50Ao que Jesus lhe respondeu:
— Você crê porque eu disse que tinha visto
você debaixo da figueira? Pois você verá coisas
maiores do que estas.
51E acrescentou:
— Em verdade, em verdade lhes digo que vocês
verão o céu aberto e os anjos de Deus subindo e
descendo sobre o Filho do Homem.

O casamento em Caná da Galileia
2 1Três dias depois, houve um casamento em
Caná da Galileia, e a mãe de Jesus estava ali.
2Jesus também foi convidado, com os seus discí-
pulos, para o casamento. 3Tendo acabado o vinho,
a mãe de Jesus lhe disse:
— Eles não têm mais vinho.
4Mas Jesus respondeu:
— Por que a senhora está me dizendo isso?
Ainda não é chegada a minha hora.
5Então ela falou aos serventes:
— Façam tudo o que ele disser.
6Estavam ali seis potes de pedra, que os judeus
usavam para as purificações, e em cada um ca-
biam cerca de cem litros. 7Jesus lhes disse:
— Encham de água esses potes.
E eles os encheram totalmente. 8Então lhes disse:
— Agora tirem um pouco e levem ao responsá-
vel pela festa.
Eles o fizeram. 9Quando o responsável pela
festa provou a água transformada em vinho —
ele não sabia de onde tinha vindo, por mais que
os serventes que haviam tirado a água soubessem
—, chamou o noivo 10e lhe disse:
— Todos costumam servir primeiro o vinho
bom e, quando já beberam muito, servem o vinho
inferior; você, porém, guardou o melhor vinho até
agora!
11Assim, em Caná da Galileia, Jesus deu início a
seus sinais. Ele manifestou a sua glória, e os seus
discípulos creram nele.
12Depois disso, ele foi a Cafarnaum, com sua
mãe, seus irmãos e seus discípulos; e ficaram ali
não muitos dias.

Jesus purifica o templo

Mt 21.12-13; Mc 11.15-17; Lc 19.45-48

13 Estando próxima a Páscoa dos judeus, Jesus
foi para Jerusalém. 14 E encontrou no templo os
que vendiam bois, ovelhas e pombas e também os
cambistas assentados. 15 Tendo feito um chicote
de cordas, expulsou todos do templo, com as ove-
lhas e os bois. Derramou o dinheiro dos cambistas
pelo chão, virou as mesas 16 e disse aos que ven-
diam as pombas:

— Tirem estas coisas daqui! Não façam da casa
de meu Pai uma casa de negócio!

17 Os seus discípulos se lembraram que está es-
crito: "O zelo da tua casa me consumirá."

18 Então os judeus lhe perguntaram:

— Que sinal você nos mostra para fazer essas
coisas?

19 Jesus lhes respondeu:

— Destruam este santuário, e em três dias eu
o levantarei.

20 Os judeus responderam:

— Este santuário foi edificado em quarenta e
seis anos, e você quer levantá-lo em três dias?

21 Ele, porém, se referia ao santuário do seu
corpo. 22 Quando, pois, Jesus ressuscitou dentre os
mortos, os discípulos dele se lembraram que ele
tinha dito isso e creram na Escritura e na palavra
de Jesus.

Jesus conhece todas as pessoas

23 Estando Jesus em Jerusalém, durante a Festa
da Páscoa, muitos creram no seu nome quando
viram os sinais que ele fazia. 24 Mas o próprio Jesus
não confiava neles, porque conhecia a todos. 25 E
não precisava que alguém lhe desse testemunho
a respeito das pessoas, porque ele mesmo sabia o
que era a natureza humana.

Nicodemos visita Jesus

3 1 Havia entre os fariseus um homem chama-
do Nicodemos, um dos principais dos judeus.
2 Este, de noite, foi até Jesus e lhe disse:

— Rabi, sabemos que o senhor é Mestre vin-
do da parte de Deus, porque ninguém pode fazer
estes sinais que o senhor faz, se Deus não estiver
com ele.

3 Jesus respondeu:

— Em verdade, em verdade lhe digo que, se al-
guém não nascer de novo, não pode ver o Reino
de Deus.

4 Nicodemos perguntou:

— Como pode um homem nascer, sendo ve-
lho? Será que pode voltar ao ventre materno e
nascer uma segunda vez?

5 Jesus respondeu:

— Em verdade, em verdade lhe digo: quem não
nascer da água e do Espírito não pode entrar no
Reino de Deus. 6 O que é nascido da carne é carne,
e o que é nascido do Espírito é espírito. 7 Não fique
admirado por eu dizer: "Vocês precisam nascer de
novo." 8 O vento sopra onde quer, você ouve o ba-
rulho que ele faz, mas não sabe de onde ele vem,
nem para onde vai; assim é todo o que é nascido
do Espírito.

9 Então Nicodemos perguntou:

— Como pode ser isso?

Jesus respondeu:

10 — Você é mestre em Israel e não compreende
estas coisas? 11 Em verdade, em verdade lhe digo
que nós falamos do que sabemos e damos teste-
munho do que vimos, mas vocês não aceitam o
nosso testemunho. 12 Se vocês não creem quando
falo sobre coisas terrenas, como crerão se eu lhes
falar sobre as celestiais? 13 Ora, ninguém subiu ao
céu, a não ser aquele que de lá desceu, o Filho do
Homem.

14 — E assim como Moisés levantou a serpente
no deserto, assim também é necessário que o Fi-
lho do Homem seja levantado, 15 para que todo o
que nele crê tenha a vida eterna.

A missão do Filho

16 Porque Deus amou o mundo de tal maneira
que deu o seu Filho unigênito, para que todo o
que nele crê não pereça, mas tenha a vida eter-
na. 17 Porque Deus enviou o seu Filho ao mundo,
não para que condenasse o mundo, mas para
que o mundo fosse salvo por ele. 18 Quem nele
crê não é condenado; mas o que não crê já está
condenado, porque não crê no nome do unigê-
nito Filho de Deus. 19 A condenação é esta: a luz
veio ao mundo, mas os homens amaram mais as
trevas do que a luz, porque as suas obras eram
más. 20 Pois todo aquele que pratica o mal detes-
ta a luz e não se aproxima da luz, para que as
suas obras não sejam reprovadas. 21 Quem pra-
tica a verdade se aproxima da luz, para que as
suas obras sejam manifestas, porque são feitas
em Deus.

Jesus e João Batista

22 Depois disso, Jesus foi com os seus discípulos
para a terra da Judeia; ali permaneceu com eles e
batizava. 23 Ora, João também estava batizando
em Enom, perto de Salim, porque ali havia muitas
águas, e o povo se dirigia para lá e era batizado.
24 Pois João ainda não havia sido preso.

25 Então surgiu uma discussão entre os discípu-
los de João e um judeu a respeito da purificação.
26 E foram até João e lhe disseram:

— Mestre, aquele que estava com o senhor no
outro lado do Jordão, do qual o senhor deu teste-
munho, está batizando, e todos vão até ele.

27 João respondeu:

— Ninguém pode receber coisa alguma se não
lhe for dada do céu. 28 Vocês mesmos são testemu-
nhas de que eu disse: "Eu não sou o Cristo, mas
fui enviado como o seu precursor." 29 O que tem
a noiva é o noivo; o amigo do noivo que está pre-
sente e o escuta se alegra muito por causa da voz
do noivo. Pois essa alegria já se cumpriu em mim.
30 Convém que ele cresça e que eu diminua.

Aquele que vem do céu

31 Quem vem das alturas certamente está acima
de todos; quem vem da terra é terreno e fala da
terra. Quem veio do céu está acima de todos 32 e dá
testemunho daquilo que viu e ouviu, mas ninguém
aceita o seu testemunho. 33 Quem, porém, aceita o
testemunho que ele dá certifica que Deus é verda-
deiro. 34 Pois aquele que Deus enviou fala as palavras
de Deus, porque Deus não dá o Espírito por medida.
35 O Pai ama o Filho e entregou todas as coisas nas
mãos dele. 36 Por isso, quem crê no Filho tem a vida
eterna; quem se mantém rebelde contra o Filho não
verá a vida, mas sobre ele permanece a ira de Deus.

Jesus e a mulher samaritana

4 1 Quando Jesus soube que os fariseus tinham
ouvido dizer que ele fazia e batizava mais dis-
cípulos do que João 2 — se bem que Jesus mesmo
não batizava, e sim os seus discípulos —, 3 deixou
a Judeia, retirando-se outra vez para a Galileia. 4 E
era-lhe necessário passar pela região da Samaria.

5 Assim, Jesus chegou a uma cidade samarita-
na, chamada Sicar, perto das terras que Jacó tinha
dado a seu filho José. 6 Ali ficava o poço de Jacó.
Cansado da viagem, Jesus sentou-se junto ao poço.
Era por volta do meio-dia.

7 Nisso veio uma mulher samaritana tirar água.
Jesus lhe disse:

— Dê-me um pouco de água.

8 Pois os seus discípulos tinham ido à cidade
comprar alimentos. 9 Então a mulher samaritana
perguntou a Jesus:

— Como, sendo o senhor um judeu, pede água
a mim, que sou mulher samaritana?

Ela disse isso porque os judeus não se dão com
os samaritanos. 10 Jesus respondeu:

— Se você conhecesse o dom de Deus e quem é
que está lhe pedindo água para beber, você pedi-
ria, e ele lhe daria água viva.

11 Ao que a mulher respondeu:

— O senhor não tem balde e o poço é fundo. De
onde vai conseguir essa água viva? 12 Por acaso o
senhor é maior do que Jacó, o nosso pai, que nos
deu o poço, do qual ele mesmo bebeu, assim como
os seus filhos e o seu gado?

13 Jesus respondeu:

— Quem beber desta água voltará a ter sede,
14 mas aquele que beber da água que eu lhe der
nunca mais terá sede. Pelo contrário, a água que
eu lhe der será nele uma fonte a jorrar para a
vida eterna.

15 A mulher lhe disse:

— Senhor, quero que me dê essa água para
que eu não mais tenha sede, nem precise vir aqui
buscá-la.

16 Jesus disse:

— Vá, chame o seu marido e volte aqui.

17 Ao que a mulher respondeu:

— Não tenho marido.

Então Jesus disse:

— Você tem razão ao dizer que não tem marido.
18 Porque já teve cinco, e esse que agora tem não é
seu marido. O que você disse é verdade.

19 A mulher então lhe disse:

— Agora eu sei que o senhor é um profeta!
20 Nossos pais adoravam neste monte, mas vocês
dizem que em Jerusalém é o lugar onde se deve
adorar.

21 Jesus respondeu:

— Mulher, acredite no que digo: vem a hora
em que nem neste monte nem em Jerusalém
vocês adorarão o Pai. 22 Vocês adoram o que não
conhecem; nós adoramos o que conhecemos,
porque a salvação vem dos judeus. 23 Mas vem
a hora — e já chegou — em que os verdadeiros
adoradores adorarão o Pai em espírito e em ver-
dade. Porque são esses que o Pai procura para
seus adoradores. 24 Deus é Espírito, e é necessá-
rio que os seus adoradores o adorem em espírito
e em verdade.

25 A mulher respondeu:

— Eu sei que virá o Messias, chamado Cristo.
Quando ele vier, nos anunciará todas as coisas.

26 Então Jesus disse:

— Eu sou o Messias, eu que estou falando com
você.

27 Naquele momento, chegaram os discípulos
de Jesus e se admiraram ao vê-lo falando com uma
mulher. Mas nenhum deles perguntou: "O que
você está querendo?" Ou: "Por que o senhor está
falando com ela?" 28 Quanto à mulher, deixou o
seu cântaro, foi à cidade e disse ao povo:

29 — Venham comigo e vejam um homem que
me disse tudo o que eu já fiz. Não seria ele, por
acaso, o Cristo?

30 Então saíram da cidade e foram até onde
Jesus estava.

31 Enquanto isso, os discípulos pediam a Jesus,
dizendo:

— Mestre, coma!

32 Mas ele lhes disse:

— Tenho para comer uma comida que vocês
não conhecem.

33 Então os discípulos começaram a dizer entre si:

— Será que alguém lhe trouxe algo para comer?

34 Jesus lhes declarou:
— A minha comida consiste em fazer a vonta-
de daquele que me enviou e realizar a sua obra.
35 Vocês não dizem que ainda faltam quatro me-
ses até a colheita? Eu, porém, lhes digo: Levantem
os olhos e vejam os campos, pois estão maduros
para a colheita. 36 Quem colhe recebe desde já a
recompensa e ajunta o seu fruto para a vida eter-
na, para que se alegrem ao mesmo tempo o que
semeia e o que colhe. 37 Pois, no caso, é verdadei-
ro o ditado: "Um é o que semeia, outro é o que
colhe." 38 Eu os enviei a colher o que vocês não
semearam; outros trabalharam, e vocês aprovei-
taram o trabalho deles.

39 Muitos samaritanos daquela cidade creram
em Jesus, por causa do testemunho da mulher,
que tinha dito: "Ele me disse tudo o que eu já
fiz." 40 Quando, pois, os samaritanos foram até
Jesus, pediram-lhe que permanecesse com eles;
e Jesus ficou ali dois dias. 41 Muitos outros creram
nele, por causa da palavra de Jesus. 42 E diziam
à mulher:
— Agora não é mais por causa do que você
falou que nós cremos, mas porque nós mesmos
ouvimos, e sabemos que este é verdadeiramente o
Salvador do mundo.

A cura do filho de um oficial do rei

43 Passados dois dias, Jesus saiu dali e foi para
a Galileia. 44 Porque o próprio Jesus testemunhou
que um profeta não tem honra na sua própria ter-
ra. 45 Assim, quando chegou à Galileia, os galileus
o receberam, porque viram todas as coisas que
Jesus tinha feito em Jerusalém, por ocasião da fes-
ta, à qual eles também tinham comparecido.

46 Jesus foi outra vez a Caná da Galileia, onde
tinha transformado água em vinho. E havia ali um
oficial do rei, cujo filho estava doente em Cafar-
naum. 47 Quando ouviu dizer que Jesus tinha vin-
do da Judeia para a Galileia, foi até ele e pediu-lhe
que fosse curar o seu filho, que estava morrendo.
48 Então Jesus lhe disse:
— Se vocês não virem sinais e prodígios, de
modo nenhum crerão.
49 O oficial pediu mais uma vez:
— Senhor, venha, antes que o meu filho morra!
50 Jesus respondeu:
— Vá, o seu filho vai viver.
O homem creu na palavra de Jesus e partiu.
51 Quando já estava a caminho, os seus servos vie-
ram ao encontro dele, anunciando-lhe que o seu
filho estava vivo. 52 Então perguntou a que horas
o seu filho havia se sentido melhor. Informaram:
— Ontem, à uma hora da tarde a febre o deixou.
53 Com isso, o pai reconheceu que aquela era pre-
cisamente a hora em que Jesus tinha dito a ele: "O
seu filho vai viver." E ele e toda a sua casa creram.
54 Este foi o segundo sinal que Jesus fez, depois
de ir da Judeia para a Galileia.

A cura de um paralítico

5 1 Passadas essas coisas, havia uma festa dos ju-
deus, e Jesus foi para Jerusalém.
2 Existe ali, junto ao Portão das Ovelhas, um
tanque, chamado em hebraico Betesda, o qual tem
cinco pórticos. 3 Nestes jazia uma multidão de en-
fermos, cegos, coxos, paralíticos 4 [esperando que
a água se movesse. Porque um anjo descia de tem-
pos em tempos, agitando-a; e o primeiro a entrar
no tanque, uma vez agitada a água, sarava de qual-
quer doença que tivesse]. 5 Estava ali um homem
enfermo havia trinta e oito anos. 6 Jesus, vendo-o
deitado e sabendo que estava assim havia muito
tempo, perguntou:
— Você quer ser curado?
7 O enfermo respondeu:
— Senhor, não tenho ninguém que me ponha
no tanque, quando a água é agitada. Quando tento
entrar, outro enfermo chega antes de mim.
8 Então Jesus lhe disse:
— Levante-se, pegue o seu leito e ande.
9 Imediatamente o homem se viu curado e, pe-
gando o leito, começou a andar. E aquele dia era
sábado. 10 Por isso, os judeus disseram ao que ti-
nha sido curado:
— É sábado, e neste dia você não tem permis-
são para carregar o seu leito.
11 Ao que ele lhes respondeu:
— O mesmo que me curou me disse: "Pegue o
seu leito e ande."
12 Perguntaram-lhe:
— Quem é o homem que disse a você: "Pegue o
seu leito e ande"?
13 Aquele que tinha sido curado não soube res-
ponder, porque Jesus tinha se retirado, por haver
muita gente naquele lugar.
14 Mais tarde, Jesus o encontrou no templo e lhe
disse:
— Olhe, você foi curado. Não peque mais, para
que não lhe aconteça coisa pior.
15 O homem se retirou e disse aos judeus que
tinha sido Jesus quem o havia curado. 16 E por isso
os judeus perseguiam Jesus, porque fazia essas
coisas no sábado. 17 Mas Jesus lhes disse:
— Meu Pai trabalha até agora, e eu trabalho
também.
18 Por isso, os judeus cada vez mais queriam
matá-lo, porque além de desrespeitar o sába-
do, também dizia que Deus era seu próprio Pai,
fazendo-se igual a Deus.

A autoridade do Filho de Deus

19 Então Jesus lhes disse:
— Em verdade, em verdade lhes digo que o

Filho nada pode fazer por si mesmo, senão somente
aquilo que vê o Pai fazer; porque tudo o que este fi-
zer, o Filho também faz. 20 Porque o Pai ama o Filho
e lhe mostra tudo o que faz; e maiores obras do que
estas lhe mostrará, para que vocês fiquem maravi-
lhados. 21 Pois assim como o Pai ressuscita e vivifica
os mortos, assim também o Filho vivifica aqueles a
quem quer. 22 E o Pai não julga ninguém, mas con-
fiou todo julgamento ao Filho, 23 para que todos
honrem o Filho assim como honram o Pai. Quem
não honra o Filho não honra o Pai que o enviou.

24 — Em verdade, em verdade lhes digo: quem
ouve a minha palavra e crê naquele que me enviou
tem a vida eterna, não entra em juízo, mas passou
da morte para a vida. 25 Em verdade, em verdade
lhes digo que vem a hora — e já chegou — em que
os mortos ouvirão a voz do Filho de Deus; e os que
a ouvirem viverão. 26 Porque assim como o Pai tem
vida em si mesmo, também concedeu ao Filho ter
vida em si mesmo. 27 E lhe deu autoridade para
julgar, porque é o Filho do Homem. 28 Não fiquem
maravilhados com isso, porque vem a hora em que
todos os que se acham nos túmulos ouvirão a voz
dele e sairão: 29 os que tiverem feito o bem, para a
ressurreição da vida; e os que tiverem praticado o
mal, para a ressurreição do juízo.

30 — Eu nada posso fazer por mim mesmo; assim
como ouço, julgo. O meu juízo é justo, porque não
procuro a minha própria vontade, e sim a daquele
que me enviou. 31 Se eu dou testemunho a respeito
de mim mesmo, o meu testemunho não é verda-
deiro. 32 Outro é o que dá testemunho a respeito de
mim, e sei que o testemunho que ele dá a respeito
de mim é verdadeiro. 33 Vocês mandaram men-
sageiros a João, e ele deu testemunho da verdade.
34 Eu, porém, não recebo testemunho humano, mas
digo essas coisas para que vocês sejam salvos.

35 — João era a lâmpada que estava acesa e ilu-
minava, e, por algum tempo, vocês quiseram se
alegrar com a sua luz. 36 Mas eu tenho maior tes-
temunho que o de João; porque as obras que o Pai
me confiou para que eu as realizasse, essas que
eu faço testemunham a meu respeito de que o Pai
me enviou. 37 O Pai, que me enviou, esse mesmo
é que tem dado testemunho de mim. Vocês nun-
ca ouviram a voz dele, nem viram a sua forma.
38 Também não têm a palavra dele permanente
em vocês, porque não creem naquele a quem ele
enviou. 39 Vocês examinam as Escrituras, porque
julgam ter nelas a vida eterna, e são elas mesmas
que testificam de mim. 40 Contudo, vocês não
querem vir a mim para ter vida. 41 Eu não aceito
glória que vem de pessoas; 42 sei, entretanto, que
vocês não têm o amor de Deus em vocês. 43 Eu
vim em nome de meu Pai, e vocês não me rece-
bem; se outro vier em seu próprio nome, vocês
certamente o receberão. 44 Como podem crer,
vocês que aceitam glória uns dos outros e não
procuram a glória que vem do Deus único? 45 Não
pensem que eu os acusarei diante do Pai; quem
acusa vocês é Moisés, em quem puseram a sua es-
perança. 46 Porque, se vocês, de fato, cressem em
Moisés, também creriam em mim; pois ele escre-
veu a meu respeito. 47 Se, porém, não creem nos
escritos dele, como crerão nas minhas palavras?

A multiplicação de pães e peixes

Mt 14.13-21; Mc 6.30-44; Lc 9.10-17

6 1 Depois dessas coisas, Jesus atravessou o mar
da Galileia, que é o de Tiberíades. 2 Uma grande
multidão o seguia, porque tinham visto os sinais
que ele fazia na cura dos enfermos. 3 Então Jesus
subiu ao monte e sentou-se ali com os seus discí-
pulos. 4 Ora, a Páscoa, festa dos judeus, estava pró-
xima. 5 Então Jesus, erguendo os olhos e vendo que
uma grande multidão se aproximava, disse a Filipe:

— Onde compraremos pão para lhes dar de
comer?

6 Mas Jesus dizia isto para testá-lo, porque sabia
o que estava para fazer. 7 Filipe respondeu:

— Nem mesmo duzentos denários de pão se-
riam suficientes para que cada um recebesse um
pedaço.

8 Um dos discípulos, chamado André, irmão de
Simão Pedro, disse a Jesus:

9 — Aqui está um menino que tem cinco pães
de cevada e dois peixinhos. Mas o que é isto para
tanta gente?

10 Jesus disse:

— Façam com que todos se assentem no chão.

Havia muita relva naquele lugar. Assim, os
homens se assentaram, e eram quase cinco mil.
11 Então Jesus pegou os pães e, tendo dado gra-
ças, distribuiu-os entre eles; e também igual-
mente os peixes, tanto quanto queriam. 12 E,
quando já estavam satisfeitos, Jesus disse aos
seus discípulos:

— Recolham os pedaços que sobraram, para
que nada se perca.

13 Assim, pois, o fizeram e encheram doze ces-
tos de pedaços dos cinco pães de cevada, que so-
braram depois que todos tinham comido.

14 Quando as pessoas viram o sinal que Jesus
havia feito, disseram:

— Este é verdadeiramente o profeta que devia
vir ao mundo.

15 Jesus ficou sabendo que estavam para vir com
a intenção de fazê-lo rei à força. Então ele se reti-
rou outra vez, sozinho, para o monte.

Jesus anda sobre o mar

Mt 14.22-33; Mc 6.45-52

16 Ao final do dia, os discípulos de Jesus des-
ceram para o mar. 17 E, entrando num barco,

passaram para o outro lado, rumo a Cafarnaum. Já
estava escuro, e Jesus ainda não tinha ido até onde
eles estavam. 18 E o mar começava a ficar agitado,
porque soprava um vento forte. 19 Os discípulos
já tinham navegado uns cinco ou seis quilôme-
tros, quando viram Jesus andando sobre o mar,
aproximando-se do barco; e ficaram com medo.
20 Mas Jesus lhes disse:
— Sou eu. Não tenham medo!
21 Então eles o receberam com alegria, e logo o
barco chegou ao seu destino.

Jesus, o pão da vida

22 No dia seguinte, a multidão que tinha ficado
do outro lado do mar notou que ali havia apenas
um pequeno barco e que Jesus não tinha entrado
nele com os seus discípulos, tendo estes partido
sozinhos. 23 Entretanto, outros barquinhos de Ti-
beríades se aproximaram do lugar onde a multi-
dão havia comido o pão depois que o Senhor deu
graças. 24 Quando aquela multidão viu que Jesus
não estava ali nem os seus discípulos, entraram
nos barcos e partiram para Cafarnaum à procura
de Jesus. 25 E, tendo-o encontrado no outro lado
do mar, lhe perguntaram:
— Mestre, quando o senhor chegou aqui?
26 Jesus respondeu:
— Em verdade, em verdade lhes digo que vo-
cês estão me procurando não porque viram sinais,
mas porque comeram os pães e ficaram satisfeitos.
27 Trabalhem, não pela comida que se estraga, mas
pela que permanece para a vida eterna, a qual o Fi-
lho do Homem dará a vocês; porque Deus, o Pai, o
confirmou com o seu selo.
28 Então lhe perguntaram:
— Que faremos para realizar as obras de Deus?
29 Jesus respondeu:
— A obra de Deus é esta: que vocês creiam na-
quele que ele enviou.
30 Então eles disseram:
— Que sinal o senhor fará para que vejamos e
creiamos no senhor? O que o senhor pode fazer?
31 Nossos pais comeram o maná no deserto, como
está escrito: "Deu-lhes a comer pão do céu."
32 Jesus lhes disse:
— Em verdade, em verdade lhes digo que não
foi Moisés quem deu o pão do céu para vocês;
quem lhes dá o verdadeiro pão do céu é meu Pai.
33 Porque o pão de Deus é o que desce do céu e dá
vida ao mundo.
34 Então lhe disseram:
— Senhor, dê-nos sempre desse pão.
35 Jesus respondeu:
— Eu sou o pão da vida. Quem vem a mim ja-
mais terá fome, e quem crê em mim jamais terá
sede. 36 Porém eu já disse que vocês não creem,
embora estejam me vendo. 37 Todo aquele que o
Pai me dá, esse virá a mim; e o que vem a mim, de
modo nenhum o lançarei fora. 38 Porque eu desci
do céu, não para fazer a minha própria vontade,
mas a vontade daquele que me enviou. 39 E a von-
tade de quem me enviou é esta: que eu não perca
nenhum de todos os que ele me deu; pelo contrá-
rio, eu o ressuscitarei no último dia. 40 De fato, a
vontade de meu Pai é que todo aquele que vir o
Filho e nele crer tenha a vida eterna; e eu o ressus-
citarei no último dia.
41 Então os judeus começaram a murmurar con-
tra ele, porque tinha dito: "Eu sou o pão que des-
ceu do céu." 42 E diziam:
— Este não é Jesus, o filho de José? Por acaso
não conhecemos o pai e a mãe dele? Como é que
ele agora diz: "Desci do céu"?
43 Jesus respondeu:
— Não fiquem murmurando entre vocês.
44 Ninguém pode vir a mim se o Pai, que me en-
viou, não o trouxer; e eu o ressuscitarei no último
dia. 45 Está escrito nos Profetas: "E todos serão en-
sinados por Deus." Portanto, todo aquele que ou-
viu e aprendeu do Pai, esse vem a mim. 46 Não que
alguém tenha visto o Pai, a não ser aquele que vem
de Deus; este já viu o Pai.
47 — Em verdade, em verdade lhes digo:
quem crê em mim tem a vida eterna. 48 Eu sou
o pão da vida. 49 Os pais de vocês comeram o
maná no deserto e morreram. 50 Este é o pão que
desce do céu, para que todo o que dele comer
não pereça. 51 Eu sou o pão vivo que desceu do
céu; se alguém comer deste pão, viverá eterna-
mente. E o pão que eu darei pela vida do mundo
é a minha carne.
52 Então os judeus começaram a discutir entre
si, dizendo:
— Como é que este pode nos dar a sua própria
carne para comer?
53 Jesus respondeu:
— Em verdade, em verdade lhes digo que, se
vocês não comerem a carne do Filho do Homem
e não beberem o seu sangue, não terão vida em
vocês mesmos. 54 Quem come a minha carne e
bebe o meu sangue tem a vida eterna, e eu o res-
suscitarei no último dia. 55 Pois a minha carne é
verdadeira comida, e o meu sangue é verdadeira
bebida. 56 Quem come a minha carne e bebe o
meu sangue permanece em mim, e eu permane-
ço nele. 57 Assim como o Pai, que vive, me enviou,
e igualmente eu vivo por causa do Pai, também
quem de mim se alimenta viverá por mim. 58 Este
é o pão que desceu do céu, em nada semelhante
àquele que os pais de vocês comeram e, mesmo
assim, morreram; quem comer este pão viverá
eternamente.
59 Jesus disse essas coisas quando ensinava na
sinagoga de Cafarnaum.

As palavras da vida eterna

60 Muitos dos seus discípulos, tendo ouvido tais
palavras, disseram:
— Duro é este discurso; quem pode suportá-lo?
61 Mas Jesus, sabendo por si mesmo que os seus
discípulos murmuravam a respeito do que ele ha-
via falado, disse-lhes:
— Isto escandaliza vocês? 62 Que acontecerá,
então, se virem o Filho do Homem subir para o
lugar onde primeiro estava? 63 O Espírito é o que
vivifica; a carne para nada aproveita. As palavras
que eu lhes tenho falado são espírito e são vida.
64 Mas há descrentes entre vocês.
Ora, Jesus sabia, desde o princípio, quais eram
os que não criam e quem iria traí-lo. 65 E prosse-
guiu:
— Por causa disto é que falei para vocês que
ninguém poderá vir a mim, se não lhe for conce-
dido pelo Pai.
66 Diante disso, muitos dos seus discípulos o
abandonaram e já não andavam com ele. 67 Então
Jesus perguntou aos doze:
— Será que vocês também querem se retirar?
68 Simão Pedro respondeu:
— Senhor, para quem iremos? O senhor tem as
palavras da vida eterna, 69 e nós temos crido e co-
nhecido que o senhor é o Santo de Deus.
70 Então Jesus lhes disse:
— Não é fato que eu escolhi vocês, os doze?
Mas um de vocês é um diabo.
71 Ele se referia a Judas, filho de Simão Iscario-
tes, porque este, sendo um dos doze, era quem o
haveria de trair.

A incredulidade dos irmãos de Jesus

7 1 Passadas essas coisas, Jesus andava pela Ga-
lileia, porque não desejava andar pela Judeia,
visto que os judeus queriam matá-lo. 2 E a festa
dos judeus, chamada de Festa dos Tabernáculos,
estava próxima. 3 Então os irmãos de Jesus se diri-
giram a ele e disseram:
— Deixe este lugar e vá para a Judeia, para que
também os seus discípulos vejam as obras que
você faz. 4 Porque, se alguém quer ser conhecido,
não pode realizar os seus feitos em segredo. Já que
você faz essas coisas, manifeste-se ao mundo.
5 Acontece que nem mesmo os irmãos de Jesus
criam nele.
6 Então Jesus lhes disse:
— O meu tempo ainda não chegou, mas para
vocês qualquer tempo é oportuno. 7 O mundo
não pode odiar vocês, mas a mim ele odeia, por-
que eu dou testemunho a respeito dele, dizendo
que as suas obras são más. 8 Vão vocês para a fes-
ta. Eu não vou, porque o meu tempo ainda não
se cumpriu.
9 Tendo dito isso, Jesus continuou na Galileia.

Jesus na Festa dos Tabernáculos

10 Depois que seus irmãos tinham ido à festa,
Jesus também foi, não publicamente, mas em se-
gredo. 11 Ora, os judeus o procuravam na festa e
perguntavam:
— Onde estará ele?
12 E havia grande murmuração a respeito de
Jesus entre as multidões. Uns diziam:
— Ele é bom.
E outros afirmavam:
— Não, não é! Ele engana o povo.
13 Entretanto, ninguém falava dele abertamen-
te, por ter medo dos judeus.

A controvérsia entre Jesus e os judeus

14 Quando a festa já estava na metade, Jesus foi
ao templo e começou a ensinar. 15 Então os judeus
se maravilhavam e diziam:
— Como é que ele pode ser letrado, se não che-
gou a estudar?
16 Jesus lhes respondeu:
— O meu ensino não é meu, mas daquele que
me enviou. 17 Se alguém quiser fazer a vontade de
Deus, conhecerá a respeito da doutrina, se ela é de
Deus ou se eu falo por mim mesmo. 18 Quem fala
por si mesmo está buscando a sua própria glória;
mas o que busca a glória de quem o enviou, esse
é verdadeiro, e nele não há falsidade. 19 Não é fato
que Moisés deu a Lei para vocês? Contudo, ne-
nhum de vocês a cumpre. Por que estão querendo
me matar?
20 A multidão respondeu:
— Você tem demônio. Quem é que está queren-
do matá-lo?
21 Jesus respondeu:
— Um só feito realizei, e todos vocês ficaram
admirados. 22 Moisés lhes deu a circuncisão — se
bem que ela não vem de Moisés, mas dos patriar-
cas —, e vocês fazem a circuncisão de um menino
até mesmo no sábado. 23 E, se um menino pode
ser circuncidado em dia de sábado, para que a Lei
de Moisés não seja desrespeitada, por que vocês
ficam indignados contra mim, pelo fato de eu ter
curado por completo um homem num sábado?
24 Não julguem segundo a aparência, mas julguem
pela reta justiça.

É Jesus o Cristo?

25 Alguns de Jerusalém diziam:
— Não é este o homem que estão querendo
matar? 26 Eis que ele fala abertamente, e ninguém
lhe diz nada. Será que as autoridades reconhecem
de fato que este é o Cristo? 27 Mas nós sabemos de
onde este homem vem. Quando, porém, o Cristo
vier, ninguém saberá de onde ele é.
28 Enquanto ensinava no templo, Jesus disse em
voz alta:

— Vocês não somente me conhecem, mas tam-
bém sabem de onde eu sou. Eu não vim porque eu,
de mim mesmo, o quisesse, mas aquele que me
enviou é verdadeiro, aquele a quem vocês não co-
nhecem. 29 Eu o conheço, porque venho da parte
dele e ele me enviou.

30 Então quiseram prendê-lo, mas ninguém lhe
pôs as mãos, porque a sua hora ainda não havia
chegado. 31 Porém muitos dentre a multidão cre-
ram nele e diziam:

— Quando o Cristo vier, será que vai fazer
maiores sinais do que este homem tem feito?

Os guardas mandados para prender Jesus

32 Os fariseus, ouvindo a multidão murmurar
essas coisas a respeito de Jesus, juntamente com
os principais sacerdotes enviaram guardas para o
prender. 33 Jesus disse:

— Ainda por um pouco de tempo estou com vo-
cês e depois irei para junto daquele que me enviou.
34 Vocês irão me procurar, mas não me acharão; vo-
cês também não podem ir para onde eu estou.

35 Então os judeus disseram uns aos outros:

— Para onde ele irá que não o possamos achar?
Será que pretende ir para a diáspora entre os gre-
gos, a fim de ensinar os gregos? 36 Que significa
isso que ele diz: "Vocês irão me procurar, mas não
me acharão; vocês também não podem ir para
onde eu estou?"

Jesus, a fonte da água viva

37 No último dia, o grande dia da festa, Jesus se
levantou e disse em voz alta:

— Se alguém tem sede, venha a mim e beba.
38 Quem crer em mim, como diz a Escritura, do seu
interior fluirão rios de água viva.

39 Isso ele disse a respeito do Espírito que os que
nele cressem haviam de receber; pois o Espírito
até aquele momento não tinha sido dado, porque
Jesus ainda não havia sido glorificado.

O povo se divide

40 Quando ouviram essas palavras, alguns do
meio do povo diziam:

— Este é verdadeiramente o profeta.

41 Outros diziam:

— Ele é o Cristo.

Outros, porém, perguntavam:

— Por acaso o Cristo virá da Galileia? 42 Não diz
a Escritura que o Cristo vem da descendência de
Davi e da aldeia de Belém, de onde era Davi?

43 Assim, houve divisão entre o povo por causa
dele. 44 Alguns queriam prendê-lo, mas ninguém
lhe pôs as mãos.

As autoridades não creem

45 Os guardas voltaram à presença dos
principais sacerdotes e fariseus, e estes lhes per-
guntaram:

— Por que vocês não o trouxeram?

46 Eles responderam:

— Jamais alguém falou como este homem.

47 Os fariseus disseram aos guardas:

— Será que também vocês foram enganados?
48 Por acaso alguma das autoridades ou algum dos
fariseus creu nele? 49 Mas esse povo que nada sabe
da lei é maldito.

50 Nicodemos, um deles, que antes tinha ido
conversar com Jesus, perguntou-lhes:

51 — Será que a nossa lei condena um homem
sem primeiro ouvi-lo e saber o que ele fez?

52 Eles responderam:

— Por acaso também você é da Galileia? Exa-
mine e verá que da Galileia não se levanta profeta.

A mulher adúltera

53 E cada um foi para a sua casa.

8 1 Jesus, no entanto, foi para o monte das Olivei-
ras. 2 De madrugada, voltou novamente para o
templo, e todo o povo se reuniu em volta dele; e
Jesus, assentado, os ensinava. 3 Então os escribas
e fariseus trouxeram à presença dele uma mulher
surpreendida em adultério e, fazendo-a ficar em
pé no meio de todos, 4 disseram a Jesus:

— Mestre, esta mulher foi surpreendida em fla-
grante adultério. 5 Na Lei, Moisés nos ordenou que
tais mulheres sejam apedrejadas. E o senhor, o que
tem a dizer?

6 Eles diziam isso tentando-o, para terem de que
o acusar. Mas Jesus, inclinando-se, escrevia na ter-
ra com o dedo. 7 Como eles insistiam na pergunta,
Jesus se levantou e lhes disse:

— Quem de vocês estiver sem pecado seja o
primeiro a atirar uma pedra nela.

8 E, inclinando-se novamente, continuou a es-
crever no chão. 9 Mas eles, ouvindo essa resposta,
foram saindo um por um, a começar pelos mais
velhos até os últimos, ficando só Jesus e a mulher
em pé diante dele. 10 Levantando-se, Jesus pergun-
tou a ela:

— Mulher, onde estão eles? Ninguém conde-
nou você?

11 Ela respondeu:

— Ninguém, Senhor!

Então Jesus disse:

— Também eu não a condeno; vá e não peque
mais.

Jesus, a luz do mundo

12 De novo, Jesus lhes falou, dizendo:

— Eu sou a luz do mundo. Quem me segue não
andará nas trevas; pelo contrário, terá a luz da
vida.

13 Então os fariseus lhe disseram:

— Você dá testemunho de si mesmo. O teste-
munho que você dá não é verdadeiro.
14 Jesus respondeu:
— Ainda que eu dê testemunho a respeito de
mim mesmo, o meu testemunho é verdadeiro,
porque sei de onde vim e para onde vou; mas vo-
cês não sabem de onde venho, nem para onde vou.
15 Vocês julgam segundo a carne; eu não julgo nin-
guém. 16 E, se eu julgo, o meu juízo é verdadeiro,
porque não sou só eu que julgo, mas eu e o Pai, que
me enviou. 17 Também na Lei de vocês está escrito
que o testemunho de duas pessoas é verdadeiro.
18 Eu dou testemunho de mim mesmo, e o Pai, que
me enviou, também dá testemunho de mim.
19 Então eles lhe perguntaram:
— Onde está o seu Pai?
Jesus respondeu:
— Vocês não conhecem a mim e não conhecem
o meu Pai; se conhecessem a mim, também co-
nheceriam o meu Pai.
20 Jesus proferiu essas palavras perto da caixa
de ofertas, quando ensinava no templo. Ninguém
o prendeu, porque ainda não havia chegado a sua
hora.

Jesus defende a sua missão e autoridade

21 Outra vez Jesus lhes falou, dizendo:
— Eu vou embora, e vocês vão me procurar,
mas perecerão no seu pecado. Para onde eu vou
vocês não podem ir.
22 Então os judeus diziam:
— Será que ele tem a intenção de se suicidar?
Porque diz: "Para onde eu vou vocês não podem
ir."
23 Jesus lhes disse:
— Vocês são daqui de baixo, eu sou lá de cima.
Vocês são deste mundo, eu deste mundo não sou.
24 Por isso, eu lhes disse que vocês morrerão em
seus pecados. Porque, se não crerem que Eu Sou,
vocês morrerão nos seus pecados.
25 Então lhe perguntaram:
— Quem é você?
Jesus respondeu:
— O que é que eu tenho dito a vocês desde o
princípio? 26 Muitas coisas tenho para falar e julgar
a respeito de vocês. Porém aquele que me enviou
é verdadeiro, de modo que as coisas que dele ouvi,
essas digo ao mundo.
27 Eles não entenderam que Jesus lhes falava do
Pai. 28 Então Jesus disse:
— Quando vocês levantarem o Filho do Ho-
mem, então saberão que Eu Sou e que nada faço
por mim mesmo; mas falo como o Pai me ensi-
nou. 29 E aquele que me enviou está comigo, não
me deixou só, porque eu faço sempre o que lhe
agrada.
30 Quando Jesus disse isto, muitos creram nele.

A verdade liberta

31 Então Jesus disse aos judeus que haviam cri-
do nele:
— Se vocês permanecerem na minha palavra,
são verdadeiramente meus discípulos, 32 conhece-
rão a verdade, e a verdade os libertará.
33 Eles responderam:
— Somos descendência de Abraão e jamais fo-
mos escravos de ninguém. Como você pode dizer
que seremos livres?
34 Jesus respondeu:
— Em verdade, em verdade lhes digo que todo
o que comete pecado é escravo do pecado. 35 O
escravo não fica sempre na casa; o filho, sim, fica
para sempre. 36 Se, pois, o Filho os libertar, vocês
serão verdadeiramente livres. 37 Bem sei que vocês
são descendência de Abraão; no entanto, estão
querendo me matar, porque a minha palavra não
está em vocês. 38 Eu falo das coisas que vi junto de
meu Pai; vocês, porém, fazem o que ouviram do
pai de vocês.
39 Então lhe disseram:
— Nosso pai é Abraão.
Mas Jesus respondeu:
— Se vocês fossem filhos de Abraão, fariam as
obras que ele fez. 40 Mas agora vocês estão queren-
do me matar, a mim que lhes falei a verdade que
ouvi de Deus; Abraão não fez isso. 41 Vocês fazem
as obras do pai de vocês.
Eles responderam:
— Nós não somos filhos ilegítimos. Temos um
pai, que é Deus.
42 Jesus disse:
— Se Deus fosse, de fato, o pai de vocês, certa-
mente me amariam, porque eu vim de Deus e aqui
estou; pois não vim de mim mesmo, mas ele me en-
viou. 43 Por que vocês não compreendem a minha
linguagem? É porque vocês são incapazes de ouvir
a minha palavra. 44 Vocês são do diabo, que é o pai
de vocês, e querem satisfazer os desejos dele. Ele
foi assassino desde o princípio e jamais se firmou
na verdade, porque nele não há verdade. Quando
ele profere mentira, fala do que lhe é próprio, por-
que é mentiroso e pai da mentira. 45 Mas, porque eu
digo a verdade, vocês não creem em mim. 46 Quem
de vocês me convence de pecado? Se digo a verda-
de, por que não creem em mim? 47 Quem é de Deus
ouve as palavras de Deus; por isso, vocês não me
ouvem, porque não são de Deus.

Jesus e Abraão

48 Os judeus disseram a Jesus:
— Será que não temos razão em dizer que você
é samaritano e tem demônio?
49 Jesus respondeu:
— Eu não tenho demônio; pelo contrário, hon-
ro o meu Pai, mas vocês me desonram. 50 Eu não

procuro a minha própria glória; há quem a busque
e julgue. 51 Em verdade, em verdade lhes digo que,
se alguém guardar a minha palavra, não verá a
morte eternamente.
52 Então os judeus disseram:
— Agora estamos certos de que você tem de-
mônio. Abraão morreu, e também os profetas,
e você diz: "Se alguém guardar a minha palavra,
não provará a morte eternamente." 53 Você não
está querendo dizer que é maior do que Abraão, o
nosso pai, que morreu? Também os profetas mor-
reram. Quem você pensa que é?
54 Jesus respondeu:
— Se eu glorifico a mim mesmo, a minha glória
não é nada. Quem me glorifica é o meu Pai, o qual
vocês dizem que é o Deus de vocês. 55 Entretanto,
vocês não o conhecem; eu, porém, o conheço. Se
eu disser que não o conheço, serei como vocês:
mentiroso; mas eu o conheço e guardo a sua pala-
vra. 56 Abraão, o pai de vocês, alegrou-se por ver o
meu dia; e ele viu esse dia e ficou alegre.
57 Então os judeus lhe perguntaram:
— Você não tem nem cinquenta anos e viu
Abraão?
58 Jesus respondeu:
— Em verdade, em verdade lhes digo que, antes
que Abraão existisse, Eu Sou.
59 Então pegaram pedras para atirar nele, mas
Jesus se ocultou e saiu do templo.

A cura de um cego de nascença

9 1 Enquanto Jesus caminhava, viu um homem
cego de nascença. 2 E os seus discípulos per-
guntaram:
— Mestre, quem pecou para que este homem
nascesse cego? Ele ou os pais dele?
3 Jesus respondeu:
— Nem ele pecou, nem os pais dele; mas isso
aconteceu para que nele se manifestem as obras
de Deus. 4 É necessário que façamos as obras da-
quele que me enviou enquanto é dia; a noite vem,
quando ninguém pode trabalhar. 5 Enquanto es-
tou no mundo, sou a luz do mundo.
6 Depois de dizer isso, Jesus cuspiu na terra, fez
lama com a saliva e com a lama untou os olhos do
cego. 7 Então disse ao cego:
— Vá lavar-se no tanque de Siloé.
Siloé quer dizer "Enviado".
O cego foi, lavou-se e voltou vendo. 8 Então
os vizinhos e os que antes o conheciam de vista,
como mendigo, perguntavam:
— Não é este o que ficava sentado pedindo es-
molas?
9 Uns diziam:
— É ele.
Outros:
— Não, mas se parece com ele.
O homem dizia:
— Sou eu.
10 Então lhe perguntaram:
— Como foram abertos os seus olhos?
11 Ele respondeu:
— O homem chamado Jesus fez lama, passou
nos meus olhos e disse: "Vá ao tanque de Siloé e
lave-se." Então fui, lavei-me e estou vendo.
12 Eles perguntaram:
— Onde está ele?
Respondeu:
— Não sei.

Os fariseus interrogam o cego

13 Levaram aos fariseus aquele que antes era
cego. 14 E era sábado o dia em que Jesus fez a lama
e lhe abriu os olhos. 15 Então os fariseus lhe per-
guntaram outra vez como podia ver. Ele respon-
deu:
— Ele pôs lama sobre os meus olhos, lavei-me
e estou vendo.
16 Por isso, alguns dos fariseus diziam:
— Esse homem não é de Deus, porque não
guarda o sábado.
Mas outros diziam:
— Como pode um homem pecador fazer sinais
como estes?
E houve divisão entre eles.
17 De novo perguntaram ao cego:
— O que você diz a respeito dele, uma vez que
lhe abriu os olhos?
Ele respondeu:
— É um profeta.
18 Os judeus não acreditaram que ele tinha sido
cego e que agora podia ver, enquanto não chama-
ram os pais dele 19 e lhes perguntaram:
— É este o filho de vocês, que vocês dizem que
nasceu cego? Como é que agora ele está vendo?
20 Então os pais responderam:
— Sabemos que este é o nosso filho e que nas-
ceu cego, 21 mas não sabemos como agora está
vendo. E também não sabemos quem lhe abriu os
olhos. Perguntem a ele, pois já tem idade e poderá
falar por si mesmo.
22 Os pais dele disseram isso porque estavam
com medo dos judeus, pois estes já tinham com-
binado que, se alguém confessasse que Jesus era
o Cristo, seria expulso da sinagoga. 23 Foi por isso
que os pais dele disseram: "Ele já tem idade e po-
derá falar por si mesmo."
24 Então chamaram, pela segunda vez, o ho-
mem que tinha sido cego e lhe disseram:
— Diga a verdade diante de Deus; nós sabemos
que esse homem é pecador.
25 Ele respondeu:
— Se é pecador, não sei. Uma coisa sei: eu era
cego e agora vejo.

26 Perguntaram-lhe outra vez:
— O que ele fez a você? Como lhe abriu os
olhos?
27 Ele respondeu:
— Já lhes disse, mas vocês não ouviram. Por
que querem ouvir outra vez? Por acaso vocês tam-
bém querem se tornar discípulos dele?
28 Então o insultaram e lhe disseram:
— Discípulo dele é você! Nós somos discípulos
de Moisés. 29 Sabemos que Deus falou a Moisés,
mas este nem sabemos de onde é.
30 O homem respondeu:
— É estranho que vocês não saibam de onde ele
é, mas ele me abriu os olhos. 31 Sabemos que Deus
não atende a pecadores. Pelo contrário, se alguém
teme a Deus e pratica a sua vontade, a este atende.
32 Desde que o mundo existe, jamais se ouviu que
alguém tenha aberto os olhos a um cego de nas-
cença. 33 Se este homem não fosse de Deus, não
poderia ter feito nada.
34 Mas eles disseram:
— Você nasceu cheio de pecado e quer nos en-
sinar?
E o expulsaram.

A cegueira espiritual

35 Jesus ouviu que eles tinham expulsado o ho-
mem. Ao encontrá-lo, perguntou:
— Você crê no Filho do Homem?
36 Ele respondeu:
— Quem é, Senhor, para que eu creia nele?
37 E Jesus lhe disse:
— Você já o tem visto, e é aquele que está falan-
do com você.
38 Então ele afirmou:
— Eu creio, Senhor!
E o adorou.
39 Jesus continuou:
— Eu vim a este mundo para juízo, a fim de que
os que não veem vejam, e os que veem se tornem
cegos.
40 Alguns dos fariseus que estavam perto dele
perguntaram-lhe:
— Por acaso também nós somos cegos?
41 Jesus respondeu:
— Se vocês fossem cegos, não teriam pecado
algum. Mas, porque agora dizem: "Nós vemos", o
pecado de vocês permanece.

O pastor das ovelhas

10 1 — Em verdade, em verdade lhes digo:
quem não entra no curral das ovelhas pela
porta, mas sobe por outro lugar, esse é ladrão e
salteador. 2 Aquele, porém, que entra pela porta,
esse é o pastor das ovelhas. 3 Para este o porteiro
abre, as ovelhas ouvem a sua voz, ele chama as
suas próprias ovelhas pelo nome e as conduz para
fora. 4 Depois de levar para fora todas as que lhe
pertencem, vai na frente delas, e elas o seguem,
porque reconhecem a voz dele. 5 Mas de modo ne-
nhum seguirão o estranho; pelo contrário, fugirão
dele, porque não conhecem a voz dos estranhos.
6 Jesus fez esta comparação, mas eles não com-
preenderam o sentido daquilo que ele falava.

Jesus, a porta

7 Então Jesus disse mais uma vez:
— Em verdade, em verdade lhes digo que eu
sou a porta das ovelhas. 8 Todos os que vieram an-
tes de mim são ladrões e salteadores, mas as ove-
lhas não lhes deram ouvidos. 9 Eu sou a porta. Se
alguém entrar por mim, será salvo; entrará, sairá
e achará pastagem. 10 O ladrão vem somente para
roubar, matar e destruir; eu vim para que tenham
vida e a tenham em abundância.

Jesus, o bom pastor

11 — Eu sou o bom pastor. O bom pastor dá a
vida pelas ovelhas. 12 O mercenário, que não é pas-
tor, a quem não pertencem as ovelhas, vê o lobo
chegando, abandona as ovelhas e foge; então o
lobo as arrebata e dispersa. 13 O mercenário foge,
porque é mercenário e não se importa com as ove-
lhas. 14 Eu sou o bom pastor. Conheço as minhas
ovelhas, e elas me conhecem, 15 assim como o Pai
me conhece, e eu conheço o Pai; e dou a minha
vida pelas ovelhas. 16 Ainda tenho outras ovelhas,
não deste aprisco. Preciso trazer também estas.
Elas ouvirão a minha voz e, então, haverá um só
rebanho e um só pastor. 17 Por isso, o Pai me ama,
porque eu dou a minha vida para recebê-la outra
vez. 18 Ninguém tira a minha vida; pelo contrário,
eu espontaneamente a dou. Tenho autoridade
para entregá-la e também para reavê-la. Este man-
dato recebi de meu Pai.
19 Por causa dessas palavras, houve nova divisão
entre os judeus. 20 Muitos deles diziam:
— Ele tem demônio e enlouqueceu. Por que vo-
cês ouvem o que ele diz?
21 Outros diziam:
— Este modo de falar não é de endemoniado.
Será que um demônio pode abrir os olhos aos ce-
gos?

A Festa da Dedicação. O povo rejeita Jesus

22 Celebrava-se em Jerusalém a Festa da Dedi-
cação. Era inverno. 23 Jesus passeava no templo, no
Pórtico de Salomão. 24 Então os judeus o rodearam
e disseram:
— Até quando você nos deixará nesse suspen-
se? Se você é o Cristo, diga francamente.
25 Jesus respondeu:
— Já falei, mas vocês não acreditam. As obras
que eu faço em nome do meu Pai dão testemunho

de mim. 26 Mas vocês não creem, porque não são
das minhas ovelhas. 27 As minhas ovelhas ouvem a
minha voz; eu as conheço, e elas me seguem. 28 Eu
lhes dou a vida eterna; jamais perecerão, e ninguém
as arrebatará da minha mão. 29 Aquilo que meu Pai
me deu é maior do que tudo, e da mão do Pai nin-
guém pode arrebatar. 30 Eu e o Pai somos um.
31 Os judeus mais uma vez pegaram pedras com
a intenção de apedrejá-lo.
32 Mas Jesus lhes disse:
— Tenho mostrado a vocês muitas obras boas
da parte do Pai. Por qual delas querem me ape-
drejar?
33 Os judeus responderam:
— Não é por obra boa que queremos apedrejá-
-lo, e sim por causa da blasfêmia. Pois, sendo você
apenas um homem, está se fazendo de Deus.
34 Jesus disse:
— Não está escrito na Lei de vocês: "Eu disse:
vocês são deuses"? 35 Se ele chamou deuses àque-
les a quem foi dirigida a palavra de Deus — e a
Escritura não pode falhar —, 36 então como vocês
dizem que aquele que o Pai santificou e enviou ao
mundo está blasfemando, só porque declarei que
sou Filho de Deus? 37 Se não faço as obras do meu
Pai, não acreditem em mim. 38 Mas, se faço, e vocês
não creem em mim, creiam pelo menos nas obras,
para que vocês possam saber e compreender que o
Pai está em mim e que eu estou no Pai.
39 Então tentaram outra vez prendê-lo, mas ele
se livrou das mãos deles.
40 Novamente Jesus se retirou para além do Jor-
dão, para o lugar onde João batizava no início; e ali
permaneceu. 41 E muitos iam até ele e diziam:
— João não fez nenhum sinal, mas tudo o que
ele disse a respeito deste homem era verdade.
42 E naquele lugar muitos creram nele.

A morte de Lázaro

11 1 Um homem chamado Lázaro estava doen-
te. Ele era de Betânia, da aldeia de Maria e
de sua irmã Marta. 2 Esta Maria, cujo irmão Lázaro
estava doente, era a mesma que ungiu o Senhor
com perfume e lhe enxugou os pés com os seus
cabelos. 3 Por isso, as irmãs de Lázaro mandaram
dizer a Jesus:
— Aquele que o Senhor ama está doente.
4 Ao receber a notícia, Jesus disse:
— Essa doença não é para morte, mas para a
glória de Deus, a fim de que o Filho de Deus seja
glorificado por meio dela.
5 Ora, Jesus amava Marta e a irmã dela, e tam-
bém Lázaro. 6 Quando soube que Lázaro estava
doente, ainda se demorou dois dias no lugar onde
estava. 7 Depois, disse aos seus discípulos:
— Vamos outra vez para a Judeia.
8 Os discípulos disseram:
— Mestre, ainda há pouco os judeus queriam
apedrejá-lo! E o senhor quer voltar para lá?
9 Jesus respondeu:
— Não é verdade que o dia tem doze horas? Se
alguém andar de dia, não tropeça, porque vê a luz
deste mundo. 10 Mas, se andar de noite, tropeça,
porque nele não há luz.
11 Tendo dito isso, acrescentou:
— Nosso amigo Lázaro adormeceu, mas vou
para despertá-lo.
12 Então os discípulos disseram:
— Senhor, se dorme, estará salvo.
13 Jesus falava da morte de Lázaro, mas eles
pensavam que tivesse falado do repouso do sono.
14 Então Jesus lhes disse claramente:
— Lázaro morreu. 15 Por causa de vocês me ale-
gro de que não estivesse lá, para que vocês possam
crer. Mas vamos até ele.
16 Então Tomé, chamado Dídimo, disse aos ou-
tros discípulos:
— Vamos também nós para morrer com o Mes-
tre!

Jesus é a ressurreição e a vida

17 Quando Jesus chegou, encontrou Lázaro já
sepultado havia quatro dias. 18 Ora, Betânia ficava
a mais ou menos três quilômetros de Jerusalém.
19 Muitos dos judeus vieram visitar Marta e Maria,
a fim de consolá-las por causa do irmão. 20 Mar-
ta, quando soube que Jesus estava chegando, foi
encontrar-se com ele; Maria, porém, ficou sentada
em casa. 21 Então Marta disse a Jesus:
— Se o Senhor estivesse aqui, o meu irmão
não teria morrido. 22 Mas também sei que, mesmo
agora, tudo o que o senhor pedir a Deus, ele con-
cederá.
23 Jesus disse a ela:
— O seu irmão há de ressurgir.
24 Ao que Marta respondeu:
— Eu sei que ele há de ressurgir na ressurrei-
ção, no último dia.
25 Então Jesus declarou:
— Eu sou a ressurreição e a vida. Quem crê em
mim, ainda que morra, viverá. 26 E todo o que vive
e crê em mim não morrerá eternamente. Você crê
nisto?
27 Marta respondeu:
— Sim, Senhor! Eu creio que o senhor é o Cris-
to, o Filho de Deus que devia vir ao mundo.

Jesus chora

28 Depois de dizer isto, Marta foi chamar Maria,
a sua irmã, e lhe disse em particular:
— O Mestre chegou e está chamando você.
29 Quando Maria ouviu isso, levantou-se de-
pressa e foi até ele, 30 pois Jesus ainda não tinha
entrado na aldeia, mas permanecia onde Marta o

havia encontrado. 31 Os judeus que estavam com
Maria em casa e a consolavam, vendo-a levantar-
-se depressa e sair, seguiram-na, pensando que ela
ia ao túmulo para chorar. 32 Quando Maria chegou
ao lugar onde Jesus estava, ao vê-lo, lançou-se aos
seus pés, dizendo:
— Se o Senhor estivesse aqui, o meu irmão não
teria morrido.
33 Quando Jesus viu que ela chorava, e que os
judeus que a acompanhavam também choravam,
agitou-se no espírito e se comoveu. 34 E perguntou:
— Onde vocês o puseram?
Eles responderam:
— Senhor, venha ver!
35 Jesus chorou. 36 Então os judeus disseram:
— Vejam o quanto ele o amava.
37 Mas alguns disseram:
— Será que ele, que abriu os olhos ao cego, não
podia fazer com que Lázaro não morresse?

A ressurreição de Lázaro

38 Jesus, agitando-se novamente em si mesmo,
foi até o túmulo, que era uma gruta em cuja en-
trada tinham colocado uma pedra. 39 Então Jesus
ordenou:
— Tirem a pedra.
Marta, irmã do falecido, disse a Jesus:
— Senhor, já cheira mal, porque está morto há
quatro dias.
40 Jesus respondeu:
— Eu não disse a você que, se cresse, veria a
glória de Deus?
41 Então tiraram a pedra. E Jesus, levantando os
olhos para o céu, disse:
— Pai, graças te dou porque me ouviste. 42 Eu
sei que sempre me ouves, mas falei isso por causa
da multidão presente, para que creiam que tu me
enviaste.
43 E, depois de dizer isso, clamou em alta voz:
— Lázaro, venha para fora!
44 Aquele que tinha morrido saiu, tendo os pés e
as mãos amarrados com ataduras e o rosto envolto
num lenço. Então Jesus lhes ordenou:
— Desamarrem-no e deixem que ele vá.

O plano para matar Jesus

Mt 26.1-5; Mc 14.1-2; Lc 22.1-2

45 Muitos dos judeus que tinham vindo visitar
Maria, vendo o que Jesus havia feito, creram nele.
46 Outros, porém, foram até os fariseus e lhes con-
taram o que Jesus havia feito.
47 Então os principais sacerdotes e os fariseus
convocaram o Sinédrio e disseram:
— O que estamos fazendo, uma vez que este
homem opera muitos sinais? 48 Se o deixarmos as-
sim, todos crerão nele; depois, virão os romanos e
tomarão não só o nosso lugar, mas a própria nação.
49 Mas um deles, Caifás, que era sumo sacerdote
naquele ano, advertiu-os, dizendo:
— Vocês não sabem nada, 50 nem entendem
que é melhor para vocês que morra um só homem
pelo povo e que não venha a perecer toda a nação.
51 Ora, Caifás não disse isto por conta própria,
mas, sendo sumo sacerdote naquele ano, profeti-
zou que Jesus estava para morrer pela nação. 52 E
não somente pela nação, mas também para reu-
nir em um só corpo os filhos de Deus, que andam
dispersos.
53 Desde aquele dia, resolveram matar Jesus.
54 Assim sendo, Jesus já não andava publicamente
entre os judeus, mas retirou-se para uma região
vizinha ao deserto, para uma cidade chamada
Efraim, onde permaneceu com os discípulos.
55 Estava próxima a Páscoa dos judeus, e muitos
daquela região foram a Jerusalém antes da Páscoa
para se purificar. 56 Lá, procuravam Jesus e, estan-
do eles no templo, diziam uns aos outros:
— O que vocês acham? Ele não virá à festa?
57 Ora, os principais sacerdotes e os fariseus
haviam ordenado que, se alguém soubesse onde
ele estava, o denunciasse, para que pudessem
prendê-lo.

Jesus é ungido em Betânia

Mt 26.6-13; Mc 14.3-9

12 1 Seis dias antes da Páscoa, Jesus foi para Be-
tânia, onde estava Lázaro, a quem ele tinha
ressuscitado dentre os mortos. 2 Prepararam-lhe,
ali, uma ceia. Marta servia, e Lázaro era um dos
que estavam à mesa com Jesus. 3 Então Maria, pe-
gando um frasco de perfume de nardo puro, muito
precioso, ungiu os pés de Jesus e os enxugou com
os seus cabelos. E toda a casa se encheu com o
cheiro do perfume. 4 Mas Judas Iscariotes, um dos
seus discípulos, aquele que estava para trair Jesus,
disse:
5 — Por que este perfume não foi vendido por
trezentos denários e o valor não foi dado aos po-
bres?
6 Ele disse isso não porque se preocupava com
os pobres, mas porque era ladrão e, tendo a bolsa
do dinheiro, tirava o que era colocado nela. 7 Mas
Jesus disse:
— Deixe-a! Que ela guarde isto para o dia do
meu sepultamento. 8 Porque os pobres estão sem-
pre com vocês, mas a mim vocês nem sempre te-
rão.

O plano para matar Lázaro

9 Uma numerosa multidão dos judeus ficou sa-
bendo que Jesus estava em Betânia. Eles foram até
lá não só por causa dele, mas também para ver Lá-
zaro, a quem ele tinha ressuscitado dentre os mor-
tos. 10 Mas os principais sacerdotes resolveram

matar também Lázaro, 11 porque muitos dos ju-
deus, por causa dele, voltavam crendo em Jesus.

Jesus entra em Jerusalém

Mt 21.1-11; Mc 11.1-11; Lc 19.28-40

12 No dia seguinte, a numerosa multidão que ti-
nha vindo à festa, tendo ouvido que Jesus estava a
caminho de Jerusalém, 13 pegou ramos de palmei-
ras e saiu ao encontro dele, clamando:

"Hosana!
Bendito o que vem em nome do Senhor
e que é Rei de Israel!"

14 E Jesus, tendo conseguido um jumentinho,
montou-o, segundo está escrito:

15 "Não tema, filha de Sião,
eis que o seu Rei está vindo,
montado num filho de jumenta."

16 Seus discípulos a princípio não compreende-
ram isso. Mas, quando Jesus foi glorificado, então
eles se lembraram de que essas coisas estavam
escritas a respeito dele e também de que tinham
feito isso com ele. 17 A multidão que estava com
Jesus quando ele chamou Lázaro do túmulo e o le-
vantou dentre os mortos dava testemunho. 18 Por
causa disso, também, a multidão saiu ao encontro
de Jesus, pois ouviu que ele tinha feito esse sinal.
19 Então os fariseus disseram entre si:
— Vocês podem ver que não estão conseguindo
nada! Eis que o mundo vai atrás dele.

Alguns gregos desejam ver Jesus

20 Ora, entre os que foram para adorar durante
a festa, havia alguns gregos. 21 Estes se dirigiram a
Filipe, que era de Betsaida da Galileia, e lhe pedi-
ram:
— Senhor, queremos ver Jesus.
22 Filipe foi dizê-lo a André, e André e Filipe o
comunicaram a Jesus. 23 Então Jesus se dirigiu a
eles, dizendo:
— É chegada a hora de ser glorificado o Filho
do Homem. 24 Em verdade, em verdade lhes digo:
se o grão de trigo, caindo na terra, não morrer,
fica ele só; mas, se morrer, produz muito fruto.
25 Quem ama a sua vida perde-a; mas aquele que
odeia a sua vida neste mundo irá preservá-la para
a vida eterna. 26 Se alguém me serve, siga-me, e,
onde eu estou, ali estará também o meu servo. E,
se alguém me servir, meu Pai o honrará.

Jesus fala da sua morte

27 — Agora a minha alma está angustiada, e o
que direi? "Pai, salva-me desta hora"? Não, pois foi
precisamente com este propósito que eu vim para
esta hora. 28 Pai, glorifica o teu nome.
Então veio uma voz do céu:
— Eu já o glorifiquei e ainda o glorificarei.
29 A multidão que ali estava e que ouviu aquela
voz dizia ter havido um trovão. Outros diziam:
— Foi um anjo que lhe falou.
30 Então Jesus explicou:
— Não foi por minha causa que veio esta voz,
e sim por causa de vocês. 31 Chegou o momento
de este mundo ser julgado, e agora o seu príncipe
será expulso. 32 E eu, quando for levantado da ter-
ra, atrairei todos a mim.
33 Ele dizia isto, significando com que tipo de
morte estava para morrer. 34 A multidão disse:
— Nós ouvimos da Lei que o Cristo permanece
para sempre. Como, então, você diz que é necessá-
rio que o Filho do Homem seja levantado? Quem é
esse Filho do Homem?
35 Jesus respondeu:
— Ainda por um pouco a luz está com vocês.
Andem enquanto vocês têm a luz, para que não
sejam surpreendidos pelas trevas. E quem anda
nas trevas não sabe para onde vai. 36 Enquanto vo-
cês têm a luz, creiam na luz, para que se tornem
filhos da luz.

A incredulidade dos judeus

Depois de dizer isso, Jesus foi embora e ocultou-
-se deles. 37 E, embora tivesse feito tantos sinais na
presença deles, não creram nele, 38 para se cum-
prir a palavra do profeta Isaías, que diz:

"Senhor, quem creu em nossa pregação?
E a quem foi revelado
o braço do Senhor?"

39 Por isso, não podiam crer, porque Isaías disse
ainda:

40 "Cegou os olhos deles
e endureceu-lhes o coração,
para que não vejam com os olhos,
nem entendam com o coração,
e se convertam,
e sejam por mim curados."

41 Isaías disse isso porque viu a glória dele e fa-
lou a respeito dele. 42 No entanto, muitos dentre as
próprias autoridades creram em Jesus, mas, por
causa dos fariseus, não o confessavam, para não
serem expulsos da sinagoga. 43 Porque amaram
mais a glória dos homens do que a glória de Deus.

O resumo do ensino de Jesus

44 E Jesus clamou, dizendo:
— Quem crê em mim crê não em mim, mas
naquele que me enviou. 45 E quem vê a mim vê
aquele que me enviou. 46 Eu vim como luz para o
mundo, a fim de que todo aquele que crê em mim
não permaneça nas trevas. 47 Se alguém ouvir as
minhas palavras e não as guardar, eu não o julgo.

Porque eu não vim para julgar o mundo, e sim para salvá-lo. 48 Quem me rejeita e não recebe as minhas palavras tem quem o julgue; a própria palavra que falei, essa o julgará no último dia. 49 Porque eu não falei por mim mesmo, mas o Pai, que me enviou, esse me ordenou o que dizer e o que anunciar. 50 E sei que o seu mandamento é a vida eterna. Portanto, as coisas que eu digo, digo exatamente assim como o Pai me falou.

Jesus lava os pés dos discípulos

13 1 Antes da Festa da Páscoa, sabendo Jesus que era chegada a sua hora de passar deste mundo para o Pai, tendo amado os seus que estavam no mundo, amou-os até o fim. 2 Durante a ceia, tendo já o diabo posto no coração de Judas, filho de Simão Iscariotes, que traísse Jesus, 3 sabendo este que o Pai tinha confiado tudo às suas mãos, e que ele tinha vindo de Deus e voltava para Deus, 4 levantou-se da ceia, tirou a vestimenta de cima e, pegando uma toalha, cingiu-se com ela. 5 Em seguida Jesus pôs água numa bacia e começou a lavar os pés dos discípulos e a enxugá-los com a toalha com que estava cingido. 6 Quando se aproximou de Simão Pedro, este lhe perguntou:

— Vai lavar os meus pés, Senhor?

7 Jesus respondeu:

— O que eu faço você não compreende agora, mas vai entender depois.

8 Então Pedro disse:

— O senhor nunca lavará os meus pés!

Ao que Jesus respondeu:

— Se eu não lavar, você não terá parte comigo.

9 Então Pedro lhe pediu:

— Senhor, não somente os pés, mas também as mãos e a cabeça.

10 Jesus respondeu:

— Quem já se banhou não precisa lavar nada, a não ser os pés, pois, quanto ao mais, está todo limpo. E vocês estão limpos, mas não todos.

11 Pois ele sabia quem era o traidor. Foi por isso que disse: "Nem todos estão limpos."

12 Depois de lhes ter lavado os pés, Jesus pôs de novo as suas vestimentas e, voltando à mesa, perguntou-lhes:

— Vocês compreendem o que eu lhes fiz? 13 Vocês me chamam de Mestre e de Senhor e fazem bem, porque eu o sou. 14 Ora, se eu, sendo Senhor e Mestre, lavei os pés de vocês, também vocês devem lavar os pés uns dos outros. 15 Porque eu lhes dei o exemplo, para que, como eu fiz, vocês façam também. 16 Em verdade, em verdade lhes digo que o servo não é maior do que seu senhor, nem o enviado é maior do que aquele que o enviou. 17 Se vocês sabem estas coisas, bem-aventurados serão se as praticarem. 18 Não falo a respeito de todos vocês, pois eu conheço aqueles que escolhi. Mas é para que se cumpra a Escritura: "Aquele que come do meu pão levantou contra mim o seu calcanhar." 19 Desde já lhes digo isso, antes que aconteça, para que, quando acontecer, vocês creiam que Eu Sou. 20 Em verdade, em verdade lhes digo: quem recebe aquele que eu enviar recebe a mim; e quem recebe a mim recebe aquele que me enviou.

O traidor é indicado

Mt 26.20-25; Mc 14.17-21; Lc 22.21-23

21 Depois de dizer isso, Jesus se angustiou em espírito e afirmou:

— Em verdade, em verdade lhes digo que um de vocês vai me trair.

22 Então os discípulos olharam uns para os outros, sem saber a quem ele se referia.

23 Ao lado de Jesus estava reclinado um dos seus discípulos, aquele a quem ele amava. 24 Simão Pedro fez um sinal a esse, para que perguntasse a quem Jesus se referia. 25 Então aquele discípulo, reclinando-se sobre o peito de Jesus, perguntou:

— Senhor, quem é?

26 Jesus respondeu:

— É aquele a quem eu der o pedaço de pão molhado.

Então Jesus pegou um pedaço de pão e, tendo-o molhado, deu-o a Judas, filho de Simão Iscariotes. 27 E, depois que Judas recebeu o pedaço de pão, imediatamente Satanás entrou nele. Então Jesus disse a Judas:

— O que você pretende fazer, faça-o depressa.

28 Nenhum dos que estavam à mesa entendeu por que Jesus tinha dito isso. 29 Pois, como Judas era quem trazia a bolsa do dinheiro, alguns pensaram que Jesus tinha dito a ele: "Compre o que precisamos para a festa" ou, então, que havia solicitado que desse alguma coisa aos pobres. 30 Assim, tendo recebido o pedaço de pão, Judas logo saiu. E era noite.

O novo mandamento

31 Quando Judas saiu, Jesus disse:

— Agora foi glorificado o Filho do Homem, e Deus foi glorificado nele. 32 Se Deus foi glorificado nele, também Deus o glorificará nele mesmo; e ele o glorificará imediatamente. 33 Filhinhos, ainda por um pouco estou com vocês. Vocês vão me procurar, mas o que eu disse aos judeus também agora digo a vocês: para onde eu vou vocês não podem ir. 34 Eu lhes dou um novo mandamento: que vocês amem uns aos outros. Assim como eu os amei, que também vocês amem uns aos outros. 35 Nisto todos conhecerão que vocês são meus discípulos: se tiverem amor uns aos outros.

Pedro é avisado

Mt 26.31-35; Mc 14.27-31; Lc 22.31-34

36 Simão Pedro perguntou a Jesus:

— Para onde o Senhor vai?

Jesus respondeu:
— Para onde eu vou você não poderá me seguir
agora; mais tarde, porém, me seguirá.
37 Pedro disse:
— Senhor, por que não posso segui-lo agora?
Darei a minha vida pelo senhor.
38 Jesus respondeu:
— Você dará a sua vida por mim? Em verdade,
em verdade lhe digo: antes que o galo cante, três
vezes você me negará.

Jesus, o caminho para o Pai

14 1 — Que o coração de vocês não fique an-
gustiado; vocês creem em Deus, creiam
também em mim. 2 Na casa de meu Pai há muitas
moradas. Se não fosse assim, eu já lhes teria dito.
Pois vou preparar um lugar para vocês. 3 E, quando
eu for e preparar um lugar, voltarei e os receberei
para mim mesmo, para que, onde eu estou, vocês
estejam também. 4 E vocês conhecem o caminho
para onde eu vou.
5 Então Tomé disse a Jesus:
— Não sabemos para onde o Senhor vai. Como
podemos saber o caminho?
6 Jesus respondeu:
— Eu sou o caminho, a verdade e a vida; nin-
guém vem ao Pai senão por mim. 7 Se vocês me
conheceram, conhecerão também o meu Pai. E
desde agora vocês o conhecem e têm visto.
8 Filipe disse a Jesus:
— Senhor, mostre-nos o Pai, e isso nos basta.
9 Jesus respondeu:
— Há tanto tempo estou com vocês, Filipe, e
você ainda não me conhece? Quem vê a mim vê
o Pai. Como é que você diz: "Mostre-nos o Pai"?
10 Você não crê que eu estou no Pai e que o Pai está
em mim? As palavras que eu digo a vocês não as
digo por mim mesmo, mas o Pai, que permanece
em mim, faz as suas obras. 11 Creiam que eu estou
no Pai e que o Pai está em mim; creiam ao menos
por causa das mesmas obras. 12 Em verdade, em
verdade lhes digo que aquele que crê em mim fará
também as obras que eu faço e outras maiores
fará, porque eu vou para junto do Pai. 13 E tudo o
que vocês pedirem em meu nome, isso farei, a fim
de que o Pai seja glorificado no Filho. 14 Se me pe-
direm alguma coisa em meu nome, eu o farei.

Jesus promete o Espírito Santo

15 — Se vocês me amam, guardarão os meus
mandamentos. 16 E eu pedirei ao Pai, e ele lhes
dará outro Consolador, a fim de que esteja com
vocês para sempre: 17 é o Espírito da verdade, que
o mundo não pode receber, porque não o vê, nem
o conhece. Vocês o conhecem, porque ele habita
com vocês e estará em vocês.
18 — Não deixarei que fiquem órfãos; voltarei
para junto de vocês. 19 Mais um pouco e o mundo
não me verá mais; vocês, no entanto, me verão.
Porque eu vivo, vocês também viverão. 20 Naquele
dia vocês saberão que eu estou em meu Pai, que
vocês estão em mim e que eu estou em vocês.
21 Aquele que tem os meus mandamentos e os
guarda, esse é o que me ama; e aquele que me ama
será amado por meu Pai, e eu também o amarei e
me manifestarei a ele.
22 Então Judas, não o Iscariotes, disse a Jesus:
— Por que razão o Senhor se manifestará a nós
e não ao mundo?
23 Jesus respondeu:
— Se alguém me ama, guardará a minha pa-
lavra; e o meu Pai o amará, e viremos para ele e
faremos nele morada. 24 Quem não me ama não
guarda as minhas palavras. E a palavra que vocês
estão ouvindo não é minha, mas do Pai, que me
enviou.
25 — Tenho dito isso enquanto ainda estou com
vocês. 26 Mas o Consolador, o Espírito Santo, que
o Pai enviará em meu nome, esse ensinará a vo-
cês todas as coisas e fará com que se lembrem de
tudo o que eu lhes disse. 27 Deixo com vocês a paz,
a minha paz lhes dou; não lhes dou a paz como o
mundo a dá. Que o coração de vocês não fique an-
gustiado nem com medo. 28 Vocês ouviram que eu
disse: "Vou e volto para junto de vocês." Se vocês
me amassem, ficariam alegres com a minha ida
para o Pai, porque o Pai é maior do que eu. 29 Isso
eu falei agora, antes que aconteça, para que, quan-
do acontecer, vocês creiam. 30 Já não falarei muito
com vocês, porque aí vem o príncipe do mundo, e
ele não tem poder sobre mim. 31 No entanto, faço
isso para que o mundo saiba que eu amo o Pai e
que faço como o Pai me ordenou.
— Levantem-se, vamos sair daqui.

A videira e os ramos

15 1 — Eu sou a videira verdadeira, e o meu
Pai é o lavrador. 2 Todo ramo que, estando
em mim, não der fruto, ele o corta; e todo o que
dá fruto ele limpa, para que produza mais fruto
ainda. 3 Vocês já estão limpos por causa da palavra
que lhes tenho falado. 4 Permaneçam em mim,
e eu permanecerei em vocês. Como o ramo não
pode produzir fruto de si mesmo se não permane-
cer na videira, assim vocês não podem dar fruto se
não permanecerem em mim.
5 — Eu sou a videira, vocês são os ramos. Quem
permanece em mim, e eu, nele, esse dá muito
fruto; porque sem mim vocês não podem fazer
nada. 6 Se alguém não permanecer em mim, será
lançado fora, à semelhança do ramo, e secará;
e o apanham, lançam no fogo e o queimam. 7 Se
permanecerem em mim, e as minhas palavras per-
manecerem em vocês, pedirão o que quiserem, e

lhes será feito. 8 Nisto é glorificado o meu Pai: que
vocês deem muito fruto; e assim mostrarão que
são meus discípulos. 9 Como o Pai me amou, tam-
bém eu amei vocês; permaneçam no meu amor.
10 Se vocês guardarem os meus mandamentos,
permanecerão no meu amor, assim como também
eu tenho guardado os mandamentos de meu Pai e
no seu amor permaneço. 11 Tenho lhes dito estas
coisas para que a minha alegria esteja em vocês, e
a alegria de vocês seja completa.

12 — O meu mandamento é este: que vocês
amem uns aos outros, assim como eu os amei.
13 Ninguém tem amor maior do que este: de
alguém dar a própria vida pelos seus amigos.
14 Vocês são meus amigos se fazem o que eu lhes
ordeno. 15 Já não chamo vocês de servos, porque o
servo não sabe o que o seu senhor faz; mas tenho
chamado vocês de amigos, porque tudo o que ouvi
de meu Pai eu lhes dei a conhecer. 16 Não foram
vocês que me escolheram; pelo contrário, eu os
escolhi e os designei para que vão e deem fruto, e
o fruto de vocês permaneça, a fim de que tudo o
que pedirem ao Pai em meu nome, ele lhes conce-
da. 17 O que eu lhes ordeno é isto: que vocês amem
uns aos outros.

Odiados pelo mundo

18 — Se o mundo odeia vocês, saibam que, an-
tes de odiar vocês, odiou a mim. 19 Se vocês fos-
sem do mundo, o mundo amaria o que era seu;
mas vocês não são do mundo — pelo contrário,
eu dele os escolhi — e, por isso, o mundo odeia
vocês. 20 Lembrem-se da palavra que eu disse a vo-
cês: "O servo não é maior do que seu senhor." Se
perseguiram a mim, também perseguirão vocês;
se guardaram a minha palavra, também guardarão
a de vocês. 21 Tudo isso, porém, farão com vocês
por causa do meu nome, porque não conhecem
aquele que me enviou. 22 Se eu não tivesse vindo e
lhes falado, eles não teriam nenhum pecado; mas,
agora, não têm desculpa do seu pecado. 23 Quem
odeia a mim odeia também o meu Pai. 24 Se eu
não tivesse feito entre eles as obras que nenhum
outro fez, eles não teriam nenhum pecado; mas,
agora, não somente viram como também odia-
ram tanto a mim como o meu Pai. 25 Isso, porém, é
para que se cumpra a palavra escrita na Lei deles:
"Odiaram-me sem motivo."

26 — Quando, porém, vier o Consolador, que eu
enviarei a vocês da parte do Pai, o Espírito da ver-
dade, que dele procede, esse dará testemunho de
mim. 27 E vocês também testemunharão, porque
estão comigo desde o princípio.

16 1 — Falo essas coisas para que vocês não
se escandalizem. 2 Eles expulsarão vocês
das sinagogas, e até chegará a hora em que todo
aquele que os matar pensará que, com isso, está
prestando culto a Deus. 3 Isso farão porque não
conhecem o Pai nem a mim. 4 Mas estou falando
essas coisas para que, quando chegar a hora, vocês
se lembrem de que eu já tinha dito isto para vocês.

A obra do Espírito Santo

— Eu não lhes falei isso desde o princípio, por-
que eu estava com vocês. 5 Mas, agora, vou para
junto daquele que me enviou, e nenhum de vocês
me pergunta: "Para onde o senhor vai?" 6 Pelo con-
trário, porque eu lhes disse essas coisas, a tristeza
encheu o coração de vocês. 7 Mas eu lhes digo a
verdade: é melhor para vocês que eu vá, porque,
se eu não for, o Consolador não virá para vocês;
mas, se eu for, eu o enviarei a vocês. 8 Quando ele
vier, convencerá o mundo do pecado, da justiça e
do juízo: 9 do pecado, porque eles não creem em
mim; 10 da justiça, porque vou para o Pai, e vocês
não me verão mais; 11 do juízo, porque o príncipe
deste mundo já está julgado.

12 — Tenho ainda muito para lhes dizer, mas
vocês não o podem suportar agora. 13 Porém,
quando vier o Espírito da verdade, ele os guiará
em toda a verdade. Ele não falará por si mesmo,
mas dirá tudo o que ouvir e anunciará a vocês as
coisas que estão para acontecer. 14 Ele me glorifi-
cará, porque vai receber do que é meu e anunciará
isso a vocês. 15 Tudo o que o Pai tem é meu. Por
isso eu disse que o Espírito vai receber do que é
meu e anunciar isso a vocês.

A tristeza se transformará em alegria

16 — Um pouco, e vocês não me verão mais; ou-
tra vez um pouco, e me verão de novo.

17 Então alguns dos seus discípulos disseram
uns aos outros:

— Que vem a ser isto que ele está nos dizendo:
"Um pouco, e vocês não me verão mais, e outra
vez um pouco, e me verão de novo"; e: "Vou para
o Pai"?

18 E diziam:

— Que vem a ser esse "um pouco"? Não com-
preendemos o que ele está dizendo.

19 Jesus, percebendo que queriam lhe fazer per-
guntas, disse:

— Vocês estão discutindo a respeito disto que
eu acabo de falar: "Um pouco, e vocês não me
verão mais, e outra vez um pouco, e me verão de
novo"? 20 Em verdade, em verdade lhes digo que
vocês vão chorar e se lamentar, mas o mundo se
alegrará. Vocês ficarão tristes, mas a tristeza de
vocês se transformará em alegria. 21 A mulher,
quando está para dar à luz, fica triste, porque che-
gou a sua hora; mas, depois de nascida a criança,
já não se lembra da aflição, pela alegria de ter tra-
zido alguém ao mundo. 22 Assim também agora
vocês estão tristes. Mas eu os verei outra vez, e

o coração de vocês ficará cheio de alegria, e nin-
guém poderá tirar essa alegria de vocês.
23— Naquele dia vocês não me perguntarão
nada. Em verdade, em verdade lhes digo: se pedi-
rem ao Pai alguma coisa em meu nome, ele lhes
concederá. 24 Até agora vocês não pediram nada
em meu nome; peçam e receberão, para que a ale-
gria de vocês seja completa.

Palavras de despedida

25— Essas coisas eu falei a vocês por meio de
figuras. Vem a hora em que não falarei mais por
meio de figuras, mas falarei a vocês claramente a
respeito do Pai. 26 Naquele dia vocês pedirão em
meu nome. E não lhes digo que pedirei ao Pai em
favor de vocês, 27 porque o próprio Pai os ama, vis-
to que vocês me amam e creem que eu vim da par-
te de Deus. 28 Vim do Pai e entrei no mundo, mas
agora deixo o mundo e vou para o Pai.
29 Então os seus discípulos disseram:
— Agora o senhor fala claramente e não em-
prega nenhuma figura. 30 Agora vemos que o
senhor sabe todas as coisas e não precisa que al-
guém lhe pergunte. Por isso, cremos que o senhor
veio de Deus.
31 Jesus respondeu:
— Vocês creem agora? 32 Eis que vem a hora —
e já chegou — em que vocês serão dispersos, cada
um para a sua casa, e vocês me deixarão sozinho.
Mas não estou sozinho, porque o Pai está comigo.
33 Falei essas coisas para que em mim vocês te-
nham paz. No mundo, vocês passam por aflições;
mas tenham coragem: eu venci o mundo.

A oração sacerdotal de Jesus

17 1 Depois de dizer essas coisas, Jesus levantou
os olhos ao céu e disse:
— Pai, é chegada a hora. Glorifica o teu Filho,
para que o Filho glorifique a ti, 2 assim como lhe
deste autoridade sobre toda a humanidade, a fim
de que ele conceda a vida eterna a todos os que
lhe deste. 3 E a vida eterna é esta: que conheçam
a ti, o único Deus verdadeiro, e a Jesus Cristo, a
quem enviaste. 4 Eu te glorifiquei na terra, reali-
zando a obra que me deste para fazer. 5 E agora, ó
Pai, glorifica-me contigo mesmo com a glória que
eu tive junto de ti, antes que houvesse mundo.
6 Manifestei o teu nome àqueles que me deste do
mundo. Eram teus, tu os deste a mim, e eles têm
guardado a tua palavra. 7 Agora eles reconhecem
que todas as coisas que me tens dado provêm de
ti, 8 porque eu lhes tenho transmitido as palavras
que me deste, e eles as receberam, verdadeira-
mente reconheceram que saí de ti e creram que tu
me enviaste.
9— É por eles que eu peço; não peço pelo
mundo, mas por aqueles que me deste, porque
são teus. 10 Todas as minhas coisas são tuas, e
as tuas coisas são minhas; e, neles, eu sou glori-
ficado. 11 Já não estou no mundo, mas eles con-
tinuam no mundo, enquanto eu vou para junto
de ti. Pai santo, guarda-os em teu nome, que
me deste, para que eles sejam um, assim como
nós somos um. 12 Quando eu estava com eles,
guardava-os no teu nome, que me deste; eu os
protegi e nenhum deles se perdeu, exceto o filho
da perdição, para que se cumprisse a Escritura.
13 Mas agora vou para junto de ti e isto falo no
mundo para que eles tenham a minha alegria
completa em si mesmos. 14 Eu lhes tenho dado a
tua palavra, e o mundo os odiou, porque eles não
são do mundo, como também eu não sou. 15 Não
peço que os tires do mundo, mas que os guardes
do mal. 16 Eles não são do mundo, como também
eu não sou. 17 Santifica-os na verdade; a tua pala-
vra é a verdade. 18 Assim como tu me enviaste ao
mundo, também eu os enviei ao mundo. 19 E a fa-
vor deles eu me santifico, para que eles também
sejam santificados na verdade.
20— Não peço somente por estes, mas também
por aqueles que vierem a crer em mim, por meio
da palavra que eles falarem, 21 a fim de que todos
sejam um. E como tu, ó Pai, estás em mim e eu em
ti, também eles estejam em nós, para que o mun-
do creia que tu me enviaste. 22 Eu lhes transmiti
a glória que me deste, para que sejam um, como
nós o somos; 23 eu neles, e tu em mim, a fim de que
sejam aperfeiçoados na unidade, para que o mun-
do conheça que tu me enviaste e os amaste, como
também amaste a mim.
24— Pai, a minha vontade é que, onde eu es-
tou, também estejam comigo os que me deste,
para que vejam a minha glória que me conferiste,
porque me amaste antes da fundação do mundo.
25 Pai justo, o mundo não te conheceu. Eu, porém,
te conheci, e também estes reconheceram que tu
me enviaste. 26 Eu lhes fiz conhecer o teu nome e
ainda o farei conhecer, a fim de que o amor com
que me amaste esteja neles, e eu neles esteja.

Jesus é preso

Mt 26.47-56; Mc 14.43-50; Lc 22.47-53

18 1 Depois de dizer isso, Jesus saiu juntamente
com os seus discípulos para o outro lado do
ribeiro de Cedrom, onde havia um jardim; e aí en-
trou com eles. 2 Judas, o traidor, também conhecia
aquele lugar, porque Jesus muitas vezes havia se
reunido ali com os seus discípulos. 3 Tendo, pois,
Judas recebido a escolta e alguns guardas da par-
te dos principais sacerdotes e fariseus, chegou a
esse lugar com lanternas, tochas e armas. 4 Então
Jesus, sabendo de tudo o que ia acontecer com ele,
adiantou-se e perguntou-lhes:
— A quem vocês estão procurando?

5 Eles responderam:
— A Jesus, o Nazareno.
Então Jesus lhes disse:
— Sou eu.
Ora, Judas, o traidor, também estava com eles.
6 Quando Jesus lhes disse: "Sou eu", recuaram e
caíram por terra. 7 Jesus, de novo, lhes perguntou:
— A quem vocês estão procurando?
Responderam:
— A Jesus, o Nazareno.
8 Então Jesus disse:
— Já lhes falei que sou eu. Se é a mim que vocês
estão procurando, deixem que estes vão embora.
9 Ele disse isso para se cumprir a palavra que ti-
nha dito anteriormente: "Não perdi nenhum dos
que me deste."
10 Então Simão Pedro puxou da espada que tra-
zia e feriu o servo do sumo sacerdote, cortando-
-lhe a orelha direita. E o nome do servo era Malco.
11 Mas Jesus disse a Pedro:
— Guarde a espada na bainha! Por acaso não
beberei o cálice que o Pai me deu?

Jesus diante de Anás

Mt 26.57-58; Mc 14.53-54; Lc 22.54

12 Assim, a escolta, o comandante e os guardas
dos judeus prenderam Jesus e o amarraram. 13 En-
tão o levaram primeiramente a Anás, sogro de Cai-
fás, sumo sacerdote naquele ano. 14 Ora, Caifás era
quem havia declarado aos judeus ser conveniente
morrer um homem pelo povo.

Pedro nega Jesus

Mt 26.69-75; Mc 14.66-72; Lc 22.55-62

15 Simão Pedro e outro discípulo seguiam
Jesus. Esse discípulo era conhecido do sumo
sacerdote e, por isso, conseguiu entrar no pátio
da casa deste com Jesus. 16 Pedro, porém, ficou
de fora, junto à porta. O outro discípulo, que era
conhecido do sumo sacerdote, saiu, falou com a
encarregada da porta e levou Pedro para dentro.
17 Então a empregada, encarregada da porta, per-
guntou a Pedro:
— Você também não é um dos discípulos desse
homem?
Ele respondeu:
— Não, não sou.
18 Os servos e os guardas estavam ali, ten-
do acendido uma fogueira por causa do frio,
e se aqueciam. Pedro estava no meio deles,
aquecendo-se também.

Anás interroga Jesus

Mt 26.59-66; Mc 14.55-64; Lc 22.66-71

19 Então o sumo sacerdote interrogou Jesus a
respeito dos seus discípulos e da sua doutrina.
20 Jesus lhe respondeu:
— Eu tenho falado francamente ao mundo.
Sempre ensinei, tanto nas sinagogas como no
templo, onde todos os judeus se reúnem, e não
disse nada em segredo. 21 Por que o senhor está
perguntando para mim? Pergunte aos que ouvi-
ram o que lhes falei. Eles sabem muito bem o que
eu disse.
22 Quando Jesus disse isto, um dos guardas que
estavam ali deu-lhe uma bofetada, dizendo:
— É assim que você fala com o sumo sacerdote?
23 Jesus lhe respondeu:
— Se falei mal, dê testemunho do mal. Mas, se
falei bem, por que você está me batendo?
24 Então Anás o enviou, amarrado, à presença
de Caifás, o sumo sacerdote.

De novo, Pedro nega Jesus

Mt 26.71-75; Mc 14.69-72; Lc 22.58-62

25 Simão Pedro estava em pé, aquecendo-se. En-
tão lhe perguntaram:
— Você também não é um dos discípulos dele?
Ele negou e disse:
— Não, não sou.
26 Um dos servos do sumo sacerdote, parente
daquele a quem Pedro tinha decepado a orelha,
perguntou:
— Não é verdade que eu vi você no jardim com
ele?
27 De novo, Pedro negou. E no mesmo instante
o galo cantou.

Jesus diante de Pilatos

Mt 27.1-2,11-14; Mc 15.1-5; Lc 23.1-5

28 Depois, levaram Jesus da casa de Caifás para
o Pretório. Era cedo de manhã. Eles não entraram
no Pretório para não se contaminar, pois somente
assim poderiam comer a Páscoa. 29 Então Pilatos
saiu para falar com eles e perguntou:
— Que acusação vocês trazem contra este ho-
mem?
30 Eles responderam:
— Se este não fosse malfeitor, não o teríamos
entregue ao senhor.
31 Então Pilatos disse:
— Levem-no daqui e julguem-no segundo a lei
de vocês.
Ao que os judeus responderam:
— Não nos é lícito matar ninguém.
32 Isso aconteceu para que se cumprisse a pala-
vra de Jesus, significando com que tipo de morte
estava para morrer.
33 Pilatos entrou novamente no Pretório, cha-
mou Jesus e lhe perguntou:
— Você é o rei dos judeus?
34 Jesus respondeu:
— Esta pergunta vem do senhor mesmo ou fo-
ram outros que lhe falaram a meu respeito?

35 Pilatos respondeu:
— Por acaso sou judeu? A sua própria gente
e os principais sacerdotes é que o entregaram a
mim. Que foi que você fez?
36 Jesus respondeu:
— O meu Reino não é deste mundo. Se o meu
Reino fosse deste mundo, os meus ministros se
empenhariam por mim, para que eu não fosse
entregue aos judeus. Mas agora o meu Reino não
é daqui.
37 Pilatos perguntou:
— Então você é rei?
Jesus respondeu:
— O senhor está dizendo que sou rei. Eu para
isso nasci e para isso vim ao mundo, a fim de dar
testemunho da verdade. Todo aquele que é da ver-
dade ouve a minha voz.
38 Pilatos perguntou:
— O que é a verdade?

Jesus é condenado à morte

Mt 27.15-31; Mc 15.6-20; Lc 23.13-25

Depois de dizer isso, Pilatos voltou aos judeus
e lhes disse:
— Eu não acho nele crime algum. 39 Mas é cos-
tume entre vocês que eu solte alguém por ocasião
da Páscoa. Vocês querem que eu lhes solte o rei
dos judeus?
40 Então todos gritaram, novamente:
— Não este, mas Barrabás!
Ora, Barrabás era salteador.
19 1 Por isso, Pilatos tomou Jesus e mandou
açoitá-lo. 2 Os soldados teceram uma co-
roa de espinhos e a puseram na cabeça de Jesus.
Também o vestiram com um manto de púrpura.
3 Chegavam-se a ele e diziam:
— Salve, rei dos judeus!
E davam-lhe bofetadas.
4 Pilatos saiu outra vez e disse aos judeus:
— Eis que eu o apresento a vocês, para que sai-
bam que não encontro nele crime algum.
5 Então Jesus saiu, trazendo a coroa de espinhos
e o manto de púrpura. E Pilatos lhes disse:
— Eis o homem!
6 Quando viram Jesus, os principais sacerdotes e
os seus guardas gritaram:
— Crucifique! Crucifique!
Pilatos repetiu:
— Levem-no daqui vocês mesmos e o crucifi-
quem, porque eu não encontro nele crime algum.
7 Os judeus responderam:
— Temos uma lei e, segundo essa lei, ele deve
morrer, porque se fez Filho de Deus.
8 Pilatos, ouvindo tal declaração, ficou ainda
mais atemorizado 9 e, entrando outra vez no Pre-
tório, perguntou a Jesus:
— De onde você é?
Mas Jesus não lhe deu resposta. 10 Então Pilatos
o advertiu:
— Você não me responde? Não sabe que te-
nho autoridade tanto para soltar você como para
crucificá-lo?
11 Jesus respondeu:
— O senhor não teria nenhuma autoridade so-
bre mim se de cima não lhe fosse dada. Por isso,
quem me entregou ao senhor tem maior pecado.
12 A partir desse momento, Pilatos queria soltá-
-lo, mas os judeus gritavam:
— Se você soltar este homem, não é amigo de
César! Todo aquele que se faz rei é contra César!
13 Quando Pilatos ouviu essas palavras, trouxe
Jesus para fora e sentou-se no tribunal, no lugar
chamado Pavimento, em hebraico Gabatá. 14 E era
a preparação da Páscoa, por volta do meio-dia. E
Pilatos disse aos judeus:
— Eis aqui o rei de vocês.
15 Eles, porém, clamavam:
— Fora! Fora! Crucifique-o!
Então Pilatos perguntou:
— Devo crucificar o rei de vocês?
Os principais sacerdotes responderam:
— Não temos rei, senão César!
16 Então Pilatos entregou Jesus para ser crucifi-
cado, e eles o levaram.

A crucificação de Jesus

Mt 27.32-44; Mc 15.21-32; Lc 23.33-43

17 Jesus, carregando ele mesmo a sua cruz, saiu
para o lugar chamado Calvário, Gólgota em hebrai-
co. 18 Ali o crucificaram e com ele outros dois, um de
cada lado, e Jesus no meio. 19 Pilatos escreveu tam-
bém um título e o colocou no alto da cruz. E o que es-
tava escrito era: "JESUS NAZARENO, O REI DOS JUDEUS".
20 Muitos judeus leram este título, porque o lugar em
que Jesus havia sido crucificado era perto da cidade;
e estava escrito em hebraico, latim e grego. 21 Os prin-
cipais sacerdotes dos judeus disseram a Pilatos:
— Não escreva: "Rei dos judeus", e sim: "Ele
disse: Sou o rei dos judeus."
22 Pilatos respondeu:
— O que escrevi escrevi.
23 Os soldados, pois, quando crucificaram Jesus,
pegaram as roupas dele e dividiram em quatro
partes, uma parte para cada soldado; e pegaram
também a túnica. A túnica, porém, era sem costu-
ra, toda tecida de alto a baixo. 24 Por isso, os solda-
dos disseram uns aos outros:
— Não a rasguemos, mas vamos tirar a sorte
para ver quem ficará com ela.
Isso aconteceu para que se cumprisse a Escri-
tura, que diz:

"Repartiram entre si
as minhas roupas

e sobre a minha túnica
lançaram sortes."

E foi isso que os soldados fizeram.
25 E junto à cruz estavam a mãe de Jesus, a irmã
dela, Maria, mulher de Clopas, e Maria Madalena.
26 Vendo Jesus a sua mãe e junto dela o discípulo
amado, disse:
— Mulher, eis aí o seu filho.
27 Depois, disse ao discípulo:
— Eis aí a sua mãe.
Dessa hora em diante, o discípulo a tomou para
casa.

A morte de Jesus

Mt 27.45-56; Mc 15.33-41; Lc 23.44-49

28 Depois, vendo Jesus que tudo já estava con-
sumado, para que se cumprisse a Escritura, disse:
— Tenho sede!
29 Estava ali um vaso cheio de vinagre. Embebe-
ram de vinagre uma esponja e, fixando-a num ca-
niço de hissopo, aproximaram a esponja da boca
de Jesus. 30 Quando Jesus tomou o vinagre, disse:
— Está consumado!
E, inclinando a cabeça, entregou o espírito.

Um soldado abre o lado de Jesus com uma lança

31 Então, para que os corpos não ficassem
na cruz durante o sábado, visto que era o dia da
preparação e era grande o dia daquele sábado, os
judeus pediram a Pilatos que fossem quebradas
as pernas dos crucificados e fossem tirados das
cruzes. 32 Os soldados quebraram as pernas dos
homens que tinham sido crucificados com Jesus,
primeiro de um, depois do outro. 33 Quando, po-
rém, chegaram a Jesus, vendo que já estava morto,
não lhe quebraram as pernas. 34 Mas um dos sol-
dados lhe abriu o lado com uma lança, e logo saiu
sangue e água. 35 Aquele que viu isso dá testemu-
nho, e o testemunho dele é verdadeiro. E ele sabe
que diz a verdade, para que também vocês creiam.
36 E isso aconteceu para que se cumprisse a Escri-
tura: "Nenhum dos seus ossos será quebrado." 37 E
outra vez diz a Escritura: "Olharão para aquele a
quem traspassaram."

O sepultamento de Jesus

Mt 27.57-61; Mc 15.42-47; Lc 23.50-56

38 Depois disso, José de Arimateia, que era dis-
cípulo de Jesus — ainda que em segredo, porque
tinha medo dos judeus —, pediu a Pilatos per-
missão para tirar o corpo de Jesus. E Pilatos deu
permissão. Então José de Arimateia foi e retirou o
corpo de Jesus. 39 E Nicodemos, aquele que ante-
riormente tinha ido falar com Jesus à noite, tam-
bém foi, levando cerca de trinta e cinco quilos de
um composto de mirra e aloés. 40 Tomaram, pois, o
corpo de Jesus e o envolveram em lençóis com os
óleos aromáticos, como é costume entre os judeus
na preparação para o sepultamento. 41 No lugar
onde Jesus foi crucificado havia um jardim; neste
jardim havia um túmulo novo, no qual ninguém
ainda tinha sido colocado. 42 Ali, por causa da pre-
paração dos judeus e porque o túmulo ficava per-
to, colocaram o corpo de Jesus.

A ressurreição de Jesus

Mt 28.1-10; Mc 16.1-8; Lc 24.1-12

20 1 No primeiro dia da semana, de madrugada,
quando ainda estava escuro, Maria Mada-
lena foi ao túmulo e viu que a pedra da entrada
tinha sido removida. 2 Então correu e foi até onde
estavam Simão Pedro e o outro discípulo, a quem
Jesus amava, e disse-lhes:
— Tiraram o Senhor do túmulo, e não sabemos
onde o colocaram.
3 Com isso, Pedro e o outro discípulo saíram e
foram até o túmulo. 4 Ambos corriam juntos, mas o
outro discípulo correu mais depressa do que Pedro
e chegou primeiro ao túmulo. 5 E, abaixando-se,
viu os lençóis de linho, mas não entrou. 6 Simão
Pedro, seguindo-o, chegou e entrou no túmulo. Ele
também viu os lençóis 7 e o lenço que tinha estado
sobre a cabeça de Jesus, e que não estava com os
lençóis, mas enrolado num lugar à parte. 8 Então
o outro discípulo, que havia chegado primeiro ao
túmulo, também entrou. Ele viu e creu. 9 Pois ain-
da não tinham compreendido a Escritura, que era
necessário que ele ressuscitasse dentre os mortos.
10 E os discípulos voltaram outra vez para casa.

Jesus aparece a Maria Madalena

Mc 16.9-11

11 Maria, no entanto, permanecia junto à en-
trada do túmulo, chorando. Enquanto chorava,
abaixou-se e olhou para dentro do túmulo. 12 Ela
viu dois anjos vestidos de branco, sentados onde o
corpo de Jesus tinha sido colocado, um à cabeceira
e outro aos pés. 13 Então eles perguntaram:
— Mulher, por que você está chorando?
Ela respondeu:
— Porque levaram o meu Senhor, e não sei
onde o puseram.
14 Depois de dizer isso, ela se virou para trás
e viu Jesus em pé, mas não reconheceu que era
Jesus. 15 Jesus lhe perguntou:
— Mulher, por que você está chorando? A
quem você procura?
Ela, supondo que ele fosse o jardineiro, respon-
deu:
— Se o senhor o tirou daqui, diga-me onde o
colocou, e eu o levarei.
16 Jesus disse:
— Maria!

Ela, voltando-se, lhe disse, em hebraico:
— Raboni! ("Raboni" quer dizer "Mestre".)
17 Jesus continuou:
— Não me detenha, porque ainda não subi para
o meu Pai. Mas vá até os meus irmãos e diga a eles:
"Subo para o meu Pai e o Pai de vocês, para o meu
Deus e o Deus de vocês."
18 Então Maria Madalena foi e anunciou aos
discípulos:
— Eu vi o Senhor!
E contava que Jesus lhe tinha dito essas coisas.

Jesus aparece aos discípulos

Mt 28.16-20; Mc 16.14-18; Lc 24.36-49

19 Ao cair da tarde daquele dia, o primeiro da
semana, estando trancadas as portas da casa onde
estavam os discípulos, com medo dos judeus,
Jesus veio e se pôs no meio deles, dizendo:
— Que a paz esteja com vocês!
20 E, dizendo isso, lhes mostrou as mãos e o
lado. Então os discípulos se alegraram ao ver o
Senhor. 21 E Jesus lhes disse outra vez:
— Que a paz esteja com vocês! Assim como o
Pai me enviou, eu também envio vocês.
22 E, havendo dito isso, soprou sobre eles e
disse-lhes:
— Recebam o Espírito Santo. 23 Se de alguns
vocês perdoarem os pecados, são-lhes perdoados;
mas, se os retiverem, são retidos.

Jesus e Tomé

24 Tomé, um dos doze, chamado Dídimo, não
estava com eles quando Jesus veio. 25 Então os ou-
tros discípulos disseram a Tomé:
— Vimos o Senhor.
Mas ele respondeu:
— Se eu não vir o sinal dos pregos nas mãos
dele, ali não puser o dedo e não puser a minha
mão no lado dele, de modo nenhum acreditarei.
26 Passados oito dias, os discípulos de Jesus es-
tavam outra vez reunidos, e Tomé estava com eles.
Estando as portas trancadas, Jesus veio, pôs-se no
meio deles e disse:
— Que a paz esteja com vocês!
27 E logo disse a Tomé:
— Ponha aqui o seu dedo e veja as minhas
mãos. Estenda também a sua mão e ponha no meu
lado. Não seja incrédulo, mas crente.
28 Ao que Tomé lhe respondeu:
— Senhor meu e Deus meu!
29 Jesus lhe disse:
— Você creu porque me viu? Bem-aventurados
são os que não viram e creram.

O objetivo deste Evangelho

30 Na verdade, Jesus fez diante dos seus discípu-
los muitos outros sinais que não estão escritos neste
livro. 31 Estes, porém, foram registrados para que
vocês creiam que Jesus é o Cristo, o Filho de Deus, e
para que, crendo, tenham vida em seu nome.

Jesus aparece a sete discípulos

21 1 Depois disso, Jesus se manifestou outra vez
aos discípulos junto ao mar de Tiberíades. Foi
assim que ele se manifestou: 2 Estavam juntos Simão
Pedro, Tomé, chamado Dídimo, Natanael, que era
de Caná da Galileia, os filhos de Zebedeu e mais dois
discípulos de Jesus. 3 Simão Pedro disse aos outros:
— Vou pescar.
Os outros responderam:
— Nós também vamos com você.
Foram e entraram no barco, mas, naquela noite,
não pegaram nada.
4 Ao romper o dia, Jesus estava na praia, mas os
discípulos não reconheceram que era ele. 5 Jesus
lhes perguntou:
— Filhos, será que vocês têm aí alguma coisa
para comer?
Eles responderam:
— Não.
6 Então Jesus disse:
— Joguem a rede à direita do barco e vocês
acharão.
Assim fizeram e já não podiam puxar a rede, tão
grande era a quantidade de peixes. 7 E o discípulo a
quem Jesus amava disse a Pedro:
— É o Senhor!
Simão Pedro, ouvindo que era o Senhor, cingiu-
-se com a sua túnica, porque tinha tirado a roupa, e
lançou-se ao mar. 8 Os outros discípulos vieram no
barquinho puxando a rede com os peixes, porque
estavam somente a uns noventa metros da margem.
9 Ao saltarem em terra, viram ali umas brasas
com peixe por cima; e também havia pão. 10 Jesus
lhes disse:
— Tragam alguns dos peixes que vocês acaba-
ram de pegar.
11 Simão Pedro entrou no barco e arrastou a rede
para a terra. A rede estava cheia, com cento e cin-
quenta e três grandes peixes. E, mesmo sendo tan-
tos peixes, a rede não se rompeu. 12 Jesus disse a eles:
— Venham comer.
Nenhum dos discípulos ousava perguntar:
"Quem é você?" Porque sabiam que era o Senhor.
13 Jesus veio, pegou o pão e deu a eles. Depois fez a
mesma coisa com o peixe. 14 E esta já era a terceira
vez que Jesus se manifestava aos seus discípulos
depois de ressuscitado dentre os mortos.

Jesus e Pedro

15 Depois de terem comido, Jesus perguntou a
Simão Pedro:
— Simão, filho de João, você me ama mais do
que estes outros me amam?

Ele respondeu:
— Sim, o Senhor sabe que eu o amo.
Jesus lhe disse:
— Apascente os meus cordeiros.
16 Jesus perguntou pela segunda vez:
— Simão, filho de João, você me ama?
Ele respondeu:
— Sim, o Senhor sabe que eu o amo.
Jesus lhe disse:
— Pastoreie as minhas ovelhas.
17 Pela terceira vez Jesus lhe perguntou:
— Simão, filho de João, você me ama?
Pedro ficou triste por Jesus ter perguntado pela
terceira vez: "Você me ama?" E respondeu:
— O Senhor sabe todas as coisas; sabe que eu o amo.
Jesus lhe disse:
— Apascente as minhas ovelhas. 18 Em verdade,
em verdade lhe digo que, quando era mais moço,
você se cingia e andava por onde queria. Mas, quan-
do você for velho, estenderá as mãos, e outro o cin-
girá e o levará para onde você não quer ir.
19 Jesus disse isso para significar com que tipo
de morte Pedro havia de glorificar a Deus. Depois
de falar assim, Jesus acrescentou:
— Siga-me.

Jesus e o outro discípulo

20 Então Pedro, voltando-se, viu que o discípulo
a quem Jesus amava vinha seguindo; era o mesmo
que na ceia havia se reclinado sobre o peito de
Jesus para perguntar: "Senhor, quem é o traidor?"
21 Ao vê-lo, Pedro perguntou a Jesus:
— Senhor, e quanto a este?
22 Jesus respondeu:
— Se eu quero que ele permaneça até que eu
venha, o que você tem com isso? Quanto a você,
siga-me.
23 Então se espalhou entre os irmãos a notícia
de que aquele discípulo não morreria. Ora, Jesus
não tinha dito que tal discípulo não morreria, mas:
"Se eu quero que ele permaneça até que eu venha,
o que você tem com isso?"

O testemunho de João

24 Este é o discípulo que dá testemunho a
respeito destas coisas e que as escreveu; e sabe-
mos que o seu testemunho é verdadeiro.
25 Há, porém, ainda muitas outras coisas que
Jesus fez. Se todas elas fossem relatadas uma por
uma, penso que nem no mundo inteiro caberiam
os livros que seriam escritos.

ATOS

DOS APÓSTOLOS

A promessa do Espírito Santo

1 1 Escrevi o primeiro livro, ó Teófilo, relatando
todas as coisas que Jesus começou a fazer e a
ensinar 2 até o dia em que foi elevado às alturas,
depois de haver dado mandamentos por meio do
Espírito Santo aos apóstolos que tinha escolhido.
3 Depois de ter padecido, Jesus se apresentou vivo
a seus apóstolos, com muitas provas incontes-
táveis, aparecendo-lhes durante quarenta dias e
falando das coisas relacionadas com o Reino de
Deus. 4 E, comendo com eles, deu-lhes esta ordem:
— Não se afastem de Jerusalém, mas esperem
a promessa do Pai, a qual vocês ouviram de mim.
5 Porque João, na verdade, batizou com água, mas
vocês serão batizados com o Espírito Santo, den-
tro de poucos dias.

A ascensão de Jesus

6 Então os que estavam reunidos com Jesus lhe
perguntaram:
— Será este o tempo em que o Senhor irá res-
taurar o reino a Israel?
7 Jesus respondeu:
— Não cabe a vocês conhecer tempos ou épo-
cas que o Pai fixou pela sua própria autoridade.
8 Mas vocês receberão poder, ao descer sobre vo-
cês o Espírito Santo, e serão minhas testemunhas
tanto em Jerusalém como em toda a Judeia e Sa-
maria e até os confins da terra.
9 Depois de ter dito isso, Jesus foi elevado às alturas,
à vista deles, e uma nuvem o encobriu dos seus olhos.
10 E, estando eles com os olhos fixos no céu, enquanto
Jesus subia, eis que dois homens vestidos de branco
se puseram ao lado deles 11 e lhes disseram:
— Homens da Galileia, por que vocês estão
olhando para as alturas? Esse Jesus que foi levado
do meio de vocês para o céu virá do modo como
vocês o viram subir.

A escolha de Matias

12 Então os apóstolos voltaram do monte das
Oliveiras para Jerusalém. A distância até a cidade
é de cerca de um quilômetro. 13 Quando entra-
ram na cidade, subiram para o cenáculo onde se

reuniam Pedro, João, Tiago, André, Filipe, Tomé,
Bartolomeu, Mateus, Tiago, filho de Alfeu, Simão,
o Zelote, e Judas, filho de Tiago. 14 Todos estes per-
severavam unânimes em oração, com as mulheres,
com Maria, mãe de Jesus, e com os irmãos dele.

15 Naqueles dias, Pedro se levantou no meio dos
irmãos, que formavam um grupo de mais ou me-
nos cento e vinte pessoas, e disse:

16 — Irmãos, era necessário que se cumprisse a
Escritura que o Espírito Santo predisse pela boca
de Davi, a respeito de Judas, que foi o guia daque-
les que prenderam Jesus. 17 Ele era um dos nossos
e teve parte neste ministério.

18 Ora, este homem adquiriu um campo com o
preço da iniquidade e, caindo de cabeça, rompeu-
-se pelo meio, e todos os seus intestinos se derra-
maram. 19 Isto chegou ao conhecimento de todos
os moradores de Jerusalém, de maneira que em
sua própria língua esse campo era chamado Acel-
dama, isto é, Campo de Sangue.

E Pedro continuou:

20 — Porque está escrito no Livro dos Salmos:

“Fique deserta a sua morada,
e não haja quem nela habite.”

— E:

“Que outro tome o seu encargo.”

21 — Portanto, é necessário que, dos homens
que nos acompanharam todo o tempo em que o
Senhor Jesus andou entre nós, 22 começando no
batismo de João, até o dia em que foi tirado do
nosso meio e levado às alturas, um destes se torne
testemunha conosco da sua ressurreição.

23 Então propuseram dois: José, chamado Barsa-
bás, também conhecido como Justo, e Matias. 24 E,
orando, disseram:

— Tu, Senhor, que conheces o coração de todos,
revela-nos qual dos dois escolheste 25 para preen-
cher a vaga neste ministério e apostolado, do qual
Judas se desviou, indo para o seu próprio lugar.

26 Depois fizeram um sorteio, e a sorte caiu
sobre Matias, que foi acrescentado ao grupo dos
onze apóstolos.

A vinda do Espírito Santo

2 1 Ao cumprir-se o dia de Pentecostes, estavam
todos reunidos no mesmo lugar. 2 De repente,
veio do céu um som, como de um vento impetuo-
so, e encheu toda a casa onde estavam sentados.
3 E apareceram, distribuídas entre eles, línguas,
como de fogo, as quais pousaram sobre cada um
deles. 4 Todos ficaram cheios do Espírito Santo e
começaram a falar em outras línguas, segundo o
Espírito lhes concedia que falassem.

5 Estavam morando em Jerusalém judeus, ho-
mens piedosos, vindos de todas as nações debaixo
do céu. 6 Assim, quando se fez ouvir aquela voz,
afluiu a multidão, que foi tomada de perplexidade,
porque cada um os ouvia falar na sua própria lín-
gua. 7 Estavam atônitos e se admiravam, dizendo:

— Vejam! Não são galileus todos esses que aí
estão falando? 8 Então como os ouvimos falar,
cada um em nossa própria língua materna? 9 So-
mos partos, medos, elamitas e os naturais da Me-
sopotâmia, Judeia, Capadócia, Ponto e Ásia, 10 da
Frígia, da Panfília, do Egito e das regiões da Líbia,
nas imediações de Cirene, e romanos que aqui re-
sidem, 11 tanto judeus como prosélitos, cretenses e
árabes. Como os ouvimos falar sobre as grandezas
de Deus em nossas próprias línguas?

12 Todos, atônitos e perplexos, perguntavam
uns aos outros:

— O que será que isso quer dizer?

13 Outros, porém, zombando, diziam:

— Estão bêbados!

A pregação de Pedro

14 Então Pedro se levantou, junto com os onze,
e, erguendo a voz, dirigiu-se à multidão nestes
termos:

— Homens da Judeia e todos vocês que moram
em Jerusalém, tomem conhecimento disto e pres-
tem atenção no que vou dizer. 15 Estes homens
não estão bêbados, como vocês estão pensando,
porque são apenas nove horas da manhã. 16 Mas o
que está acontecendo é o que foi dito por meio do
profeta Joel:

17 “E acontecerá nos últimos dias, diz Deus,
que derramarei o meu Espírito
sobre toda a humanidade.
Os filhos e as filhas de vocês
profetizarão,
os seus jovens terão visões,
e os seus velhos sonharão.
18 Até sobre os meus servos
e sobre as minhas servas
derramarei o meu Espírito
naqueles dias,
e profetizarão.
19 Mostrarei prodígios
em cima no céu
e sinais embaixo na terra:
sangue, fogo e nuvens de fumaça.
20 O sol se transformará em trevas,
e a lua, em sangue,
antes que venha o grande
e glorioso Dia do Senhor.
21 E acontecerá que todo aquele
que invocar o nome do Senhor
será salvo.”

22 — Israelitas, escutem o que vou dizer: Jesus,
o Nazareno, homem aprovado por Deus diante de

vocês com milagres, prodígios e sinais, os quais o
próprio Deus realizou entre vocês por meio dele,
como vocês mesmos sabem, 23 a este, entregue
conforme o plano determinado e a presciência de
Deus, vocês mataram, crucificando-o por meio
de homens maus. 24 Porém Deus o ressuscitou,
livrando-o da agonia da morte, porque não era
possível que fosse retido por ela. 25 Porque Davi
fala a respeito dele, dizendo:

“Eu sempre via o Senhor
diante de mim,
porque ele está à minha direita,
para que eu não seja abalado.
26 Por isso, o meu coração se alegra
e a minha língua exulta;
além disto, também
a minha própria carne
repousará em esperança,
27 porque não deixarás
a minha alma na morte,
nem permitirás que
o teu Santo veja corrupção.
28 Fizeste-me conhecer os caminhos da vida,
e me encherás de alegria na tua presença.”

29 — Irmãos, permitam-me falar-lhes clara-
mente a respeito do patriarca Davi: ele morreu e
foi sepultado, e o seu túmulo permanece entre
nós até hoje. 30 Sendo, pois, profeta e sabendo
que Deus lhe havia jurado que um dos seus des-
cendentes se assentaria no seu trono, 31 prevendo
isto, referiu-se à ressurreição de Cristo, que nem
foi deixado na morte, nem o seu corpo experi-
mentou corrupção. 32 Deus ressuscitou este Jesus,
e disto todos nós somos testemunhas. 33 Exalta-
do, pois, à direita de Deus, tendo recebido do Pai
a promessa do Espírito Santo, derramou isto que
vocês estão vendo e ouvindo. 34 Porque Davi não
subiu aos céus, mas ele mesmo afirma:

“Disse o Senhor ao meu Senhor:
‘Sente-se à minha direita,
35 até que eu ponha
os seus inimigos
por estrado dos seus pés.’”

36 — Portanto, toda a casa de Israel esteja ab-
solutamente certa de que a este Jesus, que vocês
crucificaram, Deus o fez Senhor e Cristo.

Três mil batizados

37 Quando ouviram isso, ficaram muito como-
vidos e perguntaram a Pedro e aos demais após-
tolos:

— Que faremos, irmãos?

38 Pedro respondeu:

— Arrependam-se, e cada um de vocês seja ba-
tizado em nome de Jesus Cristo para remissão dos
seus pecados, e vocês receberão o dom do Espírito
Santo. 39 Porque a promessa é para vocês e para os
seus filhos, e para todos os que ainda estão lon-
ge, isto é, para todos aqueles que o Senhor, nosso
Deus, chamar.

40 Com muitas outras palavras deu testemunho
e exortava-os, dizendo:

— Salvem-se desta geração perversa.

41 Então os que aceitaram a palavra de Pedro
foram batizados, havendo um acréscimo naquele
dia de quase três mil pessoas.

Como viviam os convertidos

42 E perseveravam na doutrina dos apóstolos
e na comunhão, no partir do pão e nas orações.
43 Em cada alma havia temor; e muitos prodígios
e sinais eram feitos por meio dos apóstolos. 44 To-
dos os que criam estavam juntos e tinham tudo
em comum. 45 Vendiam as suas propriedades e
bens, distribuindo o produto entre todos, à medi-
da que alguém tinha necessidade. 46 Diariamente
perseveravam unânimes no templo, partiam pão
de casa em casa e tomavam as suas refeições com
alegria e singeleza de coração, 47 louvando a Deus
e contando com a simpatia de todo o povo. En-
quanto isso, o Senhor lhes acrescentava, dia a dia,
os que iam sendo salvos.

A cura de um coxo em Jerusalém

3 1 Pedro e João estavam se dirigindo ao templo
para a oração das três horas da tarde. 2 Estava
sendo levado um homem, coxo de nascença, que
diariamente era colocado à porta do templo cha-
mada Formosa, para pedir esmolas aos que entra-
vam. 3 Quando ele viu Pedro e João, que iam entrar
no templo, pediu que lhe dessem uma esmola.
4 Pedro, fitando-o, juntamente com João, disse:

— Olhe para nós!

5 Ele os olhava atentamente, esperando receber
alguma coisa. 6 Pedro, porém, lhe disse:

— Não possuo nem prata nem ouro, mas o que
tenho, isso lhe dou: em nome de Jesus Cristo, o
Nazareno, levante-se e ande!

7 E, pegando na mão direita do homem, ajudou-o
a se levantar. Imediatamente os seus pés e tornoze-
los se firmaram; 8 e, dando um salto, ficou em pé,
começou a andar e entrou com eles no templo,
pulando e louvando a Deus. 9 Todo o povo viu o
homem andando e louvando a Deus, 10 e reconhe-
ceram que ele era o mesmo que pedia esmolas,
assentado à Porta Formosa do templo; e ficaram
muito admirados e espantados com o que lhe ti-
nha acontecido.

A pregação de Pedro no templo

11 Enquanto aquele homem ainda se mantinha
ao lado de Pedro e João, todo o povo, perplexo,

correu para junto deles no pórtico chamado de Salomão. 12 Quando Pedro viu isso, dirigiu-se ao povo, dizendo:

— Israelitas, por que vocês estão admirados com isto ou por que estão com os olhos fixos em nós como se pelo nosso próprio poder ou piedade tivéssemos feito este homem andar? 13 O Deus de Abraão, o Deus de Isaque e o Deus de Jacó, o Deus dos nossos pais, glorificou o seu Servo Jesus, a quem vocês traíram e negaram diante de Pilatos, quando este já havia decidido soltá-lo. 14 Vocês negaram o Santo e o Justo e pediram que fosse solto um assassino. 15 Vocês mataram o Autor da vida, a quem Deus ressuscitou dentre os mortos, do que nós somos testemunhas. 16 Pela fé no nome de Jesus é que esse mesmo nome fortaleceu a este homem que vocês estão vendo e bem conhecem. Sim, a fé que vem por meio de Jesus deu a este homem saúde perfeita na presença de todos vocês.

17 — E agora, irmãos, eu sei que vocês fizeram isso por ignorância, como também as suas autoridades o fizeram. 18 Mas Deus, assim, cumpriu o que tinha anunciado anteriormente pela boca de todos os profetas: que o seu Cristo havia de padecer. 19 Portanto, arrependam-se e se convertam, para que sejam cancelados os seus pecados, 20 a fim de que, da presença do Senhor, venham tempos de refrigério, e que ele envie o Cristo, que já foi designado para vocês, a saber, Jesus, 21 ao qual é necessário que o céu receba até os tempos da restauração de todas as coisas, de que Deus falou por boca dos seus santos profetas desde a antiguidade. 22 Porque Moisés disse: "O Senhor Deus fará com que, do meio dos irmãos de vocês, se levante um profeta semelhante a mim; a esse vocês ouvirão em tudo o que ele lhes disser. 23 Quem não der ouvidos a esse profeta será exterminado do meio do povo."

24 — E todos os profetas, a começar com Samuel, assim como todos os que falaram depois dele, também anunciaram estes dias. 25 Vocês são os filhos dos profetas e da aliança que Deus estabeleceu com os pais de vocês, dizendo a Abraão: "Na sua descendência, serão abençoadas todas as nações da terra."

26 — Tendo Deus ressuscitado o seu Servo, enviou-o primeiramente a vocês para abençoá-los, no sentido de que cada um abandone as suas maldades.

Pedro e João diante do Sinédrio

4 1 Enquanto Pedro e João ainda falavam ao povo, chegaram os sacerdotes, o capitão do templo e os saduceus, 2 ressentidos porque os apóstolos estavam ensinando o povo e anunciando, em Jesus, a ressurreição dentre os mortos. 3 Prenderam Pedro e João e os recolheram ao cárcere até o dia seguinte, pois já era tarde. 4 Porém muitos dos que ouviram a palavra creram, subindo o número desses homens a quase cinco mil.

5 No dia seguinte, as autoridades, os anciãos e os escribas se reuniram em Jerusalém 6 com o sumo sacerdote Anás, com Caifás, João, Alexandre e todos os que eram da linhagem do sumo sacerdote. 7 E, colocando os apóstolos diante deles, perguntaram:

— Com que poder ou em nome de quem vocês fizeram isso?

8 Então Pedro, cheio do Espírito Santo, lhes disse:

— Autoridades do povo e anciãos, 9 visto que hoje somos interrogados a propósito do benefício feito a um homem enfermo e do modo como ele foi curado, 10 saibam os senhores todos e todo o povo de Israel que, em nome de Jesus Cristo, o Nazareno, a quem vocês crucificaram e a quem Deus ressuscitou dentre os mortos, sim, em seu nome é que este está curado na presença de vocês. 11 Este Jesus é a pedra que vocês, os construtores, rejeitaram, mas ele veio a ser a pedra angular. 12 E não há salvação em nenhum outro, porque debaixo do céu não existe nenhum outro nome, dado entre os homens, pelo qual importa que sejamos salvos.

13 Ao verem a ousadia de Pedro e João, sabendo que eram homens iletrados e incultos, ficaram admirados; e reconheceram que eles haviam estado com Jesus. 14 Vendo que o homem que havia sido curado estava com eles, nada tinham a dizer em contrário. 15 E, mandando-os sair do Sinédrio, discutiam entre si, 16 dizendo:

— Que faremos com estes homens? Pois todos os moradores de Jerusalém sabem que um sinal notório foi feito por eles, e não o podemos negar. 17 Mas, para que não haja maior divulgação entre o povo, vamos ameaçá-los para não falarem mais neste nome a quem quer que seja.

18 Chamando-os, ordenaram-lhes que de modo nenhum falassem nem ensinassem no nome de Jesus. 19 Mas Pedro e João responderam:

— Os senhores mesmos julguem se é justo diante de Deus ouvirmos antes aos senhores do que a Deus; 20 pois nós não podemos deixar de falar das coisas que vimos e ouvimos.

21 Depois, ameaçando-os mais ainda, os soltaram, não tendo achado como os castigar, por causa do povo, porque todos glorificavam a Deus pelo que tinha acontecido. 22 Ora, o homem em quem tinha sido operado esse milagre de cura tinha mais de quarenta anos de idade.

A igreja em oração

23 Uma vez soltos, Pedro e João procuraram os irmãos e lhes contaram tudo o que os principais sacerdotes e os anciãos lhes tinham falado.

24 Ouvindo isto, unânimes, levantaram a voz a
Deus e disseram:
— Tu, Soberano Senhor, fizeste o céu, a terra,
o mar e tudo o que neles há! 25 Disseste por meio
do Espírito Santo, por boca de Davi, nosso pai, teu
servo:

"Por que se enfureceram os gentios,
e os povos imaginaram coisas vãs?
26 Os reis da terra se levantaram,
e as autoridades se juntaram
contra o Senhor
e contra o seu Ungido."

27 — Porque de fato, nesta cidade, Herodes e
Pôncio Pilatos, com gentios e gente de Israel, se
juntaram contra o teu santo Servo Jesus, a quem
ungiste, 28 para fazerem tudo o que a tua mão e o
teu propósito predeterminaram. 29 Agora, Senhor,
olha para as ameaças deles e concede aos teus
servos que anunciem a tua palavra com toda a ou-
sadia, 30 enquanto estendes a tua mão para fazer
curas, sinais e prodígios por meio do nome do teu
santo Servo Jesus.

31 Tendo eles orado, tremeu o lugar onde esta-
vam reunidos. Todos ficaram cheios do Espírito
Santo e, com ousadia, anunciavam a palavra de
Deus.

A comunidade cristã

32 Da multidão dos que creram era um o coração
e a alma. Ninguém considerava exclusivamente
sua nem uma das coisas que possuía; tudo, po-
rém, lhes era comum. 33 Com grande poder, os
apóstolos davam testemunho da ressurreição do
Senhor Jesus, e em todos eles havia abundante
graça. 34 Não havia nenhum necessitado entre
eles, porque os que possuíam terras ou casas,
vendendo-as, traziam os valores correspondentes
35 e os depositavam aos pés dos apóstolos; então se
distribuía a cada um conforme a sua necessidade.

A oferta de Barnabé

36 Então José, a quem os apóstolos chamavam
de Barnabé, que quer dizer filho da consolação,
um levita natural de Chipre, 37 vendeu um campo
que possuía, trouxe o dinheiro e o depositou aos
pés dos apóstolos.

Ananias e Safira

5 1 Entretanto, certo homem chamado Ana-
nias, com sua mulher Safira, vendeu uma
propriedade, 2 mas reteve uma parte do dinheiro.
E Safira estava ciente disso. Levando o restante,
depositou-o aos pés dos apóstolos.
3 Então Pedro disse:
— Ananias, por que você permitiu que Satanás
enchesse o seu coração, para que você mentisse ao
Espírito Santo, retendo parte do valor do campo?
4 Não é verdade que, conservando a propriedade,
seria sua? E, depois de vendida, o dinheiro não
estaria em seu poder? Por que você decidiu fazer
uma coisa dessas? Você não mentiu para os ho-
mens, mas para Deus.
5 Ouvindo estas palavras, Ananias caiu morto.
E sobreveio grande temor a todos os que soube-
ram do que tinha acontecido. 6 Levantando-se os
moços, cobriram o corpo de Ananias e, levando-o
para fora, o sepultaram.
7 Quase três horas depois, entrou a mulher de
Ananias, sem saber o que tinha acontecido. 8 En-
tão Pedro, dirigindo-se a ela, perguntou:
— Diga-me: foi por este valor que vocês vende-
ram aquela terra?
Ela respondeu:
— Sim, foi por esse valor.
9 Então Pedro disse:
— Por que vocês entraram em acordo para ten-
tar o Espírito do Senhor? Eis aí à porta os pés dos
que sepultaram o seu marido, e eles levarão você
também.
10 No mesmo instante, ela caiu aos pés de Pedro
e morreu. Entrando os moços, viram que ela esta-
va morta e, levando-a, sepultaram-na ao lado do
marido. 11 E sobreveio grande temor a toda a igreja
e a todos aqueles que ouviram falar destes acon-
tecimentos.

Sinais e prodígios

12 Muitos sinais e prodígios eram feitos entre
o povo pelas mãos dos apóstolos. E todos costu-
mavam se reunir, de comum acordo, no Pórtico
de Salomão. 13 Mas, dos restantes, ninguém ou-
sava juntar-se a eles; porém o povo tinha grande
admiração por eles. 14 E aumentava sempre mais
o número de crentes no Senhor, uma multidão de
homens e mulheres, 15 a ponto de levarem os en-
fermos até pelas ruas e os colocarem sobre leitos e
macas, para que, ao passar Pedro, ao menos a sua
sombra se projetasse sobre alguns deles. 16 Vinha
também muita gente das cidades vizinhas de Jeru-
salém, levando doentes e atormentados por espí-
ritos imundos, e todos eram curados.

A perseguição aos apóstolos

17 Levantando-se, porém, o sumo sacerdote e
todos os que estavam com ele, isto é, o partido dos
saduceus, ficaram com muita inveja, 18 prenderam
os apóstolos e os recolheram à prisão pública.
19 Mas, de noite, um anjo do Senhor abriu as por-
tas da prisão e, levando-os para fora, lhes disse:
20 — Vão ao templo e digam ao povo todas as
palavras desta Vida.
21 Tendo ouvido isto, logo ao amanhecer entra-
ram no templo e ensinavam.

Quando chegaram o sumo sacerdote e os que
estavam com ele, convocaram o Sinédrio e todo o
conselho dos anciãos do povo de Israel e manda-
ram buscar os apóstolos na prisão. 22 Mas, quando
os guardas chegaram lá, não os encontraram no
cárcere. E, voltando, relataram, 23 dizendo:
— Encontramos a prisão fechada com toda a
segurança e as sentinelas nos seus postos junto às
portas; mas, abrindo as portas, não encontramos
ninguém dentro.
24 Quando o capitão do templo e os principais
sacerdotes ouviram estas informações, ficaram
perplexos a respeito deles e do que viria a ser
isto. 25 Nesse momento, alguém chegou e lhes
comunicou:
— Vejam! Os homens que os senhores prende-
ram estão no templo ensinando o povo.
26 Então o capitão e os guardas foram e os trou-
xeram sem violência, porque temiam ser ape-
drejados pelo povo. 27 Trouxeram os apóstolos,
apresentando-os ao Sinédrio. E o sumo sacerdote
os interrogou, 28 dizendo:
— Não é verdade que ordenamos expressa-
mente que vocês não ensinassem nesse nome? No
entanto, vocês encheram Jerusalém com a dou-
trina de vocês e ainda querem lançar sobre nós o
sangue desse homem.
29 Então Pedro e os demais apóstolos afirma-
ram:
— É mais importante obedecer a Deus do que
aos homens. 30 O Deus de nossos pais ressuscitou
Jesus, a quem vocês mataram, pendurando-o num
madeiro. 31 Deus, porém, com a sua mão direita, o
exaltou a Príncipe e Salvador, a fim de conceder
a Israel o arrependimento e a remissão de peca-
dos. 32 E nós somos testemunhas destes fatos —
nós e o Espírito Santo, que Deus deu aos que lhe
obedecem.
33 Eles, porém, ouvindo isso, se enfureceram e
queriam matá-los.

O parecer de Gamaliel

34 Mas, levantando-se no Sinédrio um fariseu
chamado Gamaliel, mestre da lei, respeitado por
todo o povo, mandou que os apóstolos fossem le-
vados para fora, por um momento. 35 Então disse
ao Sinédrio:
— Israelitas, tenham cuidado com o que vão
fazer a estes homens. 36 Porque algum tempo atrás
se levantou Teudas, dizendo ser alguém muito
importante, ao qual se juntaram cerca de quatro-
centos homens. Mas ele foi morto, e todos os que
lhe obedeciam se dispersaram e foram reduzidos
a nada. 37 Depois desse, levantou-se Judas, o ga-
lileu, nos dias do recenseamento, e levou muitos
consigo. Também este foi morto, e todos os que
lhe obedeciam foram dispersos. 38 Neste caso de
agora, digo a vocês: Não façam nada contra esses
homens. Deixem que vão embora, porque, se este
plano ou esta obra vem de homens, será destruí-
do; 39 mas, se vem de Deus, vocês não poderão
destruí-los e correm o risco de estar lutando con-
tra Deus.
E os membros do Sinédrio concordaram com
Gamaliel. 40 Então chamaram os apóstolos e os
açoitaram. E, ordenando-lhes que não falassem
no nome de Jesus, os soltaram. 41 E eles se reti-
raram do Sinédrio muito alegres por terem sido
considerados dignos de sofrer afrontas por esse
Nome. 42 E todos os dias, no templo e de casa em
casa, não cessavam de ensinar e de pregar que
Jesus é o Cristo.

A escolha dos sete

6 1 Naqueles dias, aumentando o número dos
discípulos, houve murmuração dos helenistas
contra os hebreus, porque as viúvas deles estavam
sendo esquecidas na distribuição diária. 2 Então os
doze convocaram a comunidade dos discípulos e
disseram:
— Não é correto que nós abandonemos a pa-
lavra de Deus para servir às mesas. 3 Por isso, ir-
mãos, escolham entre vocês sete homens de boa
reputação, cheios do Espírito e de sabedoria, para
os encarregarmos desse serviço. 4 Quanto a nós,
nos consagraremos à oração e ao ministério da
palavra.
5 O parecer agradou a todos. Então elegeram
Estêvão, homem cheio de fé e do Espírito Santo,
Filipe, Prócoro, Nicanor, Timão, Pármenas e Nico-
lau, prosélito de Antioquia. 6 Apresentaram estes
homens aos apóstolos, que, orando, lhes impuse-
ram as mãos.
7 A palavra de Deus crescia e, em Jerusalém, o
número dos discípulos aumentava. Também um
grande grupo de sacerdotes obedecia à fé.

Estêvão diante do Sinédrio

8 Estêvão, cheio de graça e de poder, fazia prodí-
gios e grandes sinais entre o povo. 9 Então alguns
dos que eram da sinagoga chamada dos Libertos,
dos cireneus, dos alexandrinos e dos da Cilícia e
da província da Ásia se levantaram e discutiam
com Estêvão. 10 Mas eles não podiam resistir à sa-
bedoria e ao Espírito, pelo qual ele falava. 11 Então
subornaram alguns homens para que dissessem:
— Ouvimos este homem proferir blasfêmias
contra Moisés e contra Deus.
12 Atiçaram o povo, os anciãos e os escribas e,
investindo contra Estêvão, o agarraram e levaram
ao Sinédrio. 13 Apresentaram testemunhas falsas,
que disseram:
— Este homem não para de falar contra o lu-
gar santo e contra a lei. 14 Nós o ouvimos dizer que

esse Jesus, o Nazareno, destruirá este lugar e mu-
dará os costumes que Moisés nos deu.
15 Todos os que estavam sentados no Sinédrio,
fitando os olhos em Estêvão, viram o seu rosto
como se fosse rosto de anjo.

A defesa de Estêvão

7 1 Então o sumo sacerdote perguntou a Estêvão:
— Isso de fato é assim?
2 Estêvão respondeu:
— Irmãos e pais, escutem. O Deus da glória
apareceu a Abraão, nosso pai, quando este estava
na Mesopotâmia, antes de morar em Harã, 3 e lhe
disse: "Saia da sua terra e do meio da sua parente-
la e vá para a terra que eu lhe mostrarei." 4 Então
Abraão saiu da terra dos caldeus e foi morar em
Harã. E dali, com a morte de seu pai, Deus o trou-
xe para esta terra em que vocês agora estão mo-
rando. 5 Nela, não lhe deu herança, nem sequer o
espaço de um pé; mas prometeu dar-lhe a posse
dela e, depois dele, à sua descendência, embora
Abraão ainda não tivesse filhos. 6 E Deus falou que
a descendência dele seria peregrina em terra es-
trangeira, onde seriam escravizados e maltratados
durante quatrocentos anos.
7 — Deus disse ainda: "Castigarei a nação da
qual forem escravos; e, depois disso, sairão daí e
me servirão neste lugar." 8 Então lhe deu a alian-
ça da circuncisão. Assim, Abraão gerou Isaque e o
circuncidou no oitavo dia; e Isaque gerou Jacó, e
Jacó gerou os doze patriarcas.
9 — Os patriarcas, invejosos de José, venderam-
-no para ser levado para o Egito. Mas Deus esta-
va com ele 10 e o livrou de todas as suas aflições,
concedendo-lhe também graça e sabedoria diante
de Faraó, rei do Egito, que o constituiu governa-
dor daquela nação e de toda a casa real. 11 Depois
houve fome e grande sofrimento em todo o Egito
e em Canaã, e nossos pais não achavam o que co-
mer. 12 Mas, quando Jacó ouviu que no Egito havia
trigo, mandou, pela primeira vez, os nossos pais
até lá. 13 Na segunda vez, José se fez reconhecer
pelos seus irmãos, e o Faraó veio a conhecer a fa-
mília de José. 14 Então José mandou chamar Jacó,
seu pai, e toda a sua parentela, isto é, setenta e
cinco pessoas. 15 Jacó foi para o Egito, e ali morreu
ele e também os nossos pais. 16 Depois eles foram
transportados para Siquém e postos no túmulo
que Abraão tinha comprado dos filhos de Hamor,
em Siquém, pagando um certo preço.
17 — E, quando já estava próximo o tempo em
que Deus cumpriria a promessa feita a Abraão, o
povo cresceu e se multiplicou no Egito, 18 até que
se levantou ali outro rei, que não conhecia José.
19 Este outro rei tratou com astúcia a nossa gente
e torturou os nossos pais, a ponto de forçá-los a
abandonar seus meninos recém-nascidos, para
que não sobrevivessem. 20 Por esse tempo nasceu
Moisés, que era formoso aos olhos de Deus. Du-
rante três meses ele foi mantido na casa de seu pai.
21 Quando tiveram de abandoná-lo, a filha de Fa-
raó o recolheu e criou como seu próprio filho. 22 E
Moisés foi educado em toda a ciência dos egípcios
e era poderoso em palavras e obras.
23 — Quando completou quarenta anos, Moisés
teve a ideia de visitar os seus irmãos, os filhos de
Israel. 24 Vendo um homem ser maltratado, saiu
em defesa dele e vingou o oprimido, matando o
egípcio. 25 Ora, Moisés pensava que seus irmãos
entenderiam que Deus queria salvá-los por meio
dele; eles, porém, não entenderam. 26 No dia se-
guinte, Moisés aproximou-se de uns que briga-
vam e procurou reconduzi-los à paz, dizendo:
"Homens, vocês são irmãos; por que estão mal-
tratando um ao outro?" 27 Mas o que agredia o seu
próximo repeliu Moisés, dizendo: "Quem colocou
você como chefe e juiz sobre nós? 28 Será que quer
me matar, assim como ontem matou o egípcio?"
29 Ao ouvir isto, Moisés fugiu e se tornou peregrino
na terra de Midiã, onde lhe nasceram dois filhos.
30 — Passados quarenta anos, apareceu-lhe,
no deserto do monte Sinai, um anjo, por entre
as chamas de uma sarça que estava queimando.
31 Moisés ficou maravilhado diante daquela visão
e, aproximando-se para contemplá-la, ouviu-
-se a voz do Senhor, que disse: 32 "Eu sou o Deus
dos seus pais, o Deus de Abraão, de Isaque e de
Jacó." Moisés, tremendo de medo, não ousava
contemplar a sarça. 33 Então o Senhor disse: "Tire
as sandálias dos pés, porque o lugar em que você
está é terra santa. 34 Certamente vi o sofrimento
do meu povo no Egito, ouvi o seu gemido e desci
para libertá-lo. Venha, agora; vou mandar você
para o Egito."
35 — A este Moisés, a quem tinham rejeita-
do, dizendo: "Quem colocou você como chefe e
juiz?", Deus enviou como chefe e libertador, com
a assistência do anjo que lhe apareceu na sarça.
36 Foi Moisés quem os tirou de lá, fazendo prodí-
gios e sinais na terra do Egito, no mar Vermelho
e no deserto, durante quarenta anos. 37 Foi ainda
Moisés quem disse aos filhos de Israel: "Deus fará
com que, do meio dos irmãos de vocês, se levante
um profeta semelhante a mim." 38 É este Moisés
quem esteve na congregação no deserto, com o
anjo que lhe falava no monte Sinai e com os nos-
sos pais. Foi ele quem recebeu palavras vivas para
nos transmitir.
39 — Nossos pais não quiseram obedecer a
Moisés, mas o rejeitaram e, no seu coração, volta-
ram para o Egito, 40 dizendo a Arão: "Faça para nós
deuses que vão adiante de nós; porque, quanto a
este Moisés, que nos tirou da terra do Egito, não
sabemos o que lhe aconteceu." 41 Naqueles dias,

fizeram um bezerro e ofereceram sacrifício ao
ídolo, alegrando-se com as obras das suas mãos.
42 Mas Deus se afastou e os entregou à adoração
das estrelas do céu, como está escrito no Livro
dos Profetas:

"Ó casa de Israel,
será que foi para mim
que vocês ofereceram vítimas
e sacrifícios no deserto,
durante quarenta anos?
43 Não é verdade
que vocês levantaram
o tabernáculo de Moloque
e a estrela de Renfã,
o deus de vocês,
imagens que vocês fizeram
para as adorar?
Por isso, vou mandar vocês
ao exílio
para além da Babilônia."

44 — O tabernáculo do testemunho estava en-
tre nossos pais no deserto, como havia ordenado
aquele que disse a Moisés que o fizesse segundo
o modelo que tinha visto. 45 Também nossos pais,
com Josué, tendo recebido o tabernáculo, o leva-
ram, quando tomaram posse das nações que Deus
expulsou da presença deles. Foi assim até os dias
de Davi, 46 que obteve o favor de Deus e pediu au-
torização para construir uma casa para o Deus de
Jacó. 47 Mas foi Salomão quem lhe edificou a casa.
48 Entretanto, o Altíssimo não habita em casas fei-
tas por mãos humanas. Como diz o profeta:

49 "O céu é o meu trono,
e a terra é o estrado dos meus pés.
Que casa vocês edificarão
para mim, diz o Senhor,
ou qual é o lugar do meu repouso?
50 Não é fato que a minha mão
fez todas estas coisas?"

51 — Homens teimosos e incircuncisos de cora-
ção e de ouvidos, vocês sempre resistem ao Espí-
rito Santo. Vocês fazem exatamente o mesmo que
fizeram os seus pais. 52 Qual dos profetas os pais
de vocês não perseguiram? Eles mataram os que
anteriormente anunciavam a vinda do Justo, do
qual vocês agora se tornaram traidores e assassi-
nos, 53 vocês que receberam a lei por ministério de
anjos e não a guardaram.

A morte de Estêvão

54 Ao ouvirem isto, ficaram com o coração cheio
de raiva e rangiam os dentes contra ele. 55 Mas
Estêvão, cheio do Espírito Santo, fitou os olhos
no céu e viu a glória de Deus e Jesus, que estava à
direita de Deus. 56 Então disse:

— Eis que vejo os céus abertos e o Filho do Ho-
mem, em pé à direita de Deus.

57 Eles, porém, gritando bem alto, taparam os
ouvidos e, unânimes, avançaram contra ele. 58 E,
expulsando-o da cidade, o apedrejaram. As teste-
munhas deixaram as capas deles aos pés de um jo-
vem chamado Saulo. 59 E enquanto o apedrejavam,
Estêvão orava, dizendo:

— Senhor Jesus, recebe o meu espírito!

60 Então, ajoelhando-se, gritou bem alto:

— Senhor, não os condenes por causa deste
pecado!

E, depois que ele disse isso, morreu.

8

1 E Saulo consentia na morte de Estêvão.

Saulo persegue a igreja

Naquele dia, teve início uma grande persegui-
ção contra a igreja em Jerusalém. Todos, exceto os
apóstolos, foram dispersos pelas regiões da Judeia
e da Samaria. 2 Alguns homens piedosos sepul-
taram Estêvão e fizeram grande lamentação por
ele. 3 Saulo, porém, queria destruir a igreja. Indo
de casa em casa, arrastava homens e mulheres,
lançando-os na prisão.

Filipe prega em Samaria

4 Enquanto isso, os que foram dispersos iam por
toda parte pregando a palavra. 5 Filipe foi à cidade
de Samaria e anunciava Cristo ao povo dali. 6 As
multidões, unânimes, davam atenção às coisas
que Filipe dizia, ouvindo-as e vendo os sinais que
ele fazia. 7 Pois os espíritos imundos, gritando em
alta voz, saíam de muitos que estavam possuídos
por eles; e muitos paralíticos e coxos foram cura-
dos. 8 E houve grande alegria naquela cidade.

Simão, o mago

9 Havia naquela cidade um homem chamado Si-
mão, que praticava artes mágicas e deixava o povo
de Samaria admirado. Dizia ser alguém muito im-
portante, 10 e todos lhe davam ouvidos, do menor
ao maior, dizendo:

— Este homem é o poder de Deus, chamado "o
Grande Poder".

11 Davam atenção a ele porque durante muito
tempo os havia impressionado com as suas artes
mágicas. 12 Quando, porém, deram crédito a Filipe,
que os evangelizava a respeito do Reino de Deus
e do nome de Jesus Cristo, iam sendo batizados,
tanto homens como mulheres. 13 O próprio Simão
abraçou a fé e, tendo sido batizado, acompanhava
Filipe de perto, observando extasiado os sinais e
grandes milagres praticados.

Pedro e João em Samaria

14 Quando os apóstolos, que estavam em Je-
rusalém, ouviram que o povo de Samaria tinha

recebido a palavra de Deus, enviaram-lhes Pedro e
João. 15 Chegando ali, oraram por eles para que re-
cebessem o Espírito Santo, 16 pois o Espírito ainda
não havia descido sobre nenhum deles. Tinham
apenas sido batizados em nome do Senhor Jesus.
17 Então lhes impuseram as mãos, e eles recebe-
ram o Espírito Santo.
18 Quando Simão viu que, pelo fato de os após-
tolos imporem as mãos, era concedido o Espírito
Santo, ofereceu-lhes dinheiro, 19 dizendo:
— Deem também a mim este poder, para que a
pessoa sobre a qual eu impuser as mãos receba o
Espírito Santo.
20 Mas Pedro respondeu:
— Que o seu dinheiro seja destruído junto com
você, pois você pensou que com ele poderia adqui-
rir o dom de Deus! 21 Não existe porção nem parte
para você neste ministério, porque o seu coração
não é reto diante de Deus. 22 Portanto, arrependa-
-se desse mal e ore ao Senhor. Talvez ele o perdoe
por esse intento do seu coração. 23 Pois vejo que
você está cheio de inveja e preso em sua maldade.
24 Simão disse aos apóstolos:
— Peço que vocês orem ao Senhor por mim,
para que não me sobrevenha nada do que vocês
disseram.
25 Eles, porém, tendo dado o seu testemunho e
pregado a palavra do Senhor, voltaram para Jeru-
salém e evangelizavam muitas aldeias dos sama-
ritanos.

Filipe e o eunuco

26 Um anjo do Senhor disse a Filipe:
— Levante-se e vá para o Sul, no caminho que
desce de Jerusalém a Gaza; este se acha deserto.
27 Filipe se levantou e foi.
Havia um etíope, eunuco, alto oficial de Canda-
ce, rainha dos etíopes, o qual era superintendente
de todo o seu tesouro. Ele tinha vindo adorar em
Jerusalém 28 e estava regressando ao seu país. E,
assentado na sua carruagem, vinha lendo o profe-
ta Isaías. 29 Então o Espírito disse a Filipe:
— Aproxime-se dessa carruagem e acompanhe-a.
30 Correndo para lá, Filipe ouviu que o homem
estava lendo o profeta Isaías. Então perguntou:
— O senhor entende o que está lendo?
31 Ele respondeu:
— Como poderei entender, se ninguém me ex-
plicar?
E convidou Filipe a subir e sentar-se ao seu
lado. 32 Ora, a passagem da Escritura que ele estava
lendo era esta:

"Foi levado como ovelha ao matadouro;
e, como um cordeiro mudo
diante do seu tosquiador,
ele não abriu a boca.
33 Na sua humilhação, lhe negaram justiça;
quem poderá falar da sua descendência?
Porque a vida dele é tirada da terra."

34 Então o eunuco disse a Filipe:
— Peço que você me explique a quem se refere
o profeta. Fala de si mesmo ou de outra pessoa?
35 Então Filipe explicou. E, começando com esta
passagem da Escritura, anunciou-lhe a mensagem
de Jesus.
36 Seguindo pelo caminho, chegaram a certo lu-
gar onde havia água. Então o eunuco disse:
— Eis aqui água. O que impede que eu seja ba-
tizado?
37 [Filipe respondeu:
— É lícito, se você crê de todo o coração.
Então ele disse:
— Creio que Jesus Cristo é o Filho de Deus.]
38 Então mandou parar a carruagem, am-
bos desceram à água, e Filipe batizou o eunuco.
39 Quando saíram da água, o Espírito do Senhor
arrebatou Filipe, e o eunuco não o viu mais; e
este foi seguindo o seu caminho, cheio de alegria.
40 Mas Filipe foi visto outra vez em Azoto; e, se-
guindo viagem, evangelizava todas as cidades até
chegar a Cesareia.

A conversão de Saulo

At 22.4-11; 26.9-18

9 1 Saulo, respirando ainda ameaças e morte con-
tra os discípulos do Senhor, dirigiu-se ao sumo
sacerdote 2 e lhe pediu cartas para as sinagogas de
Damasco, a fim de que, caso achasse alguns que
eram do Caminho, tanto homens como mulheres,
os levasse presos para Jerusalém. 3 Enquanto se-
guia pelo caminho, ao aproximar-se de Damasco,
subitamente uma luz do céu brilhou ao seu redor.
4 Ele caiu por terra e ouviu uma voz que lhe dizia:
— Saulo, Saulo, por que você me persegue?
5 Ele perguntou:
— Senhor, quem é você?
E a resposta foi:
— Eu sou Jesus, a quem você persegue. 6 Mas
levante-se e entre na cidade, onde lhe dirão o que
você deve fazer.
7 Os homens que viajavam com Saulo pararam
emudecidos, ouvindo a voz, mas não vendo nin-
guém. 8 Então Saulo se levantou do chão e, abrindo
os olhos, nada podia ver. E, guiando-o pela mão,
levaram-no para Damasco. 9 Esteve três dias sem
ver, durante os quais nada comeu, nem bebeu.

A visita de Ananias

At 22.12-16

10 Havia em Damasco um discípulo chamado
Ananias. O Senhor lhe apareceu numa visão e
disse:

— Ananias!
Ao que ele respondeu:
— Eis-me aqui, Senhor!
11 Então o Senhor lhe disse:
— Levante-se e vá à rua que se chama Direita
e, na casa de Judas, procure um homem de Tarso
chamado Saulo. Ele está orando 12 e, numa vi-
são, viu entrar um homem, chamado Ananias, e
impor-lhe as mãos, para que recuperasse a vista.
13 Ananias, porém, respondeu:
— Senhor, de muitos tenho ouvido a respeito
desse homem, quanto mal tem feito aos teus san-
tos em Jerusalém. 14 E aqui em Damasco ele tem
autorização dos principais sacerdotes para pren-
der todos os que invocam o teu nome.
15 Mas o Senhor disse a Ananias:
— Vá, porque este é para mim um instrumento
escolhido para levar o meu nome diante dos gen-
tios e reis, bem como diante dos filhos de Israel.
16 Pois eu mesmo vou mostrar a ele quanto deve
sofrer pelo meu nome.
17 Então Ananias foi e, entrando na casa, impôs
as mãos sobre Saulo, dizendo:
— Saulo, irmão, o Senhor Jesus, que apareceu
a você no caminho para cá, me enviou para que
você volte a ver e fique cheio do Espírito Santo.
18 Imediatamente caíram dos olhos de Saulo
umas coisas parecidas com escamas, e ele voltou
a ver. A seguir, levantou-se e foi batizado. 19 E, de-
pois de comer, sentiu-se fortalecido.

Saulo em Damasco

Saulo permaneceu alguns dias com os discípu-
los em Damasco. 20 E logo, nas sinagogas, procla-
mava Jesus, afirmando que ele é o Filho de Deus.
21 Todos os que ouviam Saulo estavam atônitos e
diziam:
— Não é este o que exterminava em Jerusalém
os que invocam o nome de Jesus e veio para cá pre-
cisamente para prender e levá-los aos principais
sacerdotes?
22 Saulo, porém, mais e mais se fortalecia e con-
fundia os judeus que moravam em Damasco, de-
monstrando que Jesus é o Cristo.

Saulo escapa dos judeus

23 Decorridos muitos dias, os judeus resolveram
matar Saulo, 24 mas ele ficou sabendo do plano de-
les. Dia e noite guardavam também os portões da
cidade, para o matar. 25 Mas os discípulos de Saulo
tomaram-no de noite e, colocando-o num cesto,
desceram-no pela muralha.

Saulo em Jerusalém e em Tarso

26 Quando chegou a Jerusalém, Saulo procurou
juntar-se aos discípulos de Jesus. Porém todos ti-
nham medo dele, não acreditando que ele fosse
discípulo. 27 Mas Barnabé, tomando-o consigo,
levou-o aos apóstolos. Contou-lhes como Saulo
tinha visto o Senhor no caminho, e que o Senhor
tinha falado com ele. Também contou como, em
Damasco, Saulo tinha pregado ousadamente
em nome de Jesus. 28 E Saulo ficou com eles em
Jerusalém, entrando e saindo, pregando ousada-
mente em nome do Senhor. 29 Falava e discutia
com os helenistas, mas eles procuravam matá-
-lo. 30 Quando isto chegou ao conhecimento dos
irmãos, levaram Saulo até Cesareia e dali o envia-
ram para Tarso.

A igreja cresce

31 Assim, a igreja tinha paz por toda a Judeia,
Galileia e Samaria, edificando-se e caminhando
no temor do Senhor; e, no consolo do Espírito
Santo, crescia em número.

A cura de Eneias

32 Passando Pedro por toda parte, foi também
visitar os santos que moravam em Lida. 33 Encon-
trou ali certo homem, chamado Eneias, que havia
oito anos jazia de cama, pois era paralítico. 34 Pe-
dro lhe disse:
— Eneias, Jesus Cristo cura você! Levante-se e
arrume a sua cama.
Ele imediatamente se levantou. 35 Todos os ha-
bitantes de Lida e da região de Sarom viram Eneias
e se converteram ao Senhor.

A ressurreição de Dorcas

36 Em Jope havia uma discípula chamada Ta-
bita, nome este que, traduzido, é Dorcas. Ela era
notável pelas boas obras e esmolas que fazia.
37 Aconteceu que, naqueles dias, ela adoeceu e
veio a morrer. Depois de a lavarem, puseram o
corpo num quarto do andar superior. 38 Como
Lida ficava perto de Jope, os discípulos, ouvindo
que Pedro estava ali, enviaram-lhe dois homens
com o seguinte pedido:
— Não se demore em vir até nós.
39 Pedro se aprontou e foi com eles. Quando
chegou lá, eles o levaram ao quarto do andar su-
perior. Todas as viúvas o cercaram, chorando e
mostrando-lhe túnicas e vestidos que Dorcas ti-
nha feito enquanto estava com elas. 40 Mas Pedro
mandou que todos saíssem, ajoelhou-se e orou;
depois, voltando-se para o corpo, disse:
— Tabita, levante-se!
Ela abriu os olhos e, vendo Pedro, sentou-se.
41 Ele, dando-lhe a mão, ajudou-a a ficar em pé;
e, chamando os santos, especialmente as viúvas,
apresentou-a viva. 42 Isto se tornou conhecido em
toda a cidade de Jope, e muitos creram no Senhor.
43 Pedro ficou em Jope muitos dias, na casa de um
curtidor chamado Simão.

O centurião Cornélio

10 1 Em Cesareia morava um homem chamado
Cornélio, que era centurião de uma compa-
nhia do exército chamada Italiana. 2 Era piedoso
e temente a Deus com toda a sua casa, fazendo
muitas esmolas ao povo e orando sempre a Deus.
3 Um dia, por volta das três horas da tarde, durante
uma visão, esse homem viu claramente um anjo
de Deus que se aproximou dele e lhe disse:
4 — Cornélio!
Este, fixando nele os olhos e possuído de te-
mor, perguntou:
— O que é, Senhor?
E o anjo lhe disse:
— As suas orações e as suas esmolas subiram
para memória diante de Deus. 5 Agora envie men-
sageiros a Jope e mande chamar Simão, que tam-
bém é chamado de Pedro. 6 Ele está hospedado
com Simão, curtidor, cuja residência está situada
à beira-mar.
7 Logo que o anjo que lhe falava se retirou,
Cornélio chamou dois dos seus servos e um sol-
dado piedoso dos que estavam a seu serviço 8 e,
depois de lhes explicar tudo, mandou que fos-
sem a Jope.

Pedro tem uma visão

9 No dia seguinte, enquanto eles viajavam e já
estavam perto da cidade de Jope, Pedro subiu ao
terraço, por volta do meio-dia, a fim de orar. 10 Es-
tando com fome, quis comer; mas, enquanto lhe
preparavam a comida, sobreveio-lhe um êxtase.
11 Viu o céu aberto e um objeto como se fosse um
grande lençol, que descia do céu e era baixado à
terra pelas quatro pontas, 12 contendo todo tipo
de quadrúpedes, répteis da terra e aves do céu. 13 E
ouviu-se uma voz que se dirigia a ele:
— Levante-se, Pedro! Mate e coma.
14 Mas Pedro respondeu:
— De modo nenhum, Senhor! Porque nunca
comi nada que fosse impuro ou imundo.
15 Pela segunda vez, a voz lhe falou:
— Não considere impuro aquilo que Deus pu-
rificou.
16 Isso aconteceu três vezes, e, em seguida,
aquele objeto foi levado de volta para o céu.

Os enviados de Cornélio chegam a Jope

17 Enquanto Pedro estava perplexo sobre qual
seria o significado da visão, eis que os homens en-
viados por Cornélio, tendo perguntado pela casa
de Simão, pararam junto à porta. 18 Chamando,
perguntaram se ali estava hospedado Simão, que
também é chamado de Pedro.
19 Enquanto Pedro meditava a respeito da visão,
o Espírito lhe disse:
— Estão aí três homens à sua procura. 20 Portanto,
levante-se, desça e vá com eles, sem hesitar; por-
que eu os enviei.
21 Então Pedro desceu e disse àqueles homens:
— Eu sou a pessoa que vocês estão procurando.
O que os traz até aqui?
22 Então disseram:
— O centurião Cornélio, homem reto e temente
a Deus e tendo bom testemunho de toda a nação
judaica, foi instruído por um santo anjo a mandar
chamar você para a casa dele e ouvir o que você
tem a dizer.
23 Pedro, então, convidando-os a entrar, hos-
pedou-os.
No dia seguinte, Pedro se aprontou e foi com
eles. Também alguns irmãos dos que moravam
em Jope foram com ele. 24 No dia seguinte, Pedro
chegou a Cesareia. Cornélio estava esperando por
eles, tendo reunido os seus parentes e os amigos
mais íntimos. 25 Quando Pedro estava por entrar,
Cornélio foi ao seu encontro e, prostrando-se
aos pés dele, o adorou. 26 Mas Pedro o levantou,
dizendo:
— Levante-se, porque eu também sou apenas
um homem.
27 Falando com ele, Pedro entrou, encontrando
muitos reunidos ali, 28 a quem se dirigiu, dizendo:
— Vocês bem sabem que um judeu está proi-
bido de se juntar a um gentio ou de entrar na
casa dele. Mas Deus me mostrou que não devo
considerar ninguém impuro ou imundo. 29 Por
isso, uma vez chamado, vim sem vacilar. E agora
pergunto: Por que motivo vocês mandaram me
chamar?
30 Cornélio respondeu:
— Faz hoje quatro dias que, mais ou menos
por esta hora, às três da tarde, eu estava orando
em minha casa. De repente, se apresentou diante
de mim um homem vestido com roupas resplan-
decentes 31 que disse: "Cornélio, a sua oração foi
ouvida e as suas esmolas foram lembradas na
presença de Deus. 32 Envie, pois, alguém a Jope e
mande chamar Simão, que também é chamado de
Pedro; ele está hospedado na casa de Simão, cur-
tidor, à beira-mar." 33 Portanto, sem demora, man-
dei chamá-lo, e você fez muito bem em vir. Agora
estamos todos aqui, na presença de Deus, prontos
para ouvir tudo o que o Senhor ordenou a você.

Pedro prega na casa de Cornélio

34 Então Pedro começou a falar. Ele disse:
— Reconheço por verdade que Deus não trata
as pessoas com parcialidade; 35 pelo contrário, em
qualquer nação, aquele que o teme e faz o que é
justo lhe é aceitável. 36 Esta é a palavra que Deus
enviou aos filhos de Israel, anunciando-lhes
o evangelho da paz, por meio de Jesus Cristo.
Este é o Senhor de todos. 37 Vocês sabem o que

aconteceu em toda a Judeia, tendo começado
na Galileia depois do batismo que João pregou,
38 como Deus ungiu a Jesus de Nazaré com o Es-
pírito Santo e com poder. Jesus andou por toda
parte, fazendo o bem e curando todos os oprimi-
dos do diabo, porque Deus estava com ele. 39 E nós
somos testemunhas de tudo o que ele fez na terra
dos judeus e em Jerusalém. Depois eles o mata-
ram, pendurando-o num madeiro. 40 Mas Deus o
ressuscitou no terceiro dia e concedeu que fosse
manifesto, 41 não a todo o povo, mas às testemu-
nhas que foram anteriormente escolhidas por
Deus, isto é, a nós que comemos e bebemos com
ele, depois que ressurgiu dentre os mortos. 42 Jesus
nos mandou pregar ao povo e testemunhar que ele
foi constituído por Deus como Juiz de vivos e de
mortos. 43 Dele todos os profetas dão testemunho
de que, por meio do seu nome, todo o que nele crê
recebe remissão dos pecados.

O Espírito Santo desce sobre os gentios

44 Enquanto Pedro falava estas palavras, o Es-
pírito Santo caiu sobre todos os que ouviam a
mensagem. 45 E os fiéis que eram da circuncisão,
que tinham vindo com Pedro, admiraram-se,
porque também sobre os gentios foi derramado
o dom do Espírito Santo. 46 Pois eles os ouviam
falando em línguas e engrandecendo a Deus. En-
tão Pedro disse:

47 — Será que alguém poderia recusar a água
e impedir que sejam batizados estes que, assim
como nós, receberam o Espírito Santo?

48 E ordenou que fossem batizados em nome de
Jesus Cristo. Então lhe pediram que permanecesse
com eles por alguns dias.

A defesa de Pedro

11 1 Chegou ao conhecimento dos apóstolos
e dos irmãos que estavam na Judeia que
também os gentios haviam recebido a palavra de
Deus. 2 Quando Pedro voltou para Jerusalém, os
que eram da circuncisão começaram a questioná-
-lo, dizendo:

3 — Você entrou na casa de homens incircunci-
sos e comeu com eles.

4 Então Pedro passou a fazer-lhes uma exposi-
ção por ordem, dizendo:

5 — Eu estava na cidade de Jope orando e, num
êxtase, tive uma visão em que observei descer um
objeto como se fosse um grande lençol baixado do
céu pelas quatro pontas e vindo até perto de mim.
6 E, olhando atentamente para dentro daquilo, vi
quadrúpedes da terra, feras, répteis e aves do céu.
7 Ouvi também uma voz que me dizia: "Levante-se,
Pedro! Mate e coma." 8 Ao que eu respondi: "De
modo nenhum, Senhor; porque em minha boca
nunca entrou nada que fosse impuro ou imundo."
9 Pela segunda vez, a voz do céu falou: "Não con-
sidere impuro aquilo que Deus purificou." 10 Isso
se repetiu três vezes, e, de novo, tudo foi recolhido
para o céu. 11 E eis que, na mesma hora, pararam
diante da casa em que estávamos três homens
enviados de Cesareia para se encontrar comigo.
12 Então o Espírito me disse que eu fosse com eles,
sem hesitar. Foram comigo também estes seis ir-
mãos; e entramos na casa daquele homem. 13 E
ele nos contou como tinha visto na casa dele um
anjo, em pé, que lhe disse: "Envie alguém a Jope e
mande chamar Simão, que também é chamado de
Pedro, 14 o qual lhe dirá palavras mediante as quais
você e toda a sua casa serão salvos."

15 — Quando comecei a falar, o Espírito Santo
caiu sobre eles, como também sobre nós, no prin-
cípio. 16 Então me lembrei da palavra do Senhor,
quando disse: "João, na verdade, batizou com água,
mas vocês serão batizados com o Espírito Santo."
17 Pois, se Deus deu a eles o mesmo dom que tinha
dado a nós quando cremos no Senhor Jesus, quem
era eu para que pudesse resistir a Deus?

18 Quando os demais ouviram isso, acalmaram-
-se e glorificaram a Deus, dizendo:

— Então também aos gentios Deus concedeu o
arrependimento para a vida!

Os discípulos são chamados de cristãos em Antioquia

19 Os que foram dispersos a partir da persegui-
ção que começou com a morte de Estêvão se es-
palharam até a Fenícia, Chipre e Antioquia, não
anunciando a palavra a ninguém que não fosse
judeu. 20 Alguns deles, porém, que eram de Chipre
e de Cirene e que foram até Antioquia, falavam
também aos gregos, anunciando-lhes o evangelho
do Senhor Jesus. 21 A mão do Senhor estava com
eles, e muitos, crendo, se converteram ao Senhor.

22 A notícia a respeito deles chegou aos ouvidos
da igreja que estava em Jerusalém; e enviaram Bar-
nabé até Antioquia. 23 Quando ele chegou e viu a
graça de Deus, ficou muito alegre. E exortava to-
dos a que, com firmeza de coração, permaneces-
sem no Senhor. 24 Porque era homem bom, cheio
do Espírito Santo e de fé. E muita gente se uniu ao
Senhor.

25 Depois Barnabé foi a Tarso à procura de Sau-
lo. 26 E, quando o encontrou, levou-o para An-
tioquia. E, durante um ano inteiro, se reuniram
naquela igreja e ensinaram numerosa multidão.
Em Antioquia, os discípulos foram, pela primeira
vez, chamados de cristãos.

Ágabo prediz grande fome

27 Naqueles dias, alguns profetas foram de Je-
rusalém para Antioquia. 28 E, apresentando-se
um deles, chamado Ágabo, dava a entender, pelo

Espírito, que haveria uma grande fome em todo
o mundo. Essa fome veio nos dias do imperador
Cláudio. 29 Os discípulos, cada um conforme as
suas posses, resolveram mandar uma ajuda aos
irmãos que moravam na Judeia. 30 E eles o fizeram,
enviando essa ajuda aos presbíteros por meio de
Barnabé e Saulo.

Herodes persegue Tiago e Pedro

12 1 Por aquele tempo, o rei Herodes mandou
prender alguns da igreja para os maltratar.
2 Mandou matar à espada Tiago, irmão de João.
3 Vendo que isto agradava aos judeus, prosseguiu,
mandando prender também Pedro. E eram os dias
dos pães sem fermento. 4 Depois de prendê-lo,
lançou-o na prisão, entregando-o a quatro escol-
tas de quatro soldados cada uma, para o guarda-
rem. A intenção de Herodes era apresentá-lo ao
povo depois da Páscoa. 5 E assim Pedro estava
guardado na prisão; mas havia oração incessante
a Deus por parte da igreja a favor dele.

Pedro é libertado

6 Na noite anterior ao dia em que Herodes ia
apresentá-lo ao povo, Pedro dormia entre dois
soldados, preso com duas correntes. Sentinelas,
junto à porta, guardavam a prisão. 7 Eis, porém,
que sobreveio um anjo do Senhor, e uma luz ilu-
minou a prisão. O anjo tocou no lado de Pedro e o
despertou, dizendo:

— Levante-se depressa!

Então as correntes caíram das mãos dele. 8 E o
anjo continuou:

— Coloque o cinto e calce as sandálias.

E ele assim o fez.

O anjo lhe disse mais:

— Ponha a capa e siga-me.

9 Então, saindo, Pedro o seguia, não sabendo
que era real o que estava sendo feito pelo anjo;
ele pensava que era uma visão. 10 Depois de terem
passado a primeira e a segunda sentinela, chega-
ram ao portão de ferro que dava para a cidade, o
qual se abriu automaticamente; e, saindo, envere-
daram por uma rua, e logo adiante o anjo se afas-
tou dele. 11 Então Pedro, caindo em si, disse:

— Agora sei que, de fato, o Senhor enviou o seu
anjo e me livrou da mão de Herodes e de toda a
expectativa do povo judeu.

12 Ao se dar conta disso, Pedro resolveu ir à casa
de Maria, mãe de João, também chamado Mar-
cos, onde muitas pessoas estavam congregadas
e oravam. 13 Quando ele bateu à porta da frente,
uma empregada, chamada Rode, foi ver quem era.
14 Reconhecendo a voz de Pedro, ficou tão alegre
que nem o fez entrar, mas voltou correndo para
anunciar que Pedro estava à porta. 15 Então os ou-
tros disseram:

— Você ficou louca!

Ela, porém, persistia em afirmar que era verda-
de. Então disseram:

— É o anjo dele.

16 Enquanto isso, Pedro continuava batendo.
Quando abriram a porta, viram-no e ficaram ad-
mirados. 17 Ele, porém, fazendo-lhes sinal com a
mão para que se calassem, contou-lhes como o
Senhor o tinha tirado da prisão. E acrescentou:

— Anunciem isto a Tiago e aos irmãos.

E, saindo, foi para outro lugar.

18 Quando amanheceu, houve grande alvoroço
entre os soldados sobre o que teria acontecido
com Pedro. 19 Herodes, tendo-o procurado e não o
achando, submetendo as sentinelas a interrogató-
rio, ordenou que se aplicasse a pena de morte. E,
descendo da Judeia para Cesareia, Herodes passou
ali algum tempo.

A morte de Herodes

20 Havia uma séria divergência entre Herodes e
os moradores de Tiro e de Sidom. Estes, porém, de
comum acordo, se apresentaram a ele e, depois de
obter o apoio de Blasto, que era assessor do rei, pe-
diram paz, porque a terra deles recebia alimentos
do país do rei. 21 Em dia designado, Herodes, vesti-
do de traje real, assentado no trono, dirigiu-lhes a
palavra. 22 E o povo gritava:

— É voz de um deus, e não de um homem!

23 No mesmo instante, um anjo do Senhor feriu
Herodes, por ele não haver dado glória a Deus; e,
comido de vermes, morreu.

24 Entretanto, a palavra de Deus crescia e se
multiplicava.

25 Barnabé e Saulo, cumprida a sua missão, vol-
taram de Jerusalém, trazendo consigo João, tam-
bém chamado Marcos.

Barnabé e Saulo. A primeira viagem missionária

13 1 Havia na igreja de Antioquia profetas e
mestres: Barnabé; Simeão, chamado Níger;
Lúcio, de Cirene; Manaém, que tinha sido criado
com Herodes, o tetrarca; e Saulo. 2 Enquanto eles
estavam adorando o Senhor e jejuando, o Espírito
Santo disse:

— Separem-me, agora, Barnabé e Saulo para a
obra a que os tenho chamado.

3 Então, jejuando e orando, e impondo as mãos
sobre eles, os despediram.

A missão em Chipre

4 Barnabé e Saulo, enviados pelo Espírito San-
to, foram até Selêucia e dali navegaram para
Chipre. 5 Quando chegaram a Salamina, começa-
ram a anunciar a palavra de Deus nas sinagogas
judaicas. Tinham também João como auxiliar.

6 Havendo atravessado toda a ilha até Pafos, en-
contraram certo judeu, de nome Barjesus, que
praticava magia e era falso profeta. 7 Ele estava
com o procônsul Sérgio Paulo, que era um homem
inteligente. O procônsul, tendo chamado Barnabé
e Saulo, desejava ouvir a palavra de Deus. 8 Porém
o mago Elimas — e é assim que se traduz o nome
dele — se opunha a eles, procurando afastar da fé
o procônsul. 9 Mas Saulo, também chamado Paulo,
cheio do Espírito Santo, olhando firmemente para
Elimas, disse:

10 — Ó filho do diabo, cheio de todo o engano e
de toda a maldade, inimigo de toda a justiça, por
que você não deixa de perverter os retos caminhos
do Senhor? 11 Eis que, agora, a mão do Senhor está
contra você, e você ficará cego, não vendo o sol
por algum tempo.

No mesmo instante, caiu sobre ele névoa e es-
curidão, e, andando em círculos, procurava quem
o guiasse pela mão. 12 Então o procônsul, vendo
o que havia acontecido, creu, maravilhado com a
doutrina do Senhor.

João Marcos volta a Jerusalém

13 E, navegando de Pafos, Paulo e seus compa-
nheiros viajaram a Perge da Panfília. João, porém,
deixando-os, voltou para Jerusalém. 14 Mas eles,
saindo de Perge, chegaram a Antioquia da Pisídia.
No sábado, entraram na sinagoga e sentaram-se.
15 Depois da leitura da Lei e dos Profetas, os chefes
da sinagoga mandaram dizer-lhes:

— Irmãos, se vocês têm alguma palavra de con-
solo para o povo, falem.

O testemunho de Paulo em Antioquia

16 Paulo, levantando-se e fazendo com a mão
sinal de silêncio, disse:

— Israelitas e todos vocês que temem a Deus,
escutem! 17 O Deus do povo de Israel escolheu os
nossos pais e exaltou o povo durante a sua pere-
grinação na terra do Egito, de onde os tirou com
braço poderoso. 18 Suportou os maus costumes do
povo durante uns quarenta anos no deserto. 19 E,
havendo destruído sete nações em Canaã, deu
essas terras como herança ao seu povo. 20 Tudo
isso levou cerca de quatrocentos e cinquenta
anos. Depois disso, lhes deu juízes, até o profeta
Samuel. 21 Então eles pediram um rei, e Deus lhes
deu Saul, filho de Quis, da tribo de Benjamim, e
isto durante quarenta anos. 22 E, tendo tirado Saul,
levantou-lhes o rei Davi, do qual também, dando
testemunho, disse: "Achei Davi, filho de Jessé, ho-
mem segundo o meu coração, que fará toda a mi-
nha vontade." 23 Da descendência deste, conforme
a promessa, Deus trouxe a Israel o Salvador, que é
Jesus. 24 Antes da manifestação dele, João pregou
um batismo de arrependimento a todo o povo de
Israel. 25 Quando João estava completando a sua
carreira, disse: "Quem vocês pensam que sou?
Não sou aquele que vocês esperam. Mas depois
de mim vem aquele de cujos pés não sou digno de
desamarrar as sandálias."

26 — Irmãos, descendência de Abraão e todos
vocês que temem a Deus, a nós foi enviada a pa-
lavra desta salvação. 27 Pois os moradores e as
autoridades de Jerusalém, não conhecendo Jesus
nem as palavras dos profetas que são lidas todos
os sábados, cumpriram as profecias, quando
condenaram Jesus. 28 E, embora não achassem
nenhuma causa de morte, pediram a Pilatos que
ele fosse morto. 29 Depois de cumprirem tudo o
que estava escrito a respeito dele, tirando-o do
madeiro, puseram-no em um túmulo. 30 Mas
Deus o ressuscitou dentre os mortos, 31 e duran-
te muitos dias ele foi visto pelos que o tinham
acompanhado da Galileia para Jerusalém, os
quais são agora as suas testemunhas diante do
povo. 32 E nós anunciamos a vocês o evangelho
da promessa feita aos nossos pais, 33 como Deus
a cumpriu plenamente a nós, seus filhos, res-
suscitando Jesus, como também está escrito no
Salmo número dois:

"Você é meu Filho;
hoje eu gerei você."

34 — E quanto ao fato de que o ressuscitaria dentre
os mortos para que jamais voltasse à corrupção,
Deus o expressou desta maneira:

"E cumprirei a favor de vocês
as santas e fiéis promessas feitas a Davi."

35 — Por isso, também diz em outro Salmo:

"Não permitirás
que o teu Santo veja corrupção."

36 — Porque tendo Davi, no seu tempo, servido
conforme o plano de Deus, morreu, foi sepulta-
do ao lado de seus pais e viu corrupção. 37 Porém
aquele a quem Deus ressuscitou não viu corrup-
ção. 38 Portanto, meus irmãos, saibam que é por
meio de Jesus que a remissão dos pecados é anun-
ciada a vocês; 39 e, por meio dele, todo o que crê é
justificado de todas as coisas das quais vocês não
puderam ser justificados pela lei de Moisés. 40 Por-
tanto, tenham cuidado para que não lhes aconteça
o que os profetas disseram:

41 "Vejam, ó desprezadores!
Fiquem maravilhados
e desapareçam,
porque, no tempo de vocês,
eu realizo obra tal
que vocês não acreditarão
se alguém lhes contar."

42 Quando Paulo e Barnabé estavam saindo, as
pessoas pediram que, no sábado seguinte, lhes
falassem estas mesmas palavras. 43 Terminada a
reunião na sinagoga, muitos dos judeus e dos pro-
sélitos piedosos seguiram Paulo e Barnabé, e estes,
falando com eles, os persuadiam a continuar fir-
mes na graça de Deus.

44 No sábado seguinte, quase toda a cidade se
reuniu para ouvir a palavra do Senhor. 45 Mas os
judeus, vendo as multidões, ficaram com muita
inveja e, blasfemando, contradiziam o que Paulo
falava. 46 Então Paulo e Barnabé, falando ousada-
mente, disseram:

— Era necessário pregar a palavra de Deus pri-
meiro a vocês. Mas, como vocês a rejeitam e se
julgam indignos da vida eterna, eis que nos volta-
mos para os gentios. 47 Porque o Senhor assim nos
determinou:

"Eu coloquei você
como luz dos gentios,
a fim de que você seja para salvação
até os confins da terra."

48 Os gentios, ouvindo isto, se alegravam e glo-
rificavam a palavra do Senhor. E creram todos os
que haviam sido destinados para a vida eterna. 49 E
a palavra do Senhor se espalhou por toda aquela
região. 50 Mas os judeus instigaram as mulheres
piedosas de alta posição e os principais da cidade
e levantaram perseguição contra Paulo e Barnabé,
expulsando-os do seu território. 51 E estes, sacudin-
do contra eles o pó dos pés, foram para Icônio.
52 Os discípulos, porém, estavam cheios de alegria
e do Espírito Santo.

Paulo e Barnabé em Icônio

14 1 Em Icônio, Paulo e Barnabé entraram
juntos na sinagoga judaica e falaram de tal
modo, que veio a crer grande multidão, tanto de
judeus como de gregos. 2 Mas os judeus que não
tinham crido incitaram e irritaram os ânimos dos
gentios contra os irmãos. 3 Entretanto, Paulo e Bar-
nabé ficaram bastante tempo em Icônio, falando
ousadamente no Senhor, o qual confirmava a pa-
lavra da sua graça, concedendo que, por mão de-
les, se fizessem sinais e prodígios. 4 Mas o povo da
cidade se dividiu: uns eram pelos judeus; outros,
pelos apóstolos. 5 Então surgiu um movimento en-
tre os gentios e os judeus, com o apoio das suas
autoridades, para os maltratar e apedrejar. 6 Quan-
do Paulo e Barnabé souberam disso, fugiram para
Listra e Derbe, cidades da Licaônia, e para as re-
giões vizinhas, 7 onde anunciaram o evangelho.

A cura de um paralítico em Listra

8 Em Listra, costumava estar sentado certo ho-
mem aleijado, paralítico desde o seu nascimento,
e que nunca tinha conseguido andar. 9 Esse ho-
mem ouviu Paulo falar. Quando Paulo fixou nele
os olhos e viu que ele tinha fé para ser curado,
10 disse a ele em voz alta:

— Levante-se direito sobre os pés!

O homem saltou e começou a andar. 11 Quando
as multidões viram o que Paulo tinha feito, grita-
ram em língua licaônica:

— Os deuses, em forma de homens, desceram
até nós.

12 A Barnabé chamavam Júpiter, e a Paulo, Mer-
cúrio, porque este era o principal portador da pa-
lavra. 13 O sacerdote de Júpiter, cujo templo estava
em frente da cidade, trazendo touros e grinaldas
para junto dos portões da cidade, queria oferecer
um sacrifício juntamente com a multidão. 14 Po-
rém, ouvindo isto, os apóstolos Barnabé e Paulo,
rasgando as suas roupas, saltaram para o meio da
multidão, gritando:

15 — Senhores, por que estão fazendo isto? Nós
também somos seres humanos como vocês, su-
jeitos aos mesmos sentimentos, e anunciamos o
evangelho a vocês para que se convertam destas
coisas vãs ao Deus vivo, que fez o céu, a terra, o
mar e tudo o que neles há. 16 Nas gerações passa-
das, Deus permitiu que todos os povos andassem
nos seus próprios caminhos. 17 Contudo, não dei-
xou de dar testemunho de si mesmo, fazendo o
bem, dando a vocês chuvas do céu e estações fru-
tíferas, enchendo o coração de vocês de fartura e
de alegria.

18 Dizendo isto, foi ainda com dificuldade que
impediram a multidão de lhes oferecer sacrifícios.

Paulo é apedrejado

19 Entretanto, chegaram judeus de Antioquia
e Icônio e, instigando as multidões, apedrejaram
Paulo e o arrastaram para fora da cidade, dando-o
por morto. 20 Mas, quando os discípulos o rodea-
ram, ele se levantou e entrou na cidade. No dia
seguinte, foi com Barnabé para Derbe.

A volta para Antioquia da Síria

21 E, tendo anunciado o evangelho naquela ci-
dade e feito muitos discípulos, Paulo e Barnabé
voltaram para Listra, Icônio e Antioquia, 22 for-
talecendo o ânimo dos discípulos, exortando-os
a permanecerem firmes na fé e mostrando que,
através de muitas tribulações, nos importa entrar
no Reino de Deus. 23 E, promovendo-lhes, em cada
igreja, a eleição de presbíteros, depois de orar com
jejuns, os encomendaram ao Senhor, em quem
haviam crido.

24 Atravessando a Pisídia, Paulo e Barnabé se di-
rigiram à Panfília. 25 E, tendo anunciado a palavra
em Perge, foram para Atália 26 e dali navegaram
para Antioquia, onde tinham sido recomendados

à graça de Deus para a obra que agora tinham ter-
minado. 27 Quando chegaram a Antioquia, reu-
niram a igreja e relataram tudo o que Deus havia
feito com eles e como tinha aberto aos gentios a
porta da fé. 28 E permaneceram muito tempo com
os discípulos.

A controvérsia sobre a circuncisão de gentios

15 1 Alguns indivíduos que foram da Judeia
para Antioquia ensinavam aos irmãos:
— Se vocês não forem circuncidados segundo o
costume de Moisés, não podem ser salvos.
2 Tendo surgido um conflito e grande discus-
são de Paulo e Barnabé com eles, foi resolvido que
esses dois e mais alguns fossem a Jerusalém, aos
apóstolos e presbíteros, para tratar desta questão.
3 Encaminhados, pois, pela igreja, atravessaram as
províncias da Fenícia e Samaria e, narrando a con-
versão dos gentios, causaram grande alegria a todos
os irmãos. 4 Quando chegaram a Jerusalém, foram
bem-recebidos pela igreja, pelos apóstolos e pelos
presbíteros, a quem relataram tudo o que Deus havia
feito com eles. 5 Mas alguns membros do partido dos
fariseus que haviam crido se insurgiram, dizendo:
— É necessário circuncidá-los e ordenar-lhes
que observem a lei de Moisés.

A reunião dos apóstolos e presbíteros em Jerusalém

6 Então os apóstolos e os presbíteros se reuni-
ram para examinar a questão. 7 Havendo grande
debate, Pedro tomou a palavra e disse:
— Irmãos, vocês sabem que, desde há muito,
Deus me escolheu entre vocês para que da minha
boca os gentios ouvissem a palavra do evangelho
e cressem. 8 E Deus, que conhece os corações, lhes
deu testemunho, concedendo o Espírito Santo a
eles, como também o havia concedido a nós. 9 E
não estabeleceu distinção alguma entre nós e eles,
purificando-lhes o coração por meio da fé. 10 Ago-
ra, pois, por que vocês querem tentar a Deus, pon-
do sobre o pescoço dos discípulos um jugo que
nem os nossos pais puderam suportar, nem nós?
11 Mas cremos que somos salvos pela graça do
Senhor Jesus, assim como eles.

O parecer de Tiago

12 E toda a multidão silenciou, passando a ou-
vir Barnabé e Paulo, que contavam quantos sinais
e prodígios Deus tinha feito por meio deles entre
os gentios. 13 Depois que eles terminaram, Tiago
tomou a palavra e disse:
— Irmãos, ouçam o que tenho a dizer. 14 Simão
acaba de relatar como, primeiramente, Deus visi-
tou os gentios, a fim de constituir entre eles um
povo para o seu nome. 15 Com isso concordam as
palavras dos profetas, como está escrito:

16 "Depois disso,
voltarei e reedificarei
o tabernáculo caído de Davi;
reedificarei as suas ruínas
e o restaurarei.
17 Para que o restante da humanidade
busque o Senhor,
juntamente com todos os gentios
sobre os quais tem sido invocado
o meu nome,
18 diz o Senhor,
que faz estas coisas conhecidas
desde os tempos antigos."

19 — Por isso, julgo que não devemos pertur-
bar aqueles que, entre os gentios, se convertem a
Deus, 20 mas escrever-lhes que se abstenham das
contaminações dos ídolos, bem como da imorali-
dade sexual, da carne de animais sufocados e do
sangue. 21 Porque Moisés tem, em cada cidade,
desde tempos antigos, os que o pregam nas sina-
gogas, onde é lido todos os sábados.

A decisão enviada a Antioquia

22 Então pareceu bem aos apóstolos e aos pres-
bíteros, com toda a igreja, eleger alguns homens
dentre eles e enviá-los a Antioquia, juntamente
com Paulo e Barnabé. Foram eleitos Judas, cha-
mado Barsabás, e Silas, que eram líderes entre os
irmãos. 23 Mandaram por eles a seguinte carta:

"Os irmãos, tanto os apóstolos como os pres-
bíteros, aos irmãos gentios em Antioquia, Síria
e Cilícia, saudações.

24 Visto sabermos que alguns que saíram de
nosso meio, sem nenhuma autorização, per-
turbaram vocês com palavras, transtornando
a mente de vocês, 25 pareceu-nos bem, chega-
dos a pleno acordo, eleger alguns homens e
enviá-los a vocês com os nossos amados Bar-
nabé e Paulo, 26 homens que têm arriscado a
vida pelo nome de nosso Senhor Jesus Cristo.
27 Portanto, estamos enviando Judas e Silas,
os quais pessoalmente lhes dirão as mesmas
coisas. 28 Pois pareceu bem ao Espírito Santo
e a nós não impor a vocês maior encargo além
destas coisas essenciais: 29 que vocês se abs-
tenham das coisas sacrificadas a ídolos, bem
como do sangue, da carne de animais sufoca-
dos e da imoralidade sexual; se evitarem essas
coisas, farão bem.

Passem bem."

A leitura da mensagem

30 Os que foram enviados partiram para Antio-
quia e, tendo reunido a comunidade, entregaram
a carta. 31 Quando a leram, ficaram muito alegres
pelo consolo recebido. 32 Judas e Silas, que eram

também profetas, consolaram os irmãos com muitos conselhos e os fortaleceram. 33 Tendo-se demorado ali por algum tempo, os irmãos deixaram que voltassem em paz aos que os enviaram. 34 [Mas pareceu bem a Silas permanecer ali.] 35 Paulo e Barnabé demoraram-se em Antioquia, ensinando e pregando, com muitos outros, a palavra do Senhor.

A segunda viagem missionária. Paulo e Barnabé se separam

36 Alguns dias depois, Paulo disse a Barnabé:

— Vamos voltar e visitar os irmãos em todas as cidades nas quais anunciamos a palavra do Senhor, para ver como estão.

37 Barnabé queria levar também João, chamado Marcos. 38 Mas Paulo não achava justo levar aquele que tinha se afastado deles desde a Panfília, não os acompanhando no trabalho. 39 Houve tal desavença entre eles, que vieram a separar-se. Então Barnabé, levando consigo Marcos, navegou para Chipre. 40 Mas Paulo, tendo escolhido Silas, partiu, encomendado pelos irmãos à graça do Senhor. 41 E passou pela Síria e Cilícia, fortalecendo as igrejas.

Paulo leva Timóteo consigo

16 1 Paulo chegou também a Derbe e a Listra. Havia ali um discípulo chamado Timóteo, filho de uma judia crente, mas de pai grego. 2 Os irmãos em Listra e Icônio davam bom testemunho dele. 3 Paulo queria que Timóteo fosse em sua companhia e, por isso, circuncidou-o por causa dos judeus daqueles lugares; pois todos sabiam que o pai dele era grego. 4 Ao passar pelas cidades, entregavam aos irmãos as decisões tomadas pelos apóstolos e presbíteros de Jerusalém, para que as observassem. 5 Assim, as igrejas eram fortalecidas na fé e, dia a dia, aumentavam em número.

A visão em Trôade

6 E percorreram a região frígio-gálata, tendo sido impedidos pelo Espírito Santo de pregar a palavra na província da Ásia. 7 Chegando perto de Mísia, tentaram ir para Bitínia, mas o Espírito de Jesus não o permitiu. 8 E, tendo contornado Mísia, foram a Trôade. 9 À noite, Paulo teve uma visão na qual um homem da Macedônia estava em pé e lhe rogava, dizendo:

— Passe à Macedônia e ajude-nos.

10 Assim que Paulo teve a visão, imediatamente procuramos partir para aquele destino, concluindo que Deus nos havia chamado para lhes anunciar o evangelho.

Paulo em Filipos. A conversão de Lídia

11 Tendo, pois, navegado de Trôade, fomos diretamente para Samotrácia e, no dia seguinte, a Neápolis. 12 Dali fomos a Filipos, cidade da Macedônia, primeira do distrito e colônia romana. Nesta cidade, permanecemos alguns dias. 13 No sábado, saímos da cidade para a beira do rio, onde nos pareceu haver um lugar de oração; e, assentando-nos, falamos às mulheres que haviam se reunido ali. 14 Certa mulher, chamada Lídia, da cidade de Tiatira, vendedora de púrpura, temente a Deus, nos escutava; o Senhor lhe abriu o coração para que estivesse atenta ao que Paulo dizia. 15 Depois de ser batizada, ela e toda a sua casa, nos fez este pedido:

— Se julgam que eu sou fiel ao Senhor, venham ficar na minha casa.

E nos constrangeu a isso.

A cura de uma jovem adivinhadora

16 Aconteceu que, indo nós para o lugar de oração, veio ao nosso encontro uma jovem possuída de espírito adivinhador, a qual, adivinhando, dava grande lucro aos seus donos. 17 Seguindo a Paulo e a nós, gritava, dizendo:

— Estes homens são servos do Deus Altíssimo e anunciam a vocês o caminho da salvação.

18 Isto se repetiu por muitos dias. Então Paulo, já indignado, voltando-se, disse ao espírito:

— Em nome de Jesus Cristo, eu ordeno que você saia dela.

E, na mesma hora, o espírito saiu.

Paulo e Silas são açoitados e presos

19 Quando os donos da jovem viram que se havia desfeito a esperança do lucro, agarraram Paulo e Silas e os arrastaram para a praça, à presença das autoridades. 20 E, levando-os aos magistrados, disseram:

— Estes homens, sendo judeus, perturbam a nossa cidade, 21 propagando costumes que não podemos aceitar, nem praticar, porque somos romanos.

22 Então a multidão se levantou unida contra eles, e os magistrados, rasgando-lhes as roupas, mandaram açoitá-los com varas. 23 E, depois de lhes darem muitos açoites, os lançaram na prisão, ordenando ao carcereiro que os guardasse com toda a segurança. 24 Este, recebendo tal ordem, levou-os para o cárcere interior e prendeu os pés deles no tronco.

25 Por volta da meia-noite, Paulo e Silas oravam e cantavam louvores a Deus, e os demais companheiros de prisão escutavam. 26 De repente, sobreveio tamanho terremoto, que sacudiu os alicerces da prisão; todas as portas se abriram e as correntes de todos os presos se soltaram.

A conversão do carcereiro

27 O carcereiro despertou do sono e, vendo abertas as portas da prisão, puxando da espada,

ia suicidar-se, pois pensou que os presos tinham
fugido. 28 Mas Paulo gritou bem alto:
— Não faça nenhum mal a si mesmo! Estamos
todos aqui.
29 Então o carcereiro, tendo pedido uma luz,
entrou correndo e, trêmulo, prostrou-se diante de
Paulo e Silas. 30 Depois, trazendo-os para fora, disse:
— Senhores, que devo fazer para que seja sal-
vo?
31 Eles responderam:
— Creia no Senhor Jesus e você será salvo —
você e toda a sua casa.
32 E pregaram a palavra de Deus ao carcereiro e a
todos os que faziam parte da casa dele. 33 Naquela
mesma hora da noite, cuidando deles, lavou-lhes
as feridas dos açoites. Logo a seguir, ele e todos os
membros da casa dele foram batizados. 34 Então,
levando-os para a sua própria casa, deu-lhes de
comer; e, com todos os seus, manifestava grande
alegria por ter crido em Deus.

Paulo e Silas livres da prisão

35 Quando amanheceu, os magistrados envia-
ram oficiais de justiça, com a seguinte ordem para
o carcereiro:
— Ponha aqueles homens em liberdade.
36 Então o carcereiro comunicou isso a Paulo,
dizendo:
— Os magistrados ordenaram que vocês fos-
sem postos em liberdade. Portanto, vocês podem
sair. Vão em paz.
37 Paulo, porém, lhes disse:
— Sem ter havido processo formal contra nós,
nos açoitaram publicamente e nos jogaram na ca-
deia, sendo nós cidadãos romanos. Querem ago-
ra nos mandar embora sem maior alarde? Nada
disso! Pelo contrário, que eles venham e, pessoal-
mente, nos ponham em liberdade.
38 Os oficiais de justiça comunicaram isso aos
magistrados. Quando estes souberam que Paulo e
Silas eram cidadãos romanos, ficaram com medo.
39 Então foram até eles e lhes pediram desculpas;
e, relaxando-lhes a prisão, pediram que se retiras-
sem da cidade. 40 Tendo saído da prisão, Paulo e
Silas dirigiram-se para a casa de Lídia e, vendo os
irmãos, os animaram. Depois partiram.

Paulo e Silas em Tessalônica

17 1 Tendo passado por Anfípolis e Apolônia,
Paulo e Silas chegaram a Tessalônica, onde
havia uma sinagoga dos judeus. 2 Paulo, segundo
o seu costume, foi procurá-los e, por três sábados,
discutiu com eles a respeito das Escrituras, 3 ex-
pondo e demonstrando ter sido necessário que
o Cristo padecesse e ressuscitasse dos mortos.
Paulo dizia:
— Este Jesus, que eu anuncio a vocês, é o Cristo.
4 Alguns deles foram persuadidos e se juntaram
a Paulo e Silas. O mesmo aconteceu com numero-
sa multidão de gregos piedosos e muitas mulheres
importantes. 5 Os judeus, porém, movidos de inve-
ja, trazendo consigo alguns homens maus dentre
a malandragem, reuniram uma multidão e provo-
caram um tumulto na cidade. E, atacando de sur-
presa a casa de Jasom, procuravam trazer Paulo e
Silas para o meio do povo. 6 Porém, não os encon-
trando, arrastaram Jasom e alguns irmãos diante
das autoridades, gritando:
— Estes que promovem tumulto em todo o
mundo chegaram também aqui, 7 e Jasom os hos-
pedou na casa dele. Todos estes agem contra os
decretos de César, dizendo que existe outro rei,
chamado Jesus.
8 Tanto a multidão como as autoridades ficaram
agitadas ao ouvir estas palavras. 9 Porém, depois
de terem recebido deles a fiança estipulada, as au-
toridades soltaram Jasom e os outros.

Paulo e Silas em Bereia

10 E logo, durante a noite, os irmãos enviaram
Paulo e Silas para Bereia. Ali chegados, dirigiram-
-se à sinagoga dos judeus. 11 Ora, estes de Bereia
eram mais nobres do que os de Tessalônica, pois
receberam a palavra com toda a avidez, exami-
nando as Escrituras todos os dias para ver se as
coisas eram, de fato, assim. 12 Com isso, muitos de-
les creram, mulheres gregas de alta posição social
e muitos homens. 13 Mas, logo que os judeus de
Tessalônica souberam que a palavra de Deus era
anunciada por Paulo também em Bereia, foram lá
agitar e perturbar o povo. 14 Então os irmãos fize-
ram com que Paulo fosse imediatamente para os
lados do mar. Porém Silas e Timóteo continuaram
em Bereia. 15 Os responsáveis por Paulo levaram-
-no até Atenas e regressaram trazendo ordem a Si-
las e Timóteo para que fossem encontrá-lo o mais
depressa possível.

O discurso de Paulo em Atenas

16 Enquanto Paulo os esperava em Atenas, o
seu espírito se revoltava em face da idolatria do-
minante na cidade. 17 Por isso, falava na sinago-
ga com os judeus e os gentios piedosos; também
na praça, todos os dias, com os que se encon-
travam ali. 18 E alguns dos filósofos epicureus
e estoicos discutiam com ele, havendo quem
perguntasse:
— Que quer dizer esse tagarela?
Outros diziam:
— Parece pregador de deuses estranhos.
Diziam isso porque Paulo pregava Jesus e a res-
surreição.
19 Então, tomando-o consigo, levaram-no ao
Areópago, dizendo:

— Podemos saber que nova doutrina é essa que
você ensina? 20 Pois você nos traz aos ouvidos coi-
sas estranhas e queremos saber o que vem a ser
isso.
21 Acontece que todos os de Atenas e os es-
trangeiros residentes não se ocupavam com outra
coisa senão dizer ou ouvir as últimas novidades.
22 Então Paulo, levantando-se no meio do Areópa-
go, disse:
— Senhores atenienses! Percebo que em tudo
vocês são bastante religiosos, 23 porque, andan-
do pela cidade e observando os objetos de cul-
to que vocês têm, encontrei também um altar
no qual aparece a seguinte inscrição: "Ao DEUS
DESCONHECIDO". Pois esse que vocês adoram
sem conhecer é precisamente aquele que eu lhes
anuncio.
24 — O Deus que fez o mundo e tudo o que nele
existe, sendo ele Senhor do céu e da terra, não
habita em santuários feitos por mãos humanas;
25 nem é servido por mãos humanas, como se pre-
cisasse de alguma coisa, pois ele mesmo é quem a
todos dá vida, respiração e tudo mais. 26 De um só
homem fez todas as nações para habitarem sobre
a face da terra, havendo fixado os tempos previa-
mente estabelecidos e os limites da sua habitação;
27 para buscarem Deus se, porventura, tateando, o
possam achar, ainda que não esteja longe de cada
um de nós; 28 pois nele vivemos, nos movemos e
existimos, como alguns dos poetas de vocês dis-
seram: "Porque dele também somos geração."
29 Portanto, visto que somos geração de Deus, não
devemos pensar que a divindade é semelhante ao
ouro, à prata ou à pedra, trabalhados pela arte e
imaginação do homem. 30 Deus não levou em con-
ta os tempos da ignorância, mas agora ele ordena
a todas as pessoas, em todos os lugares, que se ar-
rependam. 31 Porque Deus estabeleceu um dia em
que julgará o mundo com justiça, por meio de um
homem que escolheu. E deu certeza disso a todos,
ressuscitando-o dentre os mortos.

Uns zombam, outros creem

32 Quando ouviram falar de ressurreição de
mortos, uns zombaram, e outros disseram:
— A respeito disso ouviremos você em outra
ocasião.
33 A essa altura, Paulo se retirou do meio deles.
34 Houve, porém, alguns homens que se juntaram
a ele e creram; entre eles estava Dionísio, o areo-
pagita, uma mulher chamada Dâmaris e, com eles,
mais algumas pessoas.

Paulo em Corinto

18 1 Depois disso, deixando Atenas, Paulo foi a
Corinto. 2 Lá, encontrou um judeu chamado
Áquila, natural do Ponto, recentemente chegado
da Itália, com Priscila, sua mulher, porque o im-
perador Cláudio havia decretado que todos os ju-
deus deviam sair de Roma. Paulo aproximou-se
deles. 3 E, como tinham o mesmo ofício, passou a
morar com eles e ali trabalhava. O ofício deles era
fazer tendas. 4 E todos os sábados Paulo falava na
sinagoga, persuadindo tanto judeus como gregos.
5 Quando Silas e Timóteo chegaram da Macedô-
nia, Paulo se entregou totalmente à palavra, teste-
munhando aos judeus que Jesus é o Cristo. 6 Como
eles se opuseram e blasfemaram, Paulo sacudiu as
roupas e disse-lhes:
— Que o sangue de vocês caia sobre a cabeça
de vocês! Eu estou limpo dele e, a partir de agora,
vou para os gentios.
7 Saindo dali, entrou na casa de um homem
chamado Tício Justo, que era temente a Deus; a
casa dele ficava ao lado da sinagoga. 8 Crispo, o
chefe da sinagoga, creu no Senhor, com toda a sua
casa; também muitos dos coríntios, ouvindo, cre-
ram e foram batizados.
9 Certa noite Paulo teve uma visão em que o
Senhor lhe disse:
— Não tenha medo! Pelo contrário, fale e não
fique calado, 10 porque eu estou com você, e nin-
guém ousará lhe fazer mal, pois tenho muito povo
nesta cidade.
11 Assim, Paulo permaneceu em Corinto um
ano e seis meses, ensinando entre eles a palavra
de Deus.

Paulo diante de Gálio

12 Quando Gálio era procônsul da Acaia, os
judeus, de comum acordo, se levantaram contra
Paulo e o levaram ao tribunal, 13 dizendo:
— Este homem quer persuadir as pessoas a
adorar a Deus de um modo contrário à lei.
14 Quando Paulo ia falar, Gálio disse aos judeus:
— Se fosse, de fato, alguma injustiça ou crime
de maior gravidade, ó judeus, eu teria motivo para
acolher a queixa que vocês estão trazendo. 15 Mas
como é uma questão de palavras, de nomes e da
própria lei de vocês, resolvam isso vocês mesmos;
eu não quero ser juiz dessas coisas!
16 E os expulsou do tribunal. 17 Então todos
agarraram Sóstenes, o chefe da sinagoga, e come-
çaram a espancá-lo diante do tribunal; Gálio, to-
davia, não se incomodava com estas coisas.

O final da segunda viagem missionária de Paulo

18 Paulo ficou ainda muitos dias em Corinto. Por
fim, despedindo-se dos irmãos, navegou para a Sí-
ria, levando em sua companhia Priscila e Áquila.
Antes de embarcar, rapou a cabeça em Cencreia,
porque tinha feito um voto. 19 Quando chegaram
a Éfeso, Paulo deixou ali Priscila e Áquila. Ele,

porém, entrando na sinagoga, pregava aos judeus.
20 Pediram-lhe que ficasse mais algum tempo, mas
Paulo não quis. 21 Ao se despedir, disse:
— Se Deus quiser, virei visitá-los outra vez.
E, embarcando, partiu de Éfeso. 22 Chegando
a Cesareia, foi logo para Jerusalém. E, tendo sau-
dado a igreja, seguiu para Antioquia. 23 Havendo
passado ali algum tempo, saiu, atravessando su-
cessivamente a região da Galácia e Frígia, fortale-
cendo todos os discípulos.

A terceira viagem missionária de Paulo. Apolo em Éfeso

24 Nesse meio-tempo, chegou a Éfeso um judeu,
natural de Alexandria, chamado Apolo, homem
eloquente e poderoso nas Escrituras. 25 Ele era
instruído no caminho do Senhor; e, sendo fervo-
roso de espírito, falava e ensinava com precisão a
respeito de Jesus, conhecendo apenas o batismo
de João. 26 Apolo começou a falar ousadamente na
sinagoga. Quando Priscila e Áquila o ouviram fa-
lar, levaram-no consigo e, com mais exatidão, lhe
expuseram o caminho de Deus. 27 Quando ele re-
solveu percorrer a Acaia, os irmãos o animaram e
escreveram aos discípulos para que o recebessem
bem. Tendo chegado, Apolo auxiliou muito aque-
les que, mediante a graça, haviam crido; 28 porque,
com grande poder, convencia publicamente os ju-
deus, provando, por meio das Escrituras, que Jesus
é o Cristo.

Paulo em Éfeso

19 1 Aconteceu que, enquanto Apolo estava em
Corinto, Paulo, tendo passado pelas regiões
mais altas, chegou a Éfeso. Encontrando ali alguns
discípulos, 2 perguntou-lhes:
— Vocês receberam o Espírito Santo quando
creram?
Ao que eles responderam:
— Pelo contrário, nem mesmo ouvimos que
existe o Espírito Santo.
3 Paulo perguntou:
— Então que batismo vocês receberam?
Eles responderam:
— O batismo de João.
4 Paulo explicou:
— João realizou batismo de arrependimento,
dizendo ao povo que cresse naquele que viria de-
pois dele, a saber, em Jesus.
5 Eles, tendo ouvido isto, foram batizados no
nome do Senhor Jesus. 6 E, quando Paulo lhes
impôs as mãos, o Espírito Santo veio sobre eles,
e tanto falavam em línguas como profetizavam.
7 Eram, ao todo, uns doze homens.
8 Durante três meses, Paulo frequentou a sina-
goga, onde falava ousadamente, discutindo e per-
suadindo a respeito do Reino de Deus. 9 Mas como
alguns deles se mostravam teimosos e descrentes,
falando mal do Caminho diante da multidão, Paulo
se afastou deles. E, levando consigo os discípulos,
passou a falar diariamente na escola de Tirano.
10 Paulo fez isso durante dois anos, de modo que
todos os habitantes da província da Ásia ouviram a
palavra do Senhor, tanto judeus como gregos.

Os filhos de Ceva

11 Deus, pelas mãos de Paulo, fazia milagres ex-
traordinários, 12 a ponto de levarem aos enfermos
lenços e aventais do seu uso pessoal, diante dos
quais as enfermidades fugiam das suas vítimas,
e os espíritos malignos se retiravam. 13 E alguns
judeus, exorcistas ambulantes, tentaram invocar
o nome do Senhor Jesus sobre pessoas possuídas
de espíritos malignos, dizendo:
— Ordeno que saiam pelo poder de Jesus, a
quem Paulo prega.
14 Os que faziam isto eram sete filhos de um ju-
deu chamado Ceva, sumo sacerdote. 15 Mas o espí-
rito maligno lhes respondeu:
— Conheço Jesus e sei quem é Paulo; mas vo-
cês, quem são?
16 E o possuído do espírito maligno saltou sobre
eles, dominando a todos e, de tal modo prevale-
ceu contra eles, que, nus e feridos, fugiram daque-
la casa. 17 Este fato chegou ao conhecimento de
todos os moradores de Éfeso, tanto judeus como
gregos. Veio temor sobre todos eles, e o nome
do Senhor Jesus era engrandecido. 18 Muitos dos
que creram vieram confessando e denunciando
publicamente as suas próprias obras. 19 Também
muitos dos que haviam praticado magia, reunindo
os seus livros, os queimaram diante de todos. Cal-
culado o valor dos livros, verificaram que chegava
a cinquenta mil denários. 20 Assim, a palavra do
Senhor crescia e prevalecia poderosamente.

Paulo envia Timóteo e Erasto para a Macedônia

21 Depois destas coisas, Paulo resolveu, no seu
espírito, ir a Jerusalém, passando pela Macedônia
e Acaia. Ele dizia:
— Depois de passar por Jerusalém, preciso ir
também a Roma.
22 Tendo enviado à Macedônia dois daqueles
que o ajudavam, a saber, Timóteo e Erasto, perma-
neceu algum tempo na província da Ásia.

O tumulto em Éfeso

23 Por esse tempo, houve grande tumulto em
Éfeso por causa do Caminho. 24 Pois um ourives,
chamado Demétrio, que fazia modelos de prata do
templo de Diana e que dava muito lucro aos artífi-
ces, 25 convocando-os juntamente com outros do
mesmo ofício, disse-lhes:

— Senhores, vocês sabem que a nossa prospe-
ridade vem deste ofício. 26 E agora vocês estão ven-
do e ouvindo que não só em Éfeso, mas em quase
toda a província da Ásia, este Paulo tem persua-
dido e desencaminhado muita gente, afirmando
que os deuses feitos por mãos humanas não são
deuses de verdade. 27 Não somente há o perigo
de que o nosso negócio caia em descrédito, como
também de que o próprio templo da grande deusa
Diana seja considerado sem valor, e que até venha
a ser destruída a majestade daquela que toda a
província da Ásia e o mundo adoram.

28 Ouvindo isto, ficaram furiosos e começaram
a gritar:

— Grande é a Diana dos efésios!

29 A confusão se espalhou pela cidade, e to-
dos juntos foram correndo para o teatro, arras-
tando consigo os macedônios Gaio e Aristarco,
companheiros de Paulo. 30 Quando Paulo quis
apresentar-se ao povo, os discípulos não o per-
mitiram. 31 Também algumas autoridades da pro-
víncia, que eram amigos de Paulo, mandaram um
recado, pedindo que ele não se arriscasse indo ao
teatro. 32 Uns, pois, gritavam de uma forma; ou-
tros, de outra; porque a assembleia tinha virado
uma confusão. E, na sua maior parte, nem sabiam
por que motivo estavam reunidos. 33 Então tira-
ram Alexandre do meio da multidão, e os judeus
o empurraram para a frente. Este, acenando com
a mão, queria falar ao povo. 34 Quando, porém, re-
conheceram que ele era judeu, todos, a uma voz,
gritaram durante quase duas horas:

— Grande é a Diana dos efésios!

35 O escrivão da cidade, tendo apaziguado o
povo, disse:

— Senhores efésios, quem não sabe que a cida-
de de Éfeso é a guardiã do templo da grande Diana
e da imagem que caiu do céu? 36 Ora, não podendo
isto ser contestado, convém que vocês se mante-
nham calmos e não façam nada de forma precipi-
tada; 37 porque estes homens que vocês trouxeram
para cá não profanaram o templo, nem blasfemam
contra a nossa deusa. 38 Portanto, se Demétrio e os
artífices que o acompanham têm alguma queixa
contra alguém, saibam que existem os tribunais
e os procônsules; que se acusem uns aos outros
ali. 39 Mas, se vocês estão pleiteando alguma outra
coisa, isso será decidido em assembleia regular.
40 Porque também corremos o risco de sermos,
hoje, acusados de revolta, não havendo motivo
algum que possamos alegar para justificar este
ajuntamento.

41 E, havendo dito isto, dissolveu a assembleia.

De novo, Paulo visita a Macedônia e a Grécia

20 1 Cessado o tumulto, Paulo mandou cha-
mar os discípulos e, tendo-os encorajado,
despediu-se e foi para a Macedônia. 2 Havendo
atravessado aquelas terras, fortalecendo os dis-
cípulos com muitas exortações, dirigiu-se para a
Grécia, 3 onde se demorou três meses. Quando es-
tava para embarcar rumo à Síria, houve uma cons-
piração por parte dos judeus contra ele. Então
decidiu voltar pela Macedônia. 4 Acompanharam-
-no Sópatro, de Bereia, filho de Pirro; Aristarco e
Secundo, de Tessalônica; Gaio, de Derbe; Timó-
teo; e também Tíquico e Trófimo, da província
da Ásia. 5 Estes nos precederam, ficando à nossa
espera em Trôade. 6 Depois dos dias dos pães sem
fermento, navegamos de Filipos e, em cinco dias,
nos encontramos com eles em Trôade, onde pas-
samos uma semana.

Paulo em Trôade

7 No primeiro dia da semana, nós nos reunimos
a fim de partir o pão. Paulo, que pretendia viajar
no dia seguinte, falava aos irmãos e prolongou a
mensagem até a meia-noite. 8 Havia muitas lâm-
padas no cenáculo onde estávamos reunidos.
9 Um jovem, chamado Êutico, que estava sentado
numa janela, adormecendo profundamente du-
rante a prolongada mensagem de Paulo, vencido
pelo sono, caiu do terceiro andar abaixo. Quando
o levantaram, estava morto. 10 Mas Paulo desceu,
inclinou-se sobre ele e, abraçando-o, disse:

— Não fiquem alvoroçados, pois ele está vivo.

11 Subindo de novo, Paulo partiu o pão e comeu.
E lhes falou ainda muito tempo até o amanhecer.
E, assim, partiu. 12 Então conduziram vivo o rapaz
e sentiram-se grandemente confortados.

Paulo embarca em Assôs e vai para Mileto

13 Nós, porém, prosseguindo, embarcamos e
navegamos para Assôs, onde devíamos receber
Paulo, porque assim nos havia sido determinado,
devendo ele ir por terra. 14 Quando se reuniu co-
nosco em Assôs, nós o recebemos a bordo e fomos
a Mitilene. 15 Dali, navegando, no dia seguinte
passamos diante de Quios. Levamos mais um dia
até Samos e, um dia depois, chegamos a Mileto.
16 Paulo já tinha resolvido não aportar em Éfeso,
pois não queria demorar-se na província da Ásia.
Ele tinha pressa, pois queria, caso lhe fosse possí-
vel, passar o dia de Pentecostes em Jerusalém.

Em Mileto, Paulo fala aos presbíteros da igreja de Éfeso

17 De Mileto, Paulo enviou uma mensagem a
Éfeso, pedindo aos presbíteros da igreja que se en-
contrassem com ele. 18 E, quando chegaram, Paulo
lhes disse:

— Vocês sabem como me conduzi entre vocês
em todo o tempo, desde o primeiro dia em que
entrei na província da Ásia, 19 servindo o Senhor

com toda a humildade, com lágrimas e com as provações que me sobrevieram pelas ciladas dos judeus. 20 Vocês sabem que jamais deixei de anunciar o que fosse proveitoso e de ensinar isso a vocês publicamente e também de casa em casa, 21 testemunhando tanto a judeus como a gregos o arrependimento para com Deus e a fé em nosso Senhor Jesus Cristo. 22 E, agora, impelido pelo Espírito, vou para Jerusalém, não sabendo o que ali vai me acontecer, 23 exceto que o Espírito Santo, de cidade em cidade, me assegura que prisões e sofrimentos estão à minha espera. 24 Porém em nada considero a vida preciosa para mim mesmo, desde que eu complete a minha carreira e o ministério que recebi do Senhor Jesus para testemunhar o evangelho da graça de Deus.

25 — E agora eu sei que todos vocês, em cujo meio passei pregando o Reino, não mais verão o meu rosto. 26 Portanto, no dia de hoje testifico diante de vocês que estou limpo do sangue de todos, 27 porque jamais deixei de lhes anunciar todo o plano de Deus. 28 Cuidem de vocês mesmos e de todo o rebanho no qual o Espírito Santo os colocou como bispos, para pastorearem a igreja de Deus, a qual ele comprou com o seu próprio sangue. 29 Eu sei que, depois da minha partida, aparecerão no meio de vocês lobos vorazes, que não pouparão o rebanho. 30 E que até mesmo entre vocês se levantarão homens falando coisas pervertidas para arrastar os discípulos atrás de si. 31 Portanto, vigiem, lembrando que, durante três anos, noite e dia, não cessei de admoestar, com lágrimas, cada um de vocês.

32 — Agora, pois, eu os entrego aos cuidados de Deus e à palavra da sua graça, que tem poder para edificá-los e dar herança entre todos os que são santificados. 33 De ninguém cobicei prata, nem ouro, nem roupas; 34 vocês mesmos sabem que estas minhas mãos serviram para o que era necessário a mim e aos que estavam comigo. 35 Em tudo tenho mostrado a vocês que, trabalhando assim, é preciso socorrer os necessitados e lembrar das palavras do próprio Senhor Jesus: "Mais bem-aventurado é dar do que receber."

Paulo ora com eles

36 Tendo dito isso, ajoelhando-se, Paulo orou com todos eles. 37 Então houve grande pranto entre todos, e, abraçando Paulo, o beijavam, 38 entristecidos especialmente pela palavra que ele tinha dito: que não mais veriam o seu rosto. E eles o acompanharam até o navio.

Paulo chega a Tiro

21 1 Depois de nos separarmos deles, navegamos diretamente para a ilha de Cós. No dia seguinte, chegamos a Rodes, e dali fomos a Pátara. 2 Encontrando um navio que ia para a Fenícia, embarcamos nele, seguindo viagem. 3 Quando a ilha de Chipre já estava à vista, deixando-a à esquerda, navegamos para a Síria e chegamos a Tiro, pois o navio devia ser descarregado ali. 4 Encontrando os discípulos, permanecemos lá durante sete dias. Movidos pelo Espírito, eles recomendavam a Paulo que não fosse a Jerusalém. 5 Passados aqueles dias, saímos para continuar a viagem. Todos os discípulos, cada um com a sua mulher e os seus filhos, nos acompanharam até fora da cidade; e, ajoelhados na praia, oramos. 6 Despedindo-nos uns dos outros, embarcamos; e eles voltaram para casa.

Paulo em Cesareia

7 Quanto a nós, concluindo a viagem iniciada em Tiro, chegamos a Ptolemaida, onde saudamos os irmãos, passando um dia com eles. 8 No dia seguinte, partimos e fomos para Cesareia. E, entrando na casa de Filipe, o evangelista, que era um dos sete, ficamos com ele. 9 Filipe tinha quatro filhas solteiras, que profetizavam. 10 Demorando-nos ali alguns dias, veio da Judeia um profeta chamado Ágabo, 11 que, aproximando-se de nós, pegou o cinto de Paulo e, amarrando com ele os próprios pés e mãos, declarou:

— Assim diz o Espírito Santo: É isto que os judeus em Jerusalém farão ao dono deste cinto para entregá-lo nas mãos dos gentios.

12 Quando ouvimos estas palavras, tanto nós como os daquele lugar rogamos a Paulo que não fosse a Jerusalém. 13 Mas ele respondeu:

— O que estão fazendo, ao chorar assim e partir o meu coração? Pois estou pronto não só para ser preso, mas até para morrer em Jerusalém pelo nome do Senhor Jesus.

14 Como Paulo não se deixou persuadir, conformados, dissemos:

— Seja feita a vontade do Senhor!

15 Passados aqueles dias, tendo feito os preparativos, fomos para Jerusalém. 16 Alguns dos discípulos também vieram de Cesareia conosco, trazendo consigo Mnasom, natural de Chipre, velho discípulo, com quem nos deveríamos hospedar.

Paulo chega a Jerusalém

17 Quando chegamos a Jerusalém, os irmãos nos receberam com alegria. 18 No dia seguinte, Paulo foi conosco encontrar-se com Tiago, e todos os presbíteros se reuniram. 19 E, tendo-os saudado, contou em detalhes o que Deus tinha feito entre os gentios por seu ministério. 20 Ouvindo isso, eles deram glória a Deus e lhe disseram:

— Você percebe, irmão, que há milhares de judeus que creram, e todos são zelosos da Lei. 21 Eles foram informados que você ensina todos os

judeus entre os gentios a apostatarem de Moisés,
dizendo-lhes que não devem circuncidar os filhos,
nem andar segundo os costumes da Lei. 22 Que
faremos, então? Certamente saberão que você já
chegou. 23 Faça, portanto, o que vamos dizer: Estão
entre nós quatro homens que, voluntariamente,
fizeram um voto. 24 Leve esses homens, partici-
pe da cerimônia de purificação com eles e pague
a despesa deles, para que rapem a cabeça. Assim
todos saberão que não procede a informação que
receberam a respeito de você e que, pelo contrá-
rio, você mesmo vive de conformidade com a lei.
25 Quanto aos gentios que creram, já lhes transmi-
timos decisões para que se abstenham das coisas
sacrificadas a ídolos, do sangue, da carne de ani-
mais sufocados e da imoralidade sexual.
26 Então Paulo, levando aqueles homens, no dia
seguinte, tendo-se purificado com eles, entrou
no templo, acertando o cumprimento dos dias da
purificação, até que se fizesse a oferta em favor de
cada um deles.

Paulo é preso no templo

27 Quando já estavam por findar os sete dias, os
judeus que tinham vindo da província da Ásia, ao
verem Paulo no templo, alvoroçaram todo o povo
e o agarraram, 28 gritando:
— Israelitas, socorro! Este é o homem que por
toda parte anda ensinando todos a serem contra o
povo, contra a Lei e contra este lugar. E mais ainda:
introduziu até gregos no templo e profanou este
recinto sagrado.
29 Disseram isso, pois antes tinham visto Trófi-
mo, o efésio, em sua companhia na cidade e pen-
savam que Paulo o havia levado para dentro do
templo. 30 Toda a cidade ficou em grande alvoroço,
e o povo veio correndo. Agarraram Paulo e o ar-
rastaram para fora do templo; e imediatamente as
portas foram fechadas. 31 Procurando eles matá-
-lo, chegou ao conhecimento do comandante
das tropas romanas que toda a Jerusalém estava
amotinada. 32 Então este, levando logo soldados e
centuriões, correu para o meio do povo. Ao verem
chegar o comandante e os soldados, pararam de
espancar Paulo. 33 O comandante se aproximou e
ordenou que Paulo fosse preso e amarrado com
duas correntes. Então perguntou quem era e o
que havia feito. 34 Na multidão, uns gritavam uma
coisa, outros gritavam outra. Não podendo ele,
porém, saber a verdade por causa do tumulto, or-
denou que Paulo fosse recolhido à fortaleza. 35 Ao
chegar às escadas, foi preciso que os soldados o
carregassem, por causa da violência da multidão,
36 pois a massa de povo o seguia gritando:
— Mate-o!
37 E, quando Paulo ia sendo recolhido à fortale-
za, disse ao comandante:
— Seria possível dizer algo para o senhor?
O comandante respondeu:
— Você sabe grego? 38 Você não é, por acaso,
aquele egípcio que algum tempo atrás começou
uma revolta e levou quatro mil guerrilheiros para
o deserto?
39 Paulo respondeu:
— Eu sou judeu, natural de Tarso, uma impor-
tante cidade da Cilícia. E peço ao senhor que me
permita falar ao povo.
40 Obtida a permissão, Paulo, em pé na escada-
ria, fez com a mão sinal ao povo. Fez-se grande
silêncio, e ele falou em língua hebraica, dizendo:

Paulo apresenta a sua defesa

22 1 — Irmãos e pais, escutem agora o que te-
nho a dizer em minha defesa.
2 Quando ouviram que Paulo lhes falava em lín-
gua hebraica, fizeram mais silêncio ainda. Paulo
continuou:
3 — Eu sou judeu, nasci em Tarso da Cilícia, mas
fui criado nesta cidade e aqui fui instruído aos pés
de Gamaliel, segundo o rigor da Lei de nossos an-
tepassados, sendo zeloso para com Deus, assim
como todos vocês o são no dia de hoje. 4 Persegui
este Caminho até a morte, prendendo homens e
mulheres e lançando-os na cadeia. 5 Disto são tes-
temunhas o sumo sacerdote e todos os anciãos.
Deles eu recebi cartas para os irmãos judeus de
Damasco, e fui até lá para trazer amarrados a Je-
rusalém os que também lá estivessem, para serem
punidos.
6 — Ora, aconteceu que, enquanto eu viajava, já
perto de Damasco, quase ao meio-dia, repentina-
mente, uma grande luz do céu brilhou ao redor de
mim. 7 Então caí por terra, ouvindo uma voz que
me dizia: "Saulo, Saulo, por que você me perse-
gue?" 8 Perguntei: "Senhor, quem é você?" Ao que
me respondeu: "Eu sou Jesus, o Nazareno, a quem
você persegue."
9 — Os que estavam comigo viram a luz, sem,
contudo, perceber o sentido da voz de quem fala-
va comigo. 10 Então perguntei: "Senhor, o que devo
fazer?" E o Senhor me disse: "Levante-se, entre em
Damasco, onde lhe dirão tudo o que você precisa
fazer." 11 Tendo ficado cego por causa da intensi-
dade daquela luz, guiado pela mão dos que esta-
vam comigo, cheguei a Damasco.
12 — Um homem chamado Ananias, piedoso
conforme a Lei, tendo bom testemunho de todos
os judeus que ali moravam, 13 veio procurar-me
e, chegando perto de mim, disse: "Irmão Saulo,
recupere a visão!" Nessa mesma hora, recuperei a
visão e olhei para ele. 14 Então ele disse: "O Deus
de nossos pais escolheu você de antemão para
conhecer a vontade dele, ver o Justo e ouvir a voz
dele. 15 Porque você terá de ser testemunha dele

diante de todos, anunciando as coisas que você
tem visto e ouvido. 16 E agora, o que está esperan-
do? Levante-se, receba o batismo e lave os seus
pecados, invocando o nome dele."
17 — Quando voltei para Jerusalém, enquanto
orava no templo, sobreveio-me um êxtase, 18 e
vi o Senhor. Ele me disse: "Ande logo e saia ime-
diatamente de Jerusalém, porque não aceitarão o
seu testemunho a meu respeito." 19 Eu respondi:
"Senhor, eles bem sabem que eu ia de sinagoga
em sinagoga, prendendo e açoitando os que criam
em ti. 20 Quando se derramava o sangue de Estê-
vão, tua testemunha, eu também estava presente,
consentia nisso e até guardei as capas dos que o
matavam." 21 Mas ele me disse: "Vá, porque eu o
enviarei para longe, aos gentios."

Paulo livra-se de ser açoitado

22 Até este ponto a multidão ficou ouvindo.
Mas, quando Paulo disse isso, começaram a gritar
bem alto:
— Fora com ele! Mate-o, porque ele não merece
viver!
23 Enquanto eles gritavam, tiravam as suas ca-
pas e jogavam poeira para o ar, 24 o comandante
ordenou que Paulo fosse recolhido à fortaleza e
que, sob açoite, fosse interrogado para saber por
que motivo estavam gritando assim contra ele.
25 Quando o estavam amarrando com correias,
Paulo perguntou ao centurião que ali estava:
— Será que vocês têm o direito de açoitar um
cidadão romano, sem que ele tenha sido conde-
nado?
26 Ouvindo isto, o centurião procurou o coman-
dante e lhe disse:
— Que é isso que o senhor está prestes a fazer?
Saiba que aquele homem é cidadão romano.
27 Então o comandante veio e perguntou a Pau-
lo:
— Diga-me uma coisa: você é romano?
Paulo respondeu:
— Sou.
28 E o comandante disse:
— Eu tive de gastar muito dinheiro para conse-
guir essa cidadania.
Ao que Paulo respondeu:
— Pois eu a tenho de nascença.
29 Imediatamente se afastaram os que iam
interrogá-lo com açoites. O próprio comandante
ficou com medo quando soube que Paulo era ro-
mano, porque tinha mandado amarrá-lo.

Paulo diante do Sinédrio

30 No dia seguinte, querendo certificar-se dos
motivos por que Paulo vinha sendo acusado pe-
los judeus, o comandante o soltou e ordenou que
se reunissem os principais sacerdotes e todo o
Sinédrio. E, mandando trazer Paulo, apresentou-o
diante deles.
23 1 Paulo, fixando os olhos no Sinédrio, disse:
— Meus irmãos, tenho vivido até o dia de
hoje com a consciência limpa diante de Deus.
2 Mas Ananias, o sumo sacerdote, mandou aos
que estavam perto de Paulo que lhe batessem na
boca. 3 Então Paulo lhe disse:
— Deus há de ferir você, parede branqueada!
Você está aí sentado para me julgar de acordo com
a Lei e, contra a Lei, ordena que eu seja agredido?
4 Os que estavam ali perguntaram a Paulo:
— Você está insultando o sumo sacerdote de
Deus?
5 Paulo respondeu:
— Eu não sabia, irmãos, que ele é sumo sacer-
dote. Porque está escrito: "Não fale mal de uma
autoridade do seu povo."
6 Como Paulo sabia que uma parte do Sinédrio
se compunha de saduceus e outra, de fariseus,
exclamou:
— Irmãos, eu sou fariseu, filho de fariseus.
Estou sendo julgado por causa da esperança e da
ressurreição dos mortos!
7 Ditas estas palavras, começou uma grande
discussão entre fariseus e saduceus, e o Sinédrio
se dividiu. 8 Pois os saduceus dizem que não há
ressurreição, nem anjo, nem espírito, ao passo que
os fariseus admitem todas essas coisas. 9 Houve,
pois, muita gritaria no Sinédrio. E, levantando-se
alguns escribas que eram do partido dos fariseus,
discutiam, dizendo:
— Não achamos neste homem mal algum. E se,
de fato, algum espírito ou anjo falou com ele?
10 Como a discussão ficava cada vez mais inten-
sa, o comandante, temendo que Paulo fosse des-
pedaçado por eles, mandou descer a guarda para
que o retirassem dali e o levassem para a fortaleza.

O Senhor aparece a Paulo

11 Na noite seguinte, o Senhor, pondo-se ao
lado de Paulo, disse:
— Coragem! Pois assim como você deu teste-
munho a meu respeito em Jerusalém, é necessário
que você testemunhe também em Roma.

A emboscada dos judeus

12 Quando amanheceu, os judeus se reuniram
e juraram que não haviam de comer, nem beber,
enquanto não matassem Paulo. 13 Eram mais de
quarenta os que se envolveram nessa conspiração.
14 Estes foram falar com os principais sacerdotes e
os anciãos e disseram:
— Juramos, sob pena de maldição, não comer
coisa alguma, enquanto não matarmos Paulo. 15 Por
isso, agora, juntamente com o Sinédrio, mandem
um recado ao comandante para que ele o apresente

a vocês, sob o pretexto de que desejam investigar
mais acuradamente o caso dele; e nós, antes que ele
chegue, estaremos prontos para matá-lo.
16 Mas o filho da irmã de Paulo, tendo ouvido a
respeito da trama, foi, entrou na fortaleza e con-
tou tudo a Paulo. 17 Então este, chamando um dos
centuriões, disse:
— Leve este rapaz ao comandante, porque tem
algo a dizer.
18 O centurião levou o rapaz ao comandante e
disse:
— O prisioneiro Paulo me chamou e pediu que
eu trouxesse à sua presença este rapaz, pois tem
algo a dizer ao senhor.
19 O comandante pegou o rapaz pela mão e,
levando-o para um lado, perguntou-lhe:
— O que você tem para me dizer?
20 Ele respondeu:
— Os judeus decidiram pedir ao senhor que,
amanhã, apresente Paulo ao Sinédrio, sob o pre-
texto de que desejam fazer uma investigação mais
acurada a respeito dele. 21 Não se deixe persuadir,
porque mais de quarenta deles armaram uma
emboscada. Fizeram um pacto de, sob pena de
maldição, não comer, nem beber, enquanto não
matarem Paulo; e agora estão prontos, esperando
que o senhor prometa atender o pedido deles.
22 Então o comandante despediu o rapaz,
recomendando-lhe que não dissesse a ninguém
ter lhe trazido estas informações. 23 Chamando
dois centuriões, ordenou:
— Tenham de prontidão duzentos soldados,
setenta cavaleiros e duzentos lanceiros para irem
até Cesareia a partir das nove horas da noite.
24 Preparem também animais para fazer Paulo
montar e levem-no com segurança ao governa-
dor Félix.

A carta de Cláudio a Félix

25 O comandante escreveu uma carta nestes
termos:

26 "Cláudio Lísias ao excelentíssimo governa-
dor Félix. Saudações.
27 Este homem foi preso pelos judeus e esta-
va prestes a ser morto por eles, quando eu, so-
brevindo com a guarda, o livrei, por saber que
ele era romano. 28 Querendo certificar-me do
motivo por que o acusavam, levei-o ao Sinédrio
deles. 29 Descobri que ele era acusado de coisas
referentes à lei que os rege, mas nada que justi-
ficasse morte ou mesmo prisão. 30 Sendo eu in-
formado de que ia haver uma emboscada contra
o homem, tratei de enviá-lo imediatamente ao
senhor, intimando também os acusadores a irem
dizer, na sua presença, o que eles têm contra ele.
Passe bem."

Paulo no Pretório de Herodes

31 Então os soldados, conforme lhes foi ordena-
do, pegaram Paulo e, durante a noite, o conduzi-
ram até Antipátride. 32 No dia seguinte, voltaram
para a fortaleza, tendo deixado os cavaleiros en-
carregados de seguir viagem com ele. 33 Quando
estes chegaram a Cesareia, entregaram a carta ao
governador e também lhe apresentaram Paulo.
34 Lida a carta, o governador perguntou de que
província Paulo era. E, quando soube que era da
Cilícia, 35 disse:
— Ouvirei você quando chegarem os seus
acusadores.
E mandou que ele ficasse preso no Pretório de
Herodes.

Paulo é acusado diante de Félix

24 1 Cinco dias depois, o sumo sacerdote Ana-
nias foi até Cesareia com alguns anciãos
e com certo orador, chamado Tértulo, os quais
apresentaram ao governador a sua acusação con-
tra Paulo. 2 Depois que Paulo foi chamado, Tértulo
passou a acusá-lo, dizendo:
— Excelentíssimo Félix, tendo nós desfrutado
de paz perene por meio do senhor e tendo sido
feitas, por seu providente cuidado, notáveis refor-
mas em benefício deste povo, 3 sempre e em todos
os lugares, reconhecemos isto com profunda gra-
tidão. 4 Entretanto, para não deter o senhor por
muito tempo, peço que, de acordo com a sua cle-
mência, nos ouça por alguns instantes. 5 Porque,
tendo nós verificado que este homem é uma peste
e promove desordens entre os judeus do mundo
inteiro, sendo também o principal agitador da sei-
ta dos nazarenos, 6 o qual também tentou profa-
nar o templo, nós o prendemos com o intuito de
julgá-lo segundo a nossa Lei. 7 Mas, sobrevindo o
comandante Lísias, o arrebatou das nossas mãos
com grande violência, 8 ordenando que os seus
acusadores viessem à presença do senhor. Se o
interrogar, o senhor mesmo poderá tomar conhe-
cimento de todas as coisas de que nós o acusamos.
9 Os judeus também concordaram na acusação,
afirmando que estas coisas eram assim.

Paulo apresenta a sua defesa

10 Quando o governador fez sinal para que Pau-
lo falasse, ele disse:
— Sabendo que há muitos anos o senhor é
juiz desta nação, sinto-me à vontade para me
defender. 11 O senhor mesmo pode verificar que
não se passaram mais de doze dias desde que fui
a Jerusalém para adorar a Deus; 12 e que não me
acharam no templo discutindo com ninguém,
nem agitando o povo, fosse nas sinagogas ou na
cidade; 13 nem podem provar diante do senhor as
acusações que agora fazem contra mim. 14 Porém

confesso ao senhor que, segundo o Caminho,
a que chamam seita, assim eu sirvo ao Deus de
nossos pais, acreditando em todas as coisas que
concordam com a lei e os escritos dos profetas,
15 tendo esperança em Deus, como também estes
a têm, de que haverá ressurreição, tanto de justos
como de injustos. 16 Por isso, também me esforço
por ter sempre uma consciência pura diante de
Deus e dos homens.
17 — Depois de anos, vim trazer donativos para
o meu povo e também fazer oferendas, 18 e foi nes-
ta prática que alguns judeus da província da Ásia
me encontraram já purificado no templo, sem
ajuntamento de povo e sem tumulto, 19 os quais
deviam comparecer diante do senhor e fazer as
acusações, se tivessem alguma coisa contra mim.
20 Ou então que estes homens que estão aqui di-
gam que crime acharam em mim, por ocasião do
meu comparecimento diante do Sinédrio, 21 sal-
vo estas palavras que clamei, estando entre eles:
"Hoje estou sendo julgado por vocês por causa da
ressurreição dos mortos."
22 Então Félix, conhecendo mais acuradamente
as coisas relacionadas com o Caminho, adiou a
causa, dizendo:
— Quando chegar o comandante Lísias, toma-
rei uma decisão a respeito do caso de vocês.
23 E ordenou ao centurião que conservasse Pau-
lo na prisão, tratando-o com tolerância e não im-
pedindo que os seus próprios o servissem.

Paulo diante de Félix e Drusila

24 Passados alguns dias, Félix veio com Drusila,
sua mulher, que era judia. Mandou chamar Paulo
e passou a ouvi-lo a respeito da fé em Cristo Jesus.
25 Quando Paulo começou a falar sobre a justiça,
o domínio próprio e o Juízo vindouro, Félix ficou
amedrontado e disse:
— Por agora, você pode retirar-se, e, quando eu
tiver oportunidade, mandarei chamá-lo.
26 Ao mesmo tempo, esperava que Paulo lhe
desse dinheiro. Por isso, chamando-o mais fre-
quentemente, conversava com ele.
27 Dois anos mais tarde, Félix teve por suces-
sor Pórcio Festo. E, como Félix queria assegurar o
apoio dos judeus, manteve Paulo encarcerado.

Paulo é levado a Festo e apela para César

25 1 Três dias depois de ter assumido o gover-
no da província, Festo saiu de Cesareia e foi
para Jerusalém. 2 E, logo, os principais sacerdotes
e os maiorais dos judeus lhe apresentaram queixa
a respeito de Paulo. 3 Contra ele, pediram a Festo o
favor de mandar que ele fosse trazido a Jerusalém.
É que eles tinham armado uma emboscada para
matar Paulo no caminho. 4 Festo, porém, respon-
deu que Paulo continuaria preso em Cesareia e
que ele mesmo, muito em breve, partiria para lá.
5 E concluiu:
— Aqueles de vocês que estiverem habilitados
me acompanhem; e, havendo contra este homem
qualquer crime, acusem-no.
6 E, não se demorando entre eles mais de oito
ou dez dias, foi para Cesareia. No dia seguinte,
assentando-se no tribunal, ordenou que Paulo
fosse trazido. 7 Quando Paulo chegou, os judeus
que tinham vindo de Jerusalém ficaram em volta
dele, fazendo muitas e graves acusações contra
ele, as quais, entretanto, não podiam provar. 8 En-
tão Paulo, defendendo-se, disse:
— Nenhum pecado cometi contra a lei dos ju-
deus, nem contra o templo, nem contra César.
9 Então Festo, querendo assegurar o apoio dos
judeus, perguntou a Paulo:
— Você gostaria de ir a Jerusalém e ser ali julga-
do por mim a respeito destas coisas?
10 Paulo respondeu:
— Estou diante do tribunal de César, onde con-
vém que eu seja julgado. Não fiz mal nenhum aos
judeus, como o senhor sabe muito bem. 11 Se de
fato pratiquei algum mal ou crime digno de morte,
estou pronto para morrer. Se, pelo contrário, não
são verdadeiras as coisas de que me acusam, nin-
guém pode me entregar a eles. Apelo para César.
12 Então Festo, tendo falado com o conselho,
respondeu:
— Já que apelou para César, para César você irá.

Festo expõe a Agripa o caso de Paulo

13 Passados alguns dias, o rei Agripa e Bere-
nice chegaram a Cesareia a fim de saudar Festo.
14 Como se demorassem ali alguns dias, Festo ex-
pôs ao rei o caso de Paulo, dizendo:
— Félix deixou aqui preso certo homem,
15 a respeito de quem os principais sacerdotes
e os anciãos dos judeus apresentaram queixa,
quando eu estive em Jerusalém, pedindo que o
condenasse. 16 Eu lhes disse que não é costume
dos romanos condenar quem quer que seja, sem
que o acusado tenha presentes os seus acusado-
res e possa defender-se da acusação. 17 Assim,
quando eles vieram para cá, sem nenhuma de-
mora, no dia seguinte, assentando-me no tri-
bunal, determinei que o homem fosse trazido.
18 Levantando-se os acusadores, não menciona-
ram nenhum dos crimes de que eu suspeitava.
19 Traziam contra ele algumas questões referen-
tes à sua própria religião e particularmente a cer-
to morto, chamado Jesus, que Paulo afirma estar
vivo. 20 Estando eu perplexo quanto ao modo de
investigar estas coisas, perguntei-lhe se queria ir
a Jerusalém para ali ser julgado a respeito disso.
21 Mas, havendo Paulo apelado para que ficasse
em custódia para o julgamento de César, ordenei

que o acusado continuasse detido até que eu o
enviasse a César.
22 Então Agripa disse a Festo:
— Eu também gostaria de ouvir este homem.
Festo respondeu:
— Amanhã você poderá ouvi-lo.

Festo, de novo, fala a Agripa

23 De fato, no dia seguinte, vindo Agripa e Be-
renice, com grande pompa, tendo eles entrado
na sala de audiência juntamente com oficiais su-
periores e homens eminentes da cidade, Paulo foi
trazido por ordem de Festo. 24 Então Festo disse:
— Rei Agripa e todos os senhores aqui pre-
sentes, vejam este homem, por causa de quem
toda a multidão dos judeus recorreu a mim tan-
to em Jerusalém como aqui, clamando que não
convinha que ele vivesse mais. 25 Porém eu achei
que ele não tinha feito nada que fosse passível de
morte; entretanto, tendo ele apelado para o im-
perador, resolvi mandá-lo para lá. 26 No entanto,
a respeito dele, nada tenho de mais concreto que
possa escrever ao imperador. Por isso, eu o trouxe
à presença dos senhores e, especialmente, à sua
presença, ó rei Agripa, para que, feita a arguição,
eu tenha alguma coisa que escrever. 27 Porque não
me parece razoável enviar um preso sem mencio-
nar, ao mesmo tempo, as acusações que existem
contra ele.

Paulo se defende diante do rei Agripa

26 1 A seguir, Agripa, dirigindo-se a Paulo, dis-
se:
— Você está autorizado a falar em sua defesa.
Então Paulo, estendendo a mão, passou a
defender-se nestes termos:
2 — Tenho-me por feliz, ó rei Agripa, pelo privi-
légio de, hoje, na presença do senhor, poder pro-
duzir a minha defesa de todas as acusações que os
judeus fazem contra mim, 3 especialmente porque
o senhor é versado em todos os costumes e ques-
tões que há entre os judeus. Por isso, peço que o
senhor me ouça com paciência.
4 — Quanto à minha vida, desde a mocidade,
como decorreu desde o princípio entre o meu
povo e em Jerusalém, todos os judeus a conhecem;
5 pois, na verdade, eu era conhecido deles desde
o princípio, se assim o quiserem testemunhar,
porque, na condição de fariseu, vivi conforme o
partido mais rigoroso da nossa religião. 6 E agora
estou sendo julgado por causa da esperança da
promessa feita por Deus aos nossos pais, 7 a qual
as nossas doze tribos, servindo a Deus fervorosa-
mente, noite e dia, almejam alcançar. É por causa
dessa esperança, ó rei, que eu sou acusado pelos
judeus. 8 Por que se julga incrível entre vocês que
Deus ressuscite os mortos?
9 — Na verdade, eu pensava que devia fazer
muitas coisas contra o nome de Jesus, o Nazare-
no; 10 e foi exatamente o que fiz em Jerusalém.
Havendo eu recebido autorização dos princi-
pais sacerdotes, encerrei muitos dos santos na
prisão; e, quando os condenavam à morte, eu
dava o meu voto contra eles. 11 Muitas vezes, os
castiguei por todas as sinagogas, obrigando-os
até a blasfemar. E, demasiadamente enfureci-
do contra eles, eu os perseguia até em cidades
estrangeiras.

Paulo conta a sua conversão

12 — Com isto em mente, parti para Damasco,
levando autorização dos principais sacerdotes e
por eles comissionado. 13 Ao meio-dia, ó rei, en-
quanto eu seguia pelo caminho, vi uma luz no
céu, mais resplandecente que o sol, que brilhou
ao redor de mim e dos que iam comigo. 14 E, cain-
do todos nós por terra, ouvi uma voz que me fa-
lava em língua hebraica: "Saulo, Saulo, por que
você me persegue? É duro para você ficar dando
coices contra os aguilhões!" 15 Então eu perguntei:
"Senhor, quem é você?" Ao que o Senhor respon-
deu: "Eu sou Jesus, a quem você persegue. 16 Mas
levante-se e fique em pé. Eu apareci a você para
constituí-lo ministro e testemunha, tanto das
coisas em que você me viu como daquelas pelas
quais ainda lhe aparecerei. 17 Vou livrar você do
seu próprio povo e dos gentios, para os quais eu
o envio, 18 para abrir os olhos deles e convertê-
-los das trevas para a luz e do poder de Satanás
para Deus, a fim de que eles recebam remissão de
pecados e herança entre os que são santificados
pela fé em mim."

O testemunho de Paulo diante dos judeus e gentios

19 — Assim, ó rei Agripa, não fui desobediente
à visão celestial, 20 mas anunciei primeiramente
aos de Damasco e em Jerusalém, por toda a região
da Judeia, e também aos gentios, que se arrepen-
dessem e se convertessem a Deus, praticando
obras dignas de arrependimento. 21 Por causa
disto, alguns judeus me prenderam, quando eu
estava no templo, e tentaram me matar. 22 Mas,
com a ajuda de Deus, permaneço até o dia de
hoje, dando testemunho, tanto a pequenos como
a grandes, nada dizendo, a não ser o que os profe-
tas e Moisés disseram que ia acontecer, 23 isto é,
que o Cristo devia padecer e, sendo o primeiro da
ressurreição dos mortos, anunciaria a luz ao seu
próprio povo e aos gentios.

Paulo é interrompido por Festo

24 Quando Paulo estava dizendo estas coisas em
sua defesa, Festo o interrompeu, gritando:

— Você está louco, Paulo! Ficou louco de tanto
estudar!
25 Paulo, porém, respondeu:
— Não estou louco, ó excelentíssimo Festo!
Pelo contrário, digo palavras de verdade e de bom
senso. 26 Porque tudo isto é do conhecimento do
rei, a quem me dirijo com franqueza, pois estou
persuadido de que nenhuma destas coisas lhe é
oculta, pois nada se passou em algum lugar es-
condido.
27 — Por isso, pergunto: Rei Agripa, o senhor
acredita nos profetas? Eu sei que o senhor acre-
dita.
28 Então Agripa se dirigiu a Paulo e disse:
— Por pouco você me convence a me tornar
cristão.
29 Paulo respondeu:
— Peço a Deus que faça com que, por pouco ou
por muito, não apenas o senhor, ó rei, mas todos
os que hoje me ouvem venham a ser alguém como
eu, mas sem estas correntes.
30 A essa altura, levantou-se o rei, e também o
governador, e Berenice, bem como os que estavam
assentados com eles. 31 E, ao saírem, falavam uns
com os outros, dizendo:
— Este homem não fez nada passível de morte
ou de prisão.
32 Então Agripa se dirigiu a Festo e disse:
— Este homem bem podia ser solto, se não ti-
vesse apelado para César.

Paulo é enviado para a Itália

27 1 Quando foi decidido que devíamos na-
vegar para a Itália, entregaram Paulo e
alguns outros presos a um centurião chamado
Júlio, do Batalhão Imperial. 2 Embarcando num
navio de Adramítio, que estava de partida para
costear a província da Ásia, fizemo-nos ao mar,
indo conosco Aristarco, um macedônio de Tes-
salônica. 3 No dia seguinte, chegamos a Sidom.
Júlio, tratando Paulo com humanidade, permitiu
que ele fosse ver os amigos e obter assistência.
4 Partindo dali, navegamos ao abrigo da ilha de
Chipre, porque os ventos eram contrários. 5 E,
tendo atravessado o mar ao longo da Cilícia e
Panfília, chegamos a Mirra, na Lícia. 6 Nesse por-
to, o centurião encontrou um navio de Alexan-
dria, que estava de partida para a Itália, e nos fez
embarcar nele.
7 Navegando vagarosamente muitos dias, foi
com dificuldade que chegamos às imediações de
Cnido. Não nos sendo permitido prosseguir, por
causa do vento contrário, navegamos ao abrigo
de Creta, na altura de Salmona. 8 Costeando a
ilha com dificuldade, chegamos a um lugar cha-
mado Bons Portos, perto do qual estava a cidade
de Laseia.

Os perigos da viagem

9 Depois de muito tempo, tendo-se tornado a
navegação perigosa, e já passado o tempo do Dia
do Jejum, Paulo os aconselhou, 10 dizendo:
— Senhores, vejo que a viagem vai ser traba-
lhosa, com dano e muito prejuízo, não só da carga
e do navio, mas também da nossa vida.
11 Porém o centurião dava mais crédito ao pi-
loto e ao mestre do navio do que ao que Paulo
dizia. 12 Não sendo o porto próprio para invernar,
a maioria deles era de opinião que deviam partir
dali, para ver se podiam chegar a Fenice e aí passar
o inverno, visto ser um porto de Creta, que olha
para o noroeste e para o sudoeste.
13 Soprando brandamente o vento sul, e pen-
sando eles ter alcançado o que desejavam, levan-
taram âncora e foram costeando mais de perto
a ilha de Creta. 14 Entretanto, não muito depois,
desencadeou-se, do lado da ilha, um tufão de
vento, chamado Euroaquilão. 15 O navio foi arras-
tado com violência e, sem poder resistir ao vento,
cessamos a manobra e nos fomos deixando levar.
16 Passando ao abrigo de uma ilhota chamada Cau-
da, com dificuldade conseguimos recolher o bote.
17 Tendo içado o bote, os marinheiros usaram de
todos os meios para reforçar o navio com cabos
de segurança. E, temendo que fossem encalhar
nos bancos de areia de Sirte, desceram as velas e
foram à deriva. 18 Açoitados severamente pela tor-
menta, no dia seguinte começaram a jogar a carga
no mar. 19 E, no terceiro dia, nós mesmos, com as
próprias mãos, lançamos ao mar a armação do
navio. 20 E, não aparecendo, havia já alguns dias,
nem sol nem estrelas, caindo sobre nós grande
tempestade, dissipou-se, afinal, toda a esperança
de salvamento.
21 Havendo todos estado muito tempo sem co-
mer, Paulo, pondo-se em pé no meio deles, disse:
— Senhores, na verdade, era preciso terem-me
atendido e não partir de Creta, para evitar este
dano e perda. 22 Mas agora aconselho que tenham
coragem, porque nenhuma vida se perderá, mas
somente o navio. 23 Porque, esta mesma noite, um
anjo do Deus a quem pertenço e a quem sirvo, es-
teve comigo, 24 dizendo: "Paulo, não tenha medo!
É preciso que você compareça diante de César, e
eis que Deus, por sua graça, lhe deu todos os que
navegam com você." 25 Portanto, senhores, te-
nham coragem! Pois eu confio em Deus que tudo
vai acontecer conforme me foi dito. 26 Porém é ne-
cessário que sejamos arrastados para alguma ilha.

O naufrágio

27 Quando chegou a décima quarta noite, sendo
nós batidos de um lado para outro no mar Adriá-
tico, por volta da meia-noite os marinheiros pres-
sentiram que se aproximavam de alguma terra.

28 E, lançando a sonda, viram que a profundidade
era de trinta e seis metros. Passando um pouco
mais adiante, tornando a lançar a sonda, viram
que a profundidade era de vinte e sete metros. 29 E,
receosos de que fôssemos atirados contra luga-
res rochosos, lançaram da popa quatro âncoras e
oravam para que rompesse o dia. 30 Nisto os ma-
rinheiros tentaram escapar do navio. Arriaram o
bote no mar, a pretexto de que iam largar âncoras
da proa. 31 Paulo disse ao centurião e aos soldados:
— Se estes não permanecerem a bordo, vocês
não poderão se salvar.
32 Então os soldados cortaram os cabos do
bote e o deixaram afastar-se. 33 Enquanto ama-
nhecia, Paulo rogava a todos que se alimentas-
sem, dizendo:
— Hoje é o décimo quarto dia em que, espe-
rando, vocês estão sem comer, não tendo provado
nada. 34 Por isso peço que comam alguma coisa,
pois disto depende a sobrevivência de vocês. Por-
que nenhum de vocês perderá nem mesmo um fio
de cabelo.
35 Tendo dito isto, pegando um pão, deu graças
a Deus na presença de todos e, depois de o partir,
começou a comer. 36 Todos ficaram mais anima-
dos e se puseram também a comer. 37 Estávamos
no navio duzentas e setenta e seis pessoas ao todo.
38 Refeitos com a comida, aliviaram o navio, jogan-
do o trigo no mar.
39 Quando amanheceu, não reconheceram a
terra, mas avistaram uma enseada, onde havia
uma praia. Então consultaram entre si se não po-
diam encalhar ali o navio. 40 Cortando os cabos
das âncoras, deixaram que ficassem no mar. Sol-
taram também as amarras do leme. E, alçando a
vela de proa ao vento, dirigiram-se para a praia.
41 Dando, porém, num lugar onde duas correntes
se encontravam, encalharam ali o navio; a proa
encravou-se e ficou imóvel, mas a popa se despe-
daçava pela violência das ondas.
42 O parecer dos soldados era que os presos de-
viam ser mortos, para que nenhum deles fugisse
nadando. 43 Mas o centurião, querendo salvar Pau-
lo, impediu-os de fazer isso. Ordenou que os que
soubessem nadar fossem os primeiros a lançar-se
ao mar e alcançar a terra. 44 Quanto aos demais,
que se salvassem, uns, em tábuas, e outros, em
destroços do navio. E foi assim que todos se sal-
varam em terra.

A ilha de Malta

28 1 Uma vez em terra, verificamos que a ilha
se chamava Malta. 2 Os nativos nos trataram
com singular humanidade, porque, acendendo
uma fogueira, acolheram a todos nós por causa da
chuva que caía e por causa do frio. 3 Tendo Paulo
ajuntado e atirado à fogueira um feixe de gravetos,
uma víbora, fugindo do calor, prendeu-se na mão
dele. 4 Quando os nativos viram a víbora pendura-
da na mão de Paulo, disseram uns aos outros:
— Certamente este homem é assassino, por-
que, salvo do mar, a Justiça não o deixa viver.
5 Porém ele, sacudindo a víbora no fogo, não so-
freu mal nenhum. 6 Mas eles esperavam que Paulo
viesse a inchar ou a cair morto de repente. Depois
de muito esperar, vendo que nada de anormal lhe
acontecia, mudando de opinião, diziam que ele
era um deus.

Públio hospeda Paulo

7 Perto daquele lugar havia um sítio que perten-
cia ao homem principal da ilha, chamado Públio, o
qual nos recebeu e hospedou com muita bondade
durante três dias. 8 Aconteceu que o pai de Públio
estava enfermo de disenteria, ardendo em febre.
Paulo foi visitá-lo e, orando, impôs-lhe as mãos, e
o curou. 9 À vista deste acontecimento, os demais
enfermos da ilha vieram e foram curados, 10 os
quais nos distinguiram com muitas honrarias; e,
tendo nós de prosseguir viagem, nos puseram a
bordo tudo o que era necessário.

A continuação da viagem

11 Três meses depois, embarcamos num navio
de Alexandria, que tinha passado o inverno na
ilha. O navio tinha por emblema os deuses gê-
meos Castor e Pólux. 12 Chegando a Siracusa, fi-
camos ali três dias. 13 Dali, navegando ao longo da
costa, chegamos a Régio. No dia seguinte começou
a soprar o vento sul e, em dois dias, chegamos a
Putéoli, 14 onde encontramos alguns irmãos que
nos pediram que ficássemos com eles sete dias;
e foi assim que nos dirigimos a Roma. 15 Tendo ali
os irmãos ouvido notícias nossas, vieram ao nosso
encontro até a Praça de Ápio e as Três Vendas. Ao
vê-los, Paulo deu graças a Deus e sentiu-se mais
animado.

Paulo em Roma

16 Uma vez em Roma, Paulo recebeu permissão
para morar por sua conta, tendo em sua compa-
nhia o soldado que o guardava.
17 Três dias depois, ele convocou os principais
dos judeus. Quando estavam reunidos, Paulo
disse:
— Meus irmãos, apesar de nada ter feito contra
o povo ou contra os costumes paternos, vim preso
desde Jerusalém, entregue nas mãos dos romanos.
18 Estes, depois de me interrogarem, quiseram
soltar-me, porque não encontraram em mim ne-
nhum crime passível de morte. 19 Diante da opo-
sição dos judeus, fui obrigado a apelar para César,
não tendo eu, porém, nada de que acusar o meu
povo. 20 Foi por isto que pedi para vê-los e para

falar com vocês; porque é pela esperança de Israel
que estou preso com esta corrente.
21 Então eles lhe disseram:
— Nós não recebemos da Judeia nenhuma car-
ta que falasse a respeito de você. Também não veio
qualquer dos irmãos que nos anunciasse ou dis-
sesse algo de mau a seu respeito. 22 Mas gostaría-
mos de ouvir o que você pensa, porque sabemos
que em todos os lugares essa seita é contestada.

Paulo prega em Roma

23 Tendo eles marcado um dia, foram em grande
número ao encontro de Paulo no lugar onde ele re-
sidia. Então, desde a manhã até a tarde, lhes fez uma
exposição em testemunho do Reino de Deus, pro-
curando persuadi-los a respeito de Jesus, tanto pela
Lei de Moisés como pelos Profetas. 24 Houve alguns
que ficaram persuadidos pelo que Paulo dizia; ou-
tros, porém, continuaram incrédulos. 25 E, havendo
discordância entre eles, começaram a ir embora.
Mas, antes que saíssem, Paulo disse estas palavras:
— Bem falou o Espírito Santo aos pais de vocês,
por meio do profeta Isaías, quando disse:

26 "Vá a este povo e diga:
Ouvindo, vocês ouvirão
e de modo nenhum entenderão;
vendo, vocês verão
e de modo nenhum perceberão.
27 Porque o coração deste povo
está endurecido;
ouviram com os ouvidos tapados
e fecharam os olhos;
para não acontecer que
vejam com os olhos,
ouçam com os ouvidos,
entendam com o coração,
se convertam
e sejam por mim curados."

28 E Paulo concluiu:
— Portanto, fiquem sabendo que esta salvação
que Deus oferece foi enviada aos gentios. E eles a
ouvirão.
29 [Ditas estas palavras, os judeus foram embo-
ra, tendo entre si grande discussão.]

Paulo prisioneiro durante dois anos

30 Durante dois anos, Paulo permaneceu na
sua própria casa, que tinha alugado, onde recebia
todos os que o procuravam. 31 Pregava o Reino de
Deus, e, com toda a ousadia, ensinava as coisas re-
ferentes ao Senhor Jesus Cristo, sem impedimento
algum.

CARTA DE PAULO AOS

ROMANOS

Prefácio e saudação

1 1 Paulo, servo de Cristo Jesus, chamado para ser
apóstolo, separado para o evangelho de Deus,
2 que ele, no passado, prometeu por meio dos seus
profetas nas Escrituras Sagradas. 3 Este evangelho
diz respeito a seu Filho, o qual, segundo a carne,
veio da descendência de Davi 4 e foi designado
Filho de Deus com poder, segundo o Espírito de
santidade, pela ressurreição dos mortos, a saber,
Jesus Cristo, nosso Senhor. 5 Por meio dele vie-
mos a receber graça e apostolado por amor do seu
nome, para a obediência da fé, entre todos os gen-
tios. 6 Entre esses se encontram também vocês que
foram chamados para pertencerem a Jesus Cristo.
7 A todos os amados de Deus que estão em Roma,
chamados para ser santos.
Que a graça e a paz de Deus, nosso Pai, e do
Senhor Jesus Cristo estejam com vocês.

Paulo ora pelos cristãos de Roma e deseja vê-los

8 Em primeiro lugar, por meio de Jesus Cristo,
dou graças ao meu Deus por todos vocês, porque
a fé que vocês têm é proclamada no mundo in-
teiro. 9 Pois Deus, a quem sirvo em meu espírito,
no evangelho de seu Filho, é minha testemunha
de como nunca deixo de fazer menção de vocês
10 em todas as minhas orações, pedindo que, em
algum momento, pela vontade de Deus, surja uma
oportunidade de visitá-los. 11 Porque desejo muito
vê-los, a fim de repartir com vocês algum dom es-
piritual, para que vocês sejam fortalecidos, 12 isto
é, para que nos consolemos uns aos outros por
meio da fé mútua: a de vocês e a minha.
13 Quero que vocês saibam, irmãos, que muitas
vezes me propus a ir visitá-los — no que tenho
sido, até agora, impedido —, para conseguir al-
gum fruto igualmente entre vocês, assim como
também tenho conseguido entre os outros gen-
tios. 14 Pois sou devedor tanto a gregos como a
bárbaros, tanto a sábios como a insensatos. 15 Por
isso, quanto a mim, estou pronto a anunciar o
evangelho também a vocês que estão em Roma.

O poder do evangelho

16 Pois não me envergonho do evangelho, por-
que é o poder de Deus para a salvação de todo
aquele que crê, primeiro do judeu e também do
grego. 17 Porque a justiça de Deus se revela no
evangelho, de fé em fé, como está escrito: "O justo
viverá por fé."

A injustiça e a impureza dos seres humanos

18 A ira de Deus se revela do céu contra toda
impiedade e injustiça dos seres humanos que,
por meio da sua injustiça, suprimem a verda-
de. 19 Pois o que se pode conhecer a respeito de
Deus é manifesto entre eles, porque Deus lhes
manifestou. 20 Porque os atributos invisíveis de
Deus, isto é, o seu eterno poder e a sua divinda-
de, claramente se reconhecem, desde a criação
do mundo, sendo percebidos por meio das coi-
sas que Deus fez. Por isso, os seres humanos são
indesculpáveis. 21 Porque, tendo conhecimento
de Deus, não o glorificaram como Deus, nem lhe
deram graças. Pelo contrário, se tornaram nulos
em seus próprios raciocínios, e o coração insen-
sato deles se obscureceu. 22 Dizendo que eram
sábios, se tornaram tolos 23 e trocaram a glória
do Deus incorruptível por imagens semelhantes
ao ser humano corruptível, às aves, aos quadrú-
pedes e aos répteis.

24 Por isso, Deus os entregou à impureza, pelos
desejos do coração deles, para desonrarem o seu
corpo entre si. 25 Eles trocaram a verdade de Deus
pela mentira, adorando e servindo a criatura em
lugar do Criador, o qual é bendito para sempre.
Amém!

26 Por causa disso, Deus os entregou a paixões
vergonhosas. Porque até as mulheres trocaram o
modo natural das relações íntimas por outro, con-
trário à natureza. 27 Da mesma forma, também os
homens, deixando o contato natural da mulher,
se inflamaram mutuamente em sua sensualidade,
cometendo indecência, homens com homens, e
recebendo, em si mesmos, a merecida punição do
seu erro.

28 E, por haverem desprezado o conhecimento
de Deus, o próprio Deus os entregou a um modo
de pensar reprovável, para praticarem coisas que
não convêm. 29 Estão cheios de todo tipo de in-
justiça, perversidade, avareza e maldade. Estão
cheios de inveja, homicídio, discórdia, engano e
malícia. São difamadores, 30 caluniadores, inimi-
gos de Deus, insolentes, arrogantes, orgulhosos,
inventores de males, desobedientes aos pais,
31 insensatos, desleais, sem afeição natural e sem
misericórdia. 32 Embora conheçam a sentença de
Deus, de que os que praticam tais coisas são pas-
síveis de morte, eles não somente as fazem, mas
também aprovam os que as praticam.

O justo juízo de Deus

2 1 Por isso, você é indesculpável quando julga
os outros, não importando quem você é. Pois,
naquilo que julga o outro, você está condenando
a si mesmo, porque pratica as mesmas coisas que
condena. 2 Bem sabemos que o juízo de Deus é
segundo a verdade contra os que praticam tais
coisas. 3 E você, que condena os que praticam tais
coisas, mas faz o mesmo que eles fazem, pensa
que conseguirá se livrar do juízo de Deus? 4 Ou
será que você despreza a riqueza da bondade, da
tolerância e da paciência de Deus, ignorando que
a bondade de Deus é que leva você ao arrependi-
mento? 5 Mas, por ser teimoso e ter um coração
impenitente, você acumula contra si mesmo ira
para o dia da ira e da revelação do justo juízo de
Deus, 6 que retribuirá a cada um segundo as suas
obras: 7 a vida eterna aos que, perseverando em
fazer o bem, procuram glória, honra e incorrup-
tibilidade; 8 mas ira e indignação para os egoístas,
que desobedecem à verdade e obedecem à in-
justiça. 9 Tribulação e angústia virão sobre todo
aquele que faz o mal, ao judeu primeiro e também
ao grego; 10 mas haverá glória, honra e paz a todo
aquele que pratica o bem, ao judeu primeiro e
também ao grego. 11 Porque Deus não trata as pes-
soas com parcialidade.

12 Assim, todos os que pecaram sem lei tam-
bém sem lei perecerão; e todos os que pecaram
sob a lei serão julgados pela lei. 13 Porque justos
diante de Deus não são aqueles que somente ou-
vem a lei, mas os que praticam a lei é que serão
justificados. 14 Quando, pois, os gentios, que não
têm a lei, fazem, por natureza, o que a lei orde-
na, eles se tornam lei para si mesmos, embora
não tenham a lei. 15 Estes mostram a obra da lei
gravada no seu coração, o que é confirmado pela
consciência deles e pelos seus pensamentos con-
flitantes, que às vezes os acusam e às vezes os de-
fendem, 16 no dia em que Deus, por meio de Cristo
Jesus, julgar os segredos das pessoas, de acordo
com o meu evangelho.

Os judeus e a lei

17 Mas, se você diz que é judeu, confia na lei e
se gloria em Deus; 18 se você conhece a vontade
de Deus e aprova as coisas excelentes, sendo ins-
truído na lei; 19 se você está convencido de que é
guia dos cegos, luz dos que se encontram em tre-
vas, 20 instrutor de insensatos, mestre de crianças,
tendo na lei a forma da sabedoria e da verdade —
21 você, pois, que ensina os outros, não ensina a si
mesmo? Você, que prega que não se deve roubar,
rouba? 22 Você, que diz que não se deve cometer
adultério, adultera? Você, que detesta ídolos, rou-
ba os templos? 23 Você, que se gloria na lei, deson-
ra a Deus pela transgressão da lei? 24 Pois, como

está escrito: "O nome de Deus é blasfemado entre
os gentios por causa de vocês."
25 A circuncisão tem valor se você pratica a lei;
mas, se você é transgressor da lei, a sua circun-
cisão já se tornou incircuncisão. 26 Portanto, se a
incircuncisão observa os preceitos da lei, não será
essa incircuncisão considerada como circuncisão?
27 E, se aquele que é incircunciso por natureza
cumpre a lei, certamente ele julgará você, que, em-
bora tenha a letra da lei e a circuncisão, é transgres-
sor da lei. 28 Porque não é judeu quem o é apenas
exteriormente, nem é circuncisão a que é somente
na carne. 29 Porém judeu é aquele que o é interior-
mente, e circuncisão é a do coração, pelo Espírito,
não segundo a letra, e cujo louvor não procede de
seres humanos, mas de Deus.

Paulo responde a objeções

3 1 Qual é, então, a vantagem do judeu? Ou qual
a utilidade da circuncisão? 2 Muita, sob todos
os aspectos. Principalmente porque aos judeus
foram confiados os oráculos de Deus. 3 E então? Se
alguns não creram, será que a incredulidade deles
anulará a fidelidade de Deus? 4 De modo nenhum!
Seja Deus verdadeiro, e todo ser humano, menti-
roso, como está escrito:

"Para que sejas justificado nas tuas palavras
e venhas a vencer
quando fores julgado."

5 Mas, se a nossa injustiça evidencia a justiça de
Deus, que diremos? Seria Deus injusto por aplicar
a sua ira? Falo em termos humanos. 6 É claro que
não. Do contrário, como Deus julgará o mundo?
7 E, se a minha mentira faz com que aumente a
verdade de Deus para a sua glória, por que ainda
sou condenado como pecador? 8 E por que não
dizemos, como alguns caluniosamente afirmam
que o fazemos: "Pratiquemos o que é mau, para
que nos venha o que é bom"? A condenação des-
tes é justa.

Todos somos pecadores

9 Que se conclui? Temos nós alguma vantagem?
Não, de forma nenhuma. Pois já temos demons-
trado que todos, tanto judeus como gregos, estão
debaixo do pecado. 10 Como está escrito:

"Não há justo, nem um sequer,
11 não há quem entenda,
não há quem busque a Deus.
12 Todos se desviaram
e juntamente se tornaram inúteis;
não há quem faça o bem,
não há nem um sequer.
13 A garganta deles
é sepulcro aberto;
com a língua enganam,
veneno de víbora está nos seus lábios.
14 A boca, eles a têm cheia
de maldição e amargura;
15 os seus pés são velozes
para derramar sangue.
16 Nos seus caminhos, há destruição e miséria;
17 eles não conhecem o caminho da paz.
18 Não há temor de Deus
diante de seus olhos."

19 Ora, sabemos que tudo o que a lei diz é dito
aos que vivem sob a lei, para que toda boca se
cale, e todo o mundo seja culpável diante de Deus.
20 Porque ninguém será justificado diante de Deus
por obras da lei, pois pela lei vem o pleno conheci-
mento do pecado.

A justificação pela fé em Jesus Cristo

21 Mas, agora, sem lei, a justiça de Deus se
manifestou, sendo testemunhada pela Lei e pe-
los Profetas. 22 É a justiça de Deus mediante a fé
em Jesus Cristo, para todos e sobre todos os que
creem. Porque não há distinção, 23 pois todos pe-
caram e carecem da glória de Deus, 24 sendo justi-
ficados gratuitamente, por sua graça, mediante a
redenção que há em Cristo Jesus, 25 a quem Deus
apresentou como propiciação, no seu sangue,
mediante a fé. Deus fez isso para manifestar a
sua justiça, por ter ele, na sua tolerância, deixado
impunes os pecados anteriormente cometidos,
26 tendo em vista a manifestação da sua justiça no
tempo presente, a fim de que o próprio Deus seja
justo e o justificador daquele que tem fé em Jesus.
27 Onde fica, então, o orgulho? Foi totalmen-
te excluído. Por meio de que lei? A lei das obras?
Não! Pelo contrário, por meio da lei da fé. 28 Con-
cluímos, pois, que o ser humano é justificado pela
fé, independentemente das obras da lei. 29 Ou se-
ria Deus apenas Deus dos judeus? Será que não é
também Deus dos gentios? Sim, também dos gen-
tios, 30 visto que Deus é um só, o qual justificará o
circunciso a partir da fé e o incircunciso por meio
da fé. 31 Anulamos, então, a lei por meio da fé? De
modo nenhum! Pelo contrário, confirmamos a lei.

Abraão foi justificado pela fé

4 1 Que diremos, então, a respeito de Abraão,
nosso pai segundo a carne? O que foi que ele
conseguiu? 2 Porque, se Abraão foi justificado por
obras, tem do que se orgulhar, porém não dian-
te de Deus. 3 Pois o que diz a Escritura? Ela diz:
"Abraão creu em Deus, e isso lhe foi atribuído
para justiça." 4 Ora, para quem trabalha, o salário
não é considerado como favor, mas como dívida.
5 Mas, para quem não trabalha, porém crê naquele
que justifica o ímpio, a sua fé lhe é atribuída como

justiça. 6 E é assim também que Davi declara ser bem-aventurado aquele a quem Deus atribui justiça, independentemente de obras. 7 Davi disse:

"Bem-aventurados aqueles cujas
transgressões são perdoadas,
e cujos pecados são cobertos;
8 bem-aventurado aquele
a quem o Senhor
jamais atribuir pecado."

9 Esta bem-aventurança vem apenas sobre os circuncisos ou será que ela vem também sobre os incircuncisos? Porque dizemos: "A fé foi atribuída a Abraão para justiça." 10 Como, pois, lhe foi atribuída? Estando ele já circuncidado ou sendo ainda incircunciso? Não foi no regime da circuncisão, mas quando ele ainda não havia sido circuncidado. 11 E Abraão recebeu o sinal da circuncisão como selo da justiça da fé que teve quando ainda não havia sido circuncidado. E isto para que ele viesse a ser o pai de todos os que creem, embora não circuncidados, a fim de que a justiça fosse atribuída também a eles. 12 Ele é também pai da circuncisão, isto é, daqueles que não são apenas circuncisos, mas também andam nas pisadas da fé que teve Abraão, nosso pai, antes de ser circuncidado.

Promessa e fé

13 A promessa de que seria herdeiro do mundo não veio a Abraão ou à sua descendência por meio da lei, e sim por meio da justiça da fé. 14 Pois, se os da lei é que são os herdeiros, anula-se a fé e cancela-se a promessa. 15 Porque a lei suscita a ira; mas onde não há lei, também não há transgressão.

16 Essa é a razão por que provém da fé, para que seja segundo a graça, a fim de que a promessa seja garantida para toda a descendência, não somente à descendência que está no regime da lei, mas também à descendência que tem a fé que Abraão teve — porque Abraão é pai de todos nós, 17 como está escrito: "Eu o constituí por pai de muitas nações" — diante daquele em quem Abraão creu, o Deus que vivifica os mortos e chama à existência as coisas que não existem.

18 Abraão, esperando contra a esperança, creu, para vir a ser pai de muitas nações, segundo lhe havia sido dito: "Assim será a sua descendência." 19 E, sem enfraquecer na fé, levou em conta o seu próprio corpo já amortecido, tendo ele quase cem anos, e a esterilidade do ventre de Sara. 20 Não duvidou, por incredulidade, da promessa de Deus; mas, pela fé, se fortaleceu, dando glória a Deus, 21 estando plenamente convicto de que Deus era poderoso para cumprir o que havia prometido. 22 Assim, também isso lhe foi atribuído para justiça. 23 E as palavras "lhe foi atribuído" foram escritas não somente por causa dele, 24 mas também por nossa causa, visto que a nós igualmente nos será atribuído, a saber, a nós que cremos naquele que ressuscitou dentre os mortos a Jesus, nosso Senhor, 25 o qual foi entregue por causa das nossas transgressões e ressuscitou para a nossa justificação.

Justificação pela fé e paz com Deus

5 1 Justificados, pois, mediante a fé, temos paz com Deus por meio do nosso Senhor Jesus Cristo, 2 pelo qual obtivemos também acesso, pela fé, a esta graça na qual estamos firmes; e nos gloriamos na esperança da glória de Deus. 3 E não somente isto, mas também nos gloriamos nas tribulações, sabendo que a tribulação produz perseverança, 4 a perseverança produz experiência e a experiência produz esperança. 5 Ora, a esperança não nos deixa decepcionados, porque o amor de Deus é derramado em nosso coração pelo Espírito Santo, que nos foi dado.

6 Porque Cristo, quando nós ainda éramos fracos, morreu a seu tempo pelos ímpios. 7 Dificilmente alguém morreria por um justo, embora por uma pessoa boa alguém talvez tenha coragem para morrer. 8 Mas Deus prova o seu próprio amor para conosco pelo fato de Cristo ter morrido por nós quando ainda éramos pecadores. 9 Logo, muito mais agora, sendo justificados pelo seu sangue, seremos por ele salvos da ira. 10 Porque, se nós, quando inimigos, fomos reconciliados com Deus mediante a morte do seu Filho, muito mais, estando já reconciliados, seremos salvos pela sua vida! 11 E não apenas isto, mas também nos gloriamos em Deus por meio do nosso Senhor Jesus Cristo, mediante o qual recebemos, agora, a reconciliação.

Adão e Cristo

12 Portanto, assim como por um só homem entrou o pecado no mundo, e pelo pecado veio a morte, assim também a morte passou a toda a humanidade, porque todos pecaram. 13 Porque antes de a lei ser dada havia pecado no mundo, mas o pecado não é levado em conta quando não há lei. 14 No entanto, a morte reinou desde Adão até Moisés, mesmo sobre aqueles que não pecaram à semelhança da transgressão de Adão, o qual prefigurava aquele que havia de vir.

15 Mas o dom gratuito não é como a ofensa. Porque, se muitos morreram pela ofensa de um só, muito mais a graça de Deus e o dom pela graça de um só homem, Jesus Cristo, foram abundantes sobre muitos! 16 O dom, entretanto, não é como no caso em que somente um pecou. Porque o julgamento derivou de uma só ofensa, para a condenação; mas a graça deriva de muitas

ofensas, para a justificação. 17 Se a morte reinou
pela ofensa de um e por meio de um só, muito
mais os que recebem a abundância da graça e o
dom da justiça reinarão em vida por meio de um
só, a saber, Jesus Cristo.
18 Portanto, assim como, por uma só ofensa,
veio o juízo sobre todos os seres humanos para
condenação, assim também, por um só ato de
justiça, veio a graça sobre todos para a justificação
que dá vida. 19 Porque, como, pela desobediência
de um só homem, muitos se tornaram pecadores,
assim também, por meio da obediência de um só,
muitos se tornarão justos.
20 A lei veio para que aumentasse a ofensa. Mas
onde aumentou o pecado, aumentou muito mais
ainda a graça, 21 a fim de que, como o pecado rei-
nou pela morte, assim também a graça reinasse
pela justiça que conduz à vida eterna, por meio de
Jesus Cristo, nosso Senhor.

Livres do pecado pela graça

6 1 Que diremos, então? Continuaremos no peca-
do, para que a graça aumente ainda mais? 2 De
modo nenhum! Como viveremos ainda no peca-
do, nós, que já morremos para ele? 3 Ou será que
vocês ignoram que todos nós que fomos batizados
em Cristo Jesus fomos batizados na sua morte?
4 Fomos sepultados com ele na morte pelo batis-
mo, para que, como Cristo foi ressuscitado dentre
os mortos pela glória do Pai, assim também nós
andemos em novidade de vida.
5 Porque, se fomos unidos com ele na seme-
lhança da sua morte, certamente o seremos tam-
bém na semelhança da sua ressurreição, 6 sabendo
isto: que a nossa velha natureza foi crucificada
com ele, para que o corpo do pecado seja destruí-
do, e não sejamos mais escravos do pecado. 7 Pois
quem morreu está justificado do pecado. 8 Ora,
se já morremos com Cristo, cremos que também
viveremos com ele. 9 Sabemos que, havendo Cris-
to ressuscitado dentre os mortos, já não morre;
a morte já não tem domínio sobre ele. 10 Pois,
quanto a ter morrido, de uma vez para sempre
morreu para o pecado; mas, quanto a viver, vive
para Deus. 11 Assim também vocês considerem-se
mortos para o pecado, mas vivos para Deus, em
Cristo Jesus.
12 Portanto, não permitam que o pecado reine
em seu corpo mortal, fazendo com que vocês obe-
deçam às suas paixões. 13 Também não ofereçam
os membros do corpo ao pecado, como instru-
mentos de injustiça, mas, como pessoas que pas-
saram da morte para a vida, ofereçam a si mesmos
a Deus e ofereçam os seus membros a Deus, como
instrumentos de justiça. 14 Porque o pecado não
terá domínio sobre vocês, pois vocês não estão de-
baixo da lei, e sim da graça.

Servos da justiça

15 E então? Havemos de pecar porque não es-
tamos debaixo da lei, e sim da graça? De modo
nenhum! 16 Será que vocês não sabem que, ao se
oferecerem como servos para obediência, vocês
são servos daquele a quem obedecem, seja do
pecado, que leva à morte, ou da obediência, que
conduz à justiça? 17 Mas graças a Deus que, tendo
sido escravos do pecado, vocês vieram a obede-
cer de coração à forma de doutrina a que foram
entregues. 18 E, uma vez libertados do pecado,
foram feitos servos da justiça. 19 Falo em termos
humanos, por causa das limitações de vocês. As-
sim como ofereceram os seus membros para que
fossem escravos da impureza e da maldade que
leva à maldade, assim ofereçam agora os seus
membros para que sejam servos da justiça para a
santificação.
20 Porque, quando vocês eram escravos do peca-
do, estavam livres em relação à justiça. 21 Naquele
tempo, que frutos vocês colheram? Somente as
coisas de que agora vocês se envergonham. Por-
que o fim delas é morte. 22 Agora, porém, liberta-
dos do pecado, transformados em servos de Deus,
o fruto que vocês colhem é para a santificação. E o
fim, neste caso, é a vida eterna. 23 Porque o salário
do pecado é a morte, mas o dom gratuito de Deus
é a vida eterna em Cristo Jesus, nosso Senhor.

Uma comparação com o casamento

7 1 Ou vocês não sabem, irmãos — pois falo aos
que conhecem a lei —, que a lei tem domínio
sobre uma pessoa apenas enquanto ela está viva?
2 Por exemplo, a mulher casada está ligada pela lei
a seu marido, enquanto ele vive; mas, se o marido
morrer, ela ficará livre da lei conjugal. 3 De modo
que será considerada adúltera se, enquanto o ma-
rido estiver vivo, ela se unir com outro homem.
Mas, se o marido morrer, ela estará livre da lei e
não será adúltera se casar com outro homem.
4 Assim, meus irmãos, também vocês morreram
para a lei, por meio do corpo de Cristo, para que
pertençam a outro, a saber, àquele que ressusci-
tou dentre os mortos, a fim de que frutifiquemos
para Deus. 5 Porque, quando vivíamos segundo a
carne, as paixões pecaminosas despertadas pela
lei operavam em nossos membros, a fim de fru-
tificarem para a morte. 6 Agora, porém, estamos
livres da lei, pois morremos para aquilo a que es-
távamos sujeitos, para que sirvamos da maneira
nova, segundo o Espírito, e não da maneira anti-
ga, segundo a letra.

A lei e o pecado

7 Que diremos, então? Que a lei é pecado? De
modo nenhum! Mas eu não teria conhecido o
pecado, a não ser por meio da lei. Porque eu não

teria conhecido a cobiça, se a lei não tivesse dito:
"Não cobice." 8 Mas o pecado, aproveitando a
ocasião dada pelo mandamento, despertou em
mim todo tipo de cobiça. Porque, sem lei, o pe-
cado está morto. 9 Houve um tempo em que, sem
a lei, eu vivia. Mas, quando veio o mandamento,
o pecado reviveu, e eu morri. 10 E verifiquei que o
mandamento que me havia sido dado para vida,
esse se tornou mandamento para morte. 11 Por-
que o pecado, aproveitando a ocasião dada pelo
mandamento, me enganou e, por meio do man-
damento, me matou.

12 Assim, a lei é santa e o mandamento é santo,
justo e bom. 13 Então, aquilo que é bom se tornou
morte para mim? De modo nenhum! Pelo contrá-
rio, o pecado, para mostrar-se como pecado, por
meio de uma coisa boa causou-me a morte, a fim
de que, pelo mandamento, o pecado mostrasse
toda a sua força de pecado.

14 Porque bem sabemos que a lei é espiritual.
Eu, porém, sou carnal, vendido à escravidão do
pecado. 15 Porque nem mesmo compreendo o meu
próprio modo de agir, pois não faço o que prefiro,
e sim o que detesto. 16 Ora, se faço o que não que-
ro, concordo com a lei, que é boa. 17 Neste caso,
quem faz isso já não sou eu, mas o pecado que ha-
bita em mim. 18 Porque eu sei que em mim, isto é,
na minha carne, não habita bem nenhum, pois o
querer o bem está em mim, mas não o realizá-lo.
19 Porque não faço o bem que eu quero, mas o mal
que não quero, esse faço. 20 Mas, se eu faço o que
não quero, já não sou eu quem o faz, e sim o peca-
do que habita em mim.

21 Assim, encontro esta lei: quando quero fazer
o bem, o mal reside em mim. 22 Porque, segundo
o homem interior, tenho prazer na lei de Deus.
23 Mas vejo nos meus membros outra lei que,
guerreando contra a lei da minha mente, me faz
prisioneiro da lei do pecado que está nos meus
membros. 24 Miserável homem que sou! Quem
me livrará do corpo desta morte? 25 Graças a Deus
por Jesus Cristo, nosso Senhor! De maneira que
eu, de mim mesmo, com a mente, sou escravo da
lei de Deus, mas, segundo a carne, sou escravo da
lei do pecado.

A vida no Espírito

8 1 Agora, pois, já não existe nenhuma condena-
ção para os que estão em Cristo Jesus. 2 Porque
a lei do Espírito da vida, em Cristo Jesus, livrou
você da lei do pecado e da morte. 3 Porque aquilo
que a lei não podia fazer, por causa da fraqueza da
carne, isso Deus fez, enviando o seu próprio Filho
em semelhança de carne pecaminosa e no que
diz respeito ao pecado. E assim Deus condenou o
pecado na carne, 4 a fim de que a exigência da lei
se cumprisse em nós, que não vivemos segundo
a carne, mas segundo o Espírito. 5 Os que vivem
segundo a carne se inclinam para as coisas da car-
ne, mas os que vivem segundo o Espírito se incli-
nam para as coisas do Espírito. 6 Pois a inclinação
da carne é morte, mas a do Espírito é vida e paz.
7 Porque a inclinação da carne é inimizade contra
Deus, pois não está sujeita à lei de Deus, nem mes-
mo pode estar. 8 Portanto, os que estão na carne
não podem agradar a Deus.

9 Vocês, porém, não estão na carne, mas no
Espírito, se de fato o Espírito de Deus habita em
vocês. E, se alguém não tem o Espírito de Cristo,
esse tal não é dele. 10 Se, porém, Cristo está em
vocês, o corpo, na verdade, está morto por causa
do pecado, mas o Espírito é vida, por causa da jus-
tiça. 11 Se em vocês habita o Espírito daquele que
ressuscitou Jesus dentre os mortos, esse mesmo
que ressuscitou Cristo dentre os mortos vivificará
também o corpo mortal de vocês, por meio do seu
Espírito, que habita em vocês.

Filhos e herdeiros

12 Assim, pois, irmãos, somos devedores, não
à carne, como se estivéssemos obrigados a viver
segundo a carne. 13 Porque, se vocês viverem se-
gundo a carne, caminharão para a morte; mas,
se, pelo Espírito, mortificarem os feitos do cor-
po, certamente viverão. 14 Pois todos os que são
guiados pelo Espírito de Deus são filhos de Deus.
15 Porque vocês não receberam um espírito de es-
cravidão, para viverem outra vez atemorizados,
mas receberam o Espírito de adoção, por meio do
qual clamamos: "Aba, Pai." 16 O próprio Espírito
confirma ao nosso espírito que somos filhos de
Deus. 17 E, se somos filhos, somos também her-
deiros; herdeiros de Deus e coerdeiros com Cris-
to, se com ele sofremos, para que também com
ele sejamos glorificados.

Os sofrimentos do presente e a glória futura

18 Porque para mim tenho por certo que os so-
frimentos do tempo presente não podem ser com-
parados com a glória a ser revelada em nós. 19 A
ardente expectativa da criação aguarda a revelação
dos filhos de Deus. 20 Pois a criação está sujeita à
vaidade, não por sua própria vontade, mas por
causa daquele que a sujeitou, 21 na esperança de
que a própria criação será libertada do cativeiro da
corrupção, para a liberdade da glória dos filhos de
Deus. 22 Porque sabemos que toda a criação a um
só tempo geme e suporta angústias até agora. 23 E
não somente ela, mas também nós, que temos as
primícias do Espírito, igualmente gememos em
nosso íntimo, aguardando a adoção de filhos, a
redenção do nosso corpo. 24 Porque na esperança
fomos salvos. Ora, esperança que se vê não é espe-
rança. Pois quem espera o que está vendo? 25 Mas,

se esperamos o que não vemos, com paciência o
aguardamos.

A intercessão do Espírito

26 Da mesma maneira, também o Espírito nos
ajuda em nossa fraqueza. Porque não sabemos
orar como convém, mas o próprio Espírito interce-
de por nós com gemidos inexprimíveis. 27 E aque-
le que sonda os corações sabe qual é a mente do
Espírito, porque intercede pelos santos de acordo
com a vontade de Deus.

28 Sabemos que todas as coisas cooperam para
o bem daqueles que amam a Deus, daqueles que
são chamados segundo o seu propósito. 29 Pois
aqueles que Deus de antemão conheceu ele tam-
bém predestinou para serem conformes à imagem
de seu Filho, a fim de que ele seja o primogênito
entre muitos irmãos. 30 E aos que predestinou, a
esses também chamou; e aos que chamou, a esses
também justificou; e aos que justificou, a esses
também glorificou.

Nada nos separa do amor de Deus

31 Que diremos, então, à vista destas coisas? Se
Deus é por nós, quem será contra nós? 32 Aquele
que não poupou o seu próprio Filho, mas por to-
dos nós o entregou, será que não nos dará gra-
ciosamente com ele todas as coisas? 33 Quem
intentará acusação contra os eleitos de Deus? É
Deus quem os justifica. 34 Quem os condenará? É
Cristo Jesus quem morreu, ou melhor, quem res-
suscitou, o qual está à direita de Deus e também
intercede por nós. 35 Quem nos separará do amor
de Cristo? Será a tribulação, ou a angústia, ou a
perseguição, ou a fome, ou a nudez, ou o perigo ou
a espada? 36 Como está escrito:

"Por amor de ti, somos entregues
à morte continuamente;
fomos considerados como
ovelhas para o matadouro."

37 Em todas estas coisas, porém, somos mais
que vencedores, por meio daquele que nos amou.
38 Porque eu estou bem certo de que nem a mor-
te, nem a vida, nem os anjos, nem os principados,
nem as coisas do presente, nem do porvir, nem
os poderes, 39 nem a altura, nem a profundidade,
nem qualquer outra criatura poderá nos separar
do amor de Deus, que está em Cristo Jesus, nosso
Senhor.

Deus e o seu povo

9 1 Digo a verdade em Cristo, não minto, e a mi-
nha consciência confirma isso por meio do
Espírito Santo: 2 sinto grande tristeza e tenho
incessante dor no coração. 3 Porque eu mesmo
desejaria ser amaldiçoado, separado de Cristo,
por amor de meus irmãos, meus compatriotas
segundo a carne. 4 São israelitas. A eles pertence
a adoção, assim como a glória, as alianças, a pro-
mulgação da Lei, o culto e as promessas. 5 Deles
são os patriarcas, e também deles descende o Cris-
to, segundo a carne, o qual é sobre todos, Deus
bendito para sempre. Amém!

6 E não pensemos que a palavra de Deus falhou.
Porque nem todos os de Israel são, de fato, israeli-
tas, 7 nem por serem descendentes de Abraão são
todos filhos. Pelo contrário: "Por meio de Isaque
será chamada a sua descendência." 8 Isto é, não são
os filhos da carne que são filhos de Deus, mas os
filhos da promessa é que são contados como des-
cendência. 9 Porque a palavra da promessa é esta:
"Por esse tempo voltarei, e Sara terá um filho."

10 E isto não aconteceu somente com ela, mas
também com Rebeca, ao conceber de um só, de
Isaque, nosso pai. 11 E os gêmeos ainda não eram
nascidos, nem tinham feito o bem ou o mal — para
que o propósito de Deus, quanto à eleição, preva-
lecesse, não por obras, mas por aquele que chama
—, 12 quando foi dito a Rebeca: "O mais velho será
servo do mais moço." 13 Como está escrito:

"Amei Jacó,
porém desprezei Esaú."

14 Que diremos, então? Que Deus é injusto? De
modo nenhum! 15 Pois ele diz a Moisés:

"Terei misericórdia de quem
eu tiver misericórdia
e terei compaixão de quem
eu tiver compaixão."

16 Assim, pois, isto não depende de quem quer
ou de quem corre, mas de Deus, que tem miseri-
córdia. 17 Porque a Escritura diz a Faraó: "Foi para
isto mesmo que eu o levantei, para mostrar em
você o meu poder e para que o meu nome seja
anunciado em toda a terra." 18 Logo, Deus tem
misericórdia de quem quer e também endurece a
quem ele quer.

A soberania de Deus

19 Mas você vai me dizer: "Por que Deus ainda
se queixa? Pois quem pode resistir à sua vontade?"
20 Mas quem é você, caro amigo, para discutir com
Deus? Será que o objeto pode perguntar a quem
o fez: "Por que você me fez assim?" 21 Será que o
oleiro não tem direito sobre a massa, para do mes-
mo barro fazer um vaso para honra e outro para
desonra?

22 Que diremos, se Deus, querendo mostrar
a sua ira e dar a conhecer o seu poder, suportou
com muita paciência os vasos de ira, preparados
para a destruição, 23 a fim de que também desse
a conhecer as riquezas da sua glória nos vasos

de misericórdia, que de antemão preparou para
glória? 24 Estes vasos somos nós, a quem também
chamou, não só dentre os judeus, mas também
dentre os gentios, 25 como também diz em Oseias:

“Chamarei de ‘meu povo’
ao que não era meu povo;
e de ‘amada’ à que não era amada.
26 E no lugar em que lhes foi dito:
‘Vocês não são o meu povo’,
ali mesmo serão chamados
‘filhos do Deus vivo’.”

27 Mas Isaías clama a respeito de Israel:

“Ainda que o número
dos filhos de Israel
seja como a areia do mar,
o remanescente é que será salvo.
28 Porque o Senhor cumprirá
a sua palavra sobre a terra,
de forma plena e em breve.”

29 Como Isaías já disse:

“Se o Senhor dos Exércitos
não nos tivesse deixado
descendência,
nós nos teríamos tornado
como Sodoma
e semelhantes a Gomorra.”

30 Que diremos, então? Que os gentios, que não
buscavam a justificação, vieram a alcançá-la, a sa-
ber, a justificação que decorre da fé, 31 e que Israel,
que buscava a lei de justiça, não chegou a atingir
essa lei. 32 Por quê? Porque não a buscou pela fé,
mas como que por obras. Tropeçaram na pedra de
tropeço, 33 como está escrito:

“Eis que ponho em Sião
uma pedra de tropeço
e rocha de ofensa,
e aquele que nela crê
não será envergonhado.”

10 1 Irmãos, o desejo do meu coração e a mi-
nha súplica a Deus em favor deles é para
que sejam salvos. 2 Porque dou testemunho a fa-
vor deles de que têm zelo por Deus, porém não
com entendimento. 3 Desconhecendo a justiça de
Deus e procurando estabelecer a sua própria jus-
tiça, não se sujeitaram à justiça que vem de Deus.
4 Porque o fim da lei é Cristo, para justiça de todo
aquele que crê.

5 Ora, Moisés descreve assim a justiça que pro-
cede da lei: “Aquele que observar os seus precei-
tos por eles viverá.” 6 Mas a justiça que procede da
fé afirma o seguinte: “Não pergunte em seu cora-
ção: Quem subirá ao céu?”, isto é, para trazer Cris-
to lá do alto; 7 ou: “Quem descerá ao abismo?”,
isto é, para levantar Cristo dentre os mortos. 8 Po-
rém, o que se diz? “A palavra está perto de você,
na sua boca e no seu coração”, isto é, a palavra da
fé que pregamos. 9 Se com a boca você confessar
Jesus como Senhor e em seu coração crer que
Deus o ressuscitou dentre os mortos, você será
salvo. 10 Porque com o coração se crê para a justiça
e com a boca se confessa para a salvação. 11 Pois a
Escritura diz: “Todo aquele que nele crê não será
envergonhado.” 12 Porque não há distinção entre
judeu e grego, uma vez que o mesmo é o Senhor
de todos, rico para com todos os que o invocam.
13 Porque: “Todo aquele que invocar o nome do
Senhor será salvo.”

14 Como, porém, invocarão aquele em quem não
creram? E como crerão naquele de quem nada ou-
viram? E como ouvirão, se não há quem pregue?
15 E como pregarão, se não forem enviados? Como
está escrito: “Quão formosos são os pés dos que
anunciam coisas boas!”

16 Mas nem todos obedeceram ao evangelho.
Pois Isaías diz: “Senhor, quem creu em nossa pre-
gação?” 17 E, assim, a fé vem pelo ouvir, e o ouvir,
pela palavra de Cristo. 18 Mas pergunto: Será que
eles não ouviram? É claro que sim!

“A voz deles se espalhou
por toda a terra,
e as palavras deles alcançaram
os confins do mundo.”

19 Pergunto mais: será que isso não chegou ao
conhecimento de Israel? Moisés já dizia:

“Eu farei com que vocês
fiquem com ciúmes
de um povo que não é nação;
por meio de gente insensata
eu os provocarei à ira.”

20 E Isaías é tão ousado que diz:

“Fui achado pelos
que não me procuravam,
revelei-me aos que
não perguntavam por mim.”

21 Quanto a Israel, porém, diz:

“Todo o dia estendi as mãos
a um povo desobediente
e rebelde.”

O futuro de Israel

11 1 Então eu pergunto: será que Deus rejeitou
o seu povo? De modo nenhum! Porque eu
também sou israelita, da descendência de Abraão,
da tribo de Benjamim. 2 Deus não rejeitou o seu
povo, a quem de antemão conheceu. Ou vocês não
sabem o que a Escritura diz a respeito de Elias,

como pediu com insistência diante de Deus contra
Israel, dizendo: 3 "Senhor, mataram os teus profe-
tas, derrubaram os teus altares. Sou o único que
sobrou, e procuram tirar-me a vida." 4 Mas qual
foi a resposta divina? Foi esta: "Reservei para mim
sete mil homens que não dobraram os joelhos
diante de Baal." 5 Assim também nos dias de hoje
sobrevive um remanescente segundo a eleição da
graça. 6 E, se é pela graça, já não é pelas obras; do
contrário, a graça já não é graça.

7 Que diremos, então? O que Israel buscava, isso
não alcançou; mas a eleição conseguiu isso. Os de-
mais foram endurecidos, 8 como está escrito:

"Deus lhes deu um espírito
de profundo sono,
olhos para não ver
e ouvidos para não ouvir,
até o dia de hoje."

9 E Davi disse:

"Que a mesa deles se transforme
em laço e armadilha,
em tropeço e punição;
10 que os olhos deles se escureçam,
para que não vejam,
e fiquem para sempre encurvadas
as suas costas."

11 Então eu pergunto: será que eles tropeçaram
para que caíssem? De modo nenhum! Mas, pela
transgressão deles, a salvação chegou aos gen-
tios, para fazer com que os judeus ficassem com
ciúmes. 12 Ora, se a transgressão deles resultou
em riqueza para o mundo, e a diminuição deles
resultou em riqueza para os gentios, quanto mais
a plenitude deles!

13 Dirijo-me a vocês que são gentios. Visto que
eu sou apóstolo dos gentios, glorifico o meu mi-
nistério, 14 para ver se de algum modo posso fa-
zer com que os do meu povo fiquem com ciúmes
e alguns deles se salvem. 15 Porque, se o fato de
eles terem sido rejeitados trouxe reconciliação ao
mundo, que será o seu restabelecimento, senão
vida dentre os mortos? 16 E, se forem santas as
primícias da massa, igualmente será santa a sua
totalidade; se for santa a raiz, também os ramos
o serão.

17 Se, porém, alguns dos ramos foram quebra-
dos, e você, sendo oliveira brava, foi enxertado no
meio deles e se tornou participante da raiz e da
seiva da oliveira, 18 não se glorie contra os ramos.
Mas, se você se gloriar, lembre que não é você que
sustenta a raiz, mas é a raiz que sustenta você.

19 Então você dirá: "Alguns ramos foram que-
brados, para que eu fosse enxertado." 20 Correto!
Eles foram quebrados por causa da incredulidade,
mas você continua firme mediante a fé. Não fique
orgulhoso, mas tema. 21 Porque, se Deus não pou-
pou os ramos naturais, também não poupará você.

22 Considere, pois, a bondade e a severidade de
Deus: para com os que caíram, severidade; mas,
para com você, a bondade de Deus, desde que
você permaneça nessa bondade. Do contrário,
também você será cortado. 23 Eles também, se
não permanecerem na incredulidade, serão en-
xertados; pois Deus é poderoso para os enxertar
de novo. 24 Pois, se você foi cortado daquela que,
por natureza, era uma oliveira brava e, contra a
natureza, foi enxertado numa oliveira boa, quanto
mais esses, que são ramos naturais, serão enxerta-
dos na sua própria oliveira!

A bondade de Deus para com todos

25 Porque não quero, irmãos, que vocês ignorem
este mistério, para que não fiquem pensando que
são sábios: veio um endurecimento em parte a
Israel, até que tenha entrado a plenitude dos gen-
tios. 26 E, assim, todo o Israel será salvo, como está
escrito:

"O Libertador virá de Sião
e afastará de Jacó as impiedades.
27 Esta é a minha aliança com eles,
quando eu tirar os seus pecados."

28 Quanto ao evangelho, eles são inimigos por
causa de vocês; mas quanto à eleição, amados
por causa dos patriarcas; 29 porque os dons e a
vocação de Deus são irrevogáveis. 30 Porque assim
como no passado vocês foram desobedientes a
Deus, mas agora alcançaram misericórdia à vista
da desobediência deles, 31 assim também estes
agora foram desobedientes, para que também
eles alcancem misericórdia, à vista da que foi
concedida a vocês. 32 Porque Deus encerrou todos
na desobediência, a fim de mostrar a sua miseri-
córdia a todos.

Louvor a Deus

33 Ó profundidade da riqueza,
tanto da sabedoria como
do conhecimento de Deus!
Quão inexplicáveis são os seus juízos,
e quão insondáveis são
os seus caminhos!
34 "Pois quem conheceu
a mente do Senhor?
Ou quem foi o seu conselheiro?
35 Ou quem primeiro deu
alguma coisa a Deus
para que isso lhe seja restituído?"

36 Porque dele, e por meio dele, e para ele são
todas as coisas. A ele seja a glória para sempre.
Amém!

A nova vida

12 1Portanto, irmãos, pelas misericórdias de
Deus, peço que ofereçam o seu corpo como
sacrifício vivo, santo e agradável a Deus. Este é o
culto racional de vocês. 2E não vivam conforme
os padrões deste mundo, mas deixem que Deus
os transforme pela renovação da mente, para que
possam experimentar qual é a boa, agradável e
perfeita vontade de Deus.

O devido uso de dons espirituais

3Porque, pela graça que me foi dada, digo a cada
um de vocês que não pense de si mesmo além do que
convém. Pelo contrário, pense com moderação, se-
gundo a medida da fé que Deus repartiu a cada um.
4Porque assim como num só corpo temos muitos
membros, mas nem todos os membros têm a mesma
função, 5assim também nós, embora sejamos mui-
tos, somos um só corpo em Cristo e membros uns
dos outros. 6Temos, porém, diferentes dons segundo
a graça que nos foi dada: se é profecia, seja segundo
a proporção da fé; 7se é ministério, dediquemo-nos
ao ministério; o que ensina dedique-se ao ensino; 8o
que exorta faça-o com dedicação; o que contribui,
com generosidade; o que preside, com zelo; quem
exerce misericórdia, com alegria.

As virtudes recomendadas

9O amor seja sem hipocrisia. Odeiem o mal
e apeguem-se ao bem. 10Amem uns aos outros
com amor fraternal. Quanto à honra, deem sem-
pre preferência aos outros. 11Quanto ao zelo, não
sejam preguiçosos. Sejam fervorosos de espírito,
servindo o Senhor. 12Alegrem-se na esperança,
sejam pacientes na tribulação e perseverem na
oração. 13Ajudem a suprir as necessidades dos
santos. Pratiquem a hospitalidade.

14Abençoem aqueles que perseguem vocês;
abençoem e não amaldiçoem. 15Alegrem-se com
os que se alegram e chorem com os que choram.
16Tenham o mesmo modo de pensar de uns para
com os outros. Em vez de serem orgulhosos, sejam
solidários com os humildes. Não sejam sábios aos
seus próprios olhos.

17Não paguem a ninguém mal por mal; pro-
curem fazer o bem diante de todos. 18Se possível,
no que depender de vocês, vivam em paz com to-
das as pessoas. 19Meus amados, não façam justiça
com as próprias mãos, mas deem lugar à ira de
Deus, pois está escrito:

"A mim pertence a vingança;
eu é que retribuirei, diz o Senhor."

20Façam o contrário:

"Se o seu inimigo tiver fome,
dê-lhe de comer;
se tiver sede,
dê-lhe de beber;
porque, fazendo isto,
você amontoará brasas vivas
sobre a cabeça dele."

21Não se deixe vencer pelo mal, mas vença o
mal com o bem.

A obediência às autoridades

13 1Que todos estejam sujeitos às autoridades
superiores. Porque não há autoridade que
não proceda de Deus, e as autoridades que existem
foram por ele instituídas. 2Assim, aquele que se
opõe à autoridade resiste à ordenação de Deus, e os
que resistem trarão sobre si mesmos condenação.
3Porque os magistrados não são para temor, quan-
do se faz o bem, e sim quando se faz o mal. Você
quer viver sem medo da autoridade? Faça o bem e
você terá louvor dela, 4pois a autoridade é ministro
de Deus para o seu bem. Mas, se você fizer o mal,
então tenha medo, porque não é sem motivo que a
autoridade traz a espada; pois é ministro de Deus,
vingador, para castigar quem pratica o mal. 5Por-
tanto, é necessário que vocês se sujeitem à autori-
dade, não somente por causa do temor da punição,
mas também por dever de consciência.

6É por isso também que vocês pagam im-
postos, porque as autoridades são ministros de
Deus, atendendo constantemente a este serviço.
7Paguem a todos o que lhes é devido: a quem tri-
buto, tributo; a quem imposto, imposto; a quem
respeito, respeito; a quem honra, honra.

O amor ao próximo é o cumprimento da lei

8Não fiquem devendo nada a ninguém, exceto
o amor de uns para com os outros. Pois quem ama
o próximo cumpre a lei. 9Pois estes mandamentos:
"Não cometa adultério", "não mate", "não furte",
"não cobice", e qualquer outro mandamento que
houver, todos se resumem nesta palavra: "Ame
o seu próximo como você ama a si mesmo." 10O
amor não pratica o mal contra o próximo. Portan-
to, o cumprimento da lei é o amor.

O dia está próximo

11E digo isto a vocês que conhecem o tempo:
já é hora de despertarem do sono, porque a nos-
sa salvação está agora mais perto do que quando
no princípio cremos. 12Vai alta a noite, e o dia
vem chegando. Deixemos, pois, as obras das tre-
vas e revistamo-nos das armas da luz. 13Vivamos
dignamente, como em pleno dia, não em orgias e
bebedeiras, não em imoralidades e libertinagem,
não em discórdias e ciúmes. 14Mas revistam-se do
Senhor Jesus Cristo e não façam nada que venha a
satisfazer os desejos da carne.

Tolerância com os fracos na fé

14 1 Acolham quem é fraco na fé, não, porém,
para discutir opiniões. 2 Um crê que pode
comer de tudo, mas quem é fraco na fé come le-
gumes. 3 Quem come de tudo não deve desprezar
o que não come; e o que não come não deve jul-
gar o que come de tudo, porque Deus o acolheu.
4 Quem é você para julgar o servo alheio? Para o
seu próprio dono é que ele está em pé ou cai; mas
ficará em pé, porque o Senhor é poderoso para o
manter em pé.

5 Alguns pensam que certos dias são mais im-
portantes do que os demais, mas outros pensam
que todos os dias são iguais. Cada um tenha opi-
nião bem-definida em sua própria mente. 6 Quem
pensa que certos dias são mais importantes faz
isso para o Senhor. Quem come de tudo faz isso
para o Senhor, porque dá graças a Deus. E quem
não come de tudo é para o Senhor que não come
e dá graças a Deus. 7 Porque nenhum de nós vive
para si mesmo, nem morre para si. 8 Porque, se
vivemos, é para o Senhor que vivemos; se morre-
mos, é para o Senhor que morremos. Quer, pois,
vivamos ou morramos, somos do Senhor.

9 Foi precisamente para esse fim que Cristo
morreu e tornou a viver: para ser Senhor tanto
de mortos como de vivos. 10 Você, porém, por que
julga o seu irmão? E você, por que despreza o seu
irmão? Pois todos temos de comparecer diante do
tribunal de Deus. 11 Como está escrito:

"Por minha vida, diz o Senhor,
diante de mim
se dobrará todo joelho,
e toda língua
dará louvores a Deus."

12 Assim, pois, cada um de nós prestará contas
de si mesmo diante de Deus.

A liberdade e o amor

13 Portanto, deixemos de julgar uns aos outros.
Pelo contrário, tomem a decisão de não pôr trope-
ço ou escândalo diante do irmão. 14 Eu sei e estou
persuadido, no Senhor Jesus, de que nada é impu-
ro em si mesmo, a não ser para aquele que pensa
que alguma coisa é impura; para esse é impura.
15 Se o seu irmão fica triste por causa do que você
come, você já não anda segundo o amor. Não faça
perecer, por causa daquilo que você come, aquele
por quem Cristo morreu. 16 Não seja, pois, difama-
do aquilo que vocês consideram bom. 17 Porque
o Reino de Deus não é comida nem bebida, mas
justiça, paz e alegria no Espírito Santo. 18 Aquele
que deste modo serve a Cristo é agradável a Deus e
aprovado pelas pessoas.

19 Assim, pois, sigamos as coisas que con-
tribuem para a paz e também as que são para a
edificação mútua. 20 Não destrua a obra de Deus
por causa da comida. Todas as coisas, na verda-
de, são puras, mas não é bom quando alguém
come algo que causa escândalo. 21 É bom não co-
mer carne, nem beber vinho, nem fazer qualquer
outra coisa que leve um irmão a tropeçar. 22 A fé
que você tem, guarde-a para você mesmo dian-
te de Deus. Bem-aventurado é aquele que não se
condena naquilo que aprova. 23 Mas aquele que
tem dúvidas é condenado se comer, pois o que
ele faz não provém de fé; e tudo o que não pro-
vém de fé é pecado.

Agradar ao próximo e não a si mesmo

15 1 Ora, nós que somos fortes na fé temos de
suportar as debilidades dos fracos e não
agradar a nós mesmos. 2 Portanto, cada um de nós
agrade ao próximo no que é bom para edificação.
3 Porque também Cristo não agradou a si mesmo;
pelo contrário, como está escrito: "Os insultos dos
que te insultavam caíram sobre mim." 4 Pois tudo
o que no passado foi escrito, para o nosso ensino
foi escrito, a fim de que, pela paciência e pela con-
solação das Escrituras, tenhamos esperança. 5 Ora,
o Deus da paciência e da consolação lhes conceda
o mesmo modo de pensar de uns para com os ou-
tros, segundo Cristo Jesus, 6 para que vocês, unâ-
nimes e a uma só voz, glorifiquem o Deus e Pai de
nosso Senhor Jesus Cristo.

7 Portanto, acolham uns aos outros, como tam-
bém Cristo acolheu vocês para a glória de Deus.
8 Pois digo que Cristo foi constituído ministro da
circuncisão, em prol da verdade de Deus, para
confirmar as promessas feitas aos nossos pais 9 e
para que os gentios glorifiquem a Deus por causa
da sua misericórdia, como está escrito:

"Por isso, eu te glorificarei entre os gentios
e cantarei louvores ao teu nome."

10 E também diz:

"Alegrem-se, ó gentios,
com o povo de Deus."

11 E ainda:

"Louvem o Senhor,
todos vocês, gentios,
e todos os povos o louvem."

12 Também Isaías diz:

"Virá a raiz de Jessé,
aquele que se levanta
para governar os gentios;
nele os gentios esperarão."

13 E o Deus da esperança encha vocês de toda
alegria e paz na fé que vocês têm, para que sejam
ricos de esperança no poder do Espírito Santo.

A explicação de Paulo

14 E eu mesmo, meus irmãos, estou certo de que
vocês estão cheios de bondade, têm todo o conhe-
cimento e são aptos para admoestar uns aos ou-
tros. 15 Entretanto, eu lhes escrevi, em parte mais
ousadamente, como para fazer com que vocês se
lembrem disso outra vez, por causa da graça que
me foi dada por Deus, 16 para que eu seja ministro
de Cristo Jesus entre os gentios, no sagrado en-
cargo de anunciar o evangelho de Deus, de modo
que a oferta deles seja aceitável, uma vez santifi-
cada pelo Espírito Santo. 17 Tenho, pois, motivo de
gloriar-me em Cristo Jesus nas coisas concernen-
tes a Deus. 18 Porque não ousarei falar sobre coisa
alguma, a não ser sobre aquelas que Cristo fez por
meio de mim, para conduzir os gentios à obediên-
cia, por palavra e por obras, 19 por força de sinais e
prodígios, pelo poder do Espírito de Deus. Assim,
desde Jerusalém e arredores até o Ilírico, tenho di-
vulgado o evangelho de Cristo, 20 esforçando-me,
deste modo, por pregar o evangelho, não onde
Cristo já foi anunciado, para não edificar sobre ali-
cerce alheio. 21 Pelo contrário, como está escrito:

"Aqueles que não tiveram
notícia dele o verão,
e os que nada tinham ouvido
a respeito dele o entenderão."

Os planos de Paulo

22 Essa foi a razão por que também, muitas ve-
zes, fui impedido de visitá-los. 23 Mas, agora, não
tendo mais campo de atividade nestas regiões e
desejando há muitos anos visitá-los, 24 penso em
fazê-lo quando em viagem para a Espanha. Pois es-
pero que, de passagem, eu possa vê-los e que vocês
me encaminhem para lá, depois de haver primei-
ro desfrutado um pouco a companhia de vocês.
25 Mas agora estou de partida para Jerusalém, a ser-
viço dos santos. 26 Porque a Macedônia e a Acaia
resolveram levantar uma coleta em benefício dos
pobres dentre os santos que vivem em Jerusalém.
27 Isto lhes pareceu bem, e de fato lhes são deve-
dores. Porque, se os gentios têm sido participantes
dos valores espirituais dos judeus, devem também
servi-los com bens materiais. 28 Tendo, pois, con-
cluído isto e havendo-lhes consignado este fruto,
irei à Espanha, passando por aí. 29 E bem sei que,
ao visitá-los, irei na plenitude da bênção de Cristo.

Paulo pede as orações

30 Irmãos, por nosso Senhor Jesus Cristo e também
pelo amor do Espírito, peço que lutem juntamente
comigo nas orações a Deus a meu favor, 31 para que
eu me veja livre dos rebeldes que vivem na Judeia, e
que este meu serviço em Jerusalém seja bem-aceito
pelos santos. 32 Isto para que, pela vontade de Deus,
eu chegue à presença de vocês com alegria e possa
ter algum descanso na companhia de vocês. 33 E o
Deus da paz esteja com todos vocês. Amém!

Paulo recomenda Febe

16 1 Recomendo-lhes a nossa irmã Febe, que
está servindo na igreja de Cencreia, 2 para
que vocês a recebam no Senhor como convém aos
santos e a ajudem em tudo o que de vocês vier a
precisar; porque ela tem sido protetora de muitos,
inclusive de mim.

Saudações pessoais

3 Saúdem Priscila e Áquila, meus cooperadores
em Cristo Jesus, 4 os quais pela minha vida arris-
caram a sua própria cabeça; e isto lhes agradeço,
não somente eu, mas também todas as igrejas
dos gentios. 5 Saúdem igualmente a igreja que se
reúne na casa deles. Saúdem meu querido Epê-
neto, primeiro fruto da fé em Cristo na província
da Ásia. 6 Saúdem Maria, que muito trabalhou
por vocês. 7 Saúdem Andrônico e Júnias, meus
parentes e companheiros de prisão, os quais são
bem conhecidos entre os apóstolos e estavam em
Cristo antes de mim.

8 Saúdem Amplíato, meu querido amigo no
Senhor. 9 Saúdem Urbano, que é nosso cooperador
em Cristo, e também meu amado Estáquis. 10 Saú-
dem Apeles, aprovado em Cristo. Saúdem os da
casa de Aristóbulo. 11 Saúdem meu parente Hero-
dião. Saúdem os da casa de Narciso, que estão no
Senhor. 12 Saúdem Trifena e Trifosa, as quais tra-
balham no Senhor. Saúdem a querida Pérside, que
também muito trabalhou no Senhor. 13 Saúdem
Rufo, eleito no Senhor, e igualmente a mãe dele,
que também tem sido mãe para mim. 14 Saúdem
Asíncrito, Flegonte, Hermes, Pátrobas, Hermas
e os irmãos que se reúnem com eles. 15 Saúdem
Filólogo, Júlia, Nereu e sua irmã, Olimpas e todos
os santos que se reúnem com eles. 16 Saúdem uns
aos outros com um beijo santo. Todas as igrejas de
Cristo mandam saudações.

Conselhos finais

17 Irmãos, peço que notem bem aqueles que
provocam divisões e escândalos, em desacordo
com a doutrina que vocês aprenderam. Afastem-
-se deles, 18 porque esses tais não servem a Cristo,
nosso Senhor, e sim a seu próprio ventre. Com
suaves palavras e lisonjas, enganam o coração das
pessoas simples. 19 Pois a obediência de vocês é
conhecida por todos; por isso, me alegro por cau-
sa de vocês. Quero que sejam sábios no que diz
respeito ao bem e simples no que diz respeito ao
mal. 20 E o Deus da paz, em breve, esmagará Sa-
tanás debaixo dos pés de vocês. A graça de nosso
Senhor Jesus esteja com vocês.

21 Timóteo, meu cooperador, manda sauda-
ções, assim como Lúcio, Jasom e Sosípatro, meus
parentes.
22 Eu, Tércio, que escrevi esta carta, mando sau-
dações no Senhor.
23 Gaio, meu hospedeiro e de toda a igreja,
manda saudações. Também mandam saudações
Erasto, tesoureiro da cidade, e o irmão Quarto.
24 [A graça de nosso Senhor Jesus Cristo esteja com
todos vocês. Amém!]

Doxologia

25 Ora, ao Deus que é poderoso para confirmar vo-
cês segundo o meu evangelho e a pregação de Jesus
Cristo, conforme a revelação do mistério guardado
em silêncio desde os tempos eternos, 26 e que, agora,
tornou-se manifesto e foi dado a conhecer por meio
das Escrituras proféticas, segundo o mandamento
do Deus eterno, para a obediência da fé, entre todas
as nações, 27 a este Deus único e sábio seja dada gló-
ria, por meio de Jesus Cristo, para sempre. Amém!

PRIMEIRA CARTA DE PAULO AOS

CORÍNTIOS

Prefácio e saudação

1 1 Paulo, chamado pela vontade de Deus para
ser apóstolo de Cristo Jesus, e o irmão Sóste-
nes, 2 à igreja de Deus que está em Corinto, aos
santificados em Cristo Jesus, chamados para ser
santos, com todos os que em todos os lugares
invocam o nome de nosso Senhor Jesus Cristo,
Senhor deles e nosso.
3 Que a graça e a paz de Deus, nosso Pai, e do
Senhor Jesus Cristo estejam com vocês.

Ação de graças

4 Sempre dou graças ao meu Deus por vocês, por
causa da graça de Deus que foi dada a vocês em
Cristo Jesus. 5 Porque em tudo vocês foram enri-
quecidos nele, em toda a palavra e em todo o co-
nhecimento, 6 assim como o testemunho de Cristo
tem sido confirmado em vocês, 7 de maneira que
não lhes falta nenhum dom, enquanto aguardam
a revelação de nosso Senhor Jesus Cristo. 8 Ele tam-
bém os confirmará até o fim, para que vocês sejam
irrepreensíveis no Dia de nosso Senhor Jesus Cris-
to. 9 Fiel é Deus, pelo qual vocês foram chamados à
comunhão de seu Filho Jesus Cristo, nosso Senhor.

Exortação à unidade

10 Irmãos, pelo nome de nosso Senhor Jesus
Cristo, peço-lhes que todos estejam de acordo
naquilo que falam e que não haja divisões entre
vocês; pelo contrário, que vocês sejam unidos no
mesmo modo de pensar e num mesmo propósi-
to. 11 Pois, meus irmãos, fui informado a respeito
de vocês por alguns membros da casa de Cloe de
que há brigas entre vocês. 12 Refiro-me ao fato de
cada um de vocês dizer: "Eu sou de Paulo", "Eu sou
de Apolo", "Eu sou de Cefas", "Eu sou de Cristo".
13 Será que Cristo está dividido? Será que Paulo foi
crucificado por vocês ou será que vocês foram ba-
tizados em nome de Paulo?
14 Dou graças a Deus por não ter batizado ne-
nhum de vocês, exceto Crispo e Gaio, 15 para que
ninguém diga que vocês foram batizados em meu
nome. 16 Batizei também a casa de Estéfanas. Além
destes, não me lembro se batizei algum outro.
17 Afinal, Cristo não me enviou para batizar, mas
para pregar o evangelho, não com sabedoria de
palavra, para que não se anule a cruz de Cristo.

A mensagem da cruz

18 Certamente a palavra da cruz é loucura para
os que se perdem, mas para nós, que somos sal-
vos, ela é poder de Deus. 19 Pois está escrito:

"Destruirei a sabedoria dos sábios
e aniquilarei a inteligência
dos inteligentes."

20 Onde está o sábio? Onde está o escriba? Onde
está o questionador deste mundo? Não é fato que
Deus tornou louca a sabedoria deste mundo? 21 Vis-
to que, na sabedoria de Deus, o mundo não o co-
nheceu por sua própria sabedoria, Deus achou por
bem salvar os que creem por meio da loucura da
pregação. 22 Porque os judeus pedem sinais e os gre-
gos buscam sabedoria, 23 mas nós pregamos o Cristo
crucificado, escândalo para os judeus, loucura para
os gentios. 24 Mas, para os que foram chamados, tan-
to judeus como gregos, Cristo é o poder de Deus e
a sabedoria de Deus. 25 Porque a loucura de Deus é
mais sábia do que a sabedoria humana, e a fraqueza
de Deus é mais forte do que a força humana.

A vocação dos santos

26 Irmãos, considerem a vocação de vocês. Não
foram chamados muitos sábios segundo a carne,

nem muitos poderosos, nem muitos de nobre nas-
cimento. 27 Pelo contrário, Deus escolheu as coisas
loucas do mundo para envergonhar os sábios e
escolheu as coisas fracas do mundo para enver-
gonhar as fortes. 28 E Deus escolheu as coisas hu-
mildes do mundo, e as desprezadas, e aquelas que
não são, para reduzir a nada as que são, 29 a fim de
que ninguém se glorie na presença de Deus.
30 Mas vocês são dele, em Cristo Jesus, o qual se
tornou para nós, da parte de Deus, sabedoria, justi-
ça, santificação e redenção, 31 para que, como está
escrito, "aquele que se gloria, glorie-se no Senhor".

A mensagem a respeito do Cristo crucificado

2 1 Irmãos, quando estive com vocês, anun-
ciando-lhes o mistério de Deus, não o fiz com
ostentação de linguagem ou de sabedoria. 2 Por-
que decidi nada saber entre vocês, a não ser Jesus
Cristo, e este, crucificado. 3 E foi em fraqueza,
temor e grande tremor que eu estive entre vocês.
4 A minha palavra e a minha pregação não consis-
tiram em linguagem persuasiva de sabedoria, mas
em demonstração do Espírito e de poder, 5 para
que a fé que vocês têm não se apoiasse em sabedo-
ria humana, mas no poder de Deus.

A sabedoria de Deus

6 No entanto, transmitimos sabedoria entre os
que são maduros. Não, porém, a sabedoria deste
mundo, nem a dos poderosos desta época, que
são reduzidos a nada. 7 Pelo contrário, transmiti-
mos a sabedoria de Deus em mistério, a sabedo-
ria que estava oculta e que Deus predeterminou
desde a eternidade para a nossa glória. 8 Nenhum
dos poderosos deste mundo conheceu essa sabe-
doria. Porque, se a tivessem conhecido, jamais te-
riam crucificado o Senhor da glória. 9 Mas, como
está escrito:

"Nem olhos viram,
nem ouvidos ouviram,
nem jamais penetrou
em coração humano
o que Deus tem preparado
para aqueles que o amam."

10 Deus, porém, revelou isso a nós por meio do
Espírito. Porque o Espírito sonda todas as coisas,
até mesmo as profundezas de Deus. 11 Pois quem
conhece as coisas do ser humano, a não ser o
próprio espírito humano, que nele está? Assim,
ninguém conhece as coisas de Deus, a não ser o
Espírito de Deus. 12 E nós não temos recebido o
espírito do mundo, e sim o Espírito que vem de
Deus, para que conheçamos o que por Deus nos
foi dado gratuitamente.
13 Disto também falamos, não em palavras en-
sinadas pela sabedoria humana, mas ensinadas
pelo Espírito, conferindo coisas espirituais com
espirituais. 14 Ora, a pessoa natural não aceita as
coisas do Espírito de Deus, porque lhe são lou-
cura. E ela não pode entendê-las, porque elas se
discernem espiritualmente. 15 Porém a pessoa es-
piritual julga todas as coisas, mas ela não é julgada
por ninguém. 16 Pois quem conheceu a mente do
Senhor, para que o possa instruir? Nós, porém, te-
mos a mente de Cristo.

Cooperadores de Deus

3 1 Eu, porém, irmãos, não pude falar a vocês
como a pessoas espirituais, e sim como a pes-
soas carnais, como a crianças em Cristo. 2 Eu lhes
dei leite para beber; não pude alimentá-los com
comida sólida, porque vocês ainda não podiam
suportar. Nem ainda agora podem, porque vocês
ainda são carnais. 3 Porque, se há ciúmes e brigas
entre vocês, será que isso não mostra que são
carnais e andam segundo os padrões humanos?
4 Quando alguém diz: "Eu sou de Paulo", e outro
diz: "Eu sou de Apolo", não é evidente que vocês
andam segundo padrões humanos? 5 Quem é
Apolo? E quem é Paulo? São servos por meio de
quem vocês creram, e isto conforme o Senhor
concedeu a cada um. 6 Eu plantei, Apolo regou,
mas o crescimento veio de Deus. 7 De modo que
nem o que planta é alguma coisa, nem o que rega,
mas Deus, que dá o crescimento. 8 Ora, o que plan-
ta e o que rega são um, e cada um receberá a sua
recompensa de acordo com o seu próprio traba-
lho. 9 Porque nós somos cooperadores de Deus, e
vocês são lavoura de Deus e edifício de Deus.
10 Segundo a graça de Deus que me foi dada,
lancei o fundamento como sábio construtor, e
outro edifica sobre ele. Porém cada um veja como
edifica. 11 Porque ninguém pode lançar outro fun-
damento, além do que foi posto, o qual é Jesus
Cristo. 12 E, se o que alguém edifica sobre o fun-
damento é ouro, prata, pedras preciosas, madei-
ra, feno ou palha, 13 a obra de cada um se tornará
manifesta, pois o Dia a demonstrará. Porque será
revelada pelo fogo, e o fogo provará qual é a obra
de cada um. 14 Se aquilo que alguém edificou so-
bre o fundamento permanecer, esse receberá re-
compensa. 15 Se a obra de alguém se queimar, esse
sofrerá dano. Porém ele mesmo será salvo, mas
como que através do fogo.
16 Vocês não sabem que são santuário de Deus
e que o Espírito de Deus habita em vocês? 17 Se
alguém destruir o santuário de Deus, Deus o des-
truirá. Porque o santuário de Deus, que são vocês,
é sagrado.

A sabedoria humana sem valor

18 Que ninguém engane a si mesmo! Se algum
de vocês pensa que é sábio neste mundo, faça-se

louco para se tornar sábio. 19 Porque a sabedoria deste mundo é loucura diante de Deus. Pois está escrito:

"Ele apanha os sábios
na própria astúcia deles."

20 E também:

"O Senhor conhece
os pensamentos dos sábios,
e sabe que são
pensamentos vãos."

21 Portanto, ninguém se glorie nos homens. Porque tudo é de vocês: 22 seja Paulo, seja Apolo, seja Cefas, seja o mundo, seja a vida, seja a morte, sejam as coisas presentes, sejam as futuras, tudo é de vocês, 23 e vocês são de Cristo, e Cristo é de Deus.

Ministros de Cristo

4 1 Assim, pois, importa que todos nos considerem como ministros de Cristo e encarregados dos mistérios de Deus. 2 Ora, além disso, o que se requer destes encarregados é que cada um deles seja encontrado fiel. 3 Mas a mim pouco importa ser julgado por vocês ou por um tribunal humano; nem eu julgo a mim mesmo. 4 Porque a consciência não me acusa de nada. Mas nem por isso me dou por justificado, pois quem me julga é o Senhor. 5 Portanto, não julguem nada antes do tempo, até que venha o Senhor, o qual não somente trará à plena luz as coisas ocultas das trevas, mas também manifestará os desígnios dos corações. E então cada um receberá o seu louvor da parte de Deus.

6 Meus irmãos, apliquei estas coisas figuradamente a mim mesmo e a Apolo, por causa de vocês, para que por nosso exemplo vocês aprendam isto: "Não ultrapassem o que está escrito", para que ninguém se encha de orgulho a favor de um em prejuízo de outro. 7 Pois quem é que faz com que você sobressaia? E o que é que você tem que não tenha recebido? E, se o recebeu, por que se gloria, como se não o tivesse recebido?

8 Vocês já estão fartos! Já são ricos! Chegaram a reinar sem nós! Sim, quem dera que vocês fossem reis, para que também nós viéssemos a reinar com vocês! 9 Porque me parece que Deus pôs a nós, os apóstolos, em último lugar, como se fôssemos condenados à morte. Porque nos tornamos espetáculo para o mundo, tanto para os anjos como para os seres humanos. 10 Nós somos loucos por causa de Cristo, e vocês são sábios em Cristo. Nós somos fracos, e vocês são fortes; vocês são honrados, e nós somos desprezados. 11 Até a presente hora, sofremos fome, sede e nudez; somos esbofeteados e não temos morada certa; 12 e nos afadigamos, trabalhando com as nossas próprias mãos. Quando somos insultados, bendizemos; quando somos perseguidos, suportamos; 13 quando somos caluniados, procuramos conciliação. Até agora, temos chegado a ser considerados lixo do mundo, escória de todos.

14 Não escrevo estas coisas para que vocês fiquem envergonhados; pelo contrário, para admoestá-los como a meus filhos amados. 15 Porque, ainda que vocês tivessem milhares de instrutores em Cristo, não teriam muitos pais, pois eu gerei vocês em Cristo Jesus, pelo evangelho. 16 Portanto, eu peço a vocês que sejam meus imitadores. 17 Por esta causa, eu enviei até vocês Timóteo, que é meu filho amado e fiel no Senhor, o qual fará com que vocês se lembrem dos meus caminhos em Cristo Jesus, como, por toda parte, ensino em cada igreja.

18 Alguns de vocês se encheram de orgulho, como se eu não fosse mais visitá-los. 19 Mas, em breve, se o Senhor quiser, irei visitá-los, e então conhecerei não a palavra, mas o poder desses orgulhosos. 20 Porque o Reino de Deus consiste não em palavra, mas em poder. 21 O que vocês preferem? Que eu vá até aí com um chicote ou com amor e espírito de mansidão?

Imoralidade na igreja de Corinto

5 1 Ouve-se por aí que entre vocês existe imoralidade, e imoralidade tal como não existe nem mesmo entre os gentios, isto é, que alguém se atreva a possuir a mulher de seu próprio pai. 2 E vocês andam cheios de orgulho, quando deveriam ter lamentado e tirado do meio de vocês quem fez uma coisa dessas. 3 Eu, na verdade, ainda que fisicamente ausente, mas presente em espírito, já sentenciei, como se estivesse presente, o autor de tal infâmia. 4 Em nome de nosso Senhor Jesus, reunidos vocês e o meu espírito, com o poder de Jesus, nosso Senhor, 5 que esse tal seja entregue a Satanás para a destruição da carne, a fim de que o espírito seja salvo no Dia do Senhor.

6 Não é bom esse orgulho que vocês têm. Por acaso vocês não sabem que um pouco de fermento leveda a massa toda? 7 Joguem fora o velho fermento, para que vocês sejam nova massa, como, de fato, já são, sem fermento. Pois também Cristo, nosso Cordeiro pascal, foi sacrificado. 8 Por isso, celebremos a festa não com o velho fermento, nem com o fermento do mal e da maldade, mas com o pão sem fermento, o pão da sinceridade e da verdade.

9 Na outra carta, já escrevi a vocês que não se associassem com os impuros. 10 Refiro-me, com isto, não propriamente aos impuros deste mundo, aos avarentos, ladrões ou idólatras, pois, neste caso, vocês teriam de sair do mundo. 11 Mas, agora, escrevo a vocês que não se associem com alguém

que, dizendo-se irmão, for devasso, avarento, idólatra, maldizente, bêbado ou ladrão; nem mesmo comam com alguém assim. 12 Pois com que direito haveria eu de julgar os de fora? Mas será que vocês não devem julgar os de dentro? 13 Os de fora, esses Deus julgará. Expulsem o malfeitor do meio de vocês.

Paulo censura o litígio entre os irmãos

6 1 Quando algum de vocês tem uma questão contra outro, como se atreve a submeter isso a juízo diante dos injustos e não diante dos santos? 2 Ou vocês não sabem que os santos hão de julgar o mundo? Ora, se o mundo deverá ser julgado por vocês, será que vocês não são competentes para julgar as coisas mínimas? 3 Por acaso vocês não sabem que havemos de julgar os próprios anjos? Quanto mais as coisas desta vida! 4 Portanto, quando precisam julgar negócios terrenos, por que vocês constituem como juízes aqueles que não têm nenhuma aceitação na igreja? 5 Digo isso para a vergonha de vocês. Será que não existe nem ao menos um sábio entre vocês, que possa julgar entre seus irmãos? 6 Mas um irmão vai a juízo contra outro irmão, e isto diante de não crentes!

7 O simples fato de moverem ações uns contra os outros já é completa derrota para vocês. Por que não preferem sofrer a injustiça? Por que não preferem ficar com o prejuízo? 8 Mas vocês mesmos cometem injustiça e causam prejuízo, e isto aos próprios irmãos! 9 Ou vocês não sabem que os injustos não herdarão o Reino de Deus? Não se enganem: nem imorais, nem idólatras, nem adúlteros, nem afeminados, nem homossexuais, 10 nem ladrões, nem avarentos, nem bêbados, nem maldizentes, nem roubadores herdarão o Reino de Deus. 11 Alguns de vocês eram assim. Mas vocês foram lavados, foram santificados, foram justificados no nome do Senhor Jesus Cristo e no Espírito do nosso Deus.

Fugir da imoralidade

12 "Todas as coisas me são lícitas", mas nem todas convêm. "Todas as coisas me são lícitas", mas eu não me deixarei dominar por nenhuma delas. 13 "Os alimentos são para o estômago, e o estômago existe para os alimentos." Mas Deus destruirá tanto o estômago quanto os alimentos. Porém o corpo não é para a imoralidade, mas para o Senhor, e o Senhor, para o corpo. 14 Deus ressuscitou o Senhor e também nos ressuscitará pelo seu poder.

15 Vocês não sabem que o corpo de cada um de vocês é membro de Cristo? E será que eu tomaria os membros de Cristo e os faria membros de uma prostituta? De modo nenhum! 16 Ou não sabem que o homem que se une à prostituta forma um só corpo com ela? Porque, como se diz, "os dois se tornarão uma só carne". 17 Mas aquele que se une ao Senhor é um só espírito com ele.

18 Fujam da imoralidade sexual! Qualquer outro pecado que uma pessoa cometer é fora do corpo; mas aquele que pratica imoralidade sexual peca contra o próprio corpo. 19 Será que vocês não sabem que o corpo de vocês é santuário do Espírito Santo, que está em vocês e que vocês receberam de Deus, e que vocês não pertencem a vocês mesmos? 20 Porque vocês foram comprados por preço. Agora, pois, glorifiquem a Deus no corpo de vocês.

Questões sobre o casamento

7 1 Quanto ao que vocês me escreveram — "é bom que o homem não toque em mulher" —, 2 digo que, por causa da imoralidade, cada homem tenha a sua esposa, e cada mulher tenha o seu próprio marido. 3 Que o marido conceda à esposa o que lhe é devido, e também, de igual modo, a esposa, ao seu marido. 4 A esposa não tem poder sobre o seu próprio corpo, e sim o marido; e também, de igual modo, o marido não tem poder sobre o seu próprio corpo, e sim a esposa. 5 Não se privem um ao outro, a não ser talvez por mútuo consentimento, por algum tempo, para se dedicarem à oração. Depois, retomem a vida conjugal, para que Satanás não tente vocês por não terem domínio próprio. 6 E digo isto como concessão e não como mandamento. 7 Gostaria que todos os homens fossem como eu. No entanto, cada um tem de Deus o seu próprio dom; um, na verdade, de um modo; outro, de outro.

8 E aos solteiros e às viúvas, digo que lhes seria bom se permanecessem no estado em que também eu vivo. 9 Mas, se não conseguem se dominar, que se casem; porque é melhor casar do que arder em desejos.

10 Aos casados, ordeno, não eu, mas o Senhor, que a mulher não se separe do marido. 11 Mas, se ela se separar, que não se case de novo ou que se reconcilie com o seu marido. E que o marido não se divorcie da sua esposa.

12 Aos outros, digo eu, não o Senhor: se algum irmão estiver casado com uma mulher não crente, e esta concorda em morar com ele, não se divorcie dela. 13 E se uma mulher estiver casada com um homem não crente, e este concorda em viver com ela, que ela não se divorcie do marido. 14 Porque o marido não crente é santificado no convívio da esposa, e a esposa não crente é santificada no convívio do marido crente. Se não fosse assim, os filhos de vocês seriam impuros; porém, agora, são santos. 15 Mas, se o não crente quiser separar-se, que se separe. Em tais casos, não fica sujeito à servidão nem o irmão, nem a irmã; Deus chamou vocês para viverem em paz. 16 Pois você, ó mulher, como

sabe se salvará o seu marido? Ou você, ó marido,
como sabe se salvará a sua mulher?

Uma vida conforme o chamado de Deus

17 No mais, que cada um ande segundo o que o
Senhor lhe concedeu, conforme Deus o chamou.
É isto que ordeno em todas as igrejas. 18 Foi al-
guém chamado, estando circunciso? Não desfaça
a circuncisão. Foi alguém chamado, estando incir-
cunciso? Não se faça circuncidar. 19 A circuncisão,
em si, não é nada; a incircuncisão também nada
é, mas o que vale é guardar os mandamentos de
Deus. 20 Cada um permaneça na vocação em que
foi chamado. 21 Você foi chamado, sendo escra-
vo? Não se preocupe com isso. Mas, se você ainda
pode tornar-se livre, aproveite a oportunidade.
22 Pois quem foi chamado no Senhor, sendo escra-
vo, é liberto que pertence ao Senhor. Do mesmo
modo, quem foi chamado, sendo livre, é escravo
de Cristo. 23 Vocês foram comprados por preço;
não se tornem escravos de homens. 24 Irmãos,
cada um permaneça diante de Deus na condição
em que foi chamado.

Sobre as pessoas solteiras ou viúvas

25 Com respeito às virgens, não tenho man-
damento do Senhor, mas dou a minha opinião,
como alguém que recebeu do Senhor a miseri-
córdia de ser fiel. 26 Por causa da angustiosa si-
tuação presente, penso ser bom para o homem
permanecer assim como está. 27 Você tem espo-
sa? Não procure separar-se. Você está solteiro?
Não procure esposa. 28 Mas, se você casar, não
estará pecando. E também, se a virgem se casar,
não estará pecando. Ainda assim, tais pessoas
sofrerão angústia na carne, e eu gostaria de pou-
par vocês disso.

29 Mas isto digo, irmãos: o tempo se abrevia.
Por isso, de agora em diante, não só os casados
sejam como se não fossem casados, 30 mas tam-
bém os que choram, como se não chorassem; os
que se alegram, como se não se alegrassem; os que
compram, como se nada possuíssem; 31 e os que se
utilizam deste mundo, como se não fizessem uso
dele. Porque a aparência deste mundo passa.

32 O que eu realmente quero é que vocês fiquem
livres de preocupações. Quem não é casado cuida
das coisas do Senhor, de como agradar ao Senhor.
33 Mas o que se casou cuida das coisas do mundo,
de como agradar à esposa, 34 e assim está dividido.
Também a mulher, tanto a viúva como a vir-
gem, cuida das coisas do Senhor, para ser santa,
assim no corpo como no espírito. Mas a mulher
casada se preocupa com as coisas do mundo, de
como agradar ao marido.

35 Digo isto para o próprio bem de vocês, não
para impor limitações, mas tendo em vista o que
é decente e para que vocês possam se consagrar ao
Senhor, sem distração alguma.

36 Mas, se alguém julga que trata de modo im-
próprio a sua virgem, se ela tiver passado a flor da
idade, e se as circunstâncias o exigem, faça o que
quiser; não peca; que casem. 37 Contudo, aquele
que está firme em seu coração e não se sente obri-
gado, mas tem domínio sobre a sua própria vonta-
de e resolveu em seu coração conservar virgem a
jovem, fará bem. 38 Por isso, quem casa com a sua
virgem faz bem; quem não casa faz melhor.

39 A mulher está ligada ao seu marido enquan-
to ele viver. Mas, se o marido morrer, ela fica li-
vre para casar com quem quiser, mas somente no
Senhor. 40 Porém, ela será mais feliz se permane-
cer viúva, segundo a minha opinião; e penso que
também eu tenho o Espírito de Deus.

Sobre as coisas sacrificadas a ídolos

8 1 No que se refere às coisas sacrificadas a ído-
los, sabemos que todos temos conhecimento.
O conhecimento leva ao orgulho, mas o amor
edifica. 2 Se alguém julga conhecer alguma coisa,
ainda não conhece como deveria conhecer. 3 Mas,
se alguém ama a Deus, esse é conhecido por ele.

4 Quanto a comer alimentos sacrificados a ído-
los, sabemos que o ídolo, por si mesmo, nada é no
mundo e que não há senão um só Deus. 5 Porque,
ainda que existam alguns que são chamados de
deuses, quer no céu ou sobre a terra — como há
muitos "deuses" e muitos "senhores" —, 6 para
nós, porém, há um só Deus, o Pai, de quem são
todas as coisas e para quem existimos, e um só
Senhor, Jesus Cristo, por meio de quem todas as
coisas existem e por meio de quem também nós
existimos. 7 Entretanto, nem todos têm esse co-
nhecimento. Alguns, acostumados até agora com
o ídolo, ainda comem desses alimentos como se
fossem sacrificados a ídolos; e a consciência des-
tes, por ser fraca, vem a contaminar-se. 8 Não é
a comida que nos torna agradáveis a Deus, pois
nada perderemos, se não comermos, e nada ga-
nharemos, se comermos.

9 Mas tenham cuidado para que essa liberdade
de vocês não venha, de algum modo, a ser tropeço
para os fracos. 10 Porque, se alguém enxergar você,
que tem conhecimento, sentado à mesa no templo
de um ídolo, será que a consciência do que é fraco
não vai ser induzida a participar de comidas sacri-
ficadas a ídolos? 11 E, assim, por causa do conheci-
mento que você tem, perde-se o irmão fraco, pelo
qual Cristo morreu. 12 E, deste modo, pecando
contra os irmãos, ferindo a consciência fraca que
eles têm, é contra Cristo que vocês estão pecando.
13 E, por isso, se a comida serve de escândalo ao
meu irmão, nunca mais comerei carne, para que
não venha a escandalizá-lo.

A liberdade e os direitos do apóstolo Paulo

9 1 Será que eu não sou um homem livre? Não
sou apóstolo? Não vi Jesus, nosso Senhor? Por
acaso vocês não são fruto do meu trabalho no
Senhor? 2 Se não sou apóstolo para outros, certa-
mente o sou para vocês! Porque vocês são o selo
do meu apostolado no Senhor.
3 A minha defesa diante dos que me questionam
é esta: 4 será que nós não temos o direito de comer
e beber? 5 Será que não temos o direito de levar
conosco uma mulher crente como esposa, como
fazem os demais apóstolos, os irmãos do Senhor e
Cefas? 6 Ou será que somente eu e Barnabé temos
de trabalhar para viver? 7 Quem é que vai à guerra
às suas próprias custas? Quem planta uma vinha
e não come do seu fruto? Ou quem apascenta um
rebanho e não se alimenta do leite do rebanho?
8 Será que eu digo isso apenas como homem?
Não é verdade que a lei também o diz? 9 Porque na
Lei de Moisés está escrito: “Não amarre a boca do
boi quando ele pisa o trigo.” Por acaso Deus está
preocupado com bois? 10 Será que não é certa-
mente por nossa causa que ele está dizendo isso?
É claro que é por nossa causa que isso está escrito.
Pois quem lavra deve fazê-lo com esperança e o
que colhe deve fazê-lo na esperança de receber a
parte que lhe é devida. 11 Se nós semeamos entre
vocês as coisas espirituais, será muito recolher-
mos de vocês bens materiais? 12 Se outros parti-
cipam desse direito sobre vocês, não o temos nós
em maior medida?

Entretanto, não fizemos uso desse direito.
Pelo contrário, suportamos tudo, para não criar-
mos qualquer obstáculo ao evangelho de Cristo.
13 Vocês não sabem que os que prestam serviços
sagrados se alimentam do próprio templo e que
os que servem ao altar participam do que é ofe-
recido sobre o altar? 14 Assim também o Senhor
ordenou aos que pregam o evangelho que vivam
do evangelho.
15 Eu, porém, não tenho feito uso de nenhuma
destas coisas e não escrevo isto para que assim
se faça comigo. Preferiria morrer a deixar que
alguém me tire esta glória. 16 Se anuncio o evan-
gelho, não tenho de que me gloriar, pois sobre
mim pesa essa obrigação; porque ai de mim se não
pregar o evangelho! 17 Se o faço de livre vontade,
tenho recompensa; mas, se o faço por obrigação,
é porque uma responsabilidade me foi confiada.
18 Nesse caso, qual é a minha recompensa? É que,
anunciando o evangelho, eu o apresente de graça,
para não me valer do direito que ele me dá.
19 Porque, sendo livre de todos, fiz-me escravo
de todos, a fim de ganhar o maior número possí-
vel. 20 Para com os judeus, fiz-me como judeu, a
fim de ganhar os judeus; para os que vivem sob o
regime da Lei, como se eu mesmo assim vivesse,
para ganhar os que vivem debaixo da Lei, em-
bora eu não esteja debaixo da Lei. 21 Aos sem lei,
como se eu mesmo o fosse, não estando sem lei
para com Deus, mas debaixo da lei de Cristo, para
ganhar os que vivem fora do regime da lei. 22 Fiz-
-me fraco para com os fracos, a fim de ganhar os
fracos. Fiz-me tudo para com todos, a fim de, por
todos os modos, salvar alguns.
23 Tudo faço por causa do evangelho, para ser
também participante dele. 24 Vocês não sabem
que os que correm no estádio, todos, na verdade,
correm, mas um só leva o prêmio? Corram de tal
maneira que ganhem o prêmio. 25 Todo atleta em
tudo se domina; aqueles, para alcançar uma coroa
corruptível; nós, porém, a incorruptível. 26 Assim
corro também eu, não sem meta; assim luto, não
como desferindo golpes no ar. 27 Mas esmurro o
meu corpo e o reduzo à escravidão, para que, ten-
do pregado a outros, não venha eu mesmo a ser
desqualificado.

Conselhos contra a idolatria

10 1 Ora, irmãos, não quero que vocês ignorem
que os nossos pais estiveram todos sob a
nuvem, e todos passaram pelo mar, 2 e todos, em
Moisés, foram batizados, tanto na nuvem como
no mar. 3 Todos eles comeram do mesmo alimento
espiritual 4 e beberam da mesma bebida espiri-
tual. Porque bebiam de uma pedra espiritual que
os seguia; e a pedra era Cristo. 5 Mas Deus não se
agradou da maioria deles, razão pela qual ficaram
prostrados no deserto. 6 Ora, estas coisas se torna-
ram exemplos para nós, a fim de que não cobice-
mos as coisas más, como eles cobiçaram.
7 Não sejam idólatras, como alguns deles fo-
ram, conforme está escrito: “O povo assentou-se
para comer e beber e levantou-se para se diver-
tir.” 8 E não pratiquemos imoralidade, como al-
guns deles o fizeram e caíram mortos, num só dia,
vinte e três mil. 9 Não ponhamos Cristo à prova,
como alguns deles fizeram e foram mortos pelas
serpentes. 10 Não fiquem murmurando, como al-
guns deles murmuraram e foram destruídos pelo
exterminador.
11 Estas coisas aconteceram com eles para ser-
vir de exemplo e foram escritas como advertência
a nós, para quem o fim dos tempos tem chegado.
12 Por isso, aquele que pensa estar em pé veja
que não caia. 13 Não sobreveio a vocês nenhuma
tentação que não fosse humana; mas Deus é fiel
e não permitirá que vocês sejam tentados além do
que podem suportar; pelo contrário, juntamente
com a tentação proverá livramento, para que vo-
cês a possam suportar.
14 Portanto, meus amados, fujam da idolatria.
15 Falo como a pessoas sábias; julguem vocês
mesmos o que digo. 16 Não é fato que o cálice da

bênção que abençoamos é a comunhão do sangue
de Cristo? E não é fato que o pão que partimos é a
comunhão do corpo de Cristo? 17 Porque nós, em-
bora muitos, somos unicamente um pão, um só
corpo; porque todos participamos do único pão.
18 Considerem o Israel segundo a carne. Não
é verdade que aqueles que se alimentam dos
sacrifícios são participantes do altar? 19 O que
quero dizer com isto? Que o que é sacrificado
ao ídolo é alguma coisa? Ou que o próprio ído-
lo tem algum valor? 20 Não! Digo que as coisas
que eles sacrificam são sacrificadas a demônios
e não a Deus; e eu não quero que vocês estejam
em comunhão com os demônios. 21 Vocês não
podem beber o cálice do Senhor e o cálice dos
demônios; não podem ser participantes da mesa
do Senhor e da mesa dos demônios. 22 Ou provo-
caremos ciúmes no Senhor? Somos, por acaso,
mais fortes do que ele?

Os limites da liberdade cristã

23 "Todas as coisas são lícitas", mas nem todas
convêm; "todas as coisas são lícitas", mas nem
todas edificam. 24 Ninguém busque o seu próprio
interesse, e sim o de seu próximo. 25 Comam de
tudo o que se vende no mercado, sem questiona-
mento algum por motivo de consciência. 26 Porque
do Senhor é a terra e a sua plenitude. 27 Se alguém
que não é crente convidá-los para comer, e vocês
quiserem ir, comam de tudo o que for posto diante
de vocês, sem questionamento algum por motivo
de consciência. 28 Porém, se alguém disser a vocês:
"Isto é coisa sacrificada a ídolo", não comam, por
causa daquele que deu a informação e por motivo
de consciência; 29 consciência, digo, não a sua pro-
priamente, mas a do outro.
"Pois, por que a minha liberdade deve ser jul-
gada pela consciência de outra pessoa? 30 Se eu
participo com gratidão, por que sou criticado por
causa daquilo por que dou graças?"
31 Portanto, se vocês comem, ou bebem ou fa-
zem qualquer outra coisa, façam tudo para a glória
de Deus. 32 Não se tornem motivo de tropeço nem
para judeus, nem para gentios, nem para a igreja
de Deus, 33 assim como também eu procuro, em
tudo, ser agradável a todos, não buscando o meu
próprio interesse, mas o de muitos, para que sejam
salvos.

11 1 Sejam meus imitadores, como também eu
sou imitador de Cristo.

As mulheres na igreja

2 Eu os elogio porque em tudo vocês se lem-
bram de mim e retêm as tradições assim como eu
as transmiti a vocês. 3 Quero, porém, que saibam
que Cristo é o cabeça de todo homem, e o homem
é o cabeça da mulher, e Deus é o cabeça de Cristo.
4 Todo homem que ora ou profetiza com a cabeça
coberta desonra a sua própria cabeça. 5 Toda mu-
lher, porém, que ora ou profetiza com a cabeça
descoberta desonra a sua própria cabeça, porque
é como se a tivesse rapada. 6 Portanto, se a mulher
não cobre a cabeça, nesse caso, que rape o cabelo.
Mas, se é vergonhoso para a mulher tosquiar-se
ou rapar o cabelo, que ela cubra a cabeça. 7 Porque
o homem não deve cobrir a cabeça, por ser ele
imagem e glória de Deus, mas a mulher é glória
do homem. 8 Porque o homem não foi feito da mu-
lher, mas a mulher foi feita do homem. 9 Porque
também o homem não foi criado por causa da mu-
lher, e sim a mulher por causa do homem. 10 Por-
tanto, por causa dos anjos, a mulher deve trazer
um sinal de autoridade na cabeça. 11 No Senhor,
todavia, nem a mulher é independente do ho-
mem, nem o homem é independente da mulher.
12 Porque, assim como a mulher foi feita do ho-
mem, assim também o homem nasce da mulher;
e tudo vem de Deus.
13 Julguem entre vocês mesmos: é próprio que a
mulher ore a Deus com a cabeça descoberta? 14 Ou
a própria natureza não lhes ensina que é desonro-
so para o homem usar cabelo comprido? 15 E que,
tratando-se da mulher, é para ela uma glória? Pois
o cabelo lhe foi dado em lugar de véu. 16 Mas, se
alguém quiser discutir essa questão, saiba que nós
não temos tal costume, nem as igrejas de Deus.

Instrução quanto à celebração da ceia do Senhor

17 Mas nisto que agora prescrevo, não pos-
so elogiá-los, porque vocês se reúnem não para
melhor, e sim para pior. 18 Porque, antes de tudo,
estou informado de que, quando se reúnem na
igreja, existem divisões entre vocês, e eu, em par-
te, acredito que isso é verdade. 19 E é até necessário
que haja partidos entre vocês, para que também
os aprovados se tornem conhecidos entre vocês.
20 Quando, pois, se reúnem no mesmo lugar, não
é a ceia do Senhor que vocês comem. 21 Porque,
quando comem, cada um toma antecipadamente
a sua própria ceia, e enquanto um fica com fome
outro fica embriagado. 22 Será que vocês não têm
casas onde podem comer e beber? Ou menospre-
zam a igreja de Deus e envergonham os que nada
têm? Que posso dizer a vocês? Devo elogiá-los?
Nisto certamente não posso elogiá-los.
23 Porque eu recebi do Senhor o que também
lhes entreguei: que o Senhor Jesus, na noite em
que foi traído, pegou um pão 24 e, tendo dado gra-
ças, o partiu e disse: "Isto é o meu corpo, que é
dado por vocês; façam isto em memória de mim."
25 Do mesmo modo, depois da ceia, pegou tam-
bém o cálice, dizendo: "Este cálice é a nova alian-
ça no meu sangue; façam isto, todas as vezes

que o beberem, em memória de mim." 26 Porque,
todas as vezes que comerem este pão e beberem
o cálice, vocês anunciam a morte do Senhor, até
que ele venha.

27 Por isso, aquele que comer o pão ou beber o
cálice do Senhor indignamente será réu do corpo
e do sangue do Senhor. 28 Que cada um examine a
si mesmo e, assim, coma do pão e beba do cálice.
29 Pois quem come e bebe sem discernir o corpo,
come e bebe juízo para si. 30 É por isso que há entre
vocês muitos fracos e doentes e não poucos que
dormem. 31 Porque, se julgássemos a nós mesmos,
não seríamos julgados. 32 Mas, quando julgados,
somos disciplinados pelo Senhor, para não ser-
mos condenados com o mundo.

33 Assim, meus irmãos, quando vocês se reú-
nem para comer, esperem uns pelos outros. 34 Se
alguém tem fome, que coma em casa, a fim de que
vocês não se reúnam para juízo.

Quanto às demais coisas, eu as ordenarei quan-
do for aí.

Sobre os dons espirituais

12 1 Irmãos, não quero que vocês estejam de-
sinformados a respeito dos dons espirituais.
2 Vocês sabem que, quando eram gentios, se deixa-
vam conduzir aos ídolos mudos, conforme vocês
eram guiados. 3 Por isso, quero que entendam que
ninguém que fala pelo Espírito de Deus afirma:
"Anátema, Jesus!" Por outro lado, ninguém pode
dizer: "Senhor Jesus!", senão pelo Espírito Santo.

4 Ora, os dons são diversos, mas o Espírito é o
mesmo. 5 E também há diversidade nos serviços,
mas o Senhor é o mesmo. 6 E há diversidade nas
realizações, mas o mesmo Deus é quem opera
tudo em todos. 7 A manifestação do Espírito é
concedida a cada um visando um fim proveitoso.
8 Porque a um é dada, mediante o Espírito, a pala-
vra da sabedoria; a outro, segundo o mesmo Es-
pírito, a palavra do conhecimento. 9 A um é dada,
no mesmo Espírito, a fé; a outro, no mesmo Espí-
rito, dons de curar; 10 a outro, operações de mila-
gres; a outro, profecia; a outro, discernimento de
espíritos. A um é dada a variedade de línguas e a
outro, capacidade para interpretá-las. 11 Mas um
só e o mesmo Espírito realiza todas essas coisas,
distribuindo-as a cada um, individualmente, con-
forme ele quer.

A unidade da igreja

12 Porque, assim como o corpo é um e tem mui-
tos membros, e todos os membros, mesmo sendo
muitos, constituem um só corpo, assim também é
com respeito a Cristo. 13 Pois, em um só Espírito,
todos nós fomos batizados em um só corpo, quer
judeus, quer gregos, quer escravos, quer livres. E a
todos nós foi dado beber de um só Espírito.

14 Porque também o corpo não é um só mem-
bro, mas muitos. 15 Se o pé disser: "Porque não sou
mão, não sou do corpo", nem por isso deixa de ser
do corpo. 16 Se o ouvido disser: "Porque não sou
olho, não sou do corpo", nem por isso deixa de
ser do corpo. 17 Se todo o corpo fosse olho, onde
estaria o ouvido? Se todo ele fosse ouvido, onde
estaria o olfato? 18 Mas Deus dispôs os membros,
colocando cada um deles no corpo, como ele quis.
19 Se todos, porém, fossem um só membro, onde
estaria o corpo? 20 O certo é que há muitos mem-
bros, mas um só corpo.

21 Os olhos não podem dizer à mão: "Não pre-
cisamos de você." E a cabeça não pode dizer aos
pés: "Não preciso de vocês." 22 Pelo contrário, os
membros do corpo que parecem ser mais fracos
são necessários, 23 e os que nos parecem menos
dignos no corpo, a estes damos muito maior
honra. Também os que em nós não são deco-
rosos revestimos de especial honra, 24 ao passo
que os nossos membros nobres não têm neces-
sidade disso. Contudo, Deus coordenou o corpo,
concedendo muito mais honra àquilo que me-
nos tinha, 25 para que não haja divisão no corpo,
mas para que os membros cooperem, com igual
cuidado, em favor uns dos outros. 26 De maneira
que, se um membro sofre, todos sofrem com ele;
e, se um deles é honrado, todos os outros se ale-
gram com ele.

27 Ora, vocês são o corpo de Cristo e, indivi-
dualmente, membros desse corpo. 28 A uns Deus
estabeleceu na igreja, primeiramente, apóstolos;
em segundo lugar, profetas; em terceiro lugar,
mestres; depois, operadores de milagres; depois,
os que têm dons de curar, ou de ajudar, ou de
administrar, ou de falar em variedade de línguas.
29 Será que são todos apóstolos? Será que são to-
dos profetas? Será que são todos mestres? São
todos operadores de milagres? 30 Todos têm dons
de curar? Todos falam em línguas? Todos têm o
dom de interpretar essas línguas? 31 Entretanto,
procurem, com zelo, os melhores dons.

O amor é o dom supremo

E eu passo a mostrar-lhes um caminho ainda
mais excelente.

13 1 Ainda que eu fale as línguas dos homens
e dos anjos, se não tiver amor, serei como o
bronze que soa ou como o címbalo que retine.

2 Ainda que eu tenha o dom de profetizar e co-
nheça todos os mistérios e toda a ciência; ainda
que eu tenha tamanha fé, a ponto de transportar
montes, se não tiver amor, nada serei.

3 E ainda que eu distribua todos os meus bens
entre os pobres e ainda que entregue o meu pró-
prio corpo para ser queimado, se não tiver amor,
isso de nada me adiantará.

4O amor é paciente e bondoso. O amor não arde
em ciúmes, não se envaidece, não é orgulhoso,
5não se conduz de forma inconveniente, não bus-
ca os seus interesses, não se irrita, não se ressen-
te do mal. 6O amor não se alegra com a injustiça,
mas se alegra com a verdade. 7O amor tudo sofre,
tudo crê, tudo espera, tudo suporta.
8O amor jamais acaba. Havendo profecias, de-
saparecerão; havendo línguas, cessarão; havendo
ciência, passará. 9Pois o nosso conhecimento é in-
completo e a nossa profecia é incompleta. 10Mas,
quando vier o que é completo, então o que é in-
completo será aniquilado.
11Quando eu era menino, falava como meni-
no, sentia como menino, pensava como menino;
quando cheguei a ser homem, desisti das coisas
próprias de menino. 12Porque agora vemos como
num espelho, de forma obscura; depois veremos
face a face. Agora meu conhecimento é incom-
pleto; depois conhecerei como também sou co-
nhecido.
13Agora, pois, permanecem a fé, a esperança e
o amor, estes três; porém o maior deles é o amor.

O dom de profecia é superior ao de línguas

14 1Sigam o amor e procurem com zelo os
dons espirituais, principalmente o de pro-
fetizar. 2Pois quem fala em línguas não fala para
as pessoas, mas fala para Deus; ninguém o en-
tende, pois, por meio do Espírito, fala mistérios.
3Mas o que profetiza fala para as pessoas, edifi-
cando, exortando e consolando. 4O que fala em
línguas a si mesmo edifica, mas o que profetiza
edifica a igreja. 5Eu quero que vocês todos falem
em línguas, mas muito mais que profetizem. Pois
quem profetiza é superior ao que fala em línguas,
a não ser que as interprete, para que a igreja rece-
ba edificação.
6E, agora, irmãos, se eu for até aí falando em
línguas, que proveito vocês terão, se eu não falar
por meio de revelação, de conhecimento, de pro-
fecia ou de doutrina? 7É assim com instrumentos
inanimados, como a flauta ou a harpa, quando
emitem sons. Se não emitirem sons bem distintos,
como se poderá reconhecer o que se toca na flauta
ou na harpa? 8Pois também se a trombeta der som
incerto, quem se preparará para a batalha? 9Assim
também vocês, se com a língua não disserem pa-
lavra compreensível, como se entenderá o que é
dito? Porque vocês estarão como que falando ao
vento. 10Há, sem dúvida, muitos tipos de vozes no
mundo, e nenhuma delas é sem sentido. 11Mas, se
eu não entender o significado da voz, serei estran-
geiro para aquele que fala, e ele será estrangeiro
para mim. 12Assim, também vocês, visto que de-
sejam dons espirituais, procurem progredir, para a
edificação da igreja.
13Por isso, quem fala em línguas, ore para que
as possa interpretar. 14Porque, se eu orar em lín-
guas, o meu espírito, de fato, ora, mas a minha
mente fica infrutífera. 15Que farei, então? Vou
orar com o espírito, mas também vou orar com a
mente; vou cantar com o espírito, mas também
vou cantar com a mente. 16Se você louvar apenas
em espírito, como o não instruído poderá dizer o
"amém" depois da oração de agradecimento que
você fez? Porque ele não entende o que você diz.
17A sua oração de agradecimento pode ser muito
boa, mas o outro não é edificado. 18Dou graças a
Deus, porque falo em línguas mais do que todos
vocês. 19Contudo, na igreja prefiro falar cinco pa-
lavras com o meu entendimento, para instruir os
outros, do que falar dez mil palavras em línguas.
20Irmãos, não sejam meninos no entendimen-
to. Quanto à maldade, sim, sejam crianças; mas,
quanto ao entendimento, sejam pessoas maduras.
21Na lei está escrito:

"Falarei a este povo
por meio de homens
de outras línguas
e por meio de lábios de outros povos,
e nem assim me ouvirão, diz o Senhor."

22Portanto, as línguas constituem um sinal não
para os que creem, mas para os que não creem; a
profecia, no entanto, não é para os que não creem,
e sim para os que creem. 23Assim, se toda a igreja
se reunir no mesmo lugar e todos se puserem a fa-
lar em línguas, no caso de entrarem pessoas não
instruídas ou não crentes, será que não vão dizer
que vocês estão loucos? 24Porém, se todos profe-
tizarem, e entrar ali um não crente ou não instruí-
do, ele será convencido por todos e julgado por
todos. 25Os segredos que ele tem no coração se
tornarão manifestos, e, assim, prostrando-se com
o rosto em terra, adorará a Deus, testemunhando
que Deus está, de fato, no meio de vocês.

A necessidade de ordem no culto

26Que fazer, então, irmãos? Quando vocês se
reúnem, um tem um salmo, outro tem um ensino,
este traz uma revelação, aquele fala em línguas,
e ainda outro faz a interpretação. Que tudo seja
feito para edificação. 27No caso de alguém falar
em línguas, que não sejam mais do que dois ou,
quando muito, três, e isto sucessivamente, e haja
alguém que interprete. 28Mas, não havendo quem
interprete, fique calado na igreja, falando consigo
mesmo e com Deus. 29Tratando-se de profetas,
falem apenas dois ou três, e os outros julguem.
30Se, porém, vier uma revelação a alguém que
esteja sentado, cale-se o primeiro. 31Porque todos
poderão profetizar, um após outro, para que to-
dos aprendam e sejam consolados. 32Os espíritos

dos profetas estão sujeitos aos próprios profetas,
33 porque Deus não é Deus de confusão, e sim de
paz.
Como em todas as igrejas dos santos, 34 que
as mulheres se conservem caladas nas igrejas,
porque não lhes é permitido falar; mas estejam
submissas, como também a lei o determina. 35 Se,
porém, querem aprender alguma coisa, pergun-
tem em casa ao seu próprio marido; porque para
a mulher é vergonhoso falar na igreja. 36 Por acaso
a palavra de Deus se originou no meio de vocês?
Ou será que ela veio exclusivamente para vocês?
37 Se alguém se considera profeta ou espiritual,
reconheça que é mandamento do Senhor o que
estou escrevendo para vocês. 38 E, se alguém o ig-
norar, será ignorado.
39 Portanto, meus irmãos, procurem com zelo o
dom de profetizar e não proíbam que se fale em lín-
guas. 40 Tudo, porém, seja feito com decência e ordem.

A ressurreição de Cristo

15 1 Irmãos, venho lembrar-lhes o evangelho
que anunciei a vocês, o qual vocês recebe-
ram e no qual continuam firmes. 2 Por meio dele
vocês também são salvos, se retiverem a palavra
assim tal como a preguei a vocês, a menos que te-
nham crido em vão.
3 Antes de tudo, entreguei a vocês o que tam-
bém recebi: que Cristo morreu pelos nossos peca-
dos, segundo as Escrituras, 4 e que foi sepultado e
ressuscitou ao terceiro dia, segundo as Escrituras.
5 E apareceu a Cefas e, depois, aos doze. 6 Depois,
foi visto por mais de quinhentos irmãos de uma só
vez, dos quais a maioria ainda vive; porém alguns
já dormem. 7 Depois, foi visto por Tiago e, mais
tarde, por todos os apóstolos.
8 Por último, depois de todos, foi visto também
por mim, como por um nascido fora de tempo.
9 Porque eu sou o menor dos apóstolos, e nem mes-
mo sou digno de ser chamado apóstolo, pois perse-
gui a igreja de Deus. 10 Mas, pela graça de Deus, sou
o que sou. E a sua graça, que me foi concedida, não
se tornou vã. Pelo contrário, trabalhei muito mais
do que todos eles; todavia, não eu, mas a graça de
Deus comigo. 11 Portanto, seja eu ou sejam eles, as-
sim pregamos e assim vocês creram.

A nossa ressurreição

12 Ora, se o que se prega é que Cristo ressusci-
tou dentre os mortos, como alguns de vocês afir-
mam que não há ressurreição de mortos? 13 E, se
não há ressurreição de mortos, então Cristo não
ressuscitou. 14 E, se Cristo não ressuscitou, é vã a
nossa pregação, e é vã a fé que vocês têm. 15 Além
disso, somos tidos por falsas testemunhas de
Deus, porque temos testemunhado contra Deus
que ele ressuscitou a Cristo, ao qual ele não
ressuscitou, se é certo que os mortos não ressus-
citam. 16 Porque, se os mortos não ressuscitam,
também Cristo não ressuscitou. 17 E, se Cristo
não ressuscitou, é vã a fé que vocês têm, e vocês
ainda permanecem nos seus pecados. 18 E ainda
mais: os que adormeceram em Cristo estão per-
didos. 19 Se a nossa esperança em Cristo se limita
apenas a esta vida, somos as pessoas mais infeli-
zes deste mundo.
20 Mas, de fato, Cristo ressuscitou dentre os
mortos, sendo ele as primícias dos que dormem.
21 Visto que a morte veio por um homem, também
por um homem veio a ressurreição dos mortos.
22 Porque, assim como, em Adão, todos morrem,
assim também todos serão vivificados em Cristo.
23 Cada um, porém, na sua ordem: Cristo, as primí-
cias; depois, os que são de Cristo, na sua vinda. 24 E
então virá o fim, quando ele entregar o Reino ao
Deus e Pai, quando houver destruído todo princi-
pado, bem como toda potestade e poder. 25 Porque
é necessário que ele reine até que tenha posto to-
dos os inimigos debaixo dos seus pés. 26 O último
inimigo a ser destruído é a morte. 27 Porque "ele
sujeitou todas as coisas debaixo dos seus pés". E,
quando diz que todas as coisas lhe estão sujeitas,
certamente exclui aquele que tudo lhe sujeitou.
28 Quando, porém, todas as coisas lhe estiverem
sujeitas, então o próprio Filho também se sujeita-
rá àquele que todas as coisas lhe sujeitou, para que
Deus seja tudo em todos.
29 De outra maneira, que farão os que se bati-
zam por causa dos mortos? Se de fato os mortos
não ressuscitam, por que se batizam por causa de-
les? 30 E por que também nós nos expomos a peri-
gos a toda hora? 31 Dia após dia, morro! Eu afirmo
isso, irmãos, pelo orgulho que tenho de vocês, em
Cristo Jesus, nosso Senhor. 32 Se, como homem,
lutei em Éfeso contra feras, qual foi o meu pro-
veito? Se os mortos não ressuscitam, "comamos
e bebamos, porque amanhã morreremos". 33 Não
se enganem: "As más companhias corrompem os
bons costumes." 34 Voltem à sobriedade, como
convém, e não pequem. Porque alguns ainda não
têm conhecimento de Deus. Digo isto para vergo-
nha de vocês.

A ressurreição do corpo

35 Mas alguém dirá: "Como é que os mortos res-
suscitam? E com que corpo virão?" 36 Insensato! O
que você semeia não nasce, se primeiro não mor-
rer. 37 E, quando semeia, você não semeia o corpo
que há de ser, mas o simples grão, como de trigo
ou de qualquer outra semente. 38 Mas Deus lhe dá
corpo como ele quer dar e a cada uma das semen-
tes dá o seu corpo apropriado.
39 Nem toda carne é a mesma; porém uma é a
carne dos seres humanos; outra, a dos animais;

outra, a das aves; e outra, a dos peixes. 40 Também
há corpos celestiais e corpos terrestres; e, sem dú-
vida, uma é a glória dos celestiais, e outra, a dos
terrestres. 41 Uma é a glória do sol; outra, a glória
da lua; e outra, a das estrelas. Porque até entre es-
trela e estrela há diferenças de glória.
42 Pois assim também é a ressurreição dos mor-
tos. Semeia-se o corpo na corrupção, ressuscita
na incorrupção. Semeia-se em desonra, ressuscita
em glória. 43 Semeia-se em fraqueza, ressuscita em
poder. 44 Semeia-se corpo natural, ressuscita corpo
espiritual. Se há corpo natural, há também corpo
espiritual. 45 Pois assim está escrito: "O primeiro ho-
mem, Adão, se tornou um ser vivente." Mas o último
Adão é espírito vivificante. 46 O que vem primeiro
não é o espiritual, e sim o natural; depois vem o espi-
ritual. 47 O primeiro homem, formado do pó da terra,
é terreno; o segundo homem é do céu. 48 Como foi o
homem terreno, assim também são os demais que
são feitos do pó da terra; e, como é o homem celes-
tial, assim também são os celestiais. 49 E, assim como
trouxemos a imagem do homem terreno, traremos
também a imagem do homem celestial.
50 Com isto quero dizer, irmãos, que a carne e o
sangue não podem herdar o Reino de Deus, nem a
corrupção herdar a incorrupção.
51 Eis que vou lhes revelar um mistério: nem
todos dormiremos, mas todos seremos transfor-
mados 52 num momento, num abrir e fechar de
olhos, ao ressoar da última trombeta. A trombeta
soará, os mortos ressuscitarão incorruptíveis, e
nós seremos transformados. 53 Porque é necessá-
rio que este corpo corruptível se revista da incor-
ruptibilidade, e que o corpo mortal se revista da
imortalidade. 54 E, quando este corpo corruptível
se revestir de incorruptibilidade e o que é mortal
se revestir de imortalidade, então se cumprirá a
palavra que está escrita:

"Tragada foi a morte pela vitória."
55 "Onde está, ó morte, a sua vitória?
Onde está, ó morte, o seu aguilhão?"

56 O aguilhão da morte é o pecado, e a força do pe-
cado é a lei. 57 Graças a Deus, que nos dá a vitória
por meio de nosso Senhor Jesus Cristo.
58 Portanto, meus amados irmãos, sejam fir-
mes, inabaláveis e sempre abundantes na obra do
Senhor, sabendo que, no Senhor, o trabalho de
vocês não é vão.

A oferta para os cristãos da Judeia

16 1 Quanto à coleta para os santos, façam tam-
bém vocês como ordenei às igrejas da Galácia.
2 No primeiro dia da semana, cada um de vocês se-
pare uma quantia, conforme a sua prosperidade, e
vá juntando, para que não seja necessário fazer co-
letas quando eu for. 3 E, quando eu tiver chegado,
enviarei, com cartas, aqueles que vocês aprovarem,
para que levem a oferta de vocês a Jerusalém. 4 Se for
conveniente que eu também vá, eles irão comigo.

Os planos de Paulo

5 Irei visitar vocês por ocasião da minha passa-
gem pela Macedônia, porque devo passar pela Ma-
cedônia. 6 E bem pode ser que eu me demore ou
mesmo passe o inverno com vocês, para que vocês
me encaminhem nas viagens que eu tenha de fa-
zer. 7 Porque não quero, agora, ver vocês apenas de
passagem, pois espero permanecer algum tempo
com vocês, se o Senhor o permitir. 8 Mas ficarei em
Éfeso até o Pentecostes, 9 porque uma porta gran-
de e oportuna para o trabalho se abriu para mim; e
há muitos adversários.
10 E, se Timóteo for, façam tudo para que não
tenha nada a temer enquanto estiver entre vocês,
porque trabalha na obra do Senhor, como também
eu. 11 Portanto, que ninguém o despreze. Ajudem-
-no a continuar a viagem em paz, para que venha
até aqui, visto que o espero com os irmãos.
12 Quanto ao irmão Apolo, muito lhe tenho re-
comendado que fosse visitar vocês em companhia
dos irmãos, mas ele não quis de jeito nenhum ir
agora; irá, porém, quando tiver oportunidade.

Conselhos finais

13 Fiquem alertas, permaneçam firmes na fé,
mostrem coragem, sejam fortes. 14 Façam todas as
coisas com amor.
15 E agora, irmãos, eu peço a vocês o seguinte: os
membros da casa de Estéfanas são as primícias da
Acaia e eles se consagraram ao serviço dos santos.
16 Portanto, sujeitem-se a pessoas como eles, bem
como a todo aquele que é cooperador e obreiro.
17 Alegro-me com a vinda de Estéfanas, de Fortu-
nato e de Acaico, porque eles supriram o que faltava
da parte de vocês. 18 Porque trouxeram refrigério ao
meu espírito e ao de vocês também. Deem o devido
reconhecimento a homens como esses.

Saudações

19 As igrejas da província da Ásia mandam
saudações. Também Áquila e Priscila mandam
cordiais saudações no Senhor, juntamente com
a igreja que se reúne na casa deles. 20 Todos os ir-
mãos mandam saudações. Saúdem uns aos outros
com um beijo santo.
21 Eu, Paulo, escrevo a saudação de próprio punho.
22 Se alguém não ama o Senhor, seja anátema.
Maranata!

Bênção

23 A graça do Senhor Jesus esteja com vocês.
24 O meu amor esteja com todos vocês, em Cristo
Jesus.

SEGUNDA CARTA DE PAULO AOS

CORÍNTIOS

Prefácio e saudação

1 [1] Paulo, apóstolo de Cristo Jesus pela vontade de Deus, e o irmão Timóteo, à igreja de Deus que está em Corinto e a todos os santos em toda a Acaia.

[2] Que a graça e a paz de Deus, nosso Pai, e do Senhor Jesus Cristo estejam com vocês.

Ação de graças

[3] Bendito seja o Deus e Pai de nosso Senhor Jesus Cristo, o Pai de misericórdias e Deus de toda consolação! [4] É ele que nos consola em toda a nossa tribulação, para que, pela consolação que nós mesmos recebemos de Deus, possamos consolar os que estiverem em qualquer espécie de tribulação. [5] Porque, assim como transbordam sobre nós os sofrimentos de Cristo, assim também por meio de Cristo transborda o nosso consolo. [6] Se somos atribulados, é para o consolo e a salvação de vocês; se somos consolados, é também para o consolo de vocês. Esse consolo se torna eficaz na medida em que vocês suportam com paciência os mesmos sofrimentos que nós também suportamos. [7] A nossa esperança em relação a vocês é sólida, sabendo que, assim como vocês são participantes dos sofrimentos, assim também serão participantes da consolação.

[8] Porque não queremos, irmãos, que vocês fiquem sem saber que tipo de tribulação nos sobreveio na província da Ásia. Foi algo acima das nossas forças, a ponto de perdermos a esperança até da própria vida. [9] De fato, tivemos em nós mesmos a sentença de morte, para que não confiássemos em nós mesmos, e sim no Deus que ressuscita os mortos, [10] o qual nos livrou e ainda livrará de tão grande morte. Nele temos esperado que ainda continuará a nos livrar, [11] enquanto vocês nos ajudam com orações a nosso favor, para que, por muitos, sejam dadas graças a Deus a nosso respeito, pelo benefício que nos foi concedido por meio da súplica de muitos.

A sinceridade de Paulo

[12] Porque a nossa glória é esta: o testemunho da nossa consciência de que com simplicidade e sinceridade de Deus, não com sabedoria humana, mas na graça divina, temos vivido no mundo, especialmente em relação a vocês. [13] Porque nenhuma outra coisa escrevemos para vocês, a não ser aquilo que vocês leem e entendem. E espero que vocês entendam completamente, [14] como também já nos entenderam em parte, que seremos a glória de vocês, assim como vocês também serão a nossa glória no Dia de Jesus, nosso Senhor.

Paulo explica a sua demora em ir a Corinto

[15] Com esta confiança, eu queria primeiro ir encontrar-me com vocês, para que tivessem um segundo benefício. [16] Queria, ao passar por aí, dirigir-me à Macedônia, e da Macedônia voltar a encontrar-me com vocês, sendo então encaminhado por vocês para a Judeia. [17] Ora, ao querer isso, será que agi com leviandade? Ou, ao tomar decisões, será que decido segundo a carne, de modo que haja em mim, simultaneamente, o "sim, sim" e o "não, não"? [18] Mas, como Deus é fiel, a nossa palavra, dirigida a vocês, não é "sim e não". [19] Porque o Filho de Deus, Jesus Cristo, que foi anunciado entre vocês por nós, isto é, por mim, Silvano e Timóteo, não foi "sim e não"; pelo contrário, nele sempre houve o "sim". [20] Porque todas as promessas de Deus têm nele o "sim". Por isso, também por meio dele se diz o "amém" para glória de Deus, por meio de nós. [21] Mas aquele que nos confirma juntamente com vocês em Cristo e que nos ungiu é Deus, [22] que também pôs o seu selo em nós e nos deu o penhor do Espírito em nosso coração.

[23] Eu, porém, por minha vida, tomo Deus por testemunha de que foi para poupar vocês que ainda não voltei a Corinto. [24] Não que tenhamos domínio sobre a fé que vocês têm, mas porque somos cooperadores da alegria de vocês. Porque, pela fé, vocês estão firmes.

2 [1] Porque decidi por mim mesmo o seguinte: não voltar a me encontrar com vocês em tristeza. [2] Porque, se eu entristeço vocês, quem me alegrará, senão aquele a quem tenho entristecido? [3] E escrevi isso para que, quando eu for, não seja entristecido por aqueles que deveriam me alegrar, confiando em todos vocês de que a minha alegria é também a alegria de vocês. [4] Porque lhes escrevi no meio de muitos sofrimentos e angústia de coração, com muitas lágrimas, não para que vocês ficassem tristes, mas para que soubessem do amor que tenho por vocês.

O perdão para o arrependido

[5] Ora, se alguém causou tristeza, não o fez a mim, mas, para que eu não seja demasiadamente áspero, digo que em parte causou tristeza a todos vocês. [6] Basta-lhe a punição imposta pela maioria. [7] De modo que, agora, pelo contrário, vocês devem perdoar e consolar, para que esse indivíduo não seja consumido por excessiva tristeza. [8] Por isso, peço que vocês confirmem o amor de vocês para com ele. [9] E foi por isso também que eu lhes

escrevi, para ter prova de que, em tudo, vocês são obedientes. 10 A quem vocês perdoam alguma coisa, eu também perdoo. Pois o que perdoei, se é que perdoei alguma coisa, eu o fiz por causa de vocês na presença de Cristo, 11 para que Satanás não alcance vantagem sobre nós, pois não ignoramos quais são as intenções dele.

A intranquilidade de Paulo em Trôade

12 Quando cheguei a Trôade para pregar o evangelho de Cristo, vi que uma porta se havia aberto para mim, no Senhor. 13 No entanto, não tive tranquilidade no meu espírito, porque não encontrei o meu irmão Tito. Por isso, despedindo-me deles, parti para a Macedônia.

A vitória em Cristo

14 Graças, porém, a Deus, que, em Cristo, sempre nos conduz em triunfo e, por meio de nós, manifesta a fragrância do seu conhecimento em todos os lugares. 15 Porque nós somos para com Deus o bom perfume de Cristo, tanto entre os que estão sendo salvos como entre os que estão se perdendo. 16 Para com estes, cheiro de morte para morte; para com aqueles, aroma de vida para vida. Quem, porém, é capaz de fazer estas coisas? 17 Porque nós não estamos, como tantos outros, mercadejando a palavra de Deus. Pelo contrário, em Cristo é que falamos na presença de Deus, com sinceridade e da parte do próprio Deus.

O ministério da nova aliança

3 1 Estamos começando outra vez a recomendar a nós mesmos? Ou será que temos necessidade, como alguns, de entregar cartas de recomendação para vocês ou pedi-las a vocês? 2 Vocês são a nossa carta, escrita em nosso coração, conhecida e lida por todos. 3 Vocês manifestam que são carta de Cristo, produzida pelo nosso ministério, escrita não com tinta, mas com o Espírito do Deus vivo, não em tábuas de pedra, mas em tábuas de carne, isto é, nos corações.

4 E é por meio de Cristo que temos tal confiança em Deus. 5 Não que, por nós mesmos, sejamos capazes de pensar alguma coisa, como se partisse de nós; pelo contrário, a nossa capacidade vem de Deus, 6 o qual nos capacitou para sermos ministros de uma nova aliança, não da letra, mas do Espírito; porque a letra mata, mas o Espírito vivifica.

7 E, se o ministério da morte, gravado com letras em pedras, se revestiu de glória, a ponto de os filhos de Israel não poderem fixar os olhos na face de Moisés, por causa da glória do seu rosto, ainda que fosse uma glória que estava desaparecendo, 8 como não será de maior glória o ministério do Espírito? 9 Porque, se o ministério da condenação teve glória, em muito maior proporção será glorioso o ministério da justiça. 10 Pois, neste particular, o que era glorioso já não tem mais glória diante da glória atual, que é muito maior. 11 Porque, se o que estava desaparecendo teve a sua glória, muito mais glória tem o que é permanente.

12 Tendo, pois, tal esperança, agimos com muita ousadia. 13 E não somos como Moisés, que punha um véu sobre o rosto, para que os filhos de Israel não pudessem fixar os olhos no fim daquilo que estava desaparecendo. 14 Mas a mente deles se endureceu. Pois, até o dia de hoje, o mesmo véu permanece sobre a leitura da antiga aliança; não foi tirado, pois só em Cristo ele é removido. 15 Mas, até hoje, quando Moisés é lido, o véu está posto sobre o coração deles. 16 Quando, porém, alguém se converte ao Senhor, o véu é tirado. 17 Ora, este Senhor é o Espírito; e onde está o Espírito do Senhor, aí há liberdade. 18 E todos nós, com o rosto descoberto, contemplando a glória do Senhor, somos transformados, de glória em glória, na sua própria imagem, como pelo Senhor, que é o Espírito.

Tesouro em vasos de barro

4 1 Por isso, tendo este ministério, segundo a misericórdia que nos foi dada, não desanimamos. 2 Pelo contrário, rejeitamos as coisas ocultas que trazem vergonha, não agindo com astúcia, nem adulterando a palavra de Deus. E assim, pela manifestação da verdade, nos recomendamos à consciência de todos na presença de Deus. 3 Mas, se o nosso evangelho ainda está encoberto, é para os que se perdem que ele está encoberto, 4 nos quais o deus deste mundo cegou o entendimento dos descrentes, para que não lhes resplandeça a luz do evangelho da glória de Cristo, o qual é a imagem de Deus. 5 Porque não pregamos a nós mesmos, mas a Jesus Cristo como Senhor e a nós mesmos como servos de vocês, por causa de Jesus. 6 Porque Deus, que disse: "Das trevas resplandeça a luz", ele mesmo resplandeceu em nosso coração, para iluminação do conhecimento da glória de Deus na face de Jesus Cristo.

7 Temos, porém, este tesouro em vasos de barro, para que se veja que a excelência do poder provém de Deus, não de nós. 8 Em tudo somos atribulados, porém não angustiados; ficamos perplexos, porém não desanimados; 9 somos perseguidos, porém não abandonados; somos derrubados, porém não destruídos. 10 Levamos sempre no corpo o morrer de Jesus, para que também a vida dele se manifeste em nosso corpo. 11 Porque nós, que vivemos, somos sempre entregues à morte por causa de Jesus, para que também a vida de Jesus se manifeste em nossa carne mortal. 12 De modo que em nós opera a morte; em vocês, a vida.

13 Tendo, porém, o mesmo espírito de fé, como

está escrito: "Eu cri, por isso falei", também nós
cremos e, por isso, também falamos, 14 sabendo
que aquele que ressuscitou o Senhor Jesus tam-
bém nos ressuscitará com Jesus e nos apresentará
juntamente com vocês. 15 Porque tudo isso é para
o bem de vocês, para que a graça, multiplicando-
-se, torne abundantes as ações de graças por meio
de muitos, para a glória de Deus.

Viver pela fé

16 Por isso não desanimamos. Pelo contrário,
mesmo que o nosso ser exterior se desgaste, o
nosso ser interior se renova dia a dia. 17 Porque a
nossa leve e momentânea tribulação produz para
nós um eterno peso de glória, acima de toda com-
paração, 18 na medida em que não olhamos para as
coisas que se veem, mas para as que não se veem.
Porque as coisas que se veem são temporais, mas
as que não se veem são eternas.

Ausentes do corpo e presentes com o Senhor

5 1 Pois sabemos que, se a nossa casa terrestre
deste tabernáculo se desfizer, temos da parte
de Deus um edifício, uma casa não feita por mãos
humanas, eterna, nos céus. 2 E, por isso, neste
tabernáculo gememos, desejando muito ser re-
vestidos da nossa habitação celestial; 3 se, de fato,
formos encontrados vestidos e não nus. 4 Pois nós,
os que estamos neste tabernáculo, gememos an-
gustiados, não por querermos ser despidos, mas
revestidos, para que o mortal seja absorvido pela
vida. 5 Ora, foi o próprio Deus quem nos preparou
para isto, dando-nos o penhor do Espírito.

6 Por isso, temos sempre confiança e sabemos
que, enquanto no corpo, estamos ausentes do
Senhor. 7 Porque andamos por fé e não pelo que
vemos. 8 Sim, temos tal confiança e preferimos dei-
xar o corpo e habitar com o Senhor. 9 É por isso que
também nos esforçamos para ser agradáveis a ele,
quer presentes, quer ausentes. 10 Porque é neces-
sário que todos nós compareçamos diante do tri-
bunal de Cristo, para que cada um receba segundo
o bem ou o mal que tiver feito por meio do corpo.

O zelo apostólico de Paulo

11 E assim, conhecendo o temor do Senhor, pro-
curamos persuadir as pessoas, mas somos plena-
mente conhecidos por Deus. E espero que também
sejamos reconhecidos na consciência de vocês.
12 Não queremos novamente nos recomendar a
vocês; pelo contrário, estamos dando uma oportu-
nidade para vocês se orgulharem por nossa causa,
para que tenham o que responder aos que se glo-
riam na aparência e não no coração. 13 Porque, se
enlouquecemos, é para Deus, e, se conservamos o
juízo, é para vocês. 14 Pois o amor de Cristo nos do-
mina, porque reconhecemos isto: um morreu por
todos; logo, todos morreram. 15 E ele morreu por
todos, para que os que vivem não vivam mais para
si mesmos, mas para aquele que por eles morreu e
ressuscitou. 16 Assim que, nós, daqui por diante, a
ninguém conhecemos segundo a carne; e, se antes
conhecemos Cristo segundo a carne, já agora não
o conhecemos deste modo. 17 E, assim, se alguém
está em Cristo, é nova criatura; as coisas antigas já
passaram; eis que se fizeram novas.

O ministério da reconciliação

18 Ora, tudo isso provém de Deus, que nos re-
conciliou consigo mesmo por meio de Cristo e
nos deu o ministério da reconciliação, 19 a saber,
que Deus estava em Cristo reconciliando consigo
o mundo, não levando em conta os pecados dos
seres humanos e nos confiando a palavra da re-
conciliação.

20 Portanto, somos embaixadores em nome de
Cristo, como se Deus exortasse por meio de nós.
Em nome de Cristo, pois, pedimos que vocês se re-
conciliem com Deus. 21 Aquele que não conheceu
pecado, Deus o fez pecado por nós, para que, nele,
fôssemos feitos justiça de Deus.

6 1 E nós, na qualidade de cooperadores com ele,
também exortamos a que vocês não recebam
em vão a graça de Deus. 2 Porque ele diz:

> "No tempo aceitável escutei você
> e no dia da salvação eu o socorri."

Eis agora o tempo oportuno! Eis agora o dia da
salvação!

3 Não queremos dar nenhum motivo de es-
cândalo em coisa alguma, para que o ministério
não seja censurado. 4 Pelo contrário, em tudo nos
recomendamos a nós mesmos como ministros
de Deus: na muita paciência, nas aflições, nas
privações, nas angústias, 5 nos açoites, nas pri-
sões, nos tumultos, nos trabalhos, nas vigílias,
nos jejuns, 6 na pureza, no saber, na paciência, na
bondade, no Espírito Santo, no amor não fingido,
7 na palavra da verdade, no poder de Deus; pelas
armas da justiça, tanto para atacar como para de-
fender; 8 por honra e por desonra, por infâmia e
por boa fama; como enganadores e sendo verda-
deiros; 9 como desconhecidos, mas sendo bem-
-conhecidos; como se estivéssemos morrendo,
mas eis que vivemos; como castigados, porém não
mortos; 10 como entristecidos, mas sempre ale-
gres; como pobres, mas enriquecendo a muitos;
como nada tendo, mas possuindo tudo.

11 Ó coríntios, temos falado com toda a franque-
za e estamos de coração aberto para vocês. 12 Nosso
afeto por vocês não tem limites; vocês é que estão
limitados em seu afeto por nós. 13 Ora, como justa
retribuição — e falo a vocês como a filhos — peço
que também vocês abram o seu coração para nós.

Nenhuma comunhão com os descrentes

14 Não se ponham em jugo desigual com os des-
crentes. Pois que sociedade pode haver entre a jus-
tiça e a iniquidade? Ou que comunhão existe entre
a luz e as trevas? 15 Que harmonia pode haver en-
tre Cristo e o Maligno? Ou que união existe entre
o crente e o descrente? 16 Que ligação há entre o
santuário de Deus e os ídolos? Porque nós somos
santuário do Deus vivo, como ele próprio disse:

"Habitarei e andarei entre eles;
serei o seu Deus, e eles serão o meu povo."

17 Por isso, o Senhor diz:

"Saiam do meio deles e separem-se deles.
Não toquem em coisa impura, e eu os receberei."

18 "Serei o Pai de vocês,
e vocês serão meus filhos e minhas filhas",

diz o Senhor Todo-Poderoso.

7 1 Portanto, meus amados, tendo tais promes-
sas, purifiquemo-nos de toda impureza, tanto
da carne como do espírito, aperfeiçoando a nossa
santidade no temor de Deus.

A alegria de Paulo pelos coríntios

2 Pedimos que vocês nos acolham em seu co-
ração. Não tratamos ninguém com injustiça, não
prejudicamos ninguém, não exploramos nin-
guém. 3 Não falo para condenar vocês. Porque eu
já disse que vocês estão em nosso coração para,
juntos, morrermos e vivermos. 4 Estou sendo bem
franco com vocês e tenho muito orgulho de vocês.
Sinto-me grandemente confortado e transbordo
de alegria em meio a toda a nossa tribulação.

A chegada de Tito

5 Porque, quando chegamos à Macedônia, não
tivemos nenhum alívio. Pelo contrário, em tudo
fomos atribulados: lutas por fora, temores por
dentro. 6 Porém Deus, que consola os abatidos,
nos consolou com a chegada de Tito. 7 E não so-
mente com a chegada dele, mas também pelo
consolo que recebeu de vocês. Ele nos falou da
saudade, do pranto e do zelo que vocês têm por
mim, aumentando, assim, a minha alegria.

8 Porque, mesmo que eu tenha entristecido vo-
cês com a minha carta, não me arrependo — em-
bora já tenha me arrependido, pois vi que aquela
carta os deixou tristes, ainda que por breve tem-
po. 9 Mas agora me alegro, não porque vocês fica-
ram tristes, mas porque essa tristeza os levou ao
arrependimento. Pois vocês foram entristecidos
segundo Deus, para que, de nossa parte, não
sofressem nenhum dano. 10 Porque a tristeza se-
gundo Deus produz arrependimento para a salva-
ção, que a ninguém traz pesar; mas a tristeza do
mundo produz morte. 11 Vejam quanto cuidado
produziu em vocês o fato de serem entristecidos
segundo Deus! Que defesa, que indignação, que
temor, que saudade, que zelo, que desejo de punir
o culpado! Em tudo vocês se mostraram inocen-
tes neste assunto.

12 Portanto, embora eu tenha escrito aquela car-
ta, não foi por causa daquele que fez o mal, nem
por causa daquele que sofreu a afronta, mas para
que fosse manifesto entre vocês, diante de Deus, o
cuidado que vocês têm por nós. 13 Foi por isso que
nos sentimos consolados.

E, acima desta nossa consolação, muito mais nos
alegramos pelo contentamento de Tito, porque todos
vocês trouxeram refrigério ao espírito dele. 14 Porque,
se falei a ele com certo orgulho a respeito de vocês,
não fiquei envergonhado. Pelo contrário, como tudo
que falamos a vocês era verdade, também os elogios
que, na presença de Tito, fizemos a respeito de vocês
se mostraram verdadeiros. 15 E o grande afeto que ele
tem por vocês aumenta cada vez mais, quando ele se
lembra da obediência de todos vocês, de como o re-
ceberam com temor e tremor. 16 Alegro-me porque,
em tudo, posso confiar em vocês.

Generosidade nas ofertas

8 1 Também, irmãos, queremos que estejam in-
formados a respeito da graça de Deus que foi
concedida às igrejas da Macedônia. 2 Porque, no
meio de muita prova de tribulação, manifestaram
abundância de alegria, e a profunda pobreza deles
transbordou em grande riqueza de generosidade.
3 Porque posso testemunhar que, na medida de
suas posses e mesmo acima delas, eles contri-
buíram de forma voluntária, 4 pedindo-nos, com
insistência, a graça de participarem dessa assis-
tência aos santos. 5 E não somente fizeram como
nós esperávamos, mas, pela vontade de Deus,
deram a si mesmos, primeiro ao Senhor, depois a
nós. 6 Isto nos levou a recomendar a Tito que, as-
sim como havia começado, também completasse
esta graça entre vocês. 7 Mas como em tudo vocês
manifestam abundância — na fé, na palavra, no
saber, em toda dedicação e em nosso amor por vo-
cês —, esperamos que também nesta graça vocês
manifestem abundância.

8 Não digo isto na forma de mandamento, mas para
provar se o amor de vocês é sincero, comparando-o
com a dedicação de outros. 9 Pois vocês conhecem a
graça do nosso Senhor Jesus Cristo, que, sendo rico,
se fez pobre por amor de vocês, para que, por meio da
pobreza dele, vocês se tornassem ricos.

10 E nisto dou a minha opinião: convém que vocês
façam isto, vocês que, desde o ano passado, começa-
ram não só a fazer, mas também a querer. 11 Termi-
nem, agora, a obra começada, para que, assim como
mostraram boa vontade no querer, assim também

completem essa obra, dando de acordo com o que
vocês têm. 12 Porque, se há boa vontade, a oferta será
aceita conforme o que a pessoa tem e não segundo
o que ela não tem. 13 Não se trata de fazer com que
os outros tenham alívio e vocês tenham sobrecar-
ga, mas para que haja igualdade. 14 Neste momento,
a abundância que vocês têm supre a necessidade
deles, para que a abundância deles venha a suprir
a necessidade que vocês vierem a ter. Assim, haverá
igualdade, 15 como está escrito:

"Quem recolheu muito não teve demais;
e o que recolheu pouco não teve falta."

A missão de Tito

16 Mas graças a Deus, que pôs no coração de
Tito a mesma dedicação que temos por vocês.
17 Ele atendeu ao nosso apelo e, mostrando ser
muito dedicado, partiu voluntariamente para
encontrar-se com vocês. 18 E, com ele, estamos
enviando o irmão cujo louvor no evangelho está
espalhado por todas as igrejas. 19 E não só isto, mas
ele também foi eleito pelas igrejas para ser nosso
companheiro no desempenho desta graça minis-
trada por nós, para a glória do próprio Senhor e
para mostrar a nossa boa vontade.
20 Queremos evitar, assim, que alguém nos
acuse por causa desta generosa dádiva adminis-
trada por nós; 21 pois cuidamos para fazer o que
é correto, não só diante do Senhor, mas também
diante das pessoas. 22 Com eles, estamos envian-
do nosso irmão, cujo zelo já pusemos à prova em
muitas ocasiões e de muitas maneiras, e que agora
se mostra ainda mais zeloso pela grande confian-
ça que deposita em vocês. 23 Quanto a Tito, é meu
companheiro e cooperador entre vocês; quanto
aos nossos irmãos, são mensageiros das igrejas e
glória de Cristo. 24 Por isso, diante das igrejas, com-
provem o amor de vocês e confirmem o orgulho
que temos de vocês, na presença desses homens.

Instruções de Paulo quanto à oferta

9 1 Ora, quanto à assistência a favor dos santos,
não é necessário que eu escreva a vocês. 2 Por-
que conheço a boa vontade de vocês, da qual me
orgulho diante dos macedônios, dizendo que os
irmãos da Acaia estão preparados desde o ano
passado. E o zelo de vocês tem estimulado muitos
deles. 3 Mas enviei estes irmãos, para que o nosso
louvor a respeito de vocês neste particular não
se desminta, a fim de que, como venho dizendo,
vocês estivessem preparados. 4 Do contrário, se
alguns macedônios forem comigo e descobrirem
que vocês não estão preparados, isso será uma
vergonha para nós — para não dizer que será para
vocês também — por toda essa confiança que
tivemos em vocês. 5 Portanto, julguei necessário
recomendar aos irmãos que me precedessem na
visita a vocês e preparassem de antemão a ofer-
ta que vocês prometeram, para que esteja pronta
como expressão de generosidade e não de avareza.

A sementeira e a colheita

6 E isto afirmo: aquele que semeia pouco tam-
bém colherá pouco; e o que semeia com fartura
também colherá com fartura. 7 Cada um contribua
segundo tiver proposto no coração, não com tris-
teza ou por necessidade, porque Deus ama quem
dá com alegria. 8 Deus pode tornar abundante em
vocês toda graça, a fim de que, tendo sempre, em
tudo, ampla suficiência, vocês sejam abundantes
em toda boa obra, 9 como está escrito:

"Distribuiu, deu aos pobres,
a sua justiça permanece
para sempre."

10 E Deus, que dá semente ao que semeia e pão
para alimento, também suprirá e aumentará as
sementes e multiplicará os frutos da justiça de
vocês. 11 Assim, vocês serão enriquecidos em tudo
para toda generosidade, a qual, por meio de nós,
resulta em orações de gratidão a Deus. 12 Porque o
serviço desta assistência não só supre a necessida-
de dos santos, mas também transborda em mui-
tas orações de gratidão a Deus. 13 Na prova deste
serviço, eles glorificam a Deus pela obediência da
confissão que vocês fazem do evangelho de Cristo
e pela generosidade com que vocês contribuem
para eles e para todos, 14 enquanto eles oram por
vocês, com grande afeto, por causa da extraordi-
nária graça de Deus que foi dada a vocês. 15 Graças
a Deus pelo seu dom indescritível!

Paulo defende a sua autoridade apostólica

10 1 E eu mesmo, Paulo, peço a vocês, pela man-
sidão e bondade de Cristo — eu que, na ver-
dade, quando estou com vocês, sou humilde, mas,
quando ausente, sou ousado para com vocês —,
2 sim, eu peço que não me obriguem a ser ousado,
quando estiver com vocês, servindo-me daquela
firmeza com que penso que devo tratar alguns que
nos julgam como se andássemos segundo a carne.
3 Porque, embora andemos na carne, não lutamos
segundo a carne. 4 Porque as armas da nossa luta
não são carnais, mas poderosas em Deus, para
destruir fortalezas. Destruímos raciocínios fala-
ciosos 5 e toda arrogância que se levanta contra
o conhecimento de Deus, e levamos cativo todo
pensamento à obediência de Cristo. 6 E estaremos
prontos para punir qualquer desobediência, quan-
do a obediência de vocês estiver completa.
7 Observem o que está evidente. Se alguém con-
fia em si que é de Cristo, pense outra vez consigo
mesmo que, assim como ele é de Cristo, também

nós o somos. 8 Porque, se eu me gloriar um pouco mais a respeito da nossa autoridade, a qual o Senhor nos conferiu para edificação e não para destruição de vocês, não me envergonharei. 9 Não quero que pareça ser meu objetivo intimidar vocês por meio de cartas. 10 Alguns dizem: "As cartas são graves e fortes, mas a presença pessoal dele é fraca e a sua palavra é desprezível." 11 Que tal pessoa leve em conta o seguinte: o que somos na palavra por cartas, estando ausentes, seremos também em ações, quando presentes. 12 Porque não ousamos nos classificar ou comparar com alguns que louvam a si mesmos. Mas eles, medindo-se consigo mesmos e comparando-se consigo mesmos, revelam falta de entendimento.

13 Nós, porém, não nos gloriaremos além da medida, mas respeitamos o limite da esfera de ação que Deus nos demarcou e que se estende até vocês. 14 Porque não ultrapassamos os nossos limites como se não devêssemos chegar até vocês, pois já chegamos até vocês com o evangelho de Cristo. 15 Não nos gloriamos além da medida no trabalho que outros fizeram, mas temos a esperança de que, à medida que cresce a fé que vocês têm, seremos cada vez mais engrandecidos entre vocês, dentro da nossa esfera de ação, 16 a fim de anunciar o evangelho para além das fronteiras em que vocês se encontram, sem com isto nos gloriarmos de coisas já realizadas na esfera de ação de outros.

17 Aquele, porém, que se gloria, glorie-se no Senhor. 18 Porque não é aprovado quem recomenda a si mesmo, e sim aquele que o Senhor recomenda.

Paulo continua a sua defesa

11 1 Eu gostaria que vocês me suportassem um pouco mais na minha loucura. Portanto, suportem-me. 2 Tenho zelo por vocês com um zelo que vem de Deus, pois eu preparei vocês para apresentá-los como virgem pura a um só esposo, que é Cristo. 3 Temo que, assim como a serpente, com a sua astúcia, enganou Eva, assim também a mente de vocês seja corrompida e se afaste da simplicidade e pureza devidas a Cristo. 4 Pois, se vem alguém que prega outro Jesus, diferente daquele que nós pregamos, ou se vocês aceitam um espírito diferente daquele que já receberam ou um evangelho diferente do que já aceitaram, vocês toleram isso muito bem. 5 Porque suponho em nada ter sido inferior a esses "superapóstolos". 6 E, embora seja fraco no falar, não o sou no conhecimento. Em tudo e por todos os modos temos manifestado isto a vocês.

7 Será que cometi algum pecado pelo fato de viver humildemente, para que vocês fossem exaltados, visto que lhes anunciei o evangelho de Deus sem cobrar nada? 8 Tirei de outras igrejas, recebendo salário, para poder servir a vocês. 9 E, estando entre vocês, ao passar privações, não me fiz pesado a ninguém; pois os irmãos, quando vieram da Macedônia, supriram o que me faltava. Em tudo, me guardei e me guardarei de ser pesado a vocês. 10 Pela verdade de Cristo que está em mim, garanto que esta glória não me será tirada nas regiões da Acaia. 11 Por quê? Será que é porque não amo vocês? Deus o sabe.

12 Mas o que faço, isso continuarei a fazer, para não dar oportunidade àqueles que a buscam com o objetivo de serem considerados iguais a nós, naquilo em que se gloriam. 13 Porque esses tais são falsos apóstolos, obreiros fraudulentos, disfarçando-se em apóstolos de Cristo. 14 E não é de admirar, porque o próprio Satanás se disfarça de anjo de luz. 15 Portanto, não deveria surpreender que os seus próprios ministros se disfarcem em ministros de justiça. O fim deles será conforme as suas obras.

Os sofrimentos de Paulo por amor do evangelho

16 Outra vez digo: ninguém pense que estou louco. Mas, se vocês pensam que sim, recebam-me como um louco, para que também eu me glorie por um instante. 17 O que falo nesta confiança de gloriar-me, não o falo segundo o Senhor, mas como por loucura. 18 E, visto que muitos se gloriam segundo a carne, também eu me gloriarei. 19 Porque, sendo tão sábios, de boa vontade vocês toleram os loucos. 20 Vocês toleram quem os escravize, quem os explore, quem os engane, quem se exalte, quem lhes dê bofetadas no rosto. 21 Para minha vergonha, confesso que fomos fracos demais para isso!

Mas, naquilo em que outros têm ousadia — e volto a falar como se fosse louco — também eu a tenho. 22 São hebreus? Eu também! São israelitas? Eu também! São da descendência de Abraão? Eu também! 23 São ministros de Cristo? Falando como se estivesse fora de mim, afirmo que sou ainda mais: em trabalhos, muito mais; em prisões, muito mais; em açoites, sem medida; em perigos de morte, muitas vezes. 24 Cinco vezes recebi dos judeus quarenta açoites menos um. 25 Três vezes fui açoitado com varas. Uma vez fui apedrejado. Três vezes naufraguei. Fiquei uma noite e um dia boiando em alto mar. 26 Em viagens, muitas vezes; em perigos de rios, em perigos de assaltantes, em perigos entre patrícios, em perigos entre gentios, em perigos na cidade, em perigos no deserto, em perigos no mar, em perigos entre falsos irmãos; 27 em trabalhos e fadigas, em vigílias, muitas vezes; em fome e sede, em jejuns, muitas vezes; em frio e nudez. 28 Além das coisas exteriores, ainda pesa sobre mim diariamente a preocupação com todas as igrejas. 29 Quem enfraquece, que eu também não enfraqueça? Quem se escandaliza, que eu não fique indignado?

30 Se tenho de me gloriar, vou me gloriar no que

diz respeito à minha fraqueza. 31 O Deus e Pai do
Senhor Jesus, que é bendito para sempre, sabe que
não minto. 32 Em Damasco, o governador nomea-
do pelo rei Aretas montou guarda na cidade dos
damascenos, para me prender, 33 mas, num gran-
de cesto, me desceram por uma janela da muralha,
e assim me livrei das mãos dele.

As visões e revelações do Senhor

12 1 Se é necessário que eu me glorie, ainda que
não seja conveniente, vou falar a respeito
das visões e revelações do Senhor. 2 Conheço um
homem em Cristo que, há catorze anos, foi arre-
batado até o terceiro céu. Se isso foi no corpo ou
fora do corpo, não sei; Deus o sabe. 3 E sei que esse
homem — se no corpo ou sem o corpo, não sei;
Deus o sabe — 4 foi arrebatado ao paraíso e ou-
viu palavras indizíveis, que homem nenhum tem
permissão para repetir. 5 Desse eu me gloriarei;
não, porém, de mim mesmo, a não ser nas minhas
fraquezas. 6 Pois, se eu vier a gloriar-me, não serei
louco, porque estarei falando a verdade. Mas evito
fazer isso para que ninguém se preocupe comigo
mais do que vê em mim ou do que ouve de mim.

O espinho na carne

7 E, para que eu não ficasse orgulhoso com a
grandeza das revelações, foi-me posto um espi-
nho na carne, mensageiro de Satanás, para me
esbofetear, a fim de que eu não me exalte. 8 Três
vezes pedi ao Senhor que o afastasse de mim. 9 En-
tão ele me disse: "A minha graça é o que basta para
você, porque o poder se aperfeiçoa na fraqueza."
De boa vontade, pois, mais me gloriarei nas fra-
quezas, para que sobre mim repouse o poder de
Cristo. 10 Por isso, sinto prazer nas fraquezas, nos
insultos, nas privações, nas perseguições, nas an-
gústias, por amor de Cristo. Porque, quando sou
fraco, então é que sou forte.

As credenciais de um apóstolo

11 Fiz-me louco, mas vocês me obrigaram a isso.
Eu devia ter sido recomendado por vocês, pois em
nada fui inferior a esses "superapóstolos", ainda
que nada sou. 12 Pois as minhas credenciais de
apóstolo foram apresentadas no meio de vocês,
com toda a paciência, por sinais, prodígios e ma-
ravilhas. 13 Pois em que vocês foram inferiores às
demais igrejas, senão no fato de eu não ter sido
pesado a vocês? Perdoem-me esta injustiça.

Paulo deseja visitá-los

14 Eis que, pela terceira vez, estou pronto para
visitá-los e não serei um peso para vocês. Pois não
estou interessado nos bens de vocês, e sim em vo-
cês mesmos. Não são os filhos que devem juntar
riquezas para os pais, mas os pais, para os filhos.
15 Eu de boa vontade gastarei e me deixarei gastar
em favor de vocês. Se eu os amo cada vez mais,
será que vou ser amado cada vez menos? 16 Seja
como for, eu não fui um peso para vocês. No entan-
to, sendo astuto, eu os prendi com astúcia. 17 Será
que eu explorei vocês por meio de alguém que lhes
enviei? 18 Pedi a Tito que fosse até aí e mandei com
ele outro irmão. Será que Tito explorou vocês? Não
é verdade que temos andado no mesmo espírito?
Não seguimos nas mesmas pisadas?

O receio de Paulo

19 Há muito vocês podem estar pensando que
queremos nos defender diante de vocês. Fala-
mos em Cristo diante de Deus, e tudo isto, meus
amados, é para a edificação de vocês. 20 Pois te-
nho receio de que, indo até aí, eu não os encon-
tre na forma em que gostaria de encontrá-los, e
que também vocês me achem diferente do que
esperavam, e que haja entre vocês briga, inveja,
ira, egoísmo, difamação, intriga, orgulho e tumul-
to. 21 Tenho receio de que, indo outra vez, o meu
Deus me humilhe diante de vocês, e eu venha a
chorar por muitos que, no passado, pecaram e
não se arrependeram da impureza, da imoralida-
de sexual e da libertinagem que praticaram.

Conselhos finais

13 1 Esta é a terceira vez que vou visitá-los. Por
boca de duas ou três testemunhas, toda
questão será decidida. 2 Já o disse anteriormente
e digo de novo, como fiz quando estive presente
pela segunda vez. Mas, agora, estando ausente,
digo aos que, no passado, pecaram e a todos os
demais: se eu for outra vez, não os pouparei, 3 vis-
to que vocês buscam provas de que Cristo fala em
mim. Ele não é fraco quando trata com vocês; pelo
contrário, é poderoso entre vocês. 4 Porque, de
fato, foi crucificado em fraqueza, mas vive pelo
poder de Deus. Porque nós também somos fracos
nele, mas viveremos com ele, pelo poder de Deus,
para o bem de vocês.

5 Examinem-se para ver se realmente estão
na fé; provem a si mesmos. Ou não reconhecem
que Jesus Cristo está em vocês? A não ser que já
tenham sido reprovados. 6 Mas espero que reco-
nheçam que nós não fomos reprovados. 7 Esta-
mos orando a Deus para que vocês não façam
mal algum, não para que, simplesmente, pareça
que nós fomos aprovados, mas que vocês façam
o bem, mesmo que pareça que nós fomos repro-
vados. 8 Porque nada podemos contra a verdade,
senão a favor da verdade. 9 Porque nos alegra-
mos quando nós estamos fracos e vocês estão
fortes; e a nossa oração é esta: que vocês sejam
aperfeiçoados. 10 Portanto, escrevo estas coisas,
estando ausente, para que, estando presente,

não venha a usar de rigor segundo a autoridade que o Senhor me deu para edificação e não para destruição.

Saudações

11 Quanto ao mais, irmãos, adeus! Procurem aperfeiçoar-se, consolem uns aos outros, tenham o mesmo modo de pensar, vivam em paz. E o Deus de amor e de paz estará com vocês. 12 Saúdem uns aos outros com um beijo santo. Todos os santos mandam saudações.

Bênção

13 A graça do Senhor Jesus Cristo, e o amor de Deus, e a comunhão do Espírito Santo estejam com todos vocês.

CARTA DE PAULO AOS

GÁLATAS

Prefácio e saudação

1 1 Paulo, apóstolo — não da parte de pessoas, nem por meio de homem algum, mas por Jesus Cristo e por Deus Pai, que o ressuscitou dos mortos —, 2 e todos os irmãos que estão comigo, às igrejas da Galácia.

3 Que a graça e a paz estejam com vocês, da parte de Deus, nosso Pai, e do Senhor Jesus Cristo, 4 o qual entregou a si mesmo pelos nossos pecados, para nos livrar deste mundo perverso, segundo a vontade de nosso Deus e Pai, 5 a quem seja a glória para todo o sempre. Amém!

Não há outro evangelho

6 Estou muito surpreso em ver que vocês estão passando tão depressa daquele que os chamou na graça de Cristo para outro evangelho, 7 o qual, na verdade, não é outro. Porém, há alguns que estão perturbando vocês e querem perverter o evangelho de Cristo. 8 Mas, ainda que nós ou mesmo um anjo vindo do céu pregue a vocês um evangelho diferente daquele que temos pregado, que esse seja anátema. 9 Como já dissemos, e agora repito, se alguém está pregando a vocês um evangelho diferente daquele que já receberam, que esse seja anátema.

10 Por acaso eu procuro, agora, o favor das pessoas ou o favor de Deus? Ou procuro agradar pessoas? Se ainda estivesse procurando agradar pessoas, eu não seria servo de Cristo.

Como Paulo se tornou apóstolo

11 Mas informo a vocês, irmãos, que o evangelho por mim anunciado não é mensagem humana, 12 porque eu não o recebi de ser humano algum, nem me foi ensinado, mas eu o recebi mediante revelação de Jesus Cristo.

13 Porque vocês ouviram qual foi, no passado, o meu modo de agir no judaísmo, como, de forma violenta, eu perseguia a igreja de Deus e procurava destruí-la. 14 E, na minha nação, quanto ao judaísmo, levava vantagem sobre muitos da minha idade, sendo extremamente zeloso das tradições dos meus pais.

15 Mas, quando Deus, que me separou antes de eu nascer e me chamou pela sua graça, achou por bem 16 revelar seu Filho em mim, para que eu o pregasse entre os gentios, não fui imediatamente consultar outras pessoas, 17 nem fui a Jerusalém para me encontrar com os que já eram apóstolos antes de mim, mas fui para as regiões da Arábia e voltei, outra vez, para Damasco.

18 Passados três anos, fui a Jerusalém para me encontrar com Cefas e fiquei quinze dias com ele. 19 E não vi outro dos apóstolos, a não ser Tiago, o irmão do Senhor. 20 Ora, a respeito do que estou escrevendo a vocês, afirmo diante de Deus que não estou mentindo.

21 Depois, fui para as regiões da Síria e da Cilícia. 22 E eu não era conhecido pessoalmente pelas igrejas da Judeia, que estão em Cristo. 23 Ouviam somente dizer: "Aquele que antes nos perseguia, agora prega a fé que no passado procurava destruir." 24 E glorificavam a Deus a meu respeito.

O apostolado aos judeus e aos gentios

2 1 Catorze anos depois, fui outra vez a Jerusalém com Barnabé, levando também Tito. 2 Fui em obediência a uma revelação. E lhes apresentei o evangelho que prego entre os gentios — mas fiz isso em particular aos que pareciam de maior influência —, para não correr ou ter corrido em vão. 3 Mas, nem mesmo Tito, que estava comigo, sendo grego, foi obrigado a submeter-se à circuncisão. 4 E isto surgiu por causa dos falsos irmãos que se haviam infiltrado para espreitar a liberdade que temos em Cristo Jesus e nos reduzir à escravidão. 5 A esses não nos submetemos por um instante sequer, para que a verdade do evangelho permanecesse entre vocês.

6 E, quanto àqueles que pareciam ser alguma

coisa — o que eles foram, no passado, não me in-
teressa; Deus não aceita a aparência do homem —,
esses, digo, que pareciam ser de maior influência,
nada me acrescentaram. 7Pelo contrário, quando
viram que me havia sido confiado o evangelho da
incircuncisão, assim como a Pedro foi confiado o
evangelho da circuncisão 8— pois aquele que ope-
rou eficazmente em Pedro para o apostolado da
circuncisão também operou eficazmente em mim
para com os gentios — 9e, quando reconheceram a
graça que me foi dada, Tiago, Cefas e João, que eram
reputados colunas, estenderam a mim e a Barnabé
a mão direita da comunhão, a fim de que nós fôsse-
mos para os gentios e eles fossem para a circuncisão.
10Somente recomendaram que nos lembrássemos
dos pobres, o que também me esforcei por fazer.

Paulo repreende Pedro

11Quando, porém, Cefas veio a Antioquia,
resisti-lhe face a face, porque havia se tornado
repreensível. 12De fato, antes de chegarem alguns
da parte de Tiago, ele comia com os gentios; quan-
do, porém, chegaram, começou a afastar-se e, por
fim, separou-se, temendo os da circuncisão. 13E
também os demais judeus se fizeram hipócritas
juntamente com ele, a ponto de o próprio Barnabé
ter-se deixado levar pela hipocrisia deles. 14Quan-
do, porém, vi que não procediam corretamente
segundo a verdade do evangelho, eu disse a Cefas,
na presença de todos: "Se você, que é judeu, vive
como gentio e não como judeu, por que quer obri-
gar os gentios a viverem como judeus?"

A justificação pela fé em Cristo Jesus

15Nós, judeus por natureza e não pecadores den-
tre os gentios, 16sabendo, contudo, que o homem
não é justificado por obras da lei, e sim mediante
a fé em Jesus Cristo, também temos crido em Cris-
to Jesus, para que fôssemos justificados pela fé em
Cristo e não por obras da lei, pois por obras da lei
ninguém será justificado. 17Mas, se nós, procurando
ser justificados em Cristo, fomos também achados
pecadores, será que isto significa que Cristo é mi-
nistro do pecado? De modo nenhum! 18Porque, se
volto a edificar aquilo que destruí, a mim mesmo
constituo transgressor. 19Porque eu, mediante a
própria lei, morri para a lei, a fim de viver para Deus.
Estou crucificado com Cristo; 20logo, já não sou eu
quem vive, mas Cristo vive em mim. E esse viver que
agora tenho na carne, vivo pela fé no Filho de Deus,
que me amou e se entregou por mim. 21Não anulo
a graça de Deus; pois, se a justiça é mediante a lei,
segue-se que Cristo morreu em vão.

Paulo apela para a experiência dos gálatas

3 1Ó gálatas insensatos! Quem foi que os enfei-
tiçou? Não foi diante dos olhos de vocês que
Jesus Cristo foi exposto como crucificado? 2Quero
apenas saber isto: vocês receberam o Espírito pelas
obras da lei ou pela pregação da fé? 3Será que vocês
são tão insensatos que, tendo começado no Espíri-
to, agora querem se aperfeiçoar na carne? 4Será que
vocês sofreram tantas coisas em vão? Se é que, na
verdade, foram em vão. 5Aquele que lhes concede o
Espírito e que opera milagres entre vocês, será que
ele o faz pelas obras da lei ou pela pregação da fé?

O exemplo de Abraão

6É o caso de Abraão, que "creu em Deus, e isso
lhe foi atribuído para justiça". 7Saibam, portan-
to, que os que têm fé é que são filhos de Abraão.
8Ora, tendo a Escritura previsto que Deus justifi-
caria os gentios pela fé, preanunciou o evangelho
a Abraão, dizendo: "Em você serão abençoados
todos os povos." 9De modo que os que têm fé são
abençoados com o crente Abraão.

10Pois todos os que são das obras da lei estão
debaixo de maldição, porque está escrito: "Mal-
dito todo aquele que não permanece em todas as
coisas escritas no Livro da Lei, para praticá-las."
11E é evidente que, pela lei, ninguém é justifica-
do diante de Deus, porque "o justo viverá pela fé".
12Ora, a lei não procede de fé, mas "aquele que ob-
servar os seus preceitos por eles viverá".

13Cristo nos resgatou da maldição da lei,
fazendo-se ele próprio maldição em nosso lugar —
porque está escrito: "Maldito todo aquele que for
pendurado em madeiro" —, 14para que a bênção de
Abraão chegasse aos gentios, em Cristo Jesus, a fim
de que recebêssemos, pela fé, o Espírito prometido.

A lei não pode invalidar a promessa

15Irmãos, falo em termos humanos. Ainda que
uma aliança seja meramente humana, uma vez ra-
tificada, ninguém a revoga ou lhe acrescenta coisa
alguma. 16Ora, as promessas foram feitas a Abraão e
ao seu descendente. Não diz: "e aos descendentes",
como falando de muitos, porém como falando de
um só: "e ao seu descendente", que é Cristo. 17E digo
isto: uma aliança já anteriormente confirmada por
Deus não pode ser revogada pela lei, que veio qua-
trocentos e trinta anos depois, a ponto de anular a
promessa. 18Porque, se a herança provém de lei, já
não decorre de promessa. Mas foi pela promessa
que Deus a concedeu gratuitamente a Abraão.

19Logo, para que é a lei? Ela foi acrescentada por
causa das transgressões, até que viesse o descen-
dente a quem se fez a promessa, e foi promulgada
por meio de anjos, pela mão de um mediador. 20Ora,
o mediador não é de um só, mas Deus é um só.

21Seria, então, a lei contrária às promessas de
Deus? De modo nenhum! Porque, se fosse pro-
mulgada uma lei que pudesse dar vida, então a
justiça seria, de fato, procedente de lei. 22Mas a

Escritura encerrou tudo sob o pecado, para que,
mediante a fé em Jesus Cristo, a promessa fosse
concedida aos que creem.

A tutela da lei para nos conduzir a Cristo

23 Mas, antes que viesse a fé, estávamos sob a
tutela da lei e nela encerrados, para essa fé que, no
futuro, haveria de ser revelada. 24 De maneira que
a lei se tornou nosso guardião para nos conduzir
a Cristo, a fim de que fôssemos justificados pela
fé. 25 Mas, agora que veio a fé, já não permanece-
mos subordinados ao guardião. 26 Pois todos vocês
são filhos de Deus mediante a fé em Cristo Jesus;
27 porque todos vocês que foram batizados em
Cristo de Cristo se revestiram. 28 Assim sendo, não
pode haver judeu nem grego; nem escravo nem
liberto; nem homem nem mulher; porque todos
vocês são um em Cristo Jesus. 29 E, se vocês são de
Cristo, são também descendentes de Abraão e her-
deiros segundo a promessa.

A nossa filiação em Cristo

4 1 Digo, porém, o seguinte: durante o tempo em
que o herdeiro é menor de idade, em nada di-
fere de um escravo, mesmo sendo senhor de tudo.
2 Mas está sob tutores e curadores até o tempo
predeterminado pelo pai. 3 Assim, também nós,
quando éramos menores, estávamos escraviza-
dos aos rudimentos do mundo. 4 Mas, quando
chegou a plenitude do tempo, Deus enviou o seu
Filho, nascido de mulher, nascido sob a lei, 5 para
resgatar os que estavam sob a lei, a fim de que re-
cebêssemos a adoção de filhos. 6 E, porque vocês
são filhos, Deus enviou o Espírito de seu Filho ao
nosso coração, e esse Espírito clama: "Aba, Pai!"
7 Assim, você já não é mais escravo, porém filho; e,
sendo filho, também é herdeiro por Deus.

A preocupação de Paulo pelos gálatas

8 Mas, no passado, quando não conheciam a
Deus, vocês eram escravos de deuses que, por
natureza, não são deuses. 9 Mas agora que vocês
conhecem a Deus, ou melhor, agora que vocês são
conhecidos por Deus, como é que estão voltan-
do outra vez aos rudimentos fracos e pobres, aos
quais de novo querem servir como escravos? 10 Vo-
cês guardam dias, meses, tempos e anos. 11 Receio
que o meu trabalho por vocês tenha sido em vão.

12 Sejam como eu sou, porque também eu sou
como vocês. Isto é o que lhes peço, irmãos. Vo-
cês não me ofenderam em nada. 13 E vocês sa-
bem que eu lhes preguei o evangelho a primeira
vez por causa de uma enfermidade física. 14 E,
por mais que a minha enfermidade na carne
lhes tenha sido uma provação, vocês não me
trataram com desprezo nem desgosto. Pelo con-
trário, me receberam como anjo de Deus, como
o próprio Cristo Jesus. 15 O que aconteceu com a
felicidade que vocês tinham? Porque posso dar
testemunho de que, se fosse possível, vocês te-
riam arrancado os próprios olhos para me dar!
16 Será que, por dizer a verdade, me tornei ini-
migo de vocês?
17 Esses que se mostram tão zelosos em rela-
ção a vocês não estão sendo sinceros. O que eles
querem é afastar vocês de mim, para que vocês se
interessem por eles. 18 É bom ser sempre zeloso
pelo bem e não apenas quando estou com vocês,
19 meus filhos, por quem, de novo, estou sofrendo
as dores de parto, até que Cristo seja formado em
vocês. 20 Bem que eu gostaria de estar agora aí com
vocês e falar em outro tom de voz, porque estou
perplexo com vocês.

Sara e Agar, alegoria das duas alianças

21 Digam-me vocês, os que querem estar sob
a lei: será que vocês não ouvem o que a lei diz?
22 Pois está escrito que Abraão teve dois filhos: um
da mulher escrava e outro da mulher livre. 23 O fi-
lho da escrava nasceu segundo a carne; o filho da
mulher livre nasceu mediante a promessa. 24 Estas
coisas são alegóricas, porque essas mulheres são
duas alianças. Uma se refere ao monte Sinai, que
gera para a escravidão; esta é Agar. 25 Ora, Agar é o
monte Sinai, na Arábia, e corresponde à Jerusalém
atual, que está em escravidão com os seus filhos.
26 Mas a Jerusalém lá de cima é livre e ela é a nossa
mãe. 27 Porque está escrito:

"Alegre-se, ó estéril, você que não dá à luz;
exulte e grite, você que não sente
dores de parto;
porque os filhos da mulher abandonada
são mais numerosos do que
os filhos da que tem marido."

28 Mas vocês, irmãos, são filhos da promessa, como
Isaque. 29 Como, porém, no passado, aquele que
nasceu segundo a carne perseguia o que nasceu
segundo o Espírito, assim também acontece ago-
ra. 30 Mas o que diz a Escritura? Ela diz: "Mande
embora a escrava e seu filho, porque de modo ne-
nhum o filho da escrava será herdeiro com o filho
da mulher livre." 31 Portanto, irmãos, somos filhos
não da escrava, mas da livre.

A liberdade cristã

5 1 Para a liberdade foi que Cristo nos libertou.
Por isso, permaneçam firmes e não se subme-
tam, de novo, a jugo de escravidão.
2 Eu, Paulo, lhes digo que, se vocês se deixarem
circuncidar, Cristo não terá valor nenhum para vo-
cês. 3 De novo, testifico a todo homem que se deixa
circuncidar que o mesmo está obrigado a guardar
toda a lei. 4 Vocês que procuram justificar-se pela

lei estão separados de Cristo; vocês caíram da
graça de Deus. 5 Porque nós, pelo Espírito, aguar-
damos a esperança da justiça que provém da fé.
6 Porque, em Cristo Jesus, nem a circuncisão, nem
a incircuncisão têm valor algum, mas a fé que atua
pelo amor.

7 Vocês vinham correndo bem! Quem foi que os
impediu de continuar a obedecer à verdade? 8 Esta
persuasão não vem daquele que os chamou. 9 Um
pouco de fermento leveda toda a massa. 10 Tenho
confiança no Senhor de que vocês não mudarão a
sua forma de pensar. Mas aquele que está perturban-
do vocês, seja ele quem for, sofrerá a condenação.

11 Mas, irmãos, se ainda prego a circuncisão, por
que continuo sendo perseguido? Nesse caso, esta-
ria desfeito o escândalo da cruz. 12 Quem dera até se
mutilassem aqueles que estão perturbando vocês.

A liberdade é limitada pelo amor

13 Porque vocês, irmãos, foram chamados à li-
berdade. Mas não usem a liberdade para dar oca-
sião à carne; pelo contrário, sejam servos uns dos
outros, pelo amor. 14 Porque toda a lei se cumpre
em um só preceito, a saber: "Ame o seu próximo
como a você mesmo." 15 Mas, se vocês ficam mor-
dendo e devorando uns aos outros, tenham cuida-
do para que não sejam mutuamente destruídos.

As obras da carne e o fruto do Espírito

16 Digo, porém, o seguinte: vivam no Espírito e vo-
cês jamais satisfarão os desejos da carne. 17 Porque a
carne luta contra o Espírito, e o Espírito luta contra
a carne, porque são opostos entre si, para que vocês
não façam o que querem. 18 Mas, se são guiados pelo
Espírito, vocês não estão debaixo da lei.

19 Ora, as obras da carne são conhecidas e são:
imoralidade sexual, impureza, libertinagem,
20 idolatria, feitiçarias, inimizades, rixas, ciúmes,
iras, discórdias, divisões, facções, 21 invejas, bebe-
deiras, orgias e coisas semelhantes a estas. Decla-
ro a vocês, como antes já os preveni, que os que
praticam tais coisas não herdarão o Reino de Deus.

22 Mas o fruto do Espírito é: amor, alegria, paz,
longanimidade, benignidade, bondade, fidelidade,
23 mansidão, domínio próprio. Contra estas coisas
não há lei. 24 E os que são de Cristo Jesus crucifica-
ram a carne, com as suas paixões e os seus desejos.

25 Se vivemos no Espírito, andemos também no
Espírito. 26 Não nos deixemos possuir de vangló-
ria, provocando uns aos outros, tendo inveja uns
dos outros.

O auxílio mútuo e a responsabilidade pessoal

6 1 Irmãos, se alguém for surpreendido em algu-
ma falta, vocês, que são espirituais, restaurem
essa pessoa com espírito de brandura. E que cada
um tenha cuidado para que não seja também ten-
tado. 2 Levem as cargas uns dos outros e, assim,
estarão cumprindo a lei de Cristo. 3 Porque, se
alguém julga ser alguma coisa, não sendo nada,
engana a si mesmo. 4 Mas que cada um examine o
seu próprio modo de agir e, então, terá motivo de
gloriar-se unicamente em si e não em outro. 5 Por-
que cada um levará o seu próprio fardo.

O que a pessoa semear, isso também colherá

6 Mas aquele que está sendo instruído na pala-
vra compartilhe todas as coisas boas com aquele
que o instrui.

7 Não se enganem: de Deus não se zomba. Pois
aquilo que a pessoa semear, isso também colherá.
8 Quem semeia para a sua própria carne, da carne
colherá corrupção; mas quem semeia para o Es-
pírito, do Espírito colherá vida eterna. 9 E não nos
cansemos de fazer o bem, porque no tempo certo fa-
remos a colheita, se não desanimarmos. 10 Por isso,
enquanto tivermos oportunidade, façamos o bem a
todos, mas principalmente aos da família da fé.

Conselhos finais e saudações

11 Vejam com que letras grandes escrevi a vo-
cês de próprio punho. 12 Todos os que querem
ostentar-se na carne, esses querem obrigar vocês
a se deixarem circuncidar, e agem assim somen-
te para não serem perseguidos por causa da cruz
de Cristo. 13 Pois nem mesmo os que se deixam
circuncidar guardam a lei, mas querem apenas
que vocês se submetam à circuncisão para que
eles possam se gloriar na carne de vocês. 14 Mas
longe de mim gloriar-me, senão na cruz de nosso
Senhor Jesus Cristo, pela qual o mundo está cru-
cificado para mim, e eu estou crucificado para o
mundo. 15 Pois nem a circuncisão é coisa alguma,
nem a incircuncisão, mas o ser nova criatura. 16 E,
a todos os que andarem em conformidade com
esta regra, paz e misericórdia sejam sobre eles e
sobre o Israel de Deus.

17 Quanto ao mais, ninguém me moleste; por-
que eu trago no corpo as marcas de Jesus.

Bênção

18 A graça de nosso Senhor Jesus Cristo esteja
com o espírito de vocês, irmãos. Amém!

CARTA DE PAULO AOS

EFÉSIOS

Prefácio e saudação

1 1 Paulo, apóstolo de Cristo Jesus pela vontade
de Deus, aos santos que vivem em Éfeso e são
fiéis em Cristo Jesus.
2 Que a graça e a paz de Deus, nosso Pai, e do
Senhor Jesus Cristo estejam com vocês.

As bênçãos espirituais em Cristo

3 Bendito seja o Deus e Pai de nosso Senhor Jesus
Cristo, que nos abençoou com todas as bênçãos
espirituais nas regiões celestiais em Cristo. 4 Antes
da fundação do mundo, Deus nos escolheu, nele,
para sermos santos e irrepreensíveis diante dele.
Em amor 5 nos predestinou para ele, para sermos
adotados como seus filhos, por meio de Jesus Cristo,
segundo o propósito de sua vontade, 6 para louvor da
glória de sua graça, que ele nos concedeu gratuita-
mente no Amado. 7 Nele temos a redenção, pelo seu
sangue, a remissão dos pecados, segundo a riqueza
da sua graça, 8 que Deus derramou abundantemente
sobre nós em toda a sabedoria e entendimento. 9 Ele
nos revelou o mistério da sua vontade, segundo o
seu propósito, que ele apresentou em Cristo, 10 de
fazer convergir nele, na dispensação da plenitude
dos tempos, todas as coisas, tanto as do céu como as
da terra. 11 Em Cristo fomos também feitos herança,
predestinados segundo o propósito daquele que faz
todas as coisas conforme o conselho da sua vontade,
12 a fim de sermos para louvor da sua glória, nós, os
que de antemão esperamos em Cristo. 13 Nele tam-
bém vocês, depois que ouviram a palavra da verdade,
o evangelho da salvação, tendo nele também crido,
receberam o selo do Espírito Santo da promessa. 14 O
Espírito é o penhor da nossa herança, até o resgate da
sua propriedade, em louvor da sua glória.

A oração de Paulo

15 Por isso, também eu, tendo ouvido a respeito
da fé que vocês têm no Senhor Jesus e do amor para
com todos os santos, 16 não cesso de dar graças por
vocês, mencionando-os nas minhas orações. 17 Peço
ao Deus de nosso Senhor Jesus Cristo, o Pai da gló-
ria, que conceda a vocês espírito de sabedoria e de
revelação no pleno conhecimento dele. 18 Peço que
ele ilumine os olhos do coração de vocês, para que
saibam qual é a esperança da vocação de vocês, qual
é a riqueza da glória da sua herança nos santos 19 e
qual é a suprema grandeza do seu poder sobre nós,
os que cremos, segundo a eficácia da força do
seu poder. 20 Ele exerceu esse poder em Cristo,
ressuscitando-o dentre os mortos e fazendo-o sentar
à sua direita nas regiões celestiais, 21 acima de todo
principado, potestade, poder, domínio e de todo
nome que se possa mencionar, não só no presente
século, mas também no vindouro. 22 E sujeitou todas
as coisas debaixo dos pés de Cristo e, para ser o ca-
beça sobre todas as coisas, o deu à igreja, 23 a qual é o
seu corpo, a plenitude daquele que a tudo enche em
todas as coisas.

Do pecado para a salvação pela graça

2 1 Ele lhes deu vida, quando vocês estavam
mortos em suas transgressões e pecados, 2 nos
quais vocês andaram noutro tempo, segundo o
curso deste mundo, segundo o príncipe da potes-
tade do ar, do espírito que agora atua nos filhos
da desobediência. 3 Entre eles também nós todos
andamos no passado, segundo as inclinações da
nossa carne, fazendo a vontade da carne e dos
pensamentos; e éramos por natureza filhos da ira,
como também os demais.
4 Mas Deus, sendo rico em misericórdia, por cau-
sa do grande amor com que nos amou, 5 e estando
nós mortos em nossas transgressões, nos deu vida
juntamente com Cristo — pela graça vocês são
salvos — 6 e juntamente com ele nos ressuscitou e
com ele nos fez assentar nas regiões celestiais em
Cristo Jesus. 7 Deus fez isso para mostrar nos tem-
pos vindouros a suprema riqueza da sua graça, em
bondade para conosco, em Cristo Jesus.
8 Porque pela graça vocês são salvos, mediante
a fé; e isto não vem de vocês, é dom de Deus; 9 não
de obras, para que ninguém se glorie. 10 Pois so-
mos feitura dele, criados em Cristo Jesus para boas
obras, as quais Deus de antemão preparou para
que andássemos nelas.

Os gentios e os judeus são unidos pela cruz de Cristo

11 Portanto, lembrem-se de que no passado vocês
eram gentios na carne, chamados incircuncisão por
aqueles que se intitulam circuncisão, que é feita na
carne por mãos humanas. 12 Naquele tempo vocês
estavam sem Cristo, separados da comunidade de
Israel e estranhos às alianças da promessa, não ten-
do esperança e sem Deus no mundo.
13 Mas agora, em Cristo Jesus, vocês, que antes
estavam longe, foram aproximados pelo sangue de
Cristo. 14 Porque ele é a nossa paz. De dois povos
ele fez um só e, na sua carne, derrubou a parede
de separação que estava no meio, a inimizade.
15 Cristo aboliu a lei dos mandamentos na forma
de ordenanças, para que dos dois criasse em si
mesmo uma nova humanidade, fazendo a paz, 16 e

reconciliasse ambos em um só corpo com Deus, por meio da cruz, destruindo a inimizade por meio dela. 17 E, quando veio, Cristo evangelizou paz a vocês que estavam longe e paz também aos que estavam perto; 18 porque, por meio dele, ambos temos acesso ao Pai em um só Espírito.

19 Assim, vocês não são mais estrangeiros e peregrinos, mas concidadãos dos santos e membros da família de Deus, 20 edificados sobre o fundamento dos apóstolos e profetas, sendo ele mesmo, Cristo Jesus, a pedra angular. 21 Nele, todo o edifício, bem-ajustado, cresce para ser um santuário dedicado ao Senhor. 22 Nele também vocês estão sendo edificados, junto com os outros, para serem morada de Deus no Espírito.

A vocação dos gentios e o apostolado de Paulo

3 1 Por essa razão eu, Paulo, o prisioneiro de Cristo Jesus, por amor de vocês, os gentios — 2 se é que vocês ouviram falar a respeito da dispensação da graça de Deus a mim confiada em favor de vocês, 3 pois, segundo uma revelação, me foi dado a conhecer o mistério, conforme escrevi há pouco, resumidamente. 4 Ao lerem o que escrevi, poderão entender a minha compreensão do mistério de Cristo, 5 o qual, em outras gerações, não foi dado a conhecer aos filhos dos homens, como agora foi revelado aos seus santos apóstolos e profetas, pelo Espírito.

6 O mistério é que os gentios são coerdeiros, membros do mesmo corpo e coparticipantes da promessa em Cristo Jesus por meio do evangelho, 7 do qual fui constituído ministro conforme o dom da graça de Deus a mim concedida segundo a força operante do seu poder. 8 A mim, o menor de todos os santos, foi dada esta graça de pregar aos gentios o evangelho das insondáveis riquezas de Cristo 9 e manifestar a todos qual é a dispensação do mistério que, durante tempos passados, esteve oculto em Deus, que criou todas as coisas. 10 E isso para que agora, pela igreja, a multiforme sabedoria de Deus se torne conhecida dos principados e das potestades nas regiões celestiais, 11 segundo o eterno propósito que Deus estabeleceu em Cristo Jesus, nosso Senhor. 12 Em Cristo, temos ousadia e acesso a Deus com confiança, mediante a fé nele. 13 Portanto, eu peço que não desanimem por causa das minhas tribulações em favor de vocês, pois isso é motivo de honra para vocês.

Paulo ora novamente

14 Por essa razão, eu me ponho de joelhos diante do Pai, 15 de quem toda a família, nos céus e na terra, recebe o nome. 16 Peço a Deus que, segundo a riqueza da sua glória, conceda a vocês que sejam fortalecidos com poder, mediante o seu Espírito, no íntimo de cada um. 17 E assim, pela fé, que Cristo habite no coração de vocês, estando vocês enraizados e alicerçados em amor. 18 Isto para que, com todos os santos, vocês possam compreender qual é a largura, o comprimento, a altura e a profundidade 19 e conhecer o amor de Cristo, que excede todo entendimento, para que vocês fiquem cheios de toda a plenitude de Deus.

20 Ora, àquele que é poderoso para fazer infinitamente mais do que tudo o que pedimos ou pensamos, conforme o seu poder que opera em nós, 21 a ele seja a glória, na igreja e em Cristo Jesus, por todas as gerações, para todo o sempre. Amém!

A unidade da fé

4 1 Por isso eu, o prisioneiro no Senhor, peço que vocês vivam de maneira digna da vocação a que foram chamados, 2 com toda a humildade e mansidão, com longanimidade, suportando uns aos outros em amor, 3 fazendo tudo para preservar a unidade do Espírito no vínculo da paz. 4 Há somente um corpo e um só Espírito, como também é uma só a esperança para a qual vocês foram chamados. 5 Há um só Senhor, uma só fé, um só batismo, 6 um só Deus e Pai de todos, o qual é sobre todos, age por meio de todos e está em todos.

O santo ministério e o serviço dos santos

7 E a graça foi concedida a cada um de nós segundo a medida do dom de Cristo. 8 Por isso diz:

"Quando ele subiu às alturas,
levou cativo o cativeiro
e concedeu dons aos homens."

9 Ora, o que quer dizer "ele subiu", senão que também havia descido até as regiões inferiores da terra? 10 Aquele que desceu é também o mesmo que subiu acima de todos os céus, para encher todas as coisas. 11 E ele mesmo concedeu uns para apóstolos, outros para profetas, outros para evangelistas e outros para pastores e mestres, 12 com vistas ao aperfeiçoamento dos santos para o desempenho do seu serviço, para a edificação do corpo de Cristo, 13 até que todos cheguemos à unidade da fé e do pleno conhecimento do Filho de Deus, ao estado de pessoa madura, à medida da estatura da plenitude de Cristo, 14 para que não mais sejamos como crianças, arrastados pelas ondas e levados de um lado para outro por qualquer vento de doutrina, pela artimanha das pessoas, pela astúcia com que induzem ao erro. 15 Mas, seguindo a verdade em amor, cresçamos em tudo naquele que é a cabeça, Cristo, 16 de quem todo o corpo, bem-ajustado e consolidado pelo auxílio de todas as juntas, segundo a justa cooperação de cada parte, efetua o seu próprio crescimento para a edificação de si mesmo em amor.

A nova natureza

17 Isto, portanto, digo e no Senhor testifico: não
vivam mais como os gentios, que vivem na vaida-
de dos seus próprios pensamentos, 18 tendo o seu
entendimento obscurecido, separados da vida que
Deus concede, por causa da ignorância em que
vivem, pela dureza do seu coração. 19 Tendo-se
tornado insensíveis, eles se entregaram à liberti-
nagem para, de forma desenfreada, cometer todo
tipo de impureza.

20 Mas não foi assim que vocês aprenderam de
Cristo, 21 se é que, de fato, ouviram falar dele e nele
foram instruídos, segundo é a verdade em Jesus.
22 Quanto à maneira antiga de viver, vocês foram
instruídos a deixar de lado a velha natureza, que se
corrompe segundo desejos enganosos, 23 a se dei-
xar renovar no espírito do entendimento de vocês,
24 e a se revestir da nova natureza, criada segundo
Deus, em justiça e retidão procedentes da verdade.

Exortações à santidade

25 Por isso, deixando a mentira, que cada um
fale a verdade com o seu próximo, porque somos
membros do mesmo corpo. 26 Fiquem irados e não
pequem. Não deixem que o sol se ponha sobre a
ira de vocês, 27 nem deem lugar ao diabo.

28 Aquele que roubava não roube mais; pelo
contrário, trabalhe, fazendo com as próprias mãos
o que é bom, para que tenha o que repartir com o
necessitado.

29 Não saia da boca de vocês nenhuma palavra
suja, mas unicamente a que for boa para edifica-
ção, conforme a necessidade, e, assim, transmita
graça aos que ouvem. 30 E não entristeçam o Espí-
rito Santo de Deus, no qual vocês foram selados
para o dia da redenção. 31 Que não haja no meio de
vocês qualquer amargura, indignação, ira, gritaria
e blasfêmia, bem como qualquer maldade. 32 Pelo
contrário, sejam bondosos e compassivos uns
para com os outros, perdoando uns aos outros,
como também Deus, em Cristo, perdoou vocês.

5 1 Portanto, sejam imitadores de Deus, como
filhos amados. 2 E vivam em amor, como tam-
bém Cristo nos amou e se entregou por nós, como
oferta e sacrifício de aroma agradável a Deus.

O fruto da luz e as obras das trevas

3 Que a imoralidade sexual e toda impureza
ou avareza não sejam nem sequer mencionadas
entre vocês, como convém a santos. 4 Não usem
linguagem grosseira, não digam coisas tolas nem
indecentes, pois isso não convém; pelo contrário,
digam palavras de ação de graças. 5 Fiquem sa-
bendo disto: nenhuma pessoa imoral, impura ou
avarenta — porque a avareza é idolatria — tem
herança no Reino de Cristo e de Deus.

6 Não se deixem enganar com palavras vazias,
porque a ira de Deus vem sobre os filhos da de-
sobediência por causa dessas coisas. 7 Portanto,
não participem daquilo que eles fazem. 8 Porque
no passado vocês eram trevas, mas agora são luz
no Senhor. Vivam como filhos da luz 9 — porque
o fruto da luz consiste em toda bondade, justi-
ça e verdade —, 10 tratando de descobrir o que é
agradável ao Senhor. 11 E não sejam cúmplices nas
obras infrutíferas das trevas; pelo contrário, tra-
tem de reprová-las. 12 Pois aquilo que eles fazem
em segredo é vergonhoso até mencionar. 13 Mas
todas as coisas, quando reprovadas pela luz, se
tornam manifestas; porque tudo o que se manifes-
ta é luz. 14 Por isso é que se diz:

> "Desperte,
> você que está dormindo,
> levante-se dentre os mortos,
> e Cristo o iluminará."

15 Portanto, tenham cuidado com a maneira
como vocês vivem, e vivam não como tolos, mas
como sábios, 16 aproveitando bem o tempo, por-
que os dias são maus. 17 Por esta razão, não sejam
insensatos, mas procurem compreender qual é a
vontade do Senhor.

18 E não se embriaguem com vinho, pois isso
leva à devassidão, mas deixem-se encher do Es-
pírito, 19 falando entre vocês com salmos, hinos
e cânticos espirituais, cantando e louvando com
o coração ao Senhor, 20 dando sempre graças
por tudo a nosso Deus e Pai, em nome de nosso
Senhor Jesus Cristo.

O lar cristão: marido e mulher

21 Sujeitem-se uns aos outros no temor de
Cristo.

22 Esposas, que cada uma de vocês se sujeite a
seu próprio marido, como ao Senhor; 23 porque o
marido é o cabeça da esposa, como também Cristo
é o cabeça da igreja, sendo ele próprio o salvador
do corpo. 24 Como, porém, a igreja está sujeita a
Cristo, assim também a esposa se sujeite em tudo
ao seu próprio marido.

25 Maridos, que cada um de vocês ame a sua
esposa, como também Cristo amou a igreja e
se entregou por ela, 26 para que a santificasse,
tendo-a purificado por meio da lavagem de água
pela palavra, 27 para a apresentar a si mesmo como
igreja gloriosa, sem mancha, nem ruga, nem coisa
semelhante, porém santa e sem defeito. 28 Assim
também o marido deve amar a sua esposa como
ama o próprio corpo. Quem ama a esposa ama a
si mesmo. 29 Porque ninguém jamais odiou o seu
próprio corpo. Ao contrário, o alimenta e cuida
dele, como também Cristo faz com a igreja; 30 por-
que somos membros do seu corpo. 31 Eis por que
"o homem deixará o seu pai e a sua mãe e se unirá

à sua mulher, tornando-se os dois uma só carne".
32 Grande é este mistério, mas eu me refiro a Cristo
e à igreja. 33 No entanto, também quanto a vocês,
que cada um ame a própria esposa como a si mes-
mo, e que a esposa respeite o seu marido.

O lar cristão: filhos e pais

6 1 Filhos, obedeçam a seus pais no Senhor, pois
isto é justo. 2 "Honre o seu pai e a sua mãe", que
é o primeiro mandamento com promessa, 3 "para
que tudo corra bem com você, e você tenha uma
longa vida sobre a terra".
4 E vocês, pais, não provoquem os seus filhos à
ira, mas tratem de criá-los na disciplina e na ad-
moestação do Senhor.

O lar cristão: servos e senhores

5 Quanto a vocês, servos, obedeçam a seus se-
nhores aqui na terra com temor e tremor, com sin-
ceridade de coração, como a Cristo, 6 não servindo
apenas quando estão sendo vigiados, somente
para agradar pessoas, mas como servos de Cristo,
fazendo de coração a vontade de Deus. 7 Sirvam
de boa vontade, como se estivessem trabalhando
para o Senhor e não para pessoas, 8 sabendo que
cada um, se fizer alguma coisa boa, receberá isso
outra vez do Senhor, seja servo, seja livre.
9 E vocês, senhores, façam o mesmo com os ser-
vos, deixando as ameaças, sabendo que o Senhor,
tanto deles como de vocês, está nos céus, e que ele
não trata as pessoas com parcialidade.

A armadura de Deus

10 Quanto ao mais, sejam fortalecidos no
Senhor e na força do seu poder. 11 Vistam-se com
toda a armadura de Deus, para poderem ficar fir-
mes contra as ciladas do diabo. 12 Porque a nossa
luta não é contra o sangue e a carne, mas contra
os principados e as potestades, contra os domina-
dores deste mundo tenebroso, contra as forças es-
pirituais do mal, nas regiões celestiais. 13 Por isso,
peguem toda a armadura de Deus, para que vocês
possam resistir no dia mau e, depois de terem ven-
cido tudo, permanecer inabaláveis.
14 Portanto, fiquem firmes, cingindo-se com a
verdade e vestindo a couraça da justiça. 15 Tenham
os pés calçados com a preparação do evangelho
da paz, 16 segurando sempre o escudo da fé, com
o qual poderão apagar todos os dardos inflama-
dos do Maligno. 17 Usem também o capacete da
salvação e a espada do Espírito, que é a palavra
de Deus. 18 Orem em todo tempo no Espírito, com
todo tipo de oração e súplica, e para isto vigiem
com toda perseverança e súplica por todos os san-
tos. 19 E orem também por mim, para que, no abrir
da minha boca, me seja dada a palavra, para com
ousadia tornar conhecido o mistério do evange-
lho, 20 pelo qual sou embaixador em cadeias, para
que, em Cristo, eu seja ousado para falar, como me
cumpre fazer.

Saudações

21 E, para que saibam como estou e o que estou
fazendo, Tíquico, o irmão amado e fiel ministro
do Senhor, lhes dará todas as informações. 22 Eu o
estou enviando a vocês com esta finalidade: para
que conheçam a nossa situação e para que ele
console o coração de vocês.

Bênção

23 Paz seja com os irmãos e amor com fé, da par-
te de Deus Pai e do Senhor Jesus Cristo. 24 A graça
esteja com todos os que amam sinceramente o
nosso Senhor Jesus Cristo.

CARTA DE PAULO AOS

FILIPENSES

Prefácio e saudação

1 1 Paulo e Timóteo, servos de Cristo Jesus, a to-
dos os santos em Cristo Jesus, inclusive bispos
e diáconos que vivem em Filipos.
2 Que a graça e a paz de Deus, nosso Pai, e do
Senhor Jesus Cristo estejam com vocês.

Oração de Paulo pelos filipenses

3 Dou graças ao meu Deus por tudo o que
lembro de vocês, 4 fazendo sempre, com alegria,
súplicas por todos vocês, em todas as minhas
orações. 5 Dou graças pela maneira como vocês
têm participado na proclamação do evangelho,
desde o primeiro dia até agora. 6 Estou certo de
que aquele que começou boa obra em vocês há de
completá-la até o Dia de Cristo Jesus. 7 Aliás, é jus-
to que eu assim pense de todos vocês, porque os
trago no coração, seja nas minhas algemas, seja na
defesa e confirmação do evangelho, pois todos vo-
cês são participantes da graça comigo. 8 Pois Deus

é testemunha da saudade que tenho de todos vo-
cês, no profundo afeto de Cristo Jesus.
9 E também faço esta oração: que o amor de vo-
cês aumente mais e mais em conhecimento e toda
a percepção, 10 para que vocês aprovem as coisas
excelentes e sejam sinceros e inculpáveis para o Dia
de Cristo, 11 cheios do fruto de justiça que vem por
meio de Jesus Cristo, para glória e louvor de Deus.

A situação do apóstolo e o progresso do evangelho

12 Quero ainda, irmãos, que saibam que as coi-
sas que me aconteceram têm até contribuído para
o progresso do evangelho, 13 de maneira que toda
a guarda pretoriana e todos os demais sabem que
estou preso por causa de Cristo. 14 E os irmãos, em
sua maioria, estimulados no Senhor por minhas
algemas, ousam falar a palavra com mais cora-
gem. 15 É verdade que alguns proclamam Cristo
por inveja e rivalidade, mas outros o fazem de boa
vontade. 16 Estes o fazem por amor, sabendo que
estou incumbido da defesa do evangelho; 17 aque-
les, porém, pregam Cristo por interesse pessoal,
não de forma sincera, pensando que assim podem
aumentar meu sofrimento na prisão. 18 Mas que
importa? Uma vez que, de uma forma ou de outra,
Cristo está sendo pregado, seja com fingimento,
seja com sinceridade, também com isto me alegro;
sim, sempre me alegrarei.
19 Porque estou certo de que, pela súplica de vo-
cês e com a ajuda do Espírito de Jesus Cristo, isso
resultará em minha libertação. 20 Minha ardente
expectativa e esperança é que em nada serei en-
vergonhado, mas que, com toda a ousadia, como
sempre, também agora, Cristo será engrandecido
no meu corpo, quer pela vida, quer pela morte.
21 Porque para mim o viver é Cristo, e o morrer é
lucro. 22 Entretanto, se eu continuar vivendo, po-
derei ainda fazer algum trabalho frutífero. Assim,
não sei o que devo escolher. 23 Estou cercado pelos
dois lados, tendo o desejo de partir e estar com
Cristo, o que é incomparavelmente melhor. 24 Mas,
por causa de vocês, é mais necessário que eu con-
tinue a viver. 25 E, convencido disto, estou certo de
que ficarei e permanecerei com todos vocês, para
que progridam e tenham alegria na fé. 26 Desse
modo, vocês terão mais motivo para se gloriarem
em Cristo Jesus por minha causa, pela minha pre-
sença, de novo, no meio de vocês.

A unidade cristã na luta

27 Acima de tudo, vivam de modo digno do
evangelho de Cristo, para que, ou indo até aí para
vê-los ou estando ausente, eu ouça a respeito de
vocês que estão firmes em um só espírito, como
uma só alma, lutando juntos pela fé do evange-
lho; 28 e que em nada se sentem intimidados pelos
adversários. Pois o que para eles é prova evidente
de perdição para vocês é sinal de salvação, e isto
da parte de Deus. 29 Porque vocês receberam a gra-
ça de sofrer por Cristo, e não somente de crer nele,
30 pois vocês têm o mesmo combate que viram em
mim e que agora estão ouvindo que continuo a ter.

Exortação ao amor fraternal e à humildade

2 1 Portanto, se existe alguma exortação em Cristo,
alguma consolação de amor, alguma comunhão
do Espírito, se há profundo afeto e sentimento de
compaixão, 2 então completem a minha alegria, ten-
do o mesmo modo de pensar, tendo o mesmo amor
e sendo unidos de alma e mente. 3 Não façam nada
por interesse pessoal ou vaidade, mas por humilda-
de, cada um considerando os outros superiores a si
mesmo, 4 não tendo em vista somente os seus pró-
prios interesses, mas também os dos outros.

O exemplo de Cristo na humilhação

5 Tenham entre vocês o mesmo modo de pensar
de Cristo Jesus, 6 que, mesmo existindo na forma de
Deus, não considerou o ser igual a Deus algo que de-
veria ser retido a qualquer custo. 7 Pelo contrário, ele
se esvaziou, assumindo a forma de servo, tornando-
-se semelhante aos seres humanos. E, reconhecido
em figura humana, 8 ele se humilhou, tornando-se
obediente até a morte, e morte de cruz. 9 Por isso
também Deus o exaltou sobremaneira e lhe deu o
nome que está acima de todo nome, 10 para que ao
nome de Jesus se dobre todo joelho, nos céus, na ter-
ra e debaixo da terra, 11 e toda língua confesse que
Jesus Cristo é Senhor, para glória de Deus Pai.

O desenvolvimento da salvação

12 Assim, meus amados, como vocês sempre
obedeceram, não só na minha presença, porém,
muito mais agora, na minha ausência, desenvol-
vam a sua salvação com temor e tremor, 13 porque
Deus é quem efetua em vocês tanto o querer como
o realizar, segundo a sua boa vontade. 14 Façam
tudo sem murmurações nem discussões, 15 para
que sejam irrepreensíveis e puros, filhos de Deus
inculpáveis no meio de uma geração pervertida
e corrupta, na qual vocês brilham como luzeiros
no mundo, 16 preservando a palavra da vida. As-
sim, no Dia de Cristo, poderei me gloriar de que
não corri em vão, nem me esforcei inutilmente.
17 Entretanto, mesmo que eu seja oferecido como
libação sobre o sacrifício e serviço da fé que vocês
têm, fico contente e me alegro com todos vocês.
18 Assim, também vocês, pela mesma razão, fi-
quem contentes e se alegrem comigo.

Paulo e seus companheiros Timóteo e Epafrodito

19 Espero no Senhor Jesus enviar-lhes Timóteo

o mais breve possível, a fim de que eu me sinta
animado também ao receber notícias de vocês.
20 Porque não tenho ninguém com esse mesmo
sentimento e que se preocupe tão sinceramente
por vocês. 21 Todos os outros buscam os seus pró-
prios interesses e não os de Jesus Cristo. 22 Quanto
a Timóteo, vocês conhecem o seu caráter provado,
pois serviu ao evangelho, junto comigo, como um
filho trabalha ao lado do pai. 23 Portanto, este é
quem espero enviar, tão logo eu saiba como vai fi-
car a minha situação. 24 Mas confio no Senhor que
também eu mesmo em breve irei até aí.
25 No entanto, julguei necessário enviar-lhes
Epafrodito, meu irmão, cooperador e companheiro
de lutas, e, da parte de vocês, mensageiro e auxi-
liar nas minhas necessidades. 26 Ele tinha muita
saudade de todos vocês e estava angustiado por-
que vocês ficaram sabendo que ele adoeceu. 27 De
fato, adoeceu e estava à beira da morte. Mas Deus
se compadeceu dele — e não somente dele, mas
também de mim —, para que eu não tivesse tris-
teza sobre tristeza. 28 Por isso, tanto mais me apres-
so em mandá-lo, para que, vendo-o novamente,
vocês fiquem alegres e eu tenha menos tristeza.
29 Recebam-no, pois, no Senhor, com toda a ale-
gria, e honrem sempre os que são como ele. 30 Por-
que, por causa da obra de Cristo, ele quase morreu,
arriscando a própria vida, para suprir a ajuda que
vocês não podiam me dar pessoalmente.

A verdadeira justiça

3 1 Quanto ao mais, meus irmãos, alegrem-se no
Senhor. Escrever de novo as mesmas coisas
não é um problema para mim e é segurança para
vocês.
2 Cuidado com os cães! Cuidado com os maus
obreiros! Cuidado com a falsa circuncisão! 3 Por-
que nós é que somos a circuncisão, nós, que
adoramos a Deus no Espírito e nos gloriamos em
Cristo Jesus, em vez de confiarmos na carne. 4 É
verdade que eu também poderia confiar na car-
ne. Se alguém pensa que pode confiar na carne,
eu ainda mais: 5 fui circuncidado no oitavo dia,
sou da linhagem de Israel, da tribo de Benjamim,
hebreu de hebreus; quanto à lei, eu era fariseu;
6 quanto ao zelo, perseguidor da igreja; quanto à
justiça que há na lei, irrepreensível.
7 Mas o que para mim era lucro, isto considerei
perda por causa de Cristo. 8 Na verdade, conside-
ro tudo como perda, por causa da sublimidade do
conhecimento de Cristo Jesus, meu Senhor. Por
causa dele perdi todas as coisas e as considero
como lixo, para ganhar a Cristo 9 e ser achado nele,
não tendo justiça própria, que procede de lei, mas
aquela que é mediante a fé em Cristo, a justiça que
procede de Deus, baseada na fé. 10 O que eu quero
é conhecer Cristo e o poder da sua ressurreição,
tomar parte nos seus sofrimentos e me tornar
como ele na sua morte, 11 para, de algum modo,
alcançar a ressurreição dentre os mortos.

A soberana vocação

12 Não que eu já tenha recebido isso ou já
tenha obtido a perfeição, mas prossigo para
conquistar aquilo para o que também fui conquis-
tado por Cristo Jesus. 13 Irmãos, quanto a mim,
não julgo havê-lo alcançado, mas uma coisa faço:
esquecendo-me das coisas que ficam para trás
e avançando para as que estão diante de mim,
14 prossigo para o alvo, para o prêmio da soberana
vocação de Deus em Cristo Jesus.
15 Todos, pois, que somos maduros, tenhamos
este modo de pensar; e, se em alguma coisa vocês
pensam de modo diferente, também isto Deus
revelará para vocês. 16 Seja como for, andemos de
acordo com o que já alcançamos.

Os inimigos da cruz de Cristo

17 Irmãos, sejam meus imitadores e observem os
que vivem segundo o exemplo que temos dado a vo-
cês. 18 Pois muitos andam entre nós, dos quais repe-
tidas vezes eu lhes dizia e agora digo, até chorando,
que são inimigos da cruz de Cristo. 19 O destino deles
é a perdição, o deus deles é o ventre, e a glória deles
está naquilo de que deviam se envergonhar, visto
que só pensam nas coisas terrenas. 20 Pois a nossa
pátria está nos céus, de onde também aguardamos
o Salvador, o Senhor Jesus Cristo, 21 o qual transfor-
mará o nosso corpo de humilhação, para ser igual ao
corpo da sua glória, segundo a eficácia do poder que
ele tem de até subordinar a si todas as coisas.
4 1 Portanto, meus amados irmãos, de quem
tenho muita saudade, vocês que são a minha
alegria e coroa, sim, meus amados, permaneçam,
deste modo, firmes no Senhor.

Apelo de Paulo para Evódia e Síntique. Regozijo e oração

2 Peço a Evódia e peço a Síntique que, no
Senhor, tenham o mesmo modo de pensar. 3 E
peço também a você, fiel companheiro de jugo,
que auxilie essas mulheres, pois juntas se esforça-
ram comigo no evangelho, juntamente com Cle-
mente e com os demais cooperadores meus, cujos
nomes se encontram no Livro da Vida.
4 Alegrem-se sempre no Senhor; outra vez digo:
alegrem-se!
5 Que a moderação de vocês seja conhecida por
todos. Perto está o Senhor. 6 Não fiquem preocupa-
dos com coisa alguma, mas, em tudo, sejam co-
nhecidos diante de Deus os pedidos de vocês, pela
oração e pela súplica, com ações de graças. 7 E a paz
de Deus, que excede todo entendimento, guardará
o coração e a mente de vocês em Cristo Jesus.

Em que pensar

8 Finalmente, irmãos, tudo o que é verdadeiro,
tudo o que é respeitável, tudo o que é justo, tudo o
que é puro, tudo o que é amável, tudo o que é de boa
fama, se alguma virtude há e se algum louvor exis-
te, seja isso o que ocupe o pensamento de vocês. 9 O
que também aprenderam, receberam e ouviram de
mim, e o que viram em mim, isso ponham em práti-
ca; e o Deus da paz estará com vocês.

Paulo agradece aos filipenses

10 Fiquei muito alegre no Senhor porque, agora,
uma vez mais, renasceu o cuidado que vocês têm
por mim. Na verdade, vocês já tinham esse cuida-
do antes, só que lhes faltava oportunidade. 11 Digo
isto, não porque esteja necessitado, porque aprendi
a viver contente em toda e qualquer situação. 12 Sei
o que é passar necessidade e sei também o que é ter
em abundância; aprendi o segredo de toda e qualquer
circunstância, tanto de estar alimentado como de ter
fome, tanto de ter em abundância como de passar
necessidade. 13 Tudo posso naquele que me fortalece.
14 No entanto, vocês fizeram bem, associando-
-se comigo nas aflições. 15 E como vocês, filipen-
ses, sabem muito bem, no início da pregação do
evangelho, quando parti da Macedônia, nenhuma
igreja se associou comigo nessa questão de dar e
receber, exceto vocês, somente. 16 Porque até quan-
do eu estava em Tessalônica, por mais de uma vez
vocês mandaram o bastante para as minhas neces-
sidades. 17 Não que eu esteja pedindo ajuda, pois o
que realmente me interessa é o fruto que aumente
o crédito na conta de vocês. 18 Recebi tudo e tenho
até de sobra. Estou suprido, desde que Epafrodito
me entregou o que vocês me mandaram, que é uma
oferta de aroma agradável, um sacrifício que Deus
aceita e que lhe agrada. 19 E o meu Deus, segundo a
sua riqueza em glória, há de suprir, em Cristo Jesus,
tudo aquilo de que vocês precisam. 20 A nosso Deus
e Pai seja a glória para todo o sempre. Amém!

Saudações

21 Saúdem cada um dos santos em Cristo Jesus.
Os irmãos que estão comigo mandam saudações.
22 Todos os santos mandam saudações, especial-
mente os da casa de César.

Bênção

23 A graça do Senhor Jesus Cristo esteja com o
espírito de vocês.

CARTA DE PAULO AOS

COLOSSENSES

Prefácio e saudação

1 1 Paulo, apóstolo de Cristo Jesus, pela vontade
de Deus, e o irmão Timóteo, 2 aos santos e fiéis
irmãos em Cristo que estão em Colossos.

Que a graça e a paz de Deus, nosso Pai, estejam
com vocês.

Ação de graças

3 Damos sempre graças a Deus, Pai de nosso
Senhor Jesus Cristo, quando oramos por vocês,
4 desde que ouvimos da fé que vocês têm em
Cristo Jesus e do amor que vocês têm por todos
os santos, 5 por causa da esperança que está guar-
dada para vocês nos céus. Desta esperança vocês
ouviram falar anteriormente por meio da palavra
da verdade do evangelho, 6 que chegou até vocês.
Esse evangelho está produzindo fruto e crescen-
do em todo o mundo, assim como acontece entre
vocês, desde o dia em que ouviram e entenderam
a graça de Deus na verdade. 7 Isso vocês apren-
deram de Epafras, nosso amado conservo e, em
relação a vocês, fiel ministro de Cristo, 8 o qual
também nos contou do amor que vocês têm no
Espírito.

Paulo ora pelos colossenses

9 Por esta razão, também nós, desde o dia em
que soubemos disso, não deixamos de orar por vo-
cês e de pedir que transbordem do pleno conheci-
mento da vontade de Deus, em toda a sabedoria e
entendimento espiritual. 10 Dessa maneira, poderão
viver de modo digno do Senhor, para o seu inteiro
agrado, frutificando em toda boa obra e crescendo
no conhecimento de Deus. 11 Assim, vocês serão
fortalecidos com todo o poder, segundo a força
da sua glória, em toda a perseverança e paciência,
com alegria, 12 dando graças ao Pai, que os capaci-
tou a participar da herança dos santos na luz.

A excelência da pessoa e da obra de Cristo

13 Ele nos libertou do poder das trevas e nos
transportou para o Reino do seu Filho amado, 14 em
quem temos a redenção, a remissão dos pecados.
15 Ele é a imagem do Deus invisível, o primogênito

de toda a criação. 16 Pois nele foram criadas todas as coisas, nos céus e sobre a terra, as visíveis e as invisíveis, sejam tronos, sejam soberanias, quer principados, quer potestades. Tudo foi criado por meio dele e para ele. 17 Ele é antes de todas as coisas. Nele tudo subsiste. 18 Ele é a cabeça do corpo, que é a igreja. Ele é o princípio, o primogênito dentre os mortos, para ter a primazia em todas as coisas. 19 Porque Deus achou por bem que, nele, residisse toda a plenitude 20 e que, havendo feito a paz pelo sangue da sua cruz, por meio dele, reconciliasse consigo mesmo todas as coisas, quer sobre a terra, quer nos céus.

21 E vocês que, no passado, eram estranhos e inimigos no entendimento pelas obras más que praticavam, 22 agora, porém, ele os reconciliou no corpo da sua carne, mediante a sua morte, para apresentá-los diante dele santos, inculpáveis e irrepreensíveis, 23 se é que vocês permanecem na fé, alicerçados e firmes, não se deixando afastar da esperança do evangelho que vocês ouviram e que foi pregado à toda criatura debaixo do céu, e do qual eu, Paulo, me tornei ministro.

A missão de Paulo. O mistério do evangelho

24 Agora me alegro nos meus sofrimentos por vocês e preencho o que resta das aflições de Cristo, na minha carne, a favor do seu corpo, que é a igreja, 25 da qual me tornei ministro de acordo com a dispensação da parte de Deus, que me foi confiada em favor de vocês, para dar pleno cumprimento à palavra de Deus: 26 o mistério que esteve escondido durante séculos e gerações, mas que agora foi manifestado aos seus santos. 27 A estes Deus quis dar a conhecer a riqueza da glória deste mistério entre os gentios, que é Cristo em vocês, a esperança da glória.

28 Este Cristo nós anunciamos, advertindo a todos e ensinando a cada um em toda a sabedoria, a fim de que apresentemos cada pessoa perfeita em Cristo. 29 É para esse fim que eu me empenho, esforçando-me o mais possível, segundo o poder de Cristo que opera poderosamente em mim.

O interesse de Paulo pelos colossenses

2 1 Quero que saibam quão grande tem sido a nossa luta por vocês, pelos que moram em Laodiceia e por muitos outros que não me viram face a face. 2 Faço isto para que o coração deles seja consolado e para que eles, vinculados em amor, tenham toda a riqueza da plena convicção do entendimento, para conhecimento do mistério de Deus, que é Cristo, 3 em quem estão ocultos todos os tesouros da sabedoria e do conhecimento. 4 Digo isso a vocês para que ninguém os engane com argumentos falaciosos. 5 Porque, embora ausente em pessoa, em espírito estou com vocês, alegrando-me e verificando a boa ordem de vocês e a firmeza da fé que têm em Cristo.

A plenitude da vida em Cristo

6 Portanto, assim como vocês receberam Cristo Jesus, o Senhor, continuem a viver nele, 7 estando enraizados e edificados nele, e confirmados na fé, como foi ensinado a vocês, crescendo em ação de graças.

8 Tenham cuidado para que ninguém venha a enredá-los com sua filosofia e vãs sutilezas, conforme a tradição dos homens, conforme os rudimentos do mundo e não segundo Cristo. 9 Porque nele habita corporalmente toda a plenitude da divindade. 10 Também, nele, vocês receberam a plenitude. Ele é o cabeça de todo principado e potestade. 11 Nele também vocês foram circuncidados, não com uma circuncisão feita por mãos humanas, mas pela remoção do corpo da carne, que é a circuncisão de Cristo, 12 tendo sido sepultados juntamente com ele no batismo, no qual vocês também foram ressuscitados por meio da fé no poder de Deus que o ressuscitou dentre os mortos. 13 E quando vocês estavam mortos nos seus pecados e na incircuncisão da carne, ele lhes deu vida juntamente com Cristo, perdoando todos os nossos pecados. 14 Cancelando o escrito de dívida que era contra nós e que constava de ordenanças, o qual nos era prejudicial, removeu-o inteiramente, cravando-o na cruz. 15 E, despojando os principados e as potestades, publicamente os expôs ao desprezo, triunfando sobre eles na cruz.

16 Portanto, que ninguém julgue vocês por causa de comida e bebida, ou dia de festa, ou lua nova, ou sábados, 17 porque tudo isso tem sido sombra das coisas que haviam de vir; porém o corpo é de Cristo. 18 Não deixem que ninguém se faça de árbitro para desqualificar vocês, com pretexto de humildade e culto de anjos, baseando-se em visões, estando cheio de orgulho, sem motivo algum, na sua mente carnal, 19 e não retendo a cabeça, a partir da qual todo o corpo, suprido e bem-vinculado por suas juntas e ligamentos, cresce o crescimento que vem de Deus.

A nova vida em Cristo

20 Se vocês morreram com Cristo para os rudimentos do mundo, por que se sujeitam a regras, como se ainda vivessem no mundo? 21 "Não toque nisto", "não coma disso", "não pegue naquilo". 22 Todas estas coisas se destroem com o uso; são preceitos e doutrinas dos homens. 23 De fato, essas coisas têm aparência de sabedoria, ao promoverem um culto que as pessoas inventam, falsa humildade e tratamento austero do corpo. Mas elas não têm valor algum na luta contra as inclinações da carne.

As coisas do alto

3 1 Portanto, se vocês foram ressuscitados juntamente com Cristo, busquem as coisas lá do alto, onde Cristo vive, assentado à direita de Deus. 2 Pensem nas coisas lá do alto, e não nas que são aqui da

terra. 3 Porque vocês morreram, e a vida de vocês está
oculta juntamente com Cristo, em Deus. 4 Quando
Cristo, que é a vida de vocês, se manifestar, então vo-
cês também serão manifestados com ele, em glória.

A velha natureza e a nova natureza

5 Portanto, façam morrer tudo o que pertence à
natureza terrena: imoralidade sexual, impureza,
paixões, maus desejos e a avareza, que é idolatria;
6 por causa destas coisas é que vem a ira de Deus
sobre os filhos da desobediência. 7 Vocês também
andaram nessas mesmas coisas, no passado, quan-
do viviam nelas. 8 Agora, porém, abandonem igual-
mente todas estas coisas: ira, indignação, maldade,
blasfêmia, linguagem obscena no falar. 9 Não min-
tam uns aos outros, uma vez que vocês se despiram
da velha natureza com as suas práticas 10 e se reves-
tiram da nova natureza que se renova para o pleno
conhecimento, segundo a imagem daquele que a
criou. 11 Aqui não pode haver mais grego e judeu,
circuncisão e incircuncisão, bárbaro, cita, escravo,
livre, mas Cristo é tudo e está em todos.

12 Portanto, como eleitos de Deus, santos e
amados, revistam-se de profunda compaixão, de
bondade, de humildade, de mansidão, de paciên-
cia. 13 Suportem-se uns aos outros e perdoem-
-se mutuamente, caso alguém tenha motivo de
queixa contra outra pessoa. Assim como o Senhor
perdoou vocês, perdoem também uns aos outros.
14 Acima de tudo isto, porém, esteja o amor, que é
o vínculo da perfeição. 15 Que a paz de Cristo seja
o árbitro no coração de vocês, pois foi para essa
paz que vocês foram chamados em um só corpo.
E sejam agradecidos. 16 Que a palavra de Cristo ha-
bite ricamente em vocês. Instruam e aconselhem-
-se mutuamente em toda a sabedoria, louvando
a Deus com salmos, hinos e cânticos espirituais,
com gratidão no coração. 17 E tudo o que fizerem,
seja em palavra, seja em ação, façam em nome do
Senhor Jesus, dando por ele graças a Deus Pai.

Os deveres em casa

18 Esposas, que cada uma de vocês se sujeite a
seu próprio marido, como convém no Senhor.

19 Maridos, que cada um de vocês ame a sua es-
posa e não a trate com amargura.

20 Filhos, em tudo obedeçam a seus pais, pois
fazer isso é agradável diante do Senhor.

21 Pais, não irritem os seus filhos, para que eles
não fiquem desanimados.

22 Servos, obedeçam em tudo a seus senhores aqui
na terra, não servindo apenas quando estão sendo
vigiados, visando somente agradar pessoas, mas com
sinceridade de coração, temendo o Senhor. 23 Tudo o
que fizerem, façam de todo o coração, como para o
Senhor e não para as pessoas, 24 sabendo que recebe-
rão do Senhor a recompensa da herança. É a Cristo,
o Senhor, que vocês estão servindo. 25 E quem fizer
injustiça receberá em troca a injustiça feita. E nisto
ninguém será tratado com parcialidade.

4 1 Senhores, tratem os seus servos com justiça e
igualdade, sabendo que também vocês têm um
Senhor no céu.

Conselhos finais

2 Continuem a orar, vigiando em oração com ação
de graças. 3 Ao mesmo tempo, orem também por
nós, para que Deus nos abra uma porta à palavra,
a fim de falarmos do mistério de Cristo, pelo qual
também estou algemado. 4 Orem para que eu torne
esse mistério conhecido, como me cumpre fazer.

5 Sejam sábios no modo de agir com os que são de
fora e aproveitem bem o tempo. 6 Que a palavra dita
por vocês seja sempre agradável, temperada com sal,
para que saibam como devem responder a cada um.

Saudações

7 Quanto à minha situação, Tíquico, irmão ama-
do, fiel ministro e conservo no Senhor, lhes dará
todas as informações. 8 Eu o estou enviando com
o expresso propósito de lhes dar conhecimento
da nossa situação e de alentar o coração de vocês.
9 Com ele estou enviando Onésimo, o fiel e amado
irmão, que é da igreja de vocês. Eles contarão a vo-
cês tudo o que está acontecendo aqui.

10 Aristarco, que está preso comigo, manda sau-
dações; e também Marcos, primo de Barnabé. A
respeito dele vocês já receberam instruções; se ele
for até aí, recebam-no bem.

11 Também Jesus, conhecido por Justo, manda
saudações. Estes são os únicos da circuncisão que
cooperam pessoalmente comigo pelo Reino de
Deus. Eles têm sido o meu consolo.

12 Epafras, que é da igreja de vocês, manda sau-
dações. Ele é um servo de Cristo Jesus que está
sempre lutando por vocês em oração, para que vo-
cês se conservem maduros e plenamente convictos
em toda a vontade de Deus. 13 E posso testemunhar
a respeito de Epafras de que muito se empenha por
vocês, pelos de Laodiceia e pelos de Hierápolis.

14 Lucas, o médico amado, e também Demas
mandam saudações.

15 Saúdem os irmãos de Laodiceia, bem como
Ninfa e a igreja que se reúne na casa dela. 16 E, depois
que esta carta tiver sido lida entre vocês, façam com
que seja lida também na igreja dos laodicenses. E vo-
cês, leiam também a carta que vier de Laodiceia. 17 E
digam a Arquipo: "Atente para o ministério que você
recebeu no Senhor, cumprindo bem a sua tarefa."

18 A saudação é de próprio punho: Paulo.
Lembrem-se das minhas algemas.

Bênção

A graça esteja com vocês.

PRIMEIRA CARTA DE PAULO AOS

TESSALONICENSES

Prefácio e saudação

1 1 Paulo, Silvano e Timóteo, à igreja dos tessalonicenses, em Deus Pai e no Senhor Jesus Cristo. Que a graça e a paz estejam com vocês.

Ação de graças

2 Sempre damos graças a Deus por todos vocês, fazendo menção de vocês em nossas orações e, sem cessar, 3 lembrando-nos, diante do nosso Deus e Pai, da operosidade da fé que vocês têm, da dedicação do amor de vocês e da firmeza da esperança que têm em nosso Senhor Jesus Cristo. 4 Sabemos, irmãos amados por Deus, que ele os escolheu, 5 porque o nosso evangelho não chegou a vocês somente em palavra, mas também em poder, no Espírito Santo e em plena convicção. E vocês sabem muito bem qual foi o nosso modo de agir entre vocês, para o próprio bem de vocês. 6 E vocês se tornaram nossos imitadores e do Senhor, recebendo a palavra com a alegria que vem do Espírito Santo, apesar dos muitos sofrimentos.

7 Assim, vocês se tornaram modelo para todos os crentes na Macedônia e na Acaia. 8 Porque a partir de vocês a palavra do Senhor repercutiu não só na Macedônia e na Acaia, mas a fé que vocês têm em Deus repercutiu em todos os lugares, a ponto de não termos necessidade de dizer mais nada a respeito disso. 9 Porque, no que se refere a nós, as pessoas desses lugares falam sobre como foi a nossa chegada no meio de vocês e como, deixando os ídolos, vocês se converteram a Deus, para servir o Deus vivo e verdadeiro 10 e para aguardar dos céus o seu Filho, a quem ele ressuscitou dentre os mortos, a saber, Jesus, que nos livra da ira vindoura.

O trabalho de Paulo em Tessalônica

2 1 Irmãos, vocês sabem muito bem que a nossa chegada no meio de vocês não foi em vão. 2 Pelo contrário, apesar de maltratados e insultados em Filipos, como vocês sabem, tivemos ousada confiança em nosso Deus para anunciar a vocês o evangelho de Deus, em meio a muita luta. 3 Pois a nossa exortação não procede de erro ou de intenções impuras, nem se baseia no engano. 4 Pelo contrário, visto que fomos aprovados por Deus, a ponto de ele nos confiar o evangelho, assim falamos, não para agradar as pessoas, e sim para agradar a Deus, que prova o nosso coração.

5 A verdade, como vocês sabem, é que nunca usamos de linguagem de bajulação, nem de pretextos gananciosos. Deus é testemunha disso. 6 Também jamais andamos buscando elogios das pessoas, nem de vocês, nem de outros. 7 Embora, como apóstolos de Cristo, pudéssemos ter feito exigências, preferimos ser carinhosos quando estivemos aí com vocês, assim como uma mãe que acaricia os próprios filhos. 8 Assim, com muito afeto, estávamos prontos a lhes oferecer não somente o evangelho de Deus, mas até mesmo a própria vida, porque vocês se tornaram muito amados por nós. 9 Pois vocês com certeza se lembram, irmãos, do nosso esforço e fadiga, e de como, trabalhando de noite e de dia para não vivermos à custa de nenhum de vocês, proclamamos a vocês o evangelho de Deus.

10 Vocês e Deus são testemunhas de como nos portamos de maneira piedosa, justa e irrepreensível em relação a vocês, os que creem. 11 E vocês sabem muito bem que tratamos cada um de vocês como um pai trata os seus filhos, 12 exortando, consolando e admoestando vocês a viverem de uma maneira digna de Deus, que os chama para o seu Reino e a sua glória.

Perseguição por causa do evangelho

13 Temos mais uma razão para, incessantemente, dar graças a Deus: é que, ao receberem a palavra que de nós ouviram, que é de Deus, vocês a acolheram não como palavra humana, e sim como, em verdade é, a palavra de Deus, a qual está atuando eficazmente em vocês, os que creem. 14 Tanto é assim, irmãos, que vocês se tornaram imitadores das igrejas de Deus que se encontram na Judeia e que estão em Cristo Jesus; porque também vocês sofreram, da parte de seus patrícios, as mesmas coisas que eles, por sua vez, sofreram dos judeus, 15 os quais não somente mataram o Senhor Jesus e os profetas, como também nos perseguiram, não agradam a Deus e são adversários de todos, 16 a ponto de nos impedirem de falar aos gentios para que estes sejam salvos, a fim de encherem sempre a medida de seus pecados. A ira, porém, caiu sobre eles, definitivamente.

O interesse de Paulo pelos tessalonicenses

17 E nós, irmãos, estando separados de vocês por breve tempo, ficando longe dos olhos, mas perto do coração, com muito mais empenho e com grande desejo procuramos ir vê-los pessoalmente. 18 Por isso, quisemos ir até vocês — pelo menos eu, Paulo, por mais de uma vez —, porém Satanás nos barrou o caminho. 19 Pois quem é a nossa esperança, ou alegria, ou a coroa em que nos gloriamos na presença de nosso Senhor Jesus em sua vinda? Não é verdade que são vocês? 20 Sim, vocês são realmente a nossa glória e a nossa alegria!

As boas notícias trazidas por Timóteo

3 1 Por isso, não podendo esperar mais, achamos
por bem ficar sozinhos em Atenas 2 e enviar o
nosso irmão Timóteo, ministro de Deus no evan-
gelho de Cristo, para fortalecer e animá-los na fé, 3 a
fim de que ninguém se inquiete com essas tribula-
ções. Porque vocês mesmos sabem que fomos desig-
nados para isto. 4 Pois, quando ainda estávamos com
vocês, predissemos que íamos passar por aflições, o
que de fato aconteceu e é do conhecimento de vo-
cês. 5 Foi por isso que, já não me sendo possível con-
tinuar esperando, mandei perguntar a respeito da fé
que vocês têm, temendo que vocês fossem provados
pelo tentador e o nosso trabalho se tornasse inútil.
6 Agora, porém, com o regresso de Timóteo, vin-
do do meio de vocês, trazendo-nos boas notícias a
respeito da fé e do amor que vocês têm, e, ainda, de
que sempre guardam grata lembrança de nós, dese-
jando muito nos ver, como, aliás, também nós temos
vontade de ver vocês, 7 sim, irmãos, por isso, ficamos
animados a respeito de vocês, pela fé que vocês têm,
apesar de toda a nossa necessidade e tribulação.
8 Porque, agora, vivemos, se vocês estão firmes no
Senhor. 9 Pois que ação de graças podemos render
a Deus no que se refere a vocês, por toda a alegria
com que nos regozijamos por causa de vocês, diante
do nosso Deus? 10 Oramos noite e dia, com máximo
empenho, para que possamos ir vê-los pessoalmente
e suprir o que ainda falta à fé que vocês têm.

Paulo ora pelos tessalonicenses

11 Que o próprio Deus, o nosso Pai, e Jesus, o
nosso Senhor, preparem o nosso caminho para
podermos ir visitar vocês. 12 E o Senhor faça com
que cresça e aumente o amor de uns para com os
outros e para com todos, como também o nosso
amor por vocês, 13 a fim de que o coração de vocês
seja fortalecido em santidade, isento de culpa, na
presença de nosso Deus e Pai, na vinda de nosso
Senhor Jesus, com todos os seus santos.

A vida que agrada a Deus

4 1 Finalmente, irmãos, pedimos a vocês e os
exortamos no Senhor Jesus que, assim como
aprenderam de nós a maneira como devem viver
e agradar a Deus, e efetivamente o estão fazen-
do, vocês continuem progredindo cada vez mais.
2 Porque vocês sabem quantas instruções demos a
vocês da parte do Senhor Jesus. 3 Pois a vontade de
Deus é a santificação de vocês: que se abstenham
da imoralidade sexual; 4 que cada um de vocês sai-
ba controlar o seu próprio corpo em santificação e
honra, 5 não com desejos imorais, como os gentios
que não conhecem a Deus. 6 E que, nesta matéria,
ninguém ofenda nem defraude o seu irmão. Por-
que, contra todas estas coisas, como antes já avi-
samos e testificamos, o Senhor é o vingador. 7 Pois
Deus não nos chamou para a impureza, e sim para
a santificação. 8 Portanto, quem rejeita estas coisas
não rejeita uma pessoa, mas rejeita Deus, que tam-
bém dá o seu Espírito Santo a vocês.

Exortação ao amor fraternal

9 Quanto ao amor fraternal, não há necessidade de
que eu lhes escreva, porque vocês mesmos foram ins-
truídos por Deus a amar uns aos outros. 10 E, na ver-
dade, vocês já estão fazendo isso em relação a todos
os irmãos em toda a Macedônia. Porém, irmãos, exor-
tamos vocês a que progridam cada vez mais 11 e se
empenhem por viver tranquilamente, cuidar do que
é de vocês e trabalhar com as próprias mãos, como
ordenamos, 12 para que vocês vivam com dignidade
à vista dos de fora, e não venham a precisar de nada.

A situação dos mortos em Cristo e a vinda do Senhor

13 Irmãos, não queremos que vocês ignorem
a verdade a respeito dos que dormem, para que
não fiquem tristes como os demais, que não têm
esperança. 14 Pois, se cremos que Jesus morreu e
ressuscitou, assim também Deus, mediante Jesus,
trará, na companhia dele, os que dormem.
15 E, pela palavra do Senhor, ainda lhes declara-
mos o seguinte: nós, os vivos, os que ficarmos até
a vinda do Senhor, de modo nenhum precedere-
mos os que dormem. 16 Porque o Senhor mesmo,
dada a sua palavra de ordem, ouvida a voz do ar-
canjo e ressoada a trombeta de Deus, descerá dos
céus, e os mortos em Cristo ressuscitarão primeiro;
17 depois, nós, os vivos, os que ficarmos, seremos
arrebatados juntamente com eles, entre nuvens,
para o encontro com o Senhor nos ares, e, assim,
estaremos para sempre com o Senhor. 18 Portanto,
consolem uns aos outros com estas palavras.

A vinda do Senhor é certa e repentina

5 1 Irmãos, no que se refere aos tempos e às épo-
cas, não há necessidade de que eu lhes escreva.
2 Porque vocês sabem perfeitamente que o Dia do
Senhor vem como ladrão à noite. 3 Quando anda-
rem dizendo: "Paz e segurança", eis que lhes so-
brevirá repentina destruição, como vêm as dores
de parto à mulher que está para dar à luz; e de
modo nenhum escaparão.

A necessidade de vigilância

4 Mas vocês, irmãos, não estão em trevas, para
que esse Dia os apanhe de surpresa como ladrão.
5 Porque vocês todos são filhos da luz e filhos do
dia; nós não somos da noite, nem das trevas. 6 As-
sim, pois, não durmamos como os demais; pelo
contrário, vigiemos e sejamos sóbrios. 7 Ora, os que
dormem é de noite que dormem, e os que se em-
briagam é de noite que se embriagam. 8 Nós, porém,

que somos do dia, sejamos sóbrios, revestindo-nos
da couraça da fé e do amor e tomando como capa-
cete a esperança da salvação. 9 Porque Deus não nos
destinou para a ira, mas para alcançar a salvação
mediante nosso Senhor Jesus Cristo, 10 que morreu
por nós para que, quer vigiemos, quer durmamos,
vivamos em união com ele. 11 Portanto, consolem
uns aos outros e edifiquem-se mutuamente, como
vocês têm feito até agora.

Conselhos finais

12 Irmãos, pedimos que vocês tenham em gran-
de apreço os que trabalham entre vocês, que os
presidem no Senhor e os admoestam. 13 Tenham
essas pessoas em máxima consideração, com
amor, por causa do trabalho que realizam. Vivam
em paz uns com os outros.
14 Também exortamos vocês, irmãos, a que ad-
moestem os que vivem de forma desordenada,
consolem os desanimados, amparem os fracos e se-
jam pacientes com todos. 15 Tenham cuidado para
que ninguém retribua aos outros mal por mal; pelo
contrário, procurem sempre o bem uns dos outros e
o bem de todos. 16 Estejam sempre alegres. 17 Orem
sem cessar. 18 Em tudo, deem graças, porque esta é a
vontade de Deus para vocês em Cristo Jesus.
19 Não apaguem o Espírito. 20 Não desprezem as
profecias. 21 Examinem todas as coisas, retenham o
que é bom. 22 Abstenham-se de toda forma de mal.
23 O mesmo Deus da paz os santifique em tudo.
E que o espírito, a alma e o corpo de vocês sejam
conservados íntegros e irrepreensíveis na vinda
de nosso Senhor Jesus Cristo. 24 Fiel é aquele que
os chama, o qual também o fará.

Saudações

25 Irmãos, orem também por nós.
26 Saúdem todos os irmãos com um beijo santo.
27 Peço, com insistência, em nome do Senhor, que
esta carta seja lida para todos os irmãos.

Bênção

28 A graça de nosso Senhor Jesus Cristo esteja
com vocês!

SEGUNDA CARTA DE PAULO AOS

TESSALONICENSES

Prefácio e saudação

1 1 Paulo, Silvano e Timóteo, à igreja dos tessa-
lonicenses, em Deus, nosso Pai, e no Senhor
Jesus Cristo.
2 Que a graça e a paz de Deus, nosso Pai, e do
Senhor Jesus Cristo estejam com vocês.

O juízo de Deus

3 Irmãos, devemos sempre dar graças a Deus
por vocês, como convém, pois a fé que vocês têm
cresce cada vez mais, e o amor que todos vocês
têm uns pelos outros vai aumentando. 4 É por isso
que nós mesmos nos orgulhamos de vocês nas
igrejas de Deus, por causa da perseverança e da fé
que vocês demonstram em todas as perseguições
e tribulações que estão suportando. 5 Isso é sinal
evidente do justo juízo de Deus, para que vocês
sejam considerados dignos do Reino de Deus, pelo
qual vocês também estão sofrendo. 6 Pois, de fato,
é justo para com Deus que ele retribua com tribu-
lação aos que causam tribulação a vocês 7 e que dê
a vocês, que estão sendo atribulados, alívio jun-
tamente conosco, quando do céu se manifestar o
Senhor Jesus com os anjos do seu poder, 8 em cha-
ma de fogo, tomando vingança contra os que não
conhecem a Deus e contra os que não obedecem
ao evangelho de nosso Senhor Jesus. 9 Estes sofre-
rão penalidade de eterna destruição, banidos da
face do Senhor e da glória do seu poder, 10 quando
ele vier, naquele Dia, para ser glorificado nos seus
santos e ser admirado em todos os que creram.
Isto inclui vocês, que creram em nosso testemu-
nho. 11 Por isso, também não cessamos de orar por
vocês, pedindo que o nosso Deus os torne dignos
da sua vocação e cumpra com poder todo propósi-
to de bondade e obra de fé, 12 a fim de que o nome
de nosso Senhor Jesus seja glorificado em vocês e
vocês sejam glorificados nele, segundo a graça do
nosso Deus e do Senhor Jesus Cristo.

O homem da iniquidade e a vinda do Senhor

2 1 Irmãos, no que diz respeito à vinda de nosso
Senhor Jesus Cristo e à nossa reunião com ele,
pedimos 2 que vocês não se deixem demover facil-
mente de seu modo de pensar, nem fiquem per-
turbados, quer por espírito, quer por palavra, quer
por carta, como se procedesse de nós, dando a en-
tender que o Dia do Senhor já chegou. 3 Ninguém,
de modo nenhum, os engane, porque isto não
acontecerá sem que primeiro venha a apostasia

e seja revelado o homem da iniquidade, o filho
da perdição, 4o qual se opõe e se levanta contra
tudo o que se chama Deus ou é objeto de culto, a
ponto de assentar-se no santuário de Deus, apre-
sentando-se como se fosse o próprio Deus. 5Vocês
não lembram que eu costumava lhes dizer estas
coisas, quando ainda estava com vocês? 6E, agora,
vocês sabem o que o detém, para que ele seja reve-
lado a seu tempo.
7Porque o mistério da iniquidade já opera e
aguarda somente que seja afastado aquele que ago-
ra o detém. 8Então será revelado o iníquo, a quem o
Senhor Jesus matará com o sopro de sua boca e des-
truirá pela manifestação de sua vinda. 9Ora, o apa-
recimento do iníquo é segundo a ação de Satanás,
com todo poder, sinais e prodígios da mentira, 10e
com todo engano de injustiça aos que estão pere-
cendo, porque não acolheram o amor da verdade
para serem salvos. 11É por este motivo que Deus
lhes envia a operação do erro, para darem crédito
à mentira, 12a fim de serem condenados todos os
que não creram na verdade, mas tiveram prazer
na injustiça.

Chamados para a salvação

13Mas devemos sempre dar graças a Deus por
vocês, irmãos amados pelo Senhor, porque Deus
os escolheu desde o princípio para a salvação,
pela santificação do Espírito e fé na verdade. 14Foi
para isso que também Deus os chamou median-
te o nosso evangelho, para que vocês alcancem
a glória de nosso Senhor Jesus Cristo. 15Assim,
pois, irmãos, fiquem firmes e guardem as tradi-
ções que lhes foram ensinadas, seja por palavra,
seja por carta nossa.
16Que o próprio Jesus Cristo, nosso Senhor, e
Deus, o nosso Pai, que nos amou e nos deu eterna
consolação e boa esperança, pela graça, 17console
o coração de vocês e os fortaleça em toda boa obra
e boa palavra.

Paulo pede as orações dos tessalonicenses

3 1Finalmente, irmãos, orem por nós, para que a
palavra do Senhor se propague e seja glorifica-
da, como aconteceu entre vocês. 2Orem também
para que sejamos livres das pessoas perversas e
más; porque a fé não é de todos.
3Mas o Senhor é fiel. Ele os fortalecerá e os guar-
dará do Maligno. 4Temos confiança no Senhor
quanto a vocês, de que não só estão praticando as
coisas que lhes ordenamos, como também conti-
nuarão a fazê-las. 5Que o Senhor conduza o coração
de vocês ao amor de Deus e à perseverança de Cristo.

Conselhos finais

6Irmãos, em nome do nosso Senhor Jesus Cris-
to, ordenamos a vocês que se afastem de todo
irmão que vive de forma desordenada e não se-
gundo a tradição que vocês receberam de nós.
7Porque vocês mesmos sabem como devem nos
imitar, visto que nunca vivemos de forma de-
sordenada quando estivemos entre vocês, 8nem
jamais comemos pão à custa dos outros. Pelo
contrário, trabalhamos com esforço e fadiga, de
noite e de dia, a fim de não sermos pesados a ne-
nhum de vocês. 9Não que não tivéssemos o direito
de receber algo, mas porque tínhamos em vista
apresentar a nós mesmos como exemplo, para
que vocês nos imitassem. 10Porque, quando ainda
estávamos com vocês, ordenamos isto: "Se alguém
não quer trabalhar, também não coma."
11Pois, de fato, ouvimos que há entre vocês algu-
mas pessoas que vivem de forma desordenada. Não
trabalham, mas se intrometem na vida dos outros.
12A essas pessoas determinamos e exortamos, no
Senhor Jesus Cristo, que, trabalhando tranquila-
mente, comam o seu próprio pão. 13Quanto a vocês,
irmãos, não se cansem de fazer o bem.
14Caso alguém não obedeça à nossa palavra
dada por esta carta, vejam de quem se trata e não
se associem com ele, para que fique envergonha-
do. 15Contudo, não o tratem como inimigo, mas
admoestem-no como irmão.

Saudações

16Que o Senhor da paz, ele mesmo, dê a vocês
a paz, sempre e de todas as maneiras. O Senhor
esteja com todos vocês.
17A saudação é de próprio punho: Paulo. Este é
o sinal em cada carta; é assim que eu assino.

Bênção

18A graça de nosso Senhor Jesus Cristo esteja
com todos vocês.

PRIMEIRA CARTA DE PAULO A

TIMÓTEO

Prefácio e saudação

1 [1]Paulo, apóstolo de Cristo Jesus, por ordem de
Deus, nosso Salvador, e de Cristo Jesus, nossa
esperança, [2]a Timóteo, verdadeiro filho na fé.

Que a graça, a misericórdia e a paz, da parte de
Deus Pai e de Cristo Jesus, nosso Senhor, estejam
com você.

Advertência contra falsas doutrinas

[3]Quando eu estava de viagem, rumo à Macedô-
nia, pedi a você que ainda permanecesse em Éfeso
para admoestar certas pessoas, a fim de que não en-
sinem outra doutrina, [4]nem se ocupem com fábulas
e genealogias sem fim. Essas coisas mais promovem
discussões do que o serviço de Deus, na fé. [5]O ob-
jetivo desta admoestação é o amor que procede de
um coração puro, de uma boa consciência e de uma
fé sem hipocrisia. [6]Algumas pessoas se desviaram
destas coisas e se perderam em discussões inúteis,
[7]pretendendo passar por mestres da lei, não com-
preendendo, porém, nem o que dizem, nem os as-
suntos sobre os quais falam com tanta ousadia.

A lei e os seus objetivos

[8]Sabemos que a lei é boa, se alguém se utiliza dela
de modo legítimo, [9]tendo em vista que não se pro-
mulga lei para quem é justo, mas para os transgres-
sores e rebeldes, para os ímpios e pecadores, para
os iníquos e profanos, para os que matam o pai ou
a mãe, para os homicidas, [10]para os que praticam a
imoralidade, para os que se entregam a práticas ho-
mossexuais, para os sequestradores, para os menti-
rosos, para os que fazem juramento falso e para tudo
o que se opõe à sã doutrina, [11]segundo o evangelho
da glória do Deus bendito, do qual fui encarregado.

A graça na vida de Paulo

[12]Dou graças a Cristo Jesus, nosso Senhor, que
me fortaleceu e me considerou fiel, designando-
-me para o ministério, [13]a mim, que, no passado,
era blasfemo, perseguidor e insolente. Mas alcancei
misericórdia, pois fiz isso na ignorância, na incre-
dulidade. [14]Transbordou, porém, a graça de nosso
Senhor com a fé e o amor que há em Cristo Jesus.
[15]Esta palavra é fiel e digna de toda aceitação: que
Cristo Jesus veio ao mundo para salvar os pecadores,
dos quais eu sou o principal. [16]Mas, por esta mes-
ma razão, me foi concedida misericórdia, para que,
em mim, que sou o principal pecador, Cristo Jesus
pudesse mostrar a sua completa longanimidade,
e eu servisse de modelo para todos os que hão de
crer nele para a vida eterna. [17]Assim, ao Rei eterno,
imortal, invisível, Deus único, honra e glória para
todo o sempre. Amém!

O bom combate

[18]Esta é a admoestação que faço a você, meu
filho Timóteo, segundo as profecias que anterior-
mente foram feitas a seu respeito: que, firmado
nelas, você combata o bom combate, [19]mantendo
a fé e a boa consciência, porque alguns, tendo re-
jeitado a boa consciência, vieram a naufragar na fé.
[20]Entre esses estão Himeneu e Alexandre, os quais
entreguei a Satanás para serem castigados, a fim de
que aprendam a não blasfemar.

A prática da oração. Um só Mediador

2 [1]Antes de tudo, peço que se façam súplicas,
orações, intercessões e ações de graças em fa-
vor de todas as pessoas. [2]Orem em favor dos reis
e de todos os que exercem autoridade, para que
vivamos vida mansa e tranquila, com toda piedade
e respeito. [3]Isto é bom e aceitável diante de Deus,
nosso Salvador, [4]que deseja que todos sejam salvos
e cheguem ao pleno conhecimento da verdade.

[5]Porque há um só Deus e um só Mediador en-
tre Deus e a humanidade, Cristo Jesus, homem,
[6]que deu a si mesmo em resgate por todos, tes-
temunho que se deve dar em tempos oportunos.
[7]Para isto fui designado pregador e apóstolo —
afirmo a verdade, não minto —, mestre dos gen-
tios na fé e na verdade.

Instruções para homens e mulheres

[8]Quero, pois, que os homens orem em todos
os lugares, levantando mãos santas, sem ira e sem
animosidade.

[9]Da mesma forma, que as mulheres, em traje
decente, se enfeitem com modéstia e bom senso,
não com tranças no cabelo, ouro, pérolas ou rou-
pas caras, [10]porém com boas obras, como convém
a mulheres que professam ser piedosas. [11]A mu-
lher aprenda em silêncio, com toda a submissão.
[12]E não permito que a mulher ensine, nem que
exerça autoridade sobre o homem; esteja, po-
rém, em silêncio. [13]Porque primeiro foi formado
Adão, depois Eva. [14]E Adão não foi iludido, mas
a mulher, sendo enganada, caiu em transgressão.
[15]Mas ela será salva tendo filhos, se permanecer
em fé, amor e santificação, com bom senso.

As qualificações dos bispos e dos diáconos

3 [1]Fiel é a palavra: se alguém deseja o episcopado,
excelente obra almeja. [2]É necessário, pois, que o

bispo seja irrepreensível, esposo de uma só mulher, moderado, sensato, modesto, hospitaleiro, apto para ensinar; 3 não dado ao vinho, nem violento, porém cordial, inimigo de conflitos, não avarento; 4 e que governe bem a própria casa, criando os filhos sob disciplina, com todo o respeito. 5 Pois, se alguém não sabe governar a própria casa, como cuidará da igreja de Deus? 6 Que o bispo não seja recém-convertido, para não acontecer que fique cheio de orgulho e incorra na condenação do diabo. 7 É necessário, também, que ele tenha bom testemunho dos de fora, a fim de não cair na desonra e no laço do diabo.

8 Do mesmo modo, quanto a diáconos, é necessário que sejam respeitáveis, de uma só palavra, não inclinados a muito vinho, não gananciosos, 9 conservando o mistério da fé com a consciência limpa. 10 Também estes devem ser primeiramente experimentados; e, caso se mostrem irrepreensíveis, que exerçam o diaconato. 11 Do mesmo modo, quanto a mulheres, é necessário que elas sejam respeitáveis, não maldizentes, moderadas e fiéis em tudo. 12 O diácono seja marido de uma só mulher e governe bem os seus filhos e a própria casa. 13 Pois os que desempenharem bem o diaconato alcançarão para si mesmos uma posição de honra e muita ousadia na fé em Cristo Jesus.

A igreja de Deus e o mistério da piedade

14 Escrevo estas coisas a você, esperando ir vê-lo em breve. 15 Mas, se eu demorar, você saberá como se deve proceder na casa de Deus, que é a igreja do Deus vivo, coluna e fundamento da verdade. 16 Sem dúvida, grande é o mistério da piedade:

> "Aquele que foi manifestado na carne
> foi justificado em espírito,
> visto pelos anjos,
> pregado entre os gentios,
> crido no mundo,
> recebido na glória."

A apostasia nos últimos tempos

4 1 Ora, o Espírito afirma expressamente que, nos últimos tempos, alguns apostatarão da fé, por obedecerem a espíritos enganadores e a ensinos de demônios, 2 pela hipocrisia dos que falam mentiras e que têm a consciência cauterizada, 3 que proíbem o casamento e exigem abstinência de alimentos que Deus criou para serem recebidos com gratidão pelos que creem e conhecem a verdade. 4 Pois tudo o que Deus criou é bom, e, se recebido com gratidão, nada é recusável, 5 porque é santificado pela palavra de Deus e pela oração.

Exortação à fidelidade no ministério

6 Expondo estas coisas aos irmãos, você será um bom ministro de Cristo Jesus, alimentado com as palavras da fé e da boa doutrina que você tem seguido. 7 Mas rejeite as fábulas profanas e de velhas caducas. Exercite-se, pessoalmente, na piedade. 8 Pois o exercício físico tem algum valor, mas a piedade tem valor para tudo, porque tem a promessa da vida que agora é e da que há de vir. 9 Fiel é esta palavra e digna de inteira aceitação. 10 Pois é para esse fim que trabalhamos e nos esforçamos, porque temos posto a nossa esperança no Deus vivo, Salvador de todos, especialmente dos que creem.

11 Ordene estas coisas e ensine-as. 12 Ninguém o despreze por você ser jovem; pelo contrário, seja um exemplo para os fiéis, na palavra, na conduta, no amor, na fé, na pureza. 13 Até a minha chegada, dedique-se à leitura pública das Escrituras, à exortação, ao ensino. 14 Não seja negligente para com o dom que você recebeu, o qual lhe foi dado mediante profecia, com a imposição das mãos do presbitério. 15 Medite estas coisas e dedique-se a elas, para que o seu progresso seja visto por todos. 16 Cuide de você mesmo e da doutrina. Continue nestes deveres, porque, fazendo assim, você salvará tanto a si mesmo como aos que o ouvem.

Como tratar os que creem

5 1 Não repreenda um homem mais velho; pelo contrário, exorte-o como você faria com o seu pai. Trate os mais jovens como irmãos, 2 as mulheres mais velhas, como mães, e as mais jovens, como irmãs, com toda a pureza.

As viúvas

3 Honre as viúvas que não têm ninguém para cuidar delas. 4 Mas, se alguma viúva tem filhos ou netos, que estes aprendam primeiro a exercer piedade para com a própria casa e a recompensar os seus pais, pois isto é aceitável diante de Deus. 5 Aquela que é viúva de fato e não tem ninguém para cuidar dela espera em Deus e persevera em súplicas e orações, noite e dia. 6 Entretanto, a que se entrega aos prazeres, mesmo viva, está morta. 7 Ordene estas coisas, para que sejam irrepreensíveis. 8 Se alguém não tem cuidado dos seus e, especialmente, dos da própria casa, esse negou a fé e é pior do que o descrente.

9 Somente poderá ser incluída na lista de viúvas aquela que tiver mais de sessenta anos, que tiver sido esposa de um só marido 10 e que seja recomendada pelo testemunho de boas obras: se criou filhos, se exercitou hospitalidade, se lavou os pés dos santos, se socorreu os atribulados, se viveu na prática zelosa de todo tipo de boa obra.

11 Mas não inclua na lista viúvas mais novas, porque, quando seus desejos fazem com que se afastem de Cristo, querem casar, 12 tornando-se condenáveis por anularem o seu primeiro compromisso. 13 Além

do mais, elas aprendem também a viver ociosas, andando de casa em casa; e não somente ficam ociosas, mas ainda se tornam fofoqueiras e intrometidas, falando o que não devem. 14 Por isso, quero que as viúvas mais novas casem, criem filhos, sejam boas donas de casa e não deem ao adversário motivo algum para falar mal de nós. 15 Pois algumas já se desviaram, seguindo Satanás.

16 Se alguma mulher crente tem viúvas em sua família, socorra-as, para que a igreja não fique sobrecarregada e possa socorrer as viúvas que não têm ninguém.

Os presbíteros

17 Devem ser considerados merecedores de pagamento em dobro os presbíteros que presidem bem, especialmente os que se esforçam na pregação da palavra e no ensino. 18 Pois a Escritura declara: "Não amordace o boi quando ele pisa o trigo." E, ainda: "O trabalhador é digno do seu salário."

19 Não aceite denúncia contra presbítero, a não ser exclusivamente sob o depoimento de duas ou três testemunhas.

Vários conselhos

20 Quanto aos que vivem no pecado, repreenda-os na presença de todos, para que também os demais temam.

21 Diante de Deus, de Cristo Jesus e dos anjos eleitos, peço com insistência que você guarde estes conselhos, sem discriminação, nada fazendo com espírito de parcialidade. 22 Não tenha pressa para impor as mãos sobre alguém. Não seja cúmplice dos pecados dos outros. Conserve-se puro.

23 Não beba somente água; beba também um pouco de vinho, por causa do seu estômago e das suas frequentes enfermidades.

24 Os pecados de alguns são notórios, mesmo antes do juízo, mas os de outros só se manifestam mais tarde. 25 Do mesmo modo também as boas obras se evidenciam e aquelas que ainda não são manifestas não poderão ficar escondidas.

Os senhores e os servos

6 1 Todos os servos que estão debaixo de jugo considerem dignos de toda honra o próprio senhor, para que o nome de Deus e a doutrina não sejam difamados. 2 Também os que têm senhor crente não o tratem com desrespeito, porque é irmão; pelo contrário, trabalhem ainda mais, pois ele, que partilha do seu bom serviço, é crente e amado. Ensine e recomende estas coisas.

Os falsos mestres e os perigos da riqueza

3 Se alguém ensina outra doutrina e não concorda com as sãs palavras de nosso Senhor Jesus Cristo e com o ensino segundo a piedade, 4 esse é orgulhoso e não entende nada, mas tem um desejo doentio por discussões e brigas a respeito de palavras. É daí que nascem a inveja, a provocação, as difamações, as suspeitas malignas 5 e as polêmicas sem fim da parte de pessoas cuja mente é pervertida e que estão privadas da verdade, supondo que a piedade é fonte de lucro.

6 De fato, grande fonte de lucro é a piedade com o contentamento. 7 Porque nada trouxemos para o mundo, nem coisa alguma podemos levar dele. 8 Tendo sustento e com que nos vestir, estejamos contentes. 9 Mas os que querem ficar ricos caem em tentação, em armadilhas e em muitos desejos insensatos e nocivos, que levam as pessoas a se afundar na ruína e na perdição. 10 Porque o amor ao dinheiro é a raiz de todos os males; e alguns, nessa cobiça, se desviaram da fé e atormentaram a si mesmos com muitas dores.

O bom combate da fé

11 Mas você, homem de Deus, fuja de tudo isso. Siga a justiça, a piedade, a fé, o amor, a perseverança, a mansidão. 12 Combata o bom combate da fé. Tome posse da vida eterna, para a qual você também foi chamado e da qual fez a boa confissão diante de muitas testemunhas. 13 Diante de Deus, que preserva a vida de todas as coisas, e diante de Cristo Jesus, que, na presença de Pôncio Pilatos, fez a boa confissão, eu exorto você 14 a guardar este mandato imaculado, irrepreensível, até a manifestação de nosso Senhor Jesus Cristo, 15 a qual, no tempo certo, há de ser revelada pelo bendito e único Soberano, o Rei dos reis e Senhor dos senhores, 16 o único que possui imortalidade, que habita em luz inacessível, a quem ninguém jamais viu, nem é capaz de ver. A ele honra e poder eterno. Amém!

Os ricos

17 Exorte os ricos deste mundo a que não sejam orgulhosos, nem depositem a sua esperança na instabilidade da riqueza, mas em Deus, que tudo nos proporciona ricamente para o nosso prazer. 18 Que eles façam o bem, sejam ricos em boas obras, generosos em dar e prontos a repartir; 19 ajuntando para si mesmos um tesouro que é sólido fundamento para o futuro, a fim de tomarem posse da verdadeira vida.

Conselho final

20 E você, ó Timóteo, guarde o que lhe foi confiado, evitando os falatórios inúteis e profanos e as contradições daquilo que falsamente chamam de "conhecimento", 21 pois alguns, professando-o, se desviaram da fé.

Bênção

A graça esteja com vocês.

SEGUNDA CARTA DE PAULO A

TIMÓTEO

Prefácio e saudação

1 1Paulo, apóstolo de Cristo Jesus pela vontade
de Deus, conforme a promessa da vida em Cris-
to Jesus, 2ao amado filho Timóteo.
Que a graça, a misericórdia e a paz, da parte de
Deus Pai e de Cristo Jesus, nosso Senhor, estejam
com você.

Ação de graças

3Dou graças a Deus, a quem, desde os meus an-
tepassados, sirvo com a consciência limpa, porque,
sem cessar, lembro de você nas minhas orações,
noite e dia. 4Lembro das suas lágrimas e estou an-
sioso por ver você, para que eu transborde de ale-
gria. 5Lembro da sua fé sem fingimento, a mesma
que, primeiramente, habitou em sua avó Loide e em
sua mãe Eunice, e estou certo de que habita tam-
bém em você.

Conselhos

6Por esta razão, venho lembrar-lhe que reavi-
ve o dom de Deus que está em você pela imposi-
ção das minhas mãos. 7Porque Deus não nos deu
espírito de covardia, mas de poder, de amor e de
moderação.
8Portanto, não se envergonhe do testemunho
de nosso Senhor, nem do seu prisioneiro, que sou
eu. Pelo contrário, participe comigo dos sofri-
mentos a favor do evangelho, segundo o poder de
Deus, 9que nos salvou e nos chamou com santa
vocação, não segundo as nossas obras, mas con-
forme a sua própria determinação e graça que nos
foi dada em Cristo Jesus, antes dos tempos eter-
nos, 10e manifestada agora pelo aparecimento de
nosso Salvador Cristo Jesus. Ele não só destruiu a
morte, como trouxe à luz a vida e a imortalidade,
mediante o evangelho.
11Para este evangelho eu fui designado pregador,
apóstolo e mestre 12e, por isso, estou sofrendo es-
tas coisas. Mas não me envergonho, porque sei em
quem tenho crido e estou certo de que ele é podero-
so para guardar aquilo que me foi confiado até aque-
le Dia. 13Mantenha o padrão das sãs palavras que
de mim você ouviu com fé e com o amor que há em
Cristo Jesus. 14Por meio do Espírito Santo, que habita
em nós, guarde o bom tesouro que lhe foi confiado.

A situação do apóstolo preso

15Você já deve estar ciente de que todos os da
província da Ásia me abandonaram. Entre eles es-
tão Fígelo e Hermógenes. 16Que o Senhor conceda
misericórdia à casa de Onesíforo, porque, muitas
vezes, me deu ânimo e nunca se envergonhou das
minhas algemas. 17Pelo contrário, quando chegou
a Roma, me procurou com persistência até me en-
contrar. 18O Senhor lhe conceda que, naquele Dia,
ache misericórdia da parte do Senhor. Você sabe,
melhor do que eu, quantos serviços ele me prestou
em Éfeso.

O bom soldado de Cristo

2 1Quanto a você, meu filho, fortifique-se na
graça que há em Cristo Jesus. 2E o que você ou-
viu de mim na presença de muitas testemunhas,
isso mesmo transmita a homens fiéis, idôneos
para instruir a outros.
3Participe dos meus sofrimentos como bom sol-
dado de Cristo Jesus. 4Nenhum soldado em servi-
ço se envolve em negócios desta vida, porque o seu
objetivo é agradar aquele que o recrutou. 5Igual-
mente, o atleta não é coroado se não competir se-
gundo as regras. 6O lavrador que trabalha deve ser
o primeiro a participar dos frutos. 7Pense bem no
que acabo de dizer, porque o Senhor dará a você
compreensão em todas as coisas.
8Lembre-se de Jesus Cristo, ressuscitado dentre
os mortos, descendente de Davi, segundo o meu
evangelho. 9É por ele que estou sofrendo até al-
gemas, como malfeitor. Mas a palavra de Deus
não está algemada. 10Por esta razão, tudo suporto
por causa dos eleitos, para que também eles ob-
tenham a salvação que está em Cristo Jesus, com
glória eterna. 11Fiel é esta palavra:

"Se já morremos com ele,
também viveremos com ele;
12se perseveramos,
também com ele reinaremos;
se o negamos, ele, por sua vez, nos negará;
13se somos infiéis, ele permanece fiel,
pois de maneira nenhuma
pode negar a si mesmo."

Um obreiro aprovado

14Relembre a todos essas coisas, dando teste-
munho solene diante de Deus, para que evitem bri-
gas a respeito de palavras, pois isso não serve para
nada, a não ser para prejudicar os ouvintes. 15Pro-
cure apresentar-se a Deus aprovado, como obreiro
que não tem de que se envergonhar, que maneja
bem a palavra da verdade. 16Evite, igualmente, os
falatórios inúteis e profanos, pois os que se entre-
gam a isso avançarão cada vez mais na impieda-
de. 17Além disso, a linguagem deles corrói como

câncer. Entre esses estão Himeneu e Fileto, 18 que
se desviaram da verdade, dizendo que a ressurrei-
ção já aconteceu, e estão pervertendo alguns em
sua fé. 19 Entretanto, o firme fundamento de Deus
permanece, tendo este selo: "O Senhor conhece os
que lhe pertencem." E mais: "Afaste-se da injustiça
todo aquele que professa o nome do Senhor."

20 Ora, numa grande casa não há somente utensí-
lios de ouro e de prata; há também de madeira e de
barro. Alguns, para honra; outros, porém, para de-
sonra. 21 Assim, pois, se alguém se purificar destes
erros, será utensílio para honra, santificado e útil ao
seu senhor, estando preparado para toda boa obra.

22 Fuja das paixões da mocidade. Siga a justiça, a
fé, o amor e a paz com os que, de coração puro, in-
vocam o Senhor. 23 Evite as discussões insensatas e
absurdas, pois você sabe que elas só provocam bri-
gas. 24 O servo do Senhor não deve andar metido em
brigas, mas deve ser brando para com todos, apto
para ensinar, paciente, 25 disciplinando com man-
sidão os que se opõem a ele, na expectativa de que
Deus lhes conceda não só o arrependimento para
conhecerem a verdade, 26 mas também o retorno à
sensatez, a fim de que se livrem dos laços do diabo,
que os prendeu para fazerem o que ele quer.

Os males e as corrupções dos últimos dias

3 1 Mas você precisa saber disto: nos últimos
dias sobrevirão tempos difíceis. 2 Pois os seres
humanos serão egoístas, avarentos, orgulhosos,
arrogantes, blasfemadores, desobedientes aos pais,
ingratos, ímpios, 3 sem afeição natural, implacáveis,
caluniadores, sem domínio de si, cruéis, inimigos
do bem, 4 traidores, atrevidos, convencidos, mais
amigos dos prazeres do que amigos de Deus, 5 ten-
do forma de piedade, mas negando o poder dela.
Fique longe também destes. 6 Pois entre estes se en-
contram os que se infiltram nas casas e conseguem
cativar mulheres tolas, sobrecarregadas de peca-
dos, que são levadas por todo tipo de desejos, 7 que
estão sempre aprendendo e nunca conseguem
chegar ao conhecimento da verdade. 8 E do mesmo
modo que Janes e Jambres resistiram a Moisés, tam-
bém estes resistem à verdade. São homens que têm
a mente totalmente corrompida, reprovados quanto
à fé. 9 Mas esses não irão longe, porque a insensatez
deles ficará evidente a todos, como também aconte-
ceu com a insensatez de Janes e Jambres.

Paulo elogia e exorta Timóteo

10 Mas você tem seguido de perto o meu ensino, a
minha conduta, o meu propósito, a minha fé, a mi-
nha paciência, o meu amor, a minha perseverança,
11 as minhas perseguições e os meus sofrimentos,
os quais tive de enfrentar em Antioquia, Icônio e
Listra. Quantas perseguições sofri! Porém o Senhor
me livrou de todas elas. 12 Na verdade, todos os que
querem viver piedosamente em Cristo Jesus serão
perseguidos. 13 Mas os perversos e impostores irão
de mal a pior, enganando e sendo enganados.

Inspiração, valor e utilidade da Escritura

14 Quanto a você, permaneça naquilo que apren-
deu e em que acredita firmemente, sabendo de
quem você o aprendeu 15 e que, desde a infância,
você conhece as sagradas letras, que podem torná-lo
sábio para a salvação pela fé em Cristo Jesus. 16 Toda
a Escritura é inspirada por Deus e útil para o ensino,
para a repreensão, para a correção, para a educação
na justiça, 17 a fim de que o servo de Deus seja per-
feito e perfeitamente habilitado para toda boa obra.

A fidelidade na pregação

4 1 Diante de Deus e de Cristo Jesus, que há de
julgar vivos e mortos, pela sua manifestação e
pelo seu Reino, peço a você com insistência 2 que
pregue a palavra, insista, quer seja oportuno, quer
não, corrija, repreenda, exorte com toda a paciên-
cia e doutrina. 3 Pois virá o tempo em que não
suportarão a sã doutrina; pelo contrário, se rodea-
rão de mestres segundo as suas próprias cobiças,
como que sentindo coceira nos ouvidos. 4 Eles se
recusarão a dar ouvidos à verdade, entregando-
-se às fábulas. 5 Mas você seja sóbrio em todas as
coisas, suporte as aflições, faça o trabalho de um
evangelista, cumpra plenamente o seu ministério.

6 Quanto a mim, já estou sendo oferecido por li-
bação, e o tempo da minha partida chegou. 7 Com-
bati o bom combate, completei a carreira, guardei a
fé. 8 Desde agora me está guardada a coroa da justi-
ça, que o Senhor, reto juiz, me dará naquele Dia; e
não somente a mim, mas também a todos os que
amam a sua vinda.

O apóstolo abandonado por todos, não por Deus

9 Empenhe-se por vir até aqui o mais depressa
possível. 10 Porque Demas, tendo amado o presen-
te século, me abandonou e se foi para Tessalônica.
Crescente foi para a Galácia. Tito foi para a Dalmá-
cia. 11 Somente Lucas está comigo. Encontre Mar-
cos e traga-o junto com você, pois me é útil para
o ministério. 12 Quanto a Tíquico, mandei-o para
Éfeso. 13 Quando você vier, traga a capa que deixei
em Trôade, na casa de Carpo. Traga também os
livros, especialmente os pergaminhos. 14 Alexan-
dre, o ferreiro, me causou muitos males; o Senhor
dará a retribuição de acordo com o que ele fez.
15 Tome cuidado com ele também você, porque
resistiu fortemente às nossas palavras.

16 Na minha primeira defesa, ninguém foi a meu
favor; todos me abandonaram. Que isto não lhes
seja posto na conta! 17 Mas o Senhor esteve ao meu
lado e me revestiu de forças, para que, através de
mim, a pregação fosse plenamente cumprida, e

todos os gentios a ouvissem. E fui libertado da boca
do leão. 18 O Senhor me livrará também de toda
obra maligna e me levará salvo para o seu Reino
celestial. A ele, glória para todo o sempre. Amém!

Saudações

19 Dê saudações a Prisca e Áquila, e à casa de
Onesíforo. 20 Erasto ficou em Corinto. Quanto a
Trófimo, deixei-o doente em Mileto. 21 Faça o pos-
sível para vir antes do inverno. Êubulo manda sau-
dações; o mesmo fazem Prudente, Lino, Cláudia e
todos os irmãos.

Bênção

22 O Senhor esteja com o seu espírito. A graça
esteja com vocês.

CARTA DE PAULO A

TITO

Prefácio e saudação

1 1 Paulo, servo de Deus e apóstolo de Jesus Cristo,
para promover a fé que é dos eleitos de Deus e
o pleno conhecimento da verdade segundo a pie-
dade. 2 Escrevo na esperança da vida eterna que
o Deus que não pode mentir prometeu antes dos
tempos eternos 3 e, no momento oportuno, mani-
festou a sua palavra mediante a pregação que me
foi confiada por ordem de Deus, nosso Salvador, 4 a
Tito, verdadeiro filho, segundo a fé comum.

Que a graça e a paz, da parte de Deus Pai e de
Cristo Jesus, nosso Salvador, estejam com você.

Deveres e qualificações dos ministros

5 Foi por esta causa que deixei você em Creta:
para que pusesse em ordem as coisas restantes,
bem como, em cada cidade, constituísse presbíte-
ros, conforme prescrevi a você: 6 alguém que seja
irrepreensível, marido de uma só mulher, que te-
nha filhos crentes que não são acusados de devas-
sidão, nem são insubordinados.

7 Porque é indispensável que o bispo, por ser en-
carregado das coisas de Deus, seja irrepreensível, não
arrogante, alguém que não se irrita facilmente, não
apegado ao vinho, não violento, nem ganancioso.
8 Pelo contrário, o bispo deve ser hospitaleiro, amigo
do bem, sensato, justo, piedoso, deve ter domínio de
si, 9 ser apegado à palavra fiel, que está de acordo com
a doutrina, para que possa exortar pelo reto ensino e
convencer os que contradizem este ensino.

Os falsos mestres e as falsas doutrinas

10 Porque existem muitos, especialmente os da
circuncisão, que são insubordinados, falam coisas
sem sentido e enganam os outros. 11 É preciso fa-
zer com que se calem, porque andam pervertendo
casas inteiras, ensinando o que não devem, com a
intenção vergonhosa de ganhar dinheiro. 12 Foi um
dos cretenses, um próprio profeta deles, que disse:
"Os cretenses são sempre mentirosos, feras terrí-
veis, comilões preguiçosos." 13 Este testemunho é
verdadeiro. Portanto, repreenda-os severamente,
para que sejam sadios na fé 14 e não se ocupem com
fábulas judaicas, nem com mandamentos de gen-
te que se desvia da verdade. 15 Todas as coisas são
puras para os puros; mas, para os impuros e des-
crentes, nada é puro. Porque tanto a mente como
a consciência deles estão corrompidas. 16 Afirmam
que conhecem a Deus, mas o negam por meio do
que fazem; é por isso que são abomináveis, desobe-
dientes e reprovados para qualquer boa obra.

Instruções para várias classes de pessoas crentes

2 1 Mas você ensine o que está de acordo com a
sã doutrina.

2 Quanto aos homens idosos, que sejam mo-
derados, respeitáveis, sensatos, sadios na fé, no
amor e na perseverança.

3 Do mesmo modo, quanto às mulheres idosas,
que tenham conduta reverente, não sejam calu-
niadoras, nem escravizadas a muito vinho. Que
sejam mestras do bem, 4 a fim de instruírem as
jovens recém-casadas a amar o marido e os filhos,
5 a serem sensatas, puras, boas donas de casa,
bondosas, sujeitas ao marido, para que a palavra
de Deus não seja difamada.

6 Do mesmo modo, quanto aos mais jovens,
exorte-os para que, em todas as coisas, sejam mo-
derados.

7 Seja você mesmo um exemplo de boas obras.
No ensino, mostre integridade, reverência, 8 lin-
guagem sadia e irrepreensível, para que o adver-
sário seja envergonhado, não tendo nada de mau
a dizer a nosso respeito.

9 Quanto aos servos, que sejam, em tudo, obe-
dientes ao seu senhor, dando-lhe motivo de satis-
fação. Que não sejam respondões, 10 nem furtem,
mas que deem prova de toda a fidelidade, a fim de

que, em todas as coisas, manifestem a beleza da
doutrina de Deus, nosso Salvador.

A graça salvadora de Deus

11 Porque a graça de Deus se manifestou, trazendo
salvação a todos. 12 Ela nos educa para que, renegadas
a impiedade e as paixões mundanas, vivamos neste
mundo de forma sensata, justa e piedosa, 13 aguar-
dando a bendita esperança e a manifestação da glória
do nosso grande Deus e Salvador Jesus Cristo. 14 Ele
deu a si mesmo por nós, a fim de nos remir de toda
iniquidade e purificar, para si mesmo, um povo exclu-
sivamente seu, dedicado à prática de boas obras.
15 Ensine estas coisas. Também exorte e re-
preenda com toda a autoridade. Que ninguém
despreze você.

A salvação pela graça leva às boas obras

3 1 Lembre a todos que se sujeitem aos governan-
tes e às autoridades, que sejam obedientes e
estejam prontos para toda boa obra. 2 Que não difa-
mem ninguém. Que sejam pacíficos, cordiais, dan-
do provas de toda cortesia para com todos. 3 Pois
nós também, no passado, éramos insensatos, de-
sobedientes, desgarrados, escravos de todo tipo de
paixões e prazeres, vivendo em maldade e inveja,
sendo odiados e odiando-nos uns aos outros. 4 Mas
quando se manifestou a bondade de Deus, nosso
Salvador, e o seu amor por todos, 5 ele nos salvou,
não por obras de justiça praticadas por nós, mas
segundo a sua misericórdia. Ele nos salvou me-
diante o lavar regenerador e renovador do Espírito
Santo, 6 que ele derramou sobre nós ricamente, por
meio de Jesus Cristo, nosso Salvador, 7 a fim de que,
justificados por graça, nos tornemos seus herdei-
ros, segundo a esperança da vida eterna.
8 Fiel é esta palavra, e quero que você fale ousa-
damente a respeito dessas coisas, para que os que
creem em Deus se empenhem na prática de boas
obras. Estas coisas são excelentes e proveitosas para
todas as pessoas. 9 Evite discussões tolas, genealo-
gias, controvérsias e debates sobre a lei; porque são
inúteis e sem valor. 10 Evite a pessoa que provoca di-
visões, depois de admoestá-la uma ou duas vezes,
11 pois você sabe que tal pessoa está pervertida, vive
pecando e por si mesma está condenada.

Recomendações particulares

12 Quando eu lhe enviar Ártemas ou Tíquico, faça
o possível para vir ao meu encontro em Nicópolis.
Estou resolvido a passar o inverno ali. 13 Ajude, da
melhor maneira possível, Zenas, o intérprete da lei,
e também Apolo, para que não lhes falte nada para a
viagem. 14 E, quanto aos nossos, que aprendam tam-
bém a se empenhar na prática de boas obras a favor
dos necessitados, para não se tornarem infrutíferos.

Saudações

15 Todos os que estão comigo mandam sauda-
ções a você. Dê saudações àqueles que nos amam
na fé.

Bênção

A graça esteja com todos vocês.

CARTA DE PAULO A

FILEMOM

Prefácio e saudação

1 Paulo, prisioneiro de Cristo Jesus, e o irmão Ti-
móteo, ao amado Filemom, que é também nosso
colaborador, 2 à igreja que se reúne em sua casa, à
irmã Áfia e a Arquipo, nosso companheiro de lutas.
3 Que a graça e a paz de Deus, nosso Pai, e do
Senhor Jesus Cristo estejam com vocês.

Ação de graças

4 Dou graças ao meu Deus, lembrando sempre de
você nas minhas orações, 5 porque tenho ouvido falar
da fé que você tem no Senhor Jesus e do seu amor por
todos os santos. 6 Oro para que a comunhão da sua fé
se torne eficaz no pleno conhecimento de todo o bem
que há em nós, para com Cristo. 7 Pois, irmão, o seu
amor me trouxe grande alegria e consolo, visto que o
coração dos santos tem sido reanimado por você.

Paulo intercede em favor de Onésimo

8 Pois bem, ainda que eu sinta plena liberdade em
Cristo para ordenar a você o que convém ser feito,
9 prefiro, no entanto, pedir em nome do amor, sendo
o que sou, Paulo, o velho, e agora também prisio-
neiro de Cristo Jesus. 10 Faço um pedido em favor de
meu filho Onésimo, que gerei entre algemas. 11 An-
tes, ele era inútil para você; atualmente, porém, é
útil, para você e para mim.
12 Eu o estou mandando de volta a você — ele,
quero dizer, o meu próprio coração. 13 Eu queria
conservá-lo comigo, para que ele me servisse em

seu lugar nas algemas que carrego por causa do
evangelho. 14 Mas não quis fazer nada sem o seu
consentimento, para que a sua bondade não venha
a ser como que uma obrigação, mas algo que é feito
de livre vontade. 15 Talvez ele tenha sido afastado
de você temporariamente, a fim de que você o re-
ceba para sempre, 16 não como escravo, mas, muito
mais do que escravo, como irmão caríssimo, espe-
cialmente de mim e, com maior razão, de você, quer
como ser humano, quer como irmão no Senhor.

17 Portanto, se você me considera companheiro,
receba-o como receberia a mim. 18 E, se ele causou
algum dano a você ou lhe deve alguma coisa, po-
nha tudo na minha conta. 19 Eu, Paulo, de próprio
punho, escrevo isto: Eu pagarei. É claro que não
preciso dizer que você me deve a própria vida.
20 Sim, irmão, que eu receba de você, no Senhor,
este benefício. Reanime o meu coração em Cristo.

21 Certo, como estou, da sua obediência, eu es-
crevo a você, sabendo que fará mais do que estou
pedindo. 22 E, ao mesmo tempo, prepare-me tam-
bém pousada, pois espero que, por meio das ora-
ções de vocês, eu lhes seja restituído.

Saudações

23 Epafras, prisioneiro comigo, em Cristo Jesus,
24 Marcos, Aristarco, Demas e Lucas, meus colabo-
radores, mandam saudações a você.

Bênção

25 A graça do Senhor Jesus Cristo esteja com o
espírito de todos vocês.

CARTA AOS

HEBREUS

A revelação de Deus

1 1 Antigamente, Deus falou, muitas vezes e de mui-
tas maneiras, aos pais, pelos profetas, 2 mas, nestes
últimos dias, nos falou pelo Filho, a quem constituiu
herdeiro de todas as coisas e pelo qual também fez o
universo. 3 O Filho, que é o resplendor da glória de Deus
e a expressão exata do seu Ser, sustentando todas as
coisas pela sua palavra poderosa, depois de ter feito a
purificação dos pecados, assentou-se à direita da Ma-
jestade, nas alturas, 4 tendo-se tornado tão superior aos
anjos quanto herdou mais excelente nome do que eles.

O Filho e os anjos

5 Pois a qual dos anjos Deus em algum momen-
to disse:

"Você é meu Filho,
hoje eu gerei você"?

E, outra vez:

"Eu lhe serei Pai,
e ele me será Filho"?

6 E, novamente, ao introduzir o Primogênito no
mundo, diz:

"E todos os anjos de Deus o adorem."

7 Ainda, quanto aos anjos, diz:

"Aquele que a seus anjos faz ventos,
e a seus ministros, labareda de fogo."

8 Mas, a respeito do Filho, diz:

"O teu trono, ó Deus, é para todo o sempre;
cetro de justiça é o cetro do teu reino.
9 Amaste a justiça e odiaste a iniquidade;
por isso, Deus, o teu Deus,
te ungiu com o óleo de alegria
como a nenhum dos teus companheiros."

10 Diz ainda:

"No princípio, Senhor, lançaste
os fundamentos da terra,
e os céus são obra das tuas mãos.
11 Eles perecerão, mas tu permaneces;
todos eles envelhecerão como veste;
12 como manto tu os enrolarás,
e, como roupas, serão igualmente mudados.
Tu, porém, és o mesmo,
e os teus anos jamais terão fim."

13 Ora, a qual dos anjos Deus em algum momen-
to disse:

"Sente-se à minha direita,
até que eu ponha os seus inimigos
por estrado dos seus pés"?

14 Não são todos eles espíritos ministradores,
enviados para serviço a favor dos que hão de her-
dar a salvação?

O perigo da negligência

2 1 Por esta razão, importa que nos apeguemos, com
mais firmeza, às verdades ouvidas, para que delas

jamais nos desviemos. 2Porque, se a palavra falada por
meio de anjos se tornou firme, e toda transgressão ou
desobediência recebeu justo castigo, 3como escaparemos
nós, se não levarmos a sério tão grande salvação?
Esta, tendo sido anunciada inicialmente pelo Senhor,
depois nos foi confirmada pelos que a ouviram. 4Tam-
bém Deus testemunhou juntamente com eles, por
meio de sinais, prodígios, vários milagres e a distribui-
ção do Espírito Santo, segundo a sua vontade.

Jesus, sumo sacerdote misericordioso e fiel

5Pois não foi a anjos que Deus sujeitou o mundo que
há de vir, sobre o qual estamos falando. 6Pelo contrário,
alguém, em certo lugar, deu testemunho, dizendo:

"Que é o homem, que dele te lembres?
Ou o filho do homem, que o visites?
7 Fizeste-o, por um pouco, menor do que os anjos
e de glória e de honra o coroaste.
8 Todas as coisas sujeitaste debaixo dos seus pés."

Ora, ao lhe sujeitar todas as coisas, nada deixou
fora do seu domínio. Neste momento, porém, ainda
não vemos todas as coisas a ele sujeitas. 9Vemos,
porém, aquele que, por um pouco, foi feito menor
do que os anjos, Jesus, que, por causa do sofrimento
da morte, foi coroado de glória e de honra, para que,
pela graça de Deus, provasse a morte por todos.
10Porque convinha que Deus, por causa de quem
e por meio de quem todas as coisas existem, condu-
zindo muitos filhos à glória, aperfeiçoasse, por meio
de sofrimentos, o Autor da salvação deles. 11Pois,
tanto o que santifica como os que são santificados,
todos vêm de um só. É por isso que Jesus não se en-
vergonha de chamá-los de irmãos, 12dizendo:

"A meus irmãos declararei o teu nome,
no meio da congregação eu te louvarei."

13E, outra vez:

"Eu porei nele a minha confiança."

E, ainda:

"Eis aqui estou eu e os filhos que Deus me deu."

14Visto, pois, que os filhos têm participação co-
mum de carne e sangue, também Jesus, igualmente,
participou dessas coisas, para que, por sua morte,
destruísse aquele que tem o poder da morte, a sa-
ber, o diabo, 15e livrasse todos os que, pelo pavor da
morte, estavam sujeitos à escravidão por toda a vida.
16Pois ele, evidentemente, não socorre anjos, mas
socorre a descendência de Abraão. 17Por isso mesmo,
era necessário que, em todas as coisas, ele se tornas-
se semelhante aos irmãos, para ser misericordioso
e fiel sumo sacerdote nas coisas referentes a Deus e
para fazer propiciação pelos pecados do povo. 18Pois,
naquilo que ele mesmo sofreu, quando foi tentado, é
poderoso para socorrer os que são tentados.

Cristo é superior a Moisés

3 1Por isso, santos irmãos, vocês que são partici-
pantes da vocação celestial, considerem aten-
tamente o Apóstolo e Sumo Sacerdote da nossa
confissão, Jesus, 2o qual é fiel àquele que o consti-
tuiu, como também Moisés foi fiel em toda a casa
de Deus. 3No entanto, assim como aquele que edi-
fica uma casa tem maior honra do que a casa em si,
também Jesus tem sido considerado digno de maior
glória do que Moisés. 4Pois toda casa é edificada por
alguém, mas aquele que edificou todas as coisas
é Deus. 5E Moisés foi fiel, em toda a casa de Deus,
como servo, para testemunho das coisas que ha-
viam de ser anunciadas. 6Cristo, porém, como Filho,
é fiel em sua casa. Esta casa somos nós, se guardar-
mos firme a ousadia e a exultação da esperança.

O perigo da incredulidade e da desobediência

7Por isso, como diz o Espírito Santo:

"Hoje, se ouvirem a sua voz,
8 não endureçam o coração como foi na rebelião,
no dia da tentação no deserto,
9 onde os pais de vocês me tentaram,
pondo-me à prova,
e viram as minhas obras durante quarenta anos.
10 Por isso, me indignei contra essa geração e disse:
'O coração deles sempre se afasta de mim;
e eles não conheceram os meus caminhos.'
11 Assim, jurei na minha ira:
'Não entrarão no meu descanso.'"

12Tenham cuidado, irmãos, para que nenhum
de vocês tenha um coração mau e descrente, que se
afaste do Deus vivo. 13Pelo contrário, animem uns aos
outros todos os dias, durante o tempo que se chama
"hoje", a fim de que nenhum de vocês seja endureci-
do pelo engano do pecado. 14Porque temos nos tor-
nado participantes de Cristo, se, de fato, guardarmos
firme, até o fim, a confiança que, desde o princípio,
tivemos. 15Como se diz:

"Hoje, se ouvirem a sua voz,
não endureçam o coração, como foi na rebelião."

16E quem foram os que ouviram e, mesmo assim,
se rebelaram? Não foram todos os que saíram do
Egito por meio de Moisés? 17E contra quem Deus se
indignou durante quarenta anos? Não foi contra os
que pecaram, cujos cadáveres caíram no deserto? 18E
a quem jurou que não entrariam no seu descanso, se-
não aos que foram desobedientes? 19Assim, vemos
que não puderam entrar por causa da incredulidade.

A entrada no descanso de Deus pela fé

4 1Portanto, visto que nos foi deixada a promessa
de entrar no descanso de Deus, tenhamos cuida-
do para não parecer que algum de vocês deixou de

alcançá-la. 2 Porque também a nós foram anuncia-
das as boas-novas, exatamente como aconteceu com
eles. Mas a palavra que eles ouviram não lhes trouxe
proveito, porque não foram unidos por meio da fé
com aqueles que a ouviram. 3 Nós, porém, que cre-
mos, entramos no descanso, conforme Deus disse:

“Assim, jurei na minha ira:
‘Não entrarão no meu descanso.’”

Ele disse isso, mesmo que as obras já estivessem
concluídas desde a fundação do mundo. 4 Porque,
em certo lugar, assim disse a respeito do sétimo dia:
“No sétimo dia, Deus descansou de todas as obras
que tinha feito.” 5 E, novamente, no mesmo lugar:
“Não entrarão no meu descanso.” 6 Visto, portanto,
que resta entrarem alguns naquele descanso e que,
por causa da desobediência, não entraram aqueles
aos quais anteriormente foram anunciadas as boas-
-novas, 7 de novo, determina certo dia, “hoje”, falan-
do por Davi, muito tempo depois, segundo antes
tinha sido declarado:

“Hoje, se ouvirem a sua voz,
não endureçam o coração.”

8 Ora, se Josué lhes tivesse dado descanso, não
falaria, posteriormente, a respeito de outro dia.
9 Portanto, resta um repouso sabático para o povo de
Deus. 10 Porque aquele que entrou no descanso de
Deus, também ele mesmo descansou de suas obras,
como Deus descansou das suas.
11 Portanto, esforcemo-nos por entrar naquele
descanso, a fim de que ninguém caia, segundo aque-
le exemplo de desobediência. 12 Porque a palavra de
Deus é viva e eficaz, e mais cortante do que qualquer
espada de dois gumes, e penetra até o ponto de dividir
alma e espírito, juntas e medulas, e é apta para julgar
os pensamentos e propósitos do coração. 13 E não há
criatura que não seja manifesta na sua presença; pelo
contrário, todas as coisas estão descobertas e expos-
tas aos olhos daquele a quem temos de prestar contas.

Jesus, o sumo sacerdote eterno

14 Tendo, pois, Jesus, o Filho de Deus, como grande
sumo sacerdote que adentrou os céus, conservemos
firmes a nossa confissão. 15 Porque não temos sumo
sacerdote que não possa se compadecer das nossas
fraquezas; pelo contrário, ele foi tentado em todas
as coisas, à nossa semelhança, mas sem pecado.
16 Portanto, aproximemo-nos do trono da graça com
confiança, a fim de recebermos misericórdia e encon-
trarmos graça para ajuda em momento oportuno.

5 1 Cada sumo sacerdote, sendo escolhido dentre os
homens, é constituído nas coisas relacionadas com
Deus, a favor dos homens, para oferecer dons e sacri-
fícios pelos pecados. 2 Ele é capaz de se compadecer
dos ignorantes e dos que se desviam do caminho, pois
também ele mesmo está rodeado de fraquezas. 3 Por
esta razão, deve oferecer sacrifícios pelos pecados,
tanto do povo como de si mesmo. 4 E ninguém toma
esta honra para si mesmo, a não ser quando chamado
por Deus, como aconteceu com Arão.
5 Assim, também Cristo não glorificou a si mes-
mo para se tornar sumo sacerdote, mas quem o
glorificou foi aquele que lhe disse:

“Você é meu Filho,
hoje eu gerei você.”

6 E em outro lugar também diz:

“Você é sacerdote para sempre,
segundo a ordem de Melquisedeque.”

7 Ele, Jesus, nos dias da sua carne, tendo ofereci-
do, com forte clamor e lágrimas, orações e súplicas
a quem o podia livrar da morte, foi ouvido por cau-
sa da sua reverência. 8 Embora fosse Filho, aprendeu
a obediência pelas coisas que sofreu 9 e, tendo sido
aperfeiçoado, tornou-se o Autor da salvação eterna
para todos os que lhe obedecem. 10 E Deus o nomeou
sumo sacerdote, segundo a ordem de Melquisedeque.

Exortação ao progresso na fé

11 A esse respeito temos muitas coisas a dizer, coisas
difíceis de explicar, porque vocês ficaram com preguiça
de ouvir. 12 Pois, quando já deviam ser mestres, levando
em conta o tempo decorrido, vocês têm, novamente,
necessidade de alguém que lhes ensine quais são os
princípios elementares dos oráculos de Deus. Passa-
ram a ter necessidade de leite e não de alimento sólido.
13 Ora, todo aquele que se alimenta de leite é inexpe-
riente na palavra da justiça, porque é criança. 14 Mas
o alimento sólido é para os adultos, para aqueles que,
pela prática, têm as suas faculdades exercitadas para
discernir não somente o bem, mas também o mal.

6 1 Por isso, deixando os princípios elementares da
doutrina de Cristo, avancemos para o que é perfei-
to, não lançando de novo a base do arrependimento
de obras mortas e da fé em Deus, 2 o ensino de batis-
mos e da imposição de mãos, da ressurreição dos mor-
tos e do juízo eterno. 3 Isso faremos, se Deus o permitir.
4 É impossível, pois, que aqueles que uma vez fo-
ram iluminados, provaram o dom celestial, se torna-
ram participantes do Espírito Santo, 5 provaram a boa
palavra de Deus e os poderes do mundo vindouro 6 e
caíram, sim, é impossível outra vez renová-los para ar-
rependimento, visto que, de novo, estão crucificando
para si mesmos o Filho de Deus e expondo-o à zomba-
ria. 7 Porque a terra que absorve a chuva que frequente-
mente cai sobre ela e produz plantas úteis para aqueles
que a cultivam recebe bênção da parte de Deus; 8 mas,
se produz espinhos e ervas daninhas, é rejeitada e está
perto da maldição; e o seu fim é ser queimada.
9 Quanto a vocês, meus amados, ainda que falemos
desta maneira, estamos certos de que coisas melho-
res os esperam, coisas relacionadas com a salvação.

10 Porque Deus não é injusto para se esquecer do tra-
balho que vocês fizeram e do amor que mostraram
para com o seu nome, pois vocês serviram e ainda es-
tão servindo aos santos. 11 Desejamos que cada um de
vocês continue mostrando, até o fim, o mesmo em-
penho para a plena certeza da esperança, 12 para que
não se tornem preguiçosos, mas imitadores daqueles
que, pela fé e pela paciência, herdam as promessas.

A promessa de Deus é imutável

13 Pois, quando Deus fez a promessa a Abraão,
visto que não tinha ninguém superior por quem ju-
rar, jurou por si mesmo, 14 dizendo: "Certamente eu
o abençoarei e multiplicarei os seus descendentes."
15 E assim, depois de esperar com paciência, Abraão
obteve a promessa. 16 Porque as pessoas juram pelo
que lhes é superior, e o juramento, servindo de ga-
rantia, põe fim a toda discussão. 17 Por isso, Deus,
quando quis mostrar com mais clareza aos herdei-
ros da promessa que o seu propósito era imutável,
confirmou-o com um juramento. 18 Ele fez isso para
que, mediante duas coisas imutáveis, nas quais é
impossível que Deus minta, nós, que já corremos
para o refúgio, tenhamos forte alento, para tomar
posse da esperança que nos foi proposta. 19 Temos
esta esperança por âncora da alma, segura e firme e
que entra no santuário que fica atrás do véu, 20 onde
Jesus, como precursor, entrou por nós, tendo-se
tornado sumo sacerdote para sempre, segundo a
ordem de Melquisedeque.

Melquisedeque, tipo de Cristo

7 1 Porque este Melquisedeque, rei de Salém, sa-
cerdote do Deus Altíssimo, foi ao encontro de
Abraão, quando este voltava da matança dos reis,
e o abençoou. 2 Foi para ele que Abraão separou o
dízimo de tudo. Primeiramente o nome dele sig-
nifica "rei da justiça"; depois também é "rei de Sa-
lém", ou seja, "rei da paz". 3 Sem pai, sem mãe, sem
genealogia, ele não teve princípio de dias nem fim
de existência, mas, feito semelhante ao Filho de
Deus, permanece sacerdote para sempre.

O sacerdócio de Cristo é superior ao levítico

4 Vejam como era grande esse a quem Abraão,
o patriarca, pagou o dízimo tirado dos melhores
despojos. 5 Ora, os que dentre os filhos de Levi re-
cebem o sacerdócio têm ordem, de acordo com
a lei, de recolher os dízimos do povo, ou seja, dos
seus irmãos, embora estes sejam descendentes de
Abraão. 6 Entretanto, aquele cuja genealogia não se
inclui entre os filhos de Levi recebeu dízimos de
Abraão e abençoou aquele que havia recebido as
promessas. 7 Evidentemente, não há dúvida de que
o inferior é abençoado pelo superior. 8 Aliás, aqui
os que recebem dízimos são homens mortais, po-
rém ali o dízimo foi recebido por aquele de quem se
testifica que vive. 9 E, por assim dizer, também Levi,
que recebe dízimos, pagou-os na pessoa de Abraão.
10 Porque Levi, por assim dizer, já estava no corpo
de seu pai Abraão, quando Melquisedeque foi ao
encontro deste.

O sacerdócio de Cristo é eterno

11 Portanto, se a perfeição fosse possível por meio
do sacerdócio levítico — pois foi com base nele que o
povo recebeu a lei —, que necessidade haveria ainda
de que se levantasse outro sacerdote, segundo a or-
dem de Melquisedeque, e não segundo a ordem de
Arão? 12 Pois, quando se muda o sacerdócio, neces-
sariamente muda também a lei. 13 Porque aquele de
quem são ditas estas coisas pertence a outra tribo, da
qual ninguém prestou serviço diante do altar. 14 Pois
é evidente que nosso Senhor procedeu de Judá, tribo
à qual Moisés nunca falou nada a respeito de sacer-
dócio. 15 E isto é ainda muito mais evidente, quando,
à semelhança de Melquisedeque, surge outro sacer-
dote, 16 constituído não conforme a lei de manda-
mento carnal, mas segundo o poder de vida que não
tem fim. 17 Porque dele se testifica:

"Você é sacerdote para sempre,
segundo a ordem de Melquisedeque."

18 Portanto, por um lado, se revoga a ordenança
anterior, por causa de sua fraqueza e inutilidade,
19 pois a lei nunca aperfeiçoou coisa alguma; e, por
outro lado, se introduz esperança superior, pela
qual nos chegamos a Deus.

20 E isto não se deu sem juramento. Porque os
outros são feitos sacerdotes sem juramento, 21 mas
este foi feito sacerdote com juramento, por aquele
que lhe disse:

"O Senhor jurou e não se arrependerá:
'Você é sacerdote para sempre.'"

22 Por isso mesmo, Jesus se tornou fiador de su-
perior aliança.

23 Ora, os outros são feitos sacerdotes em maior
número, porque a morte os impede de continuar;
24 Jesus, no entanto, porque continua para sempre,
tem o seu sacerdócio imutável. 25 Por isso, também
pode salvar totalmente os que por ele se aproximam
de Deus, vivendo sempre para interceder por eles.

26 Porque nos convinha um sumo sacerdote como
este, santo, inculpável, sem mácula, separado dos
pecadores e exaltado acima dos céus, 27 que não
tem necessidade, como os outros sumos sacerdotes,
de oferecer sacrifícios todos os dias, primeiro, por
seus próprios pecados, depois, pelos do povo; por-
que fez isto uma vez por todas, quando a si mesmo
ofereceu. 28 Porque a lei constitui homens sujeitos a
fraquezas como sumos sacerdotes, mas a palavra do
juramento, que foi posterior à lei, constitui o Filho,
perfeito para sempre.

Jesus, Mediador da nova aliança

8 1Ora, o essencial das coisas que estamos di-
zendo é que temos tal sumo sacerdote, que se
assentou à direita do trono da Majestade nos céus,
2como ministro do santuário e do verdadeiro ta-
bernáculo que o Senhor erigiu, e não o homem.
3Pois todo sumo sacerdote é constituído para
oferecer dons e sacrifícios; por isso, era necessário
que também esse sumo sacerdote tivesse o que
oferecer. 4Se ele estivesse na terra, nem mesmo sa-
cerdote seria, visto existirem aqueles que oferecem
os dons segundo a lei. 5Estes ministram em figura e
sombra das coisas celestiais, assim como Moisés foi
divinamente instruído, quando estava para cons-
truir o tabernáculo. Pois Deus disse: "Tenha cui-
dado para fazer tudo de acordo com o modelo que
foi mostrado a você no monte." 6Mas agora Jesus
obteve um ministério tanto mais excelente, quanto
é também Mediador de superior aliança instituída
com base em superiores promessas.
7Porque, se aquela primeira aliança tivesse sido
sem defeito, de maneira alguma estaria sendo
buscado lugar para uma segunda aliança. 8E, de
fato, repreendendo-os, diz:

"Eis aí vêm dias, diz o Senhor,
e firmarei nova aliança com a casa de Israel
e com a casa de Judá,
9 não segundo a aliança que fiz com os seus pais,
no dia em que os tomei pela mão,
para os tirar da terra do Egito;
pois eles não continuaram na minha aliança,
e eu não dei atenção a eles, diz o Senhor.
10 Porque esta é a aliança que farei
com a casa de Israel,
depois daqueles dias, diz o Senhor:
Imprimirei as minhas leis na mente deles
e as inscreverei sobre o seu coração;
e eu serei o seu Deus,
e eles serão o meu povo.
11 E não ensinará jamais cada um ao seu próximo,
nem cada um ao seu irmão,
dizendo: 'Conheça o Senhor';
porque todos me conhecerão, desde o menor
até o maior deles.
12 Pois, para com as suas iniquidades,
usarei de misericórdia
e dos seus pecados jamais me lembrarei."

13Quando ele diz "nova aliança", torna antiqua-
da a primeira. Ora, aquilo que se torna antiquado e
envelhecido está prestes a desaparecer.

O santuário terrestre

9 1Ora, a primeira aliança também tinha precei-
tos de culto divino e o seu santuário terrestre.
2Porque foi edificado um tabernáculo, cuja parte da
frente, onde estavam o candelabro, a mesa e os pães
da proposição, se chama o Santo Lugar. 3Por trás
do segundo véu se encontrava o tabernáculo que
se chama o Santo dos Santos, 4ao qual pertencia
um altar de ouro para o incenso e a arca da alian-
ça totalmente coberta de ouro, na qual estava uma
urna de ouro contendo o maná, o bordão de Arão,
que floresceu, e as tábuas da aliança. 5Sobre a arca
estavam os querubins de glória, que, com a sua som-
bra, cobriam o propiciatório. Mas dessas coisas não
falaremos, agora, com mais detalhes.
6Ora, depois que foram feitos todos esses prepa-
rativos, os sacerdotes entram continuamente no pri-
meiro tabernáculo para realizar os serviços sagrados.
7Mas, no segundo, o sumo sacerdote entra sozinho
uma vez por ano, não sem sangue, que oferece por
si e pelos pecados de ignorância do povo. 8Com isto
o Espírito Santo quer dar a entender que o caminho
do Santuário ainda não se manifestou, enquanto o
primeiro tabernáculo continua erguido. 9Isso é uma
parábola para a época presente, na qual se oferecem
dons e sacrifícios, embora estes, no que diz respeito à
consciência, sejam ineficazes para aperfeiçoar aque-
le que presta culto, 10pois não passam de ordenanças
da carne, baseadas somente em comidas, bebidas e
diversas cerimônias de purificação, impostas até o
tempo oportuno de reforma.

O sacrifício de Cristo é perfeito e eficaz

11Quando, porém, Cristo veio como sumo sacer-
dote dos bens já realizados, mediante o maior e mais
perfeito tabernáculo, não feito por mãos humanas,
quer dizer, não desta criação, 12e não pelo sangue de
bodes e de bezerros, mas pelo seu próprio sangue,
ele entrou no Santuário, uma vez por todas, e obteve
uma eterna redenção. 13Portanto, se o sangue de bo-
des e de touros e a cinza de uma novilha, aspergidos
sobre os contaminados, os santificam quanto à pu-
rificação da carne, 14muito mais o sangue de Cristo,
que, pelo Espírito eterno, a si mesmo ofereceu sem
mácula a Deus, purificará a nossa consciência de
obras mortas, para servirmos ao Deus vivo!
15Por isso mesmo, ele é o Mediador da nova
aliança, a fim de que os que foram chamados rece-
bam a promessa da herança eterna, visto que hou-
ve uma morte para remissão das transgressões que
foram cometidas sob a primeira aliança. 16Porque,
onde há um testamento, é necessário constatar a
morte de quem o fez. 17Sim, porque um testamen-
to só é confirmado depois da morte de quem o fez,
pois de maneira nenhuma um testamento tem
força de lei enquanto ainda vive quem o fez. 18Por
isso, nem a primeira aliança foi estabelecida sem
sangue. 19Porque, havendo Moisés proclamado a
todo o povo todos os mandamentos conforme a
lei, pegou o sangue dos bezerros e dos bodes, com
água, lã tingida de escarlate e hissopo e aspergiu
não só o próprio livro, como também todo o povo,

20 dizendo: “Este é o sangue da aliança que Deus
ordenou para vocês.” 21 Igualmente também as-
pergiu com sangue o tabernáculo e todos os uten-
sílios do serviço sagrado. 22 De fato, segundo a lei,
quase todas as coisas são purificadas com sangue;
e sem derramamento de sangue não há remissão.

23 Era necessário, portanto, que as figuras das coi-
sas que estão nos céus fossem purificadas com tais
sacrifícios, mas as próprias coisas celestiais requerem
sacrifícios superiores àqueles. 24 Porque Cristo não
entrou em santuário feito por mãos humanas, figura
do verdadeiro Santuário, porém no próprio céu, para
comparecer, agora, por nós, diante de Deus. 25 Ele não
entrou para oferecer a si mesmo muitas vezes, como o
sumo sacerdote entra todos os anos no Santo dos San-
tos com sangue alheio. 26 Se fosse assim, ele precisaria
ter sofrido muitas vezes desde a fundação do mundo;
agora, porém, ao chegar o fim dos tempos, ele se ma-
nifestou uma vez por todas, para aniquilar o pecado
por meio do sacrifício de si mesmo. 27 E, assim como
aos homens está ordenado morrerem uma só vez,
vindo, depois disso, o juízo, 28 assim também Cristo,
tendo-se oferecido uma vez por todas para tirar os pe-
cados de muitos, aparecerá segunda vez, não para tirar
pecados, mas para salvar aqueles que esperam por ele.

O sacrifício de Cristo é único e para sempre

10 1 Ora, visto que a lei é apenas uma sombra
dos bens vindouros, não a imagem real das
coisas, nunca consegue aperfeiçoar aqueles que
se aproximam de Deus com os mesmos sacrifícios
que, ano após ano, continuamente, eles oferecem.
2 Se isto fosse possível, será que os sacrifícios não
teriam deixado de ser oferecidos? Porque os que
prestam culto, tendo sido purificados uma vez por
todas, não mais teriam consciência de pecados!
3 Entretanto, nesses sacrifícios ocorre recordação de
pecados todos os anos, 4 porque é impossível que o
sangue de touros e de bodes remova pecados. 5 Por
isso, ao entrar no mundo, Cristo disse:

“Sacrifício e oferta não quiseste,
mas preparaste um corpo para mim;
6 não te agradaste de holocaustos
e ofertas pelo pecado.
7 Então eu disse:
‘Eis aqui estou!
No rolo do livro está escrito a meu respeito.
Estou aqui para fazer, ó Deus, a tua vontade.’”

8 Depois de dizer, como acima: “Sacrifícios, ofertas,
holocaustos e ofertas pelo pecado não quiseste, nem
deles te agradaste” — coisas que se oferecem segundo
a lei —, 9 num segundo momento acrescentou: “Eis
aqui estou para fazer, ó Deus, a tua vontade.” Ele re-
move o primeiro para estabelecer o segundo. 10 Nessa
vontade é que temos sido santificados, mediante a
oferta do corpo de Jesus Cristo, uma vez por todas.

11 Ora, todo sacerdote se apresenta, dia após dia,
para exercer o serviço sagrado e oferecer muitas vezes
os mesmos sacrifícios, que nunca jamais podem re-
mover pecados. 12 Jesus, porém, tendo oferecido, para
sempre, um único sacrifício pelos pecados, assentou-
-se à direita de Deus, 13 aguardando, daí em diante,
até que os seus inimigos sejam postos por estrado
dos seus pés. 14 Porque, com uma única oferta, aper-
feiçoou para sempre os que estão sendo santificados.
15 E disto nos dá testemunho também o Espírito San-
to. Porque, após ter dito:

16 “Esta é a aliança que farei com eles,
depois daqueles dias, diz o Senhor:
Imprimirei as minhas leis no coração deles
e as inscreverei sobre a sua mente”,

17 acrescenta:

“Também dos seus pecados
e das suas iniquidades
jamais me lembrarei.”

18 Ora, onde há remissão de pecados, não existe
mais necessidade de sacrifício pelo pecado.

O acesso à presença de Deus

19 Portanto, meus irmãos, tendo ousadia para en-
trar no Santuário, pelo sangue de Jesus, 20 pelo novo e
vivo caminho que ele nos abriu por meio do véu, isto
é, pela sua carne, 21 e tendo um grande sacerdote so-
bre a casa de Deus, 22 aproximemo-nos com um cora-
ção sincero, em plena certeza de fé, tendo o coração
purificado de má consciência e o corpo lavado com
água pura. 23 Guardemos firme a confissão da espe-
rança, sem vacilar, pois quem fez a promessa é fiel.
24 Cuidemos também de nos animar uns aos outros
no amor e na prática de boas obras. 25 Não deixemos
de nos congregar, como é costume de alguns. Pelo
contrário, façamos admoestações, ainda mais agora
que vocês veem que o Dia se aproxima.

26 Porque, se continuarmos a pecar de propósito,
depois de termos recebido o conhecimento da ver-
dade, já não resta sacrifício pelos pecados. 27 Pelo
contrário, resta apenas uma terrível expectativa
de juízo e fogo vingador prestes a consumir os ad-
versários. 28 Quem tiver rejeitado a lei de Moisés
morre sem misericórdia, pelo depoimento de duas
ou três testemunhas. 29 Imaginem quanto mais se-
vero deve ser o castigo daquele que pisou o Filho
de Deus, profanou o sangue da aliança com o qual
foi santificado e insultou o Espírito da graça! 30 Pois
conhecemos aquele que disse:

“A mim pertence a vingança; eu retribuirei.”

E outra vez:

“O Senhor julgará o seu povo.”

31 Horrível coisa é cair nas mãos do Deus vivo.

Apelo para o passado. A recompensa não tarda

32 Lembrem-se dos dias passados, quando, depois
que foram iluminados, vocês sustentaram grande
luta e sofrimentos. 33 Em certos momentos vocês fo-
ram transformados em espetáculo, tanto para serem
insultados quanto para serem maltratados; em ou-
tros vocês se tornaram coparticipantes com aqueles
que foram tratados assim. 34 Porque vocês não apenas
se compadeceram dos encarcerados, mas também
aceitaram com alegria a espoliação dos seus bens,
porque sabiam que tinham um patrimônio superior
e durável. 35 Portanto, não percam a confiança de vo-
cês, porque ela tem grande recompensa. 36 Vocês pre-
cisam perseverar, para que, havendo feito a vontade
de Deus, alcancem a promessa.

37 "Porque, ainda dentro de pouco tempo,
aquele que vem virá e não irá demorar;
38 mas o meu justo viverá pela fé;
e, se retroceder, dele a minha alma
não se agradará."

39 Nós, porém, não somos dos que retrocedem
para a perdição, mas somos da fé, para a preserva-
ção da alma.

A natureza da fé

11 1 Ora, a fé é a certeza de coisas que se espe-
ram, a convicção de fatos que não se veem.
2 Pois, pela fé, os antigos obtiveram bom teste-
munho. 3 Pela fé, entendemos que o universo foi
formado pela palavra de Deus, de maneira que o
visível veio a existir das coisas que não são visíveis.

Exemplos de fé

Os primeiros heróis

4 Pela fé, Abel ofereceu a Deus um sacrifício
mais excelente do que Caim, pelo qual obteve tes-
temunho de ser justo, tendo a aprovação de Deus
quanto às suas ofertas. Por meio da fé, mesmo de-
pois de morto, ainda fala.
5 Pela fé, Enoque foi levado a fim de não passar
pela morte; não foi achado, porque Deus o havia
levado. Pois, antes de ser levado, obteve testemu-
nho de que havia agradado a Deus. 6 De fato, sem
fé é impossível agradar a Deus, porque é necessá-
rio que aquele que se aproxima de Deus creia que
ele existe e que recompensa os que o buscam.
7 Pela fé, Noé, divinamente instruído a respeito
de acontecimentos que ainda não se viam e sendo
temente a Deus, construiu uma arca para a salvação
de sua família. Assim, ele condenou o mundo e se tor-
nou herdeiro da justiça que vem da fé.

Os patriarcas

8 Pela fé, Abraão, quando chamado, obedeceu, a fim
de ir para um lugar que devia receber como herança; e
partiu sem saber para onde ia. 9 Pela fé, peregrinou na
terra da promessa como em terra alheia, habitando em
tendas com Isaque e Jacó, herdeiros com ele da mesma
promessa. 10 Porque Abraão aguardava a cidade que tem
fundamentos, da qual Deus é o arquiteto e construtor.
11 Pela fé, também, a própria Sara, apesar de não
poder ter filhos e já ser idosa, recebeu poder para
ser mãe, pois considerou fiel aquele que lhe havia
feito a promessa. 12 Por isso, também de um só ho-
mem, praticamente morto, saiu uma posteridade
tão numerosa como as estrelas do céu e inumerável
como a areia que está na praia do mar.
13 Todos estes morreram na fé. Não obtiveram as
promessas, mas viram-nas de longe e se alegraram
com elas, confessando que eram estrangeiros e pere-
grinos na terra. 14 Porque os que falam desse modo
manifestam estar procurando uma pátria. 15 E, se,
na verdade, se lembrassem daquela de onde saíram,
teriam oportunidade de voltar. 16 Mas, agora, de-
sejam uma pátria superior, isto é, celestial. Por isso,
Deus não se envergonha deles, de ser chamado o seu
Deus, porque lhes preparou uma cidade.
17 Pela fé, Abraão, quando posto à prova, ofereceu
Isaque. Aquele que acolheu as promessas de Deus es-
tava a ponto de sacrificar o seu único filho, 18 do qual
havia sido dito: "A sua descendência virá por meio de
Isaque." 19 Abraão considerou que Deus era podero-
so até para ressuscitar Isaque dentre os mortos, de
onde também figuradamente o recebeu de volta.
20 Pela fé, igualmente Isaque abençoou Jacó e
Esaú, a respeito de coisas que ainda estavam para vir.
21 Pela fé, Jacó, quando estava para morrer, aben-
çoou cada um dos filhos de José e, apoiado sobre a
extremidade do seu bordão, adorou a Deus.
22 Pela fé, José, próximo do seu fim, fez menção
do êxodo dos filhos de Israel, bem como deu or-
dens a respeito de seus próprios ossos.

Moisés

23 Pela fé, Moisés, depois de nascer, foi escondido
por seus pais durante três meses, porque viram que
era um menino bonito e não temeram o decreto do rei.
24 Pela fé, Moisés, sendo homem feito, recusou ser
chamado filho da filha de Faraó, 25 preferindo ser mal-
tratado junto com o povo de Deus a usufruir prazeres
transitórios do pecado. 26 Ele entendeu que ser des-
prezado por causa de Cristo era uma riqueza maior
do que os tesouros do Egito, porque contemplava a
recompensa.
27 Pela fé, Moisés abandonou o Egito, não ficando
amedrontado com a ira do rei, pois permaneceu firme
como quem vê aquele que é invisível. 28 Pela fé, cele-
brou a Páscoa e o derramamento do sangue, para que
o exterminador não tocasse nos primogênitos dos
israelitas. 29 Pela fé, os israelitas atravessaram o mar
Vermelho como por terra seca. Quando os egípcios
tentaram fazer o mesmo, foram engolidos pelo mar.

Os israelitas em Canaã

30 Pela fé, ruíram as muralhas de Jericó, depois
de rodeadas por sete dias. 31 Pela fé, Raabe, a pros-
tituta, não foi destruída com os desobedientes,
porque acolheu os espias com paz.

32 E que mais direi? Certamente me faltará o tem-
po necessário para falar de Gideão, de Baraque, de
Sansão, de Jefté, de Davi, de Samuel e dos profetas,
33 os quais, por meio da fé, conquistaram reinos, pra-
ticaram a justiça, obtiveram promessas, fecharam a
boca de leões, 34 extinguiram a violência do fogo, es-
caparam de ser mortos à espada, da fraqueza tiraram
força, fizeram-se poderosos na guerra, puseram em
fuga exércitos estrangeiros. 35 Mulheres receberam,
pela ressurreição, os seus mortos.

Alguns foram torturados, não aceitando seu resga-
te, para obterem superior ressurreição; 36 outros, por
sua vez, passaram pela prova de zombarias e açoites,
sim, até de algemas e prisões. 37 Foram apedrejados,
serrados ao meio, mortos ao fio da espada. Andaram
como peregrinos, vestidos de peles de ovelhas e de
cabras; passaram por necessidades, foram afligidos
e maltratados. 38 O mundo não era digno deles. An-
daram errantes pelos desertos, pelos montes, pelas
covas, pelos antros da terra.

39 Todos estes, mesmo tendo obtido bom teste-
munho por meio da fé, não obtiveram a concreti-
zação da promessa, 40 porque Deus tinha previsto
algo melhor para nós, para que eles, sem nós, não
fossem aperfeiçoados.

Jesus, Autor e Consumador da fé

12 1 Portanto, também nós, visto que temos a
rodear-nos tão grande nuvem de testemu-
nhas, livremo-nos de todo peso e do pecado que
tão firmemente se apega a nós e corramos com
perseverança a carreira que nos está proposta,
2 olhando firmemente para o Autor e Consumador
da fé, Jesus, o qual, em troca da alegria que lhe esta-
va proposta, suportou a cruz, sem se importar com
a vergonha, e agora está sentado à direita do trono
de Deus. 3 Portanto, pensem naquele que suportou
tamanha oposição dos pecadores contra si mesmo,
para que vocês não se cansem nem desanimem.

A disciplina de Deus é para o nosso bem

4 Na luta contra o pecado, vocês ainda não re-
sistiram até o sangue. 5 E vocês se esqueceram da
exortação que lhes é dirigida, como a filhos:

"Filho meu, não despreze
a correção que vem do Senhor,
nem desanime quando você é repreendido por ele;
6 porque o Senhor corrige a quem ama
e castiga todo filho a quem aceita."

7 É para disciplina que vocês perseveram. Deus os
trata como filhos. E qual é o filho a quem o pai não
corrige? 8 Mas, se estão sem essa correção, da qual to-
dos se tornaram participantes, então vocês são bastar-
dos e não filhos. 9 Além disso, tínhamos os nossos pais
humanos, que nos corrigiam, e nós os respeitávamos.
Será que, então, não nos sujeitaremos muito mais ao
Pai espiritual, para vivermos? 10 Pois eles nos corri-
giam por pouco tempo, segundo melhor lhes parecia;
Deus, porém, nos disciplina para o nosso próprio bem,
a fim de sermos participantes da sua santidade. 11 Na
verdade, toda disciplina, ao ser aplicada, não parece
ser motivo de alegria, mas de tristeza. Porém, mais
tarde, produz fruto pacífico aos que têm sido por ela
exercitados, fruto de justiça.

12 Por isso, levantem as mãos cansadas e forta-
leçam os joelhos vacilantes. 13 Façam caminhos
retos para os seus pés, para que o manco não se
desvie, mas seja curado.

Firmes na graça de Deus

14 Procurem viver em paz com todos e busquem
a santificação, sem a qual ninguém verá o Senhor.
15 Cuidem para que ninguém fique afastado da gra-
ça de Deus, e que nenhuma raiz de amargura, bro-
tando, cause perturbação, e, por meio dela, muitos
sejam contaminados. 16 E cuidem para que não haja
nenhum impuro ou profano, como foi Esaú, o qual,
por um prato de comida, vendeu o seu direito de pri-
mogenitura. 17 Vocês sabem também que, posterior-
mente, querendo herdar a bênção, foi rejeitado, pois
não achou lugar de arrependimento, embora, com
lágrimas, o tivesse buscado.

18 Ora, vocês não chegaram ao fogo palpável e ace-
so, à escuridão, às trevas, à tempestade, 19 ao toque da
trombeta e ao som de palavras tais, que aqueles que
ouviram isso pediram que não lhes fosse dito mais
nada, 20 pois já não suportavam o que lhes era ordena-
do: "Até um animal, se tocar o monte, será apedrejado."
21 Na verdade, o espetáculo era tão horrível, que Moisés
disse: "Estou apavorado e trêmulo!" 22 Pelo contrário,
vocês chegaram ao monte Sião e à cidade do Deus vivo,
a Jerusalém celestial, e a milhares de anjos. Vocês che-
garam à assembleia festiva, 23 a igreja dos primogênitos
arrolados nos céus. Vocês chegaram a Deus, o Juiz de
todos, e aos espíritos dos justos aperfeiçoados, 24 e a
Jesus, o Mediador da nova aliança, e ao sangue da as-
persão, que fala melhor do que o sangue de Abel.

25 Tenham cuidado e não se recusem a ouvir aque-
le que fala. Pois, se os que se recusaram a ouvir quem
divinamente os advertia na terra não escaparam,
muito menos escaparemos nós, se nos desviarmos
daquele que dos céus nos adverte. 26 Naquele tempo,
a voz dele abalou a terra, mas agora ele promete, di-
zendo: "Mais uma vez eu farei tremer não só a terra,
mas também o céu." 27 Ora, as palavras "mais uma
vez" significam a remoção dessas coisas abaladas,
ou seja, das coisas criadas, para que permaneçam as
coisas que não podem ser abaladas.

28 Por isso, recebendo nós um Reino inabalável,
retenhamos a graça, pela qual sirvamos a Deus de
modo agradável, com reverência e temor. 29 Por-
que o nosso Deus é fogo consumidor.

Os deveres sociais

13 1 Seja constante o amor fraternal. 2 Não se
esqueçam da hospitalidade, pois alguns,
praticando-a, sem o saber acolheram anjos.
3 Lembrem-se dos presos, como se estivessem
na cadeia com eles; dos que sofrem maus-tratos,
como se vocês mesmos fossem os maltratados.
4 Digno de honra entre todos seja o matrimônio,
bem como o leito conjugal sem mácula; porque
Deus julgará os impuros e os adúlteros.
5 Que a vida de vocês seja isenta de avareza.
Contentem-se com as coisas que vocês têm, por-
que Deus disse: "De maneira alguma deixarei
você, nunca jamais o abandonarei." 6 Assim, afir-
memos confiantemente:

"O Senhor é o meu auxílio,
não temerei.
O que é que alguém
pode me fazer?"

Os deveres espirituais

7 Lembrem-se dos seus líderes, os quais prega-
ram a palavra de Deus a vocês; e, considerando
atentamente o fim da vida deles, imitem a fé que
tiveram. 8 Jesus Cristo é o mesmo ontem, hoje e
para sempre. 9 Não se deixem levar por doutrinas
diferentes e estranhas, porque o que vale é ter o co-
ração confirmado com graça e não com alimentos,
que nunca trouxeram proveito aos que se preo-
cupam com isso.
10 Temos um altar do qual os que ministram no
tabernáculo não têm o direito de comer. 11 Pois
aqueles animais cujo sangue é trazido pelo sumo
sacerdote para dentro do Santo dos Santos, como
sacrifício pelo pecado, têm o corpo queimado fora
do acampamento. 12 Por isso, também Jesus, para
santificar o povo, pelo seu próprio sangue, sofreu
fora da cidade. 13 Saiamos, pois, a ele, fora do
acampamento, levando a mesma desonra que ele
suportou. 14 De fato, não temos aqui cidade perma-
nente, mas buscamos a que há de vir. 15 Por meio
de Jesus, pois, ofereçamos a Deus, sempre, sacrifí-
cio de louvor, que é o fruto de lábios que confes-
sam o seu nome. 16 Não se esqueçam da prática do
bem e da mútua cooperação, pois de tais sacrifícios
Deus se agrada.
17 Obedeçam aos seus líderes e sejam submissos
a eles, pois zelam pela alma de vocês, como quem
deve prestar contas. Que eles possam fazer isto
com alegria e não gemendo; do contrário, isso não
trará proveito nenhum para vocês.

Recomendações pessoais

18 Orem por nós, pois estamos certos de que
temos a consciência limpa, querendo em todas as
circunstâncias fazer o que é correto. 19 Peço, com
insistência, que vocês façam isto, para que eu lhes
seja restituído o mais depressa possível.

Doxologia

20 Ora, o Deus da paz, que tornou a trazer den-
tre os mortos o nosso Senhor Jesus, o grande Pas-
tor das ovelhas, pelo sangue da eterna aliança,
21 aperfeiçoe vocês em todo o bem, para que pos-
sam fazer a vontade dele. Que ele opere em nós
o que é agradável diante dele, por meio de Jesus
Cristo, a quem seja a glória para todo o sempre.
Amém!

Saudações

22 Irmãos, peço que escutem com paciência esta
palavra de exortação, porque, na verdade, escrevi
de forma bem resumida. 23 Saibam que o irmão Ti-
móteo foi posto em liberdade. Se ele vier logo, irei
vê-los na companhia dele.
24 Saúdem todos os seus líderes, bem como to-
dos os santos. Os da Itália mandam saudações.

Bênção

25 A graça esteja com todos vocês.

CARTA DE
TIAGO

Prefácio e saudação

1 1 Tiago, servo de Deus e do Senhor Jesus Cristo,
às doze tribos que se encontram na Diáspora.
Saudações.

Os benefícios das provações

2 Meus irmãos, tenham por motivo de grande
alegria o fato de passarem por várias provações,
3 sabendo que a provação da fé que vocês têm

produz perseverança. 4 Ora, a perseverança deve
ter ação completa, para que vocês sejam perfeitos
e íntegros, sem que lhes falte nada.

Como obter a sabedoria

5 Se, porém, algum de vocês necessita de sabedo-
ria, peça a Deus, que a todos dá com generosidade e
sem reprovações, e ela lhe será concedida. 6 Peça-a,
porém, com fé, em nada duvidando, pois o que du-
vida é semelhante à onda do mar, impelida e agita-
da pelo vento. 7 Que uma pessoa dessas não pense
que alcançará do Senhor alguma coisa, 8 sendo
indecisa e inconstante em todos os seus caminhos.

Pobreza e riqueza

9 O irmão de condição humilde glorie-se na sua
exaltação, 10 e o rico, na sua humilhação, porque
ele passará como a flor do campo. 11 Porque o sol se
levanta com seu calor ardente, a planta seca, a sua
flor cai e a formosura do seu aspecto desaparece.
Assim também o rico murchará em seus caminhos.

Provação e tentação

12 Bem-aventurado é aquele que suporta com
perseverança a provação. Porque, depois de ter
sido aprovado, receberá a coroa da vida, a qual o
Senhor prometeu aos que o amam. 13 Ninguém, ao
ser tentado, diga: "Sou tentado por Deus." Porque
Deus não pode ser tentado pelo mal e ele mesmo
não tenta ninguém. 14 Ao contrário, cada um é ten-
tado pela sua própria cobiça, quando esta o atrai e
seduz. 15 Então a cobiça, depois de haver concebi-
do, dá à luz o pecado; e o pecado, uma vez consu-
mado, gera a morte.
16 Não se enganem, meus amados irmãos.
17 Toda boa dádiva e todo dom perfeito vêm lá do
alto, descendo do Pai das luzes, em quem não pode
existir variação ou sombra de mudança. 18 Pois, se-
gundo o seu querer, ele nos gerou pela palavra da
verdade, para que fôssemos como que primícias
das suas criaturas.

A prática da palavra de Deus

19 Vocês sabem estas coisas, meus amados ir-
mãos. Cada um esteja pronto para ouvir, mas seja
tardio para falar e tardio para ficar irado. 20 Porque a
ira humana não produz a justiça de Deus. 21 Portan-
to, deixando toda impureza e acúmulo de maldade,
acolham com mansidão a palavra implantada em
vocês, a qual é poderosa para salvá-los.
22 Sejam praticantes da palavra e não somente
ouvintes, enganando a vocês mesmos. 23 Porque,
se alguém é ouvinte da palavra e não praticante,
assemelha-se àquele que contempla o seu rosto na-
tural num espelho; 24 pois contempla a si mesmo,
se retira e logo esquece como era a sua aparência.
25 Mas aquele que atenta bem para a lei perfeita, lei
da liberdade, e nela persevera, não sendo ouvinte
que logo se esquece, mas operoso praticante, esse
será bem-aventurado no que realizar.
26 Se alguém supõe ser religioso, mas não re-
freia a sua língua, está enganando a si mesmo; a
sua religião é vã. 27 A religião pura e sem mácula
para com o nosso Deus e Pai é esta: visitar os ór-
fãos e as viúvas nas suas aflições e guardar-se in-
contaminado do mundo.

Não deve haver parcialidade

2 1 Meus irmãos, vocês não podem ter fé em nos-
so Senhor Jesus Cristo, o Senhor da glória, e ao
mesmo tempo tratar as pessoas com parcialidade.
2 Porque, se entrar na sinagoga de vocês um homem
com anéis de ouro nos dedos, vestindo roupa lu-
xuosa, e entrar também um pobre muito malvesti-
do, 3 e vocês derem um tratamento especial ao que
está vestido com a roupa luxuosa, dizendo: "Você,
sente-se aqui no lugar de honra", e disserem ao po-
bre: "Você, fique em pé" ou "Sente-se ali, abaixo do
estrado dos meus pés", 4 será que vocês não estarão
fazendo distinção entre vocês mesmos e julgando
as pessoas com critérios errados?
5 Escutem, meus amados irmãos. Por acaso Deus
não escolheu os que para o mundo são pobres para
serem ricos em fé e herdeiros do Reino que ele pro-
meteu aos que o amam? 6 No entanto, vocês des-
prezam os pobres. Por acaso não são os ricos que
oprimem vocês e não são eles que os arrastam para
os tribunais? 7 Não são eles os que blasfemam o
bom nome que foi invocado sobre vocês?
8 Se vocês, de fato, observam a lei do Reino, con-
forme está na Escritura: "Ame o seu próximo como
a si mesmo", fazem bem. 9 Se, no entanto, vocês
tratam as pessoas com parcialidade, cometem pe-
cado, sendo condenados pela lei como transgresso-
res. 10 Pois quem guarda toda a lei, mas tropeça em
um só ponto, se torna culpado de todos. 11 Porque,
aquele que disse: "Não cometa adultério", também
ordenou: "Não mate." Ora, se você não comete
adultério, porém mata, acaba sendo transgressor
da lei. 12 Assim, falem e vivam como pessoas que se-
rão julgadas pela lei da liberdade. 13 Porque o juízo é
sem misericórdia sobre quem não usou de miseri-
córdia. A misericórdia triunfa sobre o juízo.

A fé sem obras é morta

14 Meus irmãos, qual é o proveito, se alguém
disser que tem fé, mas não tiver obras? Será que
essa fé pode salvá-lo? 15 Se um irmão ou uma irmã
estiverem com falta de roupa e necessitando do ali-
mento diário, 16 e um de vocês lhes disser: "Vão em
paz! Tratem de se aquecer e de se alimentar bem",
mas não lhes dão o necessário para o corpo, qual é
o proveito disso? 17 Assim, também a fé, se não tiver
obras, por si só está morta.

18 Mas alguém dirá: "Você tem fé, e eu tenho
obras." Mostre-me essa sua fé sem as obras, e eu,
com as obras, lhe mostrarei a minha fé. 19 Você crê
que Deus é um só? Faz muito bem! Até os demônios
creem e tremem. 20 Seu tolo, você quer ter certeza
de que a fé sem as obras é inútil? 21 Por acaso não foi
pelas obras que Abraão, o nosso pai, foi justificado,
quando ofereceu o seu filho Isaque sobre o altar?
22 Você percebe que a fé operava juntamente com
as suas obras e que foi pelas obras que a fé se con-
sumou. 23 E se cumpriu a Escritura, que diz: "Abraão
creu em Deus, e isso lhe foi atribuído para justiça", e
ele foi chamado amigo de Deus. 24 Assim, vocês per-
cebem que uma pessoa é justificada pelas obras e
não somente pela fé.
25 De igual modo, será que não foi também pelas
obras que a prostituta Raabe foi justificada, quando
acolheu os emissários e os fez partir por outro ca-
minho? 26 Porque, assim como o corpo sem espírito
é morto, assim também a fé sem obras é morta.

Dominar a língua

3 1 Meus irmãos, não sejam, muitos de vocês, mes-
tres, sabendo que seremos julgados com mais
rigor. 2 Porque todos tropeçamos em muitas coisas.
Se alguém não tropeça no falar, é um indivíduo per-
feito, capaz de refrear também todo o corpo. 3 Ora,
se colocamos um freio na boca dos cavalos, para
que nos obedeçam, também lhes dirigimos o cor-
po inteiro. 4 Observem, igualmente, os navios que,
sendo tão grandes e impelidos por fortes ventos,
são dirigidos por um pequeníssimo leme, e levados
para onde o piloto quer. 5 Assim, também a língua,
pequeno órgão, se gaba de grandes coisas. Vejam
como uma fagulha incendeia uma grande floresta!
6 Ora, a língua é um fogo; é um mundo de maldade.
A língua está situada entre os membros do nosso
corpo e contamina o corpo inteiro, e não só põe
em chamas toda a carreira da existência humana,
como também ela mesma é posta em chamas pelo
inferno. 7 Pois toda espécie de animais, de aves, de
répteis e de seres marinhos se doma e tem sido do-
mada pelo gênero humano, 8 mas a língua ninguém
é capaz de domar; é mal incontido, cheio de veneno
mortal. 9 Com ela, bendizemos o Senhor e Pai; tam-
bém, com ela, amaldiçoamos as pessoas, criadas
à semelhança de Deus. 10 De uma só boca procede
bênção e maldição. Meus irmãos, isso não deveria
ser assim. 11 Por acaso pode a fonte jorrar do mesmo
lugar água doce e água amarga? 12 Meus irmãos, será
que a figueira pode produzir azeitonas ou a videira,
figos? Assim, também, uma fonte de água salgada
não pode dar água doce.

A sabedoria lá do alto

13 Quem entre vocês é sábio e inteligente?
Mostre as suas obras em mansidão de sabedoria,
mediante a sua boa conduta. 14 Se, pelo contrá-
rio, vocês têm em seu coração inveja amargurada
e sentimento de rivalidade, não se gloriem dis-
so, nem mintam contra a verdade. 15 Esta não é
a sabedoria que desce lá do alto; pelo contrário,
é terrena, animal e demoníaca. 16 Pois, onde há
inveja e rivalidade, aí há confusão e toda espé-
cie de coisas ruins. 17 Mas a sabedoria lá do alto
é, primeiramente, pura; depois, pacífica, gentil,
amigável, cheia de misericórdia e de bons frutos,
imparcial, sem fingimento. 18 Ora, é em paz que
se semeia o fruto da justiça, para os que promo-
vem a paz.

Amizade com o mundo

4 1 De onde procedem as guerras e brigas que há
entre vocês? De onde, senão dos prazeres que es-
tão em conflito dentro de vocês? 2 Vocês cobiçam e
nada têm; matam e sentem inveja, mas nada podem
obter; vivem a lutar e a fazer guerras. Nada têm, por-
que não pedem; 3 pedem e não recebem, porque pe-
dem mal, para esbanjarem em seus prazeres.
4 Gente infiel! Vocês não sabem que a amizade
do mundo é inimizade contra Deus? Aquele, pois,
que quiser ser amigo do mundo se torna inimigo
de Deus. 5 Ou vocês pensam que é em vão que a
Escritura diz: "É com ciúme que por nós anseia o
Espírito, que ele fez habitar em nós?" 6 Mas ele nos
dá cada vez mais graça. Por isso diz: "Deus resiste
aos soberbos, mas dá graça aos humildes."
7 Portanto, sujeitem-se a Deus, mas resistam ao
diabo, e ele fugirá de vocês. 8 Cheguem perto de Deus,
e ele se chegará a vocês. Limpem as mãos, pecadores!
E vocês que são indecisos, purifiquem o coração. 9 Re-
conheçam a sua miséria, lamentem e chorem. Que o
riso de vocês se transforme em pranto, e que a alegria
de vocês se transforme em tristeza. 10 Humilhem-se
diante do Senhor, e ele os exaltará.

Não julguem os outros

11 Irmãos, não falem mal uns dos outros. Aque-
le que fala mal do irmão ou julga o seu irmão fala
mal da lei e julga a lei; ora, se você julga a lei, não é
observador da lei, mas juiz. 12 Um só é Legislador
e Juiz, aquele que pode salvar e fazer perecer. Mas
quem é você para julgar o seu próximo?

A incerteza da vida

13 Escutem, agora, vocês que dizem: "Hoje ou
amanhã, iremos para a cidade tal, e lá passaremos
um ano, e faremos negócios, e teremos lucros."
14 Vocês não sabem o que acontecerá amanhã. O
que é a vida de vocês? Vocês não passam de neblina
que aparece por um instante e logo se dissipa. 15 Em
vez disso, deveriam dizer: "Se Deus quiser, não só
viveremos, como também faremos isto ou aquilo."
16 Agora, entretanto, vocês se orgulham das suas

arrogantes pretensões. Todo orgulho semelhante a
esse é mau. 17 Portanto, aquele que sabe que deve
fazer o bem e não o faz, nisso está pecando.

Aviso aos ricos

5 1 Escutem, agora, ricos! Chorem e lamentem, por
causa das desgraças que virão sobre vocês. 2 As
suas riquezas apodreceram, e as suas roupas foram
comidas pelas traças. 3 O seu ouro e a sua prata es-
tão enferrujados, e essa ferrugem será testemunha
contra vocês e há de devorar, como fogo, o corpo
de vocês. Nestes tempos do fim, vocês ajuntaram
tesouros. 4 Eis que o salário dos trabalhadores que
fizeram a colheita nos campos de vocês e que foi re-
tido com fraude está clamando; e o clamor dos que
fizeram a colheita chegou aos ouvidos do Senhor
dos Exércitos. 5 Vocês têm tido uma vida de luxo e
de prazeres sobre a terra; têm engordado em dia de
matança. 6 Vocês têm condenado e matado o justo,
sem que ele ofereça resistência.

Exortação à paciência

7 Portanto, irmãos, sejam pacientes até a vinda
do Senhor. Eis que o lavrador aguarda com paciên-
cia o precioso fruto da terra, até receber as primei-
ras e as últimas chuvas. 8 Sejam também vocês
pacientes e fortaleçam o seu coração, pois a vinda
do Senhor está próxima.

9 Irmãos, não se queixem uns dos outros, para que
vocês não sejam julgados. Eis que o juiz está às por-
tas. 10 Irmãos, tomem como exemplo de sofrimento
e de paciência os profetas, que falaram em nome do
Senhor. 11 Eis que consideramos felizes os que foram
perseverantes. Vocês ouviram a respeito da paciência
de Jó e sabem como o Senhor fez com que tudo aca-
basse bem; porque o Senhor é cheio de misericórdia
e compaixão.

Conselhos diversos

12 Acima de tudo, meus irmãos, não jurem nem
pelo céu, nem pela terra, nem por outra coisa
qualquer, mas que o "sim" de vocês seja "sim", e
que o "não" de vocês seja "não", para que vocês
não incorram em condenação.

13 Alguém de vocês está sofrendo? Faça oração.
Alguém está alegre? Cante louvores. 14 Alguém de
vocês está doente? Chame os presbíteros da igreja,
e estes façam oração sobre ele, ungindo-o com óleo,
em nome do Senhor. 15 E a oração da fé salvará o en-
fermo, e o Senhor o levantará. E, se houver cometi-
do pecados, estes lhe serão perdoados. 16 Portanto,
confessem os seus pecados uns aos outros e orem
uns pelos outros, para que vocês sejam curados.
Muito pode, por sua eficácia, a súplica do justo.
17 Elias era homem semelhante a nós, sujeito aos
mesmos sentimentos, e orou com fervor para que
não chovesse sobre a terra, e, por três anos e seis
meses, não choveu. 18 Depois, orou de novo, e então
o céu deu chuva, e a terra produziu os seus frutos.

19 Meus irmãos, se alguém entre vocês se des-
viar da verdade, e alguém o converter, 20 saibam
que aquele que converte o pecador do seu cami-
nho errado salvará da morte a alma dele e cobrirá
uma multidão de pecados.

PRIMEIRA CARTA DE

PEDRO

Prefácio e saudação

1 1 Pedro, apóstolo de Jesus Cristo, aos eleitos
que são forasteiros da Diáspora no Ponto, na
Galácia, na Capadócia, na Ásia e na Bitínia, 2 elei-
tos, segundo a presciência de Deus Pai, em santi-
ficação do Espírito, para a obediência e a aspersão
do sangue de Jesus Cristo.

Que a graça e a paz lhes sejam multiplicadas.

Uma viva esperança

3 Bendito seja o Deus e Pai de nosso Senhor
Jesus Cristo, que, segundo a sua grande miseri-
córdia, nos regenerou para uma viva esperança,
mediante a ressurreição de Jesus Cristo dentre
os mortos, 4 para uma herança que não pode ser
destruída, que não fica manchada, que não mur-
cha e que está reservada nos céus para vocês, 5 que
são guardados pelo poder de Deus, mediante a fé,
para a salvação preparada para ser revelada no
último tempo. 6 Nisso vocês exultam, embora, no
presente, por breve tempo, se necessário, sejam
contristados por várias provações, 7 para que, uma
vez confirmado o valor da fé que vocês têm, mui-
to mais preciosa do que o ouro perecível, mesmo
apurado pelo fogo, resulte em louvor, glória e hon-
ra na revelação de Jesus Cristo. 8 Mesmo sem tê-lo
visto vocês o amam. Mesmo não o vendo agora,
mas crendo nele, exultam com uma alegria indes-
critível e cheia de glória, 9 obtendo o alvo dessa fé:
a salvação da alma.

10 Foi a respeito desta salvação que os profetas in-
dagaram e investigaram. Eles profetizaram a respeito
da graça destinada a vocês, 11 investigando qual a oca-
sião ou quais as circunstâncias oportunas que eram
indicadas pelo Espírito de Cristo, que neles estava, ao
predizer os sofrimentos que Cristo teria de suportar e
as glórias que viriam depois desses sofrimentos. 12 A
eles foi revelado que, não para si mesmos, mas para
vocês, ministravam as coisas que, agora, foram anun-
ciadas a vocês por aqueles que, pelo Espírito Santo
enviado do céu, lhes pregaram o evangelho, coisas
essas que anjos desejam contemplar.

A santidade na vida

13 Por isso, preparando o seu entendimento, se-
jam sóbrios e esperem inteiramente na graça que
lhes está sendo trazida na revelação de Jesus Cristo.
14 Como filhos obedientes, não vivam conforme as
paixões que vocês tinham anteriormente, quando
ainda estavam na ignorância. 15 Pelo contrário, as-
sim como é santo aquele que os chamou, sejam san-
tos vocês também em tudo o que fizerem, 16 porque
está escrito: "Sejam santos, porque eu sou santo."
17 E, se vocês invocam como Pai aquele que, sem
parcialidade, julga segundo as obras de cada um,
vivam em temor durante o tempo da peregrinação
de vocês, 18 sabendo que não foi mediante coisas
perecíveis, como prata ou ouro, que vocês foram
resgatados da vida inútil que seus pais lhes legaram,
19 mas pelo precioso sangue de Cristo, como de um
cordeiro sem defeito e sem mácula. 20 Ele foi conhe-
cido antes da fundação do mundo, mas foi mani-
festado nestes últimos tempos, em favor de vocês.
21 Por meio dele, vocês creem em Deus, o qual o res-
suscitou dentre os mortos e lhe deu glória, para que
a fé e a esperança de vocês estejam em Deus.

22 Tendo purificado a alma pela obediência à verda-
de, e com vistas ao amor fraternal não fingido, amem
intensamente uns aos outros de coração puro. 23 Por-
que vocês foram regenerados não de semente cor-
ruptível, mas de semente incorruptível, mediante a
palavra de Deus, a qual vive e é permanente. 24 Porque

"toda a humanidade é como a erva do campo,
e toda a sua glória é como a flor da erva.
A erva seca, e a flor cai;
25 mas a palavra do Senhor permanece para sempre."

Esta palavra é o evangelho que foi anunciado a
vocês.

A pedra viva e a nação santa

2 1 Portanto, abandonem toda maldade, todo en-
gano, hipocrisia e inveja, bem como todo tipo de
maledicência. 2 Como crianças recém-nascidas, dese-
jem o genuíno leite espiritual, para que, por ele, lhes
seja dado crescimento para a salvação, 3 se é que vocês
já têm a experiência de que o Senhor é bondoso.

4 Chegando-se a ele, a pedra que vive, rejeita-
da, sim, pelos homens, mas para com Deus elei-
ta e preciosa, 5 também vocês, como pedras que
vivem, são edificados casa espiritual para serem
sacerdócio santo, a fim de oferecerem sacrifícios
espirituais agradáveis a Deus por meio de Jesus
Cristo. 6 Pois isso está na Escritura:

"Eis que ponho em Sião
uma pedra angular, eleita e preciosa;
e quem nela crer não será envergonhado."

7 Portanto, para vocês, os que creem, esta pedra
é preciosa. Mas, para os descrentes,

"A pedra que os construtores rejeitaram,
essa veio a ser a pedra angular,"

8 E:

"Pedra de tropeço e rocha de ofensa."

São estes os que tropeçam na palavra, sendo deso-
bedientes, para o que também foram destinados.

9 Vocês, porém, são geração eleita, sacerdócio
real, nação santa, povo de propriedade exclusiva
de Deus, a fim de proclamar as virtudes daquele
que os chamou das trevas para a sua maravilhosa
luz. 10 Antes, vocês nem eram povo, mas agora são
povo de Deus; antes, não tinham alcançado mise-
ricórdia, mas agora alcançaram misericórdia.

A vida cristã exemplar

11 Amados, peço a vocês, como peregrinos e fo-
rasteiros que são, que se abstenham das paixões
carnais, que fazem guerra contra a alma, 12 tendo
conduta exemplar no meio dos gentios, para que,
quando eles os acusarem de malfeitores, obser-
vando as boas obras que vocês praticam, glorifi-
quem a Deus no dia da visitação.

13 Por causa do Senhor, estejam sujeitos a toda
instituição humana, quer seja ao rei, como sobera-
no, 14 quer seja às autoridades, como enviadas por
ele, tanto para castigo dos malfeitores como para
louvor dos que praticam o bem. 15 Porque assim é
a vontade de Deus, que, pela prática do bem, vocês
silenciem a ignorância dos insensatos. 16 Como pes-
soas livres que são, não usem a liberdade como des-
culpa para fazer o mal; pelo contrário, vivam como
servos de Deus. 17 Tratem todos com honra, amem
os irmãos na fé, temam a Deus e honrem o rei.

Os servos cristãos e o exemplo de Cristo

18 Servos, sejam obedientes ao senhor de vocês,
com todo o temor. E não somente se ele for bom
e cordial, mas também se for mau. 19 Porque isto é
agradável a Deus, que alguém suporte tristezas, so-
frendo injustamente, por motivo de sua consciên-
cia para com Deus. 20 Pois que glória há, se, pecando
e sendo castigados por isso, vocês o suportam com

paciência? Se, entretanto, quando praticam o bem,
vocês são igualmente afligidos e o suportam com
paciência, isto é agradável a Deus. 21 Porque para
isto mesmo vocês foram chamados, pois também
Cristo sofreu no lugar de vocês, deixando exemplo
para que vocês sigam os seus passos. 22 Ele não co-
meteu pecado, nem foi encontrado engano em sua
boca. 23 Pois ele, quando insultado, não revidava
com insultos; quando maltratado, não fazia amea-
ças, mas se entregava àquele que julga retamente,
24 carregando ele mesmo, em seu corpo, sobre o
madeiro, os nossos pecados, para que nós, mor-
tos para os pecados, vivamos para a justiça. Pelas
feridas dele vocês foram sarados. 25 Porque vocês
estavam desgarrados como ovelhas; agora, porém,
se converteram ao Pastor e Bispo da alma de vocês.

Deveres dos casados

3 1 Igualmente vocês, esposas, estejam sujeitas,
cada uma a seu próprio marido, para que, se
ele ainda não obedece à palavra, seja ganho sem
palavra alguma, por meio da conduta de sua es-
posa, 2 ao observar o comportamento honesto e
cheio de temor que vocês têm. 3 Que a beleza de
vocês não seja exterior, como tranças nos cabelos,
joias de ouro e vestidos finos, 4 mas que ela este-
ja no ser interior, uma beleza permanente de um
espírito manso e tranquilo, que é de grande valor
diante de Deus. 5 Pois foi assim também que, no
passado, costumavam se enfeitar as santas mulhe-
res que esperavam em Deus, estando cada qual su-
jeita a seu próprio marido. 6 Foi o que fez Sara, que
obedeceu a Abraão, chamando-o de "senhor", da
qual vocês se tornaram filhas, praticando o bem e
não temendo perturbação alguma.

7 Maridos, vocês, igualmente, vivam a vida co-
mum do lar com discernimento, dando honra à
esposa, por ser a parte mais frágil e por ser coer-
deira da mesma graça da vida. Agindo assim, as
orações de vocês não serão interrompidas.

O amor fraternal

8 Finalmente, tenham todos o mesmo modo de
pensar, sejam compassivos, fraternalmente ami-
gos, misericordiosos, humildes. 9 Não paguem mal
com mal, nem ofensa com ofensa. Pelo contrário,
respondam com palavras de bênção, pois para isto
mesmo vocês foram chamados, a fim de recebe-
rem bênção por herança. 10 Pois:

"Aquele que quer amar a vida
e ter dias felizes
refreie a língua do mal
e evite que os seus lábios
falem palavras enganosas;
11 afaste-se do mal e pratique o bem,
busque a paz e empenhe-se por alcançá-la.
12 Porque os olhos do Senhor
repousam sobre os justos,
e os seus ouvidos estão abertos às suas súplicas,
mas o rosto do Senhor
está contra aqueles que praticam o mal."

Sofrendo como seguidores de Cristo

13 Ora, quem há de maltratá-los, se vocês forem
zelosos na prática do bem? 14 Mas, mesmo que
venham a sofrer por causa da justiça, vocês são
bem-aventurados. Não tenham medo das amea-
ças, nem fiquem angustiados; 15 pelo contrário,
santifiquem a Cristo, como Senhor, no seu cora-
ção, estando sempre preparados para responder a
todo aquele que pedir razão da esperança que vo-
cês têm. 16 Mas façam isso com mansidão e temor,
com boa consciência, de modo que, naquilo em
que falam mal de vocês, fiquem envergonhados
esses que difamam a boa conduta que vocês têm
em Cristo. 17 Porque, se for da vontade de Deus, é
melhor que vocês sofram por praticarem o bem
do que praticando o mal. 18 Pois também Cristo
padeceu, uma única vez, pelos pecados, o justo
pelos injustos, para conduzir vocês a Deus; morto,
sim, na carne, mas vivificado no espírito, 19 no qual
também foi e pregou aos espíritos em prisão, 20 os
quais, noutro tempo, foram desobedientes, quan-
do Deus aguardava com paciência nos dias de Noé,
enquanto se preparava a arca, na qual poucas pes-
soas, apenas oito, foram salvas através da água. 21 O
batismo, que corresponde a isso, agora também
salva vocês, não sendo a remoção das impurezas
do corpo, mas o apelo por uma boa consciência
para com Deus, por meio da ressurreição de Jesus
Cristo, 22 que, depois de ir para o céu, está à direita
de Deus, ficando-lhe subordinados anjos, potesta-
des e poderes.

Vida segundo a vontade de Deus

4 1 Ora, tendo Cristo sofrido na carne, estejam
também vocês armados do mesmo pensa-
mento. Pois aquele que sofreu na carne rompeu
com o pecado, 2 para que, no tempo que lhes resta
na carne, vocês não vivam mais de acordo com
as paixões humanas, mas segundo a vontade de
Deus. 3 Porque basta que, no passado, vocês te-
nham feito a vontade dos gentios, tendo andado
em práticas libertinas, desejos carnais, bebedei-
ras, orgias, embriaguez e em detestáveis idola-
trias. 4 Por isso, falando mal de vocês, estranham
que vocês não se juntam com eles no mesmo
excesso de devassidão, 5 eles que terão de pres-
tar contas àquele que é competente para julgar
vivos e mortos. 6 Pois, para este fim, o evangelho
foi pregado também a mortos, para que, mesmo
julgados na carne segundo os homens, vivam em
espírito segundo Deus.

Bons administradores da graça de Deus

7 O fim de todas as coisas está próximo; portanto,
sejam criteriosos e sóbrios para poderem orar. 8 Aci-
ma de tudo, porém, tenham muito amor uns para
com os outros, porque o amor cobre a multidão de
pecados. 9 Sejam mutuamente hospitaleiros, sem
murmuração. 10 Sirvam uns aos outros, cada um
conforme o dom que recebeu, como encarregados
de administrar bem a multiforme graça de Deus.
11 Se alguém fala, fale de acordo com os oráculos de
Deus; se alguém serve, faça-o na força que Deus lhe
dá, para que, em todas as coisas, Deus seja glorifi-
cado, por meio de Jesus Cristo, a quem pertence a
glória e o domínio para todo o sempre. Amém!

Coparticipantes dos sofrimentos de Cristo

12 Amados, não estranhem o fogo que surge no
meio de vocês, destinado a pô-los à prova, como se
alguma coisa extraordinária estivesse aconteceen-
do. 13 Pelo contrário, alegrem-se na medida em que
são coparticipantes dos sofrimentos de Cristo, para
que também, na revelação de sua glória, vocês se
alegrem, exultando. 14 Se são insultados por causa
do nome de Cristo, vocês são bem-aventurados,
porque o Espírito da glória, que é o Espírito de
Deus, repousa sobre vocês. 15 Que nenhum de vo-
cês sofra como assassino, ou ladrão, ou malfeitor,
ou como quem se mete na vida dos outros. 16 Mas,
se sofrer como cristão, não se envergonhe; pelo
contrário, glorifique a Deus por causa disso.
17 Porque chegou o tempo de começar o juízo
pela casa de Deus; e, se começa por nós, qual será
o fim daqueles que não obedecem ao evangelho
de Deus? 18 E, "se é com dificuldade que o justo é
salvo, que será do ímpio e do pecador?"
19 Por isso, também os que sofrem segundo a
vontade de Deus entreguem a sua alma ao fiel
Criador, na prática do bem.

Conselhos para o povo de Deus

5 1 Aos presbíteros que há entre vocês, eu,
presbítero como eles, testemunha dos
sofrimentos de Cristo e, ainda, coparticipante
da glória que há de ser revelada, peço 2 que pas-
toreiem o rebanho de Deus que há entre vocês,
não por obrigação, mas espontaneamente, como
Deus quer; não por ganância, mas de boa vonta-
de; 3 não como dominadores dos que lhes foram
confiados, mas sendo exemplos para o rebanho.
4 E, quando o Supremo Pastor se manifestar, vo-
cês receberão a coroa da glória, que nunca perde
o seu brilho.
5 Peço igualmente aos jovens: estejam sujeitos
aos que são mais velhos. Que todos se revistam de
humildade no trato de uns com os outros, porque
"Deus resiste aos soberbos, mas dá graça aos hu-
mildes."
6 Portanto, humilhem-se debaixo da poderosa
mão de Deus, para que ele, em tempo oportuno,
os exalte. 7 Lancem sobre ele todas as suas ansie-
dades, porque ele cuida de vocês. 8 Sejam sóbrios
e vigilantes. O inimigo de vocês, o diabo, anda em
derredor, como leão que ruge procurando alguém
para devorar. 9 Resistam-lhe, firmes na fé, certos
de que os irmãos de vocês, espalhados pelo mun-
do, estão passando por sofrimentos iguais aos de
vocês. 10 E o Deus de toda a graça, que em Cristo os
chamou à sua eterna glória, depois de vocês terem
sofrido por um pouco, ele mesmo irá aperfeiçoar,
firmar, fortificar e fundamentar vocês. 11 A ele seja
o domínio para sempre. Amém!

Saudações

12 Por meio de Silvano, que considero um irmão
fiel, escrevo para vocês de forma resumida, exor-
tando e testemunhando que esta é a genuína graça
de Deus. Continuem firmes nessa graça.
13 Aquela que se encontra na Babilônia, tam-
bém eleita, manda saudações, e o mesmo faz o
meu filho Marcos. 14 Saúdem uns aos outros com
um beijo fraterno.

Bênção

Paz a todos vocês que estão em Cristo.

SEGUNDA CARTA DE PEDRO

Prefácio e saudação

1 1 Simão Pedro, servo e apóstolo de Jesus Cristo,
aos que conosco obtiveram fé igualmente precio-
sa na justiça do nosso Deus e Salvador Jesus Cristo.
2 Que a graça e a paz lhes sejam multiplicadas,
no pleno conhecimento de Deus e de Jesus, nosso
Senhor.

A prática das virtudes cristãs e seus resultados

3 Pelo poder de Deus nos foram concedidas

todas as coisas que conduzem à vida e à piedade,
de, pelo pleno conhecimento daquele que nos
chamou para a sua própria glória e virtude. 4 Por
meio delas, ele nos concedeu as suas preciosas e
mui grandes promessas, para que por elas vocês
se tornem coparticipantes da natureza divina,
tendo escapado da corrupção das paixões que há
no mundo. 5 Por causa disso, concentrando todos
os seus esforços, acrescentem à fé que vocês têm
a virtude; à virtude, o conhecimento; 6 ao conhe-
cimento, o domínio próprio; ao domínio próprio,
a perseverança; à perseverança, a piedade; 7 à
piedade, a fraternidade; à fraternidade, o amor.
8 Porque essas qualidades, estando presentes e
aumentando cada vez mais, farão com que vo-
cês não sejam nem inativos, nem infrutíferos
no pleno conhecimento do nosso Senhor Jesus
Cristo. 9 Pois aquele que não tem estas coisas é
cego, vendo só o que está perto, e se esqueceu da
purificação dos seus antigos pecados. 10 Por isso,
irmãos, procurem, com empenho cada vez maior,
confirmar a vocação e a eleição de vocês; porque,
fazendo assim, vocês jamais tropeçarão. 11 Pois
desta maneira é que lhes será amplamente supri-
da a entrada no Reino eterno do nosso Senhor e
Salvador Jesus Cristo.

12 Por esta razão, sempre estarei pronto para fa-
zer com que vocês se lembrem destas coisas, em-
bora já as conheçam e tenham sido confirmados
na verdade que receberam. 13 Também considero
justo, enquanto estou neste tabernáculo, desper-
tar essas lembranças em vocês, 14 certo de que
estou prestes a deixar o meu tabernáculo, como
efetivamente nosso Senhor Jesus Cristo me reve-
lou. 15 Mas, de minha parte, me esforçarei ao má-
ximo para que sempre, mesmo depois da minha
partida, vocês se lembrem dessas coisas.

A superioridade da palavra de Deus

16 Porque não lhes demos a conhecer o poder e a
vinda do nosso Senhor Jesus Cristo seguindo fábulas
engenhosamente inventadas, mas nós mesmos fo-
mos testemunhas oculares da sua majestade. 17 Por-
que ele recebeu honra e glória da parte de Deus Pai,
quando, pela Suprema Glória, lhe foi enviada a se-
guinte voz: "Este é o meu Filho amado, em quem me
agrado." 18 Ora, nós ouvimos esta voz vinda do céu
quando estávamos com ele no monte santo. 19 As-
sim, temos ainda mais segura a palavra profética, e
vocês fazem bem em dar atenção a ela, como a uma
luz que brilha em lugar escuro, até que o dia clareie e
a estrela da alva nasça no coração de vocês. 20 Primei-
ramente, porém, saibam que nenhuma profecia da
Escritura provém de interpretação pessoal; 21 porque
nunca jamais qualquer profecia foi dada por vontade
humana; entretanto, homens falaram da parte de
Deus, movidos pelo Espírito Santo.

Os falsos mestres

2 1 Assim como surgiram falsos profetas no meio
do povo, também haverá falsos mestres entre
vocês. Eles introduzirão heresias destruidoras,
chegando a renegar o Soberano Senhor que os
resgatou, trazendo sobre si mesmos repentina des-
truição. 2 E muitos seguirão as suas práticas liberti-
nas, e, por causa deles, o caminho da verdade será
difamado. 3 Movidos por avareza, eles explorarão
vocês com palavras fictícias. Mas, para eles, a con-
denação decretada há muito tempo não tarda, e a
destruição deles não caiu no esquecimento.

4 Pois Deus não poupou anjos quando pecaram,
mas, lançando-os no inferno, prendeu-os com cor-
rentes de escuridão, reservando-os para o juízo. 5 E
ele não poupou o mundo antigo, mas preservou
Noé, pregador da justiça, e mais sete pessoas, quan-
do fez vir o dilúvio sobre o mundo de ímpios. 6 E,
reduzindo a cinzas as cidades de Sodoma e Gomor-
ra, condenou-as à ruína completa, tendo-as posto
como exemplo do que viria a acontecer com os que
vivessem impiamente; 7 mas livrou o justo Ló, que
ficava aflito com a conduta libertina daqueles insu-
bordinados. 8 Porque esse homem justo, pelo que via
e ouvia ao morar entre eles, atormentava a sua alma
justa, dia após dia, por causa das obras iníquas que
aqueles praticavam. 9 Assim, o Senhor sabe livrar da
provação os piedosos e manter os injustos sob casti-
go, para o Dia do Juízo, 10 especialmente aqueles que,
seguindo a carne, andam em desejos impuros e des-
prezam qualquer autoridade. Atrevidos, arrogantes,
não temem difamar os gloriosos seres celestiais, 11 ao
passo que anjos, embora maiores em força e poder,
não proferem contra essas autoridades sentença di-
famatória na presença do Senhor. 12 Esses, porém,
como animais irracionais, seres guiados pelo instinto
e que nascem para serem capturados e mortos, falan-
do mal daquilo que não entendem, na sua destruição
também hão de ser destruídos, 13 recebendo injustiça
como pagamento pela injustiça que praticam. Encon-
tram prazer na satisfação de seus desejos libertinos
em pleno dia. Como manchas e defeitos, encontram
satisfação nas suas próprias mentiras, enquanto se
banqueteiam com vocês. 14 Eles têm os olhos cheios
de adultério e são insaciáveis no pecado. Enganam
almas inconstantes e têm o coração exercitado na
avareza, essa gente maldita. 15 Tendo abandonado o
reto caminho, desviaram-se e seguiram pelo caminho
de Balaão, filho de Beor, que amou o pagamento pela
injustiça. 16 Mas ele foi repreendido pela sua trans-
gressão: um animal de carga mudo, falando com voz
humana, refreou a insensatez do profeta.

17 Esses tais são fontes sem água, névoas leva-
das pela tempestade, para os quais está reservada
a mais profunda escuridão. 18 Porque, falando com
arrogância palavras sem conteúdo, enganam com
desejos libertinos de natureza carnal aqueles que

de fato estavam se afastando dos que vivem no erro. 19 Prometem-lhes a liberdade, quando eles mesmos são escravos da corrupção, pois aquele que é vencido fica escravo do vencedor. 20 Portanto, se, depois de terem escapado das contaminações do mundo mediante o conhecimento do Senhor e Salvador Jesus Cristo, se deixam enredar de novo e são vencidos, o seu último estado se tornou pior do que o primeiro. 21 Pois teria sido melhor que eles nunca tivessem conhecido o caminho da justiça do que, após conhecê-lo, voltar atrás e se afastar do santo mandamento que lhes havia sido dado. 22 Com eles aconteceu o que diz certo provérbio muito verdadeiro: "O cão volta ao seu próprio vômito." E: "A porca lavada volta a rolar na lama."

A vinda do Senhor

3 1 Amados, esta é, agora, a segunda carta que escrevo a vocês. Em ambas, procuro, com lembranças, despertar a mente esclarecida de vocês, 2 para que se lembrem das palavras que, anteriormente, foram ditas pelos santos profetas, e também se lembrem do mandamento do Senhor e Salvador, que os apóstolos de vocês lhes ensinaram. 3 Antes de tudo, saibam que, nos últimos dias, virão escarnecedores com as suas zombarias, andando segundo as próprias paixões 4 e dizendo: "Onde está a promessa da sua vinda? Porque, desde que os pais morreram, todas as coisas permanecem como desde o princípio da criação."

5 Acontece que, de propósito, esquecem que os céus existem desde muito tempo, e que a terra surgiu da água e através da água pela palavra de Deus. 6 Com base nesta palavra também o mundo daquele tempo foi destruído, afogado em água. 7 Pela mesma palavra, os céus e a terra que agora existem têm sido guardados para o fogo, estando reservados para o Dia do Juízo e da destruição dos ímpios.

8 Mas há uma coisa, amados, que vocês não devem esquecer: que, para o Senhor, um dia é como mil anos, e mil anos são como um dia. 9 O Senhor não retarda a sua promessa, ainda que alguns a julguem demorada. Pelo contrário, ele é paciente com vocês, não querendo que ninguém pereça, mas que todos cheguem ao arrependimento. 10 Porém, o Dia do Senhor virá como um ladrão. Naquele dia os céus passarão com grande estrondo, e os elementos se desfarão pelo fogo. Também a terra e as obras que nela existem desaparecerão.

Como esperar o Senhor

11 Uma vez que tudo será assim desfeito, vocês devem ser pessoas que vivem de maneira santa e piedosa, 12 esperando e apressando a vinda do Dia de Deus. Por causa desse dia, os céus, incendiados, serão desfeitos, e os elementos se derreterão pelo calor. 13 Nós, porém, segundo a promessa de Deus, esperamos novos céus e nova terra, nos quais habita a justiça.

14 Por essa razão, amados, esperando estas coisas, esforcem-se para que Deus os encontre sem mácula, sem culpa e em paz. 15 E considerem a longanimidade do nosso Senhor como oportunidade de salvação, como também o nosso amado irmão Paulo escreveu a vocês, segundo a sabedoria que lhe foi dada, 16 ao falar a respeito destes assuntos, como, de fato, costuma fazer em todas as suas cartas. Nelas há certas coisas difíceis de entender, que aqueles que não têm instrução e são instáveis deturparão, como também deturparão as demais Escrituras, para a própria destruição deles.

17 Portanto, vocês, meus amados, visto que já sabem disso, tenham cuidado para que não sejam arrastados pelo erro desses insubordinados e caiam da posição segura em que se encontram. 18 Pelo contrário, cresçam na graça e no conhecimento de nosso Senhor e Salvador Jesus Cristo. A ele seja a glória, tanto agora como no dia eterno.

PRIMEIRA CARTA DE
JOÃO

Prólogo. O Verbo da vida e a comunhão com Deus

1 1 O que era desde o princípio, o que ouvimos, o que vimos com os nossos próprios olhos, o que contemplamos e as nossas mãos apalparam, a respeito do Verbo da vida 2 — e a vida se manifestou, e nós a vimos e dela damos testemunho, e anunciamos a vocês a vida eterna, que estava com o Pai e nos foi manifestada —, 3 o que vimos e ouvimos anunciamos também a vocês, para que também vocês tenham comunhão conosco. Ora, a nossa comunhão é com o Pai e com o seu Filho, Jesus Cristo. 4 E escrevemos estas coisas para que a nossa alegria seja completa.

Deus é luz

5 A mensagem que dele ouvimos e que anunciamos a

vocês é esta: Deus é luz, e não há nele treva nenhuma.
6 Se dissermos que mantemos comunhão com ele e
andarmos nas trevas, mentimos e não praticamos a
verdade. 7 Se andarmos na luz, como ele está na luz,
mantemos comunhão uns com os outros, e o sangue
de Jesus, seu Filho, nos purifica de todo pecado.

O pecado, a confissão, o perdão

8 Se dissermos que não temos pecado nenhum,
a nós mesmos enganamos, e a verdade não está em
nós. 9 Se confessarmos os nossos pecados, ele é fiel
e justo para nos perdoar os pecados e nos purificar
de toda injustiça. 10 Se dissermos que não cometemos pecado, fazemos dele um mentiroso, e a sua
palavra não está em nós.

Jesus, nosso Advogado

2 1 Meus filhinhos, escrevo-lhes estas coisas para
que vocês não pequem. Mas, se alguém pecar,
temos Advogado junto ao Pai, Jesus Cristo, o Justo.
2 E ele é a propiciação pelos nossos pecados — e
não somente pelos nossos próprios, mas também
pelos do mundo inteiro. 3 E nisto sabemos que o
temos conhecido: se guardamos os seus mandamentos. 4 Aquele que diz: "Eu o conheço", mas não
guarda os seus mandamentos, esse é mentiroso, e
a verdade não está nele. 5 Mas quem guarda a sua
palavra, nele verdadeiramente tem sido aperfeiçoado o amor de Deus. Nisto sabemos que estamos nele: 6 quem diz que permanece nele, esse
deve também andar assim como ele andou.

O novo mandamento

7 Amados, não lhes escrevo um mandamento
novo, mas um mandamento antigo, que vocês tiveram desde o princípio. Esse mandamento antigo é
a palavra que vocês ouviram. 8 Por outro lado, o que
lhes escrevo é um mandamento novo, aquilo que é
verdadeiro nele e em vocês, porque as trevas vão se
dissipando, e a verdadeira luz já brilha. 9 Quem diz estar na luz, mas odeia o seu irmão, está nas trevas até
agora. 10 Quem ama o seu irmão permanece na luz,
e nele não há nenhum tropeço. 11 Mas quem odeia o
seu irmão está nas trevas, anda nas trevas e não sabe
para onde vai, porque as trevas lhe cegaram os olhos.

A vitória sobre o Maligno

12 Filhinhos, escrevo a vocês,
porque os seus pecados são perdoados
por causa do nome de Jesus.
13 Pais, escrevo a vocês,
porque conhecem aquele que existe
desde o princípio.
Jovens, escrevo a vocês,
porque vocês têm vencido o Maligno.
14 Filhinhos, escrevi a vocês,
porque conhecem o Pai.
Pais, escrevi a vocês,
porque conhecem
aquele que existe desde o princípio.
Jovens, escrevi a vocês,
porque são fortes, e a palavra de Deus
permanece em vocês,
e vocês já venceram o Maligno.

Não se deve amar o mundo

15 Não amem o mundo nem as coisas que há no
mundo. Se alguém amar o mundo, o amor do Pai
não está nele. 16 Porque tudo o que há no mundo
— os desejos da carne, os desejos dos olhos e a
soberba da vida — não procede do Pai, mas procede do mundo. 17 Ora, o mundo passa, bem como
os seus desejos; mas aquele que faz a vontade de
Deus permanece para sempre.

Os anticristos

18 Filhinhos, esta é a última hora. E, como vocês
ouviram que o anticristo vem, também agora muitos anticristos têm surgido; por isso sabemos que
é a última hora. 19 Eles saíram do nosso meio, mas
não eram dos nossos. Porque, se tivessem sido dos
nossos, teriam permanecido conosco. Mas eles se
foram para que ficasse manifesto que nenhum deles é dos nossos.

20 Mas vocês têm a unção que vem do Santo e todos têm conhecimento. 21 Não escrevi a vocês porque
não conhecem a verdade, mas porque vocês a conhecem, e porque nenhuma mentira procede da verdade.
22 Quem é o mentiroso, senão aquele que nega que
Jesus é o Cristo? Este é o anticristo, o que nega o Pai e
o Filho. 23 Todo aquele que nega o Filho, esse não tem o
Pai; e aquele que confessa o Filho tem igualmente o Pai.
24 Permaneça em vocês o que vocês ouviram
desde o princípio. Se o que ouviram desde o princípio permanecer em vocês, também vocês permanecerão no Filho e no Pai. 25 E esta é a promessa
que ele mesmo nos fez: a vida eterna.
26 Isto que acabo de escrever para vocês é a
respeito dos que estão tentando enganá-los.
27 Quanto a vocês, a unção que receberam dele permanece em vocês, e não precisam que alguém os
ensine. Mas, como a unção dele os ensina a respeito
de todas as coisas, e é verdadeira, e não é falsa, permaneçam nele, como também ela ensinou a vocês.

Filhos de Deus

28 E agora, filhinhos, permaneçam nele, para
que, quando ele se manifestar, tenhamos confiança e não sejamos envergonhados, tendo de nos
afastar dele no dia da sua vinda. 29 Se sabem que
ele é justo, reconheçam também que todo aquele
que pratica a justiça é nascido de Deus.
3 1 Vejam que grande amor o Pai nos tem concedido, a ponto de sermos chamados filhos de Deus;

e, de fato, somos filhos de Deus. Por essa razão, o
mundo não nos conhece, porque não o conheceu.
2 Amados, agora somos filhos de Deus, mas ainda
não se manifestou o que haveremos de ser. Sabe-
mos que, quando ele se manifestar, seremos seme-
lhantes a ele, porque haveremos de vê-lo como ele
é. 3 E todo o que tem essa esperança nele purifica
a si mesmo, assim como ele é puro. 4 Todo aque-
le que pratica o pecado também transgride a lei,
porque o pecado é a transgressão da lei. 5 E vocês
sabem que ele se manifestou para tirar os pecados,
e nele não existe pecado. 6 Todo aquele que perma-
nece nele não vive pecando; todo aquele que vive
pecando não o viu, nem o conheceu.

Os filhos de Deus e os filhos do diabo

7 Filhinhos, não se deixem enganar por nin-
guém. Aquele que pratica a justiça é justo, assim
como ele é justo. 8 Aquele que pratica o pecado
procede do diabo, porque o diabo vive pecando
desde o princípio. Para isto se manifestou o Filho
de Deus: para destruir as obras do diabo.
9 Todo aquele que é nascido de Deus não vive
na prática de pecado, porque nele permanece a
semente divina; esse não pode viver pecando,
porque é nascido de Deus. 10 Nisto são manifestos
os filhos de Deus e os filhos do diabo: todo aquele
que não pratica a justiça não procede de Deus, e o
mesmo vale para aquele que não ama o seu irmão.

O amor aos irmãos

11 Porque a mensagem que vocês ouviram desde
o princípio é esta: que nos amemos uns aos outros.
12 Não sejamos como Caim, que era do Maligno e
matou o seu irmão. E por que o matou? Porque as
suas obras eram más, e as de seu irmão eram justas.
13 Irmãos, não se admirem se o mundo odeia
vocês. 14 Nós sabemos que já passamos da mor-
te para a vida, porque amamos os irmãos. Quem
não ama permanece na morte. 15 Todo aquele que
odeia o seu irmão é assassino, e vocês sabem que
todo assassino não tem a vida eterna permanen-
te em si. 16 Nisto conhecemos o amor: que Cristo
deu a sua vida por nós; portanto, também nós de-
vemos dar a nossa vida pelos irmãos. 17 Ora, se al-
guém possui recursos deste mundo e vê seu irmão
passar necessidade, mas fecha o coração para essa
pessoa, como pode permanecer nele o amor de
Deus? 18 Filhinhos, não amemos de palavra, nem
da boca para fora, mas de fato e de verdade.
19 E nisto conheceremos que somos da verdade,
bem como, diante dele, tranquilizaremos o nos-
so coração. 20 Pois, se o nosso coração nos acusar,
Deus é maior do que o nosso coração e conhece
todas as coisas. 21 Amados, se o coração não nos
acusar, temos confiança diante de Deus; 22 e aquilo
que pedimos dele recebemos, porque guardamos
os seus mandamentos e fazemos diante dele o que
lhe é agradável. 23 E o seu mandamento é este: que
creiamos no nome de seu Filho, Jesus Cristo, e nos
amemos uns aos outros, segundo o mandamento
que nos ordenou. 24 Quem guarda os seus manda-
mentos permanece em Deus, e Deus permanece
nele. E nisto conhecemos que ele permanece em
nós, pelo Espírito que nos deu.

O espírito da verdade e o espírito do erro

4 1 Amados, não deem crédito a qualquer espíri-
to, mas provem os espíritos para ver se proce-
dem de Deus; porque muitos falsos profetas têm
saído mundo afora. 2 Nisto vocês reconhecem o
Espírito de Deus: todo espírito que confessa que
Jesus Cristo veio em carne é de Deus; 3 e todo es-
pírito que não confessa isso a respeito de Jesus não
procede de Deus; pelo contrário, este é o espírito
do anticristo, a respeito do qual vocês ouviram di-
zer que viria e que agora já está no mundo.
4 Filhinhos, vocês são de Deus e venceram os
falsos profetas, porque aquele que está em vocês é
maior do que aquele que está no mundo. 5 Eles pro-
cedem do mundo; por essa razão, falam da parte do
mundo, e o mundo os ouve. 6 Nós somos de Deus.
Quem conhece a Deus nos ouve; quem não é de
Deus não nos ouve. Nisto reconhecemos o espírito
da verdade e o espírito do erro.

Deus é amor

7 Amados, amemo-nos uns aos outros, porque
o amor procede de Deus, e todo aquele que ama é
nascido de Deus e conhece a Deus. 8 Quem não ama
não conhece a Deus, pois Deus é amor. 9 Nisto se
manifestou o amor de Deus em nós: em haver Deus
enviado o seu Filho unigênito ao mundo, para viver-
mos por meio dele. 10 Nisto consiste o amor: não em
que nós tenhamos amado a Deus, mas em que ele
nos amou e enviou o seu Filho como propiciação
pelos nossos pecados.
11 Amados, se Deus nos amou de tal manei-
ra, nós também devemos amar uns aos outros.
12 Nunca ninguém viu Deus. Se amarmos uns aos
outros, Deus permanece em nós, e o seu amor é,
em nós, aperfeiçoado.
13 Nisto conhecemos que permanecemos nele
e que ele permanece em nós: pelo fato de nos ter
dado do seu Espírito. 14 E nós temos visto e damos
testemunho de que o Pai enviou o seu Filho como
Salvador do mundo. 15 Aquele que confessar que
Jesus é o Filho de Deus, Deus permanece nele, e
ele permanece em Deus. 16 E nós conhecemos o
amor e cremos neste amor que Deus tem por nós.
Deus é amor, e aquele que permanece no amor
permanece em Deus, e Deus permanece nele.
17 Nisto o amor é aperfeiçoado em nós, para que, no
Dia do Juízo, mantenhamos confiança; pois, assim

como ele é, também nós somos neste mundo. 18 No
amor não existe medo; pelo contrário, o perfeito
amor lança fora o medo. Porque o medo envolve
castigo, e quem teme não é aperfeiçoado no amor.
19 Nós amamos porque ele nos amou primeiro.
20 Se alguém disser: "Amo a Deus", mas odiar o seu
irmão, esse é mentiroso. Pois quem não ama o seu
irmão, a quem vê, não pode amar a Deus, a quem
não vê. 21 E o mandamento que dele temos é este:
quem ama a Deus, que ame também o seu irmão.

A fé que vence o mundo

5 1 Todo aquele que crê que Jesus é o Cristo é nas-
cido de Deus, e quem ama aquele que o gerou
ama também o que dele é nascido. 2 Nisto sabemos
que amamos os filhos de Deus: quando amamos
a Deus e praticamos os seus mandamentos. 3 Por-
que este é o amor de Deus: que guardemos os seus
mandamentos. E os seus mandamentos não são di-
fíceis de guardar. 4 Porque todo o que é nascido de
Deus vence o mundo. E esta é a vitória que vence o
mundo: a nossa fé. 5 Quem é o que vence o mundo,
senão aquele que crê que Jesus é o Filho de Deus?

O tríplice testemunho sobre Cristo

6 Este é aquele que veio por meio de água e san-
gue, Jesus Cristo. Ele não veio somente com a água,
mas com a água e com o sangue. E o Espírito é o
que dá testemunho, porque o Espírito é a verda-
de. 7 Pois há três que dão testemunho: 8 o Espírito,
a água e o sangue, e os três são unânimes num só
propósito. 9 Se aceitamos o testemunho dos ho-
mens, o testemunho de Deus é maior. E este é o
testemunho de Deus, que ele dá a respeito do seu
Filho. 10 Aquele que crê no Filho de Deus tem, nele,
esse testemunho. Aquele que não dá crédito a Deus
faz de Deus um mentiroso, porque não crê no tes-
temunho que Deus dá a respeito do seu Filho. 11 E o
testemunho é este: que Deus nos deu a vida eterna,
e esta vida está no seu Filho. 12 Quem tem o Filho
tem a vida; quem não tem o Filho de Deus não tem
a vida.

O poder da intercessão

13 Estas coisas escrevi a vocês que creem no nome
do Filho de Deus para que saibam que têm a vida
eterna. 14 E esta é a confiança que temos para com
ele: que, se pedirmos alguma coisa segundo a sua
vontade, ele nos ouve. 15 E, se sabemos que ele nos
ouve quanto ao que lhe pedimos, estamos certos de
que obtemos os pedidos que lhe temos feito.
16 Se alguém vê o seu irmão cometer pecado
que não leva à morte, pedirá, e Deus dará vida a
esse irmão. Isso aos que cometem pecados que
não levam à morte. Há pecado que leva à morte, e
por esse não digo que se deva pedir. 17 Toda injus-
tiça é pecado, e há pecado que não leva à morte.
18 Sabemos que todo aquele que é nascido de
Deus não vive em pecado, porque quem é nascido
de Deus guarda a si mesmo, e o Maligno não pode
tocar nele. 19 Sabemos que somos de Deus e que o
mundo inteiro jaz no Maligno.

Cristo é verdadeiro Deus

20 Também sabemos que o Filho de Deus já veio
e nos tem dado entendimento para reconhecermos
aquele que é o Verdadeiro. E nós estamos naquele
que é o Verdadeiro, em seu Filho, Jesus Cristo. Este é
o verdadeiro Deus e a vida eterna. 21 Filhinhos, cui-
dado com os ídolos!

SEGUNDA CARTA DE

JOÃO

Prefácio e saudação

1 O presbítero à senhora eleita e aos seus filhos,
a quem eu amo na verdade — e não somente eu,
mas também todos os que conhecem a verdade
—, 2 por causa da verdade que permanece em nós
e conosco estará para sempre.
3 Que a graça, a misericórdia e a paz, da parte de
Deus Pai e de Jesus Cristo, o Filho do Pai, estejam
conosco em verdade e amor.

O amor fraternal

4 Fiquei muito alegre por ter encontrado alguns
de seus filhos que andam na verdade, de acordo
com o mandamento que recebemos do Pai. 5 E agora,
senhora, peço-lhe, não como se escrevesse manda-
mento novo, mas o mesmo que temos tido desde
o princípio: que nos amemos uns aos outros. 6 E o
amor é este: que andemos segundo os mandamen-
tos de Deus. Este mandamento, como vocês ouviram
desde o princípio, é que vocês vivam nesse amor.

Os enganadores e como tratá-los

7 Porque muitos enganadores têm saído mun-
do afora, os quais não confessam que Jesus Cristo

veio em carne; este é o enganador e o anticristo.
8 Tenham cuidado para que não percam aquilo que
temos realizado com esforço, mas recebam plena
recompensa.
9 Todo aquele que vai além da doutrina de Cris-
to e nela não permanece não tem Deus; o que per-
manece na doutrina, esse tem tanto o Pai como o
Filho. 10 Se alguém for até vocês e não levar esta
doutrina, não o recebam em casa, nem lhe deem
as boas-vindas. 11 Porque aquele que lhe dá boas-
-vindas se faz cúmplice das suas obras más.

Saudações finais

12 Ainda tinha muitas coisas a lhes escrever,
mas não quis fazê-lo com papel e tinta, pois es-
pero ir visitá-los, e conversaremos pessoalmente,
para que a nossa alegria seja completa.
13 Os filhos da sua irmã eleita mandam saudações.

TERCEIRA CARTA DE JOÃO

Prefácio e saudação

1 O presbítero ao amado Gaio, a quem eu amo
na verdade.

O bom exemplo de Gaio

2 Amado, peço a Deus que tudo corra bem com
você e que esteja com boa saúde, assim como vai
bem a sua alma. 3 Pois fiquei muito alegre quan-
do os irmãos vieram e deram testemunho de que
você é fiel à verdade e vive de acordo com a ver-
dade. 4 Não tenho maior alegria do que esta, a de
ouvir que os meus filhos vivem de acordo com a
verdade.
5 Amado, você tem sido fiel no que faz pelos
irmãos, mesmo quando são estrangeiros. 6 Estes
deram testemunho, diante da igreja, do amor que
você tem. Você fará bem encaminhando-os em
sua jornada de um modo que agrada a Deus. 7 Pois
foi por causa do Nome que eles saíram, sem rece-
ber nada dos gentios. 8 Portanto, devemos acolher
esses irmãos, para que nos tornemos cooperado-
res com eles na proclamação da verdade.

Diótrefes e Demétrio

9 Escrevi algumas palavras à igreja, mas Diótre-
fes, que gosta de exercer a primazia entre eles, não
nos dá acolhida. 10 Por isso, quando eu for aí, farei
com que se lembre das obras que ele pratica, pro-
ferindo contra nós palavras caluniosas. E, não sa-
tisfeito com isso, ele não recebe os irmãos, impede
os que querem recebê-los e os expulsa da igreja.
11 Amado, não imite o que é mau, e sim o que é
bom. Quem pratica o bem procede de Deus; quem
pratica o mal jamais viu a Deus.
12 Quanto a Demétrio, todos dão bom testemu-
nho dele, até a própria verdade. E nós também
damos testemunho, e você sabe que o nosso teste-
munho é verdadeiro.

Saudações finais

13 Muitas coisas tinha para lhe escrever, mas não
quis fazê-lo com tinta e pena, 14 pois espero vê-lo
em breve. Então conversaremos pessoalmente.
15 A paz esteja com você. Os amigos mandam
saudações. Dê saudações aos amigos, um por um.

CARTA DE JUDAS

Prefácio e saudação

1 Judas, servo de Jesus Cristo e irmão de Tiago,
aos que foram chamados, são amados em Deus Pai
e guardados em Jesus Cristo.
2 Que a misericórdia, a paz e o amor lhes sejam
multiplicados.

O juízo sobre os falsos mestres

3 Amados, quando eu me empenhava para
escrever-lhes a respeito da salvação que temos em co-
mum, senti que era necessário corresponder-me com
vocês, para exortá-los a lutar pela fé que uma vez por
todas foi entregue aos santos. 4 Pois certos indivíduos,

cuja sentença de condenação foi promulgada há mui-
to tempo, se infiltraram no meio de vocês sem serem
notados. São pessoas ímpias, que transformam em
libertinagem a graça do nosso Deus e negam o nosso
único Soberano e Senhor, Jesus Cristo.
5 Embora vocês já estejam cientes de tudo de uma
vez por todas, quero lembrar-lhes que Jesus, tendo
libertado um povo, tirando-o da terra do Egito, des-
truiu, depois, os que não creram. 6 E a anjos — os que
não guardaram o seu estado original, mas abando-
naram o seu próprio lugar — ele tem guardado sob
trevas, em algemas eternas, para o juízo do grande
Dia. 7 Igualmente Sodoma, Gomorra e as cidades
vizinhas, que também se entregaram à imoralidade
e adotaram práticas contrárias à natureza, foram
postas como exemplo do castigo de um fogo eterno.
8 Do mesmo modo também esses, quais sonha-
dores, contaminam a carne, rejeitam a autoridade
e insultam os gloriosos seres celestiais. 9 Contudo,
nem mesmo o arcanjo Miguel, quando entrou em
conflito com o diabo e discutia a respeito do corpo
de Moisés, ousou pronunciar sentença difama-
tória contra ele. Pelo contrário, disse: "O Senhor
repreenda você!" 10 Esses, porém, quanto a tudo o
que não entendem, difamam; e, quanto a tudo o
que compreendem por instinto natural, como ani-
mais irracionais, até nessas coisas se corrompem.
11 Ai deles! Porque seguiram o mesmo caminho
de Caim e, movidos por ganância, caíram no erro
de Balaão, e foram destruídos na revolta de Corá.
12 Esses são como rochas submersas nas festas de
fraternidade que vocês fazem, banqueteando-se
com vocês sem qualquer receio. São pastores que
apascentam a si mesmos; são nuvens sem água
impelidas pelos ventos; são árvores que, em plena
estação dos frutos, continuam sem frutos, dupla-
mente mortas e arrancadas pela raiz; 13 são ondas
bravias do mar, que espumam as suas próprias
sujeiras; são estrelas sem rumo, para as quais está
reservada a mais profunda escuridão, para sempre.
14 Foi a respeito deles que também profetizou
Enoque, o sétimo depois de Adão, dizendo: "Eis
que o Senhor vem com milhares de seus santos,
15 para exercer juízo contra todos e para conven-
cer todos os ímpios a respeito de todas as obras
ímpias que praticaram e a respeito de todas as
palavras insolentes que ímpios pecadores profe-
riram contra ele." 16 Esses tais são murmuradores,
pessoas descontentes que andam segundo as suas
paixões. A sua boca vive falando grandes arrogân-
cias; adulam os outros por motivos interesseiros.

A palavra dos apóstolos

17 Mas vocês, meus amados, lembrem-se das pa-
lavras anteriormente proferidas pelos apóstolos
de nosso Senhor Jesus Cristo. 18 Eles diziam a vo-
cês: "Nos últimos tempos, haverá zombadores,
andando segundo suas ímpias paixões." 19 São
estes os que promovem divisões, seguem os seus
próprios instintos e não têm o Espírito.

Conselhos finais

20 Mas vocês, meus amados, edificando-se na fé
santíssima que vocês têm, orando no Espírito San-
to, 21 mantenham-se no amor de Deus, esperando
a misericórdia do nosso Senhor Jesus Cristo, que
conduz para a vida eterna. 22 E tenham compaixão
de alguns que estão em dúvida; 23 salvem outros,
arrebatando-os do fogo; quanto a outros, sejam
também compassivos, mas com temor, detestan-
do até a roupa contaminada pela carne.

Doxologia

24 E ao Deus que é poderoso para evitar que vo-
cês tropecem e que pode apresentá-los irrepreen-
síveis diante da sua glória, com grande alegria, 25 a
este que é o único Deus, nosso Salvador, mediante
Jesus Cristo, Senhor nosso, sejam a glória, a ma-
jestade, o poder e a autoridade, antes de todas as
eras, agora, e por toda a eternidade. Amém!

APOCALIPSE

DE JOÃO

Prefácio

1 1 Revelação de Jesus Cristo, a qual Deus lhe
deu para mostrar aos seus servos as coisas que
em breve devem acontecer e que ele, enviando o
seu anjo, deu a conhecer ao seu servo João, 2 que
atestou a palavra de Deus e o testemunho de Jesus
Cristo, quanto a tudo o que viu. 3 Bem-aventurado
aquele que lê, e bem-aventurados aqueles que ou-
vem as palavras da profecia e guardam as coisas
nela escritas, pois o tempo está próximo.

Saudação às sete igrejas da Ásia

4 João, às sete igrejas que estão na província da
Ásia:

Que a graça e a paz estejam com vocês, da parte
daquele que é, que era e que há de vir, da parte dos
sete espíritos que estão diante do seu trono 5 e da
parte de Jesus Cristo, a Fiel Testemunha, o Primo-
gênito dos mortos e o Soberano dos reis da terra.
Àquele que nos ama e, pelo seu sangue, nos li-
bertou dos nossos pecados, 6 e nos constituiu rei-
no, sacerdotes para o seu Deus e Pai, a ele a glória e
o domínio para todo o sempre. Amém!
7 Eis que ele vem com as nuvens, e todo olho
o verá, até mesmo aqueles que o traspassaram. E
todas as tribos da terra se lamentarão por causa
dele. Certamente. Amém!
8 "Eu sou o Alfa e o Ômega", diz o Senhor Deus,
"aquele que é, que era e que há de vir, o Todo-
-Poderoso."

A visão de Jesus glorificado

9 Eu, João, irmão e companheiro de vocês na
tribulação, no reino e na perseverança em Jesus,
estava na ilha chamada Patmos, por causa da pala-
vra de Deus e do testemunho de Jesus. 10 Achei-me
no Espírito, no dia do Senhor, e ouvi atrás de mim
uma voz forte, como de trombeta, 11 dizendo:
— Escreva num livro o que você vê e mande-o
às sete igrejas: Éfeso, Esmirna, Pérgamo, Tiatira,
Sardes, Filadélfia e Laodiceia.
12 Voltei-me para ver quem falava comigo e, ao me
voltar, vi sete candelabros de ouro 13 e, no meio dos
candelabros, um semelhante a um filho de homem,
com vestes talares e cingido, à altura do peito, com
um cinto de ouro. 14 A cabeça e os cabelos dele eram
brancos como alva lã, como neve. Os olhos eram
como chama de fogo. 15 Os seus pés eram seme-
lhantes ao bronze polido, como que refinado numa
fornalha. A voz era como som de muitas águas. 16 Na
mão direita ele tinha sete estrelas, e da sua boca saía
uma afiada espada de dois gumes. O seu rosto bri-
lhava como o sol na sua força.
17 Ao vê-lo, caí aos seus pés como morto. Porém
ele pôs sobre mim a mão direita, dizendo:
— Não tenha medo. Eu sou o primeiro e o último
18 e aquele que vive. Estive morto, mas eis que estou
vivo para todo o sempre e tenho as chaves da morte
e do inferno. 19 Escreva, pois, as coisas que você viu,
as que são e as que hão de acontecer depois destas.
20 Quanto ao mistério das sete estrelas que você viu
na minha mão direita e quanto aos sete candela-
bros de ouro, as sete estrelas são os anjos das sete
igrejas, e os sete candelabros são as sete igrejas.

Carta à igreja em Éfeso

2 1 — Ao anjo da igreja em Éfeso escreva:
"Estas coisas diz aquele que conserva na
mão direita as sete estrelas e que anda no meio
dos sete candelabros de ouro:
2 Conheço as obras que você realiza, tanto o
seu esforço como a sua perseverança. Sei que
você não pode suportar os maus e que pôs à
prova os que se declaram apóstolos e não são,
e descobriu que são mentirosos. 3 Você tem per-
severança e suportou provas por causa do meu
nome, sem esmorecer.
4 Tenho, porém, contra você o seguinte: você
abandonou o seu primeiro amor.
5 Lembre-se, pois, de onde você caiu.
Arrependa-se e volte à prática das primeiras
obras. Se você não se arrepender, virei até você e
tirarei o seu candelabro do lugar dele. 6 Mas você
tem a seu favor o fato de que odeia as obras dos
nicolaítas, as quais eu também odeio.
7 Quem tem ouvidos, ouça o que o Espírito
diz às igrejas: 'Ao vencedor, darei o direito de se
alimentar da árvore da vida, que se encontra no
paraíso de Deus.'"

Carta à igreja em Esmirna

8 — Ao anjo da igreja em Esmirna escreva:
"Estas coisas diz o primeiro e o último, que
esteve morto e tornou a viver.
9 Conheço a tribulação pela qual você está
passando, a sua pobreza — embora você seja
rico — e a blasfêmia dos que se declaram judeus
e não são, sendo, isto sim, sinagoga de Satanás.
10 Não tenha medo das coisas que você vai
sofrer. Eis que o diabo está para lançar alguns de
vocês na prisão, para que vocês sejam postos à
prova, e passem por uma tribulação de dez dias.
Seja fiel até a morte, e eu lhe darei a coroa da vida.
11 Quem tem ouvidos, ouça o que o Espírito
diz às igrejas: 'O vencedor de modo nenhum so-
frerá o dano da segunda morte.'"

Carta à igreja em Pérgamo

12 — Ao anjo da igreja em Pérgamo escreva:
"Estas coisas diz aquele que tem a espada
afiada de dois gumes.
13 Conheço o lugar onde você mora, que é o
lugar onde está o trono de Satanás. Sei que você
conserva o meu nome e não negou a fé que tem
em mim, mesmo nos dias de Antipas, minha tes-
temunha, meu fiel, que foi morto na cidade de
vocês, aí onde Satanás habita.
14 Tenho, porém, contra você algumas coisas:
estão aí em seu meio os que sustentam a doutri-
na de Balaão, o qual ensinava Balaque a armar
ciladas diante dos filhos de Israel para que comes-
sem coisas sacrificadas aos ídolos e praticassem a
prostituição. 15 Além disso, estão também aí em
seu meio os que seguem a doutrina dos nicolaítas.
16 Portanto, arrependa-se! Se não, irei até aí
sem demora e lutarei contra eles com a espada
da minha boca.
17 Quem tem ouvidos, ouça o que o Espírito diz

às igrejas: 'Ao vencedor, darei do maná escondido.
Também lhe darei uma pedrinha branca, e, sobre
essa pedrinha, um novo nome escrito, o qual nin-
guém conhece, exceto aquele que o recebe.'"

Carta à igreja em Tiatira

18 — Ao anjo da igreja em Tiatira escreva:
"Estas coisas diz o Filho de Deus, que tem os
olhos como chama de fogo e os pés semelhan-
tes ao bronze polido.
19 Conheço as obras que você realiza, o seu amor,
a sua fé, o seu serviço, a sua perseverança e as suas
últimas obras, mais numerosas do que as primeiras.
20 Tenho, porém, contra você o fato de você
tolerar que essa mulher, Jezabel, que se declara
profetisa, não somente ensine, mas ainda seduza
os meus servos a praticar a prostituição e a comer
coisas sacrificadas aos ídolos. 21 Dei-lhe tempo
para que se arrependesse, porém ela não quer se
arrepender da sua imoralidade. 22 Eis que farei
com que fique acamada, e trarei grande tribulação
aos que com ela adulteram, caso não se arrepen-
dam das obras que ela incita. 23 Matarei os seus
filhos, e todas as igrejas saberão que eu sou aquele
que sonda mentes e corações, e retribuirei a cada
um de vocês segundo as suas obras.
24 Digo, porém, aos demais de Tiatira, a todos
aqueles que não seguem essa doutrina e que
não conheceram, como eles dizem, as coisas
profundas de Satanás: Não porei outra carga
sobre vocês; 25 tão somente conservem o que
vocês têm, até que eu venha.
26 Ao vencedor, que guardar até o fim as minhas
obras, eu lhe darei autoridade sobre as nações, 27 e
com cetro de ferro as governará e as reduzirá a
pedaços como se fossem objetos de barro, 28 assim
como também eu recebi autoridade de meu Pai.
E eu lhe darei ainda a estrela da manhã. 29 Quem
tem ouvidos, ouça o que o Espírito diz às igrejas."

Carta à igreja em Sardes

3 1 — Ao anjo da igreja em Sardes escreva:
"Estas coisas diz aquele que tem os sete es-
píritos de Deus e as sete estrelas:
Conheço as obras que você realiza, que você
tem fama de estar vivo, mas está morto.
2 Fique vigiando e fortaleça o restante que es-
tava para morrer, porque verifiquei que as obras
que você realiza não são íntegras na presença do
meu Deus. 3 Lembre-se, pois, do que você rece-
beu e ouviu; guarde-o e arrependa-se. Se você
não vigiar, virei como ladrão, e você de modo
nenhum saberá em que hora virei contra você.
4 Mas você tem aí em Sardes umas poucas pes-
soas que não contaminaram as suas vestes. Elas
andarão comigo, vestidas de branco, pois são
dignas.
5 O vencedor será assim vestido de branco, e
de modo nenhum apagarei o seu nome do Livro
da Vida. Pelo contrário, confessarei o seu nome
diante de meu Pai e diante dos seus anjos. 6 Quem
tem ouvidos, ouça o que o Espírito diz às igrejas."

Carta à igreja em Filadélfia

7 — Ao anjo da igreja em Filadélfia escreva:
"Estas coisas diz o santo, o verdadeiro, aque-
le que tem a chave de Davi, que abre, e ninguém
fechará, e que fecha, e ninguém abrirá.
8 Conheço as obras que você realiza. Eis que
tenho posto diante de você uma porta aberta, a
qual ninguém pode fechar. Sei que você tem pouca
força, mas guardou a minha palavra e não negou
o meu nome.
9 Eis o que eu farei com alguns dos que são da
sinagoga de Satanás, desses que se declaram ju-
deus e não são, mas mentem. Eis que farei com
que venham até você, prostrem-se aos seus pés
e reconheçam que eu amo você.
10 Você guardou a palavra da minha perseve-
rança. Por isso, também eu o guardarei da hora
da provação que há de vir sobre o mundo intei-
ro, para pôr à prova os que habitam sobre a ter-
ra. 11 Venho sem demora. Conserve o que você
tem, para que ninguém tome a sua coroa.
12 Ao vencedor, farei com que seja uma coluna
no santuário do meu Deus, e dali jamais sairá.
Gravarei sobre ele o nome do meu Deus, o nome
da cidade do meu Deus, a nova Jerusalém que
desce do céu, vinda da parte do meu Deus, e o
meu novo nome. 13 Quem tem ouvidos, ouça o
que o Espírito diz às igrejas."

Carta à igreja em Laodiceia

14 — Ao anjo da igreja em Laodiceia escreva:
"Estas coisas diz o Amém, a testemunha fiel
e verdadeira, o princípio da criação de Deus.
15 Conheço as obras que você realiza, que você
não é nem frio nem quente. Quem dera você fos-
se frio ou quente! 16 Assim, porque você é morno,
e não é nem quente nem frio, estou a ponto de
vomitá-lo da minha boca. 17 Você diz: 'Sou rico,
estou bem de vida e não preciso de nada.' Mas
você não sabe que é infeliz, sim, miserável, pobre,
cego e nu.
18 Aconselho que você compre de mim ouro
refinado pelo fogo, para que você seja, de fato,
rico. Compre vestes brancas para se vestir, a fim
de que a vergonha de sua nudez não fique eviden-
te, e colírio para ungir os olhos, a fim de que você
possa ver. 19 Eu repreendo e disciplino aqueles que
amo. Portanto, seja zeloso e arrependa-se.
20 Eis que estou à porta e bato; se alguém ou-
vir a minha voz e abrir a porta, entrarei em sua
casa e cearei com ele, e ele, comigo.

21 Ao vencedor, darei o direito de sentar-se co-
migo no meu trono, assim como também eu venci
e me sentei com o meu Pai no seu trono. 22 Quem
tem ouvidos, ouça o que o Espírito diz às igrejas."

A visão do trono de Deus

4 1 Depois destas coisas, olhei, e eis que havia uma
porta aberta no céu. E a primeira voz que ouvi,
que era como de trombeta ao falar comigo, disse:
— Suba até aqui, e eu lhe mostrarei o que deve
acontecer depois destas coisas.
2 Imediatamente eu me achei no Espírito, e eis
que havia um trono armado no céu, e alguém es-
tava sentado no trono. 3 E esse que estava sentado
era semelhante, no aspecto, à pedra de jaspe e ao
sardônio, e ao redor do trono havia um arco-íris
semelhante, no aspecto, à esmeralda. 4 Ao redor do
trono havia também vinte e quatro tronos, e neles
estavam sentados vinte e quatro anciãos, vestidos
de branco e com coroas de ouro na cabeça. 5 Do tro-
no saíam relâmpagos, vozes e trovões, e, diante do
trono, estavam acesas sete tochas de fogo, que são
os sete espíritos de Deus. 6 Diante do trono havia
algo como um mar de vidro, semelhante ao cristal.
No meio do trono e à volta do trono havia tam-
bém quatro seres viventes cheios de olhos por diante
e por detrás. 7 O primeiro ser vivente era semelhante
a um leão, o segundo era semelhante a um novilho, o
terceiro tinha o rosto semelhante ao de ser humano
e o quarto ser vivente era semelhante à águia quando
está voando. 8 E os quatro seres viventes, tendo cada
um deles, respectivamente, seis asas, estavam cheios
de olhos, ao redor e por dentro. Não tinham descan-
so, nem de dia nem de noite, proclamando:

"Santo, santo, santo
é o Senhor Deus, o Todo-Poderoso,
aquele que era, que é e que há de vir."

9 Sempre que esses seres viventes davam glória,
honra e ações de graças ao que está sentado no
trono, ao que vive para todo o sempre, 10 os vinte e
quatro anciãos se prostravam diante daquele que
está sentado no trono, adoravam o que vive para
todo o sempre e depositavam as suas coroas dian-
te do trono, proclamando:

11 "Tu és digno, Senhor e Deus nosso,
de receber a glória, a honra e o poder,
porque criaste todas as coisas
e por tua vontade elas vieram a existir
e foram criadas."

O livro e o Cordeiro

5 1 Vi, na mão direita daquele que estava sentado
no trono, um livro em forma de rolo escrito por
dentro e por fora, e selado com sete selos. 2 Vi, tam-
bém, um anjo forte, que proclamava com voz forte:
— Quem é digno de quebrar os selos e abrir o
livro?
3 Ora, nem no céu, nem sobre a terra, nem debaixo
da terra, ninguém podia abrir o livro, nem mesmo
olhar para ele. 4 E eu chorava muito, porque ninguém
foi achado digno de abrir o livro, nem mesmo de
olhar para ele. 5 Então um dos anciãos me disse:
— Não chore! Eis que o Leão da tribo de Judá, a
Raiz de Davi, venceu para quebrar os sete selos e abrir
o livro.
6 Então vi, no meio do trono e dos quatro seres vi-
ventes e entre os anciãos, em pé, um Cordeiro que pa-
recia que tinha sido morto. Ele tinha sete chifres, bem
como sete olhos, que são os sete espíritos de Deus en-
viados por toda a terra. 7 O Cordeiro foi e pegou o livro
da mão direita daquele que estava sentado no trono.
8 E, quando ele pegou o livro, os quatro seres viventes
e os vinte e quatro anciãos se prostraram diante do
Cordeiro, tendo cada um deles uma harpa e taças de
ouro cheias de incenso, que são as orações dos san-
tos, 9 e cantavam um cântico novo, dizendo:

"Digno és de pegar o livro e de quebrar os selos,
porque foste morto
e com o teu sangue compraste para Deus
os que procedem de toda tribo,
língua, povo e nação
10 e para o nosso Deus os constituíste
reino e sacerdotes;
e eles reinarão sobre a terra."

11 Vi e ouvi uma voz de muitos anjos ao redor
do trono, dos seres viventes e dos anciãos, cujo
número era de milhões de milhões e milhares de
milhares, 12 proclamando com voz forte:

"Digno é o Cordeiro que foi morto
de receber o poder, a riqueza, a sabedoria, a força,
a honra, a glória e o louvor."

13 Então ouvi que toda criatura que há no céu
e sobre a terra, debaixo da terra e sobre o mar, e
tudo o que neles há, estava dizendo:

"Àquele que está sentado no trono e ao Cordeiro
sejam o louvor, a honra, a glória e o domínio
para todo o sempre."

14 E os quatro seres viventes respondiam: "Amém!"
Também os anciãos se prostraram e adoraram.

O Cordeiro quebra os selos

O primeiro selo

6 1 Vi quando o Cordeiro quebrou o primeiro dos
sete selos e ouvi um dos quatro seres viventes
dizendo, como se fosse som de trovão:
— Venha!
2 Vi, então, e eis um cavalo branco. O seu cava-
leiro tinha um arco, e foi-lhe dada uma coroa. E ele
saiu vencendo e para vencer.

O segundo selo

3 Quando o Cordeiro quebrou o segundo selo,
ouvi o segundo ser vivente dizendo:
— Venha!
4 E saiu outro cavalo, que era vermelho. E ao seu
cavaleiro foi dado poder para tirar a paz da terra e
fazer com que os homens matassem uns aos outros. Também lhe foi dada uma grande espada.

O terceiro selo

5 Quando o Cordeiro quebrou o terceiro selo,
ouvi o terceiro ser vivente dizendo:
— Venha!
Então olhei, e eis um cavalo preto e o seu cavaleiro com uma balança na mão. 6 E ouvi o que parecia
uma voz no meio dos quatro seres viventes dizendo:
— Uma medida de trigo por um denário; três medidas de cevada por um denário; e não danifique o azeite e o vinho.

O quarto selo

7 Quando o Cordeiro quebrou o quarto selo,
ouvi a voz do quarto ser vivente dizendo:
— Venha!
8 Vi, então, e eis um cavalo amarelo. O seu cavaleiro se chamava Morte, e o inferno o estava seguindo. E lhes foi dada autoridade sobre a quarta parte da terra para matar à espada, pela fome, com a mortandade e por meio dos animais selvagens da terra.

O quinto selo

9 Quando o Cordeiro quebrou o quinto selo, vi,
debaixo do altar, as almas daqueles que tinham
sido mortos por causa da palavra de Deus e por
causa do testemunho que deram. 10 Clamaram
com voz forte, dizendo:
— Até quando, ó Soberano Senhor, santo e verdadeiro, não julgas, nem vingas o nosso sangue dos que habitam sobre a terra?
11 Então a cada um deles foi dada uma veste
branca, e lhes foi pedido que repousassem ainda por pouco tempo, até que também se completasse o número dos seus conservos e seus irmãos que iam ser mortos como eles tinham sido.

O sexto selo

12 Vi quando o Cordeiro quebrou o sexto selo.
Houve um grande terremoto, o sol se tornou negro como pano de saco feito de crina, a lua ficou
toda vermelha como sangue, 13 as estrelas do céu
caíram sobre a terra, como a figueira deixa cair os seus figos verdes quando sacudida por um vento
forte, 14 e o céu recolheu-se como um pergaminho quando se enrola. Então todos os montes e
as ilhas foram movidos do seu lugar. 15 Os reis da
terra, os grandes, os comandantes, os ricos, os poderosos e todo escravo e todo livre se esconderam nas cavernas e nos penhascos dos montes 16 e
disseram aos montes e aos rochedos:
— Caiam sobre nós e nos escondam da face daquele que está sentado no trono e da ira do Cor-
deiro! 17 Porque chegou o grande Dia da ira deles, e
quem poderá subsistir?

Os cento e quarenta e quatro mil selados de Israel

7 1 Depois disso, vi quatro anjos em pé nos quatro cantos da terra, segurando os quatro ventos da terra, para que nenhum vento soprasse sobre a terra, nem sobre o mar, nem sobre árvore alguma.
2 Vi outro anjo que subia do nascente do sol, tendo
o selo do Deus vivo. Ele gritou com voz bem forte aos quatro anjos, aqueles que tinham recebido poder para causar dano à terra e ao mar, 3 dizendo:
— Não danifiquem nem a terra, nem o mar, nem as árvores, até marcarmos com um selo a testa dos servos do nosso Deus.
4 Então ouvi o número dos que foram marcados
com selo. Eram cento e quarenta e quatro mil, de
todas as tribos dos filhos de Israel. 5 Da tribo de
Judá foram marcados com selo doze mil; da tribo de Rúben, doze mil; da tribo de Gade, doze mil;
6 da tribo de Aser, doze mil; da tribo de Naftali,
doze mil; da tribo de Manassés, doze mil; 7 da tribo
de Simeão, doze mil; da tribo de Levi, doze mil; da
tribo de Issacar, doze mil; 8 da tribo de Zebulom,
doze mil; da tribo de José, doze mil; da tribo de Benjamim foram marcados com selo doze mil.

A visão dos glorificados

9 Depois destas coisas, vi, e eis grande multidão
que ninguém podia contar, de todas as nações, tribos, povos e línguas, em pé diante do trono e diante do Cordeiro, vestidos de vestes brancas,
com ramos de palmeira nas mãos. 10 E clamavam
com voz forte, dizendo:

“Ao nosso Deus, que está sentado no trono,
e ao Cordeiro, pertence a salvação.”

11 Todos os anjos estavam em pé rodeando o
trono, os anciãos e os quatro seres viventes, e diante do trono se prostraram sobre o seu rosto, e
adoraram a Deus, 12 dizendo:

“Amém! O louvor, a glória,
a sabedoria, as ações de graças,
a honra, o poder e a força
sejam ao nosso Deus,
para todo o sempre. Amém!”

13 Um dos anciãos tomou a palavra e me perguntou:
— Quem são e de onde vieram estes que estão vestidos de branco?
14 Respondi:

— O senhor sabe.
Então ele me disse:
— Estes são os que vêm da grande tribulação,
que lavaram suas vestes e as alvejaram no sangue
do Cordeiro. 15 Por isso, estão diante do trono de
Deus e o adoram de dia e de noite no seu santuá-
rio. E aquele que está sentado no trono estenderá
sobre eles o seu tabernáculo. 16 Jamais terão fome,
nunca mais terão sede, não cairá sobre eles o sol,
nem qualquer outro calor forte, 17 pois o Cordei-
ro que está no meio do trono os apascentará e os
guiará para as fontes da água da vida. E Deus lhes
enxugará dos olhos toda lágrima.

O sétimo selo e o incensário de ouro

8 1 Quando o Cordeiro quebrou o sétimo selo,
houve silêncio no céu durante quase meia
hora. 2 Então vi os sete anjos que estão em pé dian-
te de Deus, e lhes foram dadas sete trombetas.
3 Veio outro anjo e ficou em pé junto ao altar, com
um incensário de ouro, e lhe foi dado muito incenso
para oferecê-lo com as orações de todos os santos so-
bre o altar de ouro que está diante do trono. 4 E da mão
do anjo subiu à presença de Deus a fumaça do incen-
so, com as orações dos santos. 5 Então o anjo pegou o
incensário, encheu-o do fogo do altar e o atirou à terra.
E houve trovões, vozes, relâmpagos e terremoto.

As sete trombetas

6 Então os sete anjos que tinham as sete trom-
betas se prepararam para tocar.

A primeira trombeta

7 O primeiro anjo tocou a trombeta, e houve
granizo e fogo misturados com sangue, e foram
atirados à terra. Então foi queimada a terça parte
da terra, foi queimada a terça parte das árvores, e
também toda a erva verde foi queimada.

A segunda trombeta

8 O segundo anjo tocou a trombeta, e uma espé-
cie de grande montanha em chamas foi atirada ao
mar. Uma terça parte do mar se transformou em
sangue, 9 e morreu a terça parte das criaturas do
mar, e foi destruída a terça parte das embarcações.

A terceira trombeta

10 O terceiro anjo tocou a trombeta, e uma gran-
de estrela, queimando como uma tocha, caiu do
céu sobre a terça parte dos rios e sobre as fontes
das águas. 11 O nome da estrela é Absinto. E a ter-
ça parte das águas se transformou em absinto, e
muitas pessoas morreram por causa dessas águas,
porque se tornaram amargas.

A quarta trombeta

12 O quarto anjo tocou a trombeta, e foi ferida a
terça parte do sol, da lua e das estrelas, para que a
terça parte deles escurecesse e uma terça parte do
dia, e também da noite, ficasse sem luz. 13 Então vi e
ouvi uma águia que, voando pelo meio do céu, dizia
com voz forte:
— Ai! Ai! Ai dos que moram na terra, por cau-
sa do som das outras trombetas que os três anjos
ainda vão tocar!

A quinta trombeta

9 1 O quinto anjo tocou a trombeta, e vi uma estre-
la que tinha caído do céu sobre a terra. E lhe foi
dada a chave do poço do abismo. 2 Ela abriu o poço
do abismo, e dele saiu fumaça como a fumaça de uma
grande fornalha. E o sol e o ar se escureceram com a
fumaça saída do poço. 3 Também da fumaça saíram
gafanhotos para a terra; e lhes foi dado poder como o
poder que têm os escorpiões da terra. 4 E lhes foi dito
que não causassem dano à erva da terra, nem a qual-
quer coisa verde, nem a árvore alguma, e tão somente
às pessoas que não têm o selo de Deus na testa. 5 Tam-
bém não lhes foi permitido que os matassem, mas
que os atormentassem durante cinco meses. E o seu
tormento era como tormento de escorpião quando
fere alguém. 6 Naqueles dias, as pessoas buscarão a
morte e não a encontrarão; também terão desejo de
morrer, mas a morte fugirá delas.
7 O aspecto dos gafanhotos era semelhante a
cavalos preparados para a batalha. Na cabeça de-
les havia como que coroas parecendo de ouro, e o
rosto deles era como rosto de um ser humano. 8 Ti-
nham também cabelos, como cabelos de mulher;
e os dentes eram como dentes de leão. 9 Tinham
couraças, como couraças de ferro. O barulho que
as suas asas faziam era como o barulho de carros
puxados por muitos cavalos, quando correm para a
batalha. 10 Tinham ainda cauda, como escorpiões,
e um ferrão. Na cauda tinham poder para causar
dano às pessoas, por cinco meses. 11 Tinham por
rei sobre eles o anjo do abismo, cujo nome em he-
braico é Abadom, e em grego, Apoliom.
12 O primeiro ai passou. Eis que, depois destas
coisas, vêm ainda dois ais.

A sexta trombeta

13 O sexto anjo tocou a trombeta, e ouvi uma
voz que vinha das quatro pontas do altar de ouro
que se encontra na presença de Deus, 14 dizendo
ao sexto anjo, o mesmo que tem a trombeta:
— Solte os quatro anjos que estão amarrados
junto ao grande rio Eufrates.
15 Então foram soltos os quatro anjos que se acha-
vam preparados para a hora, o dia, o mês e o ano,
para que matassem a terça parte da humanidade.
16 O número dos exércitos da cavalaria era de vinte
mil vezes dez milhares; eu ouvi o seu número. 17 As-
sim, nesta visão, pude ver que os cavalos e os seus

cavaleiros tinham couraças cor de fogo, de jacinto e
de enxofre. A cabeça dos cavalos era como cabeça
de leão, e de sua boca saíam fogo, fumaça e enxofre.
18 Por meio destes três flagelos, a saber, pelo fogo,
pela fumaça e pelo enxofre que saíam da boca dos
cavalos, foi morta a terça parte da humanidade.
19 Pois a força dos cavalos estava na boca e na cauda
deles. As caudas deles eram semelhantes a serpen-
tes, com cabeças, e com elas causavam dano.

20 O resto da humanidade, isto é, aqueles que não
foram mortos por esses flagelos, não se arrepen-
deu das obras das suas mãos: eles não deixaram de
adorar os demônios e os ídolos de ouro, de prata, de
bronze, de pedra e de madeira, que não podem ver,
nem ouvir, nem andar. 21 Também não se arrepen-
deram dos seus homicídios, nem das suas feitiçarias,
nem da sua imoralidade sexual, nem dos seus furtos.

O anjo e o livrinho

10 1 Vi outro anjo forte descendo do céu, envol-
to em nuvem, com o arco-íris por cima de
sua cabeça. O rosto dele era como o sol, e as pernas
eram como colunas de fogo. 2 O anjo tinha na mão
um livrinho aberto. Pôs o pé direito sobre o mar e
o pé esquerdo sobre a terra 3 e gritou com voz forte,
como ruge um leão. E, quando ele gritou, os sete tro-
vões fizeram soar as suas próprias vozes. 4 Logo que
os sete trovões falaram, eu ia escrever, mas ouvi
uma voz do céu, dizendo:

— Guarde em segredo as coisas que os sete tro-
vões falaram. Não escreva nada.

5 Então o anjo que vi em pé sobre o mar e sobre a ter-
ra levantou a mão direita para o céu 6 e jurou por aquele
que vive para todo o sempre, o mesmo que criou o céu,
a terra, o mar e tudo o que neles há, dizendo:

— Já não haverá demora, 7 mas, nos dias da voz
do sétimo anjo, quando ele estiver para tocar a
trombeta, então se cumprirá o mistério de Deus,
como ele anunciou aos seus servos, os profetas.

8 A voz que ouvi, vinda do céu, estava de novo
falando comigo e dizendo:

— Vá e pegue o livro que se acha aberto na mão
do anjo que está em pé sobre o mar e sobre a terra.
9 Então fui ao anjo, pedindo-lhe que me desse o
livrinho. Ele, então, me falou:

— Pegue o livrinho e devore-o. No seu estômago
ele será amargo, mas na sua boca será doce como mel.

10 Peguei o livrinho da mão do anjo e o devorei.
Na minha boca, era doce como mel; quando, po-
rém, o comi, o meu estômago ficou amargo. 11 En-
tão me disseram:

— É necessário que você ainda profetize a
respeito de muitos povos, nações, línguas e reis.

As duas testemunhas

11 1 Foi-me dado um caniço semelhante a uma
vara, e também me foi dito:

— Levante-se e vá medir o santuário de Deus,
o altar, e os que adoram no santuário. 2 Mas dei-
xe de lado o átrio exterior do santuário e não o
meça, porque esse átrio foi dado aos gentios, que,
por quarenta e dois meses, pisarão a cidade santa.
3 Darei autoridade às minhas duas testemunhas
para que profetizem durante mil duzentos e ses-
senta dias, vestidas de pano de saco.

4 São estas as duas oliveiras e os dois candela-
bros que estão em pé diante do Senhor da terra.
5 Se alguém pretende causar-lhes dano, da boca
dessas testemunhas sai fogo e devora os inimigos;
sim, se alguém pretender causar-lhes dano, cer-
tamente deve morrer. 6 Elas têm autoridade para
fechar o céu, para que não chova durante os dias
em que profetizarem. Têm autoridade também so-
bre as águas, para transformá-las em sangue, bem
como para ferir a terra com todo tipo de flagelos,
tantas vezes quantas quiserem.

7 Quando tiverem, então, concluído o testemu-
nho que devem dar, a besta que surge do abismo
fará guerra contra elas; a besta vencerá e matará as
testemunhas. 8 E os seus cadáveres ficarão estirados
na praça da grande cidade que, espiritualmente, se
chama Sodoma e Egito, onde também o seu Senhor
foi crucificado. 9 Então, muitos dentre os povos, tri-
bos, línguas e nações contemplarão os cadáveres das
duas testemunhas, por três dias e meio, e não per-
mitirão que esses cadáveres sejam sepultados. 10 Os
que habitam sobre a terra se alegrarão por causa da
morte dessas duas testemunhas, realizarão festas e
enviarão presentes uns aos outros, porque esses dois
profetas atormentaram os que moram sobre a terra.

11 Mas, depois dos três dias e meio, entrou neles
um espírito de vida vindo da parte de Deus, e eles
se ergueram sobre os pés, e aqueles que os viram
ficaram com muito medo. 12 E as duas testemunhas
ouviram uma voz forte vinda do céu, dizendo-lhes:

— Subam para cá.

E subiram ao céu numa nuvem, e os seus inimigos
as contemplaram. 13 Naquela hora, houve grande ter-
remoto, e ruiu a décima parte da cidade. Nesse terre-
moto, morreram sete mil pessoas. As outras pessoas
ficaram aterrorizadas e deram glória ao Deus do céu.

14 Passou o segundo ai. Eis que, sem demora,
vem o terceiro ai.

A sétima trombeta

15 O sétimo anjo tocou a trombeta, e houve no
céu vozes fortes, dizendo:

"O reino do mundo se tornou
de nosso Senhor e do seu Cristo,
e ele reinará para todo o sempre."

16 E os vinte e quatro anciãos que estavam sen-
tados no seu trono, diante de Deus, prostraram-se
sobre o seu rosto e adoraram a Deus, 17 dizendo:

"Graças te damos, Senhor Deus, Todo-Poderoso,
que és e que eras,
porque assumiste o teu grande poder
e passaste a reinar.
18 Na verdade, as nações se enfureceram;
chegou, porém, a tua ira,
e o tempo determinado
para serem julgados os mortos,
para se dar o galardão aos teus servos, os profetas,
aos santos e aos que temem o teu nome,
tanto aos pequenos como aos grandes,
e para destruíres os que destroem a terra."

19 Abriu-se, então, o santuário de Deus, que se
acha no céu, e foi vista a arca da sua aliança no seu
santuário, e sobrevieram relâmpagos, vozes, tro-
vões, terremoto e forte chuva de granizo.

A mulher e o dragão

12 1 Viu-se grande sinal no céu: uma mulher ves-
tida do sol com a lua debaixo dos pés e uma
coroa de doze estrelas na cabeça. 2 A mulher estava
grávida e gritava com dores de parto, sofrendo tor-
mentos para dar à luz. 3 Viu-se, também, outro sinal
no céu, e eis um dragão, grande, vermelho, com sete
cabeças e dez chifres, e, nas cabeças, sete diademas.
4 A sua cauda arrastou a terça parte das estrelas do
céu, as quais lançou para a terra. E o dragão se deteve
diante da mulher que estava para dar à luz, a fim de
devorar o filho dela quando nascesse. 5 Ela deu à luz
um filho homem, que há de governar todas as na-
ções com cetro de ferro. E o filho da mulher foi arre-
batado para junto de Deus e do seu trono. 6 A mulher,
porém, fugiu para o deserto, onde Deus lhe havia
preparado um lugar, para que nele a sustentem du-
rante mil duzentos e sessenta dias.
7 Então estourou a guerra no céu. Miguel e os seus
anjos lutaram contra o dragão. Também o dragão e
os seus anjos lutaram, 8 mas não conseguiram sair
vitoriosos e não havia mais lugar para eles no céu. 9 E
foi expulso o grande dragão, a antiga serpente, que se
chama diabo e Satanás, o sedutor de todo o mundo.
Ele foi atirado para a terra, e, com ele, os seus anjos.
10 Então ouvi uma voz forte no céu, proclamando:

"Agora veio a salvação, o poder,
o reino do nosso Deus
e a autoridade do seu Cristo,
pois foi expulso o acusador de nossos irmãos,
o mesmo que os acusa
de dia e de noite diante do nosso Deus.
11 Eles o venceram
por causa do sangue do Cordeiro
e por causa da palavra do testemunho que deram
e, mesmo diante da morte,
não amaram a própria vida.
12 Por isso, alegrem-se, ó céus,
e vocês que neles habitam.
Ai da terra e do mar,
pois o diabo desceu até vocês,
cheio de fúria,
sabendo que pouco tempo lhe resta."

13 Quando o dragão viu que tinha sido atirado para
a terra, perseguiu a mulher que tinha dado à luz o
filho homem. 14 Mas foram dadas à mulher as duas
asas da grande águia, para que voasse para o deser-
to, para o seu lugar, aí onde é sustentada durante um
tempo, tempos e metade de um tempo, fora do alcan-
ce da serpente. 15 Então, a serpente lançou da boca
água como um rio atrás da mulher, a fim de fazer com
que ela fosse arrastada pelas águas. 16 A terra, porém,
socorreu a mulher: abriu a sua boca e engoliu o rio
que o dragão tinha lançado de sua boca. 17 O dragão fi-
cou irado com a mulher e foi travar guerra com o res-
tante da descendência dela, ou seja, os que guardam
os mandamentos de Deus e têm o testemunho de
Jesus. 18 E o dragão se pôs em pé sobre a areia do mar.

A besta que emerge do mar

13 1 Vi emergir do mar uma besta que tinha dez
chifres e sete cabeças, e, sobre os chifres, dez
diademas, e, sobre as cabeças, nomes de blasfêmia.
2 A besta que vi era semelhante a leopardo, com pés
como de urso e boca como de leão. E o dragão deu à
besta o seu poder, o seu trono e grande autoridade.
3 Uma das cabeças da besta parecia ter sido golpea-
da de morte, mas essa ferida mortal foi curada. E
toda a terra se maravilhou, seguindo a besta; 4 e
adoraram o dragão porque deu a sua autoridade à
besta. Também adoraram a besta, dizendo:
— Quem é semelhante à besta? Quem pode lu-
tar contra ela?
5 Foi-lhe dada uma boca que proferia arrogân-
cias e blasfêmias e foi-lhe dada autoridade para
agir durante quarenta e dois meses. 6 A besta abriu
a boca em blasfêmias contra Deus, para lhe difa-
mar o nome e difamar o tabernáculo, a saber, os
que habitam no céu. 7 Foi-lhe permitido, também,
que lutasse contra os santos e os vencesse. Foi-lhe
dada, ainda, autoridade sobre cada tribo, povo, lín-
gua e nação. 8 E ela será adorada por todos os que
habitam sobre a terra, aqueles que, desde a funda-
ção do mundo, não tiveram os seus nomes escritos
no Livro da Vida do Cordeiro que foi morto.
9 Se alguém tem ouvidos, ouça.

10 "Se alguém tiver de ir para o cativeiro,
para o cativeiro irá.
Se alguém tiver de ser morto pela espada,
pela espada morto será."

Aqui está a perseverança e a fidelidade dos santos.

A besta que emerge da terra

11 Vi ainda outra besta emergir da terra. Tinha dois

chifres, parecendo cordeiro, mas falava como dragão.
12Ela exerce toda a autoridade da primeira besta na
sua presença e faz com que a terra e os seus habitantes
adorem a primeira besta, cuja ferida mortal havia sido
curada. 13Também opera grandes sinais, de maneira
que até faz descer fogo do céu sobre a terra, diante de
todas as pessoas. 14Seduz aqueles que habitam sobre
a terra por causa dos sinais que lhe foi permitido rea-
lizar diante da besta, dizendo aos que habitam sobre
a terra que façam uma imagem à besta, àquela que
foi ferida à espada e sobreviveu. 15E lhe foi concedi-
do poder para dar vida à imagem da besta, para que
também a imagem da besta falasse e fizesse morrer
todos os que não adorassem a imagem da besta. 16A
todos, os pequenos e os grandes, os ricos e os pobres,
os livres e os escravos, faz com que lhes seja dada certa
marca na mão direita ou na testa, 17para que ninguém
possa comprar ou vender, senão aquele que tem a
marca, o nome da besta ou o número do seu nome.

18Aqui está a sabedoria. Aquele que tem enten-
dimento calcule o número da besta, pois é número
de ser humano. E esse número é seiscentos e ses-
senta e seis.

O cântico dos cento e quarenta e quatro mil

14 1Olhei, e eis que o Cordeiro estava em pé sobre
o monte Sião. Com ele estavam cento e quaren-
ta e quatro mil, que tinham escrito na testa o nome
do Cordeiro e o nome de seu Pai. 2Ouvi uma voz do
céu como som de muitas águas, como som de um
forte trovão. A voz que ouvi era como de harpistas
quando tocam as suas harpas. 3Entoavam um cân-
tico novo diante do trono, diante dos quatro seres
viventes e dos anciãos. E ninguém podia aprender o
cântico, senão os cento e quarenta e quatro mil que
foram comprados da terra. 4Estes são os que não se
macularam com mulheres, porque são virgens. Eles
seguem o Cordeiro por onde quer que ele vá. São os
que foram comprados dentre todos os seres huma-
nos, primícias para Deus e para o Cordeiro; 5e não se
achou mentira na sua boca; não têm mácula.

As mensagens dos três anjos

6Vi outro anjo voando pelo meio do céu, tendo
um evangelho eterno para pregar aos que habitam
na terra, e a cada nação, tribo, língua e povo, 7di-
zendo com voz forte:

— Temam a Deus e deem glória a ele, pois é che-
gada a hora em que ele vai julgar. E adorem aquele
que fez o céu, a terra, o mar e as fontes das águas.

8Seguiu-se outro anjo, o segundo, dizendo:

— Caiu! Caiu a grande Babilônia que fez com
que todas as nações bebessem o vinho do furor da
sua prostituição.

9Seguiu-se a estes outro anjo, o terceiro, dizen-
do com voz forte:

— Se alguém adora a besta e a sua imagem e
recebe a sua marca na testa ou na mão, 10também
esse beberá do vinho do furor de Deus, preparado,
sem mistura, no cálice da sua ira, e será atormentado
com fogo e enxofre, diante dos santos anjos e na pre-
sença do Cordeiro. 11A fumaça do seu tormento sobe
para todo o sempre. E os adoradores da besta e da sua
imagem e quem quer que receba a marca do nome da
besta não têm descanso algum, nem de dia nem de
noite. 12Aqui está a perseverança dos santos, os que
guardam os mandamentos de Deus e a fé em Jesus.

Uma voz do céu

13Então ouvi uma voz do céu, dizendo:

— Escreva: "Bem-aventurados os mortos que,
desde agora, morrem no Senhor."

— Sim — diz o Espírito —, para que descansem
das suas fadigas, pois as suas obras os acompanham.

A colheita do fim dos tempos

14Olhei, e eis uma nuvem branca, e sentado
sobre a nuvem um semelhante a filho de homem,
tendo na cabeça uma coroa de ouro e na mão uma
foice afiada. 15Outro anjo saiu do santuário, gri-
tando com voz forte para aquele que estava senta-
do sobre a nuvem:

— Pegue a sua foice e comece a colher, pois
chegou a hora da colheita, visto que os campos da
terra já amadureceram!

16E aquele que estava sentado sobre a nuvem
passou a sua foice sobre a terra e fez a colheita.

17Então outro anjo saiu do santuário que se en-
contra no céu, tendo também ele uma foice afiada.
18Ainda outro anjo saiu do altar, o anjo que tem
autoridade sobre o fogo, e clamou com voz forte
ao que tinha a foice afiada, dizendo:

— Pegue a sua foice afiada e ajunte os cachos da
videira da terra, porque as suas uvas estão maduras!

19Então o anjo passou a sua foice na terra, ajun-
tou os cachos da videira da terra e os lançou no
grande lagar da ira de Deus. 20O lagar foi pisado
fora da cidade. E correu sangue do lagar, chegando
até a altura dos freios dos cavalos, numa extensão
de cerca de trezentos quilômetros.

Os anjos com os últimos flagelos

15 1Vi no céu outro sinal grande e maravilhoso:
sete anjos que tinham os sete últimos flage-
los, pois com estes se consumou a ira de Deus.

2Vi como que um mar de vidro, misturado com
fogo, e também os que venceram a besta, a sua ima-
gem e o número do seu nome. Eles estavam em pé
junto ao mar de vidro, tendo harpas que lhes foram
dadas por Deus. 3E entoavam o cântico de Moisés,
servo de Deus, e o cântico do Cordeiro, dizendo:

"Grandes e admiráveis são as tuas obras,
Senhor Deus, Todo-Poderoso!

Justos e verdadeiros são os teus caminhos,
ó Rei das nações!
4 Quem não temerá
e não glorificará o teu nome, ó Senhor?
Pois só tu és santo.
Por isso, todas as nações virão
e se prostrarão diante de ti,
porque os teus atos de justiça
se fizeram manifestos."

5 Depois destas coisas, olhei, e abriu-se no céu
o santuário do tabernáculo do testemunho. 6 E os
sete anjos que tinham os sete flagelos saíram do
santuário, vestidos de linho puro e resplandecente
e cingidos, à altura do peito, com cintos de ouro.
7 Então um dos quatro seres viventes deu aos sete
anjos sete taças de ouro, cheias da ira de Deus, que
vive para todo o sempre. 8 O santuário se encheu
da fumaça da glória de Deus e do seu poder, e nin-
guém podia entrar no santuário, enquanto não se
cumprissem os sete flagelos dos sete anjos.

16 1 Ouvi uma voz forte, vinda do santuário, di-
zendo aos sete anjos:
— Vão e derramem sobre a terra as sete taças
da ira de Deus.

O primeiro flagelo

2 O primeiro anjo foi e derramou a sua taça so-
bre a terra, e apareceram úlceras malignas e dolo-
rosas nas pessoas que tinham a marca da besta e
que adoravam a sua imagem.

O segundo flagelo

3 O segundo anjo derramou a sua taça no mar,
e o mar se transformou em sangue, como de um
morto, e morreu todo ser vivo que havia no mar.

O terceiro flagelo

4 O terceiro anjo derramou a sua taça nos rios
e nas fontes de água, e eles se transformaram em
sangue. 5 Então ouvi o anjo das águas dizendo:

"Tu és justo, tu que és e que eras, o Santo,
pois julgaste estas coisas.
6 Porque derramaram sangue
de santos e de profetas,
também lhes deste sangue para beber.
É o que merecem."

7 Ouvi uma voz do altar, que dizia:

"Certamente, ó Senhor Deus, Todo-Poderoso,
verdadeiros e justos são os teus juízos."

O quarto flagelo

8 O quarto anjo derramou a sua taça sobre o sol,
e lhe foi dado queimar a humanidade com fogo.
9 As pessoas se queimaram com o intenso calor e
blasfemaram contra o nome de Deus, que tem au-
toridade sobre estes flagelos. Porém, não se arre-
penderam para darem glória a Deus.

O quinto flagelo

10 O quinto anjo derramou a sua taça sobre o
trono da besta. O reino da besta ficou em trevas, e
as pessoas mordiam a língua por causa da dor que
sentiam 11 e blasfemavam contra o Deus do céu
por causa das angústias e das úlceras que sofriam.
Porém, não se arrependeram de suas obras.

O sexto flagelo

12 O sexto anjo derramou a sua taça sobre o
grande rio Eufrates. As águas do rio secaram, para
que se preparasse o caminho dos reis que vêm do
Oriente. 13 Então vi sair da boca do dragão, da boca
da besta e da boca do falso profeta três espíritos
imundos semelhantes a rãs. 14 São espíritos de de-
mônios, operadores de sinais, e se dirigem aos reis
do mundo inteiro a fim de ajuntá-los para a bata-
lha do grande Dia do Deus Todo-Poderoso.
15 "Eis que venho como vem o ladrão. Bem-
-aventurado aquele que vigia e guarda as suas vestes,
para que não ande nu, e não se veja a sua vergonha."
16 Então ajuntaram os reis no lugar que em he-
braico se chama Armagedom.

O sétimo flagelo

17 Então o sétimo anjo derramou a sua taça pelo
ar. E uma voz forte saiu do santuário, do lado do
trono, dizendo:
— Está feito!
18 E sobrevieram relâmpagos, vozes e trovões, e
ocorreu um grande terremoto, como nunca houve
igual desde que há gente sobre a terra, tal foi o ter-
remoto, forte e grande. 19 E a grande cidade se divi-
diu em três partes, e caíram as cidades das nações. E
Deus se lembrou da grande Babilônia para dar-lhe o
cálice do vinho do furor da sua ira. 20 Todas as ilhas
fugiram, e os montes não foram achados. 21 Também
desabou do céu sobre as pessoas uma grande chuva
de granizo, com pedras que pesavam mais de trinta
quilos. E, por causa do flagelo da chuva de pedras, as
pessoas blasfemaram contra Deus, porque esse fla-
gelo do granizo era terrível.

A grande prostituta e a besta

17 1 Um dos sete anjos que tinham as sete taças
veio e falou comigo, dizendo:
— Venha! Vou lhe mostrar o julgamento da
grande prostituta que está sentada sobre muitas
águas. 2 Os reis da terra se prostituíram com ela,
e os que habitam na terra se embriagaram com o
vinho da sua prostituição.
3 O anjo me transportou, no Espírito, a um
deserto, e vi uma mulher montada numa besta

escarlate, besta repleta de nomes de blasfêmia,
com sete cabeças e dez chifres. 4 A mulher estava
vestida de púrpura e de escarlate, enfeitada com
ouro, pedras preciosas e pérolas, tendo na mão
um cálice de ouro transbordante de abominações
e das imundícias da sua prostituição. 5 Na sua testa
estava escrito um nome, um mistério: "BABILÔNIA,
A GRANDE, A MÃE DAS PROSTITUTAS E DAS ABOMI-
NAÇÕES DA TERRA". 6 Então vi a mulher embriaga-
da com o sangue dos santos e com o sangue das
testemunhas de Jesus. E, quando a vi, admirei-me
com grande espanto. 7 O anjo, porém, me disse:

— Por que você ficou admirado? Vou lhe explicar o mistério da mulher e da besta que tem as
sete cabeças e os dez chifres e que leva a mulher:
8 a besta que você viu era e não é mais, e está para
emergir do abismo, e caminha para a destruição.
E aqueles que habitam sobre a terra, cujos nomes
não foram escritos no Livro da Vida desde a fundação do mundo, se admirarão, vendo a besta que
era e não é mais, mas tornará a aparecer.

9 — Aqui está a mente que tem sabedoria: as sete
cabeças são sete montes, nos quais a mulher está
sentada. São também sete reis, 10 dos quais cinco
caíram, um existe e o outro ainda não chegou; e,
quando chegar, tem de durar pouco tempo. 11 E a
besta, que era e não é mais, é também o oitavo rei,
mas faz parte dos sete, e caminha para a destruição.

12 — Os dez chifres que você viu são dez reis, que
ainda não receberam reino, mas recebem autoridade
como reis, com a besta, durante uma hora. 13 Estes
têm um mesmo propósito e oferecem à besta o poder e a autoridade que possuem. 14 Lutarão contra o
Cordeiro, e o Cordeiro os vencerá, pois é o Senhor dos
senhores e o Rei dos reis; serão vencedores também
os chamados, eleitos e fiéis que estão com o Cordeiro.

15 O anjo disse ainda:

— As águas que você viu, onde a prostituta
está sentada, são povos, multidões, nações e línguas. 16 Os dez chifres que você viu e a besta, esses
odiarão a prostituta. Eles a deixarão devastada
e nua, comerão as carnes dela, e a queimarão no
fogo. 17 Porque Deus incutiu no coração deles que
realizem o seu propósito, executem-no de comum
acordo e deem à besta o reino que possuem, até
que se cumpram as palavras de Deus.

18 — A mulher que você viu é a grande cidade
que domina sobre os reis da terra.

O anúncio da queda da Babilônia

18 1 Depois destas coisas, vi descer do céu outro
anjo, que tinha grande autoridade, e a terra
se iluminou com a sua glória. 2 Então exclamou
com potente voz, dizendo:

— Caiu! Caiu a grande Babilônia! Ela se tornou
morada de demônios, refúgio de toda espécie de
espírito imundo e esconderijo de todo tipo de ave
imunda e detestável, 3 pois todas as nações beberam
do vinho do furor da sua prostituição. Com ela se
prostituíram os reis da terra. Também os mercadores da terra se enriqueceram à custa da sua luxúria.

4 Ouvi outra voz do céu, dizendo:

"Saiam dela, povo meu,
para que vocês não sejam
cúmplices em seus pecados
e para que os seus flagelos não caiam sobre vocês.
5 Porque os pecados dela se acumularam até o céu,
e Deus se lembrou das injustiças
que ela praticou.
6 Retribuam-lhe como também ela retribuiu,
paguem-lhe em dobro segundo as suas obras
e, no cálice em que ela misturou bebidas,
misturem dobrado para ela.
7 O quanto a si mesma glorificou e viveu em luxúria,
deem a ela em igual medida tormento e pranto.
Porque ela pensa assim:
'Estou sentada como rainha.
Não sou viúva.
Nunca saberei o que é pranto!'
8 Por isso, em um só dia sobrevirão os seus flagelos:
morte, pranto e fome;
e será queimada no fogo,
porque poderoso é o Senhor Deus, que a julga."

Os lamentos dos admiradores da Babilônia

9 Os reis da terra, que com ela se prostituíram e
viveram em luxúria, vão chorar e se lamentar por
causa dela, quando virem a fumaça do seu incêndio.
10 E, conservando-se de longe, com medo do seu tormento, dizem:

"Ai! Ai de você, grande cidade,
Babilônia, cidade poderosa!
Pois em uma só hora chegou o seu juízo."

11 E, por causa dela, choram e pranteiam os mercadores da terra, porque ninguém mais compra a sua
mercadoria, 12 mercadoria de ouro, de prata, de pedras
preciosas, de pérolas, de linho finíssimo, de púrpura,
de seda, de escarlate; e toda espécie de madeira odorífera, todo gênero de objeto de marfim, toda qualidade de móvel de madeira cara, de bronze, de ferro e de
mármore; 13 e canela de cheiro, especiarias, incenso,
perfume, mirra, vinho, azeite, boa farinha, trigo, gado
e ovelhas; e de cavalos, de carruagens, de escravos e
até almas humanas. 14 Eles dizem:

"O fruto que tanto lhe apeteceu se afastou de você,
e para você se extinguiu
tudo o que é delicado e esplêndido,
e nunca mais serão achados."

15 Os mercadores destas coisas, que, por meio
dela, se enriqueceram, ficarão de longe, com medo
do seu tormento, chorando e pranteando, 16 dizendo:

"Ai! Ai da grande cidade,
que estava vestida de linho finíssimo,
de púrpura e de escarlate,
enfeitada com ouro,
pedras preciosas e pérolas,
17 porque em uma só hora
ficou devastada tamanha riqueza!"

E todos os pilotos, e todos aqueles que viajam pelo
mar, e marinheiros, e os que ganham a vida no mar
ficaram de longe. 18 Então, vendo a fumaça do seu in-
cêndio, gritavam:
— Que cidade se compara à grande cidade?
19 Lançaram pó sobre a cabeça e, chorando e
pranteando, gritavam:

"Ai! Ai da grande cidade,
na qual se enriqueceram todos
os que possuíam navios no mar,
à custa da sua riqueza,
porque em uma só hora foi devastada!
20 Alegrem-se por causa dela, ó céus,
e também vocês, santos, apóstolos e profetas,
porque Deus julgou a causa de vocês contra ela."

A ruína da Babilônia é completa e definitiva

21 Então um anjo forte levantou uma pedra do ta-
manho de uma grande pedra de moinho e lançou-a
no mar, dizendo:

"Assim, com ímpeto, será lançada Babilônia,
a grande cidade,
e nunca mais será achada.
22 Em você nunca mais será ouvido
o som de harpistas,
de músicos, de tocadores de flauta e de trombeta.
Em você nunca mais se achará
artífice nenhum de qualquer arte que seja,
e nunca jamais se ouvirá em você
o ruído de pedra de moinho.
23 Também nunca mais brilhará em você a luz
de uma lamparina,
e nunca mais se ouvirá em você
uma voz de noivo ou de noiva,
pois os seus mercadores foram os grandes da terra,
porque com a sua feitiçaria
você seduziu todas as nações.
24 E nela foi encontrado sangue de profetas,
de santos e de todos os que
foram mortos sobre a terra."

19 1 Depois destas coisas, ouvi no céu o que
parecia ser a voz forte de uma grande mul-
tidão, dizendo:

"Aleluia!
A salvação, a glória e o poder são do nosso Deus,
2 porque verdadeiros e justos são os seus juízos,
pois julgou a grande prostituta
que corrompia a terra com a sua prostituição
e das mãos dela vingou o sangue dos seus servos."

3 E disseram pela segunda vez:

"Aleluia!
E a sua fumaça sobe para todo o sempre."

4 Os vinte e quatro anciãos e os quatro seres vi-
ventes se prostraram e adoraram a Deus, que está
sentado no trono, dizendo:

"Amém! Aleluia!"

As bodas do Cordeiro

5 E do trono saiu uma voz, que dizia:

"Louvem o nosso Deus,
todos vocês, os seus servos,
todos os que o temem,
os pequenos e os grandes."

6 Então ouvi o que parecia ser a voz de uma
grande multidão, uma voz como de muitas águas
e como de fortes trovões, dizendo:

"Aleluia!
Pois reina o Senhor,
nosso Deus, o Todo-Poderoso.
7 Alegremo-nos, exultemos
e demos-lhe a glória,
porque chegou a hora das bodas do Cordeiro,
e a noiva dele já se preparou.
8 A ela foi permitido vestir-se
de linho finíssimo, resplandecente e puro."

Porque o linho finíssimo são os atos de justiça dos
santos.
9 Então o anjo me disse:
— Escreva: "Bem-aventurados aqueles que são
chamados à ceia das bodas do Cordeiro."
E acrescentou:
— São estas as verdadeiras palavras de Deus.
10 Prostrei-me diante dos seus pés para adorá-
-lo. O anjo, porém, me disse:
— Não faça isso! Sou um servo de Deus, assim
como são você e os seus irmãos que guardam o
testemunho de Jesus. Adore a Deus!
Pois o testemunho de Jesus é o espírito da profecia.

Cristo, o vencedor da besta e do falso profeta

11 Vi o céu aberto, e eis um cavalo branco. O seu
cavaleiro se chama Fiel e Verdadeiro e julga e combate
com justiça. 12 Os seus olhos são como chama de fogo;
na cabeça dele há muitos diademas; tem um nome
escrito que ninguém conhece, a não ser ele mesmo.
13 Está vestido com um manto encharcado de sangue,
e o seu nome é "Verbo de Deus". 14 Os exércitos do céu
o seguiam, montados em cavalos brancos e vestidos
de linho finíssimo, branco e puro. 15 Da sua boca sai
uma espada afiada, para com ela ferir as nações. Ele

mesmo as regerá com cetro de ferro e ele mesmo é o
que pisa o lagar do vinho do furor da ira do Deus Todo-
-Poderoso. 16 No seu manto e na sua coxa está escrito
um nome: "REI DOS REIS E SENHOR DOS SENHORES".
17 Então vi um anjo posto em pé no sol. Ele gri-
tou com voz forte, dizendo a todas as aves que
voam pelo meio do céu:
— Venham, reúnam-se para a grande ceia de
Deus, 18 para comer carne de reis, carne de co-
mandantes, carne de poderosos, carne de cavalos
e seus cavaleiros, carne de todos, quer livres, quer
escravos, tanto pequenos como grandes.
19 E vi a besta e os reis da terra, com os seus exérci-
tos, reunidos para fazer guerra contra aquele que esta-
va montado no cavalo e contra o seu exército. 20 Mas a
besta foi presa, e com ela foi preso o falso profeta que,
com os sinais feitos diante da besta, seduziu aqueles
que receberam a marca da besta e eram os adoradores
da sua imagem. Os dois foram lançados vivos dentro
do lago de fogo que queima com enxofre. 21 Os outros
foram mortos com a espada que saía da boca daquele
que estava montado no cavalo. E todas as aves se farta-
ram das suas carnes.

Os mil anos. A primeira ressurreição

20 1 Então vi descer do céu um anjo que tinha
na mão a chave do abismo e uma grande
corrente. 2 Ele segurou o dragão, a antiga serpente,
que é o diabo, Satanás, e o prendeu por mil anos.
3 Lançou-o no abismo, fechou-o e pôs selo sobre
ele, para que não mais enganasse as nações até se
completarem os mil anos. Depois disso, é necessá-
rio que ele seja solto por um pouco de tempo.
4 Vi também tronos, e nestes sentaram-se aqueles
aos quais foi dada autoridade para julgar. Vi ainda as
almas dos que foram decapitados por terem dado
testemunho de Jesus e proclamado a palavra de Deus.
Estes são os que não adoraram a besta nem a sua ima-
gem, e não receberam a sua marca na testa e na mão;
e viveram e reinaram com Cristo durante mil anos.
5 Os restantes dos mortos não reviveram até que se
completassem os mil anos. Esta é a primeira ressur-
reição. 6 Bem-aventurado e santo é aquele que tem
parte na primeira ressurreição. Sobre esses a segunda
morte não tem poder; pelo contrário, serão sacerdo-
tes de Deus e de Cristo e reinarão com ele os mil anos.

Satanás é solto e derrotado

7 Quando, porém, se completarem os mil anos,
Satanás será solto da sua prisão 8 e sairá para en-
ganar as nações que estão nos quatro cantos da
terra, Gogue e Magogue, a fim de reuni-las para a
batalha. O número dessas é como a areia do mar.
9 Marcharam, então, pela superfície da terra e
cercaram o acampamento dos santos e a cidade
amada. Porém, desceu fogo do céu e os consumiu.
10 O diabo, que os tinha enganado, foi lançado no
lago de fogo e enxofre, onde já se encontram a bes-
ta e o falso profeta; e serão atormentados de dia e
de noite, para todo o sempre.

O juízo de Deus

11 Vi um grande trono branco e aquele que está
sentado nele. A terra e o céu fugiram da presença
dele, e não se achou lugar para eles. 12 Vi também os
mortos, os grandes e os pequenos, que estavam em
pé diante do trono. Então foram abertos livros. Ainda
outro livro, o Livro da Vida, foi aberto. E os mortos fo-
ram julgados, segundo as suas obras, conforme o que
estava escrito nos livros. 13 O mar entregou os mortos
que nele estavam. A morte e o inferno entregaram os
mortos que neles havia. E foram julgados, um por um,
segundo as suas obras. 14 Então a morte e o inferno fo-
ram lançados no lago de fogo. Esta é a segunda morte,
o lago de fogo. 15 E, se alguém não foi achado inscrito
no Livro da Vida, esse foi lançado no lago de fogo.

O novo céu e a nova terra

21 1 E vi novo céu e nova terra, pois o primeiro
céu e a primeira terra passaram, e o mar já não
existe. 2 Vi também a cidade santa, a nova Jerusa-
lém, que descia do céu, da parte de Deus, preparada
como uma noiva enfeitada para o seu noivo. 3 Então
ouvi uma voz forte que vinha do trono e dizia:
— Eis o tabernáculo de Deus com os seres hu-
manos. Deus habitará com eles. Eles serão povos de
Deus, e Deus mesmo estará com eles e será o Deus de-
les. 4 E lhes enxugará dos olhos toda lágrima. E já não
existirá mais morte, já não haverá luto, nem pranto,
nem dor, porque as primeiras coisas passaram.
5 E aquele que estava sentado no trono disse:
— Eis que faço novas todas as coisas.
E acrescentou:
— Escreva, porque estas palavras são fiéis e
verdadeiras.
6 Disse-me ainda:
— Tudo está feito! Eu sou o Alfa e o Ômega, o
Princípio e o Fim. Eu, a quem tem sede, darei de
graça da fonte da água da vida. 7 O vencedor herdará
estas coisas, e eu serei o Deus dele e ele será o meu
filho. 8 Quanto, porém, aos covardes, aos incrédulos,
aos abomináveis, aos assassinos, aos imorais, aos fei-
ticeiros, aos idólatras e a todos os mentirosos, a parte
que lhes cabe será no lago que está queimando com
fogo e enxofre, a saber, a segunda morte.

A nova Jerusalém

9 Então veio um dos sete anjos que tinham as
sete taças cheias dos últimos sete flagelos e falou
comigo, dizendo:
— Venha, vou mostrar-lhe a noiva, a esposa do
Cordeiro.
10 E ele me levou, no Espírito, a uma grande e
elevada montanha e me mostrou a cidade santa,

Jerusalém, que descia do céu, da parte de Deus, 11 a
qual tem a glória de Deus. O seu brilho era seme-
lhante a uma pedra preciosíssima, como pedra de
jaspe cristalina. 12 Tinha uma muralha grande e alta,
com doze portões, e, junto aos portões, doze anjos.
Sobre os portões estavam escritos nomes, a saber,
os nomes das doze tribos dos filhos de Israel. 13 Três
portões se achavam a leste, três, ao norte, três, ao sul,
e três, a oeste. 14 A muralha da cidade tinha doze fun-
damentos, e sobre estes estavam os doze nomes dos
doze apóstolos do Cordeiro.

15 Aquele que falava comigo tinha por medida
uma vara de ouro para medir a cidade, os seus por-
tões e a sua muralha. 16 A cidade tinha a forma de
um quadrado, de comprimento e largura iguais. E
mediu a cidade com a vara, e tinha doze mil está-
dios. O seu comprimento, largura e altura são iguais.
17 Mediu também a sua muralha, e tinha cento e
quarenta e quatro côvados, pela medida humana
que o anjo usava. 18 A muralha é feita de jaspe e a
cidade é de ouro puro, semelhante a vidro límpido.
19 Os alicerces da muralha da cidade estão enfeita-
dos de todo tipo de pedras preciosas. O primeiro
alicerce é de jaspe; o segundo, de safira; o terceiro,
de calcedônia; o quarto, de esmeralda; 20 o quinto,
de sardônio; o sexto, de sárdio; o sétimo, de crisó-
lito; o oitavo, de berilo; o nono, de topázio; o déci-
mo, de crisópraso; o décimo primeiro, de jacinto; e
o décimo segundo, de ametista. 21 Os doze portões
são doze pérolas, e cada um desses portões é feito
de uma só pérola. A praça da cidade é de ouro puro,
como vidro transparente.

22 Não vi nenhum santuário na cidade, porque o
seu santuário é o Senhor, o Deus Todo-Poderoso,
e o Cordeiro. 23 A cidade não precisa do sol nem da
lua para lhe dar claridade, pois a glória de Deus a
ilumina, e o Cordeiro é a sua lâmpada. 24 As nações
andarão mediante a sua luz, e os reis da terra lhe
trazem a sua glória. 25 Os seus portões jamais se fe-
charão de dia, pois nela não haverá noite. 26 E lhe
trarão a glória e a honra das nações. 27 Nela não
entrará nada que seja impuro, nem o que pratica
abominação e mentira, mas somente os inscritos
no Livro da Vida do Cordeiro.

22 1 Então o anjo me mostrou o rio da água da
vida, brilhante como cristal, que sai do trono
de Deus e do Cordeiro. 2 No meio da praça da cida-
de, e de um e de outro lado do rio, está a árvore da
vida, que produz doze frutos, dando o seu fruto de
mês em mês. E as folhas da árvore são para a cura dos
povos. 3 Nunca mais haverá qualquer maldição. Nela
estará o trono de Deus e do Cordeiro. Os seus servos
o adorarão, 4 contemplarão a sua face, e na sua testa
terão gravado o nome dele. 5 Então já não haverá noi-
te, e não precisarão de luz de lamparina, nem da luz
do sol, porque o Senhor Deus brilhará sobre eles, e
reinarão para todo o sempre.

A certeza do cumprimento da profecia deste livro

6 Então o anjo me disse:

— Estas palavras são fiéis e verdadeiras. O
Senhor, o Deus dos espíritos dos profetas, enviou
o seu anjo para mostrar aos seus servos as coisas
que em breve devem acontecer.

7 — Eis que venho sem demora. Bem-aventurado
aquele que guarda as palavras da profecia deste livro.

Conselhos e promessas finais

8 Eu, João, sou quem ouviu e viu estas coisas. E,
depois de ter ouvido e visto, prostrei-me diante
dos pés do anjo que me mostrou essas coisas, para
adorá-lo. 9 Mas ele me disse:

— Não faça isso! Sou um servo de Deus, assim
como são você e os seus irmãos, os profetas, e como
são os que guardam as palavras deste livro. Adore a
Deus!

10 Disse-me ainda:

— Não sele as palavras da profecia deste livro,
porque o tempo está próximo. 11 Continue o in-
justo a fazer injustiça, e continue o imundo a ser
imundo. O justo continue na prática da justiça, e o
santo continue a santificar-se.

12 — Eis que venho sem demora, e comigo está
a recompensa que tenho para dar a cada um se-
gundo as suas obras. 13 Eu sou o Alfa e o Ômega, o
Primeiro e o Último, o Princípio e o Fim.

14 Bem-aventurados aqueles que lavam as suas
vestes, para que tenham direito à árvore da vida e
entrem na cidade pelos portões. 15 Fora ficam os
cães, os feiticeiros, os impuros, os assassinos, os
idólatras e todo aquele que ama e pratica a mentira.

16 — Eu, Jesus, enviei o meu anjo para dar testemu-
nho destas coisas a vocês nas igrejas. Eu sou a Raiz e a
Geração de Davi, a brilhante Estrela da Manhã.

17 O Espírito e a noiva dizem:

— Vem!

Aquele que ouve, diga:

— Vem!

Aquele que tem sede venha, e quem quiser re-
ceba de graça a água da vida.

Conclusão do livro

18 Eu, a todo aquele que ouve as palavras da
profecia deste livro, testifico: Se alguém lhes fizer
qualquer acréscimo, Deus lhe acrescentará os fla-
gelos escritos neste livro. 19 E, se alguém tirar qual-
quer coisa das palavras do livro desta profecia,
Deus tirará a sua parte da árvore da vida, da cida-
de santa e das coisas que estão escritas neste livro.

20 Aquele que dá testemunho destas coisas diz:

— Certamente venho sem demora.

Amém! Vem, Senhor Jesus!

Bênção

21 A graça do Senhor Jesus esteja com todos.